Conter

dad Española ≈ICE *m* rstehen	Todas las destacan
r II. *m* Supermarkt *m* nt	Las cifras arábigas voladas diferencian palabras diferentes, escritas de igual manera (**homógrafos**).
vi, vt (mit einem Schiff) rnet surfen	La **tilde** sustituye en los ejemplos ilustrativos y modismos a la entrada anterior.
	Se indica la **forma femenina** de los sustantivos y los adjetivos.
	Las indicaciones de los **plurales irregulares** se encuentran inmediatamente después de la entrada.
ésimo>	Las **formas de gradación irregulares** se indican en la forma de grado positivo.
> ... **es: fotografío> ∴** **e> ...**	Las indicaciones de las **formas irregulares de los verbos** se encuentran inmediatamente después de la entrada.
bessern **II.** *vi, vr:* ~**se** **se mejore!** gute Besse- den	Las **cifras romanas** indican las distintas partes de la oración. Las **cifras arábigas** señalan las distintas acepciones.
	Numerosas **indicaciones** llevan a la traducción correcta:
Schauspiel *nt;* (CINE) Ko-	• indicaciones de **especialidad**
) Krone *f;* ~ **de espinas** es) Kranz *m* **3.** (*de los*	• **definiciones** y **sinónimos**, **sujetos** y **complementos** típicos y otras **explicaciones**
t **2.** (*Am: secuestro*) Ent-	• indicaciones de **uso** y **significado en Latinoamérica**
ene *f*	• indicaciones de **estilo**

Darios

Diccionario
Esencial
Deutsch-Spanisch
Español-Alemán

El contenido de este diccionario es el de
PONS Basiswörterbuch Spanisch-Deutsch/Deutsch-Spanisch
ISBN: 978-3-12-517449-8

Colaboradores: Concepción Gil Bayo, Nely Milagros Iglesias Iglesias,
Marieluise Schmitz
Redacción: María Teresa Gondar Oubiña
Fonética española: Josep Ràfols i Ventosa
Tratamiento informático: Andreas Lang, conTEXTag, para Informatik
und Kommunikation, Zürich

Diseño de cubierta: Francesc Sala

© ERNST KLETT SPRACHEN GMBH, Stuttgart, 2001

© LAROUSSE EDITORIAL, S.L., Barcelona, 2008
Mallorca 45, 3ª planta
08029 Barcelona
e-mail: vox@vox.es
www.vox.es

ISBN: 978-84-7153-587-0

Impreso en España - Printed in Spain

Depósito legal: TO-0243-2008
Impreso por: ROTABOOK
Carretera CM-4001, Km. 26,6
45250 Añover de Tajo (Toledo)

Inhaltverzeichnis

Índice

Liste der angewandten phonetischen Zeichen
Lista de los símbolos fonéticos utilizados

Die deutsche Phonetik
La fonética alemana

[ː]	Abend	['aːbənd]
[ʔ]	Einöde	['aɪnʔøːdə]
[ø]	eintönig	['aɪntøːnɪç]
[ɑ]	digital	[digi'taːl]
[ɛ]	Aspekt	[as'pɛkt]
[ã]	engagieren	[ãga'ʒiːrən]
[ɑ̃]	Engagement	[ãgaʒə'mãː]
[ç]	Mädchen	['mɛːtçən]
[ə]	Made	['maːdə]
[ɛ̃]	Mannequin	['manəkɛ̃ː]
[ɪ]	Diktatur	[dɪkta'tuːɐ]
[ʒ]	Manege	[ma'neːʒə]
[ŋ]	mangels	['maŋəls]
[ɔ]	Mailbox	['mɛɪlbɔks]
[ɔ̯]	Foyer	[fɔ̯a'jeː]
[œ]	erörtern	[ɛɐ'œrtən]
[õ]	Bon	[bõː]
[ɔ̃]	Annonce	[a'nɔ̃sə]
[ɐ]	Party	['paːɐti]
[ʃ]	Schnee	[ʃneː]
[θ]	Thriller	['θrɪlɐ]
[ʮ]	Ecuador	[ekʮa'doːɐ]
[ʊ]	Bau	[baʊ]
[x]	Bauch	[baʊx]
[ʏ]	Olympiade	[olʏm'pjaːdə]
[dʒ]	Jet	[dʒɛt]

Die spanische Phonetik
La fonética española

Halbvokale bzw. Halbkonsonanten

Zeichen	Beispiele	Kommentare
[i̯]	baile, hoy, despreciéis	Tritt in den Diphthongen **ai, ei, oi** bzw. **ay, ey, oy** und als letztes Element in Triphthongen auf.
[j]	bieldo, apreciáis	Wenn **i** als erstes Element in Diphthongen oder Triphthongen gesprochen wird.
[u̯]	autobús, causa	Tritt in den Diphthongen **au, eu, ou** auf.
[w]	bueno, cuerda	Wenn **u** als erstes Element in Diphthongen oder Triphthongen gesprochen wird.

Konsonanten

Zeichen	Beispiele	Kommentare
[p]	palo	
[b]	vivir, hambre	Verschlusslaut. Gesprochen im absoluten Anlaut nach Pause und im Inlaut nach vorausgehendem Nasal.
[β]	objeto, pueblo	Reibelaut. Gesprochen wenn es sich nicht im absoluten Anlaut oder hinter **m, n** befindet.
[m]	mamá, convivir	Jedes nicht wortauslautende **m** und **n** vor [p], [b].
[ɱ]	enfermo, infante	Jedes **n**, das sich vor **f** befindet.
[n]	no, antes	
[n̟]	once, conciencia	**n** in Verbindung mit darauf folgendem [θ].
[n̪]	conde, antes	Dentalisiertes **n**. Steht in Verbindung mit folgendem [t] oder [d].
[ŋ]	finca, lengua, enjambre	Bei silbenauslautendem **n** in Verbindung mit folgendem velaren Konsonant.
[ɲ]	niña	**ñ** im Silbenanlaut und silbenauslautendes **n** vor palatalem Konsonant.
[f]	café	
[k]	kilo, cosa, que, actor	Tritt in den Gruppen **c + a, o, u** und **qu + e, i** auf und bei silbenauslautendem **c**.
[g]	garra, guitarra,	Verschlusslaut. Tritt im absoluten Anlaut oder im Inlaut mit vorausgehendem Nasal in den Gruppen **g + a, o, u** und **gu + e, i** auf.
[x]	ajo, Géminis	Entspricht **j** und den Gruppen **g + e, i**.

[ɣ]	peli**g**ro, barri**g**a	Reibelaut. Tritt in den Gruppen **g + a, o, u** und **gu + e, i** auf, wenn es nicht im absoluten Anlaut steht oder auf **n** folgt.
[t]	**t**arta, **t**odo	Verschlusslaut. Entspricht **d**, wenn es sich im absoluten Anlaut oder nach **n** oder **l** befindet.
[d]	**d**onde, pel**d**año	Verschlusslaut. Entspricht **d**, wenn es sich im absoluten Anlaut oder nach **n** oder **l** befindet.
[ð]	de**d**o, escu**d**o	Reibelaut. Entspricht **d**, wenn es sich nicht im absoluten Anlaut oder nach **n** oder **l** befindet.
[θ]	**c**in**c**o, **z**ar**z**a, cru**z**	Tritt in den Gruppen **c + e, i** und **z + a, o, u** auf und im Auslaut.
[l]	**l**a, sa**l**	
[ḷ]	ca**l**cetín, du**l**ce	Interdentales **l**. Steht in Verbindung mit folgendem [θ].
[ḷ]	a**l**to, sue**l**do	Dentales **l**. Steht in Verbindung mit folgendem [t] oder [d].
[ʎ]	**ll**uvia marti**ll**o	Entspricht **ll** und silbenauslautendem **l** vor palatalem Konsonant.
[s]	a**s**í, co**s**er	
[r]	ca**r**o, ing**r**ato	Entspricht dem Schriftzeichen **r**, wenn es am Wortanfang steht oder aber auf **n, l, s** folgt.
[rr]	**r**eo, Is**r**ael	Entspricht **-rr-** und **r-** am Wortanfang oder **-r-** am Silbenanfang nach **n, l, s**.
[tʃ]	**ch**ino	
[ʝ]	**hi**erro, **yu**nque, co**y**ote	Palataler Reibelaut. Gesprochen, wenn **y, hi** im Silbenanlaut – außer wenn **n, l** vorausgehen – oder im Anlaut einer schwachbetonten Silbe stehen.
[dʒ]	**j**azz, **G**iga	Palatale Affrikata. Wie Englisch **g**entleman, **j**ump.
[ʃ]	**sh**ock	Wie Englisch **sh**ock, **sh**ow.

Abkürzungen

Abreviaturas

**deutsch-spanisch
alemán-español**

**español-alemán
spanisch-deutsch**

|	zusammengesetztes, trennbares Verb	verbo con prefijo separable	
*	Partizip ohne ge-	participio sin ge-	*
≈	entspricht etwa	equivale a	≈
–	Sprecherwechsel	cambio de interlocutores	–
a.	auch	también	
Abk.	Abkürzung	abreviatura	*abr*
abw	abwertend	peyorativo	
adj	Adjektiv	adjetivo	*adj*
ADMIN	Verwaltung	administración	ADMIN
adv	Adverb	adverbio	*adv*
AERO	Luftfahrt	aeronáutica	AERO
AGR	Landwirtschaft	agricultura	AGR
akk	Akkusativ	acusativo	*akk*
ALT	alte Schreibung	ortografía antigua	
Am	Lateinamerikanismus	americanismo	*Am*
	Zentralamerika	América Central	AmC
	Südamerika	América del Sur	AmS
ANAT	Anatomie	anatomía	ANAT
ARCHIT	Architektur	arquitectura	
Arg	Argentinien	República Argentina	*Arg*
	Slang	argot	*argot*
	Architektur	arquitectura	ARQUIT
art best	bestimmter Artikel	artículo determinado	*art det*
	Kunst(geschichte)	(historia del) arte	ARTE
art unbest	unbestimmter Artikel	artículo indeterminado	*art indet*
ASTR	Astrologie, Astronomie	astrología, astronomía	ASTR
AUTO	Auto und Verkehr	automóvil y tráfico	AUTO
aux	Hilfsverb	verbo auxiliar	*aux*
BERGB	Bergbau	minería	
BIOL	Biologie	biología	BIOL
BOT	Botanik	botánica	BOT
CHEM	Chemie	química	
	Film	cinematografía	CINE

COM	Handel	comercio	COM
	Komparativ	comparativo	*compar*
	Konjunktion	conjunción	*conj*
CSur	Cono Sur (Argentinien, Chile, Paraguay, Uruguay)	Cono Sur (República Argentina, Chile, Paraguay, Uruguay)	*CSur*
dat	Dativ	dativo	*dat*
	Sport	deporte	DEP
	Ökologie	ecología	ECOL
	Wirtschaft	economía	ECON
EISENB	Eisenbahn	ferrocarril	
ELEK	Elektrotechnik	electrotecnia	ELEC
	gehoben, literarisch	elevado, literario	*elev*
	Schulwesen	enseñanza	ENS
etw	etwas	algo	
EU	Europäische Union	Unión Europea	
f	Femininum	femenino	*f*
fam	umgangssprachlich	familiar	*fam*
	Eisenbahn	ferrocarril	FERRO
fig	übertragen, figurativ	sentido figurado	*fig*
FILM	Film	cinematografía	
	Philosophie	filosofía	FILOS
FIN	Finanzen, Börse	finanzas, bolsa	FIN
	Physik	física	FÍS
FOTO	Fotografie	fotografía	FOTO
GASTR	Gastronomie	gastronomía	GASTR
geh	gehoben, literarisch	elevado, literario	
gen	Genitiv	genitivo	*gen*
GEO	Geographie, Geologie	geografía, geología	GEO
HIST	Geschichte	historia	HIST
imp	Imperfekt	imperfecto	*imp*
	Indikativ	indicativo	*ind*
inf	Infinitiv	infinitivo	*inf*
INFOR	Informatik	informática, ordenadores	INFOR
interj	Interjektion	interjección	*interj*
inv	invariabel, unveränderlich	invariable	*inv*
iron	ironisch	irónico	*irón*
irr	unregelmäßig	irregular	*irr*

jd	jemand	alguien (nominativo)	
jdm	jemandem	alguien (dativo)	
jdn	jemanden	alguien (acusativo)	
jds	jemandes	alguien (genitivo)	
JUR	Jura, Recht	jurisdicción, derecho	JUR
kompar	Komparativ	comparativo	
konj	Konjunktion	conjunción	
KUNST	Kunst(geschichte)	(historia del) arte	
LING	Linguistik, Grammatik	lingüística, gramática	LING
LIT	Literatur(wissenschaft)	(ciencia de la) literatura	LIT
	Wendung	locución	*loc*
m	Maskulinum	masculino	*m*
MAm	Mittelamerika	América Central	
MATH	Mathematik	matemáticas	MAT
MED	Medizin	medicina	MED
METEO	Meteorologie	meteorología	METEO
Mex	Mexico	México, Méjico	*Méx*
mf	Maskulinum und Femininum	masculino y femenino	*mf*
MIL	Militär	fuerzas armadas	MIL
	Bergbau	minería	MIN
MUS	Musik	música	MÚS
NAUT	Nautik, Seefahrt	náutica, navegación	NÁUT
nom	Nominativ	nominativo	*nom*
nordd	norddeutsch	Alemania del Norte	
nt	Neutrum	neutro	*nt*
o	oder	o	
ÖKOL	Ökologie	ecología	
Österr	Österreich	Austria	
part	Partikel	partícula	
	abwertend	peyorativo	*pey*
PHILOS	Philosophie	filosofía	
PHYS	Physik	física	
pl	Plural	plural	*pl*
POL	Politik	política	POL
pp	Partizip Perfekt	participio pasado	*pp*
	Publizistik, Presse	prensa, periodismo	PREN
präp	Präposition	preposición	*prep*
präs	Präsens	presente	*pres*

	‚Pretérito'	pretérito indefinido	pret
pron dem	Demonstrativpronomen	pronombre demostrativo	pron dem
pron indef	Indefinitpronomen	pronombre indefinido	pron indef
pron inter	Interrogativpronomen	pronombre interrogativo	pron inter
pron pers	Personalpronomen	pronombre personal	pron pers
pron poss	Possessivpronomen	pronombre posesivo	pron pos
pron refl	Reflexivpronomen	pronombre reflexivo	pron refl
pron rel	Relativpronomen	pronombre relativo	pron rel
prov	Sprichwort	proverbio	prov
PSYCH	Psychologie	psicología	PSICO
PUBL	Publizistik, Presse	prensa, periodismo	
	Chemie	química	QUÍM
®	eingetragenes Warenzeichen	marca registrada	
RADIO	Rundfunk	radio	RADIO
reg	regional	regional	reg
REL	Religion	religión	REL
RR	reformierte Schreibung	ortografía nueva	
s.	siehe	véase	
SAm	Südamerika	América del Sur	
SCH	Schulwesen	enseñanza	
sg	Singular	singular	sg
sl	Slang	argot	
SPORT	Sport	deporte	
subj	‚Subjuntivo'	subjuntivo	subj
südd	süddeutsch	Alemania del Sur	
superl	Superlativ	superlativo	superl
	auch	también	t.
	Stierkampfkunst	tauromaquia	TAUR
	Theater	teatro	TEAT
TECH	Technik	técnica	TÉC
TEL	Telekommunikation	telecomunicación	TEL
THEAT	Theater	teatro	
	Typografie	tipografía	TIPO
TV	Fernsehen	televisión	TV
TYPO	Typografie	tipografía	
Ud.	Sie (Singular)	Usted	Ud.
	Europäische Union	Unión Europea	UE
UNIV	Universität	universidad	UNIV

	siehe	véase	*v.*
vi	intransitives Verb	verbo intransitivo	*vi*
	unpersönliches Verb	verbo impersonal	*vimpers*
vr	reflexives Verb	verbo reflexivo	*vr*
vt	transitives Verb	verbo transitivo	*vt*
vulg	vulgär	vulgar	*vulg*
vunpers	unpersönliches Verb	verbo impersonal	
Wend	Wendung	locución	
WIRTSCH	Wirtschaft	economía	
ZAm	Zentralamerika	América Central	
ZOOL	Zoologie	zoología	ZOOL

A

A, a [aː] *nt* <-, -> A, a *f;* **das ~ und O einer Sache** (*fam*) lo esencial de una cosa; **von ~ bis Z** (*fam*) de cabo a rabo

à [aː] *präp +akk* a... (cada uno); **10 Stück ~ drei Euro** 10 unidades a tres euros cada una

Aachen ['aːxən] *nt* <-s> Aquisgrán *m*

Aal [aːl] *m* <-(e)s, -e> anguila *f*

Aargau ['aːrgau] *m* <-s> Argovia *f*

Aas [aːs] *nt* <-es, -e> carroña *f*

ab [ap] **I.** *präp* +*dat* (*räumlich*) desde; (*zeitlich*) a partir de; **~ Hamburg** desde Hamburgo; **~ sofort** desde ya; **Kinder ~ 12 Jahren** niños de 12 años en adelante **II.** *adv:* **die dritte Straße rechts ~** hay que torcer la tercera calle a la derecha; **~ und zu** de vez en cuando; **ab|ändern** *vt* modificar; **ab|arbeiten** *vr:* **sich ~** matarse trabajando

Abb. *Abk. von* **Abbildung** ilust.

Abbau *m* <-[e]s, *ohne pl*> **1.** (*Auseinandernehmen*) desmontaje *m* **2.** (*Reduzierung*) reducción *f* **3.** (BERGB) explotación *f;* **ab|bauen I.** *vi* debilitarse **II.** *vt* (*zerlegen*) desmontar; (*verringern*) disminuir; (BERGB) explotar

ab|beißen *irr vi, vt* morder; **ab|bestellen*** *vt* anular; **ab|bezahlen*** *vt:* (**in Raten**) **~** pagar a plazos; **ab|biegen** *irr vi sein* torcer; **nach rechts ~** doblar a la derecha

ab|bilden *vt* reproducir; **er ist in der Zeitschrift abgebildet** hay una foto suya en el periódico; **Abbildung** *f* <-en> ilustración *f*

ab|blasen *irr vt* (*fam*) suspender

Abblendlicht *nt* <-(e)s, *ohne pl*> luz *f* de cruce

ab|brechen *irr* **I.** *vi sein* romperse **II.** *vt haben* (*Zweig*) romper; (*Gespräch*) interrumpir; **ab|bremsen** *vi, vt* frenar; **ab|brennen** *irr vi sein* quemarse; **ab|bringen** *irr vt:* **jdn von etw ~** disuadir a alguien de algo

Abbruch *m* <-(e)s, -brüche> **1.** (*Beendigung*) ruptura *f* **2.** *ohne pl* (*Haus*) derribo *m*

ab|buchen *vt* (FIN) cargar (en cuenta)

ab|decken *vt* (*bedecken*) tapar; (*frei machen*) destapar; (*Tisch*) quitar; (*Thema*) cubrir; **Abdeckung** *f* <-en> cubierta *f*

ab|dichten *vt* aislar; **ab|drehen** *vt* (*ausschalten*) apagar; (*zudrehen*) cerrar

Abdruck[1] *m* <-(e)s, -e> reproducción *f*

Abdruck[2] *m* <-(e)s, -drücke> impresión *f;* (*Spur*) huella *f*

ab|drucken *vt* imprimir

abend[ALT] *adv s.* **Abend**

Abend ['aːbənt] *m* <-s, -e> (*bis gegen 21 Uhr*) tarde *f;* (*ab etwa 21 Uhr*) noche *f;* **gegen ~** al atardecer; **es wird ~** atardece; **zu ~ essen** cenar; **Abendbrot** *nt,* **Abendessen** *nt* cena *f;* **Abendland** *nt* <-(e)s> Occidente *m*

abendlich *adj* vespertino; **zu ~er Stunde** por la tarde

Abendmahl *nt* <-[e]s, *ohne pl*> (REL) comunión *f;* **Abendrot** *nt* <-[e]s, *ohne pl*> crepúsculo *m*

abends ['aːbənts] *adv* (*bis gegen 21 Uhr*) por la tarde; (*ab etwa 21 Uhr*) por la noche; **um acht Uhr ~** a las ocho de la tarde

Abendschule *f* colegio *m* nocturno

Abenteuer ['aːbəntɔɪɐ] *nt* <-s, -> aventura *f*

abenteuerlich *adj* fantástico

aber ['aːbɐ] *konj* pero

Aber *nt* <-s, -, *fam:* -s> pero *m;* **kein ~!** ¡y no hay peros que valgan!

Aberglaube(n) *m* superstición *f;* **abergläubisch** *adj* supersticioso

ab|erkennen* *irr vt:* **jdm Rechte ~** privar a alguien de derechos

ab|fahren *irr* **I.** *vi sein* salir **II.** *vt haben o sein* (*Strecke*) recorrer; **Abfahrt** *f* partida *f;* (*Zug*) salida *f*

Abfall *m* basura *f;* **Abfalleimer** *m* cubo *m* de la basura

ab|fallen *irr vi sein* caerse; (*Gelände*) descender; (*fam: übrig bleiben*) sobrar

abfällig *adj* despectivo; **sich ~ über jdn äußern** hablar despectivamente de alguien

ab|färben *vi* desteñir; **auf jdn ~** contagiar a alguien; **ab|finden** *irr vr:* **sich ~** conformarse (*mit* con)

Abfindung *f* <-en> indemnización *f*

ab|flauen ['apflauən] *vi sein* calmarse

ab|fließen *irr vi sein* (*Wasser, Geld*) salir

Abflug *m* salida *f*

Abfluss[RR] *m* desagüe *m;* **Abflussrohr**[RR] *nt* cañería *f* de desagüe

ab|fragen *vt* preguntar; **ab|führen** **I.** *vi* tener un efecto purgante **II.** *vt* (*Verbrecher*) llevar detenido; **ab|füllen** *vt* (*in Flaschen*) embotellar; (*in Gefäße*) envasar

Abgabe *f* (*Steuer*) impuesto *m;* **Abgabetermin** *m* fecha *f* de entrega

Abgas *nt* (*gas m* de) escape *m*

ab|geben *irr* **I.** *vt* entregar; (*Erklärung*) dar; (*Urteil*) emitir **II.** *vr:* **sich mit jdm ~** tener trato con alguien

abgebrüht *adj* (*fam*) curado de espantos

abgedroschen *adj* (*fam*) trillado

ab|gehen *irr vi sein* (*Farbe*) irse; (*Knopf*) caerse

abgelegen *adj* distante

abgeneigt *adj:* **nicht ~ sein etw zu tun** no tener inconveniente en hacer algo

Abgeordnete(r) *mf* <-n, -n; -n> diputado, -a *m, f*

abgeschieden ['apgəʃi:dən] *adj* (*geh*) retirado; (*einsam*) solitario

abgeschlossen *adj* cerrado; (*isoliert*) aislado; (*vollendet*) acabado

abgespannt *adj* fatigado

abgestanden ['apgəʃtandən] *adj* (*Wasser*) reposado; (*Bier*) insípido

ab|gewöhnen* *vt:* **sich dat das Rauchen ~** dejar de fumar; **ab|grenzen** **I.** *vt* delimitar **II.** *vr:* **sich ~** distanciarse

Abgrund *m* precipicio *m;* (*a. fig*) abismo *m*

ab|gucken *vi, vt* (*fam*): (**etw**) **bei jdm ~** copiar (algo) de alguien; **ab|haken** *vt* marcar (con una cruz); (*fig: als erledigt ansehen*) dar por resuelto; **ab|halten** *irr vt:* **jdn von etw ~** impedir a alguien que haga algo; **ab|handeln** *vt* tratar

abhandenkommen [ap'handənkɔmən] *vt* extraviarse

Abhandlung *f* <-en> tratado *m* (*über* sobre); **Abhang** *m* pendiente *f*

ab|hängen[1] *irr vi* depender (*von* de)

ab|hängen[2] *vt* (*Bild*) descolgar; (*fam: Verfolger*) dejar atrás

abhängig *adj* dependiente; **~ sein von** depender de

Abhängigkeit *f* <-en> dependencia *f;* **gegenseitige ~** interdependencia *f*

ab|härten *vt, vr:* **sich ~** endurecer(se); **ab|hauen** *irr vi sein* (*fam*) largarse; **ab|heben** *irr* **I.** *vi* (*Flugzeug*) despegar **II.** *vt* (*Deckel*) destapar; (*Telefonhörer*) descolgar; (*Geld*) retirar **III.** *vr:* **sich von jdm/etw ~** destacar entre alguien/algo; **ab|heilen** *vi* curarse

Abhilfe *f* remedio *m;* **etw** *dat* **~**

schaffen poner remedio a algo
ab|holen *vt* recoger; ab|hören *vt*
(*Anrufbeantworter*) escuchar
Abi ['abi:] *nt* <-s, -s> (*fam*), Abitur
[abi'tu:ɐ] *nt* <-s, -e> bachillerato *m*
Abiturient(in) [abituri'ɛnt] *m(f)*
<-en, -en; -nen> preuniversitario,
-a *m, f,* bachiller *mf Am*
Abiturzeugnis *nt* título *m* de bachiller
Abk. *Abk. von* Abkürzung *abr*
ab|kapseln *vr:* sich ~ aislarse; ab|
kassieren* *vt* (*fam*) cobrar; ab|
kaufen *vt:* jdm etw ~ comprar algo
a alguien; (*fam: glauben*) tragarse
algo; ab|klappern *vt* (*fam*) recorrer;
ab|klären *vt* aclarar; ab|klingen *irr*
vi sein (*Lärm*) disminuir; (*Begeiste-
rung*) reducirse; ab|kochen *vt* her-
vir; (*keimfrei machen*) esterilizar;
ab|kommen *irr vi sein:* vom Weg
~ perderse
Abkommen *nt* <-s, -> acuerdo *m*
ab|kriegen *vt* (*fam*) 1. (*erhalten*) lle-
varse su parte (de) 2. (*erleiden*) sufrir; er hat ganz schön was abge-
kriegt ha recibido lo suyo; ab|küh-
len *vr:* sich ~ (*Wetter*) refrescar; (*Beziehungen*) enfriarse
ab|kürzen *vt* acortar; (*Weg*) atajar;
(*Wort*) abreviar; Abkürzung *f*
<-en> (*Weg*) atajo *m*
ab|laden *irr vt* descargar
Ablage *f* <-n> archivo *m*
ab|lagern I. *vi* (*Wein*) añejarse II. *vr:*
sich ~ posarse; Ablagerung *f*
<-en> sedimento *m*
Ablauf *m* (*Verlauf*) (trans)curso *m;*
(*einer Frist*) vencimiento *m;* ab|lau-
fen *irr sein* I. *vi* (*Flüssigkeit*) escu-
rrirse; (*Pass*) caducar; (*Frist*) expirar;
(*verlaufen*) transcurrir II. *vt* (*Strecke*) recorrer (*nach* en busca de)
ab|lecken *vt* lamer; ab|legen I. *vi*
(*Schiff*) zarpar II. *vt* (*Kleidung, Ge-

wohnheit*) quitarse; Vorurteile ~
deshacerse de prejuicios; ab|lehnen
vt rechazar
ablehnend *adj* negativo; etw *dat*
eher ~ gegenüberstehen no estar
mucho por algo
Ablehnung *f* <-en> rechazo *m;* auf
~ stoßen ser rechazado
ab|leiten *vt* derivar (*aus* de)
ab|lenken *vt* distraer; Ablenkung *f*
distracción *f*
ab|lesen *irr vi, vt* leer; vom Blatt ~
leer la hoja; ab|liefern *vt* entregar;
ab|machen *vt* (*vereinbaren*) acor-
dar; (*Termin, Preis*) fijar; (*fam: entfernen*) quitar
Abmachung *f* <-en> acuerdo *m*
ab|magern *vi sein* adelgazar; bis auf
die Knochen abgemagert sein
estar en los huesos; ab|melden *vt,*
vr: sich ~ dar(se) de baja; das Tele-
fon ~ dar de baja el teléfono; ab|
messen *irr vt* medir; ab|montie-
ren* *vt* desmontar; ab|mühen *vr:*
sich ~ esforzarse mucho; ab|nabeln
vr: sich ~ independizarse
Abnahme *f* <-n> 1. (*Verminderung*)
disminución *f;* (*der Temperatur*) descenso *m* 2. (*Kauf*) compra *f;* ~ fin-
den tener salida; ab|nehmen *irr*
I. *vi* (*Interesse*) disminuir; (*Gewicht
verlieren*) adelgazar; (TEL) descolgar;
es nimmt keiner ab no contesta
nadie II. *vt* (*wegnehmen*) quitar;
(*Hut*) quitar(se); (*Blut*) sacar; (*fam:
glauben*) creer
Abnehmer(in) *m(f)* <-s, -; -nen>
comprador(a) *m(f)*
Abneigung *f* antipatía *f* (*gegen* hacia)
ab|nutzen *vt, vr:* sich ~ (des)gas-
tar(se); Abnutzung *f* <-en> desgaste *m*
Abo ['abo] *nt* <-s, -s> (*fam*), Abonnement [abɔn(ə)'mã:] *nt* <-s, -s>

suscripción *f*

Abonnent(in) [abɔ'nɛnt] *m(f)* <-en, -en; -nen> suscriptor(a) *m(f)*

abonnieren* [abɔ'niːrən] *vt* suscribirse (a)

ab|passen *vt:* **den richtigen Augenblick** ~ aguardar el momento oportuno; **jdn** ~ salir al paso de alguien; **ab|plagen** *vr:* **sich** ~ afanarse (*mit* en); **ab|prallen** *vi sein* rebotar; **die Kritik prallte an ihr ab** la crítica le resbaló; **ab|putzen** *vt* limpiar; **ab|quälen** *vr:* **sich** ~ desriñonarse; **ab|rackern** *vr:* **sich** ~ (*fam*) matarse a trabajar; **ab|raten** *irr vi:* **jdm von etw** ~ desaconsejar algo a alguien; **ab|räumen** *vt* (*Teller*) retirar; **den Tisch** ~ recoger la mesa; **ab|reagieren*** I. *vt* (*Ärger*) descargar (*an* en) II. *vr:* **sich** ~ desfogarse

ab|rechnen *vi* echar la cuenta; **mit jdm** ~ ajustarle las cuentas a alguien; **Abrechnung** *f* <-en> (*Bilanz*) cuenta *f;* **die** ~ **machen** hacer las cuentas

Abreibung *f:* **jdm eine** ~ **verpassen** (*fam*) dar una paliza a alguien

Abreise *f* partida *f;* **ab|reisen** *vi sein* partir (*nach* para)

ab|reißen *irr vt* arrancar; (*Gebäude*) derribar; **Abriss**[RR] *m* <-es, -e> (*Übersicht*) compendio *m*

ab|rufen *irr vt* (*Daten*) pedir; **ab|runden** *vt* (*a.* MATH) redondear; (*ausgewogener machen*) completar

abrupt [ap'rʊpt] *adj* abrupto

ab|rüsten *vi* desarmar; **Abrüstung** *f* desarme *m*

ab|rutschen *vi sein* resbalar(se)

Abs. 1. *Abk. von* **Absender** Rte. **2.** *Abk. von* **Absatz** párrafo *m*

Absage ['apzaːgə] *f* (respuesta *f*) negativa *f;* **ab|sagen** I. *vi:* **jdm** ~ anular una cita con alguien II. *vt* (*Treffen*) anular

ab|sahnen I. *vi* (*fam*) hacer su agosto II. *vt* (*fam: Profit*) forrarse (con)

Absatz *m* (*am Schuh*) tacón *m;* (*im Text*) párrafo *m*

ab|schaffen *vt* (*aufheben*) abolir; **Abschaffung** *f* <-en> abolición *f*

ab|schalten I. *vi* (*fam: unaufmerksam werden*) desconectar; (*sich entspannen*) relajarse II. *vt* (*ausmachen*) apagar; **ab|schätzen** *vt* calcular

abschätzig ['apʃɛtsɪç] *adj* despectivo

abscheulich [ap'ʃɔɪlɪç] *adj* repugnante

ab|schicken *vt* enviar

ab|schieben *irr vt* expulsar; **Abschiebung** *f* <-en> expulsión *f*

Abschied ['apʃiːt] *m* <-(e)s, -e> despedida *f*

ab|schießen *irr vt* disparar; (*Rakete*) lanzar; (*Flugzeug*) derribar; **ab|schlagen** *irr vt* (*ablehnen*) rechazar; **jdm eine Bitte** ~ negarle a alguien un favor; **ab|schleppen** *vt* (*Auto*) remolcar

Abschleppseil *nt* cuerda *f* de remolcar; **Abschleppwagen** *m* grúa *f*

ab|schließen *irr vt* (*Tür*) cerrar con llave; (*beenden*) concluir; (*Studium*) terminar

abschließend ['apʃliːsənt] I. *adj* último II. *adv* por último

Abschluss[RR] *m* término *m;* (*Examen*) título *m;* **Abschlussprüfung**[RR] *f* examen *m* final; **Abschlusszeugnis**[RR] *nt* diploma *m;* (SCH) título *m* de graduado escolar; (*Abitur*) título *m* de bachiller

ab|schminken *vt, vr:* **sich** ~ desmaquillar(se); **das kannst du dir** ~! ¡eso te lo puedes quitar de la cabeza!; **ab|schnallen** *vt, vr:* **sich** ~ desabrochar(se); **ab|schneiden** *irr* I. *vi:* **gut/schlecht** ~ tener/no tener éxito **II.** *vt* cortar; **von der Außenwelt abgeschnitten sein** estar incomunicado

Abschnitt *m* (*im Text*) párrafo *m*

ab|schotten ['apʃɔtən] *vt, vr:* **sich ~** aislar(se)

ab|schrauben *vt* desatornillar; **ab|schrecken** *vt* desanimar; (*Nudeln*) pasar por agua fría

abschreckend *adj* intimidatorio

Abschreckung *f* <-en> intimidación *f*

ab|schreiben *irr vt* copiar; **ich hatte ihn längst abgeschrieben** (*fam*) hacía tiempo que le había borrado de mi lista; **Abschrift** *f* <-en> copia *f*

abschüssig ['apʃʏsɪç] *adj* empinado; (*Küste*) escarpado

ab|schütteln *vt* (*entfernen*) sacudir; (*Person*) librarse (de); **ab|schwächen I.** *vt* **1.** (*Wirkung*) debilitar **2.** (*Eindruck*) atenuar **II.** *vr:* **sich ~** debilitarse; **ab|schweifen** ['apʃvaɪfən] *vi sein* (*geh: vom Weg*) desviarse; (*Gedanke*) divagar; **ab|schwellen** *irr vi sein* deshincharse; (*Lärm*) disminuir; **der Finger ist abgeschwollen** la inflamación del dedo ha bajado

absehbar *adj* previsible; **in ~er Zeit** en breve

ab|sehen *irr* **I.** *vi* (*verzichten*) prescindir (*von* de); **abgesehen von ...** a excepción de...; **abgesehen davon** aparte de eso **II.** *vt* (*voraussehen*) prever; **es ist abzusehen, dass ...** es de prever que...; **es auf jdn abgesehen haben** (*gernhaben wollen*) pretender conseguir a alguien; (*schikanieren*) tomarla con alguien

abseits ['apzaɪts] **I.** *präp* +*gen* lejos de **II.** *adv* (*fern*) alejado

ab|senden *irr vt* enviar; **Absen-**

der(in) *m (f)* <-s, -; -nen> remitente *mf*

ab|setzen I. *vt* (*hinstellen*) poner (*auf* en); (*Brille*) quitarse **II.** *vr:* **sich ~** (*fam: verschwinden*) escaparse; **ab|sichern** *vt, vr:* **sich ~** asegurar(se)

Absicht *f* <-en> propósito *m;* **mit/ohne ~** a propósito/sin querer; **die ~ haben etw zu tun** tener la intención de hacer algo

absichtlich I. *adj* intencionado **II.** *adv* a propósito

ab|sitzen *irr vt* (*fam: Strafe*) cumplir

absolut [apzo'lu:t] *adj* absoluto; **~ nichts** nada en absoluto

absolvieren* [apzɔl'vi:rən] *vt* (*Studium*) terminar; (*Prüfung*) aprobar

ab|sondern *vr:* **sich ~** apartarse

ab|speichern *vt* (INFOR) almacenar (*auf* en)

ab|sperren *vt* (*Straße*) cortar; (*Österr, südd: abschließen*) cerrar (con llave); **Absperrung** *f* <-en> **1.** (*das Absperren*) bloqueo *m;* (*von Straßen*) corte *m* de carreteras **2.** (*Sperre*) barrera *f*

ab|spielen *vr:* **sich ~** ocurrir

Absprache *f* <-n>: **nach vorheriger ~** según acuerdo previo; **eine ~ treffen** llegar a un acuerdo; **ab|sprechen** *irr vt* (*vereinbaren*) acordar; (*aberkennen*) privar (de)

ab|springen *irr vi sein* saltar (*von* de); **Absprung** *m* <-(e)s, -sprünge> salto *m;* **den ~ schaffen** (*fam fig*) aprovechar el momento adecuado

ab|stammen *vi* descender (*von* de)

Abstand *m* distancia *f;* **in regelmäßigen Abständen** a intervalos regulares

ab|stauben ['apʃtaʊbən] *vt* **1.** (*putzen*) desempolvar, quitar el polvo (a) **2.** (*schnorren*) gorronear

Abstecher *m* <-s, -> excursión *f;* (*Umweg*) vuelta *f*

ab|stehen *irr vi* destacarse; **~de Ohren** orejas de soplillo; **ab|steigen** *irr vi sein* descender; (*vom Pferd*) bajar; **in einer Pension** ~ parar en una pensión; **ab|stellen** *vt* (*hinstellen*) colocar; (*ausmachen*) apagar; (*Strom*) cortar

Abstellraum *m* (cuarto *m*) trastero *m*

ab|sterben *irr vi sein* (*Zellen, Blätter*) morirse; (*Glieder*) entumecerse

Abstieg ['apʃtiːk] *m* <-(e)s, -e> bajada *f*

ab|stimmen **I.** *vi* votar (*über* sobre) **II.** *vt* (*harmonisieren*) ajustar (*auf* a); **sich mit jdm ~** ponerse de acuerdo con alguien; **Abstimmung** *f* <-en> votación *f*

ab|stoßen *irr vt* asquear

abstoßend *adj* repugnante

abstrakt [ap'strakt] *adj* abstracto

ab|streiten *irr vt* negar; **ab|stumpfen** ['apʃtʊmpfən] **I.** *vi sein* (*fig*) embrutecerse; (*Gefühl*) embotarse **II.** *vt* truncar; (*fig*) embrutecer

Absturz *m* caída *f;* (INFOR) fallo *m* general; **ab|stürzen** *vi sein* (*Flugzeug*) estrellarse; (*Bergsteiger*) caer; (INFOR) producirse un error de tipo general (en)

ab|stützen *vt, vr:* **sich ~** apoyar(se); **ab|suchen** *vt* buscar por todas partes

absurd [ap'zʊrt] *adj* absurdo

Abt, Äbtissin [apt, ɛp'tɪsɪn] *m, f* <-(e)s, Äbte; -nen> abad(esa) *m(f)*

ab|tasten *vt* (*befühlen*) tentar

Abtei [ap'taɪ] *f* <-en> abadía *f*

Abteil [ap'taɪl] *nt* compartim(i)ento *m*

Abteilung [-'--] *f* <-en> (*im Kaufhaus*) sección *f;* (*im Krankenhaus*) unidad *f;* **Abteilungsleiter(in)** *m(f)* jefe, -a *m, f* de sección

ab|töten *vt* matar

ab|treiben *irr* **I.** *vi* **1.** *sein* (*Boot*) derivar **2.** (*Schwangerschaft abbrechen*) abortar **II.** *vt* (*Schwangerschaft abbrechen*) abortar; **Abtreibung** *f* <-en> aborto *m*

ab|trennen *vt* (*Angenähtes*) descoser; (*abteilen*) separar; **ab|trocknen** *vt* secar; **ab|tun** *irr vt* rechazar; **etw als belanglos ~** minimizar algo; **ab|wägen** ['apvɛːgən] <wägt ab, wog ab, abgewogen> *vt* ponderar; **ab|wälzen** *vt* (*Schuld*) echar (*auf* a); (*Arbeit*) descargar (*auf* en); **ab|wandeln** *vt* modificar; **ab|wandern** *vi sein* emigrar; **ab|warten** *vi, vt* esperar

abwärts ['apvɛrts] *adv* hacia abajo

ab|waschen *irr vi, vt* fregar

Abwasser *nt* <-s, -wässer> aguas *fpl* residuales

Abwechs(e)lung *f* <-en> cambio *m;* **zur ~** para variar

ab|wechseln *vi, vr:* **sich ~** alternar(se)

abwechselnd *adv* por turnos

abwechslungsreich *adj* variado

abwegig ['apveːɡɪç] *adj* desacertado

Abwehr ['pveːɐ] *f* defensa *f;* **ab|wehren** *vt* (*fernhalten*) mantener a distancia; (*Angriff*) rechazar; **Abwehrkräfte** *fpl* defensas *fpl* (del organismo)

ab|weichen *irr vi sein* (*vom Kurs, Thema*) desviarse; (*sich unterscheiden*) divergir; (*Meinung*) discrepar

Abweichung *f* <-en> **1.** (*das Abweichen*) desviación *f* **2.** (TECH) anomalía *f*, irregularidad *f*

ab|weisen *irr vt* rechazar; (*wegschicken*) no recibir; **ab|wenden** *irr* **I.** *vt* (*Blick*) apartar; (*Gefahr*) evitar **II.** *vr:* **sich ~** apartarse; **ab|werfen** *irr vt* (*Bomben*) lanzar; **ab|werten** *vt* despreciar; (FIN) devaluar

abwesend ['apveːzənt] *adj* ausente
Abwesenheit *f* <-en> ausencia *f*
ab|wiegen *irr vt* pesar; **ab|wischen** *vt* limpiar; **ab|zahlen** *vt* (*in Raten*) pagar a plazos; **ab|zählen** *vt* contar; **ab|zeichnen** I. *vt* (*kopieren*) copiar; (*signieren*) firmar II. *vr:* **sich ~** perfilarse; **ab|ziehen** *irr* I. *vi* (*Rauch*) salir(se); (*Gewitter*) alejarse II. *vt:* **das Bett ~** quitar las sábanas; **ab| zielen** *vi* referirse (*auf* a)
Abzocke *f ohne pl* (*pej fam*) abuso *m*, clavada *f*
Abzug *m* (FOTO) copia *f*
ab|zweigen I. *vi sein* desviarse II. *vt haben* (*Geld*) apartar
Achse ['aksə] *f* <-n> eje *m*
Achsel ['aksəl] *f* <-n> axila *f;* **mit den ~n zucken** encogerse de hombros; **Achselhöhle** *f* sobaco *m;* **Achselzucken** *nt* <-s, *ohne pl*> encogimiento *m* de hombros
acht¹ [axt] *adj inv* ocho; **es ist gleich ~** (*Uhr*) van a ser las ocho (horas); **um/gegen ~** (*Uhr*) a las/sobre las ocho (horas); **mit ~** (*Jahren*) a los ocho años; **vor ~ Tagen** hace ocho días; **in ~ Tagen** dentro de ocho días; **heute/morgen in ~ Tagen** de hoy en/mañana en ocho días
acht²ᴬᴸᵀ *s.* **Acht**
Acht [axt] *f* atención *f;* **~ geben** prestar atención (*auf* a); (*auf Personen*) cuidar (*auf* de); **etw außer ~ lassen** prescindir de algo; **sich (vor jdm) in ~ nehmen** cuidarse (de alguien); **gib ~, wohin du trittst!** ¡ten cuidado de dónde pisas!
achtbar *adj* respetable
achte(r, s) *adj* octavo; **der ~/am ~n Dezember** el ocho de diciembre; **das ~ Mal** la octava vez; **jeden ~n Tag** cada ocho días
achtel *adj inv* octavo; **ein ~ Zentner** la octava parte de un quintal

Achtel ['axtəl] *nt* <-s, -> octavo, -a *m, f,* octava parte *f*
achten ['axtən] I. *vi* atender (*auf* a); (*auf den Weg*) fijarse (*auf* en); **auf jdn ~** cuidar de alguien II. *vt:* **jdn ~** respetar a alguien
achtens ['axtəns] *adv* en octavo lugar; (*bei einer Aufzählung*) octavo
Achterbahn *f* montaña *f* rusa
achterlei *adj inv* de ocho clases diferentes, ocho clases (diferentes) de; **auf ~ Weise** de ocho formas diferentes
achtfach *adj* óctuplo; **die ~e Menge** ocho veces la cantidad
acht|geben *irr vi s.* **Acht**
achthundert ['-'--] *adj inv* ochocientos; **~ Personen** ochocientas personas
achtjährig ['axtjɛːrɪç] *adj* (*acht Jahre alt*) de ocho años; (*acht Jahre dauernd*) de ocho años de duración
achtlos *adj* desconsiderado; **~ mit etw umgehen** tratar algo con descuido
achtmal *adv* ocho veces; **~ so viel(e)** ocho veces más; **~ täglich** ocho veces al día
Achtung ['axtʊŋ] *f* (*Aufmerksamkeit*) atención *f;* (*Wertschätzung*) respeto *m* (*vor* a); **~ Stufe!** ¡cuidado con el escalón!; **~, fertig, los!** ¡preparados, listos, ya!; **sich** *dat* **~ verschaffen** hacerse respetar
achtzehn *adj inv* dieciocho; **wann wirst du ~?** ¿cuándo cumples los 18?; *s.a.* **acht¹**
achtzig ['axtsɪç] *adj inv* ochenta; **etwa ~** (*Jahre alt*) sobre los ochenta (años); **über/unter ~** más de/menos de ochenta; **die ~er Jahre** los años ochenta
achtzigste(r, s) *adj* octogésimo; **heute ist ihr ~r Geburtstag** hoy es su octogésimo aniversario

ächzen ['ɛçtsən] *vi* (*Person*) gemir (*vor de*)

Acker ['akɐ] *m* <-s, Äcker> campo *m;* **Ackerbau** *m* <-s, *ohne pl*> agricultura *f*

ADAC [a:de:ʔa:'tse:] *m* <-> *Abk. von* **Allgemeiner Deutscher Automobil-Club** Automóvil Club de Alemania

addieren* [a'di:rən] *vt* sumar (*zu* a)

Addition [adi'tsjo:n] *f* <-en> adición *f* (*zu* a)

Adel ['a:dəl] *m* <-s, *ohne pl*> nobleza *f*

ad(e)lig ['a:d(ə)lɪç] *adj* noble

Ader ['a:dɐ] *f* <-n> (*a. fig*) vena *f*

Adjektiv ['atjɛkti:f] *nt* <-s, -e> adjetivo *m*

Adler ['a:dlɐ] *m* <-s, -> águila *f*

Administration [atmɪnɪstra'tsjo:n] *f* <-en> administración *f*

adoptieren* [adɔp'ti:rən] *vt* adoptar

Adoption [adɔp'tsjo:n] *f* <-en> adopción *f*

Adoptiveltern *pl* padres *mpl* adoptivos; **Adoptivkind** *nt* hijo, -a *m, f* adoptivo, -a

Adr. *Abk. von* **Adresse** dir.

Adressat(in) [adrɛ'sa:t] *m(f)* <-en, -en; -nen> destinatario, -a *m, f*

Adresse [a'drɛsə] *f* <-n> dirección *f*

Adria ['a:dria] *f* Adriático *m*

Advent [at'vɛnt] *m* <-(e)s, -e> Adviento *m*

Adverb [at'vɛrp] *nt* <-s, -verbien> adverbio *m*

Affäre [a'fɛ:rə] *f* <-n> (*Liebesabenteuer*) aventura *f* amorosa; (*Skandal*) affaire *m;* **sich mit etw aus der ~ ziehen** salir del apuro con algo

Affe ['afə] *m* <-n, -n> mono *m*

affig *adj* (*fam*) afectado

Afrika ['a(:)frika] *nt* <-s> África *f*

Afrikaner(in) [afri'ka:nɐ] *m(f)* <-s, -; -nen> africano, -a *m, f*

afrikanisch *adj* africano

After ['aftɐ] *m* <-s, -> ano *m*

AG [a:'ge:] *f* <-(s)> *Abk. von* **Aktiengesellschaft** S.A. *f*

Ägäis [ɛ'gɛ:ɪs] *f* Egeo *m*

Agentur *f* <-en> agencia *f*

Aggression [agrɛ'sjo:n] *f* <-en> **1.** (*Angriff*) agresión *f* **2.** (*Angriffslust*) agresividad *f*

aggressiv *adj* agresivo

Aggressivität *f* agresividad *f*

Agrarwirtschaft *f ohne pl* economía *f* agrícola

Ägypten [ɛ'gʏptən] *nt* <-s> Egipto *m*

ähneln ['ɛ:nəln] *vi:* **jdm ~** parecerse a alguien

ahnen ['a:nən] *vt* (*voraussehen*) prever; (*vorausfühlen*) presentir; (*vermuten*) sospechar; **nichts ~d** sin sospechar nada; **ich habe es geahnt** ya me lo había figurado

ähnlich ['ɛ:nlɪç] *adj* parecido; **bei ~er Gelegenheit** en semejantes circunstancias; **das sieht ihm ~** (*fam*) ¡seguro que es una de las suyas!

Ähnlichkeit *f* <-en> parecido *m*

Ahnung *f* <-en> (*Vorgefühl*) presentimiento *m;* (*Wissen*) idea *f;* **keine ~!** ¡ni idea!; **ahnungslos** *adj* (*nichts ahnend*) desprevenido; (*unwissend*) ignorante

Aids [ɛɪts] *nt* <-, *ohne pl*> SIDA *m;* **Aidskranke(r)** *mf* enfermo, -a *m, f* de SIDA; **Aidsvirus** *nt* virus *m* del SIDA

Airbag ['ɛɐbɛ:k] *m* <-s, -s> (AUTO) airbag *m*, bolsa *f* de aire

Akademie [akade'mi:] *f* <-n> academia *f*

Akademiker(in) [aka'de:mikɐ] *m(f)* <-s, -; -nen> académico, -a *m, f*

akklimatisieren* [aklimati'zi:rən] *vr:* **sich ~** aclimatarse

Akkord [a'kɔrt] *m* <-(e)s, -e>

1. (MUS) acorde *m* **2.** (WIRTSCH): **im ~ arbeiten** trabajar a destajo
Akkordeon [a'kɔrdeɔn] *nt* <-s, -s> acordeón *m*
akkurat [aku'raːt] *adj* meticuloso
Akkusativ ['akuzatiːf] *m* <-s, -e> acusativo *m*
Akne ['aːknə] *f* <-n> acné *m*
Akrobat(in) [akro'baːt] *m(f)* <-en, -en; -nen> acróbata *mf*
Akt [akt] *m* <-(e)s, -e> acto *m;* (KUNST) desnudo *m*
Akte ['aktə] *f* <-n> acta *f;* **etw zu den ~n legen** (*fig*) dar carpetazo a algo; **Aktenordner** *m* archivador *m*
Aktie ['aktsjə] *f* <-n> acción *f;* **Aktiengesellschaft** *f* sociedad *f* anónima; **Aktienspekulation** *f* especulación *f* bursátil
Aktion [ak'tsjoːn] *f* <-en> acción *f;* **in ~ treten** entrar en acción
aktiv [ak'tiːf] *adj* activo
Aktivität *f* <-en> actividad *f*
aktualisieren* [aktuali'ziːrən] *vt* actualizar
Aktualität [aktuali'tɛːt] *f* actualidad *f*
aktuell [aktu'ɛl] *adj* actual
Akustik [a'kʊstɪk] *f* acústica *f*
akustisch *adj* acústico
akut [a'kuːt] *adj* agudo
Akzent [ak'tsɛnt] *m* <-(e)s, -e> acento *m* (*auf* en); **~e setzen** (*fig*) marcar la pauta
akzeptabel [aktsɛp'taːbəl] *adj* aceptable
akzeptieren* *vt* aceptar
Alarm [a'larm] *m* <-(e)s, -e> alarma *f;* **~ schlagen** tocar la alarma; **Alarmanlage** *f* sistema *m* de alarma; **Alarmbereitschaft** *f* estado *m* de alerta
alarmieren* *vt* alarmar
Albanien [al'baːniən] *nt* <-s> Albania *f*
albanisch *adj* albanés

Alben *pl von* **Album**
albern ['albɛn] *adj* (*abw*) tonto; (*kindisch*) pueril; **sich ~ benehmen** hacer el bobo
Albtraum[RR] *m s.* **Alptraum**
Album ['albʊm] *nt* <-s, Alben> álbum *m*
Alge ['algə] *f* <-n> alga *f*
Algebra ['algebra] *f* álgebra *f*
Algerien [al'geːriən] *nt* <-s> Argelia *f*
Alibi ['aːlibi] *nt* <-s, -s> coartada *f*
Alimente [ali'mɛntə] *pl* manutención *f*
Alkohol ['alkohoːl] *m* <-s, -e> alcohol *m;* **alkoholfrei** *adj* sin alcohol
Alkoholiker(in) [alko'hoːlikɐ] *m(f)* <-s, -; -nen> alcohólico, -a *m, f*
alkoholisch [--'--] *adj* alcohólico
Alkoholismus *m* <-, *ohne pl*> alcoholismo *m*
Alkoholtest *m* prueba *f* de alcoholemia
all [al] *pron indef* todo; **~ die Mühe** todo el esfuerzo; *s.a.* **alle(r, s)**
All [al] *nt* <-s, *ohne pl*> espacio *m*
alle ['alə] *adv* (*fam*): **es ist ~** se acabó; **ich bin total ~** (*fam*) estoy hecho polvo
alle(r, s) *pron indef* **1.** *sg* todo; **wer war ~s da?** ¿quiénes estaban?; **~s in ~m** (*insgesamt*) en total; (*kurzum*) en resumen; **~s Mögliche** de todo; **vor ~m** sobre todo **2.** *pl* todos; **~ auf einmal** todos a la vez; **~ zehn Minuten** cada diez minutos; **auf ~ Fälle** de todos modos; **für ~ Zeiten** para siempre
Allee [a'leː] *f* <-n> avenida *f*
allein(e) [a'laɪn(ə)] **I.** *adj* solo; **kann ich dich einen Augenblick ~(e) sprechen?** ¿te puedo hablar un momento a solas? **II.** *adv* (*nur*) sólo; **du ~(e) bist schuld daran** sólo tú tienes la culpa; **einzig und ~(e)** únicamente; **Alleinerziehende(r)**

mf <-n, -n; -n> padre *m* soltero, madre *f* soltera; **alleinstehend** *adj* soltero

allenfalls ['alən'fals] *adv* en el mejor de los casos

allerbeste(r, s) ['alɛ'bɛstə, -te, -təs] *adj* mejor (de todos); **es wäre am ~n, wenn ...** lo mejor sería, si... +*subj*

allerdings ['alɛ'dɪŋs] *adv* (*einschränkend*) no obstante; (*bekräftigend*) naturalmente

allererste(r, s) ['--'--] *adj* primero (de todos)

Allergie [alɛr'giː] *f* <-n> alergia *f* (*gegen* a)

Allergiker(in) [a'lɛrgike] *m(f)* <-s, -; -nen> alérgico, -a *m, f*

allergisch *adj* alérgico (*gegen* a)

allerhand ['--'-] *adj inv* (*fam: allerlei*) de toda clase; **dort gab es ~ Leute** allí había gente de todo tipo; **das ist ~ Geld** eso es bastante dinero

allerlei ['alɛ'laɪ] *adj inv:* ~ **Tiere** animales de todas clases; **es wird ~ geredet** se dice de todo

allerletzte(r, s) ['--'--] *adj* último (de todos); **das ist das Allerletzte!** ¡esto es lo último!; **allermeiste(r, s)** ['--'--] *adj:* **die ~n Menschen** la mayor parte de la gente; **am ~n** sobre todo

allg. *Abk. von* **allgemein** general

Allgäu ['algɔɪ] *nt* <-s> Algoia *f*

allgegenwärtig ['-----] *adj* omnipresente

allgemein [algə'maɪn] *adj* general; **im Allgemeinen** en general; ~ **gültig** universal; ~ **üblich** generalizado; ~ **verständlich** comprensible para todos; **es ist ~ bekannt, dass ...** es de todos sabido que...; **Allgemeinbildung** [--'---] *f* cultura *f* general; **allgemeingültig** [--'---] *adj s.* **allgemein**

Allgemeinheit [--'--] *f* público *m;* **im Interesse der ~** para el interés general

Allgemeinmedizin [--'----] *f* medicina *f* general; **allgemeinverständlich** [--'----] *adj s.* **allgemein**

Alliierte(r) *mf* <-n, -n; -n> aliado, -a *m, f*

All-inclusive-Urlaub [ɔːlɪn'kluːsɪf-uːɐlaup] *m* pack *m* de vacaciones

alljährlich [-'--] I. *adj* anual II. *adv* cada año

allmählich [al'mɛːlɪç] I. *adj* paulatino II. *adv* poco a poco; **es wird ~ Zeit!** (*iron*) ¡ya va siendo hora!

Alltag ['altaːk] *m* <-(e)s, *ohne pl*> vida *f* cotidiana; **alltäglich** [-'--] *adj* diario; (*gewöhnlich*) banal

allwissend ['-'--] *adj* omnisciente; **allzu** ['--] *adv* demasiado

Alm [alm] *f* <-en> pasto *m* de alta montaña

Almosen ['almoːzən] *nt* <-s, -> limosna *f*

Alpen ['alpən] *pl* Alpes *m pl*

Alphabet [alfa'beːt] *nt* <-(e)s, -e> alfabeto *m*

alphabetisch *adj* alfabético

Alptraum *m* pesadilla *f*

als [als] *konj* 1. (*gleichzeitig*) (justo) cuando; ~ **der Krieg ausbrach, ...** al estallar la guerra... 2. (*als ob*) como si; **es sieht nicht so aus, ~ würden wir das Spiel verlieren** no parece que vayamos a perder el partido; **er ist zu anständig, ~ dass er so etwas tun könnte** es demasiado correcto como para hacer una cosa así 3. (*bei Vergleichen*) que; **ich bin klüger ~ vorher** soy más listo que antes 4. (*in der Eigenschaft*) como; ~ **Belohnung waren 1.000 Euro ausgesetzt** fijaron 1.000 euros de recompensa

also ['alzo] *adv* (*folglich*) por consiguiente; (*das heißt*) o sea

alt [alt] *adj* <älter, am ältesten>

viejo; (*gebraucht*) usado; **wie ~ bist du?** ¿cuántos años tienes?; **ich bin 17 Jahre ~** tengo 17 años; **es bleibt alles beim Alten** todo sigue igual

Altar [al'taːɐ] *m* <-s, Altäre> altar *m*

Altenheim *nt* residencia *f* de ancianos; **Altenpflege** *f* cuidados *mpl* a ancianos

Alter ['altɐ] *nt* <-s, *ohne pl*> edad *f*; (*Lebensabschnitt*) vejez *f*; **im ~ von drei Jahren** a la edad de tres años; **er ist in deinem ~** es de tu edad

altern ['altɐn] *vi sein* envejecer

alternativ *adj* alternativo

Alternative *f* <-n> alternativa *f*

Altersheim *nt* residencia *f* de ancianos

Altersteilzeit *f ohne pl* tipo de jubilación anticipada que permite reducir la jornada laboral (*adaptando también el sueldo*) a los trabajadores de más de 55 años

Altertum ['altɐtuːm] *nt* <-s, *ohne pl*> antigüedad *f*

Altglas *nt* <-[e]s, *ohne pl*> (botellas *fpl* de) vidrio *m* reciclable; **Altglascontainer** *m* contenedor *m* de vidrio reciclable

altmodisch *adj* chapado a la antigua

Altpapier *nt* <-s, *ohne pl*> papel *m* reciclable; **Altstadt** *f* casco *m* antiguo

Alu ['aːlu] *nt* <-[s], *ohne pl*> *Abk. von* **Aluminium** aluminio *m*; **Alufolie** ['aːlufoːliə] *f* papel *m* de aluminio

Aluminium [alu'miːniʊm] *nt* <-s, *ohne pl*> aluminio *m*

am [am] I. (*Superlativbildung*): **Lothar fährt ~ schnellsten** Lothar es el que más rápido conduce II. = **an dem** *s.* **an III.** (*fam: Verlaufsform*): **ich bin ~ Arbeiten** estoy trabajando

Amateur(in) [ama'tøːɐ] *m(f)* <-(e)s, -e; -nen> aficionado, -a *m, f*

ambulant [ambu'lant] *adj* ambu-

lante; **~e Behandlung** tratamiento ambulatorio

Ambulanz [ambu'lants] *f* <-en> (*Klinikstation*) ambulatorio *m*

Ameise ['aːmaɪzə] *f* <-n> hormiga *f*

Amerika [a'meːrika] *nt* <-s> América *f*

Amerikaner(in) [ameri'kaːnɐ] *m(f)* <-s, -; -nen> americano, -a *m, f*

amerikanisch *adj* americano

Amok ['aːmɔk] *m:* ~ **laufen/fahren** ir enloquecido, destruyendo o matando

Ampel ['ampəl] *f* <-n> semáforo *m*

amputieren* [ampu'tiːrən] *vt* amputar

Amsel ['amzəl] *f* <-n> mirlo *m*

Amt [amt] *nt* <-(e)s, Ämter> (*Stellung*) cargo *m;* (*Behörde*) departamento *m;* **im ~ sein** estar en funciones; **Auswärtiges ~** Ministerio de Asuntos Exteriores

amtlich *adj* oficial; **~es Kennzeichen** matrícula *f*

Amtssprache *f* idioma *m* oficial; (EU) lengua *f* oficial

amüsant [amy'zant] *adj* entretenido; (*lustig*) divertido

amüsieren* [amy'ziːrən] *vt, vr:* **sich ~** divertir(se)

an [an] I. *präp* +*dat* **1.** (*nahe bei*) junto a; **~ der Ecke** en la esquina; **er geht ~ mir vorbei** pasa por mi lado **2.** (*geographisch gelegen*) (a orillas) de; **Frankfurt ~ der Oder/am Main** Francfort del Oder/del Meno **3.** (*zeitlich*) a; **am Abend** por la tarde; **am Anfang** al principio; **am 29. November 1991** el 29 de noviembre de 1991 II. *präp* +*akk* **1.** (*in Richtung auf*) a; **sich ~ die Wand lehnen** apoyarse contra la pared; **er trat ~s Fenster** fue hacia la ventana; **~ die Arbeit!** ¡al trabajo! **2.** (*für*) para; **ein Brief ~ seinen**

Sohn una carta a su hijo; **ich habe eine Frage ~ dich** tengo una pregunta que hacerte; **~ (und für) sich** de por sí **3.** (*ungefähr*) aproximadamente; **sie verdient ~ die 4.000 Euro** cobra unos 4.000 euros **III.** *adv* (*eingeschaltet*) encendido; **von ... ~** a partir de...; **von Anfang ~** desde el principio

analog [ana'lo:k] *adj* análogo

Analphabet(in) ['analfabe:t] *m(f)* <-en, -en; -nen> analfabeto, -a *m, f*

Analyse [ana'ly:zə] *f* <-n> análisis *m inv*

analysieren* [analy'zi:rən] *vt* analizar

Ananas ['ananas] *f* <-(se)> piña *f*, ananá(s) *m Am*

Anatomie [anato'mi:] *f* anatomía *f*

an|bahnen *vt, vr:* **sich ~** iniciar(se)

Anbau *m* <-(e)s, -ten> **1.** (*Nebengebäude*) anexo *m* **2.** *ohne pl* (AGR) cultivo *m;* **aus kontrolliert-biologischem ~** de cultivo biológico controlado; **an|bauen** *vt* (AGR) cultivar

anbei [-'-] *adv* adjunto

an|beißen *irr* **I.** *vi* (*Fisch*) picar; (*fam: Person*) aceptar **II.** *vt* morder (en); **an|beten** *vt* adorar

Anbetracht ['anbətraxt] *f:* **in ~ +***gen* en vista de

an|biedern *vr:* **sich ~** congraciarse (*bei* con)

an|bieten *irr* **I.** *vt* ofrecer **II.** *vr:* **sich ~** (*zur Verfügung stellen*) ofrecerse (*als* como/de); (*geeignet sein*) ser apropiado; **sie bot sich an ihm zu helfen** se brindó a ayudarle; **Anbieter** *m* <-s, -> (WIRTSCH) vendedor *m;* (*Ausschreibung*) licitador *m*

an|binden *irr vt* atar (a)

Anblick *m* aspecto *m;* **an|blicken** *vt* mirar

an|brechen *irr* **I.** *vi sein* (*geh: Tag*) rayar; (*Nacht*) entrar **II.** *vt haben*

(*Vorrat*) empezar; (*Packung*) abrir; **an|brennen** *irr vi sein* (*Speisen*) quemarse; **an|bringen** *irr vt* (*befestigen*) colocar; (*installieren*) instalar

Anbruch *m* <-(e)s, *ohne pl*> comienzo *m;* **bei ~ der Nacht** al caer la noche

Andacht ['andaxt] *f* <-en> **1.** (*Gottesdienst*) misa *f* **2.** *ohne pl* (*Versenkung*) recogimiento *m*

Andalusien [anda'lu:ziən] *nt* <-s> Andalucía *f*

andalusisch *adj* andaluz

an|dauern *vi* durar; (*weitergehen*) seguir

andauernd *adj* continuo

Anden ['andən] *pl* Andes *mpl*

Andenken *nt* <-s, -> **1.** (*Souvenir*) recuerdo *m* **2.** *ohne pl* (*Erinnerung*) memoria *f* (*an* de)

andere(r, s) *pron indef* **1.** (*verschieden*) otro; **alle ~n** todos los demás; **jemand ~s** otra persona; **einer nach dem ~n** uno tras otro **2.** (*folgend*) siguiente; **von einem Tag auf den ~n** de la noche a la mañana; **am ~n Tag** al día siguiente

ander(e)nfalls *adv* en caso contrario

and(e)rerseits *adv* por otro lado; **einerseits ..., ~ ...** por una parte..., por otra, ...

andermal *adv:* **ein ~** en otra ocasión

ändern ['ɛndən] *vt, vr:* **sich ~** cambiar

anders ['andəs] *adv* de otro modo (*als* que); (*unterschiedlich*) distinto (*als* a/de); **~ Denkender** persona de diferente parecer; **ich habe es mir ~ überlegt** cambié de opinión; **Andersdenkende(r)** *mf* <-n, -n; -n> *s.* **anders; anderswo** ['--(')-] *adv* en (cualquier) otra parte

anderthalb ['andət'halp] *adj inv* uno y medio

Änderung ['ɛndərʊŋ] *f* <-en> (*Umgestaltung*) modificación *f;* (*Wechsel*) cambio *m*

an|deuten I. *vt* (*kurz erwähnen*) aludir (a); (*zu verstehen geben*) dar a entender **II.** *vr:* **sich ~** vislumbrarse; **Andeutung** *f* <-en> **1.** (*Anspielung*) alusión *f;* **~en über etw machen** hacer alusiones respecto a algo **2.** (*Anzeichen*) asomo *m*

Andorra [an'dɔra] *nt* <-s> Andorra *f*

andorranisch *adj* andorrano

Andrang *m* <-(e)s, *ohne pl*> (*Gedränge*) aglomeración *f* de gente

an|drehen *vt:* **jdm etw ~** (*fam*) endosar algo a alguien; **an|drohen** *vt:* **jdm etw ~** amenazar a alguien con algo; **an|eignen** *vt:* **sich** *dat* **etw ~** (*Gegenstand*) apropiarse de algo; (*Wissen*) adquirir

aneinander [--'--] *adv* el uno al otro; **~ denken** pensar el uno en el otro

Anekdote [anɛk'do:tə] *f* <-n> anécdota *f*

an|ekeln *vt* repugnar

anerkannt *adj* (*angesehen*) reconocido

an|erkennen* *irr vt* reconocer; (*Schuld*) confesar; **Anerkennung** *f* reconocimiento *m;* **~ finden** hallar aprobación

an|fahren *irr* **I.** *vi sein* (*starten*) arrancar **II.** *vt haben* (*ansteuern*) parar (en); (*Hafen*) arribar (a); (*anstoßen*) chocar (contra); (*Person*) atropellar

Anfall *m* ataque *m;* **in einem ~ von Zorn** en un ataque de cólera

anfällig ['anfɛlɪç] *adj* propenso (*für* a)

Anfang ['anfaŋ] *m* <-(e)s, -fänge> comienzo *m;* **~ nächster Woche** a principios de la próxima semana; **von ~ an** desde un principio; **an| fangen** *irr vi, vt* empezar; **es fing an zu regnen** empezó a llover; **damit kann ich nichts ~** no me sirve para nada; **Anfänger(in)** *m(f)* <-s, -;

-nen> principiante *mf*

anfänglich ['anfɛŋlɪç] *adj* primero, inicial; **nach ~em Zögern** tras los titubeos iniciales

anfangs ['anfaŋs] *adv* al principio

an|fassen I. *vi* (*mithelfen*) echar una mano **II.** *vt* (*berühren*) tocar; **jdn hart ~** tratar a alguien con dureza; **an|fertigen** *vt* (*machen*) hacer; (*herstellen*) fabricar; **an|feuchten** ['anfɔɪçtən] *vt* humedecer; **an|feuern** *vt* (*anspornen*) enardecer; **an| flehen** *vt* implorar

Anflug *m* <-(e)s, -flüge> (*Andeutung*) asomo *m* (*von* de)

an|fordern *vt* pedir; **Anforderung** *f* (*Anspruch*) exigencia *f;* **den ~en nicht entsprechen** no reunir los requisitos

Anfrage *f* <-n> pregunta *f* (*bei* a); **auf ~** a petición

an|freunden *vr:* **sich ~** (*Freundschaft schließen*) trabar amistad; (*sich gewöhnen*) familiarizarse

an|fühlen *vr:* **sich hart/weich ~** ser duro/blando al tacto

an|führen *vt* (*vorangehen*) encabezar; (*vorbringen*) aducir; **Anführer(in)** *m(f)* jefe, -a *m, f;* (POL) líder *mf*

Anführungsstrich *m* comilla *f;* **~e unten/oben** abrir/cerrar comillas

Angabe *f* **1.** (*Information*) indicación *f;* **~n zur Person** datos personales; **nähere ~n** más detalles **2.** *ohne pl* (*Prahlerei*) fanfarronería *f;* **an|geben** *irr* **I.** *vi* (*fam: prahlen*) fanfarronear (*mit* de) **II.** *vt* (*nennen*) indicar; (*Gründe*) alegar; **Angeber(in)** *m(f)* <-s, -; -nen> (*fam*) fanfarrón, -ona *m, f*

angeblich ['ange:plɪç, '---] **I.** *adj* supuesto **II.** *adv* al parecer

angeboren *adj* de nacimiento

Angebot *nt* oferta *f;* (*Auswahl*) surtido *m*

angebracht ['angəbraxt] *adj* oportuno

an|gehen *irr* **I.** *vi sein* (*fam: Licht*) encenderse **II.** *vt haben* (*betreffen*) afectar; **das geht ihn gar nichts an** eso no es asunto suyo

angehende(r, s) *adj* futuro

an|gehören* *vi* pertenecer (a)

Angehörige(r) *mf* <-n, -n; -n> familiar *mf*

Angeklagte(r) *mf* <-n, -n; -n> acusado, -a *m, f*

Angel ['aŋəl] *f* <-n> (*für Fischfang*) caña *f* de pescar; **zwischen Tür und ~** (*fam*) deprisa y corriendo

Angelegenheit *f* asunto *m*; **sich in fremde ~en mischen** meterse en asuntos ajenos

angeln ['aŋəln] *vi, vt* pescar (con caña)

angemessen *adj* adecuado; (*Preis*) razonable

angenehm ['angəne:m] *adj* agradable; (*Unterhaltung*) ameno; **~!** (*bei einer Begrüßung*) ¡encantado!

angepasst^{RR} ['angəpast] *adj* (*Person*) conformista

angeregt ['angəre:kt] *adj* animado

angeschlagen *adj* (*erschöpft*) agotado; **seine Gesundheit ist ~** su salud está quebrantada

angesehen *adj* estimado

angesichts *präp* +*gen* (*geh*) ante; **~ der Tatsache, dass ...** en vista del hecho de que...

angespannt ['angəʃpant] *adj* tenso

Angestellte(r) *f(m) dekl wie adj* empleado, -a *m, f*

angetrunken *adj* achispado

angewiesen ['angəvi:zən] *adj*: **auf jdn/etw ~ sein** depender de alguien/algo

an|gewöhnen* *vt*: **sich** *dat* **etw ~** acostumbrarse a algo; **Angewohn-**

heit *f* costumbre *f* (adquirida)

an|gleichen *irr vt* **1.** (*vereinheitlichen*) igualar **2.** (*anpassen*) adaptar (*an* a); (*Gehälter*) reajustar (*an* a)

Angler(in) ['aŋlɐ] *m(f)* <-s, -; -nen> pescador(a) *m(f)* de caña

an|greifen *irr vt* atacar; (*Gesundheit*) perjudicar; **an|grenzen** *vi* limitar (*an* con)

Angriff *m* ataque *m*; **etw in ~ nehmen** emprender algo; **angriffslustig** *adj* agresivo

Angst [aŋst] *f* <Ängste> miedo *m* (*vor* a/de); **jdm ~ einjagen** meterle miedo a alguien

ängstigen ['ɛŋstɪgən] **I.** *vt* amedrentar; (*beunruhigen*) inquietar **II.** *vr*: **sich ~** tener miedo (*vor* a/de); (*sich sorgen*) inquietarse (*um* por)

ängstlich ['ɛŋstlɪç] *adj* miedoso; (*besorgt*) preocupado

Ängstlichkeit *f* pusilanimidad *f*, apocamiento *m*

an|gucken *vt* (*fam*): **sich** *dat* **etw ~** mirar algo; **an|haben** *irr vt* llevar (puesto); **an|halten** *irr* **I.** *vi* (*andauern*) perdurar; (*stoppen*) parar(se) **II.** *vt* (*Fahrzeug*) parar; (*Atem*) contener

anhaltend *adj* continuo

Anhalter(in) *m(f)* auto(e)stopista *mf*

Anhaltspunkt *m* punto *m* de referencia

anhand [an'hant] *präp* +*gen* mediante

Anhang *m* <-(e)s, -hänge> apéndice *m*; **an|hängen** *vt* colgar (*an* de/en); (*anfügen*) añadir (*an* a)

Anhänger¹ *m* <-s, -> (AUTO) remolque *m*; (*Schmuckstück*) colgante *m*

Anhänger(in)² *m(f)* <-s, -; -nen> seguidor(a) *m(f)*; (SPORT) aficionado, -a *m, f*

Anhänglichkeit *f* apego *m*

an|häufen *vt, vr:* **sich ~** acumular(se); an|heben *irr vt* (*hochheben*) levantar; (*erhöhen*) aumentar

Anhieb ['anhiːp] *m:* **auf ~** (*fam*) al primer intento

an|hören *vt* escuchar; **das hört sich gut an** esto suena bien

Animateur(in) [animaˈtøːɐ] *m(f)* <-s, -e; -nen> animador(a) *m(f)*

Anis [aˈniːs, ˈaːnɪs] *m* <-(es), -e> anís *m*

Anker [ˈaŋkɐ] *m* <-s, -> ancla *f*; **den ~ auswerfen/lichten** echar/levar anclas

Anklage *f* <-n> acusación *f*; an|klagen *vt* acusar (*wegen* de)

Anklang *m:* **großen ~ finden** tener éxito

an|kleben *vt* pegar (*an* a/en); an|kleiden *vt, vr:* **sich ~** (*geh*) vestir(se); an|klopfen *vi* llamar (a la puerta); an|knipsen *vt* (*fam*) encender; an|knüpfen I. *vt* (*Gespräch*) entablar II. *vi:* **an etw ~** fundarse en algo; (*fortführen*) continuar (algo); an|kommen *irr vi sein* (*eintreffen*) llegar; (*abhängen*) depender (*auf* de); (*fam: Resonanz finden*) gustar; **bei jdm gut ~** tener buena acogida entre alguien; **ich würde es nicht darauf ~ lassen** (*fam*) yo no esperaría sentado; **es kommt darauf an, dass ...** es importante que...; an|kreiden [ˈankraɪdən] *vt:* **jdm etw ~** tomar a mal algo a alguien; an|kreuzen *vt* marcar con una cruz

an|kündigen *vt, vr:* **sich ~** anunciar(se); Ankündigung *f* anuncio *m*

Ankunft [ˈankʊnft] *f* llegada *f*

an|lächeln *vt* mirar sonriendo; **jdn ~** sonreír a alguien

Anlage *f* (*Begabung*) talento *m*; (*Bau*) construcción *f*; (*Park*) jardín *m*; (*Stereoanlage*) equipo *m*; **sanitäre ~n** instalaciones sanitarias

Anlass[RR] [ˈanlas] *m* <-es, -lässe> (*Grund*) motivo *m* (*zu* para); (*Gelegenheit*) ocasión *f*

an|lassen *irr vt* (*Motor*) poner en marcha; (*Licht*) dejar encendido; (*fam: Kleidung*) dejar puesto

Anlasser *m* <-s, -> motor *m* de arranque

anlässlich[RR] [ˈanlɛslɪç] *präp* +*gen* con motivo de

Anlauf *m* <-(e)s, -läufe>: **~ nehmen** tomar carrerilla; an|laufen *irr* I. *vi sein:* **rot ~** enrojecer; **blau ~** amoratarse II. *vt haben:* **einen Hafen ~** tocar en un puerto

an|legen I. *vi* (*Schiff*) atracar II. *vt* (*Maßstab*) aplicar; (*Garten*) plantar; (*Vorräte*) almacenar; (*Geld*) invertir; **letzte Hand ~** dar los últimos toques; **jdm einen Verband ~** aplicar una venda a alguien III. *vr:* **sich ~** (*streiten*) pelearse (*mit* con); an|lehnen *vt, vr:* **sich ~** apoyar(se) (*an* en); **die Tür ~** entornar la puerta

an|leiten *vt* guiar; Anleitung *f* (*Text*) instrucciones *fpl*

Anliegen *nt* <-s, -> (*Wunsch*) deseo *m*; (*Bitte*) petición *f*

Anlieger *m* <-s, -> vecino *m*

an|locken *vt* atraer; an|lügen *irr vt* mentir (a); an|machen *vt* (*einschalten*) encender; (*Salat*) aderezar; an|malen *vt* pintar

anmaßend [ˈanmaːsənt] *adj* arrogante

an|melden I. *vt* (*ankündigen*) anunciar; (*Fahrzeug*) matricular; **ein Ferngespräch ~** pedir conferencia II. *vr:* **sich ~** matricularse; (*Wohnsitz*) empadronarse; Anmeldung *f* <-en> 1. (*Ankündigung*) aviso *m* 2. (*Schule*) matrícula *f*; (*Kurs*) inscripción *f* 3. (*fam: Rezeption*) recepción *f*

an|merken *vt* (*notieren*) señalar; (*er-*

gänzend bemerken) añadir; (*bemerken*) notar; **ich ließ mir nichts ~** procuré que no se me notase nada
Anmerkung *f* <-en> observación *f*
Anmut ['anmu:t] *f* (*geh*) gracia *f*
an|nähern *vt, vr:* **sich ~** acercar(se) (*an* a)
annähernd ['annɛ:ent] **I.** *adj* aproximado **II.** *adv* alrededor de
Annäherung *f* <-en> aproximación *f;* (*an einen Menschen*) acercamiento *m*
Annahme ['anna:mə] *f* <-n> suposición *f*
annehmbar *adj* aceptable
an|nehmen *irr* **I.** *vt* (*akzeptieren*) aceptar; (*vermuten*) suponer; **etw nimmt Gestalt an** algo va tomando forma; **angenommen, dass ...** en el caso de que... +*subj* **II.** *vr:* **sich jds/ etw** *gen* ~ cuidar de alguien/encargarse de algo
Annehmlichkeit *f* <-en> amenidad *f;* (*Vorteil*) ventaja *f*
Annonce [a'nõsə] *f* <-n> anuncio *m*
an|öden ['anø:dən] *vt* (*fam*) aburrir
anonym [ano'ny:m] *adj* anónimo; **~ bleiben** quedar(se) en el anonimato
Anorak ['anorak] *m* <-s, -s> anorak *m*
an|ordnen *vt* (*befehlen*) ordenar; (*aufstellen*) colocar; **Anordnung** *f* <-en> (*Befehl*) orden *f;* (*Aufstellung*) colocación *f;* (*Verteilung*) distribución *f*
an|packen **I.** *vi* (*helfen*) echar una mano **II.** *vt* (*anfassen*) agarrar; (*handhaben*) abordar; **an|passen** **I.** *vt* adaptar (*an* a) **II.** *vr:* **sich ~** amoldarse (*an* a)
anpassungsfähig *adj* flexible
an|pflanzen *vt* cultivar; **an|probieren** *vt* probar(se); **an|rechnen** *vt* **1.** (*in Rechnung stellen*) cargar en

cuenta **2.** (*gutschreiben*) abonar (*auf* en)
Anrecht *nt* derecho *m* (*auf* a)
Anrede *f* tratamiento *m;* (*im Brief*) encabezamiento *m;* **an|reden** *vt* hablar (a); **jdn mit Du/mit Sie ~** tratar a alguien de tú/de Ud.
an|regen *vi, vt* estimular
anregend *adj* estimulante
Anregung *f* <-en> (*Vorschlag*) sugerencia *f;* (*Inspiration*) inspiración *f;* **auf jds ~** por sugerencia de alguien
an|reisen *vi* *sein* llegar; **mit dem Zug ~** llegar en tren
Anreiz *m* aliciente *m;* (*finanziell*) incentivo *m*
an|richten *vt* (*Speisen*) aderezar; (*Schaden*) causar
Anruf *m* (TEL) llamada *f;* **Anrufbeantworter** *m* <-s, -> contestador *m* automático
an|rufen *irr vt* llamar (por teléfono)
ans [ans] = **an das** *s.* **an**
Ansage ['anza:gə] *f* anuncio *m;* (TV) presentación *f;* **an|sagen** *vt* anunciar; (TV) presentar
an|sammeln **I.** *vt* amontonar; (*Reichtümer*) atesorar **II.** *vr:* **sich ~** amontonarse; **Ansammlung** *f* (*Menschen*) aglomeración *f;* (*Dinge*) montón *m*
ansässig ['anzɛsɪç] *adj* (*Person*) residente; (*Firma*) establecido
Ansatz *m* (*Anzeichen*) comienzo *m*
an|schaffen *vt* adquirir
Anschaffung *f* <-en> adquisición *f*
an|schalten *vt* encender; **an|schauen** *vt* mirar
anschaulich *adj* plástico; **etw ~ machen** ilustrar algo
Anschauung *f* <-en> (*Vorstellung*) concepto *m;* (*Ansicht*) opinión *f;* **etw aus eigener ~ wissen** saber algo por experiencia propia
Anschein *m* <-(e)s, *ohne pl*> apa-

riencia *f;* **allem ~ nach** aparentemente; **anscheinend** *adv* al parecer
Anschlag *m* (*Plakat*) cartel *m;* (*Überfall*) atentado *m* (*auf* contra); **einen ~ auf jdn verüben** atentar contra alguien; **an|schlagen** *irr* **I.** *vi* (*Tabletten*) surtir efecto **II.** *vt* (*Plakat*) fijar (*an a/en*); (*beschädigen*) romper
an|schließen *irr* **I.** *vt* (*Gerät*) conectar (*an a*) **II.** *vr:* **sich jdm ~** (*sich zugesellen*) unirse a alguien
anschließend **I.** *adj* posterior **II.** *adv* a continuación
Anschluss^RR *m* (*an ein Netz*) conexión *f* (*an* con); (TEL) comunicación *f* (*an* con); (*Verkehr*) enlace *m;* (*Kontakt*) compañía *f;* **~ finden** integrarse
an|schnallen **I.** *vt* atar **II.** *vr:* **sich ~** ponerse el cinturón de seguridad; **an|schneiden** *irr vt* (*Brot*) cortar; (*Thema*) abordar; **an|schrauben** *vt* atornillar; **an|schreien** *irr vt* gritar (a)
Anschrift *f* señas *fpl*
Anschuldigung *f* <-en> inculpación *f*
an|schwellen *irr vi sein* (*Körperteil*) hincharse; (*Lärm*) crecer
an|sehen *irr vt* (*betrachten*) mirar; (*erachten*) considerar (*als*); (*anmerken*) notar; **man sieht dir dein Alter nicht an** no aparentas la edad que tienes; **ich kann das nicht länger mit ~** no puedo soportarlo más
Ansehen *nt* <-s, *ohne pl*> reputación *f*
ansehnlich ['anze:nlɪç] *adj* (*beträchtlich*) considerable
an|setzen **I.** *vi* comenzar (*zu* a); **die Maschine setzt zur Landung an** el avión inicia el aterrizaje **II.** *vt* (*Termin*) fijar
Ansicht *f* opinión *f;* **meiner ~ nach** en mi opinión; **Ansichtskarte** *f* (tarjeta *f*) postal *f*

ansonsten [an'zɔnstən] *adv* **1.** (*im Übrigen*) por lo demás **2.** (*andernfalls*) en caso contrario; (*wenn nicht*) si no
Anspannung *f* tensión *f*
an|spielen *vi* aludir (*auf* a)
Anspielung *f* <-en> alusión *f* (*auf* a)
Ansporn ['anʃpɔrn] *m* <-(e)s, *ohne pl*> estímulo *m;* **an|spornen** *vt* estimular (*zu* a)
Ansprache *f* discurso *m;* **an|sprechen** *irr* **I.** *vi* (MED) reaccionar (*auf* a) **II.** *vt* (*erwähnen*) mencionar; (*gefallen*) gustar (a); **jdn ~** hablar a alguien; **ansprechend** *adj* agradable
an|springen *irr vi sein* (*Motor*) arrancar
Anspruch *m* (*Anrecht*) derecho *m* (*auf* a); (*Anforderung*) exigencia *f* (*auf* de); **hohe Ansprüche an jdn stellen** ser muy exigente con alguien; **etw in ~ nehmen** hacer uso de algo; **anspruchslos** *adj* poco exigente; **anspruchsvoll** *adj* exigente
an|stacheln ['anʃtaxəln] *vt* incitar (*zu* a)
Anstalt ['anʃtalt] *f* <-en> institución *f;* (*fam: Psychiatrie*) centro *m* (p)siquiátrico
Anstand *m* <-(e)s, *ohne pl*> decencia *f*
anständig ['anʃtɛndɪç] *adj* (*sittsam*) decente; (*ehrlich*) honrado; (*fam: zufrieden stellend*) aceptable; **sie wird ~ bezahlt** le pagan bien
an|starren *vt* mirar fijamente
anstatt [an'ʃtat] *präp* +*gen* en vez de
an|stecken **I.** *vt* (*befestigen*) poner; (*reg: anzünden*) prender fuego (a); (*Zigarette*) encender; **jdn mit etw ~** contagiarle algo a alguien **II.** *vr:* **sich ~** contagiarse
ansteckend *adj* contagioso
an|stehen *irr vi* (*Schlange stehen*)

hacer cola; an|steigen *irr vi sein (a. fig)* subir

anstelle [an'ʃtɛlə] *präp* +*gen* en lugar de

an|stellen I. *vt (Maschine)* poner en marcha; *(Fernseher)* encender; *(beschäftigen)* contratar; **Vermutungen** ~ hacer conjeturas; **was hast du da wieder angestellt?** *(fam)* ¿qué has hecho ahora? II. *vr:* **sich** ~ *(in einer Schlange)* ponerse a la cola; *(fam: sich zieren)* hacer melindres; **stell dich nicht so an!** ¡déjate de comedias!; **Anstellung** *f (Stelle)* empleo *m*

Anstieg ['anʃtiːk] *m* <-(e)s, -e> *(Zunahme)* subida *f*

Anstoß *m (Ruck)* empujón *m;* *(Impuls)* impulso *m;* **an etw ~ nehmen** escandalizarse por algo; an|stoßen *irr* I. *vi* 1. *sein (gegenstoßen)* golpearse *(an* en/contra) 2. *haben (mit den Gläsern)* brindar *(auf* por) II. *vt haben* empujar

anstößig ['anʃtøːsɪç] *adj* indecente

an|streben *vt* aspirar (a); an|streichen *irr vt (mit Farbe)* pintar; **etw gelb** ~ pintar algo de amarillo; an|strengen ['anʃtrɛŋən] I. *vi (ermüden)* fatigar II. *vr:* **sich** ~ esforzarse

anstrengend *adj* agotador

Anstrengung *f* <-en> esfuerzo *m*

Ansturm *m (Andrang)* concurrencia *f;* *(von Kunden)* afluencia *f*

Antarktis [ant'arktɪs] *f* Antártida *f*

Anteil *m* parte *f;* **an etw ~ nehmen** *(Mitgefühl)* compartir algo

Anteilnahme ['antaɪlnaːmə] *f* interés *m (an* por); *(Beileid)* pésame *m*

Antenne [an'tɛnə] *f* <-n> antena *f*

antialkoholisch *adj* antialcohólico; **Antibabypille** *f* píldora *f* anticonceptiva

Antibiotikum [antibi'oːtikʊm] *nt* <-s, -biotika> antibiótico *m*

antik [an'tiːk] *adj* antiguo

Antike [an'tiːkə] *f* Antigüedad *f*

antiquiert *adj (abw)* anticuado

Antiquität *f* <-en> antigüedad *f*

Antisemitismus [antizemi'tɪsmʊs] *m* <-, *ohne pl*> antisemitismo *m*

Antrag ['antraːk] *m* <-(e)s, -träge> solicitud *f (auf* de); *(Heiratsantrag)* propuesta *f* de matrimonio; **einen** ~ **auf etw stellen** presentar una solicitud de algo

Antragsteller(in) *m(f)* <-s, -; -nen> solicitante *mf*

an|treffen *irr vt* encontrar(se); an|treiben *irr vt* impulsar; **sie trieb ihn zur Eile an** le metió prisa; an|treten *irr vt (Reise)* emprender; *(Stelle)* incorporarse (a)

Antrieb *m (Impuls)* estímulo *m;* **aus eigenem** ~ por iniciativa propia

an|tun *irr vt:* **jdm etw** ~ hacer(le) algo a alguien; **sich** *dat* **etwas** ~ atentar contra la propia vida; **diese Gegend hat es ihm angetan** esta región le ha encantado

Antwort ['antvɔrt] *f* <-en> respuesta *f (auf* a)

antworten ['antvɔrtən] *vt* responder *(auf* a)

an|vertrauen* *vt, vr:* **sich** ~ confiar(se); **jdm etw** ~ *(Gegenstand)* encomendarle algo a alguien; *(Geheimnis)* revelarle algo a alguien; an|wachsen *irr vi sein (zunehmen)* crecer

Anwalt, -wältin ['anvalt] *m, f* <-(e)s, -wälte; -nen> abogado, -a *m, f*

an|weisen *irr vt (anleiten)* instruir; **Anweisung** *f* <-en> *(Befehl)* orden *f;* *(Gebrauchsanweisung)* instrucciones *fpl* de uso

an|wenden *irr vt (Technik, Heilmittel)* aplicar; *(List, Gewalt)* recurrir (a)

Anwender(in) *m(f)* <-s, -; -nen> usuario, -a *m, f*

Anwendung *f* aplicación *f*

an|werben *irr vt* (*Soldaten*) reclutar; (*Arbeitskräfte*) contratar

anwesend *adj* presente

Anwesenheit *f* presencia *f;* in jds ~ en presencia de alguien

an|widern ['anvi:dən] *vt* dar asco (a)

Anwohner(in) *m(f)* <-s, -; -nen> vecino, -a *m, f*

Anzahl *f* número *m*

an|zahlen *vt* pagar el primer plazo (de); Anzahlung *f* <-en> 1. (*Rate*) primer plazo *m* 2. (*Teilbetrag*) depósito *m*

an|zapfen *vt* (*Fass*) espitar; (*fam: Leitung*) interceptar

Anzeichen *nt* indicio *m*

Anzeige ['antsaɪgə] *f* <-n> (*Inserat*) anuncio *m;* (TECH) indicador *m;* (JUR) denuncia *f;* ~ erstatten formular una denuncia

an|zeigen *vt* (JUR) denunciar; an|ziehen *irr* I. *vt* (*ankleiden*) vestir; (*Kleidungsstück*) poner; (*festziehen*) apretar; (*Anziehungskraft ausüben*) atraer II. *vr:* sich ~ vestirse; sich warm ~ abrigarse

anziehend *adj* atractivo

Anziehung *f* <-en>, Anziehungskraft *f* atracción *f*

Anzug *m* traje *m*

anzüglich ['antsy:klɪç] *adj* (*frech*) mordaz; (*zweideutig*) picante

an|zünden *vt* (*Zigarette*) encender; an|zweifeln *vt* poner en duda

Apartment [a'partmənt] *nt* <-s, -s> apartamento *m,* departamento *m Am*

Aperitif [aperi'ti:f] *m* <-s, -s *o* -e> aperitivo *m*

Apfel ['apfəl] *m* <-s, Äpfel> manzana *f*

Apfelsine [apfəl'zi:nə] *f* <-n> naranja *f*

Apostroph [apo'stro:f] *nt* <-s, -e> apóstrofo *m*

Apotheke [apo'te:kə] *f* <-n> farmacia *f*

Apotheker(in) [--'--] *m(f)* <-s, -; -nen> farmacéutico, -a *m, f*

Apparat [apa'ra:t] *m* <-(e)s, -e> aparato *m;* am ~! (*Telefon*) ¡al habla!

Appartement [apartə'mã:] *nt* <-s, -s> apartam(i)ento *m,* departamento *m Am*

Appell [a'pɛl] *m* <-s, -e> (*Aufruf*) llamamiento *m*

appellieren* *vi* apelar (*an* a)

Appenzell ['apəntsɛl, --'-] *nt* <-s> (*Kanton*) Appenzell *m*

Appetit [ape'ti:t] *m* <-(e)s, *ohne pl*> apetito *m* (*auf* de); guten ~! ¡que aproveche!

appetitlich *adj* apetitoso

Appetitlosigkeit *f* inapetencia *f*

applaudieren* [aplaʊ'di:rən] *vi* aplaudir

Applaus [a'plaʊs] *m* <-es, -e> aplauso(s) *m(pl)*

Aprikose [apri'ko:zə] *f* <-n> albaricoque *m,* damasco *m Am*

April [a'prɪl] *m* <-(s), -e> abril *m; s.a.* März

Aquädukt [akvɛ'dʊkt] *m o nt* <-(e)s, -e> acueducto *m*

Aquarium [a'kva:riʊm] *nt* <-s, Aquarien> acuario *m*

Äquator [ɛ'kva:to:ɐ] *m* <-s, *ohne pl*> ecuador *m*

Ära ['ɛ:ra] *f* <Ären> era *f*

arabisch *adj* árabe

aragonesisch [arago'ne:zɪʃ] *adj* aragonés

Aragonien [ara'go:niən] *nt* <-s> Aragón *m*

Arbeit ['arbaɪt] *f* <-en> trabajo *m;* (*Arbeitsplatz*) empleo *m*

arbeiten ['arbaɪtən] *vi* trabajar; die ~de Bevölkerung la población activa

Arbeiter(in) ['arbaɪtɐ] *m(f)* <-s, -; -nen> trabajador(a) *m(f)*

Arbeitgeber(in) ['arbaɪtgeːbɐ] *m(f)* <-s, -; -nen> patrón, -ona *m, f;* **Arbeitnehmer(in)** ['arbaɪtneːmɐ] *m(f)* <-s, -; -nen> (*Angestellter*) empleado, -a *m, f;* (*Arbeiter*) trabajador(a) *m(f)*

Arbeitsamt *nt* oficina *f* de empleo; **Arbeitsbedingungen** *fpl* condiciones *fpl* de trabajo; **Arbeitserlaubnis** *f* permiso *m* de trabajo; **Arbeitskraft** *f* **1.** (*Personal*) mano *f* de obra **2.** *ohne pl* (*Leistungskraft*) capacidad *f* productiva; **arbeitslos** *adj* parado

Arbeitslose(r) *f(m) dekl wie adj* parado, -a *m, f;* **Arbeitslosengeld** *nt* subsidio *m* de desempleo; **Arbeitslosenhilfe** *f* ayuda *f* a los parados; **Arbeitslosenquote** *f* tasa *f* de desempleo, índice *m* de paro

Arbeitslosigkeit *f* desempleo *m*

Arbeitsmarkt *m* mercado *m* de trabajo; **Arbeitsoberfläche** *f* (INFOR) escritorio *m;* **Arbeitsplatz** *m* puesto *m* de trabajo; **Arbeitsspeicher** *m* (INFOR) memoria *f* de trabajo; **Arbeitsstelle** *f* puesto *m* de trabajo; **Arbeitstag** *m* jornada *f* (de trabajo); **Arbeitsunfähigkeit** *f* incapacidad *f* laboral; **Arbeitsvertrag** *m* contrato *m* de trabajo; **Arbeitszeit** *f* horario *m* de trabajo; **verkürzte ~** jornada reducida; **Arbeitszimmer** *nt* cuarto *m* de trabajo; (*Büro*) despacho *m*

Archäologe, Archäologin [arçɛoˈloːgə] *m, f* <-n, -n; -nen> arqueólogo, -a *m, f*

Archäologie [arçɛoloˈgiː] *f* arqueología *f*

archäologisch *adj* arqueológico

Architekt(in) [arçiˈtɛkt] *m(f)* <-en, -en; -nen> arquitecto, -a *m, f*

architektonisch *adj* arquitectónico

Architektur *f* arquitectura *f*

Archiv [arˈçiːf] *nt* <-s, -e> archivo *m*

Ären *pl von* **Ära**

arg [ark] <ärger, am ärgsten> *adj* (*reg*) malo; **der ärgste Feind** el peor enemigo; **jdm ~ mitspielen** jugar una mala pasada a alguien; **in ~e Verlegenheit kommen** verse en un grave apuro

Argentinien [argɛnˈtiːniən] *nt* <-s> Argentina *f*

argentinisch *adj* argentino

Ärger ['ɛrgɐ] *m* <-s, *ohne pl*> (*Zorn*) enojo *m;* (*Wut*) rabia *f;* (*Schwierigkeiten*) dificultades *fpl;* **mit jdm ~ haben** tener problemas con alguien

ärgerlich *adj* (*verärgert*) enfadado; (*unerfreulich*) desagradable

ärgern ['ɛrgɐn] **I.** *vt* fastidiar **II.** *vr:* **sich ~** enfadarse (*über* por); **sich schwarz ~** (*fam*) ponerse negro

Ärgernis *nt:* **Erregung öffentlichen ~ses** provocación de escándalo público

arglos *adj* sin malicia; (*naiv*) ingenuo

Argument [arguˈmɛnt] *nt* <-(e)s, -e> argumento *m*

argumentieren* *vi* argumentar

argwöhnisch *adj* (*geh*) receloso

Aristokrat(in) [arɪstoˈkraːt] *m(f)* <-en, -en; -nen> aristócrata *mf*

aristokratisch *adj* aristocrático

Arktis ['arktɪs] *f* Ártico *m*

arktisch *adj* ártico

arm [arm] *adj* <ärmer, am ärmsten> pobre; **du Ärmste!** ¡pobrecita de ti!

Arm *m* <-(e)s, -e> brazo *m;* **jdn auf den ~ nehmen** (*fig fam*) tomar el pelo a alguien

Armband *nt* pulsera *f;* **Armbanduhr** *f* reloj *m* de pulsera

Armee [arˈmeː] *f* <-n> ejército *m*

Ärmel ['ɛrməl] *m* <-s, -> manga *f;* **die ~ hochkrempeln** (*a. fig*) arremangarse

Ärmelkanal *m* <-s> Canal *m* de la Mancha

ärmlich ['ɛrmlɪç] *adj* (*arm*) humilde; (*elend*) mísero

armselig ['armse:lɪç] *adj* 1. *s.* **ärmlich** 2. (*unbedeutend*) insignificante

Armut ['armu:t] *f* pobreza *f;* **Armutsgrenze** *f* umbral *m* de pobreza

Aroma [a'ro:ma] *nt* <-s, -s *o* Aromen *o* Aromata> aroma *m*

arrangieren* [arã'ʒi:rən] **I.** *vt* organizar; (*zusammenstellen*) combinar **II.** *vr:* **sich** ~ llegar a un acuerdo

arrogant [aro'gant] *adj* arrogante

Arroganz *f* arrogancia *f*

Arsch [arʃ] *m* <-(e)s, Ärsche> (*vulg*) culo *m;* **Arschloch** *nt* (*vulg*) (*Schimpfwort*) cabrón, -ona *m, f*

Art [art] *f* <-en> 1. (*Klasse*) clase *f;* (BIOL) especie *f* 2. (*Weise*) modo *m* 3. *ohne pl* (*Wesensart*) naturaleza *f;* **das ist nun mal meine** ~ yo soy así

Art. *Abk. von* **Artikel** art.

Arterie [ar'te:riə] *f* <-n> arteria *f*

artig ['artɪç] *adj* obediente

Artikel [ar'ti:kəl, ar'tɪkəl] *m* <-s, -> artículo *m*

Artischocke [arti'ʃɔkə] *f* <-n> alcachofa *f*

Arznei [arts'naɪ] *f* <-en>, **Arzneimittel** *nt* medicamento *m*

Arzt, Ärztin [artst, 'ɛrtstɪn] *m, f* <-es, Ärzte; -nen> médico, -a *m, f;* **Arztbesuch** *m* visita *f* médica; **Arzthelfer(in)** *m(f)* asistente *mf* médico, -a

ärztlich *adj* médico; **~es Attest** certificado médico

Arztpraxis *f* consulta *f* médica

As^{ALT} *nt s.* **Ass**

Asche ['aʃə] *f* ceniza *f;* **Aschenbecher** *m* cenicero *m*

Asiat(in) *m(f)* <-en, -en; -nen> asiático, -a *m, f*

asiatisch *adj* asiático

Asien ['a:ziən] *nt* <-s> Asia *f*

asozial ['azotsia:l] *adj* asocial; (*rücksichtslos*) incívico

Aspekt [as'pɛkt] *m* <-(e)s, -e> aspecto *m*

Asphalt [as'falt] *m* <-(e)s, -e> asfalto *m*

asphaltieren* *vt* asfaltar

Ass^{RR} *nt* <-es, -e> as *m*

aß [a:s] 3. *imp von* **essen**

Assistent(in) [asɪs'tɛnt] *m(f)* <-en, -en; -nen> asistente *mf*

assoziieren* [asotsi'i:rən] *vt* asociar

Ast [ast] *m* <-(e)s, Äste> rama *f*

ästhetisch *adj* estético

Asthma ['astma] *nt* <-s, *ohne pl*> asma *m o f*

astrein *adj* (*fam*) genial; **die Sache ist nicht ganz** ~ aquí hay gato encerrado

Astrologie *f* astrología *f*

Astronaut(in) [astro'naʊt] *m(f)* <-en, -en; -nen> astronauta *mf*

Astronomie *f* astronomía *f*

astronomisch *adj* (*a. fig*) astronómico

Asturien [as'tu:riən] *nt* <-s> Asturias *f*

asturisch *adj* asturiano

Asyl [a'zy:l] *nt* <-(e)s, -e> asilo *m*

Asylant(in) [azy'lant] *m(f)* <-en, -en; -nen> asilado, -a *m, f*

Asylbewerber(in) *m(f)* solicitante *mf* de asilo

Atelier [atə'lje:] *nt* <-s, -s> estudio *m*

Atem ['a:təm] *m* <-s, *ohne pl*> aliento *m;* (*Atmung*) respiración *f;* **den** ~ **anhalten** contener la respiración; ~ **holen** tomar aliento; **jdn in** ~ **halten** tener a alguien en vilo; **das verschlägt mir den** ~ eso me deja sin palabras; **atemberaubend** *adj* sensacional; **atemlos** *adj* (*außer Atem*) sin aliento; (*gespannt*) absorto; ~ **lauschen** escuchar sin parpadear; **Atempause** *f* descanso *m*

atheistisch *adj* ateo
Athlet(in) [at'le:t] *m(f)* <-en, -en; -nen> atleta *mf*
athletisch *adj* atlético
Atlanten *pl von* **Atlas**
Atlantik [at'lantɪk] *m* <-s> Atlántico *m*
atlantisch *adj* atlántico; **der Atlantische Ozean** el Océano Atlántico
Atlas ['atlas] *m* <-(ses), Atlanten> atlas *m*
atmen ['a:tmən] *vi, vt* respirar
Atmosphäre [atmo'sfɛːrə] *f* (*Erdatmosphäre*) atmósfera *f;* (*Stimmung*) ambiente *m*
Atmung ['a:tmʊŋ] *f* respiración *f*
Atoll [a'tɔl] *nt* <-s, -e> atolón *m*
Atom [a'to:m] *nt* <-s, -e> átomo *m;* **Atombombe** *f* bomba *f* atómica; **Atomenergie** *f* energía *f* nuclear; **Atomindustrie** *f* industria *f* atómica
Atomkraft *f* energía *f* nuclear; **Atomkraftwerk** *nt* central *f* nuclear
Atommüll *m* residuos *mpl* radi(o)activos; **Atomreaktor** *m* reactor *m* nuclear; **Atomwaffe** *f* arma *f* nuclear
Attacke [a'takə] *f* <-n> ataque *m*
Attentat ['atənta:t] *nt* <-(e)s, -e> atentado *m;* **ein ~ auf jdn verüben** atentar contra (la vida de) alguien
Attentäter(in) ['atəntɛːtɐ, --'--] *m(f)* autor(a) *m(f)* del atentado
Attest [a'tɛst] *m* <-(e)s, -e> certificado *m* médico
Attraktion [atrak'tsjo:n] *f* <-en> (*Glanznummer*) atracción *f*
attraktiv [atrak'ti:f] *adj* atractivo
Attraktivität [atraktivi'tɛːt] *f* atractivo *m*
Attrappe [a'trapə] *f* <-n> objeto *m* de pega
ätzend *adj* **1.** (*Lauge*) cáustico; (*Säure*) corrosivo **2.** (*nervtötend*) cabreante

Aubergine [obɛr'ʒiːnə] *f* <-n> berenjena *f*
auch [aʊx] *adv* **1.** (*ebenfalls*) también; **~ nicht** tampoco; **~ das noch!** ¡lo que faltaba! **2.** (*sogar*) incluso; **ohne ~ nur zu fragen** sin ni siquiera preguntar; **~ wenn es regnen sollte** incluso si lloviese **3.** (*tatsächlich*) en efecto; **das hat ~ niemand behauptet** de hecho nadie lo ha dicho **4.** (*außerdem*) además; **wo ~ immer** dondequiera que (sea)
audiovisuell [aʊdiovizu'ɛl] *adj* audiovisual
auf [aʊf] **I.** *präp* +*dat* **1.** (*oben darauf*) sobre; **~ dem Tisch/dem Boden** encima de la mesa/en el suelo **2.** (*darauf befindlich*) en; **~ Mallorca** en Mallorca; **~ der Straße** en la calle **3.** (*drinnen*) en; **~ der Post** en Correos; **~ dem Land(e)** en el campo; **~ meinem Konto** en mi cuenta **4.** (*während*) durante; **~ Reisen** de viaje; **~ der Geburtstagsfeier** en la fiesta de cumpleaños **II.** *präp* +*akk* **1.** (*nach oben*) en; **~ einen Berg steigen** subir a un monte **2.** (*hin zu*) hacia; **sich ~ den Weg machen** ponerse en camino; **~ die Erde fallen** caer al suelo; **er kam ~ mich zu** vino hacia mí **3.** (*zeitlich*): **~ einmal** de repente; **~ lange Sicht** a la larga **4.** (*in einer bestimmten Art*) de; **~ diese Weise** de esta manera; **~ gut Glück** a la buena de Dios; **~ seinen Rat (hin)** siguiendo su consejo; **~ dein Wohl!** ¡a tu salud! **III.** *adv* (*hinauf*) arriba; (*offen*) abierto; **~ und ab** arriba y abajo; **er ist ~ und davon** (*fam*) puso pies en polvorosa
auf|atmen *vi* respirar hondamente
Aufbau *m* <-(e)s, -ten> **1.** (*das Aufgebaute*) construcción *f* adicional

2. *ohne pl* (*Tätigkeit*) construcción *f*
3. (*Gliederung*) estructura *f;* **auf|bauen** *vt* (*errichten*) construir; (*Zelt*) montar; (*gliedern*) estructurar; (*aufmuntern*) animar
auf|bereiten* *vt* (*Trinkwasser*) depurar; (*Rohstoffe*) preparar; **auf|bessern** *vt* (*Gehalt*) aumentar; (*Kenntnisse*) perfeccionar; **auf|bewahren*** *vt* guardar; (*Lebensmittel*) conservar; **auf|bieten** *irr vt* emplear; **auf|blasen** *irr* **I.** *vt* inflar **II.** *vr:* **sich ~** (*fam*) hincharse; **auf|bleiben** *irr vi sein* **1.** (*Person*) no acostarse **2.** (*Tür*) quedar abierto; **auf|blicken** *vi* alzar la vista (*zu* hacia); (*bewundernd*) admirar (*zu* a); **auf|brechen** *irr* **I.** *vi sein* (*weggehen*) marcharse **II.** *vt haben* (*Schloss, Auto*) forzar; **auf|bringen** *irr vt* (*Geld, Geduld*) reunir; (*in Wut bringen*) enfurecer
Aufbruch *m* <-(e)s, -brüche> **1.** (*geh: geistiges Erwachen*) auge *m* **2.** *ohne pl* (*Abreise*) partida *f*
auf|decken *vt* (*Zusammenhänge*) descubrir; (*Bett*) abrir; (*Geheimnis*) revelar; **auf|drängen** **I.** *vt* (*aufzwingen*) imponer **II.** *vr:* **sich ~** (*Gedanke*) imponerse; (*zudringlich sein*) importunar; **auf|drehen** *vt* (*Verschluss*) desenroscar; (*fam: Wasserhahn*) abrir
aufdringlich ['aʊfdrɪŋlɪç] *adj* (*Person*) pesado; (*Geruch*) intenso
aufeinander [aʊfaɪ'nandə] *adv* (*räumlich*) uno encima del otro; (*zeitlich*) uno tras otro; **aufeinander|folgen** *vi sein* sucederse; **aufeinander|häufen** *vt, vr:* **sich ~** amontonar(se)
Aufenthalt ['aʊfənthalt] *m* <-(e)s, -e> estancia *f;* (*kurze Unterbrechung*) parada *f;* **Aufenthaltserlaubnis** *f* permiso *m* de residencia; **Aufenthaltsraum** *m* sala *f* de descanso

Auferstehung *f* <-en> resurrección *f*
auf|essen *irr* **I.** *vi* comer(se) todo **II.** *vt* comerse
Auffahrt *f* subida *f;* (*Zufahrt*) entrada *f;* (*zur Autobahn*) acceso *m* a la autopista
auf|fallen *irr vi sein* llamar la atención; (*bemerkt werden*) notarse; **unangenehm ~** causar mala impresión
auffallend *adj* (*auffällig*) vistoso, llamativo; (*beeindruckend*) espectacular; (*sonderbar*) raro
auffällig ['aʊfɛlɪç] *adj* llamativo
auf|fangen *irr vt* (*Ball*) recoger; (*Gesprächsfetzen*) pillar
auf|fassen *vt* (*auslegen*) interpretar; **Auffassung** *f* parecer *m;* **er ist der ~, dass ...** opina que...
auf|finden *irr vt* encontrar
auf|fordern *vt* (*bitten*) requerir (*zu* para); (*befehlen*) mandar (a); (*ermuntern*) animar; **er forderte sie zum Tanz auf** la sacó a bailar; **Aufforderung** *f* requerimiento *m*
Aufforstung *f* <-en> repoblación *f* forestal
auf|frischen *vt* (*Kenntnisse*) refrescar
auf|führen **I.** *vt* (*Theaterstück*) representar **II.** *vr:* **sich ~** (*sich benehmen*) (com)portarse; **Aufführung** *f* (THEAT) representación *f;* (FILM) proyección *f;* (MUS) actuación *f*
auf|füllen *vt* **1.** (*Behälter*) rellenar (*mit* de/con) **2.** (*Flüssigkeit*) echar **3.** (*Vorräte*) reponer
Aufgabe ['aʊfga:bə] *f* (*Auftrag*) tarea *f;* (*Übung*) ejercicio *m;* **auf|geben** *irr* **I.** *vi* rendirse **II.** *vt* (*Paket*) expedir; (*Koffer*) facturar; (*Anzeige*) poner; (*Widerstand*) abandonar; (*Hoffnung*) perder; (*Beruf*) dejar
aufgebracht *adj* (*wütend*) enojado
aufgedreht *adj* (*fam*) pasado de

rosca

aufgedunsen ['aʊfgədʊnzən] *adj*
(*Körper*) abultado; (*Gesicht*) hinchado

auf|gehen *irr vi sein* (*Sonne*) salir;
(*Tür*) abrirse

aufgelegt ['aʊfgəle:kt] *adj: gut/
schlecht ~ sein* estar de buen/mal
humor

aufgeregt ['aʊfgəre:kt] *adj* excitado;
(*nervös*) nervioso

aufgeschlossen ['aʊfgəʃlɔsən] *adj*
abierto; *~ für etw sein* ser receptivo
a algo; *etw dat ~ gegenüberstehen*
estar abierto a algo

aufgeschmissen ['aʊfgəʃmɪsən] *adj*
(*fam*): *ohne sie sind wir völlig ~*
sin ella estamos perdidos

aufgeweckt ['aʊfgəvɛkt] *adj* (*geistig*)
despierto; (*Kind*) avispado

auf|greifen *irr vt* (*Idee*) retomar

aufgrund [aʊf'grʊnt] *präp* +*gen* a
causa de

auf|haben *irr* I. *vi* (*Geschäfte*) estar
abierto II. *vt* (*Hut*) tener puesto; **auf|
halten** *irr* I. *vt* (*zurückhalten*) detener; (*Entwicklung*) impedir; (*Verkehr*) parar; (*stören*) molestar II. *vr:*
sich ~ (*bleiben*) quedarse; (*wohnen*)
encontrarse; (*Zeit verschwenden*)
demorarse; **auf|hängen** I. *vt* (*Bild,
Telefonhörer*) colgar; (*Wäsche*) ten-
der II. *vr:* **sich ~** ahorcarse; **auf|he-
ben** *irr vt* (*vom Boden*) recoger; (*aufbewahren*) guardar; (*Verbot*) levantar; **gut aufgehoben sein** estar
en buenas manos

auf|heitern ['aʊfhaɪtɛn] I. *vt* (*Per-
son*) animar II. *vr:* **sich ~** (*Himmel*)
despejarse

auf|hellen I. *vt* (*Haar*) aclarar II. *vr:*
sich ~ (*Gesicht*) alegrarse; (*Himmel*)
despejarse; **auf|hetzen** *vt* incitar;
auf|holen *vt* (*Verspätung*) recupe-
rar; **auf|hören** *vi* terminar; **hör**

doch endlich auf! ¡déjalo ya!; **auf|
kaufen** *vt* acaparar

auf|klären I. *vt* (*Missverständnis*)
poner en claro; (*Verbrechen*) esclarecer; (*belehren*) informar (*über* de/so-
bre) II. *vr:* **sich ~** (*Rätsel*) resolverse;
(*Himmel*) despejarse; **Aufklärung** *f*
(*Klärung*) esclarecimiento *m;* (*eines
Verbrechens*) resolución *f;* (*Beleh-
rung*) instrucción *f* (*über* de/sobre);
sexuelle ~ educación sexual

auf|kleben *vt* pegar (*auf* a/en); **Auf-
kleber** *m* <-s, -> pegatina *f*

auf|kommen *irr vi sein* (*entstehen*)
surgir; (*Gewitter*) levantarse; (*bezah-
len*) pagar (*für*); **auf|krempeln** *vt*
arremangar(se); **auf|laden** *irr vt*
(*Batterie*) recargar; (*Ladegut*) cargar

Auflage *f* (*Bedingung*) condición *f*

auf|lassen *irr vt* (*fam*) 1. (*Tür*) dejar
abierto 2. (*Mütze*) dejar puesto

Auflauf *m* (*Menschenauflauf*) gentío
m; (*Speise*) gratinado *m*

auf|leben *vi sein* (*Mensch*) despabi-
lar(se); (*Bräuche*) reavivarse; **auf|le-
gen** I. *vi* (*Telefongespräch beenden*) colgar II. *vt* (*Schallplatte*) po-
ner; (*Hörer*) colgar; **auf|lehnen** *vr:*
sich ~ sublevarse; **auf|leuchten** *vi*
destellar; (*Blitz*) fulgurar; **auf|listen**
['aʊflɪstən] *vt* listar; **auf|lockern**
I. *vt* (*Atmosphäre*) relajar II. *vr:*
sich ~ (*Bewölkung*) despejarse

auf|lösen I. *vt* (*Pulver, Versamm-
lung*) disolver; (*Haushalt*) liquidar;
(*Konto*) cancelar II. *vr:* **sich ~** disolverse; (*Nebel*) disiparse; **Auflösung**
f <-en> 1. (*eines Vertrags*) disolución *f* 2. (*Lösung*) (re)solución *f*

auf|machen *vt* (*fam: Tür, Geschenk*)
abrir; (*Knoten*) deshacer

aufmerksam ['aʊfmɛrkza:m] *adj*
atento; **jdn auf jdn/etw ~ machen**
llamar la atención de alguien sobre
alguien/algo; **vielen Dank, sehr ~**

von Ihnen! ¡muchas gracias, es Ud. muy amable!

Aufmerksamkeit f <-en> (*Wachsamkeit*) atención f; (*Zuvorkommenheit*) amabilidad f; (*Geschenk*) obsequio m

auf|muntern ['aʊfmʊntɐn] vt (*fam*) reconfortar

Aufnahme ['aʊfnaːmə] f <-n> (*auf Tonband*) grabación f; (FOTO) foto f; **aufnahmefähig** adj receptivo

auf|nehmen irr vt (*beginnen*) iniciar; (*auf Tonband*) grabar (*auf* en); **ein Gespräch wieder ~** reanudar una conversación; **auf|opfern** vr: **sich ~** sacrificarse (*für* por); **auf|passen** vi (*aufmerksam sein*) tener cuidado; (*beaufsichtigen*) cuidar (*auf* a); **aufgepasst!** ¡atención!

Aufprall ['aʊfpral] m <-(e)s, -e> choque m

auf|pumpen vt inflar; **auf|raffen** vr: **sich ~** (*fam: sich entschließen*) animarse (*zu* a); (*mühsam aufstehen*) levantarse a duras penas; **auf|räumen** vi, vt recoger; **mit etw ~** acabar con algo

aufrecht ['aʊfrɛçt] adj (*gerade*) erguido; (*ehrlich*) íntegro; **aufrecht| erhalten*** irr vt mantener

auf|regen vt, vr: **sich ~** ((*sich*) *erregen*) alterar(se) (*über* por); ((*sich*) *ärgern*) irritar(se) (*über* por)

aufregend adj excitante

Aufregung f excitación f; (*Sorge*) zozobra f

auf|reißen irr vt (*Fenster*) abrir de un golpe; (*Brief*) rasgar; (*Straße*) abrir

aufreizend adj provocador; (*erregend*) excitante

auf|richten I. vt (*gerade stellen*) enderezar; (*seelisch*) fortalecer II. vr: **sich ~** (*hinsetzen*) enderezarse; (*hinstellen*) ponerse de pie

aufrichtig adj sincero

Aufruf m llamamiento m; **auf|rufen** irr vt (*Schüler, Zeugen*) llamar; (INFOR: *Programm*) acceder (a); **zum Streik ~** convocar una huelga

Aufruhr ['aʊfruːɐ] m <-(e)s, *ohne pl*> (*Revolte*) rebelión f; (*Tumult*) tumulto m; (*Erregung*) agitación f

auf|runden vt redondear

auf|rüsten vt (MIL) rearmar; **Aufrüstung** f rearme m

auf|rütteln vt (*fig*) arrancar (*aus* de)

aufs [aʊfs] (*fam*) = **auf das** s. **auf**

auf|sagen vt decir (de memoria); (*Gedicht*) recitar; **auf|sammeln** vt recoger

aufsässig ['aʊfzɛsɪç] adj rebelde

Aufsatz m <-es, -sätze> (*in der Schule*) redacción f; (*Abhandlung*) artículo m

auf|saugen vt absorber; **auf|scheuchen** vt espantar; **auf|schieben** irr vt (*verzögern*) aplazar

Aufschlag m (*Zuschlag*) suplemento m; **auf|schlagen** irr I. vi sein (*anschlagen*) dar (*auf* contra/en) II. vt haben (*Buch, Augen*) abrir; (*Bettdecke*) quitar; (*Ei*) romper; (*Zelt*) montar

auf|schließen irr vt abrir (con llave)

aufschlussreich^RR adj revelador

auf|schneiden irr I. vi (*fam abw: prahlen*) fanfarronear II. vt (*Verpackung*) cortar; (*Braten*) trinchar; **Aufschnitt** m <-(e)s, *ohne pl*> embutido m

auf|schrecken vt espantar

Aufschrei m grito m

auf|schreiben irr vt apuntar; **Aufschrift** f inscripción f; (*Etikett*) etiqueta f

auf|schwatzen vt endilgar

Aufschwung m <-(e)s, -schwünge> (*innerer Antrieb*) impulso m; (WIRTSCH) auge m

auf|sehen irr vi s. **aufblicken**

Aufsehen *nt* <-s, *ohne pl*> sensación *f;* (*negativ*) escándalo *m;* ~ **erregend** llamativo; (*negativ*) escandaloso; **aufsehenerregend** *adj s.* **Aufsehen**

aufseiten[RR] *adv:* ~ **der Schwächeren** de parte de los más débiles

auf|setzen I. *vi* (*Flugzeug*) aterrizar **II.** *vt* (*Essen*) poner al fuego; (*Hut*) ponerse; **eine unfreundliche Miene** ~ poner cara de disgusto

Aufsicht *f* <-en> **1.** (*Leitung*) dirección *f* **2.** (*Person*) vigilante *mf* **3.** *ohne pl* (*Überwachung*) vigilancia *f;* **unter** ~ **stehen** estar bajo vigilancia

auf|spannen *vt* (*Schirm*) abrir; **auf|sperren** *vt* (*fam: weit öffnen*) abrir de par en par; (*südd, Österr: aufschließen*) abrir con llave; **auf|spielen** *vr:* **sich** ~ (*fam*) darse (mucho) tono; **auf|springen** *irr vi sein* (*hochspringen*) saltar; (*sich plötzlich öffnen*) abrirse de golpe

Aufstand *m* sublevación *f*

auf|stauen *vr:* **sich** ~ acumularse; (*Wasser*) estancarse; **auf|stehen** *irr vi sein* (*sich erheben*) ponerse de pie; (*aus dem Bett*) levantarse; **auf|steigen** *irr vi sein* (*Nebel, Rauch*) subir; (*Flugzeug*) tomar altura; (*auf ein Fahrrad*) montar(se)

auf|stellen *vt* (*aufbauen*) colocar; (*Zelt*) montar; (*aufrichten*) levantar; **Aufstellung** *f* (*Liste*) relación *f;* (*Tabelle*) tabla *f*

Aufstieg ['aʊfʃtiːk] *m* <-(e)s, -e> ascenso *m*

auf|stoßen *irr* **I.** *vi* (*rülpsen*) eructar **II.** *vt* (*öffnen*) abrir de un empujón; **auf|stützen** *vt, vr:* **sich** ~ apoyar(se) (*auf* en/sobre); **auf|suchen** *vt* ir a ver; (*Arzt*) consultar; **auf|tanken** *vt* repostar (combustible); **auf|tauchen** *vi sein* emerger; (*fig*) aparecer; **auf|**

tauen I. *vi sein* (*Eis*) derretirse; (*See*) deshelarse; (*gesprächig werden*) soltarse **II.** *vt haben* descongelar

auf|teilen *vt* (*verteilen*) repartir (*unter* entre, *an* a); (*unterteilen*) dividir (*in* en); **Aufteilung** *f* <-en> (*Verteilung*) distribución *f;* (*Unterteilung*) división *f*

Auftrag ['aʊftraːk] *m* <-(e)s, -träge> (*Anweisung*) orden *f;* (*Bestellung*) pedido *m;* (*Aufgabe*) misión *f;* **im** ~ **von ...** por orden de...; **etw in** ~ **geben** encomendar algo

auf|treiben *irr vt* (*fam*) encontrar; (*Geld*) reunir; **auf|treten** *irr vi sein* (*erscheinen*) presentarse; (*Schauspieler*) actuar; **sicher** ~ actuar con aplomo

Auftreten *nt* <-s, *ohne pl*> **1.** (*Erscheinung*) aparición *f* **2.** (*Benehmen*) conducta *f*

Auftrieb *m* <-(e)s, *ohne pl*> (*Schwung*) ánimo(s) *m(pl)*

Auftritt *m* <-(e)s, -e> (THEAT) entrada *f* en escena; (*Vorstellung*) actuación *f*

auf|wachen *vi sein* despertarse; **auf|wachsen** *irr vi sein* criarse

Aufwand ['aʊfvant] *m* <-(e)s, *ohne pl*> (*Einsatz*) esfuerzo *m;* (*Kosten*) gastos *mpl;* **viel** ~ **mit etw treiben** hacer mucha ceremonia con algo

aufwändig[RR] *adj* costoso

auf|wärmen *vt* (*Essen*) recalentar

aufwärts ['aʊfvɛrts] *adv* (hacia) arriba

auf|wecken *vt* despertar; **auf|weichen** ['aʊfvaɪçən] **I.** *vi sein* reblandecer **II.** *vt haben* ablandar; **auf|weisen** ['aʊfvaɪzən] *irr vt* presentar; **auf|wenden** *irr vt* invertir

aufwendig *adj s.* **aufwändig**

auf|werfen *irr vt* (*Probleme*) plantear; **auf|werten** *vt* (*Währung*) revalorizar; **auf|wickeln** *vt* devanar; **auf|wirbeln** *vt* arremolinar; **viel Staub**

~ (a. fig) levantar una gran polvareda; **auf|wischen** vt limpiar (con un trapo); **auf|wühlen** vt (Erde) (re)mover; (erregen) emocionar

auf|zählen vt enumerar; **Aufzählung** f <-en> enumeración f; (Liste) lista f

auf|zeichnen vt (Plan) trazar; (Sendung) grabar; **Aufzeichnung** f **1.** pl (Notizen) apuntes mpl **2.** (Bild-, Tonaufnahme) grabación f

auf|zeigen vt (geh: darlegen) mostrar; (klarmachen) demostrar; **auf| ziehen** irr vt (Vorhang) descorrer; (Uhr) dar cuerda (a); (Kind, Tier) criar

Aufzug m (Lift) ascensor m; (abw: Kleidung) pinta f

auf|zwingen irr vt: **jdm etw ~** imponer algo a alguien

Auge ['aʊgə] nt <-s, -n> ojo m; **etw ins ~ fassen** proponerse hacer algo; **beide ~n zudrücken** hacer la vista gorda; **jdn unter vier ~n sprechen** hablar a alguien a solas; **ins ~ gehen** (fam fig) acabar mal; **mit einem blauen ~ davonkommen** (fam fig) salir bien parado; **Augenarzt, -ärztin** m, f oculista mf; **Augenblick** m momento m

augenblicklich adj (gegenwärtig) momentáneo; (unverzüglich) inmediato

Augenbraue ['aʊgənbraʊə] f ceja f; **Augenfarbe** f color m de los ojos; **Augenzeuge, Augenzeugin** m, f testigo mf ocular; **Augenzwinkern** nt <-s, ohne pl> guiño m

August [aʊˈɡʊst] m <-(e)s, -e> agosto m; s.a. **März**

Auktion [aʊkˈtsjoːn] f <-en> subasta f

Aula ['aʊla] f <Aulen> salón m de actos; (einer Universität) paraninfo m

aus [aʊs] I. präp +dat **1.** (heraus) por; **er sah ~ dem Fenster** miró por la ventana; **~ der Flasche trinken** beber de la botella; **~ der Mode kommen** pasar de moda **2.** (herkommend von) de; **er ist ~ Leipzig** es de Leipzig **3.** (beschaffen) de; **~ Glas** de cristal **4.** (mittels, infolge von) por; **~ Erfahrung** por experiencia; **~ Angst** por miedo; **~ diesem Anlass** por este motivo II. adv (ausgeschaltet) apagado; **das Spiel ist ~** (fam) el partido ha terminado; **zwischen ihnen ist es ~** (fam) han cortado; **auf etw ~ sein** ir detrás de algo; **von hier ~** desde aquí; **von mir ~** (fam) por mí

aus|arbeiten vt (Plan) elaborar; **aus| arten** ['aʊsartən] vi sein degenerar (in en); **aus|atmen** vi, vt espirar; **aus|baden** vt (fam): **etw ~ müssen** tener que pagar los platos rotos

Ausbau m <-[e]s, ohne pl> ampliación f; **aus|bauen** vt (Gebäude) ampliar; (vertiefen) intensificar

aus|bessern vt (Kleidung) arreglar; (flicken) remendar; **aus|beuten** vt explotar

Ausbeutung f explotación f

aus|bilden vt (Lehrling) formar; (Fähigkeiten) desarrollar

Ausbildung f <-en> formación f (profesional); **Ausbildungsplatz** m puesto m de aprendizaje

aus|bleiben irr vi sein (nicht eintreten) no darse; (fernbleiben) no aparecer

Ausblick m (in die Ferne) vista f (auf de); (in die Zukunft) perspectiva f (auf de)

aus|borgen vt (reg) prestar; **sich** dat **etw ~** tomar algo prestado; **aus|brechen** irr vi sein (Krieg) estallar; (Vulkan) entrar en erupción; (sich befreien) escapar(se) (aus de); **in Tränen**

~ romper a llorar; aus|breiten I. *vt*
(*Landkarte*) abrir; (*Decke, Arme*) extender; (*einzelne Gegenstände*) exponer II. *vr:* **sich ~** (*Nachricht, Feuer*) propagarse; (*sich erstrecken*) extenderse

Ausbreitung *f* <-en> 1. (*Nachricht,
Feuer*) propagación *f* 2. (*Größe*) ampliación *f*

Ausbruch *m* <-(e)s, -brüche>
1. (*Flucht*) fuga *f* (*aus* de) 2. (*Eruption*) erupción *f*; (*Gefühlsentladung*)
arrebato *m*

aus|bürsten *vt* cepillar

Ausdauer *f* (*Beharrlichkeit*) persever-
rancia *f*; (*körperlich*) resistencia *f*;
(*Zähigkeit*) tenacidad *f*; **ausdauernd** *adj* perseverante

aus|dehnen I. *vt* (*dehnen*) ensan-
char; (*erweitern*) ampliar; (*verlängern*) prolongar II. *vr:* **sich ~** (*größer werden*) dilatarse; (*zeitlich*) pro-
longarse; aus|denken *irr vt:* **sich
dat etw ~** imaginar algo

Ausdruck[1] *m* <-(e)s, -drücke>
1. (*Wort*) palabra *f*; (*Wendung*)
expresión *f* 2. *ohne pl* (*Stil*) expresión *f*; **etw zum ~ bringen** expresar
algo

Ausdruck[2] *m* <-(e)s, -e> impreso *m*
aus|drucken *vt* imprimir; aus|drü-
cken I. *vt* (*Frucht*) exprimir; (*Zigarette*) apagar; (*äußern*) expresar
II. *vr:* **sich ~** expresarse

ausdrücklich ['ausdrʏklɪç, -'--] *adj*
expreso; (*Verbot*) categórico

ausdruckslos *adj* inexpresivo; ausdrucksvoll *adj* expresivo

auseinander|bringen *irr vt* (*fam*)
separar; auseinander|fallen *irr vi
sein* caerse en pedazos; aus-
einander|gehen *irr vi sein* (*sich
trennen*) separarse; (*fam: kaputt-
gehen*) romperse; auseinander|
halten *irr vt* distinguir; auseinan-

der|setzen *vr:* **sich mit etw ~** ocu-
parse de algo

Auseinandersetzung *f* <-en> (*Beschäftigung*) análisis *m inv* (*mit*
de); (*Diskussion*) discusión *f* (*über*
acerca de); (*Streit*) conflicto *m*

Ausfahrt *f* salida *f*

aus|fallen *irr vi sein* (*herausfallen*)
caerse; (*nicht funktionieren*) fallar;
(*nicht stattfinden*) suspenderse; **der
Unterricht fällt aus** no hay clase;
ausfallend *adj* (*grob*) agresivo; (*beleidigend*) grosero

aus|fertigen *vt* (*Pass*) expedir; (*Doku-
ment*) extender; **Ausfertigung** *f:* **in
doppelter ~** por duplicado

ausfindig ['ausfɪndɪç] *adv:* **jdn/etw
~ machen** localizar a alguien/algo

aus|flippen ['ausflɪpən] *vi sein* (*fam*)
flipar; (*durch Drogen*) fliparse

Ausflucht ['ausfluxt] *f* <-flüchte> excusa *f*

Ausflug *m* excursión *f*

aus|fragen *vt:* **jdn** (**über etw**) **~** in-
terrogar a alguien (sobre algo); aus|
fransen ['ausfranzən] *vi sein* deshi-
lacharse

Ausfuhr ['ausfuːɐ] *f* <-en> expor-
tación *f*; aus|führen *vt* (*spazieren
führen*) llevar de paseo; (*Auftrag*)
cumplir; (*erklären*) exponer

ausführlich ['ausfyːɐlɪç, -'--] I. *adj*
detallado II. *adv* con todo detalle

Ausführung *f* 1. (*Typ*) modelo *m*
2. *pl* (*Darlegung*) explicaciones *fpl*

aus|füllen *vt* (*Formular*) cumpli-
mentar; (*befriedigen*) satisfacer

Ausgabe *f* 1. (*eines Buches*) edición
f; (*Zeitschrift*) número *m* 2. *pl* (*Kosten*) gastos *mpl*

Ausgang *m* 1. (*Tür*) salida *f* 2. *ohne
pl* (*Ergebnis*) desenlace *m*

aus|geben *irr* I. *vt* (*austeilen*) distri-
buir; (*Geld*) gastar (*für* en) II. *vr:*
sich ~ hacerse pasar (*als/für* por)

ausgebucht ['aʊsgəbuːxt] *adj* completo

ausgefallen *adj* extravagante

ausgeglichen ['aʊsgəglɪçən] *adj* equilibrado

aus|gehen *irr vi sein* (*weggehen*) salir; (*erlöschen*) apagarse; (*enden*) acabar; **wir können davon ~, dass ...** podemos partir de la base de que...; **leer ~** irse con las manos vacías

ausgehungert *adj* hambriento; (*Hunger leidend*) famélico

ausgekocht *adj* (*fam abw*) taimado

ausgelassen *adj* muy alegre; (*Kind*) retozón

ausgemergelt ['aʊsgəmɛrgəlt] *adj* demacrado

ausgenommen ['aʊsgənɔmən] **I.** *präp* +*akk* a excepción de **II.** *konj:* **~, dass ...** a no ser que... +*subj*

ausgeprägt *adj* pronunciado

ausgerechnet ['--'--] *adv* (*fam*) precisamente; **muss das ~ heute sein?** ¿tiene que ser precisamente hoy?

ausgeschlossen ['aʊsgəʃlɔsən] *adj* imposible; **es ist nicht ~, dass ...** no se excluye que... +*subj*

ausgesprochen ['aʊsgəʃprɔxən] *adv* (*sehr*) realmente

ausgestorben ['aʊsgəʃtɔrbən] *adj* extinguido; (*Ort*) desierto

ausgewachsen *adj* desarrollado

ausgewogen ['aʊsgəvoːgən] *adj* armonioso

ausgezeichnet ['----, '--'--] *adj* excelente

ausgiebig ['aʊsgiːbɪç] **I.** *adj* abundante; (*Essen*) opulento; **einen ~en Mittagsschlaf halten** echarse una larga siesta **II.** *adv* con abundancia

Ausgleich ['aʊsglaɪç] *m* <-(e)s, *ohne pl*> compensación *f* (*für* por)

aus|gleichen *irr vt* (*Unterschiede*) nivelar; (*Mangel*) compensar

aus|graben *irr vt* desenterrar; **Ausgrabung** *f* <-en> excavación *f*

aus|grenzen *vt* excluir

Ausguss^RR *m* pila *f*

aus|haben *irr vi* (*fam: Schluss haben*) terminar; **aus|halten** *irr vt* (*ertragen*) soportar; (*standhalten*) resistir; (*fam abw: Lebensunterhalt bezahlen*) mantener

aus|händigen ['aʊshɛndɪgən] *vt* (*Urkunde, Geld*) entregar

Aushang *m* anuncio *m*

aus|hängen[1] *irr vi* (*aufgehängt sein*) estar colgado (en el tablón de anuncios)

aus|hängen[2] *vt* (*aufhängen*) hacer público

aus|harren ['aʊsharən] *vi* (*geh*) perseverar; **aus|hecken** ['aʊshɛkən] *vt* (*fam*) tramar

aus|helfen *irr vi* ayudar; **sie half ihm mit Werkzeug aus** le ayudó aportando herramientas; **Aushilfe** *f* auxiliar *mf*

aus|holen *vi* tomar impulso; **aus|horchen** *vt* tantear; **aus|kennen** *irr vr:* **sich ~** conocer bien (*mit/in*); (*in einem Fach*) estar versado (*in/mit* en); **damit kenne ich mich gar nicht aus** de eso no entiendo nada; **aus|klammern** *vt* dejar de lado; **aus|kommen** *irr vi sein* (*sich vertragen*) entenderse; (*zurechtkommen*) arreglarse; (*ausreichend haben*) alcanzar; **wir kommen gut miteinander aus** nos llevamos bien; **mit ihm kann man nicht ~** no hay quien le aguante; **aus|kundschaften** ['aʊskʊntʃaftən] *vt* indagar; (*Gegend*) explorar

Auskunft ['aʊskʊnft] *f* <-künfte> información *f*

aus|kurieren* *vt, vr:* **sich ~** (*fam*) curar(se) (completamente); **aus|lachen** *vt* reírse (de); **aus|laden** *irr* *vt* (*Fracht, Fahrzeug*) descargar; **jdn** ~ retirar a alguien de la invitación

Auslagen *fpl* desembolso *m*

Ausland *nt* <-(e)s, *ohne pl*> (país *m*) extranjero *m*

Ausländer(in) *m(f)* <-s, -; -nen> extranjero, -a *m, f;* **ausländerfeindlich** *adj* xenófobo; **Ausländerfeindlichkeit** *f* xenofobia *f*

ausländisch *adj* extranjero

Auslandsaufenthalt *m* estancia *f* en el extranjero

aus|lassen *irr vt* omitir; (*Laune*) descargar (*an* sobre); **aus|laufen** *irr vi sein* (*Flüssigkeit*) derramarse; (*Gefäß*) vaciarse; (*aufhören*) terminar; (*Vertrag*) expirar; **aus|leeren** *vt* (*Gefäß*) vaciar; (*Flüssigkeit*) verter; **aus| legen** *vt* (*Köder*) poner; (*Kabel*) tender; (*Geld*) adelantar; (*Worte*) interpretar; **aus|leiern** *vi sein* (*fam*) dar(se) de sí; **aus|leihen** *irr vt* (*verleihen*) prestar; (*sich borgen*) tomar prestado; **aus|liefern** *vt* entregar; **jdm ausgeliefert sein** (*fam*) estar en manos de alguien; **aus|löschen** *vt* (*geh: Menschenleben*) extinguir; **aus|losen** ['aʊsloːzən] *vt* rifar; **aus| lösen** *vt* (*hervorrufen*) provocar

Auslöser *m* <-s, -> **1.** (TECH) mecanismo *m* de disparo **2.** (*Anlass*) (factor *m*) desencadenante *m* (*für* de)

aus|machen *vt* (*vereinbaren*) concertar; (*bedeuten*) importar; (*fam: ausschalten*) apagar; **aus|malen** *vt* colorear (*mit* de); **sich** *dat* **etw** ~ imaginarse algo

Ausmaß *nt* dimensión *f;* **bis zu einem gewissen** ~ hasta (un) cierto punto; **in großem** ~ a gran escala; **aus|messen** *irr vt* medir

Ausnahme *f* <-n> excepción *f;* **mit** ~ **von ...** a excepción de...; **Ausnahmefall** *m* caso *m* excepcional

ausnahmslos *adj* sin excepción; **ausnahmsweise** ['----, '--'--] *adv* excepcionalmente

aus|nehmen *irr vt* (*Fisch*) limpiar; (*Geflügel*) destripar; (*ausschließen*) exceptuar; **aus|nutzen** *vt* (*Gelegenheit*) aprovechar; (*Notlage*) aprovecharse (de); **aus|packen** *vt* (*Koffer*) deshacer; (*Geschenk*) desenvolver; (*Paket*) desembalar; **aus|pressen** *vt* (*Saft*) extraer; (*Frucht*) exprimir; **aus|probieren*** *vt* probar

Auspuff ['aʊspʊf] *m* <-(e)s, -e> escape *m;* **Auspuffrohr** *nt* tubo *m* de escape

aus|quartieren* ['aʊskvartiːrən] *vt* desalojar; **aus|quetschen** *vt* (*fam: ausfragen*) acosar a preguntas; **aus| radieren*** *vt* borrar; **aus|rangieren*** ['aʊsranʒiːrən] *vt* (*fam*) desechar; **aus|rauben** *vt* desvalijar; **aus|räumen** *vt* vaciar; (*Missverständnis*) arreglar; (*Zweifel*) disipar; **aus|rechnen** *vt* calcular

Ausrede *f* pretexto *m;* **aus|reden** **I.** *vi* acabar de hablar **II.** *vt:* **jdm etw** ~ disuadir a alguien de algo

aus|reichen *vt* bastar

ausreichend *adj* suficiente

Ausreise *f* salida *f*

aus|reißen *irr* **I.** *vi sein* (*fam*) escapar(se) **II.** *vt haben* arrancar; **aus| renken** ['aʊsrɛŋkən] *vt* dislocar; **aus|richten** *vt* (*Nachricht*) dar; **soll ich ihr etwas** ~**?** ¿quiere que le dé algún recado?; **aus|rotten** ['aʊsrɔtən] *vt* exterminar

Ausruf *m* exclamación *f;* **aus|rufen** *irr vt* (*rufend nennen*) llamar; (*Abflug*) anunciar (por altavoz); (*Notstand*) proclamar

Ausrufezeichen *nt* signo *m* de exclamación

aus|ruhen *vi, vr: sich* ~ descansar

aus|rüsten *vt* equipar; **Ausrüstung**

f equipo *m*

aus|rutschen *vi sein* resbalar

Aussage ['aʊsza:gə] *f* (JUR) declaración *f;* aus|sagen I. *vi* (JUR) declarar II. *vt* (*ausdrücken*) expresar

aus|schalten *vt* (*Licht*) apagar; (*Gegner*) eliminar

Ausschau *f:* nach jdm/etw ~ halten buscar a alguien/algo con la vista

aus|schlafen *irr* I. *vi, vr:* sich ~ dormir a su gusto II. *vt:* seinen Rausch ~ dormir la mona

Ausschlag *m* (MED) erupción *f* cutánea; aus|schlagen *irr vt* (*Angebot*) rehusar

ausschlaggebend *adj* decisivo

aus|schließen *irr vt* (*Irrtum*) descartar; (*im Widerspruch stehen*) excluir; (*aus einer Gemeinschaft*) expulsar (*aus* de)

ausschließlich I. *adj* exclusivo II. *adv* únicamente III. *präp* +*gen* con exclusión de

Ausschluss^RR *m* <-es, -schlüsse> exclusión *f* (*aus* de); unter ~ der Öffentlichkeit (JUR) a puerta cerrada

aus|schneiden *irr vt* recortar (*aus* de); Ausschnitt *m* (*Teil*) parte *f;* (*aus einem Film*) escena *f;* (*bei Kleidung*) escote *m*

Ausschreitungen ['aʊsʃraɪtʊŋən] *fpl* disturbios *mpl*

Ausschuss^RR *m* 1. (*Komitee*) comisión *f* 2. *ohne pl* (*minderwertige Ware*) desecho *m*

aus|schütteln *vt* sacudir; aus|schütten *vt* (*Flüssigkeit*) verter; jdm sein Herz ~ abrir su corazón a alguien

ausschweifend ['aʊsʃvaɪfənt] *adj* (*Leben*) libertino; (*Fantasie*) desenfrenado

aus|sehen *irr vi* parecer; gut ~ tener buen aspecto; (*Person*) estar guapo; es sieht nach Regen aus parece

que va a llover; er sieht aus wie sein Vater se parece a su padre

Aussehen *nt* <-s, *ohne pl*> aspecto *m*

außen ['aʊsən] *adv* fuera; von ~ por fuera

Außenhandel *m* comercio *m* exterior; Außenminister(in) *m(f)* ministro, -a *m, f* de Asuntos Exteriores, canciller *m Am;* Außenministerium *nt* Ministerio *m* de Asuntos Exteriores; Außenpolitik *f* política *f* exterior; außenpolitisch *adj* referente a la política exterior; Außenseite *f* (*parte f*) exterior *m*

Außenseiter(in) *m(f)* <-s, -; -nen> marginado, -a *m, f*

außer ['aʊsɐ] I. *präp* +*dat* fuera de; (*ausschließlich*) a excepción de; (*abgesehen von*) aparte de; ~ Sicht sein no ser visible; ~ Haus fuera de casa; ~ Betrieb fuera de servicio; ~ Atem sin aliento; ~ sich *dat* sein estar fuera de sí II. *präp* +*gen* fuera de; ~ Landes fuera del país III. *konj* excepto; ~ dass excepto que +*subj;* ~ wenn excepto si

außerdem ['aʊsɐde:m, --'-] *adv* además

äußere(r, s) *adj* exterior

Äußere(s) *nt* <-n, *ohne pl*> aspecto *m;* (*Gesicht, Körper*) físico *m*

außergewöhnlich *adj* excepcional

außerhalb I. *präp* +*gen* fuera de; ~ der Stadt fuera de la ciudad II. *adv* fuera; wir wohnen ~ vivimos en las afueras

außerirdisch *adj* extraterrestre

äußerlich ['ɔɪsɐlɪç] *adj* externo; (*oberflächlich*) superficial; nur ~ anwenden (*Medikamente*) sólo para uso externo

äußern ['ɔɪsən] I. *vt* expresar II. *vr:* sich ~ (*seine Meinung sagen*) pronunciarse; (*sich zeigen*) mostrarse

außerordentlich I. *adj* extraordinario II. *adv* (*sehr*) sumamente
außerorts *adv* (*Schweiz, Österr*) en las afueras
äußerst [ˈɔɪsɛst] *adv* muy
außerstande [aʊsɛˈʃtandə] *adv:* ~ **sein**
etw zu tun no estar en condiciones de hacer algo
äußerste(r, s) [ˈɔɪsɛstə, -tɐ, -təs] *adj* (*größtmöglich*) máximo; (*weit entfernt*) extremo; **am ~n Ende der Stadt** en el límite de la ciudad
Äußerung [ˈɔɪsərʊŋ] *f* <-en> declaración *f*; (*Bemerkung*) observación *f*
aus|setzen I. *vi* (*Atmung*) cesar II. *vt* (*Tier*) abandonar; (*bemängeln*) poner reparos (*an* a); **jdn etw** *dat* ~ exponer a alguien a algo
Aussicht *f* vista *f* (*auf* de); (*Zukunftsmöglichkeit*) perspectiva *f* (*auf* de); **etw hat ~ auf Erfolg** algo tiene probabilidad de éxito; **aussichtslos** *adj* inútil; **Aussichtspunkt** *m* mirador *m;* **aussichtsreich** *adj* prometedor; **Aussichtsturm** *m* mirador *m*
Aussiedler(in) *m(f)* expatriado, -a *m, f*
aus|sortieren* *vt* separar; **aus|spannen** I. *vi* (*sich erholen*) descansar II. *vt* (*fam*): **jdm den Freund** ~ quitar(le) a alguien el novio; **aus|sperren** I. *vt* (*aus der Wohnung*) cerrar la puerta (a) II. *vr:* **sich** ~ quedarse fuera sin llaves
Aussprache *f* (*Artikulation*) pronunciación *f*; (*Akzent*) acento *m;* (*Unterredung*) discusión *f*; **eine ~ mit jdm haben** hablar francamente con alguien; **aus|sprechen** *irr* I. *vi* (*zu Ende sprechen*) terminar (la frase) II. *vt* (*Wörter*) pronunciar; (*Lob*) expresar III. *vr:* **sich** ~ (*sein Herz ausschütten*) desahogarse (*bei* con); (*be-*

fürworten) abogar (*für* por)
aus|spucken *vi, vt* escupir; **aus|spülen** *vt* enjuagar
Ausstand *m* <-(e)s, *ohne pl*> (*Streik*) huelga *f*
aus|statten [ˈaʊsʃtatən] *vt* proveer (*mit* de)
Ausstattung *f* <-en> (*mit Geräten*) equipo *m*
aus|stehen *irr* I. *vi* (*fehlen*) estar pendiente II. *vt* (*ertragen*) soportar; **ich kann ihn nicht** ~ no le soporto; **aus|steigen** *irr vi sein* (*aus einem Fahrzeug*) bajar (*aus* de)
aus|stellen *vt* (*Bilder*) exponer; (*Bescheinigung*) expedir; (*Scheck*) extender; **Ausstellung** *f* exposición *f*
aus|sterben *irr vi sein* desaparecer; (*Brauch*) caer en desuso; **aus|stoßen** *irr vt* expulsar; (*Seufzer*) lanzar
aus|strahlen *vt* (*Licht, Wärme*) emitir; (*Ruhe, Heiterkeit*) irradiar; **Ausstrahlung** *f* carisma *m*
aus|strecken *vt, vr:* **sich** ~ estirar(se); **aus|suchen** *vt* escoger
Austausch *m* <-(e)s, *ohne pl*> (*inter)cambio *m*
austauschbar *adj* (inter)cambiable; (*ersetzbar*) sustituible
aus|tauschen *vt* cambiar; (*Erfahrungen*) intercambiar; **aus|teilen** *vt* repartir
Auster [ˈaʊstɐ] *f* <-n> ostra *f*
aus|tragen *irr vt* (*Briefe*) repartir; (*Konflikt*) poner en claro; **ein Kind** ~ (decidir) tener el niño
Australien [aʊsˈtraːliən] *nt* <-s> Australia *f*
Australier(in) *m(f)* <-s, -; -nen> australiano, -a *m, f*
australisch *adj* australiano
aus|treten *irr* I. *vi sein* (*Gas*) escaparse (*aus* por); (*aus der Kirche, Partei*) salir (*aus* de); (*fam: zur Toilette gehen*) ir al servicio II. *vt haben*

(*Feuer*) apagar con los pies; (*Zigarette*) pisar; **aus|trinken** *irr vi, vt* terminar(se) de beber; **aus|trocknen** *vi sein*, *vt haben* secar(se); **aus|üben** *vt* (*Macht, Einfluss*) ejercer (*auf* sobre); (*Amt*) desempeñar; **einen Beruf** ~ ejercer una profesión

Ausverkauf *m* rebajas *fpl*

ausverkauft *adj* agotado

Auswahl *f* 1. (*Angebot*) surtido *m* 2. *ohne pl* (*Wahl*) selección *f;* **zur** ~ a escoger; **aus|wählen** *vt* escoger

Auswanderer, Auswanderin *m, f* <-s, -; -nen> emigrante *mf;* **aus|wandern** *vi sein* emigrar (*nach* a)

auswärtig ['aʊsvɛrtɪç] *adj* (*nicht einheimisch*) de fuera; (*das Ausland betreffend*) exterior

auswärts ['aʊsvɛrts] *adv* fuera (de casa); **von** ~ de fuera

aus|waschen *irr vt* lavar; **aus|wechseln** *vt* (re)cambiar

Ausweg *m* salida *f* (*aus* de); **ausweglos** *adj* sin salida

aus|weichen *irr vi sein:* **jdm** ~ hacer sitio a alguien; **etw** *dat* ~ (*fig*) evitar algo; **eine ~de Antwort geben** responder con una evasiva

Ausweis ['aʊsvaɪs] *m* <-es, -e> documento *m;* (*Personalausweis*) documento *m* nacional de identidad; **aus|weisen** ['aʊsvaɪzən] *irr* I. *vt* (*fortschicken*) expulsar (*aus* de) II. *vr:* **sich** ~ identificarse

Ausweispapiere *ntpl* documentación *f*

aus|weiten I. *vt* ampliar II. *vr:* **sich** ~ (*weiter werden*) ensancharse; (*sich auswachsen*) llegar a convertirse (*zu* en)

auswendig ['aʊsvɛndɪç] *adv* de memoria; **etw** ~ **können** saberse algo de memoria

aus|werten *vt* analizar; **aus|wickeln** *vt* desenvolver

(*auf* en); **Auswirkung** *f* repercusión *f* (*auf* en)

aus|wringen ['aʊsvrɪŋən] *irr vt* escurrir; **aus|zahlen** I. *vt* pagar II. *vr:* **sich** ~ merecer la pena; **aus|zählen** *vt* (*Stimmen*) escrutar

aus|zeichnen I. *vt* (*ehren*) honrar II. *vr:* **sich** ~ destacarse (*durch* por); **Auszeichnung** *f* <-en> (*Ehrung*) distinción *f;* **mit** ~ con mención honorífica

aus|ziehen *irr* I. *vi sein* (*Wohnung räumen*) mudarse II. *vt haben* (*Kleidung ablegen*) quitar; (*Tisch*) alargar III. *vr haben:* **sich** ~ desnudarse

Auszubildende(r) ['aʊstsubɪldəndə] *f(m) dekl wie adj* aprendiz(a) *m(f)*

Auszug *m* (*aus der Wohnung*) mudanza *f* (*aus* de); (*Extrakt*) extracto *m*

authentisch [aʊ'tɛntɪʃ] *adj* auténtico

Auto ['aʊto] *nt* <-s, -s> coche *m;* (**mit dem**) ~ **fahren** ir en coche

Autobahn *f* autopista *f*

Autobahnauffahrt *f* entrada *f* a la autopista; **Autobahnausfahrt** *f* salida *f* de la autopista

Autobus ['aʊtobʊs] *m* autobús *m;* **Autofahrer(in)** *m(f)* conductor(a) *m(f)*

Autogramm [aʊto'gram] *nt* <-s, -e> autógrafo *m*

Automat [aʊto'maːt] *m* <-en, -en> autómata *m;* (*Getränkeautomat*) distribuidor *m* automático; (*Geldautomat*) cajero *m* (automático)

automatisch *adj* automático

Automatisierung *f* <-en> automatización *f*

Automechaniker(in) *m(f)* mecánico, -a *m, f* de coches

autonom [aʊto'noːm] *adj* autónomo

Autonummer *f* matrícula *f* del coche

Autor(in) ['aʊtoːɐ] *m(f)* <-s, -en;

-nen> autor(a) *m(f)*

autoritär [aʊtoriˈtɛːɐ] *adj* autoritario

Autorität *f* <-en> autoridad *f*

Autounfall *m* accidente *m* de automóvil; **Autowerkstatt** *f* taller *m* de coches

Aversion [avɛrˈzjoːn] *f* <-en> aversión *f*

Avocado [avoˈkaːdo] *f* <-s> aguacate *m*

Axt [akst] *f* <Äxte> hacha *f*

Azteke, Aztekin [atsˈteːkə] *m, f* <-n, -n; -nen> azteca *mf*

Azubi [aˈtsuːbi] *mf* <-s, -s; -s> (*fam*) *Abk. von* **Auszubildende(r)** aprendiz(a) *m(f)*

B

B, b [beː] *nt* <-, -> B, b *f*

Baby [ˈbeːbi, ˈbɛːbi] *nt* <-s, -s> bebé *m*; **Babyfon** [beːbiˈfoːn] *nt* <-s, -e> intercomunicador *m* para bebés; **Babysitter(in)** *m(f)* <-s, -; -nen> canguro *mf*

Bach [bax] *m* <-(e)s, Bäche> arroyo *m*

Backblech *nt* bandeja *f* de horno

Backe [ˈbakə] *f* <-n> (*fam: Wange*) carrillo *m*; (*Pausbacke*) moflete *m*

backen [ˈbakən] <backt *o* bäckt, backte, gebacken> *vt* hacer (en el horno)

Backenzahn *m* muela *f*

Bäcker(in) [ˈbɛkɐ] *m(f)* <-s, -; -nen> panadero, -a *m, f*

Bäckerei *f* <-en> panadería *f*

Backofen *m* horno *m*; **Backpulver** *nt* levadura *f* en polvo

bäckt [bɛkt] *3. präs von* **backen**

Bad [baːt] *nt* <-(e)s, Bäder> (*Bade-*

zimmer) (cuarto *m* de) baño *m*; (*Heilbad*) balneario *m*; **ein ~ nehmen** tomar un baño

Badeanstalt *f* piscina *f* (municipal); **Badeanzug** *m* traje *m* de baño; **Badehose** *f* bañador *m*; **Badekappe** *f* gorro *m* de baño; **Bademantel** *m* albornoz *m*

baden [ˈbaːdən] *vi* (*schwimmen*) bañarse; (*ein Bad nehmen*) tomar un baño

Baden-Württemberg [ˈbaːdən-ˈvʏrtəmbɛrk] *nt* <-s> Baden-Wurtemberg *m*

Badeschuhe *mpl* chancletas *fpl* de baño; **Badetuch** *nt* <-(e)s, -tücher> toalla *f* de baño; **Badewanne** *f* bañera *f*; **Badewasser** *nt* <-s, ohne pl> agua *f* para el baño; **Badezimmer** *nt* cuarto *m* de baño

Bafög [ˈbaːføːk], **BAföG** *nt* <-(s)> *Abk. von* **Bundesausbildungsförderungsgesetz** Ley *f* Federal de Promoción de la Enseñanza

Bagatelle [bagaˈtɛlə] *f* <-n> bagatela *f*

Bagger [ˈbagɐ] *m* <-s, -> excavadora *f*; **Baggersee** *m* lago *m* (artificial)

Baguette [baˈgɛt] *nt* <-s, -s> barra *f* de pan (*blanco, estilo francés*)

Bahn [baːn] *f* <-en> (*Weg*) camino *m*; (*Zug*) tren *m*; **freie ~ haben** tener vía libre; **auf die schiefe ~ geraten** ir por mal camino; **Bahnbeamte(r)** *m*, **-beamtin** *f* (empleado, -a *m, f*) ferroviario, -a *m, f*; **Bahndamm** *m* terraplén *m* de vías férreas; **Bahnfahrt** *f* viaje *m* en tren; **Bahngleis** *nt* raíl *m*; **Bahnhof** *m* estación *f* (de ferrocarril); **Bahnlinie** *f* línea *f* ferroviaria; **Bahnschranke** *f* barrera *f* de un paso a nivel; **Bahnsteig** [ˈbaːnʃtaɪk] *m* <-(e)s, -e> andén *m*; **Bahnübergang** *m* paso *m* a nivel; **Bahnverbindung** *f* comunicación *f* ferroviaria

Bahre ['baːrə] *f* <-n> camilla *f;* (*für Tote*) féretro *m*

Bakterie [bak'teːriə] *f* <-n> bacteria *f*

Balance [ba'lãːs(ə)] *f* <-n> equilibrio *m*

balancieren* I. *vi sein* hacer equilibrios II. *vt haben* equilibrar

bald [balt] <eher, am ehesten> *adv* pronto; **so ~ wie möglich** cuanto antes; **~ darauf** poco después; **bis ~!** ¡hasta pronto!

Balearen [bale'aːrən] *pl:* **die ~** las Baleares

Balkan ['balkaːn] *m* <-s>: **der ~** los Balcanes; **auf dem ~** en los Balcanes; **Balkanländer** *ntpl* países *mpl* balcánicos

Balken ['balkən] *m* <-s, ->* viga *f*

Balkon [bal'kɔŋ, bal'koːn] *m* <-s, -e *o* -s> balcón *m*

Ball [bal] *m* <-(e)s, Bälle> (SPORT) balón *m;* (*Tanzball*) baile *m;* **~ spielen** jugar a la pelota

Ballast ['balast, -'-] *m* <-(e)s, -e> carga *f*

ballen ['balən] I. *vt* (*Faust*) apretar; **die Hand zur Faust ~** cerrar los puños II. *vr:* **sich ~** (*Menschenmenge*) aglomerarse; (*Verkehr*) concentrarse

Ballett [ba'lɛt] *nt* <-(e)s, -e> ballet *m*

Ballon [ba'lɔŋ, ba'loːn] *m* <-s, -s *o* -e> (AERO) globo *m*

Ballspiel *nt* juego *m* de pelota

Ballungsgebiet *nt* zona *f* de aglomeración

Baltikum ['baltikʊm] *nt* <-s> países *mpl* bálticos

baltisch *adj* báltico

Bambus ['bambʊs] *m* <-(ses), -se> bambú *m*

banal [ba'naːl] *adj* banal

Banane [ba'naːnə] *f* <-n> plátano *m*, banana *f Am*

band [bant] *3. imp von* **binden**

Band¹ [bant] *m* <-(e)s, Bände> (*Buch*) tomo *m*

Band² *nt* <-(e)s, Bänder> (*Stoffband*) cinta *f;* (*Fließband*) cadena *f* de fabricación; (*Tonband*) cinta *f* magnetofónica; **am laufenden ~** (*fam*) continuamente; **ich habe dir aufs ~ gesprochen** (*fam*) te dejé un mensaje (en el contestador)

Bandage [ban'daːʒə] *f* <-n> vendaje *m*

bandagieren* [banda'ʒiːrən] *vt* vendar

Bandbreite *f* (*fig: Vielfalt*) diversidad *f*

Bande ['bandə] *f* <-n> (*abw: Gruppe*) banda *f*

bändigen ['bɛndɪɡən] *vt* (*Tier*) domar; (*Mensch*) calmar; (*Gefühle*) refrenar

Bandit(in) [ban'diːt] *m(f)* <-en, -en; -nen> bandido, -a *m, f*

bang(e) [baŋ(ə)] *adj* (*reg*) miedoso; **mir ist ~** (**zumute**) tengo miedo

bangen ['baŋən] *vi* (*geh*) temer (*um por*)

Bank¹ [baŋk] *f* <Bänke> (*Sitzbank*) banco *m;* **etw auf die lange ~ schieben** dar largas a algo

Bank² *f* <-en> (*Kreditinstitut*) banco *m*

Bankangestellte(r) *mf* empleado, -a *m, f* de banco; **Bankautomat** *m* cajero *m* automático; **Bankkauffrau** *f* empleada *f* titulada bancaria; **Bankkaufmann** *m* empleado *m* titulado bancario; **Bankkonto** *nt* cuenta *f* bancaria; **Bankleitzahl** *f* código *m* de identificación bancaria; **Bankräuber(in)** *m(f)* atracador(a) *m(f)* de bancos

bankrott [baŋk'rɔt] *adj* en bancarrota, en quiebra

Banküberfall *m* atraco *m* a un banco; **Bankverbindung** *f* (FIN) cuenta *f* bancaria

Bann [ban] *m:* **jdn in seinen ~ ziehen** cautivar a alguien; **in jds ~ geraten** estar hechizado por alguien

bar [ba:ɐ] *adj* (FIN) en efectivo; **etw (in) ~ bezahlen** pagar algo al contado

Bar [ba:ɐ] *f* <-s> (*Lokal*) bar *m;* (*Theke*) barra *f*

Bär [bɛ:ɐ] *m* <-en, -en> oso *m;* **jdm einen ~en aufbinden** (*fam*) contar a alguien un cuento chino

Baracke [ba'rakə] *f* <-n> chabola *f*

barbarisch *adj* bárbaro

Barcode ['ba:ko:t] *m* (INFOR) código *m* de barras

barfuß *adj* descalzo

barg [bark] 3. *imp von* **bergen**

Bargeld *nt* dinero *m* al contado

Barkeeper ['ba:ɐki:pɐ] *m* <-s, -> barman *m*

barmherzig [barm'hɛrtsɪç] *adj* misericordioso

Barmherzigkeit *f* misericordia *f*

Barock [ba'rɔk] *m o nt* <-s, *ohne pl*> barroco *m*

Barometer [baro'me:tɐ] *nt* <-s, -> barómetro *m*

Barriere [ba'rje:rə] *f* <-n> barrera *f*

Barrikade [bari'ka:də] *f* <-n> barricada *f;* **für etw auf die ~n gehen** luchar por algo

barsch [barʃ] *adj* rudo

Barsch [barʃ] *m* <-(e)s, -e> perca *f*

Barscheck *m* cheque *m* abierto

Bart [ba:ɐt] *m* <-(e)s, Bärte> barba *f;* (*bei Katzen*) bigote(s) *m(pl)*

Basar [ba'za:ɐ] *m* <-s, -e> bazar *m*

Baseball ['beɪsbɔ:l] *m* <-s, *ohne pl*> (SPORT) béisbol *m*

Basel ['ba:zəl] *nt* <-s> Basilea *f*

Basen *pl von* **Basis**

basieren* [ba'zi:rən] *vi* basarse (*auf en*)

Basis ['ba:zɪs] *f* <Basen> base *f*

Baskenland *nt* <-(e)s> País *m* Vasco

Basketball ['ba:skətbal] *m* <-(e)s, *ohne pl*> baloncesto *m*

baskisch *adj* vasco; (*Sprache*) vascuence

Bassᴿᴿ [bas] *m* <-es, Bässe> bajo *m*

basteln ['bastəln] **I.** *vi* hacer trabajos manuales **II.** *vt* hacer (a mano)

bat [ba:t] 3. *imp von* **bitten**

Batterie [batə'ri:] *f* <-n> pila *f;* (AUTO) batería *f*

Bau¹ [bau] *m* <-(e)s, Bauten> **1.** (*Gebäude*) edificio *m* **2.** *ohne pl* (*das Bauen*) construcción *f;* **auf dem ~ arbeiten** trabajar en la construcción

Bau² *m* <-(e)s, -e> (*Erdhöhle*) madriguera *f*

Bauarbeiten *fpl* obras *fpl* de construcción; **Bauarbeiter(in)** *m(f)* obrero, -a *m, f* de la construcción

Bauch [baux] *m* <-(e)s, Bäuche> vientre *m;* **einen ~ bekommen** echar barriga; **Bauchnabel** *m* ombligo *m;* **Bauchredner(in)** *m(f)* ventrílocuo, -a *m, f;* **Bauchschmerzen** *mpl* dolores *mpl* de barriga; **Bauchtanz** *m* danza *f* oriental; **Bauchweh** *nt* <-s, *ohne pl*> (*fam*) dolor *m* de barriga

bauen ['bauən] *vt* construir; (*Nest*) hacer

Bauer, Bäuerin ['bauɐ, 'bɔɪərɪn] *m, f* <-n *o* -s, -n; -nen> campesino, -a *m, f*

bäuerlich *adj* (*abw*) rústico

Bauernhof *m* granja *f*

baufällig *adj* en ruina

Baufirma *f* empresa *f* constructora; **Baugenehmigung** *f* permiso *m* de edificación; **Baugrundstück** *nt* solar *m;* **Bauingenieur(in)** *m(f)* ingeniero, -a *m, f* civil; **Baujahr** *nt* (*von Fahrzeugen*) año *m* de fabricación; **Baukasten** *m* juego *m* de construc-

ción (con cubos)
Baum [baʊm] *m* <-(e)s, Bäume>
árbol *m;* **Bäume ausreißen können** (*fam*) rebosar de vitalidad
Baumarkt *m* mercado *m* de materiales para la construcción
baumeln ['baʊməln] *vi* (*fam*) bambolearse
Baumkrone *f* copa *f;* **Baumschule** *f*
plantel *m;* **Baumstamm** *m* tronco
m; **Baumwolle** *f* algodón *m*
Baustein *m* (ARCHIT) piedra *f* de construcción; (*Bestandteil*) componente
m; **elektronischer ~** chip *m;* **Bau-
stelle** *f* obras *fpl*
Bauten ['baʊtən] *pl von* **Bau¹**
Bauunternehmer(in) *m(f)* contra-
tista *mf* de obras; **Bauwerk** *nt* edificio *m,* construcción *f*
bay(e)risch ['baɪ(ə)rɪʃ] *adj* bávaro
Bayern ['baɪɐn] *nt* <-s> Baviera *f*
beabsichtigen* *vt* tener la intención
(de); **das war nicht beabsichtigt!**
¡no fue intencionado!
beachten* *vt* (*Vorschrift*) cumplir
(con); (*Person*) fijarse (en); (*berücksichtigen*) considerar; **beachtens-
wert** *adj* notable
beachtlich *adj* (*beträchtlich*) considerable
Beachtung *f* atención *f;* **etw** *dat*
keine ~ schenken no hacer caso a
algo
Beamte(r) *m dekl wie adj,* **Beamtin**
f <-nen> funcionario, -a *m, f* del
Estado
beängstigend *adj* alarmante
beanspruchen* [bə'ʔanʃprʊxən] *vt*
(*Zeit, Platz*) requerir; (*Hilfe*) recurrir
(a); (*Person*) ocupar
beanstanden* *vt* objetar
beantragen* *vt* solicitar
beantworten* [bə'ʔantvɔrtən] *vt*
contestar
bearbeiten* *vt* (*Antrag*) tramitar

Bearbeitung *f* <-en> (trabajo *m* de)
elaboración *f;* **etw ist in ~** algo está
en tramitación
beatmen* *vt* practicar la respiración
artificial
beaufsichtigen* *vt* (*Schüler*) vigilar;
(*Arbeit*) supervisar
beauftragen* *vt* encargar; **jdn mit
etw ~** encomendar algo a alguien
Beauftragte(r) *mf* <-n, -n; -n> encargado, -a *m, f,* comisionado, -a
m, f
bebauen* *vt* (*verstädtern*) urbanizar;
(*Acker*) cultivar
beben ['be:bən] *vi* temblar
Beben *nt* <-s, -> seísmo *m,* terremoto *m*
bebildern* *vt* ilustrar
Becher ['bɛçɐ] *m* <-s, -> vaso *m*
Becken ['bɛkən] *nt* <-s, -> (*Spülbecken*) pila *f;* (*Schwimmbecken*)
piscina *f;* (ANAT) pelvis *f inv*
bedacht [bə'daxt] I. *pp von* **bedenken** II. *adj:* **~ handeln** actuar pre-
meditadamente; **darauf ~ sein,
dass ...** cuidar de que... +*subj*
bedächtig [bə'dɛçtɪç] *adj* (*langsam*)
mesurado; (*vorsichtig*) prudente
bedanken* *vr:* **sich bei jdm für etw
~** dar las gracias a alguien por algo
Bedarf [bə'darf] *m* <-(e)s, *ohne pl*>
necesidad *f;* (COM) demanda *f;* **bei ~**
cuando sea necesario; (**je**) **nach ~**
según las necesidades
bedauerlich [bə'daʊɐlɪç] *adj* lamentable
bedauerlicherweise [-'----'--] *adv* la-
mentablemente
bedauern* [bə'daʊɐn] *vt* (*Verlust*) lamentar; (*Mensch*) compadecer (a);
bedaure! ¡lo lamento!
Bedauern *nt* <-s, *ohne pl*> pesar *m;*
zu meinem größten ~ ... muy a
pesar mío...
bedauernswert *adj* (*Sache*) lamen-

table; (*Mensch*) digno de lástima
bedecken* *vt* cubrir
bedeckt *adj* (*Himmel*) encapotado
bedenken* *irr vt* pensar(se); **wenn man es recht bedenkt** considerándolo bien
Bedenken *ntpl* (*Zweifel*) duda *f;* **ohne ~** sin reparos; **bedenkenlos** *adj* **1.** (*ohne zu zögern*) sin vacilar; **da kannst du ~ hingehen** no dudes en pasarte por allí **2.** (*ohne Überlegung*) irreflexivo **3.** (*skrupellos*) sin escrúpulos
bedenklich *adj* (*zweifelhaft*) dudoso; (*Besorgnis erregend*) preocupante
bedeuten* *vt* significar; **das hat nichts zu ~** no quiere decir nada
bedeutend *adj* (*wichtig*) importante; (*beachtlich*) considerable
Bedeutung *f* <-en> **1.** (*Sinn*) significado *m;* **in übertragener/wörtlicher ~** en sentido figurado/literal **2.** *ohne pl* (*Wichtigkeit*) importancia *f;* **bedeutungslos** *adj* insignificante
bedienen* *vt* (*im Geschäft*) atender; (*im Restaurant*) servir; (*Maschinen*) manejar; **werden Sie schon bedient?** ¿ya le atienden?
Bedienung *f* <-en> **1.** (*Kellner*) camarero, -a *m, f* **2.** *ohne pl* (*eines Gastes*) servicio *m;* (*eines Gerätes*) manejo *m;* **Bedienungsanleitung** *f* instrucciones *fpl* de manejo
bedingt *adj* relativo; (*beschränkt*) limitado; **~ durch ...** debido a...; **das ist nur ~ richtig** esto sólo es correcto hasta cierto punto
Bedingung *f* <-en> condición *f;* **unter der ~, dass ...** a condición de que... +*subj;* **~en stellen** poner condiciones; **unter erschwerten ~en arbeiten** trabajar bajo condiciones difíciles; **bedingungslos** *adj* sin condiciones
bedrängen* *vt* acosar

bedrohen* *vt* amenazar
bedrohlich *adj* amenazante, amenazador
Bedrohung *f* amenaza *f*
bedrucken* *vt* estampar
bedrücken* *vt* oprimir
bedrückend *adj* opresivo; (*beklemmend*) oprimente
bedrückt *adj* deprimido
bedürfen* *irr vi* (*geh*) necesitar (de); **das bedarf keiner weiteren Erklärung** eso no requiere (de) más explicaciones
Bedürfnis *nt* <-ses, -se> necesidad *f;* **jds ~se befriedigen** satisfacer las necesidades de alguien
bedürftig *adj* necesitado
beeilen* *vr:* **sich ~** darse prisa
beeindrucken* *vt* impresionar
beeindruckend *adj* impresionante
beeinflussen* [bə'ʔaɪnflʊsən] *vt* influir (en/sobre)
beeinträchtigen* [bə'ʔaɪntrɛçtɪgən] *vt* perjudicar
Beeinträchtigung *f* <-en> perjuicio *m*
beenden* *vt* acabar (con)
Beendigung *f* término *m*, fin *m;* **nach ~ des Kurses** al finalizar el curso
beerdigen* [bə'ʔeːɐdɪgən] *vt* enterrar
Beerdigung *f* <-en> entierro *m*
Beere ['beːrə] *f* <-n> baya *f*
Beet [beːt] *nt* <-(e)s, -e> (*Gemüsebeet*) bancal *m;* (*Blumenbeet*) arriate *m*
befahl *3. imp von* **befehlen**
befahrbar *adj* transitable
befahren* *irr vt* circular (por); (*Schiff*) navegar (por); **die Strecke wird wenig ~** este trecho está poco transitado
befallen* *irr vt* (*Schädlinge*) infestar
befangen *adj* (*gehemmt*) inhibido;

(JUR) parcial

befassen* *vr:* **sich ~** ocuparse (*mit de*)

Befehl [bə'fe:l] *m* <-(e)s, -e> orden *f;* (INFOR) comando *m*

befehlen <befiehlt, befahl, befohlen> *vi, vt* ordenar

befestigen* *vt* sujetar (*an* a)

befiehlt [bə'fi:lt] *3. präs von* **befehlen**

befinden* *irr vr:* **sich ~** encontrarse; **meine Wohnung befindet sich im zweiten Stock** mi apartamento está en el segundo piso

Befinden *nt* <-s, *ohne pl*> (*Gesundheitszustand*) (estado *m* de) salud *f*

befohlen [bə'fo:lən] *pp von* **befehlen**

befolgen* *vt* (*Befehl*) cumplir; (*Ratschlag*) seguir; (*Gesetz*) obedecer

befördern* *vt* (*Waren*) transportar; (*im Beruf*) ascender (*zu* a)

Beförderung *f* <-en> (*Transport*) transporte *m;* (*beruflich*) ascenso *m*

befragen* *vt* interrogar; (*Arzt*) consultar

befreien* *vt* liberar; (*freistellen*) dispensar

Befreiung *f* <-en> liberación *f;* (*von einer Pflicht*) exención (*von* de)

befreunden* [bə'frɔɪndən] *vr:* **sich mit jdm ~** hacerse amigo de alguien

befreundet *adj* amigo (*mit* de); **sie sind (eng) ~** son amigos (íntimos); **ein ~es Paar** una pareja amiga

befriedigen* [bə'fri:dɪgən] **I.** *vt* satisfacer **II.** *vr:* **sich ~** masturbarse

befriedigend *adj* satisfactorio

Befriedigung *f* <-en> satisfacción *f*

befristen* *vt* limitar (*auf* a/hasta)

befristet *adj* limitado; **jdn ~ einstellen** contratar a alguien por un plazo limitado

Befruchtung *f* <-en> fecundación *f;* **künstliche ~** inseminación artificial

Befugnis [bə'fu:knɪs] *f* <-se> autorización *f;* **keine ~ zu etw haben** no estar autorizado para algo

befugt *adj:* **zu etw (nicht) ~ sein** (no) estar autorizado para hacer algo

Befund *m* <-(e)s, -e> diagnóstico *m*

befunden [bə'fundən] *pp von* **befinden**

befürchten* *vt* temer; **es ist zu ~, dass ...** es de temer que... +*subj*

Befürchtung *f* <-en> temor *m;* **die ~ haben, dass ...** sospechar que...

befürworten* [bə'fy:ɛvɔrtən] *vt* aprobar

Befürworter(in) *m(f)* <-s, -; -nen> defensor(a) *m(f)*

begabt [bə'ga:pt] *adj* dotado; **hoch ~** superdotado

Begabung [bə'ga:buŋ] *f* <-en> talento *m*

begangen [bə'gaŋən] *pp von* **begehen**

begann [bə'gan] *3. imp von* **beginnen**

begeben* *irr vr* (*geh*): **sich auf den Heimweg ~** dirigirse a casa; **sich in Gefahr ~** ponerse en peligro

Begebenheit *f* <-en> suceso *m*

begegnen* [bə'ge:gnən] *vi sein:* **jdm/etw** *dat* **~** encontrarse a alguien/con algo; **einander ~** encontrarse; **man begegnete ihr mit Achtung** la trataban con respeto

Begegnung *f* <-en> encuentro *m*

begehen* *irr vt* (*Fehler*) cometer; (*geh: Jubiläum*) celebrar; **Selbstmord ~** suicidarse; **ein Verbrechen ~** cometer un crimen

begehren* [bə'ge:rən] *vt* (*geh*) ansiar; (*sexuell*) desear; **begehrenswert** *adj* deseable

begehrt *adj* solicitado; (*Ferienort*) popular

begeistern* [bə'gaɪstɐn] *vt, vr:* **sich ~** entusiasmar(se) (*für* por)

Begeisterung f entusiasmo m
Begierde [bə'giːɐdə] f <-n> ansias fpl (nach de)
begierig adj ansioso (auf de/por)
begießen* irr vt (fam: feiern) celebrar con una copa
Beginn [bə'gɪn] m <-(e)s, ohne pl> comienzo m; **zu ~** al inicio
beginnen <beginnt, begann, begonnen> vi, vt comenzar (a)
beglaubigen* [bə'glaʊbɪgən] vt (Urkunde) certificar (de); (Kopie) compulsar
Beglaubigung f <-en> (Schriftstück) certificación f; (einer Kopie) autentificación f
begleichen* irr vt (geh) saldar
begleiten* vt (a. MUS) acompañar
Begleiter(in) m(f) <-s, -; -nen> acompañante mf
Begleiterscheinung f efecto m secundario; **Begleitperson** f acompañante mf, compañía f
Begleitung f <-en> (a. MUS) acompañamiento m; (Begleiter) acompañante mf; **in jds ~** acompañado de alguien
beglichen pp von **begleichen**
beglückwünschen* vt felicitar (zu por)
begnadigen* vt indultar
Begnadigung f <-en> amnistía f
begnügen* [bə'gnyːgən] vr: **sich ~** conformarse (mit con)
begonnen [bə'gɔnən] pp von **beginnen**
begossen pp von **begießen**
begraben* irr vt (Tote) sepultar; (Hoffnung) renunciar (a); **lass uns unseren Streit ~** echemos tierra a nuestra disputa
Begräbnis [bə'grɛːpnɪs] nt <-ses, -se> entierro m
begreifen* irr vt comprender
begreiflich adj comprensible; **jdm**

etw ~ machen hacer comprender algo a alguien
begrenzen* vt limitar (auf a); (Gebiet) delimitar
begrenzt adj limitado; **er hat einen ~en Horizont** tiene una visión limitada
Begriff m (Ausdruck) concepto m; **sich** dat **einen ~ von etw machen** hacerse una idea de algo; **das ist mir ein ~** me suena; **im ~ sein etw zu tun** estar a punto de hacer algo; **schwer von ~ sein** (fam) ser corto de mollera
begriffen pp von **begreifen**
begriffsstutzig adj tardo (en comprender)
begründen* vt (gründen) fundar; (Gründe aufführen) justificar; **womit willst du das ~?** ¿en qué lo quieres basar?; **Begründer(in)** m(f) <-s, -; -nen> iniciador(a) m(f), fundador(a) m(f); **Begründung** f <-en> motivo m
begrüßen* vt (Gast) saludar; (Vorschlag) celebrar; **ich würde es ~, wenn ...** celebraría que... +subj
Begrüßung f <-en> saludo m; (Empfang) recibimiento m
begünstigen* [bə'gʏnstɪgən] vt favorecer
begutachten* vt emitir un dictamen (sobre)
begütert [bə'gyːtɐt] adj acaudalado
behäbig [bə'hɛːbɪç] adj (phlegmatisch) indolente
behagen* [bə'haːgən] vi: **etw behagt jdm** algo agrada a alguien
behaglich [bə'haːklɪç] adj (Wärme) agradable; (bequem) confortable; (Leben) desahogado
behalten* irr vt guardar; (nicht abgeben) quedarse (con); (gute Laune) mantener; (im Kopf) retener (en la cabeza); **die Nerven ~** no perder

los nervios

Behälter [bə'hɛltə] *m* <-s, -> recipiente *m*

behandeln* *vt* tratar; **Behandlung** *f* (*Umgang*) trato *m;* (*eines Themas, a.* MED) tratamiento *m*

beharren* [bə'harən] *vi* insistir (*auf* en)

beharrlich *adj* (*nachdrücklich*) insistente; (*standhaft*) perseverante

Beharrlichkeit *f* (*Nachdruck*) insistencia; (*Standhaftigkeit*) perseverancia *f*

behaupten* [bə'haʊptən] *vt* (*These*) afirmar; **es wird behauptet, dass ...** se dice que...

Behauptung *f* <-en> afirmación *f*

Behausung [bə'haʊzʊŋ] *f* <-en> morada *f*

beheben* *irr* *vt* eliminar; (*Missstand*) remediar; (*Schaden*) reparar

beheizen* *vt* calentar

behelfen* *irr* *vr*: **sich ~** defenderse

behelfsmäßig *adj* provisorio

behelligen* [bə'hɛlɪgən] *vt* molestar

beherbergen* [bə'hɛrbɛrgən] *vt* alojar

beherrschen* *vt, vr*: **sich ~** dominar(se); **eine Sprache ~** dominar un idioma

beherrscht *adj* controlado

Beherrschung *f* (*Selbstbeherrschung*) autocontrol *m;* **die ~ verlieren** perder el control

beherzigen* [bə'hɛrtsɪgən] *vt* tomar en consideración

behilflich *adj:* **jdm** (**bei etw**) **~ sein** ayudar(le) a alguien (en algo)

behindern* *vt* estorbar; (*Verkehr*) impedir; (*Sicht*) dificultar

behindert *adj* (*körperlich*) minusválido; (*geistig*) retrasado

Behinderte(r) *f(m)* *dekl wie adj* minusválido, -a *m, f;* **behindertengerecht** *adj* acondicionado para dismi-

nuidos

Behinderung *f* <-en> (*des Verkehrs*) impedimento *m;* (*einer Sache*) estorbo *m;* (MED) minusvalía *f*

behoben *pp von* **beheben**

beholfen *pp von* **behelfen**

Behörde [bə'hø:ɐdə] *f* <-n> (*Amt*) autoridad *f*

behüten* *vt* proteger (*vor* de)

behutsam [bə'hu:tza:m] **I.** *adj* cuidadoso **II.** *adv* con cautela

bei [baɪ] *präp* +*dat* **1.** (*räumlich*): **~ Dortmund** cerca de Dortmund; **~ Tisch** a la mesa; **~m Bäcker** en la panadería; **sie arbeitet ~ der Post** trabaja en Correos; **er wohnt ~ seinen Eltern** vive con sus padres; **ich habe kein Geld ~ mir** no llevo dinero encima **2.** (*zeitlich*): **~ der Arbeit** durante el trabajo; **Vorsicht ~m Aussteigen!** ¡cuidado al bajar!; **~ Gelegenheit** en alguna ocasión **3.** (*jemanden betreffend*): **~ Kräften sein** estar robusto; **du bist nicht recht ~ Trost** (*fam*) no estás en tus cabales **4.** (*mit*) con; **~ offenem Fenster schlafen** dormir con la ventana abierta **5.** (*falls*) en caso de

bei|behalten* *irr* *vt* mantener; **bei| bringen** *irr* *vt* (*lehren*) enseñar; (*mitteilen*) comunicar

Beichte ['baɪçtə] *f* <-n> confesión *f*

beichten *vi, vt* confesar(se)

beide ['baɪdə] *adj* ambos; **keiner von ~n** ninguno de los dos; **ihre ~n Schwestern** sus dos hermanas; **~ Mal** en ambas ocasiones; **beidemal**^{ALT} *adv s.* **beide**

beiderlei ['baɪdəlaɪ, '--'--] *adj inv* de los dos; **~ Geschlechts** de ambos sexos

beiderseitig *adj* de ambas partes; **in ~em Einvernehmen** de mutuo acuerdo

beieinander [--'--] *adv* junto

Beifahrer(in) *m(f)* copiloto *mf;* **Beifall** *m* <-(e)s, *ohne pl*> (*Applaus*) ovación *f;* (*Zustimmung*) aprobación *f;* **jds ~ finden** lograr la aprobación de alguien; **~ klatschen** aplaudir

beige [be:ʃ] *adj* beige

Beigeschmack *m* <-(e)s, *ohne pl*> gustillo *m;* **Beihilfe** *f* <-n> **1.** (*finanziell*) subsidio *m* **2.** *ohne pl* (JUR) complicidad *f*

Beil [baɪl] *nt* <-(e)s, -e> hacha *f*

Beilage *f* (PUBL) suplemento *m;* (GASTR) guarnición *f*

beiläufig ['baɪlɔɪfɪç] *adj* casual; **~ gesagt** dicho sea de paso

bei|legen *vt* (*beenden*) poner fin (a); (*hinzulegen*) adjuntar

Beileid *nt* <-(e)s, *ohne pl*> pésame *m;* **jdm sein ~ ausdrücken** dar el pésame a alguien

beiliegend *adj* adjunto

beim [baɪm] = **bei dem** *s.* **bei**

bei|messen *irr vt* atribuir

Bein [baɪn] *nt* <-(e)s, -e> pierna *f;* (*eines Tieres*) pata *f;* **etw auf die ~e stellen** (*fam*) montar algo

beinah(e) ['baɪna:(ə), '-'-(-)] *adv* casi

Beinbruch *m* fractura *f* de la pierna; **Hals- und ~!** ¡(buena) suerte!

beinhalten* [bə'ɪnhaltən] *vt* incluir

bei|pflichten ['baɪpflɪçtən] *vi:* **jdm ~** secundar a alguien

beirren* [bə'ɪrən] *vt* desconcertar; **lass dich dadurch nicht ~!** ¡no te dejes confundir por eso!

beisammen [baɪ'zamən] *adv* juntos

Beischlaf *m* (*geh*) coito *m;* **Beisein** ['baɪzaɪn] *nt:* **in jds ~** en presencia de alguien

beiseite [baɪ'zaɪtə] *adv* aparte

beiseite|legen *vt* (*Geld*) ahorrar dinero

bei|setzen *vt* (*geh*) inhumar

Beisetzung *f* <-en> (*geh*) inhumación *f*

Beispiel *nt* ejemplo *m;* **zum ~** por ejemplo; **jdm ein ~ geben** dar ejemplo a alguien; **mit gutem ~ vorangehen** predicar con el ejemplo; **beispielhaft** *adj* ejemplar; **beispiellos** *adj* sin precedente; (*unerhört*) inaudito; (*unvergleichbar*) sin igual; **beispielsweise** *adv* por ejemplo

beißen ['baɪsən] <beißt, biss, gebissen> *vi, vt* morder

Beistand *m* apoyo *m;* **jdm ~ leisten** prestar ayuda a alguien

bei|stehen *irr vi:* **jdm ~** apoyar a alguien

bei|steuern *vt* contribuir con

bei|stimmen *vi* aprobar

Beitrag ['baɪtra:k] *m* <-(e)s, -träge> (*Anteil*) contribución *f;* (*Geldbetrag*) cuota *f;* (*Aufsatz*) artículo *m;* **seinen ~ zu etw leisten** contribuir a algo

bei|tragen *irr vt* contribuir (*zu* a)

bei|treten *irr vi sein* **1.** (*einem Pakt*) adherirse (a) **2.** (*einer Organisation*) ingresar (en); (*einer Partei*) afiliarse (a)

Beiwagen *m* sidecar *m*

beizeiten [baɪ'tsaɪtən] *adv* a tiempo

bejahen* [bə'ja:ən] *vt* (*Frage*) contestar afirmativamente; (*Leben, Vorschlag*) decir que sí (a)

bekämpfen* *vt* combatir

Bekämpfung *f* <-en> lucha *f* (*von* contra)

bekannt [bə'kant] **I.** *pp von* **bekennen II.** *adj* conocido; **~ geben** dar a conocer; (*veröffentlichen*) hacer público; **~ machen** hacer saber; (*öffentlich*) publicar; **das kommt mir ~ vor** me suena de algo; **darf ich Sie mit Herrn X ~ machen?** ¿puedo presentarle al señor X?

Bekannte(r) *f(m) dekl wie adj* conocido, -a *m, f;* **Bekanntenkreis** *m* (círculo *m* de) conocidos *m pl*

Bekanntgabe *f* <-n> notificación *f;*

(*in einer Zeitung*) publicación *f;* bekannt|geben *irr vt s.* **bekannt** II.
bekanntlich *adv* como es sabido
bekannt|machen *vt s.* **bekannt** II.
Bekanntschaft *f* <-en> (*persönliche Beziehung*) amistad *f;* (*Bekannter*) conocido, -a *m, f; jds ~ machen* conocer a alguien
bekennen* *irr* **I.** *vt* reconocer; **Farbe ~** (*fam*) quitarse la careta **II.** *vr:* **sich ~** declararse (*zu* en favor de)
beklagen* *vt, vr:* **sich ~** lamentar(se) (*über* de); **ich kann mich nicht ~** no me puedo quejar
bekleckern* *vt, vr:* **sich ~** (*fam*) manchar(se)
bekleiden* *vt* (*anziehen*) vestir; (*geh: Amt*) ocupar; **leicht bekleidet** con ropa ligera
Bekleidungsstück *nt* prenda *f* de vestir
beklemmend *adj* angustioso; (*bedrückend*) oprimente
bekommen* *irr* **I.** *vt haben* recibir; (*Krankheit*) contraer; (*Komplexe*) desarrollar; (*Zähne*) echar; **sie bekommt 20 Euro die Stunde** le pagan 20 euros la hora; **ich habe es geschenkt ~** me lo han regalado; **ein Kind ~** tener un hijo; **er bekommt eine Glatze** se está quedando calvo; **er bekam Angst** le entró miedo **II.** *vi sein* (*Speisen*): **jdm gut/schlecht ~** sentar(le) bien/mal a alguien
bekömmlich [bə'kœmlɪç] *adj* (*Speisen*) ligero; **schwer ~** indigesto
bekräftigen* *vt* confirmar
bekümmern* *vt* preocupar
bekümmert *adj* (*besorgt*) preocupado (*über* por); (*betrübt*) afligido (*über* por)
bekunden* [bə'kʊndən] *vt* manifestar
belächeln* *vt* mofarse (de)

beladen* *irr vt, vr:* **sich ~** cargar(se)
Belag [bə'la:k] *m* <-(e)s, -läge> (*Zungenbelag*) saburra *f;* (*Zahnbelag*) sarro *m;* (*Straßenbelag*) pavimento *m;* (*Bremsbelag*) revestimiento *m*
belagern* [bə'la:gɐn] *vt* (*fam: sich drängen*) acorralar; **Belagerung** *f* <-en> sitio *m*
Belang [bə'laŋ] *m:* **etw ist von/ohne ~ für jdn** algo es de/carece de importancia para alguien; **belanglos** *adj* sin importancia
Belanglosigkeit *f* <-en> insignificancia *f;* **über ~en sprechen** hablar de naderías
belassen* *irr vt* dejar; **wir wollen es dabei ~** dejémoslo así
belastbar *adj* **1.** (*Material*) resistente **2.** (*Mensch*) fuerte, resistente; **die Umwelt ist nicht weiter ~** no se puede sobrecargar más el medio ambiente
Belastbarkeit *f* (capacidad *f* de) resistencia *f*
belasten* *vt* (*mit Gewicht*) cargar; (*bedrücken*) pesar; (ÖKOL) contaminar
belästigen* [bə'lɛstɪgən] *vt* molestar
Belästigung *f* <-en> molestia *f;* **sexuelle ~** acoso sexual
Belastung [bə'lastʊŋ] *f* <-en> (PSYCH) carga *f;* (JUR) cargo *m;* (ÖKOL) perjuicio *m* para el medio ambiente
belaufen* *irr vr:* **sich ~** elevarse (*auf* a)
belauschen* *vt* escuchar; (*spionieren*) espiar
beleben* **I.** *vt* estimular; **wieder ~** (*Wirtschaft*) reactivar **II.** *vr:* **sich ~** (*Straße*) animarse
belebt *adj* **1.** (*lebendig*) animado **2.** (*Straße*) concurrido
Beleg [bə'le:k] *m* <-(e)s, -e> recibo *m;* (*Beweis*) prueba *f*

belegen* vt (*Platz*) ocupar; (*Seminar*) inscribirse (en); (*Behauptung*) documentar; (*Brot*) cubrir

belegt adj **1.** (*Hotel*) completo; (*Zimmer*) ocupado **2.** (*Stimme*): **~e Stimme** voz tomada **3.** (*Brot*) untado; **~es Brötchen** bocadillo *m* **4.** (*Zunge*) saburroso

belehren* vt instruir (*über* sobre)

beleibt [bə'laɪpt] adj corpulento

beleidigen* [bə'laɪdɪgən] vt ofender

beleidigend adj ofensivo

Beleidigung *f* <-en> ofensa *f*

beleuchten* vt iluminar

Beleuchtung *f* <-en> iluminación *f*

Belgien ['bɛlgiən] nt <-s> Bélgica *f*

Belgier(in) *m(f)* <-s, -; -nen> belga *mf*

belgisch adj belga

Belieben nt: **nach ~** al gusto

beliebig adj cualquiera; **in ~er Reihenfolge** por el orden que se desee

beliebt adj (*Person*) apreciado; (*Thema*) popular; **sich ~ machen** hacerse querer

Beliebtheit *f* popularidad *f*

bellen ['bɛlən] vi ladrar

belogen pp von **belügen**

belohnen* vt recompensar (*für* por)

Belohnung *f* <-en> recompensa *f*

belügen* irr vt mentir

bemächtigen* [bə'mɛçtɪgən] vr: **sich etw** gen/**jds ~** apoderarse de algo/alguien

bemalen* vt, vr: **sich ~** pintar(se)

bemängeln* [bə'mɛŋəln] vt criticar

bemerkbar adj perceptible; **sich ~ machen** hacerse notar

bemerken* vt (*wahrnehmen*) notar; (*äußern*) decir; **nebenbei bemerkt** dicho sea de paso; **bemerkenswert** adj notable

Bemerkung *f* <-en> observación *f*

bemessen* irr vt medir; **meine Zeit ist knapp ~** estoy corto de tiempo

bemitleiden* [bə'mɪtlaɪdən] vt compadecer; **sich selbst ~** autocompadecerse; **bemitleidenswert** adj deplorable

bemühen* [bə'my:ən] vr: **sich ~** esforzarse (*um* por)

Bemühung *f* <-en> **1.** (*Anstrengung*) molestia *f* **2.** pl (*Dienstleistungen*) diligencia *f*

bemuttern* [bə'mʊtɐn] vt mimar

benachbart [bə'naxba:ɐt] adj vecino

benachrichtigen* [bə'na:xrɪçtɪgən] vt informar

Benachrichtigung *f* <-en> aviso *m*; (*offiziell*) parte *m*

benachteiligen* [bə'na:xtaɪlɪgən] vt perjudicar

Benachteiligte(r) *mf* <-n, -n; -n> perjudicado, -a *m, f*

Benachteiligung *f* <-en> discriminación *f*

benehmen* irr vr: **sich ~** (com)portarse; **benimm dich!** ¡pórtate bien!

Benehmen nt <-s, ohne pl> comportamiento *m*; **kein ~ haben** no tener modales

beneiden* [bə'naɪdən] vt envidiar (*um* por); **beneidenswert** adj envidiable

Beneluxländer ntpl (Estados *mpl* del) Benelux *m*

benennen* irr vt nombrar

benommen [bə'nɔmən] **I.** pp von **benehmen II.** adj aturdido (*von* por)

benoten* vt calificar

benötigen* [bə'nø:tɪgən] vt necesitar

benutzen* vt, **benützen*** vt (*reg*) usar; **etw als Vorwand ~** poner algo como excusa

Benutzer(in) *m(f)* <-s, -; -nen> (a. INFOR) usuario, -a *m, f*; **benutzerfreundlich** adj de fácil manejo para el usuario; **Benutzername** *m* (IN-

FOR) nombre *m* del usuario

Benutzung *f* <-en> uso *m*, empleo *m;* **etw in ~ haben/nehmen** tener/tomar algo en uso

Benzin [bɛn'tsi:n] *nt* <-s, -e> gasolina *f;* **Benzinkanister** *m* bidón *m* de gasolina

beobachten* [bə'ʔo:baxtən] *vt* observar

Beobachtung *f* <-en> observación *f*

bepacken* *vt* cargar

bepflanzen* *vt* plantar (*mit* de)

bequem [bə'kve:m] *adj* cómodo; **machen Sie es sich ~!** ¡póngase cómodo!

Bequemlichkeit *f* <-en> **1.** (*Komfort*) comodidad *f* **2.** *ohne pl* (*Trägheit*) pereza *f*

beraten* *irr* **I.** *vt* (*Rat geben*) aconsejar; (*besprechen*) deliberar (*über* sobre) **II.** *vr:* **sich ~** (*sich besprechen*) consultarse

Berater(in) *m(f)* <-s, -; -nen> asesor(a) *m(f)*

Beratung *f* <-en> (*fachlich*) asesoramiento *m*

berauben* *vt* robar; (*eines Rechtes*) privar (de)

berauschend *adj* (*Droge*) embriagador; **diese Aussichten sind nicht gerade ~** las perspectivas no son precisamente muy risueñas

berechenbar [bə'rɛçənba:ɐ] *adj* previsible

berechnen* *vt* calcular; (*in Rechnung stellen*) cobrar (*für* por)

berechnend *adj* (*abw*) calculador

Berechnung *f* cálculo *m;* (*abw: Eigennutz*) interés *m*

berechtigen* [bə'rɛçtɪgən] *vt* autorizar (*zu* para); **berechtigt sein etw zu tun** tener derecho a hacer algo

berechtigt *adj* (*Zweifel*) fundado

Berechtigung *f* derecho *m* (*zu* a)

Bereich [bə'raɪç] *m* <-(e)s, -e> área

f; (*Sachgebiet*) sector *m;* **das liegt im ~ des Möglichen** esto está dentro de lo posible

bereichern* *vt, vr:* **sich ~** enriquecer(se) (*mit/an* con)

bereinigen* *vt* (*Missverständnis*) aclarar; (*Angelegenheit*) arreglar

bereisen* *vt* viajar (por)

bereit [bə'raɪt] *adj* (*fertig*) preparado; (*gewillt*) dispuesto; **sich ~ erklären etw zu tun** mostrarse dispuesto a hacer algo

bereiten* *vt* (*Speisen, Bad*) preparar; (*Überraschung, Ärger*) dar; (*Schwierigkeiten*) crear; **das bereitet mir großes Vergnügen** esto me causa un gran placer; **etw** *dat* **ein Ende ~** poner fin a algo

bereit|halten *irr* **I.** *vt* tener preparado **II.** *vr:* **sich ~** estar a disposición; **bereit|legen** *vt* preparar; **bereit|liegen** *irr* *vi* estar preparado, estar listo; **bereit|machen** *vt, vr:* **sich ~** preparar(se) (*für* para)

bereits [bə'raɪts] *adv* ya

Bereitschaft *f* <-en> disposición *f;* **~ haben** (*Arzt*) estar de servicio; (*Apotheke*) estar de guardia

bereit|stehen *irr* *vi* estar preparado, estar listo; **bereit|stellen** *vt* poner a disposición; **bereitwillig** **I.** *adj* solícito **II.** *adv* de buena gana

bereuen* [bə'rɔɪən] *vt* arrepentirse (de)

Berg [bɛrk] *m* <-(e)s, -e> montaña *f;* (*Menge*) montón *m;* **bergab** [bɛrk'ʔap] *adv* cuesta abajo; **es geht ~ mit ihm** (*fam*) va de mal en peor; **Bergarbeiter(in)** *m(f)* minero, -a *m, f;* **bergauf** [bɛrk'ʔaʊf] *adv* cuesta arriba; **langsam geht es wieder ~ mit ihm** (*fam*) se va recuperando poco a poco; **Bergbahn** *f* ferrocarril *m* de montaña; **Bergbau** *m* <-(e)s, *ohne pl*> minería *f*

bergen ['bɛrgən] <birgt, barg, geborgen> vt (*retten*) rescatar

bergig *adj* montañoso

Bergkette f cadena f montañosa; **Bergrutsch** m desprendimiento m; **Bergsteigen** nt <-s, *ohne pl*> alpinismo m, andinismo m Am; **Bergsteiger(in)** m(f) <-s, -; -nen> alpinista mf, andinista mf Am

Bergung ['bɛrgʊŋ] f <-en> salvamento m

Bergwerk nt mina f

Bericht [bə'rɪçt] m <-(e)s, -e> informe m; **jdm über etw ~ erstatten** informar a alguien sobre algo

berichten* vi, vt informar (*über* sobre/de)

berichtigen* [bə'rɪçtɪgən] vt corregir

Berichtigung f <-en> rectificación f

Berlin [bɛr'liːn] nt <-s> Berlín m

Bern [bɛrn] nt <-s> Berna f

Bernhardiner [bɛrnhar'diːnɐ] m <-s, -> (*Hund*) (perro m de) San Bernardo m

berüchtigt [bə'rʏçtɪçt] *adj* de mala fama

berücksichtigen* [bə'rʏkzɪçtɪgən] vt tener en cuenta

Berücksichtigung f consideración f; **unter ~ aller Umstände** considerando todas las circunstancias

Beruf [bə'ruːf] m <-(e)s, -e> profesión f

berufen[1] *adj:* **sich zu etw ~ fühlen** sentirse designado para algo

berufen*[2] *irr* I. vt (*in ein Amt*) designar; **sie haben ihn zum Minister ~** lo han nombrado ministro II. vr: **sich ~** remitirse (*auf* a)

beruflich *adj* profesional; **ihr ~er Werdegang** su carrera profesional

Berufsausbildung f formación f profesional; **Berufsberatung** f orientación f profesional; **Berufserfahrung** f experiencia f profesional; **Be-**

rufsleben nt <-s, *ohne pl*> vida f profesional; **noch im ~ stehen** estar todavía en activo; **Berufsschule** f escuela f de formación profesional; **berufstätig** *adj:* ~ **sein** trabajar; **Berufstätige(r)** mf <-n, -n; -n> empleado, -a m, f, activo, -a m, f; **Berufsverkehr** m tráfico m en las horas punta

beruhen* vi basarse (*auf* en); **unser Vertrauen beruht auf Gegenseitigkeit** nuestra confianza es mutua; **etw auf sich ~ lassen** dejar las cosas como están

beruhigen* [bə'ruːɪgən] vt, vr: **sich ~** tranquilizar(se)

Beruhigung f <-en> apaciguamiento m; (*der Lage*) estabilización f; **zu Ihrer ~ kann ich sagen ...** para su tranquilidad le puedo decir...; **Beruhigungsmittel** nt tranquilizante m

berühmt [bə'ryːmt] *adj* famoso (*für* por)

Berühmtheit f <-en> (FILM) estrella f

berühren* vt (*anfassen*) tocar; (*bewegen*) conmover

Berührung f <-en> 1. (*das Anfassen*) toque m; (*Streifen*) roce m 2. (*Kontakt*) contacto m; **mit etw** dat/**jdm in ~ kommen** entrar en contacto con algo/alguien; **Berührungspunkt** m punto m de contacto

besagen* vt (querer) decir; **das besagt nichts** esto no significa nada

besänftigen* [bə'zɛnftɪgən] vt calmar

Besatzung f <-en> (NAUT, AERO) tripulación f

besaufen* irr vr: **sich ~** (*fam*) emborracharse

beschädigen* vt deteriorar; **Beschädigung** f <-en> deterioro m

beschaffen[1] *adj:* **so ~ sein, dass ...** estar hecho de manera que...

beschaffen*² vt proporcionar

Beschaffenheit f estado m; (Art) naturaleza f

Beschaffung f aprovisionamiento m

beschäftigen* [bəˈʃɛftɪɡən] **I.** vt (einstellen) emplear; (mit einer Aufgabe) ocupar; (gedanklich) preocupar **II.** vr: **sich ~** dedicarse (mit a)

beschäftigt adj **1.** (befasst) ocupado (mit con), atareado; **viel ~** muy ocupado **2.** (angestellt) empleado (bei en)

Beschäftigung f <-en> (Tätigkeit) ocupación f; (Beruf) trabajo m; (geistig) dedicación f (mit a)

beschämen* vt avergonzar

beschämt adj avergonzado; (gedemütigt) humillado

beschaulich adj apacible

Bescheid [bəˈʃaɪt] m <-(e)s, -e> (Auskunft) información f; (Nachricht) aviso m; ~ **sagen, dass ...** avisar que...; **Sie bekommen ~** le informaremos; **er weiß gut ~** está bien informado

bescheiden adj modesto

Bescheidenheit f modestia f

bescheinigen* [bəˈʃaɪnɪɡən] vt certificar; **den Empfang von etw ~** acusar recibo de algo

Bescheinigung f <-en> (Schriftstück) certificado m

bescheißen* irr vt (fam) estafar

Bescherung f <-en> reparto m de regalos; **das ist ja eine schöne ~!** (fam) ¡maldita la gracia!

bescheuert [bəˈʃɔɪɐt] adj (fam) como una cabra; **eine ~e Situation** una situación sin pies ni cabeza

beschildern* vt señalizar

beschimpfen* vt insultar

beschissen [bəˈʃɪsən] pp von **bescheißen**

Beschlag m: **jdn/etw in ~ nehmen** acaparar a alguien/algo

beschlagnahmen* vt confiscar

beschleunigen* [bəˈʃlɔɪnɪɡən] vi, vt acelerar

Beschleunigung f <-en> aceleración f

beschließen* irr vt decidir; (gemeinsam) acordar

beschlossen pp von **beschließen**

Beschluss^RR m resolución f; **einen ~ fassen** tomar una decisión

beschmieren* vt (mit Fett) pringar; (mit Dreck) enlodar

beschmutzen* vt ensuciar (mit de)

beschnuppern* vt olisquear

beschönigen* [bəˈʃøːnɪɡən] vt disimular

beschränken* [bəˈʃrɛŋkən] vt, vr: **sich ~** limitar(se) (auf a)

beschränkt adj limitado; (abw: dumm) de pocas luces

Beschränkung f <-en> restricción f (auf a)

beschreiben* irr vt (darstellen) describir

Beschreibung f <-en> descripción f

beschrieben pp von **beschreiben**

beschriften* [bəˈʃrɪftən] vt rotular

beschuldigen* [bəˈʃuldɪɡən] vt inculpar; **er wurde des Diebstahls beschuldigt** fue acusado de robo

beschützen* vt proteger (vor de/ contra)

Beschützer(in) m(f) <-s, -; -nen> protector(a) m(f)

Beschwerde [bəˈʃveːɐdə] f <-n> **1.** pl (MED) molestia f **2.** (Klage) queja f; ~ **einlegen** elevar una protesta

beschweren* [bəˈʃveːrən] vr: **sich ~** quejarse (über de)

beschwichtigen* [bəˈʃvɪçtɪɡən] vt tranquilizar

beschwindeln* vt (fam) engañar

beschwingt [bəˈʃvɪŋt] adj animado; **mit ~en Schritten** con paso ligero

beschwipst [bə'ʃvɪpst] adj (fam)
achispado
beschworen pp von beschwören
beschwören* irr vt (beeiden) jurar;
(anflehen) implorar
beseitigen* [bə'zaɪtɪgən] vt eliminar; (Schaden) reparar
Beseitigung f <-en> 1. (das Entfernen) eliminación f; (von Schaden)
arreglo m 2. (Ermordung) eliminación f
Besen ['be:zən] m <-s, -> escoba f
besessen [bə'zɛsən] I. pp von besitzen II. adj obsesionado (von con)
besetzen* vt (a. MIL) ocupar; es ist
besetzt (TEL) está comunicando
besichtigen* [bə'zɪçtɪgən] vt visitar
Besichtigung f <-en> 1. (von Sehenswürdigkeiten) visita f 2. (Begut-
achtung) inspección f
besiedeln* vt colonizar
besiegen* vt vencer
besinnen* irr vr: sich ~ (überlegen)
reflexionar; (sich erinnern) acordarse
(auf de); sie besann sich eines Besseren cambió de opinión
besinnlich adj contemplativo
Besinnung f (Verstand) juicio m;
(Nachdenken) reflexión f; die ~ verlieren perder el juicio; besin-
nungslos adj sin conocimiento
Besitz m <-es, ohne pl> posesión f;
(Eigentum) propiedad f; von etw ~
ergreifen tomar posesión de algo
besitzen* irr vt poseer
Besitzer(in) m(f) <-s, -; -nen>
dueño, -a m, f
besoffen [bə'zɔfən] adj (fam) como
una cuba
besondere(r, s) [bə'zɔndərə, -rɐ,
-rəs] adj (speziell) especial; (eigentümlich) peculiar; im Besonderen
en particular; nichts Besonderes
nada de particular
Besonderheit f <-en> peculiaridad f

besonders [bə'zɔndɐs] adv especialmente; wie geht es dir? – nicht ~
¿cómo estás? – regular
besonnen [bə'zɔnən] I. pp von besinnen II. adj sensato
besorgen* vt conseguir
Besorgnis [bə'zɔrknɪs] f <-se>
preocupación f; ~ erregend preocupante; besorgniserregend adj
preocupante; höchst ~ muy preocupante
besorgt [bə'zɔrkt] adj preocupado
(über/wegen por)
Besorgung f <-en>: ~en machen
hacer compras
besprechen* irr vt (Angelegenheit)
discutir; wie besprochen según lo
convenido
Besprechung f <-en> (Unterredung) conferencia f; (Sitzung) reunión f
bespritzen* vt salpicar (mit de)
besprochen pp von besprechen
besser ['bɛsɐ] adj kompar von gut
mejor (als que); das gefällt mir ~
eso me gusta más; ~ gehen estar
mejor; ~ werden mejorar; ~ gesagt
mejor dicho; besser|gehen irr vun-
pers sein s. besser
bessern vt, vr: sich ~ mejorar
Besserung f mejora f; (gesundheitlich) mejoría f; gute ~! ¡que se mejore!, ¡que te mejores!
Besserwisser(in) m(f) <-s, -; -nen>
sabelotodo mf
Bestand m 1. (Vorrat) existencias
fpl (an en) 2. ohne pl (Bestehen)
existencia f; (Fortdauer) continuidad
f; ~ haben perdurar
bestanden pp von bestehen
beständig adj (dauernd) continuo;
(Material) resistente (gegen a/con-
tra); (Wetter) estable
Bestandteil m componente m; etw
in seine ~e zerlegen desmontar

algo

bestärken* *vt* fortalecer (*in*); (*unterstützen*) consolidar

bestätigen* [bə'ʃtɛːtɪgən] *vt* (*These*) confirmar; (*amtlich*) certificar

Bestätigung *f* <-en> (*einer These*) confirmación *f*; (*Bescheinigung*) certificado *m*

bestatten* [bə'statən] *vt* (*geh*) dar sepultura

Bestattung *f* <-en> (*geh*) sepelio *m*

beste(r, s) ['bɛstə, -tɐ, -təs] *adj* superl *von* **gut** mejor; **ich werde mein Bestes tun** haré todo lo que pueda; **etw zum Besten geben** contar algo

bestechen* *irr* I. *vt* (*mit Geld*) sobornar II. *vi* (*beeindrucken*) convencer (*durch* por)

bestechlich [bə'ʃtɛçlɪç] *adj* sobornable

Bestechung *f* <-en> soborno *m*

Besteck [bə'ʃtɛk] *nt* <-(e)s, -e> cubiertos *mpl*

bestehen* *irr* I. *vi* existir; (*sich zusammensetzen*) consistir (*in* en); (*beharren*) insistir (*auf* en); ~ **bleiben** mantenerse; **worin besteht das Problem?** ¿en qué consiste el problema? II. *vt* (*Prüfung*) aprobar; **nicht** ~ suspender; **bestehen|bleiben**ᴬᴸᵀ *irr vi sein s.* **bestehen I.**

bestehlen* *irr vt* robar (*um*)

besteigen* *irr vt* subir (a)

bestellen* *vt* (*Essen, Waren*) pedir; (*reservieren*) reservar; (*kommen lassen*) hacer venir; (*mit Termin*) citar; **jdm Grüße** ~ dar(le) recuerdos a alguien

Bestellung *f* <-en> (*Auftrag*) encargo *m;* (*bestellte Ware*) pedido *m;* **eine** ~ **aufgeben** hacer un pedido

besten *superl von* **gut: am** ~ lo (que) mejor; **am** ~ **würden wir gleich**

gehen lo mejor sería que nos fuéramos enseguida; **bestenfalls** *adv* en el mejor de los casos

bestens ['bɛstəns] *adv* estupendamente

bestialisch [bɛs'tjaːlɪʃ] *adj* bestial

Bestie ['bɛstjə] *f* <-n> bestia *f*

bestiegen *pp von* **besteigen**

bestimmen* I. *vi* (*entscheiden*) decidir; (*befehlen*) mandar; (*verfügen*) disponer (*über* de) II. *vt* (*Termin, Preis*) determinar; (*Stadtbild, Epoche*) caracterizar; (*ausersehen*) destinar (*für/zu* para)

bestimmt I. *adj* (*feststehend*) determinado; (*sicher*) seguro; (*entschieden*) decidido; **niemand weiß etwas Bestimmtes** nadie sabe nada concreto; **höflich, aber** ~ amable pero decidido II. *adv* (*sicherlich*) seguro

Bestimmung *f* (*Vorschrift*) disposición *f*

bestmögliche(r, s) ['-'----] *adj* el mejor posible; **sein Bestmögliches tun** hacer todo lo que está al alcance de su mano

bestochen *pp von* **bestechen**

bestohlen *pp von* **bestehlen**

bestrafen* *vt* castigar (*wegen* por)

bestreichen* *irr vt* (*mit Butter*) untar (*mit* con)

bestreiten* *irr vt* (*abstreiten*) negar

bestrichen *pp von* **bestreichen**

bestritten *pp von* **bestreiten**

Bestseller ['bɛstsɛlɐ] *m* <-s, -> best seller *m*

bestürmen* *vt* (*bedrängen*) asediar

bestürzt [bə'ʃtʏrtst] *adj* atónito

Bestürzung *f* (*Fassungslosigkeit*) consternación *f*; (*Schrecken*) sobresalto *m*

Besuch [bə'zuːx] *m* <-(e)s, -e> visita *f;* **jdm einen** ~ **abstatten** hacer una visita a alguien

besuchen* *vt* visitar; **gut besucht** muy concurrido; **eine Schule ~** ir a un colegio

Besucher(in) *m(f)* <-s, -; -nen> visitante *mf*

betagt [bə'ta:kt] *adj* (*geh*) de avanzada edad

betätigen* [bə'tɛ:tɪgən] *vt* accionar

Betätigung *f* <-en> **1.** (*Tätigkeit*) actividad *f*, función *f* **2.** *ohne pl* (*einer Maschine*) puesta *f* en marcha

betäuben* [bə'tɔɪbən] *vt* aturdir; (*Schmerz*) mitigar; (MED) anestesiar; **ein ~der Duft** un perfume embriagador; **er betäubte seinen Kummer mit Alkohol** ahogó sus penas en alcohol

Betäubung *f* <-en> **1.** (MED) anestesia *f*; **örtliche ~** anestesia local **2.** (*Benommenheit*) aturdimiento *m*

beteiligen* [bə'taɪlɪgən] **I.** *vt* hacer participar (*an/bei* en) **II.** *vr:* **sich ~** participar (*an* en)

beteiligt *adj* **1.** (*Plan, Unfall*) implicado (*an* en) **2.** (*Konzern*) partícipe, participante; **sie ist mit 49% an seiner Firma ~** participa en su empresa con un 49%

Beteiligung *f* <-en> participación *f*; **eine schwache ~** poca concurrencia

beten ['be:tən] *vi, vt* rezar

beteuern* [bə'tɔɪən] *vt* proclamar

Beton [be'tɔŋ] *m* <-s, -s> hormigón *m*

betonen* [bə'to:nən] *vt* (*Silbe*) acentuar; (*nachdrücklich*) subrayar

Betonung *f* <-en> (*Akzent*) acentuación *f*; (*einer Tatsache*) insistencia *f*

betören* [bə'tø:rən] *vt* (*geh: entzücken*) fascinar; (*verführen*) seducir

betr. (COM) *Abk. von* **betrifft, betreffend** respecto a

Betracht [bə'traxt] *m:* **etw in ~ ziehen** tomar algo en consideración;

etw außer ~ lassen dejar algo de lado; (**nicht**) **in ~ kommen** (no) entrar en consideración

betrachten* *vt* (*anschauen*) contemplar; (*einschätzen*) considerar (*als* como); **genau betrachtet** mirándolo bien; **etw aus der Nähe ~** examinar algo de cerca

beträchtlich [bə'trɛçtlɪç] *adj* considerable

Betrachtung *f* <-en> **1.** (*Überlegung*) reflexión *f*; **philosophische ~en anstellen** hacer reflexiones filosóficas **2.** *ohne pl* (*eines Bildes*) contemplación *f*; **bei näherer/flüchtiger ~** mirándolo de cerca/por encima

Betrag [bə'tra:k] *m* <-(e)s, -träge> importe *m*

betragen* *irr* **I.** *vi* (*sich belaufen auf*) ascender (a); (*Rechnung*) elevarse (a) **II.** *vr:* **sich ~** (*sich benehmen*) comportarse

Betragen *nt* <-s, *ohne pl*> comportamiento *m*

betrauen* *vi:* **jdn mit etw ~** encomendar algo a alguien

Betreff [bə'trɛf] *m* <-(e)s, -e> (*Briefkopf*) asunto *m*

betreffen* *irr vt* concernir; (*seelisch*) afectar; **was mich betrifft ...** en lo que a mí se refiere...

betreffend *adj* respectivo; **der oder die Betreffende möge sich bitte melden** que se presente la persona en cuestión

betreiben* *irr vt* (*Studien, Politik*) dedicarse (a); (*Handwerk*) ejercer; (*Geschäft*) regentar

betreten¹ *adj* (*verlegen*) turbado; **es herrschte ~es Schweigen** reinaba un silencio embarazoso

betreten*² *irr vt* (*Raum*) entrar (en); (*Rasen*) pisar

betreuen* [bə'trɔɪən] *vt* (*Kranke*) cui-

dar; (*Reisegruppe*) acompañar
Betreuung f asistencia f; (SCH, UNIV)
tutoría f
Betrieb m <-(e)s, -e> 1. (*Unternehmen*) empresa f 2. ohne pl (*Tätigkeit*) marcha f; (fam: Treiben) tumulto m; **in ~ sein** estar en funcionamiento; **etw außer ~ setzen** poner algo fuera de servicio
betrieben pp von **betreiben**
Betriebsanleitung f instrucciones fpl de servicio; **Betriebssystem** nt (INFOR) sistema m operativo; **Betriebswirtschaft** f ciencias fpl empresariales
betrinken* irr vr: **sich ~** emborracharse
betroffen [bə'trɔfən] I. pp von **betreffen** II. adj (von Maßnahmen) afectado (von por); (bestürzt) consternado
Betroffenheit f consternación f
betrogen pp von **betrügen**
betrüben* vt afligir
betrüblich [bə'try:plɪç] adj triste
betrübt adj (geh) afligido (über de/por)
Betrug [bə'tru:k] m <-(e)s, ohne pl> fraude m
betrügen* [bə'try:gən] irr vt engañar; **sich um etw betrogen fühlen** sentirse decepcionado por algo
Betrüger(in) m(f) <-s, -; -nen> estafador(a) m(f)
betrügerisch adj fraudulento
betrunken [bə'trʊŋkən] I. pp von **betrinken** II. adj borracho
Bett [bɛt] nt <-(e)s, -en> cama f; **ans ~ gefesselt sein** estar postrado en cama; **ins ~ gehen** ir(se) a la cama; **mit jdm ins ~ gehen** (fam) acostarse con alguien; **Bettbezug** m funda f de edredón; **Bettcouch** f sofá-cama m; **Bettdecke** f (Federbett) edredón m

bettelarm ['--'-] adj pobre como una rata
betteln vi mendigar
Bettlaken nt sábana f
Bettler(in) ['bɛtle] m(f) <-s, -; -nen> mendigo, -a m, f
Bettruhe f reposo m en cama; **Bettwäsche** f ropa f de cama, sábanas fpl; **Bettzeug** nt (fam) ropa f de cama
beugen ['bɔɪgən] I. vt (Arm) doblar; (Recht) violar II. vr: **sich ~** (sich neigen) inclinarse (über sobre); (sich fügen) someterse (a)
Beule ['bɔɪlə] f <-n> (Verletzung) chichón m; (Delle) abolladura f
beunruhigen* [bə'ʔʊnru:ɪgən] vt inquietar
beunruhigend adj inquietante
Beunruhigung f <-en> inquietud f
beurlauben* vt conceder vacaciones
beurteilen* vt juzgar
Beurteilung f <-en> 1. (Einschätzung) juicio m, apreciación f 2. (Gutachten) dictamen m
Beute ['bɔɪtə] f botín m; (eines Tieres) presa f
Beutel ['bɔɪtəl] m <-s, -> bolsa f
bevölkern* [bə'fœlken] vt poblar; **dicht bevölkert** densamente poblado
Bevölkerung f <-en> población f
bevollmächtigen* [bə'fɔlmɛçtɪgən] vt apoderar (zu a)
bevor [bə'fo:e] konj antes de +inf, antes de que +subj; **ruf mich an, ~ du gehst** llámame antes de irte; **ich will fertig sein, ~ sie kommen** quiero haber terminado antes de que lleguen; **bevormunden*** [bə'fɔ:emʊndən] vt poner bajo tutela; **bevor|stehen** irr vi ser inminente; **die Wahlen stehen unmittelbar bevor** las elecciones están muy próximas

bevorzugen* [bə'foːɐtsuːgən] vt preferir

bewachen* vt vigilar

bewaffnen* [bə'vafnən] vt armar (*mit* con)

bewahren* [bə'vaːrən] vt (*beschützen*) proteger (*vor* de); (*Stillschweigen*) guardar; (*in Erinnerung*) recordar

bewähren* [bə'vɛːrən] vr: **sich ~** (*Person*) acreditarse; (*Sache*) dar buen resultado

bewährt [bə'vɛːɐt] adj (*Methode*) probado

Bewährung f <-en> prueba f; (JUR) libertad f condicional

bewältigen* [bə'vɛltɪgən] vt (*Problem*) superar; (*Aufgabe*) llevar a cabo

bewandert [bə'vandɐt] adj experto (*in* en)

bewässern* [bə'vɛsɐn] vt regar; **Bewässerung** f <-en> riego m

bewegen²¹ [bə've:gən] I. vt mover; (*innerlich*) conmover II. vr: **sich ~** moverse; **endlich bewegt sich etwas!** ¡por fin ocurre algo!; **die Preise ~ sich um die 100 Euro** los precios se sitúan sobre los 100 euros

bewegen² <bewegt, bewog, bewogen> vt (*veranlassen*) inducir (*zu* a); **was hat dich dazu bewogen?** ¿qué te movió a hacerlo?

beweglich [bə've:klɪç] adj (*flexibel*) móvil; (*geistig*) flexible

bewegt [bə've:kt] adj **1.** (*See*) agitado **2.** (*fig: Person*) conmovido; (*Zeiten*) turbulento

Bewegung f <-en> (*a.* POL) movimiento m; **etw in ~ bringen** poner algo en marcha; **sich** *dat* **~ verschaffen** hacer ejercicio; **Bewegungsfreiheit** f libertad f de acción; **bewegungslos** adj inmóvil

Beweis [bə'vaɪs] m <-es, -e> prueba f

beweisbar adj demostrable

beweisen* irr vt probar

bewenden vi: **es bei etw ~ lassen** darse por satisfecho con algo

bewerben* irr vr: **sich ~** solicitar (*bei* en); **sich als Sekretärin ~** solicitar un puesto de secretaria; **Bewerber(in)** m(f) <-s, -; -nen> solicitante mf; (*um eine Stelle*) aspirante mf

Bewerbung f <-en> solicitud f; **Bewerbungsgespräch** nt entrevista f personal

bewerkstelligen* [bə'vɛrkʃtɛlɪgən] vt realizar

bewerten* vt evaluar

Bewertung f <-en> evaluación f

bewiesen pp von **beweisen**

bewilligen* [bə'vɪlɪgən] vt (*Kredit*) conceder; (*Antrag*) aprobar

bewirken* vt (*verursachen*) provocar; (*erreichen*) conseguir

bewirten* [bə'vɪrtən] vt atender; **wir wurden fürstlich bewirtet** nos trataron a cuerpo de rey

Bewirtung f <-en> agasajo m

bewog [bə'vo:k] *3. imp von* **bewegen²**

bewogen [bə'vo:gən] pp von **bewegen²**

bewohnbar adj habitable

bewohnen* vt habitar

Bewohner(in) m(f) <-s, -; -nen> habitante mf

bewölken* [bə'vœlkən] vr: **sich ~** nublarse

bewölkt adj nuboso

Bewölkung f nubosidad f

beworben pp von **bewerben**

Bewunderer, Bewunderin m, f <-s, -; -nen> admirador(a) m(f)

bewundern* vt admirar (*wegen* por); **bewundernswert, bewundernswürdig** adj admirable

Bewunderung f admiración f

bewusst[RR] [bə'vʊst] **I.** *adj* (*wissend*) consciente; (*absichtlich*) intencionado; (**sich** *dat*) ~ **machen** conienciar(se); **sich** *dat* **etw** *gen* ~ **werden** tomar conciencia de algo **II.** *adv* (*absichtlich*) a propósito; (*überlegt*) conscientemente; **bewusstlos**[RR] *adj* sin conocimiento

Bewusstlosigkeit[RR] *f* pérdida *f* del conocimiento; (*Ohnmacht*) desmayo *m;* **bewusst|machen**[RR] *vt s.* **bewusst I.**

Bewusstsein[RR] *nt* <-s, *ohne pl*> conocimiento *m;* **das ~ verlieren** perder el conocimiento

bez. 1. *Abk. von* **bezahlt** pagado **2.** *Abk. von* **bezüglich** referente a

bezahlen* *vt* pagar; **sich (nicht) bezahlt machen** (no) valer la pena; **Bezahlung** *f* (*Lohn*) paga *f;* (*Vergütung*) remuneración *f;* **gegen ~** por dinero

bezaubern* *vt* fascinar; **ein ~des Mädchen** una chica encantadora

bezeichnen* *vt* denominar (*als* como); **wie bezeichnet man es, wenn ...?** ¿cómo se dice cuando...?; **bezeichnend** *adj* típico (*für* de); **Bezeichnung** *f* denominación *f*

bezeugen* [bə'tsɔɪgən] *vt* atestiguar

bezichtigen* [bə'tsɪçtɪgən] *vt* acusar

beziehen* *irr* **I.** *vt* (*überziehen*) revestir (*mit* de); (*Bett*) poner ropa limpia (a); (*Haus*) instalarse (en) **II.** *vr:* **sich ~** (*sich berufen*) referirse (*auf* a)

Beziehung *f* <-en> relación *f;* **seine ~en spielen lassen** (*fam*) tocar todos los resortes; **er hat in jeder ~ Recht** tiene razón en todos los aspectos; **eine ~ eingehen** empezar una relación; **beziehungsweise** *konj* (*genauer gesagt*) mejor dicho; (*oder, und*) respectivamente

Bezirk [bə'tsɪrk] *m* <-(e)s, -e> distrito *m*

bezogen *pp von* **beziehen**

bezug[ALT] *s.* **Bezug 3.**

Bezug [bə'tsuːk] *m* **1.** (*Überzug*) funda *f* **2.** *pl* (*Gehalt*) sueldo *m* **3.** (*Wend*): **in ~ auf** (con) respecto a

bezüglich [bə'tsyːklɪç] **I.** *adj* al respecto **II.** *präp* +*gen* respecto a; **~ Ihres Schreibens vom ...** en relación a su escrito del...

bezwecken* [bə'tsvɛkən] *vt* perseguir; **was willst du damit ~?** ¿qué persigues con esto?

bezweifeln* *vt* poner en duda

BH [beː'haː] *m* <-s, -s> (*fam*) *Abk. von* **Büstenhalter** sujetador *m*

Bhf. *Abk. von* **Bahnhof** estación *f* de ferrocarril

Bibel ['biːbəl] *f* <-n> Biblia *f*

Biber ['biːbɐ] *m* <-s, -> castor *m*

Bibliothek [biblio'teːk] *f* <-en> biblioteca *f*

biblisch ['biːblɪs] *adj* bíblico

Bidet [bi'deː] *nt* <-s, -s> bidé *m*

bieder ['biːdɐ] *adj* (*abw*) conservador

biegen ['biːgən] <biegt, bog, gebogen> **I.** *vi sein* torcer; **um die Ecke ~** doblar la esquina; **auf Biegen und Brechen** (*fam*) a toda costa **II.** *vt, vr* **haben:** **sich ~** doblar(se); **sie bog sich vor Lachen** (*fam*) se partió de (la) risa

biegsam *adj* flexible

Biegung *f* <-en> curvatura *f;* (*Kurve*) curva *f*

Biene ['biːnə] *f* <-n> abeja *f;* **Bienenschwarm** *m* enjambre *m;* **Bienenstock** *m* <-(e)s, -stöcke> colmena *f*

Bier [biːɐ] *nt* <-(e)s, -e> cerveza *f;* **das ist nicht mein ~** (*fig fam*) eso no es asunto mío; **Bierdeckel** *m* posavasos *m inv* de cartón; **Biergarten** *m* cervecería *f* al aire libre

Biest [biːst] *nt* <-(e)s, -er> (*fam:*

Tier) bicho *m;* (*Mensch*) mal bicho *m*

bieten [biːtən] <bietet, bot, geboten> I. *vt* ofrecer; **das lasse ich mir nicht ~** esto no se lo permito a nadie; **jdm die Stirn ~** hacer frente a alguien II. *vr:* **sich ~** presentarse; **bei der nächsten sich ~den Gelegenheit** en la próxima ocasión que se presente

Bikini [biˈkiːni] *m* <-s, -s> biquini *m*

Bilanz [biˈlants] *f* <-en> (*a.* WIRTSCH) balance *m;* **eine ~ aufstellen** confeccionar un balance; **die ~ ziehen** hacer (el) balance

Bild [bɪlt] *nt* <-(e)s, -er> 1. (*Gemälde*) cuadro *m;* **ein ~ für die Götter** (*fam*) una escena graciosísima 2. (TV) imagen *f;* (FOTO) foto *f;* **ein ~ machen** sacar una foto 3. (*Vorstellung*) idea *f;* **sich** *dat* **ein ~ von etw machen** hacerse una idea de algo; **im ~e sein** estar al corriente

bilden [ˈbɪldən] *vt, vr:* **sich ~** (*a. geistig*) formar(se)

Bilderbuch *nt* libro *m* de dibujos; **Bilderrahmen** *m* marco *m* para cuadros

Bildhauer(in) [ˈbɪlthaʊ̯ɐ] *m(f)* <-s, -; -nen> escultor(a) *m(f);* **bildhübsch** [ˈ-ˈ-] *adj* precioso

bildlich *adj* (*Darstellung*) gráfico; (*Ausdruck*) metafórico

Bildschirm *m* (*a.* INFOR) pantalla *f;* **bildschön** [ˈ-ˈ-] *adj* bellísimo

Bildung [ˈbɪldʊŋ] *f* (*a. geistig*) formación *f;* (*Schaffung*) creación *f;* (*Gründung*) fundación *f;* **Bildungslücke** *f* laguna *f* cultural; **Bildungspolitik** *f* política *f* educativa; **Bildungssystem** *nt* sistema *m* de educación

Billard [ˈbɪljart] *nt* <-s, *ohne pl*> billar *m*

Billiarde [bɪˈljardə] *f* <-n> mil billones *m pl*

billig [ˈbɪlɪç] *adj* barato; **~ abzugeben** se vende barato; **~ davonkommen** (*fam*) salir bien parado

billigen [ˈbɪlɪgən] *vt* aprobar

Billigfluglinie *f* compañía *f* aérea barata

Billion [bɪˈljoːn] *f* <-en> billón *m*

bin [bɪn] *1. präs von* **sein**

Binde [ˈbɪndə] *f* <-n> (*Verband*) venda *f;* (*Monatsbinde*) compresa *f;* **Bindeglied** *nt* vínculo *m*

binden [ˈbɪndən] <bindet, band, gebunden> I. *vt* (*zusammenbinden*) atar; (*Strauß*) hacer; (*Krawatte*) anudar; (*verpflichten*) comprometer; **eine ~de Zusage** una promesa vinculante II. *vr:* **sich ~** vincularse (*an* a)

Bindestrich *m* guión *m*

Bindfaden *m* cordón *m*

Bindung [ˈbɪndʊŋ] *f* <-en> (*feste Beziehung*) compromiso *m;* (*an Heimat, Person*) apego *m*

binnen [ˈbɪnən] *präp* +*dat/gen* en (el transcurso de); **~ kurzem** en breve; **~ einiger Stunden** en algunas horas

Binnenhafen *m* puerto *m* fluvial; **Binnenmarkt** *m* mercado *m* interior

Binse [ˈbɪnzə] *f* <-n> junco *m;* **etw geht in die ~n** (*fam*) algo se echa a perder; **Binsenweisheit** *f* <-en> perogrullada *f*

Bioabfall *m* basura *f* orgánica

Biografie[RR] [biograˈfiː] *f* <-n>, **Biographie** *f* <-n> biografía *f*

Bioladen [ˈ----] *m* (*fam*) tienda *f* de productos naturales

Biologe, Biologin [bioˈloːgə] *m, f* <-n, -n; -nen> biólogo, -a *m, f*

Biologie [bioloˈgiː] *f* biología *f*

biologisch *adj* biológico

biometrisch [bioˈmeːtrɪʃ] *adj* biométrico; **~e Daten** datos biométricos

Biomüll [ˈ---] *m* basura *f* orgánica; **Biotonne** [ˈ----] *f* contenedor *m* para la basura orgánica

Biotop [bio'to:p] *nt o m* <-s, -e> biótopo *m*

birgt [bɪrkt] *3. präs von* **bergen**

Birke ['bɪrkə] *f* <-n> abedul *m*

Birne ['bɪrnə] *f* <-n> pera *f;* (*Glühbirne*) bombilla *f*

bis [bɪs] **I.** *präp +akk* (*räumlich, zeitlich*) hasta; **von Freitag ~ Sonntag** de viernes a domingo; **~ morgen!** ¡hasta mañana!; **~ jetzt** hasta ahora; **~ dahin** hasta ahí; **Jugendliche ~ zu 18 Jahren** jóvenes hasta los 18 años; **drei ~ vier Tage** de tres a cuatro días; **~ auf** excepto; **~ auf ihren Bruder waren alle da** aparte de su hermano estaban todos; **~ zu** como máximo **II.** *konj* hasta *+inf*, hasta que *+subj;* **ich warte, ~ er zurückkommt** espero hasta que vuelva

Bischof, Bischöfin ['bɪʃɔf, 'bɪʃœfɪn] *m, f* <-s, -schöfe; -nen> obispo, -a *m, f*

bisexuell ['bi:sɛksuɛl, 'bi:zɛksuɛl] *adj* bisexual

bisher [bɪs'he:ɐ] *adv* hasta ahora

bisherige(r, s) [bɪs'he:rɪgə, -gə, -gəs] *adj* anterior; **der ~ Minister** el ex-ministro; **sein ~s Verhalten** su comportamiento hasta ese momento

Biskaya [bɪs'ka:ja] *f* Golfo *m* de Vizcaya

Biskuit [bɪs'kvi:t] *nt o m* <-(e)s, -e *o* -s> bizcocho *m*

bislang [bɪs'laŋ] *adv s.* **bisher**

bissᴿᴿ [bɪs] *3. imp von* **beißen**

Bissᴿᴿ [bɪs] *m* <-es, -e> **1.** (*das Zubeißen*) mordisco *m* **2.** (*Wunde*) mordedura *f*

bisschenᴿᴿ ['bɪsçən] *adj inv:* **ein ~** un poco; **ich habe kein ~ Zeit** no tengo nada de tiempo

Bissen ['bɪsən] *m* <-s, -> bocado *m*

bissig *adj* (*Hund*) mordedor; (*Bemer-*

kung) mordaz

bist [bɪst] *2. präs von* **sein**

bisweilen [bɪs'vaɪlən] *adv* a veces

Bit [bɪt] *nt* <-(s), -(s)> (INFOR) bit *m*

bitte *adv* por favor; (**wie**) **~?** ¿cómo dice?; **na ~!** ¿lo ves?; **~, wie du willst** bueno, como quieras

Bitte *f* <-n> ruego *m;* **ich habe eine große ~ an dich** quisiera pedirte un favor muy grande

bitten ['bɪtən] <bittet, bat, gebeten> *vt* pedir (*um*); **er bat um Verzeihung** pidió disculpas

bitter ['bɪtɐ] *adj* amargo; **~e Armut** extremada pobreza; **etw ~ nötig haben** estar necesitadísimo de algo; **bitterkalt** ['--'-] *adj* terriblemente frío

bizarr [bi'tsar] *adj* (*seltsam*) raro

Black-outᴿᴿ [blɛk'ʔaʊt, '--] *nt o m* <-(s), -s> laguna *f;* **ein ~ haben** quedarse en blanco

blähen ['blɛ:ən] **I.** *vt, vr:* **sich ~** hinchar(se) **II.** *vi* provocar gases

Blähung *f* <-en> flato *m*

blamabel [bla'ma:bəl] *adj* vergonzoso

Blamage [bla'ma:ʒə] *f* <-n> plancha *f fam*

blamieren* **I.** *vt* poner en ridículo **II.** *vr:* **sich ~** hacer el ridículo

blank [blaŋk] *adj* (*glänzend*) reluciente; (*unbedeckt*) desnudo; **ich bin völlig ~** (*fam*) estoy sin blanca

Blankoscheck ['blaŋko-] *m* cheque *m* en blanco

Blase [bla:zə] *f* <-n> (*Luftblase*) burbuja *f;* (*Hautblase*) ampolla *f;* (*Harnblase*) vejiga *f;* **Blasebalg** *m* <-(e)s, -bälge> fuelle *m*

blasen ['bla:zən] <bläst, blies, geblasen> *vi* (*Wind*) soplar

Blasinstrument ['bla:s-] *nt* instrumento *m* de viento

blassᴿᴿ [blas] *adj* pálido; **keinen ~en Schimmer von etw haben** (*fam*) no tener ni idea de algo

Blässe ['blɛsə] f palidez f

bläst [blɛːst] 3. präs von **blasen**

Blatt [blat] nt <-(e)s, Blätter> (a. BOT) hoja f; **kein ~ vor den Mund nehmen** (fam) no tener pelos en la lengua

blättern ['blɛtən] vi: **in einem Buch ~** hojear un libro

Blätterteig m <-(e)s, ohne pl> hojaldre m

blau [blaʊ] adj azul; (Lippen) amoratado; (fam: betrunken) borracho; **~es Auge** ojo morado; **~er Fleck** moratón m

blauäugig ['blaʊʔɔɪɡɪç] adj de ojos azules; (leichtgläubig) confiado

Blaue ['blaʊə] nt: **eine Fahrt ins ~ machen** (fam) hacer un viaje al azar

Blauhelm m (UNO-Soldat) casco m azul; **Blaulicht** nt sirena f; **blau| machen** vi (fam: Schule) fumarse la clase; (Arbeit) no ir al trabajo

Blazer ['bleːze, 'blɛɪze] m <-s, -> blazer m

Blech nt <-(e)s, -e> chapa f de metal; (Backblech) bandeja f del horno; **Blechdose** f lata f

blechen ['blɛçən] vi, vt (fam) apoquinar

Blechschaden m daños mpl de carrocería

Blei [blaɪ] nt <-(e)s, ohne pl> plomo m

bleiben ['blaɪbən] <bleibt, blieb, geblieben> vi sein quedarse; **hängen ~** (Wissen) quedar en la memoria; **an etw hängen ~** engancharse en algo; **wo bleibt er nur?** ¿dónde estará?; **das bleibt unter uns!** ¡esto queda entre nosotros!; **gleich ~** no cambiar; **gleich ~d** constante; **es bleibt dabei** no hay cambios; **hier ist alles beim Alten geblieben** aquí sigue todo como antes; **am Leben ~** que-

dar con vida; **liegen ~** (Person) quedarse tumbado; (Arbeit) quedar sin hacer; **offen ~** (Tür) quedar abierto; **stehen ~** quedarse de pie; (anhalten) detenerse; **stecken ~** (festsitzen) quedar fijo; (beim Sprechen) atascarse; **es bleibt mir nichts anderes übrig, als ...** no me queda otro remedio que...

bleich [blaɪç] adj pálido

bleichen vt (Wäsche) blanquear

bleifrei adj sin plomo; **bleihaltig** adj plomífero; **Bleistift** m lápiz m

Blende ['blɛndə] f <-n> (FOTO) diafragma m

blenden ['blɛndən] I. vt (beeindrucken) deslumbrar II. vi, vt (blind machen) cegar

blendend adj (großartig) estupendo; **sich ~ amüsieren** divertirse estupendamente

Blick [blɪk] m <-(e)s, -e> 1. (Hinsehen) mirada f; **einen ~ auf etw werfen** echar un vistazo a algo; **auf den ersten ~** a primera vista; **jdn keines ~es würdigen** hacer caso omiso de alguien 2. ohne pl (Aussicht) vista f; **mit ~ auf den Dom** con vistas a la catedral

blicken ['blɪkən] vi mirar; **sich ~ lassen** aparecer

Blickkontakt m contacto m visual; **Blickwinkel** m punto m de vista

blieb [bliːp] 3. imp von **bleiben**

blies [bliːs] 3. imp von **blasen**

blind [blɪnt] adj ciego; **~ werden** perder la vista

Blinddarm m apéndice m; **Blinddarmentzündung** f apendicitis f inv

Blind Date ['blaɪnd 'deːt] nt <- -(s), - -s> cita f a ciegas

Blinde(r) f(m) dekl wie adj ciego, -a m, f; **Blindenhund** m (perro m) lazarillo m; **Blindenschrift** f (alfabeto *m*) Braille *m*

Blindheit *f* ceguera *f;* **mit ~ geschlagen sein** tener una venda en los ojos

blindlings ['blɪntlɪŋs] *adv* (*unüberlegt*) a ciegas

blinken ['blɪŋkən] *vi* (AUTO) poner el intermitente

Blinker *m* <-s, -> (AUTO) intermitente *m*

blinzeln ['blɪntsəln] *vi* parpadear

Blitz [blɪts] *m* <-es, -e> (METEO) rayo *m;* (FOTO) flash *m;* **Blitzableiter** *m* pararrayos *m inv*

blitzen *vi* (*strahlen*) relucir; (*beim Gewitter*) relampaguear

blitzsauber ['-'--] *adj* (*fam*) limpio como una patena; **Blitzschlag** *m* rayo *m;* **blitzschnell** ['-'--] *adj* (*fam*) (rápido) como un rayo

Block[1] [blɔk] *m* <-(e)s, Blöcke> (*a.* POL) bloque *m*

Block[2] *m* <-(e)s, -s *o* Blöcke> (*Häuserblock*) manzana *f;* (*Schreibblock*) bloc *m*

Blockade [blɔ'ka:də] *f* <-n> bloqueo *m*

blockieren* [blɔ'ki:rən] *vi, vt* bloquear

blöd(e) [blø:t, 'blø:də] *adj* (*fam*) tonto

blödeln ['blø:dəln] *vi* hacer el tonto

Blödheit *f* <-en> estupidez *f,* tontería *f*

Blödmann *m* imbécil *m;* **Blödsinn** *m* <-(e)s, *ohne pl*> (*fam*) disparate *m*

blond [blɔnt] *adj* rubio

Blondine [blɔn'di:nə] *f* <-n> rubia *f*

bloß [blo:s] **I.** *adj* (*unbedeckt*) descubierto; (*nichts als*) mero; **mit ~em Auge** a simple vista; **der ~e Gedanke macht mich nervös** sólo pensar en ello, me pone nervioso **II.** *adv* (*fam: nur*) sólo; **was hast du ~?** ¿pero qué te pasa?; **sag ~!** ¡no me digas!

Blöße ['blø:sə] *f:* **sich** *dat* **eine ~ geben** mostrar su punto débil

bloß|stellen I. *vt* desenmascarar **II.** *vr:* **sich ~** exponerse

bluffen ['blʊfən, 'blœfən] *vi* (*abw*) fanfarronear

blühen ['bly:ən] *vi* (*Pflanzen*) florecer; (*Geschäft*) prosperar

blühend ['bly:ənt] *adj* **1.** (*Pflanze, Sprache*) florido **2.** (*Geschäft, Stadt*) próspero; (*Fantasie*) exuberante

Blume ['blu:mə] *f* <-n> flor *f;* **Blumenkohl** *m* coliflor *f;* **Blumenstrauß** *m* <-es, -sträuße> ramo *m* de flores; **Blumentopf** *m* maceta *f;* **Blumenvase** *f* florero *m*

Bluse ['blu:zə] *f* <-n> blusa *f*

Blut [blu:t] *nt* <-(e)s, *ohne pl*> sangre *f;* **~ und Wasser schwitzen** (*fam*) sudar la gota gorda; **Blutbad** *nt* derramamiento *m* de sangre; **Blutdruck** *m* <-(e)s, *ohne pl*> tensión *f* arterial; **hohen/niedrigen ~ haben** tener la tensión alta/baja

Blüte ['bly:tə] *f* <-n> flor *f;* (*Höhepunkt*) apogeo *m*

bluten ['blu:tən] *vi* sangrar; **mir blutet das Herz** (*fig*) se me rompe el corazón

Bluterguss[RR] ['blu:t?ɛɐgʊs] *m* (MED) derrame *m* sanguíneo

Blütezeit *f* floración *f;* (*fig*) apogeo *m*

Blutgruppe *f* grupo *m* sanguíneo

blutig *adj* ensangrentado; (*Kampf*) sangriento; **ein ~er Anfänger** un novato

blutjung ['-'-] *adj* muy joven

Blutkreislauf *m* circulación *f* sanguínea; **Blutprobe** *f* prueba *f* de sangre

blutrünstig ['blu:trʏnstɪç] *adj* sangriento

Blutspender(in) *m(f)* donante *mf* de sangre

blutsverwandt *adj* consanguíneo

Blutung f <-en> hemorragia f; **die monatliche** ~ la menstruación

Blutvergießen nt <-s, ohne pl> (geh) derramamiento m de sangre

Blutwurst f morcilla f

BLZ [be:ʔɛl'tsɛt] Abk. von **Bankleitzahl** código m de identificación bancaria

Bö [bøː] f <-en> racha f

Bock [bɔk] m <-(e)s, Böcke> (Ziegenbock) macho m cabrío; (Gestell) caballete m

bocken vi (Kind, Tier) ponerse terco

bockig adj tozudo

Bockwurst f salchicha f cocida

Boden ['boːdən] m <-s, Böden> (Erdboden) tierra f; (Fußboden) suelo m; (Gelände) terreno m; (von Gefäß, Meer) fondo m; **auf italienischem** ~ en territorio italiano; **am** ~ **zerstört sein** estar con el ánimo por los suelos; **bodenlos** adj sin fondo; (fam: unerhört) increíble; **eine ~e Frechheit** una desfachatez sin nombre; **Bodenpersonal** nt personal m de tierra; **Bodensatz** m poso m; **Bodenschätze** mpl riquezas fpl naturales; **Bodensee** m <-s> lago m de Constanza; **bodenständig** adj arraigado

Bodybuilding ['bɔdibɪldɪŋ] nt <-s, ohne pl> culturismo m

bog [boːk] 3. imp von **biegen**

Bogen ['boːgən] m <-s, -> (Kurve) curva f; (Sportgerät, a. ARCHIT) arco m; **einen großen** ~ **um jdn/etw machen** (fam) evitar a alguien/algo; **er hat den** ~ **raus** (fam) ya sabe por dónde van los tiros; **den** ~ **überspannen** (fam) ir demasiado lejos

Böhmen ['bøːmən] nt <-s> Bohemia f

böhmisch ['bøːmɪʃ] adj bohemio; **das sind ~e Dörfer für mich** (fam) esto me suena a chino

Bohne ['boːnə] f <-n> judía f; (Kaffeebohne) grano m de café; **nicht die** ~! (fam) ¡ni pizca!; **Bohnenkaffee** m <-s, ohne pl> café m en grano

bohren ['boːrən] I. vt perforar; (mit Bohrer) taladrar; **ein Loch** ~ hacer un agujero; **in der Nase** ~ meterse el dedo en la nariz II. vi (fam: fragen) insistir; (Öl) buscar (nach)

Bohrer m <-s, -> taladro m

Bohrinsel ['boːrʔɪnzəl] f plataforma f de sondeo; **Bohrmaschine** f taladradora f

Boiler ['bɔɪlɐ] m <-s, -> calentador m (de agua)

Boje ['boːjə] f <-n> boya f

bolivianisch adj boliviano

Bolivien [bo'liːviən] nt <-s> Bolivia f

bombardieren* [bɔmbar'diːrən] vt (MIL) bombardear; (fam: überhäufen) acribillar (mit a)

Bombe ['bɔmbə] f <-n> bomba f; **Bombenangriff** m bombardeo m; **Bombenanschlag** m atentado m con bomba(s); **Bombenerfolg** ['---'-] m (fam) éxito m rotundo; **Bombenstimmung** ['--'--] f ohne pl (fam) ambiente m fantástico

Bon [bɔŋ, boː] m <-s, -s> (Gutschein) vale m; (Kassenzettel) tíquet m

Bonbon [bɔŋ'bɔŋ, bõ'bõ] m o nt <-s, -s> caramelo m

Bonus ['boːnʊs] m <-(ses), -(se) o Boni> gratificación f; **Bonusmeilen** fpl puntos mpl obtenidos por vuelo (que se acumulan y que la compañía aérea abona en forma de vuelo gratuito)

Bonze ['bɔntsə] m <-n, -n> (abw) cacique m

Boom [buːm] m <-s, -s> boom m

Boot [boːt] nt <-(e)s, -e> barca f; **wir sitzen alle im gleichen** ~ (fam) todos tiramos de una cuerda

Bord[1] [bɔrt] *m:* **an ~** a bordo; **über ~ gehen** caer por la borda; **von ~ gehen** desembarcar; **alle Bedenken über ~ werfen** olvidarse de todas las dudas

Bord[2] *nt* <-(e)s, -e> (*Wandbrett*) estante *m*

Bordell [bɔr'dɛl] *nt* <-s, -e> burdel *m*

Bordkarte *f* tarjeta *f* de embarque; **Bordstein** *m* bordillo *m*

borgen ['bɔrgən] *vt* (*ausleihen*) tomar prestado; (*verleihen*) prestar

Börse ['bœrzə] *f* <-n> (FIN) bolsa *f*; **Börsengang** *m* <-(e)s, -gänge> salida *f* a la bolsa

Borste ['bɔrstə] *f* <-n> cerda *f*

bösartig ['bøːsʔaːetɪç] *adj* malvado; (*Bemerkung*) malicioso; (MED) maligno

Böschung ['bœʃʊŋ] *f* <-en> (*an der Straße*) terraplén *m*; (*Abhang*) declive *m*

böse ['bøːzə] *adj* malo; **das wird ~ Folgen haben** eso tendrá graves consecuencias; **ich bin ~ auf ihn** estoy enojado con él; **es wird ~ enden** eso terminará mal; **das sieht ~ aus** eso tiene mal aspecto

boshaft ['boːshaft] *adj* malvado

Bosheit *f* <-en> maldad *f*

Bosnien ['bɔsniən] *nt* <-s> Bosnia *f*; **Bosnien-Herzegowina** ['bɔsniən hɛrtse'goːvina] *nt* <-s> Bosnia-Herzegovina *f*

bosnisch *adj* bosnio

Boss[RR] [bɔs] *m* <-es, -e> jefe *m*

böswillig **I.** *adj* malévolo **II.** *adv* con mala intención

bot [boːt] *3. imp von* **bieten**

Bote, Botin ['boːtə] *m, f* <-n, -n; -nen> recadero, -a *m, f*

Botschaft ['boːtʃaft] *f* <-en> (*geh: Nachricht*) mensaje *m*; (POL) embajada *f*

Botschafter(in) *m(f)* <-s, -; -nen> (POL) embajador(a) *m(f)*

Bottich ['bɔtɪç] *m* <-(e)s, -e> cuba *f*

Bouillon [bʊl'jɔŋ, bʊl'jõː] *f* <-s> caldo *m*

Boulevardpresse *f* prensa *f* sensacionalista

Boutique [bu'tiːk] *f* <-n> boutique *f*

Box [bɔks] *f* <-en> (*für Pferde*) box *m*; (*Lautsprecher*) bafle *m*; (*Behälter*) caja *f*

boxen ['bɔksən] *vi* boxear

Boxen *nt* <-s, *ohne pl*> (SPORT) boxeo *m*

Boxer(in) *m(f)* <-s, -; -nen> boxeador(a) *m(f)*

Boykott [bɔy'kɔt] *m* <-(e)s, -e *o* -s> boicot *m*

boykottieren* *vt* boicotear

brach [braːx] *3. imp von* **brechen**

brachte ['braxtə] *3. imp von* **bringen**

Brainstorming ['brɛɪnstɔːmɪŋ] *nt* <-s, *ohne pl*> brainstorming *m*

Branche ['brãːʃə] *f* <-n> ramo *m*

Brand [brant] *m* <-(e)s, Brände> incendio *m*; **etw in ~ setzen** pegar fuego a algo; **Brandanschlag** *m* atentado *m* de incendio

Brandenburg ['brandənburk] *nt* <-s> Brandeburgo *m*

brandneu ['-'-] *adj* (*fam*) flamante; **Brandstifter(in)** *m(f)* <-s, -; -nen> incendiario, -a *m, f*; **Brandstiftung** *f* incendio *m* provocado

Brandung ['brandʊŋ] *f* <-en> oleaje *m*

brannte ['brantə] *3. imp von* **brennen**

Branntwein *m* aguardiente *m*

brasilianisch *adj* brasileño

Brasilien [bra'ziːliən] *nt* <-s> Brasil *m*

brät [brɛːt] *3. präs von* **braten**

braten ['braːtən] <brät, briet, gebraten> *vt* asar; (*in der Pfanne*) freír

Braten *m* <-s, -> asado *m*

Bratpfanne *f* sartén *f;* **Bratwurst** *f* salchicha *f* frita

Brauch [braʊx] *m* <-(e)s, Bräuche> uso *m*

brauchbar *adj* (*nützlich*) útil; (*geeignet*) apropiado

brauchen ['braʊxən] *vt* necesitar; **wie lange brauchst du dafür?** ¿cuánto tiempo necesitas para esto?; **du brauchst nicht gleich zu schreien** no es necesario que te pongas a chillar enseguida; **ich brauche heute nicht zu arbeiten** hoy no tengo que trabajar

Brauerei *f* <-en> fábrica *f* de cerveza

braun [braʊn] *adj* marrón; (*Haare*) castaño; (*Teint*) moreno; (*abw: nationalsozialistisch*) nazi

bräunen *vt, vr:* **sich ~** broncear(se)

Brause ['braʊzə] *f* <-n> (*Dusche*) ducha *f;* (*Limonade*) (limonada *f*) gaseosa *f;* **Brausetablette** *f* pastilla *f* efervescente

Braut [braʊt] *f* <Bräute> novia *f*

Bräutigam ['brɔɪtigam] *m* <-s, -e> novio *m*

Brautkleid *nt* traje *m* de novia; **Brautpaar** *nt* (*verlobt*) novios *m pl;* (*verheiratet*) pareja *f* de recién casados

brav [braːf] *adj* bueno

BRD [beːʔɛɾˈdeː] *f Abk. von* **Bundesrepublik Deutschland** RFA *f*

brechen ['brɛçən] <bricht, brach, gebrochen> **I.** *vi* **1.** *sein* (*zerbrechen*) romperse **2.** *haben* (*fam: erbrechen*) vomitar **II.** *vt haben* romper; (*Rekord*) batir; (*Gesetz*) infringir; **in Stücke ~** romper en pedazos; **sein Wort ~** faltar a su palabra

Brechreiz *m* náuseas *f pl*

Brei [braɪ] *m* <-(e)s, -e> (*für Kinder*) papilla *f*

breit [braɪt] *adj* ancho; (*ausgedehnt*) amplio; **die ~e Öffentlichkeit** el gran público

Breite ['braɪtə] *f* <-n> anchura *f;* **in die ~ gehen** (*fam*) engordar

Bremen ['breːmən] *nt* <-s> Brema *f*

Bremse ['brɛmzə] *f* <-n> (AUTO) freno *m;* (ZOOL) tábano *m*

bremsen *vi, vt* frenar; **scharf ~** frenar con fuerza; **er ist nicht zu ~** no hay quien le pare

Bremslicht *nt* luz *f* de freno

brennbar *adj* combustible

brennen ['brɛnən] <brennt, brannte, gebrannt> **I.** *vi* arder; (*Sonne*) quemar; (*Licht*) estar encendido; **wo brennt's denn?** (*fam*) ¿cuál es el problema?; **darauf ~ etw zu tun** morirse por hacer algo **II.** *vt* (*Schnaps*) destilar

brennend *adj* **1.** (*Holz*) ardiente; (*in Flammen*) en llamas **2.** (*Schmerz*) agudo **3.** (*Frage*) candente; (*Interesse*) vivo; **das interessiert mich ~** me interesa vivamente

Brennessel[ALT] ['brɛnɛsəl] *f s.* **Brennnessel; Brennholz** *nt* <-es, *ohne pl*> leña *f;* **Brennnessel**[RR] *f* ortiga *f;* **Brennpunkt** *m* foco *m;* **Brennstoff** *m* combustible *m*

brenzlig ['brɛntslɪç] *adj* (*fam*) crítico

Brett [brɛt] *nt* <-(e)s, -er> tabla *f;* (*Spielbrett*) tablero *m;* **schwarzes ~** tablón de anuncios

Bretterzaun *m* valla *f*

Brettspiel *nt* juego *m* de tablero

bricht [brɪçt] **3.** *präs von* **brechen**

Brief [briːf] *m* <-(e)s, -e> carta *f;* **Brieffreund(in)** *m(f)* amigo, -a *m, f* por correspondencia; **Briefkasten** *m* buzón *m;* **Briefkopf** *m* membrete *m;* **Briefmarke** *f* sello *m,* estampilla *f Am;* **Brieföffner** *m* abrecartas *m inv;* **Briefpapier** *nt* papel *m* de cartas; **Brieftasche** *f* cartera *f;* **Brieftaube** *f* paloma *f* mensajera;

Briefträger(in) *m(f)* cartero, -a *m,*
f; **Briefumschlag** *m* sobre *m;*
Briefwechsel *m* correspondencia
f; **in ~ mit jdm stehen** cartearse
con alguien

briet [bri:t] *3. imp von* **braten**

brillant [brɪˈljant] *adj* magnífico

Brillant [brɪˈljant] *m* <-en, -en> brillante *m*

Brille [ˈbrɪlə] *f* <-n> gafas *fpl;* **etw**
durch eine rosarote ~ sehen ver
algo de color de rosa; **Brillengestell**
nt montura *f* de las gafas

bringen [ˈbrɪŋən] <bringt, brachte,
gebracht> *vt* **1.** (*herbringen*) traer;
(*hinbringen*) llevar; (*Gewinn*) rendir;
etw in Ordnung ~ poner algo en
orden; **Glück ~** traer buena suerte;
jdn aus dem Konzept ~ confundir
a alguien; **etw zur Sprache ~** hablar
de algo; **etw auf den Markt ~** lanzar algo al mercado; **ein Kind zur**
Welt ~ dar a luz un niño; **es zu**
etwas ~ hacer carrera; **etw mit sich**
~ traer algo consigo; **etw hinter**
sich ~ conseguir terminar algo
2. (*wegnehmen*) quitar (*um*); **jdn**
ums Leben ~ matar a alguien; **jdn**
um den Verstand ~ volver loco a alguien **3.** (*bekommen*) conseguir (*zu*
+*inf*); **jdn zum Lachen ~** hacer reír
a alguien; **etw nicht übers Herz ~**
no ser capaz de hacer algo

brisant [briˈzant] *adj* explosivo

Brise [ˈbriːzə] *f* <-n> brisa *f*

Brite, Britin [ˈbrɪtə, ˈbrɪːtə] *m, f* <-n,
-n; -nen> británico, -a *m, f*

britisch [ˈbrɪtɪʃ] *adj* británico

Brocken [ˈbrɔkən] *m* <-s, -> trozo
m; **ein paar ~ Spanisch verstehen**
entender un poco de español

Brokkoli [ˈbrɔkoli] *pl* brécol *m*

Brombeere [ˈbrɔmbeːrə] *f* (zarza)-
mora *f*

Bronchitis [brɔnˈçiːtɪs] *f* <Bronchi-

tiden> bronquitis *f inv*

Bronze [ˈbrõːsə] *f* <-n> bronce *m*

Brosche [ˈbrɔʃə] *f* <-n> broche *m*

Broschüre [brɔˈʃyːrə] *f* <-n> folleto
m

Brösel [ˈbrøːzəl] *m* <-s, -> miga *f*

Brot [broːt] *nt* <-(e)s, -e> pan *m*

Brötchen [ˈbrøːtçən] *nt* <-s, -> panecillo *m*

Bruch [brʊx] *m* <-(e)s, Brüche> ro-
tura *f;* (MED: *Knochen*) fractura *f;*
(*Eingeweide*) hernia *f;* **zu ~ gehen**
hacerse añicos; **ihre Ehe ging in die**
Brüche su matrimonio fracasó;
Bruchbude *f* (*fam abw*) ruina *f*

brüchig [ˈbrʏçɪç] *adj* quebradizo

Bruchlandung *f* aterrizaje *m* forzoso; **Bruchstück** *nt* fragmento
m; **Bruchteil** *m* fracción *f;* **im ~**
einer Sekunde en una fracción de
segundo

Brücke [ˈbrʏkə] *f* <-n> puente *m;* **al-**
le ~n hinter sich *dat* **abbrechen**
quemar las naves

Bruder [ˈbruːdɐ] *m* <-s, Brüder> hermano *m*

brüderlich *adj* fraternal

Brühe [ˈbryːə] *f* <-n> (GASTR) caldo *m;*
(*abw: Schmutzwasser*) agua *f* sucia

brüllen [ˈbrʏlən] *vi* (*Stier*) bramar;
(*Raubtier*) rugir; (*Mensch*) vociferar

brummen [ˈbrʊmən] *vi* **1.** (*Bär,*
Mensch) gruñir; (*Fliege*) zumbar;
mir brummt der Schädel tengo la
cabeza como un bombo **2.** (*fam: Ge-*
schäft, Wirtschaft) ir viento en popa

Brunch [brantʃ] *m* <-(e)s, -(e)s *o* -e>
brunch *m*

brünett [brʏˈnɛt] *adj* moreno

Brunnen [ˈbrʊnən] *m* <-s, -> pozo
m; (*Springbrunnen*) fuente *f*

brüsk [brʏsk] *adj* brusco

Brüssel [ˈbrʏsəl] *nt* <-s> Bruselas *f*

Brust [brʊst] *f* <Brüste> pecho *m;*
(*Geflügelbrust*) pechuga *f*

Brustbein *nt* esternón *m*

brüsten ['brʏstən] *vr:* **sich ~** (*abw*) presumir (*mit* de)

Brustkorb *m* tórax *m inv;* **Brustkrebs** *m* cáncer *m* de mama; **Brustschwimmen** *nt* <-s, *ohne pl*> estilo *m* braza

Brüstung ['brʏstʊŋ] *f* <-en> (*Balkonbrüstung*) pretil *m;* (*Fensterbrüstung*) antepecho *m*

Brustwarze *f* (*bei Frauen*) pezón *m;* (*bei Männern*) tetilla *f*

brutal [bru'ta:l] *adj* brutal

Brutalität [brutali'tɛ:t] *f* <-en> brutalidad *f*

brüten ['bry:tən] *vi* (*Vögel*) empollar; (*nachgrübeln*) meditar (*über* sobre); **~de Hitze** calor aplastante

Brutkasten *m* incubadora *f*

brutto ['brʊto] *adv* bruto; **Bruttogehalt** *nt* sueldo *m* bruto; **Bruttolohn** *m* salario *m* bruto; **Bruttosozialprodukt** *nt* producto *m* nacional bruto

BSE [be:ʔɛs'ʔe:] *Abk. von* **Bovine Spongiforme Encephalopathie** (**Rinderwahnsinn**) encefalopatía *f* esponjiforme bovina

Buch [bu:x] *nt* <-(e)s, Bücher> libro *m*

Buche ['bu:xə] *f* <-n> haya *f*

buchen ['bu:xən] *vt* (*Reise*) reservar

Bücherei *f* <-en> biblioteca *f*

Bücherregal *nt* estantería *f* de libros

Buchfink *m* pinzón *m;* **Buchhalter(in)** *m(f)* <-s, -; -nen> contable *mf;* **Buchhaltung** *f ohne pl* (COM) contabilidad *f;* **Buchhandlung** *f* librería *f*

Büchse ['bʏksə] *f* <-n> (*Konservendose*) lata *f;* **Büchsenöffner** *m* abrelatas *m inv*

Buchstabe ['bu:xʃta:bə] *m* <-n(s), -n> letra *f*

buchstabieren* [bu:xʃta'bi:rən] *vi,*

vt deletrear

buchstäblich ['bu:xʃtɛ:plɪç] *adj* literal; **ich war ~ in Schweiß gebadet** estaba literalmente empapado en sudor

Bucht [bʊxt] *f* <-en> bahía *f*

Buchung ['bu:xʊŋ] *f* <-en> **1.** (FIN) asiento *m* **2.** (*Reservierung*) reserva *f*

Buchweizen *m* <-s, *ohne pl*> alforfón *m*

Buckel ['bʊkəl] *m* <-s, -> joroba *f*

bücken ['bʏkən] *vr:* **sich ~** (*nach unten*) agacharse; (*nach vorne*) inclinarse

Buddhismus [bʊ'dɪsmʊs] *m* <-, *ohne pl*> budismo *m*

Buddhist(in) *m(f)* <-en, -en; -nen> budista *mf*

Bude ['bu:də] *f* <-n> (*Kiosk*) chiringuito *m;* (*fam: Zimmer*) cuarto *m*

Budget [by'dʒe:, bʏ'dʒe:] *nt* <-s, -s> presupuesto *m*

Büfett [bʏ'fɛt, bʏ'fe:] *nt* <-(e)s, -e *o* -s> (*Anrichte*) bufet *m;* (*Theke*) mostrador *m*

Büffel ['bʏfəl] *m* <-s, -> búfalo *m*

Buffet *nt* <-s, -s>, **Buffett** *nt* <-s, -s> (*Österr, Schweiz*) *s.* **Büfett**

Bug [bu:k] *m* <-(e)s, -e> (NAUT) proa *f*

Bügel ['by:gəl] *m* <-s, -> (*Kleiderbügel*) percha *f;* (*Brillenbügel*) patilla *f*

Bügelbrett *nt* tabla *f* de planchar; **Bügeleisen** *nt* plancha *f;* **bügelfrei** *adj* no necesita plancha

bügeln *vi, vt* planchar

Bühne ['by:nə] *f* <-n> escenario *m*

Bulette [bu'lɛtə] *f* <-n> (*reg*) albóndiga *f*

Bulgarien [bʊl'ga:riən] *nt* <-s> Bulgaria *f*

bulgarisch *adj* búlgaro

Bulle ['bʊlə] *m* <-n, -n> (*Rind*) toro *m;* (*fam abw: Polizist*) madero *m*

Bummel ['bʊməl] *m* <-s, -> (*fam*) vuelta *f*; **einen ~ durch die Stadt machen** dar una vuelta por la ciudad
bummeln *vi* (*fam*) **1.** *sein* (*spazieren gehen*) dar una vuelta **2.** *haben* (*abw: trödeln*) remolonear
bumsen ['bʊmzən] *vi* (*schlagen*) dar (*gegen* contra); (*vulg: Geschlechtsverkehr haben*) follar, coger *Am*
Bund[1] [bʊnt] *m* <-(e)s, Bünde> **1.** (*Vereinigung*) unión *f* **2.** (*an Hosen*) pretina *f* **3.** *ohne pl* (POL) confederación *f*; **~ und Länder** el Estado federal y los Länder **4.** (*fam: Bundeswehr*) mili *f*
Bund[2] *m* <-(e)s, -e> (*Karotten*) manojo *m*
Bündel ['bʏndəl] *nt* <-s, -> (*Packen*) lío *m*; (*Ballen*) fardo *m*; (*Geldscheine*) fajo *m*; **ein ~ an Maßnahmen** un paquete de medidas
Bundesbahn *f* Ferrocarriles *mpl* Federales; **Bundesbank** *f* *ohne pl* Banco *m* Federal; **Bundesbürger(in)** *m(f)* ciudadano, -a *m, f* de la República Federal de Alemania; **Bundesgebiet** *nt* <-(e)s, *ohne pl*> territorio *m* federal; **Bundeskanzler(in)** *m(f)* canciller *mf* federal; **Bundesland** *nt* estado *m* federal; **Bundesliga** ['bʊndəsliːga] *f* (SPORT) primera división *f*; **Bundespräsident(in)** *m(f)* (*in Deutschland*) Presidente, -a *m, f* de la República Federal de Alemania; (*in Österreich*) Presidente, -a *m, f* de la República; (*in der Schweiz*) Presidente, -a *m, f* de la Confederación; **Bundesrat** *m* <-[e]s, *ohne pl*> **1.** (*in Deutschland*) Bundesrat *m*, Cámara *f* Alta de la República Federal; (*in Österreich*) Cámara *f* de Representantes **2.** (*zentrale Regierung in der Schweiz*) Consejo *m* Federal; **Bundesregierung** *f* gobierno *m* federal;

Bundesrepublik *f:* **~ Deutschland** República *f* Federal de Alemania; **Bundesstraße** *f* carretera *f* federal; (*in Spanien*) ≈carretera *f* nacional; **Bundestag** *m* <-[e]s, *ohne pl*> Cámara *f* Baja del Parlamento alemán; **Bundeswehr** *f* *ohne pl* ejército *m* de la República Federal de Alemania
bündig ['bʏndɪç] *adj* conciso; **kurz und ~** sin rodeos
Bündnis [bʏntnɪs] *nt* <-ses, -se> alianza *f*
Bungalow ['bʊŋgalo] *m* <-s, -s> bungalow *m*, bungaló *m*
Bungee-Springen ['bandʒiʃprɪŋən] *nt* <-s, *ohne pl*> salto *m* elástico
bunt [bʊnt] *adj* de varios colores; **jetzt wird's mir aber zu ~!** (*fam*) ¡eso pasa de castaño oscuro!; **Buntstift** *m* lápiz *m* de color
Burg [bʊrk] *f* <-en> castillo *m*
Bürge, Bürgin ['bʏrgə] *m, f* <-n, -n; -nen> fiador(a) *m(f)*
bürgen *vi* avalar; **ich bürge für ihn** respondo de él
Burgenland *nt* <-(e)s> Burgenland *m*
Bürger(in) ['bʏrgə] *m(f)* <-s, -; -nen> ciudadano, -a *m, f*; **Bürgerkrieg** *m* guerra *f* civil
bürgerlich *adj* burgués; (JUR) civil
Bürgermeister(in) *m(f)* alcalde(sa) *m(f)*; **Bürgersteig** ['bʏrgeʃtaɪk] *m* <-(e)s, -e> acera *f*, vereda *f* *Am*
Bürgschaft ['bʏrkʃaft] *f* <-en> aval *m*
Büro [by'roː] *nt* <-s, -s> oficina *f*; **Büroangestellte(r)** *mf* empleado, -a *m, f* de oficina, oficinista *mf*; **Bürobedarf** *m* material *m* de oficina; **Bürokauffrau** *f* administrativa *f*; **Bürokaufmann** *m* administrativo *m*; **Büroklammer** *f* sujetapapeles *m inv*

Bürokratie [byrokra'tiː] *f* burocracia *f*
bürokratisch *adj* burocrático, oficialista *Am*
Bursche ['bʊrʃə] *m* <-n, -n> chaval *m*
Bürste ['byrstə] *f* <-n> cepillo *m*
bürsten *vt* cepillar; **sich** *dat* **die Haare ~** cepillarse el pelo
Bus [bʊs] *m* <-ses, -se> autobús *m*; **Busbahnhof** *m* estación *f* de autobuses
Busch [bʊʃ] *m* <-(e)s, Büsche> (*Strauch*) mata *f*; (*in den Tropen*) selva *f*
Büschel ['byʃəl] *nt* <-s, -> (*Gras*) haz *m*; (*Haare*) mechón *m*
buschig *adj* peludo
Busen ['buːzən] *m* <-s, -> seno *m*; (*Brust*) pecho *m*
Busfahrer(in) *m(f)* conductor(a) *m(f)* de autobús; **Bushaltestelle** *f* parada *f* de autobuses; **Buslinie** *f* línea *f* de autobuses
Buße ['buːsə] *f* <-n> (REL) penitencia *f*; (JUR) multa *f*
büßen ['byːsən] *vt* expiar; **das wirst du mir ~** esto me lo vas a pagar
Bußgeld ['buːs-] *nt* <-(e)s, -er> multa *f*
Büstenhalter *m* sostén *m*
Butter ['bʊtɐ] *f* mantequilla *f*; **es ist alles in ~** (*fam*) todo está en orden; **Butterbrot** *nt* (rebanada *f* de) pan *m* con mantequilla
Button ['batən] *m* <-s, -s> insignia *f*
b. w. *Abk. von* **bitte wenden** continúa al dorso
Byte [baɪt] *nt* <-(s), -(s)> byte *m*
bzw. *Abk. von* **beziehungsweise** o sea

C

C, c [tseː] *nt* <-, -> C, c *f*
ca. *Abk. von* **circa** cerca de
Cabriolet [kabrio'leː] *nt* <-s, -s> descapotable *m*
Café [ka'feː] *nt* <-s, -s> café *m*
Cafeteria [kafete'riːa] *f* <Cafeterien> cafetería *f*
Callcenter ['kɔːlsɛntɐ] *nt* <-s, -> call center *m*
campen ['kɛmpən] *vi* (a)campar
Camping ['kɛmpɪŋ] *nt* <-s, *ohne pl*> camping *m*; **Campingplatz** *m* camping *m*
CD [tseː'deː] *f* <-(s)> *Abk. von* **Compact Disc** CD *m*
CD-Player [tseː'deːplɛɪɐ] *m* <-s, -> compact disc *m*
CD-ROM [tseː'deːrɔm] *f* <-s> (INFOR) CD-ROM *m*; **CD-ROM-Laufwerk** *nt* lector *m* de CD-ROM
Celsius ['tsɛlziʊs]: **30 Grad ~** 30 grados centígrados
Champagner [ʃam'panjɐ] *m* <-s, -> champán *m*
Champignon ['ʃampɪnjɔn] *m* <-s, -s> champiñón *m*
Chance ['ʃãːs(ə)] *f* <-n> oportunidad *f* (*zu* de); **eine ~ wahrnehmen** aprovechar una ocasión; **~n bei jdm haben** (*fam*) tener buenas posibilidades con alguien
Chaos ['kaːɔs] *nt* <-, *ohne pl*> caos *m inv*
Chaot(in) [ka'oːt] *m(f)* <-en, -en; -nen> **1.** (*unbeherrschter Mensch*) persona *f* caótica **2.** (*abw: Radikaler*) extremista *mf*
chaotisch [ka'oːtɪʃ] *adj* caótico; (*unordentlich*) desordenado; **es geht ~ zu** es un caos
Charakter [ka'raktɐ] *m* <-s, -e>

carácter *m;* **sie sind ganz gegensätzliche ~e** son de naturaleza totalmente contraria; **Charaktereigenschaft** *f* rasgo *m* característico

charakterisieren* [karakteri'zi:rən] *vt* caracterizar (*als* de)

charakteristisch *adj* característico (*für* de)

charakterlos *adj* sin carácter

Charakterzug *m* rasgo *m* (característico)

charmant [ʃar'mant] *adj* encantador

Charme [ʃarm] *m* <-s, *ohne pl*> encanto *m*

Charterflug ['tʃaːɐtɐ-] *m* (vuelo *m*) chárter *m*

Chat ['tʃɛt] *m* <-s, -s> charla *f*

Chauffeur(in) [ʃɔ'føːɐ] *m(f)* <-s, -e; -nen> chófer *mf*

checken ['tʃɛkən] *vt* (*überprüfen*) revisar; (*fam: kapieren*) captar

Checkliste *f* (*Notizzettel*) recordatorio *m*

Chef(in) [ʃɛf] *m(f)* <-s, -s; -nen> jefe, -a *m, f;* **Chefarzt, -ärztin** *m, f* (*eines Krankenhauses*) director(a) *m(f);* (*einer Station*) médico, -a *m, f* jefe

Chemie [çe'mi:] *f* química *f*

Chemiker(in) ['çe:mikɐ] *m(f)* <-s, -; -nen> químico, -a *m, f*

chemisch *adj* químico; **~e Reinigung** limpieza en seco

chic [ʃik] *adj* elegante; **sich ~ machen** vestirse elegantemente; **es gilt als ~, in dieses Lokal zu gehen** está de moda ir a este local

Chicorée [ʃiko're:] *m* <-s, *ohne pl*>, *f ohne pl* achicoria *f* (amarga)

Chile ['çi:le, 'tʃi:le] *nt* <-s> Chile *m*

chilenisch *adj* chileno

China ['çi:na] *nt* <-s> China *f*

chinesisch *adj* chino

Chip [tʃɪp] *m* <-s, -s> **1.** (*Spielmarke*) ficha *f* **2.** *pl* (GASTR) patatas *f pl*

fritas **3.** (INFOR) chip *m*

Chirurg(in) [çi'rʊrk] *m(f)* <-en, -en; -nen> cirujano, -a *m, f*

Chirurgie [çirʊr'gi:] *f* cirugía *f*

chirurgisch *adj* quirúrgico

Chlor [klo:ɐ] *nt* <-s, *ohne pl*> cloro *m*

Cholera ['ko:lera, 'kɔləra] *f* cólera *m*

cholerisch *adj* colérico

Chor [ko:ɐ] *m* <-(e)s, Chöre> coro *m*

Christ(in) [krɪst] *m(f)* <-en, -en; -nen> cristiano, -a *m, f*

Christentum *nt* <-s, *ohne pl*> cristianismo *m*

Christi *gen von* **Christus**

Christkind *nt* <-(e)s, *ohne pl*> niño *m* Jesús

christlich *adj* cristiano

Christus ['krɪstʊs] *m* <Christi> Cristo *m*

Chronik ['kro:nɪk] *f* <-en> crónica *f*

chronisch *adj* crónico

chronologisch [krono'lo:gɪʃ] *adj* cronológico; **in ~er Reihenfolge** por orden cronológico

circa ['tsɪrka] *adv* cerca de

Clique ['klɪkə] *f* <-n> (*Freunde*) pandilla *f*

Clou [klu:] *m* <-s, -s> (*fam*) atracción *f* principal; **das war der ~** eso fue lo mejor

Clown [klaʊn] *m* <-s, -s> payaso *m*

Club [klʊp] *m* <-s, -s> club *m*

cm *Abk. von* **Zentimeter** cm

Cockpit ['kɔkpɪt] *nt* <-s, -s> cabina *f* de pilotaje

Cocktail ['kɔktɛɪl] *m* <-s, -s> cóctel *m*

Code [ko:t] *m* <-s, -s> código *m*

Collage [kɔ'la:ʒə] *f* <-n> collage *m*

Comic ['kɔmɪk] *m* <-s, -s> cómic *m;* **Comicheft** *nt* tebeo *m*

Compact Disc [kɔm'paktdɪsk] *f* <--s> disco *m* compacto

Computer [kɔm'pju:tɐ] *m* <-s, -> or-

denador *m*, computadora *f Am;*
computeranimiert *adj* (INFOR) animado por ordenador; **Computerspiel** *nt* juego *m* de ordenador; **Computervirus** *m* virus *m inv* informático

Container [kɔn'te:nɐ] *m* <-s, -> contenedor *m*

cool [ku:l] *adj* (*fam*) tranqui

Copyright ['kɔpiraɪt] *nt* <-s, -s> copyright *m*

Cord [kɔrt] *m* <-(e)s, -e *o* -s> pana *f*

Cornflakes ['kɔ:nflɛıks] *pl* cereales *mpl*

Costa Rica ['kɔsta 'ri:ka] *nt* <- -s> Costa Rica *f*

costa-ricanisch *adj* costarricense

Couch [kautʃ] *f* <-s *o* -en> diván *m*

Count-down^RR ['kaʊnt'daʊn] *m* <-s, -s> cuenta *f* atrás

Coupon [ku'põ:] *m* <-s, -s> (*Beleg*) resguardo *m*

Cousin(e) [ku'zɛ̃:] *m(f)* <-s, -s; -n> primo, -a *m*, *f*

Couvert [ku've:ɐ] *nt* <-s, -s> (*reg: Briefumschlag*) sobre *m*

Cover ['kavɐ] *nt* <-s, -> (*CD, Zeitschrift*) portada *f*

Cowboy ['kaʊbɔı] *m* <-s, -s> vaquero *m*

Creme *f* <-s> crema *f*

cremig ['kre:mıç] *adj* cremoso

Crew [kru:] *f* <-s> tripulación *f*

Croissant [kroa'sõ:] *nt* <-s, -s> cruasán *m*, medialuna *f Am*

Cursor ['kœ:ze] *m* <-s, -s> cursor *m*

Cybercafé ['saıbe-] *nt* ciberbar *m;* **Cyberspace** ['saıbespeıs] *m* <-, ohne pl> ciberespacio *m*

D

D, d [de:] *nt* <-, -> D, d *f*

da [da:] **I.** *adv* **1.** (*dort*) allí; (*hier*) aquí; **gehen sie ~ herum** vaya por allí **2.** (*zeitlich*) entonces; **von ~ an** desde entonces **3.** (*in diesem Falle*) en este caso; **und ~ wagst du es noch zu kommen?** ¿y después de todo esto aún te atreves a venir? **4.** (*vorhanden*): **~ sein** estar presente; (*vorrätig*) haber; **es ist niemand ~** no hay nadie; **war Thomas gestern ~?** ¿estuvo Tomás ayer?; **ist noch Milch ~?** ¿queda leche todavía?; **er ist immer für mich ~** siempre está ahí cuando lo necesito **II.** *konj* (*weil*) ya que

dabei [da'baı, 'da:baı] *adv* (*bei dieser Sache*) en esto; (*außerdem*) además; (*gleichzeitig*) a la vez; (*obgleich*) aunque; **sind die Lösungen ~?** ¿trae las soluciones incluidas?; **bei etw ~ sein** participar en algo; **ich bleibe ~, dass ...** mantengo que...; **sie fühlt sich wohl ~** se siente a gusto haciendo esto; **~ sein etw zu tun** estar haciendo algo; **dabei|bleiben** *irr vi* (*Tätigkeit*) continuar (*bei* con); (*Mitgliedschaft*) permanecer (*bei* en); **dabei|sein**^ALT *irr vi sein* s. **dabei;** **dabei|stehen** *irr vi* estar (ahí)

da|bleiben *irr vi sein* quedarse (ahí)

Dach [dax] *nt* <-(e)s, Dächer> techo *m;* (*Ziegeldach*) tejado *m;* (AUTO) cubierta *f;* **unterm ~ wohnen** vivir en la buhardilla; **ein ~ über dem Kopf haben** (*fam*) tener una vivienda; **Dachboden** *m* desván *m;* **Dachdecker(in)** *m(f)* <-s, -> tejador(a) *m(f);* **Dachgeschoss**^RR *nt* ático *m;* **Dachrinne** *f* canalón *m*

Dachs [daks] *m* <-es, -e> tejón *m*

dachte ['daxtə] *3. imp von* **denken**

Dackel ['dakəl] *m* <-s, -> perro *m* salchicha

dadurch ['da:dʊrç] *adv* (*örtlich*) por allí; (*auf diese Weise*) de esta manera

dafür ['da:fy:ɐ, da'fy:ɐ] *adv* (*für das*) para esto; (*zum Ausgleich*) en cambio; (*im Hinblick darauf*) teniendo en cuenta que; **nichts ~ können** no tener la culpa; **wir haben kein Geld ~** no tenemos dinero para esto; **der Grund ~ ist, dass ...** la razón de esto es que...; **ich bin ~** estoy a favor; **dafür|können**ᴬᴸᵀ *irr vi s.* **dafür**

dagegen ['da:ge:gən, da'ge:gən] *adv* (*räumlich*) contra ello; (*ablehnend*) en contra; (*als Gegenmaßnahme*) contra; (*verglichen mit*) en comparación; (*im Gegensatz*) en cambio; **haben Sie was ~, wenn ich rauche?** ¿le molesta si fumo?; **es gibt kein Mittel ~** contra eso no hay remedio; **dagegen|halten** *irr vt* objetar; **da kann man nichts ~** no hay nada que oponer

daheim [da'haɪm] *adv* (*südd*) en casa

daher ['da:he:ɐ, da'he:ɐ] *adv* de ahí; **das kommt ~, dass ...** esto viene de que...; **von ~** de ahí que +*subj*

dahin ['da:hɪn, da'hɪn] *adv* allí; (*Richtung*) hacia allí; **bis ~** hasta entonces; **~ sein** estar por perdido; **dahin|sagen** [-'---] *vt:* **etw nur so ~** no decir algo en serio

dahinten [da'hɪntən] *adv* allí atrás

dahinter [da'hɪntɐ] *adv* detrás; **dahinter|kommen** *irr vi, vt sein* (*fam: herausfinden*) averiguar; (*verstehen*) caer en la cuenta; **dahinter|stecken** *vi:* **die Mafia steckt dahinter** (*fam*) la Mafia tiene algo que ver con eso

da|lassen *irr vt* (*fam: hier*) dejar aquí; (*dort*) dejar allí

damalige(r, s) *adj* de entonces

damals ['da:ma:ls] *adv* en aquel tiempo; **seit ~** desde entonces

Dame *f* <-n> señora *f*; **Damenbinde** *f* compresa *f*; **damenhaft** *adj* mujeril; **Damentoilette** *f* lavabo *m* para señoras

damit [da'mɪt, 'da:mɪt] **I.** *adv* con ello; **was soll ich ~?** ¿qué hago yo con esto?; **es fing ~ an, dass ...** empezó con que...; **ich bin ~ zufrieden, dass ...** estoy contento de que... +*subj* **II.** *konj* para +*inf*, para que +*subj*

dämlich ['dɛ:mlıç] *adj* (*fam*) tonto

Damm [dam] *m* <-(e)s, Dämme> (*Bahndamm*) terraplén *m*; (*Deich*) dique *m*; **wieder auf dem ~ sein** (*fam fig*) sentirse bien de nuevo

dämmern ['dɛmɐn] **I.** *vi* (*fam: bewusst werden*) darse cuenta (de); **der Abend/der Morgen dämmert** cae/apunta el día **II.** *vunpers:* **es dämmert** (*morgens*) amanece; (*abends*) atardece

Dämmerung ['dɛmɐrʊŋ] *f* <-en> crepúsculo *m*

dämonisch *adj* endemoniado

Dampf [dampf] *m* <-(e)s, Dämpfe> vapor *m*; **jdm ~ machen** (*fam*) meter prisa a alguien; **~ ablassen** (*fam fig*) desahogarse

dampfen ['dampfən] *vi* echar humo

dämpfen ['dɛmpfən] *vt* **1.** (GASTR) cocinar al vapor **2.** (*Lärm*) rebajar; (*Stoß*) amortiguar; (*Stimme*) bajar **3.** (*Ärger*) calmar

Dampfer ['dampfɐ] *m* <-s, -> buque *m* de vapor; **auf dem falschen/richtigen ~ sein** (*fam fig*) estar equivocado/en lo cierto

danach ['da:na:x, da'na:x] *adv* (*zeitlich*) después; (*später*) más tarde; (*anschließend*) a continuación; (*räumlich*) detrás; **sie griff ~** lo cogió; **es sieht ganz ~ aus, als ob ...**

tiene todo el aspecto como si...
+*subj;* **richte dich bitte ~!** ¡compórtate de acuerdo con eso!

Däne, Dänin ['dɛːnə] *m, f* <-n, -n;
-nen> danés, -esa *m, f*

daneben [da'neːbən, 'daːneːbən]
adv (*räumlich*) al lado; (*verglichen
mit*) por el contrario; (*außerdem*)
además; (*gleichzeitig*) al mismo
tiempo; **im Haus ~** en la casa de al
lado; **daneben|benehmen*** *irr vr:*
sich ~ (*fam*) meter la pata; **dane-
ben|gehen** [-'----] *irr vi sein*
(*Schuss*) errar el blanco; (*fam: schei-
tern*) irse al traste; **daneben|liegen**
irr vi (*fam*) estar equivocado

Dänemark ['dɛːnəmark] *nt* <-s> Dinamarca *f*

dänisch *adj* danés

dank [daŋk] *präp +gen/dat* gracias a

Dank *m* <-(e)s, *ohne pl*> gracias *fpl;*
vielen ~! ¡muchas gracias!

dankbar *adj* agradecido; **ich bin Ihnen sehr ~** se lo agradezco mucho

Dankbarkeit *f* agradecimiento *m,*
gratitud *f*

danke *interj* gracias; **~ schön!** ¡muchas gracias!

danken *vi, vt* agradecer (*für*); **wir ~
für die Einladung** agradecemos la
invitación; **nichts zu ~!** ¡no hay de
qué!

dann [dan] *adv* (*danach*) luego; (*Zeitpunkt*) entonces; (*zu dem Zeitpunkt*)
en aquel momento; (*unter diesen
Umständen*) entonces; **bis ~!** ¡hasta
luego!; **selbst ~, wenn ...** incluso
si... (+*subj*)

daran [da'ran, 'daːran] *adv* en esto;
im Anschluss ~ a continuación; **nahe ~** muy cerca; **er war nahe ~ das
zu tun** estuvo a punto de hacerlo;
~ wird sich nichts ändern esto
no cambiará; **er ist ~ schuld** él tiene
la culpa (de esto)

darauf ['daːraʊf, daˈraʊf] *adv* (*räumlich*) encima; (*zeitlich*) después; **bald
~** poco después; **am ~ folgenden
Tag** al día siguiente; **sich ~ verlassen, dass ...** contar con que...
(+*subj*); **das kommt ~ an** depende;
lasst uns ~ anstoßen brindemos
por ello; **darauffolgende(r, s)** *adj
s.* **darauf; daraufhin** ['---] *adv* (*infolgedessen*) en consecuencia

daraus ['daːraʊs, daˈraʊs] *adv* de ello;
~ folgt, dass ... de esto se deduce
que...; **ich mache mir nichts ~**
(*fam*) esto no me interesa

dar|bieten ['daːɐbiːtən] *irr vr:* **sich ~**
(*geh: Gelegenheit*) presentarse

darf [darf] *3. präs von* **dürfen**

darin ['daːrɪn, daˈrɪn] *adv* (*räumlich*)
dentro; (*in dieser Beziehung*) en
esto; **~ ist er ganz groß** es un experto en esto; **wir stimmen ~ über-
ein, dass ...** estamos de acuerdo en
que...

dar|legen ['daːleːgən] *vt* (*Plan*) ex-
plicar; (*Gründe*) exponer

Darlehen ['daːleːən] *nt* <-s, -> préstamo *m;* **ein ~ aufnehmen/ge-
währen** tomar/conceder un préstamo

Darm [darm] *m* <-(e)s, Därme> intestino *m*

dar|stellen ['daːʃtɛlən] *vt* (*schildern*)
presentar; (*beschreiben*) describir;
(*durch Symbole*) simbolizar; (*abbil-
den*) representar; (*bedeuten*) significar

Darsteller(in) *m(f)* <-s, -; -nen> actor, actriz *m, f*

Darstellung *f* <-en> **1.** (THEAT) representación *f* **2.** (*Schilderung*) exposición *f;* (*Beschreibung*) descripción *f*

darüber ['daːrybɐ, daˈryːbɐ] *adv*
(*räumlich*) encima; (*über eine Angelegenheit*) sobre esto; **die Wohnung**

~ **steht leer** la vivienda de arriba está vacía; ~ **hinaus** además; **er hat sich ~ beschwert** se quejó de esto; ~ **nachdenken** pensarlo

darum ['da:rʊm, da'rʊm] *adv* (*deshalb*) por eso; (*räumlich*) alrededor; **red nicht lange ~ herum!** ¡no te vayas por otro camino!; ~ **geht es mir gar nicht** no es eso lo que me importa; **ich bitte dich ~** te lo pido

darunter ['da:rʊntɐ, da'rʊntɐ] *adv* (*räumlich*) debajo; **die Wohnung ~ steht leer** la vivienda de abajo está vacía; **es waren viele Kinder ~** había muchos niños entre ellos; **was versteht man ~?** ¿qué quiere decir esto?

das [das] *art det o pron dem o pron rel s.* **der, die, das**

da|seinᴬᴸᵀ ['da:zaɪn] *irr vi sein s.* **da I.4.**; **da|sitzen** *irr vi* estar sentado

dasjenige *pron dem s.* **derjenige, diejenige, dasjenige**

dassᴿᴿ [das] *konj* que; **ohne ~** sin que (*+subj*); **so ~** de modo que (*+subj*); **so ..., ~ ...** tan(to)... que...; **es begann damit, ~ ...** empezó con que...

dasselbe [das'zɛlbə] *pron dem s.* **derselbe, dieselbe, dasselbe**

da|stehen *irr vi* (*örtlich*) estar allí (de pie); (*in einer Situation*) estar; **er steht gut da** está en una buena posición

Datei [da'taɪ] *f* <-en> fichero *m*

Daten ['da:tən] *pl* **1.** *pl von* **Datum 2.** (*Angaben, a.* INFOR) datos *m pl;* **Datenautobahn** *f* autopista *f* de datos; **Datenbank** *f* <-en> banco *m* de datos; **Datenschutz** *m* protección *f* de datos; **Datenübertragung** *f* transmisión *f* de datos; **Datenverarbeitung** *f* <-en> tratamiento *m* de datos

datieren* [da'ti:rən] **I.** *vt* fechar; **da-**

tiert **sein auf ...** llevar fecha de... **II.** *vi* datar (*aus* de)

Dativ ['da:ti:f] *m* <-s, -e> dativo *m*

Dattel ['datəl] *f* <-n> dátil *m*

Datum ['da:tʊm] *nt* <-s, Daten> fecha *f;* **welches ~ haben wir heute?** ¿a qué fecha estamos hoy?

Dauer ['daʊɐ] *f* duración *f;* **für die ~ eines Jahres** por un período de un año; **von kurzer ~ sein** no durar mucho; **auf die ~** a la larga; **dauerhaft** *adj* duradero; **Dauerkarte** *f* (billete *m* de) abono *m;* **Dauerlauf** *m* carrera *f* de resistencia

dauern ['daʊɐn] *vi* durar; **das dauert und dauert** tarda horas y horas

dauernd ['daʊɐnt] *adv* a cada momento; (*unaufhörlich*) sin cesar

dauernde(r, s) *adj* permanente

Dauerwelle *f* permanente *f;* **Dauerzustand** *m* estado *m* permanente

Daumen ['daʊmən] *m* <-s, -> (dedo *m*) pulgar *m;* **jdm die ~ drücken** (*fam*) desearle suerte a alguien

Daunendecke *f* edredón *m*

davon ['da:fɔn, da'fɔn] *adv* (*räumlich*) de aquí; (*Sache*) de esto; **nicht weit ~** no muy lejos de aquí; **er ist auf und ~** tomó las de Villadiego; **das hängt ~ ab, ob ...** esto depende de si...; ~ **kannst du krank werden** con eso te puedes enfermar; **ich bin ~ aufgewacht** me desperté por eso; **das kommt ~, dass ...** esto viene de que...; **davon|kommen** *irr vi sein* salvarse; **mit einem blauen Auge ~** (*fig*) salir sin mayores perjuicios; **davon|laufen** *irr vi sein* echar a correr; **davon|machen** *vr:* **sich ~** (*fam*) largarse; **davon|tragen** *irr vt* (*Schaden*) sufrir

davor ['da:fo:ɐ, da'fo:ɐ] *adv* (*räumlich*) delante; (*zeitlich*) antes; (*Angelegenheit*) de esto; **kurz ~** poco antes; **sie hat keine Angst ~** esto no le da miedo

dazu ['da:tsu, da'tsu:] *adv (außerdem)* además; *(dafür)* para esto; *(darüber)* al respecto; **noch ~, wo ...** y además porque...; **das ist ~ da, um ...** esto está para...; **was meinst du ~?** ¿qué opinas al respecto?; **das führt ~, dass ...** esto lleva a que... +*subj;* **dazu|geben** [-'---] *irr vt* añadir *(zu* a); **dazu|gehören*** *vi* formar parte *(zu* de); **es gehört schon einiges dazu** se requiere cierta valentía para hacerlo

dazugehörige(r, s) *adj* correspondiente

dazu|kommen *irr vi sein* **1.** *(ankommen)* llegar (en el momento en que) **2.** *(hinzugefügt werden)* agregarse *(zu* a); **dazu kommt noch, dass er gelogen hat** y a esto hay que añadir que mintió; **dazu|lernen** *vt* aprender (algo nuevo); **dazu|tun** *irr vt* añadir

dazwischen ['da:tsvɪʃən, da'tsvɪʃən] *adv* en medio; **es liegen einige Jahre ~** hay un par de años de por medio; **dazwischen|kommen** *irr vi sein (Ereignis)* ocurrir; *(Problem)* surgir; **mir ist leider etwas dazwischengekommen** desgraciadamente me ha surgido un imprevisto; **dazwischen|reden** *vi* interrumpir

DB [de:'be:] *f Abk. von* **Deutsche Bahn** Ferrocarriles *m pl* Alemanes

DDR [de:de:'ʔɛr] *f Abk. von* **Deutsche Demokratische Republik** RDA *f*

Dealer(in) *m (f)* <-s, -; -nen> camello *m fam*

Debatte [de'batə] *f* <-n> debate *m*

Deck [dɛk] *nt* <-(e)s, -s> cubierta *f*

Decke ['dɛkə] *f* <-n> *(Bettdecke)* manta *f;* *(Tischdecke)* mantel *m;* *(Zimmerdecke)* techo *m;* **mit jdm unter einer ~ stecken** *(fam)* hacer

causa común con alguien; **jdm fällt die ~ auf den Kopf** *(fam)* a alguien se le cae la casa encima

Deckel ['dɛkəl] *m* <-s, -> tapa *f*

decken ['dɛkən] **I.** *vt (bedecken, a. fig)* cubrir; **ein Tuch über etw ~** cubrir algo con un paño; **den Tisch ~** poner la mesa; **der Scheck ist nicht gedeckt** el cheque no está cubierto **II.** *vr:* **sich ~** *(übereinstimmen)* coincidir

Decoder *m* <-s, -> descodificador *m*

defekt [de'fɛkt] *adj* defectuoso

Defekt *m* <-(e)s, -e> *(TECH)* avería *f*

defensiv [defɛn'zi:f] *adj* defensivo

definieren* [defi'ni:rən] *vt* definir

Definition [defini'tsjo:n] *f* <-en> definición *f*

definitiv [defini'ti:f] *adj* definitivo

Defizit ['de:fitsɪt] *nt* <-s, -e> falta *f* *(an* de)

deftig ['dɛftɪç] *adj (Essen, Spaß)* fuerte

dehnbar ['de:nba:ɐ] *adj* elástico; *(in die Länge)* extensible; *(Begriff)* vago

dehnen ['de:nən] **I.** *vt (Material)* estirar; *(Laute)* alargar **II.** *vr:* **sich ~** *(weiter werden)* ensancharse; *(lange dauern)* dilatarse

Deich [daɪç] *m* <-(e)s, -e> dique *m*

dein, deine, dein [daɪn] *pron poss (adjektivisch)* tu *sg,* tus *pl;* **viele Grüße, ~ Peter** muchos saludos, Peter

deine(r, s) ['daɪnə, -nɐ, -nəs] *pron poss (substantivisch)* (el) tuyo *m,* (la) tuya *f,* (los) tuyos *m pl,* (las) tuyas *f pl s. a.* **dein, deine, dein**

deiner *pron pers gen von* **du** de ti

deinerseits ['daɪnɐzaɪts] *adv* de tu parte

deinetwegen *adv* por ti; *(negativ)* por tu culpa

deklinieren* [dekli'ni:rən] *vt* declinar

dekodieren* [deko'di:rən] *vt* descodificar

Dekolleté [dekɔl'te:] *nt* <-s, -s>, **Dekolletee**^RR *nt* <-s, -s> escote *m*

Dekoration [dekora'tsjo:n] *f* <-en> decoración *f*

dekorieren* [deko'ri:rən] *vt* decorar

Delegation [delega'tsjo:n] *f* <-en> delegación *f*

Delegierte(r) [dele'gi:ɐtɐ] *mf* <-n, -n; -n> delegado, -a *m, f*

Delfin^RR *m* <-s, -e> *s.* **Delphin**

Delikatesse [delika'tɛsə] *f* <-n> (*Leckerbissen*) exquisitez *f*

Delikt [de'lɪkt] *nt* <-(e)s, -e> delito *m*

Delphin [dɛl'fi:n] *m* <-s, -e> delfín *m*

Delta ['dɛlta] *nt* <-s, -s o Delten> delta *m*

dem [de(:)m] *art det o pron dem o pron rel s.* **der, die, das**

dementieren* *vt* desmentir

dementsprechend ['de:m?ɛnt'ʃprɛçənt] *adj* correspondiente; **sie wurden ~ behandelt** los trataron conforme a lo ocurrido

demnach ['--] *adv* por lo tanto

demnächst [de:m'nɛːkst] *adv* próximamente

Demo ['de:mo] *f* <-s> (*fam*) manifestación *f*

Demo-CD ['de:motse:de:] *f* CD *m* de demostración

Demokrat(in) [demo'kra:t] *m(f)* <-en, -en; -nen> demócrata *mf*

Demokratie [demokra'ti:] *f* <-n> democracia *f*

demokratisch [demo'kra:tɪʃ] *adj* democrático

demolieren* [demo'li:rən] *vt* demoler

Demonstrant(in) [demɔn'strant] *m(f)* <-en, -en; -nen> manifestante *mf*

Demonstration [demɔnstra'tsjo:n] *f* <-en> (*Protestmarsch*) manifestación *f* (*für* a favor de, *gegen* en contra de)

demonstrativ [demɔnstra'ti:f] I. *adj* demostrativo II. *adv* ostensivamente

demonstrieren* I. *vi* (*protestieren*) manifestarse (*für* a favor de, *gegen* en contra de) II. *vt* (*bekunden*) demostrar

demütig ['de:my:tɪç] *adj* humilde; (*unterwürfig*) sumiso

demütigen *vt* humillar

demzufolge ['--'--] *adv* por consiguiente

den *art det o pron dem o pron rel s.* **der, die, das**

Den Haag *nt* <- -s> La Haya *f*

denen *pron dem o pron rel s.* **der, die, das**

denkbar I. *adj* posible II. *adv* sumamente

denken ['dɛŋkən] <denkt, dachte, gedacht> I. *vi* pensar (*an* en, *über/von* de); **ich denke nicht daran, dass zu tun!** ¡no pienso hacerlo!; **denk daran!** ¡recuérdalo!; **ich denke schon** creo que sí II. *vt* imaginarse; **das hätte ich nicht von ihm gedacht!** ¡no me hubiera imaginado esto de él!; **wie hast du dir das gedacht?** ¿cómo te lo has figurado?; **das kann ich mir ~** ya me lo imagino; **für jdn/etw gedacht sein** ser para alguien/algo

Denken *nt* <-s, *ohne pl*> 1. (*Nachdenken*) reflexión *f* 2. (*logisches Denken*) raciocinio *m*; **positives ~** pensamiento positivo

Denkmal ['dɛŋkma:l] *nt* <-s, -mäler *o* -e> monumento *m*; **denkwürdig** *adj* memorable; **Denkzettel** *m*: **jdm einen ~ verpassen** dar a alguien una lección

denn [dɛn] I. *part*: **warum ~?** pues ¿por qué?; **kannst du ~ nicht aufpassen?** ¿pero no puedes prestar atención? II. *konj* (*weil*) porque; **es**

sei ~, dass ... a no ser que... +*subj;*
mehr ~ je más que nunca
dennoch ['dɛnɔx] *adv* no obstante
Deo ['de:o] *nt* <-s, -s>, **Deodorant**
[deodo'rant] *nt* <-s, -e *o* -s> desodorante *m*
Deponie [depo'ni:] *f* <-n> vertedero
m
deponieren* *vt* depositar
deportieren* [depɔr'ti:rən] *vt* deportar
Depot [de'po:] *nt* <-s, -s> (*für Waren*) depósito *m*
Depression [deprɛ'sjo:n] *f* <-en> depresión *f*
depressiv *adj* depresivo
deprimieren* [depri'mi:rən] *vt* depri-
mir
der¹ *art det o pron dem gen/dat von*
die *s.* **der, die, das**
der² *art det o pron dem gen von Pl*
die *s.* **der, die, das**
der, die, das [de:ɐ, di:, das] <**die**>
I. *art det* el *m*, la *f*, los *m pl*, las *f pl*
II. *pron dem* 1. (*adjektivisch: hier*)
este *m*, esta *f*, estos *m pl*, estas *f pl*;
(*da*) ese *m*, esa *f*, esos *m pl*, esas *f pl*;
das Kind dort aquel niño 2. (*substantivisch*) éste *m*, ésta *f*, esto *nt*,
éstos *m pl*, éstas *f pl*; **was ist das?**
¿qué es eso?; **das bin ich** éste soy
yo; ~ **mit dem Koffer** ése de la maleta; **wie dem auch sei** sea como
sea; **ich bin mir dessen bewusst**
soy consciente de esto; **nach dem,
was ich gehört habe** según lo que
me han dicho; *s.a.* **diese(r, s), je-
ne(r, s), derjenige** III. *pron rel*
que, quien, quienes *pl;* **der
Mensch, ~ das getan hat** la persona
que lo ha hecho; **der Mann, bei
dem er wohnt** el hombre con quien
vive; **der Nachbar, dessen Hund
so oft bellt** el vecino cuyo perro la-
dra tan a menudo

derart ['--] *adv* tanto; ~, **dass** ... de tal
manera que...
derartig I. *adj* semejante II. *adv*
tanto; **er schnarchte ~, dass** ... ron-
caba de tal manera que...
derb [dɛrp] *adj* (*kräftig*) recio; (*Ausdruck*) vulgar; (*Person*) grosero
deren ['de:rən] *pron dem o pron rel
s.* **der, die, das**
derjenige, diejenige, dasjenige
['de:ɐje:nɪgə, 'di:je:nɪgə, 'dasje:-
nɪgə] <**diejenigen**> *pron dem* (*hier*)
el *m*, la *f*, lo *nt*; (*weiter entfernt*)
aquel *m*, aquella *f*, aquello *nt*; ~,
der am lautesten schreit el que
más alto grita; **ist das ~, welcher
...?** (*fam*) ¿es aquél que...?
dermaßen ['de:ɐ'ma:sən] *adv* tanto;
~, **dass** ... de tal modo que...
derselbe, dieselbe, dasselbe
[de:r'zɛlbə, di:'zɛlbə, das'zɛlbə]
<**dieselben**> *pron dem* el mismo,
la misma, lo mismo (*wie que*); **er
ist immer noch ganz ~** es el mismo
de siempre; **das ist doch ein und
dasselbe** pero si es exactamente lo
mismo
derzeit ['--] *adv* actualmente
derzeitig *adj* actual
des [dɛs] *art det s.* **der, die, das**
deshalb ['--] *adv* por eso; **ich habe
das ~ getan, weil** ... lo hice porque...; **gerade ~** por eso mismo
Design [di'zaɪn] *nt* <-s, -s> diseño *m*
Desinfektion [dezɪnfɛk'tsjo:n] *f* des-
infección *f;* **Desinfektionsmittel** *nt*
desinfectante *m*
desinfizieren* *vt* desinfectar
Desinteresse ['dɛs?ɪntərɛsə] *nt* <-s,
ohne pl> desinterés *m* (*an/für* por)
desorientiert *adj* desorientado
dessen ['dɛsən] *pron dem o pron rel
s.* **der, die, das**
Dessert [dɛ'sɛ:ɐ] *nt* <-s, -s> postre
m

Dessous [dɛ'su:] *nt* <-, -> ropa *f* interior

destillieren* [dɛstɪ'li:rən] *vt* destilar

desto ['dɛsto] *konj:* **je mehr ...,** ~ **mehr ...** cuanto más... (tanto) más...; **je früher,** ~ **besser** cuanto antes, mejor

deswegen ['dɛs've:gən] *adv s.* **deshalb**

Detail [de'taɪ] *nt* <-s, -s> detalle *m;* **ins** ~ **gehen** entrar en detalles

detailliert I. *adj* detallado II. *adv* con pormenores

Detektiv(in) [detɛk'ti:f] *m(f)* <-s, -e; -nen> detective *mf*

deuten ['dɔɪtən] I. *vi* señalar (*auf*); **alles deutet darauf hin, dass ...** todo indica que... II. *vt* interpretar

deutlich ['dɔɪtlɪç] I. *adj* claro; (*Handschrift*) legible; **jdm etw** ~ **machen** explicar algo a alguien II. *adv* bastante

Deutlichkeit *f* claridad *f;* **etw mit aller** ~ **sagen** decir algo con toda franqueza

deutsch [dɔɪtʃ] *adj* alemán; **Deutsche Mark** (HIST) marco alemán

Deutsch *nt* <-(s), *ohne pl*> alemán *m;* ~ **sprechen** hablar alemán; **auf gut** ~ **gesagt** dicho llanamente

Deutsche(r) *f(m) dekl wie adj* alemán, -ana *m, f*

Deutschland *nt* <-s> Alemania *f;* **das vereinte/vereinigte** ~ la Alemania unida/reunificada

deutschsprachig ['dɔɪtʃʃpra:xɪç] *adj* de habla alemana

Deutung *f* <-en> interpretación *f*

Devise [de'vi:zə] *f* <-n> **1.** (*Wahlspruch*) lema *m* **2.** *pl* (*Währung*) divisas *fpl*

Dezember [de'tsɛmbə] *m* <-(s), -> diciembre *m; s.a.* **März**

dezent [de'tsɛnt] *adj* decente; (*Farbe*) discreto

dezimieren* [detsi'mi:rən] *vt* diezmar

DFÜ [de:?ɛf'?y:] *f Abk. von* **Datenfernübertragung** transmisión *f* de datos

DGB [de:ge:'be:] *m* <-> *Abk. von* **Deutscher Gewerkschaftsbund** Confederación *f* de los Sindicatos Alemanes

d. h. *Abk. von* **das heißt** o sea

Dia ['di:a] *nt* <-s, -s> diapositiva *f*

Diabetiker(in) [dia'be:tike] *m(f)* <-s, -; -nen> diabético, -a *m, f*

Diagnose [dia'gno:zə] *f* <-n> diagnóstico *m*

diagonal [diago'na:l] *adj* diagonal

Diagramm [dia'gram] *nt* <-s, -e> diagrama *m*

Dialekt [dia'lɛkt] *m* <-(e)s, -e> dialecto *m*

Dialog [dia'lo:k] *m* <-(e)s, -e> diálogo *m*

Diamant [dia'mant] *m* <-en, -en> diamante *m*

Diät [di'ɛ:t] *f* <-en> dieta *f;* **streng** ~ **leben** seguir un régimen estricto

dich [dɪç] I. *pron pers akk von* **du** te; (*betont*) a ti (te); (*mit Präposition*) ti; **ich sehe** ~ **nachher** luego te veo; **es geht um** ~ se trata de ti II. *pron refl akk von* **du** te; **benimm** ~**!** ¡compórtate!

dicht [dɪçt] *adj* (*Verkehr, Nebel*) denso; (*Haar*) tupido; (*undurchlässig*) hermético; ~ **gedrängt** apretado; **nicht ganz** ~ **sein** (*fam*) no estar muy bien de la cabeza; ~ **davor/daneben** justo delante/al lado

Dichte *f* <-n> densidad *f*

dichten ['dɪçtən] *vi, vt* (*verfassen*) componer

Dichter(in) *m(f)* <-s, -; -nen> poeta, poetisa *m, f*

dichtgedrängt *adj s.* **dicht; dicht{ machen** *vi, vt* (*fam: Laden*) cerrar;

(*Strecke*) bloquear

Dichtung *f* <-en> (TECH) junta *f*

dick [dɪk] *adj* gordo; (*Flüssigkeit*) espeso; ~ **werden** engordar; ~ **auftragen** (*fig*) exagerar; **es herrscht ~e Luft** (*fam*) está la atmósfera cargada; **sie sind ~ befreundet** (*fam*) son íntimos amigos; **dickflüssig** *adj* espeso

Dickhäuter ['dɪkhɔɪtɐ] *m* <-s, -> paquidermo *m*

Dickicht ['dɪkɪçt] *nt* <-s, -e> maleza *f*

Dickkopf *m* (*fam*) cabezota *mf*; **einen ~ haben** ser un cabezota

die [di(:)] *art det* o *pron dem* o *pron rel s.* **der, die, das**

Dieb(in) [diːp] *m(f)* <-(e)s, -e; -nen> ladrón, -ona *m*, *f*; **haltet den ~!** ¡al ladrón!; **Diebstahl** *m* <-(e)s, -stähle> robo *m*

diejenige(n) *pron dem s.* **derjenige, diejenige, dasjenige**

dienen ['diːnən] *vi* servir (*zu* para, *als* de); **das dient einem guten Zweck** esto es para una buena causa; **womit kann ich ~?** ¿en qué puedo servirle?

Diener(in) *m(f)* <-s, -; -nen> criado, -a *m*, *f*

Dienst [diːnst] *m* <-(e)s, -e> servicio *m*; **außer ~** jubilado; **zum ~ gehen** ir al trabajo; **~ habend** (*Arzt*) de turno; **jdm einen schlechten ~ erweisen** hacerle a alguien un flaco favor

Dienstag ['diːnstaːk] *m* martes *m*; *s.a.* **Montag**

dienstags *adv* los martes; *s.a.* **montags**

Dienstbote, Dienstbotin *m*, *f* doméstico, -a *m*, *f*; **diensthabend** ['diːnsthaːbənt] *adj s.* **Dienst; Dienstleistung** *f* (prestación *f* de) servicio *m*; **dienstlich** *adj* oficial; **~ unterwegs sein** estar de viaje

por razones de trabajo; **Dienstmädchen** *nt* criada *f*, muchacha *f* *Am*; **Dienststelle** *f* departamento *m*; **Dienstwagen** *m* coche *m* de servicio

dies [diːs] *pron dem s.* **diese(r, s)**

diesbezüglich ['----] I. *adj* correspondiente II. *adv* en relación a esto

diese(r, s) ['diːzə, -zɐ, -zəs] <diese> *pron dem* 1. (*adjektivisch*) este *m*, esta *f*; (*weiter entfernt*) ese *m*, esa *f* 2. (*substantivisch*) éste *m*, ésta *f*, esto *nt*; (*weiter entfernt*) ése *m*, ésa *f*, eso *nt*; **dies und das** esto y lo otro; **~s und jenes** esto y aquello

Diesel *m* <-(s), -> 1. (*fam: Motor*) diesel *m* 2. *ohne pl* (*Kraftstoff*) gasoil *m*

dieselbe(n) *pron dem s.* **derselbe, dieselbe, dasselbe**

diesig ['diːzɪç] *adj* brumoso

diesjährige(r, s) *adj* de este año

diesmal *adv* esta vez

diesseits ['diːszaɪts] *präp* +*gen adv* a este lado (de)

Differenz [dɪfəˈrɛnts] *f* <-en> diferencia *f*; (*Streit*) disputa *f*

differenzieren* *vi*, *vt* diferenciar

differenziert *adj* (*geh: fein unterscheidend*) detallado

digital [digiˈtaːl] *adj* digital

digitalisieren* *vt* digitalizar

Diktat [dɪkˈtaːt] *nt* <-(e)s, -e> dictado *m*; **nach ~ schreiben** escribir al dictado

Diktatur [dɪktaˈtuːɐ] *f* <-en> dictadura *f*

diktieren* *vt* dictar

Dilemma [diˈlɛma] *nt* <-s, -s o Dilemmata> dilema *m*

Dilettant(in) [dilɛˈtant] *m(f)* <-en, -en; -nen> diletante *mf*

Dimension [dimɛnˈzjoːn] *f* <-en> dimensión *f*

Ding [dɪŋ] *nt* <-(e)s, -e> cosa *f*; **vor**

allen ~en sobre todo; **so wie die ~e liegen ...** tal y como están las cosas...

dingfest *adj:* **jdn ~ machen** arrestar a alguien

Dinosaurier [dino'zaʊriɐ] *m* <-s, -> dinosaurio *m*

Diphtherie [dɪfte'riː] *f* <-n> difteria *f*

Diplom [di'ploːm] *nt* <-s, -e> diploma *m;* **sein ~ machen (in etw)** licenciarse (en algo)

Diplomat(in) [diplo'maːt] *m(f)* <-en, -en; -nen> diplomático, -a *m, f*

Diplomatie [diploma'tiː] *f* diplomacia *f*

diplomatisch *adj* diplomático

dir [diːɐ] **I.** *pron pers dat von* **du** te; (*betont*) a ti (te); (*mit Präposition*) ti; **ich habe ~ etwas mitgebracht** te he traído una cosa; **vor ~** delante de ti **II.** *pron refl dat von* **du** te; **was hast du ~ gekauft?** ¿qué te has comprado?

direkt [di'rɛkt] *adj* directo; **~ vor dem Haus** justo delante de la casa

Direktbanking [di'rɛktbɛŋkɪŋ] *nt* <-s, *ohne pl*> banca *f* directa

Direktion [dirɛk'tsjoːn] *f* <-en> dirección *f*

Direktor(in) *m(f)* <-s, -en; -nen> director(a) *m(f)*

Dirigent(in) [diri'gɛnt] *m(f)* <-en, -en; -nen> director(a) *m(f)* de orquesta

dirigieren* *vt* dirigir

Dirne ['dɪrnə] *f* <-n> prostituta *f*

Disco *f* <-s> *s.* **Disko**

Discounter [dɪs'kauntɐ] *m* <-s, -> (ECON) tienda *f* de descuento

Diskette [dɪs'kɛtə] *f* <-n> disquete *m;* **Diskettenlaufwerk** *nt* disquetera *f*

Diskjockey ['dɪskdʒɔki] *m* <-s, -s> disc-jockey *mf*

Disko ['dɪsko] *f* <-s> disco *f*

Diskothek [dɪsko'teːk] *f* <-en> disco-

teca *f*

Diskrepanz [dɪskre'pants] *f* <-en> discrepancia *f*

diskret [dɪs'kreːt] *adj* discreto

Diskretion [dɪskre'tsjoːn] *f* discreción *f*

diskriminieren* [dɪskrimi'niːrən] *vt* discriminar

diskriminierend *adj* discriminatorio

Diskriminierung *f* <-en> discriminación *f*

Diskussion [dɪskʊ'sjoːn] *f* <-en> discusión *f*

diskutieren* [dɪsku'tiːrən] *vi, vt* discutir (*über* de/sobre)

Display [dɪs'plɛɪ] *nt* <-s, -s> display *m*

disqualifizieren* [dɪskvalifi'tsiːrən] *vt* descalificar

Distanz [dɪs'tants] *f* <-en> distancia *f;* **~ wahren** guardar las distancias

distanzieren* *vr:* **sich ~** distanciarse

Distel ['dɪstəl] *f* <-n> cardo *m*

Disziplin [dɪstsi'pliːn] *f* <-en> disciplina *f*

diszipliniert *adj* disciplinado

divers(e) *adj* (*geh*) diverso

dividieren* *vt* dividir

DM *f inv* (HIST) *Abk. von* **Deutsche Mark** marco *m* alemán

doch [dɔx] **I.** *adv* **1.** (*dennoch*) sin embargo; **er hatte ~ Recht** a pesar de todo tenía razón **2.** (*aber*) pero; **du weißt ~, wie ich das meine** pero ya sabes qué quiero decir **3.** (*Antwort*) sí; **kommst du nicht mit? – ~!** ¿no vienes? – ¡que sí! **4.** (*Betonung*) sí que...; **es schmeckt ~** sí que está bueno **II.** *part* **1.** (*verstärkend*) pero; **nehmen Sie ~ Platz!** ¡pero tome asiento! **2.** (*Zustimmung fordernd*) ¿verdad?; **hier darf man ~ rauchen?** aquí se puede fumar, ¿verdad? **III.** *konj* (*aber*) pero

Docht [dɔxt] *m* <-(e)s, -e> mecha *f*

Dock [dɔk] *nt* <-(e)s, -s> dique *m*

Doktor(in) ['dɔktoːɐ] *m(f)* <-s, -en; -nen> doctor(a) *m(f)*; **sie ist ~ der Philosophie** es doctora en filosofía; **Doktorarbeit** *f* tesis *f inv* doctoral

Dokument [doku'mɛnt] *nt* <-(e)s, -e> documento *m*

Dokumentation [dokumɛnta'tsjoːn] *f* <-en> documentación *f*

dokumentieren* *vt* documentar

Dolch [dɔlç] *m* <-(e)s, -e> puñal *m*

Dollar ['dɔlaːɐ] *m* <-(s), -s> dólar *m*

dolmetschen ['dɔlmɛtʃən] **I.** *vi* hacer de intérprete **II.** *vt* traducir (oralmente)

Dolmetscher(in) *m(f)* <-s, -; -nen> intérprete *mf*

Dom [doːm] *m* <-(e)s, -e> catedral *f*

dominant [domi'nant] *adj* dominante

dominieren* *vi, vt* dominar

Dominikanische Republik *f* República *f* Dominicana

Donau ['doːnaʊ] *f:* **die ~** el Danubio

Donner ['dɔnɐ] *m* <-s, -> trueno *m*

donnern ['dɔnɐn] *vunpers* tronar; **es donnert** truena

Donnerstag ['dɔnɐstaːk] *m* jueves *m; s.a.* **Montag**

donnerstags *adv* los jueves; *s.a.* **montags**

doof [doːf] <doofer *o* döfer, am doofsten *o* döfsten> *adj* (*fam*) tonto

Doping ['doːpɪŋ] *nt* <-s, -s> doping *m*

Doppel ['dɔpəl] *nt* <-s, -> (*Duplikat*) duplicado *m*

Doppelbett *nt* cama *f* de matrimonio

doppeldeutig ['dɔpəldɔɪtɪç] *adj* ambiguo

Doppelgänger(in) *m(f)* <-s, -; -nen> doble *mf;* **Doppelkinn** *nt* papada *f;* **Doppelpunkt** *m* dos puntos

mpl

doppelt ['dɔpəlt] *adj* doble; **in ~er Ausführung** por duplicado; **ich bin ~ so alt wie er** le doblo la edad; **~ so viel** el doble

Doppelzimmer *nt* habitación *f* doble

Dorf [dɔrf] *nt* <-(e)s, Dörfer> pueblo *m*

Dorn [dɔrn] *m* <-(e)s, -en> (BOT) espina *f*

dornig *adj* espinoso

dort [dɔrt] *adv* allí; **~ hinten** allí atrás; **dorther** ['-'-] *adv:* **von ~** de allí; **dorthin** ['-'-] *adv* hasta allí

dortige(r, s) *adj* de allí

Dose ['doːzə] *f* <-n> (*Keksdose*) caja *f;* (*Bierdose*) bote *m;* (*Konservendose*) lata *f*

Dosen *pl von* **Dose, Dosis**

dösen ['døːzən] *vi* (*fam*) dormitar

Dosenmilch *f* leche *f* condensada; **Dosenöffner** *m* abrelatas *m inv*

dosieren* [do'ziːrən] *vt* dosificar

Dosis ['doːzɪs] *f* <Dosen> dosis *f inv*

Dossier [dɔ'sjeː] *nt* <-s, -s> expediente *m*

Dotter ['dɔtɐ] *m o nt* <-s, -> yema *f*

Download ['daʊnlɔʊt] *nt* <-(s), -s> (INFOR) carga *f* descendente, download *m* (*transferencia de un ordenador a otro*)

downloaden ['daʊnlɔʊdən] *vt* (INFOR) bajar

Dozent(in) [do'tsɛnt] *m(f)* <-en, -en; -nen> profesor(a) *m(f)* universitario, -a

Dr. *mf* <Dres.> *Abk. von* **Doktor** doctor(a) *m(f)*

Drache ['draxə] *m* <-n, -n> dragón *m*

Drachen *m* <-s, -> (*aus Papier*) cometa *f;* **~ steigen lassen** echar (a volar) cometas; **Drachenflieger(in)** *m(f)* <-s, -; -nen> deportista *mf* de ala delta

Draht [dra:t] *m* <-(e)s, Drähte> alambre *m;* **Drahtseilbahn** *f* teleférico *m*

Drama ['dra:ma] *nt* <-s, Dramen> drama *m*

dramatisch *adj* dramático

dramatisieren* *vt* dramatizar

Dramen *pl von* **Drama**

dran [dran] *adv* (*fam*): **jetzt ist er ~** ahora le toca a él; **er ist schlecht ~** le va mal; **ich bin spät ~** ya no tengo tiempo; *s.a.* **daran; dran|bleiben** *irr vi sein* (*fam*) **1.** (*verfolgen*) no soltar (*an*), seguir la pista (*an de*) **2.** (*Telefon*) no colgar (*an*)

drang [draŋ] *3. imp von* **dringen**

Drang [draŋ] *m* <-(e)s, *ohne pl*> impulso *m*

drängeln ['drɛŋəln] *vi, vt* (*fam*) empujar

drängen ['drɛŋən] **I.** *vi* (*eilen*) urgir; (*fordern*) insistir (*auf* en); **es drängt nicht** no corre prisa; **er drängt zur Eile** mete prisa **II.** *vt* (*schieben*) empujar; (*antreiben*) apremiar (*zu* para que *+subj*) **III.** *vr:* **sich ~** apiñarse

drangsalieren* [dranza'li:rən] *vt* torturar

dran|kommen *irr vi sein* (*fam*) tocar; **welches Thema kommt denn dran?** ¿qué tema toca hoy?

drastisch ['drastɪʃ] *adj* drástico

drauf ['draʊf] *adv* (*fam*): **~ und dran sein zu ...** estar a punto de...; **schlecht ~ sein** estar de de mala leche

Draufgänger(in) ['draʊfgɛŋɐ] *m(f)* <-s, -; -nen> atrevido, -a *m, f*

drauf|gehen *irr vi sein* (*fam*) **1.** (*sterben*) palmarla **2.** (*Geld*) volar **3.** (*Sache*) romperse; **drauf|haben** *irr vt* (*fam*): **etw ~** tener idea (de algo); **drauf|kommen** *irr vi sein* (*sich erinnern*): **ich komme nicht drauf!** ¡no se me ocurre!

drauflos [-'-] *adv* sin darle más vueltas

drauf|zahlen **I.** *vi* (*fam*) pagar más **II.** *vt* (*fam*) añadir

draußen ['draʊsən] *adv* fuera; (*im Freien*) al aire libre

Dreck [drɛk] *m* <-(e)s, *ohne pl*> (*fam*) suciedad *f;* **er hat ~ am Stecken** tiene las manos sucias

dreckig *adj* (*fam*) sucio; **es geht mir ~** estoy fatal

Dreharbeiten *fpl* rodaje *m*

drehbar *adj* giratorio

Drehbuch *nt* guión *m;* **Drehbuchautor(in)** *m(f)* guionista *mf*

drehen ['dre:ən] **I.** *vt* girar; (*Zigarette*) liar; (*Film*) rodar; **den Kopf ~** volver la cabeza **II.** *vr:* **sich ~** girar; **sich auf den Rücken ~** ponerse boca arriba

Drehtür *f* puerta *f* giratoria; **Drehzahl** *f* número *m* de revoluciones

drei [draɪ] *adj inv* tres; **~ Viertel** tres cuartos; **nicht bis ~ zählen können** (*fam*) no saber ni contar hasta diez; **aller guten Dinge sind ~** (*prov*) a la tercera va la vencida; *s.a.* **acht**[1]

Drei *f* <-en> tres *m;* (*Schulnote*) bien *m*

dreidimensional ['draɪdimɛnzjona:l] *adj* tridimensional; **Dreieck** ['draɪ-ʔɛk] *nt* <-(e)s, -e> triángulo *m;* **dreieckig** *adj* triangular

dreierlei ['draɪɐlaɪ] *adj inv* de tres clases diferentes, tres clases (diferentes) de

dreifach ['draɪfax] *adj* triple; **in ~er Ausfertigung** por triplicado; *s.a.* **achtfach**

dreihundert ['-'--] *adj inv* trescientos; *s.a.* **achthundert**

dreijährig *adj* trienal

dreimal *adv* tres veces; **Dreirad** *nt* triciclo *m*

dreispurig *adj* de tres carriles

dreißig ['draɪsɪç] *adj inv* treinta; *s.a.*

achtzig
dreißigste(r, s) *adj* trigésimo; *s.a.*
  achtzigste(r, s)
dreist [draɪst] *adj* descarado
dreistellig *adj* de tres cifras
dreiviertelᴬᴸᵀ ['draɪ'fɪrtəl] *adj inv s.*
  drei; Dreiviertelstunde ['draɪ-
  vɪrtəl'ʃtʊndə] *f* tres cuartos *mpl* de
  hora
dreizehn ['--] *adj inv* trece; *s.a.* **acht**[1]
dreizehnte(r, s) *adj* decimotercero;
  s.a. **achte(r, s)**
Dresden ['dre:sdən] *nt* <-s> Dresde
  m
dressieren* [drɛ'si:rən] *vt* adiestrar
Drilling ['drɪlɪŋ] *m* <-s, -e> trillizo *m*
drin [drɪn] *adv* (*fam*) dentro; **das ist**
  nicht ~ (*fig*) esto no está previsto;
  s.a. **darin**
dringen ['drɪŋən] <dringt, drang,
  gedrungen> *vi* 1. *sein:* **durch etw**
  ~ atravesar algo; **in/bis zu etw ~**
  penetrar en/hasta algo; **aus etw ~**
  salir de algo 2. *haben:* **auf etw ~**
  insistir en algo
dringend *adj* urgente; **~ davon ab-**
  raten, etw zu tun desaconsejar seriamente de hacer algo
drinnen ['drɪnən] *adv* dentro; **ich ge-**
  he nach ~ voy adentro
drin|stecken *vi* (*fam*) 1. (*beschäftigt*
  sein) estar (muy) metido (*in* en)
  2. (*investiert sein*) costar; **da steckt**
  eine Menge Arbeit drin ha costado
  mucho trabajo 3. (*verwickelt sein*)
  estar metido (*in* en)
dritt [drɪt] *adv:* **zu ~** los tres
dritte(r, s) ['drɪtə, -tɐ, -təs] *adj* tercero; *s.a.* **achte(r, s)**
drittel *adj inv* tercio; *s.a.* **achtel**
Drittel ['drɪtəl] *nt* <-s, -> tercio *m*,
  tercera parte *f*; *s.a.* **Achtel**
drittens ['drɪtəns] *adv* en tercer lugar;
  (*bei Aufzählung*) tercero; *s.a.* **ach-**
  tens

drittklassig *adj* (*abw*) malo; (*Beschaffenheit*) de mala calidad
Drittländer *ntpl* (EU) países *mpl* ter-
  ceros
DRK [de:?ɛr'ka:] *nt* <-> *Abk. von*
  Deutsches Rotes Kreuz Cruz *f*
  Roja Alemana
Droge ['dro:gə] *f* <-n> droga *f*; **drogenabhängig** *adj* drogadicto; **Drogenabhängigkeit** *f* drogadicción *f*;
  Drogenfahnder, -fahnderin *m, f*
  <-s, -; -nen> policía *mf* de narcóti-
  cos; **Drogenhandel** *m* narcotráfico
  m;   **Drogenmissbrauch**ᴿᴿ   *m*
  <-(e)s, *ohne pl*> abuso *m* de drogas
Drogerie [drogə'ri:] *f* <-n> droguería *f*
drohen ['dro:ən] *vi* amenazar; **er
  drohte einzuschlafen** era de temer
  que se durmiera
drohend *adj* (*Gebärde*) amenazador;
  (*Gefahr*) inminente
dröhnen ['drø:nən] *vi* (*Geräusch*) resonar; (*Ohren*) zumbar
Drohung ['dro:ʊŋ] *f* <-en> amenaza *f*
drollig ['drɔlɪç] *adj* (*Geschichte*) gracioso; (*Kind*) salado
Dromedar ['dro:meda:ɐ, drome-
  'da:ɐ] *nt* <-s, -e> dromedario *m*
drosseln ['drɔsəln] *vt* (*Tempo*) moderar
drüben ['dry:bən] *adv* al otro lado; **da
  ~** allá enfrente
drüber ['dry:bɐ] *adv* (*fam*) *s.* **darüber**
Druck[1] [drʊk] *m* <-(e)s, Drücke>
  presión *f*; (*das Drucken*) impresión
  f; **durch einen ~ auf den Knopf**
  pulsando el botón; **unter ~ stehen**
  estar en pleno estrés; **jdn unter ~
  setzen** presionar a alguien; **in ~ gehen** ser imprimido
Druck[2] *m* <-(e)s, -e> (KUNST) grabado
  m

drucken ['drʊkən] *vt* imprimir; **klein gedruckt** impreso en letras pequeñas

drücken ['drʏkən] **I.** *vi, vt* apretar; (*Schalter*) pulsar; **jdm die Hand ~** estrecharle la mano a alguien; **jdm etw in die Hand ~** dar algo a alguien **II.** *vr:* **sich ~** (*fam*) escaquearse (*vor* de)

Drucker *m* <-s, -> (INFOR) impresora *f*

Druckerei *f* <-en> imprenta *f*

Druckfehler *m* errata *f;* **Druckknopf** *m* botón *m* pulsador; **Druckluft** *f* aire *m* presión; **Druckmittel** *nt* (*Maßnahme*) medida *f* de presión; **Drucksache** *f* impreso *m;* **Druckschrift** *f* letra *f* de imprenta

drum [drʊm] *adv* (*fam*): **sei's ~** sea; **mit allem Drum und Dran** con pelos y señales; *s.a.* **darum**

drunter ['drʊntɐ] *adv* (*fam*): **es ging alles ~ und drüber** estaba todo revuelto; *s.a.* **darunter**

Drüse ['dry:zə] *f* <-n> glándula *f*

Dschungel ['dʒʊŋəl] *m* <-s, -> jungla *f*

dt. *Abk. von* **deutsch** alemán

du [du:] *pron pers* 2. *sg* tú; **wenn ich ~ wäre** yo que tú; **mit jdm per ~ sein** tutear a alguien

ducken ['dʊkən] *vr:* **sich ~** (*sich bücken*) agacharse

Dudelsack ['du:dəlzak] *m* gaita *f*

Duell [du'ɛl] *nt* <-s, -e> duelo *m;* **jdn zum ~ fordern** retar a alguien a duelo

Duft [dʊft] *m* <-(e)s, Düfte> aroma *m*

duften ['dʊftən] *vi* oler (*nach* a)

dulden ['dʊldən] *vt* tolerar; **die Sache duldet keinen Aufschub** el asunto no admite prórroga

duldsam ['dʊltza:m] *adj* indulgente (*gegen* con/para/para con)

dumm [dʊm] *adj* <dümmer, am dümmsten> tonto; **~es Zeug reden** decir disparates; **jdn für ~ verkaufen** (*fam*) tratar a alguien como a un tonto; **jdm ~ kommen** (*fam*) fastidiar a alguien

dummerweise *adv* desafortunadamente

Dummheit *f* <-en> **1.** (*Handlung*) tontería *f* **2.** *ohne pl* (*Mangel an Intelligenz*) estupidez *f*; (*Unwissenheit*) ignorancia *f*

Dummkopf *m* tonto, -a *m, f*

dumpf [dʊmpf] *adj* (*Geräusch*) sordo; (*Ahnung*) vago

Düne ['dy:nə] *f* <-n> duna *f*

düngen ['dʏŋən] *vt* abonar

Dünger ['dʏŋɐ] *m* <-s, -> abono *m*

dunkel ['dʊŋkəl] *adj* oscuro; **es wird ~** está oscureciendo; **im Dunkeln** a oscuras; **im Dunkeln tappen** andar a tientas; **sich ~ an etw erinnern** acordarse vagamente de algo

Dunkelheit *f* oscuridad *f*; **bei Einbruch der ~** al anochecer

dünn [dʏn] *adj* (*Person*) delgado; (*Scheibe*) fino; (*Haar*) ralo; (*Stimme*) débil; (*Suppe*) aguado; (*Kaffee*) flojo; **sie ist sehr ~ geworden** ha adelgazado mucho; **dünnflüssig** *adj* (muy) fluido

Dunst [dʊnst] *m* <-(e)s, Dünste> **1.** (*Ausdünstung*) vaho *m;* (*Rauch*) humo *m* **2.** *ohne pl* (*Nebel*) neblina *f*

dünsten ['dʏnstən] *vt* rehogar

dunstig ['dʊnstɪç] *adj* (*neblig*) nebuloso

Duplikat [dupli'ka:t] *nt* <-(e)s, -e> duplicado *m*

durch [dʊrç] **I.** *präp* +*akk* por; **~ Zufall** por casualidad; **~ drei teilen** dividir por tres **II.** *adv* (*fam*): **es ist schon drei Uhr ~** ya son las tres pasadas; **das Fleisch ist ~** la carne está a punto; **ich hab das Buch ~** he acabado de leer el libro; **~ und ~** completamente; **durch|arbeiten** I. *vt* (*Buch*) estudiar a fondo II. *vi* (*ohne Pause*) trabajar sin descanso III. *vr:* **sich ~** (*Haufen Arbeit*) vencer (*durch*), acabar (*durch*); **durch| atmen** *vi* respirar hondo

durchaus ['--, -'-] *adv* absolutamente; **~ nicht** en absoluto; **das ist ~ nicht leicht** no es nada fácil

durch|blättern *vt* hojear; **Durchblick** *m* (*fam: Überblick*) visión *f* de conjunto; **den ~ haben** estar al corriente; **durch|blicken** *vi* mirar; **etw ~ lassen** dejar entrever algo

Durchblutung *f* riego *m* sanguíneo

durchbrechen*1 *irr vt* 1. (*durchdringen*) romper; (*Hindernis*) derribar 2. (*Prinzip*) quebrantar; **durch|brechen2** *irr* I. *vi* sein (*entzweigehen*) romperse; (*Hass*) manifestarse II. *vt* haben (*zerbrechen*) romper

durch|brennen *irr vi sein* (*Sicherung*) fundirse; **durch|bringen** *irr vt* 1. (*Kranke*) curar 2. (*Prüfling*): **jdn ~** conseguir que apruebe alguien 3. (*ernähren*) sustentar

durchbrochen *pp von* **durchbrechen1**

Durchbruch ['--] *m* <-(e)s, -brüche> 1. (*eines Zahns*) aparición *f* 2. (*Erfolg*) éxito *m;* **jdm zum ~ verhelfen** fomentar el éxito de alguien

durchdacht *pp von* **durchdenken**

durchdenken* *irr vt* examinar a fondo; **wohl durchdacht** (*geh*) (muy) bien reflexionado; **durch|drehen** *vi* 1. *sein* (*Räder*) derrapar 2. *haben o sein* (*fam: die Nerven verlieren*) volverse loco

durchdringen*1 *irr vt* (*durchstoßen*) atravesar; (*Flüssigkeit*) penetrar

durch|dringen2 *irr vi sein* (*Flüssig-*

keit) penetrar; (*Gerücht*) trascender; (*hingelangen*) llegar (*bis zu* a)

durchdrungen *pp von* **durchdringen1**

durcheinander [dʊrçʔaɪˈnandə] *adv* revuelto; (*verwirrt*) confuso

Durcheinander ['----] *nt* <-s, *ohne pl*> (*Unordnung*) desorden *m;* (*Verwirrung*) confusión *f*

durcheinander|bringen *irr vt* (*in Unordnung bringen*) revolver; (*verwechseln*) confundir; (*verwirren*) desconcertar; **durcheinander|reden** *vi* hablar todos a la vez

durchfahren*1 *irr vt* (*bereisen*) recorrer; (*durchqueren*) atravesar

durch|fahren2 *irr vi sein* (*ohne Pause*) conducir sin parar; (*durchqueren*) pasar (*durch* por)

Durchfahrt ['--] *f* paso *m;* **auf der ~ sein** estar de paso

Durchfall *m* <-(e)s, *ohne pl*> diarrea *f*

durch|fallen *irr vi sein* (*durch ein Loch*) caer (*durch* por); (*durch eine Prüfung*) suspender (*durch*); **durch| fragen** *vr:* **sich ~** abrirse camino a preguntas; **durch|führen** *vt* (*verwirklichen*) realizar; (*veranstalten*) efectuar

Durchgang *m* paso *m*

durch|geben *irr vt* dar (*durch* por); (*übermitteln*) tra(n)smitir (*durch* por); **durchgefroren** *adj* completamente helado; **durch|gehen** *irr vi sein* pasar; (*toleriert werden*) ser tolerado; **wir lassen das nicht länger ~** ya no lo toleramos más

durchgehend *adj* (*Zug*) directo; **~ geöffnet** horario continuo

durch|greifen *irr vi* intervenir (enérgicamente); **durch|halten** *irr vi, vt* aguantar; **durch|kommen** *irr vi sein* (*durch einen Ort*) pasar; (*fam: überleben*) salvarse; **durchkreu-**

zen* *vt* (*Pläne*) contrariar; **durch|
lassen** *irr vt* dejar pasar
durchlaufen*[1] *irr vt* (*absolvieren:
Schule*) ir (a); (*Lehre*) hacer
durch|laufen[2] *irr vt* (*Schuhe*) (des)-
gastar
durchleben* *vt* vivir; **durch|lesen**
irr vt leer; **durchleuchten*** *vt* (MED)
examinar con rayos X; (*Angelegen-
heit*) analizar; **durch|machen** *vt*
(*fam: erleiden*) sufrir
Durchmesser *m* <-s, -> diámetro *m*
durchnässen* *vt* empapar; **durch|
nehmen** *irr vt* (*Lektion*) tratar;
durchqueren* [dʊrç'kveːrən] *vt*
atravesar
Durchreise ['---] *f* tránsito *m;* **auf der
~ sein** estar de paso
durch|reißen *irr* I. *vi sein* romperse,
desgarrarse II. *vt* romper, desgarrar
durchs [dʊrçs] = **durch das** *s.*
durch
Durchsage ['dʊrçzaːgə] *f* aviso *m*
durchschauen* *vt:* **jdn ~** descu-
brir(le) a alguien el juego; **durch|
scheinen** *irr vi* (*Licht*) filtrarse;
(*Muster*) tra(n)sparentarse; **durch|
schlafen** *irr vi* dormir sin desper-
tarse; **durch|schneiden** *irr vt*
cortar; **in der Mitte ~** cortar por la
mitad
Durchschnitt ['dʊrçʃnɪt] *m* promedio *m;* **im ~** por término medio
durchschnittlich ['dʊrçʃnɪtlɪç] I. *adj*
medio; (*mittelmäßig*) mediano; (*gewöhnlich*) corriente II. *adv* por término medio
durch|sehen *irr vt* (*überprüfen*) revi-
sar; (*durchblättern*) hojear; **durch|
setzen** *vt, vr:* **sich ~** imponer(se);
sie muss immer ihren Kopf ~
siempre quiere salirse con la suya;
du musst dich gegen ihn ~ tienes
que imponerte a él
durchsichtig *adj* tra(n)sparente

durch|sickern *vi sein* (*Nachricht*)
trascender; (*Flüssigkeit*) filtrarse
(*durch* por/a través de); **durch|
sprechen** *irr vt* discutir punto por
punto; **durch|stehen** *irr vt* (*Krank-
heit*) aguantar; (*Qualen*) sufrir;
durchstöbern* *vt* (*fam*) registrar;
durch|streichen *irr vt* tachar;
durchsuchen* [dʊrç'zuːxən] *vt* registrar; (*Person*) cachear
Durchsuchung [-'--] *f* <-en> (*von
Personen*) cacheo *m;* (*von Gebäuden*) registro *m*
durchtrieben [dʊrç'triːbən] *adj* astuto
durchwachsen [dʊrç'vaksən] *adj*
(*fam: mittelmäßig*) mediocre
Durchwahl *f* (TEL) comunicación *f*
automática
durchweg ['--, --] *adv* sin excepción
durch|zählen *vt* contar; **durch|zie-
hen** *irr vt* haben, *vi sein* pasar
(*durch* por)
Durchzug *m* <-(e)s, *ohne pl*> corriente *f* de aire
dürfen[1] ['dʏrfən] <darf, durfte, dür-
fen> *vt Modalverb* poder; **darf ich
etwas fragen?** ¿puedo preguntar
una cosa?; **darf man hier rauchen?**
¿está permitido fumar aquí?; **du
darfst ihm das nicht übel nehmen**
no debes tomárselo a mal
dürfen[2] <darf, durfte, gedurft> *vi*
poder; **ich habe nicht gedurft** no
me han dejado
durfte ['dʊrftə] *3. imp von* **dürfen**
dürftig ['dʏrftɪç] *adj* (*Unterkunft*) mísero; (*Gehalt*) miserable; (*Kenntnisse*) insuficiente
dürr [dʏr] *adj* (*vertrocknet*) seco; (*mager*) flaco
Dürre ['dʏrə] *f* <-n> (*Trockenheit*) sequía *f*
Durst [dʊrst] *m* <-(e)s, *ohne pl*>
sed *f*

durstig *adj* sediento *(nach* de); ~ **sein** tener sed

Dusche ['duːʃə] *f* <-n> ducha *f*

duschen ['duːʃən] *vi, vt, vr:* **sich** ~ duchar(se)

Düsenflugzeug *nt* avión *m* a reacción

düster ['dyːstɐ] *adj* oscuro; *(Ort)* sombrío; *(Zukunft)* negro; *(Wesen)* melancólico; *(Stimmung)* tétrico

Dutzend ['dʊtsənt] *nt* <-s, -e> docena *f;* ~**e von Büchern** montones de libros; **dutzendweise** *adv* por docenas; *(fam: in Mengen)* a docenas

duzen ['duːtsən] *vt, vr:* **sich** ~ tutear(se)

DVD-Brenner *m* regrabadora *f* de DVD, quemador *m* de DVD

Dynamik [dy'naːmɪk] *f* dinámica *f*

dynamisch *adj* (*a.* PHYS) dinámico

Dynamit [dyna'miːt, dyna'mɪt] *nt* <-s, *ohne pl*> dinamita *f*

D-Zug ['deːtsuːk] *m* tren *m* rápido

E

E, e [eː] *nt* <-, -> E, e *f*

Ebbe ['ɛbə] *f* <-n> marea *f* baja

eben ['eːbən] I. *adj* (*flach*) llano II. *adv* (*gerade vorhin*) hace un momento; (*kurz*) un momento; (*knapp*) justo; **sie sind** ~ **angekommen** acaban de llegar; ~! ¡justamente!; **das ist** ~ **so** esto es así

Ebene ['eːbənə] *f* <-n> (*Flachland*) llanura *f;* (*Niveau*) nivel *m*

ebenfalls *adv* asimismo

ebenso ['---] *adv* igualmente; ~ **wie** así como; ~ **gut** de igual manera; ~ **oft wie** con la misma frecuencia

que; ~ **viel wie** tanto como; ~ **wenig wie** tan poco como; **ebensogut**[ALT] *adv s.* **ebenso; ebensooft**[ALT] *adv s.* **ebenso; ebensoviel**[ALT] *adv s.* **ebenso; ebensowenig**[ALT] *adv s.* **ebenso**

ebnen ['eːbnən] *vt* allanar

EC [eː'tseː] *m* <-(s), -s> 1. *Abk. von* **Eurocity(zug)** (EISENB) Eurocity *m* 2. *Abk. von* **Eurocheque** (FIN) eurocheque *m*

Echo ['ɛço] *nt* <-s, -s> eco *m*

Echse ['ɛksə] *f* <-n> lagarto *m*

echt [ɛçt] I. *adj* (*Geldschein*) auténtico II. *adv* (*fam*) realmente; ~? ¿de verdad?

EC-Karte [eː'tseː-] *f* (FIN) tarjeta *f* para eurocheques

Ecke ['ɛkə] *f* <-n> (*außen*) esquina *f;* (*innen*) rincón *m;* (*reg: Gegend*) parte *f*

eckig *adj* (*Gegenstand*) cuadrado

Ecuador [ekɥa'doːɐ] *nt* <-s> Ecuador *m*

ecuadorianisch *adj* ecuatoriano

edel ['eːdəl] *adj* (*Mensch, Tat*) noble

edelmütig ['eːdəlmyːtɪç] *adj* generoso

Edelstahl *m* acero *m* fino; **Edelstein** *m* piedra *f* preciosa

EDV [eːdeː'faʊ] *f Abk. von* **elektronische Datenverarbeitung** proceso *m* electrónico de datos

Efeu ['eːfɔɪ] *m* <-s, *ohne pl*> hiedra *f*

Effekt [ɛ'fɛkt] *m* <-(e)s, -e> efecto *m*

effektiv [ɛfɛk'tiːf] *adj* (*wirksam*) efectivo; (*tatsächlich*) real

effizient [ɛfi'tsjɛnt] *adj* (*geh*) eficiente

EG [eː'geː] *f Abk. von* **Europäische Gemeinschaft** CE *f*

egal [e'gaːl] *adj* igual; **das ist mir ganz** ~ (*fam*) me da lo mismo; ~ **wie/wer/was** (*fam*) sea como sea/sea quien sea/sea lo que sea

Egoismus [ego'ɪsmʊs] *m* <-, *ohne*

pl> egoísmo *m*
Egoist(in) *m(f)* <-en, -en; -nen> egoísta *mf*
egoistisch *adj* egoísta
EG-Staat *m* estado *m* comunitario
eh [e:] I. *konj s.* **ehe** II. *adv (Österr, südd) (fam: sowieso)* de todas formas; **seit ~ und je** desde siempre
ehe ['e:ə] *konj* antes de +*inf;* **~ ich es vergesse** antes de que se me olvide
Ehe *f* <-n> matrimonio *m;* **Ehebruch** *m* adulterio *m;* **Ehefrau** *f* esposa *f;* **Ehegatte, Ehegattin** *m, f (geh)* esposo, -a *m, f;* **Eheleute** *pl* cónyuges *mpl*
ehelich *adj* matrimonial; *(Kind)* legítimo; **nicht ~** ilegítimo
ehemalige(r, s) ['e:əma:lɪgə, -gɐ, -gəs] *adj* antiguo
Ehemann *m* esposo *m;* **Ehepaar** *nt* matrimonio *m*
eher ['e:ɐ] *adv kompar von* **bald** *(früher, lieber)* antes *(als* que); *(vielmehr)* más bien
Ehering *m* alianza *f;* **Ehescheidung** *f* divorcio *m;* **Eheschließung** *f* casamiento *m*
ehesten *superl von* **bald: am ~** lo más pronto posible; **in Physik werde ich am ~ bestehen** lo que es más probable que apruebe es la física; **ich würde am ~ hier wohnen** lo que preferiría sería vivir aquí
ehrbar ['e:ɐba:ɐ] *adj* honorable
Ehre ['e:rə] *f* <-n> honor *m;* (*Ruhm)* honra *f*
ehren *vt* honrar; **sehr geehrte Damen und Herren** distinguidos señores y señoras; *(Briefanrede)* muy señores míos; **ehrenamtlich** *adj* honorífico; **Ehrengast** *m* invitado, -a *m, f* de honor; **Ehrenrettung** *f* salvación *f* del honor; **zu seiner ~ muss ich einräumen, dass ...** debo reconocer en su favor que...; **Ehren-**

sache *f* cuestión *f* de honor; **Ehrenwort** *nt* <-(e)s, -e> palabra *f* de honor
Ehrfurcht *f* profundo respeto *m (vor* hacia)
ehrfürchtig ['e:ɐfʏrçtiç] *adj,* **ehrfurchtsvoll** *adj* respetuoso
Ehrgefühl *nt* <-(e)s, *ohne pl>* sentimiento *m* del honor; **Ehrgeiz** *m* ambición *f;* **ehrgeizig** *adj* ambicioso
ehrlich *adj* sincero; **~ gesagt** a decir verdad; **wir haben ~ geteilt** compartimos honradamente
Ehrlichkeit *f* honradez *f;* *(Aufrichtigkeit)* sinceridad *f*
ehrlos *adj* deshonrado
Ehrung ['e:rʊŋ] *f* <-en> homenaje *m* (a)
ehrwürdig *adj* venerable
Ei [aɪ] *nt* <-(e)s, -er> huevo *m*
Eiche ['aɪçə] *f* <-n> roble *m*
Eichel ['aɪçəl] *f* <-n> (BOT) bellota *f*
Eichhörnchen *nt* ardilla *f*
Eid [aɪt] *m* <-(e)s, -e> juramento *m*
Eidechse ['aɪdɛksə] *f* <-n> lagarto *m*
Eidotter ['aɪdɔtɐ] *nt o m* yema *f* de huevo
Eierbecher *m* huevero *m*
Eifer ['aɪfɐ] *m* <-s, *ohne pl>* afán *m;* **im ~ des Gefechts** en el calor de la disputa; **Eifersucht** *f* celos *mpl;* **eifersüchtig** *adj* celoso *(auf* de)
eifrig ['aɪfrɪç] I. *adj (emsig)* diligente; *(fleißig)* aplicado II. *adv* con empeño
Eigelb *nt* <-(e)s, -e, *nach Zahlen:* -> yema *f*
eigen ['aɪgən] *adj* propio; **in ~er Person** personalmente; **sein ~er Herr sein** ser independiente; **Eigenart** *f* 1. *(Besonderheit)* singularidad *f* 2. *ohne pl (Eigentümlichkeit)* particularidad *f;* **eigenartig** *adj* raro; **Eigenbedarf** *m (an Gütern)* consumo *m* propio; *(einer Wohnung)* necesi-

dad *f* propia

eigenhändig ['aɪgənhɛndɪç] *adv* con sus propias manos

Eigeninitiative *f* iniciativa *f* propia; **eigenmächtig** *adv:* ~ **handeln** obrar por cuenta propia; **Eigenname** *m* nombre *m* propio

eigens ['aɪgəns] *adv* expresamente

Eigenschaft *f* <-en> cualidad *f*; (*Merkmal*) característica *f*

eigensinnig *adj* testarudo

eigenständig *adj* independiente

eigentlich ['aɪgəntlɪç] I. *adj* verdadero II. *adv* (*tatsächlich*) en realidad; (*im Grunde genommen*) en el fondo

Eigentum *nt* <-s, *ohne pl*> propiedad *f*

Eigentümer(in) ['aɪgənty:mɐ] *m(f)* <-s, -; -nen> propietario, -a *m, f*

eigentümlich *adj* (*sonderbar*) curioso

Eigentumswohnung *f* piso *m* propio

eigenwillig *adj* (*eigensinnig*) caprichoso

eignen ['aɪgnən] *vr:* **sich für etw ~** (*Person*) reunir las cualidades necesarias para algo; (*Sache*) prestarse para algo

Eilbote, Eilbotin *m, f* mensajero, -a *m, f*; **Eilbrief** *m* carta *f* urgente

Eile ['aɪlə] *f* prisa *f*; **das hat keine ~** eso no corre prisa

eilen ['aɪlən] *vi* 1. *haben* (*dringend sein*) correr prisa 2. *sein* (*Mensch*) ir corriendo (*zu* a)

eilig ['aɪlɪç] *adj* (*schnell*) rápido; (*dringend*) urgente; **es ~ haben** tener prisa

Eilzug *m* (tren *m*) expreso *m*

Eimer ['aɪmɐ] *m* <-s, -> cubo *m*; **im ~ sein** (*fig*) haberse ido al traste

ein [aɪn] *adv:* **nicht mehr ~ noch aus wissen** estar totalmente desconcer-

tado

ein, eine, ein *adj o art indet* un, una; ~ **für allemal** de una vez por todas; **in ~em fort** de un tirón; **~es Tages** un día

einander [aɪ'nandɐ] *pron refl* el uno al otro; **sie helfen ~** se ayudan mutuamente; **zwei ~ widersprechende Aussagen** dos declaraciones contradictorias

ein|arbeiten I. *vt* iniciar (*in* en) II. *vr:* **sich ~** integrarse (*in* en); **ein|atmen** I. *vi* respirar II. *vt* inspirar

Einbahnstraße *f* calle *f* de sentido único

einbändig ['aɪnbɛndɪç] *adj* de un tomo

Einbau ['aɪnbaʊ] *m* <-(e)s, *ohne pl*> montaje *m*; **ein|bauen** *vt* (*montieren*) montar (*in* en)

ein|behalten* *irr vt* retener; **ein|beziehen*** *irr vt* incluir (*in* en); **ein|biegen** *irr vi sein* doblar

ein|bilden *vt:* **sich** *dat* **etw ~** imaginarse algo

Einbildung *f* (*Vorstellung*) imaginación *f*

Einblick *m* (*Einsicht*) idea *f*; **jdm ~ in etw gewähren** permitir a alguien que se entere de algo; **einen ~ in etw gewinnen** formarse una idea de algo

ein|brechen *irr vi* 1. *sein* (*stürzen*) hundirse 2. *sein* (*Dunkelheit*) irrumpir 3. *haben o sein* (*eindringen*) entrar a robar

Einbrecher(in) *m(f)* <-s, -; -nen> ladrón, -ona *m, f*

ein|bringen *irr vt* 1. (*Ernte*) recolectar 2. (*Gewinn*) rendir 3. (*Vorschläge*) aportar (*in* a)

ein|brocken ['aɪnbrɔkən] *vt* (*fam*): **jdm etwas ~** meter a alguien en un lío

Einbruch *m* (*in Gebäude*) robo *m;* (*Beginn*) comienzo *m;* **bei ~ der Dämmerung** a la caída de la tarde

ein|bürgern I. *vt* 1. (*Person*) naturalizar 2. (*Tiere, Pflanzen*) aclimatar 3. (*Brauch*) introducir II. *vr:* **sich ~** generalizarse

Einbuße *f* <-n> pérdida *f;* **ein|büßen** *vt* perder (*an* parte de)

ein|cremen ['aɪnkre:mən] I. *vt* aplicar [*o dar*] crema (en) II. *vr:* **sich ~** darse crema; **ein|decken** *vr:* **sich ~** aprovisionarse (*mit* de)

eindeutig ['aɪndɔɪtɪç] *adj* inequívoco

eindimensional ['aɪndimɛnzjonaːl] *adj* unidimensional

ein|dringen ['aɪndrɪŋən] *irr vi sein* penetrar (*in* en); **eindringlich** I. *adj* insistente II. *adv* con insistencia

Eindringling *m* <-s, -e> intruso, -a *m, f*

Eindruck *m* <-(e)s, -drücke> impresión *f;* **ich habe den ~, dass ...** tengo la impresión de que...

eindrücklich *adj* (*Schweiz*), **eindrucksvoll** *adj* impresionante

eine ['aɪnə] I. *adj o art indet s.* **ein, eine, ein** II. *pron indef s.* **eine(r, s)**

eine(r, s) *pron indef* uno, una; **weder der ~ noch der andere** ni el uno ni el otro

eineinhalb ['aɪnʔaɪn'halp] *adj inv* uno y medio

ein|engen *vt* (*einschränken*) limitar

einer I. *art indet gen/dat von* **eine** *s.* **ein, eine, ein** II. *pron indef gen/ dat von* **eine** *s.* **eine(r, s)**

einerlei *adj inv* igual; **das ist mir ganz ~** me es igual

einerseits *adv* por un lado; **~ ..., andererseits ...** por una parte..., por la otra...

einfach ['aɪnfax] I. *adj* (*nur einmal*) simple; (*leicht*) fácil; (*schlicht*) senci-

llo; **eine ~e Fahrkarte** un billete de ida II. *adv* simplemente; **es klappt ~ nicht** sencillamente no funciona; **du kannst doch nicht ~ verschwinden** no puedes irte así porque así

ein|fahren *irr vi sein* (*Zug*) entrar (*in* a/en); **Einfahrt** *f* 1. (*Weg*) entrada *f* 2. *ohne pl* (*Ankunft*) llegada *f*

Einfall *m* (*Idee*) ocurrencia *f;* **ein|fallen** *irr vi sein* (*in den Sinn kommen*) ocurrir; (*in Erinnerung kommen*) venir a la memoria; (*zusammenstürzen*) derrumbarse; **was fällt Ihnen ein!** ¡qué se cree Ud.!

einfallslos *adj* (*ohne Ideen*) sin imaginación; (*langweilig*) aburrido

einfältig ['aɪnfɛltɪç] *adj* (*töricht*) simple; (*naiv*) ingenuo

Einfamilienhaus *nt* casa *f* unifamiliar

einfarbig *adj* unicolor

ein|fetten *vt* engrasar; **ein|finden** *irr vr:* **sich ~** presentarse (*in* en); **ein|flößen** *vt* (*Medizin*) administrar; (*Bewunderung*) causar; (*Furcht*) infundir; (*Vertrauen*) inspirar

Einflussᴿᴿ *m* influencia *f* (*auf* sobre); **unter dem ~ von Alkohol stehen** estar bajo los efectos del alcohol; **einflussreich**ᴿᴿ *adj* influyente

einförmig ['aɪnfœrmɪç] *adj* uniforme

ein|frieren *irr vi sein, vt haben* congelar(se); **ein|fügen** *vr:* **sich ~** (*sich integrieren*) integrarse (*in* en)

einfühlsam *adj* (*Mensch*) comprensivo

Einfühlungsvermögen *nt* <-s, ohne pl> sensibilidad *f*

Einfuhr ['aɪnfuːɐ] *f* <-en> importación *f*

ein|führen *vt* (*anleiten*) iniciar (*in* en); (*hineinschieben, etw Neues*) introducir (*in* en); (COM) importar (*nach* a); **Einführung** *f* introducción *f*

Eingang m entrada f
eingangs ['aɪŋaŋs] *präp* +*gen adv*
al principio (de)
ein|geben *irr vt* (INFOR) introducir (*in*
en)
eingebildet *adj* (*abw: eitel*) presumido; (*nicht wirklich*) imaginario
Eingeborene(r) f(m) *dekl wie adj* indígena *mf*
eingefleischt ['aɪŋəflaɪʃt] *adj* arraigado; **ein ~er Junggeselle** un solterón empedernido
ein|gehen *irr sein* I. *vi* (*sich auseinandersetzen*) ocuparse (*auf* de); (*Kleidung*) encoger; (*Tiere*) morir(se); **auf einen Vorschlag ~** aceptar una propuesta II. *vt* (*Risiko*) correr
eingehend *adj* exhaustivo
Eingemachte(s) *nt* <-n, *ohne pl*> confituras *fpl*
eingespannt *adj* (*beschäftigt*) ocupado
ein|gestehen* *irr vt* admitir
Eingeweide ['aɪŋəvaɪdə] *ntpl* vísceras *fpl*
ein|gliedern *vt* incorporar (*in* a); **ein|graben** *irr vt* enterrar (*in* en); **ein|greifen** *irr vi* intervenir (*in* en); **ein|grenzen** *vt* (*Problem*) delimitar
Eingriff m <-(e)s, -e> (MED) intervención f; (*Übergriff*) intromisión f (*in* en)
ein|haken I. *vt* (*befestigen*) enganchar (*in* en) II. *vr:* **sich bei jdm ~** tomar a alguien del brazo
Einhalt m (*geh*): **jdm/etw** *dat* **~ gebieten** poner coto a alguien/a algo; **ein|halten** *irr vt* (*Termin*) atenerse (a); (*Bedingung*) respetar; (*Versprechen*) cumplir (con); (*Diät*) seguir
einheimisch ['aɪnhaɪmɪʃ] *adj* autóctono, nativo *Am*; (*Produkt*) nacional
Einheimische(r) *mf* <-n, -n; -n> autóctono, -a *m, f*, nativo, -a *m, f Am*
Einheit ['aɪnhaɪt] f <-en> unidad f
einheitlich *adj* uniforme
Einheitspreis m precio m único
ein|holen *vt* (*erreichen*) alcanzar; (*wettmachen*) recuperar; (*Netz*) recoger; (*Auskunft*) pedir; **ein|hüllen** *vt* envolver (*in* en/con)
einhundert ['-'---|] *adj inv* cien; *s.a.* **achthundert**
einig ['aɪnɪç] *adj:* **sich** *dat* **über etw ~ sein/werden** estar/ponerse de acuerdo sobre algo
einige(r, s) ['aɪnɪɡə, -ɡɐ, -ɡəs] *pron indef* algún *m*, alguno, -a *m, f*, algunos *mpl*, algunas *fpl*; **in ~r Entfernung** a cierta distancia; **das wird ~s kosten** esto va costar bastante
einigen ['aɪnɪɡən] *vr:* **sich ~** llegar a un acuerdo
einigermaßen ['aɪnɪɡɐ'ma:sən] *adv* bastante
Einigkeit f concordia f; **in diesem Punkt herrschte ~** hubo conformidad sobre este punto
Einigung f <-en> acuerdo m; **zu einer ~ kommen** llegar a un acuerdo
einjährig ['aɪnjɛ:rɪç] *adj* (*Kind, Kurs*) de un año
ein|kalkulieren* *vt* contar (con)
Einkauf m compra f; **ein|kaufen** *vi, vt* comprar; **~ gehen** ir de compras
Einkaufsbummel m vuelta f por las tiendas; **einen ~ machen** ir de tiendas; **Einkaufswagen** m carrito m de la compra; **Einkaufszentrum** *nt* centro m comercial
ein|kehren *vi sein* (*in Gasthof*) ir a tomar algo; **ein|klammern** *vt* poner entre paréntesis
Einklang m <-(e)s, *ohne pl*> armonía f; **in ~ mit etw stehen** armonizar con algo
ein|kleiden *vt* vestir; **ein|klemmen**

vt pillar; **sich** *dat* **den Finger in der Tür ~** pillarse el dedo con la puerta
Einkommen *nt* <-s, -> ingresos *mpl;* **Einkommen(s)steuer** *f* impuesto *m* sobre la renta
ein|kreisen *vt* rodear
Einkünfte ['aınkʏnftə] *pl* ingresos *mpl*
ein|laden *irr vt* invitar (*zu* a); **Einladung** *f* invitación *f* (*zu* a)
Einlass^{RR} ['aınlas] *m* <-es, *ohne pl*> (*Eingang*) entrada *f*; (*Zutritt*) admisión *f*
ein|lassen *irr* **I.** *vt* dejar entrar (*in* en); **sich** *dat* **ein Bad ~** prepararse un baño **II.** *vr:* **sich ~** (*Umgang pflegen*) mezclarse (*mit* con); (*mitmachen*) comprometerse (*auf* a);
ein|laufen *irr vi sein* (*Schiff*) entrar (*in* en/a); (*Kleidung*) encoger; **ein| leben** *vr:* **sich ~** aclimatarse (*in* a); **ein|legen** *vt* (*Film*) poner; (*Protest*) interponer; (*Pause*) intercalar; **ein gutes Wort für jdn ~** hablar en favor de alguien; **ein|leiten** *vt* (*beginnen*) comenzar; **Schritte ~ um zu ...** hacer gestiones para...
einleitend **I.** *adj* preliminar; (*einführend*) introductorio **II.** *adv:* **~ möchte ich erwähnen, dass ...** para empezar quisiera mencionar que...
Einleitung *f* introducción *f*
ein|lenken *vi* ceder; **ein|leuchten** *vi* ser obvio; **das will mir nicht ~** esto no me convence; **einleuchtend** *adj* (*offensichtlich*) obvio, evidente; (*überzeugend*) convincente; **ein|liefern** *vt* ingresar (*in* en)
ein|loggen ['aınlɔgən] *vr:* **sich ~** (INFOR) entrar (*in* en)
ein|lösen *vt* (*Pfand*) desempeñar; (*Scheck*) cobrar; (*Gutschein*) canjear; (*geh: Versprechen*) cumplir; **ein| machen** *vt* (*Obst*) confitar

einmal ['aınma:l] *adv* (*ein Mal*) una vez; (*früher*) antes; (*irgendwann*) un día; **noch ~** otra vez; **auf ~** de repente; **es war ~ ...** érase una vez...; **er hat sie nicht ~ besucht** ni siquiera la fue a visitar
Einmaleins [aınma:l'?aıns] *nt* <-, *ohne pl*> tabla *f* de multiplicar
einmalig ['---, -'--] *adj* (*außergewöhnlich*) excepcional; (*einzigartig*) único
ein|mischen *vr:* **sich ~** (entro)meterse (*in* en)
Einnahme ['aınna:mə] *f* <-n> (*Geld*) ingresos *mpl*
ein|nehmen *irr vt* (*Geld*) cobrar; (*Steuern*) recaudar; (*Arznei, Mahlzeit*) tomar; (*Standpunkt*) adoptar; (*Stellung*) ocupar; **seinen Platz ~** tomar asiento; **jdn für sich ~** ganarse las simpatías de alguien; **von sich** *dat* **eingenommen sein** tener un alto concepto de sí mismo; **ein| nisten** *vr:* **sich ~** anidar; (*abw: Person*) apalancarse (*bei* en casa de)
Einöde ['aın?ø:də] *f* <-n> soledad *f*
ein|ordnen **I.** *vt* (*in Regal*) poner en su sitio; (*in Gruppen*) clasificar **II.** *vr:* **sich ~** (AUTO) situarse en un carril; **sich falsch ~** equivocarse de carril; **ein|packen** *vt* (*in Papier*) envolver (*in* en); (*zum Versand*) empaquetar; **ein|parken** *vi, vt* aparcar; **ein|pendeln** *vr:* **sich ~** estabilizarse; **ein| pflanzen** *vt* plantar; (MED) implantar; **ein|prägen** **I.** *vt* (*ins Bewusstsein*) inculcar; **sich** *dat* **etw ~** grabarse algo en la memoria **II.** *vr:* **sich ~** (*Eindruck hinterlassen*) grabarse
einprägsam ['aınprɛːkza:m] *adj* fácil de retener
ein|quartieren* ['aınkvarti:rən] **I.** *vt* (*unterbringen*) alojar (*bei* en casa de) **II.** *vr:* **sich ~** hospedarse (*bei* en casa de); **ein|rahmen** *vt* enmar-

car; **ein|rasten** *vi sein* encajar; **ein|räumen** *vt* (*Bücher*) guardar (*in* en); (*Wohnung*) amueblar; (*zugestehen*) admitir; (*Kredit*) conceder; **ein|reden I.** *vi:* **auf jdn ~** tratar de convencer a alguien **II.** *vt:* **jdm etw ~** hacer creer algo a alguien; **sich** *dat* **etw ~** meterse algo en la cabeza; **ein|reiben** *irr vt* aplicar (en); (*mit Sonnenöl*) poner; **jdn mit etw ~** dar a alguien fricciones con algo

Einreise *f* entrada *f;* **ein|reisen** *vi sein* entrar (*in/nach* en); **Einreisevisum** *nt* visado *m* de entrada

ein|reißen *irr vi sein* (*Papier*) romperse; (*Übel*) echar raíces; **ein|renken** ['aınrɛŋkən] *vt* (MED) componer; (*fam: in Ordnung bringen*) arreglar

ein|richten I. *vt* **1.** (*Konto*) abrir **2.** (*Wohnung*) amueblar **3.** (*einstellen*) ajustar (*auf* a) **4.** (*arrangieren*) arreglar **II.** *vr:* **sich ~** prepararse (*auf* para); **Einrichtung** *f* (*Mobiliar*) mobiliario *m;* (*Institution*) institución *f*

ein|rosten *vi sein* oxidarse; (*fam: geistig*) anquilosarse

eins [aıns] *adj inv* uno; **sie kam um** (**Punkt**) **~** vino a la una (en punto); *s.a.* **acht¹**

Eins *f* <-en> uno *m;* (*Schulnote*) sobresaliente *m*

einsam ['aınzaːm] *adj* solo; (*menschenleer*) desierto

Einsamkeit *f* soledad *f*

ein|sammeln *vt* recoger; (*Spenden*) recaudar

Einsatz *m* **1.** (*Geld*) apuesta *f* **2.** *ohne pl* (*Engagement*) esfuerzo *m;* (*von Polizei*) movilización *f;* **zum ~ kommen** entrar en acción; **unter ~ seines Lebens** arriesgando su vida; **Einsatzbereitschaft** *f* disponibilidad *f*

ein|schalten I. *vt* (*Radio*) poner;

(*Maschine*) poner en marcha; (*Licht*) encender; (*hinzuziehen*) recurrir (a) **II.** *vr:* **sich ~** intervenir (*in* en)

ein|schätzen *vt* valorar; **Einschätzung** *f* <-en> (*Meinung*) parecer *m;* **nach meiner ~** según mis estimaciones

ein|schenken *vt* servir; **ein|schicken** *vt* enviar (*an* a)

ein|schiffen *vt, vr:* **sich ~** embarcar(se)

ein|schlafen *irr vi sein* dormirse

Einschlag *m* (*eines Geschosses, Blitzes*) impacto *m;* (*Anteil*) matiz *m;* **ein|schlagen** *irr* **I.** *vi* (*Blitz*) caer; (*Geschoss*) hacer impacto; **auf jdn ~** golpear a alguien **II.** *vt* (*Tür, Schädel*) romper; (*Zähne*) partir; (*Richtung*) tomar

ein|schleichen *irr vr:* **sich ~** (*Person*) entrar a hurtadillas (*in* en); **ein|schließen** *irr* **I.** *vt* (*einsperren*) encerrar (*in* en); (*Gegenstand*) guardar bajo llave; (*mit einbeziehen*) incluir (*in* en) **II.** *vr:* **sich ~** encerrarse

einschließlich ['---] *präp +gen/dat adv* inclusive, incluido; **bis 8. Mai ~** hasta el 8 de mayo inclusive

ein|schmeicheln *vr:* **sich ~** engatusar (*bei* a) *fam;* **ein|schnappen** *vi sein* (*fam abw: beleidigt sein*) mosquearse

einschneidend *adj* drástico

Einschnitt *m* (*im Leben*) hito *m*

ein|schränken ['aınʃrɛŋkən] **I.** *vt* restringir; (*reduzieren*) reducir; (*Freiheit*) coartar **II.** *vr:* **sich ~** (*sparsam leben*) economizar

Einschränkung *f* <-en> **1.** (*Verringerung*) reducción *f;* (*von Rechten*) limitación *f* **2.** (*das Einsparen*) restricción *f* **3.** (*Vorbehalt*) reserva *f;* **ohne/mit ~** sin/con reservas

Einschreiben *nt* <-s, -> certificado

m; **etw per ~ schicken** mandar algo certificado

ein|schreiten *irr vi sein* intervenir; **ein|schüchtern** *vt* intimidar; **ein| schulen** *vt* escolarizar; **ein|sehen** *irr vt* (*verstehen*) comprender; (*Irrtum*) reconocer; **ich sehe nicht ein, warum ich das tun soll** no veo por qué he de hacerlo

ein|seifen *vt* enjabonar

einseitig ['aɪnzaɪtɪç] *adj* unilateral; (*Ernährung*) incompleto

ein|senden *irr vt* enviar (*an* a)

Einsendeschluss[RR] *m* <-es, *ohne pl*> plazo *m* de envío

ein|setzen I. *vi* (*beginnen*) empezar **II.** *vt* (*einfügen*) colocar (*in* en); (*ernennen*) designar; (*Hilfsmittel*) emplear; (*Polizei*) movilizar; (*Leben*) jugarse **III.** *vr:* **sich ~** emplearse a fondo; **sich für etw/jdn ~** interceder a favor de algo/alguien

Einsicht *f* <-en> (*Verständnis*) comprensión *f;* **ich bin zu der ~ gekommen, dass ...** he llegado a la conclusión de que...

einsichtig *adj* (*vernünftig*) razonable; (*verständnisvoll*) comprensivo

Einsiedler(in) *m(f)* eremita *mf*

ein|spannen *vt* **1.** (*Blatt*) introducir (*in* en) **2.** (*Tiere*) uncir; **er hat ihn für seine Zwecke eingespannt** (*fam*) se ha valido de él para sus propios fines; **ein|sparen** *vt* ahorrar; **ein|sperren** *vt* encerrar (*in* en)

einsprachig *adj* monolingüe

ein|springen *irr vi sein:* **für jdn ~** reemplazar a alguien

Einspruch *m* protesta *f;* **~ erheben** protestar

einspurig ['aɪnʃpuːrɪç] *adj* de un solo carril; (*abw: Denken*) de ideas fijas

einst ['aɪnst] *adv* (*geh: früher*) antiguamente; (*zukünftig*) algún día

Einstand *m* <-(e)s, -stände> (*Ar-*

beitsstelle) ingreso *m;* **seinen ~ geben** celebrar su ingreso

ein|stecken *vt* (*hineinstecken*) meter (*in* en); (*Stecker*) enchufar; (*mitnehmen*) llevar; (*ertragen*) tragar(se); **ein|steigen** *irr vi sein* (*in Fahrzeug*) subir (*in* a); **ein|stellen I.** *vt* (*anstellen*) contratar; (*beenden*) parar; (*regulieren*) ajustar; (*Sender*) sintonizar **II.** *vr:* **sich ~** (*sich richten nach*) adaptarse (*auf* a); (*sich vorbereiten*) prepararse (*auf* para)

einstellig *adj* de una cifra

Einstellung *f* (*Gesinnung*) opinión *f*

einstige(r, s) ['aɪnstɪɡə, -ɡe, -ɡəs] *adj* anterior

ein|stimmen *vt* (*vorbereiten*) preparar (*auf* para); **einstimmig I.** *adj* (*ohne Gegenstimme*) unánime **II.** *adv* (*ohne Gegenstimme*) por unanimidad; **ein|studieren** *vt* (*Rolle*) estudiar; **ein|stufen** *vt* clasificar (*in* en); **ein|stürzen** *vi sein* (*Gebäude*) derrumbarse; (*Dach*) hundirse; **auf jdn ~** (*Ereignisse*) precipitarse sobre alguien

einstweilen ['aɪnst'vaɪlən] *adv* (*im Moment*) por el momento; (*unterdessen*) mientras tanto

ein|tauschen *vt* cambiar (*gegen* por)

eintausend ['-'---] *adj inv* mil

ein|teilen *vt* (*untergliedern*) dividir (*in* en); (*Geld, Zeit*) repartir; **Einteilung** *f* <-en> **1.** (*Untergliederung*) división *f;* (*Einsortierung*) clasificación *f* **2.** (*von Vorräten*) organización *f* **3.** (*für Arbeit*) designación *f*

eintönig ['aɪntøːnɪç] *adj* monótono

Eintopf *m* potaje *m*

Eintrag ['aɪntraːk] *m* <-(e)s, -träge> **1.** (*in Liste*) inscripción *f* **2.** (*Vermerk*) nota *f*

ein|tragen *irr vt, vr:* **sich ~** (*in eine Liste*) inscribir(se) (*in* en)

einträglich ['aɪntrɛːklɪç] *adj* lucrativo

ein|treffen *irr vi sein* (*ankommen*) llegar (*in* a); (*sich bewahrheiten*) hacerse realidad; ein|treten *irr vi sein* (*hineingehen*) entrar (*in* a/en); (*Mitglied werden*) ingresar (*in* en); (*Ereignis*) suceder; (*sich einsetzen*) abogar (*für* por)

Eintritt *m* entrada *f;* ~ **frei!** ¡entrada libre!; Eintrittskarte *f* entrada *f,* boleto *m Am*

ein|üben *vt* practicar

einverstanden ['aɪnfɛɐʃtandən] *adj* de acuerdo; **sich mit etw ~ erklären** declararse conforme con algo; Einverständnis ['aɪnfɛɐʃtɛntnɪs] *nt* <-ses, -se> 1. (*Billigung*) conformidad *f;* (*Einigkeit*) acuerdo *m;* **in gegenseitigem** ~ de mutuo acuerdo 2. (*Übereinstimmung*) consentimiento *m*

Einwand ['aɪnvant] *m* objeción *f* (*gegen* a); **Einwände gegen etw erheben** poner reparos a algo

Einwanderer, Einwanderin *m, f* inmigrante *mf*

einwandfrei *adj* impecable

Einwegflasche *f* botella *f* no retornable

ein|weichen *vt* poner en remojo; ein|weihen *vt* (*eröffnen*) inaugurar; (*vertraut machen*) poner al corriente (*in* de); ein|weisen *irr vt* 1. (*in Tätigkeit*) instruir (*in* en) 2. (*ins Krankenhaus*) hospitalizar; ein|wenden *irr vt* objetar (*gegen* a); **dagegen lässt sich nichts ~** no hay nada que objetar a esto; ein|werfen *irr vt* (*Brief*) echar (*in* en); (*Geld*) introducir (*in* en); (*Scheibe*) romper; (*bemerken*) mencionar; ein|wickeln *vt* (*einpacken*) envolver (*in* en); (*fam: überreden*) embaucar; ein|willigen ['aɪnvɪlɪgən] *vi* consentir (*in* en)

Einwilligung *f* <-en> consentimiento *m*

ein|wirken *vi* actuar (*auf* sobre); (*beeinflussen*) influir (*auf* en)

Einwohner(in) *m(f)* <-s, -; -nen> habitante *mf;* Einwohnermeldeamt ['---'---] *nt* oficina *f* de empadronamiento

Einzahl *f* <-en> singular *m*

ein|zahlen *vt* pagar (*auf* a); **Geld aufs Konto ~** ingresar dinero en la cuenta; ein|zäunen ['aɪntsɔɪnən] *vt* cercar

Einzelfahrschein *m* billete *m* sencillo; Einzelfall *m* (*konkreter Fall*) caso *m* particular; (*Ausnahme*) caso *m* especial; Einzelgänger(in) ['aɪntsəlɡɛŋɐ] *m(f)* <-s, -; -nen> solitario, -a *m, f;* Einzelhändler(in) *m(f)* minorista *mf*

Einzelheit *f* <-en> detalle *m;* **in allen ~en** (*fam*) con pelos y señales

Einzelkind *nt* hijo, -a *m, f* único, -a

einzeln ['aɪntsəln] *adv* uno por uno; (*getrennt*) por separado; **etw im Einzelnen besprechen** discutir algo detalladamente

einzelne(r, s) *adj* 1. (*allein*) único, solo; **jeder/jede Einzelne** cada uno/una; **jede ~ Schülerin** cada una de las alumnas 2. (*verschieden*) diferente; **die ~n Teile** las diferentes partes 3. (*speziell*) particular 4. (*separat*) separado 5. *pl* (*einige*) algunos

Einzelteil *nt* elemento *m;* **etw in seine ~e zerlegen** desmontar algo en todos sus componentes; Einzelzimmer *nt* habitación *f* individual

ein|ziehen *irr* **I.** *vi sein* (*beziehen*) instalarse (*in* en); (*Creme*) ser absorbido (*in* por) **II.** *vt haben* (*Kopf*) bajar; (*Bauch*) meter; (*Führerschein*) retirar; (*Erkundigungen*) pedir

einzig ['aɪntsɪç] *adj* único; ~ **und allein** únicamente; **ein ~es Mal** una sola vez; einzigartig *adj* único

Eis [aɪs] *nt* <-es, *ohne pl*> hielo *m;* (*Speiseeis*) helado *m;* **etw auf ~ legen** (*fig*) suspender algo; **Eisbär** *m* oso *m* polar; **Eisbein** *nt* lacón *m;* **Eisberg** *m* iceberg *m;* **Eisdiele** *f* heladería *f*

Eisen ['aɪzən] *nt* <-s, -> hierro *m;* **ein heißes ~ anfassen** (*fig*) tocar un tema delicado; **Eisenbahn** *f* ferrocarril *m*

eisern ['aɪzən] *adj* férreo; **~e Reserve** última reserva

Eishockey ['aɪshɔki] *nt* hockey *m* sobre hielo

eisig ['aɪzɪç] *adj* (*Wasser*) helado; (*Kälte, a. fig*) glacial

eiskalt ['-'-] **I.** *adj* (*a. fig*) helado **II.** *adv* con frialdad

Eiskunstlauf *m* <-(e)s, *ohne pl*> patinaje *m* artístico (sobre hielo)

eis|laufen *irr vi* patinar sobre hielo

Eisschrank *m* frigorífico *m;* **Eiswürfel** *m* cubito *m* de hielo; **Eiszapfen** *m* carámbano *m*

eitel ['aɪtəl] *adj* vanidoso

Eitelkeit *f* <-en> vanidad *f*

Eiter ['aɪtɐ] *m* <-s, *ohne pl*> pus *m*

eit(e)rig ['aɪt(ə)rɪç] *adj* purulento

eitern ['aɪtɐn] *vi* supurar

Eiweiß *nt* <-es, -e, *nach Zahlen:* -> (*vom Ei*) clara *f;* (BIOL) proteína *f*

Ekel[1] ['eːkəl] *m* <-s, *ohne pl*> asco (*vor* a); **~ erregend** asqueroso

Ekel[2] *nt* <-s, -> (*fam: Person*) asqueroso, -a *m, f*

ekelerregend *adj s.* **Ekel**[1]; **ekelhaft** *adj*, **ek(e)lig** ['eːk(ə)lɪç] *adj* asqueroso

ekeln *vr:* **er ekelt sich vor Ratten** las ratas le dan asco

El Salvador [ɛl zalvaˈdoːɐ] *nt* <- -s> El Salvador *m*

Elan [eˈlaːn] *m* <-s, *ohne pl*> (*geh*) ímpetu *m*

elastisch [eˈlastɪʃ] *adj* elástico

Elbe ['ɛlbə] *f:* **die ~** el Elba

Elefant [eleˈfant] *m* <-en, -en> elefante *m*

elegant [eleˈgant] *adj* elegante

Eleganz *f* elegancia *f*

Elektriker(in) [eˈlɛktrikɐ] *m(f)* <-s, -; -nen> electricista *mf*

elektrisch [eˈlɛktrɪʃ] *adj* eléctrico

Elektrizität [elɛktritsiˈtɛːt] *f* electricidad *f;* **Elektrizitätswerk** *nt* central *f* eléctrica

Elektrogerät *nt* electrodoméstico *m*

Elektronik [elɛkˈtroːnɪk] *f* electrónica *f*

elektronisch [elɛkˈtroːnɪʃ] *adj* electrónico

Elektrotechnik *f ohne pl* electrotecnia *f*

Element [eleˈmɛnt] *nt* <-(e)s, -e> elemento *m*

elementar [elemɛnˈtaːɐ] *adj* elemental

elend *adj* miserable

Elend ['eːlɛnt] *nt* <-(e)s, *ohne pl*> miseria *f;* **Elendsviertel** *nt* barrio *m* de chabolas

elf [ɛlf] *adj inv* once; *s.a.* **acht**[1]

Elfenbein ['ɛlfənbaɪn] *nt* <-(e)s, *ohne pl*> marfil *m*

elfte(r, s) *adj* undécimo; *s.a.* **achte(r, s)**

eliminieren* [elimiˈniːrən] *vt* eliminar

Elite [eˈliːtə] *f* <-n> élite *f*

Ell(en)bogen ['ɛl(ən)-] *m* <-s, -> codo *m*

Elsass[RR] ['ɛlzas] *nt* <-(es)> Alsacia *f*

Elster ['ɛlstɐ] *f* <-n> urraca *f*

Eltern ['ɛltɐn] *pl* padres *mpl*

Email [eˈmaɪ] *nt* <-s, -s> esmalte *m*

E-Mail ['iːmɛɪl] *f* <-s> correo *m* electrónico; **E-Mail-Adresse** *f* (INFOR) dirección *f* de correo electrónico

Emanzipation [emantsipaˈtsjoːn] *f* <-en> emancipación *f*

emanzipieren* *vr:* **sich ~** emanciparse

Embargo [ɛm'bargo] *nt* <-s, -s> embargo *m*

Embryo ['ɛmbryo] *m* <-s, -nen *o* -s> embrión *m*

Emigrant(in) [emi'grant] *m(f)* <-en, -en; -nen> (*aus politischen Gründen*) emigrado, -a *m, f;* (*aus wirtschaftlichen Gründen*) emigrante *mf*

Emotion [emo'tsjo:n] *f* <-en> emoción *f*

emotional [emotsjo'na:l] *adj* emocional

empfahl [ɛm'pfa:l] *3. imp von* **empfehlen**

empfand [ɛm'pfant] *3. imp von* **empfinden**

Empfang [ɛm'pfaŋ] *m* <-(e)s, -fänge> recepción *f;* (*Begrüßung*) recibimiento *m*

empfangen <empfängt, empfing, empfangen> *vt* recibir

Empfänger(in) [ɛm'pfɛŋɐ] *m(f)* <-s, -; -nen> receptor(a) *m(f);* (*von Post*) destinatario, -a *m, f*

empfänglich *adj* sensible (*für* a)

Empfängnis *f* concepción *f;* **Empfängnisverhütung** *f* anticoncepción *f*

Empfangsbescheinigung *f* acuse *m* de recibo

empfängt [ɛm'pfɛŋt] *3. präs von* **empfangen**

empfehlen [ɛm'pfe:lən] <empfiehlt, empfahl, empfohlen> I. *vt* recomendar II. *vr:* **sich ~** (*geeignet sein*) ser apto; **es empfiehlt sich, das zu tun** conviene hacerlo

empfehlenswert *adj* recomendable

Empfehlung *f* <-en> recomendación *f*

empfiehlt [ɛm'pfi:lt] *3. präs von* **empfehlen**

empfinden [ɛm'pfɪndən] <empfindet, empfand, empfunden> *vt* sentir

empfindlich [ɛm'pfɪntlɪç] *adj* sensible (*gegen* a); **sei nicht so ~!** ¡no seas tan susceptible!

empfindsam [ɛm'pfɪntza:m] *adj* sensible

Empfindung *f* <-en> **1.** (*Wahrnehmung*) sensación *f* **2.** (*Gefühl*) sentimiento *m*

empfing [ɛm'pfɪŋ] *3. imp von* **empfangen**

empfohlen [ɛm'pfo:lən] *pp von* **empfehlen**

empfunden [ɛm'pfʊndən] *pp von* **empfinden**

empören* [ɛm'pø:rən] *vt, vr:* **sich ~** indignar(se) (*über* por)

empörend *adj* escandaloso

empört [ɛm'pø:ɐt] *adj* indignado

Empörung *f* (*Entrüstung*) indignación *f* (*über jdn* con alguien, *über etw* por algo)

emsig ['ɛmzɪç] *adj* laborioso

Ende ['ɛndə] *nt* <-s, -n> **1.** (*Endstück*) extremo *m;* **am anderen ~ der Stadt** en el otro extremo de la ciudad **2.** *ohne pl* (*Endpunkt*) final *m;* (*Film, Buch, zeitlich*) fin *m;* **~ des Jahres** a finales de año; **der Film ist zu ~** la película se ha acabado; **ein Buch zu ~ lesen** terminar de leer un libro; **der Tag geht zu ~** el día llega a su fin; **letzten ~s** al fin y al cabo

Endeffekt *m:* **im ~** al fin y al cabo

enden ['ɛndən] *vi* acabar

endgültig *adj* definitivo

endlich ['ɛntlɪç] *adv* por fin; **hör ~ damit auf!** ¡deja eso de una vez!

endlos *adj* ilimitado

Endstadium *nt* última fase *f;* **Endstation** *f* (estación *f*) terminal

Endung *f* <-en> (LING) desinencia *f*

Energie [enɛr'gi:] *f* <-n> energía *f;*

Energiequelle *f* fuente *f* energética; **Energieverbrauch** *m* consumo *m* de energía; **Energieversorgung** *f* abastecimiento *m* de energía
energisch [e'nɛrgɪʃ] *adj* enérgico
eng [ɛŋ] *adj* (*Straße*) estrecho; (*Kleidung*) ajustado; (*Beziehung*) íntimo; **~ befreundet sein** ser íntimos amigos
Engagement [ãgaʒə'mãː] *nt* <-s, ohne pl> compromiso *m*; (*Begeisterung*) entusiasmo *m*
engagieren* [ãga'ʒiːrən] I. *vt* contratar II. *vr*: **sich ~** intervenir (*für* a favor de)
engagiert *adj* comprometido
Enge ['ɛŋə] *f* estrechez *f*; **jdn in die ~ treiben** poner a alguien entre la espada y la pared
Engel ['ɛŋəl] *m* <-s, -> ángel *m*
England ['ɛŋlant] *nt* <-s> Inglaterra *f*
Engländer(in) ['ɛŋlɛndɐ] *m(f)* <-s, -; -nen> inglés, -esa *m, f*
englisch ['ɛŋlɪʃ] *adj* inglés
Engpass^RR *m* (*in Versorgung*) dificultades *fpl*
engstirnig *adj* (*abw*) estrecho de miras
Enkel(in) ['ɛŋkəl] *m(f)* <-s, -; -nen>, **Enkelkind** *nt* nieto, -a *m, f*
enorm [e'nɔrm] *adj* enorme
entbehren* [ɛnt'beːrən] *vt* (*verzichten*) prescindir (de)
entbehrlich [ɛnt'beːɐlɪç] *adj* prescindible
entbinden* *irr* I. *vi* (*gebären*) dar a luz II. *vt* (*von einer Pflicht*) eximir (*von* de); **Entbindung** *f* parto *m*
entblößen* [ɛnt'bløːsən] I. *vt* descubrir II. *vr*: **sich ~** desnudarse
entbunden *pp von* **entbinden**
entdecken* *vt* descubrir; **Entdeckung** *f* <-en> descubrimiento *m*
Ente ['ɛntə] *f* <-n> (ZOOL) pato *m*

enteignen* [ɛnt'ʔaɪgnən] *vt* expropiar; **enterben*** *vt* desheredar; **entfallen*** *irr vi sein* (*wegfallen*) suprimirse; (*zukommen*) corresponder; (*vergessen*) olvidarse; **entfalten*** I. *vt* (*Talent*) revelar II. *vr*: **sich ~** (*Fähigkeiten*) desarrollar(se)
entfernen* [ɛnt'fɛrnən] I. *vt* quitar II. *vr*: **sich ~** alejarse
entfernt [ɛnt'fɛrnt] *adj* (*fern*) distante; (*abgelegen*) alejado; (*Ähnlichkeit*) vago; **300 Meter von hier ~**₀a 300 metros de aquí; **er ist ~ mit mir verwandt** es un pariente lejano
Entfernung *f* <-en> distancia *f*
entfliehen* *irr vi sein* huir (*aus* de); **entflohene Sträflinge** presos fugados
entflohen *pp von* **entfliehen**
entfremden* [ɛnt'frɛmdən] *vt* distanciar; **etw seinem Zweck ~** hacer mal uso de algo
entführen* *vt* secuestrar; **Entführer(in)** *m(f)* <-s, -; -nen> secuestrador(a) *m(f)*; **Entführung** *f* secuestro *m*
entgangen *pp von* **entgehen**
entgegen [ɛnt'geːgən] I. *adv* (*Richtung*) en la dirección (de); **der Zukunft ~** hacia el futuro II. *präp +dat* (*im Gegensatz*) en contra de; **entgegen|bringen** *irr vt* (*Interesse*) mostrar; **entgegen|gehen** *irr vi sein* (*einer Person*) avanzar (hacia); **dem Ende ~** ir terminando; **entgegengesetzt** *adj* contrario; **in ~er Richtung** en sentido contrario; **entgegen|halten** *irr vt* (*darbieten*) ofrecer; (*einwenden*) oponer; **entgegen|kommen** *irr vi sein* (*sich nähern: Person*) salir al encuentro (de); (*Fahrzeug*) venir de frente; (*nachgeben*) hacer concesiones; **entgegenkommend** *adj* (*gefällig*) complaciente; (*zuvorkommend*) ser-

vicial; **entgegen|nehmen** *irr vt*
(*Waren*) recibir; (*Aufgabe*) hacerse
cargo (de); **entgegen|sehen** *irr vi*
aguardar; **entgegen|setzen** *vt* opo-
ner (a); **entgegen|stehen** *irr vi*
1. (*hinderlich sein*) obstaculizar
2. (*im Gegensatz stehen*) oponerse
(a); **dem steht nichts entgegen**
no hay inconvenientes; **entgegen|**
wirken *vi* contrarrestar
entgegnen* [ɛnt'ge:gnən] *vt* contestar; (*schärfer*) replicar
entgehen* *irr vi sein* (*unbemerkt*
bleiben) escaparse; **sich** *dat* **etw**
(**nicht**) ~ **lassen** (no) perderse algo
entgeistert [ɛnt'gaɪstɐt] *adj* atónito
Entgelt [ɛnt'gɛlt] *nt* <-(e)s, -e> retribución *f*; **ohne/gegen** ~ gratis/pa-
gando
entgleisen* [ɛnt'glaɪzən] *vi sein* descarrilar; (*Mensch*) salirse de tono
enthaaren* [ɛnt'ha:rən] *vt, vr:* **sich** ~
depilar(se)
enthalten* *irr* **I.** *vt* (*beinhalten*) contener; (*einschließen*) incluir **II.** *vr:*
sich ~ abstenerse
enthaltsam [ɛnt'haltza:m] *adj* abstinente; (*vom Alkohol*) abstemio; (*se-*
xuell) continente
enthüllen* *vt* (*Denkmal*) descubrir;
(*geh: Geheimnis*) revelar; (*Skandal*)
destapar
Enthusiasmus [ɛntuzi'asmʊs] *m* <-,
ohne pl> entusiasmo *m*
enthusiastisch **I.** *adj* entusiasta
II. *adv* con entusiasmo
entkoffeiniert [ɛntkɔfei'ni:ɐt] *adj*
descafeinado
entkommen* *irr vi sein* escaparse
(*aus* de)
entkräften* [ɛnt'krɛftən] *vt* (*Person*)
debilitar; (*Verdacht, Behauptung*) in-
validar
entladen* *irr vt, vr:* **sich** ~ descar-
gar(se)

entlang [ɛnt'laŋ] *präp* +*gen/dat*
präp +*akk adv* a lo largo de; ~ **des**
Weges a lo largo del camino; **die**
Wand ~ a lo largo de la pared; **am**
Fluss ~ a lo largo del río; **hier** ~
(siguiendo) por aquí; **entlang|ge-**
hen *irr* **I.** *vi sein:* **an etw** *dat* ~ caminar a lo largo de algo **II.** *vt sein*
(*Straße*) pasar (por); (*folgen*) seguir
entlarven* [ɛnt'larfən] *vt* descubrir
entlassen* *irr vt* (*kündigen*) despedir; (*aus Krankenhaus*) dar de alta;
(*aus Gefängnis*) soltar
Entlassung *f* <-en> despido *m;* (*aus*
Gefängnis) excarcelación *f*
entlasten* *vt* (*Balken*) descargar;
(*Verkehr*) descongestionar; (*Person,*
Gewissen) aliviar; (*Angeklagte*) exculpar; **entlaufen*** *irr vi sein* (*Tier*)
extraviarse; **entleeren*** *vt* vaciar
entlegen [ɛnt'le:gən] *adj* (*entfernt*)
distante; (*abgelegen*) retirado
entlocken* *vt:* **jdm etw** ~ arrebatar
algo a alguien; **entlohnen*** *vt* remunerar
entmachten* [ɛnt'maxtən] *vt* derrocar
entmündigen* [ɛnt'mʏndɪgən] *vt*
poner bajo tutela
entmutigen* [ɛnt'mu:tɪgən] *vt* desanimar
entnehmen* *irr vt* (*herausnehmen*)
sacar; (*folgern*) deducir
entnommen *pp von* **entnehmen**
entpuppen* [ɛntpʊpən] *vr:* **sich** ~
descubrirse (*als* como); **er hat sich**
als Betrüger entpuppt resultó ser
un estafador
entrüsten* [ɛnt'rʏstən] *vt, vr:* **sich** ~
indignar(se) (*über* por)
entschädigen* *vt* indemnizar (*für*
por); **Entschädigung** *f* <-en> indemnización *f*
entschärfen* *vt* (*Bombe*) desactivar;
(*Krise*) apaciguar

entscheiden* *irr* I. *vi, vt* decidir (*über* sobre) II. *vr:* **sich ~** decidirse (*für* por, *gegen* en contra de)
entscheidend *adj* decisivo
Entscheidung *f* decisión *f;* **eine ~ treffen** tomar una decisión
entschieden [ɛnt'ʃiːdən] *pp von* **entscheiden**
Entschiedenheit *f* <-en> firmeza *f;* **etw mit aller ~ zurückweisen** rechazar algo categóricamente
entschließen* *irr vr:* **sich ~** decidirse (*zu* a); **sich anders ~** cambiar de opinión
entschlossen [ɛnt'ʃlɔsən] I. *pp von* **entschließen** II. *adj* decidido; **kurz ~** sin vacilar; **fest ~** absolutamente decidido; **sie war zu allem ~** estaba dispuesta a todo
Entschlossenheit *f* resolución *f;* (*Entschiedenheit*) firmeza *f*
Entschluss^RR *m* decisión *f;* **einen ~ fassen** tomar una decisión
entschuldigen* [ɛntʃʊldɪgən] *vt, vr:* **sich ~** disculpar(se) (*bei* ante, *für* por)
Entschuldigung *f* <-en> disculpa *f;* **~!** ¡perdón!
entsetzen* *vt* horrorizar; **ich war völlig entsetzt** me quedé totalmente horrorizado
Entsetzen *nt* <-s, *ohne pl*> horror *m*
entsetzlich [ɛnt'zɛtslɪç] I. *adj* horrible II. *adv* (*fam: sehr*) terriblemente; **~ viel Geld** un dineral terrible
entsorgen* *vt* (*Müll*) eliminar
entspannen* I. *vt* (*Körper*) relajar; (*Lage*) calmar II. *vr:* **sich ~** (*Mensch, Muskeln*) relajarse; (*Lage*) normalizarse; **Entspannung** *f* <-en> 1. (*von Mensch*) relajación *f* 2. (POL) distensión *f*
entsprechen* *irr vi* (*übereinstim-*

men) corresponder (a); (*Bitte*) acceder (a); (*Anforderungen*) satisfacer
entsprechend I. *adj* correspondiente; (*jeweilig*) respectivo II. *adv* debidamente III. *präp* +*dat* conforme a
entsprochen *pp von* **entsprechen**
entstanden *pp von* **entstehen**
entstehen* *irr vi sein* surgir (*aus* de); **es werden für Sie keine Kosten daraus ~** a Ud. no le producirá gasto alguno; **für den entstandenen Schaden** por el daño ocasionado
Entstehung *f* <-en> 1. (*Ursprung*) origen *m;* (*Anfang*) comienzo *m* 2. (*das Werden*) formación *f*
entstellen* *vt* (*verunstalten*) desfigurar
enttäuschen* *vt* decepcionar; (*Hoffnung*) frustrar
enttäuscht *adj* decepcionado; (*desillusioniert*) desilusionado
Enttäuschung *f* decepción *f*
Entwarnung *f* <-en> cese *m* de alarma
entweder ['ɛntveːdɐ, -'--] *konj:* **~ ... oder ...** o (bien)... o...
entweichen* *irr vi sein* escapar (*aus* de); **entwerfen*** *irr vt* (*in Gedanken, zeichnerisch*) proyectar; (*schriftlich*) hacer un borrador (de); (*Plan*) trazar; **entwerten*** *vt* (*Fahrschein*) picar; (*im Wert mindern*) devaluar
entwichen *pp von* **entweichen**
entwickeln* I. *vt* (*Theorie*) desarrollar; (FOTO) revelar II. *vr:* **sich ~** desarrollarse; (*Rauch*) producirse
Entwicklung *f* <-en> desarrollo *m;* **Entwicklungshilfe** *f* ayuda *f* al desarrollo; **Entwicklungsland** *nt* país *m* en (vías de) desarrollo
entworfen *pp von* **entwerfen**
entwürdigen* *vt* humillar
Entwurf *m* <-(e)s, -würfe> 1. (*Kon-*

zept) borrador m; (Projekt) proyecto m **2.** (Zeichnung) diseño m **3.** (Skizze) bosquejo m
entziehen* irr **I.** vt (Erlaubnis) quitar; (Führerschein) retirar; (Nährstoffe) extraer **II.** vr: **sich ~** (einer Verpflichtung) sustraerse (a); (einer Person) rehuir; (verborgen bleiben) escaparse (a)
entziffern* [ɛntˈtsɪfɐn] vt descifrar
entzogen pp von **entziehen**
entzücken* vt encantar
entzückend adj encantador
entzünden* vr: **sich ~** (a. MED) inflamarse
entzündet adj inflamado
Entzündung f (MED) inflamación f
entzwei [ɛntˈtsvaɪ] adj inv (kaputt) roto
entzweien* vt, vr: **sich ~** enemistar(se)
entzwei|gehen irr vi sein romperse (en pedazos)
Epidemie [epideˈmiː] f <-n> epidemia f
Epilepsie [epilɛˈpsiː] f <-n> epilepsia f
Episode [epiˈzoːdə] f <-n> episodio m
Epoche [eˈpɔxə] f <-n> época f
er [eːɐ] pron pers 3. sg m él
erachten* [ɛɐˈʔaxtən] vt (geh) considerar (für/als)
Erachten nt: **meines ~s** en mi opinión
erbarmen* [ɛɐˈbarmən] vr: **sich (jds) ~** compadecerse (de alguien)
Erbarmen [ɛɐˈbarmən] nt <-s, ohne pl> compasión f; **mit jdm ~ haben** compadecerse de alguien
erbärmlich [ɛɐˈbɛrmlɪç] adj (jämmerlich) lamentable
erbarmungslos adj despiadado
Erbe[1] nt <-s, ohne pl> herencia f
Erbe, Erbin[2] [ˈɛrbə] m, f <-n, -n;

-nen> heredero, -a m, f
erben [ˈɛrbən] vi, vt heredar
erbittert adj enconado
Erbkrankheit f enfermedad f hereditaria
erblassen* vi sein palidecer (vor de)
erblich [ˈɛrplɪç] adj hereditario
erblicken* vt (geh) ver; (in der Ferne) divisar
erblinden* vi sein quedarse ciego
erbrechen* irr vi vomitar; **bis zum Erbrechen** (fam) hasta la saciedad
erbrochen pp von **erbrechen**
Erbschaft f <-en> herencia f; **eine ~ machen** heredar
Erbse [ˈɛrpsə] f <-n> guisante m, arveja f Am
Erdball m <-(e)s, ohne pl> globo m terrestre; **Erdbeben** nt terremoto m; **Erdbeere** f fresa f; **Erdboden** m <-s, ohne pl> suelo m
Erde [ˈeːɐdə] f tierra f; **auf die ~ fallen** caer al suelo
erdenklich adj concebible; **sich** dat **alle ~e Mühe geben** hacer todo lo posible
Erderwärmung f ohne pl calentamiento m de la Tierra; **Erdgas** nt gas m natural; **Erdgeschoss**[RR] nt planta f baja; **Erdkugel** f ohne pl globo m terráqueo; **Erdkunde** f geografía f; **Erdnuss**[RR] f cacahuete m; **Erdöl** nt petróleo m; **Erdreich** nt tierra f
erdrosseln* vt estrangular; **erdrücken*** vt (zu Tode) aplastar; (Sorgen) abrumar
Erdteil m continente m
erdulden* vt soportar; **ereignen*** [ɛɐˈʔaɪɡnən] vr: **sich ~** suceder
Ereignis nt <-ses, -se> acontecimiento m; **ereignisreich** adj movido
Erektion [erɛkˈtsjoːn] f <-en> erección f

Eremit(in) [ere'mi:t] *m(f)* <-en, -en; -nen> eremita *mf*
erfahren[1] *adj* experimentado
erfahren[*2] *irr vt* (*Nachricht*) enterarse (de); (*geh: erleben*) experimentar; (*Leid*) padecer; **wir haben ~, dass ...** supimos que...
Erfahrung *f* <-en> experiencia *f;* (*praktische*) práctica *f;* **die ~ machen, dass ...** comprobar que...; **etw in ~ bringen** enterarse de algo; **erfahrungsgemäß** *adv* por experiencia
erfassen* *vt* (*mitreißen*) arrastrar; (*Angst*) sobrevenir; (*begreifen*) concebir; (*registrieren*) registrar; **erfinden*** *irr vt* inventar
Erfinder(in) *m(f)* <-s, -; -nen> inventor(a) *m(f)*
erfinderisch *adj* ingenioso
Erfindung *f* <-en> invención *f;* (*Produkt*) invento *m*
Erfolg [ɛɐ'fɔlk] *m* <-(e)s, -e> éxito *m;* **~ versprechend** prometedor
erfolgen* *vi sein* realizarse
erfolglos **I.** *adj* infructuoso **II.** *adv* sin éxito; (*vergeblich*) en vano; **erfolgreich I.** *adj* (*Person*) triunfante; (*Maßnahme*) eficaz **II.** *adv* con éxito
Erfolgserlebnis *nt* (sensación *f* de) éxito *m*
erfolgversprechend *adj* prometedor
erforderlich [ɛɐ'fɔrdəlɪç] *adj* necesario; **unbedingt ~** indispensable
erfordern* *vt* requerir
erforschen* *vt* investigar; (*Weltraum*) explorar; **Erforschung** *f* <-en> (*Nachforschung*) investigación *f;* (*von Land*) exploración *f*
erfreuen* **I.** *vt* alegrar; **sehr erfreut!** ¡encantado! **II.** *vr:* **sich ~** (*sich freuen*) alegrarse (*an* ante); (*geh: genießen*) gozar (de)
erfreulich *adj* agradable; (*Nachricht*)

grato
erfreulicherweise [-'---'--] *adv* afortunadamente
erfrieren* *irr vi sein* (*Person, Tier*) morirse de frío; (*Pflanze*) helarse
erfrischen* *vi, vt, vr:* **sich ~** refrescar(se)
erfrischend *adj* refrescante
Erfrischung *f* <-en> (*Getränk*) refresco *m*
erfroren *pp von* **erfrieren**
erfüllen* **I.** *vt* (*aus-, anfüllen*) llenar (*mit* de); (*Bedingung*) cumplir (con); (*Versprechen*) cumplir; (*Wunsch*) corresponder (a); (*Erwartungen*) satisfacer; (*Aufgabe*) desempeñar **II.** *vr:* **sich ~** (*wahr werden*) realizarse
erfunden *pp von* **erfinden**
ergangen *pp von* **ergehen**
ergänzen* [ɛɐ'gɛntsən] *vt, vr:* **sich ~** complementar(se)
ergeben[1] *adj* (*untertänig*) sumiso; (*demütig*) devoto; (*treu*) leal
ergeben*2 *irr* **I.** *vt* (*Ergebnis*) dar como resultado; (*Untersuchung*) demostrar **II.** *vr:* **sich ~** (*kapitulieren*) rendirse; (*sich herausstellen*) producirse; (*Schwierigkeit*) surgir; (*folgen*) resultar (*aus* de)
Ergebnis [ɛɐ'ge:pnɪs] *nt* <-ses, -se> resultado *m;* **wir sind zu dem ~ gekommen, dass ...** hemos llegado a la conclusión de que...; **ergebnislos** *adj* sin resultado; **ergebnisorientiert** *adj* orientado hacia el resultado [*o* los resultados]
ergehen* *irr vunpers sein* (*geschehen*): **ihr ist es dort gut/schlecht ergangen** le ha ido bien/mal allí; **etw über sich ~ lassen** soportar algo
ergiebig [ɛɐ'gi:bɪç] *adj* productivo
ergreifen* *irr vt* (*Furcht*) acometer; (*Maßnahmen, Partei*) tomar; (*Gele-*

genheit) aprovechar; *(erschüttern)* conmover; **sie ergriff das Wort** tomó la palabra

ergriffen [ɛɐ'grɪfən] *pp von* **ergreifen**

erhalten* *irr vt (bekommen)* recibir; *(Genehmigung)* obtener; *(Gehalt)* cobrar; *(bewahren)* conservar; **jdn am Leben ~** mantener a alguien con vida; **etw ist gut ~** algo está bien conservado

erhältlich [ɛɐ'hɛltlɪç] *adj* en venta

erhängen* *vt, vr:* **sich ~** ahorcar(se);

erheben* *irr* **I.** *vt (hochheben)* alzar; *(Steuern)* imponer; *(Eintritt)* cobrar; *(Protest)* levantar; *(Einwände)* poner *(gegen* a); *(Forderungen)* formular **II.** *vr:* **sich ~** *(aufstehen)* levantarse

erheblich [ɛɐ'he:plɪç] *adj* notable; **~ besser** mucho mejor

erhitzen* *vt, vr:* **sich ~** **1.** *(Speisen)* calentar(se) **2.** *((sich) erregen)* excitar(se)

erhoben *pp von* **erheben**

erhoffen* *vt:* **sich** *dat* **etw von jdm/ etw** *dat* **~** esperar algo de alguien/ algo

erhöhen* [ɛɐ'hø:ən] *vt* aumentar; *(Preis)* subir *(auf* a, *um* en)

Erhöhung *f* <-en> *(der Preise, Geschwindigkeit)* aumento *m*

erholen* *vr:* **sich ~** *(ausspannen)* reponerse; *(von Krankheit)* restablecerse

erholsam [ɛɐ'ho:lza:m] *adj* tranquilo

Erholung *f (Ruhe)* descanso *m; (Genesung)* restablecimiento *m*

erinnern* [ɛɐ'ʔɪnɐn] **I.** *vi, vt* recordar *(an* a) **II.** *vr:* **sich ~** acordarse *(an* de); **soweit ich mich ~ kann** por lo que yo recuerdo

Erinnerung *f* <-en> *(Gedächtnis)* memoria *f; (Zurückdenken, Andenken)* recuerdo *m (an* de); **zur ~ an**

jdn en recuerdo de alguien

erkälten* [ɛɐ'kɛltən] *vr:* **sich ~** resfriarse

erkältet *adj* resfriado

Erkältung *f* <-en> resfriado *m*

erkannt *pp von* **erkennen**

erkennbar *adj* reconocible *(an* por); *(wahrnehmbar)* perceptible

erkennen* *irr vt (wahrnehmen)* ver; *(identifizieren)* reconocer *(an* por); **sich zu ~ geben** identificarse

erkenntlich [ɛɐ'kɛntlɪç] *adj:* **sich (bei jdm) ~ zeigen** mostrarse agradecido (a alguien)

Erkenntnis *f* conocimiento(s) *m(pl); (Einsicht)* comprensión *f;* **zu der ~ kommen, dass ...** llegar a la conclusión de que...

erklären* **I.** *vt (erläutern)* explicar; **jdn für schuldig ~** declarar a alguien culpable **II.** *vr:* **sich einverstanden ~** manifestarse de acuerdo; **Erklärung** *f* <-en> *(Erläuterung)* explicación *f;* **eine ~ abgeben** prestar declaración

erkranken* *vi sein* enfermar *(an* de)

Erkrankung *f* <-en> enfermedad *f*

erkunden* [ɛɐ'kʊndən] *vt (Geheimnis)* averiguar; *(Lage)* sondear; *(Gelände)* explorar

erkundigen* [ɛɐ'kʊndɪgən] *vr:* **sich ~** informarse *(nach/über* sobre)

erlangen* [ɛɐ'laŋən] *vt (bekommen)* obtener; *(erreichen)* alcanzar

Erlass[RR] [ɛɐ'las] *m* <-es, -e> *(Verordnung)* orden *f; (einer Strafe)* remisión *f*

erlassen* *irr vt (Gesetz)* promulgar; **jdm etw ~** eximir a alguien de algo

erlauben* [ɛɐ'laʊbən] *vt* permitir

Erlaubnis *f* <-se> permiso *m*

erläutern* [ɛɐ'lɔɪtɐn] *vt* explicar

Erläuterung *f* <-en> *(Erklärung)* explicación *f; (Kommentar)* comentario *m*

erleben* vt (*Freude*) vivir; (*Enttäuschung*) **so habe ich ihn noch nie erlebt** nunca le he visto así

Erlebnis nt <-ses, -se> (*Erfahrung*) experiencia f; (*Ereignis*) acontecimiento m

erledigen* [ɛɐ'leːdɪɡən] I. vt (*Auftrag*) hacer; (*Angelegenheit*) resolver; **ich habe noch etwas zu ~** aún tengo que hacer algo; **die Sache ist für mich erledigt** para mí el asunto está concluido II. vr: **sich ~** arreglarse

erleichtern* [ɛɐ'laɪçtɐn] vt aliviar; (*um Gewicht*) aligerar; (*Arbeit*) facilitar; **sein Herz ~** desahogarse; **erleichtert atmete er auf** respiró con alivio

Erleichterung f alivio m

erleiden* irr vt (*Schmerzen*) soportar; (*Niederlage*) sufrir; **erlernen*** vt aprender; **erleuchten*** vt iluminar

Erleuchtung f <-en> (*Beleuchten*) iluminación f; (*Inspiration*) inspiración f

erlitten pp von **erleiden**

Erlös [ɛɐ'løːs] m <-es, -e> ingreso m

erlösen* vt librar; **Erlösung** f <-en> (*Rettung*) salvación f; (*Befreiung*) liberación f; (REL) redención f

ermächtigen* [ɛɐ'mɛçtɪɡən] vt autorizar (*zu* para)

ermahnen* vt exhortar (*zu* a)

ermäßigen* [ɛɐ'mɛːsɪɡən] vt reducir; **Ermäßigung** f <-en> 1. (*Senkung*) reducción f 2. (*Preisnachlass*) rebaja f

Ermessen nt <-s, ohne pl> juicio m; **nach menschlichem ~** según el parecer común

ermitteln* [ɛɐ'mɪtəln] vt (*Täter*) averiguar; (*Sieger*) determinar; **Ermittlung** f <-en> (*polizeilich*) pesquisa f

ermöglichen* [ɛɐ'møːklɪçən] vt posibilitar

ermorden* vt asesinar

Ermordung f <-en> asesinato m

ermüden* [ɛɐ'myːden] vt cansar

ermüdend adj fatigoso

ermuntern* [ɛɐ'mʊntɐn] vt estimular (*zu* a)

ermutigen* [ɛɐ'muːtɪɡən] vt alentar (*zu* a)

ernähren* I. vt alimentar; (*sorgen für*) mantener II. vr: **sich ~** alimentarse

Ernährung f alimentación f

ernannt pp von **ernennen**

ernennen* irr vt nombrar (*zu*)

erneuern* [ɛɐ'nɔɪɐn] vt (*Vertrag*) renovar; (*Maschinenteil*) cambiar

erneut [ɛɐ'nɔɪt] adv de nuevo

erniedrigen* [ɛɐ'niːdrɪɡən] vt, vr: **sich ~** (*demütigen*) humillar(se) (*vor* ante)

ernst [ɛrnst] adj serio; (*Lage, Krankheit*) grave; **jdn/etw ~ nehmen** tomar a alguien/algo en serio

Ernst m <-es, ohne pl> 1. (*ernster Wille*) seriedad f; **im ~** en serio 2. (*Gewichtigkeit*) gravedad f; **ernsthaft** adj serio; (*Verletzung*) grave

Ernte ['ɛrntə] f <-n> (*Vorgang*) recolección f; (*das Geerntete*) cosecha f

ernten ['ɛrntən] vt (a. fig) cosechar

Ernüchterung f <-en> desilusión f

erobern* [ɛɐ'ʔoːbɐn] vt (a. fig) conquistar

Eroberung f <-en> conquista f

eröffnen* I. vt (*Konto, Geschäft*) abrir; (*einweihen*) inaugurar; **jdm etw ~** (*mitteilen*) comunicar algo a alguien II. vr: **sich ~** (*Perspektiven*) abrirse; **Eröffnung** f <-en> (*Einweihung*) inauguración f

erörtern* [ɛɐ'œrtɐn] vt discutir

Erörterung f <-en> (*das Erörtern*) discusión f; (*Text*) comentario m

Erotik [e'ro:tɪk] *f* erotismo *m*
erotisch *adj* erótico
erpicht [ɛɛ'pɪçt] *adj:* **auf etw ~ sein** estar ansioso por algo
erpressen* *vt* (*Person*) chantajear; (*Lösegeld*) extorsionar
Erpresser(in) *m(f)* <-s, -; -nen> chantajista *mf*, extorsionista *mf*
Erpressung *f* <-en> chantaje *m*
erraten* [ɛɛ'ra:tən] *irr vt* adivinar
errechnen* *vt* calcular
erregbar [ɛɛ're:kba:ɐ] *adj* irritable
erregen* [ɛɛ're:gən] **I.** *vt* (*emotional, sexuell*) excitar; (*hervorrufen*) provocar; (*Interesse*) despertar; (*Ärger*) desatar **II.** *vr:* **sich ~** excitarse (*über* con); (*Gemüter*) acalorarse
Erreger *m* <-s, -> (MED) germen *m* patógeno
erreichbar *adj* alcanzable; (*Ort*) accesible
erreichen* *vt* (*Person*) localizar; (*Zug, Alter*) alcanzar; (*Ort*) llegar (a); (*zustande bringen*) lograr; **errichten*** *vt* (*Gebäude*) levantar; (*Denkmal*) erigir; (*gründen*) establecer; **erröten*** [ɛɛ'rø:tən] *vi sein* sonrojarse
Errungenschaft [ɛɛ'rʊŋənʃaft] *f* <-en> (*Erfolg*) logro *m*; (*Eroberung*) conquista *f*
Ersatz [ɛɛ'zats] *m* <-es, *ohne pl*> **1.** (*Auswechselung*) sustitución *f* **2.** (*Entschädigung*) indemnización *f*; **Ersatzreifen** *m* rueda *f* de recambio; **Ersatzteil** *nt* (pieza *f* de) repuesto *m*; **ersatzweise** [ɛɛ'zatsvaizə] *adv* como alternativa
erschaffen* *irr vt* (*geh*) crear
erscheinen* *irr vi sein* (*sichtbar werden*) aparecer; (*sich einfinden*) presentarse; (*Buch*) publicarse; **es erscheint mir wünschenswert, dass ...** me parece conveniente que... +*subj*
Erscheinung *f* <-en> (*Tatsache*) fe-

nómeno *m;* (*Gestalt*) figura *f;* (*äußere*) apariencia *f;* **in ~ treten** manifestarse
erschienen *pp von* **erscheinen**
erschießen* *irr vt* matar de un tiro; (*hinrichten*) fusilar
erschlagen¹ *adj* (*fam: erschöpft*) hecho polvo; (*fassungslos*) atónito
erschlagen*² *irr vt* matar a golpes
erschließen* *irr vt* (*Land*) explotar; (*Märkte*) abrir
erschlossen *pp von* **erschließen**
erschöpfen* *vt* agotar; **Erschöpfung** *f* <-en> agotamiento *m*
erschossen *pp von* **erschießen**
erschrak 3. *imp von* **erschrecken²**, **erschrecken³**
erschrecken*¹ *vt haben* asustar
erschrecken² <erschrickt, erschrak, erschrocken> *vi sein* asustarse (*über/vor* de)
erschrecken³ <erschreckt *o* erschrickt, erschreckte *o* erschrak, erschreckt *o* erschrocken> *vr haben:* **sich ~** (*fam*) asustarse (*über/vor* de)
erschreckend *adj* alarmante
erschrickt 3. *präs von* **erschrecken²**, **erschrecken³**
erschrocken [ɛɛ'ʃrɔkən] *pp von* **erschrecken²**, **erschrecken³**
erschüttern* [ɛɛ'ʃʏtɐn] *vt* **1.** (*Explosion*) hacer temblar **2.** (*Glauben*) quebrantar; (*Vertrauen*) poner en duda **3.** (*Nachricht*) conmocionar
erschütternd *adj* conmovedor
erschweren* [ɛɛ'ʃve:rən] *vt* dificultar
erschwinglich [ɛɛ'ʃvɪŋlɪç] *adj* asequible
ersetzen* *vt* (*auswechseln*) cambiar; (*Person*) sustituir; (*Ausgaben*) reembolsar; **jdm einen Schaden ~** indemnizar a alguien por un daño
ersichtlich [ɛɛ'zɪçtlɪç] *adj* evidente; **ohne ~en Grund** sin motivo apa-

rente

ersparen* *vt* *(Ärger)* evitar; **ihr bleibt aber auch nichts erspart** *(fam)* a ella le toca todo

Ersparnis *f* <-se> ahorro *m*

erst [e:ɐst] **I.** *adv* *(zuerst)* primero; *(an erster Stelle)* en primer lugar; *(zu Beginn)* al principio; *(nicht früher als)* no hasta; *(nur)* sólo; **er kam ~ gestern** no vino hasta ayer **II.** *part:* **gerade ~** ahora mismo; **jetzt ~ recht!** ¡ahora más que nunca!

erstarren* *vi sein (vor Kälte)* helarse; *(vor Schreck)* quedarse de piedra

erstatten* [ɛɐ'ʃtatən] *vt* *(Kosten)* reembolsar

erstaunen* *vt* sorprender

Erstaunen *nt* <-s, *ohne pl*> asombro *m;* **zu meinem größten ~** para mi gran sorpresa

erstaunlich *adj* asombroso

erste(r, s) ['e:ɐstə, -tə, -təs] *adj* primero; **das ~ Mal** la primera vez; **zum ~n Mal** por primera vez; **fürs Erste** de momento; *s.a.* **achte(r, s)**

erstechen* *irr vt* acuchillar

erstellen* *vt* hacer

erste(n)mal[ALT] ['e:ɐstəma:l, 'e:ɐstən'ma:l] *adv s.* **erste(r, s)**

erstens ['e:ɐstəns] *adv* en primer lugar; *(bei Aufzählung)* primero; *s.a.* **achtens**

ersticken* [ɛɐ'ʃtɪkən] *vi sein* asfixiarse

erstklassig ['e:ɐstklasɪç] *adj* excelente

erstmalig ['e:ɐstma:lɪç] **I.** *adj* primero **II.** *adv* por primera vez

erstmals ['e:ɐstma:ls] *adv* por primera vez

erstochen *pp von* **erstechen**

erstrebenswert *adj* que vale la pena

erstrecken* *vr:* **sich ~** *(räumlich)* extenderse *(über* por); *(zeitlich)* durar *(über);* *(betreffen)* referirse *(auf* a);

ertappen* *vt* pillar; **jdn auf frischer Tat ~** sorprender a alguien en flagrante; **erteilen*** *vt* *(Erlaubnis)* conceder; *(Rat)* dar; *(Unterricht,)* impartir; **sie erteilte ihm das Wort** le concedió la palabra

Ertrag [ɛɐ'tra:k] *m* <-(e)s, -träge> *(Produktmenge)* rendimiento *m;* *(Gewinn)* beneficio *m;* (AGR) cosecha *f*

ertragen* *irr vt* soportar

erträglich [ɛɐ'trɛːklɪç] *adj* soportable; *(fam: recht gut)* pasable

ertränken* *vt* ahogar; **erträumen*** *vt* soñar (con); **ertrinken*** *irr vi sein* ahogarse

ertrunken *pp von* **ertrinken**

erübrigen* [ɛɐ'yːbrɪgən] **I.** *vt* *(haben)* tener **II.** *vr:* **sich ~** ser superfluo

erwachen* *vi sein (geh)* despertar

erwachsen [ɛɐ'vaksən] *adj* adulto

Erwachsene(r) *f(m) dekl wie adj* adulto, -a *m, f*

erwägen* [ɛɐ'vɛːgən] <erwägt, erwog, erwogen> *vt* considerar

Erwägung *f* <-en> consideración *f;* **etw in ~ ziehen** tomar algo en consideración

erwähnen* [ɛɐ'vɛːnən] *vt* mencionar

erwärmen* *vt* calentar

erwarten* *vt* esperar; **sie kann es kaum noch ~** casi no puede aguardar; **das war zu ~** esto era de esperar; **etw von jdm ~** esperar algo de alguien

Erwartung *f* <-en> expectativa *f;* **den ~en entsprechen** ser conforme a lo esperado; **erwartungsvoll I.** *adj* ilusionado **II.** *adv* lleno de expectación

erwecken* *vt* *(Zweifel)* dar lugar (a); *(Vertrauen)* inspirar; **Vertrauen ~d** que inspira confianza; **erweisen*** [ɛɐ'vaɪzən] *irr* **I.** *vt* *(nachweisen)* comprobar; (Gefallen) hacer; (Dankbarkeit) mostrar **II.** vr: **sich ~** resultar; **erweitern*** [ɛɐ̯'vaɪtɐn] vt, vr: **sich ~** ampliar(se) (um en); **Erweiterung** f <-en> **1.** (Anlage, Kenntnisse) ampliación f **2.** (Kapazität) aumento m **3.** (Adern) dilatación f

Erwerb [ɛɐ̯'vɛrp] m <-(e)s, -e> adquisición f

erwerben* irr vt (Waren, Kenntnisse) adquirir; (Anerkennung) ganarse **erwerbstätig** adj activo; **~ sein** estar en activo; **Erwerbstätigkeit** f actividad f remunerada

erwidern* [ɛɐ̯'viːdɐn] vt (antworten) contestar (auf a); (Gruß, Besuch) devolver

erwiesen pp von **erweisen**

erwirtschaften* vt producir

erwischen* vt (fam) pillar

erwog [ɛɐ̯'voːk] 3. imp von **erwägen**

erwogen pp von **erwägen**

erworben [ɛɐ̯'vɔrbən] pp von **erwerben**

erwünscht [ɛɐ̯'vʏnʃt] adj deseado

erwürgen* [ɛɐ̯'vʏrgən] vt estrangular

erzählen* vt contar; **mir kannst du nichts ~** (fam) a mí no me puedes engañar; **Erzähler(in)** m(f) <-s, -; -nen> narrador(a) m(f); **Erzählung** f <-en> (LIT) narración f; (Bericht) relato m

erzeugen* vt (herstellen) producir; (hervorrufen) provocar; **Erzeuger(in)** m(f) <-s, -; -nen> **1.** (BIOL) progenitor(a) m(f) **2.** (AGR) productor(a) m(f); **Erzeugnis** nt <-ses, -se> producto m

erziehen* irr vt educar (zu para)

Erzieher(in) m(f) <-s, -; -nen> educador(a) m(f); (Kindergärtner) maestro, -a m, f de un jardín de infancia **Erziehung** f educación f; **Erziehungsberechtigte(r)** mf <-n, -n; -n> titular mf de la patria potestad

erzielen* vt obtener; **eine Einigung ~** llegar a un acuerdo

erzogen pp von **erziehen**

erzwingen* irr vt conseguir por la fuerza

erzwungen pp von **erzwingen**

es [ɛs] **I.** pron pers 3. sg nt **1.** nom ello; (Mensch) él, ella; **~ ist sehr hübsch** es muy bonito **2.** akk lo; **ich weiß ~ nicht** no lo sé **II.** (unpersönlich): **~ regnet** llueve; **ich bin ~** soy yo

Esche ['ɛʃə] f <-n> fresno m

Esel ['eːzəl] m <-s, -> burro m; **Eselsbrücke** f (fam) regla f mnemotécnica

eskalieren* [ɛskali'ːrən] vi sein agravarse

Eskimo ['ɛskimo] m <-s, -s> esquimal m

essbarᴿᴿ ['ɛsbaːɐ̯] adj comestible

essen ['ɛsən] <isst, aß, gegessen> vi, vt comer; **zu Mittag/Abend ~** almorzar/cenar

Essen nt <-s, -> comida f; (Gericht) plato m

Essig ['ɛsɪç] m <-s, -e> vinagre m

Esslöffelᴿᴿ m cuchara f; **ein ~ Mehl** una cucharada de harina; **Esszimmer**ᴿᴿ nt comedor m

Estland ['ɛstlant] nt <-s> Estonia f

estnisch ['ɛstnɪʃ] adj estonio

Estremadura [ɛstrema'duːra] f Extremadura f

etablieren* [eta'bliːrən] vt, vr: **sich ~** establecer(se)

Etage [e'taːʒə] f <-n> piso m

Etappe [e'tapə] f <-n> etapa f

Etat [e'taː] m <-s, -s> presupuesto m

etc. [ɛːtəˈtseː] Abk. von **et cetera** etc.

Ethik ['eːtɪk] f ética f

ethisch adj ético

Etikett [eti'kɛt] nt <-(e)s, -e(n)> rótulo m

etliche(r, s) [ˈɛtlɪçə, -çɐ, -çəs] *pron indef* (*geh*) algunos *mpl*, algunas *fpl*; **er ist um ~s älter als ich** es bastante mayor que yo

Etui [ɛtˈviː, etyˈiː] *nt* <-s, -s> estuche *m*

etwa [ˈɛtva] *adv* aproximadamente

etwas [ˈɛtvas] *pron indef* algo; (*ein bisschen*) un poco; **ohne ~ zu sagen** sin decir nada; **das ist ~ anderes** esto es otra cosa

EU [eːˈʔuː] *f Abk. von* **Europäische Union** UE *f;* **EU-Asylpolitik** *f* política *f* de asilo de la UE; **EU-Außengrenze** *f* frontera *f* exterior de la UE; **EU-Außenminister** *m* ministro, -a *m, f* de política exterior de la UE

euch [ɔɪç] **I.** *pron pers mfpl dat/akk von* **ihr** os; (*betont*) a vosotros/vosotras... (os); (*mit Präposition*) vosotros/vosotras; **gehören ~ die Räder?** ¿son vuestras las bicis? **II.** *pron refl mfpl dat/akk von* **ihr** os; **setzt ~!** ¡sentaos!

euer [ˈɔɪɐ] *pron pers pl gen von* **ihr** de vosotros/vosotras

euer, euere, euer *pron poss* (*adjektivisch*) vuestro *m*, vuestra *f*, vuestros *mpl*, vuestras *fpl*; **~ Sohn** vuestro hijo

euere(r, s) *pron poss* (*substantivisch*) (el) vuestro *m*, (la) vuestra *f*, (los) vuestros *mpl*, (las) vuestras *fpl s.a.* **euer, euere, euer**

Eule [ˈɔɪlə] *f* <-n> lechuza *f*

EU-Osterweiterung *f ohne pl* ampliación *f* comunitaria al Este

Euphorie [ɔɪfoˈriː] *f* <-n> euforia *f*

euphorisch [ɔɪˈfoːrɪʃ] *adj* eufórico

eure(r, s) [ˈɔɪrə, -rɐ, -rəs] *pron poss o pron pers s.* **euer**

euresgleichen [ˈ--ˈ--] *pron indef* de vuestra condición

euretwegen [ˈɔɪrətveːgən] *adv* por vosotros; (*negativ*) por vuestra culpa

Euro [ˈɔɪro] *m* <-(s), -(s)> euro *m*

Eurocheque *m* <-s, -s> eurocheque *m*

Europa [ɔɪˈroːpa] *nt* <-s> Europa *f*

Europäer(in) [ɔɪroˈpɛːɐ] *m(f)* <-s, -; -nen> europeo, -a *m, f*

europäisch *adj* europeo

Europameisterschaft *f* campeonato *m* de Europa

Euter [ˈɔɪtɐ] *m* <-s, -> ubre *f*

EU-Verfassung *f* constitución *f* europea

ev. (REL) *Abk. von* **evangelisch** protestante

e. V., E. V. *Abk. von* **eingetragener Verein** sociedad *f* registrada

evakuieren* [evakuˈiːrən] *vt* evacuar

evangelisch [evanˈgeːlɪʃ] *adj* evangélico

eventuell [evɛntuˈɛl] *adj* eventual

Evolution [evolutsjoːn] *f* <-en> evolución *f*

evtl. *Abk. von* **eventuell** eventual

ewig [ˈeːvɪç] *adj* eterno; (*fam: ständig*) continuo; **für immer und ~** para siempre jamás; **das dauert ja ~** esto dura una eternidad

Ewigkeit *f* <-en> eternidad *f*

exakt [ɛˈksakt] *adj* exacto

Examen [ɛˈksaːmən] *nt* <-s, - *o* Examina> examen *m*

Exemplar [ɛksɛmˈplaːɐ] *nt* <-s, -e> ejemplar *m*

Exil [ɛˈksiːl] *nt* <-s, -e> exilio *m;* **ins ~ gehen** exiliarse

Existenz [ɛksɪsˈtɛnts] *f* <-en> **1.** (*berufliche Stellung*) sustento *m;* **sich** *dat* **eine ~ aufbauen** montar un negocio **2.** *ohne pl* (*Dasein*) existencia *f;* **Existenzgründer(in)** *m(f)* trabajador(a) *m(f)* que se hace autónomo y crea una empresa nueva; **Existenzgrundlage** *f* base *f* de vida; **Existenzminimum** *nt* <-s, *ohne pl*> mínimo *m* vital

existieren* [ɛksɪs'tiːrən] *vi* existir
exklusiv [ɛksklu'ziːf] *adj* exclusivo
exotisch [ɛ'ksoːtɪʃ] *adj* exótico
expandieren* [ɛkspan'diːrən] *vi* expandir
Expansion [ɛkspan'zjoːn] *f* <-en> expansión *f*
Expedition [ɛkspedi'tsjoːn] *f* <-en> expedición *f*
Experiment [ɛksperi'mɛnt] *nt* <-(e)s, -e> experimento *m*
experimentieren* *vi* experimentar
Experte, Expertin [ɛks'pɛrtə] *m, f* <-n, -n; -nen> experto, -a *m, f*
explodieren* [ɛksplo'diːrən] *vi sein* explotar
Explosion [ɛksplo'zjoːn] *f* <-en> explosión *f*; **Explosionsgefahr** *f* peligro *m* de explosión
Export [ɛks'pɔrt] *m* <-(e)s, -e> exportación *f*
exportieren* [ɛkspɔr'tiːrən] *vt* exportar
Exportschlager *m* producto *m* de gran exportación
extern [ɛks'tɛrn] *adj* externo
extra ['ɛkstra] **I.** *adj inv* (*fam: zusätzlich*) adicional; (*gesondert*) separado; **auf einem ~ Blatt** en hoja aparte **II.** *adv* (*gesondert*) separado; (*zusätzlich*) extra; (*eigens*) especialmente; **das hast du ~ gemacht** (*fam*) esto lo has hecho a propósito
Extrakt [ɛks'trakt] *m o nt* <-(e)s, -e> extracto *m*
extravagant ['ɛkstravagant, ---'-] *adj* extravagante
extrem [ɛks'treːm] **I.** *adj* extremo **II.** *adv* en extremo
extremistisch *adj* extremista
extrovertiert [ɛkstrovɛr'tiːɐt] *adj* extravertido
exzellent [ɛkstsɛ'lɛnt] *adj* excelente
exzentrisch [ɛks'tsɛntrɪʃ] *adj* excéntrico

Exzess^RR [ɛks'tsɛs] *m* <-es, -e> exceso *m*; **etw bis zum ~ treiben** excederse en algo

F

F, f [ɛf] *nt* <-, -> F, f *f*
Fabel ['faːbəl] *f* <-n> fábula *f*; **fabelhaft** *adj* fabuloso
Fabrik [fa'briːk] *f* <-en> fábrica *f*; **Fabrikarbeiter(in)** *m(f)* obrero, -a *m, f* de fábrica
Facette [fa'sɛtə] *f* <-n> faceta *f*
Fach [fax] *nt* <-(e)s, Fächer> (*im Schrank, Postfach*) casilla *f*; (*Fachgebiet*) especialidad *f*; (*Unterrichtsfach*) asignatura *f*; **Facharbeiter(in)** *m(f)* obrero, -a *m, f* cualificado, -a; **Facharzt, -ärztin** *m, f* (*médico, -a m, f*) especialista *mf*; **Fachausdruck** *m* <-(e)s, -drücke> término *m* técnico
Fächer ['fɛçɐ] *m* <-s, -> abanico *m*
Fachfrau *f* experta *f*; **Fachgebiet** *nt* especialidad *f*; **Fachgeschäft** *nt* tienda *f* especializada; **Fachhandel** *m* comercio *m* especializado; **Fachhochschule** *f* escuela *f* técnica superior; **Fachkenntnisse** *fpl* conocimientos *mpl* técnicos; **fachkundig** ['faxkʊndɪç] *adj* competente
fachlich *adj* profesional
Fachmann *m* <-(e)s, -leute *o* -männer> experto *m*
fachmännisch ['faxmɛnɪʃ] *adj* profesional
fachsimpeln ['-zɪmpəln] *vi* (*fam*) hablar de asuntos profesionales
Fachsprache *f* lenguaje *m* técnico
Fachwerkhaus *nt* casa *f* de paredes entramadas

Fackel [ˈfakəl] *f* <-n> antorcha *f*

fad(e) [faːt, ˈfaːdə] *adj* soso

Faden [ˈfaːdən] *m* <-s, Fäden> hilo *m;* **der rote ~** (*fig*) el hilo conductor; **nach Strich und ~** (*fam*) totalmente

fähig [ˈfɛːɪç] *adj* capaz (*zu* de)

Fähigkeit *f* <-en> **1.** (*Begabung*) talento *m* **2.** *ohne pl* (*das Imstandesein*) capacidad *f* (*zu* para)

fahnden [ˈfaːndən] *vi:* **nach jdm ~** buscar a alguien

Fahndung *f* <-en> búsqueda *f* (*nach* de)

Fahne [ˈfaːnə] *f* <-n> bandera *f;* **eine ~ haben** (*fam*) apestar a alcohol

Fahrbahn *f* vía *f;* **von der ~ abkommen** salirse de la carretera

Fähre [ˈfɛːrə] *f* <-n> ferry *m*

fahren [ˈfaːrən] <fährt, fuhr, gefahren> **I.** *vi sein* (*losfahren*) salir; (*sich fortbewegen*) ir (*mit* en); (*verkehren*) circular; (*reisen*) ir (*nach* a); **Ski ~** esquiar; **sie fuhr ihm durch die Haare** le pasó la mano por el pelo **II.** *vt* **1.** *haben o sein* (*Straße, Umleitung*) ir (por) **2.** *haben* (*befördern*) transportar; **ich fahre dich nach Hause** te llevo a casa **3.** *haben* (*steuern*) conducir

Fahrer(in) [ˈfaːre] *m(f)* <-s, -; -nen> (*Autofahrer, Busfahrer*) conductor(a) *m(f);* (*Chauffeur*) chófer *mf*

Fahrgast *m* pasajero, -a *m, f*

Fahrkarte *f* billete *m,* boleto *m* Am; **Fahrkartenautomat** *m* distribuidor *m* automático de billetes; **Fahrkartenschalter** *m* ventanilla *f* de venta de billetes

fahrlässig [ˈfaːrlɛsɪç] *adj* negligente; **Fahrlässigkeit** *f* <-en> negligencia *f*

Fahrplan *m* horario *m;* **fahrplanmäßig** *adj* conforme al horario previsto

Fahrrad [ˈfaːraːt] *nt* bicicleta *f;* **Fahrradweg** *m* carril *m* para bicicletas

Fahrschein *m* s. **Fahrkarte; Fahrschule** *f* autoescuela *f;* **Fahrstuhl** *m* ascensor *m*

Fahrt [faːrt] *f* <-en> (*Reise*) viaje *m;* **auf der ~** durante el viaje; **freie ~ haben** tener el paso libre; **er kommt richtig in ~** (*fam*) se está animando

fährt [fɛːrt] **3.** *präs von* **fahren**

Fährte [ˈfɛːrtə] *f* <-n> pista *f*

Fahrtkosten *pl* gastos *mpl* de viaje; **Fahrtrichtung** *f* sentido *m* de marcha; **in ~ Süden** en dirección al Sur; **Fahrtwind** *m* viento *m* en contra

Fahrzeit *f* duración *f* del trayecto; **nach einer ~ von drei Stunden** después de tres horas de viaje

Fahrzeug *nt* <-(e)s, -e> vehículo *m;* **Fahrzeughalter(in)** *m(f)* titular *mf* del vehículo; **Fahrzeugschein** *m* documentación *f* del vehículo

Faible [ˈfɛːbəl] *nt* <-s, -s> (*geh*) afición *f* (*für* a)

fair [fɛːe] *adj* (*gerecht*) justo

faken [ˈfeɪkn̩] *vt* (*fam*) fingir

Fakten [ˈfaktən] *pl von* **Faktum**

Faktor [ˈfaktoːe] *m* <-s, -en> factor *m*

Faktum [ˈfaktʊm] *nt* <-s, Fakten> hecho *m;* **sich auf die Fakten stützen** basarse en los hechos

Falke [ˈfalkə] *m* <-n, -n> halcón *m*

Fall [fal] *m* <-(e)s, Fälle> (*a.* LING) caso *m;* **gesetzt den ~, dass …** pongamos por caso que… +*subj;* **auf gar keinen ~** de ninguna manera; **auf jeden ~** en cualquier caso; **auf alle Fälle** de todas maneras; **für alle Fälle** por si acaso

Falle [ˈfalə] *f* <-n> trampa *f*

fallen [ˈfalən] <fällt, fiel, gefallen> *vi sein* (*hinabfallen*) caer; (*sinken*) descender; **~ lassen** (*Dinge*) dejar caer;

(*Plan*) abandonar; **eine Bemerkung ~ lassen** dejar caer un comentario; **jdm um den Hals ~** echar(le) los brazos a/ cuello a alguien; **er fiel ihr ins Wort** la interrumpió; **im Preis ~** bajar de precio; **die Wahl fiel auf ihn** salió elegido él; **das fällt auch in diese Kategorie** esto también entra en esta categoría

fällen ['fɛlən] *vt* (*Baum*) talar; (*Entscheidung*) tomar; **ein Urteil über jdn ~** juzgar a alguien

fallen|lassen *irr vt s.* **fallen**

fällig ['fɛlɪç] *adj* **1.** (FIN: *Zinsen*) pagadero; **morgen wird die Zahlung ~** mañana se cumple el plazo **2.** (*notwendig*) necesario

falls [fals] *konj* en caso de que +*subj*

Fallschirm *m* paracaídas *m inv*

fällt [fɛlt] *3. präs von* **fallen**

falsch [falʃ] **I.** *adj* (*unecht, hinterhältig*) falso; (*unrichtig*) incorrecto; **~er Alarm** falsa alarma; **~e Versprechungen machen** hacer promesas en vano **II.** *adv* mal; **Sie sind ~ verbunden** (TEL) se ha equivocado Ud. de número; **~ parken** aparcar en lugar prohibido

fälschen ['fɛlʃən] *vt* falsificar

Falschgeld *nt* dinero *m* falso

Fälschung ['fɛlʃʊŋ] *f* <-en> falsificación *f*

Faltblatt *nt* folleto *m*

Falte ['faltə] *f* <-n> (*in Stoff*) pliegue *m*; (*Hautfalte*) arruga *f*

falten ['faltən] *vt* (*Papier*) doblar; (*Stoff*) plegar; (*Hände*) juntar

Falter ['faltə] *m* <-s, -> mariposa *f*

faltig *adj* arrugado

familiär [famiˈljɛːɐ] *adj* familiar

Familie [faˈmiːljə] *f* <-n> familia *f*; **eine ~ gründen** fundar un hogar; **Familienkreis** *m* familia *f*, seno *m* de la familia; **im engsten ~** (*privat*) en la más estricta intimidad; **Famili-**

enmitglied *nt* miembro *m* de la familia; **Familienname** *m* apellido *m*; **Familienstand** *m* <-(e)s, *ohne pl*> estado *m* civil; **Familienvater** *m* padre *m* de familia

Fan [fɛn, fɛːn] *m* <-s, -s> fan *mf*; (*Fußballfan*) hincha *mf*

Fanatiker(in) [faˈnaːtike] *m(f)* <-s, -; -nen> fanático, -a *m, f*

fanatisch [faˈnaːtɪʃ] *adj* fanático

Fanatismus [fanaˈtɪsmʊs] *m* <-, *ohne pl*> fanatismo *m*

fand [fant] *3. imp von* **finden**

Fang [faŋ] *m* <-(e)s, *ohne pl*> **1.** (*Fischfang*) pesca *f* **2.** (*Beute*) presa *f*; (*Fische*) redada *f*; **einen guten ~ machen** hacer una buena presa

fangen ['faŋən] <fängt, fing, gefangen> **I.** *vt* (*Ball*) coger; (*Fisch*) pescar; (*Verbrecher*) apresar **II.** *vr:* **sich ~** (*seelisch*) dominarse

fängt [fɛŋt] *3. präs von* **fangen**

Fanklub *m* club *m* de fans

Fantasie [fantaˈziː] *f* <-n> fantasía *f*; **fantasielos**^{RR} *adj* sin imaginación

fantasieren* [fantaˈziːrən] *vi* fantasear; (MED) delirar

fantasievoll^{RR} *adj* con mucha imaginación

fantastisch *adj* fantástico

Farbe ['farbə] *f* <-n> **1.** (*Farbton*) color *m*; (*Gesichtsfarbe*) tez *f*; **~ bekommen** ponerse moreno **2.** (*zum Anstreichen*) pintura *f*; (*zum Färben*) tinte *m*

färben ['fɛrbən] *vt, vr:* **sich ~** teñir(se) (de)

farbenblind *adj* daltónico

Farbfoto *nt* foto *f* en color

farbig ['farbɪç] *adj* (*a. Hautfarbe*) de color; (*lebhaft*) pintoresco

Farbige(r) ['farbɪgə] *mf* <-n, -n; -n> ciudadano, -a *m, f* de color, trigueño, -a *m, f Am*

farblos *adj* descolorido; *(Lack)* tra(n)sparente; *(langweilig)* aburrido; **Farbstift** *m* lápiz *m* de color; **Farbstoff** *m* colorante *m;* **Farbton** *m* <-(e)s, -töne> matiz *m* (de color)

Färbung ['fɛrbʊŋ] *f* <-en> *(das Färben)* teñido *m;* *(Tönung)* tinte *m*

Farm [farm] *f* <-en> finca *f,* hacienda *f Am*

Farn [farn] *m* <-(e)s, -e> helecho *m*

Fasan [fa'za:n] *m* <-s, -e(n)> faisán *m*

Fasching ['faʃɪŋ] *m* <-s, -s *o* -e> *(Österr, südd)* carnaval *m*

Faschismus [fa'ʃɪsmʊs] *m* <-, *ohne pl*> fascismo *m*

Faschist(in) [fa'ʃɪst] *m(f)* <-en, -en; -nen> fascista *mf*

faschistisch *adj* fascista

faseln ['fa:zəln] *vi* (*fam abw*) decir tonterías; **dummes Zeug ~** decir tonterías

Faser ['fa:zɐ] *f* <-n> fibra *f*

Fass [fas] *nt* <-es, Fässer> barril *m*

Fassade [fa'sa:də] *f* <-n> fachada *f*

fassbar *adj* concreto

fassen ['fasən] **I.** *vt* *(ergreifen)* coger; *(festnehmen)* detener; *(aufnehmen)* tener capacidad (para); *(Entschluss)* tomar; **etw ins Auge ~** tomar algo en consideración; **etw in Worte ~** expresar algo con palabras; **es ist nicht zu ~!** ¡es increíble! **II.** *vr:* **sich ~** *(sich beruhigen)* calmarse

Fassung ['fasʊŋ] *f* <-en> **1.** *(Glühbirne)* portalámparas *m inv;* *(Buch)* versión *f* **2.** *ohne pl* *(Beherrschung)* serenidad *f;* **die ~ verlieren/bewahren** perder/guardar calma; **jdn aus der ~ bringen** sacar de quicio a alguien; **fassungslos** *adj* desconcertado

fast [fast] *adv* casi

fasten ['fastən] *vi* ayunar

Fastenzeit *f* período *m* de ayuno; *(im Christentum)* cuaresma *f*

Fastfood^{RR} [fa:st fu:t] *nt* <-, -(s)> comida *f* rápida

Fastnacht *f* carnaval *m*

Faszination [fatsina'tsjo:n] *f* fascinación *f*

faszinieren* [fastsi'ni:rən] *vt* fascinar

faszinierend *adj* fascinante

fatal [fa'ta:l] *adj* fatal

fauchen ['fauxən] *vi* *(Katze)* bufar; *(abw: Mensch)* refunfuñar

faul [faul] *adj* *(verdorben)* podrido; *(träge)* perezoso; *(fam abw: zweifelhaft)* sospechoso; **sich auf die ~e Haut legen** tumbarse a la bartola; **an der Sache ist was ~** aquí hay gato encerrado; **eine ~e Ausrede** una excusa ridícula

faulen ['faulən] *vi sein* pudrirse

faulenzen ['faulɛntsən] *vi* holgazanear

Faulheit *f* pereza *f*

Fäulnis ['fɔɪlnɪs] *f* podredumbre *f*

Faulpelz *m* (*fam abw*) perezoso, -a *m, f*

Fauna ['fauna] *f* <Faunen> fauna *f*

Faust [faust] *f* <Fäuste> puño *m;* **die ~ ballen** cerrar el puño; **auf eigene ~ handeln** actuar por su propia cuenta; **das passt wie die ~ aufs Auge** (*fam*) eso no pega ni con cola

Favorit(in) [favo'ri:t] *m(f)* <-en, -en; -nen> favorito, -a *m, f*

Fax ['faks] *nt* <-, -(e)> fax *m inv*

faxen *vt* mandar por fax

Fazit ['fa:tsɪt] *nt* <-s, -s> resultado *m;* **das ~ aus etw ziehen** sacar las conclusiones de algo

Februar ['fe:brua:ɐ] *m* <-(s), -e> febrero *m; s.a.* **März**

fechten ['fɛçtən] <ficht, focht, gefochten> *vi* practicar la esgrima

Feder ['fe:dɐ] *f* <-n> *(Vogelfeder)* pluma *f;* (TECH) resorte *m;* **sich mit**

fremden ~n schmücken adornarse con los méritos de otros; **Federball** m **1.** (*Ball*) pelota f de bádminton **2.** *ohne pl* (SPORT) bádminton m; **Federbett** nt plumón m

federn vi (*schwingen*) ser elástico

Federung f <-en> (*bei Möbeln*) muelles mpl; (AUTO) suspensión f

Fee |fe:| f <-n> hada f

Feedback nt <-s, -s>, **Feedback**[RR] |fi:t'bɛk| nt <-s, -s> feedback m

fegen |'fe:gən| I. vi **1.** haben (*kehren*) barrer **2.** sein (*rasen*) ir a toda mecha; (*Wind*) soplar con fuerza II. vt haben (*Zimmer*) barrer; (*Schornstein*) deshollinar

Fehde |'fe:də| f <-n> querella f

fehl |fe:l| adv: ~ **am Platz sein** (*Person*) estar de más; (*Bemerkung*) no venir al caso

Fehlalarm m falsa alarma f; **Fehleinschätzung** f estimación f falsa

fehlen |'fe:lən| vi faltar; **du hast mir sehr gefehlt** te he echado mucho de menos; **was fehlt dir?** ¿qué te pasa?; **weit gefehlt!** ¡ni mucho menos!

Fehlentscheidung f decisión f equivocada

Fehler |'fe:le| m <-s, -> (*Irrtum*) falta f; (*Mangel*) defecto m; **einen ~ machen** cometer un error; **das war nicht dein ~** no fue culpa tuya; **fehlerfrei** adj sin faltas; **fehlerhaft** adj (*kaputt*) defectuoso; (*falsch*) incorrecto; **Fehlermeldung** f (INFOR) aviso m de error

Fehlgeburt f aborto m involuntario; **Fehlinformation** f falsa información f

fehl|schlagen irr vi sein fracasar

Fehltritt m paso m en falso

Feier |'faɪe| f <-n> (*Fest*) fiesta f; (*Zeremonie*) festividad f; **zur ~ des Tages** para celebrar el día; **Feierabend**

m fin m del trabajo; (*von Geschäften*) hora f de cierre; ~ **haben** salir del trabajo

feierlich adj solemne

feiern |'faɪen| I. vt (*Party, Weihnachten*) celebrar; (*umjubeln*) aplaudir II. vi estar de fiesta

Feiertag m día m festivo; **feiertags** adv los festivos

feig(e) |faɪk, 'faɪgə| adj cobarde

Feige |'faɪgə| f <-n> higo m

Feigheit |'faɪkhaɪt| f cobardía f

Feigling |'faɪklɪŋ| m <-s, -e> cobarde mf

Feile |'faɪlə| f <-n> lima f

feilen |'faɪlən| vt limar

feilschen |'faɪlʃən| vi regatear (*um*)

fein |faɪn| adj **1.** (*zart*) fino; (*Strich*) delgado; (*Sand, Regen*) menudo **2.** (*vornehm*) fino; (*elegant*) elegante **3.** (*genau*) preciso; ~ **säuberlich** nítidamente; **eine ~e Nase haben** tener un olfato muy fino **4.** (*fam: erfreulich*) bueno; ~, **dass du wieder da bist** qué bien que ya hayas vuelto

Feind(in) |faɪnt| m(f) <-(e)s, -e; -nen> enemigo, -a m, f; **sich** dat **jdn zum ~ machen** enemistarse con alguien

feindlich adj enemigo

Feindschaft f enemistad f

feindselig |'-ze:lɪç| adj hostil

Feindseligkeit f hostilidad f

feinfühlig adj sensible, delicado

Feingefühl nt <-(e)s, ohne pl> tacto m

Feinschmecker(in) m(f) <-s, -; -nen> gourmet mf

Feld |fɛlt| nt <-(e)s, -er> campo m; (*auf Spielbrett, Formular*) casilla f; (SPORT: *Spielfeld*) terreno m de juego; **das ~ räumen** dejar el campo libre; **Feldflasche** f cantimplora f; **Feldweg** m camino m vecinal

Felge |'fɛlgə| f <-n> (*Radfelge*) llanta *f*

Fell |fɛl| *nt* <-(e)s, -e> piel *f;* **ein dickes ~ haben** (*fam fig*) tener una coraza en lugar de piel

Fels |fɛls| *m* <-ens, -en> (*geh*), **Felsen** |'fɛlzən| *m* <-s, -> roca *f;* **felsenfest** |'--'-| *adj* firme; **ich bin ~ davon überzeugt, dass ...** estoy firmemente convencido de que...

felsig |'fɛlzɪç| *adj* rocoso

feminin |femi'niːn| *adj* femenino

Feminismus |femi'nɪsmʊs| *m* <-, ohne pl> feminismo *m*

Feminist(in) |femi'nɪst| *m(f)* <-en, -en; -nen> feminista *mf*

feministisch *adj* feminista

Fenchel |'fɛnçəl| *m* <-s, -> hinojo *m*

Fenster |'fɛnstɐ| *nt* <-s, -> (*a. INFOR*) ventana *f;* (*an Fahrzeugen*) ventanilla *f;* **zum ~ hinausschauen** mirar por la ventana; **Fensterbank** *f* <-bänke>, **Fensterbrett** *nt* antepecho *m;* **Fensterheber** |'fɛnstɐheːbɐ| *m* <-s, -> elevalunas *m inv;* **Fensterladen** *m* contraventana *f;* **Fensterscheibe** *f* cristal *m;* (*Auto, Schaufenster*) luna *f*

Ferien |'feːriən| *pl* vacaciones *fpl;* **die großen ~** las vacaciones de verano; **Ferienwohnung** *f* apartam(i)ento *m* para las vacaciones

Ferkel |'fɛrkəl| *nt* <-s, -> lechón *m;* (*fam: Mensch*) cochino, -a *m, f*

fern |fɛrn| **I.** *adj* lejano; **der Ferne Osten** el Extremo Oriente **II.** *adv* lejos; **Fernbedienung** *f* mando *m* a distancia; **fern|bleiben** *irr vi sein* (*geh*) no asistir (a)

Ferne |'fɛrnə| *f* lejanía *f;* **aus der ~ betrachtet** visto de lejos; **in weiter ~ liegen** estar lejos

ferner |'fɛrnɐ| *konj* (*außerdem*) además

Fernfahrer(in) *m(f)* camionero, -a *m, f;* **Ferngespräch** *nt* (*Inland*) lla-

mada *f* interurbana; (*Ausland*) llamada *f* internacional; **ferngesteuert** |'fɛrngeʃtɔɪrt| *adj* teledirigido; **Fernglas** *nt* prismáticos *mpl;* **fern|halten** *irr vt, vr:* (*sich*) **~ von etw/ jdm** (*geh*) mantener(se) alejado de algo/alguien; **Fernlicht** *nt* <-(e)s, ohne pl> (*AUTO*) luz *f* larga; **fern|liegen** *irr vi:* **es liegt mir fern zu ...** no tengo la intención de...; **nichts liegt mir ferner als ...** nada más lejos de mi voluntad que...; **Fernost** |fɛrn'ʔɔst| *m* Extremo Oriente *m;* **Fernrohr** *nt* telescopio *m;* **Fernschule** *f* escuela *f* a distancia

Fernsehapparat *m* televisor *m*

fern|sehen *irr vi* ver la tele(visión)

Fernsehen *nt* <-s, ohne pl> televisión *f;* **im ~ übertragen** televisar

Fernseher *m* <-s, -> (*fam*) tele *f*

Fernsehfilm *m* película *f* de televisión; **Fernsehgerät** *nt* televisor *m;* **Fernsehprogramm** *nt* programa *m* de televisión; **Fernsehsender** *m* canal *m* de televisión; **Fernsehturm** *m* torre *f* de televisión

Fernsicht *f* vista *f* panorámica; **Fernsprecher** *m* <-s, -> teléfono *m*

fern|steuern *vt* teledirigir; **Fernsteuerung** *f* telemando *m*

Fernverkehr *m* (*AUTO*) tráfico *m* interurbano; **Fernweh** |'fɛrnveː| *nt* <-(e)s, ohne pl> (*geh*) nostalgia *f* de países lejanos

Ferse |'fɛrzə| *f* <-n> (*a. Strumpfferse*) talón *m;* **jdm** (*dicht*) **auf den ~n sein** ir pisando los talones a alguien

fertig |'fɛrtɪç| *adj* **1.** (*beendet*) terminado; (*vollendet*) listo; **halb ~** a medio hacer; **das Essen ist ~** la comida está lista; **etw ~ bekommen** (*fam*) terminar algo; **etw ~ machen** acabar algo; **sieh zu, wie du damit ~ wirst** (*fam*) arréglatelas como puedas **2.** (*bereit*) listo (*zu* para) **3.** (*fam: er-*

schöpft) rendido; **ich bin fix und ~** estoy hecho polvo; **fertig|bekommen*** *irr vt s.* **fertig 1.; fertig|bringen** *irr vt:* **etw nicht ~** (*fam*) no ser capaz de algo

fertigen ['fɛrtɪgən] *vt* fabricar

Fertiggericht *nt* plato *m* precocinado

Fertigkeit *f* <-en> **1.** (*Geschicklichkeit*) habilidad *f* **2.** *pl* (*Fähigkeit*) aptitudes *fpl;* (*Kenntnis*) conocimientos *mpl*

fertig|machen *vt, vr:* (**sich**) **~** (*fam*) preparar(se); **jdn ~** acabar con alguien; **fertig|stellen** *vt:* **etw ~** concluir algo; **fertig|werden** *vi:* **mit jdm ~** (*fam*) arreglárselas con alguien

Fertigung *f* <-en> fabricación *f*

Fessel ['fɛsəl] *f* <-n> **1.** (*zum Festbinden*) atadura *f;* **jdm ~n anlegen** poner a alguien los grilletes **2.** (ANAT: *beim Menschen*) empeine *m* (del pie)

fesseln ['fɛsəln] *vt* (*festbinden*) atar; (*an den Händen*) maniatar; (*faszinieren*) fascinar; **ans Bett gefesselt sein** (*fig*) tener que guardar cama

fest [fɛst] *adj* **1.** (*kompakt*) sólido **2.** (*stabil*) robusto **3.** (*stark*) fuerte; **die Tür ~ schließen** cerrar la puerta con fuerza; **~ schlafen** dormir profundamente **4.** (*unerschütterlich*) firme; **sie ist ~ entschlossen** está firmemente decidida **5.** (*ständig*) fijo; **~ angestellt** con empleo fijo; **einen ~en Wohnsitz haben** tener un domicilio fijo; **er ist in ~en Händen** (*fam*) tiene novia

Fest [fɛst] *nt* <-(e)s, -e> fiesta *f;* **Frohes ~!** ¡Felices Fiestas!

festangestellt *adj s.* **fest 5.; fest|binden** *irr vt* atar (*an* a)

Festessen *nt* banquete *m*

fest|fahren *irr vr:* **sich ~** (*stecken*

bleiben) atascarse (*in* en); (*Verhandlungen*) estancarse; **fest|halten** *irr* **I.** *vi* aferrarse (*an* a) **II.** *vt* (*halten*) sujetar; (*zurückhalten*) detener; (*aufzeichnen*) retener; (*mit Kamera*) fotografiar **III.** *vr:* **sich ~** sujetarse (*an* en/a)

festigen ['fɛstɪgən] *vt, vr:* **sich ~** consolidar(se)

Festiger *m* <-s, -> fijador *m* (para el pelo)

Festival ['fɛstivəl] *nt* <-s, -s> festival *m*

fest|kleben I. *vi sein* estar pegado (*an* en/a) **II.** *vt* pegar (*an* a/en); **Festland** *nt* **1.** (*Kontinent*) continente *m* **2.** *ohne pl* (*im Gegensatz zum Meer*) tierra *f* firme; **fest|legen I.** *vt* establecer **II.** *vr:* **sich ~** comprometerse (*auf* a)

festlich ['fɛstlɪç] *adj* de fiesta; (*feierlich*) ceremonioso; **etw ~ begehen** celebrar algo

Festlichkeit *f* <-en> festividad *f*

fest|machen *vt* (*vereinbaren*) concertar; (*befestigen*) fijar (*an* en/a); **fest|nageln** *vt* (*Bretter*) clavar (*an* a/en); (*fam: festlegen*) comprometer

Festnahme ['fɛstnaːmə] *f* <-n> detención *f;* **vorläufige ~** detención provisional

fest|nehmen *irr vt* detener

Festplatte *f* disco *m* duro; **Festplattenlaufwerk** *nt* unidad *f* del disco duro

Festrede *f* discurso *m* solemne; **Festsaal** *m* salón *m* de fiestas

fest|schrauben *vt* apretar los tornillos; **fest|setzen I.** *vt* fijar **II.** *vr:* **sich ~** (*Schmutz*) pegarse (*auf* a, *in* en); (*Gedanke*) arraigarse; **fest|sitzen** *irr vi* **1.** (*befestigt sein*) estar fijo **2.** (*Fahrzeug*) estar atascado (*in* en); (*Schiff*) estar encallado

Festspiele *ntpl* festival *m*
fest|stehen *irr vi* (*festgelegt sein*)
estar decidido; (*sicher sein*) ser seguro
fest|stellen *vt* 1. (*ermitteln*) averi-
guar; (*Personalien*) tomar 2. (*bemerken*) notar 3. (*sagen*) manifestar; **Feststellung** *f* 1. (*Ermittlung*) averiguación *f* 2. (*Konstatie-
rung*) comprobación *f*; (*Beobachtung*) observación *f*; **die ~ machen,
dass ...** comprobar que... 3. (*Aussage*) declaración *f*
Festung ['fɛstʊŋ] *f* <-en> fortaleza *f*
fett *adj* (*Speisen*) graso; (*Mensch*)
gordo; **~ gedruckt** (impreso) en negrilla
Fett *nt* <-(e)s, -e> grasa *f*; **~ ansetzen** (*fam*) echar tripa; **Fettabsau-
gen** *nt* <-s, *ohne pl*> liposucción *f*;
fettarm *adj* pobre en grasas
fetten I. *vi* ser grasiento II. *vt* engrasar
fettgedruckt ['fɛtgədrʊkt] *adj s.* **fett**
Fettgehalt *m* contenido *m* en grasa
fettig *adj* grasiento; (*schmierig*) pringoso
fettleibig ['fɛtlaɪbɪç] *adj* obeso
Fettnäpfchen ['fɛtnɛpfçən] *nt:* **ins ~
treten** (*fam*) meter la pata
Fetzen ['fɛtsən] *m* <-s, -> (*Stofffet-
zen, Papierfetzen*) jirón *m*; **er riss
es in ~** lo hizo trizas
fetzig *adj* (*fam: Musik*) marchoso
feucht [fɔɪçt] *adj* húmedo; **~ werden** humedecerse
Feuchtigkeit *f* humedad *f*
feuchtwarm ['-'-] *adj* de calor húmedo; (*schwül*) bochornoso
feudal [fɔɪ'daːl] *adj* (*fam: prächtig*)
elegante
Feuer ['fɔɪɐ] *nt* <-s, -> fuego *m*;
~ fangen (*in Brand geraten*) incendiarse; (*sich begeistern*) entusiasmarse; **haben Sie ~?** ¿tiene fuego?;

~ und Flamme für etw sein (*fam*)
entusiasmarse por algo; **Feueralarm**
m alarma *f* de incendio; **feuerfest**
adj a prueba de fuego; **feuergefähr-
lich** *adj* inflamable; **Feuerleiter** *f*
escalera *f* de incendios; **Feuerlöscher** *m* <-s, -> extintor *m* de incendios; **Feuermelder** *m* <-s, ->
teléfono *m* para avisar a los bomberos
feuern I. *vi* (*schießen*) disparar II. *vt*
(*fam: entlassen*) despedir con cajas
destempladas; (*hinschleudern*) tirar;
jdm eine ~ pegarle a alguien una
bofetada
feuerrot ['---] *adj* rojo encendido
Feuerwehr ['fɔɪvɛːɐ] *f* <-en>
cuerpo *m* de bomberos; **Feuerwehrfrau** *f* bombera *f*; **Feuerwehrmann** *m* <-(e)s, -männer *o* -leute>
bombero *m*
Feuerwerk *nt* fuegos *mpl* artificiales;
Feuerzeug *nt* <-(e)s, -e> mechero
m
Feuilleton [fœja'tõ:] *nt* <-s, -s> (*Zei-
tungsteil*) suplemento *m* cultural
feurig ['fɔɪrɪç] *adj* (*temperamentvoll*)
impetuoso; (*leidenschaftlich*) apasionado
ff. *Abk. von* **folgende** (**Seiten**) y
(páginas) siguientes
Fiasko ['fjasko] *nt* <-s, -s> fracaso *m*
ficht [fɪçt] 3. *präs von* **fechten**
Fichte ['fɪçtə] *f* <-n> abeto *m* rojo
ficken ['fɪkən] *vi, vt* (*vulg*) joder
fidel [fi'deːl] *adj* (*fam*) alegre
Fieber ['fiːbɐ] *nt* <-s, -> fiebre *f*; **fie-
berhaft** *adj* febril; **wir haben ~
nach ihm gesucht** lo hemos buscado como locos; **Fieberthermo-
meter** *nt* termómetro *m*
fiel [fiːl] 3. *imp von* **fallen**
fies [fiːs] *adj* (*fam*) asqueroso
Figur [fi'guːɐ] *f* <-en> figura *f*; **auf
seine ~ achten** cuidar la línea; **er**

machte eine gute ~ causó una buena impresión

Fiktion |fɪk'tsjoːn] *f* <-en> ficción *f*

fiktiv |fɪk'tiːf] *adj* ficticio

Filet |fi'leː] *nt* <-s, -s> filete *m*

Filiale |fi'ljaːlə] *f* <-n> sucursal *f*

Film |fɪlm] *m* <-(e)s, -e> película *f;* (FOTO) carrete *m;* **Filmemacher(in)** *m(f)* <-s, -; -nen> director(a) *m(f)* de cine

filmen |'fɪlmən] *vi, vt* rodar (una película)

Filmkamera *f* cámara *f* de cine; **Filmmusik** *f* banda *f* sonora (de una película); **Filmschauspieler(in)** *m(f)* actor *m* de cine, actriz *f* de cine; **Filmstar** *m* <-s, -s> estrella *f* de cine

Filter |'fɪltɐ] *m* <-s, -> filtro *m*

filtern *vt* filtrar

Filterzigarette *f* cigarrillo *m* con filtro

filzen |'fɪltsən] *vt* (*fam: durchsuchen*) cachear

Filzstift *m* rotulador *m*

Fimmel |'fɪməl] *m* <-s, -> (*fam abw*) manía *f*

Finale |fi'naːlə] *nt* <-s, -> final *f*

Finanzamt |fi'nants-] *nt* Delegación *f* de Hacienda; **Finanzbeamte(r)** *m*, **-beamtin** *f* agente *mf* fiscal

Finanzen |fi'nantsən] *pl* finanzas *fpl*

finanziell |finan'tsjɛl] *adj* financiero

finanzieren* |finan'tsiːrən] *vt* financiar

Finanzminister(in) *m(f)* ministro, -a *m*, *f* de Hacienda; **Finanzpolitik** *f* <-en> (*a.* WIRTSCH) política *f* financiera

finden |'fɪndən] <findet, fand, gefunden> **I.** *vt* encontrar; (*unvermutet*) dar con; (*meinen*) opinar; **Anklang ~** encontrar aprobación; **Beachtung ~** recibir atención; **sie fand keine Ruhe** no halló reposo; **kein Ende**

~ no acabar nunca; ich finde es gut, dass ... me parece bien que... +*subj*

II. *vr:* **das wird sich alles ~** todo se arreglará

Finderlohn *m* <-(e)s, *ohne pl*> gratificación *f*

fing |fɪŋ] *3. imp von* **fangen**

Finger |'fɪŋɐ] *m* <-s, -> dedo *m;* **der kleine ~** el (dedo) meñique; **~ weg!** ¡no lo toques!; **da solltest du lieber die ~ von lassen** (*fam fig*) será mejor que no te metas en esto; **sich** *dat* **etw aus den ~n saugen** sacarse algo de la manga; **jdn um den ~ wickeln** (*fam*) ganarse a alguien; **keinen ~ krumm machen** (*fam*) no dar ni golpe; **Fingerabdruck** *m* <-(e)s, -drücke> huella *f* digital; **Fingerfertigkeit** *f* habilidad *f* manual; **Fingernagel** *m* uña *f*

Fingerspitze *f* punta *f* del dedo; **Fingerspitzengefühl** *nt* <-(e)s, *ohne pl*> tacto *m*

Fingerzeig |'fɪŋɐtsaɪk] *m* <-s, -e> señal *f*

fingieren* |fɪŋ'giːrən] *vt* fingir

Fink |fɪŋk] *m* <-en, -en> pinzón *m*

Finne, Finnin |'fɪnə] *m, f* <-n, -n; -nen> finlandés, -esa *m, f*

finnisch *adj* finlandés

Finnland |'fɪnlant] *nt* <-s> Finlandia *f*

finster |'fɪnstɐ] *adj* oscuro; (*düster*) tenebroso; (*mürrisch*) huraño; **es sieht ~ aus** tiene muy mal aspecto

Finsternis *f* <-se> oscuridad *f*

Finte |'fɪntə] *f* <-n> artimaña *f*

Firma |'fɪrma] *f* <Firmen> empresa *f*

Fisch |fɪʃ] *m* <-(e)s, -e> (ZOOL) pez *m;* (*Gericht*) pescado *m;* (ASTR) piscis *m inv*

fischen *vi, vt* pescar

Fischer(in) *m(f)* <-s, -; -nen> pescador(a) *m(f)*

Fischerei *f* pesca *f*

Fischfang *m* pesca *f;* **auf ~ gehen** ir de pesca; **Fischfilet** *nt* filete *m* de pescado

fit [fɪt] *adj* en (buena) forma

Fitness^RR ['fɪtnɛs] *f* buena forma *f;* **Fitnesscenter**^RR ['fɪtnɛssɛntɐ] *nt* <-s, -> gimnasio *m*

Fittich ['fɪtɪç] *m:* **jdn unter seine ~e nehmen** (*geh*) ocuparse de alguien

fix [fɪks] *adj* (*fest*) fijo; (*fam: schnell*) rápido; **eine ~e Idee** una obsesión

fixen ['fɪksən] *vi* (*sl*) pincharse

Fixer(in) *m(f)* <-s, -; -nen> (*sl*) drogadicto, -a *m, f*

fixieren* [fɪ'ksi:rən] *vt* fijar (*an* a/*en*); **jdn ~** clavar los ojos en alguien; **auf etw fixiert sein** depender emocionalmente de algo

Fjord [fjɔrt] *m* <-(e)s, -e> fiordo *m*

FKK [ɛfka:'ka:] *Abk. von* **Freikörperkultur** nudismo *m*

flach [flax] *adj* **1.** (*eben*) llano; **mit der ~en Hand** con la palma de la mano **2.** (*niedrig*) bajo; (*Gewässer*) poco profundo **3.** (*abw: oberflächlich*) banal

Fläche ['flɛçə] *f* <-n> superficie *f*

Flachland *nt* <-(e)s, *ohne pl*> llanura *f;* **flach|liegen** *irr vi* (*fam: krank sein*) estar enfermo

flackern ['flakɐn] *vi* (*Feuer*) llamear; (*Licht*) centellear

Fladenbrot *nt* pan *m* árabe

Flagge ['flagə] *f* <-n> bandera *f*

Flair [flɛ:ɐ] *nt o m* <-s, *ohne pl*> encanto *m*

flambieren* [flam'bi:rən] *vt* flamear

Flamingo [fla'mɪŋgo] *m* <-s, -s> flamenco *m*

flämisch ['flɛ:mɪʃ] *adj* flamenco

Flamme ['flamə] *f* <-n> llama *f;* **in ~n aufgehen** arder; **in ~n stehen** estar en llamas; **etw auf kleiner ~ kochen** cocinar algo a fuego lento

Flanell [fla'nɛl] *m* <-s, -e> franela *f*

flanieren* [fla'ni:rən] *vi* haben *o sein* callejear

flankieren* *vt* flanquear

flapsig ['flapsɪç] *adj* (*fam*) fresco

Flasche ['flaʃə] *f* <-n> botella *f;* (*für Babys*) biberón *m*, mamadera *f Am;* (*fam: Versager*) cero *m* a la izquierda; **Flaschenöffner** *m* abrebotellas *m inv*

flatterhaft *adj* (*abw*) veleidoso

flattern ['flatɐn] *vi* sein revolotear; (*Fahne*) ondear

flau [flaʊ] *adj* débil; **mir ist ~ im Magen** me mareo

Flause *f* <-n> (*fam*) tontería *f;* **sie hat nur ~n im Kopf** no tiene más que pájaros en la cabeza

Flaute ['flaʊtə] *f* <-n> (NAUT) calma *f* chicha; (FIN) periodo *m* de crisis

flechten ['flɛçtən] <flicht, flocht, geflochten> *vt* tejer; (*Haare*) trenzar; **einen Blumenkranz ~** hacer una corona de flores

Fleck [flɛk] *m* <-(e)s, -e> mancha *f;* (*fam: Stelle*) lugar *m;* **blauer ~** moratón *m;* **nicht vom ~ kommen** no avanzar; **das Herz auf dem rechten ~ haben** tener el corazón en su sitio

Flecken ['flɛkən] *m* <-s, -> (*Farbflecken*) mancha *f*

fleckig ['flɛkɪç] *adj* con manchas

Fledermaus ['fle:dɐmaʊs] *f* murciélago *m*

Flegel ['fle:gəl] *m* <-s, -> (*abw*) grosero, -a *m, f*

flehen ['fle:ən] *vi* suplicar (*um*); **um Gnade ~** implorar el perdón

Fleisch [flaɪʃ] *nt* <-(e)s, *ohne pl*> carne *f;* **~ fressend** carnívoro; **vom ~ fallen** (*fam*) quedarse en los huesos; **sich** *dat/akk* **ins eigene ~ schneiden** echar piedras contra el propio tejado; **Fleischbrühe** *f* caldo *m* de carne

Fleischer(in) m(f) <-s, -; -nen> carnicero, -a m, f

Fleischerei f <-en> carnicería f

fleischfressend adj s. **Fleisch; Fleischklößchen** ['flaɪʃklø:sçən] nt <-s, -> albóndiga f

fleischlich adj (Begierde) carnal

Fleiß [flaɪs] m <-es, ohne pl> aplicación f; (Eifer) empeño m

fleißig I. adj aplicado **II.** adv con empeño

flennen ['flɛnən] vi (fam abw) llorar

fletschen ['flɛtʃən] vt: **die Zähne ~** regañar los dientes

flexibel [flɛ'ksi:bəl] adj flexible

Flexibilität [flɛksibili'tɛ:t] f flexibilidad f

flicht [flɪçt] 3. präs von **flechten**

flicken ['flɪkən] vt (Reifen) echar parches (a); (Kleidung) remendar

Flicken m <-s, -> remiendo m

Flieder ['fli:dɐ] m <-s, -> lila f

Fliege ['fli:gə] f <-n> (ZOOL) mosca f; (Krawatte) pajarita f; **zwei ~n mit einer Klappe schlagen** (fam) matar dos pájaros de un tiro

fliegen ['fli:gən] <fliegt, flog, geflogen> **I.** vi sein (Tier, Flugzeug) volar; (Person) ir en avión; **wann fliegt die nächste Maschine?** ¿cuándo sale el próximo avión?; **ich bin geflogen** (fam: entlassen worden) me han echado; **durchs Examen ~** (fam) cargar el examen **II.** vt haben (Flugzeug) pilotar; (Route) cubrir

Fliegenklatsche ['fli:gənklatʃə] f <-n> matamoscas m inv

fliehen ['fli:ən] <flieht, floh, geflohen> vi sein huir (vor de); (aus dem Gefängnis) escaparse (aus de)

Fliese ['fli:zə] f <-n> (aus Stein) baldosa f; (Kachel) azulejo m; **Fliesenleger(in)** m(f) <-s, -; -nen> embaldosador(a) m(f)

Fließband nt cadena f de fabricación;

am ~ arbeiten trabajar en la cadena

fließen ['fli:sən] <fließt, floss, geflossen> vi sein fluir; (Tränen) correr; (herausfließen) salir; **die Elbe fließt in die Nordsee** el Elba desemboca en el Mar del Norte; **der Sekt floss in Strömen** el champán corrió a litros

fließend adj (Wasser) corriente; (Grenze) difuso; **~er Verkehr** tráfico fluido; **sie spricht ~ Katalanisch** habla catalán con fluidez

flimmern ['flɪmɐn] vi relucir; **es flimmert mir vor den Augen** se me va la vista

flink [flɪŋk] adj (schnell) rápido; (geschickt) hábil

Flinte ['flɪntə] f <-n> escopeta f; **die ~ ins Korn werfen** (fam) arrojar la toalla

flippig ['flɪpɪç] adj (fam) pasota

Flirt [flœrt] m <-s, -s> ligue m

flirten ['flœrtən] vi flirtear

Flitterwochen fpl luna f de miel

flitzen ['flɪtsən] vi sein (fam) ir pitando

flocht [flɔxt] 3. imp von **flechten**

Flocke ['flɔkə] f <-n> copo m

flog [flo:k] 3. imp von **fliegen**

floh [flo:] 3. imp von **fliehen**

Floh [flo:] m <-(e)s, Flöhe> pulga f; **jdm einen ~ ins Ohr setzen** (fam) ponerle a alguien la mosca detrás de la oreja; **Flohmarkt** m rastro m

Flop [flɔp] m <-s, -s> fracaso m

Flora ['flo:ra] f <Floren> flora f

florieren* [flo'ri:rən] vi prosperar

Floskel ['flɔskəl] f <-n> fórmula f de cortesía

floss^RR [flɔs] 3. imp von **fließen**

Floß [flo:s] nt <-es, Flöße> balsa f

Flosse ['flɔsə] f <-n> aleta f

Flöte ['flø:tə] f <-n> flauta f

flöten vi (Flöte spielen) tocar la flauta

flott [flɔt] adj (fam: rasch) rápido;

(*Person*) atractivo; (*Kleidung*) de moda; (*Musik*) marchoso

Flotte ['flɔtə] *f* <-n> flota *f*

flott|machen *vt* (*Schiff*) desencallar; (*fam: Fahrzeug*) poner a punto

Fluch [fluːx] *m* <-(e)s, Flüche> (*Verwünschung*) maldición *f;* (*Schimpfwort*) taco *m;* **einen ~ ausstoßen** lanzar una maldición

fluchen ['fluːxən] *vi* soltar tacos; **auf etw ~** maldecir algo

Flucht [fluxt] *f* huida (*aus/vor* de); **vor jdm/etw die ~ ergreifen** huir de alguien/algo; **auf der ~ sein** andar fugitivo; **fluchtartig I.** *adj* precipitado **II.** *adv* de prisa y corriendo

flüchten ['flʏçtən] **I.** *vi sein* huir (*aus/vor* de); (*aus dem Gefängnis*) fugarse (*aus* de) **II.** *vr haben:* **sich ~ refugiarse** (*in* en); **sich in den Alkohol ~** refugiarse en la bebida

flüchtig ['flʏçtɪç] *adj* (*flüchtend*) fugitivo; (*kurz*) rápido; (*oberflächlich*) superficial; **einen ~en Blick auf jdn/etw werfen** echar un vistazo a alguien/algo; **etw ~ lesen** leer algo por encima

Flüchtling *m* <-s, -e> refugiado, -a *m, f*

Fluchtversuch *m* tentativa *f* de evasión; **Fluchtweg** *m* (*eines Verbrechers*) camino *m* de fuga; (*in Gebäuden*) lugar *m* destinado a la huida en caso de fuego

Flug [fluːk] *m* <-(e)s, Flüge> vuelo *m;* **die Zeit verging wie im ~(e)** el tiempo pasó volando; **Flugbegleiter(in)** *m(f)* auxiliar *mf* de vuelo; **Flugblatt** *nt* octavilla *f*

Flügel ['flyːgəl] *m* <-s, -> (*Vogel, Gebäude*) ala *f;* (*Windmühle*) aspa *f;* (MUS) piano *m* de cola; **mit den ~n schlagen** batir las alas

Fluggast *m* pasajero, -a *m, f* de un avión

flügge ['flʏgə] *adj: ~* **werden** (*fam: Kind*) independizarse

Fluggesellschaft *f* compañía *f* aérea; **Flughafen** *m* aeropuerto *m;* **auf dem ~** en el aeropuerto; **Fluglinie** *f* línea *f* aérea; **Fluglotse, Fluglotsin** *m, f* <-n, -n; -nen> controlador(a) *m(f)* aéreo, -a; **Flugplatz** *m* aeródromo *m*

flugs [fluːks] *adv* (*geh*) en seguida

Flugticket *nt* <-s, -s> billete *m* de avión; **Flugverkehr** *m* tráfico *m* aéreo

Flugzeug ['fluːktsɔɪk] *nt* <-(e)s, -e> avión *m;* **Flugzeugabsturz** *m* accidente *m* de aviación

flunkern ['flʊŋkɐn] *vi* (*fam*) contar una trola

Flur [fluːɐ] *m* <-(e)s, -e> pasillo *m*

Fluse ['fluːzə] *f* <-n> pelusa *f*

Fluss^{RR} [flʊs] *m* <-es, Flüsse> río *m;* **flussabwärts**^{RR} [-'--] *adv* río abajo; **Flussarm**^{RR} *m* brazo *m* de río; **flussaufwärts**^{RR} [-'--] *adv* río arriba; **Flussbett**^{RR} *nt* cauce *m*

flüssig ['flʏsɪç] *adj* líquido; (*Stil, Verkehr*) fluido

Flüssigkeit *f* <-en> líquido *m*

Flussmündung^{RR} *f* desembocadura *f* (de un río), bocana *f Am;* **Flusspferd**^{RR} *nt* hipopótamo *m;* **Flussufer**^{RR} *nt* orilla *f* de un río

flüstern ['flʏstɐn] *vi, vt* susurrar

Flut [fluːt] *f* <-en> **1.** *ohne pl* (*im Gezeitenwechsel*) marea *f* alta **2.** (*geh: Wassermassen*) raudal *m* **3.** (*Menge*) aluvión *m;* **eine ~ von Briefen** una montaña de cartas; **Flutkatastrophe** *f* inundación *f;* **Flutwelle** *f* ola *f* de pleamar

focht [fɔxt] *3. imp von* **fechten**

Föderalismus^{RR} [fødera'lɪsmʊs] *m* <-, *ohne pl*> federalismo *m*

Fohlen ['foːlən] *nt* <-s, -> potro *m*

Föhn^{RR} [føːn] *m* <-(e)s, -e> secador

m de pelo

föhnen[RR] ['fø:nən] *vt* secar (con el secador)

Fokus ['fo:kʊs] *m* <-, -se> foco *m*

Folge ['fɔlgə] *f* <-n> **1.** (*Wirkung*) consecuencia *f*; (*Ergebnis*) resultado *m*; **sie muss die ~n tragen** tiene que cargar con las consecuencias **2.** (RADIO, TV) capítulo *m*; (*Zeitung*) número *m* **3.** (*Aufeinanderfolge*) serie *f*; **Folgeerscheinung** *f* (MED) secuela *f*

folgen ['fɔlgən] *vi sein* seguir; (*sich ergeben*) deducirse (*aus* de); **können Sie mir ~?** ¿me comprende?; **er folgte ihrem Rat** siguió su consejo; **wie folgt** como sigue; **daraus folgt, dass ...** de ahí se deduce que...

folgend *adj* siguiente

folgendermaßen ['fɔlgəndɐ(')maːsən] *adv* de la siguiente manera

folgenschwer *adj* de graves consecuencias

folgern ['fɔlgɐn] *vt* deducir (*aus* de)

folglich ['fɔlklɪç] *adv* por lo tanto

folgsam ['fɔlkzaːm] *adj* obediente

Folie ['foːliə] *f* <-n> (*Plastikfolie*) plástico *m*; (*aus Metall*) lámina *f*

Folklore [fɔlk'loːrə] *f* folclore *m*

folkloristisch [fɔlklo'rɪstɪʃ] *adj* folclórico

Folter ['fɔltɐ] *f* <-n> tortura *f*; **jdn auf die ~ spannen** (*fig*) tener a alguien en vilo

foltern *vt* torturar

Folterung *f* <-en> tortura *f*

Fön® *m* <-(e)s, -e> *s.* **Föhn**

fönen[ALT] *vt s.* **föhnen**

Fontäne [fɔn'tɛːnə] *f* <-n> (*Wasserstrahl*) surtidor *m*; (*Springbrunnen*) fuente *f*

foppen ['fɔpən] *vt* tomar el pelo (a)

forcieren* [fɔr'siːrən] *vt* forzar

förderlich *adj* favorable (a)

fordern ['fɔrdɐn] *vt* exigir; (*Rechte*) reivindicar; **der Unfall forderte fünf Menschenleben** el accidente costó la vida a cinco personas

fördern ['fœrdɐn] *vt* (*unterstützen*) fomentar; (*Künstler*) patrocinar; (*Talent*) activar; (*begünstigen*) favorecer; (*Bodenschätze*) extraer

Forderung *f* <-en> exigencia *f*; (*von Rechten*) reivindicación *f*

Förderung *f* <-en> (*Unterstützung*) promoción *f*; (*finanziell*) subsidio *m*; (*von Bodenschätzen*) extracción *f*

Forelle [fo'rɛlə] *f* <-n> trucha *f*

Foren *pl von* **Forum**

Form [fɔrm] *f* <-en> **1.** (*Gestalt, Art und Weise*) forma *f*; **aus der ~ geraten** deformarse **2.** (*Backform*) molde *m* **3.** (*Umgangsform*) formas *fpl*; **in aller ~** en debida forma **4.** *ohne pl* (*Kondition*) forma *f*; **in ~ kommen/sein** ponerse/estar en forma

formal [fɔr'maːl] *adj* formal

Formalität [fɔrmali'tɛːt] *f* <-en> formalidad *f*

Format [fɔr'maːt] *nt* <-(e)s, -e> **1.** (*Größe*) formato *m* **2.** *ohne pl* (*Persönlichkeit*) personalidad *f* **3.** (*Bedeutung*) importancia *f*

formatieren* [fɔrma'tiːrən] *vt* formatear

Formel ['fɔrməl] *f* <-n> fórmula *f*; (*Redewendung*) modismo *m*

formell [fɔr'mɛl] *adj* formal

formen ['fɔrmən] *vt* formar

förmlich ['fœrmlɪç] **I.** *adj* formal **II.** *adv* (*regelrecht*) por así decirlo

formlos *adj* informe; (*zwanglos*) informal

Formular [fɔrmu'laːɐ] *nt* <-s, -e> formulario *m*

formulieren* [fɔrmu'liːrən] *vt* formular

Formulierung *f* <-en> (*Ausdruck*)

expresión f

forsch [fɔrʃ] adj enérgico

forschen ['fɔrʃən] vi investigar; **nach etw ~** indagar algo

Forscher(in) m(f) <-s, -; -nen> investigador(a) m(f)

Forschung f <-en> investigación f; **Forschungsergebnis** nt resultado m de la investigación; **Forschungszentrum** nt centro m de investigación

Förster(in) ['fœrstə] m(f) <-s, -; -nen> guardabosque mf

Forstwirtschaft f silvicultura f

fort [fɔrt] adv (weg) fuera; (verschwunden) desaparecido; (verloren) perdido; **er ist schon ~** ya se ha ido; **weit ~** muy lejos; **in einem ~** continuamente

Fort [foːɐ] nt <-s, -s> fuerte m

fortan [fɔrt'ʔan] adv de aquí en adelante

fort|bestehen* irr vi persistir; **fort|bewegen*** vt, vr: **sich ~** desplazar(se)

Fortbewegung f locomoción f

Fortbewegungsmittel nt medio m de locomoción

fort|bilden vt, vr: **sich ~** perfeccionar(se); **Fortbildung** f <-en> perfeccionamiento m

fort|bringen irr vt llevar(se)

fort|dauern vi persistir; **fort|fahren** irr vi sein (wegfahren) marcharse; (weitermachen) continuar; **fort|führen** vt (wegbringen) llevar(se); (fortsetzen) continuar

fort|gehen irr vi sein marcharse

fortgeschritten ['fɔrtgəʃrɪtən] adj avanzado; (entwickelt) desarrollado; **Deutschkurs für Fortgeschrittene** curso superior de alemán; **zu ~er Stunde** a altas horas de la mañana

fort|jagen vt (Person) echar; (Tier) ahuyentar

fort|kommen irr vi sein 1. (wegkommen) irse; **mach, dass du fortkommst!** ¡lárgate! 2. (Fortschritte machen) avanzar

fort|laufen irr vi sein echar a correr; (ausreißen) escaparse

fortlaufend adv sin cesar

fort|pflanzen vr: **sich ~** (Lebewesen) reproducirse; (Gedanke) transmitirse; **Fortpflanzung** f ohne pl reproducción f

fort|schicken vt (Person) echar; (Post) enviar

fort|schreiten irr vi sein avanzar; (Zeit) pasar; (Verschmutzung) extenderse

Fortschritt m progreso m

fortschrittlich adj progresista

fort|setzen I. vt (weitermachen) proseguir II. vr: **sich ~** (räumlich) extenderse; (zeitlich) prolongarse

Fortsetzung f <-en> continuación f

fortwährend I. adj continuo II. adv sin cesar

Forum ['foːrʊm] nt <-s, Foren> foro m

Fossil [fɔ'siːl] nt <-s, -ien> fósil m

Föten pl von Fötus

Foto ['foːto] nt <-s, -s> foto f; **Fotoalbum** nt álbum m de fotos; **Fotoapparat** m cámara f fotográfica

Fotograf(in) [foto'graːf] m(f) <-en, -en; -nen> fotógrafo, -a m, f

Fotografie [fotogra'fiː] f <-n> fotografía f

fotografieren* vi, vt fotografiar

Fotokopie [fotoko'piː] f fotocopia f; **fotokopieren*** vi, vt fotocopiar; **Fotokopierer** m fotocopiadora f; **Fotomodell** nt modelo mf de fotos

Fötus ['føːtʊs] m <-(ses), -se o Föten> feto m

Foyer [foa'jeː] nt <-s, -s> vestíbulo m

Fr. Abk. von Frau Sra.

Fracht [fraxt] *f* <-en> (*Ladung*) carga *f*; (NAUT) flete *m*

Frachter *m* <-s, -> buque *m* de carga

Frack [frak] *m* <-(e)s, Fräcke> frac *m*

Frage ['fraːgə] *f* <-n> pregunta *f*; (*Problem*) cuestión *f*; **jdm eine ~ stellen** hacer una pregunta a alguien; **das kommt nicht in ~!** ¡ni hablar!; **das steht außer ~** de eso no cabe duda; **das ist eine ~ des Geldes** es una cuestión de dinero

fragen ['fraːgən] *vi, vt, vr:* **sich ~** preguntar(se) (*nach* por); **um Erlaubnis ~** pedir permiso; **da fragst du mich zu viel** (*fam*) a eso no te puedo contestar; **jdm Löcher in den Bauch ~** acribillar a alguien a preguntas; **sein Typ ist sehr gefragt** es una persona muy requerida; **es fragt sich, ob ...** habría que ver si...

Fragewort *nt* <-(e)s, -wörter> partícula *f* interrogativa; **Fragezeichen** *nt* (signo *m* de) interrogación *f*

fraglich ['fraːklɪç] *adj* (*zweifelhaft*) dudoso; (*ungewiss*) incierto; (*betreffend*) en cuestión; **es ist ~, ob ...** no se sabe si...

fraglos *adv* sin duda alguna

Fragment [fra'gmɛnt] *nt* <-(e)s, -e> fragmento *m*

fragwürdig *adj* dudoso; (*verdächtig*) sospechoso

Fraktion [frak'tsjoːn] *f* <-en> (POL) grupo *m* parlamentario

Franken¹ ['fraŋkən] *nt* <-s> Franconia *f*

Franken² *m* <-s, -> (*Währung*) franco *m* suizo

Frankfurt ['fraŋkfʊrt] *nt* <-s> Francfort *m*

frankieren* [fraŋ'kiːrən] *vt* franquear

fränkisch ['frɛŋkɪʃ] *adj* franco

Frankreich ['fraŋkraɪç] *nt* <-s> Francia *f*

Franse ['franzə] *f* <-n> fleco *m*

Franzose, -zösin [fran'tsoːzə] *m, f* <-n, -n; -nen> francés, -esa *m, f*

französisch [fran'tsøːzɪʃ] *adj* francés

fraß [fraːs] 3. *imp von* **fressen**

Fraß [fraːs] *m* <-es, -e> (*fam abw: Essen*) bazofia *f*

Fratze ['fratsə] *f* <-n> (*fam: Grimasse*) mueca *f*; (*abw: Gesicht*) facha *f*; **~n schneiden** hacer muecas

Frau [frau] *f* <-en> mujer *f*; (*Ehefrau*) esposa *f*; (*Anrede: vor dem Nachnamen*) señora *f*; (*vor dem Vornamen*) doña *f*; **Frauenarzt, -ärztin** *m, f* ginecólogo, -a *m, f*; **Frauenbewegung** *f* movimiento *m* feminista; **frauenfeindlich** *adj* misógino; **Frauenhaus** *nt* casa *f* refugio para mujeres (maltratadas)

Fräulein ['frɔɪlaɪn] *nt* <-s, -> señorita *f*

fraulich *adj* femenino

Freak [friːk] *m* <-s, -s> (*fam*) pasota *mf*

frech [frɛç] *adj* (*respektlos*) impertinente; (*keck*) atrevido

Frechheit *f* <-en> impertinencia *f*; **die ~ besitzen zu ...** tener la cara de...

frei [fraɪ] *adj* **1.** (*unabhängig*) libre; (*in Freiheit*) en libertad; **jdm ~e Hand lassen** dejar vía libre a alguien; **aus ~en Stücken** voluntariamente; **~ laufende Hühner** gallinas criadas en libertad; **der Verbrecher läuft ~ herum** el criminal anda suelto; **~ für Kinder ab 12 Jahren** permitido para niños a partir de los 12 años; **sich** *dat* **einen Tag ~ nehmen** tomar un día libre **2.** (*befreit*) exento (*von* de); **sie ist ~ von Vorurteilen** está libre de prejuicios **3.** (*offen*) descubierto; **unter ~em Himmel** al aire libre; **~ lassen** (*nicht besetzen*) dejar libre; (*nicht beschreiben*) dejar en blanco **4.** (*Stuhl*) libre; (*Arbeitsstelle*) vacante; **einen Platz ~ machen** hacer sitio **5.** (*kosten*) gratuito; **Eintritt ~** entrada gratuita **6.** (*freimütig*) franco; **ich bin so ~** me tomo la libertad; **Freibad** *nt* piscina *f* (descubierta); **freiberuflich** *adj* de profesión liberal

Freiburg ['fraɪbʊrk] *nt* <-s> Friburgo *m*

Freie ['fraɪə] *nt* <-n, -n> aire *m* libre; **im ~n** al aire libre

frei|geben *irr* **I.** *vt* (*Straße*) abrir al tráfico; (*Arzneimittel, Film*) autorizar; **den Weg ~** franquear el paso; **etw zum Verkauf ~** autorizar la venta de algo **II.** *vi:* **jdm ~** dar libre a alguien

freigebig ['fraɪgeːbɪç] *adj* generoso

frei|haben *irr* *vi* (*fam*) tener libre; **frei|halten** *irr* *vt* (*reservieren*) guardar; (*Durchgang*) dejar libre

freihändig ['fraɪhɛndɪç] *adj* (*Fahrrad fahren*) sin manos

Freiheit ['fraɪhaɪt] *f* <-en> libertad *f*; **Freiheitsstrafe** *f* (JUR) reclusión *f*; **er muss eine ~ von drei Jahren abbüßen** le condenaron a tres años de prisión

Freikarte *f* entrada *f* gratuita

frei|kaufen *vt* pagar el rescate (para); **frei|lassen** *irr* *vt* dejar en libertad; **freilaufend** *adj* *s.* **frei 1.**; **frei|legen** *vt* poner al descubierto

freilich ['fraɪlɪç] *adv* sin embargo; (*südd: selbstverständlich*) naturalmente

Freilichtbühne *f* teatro *m* al aire libre

frei|machen **I.** *vt* (*frankieren*) franquear; (*fam: nicht arbeiten*) tomar vacaciones; **eine Woche ~** tomar una semana de vacaciones **II.** *vr:* **sich ~** (*beim Arzt*) desnudarse

freimütig ['fraɪmyːtɪç] **I.** *adj* franco **II.** *adv* con franqueza

freischaffend *adj* independiente

frei|sprechen *irr* *vt* absolver; **Freispruch** *m* absolución *f*

frei|stehen *irr* *vi* (*leer stehen*) estar desocupado; (*überlassen sein*) ser libre de decidir; **es steht Ihnen frei, das zu tun** Ud. es el que decide si hacerlo o no; **frei|stellen** *vt* (*befreien*) dispensar (*von* de); **jdm ~ etw zu tun** dejar elegir a alguien si quiere hacer algo o no

Freitag ['fraɪtaːk] *m* viernes *m; s.a.* **Montag**

freitags *adv* los viernes; *s.a.* **montags**

freiwillig *adj* voluntario; **etw ~ tun** hacer algo voluntariamente

Freiwillige(r) ['fraɪvɪlɪgə] *mf* <-n, -n; -n> voluntario, -a *m, f*

Freizeit *f* tiempo *m* libre; **Freizeitpark** *m* parque *m* de atracciones

freizügig ['fraɪtsyːgɪç] *adj* (*großzügig*) generoso; (*Film*) liberal

fremd [frɛmt] *adj* **1.** (*ausländisch*) extranjero; (*aus anderem Ort*) forastero; **ich bin hier ~** no soy de aquí **2.** (*anderen gehörend*) ajeno; **ohne ~e Hilfe** sin ayuda de otro(s) **3.** (*unbekannt*) desconocido; **das ist mir ~** no lo conocía **4.** (*fremdartig*) extraño; **fremdartig** ['frɛmtaːɐ̯tɪç] *adj* (*ungewöhnlich*) extraño

Fremde[1] ['frɛmdə] *f* (*geh: Land*) (país *m*) extranjero *m;* **in der ~** en el extranjero

Fremde(r)[2] *f(m) dekl wie adj* (*aus einem anderem Land*) extranjero, -a *m, f;* (*aus einem anderem Ort*) forastero, -a *m, f;* (*Unbekannter*) desconocido, -a *m, f*

fremdenfeindlich *adj* xenófobo; **Fremdenfeindlichkeit** *f* xenofobia

f; **Fremdenführer(in)** *m(f)* guía *mf*
turístico, -a; **Fremdenverkehr** *m*
turismo *m;* **Fremdenzimmer** *nt* habitación *f* de huéspedes
fremd|gehen *irr vi sein (fam)* ser
infiel
Fremdkörper *m* cuerpo *m* extraño;
Fremdsprache *f* lengua *f* extranjera; **Fremdwort** *nt* <-(e)s, -wörter> extranjerismo *m;* **Höflichkeit**
ist für ihn ein ~ no sabe lo que es
la cortesía
Frequenz [fre'kvɛnts] *f* <-en> (PHYS,
MED) frecuencia *f; (einer Veranstaltung)* asistencia *f*
fressen ['frɛsən] <frisst, fraß, gefressen> *vi, vt (Tier)* comer; *(fam:*
Mensch: gierig) tragar; **den habe**
ich ge~ *(fam)* no lo puedo tragar
Fressen ['frɛsən] *nt* <-, *ohne pl*>
(Futter) pasto *m;* **das ist ein gefun-**
denes ~ **für ihn** *(fam fig)* esto le
viene a las mil maravillas
Freude ['frɔɪdə] *f (Fröhlichkeit)* alegría *f (über* por); *(Wonne)* gozo *m;*
(innere Freude) satisfacción *f;* **jdm**
eine ~ **machen** darle una alegría a
alguien; **zu meiner größten** ~ para
mi gran satisfacción; **Freudenhaus**
nt casa *f* de citas
freudestrahlend *adj* radiante (de
alegría)
freudig ['frɔɪdɪç] **I.** *adj (froh)* contento; *(fröhlich)* alegre; *(Ereignis)* feliz **II.** *adv (begeistert)* con alegría;
(erfreut) de buen grado
freudlos ['frɔɪtloːs] *adj* triste
freuen ['frɔɪən] *vt, vr: sich* ~ alegrar(se); **ich freue mich darauf,**
dich zu sehen tengo ilusión de
verte; **es freut mich, Sie kennen**
zu lernen encantado de conocerle
Freund(in) [frɔɪnt] *m(f)* <-(e)s, -e;
-nen> amigo, -a *m, f; (fester*
Freund) novio, -a *m, f;* **gute** ~**e**

werden hacerse buenos amigos
Freundeskreis ['frɔɪndəs-] *m* grupo
m de amigos; **einen großen** ~ **haben** tener muchos amigos
freundlich ['frɔɪntlɪç] *adj* amable; *(angenehm)* agradable
Freundlichkeit *f* <-en> amabilidad *f*
Freundschaft *f* <-en> amistad *f;*
mit jdm ~ **schließen** trabar amistad
con alguien
freundschaftlich *adj* amistoso
Frieden *m* <-s, *ohne pl*> paz *f;*
~ **schließen** hacer las paces; **lasst**
mich doch in ~! *(fam)* ¡dejádme
en paz!; **Friedensbewegung** *f* movimiento *m* pacifista; **Friedensver-**
trag *m* tratado *m* de paz
friedfertig ['friːtfɛrtɪç] *adj* pacífico;
Friedhof ['friːthoːf] *m* cementerio *m*
friedlich *adj (ruhig)* tranquilo
frieren ['friːrən] <friert, fror, gefroren> **I.** *vi* **1.** *sein (Wasser)* helarse
2. *haben (Mensch)* tener frío
II. *vunpers haben* helar
friesisch *adj* frisón
Friesland ['friːslant] *nt* <-s> Frisia *f*
frigid(e) [fri'giːt, fri'giːdə] *adj* frígido
Frikadelle [frika'dɛlə] *f* <-n> albóndiga *f*
frisch [frɪʃ] **I.** *adj* fresco; *(Kräfte)*
nuevo; *(sauber)* limpio; ~**e Luft**
schnappen tomar aire fresco; **das**
Bett ~ **beziehen** mudar la cama;
sich ~ **machen** asearse **II.** *adv*
(eben erst) recién; ~ **gebackenes**
Brot pan recién salido del horno
Frische ['frɪʃə] *f (Kühle)* frescura *f;* **in**
alter ~ *(iron)* tan frescos y sanos
como siempre
frischgebacken *adj s.* frisch II.
Frischhaltebox *f* recipiente *m* hermético; **Frischhaltefolie** *f* celofán®
m; **Frischzellenkur** *f* celuloterapia *f*
Friseur(in) [fri'zøːɐ] *m(f)* <-s, -e;

-nen> peluquero, -a *m, f;* **zum ~
gehen** ir a la peluquería
Friseuse [fri'zø:zə] *f* <-n> peluque-
ra *f*
frisieren* [fri'zi:rən] *vt (kämmen)* peinar
frisiert *adj* 1. *(Zahlen)* maquillado
2. *(Mofa)* trucado
frisst[RR] [frɪst] *1. präs von* **fressen**
Frist [frɪst] *f* <-en> plazo *m;* **fristlos**
adj inmediato; **jdn ~ entlassen** despedir a alguien de inmediato
Frisur [fri'zu:ɐ] *f* <-en> peinado *m*
fritieren* [ALT] *vt,* **frittieren*** [RR] [fri-
'ti:rən] *vt* freír (con mucho aceite)
froh [fro:] *adj* 1. *(fröhlich)* alegre;
(glücklich) feliz; **Frohe Weihnachten!** ¡Feliz Navidad! 2. *(fam: zufrieden)* contento; **seines Lebens
nicht mehr ~ werden** no hallar sosiego
fröhlich ['frø:lɪç] *adj* alegre
Fröhlichkeit *f* alegría *f*
fromm [frɔm] *adj* <frommer *o* fröm-
mer, am frommsten *o* frömmsten>
devoto
frönen ['frø:nən] *vi (geh)* entregarse
(a)
Front [frɔnt] *f* <-en> frente *m;* **klare
~en schaffen** establecer posiciones
claras
frontal [frɔn'ta:l] *adj* frontal
Frontscheibe *f* parabrisas *m inv*
fror [fro:ɐ] *3. imp von* **frieren**
Frosch [frɔʃ] *m* <-(e)s, Frösche>
rana *f*
Frost [frɔst] *m* <-(e)s, Fröste> helada
f; **Frostbeule** *f* sabañón *m*
frostig *adj (Wetter)* helado; *(unfreundlich)* glacial
Frotté *m o nt* <-(s), -s>, **Frottee**
['frɔte:] *m o nt* <-(s), -s> rizo *m*
frottieren* [frɔ'ti:rən] *vt* frotar
frotzeln ['frɔtsəln] *vi (fam)* meterse
(über con)

Frucht [frʊxt] *f* <Früchte> *(a. fig)*
fruto *m;* *(Obst)* fruta *f;* **Früchte tragen** dar fruto; **fruchtbar** *adj* fe-
cundo; *(Mensch)* fértil
Fruchtbarkeit *f* fecundidad *f;* *(eines
Menschen)* fertilidad *f*
Fruchtfleisch *nt* pulpa *f;* **fruchtlos**
adj inútil; **Fruchtsaft** *m* zumo *m* de
frutas
früh [fry:] I. *adj* temprano; **in ~ester
Kindheit** a temprana edad; **~ am
Morgen** de madrugada; **ein ~er
Tod** una muerte prematura; **er hat
schon ~ erkannt, dass ...** muy
pronto se dio cuenta de (que)...
II. *adv (morgens)* (por la) mañana;
heute ~ esta mañana; **Dienstag ~**
el martes por la mañana; **um 6 Uhr
~** a las 6 de la mañana
Frühaufsteher(in) *m(f)* <-s, -;
-nen> madrugador(a) *m(f)*
Frühdienst *m* turno *m* de mañana
Frühe ['fry:ə] *f:* **in aller ~** de madrugada
früher ['fry:ɐ] *adj (ehemalig)* antiguo;
(vorhergehend) anterior; *(vergangen)* pasado; **in ~en Zeiten** en tiempos pasados; **wir kennen uns von ~**
nos conocemos de antes
frühestens ['fry:əstəns] *adv* como
muy temprano; **~ in einer Woche**
en una semana como muy temprano
Frühjahr *nt,* **Frühling** ['fry:lɪŋ] *m*
<-s, -e> primavera *f;* **frühmorgens**
[fry:'mɔrgəns] *adv* de madrugada;
frühreif *adj (Kind)* precoz; **Früh-
rentner(in)** *m(f)* pensionista *mf*
que cobra la renta antes de lo que
le correspondería
Frühstück *nt* desayuno *m*
frühstücken *vi, vt* desayunar
frühzeitig *adj (früh)* temprano; *(vorzeitig)* prematuro; *(voreilig)* precipitado
Frust [frʊst] *m* <-(e)s, *ohne pl*>

(*fam*) chasco *m*

frustrieren* |frʊs'triːrən| *vt* frustrar

frustrierend *adj* frustrante

Fuchs |fʊks| *m* <-es, Füchse> zorro *m;* (*Pferd*) alazán *m;* (*fam: Person*) zorro, -a *m, f*

fuchsen |'fʊksən| *vt* fastidiar

fuchsteufelswild |'-'---'-| *adj* (*fam*) rabioso

Fuchtel |'fʊxtəl| *f* (*fam*): **unter jds ~ stehen** estar bajo la férula de alguien

fuchteln *vi* (*fam*) gesticular; **mit den Armen ~** bracear

Fuge |'fuːgə| *f* <-n> (*Ritze*) ranura *f;* **aus den ~n geraten sein** estar fuera de quicio

fügen |'fyːgən| I. *vr:* **sich ~** (*unterordnen*) someterse (a); (*passen*) ajustarse (*in* a) II. *vt* juntar (*an/in* con/en); (*ineinander*) encajar

fügsam *adj* dócil

fühlbar *adj* 1. (*merklich*) notable 2. (*tastbar*) palpable

fühlen |'fyːlən| I. *vi, vt* (*empfinden*) sentir; (*tasten*) palpar II. *vr:* **sich ~** 1. (*empfinden*) sentirse; **sich für jdn/etw verantwortlich ~** sentirse responsable de alguien/algo 2. (*sich halten für*) tenerse (*als* por)

Fühler *m* <-s, -> antena *f;* **seine ~ ausstrecken** (*fam fig*) tantear el terreno

fuhr |fuːɐ| 3. *imp von* **fahren**

führen |'fyːrən| I. *vi* 1. (*in Führung liegen*) ir a la cabeza; (SPORT) llevar ventaja 2. (*verlaufen*) ir; **diese Straße führt nach Münster** esta carretera lleva a Münster 3. (*ergeben*) llevar (*zu* a); **das führt doch zu nichts** esto no lleva a nada; **das führt zu weit** esto va demasiado lejos II. *vt* 1. (*leiten*) dirigir; (*Gruppe*) guiar 2. (*geleiten*) guiar; **was führt Sie zu mir?** ¿qué le trae por aquí? 3. (*hinbewegen*) llevar (*zu/in* a);

etw mit sich *dat* **~** llevar algo consigo 4. (*Namen*) llevar; (*Gespräch*) tener III. *vr:* **sich ~** (*sich benehmen*) comportarse

führend *adj* primero; **~e Persönlichkeiten** altos cargos

Führer[1] *m* <-s, -> (*Buch*) guía *f*

Führer(in)[2] |'fyːrɐ| *m(f)* <-s, -; -nen> (*Leiter*) líder *mf;* (*Fremdenführer*) guía *mf* (turístico, -a)

Führerschein *m* permiso *m* de conducir, licencia *f Am;* **den ~ machen** sacar el carné (de conducir)

Führung |'fyːrʊŋ| *f* <-en> 1. (*Besichtigung*) visita *f* (guiada) 2. *ohne pl* (*Leitung*) dirección *f;* **unter jds ~** bajo la dirección de alguien 3. (*Benehmen*) comportamiento *m;* **Führungskraft** *f* directivo, -a *m, f*

Fuhrwerk *nt* carruaje *m*

Fülle |'fʏlə| *f* (*Körperfülle*) corpulencia *f;* (*Menge*) montón *m*

füllen |'fʏlən| I. *vt* (*voll machen*) llenar (*mit* de/con); (GASTR) rellenar (*mit* de/con); (*einfüllen*) echar (*in* en); **Wein in Flaschen ~** embotellar vino II. *vr:* **sich ~** (*voll werden*) llenarse (*mit* de/con)

Füller |'fʏlɐ| *m* <-s, -> (*fam*) pluma *f*

Füllung *f* <-en> (*Zahnfüllung*) empaste *m;* (GASTR) relleno *m*

fummeln |'fʊməln| *vi* (*fam*) manosear (*an*)

Fund |fʊnt| *m* <-(e)s, -e> hallazgo *m*

Fundament |fʊnda'mɛnt| *nt* <-(e)s, -e> (ARCHIT) cimientos *m pl;* (*Grundlage*) fundamento *m*

Fundamentalismus |fʊndamɛnta'lɪsmʊs| *m* <-s, *ohne pl*> fundamentalismo *m*

Fundbüro *nt* oficina *f* de objetos perdidos

fundieren* |fʊn'diːrən| *vt* fundamentar; **eine fundierte Beurteilung** una valoración bien fundada

fündig [ˈfʏndɪç] *adj:* ~ **werden** encontrar lo que se buscaba

Fundsache *f* objeto *m* perdido

fünf [fʏnf] *adj inv* cinco; ~(**e**) **gerade sein lassen** (*fam*) hacer la vista gorda; *s.a.* **acht**[1]

Fünf *f* <-, -en> cinco *m;* (*Schulnote*) insuficiente *m*

fünffach I. *adj* quíntuplo II. *adv* cinco veces; *s.a.* **achtfach**

fünfhundert [ˈ-ˈ--] *adj inv* quinientos; *s.a.* **achthundert**

Fünftagewoche [-ˈ----] *f* semana *f* laboral de cinco días

fünfte(r, s) *adj* quinto; **das ~ Rad am Wagen sein** ir de pegote; *s.a.* **achte(r, s)**

fünftel *adj inv* quinto; *s.a.* **achtel**

Fünftel [ˈfʏnftəl] *nt* <-s, -> quinto, -a *m, f*, quinta parte *f; s.a.* **Achtel**

fünfzehn *adj inv* quince; *s.a.* **acht**[1]

fünfzig [ˈfʏnftsɪç] *adj inv* cincuenta; *s.a.* **achtzig**

fungieren* [fʊŋˈgiːrən] *vi* hacer (*als* de)

Funk [fʊŋk] *m* <-s, *ohne pl*> radio *f*

Funke [ˈfʊŋkə] *m* <-ns, -n> chispa *f;* ~**n sprühen** echar chispas; **ein ~ Hoffnung** un rayito de esperanza; **keinen ~n Anstand im Leib haben** no tener ni pizca de educación

funkeln [ˈfʊŋkəln] *vi* resplandecer

funkelnagelneu [ˈ--ˈ--ˈ-] *adj* (*fam*) flamante

funken [ˈfʊŋkən] I. *vt* (*Nachricht*) radiar II. *vi* chispear; **endlich hat es bei ihm gefunkt** (*fam*) por fin se le encendió la bombilla

Funkstille *f* silencio *m* de radio; (*fam fig*) silencio *m*

Funktion [fʊŋkˈtsjoːn] *f* <-en> (*Amt*) cargo *m;* (*Zweck*) función *f*

funktionieren* *vi* funcionar

für [fyːɐ] *präp* +*akk* para; **ich bin ~ deine Idee** estoy a favor de tu idea;

das Für und Wider el pro y el contra; **das ist eine Sache ~ sich** esto es cosa aparte; ~ **immer** para siempre; ~**s Erste** por ahora; **was ~ ein Pilz ist das?** ¿qué clase de seta es?

Furche [ˈfʊrçə] *f* <-n> (*Ackerfurche*) surco *m;* (*im Gesicht*) arruga *f*

Furcht [fʊrçt] *f* temor *m* (*vor* a/de); ~ **erregend** espantoso; **jdm ~ einflößen** infundir miedo a alguien

furchtbar I. *adj* horroroso; (*fam: sehr groß*) enorme II. *adv* (*fam: sehr*) muy; ~ **nett** simpatiquísimo

fürchten [ˈfʏrçtən] I. *vi, vt* temer (*um/für* por) II. *vr:* **sich ~** tener miedo (*vor* a/de)

fürchterlich [ˈfʏrçtəlɪç] *adj s.* **furchtbar**

furchterregend *adj s.* **Furcht; furchtlos** *adj* intrépido

füreinander [fyːɐʔaɪˈnandə] *adv* uno para el otro; ~ **da sein** estar el uno para el otro

Furore [fuˈroːrə] *f:* ~ **machen** causar sensación

Fürsorge [ˈ---] *f* (*Betreuung*) asistencia *f;* (*fam: finanzielle Unterstützung*) pensión *f;* **von der ~ leben** vivir de la asistencia social

fürsorglich *adj* cariñoso

Fürsprache *f* intercesión *f;* **für jdn ~ einlegen** interceder a favor de alguien

Fürst(in) [fʏrst] *m(f)* <-en, -en; -nen> príncipe, princesa *m, f*

fürstlich *adj* (*prächtig*) regio; (*Essen*) opíparo

Furz [fʊrts] *m* <-es, Fürze> (*fam*) pedo *m*

furzen *vi* (*fam*) soltar un pedo

Fusion [fuˈzjoːn] *f* <-en> fusión *f*

Fuß [fuːs] *m* <-es, Füße> pie *m;* **zu ~ gehen** ir andando; **auf großem ~ leben** vivir a lo grande; **auf eigenen Füßen stehen** (*fig*) ser indepen-

diente
Fußball m 1. (*Ball*) pelota f de fútbol 2. *ohne pl* (SPORT) fútbol m; **Fußballspiel** nt partido m de fútbol; **Fußballspieler(in)** m(f) futbolista mf
Fußboden m suelo m
Fussel ['fʊsəl] m <-s, ->, f <-n> pelusa f
fusseln vi soltar pelo
Fußgänger(in) ['fuːsgɛŋɐ] m(f) <-s, -; -nen> peatón, -ona m, f; **Fußgängerüberweg** m paso m de peatones; **Fußgängerzone** f zona f peatonal
Fußnagel m uña f del pie
Fußsohle f planta f del pie; **Fußtritt** m puntapié m; **Fußweg** m 1. (*Weg*) camino m, vereda f Am; (*Bürgersteig*) acera f, vereda f Am 2. (*Entfernung*) camino m; **15 Minuten ~** 15 minutos andando
futsch [fʊtʃ] adj inv (*fam*) perdido
Futter ['fʊtɐ] nt <-s, -> 1. (*in Kleidung*) forro m 2. *ohne pl* (*Nahrung*) comida f
futtern ['fʊtɐn] vi, vt (*fam*) papar
füttern ['fʏtɐn] vt (*Tier, Baby*) dar de comer (a); (*Kleidung*) forrar
Futur [fuˈtuːɐ] nt <-s, -e> futuro m

G

G, g [geː] nt <-, -> G, g f
gab [gaːp] 3. *imp von* **geben**
Gabe ['gaːbə] f <-n> (*Talent*) don m; (*Geschenk*) regalo m; **milde ~** limosna f
Gabel ['gaːbəl] f <-n> tenedor m
gabeln ['gaːbəln] vr: **sich ~** bifurcarse
gaffen ['gafən] vi (*abw*) mirar boquia-
bierto
Gag [gɛk] m <-s, -s> 1. (FILM) truco m, gag m 2. (*Witz*) salida f chistosa
Gage ['gaːʒə] f <-n> honorario m
gähnen ['gɛːnən] vi bostezar
Gala ['gaːla] f vestido m de gala
galant [gaˈlant] adj galante
Galerie [galəˈriː] f <-n> galería f
Galgen ['galgən] m <-s, -> patíbulo m
Galicien [gaˈliːtsiən] nt <-s> Galicia f
galicisch adj gallego
Galle ['galə] f <-n> 1. (*menschliches Sekret*) bilis f inv 2. (ANAT) vesícula f biliar
Galopp [gaˈlɔp] m <-s, -e o -s> galope m
galoppieren* vi haben o sein galopar
galt [galt] 3. *imp von* **gelten**
gammeln ['gaməln] vi (*fam: Person*) gandulear
Gang¹ [gaŋ] m <-(e)s, Gänge> 1. (*Gehweise*) (modo m de) andar m 2. (*Spaziergang*) paseo m; (*Weg*) camino m 3. (*Ablauf, a.* AUTO) marcha f; **eine Maschine in ~ setzen** poner en marcha una máquina; **es ist etwas im ~e** algo flota en el aire; **etw ist in vollem ~(e)** algo está en plena marcha; **im zweiten ~ fahren** (AUTO) ir en segunda 4. (*Flur*) pasillo m 5. (GASTR) plato m
Gang² ['gɛŋ] f <-s> banda f
gängeln ['gɛŋəln] vt (*fam abw*) tener bajo su tutela
gängig ['gɛŋɪç] adj (*üblich*) usual
Gangschaltung f (*Auto*) (caja f de) cambios m pl; (*Fahrrad*) marchas f pl
Gangster ['gɛŋstɐ] m <-s, -> (*abw*) gángster m
Gangway f <-s> escalera f (para subir a bordo)
Ganove, Ganovin [gaˈnoːvə] m, f <-n, -n; -nen> (*fam abw*) tunante

mf

Gans [gans] *f* <Gänse> ganso *m;* (*Weibchen*) oca *f*

Gänseblümchen ['gɛnzəbly:mçən] *nt* <-s, -> maya *f;* **Gänsehaut** *f* carne *f* de gallina; **Gänsemarsch** *m:* **im ~** en fila india

ganz [gants] I. *adj* (*gesamt*) todo; (*vollständig*) completo; **die ~e Zeit über** durante todo el tiempo; **eine ~e Menge** bastante II. *adv* totalmente; **das ist etwas ~ anderes** esto es algo totalmente distinto; **~ und gar** completamente; **etw ~ aufessen** comerse algo del todo; **das gefällt mir ~ gut** esto me gusta bastante; **~ viel** muchísimo

Ganze(s) *nt* <-n, *ohne pl*> total *m;* **nichts Halbes und nichts ~s** ni fu ni fa; **aufs ~ gehen** (*fam*) jugarse el todo por el todo

ganztägig ['gantstɛ:gɪç] I. *adj* de todo el día II. *adv* todo el día

gar [ga:ɐ] I. *adj* (*Speise*) hecho (a punto) II. *adv:* **~ nichts** nada de nada; **auf ~ keinen Fall** en ningún caso; **das ist ~ nicht schlecht** no está nada mal

Garage [ga'ra:ʒə] *f* <-n> garaje *m*

Garant(in) [ga'rant] *m(f)* <-en, -en; -nen> garante *mf*

Garantie [garan'ti:] *f* <-n> garantía *f*

garantieren* *vi, vt* garantizar (*für*); **glaubst du er kommt? – garantiert!** ¿crees que vendrá? – ¡seguro!

Garderobe [garda'ro:bə] *f* <-n> **1.** (*Kleiderablage*) perchero *m;* (*Raum*) guardarropa *m* **2.** *ohne pl* (*Kleidung*) ropa *f*

Gardine [gar'di:nə] *f* <-n> cortina *f*

garen ['ga:rən] *vt* cocer

Garn [garn] *nt* <-(e)s, -e> hilo *m*

Garnele [gar'ne:lə] *f* <-n> gamba *f;* (*kleiner*) camarón *m*

garnieren* [gar'ni:rən] *vt* guarnecer

Garnitur [garni'tu:ɐ] *f* <-en> conjunto *m*

Garten ['gartən] *m* <-s, Gärten> jardín *m;* **botanischer/zoologischer ~** jardín botánico/parque zoológico; **Gartenhaus** *nt* pabellón *m;* **Gartenzaun** *m* seto *m*

Gärtner(in) ['gɛrtnɐ] *m(f)* <-s, -; -nen> jardinero, -a *m, f*

Gärtnerei [gɛrtnə'raɪ] *f* <-en> jardinería *f;* (*für Nutzpflanzen*) establecimiento *m* de horticultura

Gärung ['gɛ:rʊŋ] *f* <-en> fermentación *f*

Gas [ga:s] *nt* <-es, -e> gas *m;* **~ geben** (AUTO) acelerar; **Gasflasche** *f* bombona *f* de gas; **Gasherd** *m* cocina *f* de gas; **Gasleitung** *f* conducción *f* del gas; **Gaspedal** *nt* acelerador *m*

Gasse ['gasə] *f* <-n> callejón *m*

Gast [gast] *m* <-(e)s, Gäste> huésped *m;* (*eingeladener*) invitado, -a *m, f;* **bei jdm zu ~ sein** estar invitado a casa de alguien; **Gastarbeiter(in)** *m(f)* trabajador(a) *m(f)* extranjero, -a

Gästezimmer *nt* cuarto *m* de huéspedes

gastfreundlich *adj* hospitalario

Gastfreundschaft *f* hospitalidad *f;* **Gastgeber(in)** *m(f)* <-s, -; -nen> anfitrión, -ona *m, f;* **Gasthaus** *nt,* **Gasthof** *m* (*zum Übernachten*) fonda *f;* (*höhere Kategorie*) hostal *m;* (*nur Essen*) mesón *m*

gastlich *adj* hospitalario

Gastronomie [gastrono'mi:] *f* gastronomía *f*

Gaststätte *f* <-n> restaurante *m;* **Gastwirt(in)** *m(f)* dueño, -a *m, f* de un restaurante; **Gastwirtschaft** *f* <-en> mesón *m,* fonda *f Am*

Gatte, Gattin ['gatə] *m, f* <-n, -n; -nen> (*geh*) esposo, -a *m, f*

Gattung ['gatʊŋ] *f* <-en> **1.** (BIOL) especie *f* **2.** (MUS, LIT) género *m;* (KUNST) estilo *m*

Gaudi ['gaʊdi] *f* (*fam*) jolgorio *m*

Gaul |gaʊl] *m* <-(e)s, Gäule> (*abw*) rocín *m*

Gaumen ['gaʊmən] *m* <-s, -> paladar *m*

Gauner(in) ['gaʊnɐ] *m(f)* <-s, -; -nen> (*Dieb*) bribón, -ona *m, f;* (*fam: durchtriebener Mensch*) pícaro, -a *m, f*

geb. *Abk. von* geboren nacido; **Luise Reimann, ~ Klein** Luise Reimann, de soltera Klein

Gebäck [gə'bɛk] *nt* <-(e)s, -e> (*Kekse*) galletas *f*

gebacken [gə'bakən] *pp von* **backen**

gebar [gə'baːɐ] *3. imp von* **gebären**

Gebärde [gə'bɛːɐdə] *f* <-n> gesto *m*

gebärden* *vr:* **sich ~** comportarse

gebären [gə'bɛːrən] <gebärt *o* gebiert, gebar, geboren> *vt* parir; (*Mensch*) dar a luz; **wo sind Sie geboren?** ¿dónde nació Ud.?

Gebäude [gə'bɔɪdə] *nt* <-s, -> edificio *m*

geben ['geːbən] <gibt, gab, gegeben> **I.** *vt* dar; (*Kredit*) conceder; **Spanischunterricht ~** dar clases de español; **jdm etw zu verstehen ~** dar a entender algo a alguien; **etw von sich** *dat* **~** decir algo; **jdm Recht ~** dar(le) la razón a alguien **II.** *vunpers* haber; **was gibt's?** (*fam*) ¿qué hay?; **gibt es noch Eintrittskarten?** ¿quedan todavía entradas?

Gebet [gə'beːt] *nt* <-(e)s, -e> oración *f*

gebeten [gə'beːtən] *pp von* **bitten**

gebiert [gə'biːɐt] *3. präs von* **gebären**

Gebiet [gə'biːt] *nt* <-(e)s, -e> (*Ge-*

samtgebiet) territorio *m;* (*Teilgebiet*) zona *f;* (*Sachbereich*) campo *m*

Gebilde [gə'bɪldə] *nt* <-s, -> figura *f;* (*der Fantasie*) producto *m*

gebildet [gə'bɪldət] *adj* culto

Gebirge [gə'bɪrgə] *nt* <-s, -> sierra *f*

gebirgig *adj* montañoso

Gebiss[RR] [gə'bɪs] *nt* <-es, -e> dentadura *f;* (*künstlich*) dentadura *f* postiza

gebissen [gə'bɪsən] *pp von* **beißen**

geblasen [gə'blaːzən] *pp von* **blasen**

geblieben [gə'bliːbən] *pp von* **bleiben**

gebogen [gə'boːgən] *pp von* **biegen**

geboren [gə'boːrən] *pp von* **gebären**

geborgen [gə'bɔrgən] **I.** *pp von* **bergen II.** *adj* protegido

Geborgenheit *f* seguridad *f*, (sensación *f* de) protección *f*

Gebot [gə'boːt] *nt* <-(e)s, -e> (*Grundsatz*) mandamiento *m;* (*Vorschrift*) precepto *m;* **die Zehn ~e** los Diez Mandamientos; **Sicherheit ist oberstes ~** la seguridad ante todo

geboten [gə'boːtən] *pp von* **bieten**

gebracht [gə'braxt] *pp von* **bringen**

gebrannt [gə'brant] *pp von* **brennen**

gebraten [gə'braːtən] *pp von* **braten**

Gebrauch [gə'braʊx] *m* <-(e)s, *ohne pl*> (*Benutzung*) uso *m;* (*Verwendung*) empleo *m;* **von etw ~ machen** hacer uso de algo

gebrauchen* [gə'braʊxən] *vt* utilizar; (*Verstand*) emplear; **das kann ich gut ~** esto me sirve de mucho

gebräuchlich [gə'brɔɪçlɪç] *adj* común; **nicht mehr ~** fuera de uso

Gebrauchsanweisung *f* instrucciones *fpl* de uso

gebraucht [gə'braʊxt] *adj* usado; (*aus zweiter Hand*) de segunda mano; **Gebrauchtwagen** *m* coche *m* de segunda mano gebrechlich [gə'brɛçlɪç] adj débil; (altersschwach) decrépito

gebrochen [gə'brɔxən] I. pp von brechen II. adj (Stimme) entrecortado; ~ deutsch sprechen chapurrear el alemán

Gebrüll [gə'brʏl] nt <-(e)s, ohne pl> (Mensch) vocerío m; (Tier) rugido m

Gebühr [gə'byːɐ] f <-en> tasa f; (Abgabe) derechos mpl; (Telefongebühr) tarifa f; (Postgebühr) porte m; eine ~ erheben introducir una tasa

gebühren* [gə'byːrən] vi (geh) corresponder; seiner Leistung gebührt Anerkennung su rendimiento merece ser reconocido

gebührenfrei adj exento de tasas; gebührenpflichtig adj sujeto a tasas

gebunden [gə'bʊndən] pp von binden

Geburt [gə'buːɐt] f <-en> (Entbindung) parto m; (das Geborenwerden) nacimiento m; blind von ~ an ciego de nacimiento

gebürtig [gə'bʏrtɪç] adj natural (aus de)

Geburtsdatum nt fecha f de nacimiento; Geburtsort m lugar m de nacimiento; Geburtstag m cumpleaños m inv; Geburtsurkunde f partida f de nacimiento

Gebüsch [gə'bʏʃ] nt <-(e)s, -e> matorral m

gedacht [gə'daxt] pp von denken

Gedächtnis [gə'dɛçtnɪs] nt <-ses, -se> memoria f; sich dat etw ins ~ zurückrufen recordar algo

gedämpft [gə'dɛmpft] adj (Geräusch) apagado; (Licht) suave

Gedanke [gə'daŋkə] m <-ns, -n> idea f; sie kam auf den ~n, dass ... se le ocurrió que...; sich dat

(über etw) ~n machen preocuparse (por algo); in ~n vertieft absorto en sus pensamientos; jdn auf andere ~n bringen distraer a alguien; gedankenlos adj (unüberlegt) irreflexivo; (zerstreut) distraído; Gedankenstrich m guión m; Gedankenübertragung f ohne pl telepatía f

gedanklich adj mental

Gedeck [gə'dɛk] nt <-(e)s, -e> cubierto m

gedeihen [gə'daɪən] <gedeiht, gedieh, gediehen> vi sein (Pflanze) crecer

Gedenkstätte f <-n> lugar m conmemorativo

Gedicht [gə'dɪçt] nt <-(e)s, -e> poema m

gedieh [gə'diː] 3. imp von gedeihen

gediehen [gə'diːən] pp von gedeihen

Gedränge [gə'drɛŋə] nt <-s, ohne pl> (Drängelei) apreturas fpl; (Menschenmenge) gentío m

gedrungen [gə'drʊŋən] I. pp von dringen II. adj regordete

Geduld [gə'dʊlt] f paciencia f

gedulden* [gə'dʊldən] vr: sich ~ tener paciencia

geduldig I. adj paciente II. adv con paciencia

gedurft [gə'dʊrft] pp von dürfen[2]

geehrt [gə'ʔeːɐt] adj (in Briefen) estimado; sehr ~er Herr X estimado Sr. X; (meine) sehr ~e(n) Damen und Herren muy Sres. míos

geeignet [gə'ʔaɪgnət] adj (Mensch) apto; (Material) adecuado; (zweckmäßig) oportuno; jdn für ~ halten considerar a alguien competente

Gefahr [gə'faːɐ] f <-en> peligro m; auf eigene ~ por propia cuenta y riesgo

Gefährdung f <-en> amenaza f

gefahren [gə'fa:rən] *pp von* fahren
gefährlich [gəfɛ:ɐlıç] *adj* peligroso
gefahrlos *adj* sin peligro
Gefährte, Gefährtin [gə'fɛ:ɐtə] *m, f*
<-n, -n; -nen> (*geh*) compañero, -a
m, f
Gefälle [gə'fɛlə] *nt* <-s, -> (*Neigung*)
pendiente *f*
gefallen¹ [gə'falən] I. *pp von* fallen,
gefallen II. *adj* (*gestorben*) caído
gefallen*² *irr vi* gustar; **sich** *dat* **etw**
~ **lassen** (*fam*) aguantar algo
Gefallen *m* <-s, -> 1. (*Gefälligkeit*)
favor *m* 2. *ohne pl* (*Freude*) gusto
m; **an etw** ~ **finden** tomarle gusto
a algo
Gefälligkeit *f* <-en> (*Gefallen*) favor
m; **jdm eine** ~ **erweisen** hacer un
favor a alguien; **etw aus reiner** ~
tun hacer algo por complacer
gefangen [gə'faŋən] I. *pp von* fangen II. *adj* 1. (*in Gefangenschaft*):
~ **halten** tener encarcelado; ~ **nehmen** tomar preso 2. (*gebannt*) cau-
tivado; ~ **nehmen** tomar preso
Gefangene(r) *f(m) dekl wie adj*
preso, -a *m, f*
gefangen|nehmenᴬᴸᵀ *irr vt s.* ge-
fangen
Gefangenschaft *f* <-en> prisión *f*
Gefängnis [gə'fɛŋnɪs] *nt* <-ses,
-se> cárcel *f;* **im** ~ **sitzen** estar en
la cárcel; Gefängnisstrafe *f* pena *f*
de cárcel; **jdn zu einer** ~ **verurteilen** condenar a alguien a prisión
Gefäß [gə'fɛ:s] *nt* <-es, -e> (*Behälter*) recipiente *m*
gefasstᴿᴿ [gə'fast] *adj* sereno; **sich
auf etw** ~ **machen** prepararse para
algo
Gefieder [gə'fi:dɐ] *nt* <-s, -> plumaje
m
geflochten [gə'flɔxtən] *pp von* flechten
geflogen [gə'flo:gən] *pp von* fliegen

geflohen [gə'flo:ən] *pp von* fliehen
geflossen [gə'flɔsən] *pp von* fließen
Geflügel *nt* <-s, *ohne pl*> (*Fleisch*)
carne *f* de ave
geflügelt *adj:* **ein** ~**es Wort** un dicho
gefochten [gə'fɔxtən] *pp von* fechten
gefragt [gə'fra:kt] *adj* (*Künstler*) solicitado; (*Ware*) de gran demanda
gefräßig [gə'frɛ:sıç] *adj* (*abw*) voraz;
(*verfressen*) glotón
gefressen [gə'frɛsən] *pp von* fressen
gefrieren* [gə'fri:rən] *irr vi sein* helarse; (*in Kühltruhe*) congelarse
Gefrierfach *nt* congelador *m;* Gefrierschrank *m* congelador *m*
gefroren [gə'fro:rən] *pp von* frieren,
gefrieren
Gefüge [gə'fy:gə] *nt* <-s, -> (*Struktur*) estructura *f;* (*System*) sistema *m*
gefügig *adj* (*abw*) dócil; **sich** *dat* **jdn**
~ **machen** doblegarse a alguien
Gefühl [gə'fy:l] *nt* <-(e)s, -e> sensación *f;* (*seelisch*) sentimiento *m;*
kein ~ **in den Fingern haben** no
tener sensibilidad en los dedos; **etw
mit** ~ **machen** hacer algo con fi-
nura; **das Höchste der** ~**e** el non
plus ultra; **etw im** ~ **haben** intuir
algo; **gefühllos** *adj* insensible; (*hartherzig*) impasible; **gefühlvoll** *adj*
sentimental; (*liebevoll*) cariñoso
gefunden [gə'fundən] *pp von* finden
gegangen [gə'gaŋən] *pp von* gehen
gegeben [gə'ge:bən] I. *pp von* geben II. *adj* 1. (*vorhanden*) dado;
unter den ~**en Umständen** dadas
las circunstancias 2. (*geeignet*) apropiado; **zu** ~**er Zeit** en el momento
oportuno
gegebenenfalls [gə'ge:bənənfals]
adv dado el caso
Gegebenheit *f* <-en> (*Tatsache*) hecho *m;* (*Umstand*) circunstancia *f*

gegen ['ge:gən] *präp* +*akk* contra; (*verglichen mit*) en comparación con; (*zeitlich*) sobre; ~ **die Wand** contra la pared; **etwas ~ Kopfschmerzen** algo contra el dolor de cabeza; ~ **Vorlage des Personalausweises** presentando el carné de identidad; ~ **Abend** al anochecer; **Gegenargument** *nt* contraargumento *m*

Gegend ['ge:gənt] *f* <-en> zona *f;* **in der ~ von Hamburg** cerca de Hamburgo; **die ~ um Madrid** los alrededores de Madrid

gegeneinander [ge:gən?aɪ'nandɐ] *adv* uno contra otro

Gegenfahrbahn *f* carril *m* contrario; **Gegenleistung** *f* contrapartida *f;* **Gegenmaßnahme** *f* contramedida *f;* **Gegensatz** *m* oposición *f;* **im ~ zu dir** a diferencia de ti; **einen ~ zu etw bilden** contrastar con algo

gegensätzlich ['--zɛtslɪç] *adj* (*entgegengesetzt*) contrario; (*widersprüchlich*) opuesto

Gegenseite *f* 1. (*räumlich*) lado *m* opuesto 2. (POL) (partido *m* de la) oposición *f* 3. (JUR) parte *f* contraria

gegenseitig ['ge:gənzaɪtɪç] *adj* recíproco; **sich** *dat* ~ **helfen** ayudarse el uno al otro

Gegenseitigkeit *f* reciprocidad *f;* **das beruht auf ~** esto es recíproco

Gegenstand *m* objeto *m;* **gegenstandslos** *adj* sin validez; (*unbegründet*) sin fundamento

Gegenteil *nt* lo contrario; (**ganz**) **im ~!** ¡al contrario!

gegenteilig *adj* contrario

gegenüber [gegən'?y:bɐ] **I.** *präp* +*dat* (*örtlich*) enfrente de; (*einer Person*) frente a; (*im Vergleich zu*) en comparación con **II.** *adv* enfrente; **gegenüberliegend** *adj* de enfrente; **auf der ~en Seite** en el lado

opuesto; **gegenüber|stehen** *irr vi:* **etw** *dat* **positiv/negativ** ~ defender/rechazar algo; **gegenüber|stellen** *vt* (*Person*) confrontar (con); (*vergleichen*) comparar (con)

Gegenverkehr *m* tráfico *m* en contra

Gegenwart ['ge:gənvart] *f* (*a.* LING) presente *m;* (*Anwesenheit*) presencia *f;* **die Kunst der** ~ el arte contemporáneo

gegenwärtig ['ge:gənvɛrtɪç] *adj* actual

Gegenwert *m* contravalor *m;* **Gegenwind** *m* viento *m* en contra

gegessen [gə'gɛsən] *pp von* **essen**

geglichen [gə'glɪçən] *pp von* **gleichen**

geglitten [gə'glɪtən] *pp von* **gleiten**

geglommen [gə'glɔmən] *pp von* **glimmen**

Gegner(in) ['ge:gnɐ] *m(f)* <-s, -; -nen> adversario, -a *m, f*

gegnerisch *adj* contrario

gegolten [gə'gɔltən] *pp von* **gelten**

gegossen [gə'gɔsən] *pp von* **gießen**

gegraben [gə'gra:bən] *pp von* **graben**

gegriffen [gə'grɪfən] *pp von* **greifen**

Gehalt[1] [gə'halt] *m* <-(e)s, -e> (*Anteil*) contenido *m* (*an de*)

Gehalt[2] *nt* <-(e)s, -hälter> salario *m*

gehalten [gə'haltən] *pp von* **halten**

Gehaltserhöhung *f* aumento *m* salarial

gehaltvoll *adj* (*Essen*) sustancioso

gehangen [gə'haŋən] *pp von* **hängen**

gehässig [gə'hɛsɪç] *adj* (*abw: böswillig*) malévolo; (*feindselig*) hostil

gehauen [gə'haʊən] *pp von* **hauen**

gehäuft [gə'hɔɪft] *adj* 1. (*Auftreten*) frecuente 2. (*voll*) lleno; **ein ~er Löffel** una cucharada colmada

Gehäuse [gə'hɔɪzə] *nt* <-s, -> car-

casa f
gehbehindert [ˈgeːbəhɪndɐt] *adj* inválido
Gehege [gəˈheːgə] *nt* <-s, -> cercado *m*
geheim [gəˈhaɪm] *adj* secreto; (*Kräfte*) oculto; (*vertraulich*) confidencial; **etw ~ halten** mantener algo en secreto; **etw vor jdm ~ halten** ocultar algo a alguien; **Geheimdienst** *m* servicio *m* secreto; **geheim|halten**ᴬᴸᵀ *irr vt s.* geheim
Geheimnis *nt* <-ses, -se> secreto *m;* **ein ~ verraten** revelar un secreto; **ein offenes ~** un secreto a voces; **er macht kein ~ daraus, dass ...** no oculta que...; **geheimnisvoll** *adj* misterioso
Geheimzahl *f* número *m* secreto
geheißen *pp von* **heißen**
gehen [ˈgeːən] <geht, ging, gegangen> *vi sein* andar; (*weggehen*) irse; **zu Fuß ~** ir a pie; **das geht zu weit** eso pasa de la raya; **es geht mir schlecht** me encuentro mal; **so geht das nicht weiter** esto no puede seguir así; **mit der Zeit ~** estar al día; **die Uhr geht (falsch)** el reloj anda (mal); **ich zeige dir, wie das geht** te enseño cómo se hace; **gut ~** ir bien; **sich ~ lassen** descuidarse; **vor sich ~** (*fam*) ocurrir; **worum geht's denn?** ¿de qué se trata?; **gehen|lassen** *irr vr:* **sich ~** *s.* gehen
geheuer [gəˈhɔɪɐ] *adj:* **das ist mir nicht ~** me da algo de miedo
Gehilfe, Gehilfin [gəˈhɪlfə] *m, f* <-n, -n; -nen> ayudante *mf*
Gehirn [gəˈhɪrn] *nt* cerebro *m;* **Gehirnerschütterung** *f* <-en> conmoción *f* cerebral
gehoben [gəˈhoːbən] I. *pp von* **heben** II. *adj* (*Ausdrucksweise*) culto
geholfen [gəˈhɔlfən] *pp von* **helfen**
Gehör [gəˈhøːɐ] *nt* <-(e)s, ohne pl>

oído *m;* **jdm ~ schenken** prestar atención a alguien; **sich** *dat* **~ verschaffen** hacerse escuchar
gehorchen* *vi* obedecer
gehören* I. *vi* **1.** (*als Eigentum*) pertenecer (a); **das Auto gehört ihm** el coche es suyo **2.** (*zählen zu*) formar parte (*zu* de); **er gehört zur Familie** es de la familia; **wo gehört das hin?** ¿dónde se pone esto? **3.** (*nötig sein*) hacer falta; **dazu gehört Mut** esto requiere valentía II. *vr:* **sich ~** ser conveniente; **wie es sich gehört** como es debido
gehörig I. *adj* (*gehörend*) perteneciente (*zu* a); (*angemessen*) debido; (*fam: gründlich*) fuerte; **eine ~e Tracht Prügel** una buena paliza II. *adv* (*gebührend*) como es debido; **ich habe ihm ~ die Meinung gesagt** le dije mi opinión como se merecía
gehorsam *adj* obediente
Gehorsam [gəˈhoːˌezaːm] *m* <-s, ohne pl> obediencia *f*
Gehsteig [ˈgeːʃtaɪk] *m* <-(e)s, -e> acera *f*, vereda *f* *Am;* **Gehweg** *m* **1.** (*Bürgersteig*) acera *f* **2.** (*Fußweg*) camino *m*
Geier [ˈgaɪɐ] *m* <-s, -> buitre *m*
Geige [ˈgaɪgə] *f* <-n> violín *m*
geil [gaɪl] *adj* (*fam: großartig*) guay; (*vulg: lüstern*) cachondo
Geisel [ˈgaɪzəl] *f* <-n> rehén *mf;* **~n nehmen** tomar rehenes; **Geiselnahme** [ˈ--naːmə] *f* <-n> toma *f* de rehenes; **Geiselnehmer(in)** *m(f)* <-s, -; -nen> secuestrador(a) *m(f)*
Geist [gaɪst] *m* <-(e)s, -er> **1.** (*Denker*) espíritu *m* **2.** (*Gespenst*) fantasma *m* **3.** *ohne pl* (*Verstand*) mente *f;* **den ~ aufgeben** (*fam*) estropearse; **Geisterbahn** *f* tren *m* fantasma
geistesabwesend [ˈgaɪstəs-] *adj* dis-

traído; **Geistesblitz** m (fam) ocurrencia f; **Geistesgegenwart** f presencia f de ánimo; **geistesgestört** adj perturbado mental; **geisteskrank** adj enfermo mental; **Geisteswissenschaften** fpl ciencias fpl humanas; **Geisteszustand** m estado m mental

geistig ['gaɪstɪç] adj (Kräfte) mental; **~ behindert** deficiente mental

geistlich ['gaɪstlɪç] adj espiritual; (kirchlich) eclesiástico; **~e Musik** música sacra

Geistliche(r) m <-n, -n> eclesiástico m

geistreich adj ingenioso

Geiz [gaɪts] m <-es, ohne pl> avaricia f

geizen vi cicatear

Geizhals m (abw) tacaño, -a m, f

geizig adj tacaño

Gejammer [gə'jamɐ] nt <-s, ohne pl> (fam abw) quejas fpl

gekannt [gə'kant] pp von **kennen**

Gekicher [gə'kɪçɐ] nt <-s, ohne pl> (fam abw) risitas fpl

geklungen [gə'klʊŋən] pp von **klingen**

geknickt [gə'knɪkt] adj (fam) afligido

gekniffen [gə'knɪfən] pp von **kneifen**

gekommen [gə'kɔmən] pp von **kommen**

gekonnt [gə'kɔnt] I. pp von **können²** II. adj bien hecho

gekrochen [gə'krɔxən] pp von **kriechen**

gekünstelt [gə'kʏnstəlt] adj (abw) amanerado; (Stil) rebuscado

Gel [ge:l] nt <-s, -e> gel m

Gelächter [gə'lɛçtɐ] nt <-, -> carcajada f

geladen [gə'la:dən] I. pp von **laden** II. adj (fam: zornig) furioso; **eine ~e Atmosphäre** un ambiente cargado

gelähmt [gə'lɛ:mt] adj paralizado

Gelände [gə'lɛndə] nt <-s, -> terreno m

Geländer [gə'lɛndɐ] nt <-s, -> barandilla f

Geländewagen m (vehículo m) todoterreno m

gelang [gə'laŋ] 3. imp von **gelingen**

gelangen* [gə'laŋən] vi sein llegar (zu/nach/an a); **zu einer Überzeugung ~** llegar a una conclusión

gelassen [gə'lasən] I. pp von **lassen¹** II. adj sereno III. adv con calma; **~ bleiben** no perder la calma

gelaufen [gə'laʊfən] pp von **laufen**

geläufig [gə'lɔɪfɪç] adj corriente; **dieses Wort ist mir nicht ~** no conozco esta palabra

gelaunt [gə'laʊnt] adj: **übel ~** malhumorado; **gut ~ sein** estar de buen humor

gelb [gɛlp] adj amarillo

Geld [gɛlt] nt <-(e)s, ohne pl> dinero m; **das geht ganz schön ins ~** esto cuesta un montón; **das ~ zum Fenster rauswerfen** (fam) tirar los cuartos por la ventana; **sie hat ~ wie Heu** (fam) le sale el dinero hasta por las orejas; **Geldautomat** m cajero m automático; **Geldbetrag** m importe m; **Geldbeutel** m monedero m

Gelder nt pl (Mittel) fondos m pl

geldgierig adj (abw) codicioso; **Geldinstitut** nt institución f bancaria; **Geldschein** m billete m de banco; **Geldstrafe** f multa f; **Geldwäsche** f (fam) blanqueo m de dinero

Gelee [ʒe'le:] m o nt <-s, -s> jalea f

gelegen [gə'le:gən] I. pp von **liegen** II. adj (örtlich) situado; (passend) oportuno; **zentral ~** céntrico III. adv: **das kommt mir sehr ~**

esto me viene muy a propósito; **mir ist viel daran ~, dass ...** considero muy importante que... +*subj*

Gelegenheit *f* <-en> ocasión *f* (*zu* para); **wenn sich die ~ bietet** si se presenta la oportunidad

gelegentlich I. *adj* ocasional **II.** *adv* (*bei Gelegenheit*) cuando sea oportuno; (*manchmal*) de vez en cuando

gelehrig [gə'leːrɪç] *adj* que aprende fácilmente

gelehrt [gə'leːɐt] *adj* erudito

Gelenk [gə'lɛŋk] *nt* <-(e)s, -e> (*a.* TECH) articulación *f*

gelenkig *adj* ágil

gelesen [gə'leːzən] *pp von* **lesen**

Geliebte(r) [gə'liːptə] *f(m) dekl wie adj* amante *mf*

geliehen [gə'liːən] *pp von* **leihen**

gelingen [gə'lɪŋən] <gelingt, gelang, gelungen> *vi sein* lograr; **es gelingt mir nicht** no me sale

Gelingen *nt* <-s, *ohne pl*> éxito *m;* **auf gutes ~!** ¡por el éxito!

gelitten [gə'lɪtən] *pp von* **leiden**

gelogen [gə'loːgən] *pp von* **lügen**

gelöst [gə'løːst] *adj* relajado

gelten ['gɛltən] <gilt, galt, gegolten> *vi* (*gültig sein*) ser válido; (*zutreffen*) valer; **etw ~ lassen** dejar pasar algo; **und das gilt auch für dich** y esto también va por ti

Geltung *f* **1.** (*Gültigkeit*) validez *f;* **~ haben** ser válido **2.** (*Ansehen*) prestigio *m;* **sich** *dat* **~ verschaffen** hacerse respetar; **zur ~ kommen** resaltar; **etw zur ~ bringen** acentuar algo; **Geltungsbedürfnis** *nt* <-ses, *ohne pl*> afán *m* de notoriedad

gelungen [gə'lʊŋən] **I.** *pp von* **gelingen II.** *adj* (*gut*) estupendo; (*erfolgreich*) exitoso; **etw ist gut ~** algo ha salido bien

gemächlich [gə'mɛ(ː)çlɪç] *adj* (*ruhig*) tranquilo; (*langsam*) parsimo-

nioso

Gemahl(in) [gə'maːl] *m(f)* <-(e)s, -e; -nen> (*geh*) esposo, -a *m, f*

gemahlen [gə'maːlən] *pp von* **mahlen**

Gemälde [gə'mɛːldə] *nt* <-s, -> cuadro *m*

gemäß [gə'mɛːs] *präp* +*dat* según

gemäßigt [gə'mɛːsɪçt] *adj* moderado; (*Klima*) templado

Gemecker [gə'mɛkɐ] *nt* <-(e)s, *ohne pl*> **1.** (*fam abw: von Mensch*) critiqueo *m* **2.** (*von Ziege*) balido *m*

gemein [gə'maɪn] *adj* (*niederträchtig*) infame; **etw mit jdm ~ haben** tener algo en común con alguien

Gemeinde [gə'maɪndə] *f* <-n> (ADMIN) municipio *m;* (REL) parroquia *f;* **Gemeinderat** *m* concejo *m* municipal

gemeingefährlich *adj* que constituye un peligro público; **Gemeingut** *nt* <-(e)s, *ohne pl*> (*geh*) patrimonio *m* público

Gemeinheit *f* infamia *f*

gemeinsam I. *adj* común **II.** *adv* en común; (*zusammen*) juntos; **etw ~ benutzen** utilizar algo conjuntamente; **sie haben viel ~** tienen mucho en común

Gemeinschaft *f* <-en> comunidad *f;* **die Europäische ~** la Comunidad Europea

gemeinschaftlich I. *adj* común **II.** *adv* conjuntamente

Gemeinschaftspraxis *f* consultorio *m* colectivo

Gemeinwohl *nt* bien *m* común

gemessen [gə'mɛsən] *pp von* **messen**

gemieden [gə'miːdən] *pp von* **meiden**

Gemisch [gə'mɪʃ] *nt* <-(e)s, -e> mezcla *f*

gemischt [gə'mɪʃt] *adj* mixto; **mit**

~en Gefühlen con sentimientos encontrados

gemocht [gə'mɔxt] *pp von* **mögen**[1]

gemolken [gə'mɔlkən] *pp von* **melken**

Gemurmel [gə'mʊrməl] *nt* <-s, *ohne pl>* murmullo *m*

Gemüse [gə'my:zə] *nt* <-s, -> verdura *f;* **das junge ~** (*fam*) la gente menuda; **Gemüsegarten** *m* huerto *m*

gemusst[RR] [gə'mʊst] *pp von* **müssen**[2]

Gemüt [gə'my:t] *nt* <-(e)s, -er> **1.** (*Psyche*) ánimo *m;* **die Entscheidung erregte die ~er** la decisión excitó los ánimos **2.** (*Seele*) alma *m;* **das ist ihm aufs ~ geschlagen** esto le ha deprimido; **sich** *dat* **etw zu ~e führen** (*etw beherzigen*) tomar algo en consideración (*fam: sich etw gönnen*) obsequiarse con algo

gemütlich I. *adj* acogedor; **mach's dir ~** ponte cómodo; **in ~em Tempo** a un ritmo agradable **II.** *adv* a gusto

Gemütlichkeit *f* comodidad *f;* **in aller ~** a sus anchas

Gemütsbewegung *f* emoción *f;* **Gemütsverfassung** *f* estado *m* de ánimo

Gen [ge:n] *nt* <-s, -e> gen(e) *m*

genannt [gə'nant] *pp von* **nennen**

genau [gə'naʊ] *adj* (*exakt*) exacto; (*sorgfältig*) escrupuloso; (*ausführlich*) detallado; **ich weiß nichts Genaueres darüber** no sé nada más concreto acerca de ello; **~ das Gegenteil** justo lo contrario; **es ist ~ 10 Uhr** son las diez en punto; **so ~ wollte ich es nicht wissen!** ¡tan detalladamente no quería saberlo!; **etw ~ nehmen** tomar algo al pie de la letra; **~ genommen ist das nicht richtig** en sentido estricto esto

no es correcto; **genaugenommen** *adv s.* **genau**

Genauigkeit *f* precisión *f*

genauso [gə'naʊzo:] *adv* de igual modo; **~ gut** de la misma manera; **~ gut wie** igual de bien que; **~ viel wie** tanto como; **~ wie** así como; **genausogut**[ALT] *adv s.* **genauso**; **genausoviel**[ALT] *adv s.* **genauso**

genehmigen* [gə'ne:mɪgən] *vt* autorizar; (*Antrag*) aprobar; **sich** *dat* **etw ~** (*fam*) permitirse algo

Genehmigung *f* <-en> autorización *f*

geneigt [gə'naɪkt] *adj:* **zu etw** *dat* **~ sein** estar dispuesto a hacer algo

Genera *pl von* **Genus**

General(in) [genəˈra:l] *m(f)* <-s, -e *o* -räle; -nen> general *mf;* **Generalprobe** *f* ensayo *m* general

Generation [genəraˈtsjo:n] *f* <-en> generación *f*

Generator [genəˈra:to:ɐ] *m* <-s, -en> generador *m*

generell [genəˈrɛl] **I.** *adj* general **II.** *adv* en general

Genetik [geˈne:tɪk] *f* genética *f*

genetisch [geˈne:tɪʃ] *adj* genético

Genf [gɛnf] *nt* <-s> Ginebra *f*

Genforschung *f* investigación *f* genética

genial [geˈnja:l] *adj* genial

Genick [gə'nɪk] *nt* <-(e)s, -e> nuca *f;* **das bricht ihm das ~** (*fam*) esto le va a matar

Genie [ʒeˈni:] *nt* <-s, -s> genio *m*

genieren* [ʒeˈni:rən] *vr:* **sich ~** avergonzarse

genießbar *adj* comestible

genießen [gə'ni:sən] <genießt, genoss, genossen> *vt* disfrutar (de); **jds Vertrauen ~** gozar de la confianza de alguien; **das ist mit Vorsicht zu ~** hay que tener cuidado con esto

Genießer(in) *m(f)* <-s, -; -nen> sibarita *mf*

Genitalien [geni'ta:liən] *ntpl* (órganos *mpl*) genitales *mpl*

Genitiv ['ge:niti:f] *m* <-s, -e> genitivo *m*

genommen [gə'nɔmən] *pp von* **nehmen**

genormt [gə'nɔrmt] *adj* estandarizado

genoss^RR [gə'nɔs] *3. imp von* **genießen**

Genosse, Genossin [gə'nɔsə] *m, f* <-n, -n; -nen> compañero, -a *m, f*

genossen [gə'nɔsən] *pp von* **genießen**

Genre ['ʒã:rə] *nt* <-s, -s> género *m*

Gentechnologie *f* ingeniería *f* genética

genug [gə'nu:k] *adv* bastante; **es ist ~ Platz** hay sitio suficiente; **jetzt ist es aber ~!** ¡ya basta!; **~ von etw haben** estar harto de algo

genügen* [gə'ny:gən] *vi* bastar; **den Anforderungen ~** satisfacer las exigencias

genügend *adj* bastante, suficiente

genügsam *adj* contentadizo

Genugtuung [gə'nu:ktu:ʊŋ] *f* <-en> satisfacción *f*

Genus ['gɛnʊs, 'ge:nʊs] *nt* <-, Genera> género *m*

Genuss^RR [gə'nʊs] *m* <-es, -nüsse> **1.** (*Vergnügen*) placer *m* **2.** *ohne pl* (*Konsum*) consumo *m*

genüsslich^RR **I.** *adj* gozoso **II.** *adv* con fruición

Genussmittel^RR *nt* estimulante *m*

Geografie^RR [geogra'fi:] *f* geografía *f*

geografisch^RR *adj* geográfico

Geographie *f s.* **Geografie**

geographisch *adj s.* **geografisch**

Geologie [geolo'gi:] *f* geología *f*

Geometrie [geome'tri:] *f* geometría *f*

Georgien [ge'ɔrgiən] *nt* <-s> Geor-

gia *f*

Gepäck [gə'pɛk] *nt* <-(e)s, *ohne pl*> equipaje *m;* **sein ~ aufgeben** facturar su equipaje; **Gepäckaufbewahrung** *f* consigna *f;* **Gepäckausgabe** *f* entrega *f* de equipajes

Gepäckträger[1] *m* (*am Fahrrad*) portaequipajes *m inv*

Gepäckträger(in)[2] *m(f)* mozo, -a *m, f* de equipajes

Gepäckwagen *m* (*im Bahnhof*) carrito *m* portaequipajes; (*des Zuges*) furgón *m* de equipajes

gepfeffert [gə'pfɛfət] *adj* (*fam: Preise*) exorbitante; (*Kritik*) duro; (*Strafe*) severo

gepfiffen [gə'pfɪfən] *pp von* **pfeifen**

gepflegt [gə'pfle:kt] *adj* cuidado, *m* (*Restaurant*) elegante; (*Ausdrucksweise*) culto

Geplapper [gə'plapɐ] *nt* <-s, *ohne pl*> (*fam*) cháchara *f*

gepriesen [gə'pri:zən] *pp von* **preisen**

gequollen [gə'kvɔlən] *pp von* **quellen**

gerade [gə'ra:də] **I.** *adj* (*geradlinig*) recto; (*aufrecht*) derecho **II.** *adv* **1.** (*soeben*) ahora mismo; **sie duscht ~** se está duchando **2.** (*knapp*) justo; **er kam ~ noch rechtzeitig** llegó justo a tiempo **3.** (*ausgerechnet*) precisamente; **er ist nicht ~ eine Schönheit** (*fam*) no es precisamente una belleza

Gerade [gə'ra:də] *f* <-n> recta *f*

geradeaus [---'-] *adv* recto; **immer ~** todo seguido; **geradeheraus** [-'---'-] *adv* (*fam*) francamente

gerade|stehen *irr vi:* **für etw ~** responder de algo

geradewegs [-'---] *adv* directamente

geradezu [-'---] *adv* realmente

Geranie [ge'ra:niə] *f* <-n> geranio *m*

gerann [gə'ran] *3. imp von* **gerinnen**

gerannt [gəˈrant] *pp von* **rennen**

gerät [gəˈrɛːt] *3. präs von* **geraten**[2]

Gerät [gəˈrɛːt] *nt* <-(e)s, -e> (*Apparat*) aparato *m*; (*Instrument*) instrumento *m*

geraten[1] [gəˈraːtən] *pp* **geraten**[2], **raten**

geraten[2] <gerät, geriet, geraten> *vi sein* llegar; **in Schwierigkeiten** ~ caer en una situación difícil; **außer sich** *dat/akk* ~ salirse de sus casillas; **gut/schlecht** ~ salir bien/mal; **das ist etwas kurz** ~ eso ha quedado algo corto; **nach jdm** ~ salir a alguien

Geratewohl [gəˈraːtəvoːl, ---ˈ-] *nt* (*fam*): **aufs** ~ al azar

geräumig [gəˈrɔɪmɪç] *adj* espacioso

Geräusch [gəˈrɔɪʃ] *nt* <-(e)s, -e> ruido *m*; **Geräuschkulisse** *f* ruido *m* ambiente; **geräuschlos** *adj* silencioso

gerecht [gəˈrɛçt] *adj* justo; (*Strafe*) merecido

Gerechtigkeit *f* justicia *f*; **jdm** ~ **widerfahren lassen** hacer justicia a alguien

Gerede [gəˈreːdə] *nt* <-s, *ohne pl*> (*Geschwätz*) perorata *f*; (*Klatsch*) habladurías *fpl*

gereizt [gəˈraɪtst] *adj* irritado

Gericht [gəˈrɪçt] *nt* <-(e)s, -e> (*Speise*) plato *m*; (*Institution*) tribunal *m* (de justicia); (*Gebäude*) palacio *m* de justicia

gerichtlich *adj* judicial

Gerichtssaal *m* sala *f* de audiencia; **Gerichtsverhandlung** *f* juicio *m*

gerieben [gəˈriːbən] *pp von* **reiben**

geriet [gəˈriːt] *3. imp von* **geraten**[2]

gering [gəˈrɪŋ] *adj* (*klein*) pequeño; (*wenig*) poco; (*knapp*) escaso; (*beschränkt*) limitado; (*Preis*) bajo; (*Entfernung*) corto; **jdn** ~ **schätzen** menospreciar a alguien; (*verachten*) des-

preciar a alguien; **die ~ste Kleinigkeit regt ihn auf** la pequeñez más nimia le enfada; **das stört mich nicht im Geringsten** no me molesta lo más mínimo; **geringfügig** [gəˈrɪŋfyːgɪç] **I.** *adj* mínimo **II.** *adv* ligeramente; **gering|schätzen** *vt s.* **gering**; **geringschätzig** *adj* despectivo

gerinnen* [gəˈrɪnən] *irr vi sein* (*Milch*) cuajar(se); (*Blut*) coagular(se)

Gerippe [gəˈrɪpə] *nt* <-s, -> esqueleto *m*

gerissen [gəˈrɪsən] **I.** *pp von* **reißen** **II.** *adj* (*fam*) astuto

geritten [gəˈrɪtən] *pp von* **reiten**

Germanistik [gɛrmaˈnɪstɪk] *f* germanística *f*

gern(e) [ˈgɛrn(ə)] <lieber, am liebsten> *adv* con gusto; **sie liest** ~ le gusta leer; **ein** ~ **gesehener Gast** un invitado bienvenido; ~ **geschehen!** ¡no hay de qué!; **ich hätte** ~ **den Chef gesprochen** quisiera hablar con el jefe

gerochen [gəˈrɔxən] *pp von* **riechen**

geronnen [gəˈrɔnən] *pp von* **gerinnen, rinnen**

Gerste [ˈgɛrstə] *f* <-n> cebada *f*

Geruch [gəˈrʊx] *m* <-(e)s, -rüche> olor *m*; **geruchlos** *adj* sin olor; **Geruchssinn** *m* <-(e)s, *ohne pl*> olfato *m*

Gerücht [gəˈrʏçt] *nt* <-(e)s, -e> rumor *m*; **ein** ~ **in die Welt setzen** difundir un rumor

gerufen [gəˈruːfən] *pp von* **rufen**

geruhsam [gəˈruːzaːm] *adj* sosegado

Gerümpel [gəˈrʏmpəl] *nt* <-s, *ohne pl*> (*abw*) trastos *mpl*

gerungen [gəˈrʊŋən] *pp von* **ringen**

Gerüst [gəˈrʏst] *nt* <-(e)s, -e> (*Baugerüst*) andamio *m*; (*Aufbau*) estructura *f*

gesalzen [gəˈzaltsən] *adj* (*fam:*

Preis) exorbitante

gesamt [gə'zamt] *adj* todo; (*völlig*) total; (*vollständig*) completo; **Gesamtbetrag** *m* importe *m* total; **Gesamteindruck** *m* impresión *f* final

Gesamtheit *f* totalidad *f;* **in seiner/ ihrer ~** en su totalidad

Gesamtschule *f* escuela *f* integrada

gesandt [gə'zant] *pp von* **senden**

Gesandte(r) [gə'zantə] *mf* <-n, -n; -n> enviado, -a *m, f*

Gesang [gə'zaŋ] *m* <-(e)s, -sänge> canto *m;* **Gesangverein** *m* orfeón *m*

Gesäß [gə'zɛːs] *nt* <-es, -e> trasero *m*

geschaffen [gə'ʃafən] *pp von* **schaffen**[1]

Geschäft [gə'ʃɛft] *nt* <-(e)s, -e> negocio *m;* **morgen gehe ich nicht ins ~** (*fam*) mañana no voy al trabajo; **ein gutes ~ machen** hacer un buen negocio

geschäftig *adj* diligente

geschäftlich *adj* comercial; **~ unterwegs sein** estar en viaje de negocios

Geschäftsfrau *f* mujer *f* de negocios; **Geschäftsführer(in)** *m(f)* (*von Unternehmen*) gerente *mf;* **Geschäftsleitung** *f* gerencia *f;* **Geschäftsmann** *m* <-(e)s, -leute *o* -männer> hombre *m* de negocios; **Geschäftsreise** *f* viaje *m* de negocios; **Geschäftsschluss**[RR] *m* <-es, ohne pl> (hora *f* de) cierre *m* de los comercios; **Geschäftsstelle** *f* (*Büro*) despacho *m;* (*Filiale*) sucursal *f;* **geschäftstüchtig** *adj* hábil para el comercio

geschah [gə'ʃaː] *3. imp von* **geschehen**

geschehen [gə'ʃeːən] <geschieht, geschah, geschehen> *vi sein* ocu-

rrir; **als ob nichts ~ wäre** como si no hubiera pasado nada

gescheit [gə'ʃaɪt] *adj* listo; (*vernünftig*) sensato

Geschenk [gə'ʃɛŋk] *nt* <-(e)s, -e> regalo *m;* **Geschenkpapier** *nt* papel *m* de regalo

Geschichte [gə'ʃɪçtə] *f* <-n> 1. (*Erzählung*) cuento *m* 2. (*fam: Angelegenheit*) asunto *m;* **mach keine ~n!** ¡no hagas tonterías! 3. *ohne pl* (*Entwicklungsprozess*) historia *f*

geschichtlich *adj* histórico

Geschichtsbuch *nt* libro *m* de historia

Geschick [gə'ʃɪk] *nt* <-(e)s, -e> (*geh: Schicksal*) suerte *f*

Geschicklichkeit *f* habilidad *f*

geschickt *adj* hábil

geschieden [gə'ʃiːdən] *pp von* **scheiden**

geschieht [gə'ʃiːt] *3. präs von* **geschehen**

geschienen [gə'ʃiːnən] *pp von* **scheinen**

Geschirr [gə'ʃɪr] *nt* <-(e)s, -e> 1. (*Essgeschirr*) vajilla *f;* (*Kaffeegeschirr*) juego *m* de café 2. *ohne pl* (*Gesamtheit*) platos *mpl;* **Geschirrspülmaschine** *f* lavavajillas *m inv;* **Geschirrtuch** *nt* paño *m* de cocina

geschissen [gə'ʃɪsən] *pp von* **scheißen**

geschlafen [gə'ʃlaːfən] *pp von* **schlafen**

geschlagen [gə'ʃlaːgən] *pp von* **schlagen**

Geschlecht [gə'ʃlɛçt] *nt* <-(e)s, -er> 1. (*Gattung, a.* LING) género *m* 2. *ohne pl* (BIOL) sexo *m;* **beiderlei ~s** de ambos sexos

geschlechtlich *adj* sexual

Geschlechtskrankheit *f* enfermedad *f* venérea; **Geschlechtsorgan**

nt órgano *m* sexual; **Geschlechtsverkehr** *m* relaciones *fpl* sexuales

geschlichen [gə'ʃlɪçən] *pp von* **schleichen**

geschliffen [gə'ʃlɪfən] I. *pp von* **schleifen²** II. *adj (Ausdrucksweise)* pulido

geschlossen [gə'ʃlɔsən] I. *pp von* **schließen** II. *adj:* ~e **Gesellschaft** reunión privada III. *adv* colectivamente; ~ **für etw stimmen** votar por unanimidad a favor de algo

geschlungen [gə'ʃlʊŋən] *pp von* **schlingen**

Geschmack [gə'ʃmak] *m* <-(e)s, -schmäcke, *fam:* -schmäcker> 1. *(einer Speise)* sabor *m* 2. *(ästhetisches Empfinden)* gusto *m;* **an etw** ~ **finden** cogerle el gusto a algo 3. *ohne pl (Geschmackssinn)* gusto *m;* **Geschmack(s)sache** *f* cuestión *f* de gusto; **geschmacklos** *adj (Speisen)* sin sabor; *(taktlos)* de mal gusto; **geschmackvoll** I. *adj* de buen gusto II. *adv* con gusto

geschmissen [gə'ʃmɪsən] *pp von* **schmeißen**

geschmolzen [gə'ʃmɔltsən] *pp von* **schmelzen**

geschnitten [gə'ʃnɪtən] *pp von* **schneiden**

geschoben [gə'ʃoːbən] *pp von* **schieben**

gescholten [gə'ʃɔltən] *pp von* **schelten**

geschönt *adj (Statistik)* maquillado

Geschöpf [gə'ʃœpf] *nt* <-(e)s, -e> criatura *f*

geschoren [gə'ʃoːrən] *pp von* **scheren¹**

Geschossᴿᴿ [gə'ʃɔs] *nt* <-es, -e> proyectil *m; (Etage)* piso *m*

geschossen [gə'ʃɔsən] *pp von* **schießen**

Geschrei *nt* <-s, *ohne pl>* griterío

m

geschrieben [gə'ʃriːbən] *pp von* **schreiben**

geschrie(e)n [gə'ʃriː(ə)n] *pp von* **schreien**

geschritten [gə'ʃrɪtən] *pp von* **schreiten**

geschunden [gə'ʃʊndən] *pp von* **schinden**

Geschwätz [gə'ʃvɛts] *nt* <-es, *ohne pl> (fam abw: Gerede)* palabrería *f; (Klatsch)* cotilleo *m*

geschwätzig *adj (abw)* chismoso

geschweige [gə'ʃvaɪgə] *konj:* ~ **denn** ni mucho menos

geschwiegen [gə'ʃviːgən] *pp von* **schweigen**

geschwind [gə'ʃvɪnt] *adj (reg)* rápido

Geschwindigkeit [gə'ʃvɪndɪçkaɪt] *f* <-en> velocidad *f;* **Geschwindigkeitsbeschränkung** *f* limitación *f* de velocidad

Geschwister [gə'ʃvɪstɐ] *pl* hermanos *mpl; (Schwestern)* hermanas *fpl*

geschwollen [gə'ʃvɔlən] I. *pp von* **schwellen** II. *adj (abw: Stil)* ampuloso

geschwommen [gə'ʃvɔmən] *pp von* **schwimmen**

geschworen [gə'ʃvoːrən] *pp von* **schwören**

Geschworene(r) [gə'ʃvoːrənə] *mf* <-n, -n; -n> jurado, -a *m, f*

geschwunden [gə'ʃvʊndən] *pp von* **schwinden**

geschwungen [gə'ʃvʊŋən] *pp von* **schwingen**

Geschwür [gə'ʃvyːɐ] *nt* <-(e)s, -e> úlcera *f*

gesehen [gə'zeːən] *pp von* **sehen**

Geselle, Gesellin [gə'zɛlə] *m, f* <-n, -n; -nen> *(Handwerker)* oficial *mf*

gesellen* [gə'zɛlən] *vr:* **sich** ~ juntarse *(zu* con)

gesellig *adj (Mensch)* sociable

Gesellschaft [gə'zɛlʃaft] *f* <-en> sociedad *f*; (*Begleitung*) compañía *f*; **jdm ~ leisten** hacer compañía a alguien

gesellschaftlich *adj* social

Gesellschaftsschicht *f* capa *f* social

gesessen [gə'zɛsən] *pp von* **sitzen**

Gesetz [gə'zɛts] *nt* <-es, -e> ley *f*; **Gesetzbuch** *nt* código *m*; **Gesetzentwurf** *m* proyecto *m* de ley; **Gesetzgeber** *m* <-s, -> legislador *m*; **Gesetzgebung** *f* legislación *f*

gesetzlich *adj* legal; **~er Feiertag** fiesta oficial

gesetzlos *adj* anárquico

gesetzmäßig *adj* legal; (*regelmäßig*) regular

gesetzt [gə'zɛtst] *adj* (*ruhig*) sosegado; (*ernst*) serio; **~ den Fall, dass ...** suponiendo que... +*subj*

gesetzwidrig *adj* ilegal

Gesicht [gə'zɪçt] *nt* <-(e)s, -er> cara *f*; **sein wahres ~ zeigen** quitarse la careta; **etw zu ~ bekommen** llegar a ver algo; **es steht ihm im ~ geschrieben** lo lleva escrito en la frente; **jdm wie aus dem ~ geschnitten sein** ser el vivo retrato de alguien; **Gesichtsausdruck** *m* <-(e)s, -drücke> (expresión *f* de la) cara *f*; **Gesichtspunkt** *m* punto *m* de vista; **Gesichtszüge** *mpl* facciones *fpl*

gesinnt [gə'zɪnt] *adj*: **gleich ~** de la misma manera de pensar

Gesinnung [gə'zɪnʊŋ] *f* <-en> (*Denkart*) ideas *fpl*; (*Überzeugung*) convicciones *fpl*; **politische ~** credo político; **Gesinnungswandel** *m* cambio *m* de opinión

gesittet [gə'zɪtət] *adj* decente

gesoffen [gə'zɔfən] *pp von* **saufen**

gesogen [gə'zo:gən] *pp von* **saugen**[1]

gesondert [gə'zɔndɐt] I. *adj* separado II. *adv* por separado

gesotten [gə'zɔtən] *pp von* **sieden**

gespalten [gə'ʃpaltən] *pp von* **spalten**

gespannt [gə'ʃpant] *adj* (*neugierig*) curioso (*auf* por); (*Lage*) tenso

Gespenst [gə'ʃpɛnst] *nt* <-(e)s, -er> fantasma *m*

gespenstisch *adj* fantasmal

gesponnen [gə'ʃpɔnən] *pp von* **spinnen**

Gespött [gə'ʃpœt] *nt* <-(e)s, *ohne pl*> burla *f*; **sich zum ~ der Leute machen** ser el hazmerreír de la gente

Gespräch [gə'ʃprɛːç] *nt* <-(e)s, -e> conversación *f* (*über* de/sobre); (TEL) conferencia *f*; **mit jdm ins ~ kommen** trabar conversación con alguien; **im ~ sein** estar en boca de todos

gesprächig *adj* locuaz

Gesprächspartner(in) *m(f)* interlocutor(a) *m(f)*; **Gesprächsstoff** *m* tema *m* de conversación

gesprochen [gə'ʃprɔxən] *pp von* **sprechen**

gesprungen [gə'ʃprʊŋən] *pp von* **springen**

Gespür [gə'ʃpyːɐ] *nt* <-s, *ohne pl*> sentido *m* (*für* de)

Gestalt [gə'ʃtalt] *f* <-en> (*Wuchs*) estatura *f*; (*Form*) forma *f*; (*Persönlichkeit*) personaje *m*; **~ annehmen** tomar cuerpo

gestalten* *vt* (*Wohnung*) distribuir; (*Freizeit*) organizar

Gestaltung *f* <-en> (*Wohnung*) distribución *f*; (*Freizeit*) organización *f*; (*Aufbau*) estructuración *f*

gestand [gə'ʃtant] *3. imp von* **gestehen**

gestanden [gə'ʃtandən] *pp von* **gestehen, stehen**

Geständnis [gə'ʃtɛntnɪs] *nt* <-ses,

-se> confesión *f;* **ein ~ ablegen** confesar

Gestank [gəˈʃtaŋk] *m* <-(e)s, *ohne pl>* (*abw*) hedor *m*

gestatten* [gəˈʃtatən] *vt* permitir; **jdm etw ~** autorizar a alguien (para) algo; **Sie ~?** (con) permiso

Geste [ˈgeːstə, ˈgɛstə] *f* <-n> gesto *m*

gestehen* *irr vt* confesar; **offen gestanden weiß ich es nicht** a decir verdad no lo sé

Gestein [gəˈʃtaɪn] *nt* <-(e)s, -e> mineral *m;* (*Fels*) roca *f*

Gestell [gəˈʃtɛl] *nt* <-(e)s, -e> (*Unterbau*) armazón *m o f;* (*Stütze*) soporte *m*

gestellt [gəˈʃtɛlt] *adj* (*Szene*) montado; (*Foto*) poco natural

gestern [ˈgɛstən] *adv* ayer; **~ Abend** ayer por la noche; **~ vor einer Woche** ayer hace ocho días; **ich bin doch nicht von ~** (*fam*) no nací ayer

gestiegen [gəˈʃtiːgən] *pp von* **steigen**

gestikulieren* [gɛstikuˈliːrən, gestikuˈliːrən] *vi* gesticular

gestochen [gəˈʃtɔxən] *pp von* **stechen**

gestohlen [gəˈʃtoːlən] *pp von* **stehlen**

gestorben [gəˈʃtɔrbən] *pp von* **sterben**

gestört [gəˈʃtøːet] *adj* (*Verhältnis*) perturbado; (*Kind*) problemático

gestoßen [gəˈʃtoːsən] *pp von* **stoßen**

gestreift [gəˈʃtraɪft] *adj* a rayas

gestresst[RR] [gəˈʃtrɛst] *adj* estresado

gestrichen [gəˈʃtrɪçən] I. *pp von* **streichen** II. *adj:* **ein ~er Teelöffel voll Zucker** una cucharilla rasa de azúcar; **ich hab die Schnauze ~ voll** (*fam*) estoy hasta las narices

gestrig [ˈgɛstrɪç] *adj* de ayer

gestritten [gəˈʃtrɪtən] *pp von* **strei-**

ten

Gestrüpp [gəˈʃtrʏp] *nt* <-(e)s, -e> broza *f*

gestunken [gəˈʃtʊŋkən] *pp von* **stinken**

gesund [gəˈzʊnt] *adj* sano; (*heilsam*) saludable; **wieder ~ werden** recobrar la salud; **Vitamin C ist ~** la vitamina C es buena para la salud; **~ aussehen** tener buen aspecto

Gesundheit *f* salud *f;* **auf Ihre ~!** ¡a su salud!; **~!** (*beim Niesen*) ¡Jesús!, ¡salud!

gesundheitlich *adj* de salud; **aus ~en Gründen** por razones de salud

Gesundheitsamt *nt* Departamento *m* de Sanidad; **gesundheitsschädlich** *adj* perjudicial para la salud

gesund|schreiben[RR] *irr vt* dar de alta

gesungen [gəˈzʊŋən] *pp von* **singen**

gesunken [gəˈzʊŋkən] *pp von* **sinken**

getan *pp von* **tun**

Getöse [gəˈtøːzə] *nt* <-s, *ohne pl>* estruendo *m*

getragen [gəˈtraːgən] I. *pp von* **tragen** II. *adj* (*Kleidung*) usado

Getränk [gəˈtrɛŋk] *nt* <-(e)s, -e> bebida *f;* **Getränkeautomat** *m* máquina *f* automática de bebidas

getrauen* *vr:* **sich ~** atreverse (*zu* a)

Getreide [gəˈtraɪdə] *nt* <-s, -> cereales *mpl o fpl*

getrennt [gəˈtrɛnt] I. *adj* separado II. *adv* por separado; **~ leben** vivir separados

getreten *pp von* **treten**

getreu [gəˈtrɔɪ] I. *adj* (*geh*) fiel II. *präp* +*dat* fiel a

Getriebe [gəˈtriːbə] *nt* <-s, -> (AUTO) caja *f* de cambios

getrieben *pp von* **treiben**

getroffen *pp von* **treffen, triefen**

getrogen *pp von* **trügen**

getrost [gə'troːst] *adv* tranquilamente

getrunken *pp von* **trinken**

Getto ['gɛto] *nt* <-s, -s> gueto *m*

Getue [gə'tuːə] *nt* <-s, *ohne pl*> (*fam abw*) pose *f*; **ein zimperliches ~** remilgos *mpl*

geübt [gə'ʔyːpt] *adj* (*erfahren*) experto; (*geschickt*) hábil

Gewächs [gə'vɛks] *nt* <-es, -e> (BOT) planta *f*

gewachsen [gə'vaksən] **I.** *pp von* **wachsen II.** *adj*: **jdm/etw** *dat* **~ sein** estar a la altura de alguien/algo

Gewächshaus *nt* invernadero *m*

gewagt [gə'vaːkt] *adj* arriesgado; (*moralisch bedenklich*) atrevido

gewählt [gə'vɛːlt] *adj* (*elegant*) elegante

Gewähr [gə'vɛːɐ] *f* garantía *f*

gewähren* [gə'vɛːrən] **I.** *vt* (*bewilligen*) conceder; (*geben*) proporcionar; (*erlauben*) permitir **II.** *vi*: **jdn ~ lassen** dejar plena libertad a alguien

gewährleisten* *vt* garantizar

Gewahrsam [gə'vaːɐzaːm] *m* <-s, *ohne pl*> (*Obhut*) custodia *f*; **etw in ~ nehmen** tomar algo en custodia

Gewalt [gə'valt] *f* <-en> **1.** (*Macht*) poder *m*; **höhere ~** (caso de) fuerza mayor; **sich in der ~ haben** dominarse; **er verlor die ~ über seinen Wagen** perdió el control de su coche; **mit aller ~** a toda costa **2.** *ohne pl* (*Gewalttätigkeit*) violencia *f*; **~ anwenden** recurrir a la fuerza **3.** *ohne pl* (*Heftigkeit*) vehemencia *f*; **Gewaltherrschaft** *f* tiranía *f*

gewaltig I. *adj* (*mächtig*) poderoso; (*riesig*) enorme **II.** *adv* (*fam: sehr*) tremendamente

gewaltlos *adj* pacífico

gewaltsam I. *adj* violento **II.** *adv* a

viva fuerza; **eine Tür ~ öffnen** forzar una puerta

Gewalttäter(in) *m* (*f*) criminal *mf* peligroso, -a; **gewalttätig** *adj* violento; **Gewaltverbrechen** *nt* crimen *m* violento

Gewand [gə'vant] *nt* <-(e)s, -wänder> (*geh: Kleidungsstück*) vestimenta *f*; (*Schweiz: Kleidung*) vestido *m*

gewandt [gə'vant] **I.** *pp von* **wenden²** **II.** *adj* hábil; (*Auftreten*) seguro

gewann [gə'van] *3. imp von* **gewinnen**

gewaschen [gə'vaʃən] *pp von* **waschen**

Gewässer [gə'vɛsɐ] *nt* <-s, -> agua(s) *f(pl)*

Gewebe [gə'veːbə] *nt* <-s, -> tejido *m*

Gewehr [gə'veːɐ] *nt* <-(e)s, -e> fusil *m*

Gewerbe [gə'vɛrbə] *nt* <-s, -> (*Tätigkeit*) oficio *m*; **ein ~ (be)treiben** dedicarse a un oficio; **Gewerbegebiet** *nt* polígono *m* industrial; **Gewerbesteuer** *f* impuesto *m* industrial

gewerblich [gə'vɛrplɪç] *adj* comercial; (*industriell*) industrial; **etw ~ nutzen** usar algo con fines comerciales

Gewerkschaft [gə'vɛrkʃaft] *f* <-en> sindicato *m*

gewesen [gə'veːzən] *pp von* **sein**

gewichen [gə'vɪçən] *pp von* **weichen**

Gewicht [gə'vɪçt] *nt* <-(e)s, -e> **1.** (*für Waage*) pesa *f* **2.** *ohne pl* (*Schwere*) peso *m*; **sein ~ halten** mantener su peso **3.** *ohne pl* (*Bedeutung*) importancia *f*; (**nicht**) **ins ~ fallen** (no) tener importancia; **auf etw ~ legen** dar importancia a algo;

Gewichtheben *nt* <-s, *ohne pl*> levantamiento *m* de pesas

gewieft [gə'vi:ft] *adj* astuto

gewiesen [gə'vi:zən] *pp von* **weisen**

gewillt [gə'vɪlt] *adj:* ~ **sein etw zu tun** estar dispuesto a hacer algo

Gewimmel *nt* <-s, *ohne pl*> gentío *m*

Gewinn [gə'vɪn] *m* <-(e)s, -e>
1. (WIRTSCH) ganancia *f*; (*in Lotterie*) premio *m*; ~ **machen** obtener beneficios 2. *ohne pl* (*Nutzen*) provecho *m*; ~ **bringend** lucrativo; (*vorteilhaft*) ventajoso; **aus etw ~ schlagen** sacar provecho de algo; **gewinnbringend** *adj s.* **Gewinn 2.**

gewinnen* [gə'vɪnən] <gewinnt, gewann, gewonnen> I. *vt* ganar; (*Rohstoff*) sacar; (*Energie*) producir; **Zeit ~** ganar tiempo; **jdn für etw ~** ganar(se) a alguien para algo; **aus diesen Trauben wird Wein gewonnen** de estas uvas se hace vino II. *vi* ganar (*bei + dat* en); **an Bedeutung ~** ganar en importancia

gewinnend *adj* (*Wesen*) agradable

Gewinner(in) *m(f)* <-s, -; -nen> ganador(a) *m(f)*

Gewirr [gə'vɪr] *nt* <-(e)s, *ohne pl*> maraña *f*; (*von Stimmen*) confusión *f*; (*von Straßen*) laberinto *m*

gewissRR [gə'vɪs] *adj* seguro; (*bestimmt*) cierto; **ein ~er Herr Müller** un tal señor Müller; **in ~em Maße** en cierta medida

Gewissen [gə'vɪsən] *nt* <-s, -> conciencia *f*; **ein schlechtes ~ haben** tener mala conciencia; **jdm ins ~ reden** apelar a la conciencia de alguien; **gewissenhaft** *adj* concienzudo; (*penibel*) escrupuloso; **gewissenlos** *adj* sin escrúpulo(s); ~ **handeln** obrar de mala fe; **Gewissensbisse** *mpl* remordimientos *m pl* (de conciencia)

gewissermaßen [-'--'--] *adv* en cierto sentido

GewissheitRR *f* <-en> certeza *f*; **sich** *dat* ~ **über etw verschaffen** cerciorarse de algo

Gewitter [gə'vɪtɐ] *nt* <-s, -> tormenta *f*

gewitzt [gə'vɪtst] *adj* listo

gewoben [gə'vo:bən] *pp von* **weben**

gewogen [gə'vo:gən] I. *pp von* **wiegen**[2] II. *adj* (*geh*): **jdm ~ sein** tener simpatía por alguien

gewöhnen* [gə'vø:nən] *vt, vr:* **sich ~** acostumbrar(se) (*an* a)

Gewohnheit [gə'vo:nhaɪt] *f* <-en> costumbre *f*

gewöhnlich [gə'vø:nlɪç] I. *adj* (*gewohnt*) habitual; (*alltäglich*) corriente; (*ordinär*) ordinario II. *adv* (*normalerweise*) normalmente; **wie ~** como siempre; **für ~** normalmente

gewohnt [gə'vo:nt] *adj* acostumbrado; (*vertraut*) familiar

Gewöhnung [gə'vø:nʊŋ] *f* habituación *f* (*an* a)

gewonnen [gə'vɔnən] *pp von* **gewinnen**

geworben [gə'vɔrbən] *pp von* **werben**

geworden [gə'vɔrdən] *pp von* **werden**[1]

geworfen [gə'vɔrfən] *pp von* **werfen**

gewrungen [gə'vrʊŋən] *pp von* **wringen**

Gewühl [gə'vy:l] *nt* <-(e)s, *ohne pl*> (*Gedränge*) multitud *f*

gewunden [gə'vʊndən] I. *pp von* **winden** II. *adj* (*Straße*) sinuoso

gewunken [gə'vʊŋkən] *pp von* **winken**

Gewürz [gə'vyrts] *nt* <-es, -e> especia *f*; **Gewürzgurke** *f* pepinillo *m* en vinagre

gewusstRR [gə'vʊst] *pp von* **wissen**

gez. *Abk. von* **gezeichnet** fdo.

gezeichnet [gə'tsaɪçnət] *adj* **1.** (*im Brief*) firmado **2.** (*von Krankheit*): **von etw** *dat* **~ sein** estar marcado por algo

Gezeiten [gə'tsaɪtən] *fpl* marea *f*

Gezeter [gə'tse:tɐ] *nt* <-s, *ohne pl*> (*abw*) alboroto *m*

gezielt [gə'tsi:lt] *adj* dirigido a un fin; **~ nachfragen** preguntar con precisión

geziert [gə'tsi:ɐt] *adj* (*abw*) afectado

gezogen [gə'tso:gən] *pp von* **ziehen**

Gezwitscher [gə'tsvɪtʃɐ] *nt* <-s, *ohne pl*> gorjeo *m*

gezwungen [gə'tsvʊŋən] **I.** *pp von* **zwingen II.** *adj* forzado

gezwungenermaßen [-'---'--] *adv* forzosamente

ggf. *Abk. von* **gegebenenfalls** en su caso, en caso necesario

Ghetto ['gɛto] *nt* <-s, -s> *s.* **Getto**

Gibraltar [gi'braltaːɐ, --'-] *nt* <-s> Gibraltar *m*

gibt [gi:pt] *3. präs von* **geben**

Gier [giːɐ] *f* avidez *f* (*nach* de)

gierig *adj* ávido (*nach* de); **~ essen** comer con gula

gießen ['giːsən] <gießt, goss, gegossen> **I.** *vt* (*Pflanzen*) regar; (*hineingießen*) echar **II.** *vunpers* (*fam*) llover mucho; **es gießt in Strömen** llueve a cántaros

Gießkanne *f* regadera *f*

Gift [gɪft] *nt* <-(e)s, -e> veneno *m;* (MED) tóxico *m;* **darauf kannst du ~ nehmen** (*fam*) apuesto la cabeza

giftig *adj* venenoso; (*fam: boshaft*) mordaz

Giftschlange *f* serpiente *f* venenosa; **Giftstoff** *m* sustancia *f* tóxica

Gigant(in) [gi'gant] *m(f)* <-en, -en; -nen> gigante, -a *m*, *f*

gigantisch *adj* gigantesco

gilt [gɪlt] *3. präs von* **gelten**

ging [gɪŋ] *3. imp von* **gehen**

Gipfel ['gɪpfəl] *m* <-s, -> (*a.* POL) cumbre *f;* **das ist doch der ~!** ¡esto es el colmo!

gipfeln *vi* culminar (*in* en)

Gips [gɪps] *m* <-es, -e> yeso *m;* (MED) escayola *f;* **er hat den Fuß in ~** tiene el pie enyesado; **Gipsverband** *m* escayola *f*

Giraffe [gi'rafə] *f* <-n> jirafa *f*

Girlande [gɪr'landə] *f* <-n> guirnalda *f*

Girokonto ['ʒi:rokɔnto] *nt* cuenta *f* corriente

Gitarre [gi'tarə] *f* <-n> guitarra *f*

Gitter ['gɪtɐ] *nt* <-s, -> reja *f;* **hinter ~ kommen** (*fam*) ir a la cárcel

Glanz [glants] *m* <-es, *ohne pl*> brillo *m;* (*Schimmer*) resplandor *m;* (*Pracht*) esplendor *m*

glänzen ['glɛntsən] *vi* brillar; (*strahlen*) resplandecer

glänzend I. *adj* brillante; (*fam: sehr gut*) espléndido **II.** *adv* de maravilla; **wir haben uns ~ amüsiert** nos divertimos de lo lindo

Glanzleistung *f* actuación *f* brillante

Glarus ['gla:rʊs] *nt* <-es> Glarus *m*

Glas [gla:s] *nt* <-es, Gläser> **1.** (*Trinkgefäß*) vaso *m;* (*Glasbehälter*) frasco *m* **2.** (*Brillenglas*) cristal *m* **3.** *ohne pl* (*Material*) vidrio *m;* **Glascontainer** *m* (*für Altglas*) contenedor *m* de vidrio

glasig ['gla:zɪç] *adj* (*Blick*) vidrioso

Glasnost ['glasnɔst] *f* glasnost *f*

Glasscheibe *f* cristal *m*, vidrio *m*

glatt [glat] **I.** *adj* (*eben*) plano; (*nicht rau, nicht lockig*) liso; (*Haut*) suave; (*rutschig*) resbaladizo **II.** *adv* (*problemlos*) sin problemas; (*rundweg*) rotundamente; (*einfach*) sencillamente; **Glatteis** *nt* hielo *m;* **jdn aufs ~ führen** poner a alguien en un aprieto

glätten ['glɛtən] *vt* alisar; **die Wogen ~** calmar los ánimos

glatt|streichen *irr vt s.* **streichen I.**

Glatze ['glatsə] *f* <-n> calva *f*; **eine ~ bekommen** quedarse calvo; **glatzköpfig** ['glatskœpfɪç] *adj* calvo

Glaube ['glaʊbə] *m* <-ns, *ohne pl*> **1.** (REL) fe *f* (*an* en); **jüdischen ~ns** de religión judía **2.** (*Vertrauen*) creencia *f*; (*Überzeugung*) convicción *f*; **in dem ~n sein, dass ...** estar en la creencia de que...; **jdn in dem ~n belassen, dass ...** dejar a alguien creyendo que...; **etw** *dat* **keinen ~n schenken** no dar crédito a algo; **in gutem ~n handeln** actuar de buena fe

Glauben *m* <-s, *ohne pl*> *s.* **Glaube**

glauben ['glaʊbən] *vi, vt* creer (*an* en); **es ist nicht zu ~!** ¡es increíble!; **ob du es glaubst oder nicht** te lo creas o no

Glaubensbekenntnis *nt* credo *m*

glaubhaft *adj* creíble; **jdm etw ~ machen** presentar algo de forma convincente a alguien

gläubig ['glɔɪbɪç] *adj* creyente

Gläubige(r) *f(m) dekl wie adj* (REL) creyente *mf*

Gläubiger(in) *m(f)* <-s, -; -nen> (WIRTSCH) acreedor(a) *m(f)*

glaubwürdig *adj* digno de crédito; **Glaubwürdigkeit** *f* credibilidad *f*

gleich [glaɪç] **I.** *adj* igual; **zur ~en Zeit** a la misma hora; **Gleiches mit Gleichem vergelten** pagar con la misma moneda; **es ist mir ~, ob ...** me da lo mismo si...; **ganz ~ was er sagt** no importa lo que él diga **II.** *adv* **1.** (*sofort*) ahora mismo; **ich komme ~** ahora voy; **bis ~** hasta ahora **2.** (*dicht daneben*) justo; **~ hier** aquí mismo **3.** (*ebenso*) igual; **~ groß** del mismo tamaño

gleichaltrig ['glaɪçaltrɪç] *adj* de la misma edad

gleichartig *adj* de la misma especie; **gleichbedeutend** *adj* equivalente (*mit* a); **Gleichberechtigung** *f* igualdad *f* de derechos; **gleich|bleiben**ᴬᴸᵀ *irr vi sein s.* **bleiben**; **gleichbleibend** *adj s.* **bleiben**

gleichen ['glaɪçən] <gleicht, glich, geglichen> *vi* parecerse (*a*)

gleichermaßen ['--'--] *adv* de la misma manera

gleichfalls *adv* igualmente

gleichförmig *adj* uniforme, igual

gleichgesinnt ['glaɪçɡəzɪnt] *adj s.* **gesinnt**; **Gleichgewicht** *nt* <-(e)s, *ohne pl*> equilibrio *m*; **aus dem ~ kommen/bringen** perder el equilibrio/desequilibrar; **gleichgültig** *adj* indiferente (*gegenüber* a); (*unwichtig*) insignificante; **das ist mir ~** eso me da igual; **Gleichgültigkeit** *f* indiferencia *f*; **gleich|kommen** *irr vi sein* (*gleichen*) equivaler (a); **gleichlautend** *adj s.* **lauten**; **gleich|machen** *vt:* **etw dem Erdboden ~** arrasar algo; **gleichmäßig** *adj* uniforme; (*ausgeglichen*) equilibrado

Gleichnis *nt* <-ses, -se> parábola *f*

gleich|setzen *vt* (*vergleichen*) equiparar; (*als gleichwertig einstufen*) igualar; **gleich|stellen** *vt* igualar (*mit* a/con); (JUR) conceder los mismos derechos (*mit* que a); **Gleichstrom** *m* corriente *f* continua; **gleich|tun** *irr vt:* **es jdm ~** (*nachahmen*) imitar a alguien (en algo)

Gleichung *f* <-en> ecuación *f*

gleichwertig *adj* equivalente

gleichwohl ['-'-] *adv* no obstante

gleichzeitig **I.** *adj* simultáneo **II.** *adv* al mismo tiempo

Gleis [glaɪs] *nt* <-es, -e> vía *f*

gleiten ['glaɪtən] <gleitet, glitt, geglitten> *vi sein* (*fliegen*) planear;

(*sich bewegen*) deslizarse (*über* por); (*Blick, Hand*) pasar (*über* por)

Gleitschirmfliegen *nt* <-s, *ohne pl*> parapente *m*

Gleitzeit *f* horario *m* (de trabajo) flexible

Gletscher ['glɛtʃɐ] *m* <-s, -> glaciar *m*

glich [glɪç] 3. *imp von* **gleichen**

Glied [gliːt] *nt* <-(e)s, -er> (*Körperteil*) miembro *m;* (*Fingerglied*) falange *f;* (*Penis*) miembro *m* (viril); **der Schreck saß ihm in den ~ern** el susto le llegó hasta la médula

gliedern ['gliːdən] I. *vt* (*ordnen*) clasificar; (*unterteilen*) (sub)dividir (*in* en) II. *vr:* **sich ~** dividirse (*in* en)

Gliederung *f* <-en> (*das Gliedern*) clasificación *f;* (*Aufbau*) estructura *f*

Gliedmaßen ['gliːtmaːsən] *fpl* extremidades *fpl*

glimmen ['glɪmən] <glimmt, glomm, geglommen> *vi* arder (sin llama)

glimpflich ['glɪmpflɪç] I. *adj* suave; (*Strafe*) leve II. *adv* (*ohne Schaden*) bien parado; **wir sind noch ~ davongekommen** aún salimos bien parados del asunto

glitschig ['glɪtʃɪç] *adj* (*fam: Weg*) resbaladizo; (*Fisch*) escurridizo

glitt [glɪt] 3. *imp von* **gleiten**

glitzern ['glɪtsən] *vi* centellear

global [glo'baːl] *adj* global

Globalisierung *f* <-en> globalización *f*

Globus ['gloːbʊs] *m* <-(ses), -se *o* Globen> globo *m*

Glocke ['glɔkə] *f* <-n> campana *f;* **etwas an die große ~ hängen** (*fam*) echar las campanas al vuelo; **Glockenturm** *m* campanario *m*

glomm [glɔm] 3. *imp von* **glimmen**

glorreich ['gloːraɪç] *adj* glorioso

glotzen ['glɔtsən] *vi* (*fam*) mirar; (*anstarren*) clavar la vista (*auf* en)

Glück [glʏk] *nt* <-(e)s, *ohne pl*> suerte *f;* (*Glücklichsein*) felicidad *f;* **sein ~ versuchen** probar fortuna; **auf gut ~** (*fam*) a la buena de Dios

glücken ['glʏkən] *vi sein* salir (bien)

glücklich *adj* feliz; (*vom Glück begünstigt*) afortunado; **ein ~er Zufall** una feliz coincidencia

glücklicherweise ['---'---] *adv* por suerte

Glücksbringer *m* <-s, -> talismán *m;* **Glücksfall** *m* golpe *m* de fortuna; **Glückspilz** *m* (*fam*) suertudo, -a *m, f;* **Glücksspiel** *nt* juego *m* de azar; **Glückssträhne** *f* racha *f* de suerte; **Glückwunsch** *m* felicitación *f;* **herzlichen ~!** ¡felicidades!; **herzlichen ~ zum Geburtstag!** ¡feliz cumpleaños!

Glühbirne *f* bombilla *f*

glühen ['glyːən] *vi* (*Kohlen*) arder (sin llama)

glühend *adj* (*Wangen*) enrojecido; (*Verehrer*) ardiente; **~ heiß** abrasador

Glut [gluːt] *f* <-en> (*von Kohlen*) brasa *f;* (*von Zigarette*) ceniza *f* ardiente

GmbH [geːʔɛmbeː'haː] *f* <-s> *Abk. von* **Gesellschaft mit beschränkter Haftung** S.L. *f*

Gnade ['gnaːdə] *f* <-n> (*Milde*) clemencia *f;* **um ~ bitten** pedir clemencia; **Gnadenfrist** *f* plazo *m* de gracia; **gnadenlos** *adj* sin piedad

gnädig ['gnɛːdɪç] *adj* (*barmherzig*) misericordioso; (*wohlwollend*) benévolo; (*mild*) clemente; **~e Frau/~er Herr** señora/señor

Gold [gɔlt] *nt* <-(e)s, *ohne pl*> oro *m*

golden ['gɔldən] *adj* (*aus Gold*) de oro; (*goldfarben*) dorado; **die ~e Mitte wählen** optar por el justo medio

Goldgrube *f* (*a. fig fam*) mina *f* de

oro

goldig *adj* (*fam: niedlich*) mono

Goldmedaille *f* medalla *f* de oro;
Goldschmied(in) *m(f)* orfebre *mf*

Golf[1] [gɔlf] *m* <-(e)s, -e> (GEO) golfo *m*

Golf[2] *nt* <-s, *ohne pl*> (SPORT) golf *m*

Golfplatz *m* campo *m* de golf

Gondel ['gɔndəl] *f* <-n> (*Boot*) góndola *f*; (*am Ballon*) barquilla *f*; (*von Seilbahn*) cabina *f*

Gong [gɔŋ] *m* <-s, -s> gong *m*

gönnen ['gœnən] *vt* conceder de buen grado; **das gönne ich ihm** se lo merece; **jdm etw nicht ~** envidiar algo a alguien; **sich** *dat* **etw ~** permitirse algo

gönnerhaft *adj* (*abw*) displicente

Gorilla [go'rɪla] *m* <-s, -s> gorila *m*

goss[RR] [gɔs] 3. *imp von* **gießen**

Gosse ['gɔsə] *f* <-n> arroyo *m*; **in der ~ landen** acabar en el arroyo

Gotik ['go:tɪk] *f* gótico *m*

Gott[1] [gɔt] *m* <-es, *ohne pl*> (*monotheistisch*) Dios *m*; **um ~es willen!** ¡por (el amor de) Dios!; **~ sei Dank!** (*fam*) ¡gracias a Dios!; **leider ~es** (*fam*) por desgracia; **über ~ und die Welt reden** hablar de lo divino y de lo humano; **leben wie ~ in Frankreich** (*fam*) vivir a cuerpo de rey

Gott, Göttin[2] [gɔt, 'gœtɪn] *m, f* <-es, Götter; -nen> (*polytheistisch*) dios(a) *m(f)*

Götterspeise *f* gelatina *f*

Gottesdienst *m* culto *m*; (*evangelisch*) servicio *m* religioso; (*katholisch*) misa *f*; **Gotteshaus** *nt* iglesia *f*; **Gotteslästerung** *f* blasfemia *f*

Gottheit *f* <-en> deidad *f*

göttlich *adj* divino

gottlob ['gɔtlo:p] *adv* gracias a Dios

gottlos *adj* impío

GPS-System [ge:pe:'ʔɛsyste:m] *nt*

sistema *m* GPS

Grab [gra:p] *nt* <-(e)s, Gräber> tumba *f*; **mit einem Bein im ~ stehen** estar con un pie en el hoyo

graben ['gra:bən] <gräbt, grub, gegraben> *vi, vt* cavar

Graben ['gra:bən] *m* <-s, Gräben> (*für Rohr*) zanja *f*; (*Bewässerungsgraben*) acequia *f*; (*Straßengraben*) cuneta *f*

Grabmal *nt* <-(e)s, -e *o* -mäler> sepulcro *m*; **Grabstein** *m* lápida *f*

gräbt [grɛpt] 3. *präs von* **graben**

Grad [gra:t] *m* <-(e)s, -e> grado *m*; **bei fünf ~ Kälte** a cinco grados bajo cero; **bis zu einem gewissen ~** hasta cierto punto

Graf, Gräfin [gra:f, 'grɛ:fɪn] *m, f* <-en, -en; -nen> conde(sa) *m(f)*

Grafik ['gra:fɪk] *f* <-en> (*Kunstwerk*) dibujo *m* gráfico; (*Schaubild*) gráfico *m*; **Grafikkarte** *f* tarjeta *f* gráfica

grafisch *adj* gráfico

Gramm [gram] *nt* <-s, -e, *nach Zahlen: ->* gramo *m*

Grammatik [gra'matɪk] *f* <-en> gramática *f*

grammatisch *adj* gramatical; **~ richtig** gramaticalmente correcto

Granatapfel *m* granada *f*

Granate [gra'na:tə] *f* <-n> granada *f*

grandios [gran'djo:s] *adj* grandioso

Granit [gra'ni:t] *m* <-s, -e> granito *m*

Grapefruit ['gre:pfru:t, 'grɛɪpfru:t] *f* <-s> pomelo *m*

Graphik *f s.* **Grafik**

graphisch *adj s.* **grafisch**

Gras [gra:s] *nt* <-es, Gräser> (*Pflanze*) hierba *f*; (*Rasen*) césped *m*; **über etw ~ wachsen lassen** (*fam*) echar tierra sobre algo; **ins ~ beißen** (*fam*) irse al otro barrio

grasen ['gra:zən] *vi* pacer

Grashalm *m* paja *f*

grassieren* [gra'si:rən] *vi* extenderse

grässlich[RR] ['grɛslɪç] *adj* horrible; (*abscheulich*) atroz

Grat [graːt] *m* <-(e)s, -e> (*a.* ARCHIT) cresta *f*

Gräte ['grɛːtə] *f* <-n> espina *f*

gratinieren* [grati'niːrən] *vt* gratinar

gratis ['graːtɪs] *adv* gratis

Gratulation [gratula'tsjoːn] *f* <-en> felicitación *f*

gratulieren* *vi* felicitar (*zu* por); **gratuliere!** ¡enhorabuena!

grau [grau] *adj* gris; **~e Haare** canas *fpl*

Graubünden [grau'bʏndən] *nt* <-s> cantón *m* de los Grisones

Gräuel[RR] ['grɔɪəl] *m* <-s, -> (*geh: Abscheu*) horror *m;* **Gräueltat**[RR] *f* atrocidad *f*

grauen ['grauən] *vunpers:* **mir graut vor der Prüfung** el examen me horroriza

Grauen ['grauən] *nt* <-s, -> horror *m;* **~ erregend** espantoso; **grauenerregend** *adj* espantoso; **grauenhaft** *adj*, **grauenvoll** *adj* (*Anblick*) aterrador; (*fam: unangenehm*) espantoso

grauhaarig *adj* canoso

gräulich[RR] *adj s.* grässlich

Graupel ['graupəl] *f* <-n> granizo *m* fino

grausam ['grauzaːm] *adj* cruel

Grausamkeit *f* <-en> crueldad *f*

grausen ['grauzən] *vunpers:* **es graust ihn vor Ratten** tiene miedo a las ratas

gravieren* [gra'viːrən] *vt* grabar (*in* en)

gravierend *adj* (*Umstände*) agravante; (*Fehler*) grave

grazil [gra'tsiːl] *adj* grácil

greifbar *adj* (*zur Hand*) a mano; (*konkret*) concreto

greifen ['graɪfən] <greift, griff, gegriffen> **I.** *vi* (*fassen*) agarrar

(*nach*); (*zu bestimmten Mitteln*) recurrir (*zu* a); (*wirksam werden*) surtir efecto; **tief ~d** profundo; **um sich ~ propagarse; das ist aus der Luft gegriffen** esto carece de base **II.** *vt* (*nehmen*) coger, tomar *Am;* (*packen*) agarrar

Greis(in) [graɪs] *m(f)* <-es, -e; -nen> anciano, -a *m, f*

grell [grɛl] *adj* (*Stimme, Farbe*) chillón

Gremium ['greːmiʊm] *nt* <-s, Gremien> gremio *m*

Grenze ['grɛntsə] *f* <-n> frontera *f* (*zu* con); (*Begrenzung*) límite *m*

grenzen *vi* limitar (*an* con); **grenzenlos** *adj* sin límites; (*sehr groß*) inmenso

Grenzgebiet *nt* zona *f* fronteriza; **Grenzkontrolle** *f* control *m* de fronteras; **Grenzübergang** *m* paso *m* fronterizo; **Grenzwert** *m* valor *m* límite

Greuel[ALT] *m s.* **Gräuel; Greueltat**[ALT] *f s.* **Gräueltat**

Grieche, Griechin ['griːçə] *m, f* <-n, -n; -nen> griego, -a *m, f;* **Griechenland** *nt* <-s> Grecia *f*

griechisch *adj* griego

Grieß [griːs] *m* <-es, -e> sémola *f*

griff [grɪf] *3. imp von* **greifen**

Griff [grɪf] *m* <-(e)s, -e> **1.** (*das Greifen*) agarre *m;* **etw im ~ haben** dominar algo; **etw in den ~ bekommen** conseguir dominar algo **2.** (*Messergriff*) mango *m;* (*Fenstergriff*) tirador *m;* (*Henkel*) asa *f;* (*Knauf*) puño *m* **3.** (*Handgriff*) maniobra *f*

griffbereit *adj* al alcance de la mano

Grill [grɪl] *m* <-s, -s> (*a.* AUTO) parrilla *f;* **vom ~** a la parrilla

Grille ['grɪlə] *f* <-n> grillo *m*

grillen ['grɪlən] **I.** *vt* asar a la parrilla **II.** *vi* hacer una barbacoa

Grimasse [gri'masə] *f* <-n> mueca *f;*

~n schneiden hacer muecas
grimmig *adj* furioso; (*Kälte*) crudo
grinsen ['grɪnzən] *vi* sonreír(se)
Grippe ['grɪpə] *f* <-n> gripe *f*
Grips [grɪps] *m* <-es, -e> (*fam*) sesos *mpl;* **seinen ~ anstrengen** estrujarse los sesos
grob [groːp] *adj* <gröber, am gröbsten> (*Sand*) grueso; (*Gewebe*) basto; (*Gesichtszüge*) tosco; (*Arbeit*) sucio; (*Fehler*) grave; (*ungefähr*) aproximativo; (*abw: barsch*) basto; **aus dem Gröbsten heraus sein** (*fam*) haber pasado lo peor; **~ gerechnet** contado aproximadamente; **in ~en Zügen** a grandes rasgos; **sei nicht so ~ zu mir** no seas tan grosero conmigo
Grobian ['groːbiaːn] *m* <-(e)s, -e> (*abw*) grosero *m*
Grog [grɔk] *m* <-s, -s> grog *m*
grölen ['grøːlən] *vi* (*fam abw*) gritar
Groll [grɔl] *m* <-(e)s, *ohne pl*> (*geh*) rencor *m;* **einen ~ gegen jdn hegen** guardar rencor a alguien
grollen *vi* (*geh: Donner*) retumbar; (*Person*) estar enfadado (con)
groß [groːs] <größer, am größten> *adj* gran(de); (*geräumig*) espacioso; (*Fläche*) extenso; (*hoch*) alto; (*älter*) mayor; (*bedeutend*) grande; **er ist fast zwei Meter ~** mide casi dos metros; **wenn ich ~ bin** cuando sea mayor; **eine ~e Familie** una familia numerosa; **ganz ~ rauskommen** (*fam*) hacerse famoso; **sein Geburtstag wurde ~ gefeiert** (*fam*) su cumpleaños fue celebrado por todo lo alto; **großartig** *adj* grandioso; (*ausgezeichnet*) excelente; **Großbritannien** [groːsbriˈtanjən] *nt* <-s> Gran Bretaña *f;* **Großbuchstabe** *m* (letra *f*) mayúscula *f*
Größe ['grøːsə] *f* <-n> **1.** (*Ausdehnung*) dimensión *f;* (*Format*) tamaño

m; (*Rauminhalt*) volumen *m;* **das hängt von der ~ der Gruppe ab** esto depende de lo grande que sea el grupo; **in voller ~** (*Mensch*) de cuerpo entero **2.** (*Höhe*) altura *f;* (*Körpergröße*) estatura *f* **3.** (*für Kleidung*) talla *f;* (*Schuhe*) número *m* **4.** (*Bedeutsamkeit*) importancia *f;* (*Großartigkeit*) grandeza *f* **5.** (*Persönlichkeit*) autoridad *f*
Großeltern *pl* abuelos *mpl;* **Großenkel(in)** *m(f)* bisnieto, -a *m, f*
Größenwahn *m* megalomanía *f;* **größenwahnsinnig** *adj* megalómano
Großfamilie *f* familia *f* numerosa; **großherzig** *adj* (*geh*) magnánimo; **Großmacht** *f* gran potencia *f;* **Großmaul** *nt* (*fam abw*) farolero, -a *m, f;* **Großmutter** *f* <-mütter> abuela *f;* **Großraum** *m* área *f;* **im ~ Köln** en el área de Colonia; **groß|schreiben**^RR *irr vt* **1.** escribir con mayúsculas **2.** (*fig*) **etw ~** conceder gran importancia a algo
großspurig ['groːsʃpuːrɪç] *adj* (*abw*) arrogante; (*eingebildet*) presumido
Großstadt *f* metrópoli(s) *f* (*inv*); **Großteil** *m* mayor parte *f;* **zu einem ~** en su mayor parte
größtenteils ['grøːstən(ˈ)taɪls] *adv* en su mayor parte
Großvater *m* abuelo *m;* **Großveranstaltung** *f* acto *m* multitudinario; **groß|ziehen** *irr vt* criar; **großzügig** ['groːstsyːgɪç] *adj* (*freigebig*) generoso; (*tolerant*) tolerante; (*weiträumig*) amplio; **Großzügigkeit** *f* **1.** (*Freigebigkeit*) generosidad *f* **2.** (*Toleranz*) tolerancia *f*
grotesk [groˈtɛsk] *adj* grotesco
Grotte ['grɔtə] *f* <-n> gruta *f*
grub [gruːp] **3.** *imp von* **graben**
Grube ['gruːbə] *f* <-n> fosa *f;* (BERGB) mina *f*

grübeln ['gry:bəln] *vi* cavilar

Gruft [gruft] *f* <Grüfte> (*geh*) panteón *m;* (*in der Kirche*) cripta *m*

grün [gry:n] *adj* verde; **sich ~ und blau ärgern** (*fam*) ponerse furioso; **auf keinen ~en Zweig kommen** no salir adelante; **Grünanlage** *f* parque *m*

Grund [grunt] *m* <-(e)s, Gründe> **1.** (*Ursache*) razón *f;* **es besteht kein ~ zur Klage** no hay motivo de queja; **auf ~ von** a causa de **2.** *ohne pl* (*Erdboden*) suelo *m;* (*eines Gewässers*) fondo *m;* **~ und Boden** terrenos *mpl;* **auf ~ laufen** encallar; **zu ~e gehen** irse a pique; **etw** *dat* **auf den ~ gehen** averiguar algo; **jdn zu ~e richten** arruinar a alguien; **von ~ auf** desde el principio; **zu ~e liegen** basarse en; **Grundbesitz** *m* bienes *mpl* raíces

gründen ['gryndən] **I.** *vt* fundar; (*stützen*) apoyar (*auf* en) **II.** *vr:* **sich ~** basarse (*auf* en)

Gründer(in) *m(f)* <-s, -; -nen> fundador(a) *m(f)*

Grundgebühr *f* tarifa *f* básica; **Grundgedanke** *m* idea *f* fundamental; **Grundgesetz** *nt* <-es, *ohne pl*> ley *f* orgánica; (*Verfassung*) Constitución *f;* **Grundkenntnisse** *fpl* conocimientos *mpl* básicos; **Grundlage** *f* base *f;* **die ~n für etw schaffen** sentar las bases para algo

grundlegend ['gruntle:gənt] *adj* fundamental

gründlich ['gryntlıç] **I.** *adj* (*sorgfältig*) cuidadoso; (*eingehend*) detenido; (*gewissenhaft*) concienzudo **II.** *adv* (*fam: sehr*) a fondo; **da hat sie sich ~ getäuscht** ahí se ha equivocado del todo

grundlos *adj* inmotivado

Grundnahrungsmittel *nt* producto

m alimenticio básico; **Grundrecht** *nt* derecho *m* fundamental; **Grundregel** *f* regla *f* fundamental; **Grundriss**^{RR} *m* (ARCHIT) planta *f;* **Grundsatz** *m* principio *m;* **sich** *dat* **etw zum ~ machen** tomar algo como divisa

grundsätzlich ['gruntzɛtslıç] **I.** *adj* (*Frage*) fundamental; (*aus Prinzip*) de principio **II.** *adv* (*immer*) por principio; (*eigentlich*) en principio

Grundschule *f* escuela *f* primaria; **Grundstück** *nt* terreno *m*

Gründung ['gryndun] *f* <-en> fundación *f*

Grundwasser *nt* <-s, *ohne pl*> aguas *fpl* freáticas

Grüne^1 *nt:* **ins ~ fahren** ir al campo

Grüne(r)^2 *mf* <-n, -n; -n> miembro *m* del Partido Ecologista; **die ~n** los Verdes

Gruppe ['grupə] *f* <-n> grupo *m;* (*Arbeitsgruppe*) equipo *m*

grus(e)lig ['gru:z(ə)lıç] *adj* horripilante

Gruß [gru:s] *m* <-es, Grüße> saludo *m;* **viele Grüße an deine Eltern!** ¡recuerdos a tus padres!; **mit freundlichen Grüßen** atentamente

grüßen ['gry:sən] *vt* saludar; **sie lässt** (**dich**) **schön ~** te manda saludos

Guatemala [guate'ma:la] *nt* <-s> Guatemala *f*

guatemaltekisch *adj* guatemalteco

gucken ['gukən, 'kukən] **I.** *vi* (*fam*) mirar **II.** *vt* (*fam*) ver; **Fernsehen ~** ver la televisión

Gully ['guli] *m o nt* <-s, -s> sumidero *m*

gültig ['gyltıç] *adj* válido; (*Gesetz*) vigente; (*Münze*) de curso legal; **die Fahrkarte ist nicht mehr ~** el billete está caducado

Gültigkeit *f* (*von Geld, Fahrkarte*) validez *f;* (*von Vertrag*) vigencia *f*

Gummi ['gʊmi] *m o nt* <-s, -(s)> goma *f;* **Gummiband** *nt* cinta *f* elástica; **Gummistiefel** *m* bota *f* de goma

Gunst [gʊnst] *f* favor *m;* **zu ~en ...** a favor de...

günstig ['gʏnstɪç] *adj* favorable; (*Augenblick*) oportuno; **im ~sten Fall** en el mejor de los casos

Gurgel ['gʊrgəl] *f* <-n> gaznate *m*

Gurke ['gʊrkə] *f* <-n> pepino *m*

Gurt [gʊrt] *m* <-(e)s, -e> correa *f;* (*Sicherheitsgurt*) cinturón *m;* **den ~ anlegen** abrocharse el cinturón

Gürtel ['gʏrtəl] *m* <-s, -> cinturón *m*

GussRR [gʊs] *m* <-es, Güsse> (*Zuckerguss*) baño *m* de azúcar; (*fam: Regenguss*) chaparrón *m*

gut [guːt] <besser, am besten> **I.** *adj* buen(o); **~e Besserung!** ¡que te mejores!; **lassen wir es damit ~ sein** (*fam*) dejémoslo estar; **wer weiß, wozu das ~ ist?** ¿quién sabe para qué sirve esto?; **eine ~e Stunde** una hora larga **II.** *adv* bien; **du hast ~ reden** (*fam*) tú bien puedes hablar; **so ~ wie nichts** (*fam*) casi nada; **mach's ~!** ¡que te vaya bien!

Gut *nt* <-(e)s, Güter> (*Besitz*) bienes *m pl;* (*Landgut*) finca *f,* hacienda *f Am;* **mein Hab und ~** todo lo que poseo

Gutachten ['guːtʔaxtən] *nt* <-s, -> dictamen *m* (pericial)

Gutachter(in) *m(f)* <-s, -; -nen> perito, -a *m, f*

gutartig *adj* bueno; (MED) benigno

Gute(s) *nt* <-n, *ohne pl*> bueno *nt;* **~s tun** hacer el bien; **alles ~!** ¡que vaya bien!; **es hat alles auch sein ~s** (*prov*) todo tiene su lado bueno

Güte ['gyːtə] *f* (*Freundlichkeit*) bondad *f;* (*Qualität*) calidad *f;* **ach du liebe ~!** (*fam*) ¡ay, Dios mío!; **das war ein Reinfall erster ~** (*fam*) fue

un fracaso de primera

Güterzug *m* tren *m* de carga

gut|gehen *irr vi sein* **wenn alles gutgeht, ...** si todo va bien...; **gutgelaunt** *adj s.* **gelaunt; gutgemeint** ['guːtgəmaɪnt] *adj s.* **meinen; gutgläubig** *adj* de buena fe; **Guthaben** ['guːthaːbən] *nt* <-s, -> haber *m;* **gut|heißen** *irr vt* aprobar

gütig ['gyːtɪç] *adj* bondadoso; (*nachsichtig*) indulgente

gütlich ['gyːtlɪç] *adj* amistoso; **sich ~ einigen** llegar a un acuerdo amistoso

gut|machen *vt* (*Schaden*) reparar; (*Fehler*) enmendar; **wieder ~** subsanar; **ich habe einiges bei dir gutzumachen** tengo que devolverte algunos favores

gutmütig ['guːtmyːtɪç] *adj* bondadoso

Gutmütigkeit *f* bondad *f*

Gutschein *m* vale *m;* **gut|schreiben** *irr vt* abonar, acreditar; **Gutschrift** *f* abono *m* en cuenta

Gymnasiast(in) [gʏmnaziˈast] *m(f)* <-en, -en; -nen> alumno, -a *m, f* de Enseñanza Media

Gymnasium [gʏmˈnaːziʊm] *nt* <-s, Gymnasien> instituto *m* de Enseñanza Media, liceo *m Am*

Gymnastik [gʏmˈnastɪk] *f* gimnasia *f*

Gynäkologe, Gynäkologin [gynɛkoˈloːgə] *m, f* <-n, -n; -nen> (MED) ginecólogo, -a *m, f*

Gynäkologie [gynɛkoloˈgiː] *f* ginecología *f*

H

H, h [haː] *nt* <-, -> H, h *f*

Haar [haːɐ] *nt* <-(e)s, -e> pelo *m,*

cabello *m;* **mir stehen die ~e zu Berge** (*fam fig*) se me ponen los pelos de punta; **kein gutes ~ an jdm lassen** (*fam*) poner a alguien de vuelta y media; **sich** *dat* **in den ~en liegen** (*fam*) andar a la greña; **das ist an den ~en herbeigezogen** (*fam*) esto no tiene ni pies ni cabeza; **um ein ~** (*fam: beinahe*) por los pelos

haaren ['ha:rən] *vi* perder el pelo

Haaresbreite *f:* **um ~** por un pelo

Haarfarbe *f* color *m* del pelo; **Haarfestiger** *m* fijador *m* para el pelo; **haargenau** ['---'] *adv* (*fam*) exactamente; (*ausführlich*) con pelos y señales

haarig ['ha:rɪç] *adj* (*heikel*) peliagudo

Haarreif *m* <-(e)s, -e> diadema *f;* **haarscharf** ['-'-] I. *adj* (*genau*) muy exacto II. *adv* (*nahe*) muy cerca; (*präzise*) exactamente; **Haarschnitt** *m* corte *m* de pelo

Haarspalterei [---'-] *f* <-en> (*abw*) sutileza *f;* **~ betreiben** rizar el rizo

Haarspange *f* pasador *m* (para el pelo); **Haarspray** *m o nt* laca *f*

haarsträubend ['ha:eʃtrɔɪbənt] *adj* espeluznante

Haarwaschmittel *nt* champú *m*

Hab [ha:p]: **~ und Gut** (*geh*) todos los bienes

Habe ['ha:bə] *f* (*geh*) bienes *mpl*

haben ['ha:bən] <hat, hatte, gehabt> I. *vt* tener; **lieber ~** preferir; **ich habe kein Geld dabei** no llevo dinero; **morgen ~ wir Mittwoch** mañana es miércoles; **und was habe ich davon?** ¿y qué saco yo de eso?; **was hast du?** ¿qué te pasa?; **er ist noch zu ~** (*fam*) aún está libre; **ich kann das nicht ~** (*fam*) eso no lo soporto; **etw hinter sich** *dat* **~** haber superado algo; **ich hätte gerne ... quisiera...; wie gehabt** como de

costumbre; **ich habe noch sehr viel zu tun** aún tengo mucho que hacer; **hier hat er nichts zu suchen** aquí no tiene nada que hacer II. *vr:* **sich ~** (*fam abw: sich anstellen*) andar con remilgos; **hab dich nicht so** no te pongas así

Habgier *f* (*abw*) codicia *f;* **habgierig** *adj* (*abw*) codicioso

Habicht ['ha:bɪçt] *m* <-s, -e> azor *m* (común)

Habseligkeiten ['ha:pze:lɪçkaɪtən] *fpl* efectos *mpl* personales

hacken ['hakən] I. *vt* (*Holz*) partir; (*Zwiebeln*) picar II. *vi* (*Vogel*) picotear; (INFOR) violar datos

Hackfleisch *nt* carne *f* picada

hadern ['ha:dɐn] *vi* (*geh*) reñir (*mit* con); **mit dem Schicksal ~** luchar contra su destino

Hafen ['ha:fen] *m* <-s, Häfen> puerto *m;* **in den ~ einlaufen** entrar en el puerto; **Hafenstadt** *f* ciudad *f* portuaria

Hafer ['ha:fe] *m* <-s, -> avena *f;* **Haferflocke** *f* <-n> copo *m* de avena

Haft [haft] *f* arresto *m;* **in ~ nehmen** poner bajo arresto; **Haftanstalt** *f* penitenciaría *f*

haftbar *adj:* **jdn für etw ~ machen** hacer a alguien responsable de algo

haften ['haftən] *vi* (*kleben*) pegar (*an* a/en); (*aufkommen*) responder (*für* de/por)

Häftling ['hɛftlɪŋ] *m* <-s, -e> preso, -a *m, f*

Haftstrafe *f* condena *f*

Haftung *f* <-en> responsabilidad *f;* **die ~ übernehmen** asumir la responsabilidad

Hagel ['ha:gəl] *m* <-s, -> granizo *m;* (*Schauer*) granizada *f*

hageln ['ha:gəln] I. *vunpers* granizar II. *vi, vunpers* (*Vorwürfe*) llover

hager ['ha:ge] *adj* flaco

Hahn [ha:n] *m* <-(e)s, Hähne> gallo *m; (Wasserhahn)* grifo *m; (Gashahn)* llave *f;* **er ist der ~ im Korb** *(fam)* es el dueño del cotarro

Hähnchen ['hɛ:nçən] *nt* <-s, -> pollo *m*

Hai [haɪ] *m* <-(e)s, -e> tiburón *m*

häkeln ['hɛ:kəln] **I.** *vi* hacer ganchillo **II.** *vt* hacer a ganchillo

Haken ['ha:kən] *m* <-s, -> gancho *m;* **die Sache hat einen ~** la cosa tiene un inconveniente; **Hakenkreuz** *nt* cruz *f* gamada

halb [halp] **I.** *adj* medio; **eine ~e Stunde** media hora; **die ~e Wahrheit** la verdad a medias; **zum ~en Preis** a mitad de precio; **es ist ~ drei** son las dos y media **II.** *adv* a medias; **~ öffnen** entreabrir; **~ so groß sein wie ...** ser la mitad de grande que...; **das ist ~ so schlimm** no es para tanto; **Halbbruder** *m* hermanastro *m;* **Halbdunkel** *nt* penumbra *f*

halber ['halbɐ] *präp +gen (geh)* por causa de; **der Ordnung ~** por el orden

Halbfinale *nt* semifinal *f;* **Halbgeschwister** *ntpl* hermanastros *mpl;* **halbherzig** *adj* poco decidido

halbieren* [hal'bi:rən] *vt* dividir (en dos partes iguales); *(reduzieren)* reducir a la mitad

Halbinsel *f* península *f;* **Halbjahr** *nt* semestre *m;* **das erste ~** la primera mitad del año; **Halbkreis** *m* semicírculo *m;* **Halbkugel** *f* (GEO) hemisferio *m;* **Halbmond** *m* media luna *f;* **Halbpension** *f ohne pl* media pensión *f;* **Halbschlaf** *m* duermevela *f;* **Halbschuh** *m* zapato *m* abotinado; **Halbschwester** *f* hermanastra *f*

halbtags ['halpta:ks] *adv:* **~ arbeiten** trabajar media jornada; **Halbtagskraft** *f* empleado, -a *m, f* de media jornada

halbvoll ['-'-] *adj s.* **voll I.**

halbwegs ['halpve:ks] *adv* más o menos

Halbwüchsige(r) ['-vy:ksɪgə] *f(m) dekl wie adj* adolescente *mf*

Halbzeit *f:* **erste/zweite ~** primer/ segundo tiempo *m;* **in der ~** en el descanso

half [half] *3. imp von* **helfen**

Hälfte ['hɛlftə] *f* <-n> mitad *f;* **auf der ~ des Weges** a mitad de camino; **meine bessere ~** *(fam)* mi media naranja

Halle ['halə] *f* <-n> *(Hotelhalle)* hall *m; (Bahnhofshalle)* vestíbulo *m; (Flughafenhalle)* terminal *f*

hallen ['halən] *vi* resonar

Hallenbad *nt* piscina *f* cubierta

hallo ['halo, ha'lo:] *interj* hola

Halluzination [halutsina'tsjo:n] *f* <-en> alucinación *f*

Halm [halm] *m* <-(e)s, -e> paja *f*

Hals [hals] *m* <-es, Hälse> cuello *m; (Kehle)* garganta *f;* **~ über Kopf** *(fam)* de golpe y porrazo; **aus vollem ~** a grito pelado; **das hängt mir zum ~ heraus** *(fam)* estoy hasta el gorro; **etw in den falschen ~ bekommen** *(fam)* entender mal algo; **Halsband** *nt (Hundehalsband)* collar *m;* **Halskette** *f* collar *m*

Hals-Nasen-Ohren-Arzt, **-Ärztin** [---'---] *m, f* otorrinolaringólogo, -a *m, f;* **Halsschmerzen** *mpl* dolor *m* de garganta

halsstarrig *adj (abw)* tozudo

Halstuch *nt* <-(e)s, -tücher> pañuelo *m* (del cuello); *(Foulard)* fular *m*

halt [halt] **I.** *adv (Schweiz, Österr, südd: eben)* pues; **wir müssen es ~ versuchen** pues no tenemos más remedio que intentarlo **II.** *interj* alto

Halt *m* <-(e)s, -e *o* -s> **1.** *(Stopp)* parada *f;* **~ machen** parar; **vor**

nichts ~ **machen** (*fam*) no retroceder ante nada **2.** *ohne pl* (*Stütze*) apoyo *m;* **den ~ verlieren** perder el equilibrio

hält [hɛlt] *3. präs von* **halten**

haltbar *adj* (*Lebensmittel*) conservable; (*strapazierfähig*) resistente; (*beständig*) duradero

Haltbarkeit *f* (*von Lebensmitteln*) tiempo *m* de conservación, durabilidad *f;* **Haltbarkeitsdatum** *nt* fecha *f* de caducidad

halten ['haltən] <hält, hielt, gehalten> **I.** *vi* (*anhalten*) parar; (*festsitzen*) estar fijo; (*widerstandsfähig sein*) resistir; (*dauern*) durar; (*Konserven*) conservarse; (*Wetter*) mantenerse; **zu jdm ~** apoyar a alguien **II.** *vt* (*festhalten*) sujetar; (*zurückhalten*) retener; (*aufhalten*) detener; (*Kontakt*) mantener; (*Versprechen*) cumplir; (*Rede*) pronunciar; **die Beine ins Wasser ~** meter las piernas en el agua; **halt den Mund!** (*fam*) ¡cierra el pico!; **etw/jdn für etw ~** tener algo/a alguien por algo; **wofür ~ Sie mich?** ¿por quién me toma Ud.?; **was ~ Sie davon?** ¿qué le parece? **III.** *vr:* **sich ~** (*bleiben*) mantenerse; (*haltbar sein*) conservarse; (*sich orientieren*) atenerse (*an* a); (*sich festhalten*) agarrarse; **sich auf den Beinen ~** tenerse en pie

Halter(in) *m(f)* <-s, -; -nen> dueño, -a *m, f*

Haltestelle *f* parada *f;* **Halteverbot** *nt* estacionamiento *m* prohibido; (*Stelle*) zona *f* prohibida

haltlos *adj* (*Mensch*) inconstante; (*Argument*) endeble; (*Behauptung*) insostenible; **halt|machen** *vi s.* **Halt 1.**

Haltung *f* <-en> **1.** (*Körperhaltung*) postura *f* **2.** (*Einstellung*) posición *f;* **eine klare ~ zu etw einnehmen**

adoptar una posición clara frente a algo **3.** *ohne pl* (*Fassung*) serenidad *f;* **~ bewahren** mantener la serenidad

Halunke [ha'lʊŋkə] *m* <-n, -n> (*fam a. abw*) canalla *m*

Hamburg ['hambʊrk] *nt* <-s> Hamburgo *m*

Hamburger *m* <-s, -> (GASTR) hamburguesa *f*

hämisch ['hɛːmɪʃ] *adj* malicioso

Hammer ['hamɐ] *m* <-s, Hämmer> martillo *m*

hämmern ['hɛmɐn] *vi, vt* martillear

Hamster ['hamstɐ] *m* <-s, -> hámster *m*

Hand [hant] *f* <Hände> mano *f;* **an ~ von** por medio de; **jdm die ~ schütteln** estrechar la mano a alguien; **eine ~ voll** un puñado; **zwei linke Hände haben** (*fam*) ser un manazas; **das liegt auf der ~** es obvio; **von der ~ in den Mund leben** vivir al día; **Handarbeit** *f* **1.** (*kunstgewerblich*) artesanía *f;* (*textil*) labores *fpl* **2.** *ohne pl* (*Tätigkeit*) trabajo *m* manual; **etw in ~ anfertigen** hacer algo a mano; **Handball** *m* <-(e)s, *ohne pl*> balonmano *m;* **Handbremse** *f* freno *m* de mano; **Handbuch** *nt* manual *m;* **Handcreme** *f* crema *f* de manos

Händedruck *m* <-(e)s, -drücke> apretón *m* de manos

Handel ['handəl] *m* <-s, *ohne pl*> comercio *m;* (*Geschäft*) negocio *m;* (*verbotener Handel*) tráfico *m;* **im ~ sein** estar a la venta

handeln ['handəln] **I.** *vi* (*agieren*) actuar; (*Handel treiben*) comerciar (*mit* con); (*feilschen*) regatear; **er handelt mit Drogen** trafica con drogas; **von etw ~** tratar de algo **II.** *vunpers:* **sich ~** tratarse (*um* de)

Handelsbeziehungen *fpl* relaciones

fpl comerciales; **Handelsschule** *f* academia *f* de comercio

Handfeger ['-fe:gɐ] *m* <-s, -> escobilla *f;* **handfest** *adj* (*Mahlzeit*) sustancioso; (*Argument*) contundente; **Handfläche** *f* palma *f* (de la mano); **Handgelenk** *nt* muñeca *f;* **etw aus dem ~ schütteln** (*fam*) hacer algo con soltura; **Handgemenge** *nt* pelea *f;* **Handgepäck** *nt* equipaje *m* de mano; **handgeschrieben** *adj* escrito a mano

handgreiflich *adj:* ~ **werden** llegar a las manos

Handgriff *m* (*zum Festhalten*) asidero *m;* (*Bewegung*) maniobra *f;* **mit ein paar ~en** con pocas maniobras; **handhaben** ['hantha:bən] *vt* (*bedienen*) manejar; (*verfahren*) proceder; **Handkuss**[RR] *m* besamanos *m inv*

Handlanger(in) ['-laŋɐ] *m(f)* <-s, -; -nen> (*Hilfsarbeiter*) obrero, -a *m, f* no cualificado, -a; (*abw: Verbündeter*) cómplice *mf*

Händler(in) ['hɛndlɐ] *m(f)* <-s, -; -nen> comerciante *mf;* **fliegender ~** vendedor ambulante

handlich ['hantlɪç] *adj* manejable

Handlung ['handlʊŋ] *f* <-en> acción *f;* (*von Buch, Film*) argumento *m;* **Handlungsfreiheit** *f* libertad *f* de acción; **Handlungsweise** *f* modo *m* de actuar; (*Vorgehensweise*) procedimiento *m*

Handrücken *m* dorso *m* de la mano; **Handschellen** *fpl* esposas *fpl;* **jdm ~ anlegen** esposar a alguien; **Handschlag** *m* apretón *m* de manos; **keinen ~ tun** (*fam*) no mover un dedo; **Handschrift** *f* (*von Person*) letra *f;* **handschriftlich** I. *adj* escrito a mano II. *adv* a mano, por escrito

Handschuh *m* guante *m;* **Handschuhfach** *nt* guantera *f*

Handstand *m* pino *m;* **Handtasche** *f* bolso *m* de mano; **Handtuch** *nt* toalla *f;* **Handumdrehen** *nt:* **im ~** en un santiamén; **Handvoll** *f s.* **Hand; Handwäsche** *f* lavado *m* a mano; **Handwerk** *nt* oficio *m* (manual); **jdm das ~ legen** poner fin a las actividades de alguien

Handwerker(in) *m(f)* <-s, -; -nen> trabajador(a) *m(f)* manual; (*Kunsthandwerker*) artesano, -a *m, f*

handwerklich *adj* artesanal

Handwerksbetrieb *m* taller *m* (de artesanía)

Handy ['hɛndɪ] *nt* <-s, -s> (teléfono *m*) móvil *m*

Hanf [hanf] *m* <-(e)s, *ohne pl*> cáñamo *m*

Hang [haŋ] *m* <-(e)s, Hänge> **1.** (*Abhang*) pendiente *f* **2.** *ohne pl* (*Tendenz*) inclinación *f;* **einen ~ zu etw haben** tener propensión a algo

Hängematte *f* hamaca *f*

hängen[1] ['hɛŋən] <hängt, hing, gehangen> *vi* colgar (*an* de/en); **an jdm ~** querer a alguien

hängen[2] *vt* colgar; (*an Haken*) enganchar; **sich an jdn ~** pegarse a alguien

hängen|bleiben *irr vi sein s.* **bleiben**

hänseln ['hɛnzəln] *vt* burlarse (de)

Hansestadt ['hanzə-] *f* ciudad *f* (h)anseática

hantieren* [han'ti:rən] *vi* trabajar (*mit* con)

hapern ['ha:pən] *vi* faltar (*an* de)

Happen ['hapən] *m* <-s, -> (*fam*) bocado *m*

happig ['hapɪç] *adj* (*fam*) exagerado

Happyend[RR] [hɛpi'ʔɛnt] *nt* <-(s), -s> final *m* feliz

Hardrock[RR] ['ha:trɔk] *m* <-s, *ohne pl*> rock *m* duro; **Hardware** ['ha:twɛːɐ] *f* <-s> hardware *m*

Harem ['ha:rɛm] *m* <-s, -s> harén *m*

harmlos ['harmloːs] *adj* inofensivo
Harmonie [harmoˈniː] *f* <-n> armonía *f*
harmonieren* *vi* armonizar
harmonisch [harˈmoːnɪʃ] *adj* armonioso
Harn [harn] *m* <-(e)s, -e> orina *f*
hart [hart] <härter, am härtesten> I. *adj* (a. *fig*) duro; (*Währung*) estable; ~ **werden** endurecerse; (*Brot*) ponerse duro; (*Mensch*) volverse duro; ~ **im Nehmen sein** encajar bien los golpes; **jdn ~ anfassen** tratar a alguien con dureza; ~ **durchgreifen** adoptar medidas rigurosas; ~ **bleiben** mantenerse firme; **jdm ~ zusetzen** apremiar a alguien II. *adv* (*nahe*) muy cerca (*an* de)
Härte ['hɛrtə] *f* <-n> dureza *f*; (*Strenge*) rigor *m*
härten ['hɛrtən] *vi, vt, vr:* **sich ~** endurecer(se)
hartgekocht *adj s.* **kochen** II.
hartherzig *adj* duro de corazón
hartnäckig ['hartnɛkɪç] *adj* (*stur*) terco; (*ausdauernd*) tenaz
Haschisch ['haʃɪʃ] *m o nt* <-(s), *ohne pl*> hachís *m inv*
Hase ['haːzə] *m* <-n, -n> liebre *f*
Haselnuss^RR ['haːzəlnʊs] *f* avellana *f*
Hass^RR [has] *m* <-es, *ohne pl*> odio *m*
hassen ['hasən] *vt* odiar
hässlich^RR ['hɛslɪç] *adj* feo
Hässlichkeit^RR *f* fealdad *f*
Hassliebe^RR *f* amor-odio *m*
Hast [hast] *f* (*Eile*) prisa *f*
hastig *adj* (*eilig*) apresurado; (*überstürzt*) precipitado
hat [hat] *3. präs von* **haben**
hatte ['hatə] *3. imp von* **haben**
Haube ['haubə] *f* <-n> (AUTO) capó *m*
Hauch [haux] *m* <-(e)s, -e> (*geh: Anflug, Duft*) toque *m;* **hauchdünn**

['-'-] *adj* finísimo
hauchen ['hauxən] I. *vi* (*ausatmen*) espirar II. *vt* (*Worte*) susurrar
hauen ['hauən] <haut, haute *o* hieb, gehauen> I. *vt* (*fam: schlagen*) sacudir; (*Nagel*) clavar (*in* en) II. *vr:* **sich ~** (*fam*) pegarse
Haufen ['haufən] *m* <-s, -> montón *m;* **jdn über den ~ rennen** (*fam*) tumbar a alguien; **etw über den ~ werfen** (*fam*) arrojar por la borda algo
häufen ['hɔɪfən] *vt, vr:* **sich ~** amontonar(se); **zwei gehäufte Esslöffel Zucker** dos cucharadas colmadas de azúcar
haufenweise *adv* (*fam*) a montones
häufig ['hɔɪfɪç] I. *adj* frecuente II. *adv* a menudo
Häufigkeit *f* <-en> frecuencia *f*
Haupt [haupt] *nt* <-(e)s, Häupter> (*geh*) cabeza *f;* **gesenkten/erhobenen ~es** cabizbajo/con la cabeza alta; **Hauptbahnhof** *m* estación *f* central; **hauptberuflich** *adj* profesional; **Hauptdarsteller(in)** *m(f)* protagonista *mf;* **Haupteingang** *m* entrada *f* principal; **Hauptfach** *nt* (SCH, UNIV) asignatura *f* principal; **Hauptfigur** *f* personaje *m* principal; **Hauptgebäude** *nt* edificio *m* principal; **Hauptgericht** *nt* plato *m* principal; **Hauptgeschäftszeit** *f* horas *fpl* punta; **Hauptgewinn** *m* primer premio *m*
Häuptling ['hɔɪptlɪŋ] *m* <-s, -e> cacique *m*
Hauptrolle *f* papel *m* principal; **Hauptsache** *f* punto *m* principal; **die ~ ist, dass ...** lo principal es que... +*subj;* **hauptsächlich** ['hauptzɛçlɪç] *adj* principal; ~ **deshalb, weil ...** principalmente porque...; **Hauptsaison** *f* temporada *f* alta; **Hauptsatz** *m* oración *f* princi-

pal; **Hauptschule** f ≈escuela f de Enseñanza General Básica (*formación escolar mínima obligatoria entre los 10 y los 15 años de edad*); **Hauptspeise** f (GASTR) plato m principal; **Hauptstadt** f capital f; **Hauptstraße** f calle f principal; **Hauptverkehrszeit** f hora f punta; **Hauptversammlung** f asamblea f general; **Hauptwort** nt <-(e)s, -wörter> sustantivo m

Haus [haʊs] nt <-es, Häuser> casa f; (*Gebäude*) edificio m; **nach ~e** a casa; **zu ~e** en casa; **~ halten** economizar; **Hausapotheke** f botiquín m; **Hausarbeit** f (*im Haushalt*) quehaceres mpl domésticos; **Hausarrest** m arresto m domiciliario; **Hausarzt, -ärztin** m, f médico, -a m, f de cabecera; **Hausaufgaben** fpl (SCH) deberes mpl; **Hausbesitzer(in)** m(f) propietario, -a m, f de una casa; **Hausbewohner(in)** m(f) vecino, -a m, f de una casa; **Hausboot** nt barco m vivienda

Häuschen ['hɔɪsçən] nt: **aus dem ~ sein** (*fam*) estar fuera de sí

Hauseingang m entrada f de la casa **hausen** ['haʊzən] vi (*fam abw: wohnen*) (mal)vivir (*in* en); (*wüten*) causar estragos (*in* en)

Hausflur m pasillo m; **Hausfrau** f ama f de casa; **Hausfriedensbruch** m allanamiento m de morada

Haushalt ['haʊshalt] m <-(e)s, -e> (*Hausgemeinschaft*) casa f; (*Etat*) presupuesto m; **jdm den ~ führen** llevar(le) la casa a alguien; **haus|halten** irr vi economizar (*mit*)

Haushälterin ['haʊshɛltərɪn] f <-nen> ama f de llaves

Haushaltsgeld nt dinero m para los gastos domésticos; **Haushaltsgerät** nt aparato m doméstico; **Haushaltshilfe** f empleada f de hogar,

asistenta f; **Haushaltsplan** m (POL) presupuesto m

Hausherr(in) m(f) dueño, -a m, f de la casa, señor(a) m(f) de la casa

haushoch ['-'-] adj como una casa; **jdn ~ schlagen** derrotar a alguien aplastantemente

hausieren* [haʊ'zi:rən] vi ir vendiendo de casa en casa; **mit etw ~ gehen** (*fam*) contar algo a todo el mundo

häuslich ['hɔɪslɪç] adj (*Arbeiten*) doméstico; (*Familie betreffend*) familiar; (*Familienleben liebend*) casero; **sich ~ niederlassen** (*fam*) poner casa

Hausmann m amo m de casa; **Hausmannskost** f comida f casera

Hausmeister(in) m(f) conserje mf; **Hausmittel** nt remedio m casero; **Hausnummer** f número m de (la) casa; **Hausordnung** f <-en> reglamento m de la casa; **Hausschlüssel** m llave f de (la) casa; **Hausschuh** m zapatilla f; **Haustier** nt animal m doméstico; **Haustür** f puerta f de (la) casa; **Hauswirt(in)** m(f) propietario, -a m, f de una casa; **Hauswirtschaft** f economía f doméstica

Haut [haʊt] f <Häute> piel f; (*Gesichtshaut*) cutis m inv; **aus der ~ fahren** (*fam*) salirse de sus casillas; **das geht (mir) unter die ~** (*fam*) esto me llega al alma; **auf der faulen ~ liegen** (*fam*) estar tumbado a la bartola; **Hautarzt, -ärztin** m, f dermatólogo, -a m, f; **Hautcreme** f crema f para la piel; **hauteng** ['-'-] adj muy ceñido; **Hautfarbe** f color m de la piel; (*Teint*) tez f

Hbf. Abk. von **Hauptbahnhof** estación f central

Hebamme ['he:bamə] f <-n> comadrona f

Hebel ['he:bəl] m <-s, -> palanca f;

alle ~ in Bewegung setzen (*fam*) tocar todas las teclas; am längeren ~ sitzen (*fam*) tener la sartén por el mango

heben ['he:bən] <hebt, hob, gehoben> I. *vt* (*hochheben*) alzar; (*steigern*) aumentar; (*verbessern*) mejorar II. *vr:* sich ~ (*sich verbessern*) mejorarse

hebräisch [he'brɛ:ɪʃ] *adj* hebreo

Hecht [hɛçt] *m* <-(e)s, -e> lucio *m*

Heck [hɛk] *nt* <-(e)s, -e *o* -s> (NAUT) popa *f*; (AUTO, AERO) parte *f* trasera

Hecke ['hɛkə] *f* <-n> seto *m*

Heckscheibe *f* luneta *f* trasera

Heer [he:ɐ] *nt* <-(e)s, -e> (MIL) ejército *m*

Hefe ['he:fə] *f* <-n> levadura *f*

Heft [hɛft] *nt* <-(e)s, -e> cuaderno *m*; (*einer Zeitschrift*) número *m*

heften ['hɛftən] I. *vt* (*anbringen*) fijar (*an* en); (*Blick*) clavar (*auf* en) II. *vr:* sich ~ (*Blick*) clavarse (*auf* en)

heftig ['hɛftɪç] *adj* (*stark*) fuerte; (*gewaltig*) vehemente; (*ungestüm*) impetuoso; (*unbeherrscht*) colérico; (*Ton*) duro

Heftpflaster *nt* tirita *f*

hegen ['he:gən] *vt* guardar; Zweifel/ Hoffnungen ~ (*geh*) abrigar dudas/ esperanzas

Hehl [he:l] *m o nt:* kein(en) ~ aus etw machen no hacer un secreto de algo

Heide[1] *f* <-n> (*Landschaft*) brezal *m*

Heide, Heidin[2] ['haɪdə] *m, f* <-n, -n; -nen> (REL) pagano, -a *m, f*

Heidelbeere ['haɪdəlbe:rə] *f* arándano *m*

heidnisch ['haɪdnɪʃ] *adj* pagano

heikel ['haɪkəl] *adj* (*Angelegenheit*) delicado

heil [haɪl] *adj:* ~ ankommen llegar sano y salvo; mit ~er Haut davonkommen salir bien librado; die ~e

Welt el mundo intacto

Heiland ['haɪlant] *m* <-(e)s>: der/ unser ~ El Salvador/nuestro Redentor

Heilanstalt *f* sanatorio *m*; (*Irrenanstalt*) clínica *f* (p)siquiátrica; **heilbar** *adj* curable

heilen ['haɪlən] I. *vi sein* (*Wunde*) cicatrizarse; (*Verletzung*) curarse II. *vt haben* curar

heilfroh ['-'-] *adj* (*fam*) contentísimo

heilig ['haɪlɪç] *adj* (*Person*) santo; (*Ort*) sagrado; die Heilige Jungfrau la Santísima Virgen; der Heilige Geist el Espíritu Santo; etw hoch und ~ versprechen prometer algo por lo más sagrado; **Heiligabend** [haɪlɪç'ʔa:bənt] *m* Nochebuena *f*

Heiligtum *nt* <-(e)s, -tümer> santuario *m*; (*Reliquie*) reliquia *f*

heillos *adj* terrible; **Heilmittel** *nt* remedio *m*; **Heilpraktiker(in)** *m(f)* <-s, -; -nen> médico, -a *m, f* homeopático, -a

heilsam *adj* curativo

Heilung *f* <-en> cura *f*

heim [haɪm] *adv* a casa

Heim *nt* <-(e)s, -e> (*Zuhause*) hogar *m*; (*Studentenheim*) residencia *f*; (*Obdachlosenheim*) asilo *m*; (*Kinderheim*) hogar *m*

Heimat ['haɪma:t] *f* <-en> (*Heimatland*) patria *f*; (*Heimatregion*) tierra *f* (natal); **Heimatland** *nt* patria *f*; **heimatlos** *adj* sin patria

heim|fahren *irr* I. *vi sein* ir a casa; (*zurückfahren*) regresar a casa II. *vt* llevar a casa; **Heimfahrt** *f* regreso *m* a casa

heim|gehen *irr vi sein* volver a casa

heimisch *adj* (*einheimisch*) del país; (*vertraut*) familiarizado

Heimkehr ['haɪmke:ɐ] *f* regreso *m* a casa

heim|kommen *irr vi sein* volver a casa

heimlich ['haɪmlıç] **I.** *adj* secreto; *(unerlaubt)* clandestino **II.** *adv* en secreto; *(versteckt)* a escondidas; **~ tun** *(abw)* andar con tapujos

Heimlichkeit *f* <-en> **1.** *(Geheimnis)* secreto *m* **2.** *ohne pl (Verborgenheit)* clandestinidad *f*

Heimreise *f* viaje *m* de regreso; **die ~ antreten** emprender el viaje de regreso; **Heimspiel** *nt* partido *m* en casa

heim|suchen *vt (Krankheit)* atacar; *(Katastrophe)* devastar; *(Alpträume)* invadir; **heimtückisch** *adj* pérfido; *(bösartig)* malicioso

heimwärts ['haɪmvɛrts] *adv* (en dirección) a casa

Heimweg *m* camino *m* de regreso; **Heimweh** *nt* <-s, *ohne pl*> nostalgia *f (nach* de); **heim|zahlen** *vt* vengarse; **das zahl ich dir heim!** ¡me las pagarás!

Heirat ['haɪra:t] *f* <-en> matrimonio *m; (Hochzeit)* boda *f*

heiraten ['haɪra:tən] *vi, vt* casarse (con)

Heiratsantrag *m* propuesta *f* de matrimonio

heiser ['haɪzɐ] *adj* ronco; *(stimmlos)* afónico

heiß [haɪs] *adj* caliente; *(Wetter)* caluroso; **brütend ~** *(fam)* achicharrante; **mir ist ~** tengo calor; **Vorsicht, das ist ~!** ¡cuidado, que quema!; **das Essen ~ machen** calentar la comida; **jdn ~ und innig lieben** *(fam)* querer a alguien ardientemente

heißen ['haɪsən] <heißt, hieß, geheißen> *vi* **1.** *(Namen haben)* llamarse; **wie ~ Sie?** ¿cómo se llama Ud.?; **was heißt „Kuss" auf Griechisch?** ¿cómo se dice "beso" en griego?

2. *(bedeuten)* significar; **das heißt es decir; was soll das ~?** ¿qué significa esto? **3.** *(geh: behauptet werden)* decirse; *(zu lesen sein)* estar escrito

Heißhunger *m* hambre *f* canina

heiter ['haɪtɐ] *adj (fröhlich)* alegre; *(Tag, Himmel)* despejado; **das kann ja ~ werden** *(fam)* esto se puede poner bien; **wie aus ~em Himmel** *(plötzlich)* de golpe y porrazo; *(unerwartet)* como caído del cielo

heizen ['haɪtsən] **I.** *vi* encender la calefacción; **wir ~ mit Gas** tenemos calefacción a gas **II.** *vt (Raum)* calentar

Heizkörper *m* radiador *m;* **Heizkosten** *pl* gastos *mpl* de calefacción; **Heizöl** *nt* <-(e)s, *ohne pl*> fuel *m* combustible; **Heizstrahler** *m* radiador *m* eléctrico

Heizung *f* <-en> calefacción *f; (fam: Heizkörper)* radiador *m*

Hektar ['hɛkta:ɐ] *nt o m* <-s, -e, *nach Zahlen:* ->, **Hektare** ['hɛkta:rə] *f* <-n> *(Schweiz)* hectárea *f*

Hektik ['hɛktɪk] *f* ajetreo *m;* **nur keine ~!** ¡con calma!

hektisch ['hɛktɪʃ] *adj* inquieto

Held(in) [hɛlt] *m(f)* <-en, -en; -nen> héroe, heroína *m, f;* **heldenhaft** *adj* heroico

helfen ['hɛlfən] <hilft, half, geholfen> *vi* ayudar *(bei* en); *(heilsam sein)* ser bueno *(gegen* para); **man muss sich** *dat* **zu ~ wissen** hay que saber salir del paso; **es hilft uns nicht, wenn ...** no nos sirve de nada, si...

Helfer(in) *m(f)* <-s, -; -nen> ayudante *mf;* **ein ~ in der Not** un salvador

Helikopter [heli'kɔptɐ] *m* <-s, -> helicóptero *m*

hell [hɛl] *adj* claro; *(voller Licht)* luminoso; **es wird ~** amanece; **ein ~er**

Kopf una cabeza inteligente; **der ~e Wahnsinn** la locura absoluta; **hellhörig** adj (Raum) de paredes finas; **~ werden** aguzar el oído

hellicht^{ALT} adj s. **helllicht**

Helligkeit f claridad f; (Lichtstärke) luminosidad f

helllicht^{RR} ['hɛlɪçt] adj: **am ~en Tag** en pleno día

hellsehen vi prever (el futuro); **Hellseher(in)** m(f) vidente mf; **hellwach** ['-'-] adj totalmente despierto

Helm [hɛlm] m <-(e)s, -e> casco m

Hemd [hɛmt] nt <-(e)s, -en> camisa f

hemmen ['hɛmən] vt (aufhalten) detener; (hindern) impedir; (PSYCH) inhibir

Hemmung f <-en> (Beeinträchtigung) impedimento m; (PSYCH) inhibición f; **~en haben** tener escrúpulos; **hemmungslos** adj (zügellos) desenfrenado; (bedenkenlos) sin escrúpulos

Hengst [hɛŋst] m <-(e)s, -e> semental m

Henkel ['hɛŋkəl] m <-s, -> asa f

Henker ['hɛŋkɐ] m <-s, -> verdugo m

Henne ['hɛnə] f <-n> gallina f

her [heːɐ] adv **1.** (räumlich) hacia aquí; **von weit ~** de muy lejos; **komm ~!** ¡ven aquí!; **gib ~!** ¡trae! **2.** (zeitlich) hace; **das ist schon lange ~** de eso hace ya tiempo

herab [hɛ'rap] adv (geh) (hacia) abajo; **von oben ~** (fig) despectivamente; **herab|blicken** vi (geh) mirar (hacia) abajo; **auf jdn ~** (fig) mirar a alguien por encima del hombro; **herab|lassen** irr vr: **sich ~** rebajarse (zu a)

herablassend I. adj desdeñoso **II.** adv con aire de desprecio

herab|setzen vt (reduzieren) reducir; (senken) bajar; (schmälern) des-

prestigiar

heran [hɛ'ran] adv por aquí; **heran|kommen** irr vi sein (sich nähern) acercarse (an a); (heranreichen) alcanzar; (Zugang haben) tener acceso (an a); **nichts an sich ~ lassen** no dejarse afectar por nada; **heran|machen** vr: **sich ~** (fam: an Person) rondar; **heran|wachsen** irr vi sein crecer

Heranwachsende(r) f(m) dekl wie adj adolescente mf

heran|wagen vr: **sich ~** (räumlich) atreverse a acercarse (an a); (an Aufgabe) atreverse a acometer (an); **heran|ziehen** irr vt (näher holen) acercar(se); (Sachverständige) consultar; (Sache) recurrir (a); (Kind) criar; **etw zum Vergleich ~** establecer una comparación con algo

herauf [hɛ'rauf] adv hacia arriba; **herauf|beschwören*** irr vt provocar; (Erinnerung) evocar; **herauf|kommen** irr vi sein (Person) subir

heraus [hɛ'raus] adv (hacia) fuera; **~ mit ihm!** ¡afuera con él!; **von innen ~** desde dentro; **aus einer Notlage ~** debido a un apuro; **~ mit der Sprache!** ¡suelta la lengua!; **heraus|bekommen*** irr vt (Wechselgeld) recibir la vuelta; (Rätsel) resolver; (Geheimnis) descubrir; (Fleck) poder quitar; **heraus|finden** irr vt (aus Ort) saber salir; (entdecken) descubrir

heraus|fordern vt desafiar; (provozieren) provocar (zu a); **herausfordernd** adj desafiante; (provozierend) provocador; **Herausforderung** f (a. SPORT) desafío m; **eine ~ annehmen** responder a un reto

heraus|geben irr vt (aushändigen) entregar; (Wechselgeld) dar la vuelta; (Buch) editar; **Herausgeber(in)** m(f) <-s, -; -nen> (von

Buch) editor(a) *m(f); (von Zeitung)*
director(a) *m(f)*
heraus|gehen *irr vi sein* salir (*aus*
de); **aus sich** *dat* ~ abrirse; **he-**
raus|halten *irr vr:* **sich** ~ mante-
nerse alejado; **sich aus etw** ~ no
meterse en algo; **heraus|holen** *vt*
sacar (*aus* de); **das Letzte aus sich**
dat ~ dar lo máximo; **heraus|kom-**
men *irr vi sein* **1.** (*aus Haus, Kran-*
kenhaus) salir (*aus* de); **sie kam aus**
dem Lachen nicht mehr heraus
no pudo parar de reír **2.** (*fam: Resul-*
tat sein) ser el resultado (*bei* de);
was soll dabei ~? ¿qué va a resultar
de ello?; **es kommt nichts dabei**
heraus no conduce a nada; **es**
kommt auf dasselbe heraus da lo
mismo **3.** (*fam: Geheimnis*) llegarse
a saber; **wenn das herauskommt,**
... si esto sale a la luz...; **ganz groß** ~
tener mucho éxito; **heraus|neh-**
men *irr vt* sacar (*aus* de); **sich** *dat*
~ **etw zu tun** tomarse la libertad de
hacer algo; **heraus|putzen** *vt, vr:*
sich ~ acicalar(se); **heraus|ragen**
vi sobresalir (*aus* de); **heraus|reden**
vr: **sich** ~ (*fam*) poner excusas; **he-**
raus|reißen *irr vt* arrancar; **heraus|**
rücken I. *vi sein* (*fam: zugeben*)
soltar; **rück mit der Wahrheit he-**
raus! ¡desembucha ya! **II.** *vt haben*
(*fam: hergeben*) soltar; **rück mal et-**
was Geld heraus! ¡suelta un par de
duros!; **heraus|rutschen** *vi sein*
(*Wort*) escaparse; **heraus|springen**
irr vi sein (*Sicherung*) saltar; (*fam:*
Gewinn) sacar provecho (*bei* de);
und was springt dabei für mich
heraus? ¿y qué saco yo de esto?;
heraus|stellen I. *vt* (*nach draußen*
stellen) sacar **II.** *vr:* **sich** ~ resultar;
es stellte sich heraus, dass ... se
ha comprobado que...; **heraus|zie-**
hen *irr vt* sacar (*aus* de)

herb [hɛrp] *adj* (*Geschmack*) acerbo;
(*Wein*) seco; (*Enttäuschung*) amargo;
(*Verlust*) doloroso; (*Kritik*) duro
herbei [hɛɐ'baɪ] *adv* hacia aquí; **her-**
bei|eilen *vi sein* venir corriendo;
herbei|führen *vt* causar; (*Gelegen-*
heit) proporcionar
Herberge ['hɛrbɛrgə] *f* <-n> albergue
m
Herbst [hɛrpst] *m* <-(e)s, -e> otoño
m
herbstlich *adj* otoñal
Herd [he:ɐt] *m* <-(e)s, -e> (*in Küche*)
cocina *f*
Herde ['he:ɐdə] *f* <-n> (*Schafe, Rin-*
der) rebaño *m;* (*Schweine*) piara *f;*
(*wilde Tiere*) manada *f*
herein [hɛ'raɪn] *adv* hacia dentro; ~!
¡adelante!; **herein|brechen** *irr vi*
sein (*geh: Unglück*) sobrevenir;
(*Nacht*) caer (*über* sobre); **herein|**
fallen *irr vi sein* (*in Loch*) caer (*in*
en); (*Licht*) entrar (*in en/a*); (*fam:*
sich täuschen lassen) dejarse enga-
ñar (*auf* por); **herein|holen** *vt* en-
trar, meter; **jdn** ~ hacer entrar a al-
guien; **herein|kommen** *irr vi sein*
entrar (*in* a/en); **herein|lassen** *irr*
vt dejar entrar; **herein|legen** *vt*
(*fam: betrügen*) engañar
her|fallen *irr vi sein* (*a. fig*) atacar
(*über*); **über etw** ~ caer sobre algo
Hergang ['he:ɐ-] *m* acontecimientos
mpl; **den** ~ **schildern** contar lo
que pasó
her|geben *irr* **I.** *vt* (*herausgeben*) en-
tregar; **gib her!** ¡dame! **II.** *vr:* **sich** ~
prestarse (*für* a); **her|gehen** *irr vi*
sein: **neben/vor/hinter jdm** ~ ir
al lado de/delante de/detrás de alguien; **es ging hoch her** hubo mu-
cho jaleo; **her|halten** *irr vi* servir (*als*
de); **her|holen** *vt* ir a buscar, ir (*por*);
der Vergleich ist weit hergeholt el
ejemplo es muy rebuscado

Hering ['he:rɪŋ] *m* <-s, -e> (*Fisch*) arenque *m;* (*Zeltpflock*) estaquilla *f*

her|kommen *irr vi sein* (*hierher kommen*) venir; (*sich nähern*) acercarse; (*stammen*) ser (*aus* de); **wo kommen Sie her?** ¿de dónde es Ud.?

herkömmlich ['he:rɛkœmlɪç] *adj* convencional

Herkunft ['he:rkʊnft] *f* origen *m;* **arabischer ~** de origen árabe; **Herkunftsland** *nt* país *m* de origen

her|machen I. *vi:* **das macht viel her** esto causa buena impresión II. *vr:* **sich über das Essen ~** (*fam*) abalanzarse sobre la comida

Heroin [hero'i:n] *nt* <-s, *ohne pl*> heroína *f*

heroisch [he'ro:ɪʃ] *adj* (*geh*) heroico

Herr[1] *m* <-(e)n, -en> señor *m;* „**Herren**" "caballeros"; **~ Meier** el señor Meier; **~ Ober!** ¡camarero!

Herr(in)[2] [hɛr] *m(f)* <-(e)n, -en; -nen> amo, -a *m, f;* **er war nicht ~ der Lage** no era dueño de la situación; **aus aller ~en Länder** de todos los países

herrenlos *adj* sin dueño; **Herrenmode** *f* moda *f* masculina; **Herrentoilette** *f* servicio *m* de caballeros

her|richten *vt* (*vorbereiten*) preparar; (*reparieren*) arreglar

herrlich *adj* espléndido; (*wunderbar*) maravilloso

Herrlichkeit *f* <-en> esplendor *m;* (*Pracht*) suntuosidad *f*

Herrschaft *f* (*Befehlsgewalt*) poder *m* (*über* sobre); (*Kontrolle*) control *m* (*über* de)

herrschen ['hɛrʃən] *vi* 1. (*Macht haben*) dominar; (*König*) reinar (*über* en/sobre) 2. (*Chaos*) reinar; (*Not*) haber

Herrscher(in) *m(f)* <-s, -; -nen> soberano, -a *m, f*

her|rühren *vi* resultar (*von* de); **her|stellen** *vt* producir; (*Verbindung*) establecer

Hersteller(in) *m(f)* <-s, -; -nen> productor(a) *m(f)*

Herstellung *f* producción *f;* (*in Fabrik*) fabricación *f*

herüber [hɛ'ry:bɐ] *adv* hacia acá

herum [hɛ'rʊm] *adv* alrededor; **um ... ~** alrededor de...; **hier ~** por aquí; **links ~** por la izquierda; **herum|drehen** I. *vt* (*wenden*) dar vuelta(s) (a); (*Kopf*) volver; **jdm das Wort im Mund ~** dar la vuelta a las palabras de alguien II. *vr:* **sich ~** darse la vuelta; **herum|führen** *vt:* **jdn ~** (*als Führer*) hacer de guía para alguien; **jdn an der Nase ~** (*fam*) tomar el pelo a alguien; **herum|gehen** *irr vi sein* dar una vuelta (*um* por); (*fam: ziellos*) pasearse; (*fam: Gerücht*) circular; **herum|irren** *vi sein* errar; **herum|kommen** *irr vi sein* (*fam: reisen*) viajar; (*vermeiden können*) poder evitar (*um*); **sie ist viel in der Welt herumgekommen** ha corrido mucho mundo; **herum|kriegen** *vt* (*fam: Zeit*) pasar; **jdn ~** convencer a alguien; **herum|laufen** *irr vi sein* (*fam: ziellos*) correr de un lado para otro; **so kannst du doch nicht ~!** (*fam*) ¡así no puedes andar por ahí!; **herum|liegen** *irr vi* (*fam*) 1. (*Sache*) estar tirado 2. (*Person*) estar tumbado; **herum|lungern** [-'-lʊŋən] *vi* (*fam*) haraganear; **herum|schlagen** *irr vr* (*fam*): **sich mit jdm/etw ~** luchar con alguien/algo; **herum|sprechen** *irr vr:* **sich ~** divulgarse; **herum|stehen** *irr vi* (*fam*) estar por ahí (*um* alrededor de); **um jdn ~** rodear a alguien; **herum|treiben** *irr vr:* **sich ~** (*fam abw*) vagabundear; (*auf der Straße*) callejear; **wo hast du dich**

wieder herumgetrieben? ¿por dónde te has metido?

herunter [hɛ'rʊntɐ] adv (hacia) abajo; den Berg ~ monte abajo; herunter| fallen irr vi sein caerse; herunter| gekommen adj (fam) venido a menos; herunter|kommen irr vi sein (nach unten) bajar; (fam: verwahr|losen) venir a menos; herunter|la|den vt (INFOR) bajar; herunter|ma|chen vt (fam: kritisieren) criticar; (schlechtmachen) difamar; jdn ~ dejar a alguien como un trapo; herunter|schlucken vt (fam) 1. (Bissen) tragar 2. (Wut) tragarse

hervor [hɛɐ'foːɐ] adv (geh) hacia delante; (heraus) fuera; hervor|brin|gen irr vt producir; (Wort) decir; hervor|gehen irr vi sein (geh: sich ergeben) deducirse (aus de); sie ging als Siegerin aus dem Wett|kampf hervor resultó vencedora en el campeonato; hervor|heben irr vt poner de relieve; hervor|ho|len vt sacar (aus de); hervor|kom|men irr vi sein salir; unter dem Tisch ~ salir de debajo de la mesa

hervorragend adj (räumlich) saliente; (ausgezeichnet) excelente

hervor|rufen irr vt provocar; (Bewun|derung) causar; (Protest) promover; hervor|tun irr vr: sich ~ (durch Leistung) distinguirse; (angeben) darse importancia

Herz [hɛrts] nt <-ens, -en> corazón m; von ~en gern con mil amores; schweren ~ens sintiéndolo en el alma; ein ~ und eine Seele sein ser uña y carne; sich dat etw zu ~en nehmen (fam) tomarse algo a pecho; jdm sein ~ ausschütten abrir el corazón a alguien; jdn ins ~ schließen cogerle cariño a alguien; Herzanfall m ataque m cardíaco

Herzenslust f: nach ~ a placer; Her|zenswunsch m sueño m dorado

herzergreifend adj conmovedor; herzhaft adj (a. GASTR: kräftig) fuerte; (deftig) sabroso

her|ziehen irr I. vi sein: über jdn ~ (fam) hablar mal de alguien II. vt: etw hinter sich dat ~ arrastrar algo detrás de sí

Herzinfarkt m infarto m de miocardio; Herzklopfen nt: ~ haben sentir palpitaciones

herzlich I. adj cariñoso; (Gruß) cordial; ~en Dank muchísimas gracias II. adv de todo corazón; ~ will|kommen! ¡bienvenido!; ~ gern! ¡con mucho gusto!

Herzlichkeit f cordialidad f

herzlos adj sin corazón; (grausam) cruel

Herzog(in) ['hɛrtsoːk] m(f) <-s, -zö|ge; -nen> duque(sa) m(f)

Herzogtum nt <-s, -tümer> ducado m

Herzstillstand m paro m cardíaco; Herzversagen nt fallo m cardíaco

herzzerreißend I. adj desgarrador II. adv que le parte a uno el corazón

Hessen nt <-s> Hesse f

hessisch adj de Hesse

heterosexuell [heterozɛksu'ɛl, hete|rosɛksu'ɛl] adj heterosexual

hetzen ['hɛtsən] I. vi 1. sein (sich be|eilen) darse prisa 2. haben (abw: aufwiegeln) agitar los ánimos II. vt haben (jagen) acosar; (antreiben) meter prisa III. vr haben: sich ~ darse prisa

Heu [hɔɪ] nt <-(e)s, ohne pl> heno m

Heuchelei [hɔɪçə'laɪ] f <-en> (abw) hipocresía f

heucheln ['hɔɪçəln] vi, vt fingir

heuchlerisch adj hipócrita

heuer ['hɔɪɐ] adv (Schweiz, Österr, südd) este año

heulen ['hɔɪlən] vi (fam) llorar; (Tier, Wind) aullar

Heuschnupfen m alergia f al polen; **Heuschrecke** ['hɔɪʃrɛkə] f <-n> saltamontes m inv

heute ['hɔɪtə] adv hoy; ~ **Morgen/ Abend** esta mañana/noche; ~ **Nacht habe ich schlecht geträumt** anoche tuve pesadillas; **von** ~ **auf morgen** de la noche a la mañana

heutig ['hɔɪtɪç] adj de hoy; (gegenwärtig) actual; **in der ~en Zeit** en nuestros tiempos

heutzutage ['hɔɪttsuta:gə] adv hoy (en) día

Hexe ['hɛksə] f <-n> bruja f

hexen ['hɛksən] vi hacer brujerías; **ich kann doch nicht** ~ (fam) no puedo hacer milagros

Hexerei f <-en> brujería f

hieb [hi:p] 3. imp von **hauen**

Hieb [hi:p] m <-(e)s, -e> (Schlag) golpe m; (mit Faust) puñetazo m

hielt [hi:lt] 3. imp von **halten**

hier [hi:ɐ] adv aquí; (bei Aufruf) ¡presente!; ~ **entlang** por aquí; **hieran** ['hi:ran, '-'-] adv (räumlich) aquí (mismo); ~ **sieht man, dass ...** en esto se ve que...

Hierarchie [hierar'çi:] f <-n> jerarquía f

hierarchisch [hie'rarçɪʃ] adj jerárquico

hierauf ['hi:raʊf, '-'-] adv (räumlich) sobre esto; (sodann) a continuación; **hieraus** ['hi:raʊs, '-'-] adv (räumlich) de aquí; (aus dieser Sache) de ello; **hierbei** ['hi:ɐbaɪ] adv (währenddessen) en esto; (in diesem Fall) en este caso

hier|bleiben irr vi sein quedarse aquí

hierdurch ['hi:ɐdʊrç, '-'-] adv (räumlich) por aquí; (auf Grund) por ello; **hierfür** ['hi:ɐfy:ɐ, '-'-] adv (zu diesem

Zweck) para esto; (als Gegenwert) por ello; **hierher** ['hi:ɐhe:ɐ, '-'-] adv (hacia) aquí; (örtlich) para acá; **bis** ~ **und nicht weiter!** ¡hasta aquí y ni un paso más!; **hierhin** ['hi:ɐhɪn, '-'-] adv aquí; **hiermit** ['hi:ɐmɪt, '-'-] adv con esto; **hiervon** ['hi:ɐfɔn, '-'-] adv de esto; **hierzu** ['hi:ɐtsu:, '-'-] adv (für diesen Zweck) para ello; (betreffend) con respecto a esto; (zugehörig) a esto

hierzulande ['hi:ɐtsu(')landə] adv en este país

hiesig ['hi:zɪç] adj de aquí

hieß [hi:s] 3. imp von **heißen**

high [haɪ] adj inv (berauscht) colocado

High SocietyRR [haɪ sə'saɪəti] f alta sociedad f

Hilfe ['hɪlfə] f <-n> ayuda f; ~! ¡socorro!; **erste** ~ primeros auxilios; ~ **leisten** prestar ayuda; **jdm zu** ~ **kommen** acudir en auxilio de alguien; **Hilferuf** m grito m de socorro

hilflos adj (allein) desamparado; (ratlos) desorientado; (unbeholfen) torpe

Hilflosigkeit f desamparo m; (Ratlosigkeit) desorientación f

hilfreich adj (geh: nützlich) útil; **er/ es war uns sehr** ~ nos sirvió de mucha ayuda

Hilfsaktion f acción f de socorro; **Hilfsarbeiter(in)** m(f) trabajador(a) m(f) auxiliar; **hilfsbedürftig** adj necesitado; **hilfsbereit** adj servicial; **Hilfsbereitschaft** f ohne pl solicitud f, comedimiento m Am; **Hilfskraft** f auxiliar mf; **Hilfsmittel** nt recurso m; **Hilfsverb** nt verbo m auxiliar

hilft [hɪlft] 3. präs von **helfen**

Himbeere ['hɪmbe:rə] f frambuesa f

Himmel ['hɪməl] m <-s, -> cielo m; **aus heiterem** ~ (plötzlich) de golpe

y porrazo; (*unerwartet*) inesperadamente; **unter freiem** ~ a cielo raso;
um ~s willen! ¡cielo santo!; **him-
melschreiend** *adj* que clama al
cielo
Himmelsrichtung *f* punto *m* cardinal
himmlisch ['hɪmlɪʃ] *adj* celestial;
(*wunderbar*) maravilloso
hin [hɪn] **I.** *adv* (*in Richtung auf*) hacia allá; (*entlang*) a lo largo; **bis ... ~**
hasta...; **~ und zurück** (*Fahrkarte*)
ida y vuelta; **~ und her** de un lado
para otro; **~ und wieder** de vez en
cuando; **auf die Gefahr ~, dass ...** a
riesgo de que... +*subj* **II.** *adj* (*fam:
kaputt*) roto; **sein guter Ruf ist ~** su
buena reputación está arruinada
Hin [hɪn] *nt:* **~ und Her** ir y venir *m;*
(*Hickhack*) tira y afloja *m;* **nach lan-
gem ~ und Her** después de darle
muchas vueltas
hinab [hɪˈnap] *adv* (hacia) abajo; **den
Berg ~** monte abajo
hin|arbeiten *vi:* **auf etw ~** aspirar a
algo
hinauf [hɪˈnaʊf] *adv* arriba; **den Fluss
~** río arriba; **hinauf|gehen** *irr vi
sein* subir; **hinauf|steigen** *irr vi
sein* subir
hinaus [hɪˈnaʊs] *adv* afuera; **~ mit
dir!** ¡fuera contigo!; **wo geht es ~?**
¿por dónde se sale?; **dort ~** saliendo
por allí; **auf Jahre ~** durante años;
über das Ziel ~ más allá de lo previsto; **darüber ~** aparte de esto; **hi-
naus|gehen** *irr vi sein* salir (*aus*
de); (*überschreiten*) sobrepasar
(*über*); **hinaus|laufen** *irr vi sein* sa-
lir (corriendo) (*aus* de); (*als Ergebnis
haben*) acabar (*auf* en); **es läuft darauf hinaus, dass ...** esto terminará
en que...; **hinaus|schicken** *vt:* jdn
~ mandar salir a alguien; **hinaus|
werfen** *irr vt* (*Sache*) tirar (*zu/aus*

por); (*Person*) echar (*aus* de); **einen
Blick ~** echar un vistazo por la ventana; **Geld zum Fenster ~** (*fam*)
echar la casa por la ventana; **hi-
naus|wollen** *irr vi* (*fam*) querer sa-
lir (*aus* de); (*abzielen*) pretender
(*auf*); **worauf willst du hinaus?**
¿qué es lo que pretendes?; **hoch ~**
tener grandes ambiciones; **hinaus|
zögern I.** *vt* aplazar **II.** *vr:* **sich ~**
retrasarse
Hinblick *m:* **im ~ auf ...** (*in Bezug
auf*) en cuanto a...; (*angesichts*) con
vistas a...; **im ~ darauf, dass ...** considerando que...
hinderlich ['hɪndəlɪç] *adj:* **~ sein** ser
un estorbo
hindern ['hɪndən] *vt* impedir
Hindernis ['hɪndənɪs] *nt* <-ses, -se>
obstáculo *m;* **ein ~ überwinden** salvar un obstáculo
hin|deuten *vi* (*zeigen*) señalar (con el
dedo) (*auf*); (*hinweisen*) indicar
(*auf*); **nichts deutet darauf hin,
dass ...** nada indica que... +*subj*
Hinduismus [hɪnduˈɪsmʊs] *m* <-,
ohne pl> hinduismo *m*
hindurch [hɪnˈdʊrç] *adv* (*räumlich*) a
través; (*zeitlich*) durante; **mitten ~**
por el mismo medio
hinein [hɪˈnaɪn] *adv* (hacia) adentro;
bis tief in die Nacht ~ hasta bien
entrada la noche; **hinein|gehen** *irr
vi sein* **1.** (*eintreten*) entrar (*in* en/
a) **2.** (*hineinpassen*) caber (*in* en);
hinein|legen *vt* **1.** (*nach innen le-
gen*) meter (*in* en); (*aufbewahren*)
guardar (*in* en) **2.** (*fam: betrügen*)
engañar; **hinein|passen** *vi* caber
(*in* en); **hinein|stecken** *vt* (*fam*)
1. (*hineinlegen, -stellen*) meter (*in*
en) **2.** (*investieren*) invertir (*in* en);
hinein|steigern *vr:* **sich ~** (*in Kum-
mer, Wut*) dejarse llevar (*in* por); (*in
Vorstellung*) obsesionarse (*in* con);

(*in Streit*) enfrascarse (*in* en); **hinein|versetzen*** *vr:* **sich in jdn ~** ponerse en el lugar de alguien

hin|fahren *irr* **I.** *vi sein* ir (en coche) **II.** *vt haben* llevar; **Hinfahrt** *f* (viaje *m* de) ida *f*; **Hin- und Rückfahrt** (viaje de) ida y vuelta; **auf der ~** a la ida

hin|fallen *irr vi sein* caerse

hinfällig *adj* (*ungültig*) nulo

Hinflug *m* <-(e)s, -flüge> vuelo *m* de ida

hin|führen *vi*, *vt* conducir; **wo soll das ~?** ¿adónde irá a parar esto?

hing [hɪŋ] *3. imp von* **hängen**[1]

Hingabe *f* (*Begeisterung*) entusiasmo *m*; (*Selbstlosigkeit*) entrega *f*; **hin|geben** *irr vr:* **sich ~** entregarse; **sich falschen Hoffnungen ~** abrigar falsas esperanzas

hingebungsvoll *adj* abnegado

hingegen [-'--] *adv* en cambio

hin|gehen *irr vi sein* ir (*zu* a); **hin|halten** *irr vt* **1.** (*Gegenstand*) ofrecer; (*Hand*) tender **2.** (*warten lassen*) dar largas, hacer esperar; **hin|hören** *vi* escuchar

hinken ['hɪŋkən] *vi* cojear

hin|knien *vi*, *vr:* **sich ~** arrodillarse; **hin|kriegen** *vt* (*fam: fertigbringen*) lograr; (*in Ordnung bringen*) arreglar; **hin|legen** **I.** *vt* poner; (*Kind*) acostar **II.** *vr:* **sich ~** tumbarse (*auf* en); (*ins Bett gehen*) acostarse; **hin|nehmen** *irr vt* (*Tatsache*) aceptar; (*erdulden*) aguantar; (*tolerieren*) tolerar

hinreichend ['hɪnraɪçənt] *adj* suficiente

Hinreise *f* (viaje *m* de) ida *f*

hin|reißen *irr vt:* **sich dazu ~ lassen, etw zu tun** dejarse convencer a hacer algo

hin|richten *vt* ejecutar; **Hinrichtung** *f* <-en> ejecución *f*

hin|schmeißen *irr vt* (*fam*) **1.** (*hinwerfen*) arrojar al suelo **2.** (*aufgeben*) abandonar; **hin|sehen** *irr vi* mirar (*zu* hacia); **hin|setzen** *vt*, *vr:* **sich ~** sentar(se)

Hinsicht *f:* **in ~ auf ...** en cuanto a...; **in dieser ~** en relación a esto; **in jeder/gewisser ~** a todas luces/en cierto modo; **in finanzieller ~** con respecto al dinero

hinsichtlich *präp +gen* en cuanto a

hin|stellen *vt*, *vr:* **sich ~** poner(se)

hinten ['hɪntən] *adv* atrás; **ein Schlag von ~** un golpe por detrás; **sich ~ anstellen** ponerse a la cola; **ganz ~ im Buch** al final del libro; **ihr Gehalt reicht vorne und ~ nicht** (*fam*) su sueldo no alcanza para nada; **hintenherum** ['----] *adv* (*a. fam: heimlich*) por detrás

hinter ['hɪntɐ] **I.** *präp +dat* **1.** (*dahinter*) tras; **das Schlimmste hast du schon ~ dir** ya has pasado lo peor; **~ etw kommen** (*fam*) descubrir algo **2.** (*zeitlich*) después de **3.** (*Reihenfolge*) atrás; **er ließ ihn weit ~ sich** *dat* le dejó muy atrás **II.** *präp +akk* (hacia) atrás; **stell das Buch ~ die anderen** pon el libro detrás de los otros; **Hinterausgang** *m* salida *f* trasera

Hinterbliebene(r) [hɪntɐ'bliːbənə] *mf* <-n, -n; -n> pariente *mf* del difunto

hintere(r, s) ['hɪntərə, -rə, -rəs] *adj* de atrás

hintereinander [hɪntɐʔaɪ'nandə] *adv* (*räumlich*) uno detrás de otro; (*zeitlich*) uno después de otro; **vier Wochen ~** cuatro semanas seguidas

hinterfragen* *vt* indagar

hintergangen *pp von* **hintergehen**

Hintergedanke *m* segunda intención *f*

hintergehen* *irr vt* engañar

Hintergrund *m* fondo *m;* (*Ursache*) causas *fpl*
hintergründig ['--grʊndɪç] *adj* enigmático
hinterhältig ['hɪntɛhɛltɪç] *adj* alevoso
hinterher [--'-, '---] *adv* (*räumlich*) detrás; (*zeitlich*) después; **hinterher|laufen** *irr vi sein* (*dahinter gehen*) ir detrás (de); (*folgen*) seguir; (*rennen*) correr detrás (de)
Hinterhof *m* patio *m* trasero; **Hinterkopf** *m* cogote *m;* **etw im ~ haben** tener algo en (la) mente
hinterlassen* *irr vt* dejar; **hinterlegen*** *vt* depositar
hinterlistig *adj* insidioso
hinterm ['hɪntɛm] (*fam*) = **hinter dem** detrás de
hintern ['hɪntɛn] (*fam*) = **hinter den** detrás de
Hintern ['hɪntɛn] *m* <-s, -> (*fam*) trasero *m;* **jdm in den ~ kriechen** lamer a alguien el culo
Hinterrad *nt* rueda *f* trasera
hinterrücks ['hɪntɛrʏks] *adv* (*abw*) por la espalda
hinters ['hɪntɛs] (*fam*) = **hinter das** detrás de
Hinterteil *nt* **1.** (*fam: Gesäß*) trasero *m* **2.** (*Teil*) parte *f* trasera; **Hintertreffen** *nt* (*fam*): **ins ~ geraten** perder terreno; **Hintertür** *f* puerta *f* trasera; **sich** *dat* **eine ~ offen halten** asegurarse una salida
hinterziehen* *irr vt* (*Steuern*) defraudar
hinterzogen *pp von* **hinterziehen**
hin|tun *irr vt* (*fam*) poner, meter
hinüber [hɪ'ny:bɐ] *adv* (*gegenüber*) al otro lado; (*nach dort*) hacia allá
hinunter [hɪ'nʊntɐ] *adv* (hacia) abajo; **den Berg ~** monte abajo; **hinunter|fallen** *irr vi sein* caerse; **die Treppe ~** caerse por la escalera; **hinunter|**

gehen *irr vi sein* bajar; **hinunter| schlucken** *vt* tragar; (*Kritik*) tragarse
hinweg [hɪn'vɛk] *adv* (*geh*) **1.** (*räumlich*) fuera; **über jdn/etw ~** por encima de alguien/algo **2.** (*zeitlich*) durante
Hinweg ['hɪnveːk] *m* ida *f;* **auf dem ~** a la ida
hinweg|gehen *irr vi sein:* **über etw ~** pasar algo por alto; **hinweg|kommen** *irr vi sein:* **über etw ~** superar algo; **hinweg|sehen** *irr vi:* **über etw ~** mirar por encima de algo; (*nicht beachten*) no hacer caso de algo; **hinweg|setzen** *vr:* **sich über etw ~** no hacer caso a algo
Hinweis ['hɪnvaɪs] *m* <-es, -e> (*Tipp*) indicación *f;* (*Anzeichen*) indicio *m*
hin|weisen *irr* **I.** *vi:* **ausdrücklich darauf ~, dass ...** advertir expresamente que... **II.** *vt:* **jdn auf etw ~** indicar algo a alguien
Hinweisschild *nt* letrero *m* indicador
hinzu [hɪn'tsuː] *adv* aparte de esto; (*überdies*) además; **hinzu|fügen** *vt* añadir (*zu* a); **hinzu|kommen** *irr vi sein* (*Person*) venir; (*Sache*) agregarse (*zu* a); **es kommt noch hinzu, dass ...** hay que añadir que...; **hinzu| ziehen** *irr vt* consultar
Hirn [hɪrn] *nt* <-(e)s, -e> (GASTR) sesos *mpl* (*fam: Verstand*) cerebro *m;* **Hirngespinst** ['hɪrngəʃpɪnst] *nt* <-(e)s, -e> (*abw*) quimera *f;* **hirnverbrannt** *adj* (*abw*) descerebrado
Hirsch [hɪrʃ] *m* <-(e)s, -e> ciervo *m*
Hirse ['hɪrzə] *f* <-n> mijo *m*
Hirte, Hirtin ['hɪrtə] *m, f* <-n, -n; -nen> pastor(a) *m(f)*
Historiker(in) [hɪs'toːrikɐ] *m(f)* <-s, -; -nen> historiador(a) *m(f)*
historisch [hɪs'toːrɪʃ] *adj* histórico

Hit [hɪt] *m* <-(s), -s> (*fam*) éxito *m;* **Hitparade** *f* (*Musiksendung*) programa *m* de éxitos musicales; (*Hitliste*) lista *f* de éxitos musicales

Hitze ['hɪtsə] *f* calor *m;* **eine drückende** ~ un calor agobiante; **hitzebeständig** *adj* resistente al calor; **Hitzewelle** *f* ola *f* de calor

hitzig ['hɪtsɪç] *adj* (*jähzornig*) colérico; (*heftig*) vehemente; (*Debatte*) acalorado

Hitzschlag *m* insolación *f*

HIV [ha:ʔi:ˈfaʊ] *nt* <-(s), *ohne pl*> *Abk. von* **human immunodeficiency virus** VIH *m;* **HIV-infiziert** *adj* seropositivo

H-Milch ['ha:mɪlç] *f* leche *f* U.H.T.

HNO-Arzt, -Ärztin [ha:ʔɛnˈʔo:-] *m, f* otorrino, -a *m, f*

hob [ho:p] *3. imp von* **heben**

Hobby ['hɔbi] *nt* <-s, -s> hobby *m*

hoch [ho:x] <höher, am höchsten> **I.** *adj* alto; (*Ton*) agudo; **das ist drei Meter** ~ tiene una altura de tres metros; **hohe Ansprüche stellen** tener grandes exigencias **II.** *adv* (hacia) arriba; ~ **hinauswollen** (*fam*) tener altas miras; **wenn es** ~ **kommt** (*fam*) como mucho; **etw** ~ **und heilig versprechen** (*fam*) prometer solemnemente algo

Hoch *nt* <-s, -s> (METEO) altas presiones *fpl*

Hochachtung *f* respeto *m;* **hochachtungsvoll** *adv* (*im Brief*) atentamente

hochaktuell ['---ˈ-] *adj* de gran actualidad; **hoch|arbeiten** *vr:* **sich** ~ ascender (a fuerza de trabajo); **hochbegabt** ['--ˈ-] *adj s.* **begabt; Hochbetrieb** *m* <-(e)s, *ohne pl*> (*fam*) intensa actividad *f;* **hochdeutsch** *adj* alto alemán; **Hochdruck** *m* <-(e)s, *ohne pl*> (PHYS) presión *f* alta; (METEO) altas presiones *fpl;*

Hochebene *f* meseta *f;* **hocherfreut** ['--ˈ-] *adj* encantado; **Hochform** *f:* **in** ~ **sein** estar en plena forma; **Hochgebirge** *nt* alta montaña *f;* **Hochglanz** *m:* **etw auf** ~ **bringen** dar lustre a algo; **hochgradig** ['ho:xgra:dɪç] *adj* extremo

hoch|halten *irr vt* **1.** (*in die Höhe halten*) mantener en lo alto; (*hochheben*) levantar **2.** (*schätzen*) estimar (mucho); **Hochhaus** *nt* edificio *m* alto; **hoch|heben** *irr vt* alzar; **hochintelligent** ['----ˈ-] *adj* muy inteligente; **hochinteressant** ['----ˈ-] *adj* muy interesante

hochkant ['ho:xkant] *adv:* **jdn** ~ **rauswerfen** (*fam*) echar a alguien con cajas destempladas

Hochland *nt* altiplano *m;* **Hochleistungssport** *m* <-(e)s, -e> deporte *m* de alto rendimiento; **hochmodern** ['--ˈ-] *adj* supermoderno; **Hochmut** *m* soberbia *f*

hochmütig ['-my:tɪç] *adj* soberbio; (*herablassend*) desdeñoso

hochprozentig *adj* (*Alkohol*) de alta graduación

Hochrechnung *f* cómputo *m* aproximado; **Hochsaison** *f* temporada *f* alta; **Hochschulabschluss**[RR] *m* título *m* universitario

Hochschule *f* escuela *f* superior; **Hochschulstudium** *nt* <-s, *ohne pl*> estudios *mpl* superiores

hochschwanger *adj* en avanzado estado de gestación; **Hochsee** *f* alta mar *f;* **Hochsommer** *m* pleno verano *m;* **Hochspannung** *f* alta tensión *f*

höchst [hø:kst, hø:çst] *adv* sumamente

Hochstapler(in) *m(f)* <-s, -; -nen> impostor(a) *m(f)*

höchste(r, s) ['hø:kstə, -tɛ, -təs, 'hø:çstə, -tɛ, -təs] *adj superl von*

hoch 1. (*räumlich*) más alto 2. (*in Hierarchie*) superior; **die ~ Instanz** la instancia suprema 3. (*äußerst*) extremo; **in ~m Maß(e)** extremadamente

höchstens ['høːkstəns, 'høːçstəns] *adv* como mucho; **~ wenn ... ** a no ser que... +*subj*

Höchstgeschwindigkeit *f* velocidad *f* máxima; **höchstpersönlich** ['--'--] *adv* en persona; **höchstwahrscheinlich** ['--'--] *adv* con toda probabilidad

Hochtour *f:* **auf ~en laufen** trabajar a toda marcha

hochtrabend ['-traːbənt] *adj* (*abw*) altisonante

Hochwasser *nt* (*eines Flusses*) crecida *f;* (*Überschwemmung*) inundación *f*

hochwertig *adj* de alta calidad

Hochzeit ['hɔxtsaɪt] *f* boda *f;* **silberne/goldene ~ feiern** celebrar las bodas de plata/de oro; **Hochzeitsfeier** *f* boda *f;* **Hochzeitsnacht** *f* noche *f* de bodas; **Hochzeitsreise** *f* viaje *m* de luna de miel; **Hochzeitstag** *m* aniversario *m* de boda

hocken ['hɔkən] *vi* (*fam: sitzen*) estar sentado

Hocker ['hɔkɐ] *m* <-s, -> taburete *m*

Hockey ['hɔki] *nt* <-s, *ohne pl*> hockey *m*

Hoden ['hoːdən] *m* <-s, -> testículo *m*

Hof [hoːf] *m* <-(e)s, Höfe> (*Innenhof, Hinterhof*) patio *m* (interior); (*Bauernhof*) granja *f;* (*Königshof*) corte *f*

hoffen ['hɔfən] *vi, vt* esperar; (*vertrauen*) confiar (*auf* en); **wir ~, dass ... ** esperamos que... +*subj*

hoffentlich ['hɔfəntlıç] *adv* ojalá +*subj*

Hoffnung ['hɔfnʊŋ] *f* <-en> esperanza *f;* **mach dir keine ~en** no te

hagas ilusiones; **hoffnungslos** *adj* sin esperanza; **du bist ~** no tienes remedio

Hoffnungslosigkeit *f* desesperación *f*

hoffnungsvoll *adj* (*zuversichtlich*) lleno de esperanza; (*Erfolg versprechend*) esperanzador

höflich ['høːflıç] *adj* cortés

Höflichkeit *f* <-en> cortesía *f*

hohe(r, s) ['hoːə, 'hoːɐ, 'hoːəs] *adj s.* **hoch**

Höhe ['høːə] *f* <-n> altura *f;* **in die ~ gehen** (*Preise*) subir *f;* **das ist doch die ~!** (*fam*) ¡esto es el colmo!

Hoheit ['hoːhaɪt] *f* (*Staatsgewalt*) soberanía *f;* (*Anrede*) Alteza; **Hoheitsgebiet** *nt* territorio *m* nacional

Höhenangst *f* vértigo *m;* **Höhensonne** *f* lámpara *f* ultravioleta

Höhepunkt *m* punto *m* culminante; **den ~ erreichen** culminar

höher ['høːɐ] *adj kompar von* **hoch** más alto (*als* que)

hohl [hoːl] *adj* hueco; (*Wangen*) hundido; **~es Geschwätz** conversación vacía

Höhle ['høːlə] *f* <-n> cueva *f;* (*Tierhöhle*) madriguera *f;* **sich in die ~ des Löwen begeben** (*fam*) meterse en la boca del lobo; **Höhlenmalerei** *f* pintura *f* rupestre

Hohlraum *m* cavidad *f*

Hohn [hoːn] *m* <-(e)s, *ohne pl*> burla *f;* (*bitterer Hohn*) sarcasmo *m;* **das ist der reinste ~** es una verdadera ironía

höhnisch ['høːnıʃ] *adj* burlón

holen ['hoːlən] *vt* (ir a) buscar; (*herbeischaffen*) traer; (*wegschaffen*) recoger; (*Arzt, Polizei*) llamar; **jdn aus dem Bett ~** sacar a alguien de la cama; **Luft ~** coger aire; **sich** *dat* **bei jdm einen Rat ~** pedir un consejo a alguien; **sich** *dat* **eine Erkältung ~** (*fam*) coger un catarro

Holland ['hɔlant] *nt* <-s> Holanda *f*

Holländer(in) ['hɔlɛndə] *m(f)* <-s, -; -nen> holandés, -esa *m, f*

holländisch *adj* holandés

Hölle ['hœlə] *f* infierno *m;* **jdm das Leben zur ~ machen** hacer a alguien la vida imposible

höllisch *adj* infernal; **das tut ~ weh** esto duele endemoniadamente; **~e Angst haben** tener un miedo infernal; **~ aufpassen** (*fam*) prestar extremada atención

Holocaust ['ho:lokaʊst] *m* <-(s), -s> holocausto *m*

holp(e)rig ['hɔlp(ə)rɪç] *adj* (*Weg*) lleno de baches; (*Stil*) tosco

Holz [hɔlts] *nt* <-es, Hölzer> **1.** (*Stock*) palo *m* **2.** *ohne pl* (*Material*) madera *f;* (*Brennholz*) leña *f*

hölzern ['hœltsən] *adj* (*aus Holz*) de madera; (*Bewegung*) torpe

holzig ['hɔltsɪç] *adj* (*Gemüse*) lleno de hebras

Holzkohle *f* carbón *m* vegetal; **Holzweg** *m:* **auf dem ~ sein** estar equivocado

Homepage ['hoʊmpeɪdʒ] *f* <-, -s> (INFOR) Home Page *f*

homogen [homo'ge:n] *adj* homogéneo

Homöopathie [homøopa'ti:] *f* homeopatía *f*

homosexuell *adj* homosexual

honduranisch *adj* hondureño

Honduras [hɔn'du:ras] *nt* <-> Honduras *m*

Honig ['ho:nɪç] *m* <-s, -e> miel *f;* **jdm ~ um den Bart schmieren** (*fam*) lisonjear a alguien; **Honigmelone** *f* melón *m*

Honorar [hono'ra:ɐ] *nt* <-s, -e> honorarios *m pl*

honorieren* [hono'ri:rən] *vt* (*aner-*

kennen) reconocer; (*bezahlen*) remunerar

Hopfen ['hɔpfən] *m* <-s, -> lúpulo *m;* **bei jdm ist ~ und Malz verloren** (*fam*) alguien es un caso perdido

hörbar ['hø:ɐba:ɐ] *adj* audible

horchen ['hɔrçən] *vi* escuchar (*an* en); (*angestrengt*) aguzar el oído

Horde ['hɔrdə] *f* <-n> horda *f;* (*Tiere*) banda *f*

hören ['hø:rən] **I.** *vi, vt* oír; (*zuhören, hinhören*) escuchar; (*erfahren*) (llegar a) saber; **Radio ~** escuchar la radio; **nichts von sich** *dat* **~ lassen** no dar señales de vida; **von etw nichts ~ wollen** no querer saber nada de algo **II.** *vi* (*gehorchen*) obedecer; (*auf Rat*) hacer caso (*auf* a); **Hörensagen** ['----] *nt:* **vom ~** de oídas

Hörer[1] *m* <-s, -> auricular *m;* **den ~ abnehmen/auflegen** contestar/colgar

Hörer(in)[2] *m(f)* <-s, -; -nen> oyente *mf*

Hörfunk *m* radio *f;* **Hörgerät** *nt* audífono *m*

Horizont [hori'tsɔnt] *m* <-(e)s, -e> horizonte *m*

horizontal [horitsɔn'ta:l] *adj* horizontal

Hormon [hɔr'mo:n] *nt* <-s, -e> hormona *f*

Horn [hɔrn] *nt* <-(e)s, Hörner> cuerno *m;* **Hornhaut** *f* (*Schwiele*) callosidad *f;* (*am Auge*) córnea *f*

Hornisse [hɔr'nɪsə] *f* <-n> avispón *m*

Horoskop [horo'sko:p] *nt* <-s, -e> horóscopo *m*

Horror ['hɔro:ɐ] *m* <-s, *ohne pl*> horror *m* (*vor* a); **Horrorfilm** *m* película *f* de terror

Hörsaal *m* aula *f* (universitaria); **Hörspiel** *nt* pieza *f* radiofónica

Hort [hɔrt] *m* <-(e)s, -e> (*Kinderhort*) guardería *f*

horten ['hɔrtən] *vt* acopiar

Hose ['hoːzə] *f* <-n> pantalón *m;* **etw geht in die ~** (*fam*) algo sale mal; **das ist Jacke wie ~** (*fam*) da lo mismo; **Hosenbein** *nt* pernera *f* (del pantalón); **Hosenschlitz** *m* bragueta *f;* **Hosenträger** *mpl* tirantes *mpl*

Hospital [hɔspi'taːl] *nt* <-s, -e *o* -täler> hospital *m*

Hostess [hɔs'tɛs] *f* <-en> azafata *f* de congreso

Hotel [ho'tɛl] *nt* <-s, -s> hotel *m;* **Hotelzimmer** *nt* habitación *f* de hotel

Hotline ['hɔtlaɪn] *f* <-s> línea *f* caliente

Hr. *Abk. von* **Herr** Sr.

hübsch [hʏpʃ] *adj* bonito; (*niedlich*) mono; **sich ~ machen** ponerse guapo

Hubschrauber *m* <-s, -> helicóptero *m*

huckepack ['hʊkəpak] *adv* (*fam*): **jdn ~ nehmen** llevar a alguien a caballito

Huf [huːf] *m* <-(e)s, -e> (*der Pferde*) casco *m;* (*der Spalthufer*) pezuña *f;* **Hufeisen** *nt* herradura *f*

Hüfte ['hʏftə] *f* <-n> cadera *f*

Hügel ['hyːgəl] *m* <-s, -> colina *f*

hüg(e)lig *adj* con colinas

Huhn [huːn] *nt* <-(e)s, Hühner> (*a.* GASTR) pollo *m;* (*Henne*) gallina; **da lachen ja die Hühner** (*fam*) esto es ridículo

Hühnchen ['hyːnçən] *nt* <-s, -> (GASTR) pollo *m;* **mit jdm ein ~ rupfen** (*fam*) cantar las cuarenta a alguien

Hühnerauge *nt* callo *m*

Huldigung *f* <-en> homenaje *m*

Hülle ['hʏlə] *f* <-n> funda *f;* **in ~ und Fülle** (*fam*) a patadas

hüllen ['hʏlən] *vt* (*geh*) envolver (*in* en); **sich in Schweigen ~** guardar silencio

Hülse ['hʏlzə] *f* <-n> (*Etui*) estuche *m;* (*Geschosshülse*) cartucho *m;* (BOT) vaina *f;* **Hülsenfrucht** *f* legumbre *f*

human [hu'maːn] *adj* humano

humanitär [humani'tɛːɐ] *adj* humanitario

Humbug ['hʊmbuːk] *m* <-s, *ohne pl*> (*fam abw*) tontería *f*

Hummel ['hʊməl] *f* <-n> abejorro *m*

Hummer ['hʊmɐ] *m* <-s, -> langosta *f*

Humor [hu'moːɐ] *m* <-s, *ohne pl*> humor *m;* **er hat (keinen) Sinn für ~** (no) tiene sentido del humor; **humorlos** *adj* sin humor; **humorvoll** *adj* lleno de humor

humpeln ['hʊmpəln] *vi sein* cojear

Hund [hʊnt] *m* <-(e)s, -e> perro *m;* **bekannt sein wie ein bunter ~** (*fam*) estar más visto que el tebeo; **das ist ja ein dicker ~!** (*fam*) esto sí que es fuerte; **hundemüde** ['--'--] *adj* (*fam*) muerto de cansancio

hundert ['hʊndɐt] *adj inv* cien(to); **einer unter ~** uno entre cien; *s.a.* **achthundert**

Hunderte *ntpl* (*große Anzahl*) cientos *mpl;* **sie kamen zu ~n** llegaron a centenares

hundertjährig *adj* (*hundert Jahre alt*) centenario; (*hundert Jahre dauernd*) de cien años de duración

hundertprozentig ['---(')--] I. *adj* del cien por cien; (*Alkohol*) puro II. *adv* al cien por cien

Hundertstel *nt* <-s, -> centésima *f*

Hüne ['hyːnə] *m* <-n, -n> gigante *m*

Hunger ['hʊŋɐ] *m* <-s, *ohne pl*> hambre *f;* **ich habe ~ auf Schokolade** me apetece comer chocolate; **ich bekomme ~** me está entrando

hambre; **Hungerlohn** *m* (*abw*)
(sueldo *m* de) miseria *f*

hungern ['hʊŋən] *vi* pasar hambre;
(*fasten*) ayunar

Hungersnot *f* hambre *f*

Hungerstreik *m* huelga *f* de hambre

hungrig ['hʊŋrɪç] *adj* hambriento

Hupe ['hu:pə] *f* <-n> bocina *f*

hupen ['hu:pən] *vi* tocar la bocina

hüpfen ['hʏpfən] *vi sein* saltar

Hürde ['hʏrdə] *f* <-n> (*a. fig*) valla *f*;
eine ~ nehmen (*fig*) superar una
dificultad

Hure ['hu:rə] *f* <-n> (*vulg*) puta *f*

husten ['hu:stən] *vi* toser

Husten ['hu:stən] *m* <-s, -> tos *f*;
Hustenbonbon *nt* caramelo *m*
contra la tos; **Hustensaft** *m* jarabe
m contra la tos

Hut¹ [hu:t] *m* <-(e)s, Hüte> sombrero
m; **alles unter einen ~ bringen**
(*fam*) compaginar todo; **das ist ein
alter ~** (*fam*) es lo de siempre

Hut² *f* (*geh*): **vor jdm/etw auf der ~
sein** tener cuidado con alguien/algo

hüten ['hy:tən] **I.** *vt* (*Vieh, Kinder*)
cuidar; (*Geheimnis*) guardar; **das
Bett ~** guardar cama **II.** *vr:* **sich ~**
(*sich vorsehen*) tener cuidado (*vor*
con); **ich werde mich ~!** (*fam*)
¡me cuidaré mucho!

Hütte ['hʏtə] *f* <-n> cabaña *f*; (*Skihüt-
te*) refugio *m*

hydraulisch *adj* hidráulico

Hygiene [hy'gje:nə] *f* higiene *f*

hygienisch *adj* higiénico

Hymne ['hʏmnə] *f* <-n> himno *m*

hypnotisieren* [hʏpnoti'zi:rən] *vt*
hipnotizar

Hypothese [hypo'te:zə] *f* <-n> hipótesis *f inv*; **eine ~ aufstellen/wi-
derlegen** formular/rebatir una hipótesis

Hysterie [hʏste'ri:] *f* <-n> histeria *f*

hysterisch [hʏs'te:rɪʃ] *adj* histérico

I

I, i [i:] *nt* <-, -> I, i *f*

i. A. *Abk. von* **im Auftrag** p.o.

iberisch [i'be:rɪʃ] *adj* ibérico

IC [i:'tse:] *m* <-(s), -s> *Abk. von* **In-
tercity(zug)** Intercity *m*

ICE [i:tse:'ʔe:] *m* <-(s), -s> *Abk. von*
Intercityexpress ≈AVE *m*

ich [ɪç] *pron pers 1. sg* yo; **~ Idiot!**
¡idiota de mí!

ideal [ide'a:l] *adj* ideal

Ideal *nt* <-s, -e> ideal *m*

Idealismus [idea'lɪsmʊs] *m* <-, *ohne
pl*> idealismo *m*

idealistisch *adj* idealista

Idee [i'de:] *f* <-n> idea *f*; **wie
kommst du auf die ~?** ¿cómo se
te ocurre esto?; **jdn auf die ~ bringen etw zu tun** dar a alguien la idea
de hacer algo; **eine fixe ~** una obsesión

Identifikation [idɛntifika'tsjo:n] *f*
<-en> (PSYCH) identificación *f*

identifizieren* [idɛntifi'tsi:rən] *vt, vr:*
sich ~ identificar(se) (*mit* con)

Identifizierung *f* <-en> identificación *f*

identisch [i'dɛntɪʃ] *adj* idéntico (*mit*
a)

Identität [idɛnti'tɛ:t] *f* <-en> identidad *f*

Ideologie [ideolo'gi:] *f* <-n> ideología *f*

ideologisch *adj* ideológico

Idiot(in) [i'djo:t] *m(f)* <-en, -en;
-nen> (*fam abw*) idiota *mf*

idiotisch *adj* (*fam abw*) idiota

Idol [i'do:l] *nt* <-s, -e> ídolo *m*

Idylle [i'dʏlə] *f* <-n> idilio *m*

idyllisch *adj* idílico

Igel ['i:gəl] *m* <-s, -> erizo *m*

igitt(igitt) [i'gɪt(igɪt)] *interj* (*reg*) qué

asco

Iglu ['i:glu] *m o nt* <-s, -s> iglú *m*

Ignoranz *f (abw)* ignorancia *f*

ignorieren* *vt* ignorar

ihm [i:m] *pron pers dat von* **er, es** le; *(betont)* a él... (le); *(mit Präposition)* él; **sie hat ~ nichts gesagt** no le ha dicho nada; **hinter/vor ~** detrás/delante de él

ihn [i:n] *pron pers 3. sg m akk von* **er** lo; *(betont)* a él... (lo, le); *(mit Präposition)* él; **ich treffe ~ heute Abend** le *[o* lo*]* veo esta noche; **das ist für ~** esto es para él

ihnen ['i:nən] *pron pers mfpl dat von* **sie** les; *(betont)* a ellos/ellas... (les); *(mit Präposition)* ellos/ellas; **niemand half ~** no les ayudó nadie; **~ wäre das zu teuer** a ellos/ellas les resultaría demasiado caro; **hinter/vor ~** detrás/delante de ellos/ellas; **ein Freund von ~** un amigo suyo

Ihnen *pron pers dat von* **Sie** le *sg,* les *pl; (betont)* a usted... (le)/a ustedes... (les); *(mit Präposition)* usted/ustedes; **wir wollten ~ eine Freude machen** queríamos darle/darles una alegría; **~ hätte es bestimmt auch gefallen** a usted/ustedes seguro que también le/les habría gustado; **hinter/vor ~** detrás/delante de usted/ustedes

ihr [i:ɐ] **I.** *pron pers* **1.** *2. pl mf* vosotros *mpl,* vosotras *fpl,* ustedes *Am;* **~ beiden/drei** vosotros/vosotras dos/tres **2.** *dat von sg* **sie** le; *(betont)* a ella... (le); *(mit Präposition)* ella; **ich habe ~ noch nichts gegeben** todavía no le he dado nada; **~ solltest du was Besseres anbieten** a ella deberías ofrecerle algo mejor; **hinter/vor ~** detrás/delante de ella **II.** *pron poss s.* **ihr, ihre, ihr**

ihr, ihre, ihr *pron poss (adjektivisch)*

su *sg,* sus *pl; (einer Frau)* de ella; *(mehrerer Menschen)* de ellos/ellas

Ihr, Ihre, Ihr *pron poss (adjektivisch)* su *sg,* sus *pl; (einer Person)* de usted; *(mehrerer Personen)* de ustedes

ihre(r, s) ['i:rə, -re, -rəs] *pron poss (substantivisch)* (el) suyo *m,* (la) suya *f,* (los) suyos *mpl,* (las) suyas *fpl; (einer Frau)* de ella; *(mehrerer Menschen)* de ellos/ellas; *s.a.* **ihr, ihre, ihr**

Ihre(r, s) *pron poss (substantivisch)* (el) suyo *m,* (la) suya *f,* (los) suyos *mpl,* (las) suyas *fpl; (einer Person)* de usted; *(mehrerer Menschen)* de ustedes; *s.a.* **Ihr, Ihre, Ihr**

ihrer ['i:re] *pron pers gen von* **sie** de ella *sg,* de ellos/ellas *pl*

Ihrer *pron pers gen von* **Sie** de usted *sg,* de ustedes *pl*

ihrerseits ['i:rezaɪts] *adv* **1.** *sg* por parte de ella, por su parte; **sie hat sich ~ anders entschlossen** ella por su parte ha tomado otra decisión **2.** *pl* por parte de ellos/de ellas, por su parte; **wenn sie ~ nichts dagegen einzuwenden haben** si ellos/ellas por su parte no tienen nada que objetar

Ihrerseits *adv* **1.** *sg* por parte de usted, por su parte **2.** *pl* por parte de ustedes, por su parte

ihretwegen ['i:rət've:gən] *adv* por ella *sg,* por ellos/ellas *pl; (negativ)* por su culpa

Ihretwegen *adv* por usted *sg,* por ustedes *pl; (negativ)* por su culpa

illegal ['ɪlega:l] *adj* ilegal

Illusion [ɪlu'zjo:n] *f* <-en> ilusión *f*

illusorisch [ɪlu'zo:rɪʃ] *adj* ilusorio

Illustration [ɪlustra'tsjo:n] *f* <-en> ilustración *f*

illustrieren* [ɪlus'tri:rən] *vt* ilustrar

Illustrierte [ɪlus'tri:ɐtə] *f* <-n> revista *f*

im [ɪm] = **in dem** en el/en la; *s.a.* **in**

Image ['ɪmɪtʃ] *nt* <-(s), -s> imagen *f* (pública)

ImbissRR ['ɪmbɪs] *m* <-es, -e> piscolabis *m inv*; (*Verkaufsstelle*) snackbar *m*; **Imbissstand**RR *m* chiringuito *m*

imitieren* [imi'tiːrən] *vt* imitar

Imker(in) ['ɪmkɐ] *m(f)* <-s, -; -nen> apicultor(a) *m(f)*

immatrikulieren* [ɪmatriku'liːrən] *vt*, *vr:* **sich ~** matricular(se) (*für* en)

immens [ɪ'mɛns] *adj* inmenso

immer ['ɪmɐ] *adv* siempre; **~ geradeaus** todo seguido; **er ist ~ noch nicht da** aún no ha llegado; **wer auch ~ ...** quienquiera que... +*subj;* **was auch ~** sea lo que sea; **wo/wie auch ~ ...** dondequiera/comoquiera que... +*subj;* **immerhin** ['--'-] *adv* al fin y al cabo; **immerzu** ['--'-] *adv* (*fam*) continuamente

Immigrant(in) [ɪmi'grant] *m(f)* <-en, -en; -nen> inmigrante *mf*

immigrieren* *vi sein* inmigrar

Immobilien [ɪmo'biːliən] *fpl* (bienes *mpl*) inmuebles *mpl*

immun [ɪ'muːn] *adj* inmune (*gegen* a/contra); **Immunsystem** *nt* sistema *m* inmunológico

Imperativ ['ɪmperatiːf] *m* <-s, -e> imperativo *m*

Imperfekt ['ɪmpɛrfɛkt] *nt* <-s, -e> imperfecto *m*

Imperium [ɪm'peːriʊm] *nt* <-s, Imperien> (*geh*) imperio *m*

impfen ['ɪmpfən] *vt* vacunar

Impfstoff *m* vacuna *f*

Impfung *f* <-en> vacunación *f*

implizit [ɪmpli'tsiːt] *adj* implícito

imponieren* [ɪmpo'niːrən] *vi* impresionar

importieren* [ɪmpɔr'tiːrən] *vt* importar

impotent ['ɪmpotɛnt] *adj* impotente

Impotenz ['ɪmpotɛnts] *f* impotencia *f*

improvisieren* [ɪmprovi'ziːrən] *vt* improvisar

Impuls [ɪm'pʊls] *m* <-es, -e> impulso *m*

impulsiv [ɪmpʊl'ziːf] *adj* impulsivo

imstande [ɪm'ʃtandə] *adv* capaz (*zu* de)

in [ɪn] **I.** *präp* +*dat* **1.** (*wo*) en; (*darin*) dentro de; **~ Magdeburg** en Magdeburgo; **~ der Schule** en el colegio; **gibt es das Kleid auch ~ Grün?** ¿tienen el vestido también en verde? **2.** (*zeitlich: während*) en, durante; (*binnen*) dentro de, en; **~ den Ferien** en las vacaciones; **~ drei Tagen kommt ihr Mann wieder** su marido vuelve dentro de tres días; **~ drei Jahren lernt man sich gut kennen** en tres años uno se llega a conocer bien; **~ vierzehn Tagen** dentro de quince días; **im Jahr(e) 1977** en (el año) 1977; **~ der Nacht** por la noche; **im Januar** en enero **II.** *präp* +*akk* (*Richtung*) a; **~ die Schweiz/~s Ausland fahren** ir a Suiza/al extranjero; **ich gehe jetzt ~s Bett** me voy a la cama; **~ (den) Urlaub fahren** ir(se) de vacaciones; **~ Gefahr geraten** correr peligro; **~s Rutschen geraten** resbalar **III.** *adj* (*fam*): **~ sein** estar de moda

inakzeptabel *adj* inaceptable

inbegriffen ['----] *adj* incluido

indem [ɪn'deːm] *konj:* **sie sparte Geld, ~ sie ihre Kleidung selbst machte** ahorraba dinero haciéndose ella misma la ropa

indessen [ɪn'dɛsən] *adv* (*inzwischen*) entretanto

Index ['ɪndɛks] *m* <-(es), -e *o* Indizes> índice *m*

Indianer(in) [ɪndi'aːnɐ] *m(f)* <-s, -; -nen> indio, -a *m, f* (americano, -a)

Indien ['ɪndiən] *nt* <-s> (la) India *f*

Indikativ ['ɪndikatiːf] *m* <-s, -e> indicativo *m*

indirekt ['ɪndirɛkt] *adj* indirecto

indiskret ['ɪndɪskreːt] *adj* indiscreto

individuell [ɪndividu'el] *adj* individual

Individuum [ɪndi'viːduʊm] *nt* <-s, Individuen> individuo *m*

Indiz [ɪn'diːts] *nt* <-es, -ien> indicio *m* (*für* de)

Indizes *pl von* **Index**

Indonesien [ɪndo'neːziən] *nt* <-s> Indonesia *f*

Industrialisierung *f* <-en> industrialización *f*

Industrie [ɪndʊs'triː] *f* <-n> industria *f;* **Industriegebiet** *nt* zona *f* industrial; **Industriekauffrau** *f,* **Industriekaufmann** *m* perito *mf* industrial; **Industrieland** *nt* país *m* industrial

industriell [ɪndʊstri'ɛl] *adj* industrial

ineinander [ɪn(ʔ)ar'nandɐ] *adv* uno en otro; **sich ~ verlieben** enamorarse uno del otro

Infarkt [ɪn'farkt] *m* <-(e)s, -e> infarto *m*

Infektion [ɪnfɛk'tsjoːn] *f* <-en> infección *f;* **Infektionskrankheit** *f* enfermedad *f* infecciosa

Infinitiv ['ɪnfinitiːf] *m* <-s, -e> infinitivo *m*

infizieren* [ɪnfi'tsiːrən] **I.** *vt* (MED) infectar; (INFOR) contaminar (*con un virus informático*) **II.** *vr:* **sich ~** contagiarse; **sie hat sich mit Aids infiziert** ha cogido el sida

Inflation [ɪnfla'tsjoːn] *f* <-en> inflación *f*

infolge [ɪn'fɔlgə] *präp +gen* a consecuencia de; **infolgedessen** [---'--] *adv* en consecuencia

Informatik [ɪnfɔr'maːtɪk] *f* informática *f*

Informatiker(in) [ɪnfɔr'maːtikɐ] *m(f)* <-s, -; -nen> informático, -a *m, f*

Information [ɪnfɔrma'tsjoːn] *f* <-en> información *f* (*über* sobre)

informativ [---'-] *adj* informativo

informell ['ɪnfɔrmɛl, --'-] *adj* informal

informieren* [ɪnfɔr'miːrən] *vt, vr:* **sich ~** informar(se) (*über* sobre/de)

infrageᴿᴿ: **~ kommen** entrar en consideración; **etw ~ stellen** poner algo en duda

Infrastruktur ['----] *f* infraestructura *f*

Ingenieur(in) [ɪnʒe'njøːɐ] *m(f)* <-s, -e; -nen> ingeniero, -a *m, f*

Inhaber(in) ['ɪnhaːbɐ] *m(f)* <-s, -; -nen> (*Eigentümer*) propietario, -a *m, f;* (*eines Kontos, Amtes*) titular *mf*

inhaftieren* [ɪnhaf'tiːrən] *vt* encarcelar

inhalieren* [ɪnha'liːrən] *vt* inhalar

Inhalt ['ɪnhalt] *m* <-(e)s, -e> contenido *m*

inhaltlich I. *adj* del contenido **II.** *adv* en cuanto al contenido

Inhaltsangabe *f* resumen *m;* **Inhaltsstoff** *m* contenido *m;* **Inhaltsverzeichnis** *nt* índice *m*

Initiative [initsja'tiːvə] *f* <-n> iniciativa *f;* **die ~ ergreifen** tomar la iniciativa

Injektion [ɪnjɛk'tsjoːn] *f* <-en> inyección *f*

inkl. *Abk. von* **inklusive** inclusive, incluido

inklusive [ɪnklu'ziːvə] *präp +gen adv* inclusive, incluido; **bis 28. November ~** hasta el 28 de noviembre inclusive; **alles ~** todo incluido

inkompetent ['ɪnkɔmpetɛnt] *adj* incompetente

Inkompetenz ['ɪnkɔmpetɛnts] *f* <-en> incompetencia *f*

inkonsequent *adj* inconsecuente

Inland ['ɪnlant] *nt:* **im In- und Ausland** dentro y fuera del país

inmitten [ɪn'mɪtən] *präp +gen* (*geh*)

en medio de
inne|haben ['ɪnə-] *irr vt* ocupar; **inne|
halten** *irr vi* interrumpir; *(Bewegung)* detenerse
innen ['ɪnən] *adv* (por) dentro; ~ **drin**
dentro; ~ **und außen** por dentro y
por fuera; **Innenhof** *m* patio *m;* **Innenminister(in)** *m(f)* ministro, -a
m, f del Interior; **Innenministerium**
nt Ministerio *m* del Interior; **Innenpolitik** *f* política *f* interior; **innenpolitisch** *adj* de la política interior;
Innenstadt *f* centro *m* de la ciudad
innere(r, s) ['ɪnərə, -rə, -rəs] *adj* interior
Innere(s) ['ɪnərəs] *nt* <-n, *ohne pl*>
interior *m;* **in ihrem tiefsten ~n** en
su más hondo
Innereien [ɪnə'raɪən] *pl* vísceras *fpl*
innerhalb ['ɪnəhalp] *präp* +*gen adv*
dentro (de); ~ **von** dentro de
innerlich *adj* (*innen*) por dentro;
(MED) interno; (*geistig*) interior;
~ **anzuwenden** para uso interno
innig ['ɪnɪç] *adj* (*tief*) profundo; (*herzlich*) cordial; (*inbrünstig*) ardiente
innovativ [ɪnova'tiːf] *adj* (*Denken*) innovador
inoffiziell ['ɪnʔɔfitsjɛl] *adj* extraoficial
ins [ɪns] = **in das** al/a la; *s.a.* **in**
Insasse, Insassin ['ɪnzasə] *m, f* <-n,
-n; -nen> (*eines Fahrzeugs*) ocupante
mf; (*eines Heims*) residente *mf;* (*eines Gefängnisses*) preso, -a *m, f*
insbesondere [ɪnsbə'zɔndərə] *adv*
en particular
Inschrift ['--] *f* inscripción *f*
Insekt [ɪn'zɛkt] *nt* <-(e)s, -en> insecto *m*
Insel ['ɪnzəl] *f* <-n> isla *f*
Inserat [ɪnze'raːt] *nt* <-(e)s, -e>
anuncio *m*
inserieren* [ɪnze'riːrən] *vi* poner un
anuncio (*in* en)
insgeheim ['--'-] *adv* en secreto

insgesamt ['--'-] *adv* en total
Insider(in) ['ɪnsaɪdɐ] *m(f)* <-s, -;
-nen> persona *f* enterada
insistieren* [ɪnzɪs'tiːrən] *vi* (*geh*) insistir (*auf* en)
insofern [--'-, -'--], **insoweit** [--'-, -'--]
I. *adv* en este sentido; **er hat ~
Recht, als ...** tiene razón en el sentido de que... **II.** *konj* **1.** (*für den
Fall*) siempre que +*subj* **2.** (*in dem
Maß*) en la medida que +*subj*
Inspektion [ɪnspɛk'tsjoːn] *f* <-en>
inspección *f*, chequeo *m* Am; (AUTO) revisión *f*
inspirieren* [ɪnspi'riːrən] *vt* inspirar
(*zu* a)
inspizieren* [ɪnspi'tsiːrən] *vt* inspeccionar
instabil ['---, --'-] *adj* inestable
Installateur(in) [ɪnstala'tøːɐ] *m(f)*
<-s, -; -nen> instalador(a) *m(f)*
Installation [ɪnstala'tsjoːn] *f* <-en>
instalación *f*
installieren* [ɪnsta'liːrən] *vt* instalar
instand [ɪn'ʃtant] *adv:* **etw ~ setzen/halten** arreglar/conservar algo;
gut ~ sein estar en buen estado
inständig ['ɪnʃtɛndɪç] **I.** *adj* (*dringlich*) urgente; (*nachdrücklich*) fervoroso **II.** *adv* encarecidamente
Instanz [ɪn'stants] *f* <-en> (*Behörde*)
autoridad *f* competente; (JUR) instancia *f*
Instinkt [ɪn'stɪŋkt] *m* <-(e)s, -e> instinto *m*
instinktiv [ɪnstɪŋk'tiːf] *adj* instintivo
Institut [ɪnsti'tuːt] *nt* <-(e)s, -e> instituto *m*
Institution [ɪnstitu'tsjoːn] *f* <-en>
institución *f*
Instrument [ɪnstru'mɛnt] *nt* <-(e)s,
-e> instrumento *m*
Insulin [ɪnzu'liːn] *nt* <-s, *ohne pl*>
insulina *f*
inszenieren* [ɪnstse'niːrən] *vt*

(THEAT) poner en escena

Inszenierung f <-en> (THEAT) puesta f en escena

intakt [ɪn'takt] adj intacto

Integration [ɪntegra'tsjoːn] f <-en> (a. MATH) integración f

integrieren* [ɪnte'griːrən] vt (a. MATH) integrar

Intellekt [ɪntɛ'lɛkt] m <-[e]s, ohne pl> intelecto m

intellektuell [ɪntɛlɛktu'ɛl] adj intelectual

Intellektuelle(r) mf <-n, -n; -n> intelectual mf

intelligent [ɪntɛli'gɛnt] adj inteligente

Intelligenz [ɪntɛli'gɛnts] f inteligencia f

intensiv [ɪntɛn'ziːf] adj intensivo; **Intensivkurs** m curso m intensivo; **Intensivstation** f (MED) unidad f de cuidados intensivos

interaktiv [ɪntɛʔak'tiːf] adj interactivo

Intercity [ɪntɛ'sɪti] m <-s, -s> tren m rápido interurbano; **Intercityexpress**^{RR} m <-es, -e> ≈AVE m

interessant [ɪnt(ə)rɛ'sant] adj interesante; **sich ~ machen** hacerse el interesante

Interesse [ɪntə'rɛsə, ɪn'trɛsə] nt <-s, -n> interés m (an/für en/por)

Interessent(in) [ɪnt(ə)rɛ'sɛnt] m(f) <-en, -en; -nen> interesado, -a m, f (an/für en/por)

interessieren* [ɪnt(ə)rɛ'siːrən] vi, vr: **sich ~** interesar(se) (für por); **jdn für etw ~** despertar el interés de alguien por algo

interessiert [ɪnt(ə)rɛ'siːɐt] I. adj interesado (an en); **ich bin nicht daran ~, dass ...** no me interesa que... +subj II. adv con interés

intern [ɪn'tɛrn] adj interno

Internat [ɪntɛ'naːt] nt <-(e)s, -e> internado m

international [ɪntɛnatsjo'naːl] adj internacional

Internet ['ɪntɛnɛt] nt <-s, -s> Internet m

Interpretation [ɪntɛpreta'tsjoːn] f <-en> interpretación f

interpretieren* [ɪntɛpre'tiːrən] vt interpretar

Interpunktion [ɪntɛpʊŋk'tsjoːn] f (LING) puntuación f

Interregio [ɪntɛ're:gio] m <-s, -s> tren m rápido interregional

Interview [ɪntɛ'vjuː, 'ɪntɛvjuː] nt <-s, -s> entrevista f; **ein ~ geben** conceder una entrevista

interviewen* [ɪntɛ'vjuːən] vt entrevistar

intim [ɪn'tiːm] adj íntimo; **mit jdm ~ werden** tener relaciones sexuales con alguien; **Intimbereich** m zona f íntima; **Intimsphäre** f esfera f íntima

intolerant ['-----] adj intolerante

Intoleranz ['-----] f intolerancia f

Intrige [ɪn'triːgə] f <-n> intriga f; **~n spinnen** urdir intrigas

intrigieren* [ɪntri'giːrən] vi intrigar

Intuition [ɪntui'tsjoːn] f <-en> intuición f

intuitiv [ɪntui'tiːf] adj intuitivo

Invalide mf <-n, -n> inválido, -a m, f, minusválido, -a m, f

Invasion [ɪnva'zjoːn] f <-en> invasión f

Inventar [ɪnvɛn'taːe] nt <-s, -e> (Gegenstände) mobiliario m

investieren* [ɪnvɛs'tiːrən] vt invertir (in en)

Investition [ɪnvɛsti'tsjoːn] f <-en> inversión f

inwiefern [-·'-], **inwieweit** [-·'-] adv hasta qué punto

inzwischen [-'--] adv entretanto

IQ [iː'kuː] m <-(s), -(s)> Abk. von **Intelligenzquotient** CI m

Irak [i'raːk] m <-s> Iraq m, Irak m

Iran [i'ra:n] m <-s> Irán m

Ire, Irin ['i:rə] m, f <-n, -n; -nen> irlandés, -esa m, f

irgend ['ɪrgənt] adv: ... oder ~ so etwas ... o cualquier cosa por el estilo; **wenn ~ möglich** a ser posible; **irgendeine(r)** ['--'--] pron indef 1. (einer) alguno m, algún m, alguna f; **haben Sie noch ~n Wunsch?** ¿tiene algún otro deseo? 2. (ein beliebiges) cualquier(a); **ich gehe nicht mit ~m aus** yo no salgo con cualquiera; **irgendetwas**[RR] ['--'--] pron indef algo; **ohne ~** sin nada; **irgendjemand**[RR] ['--'--] pron indef alguien; **irgendwann** ['--'--] adv algún día; **~ einmal** alguna vez; **irgendwas** ['--'--] pron indef (fam) 1. (etwas) algo; **fällt dir noch ~ ein?** ¿se te ocurre alguna cosa más? 2. (Beliebiges) cualquier cosa; **irgendwelche** ['--'--] pron indef 1. (manche) algunos m pl, algunas f pl; **~ Leute meinten ...** algunos opinaron... 2. (beliebige) cualquier(a); **solltest du ~ Probleme haben ...** si tienes cualquier problema...; **irgendwer** ['--'--] pron indef (jemand) alguien; (eine beliebige Person) cualquier persona; **er ist schließlich nicht ~** no es un cualquiera; **irgendwie** ['--'--] adv de alguna manera; **irgendwo** ['--'--] adv en alguna parte; **irgendwoher** ['---'--] adv de cualquier parte; **irgendwohin** ['---'--] adv a cualquier parte

irisch ['i:rɪʃ] adj irlandés

Irland ['ɪrlant] nt <-s> Irlanda f

Ironie [iro'ni:] f <-n> ironía f

ironisch [i'ro:nɪʃ] adj irónico

irre ['ɪrə] adj 1. (verwirrt) confuso; **du machst mich ganz ~** (fam) me vuelves loco 2. (geistesgestört) loco; **jdn für ~ halten** tomar a alguien por loco 3. (fam: toll) loco, de putama-

dre sl; **~ gut/hübsch** súper bien/guapo

Irre[1] ['ɪrə] f: **jdn in die ~ führen** (betrügen) engañar a alguien

Irre(r)[2] ['ɪrə] f(m) dekl wie adj (Geistesgestörte) loco, -a m, f

irre|führen ['ɪrə-] vt engañar; **irreführend** adj que conduce a error; (missverständlich) equívoco

irren ['ɪrən] I. vi sein errar (durch por) II. vr haben: **sich ~** equivocarse; **ich habe mich im Tag geirrt** me he equivocado de día; **Sie ~ sich** está Ud. equivocado; **sie haben sich in ihm geirrt** se han equivocado con él

Irrenanstalt f, **Irrenhaus** nt manicomio m

Irrfahrt ['ɪr-] f odisea f; **Irrgarten** m laberinto m

irritieren* [ɪri'ti:rən] vt desconcertar; (stören) molestar

Irrsinn m <-s, ohne pl> locura f; **irrsinnig** adj (verrückt) loco; (fam: groß) tremendo; (toll) de putamadre sl

Irrtum m <-s, -tümer> error m

irrtümlich ['ɪrty:mlɪç] I. adj erróneo II. adv por error

ISDN-Anschluss[RR] m (TEL) conexión f RDSI

Islam [ɪs'la:m] m <-(s), ohne pl> islam m

Island ['i:slant] nt <-s> Islandia f

isländisch adj islandés

Isolation [izola'tsjo:n] f <-en> aislamiento m

isolieren* [izo'li:rən] vt aislar

Israel ['i:srae:l, 'ɪsrae:l] nt <-s> Israel m

isst[RR] [ɪst] 3. präs von **essen**

ist [ɪst] 3. präs von **sein**

Italien [i'ta:liən] nt <-s> Italia f

Italiener(in) [ita'lje:nɐ] m(f) <-s, -; -nen> italiano, -a m, f

italienisch adj italiano

IT-Branche [aɪ'ti:?brã:ʃə] f sector m de las tecnologías de la información

J

J, j [jɔt] *nt* <-, -> J, j *f*
ja [ja:] *adv* sí; **wenn ~, dann ...** en
caso afirmativo...; **zu allem ~ und
amen sagen** decir que sí a todo; **du
bist also einverstanden, ~?** o sea
que estás de acuerdo, ¿sí?; **es ist ~
bekannt, dass ...** pues ya se sabe
que...; **das sage ich ~** eso es precisamente lo que yo digo; **da kommt
er ~** ahí viene; **das ist ~ fürchterlich** pero eso es realmente terrible
Jacht [jaxt] *f* <-en> yate *m*
Jacke ['jakə] *f* <-n> chaqueta *f*
Jackett [ʒa'kɛt] *nt* <-s, -s> americana *f*
Jagd [ja:kt] *f* <-en> (*a. fig*) caza *f*;
auf der ~ sein estar de caza
jagen ['ja:gən] *vt* (*Tier*) cazar;
(*Mensch*) perseguir; **sich** *dat* **eine
Kugel durch den Kopf ~** (*fam*) pegarse un tiro (en la cabeza); **jdn aus
dem Haus ~** echar a alguien de casa
Jäger(in) ['jɛ:gə] *m(f)* <-s, -; -nen>
cazador(a) *m(f)*
jäh [jɛ:] *adj* (*geh*) repentino
Jahr [ja:ɐ] *nt* <-(e)s, -e> año *m;* **die
neunziger ~e** los años noventa;
einmal im ~ una vez al año; **auf
~e hinaus** para (muchos) años;
das ganze ~ (über) (durante) todo
el año; **vor einem ~** hace un año; **in
jungen ~en** de joven; **sie ist 18 ~e
alt** tiene 18 años; **mit 30 ~en** a los
30 años; **in die ~e kommen** entrar
en años
jahraus [ja:ɐ'ʔaʊs] *adv:* **~, jahrein**
año tras año
Jahrbuch *nt* anuario *m*
jahrelang ['ja:rəlaŋ] **I.** *adj* de muchos años **II.** *adv* durante (muchos)
años

jähren ['jɛ:rən] *vr:* **sich ~** celebrarse
el aniversario (de); **es jährt sich
heute zum 10. Mal, dass ...** hoy
hace 10 años que...
Jahresanfang *m* principios *m pl* del
año; **Jahresbeitrag** *m* cuota *f*
anual; **Jahreseinkommen** *nt* renta
f anual; **Jahresende** *nt* <-s, *ohne
pl*> fin *m* de año; **Jahrestag** *m*
aniversario *m;* **Jahreszeit** *f* estación *f* (del año)
Jahrgang *m* (*Geburtsjahr*) año *m*
natal; (*von Wein*) cosecha *f;* **er ist
~ 1970** nació en el año 1970; **Jahrhundert** [-'--] *nt* <-s, -e> siglo *m*
jährlich ['jɛ:ɐlɪç] *adj* anual
Jahrmarkt *m* feria *f;* **Jahrtausend**
[-'--] *nt* <-s, -e> milenio *m;* **Jahrzehnt** [ja:ɐ'tse:nt] *nt* <-s, -e> década *f*
Jähzorn ['jɛ:tsɔrn] *m* iracundia *f;*
(*Anfall*) arrebato *m* de cólera; **jähzornig** *adj* iracundo
Jalousie [ʒalu'zi:] *f* <-n> persiana *f*
Jammer ['jamə] *m* <-s, *ohne pl*>
(*Wehklagen*) lamento *m;* (*Elend*) miseria *f;* **es ist ein ~, dass ...** (*fam*) es
una lástima que... +*subj*
jämmerlich ['jɛmɐlɪç] *adj* (*Zustand*)
lamentable; (*herzzerreißend*) desgarrador
jammern ['jamɐn] *vi* lamentarse
(*über* de); (*klagen*) quejarse (*über* de)
Januar ['janua:ɐ] *m* <-(s), -e> enero
m; s.a. **März**
Japan ['ja:pan, 'ja:pa:n] *nt* <-s> Japón *m*
Jargon [ʒar'gõ:] *m* <-s, -s> jerga *f*
jauchzen ['jaʊxtsən] *vi* lanzar gritos
de júbilo
jaulen ['jaʊlən] *vi* (*Hund*) aullar
jawohl [ja'vo:l] *part* claro, cierto
Jazz [dʒɛ:s] *m* <-, *ohne pl*> jazz *m*
je [je:] **I.** *adv* **1.** (*jemals*) alguna vez;
wer hätte das ~ gedacht! ¡quién lo

hubiera imaginado!; **es ist schlimmer denn** ~ es peor que nunca **2.** (*jeweils*) cada; **ich gebe euch ~ zwei Stück** os doy dos trozos a cada uno; **es können ~ zwei Personen eintreten** pueden entrar de dos en dos **II.** *präp* +*akk* (*pro*) por; ~ **Erwachsenen** por (cada) adulto **III.** *konj* cuanto; **er wird vernünftiger, ~ älter er wird** cuanto mayor se hace, más sensato se vuelve; **~ nachdem(, ob/wie ...)** según (si/cómo...); ~ **nach Größe** según el tamaño; ~ **eher, desto besser** cuanto antes mejor

Jeans [dʒiːns] *f inv* vaqueros *mpl*, jeans *mpl Am;* **Jeanshose** *f* pantalón *m* vaquero

jede(r, s) [ˈjeːdə, -dɐ, -dəs] *pron indef* **1.** (*substantivisch*) cada uno/una; ~ **von uns** cada uno de nosotros; **ein ~r** cualquiera; ~**m das seine** a cada cual lo suyo; ~ **Zweite** una de cada dos; ~**r gegen ~n** todos contra todos **2.** (*adjektivisch*) cada; (*all*) todo; (*ein beliebiges*) cualquier(a); **auf ~n Fall** en todo caso; **ohne ~n Grund** sin ninguna razón; **um ~n Preis** a toda costa; **es kann ~n Augenblick passieren** puede suceder en cualquier momento; ~**s Mal, wenn ...** cada vez que...

jedenfalls [ˈjeːdənfals] *adv* en todo caso

jedermann [ˈ---] *pron indef* cada uno; **das ist nicht ~s Sache** esto no es para todos los gustos

jederzeit [ˈ--ˈ-] *adv* a cualquier hora

jedesmalᴬᴸᵀ [ˈ--ˈ-] *adv s.* **jede(r, s)**

jedoch [jeˈdɔx] *konj* sin embargo

jegliche(r, s) [ˈjeːklɪçə, -çɐ, -çəs] *pron indef* cualquier tipo de

jemals [ˈjeːmaːls] *adv* alguna vez, jamás

jemand [ˈjeːmant] *pron indef* al-

guien; **ist hier ~?** ¿hay alguien aquí?; ~ **anderes** otra persona

jene(r, s) [ˈjeːnə, -nɐ, -nəs] *pron dem* (*geh*) **1.** (*adjektivisch: da*) ese, esa; (*dort*) aquel, aquella; **in ~n Tagen** en aquellos días **2.** (*substantivisch: da*) ése, ésa, eso; (*dort*) aquél, aquélla, aquello

jenseits [ˈjeːnzaɪts] *präp* +*gen adv* al otro lado (de); ~ **von Gut und Böse** más allá del bien y del mal

Jenseits *nt* <-, *ohne pl*> más allá *m*

Jesus [ˈjeːzʊs] *m* <Jesu> (REL) Jesús *m;* ~ **Christus** Jesucristo *m*

Jet [dʒɛt] *m* <-(s), -s> jet *m*

jetzige(r, s) *adj* actual

jetzt [jɛtst] *adv* ahora; (*augenblicklich*) en este momento; ~ **gleich** ahora mismo

jeweilige(r, s) *adj* correspondiente

jeweils [ˈjeːvaɪls] *adv* (*jedesmal*) cada vez

Jh. *Abk. von* **Jahrhundert** siglo *m*

Job [dʒɔp] *m* <-s, -s> (*fam: Arbeit*) trabajo *m*

jobben [ˈdʒɔbən] *vi* (*fam*) currar (*als de*)

Jobbörse *f* bolsa *f* de trabajo; **Jobvermittler(in)** *m(f)* agente *mf* de colocación laboral

Jod [joːt] *nt* <-(e)s, *ohne pl*> yodo *m*

joggen [ˈdʒɔgən] *vi sein* hacer footing

Jogging [ˈdʒɔgɪŋ] *nt* <-s, *ohne pl*> footing *m;* **Jogginganzug** *m* chándal *m*

Joghurt [ˈjoːgʊrt] *m o nt* <-(-s), -(s)s>, **Jogurt**ᴿᴿ *m o nt* <-(s), -(s)s> yogur *m*

Johannisbeere [joˈhanɪsbeːrə] *f* grosella *f;* **schwarze ~** casis *f inv*

Joint [dʒɔɪnt] *m* <-s, -s> (*fam*) porro *m*

jonglieren* *vi, vt* hacer juegos malabares (con)

Jordanien [jɔr'da:niən] *nt* <-s> Jordania *f*

Journal [ʒur'na:l] *nt* <-s, -e> **1.** (PUBL: *geh*) revista *f* **2.** (NAUT) diario *m* de a bordo **3.** (WIRTSCH) diario *m*

Journalismus [ʒurna'lɪsmus] *m* <-, ohne *pl*> periodismo *m*

Journalist(in) *m(f)* <-en, -en; -nen> periodista *mf*

journalistisch *adj* periodístico

Jubel ['ju:bəl] *m* <-s, ohne *pl*> júbilo *m*; **~, Trubel, Heiterkeit** alborozo *y* alegría

jubeln ['ju:bəln] *vi* dar gritos de júbilo

Jubiläum [jubi'lɛ:um] *nt* <-s, Jubiläen> aniversario *m*; **zehnjähriges ~** décimo aniversario

juchzen ['juxtsən] *vi* (*fam*) soltar un grito de alegría

jucken ['jukən] **I.** *vi, vt* (*Juckreiz verursachen*) picar; (*fam: reizen*) tener ganas **II.** *vr:* **sich ~** (*fam*) rascarse

Juckreiz *m* picor *m*

Jude, Jüdin ['ju:də, 'jy:dɪn] *m, f* <-n, -n; -nen> judío, -a *m, f*

Judo ['ju:do] *nt* <-(s), ohne *pl*> (SPORT) yudo *m*

Jugend ['ju:gənt] *f* juventud *f*; **von ~ an** desde joven; **Jugendamt** *nt* oficina *f* de protección de menores; **jugendfrei** *adj* apto para menores; **Jugendherberge** *f* albergue *m* juvenil

jugendlich *adj* joven; (*jung wirkend*) juvenil

Jugendliche(r) *f(m) dekl wie adj* joven *mf*; **~ unter 16 Jahren** menores de 16 años

Jugendzentrum *nt* centro *m* juvenil

Jugoslawien [jugo'sla:viən] *nt* <-s> Yugoslavia *f*

jugoslawisch *adj* yugoslavo

Juli ['ju:li] *m* <-(s), -s> julio *m*; *s.a.* **März**

jung [juŋ] *adj* <jünger, am jüngsten> joven; **sie ist 18 Jahre ~** sólo tiene 18 años

Junge¹ ['juŋə] *m* <-n, -n> niño *m*; (*junger Mann*) muchacho *m*

Junge(s)² *nt* <-n, -n> cría *f*; (*von Hunden, Raubtier*) cachorro *m*; (*von Vögeln*) pollo *m*

jünger ['jyŋɐ] *adj kompar von* **jung** más joven; (*Geschwister*) menor; **~ sein als** ser más joven que; **sich ~ machen** quitarse años

Jünger(in) ['jyŋɐ] *m(f)* <-s, -; -nen> discípulo, -a *m, f*

Jungfrau *f* virgen *f*; (ASTR) Virgo *m*; **Junggeselle, Junggesellin** *m, f* soltero, -a *m, f*

jüngste(r, s) *adj superl von* **jung** menor; **die ~ Entwicklung hat gezeigt, dass ...** los últimos acontecimientos han demostrado que...

Juni ['ju:ni] *m* <-(s), -s> junio *m*; *s.a.* **März**

junior ['ju:nio:ɐ, 'ju:njo:ɐ] *adj* (*geh*) júnior, hijo; **Peter Müller ~** Peter Müller, hijo

Jura¹ ['ju:ra] *m* <-s> (*Kanton*) Jura *m*

Jura² (JUR) Derecho *m*; **~ studieren** estudiar Derecho

Jurist(in) [ju'rɪst] *m(f)* <-en, -en; -nen> jurista *mf*

juristisch [ju'rɪstɪʃ] *adj* jurídico

Jury [ʒy'ri:, 'ʒy:ri] *f* <-s> jurado *m*

Justiz [jus'ti:ts] *f* justicia *f*

Juwel [ju've:l] *m o nt* <-s, -en> joya *f*

Juwelier¹ *m* <-s, -e> (*Geschäft*) joyería *f*

Juwelier(in)² [juve'li:ɐ] *m(f)* <-s, -e; -nen> joyero, -a *m, f*

Jux [juks] *m* <-es, -e> (*fam*) juerga *f*; **aus ~ und Tollerei** de cachondeo *sl*; **sich** *dat* **einen ~ aus etw machen** cachondearse de algo *sl*

K

K, k [kaː] *nt* <-, -> K, k *f*
Kabarett [kabaˈrɛt, kabaˈreː] *nt* <-s, -s> café-teatro *m*
Kabel [ˈkaːbəl] *nt* <-s, -> cable *m;* **Kabelfernsehen** *nt* televisión *f* por cable
Kabeljau [ˈkaːbəljaʊ] *m* <-s, -s *o* -e> bacalao *m*
Kabine [kaˈbiːnə] *f* <-n> cabina *f;* (*Schiffskabine*) camarote *m*
Kabinett [kabiˈnɛt] *nt* <-s, -e> gabinete *m*
Kachel [ˈkaxəl] *f* <-n> azulejo *m*
Kacke [ˈkakə] *f* (*vulg*) caca *f*
Kadaver [kaˈdaːve] *m* <-s, -> cadáver *m* (de un animal)
Käfer [ˈkɛːfe] *m* <-s, -> (*a.* AUTO) escarabajo *m*
Kaff [kaf] *nt* <-s, -s *o* -e *o* Käffer> (*fam abw*) pueblucho *m*
Kaffee [ˈkafe, kaˈfeː] *m* <-s, -s> café *m;* ~ **kochen** hacer café; **schwarzer** ~ café solo; **das ist kalter** ~ (*fam*) eso lo sabe todo el mundo; **Kaffeekanne** *f* cafetera *f;* **Kaffeelöffel** *m* cucharilla *f* de café; **Kaffeemaschine** *f* cafetera *f* eléctrica; **Kaffeetasse** *f* taza *f* de café
Käfig [ˈkɛːfɪç] *m* <-s, -e> jaula *f*
kahl [kaːl] *adj* (*ohne Haar*) calvo; (*ohne Blätter*) deshojado; ~ **geschoren** pelado al rape; **kahlgeschoren** [ˈkaːlɡəʃoːrən] *adj s.* **kahl**
Kahn [kaːn] *m* <-(e)s, Kähne> (*Lastschiff*) gabarra *f*
Kai [kaɪ] *m* <-s, -s> muelle *m*
Kaiser(in) [ˈkaɪze] *m(f)* <-s, -; -nen> emperador, emperatriz *m, f;* **Kaiserschnitt** *m* cesárea *f*
Kajüte [kaˈjyːtə] *f* <-n> camarote *m*
Kakao [kaˈkaʊ] *m* <-s, -s> cacao *m;* (*Getränk*) chocolate *m*
Kakerlak [ˈkaːkɐlak] *m* <-s *o* -en, -en> cucaracha *f*
Kaktus [ˈkaktʊs] *m* <-ses, Kakteen> cactus *m inv*
Kalb [kalp] *nt* <-(e)s, Kälber> ternero, -a *m, f;* **Kalbfleisch** *nt* (carne *f* de) ternera *f*
Kalender [kaˈlɛndɐ] *m* <-s, -> calendario *m*
Kalk [kalk] *m* <-(e)s, -e> cal *f*
Kalkulation [kalkulaˈtsjoːn] *f* <-en> cálculo *m*
kalkulieren* [kalkuˈliːrən] *vt* calcular
Kalorie [kaloˈriː] *f* <-n> caloría *f;* **kalorienarm** *adj* bajo en calorías
kalt [kalt] *adj* <kälter, am kältesten> (*a. fig*) frío; **mir ist** ~ tengo frío; **es ist** ~ hace frío
kaltblütig [-blyːtɪç] I. *adj* (*skrupellos*) sin escrúpulos II. *adv* a sangre fría
Kälte [ˈkɛltə] *f* frío *m;* (*Gefühlsarmut*) frialdad *f;* **drei Grad** ~ tres grados bajo cero; **Kälteeinbruch** *m* (METEO) llegada *f* del frío
Kaltfront *f* frente *m* frío; **Kaltluft** *f ohne pl* (METEO) aire *m* frío; **Kaltmiete** *f* alquiler *m* sin los gastos de calefacción
kaltschnäuzig [ˈkaltʃnɔɪtsɪç] *adj* (*fam*) frío; (*gleichgültig*) indiferente; (*frech*) impertinente
kalt|stellen *vt* (*fam: Person*) eliminar
Kalzium [ˈkaltsiʊm] *nt* <-s, *ohne pl*> calcio *m*
kam [kaːm] *3. imp von* **kommen**
Kamel [kaˈmeːl] *nt* <-(e)s, -e> camello *m*
Kamera [ˈkamərə] *f* <-s> (FILM, TV) cámara *f;* (FOTO) máquina *f* fotográfica
Kamerad(in) [kaməˈraːt] *m(f)* <-en, -en; -nen> camarada *mf*

Kameradschaft f camaradería f
kameradschaftlich adj de camaradería
Kameramann m <-(e)s, -männer o -leute> camarógrafo m
Kamille [ka'mɪlə] f <-n> manzanilla f; **Kamillentee** m (infusión f de) manzanilla f
Kamin [ka'miːn] m <-s, -e> chimenea f
Kamm [kam] m <-(e)s, Kämme> (zum Kämmen) peine m; **alles über einen ~ scheren** medirlo todo por el mismo rasero
kämmen ['kɛmən] vt peinar
Kammer ['kamɐ] f <-n> (für Vorräte) despensa f; (für Besen) escobero m
Kampagne [kam'panjə] f <-n> campaña f
Kampf [kampf] m <-(e)s, Kämpfe> lucha f; **ein ~ auf Leben und Tod** una lucha a muerte; **jdm/etw den ~ ansagen** declarar la guerra a alguien/algo; **Kampfanzug** m <-(e)s, -anzüge> (MIL) uniforme m de batalla
kämpfen ['kɛmpfən] vi luchar (um/ für por); **mit etw zu ~ haben** tener problemas con algo
kämpferisch adj luchador; (kampflustig) combativo; (POL) militante
Kampfflugzeug nt avión m de combate; **Kampfhund** m perro m de pelea; **kampflos** adj sin resistencia; **Kampfsport** m <-(e)s, -e> deporte m de combate
kampieren* [kam'piːrən] vi acampar
Kanada ['kanada] nt <-s> (el) Canadá m
Kanal [ka'naːl] m <-s, -näle> (a. RADIO, TV) canal m
Kanalisation [kanaliza'tsjoːn] f <-en> canalización f; (für Abwässer) alcantarillado m

kanalisieren* vt canalizar
Kanaren [ka'naːrən] pl: **die ~** (las) Canarias fpl
Kanarienvogel [ka'naːriənfoːgəl] m canario m
kanarisch [ka'naːrɪʃ] adj canario
Kandidat(in) [kandi'daːt] m(f) <-en, -en; -nen> candidato, -a m, f
Kandidatur [kandida'tuːɐ] f <-en> candidatura f
kandidieren* [kandi'diːrən] vi presentarse como candidato
Kandiszucker ['kandɪs-] m azúcar m cande
KänguruRR ['kɛŋguru] nt <-s, -s>, **Känguruh**ALT nt <-s, -s> canguro m
Kaninchen [ka'niːnçən] nt <-s, -> conejo m
Kanister [ka'nɪstɐ] m <-s, -> bidón m
kann [kan] 3. präs von **können**
Kanne ['kanə] f <-n> jarra f; **volle ~** (fam) a toda mecha
Kannibale, Kannibalin [kani'baːlə] m, f <-n, -n; -nen> caníbal mf
kannte ['kantə] 3. imp von **kennen**
Kanon ['kaːnɔn] m <-s, -s> canon m
Kanone [ka'noːnə] f <-n> cañón m; **unter aller ~ sein** (fam) no poder ser peor
Kantabrien [kan'taːbriən] nt <-s> Cantabria f
kantabrisch [kan'taːbrɪʃ] adj (aus Kantabrien) cántabro; (vom nördlichen Küstengebiet) cántabrico; **Kantabrisches Meer** Mar Cantábrico
Kante ['kantə] f <-n> (Rand) borde m; (Ecke) canto m; **Geld auf die hohe ~ legen** (fam) hacer economías
Kantine [kan'tiːnə] f <-n> cantina f
Kanton [kan'toːn] m <-s, -e> cantón m
Kanu ['kaːnu, ka'nuː] nt <-s, -s> pi-

ragua *f*

Kanzel ['kantsəl] *f* <-n> (*in Kirche*) púlpito *m*

Kanzlei [kants'laɪ] *f* <-en> despacho *m*; (*von Rechtsanwalt*) bufete *m*; (*von Notar*) notaría *f*

Kanzler(in) ['kantslɐ] *m(f)* <-s, -; -nen> canciller *mf*; **Kanzleramt** *nt* <-(e)s, *ohne pl*> cancillería *f*; **Kanzlerkandidat(in)** *m(f)* candidato, -a *m, f* a la cancillería

Kap [kap] *nt* <-s, -s> cabo *m*

Kapazität [kapatsi'tɛːt] *f* <-en> capacidad *f*; (*Experte*) experto, -a *m, f*

Kapelle [ka'pɛlə] *f* <-n> (*Bau*) capilla *f*; (MUS) orquesta *f*

kapieren* [ka'piːrən] *vt* (*fam*) captar

Kapital [kapi'taːl] *nt* <-s, -e *o* -ien> capital *m*; ~ **aus etw schlagen** sacar provecho de algo; **Kapitalanlage** *f* inversión *f* de capital

Kapitalismus [kapita'lɪsmʊs] *m* <-, *ohne pl*> capitalismo *m*

Kapitalist(in) [kapita'lɪst] *m(f)* <-en, -en; -nen> capitalista *mf*

kapitalistisch *adj* capitalista

Kapitän(in) [kapi'tɛːn] *m(f)* <-s, -e; -nen> (NAUT, SPORT) capitán, -ana *m, f*; (AERO) comandante *mf*

Kapitel [ka'pɪtəl] *nt* <-s, -> capítulo *m*

Kapitulation [kapitula'tsjoːn] *f* <-en> (*a.* MIL) capitulación *f* (*vor* ante)

kapitulieren* [kapitu'liːrən] *vi* capitular (*vor* ante)

Kappe ['kapə] *f* <-n> (*Mütze*) gorra *f*; (*Verschluss*) tapa *f*; (*von Stift*) capuchón *m*; **etw auf seine ~ nehmen** (*fam*) asumir la responsabilidad de algo

Kapsel ['kapsəl] *f* <-n> cápsula *f*

kaputt [ka'pʊt] *adj* (*fam*) roto; (*nicht mehr funktionsfähig*) estropeado; **kaputt|gehen** *irr vi sein* (*fam*)

romperse; (*nicht mehr funktionieren*) estropearse; **kaputt|lachen** *vr:* **sich ~** troncharse de risa (*über por*); **kaputt|machen** I. *vt* (*fam*) romper; **der Stress macht ihn kaputt** el estrés lo mata II. *vr:* **sich ~** (*fam*) matarse

Kapuze [ka'puːtsə] *f* <-n> capucha *f*

Karaffe [ka'rafə] *f* <-n> garrafa *f*

Karambolage [karambo'laːʒə] *f* <-n> colisión *f* en cadena

Karamel[ALT], **Karamell**[RR] [kara'mɛl] *m o Schweiz: nt* <-s, *ohne pl*> caramelo *m*

Karate [ka'raːtə] *nt* <-(s), *ohne pl*> kárate *m*

Kardinal [kardi'naːl] *m* <-s, -näle> cardenal *m*

Karfreitag [kaːɐ'fraɪtaːk] *m* Viernes *m* Santo

karg [kark] *adj* escaso; (*unfruchtbar*) árido

Karibik [ka'riːbɪk] *f* (el) Caribe *m*

karibisch *adj* caribeño

kariert [ka'riːɐt] *adj* (*Stoff*) a cuadros; (*Papier*) cuadriculado

Karies ['kaːriɛs] *f* caries *f inv*

Karikatur [karika'tuːɐ] *f* <-en> caricatura *f*

Karneval ['karnəval] *m* <-s, -e *o* -s> carnaval *m*

Kärnten ['kɛrntən] *nt* <-s> Carintia *f*

Karo ['kaːro] *nt* <-s, -s> (*Raute*) rombo *m*; (*auf Kleidung*) cuadro *m*

Karosserie [karɔsə'riː] *f* <-n> carrocería *f*

Karotte [ka'rɔtə] *f* <-n> zanahoria *f*

Karpfen ['karpfən] *m* <-s, -> carpa *f*

Karren ['karən] *m* <-s, -> carro *m*

Karriere [ka'rjeːrə] *f* <-n> carrera *f* (profesional); **Karrierefrau** *f* arribista *f*

Karte ['kartə] *f* <-n> (*Visitenkarte*) tarjeta *f*; (*Ansichtskarte*) (tarjeta *f*) postal *f*; (*Speisekarte*) carta *f* (del menú); (*Landkarte*) mapa *m;* (*Fahrkarte*) billete *m;* (*Eintrittskarte*) entrada *f;* (*Spielkarte*) naipe *m;* **~n spielen** jugar a las cartas

Kartei [kar'taɪ] *f* <-en> fichero *m;* **Karteikarte** *f* ficha *f*

Kartenspiel *nt* (*Spiel*) juego *m* de naipes; (*Spielkarten*) baraja *f;* **Kartentelefon** *nt* teléfono *m* de tarjetas; **Kartenvorverkauf** *m* venta *f* anticipada de localidades

Kartoffel [kar'tɔfəl] *f* <-n> patata *f,* papa *f* *Am;* **Kartoffelbrei** *m* <-s, *ohne pl*>, **Kartoffelpüree** *nt* <-s, *ohne pl*> puré *m* de patatas

Karton [kar'tɔŋ] *m* <-s, -s> (*Material*) cartón *m;* (*Behälter*) caja *f*

Karussell [karʊ'sɛl] *nt* <-s, -s *o* -e> tiovivo *m*

Kasachstan ['kazaxsta:n] *nt* <-s> Kazajstán *m*

kaschieren* [ka'ʃiːrən] *vt* ocultar

Käse ['kɛːzə] *m* <-s, -> queso *m*

Kaserne [ka'zɛrnə] *f* <-n> cuartel *m*

Kasino [ka'zi:no] *nt* <-s, -s> (*Spielkasino*) casino *m*

Kasper(le) ['kaspɐ(lə)] *m* <-s, -> títere *m;* **Kasper(le)theater** *nt* guiñol *m*

Kasse ['kasə] *f* <-n> caja *f;* (*für Eintrittskarten*) taquilla *f;* **knapp bei ~ sein** (*fam*) andar mal de dinero; **Kassenarzt, -ärztin** *m, f* médico, -a *m, f* de la Seguridad Social; **Kassenbon** *m* tíquet *m* de compra; **Kassenpatient(in)** *m(f)* paciente *mf* de la Seguridad Social; **Kassenschlager** *m* (*fam*) superventas *m inv;* (*Film*) película *f* taquillera; **Kassenzettel** *m* **1.** (*Quittung*) factura *f* **2.** *s.* **Kassenbon**

Kassette [ka'sɛtə] *f* <-n> (*für Geld*) cajita *f;* (*für Schmuck*) joyero *m;* (*Musikkassette, Videokassette*) casete *m;* **Kassettenrekorder** *m* ca-

sete *m*

kassieren* [ka'si:rən] *vi, vt* cobrar

Kassierer(in) *m(f)* <-s, -; -nen> cajero, -a *m, f*

Kastagnette [kasta'njɛtə] *f* <-n> castañuela *f*

Kastanie [kas'ta:niə] *f* <-n> (*Baum*) castaño *m;* (*Frucht*) castaña *f*

Kästchen ['kɛstçən] *nt* <-s, -> (*Behälter*) cajita *f*

Kasten ['kastən] *m* <-s, Kästen> caja *f;* (*größerer*) cajón *m;* **etwas auf dem ~ haben** (*fam*) ser listo

Kastilien [kas'ti:liən] *nt* <-s> Castilla *f*

kastilisch *adj* castellano

kastrieren* [kas'tri:rən] *vt* castrar

Kasus ['ka:zʊs] *m* <-, -> caso *m*

Kat [kat] *m* <-s, -s> *Abk. von* **Katalysator** catalizador *m*

katalanisch *adj* catalán

Katalog [kata'lo:k] *m* <-(e)s, -e> catálogo *m*

Katalonien [kata'lo:niən] *nt* <-s> Cataluña *f*

Katalysator [kataly'za:to:ɐ] *m* <-s, -en> catalizador *m*

katastrophal [katastro'fa:l] *adj* catastrófico

Katastrophe [katas'tro:fə] *f* <-n> catástrofe *f;* (*fig*) desastre *m;* **Katastrophenalarm** *m* alerta *f* roja; **Katastrophenhelfer(in)** *m(f)* miembro *m* de la ayuda humanitaria

Kategorie [katego'ri:] *f* <-n> categoría *f*

kategorisch [kate'go:rɪʃ] *adj* categórico

Kater ['ka:tɐ] *m* <-s, -> gato *m;* (*fam: Unwohlsein*) resaca *f*

kath. *Abk. von* **katholisch** católico

Kathedrale [kate'dra:lə] *f* <-n> catedral *f*

Katheter [ka'te:tɐ] *m* <-s, -> catéter *m*

Katholik(in) [kato'li:k] *m(f)* <-en, -en; -nen> católico, -a *m, f*
katholisch [ka'to:lɪʃ] *adj* católico
Katze ['katsə] *f* <-n> gato *m;* (*weiblich*) gata *f;* **die ~ im Sack kaufen** (*fam*) comprar a ciegas; **meine Arbeit war für die Katz** (*fam*) todo mi trabajo ha sido para nada; **Katzensprung** *m:* **es ist nur ein ~ (von hier)** (*fam*) está a dos pasos (de aquí)
Kauderwelsch ['kaʊdəvɛlʃ] *nt* <-(s), *ohne pl*> galimatías *m inv*
kauen ['kaʊən] *vi, vt* masticar; **an den Nägeln ~** comerse las uñas
kauern ['kaʊɐn] **I.** *vi* estar en cuclillas **II.** *vr:* **sich ~** acuclillarse
Kauf [kaʊf] *m* <-(e)s, Käufe> compra *f;* **etw in ~ nehmen** asumir algo
kaufen ['kaʊfən] *vt* comprar
Käufer(in) ['kɔɪfɐ] *m(f)* <-s, -; -nen> comprador(a) *m(f)*
Kauffrau *f* perita *f* comercial; (*Händlerin*) comerciante *f;* **Kaufhaus** *nt* grandes almacenes *m pl*
käuflich ['kɔɪflɪç] *adj* comprable; (*bestechlich*) sobornable
Kaufmann *m* <-(e)s, -leute> perito *m* comercial; (*Händler*) comerciante *m*
kaufmännisch [-mɛnɪʃ] *adj* comercial
Kaufpreis *m* precio *m* de compra; **Kaufvertrag** *m* contrato *m* de compraventa
Kaugummi *m o nt* <-s, -s> chicle *m*
kaum [kaʊm] *adv* (*wahrscheinlich nicht*) probablemente no; (*noch nicht einmal*) apenas; **~ jemand** casi nadie; **es dauerte ~ drei Stunden** apenas duró tres horas
kausal [kaʊ'za:l] *adj* causal
Kaution [kaʊ'tsjo:n] *f* <-en> fianza *f*
Kautschuk ['kaʊtʃʊk] *m* <-s, -e> caucho *m*

Kavalier [kava'li:ɐ] *m* <-s, -e> caballero *m*
Kaviar ['ka:viaːɐ] *m* <-s, -e> caviar *m*
KB [ka:'be:] *Abk. von* **Kilobyte** Kb
keck [kɛk] *adj* fresco
Kegel ['ke:gəl] *m* <-s, -> cono *m;* (*Spielfigur*) bolo *m;* **Kegelbahn** *f* bolera *f*
kegeln ['ke:gəln] *vi* jugar a los bolos
Kehle ['ke:lə] *f* <-n> garganta *f*
kehren ['ke:rən] **I.** *vt* (*drehen*) volver; (*fegen*) barrer; **die Innenseite nach außen ~** volver del revés; **er ist in sich gekehrt** está encerrado en sí mismo **II.** *vr:* **sich ~** (*sich kümmern*) preocuparse (*an de*) **III.** *vi* (*fegen*) barrer
Kehrschaufel *f* recogedor *m;* **Kehrseite** *f* reverso *m;* **die ~ der Medaille** (*fig*) la otra cara de la moneda
kehrt|machen ['ke:ɐt-] *vi* (*fam*) volver
keifen ['kaɪfən] *vi* (*abw*) berrear
Keil [kaɪl] *m* <-(e)s, -e> cuña *f*
keilen ['kaɪlən] *vr:* **sich ~** (*fam*) pelearse
Keilriemen *m* correa *f* trapezoidal
Keim [kaɪm] *m* <-(e)s, -e> germen *m;* **etw im ~ ersticken** sofocar algo en su origen
keimen *vi* brotar; (*Verdacht*) surgir; (*Hoffnung*) nacer
kein, keine, kein [kaɪn, 'kaɪnə, kaɪn] *pron indef* ningún *m*, ninguna *f;* **ich habe ~e Zeit** no tengo tiempo; **~ einziges Mal** ni una sola vez; **~ Mensch** nadie; **~e Ahnung!** ¡ni idea!; **das ist ~e 200 Meter von hier** no está ni a 200 metros de aquí
keine(r, s) ['kaɪnə, -nɐ, -nəs] *pron indef* nadie; **es war ~r da** no había nadie; **~r von uns** ninguno de nosotros
keinerlei ['--'-] *adj inv* ningún, de nin-

gún tipo; **ich mache mir ~ Gedanken darüber** esto no me preocupa lo más mínimo

keinesfalls ['--'-] *adv* de ningún modo

keineswegs ['--'-] *adv* en absoluto

keinmal *adv* ninguna vez

keins [kaɪns] *pron indef s.* **keine(r, s)**

Keks [ke:ks] *m o nt* <-(es), -(e)> galleta *f*

Kelch [kɛlç] *m* <-(e)s, -e> copa *f;* (REL, BOT) cáliz *m*

Kelle ['kɛlə] *f* <-n> (*Schöpflöffel*) cucharón *m*

Keller ['kɛlɐ] *m* <-s, -> sótano *m*

Kellerei *f* <-en> bodega *f*

Kellner(in) ['kɛlnɐ] *m(f)* <-s, -; -nen> camarero, -a *m, f*

kennen ['kɛnən] <kennt, kannte, gekannt> *vt* conocer; **~ Sie ihren Namen?** ¿sabe cómo se llama?; **kennst du mich noch?** ¿te acuerdas de mí?; **jdn ~ lernen** conocer a alguien; **kennen|lernen** *vt s.* **kennen**

Kenner(in) *m(f)* <-s, -; -nen> (*Sachverständiger*) experto, -a *m, f;* (*Autorität*) conocedor(a) *m(f)*

kenntlich ['kɛntlɪç] *adj:* **etw ~ machen** marcar algo

Kenntnis ['kɛntnɪs] *f* <-se> conocimiento *m;* **etw zur ~ nehmen** tomar nota de algo

Kenntnisse *fpl* (*Wissen*) conocimientos *mpl*

Kennwort *nt* <-(e)s, -wörter> (*Losung*) contraseña *f;* (*Kode*) código *m*

Kennzeichen *nt* (*Merkmal*) característica *f;* (*Markierung*) señal *f;* (AUTO) matrícula *f;* **besondere ~** rasgos distintivos; **kennzeichnen** *vt* (*markieren*) señalar; (*charakterisieren*) caracterizar (*als* de); **kennzeichnend** *adj* característico

kentern ['kɛntɐn] *vi sein* zozobrar

Keramik [ke'ra:mɪk] *f* <-en> cerámica *f*

Kerbe ['kɛrbə] *f* <-n> muesca *f*

Kerbholz *nt* (*fam*): **etwas auf dem ~ haben** no tener la conciencia limpia

Kerl [kɛrl] *m* <-s, -e> (*fam*) tío *m;* **er ist ein ganzer ~** es todo un hombre; **sie ist ein feiner ~** es una buena chica

Kern [kɛrn] *m* <-(e)s, -e> **1.** (*von Apfel, Birne*) pepita *f;* (*von Pfirsich, Pflaume*) hueso *m;* (*von Sonnenblume, Melone*) pipa *f* **2.** (*Mittelpunkt*) centro *m;* **Kernenergie** *f* energía *f* nuclear; **kerngesund** ['--'-] *adj* rebosante de salud

Kernkraft *f ohne pl* energía *f* nuclear; **Kernkraftwerk** *nt* central *f* nuclear

Kernphysik *f* física *f* nuclear; **Kernseife** *f* jabón *m* duro

Kerze ['kɛrtsə] *f* <-n> vela *f;* **kerzengerade** ['---'--] *adj* derecho como una vela; **Kerzenlicht** *nt* <-(e)s, *ohne pl*> luz *f* de vela; **bei ~** a la luz de la vela; **Kerzenständer** *m* candelero *m*

kessᴿᴿ [kɛs] *adj* fresco

Kessel ['kɛsəl] *m* <-s, -> (*Dampfkessel*) caldera *f;* (*Wasserkessel*) hervidor *m*

Ketchup *m o nt* <-(s), -s>, **Ketschup**ᴿᴿ ['kɛtʃap] *m o nt* <-(s), -s> catchup *m*

Kette ['kɛtə] *f* <-n> cadena *f;* (*Halskette*) collar *m;* **Kettenraucher(in)** *m(f)* fumador(a) *m(f)* empedernido, -a; **Kettenreaktion** *f* reacción *f* en cadena

keuchen ['kɔɪçən] *vi* jadear

Keuchhusten *m* <-s, *ohne pl*> tos *f* ferina

Keule ['kɔɪlə] *f* <-n> (*Tierkeule*) pierna *f;* (*Geflügel*) muslo *m*

keusch [kɔɪʃ] *adj* casto
Keuschheit *f* castidad *f*
Keyboard ['ki:bɔ:t] *nt* <-s, -s> teclado *m*
Kfz *nt* <-(s), -(s)> *Abk. von* **Kraftfahrzeug** automóvil *m*
kg *Abk. von* **Kilogramm** kg
Kichererbse ['kɪçe-] *f* garbanzo *m*
kichern ['kɪçen] *vi* reírse para dentro
kicken ['kɪkən] **I.** *vi* (*fam*) jugar al fútbol **II.** *vt* (*fam: Ball*) chutar
kidnappen ['kɪtnɛpən] *vt* secuestrar
Kidnapper(in) ['kɪtnɛpɐ] *m(f)* <-s, -; -nen> secuestrador(a) *m(f)*
Kiefer¹ ['ki:fɐ] *f* <-n> (BOT) pino *m*
Kiefer² *m* <-s, -> (ANAT) mandíbula *f*
Kieme ['ki:mə] *f* <-n> branquia *f*
Kies [ki:s] *m* <-es, -e> **1.** (*Steine*) grava *f* **2.** *ohne pl* (*fam: Geld*) pasta *f*
Kieselstein *m* guijarro *m*
kiffen ['kɪfən] *vi* (*sl*) fumar porros
killen ['kɪlən] *vt* (*fam*) asesinar
Killer(in) ['kɪlɐ] *m(f)* <-s, -; -nen> (*fam*) asesino, -a *m, f*
Kilo ['ki:lo] *nt* <-s, -(s)> (*fam*) kilo *m*; **Kilobyte** ['ki:lobaɪt] *nt* kilobyte *m*; **Kilogramm** *nt* kilogramo *m*; **Kilojoule** *nt* kilojulio *m*; **Kilokalorie** *f* kilocaloría *f*
Kilometer [--'--, '----] *m* kilómetro *m*; **Kilometerstand** *m* kilometraje *m*; **Kilometerzähler** *m* cuentakilómetros *m inv*
Kind [kɪnt] *nt* <-(e)s, -er> niño, -a *m, f*; (*Nachwuchs*) hijo, -a *m, f*; **sich bei jdm lieb ~ machen** (*fam*) congraciarse con alguien; **ein ~ erwarten** esperar un hijo; **mit ~ und Kegel** (*fam*) con toda la familia; **Kinderarbeit** ['kɪnde-] *f ohne pl* trabajo *m* infantil; **Kinderarzt, -ärztin** *m, f* pediatra *mf*; **Kinderbuch** *nt* libro *m* infantil
Kinderei *f* <-en> chiquillada *f*

Kindererziehung *f* educación *f* de los niños; **Kindergarten** *m* guardería *f*, kindergarten *m Am*; **Kindergärtner(in)** *m(f)* maestro, -a *m, f* de un jardín de infancia; **Kindergeld** *nt* subsidio *m* familiar por hijos; **Kinderheim** *nt* casa *f* cuna; **Kinderhort** *m* guardería *f* para niños en edad escolar; **Kinderkrankheit** *f* (MED) enfermedad *f* infantil; **Kinderlähmung** *f* polio(mielitis) *f* (*inv*); **kinderleicht** ['--'-] *adj* (*fam*) facilísimo; **das ist doch ~** esto está chupado; **kinderlieb** *adj* niñero; **kinderlos** *adj* sin hijos; **Kindermädchen** *nt* niñera *f*, nurse *f Am;* **Kindersicherung** *f* seguro *m* a prueba de niños; **Kindersitz** *m* sillín *m* de niño; **Kindertagesstätte** *f* <-n> guardería *f* infantil; **Kinderwagen** *m* cochecito *m* para niños; **Kinderzimmer** *nt* cuarto *m* de los niños
Kindheit *f* infancia *f*
kindisch *adj* infantil; **sich ~ benehmen** comportarse como un niño
kindlich *adj* (*kindgemäß*) de niño; (*unbefangen*) ingenuo
Kinn [kɪn] *nt* <-(e)s, -e> barbilla *f*; **Kinnhaken** *m* gancho *m* (a la mandíbula)
Kino ['ki:no] *nt* <-s, -s> cine *m*; **Kinofilm** *m* película *f* de cine
Kiosk ['ki:ɔsk] *m* <-(e)s, -e> quiosco *m*
Kippe ['kɪpə] *f* <-n> (*fam: Zigarettenstummel*) colilla *f*; (*Zigarette*) pitillo *m*; **es steht noch auf der ~** (*fam*) aún no está decidido
kippen ['kɪpən] **I.** *vi sein* (*Fahrzeug*) volcar **II.** *vt haben* (*umkippen*) volcar; (*schräg stellen*) inclinar; (*ausschütten*) verter
Kirche ['kɪrçə] *f* <-n> iglesia *f*; **in die ~ gehen** ir a misa; **Kirchen-**

gemeinde *f* parroquia *f;* **Kirchensteuer** *f* impuesto *m* eclesiástico
kirchlich *adj* eclesiástico; **sich ~ trauen lassen** casarse por la iglesia
Kirchplatz *m* plaza *f* delante de la iglesia; **Kirchturm** *m* torre *f* de iglesia
Kirmes ['kɪrməs, 'kɪrmɛs] *f* <-sen> *(reg)* feria *f*
Kirsche ['kɪrʃə] *f* <-n> *(Frucht)* cereza *f;* (Baum) cerezo *m*
Kissen ['kɪsən] *nt* <-s, -> *(Kopfkissen)* almohada *f;* (Sofakissen) cojín *m*
Kiste ['kɪstə] *f* <-n> caja *f;* (größer) cajón *m*
Kitsch [kɪtʃ] *m* <-(e)s, ohne pl> cursilería *f*
kitschig *adj* cursi; (geschmacklos) hortera; (rührselig) sentimental
Kittchen ['kɪtçən] *nt* <-s, -> *(fam)* chirona *f*
Kittel ['kɪtəl] *m* <-s, -> *(Arbeitskittel)* bata *f*
kitz(e)lig *adj* cosquilloso
kitzeln ['kɪtsəln] *vi, vt* hacer cosquillas
Kiwi ['kiːvi] *f* <-s> kiwi *m*
klaffen ['klafən] *vi* abrirse
kläffen ['klɛfən] *vi (abw)* ladrar
Klage ['klaːgə] *f* <-n> *(Beschwerde)* queja *f;* (JUR) demanda *f*
klagen ['klaːgən] **I.** *vi (jammern)* lamentarse (über de); (sich beschweren) quejarse (über de); (JUR) demandar **II.** *vt:* **jdm sein Leid ~** contarle a alguien sus penas
Kläger(in) ['klɛːgɐ] *m(f)* <-s, -; -nen> demandante *mf*
kläglich ['klɛːklɪç] *adj (Mitleid erregend)* lamentable; (jämmerlich) miserable; **er hat ~ versagt** falló totalmente
klamm [klam] *adj (feuchtkalt)* húmedo (y frío)

Klammer ['klamɐ] *f* <-n> *(Wäscheklammer)* pinza *f;* (Büroklammer) clip *m;* (Heftklammer) grapa *f;* (im Text) paréntesis *m inv*
klammern ['klamɐn] **I.** *vt* sujetar (con pinzas, etc.) **II.** *vr:* **sich ~** agarrarse (an a); (an Hoffnung) aferrarse (an a)
Klamotten [kla'mɔtən] *fpl (fam: Kleidung)* trapos *mpl*
Klan [klaːn] *m* <-s, -e> clan *m*
klang [klaŋ] *3. imp von* **klingen**
Klang [klaŋ] *m* <-(e)s, Klänge> *(Ton)* sonido *m;* (der Stimme) tono *m;* (eines Instruments) son *m*
klangvoll *adj* sonoro
Klappe ['klapə] *f* <-n> *(Deckel)* tapa *f;* (fam: Mund) pico *m;* **halt die ~!** ¡cierra el pico!; **eine große ~ haben** ser un bocazas
klappen ['klapən] **I.** *vi (fam)* funcionar; **es klappt alles wie am Schnürchen** todo sale que ni bordado **II.** *vt (hochklappen)* levantar; (herunterklappen) bajar
klapp(e)rig ['klap(ə)rɪç] *adj (Auto, Möbel)* desvencijado; (fam: Person) muy débil
klappern ['klapɐn] *vi (Kisten)* traquetear; (Fensterladen) golpetear
Klapperschlange *f* serpiente *f* de cascabel
Klappstuhl *m* silla *f* plegable
Klaps [klaps] *m* <-es, -e> *(fam: Schlag)* cachete *m*
klar [klaːɐ] *adj* claro; **~e Sicht haben** tener buena visibilidad; **sich** *dat* **über etw ~ werden** darse cuenta de algo; **keinen ~en Gedanken fassen können** no poder pensar con claridad; **einen ~en Kopf behalten** no perder la cabeza
Kläranlage ['klɛːɐ-] *f* depuradora *f* (de aguas residuales)
klären ['klɛːrən] **I.** *vt (Abwässer)*

depurar; (*Frage*) aclarar **II.** *vr:* **sich ~** (*Angelegenheit*) aclararse

Klarheit *f* claridad *f;* **sich** *dat* **~ über etw verschaffen** sacar algo en claro

Klarinette [klari'nɛtə] *f* <-n> clarinete *m*

klar|kommen *irr vi sein* (*fam: mit Person*) entenderse (*mit* con); (*mit Dingen*) entender (*mit*); **klar|machen** *vt* **1.** (NAUT) preparar **2.** (*fam: erklären*) explicar; **sich** *dat* **etw ~** aclararse algo

Klarsichtfolie *f* celofán® *m*

klar|stellen *vt* aclarar

Klartext *m:* **mit jdm ~ reden** (*fam*) hablar con alguien sin rodeos

Klärung *f* <-en> (*von Problem*) aclaración *f;* (*von Abwasser*) depuración *f*

klar|werden *irr vr:* **sich ~** *sein s.* **klar**

klasse ['klasə] *adj inv* (*fam*) estupendo

Klasse ['klasə] *f* <-n> clase *f;* **Klassenarbeit** *f* examen *m* (*in* +*dat* de); **Klassenkamerad(in)** *m(f)* compañero, -a *m, f* de clase; **Klassenkampf** *m* lucha *f* de clases; **Klassenlehrer(in)** *m(f)* tutor(a) *m(f)* de curso; **Klassenzimmer** *nt* aula *f*

Klassik ['klasɪk] *f* **1.** (*klassisches Altertum*) época *f* clásica **2.** (KUNST) (neo)clasicismo *m* **3.** (MUS) música *f* clásica

Klassiker(in) ['klasikɐ] *m(f)* <-s, -; -nen> clásico, -a *m, f*

klassisch *adj* clásico

Klatsch [klatʃ] *m* <-(e)s, *ohne pl*> (*fam*) cotilleo *m;* **Klatschbase** *f* (*fam abw*) chismosa *f*

klatschen ['klatʃən] *vi* **1.** *sein* (*aufschlagen*) caerse (produciendo un chasquido); (*Regen*) golpear (*gegen* contra) **2.** *haben* (*applaudieren*) aplaudir; **in die Hände ~** tocar pal-

mas **3.** *haben* (*fam abw: tratschen*) cotillear

klatschnass[RR] ['--] *adj* (*fam*) hecho una sopa

Klaue ['klaʊə] *f* <-n> (*von Tieren*) garra *f;* (*fam abw: Handschrift*) mala letra *f*

klauen ['klaʊən] *vi, vt* (*fam*) mangar

Klausel ['klaʊzəl] *f* <-n> cláusula *f*

Klausur [klaʊ'zuːɐ] *f* <-en> (UNIV) examen *m;* (*im Kloster*) clausura *f*

Klavier [kla'viːɐ] *nt* <-s, -e> piano *m* (vertical)

Klebeband *nt* cinta *f* adhesiva

kleben ['kleːbən] **I.** *vi* (*haften*) estar pegado; (*klebrig sein*) pringar; (*klebefähig sein*) pegar **II.** *vt* pegar (*an* a); **jdm eine ~** (*fam*) largar una bofetada a alguien

Kleber *m* <-s, -> (*fam*) *s.* **Klebstoff**

klebrig ['kleːbrɪç] *adj* pegajoso

Klebstoff *m* pegamento *m*

kleckern ['klɛkɐn] *vi* (*fam*) manchar

Klecks [klɛks] *m* <-es, -e> mancha *f;* (*Tintenklecks*) borrón *m*

Klee [kleː] *m* <-s, *ohne pl*> trébol *m;* **Kleeblatt** *nt* hoja *f* de trébol; **vierblättriges ~** trébol de cuatro hojas

Kleid [klaɪt] *nt* <-(e)s, -er> **1.** (*Damenkleid*) vestido *m* **2.** *pl* (*Kleidung*) ropa *f*

kleiden ['klaɪdən] *vt, vr:* **sich ~** vestir(se)

Kleiderbügel *m* percha *f;* **Kleiderhaken** *m* colgadero *m;* **Kleiderschrank** *m* armario *m* ropero

Kleidung *f* <-en> ropa *f;* **warme ~** ropa de abrigo; **Kleidungsstück** *nt* prenda *f* (de vestir)

klein [klaɪn] *adj* pequeño; (*Körpergröße*) bajo; **von ~ auf** desde niño; **ein ~ bisschen** un poquito; (**ganz**) **~ anfangen** empezar sin nada; **~ beigeben** ceder; **~er werden** disminuir; **beim ~sten Geräusch** al más mínimo ruido; **einen ~en Augenblick bitte** un momentito, por favor; **Kleinanzeige** f anuncio m breve; **kleingedruckt** adj s. **drucken**; **Kleingedruckte(s)** nt <-n, ohne pl> letra f pequeña; **Kleingeld** nt calderilla f

Kleinigkeit ['klaınıçkaıt] f <-en> pequeñez f; **eine ~ essen** (fam) comer una cosita; **das kostet aber eine ~** (fam iron) esto vale un dineral

kleinkariert adj (fam abw: Ansichten) de miras estrechas; **Kleinkind** nt niño, -a m, f pequeño, -a; **Kleinkram** m (fam: Dinge) cosillas fpl; (Angelegenheit) nimiedad f; **klein|kriegen** vt (fam) **1.** (zerkleinern) lograr partir **2.** (kaputtmachen) hacer pedazos **3.** (gefügig machen) doblar la voluntad (de); (müde machen) agotar; **kleinlaut** adj apocado

kleinlich adj (pedantisch) minucioso; (geizig) mezquino

klein|schreibenRR irr vt escribir con minúscula; **Kleinstadt** f ciudad f pequeña; **Kleinwagen** m (coche m) utilitario m

kleinwüchsig [-vy:ksıç] adj de baja estatura

Klemme ['klɛmə] f <-n> (zum Festklemmen) pinza f; (fam: Notlage) aprieto m; **in der ~ sitzen** encontrarse en un apuro

klemmen **I.** vi (Tür, Schloss) estar atrancado **II.** vt sujetar; **sich** dat **etw unter den Arm ~** ponerse algo debajo del brazo **III.** vr (fam): **sich hinter etw ~** aferrarse a algo

Klempner(in) ['klɛmpnɐ] m(f) <-s, -; -nen> fontanero, -a m, f

Klette ['klɛtə] f <-n> lampazo m; (fam: Person) lapa f

Kletteranlage f (SPORT) rocódromo m

klettern ['klɛtɐn] vi sein trepar (auf a)

Kletterpflanze f planta f trepadora

KlettverschlussRR m cierre m adhesivo, velcro® m

klicken ['klıkən] vi (INFOR) activar (auf)

Klient(in) [kli'ɛnt] m(f) <-en, -en; -nen> cliente, -a m, f

Klima ['kli:ma] nt <-s, -s o -te> clima m; **Klimaanlage** f (instalación f de) aire m acondicionado; **Klimakatastrophe** f catástrofe f climática

klimatisch [kli'ma:tıʃ] adj climático

klimatisiert [klimati'zi:ɐt] adj climatizado

Klimawechsel m cambio m de aires

Klinge ['klıŋə] f <-n> cuchilla f

Klingel ['klıŋəl] f <-n> timbre m

klingeln vi tocar el timbre; (Klingel, Telefon) sonar; **es hat geklingelt** han llamado

klingen ['klıŋən] <klingt, klang, geklungen> vi sonar

Klinik ['kli:nık] f <-en> clínica f

klinisch adj (MED) clínico; **~ tot** clínicamente muerto

Klinke ['klıŋkə] f <-n> picaporte m

klipp [klıp] adv (fam): **~ und klar** sin rodeos

Klippe ['klıpə] f <-n> (Fels) arrecife m; (fig: Hindernis) obstáculo m

klirren ['klırən] vi (Gläser) tintinear; (Fensterscheibe) vibrar

Klischee [kli'ʃe:] nt <-s, -s> clisé m; **in ~s denken** pensar de una manera estereotipada

Klo [klo:] nt <-s, -s> (fam) wáter m

Kloake [klo'a:kə] f <-n> cloaca f

klobig ['klo:bıç] adj macizo

Klobürste f (fam) escobilla f del retrete

klonen [klo:nən] vt clonar

Klopapier nt (fam) papel m del wáter

klopfen ['klɔpfən] **I.** vi (schlagen)

golpear; (*Herz*) palpitar; (*anklopfen*)
llamar **II.** *vt* (*Teppich*) sacudir; **den
Takt** ~ marcar el compás

Klosett [klo'zɛt] *nt* <-s, -s *o* -e> servicio(s) *m(pl)*

Kloß [kloːs] *m* <-es, Klöße> (*Fleischkloß*) albóndiga *f;* **einen** ~ **im Hals
haben** (*fam*) tener un nudo en la
garganta

Kloster ['kloːstɐ] *nt* <-s, Klöster>
convento *m*

Klotz [klɔts] *m* <-es, Klötze> bloque
m; (*Spielzeugklotz*) cubo *m* de madera

Klub [klʊp] *m* <-s, -s> club *m*

Kluft[1] [klʊft] *f* <Klüfte> abismo *m*

Kluft[2] *f* <-en> (*fam*) ropa *f;* (*einheitlich*) uniforme *m*

klug [kluːk] *adj* <klüger, am klügsten> inteligente; (*schlau*) listo; **aus
etw nicht** ~ **werden** no acabar de
entender algo; **der Klügere gibt
nach** (*prov*) ceder es cosa de sabios

Klugheit *f* (*Intelligenz*) inteligencia *f;*
(*Scharfsinn*) perspicacia *f;* (*Vernunft*) sensatez *f*

klumpen ['klʊmpən] *vi* formar grumos

Klumpen ['klʊmpən] *m* <-s, -> trozo
m; (*in Soße*) grumo *m;* (*Erdklumpen*) terrón *m*

km *Abk. von* **Kilometer** km

km/h *Abk. von* **Kilometer pro Stunde** km/h

knabbern ['knabɐn] *vi, vt* (*nagen*)
roer; (*essen*) picar

Knabe ['knaːbə] *m* <-n, -n> (*geh*)
muchacho *m*

knacken ['knakən] **I.** *vi* (*Holz*) crujir;
(*knistern*) chasquear **II.** *vt* (*Nüsse*)
partir; (*fam: Aufgabe*) resolver;
(*fam: Tresor*) forzar

knackig *adj* (*Salat*) fresco; (*knusprig*)
crujiente; (*a. fig*) apetitoso; **ein ~er
Typ** un tío bueno

Knacks [knaks] *m* <-es, -e> (*fam:
Riss*) grieta *f;* **einen** ~ **bekommen**
(*fig*) trastornarse

Knall [knal] *m* <-(e)s, -e> estallido
m; **er hat einen** ~ (*fam*) está chiflado

knallen I. *vi* 1. *haben* estallar; (*Tür*)
cerrarse de golpe; (*Korken*) saltar
2. *sein* (*stoßen*) chocar (*auf/gegen*
contra) **II.** *vt haben* (*Tür*) dar un
portazo (a); **den Hörer auf die Gabel** ~ colgar con un fuerte golpe;
jdm eine ~ (*fam*) soltar una bofetada a alguien

knallhart ['-'-] *adj* (*fam: Arbeit*) duro;
(*Film, Typ*) brutal; **Knallkörper** *m*
petardo *m;* **knallrot** ['-'-] *adj* (*fam*)
rojo vivo

knapp [knap] **I.** *adj* escaso; (*Kleidung*) justo; ~ **bei Kasse sein** andar justo de dinero; ~ **200 Euro**
poco menos de 200 euros; **eine ~e
Stunde** una hora escasa **II.** *adv*
(*kaum*) apenas; (*gerade so*) (muy)
justo; ~ **sein** escasear

knarren ['knarən] *vi* crujir

Knast [knast] *m* <-(e)s, -e *o* Knäste> (*fam*) chirona *f*

Knäuel ['knɔɪəl] *m o nt* <-s, -> ovillo
m

Knauf [knaʊf] *m* <-(e)s, Knäufe>
(*am Stock*) puño *m;* (*an der Tür*)
pomo *m*

knaus(e)rig ['knaʊz(ə)rɪç] *adj* (*fam
abw*) rácano

knausern ['knaʊzɐn] *vi* (*fam abw*)
cicatear

knautschen ['knaʊtʃən] *vi, vt* (*fam*)
arrugar(se)

Knebel ['kneːbəl] *m* <-s, -> mordaza *f*

knebeln *vt* amordazar

Knecht [knɛçt] *m* <-(e)s, -e> mozo
m de labranza

kneifen ['knaɪfən] <kneift, kniff, ge-

kniffen> I. vt (*in die Haut*) pellizcar (*in* en) II. vi (*Kleidung*) apretar; (*fam abw: sich drücken*) rajarse

Kneifzange f tenazas fpl

Kneipe ['knaɪpə] f <-n> (*fam*) bar m

Knete ['kne:tə] f (*fam*) **1.** (*Knetmasse*) plastilina® f **2.** (*Geld*) pasta f

kneten ['kne:tən] vt (*Teig*) amasar

Knick [knɪk] m <-(e)s, -e> (*Falte*) pliegue m; (*Biegung*) recodo m

knicken vt (*Papier*) doblar

Knie [kni:] nt <-s, -> rodilla f; **auf ~n** de rodillas; **weiche ~ bekommen** (*fam*) amedrentarse; **jdn übers ~ legen** (*fam*) pegar un palizón a alguien; **Kniekehle** f corva f

knien ['kni:ən, kni:n] I. vi haben o sein estar de rodillas II. vr haben: **sich ~** arrodillarse; **sich in die Arbeit ~** (*fam*) meterse de lleno en el trabajo

Kniescheibe f rótula f; **Kniestrumpf** m media f calcetín

kniff [knɪf] **3.** imp von **kneifen**

kniff(e)lig adj complicado; (*heikel*) delicado

knipsen ['knɪpsən] vt (*fam: fotografieren*) sacar una foto (de)

Knirps [knɪrps] m <-es, -e> (*fam: Junge*) renacuajo m

knirschen ['knɪrʃən] vi crujir; **mit den Zähnen ~** rechinar los dientes

knistern ['knɪstən] vi (*Feuer*) crepitar; (*vor Spannung*) chisporrotear

knittern ['knɪtən] vi, vt arrugar(se)

Knoblauch ['kno:blaʊx] m <-(e)s, ohne pl> ajo m; **Knoblauchzehe** f diente m de ajo

Knöchel ['knœçəl] m <-s, -> (*am Fuß*) tobillo m; (*am Finger*) nudillo m

Knochen ['knɔxən] m <-s, -> hueso m; **bis auf die ~ nass werden** (*fam*) calarse hasta los huesos; **Knochenbruch** m fractura f de hueso;

Knochengerüst nt esqueleto m

knochig ['knɔxɪç] adj huesudo; (*Gesicht*) descarnado

Knolle ['knɔlə] f <-n> tubérculo m

Knopf [knɔpf] m <-(e)s, Knöpfe> botón m; **einen ~ annähen** coser un botón; **auf den ~ drücken** pulsar el botón

knöpfen ['knœpfən] vt abotonar

Knopfloch nt ojal m

Knorpel ['knɔrpəl] m <-s, -> cartílago m

knorp(e)lig ['knɔrp(ə)lɪç] adj cartilaginoso

Knospe ['knɔspə] f <-n> (*Blütenknospe*) capullo m; (*von Blatt*) yema f

knoten vt hacer un nudo (en); (*Krawatte*) anudar

Knoten ['kno:tən] m <-s, -> nudo m; (*Frisur*) moño m

Know-how [nɔʊ'haʊ] nt <-(s), ohne pl> know-how m

Knüller ['knʏlɛ] m <-s, -> (*fam*) sensación f

knüpfen ['knʏpfən] vt (*Freundschaft*) trabar; **große Erwartungen an etw ~** poner grandes esperanzas en algo

Knüppel ['knʏpəl] m <-s, -> (*Stock*) garrote m; (*von Polizei*) porra f

knurren ['knʊrən] vi (*Hund, Mensch*) gruñir; **mir knurrt der Magen** me suenan las tripas

knusp(e)rig ['knʊsp(ə)rɪç] adj crujiente

knutschen ['knu:tʃən] vi (*fam*) besuquearse

k.o. [ka:'ʔo:] adj Abk. von **knock-out** k.o.; **~ gehen** quedar k.o.

Koalition [koali'tsjo:n] f <-en> coalición f; **Koalitionspartner** m socio m de coalición

Koblenz ['ko:blɛnts] nt <-> Coblenza f

Kobold ['ko:bɔlt] m <-(e)s, -e>

duende *m*

Koch, Köchin [kɔx, 'kœçɪn] *m, f*
<-(e)s, Köche; -nen> cocinero, -a
m, f; **Kochbuch** *nt* libro *m* de cocina

kochen ['kɔxən] **I.** *vi* (*Wasser*) hervir;
(*Speisen zubereiten*) cocinar; **er
kocht vor Wut** está muy furioso
II. *vt* (*garen*) cocer; (*zubereiten*)
preparar; **weich/hart gekocht** (*Ei*)
pasado por agua/duro

Kochlöffel *m* cuchara *f* de palo;
Kochplatte *f* fogón *m;* **Kochrezept** *nt* receta *f* de cocina; **Kochsalz** *nt* <-es, *ohne pl*> sal *f* común;
Kochtopf *m* olla *f*

Köder ['kø:dɐ] *m* <-s, -> cebo *m*

ködern *vt* (*Tiere*) echar el cebo (a);
(*Personen*) engatusar

Koffein [kɔfe'i:n] *nt* <-s, *ohne pl*>
cafeína *f;* **koffeinfrei** *adj* descafeinado

Koffer ['kɔfɐ] *m* <-s, -> maleta *f*, valija *f Am;* **Kofferradio** *nt* radio *f*
portátil; **Kofferraum** *m* maletero
m, baúl *m Am*

Kognak ['kɔnjak] *m* <-s, -s> coñac
m

Kohl [ko:l] *m* <-(e)s, *ohne pl*> col *f;*
das macht den ~ auch nicht fett
(*fam*) ya no importa; **Kohldampf**
m: ~ **haben** (*fam*) tener un hambre
de mil demonios

Kohle ['ko:lə] *f* <-n> **1.** (*Brennstoff*)
carbón *m;* (**wie**) **auf glühenden ~n
sitzen** (*fam*) estar sobre ascuas
2. *ohne pl* (*fam: Geld*) pasta *f;*
Kohle(n)hydrat *nt* <-(e)s, -e> hidrato *m* de carbono; **Kohlendioxid**
[--'---] *nt* <-(e)s, *ohne pl*> anhídrido
m carbónico; **Kohlensäure** *f* ácido
m carbónico; **Mineralwasser mit ~**
agua mineral con gas; **Kohlenstoff**
m <-(e)s, *ohne pl*> carbono *m*

Kohlkopf *m* repollo *m*

Kohlrabi [ko:l'ra:bi] *m* <-(s), -(s)>
colinabo *m*

Koitus ['ko:itʊs] *m* <-, -(se)> coito *m*

Koje ['ko:jə] *f* <-n> litera *f*

Kokain [koka'i:n] *nt* <-s, *ohne pl*>
cocaína *f*

kokett [ko'kɛt] *adj* coqueto

kokettieren* [kokɛ'ti:rən] *vi* coquetear

Kokosnuss[RR] *f* coco *m*

Koks [ko:ks] *m* <-es, *ohne pl*> (*sl:
Kokain*) coca *f*

Kolik ['ko:lɪk, ko'li:k] *f* <-en> cólico
m

Kollaps ['kɔlaps, -'-] *m* <-es, -e> colapso *m*

Kollege, Kollegin [kɔ'le:gə] *m, f*
<-n, -n; -nen> colega *mf*

kollegial [kɔle'gja:l] *adj* solidario

Kollegium [kɔ'le:giʊm] *nt* <-s, Kollegien> (*Lehrerkollegium*) cuerpo
m docente

Kollektion [kɔlek'tsjo:n] *f* <-en> colección *f*

kollidieren* [kɔli'di:rən] *vi sein* colisionar (*mit* contra)

Kollision [kɔli'zjo:n] *f* <-en> colisión *f*

Köln [kœln] *nt* <-s> Colonia *f*

Kolonie [kolo'ni:] *f* <-n> colonia *f*

kolonisieren* [koloni'zi:rən] *vt* colonizar

Kolonne [ko'lɔnə] *f* <-n> (*Fahrzeugkolonne*) caravana *f*

kolossal [kolɔ'sa:l] *adj* colosal

Kolumbianer(in) [kolʊm'bja:nɐ]
m(f) <-s, -; -nen> colombiano, -a
m, f

kolumbianisch [kolʊm'bja:nɪʃ] *adj*
colombiano

Kolumbien [ko'lʊmbiən] *nt* <-s>
Colombia *f*

Koma ['ko:ma] *nt* <-s, -s *o* -ta>
coma *m;* **im ~ liegen** estar en (estado de) coma

Kombination [kɔmbina'tsjoːn] *f*
<-en> (*Verbindung*) combinación *f*
kombinieren* [kɔmbi'niːrən] I. *vi*
(*folgern*) deducir II. *vt* combinar
Kombiwagen *m* coche *m* furgoneta
Komet [ko'meːt] *m* <-en, -en> cometa *m*
Komfort [kɔm'foːɐ] *m* <-s, *ohne pl*>
confort *m*
komfortabel [kɔmfɔr'taːbəl] *adj* confortable
Komik ['koːmɪk] *f* comicidad *f*
Komiker(in) ['koːmikɐ] *m(f)* <-s, -;
-nen> cómico, -a *m, f*
komisch *adj* cómico; (*seltsam*) raro
komischerweise ['koːmɪʃɐ'vaɪzə]
adv curiosamente
Komitee [komi'teː, kɔmi'teː] *nt* <-s,
-s> comité *m*
Komma ['kɔma] *nt* <-s, -s *o* -ta>
coma *f*
Kommando [kɔ'mando] *nt* <-s, -s>
1. (*Befehl*) orden *f* **2.** (*Gruppe*) comando *m* **3.** *ohne pl* (*Befehlsgewalt*) mando *m*
kommen ['kɔmən] <kommt, kam,
gekommen> *vi sein* (*herkommen*)
venir; (*hinkommen*) ir; (*ankommen*)
llegar; (*zurückkehren*) volver; **ich
komme aus Dortmund** soy de
Dortmund; **zu spät ~** llegar tarde;
komme, was da wolle pase lo
que pase; **man kommt hier zu
nichts** aquí no se tiene tiempo para
nada; **wieder zu sich** *dat* **~** volver
en sí; **wie kommst du darauf?**
¿cómo se te ocurre?; **hinter etw ~**
descubrir algo; **ich habe es ~ sehen**
ya me lo veía venir; **das musste ja
so ~** tenía que pasar; **das kommt
davon, dass ...** eso se debe a...;
das kommt davon! ¡esa es la consecuencia!
kommend *adj* venidero; **die ~en
Jahre** los años venideros; **~e Wo-**

che la semana que viene
Kommentar [kɔmɛn'taːɐ] *m* <-(e)s,
-e> comentario *m;* **kommentarlos**
adj sin comentario
kommentieren* [kɔmɛn'tiːrən] *vt*
comentar
kommerzialisieren* [kɔmɛrtsjali'ziː-
rən] *vt* comercializar
kommerziell [kɔmɛr'tsjɛl] *adj* comercial
Kommilitone, Kommilitonin [kɔ-
mili'toːnə] *m, f* <-n, -n; -nen> compañero, -a *m, f* de estudios
Kommissar(in) [kɔmɪ'saːɐ] *m(f)*
<-s, -e; -nen> (*Polizeibeamter*) comisario, -a *m, f* de policía
Kommission [kɔmɪ'sjoːn] *f* <-en>
comisión *f*
Kommode [kɔ'moːdə] *f* <-n> cómoda *f*
Kommunalpolitik *f* <-en> política *f*
municipal
Kommunikation [kɔmunika'tsjoːn] *f*
comunicación *f;* **Kommunikationsmittel** *nt* medio *m* de comunicación
Kommunion [kɔmu'njoːn] *f* <-en>
(*Erstkommunion*) primera comunión *f*
Kommunismus [kɔmu'nɪsmʊs] *m*
<-, *ohne pl*> comunismo *m*
Kommunist(in) [kɔmu'nɪst] *m(f)*
<-en, -en; -nen> comunista *mf*
kommunizieren* [kɔmuni'tsiːrən] *vi*
(*reden*) comunicarse
Komödie [ko'møːdjə] *f* <-n> comedia *f*
kompakt [kɔm'pakt] *adj* compacto;
(*fam: Statur*) macizo
Kompanie [kɔmpa'niː] *f* <-n> compañía *f*
Komparativ ['kɔmparatiːf] *m* <-s,
-e> comparativo *m*
Kompass[RR] ['kɔmpas] *m* <-es, -e>
brújula *f*

kompatibel [kɔmpa'tiːbəl] *adj* compatible

kompensieren* [kɔmpɛn'ziːrən] *vt* compensar

kompetent [kɔmpe'tɛnt] *adj* competente

Kompetenz [kɔmpe'tɛnts] *f* <-en> competencia *f*; **seine ~en überschreiten** sobrepasar sus competencias

komplett [kɔm'plɛt] **I.** *adj* completo **II.** *adv* por completo

komplex [kɔm'plɛks] *adj* complejo

Komplex [kɔm'plɛks] *m* <-es, -e> complejo *m*

Komplikation [kɔmplika'tsjoːn] *f* <-en> complicación *f*

Kompliment [kɔmpli'mɛnt] *nt* <-(e)s, -e> cumplido *m*; **jdm ~e machen** decirle piropos a alguien

Komplize, Komplizin [kɔm'pliːtsə] *m, f* <-n, -n; -nen> cómplice *mf*

komplizieren* [kɔmpli'tsiːrən] *vt, vr:* **sich ~** complicar(se)

kompliziert [kɔmpli'tsiːɐt] *adj* complicado

Komplott [kɔm'plɔt] *nt* <-(e)s, -e> complot *m*; **ein ~ schmieden** tramar un complot

Komponente [kɔmpo'nɛntə] *f* <-n> componente *m*

komponieren* [kɔmpo'niːrən] *vi, vt* componer

Komponist(in) [kɔmpo'nɪst] *m(f)* <-en, -en; -nen> compositor(a) *m(f)*

Kompositum [kɔm'poːzitʊm] *nt* <-s, Komposita> palabra *f* compuesta

Kompost [kɔm'pɔst] *m* <-(e)s, -e> compost *m*

kompostieren* [kɔmpɔs'tiːrən] *vt* **1.** (*zu Kompost verarbeiten*) convertir en compost **2.** (*düngen*) abonar con compost

Kompott [kɔm'pɔt] *nt* <-(e)s, -e> compota *f*

KompromissRR [kɔmpro'mɪs] *m* <-es, -e> compromiso *m*; **mit jdm einen ~ schließen** llegar a un acuerdo con alguien; **kompromissbereit**RR *adj* dispuesto a ceder; **Kompromissbereitschaft**RR *f ohne pl* disposición *f* a transigir

kompromittieren* [kɔmprɔmɪ'tiːrən] *vt* comprometer

Kondensmilch [kɔn'dɛns-] *f* leche *f* condensada

Kondition [kɔndi'tsjoːn] *f* <-en> condición *f*; **eine gute ~ haben** estar en buena forma

Konditor(in) [kɔn'diːtoːɐ] *m(f)* <-s, -en; -nen> pastelero, -a *m, f*

Konditorei [kɔndito'raɪ] *f* <-en> pastelería *f*

Kondom [kɔn'doːm] *nt* <-s, -e> condón *m*

Konfekt [kɔn'fɛkt] *nt* <-(e)s, -e> dulces *mpl*

Konferenz [kɔnfe'rɛnts] *f* <-en> conferencia *f*

Konfession [kɔnfɛ'sjoːn] *f* <-en> confesión *f*; **konfessionslos** *adj* aconfesional

Konfetti [kɔn'fɛti] *nt* <-(s), *ohne pl*> confeti *m*

Konfiguration [kɔnfigura'tsjoːn] *f* <-en> configuración *f*

Konfirmation [kɔnfɪrma'tsjoːn] *f* <-en> confirmación *f*

konfiszieren* [kɔnfɪs'tsiːrən] *vt* confiscar

Konfitüre [kɔnfi'tyːrə] *f* <-n> confitura *f*

Konflikt [kɔn'flɪkt] *m* <-(e)s, -e> conflicto *m*

Konfrontation [kɔnfrɔnta'tsjoːn] *f* <-en> confrontación *f*

konfrontieren* [kɔnfrɔn'tiːrən] *vt* confrontar (*mit* con)

konfus [kɔn'fuːs] *adj* confuso; **jdn ~ machen** desconcertar a alguien

Kongressᴿᴿ [kɔŋ'grɛs, kɔn'grɛs] *m* <-es, -e> congreso *m*

König(in) ['køːnɪç] *m(f)* <-s, -e; -nen> rey *m*, reina *f*

königlich [køːnɪklɪç] *adj* real

Königreich *nt* reino *m*

konjugieren* [kɔnju'giːrən] *vt* conjugar

Konjunktiv ['kɔnjʊŋktiːf] *m* <-s, -e> ≈subjuntivo *m*

Konjunktur [kɔnjʊŋk'tuːɐ] *f* <-en> coyuntura *f*

konkret [kɔn'kreːt] **I.** *adj* concreto **II.** *adv* en concreto

konkretisieren* [kɔŋkreti'ziːrən] *vt* concretar

Konkurrent(in) [kɔŋkʊ'rɛnt] *m(f)* <-en, -en; -nen> competidor(a) *m(f)*

Konkurrenz [kɔŋkʊ'rɛnts] *f* competencia *f;* **jdm ~ machen** hacer la competencia a alguien; **konkurrenzfähig** *adj* competitivo; **Konkurrenzkampf** *m* competición *f*

konkurrieren* [kɔŋkʊ'riːrən] *vi* competir (*um* por); **miteinander ~** hacerse la competencia

Konkurs [kɔn'kʊrs] *m* <-es, -e> quiebra *f;* **~ anmelden** declararse en quiebra

können[1] ['kœnən] <kann, konnte, können> *vt Modalverb* poder +*inf*; **kann ich etwas für Sie tun?** ¿puedo ayudarle en algo?; **kann sein** es posible; **das kann nicht sein** no puede ser; **es kann sein, dass ...** puede que... +*subj*

können[2] <kann, konnte, gekonnt> **I.** *vt* saber; **was ~ Sie?** ¿qué sabe Ud. hacer?; **sie kann gut Spanisch** habla bien español **II.** *vi* poder (hacer); **ich kann nichts dafür** (*fam*) no es culpa mía; **ich kann**

nicht mehr (*fam*) ya no puedo más; **so schnell sie konnte** lo más rápido que pudo

Können *nt* <-s, *ohne pl*> (*Wissen*) saber *m;* (*Fähigkeit*) capacidad *f*

konnte ['kɔntə] *3. imp von* **können**

Konsens [kɔn'zɛns] *m* <-es, -e> consenso *m*

konsequent [kɔnze'kvɛnt] **I.** *adj* consecuente **II.** *adv* de forma consecuente; **~ durchgreifen** proceder enérgicamente; **etw ~ verfolgen** perseguir algo con perseverancia

Konsequenz [kɔnze'kvɛnts] *f* <-en> **1.** (*Folge*) consecuencia *f;* **die ~en tragen** asumir las consecuencias **2.** *ohne pl* (*Unbeirrbarkeit*) perseverancia *f*

konservativ ['kɔnzɛrvatiːf, ---'-] *adj* conservador

Konserve [kɔn'zɛrvə] *f* <-n> conserva *f;* **Konservenbüchse** *f,* **Konservendose** *f* lata *f* de conservas; **Konservendose** *f* lata *f* de conservas

konservieren* [kɔnzɛr'viːrən] *vt* conservar

Konservierungsmittel *nt* conservante *m*

Konsonant [kɔnzo'nant] *m* <-en, -en> consonante *f*

konstant [kɔn'stant] *adj* constante

konstatieren* [kɔnsta'tiːrən] *vt* constatar

Konstellation [kɔnstɛla'tsjoːn] *f* <-en> constelación *f*

Konstitution [kɔnstitu'tsjoːn] *f* <-en> constitución *f*

konstruieren* [kɔnstru'iːrən] *vt* (*a.* MATH, LING) construir

Konstruktion [kɔnstrʊk'tsjoːn] *f* <-en> construcción *f*

konstruktiv [kɔnstrʊk'tiːf] *adj* constructivo

Konsul(in) ['kɔnzʊl] *m(f)* <-s, -n;

-nen> cónsul *mf*

Konsulat [kɔnzu'laːt] *nt* <-(e)s, -e> consulado *m*

konsultieren* [kɔnzʊl'tiːrən] *vt* consultar

Konsum [kɔn'zuːm] *m* <-s, *ohne pl*> consumo *m*

Konsument(in) [kɔnzu'mɛnt] *m(f)* <-en, -en; -nen> consumidor(a) *m(f)*

Konsumgesellschaft *f* sociedad *f* de consumo; **Konsumgüter** *ntpl* bienes *mpl* de consumo

konsumieren* [kɔnzu'miːrən] *vt* consumir

konsumorientiert *adj* consumista

Kontakt [kɔn'takt] *m* <-(e)s, -e> contacto *m;* **mit jdm in ~ kommen** entrar en contacto con alguien; **Kontaktanzeige** *f* anuncio *m* de contacto; **kontaktfreudig** *adj* sociable; **Kontaktlinse** *f* lentilla *f*

Konten *pl von* **Konto**

Kontext ['kɔntɛkst] *m* <-(e)s, -e> contexto *m*

Kontinent ['kɔntinɛnt, --'-] *m* <-(e)s, -e> continente *m*

Kontingent [kɔntɪŋ'gɛnt] *nt* <-(e)s, -e> contingente *m*

kontinuierlich [kɔntinu'iːɐlɪç] *adj* continuo

Konto ['kɔnto] *nt* <-s, Konten> cuenta *f;* **ein ~ eröffnen/auflösen** abrir/cerrar una cuenta; **Kontoauszug** *m* extracto *m* de cuenta; **Kontoinhaber(in)** *m(f)* titular *mf* de una cuenta; **Kontonummer** *f* número *m* de (la) cuenta; **Kontostand** *m* estado *m* de (la) cuenta

kontra ['kɔntra] **I.** *präp* +*akk* (JUR: *a. fig*) contra **II.** *adv* (*dagegen*) en contra

Kontrabass^RR ['kɔntra-] *m* contrabajo *m*

Kontrahent(in) [kɔntra'hɛnt] *m(f)*

<-en, -en; -nen> (*Gegner*) adversario, -a *m, f;* (*Vertragspartner*) parte *f* contratante

Kontrast [kɔn'trast] *m* <-(e)s, -e> contraste *m*

Kontrolle [kɔn'trɔlə] *f* <-n> control *m;* **jdn/etw unter ~ haben** controlar a alguien/algo

Kontrolleur(in) [kɔntrɔ'løːɐ] *m(f)* <-s, -e; -nen> controlador(a) *m(f)*

kontrollieren* [kɔntrɔ'liːrən] *vt* controlar

Kontrolllampe^RR *f* piloto *m*

kontrovers [kɔntro'vɛrs] *adj* (*umstritten*) controvertido

Kontroverse [kɔntro'vɛrzə] *f* <-n> controversia *f*

Kontur [kɔn'tuːɐ] *f* <-en> contorno *m*

Konvention [kɔnvɛn'tsjoːn] *f* <-en> convención *f*

konventionell [kɔnvɛntsjo'nɛl] *adj* convencional

Konversation [kɔnvɛrza'tsjoːn] *f* <-en> conversación *f*

konvertieren* [kɔnvɛr'tiːrən] *vt* (IN-FOR) convertir

Konvoi [kɔn'vɔɪ, '--] *m* <-s, -s> convoy *m*

Konzentrat [kɔntsɛn'traːt] *nt* <-(e)s, -e> concentrado *m*

Konzentration [kɔntsɛntra'tsjoːn] *f* <-en> concentración *f;* **Konzentrationslager** *nt* campo *m* de concentración

konzentrieren* [kɔntsɛn'triːrən] *vt, vr:* **sich ~** concentrar(se) (*auf* en)

konzentriert [kɔntsɛn'triːɐt] *adj* concentrado

Konzept [kɔn'tsɛpt] *nt* <-(e)s, -e> (*Rohfassung*) borrador *m;* (*Programm*) plan *m;* **aus dem ~ kommen** perder el hilo; **jdn aus dem ~ bringen** desconcertar a alguien; **das passt mir nicht ins ~** eso no cuadra con mis planes

Konzeption [kɔntsɛp'tsjoːn] *f* <-en> concepción *f*

Konzern [kɔn'tsɛrn] *m* <-s, -e> consorcio *m*

Konzert [kɔn'tsɛrt] *nt* <-(e)s, -e> concierto *m*

Konzession [kɔntsɛ'sjoːn] *f* <-en> 1. (*Zugeständnis*) concesión *f;* **er ist (nicht) zu ~en bereit** (no) está dispuesto a hacer concesiones 2. (*Genehmigung*) licencia *f;* **jdm die ~ entziehen** retirar la licencia a alguien

konzipieren* [kɔntsi'piːrən] *vt* planear

Kooperation [koʔopera'tsjoːn] *f* <-en> cooperación *f*

kooperativ [koʔopera'tiːf] *adj* cooperativo

kooperieren* [koʔope'riːrən] *vi* cooperar

koordinieren* [koʔɔrdi'niːrən] *vt* coordinar

Kopf [kɔpf] *m* <-(e)s, Köpfe> cabeza *f;* **~ oder Zahl?** ¿cara o cruz?; **~ hoch!** ¡ánimo!; **etw auf den ~ stellen** poner algo patas arriba; **~ und Kragen riskieren** jugarse la vida; **sie hat ihren eigenen ~** ella sabe lo que quiere; **er ist nicht auf den ~ gefallen** no tiene un pelo de tonto; **mit dem ~ durch die Wand wollen** querer lo imposible; **einen kühlen ~ bewahren** mantener la calma; **ich war wie vor den ~ gestoßen** me quedé parado; **jdm den ~ verdrehen** (*fam*) robarle el sentido a alguien; **das Ganze wächst ihm über den ~** es superior a sus fuerzas

köpfen ['kœpfən] *vt* (*enthaupten*) decapitar

Kopfende *nt* cabecera *f;* **Kopfhaut** *f* cuero *m* cabelludo; **Kopfhörer** *m*

auricular(es) *m(pl);* **Kopfkissen** *nt* almohada *f;* **Kopfnicken** *nt* <-s, *ohne pl*> señal *f* afirmativa (con la cabeza); **Kopfschmerz** *m* dolor *m* de cabeza; **Kopfschütteln** *nt* <-s, *ohne pl*> cabeceo *m*

Kopfsteinpflaster *nt* adoquinado *m*

Kopftuch *nt* pañuelo *m* de cabeza; **kopfüber** [-'--] *adv* de cabeza; **Kopfweh** *nt* <-(e)s, -e> dolor *m* de cabeza; **Kopfzerbrechen** *nt:* **sich** *dat* **~ über etw machen** romperse la cabeza por algo

Kopie [ko'piː] *f* <-n> copia *f*

kopieren* [ko'piːrən] *vt* copiar

Kopierer *m* <-s, -> (*fam*), **Kopiergerät** [ko'piːrə-] *nt* fotocopiadora *f;* **Kopierschutz** *m*, **Kopiersperre** *f* (INFOR) protección *f* contra copias

Kopilot(in) ['koːpiloːt] *m(f)* copiloto *mf*

koppeln ['kɔpəln] *vt* acoplar

Kopp(e)lung *f* <-en> acoplamiento *m*

Koralle [ko'ralə] *f* <-n> coral *m;* **Korallenriff** *nt* arrecife *m* coralino

Koran [ko'raːn] *m* <-s> Corán *m*

Korb [kɔrp] *m* <-(e)s, Körbe> (*Behälter*) cesta *f;* (*größer*) cesto *m;* **jdm einen ~ geben** (*fig*) dar calabazas a alguien

Kordel ['kɔrdəl] *f* <-n> cordel *m*

Kork [kɔrk] *m* <-(e)s, -e> corcho *m*

Korken ['kɔrkən] *m* <-s, -> corcho *m;* **Korkenzieher** *m* <-s, -> sacacorchos *m inv*

Korn¹ [kɔrn] *nt* <-(e)s, Körner> (*Teilchen, Samenkorn*) grano *m*

Korn² *nt* <-(e)s, -e> (*Getreide*) cereales *mpl;* **jdn aufs ~ nehmen** tomarla con alguien

Körper ['kœrpɐ] *m* <-s, -> cuerpo *m;* **Körperbau** *m* <-(e)s, *ohne pl*> constitución *f* física; **körperbehindert** *adj* minusválido

Körpergewicht nt <-(e)s, ohne pl> peso m corporal; **Körpergröße** f talla f; **Körperhaltung** f postura f; (fig) porte m

körperlich adj corporal

Körperpflege f aseo m personal; **Körpersprache** f ohne pl lenguaje m gestual; **Körperteil** m parte f del cuerpo; **Körperverletzung** f lesión f física

korpulent [kɔrpu'lɛnt] adj corpulento

korrekt [kɔ'rɛkt] adj correcto

Korrektur [kɔrɛk'tuːɐ] f <-en> corrección f

Korrespondent(in) [kɔrɛspɔn'dɛnt] m(f) <-en, -en; -nen> corresponsal mf

Korrespondenz [kɔrɛspɔn'dɛnts] f <-en> correspondencia f

Korridor ['kɔridoːɐ] m <-s, -e> corredor m

korrigieren* [kɔri'giːrən] vt corregir

korrupt [kɔ'rʊpt] adj corrupto

Korruption [kɔrʊp'tsjoːn] f <-en> corrupción f

Korsett [kɔr'zɛt] nt <-s, -s o -e> corsé m

Korsika ['kɔrzika] nt <-s> Córcega f

korsisch adj corso

Kosename m apodo m cariñoso

Kosmetik [kɔs'meːtɪk] f cosmética f

Kosmetiker(in) [kɔs'meːtike] m(f) <-s, -; -nen> esteticista mf

kosmetisch adj cosmético

kosmisch ['kɔsmɪʃ] adj cósmico

Kosmonaut(in) [kɔsmo'naʊt] m(f) <-en, -en; -nen> cosmonauta mf

Kosmopolit(in) [kɔsmopo'liːt] m(f) <-en, -en; -nen> cosmopolita mf

Kosmos ['kɔsmɔs] m <-, ohne pl> cosmos m inv

Kost [kɔst] f alimentos mpl; **~ und Logis** comida y alojamiento

kostbar adj valioso

kosten ['kɔstən] vt (probieren) probar; (Preis haben, erfordern) costar; **wie viel kostet das?** ¿cuánto vale?; **das kostet Zeit** eso requiere tiempo; **das kostet mich einige Überwindung** el hacerlo me cuesta cierto esfuerzo

Kosten ['kɔstən] pl gastos mpl; **keine ~ scheuen** no reparar en gastos; **auf ~ der Gesundheit** a costa de la salud; **auf seine ~ kommen** quedarse satisfecho

kostengünstig adj rentable; **kostenlos I.** adj gratuito **II.** adv gratis

köstlich ['kœstlɪç] adj delicioso; **ich habe mich ~ amüsiert** me lo he pasado bomba

Kostprobe f bocadito m; (Beispiel) muestra f

kostspielig adj costoso

Kostüm [kɔs'tyːm] nt <-s, -e> (Damenkostüm) traje m chaqueta; (THEAT) traje m; (Verkleidung) disfraz m

Kot [koːt] m <-(e)s, -e o -s> (geh) excrementos mpl

Kotelett ['kɔtlɛt, kɔt'lɛt] nt <-s, -s> chuleta f

Koteletten [kɔt'lɛtən] pl patillas fpl

Köter ['køːtɐ] m <-s, -> (abw) chucho m

Kotflügel m guardabarros m inv

kotzen vi (vulg) echar la pota; **das ist zum Kotzen** es un coñazo

Krabbe ['krabə] f <-n> cangrejo m de mar

krabbeln ['krabəln] vi sein (Kind) andar a gatas; (Käfer) correr

Krach [krax] m <-(e)s, Kräche> 1. (fam: Streit) bronca f; **mit jdm ~ haben** tener una bronca con alguien 2. ohne pl (Lärm) ruido m

krachen vi (platzen) estallar; (Schuss) estallar; (Donner) retumbar

krächzen ['krɛçtsən] vi (Vogel) graznar; (Mensch) hablar con voz ronca

Kraft [kraft] f <Kräfte> fuerza f; **aus eigener** ~ por propio esfuerzo; **mit vereinten Kräften** en un esfuerzo común; **das geht über meine Kräfte** eso es demasiado para mí; **in** ~ **treten** entrar en vigor; **Kraftausdruck** m <-(e)s, -drücke> palabrota f; **Kraftfahrer** (in) m(f) conductor(a) m(f); **Kraftfahrzeug** nt automóvil m

kräftig ['krɛftɪç] I. adj fuerte; (Essen) sustancioso II. adv (sehr) mucho

kräftigen ['krɛftɪgən] vt fortalecer

kraftlos adj sin fuerza; **Kraftprobe** f prueba f de fuerza; **Kraftstoff** m carburante m; **kraftvoll** I. adj fuerte II. adv con fuerza; **Kraftwerk** nt central f energética

Kragen ['kra:gən] m <-s, -> cuello m; **mir platzt gleich der** ~ (fam) estoy a punto de reventar

Krähe ['krɛ:ə] f <-n> corneja f

krähen vi (Hahn) cantar; (Kind) berrear

krakelig ['kra:kəlɪç] adj garabatoso

Kralle ['kralə] f <-n> garra f

Kram [kra:m] m <-(e)s, ohne pl> (fam: Gerümpel) trastos mpl; (Angelegenheit) chisme m; **jdm passt etw nicht in den** ~ (fam) algo no le viene bien a alguien

kramen I. vi (fam: stöbern) revolver (in por entre) II. vt (fam: hervorholen) sacar (aus de)

Krampf [krampf] m <-(e)s, Krämpfe> calambre m; **krampfhaft** adj (verbissen) obstinado; ~ **an etw festhalten** agarrarse a algo obstinadamente

Kran [kra:n] m <-(e)s, -e o Kräne> grúa f

Kranich ['kra:nɪç] m <-s, -e> grulla f

krank [kraŋk] adj enfermo; ~ **werden** caer enfermo

kränkeln ['krɛŋkəln] vi (Person) estar

achacoso; (Wirtschaft,) ir cuesta abajo

kränken ['krɛŋkən] vt ofender

Krankengymnastik f fisioterapia f; **Krankenhaus** nt hospital m; **Krankenkasse** f caja f del seguro; **Krankenpfleger** (in) m(f) enfermero, -a m, f; **Krankenschein** m volante m de asistencia médica; **Krankenschwester** f enfermera f; **Krankenversicherung** f seguro m de enfermedad; **Krankenwagen** m ambulancia f

krank|feiern vi (fam) faltar al trabajo fingiendo estar enfermo

krankhaft I. adj enfermizo II. adv desmesuradamente

Krankheit f <-en> enfermedad f; **Krankheitserreger** m germen m patógeno

kränklich ['krɛŋklɪç] adj enfermizo

krank|melden [RR] vr: **sich** ~ darse de baja por enfermedad; **krank|schreiben** [RR] irr vt dar de baja por enfermedad

Kränkung ['krɛŋkʊŋ] f <-en> ofensa f; (Demütigung) humillación f

Kranz [krants] m <-es, Kränze> corona f

krass [RR] [kras] adj (auffallend) llamativo; (Unterschied) grande

Krater ['kra:tɐ] m <-s, -> cráter m

kratzen ['kratsən] I. vt 1. (Person) rascar; (Katze) arañar 2. (leicht verletzen) rasguñar 3. (abkratzen) raspar (von de) II. vi picar III. vr: **sich** ~ rascarse

Kratzer m <-s, -> (Schramme) arañazo m

kraulen ['kraʊlən] vt (streicheln) acariciar

kraus [kraʊs] adj (Haar) rizado

Kraut [kraʊt] nt <-(e)s, Kräuter> 1. (Pflanze) hierba f; **dagegen ist kein** ~ **gewachsen** (fam) eso no tiene remedio **2.** *ohne pl* (*Weißkraut*) repollo *m*

Kräutertee *m* tisana *f*

Krawall [kra'val] *m* <-s, -e> **1.** (*Tumult*) disturbio *m* **2.** *ohne pl* (*fam: Lärm*) escándalo *m*

Krawatte [kra'vatə] *f* <-n> corbata *f*

kreativ [krea'ti:f] *adj* creativo

Kreativität [kreativi'tɛ:t] *f* creatividad *f*

Kreatur [krea'tu:ɐ] *f* <-en> criatura *f*

Krebs [kre:ps] *m* <-es, -e> **1.** (ZOOL) cangrejo *m* **2.** (MED) cáncer *m*; ~ **erregend** cancerígeno **3.** (ASTR) Cáncer *m*; **krebserregend** *adj* cancerígeno

Kredit [kre'di:t] *m* <-(e)s, -e> crédito *m*; **einen ~ aufnehmen** pedir un préstamo; **Kreditinstitut** *nt* instituto *m* de crédito; **Kreditkarte** *f* tarjeta *f* de crédito

Kreide ['kraidə] *f* <-n> **1.** (*zum Schreiben*) tiza *f* **2.** *ohne pl* (*Kalkstein*) creta *f*; **kreidebleich** ['--'-] *adj* blanco como la pared

Kreis [krais] *m* <-es, -e> círculo *m*; (ADMIN) distrito *m*; **im ~e seiner Familie** en el seno de la familia; **eine Feier im kleinen ~e** una fiesta en familia

kreischen ['kraiʃən] *vi* (*schreien*) chillar

kreisen ['kraizən] *vi haben o sein* (*sich drehen*) girar (*um* alrededor de); (*Vögel, a.* AERO) dar vueltas (*über* sobre)

Kreislauf *m* (*Zyklus*) ciclo *m*; (*Blutkreislauf*) circulación *f*

Kreißsaal ['krais-] *m* sala *f* de partos

Kreisstadt *f* capital *f* de distrito; **Kreisverkehr** *m* rotonda *f*

Krematorium [krema'to:rium] *nt* <-s, Krematorien> crematorio *m*

Kreml ['kre:m(ə)l] *m* <-s>: **der ~** el Kremlin

Krempe ['krɛmpə] *f* <-n> ala *f* del sombrero

Krempel ['krɛmpəl] *m* <-s, *ohne pl*> (*fam abw*) cachivaches *mpl*

krepieren* [kre'pi:rən] *vi sein* (*fam: sterben*) palmarla

Krepp [krɛp] *m* <-s, -s *o* -e> crespón *m*

Kreta ['kre:ta] *nt* <-s> Creta *f*

kreuz [krɔits] *adv:* ~ **und quer** a diestro y siniestro

Kreuz [krɔits] *nt* <-es, -e> (*a.* REL) cruz *f*; (*Rückenbereich*) región *f* lumbar; (*fam*) espalda *f*; **das Rote ~** la Cruz Roja; **jdn aufs ~ legen** (*fam: hereinlegen*) timar a alguien

kreuzen I. *vi haben o sein* (NAUT: *ziellos fahren*) cruzar **II.** *vt haben* (*a.* BIOL) cruzar; **eine Straße ~** cruzar una calle **III.** *vr haben:* **sich ~** (*sich überschneiden*) cruzarse

Kreuzfahrt *f* crucero *m*; **Kreuzfeuer** *nt:* **ins ~ der Kritik geraten** exponerse a violentas críticas

kreuzigen ['krɔitsɪgən] *vt* crucificar

Kreuzung *f* <-en> (*a.* BIOL) cruce *m*

Kreuzworträtsel *nt* crucigrama *m*

kribbeln ['krɪbəln] *vi* (*jucken*) picar

kriechen ['kri:çən] <kriecht, kroch, gekrochen> *vi sein* **1.** (*Mensch*) arrastrarse; (*Tier*) reptar; (*Schlange*) deslizarse **2.** (*abw: unterwürfig sein*) humillarse (*vor* ante)

Krieg [kri:k] *m* <-(e)s, -e> guerra *f*

kriegen ['kri:gən] *vt* (*fam*) obtener; **wenn ich dich kriege!** ¡si te pillo!

kriegerisch *adj* guerrero; ~**e Auseinandersetzungen** acciones bélicas

Kriegsdienstverweigerer *m* <-s, -> objetor *m* de conciencia; **Kriegsfuß** *m* (*fam*): **mit jdm/etw auf ~ stehen** estar en pie de guerra con alguien/algo; **Kriegsgefangene(r)** *f(m)* prisionero, -a *m, f* de guerra;

Kriegsschauplatz *m* escenario *m* bélico; **Kriegsverbrechen** *nt* crimen *m* de guerra

Krimi ['krɪmi] *m* <-s, -s> (*fam: Film*) película *f* policíaca; (*Roman*) novela *f* policíaca

Kriminalbeamte(r) *m*, **-beamtin** *f* agente *mf* de la policía judicial; **Kriminalfilm** *m* película *f* policíaca; (*Gattung*) cine *m* negro

Kriminalität [kriminali'tɛːt] *f* criminalidad *f*

Kriminalpolizei *f* Brigada *f* de Investigación Criminal; **Kriminalroman** *m* novela *f* policíaca

kriminell [krimi'nɛl] *adj* (*a. fig*) criminal

Kriminelle(r) *mf* <-n, -n; -n> criminal *mf*

Krimskrams ['krɪmskrams] *m* <-, ohne pl> (*fam*) cachivaches *mpl*

kringeln *vr:* **sich ~** enroscarse

Kripo ['kriːpo] *f* <-s> *s.* **Kriminalpolizei**

Krippe ['krɪpə] *f* <-n> (*Futterkrippe*) pesebre *m;* (*Weihnachtskrippe*) belén *m;* (*Kinderhort*) guardería *f*

Krise ['kriːzə] *f* <-n> crisis *f inv;* **Krisengebiet** *nt* región *f* en crisis; **Krisenherd** *m* zona *f* conflictiva

Kristall [krɪs'tal] *m* <-s, -e> cristal *m*

Kriterium [kri'teːriʊm] *nt* <-s, Kriterien> criterio *m*

Kritik [kri'tiːk, kri'tɪk] *f* <-en> crítica *f;* (*Rezension*) reseña *f*

Kritiker(in) ['kriːtikɐ] *m(f)* <-s, -; -nen> crítico, -a *m, f*

kritiklos **I.** *adj* sin espíritu crítico **II.** *adv* sin crítica (alguna)

kritisch ['kriːtɪʃ, 'krɪtɪʃ] *adj* crítico; **es wird ~** la situación se pone crítica

kritisieren* [kriti'ziːrən] *vt* criticar; (*Buch*) reseñar

kritzeln ['krɪtsəln] *vi, vt* garabatear

Kroate, Kroatin [kro'aːtə] *m, f* <-n,

-n; -nen> croata *mf*

Kroatien [kro'aːtsiən] *nt* <-s> Croacia *f*

kroatisch *adj* croata

kroch [krɔx] *3. imp von* **kriechen**

Krokodil [kroko'diːl] *nt* <-s, -e> cocodrilo *m*

Krone ['kroːnə] *f* <-n> (*a. Währung*) corona *f;* **einen in der ~ haben** (*fam*) estar bebido; **das setzt dem Ganzen die ~ auf!** ¡esto es el colmo!

krönen ['krøːnən] *vt* coronar; **jdn zum König ~** coronar rey a alguien; **ein ~der Abschluss** un glorioso final

Kronprinz, -prinzessin *m, f* príncipe *m* heredero, princesa *f* real

Krönung ['krøːnʊŋ] *f* <-en> coronación *f;* **das ist ja die ~!** (*fam*) ¡esto es el colmo!

Kröte ['krøːtə] *f* <-n> sapo *m*

Krücke ['krʏkə] *f* <-n> muleta *f*

Krug [kruːk] *m* <-(e)s, Krüge> jarro *m;* (*Bierkrug*) jarra *f*

Krümel ['kryːməl] *m* <-s, -> miga *f*

krümeln *vi* (*Brot*) desmigajarse; (*Person*) llenar (un sitio) de migas

krumm [krʊm] *adj* (*verbogen*) torcido; (*gebogen*) curvado; (*Rücken*) encorvado; **sich ~ und schief lachen** (*fam*) partirse de risa

krümmen ['krʏmən] *vr:* **sich ~** (*sich winden*) retorcerse; **er krümmte sich vor Lachen** (*fam*) se tronchó de risa

Krümmung ['krʏmʊŋ] *f* <-en> curvatura *f;* (*des Körpers*) encorvadura *f*

Krüppel ['krʏpəl] *m* <-s, -> lisiado, -a *m, f;* (*durch Unfall*) mutilado, -a *m, f*

Kruste ['krʊstə] *f* <-n> costra *f;* (*vom Brot*) corteza *f;* **Krustentier** *nt* crustáceo *m*

Kruzifix ['kru:tsifɪks, krutsi'fɪks] *nt* <-es, -e> crucifijo *m*

Kuba ['ku:ba] *nt* <-s> Cuba *f*

Kubaner(in) [ku'ba:nɐ] *m(f)* <-s, -; -nen> cubano, -a *m, f*

kubanisch *adj* cubano

Kübel ['ky:bəl] *m* <-s, -> cuba *f*

Kubikzentimeter *m o nt* centímetro *m* cúbico

Küche ['kʏçə] *f* <-n> cocina *f*

Kuchen ['ku:xən] *m* <-s, -> pastel *m;* **Kuchenform** *f* molde *m* para pasteles

Küchenmaschine *f* robot *m* de cocina; **Küchenschabe** *f* cucaracha *f*

Kuckuck ['kʊkʊk] *m* <-s, -e> cuco *m;* **Kuckucksuhr** *f* reloj *m* de cuco

Kugel ['ku:gəl] *f* <-n> bola *f;* (*fam: Gewehrkugel*) bala *f;* **kugelrund** ['--'-] *adj* redondo (como una bola); **Kugelschreiber** *m* <-s, -> bolígrafo *m*

Kuh [ku:] *f* <Kühe> vaca *f;* **Kuhfladen** *m* boñigo *m*

kühl [ky:l] *adj* fresco; (*abweisend*) frío

kühlen ['ky:lən] I. *vi* refrescar II. *vt* refrigerar; (*Getränke*) (poner a) enfriar

Kühler *m* <-s, -> radiador *m;* **Kühlerhaube** *f* capó *m*

Kühlhaus *nt* almacén *m* frigorífico; **Kühlschrank** *m* frigorífico *m;* **Kühltasche** *f* nevera *f* portátil; **Kühltruhe** *f* congelador *m*

kühn [ky:n] *adj* audaz

Kuhstall *m* establo *m* para las vacas

Küken ['ky:kən] *nt* <-s, -> polluelo *m*

kulant [ku'lant] *adj* (*Person*) complaciente; (*Preis*) aceptable

Kuli ['ku:li] *m* <-s, -s> (*Person*) culí *m;* (*fam: Kugelschreiber*) boli *m*

kulinarisch [kuli'na:rɪʃ] *adj* culinario

Kulisse [ku'lɪsə] *f* <-n> bastidores *m pl*

Kult [kʊlt] *m* <-(e)s, -e> culto *m*

kultivieren* [kʊlti'vi:rən] *vt* cultivar

kultiviert [kʊlti'vi:ɐt] *adj* **1.** (*Mensch*) educado; (*gebildet*) culto **2.** (*gepflegt*) refinado

Kultur [kʊl'tu:ɐ] *f* <-en> cultura *f;* (AGR, BIOL) cultivo *m;* **Kulturbeutel** *m* neceser *m;* **Kulturdenkmal** *nt* testimonio *m* cultural

kulturell [kʊltu'rɛl] *adj* cultural

Kulturhauptstadt *f* capital *f* cultural; **Kulturkreis** *m* etnia *f,* grupo *m* étnico; **Kulturschock** *m* choque *m* cultural

Kultusminister(in) ['kʊltʊs-] *m(f)* ministro, -a *m, f* de Educación y Ciencia

Kümmel ['kʏməl] *m* <-s, -> comino *m*

Kummer ['kʊmɐ] *m* <-s, *ohne pl*> pena *f;* (*Sorge*) preocupación *f;* **hast du ~?** ¿te preocupa algo?

kümmerlich ['kʏmɐlɪç] *adj* (*elend*) miserable; (*schwächlich*) débil

kümmern ['kʏmɐn] I. *vr:* **sich ~** preocuparse (*um* de); **er kümmert sich nicht darum, was die Leute denken** no le importa lo que piense la gente; **kümmer dich ein bisschen um sie!** ¡ocúpate un poco de ella! II. *vt* importar; **was kümmert Sie das?** ¿a Ud. qué le importa?

Kumpan(in) [kʊm'pa:n] *m(f)* <-s, -e; -nen> (*fam: Kamerad*) camarada *mf*

Kumpel ['kʊmpəl] *m* <-s, -> (*Bergarbeiter*) minero, -a *m, f;* (*fam: Kamerad*) compañero, -a *m, f*

Kunde, Kundin ['kʊndə] *m, f* <-n, -n; -nen> cliente, -a *m, f;* **Kundendienst** *m* **1.** (*Reparaturdienst*) servicio *m* técnico **2.** *ohne pl* (*Service*) atención *f* al cliente; **Kundennummer** *f* número *m* del cliente; **kundenorientiert** *adj* (*Unternehmen,*

Produkt) orientado al cliente

Kundgebung *f* <-en> manifestación *f*

kündigen ['kʏndɪgən] **I.** *vt* (*Vertrag*) rescindir; (*Arbeitsstelle*) presentar su dimisión; **jdm die Freundschaft ~** romper con alguien **II.** *vi* (*einem Arbeitnehmer*) despedir; (*als Arbeitnehmer*) presentar su dimisión; (*einem Mieter*) desahuciar

Kündigungsfrist *f* plazo *m* de despido

Kundschaft *f* clientela *f*

künftig ['kʏnftɪç] **I.** *adj* futuro **II.** *adv* de ahora en adelante

Kunst [kʊnst] *f* <Künste> arte *m* o *f*; **die schönen Künste** las Bellas Artes; **die bildende ~** las Artes Plásticas; **das ist keine ~!** (*fam*) ¡eso lo hace cualquiera!; **nach allen Regeln der ~** como Dios manda; **Kunstfaser** *f* fibra *f* sintética; **Kunstgegenstand** *m* objeto *m* de arte; **Kunstgeschichte** *f* historia *f* del Arte; **Kunsthandwerk** *nt* <-(e)s, *ohne pl*> artesanía *f*

Künstler(in) ['kʏnstlɐ] *m(f)* <-s, -; -nen> artista *mf*

künstlerisch ['kʏnstlərɪʃ] *adj* artístico; **~ begabt sein** tener talento artístico

künstlich *adj* artificial; **jdn ~ ernähren** alimentar a alguien con sonda

Kunststoff *m* materia *f* plástica; **aus ~** de plástico; **Kunststück** *nt* truco *m*; (*akrobatisch*) acrobacia *f*; **Kunstwerk** *nt* obra *f* de arte

kunterbunt ['kʊntɐ'bʊnt] *adj* (*farbig*) abigarrado; (*durcheinander*) revuelto

Kupfer ['kʊpfɐ] *nt* <-s, *ohne pl*> cobre *m*

Kupon [ku'põ:] *m* <-s, -s> cupón *m*

Kuppe ['kʊpə] *f* <-n> (*Bergkuppe*) cima *f*

Kuppel ['kʊpəl] *f* <-n> cúpula *f*

kuppeln ['kʊpəln] *vi* (AUTO) embragar; (*als Kuppler*) alcahuetear

Kupplung *f* <-en> (AUTO) embrague *m*

Kur [ku:ɐ] *f* <-en> (*Heilverfahren*) cura *f*; (*Behandlung*) tratamiento *m*; **zur ~ fahren** ir a tomar las aguas

Kür [ky:ɐ] *f* <-en> ejercicio *m* libre

Kurbel ['kʊrbəl] *f* <-n> manivela *f*; **Kurbelwelle** *f* cigüeñal *m*

Kürbis ['kʏrbɪs] *m* <-ses, -se> calabaza *f*

Kurier [ku'ri:ɐ] *m* <-s, -e> correo *m*

kurieren* [ku'ri:rən] *vt* curar

kurios [kuri'o:s] *adj* curioso

Kuriosität [kuriozi'tɛ:t] *f* <-en> **1.** (*Gegenstand*) curiosidad *f* **2.** *ohne pl* (*Eigenart*) singularidad *f*

Kurort *m* balneario *m*

Kurs [kʊrs] *m* <-es, -e> (*Richtung*) rumbo *m*; (SCH, UNIV) curso *m*; (*von Devisen*) cambio *m*; **bei jdm hoch im ~ stehen** gozar de prestigio ante alguien

kursieren* [kʊr'zi:rən] *vi haben* o *sein* (*Geld*) circular; (*Gerücht*) correr

kursiv [kʊr'zi:f] *adj* (TYPO) en cursiva

Kurve ['kʊrvə] *f* <-n> curva *f*; **die ~ kratzen** (*fam*) desaparecer rápido; **nicht die ~ kriegen** (*fam*) fracasar

kurz [kʊrts] *adj* <kürzer, am kürzesten> corto; **~ vor Köln** poco antes de Colonia; **ich will es ~ machen** seré breve; **über ~ oder lang** tarde o temprano; **sich ~ fassen** ser conciso; **~ und bündig** conciso; **~ und gut** resumiendo; **seit ~em** desde hace poco (tiempo); **vor ~em** hace poco; **~ darauf** poco después; **den Kürzeren ziehen** (*fam*) salir perdiendo; **zu ~ kommen** quedarse con las ganas de hacer algo; **Kurzarbeit** *f* (trabajo *m* a) jornada *f* reducida; **kurzärm(e)lig** ['-ʔɛrm(ə)lɪç] *adj* de manga corta

Kürze ['kʏrtsə] *f* brevedad *f;* (*im Ausdruck*) concisión *f;* **in ~** dentro de poco

kürzen ['kʏrtsən] *vt* acortar

kurzerhand ['kʊrtsɐ'hant] *adv* sin vacilar

Kurzfassung *f* versión *f* reducida; **Kurzform** *f* forma *f* abreviada; **kurzfristig** I. *adj* a corto plazo II. *adv* (*ohne Vorbereitung*) en el último momento; **Kurzgeschichte** *f* cuento *m*

kurzhaarig *adj* de pelo corto

kurzlebig *adj* (*Tier, Pflanze*) de corta vida; (*Mode etc.*) efímero

kürzlich ['kʏrtslɪç] *adv* hace poco, recién *Am*

kurz|schließen *irr* I. *vt* poner en cortocircuito II. *vr:* **sich ~** (*fam*) ponerse en contacto

Kurzschluss^{RR} *m* cortocircuito *m;* **Kurzschlusshandlung**^{RR} *f* acto *m* irreflexivo

kurzsichtig *adj* miope

Kurzsichtigkeit *f* (MED) miopía *f;* (*im Denken*) estrechez *f* de miras

Kürzung ['kʏrtsʊŋ] *f* <-en> **1.** (*finanziell*) reducción *f* **2.** (*von Text*) abreviación *f*

Kurzwelle *f* onda *f* corta

kurzzeitig *adj* por poco tiempo

kuscheln ['kʊʃəln] I. *vr:* **sich ~** (*fam*) acurrucarse (*in* en); **sich an jdn ~** acurrucarse contra alguien II. *vi* hacerse mimos

Kusine [ku'zi:nə] *f* <-n> prima *f*

Kuss^{RR} [kʊs] *m* <-es, Küsse> beso *m*

küssen ['kʏsən] *vt, vr:* **sich ~** besar(se)

Küste ['kʏstə] *f* <-n> costa *f*

Kutsche ['kʊtʃə] *f* <-n> carruaje *m*

Kutte ['kʊtə] *f* <-n> (*eines Pfarrers*)

sotana *f;* (*eines Mönches*) hábito *m*

Kuvert [ku've:ɐ] *nt* <-s, -s> (*reg: Briefumschlag*) sobre *m;* (*geh: Gedeck*) cubierto *m*

kV (ELEK) *Abk. von* **Kilovolt** kv

kW *Abk. von* **Kilowatt** kW

KZ [ka:'tsɛt] *nt* <-(s), -(s)> *Abk. von* **Konzentrationslager** campo *m* de concentración

L

L, l [ɛl] *nt* <-, -> L, l *f*

labern ['la:bɐn] *vi* (*fam abw*) soltar el rollo (*über* sobre); **Blödsinn ~** decir tonterías

labil [la'bi:l] *adj* lábil; (*Gesundheit*) frágil

Labor [la'bo:ɐ] *nt* <-s, -s *o* -e> laboratorio *m*

Labyrinth [laby'rɪnt] *nt* <-(e)s, -e> laberinto *m*

Lache ['la:xə] *f* <-n> charco *m*

lächeln ['lɛçəln] *vi* sonreír

Lächeln *nt* <-s, *ohne pl*> sonrisa *f*

lachen ['laxən] *vi* reír(se) (*über* de); **da gibt es nichts zu ~** esto no tiene ninguna gracia

Lachen *nt* <-s, *ohne pl*> risa *f;* **sich biegen vor ~** (*fam*) troncharse de risa

lächerlich ['lɛçɐlɪç] *adj* ridículo; **jdn/etw ~ machen** poner a alguien/algo en ridículo; **sich ~ machen** hacer el ridículo

lachhaft *adj* (*abw*) ridículo

Lachs [laks] *m* <-es, -e> salmón *m*

Lack [lak] *m* <-(e)s, -e> laca *f*

lackieren* [la'ki:rən] *vt* barnizar; (*Fingernägel*) pintar

laden ['la:dən] <lädt, lud, geladen>

vt cargar; **alle Schuld auf sich ~** cargar con todas las culpas

Laden ['la:dən] *m* <-s, Läden> (*Kaufladen*) tienda *f;* (*Fensterladen*) postigo *m;* (*Rollladen*) persiana *f;* **der ~ läuft** (*fam*) los negocios van bien; **Ladendiebstahl** *m* robo *m* en tiendas; **Ladenschluss**^RR *m* <-es, *ohne pl*> (hora *f* de) cierre *m* de los comercios

lädt [lɛ:t] *3. präs von* **laden**

Ladung *f* <-en> (*Fracht*) carga *f*

lag [la:k] *3. imp von* **liegen**

Lage ['la:gə] *f* <-n> (*Stelle*) sitio *m;* (GEO) zona *f;* (*Situation*) situación *f;* (*Schicht*) capa *f;* **dazu bin ich nicht in der ~** no estoy en condiciones de hacerlo; **sich in jds ~ versetzen** ponerse en el lugar de alguien

Lager ['la:gə] *nt* <-s, -> 1. (*Ferienlager*) campamento *m;* (*Flüchtlingslager*) campo *m;* **ein ~ aufschlagen** acampar; **das ~ abbrechen** levantar el campamento 2. (*Vorratslager*) almacén *m;* **etw auf ~ haben** tener algo en depósito 3. (*Partei*) campo *m;* **ins gegnerische ~ überlaufen** pasarse al campo contrario 4. (TECH) cojinete *m;* **Lagerfeuer** *nt* hoguera *f*

lagern ['la:gən] I. *vi* (*kampieren*) acampar; (*Waren*) estar almacenado II. *vt* almacenar

Lagune [la'gu:nə] *f* <-n> laguna *f*

lahm [la:m] *adj* (*hinkend*) cojo; (*wie gelähmt*) entumecido; (*fam abw: langsam*) lento; **auf einem Bein ~ sein** cojear de una pierna

lähmen ['lɛ:mən] *vt* paralizar

lahm|legen *vt* paralizar

Lähmung ['lɛ:mʊŋ] *f* <-en> (MED) parálisis *f inv*

Laib [laɪp] *m* <-(e)s, -e>: **ein ~ Brot** un pan

Laie, Laiin ['laɪə] *m, f* <-n, -n; -nen> profano, -a *m, f*

Laken ['la:kən] *nt* <-s, -> sábana *f*

lallen ['lalən] *vi, vt* balbucear

Lama ['la:ma] *nt* <-s, -s> llama *f*

Lamm [lam] *nt* <-(e)s, Lämmer> cordero *m*

Lampe ['lampə] *f* <-n> lámpara *f;* **Lampenfieber** *nt* <-s, *ohne pl*> (*fam*) mieditis *f inv;* **Lampenschirm** *m* pantalla *f*

Lampion ['lampjɔŋ, -'-] *m* <-s, -s> farolillo *m*

Land [lant] *nt* <-(e)s, Länder> 1. (*Staat*) país *m;* **~ und Leute kennen lernen** conocer gente y costumbres; **aus aller Herren Länder** de todas las partes del mundo; **hier zu ~e** en este país 2. (*Bundesland*) land *m;* **das ~ Hessen** el estado federado de Hesse 3. *ohne pl* (*Festland*) tierra *f;* **an ~ gehen** desembarcar 4. *ohne pl* (*dörfliche Gegend*) campo *m;* **auf dem ~ wohnen** vivir en el campo 5. *ohne pl* (*Ackerboden*) terreno *m;* **das ~ bestellen** cultivar la tierra; **Landbevölkerung** *f* población *f* rural

Landebahn *f* pista *f* de aterrizaje

landeinwärts [-'--] *adv* tierra adentro

landen ['landən] *vi sein* (*Flugzeug*) aterrizar; **im Gefängnis ~** (*fam*) acabar en la cárcel

Landeplatz *m* (AERO) pista *f* de aterrizaje; (NAUT) embarcadero *m*

Landesinnere(s) *nt* interior *m* del país; **Landesregierung** *f* gobierno *m* de un land; **Landessprache** *f* idioma *m* nacional; **Landeswährung** *f* moneda *f* nacional

Landhaus *nt* casa *f* de campo; **Landkarte** *f* mapa *m;* **Landkreis** *m* distrito *m* administrativo

landläufig *adj* (*allgemein*) general; (*allgemein verbreitet*) común; (*gängig*) corriente

ländlich ['lɛntlɪç] *adj* rural

Landluft *f ohne pl* aire *m* del campo

Landschaft *f* <-en> paisaje *m*

Landsmann, -männin *m, f* <-(e)s, -leute; -nen> compatriota *mf*

Landstraße *f* carretera *f* nacional; **Landstreicher(in)** *m(f)* <-s, -; -nen> vagabundo, ·a *m, f;* **Landtag** *m* parlamento *m* de un land

Landung ['landʊŋ] *f* <-en> (*Flugzeug*) aterrizaje *m*

Landwirt(in) *m(f)* agricultor(a) *m(f);* **Landwirtschaft** *f* agricultura *f;* **landwirtschaftlich** *adj* agrícola

lang [laŋ] <länger, am längsten> **I.** *adj* largo; **2 Meter** ~ 2 metros de largo; **gleich** ~ igual de largo; **seit** ~**em** desde hace mucho (tiempo); ~ **und breit** detalladamente; **ohne** ~**es Nachdenken** sin pensarlo mucho **II.** *adv:* **einen Augenblick** ~ durante un momento

langärm(e)lig ['-ʔɛrm(ə)lɪç] *adj* de manga larga

lange ['laŋə] <länger, am längsten> *adv* mucho tiempo; **wie** ~ **bist du schon hier?** ¿cuánto tiempo hace ya que estás aquí?; **das ist schon** ~ **her** ya hace mucho tiempo; ~ **brauchen (um zu)** tardar mucho (en); **so** ~ **bis ...** hasta que... +*subj*

Länge ['lɛŋə] *f* <-n> (*räumlich*) longitud *f;* (*von Kleidung*) largo *m;* (*zeitlich*) duración *f;* **sich in die** ~ **ziehen** tardar mucho tiempo

langen ['laŋən] *vi* (*fam: ausreichen*) bastar; (*hineinlangen*) meter la mano (*in* en); **jetzt langt's aber!** ¡basta ya!; **jdm eine** ~ pegar una bofetada a alguien

Längengrad *m* grado *m* de longitud; **Längenmaß** *nt* medida *f* de longitud

Langeweile ['laŋəvaɪlə] *f* aburrimiento *m*

langfristig *adj* a largo plazo

langgestreckt *adj s.* **strecken**

langjährig *adj* de muchos años

langlebig *adj* (*Material*) duradero

länglich ['lɛŋlɪç] *adj* alargado

längs [lɛŋs] *präp* +*gen adv* a lo largo (de)

langsam ['laŋza:m] **I.** *adj* lento; (*allmählich*) paulatino **II.** *adv* despacio; (*allmählich*) poco a poco; **es wird** ~ **Zeit** ya va siendo hora; ~ **reicht es mir** (*fam*) me estoy hartando

Langschläfer(in) *m(f)* <-s, -; -nen> dormilón, ·ona *m, f*

Langspielplatte *f* elepé *m*

längst [lɛŋst] *adv* (*zeitlich*) hace tiempo; **und das ist noch** ~ **nicht alles** y esto no es todo, ni mucho menos

langweilen ['laŋvaɪlən] *vt, vr:* **sich** ~ aburrir(se)

langweilig *adj* aburrido

langwierig ['laŋvi:rɪç] *adj* largo; (*mühselig*) arduo

Langzeitarbeitslose(r) *mf* parado, ·a *m, f* (durante largo tiempo)

Lappalie [la'pa:liə] *f* <-n> bagatela *f*

Lappen ['lapən] *m* <-s, -> trapo *m;* **etw geht jdm durch die** ~ (*fam*) algo se le escapa a alguien de las manos

läppisch ['lɛpɪʃ] *adj* (*abw: gering*) insignificante

Lappland ['laplant] *nt* <-s> Laponia *f*

Laptop ['lɛptɔp] *m* <-s, -s> ordenador *m* portátil

Lärche ['lɛrçə] *f* <-n> alerce *m*

Lärm [lɛrm] *m* <-(e)s, *ohne pl*> ruido *m*

lärmen ['lɛrmən] *vi* hacer ruido

Larve ['larfə] *f* <-n> larva *f*

las [la:s] *3. imp von* **lesen**

lasch [laʃ] *adj* (*schlaff*) flojo; (*fade*) soso

Lasche ['laʃə] *f* <-n> (*am Schuh*) lengüeta *f;* (*an Taschen*) presilla *f;* (*an Dosen*) anillo *m*

Laser ['le:zɐ, 'lɛɪzɐ] *m* <-s, -> láser *m;* **Laserdrucker** *m* impresora *f* láser

lassen¹ ['lasən] <lässt, ließ, gelassen> *vt* dejar; **lass mich** (**in Ruhe**)! ¡déjame (en paz)!; **lass mich mal vorbei** déjame pasar; **er kann es einfach nicht** ~ siempre está con lo mismo; **jdm Zeit** ~ dar tiempo a alguien; **jdm seinen Willen** ~ respetar la voluntad de alguien; **offen** ~ (*Tür, Fenster*) dejar abierto; **wir sollten nichts unversucht** ~ tenemos que agotar todas las posibilidades

lassen² <lässt, ließ, lassen> *vt mit einem Infinitiv* dejar; **lass dir das gesagt sein!** ¡date por advertido!; ~ **Sie mich bitte ausreden** déjeme acabar de hablar; **jdn laufen** ~ (*fam*) soltar a alguien; **sich** *dat* **einen Bart stehen** ~ dejarse crecer la barba; **sich** *dat* **die Haare schneiden** ~ (ir a) cortarse el pelo; **etw sein** ~ dejar algo; **etw liegen** ~ (*nicht wegnehmen*) dejar algo; (*vergessen*) olvidar algo; (*unerledigt lassen*) interrumpir algo; **stecken** ~ no sacar; (*Schlüssel*) dejar puesto; **stehen** ~ (*nicht wegnehmen, vergessen*) dejar; (*nicht zerstören*) conservar; (*Essen*) dejar en el plato; (*sich abwenden*) dejar plantado; **das Frühstück stehen** ~ no tocar el desayuno; **lass uns gehen!** ¡vámonos!; **lass es dir gut gehen** que te vaya bien; **das lässt sich nicht vermeiden** esto no se puede evitar; **ich will sehen, was sich tun lässt** voy a ver qué es lo que podemos hacer

lässig ['lɛsɪç] *adj* desenfadado; (*fam: leicht*) fácil

lässt[RR] [lɛst] *3. präs von* **lassen**

Last [last] *f* <-en> carga *f;* (*Gewicht*) peso *m;* **jdm zur** ~ **fallen** ser una carga para alguien

lasten ['lastən] *vi* pesar (*auf* sobre)

Laster¹ *m* <-s, -> (*fam*) camión *m*

Laster² *nt* <-s, -> vicio *m*

lästern ['lɛstɐn] *vi* (*abw*): **über jdn** ~ poner verde a alguien

lästig ['lɛstɪç] *adj* molesto; **jdm** ~ **sein** molestar a alguien

Lasttier *nt* bestia *f* de carga; **Lastwagen** *m* camión *m*

Latein [la'taɪn] *nt* <-s, *ohne pl*> latín *m;* **mit seinem** ~ **am Ende sein** no saber cómo continuar; **Lateinamerika** [---'---] *nt* Latinoamérica *f;* **Lateinamerikaner(in)** [-----'--] *m(f)* latinoamericano, -a *m, f;* **lateinamerikanisch** [-----'--] *adj* latinoamericano

lateinisch [la'taɪnɪʃ] *adj* latino

Laterne [la'tɛrnə] *f* <-n> linterna *f;* (*Straßenlaterne*) farola *f*

latschen ['la:tʃən] *vi sein* (*fam*) **1.** (*gehen*) andar; (*zu Fuß gehen*) ir a pie **2.** (*schlurfen*) arrastrar los pies **3.** (*rücksichtslos trampeln*) pisotear (*über*)

Latte ['latə] *f* <-n> (*Brett*) tabla *f;* **Lattenzaun** *m* empalizada *f*

Latz [lats] *m* <-es, Lätze> (*Lätzchen*) babero *m;* (*an Kleidung*) peto *m;* **Latzhose** *f* pantalón *m* de peto

lau [laʊ] *adj* tibio

Laub [laʊp] *nt* <-(e)s, *ohne pl*> follaje *m;* **Laubbaum** *m* árbol *m* de hoja caduca

Laube ['laʊbə] *f* <-n> cenador *m*

Laubwald *m* bosque *m* caducifolio

Lauch [laʊx] *m* <-(e)s, -e> puerro *m*

Lauer ['laʊɐ] *f:* **auf der** ~ **liegen** (*fam*) estar al acecho

lauern ['laʊɐn] *vi* (*fam*) acechar (*auf* a)

Lauf [laʊf] *m* <-(e)s, Läufe>
1. (SPORT) carrera *f* **2.** *ohne pl* (*Verlauf*) (trans)curso *m;* **im ~e eines Gesprächs** en el transcurso de una conversación; **seiner Fantasie freien ~ lassen** dar rienda suelta a su fantasía; **Laufbahn** *f* (*beruflich*) carrera *f* (profesional)

laufen ['laʊfən] <läuft, lief, gelaufen> **I.** *vi sein* **1.** (*rennen, fließen*) correr; **der Wasserhahn läuft** el grifo está abierto **2.** (*fam: gehen*) andar; **jdm über den Weg ~** cruzarse con alguien **3.** (*in Betrieb sein*) funcionar; (*Motor*) estar en marcha; **das Radio lief** la radio estaba puesta **4.** (FILM) estar en cartelera **5.** (*verlaufen*) correr; (*Fluss, Weg*) ir; **es läuft mir eiskalt über den Rücken** me dan escalofríos **II.** *vt sein:* **einen Umweg ~** dar un rodeo

laufend I. *adj* corriente; **am ~en Band** sin interrupción **II.** *adv* (*ständig*) continuamente; **auf dem Laufenden sein** estar al día

laufen|lassen* *irr vt s.* **lassen²**

Läufer¹ *m* <-s, -> (*Teppich*) alfombra *f*

Läufer(in)² ['lɔɪfe] *m(f)* <-s, -; -nen> (SPORT) corredor(a) *m(f)*

läuft [lɔɪft] *3. präs von* **laufen**

Laufwerk *nt* unidad *f*

Lauge ['laʊgə] *f* <-n> lejía *f*

Laune ['laʊnə] *f* <-n> (*Einfall*) capricho *m;* (*Stimmung*) humor *m;* **aus einer ~ heraus** por puro capricho; **schlechte ~ haben** estar de mal humor; **jdn bei ~ halten** seguirle el humor a alguien; **seine ~n an jdm auslassen** descargar su mal humor en alguien

launisch *adj* (*abw*) caprichoso

Laus [laʊs] *f* <Läuse> piojo *m;* **ihm ist eine ~ über die Leber gelaufen** (*fam*) le ha picado una mosca

lauschen ['laʊʃən] *vi* escuchar atentamente; (*heimlich*) estar a la escucha

lauschig *adj* acogedor

lausig *adj* (*fam*) miserable; **~ spielen** jugar miserablemente; **eine ~e Kälte** un frío tremendo

laut [laʊt] **I.** *adj* alto; (*lautstark*) fuerte; (*lärmerfüllt*) ruidoso; **das Radio ~er stellen** poner la radio más alta; **~ lesen** leer en voz alta; **es wurden Beschwerden ~** hubo quejas **II.** *präp +gen/dat* según

Laut [laʊt] *m* <-(e)s, -e> sonido *m;* **keinen ~ von sich** *dat* **geben** no decir ni pío

lauten [laʊtən] *vi* decir; **gleich ~d** (*im Klang*) homófono; (*im Wortlaut*) idéntico; **der Pass lautet auf den Namen ...** el pasaporte está expedido a nombre de...

läuten ['lɔɪtən] **I.** *vi* (*an der Tür*) tocar (el timbre); (*Telefon, Glocke*) sonar; **es hat geläutet** llaman (a la puerta) **II.** *vt* (*Glocken*) tocar

lauter ['laʊtɐ] *adj* **1.** (*geh: Mensch*) sincero **2.** *inv* (*nur*) sólo; (*viel(e)*) mucho(s); **vor ~ Kummer** de tanta pena

lauthals ['--] *adv* a grito pelado

lautlos I. *adj* silencioso **II.** *adv* sin ruido

Lautschrift *f* transcripción *f* fonética; **Lautsprecher** *m* altavoz *m*, altoparlante *m Am;* **lautstark** ['--] *adj* fuerte; (*heftig*) enérgico; **Lautstärke** *f* volumen *m;* **bei voller ~** a todo volumen

lauwarm ['-'-] *adj* tibio

Lava ['laːva] *f* <Laven> lava *f*

Lavendel [la'vɛndəl] *m* <-s, -> lavanda *f*

Lawine [la'viːnə] *f* <-n> avalancha *f*

Layout [lɛɪ'ʔaʊt] *nt* <-s, -s>, **Lay-out**ᴿᴿ *nt* <-s, -s> composición *f*

Lazarett [latsa'rɛt] *nt* <-(e)s, -e> hospital *m* militar

leasen ['li:zən] *vt* alquilar con opción de compra; **ein geleastes Auto** un coche adquirido por leasing

Leasing ['li:zɪŋ] *nt* <-s, -s> leasing *m*

leben ['le:bən] *vi, vt* vivir; **bei jdm ~** vivir en casa de alguien; **er hat nicht mehr lange zu ~** no le queda mucho tiempo de vida; **genug zum Leben haben** tener suficiente para vivir; **leb wohl!** ¡que te vaya bien!; **es lebe ...!** ¡viva...!; **damit kann ich ~** me las puedo apañar con eso; **damit muss ich ~** tengo que aceptarlo

Leben *nt* <-s, -> vida *f*; (*Existenz*) existencia *f*; (*Bewegtheit*) movimiento *m*; **etw ins ~ rufen** dar vida a algo; **am ~ sein** estar con vida; **es geht um ~ und Tod** es un asunto de vida o muerte; **ums ~ kommen** morir; **mit dem ~ davonkommen** escapar con vida; **sich** *dat* **das ~ nehmen** quitarse la vida; **~ in etw bringen** animar algo

lebendig [le'bɛndɪç] *adj* vivo; (*lebhaft*) lleno de vida

Lebensaufgabe *f* tarea *f* de toda una vida; **sich** *dat* **etw zur ~ machen** dedicar su vida a algo; **Lebensbedingungen** *fpl* condiciones *fpl* de vida; **lebensbedrohend** *adj* muy peligroso; **Lebensdauer** *f* (*Mensch*) vida *f*; (*Material*) durabilidad *f*; **Lebensende** *nt* <-s, *ohne pl*> término *m* de la vida; **bis an mein ~** hasta el fin de mis días; **Lebenserwartung** *f* *ohne pl* vida *f* media; **lebensfähig** *adj* viable; **Lebensfreude** *f* <-n> alegría *f* de vivir; **Lebensgefahr** *f* *ohne pl* peligro *m* de muerte; **in ~ schweben** estar entre la vida y la muerte; **außer ~ sein** estar fuera de peligro;

lebensgefährlich *adj* muy peligroso; (*Verletzung*) mortal; **~ verletzt sein** estar seriamente herido; **Lebensgefährte, Lebensgefährtin** *m, f* compañero, -a *m, f* de vida

Lebenshaltungskosten *pl* coste *m* de la vida

Lebensjahr *nt* año *m* (de vida); **im zwanzigsten ~** a los veinte años de edad; **mit vollendetem 18. ~** con dieciocho años cumplidos; **Lebenslage** *f* situación *f* de la vida; **in jeder ~** en todas las situaciones de la vida; **lebenslänglich** *adj* perpetuo; **Lebenslauf** *m* currículum *m* vitae; **lebenslustig** *adj* vivo; **Lebensmittel** *nt pl* alimentos *m pl;* **lebensmüde** *adj* cansado de la vida; **du bist wohl ~!** (*fam*) ¿pero es que quieres matarte?; **Lebensraum** *m* espacio *m* vital; **Lebensstandard** *m* nivel *m* de vida; **Lebensunterhalt** *m* sustento *m;* **seinen ~ verdienen** ganarse la vida; **Lebensversicherung** *f* seguro *m* de vida; **Lebenswandel** *m* (modo *m* de) vida *f;* **einen zweifelhaften ~ führen** llevar una vida sospechosa; **Lebensweg** *m* vida *f;* **jdm alles Gute für den weiteren ~ wünschen** desear a alguien lo mejor para el futuro; **lebenswichtig** *adj* vital; **Lebenszeichen** *nt* señal *f* de vida; **(k)ein ~ (von sich** *dat*) **geben** (no) dar señales de vida

Leber ['le:bɐ] *f* <-n> hígado *m;* **Leberfleck** *m* lunar *m;* **Leberwurst** *f* paté *m* de hígado; **die beleidigte ~ spielen** (*fam*) dárselas de ofendido

Lebewesen *nt* ser *m* vivo

lebhaft *adj* (*Augen*) vivaz; (*Unterhaltung*) animado; (*Interesse*) vivo; (*Verkehr*) intenso; **leblos** *adj* sin vida; **Lebzeiten** *pl:* **zu jds ~** en vida de alguien

lechzen ['lɛçtsən] *vi* (*geh*) ansiar (*nach*)

Leck [lɛk] *nt* <-(e)s, -e> vía *f* de agua

lecken ['lɛkən] **I.** *vi* (*Gefäß*) perder agua; (*Schiff*) hacer agua **II.** *vt* lamer; **sich** *dat* **die Finger nach etw ~** (*fam*) chuparse los dedos por algo

lecker ['lɛkɐ] *adj* rico; **Leckerbissen** *m* exquisitez *f*

Leder ['le:dɐ] *nt* <-s, -> cuero *m*

ledig ['le:dɪç] *adj* (*unverheiratet*) soltero

lediglich ['le:dɪklɪç] *adv* sólo

leer [le:ɐ] *adj* vacío; (*unbeschrieben*) en blanco; (*nichts sagend*) vano; **den Teller ~ essen** vaciar el plato; **mit ~em Magen** en ayunas

Leere ['le:rə] *f* vacío *m;* **es herrschte gähnende ~** no había ni un alma

leeren ['le:rən] **I.** *vt* vaciar; (*Glas*) apurar; (*Briefkasten*) recoger las cartas **II.** *vr:* **sich ~** vaciarse

Leergut *nt* <-(e)s, *ohne pl*> envase *m* retornable; **Leertaste** *f* espaciador *m*

Leerung *f* <-en> vaciado *m;* (*von Briefkästen*) recogida *f*

legal [le'ga:l] *adj* legal

legalisieren* [legali'zi:rən] *vt* legalizar

Legalität [legali'tɛ:t] *f* legalidad *f;* **außerhalb der ~ liegen** estar al margen de la legalidad

legen ['le:gən] **I.** *vt* poner; (*hinlegen*) colocar; (*Leitungen*) instalar; (*Eier*) poner; **er legte ihm den Arm um die Schultern** le echó el brazo por encima del hombro **II.** *vr:* **sich ~ 1.** (*sich hinlegen*) tenderse; **sich ins Bett ~** acostarse; **sich auf den Bauch/den Rücken ~** ponerse boca abajo/boca arriba **2.** (*Lärm, Kälte*) disminuir; (*Zorn, Begeisterung*) amainar; (*Sturm*) calmarse

legendär [legɛn'dɛ:ɐ] *adj* legendario

Legende [le'gɛndə] *f* <-n> leyenda *f*

leger [le'ʒe:ɐ] *adj* desenvuelto

Legislative [legɪsla'ti:və] *f* <-n> (*gesetzgebende Gewalt*) poder *m* legislativo; (*Versammlung*) asamblea *f* legislativa

Legislaturperiode [legɪsla'tu:ɐ-] *f* legislatura *f*

legitim [legi'ti:m] *adj* legítimo

legitimieren* [legiti'mi:rən] **I.** *vt* (*legitim erklären*) legitimar **II.** *vr:* **sich ~** identificarse

Lehm [le:m] *m* <-(e)s, -e> barro *m*

Lehne ['le:nə] *f* <-n> apoyo *m;* (*Armlehne*) brazo *m;* (*Rückenlehne*) respaldo *m*

lehnen ['le:nən] **I.** *vi* estar apoyado (*an* en) **II.** *vt, vr:* **sich ~** apoyar(se) (*an/gegen* en); **sich aus dem Fenster ~** asomarse por la ventana

Lehramt ['le:ɐ-] *nt* docencia *f;* **auf ~ studieren** estudiar para ser profesor de enseñanza media; **Lehrbuch** *nt* libro *m* de texto

Lehre ['le:rə] *f* <-n> (*Ideologie*) doctrina *f;* (*Theorie*) teoría *f;* (*Ausbildung*) aprendizaje *m;* **in der ~ sein** estar de aprendiz; **eine ~ aus etw ziehen** sacar una conclusión de algo

lehren ['le:rən] *vt* enseñar; **jdn etw ~** instruir a alguien en algo

Lehrer(in) *m(f)* <-s, -; -nen> profesor(a) *m(f)*

Lehrfach *nt* asignatura *f;* **Lehrgang** *m* curso *m;* **er ist auf einem ~** está haciendo un cursillo

Lehrling *m* <-s, -e> aprendiz(a) *m(f)*

Lehrplan *m* plan *m* de estudios; **lehrreich** *adj* instructivo; **Lehrstelle** *f* puesto *m* de aprendiz; **Lehrstuhl** *m* cátedra *f* (*für +akk* de)

Leib [laɪp] *m* <-(e)s, -er> (*geh: Kör-*

per) cuerpo *m;* (*Bauch*) vientre *m;* **etw am eigenen ~e erfahren** vivir algo en su propia piel; **mit ~ und Seele** con apasionamiento; **sich** *dat* **jdn vom ~e halten** (*fam*) mantener a alguien a distancia

leibhaftig [-'--] *adj* en persona

leiblich *adj* (*körperlich*) corporal; (*blutsverwandt*) carnal; **das ~e Wohl** el bienestar físico

Leibwächter(in) *m(f)* guardaespaldas *mf inv*

Leiche ['laɪçə] *f* <-n> cadáver *m;* **er geht über ~n** (*abw*) no tiene escrúpulos; **Leichenhalle** *f* depósito *m* de cadáveres; **Leichenwagen** *m* coche *m* fúnebre

Leichnam ['laɪçnaːm] *m* <-s, -e> (*geh*) cadáver *m*

leicht [laɪçt] **I.** *adj* (*an Gewicht*) ligero; (*unkompliziert*) fácil; (*schwach*) leve; **~e Kost** comida ligera; **etw ~en Herzens tun** hacer algo a la ligera; **ein ~er Regen** una lluvia fina **II.** *adv* (*schnell*) con facilidad; **~ zerbrechlich** muy frágil; **~ zu bedienen** de fácil manejo; **sich** *dat* **etw zu ~ machen** tomarse algo a la ligera; **das ist ~er gesagt als getan** eso se dice pronto; **~ er-kältet** levemente acatarrado; **Leichtathletik** *f* atletismo *m;* **leicht|fallen** *irr vi sein:* **das fällt ihm leicht** esto le resulta fácil; **leichtfertig** *adj* (*gedankenlos*) temerario; (*unüberlegt*) irreflexivo; **etw ~ aufs Spiel setzen** poner algo en juego sin pensar; **leichtgläubig** *adj* crédulo; **leicht|nehmen** *irr vt* tomar algo a la ligera; **Leichtsinn** *m* <-(e)s, *ohne pl*> (*Unvorsichtigkeit*) imprudencia *f;* (*Unbesonnenheit*) irreflexión *f;* **leichtsinnig I.** *adj* (*unverantwortlich*) irresponsable; (*sorglos*) despreocupado; (*un-*

klug) insensato **II.** *adv* sin cuidado

leid [laɪt] *adj:* **ich bin es ~** (*fam*) estoy harto

Leid [laɪt] *nt* <-(e)s, *ohne pl*> (*Kummer*) pena *f;* (*Unglück*) desgracia *f;* **jdm sein ~ klagen** confiar a alguien sus penas; **jdm ein ~ zufügen** causar daño a alguien

leiden ['laɪdən] <leidet, litt, gelitten> *vi, vt* sufrir (*an* de, *unter* con); **Hunger/Not ~** pasar hambre/vivir en la miseria; **ich kann sie nicht ~** no me cae bien; **er kann es nicht ~, wenn ...** no le gusta que... +*subj*

Leidenschaft *f* <-en> pasión *f* (*für* por)

leidenschaftlich I. *adj* apasionado **II.** *adv* con pasión; **~ gern Fahrrad fahren** ser un ciclista apasionado

leider ['laɪdə] *adv* por desgracia; **ich kann ~ nicht kommen** desgraciadamente no puedo ir

Leidtragende(r) *mf* <-n, -n; -n> perjudicado, -a *m, f;* (*Opfer*) víctima *f*

leid|tun *vt:* **es tut mir leid, dass ...** siento que... +*subj;* **er tut mir leid** me da pena

Leier ['laɪə] *f* <-n> (MUS) lira *f;* (*abw: Klage*) cantinela *f;* **es ist immer die alte ~** (*fam*) es siempre la misma canción

leihen ['laɪən] <leiht, lieh, geliehen> *vt* (*ausleihen*) prestar; (*entleihen*) tomar prestado

Leihgebühr *f* alquiler *m,* flete *m* Am; **Leihwagen** *m* coche *m* de alquiler; **leihweise** *adv* como préstamo

Leim [laɪm] *m* <-(e)s, -e> cola *f*

leimen *vt* (*kleben*) encolar; (*fam: hereinlegen*) engañar

Leine ['laɪnə] *f* <-n> cuerda *f;* (*Wäscheleine*) cuerda *f* de tender; (*Hundeleine*) correa *f;* **zieh ~!** (*fam*)

¡lárgate!

Leinen *nt* <-s, -> *(Gewebe)* lino *m*

Leinsamen *m* linaza *f;* **Leinwand** *f* *(zum Malen)* lienzo *m;* (FILM) pantalla *f*

leise ['laɪzə] I. *adj (still)* silencioso; *(Stimme)* bajo; *(Geräusch)* ligero; *(in Andeutungen)* vago; **nicht die ~ste Ahnung haben** no tener ni la más remota idea II. *adv (still)* sin (hacer) ruido; **das Radio ~r stellen** bajar la radio

Leiste ['laɪstə] *f* <-n> *(Randleiste)* filete *m;* *(Fußleiste)* zócalo *m;* *(Zierleiste)* listel *m;* (ANAT) ingle *f*

leisten ['laɪstən] *vt (schaffen)* hacer; *(Hilfe)* prestar; *(fam: sich gönnen)* comprar(se); **gute Arbeit ~** hacer un buen trabajo; **jdm Gesellschaft ~** hacer compañía a alguien; **sich** *dat* **etw ~ können** poder permitirse algo

Leistung *f* <-en> *(Geleistetes)* rendimiento *m;* *(Arbeit)* trabajo *m;* *(von Maschine)* prestación *f;* *(von Motor)* potencia *f;* *(Betrag)* contribución *f;* **eine große ~ vollbringen** conseguir un resultado excelente; **leistungsfähig** *adj* productivo; *(tüchtig)* eficiente; *(Motor)* potente; **Leistungssport** *m* deporte *m* de competición; **leistungsstark** *adj* potente

leiten ['laɪtən] *vt (verantwortlich leiten)* dirigir; *(Diskussion)* moderar; *(führen)* llevar; (TECH, PHYS) conducir; **etw in die Wege ~** iniciar los trámites de algo

leitend *adj* **1.** *(führend)* dirigente; **~er Angestellter** miembro de la directiva; **der ~e Gedanke** la idea central **2.** (PHYS) conductor

Leiter[1] *f* <-n> escalera *f*

Leiter(in)[2] ['laɪtə] *m(f)* <-s, -; -nen> director(a) *m(f)*

Leitfaden *m* manual *m;* **Leitplanke** *f* valla *f* protectora

Leitung *f* <-en> *(Rohrleitung)* tuberías *fpl;* *(Wasserleitung)* cañerías *fpl;* (ELEK, TEL) línea *f;* *(Kabel)* cable *m;* **eine lange ~ haben** *(fam)* tener malas entendederas; **unter der ~ von ...** bajo la dirección de...; **Leitungsrohr** *nt* tubo *m;* **Leitungswasser** *nt* <-s, *ohne pl*> agua *f* del grifo

Lektion [lɛk'tsjoːn] *f* <-en> lección *f;* **jdm eine ~ erteilen** dar una lección a alguien

Lektüre [lɛk'tyːrə] *f* lectura *f*

Lende ['lɛndə] *f* <-n> (ANAT) región *f* lumbar; *(beim Schlachtvieh)* lomo *m*

lenken ['lɛŋkən] *vt (Fahrzeug)* conducir, manejar *Am;* *(führen)* dirigir; **ein Gespräch auf ein anderes Thema ~** llevar una conversación por otros derroteros; **die Aufmerksamkeit auf sich ~** dirigir la atención sobre sí mismo; **jds Blicke auf sich ~** atraer las miradas de alguien (sobre sí)

Lenkrad *nt* volante *m*

Lenkung *f* <-en> (AUTO) dirección *f*

Leopard [leo'part] *m* <-en, -en> leopardo *m*

Lerche ['lɛrçə] *f* <-n> alondra *f*

lernen ['lɛrnən] I. *vi* aprender *(aus* de); *(Wissen aneignen)* estudiar II. *vt* aprender; **schwimmen ~** aprender a nadar; **etw auswendig ~** aprender algo de memoria

lernfähig *adj* capaz de aprender; **Lernprogramm** *nt* (INFOR) programa *m* tutor; **Lernprozess**[RR] *m* proceso *m* de aprendizaje

lesbar *adj* legible

Lesbe ['lɛsbə] *f* <-n> lesbiana *f*

lesbisch *adj* lesbio

Lesebuch *nt* libro *m* de lectura

lesen ['leːzən] <liest, las, gelesen>

vi, vt leer; **Zeitung** ~ leer el periódico
Leser(in) *m(f)* <-s, -; -nen> lector(a)
m(f); **Leserbrief** *m* carta *f* al direc-
tor
leserlich *adj* legible
Lesung *f* <-en> (*a.* POL) lectura *f*
lettisch *adj* letón
Lettland *nt* <-s> Letonia *f*
Letzt [lɛtst] *f:* **zu guter** ~ por último
letzte(r, s) *adj* último; **als Letzter
fertig werden** terminar el último;
in ~**r Zeit** últimamente
letztendlich ['-'--] *adv* a fin de cuentas
letztens ['lɛtstəns] *adv* hace poco
letztlich *adv* por último
Leuchte ['lɔɪçtə] *f* <-n> **1.** (*Lampe*)
lámpara *f* **2.** (*fam: kluger Mensch*)
lumbrera *f*
leuchten ['lɔɪçtən] *vi* (*Licht geben*)
dar luz; (*Lampe*) estar encendido;
(*glänzen*) resplandecer; (*strahlen*)
brillar
leuchtend *adj* luminoso; (*glänzend*)
brillante; (*strahlend*) radiante; **ein
~es Beispiel** un ejemplo magnífico
Leuchtturm *m* faro *m*
leugnen ['lɔɪgnən] *vi, vt* negar
Leute ['lɔɪtə] *pl* gente *f;* **es waren
ungefähr 30** ~ **da** había unas 30
personas; **etw unter die** ~ **bringen**
(*fam*) divulgar algo; **unter die** ~ **gehen** tratar con gente; **die kleinen** ~
la gente de la calle
Level ['lɛvəl] *m* <-s, -s> (*geh*) rango
m, nivel *m*
Lexikon ['lɛksikɔn] *nt* <-s, Lexika *o*
Lexiken> enciclopedia *f*
Libelle [li'bɛlə] *f* <-n> libélula *f*
liberal [libe'ra:l] *adj* liberal
liberalisieren* [liberali'zi:rən] *vt* libe-
ralizar
Licht [lɪçt] *nt* <-(e)s, -er> luz *f;* **etw
ans** ~ **bringen** sacar algo a la luz;

für etw grünes ~ **geben** dar luz
verde a algo; **jdn hinters** ~ **führen**
engañar a alguien; **Lichtbild** *nt* fo-
to(grafía) *f;* **Lichtblick** *m* rayo *m* de
esperanza
lichten ['lɪçtən] **I.** *vt:* **die Anker** ~
levar anclas **II.** *vr:* **sich** ~ (*Nebel*)
disiparse; (*Bestände*) disminuir;
(*Haare*) ralear; **die Reihen** ~ **sich**
las filas se ven diezmadas
lichterloh ['lɪçtɐ'lo:] *adv:* ~ **brennen**
arder en llamas
Lichtgeschwindigkeit *f* velocidad *f*
de la luz; **Lichtjahr** *nt* año *m* luz;
Lichtschalter *m* interruptor *m* de
la luz; **Lichtschutzfaktor** *m* factor
m de protección solar
Lichtung *f* <-en> calvero *m*
Lid [li:t] *nt* <-(e)s, -er> párpado *m*
lieb [li:p] *adj* (*geliebt*) querido; (*liebenswürdig*) amable; (*artig*) bueno;
jdn ~ **haben** tenerle cariño a alguien; **es wäre mir** ~, **wenn ...**
me gustaría que... +*subj;* **am** ~**sten
würde ich ...** lo que más me gustaría...; **den** ~**en langen Tag** (*fam*)
todo el santo día
Liebe ['li:bə] *f* amor *m;* ~ **auf den
ersten Blick** amor a primera vista
lieben ['li:bən] *vt* amar, querer; **lie-
benswert** *adj* simpático; (*bezau-
bernd*) encantador; **liebenswürdig**
adj amable; (**das ist**) **sehr** ~ (**von
Ihnen**) (es) muy amable (de su
parte)
Liebenswürdigkeit *f* <-en> amabilidad *f*
lieber ['li:bɐ] *adv kompar von
gern(e): **ich schweige** ~ prefiero
callarme; **nichts** ~ **als das!** ¡con muchísimo gusto!
Liebesbrief *m* carta *f* de amor; **Lie-
besgeschichte** *f* historia *f* de
amor; **Liebeskummer** *m* mal *m*
de amores; **Liebespaar** *nt* (pareja

f de) enamorados *m pl*

liebevoll I. *adj* cariñoso **II.** *adv* con amor

lieb|haben *irr vt s.* **lieb**

Liebhaber(in) *m(f)* <-s, -; -nen> amante *mf*

liebkosen* |li:pˈkoːzən] *vt (geh)* acariciar

lieblich [ˈliːplɪç] *adj (Duft)* suave; *(Wein)* dulce

Liebling [ˈliːplɪŋ] *m* <-s, -e> *(Kosewort)* cariño, -a *m, f; (bevorzugter Mensch)* favorito, -a *m, f*

lieblos *adj (ohne Liebe, Sorgfalt)* poco cariñoso; *(gefühllos)* insensible

liebsten *superl von* **gern(e):** **am ~ würde ich hierbleiben** lo que más me gustaría sería quedarme aquí

Liechtenstein [ˈlɪçtənʃtaɪn] *nt* <-s> Liechtenstein *m*

liechtensteinisch *adj* de Liechtenstein

Lied [liːt] *nt* <-(e)s, -er> canción *f;* **davon kann ich ein ~ singen** *(fam)* lo sé de sobra; **Liederbuch** *nt* cancionero *m*

liederlich [ˈliːdɐlɪç] *adj (unordentlich)* desordenado; *(nachlässig)* descuidado; *(abw: unmoralisch)* licencioso

Liedermacher(in) *m(f)* <-s, -; -nen> cantautor(a) *m(f)*

lief [liːf] *3. imp von* **laufen**

Lieferant(in) [lifəˈrant] *m(f)* <-en, -en; -nen> proveedor(a) *m(f)*

lieferbar *adj* disponible

liefern [ˈliːfɐn] *vt* entregar; *(beliefern)* suministrar; **für etw Beweise ~** aportar pruebas de algo

Lieferung *f* <-en> entrega *f; (das Beliefern)* suministro *m*

Lieferwagen *m* camioneta *f*

Liege [ˈliːɡə] *f* <-n> *(Gartenliege)* tumbona *f; (im Liegewagen)* litera *f*

liegen [ˈliːɡən] <liegt, lag, gelegen>

vi haben o sein **1.** *(Person)* estar acostado; **auf dem Rücken/auf dem Bauch ~** estar boca arriba/boca abajo **2.** *(sich befinden)* estar; **wo liegt Durango?** ¿dónde se encuentra Durango?; **an der Elbe ~** estar a orillas del Elba; **das Zimmer liegt nach Süden** la habitación da al sur; **das liegt auf dem Weg** está de camino; **es lag kein Schnee** no había nieve; **die Preise ~ zwischen 50 und 70 Euro** los precios andan entre 50 y 70 euros **3.** *(zusagen)* gustar; **Englisch liegt mir nicht** el inglés no me va; **es liegt mir viel daran** me importa mucho **4.** *(abhängen)* depender *(an/bei* de); **die Entscheidung liegt bei euch** la decisión es vuestra **5.** *(begründet sein)* ser debido *(an* a); **woran liegt es?** ¿a qué se debe?; **an mir soll's nicht ~** por mí que no quede; **so wie die Dinge ~ ...** en estas circunstancias...; **liegen|bleiben** *irr vi sein s.* **bleiben;** **liegen|lassen** *irr vt s.* **lassen[2]**

Liegestuhl *m* tumbona *f*

Liegestütz [ˈ--ʃtʏts] *m* <-es, -e> flexión *f*

lieh [liː] *3. imp von* **leihen**

ließ [liːs] *3. imp von* **lassen**

liest [liːst] *3. präs von* **lesen**

Lift [lɪft] *m* <-(e)s, -e *o* -s> *(Fahrstuhl)* ascensor *m; (Skilift)* telesquí *m; (Sessellift)* telesilla *m*

Liga [ˈliːɡa] *f* <Ligen> *(pol)* liga *f; (sport)* división *f*

Likör [liˈkøːɐ] *m* <-s, -e> licor *m*

lila [ˈliːla] *adj* lila; *(dunkel)* morado

Lilie [ˈliːliə] *f* <-n> lirio *m; (weiße)* azucena *f*

Liliputaner(in) [lilipuˈtaːnɐ] *m(f)* <-s, -; -nen> liliputiense *mf*

Limit [ˈlɪmɪt] *nt* <-s, -s *o* -e> límite *m*

Limonade [limo'na:də] *f* <-n> limonada *f*

Linde ['lɪndə] *f* <-n> tilo *m*

lindern ['lɪndən] *vt* aliviar

Lineal [line'a:l] *nt* <-s, -e> regla *f*

linear [line'a:ɐ] *adj* lineal

Linguistik [lɪŋɡu'ɪstɪk] *f* lingüística *f*

Linie ['li:niə] *f* <-n> línea *f;* **in erster ~** en primer lugar; **auf die schlanke ~ achten** guardar la línea; **Linienbus** *m* autobús *m* de línea; **Linienflug** *m* vuelo *m* regular

link [lɪŋk] *adj* (*fam*) engañoso

linke(r, s) *adj* izquierdo; (POL) de izquierda(s); **auf der ~n Seite** a la izquierda; **~r Hand** a mano izquierda; **zwei ~ Hände haben** (*fam*) ser un manazas

Linke *f* <-n> (*a*. POL) izquierda *f;* **zu seiner ~n** a su izquierda

linken *vt* (*fam*) engañar

linkisch *adj* (*abw*) torpe

links [lɪŋks] *adv o präp* +*gen* a la izquierda (de); **nach ~** hacia la izquierda; **von ~ kommen** venir por la izquierda; **sich ~ einordnen** situarse en el carril izquierdo; **etw mit ~ machen** (*fig fam*) hacer algo con los ojos cerrados; **jdn ~ liegen lassen** hacer caso omiso de alguien; **linksextremistisch** *adj* de la extrema izquierda

Linkshänder(in) ['-hɛndə] *m(f)* <-s, -; -nen> zurdo, -a *m, f*

linksradikal *adj* extremista de izquierdas

Linse ['lɪnzə] *f* <-n> (GASTR) lenteja *f;* (*Optik*) lente *m o f*

Lippe ['lɪpə] *f* <-n> labio *m;* **Lippenstift** *m* barra *f* de labios

lispeln ['lɪspəln] *vi* cecear

List [lɪst] *f* <-en> 1. (*Trick*) artimaña *f* 2. *ohne pl* (*Wesensart*) astucia *f;* **mit ~ und Tücke** (*fam*) con todas las mañas posibles

Liste ['lɪstə] *f* <-n> lista *f;* **auf einer ~ stehen** figurar en una lista

listig *adj* astuto

Litauen ['lɪtauən] *nt* <-s> Lituania *f*

litauisch *adj* lituano

Liter ['li:tɐ, 'lɪtɐ] *m o nt* <-s, -> litro *m;* **zwei ~ Milch** dos litros de leche

literarisch [lɪtə'ra:rɪʃ] *adj* literario

Literatur [lɪtəra'tu:ɐ] *f* <-en> literatura *f*

litt [lɪt] *3. imp von* **leiden**

live [laɪf] *adj inv* (*Sendung*) en directo; (*direkt anwesend*) en vivo; **Liveschaltung** ['laɪfʃaltʊŋ] *f* (TV) conexión *f* en directo; **Livesendung**^{RR} *f* (RADIO, TV) (re)transmisión *f* en directo

Lizenz [li'tsɛnts] *f* <-en> licencia *f*

Lkw, LKW ['ɛlka:ve:] *m* <-(s), -(s)> *Abk. von* **Lastkraftwagen** camión *m*

Lob [lo:p] *nt* <-(e)s, -e> elogio *m;* **jdm ein ~ aussprechen** elogiar a alguien

loben ['lo:bən] *vt* elogiar; **lobenswert** *adj*, **löblich** ['lø:plɪç] *adj* loable

Loch [lɔx] *nt* <-(e)s, Löcher> agujero *m;* (*Öffnung*) abertura *f;* (*Vertiefung*) hoyo *m;* (*Hohlraum*) hueco *m;* (*fam abw: Wohnung*) cuchitril *m;* **jdm ein ~ in den Bauch fragen** (*fam*) atosigar a alguien a preguntas; **wie ein ~ saufen** (*fam*) beber como un cosaco

lochen *vt* (*Papier*) perforar; (*entwerten*) picar

Locher *m* <-s, -> perforadora *f*

löch(e)rig ['lœç(ə)rɪç] *adj* agujereado

Locke ['lɔkə] *f* <-n> rizo *m*

locken ['lɔkən] I. *vt* (*Tier*) llamar; (*anziehen*) atraer; **jdn in eine Falle ~** tender a alguien una trampa II. *vr:* **sich ~** (*Haare*) rizarse

locker ['lɔkɐ] *adj* 1. (*Schraube, Kno-*)

ten) flojo; (_wackelnd_) suelto; ~ **sitzen** estar flojo **2.** (_Haltung_) relajado; (_Lebenswandel_) libertino; **das mach' ich doch ~** (_fam_) eso lo hago con facilidad; **ein ~es Mundwerk haben** (_fam_) tener mala lengua; **locker|lassen** _irr vi_ (_fam_): **nicht ~** no ceder

lockern ['lɔkɐn] _vt, vr:_ **sich ~** (_Schraube, Seil_) aflojar(se); (_Muskeln_) relajar(se)

lockig _adj_ rizado

lodern ['loːdɐn] _vi_ arder

Löffel ['lœfəl] _m_ <-s, -> (_Esslöffel_) cuchara _f;_ (_Löffel voll_) cucharada _f;_ **den ~ abgeben** (_fam_) diñarla

log [loːk] _3. imp von_ **lügen**

Loge ['loːʒə] _f_ <-n> (THEAT) palco _m;_ (_Pförtnerloge_) portería _f_

Logik ['loːgɪk] _f_ lógica _f_

logisch ['loːgɪʃ] _adj_ lógico

logischerweise _adv_ como es lógico, lógicamente

Logo ['loːgo] _m o nt_ <-s, -s> emblema _m_

Lohn [loːn] _m_ <-(e)s, Löhne> (_Arbeitslohn_) salario _m;_ (_Belohnung_) recompensa _f;_ **als ~ für ...** en recompensa por...

lohnen ['loːnən] _vt, vr:_ **sich ~** valer la pena

lohnend _adj_ que vale la pena; (_einträglich_) rentable

Lohnsteuer _f_ impuesto _m_ sobre el salario

Lok [lɔk] _f_ <-s> locomotora _f_

lokal [loˈkaːl] _adj_ local

Lokal [loˈkaːl] _nt_ <-(e)s, -e> local _m;_ (_Kneipe_) pub _m;_ (_Restaurant_) restaurante _m_

Lokomotive [lokomoˈtiːvə] _f_ <-n> locomotora _f_

Lokomotivführer(in) _m(f)_ maquinista _mf_

Lolli ['lɔli] _m_ <-s, -s> chupa-chups®

m inv

London ['lɔndɔn] _nt_ <-s> Londres _m_

Lorbeer ['lɔrbeːɐ] _m_ <-s, -en> laurel _m;_ **sich auf seinen ~en ausruhen** (_fam_) dormirse en los laureles

los [loːs] _adj_ (_nicht befestigt_) suelto; (_locker_) flojo; **jdn/etw ~ sein** haberse librado de alguien/algo; **ich bin mein ganzes Geld ~** me he quedado sin blanca; **~ sein** pasar; **was ist ~ mit ihm?** ¿qué le pasa?; **in Granada ist abends viel ~** en Granada hay mucha marcha por la noche

Los [loːs] _nt_ <-es, -e> **1.** (_für Entscheidung_) sorteo _m;_ **etw durch das ~ entscheiden** echar algo a suerte(s) **2.** (_Lotterielos_) billete _m_ de lotería; **das große ~ ziehen** (_a. fig_) tocar(le) a alguien el gordo **3.** (_geh: Schicksal_) destino _m;_ **ein schweres ~** un destino oneroso

los|binden _irr vt_ desatar

löschen ['lœʃən] _vt_ (_Licht, Feuer, Durst_) apagar; (_Tonband, a._ INFOR) borrar; (_Eintragung_) cancelar

Löschfahrzeug _nt_ coche _m_ de bomberos

lose ['loːzə] _adj_ (_Knoten_) flojo; (_unverpackt_) a granel; (_stückweise_) por unidad; **~ Blätter** hojas sueltas; **ein ~s Mundwerk haben** (_fam_) tener la lengua larga

Lösegeld _nt_ <-(e)s, -er> rescate _m_

losen ['loːzən] _vi_ echar a suerte(s)

lösen ['løːzən] **I.** _vt_ **1.** (_abtrennen_) despegar (_von/aus_ de) **2.** (_losmachen_) soltar; (_lockern_) aflojar; (_Schraube_) destornillar; (_Knoten_) deshacer; (_Verspannung_) eliminar; **die Handbremse ~** soltar el freno de mano **3.** (_Aufgabe_) resolver **4.** (_Ehe_) anular; (_Vertrag_) rescindir **5.** (_Fahrkarte_) sacar **6.** (_zergehen_

lassen) disolver (*in* en) **II.** *vr:* **sich ~**
1. (*abgehen*) desprenderse
2. (*Schraube*) aflojarse; (*Husten*) calmarse **3.** (*sich klären*) resolverse
4. (*sich frei machen*) liberarse (*aus/von* de); (*sich trennen*) separarse
(*von* de); **sie löste sich aus seiner**
Umarmung se desprendió de su
abrazo **5.** (*zergehen*) disolverse (*in* en)

los|fahren ['lo:s-] *irr vi sein* salir;
(*Fahrzeug*) ponerse en marcha; **los|**
gehen *irr vi sein* **1.** (*weggehen*)
irse; **lass uns endlich ~!** ¡vámonos
ya! **2.** (*fam: anfangen*) empezar;
gleich geht's los enseguida empieza **3.** (*angreifen*) abalanzarse
(*auf* sobre); **los|kommen** *irr vi sein*
(*fam: wegkommen*) poder irse; (*sich*
befreien) librarse (*von* de); (*von Drogen*) desengancharse (*von* de); **los|**
lassen *irr vt* soltar; **die Frage lässt**
mich nicht mehr los la pregunta no
se me quita de la cabeza; **los|legen**
vi (*fam*) ponerse a hacer algo con
ímpetu; **ihr könnt sofort ~!** ¡podéis
empezar enseguida!

löslich ['lø:slɪç] *adj* soluble (*in* en)
los|lösen *vt, vr:* **sich ~** desprender(se); **los|machen I.** *vt* (*fam*)
soltar **II.** *vr:* **sich ~** (*fam: von Kette*)
soltarse (*von* de); (*von Verpflichtungen*) sustraerse (*von* a); **los|reißen**
irr **I.** *vt* arrancar **II.** *vr:* **sich ~** soltarse; **er konnte sich nicht von**
dem Anblick ~ no podía apartar la
vista; **los|rennen** *irr vi sein* echar a
correr (*auf* hacia); **los|sagen** *vr:*
sich ~ renegar (*von* de)

Lösung ['lø:zʊŋ] *f* <-en> (*Ergebnis*)
solución *f;* **Lösungsmittel** *nt* disolvente *m*

los|werden *irr vt sein* (*Person*) deshacerse (de); (*Erkältung*) quitarse de
encima; **ich werde den Gedanken**

nicht los, dass ... no me puedo
quitar de la cabeza que... +*subj*

Lot |lo:t| *nt:* **etw wieder ins** (**rechte**) **~ bringen** arreglar algo
löten ['lø:tən] *vt* soldar
Lothringen ['lo:trɪŋən] *nt* <-s> Lorena *f*
Lotion [lo'tsjo:n] *f* <-en> loción *f*
Lotse, Lotsin ['lo:tsə] *m, f* <-n, -n;
-nen> controlador(a) *m(f)* aéreo, -a
Lotterie [lɔtə'ri:] *f* <-n> lotería *f*
Lotto ['lɔto] *nt* <-s, -s> lotería *f* primitiva; **ich habe im ~ gewonnen!**
¡me ha tocado la primitiva!; **Lotto-**
schein *m* billete *m* de la (lotería)
primitiva
Löwe *m* <-n, -n> león *m;* (ASTR) Leo
m
loyal [lɔi'a:l] *adj* leal; **sich ~ verhal-**
ten ser leal
LP [ɛl'pi:] *f* <-(s)> *Abk. von* **Lang-**
spielplatte elepé *m*
Luchs [lʊks] *m* <-es, -e> lince *m*
Lücke ['lʏkə] *f* <-n> (*Loch*) agujero
m; (*Zwischenraum*) vacío *m;* (*Hohl-*
raum) hueco *m;* (*Gedächtnislücke*)
laguna *f;* **lückenhaft** *adj* (*unvoll-*
ständig) incompleto; **lückenlos**
adj íntegro
lud [lu:t] *3. imp von* **laden**
Luder ['lu:də] *nt* <-s, -> (*fam*) mal
bicho *m*
Luft |lʊft| *f* <Lüfte> aire *m;* (**tief**) **~**
holen respirar (hondo); **die ~ an-**
halten contener la respiración;
nach ~ schnappen jadear; **etw in**
die ~ sprengen hacer saltar algo
por los aires; **vor Freude in die ~**
springen dar saltos de alegría; **das**
ist völlig aus der ~ gegriffen es
pura invención; **an die** (**frische**) **~**
gehen tomar el aire (fresco); **die ~**
aus etw herauslassen desinflar
algo; **es herrscht dicke ~** (*fam*) el
ambiente está cargado; **sich in ~**

auflösen (*fam*) desvanecerse en el aire; **jdn wie ~ behandeln** (*fam*) tratar a alguien como si no existiera; **jdn an die (frische) ~ setzen** (*fam*) mandar a alguien a tomar viento; **Luftballon** *m* globo *m;* **luftdicht** *adj* hermético; **Luftdruck** *m* <-(e)s, *ohne pl*> presión *f* atmosférica

lüften ['lʏftən] *vt* (*Kleider*) airear; (*Zimmer*) ventilar; (*Geheimnis*) revelar

Luftfahrt *f ohne pl* aeronáutica *f;* **Luftfeuchtigkeit** *f* humedad *f* del aire

luftig *adj* (*Kleidung*) ligero

Luftmatratze *f* colchoneta *f;* **Luftpost** *f* correo *m* aéreo; **per ~** por avión; **Luftpumpe** *f* bomba *f* de aire; **Luftröhre** *f* tráquea *f;* **Luftsprung** *m:* **vor Freude einen ~ machen** dar un salto de alegría

Lüftung ['lʏftʊŋ] *f* <-en> ventilación *f*

Luftverschmutzung *f* contaminación *f* del aire; **Luftwaffe** *f* fuerza *f* aérea; **Luftzug** *m* corriente *f* de aire

Lüge ['lyːɡə] *f* <-n> mentira *f*

lügen ['lyːɡən] <lügt, log, gelogen> *vi* mentir; **er lügt wie gedruckt** (*fam*) miente más que habla

Lügner(in) ['lyːɡnɐ] *m(f)* <-s, -; -nen> mentiroso, -a *m, f*

Luke ['luːkə] *f* <-n> (*Dachluke*) tragaluz *m*

lukrativ [lukraˈtiːf] *adj* lucrativo

Lümmel ['lʏməl] *m* <-s, -> (*abw*) sinvergüenza *m*

Lump [lʊmp] *m* <-en, -en> (*abw*) canalla *mf*

lumpen *vi* (*fam*): **sich nicht ~ lassen** no ser cutre

Lumpen ['lʊmpən] *m* <-s, -> harapo *m*

lumpig *adj* miserable; **~e zehn Euro** diez euros de nada

Lunge ['lʊŋə] *f* <-n> pulmón *m;* **Lungenentzündung** *f* pulmonía *f*

Lupe ['luːpə] *f* <-n> lupa *f*

Lust [lʊst] *f* <Lüste> (*geh*) **1.** (*sexuelles Verlangen*) deseo *m* **2.** *ohne pl* (*Verlangen*) gana(s) *f(pl);* **zu etw ~ haben** tener ganas de algo; **ich habe keine ~** no me apetece **3.** *ohne pl* (*Vergnügen*) placer *m*

lüstern ['lʏstən] *adj* (*geh*) lascivo

lustig ['lʊstɪç] *adj* (*vergnügt*) alegre; (*belustigend*) divertido; **sich über jdn/etw ~ machen** burlarse de alguien/algo

lustlos *adj* desanimado

lutschen ['lʊtʃən] *vi, vt* chupar

Lutscher *m* <-s, -> piruleta *f,* chupete *m Am*

Luxemburg ['lʊksəmbʊrk] *nt* <-s> Luxemburgo *m*

Luxemburger, Luxemburgerin ['lʊksəmbʊrɡɐ] *m, f* <-s, -; -nen> luxemburgués, -esa *m, f*

luxemburgisch *adj* luxemburgués

luxuriös [lʊksuriˈøːs] *adj* lujoso

Luxus ['lʊksʊs] *m* <-, *ohne pl*> lujo *m*

Luzern [luˈtsɛrn] *nt* <-s> Lucerna *f*

Lymphknoten *m* ganglio *m* linfático

Lyrik ['lyːrɪk] *f* (*poesía f*) lírica *f*

M

M, m [ɛm] *nt* <-, -> M, m *f*

Machart *f* hechura *f;* **machbar** *adj* factible

machen ['maxən] **I.** *vt* hacer; **ein Foto ~** sacar una foto; **Eindruck ~** causar impresión; **das macht mir**

Sorge esto me preocupa; **das lässt sich ~** esto se puede arreglar; **da ist nichts zu ~** no hay remedio; **was ~ Sie beruflich?** ¿cuál es su profesión?; **was macht dein Bruder?** ¿cómo le va a tu hermano?; **jdm das Leben schwer ~** complicarle la vida a alguien; **mach's gut!** (*fam*) ¡qué te vaya bien!; **nun mach schon!** (*fam*) ¡date prisa!; **macht nichts!** (*fam*) ¡no importa!; **sich** *dat* **nichts aus etw ~** (*fam*) no interesarle algo a alguien **II.** *vr:* **sich hübsch ~** ponerse guapo; **sich lächerlich ~** hacer el ridículo; **sich beliebt ~** ganarse las simpatías (*bei* de); **sich verständlich ~** comunicarse; **sich an die Arbeit/auf den Weg ~** ponerse a trabajar/en camino

Macho ['matʃo] *m* <-s, -s> (*fam*) machista *m*

Macht [maxt] *f* <Mächte> **1.** (*Staat*) potencia *f* **2.** *ohne pl* (*Einfluss*) poder *m;* **mit aller ~** con todas las fuerzas; **wir tun alles, was in unserer ~ steht** hacemos todo lo que está a nuestro alcance

Machthaber(in) *m(f)* <-s, -; -nen> gobernante *mf*

mächtig ['mɛçtɪç] *adj* poderoso; (*sehr groß*) enorme

Machtkampf *m* lucha *f* por el poder; **machtlos** *adj* impotente; **~ gegen etw sein** no poder hacer nada contra algo

Macke ['makə] *f* <-n> **1.** (*Fehler*) defecto *m;* (*Beule*) abolladura *f* **2.** (*fam: Tick*) manía *f;* **du hast doch eine ~!** ¡estás chiflado!

Mädchen ['mɛːtçən] *nt* <-s, -> niña *f;* (*Jugendliche*) chica *f;* **Mädchenname** *m* (*Vorname*) nombre *m* de chica; (*vor der Heirat*) apellido *m* de soltera

Made ['maːdə] *f* <-n> cresa *f*

madig|machen *vt:* **jdm etw ~** (*fam*) quitar(le) a alguien las ganas de algo

Madrid [ma'drɪt] *nt* <-s> Madrid *m*

Madrider(in) [ma'drɪtɐ] *m(f)* <-s, -; -nen> madrileño, -a *m, f*

Mafia ['mafja] *f* <-s> mafia *f*

mag [maːk] *3. präs von* **mögen**

Magazin [maga'tsiːn] *nt* <-s, -e> (*Lager*) almacén *m;* (*Zeitschrift*) revista *f*

Magdeburg ['makdəbʊrk] *nt* <-s> Magdeburgo *m*

Magen ['maːɡən] *m* <-s, Mägen> estómago *m;* **auf nüchternen ~** en ayunas; **mir knurrt der ~** me crujen las tripas; **Magengeschwür** *nt* úlcera *f* gástrica; **Magenschmerzen** *mpl* dolores *mpl* de estómago; **Magenverstimmung** *f* indigestión *f*

mager ['maːɡɐ] *adj* (*Fleisch*) magro; (*Mensch*) flaco; (*dürftig*) insuficiente; **Magersucht** *f ohne pl* anorexia *f* nerviosa

Magie [ma'giː] *f* magia *f*

magisch ['maːɡɪʃ] *adj* mágico

Magnet [ma'gneːt] *m* <-en *o* -(e)s, -e(n)> imán *m*

magnetisch *adj* magnético; **eine ~e Anziehungskraft auf jdn ausüben** ejercer un poder irresistible sobre alguien

mähen ['mɛːən] *vt* (*Getreide*) segar; (*Rasen*) cortar

Mahl [maːl] *nt* <-(e)s, Mähler *o* -e> (*geh*) comida *f*

mahlen ['maːlən] <mahlt, mahlte, gemahlen> *vt* moler

Mahlzeit *f* comida *f;* **~!** ¡que aproveche!

Mähne ['mɛːnə] *f* <-n> melena *f;* (*fam: bei Menschen*) pelambrera *f*

Mahngebühr *f* gasto *m* de requerimiento; **Mahnmal** *nt* monumento *m* conmemorativo

Mahnung *f* <-en> (*Ermahnung*) requerimiento *m;* (*Mahnschreiben*) recordatorio *m*

Mai [maɪ] *m* <-(e)s, -e> mayo *m; s.a.* **März**

Mailbox ['mɛɪlbɔks] *f* buzón *m* (electrónico)

Main [maɪn] *m* <-s> Meno *m*

Mainz [maɪnts] *nt* <-> Maguncia *f*

Mais [maɪs] *m* <-es, -e> maíz *m;* **Maiskolben** *m* <-s, -> mazorca *f*

majestätisch *adj* majestuoso

makaber [ma'ka:bɐ] *adj* macabro

Makel ['ma:kəl] *m* <-s, -> (*geh*) defecto *m;* **makellos** *adj* sin tacha

mäkeln ['mɛ:kəln] *vi* (*abw*) criticar (*an*)

Make-up [mɛɪk'?ap] *nt* <-s, -s> maquillaje *m*

Makler(in) ['ma:klɐ] *m(f)* <-s, -; -nen> agente *mf* inmobiliario, -a

mal [ma:l] *adv* (MATH) por; (*fam: ein Mal*) una vez; **noch** ~ otra vez; **erst** ~ por ahora; **warst du schon** ~ **hier?** ¿ya has estado aquí antes?; **zwei** ~ **zwei ist vier** dos por dos son cuatro

Mal[1] [ma:l] *nt* <-(e)s, -e> vez *f;* **nächstes** ~ la próxima vez; **das erste** ~ la primera vez; **Millionen** ~ un millón de veces; **zum letzten** ~ por última vez; **ein anderes** ~ otra vez; **das eine oder andere** ~ una que otra vez; **von** ~ **zu** ~ cada vez; **ein für alle** ~ de una vez para siempre

Mal[2] *nt* <-(e)s, -e *o* Mäler> (*Wundmal*) estigma *m;* (*Muttermal*) lunar *m*

Malaria [ma'la:ria] *f* malaria *f*

Malbuch *nt* libro *m* para colorear

malen ['ma:lən] *vt* pintar; **ein Bild** ~ hacer un dibujo; **weiß** ~ pintar de blanco

Maler(in) *m(f)* <-s, -; -nen> (*a.* KUNST) pintor(a) *m(f)*

Malerei *f* <-en> (*Kunstgattung*) pintura *f;* (*Gemälde*) cuadro *m*

malerisch *adj* pintoresco

mal|nehmen *irr vt* multiplicar (*mit por*)

Malz [malts] *nt* <-es, *ohne pl*> malta *f*

Mama ['mama] *f* <-s> (*fam*) mamá *f*

Mami ['mami] *f* <-s> (*fam*) mami(ta) *f*

man [man] *pron indef* (*allgemein*) se; (*ich, wir*) uno *m,* una *f;* **das tut** ~ **nicht** eso no se hace; ~ **hat mir gesagt, dass ...** me han dicho que...

Management *nt* <-s, -s> 1. (*Führungskräfte*) junta *f* directiva 2. *ohne pl* (*das Leiten*) gestión *f* empresarial

managen ['mɛnɪtʃən] *vt* 1. (*Personen*) ser el manager (de) 2. (*fam: bewältigen*) apañar; **das hat er gut gemanagt** lo ha apañado a las mil maravillas

Manager(in) ['mɛnɪtʃɐ, 'mɛnətʃɐ] *m(f)* <-s, -; -nen> manager *mf*

manch *pron indef:* ~ **einer** alguno que otro; *s.a.* **manche(r, s)**

manche(r, s) ['mançə, -çɐ, -çəs] I. *pron indef* alguno que otro; **so ~s Mal** alguna que otra vez; **in ~m hat er Recht** en algunos puntos tiene razón II. *adj* algunos; ~ **von uns** algunos de nosotros

mancherlei ['mançɐ'laɪ] *adj inv* diversos

manchmal ['mançma:l] *adv* a veces

Mandarine [manda'ri:nə] *f* <-n> mandarina *f*

Mandel ['mandəl] *f* <-n> (MED) amígdala *f;* (BOT) almendra *f;* **gebrannte** ~**n** almendras garapiñadas; **Mandelentzündung** *f* amigdalitis *f inv*

Manege [ma'ne:ʒə] *f* <-n> pista *f* del circo

Mangel ['maŋəl] *m* <-s, Mängel>

1. (*Fehler*) defecto *m* **2.** *ohne pl* (*Fehlen*) falta *f* (*an* de); (*Knappheit*) escasez *f* (*an* de); **~ haben an etw** carecer de algo; **Mangelerscheinung** *f* síntoma *m* de deficiencia; **mangelhaft** *adj* deficiente

mangeln ['maŋəln] *vunpers:* **es mangelt ihm an Selbstvertrauen** le falta la confianza en sí mismo

mangels ['maŋəls] *präp* +*gen/dat* por falta de

Mangelware *f* artículo *m* escaso; **~ sein** escasear

Mangold ['maŋɔlt] *m* <-(e)s, -e> acelga *f*

Manie [ma'ni:] *f* <-n> manía *f*

Manier [ma'ni:ɐ] *f* <-en> **1.** (*Art*) manera *f* **2.** *pl* (*Benehmen*) modales *mpl*

manierlich [ma'ni:ɐlɪç] *adj* con buenos modales; **sich ~ benehmen** comportarse bien

Manifest [mani'fɛst] *nt* <-(e)s, -e> manifiesto *m*

Maniküre [mani'ky:rə] *f* <-n> manicura *f*

Manipulation [manipula'tsjo:n] *f* <-en> manipulación *f*

manipulieren* [manipu'li:rən] *vt* manipular

Mann [man] *m* <-(e)s, Männer> hombre *m*; (*Ehemann*) marido *m*; **mein geschiedener ~** mi ex-marido; **ein junger ~** un joven; **seinen ~ stehen** cumplir con sus obligaciones; **wenn Not am ~ ist** en caso de necesidad

Männchen ['mɛnçən] *nt* <-s, -> (ZOOL) macho *m*

Mannequin [manə'kɛ̃:, 'manəkɛ̃] *nt* <-s, -s> maniquí *mf*

mannigfach ['manɪçfax] *adj*, **mannigfaltig** *adj* (*geh*) **1.** (*abwechslungsreich*) diverso **2.** (*vielfach*) múltiple

männlich ['mɛnlɪç] *adj* masculino; (ZOOL) macho

Männlichkeit *f* virilidad *f*

Mannschaft *f* <-en> (SPORT) equipo *m*; (NAUT, AERO) tripulación *f*

Manöver [ma'nø:ve] *nt* <-s, -> maniobra *f*

Mantel ['mantəl] *m* <-s, Mäntel> abrigo *m*; (TECH) revestimiento *m*; (*vom Reifen*) cubierta *f*

manuell [manu'ɛl] **I.** *adj* manual **II.** *adv* con la mano

Mappe ['mapə] *f* <-n> (*Tasche*) portafolios *m inv*; (*Ordner*) carpeta *f*

Märchen ['mɛ:ɐçən] *nt* <-s, -> cuento *m* (de hadas); **märchenhaft** *adj* fabuloso; **Märchenprinz** *m* príncipe *m* azul

Marder ['mardɐ] *m* <-s, -> marta *f*

Margarine [marga'ri:nə] *f* <-n> margarina *f*

Margerite [margə'ri:tə] *f* <-n> margarita *f*

Marienkäfer [ma'ri:ən-] *m* mariquita *f*

Marihuana [marihu'a:na] *nt* <-s, ohne pl> marihuana *f*

Marinade [mari'na:də] *f* <-n> escabeche *m*

Marine [ma'ri:nə] *f* <-n> marina *f*

Marionette [marjo'nɛtə] *f* <-n> títere *m*

Mark¹ [mark] *nt* <-(e)s, ohne pl> (*Knochenmark*) médula *f*

Mark² *f ohne pl* (*Währung*, HIST) marco *m*

markant [mar'kant] *adj* (*ausgeprägt*) marcado

Marke ['markə] *f* <-n> marca *f*; (*Briefmarke*) sello *m*; **Markenartikel** *m* artículo *m* de marca

Marketing ['markətɪŋ] *nt* <-s, ohne pl> marketing *m*

markieren* [mar'ki:rən] *vt* marcar; **den starken Mann ~** hacerse el fuerte

Markierung f <-en> **1.** (*Vorgang*) señalización f **2.** (*Zeichen*) marca f

Markt [markt] m <-(e)s, Märkte> mercado m; **auf den ~ gehen** ir al mercado; **Marktfrau** f vendedora f de mercado; **Marktwirtschaft** f economía f de mercado

Marmelade [marmə'la:də] f <-n> mermelada f

Marmor ['marmo:ɐ] m <-s, -e> mármol m

Marone [ma'ro:nə] f <-n> (*Esskastanie*) castaña f; (*Pilz*) boleto m

Marotte [ma'rɔtə] f <-n> manía f

Mars [mars] m <-> Marte m

Marsch [marʃ] m <-(e)s, Märsche> marcha f

marschieren* [mar'ʃi:rən] vi sein marchar

Marsmensch m marciano, -a m, f

Märtyrer(in) ['mɛrtyrɐ] m(f) <-s, -; -nen> mártir mf

März [mɛrts] m <-(es), -e> marzo m; **im** (**Monat**) ~ en (el mes de) marzo; **heute ist der erste** ~ (hoy) estamos a primero de marzo; **Berlin, den 10.** ~ **1988** Berlín, a diez de marzo de 1988; **am 20.** ~ el 20 de marzo; **Anfang/Ende/Mitte** ~ a principios/finales/mediados de marzo

Marzipan [martsi'pa:n, '---] nt <-s, -e> mazapán m

Masche ['maʃə] f <-n> (*bei Handarbeit*) punto m; (*fam: Trick*) truco m

Maschine [ma'ʃi:nə] f <-n> máquina f; (*Flugzeug*) avión m; **etw mit der ~ schreiben** escribir algo a máquina

maschinell [maʃi'nɛl] **I.** adj mecánico **II.** adv a máquina

Maschinenbau m <-(e)s, ohne pl> (*Lehrfach*) ingeniería f mecánica; **Maschinenpistole** f metralleta f

Masern ['ma:zɐn] pl sarampión m

Maske ['maskə] f <-n> máscara f; (INFOR) pantalla f

maskieren* [mas'ki:rən] vt, vr: **sich ~ enmascarar(se)**

Maskottchen [mas'kɔtçən] nt <-s, -> mascota f

maskulin [masku'li:n] adj masculino

masochistisch adj masoquista

maß [ma:s] **3.** imp von **messen**

Maß [ma:s] nt <-es, -e> medida f; (*Ausmaß*) dimensión f; **in besonderem ~(e)** especialmente; **in hohem ~e** en alto grado; **über alle ~en** sobremanera; **bei etw ~ halten** ser moderado con algo; **ein gewisses ~ an Vertrauen** cierto grado de confianza; **mit zweierlei ~ messen** medir por distintos raseros

Massage [ma'sa:ʒə] f <-n> masaje m

Massaker [ma'sa:kɐ] nt <-s, -> masacre f

Maßband nt cinta f métrica

Masse ['masə] f <-n> masa f; (*Menge*) cantidad f; (*Menschenmasse*) muchedumbre f; **in ~n** a montones

Maßeinheit f unidad f de medida

Massenarbeitslosigkeit f paro m masivo; **Massenartikel** m artículo m de gran consumo; **Massengrab** nt fosa f común; **massenhaft** adj (*fam*) en masa; **Massenkarambolage** f colisión f múltiple; **Massenmedium** nt medio m de masas; **Massenmord** m asesinato m en masa; **Massenproduktion** f producción f en gran escala; **massenweise** adv a montones, en masa

Masseur(in) [ma'sø:ɐ] m(f) <-s, -e; -nen> masajista mf

maßgebend, maßgeblich I. adj (*ausschlaggebend*) decisivo **II.** adv de manera decisiva; **maß|halten** irr vi s. **Maß**

massieren* [ma'si:rən] vt dar un masaje (a)

massig ['masıç] I. *adj* (*wuchtig*) voluminoso II. *adv* (*fam: viel*) a montones

mäßig ['mɛːsıç] *adj* (*gemäßigt*) moderado; (*mittelmäßig*) mediocre

mäßigen ['mɛːsıgən] *vt, vr:* **sich ~** moderar(se)

massiv [ma'siːf] *adj* macizo; (*Kritik, Drohung*) masivo

maßlos I. *adj* desmesurado II. *adv* enormemente

Maßnahme *f* <-n> medida *f;* **~n ergreifen** tomar medidas

maßregeln ['---] *vt* (*rügen*) reprender; (*strafen*) castigar; **Maßstab** *m* norma *f;* (*bei Karten*) escala *f;* **maßvoll** *adj* moderado

Mast[1] [mast] *m* <-(e)s, -e(n)> (NAUT) mástil *m;* (*Telefonmast*) poste *m;* (*Fahnenmast*) asta *f*

Mast[2] *f* <-en> (*von Tieren*) cebadura *f*

mästen ['mɛstən] *vt* cebar

masturbieren* [mastʊr'biːrən] *vi* masturbarse

Match [mɛtʃ] *nt* <-(e)s, -s *o* -e> partido *m*

Material [materi'aːl] *nt* <-s, -ien> material *m*

materialistisch *adj* materialista

Materie [ma'teːriə] *f* <-n> materia *f*

materiell [materi'ɛl] *adj* (*finanziell*) financiero

Mathematik [matema'tiːk] *f* matemáticas *fpl*

mathematisch [mate'maːtıʃ] *adj* matemático

Matratze [ma'tratsə] *f* <-n> colchón *m*

Matrose [ma'troːzə] *m* <-n, -n> marinero *m*

Matsch [matʃ] *m* <-(e)s, *ohne pl*> (*fam: Schlamm*) lodo *m*

matschig *adj* (*fam: Obst*) pasado;

(*Schnee*) medio derretido; (*schlammig*) fangoso

matt [mat] *adj* (*erschöpft*) cansado; (*schwach*) débil; (*glanzlos*) mate; (*Blick*) apagado

Matte ['matə] *f* <-n> (*Strohmatte*) estera *f*

Matura [ma'tuːra] *f* (*Österr, Schweiz*) ≈bachillerato

Mauer ['maʊɐ] *f* <-n> muro *m*

mauern ['maʊɐn] *vi, vt* construir

Maul [maʊl] *nt* <-(e)s, Mäuler> boca *f;* (*Hund*) hocico *m;* (*Wiederkäuer*) (a. *fam*) morro *m;* **ein großes ~ haben** ser un bocazas; **halt's ~ !** ¡cierra el pico!

maulen ['maʊlen] *vi* (*fam*) estar de morros

Maulkorb *m* bozal *m;* **Maultier** *nt* mulo *m;* **Maulwurf** *m* topo *m*

Maurer(in) ['maʊrə] *m(f)* <-s, -; -nen> albañil *mf*

Maus [maʊs] *f* <Mäuse> (a. INFOR) ratón *m;* **Mausefalle** *f* ratonera *f*

Mausklick ['maʊsklık] *m* <-s, -s> (INFOR) click *m* del ratón

Mausoleum [maʊzo'leːʊm] *nt* <-s, Mausoleen> mausoleo *m*

Maut [maʊt] *f* <-en> peaje *m;* **Mautsystem** *nt* sistema *m* de peaje

Maxima *pl von* **Maximum**

maximal [maksi'maːl] I. *adj* máximo II. *adv* como máximo

Maximum ['maksimʊm] *nt* <-s, Maxima> máximo *m* (*an de*)

Mayonnaise [majɔ'nɛːzə] *f* <-n> mayonesa *f*

Mazedonien [matse'doːniən] *nt* <-s> Macedonia *f*

mazedonisch *adj* macedonio

MB [ɛm'beː] (INFOR) *Abk. von* **Megabyte** MB

m. E. *Abk. von* **meines Erachtens** en mi opinión

Mechanik [me'çaːnık] *f* mecánica *f*

Mechaniker(in) [me'ça:nikɐ] *m (f)*
<-s, -; -nen> mecánico, -a *m, f*
mechanisch [me'ça:nɪʃ] *adj* mecánico
Mechanismus [meça'nɪsmʊs] *m* <-,
Mechanismen> mecanismo *m*
meckern ['mɛkɐn] *vi* (*Ziege*) balar;
(*fam: nörgeln*) criticar (*über*)
Mecklenburg ['mɛklənbʊrk] *nt*
<-s> Mecklemburgo *m;* **Mecklen-**
burg-Vorpommern ['---'fo:ɛpɔ-
mɐn] *nt* <-s> Mecklemburgo-Pomerania *m* occidental
Medaille [me'daljə] *f* <-n> medalla *f*
Medaillon [medal'jõ:] *nt* <-s, -s> (*a.*
GASTR) medallón *m*
Medien ['me:diən] *pl von* **Medium:**
die ~ los medios de comunicación
Medikament [medika'mɛnt] *nt*
<-(e)s, -e> medicamento *m*
Meditation [medita'tsjo:n] *f* <-en>
meditación *f*
meditieren* [medi'ti:rən] *vi* meditar
(*über* sobre)
Medium ['me:diʊm] *nt* <-s, Me-
dien> medio *m;* (*Parapsychologie*)
médium *m o f*
Medizin *f* <-en> medicina *f;* (*Medi-*
kament) medicamento *m*
Mediziner(in) [medi'tsi:nɐ] *m (f)* <-s,
-; -nen> médico, -a *m, f;* (*Student*)
estudiante *mf* de medicina
medizinisch *adj* (*ärztlich*) médico;
(*arzneilich*) medicinal
Meer [me:ɐ] *nt* <-(e)s, -e> mar *m;*
am ~ en el mar; **ans** ~ **fahren** ir al
mar; **Meerenge** *f* <-n> estrecho *m*
Meeresfrüchte *fpl* mariscos *mpl;*
Meeresspiegel *m* nivel *m* del mar
Meerrettich *m* rábano *m*
Meeting ['mi:tɪŋ] *nt* <-s, -s> mitin
m
Megabyte ['me:gabaɪt] *nt* megabyte
m
Mehl [me:l] *nt* <-(e)s, -e> harina *f*

mehr [me:ɐ] **I.** *adv o pron indef*
kompar von **viel** más (*als que*); (*vor*
Zahlen) más (*als de*); (*vor Verben*)
más (*als de lo que*); **immer** ~ cada
vez más; **etwas** ~ un poco más;
noch ~ todavía más; **um so** ~ tanto
más; **viel** ~ mucho más **II.** *adv:*
nicht ~ ya no; **ich habe kein Geld**
~ ya no tengo (más) dinero; **nichts** ~
nada más; **es war niemand** ~ **da** ya
no había nadie más; **mehrdeutig**
['me:ɐdɔɪtɪç] *adj* ambiguo; (*missver-*
ständlich) equívoco
mehrere ['me:rərə] *pron indef* varios; (*verschiedene*) diferentes; **zu**
~**n** entre varios; **sie waren zu** ~**n**
da eran varios
mehrfach ['me:ɐfax] **I.** *adj* múltiple
II. *adv* repetidas veces
Mehrfamilienhaus *nt* casa *f* plurifa-
miliar
Mehrheit *f* <-en> mayoría *f*
mehrheitlich *adj* por mayoría; **der**
Antrag wurde ~ **angenommen** la
solicitud fue aceptada con la mayoría
de votos
mehrmalig ['me:ɐma:lɪç] *adj* repetido
mehrmals ['me:ɐma:ls] *adv* repetidas veces
mehrsilbig *adj* polisílabo
mehrsprachig *adj* multilingüe
Mehrwegflasche *f* botella *f* retornable; **Mehrwegverpackung** *f* envase *m* retornable
Mehrwertsteuer *f* impuesto *m* sobre el valor añadido
Mehrzahl *f ohne pl* (LING) plural *m;*
(*Mehrheit*) mayoría *f*
meiden ['maɪdən] <meidet, mied,
gemieden> *vt* (*geh*) rehuir
Meile ['maɪlə] *f* <-n> legua *f;* (NAUT)
milla *f;* **meilenweit** *adj* a varias le-
guas de distancia
mein, meine, mein [maɪn, 'maɪnə,

main] *pron poss* (*adjektivisch*) mi *sg*, mis *pl*; **~e Damen und Herren!** ¡señoras y señores!

meine(r, s) *pron poss* (*substantivisch*) (el) mío *m*, (la) mía *f*, (los) míos *mpl*, (las) mías *fpl s.a.* **mein, meine, mein**

Meineid *m* <-(e)s, -e> perjurio *m*; **einen ~ schwören** perjurar

meinen ['mainǝn] *vt* (*denken*) pensar; (*sich beziehen auf*) referirse (a); (*sagen*) decir; (*sagen wollen*) querer decir; **was meinst du damit?** ¿qué quieres decir con eso?; **was meinst du dazu?** ¿qué opinas al respecto?; **~ Sie nicht?** ¿no le parece?; **du warst nicht gemeint** no se refería a ti; **gut gemeint** bien intencionado

meiner *pron pers gen von* **ich** de mí

meinerseits *adv* por mi parte; **ganz ~!** ¡el gusto es mío!

meinetwegen ['--'--] *adv* por mí; (*negativ*) por mi culpa

Meinung ['mainʊŋ] *f* <-en> opinión *f*; **ich bin anderer ~** no estoy de acuerdo; **jdm** (**gehörig**) **die ~ sagen** (*fam*) cantar las cuarenta a alguien; **Meinungsaustausch** *m* intercambio *m* de opiniones; **Meinungsfreiheit** *f ohne pl* libertad *f* de expresión; **Meinungsumfrage** *f* encuesta *f*; **Meinungsverschiedenheit** *f* <-en> (*Streit*) pelea *f*

Meise ['maizǝ] *f* <-n> (ZOOL) paro *m*; **du hast doch 'ne ~!** (*fam*) ¡estás chiflado!

meist [maist] *adv s.* **meistens**

meiste(r, s) ['maistɐ, -tɐ, -tɐs] *pron indef superl von* **viel: die ~n Leute glauben, dass ...** la mayoría de la gente cree que...; **das ~** lo más; **die ~ Zeit** la mayor parte del tiempo; **sie hat das ~ Geld** ella es la que más dinero tiene

meisten *superl von* **viel: am ~** (+ *Verb*) lo (que) más; **Hans arbeitet am ~** Hans es el que más trabaja

meistens ['maistǝns] *adv* la mayoría de las veces

Meister(in) ['maistɐ] *m(f)* <-s, -; -nen> maestro, -a *m, f*

meisterhaft I. *adj* magistral II. *adv* con maestría

meistern ['maistɐn] *vt* (*Schwierigkeit*) superar; (*Situation*) controlar

Meisterschaft *f* <-en> (SPORT) campeonato *m*

Meisterwerk *nt* obra *f* maestra

Melancholie [melaŋko'li:] *f* melancolía *f*

melancholisch [melaŋ'ko:lɪʃ] *adj* melancólico

melden ['mɛldǝn] I. *vt* informar (de); **jdm etw ~** comunicar algo a alguien; **etw bei der Polizei ~** dar parte de algo a la policía; **er ist als vermisst gemeldet** fue dado por desaparecido II. *vr:* **sich ~** (*sich zur Verfügung stellen*) presentarse; (*auf eine Anzeige*) responder (*auf* a); (*von sich hören lassen*) dar señales de vida; (*am Telefon*) responder (al teléfono); **sich zu Wort ~** pedir la palabra; **er hat sich nie wieder** (**bei uns**) **gemeldet** nunca más supimos nada de él

Meldepflicht *f ohne pl* (*für Dinge*) declaración *f* obligatoria; (*für Personen*) registro *m* obligatorio

Meldung *f* <-en> (*Bericht*) información *f*; (*bei der Polizei*) denuncia *f*; (*Radiomeldung, Fernsehmeldung*) noticia *f*

melken ['mɛlkǝn] <melkt, melkte, gemelkt *o* gemolken> *vi, vt* ordeñar

Melodie [melo'di:] *f* <-n> melodía *f*

Melone [me'lo:nǝ] *f* <-n> (*Honigmelone*) melón *m*; (*Wassermelone*)

sandía *f;* (*fam: Hut*) (sombrero *m*) hongo *m*

Memoiren [memo'a:rən] *pl* memorias *fpl*

Menge ['mɛŋə] *f* <-n> cantidad *f* (*an* de); (*Menschenmenge*) multitud *f;* **eine ~ lernen** aprender un montón; **Bücher in ~n** montones de libros; **es gab eine ~ zu sehen** había mucho que ver

mengen ['mɛŋən] *vt* mezclar

Mengenrabatt *m* rebaja *f* por cantidad

Meniskus [me'nɪskʊs] *m* <-, Menisken> menisco *m*

Mensa ['mɛnza] *f* <Mensen *o* -s> comedor *m* universitario

Mensch [mɛnʃ] *m* <-en, -en> hombre *m*, ser *m* humano; **kein ~** nadie; **Menschenkenntnis** *f* conocimiento *m* de la naturaleza humana; **menschenleer** ['--'-] *adj* (*Gebiet*) despoblado; (*Straße*) desierto; (*Raum*) vacío; **Menschenmenge** *f* gentío *m;* **menschenmöglich** ['--'--] *adj:* **alles Menschenmögliche tun** hacer todo lo humanamente posible; **Menschenrechte** *nt pl* derechos *mpl* humanos

Menschheit *f* humanidad *f*

menschlich *adj* humano

Mensen *pl von* **Mensa**

Menstruation [mɛnstrua'tsjo:n] *f* <-en> menstruación *f*

mental [mɛn'ta:l] *adj* mental

Mentalität [mɛntali'tɛ:t] *f* <-en> mentalidad *f*

Menü [me'ny:] *nt* <-s, -s> (*a.* INFOR) menú *m*

Merkblatt *nt* hoja *f* informativa

merken ['mɛrkən] *vt* (*wahrnehmen*) darse cuenta (de); (*spüren*) sentir; **woran hast du das gemerkt?** ¿cómo te has dado cuenta?; **sich** *dat* **etw ~** recordar algo

merklich *adj* (*fühlbar*) perceptible; (*deutlich*) evidente

Merkmal *nt* <-s, -e> característica *f*

merkwürdig *adj* raro; **merkwürdigerweise** ['----'--] *adv* curiosamente

messbar[RR] ['mɛsba:ɐ] *adj* (con)mensurable

Messe ['mɛsə] *f* <-n> (REL) misa *f;* (*Ausstellung*) feria *f*

messen ['mɛsən] <misst, maß, gemessen> *vt, vr:* **sich ~** medir(se) (*an* en relación con); **mit dem kannst du dich nicht ~** no puedes competir con él

Messer ['mɛsɐ] *nt* <-s, -> cuchillo *m*

Messing ['mɛsɪŋ] *nt* <-s, *ohne pl*> latón *m*

Messung *f* <-en> medición *f*

MESZ [ɛmʔe:ʔɛs'tsɛt] *Abk. von* **mitteleuropäische Sommerzeit** horario *m* de verano para Europa Central

Metall [me'tal] *nt* <-s, -e> metal *m*

Metapher [me'tafɐ] *f* <-n> metáfora *f*

Meteorologie [meteorolo'gi:] *f* meteorología *f*

meteorologisch [meteoro'lo:gɪʃ] *adj* meteorológico

Meter ['me:tɐ] *m o nt* <-s, -> metro *m;* **drei ~ hoch** tres metros de alto; **Metermaß** *nt* (*Stab*) metro *m* plegable; (*Band*) cinta *f* métrica

Methode [me'to:də] *f* <-n> método *m*

methodisch *adj* metódico

Metropole [metro'po:lə] *f* <-n> metrópoli *f*

Metzgerei [mɛtsgə'raɪ] *f* <-en> carnicería *f*

meutern ['mɔɪtɐn] *vi* amotinarse

Mexikaner(in) [mɛksi'ka:nɐ] *m(f)* <-s, -; -nen> mejicano, -a *m, f,* mexicano, -a *m, f*

mexikanisch *adj* mejicano

Mexiko ['mɛksiko] *nt* <-s> Méjico

m, México *m*

MEZ [ɛmʔeːˈtsɛt] *Abk. von* **mitteleuropäische Zeit** hora *f* de Greenwich

mg *Abk. von* **Milligramm** mg

miauen* [miˈauən] *vi* maullar

mich [mɪç] **I.** *pron pers akk von* **ich** me; (*betont*) a mí (me); (*mit Präposition*) mí; **rufst du ~ an?** ¿me llamas?; **~ interessiert es nicht** a mí no me interesa **II.** *pron refl akk von* **ich** me; **ich halte ~ da raus** yo no me meto

mick(e)rig [ˈmɪk(ə)rɪç] *adj* (*fam abw: Sache*) pobre; (*Person*) enclenque

mied [miːt] *3. imp von* **meiden**

miefen *vi* (*fam abw*) apestar

Miene [ˈmiːnə] *f* <-n> cara *f;* **gute ~ zum bösen Spiel machen** poner a mal tiempo buena cara

mies [miːs] *adj* (*fam*) miserable; **mies|machen** *vt:* **etw/jdn ~** hablar mal de algo/alguien; **Miesmuschel** *f* mejillón *m*

Miete [ˈmiːtə] *f* <-n> alquiler *m*

mieten [ˈmiːtən] *vt* alquilar

Mieter(in) *m(f)* <-s, -; -nen> inquilino, -a *m, f*

Mietshaus *nt* casa *f* de alquiler

Mietvertrag *m* contrato *m* de alquiler; **Mietwagen** *m* coche *m* de alquiler; **Mietwohnung** *f* piso *m* de alquiler

Migräne [miˈɡrɛːnə] *f* jaqueca *f*

Mikro [ˈmikro] *nt* <-s, -s> micro *m*

Mikrofon [mikroˈfoːn] *nt* <-s, -e>, **Mikrophon** [mikroˈfoːn] *nt* <-s, -e> micrófono *m*

Mikroprozessor [ˈ-----] *m* microprocesador *m*

Mikroskop [mikroˈskoːp] *nt* <-s, -e> microscopio *m*

Mikrowelle [ˈ----] *f* (*Mikrowellenherd*) (horno *m*) microondas *m inv*

Milch [mɪlç] *f* leche *f;* **Milchflasche** *f* (*Babyflasche*) biberón *m*

milchig [ˈmɪlçɪç] *adj* lechoso

Milchkaffee *m* café *m* con leche; **Milchprodukt** *nt* producto *m* lácteo; **Milchstraße** *f* vía *f* láctea; **Milchzahn** *m* diente *m* de leche

mild(e) [mɪlt, ˈmɪldə] *adj* (*Luft, Tabak, Speisen*) suave; (*Klima*) templado; (*nachsichtig*) indulgente; (*gütig*) benigno; (*Strafe*) leve; **eine ~e Gabe** una limosna

mildern [ˈmɪldɐn] **I.** *vt* (*Zorn*) calmar; (*Schmerz, Wirkung*) atenuar; (*Aufprall*) suavizar; **~de Umstände** circunstancias atenuantes **II.** *vr:* **sich ~** disminuir

Milieu [miˈljøː] *nt* <-s, -s> (medio *m*) ambiente *m*

militant [miliˈtant] *adj* militante

Militär *nt* <-s, *ohne pl*> ejército *m;* **Militärdienst** *m* <-(e)s, *ohne pl*> servicio *m* militar

militärisch [miliˈtɛːrɪʃ] *adj* militar

Millennium [mɪˈlɛniʊm] *nt* <-s, Millennien> (*geh*) milenio *m*

Milliardär(in) [mɪljarˈdɛːɐ] *m(f)* <-s, -e; -nen> multimillonario, -a *m, f*

Milliarde [mɪˈljardə] *f* <-n> mil millones *mpl*

Milligramm [ˈmɪligram] *nt* miligramo *m;* **Millimeter** [mɪliˈmeːtɐ, ˈ----] *m o nt* milímetro *m*

Million [mɪˈljoːn] *f* <-en> millón *m*

Millionär(in) [mɪljoˈnɛːɐ] *m(f)* <-s, -e; -nen> millonario, -a *m, f*

Milz [mɪlts] *f* <-en> bazo *m*

Mimik [ˈmiːmɪk] *f* mímica *f*

Mimose [miˈmoːzə] *f* <-n> (BOT) sensitiva *f;* (*Mensch*) hipersensible *mf*

mindere(r, s) [ˈmɪndərə, -rɐ, -rəs] *adj* menor; (*minderwertig*) inferior

Minderheit *f* <-en> minoría *f;* **in der ~ sein** estar en minoría

minderjährig *adj* menor de edad

Minderjährige(r) *mf* <-n, -n; -n> menor *mf* de edad

mindern ['mɪndən] *vt* (geh) disminuir

minderwertig *adj* (de calidad) inferior

Mindestanforderung *f* requisito *m* mínimo

mindeste(r, s) ['mɪndəstə, -tɐ, -təs] *adj* mínimo; **das bezweifle ich nicht im Mindesten** de eso no tengo la menor duda

Mindesteinkommen *nt* ingreso *m* mínimo

mindestens ['mɪndəstəns] *adv* por lo menos

Mindestmaß *nt* mínimo *m* (an de); **Mindestverzehr** *m* consumo *m* mínimo

Mine ['miːnə] *f* <-n> mina *f*

Mineral [mine'raːl] *nt* <-s, -e o -ien> mineral *m;* **Mineralstoffe** *mpl* elementos *mpl* minerales; **Mineralwasser** *nt* <-s, -wässer> agua *f* mineral

Minima *pl von* **Minimum**

minimal [mini'maːl] *adj* (wenig) mínimo; (unbedeutend) insignificante

minimieren* [mini'miːrən] *vt* minimalizar

Minimum ['miːnimʊm] *nt* <-s, Minima> mínimo *m* (an de)

Minirock *m* minifalda *f*

Minister(in) [mi'nɪstɐ] *m(f)* <-s, -; -nen> ministro, -a *m, f*

Ministerium [mɪnɪs'teːriʊm] *nt* <-s, Ministerien> ministerio *m*

Ministerpräsident(in) *m(f)* **1.** (eines Staates) presidente, -a *m, f* del Gobierno **2.** (eines Bundeslandes) presidente, -a *m, f* del land

minus *adv* (MATH) menos; (Temperatur) bajo cero

Minus ['miːnʊs] *nt* <-, ohne pl> (Fehlbetrag) déficit *m inv;* (Nach-

teil) desventaja *f;* ~ **machen** sacar pérdidas; **Minuszeichen** *nt* signo *m* de substracción

Minute [mi'nuːtə] *f* <-n> minuto *m;* **fünf ~n vor/nach drei** las tres menos/y cinco

mir [miːɐ] **I.** *pron pers dat von* **ich** me; (betont) a mí (me); (mit Präposition) mí; **vor** ~ delante de mí; **mit** ~ conmigo; **von** ~ **aus** por mí; ~ **nichts, dir nichts** sin más ni más **II.** *pron refl dat von* **ich** me; **ich will** ~ **die Haare waschen** quiero lavarme el pelo

mischen ['mɪʃən] **I.** *vt* mezclar; (Karten) barajar; (Cocktail) preparar **II.** *vr:* **sich** ~ (sich einmischen) meterse (in en); (unter Menschen) mezclarse (unter entre)

Mischling *m* <-s, -e> (Mensch) mestizo, -a *m, f;* (Tier) mezcla *f*

Mischung *f* <-en> mezcla *f*

miserabel [mize'raːbəl] *adj* miserable

Misere [mi'zeːrə] *f* <-n> miseria *f*

missachten*RR [mɪs'ʔaxtən] *vt* despreciar; (ignorieren) ignorar; **Missachtung**RR [-'--, '---] *f* desprecio *m;* (Nichtbefolgung) desacato *m*

MissbildungRR ['---] *f* <-en> deformación *f*

missbilligen*RR [mɪs'bɪlɪgən] *vt* desaprobar; **Missbilligung**RR [-'---, '----] *f* desaprobación *f*

MissbrauchRR ['--] *m* abuso *m;* **missbrauchen***RR [-'--] *vt* abusar (de)

MisserfolgRR ['---] *m* fracaso *m*

missfallen*RR [mɪs'falən] *irr vi* (geh) desagradar; **Missfallen**RR ['mɪsfalən] *nt* <-s, ohne pl> desagrado *m*

missgebildetRR *adj* malformado; **Missgeschick**RR ['---] *nt* percance *m;* **mir ist ein** ~ **passiert** tuve un percance; **missglücken***RR [mɪs-

'glʏkən] *vi sein* salir mal; **miss-günstig**[RR] *adj* envidioso

misshandeln*[RR] [mɪs'handəln] *vt* maltratar; **Misshandlung**[RR] [-'--] *f* mal(os) trato(s) *m (pl)*

Mission [mɪ'sjoːn] *f* <-en> misión *f*

Missionar(in) [mɪsjo'naːɐ] *m (f)* <-s, -e; -nen> misionero, -a *m, f*

Misskredit[RR] ['---] *m:* **in ~ geraten** caer en descrédito; **jdn/etw in ~ bringen** desacreditar a alguien/algo

misslang[RR] [mɪs'laŋ] *3. imp von* **misslingen**

misslingen[RR] [mɪs'lɪŋən] <misslingt, misslang, misslungen> *vi sein* fracasar; **der Kuchen ist misslungen** el pastel salió mal

misslungen[RR] [mɪs'lʊŋən] *pp von* **misslingen**

missmutig[RR] *adj* malhumorado;

missraten*[RR] [mɪs'raːtən] *irr vi sein* malograrse; **ein ~es Kind** un niño maleducado; **Missstand**[RR] ['--] *m* situación *f* penosa; **soziale Missstände** injusticias sociales

misst[RR] [mɪst] *3. präs von* **messen**

misstrauen*[RR] [mɪs'traʊən] *vi* desconfiar (de); **Misstrauen**[RR] ['mɪstraʊən] *nt* <-s, *ohne pl*> desconfianza *f*

misstrauisch[RR] ['mɪstraʊɪʃ] *adj* desconfiado

Missverhältnis[RR] ['----] *nt* desproporción *f*; (*Ungleichgewicht*) desequilibrio *m*

missverständlich[RR] ['----] *adj* equívoco, ambiguo; **sich ~ ausdrücken** expresarse ambiguamente; **Missverständnis**[RR] ['----] *nt* <-ses, -se> malentendido *m*; **missverstehen***[RR] ['----] *irr vt* malinterpretar

Mist [mɪst] *m* <-(e)s, *ohne pl*> (*Dünger*) estiércol *m*; (*fam abw: Schund*) porquería *f*; **~ bauen** meter la pata; **so ein ~!** ¡qué mierda!; **Miststück** *nt* (*fam abw*) canalla *mf*

mit [mɪt] **I.** *präp +dat* con; **~ mir/dir/ihm** conmigo/contigo/con él; **~ dem Flugzeug kommen** llegar en avión; **~ Gewalt** a la fuerza; **~ der Post** por correo; **~ dreißig (Jahren)** a los treinta (años) **II.** *adv:* **etw ~ berücksichtigen** considerar algo; **ich habe kein Geld ~** (*fam*) no llevo dinero

Mitarbeit *f ohne pl* colaboración *f* (*an/bei +dat* en); **unter ~ von ...** en colaboración con...; **mit|arbeiten** *vi* colaborar (*an/bei* en); **Mitarbeiter(in)** *m (f)* **1.** (*Betriebsangehöriger*) trabajador(a) *m (f)*; (*Angestellter*) empleado, -a *m, f*; **ehrenamtlicher ~** voluntario *m* **2.** (*einer Zeitung*) colaborador(a) *m (f)*; **freie ~in** colaboradora *f*

mit|bekommen* *irr vt* (*hören, erfahren*) enterarse (de)

mit|bestimmen* *vi* participar (*bei* en); (**in einem Unternehmen**) **~** participar en la cogestión; **Mitbestimmung** *f* cogestión *f*; **~ am Arbeitsplatz** participación de los trabajadores

Mitbewohner(in) *m (f)* (*in einer Wohnung*) compañero, -a *m, f* de piso; (*in einem Haus*) vecino, -a *m, f*; **mit|bringen** *irr vt* traer; (*Voraussetzung*) reunir

Mitbringsel ['mɪtbrɪŋzəl] *nt* <-s, -> (*fam*) regalito *m*; (*von einer Reise*) recuerdo *m*

Mitbürger(in) *m (f)* conciudadano, -a *m, f*; **mit|denken** *irr vi* (*folgen*) seguir la argumentación; (*aufmerksam sein*) estar atento; **miteinander** [mɪt?ar'nandɐ] *adv* el uno con el otro; **~ reden** hablar; **gut ~ auskommen** llevarse bien; **alle ~** todos juntos; **mit|erleben*** *vt* presenciar; **mit|fahren** *irr vi sein* ir (*bei/mit* con); **möchtest du (bei mir) ~?**

(*im Auto*) ¿quieres que te lleve?; **möchtest du** (**mit mir**) ~**?** (*auf eine Reise*) ¿quieres venir conmigo?; **Mitgefühl** *nt* <-s, *ohne pl*> compasión *f* (*für* +*akk* por); **mit|gehen** *irr vi sein* (*begleiten*) acompañar; **etw** ~ **lassen** (*fam*) mangar algo; **mitgenommen** *adj* **1.** (*Dinge*) gastado **2.** (*Person*) rendido; **sie sieht** ~ **aus** parece algo desmejorada

Mitglied *nt* miembro *m;* (*eines Vereins*) socio, -a *m, f;* **Mitgliedsausweis** *m* carné *m* de socio

Mitgliedschaft *f* <-s> pertenencia *f;* **die** ~ **beantragen** solicitar la admisión

Mitgliedsland *nt* país *m* miembro

mit|halten *irr vi* seguir (*bei*); **ich konnte nicht bei ihnen** ~ no pude seguirles el ritmo; **mit|helfen** *irr vi* ayudar (*bei* en)

mithilfe[RR] *präp* +*gen* con ayuda de

Mithilfe *f ohne pl* asistencia *f* (*bei* en); **mit|kommen** *irr vi sein* (*mitgehen*) venir(se) (*mit* con); (*begleiten*) acompañar (*mit* a); (*fam: Schritt halten*) (poder) seguir (*bei*); **da komme ich nicht mehr mit!** (*fam*) ¡eso ya no lo entiendo!; **mit|kriegen** *vt* (*fam*) *s.* **mitbekommen; Mitleid** *nt* compasión *f* (*mit* de/por); **Mitleidenschaft** *f:* **etw/ jdn in** ~ **ziehen** afectar a algo/alguien; **mit|machen I.** *vi* participar (*bei* en) **II.** *vt* (*teilnehmen*) participar (en); (*fam: ertragen*) soportar; **sie hat viel mitgemacht** ha sufrido mucho; **Mitmensch** *m* prójimo, -a *m, f;* **mit|nehmen** *irr vt* llevar (consigo); (*herbringen*) traer (consigo); (*psychisch*) afectar; (*erschöpfen*) agotar; **mit|reden** *vi* **1.** (*im Gespräch*) tomar parte (en la conversación) **2.** (*mitbestimmen*) tener voz; **mit|reißen** *irr vt* (*Fluss, Lawine*)

arrastrar; (*begeistern*) apasionar; **mitschuldig** *adj* implicado (*an* en); **Mitschüler(in)** *m(f)* compañero, -a *m, f* de clase; **mit|spielen** *vi* participar (*bei* en); (*Gründe*) influir (*bei* en); **jdm übel** ~ jugar(le) una mala pasada a alguien

Mitspracherecht *nt* <-(e)s, *ohne pl*> derecho *m* de intervención (*bei* en)

mittag[ALT] *adv s.* **Mittag**

Mittag ['mɪtaːk] *m* mediodía *m;* **morgen** ~ mañana al mediodía; **gegen** ~ hacia el mediodía; **zu** ~ **essen** almorzar; **Mittagessen** *nt* almuerzo *m*

mittags ['mɪtaːks] *adv* al mediodía; ~ **um eins** a la una de la tarde; **Mittagspause** *f* hora *f* de almorzar; **Mittagsschlaf** *m* siesta *f*

Mitte ['mɪtə] *f* <-n> medio *m;* (*einer Strecke*) mitad *f;* (*Mittelpunkt*) centro *m;* **etw in der** ~ **durchtrennen** cortar algo por la mitad; ~ **des Jahres** a mediados del año; **sie ist** ~ **dreißig** anda por los treinta pasados

mit|teilen *vt* comunicar (de) **mitteilsam** *adj* comunicativo

Mitteilung *f* <-en> aviso *m*

Mittel ['mɪtəl] *nt* <-s, -> **1.** (*Hilfsmittel*) medio *m;* (*Maßnahme*) medida *f;* ~ **und Wege finden** hallar medios; **als letztes** ~ como última medida; **ihr ist jedes** ~ **recht** no tiene escrúpulos **2.** (*Medikament*) remedio *m* **3.** *pl* (*Gelder*) fondos *m pl;* **ohne** ~ **dastehen** estar sin recursos; **Mittelalter** *nt* Edad *f* Media **mittelalterlich** *adj* medieval

Mittelamerika ['---'---] *nt* América *f* Central; **Mitteleuropa** ['---'--] *nt* Europa *f* Central; **Mittelfinger** *m* dedo *m* corazón; **mittelfristig** *adj* a medio plazo; **Mittelgebirge** *nt* montaña *f* de media altura; **mittellos**

adj sin recursos; **mittelmäßig** *adj* mediano; (*abw*) mediocre; **Mittelmeer** *nt* <-(e)s> (Mar *m*) Mediterráneo *m;* **Mittelpunkt** *m* centro *m*

mittels ['mɪtəls] *präp* +*gen* (*geh*) por medio de

Mittelstand *m* <-(e)s, *ohne pl*> clase *f* media; **mittelständisch** *adj* de la clase media; **~es Unternehmen** mediana empresa

Mittelstufe *f* (SCH) grados *m pl* intermedios (del colegio); **Mittelwelle** *f* onda *f* media

mitten ['mɪtən] *adv:* **~ in/auf/bei/an** en medio de; **~ im Winter** en pleno invierno; **etw ~ durchbrechen** romper algo por la mitad; **mittendrin** ['--'-] *adv* en el medio

Mitternacht ['mɪtɐnaxt] *f* medianoche *f*

mittlere(r, s) ['mɪtlərə, -rɐ, -rəs] *adj* (*räumlich*) (del) medio; (*durchschnittlich*) mediano; **ein Mann ~n Alters** un hombre de mediana edad; **von ~r Qualität** de calidad regular

mittlerweile ['--'--] *adv* entretanto

Mittwoch ['mɪtvɔx] *m* <-(e)s, -e> miércoles *m; s.a.* **Montag**

mittwochs ['mɪtvɔxs] *adv* los miércoles; *s.a.* **montags**

mitunter [mɪt'ʔʊntɐ] *adv* de vez en cuando

mitverantwortlich *adj* corresponsable; **mit|wirken** *vi* participar (*in* en); (THEAT) actuar (*in* en)

mixen ['mɪksən] *vt* (*a.* FILM, RADIO) mezclar

Mixer *m* <-s, -> batidora *f*

Mixtur [mɪks'tuːɐ] *f* <-en> mixtura *f*

ml *Abk. von* **Milliliter** ml

mm *Abk. von* **Millimeter** mm

MMS[1] [ɛmʔɛmʔ'ɛs] *f* <-> *Abk. von* **Multimedia Messaging Service**

MMS *m;* **eine ~ schicken** enviar un MMS [*o* mensaje multimedia]

MMS[2] [ɛmʔɛmʔ'ɛs] *m* <-(s), *ohne pl*> *Abk. von* **Multimedia Messaging Service** MMS *m*, mensajería *f* multimedia

mobben ['mɔbn] *vt* (*fam*): **jdn ~** ejercer el mobbing sobre alguien, putear a alguien (en el trabajo) *fam*

Mobbing *nt* <-s, *ohne pl*> mobbing *m*

Möbel ['møːbəl] *nt* <-s, -> mueble *m*

mobil [mo'biːl] *adj* móvil; **gegen etw ~ machen** movilizar contra algo; **Mobilfunk** *m* servicios *m pl* de radio portátiles

Mobiliar [mobi'ljaːɐ] *nt* <-s, *ohne pl*> mobiliario *m*

mobilisieren* [mobili'ziːrən] *vt* movilizar

Mobiltelefon *nt* (teléfono *m*) móvil *m*

möblieren* [mø'bliːrən] *vt* amueblar

mochte ['mɔxtə] *3. imp von* **mögen**

Mode ['moːdə] *f* <-n> moda *f;* **in/aus der ~ kommen** ponerse/pasar de moda; **groß in ~ sein** estar muy de moda; **mit der ~ gehen** ir a la moda

Model ['mɔdəl] *nt* <-s, -s> (*Fotomodell*) modelo *mf*

Modell [mo'dɛl] *nt* <-s, -e> modelo *m;* (*Fotomodell*) modelo *mf*

Modem ['moːdɛm] *nt* <-s, -s> módem *m*

Modenschau *f* desfile *m* de modas

Moderator(in) [modə'raːtoːɐ] *m(f)* <-s, -en; -nen> presentador(a) *m(f)*

moderieren* [mode'riːrən] *vt* presentar

modern [mo'dɛrn] *adj* moderno; **~ sein** estar de moda

modernisieren* [modɛrni'ziːrən] *vt* modernizar

Modeschmuck *m* bisutería *f*

Modi ['mɔdi, 'moːdi] *pl von* **Modus**

modifizieren* [modifi'tsiːrən] *vt* modificar

modisch ['moːdɪʃ] I. *adj* moderno II. *adv* a la moda

Modus ['mɔdʊs, 'moːdʊs] *m* <-, Modi> modo *m*

Mofa ['moːfa] *nt* <-s, -s> moto(cicleta) *f*

mogeln ['moːgəln] *vi* hacer trampa

mögen¹ ['møːgən] <mag, mochte, gemocht> I. *vt* (*Gefallen finden*) gustar; (*wollen*) querer; **ich mag ihn nicht** me cae mal; **lieber ~** preferir; **was möchten Sie?** ¿qué desea? II. *vi:* **ich möchte gern nach Hause** quisiera irme a casa

mögen² <mag, mochte, mögen> *vt Modalverb* 1. (*wollen*) querer; **ich möchte lieber hierbleiben** preferiría quedarme (aquí) 2. (*sollen*): **was mag das wohl heißen?** ¿qué querrá decir eso? 3. (*können*) poder; **es mag wohl sein, dass ...** puede ser que... +*subj* 4. (*möglich sein*) ser posible; **mag sein** es posible; **wie dem auch sein mag** sea como fuere

möglich ['møːklɪç] *adj* posible; **so bald wie ~** cuanto antes; **schon ~** (*fam*) puede ser; **er tat sein Möglichstes** hizo todo lo posible; **so kurz wie ~** lo más corto posible

möglicherweise ['---'--] *adv* posiblemente

Möglichkeit *f* <-en> posibilidad *f* (*zu* de); **nach ~** a ser posible

möglichst ['møːklɪçst] *adv* si es posible; **~ wenig/gut** lo menos/mejor posible

Mohn [moːn] *m* <-(e)s, -e> (*Mohnblume*) amapola *f;* (*Mohnsamen*) semilla *f* de adormidera

Möhre ['møːrə] *f* <-n>, **Mohrrübe** *f* (*nordd*) zanahoria *f*

Moldawien [mɔl'daːviən] *nt* <-s> Moldavia *f*

moldawisch *adj* moldavo

Molkerei *f* <-en> lechería *f*

mollig ['mɔlɪç] *adj* (*warm*) calentito; (*Person*) gordito

Moment [mo'mɛnt] *m* <-(e)s, -e> momento *m;* **im ~** de momento

momentan [momɛn'taːn] I. *adj* momentáneo II. *adv* por el momento

Monaco [mo'nako] *nt* <-s> Mónaco *m*

Monarch(in) [mo'narç] *m(f)* <-en, -en; -nen> monarca *mf*

Monarchie [monar'çiː] *f* <-n> monarquía *f*

Monat ['moːnat] *m* <-(e)s, -e> mes *m;* **Anfang/Ende des ~s** a principios/finales de mes; **im sechsten ~ (schwanger) sein** estar (embarazada) de seis meses; **monatelang** *adj* durante meses; **das kann ~ dauern** puede durar meses enteros

monatlich I. *adj* mensual II. *adv* todos los meses

Monatseinkommen *nt* ingreso *m* mensual; **Monatskarte** *f* abono *m* mensual

Mönch [mœnç] *m* <-(e)s, -e> monje *m*

Mond [moːnt] *m* <-(e)s, -e> luna *f;* **hinter dem ~ leben** (*fam*) vivir en otra galaxia; **Mondfinsternis** *f* eclipse *m* de luna

monegassisch [mone'gasɪʃ] *adj* monegasco

Monitor ['moːnitoːɐ, 'monitoːɐ] *m* <-s, -e(n)> pantalla *f*

Monolog [mono'loːk] *m* <-(e)s, -e> monólogo *m*

Monopol [mono'poːl] *nt* <-s, -e> monopolio *m*

monoton [mono'toːn] *adj* monótono

Monster ['mɔnstɐ] *nt* <-s, -> monstruo *m*

Montag ['moːntaːk] *m* <-s, -e> lunes *m;* **am ~** el lunes; **jeden zweiten ~ im Monat** el segundo lunes de cada mes; **letzten ~** el lunes pasado; **nächsten/kommenden ~** el lunes que viene/próximo; **heute ist ~, der zehnte November** hoy es lunes (el) diez de noviembre; **montagabends**[RR] *adv* los lunes por la noche

Montage [mɔn'taːʒə] *f* <-n> montaje *m*

montags ['moːntaːks] *adv* los lunes; **~ abends/mittags** los lunes por la noche/al mediodía

Monteur(in) [mɔn'tøːɐ] *m(f)* <-s, -e; -nen> montador(a) *m(f)*

montieren* [mɔn'tiːrən] *vt* (*a.* FILM) montar (*an* a/en)

Monument [monu'mɛnt] *nt* <-(e)s, -e> monumento *m*

Moor [moːɐ] *nt* <-(e)s, -e> pantano *m*

Moos [moːs] *nt* <-es, -e> musgo *m*

Mop[ALT] *m s.* **Mopp**

Moped ['moːpɛt] *nt* <-s, -s> ciclomotor *m*

Mopp[RR] [mɔp] *m* <-s, -s> fregona *f*

Moral [mo'raːl] *f* moral *f;* (*einer Fabel*) moraleja *f;* **die ~ sinkt/steigt** los ánimos bajan/suben

moralisch *adj* moral

Mord [mɔrt] *m* <-(e)s, -e> asesinato *m*

Mörder(in) ['mœrdɐ] *m(f)* <-s, -; -nen> asesino, -a *m, f*

mörderisch *adj* (*fam: abscheulich, groß*) terrible; (*Hitze*) sofocante; (*Geschwindigkeit*) loco

mordsmäßig *adj* (*fam*) terrible, tremendo

Mordwaffe *f* arma *f* homicida

morgen ['mɔrgən] *adv* mañana; **~ früh** mañana por la mañana; **~ Mittag/Abend** mañana al mediodía/por la tarde

Morgen *m* <-s, -> mañana *f;* **guten ~!** ¡buenos días!; **am nächsten ~** la mañana siguiente; **am frühen ~** temprano por la mañana; **bis in den frühen ~ hinein** hasta el amanecer

morgendlich ['mɔrgəntlɪç] *adj* matutino

Morgenmantel *m* bata *f*

morgens ['mɔrgəns] *adv* por la mañana; **um sieben Uhr ~** a las siete de la mañana

morsch [mɔrʃ] *adj* (*Holz*) podrido

Mosaik [moza'iːk] *nt* <-s, -e(n)> mosaico *m*

Moschee [mɔ'ʃeː] *f* <-n> mezquita *f*

Mosel ['moːzəl] *f:* **die ~** el Mosela

Moskau ['mɔskau] *nt* <-s> Moscú *m*

Moskito [mɔs'kiːto] *m* <-s, -s> mosquito *m*

Moslem, Moslime ['mɔslɛm, mɔs'liːmə] *m, f* <-s, -s; -n> musulmán, -ana *m, f*

Motiv [mo'tiːf] *nt* <-s, -e> motivo *m*

Motivation [motiva'tsjoːn] *f* <-en> motivación *f*

motivieren* [moti'viːrən] *vt* (*anregen*) animar (*zu* para que +*subj*)

Motor ['moːtoːɐ, mo'toːɐ] *m* <-s, -en> motor *m;* **Motorboot** *nt* lancha *f* a motor; **Motorhaube** *f* capó *m;* **Motorrad** *nt* moto(cicleta) *f;* **Motorroller** *m* escúter *m;* **Motorsport** *m* motorismo *m*

Motte ['mɔtə] *f* <-n> polilla *f*

Motto ['mɔto] *nt* <-s, -s> lema *m*

motzen ['mɔtsən] *vi* (*fam*) refunfuñar

Mountainbike ['mauntənbaik] *nt* <-s, -s> bicicleta *f* de montaña

Mousepad ['mauspɛt] *nt* <-s, -s> sendero *m* del ratón

Möwe ['møːvə] *f* <-n> gaviota *f*

MP3-Player [ɛmpeː'draiplɛːɐ] *m*

<-s, -> reproductor *m* MP3

Mücke ['mʏkə] *f* <-n> mosquito *m;*
Mückenstich *m* picadura *f* de mosquito

Mucks [mʊks] *m* (*fam*): **keinen ~
sagen** no decir ni pío; **ohne einen
~** muy quieto

müde ['my:də] *adj* cansado; ~ **werden** cansarse

Müdigkeit *f* cansancio *m*

muffig *adj* (*Geruch*) que huele a enmohecido; (*fam: Person*) gruñón;
~ **riechen** oler a moho

Mühe ['my:ə] *f* <-n> esfuerzo *m;* **nur
mit ~** a duras penas; **die ~ hat sich
gelohnt** ha valido la pena; **sich** *dat*
die ~ machen etw zu tun tomarse
la molestia de hacer algo; **wenn es
Ihnen keine ~ macht!** ¡si no es
molestia para Ud.!; **mit ~ und Not**
(*mit großen Schwierigkeiten*) a duras penas; (*gerade noch*) por los pelos; **mühelos I.** *adj* fácil **II.** *adv* con
facilidad; **mühevoll** *adj* penoso;
(*schwierig*) difícil

Mühle ['my:lə] *f* <-n> (*Gebäude*) molino *m;* (*Haushaltsgerät*) molinillo *m*

mühsam, mühselig I. *adj* penoso
II. *adv* a duras penas

Mulde ['mʊldə] *f* <-n> (*im Gelände*)
hondonada *f;* (*Loch*) hoyo *m*

Mull [mʊl] *m* <-(e)s, -e> (*Gewebe*)
gasa *f*

Müll [mʏl] *m* <-(e)s, *ohne pl*> basura
f; **etw in den ~ werfen** tirar algo a
la basura; **radioaktiver ~** residuos
radi(o)activos; **Müllabfuhr** *f* recogida *f* de basuras; **Müllberg** *m* montón *m* de basuras

Mullbinde *f* venda *f* de gasa

Müllcontainer *m* contenedor *m* de
basuras; **Mülldeponie** *f* vertedero
m de basuras; **Mülleimer** *m* cubo
m de la basura; **Mülltonne** *f* cubo
m de la basura; **Müllwagen** *m* ca-

mión *m* de la basura

mulmig ['mʊlmɪç] *adj* (*fam*) desagradable; **ein ~es Gefühl haben** tener
un mal presentimiento; **ihm war ~
zumute** tenía miedo

multikulturell [mʊlti-] *adj* multicultural

multimediafähig *adj* multimediático; **Multimedia-PC** *m* ordenador
m multimedia

Multiplikation [mʊltiplika'tsjo:n] *f*
<-en> multiplicación *f* (*mit* + *dat*
por)

multiplizieren* [mʊltipli'tsi:rən] *vt*
multiplicar (*mit* por)

Mumps [mʊmps] *m o f* <-, *ohne pl*>
paperas *fpl*

München ['mʏnçən] *nt* <-s> Munich *m*

Mund [mʊnt] *m* <-(e)s, Münder>
boca *f;* **nicht auf den ~ gefallen
sein** (*fam*) tener labia; **jdm den ~
wässrig machen** (*fam*) hacerle la
boca agua a alguien; **halt den ~!**
(*fam*) ¡calla la boca!; **Mundart** *f* dialecto *m*

münden ['mʏndən] *vi haben o sein*
(*Fluss, Straße*) desembocar (*in/auf
en*)

Mundgeruch *m* halitosis *f inv*

mündig ['mʏndɪç] *adj* mayor de edad

mündlich ['mʏntlɪç] *adj* oral

Mündung ['mʏndʊŋ] *f* <-en> (*eines
Flusses*) desembocadura *f*

Munition [muni'tsjo:n] *f* <-en> munición *f*

munkeln ['mʊŋkəln] *vi, vt* (*fam*) rumorear

munter ['mʊntɐ] *adj* (*lebhaft*) vivaz;
(*fröhlich*) alegre; (*wach*) despierto

Münzautomat *m* distribuidor *m*
automático

Münze ['mʏntsə] *f* <-n> moneda *f;*
etw für bare ~ nehmen tomar algo
al pie de la letra

mürbe|machen *adj:* **jdn** ~ ablandar a alguien; **Mürbeteig** *m* pastaflora *f*
murmeln ['mʊrməln] *vi, vt* murmurar
Murmeltier *nt* marmota *f;* **schlafen wie ein** ~ dormir como un tronco
murren ['mʊrən] *vi* refunfuñar
mürrisch ['mʏrɪʃ] **I.** *adj* malhumorado **II.** *adv* de mala gana
Mus [muːs] *nt* <-es, -e> puré *m*
Muschel ['mʊʃəl] *f* <-n> (*Muschelschale*) concha *f;* (*Miesmuschel*) mejillón *m*
Museum [muˈzeːʊm] *nt* <-s, Museen> museo *m*
Musical ['mjuːzikəl] *nt* <-s, -s> (espectáculo *m*) musical *m*
Musik [muˈziːk] *f* <-en> música *f*
musikalisch [muziˈkaːlɪʃ] *adj* musical
Musiker(in) ['muːzikɐ] *m(f)* <-s, -; -nen> músico, -a *m, f*
Musikhochschule *f* conservatorio *m* superior de música; **Musikinstrument** *nt* instrumento *m* de música
musizieren* [muziˈtsiːrən] *vi* tocar (piezas musicales)
Muskat [mʊsˈkaːt] *m* <-(e)s, -e> nuez *f* moscada
Muskel ['mʊskəl] *m* <-s, -n> músculo *m;* **Muskelkater** *m* agujetas *fpl*
Muskulatur [mʊskulaˈtuːɐ] *f* <-en> musculatura *f*
muskulös [mʊskuˈløːs] *adj* musculoso
Müsli ['myːsli] *nt* <-s, -s> musli *m*
mussᴿᴿ [mʊs] *3. präs von* **müssen**
Muße ['muːsə] *f* (*geh*) ocio *m;* (*Ruhe*) tranquilidad *f*
müssen¹ ['mʏsən] <muss, musste, müssen> *vt Modalverb* tener que +*inf* (*unpersönlich*) hay que +*inf;*

das muss man gesehen haben hay que haberlo visto; **das muss sein?** tiene que ser; **muss das sein?** ¿es necesario?; **das müsstest du eigentlich wissen** en realidad deberías saberlo
müssen² <muss, musste, gemusst> *vi* tener que +*inf;* **ich muss zur Post** tengo que ir a Correos; **ich muss mal** (*fam*) tengo que ir al baño
müßig ['myːsɪç] *adj* (*geh: untätig*) ocioso; (*überflüssig*) inútil; **es ist ~, darüber nachzudenken** no vale la pena pensar en ello
mussteᴿᴿ ['mʊstə] *3. imp von* **müssen**
Muster ['mʊstɐ] *nt* <-s, -> modelo *m;* (*Probestück*) muestra *f;* **mustergültig** *adj,* **musterhaft** *adj* ejemplar
mustern ['mʊstɐn] *vt* (*betrachten*) examinar; **sie musterte ihn von oben bis unten** lo miraba de arriba abajo
Musterung ['mʊstəruŋ] *f* <-en> **1.** (*Betrachtung*) examen *m* **2.** (MIL) reconocimiento *m*
Mut [muːt] *m* <-(e)s, *ohne pl*> valor *m;* **den** ~ **verlieren** desanimarse; **jdm** ~ **machen** animar a alguien; ~ **fassen** cobrar valor
Mutation [mutaˈtsjoːn] *f* <-en> mutación *f*
mutig ['muːtɪç] *adj* valiente
mutlos *adj* desanimado
mutmaßen ['muːtmaːsən] *vt* suponer
mutmaßlich *adj* presunto
Mutprobe *f* prueba *f* de valor
Mutter¹ ['mʊtɐ] *f* <Mütter> madre *f;* **werdende** ~ futura madre
Mutter² *f* <-n> (TECH) tuerca *f*
mütterlich ['mʏtɐlɪç] **I.** *adj* materno **II.** *adv* como una madre

mütterlicherseits *adv* por parte de la madre

Muttermal *nt* <-(e)s, -e> lunar *m;* **Muttermilch** *f* leche *f* materna; **etw mit der ~ einsaugen** aprender algo desde la cuna

Mutterschaft *f* maternidad *f*

Mutterschutz *m* protección *f* a la (futura) madre; **Muttersprache** *f* lengua *f* materna; **Muttersprachler(in)** ['--ʃpra:xlɐ] *m(f)* <-s, -; -nen> hablante *mf* nativo; **Muttertag** *m* día *m* de la madre

Mutti ['mʊti] *f* <-s> (*fam*) mamá *f,* mamaíta *f*

mutwillig ['mu:tvɪlɪç] I. *adj* (*böswillig*) malicioso; (*absichtlich*) intencionado II. *adv* (*absichtlich*) con intención

Mütze ['mʏtsə] *f* <-n> gorro *m*

MwSt, Mw.-St. *Abk. von* **Mehrwertsteuer** IVA *m*

mysteriös [mʏsteri'ø:s] *adj* misterioso

Mythen *pl von* **Mythos**

mythisch ['my:tɪʃ] *adj* mítico

Mythologie [mytolo'gi:] *f* <-n> mitología *f*

Mythos ['my:tɔs] *m* <-, Mythen> mito *m*

N

N, n [ɛn] *nt* <-, -> N, n *f*

N *Abk. von* **Norden** N

na [na(:)] *interj* (*fam*): **~ und?** ¿y qué?; **~ ja** bueno; **~ gut** está bien

Nabel ['na:bəl] *m* <-s, -> ombligo *m*

nach [na:x] I. *präp* +*dat* **1.** (*Richtung*) hacia; (*Länder-, Ortsnamen*) a; (*Zug, Flugzeug*) con destino a;

~ Norden al norte; **~ oben/rechts** hacia arriba/la derecha **2.** (*Reihenfolge*) después de; **~ der Arbeit** después del trabajo; **sie kam ~ zehn Minuten** vino a los diez minutos **3.** (*Uhrzeit*) y; **es ist fünf** (Minuten) **~ sechs** son las seis y cinco **4.** (*zufolge, gemäß*) conforme a; **je ~ Größe** según el tamaño; **~ allem, was ich weiß** con todo lo que yo sé; **allem Anschein ~** por lo que parece; **meiner Meinung ~** en mi opinión II. *adv:* **~ und ~** poco a poco; **~ wie vor** (al) igual que antes

nach|ahmen ['na:xʔa:mən] *vt* imitar

Nachbar(in) ['naxba:ɐ] *m(f)* <-n o -s, -n; -nen> vecino, -a *m, f;* **Nachbarland** *nt* país *m* vecino

Nachbarschaft *f* vecindario *m*

nach|bessern *vt* retocar; **nach|bestellen*** *vt* renovar un pedido; **nach|bilden** *vt* copiar

nachdem [na:x'de:m] *konj* (*zeitlich*) después de +*inf,* después de que +*subj;* **je ~** según; **je ~, ob/wie ... depende de si/de cómo...**

nach|denken *irr vi* reflexionar (*über* sobre); **scharf ~** pensar con todas las fuerzas

nachdenklich *adj* pensativo; **das macht mich ~** me da que pensar

Nachdruck *m* <-(e)s, *ohne pl*> (*Eindringlichkeit*) énfasis *m inv*

nachdrücklich ['na:xdrʏklɪç] I. *adj* insistente II. *adv* con insistencia

nacheinander [na:xʔaɪ'nandɐ] *adv* (*räumlich*) sucesivamente; (*zeitlich*) seguido; **fünf Tage ~** cinco días seguidos

nach|empfinden* *irr vt:* **das kann ich dir gut ~** te comprendo totalmente

nach|erzählen* *vt* repetir; (*erzählen*) contar; **Nacherzählung** *f* narración *f*

Nachfahr(e), **Nachfahrin** *m*, *f* <-(e)n, -(e)n; -nen> (*geh*) descendiente *mf;* **die ~en** (*Blutsverwandtschaft*) la descendencia; (*nächste Generationen*) la posteridad

Nachfolger(in) *m(f)* <-s, -; -nen> sucesor(a) *m(f)*

Nachforschung *f* investigación *f;* (*amtliche Nachforschung*) pesquisa *f*

Nachfrage *f* demanda *f* (*nach* de); **nach|fragen** *vi* (*sich erkundigen*) preguntar (*wegen* por)

nachfüllbar *adj* rellenable

nach|füllen *vt* rellenar; (*Feuerzeug*) recargar; **nach|geben** *irr vi* ceder; **nach|gehen** *irr vi sein* (*folgen*) seguir; (*ergründen*) investigar; (*Uhr*) ir atrasado; **einem Hinweis ~** seguir una pista

Nachgeschmack *m* <-(e)s, *ohne pl*> regusto *m;* (*schlechter Nachgeschmack*) resabio *m*

nachgiebig ['naːxgiːbɪç] *adj* (*Mensch*) transigente

nach|grübeln *vi* cavilar (*über* sobre); **nach|hallen** *vi* reverberar

nachhaltig ['naːxhaltɪç] *adj* persistente; **~e Wirkung haben** ser muy eficaz

nach|helfen *irr vi* echar una mano; **dem Glück ~** ayudar a la suerte

nachher [naːxˈheːɐ, '--] *adv* (*danach*) después; (*später*) luego; **bis ~!** ¡hasta luego!

Nachhilfe(stunde) *f* clase *f* particular

Nachhineinᴿᴿ ['---]: **im ~** posteriormente

nach|holen *vt* recuperar

Nachkomme ['naːxkɔmə] *m* <-n, -n> descendiente *mf*

nach|kommen *irr vi sein* (*später kommen*) venir más tarde; (*Schritt halten*) poder seguir; **ich komme**

gleich nach ahora voy; **er kommt mit der Arbeit nicht nach** no consigue sacar el trabajo adelante; **etw** *dat* **~** (*geh: einer Verpflichtung*) cumplir (con) (*einem Wunsch*) acceder (a)

Nachkriegszeit *f* (época *f* de la) posguerra *f*

Nachlassᴿᴿ ['naːxlas] *m* <-es, -lässe *o* -e> **1.** (*Erbschaft*) legado *m* **2.** (*Rabatt*) rebaja *f*

nach|lassen *irr* **I.** *vi* disminuir; (*Schmerz*) calmarse; (*Interesse*) decaer; (*Fieber*) bajar; (*Regen*) cesar **II.** *vt* (*vom Preis*) rebajar; **nachlässig** ['naːxlɛsɪç] **I.** *adj* negligente **II.** *adv* con negligencia; **~ gekleidet sein** estar mal vestido; **Nachlässigkeit** *f* <-en> negligencia *f*

nach|laufen *vi irr sein:* **jdm/etw ~** ir detrás de alguien/de algo; **nach|machen** *vt* (*fam*) imitar

nachmittagᴬᴸᵀ *adv s.* **Nachmittag**

Nachmittag *m* tarde *f;* **am ~** por la tarde; **gestern ~** ayer por la tarde; **nachmittags** *adv* por la tarde; **um vier Uhr ~** a las cuatro de la tarde

Nachname *m* apellido *m*

nach|prüfen *vt* comprobar; **nach|rechnen** *vi, vt* repasar la cuenta (de)

Nachricht ['naːxrɪçt] *f* <-en> noticia *f;* **eine ~ hinterlassen** dejar un recado; **Nachrichtensendung** *f* noticias *fpl*, noticiario *m Am*

Nachruf *m* necrológica *f* (*auf* +*akk* de); **nach|sagen** *vt* repetir; **ihm wurde nachgesagt, dass ...** se dijo acerca de él que...; **Nachsaison** *f* temporada *f* baja; **nach|schicken** *vt* reexpedir; **nach|schlagen** *irr* **I.** *vt* buscar **II.** *vi:* **in einem Lexikon ~** consultar una enciclopedia

Nachschlagewerk *nt* obra *f* de consulta

Nachschub *m* (*Verpflegung*) avitua-

llamiento *m;* (*Verstärkung*) reforza-
miento *m*

nach|sehen *irr* **I.** *vi* (*zur Informati-
on*) ir a ver; (*nachschlagen*) consultar (*in*); **sieh mal nach, ob ...**
vete a ver si...; **jdm/etw** *dat* ~ seguir a alguien/algo con la mirada
II. *vt* (*kontrollieren*) revisar; (*nachschlagen*) buscar; **jdm etw** ~ perdonar algo a alguien; **Nachsicht** *f* indulgencia *f;* ~ **walten lassen** ser indulgente; **Nachspeise** *f* postre *m*

nächstbeste(r, s) *adj:* **der/die/
das** ~ (*allgemein*) el primero/la pri-
mera/lo primero que se presente;
(*bei Qualität*) el segundo/la se-
gunda/lo segundo mejor; **bei der
~n Gelegenheit** en la primera oportunidad que se presente

nächste(r, s) *adj superl von* **nah(e)**
próximo; **aus ~r Nähe** muy de
cerca; **die ~n Angehörigen** los
más allegados; **das ~ Mal** la próxima
vez; **in den ~n Tagen** en los próxi-
mos días

Nächste(r) *mf* <-n, -n; -n> **1.** (*geh:
Mitmensch*) próximo, -a *m, f;* (REL)
prójimo, -a *m, f* **2.** (*der/die Folgende*) siguiente *mf;* **der ~ bitte!** ¡el
siguiente, por favor!

nächsten ['nɛːçstən] *superl von*
nah(e): **am** ~ lo más cercano

Nächstenliebe *f* amor *m* al prójimo

nächstens ['nɛːçstəns] *adv* dentro de
poco

nacht^ALT ['naxt] *adv s.* **Nacht**

Nacht ['naxt] *f* <Nächte> noche *f;*
Heilige ~ Nochebuena *f;* **bei** ~ de
noche; **in der** ~ por la noche; **in der
~ auf Mittwoch** la noche del martes
al miércoles; **gestern** ~ ayer por la
noche; **über** ~ **bleiben** pasar la noche (*bei* en casa de, *in* en); **bei** ~
und Nebel clandestinamente; **gute
~!** ¡buenas noches!; **über** ~ (*ganz*

plötzlich) de la noche a la mañana

Nachteil *m* desventaja *f;* ~ **e durch
etw haben** tener inconvenientes
por algo; **jdm ~e bringen** perjudicar
a alguien; **sich zu seinem ~ verändern** cambiar para peor; **im ~
sein** estar en desventaja; **von ~ sein**
ser desfavorable

nachteilig *adj* (*ungünstig*) desventajoso

Nachthemd *nt* camisón *f*

Nachtisch *m* <-(e)s, *ohne pl*> postre *m*

Nachtleben *nt* <-s, *ohne pl*> vida *f*
nocturna

nächtlich ['nɛçtlɪç] *adj* nocturno

Nachtrag ['naːxtraːk] *m* <-(e)s, -trä-
ge> adición *f* (*zu* a)

nach|tragen *irr vt* (*hinzufügen*) aña-
dir; **jdm etw** ~ (*verübeln*) guardar
rencor a alguien por algo; **nachtragend** *adj* rencoroso

nachträglich ['naːxtrɛːklɪç] *adj* posterior

nachts [naxts] *adv* por la noche; **spät
~** muy entrada la noche; **um 2 Uhr
~** a las dos de la madrugada

Nachtwächter(in) *m(f)* guardia *mf*
nocturno, -a

nachvollziehbar *adj* comprensible;
**es ist für mich (nicht) ~, warum
...** (no) comprendo por qué...

nach|vollziehen* *irr vt* comprender;
nach|wachsen *irr vi sein* volver a
crecer; **~de Rohstoffe** materias pri-
mas renovables; **nach|weinen** *vi,
vt:* **jdm** ~ llorar a alguien; **jdm/etw
keine Träne ~** no derramar ni una
lágrima por alguien/por algo

Nachweis ['naːxvaɪs] *m* <-es, -e>
(*Beweis*) prueba *f;* (*Bescheinigung*)
certificado *m*

nachweisbar *adj* comprobable;
(*Giftstoffe*) detectable; **etw ist ~**
algo se puede comprobar

nach|weisen *irr vt* (*beweisen*) comprobar; **jdm etw ~** demostrar que alguien hizo algo

Nachwelt *f ohne pl* posteridad *f;* **Nachwirkung** *f* consecuencia *f;* **unter den ~en leiden** sufrir las consecuencias; **Nachwort** *nt* <-(e)s, -e> epílogo *m;* **Nachwuchs** *m* <-es, *ohne pl*> 1. (*fam: Nachkomme*) descendencia *f; ~* **bekommen** tener un hijo 2. (*am Arbeitsmarkt*) aprendices *mpl*

nach|zählen *vt* (volver a) contar

Nachzügler(in) [ˈnaːxtsyːglɐ] *m(f)* <-s, -; -nen> rezagado, -a *m, f*

Nacken [ˈnakən] *m* <-s, -> nuca *f;* **einen steifen ~ haben** tener tortícolis

nackt [nakt] *adj* desnudo

Nadel [ˈnaːdəl] *f* <-n> (*Nähnadel*) aguja *f;* (*Stecknadel*) alfiler *m;* **an der ~ hängen** (*sl*) estar enganchado (a la heroína); **Nadelbaum** *m* conífera *f;* **Nadelwald** *m* bosque *m* de coníferas, pinar *m*

Nagel [ˈnaːgəl] *m* <-s, Nägel> 1. (*Metallstift*) clavo *m;* **den ~ auf den Kopf treffen** (*fam a. fig*) dar en el clavo; **den Beruf an den ~ hängen** (*fam*) colgar los hábitos; **Nägel mit Köpfen machen** (*fam*) tomar una decisión 2. (*Fingernagel*) uña *f;* **an den Nägeln kauen** comerse las uñas; **sich** *dat* **etw unter den ~ reißen** (*fam*) mangar algo; **Nagelfeile** *f* lima *f* para las uñas; **Nagellack** *m* esmalte *m* de uñas

nageln *vt* clavar (*an/auf* en)

nagelneu [ˈ--ˈ-] *adj* (*fam*) flamante; **Nagelschere** *f* tijeras *fpl* de manicura

nagen [ˈnaːgən] *vi* roer (*an*); **das schlechte Gewissen nagte an ihr** le remordía la mala conciencia

Nager *m* <-s, ->, **Nagetier** *nt* roedor *m*

nah(e) [naː, ˈnaːə] <näher, am nächsten> I. *adj* 1. (*räumlich*) cercano; **~ sein** estar cerca; **von ~em** de cerca; **~e Verwandte** familiares cercanos 2. (*zeitlich*) próximo; **der ~e Aufbruch** la salida inmediata; **~ daran sein etw zu tun** estar a punto de hacer algo II. *adv* cerca; **~ bei** cerca de; **~ beieinander** muy juntos; **jdm zu ~e treten** ofender a alguien

Nähe [ˈnɛːə] *f* 1. (*räumlich*) cercanía *f;* **etw aus der ~ betrachten** mirar algo de cerca; **in der ~ der Stadt** cerca de la ciudad; **aus nächster ~** muy de cerca; **gern in jds ~ sein** estar a gusto al lado de alguien 2. (*zeitlich*) proximidad *f*

nahe|bringen *irr vt: jdm etw ~* despertar el interés de alguien por algo; **nahe|kommen** *irr vi: sich dat ~* intimar; **nahe|legen** *vt: jdm etw ~* sugerir algo a alguien; **nahe|liegen** *irr vi* ser de suponer; **naheliegend** *adj: ~* **sein** estar claro

nahen [ˈnaːən] *vi sein* (*geh*) acercarse

nähen [ˈnɛːən] *vi, vt* coser; (*Wunde*) suturar

näher [ˈnɛːɐ] *adj kompar von* **nah(e)** 1. (*räumlich, zeitlich*) más próximo; **in der ~en Umgebung** en las proximidades inmediatas; **~ rücken** acercarse 2. (*genauer*) más detallado; **~e Angaben** detalles; **können Sie mir Näheres darüber erzählen?** ¿puede darme más detalles sobre ello? 3. (*enger*) más cercano; (*Freundschaft*) más íntimo; **die ~e Verwandtschaft** los parientes cercanos

nähern [ˈnɛːɐn] *vr: sich ~* acercarse (a)

nahe|stehen *irr vi: jdm ~* tener una

relación estrecha con alguien

nahezu ['na:ə'tsu:] *adv* casi

Nähgarn *nt* hilo *m* para coser

nahm [na:m] *3. imp von* **nehmen**

Nähmaschine *f* máquina *f* de coser

Nahost ['-'-] *m* <-> Cercano Oriente *m*

nähren ['nε:rən] *vt* (*geh*) alimentar; (*Hoffnung*) nutrir

nahrhaft ['na:ɐhaft] *adj* nutritivo

Nährstoff *m* su(b)stancia *f* nutritiva

Nahrung ['na:rʊŋ] *f* alimento *m;* **feste ~** alimento sólido; **Nahrungsmittel** *nt* alimento *m*

Naht [na:t] *f* <Nähte> costura *f;* (MED) sutura *f;* **nahtlos** *adj:* **~ ineinander übergehen** seguirse inmediatamente

Nahverkehr *m* tráfico *m* de cercanías

naiv [na'i:f] *adj* ingenuo

Name ['na:mə] *m* <-ns, -n> nombre *m;* (*Bezeichnung*) denominación *f;* (*Ruf*) fama *f;* **in jds ~n sprechen** hablar en nombre de alguien; **ich kenne ihn nur dem ~n nach** no lo conozco más que de nombre

namens ['na:məns] *adv* llamado

Namenstag *m* (día *m* del) santo *m*

namhaft ['na:mhaft] *adj* (*bekannt*) famoso

nämlich ['nε:mlıç] *adv* (*denn*) porque; (*und zwar*) a saber

nannte ['nantə] *3. imp von* **nennen**

Napf [napf] *m* <-(e)s, Näpfe> escudilla *f*

Narbe ['narbə] *f* <-n> cicatriz *f*

Narkose [nar'ko:zə] *f* <-n> anestesia *f*

Narr, Närrin [nar, 'nεrın] *m, f* <-en, -en; -nen> (*Dummkopf*) necio, -a *m, f;* **jdn zum ~en halten** tomar(le) el pelo a alguien; **er hat einen ~en an ihr gefressen** (*fam*) se ha quedado con ella

närrisch ['nεrıʃ] *adj* loco; **auf jdn/ etw ganz ~ sein** (*fam*) estar loco por alguien/algo

naschen ['naʃən] *vi, vt* (*Süßigkeiten*) comer dulces

Nase ['na:zə] *f* <-n> nariz *f;* **pro ~** (*fam*) por cabeza; **sich** *dat* **die ~ putzen** sonarse; **die ~ rümpfen** arrugar la nariz; **auf die ~ fallen** (*fam*) darse de narices; (*fig*) fracasar; **jdm auf der ~ herumtanzen** (*fam*) traer a alguien al retortero; **die ~ (von jdm/etw) voll haben** (*fam*) estar hasta las narices (de alguien/algo); **jdn an der ~ herumführen** (*fam*) tomar(le) el pelo a alguien; **eine gute ~ für etw haben** tener un buen olfato para algo

Nasenbluten *nt* <-s, *ohne pl*> hemorragia *f* nasal; **~ haben** sangrar por la nariz

naseweis ['na:zəvaıs] *adj* fisgón

Nashorn *nt* rinoceronte *m*

nassᴿᴿ [nas] *adj* mojado; (*Wetter, Farbe*) húmedo; **durch und durch ~ sein** estar calado hasta los huesos; **~ machen** mojar; **~ werden** mojarse

Nässe ['nεsə] *f* humedad *f*

nasskaltᴿᴿ *adj* húmedo y frío; **es ist ~** hace un frío húmedo

Nation [na'tsjo:n] *f* <-en> nación *f;* **die Vereinten ~en** las Naciones Unidas

national [natsjo'na:l] *adj* nacional; **Nationalhymne** *f* himno *m* nacional

Nationalismus [natsjona'lısmʊs] *m* <-, *ohne pl*> nacionalismo *m*

nationalistisch [natsjona'lıstıʃ] *adj* nacionalista

Nationalität [natsjonali'tε:t] *f* <-en> nacionalidad *f*

Nationalmannschaft *f* selección *f* nacional; **Nationalsozialismus** *m* nacionalsocialismo *m*

Nato, NATO ['na:to] *f Abk. von* **North Atlantic Treaty Organization** OTAN *f*

Natter ['nate] *f* <-n> culebra *f*

Natur [na'tu:ɐ] *f* naturaleza *f; (Beschaffenheit)* carácter *m;* **in freier** ~ en plena naturaleza; **von** ~ **aus** por naturaleza; **Naturfaser** *f* fibra *f* natural; **Naturheilkunde** *f* medicina *f* naturista; **Naturkatastrophe** *f* catástrofe *f* natural; **Naturkost** *f* alimentación *f* natural

natürlich [na'ty:ɐlɪç] *adj* natural; ~ **nicht!** ¡claro que no!

Naturprodukt *nt* producto *m* natural

Naturschutz *m* protección *f* de la naturaleza; **Naturschutzgebiet** *nt* parque *m* nacional

Naturtalent *nt* talento *m* (natural); **Naturwissenschaft** *f* ciencias *fpl* naturales

Navigationssystem *nt* sistema *m* de navegación

Nazi ['na:tsi] *m* <-s, -s> *(abw)* nazi *mf*

NC [ɛn'tse:] *m* <-(s), -(s)> *Abk. von* **Numerus clausus** numerus *m* clausus

n. Chr. *Abk. von* **nach Christus** d.C.

Nebel ['ne:bəl] *m* <-s, -> niebla *f*

neb(e)lig *adj* nebuloso; **es ist** ~ hace niebla

Nebelscheinwerfer *m* luz *f* antiniebla delantera

neben ['ne:bən] **I.** *präp* +*dat* **1.** *(räumlich)* al lado de **2.** *(verglichen mit)* en comparación con **3.** *(außer)* además de; ~ **anderen Dingen** entre otras cosas; ~ **der Arbeit** además del trabajo **II.** *präp* +*akk* al lado de; **nebenan** [--'-] *adv* al lado; **nebenbei** [--'-] *adv* (*gleichzeitig*) al mismo tiempo; *(außerdem)*

además; *(beiläufig)* de pasada; **nebeneinander** [---'--] *adv* uno al lado del otro

Nebenerscheinung *f* efecto *m* secundario; **Nebenfach** *nt* (UNIV) segunda especialidad *f* (*que en el sistema universitario alemán complementa la especialidad principal*); **Nebenfluss**^RR *m* afluente *m;* **Nebengebäude** *nt* **1.** *(Nachbarhaus)* edificio *m* adyacente **2.** *(Anbau)* dependencia *f,* anexo *m*

nebenher [--'-] *adv s.* **nebenbei**

Nebenkosten *pl* gastos *mpl* adicionales; **Nebensache** *f* cosa *f* de poca monta; **das ist** ~ eso no tiene importancia; **nebensächlich** *adj* secundario; **Nebensatz** *m* oración *f* subordinada; **Nebenwirkung** *f* efecto *m* secundario

Necessaire [nesɛ'sɛ:ɐ] *nt* <-s, -s> neceser *m*

necken ['nɛkən] *vt* burlarse (de)

neckisch *adj* (*kokett*) coqueto

Neffe ['nɛfə] *m* <-n, -n> sobrino *m*

negativ ['ne:gati:f] *adj* negativo

Negativ *nt* <-s, -e> (FOTO) negativo *m*

Neger(in) ['ne:gɐ] *m(f)* <-s, -; -nen> (*a. abw*) negro, -a *m, f*

nehmen ['ne:mən] <nimmt, nahm, genommen> *vt* tomar; *(ergreifen)* coger; *(wegnehmen)* quitar; *(herausnehmen)* sacar; *(Bus, Zug)* coger, tomar *Am;* **ich weiß nicht, was ich** ~ **soll** no sé qué elegir; **man muss ihn** ~, **wie er ist** hay que aceptarle como es; **er nimmt 30 Euro die Stunde** cobra 30 euros la hora; **jdm die Hoffnung** ~ quitar la esperanza a alguien; **etw zu sich** *dat* ~ comer algo; **etw auf sich** ~ hacerse cargo de algo; **er ist hart im Nehmen** aguanta lo que le echen; **wie man's nimmt** según como se tome;

jdm etw übel ~ tomarle a mal algo a alguien

Neid [naɪt] *m* <-(e)s, *ohne pl*> envidia *f*

neidisch *adj* envidioso; **auf jdn/etw ~ sein** tener envidia de alguien/algo

neidlos *adj* sin envidia; **etw ~ anerkennen** aceptar algo sin envidia alguna

neigen ['naɪgən] **I.** *vt, vr:* **sich ~** inclinar(se) (*nach* hacia) **II.** *vi:* **zu etw ~** tender a algo

Neigung *f* <-en> (*Schräglage*) inclinación *f;* (*Vorliebe*) afición *f* (*für* por)

nein [naɪn] no

Nektar ['nɛktaːɐ] *m* <-s, -e> néctar *m*

Nektarine [nɛktaˈriːnə] *f* <-n> nectarina *f*

Nelke ['nɛlkə] *f* <-n> (*Blume*) clavel *m;* (*Gewürz*) clavo *m*

nennen ['nɛnən] <nennt, nannte, genannt> *vt* llamar; **Beispiele für etw ~** decir algunos ejemplos para algo; **so genannt** así llamado; (*angeblich*) supuesto; **nennenswert** *adj* digno de mención; **nichts Nennenswertes** nada de importancia

Neofaschismus [neo-] *m* neofascismo *m;* **Neologismus** [neolo-ˈɡɪsmʊs] *m* <-, Neologismen> neologismo *m;* **Neonazi** ['neːonaˌtsi] *m* neonazi *mf*

Neonröhre *f* tubo *m* de neón

Nerv [nɛrf] *m* <-s, -en> nervio *m;* **die ~en behalten** conservar la calma; **du gehst mir auf die ~en** (*fam*) me estás dando la lata

nerven ['nɛrfən] *vt* sacar de quicio; **du nervst!** (*fam*) ¡me sacas de quicio!; **ich bin total genervt!** (*fam*) ¡estoy hasta la coronilla!

Nervensystem *nt* sistema *m* nervioso; **Nervenzusammenbruch** *m* crisis *f inv* nerviosa; **einen ~ haben** sufrir un ataque de nervios

nervlich ['nɛrflɪç] *adj* nervioso; **~ am Ende sein** (*fam*) estar hecho polvo

nervös [nɛrˈvøːs] *adj* nervioso; **~ werden** ponerse nervioso

Nervosität [nɛrvoziˈtɛːt] *f* nerviosismo *m*

Nessel ['nɛsəl] *f* <-n> ortiga *f;* **sich in die ~n setzen** (*fam*) meterse en un berenjenal

Nest [nɛst] *nt* <-(e)s, -er> nido *m;* (*fam abw: Dorf*) poblacho *m*

nett [nɛt] *adj* (*freundlich*) amable; (*angenehm*) agradable

netto ['nɛto] *adv* neto

Netz [nɛts] *nt* <-es, -e> red *f;* (*Spinnennetz*) telaraña *f;* **Netzbetreiber** *m* <-s, -> (TEL) operador *m* de red; **Netzhaut** *f* retina *f;* **Netzstecker** *m* (ELEK) enchufe *m;* **Netzwerk** *f* red *f;* **lokales Netzwerk** red local

neu [nɔɪ] **I.** *adj* nuevo; **seit ~estem** desde hace poco; **die ~este Mode** la última moda; **von ~em** de nuevo **II.** *adv* (*kürzlich*) recién; (*noch einmal*) de nuevo; **neuartig** *adj* nuevo; **Neubau** *m* <-(e)s, -ten> **1.** (*Gebäude*) edificio *m* nuevo **2.** *ohne pl* (*das Bauen*) (re)construcción *f*

Neuenburg ['nɔɪənbʊrk] *nt* <-s> Neuchatel *m*, Neuenburg *m*

neuerdings ['nɔɪɐˈdɪŋs] *adv* últimamente

Neuerung *f* <-en> innovación *f*

neugeboren ['--ˈ--] *adj* recién nacido

Neugeborene(s) *nt* <-n, -n> recién nacido, -a *m, f*

Neugier(de) ['nɔɪɡiːɐ(də)] *f* curiosidad *f* (*auf* por); **aus ~** por curiosidad

neugierig *adj* curioso (*auf* por); **jdn ~ machen** despertar la curiosidad de alguien

Neuheit *f* <-en> novedad *f*

Neuigkeit *f* <-en> novedad *f*

Neujahr *nt* Año *m* Nuevo; **Prost ~!** ¡Feliz Año Nuevo!

neulich *adv* el otro día

Neuling *m* <-s, -e> principiante *mf*

neun [nɔɪn] *adj inv* nueve; *s.a.* **acht**[1]; **neunhundert** ['-'--] *adj inv* novecientos; *s.a.* **achthundert**

neunmalklug ['---] *adj* sabelotodo

neunte(r, s) *adj* noveno; *s.a.* **achte(r, s)**

neunzehn ['--] *adj inv* diecinueve; *s.a.* **acht**[1]

neunzig *adj inv* noventa; *s.a.* **achtzig**

neureich *adj* (*abw*) nuevo rico

Neurologe, Neurologin [nɔɪro-'lo:gə] *m, f* <-n, -n; -nen> neurólogo, -a *m, f*

neurotisch [nɔɪ'ro:tɪʃ] *adj* neurótico

Neustart *m* (*a.* INFOR) reanudación *f*

Neutra *pl von* **Neutrum**

neutral [nɔɪ'tra:l] *adj* neutral; (*Farbe, a.* LING) neutro

neutralisieren* [nɔɪtrali'zi:rən] *vt* neutralizar

Neutrum ['nɔɪtrʊm] *nt* <-s, Neutra *o* Neutren> género *m* neutro

Neuzeit *f* Edad *f* Moderna

Nicaragua [nika'ra:gua] *nt* <-s> Nicaragua *f*

nicaraguanisch *adj* nicaragüense

nicht [nɪçt] *adv* no; **~ mehr** ya no; **auch ~** tampoco; **~ einmal** ni siquiera; **bestimmt ~** seguro que no; **ob du willst oder ~** quieras o no; **~ einer hat's geschafft** no lo logró ni uno

Nichte ['nɪçtə] *f* <-n> sobrina *f*

nichtig ['nɪçtɪç] *adj* (JUR) nulo; (*geh: unbedeutend*) insignificante

Nichtraucher(in) *m(f)* no fumador(a) *m(f)*

nichts [nɪçts] *pron indef* nada; **er hat ~ gesagt** no ha dicho nada; **sonst ~?** ¿nada más?; **überhaupt ~** nada de

nada; **~ als Ärger** sólo disgustos; **ich kann ~ dafür** no es mi culpa; **~ zu danken!** ¡no hay de qué!; **macht ~** no importa; **für ~ und wieder ~** (*fam*) en balde; **nach ~ aussehen** no lucir nada; **das tut ~ zur Sache!** ¡esto no viene al caso!; **mir ~, dir ~** sin más ni más; **nichtsahnend** *adj* s. **ahnen**; **nichtssagend** *adj* s. **sagen**

Nichtzutreffende(s) *nt:* **~s bitte streichen** táchese lo que no corresponda

nicken ['nɪkən] *vi* asentir con la cabeza; (*zum Gruß*) saludar con la cabeza

nie [ni:] *adv* nunca; **noch ~** nunca

Niedergang *m* <-(e)s, *ohne pl*> (*geh: Untergang*) decadencia *f*

niedergeschlagen *adj* (*bedrückt*) deprimido

Niederkunft ['ni:dekʊnft] *f* <-künfte> parto *m*

Niederlage *f* derrota *f*

Niederlande ['ni:delandə] *pl* Países *mpl* Bajos

Niederländer(in) ['ni:delɛndɐ] *m(f)* <-s, -; -nen> neerlandés, -esa *m, f*

niederländisch *adj* neerlandés

nieder|lassen *irr vr:* **sich ~** (*Wohnsitz nehmen*) establecerse; (*als Arzt*) abrir consulta; (*als Rechtsanwalt*) abrir bufete

Niederlassung *f* <-en> (WIRTSCH) sede *f*; (*Zweigstelle*) sucursal *f*

nieder|legen *irr vt* posar; **das Amt ~** dimitir del cargo; **die Arbeit ~** declararse en huelga

Niederösterreich *nt* Baja Austria *f;* **Niedersachsen** *nt* Baja Sajonia *f*

Niederschlag *m* (METEO) precipitaciones *fpl*

niederträchtig *adj* infame

niedlich ['ni:tlɪç] *adj* mono

niedrig ['ni:drɪç] *adj* bajo; (*Gesin*-

nung) vil

niemals ['niːmaːls] *adv* jamás

niemand ['niːmant] *pron indef* nadie; **es war ~ zu Hause** no había nadie en casa; **sonst ~** nadie más; **es war ~ anders als ...** no era otro que...

Niere ['niːrə] *f* <-n> riñón *m;* **das geht mir an die ~n** (*fam*) eso me aflige mucho

nieseln ['niːzəln] *vunpers* lloviznar

niesen ['niːzən] *vi* estornudar

Niete ['niːtə] *f* <-n> (*in einer Lotterie*) billete *m* de lotería no premiado; (*fam: Mensch*) inútil *mf;* (TECH) remache *m*

Nikolaus ['nɪkolaʊs] *m* <-, -e, *fam:* -läuse> 1. (*Gestalt*) San Nicolás *m* 2. (*Nikolaustag*) día *m* de San Nicolás (*seis de diciembre*)

Nikotin [niko'tiːn] *nt* <-s, *ohne pl*> nicotina *f*

Nilpferd *nt* hipopótamo *m*

nimmt [nɪmt] *3. präs von* **nehmen**

nippen ['nɪpən] *vi* beber a sorbos (*an*)

Nippes ['nɪpəs] *pl* chucherías *fpl*

nirgends ['nɪrgənts] *adv,* **nirgendwo** ['nɪrgəntvoː] *adv* en ninguna parte

Nische ['niːʃə] *f* <-n> nicho *m;* **eine ökologische ~** un enclave ecológico

nisten ['nɪsten] *vi* anidar

Niveau [ni'voː] *nt* <-s, -s> nivel *m;* **kein ~ haben** ser de poca categoría; **niveaulos** *adj* sin nivel; (*mittelmäßig*) mediocre

Nixe [nɪksə] *f* <-n> ondina *f*

nobel ['noːbəl] *adj* noble; **Nobelpreis** [no'bɛlpraɪs] *m* premio *m* Nobel

noch [nɔx] **I.** *adv* **1.** (*zeitlich*) todavía; **sie schläft ~** aún duerme; **immer ~** todavía; **~ nicht** todavía no; **kaum ~** apenas; **nur ~** sólo; **~ nie** nunca; **~ heute** hoy mismo; **ich sage dir ~ Bescheid** ya te avisaré; **seien sie auch ~ so klein** por muy pequeños que sean **2.** (*zusätzlich*) más; **wer war ~ da?** ¿quién más estuvo?; **~ ein paar Tage** un par de días más; **~ einmal** otra vez; **auch das ~!** ¡lo que faltaba! **II.** *konj:* **weder ... ~ ...** ni... ni...

nochmals ['nɔxmaːls] *adv* otra vez

Nomade, Nomadin [no'maːdə] *m, f* <-n, -n; -nen> nómada *mf*

Nomen ['noːmən] *nt* <-s, -> nombre *m*

Nominativ ['noːminatiːf, nomina'tiːf] *m* <-s, -e> nominativo *m*

nominieren* [nomi'niːrən] *vt* nombrar

Nonne ['nɔnə] *f* <-n> monja *f*

nonstop ['nɔn'stɔp] *adv* sin parar; (*fliegen*) directo

Nordamerika ['--'---] *nt* América *f* del Norte; **Norddeutschland** ['-'--] *nt* Alemania *f* del Norte

Norden ['nɔrdən] *m* <-s, *ohne pl*> norte *m;* **im ~ von** en el norte de; (*nördlich von*) al norte de; **nach/in den ~** hacia el norte; **von ~** del norte

Nordeuropa ['--'--] *nt* Europa *f* del Norte; **Nordhalbkugel** ['----] *f ohne pl* hemisferio *m* norte; **Nordirland** ['-'--] *nt* <-s> Irlanda *f* del Norte

nordisch ['nɔrdɪʃ] *adj* nórdico

Nordkastilien *nt* <-s> Castilla *f* y León

nördlich ['nœrtlɪç] **I.** *adj* septentrional; **in ~er Richtung** en dirección norte; **~ von Köln** al norte de Colonia; **die ~e Halbkugel** el hemisferio norte **II.** *präp* +*gen* al norte de

Nordosten ['-'--] *m* nor(d)este *m;* **Nordpol** *m* <-s, *ohne pl*> polo *m* norte

Nordrhein-Westfalen [---'--] *nt* Renania *f* del Norte-Westfalia

Nordsee *f* Mar *m* del Norte; **Nordwesten** [-'--] *m* noroeste *m*

Nörgler(in) *m(f)* <-s, -; -nen> (*abw*) criticón, -ona *m, f*

Norm [nɔrm] *f* <-en> norma *f*

normal [nɔr'ma:l] *adj* normal; (*gewöhnlich*) corriente

normalerweise [-'--'--] *adv* normalmente

normalisieren* [nɔrmali'zi:rən] *vt, vr:* **sich** ~ normalizar(se)

normen ['nɔrmən] *vt,* **normieren*** [nɔr'mi:rən] *vt* normalizar

Norwegen ['nɔrve:gən] *nt* <-s> Noruega *f*

Norweger(in) *m(f)* <-s, -; -nen> noruego, -a *m, f*

norwegisch *adj* noruego

Nostalgie [nɔstal'gi:] *f* nostalgia *f*

not[ALT] [no:t] *adj s.* **Not**

Not *f* <Nöte> **1.** (*Notlage*) apuro *m;* **in** ~ **geraten** verse en apuros **2.** (*Sorge, Mühe*) pena *f;* **mit knapper** ~ por los pelos **3.** *ohne pl* (*Mangel*) falta *f* (*an* de); (*Elend*) miseria *f;* ~ **leiden** (*geh*) estar en la miseria; ~ **leidend** necesitado; **wenn** ~ **am Mann ist** cuando (la cosa) aprieta

Notar(in) [no'ta:ɐ] *m(f)* <-s, -e; -nen> notario, -a *m, f*

Notarzt, -ärztin *m, f* médico, -a *m, f* de urgencia; **Notaufnahme** *f* admisión *f* de urgencia; **Notausgang** *m* salida *f* de emergencia; **Notbremse** *f* freno *m* de emergencia; **Notdienst** *m* servicio *m* de emergencia; **notdürftig** [-dʏrftɪç] *adj* (*kaum ausreichend*) escaso; (*behelfsmäßig*) provisional

Note ['no:tə] *f* <-n> **1.** (*Schulnote, a.* MUS) nota *f;* (*Banknote*) billete *m* **2.** *ohne pl* (*Eigenart*) toque *m;* **etw** *dat* **seine persönliche** ~ **geben** aportar a algo su toque personal

Notfall *m* (caso *m* de) emergencia *f;* **notfalls** *adv* en caso necesario; **notgedrungen** ['no:tgə'drʊŋən] *adv* por la fuerza

notieren* [no'ti:rən] *vt* anotar

nötig ['nø:tɪç] *adj* necesario; **unbedingt** ~ imprescindible; **wenn** ~ si es preciso

nötigen ['nø:tɪgən] *vt* (*drängen*) apremiar; (*zwingen*) obligar; (JUR) coaccionar

Notiz [no'ti:ts] *f* <-en> nota *f;* **sich** *dat* ~**en machen** tomar apuntes; **von etw** ~ **nehmen** fijarse en algo; **Notizblock** *m* <-s, -blöcke> bloc *m* de notas; **Notizbuch** *nt* agenda *f*

Notlage *f* apuro *m;* (*Krise*) crisis *f inv;* **notlanden** *vi sein* realizar un aterrizaje forzoso; **Notlandung** *f* aterrizaje *m* forzoso; **notleidend** *adj s.* **Not 3.**; **Notlösung** *f* solución *f* de emergencia; **Notruf** *m* llamada *f* de socorro; (*Notrufnummer*) (número *m* de) teléfono *m* de emergencia

Notstand *m* estado *m* de emergencia; **Notstandsgebiet** *nt* zona *f* catastrófica

Notwehr *f* legítima defensa *f*

notwendig ['no:tvɛndɪç] *adj* (*nötig*) necesario; **unbedingt** ~ indispensable; **Notwendigkeit** ['----, -'---] *f* <-en> necesidad *f*

Novelle [no'vɛlə] *f* <-n> novela *f* corta

November [no'vɛmbɐ] *m* <-(s), -> noviembre *m; s.a.* **März**

Nr. *Abk. von* **Nummer** n°

Nu [nu:] *m* (*fam*): **im** ~ en un abrir y cerrar de ojos

Nuance [ny'ã:sə] *f* <-n> matiz *m*

nüchtern ['nʏçtɐn] *adj* (*nicht betrunken*) sobrio; (*sachlich*) objetivo; (*schmucklos*) sin adornos; (*ohne Essen*) en ayunas; **auf** ~**en Magen** en ayunas

Nudel ['nu:dəl] *f* <-n> pasta *f*

null [nʊl] *adj inv* cero

Null *f* <-en> cero *m;* (*fam abw: Versager*) cero *m* a la izquierda

nullachtfünfzehn [--'--] *adj inv* (*fam*) común y corriente

Nullpunkt *m* <-(e)s, *ohne pl*> punto *m* cero; **den ~ erreicht haben** llegar a su punto más bajo; **Nulltarif** *m:* **zum ~** gratis

numerieren*ᴬᴸᵀ *vt s.* **nummerieren**

numerisch [nu'me:rɪʃ] *adj* numérico

Nummer ['nʊmɐ] *f* <-n> número *m;* (*Telefonnummer*) (número *m* de) teléfono *m;* **Gesprächsthema ~ eins** tema principal; **auf ~ Sicher gehen** (*fam*) ir sobre seguro

nummerieren*ᴿᴿ [nʊme'ri:rən] *vt* numerar

Nummernschild *nt* matrícula *f*

nun [nu:n] **I.** *adv* **1.** (*jetzt*) ahora; **von ~ an** desde ahora; **was ~?** ¿y ahora qué? **2.** (*inzwischen*) entretanto **II.** *part* (*einleitend*) pues; (*weiterführend*) pues bien

nur [nu:ɐ] *adv* sólo; **~ noch** tan sólo

Nürnberg ['nʏrnbɛrk] *nt* <-s> Nuremberg *m*

nuscheln ['nʊʃəln] *vi* (*fam*) mascullar

Nussᴿᴿ [nʊs] *f* <Nüsse> nuez *f;* **Nussbaum**ᴿᴿ *m* nogal *m*

Nutte ['nʊtə] *f* <-n> (*fam abw*) puta *f*

nutzen ['nʊtsən] **I.** *vi* servir; **jdm zu etw ~** ser provechoso para alguien **II.** *vt* aprovechar

Nutzen ['nʊtsən] *m* <-s, *ohne pl*> utilidad *f;* **zum ~ der Öffentlichkeit** en beneficio del público; **jdm von ~ sein** ser(le) útil a alguien; **~ aus etw ziehen** sacar provecho de algo

nützen *vi, vt s.* **nutzen**

nützlich ['nʏtslɪç] *adj* útil

nutzlos *adj* inútil

Nutzung *f* utilización *f*

O

O, o [o:] *nt* <-, -> O, o *f*

O *Abk. von* **Osten** E

Oase [o'a:zə] *f* <-n> oasis *m inv*

ob [ɔp] *konj* si; **~ er wohl kommen wird?** ¿vendrá o no (vendrá)?; **als ~** como si +*subj;* **~ arm, ~ reich** lo mismo pobres que ricos; **und ~!** ¡claro que sí!

obdachlos *adj* sin hogar

Obdachlose(r) *f(m) dekl wie adj* desamparado, -a *m, f*

Obduktion [ɔpdʊk'tsjo:n] *f* <-en> autopsia *f*

O-Beine ['o:baɪnə] *nt pl* (*fam*) piernas *fpl* arqueadas

oben ['o:bən] *adv* arriba; (*an der Oberfläche*) en la superficie; **nach ~** hacia arriba; **ganz ~** arriba del todo

obendrein ['--'-] *adv* además

Ober ['o:bɐ] *m* <-s, -> camarero *m*

Oberarm ['o:bɐ-] *m* brazo *m;* **Oberbegriff** *m* término *m* genérico; **Oberbekleidung** *f* ropa *f* exterior

obere(r, s) ['o:bərə, -rə, -rəs] *adj* de arriba; (*in einer Hierarchie*) superior

Oberfläche *f* superficie *f*

oberflächlich *adj* superficial

oberhalb *präp* +*gen* por encima de

Oberhand *f:* **die ~ gewinnen** imponerse; **Oberhaupt** *nt* (*geh*) jefe, -a *m, f;* **Oberkiefer** *m* maxilar *m* superior; **Oberkörper** *m* busto *m;* **Oberlippe** *f* labio *m* superior;

Oberösterreich *nt* Alta Austria *f;* **Oberschenkel** *m* muslo *m;* **Oberschicht** *f* clase *f* alta; **Oberseite** *f* lado *m* superior

oberste(r, s) *adj superl von* **obere(r, s)** 1. *(höher gelegen)* superior, más alto; *(Stockwerk)* último; *(zuoberst)* de arriba del todo 2. *(in einer Hierarchie)* supremo; **der Oberste Gerichtshof** el Tribunal Supremo 3. *(wichtigste)* más importante

Oberstufe *f* los últimos tres años de enseñanza media

Objekt [ɔp'jɛkt] *nt* <-(e)s, -e> objeto *m*

objektiv [ɔpjɛk'tiːf] *adj* objetivo; *(unparteiisch)* imparcial

Objektiv [ɔpjɛk'tiːf] *nt* <-s, -e> objetivo *m*

obligatorisch [ɔbliga'toːrɪʃ] *adj* obligatorio

Obrigkeit ['oːbrɪçkaɪt] *f* <-en> autoridad *f*

Obst [oːpst] *nt* <-(e)s, *ohne pl*> fruta *f*

obszön [ɔps'tsøːn] *adj* obsceno

obwohl [-'-] *konj* aunque

Ochse ['ɔksə] *m* <-n, -n> buey *m*

öde ['øːdə] *adj (verlassen)* desierto; *(langweilig)* aburrido

oder ['oːdɐ] *konj* o; *(vor o, ho)* u; *(zwischen Zahlen)* ó; *(andernfalls)* si no; ~ **aber ...** o por el contrario...; ~ **auch ...** o (bien)...; ~ **etwa nicht?** ¿o no?; **entweder ... ~ ...** o... o...

Ofen ['oːfən] *m* <-s, Öfen> *(Backofen)* horno *m;* *(Heizofen)* estufa *f*

offen ['ɔfən] *adj* abierto; *(ohne Deckel)* destapado; *(Stelle)* vacante; *(aufrichtig)* franco; **~er Wein** vino a granel; **auf ~er Straße** en plena calle; **das ist noch völlig ~** eso todavía no se sabe; **die Post hat jetzt ~** Correos está ahora abierto; ~ **sei-**

ne **Meinung sagen** decir su opinión abiertamente; ~ **gestanden ...** (dicho) francamente...; ~ **mit jdm reden** hablar francamente con alguien

offenbar ['ɔfən(')baːɐ] I. *adj* evidente II. *adv* aparentemente

offenbaren* [ɔfən'baːrən] I. *vt (geh)* revelar II. *vr:* **sich** ~ *(geh: sich erweisen)* mostrarse; *(sich anvertrauen)* confiarse

offen|bleiben *irr vi sein (Frage)* quedar pendiente; **offen|halten** *irr vt:* **etw** ~ dejar algo abierto

Offenheit *f (Aufgeschlossenheit)* espíritu *m* abierto; *(Ehrlichkeit)* franqueza *f;* **in aller** ~ sinceramente

offenherzig *adj* franco; **offenkundig** ['--(')--] *adj* manifiesto; *(offensichtlich)* evidente; **offen|lassen** *irr vt (Entscheidung)* dejar pendiente

offensichtlich ['--(')--] *adj* evidente

offensiv [ɔfɛn'ziːf] *adj* ofensivo

Offensive [ɔfɛn'ziːvə] *f* <-n> ofensiva *f;* **in die** ~ **gehen** tomar la ofensiva

öffentlich ['œfəntlɪç] I. *adj* público II. *adv* en público; ~ **bekannt geben** publicar

Öffentlichkeit *f* público *m;* **etw an die** ~ **bringen** hacer algo público; **Öffentlichkeitsarbeit** *f ohne pl* relaciones *fpl* públicas

öffentlich-rechtlich *adj* (de derecho) público

offiziell [ɔfi'tsjɛl] *adj* oficial

Offizier(in) [ɔfi'tsiːɐ] *m(f)* <-s, -e; -nen> oficial(a) *m(f)*

offline ['ɔflaɪn] *adj* fuera de línea

öffnen ['œfnən] *vi, vt, vr:* **sich** ~ abrir(se)

Öffner *m* <-s, -> abridor *m*

Öffnung *f* <-en> apertura *f;* **Öffnungszeit** *f* horas *fpl* de apertura

oft [ɔft] <öfter, am öftesten> *adv* a

menudo; **wie ~?** ¿cuántas veces?;
nicht ~ pocas veces; **~ genug** bastante (a menudo)

öfter *adv kompar von* **oft** con frecuencia; **~ mal was Neues** hay que cambiar de vez en cuando; **des Öfteren** con (mucha) frecuencia

öfters *adv* con (mucha) frecuencia

oftmals ['ɔftmaːls] *adv* a menudo

ohne ['oːnə] **I.** *präp* +*akk* sin; **~ Zweifel** sin duda; **~ weiteres** sin más **II.** *konj:* **~ dass ...** sin que... +*subj;* **~ zu** sin

ohnehin [--'-] *adv* de todos modos

Ohnmacht ['oːn-] *f* <-en> (*Bewusstlosigkeit*) desvanecimiento *m;* (*Machtlosigkeit*) impotencia *f;* **in ~ fallen** desmayarse; **ohnmächtig** *adj* (*bewusstlos*) desmayado; (*machtlos*) impotente; **~ werden** desmayarse

Ohr [oːɐ] *nt* <-(e)s, -en> oreja *f;* **jdn übers ~ hauen** engañar a alguien; **schreib dir das hinter die ~en!** (*fam*) ¡tenlo bien presente!; **viel um die ~en haben** (*fam*) estar muy ocupado; **bis über beide ~en verliebt sein** (*fam*) estar enamorado hasta la médula; **sich aufs ~ legen** (*fam*) planchar la oreja; **es faustdick hinter den ~en haben** (*fam*) tener muchas conchas; **Ohrfeige** *f* bofetada *f*

ohrfeigen *vt* pegar una bofetada (a); **ich könnte mich ~, dass ...** (*fam*) me daría de tortas por...

Ohrring *m* pendiente *m*, aro *m* Am

o.k., okay [oˈkeː, oˈkɛɪ] **I.** (*fam: Partikel*) vale, de acuerdo, okey Am **II.** *adj* (*fam*): **~ sein** (*gut*) estar bien; (*in Ordnung*) estar en orden

ökologisch *adj* ecológico

ökonomisch [økoˈnoːmɪʃ] *adj* económico

Ökosystem *nt* ecosistema *m*

Oktober [ɔkˈtoːbɐ] *m* <-(s), -> octubre *m; s.a.* **März**

Öl [øːl] *nt* <-(e)s, -e> aceite *m;* (*Erdöl*) petróleo *m*

ölen ['øːlən] *vt* engrasar

Ölgemälde *nt* pintura *f* al óleo; **Ölheizung** *f* calefacción *f* al fuel-oil

ölig *adj* aceitoso

Olive [oˈliːvə] *f* <-n> aceituna *f;* **Olivenbaum** *m* olivo *m;* **Olivenöl** *nt* aceite *m* de oliva

Ölkrise *f* crisis *f inv* petrolera; **Öltanker** *m* petrolero *m;* **Ölteppich** *m* marea *f* negra

Olympiade [olʏmˈpjaːdə] *f* <-n> olimpiada *f*

olympisch [oˈlʏmpɪʃ] *adj* olímpico

Oma ['oːma] *f* <-s> (*fam*) abuela *f*

Omen ['oːmən] *nt* <-s, - *o* Omina> agüero *m; das ist ein schlechtes ~* es un mal presagio

Omnibus ['ɔmnibʊs] *m* autobús *m*

Onkel ['ɔŋkəl] *m* <-s, -> tío *m*

online ['ɔnlaɪn] *adj* en línea

Opa ['oːpa] *m* <-s, -s> (*fam*) abuelo *m*

Oper ['oːpɐ] *f* <-n> ópera *f*

Operation [opəraˈtsjoːn] *f* <-en> operación *f*

operieren* [opəˈriːrən] *vi, vt* operar (*an* de); **sich ~ lassen** operarse (*an* de)

Opfer ['ɔpfɐ] *nt* <-s, -> (*Opfergabe*) ofrenda *f;* (*Verzicht*) sacrificio *m* (*für* por); (*Person*) víctima *f;* **etw fordert viele ~** algo causa muchas víctimas

opfern ['ɔpfɐn] *vt, vr:* **sich ~** sacrificar(se) (*für* por); **jdm viel Zeit ~** dedicar mucho tiempo a alguien

Opium ['oːpiʊm] *nt* <-s, *ohne pl*> opio *m*

Opportunismus [ɔpɔrtuˈnɪsmʊs] *m* <-, *ohne pl*> oportunismo *m*

Opposition [ɔpoziˈtsjoːn] *f* <-en>

oposición *f*

Optik ['ɔptɪk] *f* óptica *f*

Optiker(in) ['ɔptikɐ] *m(f)* <-s, -; -nen> óptico, -a *m, f*

optimal [ɔpti'maːl] *adj* óptimo

optimieren* [ɔpti'miːrən] *vt* optimar

Optimismus [ɔpti'mɪsmʊs] *m* <-, ohne pl> optimismo *m*

Optimist(in) [ɔpti'mɪst] *m(f)* <-en, -en; -nen> optimista *mf*

optimistisch *adj* optimista

Option [ɔp'tsjoːn] *f* <-en> opción *f*

optisch ['ɔptɪʃ] *adj* óptico

orange [o'rãː∫, o'raŋʃ] *adj* (de color) naranja

Orange [o'rãːʒə, o'raŋʒə] *f* <-n> naranja *f*

Orchester [ɔr'kɛstɐ] *nt* <-s, -> orquesta *f*

Orchidee [ɔrçi'deːə] *f* <-n> orquídea *f*

Orden ['ɔrdən] *m* <-s, -> (REL) orden *f* (religiosa); (*Auszeichnung*) condecoración *f*

ordentlich ['ɔrdəntlɪç] **I.** *adj* (*Mensch, Zimmer*) ordenado; (*anständig*) respetable; (*fam: tüchtig*) bueno **II.** *adv* ordenadamente; (*Benehmen*) como es debido; (*fam: ziemlich*) bastante; (*viel*) mucho; **sie verdient ganz ~** gana bastante

ordinär [ɔrdi'nɛːɐ] *adj* (*unfein*) vulgar; (*gewöhnlich*) ordinario

ordnen ['ɔrdnən] *vt* ordenar

Ordner *m* <-s, -> archivador *m*

Ordnung *f* orden *m;* **~ halten** mantener el orden; **für ~ sorgen** poner orden; **etw in ~ bringen** (*fam*) arreglar algo; **ich finde es (ganz) in ~, dass ...** (*fam*) me parece (muy) bien que... +*subj;* (**das geht**) **in ~** (*fam*) está bien; **der ist in ~** (*fam*) es un buen tipo; **ordnungsgemäß I.** *adj* reglamentario **II.** *adv* como es debido; **ordnungswidrig** *adj* (JUR) ile-

gal; **sich ~ verhalten** infringir los reglamentos

Organ [ɔr'gaːn] *nt* <-s, -e> órgano *m;* (*fam: Stimme*) voz *f*

Organisation [ɔrganiza'tsjoːn] *f* <-en> organización *f*

organisatorisch [ɔrganiza'toːrɪʃ] *adj* organizador

organisch [ɔr'gaːnɪʃ] *adj* orgánico

organisieren* [ɔrgani'ziːrən] *vt, vr:* **sich ~** organizar(se)

Organismus [ɔrga'nɪsmʊs] *m* <-, Organismen> organismo *m*

Orgasmus [ɔr'gasmʊs] *m* <-, Orgasmen> orgasmo *m*

Orgel ['ɔrgəl] *f* <-n> órgano *m*

Orient ['oːriɛnt, ori'ɛnt] *m* <-s> Oriente *m;* **der Vordere ~** el Cercano Oriente

orientalisch [oriɛn'taːlɪʃ] *adj* natural de Oriente Próximo

orientieren* [oriɛn'tiːrən] *vr:* **sich ~** orientarse (*an/nach* por); **ich orientierte mich an ihr** la tomé como ejemplo; **über etw orientiert sein** estar al corriente sobre algo

Orientierung *f* orientación *f*

original [origi'naːl] *adj* original; (*echt*) auténtico

Original [origi'naːl] *nt* <-s, -e> (*erstes Exemplar*) original *m;* (*fam: Mensch*) persona *f* original

originell [origi'nɛl] *adj* original; (*eigenartig*) singular; (*außergewöhnlich*) insólito

Orkan [ɔr'kaːn] *m* <-s, -e> huracán *m*

Ort [ɔrt] *m* <-(e)s, -e> (*Platz*) lugar *m;* (*Ortschaft*) población *f;* (*Dorf*) pueblo *m;* (*Stadt*) ciudad *f;* **vor ~** in situ; **vor ~ sein** estar en el lugar de los hechos

Orthografieᴿᴿ *f* <-n>, **Orthographie** [ɔrtogra'fiː] *f* <-n> ortografía *f*

Orthopäde, Orthopädin [ɔrto'pɛː-

də| *m, f* <-n, -n; -nen> ortopeda *mf*
örtlich ['œrtlıç] *adj* local
Ortschaft *f* <-en> población *f*
Ortsgespräch *nt* (TEL) llamada *f* urbana; **Ortsschild** *nt* señal *f* indicadora de población; **Ortsteil** *m* barrio *m;* **Ortszeit** *f* hora *f* local
Öse ['ø:zə] *f* <-n> (*am Schuh*) ojete *m;* (*für Haken*) corchete *m*
Ossi ['ɔsi] *mf* <-s, -s; -s> (*fam*) habitante de los nuevos estados federales del este de Alemania
Ostdeutschland *nt* este *m* de Alemania
Osten ['ɔstən] *m* <-s, *ohne pl*> este *m;* **im ~ von** en el este de; (*östlich von*) al este de; **nach/in den ~** hacia el este; **von ~** del este; **der Nahe/Ferne ~** el Cercano/Extremo Oriente; **der Mittlere ~** el Oriente Medio
Osteotherapie *f ohne pl* osteoterapia *f*
Ostern ['o:stən] *nt* <-, -> Pascua *f;* **Frohe ~!** ¡Felices Pascuas!
Österreich ['ø:stəraıç] *nt* <-s> Austria *f*
Österreicher(in) *m(f)* <-s, -; -nen> austriaco, -a *m, f*
österreichisch *adj* austriaco
Osterwoche *f* Semana *f* Santa
Osteuropa ['--'--] *nt* Europa *f* Oriental; **Ostfriesland** [(')-'--] *nt* Frisia *f* Oriental
östlich ['œstlıç] **I.** *adj* oriental; **in ~er Richtung** en dirección este; **~ von Basel** al este de Basilea **II.** *präp* +*gen* al este de
Ostsee *f* Mar *m* Báltico
Otter[1] ['ɔtɐ] *m* <-s, -> (*Fischotter*) nutria *f*
Otter[2] *f* <-n> (*Schlange*) víbora *f*
out|sourcen ['autsɔ:sn̩] *vt* (WIRTSCH) externalizar; **Outsourcing** ['autsɔ:sıŋ] *nt* <-, *ohne pl*> **1.** (*an Exter-*

ne) subcontratación *f* **2.** (*ins Ausland*) outsourcing *m,* deslocalización *f*
oval [o'va:l] *adj* ovalado
Overall ['ɔuvərəl] *m* <-s, -s> mono *m*
Ozean ['o:tsea:n] *m* <-s, -e> océano *m;* **der Indische ~** el Océano Índico
Ozon [o'tso:n] *m o nt* <-s, *ohne pl*> ozono *m;* **Ozonloch** *nt* agujero *m* (de la capa) de ozono

P

P, p [pe:] *nt* <-, -> P, p *f*
paar [pa:ɐ] *pron indef inv:* **ein ~** (*einige*) algunos; (*wenige*) unos pocos; **ein ~ Mal** un par de veces; **alle ~ Minuten** a cada rato; **vor ein ~ Tagen** hace unos días
Paar [pa:ɐ] *nt* <-(e)s, -e> (*Lebewesen*) pareja *f;* (*Dinge*) par *m;* **ein ~ Socken** un par de calcetines
paaren ['pa:rən] *vt, vr:* **sich ~** (*Tiere*) aparear(se)
paarmal *adv* un par de veces
Paarung *f* <-en> (*Tiere*) apareamiento *m*
paarweise *adv* de dos en dos
Pacht [paxt] *f* <-en> **1.** (*Pachtzins*) arrendamiento *m* **2.** (*das Pachten*) arriendo *m*
pachten *vt* arrendar
Pächter(in) ['pɛçtɐ] *m(f)* <-s, -; -nen> arrendatario, -a *m, f*
Pack [pak] *nt* <-(e)s, *ohne pl*> (*fam abw*) gentuza *f*
Päckchen ['pɛkçən] *nt* <-s, -> paquete *m;* (*für Zigaretten*) cajetilla *f;* (*Postsendung*) pequeño paquete *m*

packen ['pakən] **I.** *vt* (*ergreifen*) agarrar (*an/bei* por); (*einpacken*) meter (*in* en); (*fam: schaffen*) conseguir; **den Koffer/seine Sachen ~** hacer la maleta; **hast du die Prüfung gepackt?** ¿has aprobado el examen? **II.** *vi* (*Koffer*) hacer las maletas

packend *adj* cautivador

Packpapier *nt* papel *m* de embalar

Packung *f* <-en> (*Paket*) paquete *m*

Pädagogik [--'--] *f* pedagogía *f*

pädagogisch *adj* pedagógico

paddeln ['padəln] *vi* haben *o* sein ir en canoa

Page ['pa:ʒə] *m* <-n, -n> (*Hotelpage*) botones *m inv*

Paket [pa'ke:t] *nt* <-(e)s, -e> paquete *m*

Pakt [pakt] *m* <-(e)s, -e> pacto *m*

paktieren* [pak'ti:rən] *vi* pactar

Palast [pa'last] *m* <-(e)s, -läste> palacio *m*

Palästina [palɛs'ti:na] *nt* <-s> Palestina *f*

palästinensisch *adj* palestino

Palette [pa'lɛtə] *f* <-n> (*Vielfalt*) gama *f*

Palme ['palmə] *f* <-n> palmera *f*; **jdn auf die ~ bringen** (*fam*) poner a alguien a cien por hora

Pampelmuse ['pampəlmu:zə] *f* <-n> pomelo *m*

pampig ['pampɪç] *adj* (*fam abw: frech*) descarado

Panama ['panama] *nt* <-s> Panamá *m*

panamaisch [pana'ma:ɪʃ] *adj* panameño

panieren* [pa'ni:rən] *vt* empanar

Panik ['pa:nɪk] *f* <-en> pánico *m*

panisch *adj* de pánico; **~e Angst vor etw haben** tener(le) pánico a algo

Panne ['panə] *f* <-n> avería *f*; **Pannendienst** *m* servicio *m* de auxilio en carretera

Panorama [pano'ra:ma] *nt* <-s, Panoramen> panorama *m*

Panter[RR] *m* <-s, ->, **Panther** ['pantɐ] *m* <-s, -> pantera *f*

Pantoffel [pan'tɔfəl] *m* <-s, -n> zapatilla *f*

Pantomime *f* <-n> pantomima *f*

Panzer ['pantsɐ] *m* <-s, -> (*Fahrzeug*) tanque *m*; (*von Tieren*) caparazón *m*

Papa ['papa] *m* <-s, -s> (*fam*) papá *m*

Papagei [papa'gaɪ] *m* <-en *o* -s, -e(n)> loro *m*

Papi ['papi] *m* <-s, -s> (*fam*) papi *m*

Papier [pa'pi:ɐ] *nt* <-s, -e> **1.** (*Material*) papel *m*; **ein Blatt ~** una hoja de papel **2.** (*Schriftstück*) documento *m* **3.** *pl* (*Ausweis*) papeles *mpl*; **Papierkorb** *m* papelera *f*; **Papierkram** *m* (*fam abw*) papeleo *m*; **Papiertaschentuch** *nt* pañuelo *m* de papel

Pappe ['papə] *f* <-n> cartón *m*

Pappel ['papəl] *f* <-n> chopo *m*

Pappkarton *m* (*Schachtel*) caja *f* de cartón

Paprika *f* <-(s)> pimiento *m*

Papst [pa:pst] *m* <-(e)s, Päpste> Papa *m*

päpstlich ['pɛ:pstlɪç] *adj* papal

Parabel [pa'ra:bəl] *f* <-n> parábola *f*

Parade [pa'ra:də] *f* <-n> (MIL) desfile *m*; **Paradebeispiel** *nt* ejemplo *m* clásico

Paradeiser *m* <-s, -> (*Österr*) tomate *m*

Paradies [para'di:s] *nt* <-es, -e> paraíso *m*

paradiesisch [para'di:zɪʃ] *adj* paradisíaco

paradox [para'dɔks] *adj* paradójico

Paragliding ['pa:raglaɪdɪŋ] *nt* <-s, ohne pl> parapente *m*

Paragraf[RR] *m* <-en, -en>, **Paragraph** [para'gra:f] *m* <-en, -en> (JUR) artículo *m;* (*Paragrafenzeichen*) párrafo *m*

Paraguay [para'gʊaɪ, 'paragʊaɪ] *nt* <-s> Paraguay *m*

paraguayisch [para'gʊa:jɪʃ, 'paragʊaɪʃ] *adj* paraguayo

parallel [para'le:l] *adj* paralelo (*zu* a)

Parallele [para'le:lə] *f* <-n> paralela *f;* **~n zwischen etw aufzeigen** establecer un paralelo entre algo

Parasit [para'zi:t] *m* <-en, -en> parásito *m*

parat [pa'ra:t] *adj* a punto

Pärchen ['pɛːɐ̯çən] *nt* <-s, -> parejita *f*

Parfum [par'fœ̃:] *nt*, **Parfüm** [par'fy:m] *nt* <-s, -e *o* -s> perfume *m*

parfümieren* [parfy'mi:rən] *vt, vr:* **sich ~** perfumar(se)

parieren* [pa'ri:rən] *vi* obedecer

Pariser(in) [pa'ri:zɐ] *m(f)* <-s, -; -nen> parisino, -a *m, f,* parisiense *mf*

Park [park] *m* <-s, -s> parque *m;* **Parkbank** *f* <-bänke> banco *m* del parque

parken ['parkən] *vi, vt* aparcar; **ein ~des Auto** un coche estacionado

Parkett [par'kɛt] *nt* <-(e)s, -e *o* -s> (*Fußboden*) parqué *m;* (*im Theater, Kino*) platea *f*

Parkgebühr *f* tarifa *f* de aparcamiento; **Parkhaus** *nt* parking *m;* **Parklücke** *f* hueco *m* para aparcar; **Parkplatz** *m* aparcamiento *m;* **Parkscheibe** *f* disco *m* de estacionamiento; **Parkuhr** *f* parquímetro *m;* **Parkverbot** *nt* prohibición *f* de estacionamiento; **hier ist ~** aquí no se puede aparcar

Parlament [parla'mɛnt] *nt* <-(e)s, -e> parlamento *m*

parlamentarisch *adj* parlamentario

Parlamentswahlen *fpl* elecciones *fpl* generales (al parlamento)

Parodie [paro'di:] *f* <-n> parodia *f* (*auf* de)

Parole [pa'ro:lə] *f* <-n> lema *m*

Partei [par'taɪ] *f* <-en> (POL) partido *m;* **für jdn ~ ergreifen** tomar partido por alguien

parteiisch *adj* parcial

Parteitag *m* congreso *m* del partido

Partie [par'ti:] *f* <-n> (*Spieldurchgang*) partida *f;* (*im Sport*) partido *m;* **bei etw mit von der ~ sein** (*fam*) tomar parte en algo

Partisan(in) [parti'za:n] *m(f)* <-s *o* -en, -en; -nen> guerrillero, -a *m, f*

Partizip [parti'tsi:p] *nt* <-s, -ien> participio *m;* **~ Perfekt** participio pasado

Partner(in) ['partnɐ] *m(f)* <-s, -; -nen> (*Lebenspartner, Tanzpartner*) pareja *f;* (*Teilhaber*) socio, -a *m, f*

Partnerschaft *f* <-en> (*Zusammenarbeit*) cooperación *f;* (*Zusammenleben*) convivencia *f*

Partnerstadt *f* ciudad *f* hermanada

Party ['pa:ɐ̯ti] *f* <-s> fiesta *f;* **Partyservice** *m* <-, *ohne pl*> servicio *m* a domicilio

Pass[RR] [pas] *m* <-es, Pässe> pasaporte *m;* (*Gebirgspass*) puerto *m* (de montaña)

Passage [pa'sa:ʒə] *f* <-n> pasaje *m*

Passagier(in) [pasa'ʒi:ɐ] *m(f)* <-s, -e; -nen> pasajero, -a *m, f;* **ein blinder ~** un polizón

Passant(in) [pa'sant] *m(f)* <-en, -en; -nen> transeúnte *mf*

Passbild[RR] *nt* foto *f* de carné

passen ['pasən] *vi* 1. (*in Größe, Form*) sentar bien; (*in der Menge*) caber (*in* en); **das passt wie angegossen** queda perfecto 2. (*harmo-*

nieren) pegar (*zu* con); **sie ~ zuei-nander** hacen buena pareja; **die Be-schreibung passt auf ihn** la descripción encaja con él **3.** (*genehm sein*) venir bien; **das passt mir gar nicht** no me viene nada bien

passend *adj* **1.** (*in Größe, Form*) que queda bien; **welches ist der ~e Schlüssel?** ¿cuál es la llave correcta?; **dazu ~** (*in der Farbe*) a juego **2.** (*treffend*) apropiado; (*genau*) justo; **haben Sie es nicht ~?** (*fam*) ¿no lo tiene justo? **3.** (*angemessen*) adecuado

PassfotoRR *nt* foto *f* de carné

passieren* [pa'si:rən] **I.** *vi sein* ocurrir; **was ist denn passiert?** ¿qué ha pasado? **II.** *vt haben* (*Grenze*) pasar

passiv ['pasi:f, -'-] *adj* pasivo

Passiv ['pasi:f, -'-] *nt* <-s, -e> voz *f* pasiva

PasskontrolleRR *f* control *m* de pasaportes; **Passwort**RR ['pasvɔrt] *nt* <-(e)s, -wörter> santo *m* y seña

Pastete [pas'te:tə] *f* <-n> volován *m*

pasteurisieren* [pastøri'zi:rən] *vt* paste(u)rizar

Pate, Patin ['pa:tə] *m, f* <-n, -n; -nen> padrino, madrina *m, f*; **Patenkind** *nt* ahijado, -a *m, f*; **Patenonkel** *m* padrino *m*

Patenschaft *f* <-en> padrinazgo *m*; **die ~ für ein Kind übernehmen** apadrinar a un niño

Patent [pa'tɛnt] *nt* <-(e)s, -e> patente *f*; **etw zum ~ anmelden** solicitar la patente de algo

Patentante *f* madrina *f*

Patentrezept *nt* solución *f* ideal

Pater ['pa:tə] *m* <-s, -> (REL) padre *m*

pathetisch [pa'te:tɪʃ] *adj* patético

Patient(in) [pa'tsjɛnt] *m(f)* <-en, -en; -nen> paciente *mf*

Patriot(in) [patri'o:t] *m(f)* <-en, -nen> patriota *mf*

patriotisch *adj* patriótico

Patrone [pa'tro:nə] *f* <-n> cartucho *m*

Patrouille [pa'trʊljə] *f* <-n> patrulla *f*

Patsche ['patʃə] *f* (*fam*): **in der ~ sitzen** encontrarse en apuros

patzig ['patsɪç] *adj* (*fam abw: Person*) descarado; (*Antwort*) insolente

Pauke ['paʊkə] *f* <-n> timbal *m*; **auf die ~ hauen** (*fam*) celebrar por todo lo alto

pauken *vi, vt* (*fam: lernen*) empollar

pausbäckig ['paʊsbɛkɪç] *adj* mofletudo

pauschal [paʊ'ʃa:l] *adv* (*zusammen*) en bloque; (*allgemein*) en general; **~ 100 Euro berechnen** cobrar 100 euros, todo incluido; **das kann man so ~ nicht sagen** esto no se puede generalizar así

Pauschale [paʊ'ʃa:lə] *f* <-n> importe *m* global

pauschalisieren* [paʊʃali'zi:rən] *vt* generalizar

Pauschalpreis *m* precio *m* global; **Pauschalreise** *f* viaje *m* organizado; **Pauschaltourismus** *m* turismo *m* organizado

Pause ['paʊzə] *f* <-n> pausa *f*; (*im Theater*) intermedio *m*; **pausenlos I.** *adj* ininterrumpido **II.** *adv* sin pausa

Pavillon ['pavɪljõ] *m* <-s, -s> pabellón *m*

Pazifik [pa'tsi:fɪk] *m* <-s> (Océano *m*) Pacífico *m*

pazifisch [pa'tsi:fɪʃ] *adj*: **der Pazifische Ozean** el Océano Pacífico

pazifistisch *adj* pacifista

PC [pe:'tse:] *m* <-(s), -(s)> *Abk. von* **Personal Computer** ordenador *m* personal

Pech [pɛç] *nt* <-(e)s, -e> **1.** (*Teer*) pez *f* **2.** *ohne pl* (*Missgeschick*)

mala suerte *f;* **Pechsträhne** *f* racha *f* de mala suerte; **Pechvogel** *m* (*fam*) desgraciado, -a *m, f*

Pedal [pe'da:l] *nt* <-s, -e> pedal *m*

pedantisch *adj* pedante

Pegel ['pe:gəl] *m* <-s, -> (*Höhe*) nivel *m* del agua

peilen ['paɪlən] *vt:* **über den Daumen gepeilt** a ojo de buen cubero

peinigen ['paɪnɪgən] *vt* (*geh*) atormentar

peinlich *adj* (*unangenehm*) desagradable; (*Situation*) embarazoso; (*genau*) meticuloso

Peitsche ['paɪtʃə] *f* <-n> látigo *m*

peitschen I. *vi* (*Regen*) golpear (*an/ gegen* en) II. *vt* azotar

Pelikan ['pe:lika:n] *m* <-s, -e> pelícano *m*

Pelle ['pɛlə] *f* <-n> (*nordd*) piel *f;* **jdm auf die ~ rücken** pegarse a alguien

pellen *vt, vr:* **sich ~** (*nordd*) pelar(se)

Pelz [pɛlts] *m* <-es, -e> piel *f*

Pendel ['pɛndəl] *nt* <-s, -> péndulo *m*

pendeln ['pɛndəln] *vi* 1. *haben* (*schwingen*) oscilar 2. *sein* (*hin- und herfahren*) viajar (diariamente)

Penes ['pe:ne:s] *pl von* **Penis**

penetrant [pene'trant] *adj* penetrante; (*abw: aufdringlich*) molesto; (*Person*) pesado

penibel [pe'ni:bəl] *adj* meticuloso (*in* con)

Penicillin [penitsɪ'li:n] *nt* <-s, -e> *s.* **Penizillin**

Penis ['pe:nɪs] *m* <-, -se *o* Penes> pene *m*

Penizillin [penitsɪ'li:n] *nt* <-s, -e> penicilina *f*

pennen ['pɛnən] *vi* (*fam*) 1. (*schlafen*) dormir 2. (*nicht aufpassen*) estar distraído

Penner(in) ['pɛnɐ] *m(f)* <-s, -; -nen> (*fam abw: Stadtstreicher*) vagabundo, -a *m, f*

Pensa, Pensen ['pɛnzən] *pl von* **Pensum**

Pension [pã'zjo:n, pɛn'zjo:n] *f* <-en> (*Rente, Herberge*) pensión *f;* **in ~ gehen** jubilarse

Pensionär(in) [pãzjo'nɛ:ɐ, pɛnzjo-'nɛ:ɐ] *m(f)* <-s, -e; -nen> jubilado, -a *m, f*

pensionieren* [pãzjo'ni:rən, pɛn-zjo'ni:rən] *vt* jubilar

Pensum ['pɛnzʊm] *nt* <-s, Pensen *o* Pensa> tarea *f*

per [pɛr] *präp* +*akk* por; **er fährt ~ Anhalter** viaja a dedo; **sie ist ~ du mit ihm** se tutean

perfekt [pɛr'fɛkt] *adj* perfecto; **die Sache ist ~** (*fam*) el asunto está arreglado

Perfekt ['pɛrfɛkt] *nt* <-s, -e> (*pretérito m*) perfecto *m*

Perfektion [pɛrfɛk'tsjo:n] *f* perfección *f*

perfektionieren* [pɛrfɛktsjo'ni:rən] *vt* perfeccionar

Perfektionismus [pɛrfɛktsjo'nɪsmʊs] *m* <-, *ohne pl*> perfeccionismo *m*

Periode [peri'o:də] *f* <-n> período *m*

periodisch [peri'o:dɪʃ] *adj* periódico

Peripherie [perife'ri:] *f* <-n> periferia *f;* (INFOR) periférico *m*

Perle ['pɛrlə] *f* <-n> (*der Perlmuschel*) perla *f;* (*aus Glas, Holz*) cuenta *f;* (*Schweißperle*) gota *f* (de sudor)

permanent [pɛrma'nɛnt] *adj* permanente

perplex [pɛr'plɛks] *adj* (*fam*) perplejo

Person [pɛr'zo:n] *f* <-en> persona *f;* **Angaben zur ~ machen** dar los datos personales; **er ist die Geduld in ~** es la paciencia en persona

Personal [pɛrzo'na:l] *nt* <-s, *ohne*

pl> personal *m;* **Personalausweis** *m* ≈carné *m* de identidad

Personalien [pɛrzoˈnaːliən] *pl* datos *mpl* personales

Personalpronomen *nt* pronombre *m* personal

Personenkraftwagen *m* (*formal*) automóvil *m;* **Personenverkehr** *m* transporte *m* de viajeros; **öffentlicher/privater ~** transporte público/privado de viajeros

persönlich [pɛrˈzøːnlɪç] *adj* personal; (*selbst*) en persona; **etw ~ nehmen** tomarse algo a pecho; **jdn ~ kennen** conocer a alguien personalmente

Persönlichkeit *f* <-en> personalidad *f*

Perspektive [pɛrspɛkˈtiːvə] *f* <-n> perspectiva *f;* **aus meiner ~** desde mi punto de vista

Peru [peˈruː] *nt* <-s> Perú *m*

Peruaner(in) [peruˈaːnɐ] *m(f)* <-s, -; -nen> peruano, -a *m, f*

peruanisch *adj* peruano

Perücke [peˈrʏkə] *f* <-n> peluca *f*

pervers [pɛrˈvɛrs] *adj* perverso

Perversion [pɛrvɛrˈzjoːn] *f* <-en> perversión *f*

Pesete [peˈzeːtə] *f* <-n> (*Währung, HIST*) peseta *f*

Pessimismus [pɛsiˈmɪsmʊs] *m* <-, ohne *pl>* pesimismo *m*

pessimistisch *adj* pesimista

Pest [pɛst] *f* peste *f;* **jdn wie die ~ hassen** odiar a alguien a muerte; **es stinkt wie die ~** (*fam*) huele que apesta

Pestizid [pɛstiˈtsiːt] *nt* <-s, -e> pesticida *m*

Petersilie [peteˈziːljə] *f* perejil *m*

Petroleum [peˈtroːleʊm] *nt* <-s, ohne *pl>* petróleo *m*

petzen [ˈpɛtsən] *vt* (*fam*) chivar(se) (*bei +dat* a)

Pfad [pfaːt] *m* <-(e)s, -e> senda *f;* (*INFOR*) camino *m;* **Pfadfinder(in)** *m(f)* <-s, -; -nen> scout *mf*

Pfahl [pfaːl] *m* <-(e)s, Pfähle> palo *m*

Pfalz [pfalts] *f* Palatinado *m*

pfälzisch [ˈpfɛltsɪʃ] *adj* palatino

Pfand [pfant] *m* <-(e)s, Pfänder> prenda *f;* (*Pfandgeld*) garantía *f;* (*für Flaschen*) dinero *m* por el envase

pfänden [ˈpfɛndən] *vt* embargar

Pfandflasche *f* botella *f* retornable

Pfanne [ˈpfanə] *f* <-n> sartén *f;* **Pfannkuchen** *m* crepe *f,* panqueque *m Am*

Pfarramt [ˈpfarʔamt] *nt* parroquia *f*

Pfarrer[1] [ˈpfarɐ] *m* <-s, -> (*katholisch*) párroco *m*

Pfarrer(in)[2] *m(f)* <-s, -; -nen> pastor(a) *m(f)*

Pfau [pfaʊ] *m* <-(e)s, -en> pavo *m* real

Pfeffer [ˈpfɛfɐ] *m* <-s, -> pimienta *f;* **Pfefferminze** [pfɛfɛˈmɪntsə] *f* menta *f*

pfeffern [ˈpfɛfɐn] *vt* **1.** (*GASTR*) sazonar con pimienta **2.** (*fam: werfen*) tirar con violencia

Pfefferstreuer *m* <-s, -> pimentero *m*

Pfeife [ˈpfaɪfə] *f* <-n> (*Signalpfeife*) pito *m;* (*Tabakpfeife*) pipa *f*

pfeifen [ˈpfaɪfən] <pfeift, pfiff, gepfiffen> *vi, vt* silbar

Pfeil [pfaɪl] *m* <-(e)s, -e> flecha *f*

Pfeiler [ˈpfaɪlɐ] *m* <-s, -> (*a. fig*) pilar *m;* (*Brückenpfeiler*) pila *f*

Pfennig [ˈpfɛnɪç] *m* <-s, -e> (*HIST*) pfennig *m,* ≈céntimo *m;* **ich habe keinen ~ dabei** estoy sin un duro

pferchen *vt* apretujar

Pferd [ˈpfeːɐt] *nt* <-(e)s, -e> caballo *m;* **mit ihr kann man ~e stehlen** (*fam*) se puede contar con ella para

todo; **Pferderennbahn** f hipódromo m; **Pferdestärke** f (TECH) caballo m de vapor
pfiff [pfɪf] 3. imp von **pfeifen**
Pfiff [pfɪf] m <-(e)s, -e> silbido m
Pfifferling ['pfɪfɐlɪŋ] m <-s, -e> rebozuelo m; **keinen ~ wert sein** (fam) no valer un pimiento
pfiffig ['pfɪfɪç] adj pillo; (witzig) con gracia
Pfingsten ['pfɪŋstən] nt <-, -> Pentecostés m
Pfirsich ['pfɪrzɪç] m <-(e)s, -e> melocotón m, durazno m Am
Pflanze ['pflantsə] f <-n> planta f
pflanzen vt plantar
Pflanzenöl nt aceite m vegetal
pflanzlich adj vegetal
Pflanzung f <-en> plantío m; (Plantage) plantación f
Pflaster ['pflastɐ] nt <-s, -> (aus Asphalt) pavimento m; (Kopfsteinpflaster) adoquinado m; (Verband) esparadrapo m; (Heftpflaster) tirita f
Pflaume ['pflaʊmə] f <-n> ciruela f
Pflege ['pfle:gə] f cuidado m; (Körperpflege) aseo m; **pflegebedürftig** adj que necesita cuidados; **Pflegeeltern** pl padres mpl tutelares; **Pflegefall** m enfermo, -a m, f bajo continua vigilancia médica; **Pflegeheim** nt asilo m; **Pflegekind** nt niño, -a m, f en tutela; **pflegeleicht** adj (Mensch) fácil de tratar; **Pflegemutter** f <-mütter> madre f tutelar
pflegen ['pfle:gən] I. vt cuidar; (Freundschaft) cultivar; (Beziehungen) mantener II. vi soler +inf
Pfleger(in) m(f) <-s, -; -nen> (Krankenpfleger) enfermero, -a m, f
Pflegevater m padre m tutelar
Pflicht [pflɪçt] f <-en> deber m; (Verpflichtung) obligación f; **seine ~en erfüllen** cumplir con sus deberes;

pflichtbewusst^RR adj cumplidor; **Pflichtbewusstsein**^RR nt sentido m del deber; **Pflichtfach** nt (UNIV, SCH) asignatura f obligatoria; (im Grundstudium) asignatura f común; **Pflichtverteidiger(in)** m(f) (JUR) defensor(a) m(f) de oficio
Pflock [pflɔk] m <-(e)s, Pflöcke> estaca f
pflücken ['pflʏkən] vt coger
Pflug [pflu:k] m <-(e)s, Pflüge> arado m
pflügen ['pfly:gən] vi, vt arar
Pforte ['pfɔrtə] f <-n> puerta f
Pförtner(in) ['pfœrtnɐ] m(f) <-s, -; -nen> portero, -a m, f
Pfosten ['pfɔstən] m <-s, -> poste m; (Türpfosten) jamba f
Pfote ['pfo:tə] f <-n> pata f
Pfropfen ['pfrɔpfən] m <-s, -> tapón m
pfui [pfʊɪ] interj puaj; **~ Teufel!** ¡qué asco!
Pfund [pfʊnt] nt <-(e)s, -e> libra f; **einige ~e abnehmen** adelgazar unos kilos; **~ Sterling** libra esterlina
pfuschen ['pfʊʃən] vi (fam abw: schludern) chapucear; (reg: schummeln) hacer trampas
Pfuscherei f <-en> (fam abw) chapucería f
Pfütze ['pfʏtsə] f <-n> charco m
Phänomen [fɛno'me:n] nt <-s, -e> fenómeno m
phänomenal [fɛnome'na:l] adj fenomenal
Phantasie [fanta'zi:] f <-n> s. **Fantasie; phantasielos** adj s. **fantasielos**
phantasieren* [fanta'zi:rən] vi s. **fantasieren**
phantasievoll adj s. **fantasievoll**
phantastisch adj s. **fantastisch**
Phantom [fan'to:m] nt <-s, -e> fantasma m; **Phantombild** nt retrato

m robot

Pharmaindustrie *f* industria *f* farmacéutica

Pharmakologie [farmakolo'gi:] *f* farmacología *f*

pharmakologisch *adj* farmacológico

pharmazeutisch *adj* farmacéutico

Pharmazie [farma'tsi:] *f* farmacia *f*

Phase ['fa:zə] *f* <-n> fase *f*

Philologie [filolo'gi:] *f* <-n> filología *f*

philologisch *adj* filológico

Philosophie [filozo'fi:] *f* <-n> filosofía *f*

philosophieren* [filozo'fi:rən] *vi* filosofar (*über* sobre)

philosophisch [filo'zo:fɪʃ] *adj* filosófico

phlegmatisch *adj* flemático

Phonetik [fo'ne:tɪk] *f* fonética *f*

Phosphat [fɔs'fa:t] *nt* <-(e)s, -e> fosfato *m*

Photo ['fo:to] *nt s.* **Foto**

Phrase ['fra:zə] *f* <-n> frase *f*; **~n dreschen** (*fam*) hablar con clichés

pH-Wert [pe:'ha:ve:ɐt] *m* (valor *m*) PH *m*

Physik [fy'zi:k] *f* física *f*

physikalisch [fyzi'ka:lɪʃ] *adj* físico

physiologisch [fyzio'lo:gɪʃ] *adj* fisiológico

Physiotherapie [fyzio-] *f ohne pl* fisioterapia *f*

physisch ['fy:zɪʃ] *adj* físico

Pianist(in) [pja'nɪst] *m(f)* <-en, -en; -nen> pianista *mf*

Piano ['pja:no] *nt* <-s, -s> piano *m* vertical

Pickel ['pɪkəl] *m* <-s, -> (*auf der Haut*) grano *m*

picken ['pɪkən] *vi, vt* (*Vogel*) picotear (*nach*)

Picknick ['pɪknɪk] *nt* <-s, -s *o* -e> picnic *m*

piepen ['pi:pən] *vi* (*Vogel*) piar; (*Maus*) chillar; **bei der piept's wohl!** (*fam*) ¡está tocada (del ala)!; **das ist ja zum Piepen!** (*fam*) ¡es para morirse de risa!

Piercing ['pi:esɪŋ] *nt* <-s, -s> piercing *m*

Pik [pi:k] *nt* <-s, *ohne pl*> (*französische Karten*) pica *f*; (*spanische Karten*) espadas *fpl*

pikant [pi'kant] *adj* picante

pikiert [pi'ki:ɐt] *adj* mosqueado

Pilger(in) ['pɪlgɐ] *m(f)* <-s, -; -nen> peregrino, -a *m, f*

pilgern ['pɪlgɐn] *vi sein* peregrinar (*nach* a)

Pille ['pɪlə] *f* <-n> pastilla *f*; (*Antibabypille*) píldora *f* (anticonceptiva); **eine bittere ~** (*fam*) un trago amargo

Pilot(in) [pi'lo:t] *m(f)* <-en, -en; -nen> piloto *mf*

Pilz [pɪlts] *m* <-es, -e> (BOT, MED) hongo *m*; (*mit Hut*) seta *f*

pingelig ['pɪŋəlɪç] *adj* (*fam*) tiquismiquis

Pinguin ['pɪŋguːin] *m* <-s, -e> pingüino *m*

Pinie ['pi:niə] *f* <-n> pino *m* piñonero

pink [pɪŋk] *adj* (rosa) fucsia

pinkeln ['pɪŋkəln] *vi* (*fam*) mear

Pinnwand ['pɪn-] *f* tablón *m* de notas

Pinsel ['pɪnzəl] *m* <-s, -> pincel *m*; (*dick*) brocha *f*

Pinzette [pɪn'tsɛtə] *f* <-n> pinza(s) *f(pl)*

Pionier(in) [pio'ni:ɐ] *m(f)* <-s, -e; -nen> pionero, -a *m, f*

Pipeline ['paɪplaɪn] *f* <-s> (*für Gas*) gasoducto *m*; (*für Öl*) oleoducto *m*

Pipi ['pɪpi, pi'pi:] *nt* <-s, *ohne pl*> (*fam*) pis *m inv*

Pirat(in) [pi'ra:t] *m(f)* <-en, -en; -nen> pirata *mf*

pissen ['pɪsən] *vi* **1.** (*vulg: urinieren*) mear **2.** (*fam: regnen*) llover

Piste ['pɪstə] *f* <-n> pista *f*

Pistole [pɪs'to:lə] *f* <-n> pistola *f*

Pizza ['pɪtsa] *f* <-s *o* Pizzen> pizza *f*; **Pizzaservice** ['pɪtsasœrvɪs] *m* <-, -> servicio *m* de reparto de pizzas a domicilio

Pkw *m*, **PKW** ['pe:kave:] *m* <-(s), -(s)> *Abk. von* **Personenkraftwagen** automóvil *m*

plädieren* [plɛ'di:rən] *vi* abogar (*auf/ für* por)

Plage ['pla:gə] *f* <-n> plaga *f*

plagen ['pla:gən] **I.** *vt* fastidiar; (*Schmerzen, Zweifel*) atormentar **II.** *vr:* **sich ~** matarse trabajando

Plakat [pla'ka:t] *nt* <-(e)s, -e> cartel *m*

Plakette [pla'kɛtə] *f* <-n> placa *f*

Plan [pla:n] *m* <-(e)s, Pläne> (*Vorhaben*) plan *m*; (*Entwurf, Karte*) plano *m*

Plane ['pla:nə] *f* <-n> lona *f*

planen ['pla:nən] *vt* (*vorhaben*) planear; (*entwerfen*) proyectar; **es lief alles wie geplant** todo transcurrió como estaba previsto

Planet [pla'ne:t] *m* <-en, -en> planeta *m*

Planetarium [plane'ta:riʊm] *nt* <-s, Planetarien> planetario *m*

Planke ['plaŋkə] *f* <-n> tablón *m*

Plankton ['plaŋktɔn] *nt* <-s, *ohne pl*> plancton *m*

planlos *adj* sin método; **planmäßig I.** *adj* previsto **II.** *adv* como estaba previsto

Plantage [plan'ta:ʒə] *f* <-n> plantación *f*

Planung *f* <-en> planificación *f*

plappern ['plapən] *vi* (*fam*) cotorrear

Plastik¹ ['plastɪk] *nt* <-s, *ohne pl*> (*Kunststoff*) plástico *m*

Plastik² *f* <-en> (KUNST) escultura *f*

Plastiktüte *f* bolsa *f* de plástico

plastisch ['plastɪʃ] *adj* plástico

Platin ['pla:ti:n] *nt* <-s, *ohne pl*> platino *m*

platonisch [pla'to:nɪʃ] *adj* platónico

platt [plat] *adj* (*flach*) plano; (*abw: geistlos*) trivial; **etw ~ drücken** aplastar algo; **~ sein** (*fam: überrascht*) estar sorprendido; **Plattdeutsch** *nt* bajo alemán *m*

Platte ['platə] *f* <-n> **1.** (*Steinplatte*) losa *f*; (*Holzplatte*) tabla *f*; (*Metallplatte*) plancha *f* **2.** (*Schallplatte*) disco *m* **3.** (*Herdplatte*) fogón *m* **4.** (*Teller*) bandeja *f*; **kalte ~** fiambres *mpl*

Platten: einen ~ haben (*fam*) tener un pinchazo

Plattenspieler *m* <-s, -> tocadiscos *m inv*

Plattform *f* plataforma *f*; **Plattfuß** *m* pie *m* plano

Platz [plats] *m* <-es, Plätze> **1.** (*Ort, Stelle*) lugar *m*; **auf die Plätze, fertig, los!** ¡preparados, listos, ya! **2.** (*öffentlicher Platz*) plaza *f* **3.** (*Sitzplatz*) sitio *m*; **bitte, nehmen Sie ~!** ¡tome asiento, por favor! **4.** (*Teilnahmeplatz*) plaza *f*; **es sind noch Plätze frei** todavía quedan plazas libres **5.** (*Rang*) puesto *m*; **sie belegte den dritten ~** ocupó el tercer lugar; **seinen ~ behaupten** reafirmar su posición **5.** *ohne pl* (*Raum*) sitio *m*; **~ sparend** que no ocupa mucho espacio; **jdm ~ machen** hacer(le) sitio a alguien; **Platzangst** *f* claustrofobia *f*

Plätzchen ['plɛtsçən] *nt* <-s, -> (*Keks*) galleta *f*

platzen ['platsən] *vi sein* (*Rohr, Luftballon*) reventar; (*Naht*) romperse

platzieren*ᴿᴿ [pla'tsi:rən] **I.** *vt* colocar **II.** *vr:* **sich ~** (SPORT) clasificarse

Platzmangel *m* <-s, *ohne pl*> falta *f*

de sitio; **Platzpatrone** *f* cartucho *m* de salvas; **Platzregen** *m* chaparrón *m*; **platzsparend** *adj s.* **Platz 6.**

plaudern ['plaʊdən] *vi* charlar (*über* sobre/de)

plausibel [plaʊ'zi:bəl] *adj* plausible; **jdm etw ~ machen** hacer(le) algo inteligible a alguien

Playboy ['plɛɪbɔɪ] *m* <-s, -s> playboy *m*

plazieren*ALT *vt, vr: sich ~ s.* **platzieren**

pleite ['plaɪtə] *adj* (*fam*): **~ sein** no tener un duro

Pleite ['plaɪtə] *f* <-n> (*fam: Bankrott*) quiebra *f*; (*Misserfolg*) fracaso *m*; **mit jdm/etw eine ~ erleben** llevarse un chasco con alguien/algo

pleite|gehen ['plaɪtəge:ən] *vi* quebrar

Plombe ['plɔmbə] *f* <-n> (*Verschluss*) precinto *m*; (*Zahnfüllung*) empaste *m*

plötzlich ['plœtslɪç] I. *adj* repentino II. *adv* de repente

plump [plʊmp] *adj* (*unförmig*) tosco; (*ungelenk*) torpe

plumpsen ['plʊmpsən] *vi sein* (*fam*) caer (pesadamente)

Plunder ['plʊndɐ] *m* <-s, *ohne pl*> (*fam*) trastos *mpl*

plündern ['plʏndɐn] *vt* saquear

Plünderung *f* <-en> saqueo *m*

Plural ['plu:ra:l] *m* <-s, -e> plural *m*

plus [plʊs] *adv* (MATH) más; (*Temperatur*) sobre cero

Plus [plʊs] *nt* <-, *ohne pl*> (*Überschuss*) excedente *m*; (*Vorzug*) ventaja *f*

Plüsch [plyːʃ] *m* <-(e)s, -e> peluche *m*

Plusquamperfekt ['plʊskvampɛrfɛkt] *nt* pluscuamperfecto *m*

Pluszeichen *nt* signo *m* de adición

PLZ *Abk. von* **Postleitzahl** C.P. *m*

Po [po:] *m* <-s, -s> (*fam*) culete *m*

Pöbel ['pøːbəl] *m* <-s, *ohne pl*> (*abw*) plebe *f*, pacotilla *f* *Am*

pochen ['pɔxən] *vi* (*klopfen*) golpear (*an/gegen* en); **auf etw ~** (*geh*) insistir en algo

Pocken ['pɔkən] *fpl* viruela *f*

Podest [po'dɛst] *nt* <-(e)s, -e> (*Podium*) podio *m*

Podium ['po:diʊm] *nt* <-s, Podien> estrado *m*

Poesie [poe'ziː] *f* poesía *f*

poetisch [po'e:tɪʃ] *adj* poético

Pokal [po'ka:l] *m* <-s, -e> copa *f*; **Pokalspiel** *nt* partido *m* de copa

Pol [po:l] *m* <-s, -e> polo *m*; **der ruhende ~** el remanso de tranquilidad

Polarkreis *m* círculo *m* polar; **nördlicher/südlicher ~** círculo polar ártico/antártico

Pole, Polin ['po:lə] *m, f* <-n, -n; -nen> polaco, -a *m, f*

Polemik [po'le:mɪk] *f* <-en> polémica *f*

Polen ['po:lən] *nt* <-s> Polonia *f*

Police [po'li:s(ə)] *f* <-n> póliza *f* (del seguro)

polieren* [po'li:rən] *vt* pulir; (*Schuhe, Möbel*) sacar brillo (a)

Politik [poli'ti:k, poli'tɪk] *f* política *f*

Politiker(in) [po'li:tikɐ] *m(f)* <-s, -; -nen> político, -a *m, f*

politisch [po'li:tɪʃ, po'lɪtɪʃ] *adj* político

Politur [poli'tu:ɐ] *f* <-en> (*Mittel*) abrillantador *m*

Polizei [poli'tsaɪ] *f* <-en> policía *f*; **er ist bei der ~** es policía; **Polizeibeamte(r)** *m*, **-beamtin** *f* funcionario, -a *m, f* de policía; **Polizeidienststelle** *f* comisaría *f* de policía

polizeilich I. *adj* policial II. *adv* por la policía

Polizeipräsidium nt Jefatura f Superior de Policía; **Polizeirevier** nt comisaría f (de policía); **Polizeiwache** f comisaría f (de policía)

Polizist(in) [poli'tsɪst] m(f) <-en, -en; -nen> policía mf

Pollen ['pɔlən] m <-s, -> polen m

polnisch ['pɔlnɪʃ] adj polaco

Polster ['pɔlstɐ] nt <-s, -> colchón m; **ein finanzielles ~** ahorros mpl; **Polstergarnitur** f tresillo m

polstern ['pɔlstɐn] vt (ausstopfen) acolchar

poltern ['pɔltɐn] vi 1. **haben** (lärmen) hacer ruido 2. **sein** (sich bewegen) moverse con ruido; (fallen) caerse con estrépito

Polyester [poly'ɛstɐ] m <-s, -> poliéster m

Pomade [po'ma:də] f <-n> pomada f para el pelo

Pommern ['pɔmɐn] nt <-s> Pomerania f

Pommes frites [pɔm'frɪt] pl patatas fpl fritas

pompös [pɔm'pø:s] adj pomposo

Pony[1] ['pɔni] nt <-s, -s> (Pferd) póney m

Pony[2] m <-s, -s> (Frisur) flequillo m

Pool [pu:l] m <-s, -s> (Schwimmbad) piscina f

Popcorn ['pɔpkɔrn] nt <-s, ohne pl> palomitas fpl (de maíz)

pop(e)lig adj (fam) 1. (armselig) mísero, pobre 2. (gewöhnlich) normal y corriente

Popmusik ['pɔpmuzi:k] f música f pop

Popo [po'po:, '--] m <-s, -s> (fam) trasero m

populär [popu'lɛ:ɐ] adj popular

Popularität [populari'tɛ:t] f popularidad f

Pore ['po:rə] f <-n> poro m

Pornografie[RR] f, **Pornographie**

[pɔrnogra'fi:] f pornografía f

porös [po'rø:s] adj poroso

Porree ['pɔre] m <-s, -s> puerro m

Portemonnaie [pɔrtmɔ'ne:] nt <-s, -s> s. **Portmonee**

Porti ['pɔrti] pl von **Porto**

Portier [pɔr'tje:] m <-s, -s> portero m

Portion [pɔr'tsjo:n] f <-en> ración f, porción f; **eine halbe ~** (fam) poquita cosa

Portmonee[RR] [pɔrtmɔ'ne:] nt <-s, -s> monedero m

Porto ['pɔrto] nt <-s, -s o Porti> franqueo m; (Versandkosten) gastos mpl de envío

Porträt [pɔr'trɛ:] nt <-s, -s> retrato m

Portugal ['pɔrtugal] nt <-s> Portugal m

Portugiese, Portugiesin [pɔrtu'gi:zə] m, f <-n, -n; -nen> portugués, -esa m, f

portugiesisch adj portugués

Portwein ['pɔrtvaɪn] m (vino m de) Oporto m

Porzellan [pɔrtsɛ'la:n] nt <-s, -e> porcelana f

Posaune [po'zaunə] f <-n> trombón m

posieren* [po'zi:rən] vi posar

Position [pozi'tsjo:n] f <-en> posición f; (im Beruf) puesto m

positiv ['po:ziti:f] adj positivo

Post [pɔst] f (Institution) Correos mpl; (Postamt) (oficina f de) Correos mpl; (Sendung) correo m; **einen Brief auf die ~ bringen** echar una carta en Correos; **etw mit der ~ verschicken** mandar algo por correo; **Postamt** nt (oficina f de) Correos mpl; **Postbote, Postbotin** m, f cartero, -a m, f

Posten ['pɔstən] m <-s, -> (Stellung) puesto m; **nicht auf dem ~ sein**

(*fam*) no estar bien de salud; **auf verlorenem ~ stehen** luchar por una causa perdida

Poster ['po:stɐ] *nt* <-s, -(s)> póster *m*

Postfach *nt* apartado *m* de Correos, casilla *f* (de correo) *Am;* **Postkarte** *f* (tarjeta *f*) postal *f;* **Postleitzahl** *f* código *m* postal; **Postsparkasse** *f* Caja *f* Postal de Ahorros; **Poststempel** *m* matasellos *m inv;* **postwendend** *adv* a vuelta de correo; **Postwertzeichen** *nt* sello *m* (de Correos), estampilla *f Am;* **Postwurfsendung** *f* envío *m* colectivo

potent [po'tɛnt] *adj* potente

potentiell *adj,* **potenziell**ᴿᴿ [potɛn-'tsjɛl] *adj* potencial

Power ['paʊɐ] *f* (*fam*) potencia *f,* fuerza *f*

PR-Abteilung [pe:'ʔɛr-] *f* departamento *m* de relaciones públicas

Pracht [praxt] *f* (*Prunk*) pompa *f*

prächtig ['prɛçtɪç] *adj* (*prunkvoll*) ostentoso; (*großartig*) maravilloso

Prädikat [prɛdi'ka:t] *nt* <-(e)s, -e> (*Bewertung*) calificación *f;* (LING) predicado *m*

Präfix ['prɛ:fɪks, prɛ'fɪks] *nt* <-es, -e> prefijo *m*

prägen ['prɛ:gən] *vt* (*Münzen, Begriff*) acuñar; (*beeinflussen*) caracterizar; **etw prägt sich jdm ins Gedächtnis** algo se le graba a alguien en la memoria

pragmatisch *adj* pragmático

prägnant [prɛ'gnant] *adj* (*knapp*) conciso; (*genau*) preciso

prahlen ['pra:lən] *vi* jactarse (*mit* de)

Prahlerei *f* <-en> (*abw*) jactancia *f*

Praktika *pl von* **Praktikum**

Praktikant(in) [prakti'kant] *m(f)* <-en, -en; -nen> persona *f* en período de prácticas

Praktikum ['praktikʊm] *nt* <-s, Praktika> (período *m* de) prácticas *fpl*

praktisch ['praktɪʃ] *adj* práctico

praktizieren* [prakti'tsi:rən] **I.** *vi* trabajar (*als* como); **~der Arzt** médico en ejercicio **II.** *vt* (*durchführen*) poner en práctica

Praline [pra'li:nə] *f* <-n>, **Pralinee** [prali'ne:] *nt* <-s, -s> (*Österr, Schweiz*) bombón *m*

prall [pral] *adj* (*voll*) repleto; (*Körperteil*) fuerte; **in der ~en Sonne** a pleno sol

prallen ['pralən] *vi sein* (*anstoßen*) chocar (*gegen/an/auf* contra); (*Sonne*) pegar

prallvoll ['-'-] *adj* (*fam*) rebosante

Prämie ['prɛ:mjə] *f* <-n> (*Vergütung*) premio *m;* (*Belohnung*) recompensa *f;* (*bei Banken*) prima *f;* (*Versicherungsbeitrag*) cuota *f*

präm(i)ieren* [prɛ'mi:rən, prɛmi-'i:rən] *vt* premiar

Präparat [prɛpa'ra:t] *nt* <-(e)s, -e> (*Substanz, Arznei*) preparado *m*

Präposition [prɛpozi'tsjo:n] *f* <-en> preposición *f*

Prärie [prɛ'ri:] *f* <-n> pradera *f*

Präsens ['prɛ:zɛns] *nt* <-, Präsentia> presente *m*

präsentieren* [prɛzɛn'ti:rən] *vt* presentar

Präsenz [prɛ'zɛnts] *f* presencia *f*

Präser ['prɛ:zɐ] *m* <-s, -> (*fam*), **Präservativ** [prɛzɛrva'ti:f] *nt* <-s, -e> preservativo *m*

Präsident(in) [prɛzi'dɛnt] *m(f)* <-en, -en; -nen> presidente, -a *m, f*

Präsidentschaft *f* <-en> presidencia *f*

Präteritum [prɛ'te:ritʊm, prɛ'tɛritʊm] *nt* <-s, Präterita> pretérito *m*

Prävention [prɛvɛn'tsjo:n] *f* <-en> prevención *f*

präventiv [prɛvɛn'tiːf] *adj* preventivo

Praxis ['praksɪs] *f* <Praxen> **1.** (*Arzt*) consultorio *m*; (*Rechtsanwalt*) bufete *m* **2.** *ohne pl* (*Anwendung, Erfahrung*) práctica *f*; **etw in die ~ umsetzen** poner algo en práctica

Präzedenzfall [prɛtse'dɛnts-] *m* precedente *m*

präzis(e) [prɛ'tsiːs, prɛ'tsiːzə] *adj* preciso

präzisieren* [prɛtsi'ziːrən] *vt* precisar

Präzision [prɛtsi'zjoːn] *f* precisión *f*

predigen ['preːdɪgən] *vi, vt* predicar; **jdm etw ~** (*fam*) echar un sermón a alguien

Predigt ['preːdɪçt] *f* <-en> sermón *m*

Preis [praɪs] *m* <-es, -e> (*Kaufpreis*) precio *m*; (*Auszeichnung*) premio *m*; **um jeden ~** cueste lo que cueste; **Preisausschreiben** *nt* <-s, -> concurso *m*

Preiselbeere ['praɪzəlbeːrə] *f* arándano *m* rojo

preisen ['praɪzən] <preist, pries, gepriesen> *vt* (*geh*) alabar

preis|geben *irr vt* (*geh*) **1.** (*ausliefern*) exponer **2.** (*verraten*) revelar; **preisgekrönt** *adj* premiado; **preisgünstig** I. *adj* de buen precio II. *adv* a buen precio; **Preisschild** *nt* etiqueta *f* del precio; **Preisträger(in)** *m(f)* premiado, -a *m, f*; **preiswert** I. *adj* barato II. *adv* a buen precio

prellen ['prɛlən] *vt:* **sich** *dat* **etw ~** contusionarse algo

Prellung *f* <-en> contusión *f*

Premiere [prə'mjeːrə] *f* <-n> estreno *m*

Premierminister(in) *m(f)* primer ministro *m*, primera ministra *f*

Presse ['prɛsə] *f* <-n> (*a.* TECH) prensa *f*; **Pressefreiheit** *f ohne pl* libertad *f* de prensa; **Pressekonferenz** *f* conferencia *f* de prensa

pressen ['prɛsən] *vt* (*in einer Presse*) prensar; (*auspressen*) exprimir; (*drücken*) apretar (*gegen/an* contra); **etw durch ein Sieb ~** pasar algo por un colador

Pressesprecher(in) *m(f)* portavoz *mf* de prensa

Prestige [prɛs'tiːʒ] *nt* <-s, *ohne pl*> prestigio *m*

Preußen ['prɔɪsən] *nt* <-s> Prusia *f*

preußisch *adj* prusiano

prickeln ['prɪkəln] *vi* (*kitzeln*) picar (*auf* en); (*Getränk*) burbujear

prickelnd *adj* (*erregend*) excitante

pries [priːs] *3. imp von* **preisen**

Priester(in) ['priːstɐ] *m(f)* <-s, -; -nen> sacerdote, -isa *m, f*

prima ['priːma] I. *adj inv* (*fam*) estupendo II. *adv* (*fam*) muy bien

primär [pri'mɛːɐ] I. *adj* **1.** (*ursprünglich*) primario **2.** (*grundlegend*) elemental II. *adv* en primer lugar

Primel ['priːməl] *f* <-n> prímula *f*

primitiv [primi'tiːf] *adj* primitivo

Primzahl ['priːm-] *f* número *m* primo

Prinz [prɪnts] *m*, **Prinzessin** *f* <-en, -en; -nen> príncipe, princesa *m, f*

Prinzip [prɪn'tsiːp] *nt* <-s, -ien *o* -e> principio *m*; **im ~** en principio; **aus ~** por principio

prinzipiell [prɪntsi'pjɛl] I. *adj* de principio II. *adv* por principio

Priorität [priori'tɛːt] *f* <-en> prioridad *f*; **~en setzen** establecer prioridades

Prise ['priːzə] *f* <-n> pizca *f*

Pritsche ['prɪtʃə] *f* <-n> (*Liege*) catre *m*; (*beim Lastwagen*) plataforma *f*

privat [pri'vaːt] I. *adj* privado II. *adv* en privado; **Privatangelegenheit** *f* asunto *m* personal; **Privatdetek-**

tiv(in) *m(f)* detective *mf* privado, -a
Privatisierung *f* <-en> privatización *f*
Privatleben *nt* <-s, ohne pl> vida *f* privada; **Privatsache** *f* asunto *m* personal; **Privatsphäre** *f* esfera *f* privada
Privileg [privi'le:k] *nt* <-(e)s, -ien> privilegio *m*
pro [pro:] **I.** *präp* +*akk* por; ~ **Kopf** por cabeza; **80 km ~ Stunde** 80 km por hora **II.** *adv:* **bist du ~ oder kontra (eingestellt)?** ¿estás a favor o en contra?
Pro [pro:] *nt* <-, ohne pl> pro *m*
Probe ['pro:bə] *f* <-n> prueba *f;* (THEAT) ensayo *m;* (*Probestück*) muestra *f;* **auf ~** a prueba; **etw auf die ~ stellen** poner algo a prueba
proben ['pro:bən] *vi, vt* ensayar
probeweise *adv* a modo de prueba; **Probezeit** *f* período *m* de prueba
probieren* [pro'bi:rən] *vt* probar
Problem [pro'ble:m] *nt* <-s, -e> problema *m*
Problematik [proble'ma:tɪk] *f* problemática *f*
problematisch *adj* problemático
problemlos *adj* sin problemas
Produkt [pro'dʊkt] *nt* <-(e)s, -e> producto *m*
Produktion [prodʊk'tsjo:n] *f* <-en> producción *f*
produktiv [prodʊk'ti:f] *adj* productivo
Produzent(in) [produ'tsɛnt] *m(f)* <-en, -en; -nen> productor(a) *m(f)*
produzieren* [produ'tsi:rən] **I.** *vt* producir **II.** *vr:* **sich ~** (*fam*) darse tono
professionell [profɛsjo'nɛl] *adj* profesional; **sie arbeiten sehr ~** trabajan con gran profesionalidad
Professor(in) [pro'fɛso:ɐ] *m(f)* <-s, -en; -nen> (*Universitätsprofessor*)

≈profesor(a) *m(f)* numerario, -a
Profi ['pro:fi] *m* <-s, -s> profesional *mf*
Profil [pro'fi:l] *nt* <-s, -e> perfil *m;* (*Reifenprofil*) ranuras *fpl*
Profit [pro'fi:t] *m* <-(e)s, -e> provecho *m*
profitieren* [profi'ti:rən] *vi* sacar provecho (*von/bei* de)
Prognose [pro'gno:zə] *f* <-n> pronóstico *m*
Programm [pro'gram] *nt* <-s, -e> (*a.* INFOR) programa *m;* (RADIO, TV) cadena *f*
programmieren* [progra'mi:rən] *vi, vt* (*a.* INFOR) programar
Programmierer(in) *m(f)* <-s, -; -nen> programador(a) *m(f)*
Programmiersprache *f* lenguaje *m* de programación
progressiv [progrɛ'si:f] *adj* (*fortschrittlich*) progresista
Projekt [pro'jɛkt] *nt* <-(e)s, -e> proyecto *m;* **Projektmanagement** *nt* ohne pl gestión *f* de proyecto; **Projektmanager(in)** *m(f)* gestor(a) *m(f)* de proyecto
Projektor [pro'jɛkto:ɐ] *m* <-s, -en> proyector *m*
projizieren* [proji'tsi:rən] *vt* (*geh*) proyectar
proklamieren* [prokla'mi:rən] *vt* proclamar
Pro-Kopf-Einkommen [pro:'kɔpf-] *nt* <-s, ohne pl> renta *f* per cápita
Proletariat [proletari'a:t] *nt* <-(e)s, -e> proletariado *m*
proletarisch [prole'ta:rɪʃ] *adj* proletario
Prolog [pro'lo:k] *m* <-(e)s, -e> prólogo *m*
Promenade [promə'na:də] *f* <-n> paseo *m*
Promi ['prɔmi] *m* <-s, -s> (*fam*) famoso, -a *m, f*

Promille [pro'mɪlə] *nt* <-(s), ->
1. (*Tausendstel*) tanto *m* por mil
2. *pl* (*fam: Alkoholgehalt im Blut*)
grado *m* de alcoholemia

prominent [promi'nɛnt] *adj* prominente; (*berühmt*) famoso

Prominenz [promi'nɛnts] *f* personalidades *fpl*

Promotion [promo'tsjoːn] *f* <-en>
doctorado *m*

promovieren* [promo'viːrən] *vi*
(*Doktorwürde erlangen*) doctorarse
(*in* +*dat* en)

prompt [prɔmpt] **I.** *adj* inmediato
II. *adv* en el acto

Pronomen [pro'noːmən] *nt* <-s, - o
Pronomina> pronombre *m*

Propaganda [propa'ganda] *f* propaganda *f*

propagieren* [propa'giːrən] *vt* propagar

Propeller [pro'pɛlɐ] *m* <-s, -> hélice *f*

Prophet(in) [pro'feːt] *m(f)* <-en,
-en; -nen> profeta, -isa *m, f*

prophezeien* [profe'tsaɪən] *vt* pronosticar; (REL) profetizar

prophylaktisch [profy'laktɪʃ] *adj*
preventivo; (MED) profiláctico

Proportion [prɔpɔr'tsjoːn] *f* <-en>
proporción *f*

Prosa ['proːza] *f* prosa *f*

Prospekt [pro'spɛkt] *m* <-(e)s, -e>
folleto *m*

prost [proːst] *interj* (*fam*) salud,
chinchín

prostituieren* [prostitu'iːrən] *vr:*
sich ~ prostituirse

Prostituierte(r) [prostitu'iːɐta, -tɐ]
f(m) dekl wie adj prostituto, -a *m, f*

Prostitution [prostitu'tsjoːn] *f* prostitución *f*

Protein [prote'iːn] *nt* <-s, -e> proteína *f*

Protest [pro'tɛst] *m* <-(e)s, -e> protesta *f*

Protestant(in) [protɛs'tant] *m(f)*
<-en, -en; -nen> protestante *mf*

protestantisch *adj* protestante

protestieren* [protɛs'tiːrən] *vi* protestar

Prothese [pro'teːzə] *f* <-n> prótesis *f inv*

Protokoll [proto'kɔl] *nt* <-s, -e> protocolo *m*

Prototyp ['proːtotyːp] *m* prototipo *m*

protzen *vi* (*fam*) chulear (*mit* de)

protzig *adj* (*fam: luxuriös*) ostentoso

Proviant [provi'ant] *m* <-s, -e> víveres *mpl*

Provinz [pro'vɪnts] *f* <-en> provincia *f*

provinziell [provɪn'tsjɛl] *adj* provinciano

Provision [provi'zjoːn] *f* <-en> comisión *f*

provisorisch [provi'zoːrɪʃ] *adj* provisional

provokant [provo'kant] *adj* provocador

Provokation [provoka'tsjoːn] *f*
<-en> provocación *f*

provozieren* [provo'tsiːrən] *vt* provocar

Prozedur [protse'duːɐ] *f* <-en> procedimiento *m*

Prozent [pro'tsɛnt] *nt* <-(e)s, -e>
1. (*Hundertstel*) tanto *m* por ciento;
50 ~ der Bevölkerung el 50 por
ciento de la población 2. *pl* (*fam:
Rabatt*) rebaja *f*; **Prozentsatz** *m*
porcentaje *m*

prozentual [protsɛntu'aːl] *adj* porcentual

Prozess^{RR} [pro'tsɛs] *m* <-es, -e>
proceso *m*

Prozession [protsɛ'sjoːn] *f* <-en>
procesión *f*

Prozessor [pro'tsɛsoːɐ] *m* <-s, -en>
procesador *m*

prüde ['pry:də] *adj* pudibundo
prüfen ['pry:fən] *vt* examinar; *(überprüfen, nachprüfen)* comprobar
Prüfer(in) *m (f)* <-s, -; -nen> *(Beruf)* inspector(a) *m (f)*; *(Schule)* examinador(a) *m (f)*
Prüfling *m* <-s, -e> examinando, -a *m, f*
Prüfung *f* <-en> examen *m*; *(Überprüfung)* inspección *f*
Prügel ['pry:gəl] *mpl (Schläge)* tunda *f*; ~ **beziehen** recibir una paliza
Prügelei *f* <-en> pelea *f*
prügeln ['pry:gəln] **I.** *vt* golpear **II.** *vr:* **sich ~** pegarse; **sich um etw ~** pelearse por algo
Prunk [prʊŋk] *m* <-(e)s, *ohne pl*> suntuosidad *f*; **prunkvoll** *adj* suntuoso
PS [pe:'ʔɛs] **1.** *Abk. von* **Pferdestärke** CV **2.** *Abk. von* **Postskript(um)** P.D.
Psalm [psalm] *m* <-s, -en> salmo *m*
Pseudonym [psɔɪdo'ny:m] *nt* <-s, -e> (p)seudónimo *m*
Psyche ['psy:çə] *f* <-n> (p)sique *f*
Psychiater(in) [psy'ç(j)a:tɐ] *m (f)* <-s, -; -nen> (p)siquiatra *mf*
Psychiatrie [psyç(j)a'tri:] *f* (p)siquiatría *f*
psychisch ['psy:çɪʃ] *adj* (p)síquico; ~ **krank** enfermo mental
Psychoanalyse [----'--] *f* (p)sicoanálisis *m inv*
Psychologie [psyçolo'gi:] *f* (p)sicología *f*
psychologisch *adj* (p)sicológico
Psychopath(in) [psyço'pa:t] *m (f)* <-en, -en; -nen> (p)sicópata *mf*
Psychose [psy'ço:zə] *f* <-n> (p)sicosis *f inv*
Psychotherapeut(in) [psyçotera-'pɔɪt, 'psy:ço-] *m (f)* (p)sicoterapeuta *mf*; **Psychotherapie** [----'-, '-----] *f*

(p)sicoterapia *f*
Pubertät [pubɛr'tɛ:t] *f* pubertad *f*
publik [pu'bli:k] *adj:* ~ **werden** salir a la luz; **etw ~ machen** dar a conocer algo
Publikation [publika'tsjo:n] *f* <-en> publicación *f*
Publikum ['pu:blikʊm] *nt* <-s, *ohne pl*> público *m*
Pudding ['pʊdɪŋ] *m* <-s, -e *o* -s> budín *m*
Pudel ['pu:dəl] *m* <-s, -> caniche *m*
Puder ['pu:dɐ] *m o nt* <-s, -> polvos *mpl* (de tocador)
pudern ['pu:dɐn] *vt* empolvar
Puderzucker *m* azúcar *m* en polvo
Puerto Rico ['pʊɛrto 'ri:ko] *nt* <- -s> Puerto Rico *m*
puerto-ricanisch *adj* puertorriqueño
Puff *m o nt* <-s, -s> *(fam: Bordell)* casa *f* de putas
Pufferspeicher *m* (INFOR) memoria *f* intermedia; **Pufferzone** *f* zona *f* neutral
Pulli ['pʊli] *m* <-s, -s> *(fam)*, **Pullover** [pʊ'lo:vɐ] *m* <-s, -> jersey *m*, pulóver *m Am*
Pullunder [pʊ'lʊndɐ] *m* <-s, -> chaleco *m* de punto
Puls [pʊls] *m* <-es, -e> pulso *m*; **den ~ fühlen** tomar el pulso; **Pulsader** *f* arteria *f*; **Pulsschlag** *m* pulsación *f*
Pult [pʊlt] *nt* <-(e)s, -e> *(Schreibpult)* pupitre *m*
Pulver ['pʊlvɐ] *nt* <-s, -> polvo *m*
pulv(e)rig *adj* pulverulento
Pulverkaffee *m* café *m* en polvo
pummelig ['pʊməlɪç] *adj (fam)* gordito
Pumpe ['pʊmpə] *f* <-n> bomba *f*
pumpen *vt* bombear; **Luft in die Reifen ~** inflar los neumáticos

Punk *m* <-(s), -s>, **Punker(in)** ['paŋkɐ] *m(f)* <-s, -; -nen> punk *mf*

Punkt [pʊŋkt] *m* <-(e)s, -e> punto *m;* **um ~ sechs Uhr** a las seis en punto; **wunder ~** punto flaco; **ohne ~ und Komma reden** (*fam*) hablar sin parar

pünktlich ['pyŋktlɪç] *adj* puntual

Pünktlichkeit *f* puntualidad *f*

Punktzahl *f* puntuación *f*

Pupille [pu'pɪlə] *f* <-n> pupila *f*

Puppe ['pʊpə] *f* <-n> muñeca *f*

pur [puːɐ] *adj* puro; **den Whisky ~ trinken** beber el whisky a secas; **~er Wahnsinn/Zufall** pura locura/mera coincidencia

Püree [py're:] *nt* <-s, -s> puré *m*

Purzelbaum ['pʊrtsəl-] *m* (*fam*) voltereta *f;* **einen ~ schlagen** dar una voltereta

Puschen ['pu:ʃn] *m* <-s, -> (*nordd*) zapatilla *f* de estar por casa; **nicht in die ~ kommen** (*fig fam*) no recuperarse

Puste ['pu:stə] *f* (*fam*) aliento *m;* **Pusteblume** *f* diente *m* de león

Pustel ['pʊstəl] *f* <-n> pústula *f*

pusten ['pu:stən] *vi* (*fam*) soplar

Pute ['pu:tə] *f* <-n> (*a. fig*) pava *f*

Puter ['pu:tɐ] *m* <-s, -> pavo *m*

Putsch [pʊtʃ] *m* <-(e)s, -e> golpe *m* de estado

Putz [pʊts] *m* <-es, *ohne pl*> revoque *m*

putzen ['pʊtsən] *vt* limpiar; **sich** *dat* **die Nase/die Zähne ~** limpiarse la nariz/lavarse los dientes

Putzfrau *f* mujer *f* de la limpieza

putzig ['pʊtsɪç] *adj* (*fam: niedlich*) mono

Putzlappen *m* trapo *m;* (*Scheuerlappen*) bayeta *f;* **Putzmittel** *nt* producto *m* de limpieza, detergente *m;* **putzmunter** ['-'--] *adj* (*fam*) muy despabilado

Puzzle ['pazəl] *nt* <-s, -s> rompecabezas *m inv*

PVC [pe:fau'tse:] *nt* <-(s), -s> *Abk. von* **Polyvinylchlorid** PVC *m*

Pyjama [py'(d)ʒa:ma] *m* <-s, -s> pijama *m*

Pyramide [pyra'mi:də] *f* <-n> pirámide *f*

Pyrenäen [pyre'nɛ:ən] *pl* Pirineos *mpl*

Q

Q, q [ku:] *nt* <-, -> Q, q *f*

Quacksalber(in) ['kvakzalbɐ] *m(f)* <-s, -; -nen> (*abw*) curandero, -a *m, f*

Quadrat [kva'dra:t] *nt* <-(e)s, -e> cuadrado *m*

quadratisch *adj* cuadrado

Quadratmeter *m o nt* metro *m* cuadrado

quaken ['kva:kən] *vi* (*Frosch*) croar; (*Ente*) graznar

Qual [kva:l] *f* <-en> tortura *f;* **unter großen ~en** con grandes penas

quälen ['kvɛ:lən] **I.** *vt* maltratar; (*seelisch*) atormentar; **~der Durst** sed espantosa **II.** *vr:* **sich ~** (*mit Arbeit*) ajetrearse

Quälerei *f* <-en> tortura *f*

Qualifikation [kvalifika'tsjo:n] *f* <-en> (*Befähigung*) capacidad *f*

qualifizieren* [kvalifi'tsi:rən] *vr:* **sich ~** calificarse

Qualität [kvali'tɛ:t] *f* <-en> (*Warenqualität*) calidad *f*

qualitativ [kvalita'ti:f, '----] **I.** *adj* cualitativo **II.** *adv* en cuanto a la calidad; **~ besser** de mejor calidad

Qualitätsarbeit *f* trabajo *m* de (alta)

calidad; **Qualitätssiegel** *nt* sello *m*
de calidad

Qualle ['kvalə] *f* <-n> medusa *f*

Qualm [kvalm] *m* <-(e)s, *ohne pl*>
humareda *f*

qualmen *vi* (*Schornstein*) humear;
(*fam: Mensch*) fumar

qualvoll ['kva:lfɔl] *adj* (*mit Qualen*)
lastimoso; (*schmerzlich*) doloroso;
(*bedrückend*) atormentador

Quäntchen^{RR} ['kvɛntçən] *nt* <-s, ->
poquito *m;* **das letzte ~ Hoffnung**
la última pizca de esperanza

Quantität [kvanti'tɛ:t] *f* cantidad *f*

quantitativ [kvantita'ti:f, '----] **I.** *adj*
cuantitativo **II.** *adv* en cuanto a la
cantidad

Quarantäne [karan'tɛ:nə] *f* <-n>
cuarentena *f*

Quark [kvark] *m* <-s, *ohne pl*> ≈re-
quesón *m*, quesillo *m Am*

Quartal [kvar'ta:l] *nt* <-s, -e> trimestre *m*

Quartett [kvar'tɛt] *nt* <-(e)s, -e>
(*Kartenspiel*) ≈juego *m* de las familias; (MUS) cuarteto *m*

Quartier [kvar'ti:ɐ] *nt* <-s, -e> alojamiento *m;* (*Schweiz: Stadtviertel*)
barrio *m*

Quarz [kva:ɐts] *m* <-es, -e> cuarzo
m

quasi ['kva:zi] *adv* por así decirlo

Quatsch [kvatʃ] *m* <-(e)s, *ohne pl*>
(*fam abw*) tonterías *fpl*

quatschen *vi* (*fam: sich unterhalten*) charlar

Quecksilber ['kvɛk-] *nt* mercurio *m*

Quelle ['kvɛlə] *f* <-n> fuente *f;* **heiße
~n** fuentes termales; **an der ~ sitzen** (*fam*) tener buenos contactos
(*para conseguir algo*)

quellen ['kvɛlən] <quillt, quoll, ge-
quollen> *vi sein* (*herausquellen*)
brotar (*aus* de)

Quellwasser *nt* <-s, *ohne pl*> agua

f de manantial

quengeln ['kvɛŋəln] *vi* (*fam*) dar la
lata; (*weinerlich*) lloriquear

Quentchen^{ALT} *nt s.* **Quäntchen**

quer [kve:ɐ] *adv* en sentido transversal; **~ gestreift** de rayas horizonta-
les; **das Auto stand ~ auf der Straße** el coche estaba atravesado en la
calle; **~ durch ...** a través de...

Quere ['kve:rə] *f* (*fam*): **jdm in die ~
kommen** (*stören*) contrariar los proyectos de alguien

querfeldein [kve:ɐfɛlt'ʔaɪn] *adv* a
campo traviesa

Querflöte *f* flauta *f* travesera

quergestreift *adj s.* **quer**

Querschnitt *m* (*Schnitt*) sección *f*
transversal; (*Überblick*) muestra *f* re-
presentativa; **Querschnitt(s)läh-
mung** *f* paraplejia *f*

quer|stellen *vr:* **sich ~** (*fam*) opo-
nerse

Querstraße *f* calle *f* transversal

quetschen ['kvɛtʃən] **I.** *vt* (*drücken*)
apretar (*gegen/an* contra); (*in einen
Koffer*) apretujar; **sich** *dat* **etw ~**
pillarse algo **II.** *vr:* **sich ~** (*sich
zwängen*) apretujarse

Quetschung *f* <-en> contusión *f*

quietschen ['kvi:tʃən] *vi* (*Tür, Reifen*) chirriar; (*fam: Mensch*) chillar

quillt [kvɪlt] *3. präs von* **quellen**

Quintessenz ['kvɪntɛsɛnts] *f* quinta-
esencia *f*

Quintett [kvɪn'tɛt] *nt* <-(e)s, -e>
quinteto *m*

quitt [kvɪt] *adj inv* (*fam*): **mit jdm ~
sein** estar en paz con alguien

Quitte ['kvɪtə] *f* <-n> membrillo *m*

quittieren* [kvɪ'ti:rən] *vt* (*Empfang*)
acusar recibo (de); (*Betrag*) extender
un recibo (por); **den Dienst ~** presentar su dimisión

Quittung *f* <-en> recibo *m*

Quiz [kvɪs] *nt* <-, -> concurso *m* de

preguntas y respuestas

quoll [kvɔl] *3. imp von* **quellen**

Quote ['kvoːtə] *f* <-n> cuota *f*

Quotient [kvoˈtsjɛnt] *m* <-en, -en> cociente *m*

R

R, r [ɛr] *nt* <-, -> R, r *f*

Rabatt [raˈbat] *m* <-(e)s, -e> rebaja *f*

Rabbi ['rabi] *m* <-(s), -s *o* Rabbinen> rabí *m*

Rabe ['raːbə] *m* <-n, -n> cuervo *m*

rabiat [rabiˈaːt] *adj* violento; (*Methode*) riguroso

Rache ['raxə] *f* venganza *f* (*für* por); **Racheakt** *m* (*geh*) acto *m* de venganza

Rachen ['raxən] *m* <-s, -> (*des Menschen*) faringe *f*; (*bei Tieren*) fauces *fpl*

rächen ['rɛçən] *vt, vr:* **sich ~** vengar(se) (*an* de, *für* por)

rachsüchtig *adj* (*geh*) vengativo

Rad [raːt] *nt* <-(e)s, Räder> rueda *f*; **~ fahren** (*fam*) ir en bici

Radar [raˈdaːɐ] *m o nt* <-s, -e> radar *m*; **Radargerät** *nt* equipo *m* de radar

Radau [raˈdaʊ] *m* <-s, *ohne pl*> (*fam*) jaleo *m*; **~ machen** armar jaleo

radeln ['raːdəln] *vi sein* (*fam*) ir en bici (*nach/zu* a)

rad|fahrenᴬᴸᵀ *irr vi sein s.* **Rad**; **Radfahrer(in)** *m(f)* ciclista *mf*; **Radfahrweg** *m* carril *m* para bicicletas, carril-bici *m fam*

Radien *pl von* **Radius**

radieren* [raˈdiːrən] *vi, vt* (*ausradieren*) borrar

Radiergummi *m* <-s, -s> goma *f* de borrar

Radieschen [raˈdiːsçən] *nt* <-s, -> rabanito *m*

radikal [radiˈkaːl] *adj* radical

Radio ['raːdio] *nt* <-s, -s> radio *f*; **das ~ einschalten** poner la radio; **~ hören** escuchar la radio

radioaktiv [-----ˈ-] *adj* radi(o)activo; **Radioaktivität** [radioʔaktiviˈtɛːt] *f ohne pl* radi(o)actividad *f*

Radiorekorder ['raːdiorekɔrdə] *m* radiocasete *m*

Radius ['raːdiʊs] *m* <-, Radien> radio *m*

Radrennen *nt* carrera *f* ciclista; **Radsport** *m* <-(e)s, -e> ciclismo *m*; **Radtour** *f* excursión *f* en bicicleta; **Radweg** *m s.* **Radfahrweg**

raffen ['rafən] *vt* (*fam: verstehen*) coger; **hast du's nun endlich gerafft?** ¿te has enterado de una vez?

raffgierig *adj* avaricioso

Raffinerie [rafinəˈriː] *f* <-n> refinería *f*

raffiniert [rafiˈniːɐt] *adj* (*schlau*) astuto; (*ausgeklügelt*) sofisticado

Rage ['raːʒə] *f* (*fam*) rabia *f*; **in ~ kommen** ponerse furioso

ragen ['raːgən] *vi* sobresalir (*aus* de)

Rahm [raːm] *m* <-(e)s, *ohne pl*> (*Schweiz, Österr, südd*) nata *f*

rahmen ['raːmən] *vt* enmarcar

Rahmen ['raːmən] *m* <-s, -> marco *m*; (*Fahrradrahmen*) cuadro *m*; (AUTO) armazón *m o f*; **im ~ des Möglichen** dentro de lo posible; **aus dem ~ fallen** salirse de lo común; **den ~ sprengen** rebasar los límites; **sich im ~ halten** (*fam*) no pasarse de rosca

räkeln ['rɛːkəln] *vr:* **sich ~** *s.* **rekeln**

Rakete [raˈkeːtə] *f* <-n> (MIL) misil *m*; (*Raumfahrt, Feuerwerksrakete*) cohete *m*

Rallye ['rɛli] *f* <-s> rally *m*

rammen ['ramən] *vt* (*in den Boden*) clavar (*in* en); (*stoßen*) chocar (contra)

Rampe ['rampə] *f* <-n> rampa *f;* (*Laderampe*) muelle *m* de carga; **Rampenlicht** *nt:* **im ~ stehen** estar en primera plana

Ramsch [ramʃ] *m* <-(e)s, -e> (*fam abw: Ausschussware*) baratillo *m;* (*Kram*) cachivaches *mpl*

Rand [rant] *m* <-(e)s, Ränder> borde *m;* (*Tischrand*) canto *m;* **am ~(e) des Ruins** al borde de la ruina; **dunkle Ränder um die Augen haben** tener ojeras; **etw am ~e bemerken** decir algo de paso; **außer ~ und Band sein** (*fam*) estar fuera de quicio; **mit jdm/etw nicht zu ~e kommen** (*fam*) no poder con alguien/con algo

randalieren* [randa'li:rən] *vi* alborotar

Randbemerkung *f* (*schriftlich*) nota *f* marginal; (*mündlich*) comentario *m* dicho de paso; **Randgruppe** *f* grupo *m* marginal

rang [raŋ] *3. imp von* **ringen**

Rang [raŋ] *m* <-(e)s, Ränge> (*Grad*) rango *m;* (*Stellung*) posición *f;* **Rangfolge** *f* jerarquía *f*

rangieren* [rãˈʒi:rən, raŋˈʒi:rən] **I.** *vi* (*Rang einnehmen*) figurar (*an* en) **II.** *vt* (*Waggons*) cambiar de vía

Rangordnung *f* <-en> jerarquía *f*

ran|halten *irr vr:* **sich ~** (*fam*) **1.** (*sich beeilen*) darse prisa **2.** (*rasch zugreifen*) reaccionar rápidamente

ranken ['raŋkən] *vr:* **sich ~** trepar

ran|kommen *irr vi sein* (*fam*) **1.** (*sich nähern*) acercarse (*an* a) **2.** (*heranreichen*) alcanzar (*an*) **3.** (*Zugang haben*) tener acceso (*an* a); **ran|machen** *vr:* **sich ~** (*fam*) (*an*

Person) rondar (*an* a)

rann [ran] *3. imp von* **rinnen**

rannte ['rantə] *3. imp von* **rennen**

Ranzen ['rantsən] *m* <-s, -> cartera *f* del colegio (*para llevar a la espalda*)

ranzig ['rantsɪç] *adj* rancio

Raps [raps] *m* <-es, -e> colza *f*

rar [ra:ɐ] *adj* escaso

rar|machen *vr:* **sich ~** (*fam*) no dejarse ver el pelo

Rarität [rari'tɛ:t] *f* <-en> rareza *f*

rasant [ra'zant] **I.** *adj* (*fam: Fahrt, Entwicklung*) rapidísimo; (*Tempo*) tremendo **II.** *adv* (*fam: schnell*) como un rayo

rasch [raʃ] **I.** *adj* rápido **II.** *adv* de prisa

rascheln ['raʃəln] *vi* (*Seide, Laub, Stroh*) crujir; (*Maus, Papier*) hacer ruido

rasen ['ra:zən] *vi* **1.** *sein* (*fam: Person, Fahrzeug*) ir a toda mecha; **mein Puls rast** tengo el pulso a cien; **die Zeit rast** el tiempo pasa volando **2.** *haben* (*toben*) enfurecerse (*vor* de); **du machst mich ~d** me vuelves loco

Rasen ['ra:zən] *m* <-s, -> césped *m*

rasend I. *adj* (*Geschwindigkeit*) vertiginoso **II.** *adv* (*fam: sehr*) muy

Rasenmäher *m* <-s, -> cortacésped *m o f*

Raserei *f* <-en> **1.** (*das Wüten*) furia *f;* **jdn zur ~ bringen** poner furioso a alguien **2.** (*fam: schnelles Fahren*) velocidad *f* vertiginosa

Rasierapparat *m* maquinilla *f* de afeitar; (*elektrisch*) máquina *f* de afeitar

rasieren* [ra'zi:rən] *vt, vr:* **sich ~** afeitar(se); **sich nass/trocken ~** afeitarse a navaja/con la maquinilla

Rasierer *m* <-s, -> (*fam*) *s.* **Rasierapparat**

Rasierklinge *f* hoja *f* de afeitar

Rasierpinsel *m* brocha *f* de afeitar; **Rasierwasser** *nt* loción *f* para después del afeitado

Rasse ['rasə] *f* <-n> raza *f*; **Rassendiskriminierung** *f* discriminación *f* racial

Rassismus [ra'sɪsmʊs] *m* <-, *ohne pl*> racismo *m*

Rassist(in) [ra'sɪst] *m(f)* <-en, -en; -nen> racista *mf*

rassistisch *adj* racista

Rast [rast] *f* <-en> descanso *m*; ~ **machen** descansar

rasten ['rastən] *vi* descansar

Raster¹ ['rastɐ] *m* <-s, -> (*Liniennetz*) retícula *f*

Raster² *nt* <-s, -> (*System*) sistema *m*; **etw in ein ~ einordnen** clasificar algo

rastlos *adj* (*ununterbrochen*) incesante; (*unermüdlich*) incansable; (*unstet*) inconstante; **Raststätte** *f* <-n> restaurante *m* de autopista

Rasur [ra'zuːɐ] *f* <-en> afeitado *m*

Rat *m* <-(e)s, Räte> **1.** (*Gremium*) consejo *m* **2.** *ohne pl* (*Empfehlung*) consejo *m*; **etw/jdn zu ~e ziehen** consultar algo/a alguien

rät [rɛːt] **3.** *präs von* **raten**

Rate ['raːtə] *f* <-n> (*bei Kauf*) plazo *m*; (*Verhältniszahl*) tasa *f*; **etw auf ~n kaufen** comprar algo a plazos; **in ~n zahlen** pagar a plazos

raten ['raːtən] <rät, riet, geraten> *vi, vt* (*empfehlen*) aconsejar; (*erraten*) adivinar; **richtig ~** acertar

Ratenzahlung *f* pago *m* a plazos

Ratgeber *m* <-s, -> (*Buch*) guía *f*; **Rathaus** *nt* ayuntamiento *m*, municipalidad *f Am*

Ration [ra'tsjoːn] *f* <-en> ración *f*

rationalisieren* [ratsjonali'ziːrən] *vi, vt* racionalizar

rationell [ratsjo'nɛl] *adj* racional; (*sparsam*) económico

rationieren* [ratsjo'niːrən] *vt* racionar

ratlos *adj* desorientado; (*verwirrt*) desconcertado; ~ **sein** no saber qué hacer

ratsam ['raːtzaːm] *adj* aconsejable

Ratschlag *m* consejo *m*

Rätsel ['rɛːtsəl] *nt* <-s, -> (*Denkaufgabe*) adivinanza *f*; (*Kreuzworträtsel*) crucigrama *m*; (*Geheimnis*) enigma *m*; **das ist des ~s Lösung** ahí está el quid de la cuestión; **rätselhaft** *adj* misterioso; **das ist mir ~** no me lo explico

rätseln *vi* especular (*über* sobre)

Ratte ['ratə] *f* <-n> rata *f*

rattern ['ratɐn] *vi haben* (*Zug*) traquetear

rau^RR [rau] *adj* (*Papier, Haut*) áspero; (*Stimme*) ronco; (*Hals*) inflamado; (*Klima*) duro; (*Luft*) frío; (*Gegend*) salvaje; (*Mensch*) rudo; **in ~en Mengen** (*fam*) en masas

Raub [raup] *m* <-(e)s, -e> robo *m*; (*Entführung*) secuestro *m*

rauben ['raubən] *vi, vt* robar; (*entführen*) secuestrar; **das raubt mir den Schlaf** (*geh*) esto me quita el sueño

Räuber(in) ['rɔɪbɐ] *m(f)* <-s, -; -nen> ladrón, -ona *m, f*

Raubkopierer(in) *m(f)* <-s, -; -nen> persona *f* que hace copias pirata; **Raubtier** *nt* (animal *m*) carnívoro *m*; **Raubüberfall** *m* asalto *m*; **Raubvogel** *m* ave *f* de rapiña

Rauch [raux] *m* <-(e)s, *ohne pl*> humo *m*

rauchen I. *vi* (*Person*) fumar; (*Feuer*) echar humo **II.** *vt* fumar

Raucher(in) *m(f)* <-s, -; -nen> fumador(a) *m(f)*

räuchern ['rɔɪçɐn] *vt* ahumar

rauchig *adj* lleno de humo; (*Stimme*) ronco; (*Geschmack*) ahumado

Rauchmelder *m* <-s, -> detector *m*

de humos; **Rauchverbot** *nt* prohibición *f* de fumar; **hier herrscht ~** aquí no se puede fumar

raufen ['raʊfən] *vi, vr:* **sich ~** pelearse (*um* por)

rauhᴬᴸᵀ *adj s.* **rau; Rauhreif**ᴬᴸᵀ *m s.* **Raureif**

Raum [raʊm] *m* <-(e)s, Räume> **1.** (*Zimmer*) habitación *f*, pieza *f* *Am;* **eine Frage steht im ~** una cuestión está pendiente **2.** (*Gebiet*) zona *f;* **im ~ Frankfurt** en la zona de Fráncfort **3.** *ohne pl* (*Weltraum, Freiraum*) espacio *m;* **luftleerer ~** vacío *m* **4.** *ohne pl* (*Platz*) sitio *m;* **zu viel ~ einnehmen** ocupar demasiado sitio

räumen ['rɔɪmən] *vt* (*wegräumen*) retirar (*von* de); (*einräumen*) poner (*in* en); (*ausräumen*) sacar (*aus* de); (*Gebäude, Straße*) desocupar

Raumfahrt *f ohne pl* astronáutica *f;* **Raumflug** *m* vuelo *m* espacial

räumlich ['rɔɪmlɪç] *adj* (*den Raum betreffend*) espacial; (*dreidimensional*) tridimensional

Raumschiff *nt* nave *f* espacial

Räumung ['rɔɪmʊŋ] *f* <-en> (*einer Wohnung*) desalojo *m;* (*durch Polizei*) despejo *m;* (*eines Lagers*) liquidación *f* de existencias; **Räumungsarbeiten** *fpl* labores *mpl* de desescombro; **Räumungsverkauf** *m* liquidación *f*

Raupe ['raʊpə] *f* <-n> oruga *f*

Raureifᴿᴿ *m* escarcha *f*

raus [raʊs] *adv* (*fam*) (hacia) fuera; *s.a.* **heraus, hinaus; raus|bekommen*** *irr vt* (*fam*) **1.** (*Wechselgeld*) recibir de vuelta **2.** (*Aufgabe*) resolver; (*Geheimnis*) descubrir **3.** (*erfahren*) llegar a saber

Rausch [raʊʃ] *m* <-(e)s, Räusche> (*Trunkenheit*) embriaguez *f;* (*Ekstase*) éxtasis *m inv*

rauschen ['raʊʃən] *vi* (*Baum, Wind, Bach*) murmurar; (*Meer*) bramar; (*Telefon*) haber interferencias; **ein ~des Fest** una fiesta a lo grande

Rauschgift *nt* estupefaciente *m;* **Rauschgiftsüchtige(r)** *f(m) dekl wie adj* toxicómano, -a *m, f*

raus|ekeln *vt* (*fam*): **jdn ~** hacer la vida imposible a alguien (hasta que se va); **raus|fliegen** *irr vi sein* (*fam: Person*) ser echado (*aus* de); **raus|geben** *irr vt* (*fam*) **1.** (*herausreichen*) entregar, dar **2.** (*Wechselgeld*) dar de vuelta; **sie haben mir falsch rausgegeben** me han dado mal la vuelta

räuspern ['rɔɪspen] *vr:* **sich ~** carraspear

Razzia ['ratsja] *f* <Razzien> redada *f*

reagieren* [rea'giːrən] *vi* reaccionar (*auf* a/ante)

Reaktion [reak'tsjoːn] *f* <-en> reacción *f*

reaktionär [reaktsjo'nɛːɐ] *adj* (*abw*) reaccionario

Reaktor [re'aktoːɐ] *m* <-s, -en> reactor *m*

real [re'aːl] *adj* real

realisieren* [reali'ziːrən] *vt* realizar

Realismus [rea'lɪsmʊs] *m* <-, *ohne pl*> realismo *m*

realistisch *adj* realista; **~ betrachtet** visto con realismo

Realität [reali'tɛːt] *f* <-en> realidad *f;* **virtuelle ~** realidad virtual

Realschule *f* ≈instituto *m* de enseñanza media (*escuela secundaria – de los 10 a los 16 años – de grado inferior al Gymnasium*)

Rebe ['reːbə] *f* <-n> vid *f*

Rebell(in) [re'bɛl] *m(f)* <-en, -en; -nen> rebelde *mf*

rebellieren* [rebɛ'liːrən] *vi* rebelarse

Rebellion [rebɛ'ljoːn] *f* <-en> rebelión *f*

rebellisch [re'bɛlɪʃ] *adj* rebelde

Rechen ['rɛçən] *m* <-s, -> (*Schweiz, Österr, reg*) rastrillo *m*

Rechenaufgabe *f* problema *m* de aritmética; **Rechenfehler** *m* error *m* de cálculo

Rechenschaft *f* cuentas *fpl*; **jdn für etw zur ~ ziehen** hacer a alguien responsable de algo

Recherche [re'ʃɛrʃə, rə'ʃɛrʃə] *f* <-n> pesquisa *f*

recherchieren* [reʃɛr'ʃiːrən, rəʃɛr'ʃiːrən] *vi*, *vt* investigar

rechnen ['rɛçnən] I. *vi* calcular; (*sich verlassen*) contar (*mit/auf* con); **im Kopf ~** calcular mentalmente; **damit ~, dass ...** contar con que... +*subj* II. *vt* (*Aufgabe*) calcular; (*zählen*) contar (*zu* entre); **jdn zu etw ~** incluir a alguien entre algo III. *vr:* **sich ~** ser rentable

Rechner *m* <-s, -> calculadora *f*; (*Computer*) ordenador *m*, computadora *f Am*; **rechnergesteuert** *adj* dirigido por ordenador

rechnerisch *adj* aritmético; **rein ~** ateniéndose a las cifras

Rechnung *f* <-en> (*das Rechnen*) cálculo *m*; (*Abrechnung*) cuenta *f*; (*Warenrechnung*) factura *f*; **eine ~ über 1000 Euro** una cuenta de 1000 euros; **jdm etw in ~ stellen** cargar algo en la cuenta de alguien; **das geht auf meine ~** esto va de mi cuenta; **etw** *dat* **~ tragen** considerar algo

recht [rɛçt] I. *adj* (*geeignet*) adecuado; (*richtig*) correcto; **der ~e Augenblick** el momento oportuno; **nach dem Rechten sehen** controlar si todo está en orden; **alles, was ~ ist, aber ...** todo lo que quiera(s), pero... II. *adv* (*sehr*) muy; (*ziemlich*) bastante; (*richtig, genehm*) bien; **~ herzlichen Dank** muchísi-

mas gracias; **~ viel** bastante; **jetzt erst ~!** ¡sobre todo ahora!; **jetzt erst ~ nicht!** ¡ahora menos que nunca!; **wenn ich es ~ überlege ...** si lo pienso bien...; **ist es dir ~ wenn ...?** ¿te parece bien si...?; **das geschieht ihm ~** (*fam*) le está bien (empleado); **man kann ihm nichts ~ machen** no se conforma con nada

Recht [rɛçt] *nt* <-(e)s, -e> 1. (*Anspruch*) derecho *m* (*auf* a); **zu ~** con razón; **~ haben** tener razón; **jdm ~ geben** dar(le) a alguien la razón 2. *ohne pl* (*Rechtsordnung*) derecho *m*; (*Gesetze*) legislación *f*, leyes *fpl*; **gegen das ~ verstoßen** infringir las leyes

rechte(r, s) *adj* derecho; (POL) de derecha(s); **~r Hand** a mano derecha; **auf der ~n Seite** a la derecha; **ein ~r Winkel** un ángulo recto

Rechte ['rɛçtə] *f* <-n> (*a.* POL) derecha *f*; **zu ihrer ~n** a su derecha

Rechteck *nt* <-(e)s, -e> rectángulo *m*; **rechteckig** *adj* rectangular

rechtfertigen ['----] *vt*, *vr:* **sich ~** justificar(se) (*für* por, *vor* ante); **Rechtfertigung** *f* <-en> justificación *f*

rechthaberisch *adj* (*abw*): **~ sein** querer tener siempre la razón

rechtlich *adj* legal; (*gesetzlich*) jurídico

rechtmäßig *adj* legítimo; **etw für ~ erklären** declarar algo legal

rechts [rɛçts] *adv o präp* +*gen* a la derecha (de); **nach ~** hacia la derecha; **von ~ kommen** venir por la derecha; **sich ~ einordnen** situarse en el carril derecho; **~ vor links** la derecha tiene preferencia

Rechtsanwalt, -wältin *m, f* abogado, -a *m, f*; **Rechtsberatung** *f* asesoramiento *m* jurídico

rechtschaffen ['rɛçtʃafən] *adj* honrado

Rechtschreibung f ortografía f

Rechtsextremist(in) m(f) (POL) ultraderechista mf; **rechtsextremistisch** adj de extrema derecha; **Rechtshänder(in)** ['-hɛndɐ] m(f) <-s, -; -nen> diestro, -a m, f

rechtskräftig adj (jurídicamente) válido; ~ **werden** entrar en vigor

Rechtsprechung f <-en> jurisprudencia f

rechtsradikal adj ultraderechista

rechtswidrig adj ilegal

rechtwink(e)lig adj rectangular

rechtzeitig I. adj puntual II. adv a tiempo

recken ['rɛkən] I. vt: **den Kopf** ~ alargar el cuello II. vr: **sich** ~ estirarse

Recorder m <-s, -> s. **Rekorder**

recyceln* [ri'saɪkəln] vt reciclar

Recycling [ri'saɪklɪŋ] nt <-s, ohne pl> reciclaje m; **Recyclingpapier** nt <-s, ohne pl> papel m reciclado

Redakteur(in) [redak'tøːɐ] m(f) <-s, -e; -nen> redactor(a) m(f)

Redaktion [redak'tsjoːn] f <-en> redacción f

Rede ['reːdə] f <-n> discurso m; **eine** ~ **halten** pronunciar un discurso; **das ist nicht der** ~ **wert** no merece la pena comentarlo; **es ist die** ~ **von ...** se habla de...; **jdn zur** ~ **stellen** pedir cuentas a alguien; **jdm** ~ **und Antwort stehen** dar cuentas a alguien; **Redefreiheit** f ohne pl libertad f de expresión; **redegewandt** adj elocuente

reden ['reːdən] vi, vt hablar (über sobre); **Unsinn** ~ decir tonterías; (**viel**) **von sich** dat ~ **machen** dar mucho que hablar; **darüber lässt sich** ~ se puede hablar de ello; **ein ernstes Wort mit jdm** ~ hablar en serio con alguien

Redensart f locución f

Redewendung f giro m

redlich ['reːtlɪç] adj honrado

Redner(in) ['reːdnɐ] m(f) <-s, -; -nen> orador(a) m(f)

redselig adj locuaz

reduzieren* [redu'tsiːrən] vt, vr: **sich** ~ reducir(se) (auf a)

Reederei f <-en> compañía f naviera

reell [re'ɛl] adj (wirklich) real; (fam: Preis) razonable

Referat [refe'raːt] nt <-(e)s, -e> (Vortrag) ponencia f

Referenzen [refe'rɛntsən] fpl referencias fpl

referieren* [refe'riːrən] I. vi 1. (Referat halten) exponer (una ponencia) (über sobre) 2. (berichten) hablar (über sobre/de) II. vt (berichten) presentar

reflektieren* [reflɛk'tiːrən] vi, vt (Licht) reflejar

Reflex [re'flɛks] m <-es, -e> reflejo m

reflexiv [reflɛ'ksiːf] adj reflexivo; **Reflexivpronomen** nt pronombre m reflexivo

Reform [re'fɔrm] f reforma f

Reformation [refɔrma'tsjoːn] f Reforma f

reformieren* [refɔr'miːrən] vt reformar

Refrain [rə'frɛː] m <-s, -s> estribillo m

Regal [re'gaːl] nt <-s, -e> estantería f; (Bücherregal) librería f

Regatta [re'gata] f <Regatten> regata f

rege ['reːgə] adj intenso; (Interesse) grande; (Unterhaltung) animado; (Fantasie) vivo; ~ **Beteiligung** participación activa

Regel ['reːgəl] f <-n> (a. MED) regla f; **in der** ~ por regla general; **sich** dat etw zur ~ machen tomar algo por costumbre; **regelmäßig I.** adj regular **II.** adv con regularidad

regeln ['re:gəln] **I.** vt regular; (in Ordnung bringen) arreglar **II.** vr: **sich** ~ arreglarse

Regelung f <-en> 1. (das Festlegen) reglamentación f 2. (der Temperatur) regulación f

regelwidrig adj contrario a las reglas

regen ['re:gən] vt, vr: **sich** ~ mover(se); **kein Lüftchen regte sich** no corría ni una brisa

Regen ['re:gən] m <-s, -> lluvia f; **vom ~ in die Traufe kommen** (fam) salir de Guatemala y entrar en Guatepeor

Regenbogen m arco m iris; **Regenbogenpresse** f prensa f amarilla

regenerieren* [regene'ri:rən] vr: **sich** ~ regenerarse

Regenmantel m gabardina f; (Cape) impermeable m; **Regenschauer** m chubasco m; **Regenschirm** m paraguas m inv; **Regenwald** m selva f tropical; **Regenwetter** nt tiempo m lluvioso; **bei ~** cuando llueve; **Regenwurm** m lombriz f de tierra; **Regenzeit** f época f de las lluvias

Regie [re'ʒi:] f dirección f

regieren* [re'gi:rən] vi, vt gobernar (über); (herrschen) reinar (über sobre)

Regierung f <-en> gobierno m; **an der ~ sein** estar en el poder; **Regierungsbezirk** m distrito m administrativo; **Regierungschef(in)** m(f) jefe, -a m, f de gobierno; **Regierungspartei** f partido m gubernamental; **Regierungssprecher(in)** m(f) portavoz mf del gobierno

Regime [re'ʒi:m] nt <-s, -(s)> régimen m

Region [re'gjo:n] f <-en> región f

regional [regjo'na:l] adj regional

Regisseur(in) [reʒɪ'sø:ɐ] m(f) <-s, -e; -nen> director(a) m(f)

Register [re'gɪstɐ] nt <-s, -> registro m

registrieren* [regɪs'tri:rən] vt registrar

Regler ['re:glɐ] m <-s, -> regulador m; (Temperaturregler) termostato m

regnen ['re:gnən] vunpers llover; **es regnet in Strömen** llueve a cántaros

regnerisch adj lluvioso

regulär [regu'lɛ:ɐ] adj regular

regulieren* [regu'li:rən] vt regular

Regung ['re:guŋ] f <-en> (geh) movimiento m; (Gefühlsregung) emoción f; **regungslos** adj inmóvil

Reh [re:] nt <-(e)s, -e> corzo m

rehabilitieren* [rehabili'ti:rən] vt rehabilitar; (wieder eingliedern) reintegrar

Reibe ['raɪbə] f <-n> rallador m

reiben ['raɪbən] <reibt, rieb, gerieben> vt (aneinander reiben) frotar; (zerkleinern) rallar

Reibereien fpl peleas fpl

Reibung f <-en> fricción f; **reibungslos** adj sin dificultades; **etw verläuft ~** algo va de maravilla

reich [raɪç] adj rico (an en); **~ werden** enriquecerse

Reich [raɪç] nt <-(e)s, -e> imperio m; (Königreich, a. fig) reino m; **das Dritte ~** el Tercer Reich

reichen ['raɪçən] **I.** vi (ausreichen) bastar; (sich erstrecken) llegar (bis a); **mir reicht's!** (fam) ¡estoy harto!; **weit ~d** (umfassend) extenso; **so weit das Auge reicht** lo que alcanza la vista **II.** vt: **jdm etw ~** pasar algo a alguien; **sich** dat **die Hand ~** tenderse la mano

reichhaltig adj abundante

reichlich I. *adj* abundante; *(umfangreich)* amplio **II.** *adv (ausreichend)* en abundancia

Reichtum *m* <-s, -tümer> **1.** *(Besitz)* riqueza *f (an* en) **2.** *ohne pl (Vielfalt)* gran variedad *f (an* de)

Reichweite *f* alcance *m;* **außer ~ sein** estar fuera de alcance

reif [raɪf] *adj* maduro; **die Zeit ist ~ (für etw)** ha llegado el momento (de algo); **eine ~e Leistung** *(fam)* un trabajo bien hecho

Reif [raɪf] *m* <-(e)s, *ohne pl> (Raureif)* escarcha *f*

Reife [raɪfə] *f* madurez *f*

reifen [ˈraɪfən] *vi sein* madurar

Reifen [ˈraɪfən] *m* <-s, -> *(Autoreifen, Fahrradreifen)* neumático *m;* **Reifenpanne** *f* pinchazo *m*

Reifeprüfung *f* ≈examen *m* de bachillerato

Reihe [ˈraɪə] *f* <-n> fila *f;* *(Baumreihe)* hilera *f; (Anzahl)* serie *f;* **sich in einer ~ aufstellen** ponerse en fila; **aus der ~ tanzen** *(fam)* hacer rancho aparte; **er kaufte eine ganze ~ Bücher** compró una serie de libros; **du bist an der ~** *(fam)* te toca (a ti); **der ~ nach** por turno

reihen [ˈraɪən] *vt (geh):* **etw an etw ~** poner algo en fila con algo

Reihenfolge *f* orden *m;* **in alphabetischer ~** por orden alfabético; **Reihenhaus** *nt* chalé *m* adosado; **reihenweise** *adv* **1.** *(fam: viele)* en serie **2.** *(in Reihen)* en filas

reihum [raɪˈʔʊm] *adv* por turno; **~ gehen** pasar de mano en mano

Reim [raɪm] *m* <-(e)s, -e> rima *f;* **ich kann mir keinen ~ darauf machen** no me lo explico

reimen *vt, vr:* **sich ~** rimar(se) *(auf* con)

rein [raɪn] *adj (pur)* puro; *(Freude)* verdadero; *(sauber)* limpio; **sie ist**

das ~ste Genie es un verdadero genio; **etw ~ halten** mantener algo limpio; **mit sich selbst ins Reine kommen** sincerarse consigo mismo; **aus ~ privaten Gründen** por razones estrictamente privadas; **~ gar nichts** nada de nada

Reinfall *m (fam)* chasco *m;* **rein|fallen** *irr vi sein (fam)* **1.** *(in Loch)* caer *(in* en) **2.** *(sich täuschen lassen)* dejarse engañar *(auf* por)

Reinhaltung *f ohne pl* limpieza *f*

Reinheit *f (Unverfälschtheit)* pureza *f; (Sauberkeit)* limpieza *f*

reinigen [ˈraɪnɪɡən] *vt* limpiar; *(Abwässer)* depurar; *(Kleidung)* lavar en seco

Reinigung *f* <-en> *(Unternehmen)* tintorería *f;* **Reinigungsmittel** *nt* detergente *m*

reinlich *adj* limpio

reinrassig *adj* de pura raza

Reis [raɪs] *m* <-es, -e> arroz *m*

Reise [ˈraɪzə] *f* <-n> viaje *m (nach/in* a); **auf ~n sein** estar de viaje; **Reisebüro** *nt* agencia *f* de viajes; **Reiseführer** *m* guía *f* turística; **Reiseleiter(in)** *m(f)* guía *mf* turístico, -a

reisen [ˈraɪzən] *vi sein* viajar *(nach/in* a)

Reisepass^{RR} *m* pasaporte *m;* **Reisetasche** *f* bolsa *f* de viaje; **Reiseveranstalter** *m* <-s, -> agente *m* de viajes; **Reiseversicherung** *f* seguro *m* de viaje; **Reiseziel** *nt* punto *m* de destino

reißen [ˈraɪsən] <reißt, riss, gerissen> **I.** *vi* **1.** *sein (zerreißen)* romperse **2.** *haben (zerren)* tirar *(an* de) **II.** *vt haben (zerreißen)* romper; *(in Fetzen)* desgarrar; *(wegreißen)* arrancar *(aus* de); **etw in Stücke ~** romper algo en pedazos; **er wurde aus dem Schlaf gerissen**

le sacaron del sueño; **etw an sich ~** hacerse con algo **III.** *vr haben:* **sich um etw ~** (*fam*) pegarse por algo

Reißverschluss[RR] *m* cremallera *f;* **Reißzwecke** *f* <-n> chincheta *f*

reiten ['raɪtən] <reitet, ritt, geritten> *vi sein, vt haben* cabalgar; **im Galopp ~** ir al galope

Reiter(in) *m(f)* <-s, -; -nen> jinete *m,* amazona *f*

Reitpferd *nt* caballo *m* de silla

Reiz [raɪts] *m* <-es, -e> (*physiologisch*) estímulo *m;* (*Verlockung*) atractivo *m;* (*Schönheit*) encanto *m;* **reizbar** *adj* irritable; **er ist leicht ~** se irrita fácilmente

reizen ['raɪtsən] *vt* (*provozieren*) provocar; (MED) irritar; (*anziehen*) atraer

reizend *adj* precioso; (*Mensch*) encantador

reizlos *adj* sin gracia; **reizvoll** *adj* (*schön*) encantador; (*verlockend*) tentador

rekeln ['reːkəln] *vr:* **sich ~** (*fam*) estirarse

Reklamation [reklamaˈtsjoːn] *f* <-en> reclamación *f*

Reklame [reˈklaːmə] *f* <-n> publicidad *f;* **für jdn/etw ~ machen** hacer publicidad por alguien/para algo

reklamieren* [reklaˈmiːrən] *vi, vt* reclamar

rekonstruieren* [rekɔnstruˈiːrən] *vt* reconstruir

Rekord [reˈkɔrt] *m* <-(e)s, -e> récord *m*

Rekorder [reˈkɔrdə] *m* <-s, -> magnetofón *m,* grabadora *f Am*

Rektor(in) ['rɛktoːɐ] *m(f)* <-s, -en; -nen> (SCH) director(a) *m(f);* (UNIV) rector(a) *m(f)*

Relation [relaˈtsjoːn] *f* <-en> relación *f*

relativ [relaˈtiːf, ˈreːlatiːf, ˈrɛlatiːf] *adj*

relativo; **~ oft** bastante a menudo

relativieren* [relatiˈviːrən] *vt* relativizar

Relativpronomen *nt* pronombre *m* relativo

relaxen* [riˈlɛksən] *vi* relajar

relevant [releˈvant] *adj* relevante

Relief [reˈljɛf] *nt* <-s, -s *o* -e> relieve *m*

Religion [reliˈgjoːn] *f* <-en> religión *f;* **Religionsfreiheit** *f ohne pl* libertad *f* de culto

religiös [reliˈgjøːs] *adj* religioso

Reling ['reːlɪŋ] *f* <-s *o* -e> borda *f*

Reliquie [reˈliːkviə] *f* <-n> reliquia *f*

Renaissance [rənɛˈsãːs] *f* Renacimiento *m*

Rendezvous [rãdeˈvuː] *nt* <-, -> cita *f*

Rennbahn *f* pista *f* de carreras; (*Pferderennbahn*) hipódromo *m*

rennen ['rɛnən] <rennt, rannte, gerannt> *vi sein* correr; **um die Wette ~** echar una carrera; **gegen etw ~** estrellarse contra algo

Rennen *nt* <-s, -> carrera *f;* **das ~ machen** (*fam*) salir vencedor

Rennrad *nt* bicicleta *f* de carreras; **Rennwagen** *m* coche *m* de carreras

renommiert [renɔˈmiːɐt] *adj* prestigioso

renovieren* [renoˈviːrən] *vt* renovar

rentabel [rɛnˈtaːbəl] *adj* rentable

Rente ['rɛntə] *f* <-n> pensión *f;* **in ~ gehen** (*fam*) jubilarse; **Rentenversicherung** *f* seguro *m* de pensiones; **Rentenvorsoge** *f:* **private ~** pensión de vejez privada

rentieren* [rɛnˈtiːrən] *vr:* **sich ~** valer la pena; (*finanziell*) ser rentable

Rentner(in) ['rɛntnɐ] *m(f)* <-s, -; -nen> pensionista *mf*

Reparatur [reparaˈtuːɐ] *f* <-en> reparación *f;* **etw in ~ geben** mandar algo a arreglar; **Reparaturwerkstatt** f taller m de reparaciones

reparieren* [repaˈriːrən] vt reparar

Reportage [reporˈtaːʒə] f <-n> reportaje m (über sobre)

Reporter(in) [reˈpɔrtɐ] m(f) <-s, -; -nen> reportero, -a m, f

Repräsentant(in) [reprɛzɛnˈtant] m(f) <-en, -en; -nen> representante mf

repräsentativ [reprɛzɛntaˈtiːf] adj representativo (für de)

repräsentieren* [reprɛzɛnˈtiːrən] vi, vt representar

Repressalie [reprɛˈsaːliə] f <-n> represalia f

Reptil [rɛpˈtiːl] nt <-s, -ien> reptil m

Republik [repuˈbliːk] f <-en> república f

Republikaner(in) [republiˈkaːnɐ] m(f) <-s, -; -nen> republicano, -a m, f; (in Deutschland) miembro m del partido ultraderechista alemán

Reservat [rezɛrˈvaːt] nt <-(e)s, -e> reserva f

Reserve [reˈzɛrvə] f <-n> reserva f; **jdn aus der ~ locken** intentar sacar a alguien de su cascarón

reservieren* [rezɛrˈviːrən] vt reservar

Residenz [reziˈdɛnts] f <-en> residencia f

Resignation [rezɪgnaˈtsjoːn] f <-en> resignación f

resignieren* [rezɪˈgniːrən] vi resignarse

resolut [rezoˈluːt] adj resuelto

Resonanz [rezoˈnants] f <-en> resonancia f; **~ finden** tener resonancia

Respekt [reˈspɛkt, rɛsˈpɛkt] m <-(e)s, ohne pl> respeto m (vor a); **sich** dat **~ verschaffen** hacerse respetar

respektabel [rɛspɛkˈtaːbəl, rɛspɛkˈtaːbəl] adj respetable

respektieren* [rɛspɛkˈtiːrən, rɛspɛkˈtiːrən] vt respetar

respektlos adj irrespetuoso (gegenüber para) con); **respektvoll** adj respetuoso (gegenüber para) con)

Ressourcen [rɛˈsʊrsən] fpl recursos mpl

Rest [rɛst] m <-(e)s, -e> resto m; **der letzte ~** lo último que queda; **das hat ihm den ~ gegeben** (fam) esto le acabó de desmoronar

Restaurant [rɛstoˈrãː] nt <-s, -s> restaurante m

restaurieren* [rɛstauˈriːrən, rɛstauˈriːrən] vt restaurar, refaccionar Am

restlich adj (noch ausstehend) restante; (nach Verbrauch) sobrante

restlos adv por completo

Resultat [rezʊlˈtaːt] nt <-(e)s, -e> resultado m

resultieren* [rezʊlˈtiːrən] vi resultar (aus de)

Resümee [rezyˈmeː] nt <-s, -s> resumen m

retour [reˈtuːɐ] adv (reg, Schweiz, Österr) de vuelta; **jdm etw ~ geben** devolver algo a alguien

retten [ˈrɛtən] vt, vr: **sich ~** salvar(se) (vor de); (bergen) rescatar (aus de); **sich vor Arbeit nicht mehr ~ können** estar hasta el cuello de tanto trabajo

Retter(in) m(f) <-s, -; -nen> salvador(a) m(f)

Rettich [ˈrɛtɪç] m <-s, -e> rábano m largo

Rettung f <-en> salvación f; (Bergung) rescate m; **du bist meine letzte ~!** (fam) ¡eres mi última esperanza!; **Rettungsboot** nt bote m salvavidas; **Rettungsdienst** m servicio m de socorro; **Rettungsring** m salvavidas m inv; **Rettungsschwimmer(in)** m(f) socorrista mf; **Rettungswagen** m ambulancia f

Reue ['rɔɪə] f arrepentimiento m

Revanche [re'vã:ʃ(ə)] f <-n> revancha f; **jdm ~ geben** dar(le) revancha a alguien

revanchieren* [revã'ʃi:rən] vr: **sich ~** (sich rächen) vengarse (für/bei de); (sich erkenntlich zeigen) corresponder (für a)

revidieren* [revi'di:rən] vt revisar

Revier [re'vi:ɐ] nt <-s, -e> (Polizeirevier) comisaría f; (ZOOL) territorio m; (Jagdrevier) coto m de caza

Revolte [re'vɔltə] f <-n> sublevación f

Revolution [revolu'tsjoːn] f <-en> revolución f

revolutionär [revolutsjo'nɛ:ɐ] adj revolucionario

Revolver [re'vɔlvɐ] m <-s, -> revólver m

Revue [rə'vyː] f <-n> revista f; **etw ~ passieren lassen** pasar revista a algo

Rezept [re'tsɛpt] nt <-(e)s, -e> receta f; **rezeptfrei** adj sin receta médica

Rezeption [retsɛp'tsjoːn] f <-en> recepción f

rezeptpflichtig adj de prescripción (médica) obligatoria; (auf Packung) con receta médica

Rezession [retsɛ'sjoːn] f <-en> recesión f

Rhabarber [ra'barbɐ] m <-s, ohne pl> ruibarbo m

Rhein [raɪn] m <-s> Rin m

Rheinland nt <-(e)s> Renania f; **Rheinland-Pfalz** ['--'-] nt <-> Renania f Palatinado

Rhetorik [re'toːrɪk] f retórica f

Rheuma ['rɔɪma] nt <-s, ohne pl> (fam) reuma m o f

Rhythmen pl von **Rhythmus**

rhythmisch ['rʏtmɪʃ] adj rítmico

Rhythmus ['rʏtmʊs] m <-, Rhythmen> ritmo m

richten ['rɪçtən] I. vt dirigir (an/auf a); (Waffe) apuntar (auf a); (Aufmerksamkeit) concentrar (auf en); (Blick) fijar (auf en); **das Wort an jdn ~** dirigir la palabra a alguien II. vr: **sich nach etw/jdm ~** seguir algo/orientarse por alguien

Richter(in) m(f) <-s, -; -nen> juez(a) m(f)

richtig ['rɪçtɪç] I. adj (zutreffend) exacto; (korrekt) correcto; (regelrecht) verdadero; (geeignet) justo; **zur ~en Zeit** en el momento oportuno II. adv (korrekt) bien; (richtiggehend) verdaderamente; **richtig|stellen** vt: **etw ~** rectificar algo

Richtlinie f norma f

Richtung f <-en> dirección f; **in die entgegengesetzte ~ fahren** ir en sentido contrario; **der Zug ~ Vigo** el tren con destino a Vigo; **die Leute kommen aus allen ~en** la gente viene de todas partes

rieb [riːp] 3. imp von **reiben**

riechen ['riːçən] <riecht, roch, gerochen> vi, vt oler (nach a); **übel ~d** maloliente; **an einem Gewürz ~** oler una especia; **es riecht angebrannt** huele a quemado; **aus dem Mund ~** tener mal aliento; **jdn nicht ~ können** (fam) no tragar a alguien

Riecher m <-s, -> (Geruchssinn) olfato m; **den richtigen ~ für etw haben** tener muy buen olfato para algo

rief [riːf] 3. imp von **rufen**

Riegel ['riːgəl] m <-s, -> (Türriegel) cerrojo m; (Schokoladenriegel) barrita f

Riemen ['riːmən] m <-s, -> correa f; **sich am ~ reißen** (fam) hacer un esfuerzo

Riese, Riesin ['riːzə] *m, f* <-n, -n; -nen> gigante, -a *m, f*

rieseln ['riːzəln] *vi sein* (*Schnee, Sand*) caer; (*Wasser*) correr

riesengroß ['--'-] *adj* (*fam*) gigantesco; **Riesenrad** *nt* noria *f*

riesig *adj* enorme

riet [riːt] *3. imp von* **raten**

Riff [rɪf] *nt* <-(e)s, -e> arrecife *m*

rigoros [rigo'roːs] *adj* riguroso

Rille ['rɪlə] *f* <-n> ranura *f*

Rind [rɪnt] *nt* <-(e)s, -er> **1.** (*Tier*) vacuno *m* **2.** *ohne pl* (*fam: Rindfleisch*) carne *f* de vaca

Rinde ['rɪndə] *f* <-n> corteza *f*

Rinderwahnsinn *m* enfermedad *f* de las vacas locas

Rindfleisch *nt* carne *f* de vaca; **Rindvieh** *nt* <-(e)s, -viecher> (*fam abw: Mensch*) animal *m*

Ring [rɪŋ] *m* <-(e)s, -e> anillo *m*; ~**e unter den Augen haben** tener ojeras

Ringelnatter *f* serpiente *f* de collar

ringen ['rɪŋən] <ringt, rang, gerungen> *vi* luchar (*um/nach* por); **nach Luft** ~ jadear; **mit dem Tod** ~ agonizar

Ringer(in) *m(f)* <-s, -; -nen> luchador(a) *m(f)*

Ringfinger *m* (dedo *m*) anular *m*

ringsherum ['rɪŋshɛ'rʊm] *adv*, **ringsumher** ['rɪŋsʔʊm'heːɐ] *adv* alrededor; (*überall*) por todas partes

Rinne ['rɪnə] *f* <-n> (*im Boden*) cauce *m*; (*Bewässerungsrinne*) acequia *f*; (*Dachrinne*) canalón *m*

rinnen ['rɪnən] <rinnt, rann, geronnen> *vi sein* manar

Rinnsal ['rɪnzaːl] *nt* <-(e)s, -e> (*geh: Gewässer*) riachuelo *m*

Rinnstein *m* (*Gosse*) cuneta *f*; (*Bordstein*) bordillo *m*

Rippe ['rɪpə] *f* <-n> costilla *f*

Risiko ['riːziko] *nt* <-s, -s *o* Risiken> riesgo *m*; **kein/ein** ~ **eingehen** no correr riesgo/correr un riesgo

riskant [rɪs'kant] *adj* arriesgado

riskieren* [rɪs'kiːrən] *vt* arriesgar

riss[RR] [rɪs] *3. imp von* **reißen**

Riss[RR] [rɪs] *m* <-es, -e> desgarro *m*; (*in Stoff, Papier*) rasgadura *f*; (*in Wand, Haut*) grieta *f*

rissig ['rɪsɪç] *adj* (*Wand, Haut*) agrietado

ritt [rɪt] *3. imp von* **reiten**

Ritt [rɪt] *m* <-(e)s, -e> cabalgada *f*

Ritter ['rɪtɐ] *m* <-s, -> caballero *m*

ritterlich *adj* caballeresco

Ritual [ritu'aːl] *nt* <-s, -e *o* -ien> ritual *m*

Ritze ['rɪtsə] *f* <-n> ranura *f*

ritzen ['rɪtsən] *vt* grabar (*in* en)

Rivale, Rivalin [ri'vaːlə] *m, f* <-n, -; -nen> rival *mf*

rivalisieren* [rivali'ziːrən] *vi* rivalizar (*um* por)

Rivalität [rivali'tɛːt] *f* <-en> rivalidad *f*

Robbe ['rɔbə] *f* <-n> foca *f*

Roboter ['rɔbɔtɐ] *m* <-s, -> robot *m*

robust [ro'bʊst] *adj* robusto

roch [rɔx] *3. imp von* **riechen**

röcheln ['rœçəln] *vi* resollar

Rock [rɔk] *m* <-(e)s, Röcke> falda *f*

Rocker(in) ['rɔkɐ] *m(f)* <-s, -; -nen> rockero, -a *m, f*

Rockgruppe *f* grupo *m* de rock

rodeln ['roːdəln] *vi haben o sein* (*reg*) ir en trineo

roden ['roːdən] *vt* (*Gebiet*) desmontar; (*Baum*) talar

Rodung *f* <-en> desmonte *m*

Roggen ['rɔgən] *m* <-s, -> centeno *m*

roh [roː] *adj* (*ungekocht*) crudo; (*grob*) bruto; **Rohkost** *f* verdura *f* cruda; **Rohöl** *nt* (petróleo *m*) crudo *m*

Rohr [roːɐ] *nt* <-(e)s, -e> tubo *m*

Röhre ['rø:rə] *f* <-n> tubo *m*
Rohrleitung *f* tubería *f;* **Rohrzucker** *m* azúcar *m* de caña
Rohstoff *m* materia *f* prima
Rolladen^ALT *m* *s.* **Rollladen**
Rolle ['rɔlə] *f* <-n> (*Gerolltes*) rollo *m;* (*an Möbeln*) rueda *f;* (THEAT, FILM: *a. fig*) papel *m;* **es spielt keine ~, ob ...** no importa si...; **aus der ~ fallen** salirse de tono
rollen ['rɔlən] I. *vi sein* rodar II. *vt haben* (*bewegen*) hacer rodar; (*Teig*) extender III. *vr haben:* **sich ~** enrollarse
Roller *m* <-s, -> (*für Kinder*) patinete *m;* (*Motorroller*) vespa® *f*
Rollkragen *m* cuello *m* alto; **Rollkragenpullover** *m* jersey *m* de cuello alto
Rollladen^RR *m* persiana *f*
Rollo ['rɔlo] *nt* <-s, -s> persiana *f*
Rollschuh *m* patín *m* sobre ruedas; **~ laufen** patinar (sobre ruedas); **Rollstuhl** *m* silla *f* de ruedas; **Rolltreppe** *f* escalera *f* mecánica
Roman [ro'ma:n] *m* <-s, -e> novela *f*
Romanistik [roma'nɪstɪk] *f* filología *f* románica
Romantik [ro'mantɪk] *f* (LIT, KUNST) Romanticismo *m*
romantisch *adj* romántico
Romanze [ro'mantsə] *f* <-n> romance *m*
Römer(in) ['rø:mɐ] *m(f)* <-s, -; -nen> romano, -a *m, f*
röntgen ['rœntgən] *vt* hacer una radiografía (de); **Röntgenaufnahme** *f* radiografía *f;* **Röntgenstrahlen** *mpl* rayos *mpl* X
rosa ['ro:za] *adj inv* rosado; **rosarot** ['--'-] *adj* (de color de) rosa
Rose ['ro:zə] *f* <-n> rosa *f;* **Rosenkohl** *m* col *f* de Bruselas; **Rosenkranz** *m* (REL) rosario *m*

rosig *adj* (*Haut*) sonrosado; (*erfreulich*) de color de rosa
Rosine [ro'zi:nə] *f* <-n> (uva *f*) pasa *f*
Rosmarin ['ro:smari:n] *m* <-s, *ohne pl*> romero *m*
Ross^RR [rɔs] *nt* <-es, Rösser> (*reg*) caballo *m*
Rost [rɔst] *m* <-(e)s, -e> 1. (*für Grill*) parrilla *f;* (*Gitterrost*) rejilla *f;* (*Lattenrost*) somier *m* 2. *ohne pl* (*auf Metall*) orín *m;* **~ ansetzen** oxidarse
rosten ['rɔstən] *vi sein* oxidarse
rösten ['rœstən] *vt* tostar
rostfrei *adj* inoxidable
rostig *adj* oxidado
rot [ro:t] *adj* <röter *o* roter, am rötesten *o* rotesten> rojo; (POL) socialista; **~ werden** enrojecer
Röteln ['rø:təln] *pl* rubeola *f*
rothaarig *adj* pelirrojo
rotieren* [ro'ti:rən] *vi* girar (*um alrededor de*); (*fam: hektisch sein*) estar a cien
Rotkäppchen ['ro:tkɛpçən] *nt* <-s> Caperucita *f* Roja; **Rotkohl** *m* lombarda *f*
rötlich ['rø:tlɪç] *adj* rojizo
Rotlichtviertel *nt* (*fam*) barrio *m* chino
rot|sehen *vi* (*fam*) perder el control; **Rotstift** *m* lápiz *m* rojo; **Rotwein** *m* vino *m* tinto
Rotz [rɔts] *m:* **~ und Wasser heulen** (*fam*) llorar a moco tendido; **rotzfrech** ['--'-] *adj* (*fam*) descarado
Rouge [ru:ʒ] *nt* <-s, -s> colorete *m*
Roulette [ru'lɛt] *nt* <-s, -s> ruleta *f*
Route ['ru:tə] *f* <-n> ruta *f;* **Routenplaner** ['ru:tənpla:nɐ] *m* planificador *m* de rutas
Routine [ru'ti:nə] *f* rutina *f*
routiniert [ruti'ni:ɐt] *adj* experimentado, experto
Rowdy ['raʊdi] *m* <-s, -s> (*abw*)

gamberro *m*

rubbeln [ˈrʊbəln] *vi, vt* frotar

Rübe [ˈryːbə] *f* <-n> nabo *m;* **Gelbe**
~**n** (*reg*) zanahorias *fpl;* **Rote** ~ remolacha *f*

Rubrik [ruˈbriːk] *f* <-en> (*Kategorie*)
categoría *f;* (*in Tabelle, Zeitung*) columna *f*

Ruck [rʊk] *m* <-(e)s, -e> tirón *m;*
mit einem ~ de un tirón; **sich** *dat*
einen ~ **geben** (*fam*) hacer un esfuerzo; **ruckartig I.** *adj* brusco
II. *adv* de golpe

rückblickend *adj* retrospectivo

rücken [ˈrʏkən] **I.** *vi sein* (*Platz ma-*
chen) correrse; (*näher rücken*) acercarse (*an* a); **in den Mittelpunkt**
des Interesses ~ convertirse en el
centro de interés **II.** *vt haben* correr
(*nach* hacia); (*wegrücken*) apartar
(*von* de); (*näher rücken*) acercar
(*an* a)

Rücken [ˈrʏkən] *m* <-s, -> espalda *f;*
(*Buchrücken, Tierrücken*) lomo *m;*
jdm in den ~ **fallen** dejar a alguien
en la estacada; **hinter jds** ~ a espal-
das de alguien; **Rückenlehne** *f* respaldo *m;* **Rückenmark** *nt* médula *f*
espinal; **Rückenschmerzen** *mpl*
dolores *mpl* de espalda; **Rückenwind** *m* <-(e)s, *ohne pl*> viento
m a favor; (NAUT) viento *m* de popa

rückerstatten* *vt* (FIN) devolver;
Rückerstattung *f* (FIN) devolución *f*

Rückfahrkarte *f* billete *m* de ida y
vuelta; **Rückfahrt** *f* (viaje *m* de)
vuelta *f;* **auf der** ~ a la vuelta;
Rückfall *m* (MED) recaída *f;* (JUR)
reincidencia *f;* **Rückfrage** *f* pregunta *f;* **Rückgabe** *f* devolución *f;*
Rückgang *m* descenso *m;* **rück-
gängig** [-ɡɛŋɪç] *adj:* ~ **machen**
(*Vertrag*) anular; (*Verabredung*) cancelar

Rückgrat [ˈrʏkgraːt] *nt* <-(e)s, -e>
espina *f* dorsal

Rückhalt *m* <-(e)s, -e> respaldo *m;*
jdm ~ **geben** respaldar a alguien;
Rückkehr *f* regreso *m;* **Rücklage**
f ahorros *mpl;* **Rücklicht** *nt* luz *f*
trasera; **rück|melden** *vr:* **sich** ~
(UNIV) matricularse para el próximo
semestre

Rücknahme [-naːmə] *f* <-n> (*von*
Versprechen, Klage) retirada *f*

Rückreise *f* (viaje *m* de) regreso *m;*
auf der ~ a la vuelta

Rucksack [ˈrʊk-] *m* mochila *f*

Rückschlag *m* contratiempo *m;*
Rückschlussᴿᴿ *m* conclusión *f;*
Rückschlüsse aus etw *dat* **ziehen**
sacar conclusiones de algo; **Rück-
schritt** *m* paso *m* atrás

rückschrittlich *adj* retrógrado

Rückseite *f* (*eines Gebäudes*) parte *f*
posterior; (*eines Blattes*) dorso *m;*
(*einer Münze*) reverso *m;* (*eines*
Stoffes) revés *m*

Rücksicht *f* consideración *f;* **mit** ~
auf ... teniendo en cuenta...; **auf**
jdn/etw ~ **nehmen** tener consideración con alguien/respetar algo

Rücksichtnahme *f ohne pl* respeto
m

rücksichtslos I. *adj* desconsiderado
II. *adv* sin consideración

Rücksichtslosigkeit *f* <-en> des-
consideración *f*

rücksichtsvoll *adj* considerado

Rücksitz *m* asiento *m* trasero;
Rückspiegel *m* (espejo *m*) retrovisor *m;* **Rückstand** *m* **1.** (*Rest*) residuo *m* **2.** *pl* (*bei Zahlung*) atrasos
mpl **3.** (*Verzug*) retraso *m;* **rückständig** *adj* (*rückschrittlich*) anticuado; (*unterentwickelt*) subdesarrollado

Rücktritt *m* dimisión *f;* **seinen** ~ **erklären** presentar su dimisión;

Rücktrittbremse *f* freno *m* de pedal

rückwärts [-vɛrts] *adv* hacia atrás; **~ einparken** aparcar marcha atrás; **Rückwärtsgang** *m* marcha *f* atrás

Rückweg *m* (camino *m* de) vuelta *f;* **auf dem ~** a la vuelta; **rückwirkend** I. *adj* retroactivo II. *adv* con efecto retroactivo; **Rückzahlung** *f* reembolso *m;* **Rückzug** *m* retirada *f;* **den ~ antreten** emprender la retirada

rüde ['ryːdə] *adj* rudo

Rüde ['ryːdə] *m* <-n, -n> perro *m* macho

Rudel ['ruːdəl] *nt* <-s, -> manada *f*

Ruder ['ruːdɐ] *nt* <-s, -> (*von Ruderboot*) remo *m;* (*Steuerruder*) timón *m;* **Ruderboot** *nt* bote *m* de remos

Ruderer, Ruderin *m, f* <-s, -; -nen> remero, -a *m, f*

rudern ['ruːdɐn] *vi* remar; **mit den Armen ~** (*fam*) bracear

rudimentär [rudimɛn'tɛːɐ] *adj* rudimentario

Ruf [ruːf] *m* <-(e)s, -e> (*Ausruf*) grito *m;* (*Ansehen*) reputación *f*

rufen ['ruːfən] <ruft, rief, gerufen> *vi, vt* llamar; **nach jdm ~** llamar a alguien; **um Hilfe ~** dar voces de socorro; **etw ~** gritar algo; **jdn ~ lassen** hacer venir a alguien; **das kommt mir wie ge~** (*fam*) esto me viene de maravilla

Rufname *m* nombre *m* de pila; **Rufnummer** *f* número *m* de teléfono

Rugby ['rakbi] *nt* <-(s), *ohne pl*> rugby *m*

Rüge ['ryːgə] *f* <-n> reprimenda *f;* **jdm eine ~ erteilen** reprender a alguien

rügen ['ryːgən] *vt:* **jdn ~** reprender a alguien; **etw ~** criticar algo

Ruhe ['ruːə] *f* (*Unbewegtheit*) calma *f;* (*Gelassenheit*) tranquilidad *f;* (*Schweigen*) silencio *m;* (*Entspannung*) descanso *m;* (*Bettruhe*) reposo *m;* **sich zur ~ setzen** jubilarse; **lass mich in ~!** (*fam*) ¡déjame en paz!; **das lässt ihm keine ~** eso le inquieta; **in aller ~** con toda calma; **sich durch nichts aus der ~ bringen lassen** no alterarse por nada; **~ bewahren** conservar la calma; **immer mit der ~!** ¡calma, calma!;

ruhelos *adj* inquieto

ruhen ['ruːən] *vi* (*ausruhen*) descansar; (*Arbeit*) estar suspendido; (*Verkehr*) estar paralizado; (*Angelegenheit*) quedar postergado

Ruhepause *f* descanso *m;* **Ruhestand** *m* <-(e)s, *ohne pl*> jubilación *f;* **Ruhestörung** *f* disturbio *m;* **Ruhetag** *m* día *m* de descanso

ruhig ['ruːɪç] *adj* (*bewegungslos, leise*) quieto; (*geräuschlos, gelassen*) tranquilo; (*schweigsam*) callado; **sitz doch ~!** ¡estate quieto!; **eine ~e Hand haben** tener un pulso seguro; **nur ~ Blut!** ¡tranquilo!; **ein ~es Gewissen haben** tener la conciencia tranquila; **~ verlaufen** transcurrir sin incidentes

Ruhm [ruːm] *m* <-(e)s, *ohne pl*> gloria *f*

rühmen ['ryːmən] I. *vt* elogiar II. *vr:* **sich etw** *gen* **~** vanagloriarse de algo

ruhmreich *adj* glorioso

Rührei ['ryːɐʔaɪ] *nt* huevos *m pl* revueltos

rühren ['ryːrən] I. *vt* (*umrühren*) remover; (*bewegen*) mover; (*emotional*) conmover; **keinen Finger ~** no mover ni un dedo II. *vr:* **sich** moverse; **sich nicht vom Fleck ~** no moverse del sitio

rührend *adj* conmovedor

Ruhrgebiet *nt* <-(e)s> Cuenca *f* del Ruhr

Rührteig *m* masa *f* de bizcocho
Rührung *f* emoción *f*
Ruin [ru'iːn] *m* <-s, *ohne pl*> ruina *f*; **vor dem ~ stehen** estar al borde de la ruina
Ruine [ru'iːnə] *f* <-n> ruina *f*
ruinieren* [rui'niːrən] *vt* (*vernichten*) arruinar; (*beschädigen*) estropear
rülpsen ['rʏlpsən] *vi* (*fam*) eructar
Rum [rʊm] *m* <-s, -s> ron *m*
Rumäne, Rumänin [ru'mɛːnə] *m, f* <-n, -n; -nen> rumano, -a *m, f*
Rumänien [ru'mɛːniən] *nt* <-s> Rumanía *f*
rumänisch *adj* rumano
rum|kriegen ['rʊm-] *vt* (*fam*) **1.** (*Zeit*) pasar **2.** (*überreden*) convencer
Rummel ['rʊməl] *m* <-s, *ohne pl*> (*fam: Betriebsamkeit*) ajetreo *m*; (*Jahrmarkt*) feria *f*; **großen ~ um etw/jdn machen** armar un escándalo por algo/alguien; **Rummelplatz** *m* (*fam*) feria *f*
Rumpelkammer ['rʊmpəl-] *f* (*fam*) (cuarto *m*) trastero *m*
Rumpf [rʊmpf] *m* <-(e)s, Rümpfe> (*des Menschen*) tronco *m*; (*einer Statue*) torso *m*
rümpfen ['rʏmpfən] *vi:* **die Nase über etw ~** mirar algo con desprecio
rum|treiben *irr vr:* **sich ~** (*fam abw*) vagabundear (*auf/in* por); (*auf der Straße*) callejear (*auf/in* por); **wo hast du dich wieder rumgetrieben?** ¿por dónde te has metido?
rund [rʊnt] *adj* redondo; **ein ~es Dutzend Leute** (*fam*) aproximadamente una docena de personas; **~ um die Uhr** las 24 horas del día
Rundbrief *m* circular *f*
Runde ['rʊndə] *f* <-n> (*Gesellschaft*) reunión *f*; (*Rundgang, a.* SPORT) vuelta *f*; (*von Polizei, Getränkerunde*) ronda *f*; **in die ~ blicken** mirar

alrededor; **über die ~n kommen** (*fam*) ir tirando
Rundfahrt *f* vuelta *f*
Rundfunk *m* radio *f*; **im ~** en la radio; **Rundfunksender** *m* emisora *f* de radio
Rundgang *m* vuelta *f*; **einen ~ machen** dar una vuelta; **rund|gehen** *irr vi sein* (*fam: turbulent werden*) haber jaleo; **jetzt geht's rund** ahora empieza lo bueno; **rundheraus** ['--'-] *adv* sin rodeos; **rundherum** ['--'-] *adv* (*räumlich*) alrededor (*um* de); (*völlig*) completamente
rundlich *adj* redondeado; (*dicklich*) rechoncho
Rundreise *f* gira *f*; **Rundschreiben** *nt* circular *f*
rundum ['--'] *adv s.* **rundherum**
Rundung *f* <-en> curvatura *f*
rundweg ['rʊnt'vɛk] *adv* rotundamente
runter|ziehen *irr vt* (*fam*): **jdn ~** deprimir a alguien
Runzel ['rʊntsəl] *f* <-n> arruga *f*
runz(e)lig *adj* arrugado
runzeln ['rʊntsəln] *vt, vr:* **sich ~** arrugar(se)
Rüpel ['ryːpəl] *m* <-s, -> (*abw*) maleducado, -a *m, f*
rupfen ['rʊpfən] *vt* (*Geflügel, a. fig*) desplumar; (*Unkraut*) arrancar
Ruß [ruːs] *m* <-es, -e> hollín *m*
Russe, Russin ['rʊsə] *m, f* <-n, -n; -nen> ruso, -a *m, f*
Rüssel ['rʏsəl] *m* <-s, -> (*von Insekt, Elefant*) trompa *f*; (*von Schwein*) hocico *m*
russisch *adj* ruso
Russland^RR ['rʊslant] *nt* <-s> Rusia *f*; **Russlanddeutsche(r)**^RR *mf* ruso, -a *m, f* de ascendencia alemana
rüsten ['rʏstən] **I.** *vi* (MIL) armar **II.** *vr:* **sich ~** (*geh*) prepararse (*zu* +*dat*, *für* +*akk* a/para)

rüstig ['rvstɪç] *adj* ágil
rustikal [rʊsti'kaːl] *adj* rústico
Rüstung *f* <-en> (*Ritterrüstung*) armadura *f;* (MIL) armamento *m*
Rute ['ruːtə] *f* <-n> (*Stock*) vara *f;* (*Schwanz*) cola *f*
Rutsch [rʊtʃ] *m* (*fam*): **in einem ~** de un golpe; **guten ~ ins neue Jahr!** ¡Feliz Año Nuevo!; **Rutschbahn** *f* tobogán *m*
Rutsche ['rʊtʃə] *f* <-n> tobogán *m*
rutschen ['rʊtʃən] *vi sein* **1.** (*gleiten*) resbalar; (*Auto*) patinar **2.** (*fam: rücken*) correrse **3.** (*herunterrutschen*) caerse; (*Erdmassen*) desprenderse
rutschfest *adj* antideslizante
rutschig *adj* resbaladizo
rütteln ['rʏtəln] **I.** *vi* dar sacudidas (*an* a); **daran gibt es nichts zu ~** (*fam*) es así, y punto **II.** *vt* sacudir

S

S, s [ɛs] *nt* <-, -> S, s *f*
s. *Abk. von* **siehe** v.
S *Abk. von* **Süden** S
S. *Abk. von* **Seite** pág.
Saal [zaːl] *m* <-(e)s, Säle> sala *f*
Saarland *nt* <-(e)s> (*territorio m del*) Sarre *m*
Saat [zaːt] *f* (*das Säen*) siembra *f;* (*Saatgut*) simientes *fpl*
Sabbat ['zabat] *m* <-s, -e> sab(b)ath *m*
Sabotage [zabo'taːʒə] *f* <-n> sabotaje *m*
sabotieren* [zabo'tiːrən] *vt* sabotear
Sachbearbeiter(in) *m(f)* oficial(a) *m(f)* encargado, -a; **Sachbeschädigung** *f* (JUR) daños *mpl* materiales;

Sachbuch *nt* libro *m* de divulgación
Sache ['zaxə] *f* <-n> (*Ding*) cosa *f;* (*Angelegenheit*) asunto *m;* **eine ~ für sich** es cosa aparte; **das ist deine ~!** ¡es tu problema!
Sachgebiet *nt* materia *f;* **sachgemäß** *adj* adecuado; **sachkundig** *adj* experto; **Sachlage** *f ohne pl* estado *m* de cosas
sachlich *adj* (*objektiv*) objetivo; (*nüchtern*) realista
sächlich ['zɛçlɪç] *adj* neutro
Sachschaden *m* daño *m* material
Sachsen ['zaksən] *nt* <-s> Sajonia *f;* **Sachsen-Anhalt** ['zaksən'ʔanhalt] *nt* <-s> Sajonia-Anhalt *f*
sächsisch ['zɛksɪʃ] *adj* sajón
sacht [zaxt] *adj* suave; (*unmerklich*) imperceptible
sachte ['zaxtə] **I.** *adj s.* **sacht II.** *adv* (*fam*) **1.** (*behutsam*) suavemente; (*vorsichtig*) con cuidado **2.** (*unmerklich*) imperceptiblemente
Sachverhalt ['zaxvɛɛhalt] *m* <-(e)s, -e> circunstancias *fpl*
Sachverständige(r) *mf* <-n, -n; -n> perito, -a *m, f*
Sack [zak] *m* <-(e)s, Säcke> saco *m;* **mit ~ und Pack** con todo lo que tiene; **Sackgasse** *f* callejón *m* sin salida
Sadismus [za'dɪsmʊs] *m* <-, *ohne pl*> sadismo *m*
sadistisch *adj* sádico
säen ['zɛːən] *vt* sembrar; **dünn gesät sein** ser escaso
Safe [sɛif] *m o nt* <-s, -s> caja *f* fuerte
Saft [zaft] *m* <-(e)s, Säfte> zumo *m*, jugo *m Am*
saftig *adj* jugoso
Sage ['zaːgə] *f* <-n> leyenda *f*
Säge ['zɛːgə] *f* <-n> sierra *f*
sagen ['zaːgən] *vt* decir; **Gute Nacht**

~ dar las buenas noches; **Ja** ~ decir que sí; **sagt dir der Name etwas?** ¿te suena el nombre?; **nichts ~d** (*Argument*) insustancial; (*Worte*) vacío; **viel ~d** significativo; **offen gesagt** a decir verdad; **gesagt, getan** dicho y hecho; **unter uns gesagt** entre nosotros

sägen ['zɛːgən] *vt* serrar

sagenhaft *adj* (*legendär*) legendario

sah [zaː] *3. imp von* **sehen**

Sahne ['zaːnə] *f* nata *f*; **süße** ~ nata líquida; ~ **steif schlagen** montar nata

Saison [zɛˈzõː, zɛˈzɔŋ] *f* <-s, *Österr:* -en> temporada *f*; **Saisonarbeiter(in)** *m(f)* temporero, -a *m, f*

Saite ['zaɪtə] *f* <-n> cuerda *f*; **Saiteninstrument** *nt* instrumento *m* de cuerda

Sakko ['zako] *m o nt* <-s, -s> americana *f*

Sakrament [zakraˈmɛnt] *nt* <-(e)s, -e> sacramento *m*

Salami [zaˈlaːmi] *f* <-(s)> salami *m*; (*luftgetrocknet*) ≈salchichón *m*

Salat [zaˈlaːt] *m* <-(e)s, -e> lechuga *f*; (*Speise*) ensalada *f*; **Salatschüssel** *f* ensaladera *f*

Salbe ['zalbə] *f* <-n> pomada *f*

Salbei ['zalbaɪ, -'-] *m* <-s, *ohne pl*> salvia *f*

Saldo ['zaldo] *m* <-s, Salden *o* -s *o* Saldi> saldo *m*

Säle ['zɛːlə] *pl von* **Saal**

Salmonelle [zalmoˈnɛlə] *f* <-n> salmonela *f*

Salon [zaˈlõː, zaˈlɔŋ] *m* <-s, -s> salón *m*

salopp [zaˈlɔp] *adj* (*Sprache*) coloquial; (*Kleidung*) informal

Salto ['zalto] *m* <-s, -s *o* Salti> salto *m*; **einen** ~ **rückwärts machen** dar una voltereta hacia atrás

salvadorianisch [zalvadoriˈaːnɪʃ]

adj salvadoreño

Salz [zalts] *nt* <-es, -e> sal *f*

Salzburg ['zaltsbʊrk] *nt* <-s> Salzburgo *m*

salzen ['zaltsən] *vt* salar

salzig *adj* salado

Salzkartoffeln *fpl* patatas *fpl* cocidas sin piel; **Salzsäure** *f* ácido *m* clorhídrico; **Salzstreuer** *m* <-s, -> salero *m*; **Salzwasser** *nt* <-s, *ohne pl*> agua *f* salada; (*Meerwasser*) agua *f* de mar

Samen ['zaːmən] *m* <-s, -> **1.** (*Samenkorn*) semilla *f* **2.** *ohne pl* (*Saat*) simiente *f*; (*Sperma*) semen *m*

Sammelband *m* antología *f*; **Sammelbestellung** *f* pedido *m* colectivo

sammeln ['zaməln] **I.** *vt* recoger; (*Beeren*) recolectar; (*Geld*) recaudar; (*als Hobby*) seleccionar; **Erfahrungen** ~ reunir experiencias **II.** *vr:* **sich** ~ (*Menschen*) reunirse

Sammler(in) ['zamlɐ] *m(f)* <-s, -; -nen> coleccionista *mf*

Sammlung *f* <-en> (*von Geld*) recaudación *f*; (*Kunstsammlung*) colección *f*

Samstag ['zamstaːk] *m* sábado *m*; *s.a.* **Montag**

samstags ['zamstaːks] *adv* los sábados; *s.a.* **montags**

samt [zamt] *präp* +*dat* (junto) con

Samt [zamt] *m* <-(e)s, -e> terciopelo *m*

sämtlich ['zɛmtlɪç] *pron indef* todo; ~**e Unterlagen** todos los documentos

Sanatorium [zanaˈtoːriʊm] *nt* <-s, Sanatorien> sanatorio *m*

Sand [zant] *m* <-(e)s, *ohne pl*> arena *f*; **wie** ~ **am Meer** (*fam*) a mares

Sandale [zanˈdaːlə] *f* <-n> sandalia *f*

Sandbank *f* <-bänke> banco *m* de

arena

sandig *adj* arenoso

Sandkasten *m* cajón *m* de arena

sandte ['zantə] *3. imp von* **senden**

Sandwich ['sɛntvɪtʃ] *m o nt* <-(e)s, -(e)s *o* -e> sándwich *m*

sanft [zanft] *adj* suave

sanftmütig [-my:tɪç] *adj* apacible, pacífico

sang [zaŋ] *3. imp von* **singen**

Sänger(in) ['zɛŋɐ] *m(f)* <-s, -; -nen> cantante *mf*

sanieren* [za'ni:rən] *vt* (ARCHIT) rehabilitar; (ÖKOL, WIRTSCH) sanear

sanitär [zani'tɛ:ɐ] *adj* sanitario

Sanitäter(in) [zani'tɛ:tɐ] *m(f)* <-s, -; -nen> sanitario, -a *m, f*

sank [zaŋk] *3. imp von* **sinken**

Sankt [zaŋkt] *adj inv* San

Sankt Gallen [zaŋkt 'galən] *nt* <-s> Sankt Gallen *m*

sanktionieren* [zaŋktsjo'ni:rən] *vt* sancionar

Sardelle [zar'dɛlə] *f* <-n> boquerón *m*

Sardine [zar'di:nə] *f* <-n> sardina *f*

Sardinien [zar'di:niən] *nt* <-s> Cerdeña *f*

Sarg [zark] *m* <-(e)s, Särge> ataúd *m*

Sarkasmus [zar'kasmʊs] *m* <-, Sarkasmen> sarcasmo *m*

sarkastisch [zar'kastɪʃ] *adj* sarcástico

saß [za:s] *3. imp von* **sitzen**

Satan ['za:tan] *m* <-s> Satanás *m*

Satellit [zatɛ'li:t] *m* <-en, -en> satélite *m;* **Satellitenfernsehen** *nt* televisión *f* vía satélite; **Satellitenschüssel** *f* (*fam*) antena *f* parabólica

Satin [za'tɛ̃:] *m* <-s, -s> raso *m*

Satire [za'ti:rə] *f* <-n> sátira *f*

satt [zat] *adj* satisfecho; (*Farbe*) intenso

Sattel ['zatəl] *m* <-s, Sättel> (*Reitsattel*) silla *f* de montar; (*Fahrradsattel*) sillín *m*

satteln *vt* ensillar

sättigen ['zɛtɪgən] *vi* saciar

Satz [zats] *m* <-es, Sätze> (LING) frase *f;* (MUS) parte *f;* (*zusammengehörige Dinge*) juego *m;* (*Tennis*) set *m;* (*Sprung*) salto *m*

Satzung *f* <-en> estatutos *mpl*

Satzzeichen *nt* signo *m* de puntuación

Sau [zaʊ] *f* <Säue> cerda *f;* (*fam abw: Mensch*) cochino, -a *m, f*

sauber ['zaʊbɐ] *adj* limpio; ~ **machen** limpiar

Sauberkeit *f* limpieza *f*

säuberlich ['zɔɪbɐlɪç] *adv* con esmero

sauber|machen *vi, vt s.* **sauber**

säubern ['zɔɪbɐn] *vt* limpiar; (*Wunde*) absterger

Sauce ['zo:sə] *f* <-n> salsa *f*

sauer ['zaʊɐ] *adj* ácido; ~ **werden** (*Milch*) agriarse; **ich bin ~ auf ihn** (*fam*) estoy enfadado con él

Sauerei [zaʊə'raɪ] *f* <-en> (*fam abw*) porquería *f*

Sauerkraut *nt* <-(e)s, *ohne pl*> choucroute *f*

säuerlich ['zɔɪɛlɪç] *adj* (*Miene*) avinagrado

Sauerstoff *m* <-(e)s, *ohne pl*> oxígeno *m;* **Sauerstoffmaske** *f* máscara *f* de oxígeno

saufen ['zaʊfən] <säuft, soff, gesoffen> **I.** *vi* (*alkoholsüchtig sein*) ser alcohólico **II.** *vt* (*Tier*) beber

Säufer(in) ['zɔɪfɐ] *m(f)* <-s, -; -nen> (*fam abw*) bebedor(a) *m(f)*

säuft [zɔɪft] *3. präs von* **saufen**

saugen¹ ['zaʊgən] <saugt, sog *o* saugte, gesogen *o* gesaugt> *vi* chupar (*an*)

saugen² *vi, vt* (*staubsaugen*) pasar la

aspiradora (a)

säugen ['zɔɪɡən] *vt* amamantar

Säugetier *nt* mamífero *m*

Säugling ['zɔɪklɪŋ] *m* <-s, -e> lactante *mf*

saukalt ['-'-] *adj* (*fam*) muy frío; **es ist ~** hace un frío que pela

Säule ['zɔɪlə] *f* <-n> columna *f*

Saum [zaʊm] *m* <-(e)s, Säume> (*Stoffrand*) dobladillo *m*

Sauna ['zaʊna] *f* <Saunen> sauna *f*

Säure ['zɔɪrə] *f* <-n> (CHEM) ácido *m*

sausen ['zaʊzən] *vi sein* (*Mensch*) ir pitando; (*Fahrzeug*) ir a toda mecha; **etw ~ lassen** (*fam*) abandonar algo

Saustall *m* (*a. fig abw*) pocilga *f*

Saxofon^RR [zaksoˈfoːn, '---] *nt* <-s, -e>, **Saxophon** *nt* <-s, -e> saxofón *m*

SB [ɛsˈbeː] *Abk. von* **Selbstbedienung** autoservicio *m*

S-Bahn ['ɛsbaːn] *f* ≈suburbano *m*

Scanner ['skɛnɐ] *m* <-s, -> escáner *m*

schäbig ['ʃɛːbɪç] *adj* (*abw: unansehnlich*) deslucido; (*armselig, gemein*) miserable

Schablone [ʃaˈbloːnə] *f* <-n> patrón *m*

Schach [ʃax] *nt* <-s, *ohne pl*> (*Spiel*) ajedrez *m;* **~ spielen** jugar al ajedrez; **schachmatt** ['-'-] *adj* jaque mate; **jdn ~ setzen** dar jaque mate a alguien

Schacht [ʃaxt] *m* <-(e)s, Schächte> pozo *m*

Schachtel ['ʃaxtəl] *f* <-n> caja *f*

schade ['ʃaːdə] *adj inv:* **es ist ~, dass ...** es una lástima que... +*subj;* **das ist aber ~!** ¡qué lástima!

Schädel ['ʃɛːdəl] *m* <-s, -> cráneo *m*

schaden ['ʃaːdən] *vi:* **jdm/etw ~** dañar a alguien/algo

Schaden ['ʃaːdən] *m* <-s, Schäden> daño *m* (*an* de); **zu ~ kommen** sufrir perjuicios; **Schadenersatz** *m* indemnización *f* por daños y perjuicios; **Schadenfreude** *f* alegría *f* del mal ajeno; **schadenfroh** *adj* malicioso

schadhaft *adj* defectuoso

schädigen ['ʃɛːdɪɡən] *vt* perjudicar

schädlich ['ʃɛːtlɪç] *adj* perjudicial

Schädling ['ʃɛːtlɪŋ] *m* <-s, -e> parásito *m*

Schadstoff *m* sustancia *f* nociva; **schadstoffarm** *adj* poco contaminante

Schaf [ʃaːf] *nt* <-(e)s, -e> oveja *f*

Schäfer(in) ['ʃɛːfe] *m(f)* <-s, -; -nen> pastor(a) *m(f);* **Schäferhund** *m* perro *m* pastor, ovejero *m* Am; (*Deutscher Schäferhund*) pastor *m* alemán

schaffen¹ ['ʃafən] <schafft, schuf, geschaffen> *vt* crear; (*Platz, Ordnung*) hacer

schaffen² I. *vt* (*erreichen*) lograr; **eine Prüfung ~** aprobar un examen II. *vi* (*südd, reg: arbeiten*) trabajar; **damit habe ich nichts zu ~** no tengo nada que ver con eso

Schaffhausen [ʃafˈhaʊzən] *nt* <-s> Schaffhausen *m*

Schaffner(in) ['ʃafnɐ] *m(f)* <-s, -; -nen> (*Kontrolleur*) revisor(a) *m(f)*

Schal [ʃaːl] *m* <-s, -s *o* -e> bufanda *f*

Schale ['ʃaːlə] *f* <-n> (*Obstschale, Kartoffelschale*) piel *f;* (*Nussschale, Eierschale*) cáscara *f;* (*Gefäß*) fuente *f;* **sich in ~ werfen** (*fam*) ponerse de punta en blanco

schälen ['ʃɛːlən] *vt* (*Obst, Kartoffel*) pelar; (*Ei*) quitar la cáscara (a)

Schalentier *nt* crustáceo *m*

Schall [ʃal] *m* <-(e)s, *ohne pl*> sonido *m*

schallen ['ʃalən] *vi* resonar; **~des Gelächter** risas atronadoras

Schallgeschwindigkeit *f* velocidad

f del sonido; **Schallmauer** *f* barrera *f* del sonido; **Schallplatte** *f* disco *m*

schalt [ʃalt] *3. imp von* **schelten**

schalten ['ʃaltən] *vi* (AUTO) cambiar de marcha; **in den dritten Gang ~** cambiar a tercera

Schalter *m* <-s, -> (TECH) interruptor *m*; (*Postschalter*) ventanilla *f*; (*Fahrkartenschalter*) taquilla *f*

Schalthebel *m* palanca *f* de mando; **Schaltjahr** *nt* año *m* bisiesto

Schaltung *f* <-en> (ELEK) circuito *m*; (AUTO) caja *f* de cambios

Scham [ʃaːm] *f* vergüenza *f*

schämen ['ʃɛːmən] *vr:* **sich ~** avergonzarse (*wegen/für* de, *vor* ante); **du solltest dich ~!** ¡deberías avergonzarte!

Schamgefühl *nt* <-(e)s, *ohne pl*> pudor *m*, vergüenza *f*; **Schamhaar** *nt* <-(e)s, *ohne pl*> vello *m* púbico; **schamhaft** *adj* pudoroso; **schamlos** *adj* (*unanständig*) impúdico; (*dreist*) desvergonzado

Schande ['ʃandə] *f* vergüenza *f*; **das ist doch keine ~** no es ninguna deshonra

schänden ['ʃɛndən] *vt* **1.** (*entehren*) deshonrar, embarrar *Am*; (*sexuell*) abusar (de) **2.** (*entweihen*) profanar **schändlich** ['ʃɛntlɪç] *adj* vergonzoso **Schandtat** *f* vileza *f*, infamia *f*

Schar [ʃaːɐ] *f* <-en> (*Menge*) multitud *f*; (*Vogelschar*) bandada *f*; **in ~en** en masas

scharen ['ʃaːrən] *vr* (*geh*): **sich um jdn/etw ~** arremolinarse en torno a alguien/a algo

scharf [ʃarf] *adj* <schärfer, am schärfsten> (*Messer*) afilado; (*Speise*) picante; (*Geruch*) acre; (FOTO) nítido; (*Verstand*) agudo; (*Kurve*) cerrado; (*Kritik*) mordaz; **~ nachdenken** hacer memoria; **~ abbiegen** hacer un giro brusco; **~ bremsen**

dar un frenazo; **Scharfblick** *m* <-(e)s, *ohne pl*> perspicacia *f*

schärfen *vt* (*Messer*) afilar; (*Verstand, Gehör*) aguzar

Scharfsinn *m* <-(e)s, *ohne pl*> sagacidad *f*

Scharlach ['ʃarlax] *m* <-s, *ohne pl*> escarlatina *f*

Scharlatan ['ʃarlatan] *m* <-s, -e> (*abw*) charlatán, -ana *m, f*

Schaschlik ['ʃaʃlɪk] *m o nt* <-s, -s> pincho *m* de carne

Schatten ['ʃatən] *m* <-s, -> sombra *f*; **~ spenden** dar sombra

schattieren* [ʃa'tiːrən] *vt* sombrear **schattig** *adj* sombrío

Schatulle [ʃa'tʊlə] *f* <-n> cofre *m*

Schatz [ʃats] *m* <-es, Schätze> (*a. fig*) tesoro *m*

schätzen ['ʃɛtsən] *vt* (*Wert*) estimar (*auf* en); (*würdigen*) apreciar; (*fam: annehmen*) suponer; **ich weiß das zu ~** sé apreciarlo

Schätzung *f* <-en> (*Prognose*) cálculo *m*; (*des Wertes*) valoración *f*; **schätzungsweise** *adv* aproximadamente

Schau [ʃaʊ] *f* <-en> exposición *f*; **etw zur ~ stellen** exponer algo

Schauder ['ʃaʊdɐ] *m* <-s, -> (*geh*) escalofrío *m*; **schauderhaft** *adj* horroroso

schaudern ['ʃaʊdɐn] *vi* estremecerse (*bei/vor* ante)

schauen ['ʃaʊən] *vi* (*blicken*) mirar; **auf die Uhr ~** mirar el reloj; **schau mal!** ¡mira!

Schauer ['ʃaʊɐ] *m* <-s, -> (METEO) chubasco *m*; (*geh: Schauder*) escalofrío *m*

schauerlich *adj* (*gruselig*) escalofriante; (*fam: grässlich*) horrible

Schaufel ['ʃaʊfəl] *f* <-n> pala *f*

schaufeln *vt* (*Schnee*) quitar con la pala; (*Loch*) cavar (con la pala)

Schaufenster *nt* escaparate *m*

Schaukel [ˈʃaʊkəl] *f* <-n> columpio *m*

schaukeln I. *vi* balancearse; *(auf einer Schaukel)* columpiarse II. *vt* *(wiegen)* mecer

Schaukelstuhl *m* mecedora *f*

schaulustig *adj* curioso

Schaum [ʃaʊm] *m* <-(e)s, Schäume> espuma *f;* **Schaumbad** *nt* baño *m* de espuma

schäumen [ˈʃɔɪmən] *vi* producir espuma

Schaumgummi *m* gomaespuma *f*

schaumig *adj* espumoso

Schaumstoff *m* gomaespuma *f;* **Schaumwein** *m* vino *m* espumoso

Schauplatz *m* escenario *m*

schaurig [ˈʃaʊrɪç] *adj (gruselig)* escalofriante; *(fam: schlecht)* horrible

Schauspiel *nt (geh: Vorgang)* espectáculo *m;* **Schauspieler(in)** *m(f)* <-s, -; -nen> actor, actriz *m, f*

Schauspielhaus *nt* teatro *m*

Scheck [ʃɛk] *m* <-s, -s> cheque *m;* **einen ~ einlösen** cobrar un cheque; **einen ~ über 100 Euro ausstellen** extender un cheque por valor de 100 euros; **Scheckkarte** *f* tarjeta *f* bancaria

Scheibe [ˈʃaɪbə] *f* <-n> disco *m;* *(Brotscheibe)* rebanada *f;* *(Wurstscheibe)* rodaja *f;* *(Käsescheibe)* loncha *f;* *(Glasscheibe)* cristal *m;* **Scheibenwischer** *m* <-s, -> limpiaparabrisas *m inv*

Scheich [ʃaɪç] *m* <-(e)s, -e *o* -s> jeque *m*

Scheide [ˈʃaɪdə] *f* <-n> *(Vagina)* vagina *f*

scheiden [ˈʃaɪdən] <scheidet, schied, geschieden> I. *vt* *haben* *(Ehe)* divorciar; **sich (von jdm) ~ lassen** divorciarse (de alguien) II. *vi sein:* **aus dem Amt ~** jubilarse

Scheidung *f* <-en> divorcio *m*

Schein [ʃaɪn] *m* <-(e)s, -e> 1. *(Bescheinigung)* certificado *m;* *(Geldschein)* billete *m* 2. *ohne pl (von Licht)* luz *f;* *(Anschein)* apariencia *f;* **der ~ trügt** las apariencias engañan

scheinbar I. *adj* aparente II. *adv* *(fam)* al parecer

scheinen [ˈʃaɪnən] <scheint, schien, geschienen> *vi (glänzen)* brillar; *(den Anschein haben)* parecer; **die Sonne scheint** hace sol

scheinheilig *adj (fam abw)* hipócrita; **scheintot** *adj (MED)* aparentemente muerto; **Scheinwerfer** *m* <-s, -> (AUTO) faro *m;* (THEAT) foco *m*

Scheiße [ˈʃaɪsə] *f (vulg)* mierda *f*

scheißen <scheißt, schiss, geschissen> *vi (vulg)* cagar

Scheißkerl *m (vulg)* hijo *m* de puta

Scheitel [ˈʃaɪtəl] *m* <-s, -> raya *f*

scheitern [ˈʃaɪtərn] *vi sein* fracasar

schelten [ˈʃɛltən] <schilt, schalt, gescholten> *vt (geh: schimpfen)* reprender

Schema [ˈʃeːma] *nt* <-s, Schemata *o* Schemen> *(Konzept)* esquema *m*

schematisch [ʃeˈmaːtɪʃ] *adj* esquemático

Schemel [ˈʃeːməl] *m* <-s, -> taburete *m*

Schemen *pl von* **Schema**

Schenkel [ˈʃɛŋkəl] *m* <-s, -> (ANAT) muslo *m*

schenken [ˈʃɛŋkən] *vt* regalar; **jdm Aufmerksamkeit ~** dedicar atención a alguien

Schenkung *f* <-en> donación *f*

Scherbe [ˈʃɛrbə] *f* <-n> *(Glasscherbe)* pedazo *m* de vidrio; **in ~n gehen** hacerse añicos

Schere [ˈʃeːrə] *f* <-n> tijera(s) *f(pl);* *(von Krebsen)* pinza *f*

scheren[1] [ˈʃeːrən] <schert, schor, geschoren> vt (Schaf) esquilar

scheren[2] vr: **sich nicht um etw ~** importar(le) algo a alguien un comino; **scher dich zum Teufel!** ¡vete al diablo!

Schererei [ʃeːrəˈraɪ] f <-en> (fam) molestia f, fastidio m; **mit jdm ~en bekommen** (wegen etw) tener un disgusto con alguien (por algo)

Scherz [ʃɛrts] m <-es, -e> broma f

scherzen [ˈʃɛrtsən] vi bromear, chancear Am; **damit ist nicht zu ~** no es cosa de broma

scherzhaft adj chistoso

scheu [ʃɔɪ] adj tímido; (Tier) espantadizo

scheuchen [ˈʃɔɪçən] vt espantar

scheuen [ˈʃɔɪən] I. vi (Pferd) desbocarse (vor ante) II. vt (Verantwortung) huir (de); **keine Ausgaben ~** no reparar en gastos

scheuern [ˈʃɔɪɐn] I. vt fregar; **jdm eine ~** (fam) darle una bofetada a alguien II. vi (Kleidung) rozar

Scheune [ˈʃɔɪnə] f <-n> granero m

Scheusal [ˈʃɔɪzaːl] nt <-s, -e> (abw) monstruo m

scheußlich [ˈʃɔɪslɪç] adj horrible

Schi [ʃiː] m <-s, -(er)> s. **Ski**

Schicht [ʃɪçt] f <-en> (Luftschicht, Farbschicht) capa f; (Gesellschaftsschicht) clase f; (Arbeitsschicht) turno m; **er arbeitet ~** trabaja por turnos; **Schichtarbeit** f ohne pl trabajo m por turnos

schichten [ˈʃɪçtən] vt apilar (auf en)

Schichtwechsel m cambio m de turno

schick [ʃɪk] adj chic

schicken [ˈʃɪkən] I. vt mandar II. vr: **das schickt sich nicht** esto no se hace

Schicksal [ˈʃɪkzaːl] nt <-s, -e> des-

tino m; **Schicksalsschlag** m golpe m del destino

Schiebedach nt techo m corredizo

schieben [ˈʃiːbən] <schiebt, schob, geschoben> vt (bewegen) empujar; (stecken) meter (in en); **die Schuld auf jdn ~** echarle la culpa a alguien; **etw vor sich** dat **her ~** (fig) aplazar algo continuamente

Schiebetür f (puerta f) corredera f

schied [ʃiːt] 3. imp von **scheiden**

Schiedsrichter(in) m(f) árbitro mf

schief [ʃiːf] adj (krumm) torcido; (nicht senkrecht) inclinado; **jdn ~ ansehen** (fam) mirar a alguien de reojo

Schiefer [ˈʃiːfɐ] m <-s, -> pizarra f

schief|gehen irr vi salir mal; **schief| lachen** vr: **sich ~** (fam) desternillarse de risa

schielen [ˈʃiːlən] vi ser bizco fam

schien [ʃiːn] 3. imp von **scheinen**

Schienbein nt tibia f

Schiene [ˈʃiːnə] f <-n> (EISENB) carril m; (MED) tablilla f

schienen [ˈʃiːnən] vt entablillar

Schienennetz nt red f ferroviaria

schier [ʃiːɐ] I. adj (reg) puro II. adv casi

schießen [ˈʃiːsən] <schießt, schoss, geschossen> I. vi (Schütze) disparar (auf a/contra) II. vt (Geschoss) disparar; (Rakete, Ball) lanzar; **ein Tor ~** meter un gol

Schießerei f <-en> tiroteo m

Schiff [ʃɪf] nt <-(e)s, -e> barco m; **Schiffahrt**[ALT] f s. **Schifffahrt**; **Schiffbruch** m naufragio m; **~ erleiden** naufragar; (fig) fracasar; **Schifffahrt**[RR] f ohne pl navegación f

Schikane [ʃiˈkaːnə] f <-n> traba f; **mit allen ~n** (fam) por todo lo alto

schikanieren* [ʃikaˈniːrən] vt fastidiar; (quälen) hacer la vida imposible

(a)

Schild[1] [ʃɪlt] *m* <-(e)s, -e> (*Schutzschild*) escudo *m;* **etw im ~e führen** tramar algo

Schild[2] *nt* <-(e)s, -er> (*Verkehrsschild*) señal *f* (de tráfico); (*Hinweisschild*) letrero *m;* (*Preisschild*) etiqueta *f*

Schilddrüse *f* (glándula *f*) tiroides *m inv*

schildern [ʃɪldɐn] *vt* (*erzählen*) narrar; (*beschreiben*) describir

Schilderung *f* <-en> (*Erzählung*) relato *m;* (*Beschreibung*) descripción *f*

Schildkröte *f* tortuga *f*

Schilf [ʃɪlf] *nt* <-(e)s, -e> (*Pflanze*) caña *f;* (*Röhricht*) cañaveral *m*

schillern [ʃɪlɐn] *vi* irisar

Schilling [ʃɪlɪŋ] *m* <-s, -e> chelín *m*

schilt [ʃɪlt] *3. präs von* **schelten**

Schimmel [ʃɪməl] *m* <-s, -> **1.** (*Pferd*) caballo *m* blanco **2.** *ohne pl* (*Schimmelpilz*) moho *m*

schimm(e)lig *adj* enmohecido

schimmeln *vi* haben *o* sein enmohecer(se)

Schimmer [ʃɪmɐ] *m* <-s, -> resplandor *m;* **keinen** (**blassen**) **~ von etw haben** (*fam*) no tener ni (la más remota) idea de algo

schimmern [ʃɪmɐn] *vi* (*Licht*) lucir (tenuemente); (*glänzen*) relucir

Schimpanse [ʃɪm'panzə] *m* <-n, -n> chimpancé *m*

schimpfen [ʃɪmpfən] *vi* reñir (*mit* a); (*kritisieren*) criticar (*auf/über* a)

Schimpfwort *nt* <-(e)s, -wörter> palabrota *f*

schinden [ʃɪndən] <schindet, schindete *o* schund, geschunden> **I.** *vt* maltratar; **Zeit ~** ganar tiempo; **Eindruck bei jdm ~** causar una buena impresión a alguien **II.** *vr:* **sich ~** (*fam*) afanarse

Schinderei *f* <-en> (*abw: Strapaze*)

paliza *f;* (*Plackerei*) ajetreo *m*

Schinken [ʃɪŋkən] *m* <-s, -> jamón *m*

Schirm [ʃɪrm] *m* <-(e)s, -e> (*Regenschirm*) paraguas *m inv;* (*Sonnenschirm*) sombrilla *f;* (*Lampenschirm*) pantalla *f*

schiss[RR] [ʃɪs] *3. imp von* **scheißen**

schizophren [ʃitsoˈfreːn] *adj* esquizofrénico

Schlacht [ʃlaxt] *f* <-en> (*a. fig*) batalla *f*

schlachten [ʃlaxtən] *vt* matar

Schlachthof *m* matadero *m*

Schlaf [ʃlaːf] *m* <-(e)s, *ohne pl*> sueño *m;* **Schlafanzug** *m* pijama *m*

Schläfe [ʃlɛːfə] *f* <-n> sien *f*

schlafen [ʃlaːfən] <schläft, schlief, geschlafen> *vi* dormir; **bei jdm ~** dormir en casa de alguien; **mit jdm ~** acostarse con alguien

schlaff [ʃlaf] *adj* flojo; (*Haut*) flá(c)cido

schlaflos *adj* (*Person*) insomne; (*Nacht*) en vela

Schlaflosigkeit *f* insomnio *m*

Schlafmittel *nt* somnífero *m;* **Schlafmütze** *f* (*fam*) **1.** (*Langschläfer*) dormilón, -ona *m, f* **2.** (*abw: träger Mensch*) plasta *mf*

schläfrig [ʃlɛːfrɪç] *adj* soñoliento

Schlafsack *m* saco *m* de dormir

schläft [ʃlɛːft] *3. präs von* **schlafen**

Schlaftablette *f* somnífero *m;* **schlaftrunken** [ʃlaːftrʊŋkən] *adj* (*geh*) soñoliento; **Schlafwagen** *m* coche-cama *m;* **schlafwandeln** *vi* haben *o* sein padecer sonambulismo; **Schlafzimmer** *nt* dormitorio *m*

Schlag [ʃlaːk] *m* <-(e)s, Schläge> (*a. Schicksalsschlag*) golpe *m;* (*Herzschlag*) latido *m;* (*Stromstoß*) calambre *m;* (*Menschenschlag*) tipo *m;*

mit einem ~ (*fam*) de golpe;
Schlagader *f* arteria *f*; **Schlag-anfall** *m* ataque *m* de apoplejía;
schlagartig I. *adj* brusco **II.** *adv* de un golpe
schlagen [ˈʃlaːgən] <schlägt, schlug, geschlagen> **I.** *vt* (*hauen*) golpear; (*Gegner*) ganar (a); (*Rekord, Sahne*) batir; **er gab sich ge~** se dio por vencido; **einen Nagel in die Wand ~** clavar un clavo en la pared; **eine ge~e Stunde** una hora entera **II.** *vi* (*Herz*) latir; (*Uhr, Glocke*) tocar **III.** *vr:* **sich ~** (*sich prügeln*) pegarse (*um por*)
Schlager [ˈʃlaːgɐ] *m* <-s, -> (*Lied*) canción *f* de moda
Schläger [ˈʃlɛːgɐ] *m* <-s, -> (*Tennisschläger*) raqueta *f*
Schlägerei *f* <-en> pelea *f*
schlagfertig *adj* sagaz; **Schlagfertigkeit** *f ohne pl* capacidad *f* de réplica; **schlagkräftig** *adj* **1.** (*Person*) fuerte **2.** (*Argument*) contundente; **Schlagloch** *nt* bache *m;* **Schlagsahne** *f* (*flüssig*) nata *f* líquida; (*geschlagen*) nata *f* montada, crema *f Am*
schlägt [ʃlɛːkt] *3. präs von* **schlagen**
Schlagwort *nt* (*Parole*) (e)slogan *m;* (*Gemeinplatz*) tópico *m;* **Schlagzeile** *f* titular *m;* **Schlagzeug** *nt* <-(e)s, -e> percusión *f;* (*einer Rockband*) batería *f*
Schlamm [ʃlam] *m* <-(e)s, Schlämme *o* -e> lodo *m*
schlammig *adj* lodoso
Schlampe [ˈʃlampə] *f* <-n> (*fam abw*) dejada *f*
Schlamperei *f* <-en> **1.** (*fam abw: schlechte Arbeit*) chapuza *f* **2.** *ohne pl* (*fam: Unordnung*) desorden *m*
schlampig *adj* (*fam abw: unordentlich*) desordenado; (*Aussehen*) descuidado; (*Arbeit*) chapucero

schlang [ʃlaŋ] *3. imp von* **schlingen**
Schlange [ˈʃlaŋə] *f* <-n> (*Tier*) serpiente *f;* (*Menschenschlange*) cola *f;* (*Fahrzeugschlange*) caravana *f* (de coches); **~ stehen** hacer cola
schlängeln [ˈʃlɛŋəln] *vr:* **sich ~** (*Schlange, Weg*) serpentear; (*Mensch*) abrirse camino (*durch* por entre)
schlank [ʃlaŋk] *adj* delgado
schlapp [ʃlap] *adj* (*ohne Kraft*) flojo; (*erschöpft*) agotado
Schlappe [ˈʃlapə] *f* <-n> derrota *f*
schlapp|machen *vi* (*fam*) tirar la toalla
Schlaraffenland [ʃlaˈrafən-] *nt* <-(e)s, *ohne pl*> (país *m* de) Jauja *f*
schlau [ʃlau] *adj* (*listig*) astuto; (*fam: klug*) listo; **aus jdm/etw nicht ~ werden** no entender a alguien/algo
Schlauch [ʃlaux] *m* <-(e)s, Schläuche> (*Wasserschlauch*) manguera *f;* (*Reifenschlauch*) cámara *f* de aire; **auf dem ~ stehen** (*fam fig*) estar desorientado; **Schlauchboot** *nt* bote *m* neumático
Schlaufe [ˈʃlaufə] *f* <-n> **1.** (*zum Tragen*) lazo *m* **2.** (*am Gürtel*) pasador *m*
schlecht [ʃlɛçt] **I.** *adj* mal(o); **mir ist ~** me siento mal **II.** *adv* mal; **mehr ~ als recht** con más pena que gloria; **schlecht|gehen** *irr vunpers sein s.* **gehen**; **schlechthin** [ˈ-ˈ-] *adv* (*an sich*) por antonomasia; (*geradezu*) simplemente
schleichen [ˈʃlaɪçən] <schleicht, schlich, geschlichen> **I.** *vi sein* (*leise*) avanzar a hurtadillas; (*langsam*) ir a paso lento **II.** *vr haben:* **sich ~** (*hineinschleichen*) entrar a hurtadillas (*in* en/a); (*hinausschleichen*) salir a hurtadillas (*aus* de)
schleichend *adj* (*Krankheit*) lento
Schleier [ˈʃlaɪɐ] *m* <-s, -> velo *m;*

(*Dunst*) cortina *f*; **schleierhaft** *adj*: **es ist mir ~, wie ...** no me explico cómo...

Schleife ['ʃlaɪfə] *f* <-n> lazo *m*; (*beim Schuhebinden*) nudo *m*

schleifen¹ ['ʃlaɪfən] *vt* (*ziehen*) arrastrar; **etw ~ lassen** (*fam*) no ocuparse de algo

schleifen² <schleift, schliff, geschliffen> *vt* (*Messer*) afilar; (*Edelstein*) tallar

Schleim [ʃlaɪm] *m* <-(e)s, -e> (*Sekret*) moco *m*

schleimen *vi* (*fam abw: schmeicheln*) hacer la pelota

Schleimhaut *f* (MED) (membrana *f*) mucosa *f*

schleimig *adj* (*Absonderung*) mucoso; (*abw: kriecherisch*) zalamero

schlemmen ['ʃlɛmən] *vi, vt* comer opíparamente

schlendern ['ʃlɛndən] *vi sein* deambular

schleppen ['ʃlɛpən] **I.** *vt* (*ziehen*) arrastrar; (*tragen*) cargar (con) **II.** *vr:* **sich ~** (*sich fortbewegen*) andar a trancas y barrancas (*in/(bis) zu* hasta); (*sich hinziehen*) durar (mucho tiempo)

schleppend *adj* lento; (*Unterhaltung*) pesado

Schlesien ['ʃleːziən] *nt* <-s> Silesia *f*

schlesisch *adj* silesio

Schleswig-Holstein ['ʃleːsvɪçˈhɔlʃtaɪn] *nt* <-s> Schleswig-Holstein *m*

Schleuder ['ʃlɔɪdɐ] *f* <-n> (*für Geschosse*) honda *f*; (*Wäscheschleuder*) centrifugadora *f*

schleudern ['ʃlɔɪdɐn] **I.** *vi sein* (*Auto*) patinar **II.** *vt haben* (*werfen*) lanzar; (*Wäsche*) centrifugar

Schleuderpreis *m* (*fam*) precio *m* tirado

schleunigst ['ʃlɔɪnɪçst] *adv* ahora mismo

Schleuse ['ʃlɔɪzə] *f* <-n> esclusa *f*

schlich [ʃlɪç] *3. imp von* **schleichen**

schlicht [ʃlɪçt] *adj* sencillo

schlichten ['ʃlɪçtən] *vt* (*Streit*) mediar (en)

Schlichtung *f* <-en> conciliación *f*

schlief [ʃliːf] *3. imp von* **schlafen**

schließen ['ʃliːsən] <schließt, schloss, geschlossen> **I.** *vt* (*zumachen*) cerrar; (*beenden*) concluir; (*Vertrag*) firmar; (*Ehe*) contraer; **jdn in die Arme ~** abrazar a alguien **II.** *vi* (*Geschäft*) cerrar; (*folgern*) deducir (*aus* de)

Schließfach *nt* (*bei der Post*) apartado *m* de correos; (*bei einer Bank*) caja *f* fuerte; (*für Gepäck*) consigna *f* automática

schließlich *adv* (*am Ende*) finalmente; (*im Grunde*) al fin y al cabo

schliff [ʃlɪf] *3. imp von* **schleifen²**

schlimm [ʃlɪm] *adj* (*schlecht*) mal(o); (*schrecklich*) terrible; (*schwerwiegend*) grave; **es gibt Schlimmeres** hay cosas peores; **~ enden** acabar mal

schlimmstenfalls ['ʃlɪmstənfals] *adv* en el peor de los casos

Schlinge ['ʃlɪŋə] *f* <-n> lazo *m*; (*Armschlinge*) cabestrillo *m*

schlingen ['ʃlɪŋən] <schlingt, schlang, geschlungen> **I.** *vi* (*beim Essen*) zampar **II.** *vt* (*binden*) atar (*um* alrededor de) **III.** *vr:* **sich ~** (*Pflanze*) trepar (*um* por)

Schlips [ʃlɪps] *m* <-es, -e> (*fam*) corbata *f*

Schlitten ['ʃlɪtən] *m* <-s, -> trineo *m*

schlittern ['ʃlɪtɐn] *vi sein* patinar (*auf* sobre, *über* por)

Schlittschuh *m* patín *m* para hielo; **~ laufen** patinar (sobre hielo)

Schlitz [ʃlɪts] *m* <-es, -e> (*am Automaten, Briefkasten*) ranura *f*; (*an*

Kleidung) raja *f*

schlitzen [ˈʃlɪtsən] *vt* rajar

Schlitzohr *nt* (*fam*) zorro, -a *m, f*

schloss^{RR} [ʃlɔs] 3. *imp von* **schließen**

Schloss^{RR} [ʃlɔs] *nt* <-es, Schlösser> (*Burg*) castillo *m*; (*Palast*) palacio *m*; (*Türschloss*) cerradura *f*; (*Vorhängeschloss*) cerrojo *m*

Schlosser(in) [ˈʃlɔsɐ] *m(f)* <-s, -; -nen> cerrajero, -a *m, f*

Schlucht [ʃlʊxt] *f* <-en> barranco *m*

schluchzen [ˈʃlʊxtsən] *vi* sollozar

Schluck [ʃlʊk] *m* <-(e)s, -e> trago *m*; **einen ~ nehmen** dar un sorbo; **Schluckauf** [ˈʃlʊkˌʔaʊf] *m* <-s, *ohne pl*> hipo *m*

schlucken [ˈʃlʊkən] *vi, vt* tragar(se)

schludern [ˈʃluːdɐn] *vi* (*fam abw*) hacer una chapuza

schlug [ʃluːk] 3. *imp von* **schlagen**

schlummern [ˈʃlʊmɐn] *vi* (*geh*) dormitar; (*Talent*) estar oculto

Schlund [ʃlʊnt] *m* <-(e)s, Schlünde> garganta *f*; (*eines Tieres*) fauces *fpl*

schlüpfen [ˈʃlʏpfən] *vi sein* (*hineinschlüpfen, hindurchschlüpfen*) pasar (*in* a, *durch* por); (*hinausschlüpfen*) salir (*aus* de); (**aus dem Ei**) **~** salir (del huevo)

Schlüpfer *m* <-s, -> braga *f*

schlüpfrig [ˈʃlʏpfrɪç] *adj* (*rutschig*) resbaladizo; (*abw: anstößig*) obsceno

Schlupfwinkel *m* escondrijo *m*

schlurfen [ˈʃlʊrfən] *vi sein* arrastrar los pies

schlürfen [ˈʃlʏrfən] *vi, vt* sorber con ruido

Schluss^{RR} [ʃlʊs] *m* <-es, Schlüsse> (*Ende*) fin *m*; (*Folgerung*) conclusión *f*; **~ für heute!** ¡basta por hoy!; **zum ~** al final; **zu dem ~ kommen, dass ...** llegar a la conclu-

sión de que...

Schlüssel [ˈʃlʏsəl] *m* <-s, -> llave *f*; **Schlüsselanhänger** *m* llavero *m*; **Schlüsselbund** *m o nt* <-(e)s, -e> manojo *m* de llaves; **Schlüsselloch** *nt* ojo *m* de la cerradura

schlussfolgern^{RR} *vt* concluir (*aus* de)

schlüssig [ˈʃlʏsɪç] *adj* concluyente; **sich** *dat* (**über etw**) **~ werden** tomar una resolución (respecto a algo)

Schlusslicht^{RR} *nt* (AUTO) luz *f* trasera; **Schlussverkauf**^{RR} *m* rebajas *fpl* de fin de temporada

schmächtig [ˈʃmɛçtɪç] *adj* flaco

schmackhaft [ˈʃmakhaft] *adj* sabroso; **jdm etw ~ machen** (*fam*) hacer a alguien la boca agua con algo

schmal [ʃmaːl] *adj* estrecho; (*schlank*) delgado

schmälern [ˈʃmɛːlɐn] *vt* disminuir

Schmalz [ʃmalts] *nt* <-es, -e> manteca *f*

schmarotzen* [ʃmaˈrɔtsən] *vi* vivir como un parásito (*auf/in* +*dat* en)

Schmarotzer *m* <-s, -> parásito *m*

schmatzen [ˈʃmatsən] *vi* hacer ruido al comer

schmausen [ˈʃmaʊzən] *vi* comer con placer

schmecken [ˈʃmɛkən] *vi* saber (*nach* a); **schmeckt dir die Suppe?** ¿te gusta la sopa?; **es hat gut geschmeckt** estaba rico

Schmeichelei [ʃmaɪçəˈlaɪ] *f* <-en> lisonja *f*

schmeichelhaft *adj* lisonjero; **das ist wenig ~ für ihn** no le va a gustar nada

schmeicheln [ˈʃmaɪçəln] *vi* lisonjear

schmeißen [ˈʃmaɪsən] <schmeißt, schmiss, geschmissen> *vt* (*fam*) tirar; **jdn aus dem Haus ~** echar a alguien de la casa; **den Laden ~** encargarse de todo

schmelzen ['ʃmɛltsən] <schmilzt, schmolz, geschmolzen> vi sein (Butter, Eis) derretirse; (Käse, Metall) fundirse

Schmelzkäse m queso m fundido

Schmerz [ʃmɛrts] m <-es, -en> dolor m; schmerzempfindlich adj sensible al dolor

schmerzen ['ʃmɛrtsən] vi, vt doler (a)

Schmerzensgeld nt indemnización f por daño personal

schmerzhaft adj doloroso

schmerzlich adj penoso

schmerzlos adj sin dolores; Schmerzmittel nt analgésico m; schmerzstillend adj analgésico; Schmerztablette f analgésico m

Schmetterling ['ʃmɛtelɪŋ] m <-s, -e> mariposa f

schmettern ['ʃmɛten] vt (werfen) arrojar

Schmied [ʃmiːt] m <-(e)s, -e> herrero m

schmieden ['ʃmiːdən] vt (Eisen) forjar; (Pläne) urdir

schmiegen ['ʃmiːgən] vr: sich ~ (Mensch) arrimarse cariñosamente (an a)

schmieren ['ʃmiːrən] I. vt (fetten) engrasar; (Brötchen) untar; (fam abw: bestechen) sobornar; es läuft wie geschmiert (fam) marcha como la seda II. vi (fam: Stift) manchar; (abw: beim Schreiben) hacer garabatos

Schmiergeld nt <-(e)s, -er> (fam abw) unto m de rana

schmierig adj (feuchtklebrig) resbaladizo; (schmutzig) mugriento; (fettig) pringoso; (abw: schmeichlerisch) zalamero

schmilzt [ʃmɪltst] 3. präs von schmelzen

Schminke ['ʃmɪŋkə] f <-n> maquillaje m

schminken ['ʃmɪŋkən] vt, vr: sich ~ maquillar(se)

schmiss^RR [ʃmɪs] 3. imp von schmeißen

schmollen ['ʃmɔlən] vi estar de morros

schmolz [ʃmɔlts] 3. imp von schmelzen

schmoren ['ʃmɔːrən] vi, vt (Fleisch) cocer(se) a fuego lento; jdn ~ lassen (fam) tener a alguien en ascuas

Schmuck [ʃmʊk] m <-(e)s, ohne pl> (Juwelen) joyas fpl; (Modeschmuck) bisutería f; (Verzierung) adorno m

schmücken ['ʃmʏkən] vt adornar

schmucklos adj sin adorno; Schmuckstück nt alhaja f

schmudd(e)lig ['ʃmʊd(ə)lɪç] adj (fam abw: Person) desaliñado; (Ding) mugriento

Schmuggel ['ʃmʊgəl] m <-s, ohne pl> contrabando m

schmuggeln I. vi hacer contrabando II. vt pasar de contrabando

Schmuggler(in) m(f) <-s, -; -nen> contrabandista mf

schmunzeln ['ʃmʊntsəln] vi sonreírse (satisfecho) (über de)

schmusen ['ʃmuːzən] vi (fam) besuquearse

Schmutz [ʃmʊts] m <-es, ohne pl> suciedad f

schmutzig adj sucio

Schnabel ['ʃnaːbəl] m <-s, Schnäbel> (eines Vogels) pico m

Schnake ['ʃnaːkə] f <-n> (reg) mosquito m

Schnalle ['ʃnalə] f <-n> hebilla f

schnallen vt (festschnallen) atar (auf a); (losschnallen) soltar; den Gürtel enger ~ (fam fig) apretarse el cinturón

schnalzen ['ʃnaltsən] vi (mit der Zunge) chasquear; (mit den Fingern) castañetear

Schnäppchen [ˈʃnɛpçən] *nt* <-s, -> (*reg*) (*fam*) ganga *f;* **Schnäppchenjäger(in)** *m(f)* <-s, -; -nen> (*fam*) comprador(a) *m(f)* de saldos

schnappen [ˈʃnapən] **I.** *vi* (intentar) pillar (*nach*); **nach Luft ~** (*fam*) jadear **II.** *vt* (*packen*) coger

Schnappschuss[RR] *m* instantánea *f*

Schnaps [ʃnaps] *m* <-es, Schnäpse> aguardiente *m;* **Schnapsidee** *f* (*fam*) idea *f* descabellada

schnarchen [ˈʃnarçən] *vi* roncar

schnaufen [ˈʃnaʊfən] *vi* resollar

Schnauzbart *m* bigote *m*

Schnauze [ˈʃnaʊtsə] *f* <-n> hocico *m;* (*fam abw: Mund*) morro *m;* **eine große ~ haben** ser un bocazas; **die ~ voll haben** estar hasta el gorro; **mit etw auf die ~ fallen** llevarse un chasco con algo

schnäuzen[RR] [ˈʃnɔɪtsən] *vr:* **sich ~** sonarse

Schnecke [ˈʃnɛkə] *f* <-n> caracol *m;* **Schneckenhaus** *nt* concha *f* del caracol; **Schneckentempo** *nt* (*fam*): **im ~** a paso de tortuga

Schnee [ʃneː] *m* <-s, *ohne pl*> nieve *f;* **das ist ~ von gestern** (*fam*) eso ya pasó a la historia; **Schneebesen** *m* varillas *fpl;* **Schneefall** *m* nevada *f;* **Schneeflocke** *f* copo *m* de nieve; **Schneeketten** *fpl* cadenas *fpl* antideslizantes; **Schneemann** *m* muñeco *m* de nieve; **Schneepflug** *m* (máquina *f*) quitanieve(s) *m(pl);* **Schneeregen** *m* aguanieve *f;* **Schneeschmelze** *f* deshielo *m;* **Schneesturm** *m* temporal *m* de nieve; **schneeweiß** [ˈ-ˈ-] *adj* blanco como la nieve

Schneewittchen [ʃneːˈvɪtçən] *nt* <-s> Blancanieves *f*

schneiden [ˈʃnaɪdən] <schneidet, schnitt, geschnitten> *vt, vr:* **sich**

~ cortar(se)

schneidend *adj* (*Schmerz*) agudo

Schneider(in) *m(f)* <-s, -; -nen> sastre, -a *m, f*

schneidern [ˈʃnaɪdən] *vt* confeccionar

Schneidezahn *m* (diente *m*) incisivo *m*

schneien [ˈʃnaɪən] *vunpers* nevar; **es schneit** está nevando

Schneise [ˈʃnaɪzə] *f* <-n> (*Feuerschneise*) cortafuego *m;* (*Flugschneise*) pasillo *m* aéreo

schnell [ʃnɛl] **I.** *adj* rápido; **auf die Schnelle** (*fam*) deprisa y corriendo **II.** *adv* de prisa; **mach ~!** (*fam*) ¡date prisa!

Schnellhefter *m* carpeta *f*

Schnelligkeit *f* rapidez *f*

Schnellkochtopf *m* olla *f* a presión

schnellstens [ˈʃnɛlstəns] *adv* lo más rápido posible

Schnellstraße *f* autovía *f;* **Schnellzug** *m* (tren *m*) expreso *m*

schneuzen[ALT] *vr:* **sich ~** *s.* **schnäuzen**

schnippisch [ˈʃnɪpɪʃ] *adj* (*abw*) respondón

Schnipsel [ˈʃnɪpsəl] *m o nt* <-s, -> recorte *m*

schnitt [ʃnɪt] *3. imp von* **schneiden**

Schnitt [ʃnɪt] *m* <-(e)s, -e> corte *m;* **im ~** (*fam*) por término medio; **Schnittlauch** *m* <-(e)s, *ohne pl*> cebollino *m;* **Schnittpunkt** *m* (*a.* MATH) (punto *m* de) intersección *f;* **Schnittstelle** *f* (INFOR) interfaz *m;* **Schnittwunde** *f* corte *m*

Schnitzel [ˈʃnɪtsəl] *nt* <-s, -> (GASTR) escalope *m;* **paniertes ~** escalope rebozado, milanesa *f Am*

schnitzen [ˈʃnɪtsən] *vi, vt* tallar (en madera)

schnöde [ˈʃnøːdə] *adj* (*abw: verachtenswert*) desdeñable; (*erbärmlich*) mezquino; (*geringschätzig*) desdeñoso

Schnorchel ['ʃnɔrçəl] *m* <-s, -> tubo *m* de respiración

Schnörkel ['ʃnœrkəl] *m* <-s, -> (*an Möbeln*) voluta *f;* (*bei der Unterschrift*) rúbrica *f*

schnorren ['ʃnɔrən] *vi, vt* (*fam*) gorronear

schnüffeln ['ʃnʏfəln] *vi* (*schnuppern*) olisquear (*an*); (*fam abw: spionieren*) husmear (*in* en)

Schnuller ['ʃnʊlə] *m* <-s, -> chupete *m*

schnulzig *adj* (*fam abw*) sentimental(oide)

Schnupfen ['ʃnʊpfən] *m* <-s, -> constipado *m;* ~ **haben** estar resfriado

schnuppe ['ʃnʊpə] *adj* (*fam*): **das ist mir** ~ me importa un rábano

schnuppern ['ʃnʊpen] *vi* olfatear (*an*)

Schnur [ʃnuːɐ] *f* <Schnüre> cuerda *f;* (*dünn*) cordel *m*

schnüren ['ʃnyːrən] *vt* atar

schnurlos *adj* inalámbrico

Schnurrbart ['ʃnʊrbaːɐt] *m* bigote *m*

schnurren ['ʃnʊrən] *vi* (*Katze*) ronronear

Schnürsenkel ['ʃnyːɐzɛŋkəl] *m* <-s, -> (*nordd, reg*) cordón *m* para zapatos

schnurstracks ['ʃnuːɐ'ʃtraks] *adv* (*fam*) directamente; (*sofort*) en el acto

schob [ʃoːp] *3. imp von* **schieben**

Schock [ʃɔk] *m* <-(e)s, -s> shock *m;* **unter** ~ **stehen** estar bajo (los efectos de un) shock; **schockgefrieren*** *irr vt* (GASTR) congelar ultrarápidamente [*o* criogénicamente]

schockieren* [ʃɔ'kiːrən] *vt* chocar; (*moralisch*) escandalizar

Schokolade [ʃokoˈlaːdə] *f* <-n> chocolate *m*

schon [ʃoːn] *adv* ya; ~ **wieder** otra vez; **nun mach ~!** (*fam*) ¡apúrate ya!

schön [ʃøːn] I. *adj* bonito; **das Wetter ist** ~ hace buen tiempo; **~es Wochenende!** ¡buen fin de semana!; **das wäre ja noch ~er!** (*fam*) ¡ni hablar!; **das sind ja ~e Aussichten!** (*fam*) ¡menudas perspectivas! II. *adv* bien; **danke** ~ muchas gracias; **bitte** ~ de nada

schonen ['ʃoːnən] I. *vt* tratar con cuidado; (*Kräfte*) ahorrar; **seine Gesundheit** ~ cuidarse II. *vr:* **sich** ~ cuidarse

Schönheit *f* <-en> belleza *f*

Schonung *f* <-en, *ohne pl*> (*Sorgfalt*) cuidado *m;* **schonungslos** I. *adj* despiadado II. *adv* sin piedad

Schonzeit *f* (tiempo *m* de) veda *f*

schöpfen ['ʃœpfən] *vt* (*Flüssigkeit*) sacar (*aus* de); (*Mut*) cobrar

Schöpfer(in) *m(f)* <-s, -; -nen> creador(a) *m(f)*

schöpferisch *adj* creativo

Schöpflöffel *m* cucharón *m*

Schöpfung *f* <-en> **1.** (*geh: Kunstwerk*) creación *f* **2.** *ohne pl* (REL) génesis *f inv*

schor [ʃoːɐ] *3. imp von* **scheren**[1]

Schorf [ʃɔrf] *m* <-(e)s, -e> costra *f*

Schornstein ['ʃɔrnʃtain] *m* chimenea *f;* **Schornsteinfeger(in)** *m(f)* <-s, -; -nen> deshollinador(a) *m(f)*

schoss^RR [ʃɔs] *3. imp von* **schießen**

Schoß [ʃoːs] *m* <-es, Schöße> regazo *m;* **jdn auf den** ~ **nehmen** tomar a alguien en el regazo

Schote ['ʃoːtə] *f* <-n> vaina *f*

Schotte, Schottin ['ʃɔtə] *m, f* <-n, -n; -nen> escocés, -esa *m, f*

Schotter ['ʃɔte] *m* <-s, -> (*Straßenschotter*) grava *f*

schottisch *adj* escocés

Schottland *nt* <-s> Escocia *f*
schräg [ʃrɛːk] **I.** *adj* oblicuo; (*ge-neigt*) inclinado; (*diagonal*) diagonal **II.** *adv* al sesgo; **jdn ~ ansehen** (*fam*) mirar a alguien de reojo; **Schrägstrich** *m* barra *f*
Schramme [ʃramə] *f* <-n> rasguño *m*
Schrank [ʃraŋk] *m* <-(e)s, Schränke> armario *m*
Schranke [ʃraŋkə] *f* <-n>, **Schranken** *m* <-s, -> (*Österr*) barrera *f*
Schrankwand *f* pared *f* estantería
Schraube [ʃraʊbə] *f* <-n> tornillo *m*; **bei ihm ist eine ~ locker** (*fam*) le falta un tornillo
schrauben [ʃraʊbən] *vt* atornillar (*an* a/*en*)
Schraubenschlüssel *m* llave *f* de tuercas; **Schraubenzieher** *m* <-s, -> destornillador *m*
Schreck [ʃrɛk] *m* <-(e)s, -e> susto *m*; **einen ~ bekommen** llevarse un susto
Schrecken [ʃrɛkən] *m* <-s, -> **1.** (*Schreck*) susto *m*; **~ erregend** espantoso **2.** *pl* (*des Krieges*) horrores *mpl*; **schreckenerregend** *adj s.* **Schrecken 1.**
schreckhaft *adj* asustadizo
schrecklich *adj* horrible
Schrei [ʃraɪ] *m* <-(e)s, -e> grito *m*; **der letzte ~** (*fam*) el último grito
Schreibblock *m* <-(e)s, -blöcke> bloc *m* (de notas)
schreiben [ʃraɪbən] <schreibt, schrieb, geschrieben> *vi, vt, vr:* **sich ~** escribir(se) (*auf* en)
Schreiben [ʃraɪbən] *nt* <-s, -> escrito *m*; **Ihr ~ vom ...** su carta del...
Schreibfehler *m* falta *f* de ortografía; **Schreibmaschine** *f* máquina *f* de escribir; **Schreibtisch** *m* escritorio *m*; **Schreibwaren** *fpl* artículos *mpl* de papelería; **Schreibweise** *f*

1. (*Orthographie*) grafía *f* **2.** (*Stil*) estilo *m*
schreien [ʃraɪən] <schreit, schrie, geschrie(e)n> *vi, vt* gritar; **nach etw/jdm ~** pedir algo/llamar a alguien a gritos
schreiend *adj* (*Unrecht*) manifiesto
Schreiner(in) [ʃraɪnɐ] *m(f)* <-s, -; -nen> carpintero, -a *m, f*
Schreinerei *f* <-en> carpintería *f*
schreiten [ʃraɪtən] <schreitet, schritt, geschritten> *vi sein* (*geh*) caminar (solemnemente); **zu etw ~** pasar a algo
schrie [ʃriː] **3.** *imp von* **schreien**
schrieb [ʃriːp] **3.** *imp von* **schreiben**
Schrift [ʃrɪft] *f* <-en> (*Handschrift*) letra *f*
schriftlich *adj* por escrito
Schriftsteller(in) *m(f)* <-s, -; -nen> escritor(a) *m(f)*
Schriftstück *nt* documento *m*; **Schriftwechsel** *m* correspondencia *f*
schrill [ʃrɪl] *adj* (*Ton*) estridente; (*fam: Aufmachung*) estrafalario
schritt [ʃrɪt] **3.** *imp von* **schreiten**
Schritt [ʃrɪt] *m* <-(e)s, -e> paso *m*; **auf ~ und Tritt** a cada paso; **den ersten ~ tun** dar el primer paso; **schrittweise** *adv* paso a paso
schroff [ʃrɔf] *adj* (*Mensch*) rudo; **etw ~ ablehnen** rechazar algo categóricamente
Schrot [ʃroːt] *m o nt* <-(e)s, -e> (*Getreideschrot*) grano *m* partido; (*Munition*) perdigones *mpl*
Schrott [ʃrɔt] *m* <-(e)s, *ohne pl*> (*Altmetall*) chatarra *f*; (*fam: Unbrauchbares*) cachivaches *mpl*; **Schrottplatz** *m* depósito *m* de chatarra
schrubben [ʃrʊbən] *vt* (*Ding*) fregar; (*Körperteil*) frotar
Schrubber *m* <-s, -> (*fam*) escobi-

llón *m*

schrump(e)lig [ˈʃrʊmp(ə)lɪç] *adj* (*fam*) arrugado

schrumpfen [ˈʃrʊmpfən] *vi sein* (*Gewebe*) encoger; (*Vorräte*) disminuir

Schub [ʃuːp] *m* <-(e)s, Schübe> empujón *m*; **Schubkarren** *m* carretilla *f*; **Schublade** *f* <-n> cajón *m*

Schubs [ʃʊps] *m* <-es, -e> (*fam*) empujón *m*

schubsen [ˈʃʊpsən] *vt* (*fam*) empujar

schüchtern [ˈʃʏçtən] *adj* tímido

Schüchternheit *f* timidez *f*

schuf [ʃuːf] *3. imp von* **schaffen**[1]

Schuft [ʃʊft] *m* <-(e)s, -e> (*abw*) canalla *mf*

schuften [ˈʃʊftən] *vi* (*fam*) currar

Schuh [ʃuː] *m* <-(e)s, -e> zapato *m*; **jdm etw in die ~e schieben** (*fam*) echar a alguien la culpa de algo; **Schuhcreme** *f* betún *m*; **Schuhgeschäft** *nt* zapatería *f*; **Schuhgröße** *f* número *m* del calzado; **Schuhmacher(in)** *m(f)* <-s, -; -nen> zapatero, -a *m, f*

Schularbeiten *fpl* deberes *mpl*; **Schulbildung** *f* formación *f* escolar; **Schulbuch** *nt* libro *m* de texto

schuld [ʃʊlt] *adj*: **an etw ~ sein** tener la culpa de algo

Schuld [ʃʊlt] *f* <-en> 1. (*Geldbetrag*) deuda *f*; **ich stehe in deiner ~** (*geh*) estoy en deuda contigo 2. *ohne pl* (*Verantwortung*) culpa *f* (*an* de); **jdm ~ geben** echar la culpa a alguien; **die ~ auf sich nehmen** declararse culpable

schulden [ˈʃʊldən] *vt* deber

Schuldfrage *f* cuestión *f* de culpabilidad; **Schuldgefühl** *nt* sentimiento *m* de culpabilidad

schuldig [ˈʃʊldɪç] *adj* culpable (*an* de); **jdm etw ~ sein** deber algo a alguien

Schuldige(r) *mf* <-n, -n; -n> culpa-

ble *mf*

schuldlos *adj*: **~ sein** no tener la culpa (*an* de)

Schule [ˈʃuːlə] *f* <-n> escuela *f*; **in die ~ kommen** ser escolarizado; **~ haben** tener clase

schulen *vt* (*Mitarbeiter*) formar; (*Gedächtnis*) entrenar; **mit geschultem Blick** con ojo experto

Schüler(in) [ˈʃyːlɐ] *m(f)* <-s, -; -nen> alumno, -a *m, f*

Schulferien *pl* vacaciones *fpl* escolares; **Schulfreund(in)** *m(f)* compañero, -a *m, f* de clase; **Schulgeld** *nt* cuota *f* escolar; **Schuljahr** *nt* (*Zeitraum*) año *m* escolar; (*Klasse*) curso *m*; **Schulkind** *nt* escolar *m*; **Schulmedizin** *f ohne pl* medicina *f* convencional; **Schulpflicht** *f ohne pl* enseñanza *f* obligatoria

schulpflichtig *adj* en edad escolar

Schultasche *f* cartera *f*

Schulter [ˈʃʊltɐ] *f* <-n> hombro *m*; **mit den ~n zucken** encogerse de hombros; **etw auf die leichte ~ nehmen** tomar algo a la ligera

Schulung [ˈʃuːlʊŋ] *f* <-en> 1. (*von Personal*) formación *f* 2. (*Lehrgang*) cursillo *m*

Schulweg *m* camino *m* a la escuela

schummeln [ˈʃʊməln] *vr* (*fam*): **sich durch etw** *akk* **~** salir adelante por [*o* en] algo

schund *3. imp von* **schinden**

Schuppe [ˈʃʊpə] *f* <-n> 1. (*bei Tieren*) escama *f* 2. *pl* (*beim Menschen*) caspa *f*

Schuppen [ˈʃʊpən] *m* <-s, -> cobertizo *m*

schüren [ˈʃyːrən] *vt* (*Feuer*) atizar; (*Hass*) alimentar

Schürfwunde *f* excoriación *f*

Schurke, Schurkin [ˈʃʊrkə] *m, f* <-n, -n; -nen> (*abw*) bellaco, -a *m, f*

Schürze [ˈʃʏrtsə] *f* <-n> delantal *m*

Schuss[RR] [ʃʊs] *m* <-es, Schüsse>
1. (*aus einer Waffe*) disparo *m;* (*Fußball*) tiro *m;* **der ~ ging nach hinten los** (*fam*) salió el tiro por la culata; **etw in ~ bringen/halten** (*fam*) poner algo a punto/mantener algo en buen estado **2.** (*sl: Drogeninjektion*) chute *m;* **sich** *dat* **einen ~ setzen** chutarse

Schüssel [ˈʃʏsəl] *f* <-n> (*Servierschüssel*) fuente *f;* (*Salatschüssel*) ensaladera *f*

schusslig[RR] [ˈʃʊslɪç] *adj* (*fam abw*) despistado

Schuster(in) [ˈʃuːstɐ] *m(f)* <-s, -; -nen> zapatero, -a *m, f*

Schutt [ʃʊt] *m* <-(e)s, *ohne pl*> escombros *m pl*

Schüttelfrost *m* <-(e)s, *ohne pl*> escalofríos *m pl*

schütteln [ˈʃʏtəln] **I.** *vt* sacudir; (*Gefäß*) agitar; (*Kopf*) mover **II.** *vr:* **sich ~** sacudirse; **er schüttelte sich vor Lachen** se desternilló de risa

schütten [ˈʃʏtən] *vt* verter (*in* en)

schütter [ˈʃʏtɐ] *adj* ralo

Schutz [ʃʊts] *m* <-es, *ohne pl*> protección *f* (*vor/gegen* contra); **in einem Haus ~ suchen** refugiarse en una casa; **jdn in ~ nehmen** defender a alguien; **Schutzanzug** *m* traje *m* protector; **Schutzblech** *nt* (*am Fahrrad*) guardabarros *m inv*

Schütze[1] *m* <-n, -n> (ASTR) Sagitario *m*

Schütze, Schützin[2] [ˈʃʏtsə] *m, f* <-n, -n; -nen> tirador(a) *m(f)*

schützen [ˈʃʏtsən] *vt, vr:* **sich ~** proteger(se) (*vor/gegen* de/contra)

Schutzengel *m* ángel *m* de la guarda; **Schutzhelm** *m* casco *m* protector; **Schutzimpfung** *f* vacuna(ción) *f* preventiva; **schutzlos** *adj* sin amparo; **jdm/etw ~ ausgeliefert sein** estar indefenso ante

alguien/algo

schwabb(e)lig [ˈʃvab(ə)lɪç] *adj* (*fam*) fofo

Schwaben [ˈʃvaːbən] *nt* <-s> Suabia *f*

schwäbisch [ˈʃvɛːbɪʃ] *adj* suabo

schwach [ʃvax] *adj* <schwächer, am schwächsten> débil; (*Argument*) flojo; (*Gesundheit*) frágil; (*Hoffnung*) vago; (*Licht*) tenue

Schwäche [ˈʃvɛçə] *f* <-n> debilidad *f;* **eine ~ für etw haben** tener debilidad por algo

schwächen [ˈʃvɛçən] *vt* debilitar

Schwachkopf *m* (*abw*) imbécil *mf;* **Schwachsinn** *m* <-(e)s, *ohne pl*> (MED) demencia *f;* (*fam abw: Blödsinn*) imbecilidad *f;* **schwachsinnig** *adj* (MED) deficiente mental; (*fam abw: blödsinnig*) imbécil; **Schwachstelle** *f* punto *m* débil

Schwächung *f* <-en> debilitación *f*

Schwager, Schwägerin [ˈʃvaːgɐ, ˈʃvɛːgərɪn] *m, f* <-s, Schwäger; -nen> cuñado, -a *m, f*

Schwalbe [ˈʃvalbə] *f* <-n> golondrina *f*

Schwall [ʃval] *m* <-(e)s, -e> aluvión *m*

schwamm [ʃvam] **3.** *imp von* **schwimmen**

Schwamm [ʃvam] *m* <-(e)s, Schwämme> esponja *f;* **~ drüber!** (*fam*) ¡borrón y cuenta nueva!

schwammig *adj* (*abw: Gesicht, Körper*) fofo; (*Begriff*) vago

Schwan [ʃvaːn] *m* <-(e)s, Schwäne> cisne *m*

schwand [ʃvant] **3.** *imp von* **schwinden**

schwang [ʃvaŋ] **3.** *imp von* **schwingen**

schwanger [ˈʃvaŋɐ] *adj* embarazada

schwängern [ˈʃvɛŋɐn] *vt* dejar embarazada

Schwangerschaft *f* <-en> embarazo *m;* **Schwangerschaftsabbruch** *m* interrupción *f* del embarazo

schwanken ['ʃvaŋkən] *vi* 1. *sein* (*torkeln*) ir haciendo eses 2. *haben* (*Preise, Temperatur*) oscilar; (*zögern*) vacilar

Schwankung *f* <-en> oscilación *f*

Schwanz [ʃvants] *m* <-es, Schwänze> cola *f*

schwänzen ['ʃvɛntsən] I. *vi* (*fam*) hacer novillos II. *vt* (*fam*): **Biologie** ~ fumarse la clase de biología

Schwarm [ʃvarm] *m* <-(e)s, Schwärme> 1. (*Bienenschwarm, Menschenschwarm*) enjambre *m;* (*Vogelschwarm, Sardinenschwarm*) bandada *f* 2. (*Mensch*) persona *f* adorada

schwärmen ['ʃvɛrmən] *vi* 1. *sein* (*Insekten*) zumbar; (*Menschen*) ir en masa (*zu/in* a) 2. *haben* (*begeistert sein*) entusiasmarse (*für* por)

schwärmerisch *adj* (*begeistert*) entusiasta; (*träumerisch*) soñador

Schwarte ['ʃvartə] *f* <-n> (*Speckschwarte*) corteza *f* de cerdo

schwarz [ʃvarts] *adj* <schwärzer, am schwärzesten> negro; **das kann ich dir ~ auf weiß geben** (*fam*) te lo puedo dar por escrito; **er hat sich ~ geärgert** (*fam*) se ha puesto negro; **mit etw ins Schwarze treffen** (*fam*) dar en el clavo con algo; **Schwarzarbeit** *f* trabajo *m* clandestino; **Schwarzbrot** *nt* pan *m* negro; **schwarz|fahren** *irr vi sein* (*ohne Fahrkarte*) viajar sin billete; **Schwarzhandel** *m* mercado *m* negro, estraperlo *m;* **mit etw ~ treiben** negociar de estraperlo con algo; **Schwarzmarkt** *m* mercado *m* negro; **Schwarzwald** *m* <-(e)s> Selva *f* Negra; **schwarzweiß** *adj,*

schwarz-weißᴿᴿ [-'-] *adj* (en) blanco y negro

schwatzen *vi, vt,* **schwätzen** ['ʃvɛtsən] *vi, vt* (*reg*) charlar (*über* de)

Schwätzer(in) *m(f)* <-s, -; -nen> (*abw*) charlatán, -ana *m, f*

schwatzhaft *adj* (*abw*) parlanchín

schweben ['ʃveːbən] *vi sein* flotar

Schwede, Schwedin *m, f* <-n, -n; -nen> sueco, -a *m, f*

Schweden ['ʃveːdən] *nt* <-s> Suecia *f*

schwedisch *adj* sueco

Schwefel ['ʃveːfəl] *m* <-s, *ohne pl*> azufre *m*

schweifen *vi:* **seine Gedanken ~ lassen** (*geh*) dar rienda suelta a sus pensamientos

schweigen ['ʃvaɪɡən] <schweigt, schwieg, geschwiegen> *vi* callar(se) (*zu* ante); **ganz zu ~ von ...** sin mencionar...

Schweigen *nt* <-s, *ohne pl*> silencio *m*

Schweigepflicht *f ohne pl* secreto *m* profesional; **der ~ unterliegen** estar obligado al secreto profesional

schweigsam *adj* callado

Schwein [ʃvaɪn] *nt* <-(e)s, -e> cerdo *m*, chancho *m Am;* ~ **haben** (*fam*) tener suerte; **Schweinehund** *m* (*vulg*) hijo *m* de puta; **seinen inneren ~ überwinden** dominar los bajos instintos

Schweinerei *f* <-en> (*fam*) porquería *f*

Schweinestall *m* (*a. fig*) pocilga *f*

schweinisch *adj* (*fam*) guarro

Schweiß [ʃvaɪs] *m* <-es, *ohne pl*> sudor *m;* **im ~e meines Angesichts** con el sudor de mi frente

schweißen ['ʃvaɪsən] *vt* soldar

schweißgebadet [-'--'--] *adj* bañado en sudor; **schweißnass**ᴿᴿ ['-'-] *adj* empapado en sudor

Schweiz [ʃvaɪts] *f* Suiza *f;* **in die ~ fahren** ir a Suiza

Schweizer(in) *m(f)* <-s, -; -nen> suizo, -a *m, f;* Schweizerdeutsch *nt* suizo-alemán *m*

schweizerisch [ʃvaɪtsərɪʃ] *adj* suizo

schwelgen [ˈʃvɛlɡən] *vi* (*in Gedanken*) deleitarse (*in* en/con)

Schwelle [ˈʃvɛlə] *f* <-n> (*Türschwelle*) umbral *m*

schwellen [ˈʃvɛlən] <schwillt, schwoll, geschwollen> *vi sein* hincharse

Schwellung *f* <-en> hinchazón *f*

schwenken [ˈʃvɛŋkən] **I.** *vi sein* girar **II.** *vt haben* (*drehen*) virar; (*Arme*) mover; (*Fahne*) (hacer) ondear

schwer [ʃveːɐ] **I.** *adj* (*Gewicht*) pesado; (*schlimm*) grave; (*Enttäuschung*) grande; (*Tag, Arbeit*) duro; (*schwierig*) difícil; **das ist ~ zu sagen** es difícil decirlo **II.** *adv* (*sehr:* + *Adjektiv*) muy; (+ *Verb*) mucho; **~ verletzt sein** estar gravemente herido; Schwerarbeit *f* trabajo *m* pesado; Schwerbehinderte(r) *m(f)* minusválido, -a *m, f* grave

schwerelos *adj* ingrávido

schwer|fallen *irr vi sein:* **das fällt ihm schwer** esto le resulta difícil; schwerfällig [-fɛlɪç] *adj* (*Bewegung*) torpe; (*Stil*) pesado; schwerhörig *adj* (algo) sordo; Schwerkraft *f* gravitación *f*

schwerlich *adv* difícilmente

schwer|machen *vt s.* **machen I.**

schwermütig *adj* melancólico

schwer|nehmen *irr vt:* **nimm's nicht so schwer!** ¡no te lo tomes tan a pecho!; Schwerpunkt *m* (PHYS) centro *m* de gravedad; **den ~ auf etw setzen** conceder prioridad a algo

Schwert [ʃveːɐt] *nt* <-(e)s, -er> espada *f*

Schwerverbrecher(in) *m(f)* criminal *mf* peligroso, -a; schwerverletzt *adj s.* **verletzen I.;** Schwerverletzte(r) *mf* herido, -a *m, f* grave; schwerwiegend *adj* grave

Schwester [ˈʃvɛstə] *f* <-n> hermana *f;* (*Krankenschwester*) enfermera *f*

schwesterlich *adj* fraternal

schwieg [ʃviːk] **3.** *imp von* **schweigen**

Schwiegereltern [ˈʃviːɡə-] *pl* suegros *mpl;* Schwiegermutter *f* <-mütter> suegra *f;* Schwiegersohn *m* yerno *m;* Schwiegertochter *f* nuera *f;* Schwiegervater *m* suegro *m*

Schwiele [ˈʃviːlə] *f* <-n> callo *m*

schwierig [ˈʃviːrɪç] *adj* difícil

Schwierigkeit *f* <-en> dificultad *f;* **jdn in ~en bringen** meter a alguien en líos

schwillt [ʃvɪlt] **3.** *präs von* **schwellen**

Schwimmbad *nt* piscina *f;* Schwimmbecken *nt* piscina *f*

schwimmen [ˈʃvɪmən] <schwimmt, schwamm, geschwommen> *vi haben o sein* (*Person, Fisch*) nadar; (*Ding*) flotar (*auf* en)

Schwimmer(in) *m(f)* <-s, -; -nen> nadador(a) *m(f)*

Schwimmflosse *f* aleta *f;* Schwimmsport *m* natación *f;* Schwimmweste *f* chaleco *m* salvavidas

Schwindel [ˈʃvɪndəl] *m* <-s, *ohne pl*> (*Schwindelgefühl*) vértigo *m;* (*fam abw: Betrug*) timo *m;* (*Lüge*) embuste *m;* **~ erregend** vertiginoso; schwindelerregend *adj s.* **Schwindel;** schwindelfrei *adj:* **~ sein** no tener vértigo

schwind(e)lig *adj* mareado; **mir ist ~** estoy mareado

schwindeln [ˈʃvɪndəln] *vi* (*fam*)

mentir

schwinden ['ʃvɪndən] <schwindet, schwand, geschwunden> *vi sein* (*geh: abnehmen*) disminuir

Schwindler(in) ['ʃvɪndlɐ] *m (f)* <-s, -; -nen> (*abw*) embustero, -a *m, f*

schwingen ['ʃvɪŋən] <schwingt, schwang, geschwungen> **I.** *vi* **1.** *haben o sein* (*Schaukel, Person*) bambolearse; (*Pendel*) oscilar **2.** *haben* (*vibrieren*) vibrar **II.** *vt haben* mover; (*Fahne*) (hacer) ondear; (*Stock*) agitar; **große Reden ~** pronunciar discursos **III.** *vr haben:* **sich auf etw ~** montar(se) en algo; **sich über etw ~** saltar algo

Schwingung *f* <-en> (*a.* PHYS) oscilación *f*

Schwips [ʃvɪps] *m* <-es, -e> (*fam*) chispa *f*; **sich** *dat* **einen ~ antrinken** coger una mona

schwirren ['ʃvɪrən] *vi sein* (*Mücken, Gedanken*) zumbar; (*Pfeil, Kugel*) silbar

schwitzen ['ʃvɪtsən] *vi, vt* sudar

schwoll [ʃvɔl] *3. imp von* **schwellen**

schwor [ʃvoːɐ] *3. imp von* **schwören**

schwören ['ʃvøːrən] <schwört, schwor, geschworen> *vi, vt* jurar; **auf etw/jdn ~** confiar ciegamente en algo/alguien

schwul [ʃvuːl] *adj* (*fam*) maricón *abw*

schwül [ʃvyːl] *adj* bochornoso

Schwule(r) *m* <-n, -n> (*fam*) marica *m*

Schwulenheirat *f ohne pl* matrimonio *m* entre homosexuales

schwulstig ['ʃvʊlstɪç] *adj* (*Österr abw*), **schwülstig** ['ʃvʏlstɪç] *adj* (*abw*) pomposo

Schwund [ʃvʊnt] *m* <-(e)s, *ohne pl*> (*Abnahme*) merma *f*

Schwung [ʃvʊŋ] *m* <-(e)s, *ohne pl*>

(*Antrieb*) impulso *m;* **~ holen** coger impulso; **in ~ kommen** (*fam*) animarse; **schwungvoll** *adj* dinámico

Schwur [ʃvuːɐ] *m* <-(e)s, Schwüre> juramento *m*

Sciencefiction[RR] [saɪns'fɪktʃən] *f* ciencia ficción *f*

sechs [zɛks] *adj inv* seis; *s.a.* **acht[1]**

Sechs *f* <-en> seis *m;* (*Schulnote*) insuficiente *m*

sechshundert ['-'--] *adj inv* seiscientos; *s.a.* **achthundert**

sechste(r, s) *adj* sexto; *s.a.* **achte(r, s)**

sechzehn ['zɛçtseːn] *adj inv* dieciséis; *s.a.* **acht[1]**

sechzig ['zɛçtsɪç] *adj inv* sesenta; *s.a.* **achtzig**

Secondhandladen [sɛkənt'hɛnt-] *m* tienda *f* de artículos de segunda mano

See[1] [zeː] *m* <-s, -n> lago *m;* **der Genfer ~** el Lago Leman

See[2] *f ohne pl* (*Meer*) mar *m o f;* **auf hoher ~** en alta mar; **an die ~ fahren** ir a la costa

Seegang *m* <-(e)s, *ohne pl*> marejada *f;* **Seehund** *m* foca *f;* **seekrank** *adj* mareado; **Seelachs** *m* abadejo *m*

Seele ['zeːlə] *f* <-n> alma *f;* **mit ganzer ~** con toda el alma; **jdm aus der ~ sprechen** (*fam*) decir exactamente lo que el otro piensa; **Seelenruhe** ['----, '--'--] *f:* **in aller ~** con toda tranquilidad

Seeleute *pl* marineros *m pl*

seelisch *adj* mental

Seelsorger *m* <-s, -> (REL) padre *m* espiritual

Seeluft *f ohne pl* aire *m* de mar; **Seemann** *m* <-(e)s, -leute> marinero *m;* **Seemeile** *f* milla *f* marítima; **Seenot** *f* peligro *m* marítimo; **in ~ geraten** estar en peligro de zozobrar; **Seepferdchen** *nt* <-s, -> caballito *m* de mar; **Seeräuber(in)** *m(f)* pirata *mf;* **Seerose** *f* nenúfar *m;* **Seestern** *m* estrella *f* marina; **Seeweg** *m* vía *f* marítima; **auf dem ~ reisen** viajar por mar

Segel ['ze:gəl] *nt* <-s, -> vela *f;* **Segelboot** *nt* velero *m;* **Segelflugzeug** *nt* planeador *m*

segeln ['ze:gəln] *vi sein* navegar a vela; (*Vogel, Segelflugzeug*) planear

Segelschiff *nt* velero *m*

Segen ['ze:gən] *m* <-s, *ohne pl*> (*a.* REL) bendición *f;* **es ist ein ~, dass ...** es una bendición que... +*subj*

Segler(in) *m(f)* <-s, -; -nen> balandrista *mf*

segnen ['ze:gnən] *vt* bendecir

sehbehindert *adj* que ve mal; **leicht/stark ~ sein** tener una deficiencia óptica leve/grave

sehen ['ze:ən] <sieht, sah, gesehen> *vi, vt* ver; **nicht gern ge~ sein** no estar bien visto; **ich sehe es nicht gern, wenn ...** no me gusta que...; **sich gezwungen ~ zu ...** verse obligado a... +*subj;* **nach jdm ~** cuidar a alguien; **nach dem Rechten ~** ver si todo está en orden; **wir kennen uns vom Sehen** nos conocemos de vista; **sieh mal!** ¡mira!; **sehenswert** *adj* digno de verse; **Sehenswürdigkeit** *f* <-en> monumento *m*

Sehkraft *f ohne pl* vista *f*

Sehne ['ze:nə] *f* <-n> (MED) tendón *m*

sehnen ['ze:nən] *vr:* **sich nach etw/ jdm ~** añorar algo/a alguien

Sehnsucht *f* <-süchte> ansiedad *f* (*nach* de); (*nach Vergangenem*) nostalgia *f* (*nach* de); **~ nach jdm/etw haben** tener añoranza de alguien/ algo; **sehnsüchtig** *adj,* **sehnsuchtsvoll** *adj* (*geh*) ansioso;

(*Wunsch*) ardiente

sehr [ze:ɐ] <mehr, am meisten> *adv* (*mit Adjektiv*) muy; (*mit Verb*) mucho; **~ viel** muchísimo; **~ erfreut!** ¡encantado!; **so ~ sie sich auch bemühte ...** por mucho que se esforzó...

seicht [zaɪçt] *adj* (*Gewässer*) vadeable; (*abw: banal*) trivial

seid [zaɪt] *2. pl präs von* **sein**

Seide ['zaɪdə] *f* <-n> seda *f*

seiden ['zaɪdən] *adj* (*aus Seide*) de seda; (*wie Seide*) sedoso

Seife ['zaɪfə] *f* <-n> jabón *m;* **ein Stück ~** una pastilla de jabón; **Seifenoper** *f* serial *m*

Seil [zaɪl] *nt* <-(e)s, -e> cuerda *f;* **Seilbahn** *f* funicular *m;* **seil|springen** *irr vi sein* saltar a la comba

sein [zaɪn] <ist, war, gewesen> *vi sein* **1.** (*Eigenschaften, Zeitangabe*) ser; **mir ist kalt** tengo frío; **bist du's?** ¿eres tú?; **wir sind Freunde** somos amigos; **sie ist Türkin** es turca; **ich bin aus Dortmund** soy de Dortmund; **ich bin 25** tengo 25 años; **es ist 14.30 Uhr** son las dos y media; **heute ist Montag** hoy es lunes; **es ist schlechtes Wetter** hace mal tiempo; **nun sei doch nicht so!** ¡no te pongas así!; **das war's** se acabó; **lass es ~!** ¡déjalo!; **es sei denn, dass ...** a no ser que... +*subj;* **kann ~!** ¡puede ser!; **was ist?** ¿qué pasa? **2.** (*Zustand, örtlich*) estar; **sie ist verheiratet** está casada, es casada *Am;* **wo warst du so lange?** ¿dónde estuviste durante tanto tiempo? **3.** (*vorhanden sein*) haber; **ist da jemand?** ¿hay alguien allí?; **es waren viele Leute da** había mucha gente **4.** (*Hilfsverb*) haber; **ich bin krank gewesen** he estado enfermo; **wenn er nicht gewesen wäre** si no hubiera sido por él

sein, seine, sein [zaɪn, 'zaɪnə, zaɪn] *pron poss* (*adjektivisch*) su *sg*, sus *pl*; ~ **Sohn** su hijo; **~e Freundin/ Kinder** su novia/sus hijos

seine(r, s) *pron poss* (*substantivisch*) (el) suyo *m*, (la) suya *f*, (los) suyos *m pl*, (las) suyas *f pl s.a.* **sein, seine, sein**

seiner *pron pers gen von* **er, es** de él

seinerseits *adv* por su parte

seinerzeit *adv* en aquel tiempo

seinesgleichen ['--'--] *pron indef inv* sus semejantes, de su condición; **er behandelte ihn wie ~** lo trataba como si fuera de su condición

seinetwegen ['zaɪnət've:gən] *adv* por él; (*negativ*) por su culpa

sein|lassen *irr vt s.* **lassen²**

seit [zaɪt] **I.** *präp* +*dat* (*Zeitpunkt*) desde; (*Zeitraum*) desde hace; **~ wann ...?** ¿desde cuándo...?; **~ kurzem** desde hace poco **II.** *konj* desde que; **seitdem** [-'-] **I.** *adv* desde entonces **II.** *konj* desde que

Seite ['zaɪtə] *f* <-n> lado *m*; (*Stoffseite, Schallplattenseite*) cara *f*; (*Buchseite*) página *f*; **auf beiden ~n** a ambos lados; **von allen ~n** de todas partes; **zur ~ gehen** apartarse; **jdn auf seiner ~ haben** tener a alguien de su parte; **jdm zur ~ stehen** apoyar a alguien; **auf der einen ~ ..., auf der anderen ~ ...** por una parte..., por otra...; **sich von seiner besten ~ zeigen** mostrar su mejor cara; **die gelben ~n** las páginas amarillas; **seitenlang I.** *adj* de varias páginas **II.** *adv* en páginas enteras

seitens ['zaɪtəns] *präp* +*gen* por parte de

Seitensprung *m* (*fig*) **einen ~ machen** ser infiel; **Seitenstraße** *f* calle *f* lateral; **seitenverkehrt** *adj* invertido lateralmente

seither [-'-] *adv* desde entonces

seitlich I. *adj* lateral; **~ von ...** al lado de... **II.** *adv* de lado; **~ abfallen** descender lateralmente **III.** *präp* +*gen* a un lado de

seitwärts ['zaɪtvɛrts] *adv* hacia un lado

Sekretär¹ *m* <-s, -e> (*Möbelstück*) secreter *m*

Sekretär(in)² [zekre'tɛ:ɐ] *m(f)* <-s, -e; -nen> secretario, -a *m, f*

Sekretariat [zekretari'a:t] *nt* <-(e)s, -e> secretaría *f*

Sekt [zɛkt] *m* <-(e)s, -e> cava *m*

Sekte ['zɛktə] *f* <-n> secta *f*

Sektor ['zɛkto:ɐ] *m* <-s, -en> sector *m*

sekundär [zekʊn'dɛ:ɐ] *adj* secundario

Sekunde [ze'kʊndə] *f* <-n> segundo *m*; **auf die ~ genau** al segundo; **Sekundenzeiger** *m* segundero *m*

selbe(r, s) ['zɛlbə, -bɐ, -bəs] *adj* mismo; **im ~n Haus** en la misma casa

selber ['zɛlbɐ] *pron dem inv* (*fam*) *s.* **selbst**

selbst [zɛlpst] **I.** *pron dem inv* mismo; **ich/sie/wir ~** yo mismo/ella misma/nosotros mismos; **das versteht sich von ~** esto se entiende por sí solo; **er ist die Ruhe ~** es la calma en persona **II.** *adv* (*sogar*) hasta; **~ wenn** incluso si +*subj*; **Selbstachtung** *f* autoestima *f*

selbständig ['zɛlpʃtɛndɪç] *adj o adv s.* **selbstständig; Selbständigkeit** *f s.* **Selbstständigkeit**

Selbstbedienung *f ohne pl* autoservicio *m*; **Selbstbefriedigung** *f* masturbación *f*; **Selbstbeherrschung** *f* autocontrol *m*; **Selbstbereicherung** *f ohne pl* enriquecimiento *m* propio; **Selbstbestimmung** *f* autodeterminación *f*;

selbstbewusst^RR *adj* seguro de sí mismo; **selbstgefällig I.** *adj* (*abw*) autosuficiente **II.** *adv* (*abw*) con autosuficiencia; **Selbstgespräch** *nt* monólogo *m*; **~e führen** monologar; **Selbsthilfe** *f ohne pl* autoayuda *f*; **zur ~ greifen** tomarse la justicia por su mano; **selbstklebend** *adj* autoadhesivo

Selbstkostenbehalt ['zɛlbstkɔstən-bəhalt] *m* <-(e)s, *ohne pl*> cuota *f* a pagar por el asegurado; **Selbstkostenpreis** *m* precio *m* de coste

selbstkritisch *adj* autocrítico; **selbstlos** *adj* altruista; **Selbstmitleid** *nt* (*abw*) autocompasión *f*; **Selbstmord** *m* suicidio *m*; **~ begehen** suicidarse; **Selbstmörder(in)** *m(f)* suicida *mf*; **selbstsicher** *adj* seguro de sí mismo; **selbstständig**^RR **I.** *adj* independiente **II.** *adv* por sí solo; **Selbstständigkeit**^RR *f* independencia *f*; **selbstsüchtig** *adj* egoísta; **selbstverständlich** ['--(')--] **I.** *adj* natural; **das ist doch ~!** ¡esto se sobreentiende!; **etw für ~ halten** dar algo por hecho **II.** *adv* desde luego; **~ (nicht)!** ¡por supuesto (que no)!; **Selbstverständlichkeit** ['--(')---] *f* <-en> (*Unbefangenheit*) naturalidad *f*; **das war doch eine ~** no faltaba más; **etw für eine ~ halten** considerar algo como lo más natural del mundo; **Selbstverteidigung** *f* autodefensa *f*; **Selbstvertrauen** *nt* confianza *f* en sí mismo

Selbstwertgefühl *nt* <-(e)s, *ohne pl*> autoestima *f*

Selbstzweck *m* <-(e)s, *ohne pl*> fin *m* absoluto

selig ['ze:lɪç] *adj* (*glücklich*) feliz

Sellerie ['zɛləri] *m* <-s, -(s)>, *f* <-> apio *m*

selten ['zɛltən] **I.** *adj* raro **II.** *adv* raras veces

Seltenheit *f* <-en> **1.** (*Stück*) curiosidad *f* **2.** *ohne pl* (*Vorkommen*) rareza *f*

seltsam ['zɛltza:m] *adj* extraño

seltsamerweise ['zɛltza:mɐ'vaɪzə] *adv* curiosamente

Semester [ze'mɛstɐ] *nt* <-s, -> semestre *m*

Semikolon [zemi'ko:lɔn] *nt* <-s, -s *o* Semikola> punto *m* y coma

Seminar [zemi'na:ɐ] *nt* <-s, -e> (*Kurs*) seminario *m*; (*Institut*) departamento *m*

Semmel ['zɛməl] *f* <-n> (*Österr, südd, reg*) panecillo *m*

Senat [ze'na:t] *m* <-(e)s, -e> senado *m*

senden ['zɛndən] *vt* (*ausstrahlen*) emitir

Sender *m* <-s, -> (estación *f*) emisora *f*

Sendung *f* <-en> (RADIO, TV: *das Senden*) emisión *f*; (*einzelne Sendung*) programa *m*

Senf [zɛnf] *m* <-(e)s, -e> mostaza *f*

senil [ze'ni:l] *adj* senil

senior ['ze:njo:ɐ] *adj*: **Karl Meyer ~** Karl Meyer padre

Senior(in) ['ze:njo:ɐ] *m(f)* <-s, -en; -nen> **1.** (*Rentner*) persona *f* de la tercera edad **2.** (SPORT) sénior *mf*; **Seniorenheim** *nt* residencia *f* para la tercera edad

Senke ['zɛŋkə] *f* <-n> depresión *f* en un terreno

senken ['zɛŋkən] *vt* bajar; (*Kopf*) inclinar; (*Kosten*) reducir; (*Preise*) rebajar

senkrecht *adj* vertical

Sensation [zɛnza'tsjo:n] *f* <-en> sensación *f*

sensationell [zɛnzatsjo'nɛl] *adj* sensacional

sensibel [zɛn'ziːbəl] *adj* sensible

Sensibilität [zɛnzibili'tɛːt] *f* sensibilidad *f*

Sensor ['zɛnzoːɐ] *m* <-s, -en> sensor *m*

sentimental [zɛntimɛn'taːl] *adj* sentimental

Sentimentalität [zɛntimɛntali'tɛːt] *f* sentimentalismo *m*

separat [zepa'raːt] I. *adj* separado; (*Eingang*) independiente II. *adv* aparte

September [zɛp'tɛmbɐ] *m* <-(s), -> se(p)tiembre *m; s.a.* **März**

Sera *pl von* **Serum**

Serbien ['zɛrbiən] *nt* <-s> Serbia *f*

serbisch *adj* serbio

serbokroatisch [zɛrbokro'aːtɪʃ] *adj* serbocroata

Seren *pl von* **Serum**

Serie ['zeːriə] *f* <-n> serie *f;* **serienmäßig** I. *adj* en serie; (AUTO: *Ausstattung*) de serie II. *adv* en serie

seriös [zeri'øːs] *adj* serio

Serum ['zeːrʊm] *nt* <-s, Seren *o* Sera> suero *m*

Service¹ [zɛr'viːs] *nt* <-(s), -> (*Geschirr*) juego *m* de café

Service² ['sœːvɪs] *m* <-, ohne pl> (*Bedienung*) servicio *m;* (*Kundendienst*) asistencia *f* técnica

servieren* [zɛr'viːrən] *vi, vt* servir

Serviette [zɛr'vjɛtə] *f* <-n> servilleta *f*

Sessel ['zɛsəl] *m* <-s, -> sillón *m;* **Sessellift** *m* telesilla *f*

sesshaftᴿᴿ ['zɛshaft] *adj* sedentario; **in einem Ort ~ werden** asentarse en un lugar

Set [sɛt] *m o nt* <-(s), -s> conjunto *m*

setzen ['zɛtsən] I. *vt* poner (*auf* en/ sobre); (*Frist*) fijar; (*Geld*) apostar (*auf* por); **etw** *dat* **ein Ende ~** poner fin a algo; **sich** *dat* **ein Ziel ~** ponerse una meta; **ein Kind in die**

Welt ~ (*fam*) traer un hijo al mundo II. *vr:* **sich ~** (*Person*) sentarse; (*Flüssigkeit*) posarse

Seuche ['zɔɪçə] *f* <-n> epidemia *f*

seufzen ['zɔɪftsən] *vi* suspirar

Seufzer *m* <-s, -> suspiro *m*

Sex [sɛks] *m* <-(es), ohne pl> (*fam*) sexo *m*

sexistisch *adj* sexista

Sexualität [sɛksuali'tɛːt, zɛksuali'tɛːt] *f* sexualidad *f*

Sexualverbrechen *nt* delito *m* sexual

sexuell [sɛksu'ɛl, zɛksu'ɛl] *adj* sexual; **jdn ~ missbrauchen** abusar sexualmente de alguien

sexy ['sɛksi] *adj inv* (*fam*) sexy

Shampoo ['ʃampu] *nt* <-s, -s> champú *m*

Sherry ['ʃɛri] *m* <-s, -s> jerez *m*

Shoppen ['ʃɔpən] *nt* <-s, ohne pl> acción *f* de ir de compras

Shorts [ʃɔːts, ʃɔrts] *pl* pantalones *m pl* cortos

Show [ʃoʊ] *f* <-s> espectáculo *m;* **Showgeschäft** *nt* <-(e)s, ohne pl> mundo *m* del espectáculo; **Showmaster(in)** [-maːstɐ] *m(f)* <-s, -; -nen> presentador(a) *m(f)*

sich [zɪç] *pron refl akk/dat von* **er, sie, es, Sie** *akk/dat von pl* **sie, Sie** se; (*betont*) a sí... (se); (*mit Präposition*) sí; **er denkt nur an ~** sólo piensa en sí (mismo); **sie hat kein Geld bei ~** no lleva dinero consigo; **jeder für ~** cada cual por su cuenta

sicher ['zɪçɐ] I. *adj* seguro; **bist du dir ~?** ¿estás seguro? II. *adv* (*wahrscheinlich*) seguramente; (*gewiss*) con seguridad; **sicher|gehen** *irr vi sein* ir sobre seguro, estar seguro; **er will ganz ~, dass ...** quiere estar seguro de que... +*subj*

Sicherheit *f* <-en> 1. (WIRTSCH) garantía *f* 2. *ohne pl* (*ohne Gefahr*) seguridad *f;* (*im Auftreten*) aplomo *m;* (*Gewissheit*) certeza *f;* **jdn/etw in ~ bringen** salvar a alguien/algo; **sich in ~ befinden** estar a salvo; **Sicherheitsabstand** *m* distancia *f* de seguridad; **Sicherheitsgurt** *m* cinturón *m* de seguridad; **sicherheitshalber** [-halbɐ] *adv* para estar seguro; **Sicherheitslücke** *f* fallo *m* de seguridad; **Sicherheitsnadel** *f* imperdible *m*

sicherlich *adv* seguramente

sichern ['zɪçɐn] *vt* asegurar; (*schützen*) proteger (*gegen/vor* contra); (INFOR: *speichern*) almacenar

sicher|stellen *vt* (*beschlagnahmen*) intervenir; (*gewährleisten*) asegurar

Sicherung *f* <-en> (ELEK) fusible *m*

Sicht [zɪçt] *f* (*Sichtverhältnisse*) visibilidad *f;* (*Ausblick*) vista *f;* (*Sichtweise*) (punto *m* de) vista *f;* **klare ~** buena visibilidad; **auf lange ~** a largo plazo; **aus heutiger ~** desde el punto de vista actual

sichtbar *adj* visible; **~ werden** (*fig*) manifestarse

sichten ['zɪçtən] *vt* (*erblicken*) avistar; (*durchsehen*) revisar

sichtlich *adj* evidente; **er hat sich ~ gefreut** se alegró visiblemente

Sichtverhältnisse *ntpl* (condiciones *fpl* de) visibilidad *f;* **Sichtweite** *f* visibilidad *f;* **außer ~ sein** estar fuera del alcance de la vista

sickern ['zɪkɐn] *vi sein* (*durchsickern*) colarse (*durch* por); (*hineinsickern*) infiltrarse (*in* en)

sie [ziː] *pron pers* **1.** *nom 3. sg f* ella **2.** *nom 3. pl m o f* ellos *mpl,* ellas *fpl* **3.** *akk von sg* **sie** la; (*betont*) a ella (la); (*mit Präposition*) ella; **ich treffe ~ heute Abend** la veo esta noche **4.** *akk von pl* **sie** (*auf Menschen bezogen*) los *mpl,* las *fpl;* (*nur auf Frauen bezogen*) las *fpl;* (*auf Sa-*

chen bezogen) los *mpl,* las *fpl;* (*betont: Menschen*) a ellos (los) *mpl,* a ellas (las) *fpl;* (*mit Präposition: Menschen*) ellos *mpl,* ellas *fpl;* **wir machen alles nur für ~** lo hacemos todo por ellos

Sie [ziː] *pron pers* (*Höflichkeitsform*) **1.** *nom* (*eine Person*) usted; (*mehrere Personen*) ustedes **2.** *akk von* **Sie** (*einen Mann*) lo; (*eine Frau*) la; (*mehrere Personen*) los *mpl;* (*mehrere Frauen*) las *fpl;* (*betont*) a usted (lo) *m,* a usted (la) *f,* a ustedes (los) *mpl,* a ustedes (las) *fpl;* (*mit Präposition: einer Person*) usted; (*mehrere Personen*) ustedes; **darf ich ~ mal stören?** ¿puedo molestarle(s)/molestarla(s) un momento?

Sieb [ziːp] *nt* <-(e)s, -e> (*Sandsieb*) criba *f;* (*feines Sieb*) tamiz *m;* (*für Flüssigkeiten*) colador *m;* (*für Nudeln*) escurridor *m*

sieben[1] ['ziːbən] *vt* (*Sand*) cribar; (*Mehl*) tamizar; (*auswählen*) seleccionar

sieben[2] *adj inv* siete; *s.a.* **acht**[1]

siebenhundert ['--'--] *adj inv* setecientos; *s.a.* **achthundert**

siebte(r, s) ['ziːptə, -tɐ, -təs] *adj* séptimo; *s.a.* **achte(r, s)**

siebzehn ['ziːptseːn] *adj inv* diecisiete; *s.a.* **acht**[1]

siebzig ['ziːptsɪç] *adj inv* setenta; *s.a.* **achtzig**

sieden ['ziːdən] <siedet, sott *o* siedete, gesotten *o* gesiedet> *vi* hervir

Siedler(in) ['ziːdlɐ] *m(f)* <-s, -; -nen> colono, -a *m, f*

Siedlung ['ziːdlʊŋ] *f* <-en> urbanización *f;* (HIST) población *f*

Sieg [ziːk] *m* <-(e)s, -e> triunfo *m* (*über* sobre)

Siegel ['ziːgəl] *nt* <-s, -> sello *m;* **unter dem ~ der Verschwiegen-**

heit bajo la condición de guardar el secreto

siegen ['zi:gən] *vi* ganar (*über* a); **mit 1:3 ~** ganar por 1:3

Sieger(in) *m (f)* <-s, -; -nen> vencedor(a) *m (f)*

siegessicher *adj* seguro de triunfar; **Siegeszug** *m* cortejo *m* triunfal

siegreich *adj* victorioso; (SPORT) ganador

sieht [zi:t] *3. präs von* **sehen**

siezen ['zi:tsən] *vt* tratar de usted

Signal [zɪ'gna:l] *nt* <-s, -e> señal *f*

signalisieren* [zɪgnali'zi:rən] *vt* señalar

Silbe ['zɪlbə] *f* <-n> sílaba *f*

Silber ['zɪlbɐ] *nt* <-s, *ohne pl*> plata *f;* **Silberhochzeit** *f* bodas *fpl* de plata; **Silbermedaille** *f* medalla *f* de plata

silbern ['zɪlbɐn] *adj* (*aus Silber*) de plata; (*Farbe*) plateado

Silhouette [zilu'ɛtə] *f* <-n> silueta *f*

Silikon [zili'ko:n] *nt* <-s, -e> silicona *f*

Silo ['zi:lo] *m o nt* <-s, -s> silo *m*

Silvester [zɪl'vɛstɐ] *m o nt* <-, -> Nochevieja *f*

simpel ['zɪmpəl] *adj* simple

Sims [zɪms] *m o nt* <-es, -e> (*Fenstersims*) moldura *f*

simulieren* [zimu'li:rən] *vi, vt* simular

simultan [zimʊl'ta:n] *adj* simultáneo

sind [zɪnt] *1. o 3. pl präs von* **sein**

Sinfonie [zɪnfo'ni:] *f* <-n> sinfonía *f;* **Sinfonieorchester** *nt* orquesta *f* sinfónica

singen ['zɪŋən] <singt, sang, gesungen> *vi, vt* cantar

Single[1] ['sɪŋ(g)əl] *f* <-(s)> (*Schallplatte*) (disco *m*) sencillo *m*

Single[2] *m* <-(s), -s> (*Person*) soltero, -a *m, f* (y sin pareja)

Singular ['zɪŋgulaːɐ] *m* <-s, -e> singular *m*

Singvogel *m* pájaro *m* cantor

sinken ['zɪŋkən] <sinkt, sank, gesunken> *vi sein* (*niedersinken*) descender; (*Schiff*) hundirse; (*abnehmen*) bajar; (*Einfluss, Hoffnung*) disminuir

Sinn [zɪn] *m* <-(e)s, -e> sentido *m;* **von ~en sein** no estar en su sano juicio; **~ für Humor haben** tener sentido del humor; **das hat keinen ~** eso no tiene sentido; **im wahrsten ~e des Wortes** en el más amplio sentido de la palabra; **in gewissem ~** en cierto sentido; **Sinnbild** *nt* símbolo *m* (*für* de)

Sinneseindruck *m* impresión *f;* **Sinnesorgan** *nt* órgano *m* sensorial; **Sinnestäuschung** *f* alucinación *f;* **Sinneswahrnehmung** *f* percepción *f* sensorial; **Sinneswandel** *m* cambio *m* de opinión

sinngemäß *adj* conforme al sentido

sinnlich *adj* (*Mensch, Genuss*) sensual

sinnlos *adj* sin sentido; (*zwecklos*) inútil; **sinnvoll** *adj* (*vernünftig*) sensato; (*nützlich*) útil

Sintflut ['zɪntfluːt] *f* diluvio *m;* **nach mir die ~** y luego que caiga quien caiga

Sippe ['zɪpə] *f* <-n> clan *m;* (*Verwandtschaft*) parentela *f*

Sirene [zi're:nə] *f* <-n> sirena *f*

Sirup ['zi:rʊp] *m* <-s, -e> jarabe *m*

Sitte ['zɪtə] *f* <-n> costumbre *f;* **sittenwidrig** *adj* (JUR) inmoral, contrario a la moral

sittlich *adj* moral

Situation [zitua'tsjoːn] *f* <-en> situación *f;* **eine ausweglose ~** un callejón sin salida

Sitz [zɪts] *m* <-es, -e> asiento *m;* (*im Kino*) butaca *f;* (*einer Firma*) sede *f*

sitzen ['zɪtsən] <sitzt, saß, geses-

sen> vi haben o südd, Österr, Schweiz: sein **1.** (*Person*) estar sentado (*auf* en); **am Tisch** ~ estar sentado a la mesa; ~ **bleiben** (*fam: in der Schule*) repetir curso; **auf einer Ware** ~ **bleiben** (*fam*) no poder vender una mercancía; **jdn** ~ **lassen** (*fam*) dejar plantado a alguien **2.** (*sich befinden*) hallarse; (*Firma*) tener su sede (*in* en) **3.** (*Kleidung*) quedar (bien); **der Hut sitzt schief** el sombrero está ladeado; **sitzen|bleiben** *irr vi sein* s. **sitzen 1.**; **sitzen|lassen** *irr vt* s. **sitzen 1.**

Sitzgelegenheit f, **Sitzplatz** m asiento m

Sitzung f <-en> sesión f

Skala ['ska:la] f <-s o Skalen> escala f

Skandal [skan'da:l] m <-s, -e> escándalo m

skandalös [skanda'lø:s] *adj* escandaloso

Skandinavien [skandi'na:viən] nt <-s> Escandinavia f

Skateboard ['skɛɪtbɔːt] nt <-s, -s> monopatín m

Skelett [ske'lɛt] nt <-(e)s, -e> esqueleto m

Skepsis ['skɛpsɪs] f escepticismo m

skeptisch ['skɛptɪʃ] *adj* escéptico

Ski [ʃiː] m <-s, -(er)> esquí m; ~ **laufen** esquiar; **Skifahrer(in)** m(f) esquiador(a) m(f)

Skinhead ['skɪnhɛt] m <-s, -s> cabeza m rapada

Skizze ['skɪtsə] f <-n> (*Zeichnung*) boceto m; (*Entwurf*) esbozo m

skizzieren* [skɪ'tsiːrən] vt esbozar

Sklave, Sklavin ['skla:və] m, f <-n, -n; -nen> esclavo, -a m, f

Sklaverei f esclavitud f

Skonto ['skɔnto] m o nt <-s, -s o Skonti> descuento m

Skorpion [skɔr'pjoːn] m <-s, -e> es-

corpión m; (ASTR) Escorpio m

Skrupel ['skru:pəl] m <-s, -> escrúpulo m; **skrupellos** *adj* sin escrúpulos

Skulptur [skʊlp'tuːɐ] f <-en> escultura f

Slalom ['sla:lɔm] m <-s, -s> eslalon m, slalom m

Slang [slɛŋ] m <-s, *ohne pl*> argot m

slawisch *adj* eslavo

Slip [slɪp] m <-s, -s> braga f

Slogan ['slɔʊgən] m <-s, -s> eslogan m

Slowake, Slowakin [slo'va:kə] m, f <-n, -n; -nen> eslovaco, -a m, f

Slowakei [slova'kaɪ] f Eslovaquia f

slowakisch *adj* eslovaco; **Slowakische Republik** República Eslovaca

Slowene, Slowenin [slo've:nə] m, f <-n, -n; -nen> esloveno, -a m, f

Slowenien [slo've:niən] nt <-s> Eslovenia f

slowenisch *adj* esloveno

Slum [slam] m <-s, -s> barrio m de chabolas

Smog [smɔk] m <-(s), -s> smog m

Smoking ['smo:kɪŋ] m <-s, -s> esmoquin m

SMS¹ [ɛsʔɛmʔ'ɛs] f <-> *Abk. von* **Short Message Service** SMS m, mensaje m corto; **eine** ~ **schicken** enviar un (mensaje) SMS

SMS² [ɛsʔɛmʔɛs] m <-(s), *ohne pl*> *Abk. von* **Short Message Service** SMS m, mensajería f corta

Snob [snɔp] m <-s, -s> (*abw*) (e)snob mf

so [zoː] **I.** *adv* **1.** (*auf diese Weise*) así; ~ **ist es nun mal** así son las cosas; ~ **gesehen, hast du Recht** visto de esta manera tienes razón; **gut** ~! ¡bien hecho!; ~ **oder** ~ (*unterschiedlich*) de una manera o de otra; (*auf jeden Fall*) de todas maneras **2.** (*Eigenschaft: bei Adjektiv + Adverb*) tan; (*bei Verb*) tanto; **sie tut mir ~ leid** me da tanta pena; **~ früh wie möglich** tan pronto como sea posible **3.** (*fam: solch*) semejante; **~ ein Zufall!** ¡qué coincidencia! **4.** (*fam: ungefähr*) más o menos; **er heißt Traugott oder ~** se llama Traugott o algo parecido; **ich komme ~ gegen acht** vengo a las ocho más o menos **II.** *konj:* **~ dass ...** de modo que...; **~ ..., dass ...** tan(to)... que...

s.o. *Abk. von* **siehe oben** véase arriba

sobald [zoˈbalt] *konj* en cuanto +*subj*

Socke [ˈzɔkə] *f* <-n> calcetín *m*

Sockel [ˈzɔkəl] *m* <-s, -> zócalo *m*

Sodbrennen [ˈzoːt-] *nt* <-s, *ohne pl*> acidez *f* de estómago

soeben [zoˈʔeːbən] *adv* en este momento

Sofa [ˈzoːfa] *nt* <-s, -s> sofá *m*

sofern [zoˈfɛrn] *konj* siempre y cuando +*subj;* **~ nicht** a no ser que +*subj*

soff [zɔf] *3. imp von* **saufen**

sofort [zoˈfɔrt] *adv* enseguida

sofortige(r, s) *adj* inmediato; **mit ~r Wirkung** con efecto inmediato

Software [ˈsɔftwɛːɐ] *f* <-s> software *m*

sog [zoːk] *3. imp von* **saugen**[1]

sog. *Abk. von* **so genannt** así llamado

sogar [zoˈgaːɐ] *adv* incluso

sogenannt [ˈzoːgənant] *adj s.* **nennen**

Sohle [ˈzoːlə] *f* <-n> (*Schuhsohle*) suela *f*

Sohn [zoːn] *m* <-(e)s, Söhne> hijo *m;* **der verlorene ~** (REL) el hijo pródigo

Soja [ˈzoːja] *f* <Sojen> soja *f*

solang(e) [zoˈlaŋ(ə)] **I.** *adv* entretanto **II.** *konj* mientras (que) +*subj;* **~ bis ...** hasta que... +*subj;* **~ du willst** todo el tiempo que quieras

Solarenergie *f* energía *f* solar

Solarium [zoˈlaːriʊm] *nt* <-s, Solarien> solárium *m;* **solariumgebräunt** *adj* con moreno de solárium [*o* artificial]

solch [zɔlç] *adj inv* (*geh*) tal; *s.a.* **solche(r, s)**

solche(r, s) *adj* **1.** (*so beschaffen*) tal; **ein ~r Mensch** semejante persona **2.** (*Intensität: adjektivisch*) tanto; (*adverbial*) tan; **ich habe ~n Durst** tengo tanta sed; **das macht ~n Spaß!** ¡es tan divertido!

Soldat(in) [zɔlˈdaːt] *m(f)* <-en, -en; -nen> soldado *mf*

solid(e) [zoˈliːt, zoˈliːdə] *adj* sólido; (*Person*) serio

solidarisch [zoliˈdaːrɪʃ] *adj* solidario

solidarisieren* [zolidariˈziːrən] *vr:* **sich ~** solidarizarse

Solidarität [zolidariˈtɛːt] *f* solidaridad *f*

Solist(in) [zoˈlɪst] *m(f)* <-en, -en; -nen> solista *mf*

Soll [zɔl] *nt* <-(s), -(s)> (FIN) debe *m;* **~ und Haben** debe y haber

sollen [ˈzɔlən] <soll, sollte, sollen> *vi Modalverb* deber; **was soll ich tun?** ¿qué debo hacer?; **soll ich auf dich warten?** ¿quieres que te espere?; **es soll morgen schneien** parece que mañana va a nevar; **was soll das heißen?** ¿qué quiere decir eso?

Solo [ˈzoːlo] *nt* <-s, -s *o* Soli> solo *m*

Solothurn [ˈzoːlotʊrn] *nt* <-s> Solothurn *m*

somit [ˈzoːmɪt, zoˈmɪt] *adv* por lo tanto

Sommer [ˈzɔmɐ] *m* <-s, -> verano

m; **den ~ über** durante el verano; **Sommerferien** *pl* vacaciones *fpl* de verano

sommerlich *adj* veraniego

Sommerschlussverkauf^RR *m* rebajas *fpl* de verano; **Sommersprosse** *f* peca *f*

Sonde ['zɔndə] *f* <-n> sonda *f*

Sonderangebot ['zɔndɐ-] *nt* oferta *f* especial; **im ~ sein** estar de oferta; **sonderbar** *adj* raro; **Sonderfall** *m* (*Ausnahme*) excepción *f;* **Sondermüll** *m* residuos *mpl* tóxicos

sondern ['zɔndɐn] *konj* sino; **nicht nur ...,** **~ auch ...** no sólo... sino también...

Sonderregelung *f* reglamentación *f* especial; **Sonderschule** *f* escuela *f* de educación especial

sondieren* [zɔn'diːrən] *vt* (*Lage*) sondear; (MED, TECH) sondar

Sonnabend ['zɔnʔaːbənt] *m* (*nordd, reg*) sábado *m; s.a.* **Montag**

Sonne ['zɔnə] *f* <-n> sol *m;* **die ~ geht auf/unter** el sol sale/se pone; **die ~ scheint** hace sol

sonnen *vr:* **sich ~** tomar el sol

Sonnenaufgang *m* salida *f* del sol; **Sonnenblume** *f* girasol *m;* **Sonnenbrand** *m* quemadura *f* del sol; **Sonnenbrille** *f* gafas *fpl* de sol; **Sonnenenergie** *f* energía *f* solar; **Sonnenlicht** *nt* <-(e)s, *ohne pl*> luz *f* del sol; **Sonnenschein** *m* <-(e)s, *ohne pl*> luz *f* del sol; **bei strahlendem ~** con sol; **Sonnenschirm** *m* sombrilla *f;* **Sonnenstich** *m* insolación *f;* **Sonnenuntergang** *m* puesta *f* del sol

sonnig *adj* soleado; (*Gemüt*) alegre

Sonntag ['zɔntaːk] *m* domingo *m; s.a.* **Montag; sonntäglich** *adj* dominical

sonntags ['zɔntaːks] *adv* los domingos; **sonn- und feiertags** domingos

y festivos; *s.a.* **montags**

sonst [zɔnst] *adv* **1.** (*außerdem*) más; (*im Übrigen*) por lo demás; **~ nichts** nada más; **~ noch Fragen?** ¿alguna pregunta más? **2.** (*für gewöhnlich*) normalmente; **genau wie ~** igual que siempre **3.** (*andernfalls*) si no; **wie denn ~?** (*fam*) ¿cómo si no?

sonstige(r, s) *adj* otro

sooft [zo'ʔɔft] *konj* cada vez que

Sorge ['zɔrgə] *f* <-n> preocupación *f* (*um* por); **keine ~!** ¡no te preocupes!

sorgen ['zɔrgən] **I.** *vi* preocuparse (*für* de); **für jdn ~** cuidar a alguien; **dafür ~, dass ...** ocuparse de que +*subj* **II.** *vr:* **sich ~** preocuparse (*um* por)

Sorgerecht *nt* <-(e)s, *ohne pl*> custodia *f*

Sorgfalt ['zɔrkfalt] *f* esmero *m*

sorgfältig [-fɛltɪç] *adj* esmerado

sorglos *adj* (*unachtsam*) despreocupado; (*sorgenfrei*) sin preocupaciones

sorgsam *adj* diligente

Sorte ['zɔrtə] *f* <-n> tipo *m*

sortieren* [zɔr'tiːrən] *vt* clasificar (*nach* por)

Sortiment [zɔrti'mɛnt] *nt* <-(e)s, -e> surtido *m*

SOS [ɛsʔoː'ʔɛs] *nt* <-, *ohne pl*> *Abk. von* **save our souls** S.O.S. *m;* **~ funken** mandar un S.O.S.

sosehr [zo'zeːɐ] *konj* por mucho que *subj*

Soße ['zoːsə] *f* <-n> salsa *f*

sott [zɔt] *3. imp von* **sieden**

Soundkarte ['saʊnt-] *f* tarjeta *f* de sonido

Souvenir [zuvə'niːɐ] *nt* <-s, -s> recuerdo *m*

souverän [zuvə'rɛːn] **I.** *adj* (POL) soberano; (*geh: überlegen*) superior **II.** *adv* con superioridad

Souveränität [zuvərɛniˈtɛːt] *f* (*von Staaten*) soberanía *f*; (*geh: Überlegenheit*) superioridad *f*

soviel [zoˈfiːl] **I.** *adv s.* **viel II.** *konj* **1.** (*soweit*) por lo que; ~ **ich weiß** ... por lo que yo sé... **2.** (*sosehr*) por mucho que; **soweit** [zoˈvaɪt] **I.** *adv s.* **weit I. II.** *konj* por lo que; ~ **ich sehen kann,** ... por lo que puedo observar...; **sowenig** [zoˈveːnɪç] **I.** *adv s.* **wenig II.** *konj* por poco que +*subj*

sowie [zoˈviː] *konj* (*sobald*) en cuanto +*subj* (*außerdem*) así como

sowieso [zoviˈzoː, ˈzoːvizo] *adv* de todas maneras

Sowjetunion [zɔˈvjɛt-, ˈzɔvjɛt-] *f* Unión *f* Soviética

sowohl [zoˈvoːl] *konj:* ~ ... **als auch** ... tanto... como...

sozial [zoˈtsjaːl] *adj* social; **Sozialabgaben** *fpl* cuotas *fpl* sociales; **Sozialamt** *nt* departamento *m* de asistencia social; **sozialdemokratisch** *adj* socialdemócrata; **Sozialhilfe** *f* ayuda *f* social

Sozialismus [zotsjaˈlɪsmʊs] *m* <-, *ohne pl*> socialismo *m*

Sozialpolitik *f* política *f* social; **Sozialversicherung** *f* seguro *m* social; **Sozialwohnung** *f* vivienda *f* de protección oficial

Soziologie [zotsjoloˈgiː] *f* sociología *f*

sozusagen [zoːtsuˈzaːgən, '----] *adv* por así decir

Spagetti[RR] *pl*, **Spaghetti** [ʃpaˈgɛti] *pl* espaguetis *mpl*

Spalt [ʃpalt] *m* <-(e)s, -e> rendija *f*; (*Riss*) grieta *f*; **die Tür einen ~ öffnen** entreabrir la puerta

Spalte [ˈʃpaltə] *f* <-n> (*Öffnung*) raja *f*; (*Riss*) grieta *f*; (TYPO) columna *f*

spalten [ˈʃpaltən] <spaltet, spaltete, gespalten *o* gespaltet> *vt* partir;

(*Partei, Gruppe*) escindir

Spam-Mail [ˈspɛm-meːl] *f* <-s> (INFOR) correo *m* no solicitado

Span [ʃpaːn] *m* <-(e)s, Späne> astilla *f*

Spange [ˈʃpaŋə] *f* <-n> (*Haarspange*) horquilla *f*; (*Zahnspange*) aparato *m* de ortodoncia

Spanien [ˈʃpaːniən] *nt* <-s> España *f*

Spanier(in) [ˈʃpaːniɐ] *m(f)* <-s, -; -nen> español(a) *m(f)*

spanisch *adj* español

Spanisch *nt* <-(s), *ohne pl*> español *m;* ~ **sprechen** hablar español

spanischsprachig *adj* hispanohablante; ~**e Länder** países de habla hispana

spann [ʃpan] *3. imp von* **spinnen**

Spanne [ˈʃpanə] *f* <-n> (*Zeitspanne*) intervalo *m;* (*Handelsspanne*) margen *m*

spannen [ˈʃpanən] **I.** *vt* (*dehnen*) estirar; (*Seil, Muskeln*) tensar; (*Leine, Netz*) tender **II.** *vi* (*Kleidung*) quedar estrecho; (*Haut*) tirar

spannend *adj* (*fesselnd*) cautivador; (*Buch, Film*) de suspense

Spannung *f* <-en> **1.** (*Stromstärke*) voltaje *m* **2.** *ohne pl* (*Erwartung, innere Spannung*) tensión *f*; (*eines Films*) suspense *m;* **etw mit ~ erwarten** esperar algo con impaciencia

Sparbuch *nt* libreta *f* de ahorro; **Sparbüchse** *f* hucha *f*

sparen [ˈʃpaːrən] *vi, vt* ahorrar

Spargel [ˈʃpargəl] *m* <-s, -> espárrago *m*

Sparguthaben *nt* ahorros *mpl*; **Sparkasse** *f* caja *f* de ahorros; **Sparkonto** *nt* cuenta *f* de ahorro

spärlich [ˈʃpɛːrlɪç] *adj* escaso

sparsam *adj* económico; (*Person*) poco gastador; ~ **mit etw umgehen** ser ahorrativo con algo

Sparsamkeit f economía f

Sparschwein nt hucha f (en forma de cerdo)

Sparte ['ʃpartə] f <-n> (Gebiet) rama f; (Rubrik) sección f

Spaß [ʃpaːs] m <-es, Späße> **1.** (Scherz) broma f; (**keinen**) ~ **verstehen** tener (poca) correa **2.** ohne pl (Vergnügen) diversión f; **jdm den ~ verderben** aguar(le) la fiesta a alguien; **viel ~!** ¡que te diviertas!

spaßen ['ʃpaːsən] vi bromear

Spaßgesellschaft f sociedad f de la diversión

spaßig adj divertido

Spaßverderber(in) m(f) <-s, -; -nen> aguafiestas mf inv; **Spaßvogel** m bromista mf

spät [ʃpɛːt] **I.** adj tardío; **am ~en Vormittag** a última hora de la mañana; **von früh bis ~** desde la mañana hasta la noche **II.** adv tarde; **wie ~ ist es?** ¿qué hora es?; **Spätaussiedler(in)** m(f) emigrante de origen alemán de los estados de Europa del Este

später ['ʃpɛːtɐ] **I.** adj posterior **II.** adv más tarde; **bis ~!** ¡hasta luego!; **einige Stunden ~** unas horas después

spätestens ['ʃpɛːtəstəns] adv lo más tarde; **~ in einer Stunde** a más tardar dentro de una hora

Spätfolge f efecto m tardío; **Spätschicht** f turno m de tarde

Spatz [ʃpats] m <-en o -es, -en> gorrión m

spazieren* [ʃpaˈtsiːrən] vi sein pasear; **im Wald ~ gehen** pasear(se) por el bosque; **spazieren|gehen**ALT irr vi sein s. **spazieren**

Spaziergang m paseo m; **einen ~ machen** dar un paseo

Specht [ʃpɛçt] m <-(e)s, -e> pájaro m carpintero

Speck [ʃpɛk] m <-(e)s, -e> (GASTR) tocino m; (geräuchert) bacón m; (fam: bei Menschen) grasa f

Spediteur(in) [ʃpediˈtøːɐ] m(f) < (e)s, -e, -nen> transportista m/f

Spedition [ʃpediˈtsjoːn] f <-en> empresa f de transportes

Speed [spiːt] nt <-s, -s> (sl: Droge) espid m

Speiche ['ʃpaɪçə] f <-n> (a. MED) radio m

Speichel ['ʃpaɪçəl] m <-s, ohne pl> saliva f

Speicher ['ʃpaɪçɐ] m <-s, -> (Lager) almacén m; (Dachboden) desván m; (INFOR) memoria f

speichern ['ʃpaɪçɐn] vi, vt almacenar; **Daten auf Diskette ~** almacenar datos en un disquete

Speise ['ʃpaɪzə] f <-n> comida f; (Gericht) plato m; **Speisekammer** f despensa f; **Speisekarte** f carta f (del menú); **Speiseröhre** f esófago m; **Speisewagen** m coche m restaurante

spektakulär [ʃpɛktakuˈlɛːɐ] adj espectacular

Spektrum ['ʃpɛktrʊm] nt <-s, Spektren o Spektra> espectro m

Spekulation [ʃpekulaˈtsjoːn] f <-en> especulación f

spekulieren* [ʃpekuˈliːrən] vi especular (über sobre); **auf etw ~** (fam) contar con algo

Spende ['ʃpɛndə] f <-n> (Geldspende) donativo m; (Schenkung) donación f

spenden vt (Geld, Blut) donar; (geh: Wärme, Schatten) dar

Spender(in) m(f) <-s, -; -nen> (Person) donador(a) m(f); **Spenderorgan** nt órgano m donante

spendieren* [ʃpɛnˈdiːrən] vt (fam) pagar

Sperma ['ʃpɛrma] *nt* <-s, Spermen *o* -ta> esperma *m o f*

sperrangelweit ['-'--'-] *adv:* ~ **offen** abierto de par en par

Sperre ['ʃpɛrə] *f* <-n> (*Schranke*) barrera *f*

sperren ['ʃpɛrən] *vt* (*für den Verkehr*) cerrar; (*Telefon, Strom*) cortar; (*Konto*) bloquear; **jdn in etw** ~ encerrar a alguien en algo

sperrig *adj* voluminoso

Sperrmüll *m* basura *f* voluminosa

Spesen ['ʃpeːzən] *pl* dietas *fpl*

Spezialgebiet *nt* especialidad *f*

spezialisieren [ʃpetsjali'ziːrən] *vr:* **sich** ~ especializarse (*auf* en)

Spezialist(in) [ʃpetsja'lɪst] *m(f)* <-en, -en; -nen> especialista *mf* (*für* en)

Spezialität [ʃpetsjali'tɛːt] *f* <-en> especialidad *f*

speziell [ʃpe'tsjɛl] *adj* especial

spezifisch [ʃpe'tsiːfɪʃ] *adj* específico

Sphäre ['sfɛːrə] *f* <-n> esfera *f*

spicken ['ʃpɪkən] *vt* (GASTR) mechar; (*fam: reichlich versehen*) llenar (*mit* de)

Spiegel ['ʃpiːɡəl] *m* <-s, -> espejo *m;* (*Wasserspiegel*) nivel *m;* **Spiegelbild** *nt* imagen *f* reflejada; (*fig*) reflejo *m;* **Spiegelei** *nt* huevo *m* frito

spiegeln *vi, vt, vr:* **sich** ~ reflejar(se) (*in* en)

spiegelverkehrt *adj* invertido lateralmente

Spiel [ʃpiːl] *nt* <-(e)s, -e> juego *m;* (SPORT) partido *m;* **auf dem** ~ **stehen** estar en juego; **etw aufs** ~ **setzen** jugarse algo; **Spielautomat** *m* (máquina *f*) tragaperras *f inv;* **Spielbrett** *nt* tablero *m* (de juego)

spielen ['ʃpiːlən] I. *vt* jugar (a); (*Instrument*) tocar; (*Rolle*) interpretar II. *vi* jugar; (*herumspielen*) juguetear (*mit/an* con); (*sich zutragen*)

tener lugar (*in* en)

spielend *adv* con facilidad

Spieler(in) *m(f)* <-s, -; -nen> jugador(a) *m(f)*

Spielfeld *nt* terreno *m* de juego; **Spielfilm** *m* largometraje *m;* **Spielhalle** *f* salón *m* recreativo; **Spielplan** *m* (THEAT) cartelera *f;* **auf dem** ~ **stehen** estar en cartel; **Spielplatz** *m* parque *m* infantil; **Spielraum** *m* <-(e)s, *ohne pl*> espacio *m;* (*fig*) margen *m;* **Spielregel** *f* regla *f* de juego; **Spielsachen** *fpl* juguetes *mpl;* **Spielwaren** *fpl* juguetes *mpl;* **Spielzeug** *nt* <-(e)s, -e> juguete *m*

Spieß [ʃpiːs] *m* <-es, -e> (*Bratspieß*) asador *m;* (*Speise*) pincho *m*

spießen ['ʃpiːsən] *vt* clavar (*auf* en); (*auf eine Gabel*) pinchar (*auf* con)

Spießer(in) *m(f)* <-s, -; -nen> (*fam abw*) burgués, -esa *m, f*

spießig *adj* (*fam abw*) burgués

Spinat [ʃpi'naːt] *m* <-(e)s, -e> espinaca *f*

Spinne ['ʃpɪnə] *f* <-n> araña *f*

spinnen ['ʃpɪnən] <spinnt, spann, gesponnen> I. *vi* (*fam abw: verrückt sein*) estar loco II. *vt* (*Garn*) hilar; (*Spinne*) tejer

Spinnennetz *nt* telaraña *f*

Spinner(in) *m(f)* <-s, -; -nen> (*fam abw: Verrückter*) loco, -a *m, f,* chiflado, -a *m, f*

Spion¹ *m* <-s, -e> (*Guckloch*) mirilla *f*

Spion(in)² [ʃpi'oːn] *m(f)* <-s, -e; -nen> (*Agent*) espía *mf*

Spionage [ʃpio'naːʒə] *f* espionaje *m*

spionieren* [ʃpio'niːrən] *vi* espiar

Spirale [ʃpi'raːlə] *f* <-n> espiral *f*

Spirituose *f* <-n> bebida *f* alcohólica

Spiritus ['ʃpiːrɪtʊs] *m* <-, -se> alcohol *m* (de quemar)

Spital [ʃpi'taːl] *nt* <-s, -täler> (*Schweiz*) hospital *m*

spitz [ʃpɪts] *adj* (punti)agudo; (*Kinn*) afilado; (*spöttisch*) mordaz; **Spitzbube, -bübin** *m, f* <-n, -n; -nen> (*fam: Schelm*) pillo, -a *m, f*

Spitze [ˈʃpɪtsə] *f* <-n> punta *f*; (*Bergspitze*) cima *f*; (*Führung*) cabeza *f*; (*Gewebe*) encaje *m*; **etw auf die ~ treiben** llevar algo al extremo; **an der ~ stehen/liegen** estar a la cabeza

Spitzel [ˈʃpɪtsəl] *m* <-s, -> (*abw*) espía *mf*

spitzen [ˈʃpɪtsən] *vt* sacar punta (a); **die Ohren ~** aguzar el oído; **spitzenmäßig** *adj* (*fam*) guay

Spitzer *m* <-s, -> (*fam*) sacapuntas *m inv*

spitzfindig *adj* (*abw*) sutil; **Spitzname** *m* apodo *m*

Spleen [ʃpliːn] *m* <-s, -e *o* -s> manía *f*

Splitter [ˈʃplɪtɐ] *m* <-s, -> (*Holzsplitter*) astilla *f*; (*Glas-/Knochensplitter*) esquirla *f*

splittern [ˈʃplɪtɐn] *vi sein* hacerse pedazos; (*Holz*) astillarse

splitternackt *adj* (*fam*) en pelota(s)

Spoiler [ˈʃpɔɪlɐ] *m* <-s, -> alerón *m*

sponsern [ˈʃpɔnzɐn] *vt* patrocinar

Sponsor(in) [ˈʃpɔnzɐ, ˈʃpɔnzoːɐ] *m(f)* <-s, -en; -nen> patrocinador(a) *m(f)*, propiciador(a) *m(f) Am*

spontan [ʃpɔnˈtaːn] *adj* espontáneo

Sport [ʃpɔrt] *m* <-(e)s, -e> deporte *m*; **~ treiben** practicar deporte; **Sportart** *f* disciplina *f* (deportiva)

Sportler(in) [ˈʃpɔrtlɐ] *m(f)* <-s, -; -nen> deportista *mf*

sportlich [ˈʃpɔrtlɪç] *adj* deportivo

Sportplatz *m* campo *m* de deportes; **Sportverein** *m* club *m* deportivo; **Sportwagen** *m* **1.** (*Auto*) coche *m* deportivo **2.** (*Kinderwagen*) co-

checito *m*, carrito *m*

Spot [spɔt] *m* <-s, -s> anuncio *m*

Spott [ʃpɔt] *m* <-(e)s, *ohne pl*> burla *f*; **spottbillig** [ˈ-ˈ---] **I.** *adj* (*fam*) tirado, regalado **II.** *adv* (*fam*) a precio tirado

spotten [ˈʃpɔtən] *vi* burlarse (*über* de)

spöttisch *adj* burlón

sprach [ʃpraːx] *3. imp von* **sprechen**

Sprache [ˈʃpraːxə] *f* <-n> lengua *f*; (*Ausdrucksweise*) lenguaje *m*; **etw zur ~ bringen** poner algo sobre la mesa; **Sprachfehler** *m* defecto *m* de articulación; **Sprachkurs** *m* curso *m* de idioma

sprachlich *adj* lingüístico

sprachlos *adj*: **~ sein** quedarse sin habla; **Sprachwissenschaft** *f* lingüística *f*

sprang [ʃpraŋ] *3. imp von* **springen**

Spray [ʃpreː, ʃprɛɪ, sprɛɪ] *m o nt* <-s, -s> (e)spray *m*; **Spraydose** *f* pulverizador *m*

sprechen [ˈʃprɛçən] <spricht, sprach, gesprochen> *vi, vt* hablar (*über* sobre)

Sprecher(in) *m(f)* <-s, -; -nen> (*Redner*) orador(a) *m(f)*; (TV, RADIO) locutor(a) *m(f)*; (*Pressesprecher*) portavoz *mf*

Sprechstunde *f* horario *m* de atención; (*Arzt*) (hora *f* de) consulta *f*; **~ haben** pasar consulta; **Sprechzimmer** *nt* despacho *m*; (*Arzt*) consultorio *m*

spreizen [ˈʃpraɪtsən] *vt* (*Beine, Finger*) abrir

sprengen [ˈʃprɛŋən] *vt* (*Rasen*) regar; (*mit Sprengstoff*) volar

Sprengstoff *m* explosivo *m*

spricht [ʃprɪçt] *3. präs von* **sprechen**

Sprichwort [ˈʃprɪç-] *nt* <-(e)s, -wörter> refrán *m*

Springbrunnen *m* fuente *f*

springen [ˈʃprɪŋən] <springt, sprang, gesprungen> vi sein saltar; **über ein Hindernis ~** saltar un obstáculo; **ins Auge ~** saltar a la vista

Sprit [ʃprɪt] m <-s, ohne pl> (fam: Benzin) gasolina f

Spritze [ˈʃprɪtsə] f <-n> jeringa f; **eine ~ geben** poner una inyección

spritzen [ˈʃprɪtsən] vt (Flüssigkeit) salpicar; (Schmerzmittel) inyectar

spritzig adj (lebhaft) con chispa

spröde [ˈʃprøːdə] adj (Material) quebradizo; (Haar) seco; (Person) reservado

Sprossᴿᴿ [ʃprɔs] m <-es, -e> renuevo m; (geh: Nachkomme) retoño m

Sprosse [ˈʃprɔsə] f <-n> (Leitersprosse) travesaño m

Sprösslingᴿᴿ [ˈʃprœslɪŋ] m <-s, -e> (fam) retoño m

Spruch [ʃprʊx] m <-(e)s, Sprüche> (Ausspruch) dicho m; **Sprüche klopfen** (fam abw) fanfarronear

Sprudel [ˈʃpruːdəl] m <-s, -> agua f mineral con gas

sprudeln vi 1. sein (hervorquellen) salir a borbotones (aus de); (Quelle) brotar (aus de) 2. haben (Limonade) burbujear

sprühen [ˈʃpryːən] vi (überquellen) rebosar (vor de)

Sprung [ʃprʊŋ] m <-(e)s, Sprünge> salto m; (Riss) raja f; **sprunghaft** adj (unstet) versátil

Spucke [ˈʃpʊkə] f (fam) saliva f

spucken [ˈʃpʊkən] vi, vt escupir

Spuk [ʃpuːk] m <-(e)s, ohne pl> aparición f (de fantasmas)

spuken [ˈʃpuːkən] vi trasguear; **hier spukt es** aquí hay fantasmas

Spülbecken nt fregadero m

Spüle [ˈʃpyːlə] f <-n> fregadero m

spülen [ˈʃpyːlən] vt (Geschirr) fregar

Spülmaschine f lavavajillas m inv; **Spülmittel** nt (líquido m) lavavajillas m inv

Spülung f <-en> (Toilettenspülung) descarga f de agua

Spur [ʃpuːɐ] f <-en> (Abdruck) huella f; (Anzeichen) rastro m; (Fährte) pista f; (Fahrspur) carril m

spürbar adj palpable; (offensichtlich) patente; **~ werden** hacerse sentir

spüren [ˈʃpyːrən] vt (wahrnehmen) sentir; (merken) notar

spurlos adv sin dejar huella; **~ verschwinden** desaparecer sin dejar rastro

Spurt [ʃpʊrt] m <-s, -s> sprint m

Staat [ʃtaːt] m <-(e)s, -en> (POL) Estado m; **staatenlos** adj apátrida

staatlich I. adj estatal II. adv por el Estado

Staatsangehörigkeit f <-en> nacionalidad f; **Staatsanwalt, -anwältin** m, f fiscal mf; **Staatsbürger(in)** m(f) ciudadano, -a m, f; **Staatsbürgerschaft** f <-en> ciudadanía f, nacionalidad f; **Staatschef(in)** m(f) jefe, -a m, f de Estado; **Staatsoberhaupt** nt jefe, -a m, f de Estado

Stab [ʃtaːp] m <-(e)s, Stäbe> (Stock) palo m

stabil [ʃtaˈbiːl] adj sólido; (Währung) estable

stabilisieren* [ʃtabiliˈziːrən] vt, vr: **sich ~** estabilizar(se)

Stabilität [ʃtabiliˈtɛːt] f estabilidad f

stach [ʃtaːx] 3. imp von **stechen**

Stachel [ˈʃtaxəl] m <-s, -> (einer Pflanze) espina f; (eines Igels) púa f; (von Insekten) aguijón m; **Stachelbeere** f uva f espinosa; **Stacheldraht** m alambre m de espino

stach(e)lig adj espinoso

Stadien pl von **Stadion, Stadium**

Stadion [ˈʃtaːdiɔn] nt <-s, Stadien>

estadio m
Stadium ['ʃta:diʊm] *nt* <-s, Stadien> etapa *f*
Stadt [ʃtat] *f* <Städte> ciudad *f;* **stadtbekannt** ['--'-] *adj* conocido en toda la ciudad
städtisch ['ʃtɛ(:)tɪʃ] *adj* (*kommunal*) municipal; (*urban*) urbano
Stadtmitte *f* centro *m* (de la) ciudad; **Stadtplan** *m* plano *m* de la ciudad; **Stadtrand** *m* periferia *f;* **Stadtstaat** *m* ciudad-Estado *f;* **Stadtteil** *m* barrio *m;* **Stadtverwaltung** *f* administración *f* municipal; **Stadtwerke** *ntpl* compañía *f* (municipal) de electricidad, gas, agua y transportes públicos
Stagnation [ʃtagna'tsjo:n] *f* <-en> estancamiento *m*
stahl [ʃta:l] *3. imp von* **stehlen**
Stahl [ʃta:l] *m* <-(e)s, Stähle> acero *m*
Stall [ʃtal] *m* <-(e)s, Ställe> establo *m;* (*Hühnerstall*) gallinero *m;* (*Pferdestall*) cuadra *f*
Stamm [ʃtam] *m* <-(e)s, Stämme> (*Baumstamm*) tronco *m;* (*Volksstamm*) tribu *f;* **Stammbaum** *m* árbol *m* genealógico
stammeln ['ʃtaməln] *vi, vt* balbucear
stammen ['ʃtamən] *vi* provenir (*aus/ von* de); (*örtlich*) ser (natural) (*aus/ von* de)
Stammgast *m* cliente, -a *m, f* habitual
stämmig ['ʃtɛmɪç] *adj* fornido
Stammkneipe *f* (*fam*) bar *m* habitual; **Stammkunde, Stammkundin** *m, f* cliente, -a *m, f* fijo, -a
stampfen ['ʃtampfən] I. *vi* 1. *haben* (*vor Wut*) patalear 2. *sein* (*stapfen*) caminar pesadamente II. *vt haben* (*zerkleinern*) machacar; (*festtreten*) pisotear
stand [ʃtant] *3. imp von* **stehen**

Stand [ʃtant] *m* <-(e)s, Stände> (*Verkaufsstand*) puesto *m;* (*Messestand*) (e)stand *m;* (*Wasserstand, Entwicklungsstand*) nivel *m;* (*Zustand*) situación *f;* **im ~e sein etw zu tun** ser capaz de hacer algo; **etw auf den neuesten ~ bringen** actualizar algo
Standard ['ʃtandart] *m* <-s, -s> estándar *m*
Ständer ['ʃtɛndɐ] *m* <-s, -> (*Kleiderständer*) perchero *m*
Standesamt *nt* registro *m* civil; **standesamtlich** I. *adj:* **~e Trauung** matrimonio civil II. *adv:* **~ heiraten** casarse por lo civil
standhaft I. *adj* firme II. *adv* con firmeza; **stand|halten** *irr vi* resistir
ständig ['ʃtɛndɪç] *adj* continuo; (*Wohnsitz*) fijo
Standlicht *nt* <-(e)s, *ohne pl*> luz *f* de cruce; **Standort** *m* sitio *m;* **Standpunkt** *m* punto *m* de vista; **ich stehe auf dem ~, dass ...** yo opino que...
Stange ['ʃtaŋə] *f* <-n> vara *f;* (*Zigarettenstange*) cartón *m*
Stängel ['ʃtɛŋəl] *m* <-s, -> tallo *m*
stank [ʃtaŋk] *3. imp von* **stinken**
stanzen ['ʃtantsən] *vt* (*prägen*) estampar; (*Loch*) punzonar
Stapel ['ʃta:pəl] *m* <-s, -> montón *m*
stapeln ['ʃta:pəln] *vt, vr:* **sich ~** amontonar(se)
Star[1] [ʃta:ɐ] *m* <-(e)s, -e> 1. (ZOOL) estornino *m* 2. (MED): **grüner ~** glaucoma *m;* **grauer ~** catarata *f*
Star[2] [sta:ɐ] *m* <-s, -s> (*Person*) estrella *f*
starb [ʃtarp] *3. imp von* **sterben**
stark [ʃtark] <stärker, am stärksten> I. *adj* fuerte II. *adv* (+ *Adjektiv*) muy; (+ *Verb*) mucho; **~ erkältet sein** tener un fuerte resfriado
Stärke ['ʃtɛrkə] *f* <-n> fuerza *f;* (*In-*

tensität) intensidad *f;* (*Substanz*) fécula *f*

stärken ['ʃtɛrkən] *vt, vr:* sich ~ fortalecer(se)

Stärkung *f* <-en> 1. (*Erfrischung*) refresco *m;* (*Imbiss*) tentempié *m* 2. *ohne pl* (*das Kräftigen*) fortalecimiento *m*

starr [ʃtar] *adj* rígido; (*steif*) tieso; (*Blick*) fijo; (*unbeugsam*) inflexible; ~ **vor Entsetzen** paralizado de terror

starren ['ʃtarən] *vi* (*blicken*) clavar los ojos (*auf* en)

starrsinnig *adj* (*abw*) terco

Start [ʃtart] *m* <-(e)s, -s> (*Flugzeugstart*) despegue *m;* (*Beginn*) comienzo *m;* **Startbahn** *f* pista *f* de despegue

starten ['ʃtartən] I. *vi sein* (*Flugzeug*) despegar II. *vt haben* (*beginnen*) comenzar; (*Auto, Motor*) arrancar; (*Rakete*) lanzar; (*Computer*) poner en marcha; (*Programm*) iniciar

Station [ʃta'tsjoːn] *f* <-en> (*Haltestelle*) parada *f;* (*Krankenhausstation*) unidad *f*

stationär [ʃtatsjo'nɛːɐ] *adj* (MED): ~**e Behandlung** tratamiento clínico

stationieren* [ʃtatsjo'niːrən] *vt* estacionar

statisch ['ʃtaːtɪʃ] *adj* estático

Statistik [ʃta'tɪstɪk] *f* <-en> estadística *f*

statistisch [ʃta'tɪstɪʃ] *adj* estadístico

statt [ʃtat] I. *präp* +*gen* en vez de II. *konj:* ~ **zu** ... en lugar de...; **stattdessen**^{RR} *adv* en lugar de eso; **statt|finden** *irr vi* tener lugar

stattlich ['ʃtatlɪç] *adj* (*beeindruckend*) imponente; (*Betrag*) considerable

Statue ['ʃtaːtuə] *f* <-n> estatua *f*

Statur [ʃta'tuːɐ] *f* <-en> estatura *f*

Status ['ʃtaːtʊs] *m* <-, -> estatus *m inv*

Stau [ʃtau] *m* <-(e)s, -s *o* -e> (*Verkehrsstau*) atasco *m;* (*im Wasser*) estancamiento *m*

Staub [ʃtaup] *m* <-(e)s, -e *o* Stäube> polvo *m;* ~ **wischen** limpiar el polvo; **sich aus dem** ~ **machen** (*fam*) poner pies en polvorosa

staubig *adj* polvoriento

staubsaugen ['---] *vi, vt* pasar la aspiradora (a); **Staubsauger** *m* aspiradora *f*

Staudamm *m* presa *f*

stauen ['ʃtauən] *vr:* **sich** ~ (*Wasser*) embalsarse; (*Verkehr*) atascarse; (*Ärger*) acumularse

staunen ['ʃtaunən] *vi* asombrarse (*über* de/por); (*verwundert sein*) estar asombrado (*über* de/por)

Stausee *m* embalse *m*

Steak [steːk] *nt* <-s, -s> bistec *m,* bife *m Am*

stechen ['ʃtɛçən] <sticht, stach, gestochen> I. *vt pinchar;* (*Insekt*) picar II. *vi picar;* **ins Auge** ~ saltar a la vista III. *vr:* **sich** ~ pincharse (*an* con)

stechend *adj* (*Blick, Geruch*) penetrante; (*Schmerz*) punzante

Steckdose *f* enchufe *m*

stecken ['ʃtɛkən] I. *vt* (*hineinstecken*) meter (*in* en); (*feststecken*) fijar (*an* a/en) II. *vi* estar metido (*in* en); **wo steckt er?** (*fam: Person*) ¿dónde se ha metido?; **stecken|bleiben** *irr vi sein s.* **bleiben; stecken|lassen** *irr vt s.* **lassen**²

Stecker *m* <-s, -> enchufe *m*

Stecknadel *f* alfiler *m*

Steg [ʃteːk] *m* <-(e)s, -e> (*Brücke*) pasarela *f;* (*Bootssteg*) (des)embarcadero *m*

Stegreif ['ʃteːkraɪf] *m: aus dem* ~ improvisando

stehen ['ʃteːən] <steht, stand, ge-standen> haben o südd, Österr, Schweiz: sein vi **1.** (aufrecht: Mensch) estar de pie; **im Stehen** de pie **2.** (sein) estar; **wir ~ kurz vor einem Krieg** estamos a punto de entrar en guerra; **auf welcher Seite stehst du?** ¿de qué lado estás?; **offen ~** estar abierto; **unter Drogen ~** estar bajo los efectos de las drogas; **zu seinen Fehlern ~** reconocer sus errores; **hinter jdm ~** apoyar a alguien **3.** (stillstehen) estar parado; (Verkehr) estar paralizado; **zum Stehen bringen** parar **4.** (kleiden) sentar; **der Bart steht dir gut** la barba te queda bien; **stehen|bleiben** irr vi sein s. **bleiben**

stehend adj **1.** (aufrecht) en pie, de pie **2.** (nicht in Bewegung) parado **3.** (Wend): **ein leer ~es Haus** una casa deshabitada

stehen|lassen irr vt s. **lassen²**

Stehkragen m cuello m alzado; **Stehlampe** f lámpara f de pie

stehlen ['ʃteːlən] <stiehlt, stahl, ge-stohlen> vi, vt robar

Steiermark ['ʃtaɪɐmark] f Estiria f

steif [ʃtaɪf] adj (starr) tieso; (förmlich) formal; **~er Hals** tortícolis m inv

steigen ['ʃtaɪɡən] <steigt, stieg, ge-stiegen> vi sein subir; **in den/aus dem Bus ~** subir al/bajar del autobús; **aufs Fahrrad/vom Fahrrad ~** montarse en/bajarse de la bicicleta; **aus dem Bett ~** levantarse de la cama; **zu Kopf ~** subir a la cabeza; **im Preis ~** subir de precio

steigend adj (zunehmend) creciente; (Preise) en aumento; **~e Tendenz** tendencia alcista

steigern ['ʃtaɪɡɐn] vt, vr: **sich ~** aumentar (um en)

Steigerung f <-en> aumento m (um

de); (LING) comparación f

Steigung f <-en> (im Gelände) elevación f; (einer Straße) cuesta f

steil [ʃtaɪl] adj (Treppe) empinado; (Gelände) escarpado; **Steilküste** f acantilado m

Stein [ʃtaɪn] m <-(e)s, -e> piedra f; **steinalt** ['-'-] adj más viejo que Matusalén; **Steinbock** m cabra f montés; (ASTR) Capricornio m; **Steinbruch** m cantera f

steinern ['ʃtaɪnɐn] adj (a. fig) de piedra

steinhart ['-'-] adj duro como una piedra

steinig adj pedregoso

Steinkohle f hulla f; **steinreich** ['-'-] adj riquísimo; **Steinzeit** f Edad f de Piedra

Steißbein nt coxis m inv

Stelle ['ʃtɛlə] f <-n> (Ort) lugar m; (Textstelle) pasaje m; (Arbeitsstelle) puesto m (de trabajo); **an erster ~** en primer lugar; **an ~ von etw** en vez de algo; **auf der ~** (sofort) inmediatamente; **zur ~ sein** estar presente; **freie ~** vacante f; **sich an höherer ~ beschweren** quejarse a instancias superiores

stellen ['ʃtɛlən] **I.** vt (hinstellen) poner (auf en); (bereitstellen) poner a disposición; (Verbrecher) capturar; (Frage) hacer; **stell das Radio leiser/lauter** baja/sube la radio; **die Uhr ~** poner el reloj en hora; **etw in Frage ~** poner algo en duda **II.** vr: **sich ~** (sich hinstellen) ponerse (de pie) (auf en); (vortäuschen) fingir; (der Polizei) entregarse; **sich gut ~** llevarse bien; **sich taub ~** hacerse el sordo; **sich etw** dat **~** enfrentarse a algo

Stellenangebot nt oferta f de empleo; **Stellengesuch** nt demanda f de empleo; **Stellenvermittlung** f

(*Einrichtung*) agencia *f* de empleo; **Stellenwert** *m* valor *m;* (*Bedeutung*) importancia *f*

Stellung *f* <-en> posición *f;* (*beruflich*) puesto *m;* (*Amt*) cargo *m;* **zu etw ~ nehmen** tomar cartas en un asunto

Stellungnahme *f* <-n> toma *f* de posición; **eine ~ zu etw abgeben** opinar respecto a algo

stellvertretend *adj* suplente; **~e Vorsitzende** vicepresidenta en funciones; **~ für jdn sprechen** hablar representando a alguien; **Stellvertreter(in)** *m(f)* suplente *mf*

stemmen ['ʃtɛmən] **I.** *vt* (*Gewichte*) levantar **II.** *vr:* **sich ~** apoyarse (pesadamente) (*gegen* contra)

Stempel ['ʃtɛmpəl] *m* <-s, -> sello *m;* (*Poststempel*) matasellos *m inv*

stempeln *vt* sellar; (*postalisch*) matasellar; **jdn zu etw ~** tachar a alguien de algo

StengelALT *m s.* **Stängel**

Steppe ['ʃtɛpə] *f* <-n> estepa *f*

Sterbehilfe *f ohne pl* (*Euthanasie*) eutanasia *f*

sterben ['ʃtɛrbən] <stirbt, starb, gestorben> *vi* morir (*an* de)

sterblich *adj* mortal

Stereoanlage *f* equipo *m* estereofónico

stereotyp [ʃtereo'tyːp] *adj* estereotipado

steril [ʃte'riːl] *adj* estéril

sterilisieren* [ʃterili'ziːrən] *vt* esterilizar

Stern [ʃtɛrn] *m* <-(e)s, -e> estrella *f;* **Sternbild** *nt* constelación *f;* **Sternschnuppe** *f* <-n> estrella *f* fugaz

stetig *adj* continuo

stets [ʃteːts] *adv* siempre

Steuer[1] ['ʃtɔɪ̯ɐ] *nt* <-s, -> (*Auto, Flugzeug*) volante *m;* (*Schiff*) timón *m;* **am ~ sitzen** ir al volante

Steuer[2] *f* <-n> (*Abgaben*) impuesto *m*

Steuerberater(in) *m(f)* asesor(a) *m(f)* fiscal; **Steuerbescheid** *m* liquidación *f* de impuestos

steuerbord(s) ['ʃtɔɪ̯ɐbɔrt(s)] *adv* a estribor

Steuererklärung *f* declaración *f* de la renta; **steuerfrei** *adj* libre de impuestos; **Steuergelder** *ntpl* fondos *mpl* recaudados; **Steuerhinterziehung** *f* <-en> fraude *m* fiscal

steuerlich *adj* fiscal

steuern ['ʃtɔɪ̯ɐn] *vt* **1.** (*Auto*) conducir; (*Schiff, Flugzeug*) pilotar **2.** (TECH) controlar

steuerpflichtig *adj* sujeto a impuesto

Steuerung *f* <-en> **1.** (AUTO) dirección *f;* (ELEK) mando *m* **2.** *ohne pl* (TECH) control *m*

Steuerzahler(in) *m(f)* <-s, -; -nen> contribuyente *mf*

Steward ['stjuːɐt] *m* <-s, -s> (AERO) auxiliar *m* de vuelo; (NAUT) camarero *m*

StewardessRR ['stjuːɐdɛs] *f* <-en> (AERO) azafata *f;* (NAUT) camarera *f*

stibitzen* [ʃti'bɪtsən] *vt* (*fam*) birlar

Stich [ʃtɪç] *m* <-(e)s, -e> pinchazo *m;* (*Insektenstich*) picadura *f;* (*Messerstich*) cuchillada *f;* (*Schmerz*) punzada *f;* (*Nähstich*) punto *m;* (KUNST) grabado *m;* **jdn im ~ lassen** dejar a alguien en la estacada; **stichhaltig** *adj* (*überzeugend*) convincente; **Stichprobe** *f* prueba *f* al azar

sticht [ʃtɪçt] *3. präs von* **stechen**

Stichwort[1] *nt* <-(e)s, -wörter> (*im Wörterbuch*) entrada *f;* (*im Stichwortregister*) voz *f* guía

Stichwort[2] *nt* <-(e)s, -e> (*Schlüsselwort*) palabra *f* clave; (*Gedächtnisstütze*) apunte *m*

sticken ['ʃtɪkən] *vi, vt* bordar

stickig [ˈʃtɪkɪç] *adj* sofocante

Stiefbruder [ˈʃtiːf-] *m* hermanastro *m*

Stiefel [ˈʃtiːfəl] *m* <-s, -> bota *f*

Stiefeltern *pl* padrastros *mpl;* **Stiefkind** *nt* hijastro, -a *m, f;* **Stiefmutter** *f* <-mütter> madrastra *f;* **Stiefschwester** *f* hermanastra *f;* **Stiefvater** *m* padrastro *m*

stieg [ʃtiːk] *3. imp von* **steigen**

stiehlt [ʃtiːlt] *3. präs von* **stehlen**

Stiel [ʃtiːl] *m* <-(e)s, -e> mango *m;* (*Besenstiel*) palo *m;* (*Blumenstiel*) tallo *m*

Stier *m* <-(e)s, -e> toro *m;* (ASTR) Tauro *m;* **Stierkampf** *m* (*Stierkampfkunst*) tauromaquia *f;* (*Veranstaltung*) corrida *f* (de toros); **Stierkämpfer(in)** *m(f)* torero, -a *m, f*

stieß [ʃtiːs] *3. imp von* **stoßen**

Stift [ʃtɪft] *m* <-(e)s, -e> (*Schreibstift*) lápiz *m*

stiften [ˈʃtɪftən] *vt* (*spenden*) donar; (*bewirken*) causar

Stiftung *f* <-en> (*Institution*) fundación *f*

Stil [ʃtiːl] *m* <-(e)s, -e> estilo *m*

stilistisch [ʃtiˈlɪstɪʃ] *adj* estilístico

still [ʃtɪl] *adj* (*lautlos*) silencioso; (*ruhig*) tranquilo; **~ und heimlich** a la chita callando

Stille [ˈʃtɪlə] *f* (*Schweigen*) silencio *m;* (*Ruhe*) tranquilidad *f;* **in aller ~** (*im engsten Kreis*) en la intimidad

Stillebenᴬᴸᵀ *nt s.* **Stillleben; stillegen**ᴬᴸᵀ *vt s.* **stilllegen**

stillen [ˈʃtɪlən] *vt* (*Säugling*) dar el pecho (a); (*Blutung*) cortar; (*Schmerz*) mitigar; (*Hunger, Durst*) saciar; (*Neugier*) satisfacer

still|halten *irr vi* (*sich nicht bewegen*) quedarse quieto; (*sich nicht wehren*) aguantar

stilliegenᴬᴸᵀ *irr vi s.* **stillliegen**

Stilllebenᴿᴿ *nt* bodegón *m;* **still|liegen**ᴿᴿ *irr vt* (*Betrieb, Strecke*) cerrar; (*Fahrzeug*) retirar del servicio; **still|liegen**ᴿᴿ *irr vi* (*Betrieb*) estar cerrado; **Stillschweigen** *nt* silencio *m;* **über etw ~ bewahren** guardar silencio respecto a algo; **stillschweigend** *adj* tácito; **etw ~ akzeptieren** aceptar algo tácitamente; **still|sitzen** *irr vi* estar(se) quieto; **Stillstand** *m* <-(e)s, *ohne pl*> (*Entwicklung*) estancamiento *m;* **zum ~ kommen** detenerse; **still|stehen** *irr vi* (*Mensch, Maschine*) estar parado; (*Entwicklung, Verkehr*) estar paralizado

stilvoll *adj* con gusto

Stimmband *nt* cuerda *f* vocal; **stimmberechtigt** *adj* con derecho a voto; **Stimmbruch** *m:* **im ~ sein** estar de muda

Stimme [ˈʃtɪmə] *f* <-n> voz *f;* (*bei einer Wahl*) voto *m;* **sich der ~ enthalten** abstenerse del voto

stimmen [ˈʃtɪmən] **I.** *vi* (*richtig sein*) ser correcto; **stimmt!** ¡exacto!; **irgendetwas stimmt nicht mit ihr** algo le pasa; **für/gegen jdn ~** votar por/contra alguien **II.** *vt* (*Instrument*) afinar; **jdn versöhnlich/traurig ~** conciliar/entristecer a alguien

stimmig *adj* armónico

Stimmung *f* <-en> (*Gemütsverfassung*) estado *m* de ánimo; (*einer Gesellschaft*) ambiente *m;* **in guter/schlechter ~** de buen/mal humor; **nicht in der ~ sein etw zu tun** no estar de vena para hacer algo; **in ~ kommen** (*fam*) animarse

stimulieren* [ʃtimuˈliːrən] *vt* estimular

stinken [ˈʃtɪŋkən] <stinkt, stank, gestunken> *vi* oler mal; **mir stinkt's!** (*fam*) ¡estoy harto!

stinkfaul [ˈ-ˈ-] *adj* (*fam*) muy vago;

stinklangweilig [´-´---] *adj* (*fam*) aburridísimo; **Stinktier** *nt* mofeta *f*

Stipendium [ʃti'pɛndiʊm] *nt* <-s, Stipendien> beca *f*

stirbt [ʃtɪrpt] *3. präs von* **sterben**

Stirn [ʃtɪrn] *f* <-en> frente *f*; **die ~ runzeln** fruncir las cejas; **jdm die ~ bieten** hacer frente a alguien; **Stirnhöhle** *f* seno *m* frontal; **Stirnseite** *f* frente *m*

stöbern ['ʃtøːbən] *vi* (*fam*) revolver (*in* en)

stochern ['ʃtɔxən] *vi* hurgar (*in* en); **im Essen ~** comer sin apetito

Stock¹ [ʃtɔk] *m* <-(e)s, Stöcke> (*Stab*) palo *m*; (*Spazierstock*) bastón *m*

Stock² *m* <-(e)s, -> (*Stockwerk*) piso *m*

Stöckelschuh *m* zapato *m* de tacón alto

stocken ['ʃtɔkən] *vi* (*stillstehen*) pararse; (*Verkehr, beim Sprechen*) atascarse

stockend *adj* (*Sprechweise*) entrecortado; **~er Verkehr** atasco *m*

stockfinster [´-´--] *adj* (*fam*) oscuro como la boca de lobo; **~e Nacht** noche cerrada; **Stockfisch** *m* bacalao *m* (salado); **stockkonservativ** [´-´----] *adj* (*fam*) ultraconservador; **stocksteif** [´-´-] *adj* (*fam*) tieso como una tabla; **Stockwerk** *nt* piso *m*

Stoff [ʃtɔf] *m* <-(e)s, -e> (*Gewebe*) tela *f*; (*Substanz*) su(b)stancia *f*; (*Unterrichtsstoff*) materia *f*; **Stofftier** *nt* animal *m* de trapo; (*Plüschtier*) animal *m* de peluche; **Stoffwechsel** *m* metabolismo *m*

stöhnen ['ʃtøːnən] *vi* gemir (*vor* a causa de); (*klagen*) quejarse (*über* de)

Stola ['ʃtoːla, 'stoːla] *f* <Stolen> estola *f*

Stollen ['ʃtɔlən] *m* <-s, -> (BERGB) galería *f*; (GASTR) *pastel navideño de pasas, almendras y especias*

stolpern ['ʃtɔlpən] *vi sein* tropezar (*über* con); **zufällig über etw ~** (*fam*) toparse por casualidad con algo

stolz [ʃtɔlts] *adj* orgulloso (*auf* de)

Stolz *m* <-es, *ohne pl*> orgullo *m*

stolzieren* [ʃtɔl'tsiːrən] *vi sein* pavonearse (*durch/über* por)

stop [ʃtɔp] *interj* alto

stopfen ['ʃtɔpfən] I. *vt* (*Kleidung*) zurcir; (*Loch*) tapar; (*hineinstopfen*) meter (a la fuerza) (*in* en) II. *vi* (*fam: schlingen*) zampar; (*fam: sättigen*) llenar; (*die Verdauung hemmen*) estreñir

stopp [ʃtɔp] *interj* alto

Stopp [ʃtɔp] *m* <-s, -s> (*Auto*) parada *f*; (*Flugzeug*) escala *f*

Stoppel ['ʃtɔpəl] *f* <-n> (*Getreidestoppel*) rastrojo *m*; (*fam: Bartstoppel*) cañón *m*; **Stoppelbart** *m* (*fam*) barba *f* de tres días

stoppen ['ʃtɔpən] *vi, vt* parar(se); (*Zeit*) cronometrar

Stoppschild *nt* señal *f* de stop

Stöpsel ['ʃtœpsəl] *m* <-s, -> tapón *m*

Storch [ʃtɔrç] *m* <-(e)s, Störche> cigüeña *f*

stören ['ʃtøːrən] I. *vi, vt* molestar; (*Frieden, Verkehr*) perturbar; (*Ordnung*) alterar; (*Gespräch*) interrumpir; **störe ich?** ¿molesto?; **etw als ~d empfinden** sentir algo como molesto II. *vr*: **sich ~** (*fam*) escandalizarse (*an* por)

Störenfried [-friːt] *m* <-(e)s, -e> buscapleitos *mf inv*

Störfall *m* incidente *m*

stornieren* [ʃtɔr'niːrən, stɔr'niːrən] *vt* (*Auftrag*) anular; (FIN) rescontrar

störrisch ['ʃtœrɪʃ] *adj* terco

Störung f <-en> molestia f; (der Ordnung) alteración f; (eines Gesprächs) interrupción f; (Verkehrsstörung, a. RADIO) perturbación f

Stoß [ʃtoːs] m <-es, Stöße> (Schubs) empujón m; (Schlag) golpe m; (Stapel) montón m (de); **Stoßdämpfer** m amortiguador m

stoßen [ʃtoːsən] <stößt, stieß, gestoßen> I. vt haben (schubsen) empujar; **jdn vor den Kopf ~** (fam fig) ofender a alguien II. vi sein (prallen) chocar (an/gegen contra/con/en); (treffen) dar (auf con); **zu jdm ~** unirse a alguien III. vr haben: **sich ~** (anprallen) darse (an contra) (fig) ofenderse (an por)

Stoßstange f parachoques m inv

stößt [ʃtøːst] 3. präs von **stoßen**

Stoßzahn m colmillo m

stottern [ʃtɔtən] vi tartamudear

Str. Abk. von **Straße** C/

Strafanzeige f denuncia f; **Strafarbeit** f castigo m; **strafbar** adj punible; **sich ~ machen** incurrir en un delito

Strafe [ʃtraːfə] f <-n> castigo m; (Freiheitsstrafe) pena f; (Geldstrafe) multa f

strafen [ʃtraːfən] vt castigar (für por)

straff [ʃtraf] adj (gespannt) tenso; (Disziplin) riguroso; **etw ~ ziehen** tensar algo

straffällig [ʃtraːfɛlɪç] adj criminal; **~ werden** incurrir en un delito

straffen [ʃtrafən] vt tensar; (Haut) estirar

straffrei adj impune; **~ ausgehen** quedar impune; **Strafgefangene(r)** f(m) preso, -a m, f

sträflich [ʃtrɛːflɪç] adj censurable

Sträfling [ʃtrɛːflɪŋ] m <-s, -e> preso, -a m, f

straflos adj s. **straffrei; Strafrecht**

nt <-(e)s, ohne pl> derecho m penal; **Straftat** f delito m; **Straftäter(in)** m(f) delincuente mf; **Strafzettel** m (fam) multa f

Strahl [ʃtraːl] m <-(e)s, -en> (Lichtstrahl) rayo m; (Wasserstrahl) chorro m

strahlen [ʃtraːlən] vi brillar; (radioaktiv) despedir rayos radiactivos

Strahler m <-s, -> (Lichtstrahler) reflector m

Strahlung f <-en> (ir)radiación f

Strähne [ʃtrɛːnə] f <-n> (Haarsträhne) mechón m

stramm [ʃtram] adj (straff) tenso; **~ ziehen** estirar

strampeln [ʃtrampəln] vi (Baby) patalear

Strand [ʃtrant] m <-(e)s, Strände> playa f; **am ~ liegen** estar en la playa

stranden [ʃtrandən] vi sein encallar; (geh: scheitern) fracasar

Strandkorb m sillón m de playa

Strang [ʃtraŋ] m <-(e)s, Stränge> (Seil) cuerda f; **über die Stränge schlagen** (fam) pasarse de rosca

strangulieren* [ʃtraŋguˈliːrən] vt estrangular

Strapaze [ʃtraˈpaːtsə] f <-n> esfuerzo m (enorme)

strapazieren* [ʃtrapaˈtsiːrən] vt (Material) gastar; (Person) agotar; (Augen) cansar (mucho); (Geduld) poner a prueba

strapazierfähig adj resistente

Straps [ʃtraps] m <-es, -e> liguero m

Straße [ʃtraːsə] f <-n> calle f; (Landstraße) carretera f; **auf offener ~** en plena calle; **auf die ~ gehen** salir a la calle; **jdn auf die ~ setzen** (fam) poner a alguien de patitas en la calle; **Straßenbahn** f tranvía m; **Straßenfest** nt fiesta f en la calle

Straßengraben _m_ cuneta _f;_ **Straßenkarte** _f_ mapa _m_ de carreteras; **Straßenkreuzung** _f_ cruce _m;_ **Straßenlaterne** _f_ farol _m;_ **Straßenrand** _m_ margen _m_ de la calle; **Straßenschild** _nt_ (_Hinweisschild_) letrero _m;_ (_Verkehrsschild_) señal _f_ indicadora; **Straßenverkehr** _m_ tráfico _m_ (rodado); **Straßenverkehrsordnung** ['---'---] _f_ código _m_ de circulación

Strategie [ʃtrateˈgiː] _f_ <-n> estrategia _f_

strategisch _adj_ estratégico

sträuben [ˈʃtrɔɪbən] _vr:_ **sich ~** (_Haare, Fell_) ponerse de punta; (_sich wehren_) oponerse (_gegen_ a)

Strauch [ʃtraʊx] _m_ <-(e)s, Sträucher> arbusto _m_

Strauß[1] [ʃtraʊs] _m_ <-es, -e> (_Vogel_) avestruz _m_

Strauß[2] _m_ <-es, Sträuße> (_Blumenstrauß_) ramo _m_ (de flores)

streben [ˈʃtreːbən] _vi:_ **nach etw ~** aspirar a algo

Streber(in) _m(f)_ <-s, -; -nen> (_in der Schule_) empollón, -ona _m, f_

strebsam _adj_ aplicado; (_ehrgeizig_) ambicioso

Strecke [ˈʃtrɛkə] _f_ <-n> (_Wegabschnitt_) trayecto _m;_ (_Eisenbahnstrecke_) línea _f;_ **auf der ~ bleiben** (_fam_) quedarse en la estacada

strecken [ˈʃtrɛkən] _vt, vr:_ **sich ~** estirar(se); **lang gestreckt** alargado; **den Kopf aus dem Fenster ~** asomar la cabeza por la ventana

Streich [ʃtraɪç] _m_ <-(e)s, -e> (_Schabernack_) jugarreta _f;_ **jdm einen ~ spielen** hacer(le) una jugarreta a alguien

streicheln [ˈʃtraɪçəln] _vt_ acariciar

streichen [ˈʃtraɪçən] <streicht, strich, gestrichen> **I.** _vt haben_ (_anstreichen_) pintar; (_durchstreichen_)

tachar; (_Auftrag_) anular; (_Butter_) untar; (_Brötchen_) preparar; **glatt ~** alisar **II.** _vi_ **1.** _sein_ (_umherstreifen_) vagar (_durch_ por) **2.** _haben_ (_darüber streichen_) pasar (la mano) (_durch/über_ por); (_zärtlich_) acariciar (_durch/über_)

Streichholz _nt_ cerilla _f;_ **Streichinstrument** _nt_ instrumento _m_ de cuerda

Streife [ˈʃtraɪfə] _f_ <-n> patrulla _f_

streifen [ˈʃtraɪfən] **I.** _vt haben_ (_berühren_) rozar; (_Frage, Problem_) tocar de pasada; (_abstreifen_) sacar (_von_ de) **II.** _vi sein:_ **durch ein Gebiet ~** recorrer una región

Streifen [ˈʃtraɪfən] _m_ <-s, -> (_Linie_) línea _f;_ (_aus Stoff, Papier_) tira _f;_ **Streifenwagen** _m_ coche _m_ patrulla

Streik [ʃtraɪk] _m_ <-(e)s, -s> huelga _f;_ **in** (**den**) **~ treten** declararse en huelga

streiken [ˈʃtraɪkən] _vi_ estar en huelga

Streit [ʃtraɪt] _m_ <-(e)s, -e> disputa _f_

streiten [ˈʃtraɪtən] <streitet, stritt, gestritten> **I.** _vi_ (_zanken_) pelear (_um_ por); (_mit Worten_) discutir (_über_ sobre); **darüber lässt sich ~** esto es discutible **II.** _vr:_ **sich ~** pelearse (_um/wegen_ por)

streitig _adj:_ **jdm etw ~ machen** disputar algo a alguien

Streitigkeit _f_ <-en> riña _f,_ contienda _f_

Streitkräfte _fpl_ fuerzas _fpl_ armadas; **streitsüchtig** _adj_ pendenciero

streng [ʃtrɛŋ] _adj_ severo; (_hart_) duro; (_Geruch_) acre; (_schmucklos_) austero; **~ genommen** en rigor

Strenge [ˈʃtrɛŋə] _f_ **1.** (_Striktheit_) severidad _f_ **2.** (_Schmucklosigkeit_) austeridad _f_ **3.** (_eines Geruchs, Geschmacks_) acritud _f_ **4.** (_des Winters_) rigor _m_

strenggenommen _adv s._ **streng**

Stress[RR] [ʃtrɛs] *m* <-es, *ohne pl*> estrés *m*

stressen [ˈʃtrɛsən] *vi, vt* (*fam*) estresar

stressig *adj* (*fam*) estresante

streuen [ˈʃtrɔɪən] *vt* esparcir (*auf* por); **Gerüchte ~** levantar rumores

strich [ʃtrɪç] 3. *imp von* **streichen**

Strich [ʃtrɪç] *m* <-(e)s, -e> (*Linie*) raya *f*; **jdm einen ~ durch die Rechnung machen** (*fam*) desbaratar los proyectos de alguien; **einen ~ unter etw ziehen** (*fig*) poner punto final a algo; **das geht mir gegen den ~** (*fam*) eso me viene a contrapelo; **auf den ~ gehen** (*fam*) hacer la carrera; **Strichcode** *m*, **Strichkode** *m* código *m* de barras

Strick [ʃtrɪk] *m* <-(e)s, -e> cuerda *f*; **wenn alle ~e reißen** (*fam*) en el peor de los casos; **jdm aus etw einen ~ drehen** utilizar algo en contra de alguien

stricken [ˈʃtrɪkən] *vi, vt* hacer punto; **einen Pullover ~** hacer un jersey de punto

Stricknadel *f* aguja *f* para hacer punto

strikt [ʃtrɪkt] *adj* estricto

stritt [ʃtrɪt] 3. *imp von* **streiten**

strittig [ˈʃtrɪtɪç] *adj* disputable; (*umstritten*) discutido

Stroh [ʃtroː] *nt* <-(e)s, *ohne pl*> paja *f*; **Strohhalm** *m* (*Trinkstrohhalm*) pajita *f*

Strolch [ʃtrɔlç] *m* <-(e)s, -e> (*fam*) golfo, -a *m, f*

Strom [ʃtroːm] *m* <-(e)s, Ströme> (ELEK) corriente *f*; (*Fluss*) río *m*; **stromabwärts** [-'--] *adv* río abajo; **stromaufwärts** [-'--] *adv* río arriba; **Stromausfall** *m* apagón *m*

strömen [ˈʃtrøːmən] *vi sein* (*Fluss*) fluir; (*Blut, Wasser*) correr

Stromkabel *nt* línea *f* eléctrica

Strömung *f* <-en> corriente *f*

Stromversorgung *f* suministro *m* de corriente

Strophe [ˈʃtroːfə] *f* <-n> estrofa *f*

strotzen [ˈʃtrɔtsən] *vi* (*vor Freude, Gesundheit*) rebosar (*vor* de); (*voll sein*) estar lleno (*vor* de)

Strudel [ˈʃtruːdəl] *m* <-s, -> (*im Wasser*) remolino *m*

Struktur [ʃtrʊkˈtuːɐ] *f* <-en> estructura *f*

strukturieren* [ʃtrʊktuˈriːrən] *vt* estructurar

Strumpf [ʃtrʊmpf] *m* <-(e)s, Strümpfe> media *f*; **Strumpfhose** *f* panty *m*

struppig [ˈʃtrʊpɪç] *adj* hirsuto

Stube [ˈʃtuːbə] *f* <-n> cuarto *m*; **die gute ~** el salón; **stubenrein** *adj* (*Tier*) aseado

Stuck [ʃtʊk] *m* <-(e)s, *ohne pl*> (*Material*) estuco *m*; (*Stuckarbeit*) estucado *m*

Stück [ʃtʏk] *nt* <-(e)s, -e> (*a.* THEAT) pieza *f*; (*Teil*) trozo *m*; **drei Euro das ~** tres euros cada uno; **aus freien ~en** voluntariamente; **große ~e auf jdn halten** (*fam*) estimar mucho a alguien; **stückweise** *adv* por piezas

Student(in) [ʃtuˈdɛnt] *m(f)* <-en, -en; -nen> estudiante *mf*; **Studentenausweis** *m* carné *m* de estudiante; **Studentenwohnheim** *nt* residencia *f* estudiantil

Studie [ˈʃtuːdiə] *f* <-n> (*Untersuchung*) estudio *m*

Studien *pl von* **Studie, Studium**; **Studienfach** *nt* asignatura *f*; **Studiengang** *m* carrera *f*; **Studiengebühr** *f* (derechos *mpl* de) matrícula *f*; **Studienplatz** *m* plaza *f* (universitaria)

studieren* [ʃtuˈdiːrən] *vi, vt* estudiar

Studio [ˈʃtuːdio] *nt* <-s, -s> estudio

m

Studium ['ʃtuːdiʊm] *nt* <-s, Studien> 1. (*Erforschung*) estudio *m* 2. *ohne pl* (*akademische Ausbildung*) carrera *f*

Stufe ['ʃtuːfə] *f* <-n> (*Treppenstufe*) escalón *m;* (*Ebene*) nivel *m;* (*Abschnitt*) fase *f;* **stufenweise** *adj* gradual

Stuhl [ʃtuːl] *m* <-(e)s, Stühle> silla *f;* **Stuhlgang** *m* <-(e)s, *ohne pl*> defecación *f;* ~ **haben** defecar

stumm [ʃtʊm] *adj* mudo; **jdn ~ ansehen** mirar a alguien sin decir palabra

Stummel ['ʃtʊməl] *m* <-s, -> (*Bleistiftstummel*) pedazo *m;* (*Kerzenstummel*) cabo *m;* (*Zigarettenstummel*) colilla *f*

Stümper(in) ['ʃtʏmpɐ] *m(f)* <-s, -; -nen> (*abw*) chapucero, -a *m, f*

stumpf [ʃtʊmpf] *adj* (*nicht scharf*) desafilado; (*nicht spitz*) romo; (*teilnahmslos*) apático

Stumpf [ʃtʊmpf] *m* <-(e)s, Stümpfe> (*Baumstumpf*) tocón *m;* (*Kerzenstumpf*) cabo *m;* (*von Gliedmaßen*) muñón *m;* **Stumpfsinn** *m* <-(e)s, *ohne pl*> (*Teilnahmslosigkeit*) apatía *f;* (*Monotonie*) monotonía *f;* **stumpfsinnig** *adj* (*teilnahmslos*) apático; (*monoton*) monótono

Stunde ['ʃtʊndə] *f* <-n> hora *f;* (*Unterrichtsstunde*) clase *f;* **25 Euro pro ~** 25 euros la hora; **stundenlang** I. *adj* de varias horas II. *adv* horas y horas; **Stundenlohn** *m* salario *m* por hora; **Stundenplan** *m* horario *m;* **stundenweise** *adv* por horas

stündlich ['ʃtʏntlɪç] I. *adj* horario II. *adv* cada hora; **dreimal ~** tres veces por hora

stupid(e) [ʃtuˈpiːt, ʃtuˈpiːdə] *adj* (*abw: Person*) estúpido; (*Tätigkeit*)

monótono

stur [ʃtuːɐ] *adj* testarudo

Sturm [ʃtʊrm] *m* <-(e)s, Stürme> (*Unwetter*) tormenta *f;* (*Wind*) tempestad *f*

stürmen ['ʃtʏrmən] *vt* tomar por asalto; (*Bank, Geschäfte*) asaltar

Sturmflut *f* marea *f* muy alta

stürmisch *adj* (*Wetter*) tempestuoso; (*ungestüm*) impetuoso; (*Liebhaber*) apasionado; (*Entwicklung*) rápido; (*Beifall*) frenético

Sturz [ʃtʊrts] *m* <-es, Stürze> caída *f* (*aus* por); (*einer Regierung*) derrocamiento *m*

stürzen ['ʃtʏrtsən] I. *vi sein* (*fallen*) caer(se); (*rennen*) precipitarse (*zu/an* hacia, *in* a); **zu Boden ~** caer al suelo II. *vt haben* derribar; (*umkippen*) volcar; (*Regierung*) derrocar III. *vr haben:* **sich ~** arrojarse (*aus* por); **sich auf jdn ~** abalanzarse sobre alguien; **sich auf/in etw ~** lanzarse sobre/a algo

Sturzhelm *m* casco *m* (protector)

Stute *f* <-n> yegua *f*

Stütze ['ʃtʏtsə] *f* <-n> (*a. fig*) apoyo *m;* (ARCHIT) soporte *m*

stutzen ['ʃtʊtsən] I. *vi* (*innehalten*) interrumpirse II. *vt* cortar; (*Baum*) podar

stützen ['ʃtʏtsən] *vt, vr:* **sich ~** apoyar(se) (*auf* en)

stutzig *adj:* ~ **werden** sorprenderse; ~ **machen** (*argwöhnisch machen*) hacer sospechar; (*verwirren*) desconcertar

stylen ['staɪlən] I. *vt* diseñar; **sich** *dat* **die Haare ~** arreglarse el pelo II. *vr:* **sich ~** (*fam*) ponerse (guapo)

Styropor® [ʃtyroˈpoːɐ, styro-] *nt* <-s, *ohne pl*> poliestireno *m*

Subjekt [zʊpˈjɛkt] *nt* <-(e)s, -e> sujeto *m*

subjektiv [zʊpjɛkˈtiːf] *adj* subjetivo

Substantiv ['zʊpstanti:f] *nt* <-s, -e> sustantivo *m*

Substanz [zʊp'stants] *f* <-en> sustancia *f*

subtil [zʊp'ti:l] *adj* sutil

subtrahieren* [zʊptra'hi:rən] *vt* restar (*von* a)

subtropisch *adj* subtropical

Subvention [zʊpvɛn'tsjo:n] *f* <-n> subvención *f*

subventionieren* [zʊpvɛntsjo'ni:rən] *vt* subvencionar

Suchaktion *f* operación *f* de búsqueda

Suche ['zu:xə] *f* <-n> búsqueda *f;* **sich auf die ~ nach jdm/etw machen** salir en busca de alguien/algo

suchen ['zu:xən] *vi, vt* buscar

Sucht [zʊxt] *f* <-en *o* Süchte> adicción *f*

süchtig ['zʏçtɪç] *adj* (*alkoholsüchtig, tablettensüchtig*) adicto (*nach* a); (*drogensüchtig*) toxicómano; (*begierig*) ávido (*nach* de)

Suchtkranke(r) *mf* adicto, -a *m, f;* (*durch Drogen*) toxicómano, -a *m, f*

Südamerika ['--'---] *nt* América *f* del Sur; **südamerikanisch** ['----'--] *adj* sudamericano; **Süddeutschland** *nt* Alemania *f* del Sur

Süden ['zy:dən] *m* <-s, *ohne pl*> sur *m; im ~ von* en el sur de; (*südlich von*) al sur de; **nach/in den ~** hacia el sur; **von ~** del sur

Südeuropa ['--'--] *nt* Europa *f* del Sur; **Südfrucht** *f* fruta *f* tropical; **Südhalbkugel** *f ohne pl* hemisferio *m* sur; **Südkastilien** *nt* <-s> Castilla-La Mancha *f*

südlich ['zy:tlɪç] **I.** *adj* meridional; **in ~er Richtung** en dirección sur; **~ von Granada** al sur de Granada; **die ~e Halbkugel** el hemisferio sur **II.** *präp* +*gen* al sur de

Südosten [-'--] *m* sudeste *m*; **Süd-**

pol *m* <-s, *ohne pl*> polo *m* sur; **Südsee** *f* Pacífico *m* meridional; **Südwesten** [-'--] *m* sudoeste *m*

Summe ['zʊmə] *f* <-n> suma *f*

summen ['zʊmən] **I.** *vi* (*Insekt*) zumbar; (*Mensch*) tararear una melodía **II.** *vt* (*Melodie*) tararear

summieren* [zʊ'mi:rən] **I.** *vt* sumar **II.** *vr:* **sich ~** acumularse

Sumpf [zʊmpf] *m* <-(e)s, Sümpfe> pantano *m*

sumpfig *adj* pantanoso

Sünde ['zʏndə] *f* <-n> pecado *m;* **Sündenbock** *m* (*fam*) cabeza *f* de turco

Sünder(in) *m(f)* <-s, -; -nen> pecador(a) *m(f)*

sündhaft *adj* pecaminoso; **~ teuer** carísimo

sündigen ['zʏndɪgən] *vi* pecar

super ['zu:pɐ] **I.** *adj inv* (*fam*) fantástico **II.** *adv* de maravilla

Superlativ ['zu:pɐlati:f] *m* <-s, -e> superlativo *m*

Supermarkt *m* supermercado *m*

Suppe ['zʊpə] *f* <-n> sopa *f;* **die ~ auslöffeln müssen** (*fam*) pagar el pato

Surfbrett ['sœ:f-] *nt* tabla *f* de surf

surfen ['sœ:fən] *vi* practicar el surf; **im Internet ~** navegar en internet

Surfer(in) ['sœ:fɐ] *m(f)* (SPORT) surfista *mf*

surren ['zʊrən] *vi* zumbar

suspekt [zʊs'pɛkt] *adj* sospechoso

suspendieren* [zʊspɛn'di:rən] *vt* suspender (*von* +*dat* de)

süß [zy:s] *adj* dulce; (*niedlich*) mono

Süßigkeit *f* <-en> dulce *m*

süßlich *adj* dulzón

süßsauer ['--'--] *adj* agridulce; **Süßstoff** *m* edulcorante *m;* **Süßwaren** *fpl* dulces *mpl;* **Süßwasser** *nt* agua *f* dulce

Sweatshirt ['swɛtʃœ:t] *nt* <-s, -s>

sudadera *f*

Swimmingpool ['swɪmɪŋpuːl, 'svɪmɪŋ-] *m* piscina *f*, pileta *f Am*

Symbol [zʏm'boːl] *nt* <-s, -e> símbolo *m* (*für* de)

symbolisch *adj* simbólico (*für* de)

symbolisieren* [zʏmboli'ziːrən] *vt* simbolizar

symmetrisch [zʏ'meːtrɪʃ] *adj* simétrico

Sympathie [zʏmpa'tiː] *f* <-n> simpatía *f* (*für* por); **Sympathieträger(in)** *m(f)* <-s, -; -nen> persona *f* que cae en gracia

sympathisch [zʏm'paːtɪʃ] *adj* simpático

sympathisieren* [zʏmpati'ziːrən] *vi* simpatizar

Symphonie [zʏmfoˈniː] *f* <-n> sinfonía *f*

Symptom [zʏmp'toːm] *nt* <-s, -e> síntoma *m* (*für* de)

Synagoge [zyna'goːgə] *f* <-n> sinagoga *f*

synchron [zʏn'kroːn] *adj* sincrónico

synchronisieren* [zʏnkroni'ziːrən] *vt* sincronizar; (FILM) doblar

Syndikat [zʏndi'kaːt] *nt* <-(e)s, -e> consorcio *m*

Syndrom [zʏn'droːm] *nt* <-s, -e> síndrome *m*

synonym [zyno'nyːm] *adj* sinónimo (*zu* de)

Synonym [zyno'nyːm] *nt* <-s, -e> sinónimo *m*

Synthese [zʏn'teːzə] *f* <-n> síntesis *f inv*

Synthesizer ['sʏntəsaɪzɐ] *m* <-s, -> sintetizador *m*

Synthetik [zʏn'teːtɪk] *nt* <-s, *ohne pl*> tejido *m* sintético

Syphilis ['zyːfilɪs] *f* sífilis *f*

System [zʏs'teːm] *nt* <-s, -e> sistema *m*

systematisch [zʏste'maːtɪʃ] *adj* sis-

temático

Szene ['stseːnə] *f* <-n> escena *f*; **jdm eine ~ machen** montar(le) a alguien una escena

T

T, t [teː] *nt* <-, -> T, t *f*

Tabak ['tabak] *m* <-s, -e> tabaco *m*

Tabelle [ta'bɛlə] *f* <-n> cuadro *m*

Tablett [ta'blɛt] *nt* <-(e)s, -s *o* -e> bandeja *f*

Tablette [ta'blɛtə] *f* <-n> pastilla *f*

tabu [ta'buː] *adj inv:* ~ **sein** ser un tabú

Tabu [ta'buː] *nt* <-s, -s> tabú *m*

Tacho ['taxo] *m* <-s, -s> (*fam*), **Tachometer** [taxo'meːtɐ] *m o nt* velocímetro *m*

Tadel ['taːdəl] *m* <-s, -> reprimenda *f*

tadellos *adj* impecable

tadeln ['taːdəln] *vt* reprender (*wegen* por)

Tadschikistan [ta'dʒiːkista(ː)n] *nt* <-s> Tayikistán *m*

Tafel ['taːfəl] *f* <-n> (*Brett, Anzeigetafel*) tabla *f*; (*in der Schule*) pizarra *f*; (*Gedenktafel*) placa *f* (conmemorativa); (*Schokoladentafel*) tableta *f*; **Tafelwein** *m* vino *m* de mesa

Tag [taːk] *m* <-(e)s, -e> día *m*; **es wird ~** amanece; **jeden dritten ~** cada tres días; **zweimal am ~** dos veces al día; **den ganzen ~ lang** durante todo el día; **vor/in 5 ~en** hace 5 días/dentro de 5 días; **~ für ~** día tras día; **guten ~!** ¡buenos días!; **sie hat ihre ~e** tiene la regla; **tagaus** [-'-] *adv:* ~, **tagein** todos los días

Tagebuch *nt* diario *m;* **tagelang** I. *adj* de varios días II. *adv* durante días enteros

tagen ['ta:gən] *vi* (*konferieren*) reunirse (en sesión)

Tagesanbruch *m* amanecer *m;* **Tagesgeschehen** *nt* acontecimientos *m pl* del día; **Tageslicht** *nt* <-(e)s, *ohne pl*> luz *f* del día; **bei ~** de día; **Tagesmutter** *f* <-mütter> niñera *f* (*que cuida a niños en su propia casa*); **Tagesordnung** *f* <-en> orden *m* del día; **an der ~ sein** ser el pan de cada día; **zur ~ übergehen** volver a la actividad diaria; **Tagesschau** *f* telediario *m;* **Tageszeit** *f* hora *f* del día; **zu jeder Tages- und Nachtzeit** día y noche; **Tageszeitung** *f* diario *m*

täglich ['tɛ:klɪç] I. *adj* diario II. *adv* todos los días; **dreimal ~** tres veces al día

tagsüber ['---] *adv* durante el día

tagtäglich ['-'---] I. *adj* diario, de todos los días II. *adv* todos los días, a diario

Tagung ['ta:gʊŋ] *f* <-en> congreso *m*

Taille ['taljə] *f* <-n> cintura *f*

Takt [takt] *m* <-(e)s, -e> 1. (MUS) compás *m;* **den ~ schlagen** marcar el compás 2. *ohne pl* (*Taktgefühl*) tacto *m*

Taktik ['taktɪk] *f* <-en> táctica *f*

taktisch *adj* táctico

taktlos *adj* indiscreto

Taktlosigkeit *f* <-en> falta *f* de tacto

taktvoll *adj* con (mucho) tacto

Tal [ta:l] *nt* <-(e)s, Täler> valle *m*

Talent [ta'lɛnt] *nt* <-(e)s, -e> talento *m*

talentiert [talɛn'ti:ɐt] *adj* dotado

Talisman ['ta:lɪsman] *m* <-s, -e> talismán *m*

Talkshow^RR ['tɔ:kʃʊ] *f* talk show *m*

Talsperre *f* presa *f*

Tampon ['tampɔn] *m* <-s, -s> tampón *m*

Tandem ['tandɛm] *nt* <-s, -s> tándem *m*

Tang [taŋ] *m* <-(e)s, -e> algas *fpl* marinas

Tank [taŋk] *m* <-s, -s *o* -e> depósito *m*

tanken *vi, vt* echar gasolina; **frische Luft ~** (*fam*) respirar aire fresco

Tanker *m* <-s, -> buque *m* cisterna

Tanksäule *f* surtidor *m* de gasolina; **Tankstelle** *f* gasolinera *f*

Tanne ['tanə] *f* <-n> abeto *m;* **Tannenbaum** *m* 1. (*Tanne*) abeto *m* 2. (*fam: Weihnachtsbaum*) árbol *m* de Navidad; **Tannenzapfen** *m* piña *f* de abeto

Tante ['tantə] *f* <-n> tía *f*

Tanz [tants] *m* <-es, Tänze> baile *m*

tanzen *vi, vt* bailar

Tänzer(in) ['tɛntsɐ] *m(f)* <-s, -; -nen> bailador(a) *m(f);* (*professionell*) bailarín, -ina *m, f*

Tanzschule *f* escuela *f* de baile

Tapete [ta'pe:tə] *f* <-n> papel *m* pintado

tapezieren* [tape'tsi:rən] *vi, vt* empapelar

tapfer ['tapfɐ] *adj* valiente; **sich ~ schlagen** defenderse con bravura

Tapferkeit *f* valentía *f*

Tarif [ta'ri:f] *m* <-s, -e> tarifa *f;* **Tariflohn** *m* salario *m* según el convenio colectivo; **Tarifvertrag** *m* convenio *m* colectivo

tarnen ['tarnən] *vt, vr:* **sich ~** camuflar(se)

Tarnung *f* <-en> camuflaje *m*

Tasche ['taʃə] *f* <-n> (*an Kleidung*) bolsillo *m;* (*Handtasche*) bolso *m;* (*Reisetasche*) bolsa *f* (de viaje);

jdm auf der ~ liegen (*fam*) vivir a costa de alguien; **Taschenbuch** *nt* libro *m* de bolsillo; **Taschendieb(in)** *m(f)* carterista *mf;* **Taschengeld** *nt* <-(e)s, -er> dinero *m* para (pequeños) gastos personales; **Taschenlampe** *f* linterna *f;* **Taschenmesser** *nt* navaja *f;* **Taschenrechner** *m* calculadora *f* (de bolsillo); **Taschentuch** *nt* pañuelo *m*

Tasse ['tasə] *f* <-n> taza *f;* **eine ~ Kaffee** una taza de café; **er hat nicht alle ~n im Schrank** (*fam*) le falta un tornillo

Tastatur [tasta'tuːɐ] *f* <-en> teclado *m*

Taste ['tastə] *f* <-n> tecla *f*

tasten ['tastən] I. *vi:* **nach etw ~** buscar algo a tientas II. *vt* (*ertasten*) palpar III. *vr:* **sich ~** andar a tientas (*über/durch* por)

tat [taːt] *3. imp von* **tun**

Tat [taːt] *f* <-en> (*das Handeln*) acción *f;* (*Handlung*) acto *m;* **etw in die ~ umsetzen** poner algo en práctica; **jdn auf frischer ~ ertappen** coger a alguien con las manos en la masa; **in der ~!** ¡en efecto!; **Tatendrang** *m* dinamismo *m;* **tatenlos** I. *adj* inactivo II. *adv* de brazos cruzados

Täter(in) ['tɛːtɐ] *m(f)* <-s, -; -nen> autor(a) *m(f)* de un delito

tätig ['tɛːtɪç] *adj* activo; **~ sein** (*Person*) trabajar

Tätigkeit *f* <-en> actividad *f;* (*Arbeit*) trabajo *m;* **Tätigkeitsbereich** *m* campo *m* de acción

Tatkraft *f ohne pl* energía *f,* dinamismo *m;* **tatkräftig** *adj* enérgico; **Tatmotiv** *nt* móvil *m* del crimen; **Tatort** *m* lugar *m* de los hechos

tätowieren* [tɛto'viːrən] *vt* tatuar; **sich ~ lassen** hacerse un tatuaje

Tätowierung *f* <-en> tatuaje *m*

Tatsache *f* hecho *m;* **vor vollendeten ~n stehen** enfrentarse a hechos consumados; **tatsächlich** ['---, -'--] I. *adj* real II. *adv* de hecho

Tatze ['tatsə] *f* <-n> zarpa *f*

Tau[1] [tau] *m* <-(e)s, *ohne pl*> rocío *m*

Tau[2] *nt* <-(e)s, -e> (NAUT) cabo *m*

taub [taup] *adj* (*gehörlos*) sordo; (*Körperteil*) entumecido; **sich ~ stellen** hacerse el sordo

Taube ['taubə] *f* <-n> paloma *f*

taubstumm ['--] *adj* sordomudo

tauchen ['tauxən] I. *vi haben o sein* (*Mensch*) bucear (*nach*); (*Ente, U-Boot*) sumergirse (*in* en) II. *vt haben* (*hineinhalten*) mojar (*in* en)

Taucher(in) *m(f)* <-s, -; -nen> buceador(a) *m(f);* **Taucherbrille** *f* gafas *fpl* de bucear

Tauchsieder ['-ziːdɐ] *m* <-s, -> calentador *m* de líquidos (por inmersión)

tauen ['tauən] I. *vi sein* (*Schnee, Eis*) derretirse; (*Fluss*) deshelarse II. *vunpers haben:* **es taut** se está derritiendo la nieve

Taufe *f* <-n> bautizo *m*

taufen ['taufən] *vt* bautizar

Taufpate, Taufpatin *m, f* padrino *m* de bautismo, madrina *f* de bautismo

taugen [taugən] *vi* servir; **etw taugt nichts** algo no sirve para nada

Taugenichts ['taugənɪçts] *m* <-(es), -e> (*abw*) inútil *mf*

tauglich *adj* apto

taumeln ['taumeln] *vi haben o sein* tambalearse

Tausch [tauʃ] *m* <-(e)s, -e> cambio *m;* **im ~ gegen etw** a cambio de algo

tauschen ['tauʃən] *vi, vt* cambiar (*gegen* por)

täuschen ['tɔɪʃən] **I.** *vi, vt* engañar; **wenn mich nicht alles täuscht ...** si no me equivoco... **II.** *vr:* **sich ~** equivocarse; **sich in jdm ~** equivocarse con alguien

Täuschung *f* <-en> engaño *m;* (*Betrug*) fraude *m;* **optische ~** ilusión óptica

tausend ['taʊzənt] *adj inv* mil; **~ Dank** un millón de gracias

Tausendfüßler ['--fy:slə] *m* <-s, -> ciempiés *m inv*

tausendjährig *adj* milenario

Tausendstel *nt* <-s, -> milésimo *m*

Taxi ['taksi] *nt* <-s, -s> taxi *m;* **Taxifahrer(in)** *m(f)* taxista *mf*

Team [ti:m] *nt* <-s, -s> equipo *m;* **Teamarbeit** *f ohne pl* trabajo *m* en equipo

Technik ['tɛçnɪk] *f* <-en> **1.** (*Arbeitsweise*) técnica *f;* (*Methode*) método *m* **2.** *ohne pl* (*Technologie*) tecnología *f*

Techniker(in) ['tɛçnikɐ] *m(f)* <-s, -; -nen> técnico, -a *m, f*

technisch *adj* técnico

Techno ['tɛkno] *m o nt* <-(s), *ohne pl*> (MUS) bakalao *m*

Technologie *f* <-n> tecnología *f*

technologisch *adj* tecnológico

Teddybär ['tɛdibɛːɐ] *m* osito *m* de peluche

Tee [te:] *m* <-s, -s> té *m;* (*Kräutertee*) infusión *f;* **Teekanne** *f* tetera *f;* **Teelöffel** *m* cucharilla *f* de té

Teenager ['ti:nɛɪdʒɐ] *m* <-s, -> adolescente *mf*

Teeny ['ti:ni] *m* <-s, -s> (*fam*) joven *mf*

Teer [te:ɐ] *m* <-(e)s, -e> alquitrán *m*

Teich [taɪç] *m* <-(e)s, -e> estanque *m*

Teig [taɪk] *m* <-(e)s, -e> masa *f;* **Teigwaren** *fpl* pastas *fpl*

Teil¹ [taɪl] *m* <-(e)s, -e> parte *f;* (*Be-*standteil) componente *m;* **weite ~e des Landes** amplias partes del país; **zum ~** en parte

Teil² *nt* <-(e)s, -e> pieza *f;* (*Ersatzteil*) recambio *m*

Teil³ *m o nt* <-(e)s, -e> (*Anteil*) parte *f;* **sich** *dat* **sein(en) ~ denken** pensarse lo suyo

Teilbetrag *m* suma *f* parcial, parte *f*

Teilchen ['taɪlçən] *nt* <-s, -> (*reg: Gebäck*) dulce *m*

teilen I. *vt* dividir (*in* en); **sich** *dat* **etw** (**mit jdm**) **~** compartir algo (con alguien); **die Meinungen waren geteilt** las opiniones estaban divididas **II.** *vr:* **sich ~** dividirse (*in* en); (*Straße, Fluss*) bifurcarse

teil|haben *irr vi* participar (*an* en)

Teilhaber(in) *m(f)* <-s, -; -nen> socio, -a *m, f*

Teilnahme ['--na:mə] *f* participación *f* (*an* en); (*Interesse*) interés *m;* (*geh: Mitgefühl*) simpatía *f*

teilnahmslos ['taɪlna:mslo:s] *adj* indiferente

teil|nehmen *irr vi* participar (*an* en); **Teilnehmer(in)** *m(f)* <-s, -; -nen> participante *mf*

teils [taɪls] *adv* en parte; **~ ..., ~ ...** por un lado..., por otro...

Teilung *f* <-en> división *f*

teilweise ['-vaɪzə] *adv* en parte

Teilzeitarbeit *f* trabajo *m* de jornada reducida; **teilzeitbeschäftigt** *adj* empleado a tiempo parcial

Teint [tɛ̃:] *m* <-s, -s> tez *f*

Telebanking *nt* <-, *ohne pl*> (INFOR) telebanca *f*

Telefax ['te:lefaks] *nt* telefax *m inv*

Telefon ['te:lefo:n, tele'fo:n] *nt* <-s, -e> teléfono *m;* **ans ~ gehen** coger el teléfono

Telefonat [telefo'na:t] *nt* <-(e)s, -e> llamada *f* telefónica

Telefonbuch *nt* guía *f* telefónica

telefonieren* [telefo'ni:rən] *vi* (*sprechen*) hablar por teléfono; (*anrufen*) llamar por teléfono; **kann ich bei Ihnen mal ~?** ¿puedo utilizar su teléfono?

telefonisch [tele'fo:nɪʃ] **I.** *adj* telefónico **II.** *adv* por teléfono

Telefonkarte *f* tarjeta *f* telefónica; **Telefonleitung** *f* línea *f* telefónica; **Telefonnummer** *f* (número *m* de) teléfono *m*; **Telefonzelle** *f* cabina *f* telefónica

telegrafieren* [telegra'fi:rən] *vi, vt* telegrafiar

Telegramm [tele'gram] *nt* <-s, -e> telegrama *m*; **ein ~ aufgeben** enviar un telegrama

Telekommunikation *f* telecomunicación *f*; **Teleobjektiv** *nt* teleobjetivo *m*

Telepathie [telepa'ti:] *f* telepatía *f*

Teleshopping *nt* telecompra *f*

Teleskop [tele'sko:p] *nt* <-s, -e> telescopio *m*

Teller ['tɛlɐ] *m* <-s, -> plato *m*

Tempel ['tɛmpəl] *m* <-s, -> templo *m*

Temperament [tɛmp(ə)ra'mɛnt] *nt* <-(e)s, -e> temperamento *m*; **temperamentvoll** *adj* (*lebhaft*) vivo; (*ungestüm*) temperamental

Temperatur [tɛmpəra'tu:ɐ] *f* <-en> temperatura *f*

Tempo ['tɛmpo] *nt* <-s, -s> velocidad *f*; **Tempolimit** *nt* límite *m* de velocidad

Tendenz [tɛn'dɛnts] *f* <-en> tendencia *f* (*zu* a)

tendieren* [tɛn'di:rən] *vi* tender (*zu/nach* a)

Teneriffa [tene'rɪfa] *nt* <-s> Tenerife *m*

Tennis ['tɛnɪs] *nt* <-, *ohne pl*> tenis *m*; **Tennisschläger** *m* raqueta *f* (de tenis)

Teppich ['tɛpɪç] *m* <-s, -e> alfombra *f*; **auf dem ~ bleiben** (*fig*) tener los pies en tierra; **etw unter den ~ kehren** (*fig*) disimular algo; **Teppichboden** *m* moqueta *f*

Termin [tɛr'mi:n] *m* <-(e)s, -e> (*Frist*) plazo *m*; (*Zeitpunkt*) fecha *f*; (*beim Arzt*) cita *f*; **einen ~ beim Zahnarzt haben** tener hora en el dentista

Terminal¹ ['tœ:minəl] *m o nt* <-s, -s> (*Flughafen*) terminal *f*

Terminal² *nt* <-s, -s> (INFOR) terminal *m*

Termindruck *m* <-(e)s, *ohne pl*> agobio *m* de tiempo; **Terminkalender** *m* agenda *f*

Terminologie [tɛrminolo'gi:] *f* <-n> terminología *f*

Terpentin [tɛrpɛn'ti:n, tɛrpən'ti:n] *nt* <-s, -e> trementina *f*

Terrasse [tɛ'rasə] *f* <-n> terraza *f*

Terrier ['tɛriɐ] *m* <-s, -> (perro *m*) terrier *m*

Territorium [tɛri'to:riʊm] *nt* <-s, Territorien> territorio *m*

Terror ['tɛro:ɐ] *m* <-s, *ohne pl*> terror *m*; **Terroranschlag** *m* atentado *m* terrorista

terrorisieren* [tɛrori'zi:rən] *vt* aterrorizar

Terrorismus [tɛro'rɪsmʊs] *m* <-, *ohne pl*> terrorismo *m*

Terrorist(in) [tɛro'rɪst] *m(f)* <-en, -en; -nen> terrorista *mf*

Terrorwarnung *f* aviso *m* de ataque terrorista

Tessin [tɛ'si:n] *nt* <-s> Tesino *m*

Test [tɛst] *m* <-(e)s, -s *o* -e> prueba *f*

Testament [tɛsta'mɛnt] *nt* <-(e)s, -e> testamento *m*

testen ['tɛstən] *vt* examinar

Testergebnis *nt* resultado *m* de una prueba

Tetanus ['tɛtanʊs, 'te:tanʊs] *m* <-, *ohne pl*> tétano(s) *m* *(inv)*

teuer ['tɔɪɐ] *adj* caro; **wie ~ ist das?** ¿cuánto vale?; **teurer werden** subir de precio

Teuerungsrate *f* inflación *f*

Teufel ['tɔɪfəl] *m* <-s, -> diablo *m*; **scher dich zum ~!** (*fam*) ¡vete al demonio!; **auf ~ komm raus** (*fam*) cueste lo que cueste; **wenn man vom ~ spricht(, kommt er)** (*fam*) hablando del ruin de Roma (por la puerta asoma); **Teufelskreis** *m* círculo *m* vicioso

teuflisch *adj* diabólico

Text [tɛkst] *m* <-(e)s, -e> texto *m*

Textilien [tɛks'ti:liən] *pl* (productos *m pl*) textiles *m pl*

Textmarker ['-markɐ] *m* <-s, -> rotulador *m* fluorescente

Textverarbeitung *f* (INFOR) tratamiento *m* de textos; **Textverarbeitungsprogramm** *nt* (INFOR) (programa *m* de) tratamiento *m* de textos

Theater [te'a:tɐ] *nt* <-s, -> teatro *m*; **ins ~ gehen** ir al teatro; **Theaterstück** *nt* obra *f* de teatro

theatralisch [tea'tra:lɪʃ] *adj* teatral

Theke ['te:kə] *f* <-n> (*in einer Gaststätte*) barra *f*; (*Ladentisch*) mostrador *m*

Thema ['te:ma] *nt* <-s, Themen> tema *m*

Thematik [te'ma:tɪk] *f* <-en> temática *f*

Themen ['te:mən] *pl von* **Thema**

Theologie [teolo'gi:] *f* teología *f*

theoretisch *adj* teórico

Theorie [teo'ri:] *f* <-n> teoría *f*

Therapeut(in) [tera'pɔɪt] *m(f)* <-en, -en; -nen> terapeuta *mf*

therapeutisch *adj* terapéutico

Therapie [tera'pi:] *f* <-n> terapia *f*

Thermometer [tɛrmo'me:tɐ] *nt* termómetro *m*

Thermosflasche ['tɛrmɔs-] *f* termo *m*

Thermostat [tɛrmo'sta:t] *m* <-(e)s *o* -en, -e(n)> termostato *m*

These ['te:zə] *f* <-n> tesis *f inv*

Thriller ['θrɪlɐ] *m* <-s, -> (*Film*) película *f* de suspense; (*Buch*) novela *f* de suspense

Thrombose [trɔm'bo:zə] *f* <-n> trombosis *f inv*

Thron [tro:n] *m* <-(e)s, -e> trono *m*

Thunfisch ['tu:n-] *m* atún *m*

Thurgau ['tu:ɐgaʊ] *m* <-s> Thurgau *m*

Thüringen ['ty:rɪŋən] *nt* <-s> Turingia *f*

Thymian ['ty:mia:n] *m* <-s, -e> tomillo *m*

Tick [tɪk] *m* <-(e)s, -s> (*fam: Eigenart*) manía *f*; **einen ~ haben** estar tocado

ticken ['tɪkən] *vi* (*Uhr*) hacer tictac; **bei dir tickt's ja nicht richtig!** (*fam*) ¡no estás bien de la cabeza!

tief [ti:f] *adj* profundo; (*niedrig, Ton*) bajo; (*Stimme*) grave; **zwei Meter ~** dos metros de profundidad; **~er Schnee** nieve alta; **im ~sten Afrika** en lo más profundo de África; **~e Temperaturen** temperaturas bajas; **~ ausgeschnitten** (*Kleidung*) muy escotado; **bis ~ in die Nacht hinein** hasta bien entrada la noche

Tief [ti:f] *nt* <-s, -s> (METEO) depresión *f* atmosférica; (PSYCH) depresión *f*

Tiefe ['ti:fə] *f* <-n> profundidad *f*

Tiefebene *f* llanura *f*; **tiefgekühlt** *adj* congelado; **tiefgreifend** *adj s.* **greifen I.**

Tiefkühlkost *f* alimentos *m pl* congelados; **Tiefkühltruhe** *f* congelador *m*

Tiefpunkt *m* punto *m* más bajo;

Tiefschlaf *m* sueño *m* profundo; **Tiefschlag** *m* (SPORT) golpe *m* bajo; **tiefsinnig** *adj* profundo

Tier [ti:ɐ] *nt* <-(e)s, -e> animal *m;* **Tierart** *f* especie *f* animal; **Tierarzt, -ärztin** *m, f* veterinario, -a *m, f;* **Tiergarten** *m* parque *m* zoológico

tierisch ['ti:rɪʃ] *adj* animal; (*fam: sehr*) bestial; **ich habe ~en Durst** tengo una sed bestial

Tierkreiszeichen *nt* signo *m* del zodíaco

Tierquälerei ['---'-] *f* maltrato *m* de animales; **Tierreich** *nt* <-(e)s, *ohne pl*> reino *m* animal; **Tierschützer(in)** *m(f)* <-s, -; -nen> protector(a) *m(f)* de animales

Tierschutzverein *m* asociación *f* protectora de animales

Tierversuch *m* experimento *m* en animales; **Tierwelt** *f ohne pl* fauna *f*

Tiger ['ti:gɐ] *m* <-s, -> tigre *m*

Tilde ['tɪldə] *f* <-n> **1.** (*über Buchstaben*) tilde *f*

tilgen ['tɪlgən] *vt* (*Schulden*) liquidar; (*geh: beseitigen*) eliminar (*aus* de)

Timing ['taɪmɪŋ] *nt* <-s, -s> cálculo *m* del tiempo; **das war perfektes ~!** ¡la coordinación ha sido perfecta!

Tinte ['tɪntə] *f* <-n> tinta *f;* **in der ~ sitzen** (*fam*) verse en apuros; **Tintenfisch** *m* calamar *m*

Tintenstrahldrucker *m* impresora *f* de inyección de tinta

Tipᴬᴸᵀ *m,* **Tipp**ᴿᴿ [tɪp] *m* <-s, -s> (*fam: Rat*) consejo *m;* (SPORT) pronóstico *m*

tippen ['tɪpən] *vi, vt* (*berühren*) tocar (ligeramente) (*auf/an*); (*fam: Maschine schreiben*) escribir a máquina; (*fam: wetten*) apostar (*auf* por)

Tippfehler *m* errata *f;* **tipptopp** ['tɪp'tɔp] *adj* (*fam*) impecable

Tirol [ti'ro:l] *nt* <-s> Tirol *m*

Tisch [tɪʃ] *m* <-(e)s, -e> mesa *f;* **den ~ decken** poner la mesa; **am ~ sitzen** estar sentados a la mesa; **etw unter den ~ fallen lassen** (*fam*) pasar algo por alto; **jdn über den ~ ziehen** (*fam*) dar a alguien gato por liebre; **Tischdecke** *f* mantel *m*

Tischler(in) *m(f)* <-s, -; -nen> carpintero, -a *m, f*

Tischtennis *nt* ping-pong *m*

Titel ['ti:təl] *m* <-s, -> título *m;* **Titelblatt** *nt* portada *f;* **Titelrolle** *f* (FILM, THEAT) papel *m* principal

Toast [to:st] *m* <-(e)s, -e *o* -s> (*Toastscheibe*) tostada *f;* (*Toastbrot*) pan *m* para tostar; (*Trinkspruch*) brindis *m inv;* **einen ~ auf jdn ausbringen** brindar por alguien

toasten ['to:stən] *vt* tostar

Toaster *m* <-s, -> tostadora *f*

toben ['to:bən] *vi* (*vor Wut*) rabiar; (*Kinder*) alborotar; (*Sturm*) bramar

tobsüchtig *adj* furioso

Tochter ['tɔxtɐ] *f* <Töchter> hija *f*

Tod [to:t] *m* <-(e)s, -e> muerte *f;* **jdn zum ~e verurteilen** condenar a alguien a muerte; **sich zu ~e langweilen** (*fam*) aburrirse como una ostra; **todernst** ['-'-] *adj* (*fam*) más serio que un poste

Todesangst *f* miedo *m* de muerte; **Todesanzeige** *f* esquela *f* (mortuoria); **Todesfall** *m* defunción *f;* **Todesopfer** *nt* víctima *f* (mortal); **Todesstrafe** *f* pena *f* de muerte; **Todestag** *m* día *m* de la muerte; (*Jahrestag*) aniversario *m* de la muerte; **Todesursache** *f* causa *f* de la muerte; **Todesurteil** *nt* sentencia *f* de muerte

Todfeind(in) *m(f)* enemigo, -a *m, f* mortal; **todkrank** ['-'-] *adj* enfermo de muerte; **todlangweilig** ['-'---] *adj* aburridísimo

tödlich ['tø:tlɪç] **I.** *adj* mortal; **Unfall mit ~em Ausgang** accidente con desenlace fatal **II.** *adv* a muerte; **~ verunglücken** morir en un accidente

todmüde ['-'--] *adj* (*fam*) muerto de sueño; **todsicher** ['-'--] **I.** *adj* (*fam*) segurísimo **II.** *adv* (*fam: auf jeden Fall*) sin falta; (*zweifellos*) indudablemente; **Todsünde** *f* pecado *m* mortal

Toilette [tɔa'lɛtə] *f* <-n> (*WC*) servicio *m*; **auf die ~ gehen** ir al baño; **Toilettenpapier** *nt* papel *m* higiénico

tolerant [tole'rant] *adj* tolerante

Toleranz [tole'rants] *f* <-en> tolerancia *f*

tolerieren* [tole'ri:rən] *vt* tolerar

toll [tɔl] *adj* (*fam*) genial; **tollkühn** *adj* audaz; **Tollpatsch**RR ['tɔlpatʃ] *m* <-(e)s, -e> torpe *mf*; **Tollwut** *f* rabia *f*

TollpatschALT *m s.* **Tollpatsch**

Tomate [to'ma:tə] *f* <-n> tomate *m*; **treulose ~** (*fam*) amigo infiel; **Tomatenmark** *nt* concentrado *m* de tomate

Tombola ['tɔmbola] *f* <-s> tómbola *f*

Ton¹ [to:n] *m* <-(e)s, -e> (*zum Töpfern*) barro *m*

Ton² *m* <-(e)s, Töne> tono *m*; (*Klang*) sonido *m*; **der gute ~** las buenas formas

Tonart *f* (MUS) tonalidad *f*

Tonband *nt* cinta *f* magnetofónica; **Tonbandgerät** *nt* magnetófono *m*

tönen ['tø:nən] **I.** *vi* sonar **II.** *vt* color(e)ar

Tonfall *m* tono *m*; (*Sprachmelodie*) acento *m*

Tonne ['tɔnə] *f* <-n> (*Behälter*) tonel *m*; (*Maßeinheit*) tonelada *f*; **tonnenweise** *adv* por toneladas

Tonstudio *nt* estudio *m* de grabación

Top [tɔp] *nt* <-s, -s> top *m*

Topf [tɔpf] *m* <-(e)s, Töpfe> (*Kochtopf*) olla *f*; (*Nachttopf*) orinal *m*; (*Blumentopf*) maceta *f*

Töpfer(in) ['tœpfɐ] *m(f)* <-s, -; -nen> alfarero, -a *m, f*

topfit ['tɔp'fɪt] *adj* (*fam*) a tope

Topflappen *m* agarrador *m*; **Topfpflanze** *f* planta *f* de maceta

Tor [to:ɐ] *nt* <-(e)s, -e> portal *m*; (SPORT: *Gehäuse*) portería *f*; **ein ~ schießen** marcar un gol

Torf [tɔrf] *m* <-(e)s, -e> turba *f*

töricht ['tø:rɪçt] *adj* (*abw: unvernünftig*) insensato; (*einfältig*) corto; (*unsinnig*) estúpido

torkeln ['tɔrkəln] *vi sein* tambalearse

Tornado [tɔr'na:do] *m* <-s, -s> tornado *m*

torpedieren* [tɔrpe'di:rən] *vt* torpedear

Torte ['tɔrtə] *f* <-n> tarta *f*

Tortur [tɔr'tu:ɐ] *f* <-en> tortura *f*

Torwart, -frau ['to:ɐvart] *m, f* <-(e)s, -e; -en> portero, -a *m, f*

tosen ['to:zən] *vi* (*Meer, Sturm*) rugir; **~der Beifall** aplauso frenético

tot [to:t] *adj* muerto; **er war auf der Stelle ~** falleció en el acto

total [to'ta:l] **I.** *adj* total; (*fam: völlig*) completo; **das ist ja ~er Wahnsinn** esto es una verdadera locura **II.** *adv* por completo

totalitär [totali'tɛ:ɐ] *adj* totalitario

Totalschaden *m* siniestro *m* total

tot|ärgern *vr:* **sich ~** (*fam*) reventar de rabia

Tote(r) ['to:tə] *f(m) dekl wie adj* muerto, -a *m, f*

töten ['tø:tən] *vt* matar

Totenkopf *m* calavera *f*; **totenstill** ['--'-] *adj:* **es war ~** (*fam*) reinaba un silencio sepulcral tot|lachen *vr:* sich ~ (*fam*) morirse de (la) risa

Toto ['to:to] *m o nt* <-s, -s> quiniela *f*

Totschlag *m* <-(e)s, *ohne pl*> homicidio *m;* tot|schlagen *irr vt* matar (a palos)

Toupet [tu'pe:] *nt* <-s, -s> bisoñé *m*

toupieren* [tu'pi:rən] *vt* cardar

Tour [tu:ɐ] *f* <-en> (*Ausflug*) excursión *f;* (*Rundfahrt*) vuelta *f;* (*Strecke*) recorrido *m*

Tourismus [tu'rɪsmʊs] *m* <-, *ohne pl*> turismo *m*

Tourist(in) [tu'rɪst] *m(f)* <-en, -en; -nen> turista *mf;* Touristenzentrum *nt* centro *m* turístico

Touristik [tu'rɪstɪk] *f* turismo *m*

touristisch *adj* turístico

Tournee [tʊr'ne:] *f* <-s *o* -n> gira *f;* auf ~ gehen salir de gira

Tower ['taʊɐ] *m* <-s, -> (AERO) torre *f* de control

toxisch ['tɔksɪʃ] *adj* tóxico

Trab [tra:p] *m* <-(e)s, *ohne pl*> trote *m;* im ~ al trote; jdn auf ~ bringen meter prisa a alguien

traben ['tra:bən] *vi haben o sein* trotar

Tracht [traxt] *f* <-en> (*von Berufsgruppen*) uniforme *m;* (*bei Volksgruppen*) traje *m* regional; eine ~ Prügel (*fam*) una tunda

trächtig ['trɛçtɪç] *adj* preñado

Tradition [tradi'tsjo:n] *f* <-en> tradición *f*

traditionell [traditsjo'nɛl] *adj* tradicional

traf [tra:f] 3. *imp von* treffen

Tragbahre *f* camilla *f*

tragbar *adj* (*Geräte*) portátil; (*erträglich*) soportable

träge ['trɛ:gə] *adj* (*langsam*) lento; (*faul*) perezoso

tragen ['tra:gən] <trägt, trug, getra-

gen> I. *vt* llevar; (*stützen*) sostener; (*Verantwortung*) asumir; (*Kosten*) hacerse cargo (de); auf dem Arm/ auf dem Rücken ~ llevar en brazos/a cuestas II. *vi* (*Eis*) resistir

Träger[1] ['trɛgɐ] *m* <-s, -> (ARCHIT) viga *f;* (*an Kleidung*) tirante *m*

Träger(in)[2] *m(f)* <-s, -; -nen> (*Gepäckträger*) mozo, -a *m, f;* (*einer Krankheit*) portador(a) *m(f)*

Tragetasche *f* 1. (*Einkaufstasche*) bolsa *f* de la compra 2. (*Plastiktüte*) bolsa *f* de plástico

Tragfläche *f* plano *m* de sustentación

Trägheit ['trɛ:khaɪt] *f* (*Faulheit*) pereza *f;* (*Langsamkeit*) lentitud *f*

tragisch ['tra:gɪʃ] *adj* trágico; nimm's nicht so ~ (*fam*) no te lo tomes tan a la tremenda

Tragödie [tra'gø:djə] *f* <-n> tragedia *f*

trägt 3. *präs von* tragen

Tragweite *f* alcance *m*

Trainer(in) ['trɛ:nɐ] *m(f)* <-s, -; -nen> entrenador(a) *m(f)*

trainieren* [trɛ'ni:rən, tre'ni:rən] *vi, vt* entrenar(se)

Training ['trɛ:nɪŋ] *nt* <-s, -s> entrenamiento *m;* Trainingsanzug *m* chándal *m*

Traktor ['trakto:ɐ] *m* <-s, -en> tractor *m*

Trampel ['trampəl] *m o nt* <-s, -> (*fam abw*) patán, -ana *m, f*

trampeln ['trampəln] I. *vi* patear II. *vt:* etw platt ~ pisotear algo

trampen ['trɛmpən] *vi sein* hacer auto(e)stop

Tramper(in) *m(f)* <-s, -; -nen> auto(e)stopista *mf*

Trampolin ['trampoli:n, --'-] *nt* <-s, -e> trampolín *m*

Tran [tra:n] *m:* wie im ~ (*fam: benommen*) confuso

Träne ['trɛːnə] *f* <-n> lágrima *f*

tränen *vi:* **mir ~ die Augen** me lloran los ojos

Tränengas *nt* <-es, *ohne pl*> gas *m* lacrimógeno

trank [traŋk] *3. imp von* **trinken**

Tränke ['trɛŋkə] *f* <-n> abrevadero *m*

tränken ['trɛŋkən] *vt* (*Tiere*) abrevar; (*durchnässen*) empapar (*in* en, *mit* de)

Transfusion [transfu'zjoːn] *f* <-en> tra(n)sfusión *f* (de sangre)

Transit [tran'ziːt, tran'zɪt] *m* <-s, -e> tránsito *m;* **Transitverkehr** *m* tráfico *m* de tránsito

transparent [transpa'rɛnt] *adj* tra(n)sparente

Transparent [transpa'rɛnt] *nt* <-(e)s, -e> (*Spruchband*) pancarta *f*

Transplantation [transplanta'tsjoːn] *f* <-en> tra(n)splante *m*

Transport [trans'pɔrt] *m* <-(e)s, -e> tra(n)sporte *m*

Transporter *m* <-s, -> vehículo *m* de tra(n)sporte

transportieren* [transpɔr'tiːrən] *vt* (*Waren*) tra(n)sportar; (*Personen*) trasladar

Transportmittel *nt* medio *m* de tra(n)sporte

Transvestit [transvɛs'tiːt] *m* <-en, -en> travestí *m*

trat [traːt] *3. imp von* **treten**

Tratsch [traːtʃ] *m* <-(e)s, *ohne pl*> (*fam abw*) cotilleo *m*

tratschen ['traːtʃən] *vi* (*fam abw*) cotillear (*über* sobre)

Traube ['traubə] *f* <-n> (*Weintraube*) uva *f;* **blaue/grüne ~n** uvas negras/blancas; **Traubenzucker** *m* glucosa *f*

trauen ['trauən] **I.** *vi:* **jdm/etw ~** confiar en alguien/algo; **ich traute meinen Ohren nicht** no podía dar crédito a mis oídos **II.** *vt* casar; **sich ~ lassen** casarse **III.** *vr:* **sich ~ etw zu tun** atreverse a hacer algo

Trauer ['trauə] *f* tristeza *f;* (*um Tote*) luto *m;* **~ tragen** llevar luto; **Trauerfeier** *f* funeral *m*

trauern ['trauən] *vi* llevar luto; **um jdn ~** llorar la muerte de alguien

Trauerspiel *nt* (*a. fig*) tragedia *f*

Traum [traum] *m* <-(e)s, Träume> sueño *m*

Trauma ['trauma] *nt* <-s, Traumen *o* Traumata> trauma *m*

traumatisch [trau'maːtɪʃ] *adj* traumático

Traumen ['traumən] *pl von* **Trauma**

träumen ['trɔɪmən] *vi* soñar (*von* con)

Träumer(in) *m(f)* <-s, -; -nen> soñador(a) *m(f)*

Träumerei *f* <-en> fantasías *fpl*

traumhaft *adj* (*fam: wunderbar*) maravilloso; **Traumpaar** *nt* pareja *f* ideal

traurig ['trauːrɪç] *adj* triste; **jdn ~ machen** entristecer a alguien; **~ werden** ponerse triste

Traurigkeit *f* tristeza *f*

Trauung ['trauʊŋ] *f* <-en> boda *f;* **standesamtliche ~** matrimonio civil

Trauzeuge, Trauzeugin *m, f* testigo *mf* de matrimonio

treffen ['trɛfən] <trifft, traf, getroffen> **I.** *vt* (*begegnen*) encontrar; (*zufällig*) encontrarse (con); (*erreichen*) acertar; (*kränken*) ofender; (*betreffen*) afectar; **das Ziel ~** dar en el blanco; **mich trifft keine Schuld** yo no tengo la culpa; **eine Vereinbarung ~** llegar a un acuerdo **II.** *vr:* **sich ~** encontrarse; (*sich versammeln*) reunirse; **das trifft sich gut!** ¡eso me viene muy bien!

Treffen ['trɛfən] *nt* <-s, -> encuentro *m*

treffend I. *adj* (*richtig*) justo; (*angemessen*) adecuado **II.** *adv* con exactitud

Treffer *m* <-s, -> (*Schießen*) tiro *m* certero; (*Ballspiele*) gol *m;* (*Erfolg*) exitazo *m*

Treffpunkt *m* lugar *m* de encuentro

treiben ['traɪbən] <treibt, trieb, getrieben> **I.** *vt haben* (*hinbringen*) llevar; (*schieben*) empujar; (*mit Zwang*) hacer avanzar; (*hineinschlagen*) clavar (*in* en); (*Sport*) practicar; **sich** (**von der Strömung**) ~ **lassen** dejarse llevar (por la corriente); **die Preise in die Höhe** ~ hacer subir los precios; **jdn zur Eile** ~ meterle prisa a alguien; **jdn zum Wahnsinn** ~ volver loco a alguien; **dummes Zeug** ~ (*fam*) hacer tonterías; **es zu weit** ~ ir demasiado lejos; **es mit jdm** ~ (*fam*) tener relaciones sexuales con alguien **II.** *vi sein* (*fortbewegt werden*) ser llevado; (*von der Strömung*) ser arrastrado (por la corriente); (*auf Wasser*) flotar (*auf/in* en)

treibend *adj:* **die ~e Kraft** la fuerza motriz

Treibhaus *nt* invernadero *m;* **Treibhauseffekt** *m* <-(e)s, *ohne pl*> efecto *m* invernadero

Treibstoff *m* combustible *m*

Trend [trɛnt] *m* <-s, -s> tendencia *f;* **modischer** ~ moda *f*

trennen ['trɛnən] *vt, vr:* **sich** ~ separar(se)

Trennung *f* <-en> (*das Getrenntsein, das Getrenntwerden*) separación *f;* (*Teilung*) división *f;* (*Absonderung*) aislamiento *m*

Treppe ['trɛpə] *f* <-n> escalera *f;* **Treppenhaus** *nt* (caja *f* de la) escalera *f*

Tresen ['treːzən] *m* <-s, -> (*nordd*) (*in einer Gaststätte*) barra *f*

Tresor [treˈzoːɐ] *m* <-s, -e> caja *f* fuerte

Tretboot *nt* patín *m* a pedales

treten ['treːtən] <tritt, trat, getreten> **I.** *vi* **1.** *sein* (*hinaustreten*) salir (*auf* a); (*eintreten*) entrar (*in* a/en); (*mit dem Fuß*) pisar (*auf*); (*absichtlich*) pisotear (*auf*); **in Aktion** ~ entrar en acción; **auf die Bremse** ~ pisar el freno; **zur Seite** ~ apartarse; **an jds Stelle** ~ sustituir a alguien; **über die Ufer** ~ (*Fluss*) desbordarse **2.** *haben* (*Tritt versetzen*) dar una patada (*nach* a); (*beim Radfahren*) pedalear **II.** *vt haben* (*Tritt geben*) dar una patada

treu [trɔɪ] *adj* fiel; **jdm** ~ **sein** ser fiel a alguien

Treue ['trɔɪə] *f* fidelidad *f*

treuherzig *adj* ingenuo; **treulos** *adj* infiel

Tribüne [triˈbyːnə] *f* <-n> tribuna *f*

Trichter ['trɪçtɐ] *m* <-s, -> (*zum Einfüllen*) embudo *m*

Trick [trɪk] *m* <-s, -s> truco *m;* **Trickfilm** *m* dibujos *mpl* animados

trieb [triːp] *3. imp von* **treiben**

Trieb [triːp] *m* <-(e)s, -e> (PSYCH, BIOL) impulsión *f;* (*Instinkt*) instinto *m;* (BOT) brote *m;* **Triebkraft** *f* fuerza *f* motriz; **Triebwerk** *nt* (*a.* AERO) motores *mpl*

triefen ['triːfən] <trieft, triefte *o* troff, getrieft *o* getroffen> *vi* **1.** *sein* (*rinnen*) chorrear (*aus/von* por/de) **2.** *haben* (*nass sein*) estar empapado (*von/vor* de/por)

trifft [trɪft] *3. präs von* **treffen**

triftig ['trɪftɪç] *adj* (*überzeugend*) convincente; (*begründet*) bien fundado

Trikot [triˈkoː] *nt* <-s, -s> camiseta *f*

Trillerpfeife *f* pito *m*

trinken ['trɪŋkən] <trinkt, trank, ge-
trunken> vi, vt beber (*aus* de/por);
(*Kaffee, Tee*) tomar; **auf jds Wohl ~**
beber a la salud de alguien

Trinker(in) m(f) <-s, -; -nen> bebe-
dor(a) m(f)

Trinkgeld nt <-(e)s, -er> propina f;
Trinkwasser nt <-s, -wässer>
agua f potable

Trio ['triːo] nt <-s, -s> trío m

Trip [trɪp] m <-s, -s> (*fam: Reise*)
excursión f; **auf einem ~ sein** flipar

tritt [trɪt] 3. präs von **treten**

Tritt [trɪt] m <-(e)s, -e> puntapié m;
jdm einen ~ versetzen dar un puntapié a alguien

Triumph [tri'ʊmf] m <-(e)s, -e>
triunfo m

triumphieren* [triʊm'fiːrən] vi triunfar (*über* sobre)

trivial [tri'vjaːl] adj trivial

trocken ['trɔkən] adj (a. Wein) seco

Trockenheit f <-en> aridez f; (*Dür-
rezeit*) sequía f

trocken|legen vt (*Sumpf*) drenar;
Trockenzeit f (temporada f de) sequía f

trocknen ['trɔknən] vi sein, vt haben secar(se)

Trockner m <-s, -> secadora f

Trödel ['trøːdəl] m <-s, ohne pl>
(*fam*) cachivaches mpl; **Trödel-
markt** m mercadillo m

trödeln ['trøːdəln] vi (*fam*) perder el
tiempo

troff [trɔf] 3. imp von **triefen**

trog [troːk] 3. imp von **trügen**

Trog [troːk] m <-(e)s, Tröge> arte-
sa f

Trommel ['trɔməl] f <-n> tambor m;
Trommelfell nt tímpano m

trommeln vi tamborilear (*auf* sobre)

Trompete [trɔm'peːtə] f <-n> trompeta f

trompeten* [trɔm'peːtən] vi tocar la
trompeta

Tropen ['troːpən] pl trópicos mpl

Tropf [trɔpf] m <-(e)s, -e> gotero m
intravenoso

tropfen ['trɔpfən] vi gotear

Tropfen m <-s, -> gota f; **das ist
(nur) ein ~ auf den heißen Stein**
(*fam*) (sólo) es una gota en medio
del océano

Trophäe [tro'fɛːə] f <-n> trofeo m

tropisch ['troːpɪʃ] adj tropical

Trost [troːst] m <-(e)s, ohne pl>
consuelo m; **nicht ganz bei ~ sein**
(*fam*) no estar muy bien de la cabeza

trösten ['trøːstən] vt, vr: sich ~ con-
solar(se)

tröstlich ['trøːstlɪç] adj consolador

trostlos adj (*Person*) desconsolado;
(*Ding, Zustand*) desesperante

Trott [trɔt] m <-(e)s, -e> **1.** (*Gang-
art*) trote m **2.** (*Routine*) rutina f

Trottel ['trɔtəl] m <-s, -> (*fam abw*)
imbécil mf

trotz präp +gen/dat a pesar de; **~ al-
le(de)m** a pesar de todo

Trotz m <-es, ohne pl> obstinación
f; **aus ~** por despecho; **allen War-
nungen zum ~** a pesar de todas las
advertencias

trotzdem ['--, -'-] konj no obstante

trotzen ['trɔtsən] vi **1.** (*Kind*) empe-
rrarse, estar de morros fam **2.** (*geh:
widerstehen*) hacer frente (a)

trotzig adj obstinado

trüb(e) [tryːp, 'tryːbə] adj (*Flüssig-
keit*) turbio; (*Licht*) opaco; (*Tag,
Himmel*) nublado; (*Wetter*) nuboso;
(*Stimmung*) melancólico

Trubel ['truːbəl] m <-s, ohne pl> barullo m

trüben ['tryːbən] vt, vr: sich ~ (*Flüssigkeit, Stimmung*) enturbiar(se);
(*Bewusstsein, Freude*) nublar(se)

trübselig adj melancólico; (*düster*)
lóbrego; **trübsinnig** adj melancó-

lico; (bekümmert) afligido

Trüffel ['trʏfəl] f <-n> trufa f

trug [truːk] 3. imp von **tragen**

trügen ['tryːgən] <trügt, trog, getrogen> vi, vt engañar

trügerisch ['tryːgərɪʃ] adj engañoso

Trugschluss[RR] m conclusión f errónea

Truhe ['truːə] f <-n> arca f

Trümmer ['trʏmɐ] pl ruinas fpl; (Schutt) escombros mpl

Trumpf [trʊmpf] m <-(e)s, Trümpfe> triunfo m; **einen ~ in der Hand haben** (fig) tener un as en la manga

Trunkenbold [-bɔlt] m <-(e)s, -e> (abw) borracho, -a m, f

Trunkenheit f embriaguez f

Trunksucht f ohne pl alcoholismo m

Truppe ['trʊpə] f <-n> (MIL) tropa f; (Schauspieltruppe) compañía f

Truthahn ['truːt-] m pavo m

Tscheche, Tschechin ['tʃɛçə] m, f <-n, -n; -nen> checo, -a m, f

Tschechien ['tʃɛçiən] nt <-s> Chequia f

tschechisch adj checo; **Tschechische Republik** República Checa

Tschechoslowakei [-slovaˈkaɪ] f Checoslovaquia f

tschüs interj, **tschüss**[RR] [tʃʏs] interj hasta luego, chau Am

T-Shirt ['tiːʃœːt] nt <-s, -s> camiseta f

TU [teːˈʔuː] f <-s> Abk. von **Technische Universität** Universidad f Técnica

Tube ['tuːbə] f <-n> tubo m

Tuberkulose [tubɛrkuˈloːzə] f <-n> tuberculosis f inv

Tübingen ['tyːbɪŋən] nt <-s> Tubinga f

Tuch [tuːx] nt <-(e)s, Tücher> (Halstuch, Kopftuch) pañuelo m; (Wischtuch) trapo m; (für Stierkampf) ca-

pote m

tüchtig ['tʏçtɪç] adj aplicado

Tücke ['tʏkə] f <-n> **1.** (Mangel) defecto m **2.** ohne pl (Bosheit) malicia f

tückisch ['tʏkɪʃ] adj (boshaft) malicioso; (unberechenbar) imprevisible; (gefährlich) peligroso

Tugend ['tuːgənt] f <-en> virtud f; **tugendhaft** adj virtuoso

Tüll [tʏl] m <-s, -e> tul m

Tulpe ['tʊlpə] f <-n> tulipán m

tummeln ['tʊməln] vr: **sich ~** corretear

Tumor [tuˈmoːɐ] m <-s, -en> tumor m

Tümpel ['tʏmpəl] m <-s, -> charca f

Tumult [tuˈmʊlt] m <-(e)s, -e> tumulto m

tun [tuːn] <tut, tat, getan> vi, vt hacer; **wohl ~** sentar bien; **damit ist es nicht getan** con esto no basta; **damit habe ich nichts zu ~** no tengo nada que ver con ello; **so ~, als ob ...** hacer como si... +subj

Tuner ['tjuːnɐ] m <-s, -> sintonizador m

Tunesien [tuˈneːziən] nt <-s> Túnez m

Tunfisch[RR] m s. **Thunfisch**

Tunnel ['tʊnəl] m <-s, -(s)> túnel m

Tupfer m <-s, -> (fam: Punkt) punto m; (auf Stoff) lunar m

Tür [tyːɐ] f <-en> puerta f; **kurz vor der ~ stehen** (fig) estar a la vuelta de la esquina; **jdn vor die ~ setzen** (fam) poner a alguien de patitas en la calle; **mit der ~ ins Haus fallen** (fam) ir directamente al grano; **zwischen ~ und Angel** (fam) a toda prisa

Turban ['tʊrbaːn] m <-s, -e> turbante m

Turbine [tʊrˈbiːnə] f <-n> turbina f

turbulent [tʊrbuˈlɛnt] adj turbulento

Türke, Türkin ['tʏrkə] *m, f* <-n, -n;
-nen> turco, -a *m, f*
Türkei [-'-] *f* Turquía *f*
türkis *adj inv* (de color) turquesa
türkisch *adj* turco
Türklinke *f* pestillo *m* de la puerta
Turm [tʊrm] *m* <-(e)s, Türme> torre
f; (*Glockenturm*) campanario *m*
türmen ['tʏrmən] **I.** *vi sein* (*fam*) poner pies en polvorosa **II.** *vr haben:*
sich ~ acumularse
turnen *vi* hacer gimnasia
Turnen ['tʊrnən] *nt* <-s, *ohne pl*>
gimnasia *f;* (*Turnunterricht*) (clase *f*
de) educación *f* física
Turner(in) *m(f)* <-s, -; -nen> gimnasta *mf*
Turnhalle *f* gimnasio *m*
Turnier [tʊr'niːɐ] *nt* <-s, -e> torneo
m
Turnschuh *m* tenis *m inv*
tuscheln ['tʊʃəln] *vi, vt* cuchichear
Tussi ['tʊsi] *f* <-s> (*fam abw*) tía *f*
exagerada
tut [tuːt] *3. präs von* **tun**
Tüte ['tyːtə] *f* <-n> bolsa *f;* **Suppe
aus der ~** sopa de sobre
tuten ['tuːtən] *vi* tocar la bocina, pitar
Am
TÜV [tʏf] *m* <-, *ohne pl*> *Abk. von*
**Technischer Überwachungs-Ver-
ein** ≈ITV *f*
Typ [tyːp] *m* <-s, -en> tipo *m;* (*fam:
Mann*) tío *m;* **er ist nicht mein ~**
(*fam*) no es mi tipo
Type ['tyːpə] *f* <-n> (*fam: Mensch*)
tipejo, -a *m, f*
Typhus ['tyːfʊs] *m* <-, *ohne pl*> tifus
m inv (vulgar)
typisch ['tyːpɪʃ] *adj* típico (*für* de)
Tyrann(in) [ty'ran] *m(f)* <-en, -en;
-nen> tirano, -a *m, f*
tyrannisieren* [tyrani'ziːrən] *vt* tiranizar

U

U, u [uː] *nt* <-, -> U, u *f*
u. a. 1. *Abk. von* **und andere(s)** y
más **2.** *Abk. von* **unter anderem/
anderen** entre otros
U-Bahn ['uːbaːn] *f* metro *m*
übel ['yːbəl] **I.** *adj* (*schlecht*) mal(o);
(*unangenehm*) desagradable; **mir
wird ~** me dan náuseas; **nicht ~**
(*fam*) bastante bien **II.** *adv* mal;
~ dran sein estar en una situación
difícil; **jdm ~ mitspielen** jugarle
una mala pasada a alguien
Übel *nt* <-s, -> mal *m;* **zu allem ~**
... para colmo de males...
übelgelaunt *adj s.* **gelaunt**
Übelkeit *f* náuseas *fpl;* **~ erregend**
nauseabundo
übel|nehmen *irr vt s.* **nehmen;**
übelriechend *adj s.* **riechen**
Übeltäter(in) *m(f)* malhechor(a)
m(f)
üben ['yːbən] *vi, vt* practicar
über ['yːbɐ] **I.** *präp* +*dat* sobre;
~ jdm stehen estar por encima de
alguien **II.** *präp* +*akk* **1.** (*räumlich*)
por; **nach Münster ~ Dortmund** a
Münster vía Dortmund; **~ die Straße gehen** cruzar la calle; **~ die
Grenze fahren** pasar la frontera;
~ eine Mauer springen saltar un
muro **2.** (*zeitlich*): **~ Nacht** durante
la noche; **~ 3 Jahre** más de 3 años;
~ ... hinaus más allá de... **3.** (*von,
betreffend*) acerca de; **was wissen
Sie ~ ihn?** ¿qué sabe Ud. sobre él?
4. (*in Höhe von*) por; **ein Scheck ~
4000 Euro** un cheque por valor de
4000 euros **5.** (*von mehr als*) de más
de; **Kinder ~ 12 Jahre** niños de más
de 12 años **6.** (*mittels*) por medio
de; **~ ein Inserat** por medio de un

anuncio **III.** *adv* (*mehr als*) (de) más de; **~ zwei Meter lang** de más de dos metros de largo; **die ganze Zeit ~** durante todo el tiempo

überall ['y:bɐ'ʔal] *adv* por todas partes

überanstrengen* I. *vt* cansar excesivamente **II.** *vr:* **sich ~** hacer un esfuerzo excesivo

überarbeiten* I. *vt* revisar **II.** *vr:* **sich ~** trabajar en exceso

überaus ['---, --'-] *adv* sumamente

Überbevölkerung *f ohne pl* superpoblación *f*

überbewerten* ['-----] *vt* sobrevalorar

überbieten* *irr* **I.** *vt* sobrepujar; (*Rekord*) batir; **nicht zu ~ sein** ser insuperable **II.** *vr:* **sich ~** superarse

Überbleibsel ['y:bɐblaɪpsəl] *nt* <-s, -> (*fam*) resto *m*

Überblick ['---] *m* (*über Zusammenhänge*) visión *f* de conjunto; **den ~ verlieren** perder la orientación; **sich** *dat* **einen ~ über etw verschaffen** hacerse una idea general de algo; **überblicken*** *vt* abarcar con la vista; (*Zusammenhänge*) comprender; (*Situation*) controlar

überboten *pp von* **überbieten**

überbracht *pp von* **überbringen**

überbringen* *irr vt* (*geh*) entregar; (*Nachricht*) transmitir

überbrücken* *vt* (*Frist*) franquear; (*Gegensätze*) superar; (ELEK) puentear

überdacht *pp von* **überdenken**

überdauern* *vt* perdurar

überdecken* *vt* **1.** (*bedecken*) cubrir (*mit* de) **2.** (*verdecken*) ocultar

überdenken* *irr vt* reflexionar (sobre)

überdies [---'-] *adv* aparte de eso

Überdosis *f* sobredosis *f inv*

Überdruss^{RR} ['y:bɐdrʊs] *m* <-es,

ohne pl> tedio *m;* **bis zum ~** hasta la saciedad

überdurchschnittlich *adj* superior al promedio

übereilen* *vt* precipitar

übereinander [---'--] *adv* (*räumlich*) uno encima del otro; (*von sich*) uno del otro; **übereinander|schlagen** *irr vt* (*Arme, Beine*) cruzar

überein|kommen [y:bɐ'ʔaɪn-] *irr vi sein* (*geh*) convenir (*zu +dat* en)

Übereinkommen *nt* <-s, -> acuerdo *m*

überein|stimmen [y:bɐ'ʔaɪn-] *vi* (*einer Meinung sein*) estar de acuerdo (*in* sobre); (*gleich sein*) coincidir (*in* en); **übereinstimmend** *adj* (*einhellig*) unánime; (*gleich*) idéntico; **sie erklärten ~, dass ...** declararon unánimemente que...; **Übereinstimmung** *f* <-en> coincidencia *f;* (*Einklang*) armonía *f;* (*von Meinungen*) consenso *m;* **in ~ mit ...** acorde con...

überempfindlich *adj* hipersensible

überfahren* *irr vt* atropellar; (*Ampel*) saltar(se)

Überfall ['---] *m* asalto *m* (*auf* a); **überfallen*** *irr vt* atacar; (*Bank, Person*) asaltar; (*bewaffnet*) atracar; (*Müdigkeit*) acometer; **jdn mit Fragen ~** acosar a alguien con preguntas

überfällig *adj* **1.** (*Verkehrsmittel*) retrasado, con retraso **2.** (*Rate*) vencido

Überfluss^{RR} *m* <-es, *ohne pl*> (super)abundancia *f* (*an* de); **im ~ leben** vivir en la abundancia; **zu allem ~** para colmo; **überflüssig** *adj* superfluo; **sich** *dat* **~ vorkommen** sentirse de más

überfordern* *vt* exigir demasiado (de)

überfüllt [--'-] *adj* repleto

Übergabe ['----] f <-n> entrega f

Übergang ['---] m paso m

übergangen pp von **übergehen**[1]

übergeben* irr I. vt entregar; (An-gelegenheit) poner en manos (de) II. vr: sich ~ vomitar

übergehen*[1] irr vt haben pasar por alto; **sich übergangen fühlen** sentirse ignorado

über|gehen[2] irr vi sein (Besitzer wechseln) pasar (auf a); (sich verwandeln) convertirse (in en)

übergeordnet adj de mayor importancia

übergeschnappt ['y:bəgəʃnapt] adj (fam) chiflado

Übergewicht nt <-(e)s, ohne pl> exceso m de peso

überglücklich adj loco de alegría

überhand|nehmen irr vi aumentar excesivamente

überhäufen* vt colmar (mit de); **jdn mit Vorwürfen ~** abrumar a alguien con reproches

überhaupt [y:bɐ'haupt, '---] adv (im Allgemeinen) en general; (eigentlich) en realidad; ~ **nicht** en absoluto; ~ **keine Möglichkeit** ninguna posibilidad

überheblich [y:bɐ'he:plɪç] adj presuntuoso

überholen* vt (Fahrzeug) adelantar; (überprüfen) revisar

überholt [--'-] adj anticuado

überhören* vt (nicht hören) no oír; (ignorieren) pasar por alto

überirdisch adj sobrenatural

überlassen* irr vt: **jdm etw ~** (abgeben) dejar algo a alguien; **jdn sich** dat **selbst ~** abandonar a alguien

überlasten* vt sobrecargar; **sie ist überlastet** está agobiada de trabajo

überlaufen[1] adj muy frecuentado

überlaufen*[2] irr vt (Gefühl) sentir; **es überlief ihn (heiß und) kalt** le

dieron escalofríos

über|laufen[3] irr vi sein 1. (Flüssigkeit) desbordarse 2.: **zum Feind ~** pasarse a las filas enemigas

überleben* vi, vt sobrevivir (a); **Überlebende(r)** [--'---] mf <-n, -n; -n> superviviente mf

überlegen[1] adj: **jdm (in/an etw) ~ sein** ser superior a alguien (en algo)

überlegen*[2] vi, vt reflexionar (sobre); **wohl überlegt handeln** obrar con mesura; **ich habe es mir anders überlegt** he cambiado de opinión; **ich werde es mir ~** me lo pensaré

Überlegenheit f superioridad f

Überlegung [--'--] f <-en> reflexión f; (Erwägung) consideración f

Überlieferung f (Tradition) tradición f

überlisten* vt engañar

überm ['y:bɐm] (fam) = **über dem** s. **über**

übermächtig adj prepotente; (Gegner) superior; (Gefühl) fuerte; (Verlangen) irresistible

Übermaß nt <-es, ohne pl> exceso m (an de); **übermäßig I.** adj excesivo **II.** adv (zu viel) demasiado

übermenschlich adj sobrehumano

übermitteln* vt transmitir

übermorgen ['----] adv pasado mañana

übermüdet [--'--] adj agotado, hecho polvo fam

Übermut m (Fröhlichkeit) alegría f desbordante; (Mutwille) travesura f

übermütig adj (fröhlich) loco de alegría; (mutwillig) travieso

übern ['y:bɐn] (fam) = **über den** s. **über**

übernächste(r, s) adj subsiguiente; **in der ~n Woche** dentro de dos semanas; **~n Sonntag** el domingo de la semana que viene

übernachten* *vi* pasar la noche (*in* en, *bei* en casa de) *fam*

Übernahme ['----] *f* toma *f;* (*eines Amts*) toma *f* de posesión; (*einer Idee*) adopción *f;* (*von Verantwortung*) asunción *f*

übernatürlich ['-----] *adj* sobrenatural

übernehmen* *irr* **I.** *vt* (*Aufgabe*) encargarse (de); (*Kosten*) correr (con); (*Methode*) adoptar; (*Verantwortung*) asumir **II.** *vr:* **sich ~** excederse

übernommen *pp von* **übernehmen**

überprüfen* *vt* revisar; (*amtlich*) controlar; (INFOR) chequear

überqueren* *vt* cruzar

überragen* *vt* (*an Größe*) descollar (por encima de); (*Person*) superar en altura (*um*)

überragend [--'--] *adj* extraordinario

überraschen* [y:bɛ'raʃən] *vt* sorprender

überraschend [--'--] **I.** *adj* sorprendente, sorpresivo *Am;* (*unerwartet*) inesperado **II.** *adv* inesperadamente; **das kam für mich völlig ~** me cogió totalmente de sorpresa

Überraschung [y:bɛ'raʃʊŋ] *f* <-en> sorpresa *f*

überreden* *vt* persuadir; **sich ~ lassen** dejarse convencer

überreichen* *vt* entregar

Überreste *mpl* **1.** (*Zurückgebliebenes*) restos *mpl;* **die sterblichen ~** los restos mortales **2.** (*Ruinen*) ruinas *fpl*

überrumpeln* *vt* coger de sorpresa

übers ['y:bɐs] (*fam*) = **über das** *s.* **über**

überschätzen* *vt* sobrevalorar

überschaubar *adj* (*Kosten, Risiko*) apreciable

überschlafen* *irr vt* consultar con la almohada *fam*

überschlagen* *irr* **I.** *vt* (*schätzen*) calcular aproximadamente **II.** *vr:* **sich ~** (*Fahrzeug*) volcar; (*Ereignisse*) precipitarse

über|schnappen *vi sein* (*fam*) volverse loco

überschneiden* *irr vr:* **sich ~** (*Termine*) coincidir

überschnitten *pp von* **überschneiden**

überschreiben* *irr vt* **1.** (*übertragen*) transferir (*auf a*) **2.** (*betiteln*) titular **3.** (INFOR: *Datei*) sobreescribir

überschreiten* *irr vt* (*Anzahl*) pasar (de); (*Kräfte, Fähigkeiten*) superar; (*Befugnisse*) abusar (de); (*Geschwindigkeit*) rebasar; (*überqueren*) atravesar

Überschrift *f* título *m*

überschritten *pp von* **überschreiten**

Überschuss^RR *m* excedente *m*

überschütten* *vt* **1.** (*bedecken*) cubrir (*mit +dat* con/de) **2.** (*überhäufen*) colmar (*mit +dat* de)

überschwänglich^RR ['y:bɐʃvɛnlɪç] *adj* exaltado

Überschwemmung [--'--] *f* <-en> inundación *f*

überschwenglich^ALT *adj s.* **überschwänglich**

Übersee ['---] *f:* **aus ~** de ultramar

übersehen* *irr vt* (*nicht sehen*) no ver; (*absichtlich*) pasar por alto

übersetzen* *vt* traducir (*von/aus* de, *in* a); **Übersetzer(in)** [--'--] *m(f)* <-s, -; -nen> traductor(a) *m(f);* **Übersetzung** [--'--] *f* <-en> traducción *f*

Übersicht ['---] *f* <-en> **1.** (*Überblick*) visión *f* general (*über +akk* de); (*über Zusammenhänge*) visión *f* de conjunto (*über +akk* de) **2.** (*Resümee*) resumen *m* (*über +akk* de)

übersichtlich *adj* **1.** (*räumlich*) fácil

de abarcar (con la vista) **2.** (*deutlich*) claro

überspielen* *vt* (RADIO, TV) grabar (*auf* en); (*verstecken*) disimular

überspitzt [--'-] *adj* exagerado

überspringen*¹ *irr vt* **1.** (*Hindernis*) saltar **2.** (*auslassen*) saltarse

über|springen² *irr vi sein* (*Begeisterung*) transmitirse (*auf* a)

übersprungen *pp von* **überspringen¹**

überstanden *pp von* **überstehen**

überstehen* *irr vt* (*hinter sich bringen*) superar; **das Schlimmste ist jetzt überstanden** lo peor ya pasó

übersteigen* *irr vt* (*übertreffen*) exceder; **das überstieg alle unsere Erwartungen** superó todas nuestras expectativas

überstiegen *pp von* **übersteigen**

Überstunde *f* hora *f* extra

überstürzen* *vt, vr:* **sich ~** precipitar(se)

übertragen *irr* I. *vt* transmitir; (*Verantwortung*) conferir; (*Aufgabe*) asignar II. *vr:* **sich ~** transmitirse (*auf* a)

übertreffen* *irr vt, vr:* **sich ~** superar(se)

übertreiben* *irr vi, vt* exagerar

Übertreibung [--'--] *f* <-en> exageración *f*

übertreten*¹ *irr vt haben* (*Grenze*) pasar; (*Gesetz*) transgredir

über|treten² *irr vi sein* (*zu einer Religion*) convertirse (*zu* a)

übertrieben [y:bɐ'tri:bən] *pp von* **übertreiben**

übertroffen *pp von* **übertreffen**

überwachen* *vt* (*beobachten*) vigilar; (*kontrollieren*) controlar; (*mit Monitor*) monitorizar

Überwachungskamera *f* cámara *f* de vigilancia

überwältigen* [y:bɐ'vɛltɪgən] *vt* (*be-*zwingen) vencer; (*beeindrucken*) impresionar; (*Angst*) apoderarse (de)

überwältigend [--'---] *adj* impresionante; (*großartig*) grandioso; (*Mehrheit*) abrumador

überweisen* *irr vt* (*Geld*) transferir; (*Patient*) mandar (*zu* a); **Überweisung** [--'--] *f* <-en> (*von Geld*) transferencia *f*; (*vom Arzt*) volante *m* médico

überwiegen* *irr vi* predominar

überwiegend *adv* principalmente

überwiesen *pp von* **überweisen**

überwinden* *irr* I. *vt* (*Misstrauen, Hindernis*) superar; (*Gegner*) vencer II. *vr:* **sich ~ etw zu tun** hacer un esfuerzo para hacer algo; **Überwindung** [--'--] *f ohne pl* **1.** (*einer Schwierigkeit*) superación *f* **2.** (*Selbstüberwindung*) esfuerzo *m*

überwogen *pp von* **überwiegen**

überwunden *pp von* **überwinden**

Überzahl *f ohne pl* mayoría *f*

überzeugen* *vt, vr:* **sich ~** convencer(se); **von sich** *dat* **überzeugt sein** estar seguro de sí mismo

überzeugend *adj* convincente

Überzeugung [--'--] *f* <-en> (*fester Glaube*) convicción *f*

überziehen*¹ *irr vt* (*mit Stoff*) revestir (*mit* de); (*mit Schokolade*) bañar (*mit* con); (*Konto*) dejar al descubierto

über|ziehen² *irr vt* (*Kleidungsstück*) ponerse; **jdm eins ~** pegar una torta a alguien

überzogen *pp von* **überziehen**

Überzug *m* (*Schicht*) capa *f*; (*Glasur*) baño *m*; (*Bezug*) funda *f*

üblich ['y:plɪç] *adj* usual; **wie ~** como siempre; **das ist hier so ~** ésta es la costumbre aquí; **es ist bei uns ~, dass ...** acostumbramos a... +*inf*

U-Boot ['u:bo:t] *nt* submarino *m*

übrig ['y:brɪç] *adj* restante; **die Übri-**

gen los demás; **~ bleiben** sobrar; **~ lassen** dejar; **für jdn/etw nicht viel ~ haben** no simpatizar con alguien/algo; **übrig|bleiben** *irr vi sein:* **ihm bleibt nichts anderes übrig, als ...** no tiene más remedio que...

übrigens ['y:brɪgəns] *adv* por cierto; *(beiläufig)* dicho sea de paso

übrig|lassenᴬᴸᵀ *irr vt s.* **übrig**

Übung ['y:bʊŋ] *f* <-en> **1.** *(a.* SPORT, MUS*)* ejercicio *m* **2.** *ohne pl (Erfahrung)* práctica *f;* **aus der ~ kommen** perder la práctica

Ufer ['u:fe] *nt* <-s, -> orilla *f;* **am ~** en la orilla; **über die ~ treten** desbordarse

Ufo ['u:fo] *nt* <-s, -s> *Abk. von* **Unbekanntes Flugobjekt** ovni *m*

Uhr [u:e] *f* <-en> reloj *m; (bei Zeitangabe)* hora *f;* **die ~ aufziehen** dar cuerda al reloj; **rund um die ~** *(fam)* las 24 horas del día; **wie viel ~ ist es?** ¿qué hora es?; **es ist genau acht ~** son las ocho en punto; **neun ~ drei** las nueve y tres minutos; **Uhrmacher(in)** *m(f)* <-s, -; -nen> relojero, -a *m, f*

Uhrzeiger *m* aguja *f* de(l) reloj; **Uhrzeigersinn** *m* <-(e)s, *ohne pl>:* **im ~** en el sentido de las agujas del reloj; **gegen den ~** en sentido contrario a las agujas del reloj

Uhrzeit *f* hora *f*

Uhu ['u:hu] *m* <-s, -s> búho *m*

Ukraine [ukra'i:nə, u'kraɪnə] *f* Ucrania *f*

ukrainisch [ukra'i:nɪʃ, u'kraɪnɪʃ] *adj* ucrani(an)o

UKW [u:ka:'ve:] *Abk. von* **Ultrakurzwelle** onda *f* ultracorta

Ultraschall *m* <-s, *ohne pl>* ultrasonido *m;* **Ultraschalluntersuchung** *f* ecografía *f*

um [ʊm] **I.** *präp +akk* **1.** *(räumlich):*

~ ... (herum) alrededor de; *(in der Nähe)* cerca de; **sie ging ~ den Tisch (herum)** dio una vuelta a la mesa; **er hat gern Freunde ~ sich** le gusta tener amigos a su alrededor; **~ die Ecke** a la vuelta de la esquina; **sie legte den Arm ~ ihn** le pasó el brazo por encima del hombro; **die Gegend ~ Freiburg** los alrededores de Friburgo; **sie schlug ~ sich** se puso a dar puñetazos a diestro y siniestro **2.** *(bei Uhrzeit)* a; **~ drei Uhr** a las tres **3.** *(ungefähr)* hacia; **sie kommt so ~ den Fünfzehnten** viene sobre el quince **4.** *(Wiederholung)* tras; **es verging Woche ~ Woche** pasó semana tras semana **5.** *(Differenz)* en; **sie ist ~ einiges überlegen** es bastante superior; **die Ausgaben ~ 10% senken** reducir los gastos en un 10% **6.** *(bezüglich)* de; **es geht ~s Geld** se trata de dinero **7.** *(wegen)* por; **~ keinen Preis** por nada del mundo; **sich ~ jdn kümmern** cuidar de alguien **II.** *präp +gen:* **~ ... willen** por...; **~ Himmels willen!** ¡cielos! **III.** *konj* **1.** *(final):* **~ ... zu** para +*inf* **2.** *(konsekutiv):* **~ ... zu** como para +*inf;* **er ist klug genug, ~ seinen Fehler zuzugeben** es lo suficientemente inteligente como para admitir su error **IV.** *adv (ungefähr)* aproximadamente

umarmen* *vt, vr:* **sich ~** abrazar(se)

Umbau *m* <-(e)s, -ten> reformas *fpl;* **um|bauen** *vt* reformar

um|benennen* *irr vt* cambiar de nombre; **um|blättern** *vi* volver la hoja; **um|bringen** *irr* **I.** *vt* matar **II.** *vr:* **sich ~** *(Selbstmord begehen)* suicidarse

Umbruch *m (Wandel)* cambio *m* (radical); **etw ist im ~** algo está cambiando

um|denken *irr vi* cambiar su modo de pensar, reorientarse; **um|drehen** **I.** *vt* volver; (*Schlüssel*) dar vuelta (a); **jdm den Hals ~** retorcerle el cuello a alguien **II.** *vr:* **sich ~** volverse (*nach* hacia); **mir dreht sich der Magen um** se me revuelve el estómago

umfahren*[1] *irr vt* **1.** (*umkreisen*) dar la vuelta (a) **2.** (*ausweichen*) esquivar, evitar

um|fahren[2] *irr vt* (*Objekt*) derribar; (*Person*) atropellar

um|fallen *irr vi sein* caerse

Umfang *m* <-(e)s, -fänge> (*Ausdehnung*) extensión *f*; (*Dicke*) volumen *m*; (*Größe*) tamaño *m*; (*Ausmaß*) dimensiones *fpl*; **in großem ~** a gran escala; **umfangreich** *adj* amplio

umfassen* *vt* (*bestehen aus*) abarcar

umfassend *adj* amplio

Umfeld *nt* entorno *m*

um|formen *vt* (*umändern*) transformar

Umfrage *f* encuesta *f*; **Umfrageergebnis** *nt* resultado *m* de una encuesta

Umgang *m* <-(e)s, *ohne pl*> (*mit Personen*) trato *m*; (*mit Dingen*) manejo *m*; **sie ist kein ~ für dich** (*fam*) es mala compañía para ti

umgangen *pp von* **umgehen[1]**

umgänglich ['ʊmɡɛnlɪç] *adj* afable

Umgangsformen *fpl* modales *mpl*; **Umgangssprache** *f* lenguaje *m* familiar

umgeben* *irr vt* rodear

Umgebung [-'---] *f* <-en> (*Gebiet*) alrededores *mpl*; (*Nachbarschaft*) vecindad *f*; (*Milieu*) entorno *m*

umgehen*[1] *irr vt haben* (*vermeiden*) evitar; (*nicht beachten*) eludir

um|gehen[2] *irr vi sein* (*Gerücht*) correr; (*Gespenst*) andar; (*mit Personen*) tratar (*mit* a); (*mit Dingen*)

manejar (*mit*); **sparsam mit etw ~** economizar algo

umgehend ['---] **I.** *adj* inmediato **II.** *adv* de inmediato

umgekehrt *adj* (*umgedreht*) invertido; (*entgegengesetzt*) contrario; **in ~er Richtung** en sentido contrario; **die Sache ist genau ~** es justo lo contrario

Umhang *m* <-(e)s, -hänge> capa *f*

umher [ʊm'heːɐ] *adv* (*hier und da*) por aquí, por allá; (*überall*) por todas partes

um|hören *vr:* **sich ~** informarse; **um| kehren** **I.** *vi sein* volver **II.** *vt haben* (*umdrehen*) dar vuelta (a); (*ins Gegenteil verkehren*) invertir; **um| kippen** **I.** *vi sein* (*umfallen*) caerse; (*Wagen*) volcar; (*Boot*) zozobrar **II.** *vt haben* derribar

Umkleideraum ['----] *m* vestuario *m*

um|knicken **I.** *vi sein* **1.** (*Baum*) doblarse **2.** (*Fuß*) torcerse el pie **II.** *vt* doblar; **um|kommen** *irr vi sein* morir (*vor* de)

Umkreis *m* <-es, *ohne pl*> alrededores *mpl*; **im ~ von fünf Kilometern** en un radio de cinco kilómetros

um|krempeln ['ʊmkrɛmpəln] *vt* (*Ärmel*) (ar)remangarse; (*durchwühlen*) revolver

Umleitung *f* desvío *m*

umliegend *adj* vecino

um|rechnen *vt* (*Maße*) convertir (*in* en); (*Währung*) calcular en otra moneda

Umriss[RR] ['--] *m* contorno *m*

um|rühren *vt* remover

ums [ʊms] = **um das** *s.* **um**

Umsatz *m* volumen *m* de ventas

um|schalten *vi* (RADIO, TV) cambiar de canal

Umschlag *m* (*Buchumschlag*) cubierta *f*; (*Briefumschlag*) sobre *m*;

(MED) compresa *f;* (*heiß*) cataplasma *m*

umschreiben* *irr vt* (*festlegen*) delimitar; (*mit anderen Worten*) parafrasear

umschrieben *pp von* **umschreiben**

um|schulen *vt* **1.** (*Kind*) cambiar de colegio **2.** (*beruflich*) readaptar (profesionalmente)

Umschweife *mpl* rodeos *mpl*

Umschwung *m* cambio *m* (brusco)

um|sehen *irr vr:* **sich ~ 1.** (*zurückblicken*) mirar hacia atrás; **sich nach jdm ~** seguir a alguien con la mirada **2.** (*herumsehen*) mirar alrededor; **ich sehe mich nur mal um** voy a echar solamente un vistazo **3.** (*suchen*) buscar (*nach*); **um|setzen I.** *vt* **1.** (*anders setzen*) poner en otro sitio **2.** (*verkaufen*) vender **3.** (*umwandeln*) transformar (*in* en) **4.** (*anwenden*) realizar; **etw in die Tat ~** llevar algo a la práctica **II.** *vr:* **sich ~** sentarse en otro sitio

umsichtig *adj* cauteloso

um|siedeln I. *vi sein* trasladarse (*nach +dat, in +akk* a) **II.** *vt haben* trasladar

umso^RR ['ʊmzo] *konj* tanto más

umsonst [ʊm'zɔnst] *adv* (*unentgeltlich*) gratis; (*vergeblich*) en vano; (*grundlos*) sin motivo

Umstand *m* (*Tatsache*) hecho *m;* (*Verhältnisse*) circunstancias *fpl;* (*Mühe, Aufwand*) molestia *f;* **unter Umständen** tal vez; **unter keinen Umständen** de ningún modo; **unter diesen Umständen** dadas las circunstancias; **unter allen Umständen** cueste lo que cueste; **in anderen Umständen sein** estar encinta; **das macht gar keine Umstände** no es ninguna molestia

umständlich *adj* complicado

um|steigen *irr vi sein* (*Fahrzeug*

wechseln) hacer tra(n)sbordo

umstellen*[1] *vt* rodear, cercar

um|stellen[2] **I.** *vt* (*Dinge*) poner en otro sitio; (*Reihenfolge*) invertir; **die Uhr ~** cambiar la hora **II.** *vr:* **sich ~** adaptarse (*auf* a)

Umstellung ['---] *f* <-en> (*Anpassung*) adaptación *f* (*auf +akk* a); (*eines Betriebs*) reorganización *f*

umstritten [-'--] *adj* controvertido

Umtausch *m* cambio *m;* **um|tauschen** *vt* cambiar (*gegen* por)

UMTS [u:ʔəmʔteːˈɛs] *nt* <-, *ohne pl*> *Abk. von* **Universal Message Transmission System** UMTS *m*

um|wandeln *vt* transformar (*in +akk* en); **Sie sind wie umgewandelt** Ud. parece otro

Umweg *m* rodeo *m;* **auf ~en** por vía indirecta

Umwelt *f* entorno *m;* (ÖKOL) medio *m* ambiente; **umweltbelastend** *adj* contaminante; **Umweltbelastung** *f* contaminación *f* del medio ambiente; **umweltfreundlich** *adj* no contaminante; **umweltgerecht** *adj* acorde con el medio ambiente; **Umweltkatastrophe** *f* desastre *m* ecológico; **Umweltschäden** *mpl* daños *mpl* ecológicos; **Umweltschutz** *m* protección *f* del medio ambiente; **Umweltschützer(in)** *m(f)* <-s, -; -nen> defensor(a) *m(f)* del medio ambiente, ecologista *mf;* **Umweltverschmutzung** *f* contaminación *f* del medio ambiente; **umweltverträglich** *adj* compatible con el medio ambiente

umwerfend *adj* impresionante

um|ziehen *irr* **I.** *vi sein* mudarse (*nach* a) **II.** *vr haben:* **sich ~** cambiarse (de ropa); **Umzug** *m* (*Wohnungswechsel*) mudanza *f;* (*Festzug*) desfile *m*

UN [uːʔɛn] *f Abk. von* **United Na-**

tions NU *fpl*
unabhängig *adj* independiente;
(*Staat*) autónomo; **sich von jdm/
etw ~ machen** independizarse de
alguien/algo; **Unabhängigkeit** *f
ohne pl* independencia *f*
unabsehbar ['--'--] *adj* (*Folgen*) incalculable; **auf ~e Zeit** por tiempo indefinido; **unachtsam** *adj* (*unaufmerksam*) desatento; (*nachlässig*)
descuidado; **unangebracht** *adj* inoportuno; **unangemessen** *adj* inadecuado; **unangenehm** *adj* desagradable; (*lästig*) molesto; **~ auffallen** causar una mala impresión; **es
ist mir sehr ~, dass ...** me da mucha vergüenza que... +*subj*
Unannehmlichkeit *f* (*Mühe*) molestia *f;* (*Ärger*) disgusto *m;* **jdm ~en
bereiten** causar molestias a alguien
unanständig *adj* indecente; (*obszön*) obsceno
unantastbar ['--'--] *adj* intangible;
(JUR) inviolable
unauffällig *adj* (*Kleidung, Verhalten*)
discreto; (*unbemerkt*) disimulado;
unauffindbar ['--'--] *adj* ilocalizable
unaufhaltsam ['--'--] *adj* incontenible
unaufhörlich ['--'--] **I.** *adj* incesante
II. *adv* sin cesar
unaufmerksam *adj* **1.** (*nicht aufmerksam*) desatento **2.** (*nicht zuvorkommend*) descortés
unausstehlich ['--'--] *adj* insoportable
unbändig ['ʊnbɛndɪç] *adj* (*wild*) desenfrenado; (*heftig*) incontenible
unbarmherzig *adj* despiadado; **un-
beabsichtigt I.** *adj* impremeditado
II. *adv* sin querer; **unbedenklich
I.** *adj* inofensivo **II.** *adv* sin reparo;
unbedeutend *adj* (*unwichtig*) insignificante; (*geringfügig*) mínimo;
unbedingt ['---, '--'-] **I.** *adj* absoluto;

(*bedingungslos*) incondicional
II. *adv* sin falta; **ist das ~ nötig?**
¿es realmente indispensable?; **nicht
~** no necesariamente; **unbefangen**
adj (*ungehemmt*) despreocupado;
(*unvoreingenommen*) imparcial;
unbefriedigend *adj* no satisfactorio; **unbefristet** *adj* ilimitado
Unbefugte(r) *mf* <-n, -n; -n> persona *f* no autorizada; **~n ist das Betreten verboten** entrada prohibida
a personas ajenas al servicio
unbegreiflich ['--'--] *adj* inconcebible; **es ist mir ~, wie das passieren konnte** no me explico cómo
pudo ocurrir esto; **unbegrenzt** *adj*
ilimitado; **unbegründet** *adj* injustificado
Unbehagen ['ʊnbəha:gən] *nt* <-s,
ohne pl> malestar *m;* **unbehaglich**
adj desagradable; **sich ~ fühlen** no
estar a gusto
unbeholfen ['ʊnbəhɔlfən] *adj* torpe
unbekannt *adj* desconocido; **unbe-
kümmert** *adj* despreocupado; **un-
beliebt** *adj* que goza de pocas simpatías (*bei* entre); **sich ~ machen**
hacerse impopular; **unbequem** *adj*
incómodo; **unberechenbar** ['--'--]
adj incalculable; **er ist ~** es imprevisible; **unbeschränkt** *adj* ilimitado;
(*Macht*) absoluto
unbeschreiblich ['--'--] **I.** *adj* indescriptible **II.** *adv* extremamente
unbeschwert *adj* libre de toda preocupación; (*Kindheit*) despreocupado
unbeständig *adj* (*Person*) inconstante; (*Wetter*) variable; **unbestimmt** *adj* (*unklar*) vago; (*ungenau*) impreciso; (*nicht festgelegt*) indefinido; **auf ~e Zeit** por tiempo indefinido; **unbeteiligt** *adj* (*desinte-
ressiert*) indiferente; **an etw ~ sein**
no haber participado en algo; **unbetont** *adj* átono; **unbeweglich** *adj*

(*bewegungslos*) inmóvil; (*nicht zu bewegen*) inmovible; (*geistig*) inflexible; **unbewusst**[RR] *adj* inconsciente; **unbezahlbar** ['--'--] *adj* 1. (*teuer*) impagable 2. (*wertvoll*) valioso; (*unersetzlich*) inapreciable; **unbrauchbar** ['---] *adj* inutilizable; (*ungeeignet*) no apropiado; (*Person*) inútil; **unbürokratisch** *adj* poco burocrático

und [ʊnt] *konj* y; (*vor i, hi*) e; (MATH) más; ~ **so weiter** etcétera

undankbar *adj* (*Mensch*) desagradecido; (*Aufgabe*) ingrato; **undefinierbar** ['---'--] *adj* indefinible; **undenkbar** ['--'--] *adj* impensable; **undeutlich** *adj* impreciso; (*Umrisse*) indistinto; (*Schrift*) ilegible; **undicht** *adj* permeable; ~ **sein** tener escape; ~**e Stelle** fuga *f;* **uneben** *adj* (*Oberfläche, Straße*) desigual; (*Gelände*) accidentado; **unehelich** *adj* ilegítimo; **uneigennützig** *adj* desinteresado; **uneingeschränkt** *adj* ilimitado; **uneinig** *adj* desavenido; **mit jdm über etw** ~ **sein** no estar de acuerdo con alguien en algo; **uneinsichtig** *adj* obstinado; **unempfindlich** *adj* insensible (*gegen* a); **unendlich** [-'--] I. *adj* infinito II. *adv* tremendamente; ~ **viel** un sinfín de; **unentbehrlich** ['--'--] *adj* imprescindible; **unentgeltlich** ['--'--] I. *adj* gratuito II. *adv* gratis; **unentschieden** *adj* (SPORT) empatado; **sie spielten 0:0** ~ empataron a cero; **unentschlossen** *adj* indeciso

unentwegt ['--'-] I. *adj* constante II. *adv* sin parar

unerbittlich ['--'--] *adj* inexorable

unerfahren *adj* inexperto (*in* en), novato (*in* en) *fam;* **unerfreulich** *adj* desagradable; **unerheblich** *adj* (*geringfügig*) insignificante; (*unwichtig*) irrelevante

unerhört ['--'-] I. *adj* (*gewaltig*) tremendo; (*abw: empörend*) escandaloso II. *adv* extremadamente; ~ **viel** muchísimo

unerklärlich ['--'--] *adj* inexplicable; **unerlässlich**[RR] ['--'--] *adj* imprescindible; **unerlaubt** *adj* 1. (*nicht zulässig*) prohibido 2. (*gesetzwidrig*) ilícito 3. (*ohne Erlaubnis*) sin permiso

unermüdlich ['--'--] *adj* incansable

unerschöpflich ['--'--] *adj* inagotable

unerschrocken *adj* intrépido

unerschütterlich ['--'---] *adj* inquebrantable

unerschwinglich ['--'--] *adj* (*Preis*) desorbitado; (*Ware*) inasequible; **unerträglich** ['--'--] *adj* insoportable; **unerwartet** I. *adj* imprevisto II. *adv* de improviso; **unerwünscht** *adj* indeseado; **unfähig** *adj* incapaz (*zu* de); (*beruflich*) incompetente; **unfair** *adj* injusto

Unfall *m* accidente *m*

unfassbar[RR] ['-'--] *adj* inconcebible; **unfehlbar** ['--'--] *adj* infalible; **unfreiwillig** *adj* involuntario; **unfreundlich** *adj* poco amable; (*Wetter*) desapacible; **unfruchtbar** *adj* estéril

Unfug ['ʊnfuːk] *m* <-(e)s, *ohne pl*> (*Handlung*) bobada *f;* (*Äußerung*) disparate *m;* ~ **treiben** hacer bobadas

Ungar(in) ['ʊŋɡaːɐ] *m(f)* <-n, -n; -nen> húngaro, -a *m, f*

ungarisch ['ʊŋɡarɪʃ] *adj* húngaro

Ungarn ['ʊŋɡarn] *nt* <-s> Hungría *f*

ungeachtet ['--'--] *präp* +*gen* (*geh*) a pesar de

ungeahnt ['--'-] *adj* inesperado; **ungebildet** *adj* inculto; **ungebräuchlich** *adj* poco corriente

Ungeduld *f* impaciencia *f;* **ungeduldig** *adj* impaciente

ungeeignet *adj* inadecuado; (*Mo-*

ment) inoportuno

ungefähr ['ʊŋgəfɛːɐ̯, '--'--] *adj* aproximado; ~ **30 Euro** unas 30 euros

ungefährlich *adj* no peligroso; (*harmlos*) inofensivo; **ungeheuer** ['----, '--'--] *adj* enorme

Ungeheuer *nt* <-s, -> monstruo *m*

ungeheuerlich ['--'---] *adj* (*abw*) escandaloso; (*schrecklich*) atroz; (*unerhört*) inaudito

ungehorsam *adj* desobediente; **ungelegen** I. *adj* inoportuno II. *adv* a deshora; **komme ich ~?** ¿llego en mal momento?; **ungelernt** *adj* que no ha cursado estudios; **ungemein** ['--'-] I. *adj* extraordinario II. *adv* sobremanera; **ungemütlich** *adj* (*Stuhl*) incómodo; (*Mensch, Atmosphäre*) desagradable; (*Wetter*) desapacible; **ungenau** *adj* impreciso; **ungeniert** ['ʊnʒe(')niːɐ̯t] *adj* desenvuelto; **ganz ~ reden** hablar sin inhibiciones; **ungenießbar** ['--'--] *adj* (*Speise*) incomible; (*Getränk*) no bebible; (*fam: Person*) insoportable; **ungenügend** *adj* insuficiente; **ungenutzt** *adj* desaprovechado; **ungepflegt** *adj* descuidado; (*Person*) desaseado; **ungerade** *adj* (MATH) impar; **ungerecht** *adj* injusto; **ungerechtfertigt** *adj* injustificado

Ungerechtigkeit *f* <-en> injusticia *f*

ungern *adv* de mala gana; **ungeschickt** *adj* torpe; **ungestört** I. *adj* tranquilo II. *adv* en paz

ungestüm ['ʊŋgəʃtyːm] I. *adj* (*geh*) impetuoso II. *adv* (*geh*) con ímpetu

ungesund *adj* (*Speise, Lebensweise*) poco sano; (*schädlich*) perjudicial (para la salud); **ungewiss**[RR] *adj* incierto; **jdn über etw im Ungewissen lassen** dejar a alguien en la incertidumbre respecto a algo; **ungewöhnlich** *adj* (*außergewöhnlich*) insólito; (*außerordentlich*) extraordi-

nario; **ungewohnt** *adj* (*fremd*) extraño; (*unüblich*) poco habitual; **ungewollt** *adj* sin querer

Ungeziefer ['ʊŋgətsiːfɐ] *nt* <-s, *ohne pl*> bichos *mpl*

ungezogen *adj* maleducado

ungezwungen I. *adj* natural; (*ohne Hemmungen*) desenvuelto II. *adv* con naturalidad; **unglaublich** [-'--, '-'--] *adj* increíble; **unglaubwürdig** *adj* (*Person*) de poco crédito; (*Aussage*) inverosímil; **ungleich** *adj* desigual; **ungleichmäßig** *adj* (*nicht gleich*) desigual; (*nicht regelmäßig*) irregular

Unglück *nt* <-(e)s, -e> (*Unheil*) desgracia *f*; (*Unfall*) accidente *m*; **jd/ etw bringt jdm ~** alguien/algo trae mala suerte a alguien; **zu allem ~ ...** para colmo (de las desdichas)...; **unglücklich** *adj* infeliz; **unglücklicherweise** ['----'--] *adv* desgraciadamente

Unglücksfall *m* siniestro *m*, catástrofe *f*

ungültig *adj* no válido; (*Pass*) caducado; (*Stimmzettel*) nulo; **ungünstig** *adj* desfavorable; (*Aussichten*) poco propicio; (*Moment*) inoportuno; **unhandlich** *adj* poco práctico

Unheil *nt* <-s, *ohne pl*> (*geh*) desgracia *f*; **~ anrichten** causar una desgracia; **unheilbar** ['---, '-'--] *adj* incurable; **unheilvoll** *adj* funesto

unheimlich I. *adj* (*beängstigend*) inquietante; (*düster*) lúgubre II. *adv* (*sehr*) muy; **~ viel** un montón (de); **unhöflich** *adj* mal educado; **unhygienisch** *adj* antihigiénico

Uni ['ʊni] *f* <-s> (*fam*) uni *f*, universidad *f*

Uniform [uni'fɔrm, 'ʊnifɔrm] *f* uniforme *m*

uninteressant *adj* poco interesante

Universität [univɛrzi'tɛːt] *f* <-en>

universidad *f*

Universum [uni'vɛrzʊm] *nt* <-s, *ohne pl*> universo *m*

unklar *adj* (*unverständlich*) incomprensible; (*ungewiss*) incierto; (*fraglich*) dudoso; (*undeutlich*) poco claro; **unkompliziert** *adj* sencillo; **unkonzentriert** *adj* distraído (*bei en*)

Unkosten *pl* gastos *mpl;* **sich in ~ stürzen** gastar un dineral

Unkraut *nt* mala hierba *f*

unleserlich *adj* ilegible; **unlogisch** *adj* ilógico; **unlösbar** ['---, '-'--] *adj* (*Aufgabe*) insoluble; **unmäßig** *adj* desmesurado

Unmenge *f* gran cantidad *f* (*an/von* de)

Unmensch *m* <-en, -en> (*abw*) bestia *f*, monstruo *m;* **unmenschlich** *adj* inhumano

unmerklich ['---, '-'--] *adj* imperceptible; **unmissverständlich**RR I. *adj* inequívoco II. *adv* rotundamente; **unmittelbar** *adj* (*direkt*) directo; **~ danach** inmediatamente después; **~ bevorstehen** ser inminente; **unmöglich** ['-'--] I. *adj* imposible; **er benimmt sich ~** su comportamiento es inadmisible II. *adv* (*fam: auf keinen Fall*) de ninguna manera; **unmoralisch** *adj* inmoral

Unmut *m* (*geh: Missfallen*) descontento *m;* (*Ärger*) disgusto *m*

unnachahmlich ['--'--] *adj* inimitable

unnachgiebig *adj* (*Person*) intransigente

unnahbar ['-'--] *adj* (*Person*) inaccesible

unnatürlich *adj* poco natural; (*künstlich*) artificial; (*gekünstelt*) afectado; **unnötig** I. *adj* innecesario II. *adv* sin necesidad

unnütz *adj* inútil

UNO ['u:no] *f Abk. von* **United Na-** **tions Organization** ONU *f*

unordentlich *adj* desordenado; (*Kleidung*) descuidado; **Unordnung** *f* desorden *m;* (*Durcheinander*) confusión *f*

unparteiisch *adj* imparcial; **unpassend** *adj* (*Zeitpunkt*) inoportuno; (*Bemerkung*) inconveniente; **unpersönlich** *adj* impersonal; **unpraktisch** *adj* poco práctico; **unproblematisch** *adj* poco problemático; **unpünktlich** *adj* impuntual; **unrealistisch** *adj* no realista; **unrecht** *adj:* **jdm ~ tun** ser injusto con alguien

Unrecht *nt* <-(e)s, *ohne pl*> injusticia *f;* **zu ~** injustamente; **im ~ sein** no tener razón

unregelmäßig *adj* irregular; **unreif** *adj* inmaduro

Unruhe *f* inquietud *f;* **~ stiften** causar alboroto; **~n** (*Krawalle*) disturbios *mpl;* **unruhig** *adj* inquieto; (*Zeiten*) turbulento

uns [ʊns] I. *pron pers dat/akk von* **wir** nos; (*betont*) a nosotros/nosotras... (nos); (*mit Präposition*) nosotros/nosotras; **~ gehört das nicht** esto no es nuestro II. *pron refl dat/akk von* **wir** nos; **wir kümmern ~ schon darum** nos ocuparemos de ello

unsachlich *adj* subjetivo; **unsagbar** ['---, '-'--] *adj* indecible; (*Schmerzen*) atroz; **unsanft** *adj* rudo; **unschädlich** *adj* inofensivo; **unscharf** *adj* (FOTO) borroso; **unschätzbar** ['---, '-'--] *adj* incalculable; **unscheinbar** *adj* (*unauffällig*) poco llamativo; **unschlagbar** ['-'--] *adj* invencible; **unschlüssig** *adj* indeciso; **sich** *dat* **über etw ~ sein** no poder tomar una decisión respecto a algo

Unschuld *f ohne pl* (*a.* JUR) inocencia *f;* (*Jungfräulichkeit*) virginidad *f;*

unschuldig *adj* (*a.* JUR) inocente (*an* de); (*jungfräulich*) virgen

unselbständig *adj*, **unselbstständig**RR *adj* dependiente; **er ist so ~** no puede hacer nada solo

unser ['ʊnzɐ] *pron pers gen von* **wir** de nosotros/nosotras

unser, unsere, unser *pron poss* (*adjektivisch*) nuestro *m*, nuestra *f*, nuestros *mpl*, nuestras *fpl*; **~ Leben** nuestra vida; **~e Verwandten** nuestros parientes

unsere(r, s) ['ʊnzərə, -rə, -rəs] *pron poss* (*substantivisch*) (el) nuestro *m*, (la) nuestra *f*, (los) nuestros *mpl*, (las) nuestras *fpl s.a.* **unser, unsere, unser**

uns(e)rerseits ['ʊnz(ə)rɐzaɪts] *adv* de nuestra parte

uns(e)resgleichen ['ʊnz(ə)rəs'glaɪçən] *pron indef* de nuestra condición

uns(e)retwegen ['ʊnz(ə)rət'veːgən] *adv* por nosotros; (*negativ*) por nuestra culpa

unseriös *adj* (*Geschäfte*) dudoso; (*Person*) poco cabal

unsertwegen ['ʊnzɐt'veːgən] *adv s.* **uns(e)retwegen**

unsicher *adj* (*ungewiss*) incierto; (*nicht selbstbewusst*) inseguro; **Unsicherheit** *f* inseguridad *f*; (*Ungewissheit*) incertidumbre *f*

unsichtbar *adj* invisible (*für* a)

Unsinn *m:* **mach keinen ~** no hagas tonterías; **unsinnig** *adj* absurdo

Unsitte *f* mala costumbre *f;* **unsittlich** *adj* inmoral; **jdn ~ berühren** manosear a alguien

unsre(r, s) ['ʊnzrə, -rə, -rəs] *pron poss s.* **unser, unsere(r, s)**

unsterblich [(')-'--] *adj* inmortal; **~ verliebt** locamente enamorado

Unstimmigkeit *f* <-en> (*Ungenauigkeit*) imprecisión *f;* (*Meinungsver-*

schiedenheit) divergencias *fpl*

Unsumme *f* dineral *m fam*

unsympathisch *adj* antipático; **untätig** *adj* inactivo; **~ zusehen** mirar pasivamente; **~ untauglich** *adj* (*Gerät*) no apto; (*Person*) inepto

unten ['ʊntən] *adv* abajo; **von oben bis ~** de arriba a abajo

unter ['ʊntɐ] **I.** *präp* +*dat* **1.** (*unterhalb*) debajo de, bajo **2.** (*inmitten*) entre; **~ anderem** entre otras cosas; **~ uns gesagt** dicho en confianza **3.** (*weniger als*) menos de; **Kinder ~ 12 Jahren** niños menores de 12 años **4.** (*Art und Weise*): **~ Tränen** llorando; **~ allen Umständen** en todo caso; **~ falschem Namen** con nombre falso **5.** (*Zustand, Zuordnung*) bajo; **~ Strom** bajo corriente; **das Haus steht ~ Denkmalschutz** la casa es patrimonio nacional; **was verstehen Sie ~ ...?** ¿qué entiende Ud. por...? **II.** *präp* +*akk:* **er nahm das Paket ~ den Arm** tomó el paquete bajo el brazo

Unterarm *m* antebrazo *m*

unterbewerten* ['-----] *vt* infravalorar

UnterbewusstseinRR *nt* subconsciente *m*

unterbinden* *irr vt* impedir

unterbrechen* *irr vt* interrumpir; (*Stromzufuhr*) cortar

Unterbrechung [--'--] *f* <-en> interrupción *f*

unter|bringen *irr vt* (*verstauen*) meter; (*einquartieren*) alojar

unterbrochen *pp von* **unterbrechen**

unterbunden *pp von* **unterbinden**

unterdessen [--'--] *adv* mientras tanto

unterdrücken* *vt* (*Menschen*) oprimir; (*Gefühle*) reprimir; (*Tränen*) contener

untere(r, s) ['ʊntərə, -rə, -rəs] *adj* inferior

untereinander [---'--] *adv* (*räumlich*) uno debajo del otro; (*miteinander*) entre sí; (*gegenseitig*) mutuamente; **das können wir ~ ausmachen** esto lo podemos fijar entre nosotros

unterentwickelt *adj* subdesarrollado; (*geistig, körperlich*) atrasado; **unterernährt** *adj* desnutrido

Unterführung [--'--] *f* paso *m* subterráneo

Untergang *m* (*von Schiffen*) naufragio *m;* (*Verderb*) ruina *f*

Untergebene(r) [--'---] *mf* <-n, -n; -n> subalterno, -a *m, f*

unter|gehen *irr vi sein* (*Schiff*) naufragar; (*Sonne*) ponerse; (*zugrunde gehen*) desmoronarse; (*Kultur*) extinguirse; (*Reich*) caer

untergeordnet *adj* subordinado; (*zweitrangig*) secundario

Untergeschoss^RR *nt* piso *m* bajo

Untergrund *m* <-(e)s, *ohne pl*> **1.** (AGR) subsuelo *m* **2.** (POL) clandestinidad *f;* **in den ~ gehen** pasar a la clandestinidad

unterhalb *präp* +*gen* por debajo de

Unterhalt *m* <-(e)s, *ohne pl*> **1.** (*Lebensunterhalt*) sustento *m;* **für jds ~ aufkommen** mantener a alguien **2.** (*Unterhaltszahlungen*) alimentos *mpl;* **unterhalten*** *irr* **I.** *vt* mantener; (*vergnügen*) entretener **II.** *vr:* **sich ~** (*sprechen*) hablar (*über* sobre/de)

unterhaltsam [--'--] *adj* entretenido

Unterhaltung *f* (*Gespräch*) conversación *f* (*über* sobre/de); (*Vergnügen*) entretenimiento *m*

Unterhemd *nt* camiseta *f*

Unterhose *f* (*für Herren*) calzoncillos *mpl;* (*für Damen*) bragas *fpl*

unterirdisch *adj* subterráneo

Unterkiefer *m* mandíbula *f* inferior

unter|kommen *irr vi sein* (*Unterkunft finden*) alojarse (*bei/in* en)

unter|kriegen *vt* (*fam*) doblegar

Unterkunft ['ʊntəkʊnft] *f* <-künfte> alojamiento *m;* **~ und Verpflegung** casa y comida

Unterlage *f* <-n> **1.** (*Schreibunterlage*) carpeta *f* **2.** *pl* (*Dokumente*) documentos *mpl*

unterlassen* *irr vt* (*absichtlich nicht tun*) dejar; (*versäumen*) omitir; **~e Hilfeleistung** denegación de auxilio

unterlaufen* *irr vi sein:* **jdm unterläuft ein Fehler** alguien comete una falta

unterlegen [--'--] *adj:* **jdm ~ sein** ser inferior a alguien

Unterleib *m* <-(e)s, -e> bajo vientre *m*

unterliegen* *irr vi* **1.** *sein* (*verlieren*) perder (*contra*); (*Versuchung, Krankheit*) sucumbir (*a*) **2.** (*unterworfen sein*) estar sujeto (+*dat* a)

unterm ['ʊntəm] (*fam*) = **unter dem** *s.* **unter**

Untermiete *f ohne pl* subarriendo *m;* **bei jdm zur ~ wohnen** ser subinquilino de alguien

untern ['ʊntən] (*fam*) = **unter den** *s.* **unter**

unternehmen* *irr vt* hacer; (*Reise*) emprender

Unternehmen [--'--] *nt* <-s, -> (*Vorhaben*) proyecto *m;* (*Firma*) empresa *f*

Unternehmer(in) [--'--] *m(f)* <-s, -; -nen> empresario, -a *m, f*

unternommen *pp von* **unternehmen**

unter|ordnen *vt, vr:* **sich ~** someter(se)

Unterredung [--'--] *f* <-en> entrevista *f*

Unterricht ['ʊntərɪçt] *m* <-(e)s, -e> (*Unterrichtsstunde*) clase *f;* **jdm ~**

geben dar clases a alguien
unterrichten* *vt* (*informieren*) informar (*über* sobre); (SCH) dar clase(s);
Deutsch ~ dar clases de alemán
unters ['ʊntɛs] (*fam*) = **unter das** *s.*
unter
untersagen* *vt* prohibir
unterschätzen* *vt* subestimar
unterscheiden* *irr* **I.** *vt, vr:* **sich ~**
distinguir(se); **woran kann man sie
~?** ¿cómo se les puede diferenciar?
II. *vi* hacer una distinción
Unterschied ['ʊntɛʃiːt] *m* <-(e)s,
-e> diferencia *f*
unterschieden *pp von* **unterscheiden**
unterschiedlich *adj* diferente;
~ groß sein ser de distinto tamaño;
~ reagieren reaccionar de diferente
manera
unterschlagen* *irr vt* **1.** (*Geld*) malversar **2.** (*verschweigen*) ocultar
Unterschlupf ['ʊntɛʃlʊpf] *m* <-(e)s,
-e> refugio *m*
unterschreiben* *irr vt* firmar
unterschrieben *pp von* **unterschreiben**
Unterschrift ['---] *f* firma *f*
unterschwellig ['ʊntɛʃvɛlɪç] *adj* subliminal
Unterseite *f* parte *f* inferior
untersetzt [--'-] *adj* robusto
unterste(r, s) ['ʊntɛstə, -tɐ, -təs] *adj*
superl von **untere(r, s)**
unterstellen*¹ *vt* (*annehmen*) suponer; (*unterschieben*) atribuir (falsamente)
unter|stellen² **I.** *vt* (*abstellen*) dejar
(*in* en) **II.** *vr:* **sich ~** refugiarse (*in*
en)
Unterstellung *f* <-en> imputación *f*
unterstreichen* *irr vt* (*a. fig*) subrayar
unterstrichen *pp von* **unterstreichen**

unterstützen* *vt* (*Beistand leisten*)
apoyar (*bei/in* en); (*fördern*) fomentar (*bei* en); (*mit Geld*) subvencionar; **Unterstützung** [--'--] *f*
<-en> apoyo *m;* (*Hilfe*) ayuda *f;* (*finanziell*) subvención *f*
untersuchen* *vt* (*analysieren*) analizar; (*wissenschaftlich*) investigar;
(*prüfen*) controlar; (*Kranke*) examinar
Untersuchung [--'--] *f* <-en> (MED)
examen *m* (médico)
Untertasse *f* platillo *m*
Unterteil *nt* parte *f* inferior; **unterteilen*** *vt* subdividir (*in* en)
Untertitel *m* subtítulo *m*
untervermieten* ['-----] *vt* subarrendar
Unterwalden ['ʊntɛvaldən] *nt* <-s>
Unterwalden *m*
Unterwäsche *f* ropa *f* interior
unterwegs [ʊntɛ'veːks] *adv* (*auf dem
Weg*) en camino; (*auf Reisen*) de
viaje; (*während der Reise*) en el camino; **für ~** para el camino; **bei ihr
ist ein Kind ~** (*fam*) está embarazada
unterwerfen* *irr vt, vr:* **sich ~** someter(se); **etw** *dat* **unterworfen sein**
estar sujeto a algo
unterworfen *pp von* **unterwerfen**
unterwürfig ['ʊntɛvʏrfɪç, --'--] *adj*
(*abw*) sumiso
unterzeichnen* *vt* firmar
unterziehen* *irr vt, vr:* **sich ~** someter(se) (a)
unterzogen *pp von* **unterziehen**
untragbar ['-'--] *adj* (*unerträglich*) insostenible; **untreu** *adj* infiel; **sich**
dat **selbst ~ werden** apartarse de
sus principios; **untröstlich** ['---, -'--]
adj desconsolado (*über* por); **unüberlegt** *adj* imprudente; **~ handeln** actuar sin pensar; **unübersehbar** ['---'--] *adj* **1.** (*groß*) inmenso;

(*nicht zu übersehen*) que salta a la vista **2.** (*nicht abschätzbar*) incalculable; **unübersichtlich** *adj* poco claro

unüberwindlich ['---'--] *adj* (*Gegensätze, Probleme*) insuperable

unüblich *adj* poco común; (*stärker*) fuera de lo común; **unumgänglich** ['--'--] *adj* indispensable; **ununterbrochen** ['---'--] **I.** *adj* ininterrumpido **II.** *adv* sin parar; **unveränderlich** ['-----, '--'---] *adj* invariable; **unverantwortlich** ['-----, '--'---] *adj* irresponsable

unverbesserlich ['--'---] *adj* incorregible

unverbindlich *adj* sin compromiso; **unverbleit** *adj* sin plomo; **unverblümt** **I.** *adj* franco **II.** *adv* sin rodeos; **unvereinbar** ['--'--] *adj* incompatible; **unverfroren** *adj* descarado; **unvergänglich** *adj* eterno; **unvergesslich**[RR] ['--'--] *adj* inolvidable

unvergleichlich ['--'--] *adj* incomparable

unverheiratet *adj* soltero

unverhofft ['--'-] *adj* inesperado

unverkennbar ['--'--] *adj* (*eindeutig*) evidente; (*nicht zu verwechseln*) inconfundible

unvermeidbar ['--'--] *adj*, **unvermeidlich** ['--'--] *adj* inevitable; **unvermittelt** **I.** *adj* súbito **II.** *adv* de repente; **unvermutet** *adj* imprevisto

Unvernunft *f* falta *f* de juicio; **unvernünftig** *adj* insensato

unverschämt ['ʊnfɛʃɛːmt, '--'-] *adj* desvergonzado; (*fam: außerordentlich*) extraordinario; (*Preis*) exorbitante; **Unverschämtheit** ['----, '--'--] *f* <-en> desfachatez *f*

unversehens *adv* de repente

unversehrt *adj* (*Person*) ileso; (*Ding*) intacto; **unversöhnlich** ['--'--] *adj*

irreconciliable; **unverständlich** ['----, '--'--] *adj* (*nicht hörbar*) inaudible; (*nicht begreifbar*) incomprensible

Unverständnis *nt* <-ses, *ohne pl*> falta *f* de comprensión

unverwechselbar ['--'---] *adj* inconfundible

unverwüstlich ['--'--] *adj* (*Dinge*) indestructible; (*Mensch*) inquebrantable

unverzeihlich ['--'--] *adj* imperdonable

unverzüglich ['--'--] **I.** *adj* inmediato **II.** *adv* de inmediato

unvollständig *adj* incompleto; **unvoreingenommen** *adj* objetivo; **unvorhergesehen** ['--'----] *adj* imprevisto; **unvorsichtig** *adj* imprudente; **unvorstellbar** ['--'--] *adj* inimaginable; **unwahrscheinlich** ['----, '--'--] *adj* improbable; (*unglaublich*) increíble

unweit *präp* +*gen* no lejos de

unwesentlich *adj* irrelevante

Unwetter *nt* <-s, -> temporal *m*

unwichtig *adj* sin importancia; **unwiderstehlich** ['---'--] *adj* irresistible; **unwillig** **I.** *adj* indignado **II.** *adv* (*widerwillig*) de mala gana; **unwillkürlich** *adj* involuntario; (*automatisch*) automático; **unwirksam** *adj* inefectivo; **unwirsch** ['ʊnvɪrʃ] *adj* malhumorado; (*unfreundlich*) descortés

unwohl *adj* **1.** (*gesundheitlich*) indispuesto **2.** (*unbehaglich*) mal; **sich ~ fühlen** no estar a gusto; **Unwohlsein** *nt* <-s, *ohne pl*> malestar *m*

unzählig *adj* innumerable; **~e Mal** infinitas veces

unzerbrechlich ['--'--] *adj* irrompible; **unzertrennlich** ['--'--] *adj* inseparable; **unzufrieden** *adj* descontento; **unzugänglich** *adj* inaccesible; **unzulänglich** *adj* (*geh*) insuficiente; **unzulässig** *adj* inadmisible; **unzusammenhängend** *adj* incoherente; **unzuverlässig** *adj* (*Person*) de poca confianza; (*Wetter*) inestable; ~ **sein** no ser de fiar

Update ['apdɛɪt] *nt* <-s, -s> (INFOR) **1.** (*Updaten*) actualización *f* **2.** (*aktualisierte Version*) versión *f* actualizada

üppig ['ʏpɪç] *adj* (*Vegetation*) exuberante; (*Essen*) abundante; **eine ~e Figur haben** ser gordito

uralt ['uːɐˈalt] *adj* vetusto; (*Person*) viejísimo; **Ureinwohner(in)** *m(f)* indígena *mf*; **Urenkel(in)** *m(f)* bisnieto, -a *m, f*; **Urgroßeltern** *pl* bisabuelos *mpl*; **Urgroßmutter** *f* bisabuela *f*; **Urgroßvater** *m* bisabuelo *m*

Uri ['uːri] *nt* <-s> Uri *m*

Urin [u'riːn] *m* <-s, -e> orina *f*

Urkunde ['uːɐkʊndə] *f* <-n> documento *m*; (*Bescheinigung*) certificado *m*

Urlaub ['uːɐlaʊp] *m* <-(e)s, -e> vacaciones *fpl*; **urlaubsreif** *adj* (*fam*): ~ **sein** necesitar unas vacaciones

Urne ['ʊrnə] *f* <-n> urna *f*

Urologie [urolo'giː] *f* urología *f*

urplötzlich ['-'--] **I.** *adj* repentino **II.** *adv* de repente

Ursache *f* causa *f*; **keine ~!** ¡no hay de qué!

Ursprung *m* origen *m*; (*Herkunft*) procedencia *f*; (*Anfang*) principio *m*; **ursprünglich** ['uːɐʃprʏŋlɪç] **I.** *adj* (*anfänglich*) inicial **II.** *adv* al principio

Urteil ['ʊrtaɪl] *nt* opinión *f*; (JUR) sentencia *f*; **sich** *dat* **ein ~ über etw erlauben** permitirse opinar sobre algo; **sich** *dat* **ein ~ über jdn/etw bilden** formarse una idea de al-

guien/algo

urteilen ['ʊrtaɪlən] *vi* juzgar; (*meinen*) opinar; **nach seinem Aussehen zu ~ ...** a juzgar por su aspecto exterior...

Uruguay [uru'gu̯aɪ] *nt* <-s> Uruguay *m*

uruguayisch [uru'gu̯aːjɪʃ] *adj* uruguayo

Urwald ['uːɐvalt] *m* selva *f*

Urzeit *f* <-en> tiempos *mpl* primitivos; **seit ~en** desde que el mundo existe

USA [uːʔɛsˈʔaː] *f Abk. von* **United States of America** EE.UU. *mpl*

Usbekistan [ʊsˈbeːkistaːn] *nt* <-s> Uzbekistán *m*

usw. *Abk. von* **und so weiter** etc.

Utopie [uto'piː] *f* <-n> utopía *f*

utopisch [u'toːpɪʃ] *adj* utópico

u. U. *Abk. von* **unter Umständen** dado el caso

UV-Strahlen [uːˈfaʊ-] *mpl* radiaciones *fpl* ultravioletas

V

V, v [faʊ] *nt* <-, -> V, v *f*

Vagabund(in) [vaga'bʊnt] *m(f)* <-en, -en; -nen> vagabundo, -a *m, f*

vage [va:gə] *adj* vago

Vagina [va'gi:na] *f* <Vaginen> vagina *f*

Vakuum ['va:kuʊm] *nt* <-s, Vakua *o* Vakuen> vacío *m*

Vampir [vam'piːɐ] *m* <-s, -e> vampiro *m*

Vanille [va'nɪl(j)ə] *f* vainilla *f*

Variante [vari'antə] *f* <-n> variante *f*

Varieté *nt* <-s, -s>, **Varietee**[RR]

[varie'te:] *nt* <-s, -s> (espectáculo *m* de) variedades *fpl*

variieren* [vari'i:rən] *vi, vt* variar

Vase ['va:zə] *f* <-n> (*Blumenvase*) florero *m*

Vater ['fa:tɐ] *m* <-s, Väter> padre *m*; **Vaterland** *nt* (*geh*) patria *f*

väterlich ['fɛ:tɐlɪç] *adj* (*vom Vater*) paterno; (*wie ein Vater*) paternal

Vaterschaft *f* <-en> paternidad *f*

Vatertag *m* día *m* del padre

Vaterunser ['--'--, --'--] *nt* <-s, -> padrenuestro *m*

Vati ['fa:ti] *m* <-s, -s> (*fam*) papi *m*, tata *m Am*

Vatikan [vati'ka:n] *m* <-s> Vaticano *m*

v. Chr. *Abk. von* **vor Christus** a.C., a. de C.

Vegetarier(in) [vege'ta:riɐ] *m(f)* <-s, -; -nen> vegetariano, -a *m, f*

vegetarisch *adj* vegetariano

Vegetation [vegeta'tsjo:n] *f* <-en> vegetación *f*

Velo ['ve:lo] *nt* <-s, -s> (*Schweiz*) bicicleta *f*

Vene ['ve:nə] *f* <-n> vena *f*

venezolanisch *adj* venezolano

Venezuela [venetsu'e:la] *nt* <-s> Venezuela *f*

Ventil [vɛn'ti:l] *nt* <-s, -e> válvula *f*

Ventilator [vɛnti'la:to:ɐ] *m* <-s, -en> ventilador *m*

verabreden* [fɛɐ'?apre:dən] I. *vt* convenir; (*Zeit, Ort*) fijar; **mit jdm verabredet sein** tener una cita con alguien II. *vr:* **sich ~** citarse

Verabredung *f* <-en> (*Treffen*) cita *f*

verabscheuen* *vt* aborrecer

verabschieden* [fɛɐ'?apʃi:dən] *vt, vr:* **sich ~** despedir(se)

verachten* *vt* despreciar

verächtlich [fɛɐ'?ɛçtlɪç] I. *adj* despectivo II. *adv* con desprecio

Verachtung *f* desprecio *m*

verallgemeinern* [---'--] *vt* generalizar

veraltet [fɛɐ'?altət] *adj* anticuado

Veranda [ve'randa] *f* <Veranden> galería *f*

veränderlich [fɛɐ'?ɛndɐlɪç] *adj* variable

verändern* *vt, vr:* **sich ~** cambiar; **sich zu seinem Nachteil ~** cambiar para peor

verängstigen* *vt* intimidar

veranlagt [fɛɐ'?anla:kt] *adj:* **künstlerisch ~ sein** tener talento artístico

Veranlagung *f* <-en> predisposición *f* (*zu* para/a)

veranlassen* *vt* (*anordnen*) disponer; (*bewirken*) motivar; **sich zu etw veranlasst sehen** verse obligado a hacer algo

Veranlassung *f* <-en> (*Grund*) motivo *m*; (*Anordnung*) orden *f*; (*Anregung*) iniciativa *f*

veranschaulichen* *vt* ilustrar

veranstalten* *vt* (*planen*) organizar; (*durchführen*) realizar

Veranstalter(in) *m(f)* <-s, -; -nen> organizador(a) *m(f)*

Veranstaltung *f* <-en> acto *m*

verantworten* I. *vt* responder (de) II. *vr:* **sich ~** justificarse (*für/wegen* por)

verantwortlich *adj* (*Person*) responsable (*für* de); **jdn für etw ~ machen** responsabilizar a alguien de algo

Verantwortung *f* <-en> responsabilidad *f* (*für* de); **jdn für etw zur ~ ziehen** hacer a alguien responsable de algo; **die ~ für etw übernehmen** asumir la responsabilidad de algo; **verantwortungslos** *adj* irresponsable; **verantwortungsvoll** *adj* 1. (*Aufgabe, Tat*) de gran responsabilidad 2. (*Person*) muy responsable

verarbeiten* vt trabajar; (geistig) asimilar; (umwandeln) transformar (zu en)

Verarbeitung f <-en> (Bearbeitung) trabajo m; (von Daten) tratamiento m, procesamiento m; (Umwandlung) transformación f

verärgern* vt enfadar

verausgaben* [-'---] vr: **sich ~** agotar sus fuerzas

Verb [vɛrp] nt <-s, -en> verbo m

verbal [vɛr'baːl] adj verbal

Verband m (MED) vendaje m; (Vereinigung) asociación f; **Verband(s)kasten** m botiquín m

verbannen* [fɛɐ'banən] vt desterrar (aus + dat de)

verbergen* irr vt esconder (vor ante); **ich habe nichts zu ~** no tengo nada que ocultar

verbessern* vt, vr: **sich ~** mejorar; **Verbesserung** f <-en> (Änderung) mejora f; (Korrektur) corrección f

verbiegen* irr vt, vr: **sich ~** torcer(se)

verbieten* irr vt prohibir

verbinden* irr vt (zusammenfügen) unir; (assoziieren) asociar (mit con); (MED) vendar; **Sie sind falsch verbunden** (TEL) se ha equivocado de número

verbindlich adj (bindend) vinculante; (verpflichtend) obligatorio

Verbindung f (Beziehung) relación f; (Verkehrsweg, a. TEL) comunicación f; **sich mit jdm in ~ setzen** ponerse en contacto con alguien

verbissen [fɛɐ'bɪsən] I. adj 1. (hartnäckig) obstinado 2. (Gesichtsausdruck) avinagrado II. adv con obstinación

verbittern* vt amargar

verbleit [fɛɐ'blaɪt] adj con plomo

verblöden* [fɛɐ'bløːdən] I. vi sein

(fam) atontarse II. vt (fam) atontar

verblüffen* [fɛɐ'blʏfən] vt dejar perplejo

verbogen pp von **verbiegen**

verborgen [fɛɐ'bɔrgən] pp von **verbergen**

Verbot [fɛɐ'boːt] nt <-(e)s, -e> prohibición f

verboten [fɛɐ'boːtən] pp von **verbieten**

Verbotsschild nt señal f de prohibición

verbracht pp von **verbringen**

verbrannt pp von **verbrennen**

Verbrauch m <-(e)s, ohne pl> consumo m (an de)

verbrauchen* vt consumir

Verbraucher(in) m(f) <-s, -; -nen> consumidor(a) m(f)

verbraucht adj gastado; (Luft) viciado

verbrechen* irr vt (fam): **was habe ich denn jetzt schon wieder verbrochen?** ¿qué mal he hecho esta vez?

Verbrechen nt <-s, -> delito m; **ein ~ begehen** cometer un delito

Verbrecher(in) m(f) <-s, -; -nen> delincuente mf

verbrecherisch [fɛɐ'brɛçərɪʃ] adj criminal

verbreiten* vt, vr: **sich ~** (Nachricht) difundir(se); (Krankheit) transmitir(se)

verbreitet adj extendido; (Krankheit, Meinung) común

Verbreitung f (von Nachrichten) difusión f; (von Krankheiten) propagación f

verbrennen* irr I. vi sein quemarse II. vt, vr haben: **sich ~** quemar(se) (an con)

Verbrennung f <-en> (MED) quemadura f

verbringen* irr vt pasar

verbrochen [fɛɐ̯'brɔxən] *pp von* **verbrechen**

verbunden [fɛɐ̯'bʊndən] **I.** *pp von* **verbinden II.** *adj:* **damit sind Probleme** ~ esto supone problemas; **ich bin Ihnen sehr** ~ le estoy muy agradecido

verbünden* [fɛɐ̯'bʏndən] *vr:* **sich** ~ aliarse

Verbündete(r) *mf* <-n, -n; -n> aliado, -a *m, f*

Verdacht [fɛɐ̯'daxt] *m* <-(e)s, -e> sospecha *f* (*auf* de)

verdächtig [fɛɐ̯'dɛçtɪç] *adj* sospechoso

verdächtigen* *vt* sospechar (de); **er wird des Diebstahls verdächtigt** es sospechoso del robo

verdammt I. *adj* (*fam abw*) maldito; ~ **noch mal!** ¡maldita sea!, ¡concho! *Am;* ~**e Scheiße!** (*vulg*) ¡me cago en la mierda! **II.** *adv* (*fam abw*) terriblemente; ~ **gut** de putamadre *vulg*

verdanken* *vt* **1.** (*dankbar sein*): **jdm etw** ~ deber algo a alguien; **das ist ihm zu** ~ eso hay que agradecérselo a él **2.** (*Schweiz: Dank aussprechen*) agradecer

verdarb [fɛɐ̯'darp] *3. imp von* **verderben**

verdauen* [fɛɐ̯'daʊ̯ən] *vt* (*Nahrung*) digerir; (*fam: Nachricht*) asimilar, digerir

Verdauung *f* digestión *f*

verdecken* *vt* **1.** (*bedecken*) tapar **2.** (*verheimlichen*) ocultar

verdeckt *adj* **1.** (*nicht sichtbar*) tapado **2.** (*verborgen*) oculto

verderben [fɛɐ̯'dɛrbən] <verdirbt, verdarb, verdorben> **I.** *vi sein* echarse a perder **II.** *vt haben* estropear; (*moralisch*) corromper

Verderben *nt* <-s, *ohne pl*> ruina *f*

verderblich [fɛɐ̯'dɛrplɪç] *adj* (*Lebensmittel*) perecedero

verdeutlichen* *vt* aclarar

verdienen* *vt* (*Lohn*) ganar; (*Lob, Strafe*) merecer

Verdienst[1] *nt* <-(e)s, -e> mérito *m*

Verdienst[2] *m* <-(e)s, -e> (*Einkommen*) sueldo *m*

verdient *adj* **1.** (*Person*) de gran mérito **2.** (*Lohn, Strafe*) merecido

verdirbt [fɛɐ̯'dɪrpt] *3. präs von* **verderben**

verdoppeln* *vt, vr:* **sich** ~ duplicar(se)

verdorben [fɛɐ̯'dɔrbən] *pp von* **verderben**

verdrängen* *vt* (PSYCH) reprimir

verdrossen [fɛɐ̯'drɔsən] **I.** *adj* malhumorado; (*unzufrieden*) descontento **II.** *adv* con disgusto

Verdruss[RR] [fɛɐ̯'drʊs] *m* <-es, -e> disgusto *m*

verdunkeln* *vt, vr:* **sich** ~ oscurecer(se)

verdünnen* *vt* diluir

verdunsten* *vi sein* evaporarse

verdursten* *vi sein* morir(se) de sed

verdutzt [fɛɐ̯'dʊtst] *adj* perplejo

verehren* *vt* (*a.* REL) venerar

Verehrer(in) *m(f)* <-s, -; -nen> admirador(a) *m(f)*

Verein [fɛɐ̯'ʔaɪ̯n] *m* <-(e)s, -e> asociación *f*

vereinbar *adj* compatible

vereinbaren* *vt* (*verabreden*) acordar; (*festlegen*) fijar; (*in Einklang bringen*) conciliar (*mit* con)

Vereinbarung *f* <-en> acuerdo *m*

vereinen* **I.** *vt* (*geh*) unir; (*zusammenführen*) reunir; (*in Einklang bringen*) conciliar; **mit vereinten Kräften** todos juntos **II.** *vr:* **sich** ~ (*geh*) reunirse

vereinfachen* *vt* simplificar

vereinigen* *vt, vr:* **sich** ~ (re)unir(se); **Vereinigung** *f* (re)unión *f;* (*Organisation*) asociación *f*

Vereinsamung *f* aislamiento *m*
vererben* I. *vt* (*hinterlassen*) dejar (en herencia) II. *vt, vr:* **sich ~** (BIOL) transmitir(se) por herencia (*auf* a)
verfahren* *irr* I. *vi sein* (*vorgehen*) proceder II. *vr haben:* **sich ~** perderse
Verfahren *nt* <-s, -> (*Methode*) método *m;* (JUR) causa *f*
Verfall *m* <-(e)s, *ohne pl*> 1. (*von Gebäude*) desmoronamiento *m* 2. (*geistig, gesundheitlich*) decaimiento *m;* **verfallen*** *irr vi sein* (*Gebäude*) desmoronarse; (*körperlich, geistig, kulturell*) decaer; (*ungültig werden*) caducar; **in alte Fehler ~** recaer en viejos errores
Verfallsdatum *nt* fecha *f* de caducidad
verfälschen* *vt* falsificar
verfänglich [fɛɐ̯'fɛŋlɪç] *adj* (*Frage*) capcioso; (*Situation*) embarazoso
verfärben* *vr:* **sich ~** cambiar de color
verfassen* *vt* redactar
Verfasser(in) *m(f)* <-s, -; -nen> autor(a) *m(f)*
Verfassung *f* (POL) constitución *f;* (*Zustand*) condición *f;* (*seelisch*) estado *m* de ánimo; **Verfassungsgericht** *nt* tribunal *m* constitucional
verfaulen* *vi sein* pudrirse
verfehlen* *vt* 1. (*Person*) no encontrar 2. (*Zweck*) no conseguir; (*Ziel beim Schießen*) fallar (el blanco); **seine Wirkung ~** no surtir efecto
verfehlt *adj* (*nicht angebracht*) inadecuado; (*falsch*) falso
verfeinern* [fɛɐ̯'faɪnɐn] *vt* (*Methode*) perfeccionar
verfilmen* *vt* llevar a la pantalla
verfliegen* *irr vi sein* (*Duft, Alkohol*) evaporarse; (*Ärger, Begeisterung*) desvanecerse
verflixt [fɛɐ̯'flɪkst] *adj* (*fam*) endemo-

niado; **~ und zugenäht!** ¡maldito sea!
verflogen *pp von* **verfliegen**
verfluchen* *vt* maldecir
verflucht *adj* (*fam*) maldito; **~ noch mal!** ¡joder!
verfolgen* *vt* perseguir; (*Handlung*) observar
Verfolgung *f* <-en> persecución *f*
verfrüht *adj* prematuro
verfügen* I. *vi* disponer (*über* de); (*ausgestattet sein*) estar provisto (*über* de) II. *vt* ordenar; **Verfügung** *f* <-en> (*Anordnung*) orden *f;* (*Disposition*) disposición *f;* **jdm etw zur ~ stellen** poner algo a disposición de alguien
verführen* *vt* seducir
vergangen [fɛɐ̯'gaŋən] *pp von* **vergehen**
Vergangenheit *f* pasado *m;* (LING) pretérito *m*
vergänglich [fɛɐ̯'gɛŋlɪç] *adj* pasajero
Vergaser *m* <-s, -> carburador *m*
vergaß [fɛɐ̯'gaːs] 3. *imp von* **vergessen**
vergeben* *irr vt* (*zuweisen*) adjudicar; (*Stipendium, Preis*) conceder; (*geh: verzeihen*) perdonar
vergebens [fɛɐ̯'geːbəns] *adv* en vano
vergeblich I. *adj* inútil II. *adv* en vano
Vergebung *f* <-en> (*geh*) perdón *m;* (*von Sünden*) remisión *f;* **jdn für etw um ~ bitten** pedir perdón a alguien por algo
vergehen* *irr* I. *vi sein* (*Zeit*) pasar; (*verschwinden*) desaparecer; **vergangene Woche** la semana pasada; **mir ist der Appetit vergangen** se me ha quitado el apetito II. *vr haben:* **sich an jdm ~** abusar de alguien
Vergehen *nt* <-s, -> delito *m*
Vergeltung *f* <-en> (*Rache*) des-

quite *m*

vergessen [fɛɐˈɡɛsən] <vergisst, vergaß, vergessen> *vt* olvidar

Vergessenheit *f:* **in ~ geraten** caer en el olvido

vergesslich[RR] *adj* olvidadizo

Vergesslichkeit[RR] *f* falta *f* de memoria

vergeuden* [fɛɐˈɡɔɪdən] *vt* desperdiciar; (*Geld*) despilfarrar

vergewaltigen* [fɛɐɡəˈvaltɪɡən] *vt* violar

Vergewaltigung *f* <-en> violación *f*

vergewissern* [fɛɐɡəˈvɪsən] *vr:* **sich ~** cerciorarse (de)

vergießen* *irr vt* derramar

vergiften* *vt, vr:* **sich ~** intoxicar(se); (*tödlich*) envenenar(se)

vergisst[RR] [fɛɐˈɡɪst] *3. präs von* **vergessen**

Vergleich *m* <-(e)s, -e> comparación *f*

vergleichbar *adj* comparable (*mit* a)

vergleichen* *irr vt, vr:* **sich ~** comparar(se)

verglichen *pp von* **vergleichen**

vergnügen* [fɛɐˈɡnyːɡən] *vt, vr:* **sich ~** divertir(se)

Vergnügen [fɛɐˈɡnyːɡən] *nt* <-s, -> 1. (*Zeitvertreib*) diversión *f;* **sich ins ~ stürzen** (*fam*) entregarse de lleno al placer 2. *ohne pl* (*Freude*) placer *m;* **viel ~!** ¡que lo pase(s) bien!; **mit ~** con mucho gusto

vergnügt *adj* alegre (*über* por)

Vergnügungspark *m* parque *m* de atracciones

vergossen *pp von* **vergießen**

vergöttern* [fɛɐˈɡœtən] *vt* adorar

vergraben* *irr vt* enterrar

vergriffen [fɛɐˈɡrɪfən] *adj* (*Ware*) agotado

vergrößern* [fɛɐˈɡrøːsən] **I.** *vt* (*räumlich*) agrandar; (*erweitern*) ampliar **II.** *vr:* **sich ~** (*zunehmen*) au-

mentar

Vergünstigung *f* <-en> (*Verbesserung*) ventaja *f;* (*bei Preis*) rebaja *f*

vergüten* [fɛɐˈɡyːtən] *vt* (*Arbeit*) remunerar; (*erstatten*) reembolsar

Vergütung *f* <-en> (*für Arbeit*) remuneración *f;* (*Rückerstattung*) reembolso *m*

verhaften* [fɛɐˈhaftən] *vt* detener

verhalten* *irr vr:* **sich ~** (*sich benehmen*) comportarse

Verhalten *nt* <-s, *ohne pl*> (*Benehmen*) comportamiento *m;* (*Haltung*) actitud *f;* **verhaltensgestört** *adj* trastornado

Verhältnis [fɛɐˈhɛltnɪs] *nt* <-ses, -se> 1. (*Beziehung*) relación *f;* **im ~ zu** en relación a; **ein ~ mit jdm haben** (*fam*) tener un lío con alguien 2. *pl* (*Umstände*) condiciones *fpl;* **sie lebt über ihre ~se** vive por encima de sus posibilidades; **in bescheidenen ~sen leben** vivir modestamente; **klare ~se schaffen** poner las cosas en claro; **verhältnismäßig** *adv* (*relativ*) relativamente

verhandeln* *vi* negociar (*über*); **Verhandlung** *f* negociación *f*

verhängen* *vt* (*Strafe*) imponer (*über* a); (*Embargo*) ordenar (*über* para)

Verhängnis *nt* <-ses, -se> perdición *f;* (*Katastrophe*) desastre *m;* **verhängnisvoll** *adj* fatal

verharmlosen* *vt* minimizar

verharren* *vi* (*geh*): **auf etw** *dat* **~** perseverar en algo

verhasst[RR] [fɛɐˈhast] *adj* odiado

verheerend *adj* desastroso; (*fam: scheußlich*) espantoso

verheilen* *vi sein* (*Wunde*) cerrarse; (*vernarben*) cicatrizar

verheimlichen* *vt* ocultar

verheiraten* *vt, vr:* **sich ~** casar(se); **jung verheiratet** recién casado

verhelfen* *irr vi:* **jdm zu etw** ~ ayudar a alguien a conseguir algo

verherrlichen* *vt* glorificar

verhexen* *vt* embrujar

verhindern* *vt* impedir; **das lässt sich nicht** ~ esto no se puede evitar

verholfen *pp von* **verhelfen**

Verhör [fɛɛ'høːɛ] *nt* <-(e)s, -e> interrogatorio *m*

verhören* **I.** *vt* interrogar **II.** *vr:* **sich** ~ entender mal

verhüllen* *vt* **1.** (*bedecken*) cubrir **2.** (*verbergen*) ocultar

verhungern* *vi sein* morir de hambre

verhüten* *vt* (*Schaden, Krankheit*) prevenir; (*verhindern*) impedir; **die Empfängnis** ~ usar métodos anticonceptivos

Verhütung *f* <-en> prevención *f;* (*Empfängnisverhütung*) contracepción *f;* **Verhütungsmittel** *nt* anticonceptivo *m*

verirren* *vr:* **sich** ~ perderse

verjagen* *vt* ahuyentar

verkalkulieren* *vr:* **sich** ~ equivocarse en el cálculo

verkannt [fɛɛ'kant] *pp von* **verkennen**

Verkauf *m* venta *f;* **zum** ~ **stehen** estar en venta; **verkaufen*** *vt, vr:* **sich** ~ vender(se) (*an* a, *für* por); **Verkäufer(in)** *m(f)* vendedor(a) *m(f);* (*in Geschäft*) dependiente, -a *m, f;* **verkäuflich** *adj* en venta

Verkehr [fɛɛ'keːɛ] *m* <-(e)s, *ohne pl*> (*Fahrzeugverkehr, Güterverkehr*) tráfico *m;* (*Straßenverkehr*) circulación *f;* (*Geschlechtsverkehr*) relaciones *fpl* sexuales

verkehren* *vi* **1.** *haben o sein* (*Verkehrsmittel*) circular **2.** *haben* (*sich aufhalten*) frecuentar (*in*); **mit jdm** ~ tener trato con alguien

Verkehrsampel *f* semáforo *m;* **Ver-**

kehrsmittel *nt* medio *m* de transporte; **Verkehrsregel** *f* norma *f* de tráfico; **Verkehrsrowdy** *m* conductor *m* temerario; **Verkehrsschild** *nt* señal *f* de tráfico; **Verkehrsunfall** *m* accidente *m* de tráfico; **Verkehrszeichen** *nt* señal *f* de tráfico

verkehrt [fɛɛ'keːɛt] **I.** *adj* erróneo **II.** *adv* (*umgekehrt*) al revés; (*falsch*) mal; ~ **herum** al revés

verkennen* *irr vt* (*falsch beurteilen*) juzgar mal; (*unterschätzen*) subestimar

verklagen* *vt:* **jdn** ~ entablar un pleito contra alguien

verkleiden* **I.** *vt* (*Wand*) revestir (*mit* de) **II.** *vt, vr:* **sich** ~ (*kostümieren*) disfrazar(se) (*als* de); **Verkleidung** *f* (*von Person*) disfraz *m;* (*von Wand*) revestimiento *m*

verkleinern* [fɛɛ'klaɪnɐn] *vt, vr:* **sich** ~ reducir(se); (*vermindern, abnehmen*) disminuir(se)

Verkleinerungsform *f* diminutivo *m*

verklemmt *adj* (*Tür*) atascado; (*Person*) cohibido

verknallen* *vr:* **sich** ~ (*fam*) enamorarse locamente (*in* de)

verknittern* *vt* arrugar

verknoten* *vt, vr:* **sich** ~ anudar(se)

verknüpfen* *vt* (*verknoten*) enlazar; (*in Beziehung setzen*) relacionar; (*verbinden*) combinar

verkommen¹ *adj* (*Gebäude*) desmoronado; (*Sachen*) en mal estado; (*Sitten*) decaído; (*Person*) venido a menos

verkommen*² *irr vi sein* **1.** (*verderben*) corromperse **2.** (*Gebäude*) desmoronarse; (*Sachen*) echarse a perder; (*Sitten*) decaer **3.** (*Person: moralisch*) pervertirse; (*äußerlich*) descuidar (su aspecto); (*soziale Stel-*

lung) venir a menos

verkörpern* *vt* (*symbolisieren*) encarnar; (THEAT, FILM) representar

verkraften* *vt* (*Arbeit*) poder (con); (*Schock*) resistir; (*Belastung*) soportar

verkrampfen* *vr:* **sich ~** (*Muskel*) contraerse; (*Mensch*) ponerse tenso

verkrüppelt *adj* (*Arm, Fuß*) tullido; (*Baum, Strauch*) achaparrado

verkümmern* *vi sein* (*Pflanze*) marchitarse; (*Talent*) venir a menos

verkünden* *vt* (*geh*) anunciar; (*Urteil*) pronunciar

verkürzen* *vt* acortar; (*Zeit, Weg, Text*) abreviar

verladen* *irr vt* cargar (*auf* en); (*auf Schiffe*) embarcar

Verlag [fɛɛ'la:k] *m* <-(e)s, -e> editorial *f*

verlagern* I. *vt* cambiar; (*Waren*) almacenar en otro lugar; (*örtlich*) trasladar (*auf* a) II. *vr:* **sich ~** desplazarse

verlangen* [fɛɛ'laŋən] *vt* (*fordern*) exigir; (*erfordern*) requerir; **ist das nicht ein bisschen viel verlangt?** ¿no es pedir demasiado?

Verlangen *nt* <-s, -> (*geh*) **1.** (*Wunsch*) deseo *m;* (*Bedürfnis*) ansia *f* **2.** (*Forderung*) petición *f*

verlängern* [fɛɛ'lɛŋən] *vt* (*räumlich*) alargar; (*zeitlich*) prolongar; (*Vertrag, Pass*) renovar

Verlängerung *f* <-en> alargamiento *m;* (*zeitlich*) prolongación *f*

verlangsamen* *vt, vr:* **sich ~** (*Geschwindigkeit*) reducir(se); (*Entwicklung*) retardar(se)

VerlassRR [fɛɛ'las] *m:* **auf jdn/etw ist** (**kein**) **~** (no) se puede contar con alguien/algo

verlassen[1] *adj* (*einsam*) solitario; (*öde*) desierto; (*zurückgelassen*) abandonado

verlassen*[2] *irr* I. *vt* abandonar; **sie hat ihren Mann ~** ha dejado a su marido II. *vr:* **sich ~** confiar (*auf* en); **darauf können Sie sich ~** puede estar seguro de ello

verlässlichRR [fɛɛ'lɛslɪç] *adj* seguro; (*Person*) fiable

Verlauf *m* curso *m;* (*Entwicklung*) desarrollo *m;* (*von Straße, Grenze*) trazado *m;* **einen unerwarteten ~ nehmen** tomar un rumbo imprevisto; **verlaufen*** *irr* I. *vi sein* (*ablaufen*) desarrollarse; (*Zeitraum*) transcurrir; (*Grenze, Weg*) pasar (*durch* por) II. *vr haben:* **sich ~** (*sich verirren*) perderse

verlegen[1] *adj* avergonzado; **nie um eine Ausrede ~ sein** tener siempre una excusa

verlegen*[2] *vt* (*örtlich*) cambiar de lugar; (*Geschäft, Patient*) trasladar; (*Termin*) aplazar (*auf* para); (*Kabel*) tender

Verlegenheit *f* <-en> bochorno *m;* **jdn in ~ bringen** abochornar a alguien; **jdm aus einer ~ helfen** sacar a alguien de un apuro

Verleger(in) *m(f)* <-s, -; -nen> editor(a) *m(f)*

verleihen* *irr vt* (*ausleihen*) prestar (*an* a); (*Preis*) conceder (*an* a)

verleiten* *vt* inducir (*zu* a)

verlernen* *vt* perder la práctica (de); (*völlig*) olvidar

verletzen* [fɛɛ'lɛtsən] I. *vt* (*verwunden*) herir (*an* en); (*beleidigen*) ofender; (*Gesetz*) violar; **schwer verletzt** gravemente herido II. *vr:* **sich ~** herirse (*an* en)

verletzend *adj* ofensivo

verletzlich *adj* vulnerable

Verletzte(r) *mf* <-n, -n; -n> herido, -a *m, f*

Verletzung *f* <-en> (*Wunde*) herida *f;* **innere ~en** contusiones internas

verleugnen* *vt* negar; **er ließ sich ~** mandó decir que no estaba en casa

verleumden* [fɛɛ'lɔɪmdən] *vt* difamar

Verleumdung *f* <-en> difamación *f*

verlieben* *vr:* **sich ~** enamorarse (*in* de)

verliebt *adj* enamorado

verliehen *pp von* **verleihen**

verlieren [fɛɛ'liːrən] <verliert, verlor, verloren> I. *vi, vt* perder (*an*); **kein Wort darüber ~** no decir nada al respecto II. *vr:* **sich ~** perderse (*in* en)

Verlierer(in) *m(f)* <-s, -; -nen> perdedor(a) *m(f)*

verloben* *vr:* **sich ~** prometerse

Verlobte(r) *mf* <-n, -n; -n> prometido, -a *m, f*

Verlobung *f* <-en> compromiso *m* matrimonial

verlockend *adj* tentador

Verlockung *f* <-en> tentación *f*

verlogen [fɛɛ'loːgən] *adj* (*abw: Person*) mentiroso; (*Aussage*) falaz

verlor [fɛɛ'loːɐ] *3. imp von* **verlieren**

verloren [fɛɛ'loːrən] *pp von* **verlieren**

verlosen* [fɛɛ'loːzən] *vt* sortear; **Verlosung** *f* <-en> sorteo *m*

Verlust [fɛɛ'lʊst] *m* <-(e)s, -e> pérdida *f;* **ohne Rücksicht auf ~e** sin miramientos

vermachen* *vt:* **jdm etw ~** legar algo a alguien

Vermächtnis [fɛɛ'mɛçtnɪs] *nt* <-ses, -se> legado *m*

vermarkten* *vt* comercializar

vermehren* I. *vt* acrecentar; (*zahlenmäßig*) multiplicar (*um* por) II. *vr:* **sich ~** (*zunehmen*) incrementar; (*sich fortpflanzen*) reproducirse; **Vermehrung** *f* <-en> 1. (*Zunahme*) incremento *m;* (*Vervielfachung*) multiplicación *f* 2. (*Fort-*

pflanzung) reproducción *f*

vermeiden* *irr vt* evitar; (*umgehen*) eludir

Vermerk *m* <-(e)s, -e> nota *f*

vermerken* *vt* (*notieren*) anotar

Vermessung *f* <-en> medición *f*

vermieden *pp von* **vermeiden**

vermieten* *vt* alquilar (*an* a); **Vermieter(in)** *m(f)* (*von Haus*) dueño, -a *m, f* de la casa; (*von Wohnung*) dueño, -a *m, f* del piso

vermindern* *vt, vr:* **sich ~** reducir(se); **Verminderung** *f* <-en> disminución *f*

vermischen* *vt, vr:* **sich ~** mezclar(se)

vermissen* [fɛɛ'mɪsən] *vt* echar de menos; **jdn als vermisst melden** dar a alguien por desaparecido; **er vermisst seine Schlüssel** no encuentra sus llaves

Vermisste(r)ᴿᴿ *mf* <-n, -n; -n> desaparecido, -a *m, f*

vermitteln* I. *vt* (*Treffen*) arreglar; (*Eindruck*) ofrecer; (*Wissen*) transmitir II. *vi* mediar (*zwischen* entre); **Vermittler(in)** *m(f)* <-s, -; -nen> (POL) mediador(a) *m(f)*

Vermittlung *f* <-en> 1. (*bei Streit*) mediación *f* (*zwischen +dat* entre) 2. (TEL) centralita *f*

Vermögen [fɛɛ'møːgən] *nt* <-s, -> 1. (*Besitz*) bienes *m pl;* (*Reichtum*) fortuna *f* 2. *ohne pl* (*geh: Fähigkeit*) capacidad *f*

vermögend *adj* adinerado

vermummt *adj* (*Demonstrant*) encapuchado; (*warm angezogen*) bien abrigado

vermuten* [fɛɛ'muːtən] *vt* suponer; **das hatte ich nicht vermutet** no me lo había esperado

vermutlich I. *adj* presunto II. *adv* (*wahrscheinlich*) probablemente

Vermutung *f* <-en> suposición *f*

vernachlässigen* [fɛɐ'naːxlɛsɪgən] vt descuidar; **sie fühlt sich von ihm vernachlässigt** se siente abandonada por él

vernarben* vi sein cicatrizar

vernehmen* irr vt (JUR: verhören) interrogar (zu +dat sobre)

verneigen* vr: **sich ~** inclinarse (vor +dat ante)

verneinen* [fɛɐ'naɪnən] vt 1. (Frage) contestar negativamente 2. (leugnen) negar

vernichten* [fɛɐ'nɪçtən] vt aniquilar

vernichtend adj (Kritik, Niederlage) abrumador; (Blick) fulminante

vernommen pp von **vernehmen**

Vernunft [fɛɐ'nʊnft] f razón f; **jdn zur ~ bringen** hacer entrar a alguien en razón

vernünftig [fɛɐ'nʏnftɪç] adj razonable

veröffentlichen* vt publicar

Verordnung f <-en> (Anordnung) decreto m; (von Arzt) prescripción f; **nach ärztlicher ~** según prescripción médica

verpachten* vt arrendar

verpacken* vt embalar; (in Pakete) empaquetar; **Verpackung** f embalaje m

verpassen* vt (Zug) perder; (Person) no encontrar; (Gelegenheit) desaprovechar

verpflegen* vt alimentar

Verpflegung f <-en> 1. (Essen) manutención f 2. ohne pl (das Verpflegen) alimentación f

verpflichten* vt, vr: **sich ~** comprometer(se) (zu a)

Verpflichtung f <-en> obligación f

verplempern* [fɛɐ'plɛmpɐn] vt (fam) (Geld) malgastar; (Zeit) perder

verprügeln* vt zurrar

Verrat [fɛɐ'raːt] m <-(e)s, ohne pl> traición f; **verraten*** irr I. vt (preisgeben) revelar; (Treue brechen) traicionar; (zu erkennen geben) delatar II. vr: **sich ~** (durch Geste, Sprache) delatarse; **Verräter(in)** [fɛɐ'rɛːtɐ] m(f) <-s, -; -nen> traidor(a) m(f)

verrechnen* I. vt (gutschreiben) abonar en cuenta II. vr: **sich ~** equivocarse en el cálculo; **sich um fünf Euro ~** equivocarse en cinco euros

verrecken* [fɛɐ'rɛkən] vi sein (fam) (Lebewesen) estirar la pata

verregnet adj lluvioso

verreisen* vi sein irse de viaje

verrenken* [fɛɐ'rɛŋkən] I. vt torcer II. vr: **sich ~** retorcerse

verriegeln* vt cerrar con cerrojo

verringern* [fɛɐ'rɪŋɐn] I. vt reducir (um en) II. vr: **sich ~** disminuir

Verringerung f <-en> reducción f; (Abnahme) disminución f

verrosten* vi sein oxidarse

verrückt adj loco; **jdn ~ machen** volver loco a alguien

Verrückte(r) f(m) dekl wie adj loco, -a m, f

Verruf m: **in ~ geraten** caer en descrédito; **etw/jdn in ~ bringen** desacreditar algo/a alguien

Vers [fɛrs] m <-es, -e> verso m; (Bibelvers) versículo m

versagen* vi (Maschine) fallar; (Mensch) fracasar

Versagen nt <-s, ohne pl> (von Maschine) avería f; (von Mensch) fracaso m; (von Organ) deficiencia f; **menschliches ~** error humano

Versager(in) m(f) <-s, -; -nen> fracasado, -a m, f

versammeln* vt, vr: **sich ~** reunir(se); **Versammlung** f reunión f

Versand [fɛɐ'zant] m <-(e)s, ohne pl> (das Versenden) envío m; (Versandabteilung) departamento m de expedición; **Versandhaus** *nt* empresa *f* de venta por catálogo

versäumen* |fɛɛˈzɔɪmən| *vt* (*Gelegenheit*) perder; (*Pflicht, Unterricht*) faltar (a)

verschaffen* *vt* proporcionar; **sich** *dat* **etw ~** conseguir algo; **sich** *dat* **Respekt ~** hacerse respetar

verschämt |fɛɛˈʃɛːmt| *adj* avergonzado

verschärfen* *vt, vr:* **sich ~** (*(sich) verschlimmern*) agravar(se); (*Spannung*) aumentar

verschenken* *vt* regalar

verscheuchen* |fɛɛˈʃɔɪçən| *vt* espantar

verschicken* *vt* enviar

verschieben* *irr* **I.** *vt* (*verrücken*) desplazar; (*verlegen*) aplazar (*auf* para) **II.** *vr:* **sich ~** (*verrutschen*) correrse; (*zeitlich*) aplazarse

verschieden |fɛɛˈʃiːdən| *adj* **1.** (*unterschiedlich*) diferente; **auf ~e Weise** de distinta manera **2.** *pl* (*mehrere*) diversos; **~e Leute meldeten sich** llamaron varias personas; **verschiedenartig** *adj* distinto

verschimmeln* *vi sein* enmohecer(se)

verschlafen¹ *adj* (*medio*) dormido; (*Städtchen*) aburrido

verschlafen*² *irr* **I.** *vi* quedarse dormido **II.** *vt* (*fam: versäumen*) perder; (*Termin*) olvidar

verschlechtern* |fɛɛˈʃlɛçtɐn| *vt, vr:* **sich ~** empeorar

verschleißen |fɛɛˈʃlaɪsən| <verschleißt, verschliss, verschlissen> *vt haben, vi sein* (des)gastar(se)

verschleppen* *vt* (*Personen*) deportar; (*Krankheit*) curar mal

verschließen* *irr vt* cerrar

verschlimmern* |fɛɛˈʃlɪmɐn| *vt, vr:* **sich ~** agravar(se)

verschlingen* *irr vt* (*a. fig*) devorar

verschlissᴿᴿ |fɛɛˈʃlɪs| *3. imp von* **verschleißen**

verschlissen |fɛɛˈʃlɪsən| *pp von* **verschleißen**

verschlossen |fɛɛˈʃlɔsən| **I.** *pp von* **verschließen II.** *adj* (*Person*) reservado

verschlucken* **I.** *vt* tragar(se) **II.** *vr:* **sich ~** atragantarse (*an* con)

verschlungen |fɛɛˈʃlʊŋən| *pp von* **verschlingen**

Verschlussᴿᴿ |fɛɛˈʃlʊs| *m* cierre *m*; (*Stöpsel*) tapón *m*

verschlüsseln* *vt* codificar

verschmutzen* *vt* ensuciar; (*Umwelt*) contaminar

Verschmutzung *f* <-en> ensuciamiento *m*; (*der Umwelt*) contaminación *f*

verschneit |fɛɛˈʃnaɪt| *adj* cubierto de nieve

verschnupft |fɛɛˈʃnʊpft| *adj* resfriado

verschoben *pp von* **verschieben**

verschollen |fɛɛˈʃɔlən| *adj* desaparecido

verschonen* *vt* no afectar; **verschont werden** (**von etw**) librarse (de algo); **jdn mit etw ~** dejar a alguien en paz con algo

verschönern* |fɛɛˈʃøːnɐn| *vt* embellecer

verschränken* |fɛɛˈʃrɛŋkən| *vt* cruzar

verschreiben* *irr* **I.** *vt* (*Medikament*) recetar **II.** *vr:* **sich ~** equivocarse al escribir; **sich einer Tätigkeit ~** dedicarse plenamente a una actividad

verschrieben *pp von* **verschreiben**

verschrotten* *vt* desguazar

verschulden* **I.** *vt* causar **II.** *vr:* **sich ~** endeudarse

Verschulden *nt* <-s, *ohne pl*> culpa *f*; **durch eigenes ~** por propia culpa

verschult [fɛɐ̯'ʃuːlt] adj (pej: Unterricht, Studienfach) según los planes escolares

verschütten* vt (Flüssigkeit) derramar; (unter sich begraben) enterrar

verschweigen* irr vt: jdm etw ~ callar algo a alguien

verschwenden* [fɛɐ̯'ʃvɛndən] vt (Geld) derrochar; (Zeit) perder; (Energie) despilfarrar

verschwenderisch adj derrochador; (üppig) opulento

Verschwendung f <-en> derroche m

verschwiegen [fɛɐ̯'ʃviːgən] I. pp von **verschweigen** II. adj (Person) discreto

verschwinden* irr vi sein desaparecer; **verschwinde!** (fam) ¡lárgate!

verschwommen [fɛɐ̯'ʃvɔmən] adj vago; (Bild) borroso

Verschwörung f <-en> conspiración f

verschwunden pp von **verschwinden**

versehen* irr vt proveer (mit de)

Versehen nt: etw aus ~ tun hacer algo sin querer

versehentlich adv por descuido

versenken* vt sumergir (in en)

versessen [fɛɐ̯'zɛsən] adj: auf etw ~ sein estar obsesionado por algo

versetzen* I. vt (umsetzen) desplazar; (beruflich) trasladar; (fam: warten lassen) dar un plantón; **jdn in Zorn** ~ enfurecer a alguien II. vr: **sich in jds Lage** ~ ponerse en la situación de alguien

verseuchen* [fɛɐ̯'zɔɪçən] vt contaminar

versichern* vt, vr: sich ~ asegurar(se) (de, gegen contra); **Versicherung** f (Vertrag) seguro m; (Versicherungsgesellschaft) compañía f de seguros; (Versprechen) pro-

mesa f

versiegeln* vt (Brief, Boden) sellar

versiegen* vi sein (Quelle) secarse

versiert [vɛr'ziːɐt] adj versado; **in etw ~ sein** ser versado en algo

versifft [fɛɐ̯'zɪft] adj (sl) sucio

versinken* irr vi sein hundirse (in en); **in Gedanken versunken** absorto en sus pensamientos

Version [vɛr'zjoːn] f <-en> versión f

versöhnen* [fɛɐ̯'zøːnən] vt, vr: sich ~ reconciliar(se)

Versöhnung f <-en> reconciliación f

versorgen* I. vt (beliefern) proveer (mit de); (unterhalten) mantener (betreuen) cuidar (de) II. vr: sich ~ abastecerse (mit de)

Versorgung f (Belieferung) aprovisionamiento m (mit de); (Unterhalt) manutención f; (Betreuung) cuidados mpl; **ärztliche ~** asistencia médica

verspäten* vr: sich ~ retrasarse; **sich um eine Stunde ~** llegar con una hora de retraso

verspätet I. adj atrasado II. adv con retraso

Verspätung f <-en> retraso m; **zehn Minuten ~ haben** tener diez minutos de retraso

versperren* vt obstruir; **die Durchfahrt/die Sicht ~** cerrar el paso/quitar la vista

verspielen* vt (Geld) perder en el juego; (Chance) perder

verspielt adj (Kind, Tier) juguetón

verspotten* vt burlarse (de)

versprechen* irr I. vt prometer; **viel ~d** (muy) prometedor; **sich** dat **etw ~** esperar algo (von de) II. vr: sich ~ equivocarse al hablar

Versprechen nt <-s, -> promesa f; **jdm ein ~ geben** prometer(le) algo a alguien; **ein ~ einhalten** cumplir

una promesa
versprochen *pp von* **versprechen**
verspüren* *vt* sentir
verstand [fɛɐˈʃtant] *3. imp von* **verstehen**
Verstand [fɛɐˈʃtant] *m* <-(e)s, *ohne pl*> inteligencia *f;* **den ~ verlieren** perder la razón
verstanden [fɛɐˈʃtandən] *pp von* **verstehen**
verständigen* [fɛɐˈʃtɛndɪɡən] **I.** *vt* informar **II.** *vr:* **sich ~** (*kommunizieren*) entenderse; (*sich einigen*) llegar a un acuerdo (*über* sobre)
Verständigung *f* <-en> (*Benachrichtigung*) información *f;* (*Kommunikation*) comunicación *f;* (*Einigung*) acuerdo *m*
verständlich [fɛɐˈʃtɛntlɪç] *adj* comprensible; **sich ~ machen** explicarse; **sich ~ ausdrücken** expresarse claramente; **verständlicherweise** [-'---'--] *adv* con razón
Verständnis [fɛɐˈʃtɛntnɪs] *nt* <-ses, *ohne pl*> comprensión *f;* **verständnislos** *adj* incomprensivo; **verständnisvoll** *adj* comprensivo
verstärken* **I.** *vt* reforzar **II.** *vr:* **sich ~** intensificarse; **Verstärkung** *f* <-en> (*der Stabilität*) refuerzo *m;* (*Vergrößerung*) aumento *m;* (a. MIL: *Personengruppe*) refuerzos *mpl*
verstauchen* [fɛɐˈʃtauxən] *vt:* **sich** *dat* **etw ~** torcerse algo
verstauen* *vt* guardar (*in* en)
Versteck [fɛɐˈʃtɛk] *nt* <-(e)s, -e> escondite *m*
verstecken* *vt, vr:* **sich ~** esconder(se) (*vor* de)
versteckt *adj* oculto; (*Anspielung*) indirecto
verstehen <versteht, verstand, verstanden> **I.** *vt* (*hören*) entender; (*begreifen*) comprender; **verstanden?** ¿entendido?; **was ver-**

stehst du unter diesem Begriff? ¿qué entiendes por este término? **II.** *vr:* **sich ~ 1.** (*auskommen*) llevarse bien **2.** (*zu verstehen sein*): **das versteht sich doch von selbst** eso es evidente
versteigern* *vt* subastar; **Versteigerung** *f* subasta *f*
verstellbar *adj* graduable; **in der Höhe ~** de altura graduable
verstellen* **I.** *vt* (*örtlich*) cambiar (de sitio); (*einstellen*) ajustar; (*falsch einstellen*) desajustar; (*versperren*) bloquear; (*Stimme*) disimular **II.** *vr:* **sich ~** (*Person*) fingir
versteuern* *vt* pagar impuestos (por)
verstimmt *adj* (*Instrument*) desafinado; (*Person*) enfadado; **einen ~en Magen haben** tener una indigestión
verstockt [fɛɐˈʃtɔkt] *adj* (*abw*) obstinado
verstohlen [fɛɐˈʃtoːlən] *adj* disimulado
verstopfen* **I.** *vi sein* obstruirse **II.** *vt haben* (*Loch*) obturar; (*Abfluss*) atascar
Verstopfung *f* <-en> (MED) estreñimiento *m*
verstorben [fɛɐˈʃtɔrbən] *adj* fallecido
Verstorbene(r) *f(m) dekl wie adj* difunto, -a *m, f*
verstört [fɛɐˈʃtøːɐt] *adj* aturdido
Verstoß *m* infracción *f;* **verstoßen*** *irr* **I.** *vi* faltar (*gegen* a); (*gegen Gesetz*) infringir **II.** *vt* expulsar
verstreichen* *irr vi sein* (*geh: Zeit*) pasar; (*Frist*) vencer
verstrichen *pp von* **verstreichen**
verstummen* *vi sein* (*geh: Person*) callar(se); (*Geräusch*) cesar
Versuch [fɛɐˈzuːx] *m* <-(e)s, -e> intento *m;* (*Test*) prueba *f*
versuchen* **I.** *vt* intentar **II.** *vr:* **sich in etw ~** intentar algo

Versuchskaninchen *nt* (*fam abw*) conejillo *m* de Indias; **versuchsweise** [-vaɪzə] *adv* a modo de prueba

Versuchung *f* <-en> tentación *f*; **jdn in ~ führen** tentar a alguien; **in ~ kommen** caer en la tentación

versunken [fɛɛ'zʊŋkən] *pp von* **versinken**

versüßen* *vt* endulzar

vertagen* [fɛɛ'taːgən] *vt* aplazar (*auf +akk* para)

vertan *pp von* **vertun**

vertauschen* *vt* (*verwechseln*) confundir

verteidigen* [fɛɛ'taɪdɪgən] *vt, vr:* **sich ~** defender(se)

Verteidiger(in) *m(f)* <-s, -; -nen> (SPORT) defensa *mf*; (JUR) abogado, -a *m, f* defensor(a)

Verteidigung *f* <-en> defensa *f*

verteilen* *vt* (*austeilen*) repartir (*unter/an* entre)

Verteiler *m* <-s, -> distribuidor *m*

verteuern* I. *vt* encarecer (*um +akk, auf +akk* a) II. *vr:* **sich ~** subir de precio (*um +akk, auf +akk* a)

vertiefen* I. *vt* profundizar II. *vr:* **sich in etw ~** sumergirse en algo; **in etw vertieft sein** estar absorto en algo

Vertiefung *f* <-en> (*von Graben, Thema*) profundización *f*; (*im Gelände*) depresión *f*

vertikal [vɛrti'kaːl, '---] *adj* vertical

Vertrag [fɛɛ'traːk] *m* <-(e)s, -träge> contrato *m*

vertragen* *irr* I. *vt* (*Klima, Aufregung*) soportar; (*Speisen, Medikamente*) tolerar; **ich vertrage keine Milch** la leche me sienta mal II. *vr:* **sich ~** (*Personen*) llevarse bien; (*vereinbar sein*) ser compatible; **wir haben uns wieder ~** hemos hecho las paces

vertraglich I. *adj* contractual II. *adv* por contrato

verträglich [fɛɛ'trɛːklɪç] *adj* (*Speisen*) digerible; (*Personen*) sociable

vertrauen* *vi:* **jdm/etw ~** confiar en alguien/de algo

Vertrauen *nt* <-s, *ohne pl*> confianza *f*; **jdn ins ~ ziehen** confiarse a alguien; **~ zu jdm haben** tener confianza en alguien; **vertrauenerweckend** *adj s.* **erwecken**

Vertrauenssache *f ohne pl* (*Frage des Vertrauens*) cuestión *f* de confianza; **vertrauensvoll** *adv* con toda confianza; **vertrauenswürdig** *adj* fiable

vertraulich *adj* (*geheim*) confidencial; (*persönlich*) íntimo

Vertraulichkeit *f* <-en, *ohne pl*> (*Eigenschaft*) carácter *m* confidencial

verträumt [fɛɛ'trɔɪmt] *adj* (*Person*) soñador; (*Ort*) romántico

vertraut [fɛɛ'traʊt] *adj* (*eng verbunden*) familiarizado; (*bekannt*) familiar; **~ miteinander sein** tenerse confianza; **sich mit etw ~ machen** familiarizarse con algo

Vertraute(r) *mf* <-n, -n; -n> confidente *mf*

vertreiben* *irr vt* (*Personen*) echar (*aus* de); (*Mücken*) ahuyentar; **sich** *dat* **die Zeit ~** entretenerse

Vertreibung *f* <-en> expulsión *f* (*aus* de)

vertreten* *irr vt* (*ersetzen*) sustituir; (*als Beauftragter*) representar; (*als Anwalt*) defender (la causa de); (*Interessen*) velar (por); (*Ansicht, These*) sostener

Vertreter(in) *m(f)* <-s, -; -nen> **1.** (*Stellvertreter*) sustituto, -a *m, f* **2.** (*Beauftragter*) representante *mf* **3.** (*Anhänger einer Position*) defensor(a) *m(f)*

Vertretung *f* <-en> 1. *(Stellvertretung)* su(b)stitución *f;* *(Person)* su(b)stituto, -a *m, f* 2. *(Delegation)* representación *f*

vertrieben *pp von* **vertreiben**

Vertriebene(r) [fɛɛ'triːbənə] *f(m)* *dekl wie adj* expulsado, -a *m, f*

vertrocknen* *vi sein* secarse

vertun* *irr* I. *vt* malgastar; **eine vertane Gelegenheit** una oportunidad desaprovechada II. *vr:* **sich ~** *(fam)* equivocarse

vertuschen* [fɛɛ'tʊʃən] *vt* ocultar

verüben* *vt* cometer

verunglücken* *vi sein (Unfall haben)* tener un accidente

verunreinigen* [fɛɛ'ʔʊnraɪnɪgən] *vt* ensuciar; *(Umwelt)* contaminar

verunsichern* *vt* confundir

Veruntreuung *f* <-en> *(öffentlicher Mittel)* malversación *f*

verursachen* [fɛɛ'ʔuːɛzaxən] *vt* causar

verurteilen* [fɛɛ'ʔʊrtaɪlən] *vt* condenar *(zu* a); **zum Scheitern verurteilt sein** estar condenado al fracaso

Verurteilung *f* <-en> *(a.* JUR) condena *f*

vervielfältigen* [fɛɛ'fiːlfɛltɪgən] *vt* *(fotokopieren)* fotocopiar

vervollkommnen* [fɛɛ'fɔlkɔmnən] *vt, vr:* **sich ~** perfeccionar

vervollständigen* *vt* completar

verwahren* [fɛɛ'vaːrən] I. *vt* guardar II. *vr:* **sich ~** protestar *(gegen* contra)

verwahrlosen* [fɛɛ'vaːɛloːzən] *vi sein* venir a menos

verwahrlost [fɛɛ'vaːɛloːst] *adj (vernachlässigt)* abandonado; *(ungepflegt)* descuidado

verwaist [fɛɛ'vaɪst] *adj (Mensch)* huérfano; *(Ort)* desierto

verwalten* *vt* administrar; (INFOR) actualizar

Verwalter(in) *m(f)* <-s, -; -nen> administrador(a) *m(f)*

Verwaltung *f* <-en> administración *f;* (INFOR) actualización *f*

verwandeln* *vt, vr:* **sich ~** transformar(se) *(in* en); **er ist wie verwandelt** parece otro

verwandt [fɛɛ'vant] *adj (ähnlich)* similar *(mit* a); **mit jdm ~ sein** ser pariente de alguien; **sie sind (miteinander) ~** son parientes

Verwandte(r) *f(m) dekl wie adj* pariente *mf*

Verwandtschaft *f* <-en> 1. *(das Verwandtsein)* parentesco *m;* *(Ähnlichkeit)* semejanza *f* 2. *ohne pl* *(Angehörige)* parientes *mpl*

verwarnen* *vt* advertir

verwechseln* *vt* confundir; **sie sehen sich** *dat* **zum Verwechseln ähnlich** se parecen como dos gotas de agua

verwegen [fɛɛ've:gən] *adj* osado *mf*

verweigern* *vt* rehusar; **jdm etw ~** negar algo a alguien; **Verweigerung** *f* <-en> *(Ablehnung)* rechazo *m;* *(Absage)* negativa *f*

Verweis [fɛɛ'vaɪs] *m* <-es, -e> *(Rüge)* reprimenda *f;* *(Hinweis)* referencia *f (auf* a)

verweisen* *irr vt (hinweisen)* remitir *(auf/an* a); *(ausweisen)* expulsar *(aus* de)

verwelken* *vi sein* marchitarse

verwendbar *adj* utilizable *(zu/für* para); **mehrfach ~** de uso múltiple

verwenden* *vt* usar *(zu/für* para, *bei* en); *(Methode, Mittel)* emplear *(zu/für* para, *bei* en); **Verwendung** *f* <-en> empleo *m,* uso *m*

verwerfen* *irr vt (aufgeben)* desechar

verwerflich *adj* reprobable

verwerten* *vt* utilizar

verwesen* [fɛɐ'veːzən] *vi sein* descomponerse

verwickeln* I. *vt:* jdn in etw ~ envolver a alguien en algo II. *vr:* sich ~ (*a. fig*) enredarse; **sich in Widersprüche** ~ incurrir en contradicciones

verwiesen *pp von* **verweisen**

verwildern* [fɛɐ'vɪldən] *vi sein* (*Garten*) estar abandonado; (*Haustier*) volverse salvaje; (*Sitten*) degenerar

verwirklichen* *vt, vr:* sich ~ realizar(se)

Verwirklichung *f* <-en> realización *f*

verwirren* [fɛɐ'vɪrən] I. *vt* (*verunsichern*) confundir II. *vt, vr:* sich ~ (*Fäden*) enredar(se); (*Haare*) enmarañar(se)

verwirrend *adj* confuso

verwirrt *adj* 1. (*Fäden, Angelegenheit*) enredado 2. (*Person*) confuso

Verwirrung *f* <-en> (*Durcheinander*) confusión *f;* (*Verstörtheit*) turbación *f*

verwitwet [fɛɐ'vɪtvət] *adj* viudo

verwöhnen* [fɛɐ'vøːnən] *vt* mimar

verwöhnt [fɛɐ'vøːnt] *adj* 1. (*Kind*) mimado, engreído *Am* 2. (*anspruchsvoll*) exigente

verworfen [fɛɐ'vɔrfən] *pp von* **verwerfen**

verworren [fɛɐ'vɔrən] *adj* confuso

verwundbar *adj* vulnerable

verwunden* [fɛɐ'vʊndən] *vt* herir

verwunderlich [fɛɐ'vʊndəlɪç] *adj* (*erstaunlich*) sorprendente; (*sonderbar*) raro

Verwunderung *f* asombro *m*

Verwundete(r) *f(m) dekl wie adj* herido, -a *m, f*

verwünschen* *vt* maldecir

verwüsten* [fɛɐ'vyːstən] *vt* devastar

verzaubern* *vt* encantar; **jdn in etw** ~ transformar a alguien en algo

verzehren* *vt* consumir

verzeichnen* *vt* anotar; (*aufzeichnen*) registrar

Verzeichnis *nt* <-ses, -se> lista *f;* (*im Buch*) índice *m*

verzeihen [fɛɐ'tsaɪən] <verzeiht, verzieh, verziehen> *vt* perdonar; ~ **Sie!** ¡perdone!

Verzeihung *f* perdón *m;* **jdn um** ~ **bitten** pedir(le) perdón a alguien

verzerren* *vt* (*Gesicht*) desfigurar; (*Ereignisse*) tergiversar; **etw verzerrt wiedergeben** contar algo trastocándolo

Verzicht [fɛɐ'tsɪçt] *m* <-(e)s, -e> renuncia *f* (*auf + akk* a)

verzichten* *vi* renunciar (*auf* a)

verzieh [fɛɐ'tsiː] *3. imp von* **verzeihen**

verziehen[1] *pp von* **verzeihen**

verziehen*[2] *irr* I. *vi sein* (*umziehen*) mudarse (*nach* a) II. *vt haben* (*Kind*) malcriar; (*Mund, Züge*) torcer III. *vr haben:* sich ~ (*Holz, Tür*) alabearse; (*Nebel, Wolken*) disiparse; (*Gewitter*) pasar

verzieren* *vt* adornar

verzogen [fɛɐ'tsoːgən] *pp von* **verziehen[2]**

verzögern* *vt, vr:* sich ~ retrasar(se) (*um*)

Verzögerung *f* <-en> retraso *m* (*von + dat* de)

verzollen* [fɛɐ'tsɔlən] *vt* pagar aduana (por)

verzweifeln* *vi sein* desesperar; **es ist zum Verzweifeln** es para desesperarse

verzweifelt *adj* desesperado

Verzweiflung *f* <-en> desesperación *f;* **jdn zur** ~ **treiben** llevar a alguien a la desesperación

verzweigen* [fɛɐ'tsvaɪgən] *vr:* sich ~ ramificarse; (*in zwei Richtungen*) bifurcarse

verzwickt [fɛɐ̯'tsvɪkt] *adj* (*fam*) lioso
Veteran [vete'ra:n] *m* <-en, -en> veterano *m*
Veto ['ve:to] *nt* <-s, -s> veto *m*; **sein ~ gegen etw einlegen** poner el veto a algo
Vetter ['fɛtɐ] *m* <-s, -n> primo *m*; **Vetternwirtschaft** *f* (*abw*) nepotismo *m*
vgl. *Abk. von* **vergleiche** cf.
VHS [faʊha:'?ɛs] *f Abk. von* **Volkshochschule** universidad *f* popular
vibrieren* [vi'bri:rən] *vi* vibrar
Video ['vi:deo] *nt* <-s, -s> vídeo *m*; **Videokamera** *f* cámara *f* de vídeo; **Videokassette** *f* videocasete *f*; **Videokonferenz** *f* conferencia *f* por vídeo; **Videorecorder** *m* (aparato *m* de) vídeo *m*; **Videospiel** *nt* videojuego *m*
Videothek [video'te:k] *f* <-en> videoteca *f*
videoüberwacht *adj* (*Haus, Raum*) vigilado por vídeo
Vieh [fi:] *nt* <-(e)s, *ohne pl*> ganado *m*; (*einzelnes*) res *f*; **Viehzucht** *f* ganadería *f*
viel [fi:l] *adj o adv o pron indef* <mehr, am meisten> mucho; **~ Spaß!** ¡que lo pases bien!; **so ~** tanto; **noch mal so ~** otro tanto; **halb/doppelt so ~ Arbeit** la mitad/el doble de trabajo; **zu ~** demasiado; **eine zu ~** una de más; **wie ~?** ¿cuánto?; **wie ~ kostet das?** ¿cuánto vale eso?; **wie ~ Uhr ist es?** ¿qué hora es?; **wie ~e Leute waren da?** ¿cuántas personas había?; **~ teurer** mucho más caro; **~ zu ~** demasiado; **vieldeutig** ['fi:ldɔɪtɪç] *adj* ambiguo; (LING) polisémico
vielerlei ['fi:lɐ'laɪ] *adj inv* (*attributiv*) diverso; (*allein stehend*) mucho; **~ gesehen haben** haber visto mucho

vielfach ['fi:lfax] I. *adj* (*viele Male*) múltiple; (*wiederholt*) reiterado; **auf ~en Wunsch** a petición general II. *adv* con frecuencia
Vielfalt ['fi:lfalt] *f* variedad *f* (*von/an* de)
vielfältig ['fi:lfɛltɪç] *adj* variado; (*Mensch*) polifacético
vielleicht [fi'laɪçt] *adv* tal vez; **hast du ~ meinen Schlüssel gesehen?** ¿has visto por casualidad mi llave?; **es waren ~ 500 Leute dort** habría más o menos 500 personas allí
vielmals ['-ma:ls] *adv:* **danke ~!** ¡mil gracias!
vielmehr ['--] *adv* más bien; **vielsagend** *adj* significativo; **vielseitig** *adj* (*umfassend*) amplio; (*abwechslungsreich*) variado; (*Mensch*) polifacético; **~ anwendbar** de uso múltiple; **~ interessiert** con intereses variados; **vielversprechend** *adj* (muy) prometedor
Vielzahl *f ohne pl* sinnúmero *m* (*an/von* de)
vier [fi:ɐ̯] *adj inv* cuatro; **jdn unter ~ Augen sprechen** hablar con alguien a solas; **auf allen ~en** (*fam*) a gatas; *s.a.* **acht**[1]
Vier *f* <-en> cuatro *m*; (*Schulnote*) suficiente *m*
Vierbeiner *m* <-s, -> cuadrúpedo *m*
Viereck ['fi:ɐ̯?ɛk] *nt* <-(e)s, -e> cuadrilátero *m*; (*Quadrat*) cuadrado *m*; **viereckig** *adj* cuadrangular
vierfach ['fi:ɐ̯fax] I. *adj* cuádruple; **~ vorhanden sein** estar disponible cuatro veces II. *adv* cuatro veces; *s.a.* **achtfach**
vierhundert ['-'--] *adj inv* cuatrocientos; *s.a.* **achthundert**
vierspurig ['-ʃpu:rɪç] *adj* de cuatro carriles
vierte(r, s) ['fi:ɐ̯tə, -tɐ, -təs] *adj*

cuarto; *s.a.* **achte(r, s)**

viertel ['fɪrtəl] *adj inv* cuarto; *s.a.*
achtel

Viertel ['fɪrtəl] *nt* <-s, -> **1.** (*Maß*)
cuarto *m;* **ein ~ Wein** un cuartillo
2. (*Teil*) cuarta parte *f;* **~ nach drei**
las tres y cuarto **3.** (*Stadtviertel*) barrio *m;* **Vierteljahr** ['--'-] *nt* trimestre
m; **Viertelstunde** ['--'--] *f* cuarto *m*
de hora

vierzehn ['fɪrtseːn] *adj inv* catorce;
in ~ Tagen en quince días; *s.a.*
acht[1]

vierzig ['fɪrtsɪç] *adj inv* cuarenta; *s.a.*
achtzig

Villa ['vɪla] *f* <Villen> villa *f*

Villenviertel *nt* barrio *m* residencial
de lujo

violett [vio'lɛt] *adj* morado

Violine [vio'liːnə] *f* <-n> violín *m*

Viper ['viːpɐ] *f* <-n> víbora *f*

Viren ['viːrən] *pl von* **Virus**

virtuell [vɪrtu'ɛl] *adj* virtual; **~er
Raum** espacio virtual

Virus ['viːrʊs] *m o nt* <-, Viren> (*a.*
INFOR) virus *m inv;* **Virusinfektion** *f*
infección *f* vírica; **Virusscanner** *m*
(INFOR) escáner *m* de virus

Visa ['viːza], **Visen** ['viːzən] *pl von*
Visum

Visier [vi'ziːɐ] *nt* <-s, -e> (*am Helm*)
visera *f;* (*am Gewehr*) (punto *m* de)
mira *f;* **jdn/etw ins ~ nehmen** fijar
su atención en alguien/algo

Vision [vi'zjoːn] *f* <-en> visión *f*

Visite [vi'ziːtə] *f* <-n> visita *f;* **Visitenkarte** *f* tarjeta *f* de visita

Visum ['viːzʊm] *nt* <-s, Visa *o* Vi-
sen> visado *m*, visa *f Am*

Vitamin [vita'miːn] *nt* <-s, -e> vitamina *f*

Vitrine [vi'triːnə] *f* <-n> vitrina *f*

Vizepräsident(in) *m(f)* vicepresidente, -a *m, f*

Vogel ['foːgəl] *m* <-s, Vögel> pájaro

m; **einen ~ haben** (*fam*) estar chiflado; **Vogelkäfig** *m* jaula *f*

vögeln ['føːgəln] *vi, vt* (*vulg*) follar

Vogelscheuche *f* <-n> espantapájaros *m inv*

Vokabel [vo'kaːbəl] *f* <-n> vocablo
m

Vokabular [vokabu'laːɐ] *nt* <-s, -e>
vocabulario *m*

Vokal [vo'kaːl] *m* <-s, -e> vocal *f*

Volk [fɔlk] *nt* <-(e)s, Völker> pueblo
m; (*Nation*) nación *f;* **sich unters ~
mischen** mezclarse con la gente

Völkermord *m* genocidio *m;* **Völkerrecht** *nt* <-(e)s, *ohne pl*> derecho *m* internacional

Volkslied *nt* canción *f* popular;
Volksmund *m* <-(e)s, *ohne pl*>
lenguaje *m* popular; **Volksmusik** *f*
música *f* folklórica; **Volksrepublik** *f*
república *f* popular

volkstümlich ['fɔlkstyːmlɪç] *adj* popular

Volkswirtschaft *f* economía *f* política

voll [fɔl] **I.** *adj* lleno (*von/mit* de);
halb ~ medio lleno; **~(er) Freude**
rebosante de alegría; **das ~e Ausmaß der Katastrophe** el alcance
total de la catástrofe **II.** *adv* completamente; **~ bezahlen** pagar a precio
regular; **~ und ganz** completamente

vollauf ['-'-] *adv* absolutamente

Vollbart *m* barba *f* cerrada; **Vollbeschäftigung** *f* pleno empleo *m*

vollbracht *pp von* **vollbringen**

vollbringen* ['-'--] *irr vt* (*geh*) realizar

vollenden* *vt* (*abschließen*) concluir; (*Lebensalter*) cumplir; (*vervollständigen*) completar; **jdn vor voll-
endete Tatsachen stellen** presen-
tar(le) a alguien un hecho consu-
mado

vollendet [fɔl'ʔɛndət] *adj* perfecto

vollends ['fɔlɛnts] *adv* completa-

mente
Volleyball ['vɔlibal] *m* <-(e)s, *ohne pl>* voleibol *m*
vollführen* *vt* llevar a cabo; (*verwirklichen*) realizar
voll|gießen *irr vt* llenar (basta el borde)
völlig ['fœlıç] *adj* completo; **er hat ~ Recht** tiene toda la razón
volljährig ['-jɛːrɪç] *adj* mayor de edad
Vollkaskoversicherung *f* seguro *m* a todo riesgo
vollkommen [-'--] *adj* (*unübertrefflich*) perfecto; (*vollständig*) completo; (*völlig*) absoluto; **ich bin ~ deiner Meinung** estoy absolutamente de acuerdo contigo
Vollkornbrot *nt* pan *m* integral
Vollmacht *f* <-en> autorización *f*; **Vollmilch** *f* leche *f* entera; **Vollmond** *m* luna *f* llena; **Vollpension** *f* pensión *f* completa
voll|pumpen *vt*: **etw mit Luft ~** llenar algo de aire
vollständig *adj* (*komplett*) completo; (*gänzlich*) total
Vollständigkeit *f* integridad *f*; **der ~ halber** para completar
voll|stopfen *vt*: **etw ~** atiborrar algo
vollstrecken* *vt* ejecutar; (*Urteil*) llevar a efecto
voll|tanken *vi, vt* llenar el depósito
Volltreffer *m* impacto *m* total; (*beim Schießen*) impacto *m* en la diana
Vollwertkost *f* alimentos *mpl* integrales
vollzählig ['fɔltsɛːlıç] *adj* completo
vollziehen* *irr* **I.** *vt* (*ausführen*) llevar a cabo; (JUR) ejecutar **II.** *vr*: **sich ~ efectuarse
vollzogen *pp von* **vollziehen**
Volt [vɔlt] *nt* <- *o* -(e)s, -> voltio *m*
Volumen [voˈluːmən] *nt* <-s, -> volumen *m*
voluminös [volumiˈnøːs] *adj* voluminoso

vom [fɔm] = **von dem** *s.* **von**
von [fɔn] *präp* +*dat* **1.** (*allgemein, räumlich*) de; ~ **oben nach unten** de arriba abajo; ~ **hier aus** desde aquí; **das Kind ist ~ ihm** el niño es suyo; ~ **allein** por sí solo; **Tausende ~ Menschen** miles de personas; **im Alter ~ 40 Jahren** a la edad de 40 años; ~ **Seiten** de parte de **2.** (*zeitlich*) desde; ~ **nun an** de ahora en adelante; ~ **vorn anfangen** empezar desde el principio; ~ **morgens bis abends** de la mañana a la noche; ~ **Zeit zu Zeit** de tiempo en tiempo **3.** (*beim Passiv*) por; **der Kurs wird ~ Johannes geleitet** el curso es dirigido por Johannes
voneinander [--'--] *adv* el uno del otro
vonseitenᴿᴿ [fɔnˈzaɪtən] por parte de
vor [foːɐ] **I.** *präp* +*dat* **1.** (*räumlich*) delante de; **sie ging ~ ihm her** iba delante de él **2.** (*zeitlich*) antes de; (*Zeitraum*) hace; (*bei Uhrzeit*) menos; ~ **kurzem** hace poco **3.** (*über*) sobre; ~ **allem** sobre todo **4.** (*gegenüber*) ante; **Angst ~ jdm haben** tener(le) miedo a alguien; **Schutz ~ etw** *dat* **suchen** buscar protección contra algo **5.** (*bedingt durch*): ~ **Kälte** de frío; ~ **lauter Arbeit** de tanto trabajo **II.** *präp* +*akk*; (*Richtung*): **etw ~ das Haus stellen** poner algo delante de la casa **III.** *adv* adelante; ~ **und zurück** adelante y atrás; **Freiwillige ~!** ¿quién se ofrece voluntario?
vorab [foːˈɐˈʔap] *adv* (*zuerst*) ante todo; (*im Voraus*) de antemano
Vorabend *m* **1.** (*Abend vorher*) víspera *f*; **am ~ der Uraufführung** en vísperas del estreno **2.** (*vorhergehende Zeitspanne*): **am ~ der Revolution** en vísperas de la Revolu-

ción; **Vorahnung** *f* presentimiento *m*

voran [fo'ran] *adv* (*vorwärts*) hacia delante; **voran|gehen** *irr vi sein* **1.** (*vorne gehen*) ir delante, ir en cabeza **2.** (*zeitlich*) preceder **3.** (*Fortschritte machen*) avanzar; **voran| kommen** *irr vi sein* avanzar (*mit* en)

Vorarlberg ['fo:ɐʔarlbɛrk] *nt* <-s> Vorarlberg *m*

voraus [fo'raus] *adv* (*vorne*) delante; (*an der Spitze*) a la cabeza; **er war uns schon weit ~** nos llevaba una gran ventaja; **im Voraus** de antemano; **voraus|gehen** *irr vi sein* (*vorne gehen*) ir delante; (*früher geschehen*) preceder; **vorausgesetzt** [fo'rausgəzɛtst] *adj:* **~, dass ...** siempre que... +*subj*; **voraus|haben** *irr vt:* **jdm etw ~** aventajar a alguien en algo

Voraussage *f* <-n> pronóstico *m*; **eine ~ machen** realizar un pronóstico; **voraus|sagen** *vt* pronosticar

voraus|schicken *vt* (*Bemerkung*) anticipar; **etwas ~** hacer una observación previa; **voraus|sehen** *irr vt* prever; **das war ja vorauszusehen** esto se veía venir; **voraus|setzen** *vt* (*annehmen*) presuponer; (*verlangen*) requerir; **das setze ich als bekannt voraus** esto lo doy por sabido; **vorausgesetzt, dass ...** siempre que... +*subj*

Voraussetzung *f* <-en> (*Annahme*) suposición *f*; (*Vorbedingung*) condición *f* previa; **unter der ~, dass ...** bajo la condición de que... +*subj*; **die ~en erfüllen** cumplir los requisitos

Voraussicht [-'---] *f ohne pl* previsión *f*; **aller ~ nach** según todos los indicios

voraussichtlich I. *adj* previsto

II. *adv* probablemente

Vorbehalt ['-bəhalt] *m* <-(e)s, -e> reserva *f*; **unter dem ~, dass ...** con la salvedad de que... +*subj*; **ohne/unter ~** sin/con reservas

vor|behalten* *irr vt:* **sich** *dat* **etw ~** reservarse (el derecho de hacer) algo

vorbehaltlos *adv* incondicionalmente

vorbei [fo:ɐ'bai, fɔr'bai] *adv* pasado; **sie möchte hier ~** quiere pasar por aquí; **es ist drei Uhr ~** son las tres pasadas; **aus und ~** acabado y más que acabado; **vorbei|fahren** *irr vi sein* **1.** (*entlangfahren*) pasar (en coche) (*an* por (delante de)) **2.** (*nicht anhalten*) pasar de largo; **im Vorbeifahren** al pasar (en coche) **3.** (*fam: aufsuchen*) pasar (*bei* por casa de); **vorbei|gehen** *irr vi sein* (*entlanggehen*) pasar (*an* por (delante de)); **im Vorbeigehen** de pasada; **bei jdm ~** (*fam*) pasar por casa de alguien; **vorbei|kommen** *irr vi sein* **1.** (*entlangkommen*) pasar (*an* por) **2.** (*an Hindernis*) poder pasar (*an* por) **3.** (*fam: besuchen*) pasar (*bei* por casa de); **vorbei|lassen** *irr vt* (*fam*) dejar pasar; **vorbei|reden** *vi:* **an etw** *dat* **~** irse por las ramas

vorbelastet *adj* con antecedentes; **erblich ~ sein** llevar una tara hereditaria

Vorbemerkung *f* advertencia *f* preliminar

vor|bereiten* *vt, vr:* **sich ~** preparar(se) (*auf* para); **Vorbereitung** *f* <-en> (*Tätigkeit*) preparación *f*; (*Maßnahme*) preparativo *m*; **~en für etw treffen** hacer preparativos para algo

vor|bestellen* *vt* reservar

vorbestraft *adj* con antecedentes penales

vor|beugen I. *vi* (*a.* MED) prevenir II. *vt, vr:* **sich ~** inclinar(se) hacia delante; **vorbeugend** *adj* preventivo; **Vorbeugung** *f* prevención *f* (*gegen* de)

Vorbild *nt* modelo *m;* **sich** *dat* **jdn zum ~ nehmen** tomar a alguien como ejemplo; **als ~ dienen** servir de modelo; **vorbildlich** *adj* ejemplar

vor|bringen *irr vt* (*Wunsch, Einwand*) manifestar; (*Gründe*) aducir

vordere(r, s) ['fɔrdərə, -rɐ, -rəs] *adj* delantero

Vordergrund *m* primer plano *m;* **im ~ stehen** tener prioridad; **in den ~ treten** ganar importancia

vordergründig ['fɔrdɐgrʏndɪç] *adj* superficial

Vorderrad *nt* rueda *f* delantera; **Vorderseite** *f* parte *f* delantera

Vordiplom *nt* (UNIV) examen *m* intermedio (*de diplomatura, que permite el acceso al segundo ciclo*)

vor|drängeln *vr:* **sich ~** (*fam*) colarse

Vordruck *m* <-(e)s, -e> formulario *m*

voreilig *adj* precipitado; **voreingenommen** *adj* lleno de prejuicios

vor|enthalten* *irr vt* (*Information*) ocultar; (*Rechte*) privar (de)

vorerst ['foːɐ̯ʔeːɐ̯st, -'-] *adv* de momento

Vorfahr(in) ['foːɐ̯faːɐ̯] *m(f)* <-en, -en; -nen> antepasado, -a *m, f*

vor|fahren *irr sein* I. *vi* 1. (*ankommen*) llegar (*mit/in* en); **vor etw** *dat* **~** parar delante de algo; **mit dem Taxi ~** llegar en taxi 2. (*vorausfahren*) adelantarse 3. (*nach vorne fahren*) avanzar II. *vt* (*vorrücken*) avanzar; **Vorfahrt** *f ohne pl* prioridad *f* (de paso); **die ~ beachten** ceder el paso; **~ haben** tener preferencia

Vorfall *m* suceso *m;* **vor|fallen** *irr vi sein* (*geschehen*) suceder

vor|finden *irr vt* encontrarse (con)

Vorfreude *f* <-n> alegría *f* previa

vor|führen *vt* (*zeigen*) enseñar; (*Kunststück*) presentar; (*Gerät*) demostrar; (*Film*) proyectar; **Vorführung** *f* <-en> (*Vorstellung*) representación *f;* (*von Film*) proyección *f;* (*von Kunststück*) presentación *f*

Vorgang *m* (*Ereignis*) suceso *m;* (*Ablauf, a.* TECH) proceso *m;* **Vorgänger(in)** ['-gɛŋɐ] *m(f)* <-s, -; -nen> predecesor(a) *m(f)*

vor|geben *irr vt* 1. (*behaupten*) poner como pretexto; (*vortäuschen*) fingir; **sie gab vor, müde zu sein** puso como pretexto que estaba cansada 2. (*festsetzen*) fijar

vor|gehen *irr vi sein* (*nach vorne gehen*) pasar adelante; (*Uhr*) adelantar; (*verfahren*) proceder; (*Vorrang haben*) tener prioridad; **gegen etw ~** adoptar medidas contra algo; **was geht hier vor?** ¿qué está ocurriendo aquí?

Vorgehensweise *f* manera *f* de proceder

Vorgesetzte(r) *f(m) dekl wie adj* superior *mf*

vorgestern *adv* anteayer

vor|haben *irr vt* tener la intención (*zu* de); **hast du heute Abend schon etwas vor?** ¿tienes algún plan para esta noche?

Vorhaben *nt* <-s, -> 1. (*Absicht*) intención *f* 2. (*Plan*) plan *m,* proyecto *m*

vor|halten *irr vt:* **jdm etw ~** (*vorwerfen*) reprochar algo a alguien

vorhanden [foːɐ̯'handən] *adj* (*existierend*) existente; (*verfügbar*) disponible

Vorhang *m* cortina *f*

Vorhaut *f* prepucio *m*

vorher [foːɐˈheːɐ, '--] *adv* antes; *(im Voraus)* de antemano; **kurz ~** poco antes; **am Tag ~** el día anterior; **vorhergehend** *adj* anterior

vorherige(r, s) *adj* previo

Vorherrschaft *f* predominio *m;* **vor|herrschen** *vi* predominar

Vorhersage *f* pronóstico *m;* **vorher|sagen** [-'---] *vt* pronosticar

vorher|sehen [-'---] *irr vt* prever

vorhin [foːɐˈhɪn, '--] *adv* hace un momento

vorige(r, s) ['foːrɪgə, -gɐ, -gəs] *adj* anterior; **~ Woche** la semana pasada; **das ~ Mal** la otra vez

Vorkehrung ['foːɐkeːrʊŋ] *f* <-en> precaución *f;* **~en treffen** tomar precauciones

Vorkenntnis *f* conocimiento(s) *m(pl)* previo(s)

vor|kommen *irr vi sein (nach vorne kommen)* venir hacia delante; *(sich ereignen)* ocurrir; *(scheinen)* parecer; **das kommt schon mal vor** son cosas que pasan; **das wird nicht wieder ~** esto no volverá a repetirse; **sie kommt mir bekannt vor** me resulta conocida

Vorkommen *nt* <-s, -> **1.** *(von Rohstoffen)* yacimiento *m* **2.** *ohne pl (Vorhandensein)* existencia *f*

Vorlage *f* <-n> **1.** *(Gesetzesvorlage)* proyecto *m* (de ley) **2.** *(Muster)* modelo *m* **3.** *ohne pl (das Vorlegen)* presentación *f*

vorläufig I. *adj* provisional **II.** *adv* provisionalmente; *(fürs Erste)* por el momento

vorlaut *adj* impertinente

vor|legen *vt (zeigen)* enseñar; *(Ausweis)* presentar

vor|lesen *irr vt* leer en voz alta; **jdm etw ~** leer algo a alguien; **Vorlesung** *f* <-en> *(Universität)* clase *f;* *(Vortrag)* conferencia *f;* *(Vorlesungsreihe)* curso *m*

vorletzte(r, s) *adj* penúltimo; **~ Woche** la semana anterior

Vorliebe *f* <-n> preferencia *f (für por)*

vorlieb|nehmen *irr vi* **mit jdm/etw ~** contentarse con alguien/algo

vor|liegen *irr vi* haber; **hier muss ein Irrtum ~** debe de haber un error; **vor|machen** *vt (fam)* **1.** *(zeigen)* mostrar **2.** *(täuschen)* engañar; **er macht sich** *dat* **selbst was vor** se engaña a sí mismo; **vor|merken** *vt:* **sich** *dat* **etw ~** apuntarse algo; **sich für etw ~ lassen** apuntarse para algo

vormittag^{ALT} *adv s.* **Vormittag**

Vormittag *m* mañana *f;* **am ~** por la mañana; **vormittags** *adv* por la mañana

vorn [fɔrn] *adv (an vorderer Stelle)* delante; *(auf der Vorderseite)* por delante; **von ~** de delante; *(erneut)* de nuevo; **nach ~** hacia delante; **von ~ bis hinten** de delante atrás; **weiter ~** más adelante; **~ liegen** estar a la cabeza

Vorname *m* nombre *m* (de pila); **Vor- und Zuname** nombre y apellido

vorne *adv s.* **vorn**

vornehm ['foːɐneːm] *adj (fein)* distinguido; *(elegant)* elegante

vor|nehmen *irr vt:* **sich** *dat* **etw ~** proponerse algo; **sich** *dat* **jdn ~** *(fam)* echar una bronca a alguien

vornehmlich *adv (geh)* principalmente

vornherein ['---'-] *adv:* **von ~** desde el principio

Vorort *m* suburbio *m*

Vorrang ['foːraŋ] *m* <-(e)s, *ohne pl>* prioridad *f (vor sobre)*

vorrangig *adj* prioritario; **~ sein** tener prioridad

Vorrat ['foːraːt] *m* provisión *f* (*an de*)

vorrätig ['foːrɛːtɪç] *adj* disponible; **etw ~ haben** tener algo en almacén

Vorrecht *nt* privilegio *m*

Vorrichtung *f* dispositivo *m*

Vorruhestand *m* <-(e)s, *ohne pl*> jubilación *f* anticipada

vor|sagen *vt* **1.** (*vorsprechen*) decir; (*Gedicht*) recitar **2.** (*in Prüfung*) soplar

Vorsaison *f* temporada *f* baja

Vorsatz *m* intención *f;* **einen ~ fassen** tomar una decisión

vorsätzlich ['foːzɛtslɪç] **I.** *adj* premeditado **II.** *adv* a propósito

Vorschau *f* avance *m* informativo (*auf* acerca de)

Vorschein *m:* **zum ~ kommen/ bringen** salir/sacar a la luz

vor|schieben *irr vt* (*nach vorn schieben*) empujar hacia delante; (*Riegel*) correr; (*zur Entschuldigung*) poner como pretexto

Vorschlag *m* propuesta *f;* **auf ~ von ...** a propuesta de...; **vor|schlagen** *irr vt* proponer

vorschnell *adj* precipitado

vor|schreiben *irr vt* (*anordnen*) prescribir; **Vorschrift** *f* prescripción *f*

Vorschub *m:* **etw** *dat* **~ leisten** apoyar algo

vor|schützen *vt* poner como pretexto; **vor|schweben** *vi:* **jdm schwebt etw vor** alguien se imagina algo; **vor|sehen** *irr* **I.** *vt* (*planen*) prever (*für* para); (*bestimmen*) destinar (*für* a); **wie vorgesehen** según lo previsto; **die Gelder sind für die Forschung vorgesehen** el dinero está destinado a la investigación **II.** *vr:* **sich ~** precaverse (*vor* de)

Vorsicht *f* cuidado *m*

vorsichtig **I.** *adj* prudente; **sehr ~ sein** tener mucho cuidado **II.** *adv* con cuidado

vorsichtshalber [-halbɐ] *adv* por si acaso; **Vorsichtsmaßnahme** *f* medida *f* de precaución; **~n treffen** tomar medidas preventivas

Vorsilbe *f* prefijo *m*

Vorsitz *m* <-es, -e> presidencia *f;* **den ~ haben** presidir

Vorsitzende(r) *f(m)* *dekl wie adj* presidente, -a *m, f*

Vorsorge *f* previsión *f;* **~ treffen** tomar precauciones; **Vorsorgeuntersuchung** *f* chequeo *m* preventivo

vorsorglich **I.** *adj* preventivo **II.** *adv* por precaución

Vorspeise *f* entrada *f*

Vorspiel *nt* (MUS) preludio *m;* (*sexuell*) juegos *mpl* eróticos previos; **vor|spielen** *vt* **1.** (*Lied*) tocar; **jdm etw ~** tocar algo para alguien **2.** (*Sketch*) representar **3.** (*vortäuschen*) fingir; **jdm etw ~** hacer creer algo a alguien

Vorsprung *m* (*Felsvorsprung*) saliente *m;* (*Abstand*) ventaja *f* (*vor* sobre); **~ haben** llevar ventaja

Vorstadt *f* suburbio *m*

Vorstand *m* <-(e)s, -stände> (*Gremium*) (junta *f*) directiva *f;* (*Vorstandsmitglied*) miembro *mf* de la junta directiva; **vor|stehen** *irr vi* (*hervorragen*) resaltar

vor|stellen **I.** *vt* (*Uhr*) adelantar; (*bekannt machen*) presentar; **darf ich Ihnen Frau Müller ~?** permítame presentarle a la Sra. Müller; **sich** *dat* **etw ~** imaginarse algo; **darunter kann ich mir nichts ~** eso no me dice nada **II.** *vr:* **sich ~** (*sich bekannt machen*) presentarse

Vorstellung *f* **1.** (*Bekanntmachung*) presentación *f* **2.** (*Bild*) idea *f;* **sich** *dat* **eine falsche ~ von etw ma-**

chen formarse una idea equivocada de algo **3.** (THEAT) función f; (FILM) sesión f **4.** *ohne pl (Fantasie)* imaginación f; **Vorstellungsgespräch** nt entrevista f (de trabajo)

Vorstrafe f antecedente m penal

vor|strecken vt (ex)tender hacia delante; (*Geld*) anticipar

Vorstufe f fase f previa

vor|täuschen vt simular

Vorteil [ˈfɔrtaɪl] m ventaja f; **gegenüber jdm im ~ sein** llevar ventaja sobre alguien; **sich zu seinem ~ verändern** cambiar para mejor; **vorteilhaft** adj ventajoso; (*Kleidung*) favorecedor

Vortrag [ˈfoːetraːk] m <-(e)s, -träge> conferencia f

vor|tragen irr vt (*Gedicht*) recitar; (*Meinung*) exponer

vortrefflich [foːeˈtrɛflɪç] adj excelente

Vortritt m <-(e)s, ohne pl> precedencia f; **jdm den ~ lassen** ceder(le) a alguien el paso

vorüber [voˈryːbɐ] adv pasado; **vorüber|gehen** irr vi sein (*aufhören*) cesar; (*örtlich*) pasar (*an* por (delante de)); **im Vorübergehen** de pasada; **vorübergehend** adj pasajero

Vorurteil nt prejuicio m; **Vorverkauf** m <-(e)s, ohne pl> venta f anticipada; **Vorwahl** f (TEL) prefijo m; **Vorwand** m pretexto m; **Vorwarnung** f advertencia f; **ohne ~** sin previo aviso

vorwärts [ˈfoːevɛrts, ˈfɔrvɛrts] adv hacia adelante; **vorwärts|kommen** irr vi sein avanzar

vorweg [foˈevɛk] adv (*im Voraus*) por adelantado; **vorweg|nehmen** irr vt anticipar

vor|weisen irr vt (*Kenntnisse*) mostrar; **etw ~ können** tener algo; **vor|werfen** irr vt: **jdm etw ~** reprochar algo a alguien

vorwiegend adv principalmente

vorwitzig adj (*neugierig*) curioso; (*vorlaut*) cargante

Vorwort nt <-(e)s, -e> prólogo m

Vorwurf m reproche m; **vorwurfsvoll** adj lleno de reproche

vor|zeigen vt enseñar; (*Pass etc.*) presentar

vorzeitig **I.** adj anticipado **II.** adv con anticipación

vor|ziehen irr vt (*Gardine*) correr; (*vorverlegen*) adelantar; (*bevorzugen*) preferir; **vorgezogene Wahlen** elecciones anticipadas; **Vorzug** m (*Vorteil*) ventaja f; **den ~ haben, dass ...** tener la ventaja de que...; **etw/jdm den ~ geben** preferir algo/a alguien

vorzüglich [foːeˈtsyːklɪç] adj excelente; (*Speisen*) exquisito

vorzugsweise adv preferentemente

Votum [ˈvoːtʊm] nt <-s, Voten o Vota> voto m

Voyeur(in) [vɔaˈjøːɐ] m(f) <-s, -e; -nen> mirón, -ona m, f

vulgär [vʊlˈgɛːɐ] adj vulgar

Vulkan [vʊlˈkaːn] m <-s, -e> volcán m; **Vulkanausbruch** m erupción f volcánica

vulkanisch adj volcánico

W

W, w [veː] nt <-, -> W, w f

W Abk. von **Westen** O

Waadt [va(ː)t] f Waadt m

Waage [ˈvaːgə] f <-n> balanza f; (ASTR) Libra f; **waagerecht** adj horizontal

Wabe [ˈvaːbə] f <-n> panal m

wach [vax] *adj* despierto; ~ **werden** despertarse

Wache ['vaxə] *f* <-n> guardia *mf*

wachen ['vaxən] *vi* velar (*über* por); **bei jdm** ~ velar a alguien

Wachhund *m* perro *m* guardián

Wachs [vaks] *nt* <-es, -e> cera *f*

wachsam ['-za:m] *adj* atento

wachsen ['vaksən] <wächst, wuchs, gewachsen> *vi sein* crecer; (*zunehmen*) aumentar; **in die Breite/Höhe** ~ crecer a lo ancho/en altura; **etw** *dat* **ge~ sein** ser capaz de cumplir con algo

wächst [vɛkst] *3. präs von* **wachsen**

Wachstum ['vakstu:m] *nt* <-s, *ohne pl*> crecimiento *m;* **Wachstumsrate** *f* (WIRTSCH) índice *m* de crecimiento

Wachtel ['vaxtəl] *f* <-n> codorniz *f*

Wächter(in) ['vɛçtə] *m(f)* <-s, -; -nen> guarda *mf*

Wach(t)turm *m* atalaya *f*

wack(e)lig ['vak(ə)lɪç] *adj* (*Person*) tambaleante; (*Tisch*) cojo; (*Zahn*) flojo

Wackelkontakt *m* contacto *m* flojo

wackeln ['vakəln] *vi* tambalearse; (*Möbel*) cojear; (*Zahn*) moverse

Wade ['va:də] *f* <-n> pantorrilla *f*

Waffe ['vafə] *f* <-n> arma *f*

Waffel ['vafəl] *f* <-n> (*Eistüte*) barquillo *m;* (*Gebäck*) gofre *m*

Waffenruhe *f* tregua *f;* **Waffenstillstand** *m* armisticio *m*

wagemutig *adj* osado

wagen ['va:gən] *vt* (*riskieren*) arriesgar; (*sich getrauen*) atreverse (*zu* a *+inf*)

Wagen ['va:gən] *m* <-s, -> coche *m;* (*Eisenbahnwagen*) vagón *m*

Waggon [va'gɔŋ, va'gõ:] *m* <-s, -s> vagón *m*

waghalsig ['va:khalzɪç] *adj* (*Mensch*) temerario; (*Unterneh-*

men) arriesgado

Wagnis ['va:knɪs] *nt* <-ses, -se> (*Vorhaben*) empresa *f* arriesgada; (*Risiko*) riesgo *m*

Wagon[RR] *m* <-s, -s> *s.* **Waggon**

Wahl [va:l] *f* <-en> (*a.* POL) elección *f;* (*zwischen zwei Möglichkeiten*) opción *f;* **ich habe keine andere** ~ no tengo otra alternativa; **wahlberechtigt** *adj* con derecho a voto

wählen ['vɛ:lən] *vi, vt* (*auswählen*) elegir; (TEL) marcar; (POL) votar; **sie wurde zur Präsidentin gewählt** fue elegida presidenta

Wähler(in) *m(f)* <-s, -; -nen> elector(a) *m(f)*

Wahlergebnis *nt* resultado *m* electoral

wählerisch *adj* exigente

Wählerschaft *f* <-en> electorado *m*

Wahlfach *nt* asignatura *f* optativa; **Wahlgang** *m* votación *f;* **im ersten** ~ en la primera vuelta electoral; **Wahlkampf** *m* campaña *f* electoral; **wahllos** *adv* sin orden ni concierto; **Wahlrecht** *nt* <-(e)s, *ohne pl*> derecho *m* de voto; **allgemeines** ~ sufragio universal; **wahlweise** *adv* alternativamente

Wahn [va:n] *m* <-(e)s, *ohne pl*> (*geh: Einbildung*) ilusión *f;* (MED) manía *f;* **Wahnsinn** ['va:nzɪn] *m* <-(e)s, *ohne pl*> demencia *f;* (*fam: Unvernunft*) locura *f;* **wahnsinnig** **I.** *adj* demente; (*fam: groß*) tremendo; **das macht mich** ~ (*fam*) esto me vuelve loco **II.** *adv* (*fam: sehr*) tremendamente

wahr [va:ɐ] *adj* verdadero; **nicht ~?** ¿verdad?; **etw** ~ **machen** realizar algo; **ein ~er Freund** un amigo de verdad

wahren ['va:rən] *vt* (*geh*) guardar; (*Rechte*) defender; **den Schein** ~ guardar las apariencias

während ['vɛːrənt] I. *präp* +*gen* durante II. *konj* (*zeitlich*) mientras; (*wohingegen*) mientras que; **währenddessen** [vɛːrənt'dɛsən] *adv* mientras tanto

wahrhaben ['---] *vt:* **etw nicht ~ wollen** no querer admitir algo

wahrhaftig [-'--] I. *adj* (*geh*) verdadero II. *adv* (*geh: tatsächlich*) realmente

Wahrheit *f* <-en> verdad *f;* **die halbe ~** la verdad a medias; **um die ~ zu sagen ...** a decir verdad...; **wahrheitsgetreu** I. *adj* verídico II. *adv* conforme a la verdad

wahrlich *adv* (*geh*) realmente

wahr|nehmen *irr vt* notar; (*Sinneseindrücke*) percibir; (*Gelegenheit*) aprovechar; (*Interessen*) defender

Wahrnehmung *f* <-en> (*Sinneswahrnehmung*) percepción *f*

wahr|sagen I. *vi* decir la buenaventura II. *vt:* **jdm etw ~** profetizar algo a alguien; **Wahrsager(in)** *m(f)* <-s, -; -nen> adivino, -a *m, f*

wahrscheinlich [vaːeˈʃaɪnlɪç] *adj* probable

Wahrscheinlichkeit *f* <-en> probabilidad *f*

Währung ['vɛːrʊŋ] *f* <-en> moneda *f;* **Währungseinheit** *f* unidad *f* monetaria; **Währungsunion** *f* unión *f* monetaria; **Europäische ~** Unión Monetaria Europea

Waise ['vaɪzə] *f* <-n> huérfano, -a *m, f;* **Waisenhaus** *nt* orfanato *m*

Wal [vaːl] *m* <-(e)s, -e> ballena *f*

Wald [valt] *m* <-(e)s, Wälder> bosque *m;* **Waldsterben** *nt* <-s, *ohne pl*> muerte *f* de los bosques (a causa de la polución del medio ambiente); **Waldweg** *m* camino *m* forestal

Wales [weɪls] *nt* <-> (país *m* de) Gales *m*

walisisch *adj* galés

Walkman® ['wɔːkmɛ(ː)n] *m* <-s, -men> walkman® *m*

Wall [val] *m* <-(e)s, Wälle> (*Erdwall*) terraplén *m;* (*Schutzwall*) muralla *f*

Wallfahrtsort *m* lugar *m* de peregrinación

Wallis ['valɪs] *nt* <-> Valais *m*

Walnuss^RR ['vaːl-] *f* (*Frucht*) nuez *f;* (*Baum*) nogal *m*

walten ['valtən] *vi* (*geh*) reinar; **seines Amtes ~** ejercer su cargo

wälzen ['vɛltsən] I. *vt* hacer rodar; (*fam: Bücher*) consultar; (*Probleme*) dar vueltas (a); **die Schuld auf jdn ~** echar la culpa a alguien II. *vr:* **sich ~** (*Tier, Person*) revolcarse (*in* en)

Walzer ['valtsə] *m* <-s, -> vals *m*

wand [vant] *3. imp von* **winden**

Wand [vant] *f* <Wände> pared *f;* **mit dem Kopf durch die ~ wollen** querer lo imposible

Wandel ['vandəl] *m* <-s, *ohne pl*> cambio *m*

wandeln ['vandəln] *vt, vr:* **sich ~** cambiar

Wanderer, Wanderin *m, f* <-s, -; -nen> excursionista *mf*

wandern ['vandən] *vi sein* hacer una excursión (a pie); (*Völker*) migrar; (*Düne*) ser movedizo; (*herumgehen*) caminar (*in/durch* por); (*Blick*) vagar (*in* por)

Wanderschaft *f:* **auf ~ gehen** ir a correr mundo; **auf ~ sein** correr mundo

Wanderung *f* <-en> (*Ausflug*) caminata *f;* **eine ~ machen** salir de excursión

Wandlung ['vandlʊŋ] *f* <-en> (*Veränderung*) cambio *m;* (*Verwandlung*) transformación *f*

Wandschrank *m* armario *m* empotrado

wandte ['vantə] *3. imp von* **wen-**

den²

Wange ['vaŋə] f <-n> (geh) mejilla f

wankelmütig adj (geh abw) versátil

wanken ['vaŋkən] vi 1. haben (schwanken) vacilar; **ins Wanken geraten** empezar a tambalearse 2. sein (schwankend gehen) tambalearse

wann [van] adv cuándo; ~ **(auch) immer** cuando sea; **dann und ~** de vez en cuando

Wanne ['vanə] f <-n> tina f; (Badewanne) bañera f

Wanze ['vantsə] f <-n> (ZOOL) chinche f; (sl: Abhörwanze) micrófono m oculto

Wappen ['vapən] nt <-s, -> escudo m (de armas)

war [va:ɐ] 3. imp von **sein**

warb [varp] 3. imp von **werben**

Ware ['va:rə] f <-n> mercancía f; **heiße ~** (sl) artículo ilegal; **Warenhaus** nt grandes almacenes mpl

warf [varf] 3. imp von **werfen**

warm [varm] adj <wärmer, am wärmsten> caliente; (Klima) cálido; (Wetter) caluroso; **etw ~ machen** calentar algo; **mir ist ~** tengo calor; **sich ~ anziehen** abrigarse

Wärme ['vɛrmə] f calor m; **Wärmekraftwerk** nt central f térmica

wärmen ['vɛrmən] I. vi (Ofen) calentar; (Kleidung) abrigar II. vr: **sich ~** calentarse

Wärmflasche f bolsa f de agua

warm|halten irr vt: **sich** dat **jdn ~** conservar las simpatías de alguien; **warmherzig** adj cariñoso; **Warmluft** f ohne pl aire m caliente

Warnblinkanlage f dispositivo m de luces de aviso intermitentes

Warndreieck nt triángulo m de emergencia

warnen ['varnən] vt advertir (vor de)

Warnschild nt señal f de aviso; (Ver-

kehrsschild) señal m de peligro; **Warnsignal** nt señal f de aviso

Warnung f <-en> advertencia f (vor de); **ohne vorherige ~** sin previo aviso

Warschau ['varʃau] nt <-s> Varsovia f

warten ['vartən] I. vi esperar (auf a) II. vt (TECH) inspeccionar

Wärter(in) ['vɛrtɐ] m(f) <-s, -; -nen> guardián, -ana m, f

Wartesaal m sala f de espera; **Wartezeit** f tiempo m de espera; **Wartezimmer** nt sala f de espera

Wartung f <-en> inspección f

warum [va'rʊm] adv por qué

Warze ['vartsə] f <-n> verruga f

was [vas] I. pron inter qué; ~ **heißt „Haus" auf Spanisch?** ¿cómo se dice "Haus" en castellano?; ~ **für eine Hitze!** ¡qué calor!; **ach ~!** (fam) ¡qué va! II. pron rel (lo) que; **alles, ~ du willst** todo lo que quieras III. pron indef (fam: etwas) algo; **das ist ~ anderes** eso es otra cosa

Waschanlage f tren m de lavado de coches; **waschbar** adj lavable; **Waschbecken** nt lavabo m

Wäsche ['vɛʃə] f <-n> 1. (das Waschen) lavado m; **etw in die ~ geben** dar algo a lavar 2. ohne pl (Unterwäsche, Bettwäsche) ropa f; (zu waschende Textilien) ropa f sucia; ~ **waschen** lavar la ropa

waschecht adj (fam: typisch) de pura cepa

Wäscheklammer f pinza f para la ropa; **Wäscheleine** f cuerda f de la ropa

waschen ['vaʃən] <wäscht, wusch, gewaschen> vt, vr: **sich ~** lavar(se)

Wäscherei [vɛʃə'rai] f <-en> lavandería f

Wäscheständer m tendedero m; **Wäschetrockner** m (elektrisch) secadora *f* para ropa

Waschküche *f* lavadero *m;* **Waschlappen** *m* manopla *f* para baño; (*fam abw: Mensch*) cobarde *mf;* **Waschmaschine** *f* lavadora *f;* **Waschmittel** *nt* detergente *m;* **Waschpulver** *nt* detergente *m* en polvo; **Waschsalon** *m* lavandería *f*

wäscht [vɛʃt] *3. präs von* **waschen**

Wasser ['vasɐ] *nt* <-s, -> agua *f;* **stilles ~** agua sin gas; **~ lassen** orinar; **sich über ~ halten** (*fam*) mantenerse a flote; **etw unter ~ setzen** inundar algo; **ins ~ fallen** (*fam*) no tener lugar; **das ~ läuft mir im Mund zusammen** (*fam*) se me hace la boca agua; **wasserdicht** *adj* (*Uhr*) resistente al agua; (*Kleidung*) impermeable; **Wasserfall** *m* cascada *f;* (*größer*) catarata *f;* **wasserfest** *adj* resistente al agua; **Wasserhahn** *m* grifo *m*

wässerig ['vɛsərɪç] *adj* (*fade*) insípido

Wasserkraftwerk *nt* central *f* hidroeléctrica; **Wasserleitung** *f* cañería *f* de agua; **wasserlöslich** *adj* soluble; **Wassermann** *m* (ASTR) Acuario *m;* **Wassermelone** *f* sandía *f;* **Wasserski** *nt* <-s, *ohne pl*> esquí *m* acuático; **Wassersport** *m* deporte *m* acuático; **Wasserspülung** *f* cisterna *f;* **Wasserstand** *m* nivel *m* del agua; **Wasserstrahl** *m* chorro *m* de agua; **Wasserverschmutzung** *f* contaminación *f* del agua; **Wasserwerk** *nt* central *f* de abastecimiento de aguas

wässrig[RR] ['vɛsrɪç] *adj s.* **wässerig**

Watt *nt* <-s, -> (PHYS) vatio *m*

Watte ['vatə] *f* <-n> algodón *m;* **Wattestäbchen** [-ʃtɛ:pçən] *nt* <-s, -> bastoncillo *m* de algodón

weben ['ve:bən] <webt, wob, gewoben> *vi, vt* (*a. fig*) tejer

Webseite ['vɛp-] *f* (INFOR) página *f* web

Wechsel ['vɛksəl] *m* <-s, -> (*das Wechseln*) cambio *m;* **im ~ mit ...** alternando con...; **Wechselbeziehung** *f* correlación *f;* **Wechselgeld** *nt* vuelta *f;* (*Kleingeld*) cambio *m;* **wechselhaft** *adj* variable; (*Person*) inconstante; **Wechselkurs** *m* tipo *m* de cambio

wechseln ['vɛksəln] *vi, vt* cambiar; **200 Euro in Dollar ~** cambiar 200 euros en dólares

wechselnd *adj* **1.** (*im Wechsel*) cambiante; (*abwechselnd*) alterno; (*Stimmung*) variable **2.** (*unterschiedlich*) diferente

wechselseitig *adj* recíproco

Wechselstrom *m* corriente *f* alterna; **Wechselstube** *f* oficina *f* de cambio; **Wechselwirkung** *f* interacción *f*

wecken ['vɛkən] *vt* despertar

Wecker ['vɛkɐ] *m* <-s, -> despertador *m;* **jdm auf den ~ gehen** (*fam*) dar(le) la lata a alguien

wedeln ['ve:dəln] *vi:* **mit etw ~** mover algo; **mit dem Schwanz ~** menear la cola

weder ['ve:dɐ] *konj:* **~ ... noch ...** ni... ni...

weg [vɛk] *adv* (*abwesend*) ausente; (*verloren*) perdido; (*verschwunden*) desaparecido; **ich müsste schon längst ~ sein** me tendría que haber ido hace tiempo; **weit ~ von hier** muy lejos de aquí; **drüber ~ sein** (*fam*) haberlo superado; **hin und ~ sein** (*fam*) estar completamente entusiasmado; **~ da!** ¡fuera de allí!; **Finger ~!** ¡fuera los dedos!

Weg [ve:k] *m* <-(e)s, -e> camino *m;* (*Strecke*) trayecto *m;* (*Reiseweg*) ruta *f;* (*Durchgang*) paso *m;* (*Mittel*) vía *f;* **auf dem ~ liegen** estar de camino; **sich auf den ~ machen** ponerse en camino; **auf legalem ~** por vía legal; **etw zu ~e bringen** conseguir algo; **jdm über den ~ laufen** tropezar con alguien; **etw aus dem ~ räumen** (*fam*) quitar algo de en medio; **jdm aus dem ~ gehen** evitar a alguien; **jdm im ~ stehen** estorbar a alguien; **daran führt kein ~ vorbei** no hay más remedio que afrontarlo

weg|bleiben *irr vi sein* (*fam*) no venir (más); **lange ~** tardar en venir; **weg|denken** *irr vt:* **sich** *dat* **etw ~** imaginarse algo sin algo

wegen ['ve:gən] *präp* +*gen/dat* (*aufgrund von*) a causa de; (*bezüglich*) respecto a; **~ des schlechten Wetters** debido al mal tiempo; **von ~!** (*fam*) ¡ni hablar!

weg|fahren *irr* **I.** *vi sein* partir; **der Bus fuhr ihr vor der Nase weg** perdió el autobús por un pelo **II.** *vt haben* llevar; **weg|fallen** *irr vi sein* (*ausgelassen werden*) omitirse; (*abgeschafft werden*) suprimirse; **weg|geben** *irr vt* dar; **weg|gehen** *irr vi sein* irse; (*Fleck*) salir; (*sich verkaufen*) venderse; **geh weg!** ¡lárgate!; **über etw ~** ignorar algo; **weg|hören** *vi* hacerse el sordo; **weg|jagen** *vt* ahuyentar, espantar; **weg|kommen** *irr vi sein* (*fam*) **1.** (*abhandenkommen*) perderse **2.** (*sich entfernen*) irse (*von* de); **mach, dass du wegkommst!** (*fam*) ¡lárgate!; **über etw ~** superar algo **3.** (*loskommen*) abandonar; **gut/schlecht bei etw** *dat* **~** salir bien/mal librado de algo; **weg|lassen** *irr vt* (*gehen lassen*) dejar ir(se); (*fam: auslassen*) omitir; (*Zutaten*) no poner; **weg|laufen** *irr vi sein* echar a correr; (*fam: ausreißen*) escaparse; **vor etw/jdm ~** huir de algo/alguien; **weg|legen**

vt poner aparte; **weg|müssen** *irr vi* (*fam*) tener que irse; **die Kiste muss hier weg** hay que quitar la caja de en medio; **weg|nehmen** *irr vt* quitar; (*Platz*) ocupar; **weg|räumen** *vt* recoger; (*Hindernisse*) quitar; **weg|rennen** *irr vi sein s.* **weglaufen; weg|schicken** *vt* (*Person*) mandar fuera; (*Brief*) enviar; **weg|schmeißen** *irr vt* (*fam*) tirar; **weg|schütten** *vt* tirar, botar *Am;* **weg|sehen** *irr vi* apartar la vista; **über etw ~** (*fam*) hacer la vista gorda a algo; **weg|tun** *irr vt* **1.** (*wegräumen*) recoger; (*wegnehmen*) quitar **2.** (*wegschmeißen*) tirar, botar *Am*

Wegweiser ['ve:k-] *m* <-s, -> indicador *m* de camino

weg|werfen *irr vt* tirar; **weg|ziehen** *irr* **I.** *vi sein* cambiar de domicilio **II.** *vt haben* apartar tirando

wehen ['ve:ən] *vi* (*Wind*) soplar; (*Fahne*) ondear

wehleidig *adj* (*abw: Person*) quejica; (*Stimme*) quejicoso

wehmütig *adj* melancólico

Wehrdienst *m* <-(e)s, *ohne pl*> servicio *m* militar (en la ex-RFA); **Wehrdienstverweigerung** *f* objeción *f* de conciencia

wehren ['ve:rən] *vr:* **sich ~** (*sich verteidigen*) defenderse (*gegen* contra); (*sich sträuben*) oponer resistencia (*gegen* a)

wehrlos *adj* indefenso; **Wehrpflicht** *f ohne pl* servicio *m* militar obligatorio

weh|tun[RR] *vi* doler; **sich** *dat* **~** hacerse daño

Weib [vaɪp] *nt* <-(e)s, -er> (*a. abw*) mujer *f*

Weibchen ['vaɪpçən] *nt* <-s, -> (zool) hembra *f*

weiblich *adj* femenino

weich [vaɪç] *adj* blando; (*zart*) suave; (*formbar*) flexible; (*nicht zäh*) tierno; **er wird ~** empieza a ceder

Weiche ['vaɪçə] *f* <-n> (*an Schienen*) aguja *f;* **die ~n für etw stellen** encauzar algo

Weichei *nt* (*pej: Weichling*) blandengue *mf*

weichen ['vaɪçən] <weicht, wich, gewichen> *vi sein* (*sich entfernen*) alejarse; (*zurückweichen*) retroceder (*vor* frente a); (*Platz machen*) hacer sitio; (*nachlassen*) cesar

weichgekocht *adj s.* **kochen** II.

Weide ['vaɪdə] *f* <-n> (*Viehweide*) pasto *m;* (*Baum*) sauce *m*

weiden ['vaɪdən] I. *vi, vt* pastar II. *vr:* **sich an etw ~** recrearse con algo; (*schadenfroh*) regodearse con algo

weigern ['vaɪgɐn] *vr:* **sich ~** negarse (*zu* a)

Weiher ['vaɪɐ] *m* <-s, -> (*reg*) estanque *m*

Weihnachten ['vaɪnaxtən] *nt* <-, -> Navidad(es) *f(pl);* **fröhliche ~** feliz Navidad

weihnachtlich *adj* navideño

Weihnachtsabend *m* Nochebuena *f;* **Weihnachtsbaum** *m* árbol *m* de Navidad; **Weihnachtsgeld** *nt* <-(e)s, -er> paga *f* extra de Navidad; **Weihnachtslied** *nt* villancico *m;* **Weihnachtsmann** *m* Papá *m* Noel

Weihrauch *m* incienso *m*

weil [vaɪl] *konj* porque

Weile ['vaɪlə] *f* rato *m*

Wein [vaɪn] *m* <-(e)s, -e> vino *m;* **Weinbau** *m* <-(e)s, *ohne pl*> viticultura *f;* **Weinberg** *m* viña *f;* **Weinbrand** *m* brandy *m*

weinen ['vaɪnən] *vi, vt* llorar (*vor/aus* de)

weinerlich *adj* (*Person*) llorón; (*Stimme*) lloroso

Weinkeller *m* bodega *f;* **Weinlese** *f* vendimia *f;* **Weinprobe** *f* cata *f* de vinos; **Weinrebe** *f* vid *f;* **weinrot** ['-'-] *adj* burdeos; **Weintraube** *f* uva *f*

weise ['vaɪzə] *adj* sabio

Weise *f* <-n> (*Art*) manera *f;* **in gewisser ~** en cierto modo; **auf diese ~** de esta manera

weisen ['vaɪzən] <weist, wies, gewiesen> I. *vi:* **auf etw ~** señalar algo II. *vt:* **jdm etw ~** indicar(le) algo a alguien; **etw von sich** *dat* **~** rechazar algo; **jdn aus dem Saal ~** expulsar a alguien de la sala

Weisheit *f* sabiduría *f;* **Weisheitszahn** *m* muela *f* del juicio

weis|machen *vt* (*fam*): **jdm etw ~** hacer creer algo a alguien

weiß[1] [vaɪs] *3. präs von* **wissen**

weiß[2] *adj* blanco; **ihr Gesicht wurde ~** se volvió pálida

weissagen ['---] *vt* (*voraussagen*) predecir; (*prophezeien*) profetizar

Weißbrot *nt* pan *m* blanco

Weiße(r) *mf* <-n, -n; -n> (*Rasse*) blanco, -a *m, f*

Weißglut *f:* **jdn zur ~ bringen** (*fam*) poner a alguien al rojo vivo; **Weißkohl** *m* repollo *m;* **weißrussisch** *adj* bielorruso; **Weißrussland**[RR] *nt* Bielorrusia *f;* **Weißwein** *m* vino *m* blanco

weit [vaɪt] I. *adj* (*räumlich ausgedehnt*) extenso; (*breit*) amplio; (*Kleidung*) ancho; (*entfernt*) lejano; (*Reise, Weg*) largo; **das Weite suchen** (*geh*) esfumarse; **ist es noch ~?** ¿falta mucho todavía?; **von ~em** de lejos; **~ entfernt** remoto; **das ist ~ weg** (*fam*) eso queda muy lejos; **so ~** (*im Allgemeinen*) en general; (*bis jetzt*) por ahora; **es ist so ~** ya está; **bist du so ~?** (*fam*) ¿estás listo?; **das geht zu ~!** ¡esto ya pasa de la raya! **II.** *adv* (*erheblich*) mucho

weitaus ['-'-] *adv* mucho

Weitblick *m* <-(e)s, *ohne pl*> (*Scharfsinn*) perspicacia *f*

Weite ['vaɪtə] *f* <-n> **1.** (*Ausdehnung*) extensión *f* **2.** (*Entfernung*) distancia *f* **3.** (*Größe*) tamaño *m;* (*bei Kleidung*) ancho *m*

weiter ['vaɪtɐ] **I.** *adj* (*zusätzlich*) más; (*zeitlich*) posterior; **~e fünf Jahre** otros cinco años; **die ~e Entwicklung** el desarrollo posterior; **alles Weitere** todo lo demás **II.** *adv* (*im Anschluss*) a continuación; (*danach*) después; (*außerdem*) además; (*sonst*) más

weiter|bilden I. *vt* perfeccionar **II.** *vr:* **sich ~** ampliar sus conocimientos; (*in einem Kurs*) hacer un curso de perfeccionamiento; **Weiterbildung** *f* ampliación *f* de estudios; (*als Kurs*) cursos *m pl* de perfeccionamiento

weiter|bringen *irr vt* llevar adelante; **das bringt uns auch nicht weiter** con eso no ganamos nada; **weiter| empfehlen*** *irr vt* recomendar (a otros); **weiter|entwickeln* I.** *vt* perfeccionar **II.** *vr:* **sich ~** hacer progresos, desarrollarse; **weiter|erzählen*** *vt* contar (a otros); **weiter|geben** *irr vt* dar; (*Erfahrungen*) transmitir; **weiter|gehen** *irr vi sein* (*seinen Weg*) seguir (andando); (*andauern*) continuar; **weiter|helfen** *irr vi:* **jdm ~** ayudar a alguien (*in/bei* en/a)

weiterhin *adv* (*künftig*) en adelante; (*außerdem*) además; (*immer noch*) todavía

weiter|kommen *irr vi sein* avanzar; **so kommen wir nicht weiter** así no llegamos a ninguna parte; **weiter|**

machen *vi* (*fam*) continuar; **weiter|sagen** *vt* decir a otros; (*verbreiten*) divulgar; **weiter|verarbeiten*** *vt* tratar, elaborar

weitgehend *adv* en gran parte; **weitreichend** *adj* (*für große Entfernung*) de gran alcance; (*umfassend*) amplio

weitschweifig *adj* prolijo

Weitsicht *f s.* **Weitblick**

weitsichtig *adj* (MED) hipermétrope; (*umsichtig*) previsor

weitverbreitet ['--'--] *adj* muy frecuente; (*Meinung*) muy divulgado

Weizen ['vaɪtsən] *m* <-s, -> trigo *m*

welch *pron inter:* **~ eine(r, s)** qué; **~ eine Freude!** ¡qué alegría!; *s.a.* **welche(r, s)**

welche(r, s) ['vɛlçə, -çɐ, -çəs] **I.** *pron inter* (*adjektivisch*) qué; (*substantivisch*) cuál; (*in Ausrufen*) vaya; **~ Tasche?** ¿qué bolso?; **~r von den beiden?** ¿cuál de los dos?; **~ Freude!** ¡qué alegría! **II.** *pron rel* que; (*in weiterführenden Relativsätzen*) el/la/lo cual, los/las cuales *pl* **III.** *pron indef* algunos; **es gibt ~, die glauben, dass ...** hay algunos que piensan que...; **ich habe kein Papier dabei, hast du ~s?** no tengo papel, ¿tienes tú alguno?

welk [vɛlk] *adj* (*a. fig*) lacio; (*verwelkt*) marchito

welken ['vɛlkən] *vi sein* (*a. fig*) marchitarse

Welle ['vɛlə] *f* <-n> (*im Wasser, a. fig*) ola *f;* (*im Haar*) ondulación *f;* (PHYS, RADIO) onda *f;* (TECH) eje *m;* **hohe ~n schlagen** causar sensación

wellen *vt, vr:* **sich ~** ondular(se)

Wellenbrecher *m* rompeolas *m inv;* **Wellenlänge** *f:* **sie haben die gleiche ~** (*fam*) están en la misma onda

wellig *adj* ondulado

Wellness ['vɛlnɛs] *f ohne pl* wellness

m, bienestar *m (combinación de hidroterapia con ocio acuático);* **Wellnesswochenende** *nt* fin *m* de semana wellness

Welpe ['vɛlpə] *m* <-n, -n> cachorro *m*

Welt [vɛlt] *f* <-en> mundo *m; (Erde)* tierra *f;* **auf die ~ kommen** venir al mundo; **aus aller ~** de todo el mundo; **die Dritte ~** el Tercer Mundo; **Weltall** *nt* universo *m;* **Weltanschauung** *f* ideología *f;* **weltberühmt** ['--'-] *adj* famoso en el mundo entero

Weltenbummler(in) [-bʊmlɐ] *m(f)* <-s, -; -nen> trotamundos *mf inv*

weltfremd *adj* ajeno al mundo; *(naiv)* ingenuo; **Weltkarte** *f* mapamundi *m;* **Weltkrieg** *m* guerra *f* mundial

weltlich *adj (irdisch)* mundano; *(nicht kirchlich)* laico

Weltmacht *f* potencia *f* mundial; **Weltmarkt** *m* <-(e)s, *ohne pl>* (WIRTSCH) mercado *m* mundial; **Weltmeister(in)** *m(f)* campeón, -ona *m, f* del mundo; **Weltmeisterschaft** *f* campeonato *m* mundial; *(Titel)* copa *f* del mundo; **Weltraum** *m* <-(e)s, *ohne pl>* espacio *m* sideral; **Weltraumstation** *f* estación *f* espacial

Weltreise *f* viaje *m* alrededor del mundo; **Weltrekord** *m* récord *m* mundial; **Weltsprache** *f* idioma *m* universal; **Weltstadt** *f* metrópoli *f;* **weltweit** ['--', '--'] **I.** *adj* mundial **II.** *adv* a escala mundial; **Weltwirtschaft** *f* economía *f* mundial; **Weltwirtschaftskrise** *f* crisis *f inv* económica mundial; **Weltwunder** *nt* maravilla *f* del mundo

wem [ve:m] **I.** *pron inter dat von* **wer** a quién, a quiénes *pl;* **mit/von ~?** ¿con/de quién? **II.** *pron rel dat*

von **wer** a quien, a quienes *pl*

wen [ve:n] **I.** *pron inter akk von* **wer** a quién, a quiénes *pl;* **an/für ~?** ¿a/para quién? **II.** *pron rel akk von* **wer** a quien, a quienes *pl*

Wende ['vɛndə] *f* <-n> *(Veränderung)* cambio *m;* **Wendekreis** *m* **1.** (GEO) trópico *m;* **der ~ des Krebses** el trópico de Cáncer **2.** (TECH) radio *m* de giro

wenden¹ ['vɛndən] **I.** *vi (Auto)* girar; (NAUT) virar **II.** *vt* dar la vuelta (a)

wenden² <wendet, wendete *o* wandte, gewendet *o* gewandt> **I.** *vt (Kopf)* volver; *(Blick)* dirigir; **den Blick nicht von etw ~** no apartar la vista de algo **II.** *vr:* **sich ~** *(Richtung einschlagen)* dirigirse *(zu* a); *(von jdm weg)* apartarse *(von* de); **sich an jdn ~** dirigirse a alguien

Wendepunkt *m (Zeitpunkt)* momento *m* decisivo

Wendung *f* <-en> *(Veränderung)* cambio *m; (Redewendung)* modismo *m*

wenig ['ve:nɪç] *adj o adv o pron indef* poco; **ein klein ~** un poquito; **sehr ~** poquísimo; **mit ~en Ausnahmen** salvo pocas excepciones; **so ~** tan poco; **so ~ wie möglich** lo menos posible; **zu ~** muy poco; **11 Euro zu ~** faltan 11 euros

weniger ['ve:nɪgɐ] **I.** *adj o adv o pron indef kompar von* **wenig** menos; **~ als** menos que; *(bei Zahlen)* menos de; *(vor Verben)* menos de lo que; **immer ~** cada vez menos; **~ werden** disminuir; **um so ~** tanto menos **II.** *konj* menos; **zehn ~ drei ist sieben** diez menos tres son siete

wenigste ['ve:nɪçstə, 've:nɪkstə] *pron indef superl von* **wenig** **1.** *(kleinste Anzahl):* **die ~n** los menos, la menor parte; *(die Minder-*

heit) la minoría **2.** (*kleinste Menge*): **das** ~ lo menos

wenigstens ['ve:nɪçstəns, 've:nɪkstəns] *adv* (*zumindest*) por lo menos; (*mindestens*) como mínimo

wenn [vɛn] *konj* **1.** (*zeitlich*) cuando; **jedes Mal,** ~ ... cada vez que... **2.** (*konditional*) si; (*falls*) en caso de que +*subj* **3.** (*konzessiv*): ~ **auch** si bien **4.** (*Wunsch*): ~ ... **nur** ojalá +*subj*

wenngleich [-'-] *konj* aunque, si bien

wer [ve:ɐ] **I.** *pron inter* quién, quiénes *pl* **II.** *pron rel* quien, quienes *pl;* ~ **auch immer** quienquiera que sea

Werbefernsehen *nt* publicidad *f* televisada

werben ['vɛrbən] <wirbt, warb, geworben> **I.** *vi* hacer publicidad **II.** *vt* (*Arbeitskräfte*) contratar; (*Mitglieder*) afiliar; (*Kunden*) atraer

Werbespot ['vɛrbəspɔt] *m* anuncio *m* publicitario

Werbung *f* (*Reklame*) publicidad *f*

Werdegang *m* desarrollo *m; der berufliche* ~ la carrera profesional

werden[1] ['ve:ɐdən] <wird, wurde, geworden> *vi sein* **1.** (*Zustandsveränderung*) volverse; **alt** ~ hacerse viejo; **krank** ~ ponerse enfermo; **kalt** ~ enfriar(se); **es wird Frühling** llega la primavera **2.** (*Entwicklung*) llegar a ser; ~**de Mutter** futura madre; **es wird ein Junge** será un niño; **besser/schlechter** ~ mejorar/empeorar; **was willst du einmal** ~? ¿qué quieres ser de mayor? **3.** (*Resultat*) salir; **die Fotos sind gut geworden** las fotos salieron bien; **er ist 40 geworden** cumplió 40 años

werden[2] <wird, wurde, *ohne pp*> *aux* **1.** (*zur Bildung des Futurs*):

ich werde es tun lo haré; **es wird gleich regnen** va a empezar a llover **2.** (*zur Bildung des Konjunktivs II*): **würden Sie bitte mal kommen?** ¿podría venir un momento, por favor? **3.** (*Vermutung*): **es wird schon stimmen** será correcto; **er wird wohl ausgegangen sein** habrá salido

werden[3] <wird, wurde, worden> *aux* (*zur Bildung des Passivs*) ser; **sie ist entführt worden** ha sido secuestrada; **hier wird nicht geraucht!** ¡aquí no se fuma!; **mir wurde gesagt, dass** ... me han dicho que...

werfen ['vɛrfən] <wirft, warf, geworfen> **I.** *vt* tirar; (*schleudern*) lanzar; (*Tierjunge*) parir; **eine Münze** ~ echar a suertes **II.** *vr:* **sich** ~ (*sich stürzen*) lanzarse (*auf* sobre); (*sich fallen lassen*) echarse (*auf* sobre) **III.** *vi* lanzar; (*Tier*) parir

Werft [vɛrft] *f* <-en> (NAUT) astillero *m*

Werk [vɛrk] *nt* <-(e)s, -e> (*Buch etc.*) obra *f;* (*Arbeit*) trabajo *m;* (*Fabrik*) fábrica *f*

Werkstatt ['-ʃtat] *f* <-stätten> taller *m*

Werktag *m* día *m* laborable; **werktags** *adv* los días laborales; **werktätig** *adj* trabajador; **die** ~**e Bevölkerung** la población activa; **Werkzeug** *nt* <-(e)s, -e> herramienta *f*

wert [ve:ɐt] *adj:* **etwas** ~ **sein** valer algo; **einer Sache** ~ **sein** merecer algo

Wert [ve:ɐt] *m* <-(e)s, -e> valor *m;* **großen** ~ **auf etw legen** dar mucha importancia a algo

werten ['ve:ɐtən] *vt* (*einschätzen*) calificar (*als* de/como)

wertlos *adj* sin valor; **Wertpapier** *nt* (FIN) valor *m*, efecto *m;* **Wert-**

sache f objeto m de valor; **Wert-stoff** m desecho m reciclable

Wertung f <-en> valoración f; (SPORT) puntuación f

wertvoll adj valioso; **Wertvorstellung** f concepto m de valores

Wesen nt <-s, -> 1. (*Lebewesen*) ser m; (*Mensch*) persona f; **ein menschliches ~** un ser humano 2. *ohne pl* (*Grundeigenschaft*) esencia f; (*Charakter*) naturaleza f; **sein wahres ~ zeigen** quitarse la máscara

wesentlich ['veːzəntlɪç] I. adj esencial; (*grundlegend*) fundamental; **nichts Wesentliches** nada de importancia II. adv (*sehr, viel*) mucho

weshalb [vɛsˈhalp, '--] adv (*fragend*) por qué; (*relativisch*) por lo que; **der Grund ~ ...** la razón por la cual...

Wespe ['vɛspə] f <-n> avispa f

wessen ['vɛsən] I. pron inter 1. gen von **wer** de quién 2. gen von **was** de qué; **~ wird sie beschuldigt?** ¿de qué se la acusa? II. pron rel de quien, de quienes pl

Wessi ['vɛsi] mf <-s, -s; -s> (*fam*) *habitante de los estados federados del oeste de Alemania*

Westdeutschland nt Oeste m de Alemania

Weste ['vɛstə] f <-n> chaleco m; **eine reine ~ haben** (*fam*) tener las manos limpias

Westen ['vɛstən] m <-s, ohne pl> oeste m; **im ~ von** en el oeste de; (*westlich von*) al oeste de; **nach/in den ~** hacia el oeste; **von ~** del oeste

Westeuropa ['--'--] nt Europa f Occidental

Westfalen [vɛstˈfaːlən] nt <-s> Westfalia f

westfälisch adj westfaliano

westlich I. adj occidental; **in ~er Richtung** en dirección oeste; **~ von**

Berlin al oeste de Berlín II. präp +gen al oeste de

weswegen [vɛsˈveːgən] adv s. **weshalb**

Wettbewerb ['vɛtbəvɛrp] m <-(e)s, -e> 1. (*Veranstaltung*) concurso m; (SPORT) competición f 2. *ohne pl* (WIRTSCH) competencia f; **wettbewerbswidrig** adj (*Verhalten, Preisabsprachen*) que atenta contra la libre competencia

Wette ['vɛtə] f <-n> apuesta f; **eine ~ mit jdm abschließen** hacer una apuesta con alguien; **um die ~** (*fam*) a porfía

wetteifern ['---] vi: **mit jdm um etw ~** competir con alguien por algo

wetten ['vɛtən] vi, vt apostar (*auf* por, *um*); **ich wette mit dir um fünf Euro, dass ...** te apuesto cinco euros a que...; **worum ~ wir?** ¿qué apuestas?

Wetter ['vɛtɐ] nt <-s, ohne pl> tiempo m; **es ist schönes ~** hace buen tiempo; **Wetterbericht** m parte m meteorológico; **Wetterkarte** f mapa m meteorológico; **Wetterlage** f situación f meteorológica; **Wettervorhersage** f pronóstico m del tiempo

Wettkampf m competición f; **Wettlauf** m carrera f de velocidad; **wett|machen** ['vɛt-] vt (*fam*) compensar; (*Fehler*) corregir; **Wettrennen** nt carrera f de velocidad

WG [veːˈgeː] f <-s> Abk. von **Wohngemeinschaft** comuna f

Whisky ['wɪski] m <-s, -s> whisky m

wich [vɪç] 3. imp von **weichen**

wichtig ['vɪçtɪç] adj importante; **etw ~ nehmen** dar importancia a algo

Wichtigkeit f importancia f; **eine Sache von höchster ~** un asunto de suma importancia

wickeln ['vɪkəln] vt (*aufwickeln*) arrollar; (einwickeln) envolver (in en); (Säugling) cambiar los pañales (a)

Widder ['vɪdɐ] m <-s, -> carnero m; (ASTR) Aries m

wider ['vi:dɐ] präp +akk (geh) contra; ~ **Erwarten** contra lo que era de esperar

widerfahren* [--'--] irr vi sein (geh) ocurrir; **widerlegen*** vt rebatir

widerlich ['vi:dɐlɪç] adj (abstoßend) repugnante

Widerrede f protesta f; **sie duldet keine ~** no admite protesta; **widerrufen*** irr vt (Urteil) revocar; (Aussage) retractarse (de); (Nachricht) desmentir; (Auftrag) anular

Widersacher(in) m(f) <-s, -; -nen> adversario, -a m, f

widersetzen* vr: **sich ~** oponerse (a)

widerspenstig ['vi:dɐʃpɛnstɪç] adj rebelde; (trotzig) terco

wider|spiegeln vt, vr: **sich ~** reflejar(se); **widersprechen*** irr vi: **jdm ~** contradecir a alguien; **etw** dat **~** ir en contra de algo

widersprochen pp von **widersprechen**

Widerspruch m 1. (Gegensätzlichkeit) contradicción f (zu con); **sich in Widersprüche verwickeln** incurrir en contradicciones 2. ohne pl (Widerrede) réplica f; **ohne ~** sin protestar; **seine Äußerungen stießen auf ~** hubo protestas a causa de sus declaraciones

widersprüchlich [-ʃpryçlɪç] adj contradictorio

widerspruchslos adj sin objeción alguna

Widerstand m resistencia f (gegen a); **~ leisten** oponer resistencia; **auf ~ stoßen** encontrar resistencia

widerstanden pp von **widerstehen**

widerstandsfähig adj resistente (gegen a)

widerstehen* irr vi resistir (a); **widerstreben*** vi: **es widerstrebt mir, das zu tun** me repugna hacerlo

widerwärtig ['vi:dɐvɛrtɪç] adj asqueroso

Widerwille m <-ns, ohne pl> aversión f (gegen a); **widerwillig** adv de mala gana

widmen ['vɪtmən] I. vt dedicar II. vr: **sich jdm ~** atender a alguien; **sich etw** dat **~** dedicarse a algo

Widmung f <-en> dedicatoria f

widrig ['vi:drɪç] adj desfavorable

wie [vi:] I. adv 1. (interrogativ: auf welche Art) cómo; (mit welchen Merkmalen, in welchem Grad) qué; (in welcher Weise) de qué manera; ~ **bitte?** ¿cómo (dice)?; ~ **geht's?** ¿qué tal?; ~ **oft?** ¿cuántas veces?; ~ **viel?** ¿cuánto?; ~ **alt bist du?** ¿cuántos años tienes?; ~ **spät ist es?** ¿qué hora es?; ~ **auch immer** sea como sea; ~ **dem auch sei** sea como fuere 2. (relativisch: auf welche Art) como; (in welchem Grad) que; **die Art, ~ sie spricht** la manera como habla 3. (Ausruf) ¡cómo!; ~ **schade!** ¡qué lástima! II. konj (Vergleich) como; **weiß ~ Schnee** blanco como la nieve; ~ **immer** como siempre; **ich sah, ~ er das Fenster öffnete** vi cómo abría la ventana

wieder ['vi:dɐ] adv otra vez; **immer ~** una y otra vez; **nie ~** nunca más; **gib ihm das ~ zurück** devuélveselo; **da bin ich ~** aquí estoy de nuevo; **Wiederaufbau** [--'--] m <-(e)s, ohne pl> reconstrucción f; **wieder|auf|bereiten*** vt reciclar

Wiederaufnahme [--'---] f (einer Tätigkeit) reanudación f; (in eine Gruppe) readmisión f; **wieder|auf|nehmen** irr vt s. **aufnehmen**

wieder|bekommen* irr vt recuperar

wieder|beleben* *vt* (*Person*) reanimar; **Wiederbelebung** *f* (*Person*) reanimación *f;* (*Wirtschaft*) reactivación *f*

wieder|bringen *irr vt* devolver; **wieder|erkennen*** *irr vt* reconocer; **er war nicht wiederzuerkennen** había cambiado totalmente; **Wiedereröffnung** *f* reapertura *f;* **wieder|finden** *irr vt* (*Dinge*) encontrar; (*Person*) reencontrar; (*Sprache*) recobrar

Wiedergabe *f* <-n> **1.** (*einer Rede*) relato *m;* (*einer Äußerung*) repetición *f;* (*Schilderung*) descripción *f* **2.** (*Aufführung*) representación *f;* (*eines Musikstücks*) ejecución *f* **3.** (*in Bild, Ton, a.* TYPO) reproducción *f;* **wieder|geben** *irr vt* (*zurückgeben*) devolver; (*schildern*) describir; (*erzählen*) relatar; (*ausdrücken*) expresar

wieder|gut|machen *vt s.* **gutmachen; wieder|her|stellen** [--'----] *vt* (*Ordnung*) restablecer; (*reparieren*) restaurar; **wiederholen*¹** **I.** *vt* repetir; (*Lernstoff*) repasar **II.** *vr:* **sich ~** repetirse

wieder|holen² *vt* (*zurückholen*) ir a buscar otra vez

wiederholt [--'-] **I.** *adj* repetido; **zum ~en Male** por milésima vez **II.** *adv* en reiteradas ocasiones

Wiederholung [--'---] *f* <-en> repetición *f;* (*von Lernstoff*) repaso *m*

wieder|kehren *vi sein* (*geh*) regresar (*von/aus* +*dat* de); **wieder| kommen** *irr vi sein* (*zurückkommen*) volver; **wieder|sehen** *irr vt* volver a ver; **Wiedersehen** *nt* <-s, -> reencuentro *m;* **auf ~!** ¡hasta luego!

wiederum ['vi:dərʊm] *adv* (*nochmals*) de nuevo; (*andererseits*) por el contrario

wieder|vereinigen* *vt, vr:* **sich ~** reunificar(se); **Wiedervereinigung** *f* reunificación *f*

wiederverwendbar *adj* reutilizable

Wiederverwertung *f* <-en> reciclaje *m*

Wiege ['vi:gə] *f* <-n> cuna *f*

wiegen¹ ['vi:gən] *vt* (*bewegen*) mover; (*Kind*) mecer

wiegen² <wiegt, wog, gewogen> *vi, vt* pesar

Wien [vi:n] *nt* <-s> Viena *f*

wies [vi:s] *3. imp von* **weisen**

Wiese ['vi:zə] *f* <-n> prado *m*

wieso [vi'zo:] *adv* por qué

wievielᴬᴸᵀ [vi'fi:l, '--] *adv s.* **viel**

wievielte(r, s) ['vi:vi:ltə, -te, -təs] *adj:* **zum ~n Mal bist du schon in Spanien?** ¿cuántas veces has estado ya en España?; **den Wievielten haben wir heute?** ¿a qué día estamos hoy?

wild [vɪlt] *adj* (*Tier, Landschaft*) salvaje; (*Pflanze*) silvestre; (*Kinder*) travieso; (*wütend*) furioso; **ein ~es Durcheinander** un caos terrible; **~ entschlossen** (*fam*) totalmente decidido; **~ auf etw sein** (*fam*) estar loco por algo; **das ist halb so ~** (*fam*) no es para tanto

Wild *nt* <-(e)s, *ohne pl*> caza *f*

wildfremd ['--] *adj* totalmente desconocido

Wildnis *f* lugar *m* salvaje; (*Urwald*) selva *f*

Wildschwein *nt* jabalí *m*

will [vɪl] *3. präs von* **wollen**

Wille ['vɪlə] *m* <-ns, -n> voluntad *f;* (*Absicht*) intención *f;* **der letzte ~** (*Testament*) la última voluntad; **wider ~n** de mala gana

willen ['vɪlən] *präp* +*gen:* **um jds/ etw** *gen* **~** por alguien/algo; **willenlos** *adj* sin voluntad (propia)

Willenskraft *f* fuerza *f* de voluntad

willig I. *adj* servicial; *(gehorsam)* obediente **II.** *adv* de buena voluntad

willkommen [-'--] *adj (Person)* bienvenido; *(Sache)* oportuno; **jdn ~ heißen** dar la bienvenida a alguien

Willkür ['vɪlkyːɐ] *f ohne pl* arbitrariedad *f;* **sie sind seiner ~ ausgeliefert** están a su merced

willkürlich *adj (Maßnahme)* arbitrario; *(zufällig)* casual

wimmeln ['vɪməln] *vi* pulular *(von)*, bullir; **das Buch wimmelt von Fehlern** *(fam)* el libro está lleno de errores

wimmern ['vɪmen] *vi* gemir

Wimper ['vɪmpɐ] *f* <-n> pestaña *f;* **ohne mit der ~ zu zucken** a sangre fría

Wind [vɪnt] *m* <-(e)s, -e> viento *m;* **~ von etw bekommen** *(fam)* enterarse de algo; **viel ~ (um etw) machen** *(fam)* armar mucho escándalo (a propósito de algo)

Windel ['vɪndəl] *f* <-n> pañal *m*

winden ['vɪndən] <windet, wand, gewunden> **I.** *vt:* **etw um etw ~** poner algo alrededor de algo; **jdm etw aus der Hand ~** arrancarle a alguien algo de las manos **II.** *vr:* **sich ~** *(Pflanze)* enredarse *(um* por); *(sich krümmen)* retorcerse; *(sich schlängeln)* serpentear *(durch* entre); *(Ausflüchte suchen)* buscar pretextos

Windenergie *f ohne pl* energía *f* eólica; **windgeschützt** *adj* protegido del viento

windig *adj (Wetter)* ventoso; *(Ort)* expuesto al viento; **es ist ~** hace viento

Windjacke *f* cazadora *f*

Windkraftanlage *f* central *f* eólica; **Windkraftwerk** *nt* central *f* eólica

Windmühle *f* molino *m* de viento; **Windpocken** *fpl* varicela *f;* **Windschutzscheibe** *f* parabrisas *m inv;*

Windstärke *f* fuerza *f* del viento; **windstill** *adj:* **es ist ~** no hace viento; **Windsurfer(in)** *m(f)* surfista *mf*

Wink [vɪŋk] *m* <-(e)s, -e> *(Zeichen)* seña *f;* *(Äußerung)* indicación *f;* *(Rat)* consejo *m;* *(Warnung)* advertencia *f;* **jdm einen ~ geben** hacer(le) una indicación a alguien; **ein ~ mit dem Zaunpfahl** una indirecta

Winkel ['vɪŋkəl] *m* <-s, -> (MATH) ángulo *m;* *(Ecke)* rincón *m*

winken ['vɪŋkən] <winkt, winkte, gewinkt, *reg:* gewunken> **I.** *vi* hacer señas **II.** *vt:* **jdn zu sich** *dat* **~** llamar a alguien

winseln ['vɪnzəln] *vi* gemir

Winter ['vɪntɐ] *m* <-s, -> invierno *m;* **Wintergarten** *m* invernadero *m*

winterlich *adj* invernal

Winterreifen *m* neumático *m* de invierno; **Winterschlaf** *m* hibernación *f;* **~ halten** hibernar; **Winterschlussverkauf**^{RR} *m* rebajas *fpl* de enero; **Wintersport** *m* deporte *m* de invierno

Winzer(in) ['vɪntsɐ] *m(f)* <-s, -; -nen> viticultor(a) *m(f)*

winzig ['vɪntsɪç] *adj* minúsculo

Wipfel ['vɪpfəl] *m* <-s, -> cima *f*

Wippe ['vɪpə] *f* <-n> balancín *m*

wir [viːɐ] *pron pers 1. pl* nosotros *mpl,* nosotras *fpl;* **~ beiden** nosotros/nosotras dos

Wirbel ['vɪrbəl] *m* <-s, -> *(Wasserwirbel, Haarwirbel)* remolino *m;* *(Trubel)* torbellino *m;* *(Knochen)* vértebra *f;* **~ um etw machen** armar un escándalo a propósito de algo

wirbeln ['vɪrbəln] *vi sein:* **durch die Luft ~** revolotear por el aire

Wirbelsäule *f* columna *f* vertebral; **Wirbelsturm** *m* ciclón *m;* **Wirbelwind** *m (a. fig)* torbellino *m*

wirbt [vɪrpt] *3. präs von* **werben**
wird [vɪrt] *3. präs von* **werden**
wirft [vɪrft] *3. präs von* **werfen**
wirken ['vɪrkən] *vi* (*Wirkung haben*) surtir efecto (*bei* con, *auf* en); (*Eindruck machen*) parecer; (*zur Geltung kommen*) resaltar; **beruhigend** ~ tener un efecto calmante; **lächerlich** ~ ser ridículo; **etw auf sich** ~ **lassen** degustar algo
wirklich ['vɪrklɪç] **I.** *adj* verdadero; **im** ~**en Leben** en la vida real **II.** *adv* de verdad; **das ist** ~ **nett von Ihnen** es realmente muy amable de su parte
Wirklichkeit *f* <-en> realidad *f*
wirksam *adj* eficaz
Wirksamkeit *f* eficacia *f*
Wirkstoff *m* su(b)stancia *f* activa
Wirkung *f* <-en> efecto *m;* **eine durchschlagende** ~ **haben** tener un efecto radical; **wirkungslos** *adj* ineficaz; ~ **bleiben** no surtir efecto; **wirkungsvoll** *adj* eficaz; ~ **sein** surtir efecto
wirr [vɪr] *adj* confuso; (*durcheinander*) revuelto; ~**es Zeug reden** decir disparates
Wirt(in) [vɪrt] *m(f)* <-(e)s, -e; -nen> (*Gastwirt*) dueño, -a *m, f* de un restaurante
Wirtschaft ['vɪrtʃaft] *f* <-en> (*Volkswirtschaft*) economía *f;* (*Gastwirtschaft*) restaurante *m*
wirtschaftlich *adj* económico
Wirtschaftlichkeit *f* rentabilidad *f*
Wirtschaftskrise *f* crisis *f inv* económica; **Wirtschaftslage** *f ohne pl* situación *f* económica; **Wirtschaftswissenschaft** *f* ciencias *fpl* económicas
wischen ['vɪʃən] *vt* (*reinigen*) limpiar; (*Boden*) fregar; (*wegwischen*) quitar
wispern ['vɪspɛn] *vi, vt* susurrar

wissbegierigᴿᴿ *adj* ávido de saber
wissen ['vɪsən] <weiß, wusste, gewusst> *vt* saber; **mit jdm umzugehen** ~ saber cómo tratar a alguien; **woher weißt du das?** ¿cómo lo sabes?; **soviel ich weiß, ist ~ todo da** por lo que yo sé, sigue estando allí; **... und was weiß ich noch alles** (*fam*) ... y no sé cuántas cosas más; **weißt du noch, wie schön es war?** ¿te acuerdas de lo bonito que era?; **weißt du einen guten Arzt?** ¿sabes de un buen médico?; **nicht, dass ich wüsste** no que yo sepa
Wissen *nt* <-s, *ohne pl*> saber *m;* (*Kenntnisse*) conocimientos *mpl*
Wissenschaft *f* <-en> ciencia *f*
Wissenschaftler(in) *m(f)* <-s, -; -nen> científico, -a *m, f*
wissenschaftlich *adj* científico
wissenswert *adj* interesante
Witterung *f* <-en> (*Wetter*) tiempo *m*
Witwe ['vɪtvə] *f* <-n> viuda *f*
Witwer ['vɪtvɐ] *m* <-s, -> viudo *m*
Witz [vɪts] *m* <-es, -e> **1.** (*mit Pointe*) chiste *m;* (*Scherz*) broma *f;* ~**e machen** bromear **2.** *ohne pl* (*Geist*) gracia *f*
Witzbold ['vɪtsbɔlt] *m* <-(e)s, -e> (*fam*) gracioso, -a *m, f*
witzig *adj* gracioso
witzlos *adj* **1.** (*ohne Witz*) soso, sin gracia **2.** (*fam: sinnlos*) sin sentido, inútil
WM [ve:'ʔɛm] *f* <-s> *Abk. von* **Weltmeisterschaft** campeonato *m* mundial
wo [vo:] *adv* (*interrogativ*) dónde; (*relativisch*) donde; (*zeitlich*) cuando; **jetzt,** ~ **ich Zeit habe** ahora que tengo tiempo
woanders [-'--] *adv* en otra parte
wob [vo:p] *3. imp von* **weben**
wobei [vo'baɪ] *adv* (*interrogativ*)

cómo; (*relativisch*) a lo cual; ~ **mir gerade einfällt** ... lo que me hace recordar...

Woche ['vɔxə] *f* <-n> semana *f;* **unter der** ~ durante la semana; **Wochenende** *nt* fin *m* de semana; **wochenlang** I. *adj* que dura semanas II. *adv* semanas enteras; **Wochentag** *m* día *m* de la semana; **wochentags** *adv* los días laborables **wöchentlich** ['vœçəntlɪç] I. *adj* semanal II. *adv* cada semana; **zweimal** ~ dos veces la semana

Wochenzeitung *f* semanario *m*

Wodka ['vɔtka] *m* <-s, -s> vodka *m*

wodurch [vo'dʊrç] *adv* (*interrogativ*) cómo; (*relativisch*) por lo cual

wofür [vo'fy:ɐ] *adv* (*interrogativ*) para qué; (*relativisch*) por lo cual; ~ **hältst du mich?** ¿por quién me tomas?

wog [vo:k] *3. imp von* **wiegen**[2]

Woge ['vo:gə] *f* <-n> (*geh*) ola *f;* **wenn sich die ~n geglättet haben** en cuanto los ánimos se hayan calmado

wogegen [vo'ge:gən] I. *adv* (*interrogativ*) contra qué; (*relativisch*) contra lo cual II. *konj* mientras que

woher [vo'he:ɐ] *adv* (*interrogativ*) de dónde; (*auf welche Weise*) cómo; ~ **kommt es eigentlich, dass ...?** ¿cómo es que...?

wohin [vo'hɪn] *adv* (*interrogativ*) adónde; (*relativisch*) adonde; ~ **man auch sieht** se mire por donde se mire

wohingegen [vohɪn'ge:gən] *konj* mientras que

wohl [vo:l] *adv* 1. (*gut*) bien; (*angenehm*) a gusto; **sich** ~ **fühlen** encontrarse a gusto; (*gesundheitlich*) sentirse bien; ~ **oder übel** por las buenas o por las malas; **leb ~!** ¡que te vaya bien! 2. (*durchaus*) perfecta-

mente; **das weiß ich sehr** ~ lo sé perfectamente; ~ **kaum** difícilmente; **willst du** ~ **aufhören!** ¡quieres parar de una vez! 3. (*etwa*) cerca de 4. (*wahrscheinlich*) probablemente

Wohl *nt* <-(e)s, *ohne pl*> bien *m;* (*Wohlergehen*) bienestar *m;* **auf jds** ~ **trinken** brindar por la salud de alguien; **auf dein** ~! ¡a tu salud!; **zum** ~! ¡salud!

wohlauf [vo:l'ʔaʊf, vo'laʊf] *adv* (*geh*): ~ **sein** estar bien; **Wohlbefinden** *nt* bienestar *m;* (*Gesundheit*) salud *f;* **wohlbehalten** ['--'--] *adj* (*unverletzt*) sano y salvo; (*unbeschädigt*) intacto; **Wohlfahrt** *f ohne pl* servicio *m* de beneficencia pública; **wohlhabend** *adj* acomodado

wohlig *adj* agradable

Wohlstand *m* <-(e)s, *ohne pl*> bienestar *m;* **Wohlstandsgesellschaft** *f* (*abw*) sociedad *f* del bienestar

Wohltat *f* (*Genuss*) placer *m;* (*Erleichterung*) alivio *m;* **Wohltäter(in)** *m(f)* bienhechor(a) *m(f);* **wohltätig** *adj* benéfico; **für ~e Zwecke** para fines caritativos; **Wohltätigkeit** *f ohne pl* beneficencia *f*

wohltuend *adj* agradable

wohl|tun *irr vi s.* **tun**

wohlüberlegt ['---'-] *adj s.* **überlegen**[2]

Wohlwollen *nt* <-s, *ohne pl*> (*Gutmütigkeit*) benevolencia *f;* (*Sympathie*) simpatía *f;* **bei allem** ~ con la mejor voluntad

wohlwollend *adj* benévolo; **jdm** ~ **gegenüberstehen** ver a alguien con buenos ojos

Wohnbezirk *m* área *f* residencial

wohnen ['vo:nən] *vi* vivir (*in* en, *bei* en casa de); (*vorübergehend*) estar alojado (*in* en, *bei* en casa de)

Wohnfläche f superficie f habitable;
Wohngegend f zona f residencial;
Wohngemeinschaft f comuna f;
in einer ~ leben compartir un piso;
wohnhaft adj (formal) residente
(**in** +dat en); **Wohnheim** nt residencia f; **Wohnmobil** nt <-s, -e>
coche m caravana; **Wohnort** m domicilio m; **Wohnraum** m
1. (Raum) habitación f 2. ohne pl
(Wohnungen) viviendas fpl; **Wohnsitz** m domicilio m; **ohne festen ~**
sin domicilio fijo

Wohnung f <-en> piso m, departamento m Am; **Wohnungsbau** m
<-(e)s, ohne pl> construcción f de
viviendas; **sozialer ~** construcción
de viviendas sociales; **Wohnungssuche** f búsqueda f de piso; **auf ~
sein** buscar piso

Wohnviertel nt barrio m residencial;
Wohnwagen m caravana f;
Wohnzimmer nt cuarto m de estar

wölben ['vœlbən] vt, vr: **sich ~** arquear(se)

Wolf [vɔlf] m <-(e)s, Wölfe> lobo m

Wolke ['vɔlkə] f <-n> nube f; **aus
allen ~n fallen** (fam) quedarse de
una pieza; **Wolkenbruch** m chaparrón m; **Wolkenkratzer** m rascacielos m inv; **wolkenlos** adj despejado

wolkig adj nuboso

Wolle ['vɔlə] f <-n> lana f

wollen[1] ['vɔlən] <will, wollte, wollen> vi, vt Modalverb querer; **etw
machen ~** querer hacer algo; **komme, was wolle** pase lo que pase;
ich wollte gerade gehen estaba a
punto de irme; **das will ich meinen**
eso digo; **das will ich nicht gehört
haben** lo doy por no oído; **was will
man da machen?** ¿qué se le va a
hacer?

wollen[2] <will, wollte, gewollt> vi, vt

querer; **lieber ~** preferir; **ob du
willst oder nicht** quieras o no
(quieras); **wir ~ keine Kinder** no
queremos tener hijos; **das habe
ich nicht gewollt** no era mi intención

Wollust ['vɔlʊst] f ohne pl (geh) voluptuosidad f

womit [vo'mɪt] adv (interrogativ) con
qué; (relativisch) con lo cual;
~ kann ich dienen? ¿en qué puedo
servirle?

womöglich [vo'møːklɪç] adv quizás
+subj

wonach [vo'naːx] adv (interrogativ)
qué; (relativisch) por lo que; (gemäß) según lo cual; **~ riecht das?**
¿a qué huele esto?

Wonne ['vɔnə] f <-n> delicia f

woran [vo'ran] adv 1. (interrogativ)
en qué; **~ denkst du?** ¿en qué piensas?; **~ liegt es?** ¿a qué se debe?;
~ sind sie gestorben? ¿de qué murieron? 2. (relativisch) en el cual;
wenn ich nur wüsste, ~ das liegt
si supiera a que se debe

worauf [vo'rauf] adv 1. (interrogativ)
a qué; (räumlich) sobre qué 2. (relativisch) sobre el cual; (zeitlich) después de lo cual; **~ du dich verlassen kannst** de eso puedes estar seguro

woraufhin [vorauf'hɪn] adv 1. (interrogativ) ¿por qué razón? 2. (relativisch) con lo cual

woraus [vo'raus] adv (interrogativ)
de qué; (relativisch) del cual

worden ['vɔrdən] pp von **werden**[3]

worin [vo'rɪn] adv (interrogativ) en
qué; (relativisch) en el cual; **~ besteht der Nachteil?** ¿dónde está la
desventaja?

Workshop ['wɔːkʃɔp] m <-s, -s> taller m

Wort [vɔrt] nt <-(e)s, -e o Wörter>

palabra *f;* **im wahrsten Sinne des ~es** literalmente; **jdn (nicht) zu ~ kommen lassen** (no) dejar hablar a alguien; **für jdn ein gutes ~ einlegen** interceder por alguien; **jdm ins ~ fallen** interrumpir a alguien; **das glaube ich dir aufs ~** te lo creo a pies juntillas

Wörterbuch *nt* diccionario *m;* **Wörterverzeichnis** *nt* glosario *m*

wortkarg *adj* (*Person*) de pocas palabras; **Wortlaut** *m* <-(e)s, *ohne pl*> texto *m*

wörtlich ['vœrtlɪç] **I.** *adj* literal **II.** *adv* (*dem Text entsprechend*) literalmente; (*in der eigentlichen Bedeutung*) al pie de la letra; **~ zitieren** citar textualmente

wortlos I. *adj* silencioso **II.** *adv* sin decir nada; **Wortschatz** *m* vocabulario *m;* **wortwörtlich** ['-'-'-] *adj o adv s.* **wörtlich**

worüber [vo'ry:bɐ] *adv* (*interrogativ*) de qué; (*relativisch*) sobre el cual

worum [vo'rʊm] *adv* (*interrogativ*) de qué; (*relativisch*) de que; **~ handelt es sich?** ¿de qué se trata?

worunter [vo'rʊntɐ] *adv* (*interrogativ*) debajo de qué; (*relativisch*) debajo del cual; (*dazwischen*) entre los que

wovon [vo'fɔn] *adv* (*interrogativ*) de qué; (*relativisch*) de lo cual

wovor [vo'fo:ɐ] *adv* (*interrogativ*) de qué; (*räumlich*) delante de qué; (*relativisch*) ante el cual; **das einzige, ~ ich mich fürchte, ...** lo único de lo que tengo miedo...

wozu [vo'tsu:] *adv* (*interrogativ*) para qué; (*relativisch*) a lo cual, al que; (*Zweck*) para lo cual; **das, ~ ich am meisten Lust hätte, ...** aquello de lo que más ganas tengo...

Wrack [vrak] *nt* <-(e)s, -s *o* -e> (*Schiff*) barco *m* naufragado; (*Auto*)

coche *m* de desguace; **ein menschliches ~** una piltrafa (humana)

wrang [vraŋ] *3. imp von* **wringen**

wringen ['vrɪŋən] <wringt, wrang, gewrungen> *vt* escurrir

Wucher ['vu:xɐ] *m* <-s, *ohne pl*> (*abw*) usura *f*

wuchern ['vu:xɐn] *vi* haben *o* sein (*Pflanzen*) crecer excesivamente

wuchs [vu:ks] *3. imp von* **wachsen**

Wucht [vʊxt] *f* fuerza *f;* **mit voller ~** con toda fuerza; **das ist eine ~** (*fam*) es fenomenal

wuchtig *adj* (*kräftig*) fuerte; (*groß*) grande

wühlen ['vy:lən] **I.** *vi* hurgar (*in* en) **II.** *vr:* **sich durch etw ~** abrirse camino a través de algo

wund [vʊnt] *adj* escocido; **sich ~ liegen** llagarse

Wunde ['vʊndə] *f* <-n> (*a. fig*) herida *f*

Wunder ['vʊndɐ] *nt* <-s, -> maravilla *f;* (*übernatürlich*) milagro *m;* **etw wirkt ~** (*fam*) algo obra milagros; **wie durch ein ~** como por arte de magia; **wunderbar** *adj* maravilloso; **Wunderkind** *nt* niño, -a *m, f* prodigio

wunderlich *adj* raro

wundern ['vʊndɐn] *vt, vr:* **sich ~** sorprender(se) (*über* de); **es wundert mich, dass ...** me sorprende que... +*subj*

wunderschön ['--('-)-] *adj* hermosísimo; **wundervoll** *adj* maravilloso

wund|liegen *irr vr:* **sich ~** *s.* **wund**

Wunsch [vʊnʃ] *m* <-(e)s, Wünsche> deseo *m* (*nach* de); **jdm einen ~ erfüllen** satisfacer a alguien un deseo; **mit den besten Wünschen** con los mejores deseos

wünschen ['vʏnʃən] *vt* desear; (**ganz**) **wie Sie ~** como Ud. quiera; **sich** *dat* **etw von jdm ~** pedir algo a alguien; **sein Benehmen lässt viel zu ~ übrig** su comportamiento deja mucho que desear; **wünschenswert** *adj* deseable

wunschlos *adj:* **~ glücklich sein** ser totalmente feliz

wurde ['vʊrdə] *3. imp von* **werden**

Würde ['vʏrdə] *f* dignidad *f;* **unter aller ~** malísimo; **das ist unter meiner ~** lo considero indigno para mí; **würdelos** *adj* indigno; **würdevoll I.** *adj* digno **II.** *adv* con dignidad

würdig *adj* (*ehrbar*) respetable; **sich jds/etw** *gen* **~ erweisen** ser digno de alguien/algo

würdigen ['vʏrdɪɡən] *vt* (*anerkennen*) apreciar; (*Verdienste*) reconocer; (*für wert halten*) considerar digno (de)

Wurf [vʊrf] *m* <-(e)s, Würfe> (*das Werfen*) tiro *m;* (*beim Würfeln*) jugada *f;* (ZOOL) camada *f*

Würfel ['vʏrfəl] *m* <-s, -> cubo *m;* (*Spielwürfel*) dado *m*

würfeln I. *vi* jugar a los dados **II.** *vt* **1.** (*in Würfel schneiden*) cortar en cuadraditos **2.** (*eine Zahl*) tirar

Würfelzucker *m* azúcar *m* en terrones

würgen ['vʏrɡən] **I.** *vt* estrangular **II.** *vi* (*Brechreiz haben*) tener náuseas; **an etw ~** intentar tragar algo

Wurm [vʊrm] *m* <-(e)s, Würmer> gusano *m;* **Würmer haben** tener lombrices

Wurst [vʊrst] *f* <Würste> embutido *m;* (*Würstchen*) salchicha *f*

Würstchen ['vʏrstçən] *nt* <-s, -> salchicha *f;* **heiße ~** perritos calientes

Würzburg ['vʏrtsbʊrk] *nt* <-s> Wurtzburgo *m*

Würze ['vʏrtsə] *f* <-n> (*Substanz*) condimento *m;* (*Aroma*) aroma *m*

Wurzel ['vʊrtsəl] *f* <-n> (*a. fig*) raíz *f;* **~n schlagen** echar raíces

würzen ['vʏrtsən] *vt* condimentar

würzig *adj* bien condimentado

wusch [vuːʃ] *3. imp von* **waschen**

wusste[RR] ['vʊstə] *3. imp von* **wissen**

wüst [vyːst] *adj* (*öde*) desierto; (*unordentlich*) desordenado; (*schlimm*) terrible; **hier sieht es ja ~ aus!** ¡qué desorden!

Wüste ['vyːstə] *f* <-n> desierto *m*

Wut [vuːt] *f* rabia *f;* **seine ~ an jdm auslassen** desahogar su rabia en alguien; **in ~ geraten** enfurecerse; **Wutanfall** *m* ataque *m* de rabia

wüten ['vyːtən] *vi* (*Krieg, Sturm*) hacer estragos

wütend *adj* furioso (*über* por, *auf* con/contra); **auf jdn ~ sein** tener rabia a alguien; **~ werden** enfurecerse (*auf* contra)

WWW *nt Abk. von* **World Wide Web** WWW *f*

X

X, x [ɪks] *nt* <-, -> X, x *f*

X-Beine *nt pl* piernas *f pl* zambas

x-beliebig *adj* (*fam*) cualquiera

x-mal ['ɪksmaːl] *adv* (*fam*) mil veces

x-te(r, s) ['ɪkstə, -tɐ, -təs] *adj* (*fam*) enésimo

Y

Y, y ['ʏpsilɔn] *nt* <-, -> Y, y *f*

Yacht [jaxt] *f* <-en> yate *m*

Yoga ['joːga] *m o nt* <-(s), *ohne pl*> yoga *m*

Ypsilon ['ʏpsilɔn] *nt* <-(s), -s> i *f* griega

Yuppie ['jʊpi] *m* <-s, -s> yuppie *mf*

Z

Z, z [tsɛt] *nt* <-, -> Z, z *f*

Zacke ['tsakə] *f* <-n> diente *m; (Gabel)* púa *f*

zackig ['tsakɪç] *adj* dentado; *(Bewegung)* brioso; *(Person)* resoluto

zaghaft *adj* vacilante

zäh [tsɛː] *adj (Fleisch)* correoso; *(schleppend)* lento; *(widerstandsfähig)* resistente; **zähflüssig** *adj* viscoso; *(Verkehr)* denso

Zahl [tsaːl] *f* <-en> número *m*

zahlen ['tsaːlən] *vi, vt* pagar; **Herr Ober, bitte ~!** camarero, ¡la cuenta, por favor!

zählen ['tsɛːlən] *vi, vt* contar; **das zählt nicht** eso no cuenta; **auf jdn/etw ~** contar con alguien/algo; **zu etw ~** figurar entre algo

zahlenmäßig *adj* numérico; **~ überlegen** superior en número

Zähler *m* <-s, -> *(Zählwerk)* contador *m*

zahllos *adj* innumerable; **zahlreich** I. *adj* numeroso II. *adv* en gran número

Zahlung *f* <-en> pago *m;* **zahlungsfähig** *adj* solvente; **Zahlungsmittel** *nt* medio *m* de pago; **zahlungsunfähig** *adj* insolvente

Zahlwort *nt* <-(e)s, -wörter> numeral *m*

zahm [tsaːm] *adj* manso; *(gezähmt)* domesticado

zähmen ['tsɛːmən] *vt* amansar; *(zum Haustier)* domesticar; *(geh: Ungeduld)* refrenar

Zahn [tsaːn] *m* <-(e)s, Zähne> diente *m;* **die dritten Zähne** la dentadura postiza; **sich** *dat* **die Zähne putzen** cepillarse los dientes; **sich** *dat* **die Zähne an etw ausbeißen** *(fam)* dejarse la piel en algo; **Zahnarzt, -ärztin** *m, f* dentista *mf;* **Zahnbürste** *f* cepillo *m* de dientes; **Zahnersatz** *m* dentadura *f* postiza; **Zahnfleisch** *nt* encía(s) *f(pl);* **Zahnpasta** ['tsaːnpasta] *f* <-pasten> pasta *f* dentífrica; **Zahnrad** *nt* rueda *f* dentada; **Zahnschmerz** *m* dolor *m* de muelas; **Zahnseide** *f* seda *f* dental; **Zahnspange** *f* aparato *m* ortodóncico; **Zahnstocher** [-ʃtɔxɐ] *m* <-s, -> palillo *m*

Zange ['tsaŋə] *f* <-n> tenaza(s) *f(pl)* *(fam: von Tieren)* pinzas *fpl*

zanken ['tsaŋkən] *vi, vr:* **sich ~** pelearse

Zäpfchen ['tsɛpfçən] *nt* <-s, -> (ANAT) úvula *f; (Medikament)* supositorio *m*

Zapfsäule *f* surtidor *m* de gasolina

zapp(e)lig ['tsap(ə)lɪç] *adj (fam)* inquieto

zappeln ['tsapəln] *vi (mit den Beinen)* patalear *(mit); (unruhig sein)* no parar quieto; **jdn ~ lassen** *(fam)* tener a alguien en vilo

zappen ['tsapən] *vi (sl)* hacer zapping

zart [tsaːt] *adj (Fleisch)* tierno; *(fein)* fino; *(empfindlich)* sensible; *(Farbe, Berührung)* suave

zärtlich ['tsɛːɐtlɪç] I. *adj* cariñoso II. *adv* con cariño

Zärtlichkeit *f* <-en> 1. *(Liebkosung)* caricia *f;* **~en austauschen** acariciarse 2. *ohne pl (Zuneigung)* ternura *f*

Zauber ['tsaʊbɐ] *m* <-s, *ohne pl*> (*Zauberbann*) hechizo *m;* (*Zauberkraft*) magia *f;* (*Reiz*) encanto *m;* **fauler ~** (*fam abw*) embuste *m*

Zauberei [tsaʊbə'raɪ] *f* <-en> 1. (*Kunststück*) hechicería *f* 2. *ohne pl* (*Magie*) magia *f;* **an ~ grenzen** parecer cosa de brujería

Zauberer, Zauberin ['tsaʊbərɐ] *m, f* <-s, -; -nen> mago, -a *m, f*

zauberhaft *adj* encantador; **Zauberkünstler(in)** *m(f)* mago, -a *m, f;* (*Illusionist*) ilusionista *mf;* **Zauberkunststück** *nt* juego *m* de manos

zaubern ['tsaʊbɐn] *vi* (*Magie betreiben*) practicar la magia; (*als Zauberkünstler*) hacer juegos de prestidigitación; **ich kann doch nicht ~** (*fam*) no puedo hacer milagros

Zauberstab *m* varita *f* mágica; **Zauberwort** *nt* <-(e)s, -e> palabra *f* mágica

zaudern ['tsaʊdɐn] *vi* vacilar

Zaun [tsaʊn] *m* <-(e)s, Zäune> cerca *f;* **einen Streit vom ~ brechen** buscar camorra; **Zaunpfahl** *m* estaca *f*

z. B. *Abk. von* **zum Beispiel** p.ej.

Zebra ['tse:bra] *nt* <-s, -s> cebra *f;* **Zebrastreifen** *m* paso *m* (de) cebra

Zeche ['tsɛçə] *f* <-n> (*Bergwerk*) mina *f;* (*Rechnung*) cuenta *f;* **die ~ prellen** (*fam*) irse sin pagar

Zecke ['tsɛkə] *f* <-n> garrapata *f*

Zeh [tse:] *m* <-s, -en> dedo *m* del pie; **der große ~** el dedo gordo del pie

Zehe ['tse:ə] *f* <-n> 1. *s.* **Zeh** 2. (*Knoblauchzehe*) diente *m;* **Zehenspitze** *f* punta *f* del pie; **sich auf die ~n stellen** ponerse de puntillas

zehn [tse:n] *adj inv* diez; *s.a.* **acht¹**

zehnfach I. *adj* diez veces más

II. *adv* diez veces; *s.a.* **achtfach**

zehntausend *adj inv* diez mil; **die oberen ~** la flor y nata de la sociedad

zehnte(r, s) ['tse:ntə, -tə, -təs] *adj* décimo; *s.a.* **achte(r, s)**

zehntel ['tse:ntəl] *adj inv* décimo; *s.a.* **achtel**

Zeichen ['tsaɪçən] *nt* <-s, -> signo *m;* (*Signal*) señal *f;* (*mit der Hand*) seña *f;* (*Anzeichen*) indicio *m;* **Zeichenerklärung** *f* leyenda *f;* **Zeichensetzung** *f* puntuación *f;* **Zeichensprache** *f* lenguaje *m* por señas; **Zeichentrickfilm** *m* (película *f* de) dibujos *mpl* animados

zeichnen ['tsaɪçnən] *vi, vt* dibujar (*an*)

Zeichner(in) *m(f)* <-s, -; -nen> dibujante *mf*

Zeichnung *f* <-en> dibujo *m*

Zeigefinger *m* (dedo *m*) índice *m*

zeigen ['tsaɪgən] I. *vt* mostrar; (*Film*) poner; **das Thermometer zeigt zwei Grad** el termómetro marca dos grados II. *vi* señalar (*nach* hacia); **auf etw/jdn ~** señalar algo/a alguien; **zeig mal!** ¡déjame ver! III. *vr:* **sich ~** mostrarse; **sich jdm erkenntlich ~** mostrarle su agradecimiento a alguien; **das wird sich ~** eso ya se verá

Zeiger *m* <-s, -> indicador *m;* **der große/kleine ~** (*Uhr*) la aguja de las horas/los minutos

Zeile ['tsaɪlə] *f* <-n> renglón *m;* **jdm ein paar ~n schreiben** poner(le) a alguien unas letras; **zwischen den ~n lesen** leer entre líneas

Zeit [tsaɪt] *f* <-en> tiempo *m;* (*Zeitpunkt*) momento *m;* (*Zeitraum*) período *m;* (*Zeitalter*) época *f;* (*Uhrzeit*) hora *f;* **zu jeder ~** a cualquier hora; **zu keiner ~** en ningún momento; **eine ~ lang** durante algún

tiempo; (*eine Weile*) un rato; (**keine**) ~ **haben** (no) tener tiempo; **das hat** ~ eso no corre prisa; **es wird** (**allmählich**) ~ (ya) va siendo hora; **zur rechten** ~ en el momento oportuno; **von** ~ **zu** ~ de vez en cuando; **in letzter** ~ últimamente; **für alle ~en** para siempre; **zu meiner** ~ en mis tiempos; **Zeitalter** *nt* <-s, -> era *f*; **Zeitangabe** *f* (*Uhrzeit*) hora *f*; (*Datum*) fecha *f*; **Zeitarbeit** *f* trabajo *m* temporal; **Zeitaufwand** *m* inversión *f* de tiempo; **zeitaufwändig**^RR *adj* que requiere mucho tiempo; **Zeitbombe** *f* bomba *f* con detonador de tiempo; **Zeitdruck** *m* <-(e)s, *ohne pl*> premura *f* de tiempo; **unter** ~ **stehen** estar corto de tiempo; **zeitgemäß** *adj* conforme a la época; **Zeitgenosse, Zeitgenossin** *m, f* contemporáneo, -a *m, f*
zeitgenössisch *adj* contemporáneo
Zeitgeschehen *nt* actualidad *f*
zeitig I. *adj* temprano II. *adv* a tiempo
Zeitlang *f s.* **Zeit**
zeitlich *adj* temporal; ~ **zusammenfallen** coincidir; **etw ist** ~ **begrenzt** hay un plazo limitado para algo
zeitlos *adj* intemporal; **Zeitlupe** *f* cámara *f* lenta; **in** ~ **a** cámara lenta; **Zeitmangel** *m* <-s, *ohne pl*> falta *f* de tiempo; **Zeitnot** *f:* **in** ~ **sein** estar corto de tiempo; **Zeitplan** *m* horario *m;* **Zeitpunkt** *m* momento *m;* **Zeitraum** *m* período *m;* **Zeitrechnung** *f:* **vor unserer** ~ antes de nuestra era; **Zeitschrift** *f* revista *f*
Zeitung ['tsaɪtʊŋ] *f* <-en> periódico *m;* (*Tageszeitung*) diario *m;* **Zeitungsartikel** *m* artículo *m* de periódico
Zeitverschwendung *f* pérdida *f* de tiempo; **reine** ~ sólo tiempo perdido; **Zeitvertreib** *m* <-(e)s, -e> pasatiempo *m*
zeitweilig ['tsaɪtvaɪlɪç] I. *adj* momentáneo, temporal II. *adv* 1. (*vorübergehend*) durante algún tiempo 2. (*manchmal*) a veces
zeitweise ['tsaɪtvaɪzə] *adv* (*manchmal*) a veces; (*vorübergehend*) por momentos
Zelle ['tsɛlə] *f* <-n> célula *f*; (*Gefängniszelle*) celda *f*; **Zellstoff** *m* celulosa *f*
Zelt [tsɛlt] *nt* <-(e)s, -e> tienda *f* de campaña; (*Zirkuszelt*) carpa *f*
zelten ['tsɛltən] *vi* acampar
Zeltplatz *m* lugar *m* de acampada; (*Campingplatz*) camping *m*
Zement [tse'mɛnt] *m* <-(e)s, -e> cemento *m*
zensieren* [tsɛn'ziːrən] *vt* (*der Zensur unterwerfen*) censurar; (*benoten*) calificar
Zensur [tsɛn'zuːɐ] *f* <-en> 1. (*Note*) nota *f* 2. *ohne pl* (*Kontrolle*) censura *f*
Zentimeter [tsɛnti-, 'tsɛnti-] *m o nt* centímetro *m*
Zentner ['tsɛntnɐ] *m* <-s, -> (*50 kg*) quintal *m;* (*Österr, Schweiz: 100 kg*) quintal *m* métrico
zentral [tsɛn'traːl] *adj* central; ~ **gelegen** céntrico; **Zentralamerika** [-'--'---] *nt* América *f* Central
Zentrale [tsɛn'traːlə] *f* <-n> central *f*; (*Telefonzentrale*) centralita *f*
Zentralheizung *f* calefacción *f* central
zentralisieren* [tsɛntrali'ziːrən] *vt* centralizar
Zentren ['tsɛntrən] *pl von* **Zentrum**
zentrieren* [tsɛn'triːrən] *vt* centrar
Zentrum ['tsɛntrʊm] *nt* <-s, Zentren> centro *m*
Zeppelin ['tsɛpəliːn] *m* <-s, -e> zepelín *m*

zerbrechen* *irr vt haben, vi sein*
(*entzweibrechen*) romper(se)
zerbrechlich *adj* frágil
zerbrochen *pp von* **zerbrechen**
zerdrücken* *vt* aplastar
Zeremonie [tseremo'ni:] *f* <-n> ceremonia *f*
zerfallen* *irr vi sein* (*Gebäude*) desmoronarse; (*Kultur*) hundirse; **zu
Staub ~** convertirse en polvo
zerfetzen* *vt* (des)garrar
zerfleischen* *vt* despedazar
zergangen *pp von* **zergehen**
zergehen* *irr vi sein* deshacerse
zerkleinern* *vt* desmenuzar; (*in Stücke*) trocear; (*Holz*) partir
zerknirscht *adj* compungido; (*reuig*)
arrepentido
zerkratzen* *vt* (*Dinge*) rascar
zerlegen* *vt* (*Maschine*) desmontar
zermürben* *vt* (*körperlich*) cansar;
(*seelisch*) desmoralizar
zerquetschen* *vt* aplastar
zerreden* *vt* tratar demasiado
zerreißen* *irr* **I.** *vi sein* romperse
II. *vt haben* romper; (*in Stücke*) hacer pedazos
zerren ['tsɛrən] **I.** *vi* tirar violenta-
mente (*an* de); **das zerrt an mei-
nen Nerven** esto me destroza los
nervios **II.** *vt* (*schleppen*) arrastrar;
sich *dat* **etw ~** distenderse algo
zerrissen [tsɛɛ'rɪsən] *pp von* **zerreißen**
Zerrung ['tsɛrʊŋ] *f* <-en> distensión *f*
zerrütten* [tsɛɛ'rʏtən] *vt* (*Gesundheit*) quebrantar; (*Nerven*) destrozar
zerschlagen* *irr* **I.** *vt* (*zerstören*)
destrozar; (*Organisation*) desinte-
grar **II.** *vr:* **sich ~** quedar en nada
zerschneiden* *irr vt* cortar
zerschnitten *pp von* **zerschneiden**
zersetzen* **I.** *vt* (*auflösen*) descom-
poner; (*untergraben*) minar **II.** *vr:*

sich ~ descomponerse
zerstören* *vt* destruir; **Zerstörung**
f destrucción *f*
zerstreuen* **I.** *vt* dispersar; (*Bedenken*) disipar **II.** *vr:* **sich ~** (*Menschenmenge*) dispersarse; (*Bedenken*) disiparse; (*sich unterhalten*)
distraerse
zerstreut [tsɛɛ'ʃtrɔɪt] *adj* distraído
Zerstreuung *f* (*Ablenkung*) distracción *f*
zerteilen* *vt* dividir (*in* en); (*in Stücke*) trocear
Zertifikat [tsɛrtifi'ka:t] *nt* <-(e)s, -e>
certificado *m*
zertrümmern* *vt* destrozar
zerzausen* [tsɛɛ'tsaʊzən] *vt* desgre-
ñar
Zettel ['tsɛtəl] *m* <-s, -> papel *m;*
(*Notiz*) nota *f;* (*Kassenzettel*) tique
m
Zeug [tsɔɪk] *nt* <-(e)s, *ohne pl*>
(*fam*) cosas *fpl;* (*wertloses Zeug*)
trastos *mpl;* **red kein dummes ~!**
(*fam*) ¡no digas tonterías!
Zeuge, Zeugin ['tsɔɪgə] *m, f* <-n,
-n; -nen> testigo *mf*
zeugen ['tsɔɪgən] **I.** *vi:* **von etw ~**
demostrar algo **II.** *vt* (*Kind*) engendrar
Zeugenaussage *f* declaración *f* del
testigo
Zeugnis ['tsɔɪknɪs] *nt* <-ses, -se>
(*Schulzeugnis*) notas *fpl;* (*Arbeits-
zeugnis*) certificado *m;* **ein amtli-
ches/ärztliches ~** un dictamen ofi-
cial/un certificado médico
Zeugung *f* <-en> engendramiento
m
z. H(d). *Abk. von* **zu Händen von** a
la atención de
Ziege ['tsi:gə] *f* <-n> cabra *f*
Ziegel ['tsi:gəl] *m* <-s, -> ladrillo *m;*
(*Dachziegel*) teja *f;* **Ziegelstein** *m*
ladrillo

ziehen ['tsi:ən] <zieht, zog, gezogen> **I.** *vt haben* tirar (*an* de); (*zerren*) arrastrar; (*dehnen*) estirar; (*herausziehen*) sacar (*aus* de); (*Linie*) trazar; (*Grenze*) establecer; (*Zahn*) extraer; **die Aufmerksamkeit auf sich ~** atraer sobre sí la atención; **aus dem Verkehr ~** (*Auto*) retirar del servicio; (*Geld*) retirar de la circulación; **einen Vorteil aus etw ~** sacar una ventaja de algo; **mich zieht überhaupt nichts nach Schweden** en Suecia no hay nada que me atraiga **II.** *vi* **1.** *haben* (a. AUTO) tirar; **der Kamin zieht gut** (*fam*) la chimenea tira bien **2.** *sein* (*umziehen*) mudarse (*nach/in/auf* a); (*zu jdm*) irse a vivir (*zu* con); **sie ~ aufs Land** se van a vivir al campo **III.** *vunpers haben:* **es zieht!** ¡hay corriente!

Ziel [tsi:l] *nt* <-(e)s, -e> (*Reiseziel*) destino *m;* (SPORT) meta *f;* (*Zweck*) fin *m;* **ein klares ~ vor Augen haben** perseguir una meta fija; **sich** *dat* **ein ~ setzen** proponerse una meta

zielen *vi* (*Mensch*) apuntar (*auf* a); (*Bemerkung*) referirse (*auf* a); (*zum Ziel haben*) tener como objetivo (*auf*)

ziellos *adj* sin rumbo fijo

Zielscheibe *f* blanco *m*

zielstrebig I. *adj* perseverante **II.** *adv* con determinación

Zielvereinbarung *f* acuerdo *m* de objetivos

ziemlich ['tsi:mlɪç] *adj o adv* bastante; **mit ~er Sicherheit** con bastante seguridad; **~ lange** bastante tiempo; **~ viel** bastante (cantidad); **so ~ alles** casi todo

zieren ['tsi:rən] *vr:* **sich ~** (*abw*) hacerse de rogar

zierlich *adj* grácil; (*fein*) fino

Zierpflanze *f* planta *f* ornamental

Ziffer ['tsɪfɐ] *f* <-n> cifra *f*

Zigarette [tsiga'rɛtə] *f* <-n> cigarrillo *m;* **Zigarettenschachtel** *f* cajetilla *f*

Zigarre [tsi'garə] *f* <-n> puro *m*

Zigeuner(in) [tsi'gɔɪnɐ] *m(f)* <-s, -; -nen> gitano, -a *m, f*

zigmal ['tsɪçma:l] *adv* (*fam*) mil veces

Zimmer ['tsɪmɐ] *nt* <-s, -> habitación *f*, pieza *f Am;* **Zimmerpflanze** *f* planta *f* de interior; **Zimmertemperatur** *f* temperatura *f* ambiente

zimperlich ['tsɪmpɐlɪç] *adj* (*abw*) remilgado; (*Kind*) ñoño

Zimt [tsɪmt] *m* <-(e)s, -e> canela *f*

Zinke ['tsɪŋkə] *f* <-n> púa *f*

Zins [tsɪns] *m* <-es, -en> interés *m;* **zinslos** *adj* libre de interés; **Zinssatz** *m* tipo *m* de interés

Zipfel ['tsɪpfəl] *m* <-s, -> punta *f*

zirka ['tsɪrka] *adv* cerca de; **in ~ zwei Wochen** en dos semanas aproximadamente

Zirkel ['tsɪrkəl] *m* <-s, -> (*Gerät*) compás *m;* (*Gruppe*) círculo *m*

Zirkus ['tsɪrkʊs] *m* <-, -se> circo *m*

zischen ['tsɪʃən] *vi* (*Schlange*) silbar

Zitat [tsi'ta:t] *nt* <-(e)s, -e> cita *f*

zitieren* [tsi'ti:rən] *vt* citar; **jdn zu sich** *dat* ~ llamar a alguien

Zitrone [tsi'tro:nə] *f* <-n> limón *m*

Zitrusfrucht ['tsi:trʊs-] *f* cítrico *m*

zittern ['tsɪtɐn] *vi* temblar (*vor* de)

Zitze ['tsɪtsə] *f* <-n> teta *f*

Zivi ['tsi:vi] *m* <-(s), -s> (*fam*) *Abk. von* **Zivildienstleistende(r)** objetor *m* de conciencia (*prestando su servicio social*)

zivil [tsi'vi:l] *adj* civil; **Zivilbevölkerung** *f* población *f* civil; **Zivildienst** *m* <-(e)s, *ohne pl*> prestación *f* social sustitutoria

Zivildienstleistende(r) *m* <-n, -n>
objetor *m* de conciencia (*prestando
su servicio social*)

Zivilisation [tsiviliza'tsjo:n] *f* <-en>
civilización *f*

zivilisieren* [tsivili'zi:rən] *vt* civilizar

Zivilist(in) [tsivi'lɪst] *m(f)* <-en, -en;
-nen> paisano, -a *m, f*

Zivilrecht *nt* <-(e)s, *ohne pl*> derecho *m* civil

zog [tso:k] *3. imp von* **ziehen**

zögerlich ['tsø:gɐlɪç] *adj* dudoso, vacilante

zögern ['tsø:gɐn] *vi* vacilar

Zoll [tsɔl] *m* <-(e)s, Zölle> 1. (*Abgabe*) derechos *mpl* de aduana
2. *ohne pl* (*Behörde*) aduana *f;*
Zollbeamte(r) *m,* -**beamtin** *f* funcionario, -a *m, f* de aduanas; **zollfrei**
adj libre de derechos de aduana;
Zollkontrolle *f* control *m* adua-
nero; **zollpflichtig** *adj* sujeto a derechos de aduana

Zone ['tso:nə] *f* <-n> zona *f*

Zoo [tso:] *m* <-s, -s> zoo *m*

Zoologie [tsoolo'gi:] *f* zoología *f*

zoologisch *adj* zoológico

Zoom [zu:m] *nt* <-s, -s> (FILM, FOTO)
zoom *m*

Zopf [tsɔpf] *m* <-(e)s, Zöpfe> trenza *f*

Zorn [tsɔrn] *m* <-(e)s, *ohne pl*> ira *f*

zornig I. *adj* colérico **II.** *adv* con ira

zottig ['tsɔtɪç] *adj* hirsuto; (*abw: Haare*) desgreñado

z. T. *Abk. von* **zum Teil** en parte

zu [tsu:] **I.** *präp* +*dat* 1. (*Richtung,
Lage, Verhältnis*) a; ~ **Hause** en
casa; **sie kommt ~ mir** viene a mi
casa; **er geht ~m Bahnhof** va a la
estación; **es fiel ~ Boden** cayó al
suelo; ~ **jdm hinsehen** mirar a alguien; **das Zimmer liegt ~r Straße
hin** la habitación da a la calle
2. (*hinzu, dazu*) con; **er setzte sich**

~ **den anderen** se sentó con los
demás; **nehmen Sie Wein ~m Essen?** ¿toma Ud. vino con la comida?
3. (*zeitlich*): ~ **jener Zeit** en aquel
tiempo; ~ **Anfang** al principio;
~ **Ostern/Weihnachten** en Semana Santa/por Navidades; ~**m
ersten Mal** por primera vez; ~ **Mit-
tag/Abend essen** almorzar/cenar
4. (*Menge, Häufigkeit*): ~**m Teil**
en parte; **in Kisten ~** (je) **hundert
Stück** en cajas de a cien; ~**m halben Preis** a mitad de precio; **Briefmarken ~ 55 Cent** sellos de 55
céntimos; **das Kilo ~ zwei Euro** a
dos euros el kilo 5. (*Art und Weise*):
~ **Recht** con razón; ~ **Fuß** a pie
6. (*Zweck*) para; ~**m Glück** por
suerte; ~ **allem Unglück** para
colmo de desgracias; **etw ~m
Schreiben** algo para escribir;
kommst du ~m Frühstück? ¿vienes a desayunar? 7. (*Verhältnis*)
contra; **die Chancen stehen eins
~ zehn** hay una posibilidad contra
diez; **eins ~ null für Real Madrid**
uno a cero para el Real Madrid
8. (*Verwandlung*) en; **das Wasser
wurde ~ Eis** el agua se convirtió
en hielo **II.** *adv* 1. (*allzu*) demasiado; ~ **sehr/viel** demasiado;
~ **schnell** demasiado rápido
2. (*fam: geschlossen*) cerrado;
~ **sein** estar cerrado 3. (*zeitlich*):
ab und ~ de vez en cuando; **von
Zeit ~ Zeit** de tiempo en tiempo
III. *konj* 1. (*mit Infinitiv*): **es ist
leicht ~ finden** es fácil de encontrar
2. (*mit Partizip Präsens*): **die ~ er-
ledigende Post** el correo por despachar

zuallererst [-'---'-] *adv* ante todo, en
primer lugar

zuallerletzt [-'---'-] *adv* por último, en
último lugar

zu|arbeiten vi: jdm ~ hacer (trabajos) preparatorios para alguien

Zubehör ['tsuːbəhøːɐ] nt <-(e)s, -e> accesorios mpl

zu|beißen irr vi morder; **zu|bereiten*** vt preparar; **zu|billigen** vt: jdm etw ~ conceder algo a alguien; **zu|binden** irr vt (Schuhe) atar; (Augen) vendar; **zu|bringen** irr vt (verbringen) pasar

Zubringer m <-s, -> (Straße) vía f de acceso; (Verkehrsmittel) enlace m

Zucht [tsʊxt] f <-en> (von Tieren) cría f; (von Pflanzen) cultivo m; (Disziplin) disciplina f

züchten ['tsʏçtən] vt (Tiere) criar; (Pflanzen) cultivar

Zuchthaus nt penitenciaría f

zucken ['tsʊkən] vi trepidar; (Muskel) contraerse; (Blitz) centellear

Zucker ['tsʊkɐ] m <-s, -> azúcar m; **ein Stück** ~ un terrón de azúcar; **Zuckerdose** f azucarero m; **zuckerkrank** adj diabético; **Zuckerkrankheit** f ohne pl diabetes f inv; **Zuckerrohr** nt <-(e)s, ohne pl> caña f de azúcar; **Zuckerrübe** f remolacha f azucarera; **Zuckerwatte** f nube(s) f(pl) de azúcar

zu|decken vt tapar

zudem [tsu'deːm] adv (geh) además

zu|drehen vt (Wasserhahn) cerrar; (Schraube) apretar; (zuwenden) volver; **sie drehte ihm den Rücken zu** le volvió la espalda

zudringlich ['tsuːdrɪŋlɪç] adj impertinente

zu|drücken vt cerrar (empujando); **ein Auge** ~ hacer la vista gorda

zueinander [tsuʔaɪˈnandɐ] adv el uno con el otro; **sie passen gut ~** hacen buena pareja

zuerst [-'-] adv (als Erstes, Erster) primero; (vorrangig) en primer lugar;

(anfangs) al principio

Zufahrt f vía f de acceso (zu a)

Zufall m casualidad f; **etw dem ~ überlassen** dejar algo al azar

zu|fallen irr vi sein (Tür) cerrarse (de golpe); (Aufgabe) corresponder

zufällig I. adj casual **II.** adv por casualidad

zufälligerweise ['----'--] adv por casualidad

Zuflucht f refugio m (vor de)

Zuflussᴿᴿ m afluente m

zu|flüstern vt decir al oído

zufolge [tsuˈfɔlgə] präp +gen (nachgestellt: +dat) según

zufrieden [tsuˈfriːdən] adj satisfecho; jdn ~ stellen contentar a alguien; ~ stellend sein ser satisfactorio; **zufrieden|geben** irr vr: sich (mit wenig) ~ contentarse (con poco)

Zufriedenheit f satisfacción f

zufrieden|lassen irr vt: jdn ~ dejar a alguien en paz; **zufrieden|stellen** vt s. **zufrieden; zufriedenstellend** adj s. **zufrieden**

zu|frieren irr vi sein helarse (por completo); **zu|fügen** vt añadir; jdm Leid ~ hacer sufrir a alguien

Zufuhr ['tsuːfuːɐ] f (Versorgung) suministro m

Zug[1] [tsuːk] m <-(e)s, Züge> 1. (Eisenbahn) tren m; mit dem ~ fahren ir en tren 2. (Atemzug) respiración f; (beim Rauchen) calada f; (Pfeife) chupada f; in einem ~ de un tirón; das Glas in einem ~ austrinken vaciar la copa de un trago; etw in vollen Zügen genießen disfrutar plenamente de algo 3. (bei Brettspielen) jugada f; du bist am ~ te toca (a ti) 4. (Charakterzug, Gesichtszug) rasgo m 5. ohne pl (Luftzug) corriente f (de aire)

Zug[2] m <-s> (GEO) Zug m

Zugang m (Zutritt) acceso m (zu a)

zugänglich ['tsu:gɛŋlɪç] *adj (aufgeschlossen)* accesible; *(verfügbar)* disponible; **jdm etw ~ machen** poner algo al alcance de alguien

zu|geben *irr vt (hinzufügen)* añadir; *(einräumen)* admitir; **zu|gehen** *irr* **I.** *vi sein (hingehen)* dirigirse *(auf* a); *(fam: sich schließen lassen)* cerrar(se); **auf jdn ~** acercarse a alguien **II.** *vunpers sein:* **bei der Diskussion ging es lebhaft zu** fue una discusión muy viva

zugehörig *adj* correspondiente

Zugehörigkeit *f* pertenencia *f (zu* a)

Zügel ['tsy:gəl] *m <-s, ->* rienda *f;* **zügellos I.** *adj* desenfrenado **II.** *adv* a rienda suelta

zügeln I. *vt (Pferd)* refrenar; *(Zorn)* contener **II.** *vr:* **sich ~** contenerse

Zugeständnis *nt* concesión *f;* **jdm ein ~ machen** conceder algo a alguien; **zu|gestehen*** *irr vt (zugeben)* admitir; *(bewilligen)* conceder

zügig I. *adj* rápido **II.** *adv* a buen paso

zugleich [-'-] *adv* al mismo tiempo

Zugluft *f ohne pl* corriente *f* de aire

zu|greifen *irr vi* coger; **greifen Sie zu!** ¡sírvase!; **Zugriff** *m* (INFOR) acceso *m*

zugrunde [tsu'grʊndə] *adv:* **~ legen** tomar por base; **~ liegen** basarse en; **~ gehen** irse a pique; **jdn/etw ~ richten** arruinar a alguien/estropear algo

zugunsten [-'--] *präp +gen* a favor de

zugute|halten *vt (geh)* tener en consideración; **zugute|kommen** *vt (geh)* **jdm/etw ~** favorecer a alguien/algo

Zugverbindung *f* **1.** *(zwischen zwei Orten)* enlace *m* ferroviario **2.** *(Anschluss)* comunicación *f* ferroviaria

zu|haben *irr* **I.** *vi (fam)* estar cerrado

II. *vt (fam)* tener cerrado; **zu|halten** *vt* mantener cerrado; *(Augen, Ohren)* tapar

Zuhälter ['tsu:hɛltɐ] *m <-s, ->* chulo *m fam*

Zuhause [tsu'haʊzə] *nt <-s, ohne pl>* casa *f*

zu|hören *vi* escuchar; **Zuhörer(in)** *m(f)* oyente *mf*

zu|jubeln *vi:* **jdm ~** aclamar a alguien; **zu|klappen I.** *vi sein* cerrarse (de golpe) **II.** *vt* cerrar (de golpe); **zu|kleben** *vt (Loch)* tapar; *(Umschlag)* cerrar; **zu|knöpfen** *vt* abrochar; **zu|kommen** *irr vi sein (sich nähern)* acercarse *(auf* a); *(Problem)* avecinarse; *(gebühren)* corresponder; **dem kommt eine große Bedeutung zu** esto tiene mucha importancia; **jdm etw ~ lassen** hacer llegar algo a alguien

Zukunft ['tsu:kʊnft] *f (a.* LING) futuro *m*

zukünftig I. *adj* futuro **II.** *adv* en el futuro

Zukunftsaussichten *fpl* perspectivas *fpl* para el futuro; **Zukunftsperspektive** *f* perspectiva *f* para el futuro

zu|lassen *irr vt (gestatten)* permitir; *(dulden)* consentir; *(Zugang gewähren)* admitir; *(fam: geschlossen lassen)* dejar cerrado; **ein Auto auf jdn ~** matricular un coche a nombre de alguien

zulässig ['tsu:lɛsɪç] *adj* admisible; **~e Höchstgeschwindigkeit** velocidad máxima autorizada

Zulassung *f <-en> (fam)*, **Zulassungspapiere** *ntpl* documentación *f* del coche

zu|laufen *irr vi sein* correr *(auf* hacia); **jdm ~** *(Tiere)* venir a casa de alguien; **zu|legen** *vt (fam: anschaffen):* **sich** *dat* **etw ~** comprar(se)

algo
zuletzt [-'--] *adv* (*als Letztes*) por último; (*als Letzter*) el último; **wir blieben bis ~** nos quedamos hasta el final; **nicht ~ wegen ...** sobre todo (también) por...
zuliebe [-'--] *präp* +*dat:* **jdm/etw** *dat* **~** por (amor a) alguien/algo
zum [tsʊm] = **zu dem** *s.* **zu**
zu|machen *vi, vt* (*fam*) cerrar; **ein Loch ~** tapar un agujero
zumal [-'-] *konj* sobro todo porque
zumeist [-'-] *adv* la mayoría de las veces
zumindest [-'--] *adv* por lo menos; (*wenigstens*) como mínimo
zu|müllen *vt* (*pej fam*): **etw ~** llenar algo de basura; **jdn ~** llenarle a alguien la cabeza
zumutbar *adj* exigible, justo (*für* para)
zumute [-'--] *adv:* **mir ist nicht zum Lachen ~** no estoy para bromas
zu|muten ['tsuːmuːtən] *vt:* **jdm etw ~** exigir algo a alguien; **jdm zu viel ~** pedir demasiado a alguien
Zumutung *f* <-en> exigencia *f* exagerada; (*Unverschämtheit*) frescura *f*
zunächst [-'-] *adv* (*anfangs*) al principio; (*vorläufig*) de momento
Zunahme ['tsuːnaːmə] *f* <-n> aumento *m* (*an* de)
zünden ['tsʏndən] *vt* (*Sprengkörper*) activar; (*Rakete*) lanzar
zündend *adj* brillante
Zündholz *nt* (*südd, Österr*) cerilla *f;* **Zündschlüssel** *m* llave *f* de contacto
Zündung *f* <-en> (AUTO) encendido *m*
zu|nehmen *irr vi* aumentar (*an* de); (*dicker werden*) engordar
zunehmend I. *adj* creciente; **in ~em Maße** cada vez más; **mit ~em Alter** con los años II. *adv* ·

(*sichtbar*) visiblemente; (*fortschreitend*) progresivamente
Zuneigung *f* afecto *m* (*für* por)
Zunge ['tsʊŋə] *f* <-n> (*Organ, Landzunge*) lengua *f;* **es liegt mir auf der ~** lo tengo en la punta de la lengua; **Zungenbrecher** *m* <-s, -> (*fam*) trabalenguas *m inv*
zunichte|machen *vt* estropear; (*Hoffnungen*) frustrar
zu|nicken *vi:* **jdm ~** hacer a alguien una seña con la cabeza; (*zum Gruß*) saludar a alguien con la cabeza
zunutze [-'--] *adv:* **sich** *dat* **etw ~ machen** aprovechar algo
zu|ordnen *vt* clasificar, encasillar
zupfen ['tsʊpfən] *vt* (*ziehen*) tirar (*an* de)
zur [tsuːr] = **zu der** *s.* **zu**
zurandeRR *adv:* **mit jdm/etw (nicht) ~ kommen** (*fam*) (no) poder con alguien/algo
zurateRR *adv:* **etw/jdn ~ ziehen** consultar algo/a alguien
zurechnungsfähig *adj* en plena posesión de sus facultades mentales
zurecht|biegen [tsu'rɛçt-] *irr vt* **1.** (*Draht*) enderezar **2.** (*fam: Angelegenheit*) arreglar; **zurecht|finden** *irr vr:* **sich ~** (*in einer Stadt*) orientarse (*in* en); (*vertraut werden*) familiarizarse; **zurecht|kommen** *irr vi* sein (*mit einem Gerät*) apañarse *fam;* (*mit einer Person*) entenderse; (*finanziell*) arreglárselas; **zurecht|legen** *vt* preparar; **zurecht|machen** I. *vt* (*fam: Essen*) preparar; (*Zimmer*) arreglar II. *vr:* **sich ~** (*fam*) arreglarse; **zurecht|weisen** *irr vt* reprender
zu|reden *vi* instar; **jdm gut ~** animar a alguien
Zürich ['tsyːrɪç] *nt* <-s> Zurich *m*
zurück [tsu'rʏk] *adv* (*zum Ausgangspunkt*) de vüelta; (*nach hinten*)

(hacia) atrás; **hin und ~** ida y vuelta; **es gibt kein Zurück mehr** ya no se puede dar marcha atrás; **zurück|bekommen*** *irr vt* recobrar; *(Wechselgeld)* recibir de vuelta; **zurück|bleiben** *vi sein (hinten bleiben)* quedarse atrás; *(übrig bleiben)* quedar; **zurück|blicken** *vi* **1.** *(sich umsehen)* mirar (hacia) atrás **2.** *(auf Vergangenes)* pasar revista *(auf* a); **zurück|bringen** *irr vt (zurückgeben)* devolver; *(zurückbegleiten)* llevar (a casa); **zurück|denken** *irr vi* recordar el pasado; **zurück|fahren** *irr* **I.** *vi sein (zurückkehren)* volver; *(rückwärtsfahren)* dar marcha atrás; *(zurückschrecken)* retroceder (asustado) **II.** *vt haben (Person)* llevar a casa; **zurück|fallen** *irr vi sein (in eine Gewohnheit)* recaer *(in +akk* en); *(SPORT)* quedar(se) atrás; **zurück|finden** *irr vi* encontrar el camino de vuelta *(zu* a); **zurück|fordern** *vt* reclamar; *(Recht)* reivindicar; **zurück|führen** **I.** *vi* volver *(zu* a) **II.** *vt (die Folge sein)* deberse *(auf* a); **das ist darauf zurückzuführen, dass ...** esto se debe a que...; **zurück|geben** *irr vt* devolver; *(Wechselgeld)* dar (la vuelta)

zurückgeblieben *adj* retrasado; **geistig ~** retrasado mental

zurück|gehen *irr vi sein (zurückkehren)* volver; *(nachlassen)* disminuir; **etw ~ lassen** devolver algo; **zwei Schritte ~** dar dos pasos atrás; **auf etw ~** tener su origen en algo

zurückgezogen *adj* retirado; **~ leben** llevar una vida retirada

zurück|greifen *irr vi:* **auf etw ~** recurrir a algo

zurück|halten *irr* **I.** *vt* retener; *(Tränen)* contener; **etw für jdn ~** reservar algo para alguien; **jdn von etw ~** hacer desistir a alguien de algo **II.** *vr:*

sich ~ contenerse; **zurückhaltend** *adj (reserviert)* reservado; *(unaufdringlich)* discreto; *(gemäßigt)* moderado; **Zurückhaltung** *f ohne pl* **1.** *(Reserviertheit)* reserva *f* **2.** *(Unaufdringlichkeit)* discreción *f; (Bescheidenheit)* moderación *f*

zurück|holen *vt* ir a buscar; **zurück|kehren** *vi sein (geh)* regresar; **zurück|kommen** *irr vi sein* volver; **auf etw ~** volver sobre algo; **zurück|lassen** *irr vt* dejar; **zurück|legen** *vt (an seinen Platz)* volver a poner en su sitio; *(Waren)* reservar; *(Strecke)* recorrer; **zurück|lehnen** *vr:* **sich ~** recostarse; **zurück|liegen** *irr vi* haber sucedido tiempo atrás; **das liegt schon Jahre zurück** esto sucedió hace ya años; **zurück|nehmen** *irr vt (Ware)* aceptar la devolución (de); *(Behauptung)* retirar; *(Bestellung)* anular; **zurück|reichen** **I.** *vi (Erinnerung)* remontarse *(bis* a) **II.** *vt* devolver; **zurück|rufen** *irr* **I.** *vi, vt (TEL)* volver a llamar **II.** *vt* hacer volver; **sich** *dat* **etw ins Gedächtnis ~** recordar algo; **zurück|schauen** *vi s.* **zurückblicken**; **zurück|schicken** *vt* mandar de vuelta; **zurück|schrecken** *irr vi sein* retroceder (espantado); **vor etw ~** arredrarse ante algo; **zurück|stellen** *vt (an einen Platz)* volver a poner en su sitio; *(Uhr)* retrasar; *(aufschieben)* aplazar; **zurück|treten** *irr vi sein (nach hinten)* retroceder; *(weniger wichtig werden)* perder importancia; *(von einem Amt)* dimitir *(von* de); *(von einem Vertrag)* desistir *(von* de); **zurück|verfolgen*** *vt* buscar los orígenes (de); **zurück|weisen** *irr vt (Person)* rechazar; *(Einladung)* rehusar; *(mit Argumenten)* refutar; **zurück|wollen** *irr* **I.** *vi* querer volver *(nach* a)

II. *vt* (*fam*) querer de vuelta; **ich will mein Geld zurück** quiero que me devuelvan mi dinero; **zurück|zahlen** *vt* devolver; (*Ausgaben*) reembolsar; **das werd' ich ihm ~!** (*fam*) ¡me lo pagará!; **zurück|ziehen** *irr* **I.** *vt* retirar; (*Vorhang*) correr **II.** *vr:* **sich ~** retirarse

zu|rufen *irr vt:* **jdm etw ~** gritar algo a alguien

zurzeit[RR] [tsuːˈɛʦaɪt] *adv* actualmente

Zusage [ˈ---] *f* <-n> (*positive Antwort*) contestación *f* afirmativa; (*Bestätigung*) confirmación *f;* (*Versprechen*) promesa *f;* **eine ~ geben** contestar afirmativamente; **zu|sagen I.** *vi* (*Einverständnis erklären*) contestar afirmativamente; (*Einladung*) aceptar una invitación; (*gefallen*) gustar **II.** *vt* prometer

zusammen [tsuˈzamən] *adv* (*miteinander*) juntos; (*gleichzeitig*) al mismo tiempo; **~ mit** (junto) con; **~ sein** estar juntos; **alle ~** todos juntos; **das macht ~ 14 Euro** son 14 euros en total; **Zusammenarbeit** *f* cooperación *f;* **zusammen|arbeiten** *vi* cooperar

zusammen|bauen *vt* montar; **zusammen|bleiben** *irr vi sein* quedar juntos; (*weiterhin*) seguir juntos; **zusammen|brechen** *irr vi sein* derrumbarse; (*Mensch*) sufrir un colapso; (*Wirtschaft*) quebrarse; (*Verkehr*) colapsarse; **zusammen|bringen** *irr vt* (*Geld, Personen*) juntar

Zusammenbruch *m* (*gesundheitlich*) colapso *m*

zusammen|fallen *irr vi sein* **1.** (*einstürzen*) hundirse **2.** (*Termine*) coincidir

zusammen|fassen *vt* (*Bericht*) resumir; **Zusammenfassung** *f* (*Resümee*) resumen *m*

zusammen|gehören* *vi* (*fam: Gegenstände*) hacer juego; (*paarweise*) hacer pareja

zusammengesetzt *adj* compuesto; **~ sein aus ...** componerse de...

Zusammenhalt *m* <-(e)s, *ohne pl*> **1.** (*Bindung*) solidaridad *f,* unión *f;* **zusammen|halten** *irr* **I.** *vi* ser solidario; (*in der Not*) ayudarse mutuamente **II.** *vt* (*Gruppe*) mantener juntos; (*verbinden*) unir

Zusammenhang *m* relación *f;* **zusammenhang(s)los** *adj* incoherente

zusammen|hängen *irr vi* (*in Beziehung stehen*) estar relacionado

Zusammenkunft [tsuˈzamənkʊnft] *f* <-künfte> encuentro *m;* (*Versammlung*) reunión *f*

zusammen|leben *vi* convivir; **wir leben zusammen** vivimos juntos; **Zusammenleben** *nt* <-s, *ohne pl*> convivencia *f*

zusammen|legen *vt* (*falten*) doblar; (*vereinigen*) juntar; (*Termine*) fijar a una misma hora; **zusammen|nehmen** *irr* **I.** *vt* reunir; **alles zusammengenommen** en total **II.** *vr:* **sich ~** controlarse; **zusammen|passen** *vi* (*Personen*) congeniar; (*Paar*) hacer (una) buena pareja; (*Gegenstände*) hacer juego; **zusammen|reißen** *irr vr:* **sich ~** (*fam*) controlarse; **zusammen|schlagen** *irr vt* (*fam: zerstören*) destrozar; (*verprügeln*) moler a palos; **sie schlug die Hände über dem Kopf zusammen** se llevó las manos a la cabeza; **zusammen|schließen** *irr vr:* **sich ~** agruparse; (*Firmen*) fusionarse; **zusammen|sein**[ALT] *irr vi sein s.* **zusammen**

zusammen|setzen I. *vt* (*montieren*) montar **II.** *vr:* **sich ~** (*bestehen*) componerse (*aus de*)

Zusammensetzung *f* <-en> (LING) palabra *f* compuesta; **eine ~ aus ... una combinación de...**

zusammen|stellen *vt* (*in Gruppen*) agrupar; (*Menü*) combinar; (*Liste*) hacer> **Zusammenstellung** *f* <-en> (*Zusammensetzung*) composición *f*; (*Übersicht*) cuadro *m* sinóptico

Zusammenstoß *m* 1. (*von Fahrzeugen*) choque *m*, quiñazo *m Am* 2. (*fam: Streit*) disputa *f*; (*Auseinandersetzung*) enfrentamiento *m*; **zusammen|stoßen** *irr vi sein* (*kollidieren*) chocar

zusammen|stürzen *vi sein* (*Gebäude*) derrumbarse; **zusammen|treffen** *irr vi sein* (*Menschen*) encontrarse; (*Ereignisse*) coincidir; **zusammen|tun** *irr* I. *vt* (*fam*) meter junto II. *vr*: **sich ~** (*fam*) unirse; (*sich verbünden*) aliarse; **zusammen|zählen** *vt* sumar; **zusammen|ziehen** *irr* I. *vt haben* (*enger machen*) estrechar; (*addieren*) sumar II. *vr haben*: **sich ~** (*kleiner werden*) contraerse; (*Gewitter*) cernirse III. *vi sein:* **mit jdm ~** ir a vivir con alguien

Zusatz *m* (*Lebensmittelzusatz*) aditivo *m*

zusätzlich ['tsu:zɛtslɪç] I. *adj* adicional II. *adv* más

zu|schauen *vi* s. **zusehen; Zuschauer(in)** *m(f)* <-s, -; -nen> espectador(a) *m(f)*; (*Fernsehzuschauer*) telespectador(a) *m(f)*; **die ~ waren begeistert** el público estaba entusiasmado

zu|schicken *vt* enviar

Zuschlag *m* (*auf einen Preis*) suplemento *m*; **zu|schlagen** *irr* I. *vi* 1. *sein* (*Tür*) cerrarse de golpe 2. *haben* (*fam: zugreifen*) aprovechar la oportunidad; (*beim Essen*)

atiborrarse II. *vt haben* (*Tür, Buch*) cerrar (de golpe)

zu|schließen *irr vt* cerrar (con llave); **zu|schnüren** *vt* atar; **zu|schrauben** *vt* (*mit Schrauben*) atornillar; (*durch Drehen*) cerrar; **zu|schreiben** *irr vt* atribuir; **das hast du dir selbst zuzuschreiben** es culpa tuya; **zuschulden** [-'--] *adv:* **sich** *dat* **etwas ~ kommen lassen** cometer un error

Zuschuss[RR] *m* subsidio *m*; (*staatlich*) subvención *f*

zu|schütten *vt* 1. (*mit Erde*) rellenar 2. (*fam: dazugeben*) añadir; **zu|sehen** *irr vi* mirar; **~, dass ...** procurar que... +*subj*; **zu|sein**[ALT] *irr vi sein* s. **zu II.2.; zu|senden** *irr vt* enviar; **zu|sichern** *vt* asegurar; (*Versprechen*) prometer; **zu|spitzen** *vr:* **sich ~** (*Situation*) agudizarse

Zuspruch *m* <-(e)s, *ohne pl*> (*geh: Trost*) consuelo *m*; (*Zulauf*) concurrencia *f*; **etw erfreut sich großen ~s** algo está muy concurrido

Zustand ['--] *m* estado *m*; (*Lage*) situación *f*; **Zustände kriegen** (*fam*) volverse loco; **das ist doch kein ~!** (*fam*) ¡eso no puede quedar así!

zustande [-'--] *adv:* **etw ~ bringen** lograr algo; **~ kommen** llevarse a cabo

zuständig *adj* competente (*für* para); (*verantwortlich*) responsable (*für* de)

Zuständigkeit *f* <-en> atribuciones *fpl*; (*Kompetenz*) competencia *f*

zu|stehen *irr vi* corresponder

zu|stellen *vt* (*versperren*) bloquear; (*Post*) repartir; **Zustellung** *f* <-en> (*formal*) entrega *f*

zu|stimmen *vi* estar de acuerdo (con); **etw** *dat* **~** aprobar algo; **Zustimmung** *f* aprobación *f*; **~ finden** tener una buena acogida

zu|stoßen *irr vi sein (passieren)* ocurrir; **für den Fall, dass mir etwas zustößt** por si me ocurre algo
Zustrom *m <-(e)s, ohne pl> (von Menschen)* afluencia *f*
zutage [-'--] *adv:* **etw ~ fördern** sacar algo a la luz; **~ kommen** aparecer
Zutat *f* ingrediente *m*
zu|teilen *vt* repartir; *(Aufgabe)* asignar
zutiefst [-'-] *adv* profundamente; **etw ~ bereuen** sentir algo de todo corazón
zu|trauen *vt:* **jdm etw ~** creer a alguien capaz de algo; **ihm ist alles zuzutrauen** de él se puede esperar cualquier cosa; **traust du dir das zu?** ¿crees que eres capaz?; **Zutrauen** *nt <-s, ohne pl>* confianza *f (zu en)*
zutraulich *adj* confiado; *(Tier)* manso
zu|treffen *irr vi (richtig sein)* ser correcto; *(wahr sein)* ser verdad; *(gelten)* valer *(für/auf para)*; **zutreffend** *adj* acertado
Zutritt *m <-(e)s, ohne pl> (Zugang)* acceso *m (zu a)*; *(Eingang)* entrada *f (zu a)*; **kein ~!** ¡prohibida la entrada!
zuverlässig ['tsu:fɛɐlɛsɪç] *adj (Person)* de confianza; *(Mittel)* eficaz
Zuverlässigkeit *f (einer Person)* fiabilidad *f; (eines Mittels)* eficacia *f*
Zuversicht ['tsu:fɛɐzɪçt] *f (absoluta)* confianza *f;* **voller ~** lleno de optimismo
zuversichtlich *adj* confiado; *(optimistisch)* optimista
zuviel[ALT] [-'-] *adv s.* **viel**
zuvor [-'-] *adv* antes; **kurz ~** poco antes; **am Tag ~** el día anterior; **zuvor|kommen** *irr vi sein* adelantarse (a); **zuvorkommend** *adj* cortés
Zuwachs ['tsu:vaks] *m <-es, -wäch-*

se> incremento *m;* **~ bekommen** *(fam)* estar esperando familia; **zu| wachsen** *irr vi sein (mit Pflanzen)* cubrirse de vegetación
zuwege [-'--] *adv:* **etw ~ bringen** conseguir algo
zuweilen [-'--] *adv (geh)* en ocasiones; **zu|weisen** *irr vt* asignar
zu|wenden *irr* I. *vt* volver; **sie wandte ihm ihr Gesicht zu** volvió el rostro hacia él; **jdm seine Aufmerksamkeit ~** prestar atención a alguien II. *vr:* **sich jdm/etw ~** dedicarse a alguien/algo; **Zuwendung** *f* **1.** *(Geld)* subsidio *m; (Schenkung)* donación *f* **2.** *ohne pl (Liebe)* cariño *m; (Aufmerksamkeit)* atención *f*
zuwenig[ALT] [-'-] *adv s.* **wenig**
zuwider [-'--] *adv:* **~ sein** repugnar
zu|ziehen *irr* I. *vt haben (Tür)* cerrar; *(Vorhang)* correr; *(Knoten)* apretar; *(um Rat fragen)* consultar; **sich** *dat* **etw ~** contraer algo; **sich** *dat* **jds Zorn ~** atraerse las iras de alguien II. *vi sein* venirse a vivir (aquí) III. *vr haben:* **sich ~** *(Himmel)* cubrirse
zuzüglich ['tsu:tsy:klɪç] *präp +gen* más
zwang [tsvaŋ] *3. imp von* **zwingen**
Zwang [tsvaŋ] *m <-(e)s, Zwänge>* *(Druck)* presión *f; (Notwendigkeit)* necesidad *f;* **~ auf jdn ausüben** presionar a alguien; **gesellschaftliche Zwänge** presiones sociales; **zwanghaft** *adj (gezwungen)* forzoso; *(erzwungen)* artificial; **zwanglos** I. *adj* desenvuelto II. *adv* sin ceremonias
Zwangslage *f* apuro *m;* **zwangsläufig** I. *adj* obligatorio; *(unvermeidbar)* inevitable II. *adv* automáticamente; **Zwangsmaßnahme** *f* medida *f* coercitiva; **zwangsweise** *adv (erzwungen)* a la fuerza;

(*zwangsläufig*) inevitablemente

zwanzig ['tsvantsɪç] *adj inv* veinte; *s.a.* **achtzig**

zwanzigste(r, s) *adj* vigésimo; *s.a.* **achte(r, s)**

zwar [tsva:ɐ] *adv* **1.** (*einräumend*): **das ist ~ wahr, aber ...** esto es cierto pero... **2.** (*erklärend*): **und ~ a saber; ich habe noch etwas mitzuteilen, und ~ ...** tengo algo más que decir, y es que...

Zweck ['tsvɛk] *m* <-(e)s, -e> fin *m;* (*Sinn*) sentido *m;* **einem guten ~ dienen** servir a un buen fin; **das erfüllt seinen ~** cumple su finalidad; **zwecklos** *adj* inútil; **es ist ~** no tiene sentido; **zweckmäßig** *adj* apropiado

zwecks [tsvɛks] *präp* +*gen* con el fin de

zwei [tsvaɪ] *adj inv* dos; *s.a.* **acht¹**

Zwei *f* <-en> dos *m;* (*Schulnote*) notable

zweibändig ['-bɛndɪç] *adj* de dos tomos; **zweideutig** ['tsvaɪdɔɪtɪç] *adj* ambiguo; (*anstößig*) picante; **zweidimensional** ['tsvaɪdimɛnzjona:l] *adj* bidimensional

zweierlei ['tsvaɪɐ'laɪ] *adj inv* de dos clases diferentes, dos clases (diferentes) de

zweifach I. *adj* doble; **in ~er Ausfertigung** por duplicado **II.** *adv* dos veces; *s.a.* **achtfach**

Zweifel ['tsvaɪfəl] *m* <-s, -> duda *f;* **etw in ~ ziehen** poner algo en duda; **daran besteht kein ~** no cabe la menor duda; **zweifelhaft** *adj* dudoso; (*verdächtig*) sospechoso; **zweifellos** *adv* sin duda

zweifeln ['tsvaɪfəln] *vi* dudar (*an* de)

Zweifelsfall *m* caso *m* de duda; **zweifelsfrei I.** *adj* incuestionable, indiscutible **II.** *adv* indudablemente; **zweifelsohne** ['--'--] *adv*

sin duda alguna

Zweig [tsvaɪk] *m* <-(e)s, -e> (*Ast*) rama *f;* (*Sparte*) sector *m;* (*Fachrichtung*) ramo *m;* **auf keinen grünen ~ kommen** (*fam*) no tener éxito (en la vida); **Zweigstelle** *f* sucursal *f*

zweihundert ['-'--] *adj inv* doscientos; *s.a.* **achthundert**

zweijährig ['tsvaɪjɛ:rɪç] *adj* (*zwei Jahre alt*) de dos años; (*zwei Jahre dauernd*) bienal

Zweikampf *m* duelo *m*

zweimal *adv* dos veces; **sich** *dat* **etw nicht ~ sagen lassen** no hacerse de rogar

zweisprachig *adj* bilingüe; **~ aufwachsen** educarse bilingüe

zweispurig *adj* (*Bahn*) de dos vías; (*Straße*) de dos carriles

zweistellig *adj* de dos cifras

zweit [tsvaɪt]: **zu ~** (a) dos; **zweitbeste(r, s)** *adj* segundo mejor

zweite(r, s) *adj* segundo; **wie kein Zweiter** como ningún otro; *s.a.* **achte(r, s)**

zweitens ['tsvaɪtəns] *adv* en segundo lugar; (*bei einer Aufzählung*) segundo; *s.a.* **achtens**

zweitklassig *adj* (*abw*) de segunda categoría

zweitletzte(r, s) *adj* penúltimo

zweitrangig *adj* secundario

Zwerg(in) [tsvɛrk] *m(f)* <-(e)s, -e; -nen> enano, -a *m, f*

Zwetsch(g)e *f* <-n> ciruela *f*

zwicken ['tsvɪkən] **I.** *vi* (*Kleidung*) apretar **II.** *vt* pellizcar

Zwieback ['tsvi:bak] *m* <-(e)s, -bäcke *o* -e> pan *m* a la brasa

Zwiebel ['tsvi:bəl] *f* <-n> (*Gemüse*) cebolla *f;* (*Knolle*) bulbo *m*

zwielichtig *adj* sospechoso

Zwiespalt *m* <-(e)s, -e *o* -spälte> dilema *m;* **in einem ~ sein** estar ante un dilema

Zwilling ['tsvɪlɪŋ] *m* <-s, -e>
1. (*Mensch*) gemelo, ·a *m, f;* **ein-
eiige/zweieiige ~e** gemelos homo-
cigóticos/heterocigóticos **2.** *pl*
(ASTR) Géminis *m inv*
zwingen ['tsvɪŋən] <zwingt, zwang,
gezwungen> *vt, vr:* **sich ~** obli-
gar(se) (*zu* a)
zwingend *adj* (*unerlässlich*) ineludible; (*dringend*) apremiante
zwinkern ['tsvɪŋken] *vi* guiñar; **mit
den Augen ~** guiñar el ojo
Zwirn [tsvɪrn] *m* <-(e)s, -e> hilo *m*
zwischen ['tsvɪʃən] *präp* +*dat präp*
+*akk* entre; **Zwischenbericht** *m*
informe *m* parcial; **zwischendrin**
['--'-] *adv* en medio; **zwischen-
durch** ['--'-] *adv* (*immer wieder*) entremedias; (*gleichzeitig*) a la vez; (*in
der Zwischenzeit*) entretanto;
(*räumlich*) en medio; **Zwischenfall**
m incidente *m;* **Zwischenlandung**
f escala *f;* **zwischenmenschlich**
adj interpersonal; **Zwischenprü-**

fung *f* examen *m* intermedio; **Zwischenraum** *m* (*zeitlich*) intervalo
m; (*räumlich*) espacio *m* intermedio; **einen ~ lassen** dejar un espacio
(libre); **Zwischenzeit** *f:* **in der ~**
entretanto; **zwischenzeitlich** *adj*
entretanto
zwitschern ['tsvɪtʃen] *vi* gorjear
zwölf [tsvœlf] *adj inv* doce; *s.a.*
acht[1]
zwölfte(r, s) *adj* duodécimo; *s.a.*
achte(r, s)
Zyklus ['tsy:klʊs] *m* <-, Zyklen> ciclo *m*
Zylinder [tsi'lɪndɐ, tsy'lɪndɐ] *m* <-s,
-> cilindro *m;* (*Hut*) sombrero *m* de
copa
zynisch ['tsy:nɪʃ] *adj* cínico
Zynismus [tsy'nɪsmʊs] *m* <-, *ohne
pl*> cinismo *m*
Zypern ['tsy:pen] *nt* <-s> Chipre *m*
Zypresse [tsy'prɛsə] *f* <-n> ciprés *m*
Zyste ['tsvstə] *f* <-n> quiste *m*
z. Z(t). *Abk. von* **zur Zeit** en la época

Anhang I

Apéndice I

Nützliche Wendungen

Frases útiles

Uhrzeit

La hora

Wie viel Uhr ist es?	¿Qué hora es?
Können Sie mir bitte sagen, wie spät es ist?	¿Me puede decir qué hora es, por favor?
Es ist genau ein Uhr.	Es la una en punto.
Es ist (fast) …	Son (casi)…
drei Uhr.	las tres (en punto).
fünf nach drei.	las tres y cinco.
Viertel nach drei [o viertel vier].	las tres y cuarto.
fünf vor halb vier.	las tres y veinticinco.
halb vier.	las tres y media.
fünf nach halb vier.	las cuatro menos veinticinco.
Viertel vor vier [o drei viertel vier].	las cuatro menos cuarto.
zwölf Uhr Mittag/nachts.	las doce del mediodía/de la noche.
Es ist schon nach vier.	Pasa de las cuatro. Son las cuatro pasadas.
Komm (so) zwischen vier und fünf Uhr.	Ven entre las cuatro y las cinco.

Begrüßung, Vorstellung, Verabschiedung

Saludos, presentaciones, despedidas

Guten Morgen!	¡Buenos días!
Guten Tag!	¡Buenos días! (bis ca. 14 Uhr) ¡Buenas tardes! (ab ca. 14 Uhr)
Grüß Gott! (*südd*)	¡Buenos días! (bis ca. 14 Uhr) ¡Buenas tardes! (ab ca. 14 Uhr)
Guten Abend!	¡Buenas tardes! (bis ca. 21 Uhr) ¡Buenas noches! (ab ca. 21 Uhr)
Hallo!	¡Hola!
Grüß dich!	Hola, ¿qué tal?
Mein Name ist Becker.	Me llamo Becker.
Wie geht es Ihnen/dir?	¿Cómo está(n) usted(es)/estás? ¿Cómo le(s)/te va?

Wie geht's?	¿Qué hay? ¿Qué tal? ¿Cómo te va?
Danke, gut. Und Ihnen/dir?	Bien, gracias, ¿y usted(es)/tú?
Auf Wiedersehen!	¡Adiós! ¡Hasta la vista!
Tschüss!	¡Adiós! ¡Hasta luego!
Bis morgen!	¡Hasta mañana!
Bis später!	¡Hasta luego!
Viel Vergnügen!/Viel Spaß!	¡Que te lo pases/os lo paséis bien!
Gute Nacht!	¡Buenas noches!
Grüßen Sie/Grüß(e) Frau Gonzalez von mir.	Salude(n)/Saluda a la señora Gonzalez de mi parte.

Verabredung	**Citas**
Darf ich Sie/dich zum Essen einladen?	¿Le(s)/Te puedo invitar a comer?
Haben Sie/Hast du für morgen schon etwas vor?	¿Tiene(n)/Tienes algo planeado para mañana?
Wann treffen wir uns?	¿A qué hora quedamos?
Darf ich Sie/dich abholen?	¿Le(s)/Te puedo pasar a recoger?
Wir treffen uns um neun Uhr vor dem Kino.	Nos encontramos a las nueve delante del cine.

Bitte und Danke	**Por favor y gracias**
Ja, bitte.	Sí, gracias.
Nein, danke.	No, gracias.
Danke, sehr gern!	¡Gracias, con mucho gusto!
Danke, gleichfalls!	¡Gracias, igualmente!
Könnten Sie mir bitte helfen?	¿Me podría ayudar?
Bitte sehr [o Gern geschehen].	De nada [o No hay de qué].
Vielen Dank.	Muchas gracias.
Das ist doch nicht der Rede wert.	No es nada. No hay de qué.

Entschuldigung, Bedauern

Pedir perdón, expresiones de lamento

Entschuldigung!	¡Perdón!
Ich muss mich entschuldigen.	Debo disculparme.
Es [o Das] tut mir sehr Leid.	Lo siento mucho.
Es war nicht so gemeint.	No era esa mi/nuestra intención.
Schade!	¡Qué pena!
Das ist traurig.	¡Es una pena [o lástima]!

Glückwünsche zu verschiedenen Anlässen

Felicitaciones en distintas ocasiones

Herzlichen Glückwunsch!	¡Felicidades!
Viel Erfolg!	¡Mucho éxito!
Viel Glück!	¡Mucha suerte!
Gute Besserung!	¡Que se mejore/te mejores pronto!
Schöne Ferien!	¡Que pases/paséis unas buenas vacaciones!
Frohe Ostern!	¡Felices Pascuas!
Frohe Weihnachten und ein gutes neues Jahr!	¡Feliz Navidad y próspero Año Nuevo!
Alles Gute zum Geburtstag!	¡Feliz cumpleaños!
Meine besten Wünsche zum Geburtstag!	¡Feliz cumpleaños!
Ich drücke dir die Daumen.	Te deseo mucha suerte.

Nach dem Weg fragen

Preguntar por el camino, por la dirección

Entschuldigung, wie komme ich bitte nach Magdeburg/zum Prado?	Perdone(n), ¿cómo puedo ir a Magdeburgo/al Prado?
Können Sie mir sagen, wie ich zum Prado komme?	¿Me podría(n) decir cómo puedo ir al Prado?
Immer geradeaus bis zu... +dat.	Todo recto hasta...
Dann bei der Ampel rechts abbiegen.	Cuando llegue al semáforo gire a la derecha.
Folgen Sie den Schildern.	Siga(n) las indicaciones.
Sie können es nicht verfehlen.	No tiene(n) pérdida.
Welcher Bus fährt nach... +dat?	¿Qué autobús va a...?

Ist dies der richtige Bus nach ... +*dat*?	¿Es éste el autobús que va a...?
Wie weit ist das?	¿Está muy lejos?
Sie sind hier falsch. Sie müssen zurückfahren bis zu ... +*dat*.	Por aquí no es. Debe(n) volver hasta...

Im Restaurant / En el restaurante

Ich möchte einen Tisch für vier Personen reservieren.	Quisiera reservar una mesa para cuatro personas.
Einen Tisch für zwei Personen, bitte.	Una mesa para dos personas, por favor.
Ist dieser Tisch/Platz noch frei?	¿Está libre esta mesa/este asiento?
Ich nehme...	Tomaré...
Könnten wir noch etwas Brot bekommen?	¿Nos podría traer un poco más de pan?
Bezahlen, bitte.	La cuenta, por favor.
Bitte alles zusammen.	Todo junto, por favor.
Getrennte Rechnungen, bitte.	Cuentas separadas, por favor.

Einkaufen / De compras

Wo finde ich ...?	¿Dónde puedo encontrar ...?
Können Sie mir ein Feinkost-/Lebensmittelgeschäft empfehlen?	¿Me podría recomendar una tienda de exquisiteces/de alimentación?
Werden Sie schon bedient?	¿Le(s) atienden?
Danke, ich sehe mich nur um.	Gracias, sólo quería mirar.
Was darf es sein?	¿Qué le(s) pongo?
Geben Sie mir bitte ...	Póngame, por favor,...
Ich möchte...	Quisiera...
Darf es sonst noch etwas sein?	¿Algo más?
Nehmen Sie Kreditkarten?	¿Aceptan tarjetas de crédito?
Können Sie es mir einpacken?	¿Me lo puede envolver?

Auf der Bank / En el banco

Ich möchte 50 Euro in Dollar wechseln.	Quisiera cambiar 50 euros en dólares.
Ich möchte diesen Reisescheck einlösen.	Quisiera cobrar este cheque de viaje.
Auf welchen Betrag kann ich den Scheck ausstellen?	¿Cuál es el importe máximo por el que puedo extender el talón?

Ich möchte 100 Euro von meinem Konto abheben.	Quisiera sacar 100 euros de mi cuenta.
Darf ich bitte Ihren Ausweis sehen?	¿Me enseña su carnet, por favor?
Ihre Unterschrift, bitte.	Firme, por favor.

Auf der Post

En Correos

Wo ist der nächste Briefkasten/ das nächste Postamt?	¿Dónde está el buzón más cercano/ la oficina de Correos más cercana?
Was kostet ein Brief nach Deutschland?	¿Cuánto vale una carta para Alemania?
Drei Briefmarken zu 55 Cent, bitte.	Tres sellos de 55 centímos, por favor.
Ich möchte ein Telegramm aufgeben.	Quisiera enviar un telegrama.
Ich möchte eine Telefonkarte.	Quisiera una tarjeta de teléfono.
Kann ich von hier aus ein Fax nach Stuttgart schicken?	¿Puedo enviar desde aquí un fax a Stuttgart?

Telefonieren

Llamar por teléfono

Wo ist die nächste Telefonzelle?	¿Dónde está la cabina de teléfonos más próxima?
Wie ist die Vorwahl von Spanien?	¿Cuál es el prefijo de España?
Ich möchte ein R-Gespräch anmelden.	Quisiera hacer una llamada a cobro revertido.
Hallo, mit wem spreche ich?	¿Sí?, ¿con quién hablo?
Kann ich bitte Frau Wagner sprechen?	Quisiera hablar con la señora Wagner.
Ich verbinde.	Le pongo. Le paso.
Bleiben Sie bitte am Apparat.	Espere, no cuelgue.
Tut mir leid, sie ist nicht da.	Lo siento pero no está.
Möchten Sie eine Nachricht hinterlassen?	¿Quiere dejar un mensaje?
Ich rufe später noch mal an.	Volveré a llamar más tarde.
Kein Anschluss unter dieser Nummer.	Este abonado ha cambiado de número.

Interkulturelle Tipps zu Spanien
Consejos interculturales sobre España

Begrüßung

In Spanien geben sich die Männer zur Begrüßung die Hand. Frauen erhalten zwei
angedeutete Küsse auf die Wange.

Bis ca. 13 Uhr grüßt man mit **buenos días**. Spätestens ab dem Mittagessen geht
man zu **buenas tardes** über und bleibt dabei bis ca. 21 Uhr. Ab 21 Uhr, spätestens aber nach dem Abendessen, freut man sich über Ihr **buenas noches**. Die
Frage ¿**Cómo estás**? (Wie geht es dir?) ist eine rhetorische Frage und wird normalerweise nur mit **bien** (gut) oder **muy bien** (sehr gut) beantwortet. Nur unter
sehr guten Freunden oder nach wiederholter Nachfrage darf man offen über kör-
perliche oder seelische Leiden sprechen.

Anrede

In Spanien duzt man sich verhältnismäßig schnell. Das gilt besonders für junge
Leute. Wenn man ältere Leute höflich ansprechen will, benutzt man **usted**. Wundern Sie sich nicht, wenn Sie in Geschäften, Kneipen oder auf der Straße als **guapa** (Hübsche), **guapo** (Hübscher) oder **reina** (Königin) angesprochen werden.
Normalerweise ist das keine „Anmache", sondern nur freundlich gemeint.

Familienname

Spanier haben immer zwei Nachnamen: der erste Nachname stammt vom Vater
und der zweite von der Mutter. Heiraten Frauen, nehmen sie üblicherweise nicht
den Namen ihres Mannes an, sondern behalten beide Geburtsnamen. Der Sohn
von Carmen Hierro García und Pepe Díaz Solano hieße also Juan Díaz Hierro.

Zwischenmenschliches

Die Spanier halten sich gern auf der Straße und an öffentlichen Orten auf. Wenn
Spanier aufeinander treffen, dann reden sie auch miteinander. Deshalb hört man
in Parks, Zügen und Restaurants ein ständiges Stimmengewirr. Schweigen, sei es
auch noch so kurz, wird als unangenehm empfunden. Um solche Situationen erst
gar nicht aufkommen zu lassen, spricht man ausführlich über das Wetter oder
über Fußball.

Frühstück

Im Allgemeinen frühstückt man in Spanien sehr wenig. Am späten Vormittag
trinkt man einen **café con leche** (Milchkaffee) oder einen Espresso in einer **bar**
oder einer **cafetería**, dazu gibt es eine **pasta** (süßes Stückchen) oder **churros**
(frittiertes Gebäck). Denken Sie daran, dass in Hotels die Zimmerpreise meist ohne Frühstück sind. Das muss extra bezahlt werden.

Im Restaurant

In fast allen spanischen Restaurants bekommt man mittags ein Tagesmenü: **plato del día** oder **menú del día**. Es ist meistens recht preiswert und besteht aus drei Gängen: **primer plato** (Vorspeise), **segundo plato** (Hauptgericht) und **postre** (Nachtisch). Oft können Sie zwischen mehreren Gerichten auswählen. Brot und ein Getränk sind im Preis inbegriffen. Wollen Sie nur eine Kleinigkeit essen, sind die **cafeterías** mit ihren **platos combinados** zu empfehlen, die ungefähr unseren Tellergerichten entsprechen.

Beachten Sie auch, dass es nicht üblich ist, sich an bereits besetzte Tische zu setzen, selbst wenn es die einzigen noch freien Plätze im Lokal sind; das gilt vor allem in Restaurants.

Geht man mit Freunden gemeinsam ins Restaurant, teilt man sich üblicherweise die Kosten für das gesamte Essen. Trinkgeld ist keine Pflicht, wird in Restaurants aber als üblich empfunden. Die Höhe des Trinkgelds bleibt Ihnen überlassen. Möchten Sie Trinkgeld geben, legen Sie es einfach auf den Unterteller, auf dem Sie **la cuenta** (die Rechnung) erhalten haben. Nun können Sie das Lokal verlassen, ohne noch einmal auf die Bedienung zu warten.

Essenszeiten

Beachten Sie, dass die Essenszeiten stark von den Unsrigen abweichen: Man isst zwischen 14 und 15 Uhr zu Mittag, das Abendessen nimmt man zwischen 21.30 Uhr und 22.30 Uhr ein. Vor 21 Uhr brauchen Sie es im Restaurant erst gar nicht zu versuchen – es wird noch nicht serviert.

Abend- und Nachtveranstaltungen

Während des Sommers feiern Straßenzeilen, Stadtteile, Dörfer und Städte in ganz Spanien Feste. Dort erwarten Sie kulinarische Genüsse und Tanz und Musik bis in den frühen Morgen. Zudem ist der Sommer die Zeit der großen Freiluftkonzerte und der Theater- und Filmfestivals.

Das Nachtleben beginnt in Spanien sehr spät – oft erst um Mitternacht – und kann bis zum Morgen dauern. Mit Freunden isst man zunächst im Restaurant, danach geht man etwas trinken und anschließend in die Disko. Wer dann immer noch nicht genug hat, geht zum krönenden Abschluss **chocolate con churros** frühstücken.

Spanien ist generell ein sehr kinderfreundliches Land. Auch bei festlichen Anlässen (Stadtfest, Hochzeit, Geburtstag) feiern Kinder bis spät in die Nacht mit.

Öffnungszeiten

Schon an den Essenszeiten hat man sehen können, dass in Spanien die Uhren anders gehen als im übrigen Europa. Das merkt man auch an den Öffnungszeiten der Geschäfte: Die meisten öffnen um 9 Uhr und machen um 14 Uhr Mittagspause. Nach Mittagessen und **siesta** kann man frühestens ab 16 Uhr wieder einkaufen, dafür aber bis 20 Uhr. Große Kaufhäuser wie **El Corte Inglés** oder die **Galerías Preciadas**, die in allen größeren Städten vertreten sind, haben durchgehend bis 20 Uhr geöffnet.

Komplimente

Macht Ihnen ein Spanier ein Kompliment, z. B. dass Sie etwas Hübsches tragen, antworten Sie nicht mit **gracias** (danke). Benutzen Sie stattdessen eine Bescheidenheitsfloskel wie: **ya es viejo** (es ist schon alt) oder **es de las rebajas** (es war ein Sonderangebot).

Telefon

In Spanien meldet man sich nicht mit Namen, sondern mit **¿diga?, ¿dígame?** oder auch nur mit einem kurzen **¿sí?**
Man findet genügend Telefonhäuschen, wobei die meisten sowohl mit Münzgeld, als auch mit **tarjetas telefónicas** (Telefonkarten) funktionieren. Wollen Sie aufs Postamt telefonieren gehen, so gehen Sie nicht zu **Correos**, sondern zur **Telefónica**, der halbstaatlichen spanischen Telefongesellschaft.
Wenn Sie von Deutschland, Österreich oder der Schweiz nach Spanien telefonieren möchten, wählen Sie zuerst 0034, dann die Provinzkennzahl (mit der 9) und schließlich die gewünschte Telefonnummer. Um von Spanien ins Ausland zu telefonieren, wählen Sie zunächst die 00, anschließend für Deutschland die Kennzahl 49, dann die der entsprechenden Stadt (ohne 0) und die gewünschte Telefonnummer. Das Gleiche gilt für Österreich (Landeskennzahl 43) und die Schweiz (Landeskennzahl 41).

Geld

In Spanien kann man fast überall bargeldlos bezahlen; die in Deutschland üblichen Kreditkarten (Master, Visa, American Express) werden akzeptiert. An den Automaten der Banken und Sparkassen können Sie mit Ihrer EC-Karte Euro abheben.

Straßenverkehr

Autopistas (Autobahnen) sind gebührenpflichtig und sehr teuer, **autovías** (Schnellstraßen) und **carreteras** (Landstraßen) sind dagegen kostenlos.
In den größeren Städten Spaniens ist der Verkehr dicht, aber nicht chaotisch. Man fährt schnell, passt jedoch auf die anderen Auto- und Motorradfahrer auf. Aber beachten Sie, dass die Spanier das Rot einer Ampel zwar sehen, es aber nicht unbedingt für verbindlich halten. Das gilt erst recht für Zebrastreifen!
Sie werden schnell feststellen, dass die Spanier Motorräder lieben: Die Straßen sind voll davon. Fahrräder werden übrigens nicht primär als Transportmittel angesehen; man benutzt sie vorwiegend in der Freizeit.
Parkprobleme gibt es überall – auch in Spanien. Zum Teil wird wild, oft in zweiter, ja in dritter Reihe geparkt, aber die **grúas** (Abschleppkräne) sind dauernd unterwegs. Am besten Sie parken in der Nähe eines der Parkautomaten, die fast überall auf den Gehsteigen aufgestellt sind. Parkuhren wie in Deutschland gibt es nicht. Gelb angestrichene Bordsteine markieren absolutes Halteverbot.
Trampen ist in Spanien nicht üblich. Nur unter außergewöhnlichen Umständen (überhaupt kein Geld, Zug verpasst) wird getrampt. Auch Mitfahrzentralen sind weitgehend unbekannt.

Glücksspiele und Blindenlotterie

Die Spanier sind begeisterte Lotteriespieler. Das höchstdotierte Lotteriespiel der staatlichen Lotteriegesellschaft ist die Weihnachtslotterie, bei der der Hauptgewinn tatsächlich bis zu mehrere Millionen betragen kann. Neben der staatlichen Lotteriegesellschaft organisiert auch die **ONCE** (**Organización Nacional de Ciegos Españoles**) – der spanische Blindenverband – Lotteriespiele. Die Lose werden von Blinden und Schwerbehinderten an Straßenecken, in Lokalen oder auch in den vielen kleinen Lotteriekiosken der **ONCE** verkauft. Diese Organisation wird nach Kriterien moderner Geschäftsführung mit viel Erfolg geleitet; sie hat für die Blinden zahlreiche Sozialeinrichtungen geschaffen, die Losverkäufer erhalten ein monatliches Festgehalt.

Die Presse

Neben der **prensa amarilla** oder auch **prensa del corazón** (Regenbogenpresse) verfügt Spanien natürlich auch über eine seriöse Presse. Dazu zählt z. B. **El País** – eine überregionale Tageszeitung von internationalem Ruf. Besonders beliebt sind die **suplementos**, die nicht nur am Sonntag erscheinen – **El País** beinhaltet z. B. mehrmals in der Woche eine Beilage (*Babelia* über Literatur am Samstag, *Ciber-País* über EDV am Donnerstag, *EPS* am Sonntag). Üblicherweise kaufen die Spanier die Zeitung jeden Morgen am Kiosk und beziehen sie nicht, wie wir das aus Deutschland, der Schweiz und Österreich kennen, über ein Abonnement.

Interkulturelle Tipps zu den deutschsprachigen Ländern (Deutschland, Österreich, Schweiz)

Consejos interculturales sobre los países de habla alemana (Alemania, Austria, Suiza)

Información general

El alemán no se habla sólo en Alemania, sino también en Suiza y Austria. Sin embargo hay pequeñas diferencias entre el alemán que se habla en cada uno de estos países.

Los austríacos y suizos hablan, en general, más lentamente que los alemanes. Su pronunciación es más suave y apenas diferencian entre la «b» y la «p». Por lo tanto la palabra «Gepäck» (equipaje) en labios de un austríaco puede ser entendida como «equipaje» (Gepäck) o como «producto de pastelería o panadería» (Gebäck). Al contrario de lo que sucede con los dialectos del alemán en Alemania y Austria, las distintas modalidades regionales del alemán en Suiza tienen estatus de lengua y se usan en cada cantón en la radio, TV, entrevistas, anuncios y en la escuela. Muchas de las palabras que se utilizan en el alemán suizo proceden originariamente del francés. Estas palabras experimentan, al ser empleadas en alemán, un cambio en la posición de su acento, que pasa de la última sílaba a la primera. En el lenguaje deportivo, sin embargo, se utilizan muchas palabras procedentes del inglés: **goal** en vez de **Tor** o **corner** en lugar de **Eckball**. En lo que se refiere a la ortografía es importante reseñar que en Suiza no se utiliza la letra **ß**. Todas la palabras que en alemán se escriben con **ß** – incluso después de la reforma ortográfica – se escriben con **ss**, por ejemplo: **Grüsse** en lugar de **Grüße** (saludos) o **Füsse** en lugar de **Füße** (pies). También es destacable el hecho de que los suizos cambien el género de algunas palabras. Es lo que ocurre en: «**der** Dessert» (el postre), «**der** Butter» (la mantequilla) y «**das** Tram» (el tranvía).

Fórmulas de saludo

La forma de saludo más extendida en los países de habla alemana es **Guten Tag** (buenos días) o la menos formal **Hallo** (hola). Entre amigos y conocidos se utiliza también la fórmula **Grüß dich** (hola) y a continuación se suele preguntar **Wie geht's?** (¿qué tal estás?). **Guten Tag** suele utilizarse después de mediodía (no es correcto decir **Guten Nachmittag**), de ahí que por la mañana lo adecuado sea saludar con **Guten Morgen** (buenos días). Por las tardes se emplea **Guten Abend**. Estas son las fórmulas de saludo más extendidas en todo el ámbito de habla alemana, sin embargo cada región o país tiene además sus propias y genuinas formas de saludar.

En el sur de Alemania o Austria, por ejemplo, oiremos con frecuencia **Grüß Gott** (que equivale a: buenos días, buenas tardes o buenas noches según el momento del día). Del norte de Alemania es característica la expresión **Moin, Moin** como saludo. Y también los suizos tienen sus propias expresiones, entre ellas: **Grüezi**, o si se tutean **Hoi** o **Salü**.

Otras formas de saludo utilizadas en Austria son: **Servus** (adiós) o menos frecuentemente, **Habe die Ehre** (es un honor).

En cuanto a las despedidas, las expresiones más comunes en todos los países de habla alemana son: **Auf Wiedersehen** o **Tschüss**. Si se está entre amigos es habitual emplear la palabra italiana **Ciao**. Después, los interlocutores se suelen desear el uno al otro lo mejor con: **Mach's gut**.

La expresión **Gute Nacht** sólo se usa o bien cuando la despedida es muy tarde o bien cuando se produce inmediatamente antes de ir a dormir.

La expresión **Tschüss**, antes mencionada, no es muy utilizada en Austria. En su lugar se emplea **Pfiat' Di**, que viene a significar: que Dios te proteja. Del mismo modo, los suizos se despiden con: **Auf Wiederluege** o **Adieu**.

En los países de habla alemana se saluda con un apretón de manos, entre jóvenes es frecuente besarse las mejillas, si se trata de amigos.

Fórmulas de tratamiento

La fórmula de tratamiento corriente entre extraños en los países de habla alemana es la de «usted». Los jóvenes se suelen tutear entre ellos y en el ámbito profesional lo normal es que la persona mayor ofrezca al que es más joven la posibilidad de tutearse. En Austria es frecuente el tuteo entre compañeros de trabajo o personas de la misma edad. En las zonas rurales es habitual tutear al extraño desde el primer momento.

A la hora de dirigirse a alguien, en alemán, se antepone a su apellido la expresión **Frau** (señora) o **Herr** (señor). La expresión **Fräulein** (señorita) ya no se utiliza en Alemania, sin embargo se sigue utilizando ocasionalmente en Austria. En los comercios de Viena es frecuente que se utilice la expresión **Gnädige Frau**, o de forma abreviada **Gnä' Frau**, para dirigirse a las señoras y preguntarles qué desean.

Los títulos tienen mucha importancia en Alemania. Por ejemplo, una vez que alguien se ha doctorado, recibe el tratamiento de doctor que se pospone al de señor o señora: **Frau/Herr Doktor** (señor/a doctor/a). En Suiza se deposita menos valor en los títulos. En Austria sin embargo juegan un importante papel. Hay títulos académicos, como son: **Magister** (o en su forma femenina **Magistra)**, que significa licenciado/a, **Doktor** (doctor), **Diplomingenieur** (ingeniero) o **Professor** (catedrático) y también títulos honoríficos otorgados a funcionarios con méritos, como son: **Hofrat, Studienrat, Oberstudienrat, Kommerzialrat** o **Professor**.

Fórmulas de agradecimiento y respuesta

Para dar las gracias basta con decir **Danke** o si se quiere ser especialmente cortés **Vielen Dank** o **Dankeschön**. A esto se responde con **Bitte, Bitteschön, Bitte sehr** o **Gern geschehen**. Los suizos en lugar de **Danke** utilizan las expresiones **Merci** o **Merci vielmals**.

Comidas y bebidas

Al sentarse a la mesa los comensales se desean buen provecho diciendo **Guten Appetit** o **Mahlzeit**, a lo cual se responde **Danke gleichfalls** (gracias, igualmente). Cuando el motivo de la reunión es tomar juntos una bebida, entonces se utilizan las expresiones **Prost** o **Zum Wohl** (¡salud!). En Suiza para desearse buen provecho se emplea: **Guten Appetit** o **En Guete**.

En Alemania lo normal es tomar una comida caliente al día. La comida típica alemana consta de un solo plato y como complemento se suelen servir arroz, pasta o patatas.

En Suiza el desayuno recibe los nombres de: **Morgenessen** o **Zmorge,** la comida del mediodía: **Zmittag** y la cena: **Nachtessen** o **Znacht**.

Teléfono

En una conversación telefónica el receptor de la llamada se suele dar a conocer por el apellido, rara vez por el nombre, nada más descolgar el auricular. También es normal decir **Hallo** (hola) y **Ja, bitte** (sí, por favor). Estas dos fórmulas son especialmente habituales si se está utilizando un móvil. La expresión correcta para despedir la conversación es **Auf Wiederhören** y no **Auf Wiedersehen**.

Bares y restaurantes

El escenario de la vida social en Alemania no es la calle, sino que ésta se desarrolla principalmente en los bares por las tardes. Allí se reúnen los amigos para sentarse en torno a una mesa y tomar algo cómodamente. El ambiente de estos locales, generalmente, está amenizado por música de fondo.

Si se acude al bar con amigos o conocidos no es costumbre el que uno invite a todos los demás. El camarero/La camarera sirve las bebidas y hace una marca sobre el posavasos del cliente con cada bebida que sirve, o alternativamente, escribe su precio. A la hora de pagar se cuentan las rayas hechas en el posavasos y se pregunta si se desea pagar **zusammen** (todo junto) o **getrennt** (separado). La decisión de pagar todo junto se puede considerar como un signo de confianza.

Se considera descortés no dejar propina, esto significaría que se está insatisfecho con el servicio recibido. No hay ninguna regla fija acerca de la cuantía exacta de la propina, pero en la mayoría de los casos se suele dejar en torno a un 10 % del importe total de la cuenta o se redondea. Por ejemplo, si el importe a pagar es de 19 euros se le dan al camarero 20 y se le dice (**es) stimmt so!** (está bien así), o se le da un billete de 50 euros y se le dice: **Machen Sie zwanzig** (cóbrese 20). No es extraño en Alemania, ni descortés, compartir mesa con desconocidos en un bar, cuando se está buscando sitio, de hecho es bastante habitual. De todas formas antes de sentarse, se suele pedir permiso a los que ya están en la mesa.

En las zonas vitícolas de Austria es costumbre ir al **Heurige**, donde se puede probar el vino de la última cosecha (el **Heurige**) al mismo tiempo que degustar una **Jause** (merienda) o **Hausmannskost** (comida casera).

En Suiza los bares o tabernas reciben el nombre de **Beiz**. A la camarera se la nombra con la expresión **Serviertochter**. En estos locales se puede pedir **Panaschee** (cerveza con limonada), una **Stange** (cerveza pequeña) o un **Jus** (zumo de fruta). Es posible que en el menú aparezca la expresión **à discrétion**, esto significa que el cliente puede obtener por el precio indicado la cantidad que él desee.

A

A, a [a] *f* A, a *nt*

a [a] *prep* **1.** (*dirección*) zu +*dat;* **ir ~ Barcelona/Suiza** nach Barcelona/ in die Schweiz fahren; **llegar ~ Madrid** in Madrid ankommen; **ir ~ la escuela** in die Schule gehen **2.** (*posición*) an +*dat;* **estar sentado ~ la mesa** am Tisch sitzen; **~ la derecha** rechts **3.** (*distancia*): **~ 10 kilómetros de aquí** 10 Kilometer von hier **4.** (*tiempo*) um +*akk;* (*hasta*) bis; **~ las tres** um drei (Uhr) **5.** (*modo*): **~ pie** zu Fuß; **~ oscuras** im Dunkeln **6.** (*complemento (in)directo*): **he visto ~ tu hermano** ich habe deinen Bruder gesehen

abad(esa) [a'βaᵒ, aβa'ðesa] *m(f)* Abt *m*, Äbtissin *f*

abajo [a'βaxo] *adv* **1.** (*movimiento*) hinunter; **de arriba ~** von oben nach unten **2.** (*estado*) unten; **hacia ~** nach unten

abandonar [aβaṇdo'nar] *vt* **1.** verlassen; (*desamparar*) im Stich lassen; **niño abandonado** Findelkind *nt* **2.** (*renunciar*) aufgeben

abandono [aβaṇ'dono] *m* Verlassen *nt;* (*renuncia*) Verzicht *m;* (*descuido*) Vernachlässigung *f*

abanicar(se) [aβani'kar(se)] <c → qu> *vt, vr* (sich) (Luft) zufächeln +*dat*

abanico [aβa'niko] *m* Fächer *m*

abaratar [aβara'tar] **I.** *vt* verbilligen; **~ costes** Kosten senken **II.** *vr:* **~se** billiger werden

abarcar [aβar'kar] <c → qu> *vt* umfassen

abarrotar [aβarro'tar] *vt* überfüllen (*de* mit +*dat*)

abastecer(se) [aβaste'θer(se)] *irr como crecer vt, vr* (sich) versorgen

abasto [a'βasto] *m:* **dar ~** ausreichen

abatido, -a [aβa'tiðo] *adj* niedergeschlagen

abatir [aβa'tir] **I.** *vt* (*muro*) niederreißen; (*humillar*) demütigen **II.** *vr:* **~se** sich stürzen (*sobre* auf +*akk*); (*desanimarse*) den Mut verlieren

abdicación [aβðika'θjon] *f* Abdankung *f;* **~ al trono** Thronverzicht *m*

abdicar [aβði'kar] <c → qu> *vt* abdanken

abdomen [aβ'ðomen] *m* Unterleib *m*

abdominal [aβðomi'nal] **I.** *adj* Bauch-; **dolor ~** Bauchschmerzen **II.** *m* Bauchmuskelübung *f*

abecé [aβe'θe] *m* Abc *nt*

abecedario [aβeθe'ðarjo] *m* Alphabet *nt*

abedul [aβe'ðul] *m* Birke *f*

abeja [a'βexa] *f* Biene *f*

abejorro [aβe'xorro] *m* Hummel *f*

aberrante [aβe'rraṇte] *adj* abwegig; (*disparatado*) unsinnig

abertura [aβer'tura] *f* Öffnung *f*

abeto [a'βeto] *m* Tanne *f;* **~ rojo** Fichte *f*

abierto, -a [a'βjerto] *adj* offen

abismal [aβis'mal] *adj* gewaltig

abismo [a'βismo] *m* Abgrund *m;* (*diferencia*) Kluft *f*

abjurar [aβxu'rar] *vi, vt* abschwören (*de* +*dat*)

ablandarse [aβlaṇ'darse] *vr* sich erweichen lassen

abnegación [aβneɣa'θjon] *f:* **con ~** selbstlos

abnegado, -a [aβne'ɣaðo] *adj* selbstlos

abofetear [aβofete'ar] *vt* ohrfeigen

abogacía [aβoɣa'θia] *f:* **ejercer la ~** als Anwalt tätig sein

abogado, -a [aβo'γaðo] *m, f*
(Rechts)anwalt, -wältin *m, f; ~* **de-
fensor** (Straf)verteidiger *m*

abogar [aβo'γar] <g → gu> *vi* sich
einsetzen (*por/en favor de* für +*akk*)

abolición [aβoli'θjon] *f* Abschaffung *f*

abolir [aβo'lir] *irr vt* abschaffen

abollar [aβo'ʎar] *vt* verbeulen

abombar(se) [aβom'bar(se)] *vt, vr*
(sich) wölben

abominable [aβomi'naβle] *adj* abscheulich

abonado, -a [aβo'naðo] *m, f* Abon-
nent(in) *m(f)*

abonar [aβo'nar] *vt* **1.** (*pagar*) bezahlen; ~ **en cuenta** gutschreiben
2. (*terreno*) düngen **3.** (PREN) abonnieren

abono [a'βono] *m* **1.** (TEAT, PREN)
Abonnement *nt* **2.** (*para transporte
público*) Zeitkarte *f; ~* **mensual** Monatskarte *f;* **sacar un** ~ eine Dauerkarte kaufen **3.** (*fertilizante*) Dünger
m; ~ **químico** Kunstdünger *m*

abordar [aβor'ðar] **I.** *vt* (*algo cerrado*)
(*persona*) ansprechen; (*tema*) an-
schneiden **II.** *vi* (NÁUT) anlegen

aborigen [aβo'rixen] *mf* Ureinwoh-
ner(in) *m(f)*

aborrecer [aβorre'θer] *irr como crecer vt* verabscheuen

abortar [aβor'tar] **I.** *vi* **1.** (*provocado*) abtreiben **2.** (*espontáneo*) eine
Fehlgeburt haben **3.** (*fracasar*)
scheitern **II.** *vt* (*hacer fracasar*) vereiteln

aborto [a'βorto] *m* Abtreibung *f;*
(*espontáneo*) Fehlgeburt *f*

abotonar [aβoto'nar] *vt* zuknöpfen

abrasar [aβra'sar] **I.** *vi* (*sol*) brennen;
(*comida*) heiß sein **II.** *vt* **1.** (*quemar*)
verbrennen **2.** (*dolor*) brennen (in
+*dat*)

abrazar(se) [aβra'θar(se)] <z → c>
vt, vr (sich) umarmen

abrazo [a'βraθo] *m* Umarmung *f;*
dar un ~ **a alguien** jdn umarmen;
un (**fuerte**) ~ (*en cartas*) liebe Grüße

abreacción [aβrreaᵞ'θjon] *f* (PSICO)
Abreaktion *f*

abrebotellas [aβreβo'teʎas] *m inv*
Flaschenöffner *m*

abrecartas [aβre'kartas] *m inv* Brieföffner *m*

abrelatas [aβre'latas] *m inv* Dosenöffner *m*

abreviar [aβre'βjar] *vt* (ver)kürzen

abreviatura [aβreβja'tura] *f* Abkürzung *f*

abridor [aβri'ðor] *m* Öffner *m*

abrigado, -a [aβri'γaðo] *adj:* **estar** ~
warm angezogen sein

abrigarse [aβri'γarse] <g → gu> *vr*
sich warm anziehen

abrigo [a'βriγo] *m* Mantel *m*

abril [a'βril] *m* April *m; v.t.* **marzo**

abrir [a'βrir] *irr* **I.** *vt* (*algo cerrado*)
öffnen; (*libro*) aufschlagen; (*grifo*)
aufdrehen **II.** *vi:* **en un** ~ **y cerrar
de ojos** im Nu **III.** *vr:* ~**se** sich
(er)öffnen

abrochar [aβro'tʃar] *vt:* **abróchense
los cinturones** (**de seguridad**) legen Sie die Sicherheitsgurte an

abrumador(a) [aβruma'ðor] *adj*
überwältigend

abrupto, -a [a'βrupto] *adj* **1.** (*camino, abismo*) steil **2.** (*carácter*)
schroff

absentismo [aβsen'tismo] *m: ~* **laboral** Fehlen *nt* (am Arbeitsplatz)

absolución [aβsolu'θjon] *f* **1.** (JUR)
Freispruch *m; ~* **por falta de pruebas** Freispruch mangels Beweisen
2. (REL) Absolution *f*

absolutamente [aβsoluta'mente]
adv absolut; (*completamente*) völlig;
(*negación*) strikt; ~ **nada** überhaupt
nichts

absoluto, -a [aβso'luto] *adj:* **en ~** keineswegs; **nada en ~** gar nichts

absolver [aβsol'βer] *irr como volver vt* (JUR) freisprechen; (REL) lossprechen

absorber [aβsor'βer] *vt* **1.** (*t. fig*) aufsaugen; (*cautivar*) fesseln; **~ la atención de alguien** jds Aufmerksamkeit beanspruchen **2.** (*empresa*) aufkaufen

absorto, -a [aβ'sorto] *adj* versunken (*en* in +*akk*)

abstención [aβ^βsten'θjon] *f* (Stimm)enthaltung *f*

abstenerse [aβ^βste'nerse] *irr como tener vr:* **~ de votar** sich der Stimme enthalten

abstinencia [aβ^βsti'nenθja] *f* Enthaltsamkeit *f*; (*de alcohol*) Abstinenz *f*

abstinente [aβ^βsti'nente] *adj* enthaltsam

abstracción [aβ^βstraɣ'θjon] *f* Abstraktion *f*

abstracto, -a [aβ^β'trakto] *adj* abstrakt

abstraer [aβ^βstra'er] *irr como traer* **I.** *vt* abstrahieren **II.** *vr:* **~se en algo** sich in etw vertiefen

absurdo, -a [aβ'surðo] *adj* absurd

abuchear [aβuʧe'ar] *vt* ausbuhen

abuelo, -a [a'βwelo] *m, f* Großvater, -mutter *m, f*; **los ~s** die Großeltern

abulense [aβu'lense] *adj* aus Ávila

abultar [aβul'tar] *vi* viel Raum einnehmen

abundancia [aβuŋ'danθja] *f* Fülle *f*; **en ~** in Hülle und Fülle

abundante [aβuŋ'dante] *adj* reichlich

abundar [aβuŋ'dar] *vi* reichlich vorhanden sein

aburrido, -a [aβu'rriðo] *adj* (*ser*) langweilig; (*estar*) überdrüssig (*de* +*gen*)

aburrimiento [aβurri'mjento] *m* Langeweile *f*

aburrir(se) [aβu'rrir(se)] *vt, vr* (sich) langweilen

abusar [aβu'sar] *vi* **1.** (*usar indebidamente*) missbrauchen (*de* +*akk*) **2.** (*aprovecharse*) ausnutzen (*de* +*akk*); **~ de una mujer** eine Frau vergewaltigen

abuso [a'βuso] *m* Missbrauch *m*; **~ de autoridad** Amtsmissbrauch *m*; **~ deshonesto** Unzucht *f*

acá [a'ka] *adv* hier; **¡ven ~!** komm her!

acabado, -a [aka'βaðo] *adj* fertig

acabar [aka'βar] **I.** *vi* **1.** (*terminar*) enden (*en* mit +*dat*); **~ bien** gut ausgehen **2.** (*una acción*): **el libro acaba de publicarse** das Buch ist soeben erschienen **3.** (*agotar*): **este niño ~á conmigo** dieses Kind macht mich noch völlig fertig **4.** (*finalmente*): **~ás por comprenderlo** du wirst es schließlich einsehen **II.** *vt* beenden; (*consumir*) aufbrauchen **III.** *vr:* **~se** enden; **la mantequilla se ha acabado** die Butter ist alle; **¡se acabó!** und damit basta!

academia [aka'ðemja] *f* Akademie *f*; (*colegio*) (Privat)schule *f*

académico, -a [aka'ðemiko] *adj* akademisch

acaecer [akae'θer] *irr como crecer vi* sich ereignen

acallar [aka'ʎar] *vt* zum Schweigen bringen

acalorado, -a [akalo'raðo] *adj* hitzig

acalorarse [akalo'rarse] *vr:* **se acalora por nada** er/sie regt sich wegen Nichtigkeiten auf

acampar [akam'par] *vi* campen

acantilado [akanti'laðo] *m* Steilküste *f*

acaparar [akapa'rar] *vt:* **~ todas las miradas** alle Blicke auf sich ziehen

acariciar [akari'θjar] *vt* streicheln; (*idea, plan*) hegen

acarrear [akarre'ar] *vt* transportieren; (*ocasionar*) verursachen

acaso [a'kaso] *adv* vielleicht; **¿está ~ enfermo?** ist er etwa krank?; **por si ~** (*en caso de*) falls; (*en todo caso*) vorsichtshalber

acatar [aka'tar] *vt* achten; (*obedecer*) befolgen

acatarrarse [akata'rrarse] *vr* sich erkälten

acceder [aᵛθe'ðer] *vi* 1. (*consentir*) einwilligen (*a* in +*akk*); **~ a una petición** einer Bitte entsprechen 2. (*tener acceso*) Zugang haben (*a* zu +*dat*) 3. (*ascender*) aufsteigen; **~ a la presidencia** den Vorsitz übernehmen

accesible [aᵛθe'siβle] *adj* zugänglich; (*precios*) erschwinglich

accésit [aᵛ'θesiᵗ] *m inv* Trostpreis *m*

acceso [aᵛ'θeso] *m* Zugang *m* (*a* zu +*dat*); **de fácil ~** leicht zugänglich; **libre ~** freier Zutritt

accesorio [aᵛθe'sorjo] *m* 1. (*de vestidos*) Accessoire *nt* 2. *pl* (*de máquinas*) Zubehör *nt*

accidentado, -a [aᵛθiðeṇ'taðo] *m, f* Verunglückte(r) *f(m)*

accidental [aᵛθiðeṇ'tal] *adj* zufällig

accidentarse [aᵛθiðeṇ'tarse] *vr* verunglücken

accidente [aᵛθi'ðeṇte] *m* Unfall *m;* **~ de circulación** Verkehrsunfall *m;* **sufrir un ~** einen Unfall haben; **por ~** zufällig

accidentógeno, -a [aᵛθiðeṇ'toxeno] *adj* unfallanfällig

acción [aᵛ'θjon] *f* 1. (*acto, t.* LIT) Handlung *f;* (POL) Aktion *f;* **¡~!** (CINE) Aufnahme! 2. (FIN) Aktie *f*

accionar [aᵛθjo'nar] *vt* betätigen

accionista [aᵛθjo'nista] *mf* Aktionär(in) *m(f)*

acechar [aθe'tʃar] *vt* belauern

acecho [a'θetʃo] *m:* **estar al ~** auf der Lauer liegen

aceite [a'θeite] *m* Öl *nt*

aceitoso, -a [aθei'toso] *adj* ölig

aceituna [aθei'tuna] *f* Olive *f*

acelerador [aθelera'ðor] *m* Gaspedal *nt;* **pisar el ~** Gas geben

acelerar [aθele'rar] I. *vi* beschleunigen; (AUTO) Gas geben; **¡no aceleres tanto!** gib nicht so viel Gas! II. *vt* beschleunigen; **~ el paso** schneller gehen

acelga [a'θelɣa] *f* Mangold *m*

acento [a'θeṇto] *m* 1. (*prosódico*) Betonung *f* 2. (*signo*) Akzent *m;* **hablar alemán sin ~** akzentfrei Deutsch sprechen

acentuación [aθeṇtwa'θjon] *f* Betonung *f;* (*ortográfica*) Akzentsetzung *f*

acentuado, -a [aθeṇtu'aðo] *adj* 1. (*al pronunciar*) betont; (*al escribir*) mit Akzent 2. (*marcado*) ausgeprägt

acentuar [aθeṇtu'ar] <*1. pres:* acentúo> I. *vt* 1. (*al pronunciar*) betonen; (*al escribir*) einen Akzent setzen (auf +*akk*) 2. (*resaltar*) hervorheben II. *vr:* **~se** (*Am*) sich verschlimmern

acepción [aθeβ'θjon] *f* Bedeutung *f*

aceptable [aθep'taβle] *adj* annehmbar

aceptación [aθepta'θjon] *f* Zustimmung *f;* **tener ~** Beifall finden

aceptado [aθep'taðo] *interj* (*Am*) einverstanden

aceptar [aθep'tar] *vt* annehmen

acequia [a'θekja] *f* Bewässerungsgraben *m*

acera [a'θera] *f* Bürgersteig *m;* **ser de la ~ de enfrente** (*fam*) vom anderen Ufer sein

acerca [a'θerka] *prep:* **~ de** (*sobre*) über +*akk*

acercamiento [aθerka'mjeṇto] *m* Annäherung *f* (*a* an +*akk*)

acercar [aθer'kar] <c → qu> I. vt
1. (poner más cerca) näher bringen
(a +dat); **acerca la silla a la mesa**
rück den Stuhl an den Tisch
2. (traer) (her)bringen 3. (fam: llevar) bringen (a zu +dat) II. vr: ~se
sich nähern (a +dat); (ir) vorbei-
schauen (a bei +dat)

acero [a'θero] m Stahl m

acertado, -a [aθer'taðo] adj richtig;
(atinado) treffend

acertar [aθer'tar] <e → ie> I. vi
1. (dar) treffen 2. (hacer con
acierto) das Richtige tun 3. (por casualidad): ~ a hacer algo zufällig
etw tun 4. (conseguir): **no acerté
a encontrar la respuesta** es gelang
mir nicht die Lösung zu finden
5. (encontrar) finden (con +akk)
II. vt treffen; (encontrar) finden;
(adivinar) erraten

acertijo [aθer'tixo] m Rätsel nt

acervo [a'θerβo] m: ~ cultural Kulturgut nt; ~ genético (BIOL) Gen-
pool m, Gesamtbestand der Gene

acetona [aθe'tona] f Aceton nt

achacoso, -a [atʃa'koso] adj anfällig;
estar ~ kränkeln

achaque [a'tʃake] m Beschwerde f

achicar [atʃi'kar] <c → qu> I. vt verkleinern; (intimidar) einschüchtern
II. vr: ~se kleiner werden

achicharrar [atʃitʃa'rrar] I. vt verbrennen; **estoy achicharrado** ich komme um vor Hitze II. vr: ~se anbrennen; (persona) vor Hitze umkommen

achicoria [atʃi'korja] f Zichorie f

achinado, -a [atʃi'naðo] adj: ojos ~s
Schlitzaugen nt pl; (CSur) pöbelhaft

achís [a'tʃis] interj hatschi

acholar [atʃo'lar] I. vt (Chil, Perú)
1. (avergonzar) beschämen 2. (ami-
lanar) einschüchtern II. vr: ~se
(Arg, Chil, Perú: acobardarse) ver-

zagen

achuchón [atʃu'tʃon] m (fam) heftige
Umarmung f; (achaque) (leichtes)
Unwohlsein nt

achucutado, -a [atʃuku'taðo] adj
(Am) niedergeschlagen

achumarse [atʃu'marse] vr (Am) sich
betrinken

acicalarse [aθika'larse] vr sich herausputzen

acidez [aθi'ðeθ] f Säure f; ~ de estómago Sodbrennen nt

ácido¹ ['aθiðo] m (QUÍM) Säure f

ácido, -a² ['aθiðo] adj sauer; (mordaz) bissig

acierto [a'θjerto] m Treffer m

aclamar [akla'mar] vt zujubeln +dat;
(POL) durch Zuruf wählen

aclaración [aklara'θjon] f Erklärung
f; (de un crimen) Aufklärung f

aclarar [akla'rar] I. vt 1. (hacer más
claro) aufhellen 2. (explicar) erklären 3. (crimen, secreto) aufklären
II. vr: ~se (fam) klarkommen
III. vimpers: **está aclarando** es hei-
tert auf

aclimatar(se) [aklima'tar(se)] vt, vr
(sich) (ein)gewöhnen

acné [aɣ'ne] m o f Akne f

acobardar [akoβar'ðar] I. vt Angst
einjagen +dat; (con palabras) einschüchtern; **le acobarda el fuego**
er hat Angst vor Feuer II. vr: ~se
den Mut verlieren (ante/frente a angesichts +gen); (intimidarse) sich
einschüchtern lassen

acogedor(a) [akoxe'ðor] adj freundlich

acoger [ako'xer] <g → j> vt aufnehmen; (recibir) empfangen

acogida [ako'xiða] f Aufnahme f; (recibimiento) Empfang m; **el proyecto no tuvo una buena ~** das
Projekt fand keinen Beifall

acojonado, -a [akoxo'naðo] adj

(*vulg*) verängstigt; (*acobardado*) feige

acojonante [akoxo'nante] *adj* (*vulg*) geil *fam*

acojonar [akoxo'nar] **I.** *vt* (*vulg*) Angst einjagen +*dat* **II.** *vr:* ~se (*vulg*) Schiss kriegen *fam*

acometer [akome'ter] *vi, vt* angreifen

acomodado, -a [akomo'ðaðo] *adj* wohlhabend

acomodador(a) [akomoða'ðor] *m(f)* Platzanweiser(in) *m(f)*

acomodar(se) [akomo'ðar(se)] *vt, vr* (sich) anpassen

acomodo [ako'moðo] *m* **1.** (*adaptación*) Anpassung *f* (*a* an +*akk*) **2.** (*alojamiento*) Unterkunft *f*

acompañado, -a [akompa'ɲaðo] *adj:* **bien/mal** ~ in guter/schlechter Begleitung

acompañante [akompa'ɲante] *mf* Begleiter(in) *m(f)*

acompañar [akompa'ɲar] *vt* **1.** (*t. MÚS*) begleiten; ~ **a alguien a casa** jdn nach Hause begleiten; **te acompaño en el sentimiento** herzliches Beileid **2.** (*hacer compañía*) Gesellschaft leisten +*dat*

acompasado, -a [akompa'saðo] *adj* (*MÚS*) rhythmisch; (*pausado*) ruhig

acomplejado, -a [akomple'xaðo] *adj* voller Komplexe

acomplejar [akomple'xar] **I.** *vt* Komplexe verursachen +*dat* **II.** *vr:* ~se Komplexe bekommen

acondicionado, -a [akondiθjo'naðo] *adj:* **bien/mal** ~ in gutem/schlechtem Zustand; **la habitación tiene aire** ~ das Zimmer hat eine Klimaanlage

acondicionar [akondiθjo'nar] *vt* herrichten; (*climatizar*) klimatisieren

acongojar [akongo'xar] *vt* bekümmern

aconsejable [akonse'xaβle] *adj* ratsam

aconsejar [akonse'xar] *vt* beraten; ~ **algo a alguien** jdm etw raten

acontecer [akonte'θer] *irr como crecer vi* sich ereignen

acontecimiento [akonteθi'mjento] *m* Ereignis *nt*

acopio [ako'pjo] *m* Vorrat *m;* **hacer** ~ **de algo** einen Vorrat an etw *dat* anlegen; **hacer** ~ **de paciencia** sich mit Geduld wappnen

acoplar(se) [ako'plar(se)] *vt, vr* (sich) anpassen

acoquinar(se) [akoki'nar(se)] *vt, vr* (sich) einschüchtern (lassen)

acorazar [akora'θar] <z → c> *vt* panzern; **cámara acorazada** Panzerschrank *m*

acordar [akor'ðar] <o → ue> **I.** *vt* vereinbaren; (*decidir*) beschließen **II.** *vr:* ~se sich erinnern (*de* an +*akk*); **¡acuérdate de decírselo!** denk daran es ihm/ihr zu sagen!

acorde [a'korðe] *adj* übereinstimmend

acordeón [akorðe'on] *m* Akkordeon *nt*

acorralar [akorra'lar] *vt* einpferchen; (*cercar*) einkreisen; (*con preguntas*) in die Enge treiben

acortar [akor'tar] **I.** *vt* (ab)kürzen **II.** *vr:* ~se kürzer werden

acosar [ako'sar] *vt* **1.** (*perseguir*) hetzen **2.** (*asediar*) bedrängen; ~ **a alguien a preguntas** jdn mit Fragen bombardieren

acoso [a'koso] *m* Verfolgung *f*

acostar [akos'tar] <o → ue> **I.** *vt* ins Bett bringen **II.** *vr:* ~se **1.** (*descansar*) sich hinlegen; (*ir a la cama*) ins Bett gehen; **estar acostado** im Bett sein; ~se **con alguien** mit jdm schlafen **2.** (*AmC, Méx*) entbinden

acostumbrado, -a [akostum'braðo] *adj* gewohnt; **mal** ~ verwöhnt

acostumbrar [akostum'brar] **I.** *vi:*

~ **a hacer algo** gewöhnlich etw tun; **como se acostumbra a decir** wie man zu sagen pflegt II. *vt:* ~ **a alguien a hacer algo** jdn daran gewöhnen etw zu tun III. *vr:* ~**se** *dat* angewöhnen (*a* +*akk*); (*no extrañar*) sich gewöhnen (*a* an +*akk*)

acotación [akota'θjon] *f* Randbemerkung *f;* (TEAT) Bühnenanweisung *f*

acrecentar [akreθeɲ'tar] <e → ie> *vt* vermehren

acreditado, -a [akreði'taðo] *adj* angesehen

acreditar [akreði'tar] I. *vt* bestätigen; (*dar reputación*) Ansehen verleihen +*dat* II. *vr:* ~**se** Ansehen erwerben

acreedor(a) [akre(e)'ðor] *m(f)* Gläubiger(in) *m(f)*

acribillar [akriβi'ʎar] *vt:* ~ **a alguien a preguntas** jdn mit Fragen überhäufen

acrílico, -a [a'kriliko] *adj:* **fibra acrílica** Acryl *nt*

acrobacia [akro'βaθja] *f* Akrobatik *f*

acróbata [a'kroβata] *mf* Akrobat(in) *m(f)*

acrónimo [a'kronimo] *m* Akronym *nt*

acta ['akta] *f* 1. (*de una reunión*) Protokoll *nt;* **levantar** ~ **de algo** etw protokollieren; **hacer constar en** ~ zu Protokoll geben 2. (*certificado*) Urkunde *f* 3. (JUR) Akte *f*

actitud [akti'tuð] *f* Haltung *f;* (*disposición*) Einstellung *f*

activamente [aktiβa'meɲte] *adv* tatkräftig

activar [akti'βar] *vt* 1. (*avivar*) beleben 2. (*acelerar*) beschleunigen; ~ **la digestión** die Verdauung fördern 3. (QUÍM, FÍS, INFOR) aktivieren; ~ **una bomba** eine Bombe zünden

actividad [aktiβi'ðað] *f* Tätigkeit *f;* (*ocupación*) Beschäftigung *f;* ~ **profesional** Beruf *m;* **volcán en** ~ aktiver Vulkan

activo[1] [ak'tiβo] *m* Aktiva *ntpl*

activo, -a[2] [ak'tiβo] *adj* aktiv; (*sustancia, medicamento*) wirksam

acto ['akto] *m* 1. (*acción*) Handlung *f;* ~ **sexual** Geschlechtsakt *m;* **en el** ~ auf der Stelle 2. (*ceremonia*) Festakt *m* 3. (TEAT) Akt *m*

actor, actriz [ak'tor, ak'triθ] *m, f* Schauspieler(in) *m(f);* ~ **de cine** Filmschauspieler *m;* **primer** ~ Hauptdarsteller *m*

actuación [aktwa'θjon] *f* Handeln *nt;* (TEAT, MÚS) Auftritt *m;* ~ **en directo** Liveauftritt *m*

actual [aktu'al] *adj* aktuell

actualidad [aktwaliða⁰] *f* 1. (*presente*) Gegenwart *f;* **en la** ~ heutzutage 2. (*cualidad*) Aktualität *f;* **de** ~ aktuell; **estar de** ~ modern sein

actualizar [aktwali'θar] <z → c> *vt* aktualisieren

actualmente [aktwal'meɲte] *adv* zur Zeit

actuar [aktu'ar] <1. *pres:* actúo> *vi* 1. (*obrar, hacer*) handeln 2. (*tener efecto*) wirken (*sobre* auf +*akk*) 3. (TEAT) auftreten 4. (JUR) auftreten (*de/como* als +*nom*); ~ **contra alguien** gegen jdn vorgehen

acuarela [akwa'rela] *f* Aquarell *nt*

acuario [a'kwarjo] *m* Aquarium *nt*

Acuario [a'kwarjo] *m* (ASTR) Wassermann *m*

acuático, -a [a'kwatiko] *adj* Wasser-; **ave acuática** Wasservogel *m*

acuchillar [akutʃi'ʎar] *vt* niederstechen; (*matar*) erstechen

acuciante [aku'θjaɲte] *adj* dringend

acudir [aku'ðir] *vi* 1. (*ir*) sich einfinden (*a* in +*dat, a* bei +*dat*); ~ **a una cita** zu einem Rendezvous gehen; ~ **al trabajo** zur Arbeit gehen; ~ **a las urnas** wählen gehen 2. (*corriendo*) herbeieilen; ~ **en socorro (de**

alguien) (jdm) zu Hilfe eilen
acueducto [akwe'ðukto] *m* Aquädukt *m o nt*
acuerdo [a'kwerðo] *m* **1.** (*convenio*) Vereinbarung *f;* **llegar a un ~** sich einigen **2.** (*político*) Abkommen *nt* **3.** (*decisión*) Beschluss *m* **4.** (*conformidad*) Übereinstimmung *f;* **de ~** einverstanden; **ponerse de ~** sich einigen
acumular [akumu'lar] *vt* anhäufen; (ELEC) speichern
acunar [aku'nar] *vt* wiegen
acuñar [aku'nar] *vt* prägen
acupuntura [akupuɲ'tura] *f* Akupunktur *f*
acuracidad [akuraθi'ðaᵒ] *f* Akkuratheit *f*
acurrucarse [akurru'karse] <c → qu> *vr* sich (zusammen)kauern; **~ en un sillón** sich in einen Sessel kuscheln
acusación [akusa'θjon] *f* Beschuldigung *f;* (JUR) Anklage *f*
acusado, -a [aku'saðo] *m, f* Angeklagte(r) *f(m)*
acusar [aku'sar] *vt* **1.** (*culpar*) beschuldigen; **le acusan de asesinato** er wird des Mordes beschuldigt **2.** (*en juicio*) anklagen **3. ~ recibo de un pedido** einen Auftrag bestätigen
acusativo [akusa'tiβo] *m* Akkusativ *m*
acuse [a'kuse] *m:* **~ de recibo** Empfangsbestätigung *f*
acústica [a'kustika] *f* Akustik *f*
acústico, -a [a'kustiko] *adj* akustisch
adaptable [aðap'taβle] *adj* anpassungsfähig
adaptación [aðapta'θjon] *f* **1.** (*acomodación*) Anpassung *f* (*a* an +*akk*) **2.** (LIT, MÚS, TEAT) Bearbeitung *f;* **la ~ de una obra de teatro al cine** die Verfilmung eines Theaterstückes

adaptador [aðapta'ðor] *m* Adapter *m*
adaptar [aðap'tar] **I.** *vt* **1.** (*acomodar*) anpassen (*a* an +*akk*, *a* +*dat*) **2.** (*ajustar*) einpassen; **~ algo a algo** etw auf etw abstimmen **3.** (LIT, MÚS) bearbeiten (*a* für +*akk*) **II.** *vr:* **~se** sich anpassen (*a* +*dat*, *a* an +*akk*)
adecentar [aðeθen'tar] **I.** *vt* herrichten **II.** *vr:* **~se** sich zurechtmachen
adecuado, -a [aðe'kwaðo] *adj* angemessen; (*apto*) geeignet
adecuar(se) [aðe'kwar(se)] *vt, vr* (sich) anpassen (*a* an +*akk*)
a. de (J)C. ['aɲtes ðe (xesu)'kristo] *abr de* **antes de (Jesu)cristo** v. Chr.
adelantado, -a [aðelaɲ'taðo] *adj:* **estar muy ~** weit fortgeschritten sein; **por ~** im Voraus
adelantamiento [aðelaɲta'mjeɲto] *m:* **realizar un ~** überholen
adelantar [aðelaɲ'tar] **I.** *vi* **1.** (*reloj*) vorgehen **2.** (*progresar*) vorwärtskommen; **no adelanto nada** ich mache keine Fortschritte **3.** (*coche*) überholen **II.** *vt* **1.** (*avanzar*) vorrücken; **~ unos pasos** ein paar Schritte vorgehen **2.** (*coche*) überholen **3.** (*reloj*) vorstellen **4.** (*viaje*) vorverlegen **5.** (*idea*) vorwegnehmen **6.** (*paga*) vorstrecken **7.** (*loc*): **¿qué adelantas con esto?** was bringt dir das? **III.** *vr:* **~se** früher eintreffen; (*aventajar*) zuvorkommen; (*reloj*) vorgehen
adelante [aðe'laɲte] *adv* vor(wärts); **¡~!** herein!; **de hoy en ~** von heute an; **sacar una familia ~** eine Familie durchbringen; **seguir ~** weitergehen; **véase más ~** siehe unten
adelanto [aðe'laɲto] *m* Fortschritt *m;* (*anticipo*) Vorschuss *m*
adelgazar [aðelɣa'θar] <z → c> *vi, vt* abnehmen

ademán [aðe'man] *m* **1.** (*gesto*) Gebärde *f*; **hacer ~ de salir** sich anschicken zu gehen **2.** (*actitud*) Haltung *f*; **en ~ de** bereit zu

además [aðe'mas] *adv* außerdem

adentrarse [aðeɲ'trarse] *vr* hineingehen (*en* in +*akk*)

adentro [a'ðeɲtro] *adv* **1.** (*lugar*) darin **2.** (*lugar y movimiento*) hinein; **mar ~** seewärts

adentros [a'ðeɲtros] *mpl*; **para sus ~** innerlich

adepto, -a [a'ðepto] *m, f* Mitglied *nt*

aderezar [aðere'θar] <z → c> *vt* würzen

adeudar [aðeu̯'ðar] **I.** *vt* **1.** (*deber*) schulden **2.** (*cargar*) belasten; **~ una cantidad en cuenta** ein Konto mit einem Betrag belasten **II.** *vr*; **~se** sich verschulden

adherir [aðe'rir] *irr como sentir* **I.** *vt* (auf)kleben (*a* auf +*akk*) **II.** *vr*; **~se** haften (*a* an +*dat*); (*a una opinión*) zustimmen (*a* +*dat*); (*a un partido*) beitreten (*a* +*dat*)

adhesivo [aðe'siβo] *m* Aufkleber *m*

adicción [aðiɣ'θjon] *f* Sucht *f*; **~ a las drogas** Drogenabhängigkeit *f*

adición [aði'θjon] *f* Addition *f*

adicional [aðiθjo'nal] *adj* zusätzlich

adicto, -a [a'ðikto] *adj*; **~ a las drogas** drogensüchtig

adiestrar [aðjes'trar] *vt* **1.** (*personas*) schulen (*en* in +*dat*, *para* für +*akk*) **2.** (*animales*) abrichten (*para* zu +*dat*); (*para el circo*) dressieren

adinerado, -a [aðine'raðo] *adj* vermögend

adiós [a'ðjos] *interj* auf Wiedersehen

aditivo [aði'tiβo] *m* Zusatzstoff *m*

adivinanza [aðiβi'naɲθa] *f* Rätsel *nt*

adivinar [aðiβi'nar] *vt* **1.** (*el futuro*) wahrsagen **2.** (*conjeturar*) raten; (*acertar*) erraten; **¡adivina cuántos años tengo!** rat mal, wie alt ich bin!

3. (*vislumbrar*) erahnen

adjetivo [aðxe'tiβo] *m* Adjektiv *nt*

adjudicar [aðxuði'kar] <c → qu> **I.** *vt* **1.** (*premio*) verleihen; (*beca*) vergeben **2.** (*en una subasta*) zuschlagen **II.** *vr*; **~se** sich *dat* aneignen; (*victoria*) erringen

adjuntar [aðxuɲ'tar] *vt* beilegen

adjunto, -a [að'xuɲto] *adj* beiliegend

administración [aðministra'θjon] *f* Verwaltung *f*; (*órgano*) Behörde *f*

administrador(a) [aðministra'ðor] *m (f)* Verwalter(in) *m (f)*; **~ de webs** Netzadministrator *m*

administrar [aðminis'trar] *vt* **1.** (*dirigir, cuidar*) verwalten; **~ justicia** Recht sprechen **2.** (*racionar*) einteilen; (*suministrar*) verteilen **3.** (*medicamentos*) verabreichen

administrativo, -a [aðministra'tiβo] **I.** *adj* Verwaltungs-; **gastos ~s** Verwaltungskosten *pl* **II.** *m, f* Verwaltungsangestellte(r) *f(m)*

admirable [aðmi'raβle] *adj* bewundernswert

admiración [aðmira'θjon] *f* Bewunderung *f*; (*asombro*) Verwunderung *f*; (*signo*) Ausrufezeichen *nt*

admirado, -a [aðmi'raðo] *adj*; **me quedé admirada de tus conocimientos** ich war erstaunt über deine Kenntnisse

admirador(a) [aðmira'ðor] *m (f)* Bewunderer, -in *m, f*

admirar [aðmi'rar] **I.** *vt* bewundern; (*asombrar*) verwundern **II.** *vr*; **~se** sich wundern (*de* über +*akk*)

admisible [aðmi'siβle] *adj* zulässig

admisión [aðmi'sjon] *f* **1.** (*en una asociación*) Aufnahme *f* (*en* in +*akk*); (UNIV) Zulassung *f* (*en* zu +*dat*) **2.** (TÉC) Zufuhr *f*

admitir [aðmi'tir] *vt* **1.** (*en una asociación, club*) aufnehmen (*en* in +*akk*) **2.** (*reconocer*) zugeben

3. (*permitir*) zulassen

ADN [aðe'ene] *m abr de* **ácido deso-xirribonucleico** DNS *f*

adobar [aðo'βar] *vt* marinieren; (*con sal*) pökeln

adobe [a'ðoβe] *f* Luftziegel *m*

adolecer [aðole'θer] *irr como crecer vi* erkranken (*de* an +*dat*)

adolescencia [aðoles'θenθja] *f* Jugend *f*

adolescente [aðoles'θente] *mf* Jugendliche(r) *f(m)*

adonde [a'ðonde] *adv* (*relativo*) wohin

adónde [a'ðonde] *adv* (*interrogativo*) wohin

adopción [aðoβ'θjon] *f* **1.** (*de niños*) Adoption *f* **2.** (*de nacionalidad/religión*) Annahme *f* **3.** (*de medidas*) Ergreifen *nt*

adoptar [aðop'tar] *vt* **1.** (*niño*) adoptieren **2.** (*nacionalidad*) annehmen **3.** (*medida*) ergreifen; (*acuerdo*) fassen

adoptivo, -a [aðop'tiβo] *adj* Adoptiv-; **hijo ~** Adoptivkind *nt*; (*cosas*) Wahl-; **patria adoptiva** Wahlheimat *f*

adoquín [aðo'kin] *m* Pflasterstein *m*

adorable [aðo'raβle] *adj* entzückend

adorar [aðo'rar] *vt* anbeten

adormecer [aðorme'θer] *irr como crecer* **I.** *vt* **1.** (*personas*) einschläfern **2.** (*dolor*) stillen **II.** *vr*: **~se** einschlafen

adormilarse [aðormi'larse] *vr* einnicken

adornar(se) [aðor'nar(se)] *vt, vr* (sich) schmücken (*con* mit +*dat*)

adorno [a'ðorno] *m* Schmuck *m*

adosado, -a [aðo'saðo] *adj*: **casa adosada** Reihenhaus *nt*

adquirir [aðki'rir] *irr vt* erlangen; (*comprar*) erwerben

adquisición [aðkisi'θjon] *f* Erwerb

m; (*de una empresa*) Übernahme *f*

adquisitivo, -a [aðkisi'tiβo] *adj*: **poder ~** Kaufkraft *f*

adrede [a'ðreðe] *adv* absichtlich

adrenalina [aðrena'lina] *f* Adrenalin *nt*

Adriático [a'ðrjatiko] *m* Adria *f*

adscribir [aðskri'βir] *irr como escribir vt* zuschreiben

aduana [a'ðwana] *f* Zoll *m*

adulador(a) [aðula'ðor] *m(f)* Schmeichler(in) *m(f)*

adular [aðu'lar] *vt* schmeicheln +*dat*

adulterar [aðulte'rar] *vt* verfälschen; (*bebidas*) panschen

adulterio [aðul'terjo] *m* Ehebruch *m*

adúltero, -a [a'ðultero] *m, f* Ehebrecher(in) *m(f)*

adulto, -a [a'ðulto] *m, f* Erwachsene(r) *f(m)*

adverbial [aðβer'βjal] *adj* adverbial

adverbio [að'βerβjo] *m* Adverb *nt*

adversario, -a [aðβer'sarjo] *m, f* Gegner(in) *m(f)*

adversidad [aðβersi'ðað] *f* Widrigkeit *f*; (*desgracia*) Unglück *nt*

advertencia [aðβer'tenθja] *f* Warnung *f*; (*indicación*) Hinweis *m*

advertir [aðβer'tir] *irr como sentir vt* hinweisen (auf +*akk*)

adviento [að'βjento] *m* Advent *m*

adyacente [aðJa'θente] *adj* angrenzend

aéreo, -a [a'ereo] *adj*: **compañía aérea** Fluggesellschaft *f*; **por vía aérea** per Luftpost

aeróbic [ae'roβik] *m* Aerobic *nt*

aerolínea [aero'linea] *f* Fluggesellschaft *f*

aeropuerto [aero'pwerto] *m* Flughafen *m*

afable [a'faβle] *adj* umgänglich (*con/para con* gegenüber +*dat*)

afamado, -a [afa'maðo] *adj* berühmt

afán [a'fan] *m* Eifer *m*; (*ambición*)

Streben *nt* (*de* nach +*dat*); **~ de lucro** Gewinnstreben *nt*

afanar [afa'nar] **I.** *vi* schwer arbeiten **II.** *vt* (*fam*) klauen **III.** *vr:* **~se** sich abmühen

afección [afeⱱ'θjon] *f* Leiden *nt*

afectar [afek'tar] **I.** *vt* **1.** (*aparentar*) vortäuschen **2.** (*atañer*) betreffen **3.** (*dañar*) schädigen **4.** (*impresionar*) nahegehen +*dat* **II.** *vr:* **~se** (*Am*) sich anstecken

afectivo, -a [afek'tiβo] *adj* sensibel; (*cariñoso*) liebevoll

afecto [a'fekto] *m* Zuneigung *f*

afectuoso, -a [afektu'oso] *adj* liebevoll; (*cordial*) herzlich; **afectuosamente** mit freundlichen Grüßen

afeitar(se) [afeɪ'tar(se)] *vt, vr* (sich) rasieren

aferrar(se) [afe'rrar(se)] *vt, vr* (sich) festhalten (*a* an +*dat*)

afgano, -a [af'ɣano] *adj* afghanisch

afianzarse [afjaɲ'θarse] <z → c> *vr* sich behaupten

afiche [a'fitʃe] *m* (*CSur*) Plakat *nt*

afición [afi'θjon] *f* Vorliebe *f*

aficionado, -a [afiθjo'naðo] **I.** *adj* **1.** (*no profesional*) Hobby-; **jardinero ~** Hobbygärtner *m* **2.** (*que siente afición*): **ser ~ a la arquitectura** sich für Architektur begeistern **II.** *m, f* **1.** (*amante*) Liebhaber(in) *m(f)*; (DEP) Fan *m*; **~ a la ópera** Opernliebhaber *m* **2.** (*no profesional*) Amateur(in) *m(f)*

aficionar [afiθjo'nar] **I.** *vt:* **~ a alguien a algo** bei jdm besonderes Interesse für etw wecken **II.** *vr:* **~se a algo** (*acostumbrarse*) sich *dat* etw angewöhnen; (*prendarse*) etw gerne tun

afilado, -a [afi'laðo] *adj* **1.** (*nariz*) spitz; (*cara*) schmal **2.** (*mordaz*) bissig; **lengua afilada** (*fig*) spitze Zunge

afilalápices [afila'lapiθes] *m inv* Bleistiftspitzer *m*

afilar [afi'lar] *vt* schärfen; (*lápiz*) (an)spitzen

afiliación [afilja'θjon] *f* **1.** (*acto*) Beitritt *m* (*a* zu +*dat*) **2.** (*pertenencia*) Mitgliedschaft *f*; **~ política** Parteimitgliedschaft *f*

afiliado, -a [afi'ljaðo] *m, f* Mitglied *nt*; **~ a un sindicato** Gewerkschaftsmitglied *nt*

afiliarse [afi'ljarse] *vr* beitreten (*a* +*dat*)

afín [a'fin] *adj* verwandt

afinar [afi'nar] **I.** *vi* richtig singen; (*tocando*) richtig spielen **II.** *vt* (MÚS) stimmen

afincarse [afiɲ'karse] <c → qu> *vr* sich niederlassen (*en* in +*dat*)

afinidad [afini'ðaᵈ] *f* Ähnlichkeit *f*

afirmación [afirma'θjon] *f* Bejahung *f*; (*aseveración*) Behauptung *f*

afirmar [afir'mar] **I.** *vt* **1.** bejahen; (*dar por cierto*) bestätigen; **~ con la cabeza** zustimmend nicken **2.** (*aseverar*) behaupten **II.** *vr:* **~se** sich bestätigen; (*ratificarse*) bestätigen (*en* +*akk*)

afirmativamente [afirmatiβa'mente] *adv:* **responder ~** ja sagen

afirmativo, -a [afirma'tiβo] *adj* bejahend; **en caso ~** gegebenenfalls

aflicción [afliⱱ'θjon] *f* Kummer *m* (*por* über +*akk*)

afligir [afli'xir] <g → j> **I.** *vt* (*atormentar*) quälen **II.** *vr:* **~se** betrübt sein (*con/por/de* über +*akk*)

afligirse [afli'xirse] <g → j> *vr* betrübt sein (*con/por/de* über +*akk*)

aflojar [aflo'xar] **I.** *vi* nachlassen **II.** *vt* lockern; (*velocidad*) drosseln; **~ el paso** langsamer gehen **III.** *vr:* **~se** sich lockern

aflorar [aflo'rar] *vi* zutage treten

afluencia [a'flwenθja] *f* Andrang *m*

afluente [a'flwente] *m* Nebenfluss *m*

afonía [afo'nia] *f* Heiserkeit *f*

afónico, -a [a'foniko] *adj* heiser

aforo [a'foro] *m* 1. (*de una cantidad*) Messung *f* 2. (*en un estadio*) Kapazität *f*; **la sala tiene un ~ de 300 personas** der Saal fasst 300 Personen

afortunadamente [afortunaða'mente] *adv* glücklicherweise, zum Glück

afortunado, -a [afortu'naðo] *adj* glücklich; **¡qué afortunada eres!** hast du ein Glück!

afrenta [a'frenta] *f* Schande *f*; **hacer ~ a alguien** jdn beleidigen

afrentar [afren'tar] I. *vt* beleidigen II. *vr:* ~se sich schämen (*de/por* für +*akk*)

África ['afrika] *f* Afrika *nt*

africano, -a [afri'kano] *adj* afrikanisch

afrodisiaco [afroði'sjako] *m*, **afrodisíaco** [afroði'siako] *m* Aphrodisiakum *nt*

afrontar [afron'tar] *vt:* ~ **un problema** ein Problem in Angriff nehmen

afuera [a'fwera] *adv* 1. (*estado*) draußen; **la parte de ~** der äußere Teil 2. (*movimiento*) hinaus; **¡~!** (*fam*) raus!

afueras [a'fweras] *fpl* Umgebung *f*; **~ de la ciudad** Stadtrand *m*

agachar [aɣa'tʃar] I. *vt* beugen II. *vr:* ~se sich bücken; (*Am*) nachgeben

agalla [a'ɣaʎa] *f* Kieme *f*; **tener ~s** (*fig*) Mut haben

agarrada [aɣa'rraða] *f* (*fam*): **tener una ~** Krach haben

agarrado, -a [aɣa'rraðo] *adj* geizig

agarrador [aɣarra'ðor] *m* Griff *m*

agarrar [aɣa'rrar] I. *vt* (*asir*) packen (*de/por* an +*dat*); (*tomar*) nehmen II. *vr:* ~se 1. (*asirse*) sich fest halten (*a* an +*dat*) 2. (*Am: coger*) ergreifen

agasajar [aɣasa'xar] *vt* reichlich beschenken

agencia [a'xenθja] *f* Agentur *f*; **~ inmobiliaria** Immobilienbüro *nt*; **~ de publicidad** Werbeagentur *f*; **~ de transportes** Spedition *f*; **Agencia Tributaria** Finanzamt *nt*; **~ de viajes** Reisebüro *nt*; **~ de viaje compartido** Mitfahrzentrale *f*

agenciar(se) [axen'θjar(se)] *vt, vr* (sich *dat*) beschaffen

agenda [a'xenda] *f* Terminkalender *m*; **~ de bolsillo** Taschenkalender *m*; **tener una ~ apretada** einen vollen Terminkalender haben

agente [a'xente] *mf* 1. (*representante*) Vertreter(in) *m(f)*; **~ de bolsa** Börsenmakler *m* 2. (*funcionario*): **~ judicial** Gerichtsvollzieher(in) *m(f)*; **~ de policía** Polizist(in) *m(f)* 3. (*espía*) Agent(in) *m(f)*

ágil ['axil] *adj* flink; (*hábil*) geschickt

agilidad [axili'ðað] *f* 1. (*física*) Flinkheit *f* 2. (*mental*) (geistige) Agilität *f* 3. (*habilidad*) Geschick *nt*

agitado, -a [axi'taðo] *adj* hektisch

agitar [axi'tar] I. *vt* 1. (*mover*) hin und her bewegen 2. (*intranquilizar*) in Unruhe versetzen 3. (*sublevar*) aufhetzen II. *vr:* ~se 1. (*moverse*) sich hin und her bewegen 2. (*excitarse*) sich aufregen

aglomeración [aɣlomera'θjon] *f:* **~ de gente** Menschenauflauf *m*

agobiado, -a [aɣo'βjaðo] *adj* 1. (*espalda*) gebeugt; **estoy ~ de deudas** ich bin hoch verschuldet 2. (*cansado*) erschöpft

agobiante [aɣo'βjante] *adj* mühsam; (*persona*) aufdringlich; (*calor*) drückend

agobiar [aɣo'βjar] I. *vt* 1. (*abrumar*) bedrücken; **¡no me agobies!** lass mich in Ruhe! 2. (*de trabajo*) überhäufen (*de* mit +*dat*) II. *vr:* ~se sich überarbeiten; (*angustiarse*) deprimiert sein (*con/por* wegen +*gen/dat*)

agobio [a'γoβjo] *m* Überlastung *f*; (*cansancio*) Erschöpfung *f*

agonía [aγo'nia] *f* Todeskampf *m*; (*angustia*) Kummer *m*

agonizar [aγoni'θar] <z → c> *vi* im Sterben liegen

agosto [a'γosto] *m* August *m*; *v.t.* **marzo**

agotado, -a [aγo'taðo] *adj* (*libro*) vergriffen

agotamiento [aγota'mjento] *m* Erschöpfung *f*

agotar [aγo'tar] I. *vt* (*existencias*) aufbrauchen; (*mercancía*) ausverkaufen II. *vr:* ~**se** (*mercancía*) ausgehen; (*fuerzas, tema*) sich erschöpfen

agraciado, -a [aγra'θjaðo] *adj* 1. (*bien parecido*) gut aussehend 2. (*afortunado*) begünstigt (*por* von +*dat*); **salir** ~ **en la lotería** in der Lotterie gewinnen

agradable [aγra'ðaβle] *adj* 1. angenehm; (*lugar*) gemütlich; ~ **al paladar** wohlschmeckend; **es** ~ **a la vista** das ist ein schöner Anblick 2. (*persona*) freundlich (*con/para con* zu +*dat*)

agradar [aγra'ðar] *vi* gefallen +*dat*

agradecer [aγraðe'θer] *irr como crecer vt* danken (für +*akk*)

agradecido, -a [aγraðe'θiðo] *adj* dankbar (*por* für +*akk*); **le estoy sumamente** ~ ich bin Ihnen unendlich dankbar

agradecimiento [aγraðeθi'mjento] *m* Dank *m* (*por* für +*akk*)

agrado [a'γraðo] *m* 1. (*afabilidad*) Freundlichkeit *f* 2. (*complacencia*) Wohlgefallen *nt*; **esto no es de mi** ~ das gefällt mir nicht

agrandar(se) [aγran̩'dar(se)] *vt, vr*

(sich) vergrößern

agrario, -a [a'γrarjo] *adj* landwirtschaftlich

agravamiento [aγraβa'mjento] *m* 1. (MED) Verschlimmerung *f* 2. (*recrudecimiento*) Verschärfung *f*

agravar(se) [aγra'βar(se)] *vt, vr* (sich) verschlimmern

agraviar [aγra'βjar] *vt* beleidigen

agravio [a'γraβjo] *m* 1. (*ofensa*) Beleidigung *f* 2. (JUR) Beeinträchtigung *f*; ~ **material** materieller Schaden

agredir [aγre'ðir] *vt* angreifen

agregado, -a [aγre'γaðo] *m, f:* ~ **comercial** Handelsattaché *m*

agregar [aγre'γar] <g → gu> I. *vt* hinzufügen (*a* +*dat*) II. *vr:* ~**se** sich anschließen

agresión [aγre'sjon] *f* Angriff *m*

agresividad [aγresiβi'ðaθ] *f* Aggressivität *f*

agresivo, -a [aγre'siβo] *adj* aggressiv

agreste [a'γreste] *adj* ländlich; (*vegetación*) wild

agriarse [a'γrjarse] *vr* sauer werden

agrícola [a'γrikola] *adj* landwirtschaftlich; **cooperativa** ~ Agrargenossenschaft *f*

agricultor(a) [aγrikul'tor] *m(f)* Bauer, Bäuerin *m, f*

agricultura [aγrikul'tura] *f* Landwirtschaft *f*

agridulce [aγri'ðulθe] *adj* süß-sauer

agrietar [aγrje'tar] I. *vt* rissig machen II. *vr:* ~**se** rissig werden

agrio, -a ['aγrjo] *adj* sauer

agrónomo, -a [a'γronomo] *m, f* Diplomlandwirt(in) *m(f)*

agropecuario, -a [aγrope'kwarjo] *adj* Agrar-; **industria agropecuaria** Agrarindustrie *f*

agroturismo [aγrotu'rismo] *m* Landtourismus *m*

agrupación [aγrupa'θjon] *f* Gruppe *f*; (*asociación*) Verein *m*

agrupar(se) [aɣru'par(se)] *vt, vr* (sich) gruppieren

agua ['aɣwa] *f* 1. (*líquido*) Wasser *nt*; **~ dentífrica** Mundwasser *nt*; **~ con gas** kohlensäurehaltiges Wasser; **~ del grifo** Leitungswasser *nt*; **~ nieve** Schneeregen *m*; **~ potable** Trinkwasser *nt*; **~s residuales** Abwässer *nt pl* 2. *pl* (*mar, río*) Gewässer *nt*; **~s interiores** Binnengewässer *nt* 3. *pl*: **~s menores** Urin *m*

aguacate [aɣwa'kate] *m* Avocado *f*

aguacero [aɣwa'θero] *m* Platzregen *m*

aguado, -a [a'ɣwaðo] *adj* verwässert; (*fruta*) wäss(e)rig

aguafiestas [aɣwa'fjestas] *mf inv* Spielverderber(in) *m(f)*

aguafuerte [aɣwa'fwerte] *m* Radierung *f*; **grabar al ~** radieren

aguanieve [aɣwa'njeβe] *f* Schneeregen *m*

aguantar [aɣwaɲ'tar] I. *vt* 1. (*sostener, durar*) halten 2. (*soportar*) ertragen; **no aguanto más** mir reicht's; **no poder ~ a alguien** jdn nicht ausstehen können 3. (*contener*) zurückhalten; **~ la risa** sich *dat* das Lachen verkneifen II. *vr:* **~se** 1. (*contenerse*) sich beherrschen 2. (*soportar*) es aushalten

aguante [a'ɣwaɲte] *m:* **tener mucho ~** ein dickes Fell haben *fam*

aguar [a'ɣwar] <gu → gü> I. *vt* verwässern; (*frustrar*) verderben II. *vr:* **~se** ins Wasser fallen *fam*

aguardar [aɣwar'ðar] I. *vt* warten; **~ unos días** einige Tage warten; **~ algo/a alguien** auf etw/jdn warten II. *vr:* **~se** (ab)warten

aguardiente [aɣwar'ðjeɲte] *m* Schnaps *m*

aguarrás [aɣwa'rras] *m* Terpentin *nt*

agudeza [aɣu'ðeθa] *f* 1. (*del cuchillo*) Schärfe *f*; **~ visual** Sehschärfe *f* 2. (*perspicacia*) Scharfsinn *m* 3. (*ingenio*) Witz *m*

agudizar(se) [aɣuði'θar(se)] <z → c> *vt, vr* (sich) (ver)schärfen

agudo, -a [a'ɣuðo] *adj* spitz; (*ingenioso*) geistreich; (*sonido*) hoch

agüero [a'ɣwero] *m:* **de mal ~** Unheil verkündend; **ser de buen ~** Glück bringen

aguijón [aɣi'xon] *m* Stachel *m*

águila ['aɣila] *f* Adler *m*

aguinaldo [aɣi'naldo] *m* ≈Weihnachtsgeld *nt*

aguja [a'ɣuxa] *f* Nadel *f*; (*del reloj*) Zeiger *m*

agujerear [aɣuxere'ar] *vt* durchlöchern

agujero [aɣu'xero] *m* Loch *nt*; **~ de ozono** Ozonloch *nt*

agujetas [aɣu'xetas] *fpl* Muskelkater *m*

aguzar [aɣu'θar] <z → c> *vt:* **~ los sentidos** die Sinne schärfen

ahí [a'i] I. *adv* 1. (*lugar*) dort; **me voy por ~** ich gehe kurz spazieren 2. (*loc*): **por ~, por ~** ungefähr; **¡~ es nada!** nicht schlecht! II. *conj:* **de ~ que** +*ind/subj* deshalb

ahijado, -a [ai'xaðo] *m, f* Patenkind *nt*

ahínco [a'iŋko] *m* Eifer *m*

ahogado, -a [ao'ɣaðo] *adj:* **estar ~ de trabajo** mit Arbeit überhäuft sein

ahogar [ao'ɣar] <g → gu> I. *vt* (*en el agua*) ertränken; (*estrangular*) erwürgen; (*asfixiar*) ersticken; (*angustiar*) bedrücken II. *vr:* **~se** 1. (*en el agua*) ertrinken 2. (*asfixiarse*) ersticken; **~se de calor** vor Hitze umkommen

ahondar [aon'dar] *vi* sich intensiv beschäftigen (*en* mit +*dat*)

ahora [a'ora] *adv* jetzt; (*dentro de un momento*) gleich; **~ bien** allerdings; **de ~ en adelante** von nun an; **hasta**

~ bisher; **por** ~ einstweilen; ¡~ (**lo entiendo**)! jetzt begreife ich es!; **¡ven ~ mismo!** komm sofort!; **¿y ~ qué?** was nun?

ahorcarse [aor'karse] <c → qu> *vr* sich erhängen

ahorrador(a) [aorra'ðor] *adj* sparsam

ahorrar [ao'rrar] **I.** *vt* (ein)sparen **II.** *vr:* ~**se** sich *dat* (er)sparen

ahorrativo, -a [aorra'tiβo] *adj* sparsam

ahorro [a'orro] *m* Sparen *nt;* (*cantidad*) Ersparte(s) *nt*

ahumado, -a [au'maðo] *adj* (*color*) rauchfarben; (*cristal*) getönt

ahumar [au'mar] *vt* räuchern

ahuyentar [auɟen'tar] *vt* verscheuchen

airar [ai̯'rar] *irr* **I.** *vt* erzürnen **II.** *vr:* ~**se** zornig werden

aire ['ai̯re] *m* **1.** (*atmósfera*) Luft *f;* ~ **acondicionado** Klimaanlage *f;* **al** ~ **libre** unter freiem Himmel; ¡~! verschwinde! **2.** (*viento*) Wind *m;* **hoy hace** ~ heute ist es windig **3.** (*aspecto*) Aussehen *nt;* **darse** ~**s de grandeza** großtun; **¡tiene unos** ~**s!** der/die macht immer ein Getue!

airear [ai̯re'ar] **I.** *vt* lüften **II.** *vr:* ~**se** an die (frische) Luft gehen

airoso, -a [ai̯'roso] *adj:* **salir** ~ **de algo** bei etw *dat* gut abschneiden

aislado, -a [ais'laðo] *adj* einzeln

aislamiento [aisla'mjento] *m* **1.** (*t.* TÉC) Isolation *f;* ~ **acústico** Schalldämmung *f* **2.** (*retiro*) Abgeschiedenheit *f*

aislante [ais'lante] *adj:* **cinta** ~ Isolierband *nt*

aislar(se) [ais'lar(se)] *vt, vr* (sich) isolieren

ajedrez [axe'ðreθ] *m* Schach(spiel) *nt*

ajeno, -a [a'xeno] *adj* **1.** (*de otro*) fremd **2.** *ser* (*impropio*) untypisch

3. *estar* (*ignorante*) unwissend

ajetreo [axe'treo] *m* Hetzerei *f*

ají [a'xi] *m* (*AmS, Ant*) **1.** (*arbusto*) Pfefferstrauch *m* **2.** (*pimentón*) Paprika *m;* (*de las Indias*) Cayennepfeffer *m*

ajillo [a'xiʎo] *m:* **al** ~ mit gehacktem Knoblauch und Petersilie gebraten

ajo ['axo] *m* Knoblauch *m*

ajuar [a'xwar] *m* Aussteuer *f*

ajustable [axus'taβle] *adj* verstellbar

ajustado, -a [axus'taðo] *adj* (*ropa*) eng (anliegend); (*adecuado*) angemessen

ajustar [axus'tar] **I.** *vi* genau passen **II.** *vt* **1.** (*adaptar*) anpassen (*a* an *+akk*) **2.** (TÉC) einstellen **3.** (*acordar*) vereinbaren; ~ **cuentas** abrechnen **III.** *vr:* ~**se 1.** (*ponerse de acuerdo*) übereinkommen **2.** (*adaptarse*) sich anpassen (*a* an *+akk*); **no** ~**se al tema** vom Thema abschweifen

ajuste [a'xuste] *m:* ~ **de cuentas** Abrechnung *f*

ajusticiar [axusti'θjar] *vt* hinrichten

al [al] = **a + el** *v.* **a**

ala ['ala] *f* Flügel *m;* ~ **del sombrero** Hutkrempe *f;* **ahuecar el** ~ sich auf die Socken machen; **estar tocado del** ~ (*fam*) einen Dachschaden haben

Alá [a'la] *m* Allah *m*

alabanza [ala'βanθa] *f* Lob *nt*

alabar [ala'βar] **I.** *vt* loben (*por* für *+akk*) **II.** *vr:* ~**se** prahlen (*de* mit *+dat*)

alabastro [ala'βastro] *m* Alabaster *m*

alacena [ala'θena] *f* Speiseschrank *m*

alacrán [ala'kran] *m* Skorpion *m*

alambique [alam'bike] *m* Destillierkolben *m*

alambrada [alam'braða] *f* (Stacheldraht)zaun *m*

alambre [a'lambre] *m* Draht *m*

alameda [ala'meða] *f* Pappelwald *m*

álamo ['alamo] *m* Pappel *f*

alarde [a'larðe] *m* Prahlerei *f*

alardear [alarðe'ar] *vi:* ~ **de algo** mit etw *dat* angeben

alargado, -a [alar'ɣaðo] *adj* länglich

alargar [alar'ɣar] <g → gu> I. *vt* 1. (*la extensión*) verlängern; ~ **la mano** die Hand hinhalten 2. (*la duración*) ausdehnen 3. (*retardar*) verzögern II. *vr:* ~**se** länger werden; (*retardarse*) sich verzögern

alarido [ala'riðo] *m* Geschrei *nt*

alarma [a'larma] *f* Alarm *m;* **falsa** ~ blinder Alarm; **dar la** ~ Alarm geben; ~ **social** Unruhe in der Bevölkerung

alarmar [alar'mar] I. *vt* 1. (*dar la alarma*) alarmieren 2. (*inquietar*) beunruhigen; **noticia alarmante** Schreckensnachricht *f* II. *vr:* ~**se** unruhig werden

alarmista [alar'mista] *mf* Schwarzseher(in) *m(f)*

alavés, -esa [ala'βes] *adj* aus Álava

alba ['alβa] *f* Morgendämmerung *f;* **al rayar el** ~ bei Tagesanbruch

albacea [alβa'θea] *mf* Testamentsvollstrecker(in) *m(f)*

albaceteño, -a [alβaθe'teɲo] *adj* aus Albacete

albahaca [al'βaka] *f* Basilikum *nt*

albanés, -esa [alβa'nes] *adj* albanisch

Albania [al'βanja] *f* Albanien *nt*

albañil [alβa'ɲil] *mf* Maurer(in) *m(f)*

albarán [alβa'ran] *m* Lieferschein *m*

albaricoque [alβari'koke] *m* Aprikose *f*

albedrío [alβe'ðrio] *m:* **libre** ~ freier Wille

albergar [alβer'ɣar] <g → gu> I. *vt* beherbergen II. *vr:* ~**se** absteigen

albergue [al'βerɣe] *m:* ~ **juvenil** Jugendherberge *f;* ~ **de montaña** Berghütte *f*

albino, -a [al'βino] *m, f* Albino *m*

albóndiga [al'βondiɣa] *f* Fleischkloß *m*

albornoz [alβor'noθ] *m* Bademantel *m*

alborotado, -a [alβoro'taðo] *adj* aufgeregt

alborotar [alβoro'tar] I. *vi* lärmen; (*niños*) toben II. *vt* 1. (*excitar*) erregen 2. (*desordenar*) durcheinanderbringen III. *vr:* ~**se** sich aufregen

alboroto [alβo'roto] *m* Krach *m*

alborozo [alβo'roθo] *m* Freude *f*

albufera [alβu'fera] *f* Lagune *f*

álbum ['alβun] *m* <álbum(e)s> Album *nt*

albur [al'βur] *m* Weißfisch *m*

alcachofa [alka'tʃofa] *f* Artischocke *f*

alcahuete, -a [alka'wete] *m, f* Kuppler(in) *m(f)*

alcalde(sa) [al'kalde] *m(f)* (Ober)bürgermeister(in) *m(f)*

alcaldía [alkal'dia] *f* Bürgermeisteramt *nt*

alcalino, -a [alka'lino] *adj* alkalisch

alcance [al'kanθe] *m* 1. (*distancia*) Reichweite *f;* **de** ~ **limitado** von geringer Reichweite; **al** ~ **de la mano** in Reichweite 2. (*importancia*) Tragweite *f;* **de mucho/poco** ~ bedeutend/unbedeutend

alcanfor [alkaɱ'for] *m* Kampfer *m*

alcantarilla [alkaɳta'riʎa] *f* Abwasserkanal *m;* (*sumidero*) Gully *m o nt*

alcantarillado [alkaɳtari'ʎaðo] *m* Kanalisationssystem *nt*

alcanzar [alkaɳ'θar] <z → c> I. *vi* reichen (*a/hasta* bis (zu) +*dat, para* für +*akk*) II. *vt* einholen; (*llegar*) erreichen; (*entender*) verstehen

alcaparra [alka'parra] *f* Kaper *f*

alcatraz [alka'traθ] *m* 1. (ZOOL) Basstölpel *m* 2. (BOT) Aronstab *m*

alcázar [al'kaθar] *m* Festung *f*

alce ['alθe] *m* Elch *m*

alcoba [al'koβa] f Schlafzimmer nt
alcohol [al'kol] m Alkohol m; ~ **de quemar** Brennspiritus m; **bebida sin** ~ alkoholfreies Getränk
alcohólico, -a [al'koliko/alko'oliko] adj alkoholisch
alcoholismo [alko(o)'lismo] m sin pl Alkoholismus m
alcoholizar [alko(o)li'θar] <z → c> I. vt alkoholisieren II. vr: ~**se** zum Alkoholiker werden
alcornoque [alkor'noke] m 1. (BOT) Korkeiche f 2. (persona): (**pedazo de**) ~ Dummkopf m
alcurnia [al'kurnja] f: **de** ~ von Adel
aldea [al'dea] f Dorf nt
aldeano, -a [alde'ano] m, f Dorf-bewohner(in) m(f)
ale ['ale] interj auf
aleación [alea'θjon] f Legierung f
aleatorio, -a [alea'torjo] adj zufällig
aleatorización [aleatoriθa'θjon] f (en estadística) zufällige Zuordnung f
alegación [aleya'θjon] f 1. (JUR): ~ **de culpabilidad** Schuldigspre-chung f 2. pl (objeciones) Einwände mpl
alegar [ale'yar] <g → gu> I. vt vor-bringen II. vi (Am) streiten
alegoría [aleyo'ria] f Allegorie f
alegrar [ale'yrar] I. vt erfreuen II. vr: ~**se** sich freuen (de/con über +akk)
alegre [a'leyre] adj fröhlich; (diver-tido) lustig; **estar** ~ (fam) einen Schwips haben
alegría [ale'yria] f Freude f; **llevarse una gran** ~ sich sehr freuen
alejar [ale'xar] I. vt 1. (distanciar) entfernen (de von +dat) 2. (ahuyen-tar) vertreiben (de aus +dat) II. vr: ~**se** sich entfernen (de von +dat)
alelar(se) [ale'lar(se)] vt, vr verblöden
aleluya [ale'luɟa] interj halleluja
alemán, -ana [ale'man] adj deutsch

Alemania [ale'manja] f Deutschland nt; **República Federal de** ~ Bun-desrepublik f Deutschland
alentar [alen'tar] <e → ie> I. vt er-mutigen II. vr: ~**se** Mut fassen
alergia [a'lerxia] f Allergie f (a gegen +akk); ~ **al polen** Heuschnupfen m
alérgico, -a [a'lerxiko] adj allergisch (a gegen +akk)
alerta [a'lerta] I. adj wachsam II. f Alarm m; **dar la** ~ Alarm schlagen; ~ **por vibración** (TEL) Vibrations-alarm m
aleta [a'leta] f Flosse f; (ANAT) Nasen-flügel m
alevosía [aleβo'sia] f: **con** ~ hinterlis-tig
alfabético, -a [alfa'βetiko] adj alpha-betisch; **estar por orden** ~ alpha-betisch geordnet sein
alfabetizar [alfaβeti'θar] <z → c> vt alphabetisieren
alfabeto [alfa'βeto] m Alphabet nt
alfalfa [al'falfa] f Luzerne f
alfarería [alfare'ria] f Töpferei f; (ofi-cio) Töpferhandwerk nt
alfarero, -a [alfa'rero] m, f Töpfer(in) m(f)
alférez [al'fereθ] m Leutnant m
alfil [al'fil] m (en ajedrez) Läufer m
alfiler [alfi'ler] m (An)stecknadel f
alfombra [al'fombra] f Teppich m
alfombrado [alfom'braðo] m (Am) Teppichboden m
alforja [al'forxa] f (Sattel)tasche f
alga ['alya] f Alge f
algarabía [alyara'βia] f Geschrei nt
álgebra ['alxeβra] f Algebra f
álgido, -a ['alxiðo] adj: **fiebre álgida** Schüttelfrost m; **el período** ~ **del Barroco** die Blütezeit des Barocks
algo ['alyo] I. pron indef etwas; ~ **es** ~ besser das als nichts; ¿**quieres** ~? möchtest du (et)was? II. adv ein bisschen; ~ **así como** ungefähr

algodón [alɣo'ðon] *m* Baumwolle *f;* (*cosmético*) Watte *f*

alguacil [alɣwa'θil] *m* Gemeindediener *m*

alguien ['alɣjen] *pron indef* jemand

algún [al'ɣun] *adj v.* **alguno I.**

alguno, -a [al'ɣuno] **I.** *adj* <algún> **1.** (*antepuesto: indef*) irgendein; ¿**alguna pregunta?** irgendwelche Fragen?; **de alguna manera** irgendwie; **en algún sitio** irgendwo; **alguna vez** gelegentlich; **algún día** eines Tages **2.** (*postpuesto: ninguno*) kein(e); **en sitio ~** nirgendwo; **persona alguna** niemand **II.** *pron indef* jemand

aliado, -a [ali'aðo] **I.** *adj* verbündet; (POL) alliiert **II.** *m, f:* **los ~s** die Alliierten

alianza [ali'anθa] *f* **1.** (*pacto*) Bündnis *nt;* **~ Atlántica** Atlantikpakt *m* **2.** (*anillo*) Ehering *m*

aliarse [ali'arse] <1. *pres:* se alío> *vr* sich verbünden

alias ['aljas] *adv* alias

alicaído, -a [alika'iðo] *adj* deprimiert

alicantino, -a [alikan'tino] *adj* aus Alicante

alicates [ali'kates] *mpl* Greifzange *f;* **~ universales** Kombizange *f*

aliciente [ali'θjente] *m* Anreiz *m*

aliento [a'ljento] *m* **1.** (*respiración*) Atem *m;* **mal ~** Mundgeruch *m;* **sin ~** außer Atem; **cobrar ~** wieder zu Atem kommen **2.** (*vaho*) Hauch *m* **3.** (*ánimo*) Mut *m;* **dar ~ a alguien** jdm Mut einflößen

aligerar [alixe'rar] **I.** *vi* sich beeilen **II.** *vt* **1.** (*cargas*) erleichtern **2.** (*aliviar*) lindern **3.** (*acelerar*) beschleunigen; **~ el paso** schneller gehen

alimaña [ali'maɲa] *f* Raubzeug *nt*

alimentación [alimenta'θjon] *f* Ernährung *f*

alimentar [alimen'tar] **I.** *vi* nahrhaft sein **II.** *vt* **1.** ernähren; (*aprovisionar*) verpflegen; **~ el odio** den Hass schüren **2.** (*animales*) füttern **III.** *vr:* **~se** sich ernähren (*de von +dat*)

alimenticio, -a [alimen'tiθjo] *adj:* **pensión alimenticia** Unterhalt *m;* **productos ~s** Nahrungsmittel *ntpl*

alimento [ali'mento] *m* **1.** (*sustancia*) Nahrung *f;* **los ~s** die Nahrungsmittel; **~ básico** Grundnahrungsmittel *nt* **2.** (*alimentación*) Ernährung *f;* **de mucho/poco ~** sehr/wenig nahrhaft

alinear [aline'ar] **I.** *vt* **1.** (*poner en línea*) (in Reih und Glied) aufstellen **2.** **país no alineado** blockfreies Land **II.** *vr:* **~se 1.** (*ponerse en fila*) sich (in Reih und Glied) aufstellen; (*estar en fila*) in einer Reihe stehen **2.** (POL) sich anschließen (*con +dat*)

aliñar [ali'ɲar] *vt* würzen; (*ensalada*) anmachen

aliño [a'liɲo] *m* Zubereitung *f;* (*para ensalada*) Dressing *nt*

alioli [ali'oli] *m* Knoblauchölsoße *f*

alisar [ali'sar] *vt* glätten

aliso [a'liso] *m* Erle *f*

alistarse [alis'tarse] *vr* sich einschreiben; (MIL) sich (freiwillig) melden

aliteración [alitera'θjon] *f* Alliteration *f*

aliviar [ali'βjar] **I.** *vt* leichter machen; (*persona*) entlasten; (*dolor*) mildern **II.** *vr:* **~se** sich erholen; (*dolor*) nachlassen

alivio [a'liβjo] *m* **1.** (*aligeramiento*) Erleichterung *f* **2.** (*de una enfermedad*) Besserung *f* **3.** (*loc*): **vestir de ~** Trauer tragen

allá [a'ʎa] *adv* **1.** (*lugar*) dort; **el más ~** (REL) das Jenseits **2.** (*dirección*) dorthin; **ponte más ~** stelle dich weiter weg **3.** (*tiempo*) damals; **~ por el año 64** um das Jahr 64 herum **4.** (*loc*): **¡~ tú!** (*fam*) das ist deine Sache!

allanamiento [aʎana'mjento] *m:* ~ **de morada** Hausfriedensbruch *m*

allegado, -a [aʎe'ɣaðo] *m, f* Verwandte(r) *f(m)*

allende [a'ʎende] *adv* jenseits; ~ **las montañas** jenseits der Berge

allí [a'ʎi] *adv* **1.** (*lugar*) dort; ~ **cerca, por** ~ dort in der Nähe; ¡~ **viene!** da kommt er/sie! **2.** (*dirección*) dorthin; **hasta** ~ bis dahin

alma ['alma] *f* Seele *f;* **me llega al** ~ das geht mir sehr nahe

almacén [alma'θen] *m* Lager *nt;* **grandes almacenes** Kaufhaus *nt*

almacenaje [almaθe'naxe] *m,* **almacenamiento** [almaθena'mjento] *m* (Ein)lagerung *f;* (INFOR) Speicherung *f*

almacenar [almaθe'nar] *vt* **1.** (*mercancías*) (ein)lagern **2.** (INFOR) speichern; ~ **en disco duro** auf der Festplatte (ab)speichern

almeja [al'mexa] *f* Venusmuschel *f*

almendra [al'mendra] *f* Mandel *f;* ~**s garapiñadas** gebrannte Mandeln

almendro [al'mendro] *m* Mandelbaum *m*

almeriense [alme'rjense] *adj* aus Almería

almíbar [al'miβar] *m* Sirup *m*

almidón [almi'ðon] *m* Stärke *f;* (*alimento*) Stärkemehl *nt*

almidonar [almiðo'nar] *vt* stärken

almirante [almi'rante] *m* Admiral *m*

almirez [almi'reθ] *m* Mörser *m*

almizcle [al'miθkle] *m* Moschus *m*

almohada [almo'aða] *f* (Kopf)kissen *nt;* **consultar algo con la** ~ (*fam*) etw überschlafen

almohadilla [almoa'ðiʎa] *f:* ~ **de tinta** Stempelkissen *nt*

almorranas [almo'rranas] *fpl* Hämorrhoiden *fpl*

almorzar [almor'θar] *irr como forzar*

vi, vt zu Mittag essen

almuerzo [al'mwerθo] *m* Mittagessen *nt*

alocado, -a [alo'kaðo] *adj* verrückt

alojamiento [aloxa'mjento] *m* Unterkunft *f;* (*acción*) Unterbringung *f*

alojar [alo'xar] **I.** *vt* beherbergen; (*procurar alojamiento*) unterbringen **II.** *vr:* ~**se** unterkommen

alondra [a'londra] *f* Lerche *f*

alopecia [alo'peθja] *f* Haarausfall *m*

alpaca [al'paka] *f* Alpaka *nt*

alpargata [alpar'ɣata] *f* ≈ Espadrille *f*

Alpes ['alpes] *mpl* Alpen *pl*

alpinismo [alpi'nismo] *m* Bergsteigen *nt*

alpinista [alpi'nista] *mf* Bergsteiger(in) *m(f)*

alpino, -a [al'pino] *adj* Alpen-; **club** ~ Alpenverein *m*

alpiste [al'piste] *m* Vogelfutter *nt*

alquilar [alki'lar] **I.** *vt* (*dejar*) vermieten; (*tomar en alquiler*) mieten **II.** *vr:* ~**se: se alquila** zu vermieten

alquiler [alki'ler] *m* Miete *f*

alquimia [al'kimja] *f* Alchimie *f*

alquimista [alki'mista] *mf* Alchimist(in) *m(f)*

alquitrán [alki'tran] *m* Teer *m*

alrededor [alrreðe'ðor] *adv* ringsherum; ~ **de** (*aproximadamente*) um

alrededores [alrreðe'ðores] *mpl* Umgebung *f*

Alsacia [al'saθja] *f* Elsass *nt;* ~**-Lorena** Elsass-Lothringen *nt*

alta ['alta] *f* **1.** (*documento*) Entlassungsschein *m;* **dar el** ~ gesundschreiben; **dar de** ~ **del hospital** aus dem Krankenhaus entlassen **2.** (*inscripción*) Anmeldung *f;* (*ingreso*) Beitritt *m;* **darse de** ~ **en** (**el registro de**) **una ciudad** sich beim Einwohnermeldeamt anmelden

altamente |al̩taˈmen̩te| *adv:* ~ **cualificado** hoch qualifiziert

altanero, -a |al̩taˈnero| *adj* überheblich

altar |al̩ˈtar| *m* Altar *m*

altavoz |al̩taˈβoθ| *m* Lautsprecher *m*

alteración |al̩teraˈθjon| *f* (Ver)änderung *f*; (*adulteración*) Verfälschung *f*

alterado, -a |al̩teˈraðo| *adj* durcheinander

alterar(se) |al̩teˈrar(se)| *vt, vr* (sich) ändern; (*irritar*) (sich) aufregen

altercado |al̩terˈkaðo| *m* Auseinandersetzung *f*

alternar |al̩terˈnar| **I.** *vi* **1.** (*turnarse*) sich abwechseln (*en* bei +*dat*) **2.** (*tratar*): ~ **con alguien** mit jdm verkehren **3.** (*en un club nocturno*) animieren **II.** *vt* abwechseln; ~ **el trabajo con la diversión** abwechselnd arbeiten und frei haben **III.** *vr:* ~**se** sich abwechseln (*en* bei +*dat*)

alternativa |al̩ternaˈtiβa| *f* **1.** (*opción*) Alternative *f*; **no le queda otra ~ que...** er/sie hat keine andere Wahl als ... **2.** (TAUR) Zulassung *f* als Matador

alternativo, -a |al̩ternaˈtiβo| *adj* alternativ

alterne |al̩ˈterne| *m:* **chica de ~** Animierdame *f;* **bar de ~** Animierlokal *nt*

alterno, -a |al̩ˈterno| *adj:* **en días ~s** jeden zweiten Tag

alteza |al̩ˈteθa| *f:* **Su Alteza Real** Ihre Königliche Hoheit

altibajos |al̩tiˈβaxos| *mpl* **1.** (*de un terreno*) Unebenheiten *fpl* **2.** (*cambios*) Auf und Ab *nt;* **es una persona con muchos ~** seine/ihre Stimmung ändert sich ständig

altiplanicie |al̩tiplaˈniθje| *f,* **altiplano** |al̩tiˈplano| *m* Hochebene *f*

altitud |al̩tiˈtuⁿ| *f* Höhe *f*

altivo, -a |al̩ˈtiβo| *adj* überheblich

alto¹ |ˈal̩to| **I.** *interj* halt **II.** *m* **1.** (*descanso*) Pause *f;* ~ **el fuego** Waffenstillstand *m* **2.** (*altura*) Höhe *f;* **medir 8 metros de ~** 8 Meter hoch sein **III.** *adv* **1.** (*en voz alta*) laut **2.** (*en un lugar elevado*) hoch **3.** (*loc*): **pasar una pregunta por ~** eine Frage übergehen; **por todo lo ~** prächtig

alto, -a² |ˈal̩to| *adj* **1.** (*en general*) hoch; **hablar en voz alta** laut sprechen **2.** (*ser viviente*) groß **3.** (*en la parte superior*) obere(r, s); **clase alta** Oberschicht *f* **4.** (GEO: *territorio*) Hoch-; (*río*) Ober-; **la alta montaña** das Hochgebirge; **el ~ Rin** der Oberrhein **5.** (*tiempo*) spät; **a altas horas de la noche** spätabends

altoparlante |al̩toparˈlan̩te| *m* (*Am*) Lautsprecher *m*

altramuz |al̩traˈmuθ| *m* Lupine *f*

altruista |al̩truˈista| *adj* selbstlos

altura |al̩ˈtura| *f* Höhe *f;* (*estatura*) Größe *f*

alubia |aˈluβja| *f* Bohne *f*

alucinación |aluθinaˈθjon| *f* Halluzination *f*

alucinante |aluθiˈnan̩te| *adj* (*fam*) klasse; (*increíble*) unglaublich

alucinar |aluθiˈnar| **I.** *vi* (*fam*) **1.** (*hablando*) halluzinieren; **¡tú alucinas!** (*fig*) red doch kein Unsinn!; ~ **en colores** (*argot*) total ausflippen **2.** (*quedar fascinado*) verblüfft sein **II.** *vt* (*fam*) **1.** blenden; (*cautivar*) fesseln **2.** (*entusiasmar*) begeistern

alud |aˈluⁿ| *m* Lawine *f*

aludir |aluˈðir| *vi* (*referirse*) anspielen (*a* auf +*akk*); **darse por aludido** sich betroffen fühlen; **no darse por aludido** sich *dat* nichts anmerken lassen

alumbrado |alumˈbraðo| *m:* ~ **público** Straßenbeleuchtung *f*

alumbrar [alum'brar] **I.** *vi* leuchten; (*parir*) entbinden **II.** *vt* **1.** (*iluminar*) beleuchten **2.** (*parir*) zur Welt bringen

aluminio [alu'minjo] *m* Aluminium *nt*

alumnado [alum'naðo] *m* Schülerschaft *f*; (*de universidad*) Studentenschaft *f*

alumno, -a [a'lumno] *m, f* Schüler(in) *m(f)*; (*de universidad*) Student(in) *m(f)*

alusión [alu'sjon] *f* **1.** (*insinuación*) Anspielung *f* (*a* auf +*akk*); **hacer una ~ a algo** etw andeuten **2.** (*mención*) Erwähnung *f* (*a* +*gen*)

aluvión [alu'βjon] *m:* **tierra de ~** Schwemmland *nt*

alza ['alθa] *f:* **ir en ~** steigen

alzamiento [alθa'mjento] *m* Aufstand *m*

alzar [al'θar] <z → c> **I.** *vt* **1.** (*levantar*) heben; (*precio*) erhöhen; (*puño, voz*) erheben; **~ pelo** (*AmC, Méx*) Angst haben **2.** (*poner vertical*) aufrichten **3.** (*sostener*) hochhalten **II.** *vr:* **~se 1.** (*levantarse, destacar*) sich erheben **2.** (*Am: sublevarse*) sich auflehnen **3.** (*Am: robar*) stehlen; **~se con la pasta** (*fam*) mit der Kohle durchbrennen

ama ['ama] *f* Herrin *f*; (*propietaria*) Besitzerin *f*; **~ de casa** Hausfrau *f*

amabilidad [amaβili'ðaⁿ] *f* Freundlichkeit *f*

amable [a'maβle] *adj* freundlich

amaestrar [amaes'trar] *vt* (*animales*) abrichten; (*para el circo*) dressieren

amago [a'mayo] *m* Drohung *f*; (*indicio*) Anzeichen *nt* (*de* für +*akk*)

amainar [amai̯'nar] *vi* nachlassen

amalgama [amal'yama] *f* Amalgam *nt*

amamantar [amaman'tar] *vt* (*bebé*) stillen; (*cachorro*) säugen

amanecer [amane'θer] **I.** *vimpers* dämmern **II.** *vi irr como crecer* aufwachen **III.** *m* Tagesanbruch *m;* **al ~** bei Tagesanbruch

amanecida [amane'θiða] *f* (*Am*) Tagesanbruch *m*

amanerado, -a [amane'raðo] *adj* (*persona*) geziert; (*estilo*) gekünstelt

amansar [aman'sar] **I.** *vt* zähmen; (*sosegar*) besänftigen **II.** *vr:* **~se** zahm werden

amante [a'mante] *mf* Liebhaber(in) *m(f)*

amañar [ama'ɲar] *vt* deichseln *fam;* (*resultado*) fälschen

amapola [ama'pola] *f* Klatschmohn *m*

amar [a'mar] *vt* lieben

amargar [amar'yar] <g → gu> **I.** *vt* verbittern; **~ la vida a alguien** jdm das Leben schwer machen **II.** *vi* bitter schmecken **III.** *vr:* **~se** verbittert werden

amargo, -a [a'maryo] *adj* bitter

amargura [amar'yura] *f* Verbitterung *f*

amarillento, -a [amari'ʎento] *adj* vergilbt

amarillo, -a [ama'riʎo] *adj* gelb

amarradero [amarra'ðero] *m* Anlegeplatz *m*

amarrar [ama'rrar] **I.** *vt* festbinden (*a* an +*dat*); (NÁUT) vertäuen **II.** *vr:* **~se** (*Am*) heiraten

amasar [ama'sar] *vt* kneten

amateur [ama'ter] <amateurs> *mf* Amateur(in) *m(f)*

amatista [ama'tista] *f* Amethyst *m*

amazona [ama'θona] *f* Amazone *f*

ámbar ['ambar] *m* Bernstein *m*

ambición [ambi'θjon] *f* Ehrgeiz *m*

ambicioso, -a [ambi'θjoso] *adj* ehrgeizig

ambientador [ambjenta'ðor] *m* Raumspray *m o nt*

ambientar [ambjeŋ'tar] I. *vt* ansiedeln; **la novela está ambientada en Lima** der Roman spielt in Lima II. *vr:* ~**se** sich eingewöhnen (*en* in +*dat*)

ambiente [am'bjeṇte] *m* **1.** (*aire*) Luft *f* **2.** (*medio*) Milieu *nt;* **medio** ~ Umwelt *f* **3.** (*social*) Kreis *m* **4.** (*atmósfera*) Stimmung *f;* **dar** ~ Stimmung machen

ambigüedad [ambiɣwe'ða⁰] *f* Mehrdeutigkeit *f*

ambiguo, -a [am'biɣwo] *adj* mehrdeutig

ámbito ['ambito] *m* **1.** (*contorno*) Umkreis *m* **2.** (*espacio*) Bereich *m;* **en el** ~ **nacional** auf nationaler Ebene

ambivalente [ambiβa'leṇte] *adj* ambivalent

ambos, -as ['ambos] *adj* beide

ambulancia [ambu'laṇθja] *f* Krankenwagen *m*

ambulante [ambu'laṇte] *adj:* **circo** ~ Wanderzirkus *m;* **vendedor** ~ Hausierer *m;* **venta** ~ fahrendes Gewerbe

ambulatorio [ambula'torjo] *m* Ambulanz *f*

ameba [a'meβa] *f* Amöbe *f*

amedrentar [ameðreṇ'tar] I. *vt* einschüchtern; (*intimidar*) Angst machen +*dat* II. *vr:* ~**se** sich erschrecken

amén [a'men] I. *m* Amen *nt;* **decir** ~ **a todo** zu allem ja und amen sagen II. *prep:* ~ **de** außer +*dat*

amenaza [ame'naθa] *f* (Be)drohung *f*

amenazar [amena'θar] <z → c> I. *vt* bedrohen II. *vi, vt:* **amenaza tormenta** ein Gewitter droht

amenizar [ameni'θar] <z → c> *vt* unterhalten

ameno, -a [a'meno] *adj* **1.** angenehm; (*paisaje*) lieblich **2.** (*entrete-*

nido) unterhaltsam

América [a'merika] *f* Amerika *nt;* ~ **Central** Mittelamerika *nt;* ~ **Latina** Lateinamerika *nt*

americana [ameri'kana] *f* Sakko *m* o *nt*

americanismo [amerika'nismo] *m* Lateinamerikanismus *m*

americano, -a [ameri'kano] *adj* (süd)-amerikanisch

amerindio, -a [ame'riṇdjo] *adj* indianisch

ametralladora [ametraʎa'ðora] *f* Maschinengewehr *nt*

amigable [ami'ɣaβle] *adj* freund(schaft)lich

amígdala [a'miɣðala] *f* Mandel *f*

amigo, -a [a'miɣo] *m, f* Freund(in) *m(f)*

amiguete [ami'ɣete] *m* (*fam*) Kumpel *m*

aminorar [amino'rar] I. *vi* nachlassen II. *vt* verringern; ~ **el paso** den Schritt verlangsamen

amistad [amis'ta⁰] *f* Freundschaft *f*

amistoso, -a [amis'toso] *adj* freund(schaft)lich; **partido** ~ Freundschaftsspiel *nt*

amnesia [am'nesja] *f* Gedächtnisverlust *m*

amnistía [amnis'tia] *f* Amnestie *f*

amo ['amo] *m* Hausherr *m;* (*propietario*) Besitzer *m;* (*patrón*) Arbeitgeber *m*

amodorrarse [amoðo'rrarse] *vr* schläfrig werden

amolarse [amo'larse] <o → ue> *vr* (*vulg: críticas*) hinunterschlucken *fam;* **¡que se amuele!** zum Teufel mit ihm/ihr! *fam*

amoldarse [amol'darse] *vr* sich anpassen (*a* +*dat*)

amonestar [amones'tar] I. *vt* ermahnen; (*reprender*) verwarnen II. *vr:*

~se das Aufgebot bestellen

amoníaco [amo'niako] *m* Ammoniak *nt*

amontonar [amoṇto'nar] **I.** *vt* **1.** (*tierra, heno*) aufhäufen; (*periódicos, cajas*) stapeln **2.** (*conocimientos, dinero*) anhäufen **II.** *vr:* ~se **1.** (*cosas*) sich häufen **2.** (*personas*) sich drängen

amontonarse [amoṇto'narse] *vr* sich häufen

amor [a'mor] *m* Liebe *f;* ~ al prójimo Nächstenliebe *f;* ~ propio Ehrgefühl *nt;* ¡~ mío! mein Liebling!; hacer el ~ con alguien (*fam*) mit jdm schlafen; por ~ al arte umsonst

amoratado, -a [amora'taðo] *adj* dunkelviolett; un ojo ~ ein blaues Auge; tengo los labios ~s de frío meine Lippen sind blau vor Kälte

amordazar [amorða'θar] <z → c> *vt* knebeln

amorfo, -a [a'morfo] *adj* formlos

amorío(s) [amo'rio(s)] *m(pl)* (*pey*) Affäre *f*

amoroso, -a [amo'roso] *adj* Liebes-; carta amorosa Liebesbrief *m;* (*cariñoso*) liebevoll (*con/para con* zu +*dat*)

amortiguador [amortiɣwa'ðor] *m* Stoßdämpfer *m*

amortiguar [amorti'ɣwar] <gu → gü> *vt* dämpfen

amortización [amortiθa'θjon] *f* Tilgung *f;* (*fiscal*) Abschreibung *f*

amortizar [amorti'θar] <z → c> *vt* tilgen; (*fiscalmente*) abschreiben; (*inversión*) amortisieren

amotinar [amoti'nar] **I.** *vt* aufhetzen **II.** *vr:* ~se sich auflehnen

amparar [ampa'rar] **I.** *vt* (be)schützen (*contra/de* vor +*dat*); ~ a alguien jdm Schutz gewähren **II.** *vr:* ~se sich schützen (*contra/de* vor +*dat*)

amparo [am'paro] *m* Schutz *m;* (*refugio*) Zuflucht *f*

amperio [am'perjo] *m* Ampere *nt*

ampliación [amplja'θjon] *f* Vergrößerung *f;* (*de conocimientos*) Erweiterung *f*

ampliar [ampli'ar] <1. *pres:* amplío> *vt* vergrößern; (*conocimientos*) erweitern

amplificador [amplifika'ðor] *m* Verstärker *m*

amplio, -a ['ampljo] *adj* geräumig; (*informe*) ausführlich; en un sentido más ~ im weiteren Sinne

amplitud [ampli'tuθ] *f* Umfang *m*

ampolla [am'poʎa] *f* Blase *f;* (*para inyecciones*) Ampulle *f*

amputar [ampu'tar] *vt* amputieren

amueblar [amwe'βlar] *vt* möblieren

amuleto [amu'leto] *m* Amulett *nt*

amurallar [amura'ʎar] *vt* mit einer Mauer umgeben

anabolizante [anaβoli'θaṇte] *m* Anabolikum *nt*

anacardo [ana'karðo] *m* Cashewnuss *f*

anagrama [ana'ɣrama] *m* Anagramm *nt*

anal [a'nal] *adj* anal

anales [a'nales] *mpl* **1.** (HIST) Annalen *pl* **2.** (*de una universidad/sociedad*) Jahrbuch *nt*

analfa [a'nalfa] *mf* (*fam*) Analphabet(in) *m(f)*

analfabetismo [analfaβe'tismo] *m sin pl* (*estado*) Analphabetismus *m*

analfabeto, -a [analfa'βeto] *m, f* Analphabet(in) *m(f)*

analgésico [anal'xesiko] *m* Schmerzmittel *nt*

análisis [a'nalisis] *m inv* Analyse *f*

analítico, -a [ana'litiko] *adj* analytisch

analizar [anali'θar] <z → c> *vt* analysieren

analogía [analo'xia] *f* Analogie *f*
análogo, -a [a'naloɣo] *adj* analog
ananá(s) [ana'na(s)] *m* (*Am*) Ananas *f*
anaranjado, -a [anaraŋ'xaðo] *adj* orange
anarquía [anar'kia] *f* Anarchie *f*
anarquismo [anar'kismo] *m* Anarchismus *m*
anarquista [anar'kista] *mf* Anarchist(in) *m(f)*
anatomía [anato'mia] *f* Anatomie *f*
anca ['aŋka] *f*: ~**s de rana** Froschschenkel *mpl*
ancestral [aŋθes'tral] *adj* Ahnen-
ancho¹ ['anʧo] *m* Breite *f*
ancho, -a² ['anʧo] *adj* breit; (*vestidos*) weit; **a lo ~** der Breite nach; **estar a sus anchas** ganz in seinem Element sein
anchoa [an'ʧoa] *f* Anschovis *f*
anchura [an'ʧura] *f* Breite *f*; (*de un vestido*) Weite *f*
ancianidad [anθjani'ðað] *f* Alter *nt*
anciano, -a [an'θjano] **I.** *adj* alt **II.** *m, f* Alte(r) *f(m)*
ancla ['aŋkla] *f* Anker *m*; **echar ~s** vor Anker gehen; **levar ~s** den Anker lichten
andadas [an'daðas] *fpl*: **volver a las ~** in alte Gewohnheiten verfallen
Andalucía [andalu'θia] *f* Andalusien *nt*
andaluz(a) [anda'luθ] *adj* andalusisch
andamiaje [anda'mjaxe] *m*, **andamio** [an'damjo] *m* (Bau)gerüst *nt*
andanza [an'danθa] *f* Abenteuer *nt*
andar [an'dar] *irr vi* **1.** (*caminar*) (zu Fuß) gehen; **~ de prisa** schnell gehen; **~ detrás de algo** hinter etw *dat* her sein **2.** (*estar*): **~ atareado** sehr beschäftigt sein; **~ mal de dinero** schlecht bei Kasse sein **3.** (*loc*): **~ con cuidado** sich vor-

sehen; **~ con rodeos** Umschweife machen; **no andes en mi escritorio** wühl nicht auf meinem Schreibtisch herum
andén [an'den] *m* Bahnsteig *m*
Andes ['andes] *mpl* Anden *pl*
andinismo [andi'nismo] *m* (*Am*) Bergsteigen *nt*
andino, -a [an'dino] *adj* Anden-; **vegetación andina** andine Vegetation
andorrano, -a [ando'rrano] *adj* andorranisch
andrajo [an'draxo] *m* Fetzen *m*
andrajoso, -a [andra'xoso] *adj* zerlumpt
anécdota [a'neɣðota] *f* Anekdote *f*
anemia [a'nemja] *f* Blutarmut *f*
anémona [a'nemona] *f* Anemone *f*
anestesia [anes'tesja] *f* Betäubung *f*
anestesiar [aneste'sjar] *vt* betäuben
anestésico [anes'tesiko] *m* Betäubungsmittel *nt*
anexión [aneˠ'sjon] *f* Annexion *f*
anexo, -a [a'neˠso] *adj* angebaut; (*a cartas*) beiliegend
anfibio [amˈfiβjo] *m* Amphibie *f*
anfiteatro [amfite'atro] *m* Amphitheater *nt*
anfitrión, -ona [amfi'trjon] *m, f* Gastgeber(in) *m(f)*
ánfora ['amfora] *f* Amphore *f*
ángel ['aŋxel] *m* Engel *m*; **~ de la guarda** Schutzengel *m*
angelical [aŋxeli'kal] *adj* engelhaft; **rostro ~** Engelsgesicht *nt*
angina [aŋ'xina] *f*: **~ de pecho** Angina pectoris *f*; **~s** Angina *f*
anglicismo [aŋgli'θismo] *m* Anglizismus *m*
angosto, -a [aŋ'gosto] *adj* eng
anguila [aŋ'gila] *f* Aal *m*
angula [aŋ'gula] *f* Glasaal *m*
angular [aŋgu'lar] *adj* Winkel-; **forma ~** Winkelform *f*
ángulo ['aŋgulo] *m* **1.** (MAT) Winkel

m; ~ **recto** rechter Winkel; **en** ~ winkelförmig **2.** (*arista*) Kante *f*

angustia [aŋ'gustja] *f* **1.** (*aprieto*) Beklemmung *f* **2.** (*temor*) Angst *f;* ~ **vital** Lebensangst *f*

angustiarse [aŋgus'tjarse] *vr* beklommen sein; (*atemorizarse*) sich ängstigen

angustioso, -a [aŋgus'tjoso] *adj* angstvoll; (*inquietante*) beängstigend

anhelar [ane'lar] *vt* sich sehnen (nach +*dat*)

anhelo [a'nelo] *m* Sehnsucht *f* (*de* nach +*dat*)

anidar [ani'ðar] *vi* nisten; (*morar*) wohnen

anilla [a'niʎa] *f* Ring *m*

anillo [a'niʎo] *m* Ring *m;* ~ **de boda** Ehering *m;* **como** ~ **al dedo** wie gerufen

ánima ['anima] *f* (*alma*) Seele *f*

animación [anima'θjon] *f* Belebung *f;* (*viveza*) Lebhaftigkeit *f*

animado, -a [ani'maðo] *adj* fröhlich; (*lugar*) belebt; (*actividad*) lebhaft

animal [ani'mal] **I.** *adj* tierisch **II.** *m* Tier *nt;* (*pey*) Rohling *m*

animalada [anima'laða] *f* (*fam*) Barbarei *f*

animar [ani'mar] **I.** *vt* **1.** (*infundir vida*) beleben; (*dar ánimo*) animieren **2.** (*alentar*) ermutigen **3.** (*persona triste*) aufmuntern **II.** *vr:* ~**se 1.** (*cobrar vida*) sich beleben **2.** (*atreverse*) Mut fassen **3.** (*decidirse*) sich entschließen; **¿te animas?** machst du mit? **4.** (*alegrarse*) in Stimmung kommen

ánimo ['animo] *m* **1.** (*espíritu*) Gemüt *nt;* **no estoy con** ~**s de...** ich bin nicht in der Verfassung zu ... **2.** (*energía*) Kraft *f;* (*valor*) Mut *m;* **¡~!** Kopf hoch!; **cobrar** ~ Mut fassen; **dar** ~ Mut einflößen **3.** (*intención*) Absicht *f* (*de* zu +*dat*); **con** ~

de... in der Absicht zu ...; **sin** ~ **de lucro** gemeinnützig

aniñado, -a [ani'ɲaðo] *adj* kindlich; (*pey*) kindisch

aniquilar [aniki'lar] *vt* vernichten

anís [a'nis] <anises> *m* Anis *m*

aniversario [aniβer'sarjo] *m* Jahrestag *m;* ~ **de bodas** Hochzeitstag *m;* ~ **de muerte** Todestag *m*

ano ['ano] *m* After *m*

anoche [a'notʃe] *adv* (*al atardecer*) gestern Abend; (*entrada la noche*) gestern Nacht; ~ **no pude dormir** letzte Nacht konnte ich nicht schlafen

anochecer [anotʃe'θer] **I.** *vimpers irr como crecer:* **anochece** es wird dunkel **II.** *m: al* ~ bei Einbruch der Dunkelheit

anodino, -a [ano'ðino] *adj* fade

anomalía [anoma'lia] *f* Anomalie *f*

anonadar [anona'ðar] *vt* verblüffen

anonimato [anoni'mato] *m* Anonymität *f*

anónimo, -a [a'nonimo] *adj* anonym; **sociedad anónima** Aktiengesellschaft *f*

anorexia *f sin pl* (MED) Appetitlosigkeit *f,* Anorexie *f*

anormal [anor'mal] *adj* anormal

anotación [anota'θjon] *f* Eintragung *f;* (*nota*) Notiz *f*

anotar [ano'tar] *vt* notieren; (*en un registro*) eintragen

anquilosar [aŋkilo'sar] **I.** *vt* versteifen **II.** *vr:* ~**se** steif werden

ansia ['ansja] *f* Unruhe *f;* (*afán*) Sehnsucht *f* (*de* nach +*dat*); ~ **de poder** Machthunger *m*

ansiar [an'sjar] <1. *pres:* ansío> *vt* sich sehnen (nach +*dat*)

ansiedad [ansje'ðaᵒ] *f* Angst *f*

ansioso, -a [an'sjoso] *adj* sehnsuchtsvoll

antagónico, -a [anta'ɣoniko] *adj*

1. (*opuesto*) gegensätzlich 2. (*rival*) gegnerisch

antagonista [aɲtaɣoˈnista] *mf* Gegner(in) *m(f)*

antaño [aɲˈtaɲo] *adv* früher

antártico, -a [aɲˈtartiko] *adj:* **polo ~** Südpol *m;* **Océano Glacial Antártico** Südpolarmeer *nt*

Antártida [aɲˈtartiða] *f* Antarktis *f*

ante [ˈaɲte] I. *m* Wildleder *nt* II. *prep* 1. (*posición*) vor +*dat* 2. (*con movimiento*) vor +*akk* 3. (*en vista de*) angesichts +*gen* 4. (*en comparación con*) neben +*dat*

anteanoche [aɲteaˈnotʃe] *adv* vorgestern Abend

anteayer [aɲteaˈɟer] *adv* vorgestern

antebrazo [aɲteˈβraθo] *m* Unterarm *m*

antecedente [aɲteθeˈðeɲte] *m:* **~s penales** Vorstrafe *f*

anteceder [aɲteθeˈðer] *vt v.* **preceder**

antecesor(a) [aɲteθeˈsor] *m(f)* Vorgänger(in) *m(f)*

antelación [aɲtelaˈθjon] *f:* **con ~ im Voraus**

antemano [aɲteˈmano] *adv:* **de ~ im Voraus**

antena [aɲˈtena] *f* Antenne *f;* (ZOOL) Fühler *m*

antepasado, -a [aɲtepaˈsaðo] *m, f* Vorfahr(e), -in *m, f*

antepenúltimo, -a [aɲtepeˈnultimo] *adj* vorvorletzte(r, s)

anteponer [aɲtepoˈner] *irr como poner vt:* **~ algo a algo** etw vor etw stellen

anteproyecto [aɲteproˈɟekto] *m* Vorentwurf *m*

anterior [aɲteˈrjor] I. *adj* vorige(r, s) II. *prep:* **~ a vor** +*dat*

anterioridad [aɲterjoriˈðaⁿ] *prep:* **con ~ a vor** +*dat*

anteriormente [aɲterjorˈmeɲte] *adv* vorher

antes [ˈaɲtes] I. *adv* 1. vorher; (*antiguamente*) früher; **poco ~** kurz vorher; **cuanto ~** so schnell wie möglich; **~ de nada** zuerst; **~ que nada** vor allem 2. (*comparativo*) lieber II. *prep:* **~ de vor** +*dat* III. *conj* bevor; **~ (de) que llegues** bevor du kommst

antibiótico [aɲtiˈβjotiko] *m* Antibiotikum *nt*

anticiclón [aɲtiθiˈklon] *m* Hoch(druckgebiet) *nt*

anticipación [aɲtiθipaˈθjon] *f* 1. (*de una fecha*) Vorverlegung *f* 2. (*de un suceso*) Vorwegnahme *f* 3. (*a la acción de otro*) Vorgriff *m* (*de auf* +*akk*) 4. (*loc*): **con ~** (*pago*) im Voraus

anticipadamente [aɲtiθipaðaˈmeɲte] *adv* im Voraus; **jubilar ~ a alguien** jdn vorzeitig in den Ruhestand versetzen

anticipado, -a [aɲtiθiˈpaðo] *adj:* **pagar por ~** im Voraus (be)zahlen

anticipar [aɲtiθiˈpar] I. *vt* vorverlegen; (*dinero*) vorstrecken II. *vr:* **~se a alguien** jdm zuvorkommen

anticipo [aɲtiˈθipo] *m* Vorschuss *m*

anticonceptivo, -a [aɲtikoɲθepˈtiβo] *adj:* **píldora anticonceptiva** Antibabypille *f*

anticonstitucional [aɲtikoⁿstituθjoˈnal] *adj* verfassungswidrig

anticuado, -a [aɲtiˈkwaðo] *adj* veraltet

anticuario, -a [aɲtiˈkwarjo] *m, f* Antiquitätenhändler(in) *m(f)*

anticuerpo [aɲtiˈkwerpo] *m* Antikörper *m*

antídoto [aɲˈtiðoto] *m* Gegengift *nt*

antifaz [aɲtiˈfaθ] *m* Augenmaske *f*

antiguamente [aɲtiɣwaˈmeɲte] *adv* früher

antigüedad [anˌtiɣweˈðaᵒ] *f* Altertum *nt;* (*objeto*) Antiquität *f;* (*en una empresa*) Betriebszugehörigkeit *f*

antiguo, -a [anˈtiɣwo] <antiquísimo> *adj* alt; (*anticuado*) überholt; (*de la antigüedad*) antik

antiinflamatorio, -a [anti(i)ɱflaˈmatorjo] *adj* entzündungshemmend

antílope [anˈtilope] *m* Antilope *f*

antinatural [antinatuˈral] *adj* unnatürlich

antipatía [antipaˈtia] *f* Abneigung *f* (*a/contra/hacia* gegen +*akk*)

antipático, -a [antiˈpatiko] *adj* unsympathisch

antirreglamentario, -a [antirreɣlameɱˈtarjo] *adj* regelwidrig

antisemita [antiseˈmita] *adj* antisemitisch

antisemitismo [antisemiˈtismo] *m* Antisemitismus *m*

antisocial [antisoˈθjal] *adj* unsozial

antítesis [anˈtitesis] *f inv* Antithese *f*

antojarse [antoˈxarse] *vimpers:* **se me antojó un helado** ich bekam Lust auf ein Eis

antojo [anˈtoxo] *m* **1.** (*capricho*) Laune *f* **2. tener ~s** Gelüste haben **3.** (*mancha*) Muttermal *nt*

antología [antoloˈxia] *f* Anthologie *f*

antorcha [anˈtortʃa] *f* Fackel *f*

antro [ˈantro] *m* (*pey*): **un ~ de corrupción** eine Lasterhöhle

antropología [antropoloˈxia] *f* Anthropologie *f*

antropólogo, -a [antroˈpoloɣo] *m, f* Anthropologe, -in *m, f*

anual [anuˈal] *adj* **1.** (*que dura un año*) Jahres-; **abono ~** Jahresabonnement *nt* **2.** (*que sucede cada año*) jährlich, Jahres-; **informe ~** Jahresbericht *m*

anualmente [anwalˈmente] *adv* jährlich

anuario [anuˈarjo] *m* Jahrbuch *nt*

anudar(se) [anuˈðar(se)] *vt, vr* (sich) verknoten

anulación [anulaˈθjon] *f* Aufhebung *f;* (*de una sentencia*) Annullierung *f;* (*de un contrato*) Auflösung *f;* (*de un pedido*) Stornierung *f*

anular [anuˈlar] *vt* (*ley*) aufheben; (*sentencia*) annullieren; (*contrato*) auflösen; (*pedido*) stornieren; (*subscripción*) kündigen

anunciar [anunˈθjar] *vt* bekannt geben

anuncio [aˈnunθjo] *m* **1.** Bekanntgabe *f* **2.** (*publicidad*) (Werbe)spot *m;* (*en un periódico*) Anzeige *f;* **~ por palabras** Kleinanzeigen *fpl*

anverso [amˈberso] *m* Vorderseite *f*

anzuelo [anˈθwelo] *m* Angelhaken *m;* **morder el ~** anbeißen

añadidura [aɲaðiˈðura] *f:* **por ~** außerdem

añadir [aɲaˈðir] *vt* hinzufügen; **a esto hay que ~ que...** hinzu kommt, dass ...

añejo, -a [aˈɲexo] *adj* alt; (*vino*) gealtert

añicos [aˈɲikos] *mpl* Scherben *fpl;* **hacer algo ~** etw zertrümmern

año [ˈaɲo] *m* Jahr *nt;* **~ bisiesto** Schaltjahr *nt;* **~ natural** Kalenderjahr *nt;* **los ~s 60** die 60er Jahre; **en el ~ 1960** (im Jahre) 1960; **cumplir ~s** Geburtstag haben; **¿cuántos ~s tienes?** wie alt bist du?

añoranza [aɲoˈranθa] *f* Sehnsucht *f*

añorar [aɲoˈrar] *vt* sich sehnen (nach +*dat*)

aorta [aˈorta] *f* Hauptschlagader *f*

apabullante [apaβuˈʎante] *adj* überwältigend

apacible [apaˈθiβle] *adj* ruhig

apaciguar(se) [apaθiˈɣwar(se)] <gu → gü> *vt, vr* (sich) beruhigen

apadrinar [apaðri'nar] *vt* (*en un bautizo*) Pate stehen (bei +*dat*); (*en una boda*) Trauzeuge sein (bei +*dat*)

apagar [apa'ɣar] <g → gu> **I.** *vt* (*luz*) ausmachen; (*fuego*) löschen **II.** *vr:* ~se ausgehen

apagón [apa'ɣon] *m* Stromausfall *m*

apalabrar [apala'βrar] *vt* verabreden

apañarse [apa'ɲarse] *vr* sich geschickt anstellen

aparato [apa'rato] *m* Apparat *m*

aparatoso, -a [apara'toso] *adj:* **un accidente ~** ein spektakulärer Unfall

aparcamiento [aparka'mjento] *m* Parkplatz *m;* **~ disuasorio** Park-and-ride-Parkplatz *m*

aparcar [apar'kar] <c → qu> *vt* parken

aparear(se) [apare'ar(se)] *vt, vr* (sich) paaren

aparecer(se) [apare'θer(se)] *irr como crecer vi, vr* erscheinen

aparejador(a) [aparexa'ðor] *m(f)* Bauführer(in) *m(f)*

aparentar [aparen'tar] *vt:* **~ estar enfermo** sich krank stellen

aparente [apa'rente] *adj* **1.** (*que parece y no es*) scheinbar **2.** (*perceptible a la vista*) sichtbar

aparición [apari'θjon] *f* Erscheinen *nt;* (*visión*) Erscheinung *f*

apariencia [apa'rjenθja] *f* **1.** (*aspecto*) Aussehen *nt* **2.** (*signos*) (An)schein *m;* **en ~** dem Anschein nach; **guardar las ~s** den Schein wahren

apartado¹ [apar'taðo] *m:* **~ de Correos** Postfach *nt*

apartado, -a² [apar'taðo] *adj* abgelegen

apartamento [aparta'mento] *m* Wohnung *f*

apartar [apar'tar] **I.** *vt* trennen; (*de un cargo*) entfernen; (*la vista*) abwenden **II.** *vr:* ~se sich trennen;

(*de un camino*) abweichen; **¡apártate!** geh aus dem Weg!

aparte [a'parte] **I.** *adv* beiseite **II.** *prep* **1.** (*separado*): **él estaba ~ del grupo** er war abseits der Gruppe **2.** (*además de*): **~ de** abgesehen von +*dat* **III.** *adj* separat; **en un plato ~** auf einem extra Teller

apasionado, -a [apasjo'naðo] *adj* leidenschaftlich

apasionante [apasjo'nante] *adj* spannend

apasionar(se) [apasjo'nar(se)] *vt, vr* (sich) begeistern

apatía [apa'tia] *f* Teilnahmslosigkeit *f*

apático, -a [a'patiko] *adj* apathisch

apátrida [a'patriða] *adj* staatenlos

apearse [ape'arse] *vr* aussteigen

apechugar [apetʃu'ɣar] <g → gu> *vi:* **~ con las consecuencias** die Konsequenzen tragen

apedrear [apeðre'ar] **I.** *vimpers* hageln **II.** *vt* mit Steinen bewerfen; (*lapidar*) steinigen

apegado, -a [ape'ɣaðo] *adj:* **estar ~ a alguien** an jdm hängen

apego [a'peɣo] *m* Zuneigung *f*

apelación [apela'θjon] *f* Berufung *f*

apelar [ape'lar] *vi* Berufung einlegen

apellidarse [apeʎi'ðarse] *vr* (mit Familiennamen) heißen

apellido [ape'ʎiðo] *m* Nachname *m*

apelmazar(se) [apelma'θar(se)] <z → c> *vt, vr* hart werden

apelotonar(se) [apeloto'nar(se)] *vt, vr* verklumpen

apenarse [ape'narse] *vr* sich grämen; (*Am*) sich schämen

apenas [a'penas] **I.** *adv* **1.** kaum; **~ había nadie** es war kaum jemand da **2.** (*tan sólo*) erst; (*escasamente*) knapp; **~ hace una hora** vor knapp einer Stunde **II.** *conj* kaum

apéndice [a'pendiθe] *m* Anhang *m*

apendicitis [apendi'θitis] *f inv* Blinddarmentzündung *f*

aperitivo [aperi'tiβo] *m* Aperitif *m;* (*comida*) Appetithappen *m*

apertura [aper'tura] *f* Eröffnung *f*

apestar [apes'tar] I. *vi* stinken II. *vr:* ~**se** (*Am*) sich anstecken

apestoso, -a [apes'toso] *adj* stinkend; (*fastidioso*) lästig

apetecer [apete'θer] *irr como crecer vi* Lust haben

apetito [ape'tito] *m* Appetit *m;* ~ **sexual** Fleischeslust *f*

apetitoso, -a [apeti'toso] *adj* appetitlich

apiadarse [apja'ðarse] *vr* bemitleiden (*de* +*akk*)

ápice ['apiθe] *m:* **no ceder un** ~ keinen Zollbreit nachgeben; **no entender un** ~ nicht das Geringste verstehen

apicultor(a) [apikul'tor] *m(f)* Imker(in) *m(f)*

apicultura [apikul'tura] *f* Bienenzucht *f*

apilar(se) [api'lar(se)] *vt, vr* (sich) stapeln

apiñarse [api'narse] *vr* sich drängen

apio ['apjo] *m* Sellerie *m o f*

apisonadora [apisona'ðora] *f* Straßenwalze *f*

aplacar [apla'kar] <c → qu> I. *vt* lindern II. *vr:* ~**se** sich beruhigen

aplanar [apla'nar] I. *vt* ebnen II. *vr:* ~**se** den Mut verlieren

aplastar [aplas'tar] *vt* zerquetschen; (*derrotar*) (vernichtend) schlagen

aplaudir [aplau'ðir] *vi* applaudieren

aplauso [a'plauso] *m* Applaus *m*

aplazamiento [aplaθa'mjento] *m* Verlegung *f*

aplazar [apla'θar] <z → c> *vt* verlegen; (*viaje*) verschieben; (*Am*) durchfallen lassen

aplicación [aplika'θjon] *f* Anwendung *f*

aplicado, -a [apli'kaðo] *adj* fleißig

aplicar [apli'kar] <c → qu> I. *vt* auftragen; (*venda*) anlegen; (*método*) anwenden (*a* auf +*akk*) II. *vr:* ~**se** sich bemühen

aplique [a'plike] *m* **1.** (*lámpara*) Wandleuchte *f* **2.** (INFOR) Applet *nt*, Minianwendung *f*

aplomo [a'plomo] *m* Selbstsicherheit *f;* **perder el** ~ die Fassung verlieren

apocar [apo'kar] <c → qu> I. *vt* einschüchtern II. *vr:* ~**se** verzagen

apodarse [apo'ðarse] *vr* (*tener el sobrenombre*) den Beinamen ... haben; (*el apodo*) den Spitznamen ... haben

apoderado, -a [apoðe'raðo] *m, f* Bevollmächtigte(r) *f(m)*

apoderar [apoðe'rar] I. *vt* bevollmächtigen II. *vr:* ~**se** sich bemächtigen (*de* +*gen*)

apodo [a'poðo] *m* Spitzname *m*

apogeo [apo'xeo] *m* Gipfel *m*

apolillarse [apoli'ʎarse] *vr* von Motten zerfressen werden

apolítico, -a [apo'litiko] *adj* unpolitisch

apología [apolo'xia] *f* Verteidigung *f*

apoplejía [aple'xia] *f* Schlaganfall *m*

aportación [aporta'θjon] *f* Beitrag *m*

aportar [apor'tar] *vt* beitragen

aposento [apo'sento] *m* Unterkunft *f*

aposición [aposi'θjon] *f* Apposition *f*

apósito [a'posito] *m* Wundverband *m;* (*adhesivo*) Heftpflaster *nt*

aposta [a'posta] *adv* absichtlich

apostar [apos'tar] <o → ue> I. *vi* setzen (*por* auf +*akk*) II. *vt, vr:* ~**se** wetten (um +*akk*); **¿qué apostamos?** worum wetten wir?

a posteriori [a poste'rjori] *adv* nachträglich

apostilla [apos'tiʎa] *f* Randbemerkung *f*

apóstol [a'postol] *m* Apostel *m*

apóstrofo [a'postrofo] *m* Apostroph *m*

apoteósico, -a [apote'osiko] *adj* enorm; **éxito ~** Riesenerfolg *m*

apoyacabezas [apoɹaka'βeθas] *m* Kopfstütze *f*

apoyar [apo'ɹar] I. *vt* stützen (*en* auf +*akk*); (*contra*) lehnen (*en* an +*akk*); (*patrocinar*) unterstützen II. *vr:* ~**se** 1. sich stützen (*en* auf +*akk*); (*contra*) sich lehnen (*en/contra* gegen +*akk*); ~**se con la mano** sich mit der Hand abstützen 2. (*fundarse*) beruhen (*en* auf +*dat*)

apoyo [a'poɹo] *m* Halt *m*; (*soporte*) Stütze *f*; (*respaldo*) Unterstützung *f*

apreciable [apre'θjaβle] *adj* beträchtlich; (*digno de estima*) schätzenswert

apreciación [apreθja'θjon] *f* Bewertung *f*; (*juicio*) Einschätzung *f*

apreciado, -a [apre'θjaðo] *adj:* ~**s Sres.:** sehr geehrte Herren,

apreciar [apre'θjar] *vt* (ab)schätzen; (*captar*) wahrnehmen

aprecio [a'preθjo] *m* Zuneigung *f*

aprehensión [apre(e)n'sjon] *f* 1. (*acción de coger*) Ergreifung *f* 2. (*percepción*) Wahrnehmung *f*; (*comprensión*) Begreifen *nt*

apremiante [apre'mjante] *adj* dringend

apremiar [apre'mjar] *vi:* **el tiempo apremia** die Zeit drängt

aprender [apren'der] *vt* lernen; ~ **a leer** lesen lernen; ~ **de memoria** auswendig lernen

aprendiz(a) [apreɲ'diθ] *m(f)* Lehrling *m*

aprendizaje [apreɲdi'θaxe] *m* (Er)lernen *nt*; (*formación profesional*) Lehre *f*

aprensión [apren'sjon] *f* 1. (*recelo*) Bedenken *ntpl*; **me da ~ decírtelo**

ich traue mich nicht es dir zu sagen 2. (*asco*) Ekel *m;* **he cogido ~ a la leche** ich finde Milch ek(e)lig 3. (*temor*) Befürchtung *f;* (*impresión*) Gefühl *nt* 4. (*figuración*) Einbildung *f;* **son aprensiones suyas** er/sie bildet sich *dat* das nur ein

aprensivo, -a [apren'siβo] *adj* überängstlich

apresar [apre'sar] *vt* packen; (*delincuente*) verhaften

apresurado, -a [apresu'raðo] *adj* übereilt

apresurarse [apresu'rarse] *vr* sich beeilen; **¡no te apresures!** lass dir nur Zeit!

apretado, -a [apre'taðo] *adj* fest sitzend; (*vestido*) eng

apretar [apre'tar] <e → ie> I. *vi* 1. (*calor*) drückender werden 2. (*vestido*) eng sitzen 3. (*deudas, problemas*) schwer lasten (*a* auf +*dat*) 4. (*loc*): **este profesor aprieta mucho en los exámenes** dieser Lehrer stellt sehr schwierige Prüfungen II. *vt* drücken; (*acosar*) bedrängen III. *vr:* ~**se:** ~**se el cinturón** den Gürtel enger schnallen

aprieto [a'prjeto] *m* Bedrängnis *f;* ~ **económico** finanzieller Engpass; **estar en un ~** in der Klemme sein

a priori [a pri'ori] *adv* von vorn(e)herein

aprisa [a'prisa] *adv* schnell

aprisionar [aprisjo'nar] *vt:* **quedarse aprisionado en el barro** im Lehm festsitzen

aprobación [aproβa'θjon] *f:* **encontrar la ~ de alguien** jds Zustimmung finden

aprobado [apro'βaðo] *m:* **he sacado un ~ en mates** ich habe die Matheprüfung bestanden

aprobar [apro'βar] <o → ue> I. *vt* billigen; (*proyecto*) genehmigen;

(*moción*) annehmen; (*examen*) bestehen (lassen) **II.** *vi* bestehen
apropiación [apropja'θjon] *f:* ~ **indebida** Unterschlagung *f*
apropiado, -a [apro'pjaðoa] *adj* angebracht
apropiarse [apro'pjarse] *vr* sich *dat* aneignen (*de* +*akk*)
aprovechable [aproβe'tʃaβle] *adj* brauchbar
aprovechamiento [aproβetʃa'mjento] *m* Nutzung *f*; (*de una idea/residuos*) Verwertung *f*
aprovechar [aproβe'tʃar] **I.** *vi* von Nutzen sein; **¡que aproveche!** guten Appetit! **II.** *vt, vr:* ~**(se)** (aus)nutzen
aprovisionar [aproβisjo'nar] *vt* versorgen
aproximado, -a [aproʸsi'maðo] *adj* ungefähr
aproximarse [aproʸsi'marse] *vr* sich nähern (*a* +*dat*)
aptitud [apti'tuð] *f* Eignung *f* (*para* für +*akk, para* zu +*dat*); ~ **para el servicio militar** Wehrdiensttauglichkeit *f*
apto, -a ['apto] *adj* geeignet
apuesta [a'pwesta] *f* Wette *f*
apuesto, -a [a'pwesto] *adj* gut aussehend
apuntador(a) [apunta'ðor] *m(f)* Souffleur, Souffleuse *m, f*
apuntar [apun'tar] **I.** *vt* **1.** (*con un arma*) zielen (*a* auf +*akk*); **¡apunten!** legt an! **2.** (*con el dedo*) zeigen (*a* auf +*akk*) **3.** (*anotar*) notieren **4.** (*inscribir*) anmelden (*en* in +*dat*) **II.** *vr:* ~**se** sich anmelden
apunte [a'punte] *m* Notiz *f*; **tomar** ~**s** mitschreiben
apuñalar [apuɲa'lar] *vt* erstechen
apurado, -a [apu'raðo] *adj:* ~ **de dinero** knapp bei Kasse; **verse** ~ in der Klemme sitzen; **estar** ~ es eilig haben

apurar [apu'rar] **I.** *vt* **1.** austrinken; (*plato*) leer essen **2.** (*paciencia*) erschöpfen; ~ **todos los medios** nichts unversucht lassen **3.** (*angustiar*) quälen **4.** (*Am*) drängen **II.** *vr:* ~**se: ¡no te apures por eso!** mach dir deswegen keine Sorgen!; **¡no te apures!** es eilt nicht!
apuro [a'puro] *m* **1.** Bedrängnis *f*; (*dificultad*) Schwierigkeit *f*; **estar en un** ~ in der Patsche sitzen; **poner en** ~ in Verlegenheit bringen **2.** (*estrechez*) finanzielle Notlage *f*; **sufrir grandes** ~**s** große Not leiden **3.** (*vergüenza*) Scham *f* **4.** (*Am*) Eile *f*
aquel, -ella [a'kel] **I.** *adj* <aquellos, -as> diese(r, s) **II.** *pron dem v.* **aquél, aquélla, aquello**
aquél, aquélla, aquello [a'kel, a'keʎa, a'keʎo] *pron dem* <aquéllos, -as> diese(r, s), der/die/das dort; **¿qué es aquello?** was ist das (dort)?; **oye, ¿qué hay de aquello?** und, wie steht's damit?
aquí [a'ki] *adv* **1.** (*de lugar*) hier(her); **éste de** ~ der hier **2.** (*de tiempo*): **de** ~ **en adelante** von nun an; **hasta** ~ bis jetzt
Aquisgrán [akis'ɣran] *m* Aachen *nt*
ara ['ara] *m* (*Am*) Papagei *m*
árabe ['araβe] *adj* arabisch
Arabia [a'raβja] *f* Arabien *nt;* ~ **Saudita** Saudi-Arabien *nt*
arábigo, -a [a'raβiɣo] *adj* arabisch
arado [a'raðo] *m* Pflug *m*
Aragón [ara'ɣon] *m* Aragonien *nt*
aragonés, -esa [araɣo'nes] *adj* aragonisch
arancel [aran'θel] *m* Tarif *m*
arándano [a'randano] *m* Heidelbeere *f*
araña [a'raɲa] *f* Spinne *f*; **tela de** ~ Spinnennetz *nt*

arañar(se) [ara'nar(se)] *vi, vt, vr* (sich) *dat* (zer)kratzen

arañazo [ara'naθo] *m* Kratzer *m*

arar [a'rar] *vt* pflügen

arbitraje [arβi'traxe] *m* **1.** (*juicio*) Schiedsspruch *m* **2.** (*de una disputa*) Schlichtung *f*

arbitrariedad [arβitrarje'ðaᵈ] *f* **1.** (*cualidad*) Willkür *f* **2.** (*acción*) Willkürmaßnahme *f*

arbitrario, -a [arβi'trarjo] *adj* willkürlich

árbitro, -a ['arβitro] *m, f* Schiedsrichter(in) *m(f)*

árbol ['arβol] *m* Baum *m;* ~ **genealógico** Stammbaum *m*

arboleda [arβo'leða] *f* Baumgruppe *f*

arbusto [ar'busto] *m* Strauch *m*

arca ['arka] *f* Truhe *f;* **las ~s del estado** die Staatskasse

arcada [ar'kaða] *f* Brechreiz *m*

arcaico, -a [ar'kaiko] *adj* veraltet

arcén [ar'θen] *m* Rand(streifen) *m*

archipiélago [artʃi'pjelaɣo] *m:* **el ~ canario** die Kanarischen Inseln

archivador [artʃiβa'ðor] *m* (Akten)ordner *m*

archivar [artʃi'βar] *vt* abheften; (INFOR) speichern

archivo [ar'tʃiβo] *m* Archiv *nt;* (INFOR) Datei *f*

arcilla [ar'θiʎa] *f* Ton *m*

arco ['arko] *m* Bogen *m;* ~ **iris** Regenbogen *m*

arcón [ar'kon] *m* große Truhe *f*

arder [ar'ðer] *vi* brennen; ~ **con fuerza** lodern; ~ **sin llama** glimmen

ardid [ar'ðiᵈ] *m* List *f*

ardilla [ar'ðiʎa] *f* Eichhörnchen *nt*

ardor [ar'ðor] *m* Hitze *f;* ~ **de estómago** Sodbrennen

arduo, -a ['arðwo] *adj* mühsam

área ['area] *f* Fläche *f;* ~ **de castigo** Strafraum *m*

arena [a'rena] *f* Sand *m;* ~**s movedi-**

zas Treibsand *m*

arenal [are'nal] *m* Sandfläche *f*

arenque [a'renke] *m* Hering *m*

arete [a'rete] *m* Ohrring *m*

argamasa [arɣa'masa] *f* Mörtel *m*

Argel [ar'xel] *m* Algier *nt*

Argelia [ar'xelja] *f* Algerien *nt*

argelino, -a [arxe'lino] *adj* algerisch

Argentina [arxen'tina] *f* Argentinien *nt*

argentino, -a [arxen'tino] *adj* argentinisch

argolla [ar'ɣoʎa] *f* Ring *m*

argot [ar'ɣoᵗ] <argots> *m* Jargon *m*

argucia [ar'ɣuθja] *f* Spitzfindigkeit *f*

argüir [arɣu'ir] *irr como huir* **I.** *vt* anführen (*como* als +*akk*) **II.** *vi* argumentieren

argumentación [arɣumenta'θjon] *f* Argumentation *f*

argumentar [arɣumen'tar] **I.** *vt* begründen **II.** *vi* argumentieren

argumento [arɣu'mento] *m* Argument *nt;* (TEAT) Handlung *f;* (*Am: discusión*) Diskussion *f*

aria ['arja] *f* Arie *f*

aridez [ari'ðeθ] *f* Trockenheit *f*

árido, -a ['ariðo] *adj* karg

Aries ['arjes] *m* (ASTR) Widder *m*

arisco, -a [a'risko] *adj* widerspenstig

aristocracia [aristo'kraθja] *f* Aristokratie *f*

aristócrata [aris'tokrata] *mf* Aristokrat(in) *m(f)*

aristocrático, -a [aristo'kratiko] *adj* aristokratisch

aritmética [arið'metika] *f* Arithmetik *f*

arlequín [arle'kin] *m* Harlekin *m*

arma ['arma] *f* Waffe *f;* ~ **blanca** Stichwaffe *f;* ~ **de fuego** Schusswaffe *f;* ~ **homicida** Tatwaffe *f*

armado, -a [ar'maðo] *adj* ausgestattet (*de* mit +*dat*)

armador(a) [arma'ðor] *m(f)* Reeder(in) *m(f)*

armadura [arma'ðura] *f* (Ritter)rüstung *f*

armamento [arma'meṇto] *m* Aufrüstung *f*

armar [ar'mar] I. *vt* bewaffnen; (*embarcación*) ausrüsten; (*fam*) anzetteln; ~**la** Krach schlagen II. *vr:* ~**se** sich bewaffnen; (*de paciencia*) sich wappnen; **se va a ~ la gorda** (*fam*) es wird einen Riesenkrach geben

armario [ar'marjo] *m* Schrank *m;* ~ **empotrado** Einbauschrank *m*

armazón [arma'θon] *m o f* 1. (*armadura*) Gestell *nt* 2. (*esqueleto*) Skelett *nt*

Armenia [ar'menja] *f* Armenien *nt*

armenio, -a [ar'menjo] *adj* armenisch

armiño [ar'miɲo] *m* Hermelin *nt*

armisticio [armis'tiθjo] *m* Waffenstillstand *m*

armonía [armo'nia] *f* Harmonie *f;* **falta de ~** Missstimmung *f*

armónica [ar'monika] *f* Mundharmonika *f*

armónico, -a [ar'moniko] *adj* harmonisch

armonioso, -a [armo'njoso] *adj* wohlklingend

armonizar [armoni'θar] <z → c> *vi, vt* harmoni(si)eren

árnica ['arnika] *f* Arnika *f*

aro ['aro] *m* Ring *m*

aroma [a'roma] *m* Duft *m;* (*sabor*) Aroma *nt*

aromático, -a [aro'matiko] *adj* duftend

arpa ['arpa] *f* Harfe *f*

arpón [ar'pon] *m* Harpune *f*

arquear(se) [arke'ar(se)] *vt, vr* (sich) biegen

arqueología [arkeolo'xia] *f* Archäologie *f*

arqueológico, -a *adj* archäologisch

arqueólogo, -a [arke'oloɣo] *m, f* Archäologe, -in *m, f*

arquero, -a [ar'kero] *m, f* 1. (*con arco*) Bogenschütze, -in *m, f* 2. (*portero*) Torwart, -frau *m, f*

arquetipo [arke'tipo] *m* Archetypus *m*

arquitecto, -a [arki'tekto] *m, f* Architekt(in) *m(f)*

arquitectónico, -a [arkitek'toniko] *adj* architektonisch

arquitectura [arkitek'tura] *f* Architektur *f*

arrabal [arra'βal] *m* Vorstadt *f*

arraigar [arrai̯'ɣar] <g → gu> I. *vi, vr:* ~**se** Wurzeln schlagen II. *vi* zur festen Gewohnheit werden (*en* bei +*dat*)

arrancar [arraŋ'kar] <c → qu> I. *vi* starten II. *vt* 1. (*plantas*) (her)ausreißen 2. (*pegatina*) abreißen 3. (*con violencia*) entreißen 4. (*muela*) ziehen 5. (*loc*): ~ **una promesa a alguien** jdm ein Versprechen abringen

arranque [a'rraŋke] *m* 1. Energie *f;* (*decisión*) Initiative *f;* **tomar ~** Anlauf nehmen 2. (*arrebato*) Anwandlung *f* 3. (INFOR) Start *m*

arrastrado, -a [arras'traðo] *adj:* **una vida arrastrada** ein Hundeleben

arrastrar [arras'trar] I. *vt* 1. schleifen; (*remolcar*) schleppen 2. (*acarrear*) nach sich *dat* ziehen 3. (*arrebatar*) mitreißen II. *vr:* ~**se** kriechen

arrastre [a'rrastre] *m:* **estar para el ~** (*fam*) völlig erledigt sein

arre ['arre] *interj* hü

arrear [arre'ar] *vt* antreiben

arrebatar [arreβa'tar] I. *vt* entreißen; (*extasiar*) bezaubern II. *vr:* ~**se** wütend werden (*por* auf/über +*akk*)

arrebato [arre'βato] *m* Anfall *m;* ~ **de cólera** Zornausbruch *m*

arreciar [arre'θjar] *vi* stärker werden

arrecife [arre'θife] *m* Riff *nt*

arreglado, -a [arre'ɣlaðo] *adj* ordentlich; (*cuidado*) gepflegt

arreglar [arre'ɣlar] I. *vt* in Ordnung bringen; (*reparar*) reparieren II. *vr:* ~**se** sich zurechtmachen; **¿cómo te has arreglado para convencerle?** wie hast du es geschafft ihn zu überreden?

arreglo [a'rreɣlo] *m* 1. (*ajuste*) Regelung *f*; **con ~ a lo convenido** gemäß der Vereinbarung 2. (*reparación*) Reparatur *f*

arremangar(se) [arremaŋ'gar(se)] <g → gu> *vt, vr* hochkrempeln

arremeter [arreme'ter] *vi* anstürmen; (*despotricar*) wettern

arrendador(a) [arrenda'ðor] *m(f)* Vermieter(in) *m(f)*

arrendamiento [arrenda'mjento] *m* 1. (*arriendo*) Miete *f*; (*de un terreno/negocio*) Pacht *f*; ~ **financiero** Leasingvertrag *m* 2. (*contrato*) Mietvertrag *m*; (*de un terreno/negocio*) Pachtvertrag *m*

arrendar [arren'dar] <e → ie> *vt* (ver)mieten; (*negocio*) (ver)pachten

arrendatario, -a [arrenda'tarjo] *m, f* Mieter(in) *m(f)*

arrepentido, -a [arrepen'tiðo] *adj* reuevoll

arrepentimiento [arrepenti'mjento] *m* Reue *f*

arrepentirse [arrepen'tirse] *irr como* **sentir** *vr:* ~ **de algo** etw bereuen

arrestar [arres'tar] *vt* festnehmen

arresto [a'rresto] *m* Festnahme *f*; ~ **domiciliario** Hausarrest *m*

arriba [a'rriβa] *adv* oben; **más** ~ weiter oben; **de** ~ **abajo** von oben nach unten; **¡manos** ~**!** Hände hoch!

arribar [arri'βar] *vi* einlaufen

arribista [arri'βista] *mf* Emporkömmling *m*

arriesgado, -a [arrjes'ɣaðo] *adj* riskant

arriesgar [arrjes'ɣar] <g → gu> I. *vt* aufs Spiel setzen II. *vr:* ~**se** sich einer Gefahr aussetzen

arrimar [arri'mar] I. *vt* heranrücken; ~ **el hombro** zupacken II. *vr:* ~**se** nähertreten; (*Am*) in wilder Ehe leben

arrinconar [arriŋko'nar] I. *vt* 1. (*un objeto*) in die Ecke stellen 2. (*dinero*) beiseitelegen 3. (*acosar*) in die Enge treiben II. *vr:* ~**se** sich zurückziehen

arroba [a'rroβa] *f* Klammeraffe *m*

arrocero, -a [arro'θero] *adj* Reis-; **campos** ~**s** Reisfelder *ntpl*

arrodillarse [arroði'ʎarse] *vr* (sich) niederknien

arrogancia [arro'ɣanθja] *f* Arroganz *f*

arrogante [arro'ɣante] *adj* arrogant

arrojar [arro'xar] I. *vt* werfen; ~ **beneficios** Gewinne abwerfen II. *vr:* ~**se** sich stürzen; ~**se al agua** ins Wasser springen

arrojo [a'rroxo] *m* Verwegenheit *f*

arrollador(a) [arroʎa'ðor] *adj* überwältigend

arrollar [arro'ʎar] *vt* 1. (*enrollar*) aufwickeln 2. (*atropellar*) überfahren

arropar(se) [arro'par(se)] *vt, vr* (sich) zudecken

arroyo [a'rroʝo] *m* Bach *m*

arroz [a'rroθ] *m* Reis *m*; ~ **con leche** Milchreis *m*

arrozal [arro'θal] *m* Reisfeld *nt*

arruga [a'rruɣa] *f* Falte *f*; ~ **en la frente** Stirnfalte *f*

arrugar [arru'ɣar] <g → gu> I. *vt* zerknittern; ~ **la frente** die Stirn runzeln; ~ **la nariz** die Nase rümpfen II. *vr:* ~**se** knittern

arruinar(se) [arrwi'nar(se)] *vt, vr* (sich) ruinieren

arrullar [arru'ʎar] I. *vt* in den Schlaf

wiegen **II.** *vi* gurren **III.** *vr:* **~se** tur-
teln

arsenal [arse'nal] *m* **1.** (*de municio-
nes*) (Waffen)arsenal *nt* **2.** (NÁUT)
Werft *f*

arsénico [ar'seniko] *m* Arsen *nt*

arte ['arte] *m o f* **1.** (*t. pintura*) Kunst
f; **~ culinario** Kochkunst *f* **2.** (*habilidad*) Geschick *nt* **3.** (*maña*) Trick
m; **como por ~ de magia** wie durch
Hexerei

artefacto [arte'fakto] *m:* **~ explosivo** Sprengkörper *m*

arteria [ar'terja] *f* Arterie *f*

arterio(e)sclerosis [arterjo(e)skle-
'rosis] *f inv* Arteriosklerose *f*

artesanía [artesa'nia] *f* **1.** (*arte*)
Handwerkskunst *f* **2.** (*obra*) Kunsthandwerk *nt;* **jarrón de ~** in Handarbeit hergestellte Vase

artesano, -a [arte'sano] *m, f* Hand-
werker(in) *m(f)*

ártico, -a ['artiko] *adj* arktisch; **polo
~** Nordpol *m*

articulación [artikula'θjon] *f* Gelenk
nt

articulado, -a [artiku'laðo] *adj*
1. (*con articulación*) gelenkig
2. (*lenguaje*) artikuliert

artículo [ar'tikulo] *m* Artikel *m*

artífice [ar'tifiθe] *mf* **1.** (*autor*) Urhe-
ber(in) *m(f)* **2.** (*artista*) Künstler(in)
m(f)

artificial [artifi'θjal] *adj* **1.** künstlich;
seda ~ Kunstseide *f* **2.** (*falso*) gekünstelt

artimaña [arti'maɲa] *f* List *f*

artista [ar'tista] *mf* Künstler(in) *m(f)*

artístico, -a [ar'tistiko] *adj* künstlerisch; (*hecho con arte*) kunstvoll

artritis [ar'tritis] *f inv* Arthritis *f*

artrosis [ar'trosis] *f inv* Arthrose *f*

arzobispo [arθo'βispo] *m* Erzbischof
m

as [as] *m* Ass *nt*

asa ['asa] *f* Henkel *m*

asado [a'saðo] *m* Braten *m*

asalariado, -a [asala'rjaðo] *m, f*
Lohnempfänger(in) *m(f)*

asaltar [asal'tar] *vt* stürmen; (*a una
persona*) überfallen; **me asaltó el
pánico** ich geriet in Panik

asalto [a'salto] *m* Sturm(angriff) *m;*
(*a alguien*) Überfall *m;* (*boxeo*) Runde *f*

asamblea [asam'blea] *f* Versammlung *f;* **~ general** Hauptversammlung *f;* **~ plenaria** Vollversammlung
f; **~ de trabajadores** Betriebsversammlung *f*

asar [a'sar] *vt* braten; **cochinillo
asado** Spanferkel *nt;* **~ a fuego
lento** schmoren; **~ a la parrilla** grillen

ascendencia [asθen'denθja] *f*
1. (*antepasados*) Vorfahren *mpl*
2. (*procedencia*) Herkunft *f*

ascendente [asθen'dente] **I.** *adj:* **en
orden ~** in aufsteigender Reihenfolge **II.** *m* Aszendent *m*

ascender [asθen'der] <e → ie> *vi*
(auf)steigen; (COM) sich belaufen (*a
auf +akk*)

ascendiente [asθen'djente] *mf* Vor-
fahr(e), -in *m, f*

ascensión [asθen'sjon] *f* **1.** (*a una
montaña*) Aufstieg *m* **2.** (*de Cristo*)
Himmelfahrt *f;* **el día de la Ascensión** der Himmelfahrtstag

ascenso [as'θenso] *m* **1.** (DEP) Aufstieg *m;* **el ~ a primera** der Aufstieg
in die erste Liga **2.** (*promoción*) Beförderung *f*

ascensor [asθen'sor] *m* Aufzug *m*

asco ['asko] *m* Ekel *m*

ascua ['askwa] *f* Glut *f*

aseado, -a [ase'aðo] *adj* sauber

asearse [ase'arse] *vr* sich zurechtmachen

asediar [ase'djar] *vt* belagern

asedio [a'sedjo] *m* Belagerung *f*

asegurado, -a [aseɣu'raðo] *m, f* Versicherungsnehmer(in) *m(f)*

asegurador(a) [aseɣura'ðor] *m(f)* Versicherungsgeber(in) *m(f)*

asegurar [aseɣu'rar] I. *vt* versichern; (*garantizar*) zusichern; (*concertar un seguro*) versichern II. *vr:* ~**se** sich absichern

asemejarse [aseme'xarse] *vr* ähneln (*a* +*dat*)

asentarse [asen̪'tarse] <e → ie> *vr* sich niederlassen

asentir [asen̪'tir] *irr como sentir vi* zustimmen (*a* +*dat*); ~ **con la cabeza** nicken

aseo [a'seo] *m:* ~ **personal** Körperpflege *f;* (**cuarto de**) ~ Badezimmer *nt*

aséptico, -a [a'septiko] *adj* keimfrei

asequible [ase'kiβle] *adj* erschwinglich; **no** ~ unerschwinglich

asesinar [asesi'nar] *vt* ermorden

asesinato [asesi'nato] *m* Mord *m*

asesino, -a [a'sesino] *m, f* Mörder(in) *m(f);* ~ **(a sueldo)** Killer *m*

asesor(a) [ase'sor] *m(f)* Berater(in) *m(f)*

asesorar(se) [aseso'rar(se)] *vt, vr* (sich) beraten

asesoría [aseso'ria] *f* Beratungsstelle *f*

asestar [ases'tar] *vt:* ~ **un tiro a alguien** einen Schuss auf jdn abgeben

aseverar [aseβe'rar] *vt* behaupten

asfalto [as'fal̪to] *m* Asphalt *m*

asfixia [as'fiɣsja] *f* Ersticken *nt*

asfixiante [asfiɣ'sjan̪te] *adj* erstickend; **una atmósfera** ~ stickige Luft; **hace un calor** ~ es ist erstickend heiß

asfixiar(se) [asfiɣ'sjar(se)] *vt, vr* ersticken

así [a'si] I. *adv* 1. (*de modo*) so; ~ ~ einigermaßen; ~ **o asá** so oder so;

~ **y todo** trotz allem; **¡~ es!** ja, genau! 2. (*de cantidad*): ~ **de grande** so groß II. *adj* solch; **un sueldo** ~ solch ein Gehalt

Asia ['asja] *f* Asien *nt;* ~ **Menor** Kleinasien *nt*

asiático, -a [a'sjatiko] *adj* asiatisch

asiduo, -a [a'siðwo] *adj* häufig

asiento [a'sjen̪to] *m* Sitz *m;* **tomar** ~ Platz nehmen

asignación [asiɣna'θjon] *f* 1. (*de un trabajo*) Zuweisung *f* (*a* zu +*dat*); ~ **de recursos** Mittelzuweisung *f* 2. (*de una fecha/un sueldo*) Festsetzung *f* 3. (INFOR) Zuordnung *f* (*a* zu +*dat*); ~ **de una tecla** Tastenbelegung *f*

asignar [asiɣ'nar] *vt* zuweisen

asignatura [asiɣna'tura] *f* Fach *nt*

asilado, -a [asi'laðo] *m, f* Asylant(in) *m(f)*

asilo [a'silo] *m* Asyl *nt;* (*de ancianos*) Altenheim *nt*

asimetría [asime'tria] *f* Asymmetrie *f*

asimétrico, -a [asi'metriko] *adj* asymmetrisch

asimilar [asimi'lar] *vt* gleichstellen (*a* mit +*dat*); (*conocimientos*) aufnehmen

asimismo [asi'mismo] *adv* auch

asir [a'sir] *irr* I. *vt* fassen; (*con fuerza*) packen II. *vr:* ~**se** sich fest halten (*a* an +*dat*)

asistencia [asis'tenθja] *f* 1. (*ayuda*) Hilfe *f;* ~ **médica** ärztliche Betreuung; ~ **social** Sozialarbeit *f* 2. (*presencia*) Anwesenheit *f*

asistenta [asis'ten̪ta] *f* Haushaltshilfe *f*

asistente¹ [asis'ten̪te] *mf* Teilnehmer(in) *m(f)* 2. (DEP) Linienrichter(in) *m(f)*

asistente² [asis'ten̪te] *m* (INFOR): ~ **personal digital** PDA *m*, persönlicher digitaler Assistent *m*

asistido, -a [asis'tiðo] *adj:* ~ **por ordenador** computergestützt; **dirección asistida** Servolenkung *f;* **respiración asistida** künstliche Beatmung

asistir [asis'tir] **I.** *vi* teilnehmen (*a* an +*dat*) **II.** *vt* helfen +*dat*

asma ['asma] *m* Asthma *nt*

asno ['asno] *m* Esel *m*

asociación [asoθja'θjon] *f* Vereinigung *f;* (*mental*) Assoziation *f;* ~ **de ideas** Gedankenassoziation *f*

asociar [aso'θjar] **I.** *vt* assoziieren **II.** *vr:* ~**se** sich zusammenschließen

asolar [aso'lar] <o → ue> *vt* verwüsten

asomar [aso'mar] **I.** *vt* zeigen; (*parte del cuerpo*) hinausstrecken **II.** *vi* auftauchen **III.** *vr:* ~**se** sich zeigen

asombrar [asom'brar] **I.** *vt* in Erstaunen versetzen **II.** *vr:* ~**se** sich wundern (*de* über +*akk*)

asombro [a'sombro] *m* Staunen *nt*

asombroso, -a [asom'broso] *adj* erstaunlich

asomo [a'somo] *m* Spur *f;* **no pienso en ello ni por** ~ ich denke nicht im Entferntesten daran

asonancia [aso'nanθja] *f* Assonanz *f*

aspa ['aspa] *f* **1.** (*figura*) Kreuz *nt;* **marcar con un** ~ ankreuzen **2.** (*de molino*) Flügel *m*

aspecto *m* **1.** (*apariencia*) Erscheinung *f;* (*de una persona*) Aussehen *nt* **2.** (*punto de vista*) Gesichtspunkt *m*

áspero, -a ['aspero] *adj* rau; (*sabor*) bitter

aspiración [aspira'θjon] *f:* **tener grandes aspiraciones** hoch hinauswollen

aspiradora [aspira'ðora] *f* Staubsauger *m*

aspirante [aspi'rante] *mf* Anwärter(in) *m(f)*

aspirar [aspi'rar] *vt* **1.** (*inspirar*) einatmen **2.** (*aspirador*) saugen **3.** (*pretender*) streben (*a* nach +*dat*); ~ **a mucho en la vida** im Leben hoch hinauswollen

aspirina® [aspi'rina] *f* Aspirin® *nt*

asquear [aske'ar] **I.** *vt* anwidern; (*fastidiar*) anöden *fam* **II.** *vi* Ekel empfinden

asquerosidad [askerosi'ðaθ] *f* Schweinerei *f*

asqueroso, -a [aske'roso] *adj* ekelhaft

asta ['asta] *f* Fahnenstange *f;* (*cuerno*) Horn *nt*

asterisco [aste'risko] *m* Sternchen *nt*

astilla [as'tiʎa] *f* Splitter *m*

astillero [asti'ʎero] *m* (Schiffs)werft *f*

astro ['astro] *m* Stern *m*

astrología [astrolo'xia] *f* Astrologie *f*

astrólogo, -a [as'troloɣo] *m, f* Astrologe, -in *m, f*

astronauta [astro'nauta] *mf* Astronaut(in) *m(f)*

astronomía [astrono'mia] *f* Astronomie *f*

astrónomo, -a [as'tronomo] *m, f* Astronom(in) *m(f)*

astucia [as'tuθja] *f* Schläue *f*

asturiano, -a [astu'rjano] *adj* asturisch

Asturias [as'turjas] *f* Asturien *nt;* **el Príncipe de** ~ der spanische Kronprinz

astuto, -a [as'tuto] *adj* schlau

asumir [asu'mir] *vt* übernehmen

asunto [a'sunto] *m* Angelegenheit *f*

asustadizo, -a [asusta'ðiθo] *adj* schreckhaft

asustar [asus'tar] **I.** *vt* erschrecken; (*atemorizar*) Angst machen +*dat* **II.** *vr:* ~**se** sich erschrecken; (*tener miedo*) Angst bekommen; **no te asustes** (hab) keine Angst

atacar [ata'kar] <c → qu> *vi, vt* angreifen

atajo [a'taxo] *m* Abkürzung *f*

atalaya [ata'laʝa] *f* Wach(t)turm *m*

atañer [ata'ɲer] <*3. pret:* atañó> *vim-pers* angehen; **eso no te atañe** das geht dich nichts an

ataque [a'take] *m* **1.** (*embestida*) Angriff *m;* **~ por sorpresa** Überraschungsangriff *m* **2.** (MED) Anfall *m;* **~ al corazón** Herzinfarkt *m*

atar [a'tar] *vt* **1.** (*sujetar*) festbinden (*a* an +*dat*); (*juntar*) zusammenbinden; (*a un cautivo*) fesseln; **~ las manos a la espalda** die Hände hinter dem Rücken zusammenbinden; **~ al perro** den Hund an die Leine legen; **~ corto a alguien** jdn kurz halten; **estar atado de pies y manos** an Händen und Füßen gefesselt sein **2.** (*cerrar*) zubinden; (*un paquete*) verschnüren **3.** (*comprometer*): **esta profesión ata mucho** dieser Beruf beansprucht einen sehr

atardecer [atarðe'θer] *m:* **al ~** bei Einbruch der Dunkelheit

atascar(se) [atas'kar(se)] <c → qu> *vt, vr* verstopfen; (*mecanismo*) blockieren

atasco [a'tasko] *m* Verstopfung *f;* (*de un mecanismo*) Blockierung *f;* (*de tráfico*) (Verkehrs)stau *m*

ataúd [ata'uð] *m* Sarg *m*

ateísmo [ate'ismo] *m* Atheismus *m*

atemorizar(se) [atemori'θar(se)] <z → c> *vt, vr* (sich) ängstigen

Atenas [a'tenas] *f* Athen *nt*

atención [aten'θjon] *f* **1.** (*vigilancia*) Aufmerksamkeit *f;* **~ médica** ärztliche Betreuung; **falta de ~** Unaufmerksamkeit *f;* **¡~, por favor!** Achtung, Achtung!; **estamos llamando la ~** wir fallen auf **2.** (*cartas*): **a la ~ de...** zu Händen von ...

atender [aten'der] <e → ie> *vt* **1.** (*escuchar*) zuhören +*dat* **2.** (*cui-*

dar) sich kümmern (*a um* +*akk*) **3.** (*despachar*) bedienen; **¿le atienden?** werden Sie schon bedient?

atenerse [ate'nerse] *irr como tener vr* sich halten (*a* an +*akk*)

atentado [aten'taðo] *m* Attentat *nt* (*contra* auf +*akk*); **~ suicida** Selbstmordattentat *nt*, Selbstmordanschlag *m;* **~ terrorista** Terroranschlag *m*

atentamente [atenta'mente] *adv:* (**muy**) **~** mit freundlichen Grüßen

atentar [aten'tar] *vi* ein Attentat verüben (*contra* auf +*akk*)

atento, -a [a'tento] *adj* aufmerksam

atenuar [atenu'ar] <*1. pres:* (me) atenúo> **I.** *vt* abschwächen **II.** *vr:* **~se** schwächer werden

ateo, -a [a'teo] *m, f* Atheist(in) *m(f)*

aterrador(a) [aterra'ðor] *adj:* **noticias ~as** Schreckensnachrichten *fpl*

aterrar [ate'rrar] **I.** *vt* (*atemorizar*) Angst machen +*dat;* (*sobresaltar*) erschrecken **II.** *vr:* **~se** (*sobresaltarse*) (sich) erschrecken

aterrizaje [aterri'θaxe] *f* Landung *f;* **~ forzoso** Notlandung *f*

aterrizar [aterri'θar] <z → c> *vi* landen

aterrorizar [aterrori'θar] <z → c> **I.** *vt* terrorisieren; (*causar terror*) Angst einjagen +*dat;* **me aterroriza volar** ich habe schreckliche Angst vor dem Fliegen **II.** *vr:* **~se** Angst bekommen; (*sobresaltarse*) sich erschrecken

atestado [ates'taðo] *m:* **~ (policial)** (Polizei)protokoll *nt*

atestiguar [atesti'ɣwar] <gu → gü> *vt* bezeugen

atiborrar(se) [atiβo'rrar(se)] *vt, vr* (sich) vollstopfen

ático ['atiko] *m* Dachwohnung *f*

atinar [ati'nar] **I.** *vi* erraten; (*al disparar*) ins Schwarze treffen **II.** *vt* finden

atípico, -a [a'tipiko] *adj* untypisch

atisbo [a'tisβo] *m:* **un ~ de esperanza** ein Fünkchen Hoffnung

atizar [ati'θar] <z → c> *vt* schüren; (*bofetada*) verpassen; **¡atiza!** Donnerwetter!

atlántico, -a [aᵒ'lantiko] *adj* atlantisch

Atlántico [aᵒ'lantiko] *m* Atlantik *m*

atlas ['aᵒlas] *m* Atlas *m*

atleta [aᵒ'leta] *mf* (Leicht)athlet(in) *m(f)*

atlético, -a [aᵒ'letiko] *adj* athletisch

atletismo [aᵒle'tismo] *m* Leichtathletik *f*

atmósfera [aᵒ'mosfera] *f* Atmosphäre *f*

atolladero [atoʎa'ðero] *m:* **sacar a alguien de un ~** jdm aus der Patsche helfen

atolondrado, -a [atolon'draðo] *adj* töricht

atómico, -a [a'tomiko] *adj* atomar

átomo ['atomo] *m* Atom *nt*

atónito, -a [a'tonito] *adj* verblüfft

átono, -a ['atono] *adj* unbetont

atontado, -a [aton'taðo] *adj* dumm

atontar [aton'tar] I. *vt* 1. (*aturdir*) betäuben 2. (*pasmar*) verblüffen II. *vr:* **~se** 1. (*pasmarse*) verblüfft sein 2. (*entontecer*) verdummen

atormentar(se) [atormen'tar(se)] *vt, vr* (sich) (ab)quälen

atornillador [atorniʎa'ðor] *m* Schraubenzieher *m*

atornillar [atorni'ʎar] *vt* festschrauben

atosigar [atosi'ɣar] <g → gu> I. *vt* belästigen II. *vr:* **~se: no te atosigues** immer mit der Ruhe

atracadero [atraka'ðero] *m* Pier *m* o *f*

atracador(a) [atraka'ðor] *m(f)* Straßenräuber(in) *m(f)*

atracar [atra'kar] <c → qu> I. *vi* (NÁUT) anlegen II. *vt* (NÁUT) festmachen; (*asaltar*) überfallen

atracción [atraⱽ'θjon] *f* 1. (*t.* FÍS) Anziehungskraft *f* 2. (*circense*) Attraktion *f* 3. *pl:* **parque de atracciones** Vergnügungspark *m*

atraco [a'trako] *m* (Raub)überfall *m* (*a* auf +*akk*); **~ a un banco** Banküberfall *m;* **~ a mano armada** bewaffneter Überfall

atractivo, -a [atrak'tiβo] *adj* attraktiv

atraer [atra'er] *irr como traer* I. *vt* anziehen II. *vr:* **~se** für sich gewinnen

atragantarse [atraɣan'tarse] *vr* sich verschlucken

atrancar [atraŋ'kar] <c → qu> I. *vt* verriegeln II. *vr:* **~se** verstopfen

atrapar [atra'par] *vt* (ein)fangen; (*ladrón*) fassen

atrás [a'tras] *adv* 1. (*hacia detrás*) nach hinten; **¡~!** zurück(treten)! 2. (*detrás*) hinten; **quedarse ~** zurückbleiben 3. (*de tiempo*): **años ~** vor Jahren

atrasado, -a [atra'saðo] *adj* zurückgeblieben

atrasar [atra'sar] I. *vt* verschieben; (*progreso*) hemmen II. *vr:* **~se** zurückbleiben, sich verspäten

atraso [a'traso] *m* Zeitrückstand *m;* (*de un tren*) Verspätung *f;* (*de un país*) Rückständigkeit *f*

atravesar [atraβe'sar] <e → ie> *vt* überqueren

atreverse [atre'βerse] *vr:* **~ a hacer algo** sich trauen etw zu tun; **¡no te atreverás!** du wirst dich hüten!

atrevido, -a [atre'βiðo] *adj* kühn

atribuir(se) [atriβu'ir(se)] *irr como huir vt, vr* (sich) zuschreiben

atributo [atri'βuto] *m* Eigenschaft *f*

atril [a'tril] *m* Notenständer *m*

atrio ['atrjo] *m* Atrium *nt*

atrocidad [atroθi'ða°] *f* Gräueltat *f;*

¡no digas ~es! red doch keinen Unsinn!

atropellar [atrope'ʎar] *vt:* **por poco me atropellan** beinahe wäre ich überfahren worden

atropello [atro'peʎo] *m* 1. (*colisión*) Zusammenstoß *m;* (*accidente*) Verkehrsunfall *m* 2. (*empujón*) Schubs *m* 3. (*loc*): **¡esto es un ~!** das ist ein Unding!

atroz [a'troθ] *adj* grausam

atufar [atu'far] I. *vt* (*marear*) benebeln II. *vr:* **~se** 1. (*marearse*) benommen sein 2. (*enfadarse*) sich ärgern

atún [a'tun] *m* Thunfisch *m*

aturdido, -a [atur'ðiðo] *adj* verblüfft

aturdir [atur'ðir] I. *vt* 1. (*los sentidos*) betäuben 2. (*pasmar*) verblüffen II. *vr:* **~se** 1. (*los sentidos*) benommen sein 2. (*por una desgracia*) bestürzt sein

atusarse [atu'sarse] *vr* sich herausputzen

audacia [au̯'ðaθja] *f* Kühnheit *f*

audaz [au̯'ðaθ] *adj* kühn

audición [au̯ði'θjon] *f* 1. (*acción*) Hören *nt* 2. (*facultad*) Gehör *nt* 3. (*concierto*) Konzert *nt;* **pasar una ~** (*actor*) vorsprechen; (*instrumentista*) vorspielen; (*cantante*) vorsingen

audiencia [au̯'ðjenθja] *f* 1. (TEL) Zuhörerschaft *f;* **nivel de ~** Einschaltquote *f* 2. (POL) Audienz *f* 3. (JUR) Anhörung *f*

audífono [au̯'ðifono] *m* Hörgerät *nt*

auditivo, -a [au̯ði'tiβo] *adj* Gehör-; **conducto ~** Gehörgang *m*

auditorio [au̯ði'torjo] *m* 1. (*público*) Zuhörerschaft *f* 2. (*sala*) (Konzert)saal *m*

auge ['au̯xe] *m* Blütezeit *f*

augurar [au̯ɣu'rar] *vt* voraussagen

augurio [au̯'ɣurjo] *m* Vorzeichen *nt*

aula ['au̯la] *f* Klassenzimmer *nt;* (*de universidad*) Hörsaal *m;* **~ magna** Audimax *nt*

aullar [au̯'ʎar] *irr vi* heulen

aumentar [au̯men'tar] I. *vi* zunehmen II. *vt* steigern; (*de extensión*) vergrößern

aumento [au̯'mento] *m* Zunahme *f;* (*de valor*) Steigerung *f*

aun [au̯n] I. *adv* 1. (*hasta*) sogar 2. (*loc*): **~ así** (aber) trotzdem; **ni ~** nicht einmal II. *conj:* **~ cuando** selbst wenn

aún [a'un] *adv* (*todavía*) (immer) noch; **~ no** noch nicht

aunar [au̯'nar] *irr como aullar* I. *vt* verein(ige)n II. *vr:* **~se** sich zusammentun

aunque ['au̯ŋke] *conj* auch wenn; (*adversativa*) aber

aúpa [a'upa] *interj* auf, hoch; **ser de ~** gefährlich sein

aupar [au̯'par] *irr como aullar vt* hochheben

aura ['au̯ra] *f* Aura *f*

aureola [au̯re'ola] *f* Heiligenschein *m*

auricular [au̯riku'lar] *m* 1. (TEL) (Telefon)hörer *m;* **colgar el ~** den Hörer auflegen 2. (*de música*) Kopfhörer *m*

aurora [au̯'rora] *f* Morgenröte *f*

auscultar [au̯skul'tar] *vt* abhorchen

ausencia [au̯'senθja] *f* Abwesenheit *f*

ausentarse [au̯sen'tarse] *vr* weggehen

ausente [au̯'sente] *adj* abwesend; **estar ~** nicht da sein

auspiciar [au̯spi'θjar] *vt* voraussagen

austeridad [au̯steri'ðaᵈ] *f* 1. (*de las costumbres*) Strenge *f* 2. (*del modo de vida*) Enthaltsamkeit *f*

austero, -a [au̯s'tero] *adj* enthaltsam

austral [au̯s'tral] *adj* südlich, Süd-

Australia [au̯s'tralja] *f* Australien *nt*

australiano, -a [au̯stra'ljano] *adj*

australisch

Austria ['aṷstrja] f Österreich nt

austriaco, -a [aṷs'trjako]**, austríaco, -a** [aṷs'triako] adj österreichisch

autenticidad [aṷtenṭiθi'ðaᵒ] f Echtheit f

auténtico, -a [aṷ'tenṭiko] adj echt; **un ~ fracaso** ein glatter Fehlschlag

autista [aṷ'tista] mf Autist(in) m(f)

autobiografía [aṷtoβjoɣra'fia] f Autobiografie f

autobús [aṷto'βus] m (Omni)bus m

autocar [aṷto'kar] <autocares> m (Reise)bus m

autocarril [aṷtoka'rril] m (Am) Schnellstraße f

autochoque [aṷto'tʃoke] m (Auto) skooter m

autóctono, -a [aṷ'toktono] adj einheimisch

autodefensa [aṷtoðe'fensa] f Selbstverteidigung f

autodominio [aṷtoðo'minjo] m Selbstbeherrschung f

autoescuela [aṷtoes'kwela] f Fahrschule f

auto(e)stop [aṷto(e)s'top] m: **hacer ~** trampen

auto(e)stopista [aṷtoesto'pista] mf Anhalter(in) m(f)

autógrafo [aṷ'toɣrafo] m Autogramm nt

autolavado [aṷtola'βaðo] m: **túnel de ~** Waschstraße f

automático, -a [aṷto'matiko] adj automatisch

automatizar [aṷtomati'θar] <z → c> vt automatisieren

auto(móvil) [aṷto'(moβil)] m Auto nt; **~ de carreras** Rennwagen m; **~ eléctrico** Elektroauto nt

automovilismo [aṷtomoβi'lismo] m Rennsport m

automovilista [aṷtomoβi'lista] mf

Autofahrer(in) m(f)

autonomía [aṷtono'mia] f Autonomie f; (de una persona) Unabhängigkeit f

autonómico, -a [aṷto'nomiko] adj: **política autonómica** Regionalpolitik f

autónomo, -a [aṷ'tonomo] adj autonom; (trabajador) selb(st)ständig; **trabajar de ~** selb(st)ständig arbeiten

autopista [aṷto'pista] f Autobahn f; **~ de peaje** gebührenpflichtige Autobahn

autopsia [aṷ'toβsja] f Autopsie f

autor(a) [aṷ'tor] m(f) Autor(in) m(f); **derechos de ~** Urheberrechte ntpl

autoridad [aṷtori'ðaᵒ] f Autorität f; **~ del estado** Staatsgewalt f; **~ judicial** richterliche Gewalt; **~ de los padres** elterliche Autorität

autoritario, -a [aṷtori'tarjo] adj autoritär

autorización [aṷtoriθa'θjon] f Erlaubnis f

autorizado, -a [aṷtori'θaðo] adj befugt

autorizar [aṷtori'θar] <z → c> vt genehmigen; (facultar) ermächtigen

autoservicio [aṷtoser'βiθjo] m Selbstbedienung f

autovía [aṷto'βia] f Schnellstraße f

auxiliar[1] [aṷɣsi'ljar] mf: **~ técnico sanitario** medizinisch-technischer Assistent m; **~ de vuelo** Steward, Stewardess m, f

auxiliar[2] [aṷɣsi'ljar] m Hilfsverb nt

auxilio [aṷɣ'siljo] m Hilfe f; **primeros ~s** erste Hilfe; **pedir ~** um Hilfe rufen

avalancha [aβa'lantʃa] f Lawine f

avance [a'βanθe] m: **~ informativo** Nachrichtenüberblick m

avanzado, -a [aβanˈθaðo] adj fortgeschritten

avanzar [aβaṇ'θar] <z → c> *vi* vorankommen; **no ~ nada** keine Fortschritte machen

avaricia [aβa'riθja] *f* Habgier *f*

avaricioso, -a [aβari'θjoso] *adj* habgierig

avaro, -a [a'βaro] *adj* geizig

avatares [aβa'tares] *mpl:* **los ~ de la vida** die Wechselfälle des Lebens

ave ['aβe] *f* Vogel *m;* **~s de corral** Geflügel *nt;* **~ de paso** Zugvogel *m*

AVE ['aβe] *m abr de* **Alta Velocidad Española** ≈ICE *m*

avecinarse [aβeθi'narse] *vr* bevorstehen

avellana [aβe'ʎana] *f* Haselnuss *f*

avemaría [aβema'ria] *f* 1. (*oración*) Ave-Maria *nt* 2. (*loc*): **al ~** bei Einbruch der Nacht

avena [a'βena] *f* Hafer *m*

avenida [aβe'niða] *f* Allee *f*

avenido, -a [aβe'niðo] *adj:* **una pareja mal avenida** ein unglückliches Paar

avenirse [aβe'nirse] *irr como venir* *vr* sich einigen (*en* über +*akk*)

aventajado, -a [aβeṇta'xaðo] *adj* (*alumno*) hervorragend; **de estatura aventajada** hochgewachsen

aventajar [aβeṇta'xar] *vt* übertreffen (*en* an +*dat*)

aventar [aβeṇ'tar] <e → ie> I. *vt* 1. (*echar aire a algo*) belüften 2. (*dispersar el viento*) fortwehen II. *vr:* **~se** (*fam: pirárselas*) abhauen

aventura [aβeṇ'tura] *f* Abenteuer *nt;* (*amorosa*) (Liebes)affäre *f*

aventurar(se) [aβeṇtu'rar(se)] *vt, vr* (sich) wagen

aventurero, -a [aβeṇtu'rero] *adj:* **espíritu ~** Abenteuerlust *f*

avergonzado, -a [aβerɣoɲ'θaðo] *adj:* **sentirse ~** sich schämen

avergonzar [aβerɣoɲ'θar] *irr* I. *vt* beschämen II. *vr:* **~se** sich schämen

(*de/por* wegen +*gen/dat*)

avería [aβe'ria] *f* Panne *f*

averiar [aβeri'ar] <1. pres: averío> I. *vt* beschädigen II. *vr:* **~se** 1. (AUTO) eine Panne haben 2. (TÉC) gestört sein

averiguar [aβeri'ɣwar] <gu → gü> *vt* ermitteln

aversión [aβer'sjon] *f* Abneigung *f*

avestruz [aβes'truθ] *m* Strauß *m*

aviación [aβja'θjon] *f* Luftfahrt *f*

aviador(a) [aβja'ðor] *m(f)* Flieger(in) *m(f)*

aviar [aβi'ar] <1. pres: avío> I. *vt* herrichten; (*apresurar*) sich beeilen II. *vr:* **~se** sich zurechtmachen

avicultura [aβikul'tura] *f* Geflügelzucht *f*

avidez [aβi'ðeθ] *f* Gier *f*

ávido, -a ['aβiðo] *adj* 1. (*ansioso*) gierig (*de* nach +*dat*) 2. (*codicioso*) habgierig

avilés, -esa [aβi'les] *adj* aus Ávila

avinagrarse [aβina'ɣrarse] *vr* sauer werden

avión [aβi'on] *m* Flugzeug *nt;* **por ~** per Luftpost

avioneta [aβjo'neta] *f* Sportflugzeug *nt*

avisar [aβi'sar] *vt* 1. (*dar noticia*) benachrichtigen; **llegar sin ~** unangemeldet kommen 2. (*poner sobre aviso*) warnen

aviso [a'βiso] *m* 1. (*notificación*) Benachrichtigung *f;* **sin previo ~** unangemeldet 2. (*advertencia*) Warnung *f;* **~ de bomba** Bombendrohung *f;* **estar sobre ~** auf der Hut sein; **poner sobre ~** warnen

avispa [a'βispa] *f* Wespe *f*

avispado, -a [aβis'paðo] *adj* aufgeweckt

avistar [aβis'tar] *vt* sichten

avivar [aβi'βar] *vt:* **~ el paso** den Schritt beschleunigen

avizor [aβi'θor] *adj:* **estar ojo ~** auf der Hut sein

axila [aˠ'sila] *f* Achsel(höhle) *f*

axioma [aˠ'sjoma] *m* Axiom *nt*

ay [aj] *interj* 1. (*de dolor*) autsch 2. (*de pena*) ach 3. (*de miedo*) oh, mein Gott 4. (*de sorpresa*) oh; **¡~, qué divertido!** ach, wie lustig! 5. (*de amenaza*) wehe

ayer [a'ʝer] *adv* gestern

ayote [a'ʝote] *m* (*AmC, Méx*), **ayotli** [a'ʝoˤli] *m* (*AmC*) Kürbis *m*

ayuda [a'ʝuða] *f* Hilfe *f;* **~ en línea** (INFOR) Online-Hilfe *f*

ayudante [aʝu'ðaņte] *mf* Helfer(in) *m(f)*

ayudar [aʝu'ðar] I. *vt* helfen +*dat;* **¿le puedo ~ en algo?** kann ich Ihnen behilflich sein? II. *vr:* **~se** einander helfen; (*valerse de*) sich bedienen

ayunar [aʝu'nar] *vi* fasten

ayunas [a'ʝunas] *adv:* **en ~** nüchtern

ayuno [a'ʝuno] *m* Fasten *nt*

ayuntamiento [aʝuņta'mjeņto] *m* Gemeinderat *m;* (*edificio*) Rathaus *nt*

azabache [aθa'βatʃe] *m:* **ojos de ~** pechschwarze Augen

azada [a'θaða] *f* Hacke *f*

azafata [aθa'fata] *f* Stewardess *f;* **~ de congresos** (Messe)hostess *f*

azafrán [aθa'fran] *m* Safran *m*

azahar [a'θar] *m* Orangenblüte *f*

azalea [aθa'lea] *f* Azalee *f*

azar [a'θar] *m* Zufall *m;* **juegos de ~** Glücksspiele *ntpl;* **al ~** aufs Geratewohl

Azerbaiyán [aθerβa'ʝan] *m* Aserbaidschan *nt*

Azores [a'θores] *fpl* Azoren *pl*

azotaina [aθo'tajna] *f* Tracht *f* Prügel; **dar una ~** übers Knie legen

azotar [aθo'tar] *vt* auspeitschen; (*con la mano*) verprügeln; (*producir daños*) verwüsten; **una epidemia**

azota la región eine Seuche wütet in der Region

azote [a'θote] *m* Klaps *m* auf den Po

azotea [aθo'tea] *f* Dachterrasse *f;* **estar mal de la ~** (*fam*) einen Dachschaden haben

azteca [aθ'teka] *mf* Azteke, -in *m, f*

azúcar [a'θukar] *m* Zucker *m;* **tener el ~ muy alto** einen sehr hohen Blutzuckerspiegel haben

azucarero [aθuka'rero] *m* Zuckerdose *f*

azucena [aθu'θena] *f* Lilie *f*

azufre [a'θufre] *m* Schwefel *m*

azul [a'θul] *adj* blau; **~ celeste** himmelblau; **~ verdoso** blaugrün

azulado, -a [aθu'laðo] *adj* bläulich

azulejo [aθu'lexo] *m* Kachel *f*

azulgrana [aθul'ɣrana] *adj:* **el equipo ~** der F.C. Barcelona

azuzar [aθu'θar] <z → c> *vt* aufhetzen

B

B, b [be] *f* B, b *nt*

babero [ba'βero] *m* Lätzchen *nt*

bable ['baβle] *m* asturischer Dialekt

babosa [ba'βosa] *f* Nacktschnecke *f*

babosear [baβose'ar] I. *vt* begeifern II. *vi* (*fam*) faseln

baboso, -a [ba'βoso] *adj* schleimig

baca ['baka] *f* (Dach)gepäckträger *m*

bacalao [baka'lao] *m* Kabeljau *m;* (MÚS) Techno *m*

bachata [ba'tʃata] *f* (*Am*) Party *f*

bache ['batʃe] *m* Schlagloch *nt*

bachillerato [batʃiʎe'rato] *m* Abitur *nt*

bacilo [ba'θilo] *m* Bazillus *m*

bacteria [bak'terja] *f* Bakterie *f*

Baden-Wurtemberg ['baðem 'burtemberɣ] *m* Baden-Württemberg *nt*

bádminton ['baðminton] *m* Badminton *nt*

bafle ['bafle] *m* Lautsprecher *m*

bagaje [ba'ɣaxe] *m:* ~ **intelectual** (*fig*) Wissen *nt*

bagatela [baɣa'tela] *f* Kleinigkeit *f*

bahía [ba'ia] *f* (Meeres)bucht *f*

bailador(a) [baila'ðor] *m(f)* Tänzer(in) *m(f)*

bailar [bai'lar] I. *vi* tanzen; (*objetos*) wackeln II. *vt* tanzen

bailarín, -ina [baila'rin] *m, f* (Ballett)tänzer(in) *m(f)*

baile ['baile] *m* Tanz *m*

baja ['baxa] *f* Rückgang *m;* **darse de** ~ sich krankmelden; (*definitivamente*) kündigen

bajada [ba'xaða] *f* Abstieg *m;* ~ **de tipos** Zinssenkung *f*

bajar [ba'xar] I. *vi* hinuntergehen; (*del coche*) (aus)steigen; (*disminuir*) abnehmen II. *vt* (*coger*) herunterholen; (*escaleras*) heruntergehen; (*precios, voz*) senken III. *vr:* ~**se** (aus)steigen

bajo[1] ['baxo] I. *m* Bass *m;* (*piso*) Erdgeschoss *nt* II. *adv* niedrig; (*voz*) leise III. *prep* 1. (*colocar debajo*) unter +*akk* 2. (*por debajo de*) unter +*dat;* ~ **llave** unter Verschluss; ~ **la lluvia** im Regen; ~ **fianza** gegen Kaution

bajo, -a[2] ['baxo] <más bajo *o* inferior, bajísimo> *adj* 1. (*estar*) tief (liegend); (*ser*) klein(gewachsen) 2. (*voz*) leise

bala ['bala] *f* (Gewehr)kugel *f;* **como una** ~ blitzschnell

balance [ba'lanθe] *m* Bilanz *f*

balancearse [balanθe'arse] *vr* schaukeln

balanza [ba'lanθa] *f* Waage *f;* (COM) Bilanz *f*

balar [ba'lar] *vi* blöken

balazo [ba'laθo] *m* (Ein)schuss *m*

balbucir [balβu'θir] *vi, vt* stammeln

Balcanes [bal'kanes] *mpl* Balkan *m*

balcón [bal'kon] *m* Balkon *m*

balda ['balda] *f* Regalbrett *nt*

baldado, -a [bal'daðo] *adj* erschöpft

balde ['balde] *m:* **obtener algo de** ~ etw umsonst bekommen

baldío, -a [bal'dio] *adj* brach; (*inútil*) zwecklos

baldosa [bal'dosa] *f* Fliese *f*

baldosín [baldo'sin] *m* Kachel *f*

balear [bale'ar] I. *vt, vr* (*Am*) (aufeinander) schießen II. *adj* balearisch

Baleares [bale'ares] *fpl:* **las islas** ~ die Baleares

ballena [ba'ʎena] *f* Wal *m*

ballet [ba'le] <ballets> *m* Ballett *nt*

balneario [balne'arjo] *m* Kurort *m*

balompié [balom'pje] *m* Fußball *m*

balón [ba'lon] *m* Ball(on) *m*

baloncesto [balon'θesto] *m* Basketball *m*

balonmano [balon'mano] *m* Handball *m*

balsa ['balsa] *f* Fähre *f;* (*plataforma*) Floß *nt*

bálsamo ['balsamo] *m* Balsam *m*

báltico, -a ['baltiko] *adj* baltisch; **el mar** ~ die Ostsee

baluarte [ba'lwarte] *m* Schutzwall *m*

bambú [bam'bu] *m* Bambus *m*

banal [ba'nal] *adj* banal

banalidad [banali'ðað] *f* Banalität *f*

banalizar [banali'θar] <z → c> *vt* banalisieren

banana [ba'nana] *f* (*Am*) Banane *f*

banca ['banka] *f* Bankwesen *nt*

bancario, -a [ban'karjo] *adj* Bank-; **cuenta bancaria** Bankkonto *nt*

bancarrota [banka'rrota] *f* Bankrott *m*

banco ['banko] *m* 1. (*asiento*) (Sitz)-

bank f 2. (TÉC) Werkbank f 3. (FIN) Bank f; ~ **emisor** Notenbank f 4. (INFOR): ~ **de datos** Datenbank f

banda ['banda] f 1. Band nt; (franja) Streifen m 2. (pandilla) Bande f; ~ **terrorista** Terrororganisation f 3. (de música) Band f 4. (loc): ~ **sonora** Soundtrack m

bandada [ban'daða] f Schwarm m

bandeja [ban'dexa] f Tablett nt

bandera [ban'dera] f Fahne f

bandido, -a [ban'diðo] m, f Gauner(in) m(f)

bando ['bando] m Bekanntmachung f

banquero, -a [ban'kero] m, f Bankier m

banqueta [ban'keta] f Hocker m

banquete [ban'kete] m Festessen nt

banquillo [ban'kiʎo] m (Anklage)bank f

bañadera [baɲa'ðera] f (Am) Badewanne f

bañador [baɲa'ðor] m (mujer) Badeanzug m; (hombre) Badehose f

bañar(se) [ba'ɲar(se)] vt, vr (sich) baden

bañera [ba'ɲera] f Badewanne f

bañista [ba'ɲista] mf Badende(r) f(m)

baño ['baɲo] m Bad(ezimmer) nt; **ir al** ~ auf die Toilette gehen

bar [bar] m Kneipe f

baraja [ba'raxa] f Kartenspiel nt

barajar [bara'xar] vt (los naipes) mischen; (varias posibilidades) in Betracht ziehen; (Am) verhindern

barandilla [baran'diʎa] f Geländer nt; (pasamanos) Handlauf m

barato, -a [ba'rato] adj billig

barba ['barβa] f Bart m; **dejarse** ~ sich dat einen Bart wachsen lassen; **por** ~ pro Nase

barbacoa [barβa'koa] f (Brat)rost m

barbaridad [barβari'ðaᵈ] f: **¡qué ~!** wie schrecklich!

barbarie [bar'βarje] f Barbarei f

bárbaro, -a ['barβaro] adj grausam; (fam) toll; (HIST) barbarisch

barbería [barβe'ria] f Herrensalon m

barbilla [bar'βiʎa] f Kinn nt

barbo ['barβo] m Barbe f

barbudo, -a [bar'βuðo] adj bärtig

barca ['barka] f (Fischer)boot nt

barcelonés, -esa [barθelo'nes] adj aus Barcelona

barco ['barko] m Schiff nt; ~ **cisterna** Tanker m

baremo [ba'remo] m Kriterienkatalog m

barniz [bar'niθ] m 1. (laca) Lack m; (para madera) Firnis m 2. (para loza) Glasur f

barnizar [barni'θar] <z → c> vt lackieren

barómetro [ba'rometro] m Barometer nt

barón, -onesa [ba'ron] m, f Baron(in) m(f)

barquero, -a [bar'kero] m, f Fährmann, -frau m, f

barquillo [bar'kiʎo] m (Eis)waffel f

barra ['barra] f 1. (pieza larga) Stange f; ~ **de labios** Lippenstift m 2. (de pan) Baguette f o nt 3. (en un bar) Theke f; ~ **americana** intimes Nachtlokal 4. (INFOR): ~ **de navegación** Navigationsleiste f

barraca [ba'rraka] f Baracke f; (Am) Kaserne f

barranco [ba'rranko] m Abgrund m

barrenar [barre'nar] vt (durch)bohren

barrendero, -a [barren'dero] m, f Straßenkehrer(in) m(f)

barreño [ba'rreɲo] m Waschtrog m

barrer [ba'rrer] vt kehren

barrera [ba'rrera] f Schranke f; (valla) Absperrung f

barriada [ba'rrjaða] f (Elends)viertel nt

barricada [barri'kaða] *f* Barrikade *f*

barriga [ba'rriɣa] *f* Bauch *m;* **rascarse la** ~ faulenzen

barril [ba'rril] *m* Fass *nt;* **cerveza de** ~ Fassbier *nt*

barrio ['barrjo] *m* (Stadt)viertel *nt;* ~ **chino** Rotlichtviertel *nt;* ~ **comercial** Einkaufsviertel *nt;* **irse al otro** ~ (*fam fig*) abkratzen

barrizal [barri'θal] *m* Sumpf *m*

barro ['barro] *m* Schlamm *m*

barroco [ba'rroko] *m* Barock *m o nt*

barrote [ba'rrote] *m* (Eisen)stange *f;* **entre** ~**s** (*fam*) hinter Gittern

bártulos ['bartulos] *mpl* (Sieben)sachen *fpl*

barullo [ba'ruʎo] *m* (*fam*) Durcheinander *nt*

basarse [ba'sarse] *vr* basieren (*en* auf +*dat*)

báscula ['baskula] *f* (Schnell)waage *f*

base ['base] *f* Grundlage *f;* ~ **de datos** Datenbank *f*

básico, -a ['basiko] *adj* grundlegend

Basilea [basi'lea] *f* Basel *nt*

basílica [ba'silika] *f* Basilika *f*

bastante [bas'tante] **I.** *adj* genügend **II.** *adv* genug; (*considerablemente*) ziemlich

bastar [bas'tar] *vi* genügen; ¡**basta!** genug!

bastardo, -a [bas'tarðo] *adj* unehelich; (BOT) hybrid

bastidor [basti'ðor] *m:* **entre** ~**es** hinter den Kulissen

bastilla [bas'tiʎa] *f* Saum *m*

basto, -a ['basto] *adj* grob; (*vulgar*) vulgär

bastón [bas'ton] *m* Spazierstock *m*

bastoncillo [baston'θiʎo] *m:* ~**s de algodón** Wattestäbchen *ntpl*

bastos ['bastos] *mpl:* **as de** ~ ≈Kreuzass *nt*

basura [ba'sura] *f* Abfall *m;* **echar algo a la** ~ etw wegwerfen

basurero [basu'rero] *m* Mülldeponie *f;* (*recipiente*) Mülleimer *m*

bata ['bata] *f* Kittel *m*

batacazo [bata'kaθo] *m* Bums *m fam;* (*caída*) Sturz *m;* (*CSur*) Glückstreffer *m*

batalla [ba'taʎa] *f* Schlacht *f*

batallón [bata'ʎon] *m* Bataillon *nt*

batata [ba'tata] *f* **1.** (BOT) Batate *f;* (*tubérculo*) Süßkartoffel *f* **2.** (*CSur: susto*) Schreck(en) *m* **3.** (*Am*): ~ **de la pierna** Wade *f*

bate ['bate] *m:* ~ **de béisbol** Baseballschläger *m*

batería [bate'ria] *f* **1.** (*t.* TÉC) Batterie *f;* ~ **de cocina** (Koch)topf-Set *nt;* **aparcar en** ~ quer parken **2.** (MÚS) Schlagzeug *nt*

batida [ba'tiða] *f* Treibjagd *f*

batido [ba'tiðo] *m* Mixgetränk *nt*

batidora [bati'ðora] *f* Mixer *m*

batín [ba'tin] *m* Morgenrock *m*

batir [ba'tir] *vt* schlagen; ~ **palmas** (Beifall) klatschen; ~ **un récord** einen Rekord brechen

baúl [ba'ul] *m* Truhe *f;* (*Am*) Kofferraum *m*

bautismal [bau̯tis'mal] *adj:* **pila** ~ Taufbecken *nt*

bautismo [bau̯'tismo] *m* Taufe *f*

bautizar [bau̯ti'θar] <z → c> *vt* taufen

bautizo [bau̯'tiθo] *m* Taufe *f*

bávaro, -a ['baβaro] *adj* bay(e)risch

Baviera [ba'βjera] *f* Bayern *nt*

baya ['baʝa] *f* Beere *f*

bayeta [ba'ʝeta] *f* Scheuerlappen *m*

baza ['baθa] *f* **1.** (*naipes*) Stich *m;* **meter** ~ (*fam*) sich einmischen (*en* in +*akk*) **2.** (*provecho*) Nutzen *m;* **sacar** ~ **de algo** seinen Vorteil aus etw *dat* ziehen

bazar [ba'θar] *m* Basar *m*

bazo ['baθo] *m* Milz *f*

be [be] **I.** *interj* mäh! **II.** *f* B *nt*

beata [be'ata] *f* Laienschwester *f*

beatificar [beatifi'kar] <c → qu> *vt* selig sprechen

beato, -a [be'ato] **I.** *adj* **1.** (*elev: feliz*) glücklich **2.** (*beatificado*) selig **II.** *m, f* (*persona beatificada*) Selige(r) *f(m)*

bebe, -a ['beβe] *m, f* (*Am*) Baby *nt*

bebé [be'βe] *m* Baby *nt*

bebedor(a) [beβe'ðor] *m(f)* Trinker(in) *m(f)*

beber(se) [be'βer(se)] *vi, vt, vr* trinken

bebida [be'βiða] *f* Getränk *nt;* **darse a la ~** dem Alkohol verfallen

bebido, -a [be'βiðo] *adj* angetrunken

beca ['beka] *f* Stipendium *nt;* **conceder una ~ a alguien** jdm ein Stipendium gewähren

becar [be'kar] <c → qu> *vt* ein Stipendium gewähren +*dat*

becario, -a [be'karjo] *m, f* Stipendiat(in) *m(f)*

becerro, -a [be'θerro] *m, f* Kalb *nt*

bechamel [betʃa'mel] *f* Béchamelsoße *f*

bedel(a) [be'ðel] *m(f)* Hausmeister(in) *m(f)*

beduino, -a [be'ðwino] *m, f* Beduine, -in *m, f*

begonia [be'ɣonja] *f* Begonie *f*

beicon ['bejkon] *m* Schinkenspeck *m*

beige [bejs] *adj* beige

béisbol ['bejsβol] *m* Baseball *m*

belén [be'len] *m* (Weihnachts)krippe *f*

Belén [be'len] *m* Bethlehem *nt*

belga ['belɣa] *adj* belgisch

Bélgica ['belxika] *f* Belgien *nt*

Belgrado [bel'ɣraðo] *m* Belgrad *nt*

belicista [beli'θista] *adj* kriegshetzerisch

bélico, -a ['beliko] *adj* kriegerisch

beligerante [belixe'raṇte] *adj:* **actitud ~** aggressive Haltung

belleza [be'ʎeθa] *f* Schönheit *f*

bello, -a ['beʎo] *adj* schön

bellota [be'ʎota] *f* Eichel *f*

bembo, -a ['bembo] *adj* (*Am*) dumm

bencina [ben'θina] *f* Benzin *nt*

bendecir [beṇde'θir] *irr como decir vt* segnen; **~ la mesa** das Tischgebet sprechen

bendición [beṇdi'θjon] *f* Segnung *f*

bendito, -a [beṇ'dito] *adj* gesegnet; (*santo*) heilig

benefactor(a) [benefak'tor] *m(f)* Wohltäter(in) *m(f)*

beneficencia [benefi'θeṇθja] *f* Wohlfahrtspflege *f*

beneficiar [benefi'θjar] **I.** *vt* zustattenkommen +*dat* **II.** *vr:* **~se** Nutzen ziehen (*de/con* aus +*dat*)

beneficiario, -a [benefi'θjarjo] *m, f* Nutznießer(in) *m(f)*

beneficio [bene'fiθjo] *m* **1.** (*provecho*) Nutzen *m;* **a ~ de** zugunsten +*gen* **2.** (FIN) Gewinn *m*

beneficioso, -a [benefi'θjoso] *adj* vorteilhaft

benéfico, -a [be'nefiko] *adj* wohltätig

beneplácito [bene'plaθito] *m* Zustimmung *f*

benévolo, -a [be'neβolo] *adj* wohlgesinnt

bengala [ben'gala] *f* Leuchtrakete *f*

benigno, -a [be'niɣno] *adj* gütig (*con* zu +*dat*); (*clima*) mild

benjamín¹ [benxa'min] *m* Pikkolo *m*

benjamín, -ina² [benxa'min] *m, f* (*de un grupo*) Jüngste(r) *f(m)*

beodo, -a [be'oðo] *adj* betrunken

berberecho [berβe'retʃo] *m* Herzmuschel *f*

bereber [bere'βer] *adj* berberisch

berenjena [bereŋ'xena] *f* Aubergine *f*

Berlín [ber'lin] *m* Berlin *nt*

berlinés, -esa [berli'nes] *adj* berlinerisch

Berna ['berna] *f* Bern *nt*

berrear [berre'ar] *vi* brüllen; (*llorar*) plärren

berrinche [be'rrintʃe] *m* (*fam*) Geplärre *nt*

berro ['berro] *m* (Brunnen)kresse *f*

berza ['berθa] *f* Kohl *m*

besar(se) [be'sar(se)] *vt, vr* (sich) küssen

beso ['beso] *m* Kuss *m*

bestia¹ ['bestja] *adj* brutal

bestia² ['bestja] *f* Tier *nt;* (*salvaje*) Bestie *f*

bestial [bes'tjal] *adj* bestialisch

bestialidad [bestjali'ðaᵒ] *f* **1.** (*cualidad*) Bestialität *f* **2.** (*crueldad*) Gräueltat *f*

besugo [be'suɣo] *m* Brasse *f;* (*fam*) Schwachkopf *m*

besuquear [besuke'ar] *vt* (ab)küssen

betún [be'tun] *m* Schuhcreme *f*

bianual [bianu'al] *adj* halbjährlich

biberón [biβe'ron] *m* (Saug)flasche *f*

Biblia ['biβlja] *f* Bibel *f*

bíblico, -a ['biβliko] *adj* biblisch

bibliografía [biβljoɣra'fia] *f* Bibliographie *f*

biblioteca [biβljo'teka] *f* Bücherei *f*

bibliotecario, -a [biβljote'karjo] *m, f* Bibliothekar(in) *m(f)*

bicarbonato [bikarβo'nato] *m* Bikarbonat *nt;* ~ **sódico** Natron *nt*

bíceps ['biθeβs] *m inv* Bizeps *m*

bicho ['bitʃo] *m* **1.** (*animal*) (kleines) Tier *nt* **2.** (*persona*): ~ **raro** komischer Kauz; **mal** ~ Aas *nt* **3.** *pl* (*insectos*) Ungeziefer *nt*

bici ['biθi] *f* (*fam*) *abr de* **bicicleta** Rad *nt*

bicicleta [biθi'kleta] *f* Fahrrad *nt;* ~ **de carreras** Rennrad *nt;* ~ **estática** Hometrainer *m;* ~ **de montaña** Mountainbike *nt*

bicisenda [biθi'senda] *f* (*Arg*) Fahr-

radweg *m*

bidé [bi'ðe] <bidés> *m* Bidet *nt*

bidón [bi'ðon] *m* Kanister *m*

bieldo ['bjeldo] *m* Heugabel *f*

Bielorrusia [bjelo'rrusja] *f* Weißrussland *nt*

bien ['bjen] **I.** *m* Wohl *nt;* (*bondad moral*) Gute(s) *nt;* (*provecho*) Nutzen *m;* (ECON) Gut *nt* **II.** *adv* **1.** gut; (*correctamente*) richtig; **ahora** ~ also; **y** ~ nun; **estar** ~ **de salud** gesund sein; **te está** ~ das geschieht dir recht **2.** (*con gusto*) wohl; (*agradable*) schön **3.** (*seguramente*) sicher **4.** (*muy*) sehr **5.** (*asentimiento*) einverstanden; **¡está** ~! in Ordnung! **III.** *conj:* ~... ~... entweder ... oder ... **IV.** *interj* prima!

bienestar [bjenes'tar] *m* Wohlstand *m;* **estado del** ~ Wohlfahrtsstaat *m*

bienhechor(a) [bjene'tʃor] *m(f)* Wohltäter(in) *m(f)*

bienintencionado, -a [bjeninten-θjo'naðo] *adj* gut gemeint

bienvenida [bjembe'niða] *f:* **dar la** ~ **a alguien** jdn willkommen heißen

bienvenido, -a [bjembe'niðo] *interj* willkommen!

bife ['bife] *m* (*Am*) Steak *nt;* (*sopapo*) Ohrfeige *f*

bifurcación [bifurka'θjon] *f* Abzweigung *f*

bigamia [bi'ɣamja] *f* Doppelehe *f*

bigote [bi'ɣote] *m* Schnurrbart *m*

bigudí [biɣu'ði] *m* Lockenwickler *m*

bikini [bi'kini] *m* Bikini *m*

bilis ['bilis] *f inv* Galle *f*

billar [bi'ʎar] *m* Billard(spiel) *nt;* ~ **americano** Pool(billard) *nt*

billete [bi'ʎete] *m* **1.** (*pasaje*) Fahrschein *m;* ~ **de ida y vuelta** Rückfahrkarte *f;* **sacar un** ~ eine Fahrkarte lösen **2.** (*entrada*) Eintrittskarte *f* **3.** (FIN) (Geld)schein *m*

billetera [biʎe'tera] *f,* **billetero**

[biʎe'tero] m Brieftasche f
billón [bi'ʎon] m Billion f
bingo ['biŋgo] m Bingo nt
binoculares [binoku'lares] mpl Fernglas nt
binóculo [bi'nokulo] m Kneifer m
biodegradable [bioðeɣra'ðaβle] adj biologisch abbaubar
biografía [bjoɣra'fia] f Biografie f
biógrafo, -a [bi'oɣrafo] m, f Biograf(in) m(f)
biología [biolo'xia] f Biologie f
biólogo, -a [bi'oloɣo] m, f Biologe, -in m, f
biopsia [bi'oβsja] f Biopsie f
bioquímica [bio'kimika] f Biochemie f
biosfera [bios'fera] f Biosphäre f
biosistema [biosis'tema] m Biosystem nt
bipartidismo [biparti'ðismo] m Zweiparteiensystem nt
biplano [bi'plano] m Doppeldecker m
biquini [bi'kini] m Bikini m
birlar [bir'lar] vt (fam) wegschnappen
birra ['birra] f (argot) Bier nt
birria ['birrja] f Plunder m
biruje [bi'ruxe] m (Am), **biruji** [bi'ruxi] m eisiger Wind m
bis [bis] interj noch einmal!
bisabuelo, -a [bisa'βwelo] m, f Urgroßvater, -mutter m, f
bisagra [bi'saɣra] f Scharnier nt
biscote [bis'kote] m Zwieback m
bisexual [biseɣ'swal] adj bisexuell
bisiesto [bi'sjesto] adj: **año ~** Schaltjahr nt
bisílabo, -a [bi'silaβo] adj zweisilbig
bisnes ['bisnes] m inv (argot: negocio no muy claro) (undurchsichtiges) Geschäft nt
bisnieto, -a [bis'njeto] m, f Urenkel(in) m(f)
bisonte [bi'sonte] m Bison m

bistec [bis'te] <bistecs> m (Beef)steak nt
bisturí [bistu'ri] m Skalpell nt
bisutería [bisute'ria] f Modeschmuck m
bizco, -a ['biθko] adj schielend
bizcocho [biθ'kotʃo] I. adj (Méx) feige II. m Biskuit m o nt
Bizkaia [biθ'kaja] f Biskaya f
blanca ['blaŋka] f: **estar sin ~** (fam) kein Geld haben
blanco¹ ['blaŋko] m: **película en ~ y negro** Schwarzweißfilm m; **cheque en ~** Blankoscheck m; **tener la mente en ~** ein Blackout haben; **dar en el ~** ins Schwarze treffen; **pasar la noche en ~** eine schlaflose Nacht verbringen
blanco, -a² ['blaŋko] adj weiß; (tez) bleich
blando, -a ['blando] adj weich; (carácter) nachsichtig
blasfemar [blasfe'mar] vi lästern
blasfemia [blas'femja] f Gotteslästerung f
blasfemo, -a [blas'femo] I. adj gotteslästerlich II. m, f Gotteslästerer, -in m, f
bledo ['bleðo] m: **(no) me importa un ~** das ist mir völlig schnuppe fam
blindar [blin'dar] vt panzern
bloc [blok] <blocs> m (Schreib)block m
blofear [blofe'ar] vi (Am) bluffen
bloque ['bloke] m Block m; **~ de viviendas** Wohnblock m
bloquear [bloke'ar] I. vt (ver)sperren; (DEP) blocken II. vr: **~se** blockieren
bloqueo [blo'keo] m Sperre f; **~ comercial** Handelsembargo nt
blusa ['blusa] f Bluse f
bluyín [blu'jin] <bluyines> m Bluejeans f
boa ['boa] f Boa f
bobada [bo'βaða] f Dummheit f; **de-**

cir ~s albernes Zeug reden

bobina [bo'βina] f Rolle f

bobo, -a ['boβo] adj albern

boca ['boka] f Mund m; (de animal) Maul nt

bocacalle [boka'kaʎe] f Seitenstraße f

bocadillo [boka'ðiʎo] m belegtes Brötchen nt

bocado [bo'kaðo] m Bissen m

bocajarro [boka'xarro] adv: **a ~** (tiro) aus nächster Nähe

bocanada [boka'naða] f Rauchwolke f

boceras [bo'θeras] mf inv Schwätzer(in) m(f)

boceto [bo'θeto] m Skizze f

boche ['botʃe] m (Am: fam) Abfuhr f

bochorno [bo'tʃorno] m Schwüle f

bochornoso, -a [botʃor'noso] adj schwül; (vergonzoso) beschämend

bocina [bo'θina] f Hupe f; **tocar la ~** hupen

bocio ['boθjo] m Kropf m

boda ['boða] f Hochzeit f

bodega [bo'ðeɣa] f Weinkeller m

bodrio ['boðrjo] m (pey) Schund m

BOE ['boe] m abr de **Boletín Oficial del Estado** ≈Bundesgesetzblatt nt

bofetada [bofe'taða] f Ohrfeige f; **dar una ~ a alguien** jdn ohrfeigen

bofia ['bofja] f (vulg) Bullen mpl fam

boga ['boɣa] f: **esta canción está en ~** dieses Lied ist in

bogavante [boɣa'βante] m Hummer m

bogotano, -a [boɣo'tano] adj aus Bogotá

Bohemia [bo'emja] f Böhmen nt

boicot [boi'ko⁽ᵗ⁾] <boicots> m Boykott m

boicotear [boikote'ar] vt boykottieren

boina ['boina] f Baskenmütze f

bol [bol] m Schale f

bola ['bola] f Kugel f; (fam) Lüge f; **no dar pie con ~** überhaupt nicht zurechtkommen

bolado [bo'laðo] m (Am) Angelegenheit f

bolchevique [boltʃe'βike] adj bolschewistisch

boleadoras [bolea'ðoras] fpl (AmS) Bola f

bolera [bo'lera] f Kegelbahn f

bolero [bo'lero] m Bolero m

boleta [bo'leta] f (Am) Stimmzettel m

boletería [bolete'ria] f (Am) Schalter m

boletín [bole'tin] m Bulletin nt; **~ informativo** Mitteilungsblatt nt; (informe) Bericht m

boleto [bo'leto] m (Am) Eintrittskarte f; (billete) Fahrschein m

boliche [bo'litʃe] m (Am) Krämerladen m mit Ausschank

bólido ['boliðo] m Rennwagen m

bolígrafo [bo'liɣrafo] m Kugelschreiber m

bolillo [bo'liʎo] m Klöppel m; (Am) kleines Weißbrot nt

Bolivia [bo'liβja] f Bolivien nt

boliviano, -a [boli'βjano] adj bolivianisch

bollería [boʎe'ria] f Feinbäckerei f

bollicao® [boʎi'kao] m (bollo) mit Schokolade gefülltes, langes Milchbrötchen; (argot: chica muy guapa y jovencita) Mädchen nt zum Vernaschen

bollo ['boʎo] m Brötchen nt; (chichón) Beule f

bolo ['bolo] m Kegel m

bolsa ['bolsa] f **1.** (saco) Beutel m; **~ de basura** Abfalltüte f **2.** (bolso) (Trage)tasche f **3.** (FIN) Börse f; **~ de trabajo** Stellenvermittlung f

bolsillo [bol'siʎo] m Tasche f; **edición de ~** Taschenausgabe f

bolso ['bolso] *m* Tasche *f*

bomba ['bomba] *f* 1. Bombe *f;* ~ **de mano** Handgranate *f;* **a prueba de ~s** (*fig*) bombensicher 2. (TÉC) Pumpe *f*

bombacha [bom'batʃa] *f* (*CSur*) Unterhose *f*

bombardear [bombarðe'ar] *vt* bombardieren

bombardeo [bombar'ðeo] *m:* ~ **aéreo** Luftangriff *m*

bombazo [bom'baθo] *m* (*fam*) Knüller *m*

bombear [bombe'ar] *vt* pumpen

bombero, -a [bom'bero] *m, f* Feuerwehrmann, Feuerwehrfrau *m, f*

bomberos [bom'beros] *mpl* Feuerwehr *f*

bombilla [bom'biʎa] *f* Glühbirne *f*

bombín [bom'bin] *m* Luftpumpe *f*

bombo ['bombo] *m* große Trommel *f*

bombón [bom'bon] *m* Praline *f*

bombona [bom'bona] *f* Gasflasche *f*

bonachón, -ona [bona'tʃon] *adj* gutmütig

bonaerense [bonae'rense] *adj* aus Buenos Aires

bondad [boṇ'da⁰] *f* Güte *f;* (*amabilidad*) Freundlichkeit *f*

bondadoso, -a [boṇda'ðoso] *adj* gütig

bonificación [bonifika'θjon] *f* Gutschrift *f*

bonificar [bonifi'kar] <c → qu> *vt* gutschreiben

bonito¹ [bo'nito] I. *m* (ZOOL) Bonito *m* II. *adv* (*Am*) gut

bonito, -a² [bo'nito] *adj* hübsch

bono ['bono] *m* Gutschein *m*

bonsái [bon'saj] <bonsais> *m* Bonsai *m*

boñiga [bo'ɲiɣa] *f* Mist *m*

boquerón [boke'ron] *m* Art Sardelle *f*

boquete [bo'kete] *m* enge Öffnung *f*

boquiabierto, -a [bokja'βjerto] *adj:*

dejar a alguien ~ jdn verblüffen

boquilla [bo'kiʎa] *f* Mundstück *nt;* **decir algo de ~** etw unverbindlich sagen

borbónico, -a [bor'βoniko] *adj* bourbonisch

borda ['borða] *f:* **motor fuera (de)** ~ Außenbordmotor *m;* **echar algo por la ~** etw über Bord werfen

bordar [bor'ðar] *vt* (be)sticken; (*ejecutar con primor*) hervorragend ausführen

borde ['borðe] *m* Rand *m;* (*de mesa*) Kante *f*

bordear [borðe'ar] I. *vt* 1. (*ir por el borde*) entlanggehen; (*en coche*) entlangfahren 2. (*aproximarse a un estado*) sich nähern +*dat* II. *vi* (NÁUT) kreuzen

bordillo [bor'ðiʎo] *m* Bordstein *m*

bordo ['borðo] *m* Bord *m*

boreal [bore'al] *adj* nördlich, Nord-

borrachera [borra'tʃera] *f* Rausch *m*

borracho, -a [bo'rratʃo] *adj* (*ser*) trunksüchtig; (*estar*) betrunken

borrador [borra'ðor] *m* Konzept *nt*

borrar [bo'rrar] I. *vt* ausradieren; (*tachar*) (durch)streichen; (INFOR) löschen II. *vr:* ~**se** austreten (*de* aus +*dat*)

borrasca [bo'rraska] *f* Gewitter *nt*

borrascoso, -a [borras'koso] *adj* stürmisch

borrego, -a [bo'rreɣo] *m, f* (ein- bis zweijähriges) Lamm *nt;* (*persona*) Schafskopf *m*

borrón [bo'rron] *m:* ~ **y cuenta nueva** Schwamm drüber

borroso, -a [bo'rroso] *adj* verschwommen

Bósforo ['bosforo] *m* Bosporus *m*

Bosnia ['bosnja] *f* Bosnien *nt*

Bosnia-Herzegovina ['bosnja (x)erθeɣo'βina] *f* Bosnien-Herzegowina *nt*

bosnio, -a ['bosnjo] *adj* bosnisch

bosque ['boske] *m* Wald *m*

bosquejo [bos'kexo] *m* Skizze *f*

bostezar [boste'θar] <z → c> *vi* gähnen

bostezo [bos'teθo] *m* Gähnen *nt*

bota ['bota] *f* Stiefel *m*; *(especie de botella)* lederne Weinflasche

botador(a) [bota'ðor] *adj (Am)* verschwenderisch

botánica [bo'tanika] *f* Botanik *f*

botar [bo'tar] I. *vi* aufprallen; *(persona)* hüpfen; **está que bota** er/sie tobt vor Wut II. *vt* **1.** *(la pelota)* prellen **2.** *(Am)* wegwerfen

bote ['bote] *m* **1.** *(golpe)* Stoß *m* **2.** *(salto)* Sprung *m* **3.** *(de pelota)* Aufprall *m* **4.** *(vasija)* Dose *f*; **chupar del ~** *(fam)* absahnen; **tener a alguien en el ~** *(fam)* jdn in der Tasche haben **5.** (NÁUT) Boot *nt*; **~ salvavidas** Rettungsboot *nt*

botella [bo'teʎa] *f* Flasche *f*

botija [bo'tixa] *f* (Ton)krug *m*

botín [bo'tin] *m* Schnürstiefel *m*; (MIL) (Kriegs)beute *f*

botiquín [boti'kin] *m* Hausapotheke *f*

botón [bo'ton] *m* Knopf *m*

boutique [bu'tiᵏ] *f* Boutique *f*

bóveda ['boβeða] *f* Gewölbe *nt*; *(cripta)* Krypta *f*

bovino, -a [bo'βino] *adj* Rind(er)-; **locura bovina** Rinderwahnsinn *m*

box [boᵛs] *m* Box *f*; *(Am)* Boxkampf *m*

boxear [boᵛse'ar] *vi* boxen

boxeo [boᵛ'seo] *m* Boxkampf *m*

boy scout ['boɪ es'kauᵗ] <boy scouts> *mf* Pfadfinder(in) *m(f)*

boya ['boɪa] *f* Boje *f*

boyante [bo'ɪante] *adj*: **el negocio va ~** das Geschäft floriert

bozal [bo'θal] *m* Maulkorb *m*

bracero [bra'θero] *m* Tagelöhner *m*; *(peón)* Hilfsarbeiter *m*

braga ['braɣa] *f* Schlüpfer *m*

bragueta [bra'ɣeta] *f* Hosenschlitz *m*

braille ['braɪle] *m* Brailleschrift *f*

bramar [bra'mar] *vi* brüllen; *(ciervo)* röhren; **está que brama** er/sie tobt vor Wut

Brandeburgo [braɳde'βurɣo] *m* Brandenburg *nt*

brandy ['braɳdi] *m* Weinbrand *m*

branquia ['braɳkja] *f* Kieme *f*

brasa ['brasa] *f* Glut *f*; **a la ~** gegrillt

brasero [bra'sero] *m* Kohlenbecken *nt*

Brasil [bra'sil] *m*: **(el) ~** Brasilien *nt*

brasileño, -a [brasi'leɲo] *adj* brasilianisch

bravío, -a [bra'βio] *adj* **1.** *(animal: salvaje)* wild; *(sin domar)* ungezähmt **2.** *(planta)* wild (wachsend)

bravo¹ ['braβo] *interj* bravo!

bravo, -a² ['braβo] *adj* tapfer; *(salvaje)* wild; *(persona)* wütend; *(Am)* scharf

brazalete [braθa'lete] *m* Armband *nt*

brazo ['braθo] *m* Arm *m*

brea ['brea] *f* Teer *m*

brebaje [bre'βaxe] *m* Gesöff *nt*

brecha ['bretʃa] *f*: **estar en la ~** (sehr) engagiert sein

brécol(es) ['brekol(es)] *m(pl)* Brokkoli *pl*

bregar [bre'ɣar] <g → gu> *vi (reñir)* sich streiten *(con* mit +*dat)*; *(luchar)* kämpfen *(con* gegen +*akk)*; *(trabajar duro)* sich abrackern

breque ['breke] *m (Am)* Bremse *f*; **apretar el ~** *(fig)* sich bemühen; *(vagón)* Gepäckwagen *m*

Bretaña [bre'taɲa] *f* Bretagne *f*; **Gran ~** Großbritannien *nt*

breva ['breβa] *f* Feige *f*; *(Am)* Kautabak *m*

breve ['breβe] *adj* **1.** *(de duración)* kurz; **en ~** in Kürze **2.** *(de extensión)* knapp; **ser ~** sich kurz fassen

brevedad [breβe'ða⁰] *f* Kürze *f;* **a la mayor ~ posible** baldmöglichst

bribón, -ona [bri'βon] *m, f* Schurke, -in *m, f*

bricolaje [briko'laxe] *m* Basteln *nt*

brida [bri'ða] *f* Zaum *m*

brigada [bri'ɣaða] *f* Brigade *f*

brillante [bri'ʎante] *m* Brillant *m*

brillantina [briʎaɲ'tina] *f* (Haar)pomade *f*

brillar [bri'ʎar] *vi* glänzen

brillo ['briʎo] *m* Glanz *m*

brincar [briŋ'kar] <c → qu> *vi* hüpfen; **~ de alegría** außer sich *dat* vor Freude sein

brinco ['briŋko] *m* Sprung *m;* **dar ~s** springen; **de un ~** mit einem Satz

brindar [briɲ'dar] **I.** *vi:* **~ por alguien** auf jdn anstoßen **II.** *vt* (an)bieten; (TAUR) widmen **III.** *vr:* **~se** sich anbieten

brindis ['briɲdis] *m inv* Zutrinken *nt;* **echar un ~** einen Toast ausbringen

brío ['brio] *m* Energie *f*

brisa ['brisa] *f* Brise *f*

británico, -a [bri'taniko] *adj* britisch

brizna ['briθna] *f* Fädchen *nt;* (BOT) Faser *f;* (*Am*) Sprühregen *m*

brocha ['brotʃa] *f* (Maler)pinsel *m*

broche ['brotʃe] *m* Druckknopf *m;* (*de adorno*) Anstecknadel *f*

brocheta [bro'tʃeta] *f* (Brat)spieß *m*

broma ['broma] *f* Scherz *m;* **~s aparte...** Spaß beiseite ...

bromear [brome'ar] *vi* spaßen

bromista [bro'mista] *adj* witzig

bronca ['broŋka] *f* Streit *m*

bronce ['bronθe] *m* Bronze *f*

bronceado, -a [bronθe'aðo] *adj* bronzefarbig; (*piel*) (sonnen)gebräunt

bronceador [bronθea'ðor] *m* Sonnenschutzmittel *nt*

broncearse [bronθe'arse] *vr* sich bräunen

bronco, -a ['broŋko] *adj* heiser; (*Am*) wild

bronquio ['broŋkjo] *m* Bronchie *f*

bronquitis [broŋ'kitis] *f inv* Bronchitis *f*

broqueta [bro'keta] *f* (Brat)spieß *m*

brotar [bro'tar] *vi* knospen

brote ['brote] *m* Knospe *f;* (*comienzo*) Aufkeimen *nt;* (*erupción*) Ausbruch *m*

bruces ['bruθes] *adv:* **caer de ~** auf die Nase fallen

bruja ['bruxa] *f* Hexe *f*

brujería [bruxe'ria] *f* Hexerei *f*

brujo ['bruxo] *m* Hexenmeister *m*

brújula ['bruxula] *f* Kompass *m*

bruma ['bruma] *f* leichter Nebel *m*

brumoso, -a [bru'moso] *adj* neblig

brusco, -a ['brusko] *adj* schroff

Bruselas [bru'selas] *fpl* Brüssel *nt*

brutal [bru'tal] *adj* **1.** (*violento*) brutal **2.** (*desconsiderado*) schonungslos **3.** (*fam: enorme*) ungeheuerlich

brutalidad [brutali'ða⁰] *f* Brutalität *f*

bruto¹ ['bruto] *adj:* **diamante en ~** Rohdiamant *m;* (*peso*) brutto

bruto, -a² ['bruto] *adj* brutal

bucear [buθe'ar] *vi* tauchen

buche ['butʃe] *m* Kropf *m*

budismo [bu'ðismo] *m* Buddhismus *m*

budista [bu'ðista] *mf* Buddhist(in) *m(f)*

buen [bwen] *adj v.* **bueno**

buenaventura [bwenaβeɲ'tura] *f* **1.** (*suerte*) Glück *nt* **2.** (*adivinación*) Wahrsagung *f*

buenazo, -a [bwe'naθo] *m, f* herzensguter Mensch *m*

bueno¹ ['bweno] *interj* na gut!

bueno, -a² ['bweno] *adj* <mejor *o* más bueno, el mejor *o* buenísimo> (*delante de un sustantivo masculino: buen*) **1.** gut; (*tiempo*) schön; **~s días** guten Morgen; **hace ~** es ist schönes Wetter **2.** (*apropiado*) geeignet **3.** (*fácil*) leicht **4.** (*honesto*) anständig **5.** (*sano*) gesund **6.** (*fam*) attraktiv; **está buenísima** sie sieht klasse aus **7.** (*bastante*) beträchtlich

buey [bwej] *m* Ochse *m*

búfalo ['bufalo] *m* Büffel *m*

bufanda [bu'fanda] *f* Schal *m*

bufar [bu'far] *vi* **1.** schnauben; (*gato*) fauchen; **está que bufa** er/sie ist außer sich *dat* **2.** (*Am*) stinken

bufé [bu'fe] *m* Büfett *nt*

bufete [bu'fete] *m* (Rechts)anwaltskanzlei *f*

bufido [bu'fiðo] *m* (Wut)schnauben *nt*; (*exabrupto*) Rüffel *m*

bufón, -ona [bu'fon] *m, f* Narr *m*

buhardilla [bwar'ðiʎa] *f* Dachboden *m*

búho ['buo] *m* Uhu *m*

buitre ['bwitre] *m* (Aas)geier *m*

bujía [bu'xia] *f* (Zünd)kerze *f*

bula ['bula] *f* (päpstliche) Bulle

bulbo ['bulβo] *m* (Blumen)zwiebel *f*

Bulgaria [bul'ɣarja] *f* Bulgarien *nt*

búlgaro, -a ['bulɣaro] *adj* bulgarisch

bulimia [bu'limja] *f* Bulimie *f*

bulla ['buʎa] *f* Gedränge *nt*; (*Am*) Schlägerei *f*

bullicio [bu'ʎiθjo] *m* Lärm *m*

bullicioso, -a [buʎi'θjoso] *adj* laut

bullir [bu'ʎir] <3. pret: bulló> *vi* **1.** kochen; (*borbotar*) sprudeln **2.** (*agitarse*) sich tummeln

bulto ['bulto] *m* **1.** (*tamaño*) Umfang *m* **2.** (*importancia*) Bedeutung *f*; **un error de ~** ein bedeutender Fehler **3.** (*fardo*) Bündel *nt*; (*paquete*) Gepäckstück *nt* **4.** (MED) Geschwulst *f* **5.** (*loc*): **a ~** ungefähr; **escurrir el ~** (*fam*) sich verdrücken

bumerán [bume'ran] *m* Bumerang *m*; **efecto ~** Bumerangeffekt *m*

bungalow [buŋga'lo] *m* Bungalow *m*

búnker ['bunker] *m* Bunker *m*

buñuelo [bu'ɲwelo] *m:* **~ de viento** Windbeutel *m*

buque ['buke] *m* Schiff *nt*; **~ de pasajeros** Passagierdampfer *m*

burbuja [bur'βuxa] *f* (Luft)blase *f*

burbujear [burβuxe'ar] *vi* sprudeln

burdel [bur'ðel] *m* Bordell *nt*

Burdeos [bur'ðeos] *m* Bordeaux *nt*

burdo, -a ['burðo] *adj* grob; (*excusa*) plump

burgués, -esa [bur'ɣes] *m, f* Bürger(in) *m(f)*; (*pey*) Spießer(in) *m(f)*

burguesía [burɣe'sia] *f* Bürgertum *nt*

burla ['burla] *f* Spott *m*; (*broma*) Scherz *m*

burlar [bur'lar] **I.** *vt* verspotten **II.** *vr:* **~se** Spaß machen

burlón, -ona [bur'lon] *adj* spöttisch

burocracia [buro'kraθja] *f* Bürokratie *f*

burócrata [bu'rokrata] *mf* Bürokrat(in) *m(f)*

burocrático, -a [buro'kratiko] *adj* bürokratisch

burrada [bu'rraða] *f* (*fam*): **decir ~s** dummes Zeug reden

burro¹ ['burro] *m* (Säge)bock *m*

burro, -a² ['burro] **I.** *adj* dumm; (*obstinado*) stur **II.** *m, f* **1.** (ZOOL) Esel(in) *m(f)*; **~ de carga** (*t. fig*) Packesel *m* **2.** (*persona tonta*) Trottel *m*

bursátil [bur'satil] *adj* Börsen-; **agente ~** Börsenmakler *m*

bus [bus] *m* Bus *m*

busca ['buska] *f* Suche *f*; **en ~ de alguien** auf der Suche nach jdm

buscar [bus'kar] <c → qu> *vi, vt* suchen; **ir a ~** (ab)holen; **él se la ha buscado** er hat es nicht anders gewollt

buscavidas [buska'βiðas] *mf inv* Lebenskünstler(in) *m(f)*

búsqueda ['buskeða] *f* Suche *f*

busto ['busto] *m* Büste *f;* (ANAT) Oberkörper *m*

butaca [bu'taka] *f* Parkettsitz *m*

butano [bu'tano] *m* Butan(gas) *nt*

butifarra [buti'farra] *f* Presswurst *f*

buzo ['buθo] *m* Taucher *m*

buzón [bu'θon] *m* Briefkasten *m;* ~ **(electrónico)** Mailbox *f*

buzonfia [bu'θomfja] *f* (INFOR) (*fam*) Spam *nt*

byte [baj'] *m* (INFOR) Byte *nt*

C

C, c [θe] *f* C, c *nt*

C/ ['kaʎe] *abr de* **calle** Str.

cabalgar [kaβal'ɣar] <g → gu> *vi, vt* reiten

caballero [kaβa'ʎero] *m* Herr *m;* (*galán*) Gentleman *m;* (HIST) Ritter *m*

caballo [ka'βaʎo] *m* Pferd *nt;* **a** ~ zu Pferde (*argot*) Heroin *m*

cabaña [ka'βaɲa] *f* Hütte *f*

cabaré [kaβa're] *m* Kabarett *nt*

cabecear [kaβeθe'ar] *vi* den Kopf schütteln; (*dormitar*) einnicken

cabecera [kaβe'θera] *f:* **médico de** ~ Hausarzt *m*

cabecilla [kaβe'θiʎa] *mf* Anführer(in) *m(f)*

cabello [ka'βeʎo] *m* Haar(e) *nt(pl)*

caber [ka'βer] *irr vi* **1.** (hinein)passen (*en* in +*akk*); **no** ~ **en sí de...** außer sich *dat* sein vor ... **2.** (*pasar*) durchgehen **3. no cabe duda** es steht außer Zweifel

cabeza¹ [ka'βeθa] *f* Kopf *m;* **de** ~ kopfüber; **se me va la** ~ mir wird schwindelig; **traer de** ~ Kummer machen

cabeza² [ka'βeθa] *m:* ~ **de familia**

Familienoberhaupt *nt;* ~ **rapada** Skinhead *m*

cabezada [kaβe'θaða] *f:* **dar** [*o* **echar**] **una** ~ (*fam*) ein Nickerchen machen

cabezón, -ona [kaβe'θon] *m, f* Dickkopf *m*

cabida [ka'βiða] *f* Fassungsvermögen *nt*

cabina [ka'βina] *f* Kabine *f*

cable ['kaβle] *m* Kabel *nt*

cabo ['kaβo] *m* **1.** (*extremo*) Ende *nt;* **al fin y al** ~ letzten Endes; **llevar a** ~ vollbringen **2.** (GEO) Kap *nt;* **Ciudad del Cabo** Kapstadt *nt* **3.** (*loc*): **al** ~ **de** nach +*dat*

cabra ['kaβra] *f* Ziege *f;* ~ **montés** Steinbock *m*

cabrear [kaβre'ar] **I.** *vt* (*fam*) wütend machen **II.** *vr:* ~**se** wütend sein

cabrón, -ona [ka'βron] *m, f* (*vulg pey*) Arschloch *m*

caca ['kaka] *f* (*fam*) **1.** (*lenguaje infantil*) Aa *nt* **2.** (*chapuza*) Mist *m*

cacahuete [kaka'wete] *m* Erdnuss *f*

cacao [ka'kao] *m* Kakao *m*

cacerola [kaθe'rola] *f* (flacher) Kochtopf *m*

cachear [katʃe'ar] *vt* durchsuchen

cachete [ka'tʃete] *m* Klaps *m*

cachimba [ka'tʃimba] *f* (*Am*) Pfeife *f*

cachondearse [katʃonde'arse] *vr* (*vulg*) verarschen (*de* +*akk*)

cachondeo [katʃon'deo] *m* Heidenspaß *m;* (*vulg*) Spott *m*

cachondo, -a [ka'tʃondo] *adj* (*vulg*) geil *fam* (*fam*) witzig

cachorro, -a [ka'tʃorro] **I.** *adj* (*Am*) verächtlich **II.** *m, f* Welpe *m*

caco ['kako] *m* (*argot*) Langfinger *m*

cacto ['kakto] *m* Kaktus *m*

cada ['kaða] *adj* jede(r, s); ~ **uno/ una** jeder/jede; ~ **hora** stündlich; **¿~ cuánto?** wie oft?

cadáver [ka'ðaβer] *m* Leiche *f*

cadena [ka'ðena] *f* **1.** (*t. fig*) Kette *f;* ~ **de luces** (*adorno*) Lichterkette *f;* ~ **perpetua** lebenslängliche Gefängnisstrafe; **trabajo en** ~ Fließbandarbeit *f* **2.** (*sucesión*) Serie *f;* **reacción en** ~ Kettenreaktion *f* **3.** (RADIO, TV) Programm *nt* **4.** (ECOL): ~ **de reciclado** Recyclingkette *f*

cadera [ka'ðera] *f* Hüfte *f*

caducar [kaðu'kar] <c → qu> *vi* ungültig werden; (*producto*) verfallen

caducidad [kaðuθi'ðað] *f:* **fecha de** ~ Haltbarkeitsdatum *nt*

caduco, -a [ka'ðuko] *adj* **1.** (*personas*) altersschwach **2.** (*perecedero*) vergänglich

caer [ka'er] *irr* **I.** *vi* (herunter)fallen; **estar al** ~ (*fam*) kurz bevorstehen **II.** *vr:* ~**se** stürzen; (*pelo*) ausfallen; ~**se de sueño** todmüde sein

café [ka'fe] *m* Kaffee *m;* ~ **con leche** Milchkaffee *m;* ~ **solo** Espresso *m*

cafeína [kafe'ina] *f* Koffein *nt*

cafetera [kafe'tera] *f* Kaffeekanne *f;* ~ **eléctrica** Kaffeemaschine *f*

cafetería [kafete'ria] *f* Café *nt*

cagar [ka'ɣar] <g → gu> (*vulg*) **I.** *vi* scheißen **II.** *vt* versauen *fam* **III.** *vr:* ~**se** Schiss haben *fam*

caída [ka'iða] *f* Fall *m,* Sturz *m*

Cairo ['kajro] *m:* **El** ~ Kairo *nt*

caja ['kaxa] *f* **1.** (*recipiente*) Kasten *m;* (*de madera*) (Holz)kiste *f;* ~ **fuerte** Tresor *m;* ~ **de herramientas** Werkzeugkasten *m* **2.** (AUTO): ~ **de cambios** Getriebe *nt* **3.** (FIN) Kasse *f*

cajero, -a [ka'xero] *m, f* Kassierer(in) *m(f);* ~ **automático** Geldautomat *m*

cajón [ka'xon] *m* (große) Kiste *f;* (*deslizante*) Schublade *f*

cake [kej̯k] *m* (*Am*) Kuchen *m*

cal [kal] *f* Kalk *m*

calabacín [kalaβa'θin] *m* Zucchini *f*

calabaza [kala'βaθa] *f* Kürbis *m;* **dar**

~**s a alguien** (*fam*) jdm einen Korb geben

calabozo [kala'βoθo] *m* Kerker *m*

calada [ka'laða] *f* (*fam*) Zug *m;* **¿me das una** ~**?** lässt du mich mal ziehen?

calamar [kala'mar] *m* Tintenfisch *m*

calambre [ka'lambre] *m* (Muskel)krampf *m*

calamidad [kalami'ðað] *f* Katastrophe *f;* (*miseria*) Not *f;* (*fam*) Niete *f*

calarse [ka'larse] *vr* nass werden; (*motor*) absaufen *fam*

calavera [kala'βera] *f* Totenkopf *m*

calcar [kal'kar] <c → qu> *vt* abpausen

calcetín [kalθe'tin] *m* Socke *f*

calcinarse [kalθi'narse] *vr* verbrennen

calcio ['kalθjo] *m* Kalzium *nt*

calculadora [kalkula'ðora] *f* Rechenmaschine *f*

calcular [kalku'lar] **I.** *vi* rechnen **II.** *vt* berechnen; (*de antemano*) kalkulieren; (*aproximadamente*) (ab)schätzen

cálculo ['kalkulo] *m* Berechnung *f;* (*t.* ECON) Kalkulation *f;* (MED) Stein *m*

caldera [kal'dera] *f* Kessel *m*

calderilla [kalde'riʎa] *f* Kleingeld *nt*

caldo ['kaldo] *m* Brühe *f*

calefacción [kalefaɣ'θjon] *f* Heizung *f*

calendario [kalen̯'darjo] *m* Kalender *m*

calentador [kalen̯ta'ðor] *m* Heizgerät *nt*

calentamiento [kalen̯ta'mjen̯to] *m* **1.** (*caldeamiento*) Erwärmen *nt,* Erhitzen *nt* **2.** (DEP) Aufwärmen *nt*

calentar [kalen̯'tar] <e → ie> **I.** *vi* wärmen **II.** *vt* **1.** (er)wärmen; (*con calefacción*) heizen; ~ **agua** Wasser heiß machen **2.** (*enfadar*) aufregen **3.** (*vulg*) aufgeilen *fam* **III.** *vr:* ~**se**

sich (er)wärmen; (*enfadarse*) sich aufregen; (DEP) sich warm machen

calibre [ka'liβre] *m* Kaliber(maß) *nt*

calidad [kali'ðaᵒ] *f* Qualität *f;* **de primera** ~ erstklassig; **en** ~ **de** als

cálido, -a ['kaliðo] *adj* warm

caliente [ka'ljeṇte] *adj* heiß; **poner(se)** ~ (*vulg*) (sich) aufgeilen *fam*

calificación [kalifika'θjon] *f* Bezeichnung *f;* (*cualificación*) Qualifizierung *f;* (*nota*) Note *f*

calificar [kalifi'kar] <c → qu> *vt* bezeichnen; (*evaluar*) beurteilen; (ENS) benoten

California [kali'fornja] *f* Kalifornien *nt*

caligrafía [kaliɣra'fia] *f* Kalligraphie *f*

callado, -a [ka'ʎaðo] *adj* (*estar*) schweigend; (*ser*) schweigsam

callar(se) [ka'ʎar(se)] *vi, vr* schweigen

calle ['kaʎe] *f* Straße *f;* ~ **peatonal** Fußgängerzone *f*

callejón [kaʎe'xon] *m* Gasse *f;* ~ **sin salida** Sackgasse *f*

callo ['kaʎo] *m* Hornhaut *f;* **dar el** ~ (*fam*) schuften

calma ['kalma] *f* Gelassenheit *f*

calmante [kal'maṇte] *m* Beruhigungsmittel *nt;* (*analgésico*) Schmerzmittel *nt*

calmar [kal'mar] I. *vi* (*viento*) abflauen II. *vt* beruhigen; (*dolor*) stillen III. *vr:* ~**se** sich beruhigen; (*dolor*) nachlassen

caló [ka'lo] *m* Zigeunersprache *f*

calor [ka'lor] *m* Wärme *f;* (*clima*) Hitze *f;* ~ **sofocante** Schwüle *f*

caloría [kalo'ria] *f* Kalorie *f;* **bajo en** ~**s** kalorienarm

calumnia [ka'lumnja] *f* Verleumdung *f*

caluroso, -a [kalu'roso] *adj* heiß

calva ['kalβa] *f* Glatze *f*

calvario [kal'βarjo] *m* (REL) Kreuzweg

m

calvo, -a ['kalβo] *adj* kahlköpfig; **estar** ~ eine Glatze haben

calzada [kal'θaða] *f* (gepflasterte) Straße *f*

calzado [kal'θaðo] *m* Schuhe *mpl*

calzarse [kal'θarse] <z → c> *vr* (*zapatos*) (sich *dat*) anziehen

calzón [kal'θon] *m* (*Am*) Hose *f*

calzoncillo(s) [kalθon'θiʎo(s)] *m(pl)* Herrenunterhose *f*

cama ['kama] *f* Bett *nt*

camaleón [kamale'on] *m* Chamäleon *nt*

cámara ['kamara] *f* **1.** (FOTO) Kamera *f* **2.** (POL): **Cámara Alta** Oberhaus *nt;* **Cámara Baja** Abgeordnetenhaus *nt* **3.** ~ **frigorífica** Kühlhaus *nt*

camaradería [kamaraðe'ria] *f* Kameradschaft *f*

camarero, -a [kama'rero] *m, f* Bedienung *f;* ¡~! Herr Ober!

camarón [kama'ron] *m* Garnele *f*

camarote [kama'rote] *m* Kabine *f*

cambiante [kam'bjaṇte] *adj* wechselhaft; (*pey*) launisch

cambiar [kam'bjar] I. *vi* (sich) (ver)ändern; ~ **de casa** umziehen II. *vt* **1.** austauschen; (*algo comprado*) umtauschen; ~ **el chip** (*argot*) umdenken; ~ **dinero** Geld wechseln **2.** (*variar*) (ver)ändern; ~ **algo de lugar** etw umstellen III. *vr* **1.** sich verwandeln (*en* in +*akk*) **2.** (*de ropa*) sich umziehen; (*de casa*) umziehen

cambio ['kambjo] *m* **1.** (*alteración*) (Ver)änderung *f;* ~ **climático** Klimaveränderung *f;* ~ **de domicilio** Wohnungswechsel *m;* **en** ~ stattdessen **2.** (*sustitución*) Auswechs(e)lung *f;* ~ **de aceite** Ölwechsel *m* **3.** (*intercambio*) Wandel *m;* **Libre** ~ (COM) Freihandel *m;* **a** ~ **de algo** für etw **4.** (*en un comercio*)

Umtausch *m* **5.** (FIN) (Wechsel)kurs *m;* **al ~ del día** zum Tageskurs **6.** (*suelto*) Kleingeld *nt* **7. ~ de marchas** Gangschaltung *f*

Camboya [kam'boɹa] *f* Kambodscha *nt*

camelia [ka'melja] *f* Kamelie *f*

camello, -a [ka'meʎo] *m, f* Kamel *nt;* (*argot*) Pusher(in) *m(f)*

Camerún [kame'run] *m* Kamerun *nt*

camilla [ka'miʎa] *f* Krankenbahre *f*

caminar [kami'nar] *vi* (zu Fuß) gehen

caminata [kami'nata] *f* (beschwerlicher) langer Fußmarsch *m*

camino [ka'mino] *m* Weg *m;* **a medio ~** halbwegs; (*distancia*) Strecke *f*

camión [ka'mjon] *m* Laster *m*, Lkw *m;* **~ de la basura** Müllwagen *m*

camionero, -a [kamjo'nero] *m, f* Lastwagenfahrer(in) *m(f)*

camioneta [kamjo'neta] *f:* **~ de reparto** Lieferwagen *m;* (*Am*) Bus *m*

camisa [ka'misa] *f* (Ober)hemd *nt;* **~ de fuerza** Zwangsjacke *f*

camiseta [kami'seta] *f* T-Shirt *nt;* (*interior*) Unterhemd *nt;* (DEP) Trikot *nt*

camisón [kami'son] *m* Nachthemd *nt*

camote [ka'mote] *m* (*Am*) Süßkartoffel *f;* (*molestia*) Nervtöter *m*

campamento [kampa'meṇto] *m* Lager *nt;* **~ de veraneo** Ferienlager *nt*

campana [kam'pana] *f* Glocke *f*

campanario [kampa'narjo] *m* Glockenturm *m*

campante [kam'paṇte] *adj* (*fam*): **quedarse tan ~** sich nicht erschüttern lassen

campaña [kam'paɲa] *f:* **tienda de ~** Zelt *nt;* **~ antitabaco** Antiraucherkampagne *f;* **~ electoral** Wahlkampf *m*

campar [kam'par] *vi* lagern

campeón, -ona [kampe'on] *m, f* Sieger(in) *m(f);* (DEP) Meister(in) *m(f)*

campeonato [kampeo'nato] *m* Meisterschaft *f;* **de ~** (*fam*) mordsmäßig

campesino, -a [kampe'sino] *m, f* Bauer, Bäuerin *m, f*

camping ['kampiŋ] *m* Campingplatz *m;* **hacer ~** zelten

campo ['kampo] *m* **1.** Land *nt;* (*de cultivo*) Acker *m*, Feld *nt;* **gente del ~** Landbevölkerung *f;* **ir al ~** ins Grüne fahren **2.** (*terreno*) Feld *nt;* (DEP) (Sport)platz *m* **3.** (*t.* MIL) Lager *nt*, Camp *nt*

camuflaje [kamu'flaxe] *m* Tarnung *f*

cana ['kana] *f* graues Haar *nt*

Canadá [kana'ða] *m:* (**el**) **~** Kanada *nt*

canadiense *adj* kanadisch

canal [ka'nal] *m o f* **1.** (*cauce artificial*) Kanal *m* **2.** (GEO: *paso natural*) Meerenge *f;* **el Canal de la Mancha** der Ärmelkanal **3.** (TV) Sender *m;* **~ de televisión** Fernsehsender *m*

canalizar [kanali'θar] <z → c> *vt* kanalisieren

canalla [ka'naʎa] *mf* (*pey*) Schurke, -in *m, f*

canalón [kana'lon] *m* Dachrinne *f*

Canarias [ka'narjas] *fpl:* **las Islas ~** die Kanarischen Inseln

canario, -a¹ [ka'narjo] *adj* kanarisch

canario² [ka'narjo] *m* Kanarienvogel *m*

canasta [ka'nasta] *f* Korb *m*

cancelar [kaṇθe'lar] *vt* **1.** **~ una cita** eine Verabredung absagen **2.** (*rescindir*) aufheben **3.** (*una cuenta*) löschen

cáncer ['kaṇθer] *m* (MED, ASTR) Krebs *m*

canceroso, -a [kaṇθe'roso] *adj* krebs(art)ig; (MED) kanzerös; **tumor ~** Krebsgeschwulst *f*

cancha ['kanʧa] *f* Sportplatz *m;* (*Am: hipódromo*) Pferderennbahn *f;* (*Am:*

espacio) Platz *m*

canciller [kaɲθiˈʎer] *mf* (Bundes)kanzler(in) *m(f)*; (*Am*) Außenminister(in) *m(f)*

canción [kaɲˈθjon] *f* Lied *nt*; ~ **popular** Volkslied *nt*

candado [kaɲˈdaðo] *m* Vorhängeschloss *nt*

candelabro [kaɲdeˈlaβro] *m* Kerzenleuchter *m*

candidato, -a [kaɲdiˈðato] *m, f* Bewerber(in) *m(f)*; (POL) Kandidat(in) *m(f)*; ~ **al título** (DEP) Titelanwärter *m*

cándido, -a [ˈkaɲdiðo] *adj* blütenweiß; (*inocente*) unschuldig; (*ingenuo*) naiv

candil [kaɲˈdil] *m* Öllampe *f*; (*Am*) Kerzenleuchter *m*

canela [kaˈnela] *f* Zimt *m*

canelón [kaneˈlon] *m* Dachrinne *f*

cangrejo [kaɲˈgrexo] *m* Krebs *m*; ~ **de mar** Krabbe *f*; ~ **de río** Flusskrebs *m*

canguro[1] [kaɲˈguro] *m* Känguru *nt*

canguro[2] [kaɲˈguro] *mf* (*fam*) Babysitter(in) *m(f)*

caníbal [kaˈniβal] *mf* Kannibale, -in *m, f*

canica [kaˈnika] *f* Murmel *f*

canjear [kaɲxeˈar] *vt* einlösen

canoa [kaˈnoa] *f* Kanu *nt*

cansado, -a [kanˈsaðo] *adj* **1.** *estar* (*fatigado*) müde **2.** *estar* (*harto*) überdrüssig (*de* +*gen*) **3.** *ser* (*fatigoso*) ermüdend

cansancio [kanˈsaɲθjo] *m* Müdigkeit *f*

cansar [kanˈsar] **I.** *vi* anstrengend sein; (*hastiar*) langweilig werden **II.** *vt* müde machen; (*hastiar*) langweilen **III.** *vr*: ~**se** müde werden; ~**se de algo** etw *gen* überdrüssig werden

Cantabria [kanˈtaβrja] *f* Kantabrien

nt

cantábrico, -a [kanˈtaβriko] *adj*: **el Mar Cantábrico** das Kantabrische Meer

cantante [kanˈtante] *mf* Sänger(in) *m(f)*

cantar [kanˈtar] *vi, vt* singen

cántaro [ˈkantaro] *m* (Henkel)krug *m*; **está lloviendo a ~s** es gießt in Strömen

cantera [kanˈtera] *f* Steinbruch *m*

cantidad [kantiˈðað] **I.** *f* Menge *f*; (*suma de dinero*) Betrag *m* **II.** *adv* (*fam*) sehr viel

cantina [kanˈtina] *f* Kantine *f*

canto [ˈkanto] *m* **1.** Singen *nt*; (*canción*) Gesang *m*; ~ **de los pájaros** Vogelgesang *m*; **estudia ~** er/sie studiert Gesang **2. poner de ~** hochkant stellen

caña [ˈkaɲa] *f* **1.** Rohr *nt*; (*tallo de cereal*) Halm *m*; ~ **de azúcar** Zuckerrohr *nt* **2.** (*de pescar*) Angel(rute) *f* **3.** (*de cerveza*) Glas *nt* gezapftes Bier

cáñamo [ˈkaɲamo] *m* Hanf *m*

cañería [kaɲeˈria] *f* Rohrleitung *f*; ~ **del agua** Wasserleitung *f*

caño [ˈkaɲo] *m* Röhre *f*; (*de la fuente*) Ausflussrohr *nt*

cañón [kaˈɲon] *m* Kanone *f*

caoba [kaˈoβa] *f* Mahagoni(holz) *nt*

caos [ˈkaos] *m* Chaos *nt*

caótico, -a [kaˈotiko] *adj* chaotisch

capa [ˈkapa] *f* Cape *nt*; ~ **aislante** Isolierschicht *f*; ~ **de nieve** Schneedecke *f*; ~ **de ozono** Ozonschicht *f*

capacidad [kapaθiˈðað] *f* Fassungsvermögen *nt*; (*aptitud*) Fähigkeit *f*

capacitado, -a [kapaθiˈtaðo] *adj* qualifiziert

capataz [kapaˈtaθ] *m* Vorarbeiter *m*

capaz [kaˈpaθ] *adj* fähig; (*Am*) vielleicht

capilla [kaˈpiʎa] *f* Kapelle *f*;

~ **ardiente** Aufbahrung *f*
capital[1] [kapi'tal] **I.** *adj* wesentlich, Haupt-; **asunto** ~ Hauptpunkt *m;* **letra** ~ (*Am*) Großbuchstabe *m;* **pena** ~ Todesstrafe *f* **II.** *m* Kapital *nt*
capital[2] [kapi'tal] *f* Hauptstadt *f;* (*gran ciudad*) Großstadt *f*
capitalismo [kapita'lismo] *m* Kapitalismus *m*
capitalista [kapita'lista] *mf* Kapitalist(in) *m(f)*
capitán [kapi'tan] *m* (Mannschafts)kapitän *m*
capitular [kapitu'lar] *vi* kapitulieren
capítulo [ka'pitulo] *m* Kapitel *nt*
capricho [ka'pritʃo] *f* Laune *f;* **darse un** ~ sich *dat* etwas gönnen
caprichoso, -a [kapri'tʃoso] *adj* (*pey*) launenhaft
Capricornio [kapri'kornjo] *m* (ASTR) Steinbock *m*
cápsula ['kaβsula] *f* (*t.* ANAT) Kapsel *f;* (BOT) Hülse *f*
captar [kap'tar] *vt* sammeln; (*capital*) aufbringen; (*percibir*) wahrnehmen; (*comprender*) begreifen
captura [kap'tura] *f* Ergreifung *f;* (*detención*) Festnahme *f*
capullo [ka'puʎo] *m* **1.** (BOT) Knospe *f* **2.** (ZOOL) Kokon *m;* **salir del** ~ ausschlüpfen **3.** (*fam*) Vorhaut *f* **4.** (*vulg*) Arschloch *nt*
cara ['kara] **I.** *f* **1.** (*rostro*) Gesicht *nt;* ~ **a** ~ von Angesicht zu Angesicht; (**no**) **dar la** ~ (nicht) zu etwas stehen; **echar en** ~ ~ vorwerfen **2.** (*expresión*) Miene *f* **3.** (*aspecto*) Aussehen *nt;* **tener buena/mala** ~ (*fam*) gut/schlecht aussehen **4.** (*lado*) Seite *f* **5.** (*fam*): **¡qué** ~! was für eine Frechheit!; **tener mucha** ~ unverschämt sein **II.** *prep* (*en dirección a*): (**de**) ~ **a** gegenüber; **de** ~ **al futuro** in Hinblick auf die Zukunft **III.** *conj:* **de** ~ **a** +*inf* um ... zu +*inf*

caracol [kara'kol] *m* Schnecke *f*
caracola [kara'kola] *f* Meeresschnecke *f*
carácter [ka'rakter] <caracteres> *m* Charakter *m;* (*índole*) Art *f;* **con** ~ **de** als
característica [karakte'ristika] *f* Eigenschaft *f*
característico, -a [karakte'ristiko] *adj* charakteristisch; **rasgo** ~ Merkmal *nt*
caracterizar [karakteri'θar] <z → c> **I.** *vt* charakterisieren; (TEAT) darstellen **II.** *vr:* ~**se** sich auszeichnen
caramba [ka'ramba] *interj* (*fam*): **¡(qué)** ~! Donnerwetter!
caramelo [kara'melo] *m* Bonbon *m o nt*
caraqueño, -a [kara'keɲo] *adj* aus Caracas
carátula [ka'ratula] *f* Plattencover *nt*
caravana [kara'βana] *f* Karawane *f;* (*embotellamiento*) Stau *m;* (*remolque*) Wohnwagen *m*
carbón [kar'βon] *m* Kohle *f*
carbonato [karβo'nato] *m* (QUÍM) Karbonat *nt*
carbono [kar'βono] *m* Kohlenstoff *m;* **dióxido de** ~ Kohlendioxyd *nt*
carburador [karβura'ðor] *m* Vergaser *m*
carburante [karβu'rante] *m* Treibstoff *m*
carcajada [karka'xaða] *f:* **reírse a** ~**s** lauthals lachen
cárcel ['karθel] *f* Gefängnis *nt*
carcelero, -a [karθe'lero] *m, f* Gefängniswärter(in) *m(f)*
carcoma [kar'koma] *f* Holzwurm *m*
cardenal [karðe'nal] *m* Kardinal *m;* (*hematoma*) blauer Fleck *m*
cardiaco, -a [kar'ðjako] *adj,* **cardíaco, -a** [kar'ðiako] *adj* Herz-; **ataque** ~ Herzanfall *m;* **paro** ~ Herzstillstand *m*

cardinal [karði'nal] *adj:* **los cuatro puntos ~es** die vier Himmelsrichtungen; **número ~** Kardinalzahl *f*

cardiólogo, -a [kar'ðjoloɣo] *m, f* Herzspezialist(in) *m(f)*

carecer [kare'θer] *irr como crecer vi:* **carece de importancia** es ist belanglos

carencia [ka'renθja] *f* 1. (*falta*) Fehlen *nt* (*de* von +*dat*) 2. (*t.* ECON, MED: *escasez*) Mangel *m* (*de* an +*dat*)

carente [ka'rente] *adj:* **~ de interés** uninteressant

careo [ka'reo] *m* (*t.* JUR) Konfrontation *f*

careta [ka'reta] *f* Maske *f*

carga ['karɣa] *f* Beladung *f*; (*cargamento*) (Trag)last *f*; **animal de ~** Lasttier *nt*; **buque de ~** Frachter *m*

cargado, -a [kar'ɣaðo] *adj* beladen; (*lleno*) voll; **~ de problemas** problembeladen; **la batería está cargada** die Batterie ist geladen; **un ambiente ~** (*fig*) eine geladene Stimmung; **un café muy ~** ein sehr starker Kaffee

cargamento [karɣa'mento] *m* Ladung *f*, Fracht *f*

cargar [kar'ɣar] <g → gu> I. *vi* 1. (*llevar*) tragen (*con* +*akk*) 2. (FIN): **~ en cuenta** das Konto belasten II. *vt* 1. (*para el transporte*) (be)laden 2. (*achacar*) belasten III. *vr:* **~se** 1. (*llenarse*) sich füllen 2. (*fam: romper*) kaputtmachen; **¡te la vas a ~!** (*fig*) das wird dir noch leidtun! 3. (*fam: matar*) umbringen

cargo ['karɣo] *m* Amt *nt*, Posten *m*; **~ a cuenta** Lastschrift *f*; **~ de conciencia** Gewissensbisse *mpl*

Caribe [ka'riβe] *m:* **el** (**Mar**) **~** die Karibik

caribeño, -a [kari'βeɲo] *adj* karibisch

caricatura [karika'tura] *f* Karikatur *f*

caricia [ka'riθja] *f* Liebkosung *f*

caridad [kari'ðaᵈ] *f* Almosen *nt*

caries ['karjes] *f inv* Karies *f*

cariño [ka'riɲo] *m* Zuneigung *f*; (*amor*) Liebe *f*; **sentir ~ por alguien** jdn lieb haben; **¡~** (**mío**)**!** (mein) Liebling!

cariñoso, -a [kari'ɲoso] *adj* liebevoll

carioca [ka'rjoka] *adj* aus Rio de Janeiro; (*brasileño*) brasilianisch

carisma [ka'risma] *m* Charisma *nt*

caritativo, -a [karita'tiβo] *adj* wohltätig

cariz [ka'riθ] *m* Eindruck *m*; (*situación*) Lage *f*

carnal [kar'nal] *adj* fleischlich; **trato ~** Beischlaf *m*; (*consanguíneo*) leiblich

carnaval [karna'βal] *m* Karneval *m*

carne ['karne] *f* Fleisch *nt*; **~ de gallina** Gänsehaut *f*; **~ asada** Braten *m*; **~ picada** Hackfleisch *nt*

carné [kar'ne] <carnés> *m* Ausweis *m*; **~ de conducir**, **~ de manejo** (*Am*) Führerschein *m*

carnero [kar'nero] *m* Widder *m*

carnicería [karniθe'ria] *f* Metzgerei *f*

carnívoro, -a [kar'niβoro] *adj* Fleisch fressend; **animal ~** Fleischfresser *m*

caro, -a ['karo] *adj* teuer

carpa ['karpa] *f* Karpfen *m*; **~ del circo** Zirkuszelt *nt*

carpeta [kar'peta] *f* (Schreib)mappe *f*

carpintero, -a [karpin'tero] *m, f* Tischler(in) *m(f)*, Schreiner(in) *m(f)*; **pájaro ~** Specht *m*

carpir [kar'pir] *vt* (*Am*) jäten

carraspear [karraspe'ar] *vi* sich räuspern

carrera [ka'rrera] *f* 1. (*movimiento*) Laufen *nt* 2. (DEP) (Wett)rennen *nt*; **~ de relevos** Staffellauf *m*; **coche de ~s** Rennwagen *m* 3. (*profesión*) Karriere *f*; **~ profesional** beruflicher Werdegang 4. **persona de ~** Akademiker(in) *m(f)*; **hacer una ~** studieren **5. hacer la ~** (*fam*) auf den Strich gehen

carreta [ka'rreta] *f* Karren *m*

carrete [ka'rrete] *m* Spule *f*; **~ de película** Filmrolle *f*

carretera [karre'tera] *f* (Land)straße *f*; **~ de circunvalación** Ringstraße *f*

carretilla [karre'tiʎa] *f* Schubkarre *f*

carril [ka'rril] *m* Spur *f*; **~ de adelantamiento** Überholspur *f*; (*t.* TÉC) (Führungs)schiene *f*

carro ['karro] *m* **1.** Fuhrwerk *nt*; (*carreta*) Karren *m*; **~ blindado** Panzer *m*; **¡para el ~!** (*fam*) mach mal halblang! **2.** (*Am*) Wagen *m*

carrocería [karroθe'ria] *f* Karosserie *f*

carroña [ka'rroɲa] *f* Aas *nt*

carroza [ka'rroθa] *f* Karosse *f*

carruaje [ka'rrwaxe] *m* Kutsche *f*

carrusel [karru'sel] *m* **1.** (*tiovivo*) Karussell *nt* **2.** (*ecuestre*) Kavalkade *f*

carta ['karta] *f* **1.** Brief *m*; **~ certificada** Einschreibebrief *m* **2.** **Carta Magna** Grundgesetz *nt* **3.** (*naipes*) Spielkarte *f*; **echar las ~s a alguien** jdm wahrsagen **4.** (GEO) Karte *f*; **~ astral** Horoskop *nt* **5.** (*menú*) Speisekarte *f*

cartel [kar'tel] *m* Plakat *nt*

cártel ['kartel] *m* Kartell *nt*

cartelera [karte'lera] *f*: **estar en ~** aufgeführt werden

cartera [kar'tera] *f* Brieftasche *f*; (*escolar*) Schultasche *f*

carterista [karte'rista] *mf* Taschendieb(in) *m(f)*

cartero, -a [kar'tero] *m, f* Briefträger(in) *m(f)*

cartilla [kar'tiʎa] *f*: **~ de ahorros** Sparbuch *nt*; (*Am*) Ausweis *m*

cartón [kar'ton] *m*: **caja de ~** Karton *m*; **~ de leche** Milchtüte *f*; **un ~ de tabaco** eine Stange Zigaretten

cartucho [kar'tutʃo] *m* Patrone *f*

cartulina [kartu'lina] *f* (feine) Pappe *f*

casa ['kasa] *f* **1.** (*edificio*) Haus *nt*; **~ adosada** Reihenhaus *nt*; **~ de campo** Landhaus *nt* **2.** (*vivienda*) Wohnung *f* **3. a ~** nach Haus(e); **en ~** zu Haus(e)

casar [ka'sar] **I.** *vi* zusammenpassen **II.** *vt* verheiraten; (*combinar*) kombinieren **III.** *vr*: **~se** heiraten (*con* +*akk*); **~se por la Iglesia** kirchlich heiraten; **~se por lo civil** standesamtlich heiraten

cascabel [kaska'βel] *m* Schelle *f*; **serpiente de ~** Klapperschlange *f*

cascada [kas'kaða] *f* Wasserfall *m*

cascar [kas'kar] <c → qu> **I.** *vi* schwatzen; (*vulg*) verrecken *fam* **II.** *vt* (*fam*) (ver)hauen; **~ un huevo** ein Ei aufschlagen; **~ una nuez** eine Nuss knacken

cáscara ['kaskara] *f* Schale *f*; **~ de limón** Zitronenschale *f*; **¡~s!** (*fig fam*) Manometer!

casco ['kasko] *m* **1.** (*para la cabeza*) Helm *m*; **los ~s azules** die Blauhelme **2.** (*fam*): **ligero de ~s** leichtsinnig **3.** (*de un avión*) Rumpf *m* **4.** (*botella*) Leergut *nt* **5.** (*centro ciudad*) Stadtmitte *f*; **~ antiguo** Altstadt *f* **6.** *pl* (*auriculares*) Kopfhörer *m*

caserío [kase'rio] *m* Aussiedlerhof *m*

casero, -a [ka'sero] **I.** *adj* häuslich; **cocina casera** Hausmannsküche *f*; **remedio ~** Hausmittel *nt* **II.** *m, f* Hausbesitzer(in) *m(f)*

caseta [ka'seta] *f* Jahrmarktsbude *f*; (*de muestras*) Messestand *m*; **~ del perro** Hundehütte *f*

casete¹ [ka'sete] *m o f* Kassette *f*; **~ de vídeo** Videokassette *f*

casete² [ka'sete] *m* Kassettenrecorder *m*

casi ['kasi] *adv* fast, beinahe; **~ ~** so gut wie

casilla [ka'siʎa] *f* Kästchen *nt*; **sacar a alguien de sus ~s** jdn aus dem

Häuschen bringen

casillero [kasi'ʎero] *m* Fächerregal *nt*

casino [ka'sino] *m* (Spiel)kasino *nt*

caso ['kaso] *m* **1.** (*hecho*) (Vor)fall *m;* (*circunstancia*) Umstand *m;* (JUR) Rechtsfall *m;* **~ aislado** Einzelfall *m;* **yo, en tu ~...** ich an deiner Stelle ...; **en ~ de... +***inf* falls ...; **en ningún ~** auf keinen Fall; **en tal ~** in diesem Fall; **en todo ~** allenfalls **2. hacer ~ a alguien** auf jdn hören **3.** (LING) Kasus *m,* Fall *m*

caspa ['kaspa] *f* (Kopf)schuppen *fpl*

casta ['kasta] *f* Rasse *f;* (*linaje*) Geschlecht *nt;* (*clase social*) Kaste *f*

castaña [kas'taɲa] *f* **1.** (*fruto*) Kastanie *f;* **~s asadas** heiße Maronen **2.** (*fam*): **darse una ~ contra algo** gegen etw knallen **3.** (*fam*) Rausch *m* **4.** (*fam*): **a toda ~** volle Pulle

castaño¹ [kas'taɲo] *m* Kastanienbaum *m*

castaño, -a² [kas'taɲo] *adj* brünett

castañuela [kasta'ɲwela] *f* Kastagnette *f*

castellano, -a [kaste'ʎano] *adj* kastilisch; **la lengua castellana** die spanische Sprache

castidad [kasti'ðaθ] *f* Keuschheit *f*

castigar [kasti'ɣar] <g → gu> *vt* (be)strafen

castigo [kas'tiɣo] *m* Bestrafung *f*

Castilla [kas'tiʎa] *f* Kastilien *nt*

Castilla-La Mancha [kas'tiʎa la 'mantʃa] *f* Südkastilien *nt*

Castilla-León [kas'tiʎa le'on] *f* Nordkastilien *nt*

castillo [kas'tiʎo] *m* Schloss *nt*

castor [kas'tor] *m* Biber *m*

castrar [kas'trar] *vt* kastrieren

casual [ka'swal] *adj* zufällig; **por un ~** (*fam*) zufällig(erweise)

casualidad [kaswali'ðaθ] *f:* **de ~** zufällig(erweise); **¡qué ~!** so ein Zufall!

cata ['kata] *f:* **~ de vinos** Weinprobe *f*

catalán, -ana [kata'lan] *adj* katalanisch

catalizador [katali θa'ðor] *m* Katalysator *m*

catalogar [katalo'ɣar] <g → gu> *vt* katalogisieren

catálogo [ka'taloɣo] *m* Katalog *m;* **~ de materias** Schlagwortverzeichnis *nt;* **casa de ventas por ~** Versandhaus *nt;* **en ~** lieferbar

Cataluña [kata'luɲa] *f* Katalonien *nt*

catar [ka'tar] *vt* probieren

catarata [kata'rata] *f* Wasserfall *m;* **las ~s del Niágara** die Niagarafälle; (MED) grauer Star *m*

catarro [ka'tarro] *m* Erkältung *f;* **~ de nariz** Schnupfen *m*

catástrofe [ka'tastrofe] *f* Katastrophe *f*

catecismo [kate'θismo] *m* Katechismus *m*

catedral [kate'ðral] *f* Kathedrale *f*

catedrático, -a [kate'ðratiko] *m, f* Professor(in) *m(f);* **~ de instituto** Studienrat *m*

categoría [kateɣo'ria] *f* Kategorie *f;* (*calidad*) Qualität *f;* **de primera ~** erstklassig; **dar ~** Prestige geben

catolicismo [katoli'θismo] *m* Katholizismus *m*

católico, -a [ka'toliko] *m, f* Katholik(in) *m(f)*

catorce [ka'torθe] *adj* vierzehn; *v.t.* **ocho**

cauce ['kauθe] *m* Flussbett *nt;* **~ jurídico** Rechtsweg *m;* **~ reglamentario** Dienstweg *m*

caucho ['kautʃo] *m* Kautschuk *m*

caudal [kau'ðal] *m* **1.** (*de agua*) Wassermenge *f* **2.** (*dinero*) Vermögen *nt;* **caja de ~es** Tresor *m;* **un ~ de conocimientos** ein umfangreiches Wissen

caudillo [kau'ðiʎo] *m:* **el Caudillo**

Beiname Francos während seiner Diktatur

causa ['kau̯sa] *f* 1. Ursache *f*; *(motivo)* Grund *m*; **~ del despido** Entlassungsgrund *m* 2. *(t.* POL*)* Ideal *nt;* **morir por la ~** für seine Überzeugung sterben 3. *(*JUR*)* Rechtssache *f* 4. **a [o por] ~ de** wegen +*gen*/*dat*

causar [kau̯'sar] *vt* verursachen; **~ efecto** wirken; **~ problemas** Probleme bereiten

cautela [kau̯'tela] *f* Vorsicht *f*

cautivar [kau̯ti'βar] *vt* gefangen nehmen; *(seducir)* verführen

cautiverio [kau̯ti'βerjo] *m*, **cautividad** [kau̯tiβi'ðaᵒ] *f* Gefangenschaft *f*

cautivo, -a [kau̯'tiβo] *adj* gefangen

cauto, -a ['kau̯to] *adj* vorsichtig

cava ['kaβa] *m* (spanischer) Sekt *m*

cavar [ka'βar] *vi, vt* graben

caverna [ka'βerna] *f* Höhle *f*; *(gruta)* Grotte *f*

caviar [ka'βjar] *m* Kaviar *m*

cavilar [kaβi'lar] *vt* (nach)grübeln (über +*akk*)

caza ['kaθa] *f* 1. Jagd *f*; **ir de ~** auf die Jagd gehen 2. *(animales)* Wild *nt;* **~ mayor** Hochwild *nt*

cazador(a) [kaθa'ðor] *m(f)* Jäger(in) *m(f)*; **~ furtivo** Wilderer *m*

cazadora [kaθa'ðora] *f* (Wind)jacke *f*; **~ de piel** Lederjacke *f*

cazar [ka'θar] *⟨z → c⟩ vt* jagen

cazo ['kaθo] *m* Topf *m* (mit Stiel)

cazuela [ka'θwela] *f* Kasserolle *f*

c.c., C.C., c/c ['kwenta korrjente] *f* *(*COM*) abr de* **cuenta corriente** Kontokorrent *nt*

cebada [θe'βaða] *f* Gerste *f*

cebar [θe'βar] **I.** *vt* mästen **II.** *vr:* **~se: se cebó en él** er/sie ließ seine/ihre ganze Wut an ihm aus

cebo ['θeβo] *m* Köder *m*

cebolla [θe'βoʎa] *f* (Gemüse)zwiebel *f*

cebra ['θeβra] *f* Zebra *nt;* **paso de ~** Zebrastreifen *m*

ceder [θe'ðer] **I.** *vi* nachgeben **II.** *vt* abgeben

cegar [θe'ɣar] *irr como fregar* **I.** *vi* erblinden **II.** *vt* blenden; **le ciega la ira** er/sie ist blind vor Wut **III.** *vr:* **~se** blind sein *(de/por* vor +*dat)*, geblendet sein *(de/por* von +*dat)*

ceguera [θe'ɣera] *f* Blindheit *f*; *(de la razón)* Verblendung *f*

Ceilán [θei̯'lan] *m* Ceylon *nt*

ceja ['θexa] *f* (Augen)braue *f*; **fruncir las ~s** die Augenbrauen zusammenziehen

celador(a) [θela'ðor] *m(f)* Aufseher(in) *m(f)*

celda ['θelda] *f* (Gefängnis)zelle *f*; **~ de castigo** Einzelhaftzelle *f*

celebrar [θele'βrar] *vt* feiern; *(alegrarse)* sich freuen (über +*akk*)

célebre ['θeleβre] *<celebérrimo> adj* berühmt *(por* für +*akk*)

celeste [θe'leste] *adj* himmelblau; **cuerpos ~s** Himmelskörper *mpl*

celestial [θeles'tjal] *adj* himmlisch

celibato [θeli'βato] *m* Zölibat *m o nt*

celo ['θelo] *m* 1. *(afán)* Eifer *m* 2. *pl (por amor)* Eifersucht *f;* **tener ~s** eifersüchtig sein 3. *pl (sospecha)* Misstrauen *nt* 4. *pl (envidia)* Neid *m* 5. **estar en ~** brünstig sein 6. *(autoadhesivo)* Tesafilm® *m*

celoso, -a [θe'loso] *adj* eifersüchtig

celta ['θelta] *adj* keltisch

célula ['θelula] *f* Zelle *f*

celulitis [θelu'litis] *f inv* Zellulitis *f*

cementerio [θemen'terjo] *m* Friedhof *m*

cemento [θe'mento] *m* Zement *m*; **~ armado** Stahlbeton *m*

cena ['θena] *f* Abendessen *nt*

cenar [θe'nar] *vi, vt* zu Abend essen

cencerro [θeɲ'θerro] *m* Kuhglocke *f;* **estar como un ~** (*fam*) völlig übergeschnappt sein

cenicero [θeni'θero] *m* Aschenbecher *m*

cenicienta *f,* **Cenicienta** [θeni'θjenta] *f* Aschenbrödel *nt,* Aschenputtel *nt*

cenit [θe'nit] *m* Zenit *m;* (*apogeo*) Höhepunkt *m*

ceniza [θe'niθa] *f* Asche *f*

censar [θen'sar] *vi* eine Volkszählung durchführen

censo ['θenso] *m* Volkszählung *f;* **~ electoral** Wählerliste *f*

censura [θen'sura] *f* Zensur *f;* **someter a la ~** zensieren; **moción de ~** Misstrauensantrag *m*

censurar [θensu'rar] *vt* zensieren

centavo [θeɲ'taβo] *m* (*Am*) Centavo *m*

centell(e)ar [θenteʎ(e)'ar] *vi* funkeln

centena [θeɲ'tena] *f* Hundert *nt*

centenar [θente'nar] *m* Hundert *nt*

centenario [θente'narjo] *m* hundertster Jahrestag *m*

centeno [θeɲ'teno] *m* Roggen *m*

centígrado [θeɲ'tiɣraðo] *m:* **grado ~** Celsiusgrad *nt*

centímetro [θeɲ'timetro] *m* Zentimeter *m o nt*

céntimo ['θentimo] *m* (*AmC*) Céntimo *m;* **estar sin un ~** kein Geld haben

centinela [θenti'nela] *mf* Wächter(in) *m(f)*

centrado, -a [θeɲ'traðo] *adj* ausgeglichen

central [θeɲ'tral] **I.** *adj* **1.** (*en el centro*) Zentral-, Mittel-; **Europa Central** Mitteleuropa *nt* **2.** (*esencial*) zentral, wesentlich **3.** (*principal*) Zentral-, Haupt-; **comité ~** Zentralkomitee *nt;* **estación ~** Hauptbahnhof *m* **II.** *f* **1.** Hauptstelle *f;* **~ de**

Correos Hauptpost *f* **2.** (TÉC) Anlage *f;* **~ hidroeléctrica** Wasserkraftwerk *nt;* **~ nuclear** Kernkraftwerk *nt*

centralismo [θeɲtra'lismo] *m* Zentralismus *m*

centralita [θeɲtra'lita] *f* Telefonzentrale *f*

centralizar [θeɲtrali'θar] <z → c> *vt* zentralisieren

centrar [θeɲ'trar] **I.** *vt* (kon)zentrieren **II.** *vr:* **~se** beruhen (*en* auf +*dat*); (*familiarizarse*) sich einleben

céntrico, -a ['θentriko] *adj:* **piso ~** zentral gelegene Wohnung

centro ['θentro] *m* **1.** (*el medio, t.* POL) Zentrum *nt,* Mitte *f;* **~ de gravedad** Schwerpunkt *m* **2.** (*institución*) Zentrum *nt;* **~ industrial** Industriezentrum *nt;* **~ de atención de llamadas** Callcenter *nt;* **~ de enseñanza** Ausbildungsstätte *f;* **~ de viaje compartido** Mitfahrzentrale *f*

Centroamérica [θeɲtroa'merika] *f* Mittelamerika *nt*

centroamericano, -a [θeɲtroameri'kano] *adj* mittelamerikanisch

ceñirse [θe'ɲirse] *irr vr* sich kurzfassen; **~ al presupuesto** sich strikt auf das Budget beschränken

ceño ['θeɲo] *m:* **fruncir el ~** die Stirn runzeln

cepa ['θepa] *f* (Wein)stock *m;* **de pura ~** waschecht

cepillar [θepi'ʎar] *vt* bürsten; (*madera*) hobeln

cepillo [θe'piʎo] *m* **1.** (Haar)bürste *f;* **~ de barrer** Kehrbesen *m;* **~ de dientes** Zahnbürste *f* **2.** (*para madera*) Hobel *m* **3.** (*en misa*) Klingelbeutel *m*

cepo ['θepo] *m* Fangeisen *nt;* **caer en el ~** in die Falle gehen

cera ['θera] *f* (Kerzen)wachs *nt;* **~ de**

los oídos Ohrenschmalz *nt;* **museo de ~** Wachsfigurenkabinett *nt;* **blanco como la ~** kreidebleich

cerámica [θe'ramika] *f* Keramik *f*

cerca ['θerka] **I.** *adv* **1.** (*en el espacio*) nah(e); **aquí ~** hier in der Nähe; **mirar de ~** aus der Nähe betrachten **2.** (*en el tiempo*) bald **II.** *prep* **1.** (*lugar*): **~ de** in der Nähe von +*dat* **2.** (*cantidad*) fast **III.** *f* Zaun *m*

cercanía [θerka'nia] *f* **1.** (*proximidad*) Nähe *f* **2.** *pl* (*alrededores*) Umgebung *f*

cercano, -a [θer'kano] *adj* nahe

cercar [θer'kar] <c → qu> *vt* einzäunen; (*rodear*) umringen; (MIL) belagern

cerco ['θerko] *m* Rand *m;* (MIL) Belagerung *f*

Cerdeña [θer'ðeɲa] *f* Sardinien *nt*

cerdo, -a ['θerðo] **I.** *adj* schweinisch **II.** *m, f* Schwein *nt;* (*hembra*) Sau *f*

cereales [θere'ales] *mpl* Getreide *nt*

cerebro [θe'reβro] *m* (Ge)hirn *nt*

ceremonia [θere'monja] *f* Zeremonie *f*

cereza [θe'reθa] *f* Kirsche *f*

cerilla [θe'riʎa] *f* Streichholz *nt*

cernir [θer'nir] *irr vt* **1.** (*cribar*) sieben **2.** (*observar*) beobachten

cero ['θero] *m* **1.** (MAT) Null *f* **2.** (*punto inicial*) Nullpunkt *m;* **ocho grados bajo ~** acht Grad unter Null; **partir de ~** bei Null anfangen **3.** (*valor*) Niete *f*

cerrado, -a [θe'rraðo] *adj* **1.** *estar* (ab)geschlossen; **la puerta está cerrada** die Tür ist zu **2.** *ser* (*actitud*) verschlossen

cerradura [θerra'ðura] *f* Schloss *nt*

cerrajero, -a [θerra'xero] *m, f* Schlosser(in) *m(f)*

cerrar [θe'rrar] <e → ie> **I.** *vt* (ab)schließen; **~ archivo** Datei schließen **II.** *vr:* **~se: la puerta se**

cerró sola die Türe ist von allein zugefallen

cerril [θe'rril] *adj* eigensinnig; (*torpe*) begriffsstutzig

cerro ['θerro] *m* Hügel *m*

cerrojo [θe'rroxo] *m* Riegel *m;* **echar el ~ a la puerta** die Tür verriegeln

certamen [θer'tamen] *m* Wettbewerb *m*

certeza [θer'teθa] *f* Gewissheit *f*

certidumbre [θerti'ðumbre] *f* Gewissheit *f,* Sicherheit *f*

certificado¹ [θertifi'kaðo] *m* Bescheinigung *f;* **~ de aptitud** Befähigungsnachweis *m;* **~ de asistencia** Teilnahmebescheinigung *f;* **~ médico** ärztliches Attest

certificado, -a² [θertifi'kaðo] *adj* beglaubigt; (*correos*) per Einschreiben; **carta certificada** Einschreibebrief *m*

certificar [θertifi'kar] <c → qu> *vt* bescheinigen; (JUR) beglaubigen; (*correos*) per Einschreiben verschicken

cerveza [θer'βeθa] *f* Bier *nt;* **~ de barril** Fassbier *nt;* **~ sin** alkoholfreies Bier

cervical [θerβi'kal] *adj* Nacken-, Genick-

cesar [θe'sar] **I.** *vi* aufhören; **sin ~** unaufhörlich **II.** *vt* des Amtes entheben

cesárea [θe'sarea] *f* Kaiserschnitt *m*

cese ['θese] *m* **1.** Beendigung *f;* **~ de pagos** Zahlungseinstellung *f* **2.** (*de obrero*) Kündigung *f;* **~ en el cargo** Ausscheiden aus dem Amt

césped ['θespeð] *m* Rasen *m*

cesta ['θesta] *f* Korb *m*

cesto ['θesto] *m* (großer) Korb *m*

ceta ['θeta] *f* Z *nt*

ceutí [θeu̯'ti] *adj* aus Ceuta

chabola [tʃa'βola] *f* Slumhütte *f*

chacal [tʃa'kal] *m* Schakal *m*

chácara ['tʃakara] *f* (*Am*) Landgut *nt*

chacarero, -a [tʃaka'rero] *m, f* (*Am*)

Bauer, Bäuerin *m, f*

cháchara ['ʧaʧara] *f (fam):* **estar de ~** ein Schwätzchen halten

chacra ['ʧakra] *f (Am)* kleine Farm *f*

chafar [ʧa'far] *vt:* **quedar(se) chafado** sprachlos sein; **le ~on sus proyectos** sie haben seine/ihre Pläne über den Haufen geworfen

chaflán [ʧa'flan] *m* Straßenecke *f*

chal [ʧal] *m* Schal *m*

chalado, -a [ʧa'laðo] *adj (fam)* verrückt

chalé [ʧa'le] *m* Einfamilienhaus *nt,* Villa *f*

chaleco [ʧa'leko] *m* Weste *f;* **~ salvavidas** Schwimmweste *f*

champán [ʧam'pan] *m,* **champaña** [ʧam'paɲa] *m* Champagner *m*

champiñón [ʧam'piɲon] *m* Champignon *m*

champú [ʧam'pu] *m* Shampoo *nt*

chamuscar [ʧamus'kar] <c → qu> **I.** *vt (quemar)* ansengen; *(aves)* absengen **II.** *vr:* **~se** *(quemarse)* ansengen

chancho ['ʧanʧo] *m (Am)* Schwein *nt*

chanchullo [ʧan'ʧuʎo] *m (fam)* Machenschaft *f*

chancla ['ʧankla] *f* **1.** *(zapato viejo)* ausgetretener (Haus)schuh *m* **2.** *(zapatilla)* Pantoffel *m*

chancleta [ʧaŋ'kleta] *f* Schlappen *m fam*

chanclo ['ʧanklo] *m* Holzschuh *m*

chándal ['ʧandal] *m* Jogginganzug *m*

chantaje [ʧan'taxe] *m* Erpressung *f*

chantajear [ʧantaxe'ar] *vt* erpressen

chapa ['ʧapa] *f* Blech *nt; (Am)* (Tür)schloss *nt*

chaparrón [ʧapa'rron] *m* Platzregen *m*

chapuza [ʧa'puθa] *f* Pfusch *m fam* Gelegenheitsarbeit *f*

chapuzón [ʧapu'θon] *m:* **darse un ~** kurz schwimmen gehen

chaqueta [ʧa'keta] *f* Jacke *f; (americana)* Jackett *nt;* **cambiar de ~** *(fig)* umschwenken

chaquetón [ʧake'ton] *m* Winterjacke *f*

charanga [ʧa'raŋga] *f* (kleine) Musikkapelle *f; (Am)* Tänzchen *nt*

charca ['ʧarka] *f* Tümpel *m*

charco ['ʧarko] *m* Pfütze *f,* Lache *f*

charla ['ʧarla] *f* Plauderei *f;* **estar de ~** plaudern

charlar [ʧar'lar] *vi* plaudern

charlatán, -ana [ʧarla'tan] *m, f* Schwätzer(in) *m(f)*

charol [ʧa'rol] *m* Lackleder *nt; (Am)* Tablett *nt*

chárter ['ʧarter] *adj:* **vuelo ~** Charterflug *m*

chasco¹ ['ʧasko] *m* Enttäuschung *f; (fracaso)* Reinfall *m fam*

chasco, -a² ['ʧasko] *adj (Am)* wirr

chasquido [ʧas'kiðo] *m (de lengua)* Schnalzen *nt; (de látigo)* Knallen *nt; (de la madera)* Knarren *nt*

chatarra [ʧa'tarra] *f* Alteisen *nt*

chato, -a ['ʧato] *adj* stumpfnasig

chaval(a) [ʧa'βal] *m(f)* Bursche *m; (chica)* Mädchen *nt*

checo, -a ['ʧeko] *adj* tschechisch; **República Checa** Tschechische Republik

checo(e)slovaco, -a [ʧeko(e)slo-'βako] *adj* tschechoslowakisch

chelín [ʧe'lin] *m* Schilling *m*

chelo ['ʧelo] *m* Cello *nt*

cheque ['ʧeke] *m* Scheck *m; ~* **bancario** Bankscheck *m; ~* **en blanco** Blankoscheck *m; ~* **sin fondo** ungedeckter Scheck; *~* **de viaje** Reisescheck *m*

chequear [ʧeke'ar] **I.** *vt (Am)* untersuchen, (über)prüfen **II.** *vr:* **~se** sich untersuchen lassen

chequeo [ʧe'keo] *m* Check-up *m o nt*

Chequia ['ʧekja] *f* Tschechien *nt*

chica ['ʧika] *f* Mädchen *nt;* (*joven*) junge Frau *f;* (*criada*) Dienstmädchen *nt*

chicano, -a [ʧi'kano] *m, f* Einwohner(in) der USA mit mexikanischen Vorfahren

chichón [ʧi'ʧon] *m* Beule *f*

chicle ['ʧikle] *m* Kaugummi *m o nt*

chico ['ʧiko] *m* Junge *m;* (*joven*) junger Mann *m;* (*para los recados*) Laufbursche *m*

chiflado, -a [ʧi'flaðo] *adj* (*fam*) übergeschnappt

chile ['ʧile] *m* Chili *m;* (*especia*) Cayennepfeffer *m*

Chile ['ʧile] *m* Chile *nt*

chileno, -a [ʧi'leno] *adj* chilenisch

chillar [ʧi'ʎar] *vi* kreischen; **¡no me chilles!** schrei mich nicht an!; (*Am*) schluchzen

chillido [ʧi'ʎiðo] *m* Kreischen *nt;* (*Am*) Schluchzen *m*

chimenea [ʧime'nea] *f* Schornstein *m;* (*hogar*) Kamin *m*

chimpancé [ʧimpan'θe] *mf* Schimpanse, -in *m, f*

china ['ʧina] *f* **1.** (*piedra*) Kieselstein *m* **2.** (*Am: india*) junge indianische Frau *f;* (*mestiza*) Mestizin *f* **3.** (*Am: amante*) Geliebte *f*

China ['ʧina] *f:* (**la**) ~ China *nt*

chinchar [ʧin'ʧar] I. *vt* (*fam*) belästigen II. *vr:* ~**se** (*fam*) sich ärgern; **¡chínchate!** das hast du davon!

chinche ['ʧinʧe] *m o f* Wanze *f*

chincheta [ʧin'ʧeta] *f* Reißzwecke *f*

chingar [ʧiŋ'gar] <g → gu> I. *vt* **1.** (*fam: bebidas alcohólicas*) saufen **2.** (*fam: molestar*) auf die Nerven gehen +*dat* **3.** (*vulg: joder*) ficken II. *vr:* ~**se** (*fam*) **1.** (*emborracharse*) sich besaufen **2.** (*Am: fam: frus-trarse*) in die Hose gehen

chino¹ ['ʧino] *m* (*Am: indio*) junger indianischer Mann *m;* (*mestizo*) Mestize *m*

chino, -a² ['ʧino] *adj* chinesisch

Chipre ['ʧipre] *f* Zypern *nt*

chiquillo, -a [ʧi'kiʎo] *m, f* (*niño*) (kleines) Kind *nt*

chiringuito [ʧiriŋ'gito] *m* Imbiss(stand) *m*

chiripa [ʧi'ripa] *f* (*fam*) glücklicher Zufall *m;* (*en el juego*) Zufallstreffer *m*

chirona [ʧi'rona] *f* (*fam*) Knast *m*

chirriar [ʧirri'ar] <1. *pres:* chirrío> *vi* quietschen

chisme ['ʧisme] *m* Klatsch *m fam;* **andar con ~s** tratschen *fam*

chismoso, -a [ʧis'moso] *adj* klatschhaft

chispa ['ʧispa] *f* **1.** Funke(n) *m* **2.** (*ingenio*) Geist *m;* **ser una ~** sehr aufgeweckt sein **3.** (*fam*) Schwips *m*

chispear [ʧispe'ar] I. *vi* **1.** (*centellear*) Funken sprühen **2.** (*brillar*) funkeln II. *vimpers* (*lloviznar*) nieseln

chiste ['ʧiste] *m* Witz *m;* (*broma*) Scherz *m;* ~ **verde** unanständiger Witz

chistoso, -a [ʧis'toso] *adj* witzig

chivarse [ʧi'βarse] *vr* (*fam*) petzen; (*Am*) sich ärgern

chivato, -a [ʧi'βato] *m, f* (*fam*) Petze *f*

chivo, -a ['ʧiβo] *m, f:* ~ **expiatorio** Sündenbock *m*

chocante [ʧo'kante] *adj* verwunderlich

chocar [ʧo'kar] <c → qu> I. *vi* **1.** kollidieren; (*dar*) aufprallen (*contra* auf +*akk*) **2.** (*personas*) (zusammen)stoßen; (*discutir*) aneinandergeraten II. *vt* **1.** (*entrechocar*) aneinanderstoßen; ~ **las copas** ansto-

ßen; **¡chócala!** (*fam*) schlag ein!
2. (*sorprender*) erstaunen **3.** (*escandalizar*) schockieren **4.** (*Am*) abstoßen

chochear [ʧoʧe'ar] *vi* senil werden

chocolate [ʧoko'late] *m* Schokolade *f*; (*argot*) Shit *m o nt*

chocolatería [ʧokolate'ria] *f* ≈Café *nt*

chofer ['ʧofer] *m*, **chófer** [ʧo'fer] *m* Fahrer *m*

chollo ['ʧoʎo] *m* (*fam: suerte*) Glück *nt*; (*ganga*) Schnäppchen *nt*

cholo, -a ['ʧolo] *m, f* (*Am*) in die kreolische Gesellschaft integrierte(r) Indianer(in); (*mestizo*) Mestize, -in *m, f*

chopo ['ʧopo] *m* Pappel *f*

choque ['ʧoke] *m* Stoß *m*; (*impacto*) Aufprall *m*; (*colisión*) Kollision *f*; **~ de frente** Frontalzusammenstoß *m*

chorizo¹ [ʧo'riθo] *m* luftgetrocknete Paprikawurst

chorizo, -a² [ʧo'riθo] *m, f* (*fam*) (Taschen)dieb(in) *m(f)*

chorrada [ʧo'rraða] *f* Unfug *m*; (*fam*) unnützes Zeug *nt*

chorrear [ʧorre'ar] *vi* rinnen

chorro ['ʧorro] *m:* **beber a ~s** in großen Zügen trinken; **llover a ~s** in Strömen regnen

choteo [ʧo'teo] *m* (*diversión*) Spaß *m*, Vergnügen *nt*; (*burla*) Spott *m*

choza ['ʧoθa] *f* Hütte *f*

chubasco [ʧu'βasko] *m* Regenschauer *m*; (*chaparrón*) Platzregen *m*

chubasquero [ʧuβas'kero] *m* Regenmantel *m*

chuchería [ʧuʧe'ria] *f* Süßigkeit *f*

chucho ['ʧuʧo] *m* (*fam*) Köter *m*; (*Am*) Schüttelfrost *m*

chucrú [ʧu'kru] *m*, **chucrut** [ʧu'kru] *m* Sauerkraut *nt*

chufa ['ʧufa] *f* Erdmandel *f*

chufla ['ʧufla] *f* Witz *m*, Scherz *m*

chulada [ʧu'laða] *f* Frechheit *f*; (*fam*) tolle Sache *f*

chulear [ʧule'ar] **I.** *vi, vr:* **~(se)** angeben **II.** *vr:* **~se** sich lustig machen (*de* über *+akk*)

chulería [ʧule'ria] *f* Angeberei *f*

chuleta [ʧu'leta] **I.** *f* **1.** (*costilla*) Kotelett *nt* **2.** (*fam: apunte*) Spickzettel *m* **3.** (*fam: bofetada*) Ohrfeige *f* **II.** *adj* (*fam*): **ponerse ~** frech werden

chuletón [ʧule'ton] *m* Steak *nt*

chulo¹ ['ʧulo] *m* Tunichtgut *m*; (*argot*) Zuhälter *m*

chulo, -a² ['ʧulo] *adj* angeberisch; (*presumido*) eingebildet; **ponerse ~** frech werden (*fam: elegante*) schick

chungo, -a ['ʧuŋgo] *adj* (*fam*) schlecht

chupa-chups® [ʧupa'ʧuβs] *m* Lolli *m*

chupada [ʧu'paða] *f* Zug *m*

chupado, -a [ʧu'paðo] *adj* ausgemergelt; (*fam*) kinderleicht; (*Am*) betrunken

chupar [ʧu'par] **I.** *vt* aussaugen; (*caramelo*) lutschen; (*helado*) schlecken **II.** *vi* **1. ~ del bote** auf Kosten anderer leben **2.** (*Am: fam*) saufen *pey* **III.** *vr:* **~se los dedos** (*fig fam*) sich *dat* die Finger lecken

chupete [ʧu'pete] *m* Schnuller *m*; (*Am*) Lolli *m*

churrasco [ʧu'rrasko] *m* gegrilltes Fleisch *nt*

churro ['ʧurro] *m* frittiertes Spritzgebäck; (*chapuza*) Murks *m*

chusma ['ʧusma] *f* Pöbel *m*

chutar [ʧu'tar] **I.** *vt* schießen; **esto va que chuta** (*fam*) das klappt wie geschmiert **II.** *vr:* **~se** (*argot*) sich *dat* einen Schuss setzen

Cía ['θia] *f abr de* **compañía** Co.

ciberadicción [θiβeraðiⁿˈθjon] *f* Internetsucht *f*

ciberdelincuencia [θiβerdeliŋˈkweŋθja] *f* Computerkriminalität *f*

ciberespacio [θiβeresˈpaθjo] *m* Cyberspace *m*

cibernética [θiβerˈnetika] *f* Kybernetik *f*

ciberpostal [θiβerposˈtal] *f* E-Card *f*, Internetpostkarte *f*

cicatriz [θikaˈtriθ] *f* Narbe *f*

ciclismo [θiˈklismo] *m* Radsport *m*

ciclista [θiˈklista] *mf* Radfahrer(in) *m(f)*

ciclo [ˈθiklo] *m*: ~ **económico** Wirtschaftszyklus *m*

ciclón [θiˈklon] *m* Zyklon *m;* (*borrasca*) Bö(e) *f*

ciego, -a [ˈθjeɣo] I. *adj* blind; **quedarse** ~ erblinden II. *adv*: **a ciegas** blindlings

cielo [ˈθjelo] *m* Himmel *m;* (*apelativo cariñoso*) Schatz *m*

ciempiés [θjemˈpjes] *m* Tausendfüß(l)er *m*

cien [θjen] *adj* hundert; **al ~ por ~** hundertprozentig; *v.t.* **ochocientos**

ciencia [ˈθjenθja] *f* Wissen *nt;* **a ~ cierta** mit Sicherheit; **~s ambientales** Umweltwissenschaften *fpl;* **~s políticas** Politikwissenschaft *f*

ciencia-ficción [ˈθjenθja-fiˈθjon] *f* Sciencefiction *f*

científico, -a [θjenˈtifiko] I. *adj* wissenschaftlich II. *m, f* Wissenschaftler(in) *m(f)*

ciento [ˈθjento] I. *adj* <cien> hundert; *v.t.* **ochenta** II. *m*: **~s de huevos** Hunderte von Eiern; **el cinco por** ~ fünf Prozent

cierre [ˈθjerre] *m* Schließen *nt;* (PREN) Redaktionsschluss *m;* **~ centralizado** Zentralverriegelung *f*

cierto¹ [ˈθjerto] *adv* gewiss; **por** ~ übrigens

cierto, -a² [ˈθjerto] <certísimo> *adj* wahr; ~ **día** eines Tages

ciervo, -a [ˈθjerβo] *m, f* Hirsch, Hirschkuh *m, f*

cifra [ˈθifra] *f* Ziffer *f*

cifrar [θiˈfrar] I. *vt* verschlüsseln; (*calcular*) berechnen II. *vr:* **~se** sich belaufen (*en* auf +*akk*)

cigarra [θiˈɣarra] *f* 1. (ZOOL) Zikade *f* 2. (*bolsa*) Geldbeutel *m*

cigarrillo [θiɣaˈrriʎo] *m* Zigarette *f*

cigarro [θiˈɣarro] *m* Zigarette *f*

cigüeña [θiˈɣweɲa] *f* Storch *m*

cilindrada [θilinˈdraða] *f* Hubraum *m*

cilindro [θiˈlindro] *m* Zylinder *m*

cima [ˈθima] *f* 1. (*cumbre*) Spitze *f;* ~ **del árbol** (Baum)wipfel *m;* ~ **del monte** (Berg)gipfel *m* 2. (*cúspide*) Höhepunkt *m*

cimiento [θiˈmjento] *m* Fundament *nt*

cinc [θiŋ] *m* Zink *nt*

cincel [θinˈθel] *m* Meißel *m*

cinco [ˈθiŋko] *adj* fünf; **estar sin** ~ blank sein; *v.t.* **ocho**

cincuenta [θiŋˈkwenta] *adj* fünfzig; *v.t.* **ochenta**

cine [ˈθine] *m* Kino *nt;* (*séptimo arte*) Filmkunst *f;* ~ **mudo** Stummfilm *m*

cínico, -a [ˈθiniko] *adj* zynisch

cinismo [θiˈnismo] *m* 1. (*desvergüenza*) Zynismus *m* 2. (FILOS) Kynismus *m*

cinta [ˈθinta] *f* Band *nt;* ~ **adhesiva** Klebeband *nt;* ~ **aislante** Isolierband *nt;* ~ **del pelo** Haarband *nt*

cinto [ˈθinto] *m* Gürtel *m*

cintura [θinˈtura] *f* Taille *f;* ~ **de avispa** Wespentaille *f*

cinturón [θintuˈron] *m* 1. (*ceñidor*) Gürtel *m;* **apretarse el** ~ (*fig*) den Gürtel enger schnallen 2. (*correa*) Gurt *m;* **ponerse el** ~ sich anschnallen

ciprés [θi'pres] *m* Zypresse *f*

circo ['θirko] *m* Zirkus *m*

circuito [θirku'ito] *m* **1.** (*trayecto de carrera*) Rennstrecke *f* **2.** (*recorrido*) Rundfahrt *f* **3.** (ELEC) Stromkreis *m*; **corto ~** Kurzschluss *m*

circulación [θirkula'θjon] *f* **1.** (*ciclo*) Kreislauf *m*; **~ sanguínea** Blutkreislauf *m* **2.** (*tránsito*) Verkehr *m* **3.** (ECON) Umlauf *m*; **retirar de la ~** aus dem Verkehr ziehen

circular [θirku'lar] **I.** *adj* kreisförmig **II.** *vi* hin und her gehen/fahren; **¡circulen!** (bitte) weitergehen! **III.** *f* Rundschreiben *nt*

círculo ['θirkulo] *m* Kreis *m*; **~ vicioso** Teufelskreis *m*

circunstancia [θirkunˠs'tanθja] *f* Umstand *m*; **en estas ~s** unter diesen Umständen

circunvalación [θirkumbala'θjon] *f*: **carretera de ~** Umgehungsstraße *f*

ciruela [θi'rwela] *f* Pflaume *f*

cirugía [θiru'xia] *f* Chirurgie *f*

cirujano, -a [θiru'xano] *m, f* Chirurg(in) *m(f)*

cisco ['θisko] *m* (Kohlen)grus *m*; **estar hecho un ~** (*fam*) fix und fertig sein

Cisjordania [θisxor'ðanja] *f* Westjordanland *nt*

cisne ['θisne] *m* Schwan *m*

cisterna [θis'terna] **I.** *adj* Tank-; **barco ~** Tankschiff *nt* **II.** *f* Zisterne *f*; (*de un retrete*) Spülkasten *m*

cita ['θita] *f* **1.** (*convocatoria*) Termin *m* **2.** (*encuentro*) Verabredung *f*; **~ anual** jährliches Treffen; **~ a ciegas** Blind date *nt*; **tener una ~ con alguien** mit jdm verabredet sein **3.** (*mención*) Zitat *nt*

citación [θita'θjon] *f* Vorladung *f*

citar [θi'tar] **I.** *vt* zu einem Termin einladen; (*mencionar*) zitieren; (JUR) (vor)laden **II.** *vr*: **~se** sich verabre-

den

cítricos ['θitrikos] *mpl* Zitrusfrüchte *fpl*

ciudad [θju'ðaˤ] *f* Stadt *f*; **~ hermanada** Partnerstadt *f*; **~ de vacaciones** Feriensiedlung *f*

ciudadano, -a [θjuða'ðano] *m, f* (Staats)bürger(in) *m(f)*

cívico, -a ['θiβiko] *adj* zivilisiert

civil [θi'βil] *adj* bürgerlich; **derecho ~** Zivilrecht *nt*; **guerra ~** Bürgerkrieg *m*

civilización [θiβiliθa'θjon] *f* Zivilisation *f*

civilizar [θiβili'θar] <z → c> *vt* zivilisieren

civismo [θi'βismo] *m* Bürgersinn *m*

cizaña [θi'θaɲa] *f* Zwietracht *f*

clamar [kla'mar] **I.** *vi* flehen **II.** *vt* fordern

clan [klan] *m* Clan *m*

clandestino, -a [klanˠdes'tino] *adj*: **reunión clandestina** geheimes Treffen; **movimiento ~** Untergrundbewegung *f*

claqué [kla'ke] *f* Stepp(tanz) *m*

clara ['klara] *f* **1.** (*del huevo*) Eiweiß *nt* **2.** (*bebida*) Radler *m südd*, Alsterwasser *nt nordd*

claramente [klara'menˠte] *adv* deutlich

clarete [kla'rete] *m* Rosé(wein) *m*

claridad [klari'ðaˤ] *f* Helligkeit *f*; (*lucidez*) Klarheit *f*

clarinete [klari'nete] *m* Klarinette *f*

clarividente [klariβi'ðenˠte] *mf* Hellseher(in) *m(f)*

claro¹ ['klaro] **I.** *interj* (na) klar! **II.** *adv* deutlich

claro, -a² ['klaro] *adj* **1.** (*iluminado*) hell; **azul ~** hellblau **2.** (*evidente*) klar; **sacar en ~** klarstellen **3.** (*franco*) offen

clase ['klase] *f* **1.** (*tipo*) Sorte *f*, Art *f*; **trabajos de toda ~** Arbeiten jeder

Art **2.** (BIOL) Klasse *f* **3.** (*grupo so-cial*) (Gesellschafts)schicht *f;* ~ **media** Mittelschicht *f* **4.** (*grupo de alumnos*) Klasse *f;* (*curso*) Unterricht *m;* **dar** ~ unterrichten **5.** (*categoría*) Klasse *f;* ~ **turista** Touristenklasse *f*

clasicismo [klasi'θismo] *m* **1.** (ARTE, LIT) Klassik *f* **2.** (ARQUIT: *neoclasicismo*) Klassizismus *m*

clásico, -a ['klasiko] *adj* klassisch

clasificación [klasifika'θjon] *f* Klassifikation *f*

clasificar [klasifi'kar] <c → qu> **I.** *vt* sortieren; (BIOL) klassifizieren **II.** *vr:* ~**se** sich qualifizieren

clasismo [kla'sismo] *m* Standesdünkel *m pey*

claudicar [klauði'kar] <c → qu> *vi* nachgeben

claustro ['klaustro] *m* Kreuzgang *m;* (*conjunto de profesores*) Lehrkörper *m*

claustrofobia [klaustro'foβja] *f* Klaustrophobie *f*

cláusula ['klausula] *f* Klausel *f*

clausura [klau'sura] *f* **1.** (*cierre*) Schließung *f;* **sesión de** ~ Schlusssitzung *f* **2.** (*en un convento*) Klausur *f*

clausurar [klausu'rar] *vt* schließen

clavar [kla'βar] **I.** *vt* **1.** (*enclavar*) annageln **2.** (*fijarse*) fixieren; **tener la vista clavada en algo** den Blick starr auf etw richten **3.** (*fam*) abknöpfen **II.** *vr:* ~**se una astilla en el dedo** sich *dat* einen Span in den Finger treiben

clave ['klaβe] *f* **1.** (*código*) Kode *m;* ~ **de acceso** Passwort *nt;* **en** ~ codiert **2.** (*t.* MÚS) (Noten)schlüssel *m*

clavel [kla'βel] *m* Nelke *f*

clavícula [kla'βikula] *f* Schlüsselbein *nt*

clavija [kla'βixa] *f* Stecker *m*

clavo ['klaβo] *m* Nagel *m;* (*especia*) (Gewürz)nelke *f*

claxon ['klaˠson] *m* Hupe *f*

cleptómano, -a [klep'tomano] *m, f* Kleptomane, -in *m, f*

clérigo ['kleriˠo] *m* Geistliche(r) *m*

clero ['klero] *m* Geistlichkeit *f*

cliché [kli'tʃe] *m* Klischee *nt;* (FOTO) Negativ *nt*

cliente, -a ['kljente] *m, f* Kunde, -in *m, f;* ~ **fijo** Stammkunde *m*

clientela [kljen'tela] *f* Kundschaft *f*

clima ['klima] *m* Klima *nt*

clínica ['klinika] *f* Klinik *f*

clip [klip] *m* Büroklammer *f*

clítoris ['klitoris] *m inv* Klitoris *f*

cloaca [klo'aka] *f* Kloake *f*

clonar [klo'nar] *vt* klon(ier)en

cloro ['kloro] *m* Chlor *nt*

clorofila [kloro'fila] *f* Chlorophyll *nt*

club [kluβ] <clubs> *m* Klub *m;* ~ **de alterne** Animierlokal *nt;* ~ **deportivo** Sportverein *m*

cm [θeɲ'timetro] *abr de* **centímetro** cm

coaccionar [koaˠθjo'nar] *vt* nötigen

coágulo [ko'aˠulo] *m* (MED) Gerinnsel *nt*

coalición [koali'θjon] *f* Koalition *f*

coartada [koar'taða] *f* Alibi *nt*

coartar [koar'tar] *vt* einschränken; (*persona*) einengen

coba ['koβa] *f* Schmeichelei *f*

cobalto [ko'βalto] *m* Kobalt *nt*

cobarde [ko'βarðe] *m* Feigling *m*

cobardía [koβar'ðia] *f* Feigheit *f*

cobaya [ko'βaɟa] *m o f* Meerschweinchen *nt*

cobertor [koβer'tor] *m* Bettdecke *f*

cobijar [ko'βixar] **I.** *vt* **1.** (*proteger*) (be)schützen **2.** (*acoger*) Unterschlupf bieten +*dat* **3.** (*albergar*) beherbergen **II.** *vr:* ~**se** Unterschlupf finden (*bajo* unter +*dat*)

cobra [ko'βra] *f* Kobra *f*

cobrar [ko'βrar] I. vt 1. (suma) kassieren; (cheque) einlösen; (sueldo) verdienen; ¿me cobra, por favor? zahlen, bitte! 2. (deudas) eintreiben 3. (conseguir): ~ ánimos Kraft schöpfen II. vi 1. (sueldo) Zahltag haben 2. (fam) Prügel beziehen; ¡que vas a ~! du fängst dir gleich eine!

cobre ['koβre] m Kupfer nt; (Am) Kupfermünze f

cobro ['koβro] m (Ein)kassieren nt; (pago) Zahlung f; ~ pendiente ausstehende Zahlung; a ~ revertido zu Lasten des Empfängers

coca(ína) [koka'(ina)] f Kokain nt

cocción [koɣ'θjon] f Kochen nt; (duración) Kochzeit f; (en el horno) Backzeit f

cocer [ko'θer] irr I. vi, vt kochen II. vr: ~se gekocht werden; (tramarse) sich zusammenbrauen

coche ['kotʃe] m Auto nt; ~ de bomberos Feuerwehrwagen m; ~ de carreras Rennwagen m; ~ compartido Fahrgemeinschaft f; ~ de línea Linienbus m; ir en ~ fahren

coche-cama ['kotʃe-'cama] <coches-cama> m (FERRO) Schlafwagen m

cochecito [kotʃe'θito] m Kinderwagen m

coche-patrulla ['kotʃe-pa'truʎa] <coches-patrulla> m Streifenwagen m

cochera [ko'tʃera] f Garage f

cochinada [kotʃi'naða] f (fam) Schweinerei f

cochinillo [kotʃi'niʎo] m Ferkel nt

cochino, -a [ko'tʃino] m, f (Dreck)schwein nt

cocido [ko'θiðo] m Kichererbseneintopf m

cocina [ko'θina] f Küche f; (aparato) Herd m; libro de ~ Kochbuch nt

cocinar [koθi'nar] vi, vt kochen

cocinero, -a [koθi'nero] m, f Koch m, Köchin f

coco ['koko] m 1. (fruto) Kokosnuss f 2. (fam: cabeza) Birne f; comerse el ~ sich dat den Kopf zerbrechen 3. (fam: ogro) schwarzer Mann m

cocodrilo [koko'ðrilo] m Krokodil nt

cóctel ['koktel] <cócteles> m Cocktail m

coctelera [kokte'lera] f Cocktailbecher m

codazo [ko'ðaθo] m Ellbogenstoß m

codear [koðe'ar] I. vi mit den Ellbogen stoßen II. vr: ~se verkehren

codicia [ko'ðiθja] f Habgier f

codiciar [koði'θjar] vt begehren

codicioso, -a [koði'θjoso] adj habgierig

codificar [koðifi'kar] <c → qu> vt kodi(fizi)eren; (t. INFOR) verschlüsseln

código ['koðiɣo] m 1. (JUR): ~ de circulación Straßenverkehrsordnung f; Código Civil Bürgerliches Gesetzbuch 2. (de señales): ~ de barras Balkenkode m; ~ PIN (t. TEL) PIN-Code m 3. (t. ECON, FIN): ~ bancario Bankleitzahl f; ~ postal Postleitzahl f

codillo [ko'ðiʎo] m Eisbein nt

codo ['koðo] m Ell(en)bogen m; empinar el ~ (fam) einen heben; hablar por los ~s (fam) reden wie ein Wasserfall

codorniz [koðor'niθ] f Wachtel f

coetáneo, -a [koe'taneo] m, f Zeitgenosse, -in m, f

cofradía [kofra'ðia] f Laienbruderschaft f

cofre ['kofre] m Truhe f

coger [ko'xer] <g → j> I. vt 1. festhalten; (objeto caído) aufheben 2. (tocar) in die Hände nehmen 3. (quitar) wegnehmen 4. (apresar)

festnehmen **5.** (*flores*) pflücken
6. ~ **frío** sich erkälten; **~le cariño**
a alguien jdn lieb gewinnen
7. ~ **el tren** den Zug nehmen
8. (*Am: vulg*) ficken **II.** *vi* Platz haben; (*Am: vulg*) ficken

cognitivo, -a [koɣni'tiβo] *adj* (PSICO) kognitiv

cogote [ko'ɣote] *m* Nacken *m;* **estar hasta el ~** (*fam*) die Nase voll haben

cohecho [ko'eʧo] *m* Korruption *f*

coherencia [koe'renθja] *f* Zusammenhang *m*

coherente [koe'rente] *adj* zusammenhängend

cohesión [koe'sjon] *f* Zusammenhalt *m*

cohete [ko'ete] *m* Feuerwerkskörper *m;* (*misil*) Rakete *f*

cohibido, -a [koi'βiðo] *adj* verschüchtert

coincidencia [koinθi'ðenθja] *f:* **¡qué ~!** was für ein Zufall!

coincidir [koinθi'ðir] *vi* zusammenfallen; (*toparse*) zusammentreffen; (*concordar*) übereinstimmen

coito [ko'ito] *m* Beischlaf *m*

cojear [koxe'ar] *vi* humpeln; (*mueble*) wackeln

cojín [ko'xin] *m* Kissen *nt*

cojo, -a ['koxo] *adj* hinkend; (*mueble*) wack(e)lig

cojones [ko'xones] *mpl* (*vulg*) Eier *ntpl fam;* **¡cojones!** Mist! *fam*

cojudo, -a [ko'xuðo] *adj* (*Am*) dumm

col [kol] *f* Kohl *m;* **~es de Bruselas** Rosenkohl *m*

cola ['kola] *f* **1.** (*rabo*) Schwanz *m* **2.** (*de vestido*) Schleppe *f* **3.** (*al esperar*) Schlange *f;* **ponerse a la ~** sich (hinten) anstellen **4.** (*pegamento*) Leim *m* **5.** (*vulg*) Schwanz *m fam*

colaboración [kolaβora'θjon] *f* Mitwirkung *f*

colaborar [kolaβo'rar] *vi* zusammenarbeiten

colada [ko'laða] *f* Wäsche *f*

colador [kola'ðor] *m* Sieb *nt*

colapso [ko'lapso] *m* **1.** (MED) Kollaps *m* **2.** (*destrucción*) Zusammenbruch *m*

colarse [ko'larse] <o → ue> *vr* (*fam*) sich durchschleichen; (*en una cola*) sich vordrängeln

colcha ['kolʧa] *f* Tagesdecke *f*

colchón [kol'ʧon] *m* Matratze *f*

colchoneta [kolʧo'neta] *f* Luftmatratze *f;* (DEP) Matte *f*

colección [koleɣ'θjon] *f* Sammlung *f*

coleccionar [koleɣθjo'nar] *vt* sammeln

colecta [ko'lekta] *f* Kollekte *f*

colectivo, -a [kolek'tiβo] *adj* kollektiv; **acción colectiva** gemeinsame Aktion

colega [ko'leɣa] *mf* Kollege, -in *m, f;* (*argot*) Kumpel *m*

colegial(a) [kole'xjal] **I.** *adj* **1.** (*de un colegio*) Schul-, Schüler-; **lenguaje ~** Schülersprache *f* **2.** (*inexperto*) unerfahren **II.** *m(f)* (*alumno*) Schüler(in) *m(f)*

colegio [ko'lexjo] *m* **1.** Schule *f;* **ir al ~** zur Schule gehen **2.** (*Am: universidad*) Hochschule *f;* **~ mayor** Studentenwohnheim *nt* **3.** **~ de abogados** Anwaltskammer *f*

cólera[1] ['kolera] *m* Cholera *f*

cólera[2] ['kolera] *f:* **acceso de ~** Wutanfall *m*

colesterol [koleste'rol] *m* Cholesterin *nt*

colgado(a) *adj* (*argot*): **dejar ~ a alguien** jdn hängen [*o* sitzen] lassen; **quedarse ~ por alguien** sich in jdn verknallen

colgante [kol'ɣante] *m* Anhänger *m*

colgar [kol'ɣar] *irr* **I.** *vt* (er)hängen (*de* an +*akk*); **~ los libros** das Studium aufgeben **II.** *vi* hängen (*de/en* an/von +*dat*); (TEL) auflegen **III.** *vr:* ~**se** sich erhängen (*de/en* an +*dat*)

colibrí [koli'βri] *m* Kolibri *m*

cólico ['koliko] *m* Kolik *f*

coliflor [koli'flor] *f* Blumenkohl *m*

colilla [ko'liʎa] *f* Zigarettenkippe *f*

colina [ko'lina] *f* Hügel *m*

colindar [kolin'dar] *vi* grenzen (*con* an +*akk*)

colirio [ko'lirjo] *m* Augentropfen *mpl*

colisión [koli'sjon] *f* Zusammenstoß *m*

collage [ko'laʃ] *m* Collage *f*

collar [ko'ʎar] *m* Kollier *nt;* ~ **de perro** Hundehalsband *nt*

colmado, -a [kol'maðo] *adj* (rand)voll; **un año ~ de felicidad** ein glückliches Jahr

colmena [kol'mena] *f* Bienenstock *m*

colmillo [kol'miʎo] *m* Eckzahn *m*

colmo ['kolmo] *m:* **para ~** obendrein; **¡esto es el ~!** das ist (doch) der Gipfel!

colocado, -a [kolo'kaðo] *adj* (*argot: bebido*) blau; (*drogado*) high

colocar [kolo'kar] <c → qu> **I.** *vt* (*poner*) (an)legen; (*emplazar*) stellen **II.** *vr:* ~**se 1.** eine Anstellung finden; (*posicionarse*) sich hinstellen **2.** (*argot: drogas*) Drogen nehmen

Colombia [ko'lombja] *f* Kolumbien *nt*

colombiano, -a [kolom'bjano] *adj* kolumbianisch

Colón [ko'lon] *m* Kolumbus *m*

colonia [ko'lonja] *f* (Ferien)kolonie *f;* (*perfume*) Kölnischwasser *nt*

Colonia [ko'lonja] *f* Köln *nt*

colonialismo [kolonja'lismo] *m* Kolonialismus *m*

colonización [koloniθa'θjon] *f* **1.** (POL: *conquista*) Kolonisierung *f* **2.** (*población*) Besied(e)lung *f*

colonizar [koloni'θar] <z → c> *vt*

kolonisieren

coloquial [kolo'kjal] *adj* umgangssprachlich

coloquio [ko'lokjo] *m* Gespräch *nt;* (*científico*) Kolloquium *nt*

color [ko'lor] *m* Farbe *f;* **película en ~** Farbfilm *m;* **un hombre de ~** ein Farbiger

colorado, -a [kolo'raðo] *adj:* **ponerse ~** erröten

colorante [kolo'rante] *m* Farbstoff *m*

colorear [kolore'ar] *vt* färben; (*pintar*) anmalen

colosal [kolo'sal] *adj* kolossal

columna [ko'lumna] *f* Säule *f;* (*periódico*) Kolumne *f;* ~ **vertebral** Wirbelsäule *f*

columpiarse [kolum'pjarse] *vr* schaukeln

columpio [ko'lumpjo] *m* Schaukel *f;* (*Am*) Schaukelstuhl *m*

coma[1] ['koma] *m* Koma *nt*

coma[2] ['koma] *f* Komma *nt*

comadre [ko'maðre] *f* Taufpatin *f;* (*fam*) (befreundete) Nachbarin *f*

comadrona [koma'ðrona] *f* Hebamme *f*

comando [ko'mando] *m* Kommando *nt;* (INFOR) Befehl *m;* ~ **de arranque** Startbefehl *m*

comarca [ko'marka] *f* (Land)kreis *m*

comba ['komba] *f* Hüpfseil *nt;* **saltar a la ~** seilhüpfen

combate [kom'bate] *m* **1.** (*lucha*) Kampf *m*, Gefecht *nt;* ~ **naval** Seeschlacht *f* **2.** (DEP) Wettkampf *m;* ~ **de boxeo** Boxkampf *m;* **fuera de ~** kampfunfähig

combatir [komba'tir] *vi, vt* (be)kämpfen

combinación [kombina'θjon] *f* Verbindung *f;* (*composición*) Zusammenstellung *f;* (*t.* MAT) Kombination *f*

combinar [kombi'nar] **I.** *vi* passen

(*con* zu +*dat*) **II.** *vt* zusammenstellen; (*unir*) verbinden **III.** *vr:* ~se sich verbinden

combustible [kombus'tiβle] *m* Brennstoff *m*; (*carburante*) Kraftstoff *m*

comedia [ko'meðja] *f* (TEAT) Schauspiel *nt;* (CINE) Komödie *f*

comediante, -a [kome'ðjaṇte] *m, f* Schauspieler(in) *m(f);* (*farsante*) Komödiant(in) *m(f)*

comedor [kome'ðor] *m* Esszimmer *nt;* ~ **universitario** Mensa *f*

comentar [komeṇ'tar] *vt* besprechen; (*fam*) erzählen

comentario [komeṇ'tarjo] *m* Kommentar *m*

comentarista [komeṇta'rista] *mf* Kommentator(in) *m(f)*

comenzar [komeṇ'θar] *irr como empezar* **I.** *vi* anfangen (*con/por* mit +*dat*); ~ **a** +*inf* anfangen zu +*inf*; **para** ~ als Erstes **II.** *vt* anfangen

comer [ko'mer] **I.** *vi* **1.** essen; (*animales*) fressen **2.** (*almorzar*) zu Mittag essen **II.** *vt* essen; (*animales*) fressen **III.** *vr:* ~se (auf)essen; **está para comérsela** sie ist zum Anbeißen

comercial[1] [komer'θjal] **I.** *adj:* **calle** ~ Geschäftsstraße *f;* **centro** ~ Einkaufszentrum *nt* **II.** *mf* Außendienstmitarbeiter(in) *m(f)*

comercial[2] [komer'θjal] *m* (*Am*) Werbespot *m*

comercializar [komerθjali'θar] <z → c> *vt* vermarkten

comerciante, -a [komer'θjaṇte] *m, f* Händler(in) *m(f)*

comerciar [komer'θjar] *vi* handeln

comercio [ko'merθjo] *m* **1.** Handel *m;* (*venta*) Gewerbe *nt;* ~ **ambulante** Straßenverkauf *m;* ~ **exterior** Außenhandel *m;* ~ **al por mayor** Großhandel *m;* ~ **sexual** Men-

schenhandel zum Zwecke sexueller Ausbeutung **2.** (*tienda*) Geschäft *nt*

comestibles [komes'tiβles] *mpl* Lebensmittel *ntpl;* **tienda de** ~ Lebensmittelgeschäft *nt*

cometa[1] [ko'meta] *m* Komet *m*

cometa[2] [ko'meta] *f* Drachen *m*

cometer [kome'ter] *vt* begehen

comezón [kome'θon] *f* Juckreiz *m;* (*malestar*) Unbehagen *nt*

cómic ['komik] <cómics> *m* Comic *m*

comicios [ko'miθjos] *mpl* (*elecciones*) Wahlen *fpl*

cómico, -a ['komiko] *adj* witzig

comida [ko'miða] *f* Essen *nt;* ~ **basura** Junkfood *nt;* ~ **casera** Hausmannskost *f;* ~ **rápida** Fastfood *nt;* ~ **de negocios** Geschäftsessen *nt*

comienzo [ko'mjeṇθo] *m* Beginn *m;* **al** ~ am Anfang

comino [ko'mino] *m* Kümmel *m;* **no valer un** ~ keinen Deut wert sein

comisaría [komisa'ria] *f* (Polizei)wache *f;* ~ **de policía** Polizeirevier *nt*

comisión [komi'sjon] *f* **1.** Kommission *f;* (*comité*) Komitee *nt;* **Comisión Europea** Europäische Kommission; ~ **parlamentaria** Parlamentsausschuss *m;* ~ **permanente** Ständiger Rat **2.** (COM) Provision *f;* **a** ~ auf Provision(sbasis)

comisura [komi'sura] *f:* ~ **de los labios** Mundwinkel *m*

comité [komi'te] *m* Komitee *nt;* ~ **de empresa** Betriebsrat *m*

comitiva [komi'tiβa] *f* Gefolge *nt;* ~ **fúnebre** Leichenzug *m*

como ['komo] **I.** *adv* **1.** (*del modo que*) wie; **hazlo** ~ **quieras** mach es, wie du willst; ~ **quien dice** sozusagen **2.** (*comparativo*) wie **3.** (*aproximadamente*) ungefähr; **hace** ~ **un año** etwa vor einem Jahr **4.** (*y también*) sowie **5.** (*en calidad* *de*) als; **trabaja ~ camarero** er arbeitet als Kellner **II.** *conj* **1.** (*causal*) da **2.** (*condicional*) wenn, falls **3.** (*con 'si' +subj o con 'que'*) als ob, als wenn **4.** (*completiva*) dass **5.** (*final*): **~ para** um zu **6.** (*temporal*) sobald

cómo ['komo] *adv* **1.** (*modal, exclamativo*) wie; **¿~ estás?** wie geht's dir?; **¿~ (dice)?** wie bitte? **2.** (*por qué*) wieso; **¿~ (no)?** wieso (nicht)?; **¡~ no!** aber klar!

cómoda ['komoða] *f* Kommode *f*

comodidad [komoði'ðaᵒ] *f* Bequemlichkeit *f*

comodín [komo'ðin] *m* Joker *m*

cómodo, -a ['komoðo] *adj* bequem; **¡ponte ~!** mach's dir bequem!

comoquiera [komo'kjera] **I.** *adv* irgendwie, wie auch immer **II.** *conj* **1.** (*causal*): **~ que** da ... ja **2.** (*concesiva*): **~ que** auch wenn; **~ que sea** wie es auch sein mag

compact (disc) ['kompak (ðisᵏ)] *m* CD *f*

compacto, -a [kom'pakto] *adj* kompakt; (*denso*) dicht

compadecer [kompaðe'θer] *irr como crecer* **I.** *vt* bedauern **II.** *vr:* **~se** Mitleid haben

compadre [kom'paðre] *m* Pate *m;* (*amigo*) Freund *m*

compaginar [kompaxi'nar] **I.** *vt* harmonisieren **II.** *vr:* **~se** zusammenpassen

compañero, -a [kompa'ɲero] *m, f* (Lebens)gefährte, -in *m, f;* (*amigo*) Freund(in) *m(f);* **~ de piso** Mitbewohner *m*

compañía [kompa'ɲia] *f* **1.** (*acompañamiento*) Gesellschaft *f;* **animal de ~** Haustier *nt;* **hacer ~ a alguien** jdm Gesellschaft leisten **2.** (TEAT) Ensemble *nt,* Truppe *f* **3.** (COM) Gesellschaft *f;* **~ aérea** Fluggesellschaft *f*

4. (MIL) Kompanie *f*

comparación [kompara'θjon] *f* Vergleich *m;* **en ~ con algo** im Vergleich zu etw*dat*

comparar(se) [kompa'rar(se)] *vt, vr* (sich) vergleichen

comparecer [kompare'θer] *irr como crecer* *vi* erscheinen

compartim(i)ento [komparti-'m(j)ento] *m* Abteilung *f;* (FERRO) Abteil *nt*

compartir [kompar'tir] *vt* teilen

compás [kom'pas] *m* **1.** (*en dibujo*) Zirkel *m* **2.** (AERO, NÁUT) Kompass *m* **3.** (*ritmo*) Rhythmus *m;* (MÚS) Takt *m*

compasión [kompa'sjon] *f* Mitleid *nt* (*de* mit *+dat*); **sin ~** erbarmungslos

compasivo, -a [kompa'siβo] *adj* teilnahmsvoll

compatibilidad [kompatiβili'ðaᵒ] *f* (*t.* INFOR, MED) Kompatibilität *f;* (TÉC) Vereinbarkeit *f*

compatible [kompa'tiβle] *adj* kompatibel

compatriota [kompa'trjota] *mf* Landsmann, -männin *m, f*

compenetrarse [kompene'trarse] *vr* sich identifizieren

compensar [kompen'sar] *vt* ausgleichen (*con* durch *+akk*); (COM) entschädigen (*de* für *+akk*)

competencia [kompe'tenθja] *f* **1.** (*t.* COM) Wettbewerb *m;* (DEP) Wettstreit *m;* (*rivalidad*) Konkurrenz *f;* **~ desleal** unlauterer Wettbewerb **2.** (*aptitud*) Fähigkeit *f* **3.** (*responsabilidad*) Zuständigkeit *f;* **esto (no) es de mi ~** dafür bin ich (nicht) zuständig

competente [kompe'tente] *adj* fähig; (*apto*) tauglich; (*t.* LING) kompetent; (*versado*) sachkundig

competición [kompeti'θjon] *f* Wettkampf *m*

competidor(a) [kompeti'ðor] *m(f)* Konkurrent(in) *m(f)*

competir [kompe'tir] *irr como pedir vi* konkurrieren (können)

competitivo, -a [kompeti'tiβo] *adj* konkurrenzfähig; **espíritu ~** Wettbewerbsgeist *m*

compi ['kompi] *mf (fam)* Kumpel *m;* **mi ~ de curro** mein Arbeitskumpel

compilar [kompi'lar] *vt* kompilieren

complacer [kompla'θer] *irr como crecer* I. *vt* freuen, jdm (gegenüber) gefällig sein II. *vr: ~se* sich freuen

complaciente [kompla'θjente] *adj* gefällig

complejo¹ [kom'plexo] *m* 1. **~ deportivo** Sportzentrum *nt;* **~ hotelero** Hotelkomplex *m;* **~ turístico** touristische Anlage 2. **~ de culpabilidad** Schuldkomplex *m;* **~ de superioridad** übersteigertes Selbstbewusstsein

complejo, -a² [kom'plexo] *adj* kompliziert

complemento [komple'mento] *m* 1. Zulage *f;* (*recargo*) Zuschlag *m* 2. (*accesorio*) Accessoire *nt* 3. (LING) Objekt *nt*

completar [komple'tar] I. *vt* vervollständigen II. *vr: ~se* sich ergänzen

completo, -a [kom'pleto] *adj* vollständig; **pensión completa** Vollpension *f*

complexión [kompleɣ'sjon] *f* Körperbau *m;* (*Am*) Teint *m*

complicación [komplika'θjon] *f* 1. (*t.* MED: *problema*) Komplikation *f,* Schwierigkeit *f* 2. (*confusión*) Verwirrung *f;* (*enredo*) Verwicklung *f*

complicarse [kompli'karse] <c → qu> *vr* kompliziert werden

cómplice ['kompliθe] *mf* Komplize, -in *m, f*

complicidad [kompliθi'ðaᵈ] *f* Beihilfe *f*

complot [kom'plotᵗ] <complots> *m* Komplott *nt*

componente [kompo'nente] *m* Bestandteil *m*

componer [kompo'ner] *irr como poner* I. *vt* 1. (*formar*) zusammensetzen 2. (*constituir*) bilden 3. (MÚS) komponieren 4. (*Am: castrar*) kastrieren 5. (*Am: curar*) einrenken II. *vr: ~se* bestehen; (*Am*) sich bessern

comportamiento [komporta'mjento] *m* Verhalten *nt*

comportar [kompor'tar] I. *vt* mit einschließen II. *vr: ~se* sich benehmen

composición [komposi'θjon] *f* Werk *nt;* (*redacción*) Aufsatz *m*

compositor(a) [komposi'tor] *m(f)* Komponist(in) *m(f)*

compra ['kompra] *f* Kauf *m*

comprador(a) [kompra'ðor] *m(f)* Käufer(in) *m(f)*

comprar [kom'prar] I. *vt* (ein)kaufen; **~ a plazos** auf Raten kaufen II. *vr: ~se* sich *dat* kaufen

comprender [kompren'der] *vt* umfassen; (*entender*) verstehen; **hacerse ~** sich verständigen; **~ mal** missverstehen

comprensible [kompren'siβle] *adj* verständlich

comprensión [kompren'sjon] *f* Auffassungsvermögen *nt*

comprensivo, -a [kompren'siβo] *adj* verständnisvoll

compresa [kom'presa] *f* Kompresse *f;* (*higiénica*) Damenbinde *f*

comprimido [kompri'miðo] *m* Tablette *f*

comprimir [kompri'mir] *vt* komprimieren

comprobante [kompro'βante] *m:* **~ de compra** Kassenbeleg *m*

comprobar [kompro'βar] <o → ue>

vt kontrollieren; (*constatar*) feststellen

comprometedor(a) [komprome'ðor] *adj* heikel; (JUR) belastend

comprometerse [komprome'terse] *vr* sich verpflichten; (*vincularse*) sich engagieren; **~ (en matrimonio)** sich verloben

compromiso [kompro'miso] *m* **1.** (*vinculación*) Verbindlichkeit *f;* **visita de ~** Anstandsbesuch *m;* **sin ~** unverbindlich; (**soltero y) sin ~** ungebunden **2.** (*promesa*) Versprechen *nt;* **~ matrimonial** Verlobung *f* **3.** (*aprieto*) heikle Lage *f*

compulsar [kompul'sar] *vt* beglaubigen

computador *m* (*Am*), **computadora** [komputa'ðor] *f* (*Am*) Computer *m*

cómputo ['komputo] *m* Berechnung *f*

comulgar [komul'ɣar] <g → gu> *vi* zur Kommunion gehen

común [ko'mun] *adj* gemeinsam (*a* mit +*dat*); (*de la comunidad*) gemeinschaftlich; **sentido ~** gesunder Menschenverstand; **poco ~** ungewöhnlich

comunal [komu'nal] *adj:* **elecciones ~es** Kommunalwahlen *fpl*

comunicación [komunika'θjon] *f* **1.** (*t.* TÉC) Kommunikation *f* **2.** (*comunicado*) Mitteilung *f;* (*ponencia*) Vortrag *m* **3.** (*conexión*) Anschluss *m;* **~ telefónica** Telefongespräch *nt* **4.** (*de transporte*) Verkehrsverbindung *f*

comunicado [komuni'kaðo] *m* Mitteilung *f*

comunicar [komuni'kar] <c → qu> **I.** *vi* in Verbindung stehen; (*teléfono*) besetzt sein **II.** *vt* bekannt machen **III.** *vr:* **~se** kommunizieren; (*relacionarse*) verkehren

comunicativo, -a [komunika'tiβo] *adj* mitteilsam

comunidad [komuni'ðað] *f* Gemeinschaft *f;* **~ de vecinos** Hausgemeinschaft *f;* **~ autónoma** autonome Region

comunión [komu'njon] *f* Kommunion *f*

comunismo [komu'nismo] *m* Kommunismus *m*

comunitario, -a [komuni'tarjo] *adj* EU-; **política comunitaria** (UE) EU-Politik *f*

con [kon] **I.** *prep* **1.** mit +*dat;* **¿vienes ~ nosotros?** kommst du mit (uns)? **2.** (*modo*) mit +*dat,* durch +*akk;* **estar ~ la gripe** Grippe haben **3.** (*circunstancia*) bei +*dat;* **~ este tiempo...** bei diesem Wetter ... **4.** (*a pesar de*) trotz +*dat;* **~ todo** trotz allem **II.** *conj* (*condicional*): **~ +***inf* wenn ...; **~ que** +*subj* wenn ...; **~ sólo que** +*subj* wenn ... nur ...

cóncavo, -a ['konkaβo] *adj* konkav

concebir [konθe'βir] *irr como pedir* *vt* (*engendrar*) empfangen; (*imaginar*) begreifen; (*planear*) planen

conceder [konθe'ðer] *vt* gewähren; **~ la palabra** das Wort erteilen; **~ un premio** einen Preis verleihen

concejal(a) [konθe'xal] *m(f)* Stadtrat, -rätin *m, f*

concentración [konθentra'θjon] *f* Konzentration *f;* **campo de ~** Konzentrationslager *nt*

concentrar [konθen'trar] **I.** *vt* konzentrieren; (ADMIN) zentralisieren **II.** *vr:* **~se** zusammenkommen; (*centrarse*) sich konzentrieren (*en* auf +*akk*)

concepto [kon'θepto] *m* Begriff *m;* (*opinión*) Auffassung *f;* **bajo ningún ~** unter keinen Umständen; **en ~ de** als +*nom;* (COM) für +*akk*

concernir [konθer'nir] *irr como cernir* *vi* betreffen

concertar [konθer'tar] <e → ie> *vt* vereinbaren

concha ['kontʃa] *f* Muschel(schale) *f;* (*Am*) Frechheit *f;* (*Am: vulg*) Möse *f fam*

conciencia [konˈθjenθja] *f* Gewissen *nt;* **me remuerde la ~** ich habe Gewissensbisse

concienciarse [konˌθjenˈθjarse] *vr* sensibilisiert werden (*de* für +*akk*)

concienzudo, -a [konˌθjenˈθuðo] *adj* gewissenhaft

concierto [konˈθjerto] *m* Konzert *nt*

conciliar [konθiˈljar] I. *vt* versöhnen; **~ el sueño** einschlafen II. *vr:* **~se** sich versöhnen

concilio [konˈθiljo] *m* 1. (*reunión*) Versammlung *f* 2. (REL) Konzil *nt*

conciso, -a [konˈθiso] *adj* knapp

concluir [konkluˈir] *irr como huir* I. *vi* enden; **¡asunto concluido!** erledigt! II. *vt* zu Ende bringen; (*deducir*) schließen (*de* aus +*dat*) III. *vr:* **~se** zu Ende gehen

conclusión [konkluˈsjon] *f* (Schluss)folgerung *f*

concordancia [konkorˈðanθja] *f* 1. (*correspondencia*) Übereinstimmung *f* 2. (LING) Kongruenz *f*

concordar [konkorˈðar] <o → ue> *vi* übereinstimmen

concretar [konkreˈtar] *vt* konkretisieren

concretizar [konkretiˈθar] <z → c> *vt* konkretisieren

concreto, -a [konˈkreto] *adj* konkret; **en ~** konkret

concurrido, -a [konkuˈrriðo] *adj* gut besucht

concurrir [konkuˈrrir] *vi* zusammenkommen; (*en el tiempo*) zusammenfallen; (*concursar*) konkurrieren (*por* um +*akk*)

concursante [konkurˈsante] *mf* (Wettbewerbs)teilnehmer(in) *m(f)*

concursar [konkurˈsar] *vi, vt* (an einem Wettbewerb) teilnehmen

concurso [konˈkurso] *m* Ausschreibung *f;* (*torneo*) Wettbewerb *m*

conde(sa) ['konde] *m(f)* Graf, Gräfin *m, f*

condecorar [kondekoˈrar] *vt* auszeichnen

condena [konˈdena] *f* Verurteilung *f;* **cumplir una ~** eine Strafe verbüßen

condenar [kondeˈnar] I. *vt* verurteilen (*a* zu +*dat*); (REL) verdammen II. *vr:* **~se** verdammt werden

condensar [kondenˈsar] *vt* kondensieren; (*abreviar*) kürzen (*en* auf +*akk*)

condesa [konˈdesa] *f* v. **conde**

condición [kondiˈθjon] *f* Bedingung *f;* **a ~ de que...** +*subj* unter der Bedingung, dass ...; **sin condiciones** bedingungslos

condicional [kondiθjoˈnal] *adj* 1. bedingt; **libertad ~** Freilassung auf Bewährung 2. (LING) konditional

condicionar [kondiθjoˈnar] *vt* abhängig machen (*a* von +*dat*); (*acondicionar*) konditionieren

condimento [kondiˈmento] *m* Gewürz *nt*

condolencia [kondoˈlenθja] *f* Beileid *nt*

condolerse [kondoˈlerse] <o → ue> *vr* Mitleid haben (*de* mit +*dat*)

condón [konˈdon] *m* Kondom *m o nt*

condonar [kondoˈnar] *vt* erlassen

cóndor ['kondor] *m* Kondor *m*

conducir [konduˈθir] *irr como traducir* I. *vt* 1. bringen; (*transportar*) befördern 2. (*guiar*) führen 3. (*pilotar*) fahren II. *vi* führen (*a* zu +*dat*); (*pilotar*) fahren

conducta [konˈdukta] *f* Benehmen *nt*

conductor(a) [koɲduk'tor] *m (f)* Fahrer(in) *m (f)*

conectar [konek'tar] **I.** *vt* verbinden; (*enchufar*) anschließen **II.** *vi* Kontakt aufnehmen

conejo [ko'nexo] *m* Kaninchen *nt;* **~ de Indias** Meerschweinchen *nt;* (*fig*) Versuchskaninchen *nt*

conexión [koneɣ'sjon] *f* Verbindung *f;* (*del teléfono*) Anschluss *m*

confabularse [koɱfaβu'larse] *vr* sich verschwören

confección [koɱfeɣ'θjon] *f* Anfertigung *f*

confederación [koɱfeðera'θjon] *f* Bündnis *nt;* (*entre Estados*) Konföderation *f*

conferencia [koɱfe'renθja] *f* **1.** (*charla*) Vortrag *m* **2.** (*encuentro*) Konferenz *f;* **~ de prensa** Pressekonferenz *f* **3.** (*llamada telefónica*) Ferngespräch *nt*

conferenciante [koɱferen'θjante] *mf* Redner(in) *m (f)*

conferir [koɱfe'rir] *irr como sentir vt* verleihen

confesar [koɱfe'sar] <e → ie> **I.** *vt* **1.** (*admitir*) gestehen **2.** (*manifestar algo oculto*) preisgeben **3.** (REL) beichten; (*oír*) die Beichte abnehmen **II.** *vr:* **~se** die Beichte ablegen

confesión [koɱfe'sjon] *f* Geständnis *nt;* (*sacramento*) Beichte *f;* (*credo religioso*) Konfession *f*

confesor [koɱfe'sor] *m* Beichtvater *m*

confiado, -a [koɱfi'aðo] *adj* (*ser*) vertrauensselig; (*estar*) zuversichtlich

confianza [koɱfi'anθa] *f* **1.** (*crédito*) Vertrauen *nt;* **amiga de ~** enge Freundin **2.** (*esperanza*) Zuversicht *f* **3.** (*familiaridad*) Vertrautheit *f*

confiar [koɱfi'ar] <1. pres: confío> **I.** *vi, vt* (an)vertrauen **II.** *vr:* **~se** sich

verlassen (*a* auf +*akk*); (*sincerarse*) sich anvertrauen (*a* +*dat*)

confidencia [koɱfi'ðenθja] *f* vertrauliche Mitteilung *f*

confidencial [koɱfiðen'θjal] *adj* vertraulich

confidente [koɱfi'ðente] *mf* Vertraute(r) *f (m)*

configurar [koɱfiɣu'rar] **I.** *vt* gestalten; (INFOR) konfigurieren **II.** *vr:* **~se** sich herausbilden

confirmación [koɱfirma'θjon] *f* **1.** (*ratificación*) Bestätigung *f* **2.** (REL: *católica*) Firmung *f;* (*protestante*) Konfirmation *f*

confirmar(se) [koɱfir'mar(se)] *vt, vr* (sich) bestätigen

confiscar [koɱfis'kar] <c → qu> *vt* beschlagnahmen

confitería [koɱfite'ria] *f* Süßwarengeschäft *nt*

conflictivo, -a *adj* konfliktgeladen, brisant

conflicto [koɱ'flikto] *m* Konflikt *m*

conformar [koɱfor'mar] **I.** *vt* (*formar*) formen; (*ajustar*) anpassen (*a* an +*akk*); (*contentar*) zufrieden stellen **II.** *vr:* **~se** sich zufrieden geben

conforme [koɱ'forme] **I.** *adj:* **estar ~ con algo** mit etw *dat* übereinstimmen **II.** *adv* (*como*) (so) wie; (*según*) gemäß (*a* +*dat*)

conformidad [koɱformi'ðaˀ] *f* Übereinstimmung *f;* (*aprobación*) Genehmigung *f*

confort [koɱ'forˀ] *m sin pl* Komfort *m*

confortable [koɱfor'taβle] *adj* komfortabel

confrontación [koɱfronta'θjon] *f* Gegenüberstellung *f;* (*enfrentamiento*) Konfrontation *f*

confrontar [koɱfron'tar] **I.** *vt* vergleichen; (*carear*) gegenüberstellen (con +dat) II. vr: ~se (sich dat) gegenüberstehen

confundir [komfuṇ'dir] I. vt verwechseln II. vr: ~se sich täuschen (de in +dat)

confusión [komfu'sjon] f Verwechslung f

confuso, -a [kom'fuso] adj verworren

congelador [koŋxela'ðor] m Gefrierschrank m

congelar [koŋxe'lar] I. vt gefrieren (lassen); (helar) erfrieren II. vr: ~se gefrieren; (helarse) erfrieren

congeniar [koŋxe'njar] vi harmonieren

congénito, -a [koŋ'xenito] adj angeboren

congestión [koŋxes'tjon] f Hyperämie f

congoja [koŋ'goxa] f Schmerz m

congregar(se) [koŋgre'ɣar(se)] <g → gu> vt, vr (sich) versammeln

congreso [koŋ'greso] m Abgeordnetenhaus nt

congrio ['koŋgrjo] m Meeraal m

congruencia [koŋ'grweṇθja] f 1. (coherencia) Übereinstimmung f 2. (MAT) Kongruenz f

conjetura [koŋxe'tura] f Mutmaßung f

conjugar [koŋxu'ɣar] <g → gu> vt in Einklang bringen; (LING) konjugieren

conjunción [koŋxuṇ'θjon] f Verbindung f; (t. LING) Konjunktion f

conjuntamente [koŋxuṇta'meṇte] adv zusammen

conjuntar [koŋxuṇ'tar] vi zusammenpassen

conjuntivitis [koŋxuṇti'βitis] f inv Bindehautentzündung f

conjunto [koŋ'xuṇto] m 1. (unido) Einheit f 2. (totalidad) Gesamtheit f; en ~ insgesamt 3. (en representaciones artísticas) Ensemble nt

4. (prenda de vestir) Ensemble nt

5. (MAT) Menge f; ~ vacío Leermenge f

conjurar [koŋxu'rar] I. vi konspirieren II. vt beschwören; (alejar) bannen III. vr: ~se sich verschwören

conllevar [koɲʎe'βar] vt ertragen; (implicar) mit sich dat bringen

conmemoración [koɱmemora'θjon] f: en ~ de alguien zum Gedenken an jdn

conmemorar [koɱmemo'rar] vt gedenken +gen

conmigo [koɱ'miɣo] pron pers mit mir, bei mir

conmocionar [koɱmoθjo'nar] I. vt erschüttern II. vr: ~se erschüttert sein

conmovedor(a) [koɱmoβe'ðor] adj rührend

conmover [koɱmo'βer] <o → ue> I. vt bewegen; (conmocionar) erschüttern II. vr: ~se ergriffen sein

cono ['kono] m Kegel m; Cono Sur Argentinien, Chile, Paraguay und Uruguay

conocer [kono'θer] irr como crecer I. vt kennen; ~ de vista vom Sehen kennen; dar a ~ bekannt geben II. vi sich auskennen (de mit +dat) III. vr: ~se sich kennen

conocido, -a [kono'θiðo] I. adj bekannt II. m, f Bekannte(r) f(m)

conocimiento [konoθi'mjeṇto] m Kenntniss(e) f(pl); (inteligencia) Vernunft f

conque ['koŋke] conj (fam) also

conquista [koŋ'kista] f Eroberung f

conquistar [koŋkis'tar] vt erobern

consagrar [konsa'ɣrar] I. vt 1. weihen; (la hostia) konsekrieren 2. (sacrificadamente) opfern II. vr: ~se (dedicarse) sich verschreiben (a +dat)

consciencia [koⁿs'θjeṇθja] f Bewusstsein *nt*

consciente [koⁿs'θjeṇte] *adj* bewusst (*de* +*gen*); **estar ~** bei Bewusstsein sein

consecución [konseku'θjon] *f* Erlangung *f*

consecuencia [konse'kweṇθja] *f* Auswirkung *f*; **a ~ de** infolge +*gen*

consecuente [konse'kweṇte] *adj* konsequent

consecuentemente [konsekweṇte-'meṇte] *adv* folglich

consecutivo, -a [konseku'tiβo] *adj* aufeinander folgend

conseguir [konse'ɣir] *irr como seguir* *vt* erreichen; (*tener éxito*) gelingen

consejero, -a [konse'xero] *m, f* **1.** (*guía*) Berater(in) *m(f)* **2.** (*miembro de un consejo*) Rat, Rätin *m, f*; **~ de embajada** Botschaftsrat *m* **3.** (*de una autonomía*) Minister(in) *m(f)*

consejo [kon'sexo] *m* **1.** (*recomendación*) Rat(schlag) *m* **2.** (*organismo*) Rat *m*; **Consejo Europeo** Europäischer Rat **3.** (*reunión*) Ratsversammlung *f*

consenso [kon'senso] *m* Konsens *m*

consentido, -a [konseṇ'tiðo] *adj* verwöhnt

consentimiento [konseṇti'mjeṇto] *m* Zustimmung *f*

consentir [konseṇ'tir] *irr como sentir* **I.** *vi* zulassen; (*tolerar*) dulden **II.** *vt* **1.** genehmigen; (*tolerar*) dulden **2.** (*mimar*) verwöhnen

conserje [kon'serxe] *mf* Hausmeister(in) *m(f)*

conserjería [konserxe'ria] *f* Hausmeisterloge *f*

conserva [kon'serβa] *f* Konserve *f*; (*conservación*) Konservierung *f*

conservador(a) [konserβa'ðor] *adj* konservativ

conservar [konser'βar] **I.** *vt* erhalten;

(*guardar*) (auf)bewahren **II.** *vr:* **~se** erhalten bleiben; (*mantenerse*) sich halten

conservatorio [konserβa'torjo] *m* Konservatorium *nt*

considerable [konsiðe'raβle] *adj* beachtlich

consideración [konsiðera'θjon] *f:* **en ~ a** angesichts +*gen*; **falta de ~** Respektlosigkeit *f*

considerado, -a [konsiðe'raðo] *adj* angesehen; (*atento*) rücksichtsvoll

considerar [konsiðe'rar] **I.** *vt* überdenken; (*juzgar*) halten (für +*akk*); (*apreciar*) respektieren **II.** *vr:* **~se** sich halten (für +*akk*)

consigna [kon'siɣna] *f* Gepäckaufbewahrung *f*

consignatario, -a [konsiɣna'tarjo] *m, f* Empfänger(in) *m(f)*

consigo [kon'siɣo] *pron pers* mit sich *dat* bei sich *dat*

consiguiente [konsi'ɣjeṇte] *adj* dementsprechend; **por ~** folglich

consistencia [konsis'teṇθja] *f* Konsistenz *f*

consistir [konsis'tir] *vi* bestehen (*en* aus/in +*dat*); (*radicar*) beruhen (*en* auf +*dat*)

consolar(se) [konso'lar(se)] <o → ue> *vt, vr* (sich) trösten

consolidar [konsoli'ðar] **I.** *vt* festigen; (*t.* ECON) konsolidieren **II.** *vr:* **~se** sich festigen

consomé [konso'me] *m* Consommé *f o nt*

consonancia [konso'naṇθja] *f:* **en ~ con** in Einklang mit

consonante [konso'naṇte] *f* Konsonant *m*

consorcio [kon'sorθjo] *m* Konsortium *nt*

conspiración [koⁿspira'θjon] *f* Verschwörung *f*

conspirar [koⁿspi'rar] *vi* sich verschwören

constancia [koⁿs'tanθja] f Beständigkeit f; (*perseverancia*) Ausdauer f; **dejar ~ de algo** etw vermerken

constante [koⁿs'tante] adj konstant

Constanza [koⁿs'tanθa] f Konstanz nt; **Lago de ~** Bodensee m

constar [koⁿs'tar] vi (*componerse*) bestehen (*de* aus +*dat*); **hacer ~ algo** etw bekunden

constatar [koⁿsta'tar] vt bestätigen

constelación [koⁿstela'θjon] f Konstellation f

consternar(se) [koⁿster'nar(se)] vt, vr bestürzt (sein)

constiparse [koⁿsti'parse] vr sich erkälten

constitución [koⁿstitu'θjon] f Konstitution f; (POL) Verfassung f

constitucional [koⁿstituθjo'nal] adj Verfassungs-; **política ~** Verfassungspolitik f

constituir [koⁿstitu'ir] irr como huir vt bilden; (*ser*) darstellen; (*establecer*) gründen

construcción [koⁿstruˠ'θjon] f Bau m; (*sector*) Bauwesen nt

construir [koⁿstru'ir] irr como huir vt bauen; (LING) bilden

consuelo [kon'swelo] m Trost m

consulado [konsu'laðo] m Konsulat nt

consulta [kon'sulta] f Praxis f; **hora de ~** Sprechstunde f

consultar [konsul'tar] vt um Rat fragen; (*libro*) nachschlagen (in +*dat*)

consultorio [konsul'torjo] m (*establecimiento*) Beratungsstelle f; (*de un médico*) (Arzt)praxis f

consumar [konsu'mar] vt vollenden

consumición [konsumi'θjon] f Verbrauch m; (*bar*) Verzehr m

consumir [konsu'mir] I. vt verbrauchen; (*acabar*) aufbrauchen II. vr: **~se** sich quälen; (*gastarse*) ausgehen

consumo [kon'sumo] m Verbrauch m; **bienes de ~** Konsumgüter ntpl; **sociedad de ~** Konsumgesellschaft f

contabilidad [kontaβili'ðaᵒ] f Buchhaltung f

contabilizar [kontaβili'θar] <z → c> vt buchen

contable [kon'taβle] mf Buchhalter(in) m(f)

contactar [kontak'tar] vi, vt Kontakt aufnehmen

contacto [kon'takto] m Kontakt m; (*persona*) Kontaktperson f

contado [kon'taðo] m: **al ~** bar

contador [konta'ðor] m Zähler m

contagiar(se) [konta'xjar(se)] vt, vr (sich) anstecken

contagio [kon'taxjo] m Ansteckung f

contaminación [kontamina'θjon] f Verseuchung f; **~ ambiental** Umweltverschmutzung f; **~ radiactiva** radioaktive Verseuchung

contaminar [kontami'nar] I. vt verseuchen; (*contagiar*) anstecken II. vr: **~se** verseucht werden; (*contagiarse*) sich anstecken

contar [kon'tar] <o → ue> I. vi 1. zählen; **eso no cuenta** das zählt nicht 2. (*confiar*) zählen (*con* auf +*akk*) 3. (*tener en cuenta*) rechnen (*con* mit +*dat*) II. vt (er)zählen; (*calcular*) berechnen; (*tener*) haben III. vr: **~se** (sich) zählen (*entre* zu +*dat*)

contemplación [kontempla'θjon] f 1. (*observación*) Betrachtung f 2. (REL) Kontemplation f

contemplar [kontem'plar] vt betrachten; (*considerar*) berücksichtigen

contemporáneo, -a [kontempo'raneo] m, f Zeitgenosse, -in m, f

contenedor [kontene'ðor] m Container m

contener [konte'ner] *irr como tener*
I. *vt* enthalten; (*refrenar*) zurückhalten **II.** *vr:* ~**se** sich beherrschen
contenido [konte'niðo] *m* Inhalt *m*
contentar [konten'tar] **I.** *vt* zufrieden stellen **II.** *vr:* ~**se** sich begnügen
contento, -a [kon'tento] *adj* froh;
(*satisfecho*) zufrieden
contestación [kontesta'θjon] *f* Antwort *f*
contestador [kontesta'ðor] *m* Anrufbeantworter *m*
contestar [kontes'tar] **I.** *vi* antworten **II.** *vt* antworten (*a* auf +*akk*);
(*replicar*) widersprechen (*a* +*dat*)
contexto [kon'testo] *m* Zusammenhang *m*
contienda [kon'tjenda] *f* Streit *m*;
(*batalla*) Kampf *m*
contigo [kon'tiɣo] *pron pers* mit dir,
bei dir
contiguo, -a [kon'tiɣwo] *adj* nebeneinanderliegend
continental [kontinen'tal] *adj* kon-
tinental
continente [konti'nente] *m* Kontinent *m*
continuación [kontinwa'θjon] *f* Fortsetzung *f*
continuar [kontinu'ar] <1. *pres:*
continúo> **I.** *vi* 1. (*perdurar*) fort-
dauern; **continúa lloviendo** es regnet immer noch; ~**á** Fortsetzung
folgt 2. (*seguir*) fortfahren **II.** *vt* fortsetzen
continuidad [kontinwi'ðað] *f* Fortdauer *f*
continuo, -a [kon'tinwo] *adj* ständig
contorno [kon'torno] *m* 1. Kontur *f*,
Umriss *m* 2. (*pl*) (*territorio*) Umgebung *f*
contra ['kontra] **I.** *prep* 1. (*posición*,
dirección) gegen +*akk*, an +*akk*; (*enfrente*) gegenüber +*dat* 2. (*oposi-*

ción, contrariedad) gegen +*akk*; **yo**
he votado en ~ ich habe dagegen
gestimmt **II.** *m:* **los pros y los** ~**s**
das Pro und Kontra
contraataque [kontra'take] *m* Ge-
genangriff *m*
contrabajo [kontra'βaxo] *m* 1. (*instrumento*) Kontrabass *m* 2. (*músico*)
Kontrabassist(in) *m(f)*
contrabando [kontra'βando] *m*
Schmuggel *m*; **pasar algo de** ~
etw durchschmuggeln
contracción [kontraɣ'θjon] *f pl* Wehen *fpl*; (LING) Kontraktion *f*
contracorriente [kontrako'rrjente] *f*
Gegenströmung *f*
contradecir(se) [kontraðe'θir(se)]
irr como decir vt, vr (sich *dat*) widersprechen
contradicción [kontraðiɣ'θjon] *f* Widerspruch *m*
contradictorio, -a [kontraðik'torjo]
adj widersprüchlich
contraer [kontra'er] *irr como traer*
I. *vt* zusammenziehen; (*deudas*) machen **II.** *vr:* ~**se** sich zusammenziehen
contraindicación [kontraindika-
'θjon] *f* Gegenanzeige *f*
contramedida [kontrame'ðiða] *f* Gegenmaßnahme *f*
contraoferta [kontrao'ferta] *f* Ge-
genangebot *nt*
contraorden [kontra'orðen] *f* Gegen-
befehl *m*
contrapartida [kontrapar'tiða] *f* Gegenleistung *f*; (*contabilidad*) Gegen-
posten *m*
contraproducente [kontraproðu-
'θente] *adj:* **sería** ~ das würde das
Gegenteil bewirken
contrariar [kontrari'ar] <1. *pres:*
contrarío> *vt* behindern; (*plan*)
durchkreuzen; (*disgustar*) ärgern
contrariedad [kontrarje'ðað] *f* Zwi-

schenfall *m;* (*decepción*) Ärger *m*

contrario, -a [koɲˈtrarjo] *adj* entgegengesetzt (*a* +*dat*); **al ~** (ganz) im Gegenteil; **en caso ~** andernfalls; **de lo ~** andernfalls

contrarreforma [koɲtrarreˈforma] *f* (HIST) Gegenreformation *f*

contrarrestar [koɲtrarresˈtar] *vt* entgegenwirken +*dat*

contraseña [koɲtraˈseɲa] *f* Losungswort *nt*

contrastar I. *vi* im Gegensatz stehen (*con* zu +*dat*) II. *vt* prüfen

contraste [koɲˈtraste] *m* Kontrast *m*

contratación [koɲtrataˈθjon] *f* Einstellung *f*

contratar [koɲtraˈtar] *vt* einstellen; (*encargar*) beauftragen

contratiempo [koɲtraˈtjempo] *m* Zwischenfall *m;* **¡qué ~!** wie unangenehm!

contrato [koɲˈtrato] *m* Vertrag *m;* **~ de alquiler** Mietvertrag *m*

contravenir [koɲtraβeˈnir] *irr como venir vi, vt* verstoßen (*de* gegen +*akk*)

contribución [koɲtriβuˈθjon] *f* Beitrag *m;* (*impuesto*) Steuer *f;* **~ municipal** Gemeindesteuer *f*

contribuir [koɲtriβuˈir] *irr como huir* I. *vi* beitragen (*a* zu +*dat*); (*tributar*) Steuern zahlen II. *vt* beitragen (*a* zu +*dat*); (*pagar*) (be)zahlen

contribuyente [koɲtriβuˈʝente] *mf* Steuerzahler(in) *m(f)*

contrincante [koɲtriɲˈkante] *mf* Gegner(in) *m(f)*

control [koɲˈtrol] *m* Kontrolle *f;* **~ al azar** Stichprobe *f;* **~ a distancia** Fernsteuerung *f;* **torre de ~** Kontrollturm *m*

controlar [koɲtroˈlar] I. *vt* überwachen II. *vr:* **~se** sich beherrschen

controversia [koɲtroˈβersja] *f* Kontroverse *f*

controvertido, -a [koɲtroβerˈtiðo] *adj* umstritten

contundente [koɲtunˈdente] *adj:* **prueba ~** schlagender Beweis

contusión [koɲtuˈsjon] *f* Quetschung *f*

convalecencia [kombaleˈθenθja] *f* Genesung *f*

convalidación [kombaliðaˈθjon] *f* Anerkennung *f*

convalidar [kombaliˈðar] *vt* anerkennen

convencer(se) [kombenˈθer(se)] <c → z> *vt, vr* (sich) überzeugen

convencido, -a [kombenˈθiðo] *adj* überzeugt

convencimiento [kombenθiˈmjento] *m* Überzeugung *f*

convención [kombenˈθjon] *f* Abkommen *nt;* **la Convención de Ginebra** die Genfer Konvention

convencional [kombenθjoˈnal] *adj:* **armas ~es** konventionelle Waffen

conveniencia [kombeˈnjenθja] *f* **1.** (*provecho*) Zweckmäßigkeit *f* **2.** (*acuerdo*) Konvention *f*

conveniente [kombeˈnjente] *adj* angemessen

convenio [komˈbenjo] *m* Abkommen *nt;* **~ colectivo** Tarifvertrag *m*

convenir [kombeˈnir] *irr como venir vi, vt* vereinbaren (*en* +*akk*); (*concluir*) sich *dat* einig werden (über +*akk*); (*ser oportuno*) angebracht sein

convento [komˈbento] *m* Kloster *nt*

convergencia [komberˈxenθja] *f* Übereinstimmung *f*

converger [komberˈxer] <g → j> *vi,* **convergir** [komberˈxir] <g → j> *vi* zusammenlaufen; (*coincidir*) übereinstimmen

conversación [kombersaˈθjon] *f* Gespräch *nt;* **~ telefónica** Telefongespräch *nt*

conversar [komber'sar] *vi* sich unterhalten

conversión [komber'sjon] *f* **1.** (*transformación*) Verwandlung *f* **2.** (INFOR): **~ de datos** Datenkonvertierung *f* **3.** (REL) Bekehrung *f* **4.** (MAT) Umrechnung *f;* **tabla de ~** Umrechnungstabelle *f*

convertir [komber'tir] *irr como sentir* **I.** *vt* **1.** (*transformar*) verwandeln (*en* in +*akk*); **~ en dinero** zu Geld machen **2.** (REL) bekehren (*a* zu +*dat*) **3.** (COM) umwandeln **4.** (TÉC) überführen **II.** *vr:* **~se** sich verwandeln (*en* in +*akk*); (REL) sich bekehren (*a* zu +*dat*)

convexo, -a [kom'beʸso] *adj* konvex; **lente convexa** Konvexlinse *f*

convicción [kombiʸ'θjon] *f* Überzeugung *f*

convidar [kombi'ðar] *vt* einladen (*a* zu +*dat*)

convincente [kombin'θente] *adj* überzeugend

convivencia [kombi'βenθja] *f* Zusammenleben *nt*

convivir [kombi'βir] *vi* zusammenleben

convocar [kombo'kar] <c → qu> *vt* **1.** aufrufen; (MIL) einberufen **2.** (*concurso*) ausschreiben **3.** (*reunión*) einberufen; **~ elecciones** Wahlen einberufen

convulsión [kombul'sjon] *f* Konvulsion *f;* (*t.* POL) Unruhe *f*

cónyuge ['konʝuxe] *mf* Ehemann, -frau *m, f*

coña ['koɲa] *f* (*vulg*) Verarschung *f;* **tomar a ~** nicht ernst nehmen; **eres la ~** du bist unmöglich *fam*

coñac [ko'ɲak] <coñacs> *m* Kognak *m*

coño ['koɲo] **I.** *interj* verdammt! **II.** *m* (*vulg*) Fotze *f;* **¿qué ~ te importa?** das geht dich einen feuchten

Dreck an! *fam*

cooperación [ko(o)pera'θjon] *f* Kooperation *f*

cooperar [ko(o)pe'rar] *vi* zusammenarbeiten; (*t.* POL) kooperieren

cooperativa [ko(o)pera'tiβa] *f* Genossenschaft *f*

coordenada [ko(o)rðe'naða] *f* Koordinate *f*

coordinación [ko(o)rðina'θjon] *f* Koordination *f*

coordinador(a) [ko(o)rðina'ðor] *m(f)* Koordinator(in) *m(f)*

coordinar [ko(o)rði'nar] *vt* koordinieren

copa ['kopa] *f* **1.** (*vaso*) (Stiel)glas *nt;* **una ~ de vino** ein Glas Wein; **ir de ~s** etwas trinken gehen; **tener una ~ de más** beschwipst sein *fam* **2.** (*de árbol*) (Baum)krone *f* **3.** (DEP) Pokal *m*

Copenhague [kope'naʸe] *m* Kopenhagen *nt*

copia ['kopja] *f* **1.** Kopie *f;* (*al carbón*) Durchschlag *m;* **~ certificada** beglaubigte Kopie; **~ en limpio** Reinschrift *f;* **~ de seguridad** (INFOR) Sicherheitskopie *f* **2.** (FOTO) Abzug *m*

copiar [ko'pjar] *vt* abschreiben; (*a máquina*) abtippen; (*imitar*) kopieren

copo ['kopo] *m:* **~ de nieve** Schneeflocke *f*

copular [kopu'lar] **I.** *vt* verbinden; (BIOL) paaren **II.** *vi, vr:* **~se** sich paaren

coquetear [kokete'ar] *vi* **1.** (*flirtear*) kokettieren **2.** (*considerar*) liebäugeln

coqueto, -a [ko'keto] *adj* kokett; (*encantador*) reizend

coraje [ko'raxe] *m* Courage *f;* **tener ~** mutig sein; **dar ~** wütend machen

coral [ko'ral] *m* Koralle *f*

Corán [ko'ran] *m* Koran *m*

corazón [kora'θon] *m* Herz *nt;* **duro de ~** hartherzig; **de todo ~** von ganzem Herzen; **hacer algo de ~** etw von Herzen gern tun; **no tener ~** herzlos sein; **hacer de tripas ~** sich *dat* ein Herz fassen

corbata [kor'βata] *f* Krawatte *f*

Córcega ['korθeɣa] *f* Korsika *nt*

corchete [kor'ʧete] *m* eckige Klammer *f*

corcho ['korʧo] I. *m* Kork(en) II. *interj:* ¡~! Donnerwetter!

cordel [kor'ðel] *m* Schnur *f*

cordero, -a [kor'ðero] *m, f* Lamm *nt;* **~ asado** Lammbraten *m*

cordial [kor'ðjal] *adj* herzlich

cordialidad [korðjali'ðaᵈ] *f* Herzlichkeit *f*

cordillera [korði'ʎera] *f* Gebirgskette *f*

Córdoba ['korðoβa] *f* Córdoba *nt*

cordobés, -esa [korðo'βes] *adj* aus Córdoba

cordón [kor'ðon] *m* Kordel *f;* (*de zapatos*) Schnürsenkel *m;* **~ umbilical** Nabelschnur *f*

cordura [kor'ðura] *f* Verstand *m*

coreografía [koreoɣra'fia] *f* Choreographie *f*

corista [ko'rista] *mf* Chorsänger(in) *m(f)*

córnea ['kornea] *f* Hornhaut *f*

corneta [kor'neta] *f* (Signal)horn *nt*

cornudo, -a [kor'nuðo] *adj:* **marido ~** Hahnrei *m*

coro ['koro] *m* Chor *m;* **a ~** einstimmig

corona [ko'rona] *f* **1.** (*adorno*) Krone *f;* **~ de espinas** Dornenkrone *f* **2.** (*de flores*) Kranz *m* **3.** (*de los dientes*) (Zahn)krone *f*

coronar [koro'nar] *vt* krönen; (*una obra*) den krönenden Abschluss bilden +*gen*

coronel(a) [koro'nel] *m(f)* Oberst, Frau Oberst *m, f*

corpulento, -a [korpu'lento] *adj* beleibt

corral [ko'rral] *m* **1.** Gehege *nt;* (*para gallinas*) Hühnerhof *m* **2.** (*para niños*) Laufstall *m*

correa [ko'rrea] *f* (Leder)riemen *m;* (*cinturón*) (Leder)gürtel *m*

corrección [korreɣ'θjon] *f* Korrektur *f*

correcto, -a [ko'rrekto] *adj* richtig; (*sin errores*) fehlerfrei; (*apropiado*) angemessen

corredor¹ [korre'ðor] *m* Flur *m,* Gang *m*

corredor(a)² [korre'ðor] *m(f)* **1.** (DEP: *a pie*) Läufer(in) *m(f);* (*en coche*) Rennfahrer(in) *m(f);* **~ de fondo** Langstreckenläufer *m* **2.** (COM) Makler(in) *m(f);* **~ de fincas** Grundstücksmakler *m*

correduría [korreðu'ria] *f* Maklerbüro *nt*

corregir [korre'xir] *irr como* **elegir** I. *vt* korrigieren II. *vr:* **~se** sich bessern

correlación [korrela'θjon] *f* Wechselbeziehung *f*

correlativo, -a [korrela'tiβo] *adj* wechselseitig; (*de sucesión inmediata*) fortlaufend

correo [ko'rreo] *m* Post *f;* **~ aéreo** Luftpost *f;* **~ basura** (INFOR) Spammail *f o nt;* **~ caracol** (INFOR) Snailmail *f;* **~ electrónico** E-Mail *f;* **~ urgente** Eilzustellung *f*

Correos [ko'rreos] *mpl* Postamt *nt;* **ir a ~** zur Post gehen

correr [ko'rrer] I. *vi* **1.** (*caminar*) laufen; **echarse a ~** losrennen **2.** (*apresurarse*) eilen; **a todo ~** in aller Eile **3.** (*tiempo*) vergehen **4.** (*rumor*) umgehen II. *vt* verrücken; **~la** (*fam*) einen draufmachen; **corre prisa** es eilt; **dejar ~ algo** (*fig*) etw laufen lassen III. *vr:* ~**se** (zur Seite) rücken; (*argot: eyacular*) kommen; (*colores*) verlaufen

correspondencia [korrespoɲ'denθja] *f* 1. (*correo*) Post *f;* (*de cartas*) Briefwechsel *m;* **curso por** ~ Fernkurs(us) *m* 2. (*equivalente*) Entsprechung *f*

corresponder [korrespoɲ'der] I. *vi* entsprechen (*a* +*dat*); (*armonizar*) passen (*a* zu +*dat*); (*convenir*) übereinstimmen (*con* mit +*dat*); (*pertenecer*) gehören (*a* zu +*dat*); (*incumbir*) zustehen +*dat* II. *vr:* ~**se** sich entsprechen

correspondiente [korrespoɲ'djente] *adj* entsprechend

corresponsal [korrespon'sal] *mf* Korrespondent(in) *m(f)*

corrida [ko'rriða] *f* Stierkampf *m;* (*vulg*) Orgasmus *m*

corriente [ko'rrjente] I. *adj* fließend; (*actual*) laufend; (*moneda*) kursierend; (*ordinario*) gewöhnlich II. *f* 1. Strom *m;* (*de agua*) Strömung *f;* ~ **de aire** Luftzug *m;* **hace** ~ es zieht 2. (ARTE, LIT) Strömung *f*

corrimiento [korri'mjento] *m:* ~ **de tierras** Erdrutsch *m*

corro ['korro] *m:* **hacer** ~ einen Kreis bilden; (*juego*) Ringelreigen *m*

corroborar [korroβo'rar] *vt* bekräftigen

corroer [korro'er] *irr como* roer I. *vt* zersetzen; (*una persona*) nagen (an +*dat*) II. *vr:* ~**se** korrodieren; (*persona*) sich vor Gram verzehren

corromper [korrom'per] I. *vt* verderben; (*sobornar*) bestechen; (*pervertir*) verderben II. *vr:* ~**se** verderben; (*degenerar*) (sittlich) verkommen

corrosión [korro'sjon] *f* 1. (*de metal, t.* GEO) Korrosion *f* 2. (QUÍM, TÉC) Ätzung *f*

corrupción [korruβ'θjon] *f* 1. Zerset-

zung *f;* (*de alimentos*) Fäulnis *f* 2. (*de la moral*) (Sitten)verfall *m* 3. (*soborno*) Korruption *f*

corrupto, -a [ko'rrupto] *adj* korrupt; (*inmoral*) (sittlich) verkommen

corsé [kor'se] *m* Korsett *nt*

cortacésped [korta'θespeð] *m* Rasenmäher *m*

cortado¹ [kor'taðo] *m* Kaffee *m* mit wenig Milch

cortado, -a² [kor'taðo] *adj* (*leche*) sauer; (*persona*) verschämt

cortafuego [korta'fweɣo] *m* (INFOR) Firewall *f*

cortafuegos [korta'fweɣos] *m* Feuerschneise *f*

cortar [kor'tar] I. *vt* 1. (durch)schneiden; (*en pedazos*) zerschneiden 2. (*una carretera*) sperren; (*la comunicación*) unterbrechen II. *vi* schneiden; **cortó con su novio** sie hat mit ihrem Freund Schluss gemacht III. *vr:* ~**se** sich schneiden; (*leche*) sauer werden; (*luz*) ausfallen

cortaúñas [korta'uɲas] *m* Nagelzwicker *m*

corte¹ ['korte] *m* (*herida*) Schnittwunde *f;* (*tajo*) (Ein)schnitt *m*

corte² ['korte] *f* Hof *m;* (*séquito*) Gefolge *nt*

cortejar [korte'xar] *vt* den Hof machen +*dat*

Cortes ['kortes] *fpl* spanisches Parlament *nt*

cortés [kor'tes] *adj* höflich

cortesía [korte'sia] *f* Freundlichkeit *f;* **fórmula de** ~ Höflichkeitsfloskel *f*

corteza [kor'teθa] *f* Rinde *f;* (*de una fruta*) Schale *f;* (*del pan*) Kruste *f;* ~ **terrestre** (GEO) Erdkruste *f*

cortijo [kor'tixo] *m* Landgut *nt*

cortina [kor'tina] *f* Vorhang *m*

corto, -a ['korto] *adj* 1. (*pequeño*) kurz; ~ **de oído** schwerhörig; ~ **de vista** kurzsichtig; **a la corta o a la**

larga... über kurz oder lang ...
2. (*breve*) knapp **3.** (*de poco enten-dimiento*) beschränkt

cortocircuito [kortoθirku'ito] *m* Kurzschluss *m*

coruñés, -esa [koru'ɲes] *adj* aus La Coruña

cosa ['kosa] *f* **1.** (*objeto material*) Ge-genstand *m* **2.** (*asunto*) Angelegen-heit *f;* **eso es ~ mía** das ist meine Sache; **¿sabes una ~?** weißt du was? **3.** (*circunstancia*) Ding *nt fam;* **como si tal ~** als ob nichts gesche-hen wäre **4.** (*ocurrencia*) Einfall *m;* **esas son ~s de Inés** das ist typisch Inés **5.** *pl* (*pertenencias*) Sachen *fpl*

coscorrón [kosko'rron] *m* Schlag *m* (auf den Kopf)

cosecha [ko'setʃa] *f* Ernte *f*

cosechar [kose'tʃar] *vi, vt* ernten

coser [ko'ser] **I.** *vt* (an)nähen **II.** *vi* nähen; **esto es ~ y cantar** das ist kinderleicht

cosmética [kos'metika] *f* Kosmetik *f*

cosmopolita [kosmopo'lita] *mf* Kos-mopolit(in) *m(f)*

cosmos ['kosmos] *m* Kosmos *m*

cosquillas [kos'kiʎas] *fpl:* **hacer ~** kitzeln; **tener ~** kitz(e)lig sein; **bus-car las ~ a alguien** (*fig*) jdn pro-vozieren

costa ['kosta] *f* **1.** (GEO) Küste *f;* **Costa Azul** Côte d'Azur *f;* **Costa de Marfil** Elfenbeinküste *f* **2.** (*loc*): **a toda ~** um jeden Preis

costado [kos'taðo] *m* Seite *f;* **entrar de ~** seitwärts hereinkommem

costar [kos'tar] <o → ue> *vi, vt* kos-ten; (*resultar difícil*) schwerfallen

costarricense [kostarri'θense] *adj,* **costarriqueño, -a** [kostarri'keɲo] *adj* costa-ricanisch

coste ['koste] *m* Kosten *pl;* **~ total** Gesamtkosten *pl;* **~ de la vida** Le-benshaltungskosten *pl*

costear [koste'ar] *vt* finanzieren

costilla [kos'tiʎa] *f* Rippe *f;* (GASTR) Rippchen *nt*

costo ['kosto] *m* Kosten *pl;* (*Am*) Mü-he *f*

costoso, -a [kos'toso] *adj* mühsam

costra ['kostra] *f* Kruste *f*, Rinde *f;* (MED) Schorf *m*

costumbre [kos'tumbre] *f* **1.** (*hábi-to*) (An)gewohnheit *f;* **como de ~** wie gewöhnlich **2.** (*tradición*) Sitte *f*, Brauch *m*

costura [kos'tura] *f* Naht *f;* (*confec-ción*) Nähen *nt*

cotejar [kote'xar] *vt* vergleichen

cotidiano, -a [koti'ðjano] *adj* (all)täg-lich

cotilla [ko'tiʎa] *mf* (*fam pey*) Klatsch-maul *nt*

cotillear [kotiʎe'ar] *vi* (*fam pey*) klat-schen

cotización [kotiθa'θjon] *f* Kurs *m,* Notierung *f;* (*pago de una cuota*) Beitragszahlung *f*

cotizar [koti'θar] <z → c> **I.** *vt* notie-ren (*a* mit + *dat*) **II.** *vi* Beiträge zah-len **III.** *vr:* **~se** notiert werden

coto ['koto] *m:* **~ de caza** Jagdrevier *nt*

coxis ['koʸsis] *m inv* Steißbein *nt*

coyote [ko'ʝote] *m* Kojote *m*

coyuntura [koʝuɲ'tura] *f* Umstände *mpl;* (ECON) Konjunktur *f*

coyuntural [koʝuɲtu'ral] *adj* kon-junkturell

coz [koθ] *f:* **dar coces** ausschlagen

crack [kraᵏ] *m* (ECON) Crash *m;* (*dro-ga*) Crack *m*

cracker ['kraᵏer] *mf* (INFOR) Ha-cker(in) *m(f)*

cráneo ['kraneo] *m* Schädel *m*

cráter ['krater] *m* Krater *m*

creación [krea'θjon] *f* Schöpfung *f*

creador(a) [krea'ðor] *m(f)* Schöp-fer(in) *m(f)*

crear [kre'ar] *vt* **1.** (*hacer*) erschaffen **2.** (*fundar*) einrichten **3.** (INFOR) erstellen; ~ **archivo** Datei erstellen

creatividad [kreati'βi'ðaᵒ] *f* Kreativität *f*

creativo, -a [krea'tiβo] *adj* kreativ

crecer [kre'θer] *irr* **I.** *vi* wachsen **II.** *vr:* ~**se** über sich selbst hinauswachsen

creces ['kreθes] *fpl:* **con** ~ reichlich

crecimiento [kreθi'mjento] *m* Wachstum *nt*

credibilidad [kreðiβili'ðaᵒ] *f* Glaubwürdigkeit *f*

crédito ['kreðito] *m* **1.** (FIN: *préstamo*) Kredit *m;* **pedir un** ~ einen Kredit aufnehmen **2.** (*fama*) Renommee *nt* **3.** **dar** ~ **a alguien** etw jdm Glauben schenken *dat*

credo ['kreðo] *m* **1.** (*creencias*) Glaube *m* **2.** (*oración, dogma*) Glaubensbekenntnis *nt*

crédulo, -a ['kreðulo] *adj* leichtgläubig

creencia [kre'enθja] *f* Glaube *m*

creer [kre'er] *irr como leer* **I.** *vi* gläubig sein **II.** *vt* **1.** glauben (*en* an +*akk*); ~ **en Dios** an Gott glauben **2.** (*pensar*) glauben, denken; ¡**ya lo creo!** das will ich wohl meinen! **3.** (*dar crédito*) glauben +*dat;* **no te creo** ich glaube dir nicht **III.** *vr:* ~**se** glauben; (*considerarse*) sich halten (für +*akk*); ¡**qué te has creído!** was fällt dir ein!

creíble [kre'iβle] *adj* glaubhaft

creído, -a [kre'iðo] *adj* (*fam*) eingebildet

crema ['krema] **I.** *adj* cremefarben **II.** *f* Sahne *f;* (*natillas, pasta*) Creme *f*

cremallera [krema'ʎera] *f* Reißverschluss *m*

crematorio [krema'torjo] *m* Krematorium *nt*

cremoso, -a [kre'moso] *adj* cremig

crepúsculo [kre'puskulo] *m* Dämmerung *f*

cresta ['kresta] *f* (Hahnen)kamm *m*

Creta ['kreta] *f* Kreta *nt*

cretino, -a [kre'tino] *m, f* Kretin *m*

creyente [kre'ʝente] *mf* Gläubige(r) *f(m)*

cría ['kria] *f* Zucht *f;* (*cachorro*) Junge(s) *nt*

criado, -a [kri'aðo] *m, f* Diener *m*, Dienstmädchen *nt*

criar [kri'ar] <1. *pres:* crío> **I.** *vt* ernähren; (*educar*) aufziehen **II.** *vr:* ~**se** aufwachsen

criatura [kria'tura] *f* Geschöpf *nt*

criba ['kriβa] *f* Sieb *nt*

cribar [kri'βar] *vt* (aus)sieben

crimen ['krimen] *m* Verbrechen *nt*

criminal [krimi'nal] **I.** *adj* kriminell; (*policía*) Kriminal-; **brigada de investigación** ~ Kriminalamt *nt* **II.** *mf* Kriminelle(r) *f(m)*

criminalidad [kriminali'ðaᵒ] *f* Kriminalität *f*

crío, -a ['krio] *m, f* Kleinkind *nt*

criollo, -a [kri'oʎo] *m, f* Kreole, -in *m, f*

cripta ['kripta] *f* Krypta *f*

críptico, -a ['kriptiko] *adj* kryptisch

crisis ['krisis] *f inv* Krise *f;* ~ **nerviosa** Nervenzusammenbruch *m*

crispar [kris'par] **I.** *vt* verkrampfen; (*exasperar*) reizen **II.** *vr:* ~**se** sich verkrampfen; (*exasperarse*) gereizt werden

cristal [kris'tal] *m* Kristall *m;* (*vidrio*) Glas *nt*

cristianismo [kristja'nismo] *m* Christentum *nt*

cristiano, -a [kris'tjano] **I.** *adj* christlich **II.** *m, f* Christ(in) *m(f)*

cristo ['kristo] *m* (*fam*): **todo** ~ jeder

Cristo ['kristo] *m* (Jesus) Christus *m*

criterio [kri'terjo] *m* Urteilsvermögen

nt

crítica ['kritika] *f* Kritik *f*

criticar [kriti'kar] <c → qu> I. *vt* kritisieren II. *vi* lästern

crítico, -a ['kritiko] *adj* kritisch

Croacia [kro'aθja] *f* Kroatien *nt*

croar [kro'ar] *vi* quaken

croata [kro'ata] *adj* kroatisch

cromo ['kromo] *m* Chrom *nt*

cromosoma [kromo'soma] *m* Chromosom *nt*

crónica ['kronika] *f* Chronik *f*

crónico, -a ['kroniko] *adj* chronisch

cronista [kro'nista] *mf* **1.** (*historiador*) Chronist(in) *m(f)* **2.** (*periodista*) Berichterstatter(in) *m(f)*

cronología [kronolo'xia] *f* Chronologie *f*

cronológico, -a [krono'loxiko] *adj* chronologisch

cronometrar [kronome'trar] *vt:* ~ **el tiempo** die Zeit stoppen

cronómetro [kro'nometro] *m* Chronometer *nt;* (DEP) Stoppuhr *f*

croqueta [kro'keta] *f* Krokette *f*

croquis ['krokis] *m inv* Skizze *f*

cruasán [krwa'san] *m* Croissant *nt*

cruce ['kruθe] *m* **1.** (*acción*) Kreuzen *nt* **2.** (*intersección*) Schnittpunkt *m* **3.** (*t.* BIOL) Kreuzung *f;* ~ **de peatones** Fußgängerüberweg *m*

crucero [kru'θero] *m* Kreuzer *m;* (*viaje*) Kreuzfahrt *f*

crucial [kru'θjal] *adj* entscheidend

crucificar [kruθifi'kar] <c → qu> *vt* kreuzigen

crucifijo [kruθi'fixo] *m* Kruzifix *nt*

crucigrama [kruθi'γrama] *m* Kreuzworträtsel *nt*

crudeza [kru'ðeθa] *f* Grobheit *f;* (*crueldad*) Brutalität *f*

crudo¹ ['kruðo] *m* Rohöl *nt*

crudo, -a² ['kruðo] *adj* roh(weiß); (*aplicado al tiempo*) rau; (*despiadado*) brutal

cruel [cru'el] <crudelísimo> *adj* grausam

crueldad [kruel'ðaⁿ] *f* Grausamkeit *f*

crujiente [kru'xjente] *adj* knusprig

cruz [kruθ] *f* **1.** Kreuz *nt;* ~ **gamada** Hakenkreuz *nt;* **Cruz Roja** Rotes Kreuz **2.** (*de una moneda o medalla*) Rückseite *f*, Revers *m;* ¿**cara o ~?** Kopf oder Zahl? **3.** (*suplicio*) Last *f*

cruzada [kru'θaða] *f* Kreuzzug *m*

cruzar [kru'θar] <z → c> I. *vt* **1.** (*atravesar*) kreuzen; (*de un lado al otro*) überqueren; ~ **los brazos** die Arme verschränken; ~ **algo con una raya** etw durchstreichen **2.** (BIOL) kreuzen II. *vr:* ~**se** begegnen (*con +dat*); ~**se con alguien** jds Weg kreuzen

cu [ku] *f* Q *nt*

cuaderno [kwa'ðerno] *m* Heft *nt*

cuadra ['kwaðra] *f* Stall *m;* (*lugar sucio*) Saustall *m fam* (*Am*) Häuserblock *m*

cuadrado¹ [kwa'ðraðo] *m* Quadrat *nt;* **elevar al** ~ ins Quadrat erheben

cuadrado, -a² [kwa'ðraðo] *adj* quadratisch; **metro** ~ Quadratmeter *m;* **tener la cabeza cuadrada** ein Dickschädel sein *fam*

cuadrángulo [kwa'ðraŋgulo] *m* Viereck *nt*

cuadrar [kwa'ðrar] I. *vi* passen (*con* zu *+dat*); (*coincidir*) ausgeglichen sein II. *vt* ausgleichen III. *vr:* ~**se** strammstehen

cuadrícula [kwa'ðrikula] *f:* **papel de** ~ kariertes Papier

cuadrilla [kwa'ðriʎa] *f* Kolonne *f;* (*de amigos*) Clique *f*

cuadro ['kwaðro] *m* **1.** (*rectángulo*) Rechteck *nt;* **a ~s** kariert **2.** (*pintura*) Gemälde *nt* **3.** (*marco*) Rahmen *m*

cuajada [kwa'xaða] *f* Quark *m*

cuajar [kwa'xar] I. *vi* gerinnen; (*fam*) klappen II. *vt* eindicken III. *vr:* ~**se** gerinnen; (*solidificarse*) eindicken

cual [kwal] *pron rel* **1.** (*relativo explicativo*): **el/la ~** der/die, welcher/ welche; **lo ~** was; **los/las ~es** die, welche; **cada ~** jede(r) (Einzelne) **2.** (*relativo correlativo*): **tal o ~** der/ die/das eine oder andere; **sea ~ sea su intención** was er/sie auch immer vorhat

cuál [kwal] I. *pron inter* welche(r, s); **¿~ es el tuyo?** welches ist deins? II. *adj* (*Am*) welche(r, s)

cualesquier(a) [kwales'kjera] *pron indef pl de* **cualquiera**

cualidad [kwali'ðaⁿ] *f* Eigenschaft *f*

cualificación [kwalifika'θjon] *f* Qualifikation *f*

cualificar [kwalifi'kar] <c → qu> *vt* qualifizieren

cualitativo, -a [kwalita'tiβo] *adj* qualitativ

cualquiera [kwal'kjera] *pron indef* (*delante de un sustantivo: cualquier*) irgendein(e, er, s); **en un lugar ~** irgendwo; **a cualquier hora** jederzeit; **cualquier cosa** irgendwas

cuando ['kwaⁿdo] *conj* **1.** (*presente*) wenn; **de ~ en ~** ab und zu **2.** (*pasado: con imperfecto*) wenn; (*con indefinido*) als **3.** (*futuro; +subj*) sobald; **~ quiera** jederzeit **4.** (*relativo*): **el lunes es ~ no trabajo** montags arbeite ich nicht **5.** (*condicional*) wenn, falls; **~ más** höchstens; **~ menos** mindestens **6.** **aun ~** auch wenn

cuándo ['kwaⁿdo] *adv* wann

cuantía [kwan'tia] *f* Ausmaß *nt*

cuantificar [kwaⁿtifi'kar] <c → qu> *vt* quantifizieren

cuantitativo, -a [kwaⁿtita'tiβo] *adj* quantitativ

cuanto¹ ['kwaⁿto] I. *adv:* ~...

tanto... je ..., desto ...; **~ antes** möglichst bald; **~ más que...** umso mehr, als ... II. *prep* (*por lo que se refiere a*): **en ~ a** bezüglich +*gen* III. *conj* **1.** (*temporal*): **en ~ (que** +*subj*) sobald **2.** (*puesto que*): **por ~ que** da

cuanto, -a² ['kwaⁿto] I. *pron rel* **1.** (*neutro*) alles, was ...; **tanto... ~** so viel ... wie **2.** *pl* alle, die ...; **la más hermosa de cuantas conozco** die Hübscheste von allen, die ich kenne II. *pron indef:* **unos ~s/ unas cuantas** einige, ein paar

cuánto¹ ['kwaⁿto] *adv* **1.** (*interrogativo*) wie viel; **¿a ~?** wie teuer? **2.** (*exclamativo*) wie sehr; **¡~ llueve!** wie stark es regnet!

cuánto, -a² ['kwaⁿto] I. *adj* wie viel; **¿~ tiempo?** wie lange?; **¿cuántas veces?** wie oft? II. *pron inter* wie viel

cuarenta [kwa'reⁿta] *adj* vierzig; *v.t.* **ochenta**

cuarentena [kwareⁿ'tena] *f* Quarantäne *f*

cuaresma [kwa'resma] *f* Fastenzeit *f*

cuartel [kwar'tel] *m* Quartier *nt;* (*edificio*) Kaserne *f*

cuartelillo [kwarte'liʎo] *m* Revier *nt*

cuarteto [kwar'teto] *m* Quartett *nt*

cuartilla [kwar'tiʎa] *f* Quartblatt *nt*, kleines Blatt *nt*

cuarto¹ ['kwarto] *m* Zimmer *nt;* **~ de aseo** Toilette *f;* **~ de baño** Badezimmer *nt;* **~ de estar** Wohnzimmer *nt;* **~ trastero** Rumpelkammer *f*

cuarto, -a² ['kwarto] I. *adj* vierte(r, s); (*parte*) viertel II. *m, f* Viertel *nt;* **~ de hora** Viertelstunde *f;* **es la una y/menos ~** es ist Viertel nach/vor eins; *v.t.* **octavo**

cuarzo ['kwarθo] *m* Quarz *m*

cuatrero, -a [kwa'trero] *m, f* Viehdieb(in) *m (f)*

cuatro ['kwatro] *adj* vier; *v.t.* **ocho**
cuatrocientos, -as [kwatro'θjentos]
adj vierhundert; *v.t.* **ochocientos**
cuba ['kuβa] *f* Kübel *m;* **estar como**
una ~ (*fam*) sternhagelvoll sein
Cuba ['kuβa] *f* Kuba *nt*
cubano, -a [ku'βano] *adj* kubanisch
cubertería [kuβerte'ria] *f* Besteck *nt*
cúbico, -a ['kuβiko] *adj:* **metro ~** Kubikmeter *m*
cubierta [ku'βjerta] *f* (Schiffs)deck *nt*
cubierto[1] [ku'βjerto] *m* Gedeck *nt;*
(*cubertería*) Besteck *nt;* **ponerse a**
~ sich unterstellen
cubierto, -a[2] [ku'βjerto] *adj* bewölkt;
cheque ~ gedeckter Scheck *m*
cubilete [kuβi'lete] *m* Würfelbecher
m
cubismo [ku'βismo] *m* (ARTE) Kubis-
mus *m*
cubitera [kuβi'tera] *f* Eiswürfelscha-
le *f*
cubo ['kuβo] *m* Eimer *m;* (*hexaedro*)
Würfel *m*
cubrir [ku'βrir] *irr como* abrir **I.** *vt*
1. (*tapar*) bedecken (*con/de* mit
+*dat*), abdecken (*con/de* mit +*dat*)
2. (*ocultar*) verdecken **3.** (*recorrer*)
zurücklegen **4.** (*rellenar*) (auf)füllen
5. (*gastos*) decken **6.** (*vacante*) besetzen **7.** (ZOOL) decken **II.** *vr:* **~se**
sich bedecken; (*protegerse*) sich
schützen (*contra* vor +*dat*)
cucaracha [kuka'ratʃa] *f* Kakerlak *m*
cuchara [ku'tʃara] *f* Löffel *m;* **~ de**
palo Holzlöffel *m;* **~ sopera** Sup-
penlöffel *m*
cucharada [kutʃa'raða] *f:* **una ~ de**
azúcar ein Löffel (voll) Zucker
cucharilla [kutʃa'riʎa] *f* Teelöffel *m*
cuchichear [kutʃitʃe'ar] *vi* tuscheln
cuchilla [ku'tʃiʎa] *f* Rasierklinge *f*
cuchillo [ku'tʃiʎo] *m* Messer *nt;* **~ de**
bolsillo Taschenmesser *nt;* **~ de co-**
cina Küchenmesser *nt*

cuchitril [kutʃi'tril] *m* (*vivienda*) Loch
nt pey
cuclillas [ku'kliʎas] *fpl:* **estar en ~** in
der Hocke sitzen
cuco[1] ['kuko] *m* Kuckuck *m*
cuco, -a[2] ['kuko] *adj* gerissen; (*boni-*
to) hübsch
cuello ['kweʎo] *m* **1.** (ANAT) Hals *m;*
~ uterino Gebärmutterhals *m*
2. (*de una prenda*) Kragen *m*
3. (*de un recipiente*) Hals *m;* **~ de**
botella Flaschenhals *m*
cuenca ['kwenka] *f:* **~ del río** Fluss-
becken *nt;* (*de los ojos*) Augenhöhle *f*
cuenco ['kwenko] *m* Napf *m*
cuenta ['kwenta] *f* **1.** (Be)rechnung *f;*
(*calculación final*) Abrechnung *f;*
~ atrás Countdown *m;* **pagar la ~**
die Rechnung begleichen; **estable-**
cerse por su ~ sich selb(st)ständig
machen; **tener en ~** bedenken;
darse ~ de algo etw (be)merken
2. (*en el banco*) Konto *nt;* **~ co-**
rriente Girokonto *nt;* **~ de crédito**
Kreditkonto *nt*
cuentagotas [kwenta'ɣotas] *m* Pi-
pette *f;* **a ~** (*fig*) spärlich
cuento ['kwento] *m* (Kurz)geschichte
f, Erzählung *f;* **~ chino** Lüge *f;* **~ de**
hadas Märchen *nt;* **dejarse de ~s**
zur Sache kommen; **eso no viene a**
~ das hat damit nichts zu tun
cuerda ['kwerða] *f* **1.** (*cordel*) Strick
m, Leine *f;* **~ métrica** Messband *nt*
2. (*del reloj*) (Aufzug)feder *f;* **dar ~**
al reloj die Uhr aufziehen; **dar ~ a**
alguien jdn animieren **3.** (ANAT): **~s**
vocales Stimmbänder *ntpl* **4.** (*de*
instrumentos) Saite *f*
cuerdo, -a ['kwerðo] *adj* vernünftig
cuerno ['kwerno] *m* Horn *nt;* **po-**
nerle a alguien los ~s (*fam*) jdm
Hörner aufsetzen; **¡y un ~!** ich pfeife
darauf!; **¡que se vaya al ~!** der Teu-

fel soll ihn/sie holen!

cuero ['kwero] *m* Leder *nt;* ~ **cabelludo** Kopfhaut *f;* **estar en ~s** splitternackt sein

cuerpo ['kwerpo] *m* **1.** Körper *m;* (*cadáver*) Leiche *f;* **tomar ~** Gestalt annehmen; **estar de ~ presente** aufgebahrt sein; **hacer de ~** seine Notdurft verrichten **2.** (*t.* MAT) Körper *m;* ~ **celeste** Himmelskörper *m* **3.** ~ **de bomberos** Feuerwehr; ~ **diplomático** diplomatisches Korps *m*

cuervo ['kwerβo] *m* Rabe *m*

cuesta ['kwesta] *f* Abhang *m;* ~ **abajo** bergab; ~ **arriba** bergauf

cuestión [kwes'tjon] *f* Frage *f;* ~ **de confianza** Vertrauensfrage *f;* ~ **de gustos** Geschmackssache *f*

cuestionable [kwestjo'naβle] *adj* fraglich

cuestionar [kwestjo'nar] *vt* diskutieren

cuestionario [kwestjo'narjo] *m* Fragebogen *m*

cueva ['kweβa] *f* Höhle *f*

cuidado [kwi'ðaðo] *m* **1.** (*esmero y precaución*) Sorgfalt *f,* Vorsicht *f;* ¡~! Achtung!; ¡**anda con ~**! sei vorsichtig!; **ser de ~** gefährlich sein; **eso me tiene sin ~** das lässt mich kalt **2.** (*asistencia*) Pflege *f;* (*de maquinarias*) Wartung *f;* ~ **médico** medizinische Betreuung; ~ **preventivo** Vorbeugung *f*

cuidadoso, -a [kwiða'ðoso] *adj* sorgfältig

cuidar [kwi'ðar] **I.** *vi* aufpassen (*de* auf +*akk*) **II.** *vt* pflegen; ~ **a los niños** die Kinder betreuen **III.** *vr:* ~**se** sich hüten (*de* vor +*dat*); (*no esforzarse*) sich schonen; (*por su aspecto*) sich pflegen; (*darse buena vida*) es sich *dat* gut gehen lassen; ¡**cuídate**! pass auf dich auf!

culebra [ku'leβra] *f* Schlange *f*

culminación [kulmina'θjon] *f* Höhepunkt *m*

culminante [kulmi'nante] *adj* überragend; **punto ~** Höhepunkt *m*

culo ['kulo] *m* Gesäß *nt,* Hintern *m fam;* **caer de ~** auf den Hintern fallen; **lamer el ~ a alguien** (*vulg*) jdm in den Arsch kriechen; ¡**vete a tomar por el ~**! (*vulg*) scher dich zum Teufel! *fam*

culpa ['kulpa] *f* Schuld *f;* **y ¿qué ~ tengo yo?** was kann ich denn dafür?

culpabilidad [kulpaβili'ðaθ] *f:* **sentimiento de ~** Schuldgefühl *nt*

culpable [kul'paβle] *adj* schuldig; **declarar ~** für schuldig erklären; **ser ~ de algo** an etw *dat* Schuld haben

culpar [kul'par] **I.** *vt* beschuldigen (*de/por* +*gen*) **II.** *vr:* ~**se** sich schuldig fühlen (*de* wegen +*gen/dat*)

cultivar [kulti'βar] **I.** *vt* anbauen **II.** *vr:* ~**se** sich bilden

cultivo [kul'tiβo] *m* (AGR) Anbau *m*

culto, -a ['kulto] *adj* gebildet

cultura [kul'tura] *f* Kultur *f;* ~ **general** Allgemeinbildung *f*

cultural [kultu'ral] *adj* kulturell

cumbre ['kumbre] *f* **1.** (*cima*) Gipfel *m* **2.** (*reunión*) Gipfeltreffen *nt;* ~ **ministerial** Ministertreffen *nt* **3.** (*culminación*) Höhepunkt *m*

cumpleaños [kumple'aɲos] *m* Geburtstag *m*

cumplido[1] [kum'pliðo] *m* Höflichkeitsbezeugung *f;* **visita de ~** Höflichkeitsbesuch *m*

cumplido, -a[2] [kum'pliðo] *adj* **1.** (*acabado*) erledigt; ¡**misión cumplida**! Auftrag erfüllt! **2.** (*cortés*) höflich **3.** (*un soldado*) ausgedient

cumplimentar [kumplimeɲ'tar] *vt* ausfüllen

cumplir [kum'plir] **I.** *vi* **1.** (*hacer su deber*) pflichtbewusst sein; ~ **con**

su deber seine Pflicht erfüllen; **hacer algo sólo por ~** etw nur der Form halber tun **2.** (*soldado*) seinen Militärdienst beenden **3.** (*plazo*) ablaufen **II.** *vt* **1.** (*una orden*) ausführen **2.** (*una promesa*) erfüllen **3.** (*un plazo*) einhalten **4.** (*el servicio militar*) ableisten **5.** (*una pena*) verbüßen **6.** (*años*): **en mayo cumplo treinta años** im Mai werde ich dreißig (Jahre alt) **III.** *vr:* **~se** in Erfüllung gehen

cuna ['kuna] *f* Wiege *f*

cundir [kuɲ'dir] *vi* sich ausbreiten; (*dar mucho de sí*) (sehr) ergiebig sein

cuneta [ku'neta] *f* Straßengraben *m*

cuña ['kuɲa] *f* Keil *m*

cuñado, -a [ku'ɲaðo] *m, f* Schwager, Schwägerin *m, f*

cuota ['kwota] *f* **1.** (*porción*) Quote *f*, Anteil *m;* **~ de mercado** Marktanteil *m* **2.** (*contribución*) Beitrag *m*, Gebühr *f;* **~ de socio** Mitgliedsbeitrag *m*

cupo ['kupo] *3. pret de* **caber**

cupón [ku'pon] *m* Kupon *m*, Abschnitt *m;* (*de lotería*) Lotterieanteilschein *m;* **~ de descuento** Rabattmarke *f*

cúpula ['kupula] *f* **1.** (*media esfera*) Kuppel *f* **2.** (*máximos dirigentes*) Spitze *f;* **~ dirigente** Führungsspitze *f*

cura¹ ['kura] *m* Pfarrer *m*, Priester *m*

cura² ['kura] *f* **1.** (*curación*) Heilung *f* **2.** (*tratamiento*) Kur *f*, Behandlung *f;* **primera ~** erste Hilfe

curación [kura'θjon] *f* Heilung *f*

curado, -a [ku'raðo] *adj* geheilt; (*endurecido*) gehärtet; **jamón ~** luftgetrockneter Schinken; (*Am*) betrunken

curandero, -a [kuran'dero] *m, f* Medizinmann *m;* (*charlatán*) Kurpfuscher(in) *m(f)*

curar [ku'rar] **I.** *vi* genesen **II.** *vt* **1.** (*a un enfermo: tratar*) behandeln; (*sanar*) heilen **2.** (*ahumar*) räuchern **III.** *vr:* **~se** genesen; **~se en salud** vorbeugen

curativo, -a [kura'tiβo] *adj* heilend

curiosidad [kurjosi'ðaðᵇ] *f* **1.** (*indiscreción*) Neugier(de) *f;* **despertar la ~** die Neugier wecken **2.** (*cosas poco corrientes*) Kuriosität *f*

curioso, -a [ku'rjoso] *adj* neugierig; (*interesante*) sonderbar; **¡qué ~!** wie merkwürdig!; (*aseado*) reinlich

currante [ku'rrante] *mf* (*fam*) Arbeiter(in) *m(f)*

currar [ku'rrar] *vi* (*fam*) schaffen

currículum (**vitae**) [ku'rrikulun ('bite]) *m* Lebenslauf *m*

curro ['kurro] *m* (*fam*) Arbeit *f*

curry ['kurri] *m* Curry *nt*

cursar [kur'sar] *vt* **1.** (*una orden*) erteilen **2.** (*cursos*) belegen; (*carrera*) studieren

cursi ['kursi] *adj* (*fam: una persona*) affektiert; (*una cosa*) kitschig

cursillo [kur'siʎo] *m* Kurzlehrgang *m*

cursivo, -a [kur'siβo] *adj* kursiv

curso ['kurso] *m* **1.** (*transcurso*) (Ver)lauf *m*, Ablauf *m;* **estar en ~** in Bearbeitung sein; **dar ~ a una solicitud** ein Gesuch weiterleiten **2.** (FIN: *circulación*): **estar en ~** im Umlauf sein **3.** (FIN: *cambio*) Kurs *m;* **~ del cambio** Wechselkurs *m* **4.** (*de enseñanza*) Kurs *m;* **~ escolar** Schuljahr *nt;* **perder el ~** nicht versetzt werden

cursor [kur'sor] *m* **1.** (TÉC) Läufer *m* **2.** (INFOR) Cursor *m*

curtir [kur'tir] *vt* gerben

curva ['kurβa] *f* Kurve *f;* **~ de natalidad** Geburtenkurve *f*

cúspide ['kuspiðe] *f* Spitze *f*, Gipfel *m;* (*fig*) Höhepunkt *m*

custodia [kus'toðja] *f:* **estar bajo la**

~ **de alguien** unter jds Obhut stehen
cutis ['kutis] *m inv* (Gesichts)haut *f*
cuyo, -a ['kuʝo] *pron rel* dessen, deren; **por cuya causa** weshalb

D

D, d [de] *f* D, d *nt*
D. [don] *abr de* **Don** Hr.
Dª ['doɲa] *abr de* **Doña** Fr.
dactilar [dakti'lar] *adj:* **huellas ~es** Fingerabdrücke *mpl*
dado¹ ['daðo] I. *m* 1. (*cubo*) Würfel *m* 2. *pl* (*juego*) Würfelspiel *nt;* **jugar a los ~s** würfeln II. *conj* 1. (*ya que*): ~ **que llueve...** da es (ja) regnet ... 2. (*supuesto que*): ~ **que sea demasiado difícil...** wenn es zu schwierig ist ...
dado, -a² ['daðo] *adj:* **en el caso ~** gegebenenfalls
daltónico, -a [dal'toniko] *adj* farbenblind
dama ['dama] *f* Dame *f;* ~ **de honor** Brautjungfer *f*
damnificar [damnifi'kar] <c → qu> *vt* schädigen
danés, -esa [da'nes] *adj* dänisch
Danubio [da'nuβjo] *m* Donau *f*
danza ['danθa] *f* (*acción*) Tanzen *nt;* (*baile*) Tanz *m*
danzar [dan'θar] <z → c> I. *vi* (*bailar, girar*) tanzen; (*moverse*) herumtanzen II. *vt* tanzen
dañar [da'ɲar] I. *vi* schaden II. *vt* (be)schädigen III. *vr:* ~**se** beschädigt werden
dañino, -a [da'ɲino] *adj* schädlich
daño ['daɲo] *m* 1. (*perjuicio*) Schaden *m;* ~**s ecológicos** Umweltschäden *mpl;* ~ **material** Sachschaden

m; ~**s y perjuicios** Schadensersatz *m* 2. (*dolor*) Verletzung *f;* **hacerse** ~ sich verletzen; **no hace** ~ es tut nicht weh
dar [dar] *irr* I. *vt* 1. geben; (*regalar*) schenken; ~ **permiso** die Erlaubnis erteilen 2. (*producir*): **la vaca da leche** die Kuh gibt Milch 3. (*celebrar*) veranstalten; ~ **una fiesta** eine Party geben 4. (*causar*): **me das pena** du tust mir leid; ~ **miedo** Angst machen 5. (*expresar*): ~ **recuerdos** Grüße ausrichten 6. (*hacer*): ~ **un paseo** einen Spaziergang machen 7. (*encender*): ~ **la luz** das Licht anmachen 8. (*sonar*): **el reloj ha dado las dos** die Uhr hat zwei geschlagen II. *vi* 1. (+ *a*): **la ventana da al patio** das Fenster geht auf den Hof 2. (+ *con*): ~ **con la solución** auf die Lösung kommen 3. (+ *contra*) stoßen (*contra* an/gegen +*akk*) 4. (+ *para*): ~ **para vivir** zum Leben reichen 5. (+ *por* + *adjetivo*): ~ **por muerto** für tot erklären 6. (+ *que* + *verbo*): ~ **que pensar** zu denken geben 7. (*loc*): (**me**) **da igual** das ist (mir) egal; **¡qué más da!** (*fam*) was soll's!; **no me da la gana** (*fam*) ich habe keine Lust; ~ **de sí** (*jersey*) weiter werden III. *vr:* ~**se** 1. (*suceder*) vorkommen 2. (*frutos*) gedeihen 3. (*consagrarse*) sich widmen +*dat;* (*entregarse*) verfallen +*dat;* ~**se a la bebida** dem Alkohol verfallen 4. (+ '*contra*') sich stoßen (*contra* an +*dat*) 5. (*creerse*) sich halten (*por* für +*akk*); ~**se por aludido** sich angesprochen fühlen 6. (+ '*a*'): ~**se a entender** sich verständlich machen 7. (+ *sustantivo*): ~**se cuenta de algo** etw merken; ~**se prisa** sich beeilen
dardo ['darðo] *m:* **jugar a los ~s** Darts spielen

datar [da'tar] I. *vi* stammen II. *vt* datieren

dátil ['datil] *m* Dattel *f*

dativo [da'tiβo] *m* Dativ *m*

dato ['dato] *m* 1. (*circunstancia*) Angabe; **~s personales** Personalien *pl* 2. *pl* (*t.* INFOR) Daten *pl*

dcha. [de'retʃa] *adj,* **dcho.** [de'retʃo] *adj abr de* **derecha, derecho** rechte(r, s)

d. de (J)C. [des'pwes ðe (xesu)'kristo] *abr de* **después de (Jesu)cristo** n. Chr.

de [de] *prep* 1. (*posesión*): **los hijos ~ Ana** Anas Kinder 2. (*origen*) von +*dat,* aus +*dat;* **ser ~ Italia** aus Italien kommen 3. (*material*) aus +*dat;* **~ oro** golden 4. (*cualidad*) mit +*dat;* **un hombre ~ buen corazón** ein Mensch mit einem guten Herzen 5. (*temporal*) von +*dat* 6. (*finalidad*): **máquina ~ escribir** Schreibmaschine *f* 7. (*causa*) vor +*dat* 8. (*partitivo*): **un kilo ~ tomates** ein Kilo Tomaten 9. (*loc*): **~ niño** als Kind; **más ~ 50 euros** mehr als 50 Euro; **~ no** (*Am*) ansonsten

debajo [de'βaxo] I. *adv* unten II. *prep:* **~ de** (*local*) unter +*dat;* (*con movimiento*) unter +*akk*

debate [de'βate] *m* Debatte *f*

debatir [deβa'tir] I. *vt* erörtern II. *vr:* **~se: ~se entre la vida y la muerte** mit dem Tode ringen

debe ['deβe] *m* Soll *nt*

deber [de'βer] I. *vi* (*suposición*): **deben de ser las nueve** es muss neun Uhr sein II. *vt* müssen; (*tener que dar*) schulden III. *vr:* **~se** zurückzuführen sein (*a* auf +*akk*) IV. *m* 1. (*obligación*) Pflicht *f* 2. *pl* (*tareas*) Hausaufgaben *fpl;* **tener muchos ~es** viel aufhaben

debido¹ [de'βiðo] *prep:* **~ a** wegen +*gen/dat*

debido, -a² [de'βiðo] *adj:* **como es ~** wie es sich gehört

débil ['deβil] *adj* schwach

debilidad [deβili'ðaᵈ] *f* Schwäche *f*

debilitar [deβili'tar] *vt* schwächen

débito ['deβito] *m* Soll *nt*

debutar [deβu'tar] *vi* debütieren

década ['dekaða] *f* Jahrzehnt *nt;* **la ~ de los 40** die 40er-Jahre

decadencia [deka'ðenθja] *f* Dekadenz *f*

decadente [deka'ðente] *adj* dekadent

decaer [deka'er] *irr como caer vi* nachlassen

decaído, -a [deka'iðo] *adj* niedergeschlagen

decano, -a [de'kano] *m, f* Dekan(in) *m(f)*

decapitar [dekapi'tar] *vt* enthaupten

decatlón [dekað'lon] *m* Zehnkampf *m*

decena [de'θena] *f* zehn Stück *ntpl*

decencia [de'θenθja] *f* Anstand *m*

decenio [de'θenjo] *m* Jahrzehnt *nt*

decente [de'θente] *adj* anständig

decepción [deθeβ'θjon] *f* Enttäuschung *f;* **llevarse una ~** enttäuscht werden

decepcionar [deθeβθjo'nar] *vt* enttäuschen

deceso [de'θeso] *m* Tod *m*

decibel(io) [deθi'βel(jo)] *m* Dezibel *nt*

decidido, -a [deθi'ðiðo] *adj* energisch

decidir [deθi'ðir] I. *vi* entscheiden (*sobre* über +*akk*) II. *vt* entscheiden; (*acordar*) beschließen III. *vr:* **~se** sich entscheiden (*por* für +*akk, en contra de* gegen +*akk*)

décima ['deθima] *f:* **tener ~s** erhöhte Temperatur haben

decimal [deθi'mal] *adj:* **número ~** Dezimalzahl *f*

décimo, -a ['deθimo] **I.** *adj* zehnte(r, s); (*parte*) zehntel **II.** *m, f* Zehntel *nt;* *v.t.* **octavo**

decimotercero, -a [deθimoter'θero], **decimotercio, -a** [deθimo-'terθjo] *adj* (*parte*) dreizehntel; (*numeración*) dreizehnte(r, s); *v.t.* **octavo**

decir [de'θir] *irr* **I.** *vi* sagen (*de* über +*akk*); ~ **que sí** ja sagen; **diga, dígame** (TEL) ja, hallo?; **es** ~ das heißt; **¡no me digas!** (*fam*) was du nicht sagst!; **y que lo digas** du sagst es **II.** *vt* sagen; (*comunicar*) mitteilen **III.** *vr:* ~**se** sagen; **¿cómo se dice en alemán?** wie sagt man das auf Deutsch? **IV.** *m* Redensart *f;* **es un** ~ wie man so sagt

decisión [deθi'sjon] *f* Entscheidung *f;* (*firmeza*) Entschlossenheit *f*

decisivo, -a [deθi'siβo] *adj* entscheidend

declamar [dekla'mar] *vt* vortragen

declaración [deklara'θjon] *f* Erklärung *f;* (JUR) Aussage *f;* ~ **de la renta** Einkommensteuererklärung *f;* **prestar** ~ aussagen; **tomar** ~ **a alguien** jdn vernehmen

declarar [dekla'rar] **I.** *vi* aussagen **II.** *vt* erklären; ~ **a alguien culpable** jdn für schuldig erklären **III.** *vr:* ~**se 1.** (*aparecer*) ausbrechen **2.** (*manifestarse*) sich erklären; (*amor*) eine Liebeserklärung machen +*dat;* ~**se en huelga** streiken; ~**se inocente** sich für unschuldig erklären; ~**se en quiebra** Konkurs anmelden

declinación [deklina'θjon] *f* Deklination *f*

declive [de'kliβe] *m* Gefälle *nt*

decolaje [deko'laxe] *m* (*Am*) Start *m*

decolar [deko'lar] *vi* (*Am*) starten

decolorar [dekolo'rar] *vt* entfärben

decomisar [dekomi'sar] *vt* beschlagnahmen

decoración [dekora'θjon] *f* Dekoration *f;* (*con muebles*) Einrichtung *f*

decorado [deko'raðo] *m* Bühnenbild *nt*

decorador(a) [dekora'ðor] *m(f)* Dekorateur(in) *m(f);* ~ **de interiores** Raumausstatter *m*

decorar [deko'rar] *vt* dekorieren; (*con muebles*) einrichten

decoro [de'koro] *m* **1.** (*dignidad*) Würde *f;* **con** ~ würdevoll; **vivir con** ~ standesgemäß leben **2.** (*respeto*) Respekt; **guardar el** ~ die Form wahren **3.** (*pudor*) Anstand *m;* **con** ~ anständig

decrecer [dekre'θer] *irr como crecer vi* abnehmen; (*nivel, fiebre*) fallen; ~ **en intensidad** an Stärke verlieren

decretar [dekre'tar] *vt* verfügen

decreto [de'kreto] *m* Verfügung *f;* ~ **gubernamental** Regierungserlass *m*

dedal [de'ðal] *m* Fingerhut *m*

dedicación [deðika'θjon] *f:* ~ **plena** Ganztagsbeschäftigung *f*

dedicar [deði'kar] <c → qu> **I.** *vt* widmen **II.** *vr:* ~**se** sich widmen (*a* +*dat*); (*profesionalmente*) tätig sein (*a* in +*dat*); ~**se a la enseñanza** als Lehrer tätig sein; **¿a qué se dedica Ud.?** was machen Sie beruflich?

dedicatoria [deðika'torja] *f* Widmung *f*

dedo ['deðo] *m* (*de mano*) Finger *m;* (*de pie*) Zeh *m;* ~ **del corazón** Mittelfinger *m;* ~ **gordo** großer Zeh; ~ **índice** Zeigefinger *m;* ~ **meñique** kleiner Finger; ~ **pulgar** Daumen *m;* **ir a** ~ (*fam*) trampen

deducción [deðuɣ'θjon] *f* Folgerung *f;* (ECON) Abzug *m;* (*fiscal*) Abschreibung *f*

deducir [deðu'θir] *irr como traducir vt* folgern; (*de impuestos*) absetzen

defecto [de'fekto] *m* 1. (*carencia*) Mangel *m;* **en su ~** bei Fehlen 2. (*falta*) Fehler *m; ~ físico* Gebrechen *nt*

defectuoso, -a [defektu'oso] *adj* fehlerhaft

defender [defeɲ'der] <e → ie> I. *vt* 1. (*t.* JUR) verteidigen (*de/contra* vor +*dat*) 2. (*proteger*) (be)schützen (*de/contra* vor +*dat*) 3. (*ideas*) eintreten (für +*akk*) II. *vr:* **~se** sich verteidigen; (*arreglárselo*) zurechtkommen

defensa [de'fensa] *f* 1. (*t.* JUR, DEP) Verteidigung *f;* **en legítima ~** in Notwehr; **acudir en ~ de alguien** jdm zu Hilfe eilen 2. (*protección*) Schutz *m* 3. (BIOL) Abwehrkräfte *fpl;* **tener ~s** immun sein

defensor(a) [defen'sor] *m(f)* Verteidiger(in) *m(f);* (*de ideas*) Verfechter(in) *m(f); ~* **de la naturaleza** Naturschützer *m*

deficiente [defi'θjeɲte] I. *adj* mangelhaft II. *mf:* **~ mental** geistig Behinderte(r) *f(m)*

déficit ['defiθit] *m* Defizit *nt*

definición [defini'θjon] *f* Definition *f*

definido, -a [defi'niðo] *adj* deutlich; (LING) bestimmt

definir [defi'nir] I. *vt* definieren II. *vr:* **~se** sich entscheiden

definitivo, -a [defini'tiβo] *adj* endgültig; **en definitiva** letzten Endes

deformación [deforma'θjon] *f* 1. (*alteración*) Verformung *f* 2. (*desfiguración*) Entstellung *f*

deformar [defor'mar] I. *vt* verformen; (*desfigurar*) entstellen II. *vr:* **~se** sich verformen

defraudar [defraʊ'ðar] *vt* 1. betrügen; *~* **a Hacienda** Steuern hinterziehen 2. (*decepcionar*) enttäuschen

defunción [defuɲ'θjon] *f* Todesfall *m*

degenerar [dexene'rar] *vi* degenerieren

degollar [deɣo'ʎar] <o → ue> *vt* enthaupten

degradar [deɣra'ðar] *vt* degradieren; (*calidad*) verschlechtern

degustación [deɣusta'θjon] *f: ~* **de vinos** Weinprobe *f*

degustar [deɣus'tar] *vt* kosten

dehesa [de'esa] *f* Weide *f*

dejadez [dexa'ðeθ] *f* Nachlässigkeit *f*

dejado, -a [de'xaðo] *adj* nachlässig

dejar [de'xar] I. *vi: ~* **de** +*inf* aufhören zu +*inf;* **no ~ de** +*inf* (*no olvidar*) nicht vergessen zu +*inf;* **¡no deje de venir!** Sie müssen unbedingt kommen! II. *vt* 1. (*en general*) lassen; **¡déjalo ya!** hör auf damit!; *~* **caer** fallen lassen; *~* **claro** klarstellen; *~* **constancia** protokollieren; *~* **a deber** anschreiben lassen; *~* **en paz** in Ruhe lassen 2. (*abandonar*) verlassen; *~* **la carrera** das Studium abbrechen 3. (*permitir: algo*) zulassen; **no me dejan salir** sie lassen mich nicht ausgehen 4. (*prestar*) leihen III. *vr:* **~se** sich gehen lassen

deje ['dexe] *m* Akzent *m*

del [del] = **de** + **el** *v.* **de**

delantal [delaɲ'tal] *m* Schürze *f*

delante [de'laɲte] I. *adv* 1. (*ante, en la parte delantera*) vorn(e); **de ~** von vorn; **abierto por ~** vorne offen 2. (*enfrente*) davor II. *prep: ~* **de** (*local*) vor +*dat;* (*movimiento*) vor +*akk; ~* **mío** [*o* **de mí**] in meiner Gegenwart

delatar [dela'tar] I. *vt* anzeigen; (*manifestar*) verraten II. *vr:* **~se** sich verraten (*con* durch +*akk*)

delegación [deleɣa'θjon] *f* 1. (*atribución*) Auftrag *m; ~* **de poderes** Übertragung von Befugnissen; **actuar por ~ de alguien** in jds Auftrag

handeln **2.** (*comisión*) Delegation *f*
3. (*oficina*) Amt *nt;* **Delegación de Hacienda** Finanzamt *nt*

delegar [dele'ɣar] <g → gu> *vt* delegieren (*en* an +*akk*); (*transferir*) übertragen

deleitar(se) [delei'tar(se)] *vt, vr* sich ergötzen

deleite [de'leite] *m* Wonne *f;* **con ~** genüsslich

deletrear [deletre'ar] *vt* buchstabieren

delfín [del'fin] *m* Delphin *m*

delgado, -a [del'ɣaðo] *adj* dünn

deliberado, -a [deliβe'raðo] *adj* absichtlich

deliberar [deliβe'rar] *vi, vt* abwägen; (*discutir*) beratschlagen

delicadeza [delika'ðeθa] *f:* **con ~** feinfühlig; **tener la ~ de...** so zuvorkommend sein und ...

delicado, -a [deli'kaðo] *adj* **1.** (*frágil*) zart **2.** (*atento*) feinfühlig **3.** (*enfermizo*) anfällig; **ser ~ de salud** eine schwache Gesundheit haben **4.** (*asunto*) heikel

delicia [de'liθja] *f* Wonne *f*

delicioso, -a [deli'θjoso] *adj* köstlich

delictivo, -a [delik'tiβo] *adj:* **acto ~** Straftat *f*

delimitar [delimi'tar] *vt* abgrenzen

delincuencia [deliŋ'kwenθja] *f* Kriminalität *f*

delincuente [deliŋ'kwente] *mf* Straftäter(in) *m(f);* **~ reincidente** Wiederholungstäter(in) *m(f)*

delineante [deline'ante] *mf* technischer Zeichner *m*, technische Zeichnerin *f*

delinquir [deliŋ'kir] <qu → c> *vi* straffällig werden

delirar [deli'rar] *vi* fantasieren

delirio [de'lirjo] *m:* **~ de grandezas** Größenwahn(sinn) *m*

delito [de'lito] *m* Delikt *nt;* **~ contra**

los derechos humanos Menschenrechtsverletzung *f;* **~ de guerra** Kriegsverbrechen *nt;* **cuerpo del ~** Beweisstück *nt*

delta ['delta] *m* Delta *nt;* **ala ~** Drachenfliegen *nt*

demacrarse [dema'krarse] *vr* abmagern

demanda [de'manda] *f* **1.** (*petición*) Forderung *f;* **~ de empleo** Stellengesuch *nt* **2.** (COM) Nachfrage *f* (*de* nach +*dat*) **3.** (JUR) Klage *f;* **presentar una ~ contra alguien** Klage gegen jdn erheben

demandado, -a [deman'daðo] *m, f* Beklagte(r) *f(m)*

demandante [deman'dante] *mf* Antragsteller(in) *m(f);* (JUR) Kläger(in) *m(f)*

demandar [deman'dar] *vt* **1.** fordern; (*solicitar*) beantragen **2.** (JUR) verklagen (*por* wegen +*gen/dat*)

demás [de'mas] *adj* übrige(r, s); **... y ~... ...** und weitere ...

demasiado[1] [dema'sjaðo] *adv* (+ *adj*) (all)zu; (+ *verbo*) zu viel

demasiado, -a[2] [dema'sjaðo] *adj* zu viel; **hace ~ calor** es ist zu heiß

demencia [de'menθja] *f* Schwachsinn *m*

democracia [demo'kraθja] *f* Demokratie *f*

demócrata [de'mokrata] **I.** *adj* demokratisch **II.** *mf* Demokrat(in) *m(f)*

democrático, -a [demo'kratiko] *adj* demokratisch

demográfico, -a [demo'ɣrafiko] *adj:* **explosión demográfica** Bevölkerungsexplosion *f*

demoler [demo'ler] <o → ue> *vt* abreißen

demonio [de'monjo] *m* Teufel *m;* **¡~(s)!** zum Teufel!; **saber a ~s** scheußlich schmecken); **¡vete al ~!**

scher dich zum Teufel!

demora [de'mora] *f* Verzug *m*

demorar [demo'rar] **I.** *vt* hinauszögern **II.** *vr:* ~**se** sich aufhalten; *(retrasarse)* sich verspäten

demostración [demostra'θjon] *f* Beweis *m*; *(argumentación)* Beweisführung *f*

demostrar [demos'trar] <o → ue> *vt* beweisen; *(mostrar)* zeigen

demostrativo, -a [demostra'tiβo] *adj:* **pronombre** ~ Demonstrativpronomen *nt*

denegar [dene'ɣar] *irr como fregar* *vt* ablehnen

denigrar [deni'ɣrar] *vt* erniedrigen

denominación [denomina'θjon] *f* Bezeichnung *f*

denominar(se) [denomina'r(se)] *vt, vr* (sich) nennen

denotar [deno'tar] *vt* bedeuten

densidad [densi'ðaθ] *f* Dichte *f*

denso, -a ['denso] *adj* dicht

dentadura [denta'ðura] *f* Gebiss *nt*

dentífrico [den'tifriko] *m* Zahncreme *f*

dentista [den'tista] *mf* Zahnarzt, -ärztin *m, f*

dentro ['dentro] **I.** *adv* (dr)innen; **a** ~ innen **II.** *prep* **1.** ~ **de** *(local)* in +*dat;* ~ **de lo posible** im Rahmen des Möglichen **2.** ~ **de** *(con movimiento)* in +*akk;* **mirar** ~ **de la habitación** ins Zimmer reinschauen **3.** ~ **de** *(temporal)* in +*dat;* ~ **de poco** bald

denuncia [de'nunθja] *f* (Straf)anzeige *f*

denunciar [denun'θjar] *vt* anzeigen

deparar [depa'rar] *vt* bescheren

departamento [departa'mento] *m* **1.** *(de un establecimiento)* Abteilung *f;* ~ **de contabilidad** Buchhaltung *f* **2.** (FERRO) Abteil *nt* **3.** *(Am)* Wohnung *f*

dependencia [depen'denθja] *f* **1.** *(sujeción)* Abhängigkeit *f* **2.** *pl* *(habitaciones)* Räumlichkeiten *fpl*

depender [depen'der] *vi* abhängig sein; **¡depende!** es kommt darauf an!

dependiente[1] [depen'djente] *adj* abhängig

dependiente, -a[2] [depen'djente] *m,* *f* Verkäufer(in) *m(f)*

depilar(se) [depi'lar(se)] *vt, vr* (sich) enthaaren

deplorable [deplo'raβle] *adj* bedauerlich; **espectáculo** ~ jämmerliche Vorstellung

deponer [depo'ner] *irr como poner* *vt* **1.** *(destituir)* absetzen; ~ **de un cargo** eines Amtes entheben **2.** *(deshacerse de)* ablegen; ~ **las armas** die Waffen niederlegen

deportar [depor'tar] *vt* deportieren

deporte [de'porte] *m* Sport *m;* ~ **de (alta) competición** (Hoch)leistungssport *m;* ~ **hípico** Reitsport *m;* ~**s de invierno** Wintersportarten *fpl;* **hacer** ~ Sport treiben

deportista [depor'tista] *mf* Sportler(in) *m(f);* ~ **aficionado** Amateur(sportler) *m;* ~ **profesional** Profi(sportler) *m*

deportivo [depor'tiβo] *m* Sportwagen *m*

depositar [deposi'tar] **I.** *vt* deponieren; *(FIN)* einlegen; ~ **su confianza en alguien** sein Vertrauen in jdn setzen **II.** *vr:* ~**se** sich absetzen

depósito [de'posito] *m* **1.** *(el guardar)* Aufbewahrung *f;* **en** ~ in Verwahrung **2.** (AUTO) Tank *m* **3.** ~ **de cadáveres** Leichenhaus *nt*

depreciación [depreθja'θjon] *f:* ~ **monetaria** Geldentwertung *f*

depreciar [depre'θjar] **I.** *vt (desvalorizar)* den Wert mindern +*gen; (moneda)* abwerten **II.** *vr:* ~**se** an Wert verlieren

depresión [depre'sjon] *f* Depression *f*

depresivo, -a [depre'siβo] *adj* depressiv

deprimirse [depri'mirse] *vr* Depressionen bekommen

deprisa [de'prisa] *adv* schnell

depurar [depu'rar] *vt* reinigen

derecha [de'retʃa] *f:* **doblar a la ~** (nach) rechts abbiegen; **de ~(s)** rechtsorientiert

derecho¹ [de'retʃo] **I.** *adv* direkt **II.** *m* **1.** (*legitimidad*) Recht *nt* (**a** auf +*akk*); **con ~ a** berechtigt zu +*dat*; **tener ~ a** berechtigt sein zu +*dat;* **¡no hay ~!** (*fam*) das gibt es nicht! **2.** (*jurisprudencia*) Recht *nt;* (*ciencia*) Rechtswissenschaft *f;* **estudiar ~** Jura studieren; **de ~** von Rechts wegen

derecho, -a² [de'retʃo] *adj* **1.** (*diestro*) rechte(r, s) **2.** (*recto*) gerade **3.** (*erguido*) aufrecht; **ponerse ~** sich aufrichten

derivación [deriβa'θjon] *f* Ableitung *f*

derivar [deri'βar] **I.** *vi* hervorgehen (*de* aus +*dat*); (*tornar*) sich umwandeln (*hacia* zu +*dat*) **II.** *vt* **1.** (*t.* LING: *deducir*) ableiten **2.** (*desviar*) umleiten **III.** *vr:* **~se** sich ableiten

dermatólogo, -a [derma'toloɣo] *m, f* Hautarzt, -ärztin *m, f*

derogar [dero'ɣar] <g → gu> *vt* aufheben

derramar [derra'mar] **I.** *vt* ausschütten; (*sin querer*) verschütten; (*sangre*) vergießen **II.** *vr:* **~se** auslaufen

derrame [de'rrame] *m:* **~ cerebral** Gehirnschlag *m*

derrapar [derra'par] *vi* ins Schleudern geraten

derredor [derre'ðor] *m:* **en ~** ringsherum

derretirse [derre'tirse] *irr como pedir vr* schmelzen; **~ de calor** vor Hitze vergehen

derribar [derri'βar] *vt* niederreißen; (*puerta*) einschlagen

derrocar [derro'kar] <c → qu> *vt* (herab)stürzen

derrochar [derro'tʃar] *vt* verschwenden; (*fam*) strotzen (vor +*dat*)

derroche [de'rrotʃe] *m* Verschwendung *f*

derrota [de'rrota] *f* Niederlage *f*

derrotar [derro'tar] *vt* schlagen

derrumbar [derrum'bar] **I.** *vt* niederreißen; (*moralmente*) deprimieren **II.** *vr:* **~se** einstürzen

desabotonar(se) [desaβoto'nar(se)] *vt, vr,* **desabrochar(se)** [desaβro'tʃar(se)] *vt, vr* aufknöpfen

desacatar [desaka'tar] *vt* missachten

desacato [desa'kato] *m* Missachtung *f* (**a** +*gen*)

desacertado, -a [desaθer'taðo] *adj* verfehlt

desaconsejar [desakonse'xar] *vt* abraten (von +*dat*); **~ algo a alguien** jdm von etw *dat* abraten

desacorde [desa'korðe] *adj:* **estar ~ con algo/alguien** etw *dat*/jdm nicht zustimmen

desacostumbrar(se) [desakostum'brar(se)] *vt, vr* (sich) abgewöhnen

desacreditar [desakreði'tar] **I.** *vt* in Verruf bringen **II.** *vr:* **~se** in Verruf kommen

desactivar [desakti'βar] *vt* entschärfen

desacuerdo [desa'kwerðo] *m:* **estar en ~** nicht übereinstimmen

desafiar [desafi'ar] <1. *pres:* desafío> *vt* herausfordern

desafinar [desafi'nar] *vi* falsch singen; (*al tocar*) falsch spielen; (*instrumento*) verstimmt sein

desafío [desa'fio] *m* Herausforderung *f*

desafortunado, -a [desafortu'naðo] *adj* unglücklich

desagradable [desaɣra'ðaβle] *adj* unangenehm (*a* für +*akk*); (*repulsivo*) widerlich (*a* für +*akk*)

desagradar [desaɣra'ðar] *vi* missfallen +*dat*

desagradecido, -a [desaɣraðe-'θiðo] *adj* undankbar

desagüe [de'saɣwe] *m* Abfluss *m*

desahogado, -a [desao'ɣaðo] *adj* auskömmlich

desahogarse [desao'ɣarse] <g → gu> *vr* sich *dat* Erleichterung verschaffen; ~ **con alguien** sich bei jdm aussprechen

desahogo [desa'oɣo] *m* Erleichterung *f*; (*holgura económica*) Auskommen *nt*

desahucio [de'sauθjo] *m* Zwangsräumung *f*

desaire [de'saire] *m* Geringschätzung *f*; (*desatención*) Unhöflichkeit *f*

desajustar [desaxus'tar] *vt* verstellen

desalentador(a) [desalẹnta'ðor] *adj* entmutigend

desaliento [desa'ljẹnto] *m* Mutlosigkeit *f*; (*de fuerzas*) Schwäche *f*

desaliñado, -a [desali'naðo] *adj* ungepflegt

desalmado, -a [desal'maðo] *m, f* Barbar(in) *m(f)*

desalojar [desalo'xar] *vt* räumen

desamor [desa'mor] *m* Lieblosigkeit *f*

desamparar [desampa'rar] *vt* verlassen; (*desasistir*) im Stich lassen

desamparo [desam'paro] *m* Schutzlosigkeit *f*

desamueblado, -a [desamwe'βlaðo] *adj* unmöbliert

desamueblar [desamwe'βlar] *vt* ausräumen

desangrarse [desaŋ'grarse] *vr* verbluten

desanimado, -a [desani'maðo] *adj* mutlos

desanimar [desani'mar] I. *vt* entmutigen II. *vr:* ~**se** den Mut verlieren

desánimo [de'sanimo] *m* Mutlosigkeit *f*

desanudar [desanu'ðar] *vt* aufknoten

desapacible [desapa'θiβle] *adj* ungemütlich

desaparecer [desapare'θer] *irr como crecer vi* verschwinden

desapego [desa'peɣo] *m* Abneigung *f* (*hacia* gegen +*akk*)

desapercibido, -a [desaperθi'βiðo] *adj* unbemerkt; **pasar ~** nicht auffallen; **coger ~** völlig unvorbereitet treffen

desaprensivo, -a [desapren'siβo] *adj* rücksichtslos

desaprobar [desapro'βar] <o → ue> *vt* missbilligen

desaprovechar [desaproβe'tʃar] *vt* sich *dat* entgehen lassen

desarmar [desar'mar] I. *vi* abrüsten II. *vt* entwaffnen

desarme [de'sarme] *m* Abrüstung *f*

desarraigar [desarraị'ɣar] <g → gu> *vt* entwurzeln

desarreglo [desarre'ɣlo] *m* Unordnung *f*; (*molestia*) Störung *f*

desarrollar [desarro'ʎar] I. *vt* 1. (*aumentar*) entwickeln; ~ **relaciones comerciales** Handelsbeziehungen ausbauen 2. (*tratar en detalle*) darlegen II. *vr:* ~**se** sich entwickeln; (*tener lugar*) sich abspielen

desarrollo [desa'rroʎo] *m* 1. Entwicklung *f*; (*crecimiento*) Wachstum *nt;* **país en vías de ~** Entwicklungsland *nt* 2. (*proceso*) Ablauf *m*

desarticular [desartiku'lar] I. *vt* zerlegen; (*articulación*) ausrenken; (*gru-*

po) auflösen **II.** *vr:* ~**se** auseinander-
gehen; (*articulación*) sich *dat* ausrenken; (*grupo*) sich auflösen

desaseado, -a [desase'aðo] *adj* ungepflegt

desasosiego [desaso'sjeɣo] *m* Unruhe *f*

desastre [de'sastre] *m* Katastrophe *f;*
ser un ~ (*fam: alguien*) völlig chaotisch sein

desastroso, -a [desas'troso] *adj* katastrophal

desatar [desa'tar] **I.** *vt* **1.** losbinden;
(*zapatos*) aufschnüren **2.** (*causar*)
entfesseln **II.** *vr:* ~**se 1.** sich losbinden; (*nudo*) aufgehen **2.** (*desligarse*)
sich lösen **3.** (*desencadenarse*) sich
entfesseln

desatascar [desatas'kar] <c → qu>
vt freimachen

desatender [desateŋ'der] <e → ie>
vt vernachlässigen

desatino [desa'tino] *m* Ungeschick
nt

desatornillar [desatorni'ʎar] *vt* abschrauben

desautorizado, -a [desau̯tori'θaðo]
adj unbefugt

desavenencia [desaβe'neɳθja] *f* Un-
einigkeit *f;* (*discordia*) Streitigkeit *f*

desayunar [desaɉu'nar] *vi, vt* frühstücken; ~ **fuerte** gut frühstücken

desayuno [desa'ɉuno] *m* Frühstück
nt; ~ **buffet** Frühstücksbuffet *nt*

desazón [desa'θon] *f* Unbehagen *nt*

desbancar [desβaŋ'kar] <c → qu>
vt verdrängen

desbarajuste [desβara'xuste] *m*
Durcheinander *nt*

desbaratar [desβara'tar] *vt* auseinan-
dernehmen

desbloquear [desβloke'ar] *vt* freile-
gen; (FIN) freigeben; (POL) die Blockade aufheben +*gen*

desbordante [desβor'ðaɳte] *adj*

überschäumend; ~ **de alegría** überaus froh

desbordar [desβor'ðar] **I.** *vi, vr:* ~**se**
(*líquido*) überlaufen; (*río*) über die
Ufer treten **II.** *vt* überschreiten

descabellado, -a [deskaβe'ʎaðo]
adj wahnwitzig

descafeinado, -a [deskafei̯'naðo]
adj koffeinfrei

descalcificar [deskalθifi'kar] <c →
qu> *vt* entkalken

descalificación [deskalifika'θjon] *f*
1. (*desacreditación*) Diskreditierung
f **2.** (*eliminación*) Disqualifikation *f*

descalificar [deskalifi'kar] <c → qu>
vt diskreditieren; (*eliminar*) disquali-
fizieren

descalzarse [deskal'θarse] <z → c>
vr (*alguien*) (sich *dat*) die Schuhe
ausziehen

descalzo, -a [des'kalθo] *adj* barfuß

descambiar [deskam'bjar] *vt* (*fam*)
umtauschen

descaminar [deskami'nar] *vt:* **ir des-
caminado** (*fig*) sich irren

descampado [deskam'paðo] *m* offenes Feld *nt;* **en** ~ auf freiem Feld

descansado, -a [deskan'saðo] *adj*
ausgeschlafen

descansar [deskan'sar] *vi* sich ausruhen; (*recuperarse*) sich erholen;
¡**que descanses!** schlaf gut!

descansillo [deskan'siʎo] *m* Trep-
penabsatz *m*

descanso [des'kanso] *m* **1.** Ausruhen *nt;* (*recuperación*) Erholung
f; **día de** ~ Ruhetag *m* **2.** (*pausa*)
Pause *f;* (DEP) Halbzeit *f;* **sin** ~ ununterbrochen **3.** (*alivio*) Erleichterung *f*

descapotable [deskapo'taβle] *adj:*
(**coche**) ~ Kabrio(lett) *nt*

descarado, -a [deska'raðo] *adj*
dreist

descarga [des'karɣa] *f* Abladen *nt;*

~ **eléctrica** elektrischer Schlag

descargar [deskar'ɣar] <g → gu> vt
1. (carga) abladen **2.** (t. Fís) entladen
3. (INFOR): ~ **algo de Internet** etw
downloaden, herunterladen

descaro [des'karo] m Frechheit f

descarriarse [deskarri'arse] <1.
pres: se descarrió> vr auf Abwege
geraten

descarrilar [deskarri'lar] vi entglei-
sen

descartar [deskar'tar] vt ausschließen

descendencia [desθen'denθja] f
Nachkommenschaft f; **tener ~**
Nachwuchs bekommen

descendente [desθen'dente] adj fallend

descender [desθen'der] <e → ie> vi
hinuntergehen; (disminuir) zurückgehen; (proceder) abstammen (de
von + dat)

descendiente [desθen'djente] mf
Nachkomme m

descenso [des'θenso] m Abstieg m;
(disminución) Rückgang m

descentralizar [desθentrali'θar] <z
→ c> vt dezentralisieren

descifrar [desθi'frar] vt entziffern;
(código) dechiffrieren

descodificador [deskoðifika'ðor] m
Decoder m

descojonante [deskoxo'nante] adj
(argot) zum Schieflachen

descojonarse [deskoxo'narse] vr
(argot) sich schieflachen (de über
+ akk)

descolgar [deskol'ɣar] irr como colgar vt abhängen; (teléfono) abnehmen

descolorar [deskolo'rar], **descolorir**
[deskolo'rir] vt: **estar descolorido**
ausgewaschen sein

descomedido, -a [deskome'ðiðo]
adj übermäßig

descompensar [deskompen'sar]
I. vt aus dem Gleichgewicht bringen; **estar descompensado** unaus-
geglichen sein **II.** vr: ~ **-se** aus dem
Gleichgewicht geraten

descomponerse [deskompo'nerse]
irr como poner vr zerfallen; (corromperse) verwesen; (enfermar) Durchfall bekommen

descomposición [deskomposi-
'θjon] f: ~ **(de vientre)** Durchfall
m

descompuesto, -a [deskom'pwes-
to] adj unordentlich; (podrido) ver-
fault; (alterado) verzerrt

descomunal [deskomu'nal] adj ungeheuerlich

desconcertar [deskonθer'tar] <e →
ie> vt **1.** (desbaratar) durcheinanderbringen; (planes) vereiteln
2. (pasmar) verblüffen

desconchado [deskon'tʃaðo] m ab-
gebröckelte Stelle f

desconectar [deskonek'tar] **I.** vi, vt
abschalten; (tele) ausschalten **II.** vi
(fam) abschalten

desconfiado, -a [deskomfi'aðo] adj
misstrauisch

desconfianza [deskomfi'anθa] f
Misstrauen nt

desconfiar [deskomfi'ar] <1. pres:
desconfío> vi misstrauen (de
+ dat)

descongelar(se) [deskonxe'lar(se)]
vt, vr auftauen

descongestionar [deskonxestjo-
'nar] vt entlasten; (MED) entstauen

desconocer [deskono'θer] irr como
crecer vt nicht wissen

desconocido, -a [deskono'θiðo] adj
unbekannt; **estar ~** nicht mehr zu
erkennen sein

desconocimiento [deskonoθi-
'mjento] m Unkenntnis f; (ignorancia) Unwissenheit f

desconsiderado, -a [deskonsiðe-'raðo] *adj* rücksichtslos

desconsolado, -a [deskonso'laðo] *adj* untröstlich

desconsuelo [deskon'swelo] *m* Trostlosigkeit *f*

descontado, -a [deskon'taðo] *adj:* **dar algo por ~** etw für selbstverständlich halten

descontar [deskon'tar] <o → ue> *vt* abziehen

descontento, -a [deskon'tento] *adj* unzufrieden

descontrolarse [deskontro'larse] *vr* außer Kontrolle geraten; (*persona*) außer sich *dat/akk* geraten

descorchar [deskor'tʃar] *vt* entkorken

descortés [deskor'tes] *adj* unhöflich

descortesía [deskorte'sia] *f* Unhöflichkeit *f*

descoser [desko'ser] I. *vt:* **tengo la manga descosida** mein Ärmel hat sich gelöst II. *vr:* **~se** aufgehen; **se me ha descosido un botón** mein Knopf ist ab

descosido, -a [desko'siðo] *adj:* **hablar como un ~** alles ausplappern

descrédito [des'kreðito] *m:* **caer en ~** in Verruf geraten

descremar [deskre'mar] *vt* entrahmen

describir [deskri'βir] *irr como escribir vt* beschreiben

descripción [deskriβ'θjon] *f* Beschreibung *f*

descubierto [desku'βjerto] *m:* **al ~** unter freiem Himmel; **al ~** (*cuenta*) überzogen

descubridor(a) [deskuβri'ðor] *m(f)* Entdecker(in) *m(f)*

descubrimiento [deskuβri'mjento] *m* Entdeckung *f*

descubrir [desku'βrir] *irr como abrir* I. *vt* enthüllen; (*encontrar*) entdecken; (*averiguar*) herausfinden II. *vr:* **~se** den Hut ziehen; (*traicionarse*) sich bloßstellen; (*desenmascararse*) sich entlarven (*como* als +*akk*)

descuento [des'kwento] *m* Abzug *m;* (COM) Rabatt *m*

descuidado, -a [deskwi'ðaðo] *adj:* **aspecto ~** ungepflegtes Äußeres; **coger ~** überrumpeln

descuidar [deskwi'ðar] I. *vi:* **¡descuida!** lass das nur meine Sorge sein! II. *vt, vr:* **~se** (sich) vernachlässigen

descuido [des'kwiðo] *m* 1. Unachtsamkeit *f;* (*de cuidado*) Nachlässigkeit *f* 2. (*error*) Fehler *m;* **por ~** aus Versehen

desde ['desðe] I. *prep* 1. (*temporal: pasado*) seit +*dat;* (*a partir de*) ab +*dat;* **~... hasta...** von ... bis ...; **¿~ cuándo?** seit wann?; **~ entonces** seitdem; **~ hace un mes** seit einem Monat; **~ hace poco/mucho** seit kurzem/langem; **~ ya** ab sofort 2. (*local*) von +*dat;* **te llamo ~ una cabina** ich rufe von einer Telefonzelle (aus) an II. *adv:* **~ luego** (*por supuesto*) selbstverständlich III. *conj:* **~ que** seit(dem)

desdecir [desðe'θir] *irr como decir* I. *vi* nicht entsprechen (*de* +*dat*) II. *vr:* **~se de algo** etw zurücknehmen

desdén [des'ðen] *m* Verachtung *f*

desdeñable [desðe'ɲaβle] *adj* verachtenswert; **nada ~** nicht zu verachten

desdeñar [desðe'ɲar] *vt* verachten; (*rechazar*) verschmähen

desdicha [des'ðitʃa] *f* Unglück *nt;* (*miseria*) Elend *nt*

desdichado, -a [desðitʃaðo] *adj* unglücklich; **es un ~** er ist ein armer Teufel

deseable [dese'aβle] *adj* wünschenswert; (*sexualmente*) begehrenswert

desear [dese'ar] *vt* wünschen; (*sexualmente*) begehren; **hacerse ~** auf sich warten lassen

desecar(se) [dese'kar(se)] <c → qu> *vt, vr* austrocknen

desechable [dese'tʃaßle] *adj:* **guantes ~s** Einmalhandschuhe *mpl*

desechar [dese'tʃar] *vt* ausschließen

desecho(s) [de'setʃo(s)] *m (pl)* Abfall *m;* **~s tóxicos** Giftmüll *m*

desembalar [desemba'lar] *vt* auspacken

desembarcar [desemβar'kar] <c → qu> I. *vi* landen II. *vt* ausschiffen

desembarco [desem'barko] *m* (*arribada*) Landung *f*

desembarque [desem'barke] *m* Landung *f*

desembocadura [desemboka'ðura] *f* (Ein)mündung *f*

desembocar [desembo'kar] <c → qu> *vi* (*río*) (ein)münden (*en* in +*akk*); (*situación*) führen (*en* zu +*dat*)

desembolsar [desembol'sar] *vt* **1.** (*sacar*) aus der Tasche nehmen **2.** (*pagar*) zahlen; (*gastar*) ausgeben

desembolso [desem'bolso] *m* Zahlung *f*

desempacar [desempa'kar] <c → qu> *vt* auspacken

desempaquetar [desempake'tar] *vt* auspacken

desempeñar [desempe'ɲar] *vt* ausüben; (*trabajo*) ausführen; **~ un papel** eine Rolle spielen

desempleado, -a [desemple'aðo] *m, f* Arbeitslose(r) *f(m)*

desempleo [desem'pleo] *m* Arbeitslosigkeit *f;* **~ oculto** versteckte Arbeitslosigkeit

desencadenar [desenkaðe'nar] I. *vt* auslösen II. *vr:* **~se** ausbrechen

desencanto [desen'kanto] *m* Enttäuschung *f*

desenchufar [desen'tʃu'far] *vt* den Stecker herausziehen (von +*dat*)

desencriptar [deseŋkrip'tar] *vt* (INFOR) dechiffrieren

desenfadado, -a [desemfa'ðaðo] *adj* ungezwungen; (*relajado*) locker

desenfocado, -a [desemfo'kaðo] *adj* unscharf

desenfrenado, -a [desemfre'naðo] *adj* ungezügelt

desenfreno [desem'freno] *m* Zügellosigkeit *f*

desenganchar [deseŋgan'tʃar] I. *vt* losmachen II. *vr:* **~se** (*argot*) clean werden

desengañar [deseŋga'ɲar] *vt* die Augen öffnen +*dat*

desengaño [deseŋ'gaɲo] *m* Enttäuschung *f;* **sufrir un ~ amoroso** sich unglücklich verlieben

desengrasar [deseŋgra'sar] *vt* entfetten

desenlace [desen'laθe] *m* Ende *nt;* **la película tiene un ~ feliz** der Film hat ein Happyend

desenmascarar [deseⁿmaska'rar] I. *vt* bloßstellen II. *vr:* **~se** sich entpuppen

desenredar [desenrre'ðar] *vt* entwirren

desenroscar [desenrros'kar] <c → qu> *vt* aufschrauben

desentenderse [desenten'derse] <e → ie> *vr* sich nicht (mehr) kümmern (*de* um +*akk*); **~ de un problema** von einem Problem nichts mehr wissen wollen

desenterrar [desente'rrar] <e → ie> *vt* ausgraben

desentonar [desento'nar] *vi* **1.** falsch singen; (*tocar*) falsch spielen **2.** (*no combinar*) nicht passen (*con* zu +*dat*)

desenvolver [desembol'βer] *irr*

como volver I. *vt* auspacken II. *vr:*
~se sich entwickeln; (*manejarse*) zurechtkommen

deseo [de'seo] *m* Wunsch *m;* (*sexual*) Lust *f;* **~ imperioso** dringender Wunsch; **~s de venganza** Rachsucht *f*

deseoso, -a [dese'oso] *adj:* **estar ~ de hacer algo** begierig darauf sein, etw zu tun

desequilibrio [deseki'liβrjo] *m*
1. Ungleichgewicht *nt;* (*descompensación*) Unausgewogenheit *f*
2. ~ mental Geistesstörung *f*

desertar [deser'tar] *vi* desertieren

desértico, -a [de'sertiko] *adj* Wüsten-; **clima ~** Wüstenklima *nt*

desesperación [desespera'θjon] *f*
Verzweiflung *f;* **caer en la ~** verzweifeln

desesperado, -a [desespe'raðo] *adj*
verzweifelt

desesperante [desespe'rante] *adj*
1. (*sin esperanza*) hoffnungslos
2. (*exasperante*) nervenaufreibend

desesperar [desespe'rar] I. *vt* zur
Verzweiflung treiben II. *vt, vr:* **~se**
verzweifeln (*de* an +*dat*); **¡no te desesperes!** Kopf hoch!

desestimar [desesti'mar] *vt:* **~ una demanda** eine Klage abweisen

desfallecer [desfaʎe'θer] *irr como crecer vi* zusammenbrechen (*de* vor +*dat*)

desfasado, -a [desfa'saðo] *adj* altmodisch

desfavorable [desfaβo'raβle] *adj* ungünstig

desfigurar [desfiɣu'rar] *vt* **1.** (*afear*) verunstalten; (*las facciones*) entstellen; (*el cuerpo*) verstümmeln **2.** (*deformar*) verformen; (*la realidad*) verdrehen

desfiladero [desfila'ðero] *m*
Schlucht *f*

desfile [des'file] *m* **1.** (*acción*) Vorbeiziehen *nt;* (*parada*) (*Militär*)parade *f;* (*de modelos*) Modenschau *f;* (*en una fiesta*) Umzug *m* **2.** (*personas*) Zug *m*

desgana [des'ɣana] *f* (*fam*) **1.** (*inapetencia*) Appetitlosigkeit *f;* **comer con ~** sich zum Essen zwingen
2. (*falta de interés*) Unlust *f;* **con ~** widerwillig

desgarrador(a) [desɣarra'ðor] *adj*
herzzerreißend

desgarrar(se) [desɣa'rrar(se)] *vt, vr:*
esto me desgarra el corazón das bricht mir das Herz

desgaste [des'ɣaste] *m* Abnutzung *f*

desgracia [des'ɣraθja] *f* **1.** Pech *nt;*
por ~ leider **2.** (*acontecimiento*)
Unglück *nt*

desgraciadamente [desɣraθjaða-'mente] *adv* leider

desgraciado, -a [desɣra'θjaðo] *adj*
unglücklich

desgraciar [desɣra'θjar] I. *vt* **1.** (*estropear*) ruinieren **2.** (*disgustar*) verärgern II. *vr:* **~se** (*malograrse*) missglücken

desgravar [desɣra'βar] *vt* von der
Steuer abziehen

desguace [des'ɣwaθe] *m* Verschrottung *f*

deshabitado, -a [desaβi'taðo] *adj*
unbewohnt; **ciudad deshabitada**
Geisterstadt *f*

deshacer [desa'θer] *irr como hacer*
I. *vt* **1.** (*un paquete*) auspacken
2. (*romper*) kaputtmachen **3.** (*disolver*) auflösen II. *vr:* **~se 1. se me ha deshecho el helado** das Eis ist mir weggeschmolzen; **~se por algo** (ganz) verrückt nach etw *dat* sein; **~se a trabajar** wie besessen arbeiten
2. (*romperse*) kaputtgehen **3.** (*desprenderse*) sich entledigen (*de* +*gen*)

deshecho, -a [de'setʃo] *adj* **1.** (*deprimido*) am Boden zerstört **2.** (*cansado*) erschöpft; **estar ~** völlig erledigt sein

desheredar [desere'ðar] *vt* enterben

deshidratar [desiðra'tar] **I.** *vt* **1.** (*quitar agua*) Wasser entziehen +*dat;* (*suelo, cuerpo*) entwässern **2.** (*alimentos*) trocknen **II.** *vr:* **~se** austrocknen; (*tierra*) ausdörren; (*cuerpo*) Flüssigkeit verlieren

deshielo [des'jelo] *m* Tauwetter *nt*

deshincharse [desin'tʃarse] *vr* **1.** (*perder aire*) Luft verlieren; **se me ha deshinchado la rueda de la bici** mein Fahrradreifen ist platt **2.** (*una inflamación*) abschwellen

deshojar [deso'xar] *vt* entblättern; (*un árbol*) entlauben

deshonesto, -a [deso'nesto] *adj* unehrlich

deshonra [des'onrra] *f* Schande *f;* **ser una ~ para la empresa** das Ansehen der Firma ruinieren

deshonrar [deson'rrar] *vt:* **~ a alguien** jds Ansehen ruinieren

deshora [des'ora] *f* Unzeit *f*

desidia [de'siðja] *f* Schlampigkeit *f;* (*pereza*) Faulheit *f*

desierto[1] [de'sjerto] *m* Wüste *f*

desierto, -a[2] [de'sjerto] *adj* (menschen)leer

designar [desiɣ'nar] *vt* **1.** (*dar un nombre*) bezeichnen (*por* als +*akk*) **2.** (*destinar*) bestimmen; (*nombrar*) ernennen (*para* zu +*dat*); **~ un candidato** einen Kandidaten aufstellen

desigual [desi'ɣwal] *adj* ungleich

desigualdad [desiɣwal'daθ] *f* Ungerechtigkeit *f*

desilusión [desilu'sjon] *f* Enttäuschung *f;* **sufrir una ~** enttäuscht werden

desilusionante [desilusjo'naṇte] *adj* ernüchternd

desilusionar [desilusjo'nar] **I.** *vt* enttäuschen **II.** *vr:* **~se** enttäuscht sein

desinfectante [desiɱfek'taṇte] *m* Desinfektionsmittel *nt*

desinfectar [desiɱfek'tar] *vt* desinfizieren

desinflado, -a [desiɱ'flaðo] *adj* platt

desinflarse [desiɱ'flarse] *vr* die Luft verlieren

desintegración [desiṇteɣra'θjon] *f* Auflösung *f;* (*de un territorio*) Teilung *f;* (*de una ruina*) Zerfall *m;* (Fís) Spaltung *f*

desintegrar(se) [desiṇte'ɣrar(se)] *vt, vr* zerfallen, (sich) auflösen

desinterés [desiṇte'res] *m* Gleichgültigkeit *f*

desintoxicación [desiṇtoˠsika'θjon] *f* Entziehung *f*

desintoxicar [desiṇtoˠsi'kar] <c → qu> **I.** *vt* entgiften; (*de una droga*) von einer Sucht heilen **II.** *vr:* **~se** seinen Körper entgiften

desistir [desis'tir] *vi* aufgeben (*de* +*akk*)

desleal [desle'al] *adj* untreu; **competencia ~** unlauterer Wettbewerb; **publicidad ~** irreführende Werbung

desleír(se) [desle'ir(se)] *irr como reír vt, vr* (sich) auflösen

desligarse [desli'ɣarse] <g → gu> *vr:* **no poder ~ de algo** um etw nicht herumkommen

desliz [des'liθ] *m* Seitensprung *m*

deslizante [desli'θaṇte] *adj* Gleit-

deslizarse [desli'θarse] <z → c> *vr:* **~ por un tobogán** eine Rutschbahn hinunterrutschen

deslucido, -a [deslu'θiðo] *adj* schäbig

deslumbrante [deslum'braṇte] *adj* überwältigend

deslumbrar [deslum'brar] *vt* blenden

desmadrado, -a [desma'ðraðo] *adj* hemmungslos

desmadrarse [desma'ðrarse] *vr:* ¡no te desmadres! jetzt krieg dich bitte wieder ein!

desmán [des'man] *m* Ausschweifung *f*

desmantelar [desmaṇte'lar] *vt* niederreißen; (*desmontar*) zerlegen

desmaquillador(a) [desmakiʎa'ðor] *adj:* leche ~a Reinigungsmilch *f*

desmaquillar(se) [desmakiʎa'r(se)] *vt, vr* (sich) abschminken

desmayarse [desma'ɟarse] *vr* in Ohnmacht fallen

desmayo [des'maɟo] *m* Ohnmacht *f*

desmedido, -a [desme'ðiðo] *adj* maßlos; tener un apetito ~ übermäßig viel essen

desmejorar [desmexo'rar] *vi:* con la gripe has desmejorado mucho die Grippe hat dir sehr zugesetzt

desmentir [desmeṇ'tir] *irr como sentir vt* abstreiten

desmenuzar [desmenu'θar] <z → c> *vt* zerkleinern

desmerecer [desmere'θer] *irr como crecer* I. *vt* nicht verdienen II. *vi* sich verschlechtern

desmesurado, -a [desmesu'raðo] *adj* maßlos; beber de una forma desmesurada übermäßig (viel) trinken

desmigajar(se) [desmiɣa'xar(se)] *vt, vr* (zer)bröckeln

desmilitarizar [desmilitari'θar] <z → c> *vt* entmilitarisieren

desmontar [desmoṇ'tar] I. *vt* abmontieren II. *vi, vr:* ~se (ab)steigen

desmonte [des'moṇte] *m* Rodung *f*

desmoralizar [desmorali'θar] <z → c> I. *vt* entmutigen II. *vr:* ~se an Selbstvertrauen verlieren

desmoronamiento [desmorona-'mjeṇto] *m* 1. (*arruinamiento*) Zerfall *m;* (*de un edificio*) Einsturz *m*

2. (*disminución*) Schwinden *nt;* (*de un imperio*) Untergang *m*

desmoronarse [desmoro'narse] *vr* untergehen

desnatar [desna'tar] *vt* entrahmen

desnaturalizado, -a [desnaturali-'θaðo] *adj* (*animal*) entartet; (*alimentos*) ungenießbar; (*hijo*) missraten; madre desnaturalizada Rabenmutter *f*

desnivel [desni'βel] *m* Gefälle *nt;* ~ cultural Kulturgefälle *nt*

desnivelar [desniβe'lar] I. *vt* aus dem Gleichgewicht bringen II. *vr:* ~se aus dem Gleichgewicht geraten

desnucarse [desnu'karse] <c → qu> *vr* sich *dat* das Genick brechen

desnudar(se) [desnu'ðar(se)] *vt, vr* (sich) ausziehen

desnudo, -a [des'nuðo] *adj* nackt

desnutrición [desnutri'θjon] *f* Unterernährung *f*

desobedecer [desoβeðe'θer] *irr como crecer vi* nicht gehorchen

desobediencia [desoβe'ðjeṇθja] *f* Ungehorsam *m;* (MIL, POL) Gehorsamsverweigerung *f*

desobediente [desoβe'ðjeṇte] *adj* ungehorsam

desocupado, -a [desoku'paðo] *adj* arbeitslos; estoy ~ ich habe nichts zu tun

desocupar [desoku'par] I. *vt* 1. (*desembarazar*) frei machen; (*evacuar*) evakuieren; ~ una vivienda aus einer Wohnung ausziehen 2. (*vaciar*) leeren II. *vr:* ~se 1. (*de una ocupación*) freihaben 2. (*quedarse vacante*) frei werden

desodorante [desoðo'raṇte] *m* Deo *nt*

desoír [deso'ir] *irr como oír vt* nicht hören (auf +*akk*)

desolación [desola'θjon] *f* 1. (*devastación*) Verwüstung *f* 2. (*desconsue-*

lo) Verzweiflung *f*

desolado, -a [deso'laðo] *adj* trostlos

desorden [de'sorðen] *m* Unordnung *f*

desordenar [desorðe'nar] *vt* durcheinanderbringen

desorganización [desorɣaniθa-'θjon] *f* Chaos *nt*

desorientación [desorjenta'θjon] *f* **1.** (*extravío*) Irreführung *f* **2.** (*confusión*) Verwirrung *f*

desorientarse [desorjen'tarse] *vr* verwirrt sein

despabilado, -a [despaβi'laðo] *adj* aufgeweckt

despabilar [despaβi'lar] I. *vt* **1.** (*despertar*) munter machen **2.** (*avivar*) aufrütteln **3.** (*acabar deprisa*) schnell erledigen II. *vi* **1.** (*darse prisa*) sich beeilen **2.** (*avivarse*): **si quieres empezar a trabajar por tu cuenta, tienes que ~** wenn du dich selbstständig machen willst, musst du noch einiges lernen III. *vr:* **~se** (*sacudir el sueño*) munter werden

despachar [despa'tʃar] I. *vi, vt* bedienen II. *vr:* **~se: ~se a gusto con alguien** jdm seine Meinung sagen

despacho [des'patʃo] *m* **1.** Büro *nt;* (*en casa*) Arbeitszimmer *nt;* **mesa de ~** Schreibtisch *m* **2.** (*tienda*) Laden *m;* **~ de localidades** Vorverkaufsstelle *f*

despacio [des'paθjo] I. *adv* langsam II. *interj* immer mit der Ruhe

despampanante [despampa'nante] *adj* atemberaubend

desparpajo [despar'paxo] *m* **1.** Redegewandtheit *f;* **con ~** ungezwungen **2.** (*Am*) Chaos *nt*

desparramarse [desparra'marse] *vr* sich verteilen; (*un líquido*) fließen

despavorido, -a [despaβo'riðo] *adj* entsetzt

despecho [des'petʃo] *m* Zorn *m;* **a ~ de** trotz +*gen*

despectivo, -a [despek'tiβo] *adj* verächtlich

despedazar [despeða'θar] <z → c> *vt:* **la bomba le despedazó la mano** die Bombe zerfetzte ihm/ihr die Hand

despedida [despe'ðiða] *f* Abschied *m;* **~ de soltero** Polterabend *m;* **cena de ~** Abschiedsessen *nt*

despedir [despe'ðir] *irr como pedir* I. *vt* **1.** (*decir adiós*) verabschieden **2.** (*de un empleo*) entlassen **3.** (*difundir*) ausstoßen; **el volcán despide fuego** der Vulkan speit Feuer **4.** (*lanzar*) schleudern II. *vr:* **~se** sich verabschieden; **despídete de ese dinero** (*fam*) das Geld siehst du nie wieder

despegar [despe'ɣar] <g → gu> I. *vt* abmachen; **estar sin ~ los labios** kein Wort sagen II. *vi* starten; **la economía no despega** die Wirtschaft kommt nicht in Gang III. *vr:* **~se** sich (ab)lösen

despegue [des'peɣe] *m* **1.** (AERO) Start *m* **2.** (ECON) wirtschaftlicher Aufschwung *m*

despeinado, -a [despej'naðo] *adj* ungekämmt

despejado, -a [despe'xaðo] *adj* wolkenlos; (*cabeza*) klar

despejar [despe'xar] I. *vt* **1.** (*un lugar*) frei machen; (*mesa*) abräumen; (*sala*) räumen **2.** (*una situación*) (auf)klären II. *vr:* **~se 1.** (*cielo, misterio*) sich aufklären; **parece que se va a ~ el día** es sieht so aus, als ob sich das Wetter heute noch bessert **2.** (*mentalmente*) einen klaren Kopf bekommen

despelotarse [despelo'tarse] *vr* (*fam*) sich ausziehen; (*de risa*) sich totlachen

despensa [des'pensa] *f* Speisekammer *f*

despeñadero [despeɲa'ðero] *m* Abgrund *m*

despeñar [despe'ɲar] I. *vt* herabstürzen II. *vr:* ~**se** (ab)stürzen

desperdiciar [desperði'θjar] *vt* verschwenden; (*ocasión*) verpassen

desperdicio [desper'ðiθjo] *m* 1. (*residuo*) Abfall *m;* ~**s biológicos** Biomüll *m* 2. (*malbaratamiento*) Verschwendung *f;* **no tener** ~ sehr nützlich sein

desperdigar(se) <g → gu> *vt, vr* (sich) zerstreuen

desperezarse [despere'θarse] <z → c> *vr* sich recken

desperfecto [desper'fekto] *m* 1. (*deterioro*) Schaden *m* 2. (*defecto*) Fehler *m;* **esta máquina tiene un pequeño** ~ diese Maschine ist leicht defekt

despertador [desperta'ðor] *m* Wecker *m*

despertar [desper'tar] <e → ie> I. *vt* wecken II. *vr:* ~**se** aufwachen

despiadado, -a [despja'ðaðo] *adj* erbarmungslos

despido [des'piðo] *m* Kündigung *f;* ~ **colectivo** Massenentlassung *f*

despierto, -a [des'pjerto] *adj* 1. (*insomne*) wach 2. (*listo*) aufgeweckt; **mente despierta** reger Verstand

despilfarrar [despilfa'rrar] *vt* verschwenden

despilfarro [despil'farro] *m* Verschwendung *f*

despintar [despin'tar] I. *vt* 1. (*colores*) auswaschen 2. (*la realidad*) verzerren II. *vr:* ~**se** (*borrarse*) verblassen; ~**se con el sol** in der Sonne verblassen

despistado, -a [despis'taðo] *adj* zerstreut

despistar [despis'tar] I. *vt* irreführen II. *vr:* ~**se** 1. (*perderse*) sich verirren 2. (*desconcertarse*) durcheinanderkommen

despiste [des'piste] *m:* **un** ~ **lo tiene cualquiera** das kann jedem mal passieren

desplante [des'plante] *m* Frechheit *f*

desplazado, -a [despla'θaðo] *adj* deplatziert

desplazamiento [desplaθa'mjento] *m* Verschiebung *f*

desplazar [despla'θar] <z → c> *vt* 1. (*muebles*) verschieben; (*enfermos*) verlagern 2. (*suplantar*) aus dem Amt verdrängen

desplegable [desple'ɣaβle] *adj:* **silla** ~ Klappstuhl *m*

desplomarse [desplo'marse] *vr* einstürzen; (*persona*) zusammenbrechen

desplumar [desplu'mar] *vt:* ~ **a alguien jugando a las cartas** jdn beim Kartenspiel ausnehmen *fam*

despoblado, -a [despo'βlaðo] *adj* unbewohnt

despojar [despo'xar] I. *vt* wegnehmen; **la** ~**on de todo** sie haben ihr alles weggenommen II. *vr:* ~**se** verzichten (*de* auf +*akk*)

déspota ['despota] *mf* Despot(in) *m(f)*

despreciable [despre'θjaβle] *adj* verwerflich

despreciar [despre'θjar] *vt* verachten; (*oferta*) ausschlagen

desprecio [des'preθjo] *m* Verachtung *f*

desprenderse [despren'derse] *vr* 1. (*soltarse*) sich lösen 2. (*deshacerse*) weggeben (*de* +*akk*) 3. (*deducirse*): **de tu comportamiento se desprende que...** aus deinem Verhalten lässt sich schließen, dass ...

desprendido, -a [despren'diðo] *adj*

großzügig

despreocupado, -a [despreoku-'paðo] *adj* unbefangen

despreocuparse [despreoku'parse] *vr* sich entspannen; (*desatender*) vernachlässigen (*de* +*akk*)

desprestigiar [despresti'xjar] **I.** *vt* herabwürdigen **II.** *vr:* ~se sein Ansehen verlieren

desprevenido, -a [despreβe'niðo] *adj:* **coger** ~ überrumpeln

desproporción [despropor'θjon] *f* Missverhältnis *nt*

desproporcionado, -a [despropor-θjo'naðo] *adj* unverhältnismäßig

desprovisto, -a [despro'βisto] *adj:* ~ **de** ohne +*akk*

después [des'pwes] **I.** *adv* **1.** (*tiempo*) nachher; ~ **de todo** (*concesivo*) trotz allem; ~ **de la cena** nach dem Essen; **una hora** ~ eine Stunde später **2.** (*espacio*): ~ **de** hinter +*dat* **II.** *conj:* ~ **(de) que** nachdem

desquiciarse [deski'θjarse] *vr* den Halt verlieren

desquitar(se) [deski'tar(se)] *vt, vr:* ~ **de una pérdida** einen Verlust wieder gutmachen

desquite [des'kite] *m* (*satisfacción*) Genugtuung *f;* (*venganza*) Vergeltung *f*

destacable [desta'kaβle] *adj* erwähnenswert

destacado, -a [desta'kaðo] *adj* herausragend

destacar [desta'kar] <c → qu> **I.** *vi* hervorstechen **II.** *vt* hervorheben **III.** *vr:* ~se sich abheben (*de/entre* von +*dat*)

destajo [des'taxo] *m* Akkordarbeit *f*

destapar [desta'par] **I.** *vt* aufmachen; (*desabrigar*) aufdecken; (*secretos*) enthüllen **II.** *vr:* ~se aufgehen; (*desabrigarse*) sich aufdecken; (*descubrirse*) sich bloßstellen

destartalado, -a [destarta'laðo] *adj* verwahrlost

destellar [deste'ʎar] *vi* funkeln

destemplado, -a [destem'plaðo] *adj* unpässlich

desteñido, -a [deste'ɲiðo] *adj* verwaschen

desternillarse [desterni'ʎarse] *vr:* ~ **de risa** sich totlachen

desterrar [deste'rrar] <e → ie> *vt* verbannen; ~ **del país** des Landes verweisen

destiempo [des'tjempo] *m:* **a** ~ ungelegen

destierro [des'tjerro] *m* **1.** (*pena*) Verbannung *f* **2.** (*lugar*) Exil *nt*

destilería [destile'ria] *f* Brennerei *f*

destinar [desti'nar] *vt* zuweisen +*dat;* (*enviar*) versetzen; (*designar*) ernennen

destinatario, -a [destina'tarjo] *m, f* Empfänger(in) *m(f)*

destino [des'tino] *m* Schicksal *nt;* (*destinación*) Bestimmungsort *m*

destitución [destitu'θjon] *f:* ~ **del cargo** Amtsenthebung *f*

destituir [destitu'ir] *irr como huir vt* entlassen

destornillador [destorniʎa'ðor] *m* Schraubenzieher *m*

destornillar [destorni'ʎar] *vt* abschrauben

destreza [des'treθa] *f* Geschicklichkeit *f;* ~ **manual** Handfertigkeit *f;* **con** ~ geschickt

destrozar [destro'θar] <z → c> *vt* zerstören; (*fam*) schaffen

destrucción [destruk'θjon] *f* Zerstörung *f*

destructivo, -a [destruk'tiβo] *adj* destruktiv

destruir [destru'ir] *irr como huir vt* vernichten

desubicado, -a [desuβi'kaðo] *adj*

(*Am: fig*) zerstreut

desunión [desu'njon] *f* Trennung *f*

desuso [de'suso] *m:* **caer en ~** aus dem Gebrauch kommen

desvalido, -a [desβa'liðo] *adj* schutzlos

desvalijar [desβali'xar] *vt* ausrauben

desvalorizar [desβalori'θar] <z → c> *vt* abwerten

desván [des'βan] *m* Dachboden *m*

desvanecerse [desβane'θerse] *irr como crecer vr* verschwinden

desvanecimiento [desβaneθi'mjento] *m* **1.** (*desaparición*) Verschwinden *nt* **2.** (*mareo*) Schwindel *m*

desvariar [desβari'ar] <1. *pres:* desvarío> *vi* fantasieren

desvelar [desβe'lar] **I.** *vt* wach halten **II.** *vr:* **~se** sich abmühen (*por* für +*akk*)

desvelo [des'βelo] *m* **1.** (*insomnio*) Schlaflosigkeit *f* **2.** (*despabilamiento*) Munterkeit *f*

desventaja [desβen'taxa] *f* Nachteil *m*

desventura [desβen'tura] *f* Unglück *nt*

desventurado, -a [desβentu'raðo] *adj* unglücklich

desvergonzado, -a [desβeryon'θaðo] *adj* schamlos

desvergüenza [desβer'ɣwenθa] *f* Unverschämtheit *f*

desvestir(se) [desβes'tir(se)] *irr como pedir vt, vr* (sich) ausziehen

desviación [desβja'θjon] *f* **1.** (*torcedura*) Abweichung *f;* **~ de la columna vertebral** Rückgratverkrümmung *f* **2.** (*del tráfico*) Umleitung *f*

desviar [desβi'ar] <1. *pres:* desvío> **I.** *vt* umleiten; **~ una cuestión** einer Frage ausweichen **II.** *vr:* **~se** abkommen

desvincular [desβiŋku'lar] **I.** *vt* befreien **II.** *vr:* **~se** sich lösen

desvío [des'βio] *m* Abweichung *f;* (*carretera*) Umleitung *f*

desvivirse [desβi'βirse] *vr:* **~ por alguien** alles für jdn tun

deszipear [desθipe'ar] *vt* (INFOR) (*fam: descomprimir*) entzippen

detallado, -a [deta'ʎaðo] *adj* ausführlich

detalle [de'taʎe] *m:* **venta al ~** Einzelverkauf *m;* **entrar en ~s** ins Detail gehen

detectar [detek'tar] *vt* entdecken

detective [detek'tiβe] *mf* Detektiv(in) *m(f)*

detector [detek'tor] *m:* **~ de humo** Rauchgasanzeiger *m*

detener [dete'ner] *irr como tener* **I.** *vt* anhalten; (*encarcelar*) festnehmen; **~ (en su poder)** einbehalten **II.** *vr:* **~se** innehalten; (*entretenerse*) sich aufhalten (*en* mit +*dat*)

detenido, -a [dete'niðo] *m, f* Häftling *m*

detenimiento [deteni'mjento] *m* Ausführlichkeit *f;* **con ~** ausführlich

detergente [deter'xente] *m* Waschpulver *nt;* **~ en pastilla** Waschmittel-Tabs

deteriorarse [deterjo'rarse] *vr* sich verschlechtern; (*estropearse*) verderben

deterioro [dete'rjoro] *m* Verschlechterung *f*

determinación [determina'θjon] *f* **1.** (*fijación*) Bestimmung *f;* **~ de objetivos** Zielsetzung *f* **2.** (*decisión*) Entschluss *m;* **tomar una ~** eine Entscheidung treffen **3.** (*audacia*) Bestimmtheit *f*

determinado, -a [determi'naðo] *adj* bestimmt

determinante [determi'nante] *adj* entscheidend

determinar [determi'nar] *vt* bestimmen

detestar [detes'tar] *vt* verabscheuen

detonar [deto'nar] **I.** *vi* explodieren **II.** *vt* zünden

detrás [de'tras] **I.** *adv* **1.** (*local*) hinten; **allí** ~ dahinter **2.** (*en el orden*): **el que está** ~ der Hintermann **II.** *prep* **1.** (*local: tras*): ~ **de** hinter +*dat*; (*con movimiento*) hinter +*akk*; **ir** ~ **de alguien** jdm folgen **2.** (*en el orden*): **uno** ~ **de otro** einer nach dem anderen

detrimento [detri'mento] *m* Schaden *m*; (*perjuicio*) Nachteil *m*

deuda ['deuða] *f* **1.** (*débito*) Schuld *f*; ~ **del Estado** Staatsverschuldung *f*; ~ **externa** Auslandsschuld *f*; ~ **interna** Inlandsschuld *f*; ~ **pendiente** ausstehende Schuld; ~ **vencida** überfällige Schuld; **contraer** ~s Schulden machen; **sin** ~s schuldenfrei **2.** (*moral*) moralische Verpflichtung *f*; **estar en** ~ **con alguien** in jds Schuld stehen

deudor(a) [deu'ðor] *m(f)* Schuldner(in) *m(f)*

devaluación [deβalwa'θjon] *f* Abwertung *f*

devaluar [deβalu'ar] <*1. pres:* devalúo> *vt* abwerten

devanarse [deβa'narse] *vr:* ~ **los sesos** sich *dat* den Kopf zerbrechen

devastar [deβas'tar] *vt* verwüsten

devoción [deβo'θjon] *f* Ehrfurcht *f*; (*fervor*) Hingabe *f*

devolución [deβolu'θjon] *f* Rückgabe *f*

devolver [deβol'βer] *irr como* **volver** **I.** *vt* zurückgeben; ~ **la comida** sich übergeben; ~ **un favor** eine Gefälligkeit erwidern **II.** *vr:* ~**se** (*Am*) zurückkehren

devorar [deβo'rar] *vt* verschlingen; ~ **la comida** das Essen hinunterschlingen

devoto, -a [de'βoto] *adj* gläubig; (*adicto*) ergeben

día ['dia] *m* Tag *m*; ~ **de baja** Ausfalltag *m*; ~ **de descanso** Ruhetag *m*; ~ **festivo** Feiertag *m*; ~ **hábil**[*o* **laborable**] Werktag *m*; ~ **lectivo** Unterrichtstag *m*; **a** ~**s** unregelmäßig; **de** ~ tagsüber; ~ **y noche** fortwährend; **el otro** ~ neulich; ¡**hasta otro** ~! bis bald!; **estar al** ~ auf dem Laufenden sein; **hace buen** ~ heute ist schönes Wetter

diabetes [dja'βetes] *f* Diabetes *m*

diabético, -a [dja'βetiko] *m, f* Diabetiker(in) *m(f)*

diablo [di'aβlo] *m* Teufel *m*; ¡~**s**! Donnerwetter!; ¿**cómo** ~**s...**? wie zum Teufel ...?; ¡**vete al** ~! scher dich zum Teufel!

diablura [dja'βlura] *f* böser Streich *m*

diadema [dja'ðema] *f* Diadem *nt*

diáfano, -a [di'afano] *adj* klar

diafragma [dja'fraɣma] *m* Zwerchfell *nt*

diagnosis [djaɣ'nosis] *f inv* Diagnose *f*

diagnosticar [djaɣnosti'kar] <c → qu> *vt* diagnostizieren

diagnóstico [djaɣ'nostiko] *m* Diagnose *f*; ~ **precoz** Früherkennung *f*

diagonal [djaɣo'nal] *adj* diagonal; **en** ~ übereck

diagrama [dja'ɣrama] *m* Diagramm *nt*

dialéctica [dja'lektika] *f* Dialektik *f*

dialecto [dja'lekto] *m* Dialekt *m*

diálisis [di'alisis] *f inv* Dialyse *f*

dialogar [djalo'ɣar] <g → gu> *vi* miteinander sprechen

diálogo [di'aloɣo] *m* Gespräch *nt*

diamante [dja'mante] *m* Diamant *m*

diametralmente [djametral'mente] *adv:* ~ **opuesto** genau entgegengesetzt

diámetro [di'ametro] *m* Durchmesser *m*

diana [di'ana] *f* **1.** (MIL) Weckruf *m*
2. hacer ~ ins Schwarze treffen

diapasón [djapa'son] *m* Stimmgabel *f*

diapositiva [djaposi'tiβa] *f* Dia *nt*

diario¹ [di'arjo] *m* Tageszeitung *f*; (*memorias*) Tagebuch *nt*

diario, -a² [di'arjo] *adj:* (**a**) ~ täglich

diarrea [dja'rrea] *f* Durchfall *m*

dibujante [diβu'xaṇte] *mf* Zeichner(in) *m(f)*

dibujar [diβu'xar] *vt* zeichnen

dibujo [di'βuxo] *m* Zeichnung *f*; ~**s animados** Zeichentrickfilm *m*

diccionario [diˠθjo'narjo] *m:* ~ **enciclopédico** Enzyklopädie *f*; ~ **de alemán-español** deutsch-spanisches Wörterbuch

dicha ['ditʃa] *f* Glück *nt*

dicharachero, -a [ditʃara'tʃero] *adj* spaßhaft

dicho¹ ['ditʃo] *m* Sprichwort *nt*

dicho, -a² ['ditʃo] *adj:* **dicha gente** besagte Leute

dichoso, -a [di'tʃoso] *adj* glücklich (*de* über +*akk*)

diciembre [di'θjembre] *m* Dezember *m*; *v.t.* **marzo**

dictado [dik'taðo] *m* Diktat *nt*

dictador(a) [dikta'ðor] *m(f)* Diktator(in) *m(f)*

dictadura [dikta'ðura] *f* Diktatur *f*

dictamen [dik'tamen] *m* Gutachten *nt;* ~ **facultativo** ärztliches Gutachten; ~ **judicial** Gerichtsurteil *nt*

dictar [dik'tar] *vt* diktieren

didáctico, -a [di'ðaktiko] *adj* didaktisch; **material** ~ Lehrmaterial *nt*

diecinueve [djeθi'nweβe] *adj* neunzehn; *v.t.* **ocho**

dieciocho [djeθi'otʃo] *adj* achtzehn; *v.t.* **ocho**

dieciséis [djeθi'sejs] *adj* sechzehn; *v.t.* **ocho**

diecisiete [djeθi'sjete] *adj* siebzehn; *v.t.* **ocho**

diente ['djeṇte] *m* **1.** (*muela*) Zahn *m;* ~ **incisivo** Schneidezahn *m;* ~ **de leche** Milchzahn *m;* ~ **molar** Backenzahn *m;* **tener buen** ~ (*fig*) ein guter Esser sein **2.** (BOT): ~ **de ajo** Knoblauchzehe *f*

diesel ['djesel] *m* Diesel *m*

diestro¹ ['djestro] *m* Stierkämpfer *m*

diestro, -a² ['djestro] <destrísimo *o* diestrísimo> *adj* **1.** (*a la derecha*) rechte(r, s); **a** ~ **y siniestro** (*fig*) kreuz und quer **2.** (*hábil*) geschickt

dieta [di'eta] *f* Diät *f;* **estar a** ~ Diät halten; ~ **alimenticia** Ernährungsweise *f*

dietético, -a [dje'tetiko] *adj* diätetisch; **régimen** ~ Diätkur *f*

diez [djeθ] *adj* zehn; *v.t.* **ocho**

difamar [difa'mar] *vt* diffamieren

diferencia [dife'reṇθja] *f* Unterschied *m;* (*desacuerdo*) Meinungsverschiedenheit *f*

diferenciar(se) [diferen'θjar(se)] *vt, vr* (sich) unterscheiden

diferente [dife'reṇte] *adj* verschieden; ~**s veces** mehrere Male; **España es** ~ Spanien ist anders

diferir [dife'rir] *irr como sentir vi:* ~ **de algo** sich von etw *dat* unterscheiden

difícil [di'fiθil] *adj* schwer; (*complicado*) schwierig; ~ **de explicar** schwer zu erklären

difícilmente [difiθil'meṇte] *adv* kaum

dificultad [difikul'taᵒ] *f* Schwierigkeit *f;* **estar en** ~**es** in Schwierigkeiten stecken

dificultoso, -a [difikul'toso] *adj* schwierig; (*laborioso*) mühsam

difteria [dif'terja] *f* Diphtherie *f*

difuminar [difumi'nar] *vt* (*dibujo*) verwischen

difundir(se) [difuŋ'dir(se)] *vt, vr* (sich) verbreiten

difunto, -a [di'fuṇto] *m, f* Verstorbene(r) *f(m);* **día de ~s** Allerseelentag *m;* **misa de ~s** Totenmesse *f*

difusión [difu'sjon] *f* Verbreitung *f;* (TV) Sendung *f*

difuso, -a [di'fuso] *adj* unklar

digerir [dixe'rir] *irr como sentir vt* verdauen

digestión [dixes'tjon] *f* Verdauung *f;* **tener mala ~** eine schlechte Verdauung haben

digestivo, -a [dixes'tiβo] *adj:* **aparato ~** Verdauungsapparat *m*

digital [dixi'tal] *adj* digital

digitalizar [dixitali'θar] <z → c> *vt* digitalisieren

dígito ['dixito] *m* Ziffer *f*

dignarse [diɣ'narse] *vr* sich herablassen (*(de)* zu +*inf*)

dignidad [diɣni'ðaᵈ] *f* Würde *f;* **con ~** würdevoll

digno, -a ['diɣno] *adj* würdig; **~ de confianza** vertrauenswürdig; **~ de mención** erwähnenswert

dilación [dila'θjon] *f:* **sin ~** unverzüglich

dilapidar [dilapi'ðar] *vt* verschwenden; **~ una fortuna** ein Vermögen verschleudern

dilatar(se) [dila'tar(se)] *vt, vr* (sich) ausdehnen

dilema [di'lema] *m* Dilemma *nt*

diligencia [dili'xeηθja] *f:* **~s policiales** polizeiliche Ermittlungen; **hacer ~s** Schritte unternehmen

diligente [dili'xeṇte] *adj* flink

diluir(se) [dilu'ir(se)] *irr como huir vt, vr* (sich) auflösen

diluviar [dilu'βjar] *vimpers* in Strömen regnen

diluvio [di'luβjo] *m* Sintflut *f*

dimensión [dimen'sjon] *f* Dimension *f;* (*fig*) Ausmaß *nt*

diminutivo [diminu'tiβo] *m* Diminutiv *nt*

diminuto, -a [dimi'nuto] *adj* winzig

dimisión [dimi'sjon] *f* Rücktritt *m;* **presentar la ~** zurücktreten

dimitir [dimi'tir] *vi, vt* zurücktreten; **~ de un cargo** ein Amt niederlegen

Dinamarca [dina'marka] *f* Dänemark *nt*

dinamarqués, -esa [dinamar'kes] *adj* dänisch

dinámica [di'namika] *f* Dynamik *f*

dinámico, -a [di'namiko] *adj* dynamisch

dinamismo [dina'mismo] *m* Schwung *m*

dinamita [dina'mita] *f* Dynamit *nt*

dinamo [di'namo] *f,* **dínamo** ['dinamo] *f* Dynamo *m*

dinastía [dinas'tia] *f* Dynastie *f*

dineral [dine'ral] *m* Unsumme *f;* **costar un ~** (*fam*) ein Heidengeld kosten

dinero [di'nero] *m* Geld *nt;* **~ suelto** Kleingeld *nt*

dinosaurio [dino'saurjo] *m* Dinosaurier *m*

diñar [di'ɲar] *vt:* **~la** ins Gras beißen

dio [djo] *3. pret de* **dar**

dioptría [djop'tria] *f* Dioptrie *f*

dios(a) [djos] *m(f)* Gott, Göttin *m, f*

Dios [djos] *m* Gott *m;* **¡~ mío!** oh, mein Gott!; **¡por ~!** um Gottes willen!; **todo ~** Gott und die Welt; **¡vaya por ~!** es ist nicht zu fassen!

dióxido [di'oˠsiðo] *m* Dioxid *nt*

diploma [di'ploma] *m* Diplom *nt;* **~ universitario** Hochschuldiplom *nt*

diplomacia [diplo'maθja] *f* Diplomatie *f*

diplomático, -a [diplo'matiko] *adj* diplomatisch

diputación [diputa'θjon] *f* Abordnung *f*

diputado, -a [dipu'taðo] *m, f* Abgeordnete(r) *f(m)*

dique ['dike] *m* Deich *m*

dirección [direⱽ'θjon] *f* **1.** (*rumbo*) Richtung *f;* **en ~ opuesta** in umgekehrter Richtung **2.** (*mando*) Direktion *f;* **~ central** Zentralverwaltung *f;* **~ comercial** Geschäftsführung *f;* **bajo la ~ de** unter der Leitung von **3.** (*señas*) Adresse *f*

directiva [direk'tiβa] *f* Vorstand *m*

directivo, -a [direk'tiβo] *m, f* leitender Angestellter *m,* leitende Angestellte *f*

directo, -a [di'rekto] *adj* gerade; (*inmediato, franco*) direkt

director(a) [direk'tor] *m (f)* Leiter(in) *m (f);* (*jefe*) Direktor(in) *m (f)*

directriz [direk'triθ] *f* Richtlinie *f*

dirigente [diri'xeṇte] *mf* Führer(in) *m (f)*

dirigir [diri'xir] ‹g → j› **I.** *vt* **1.** (*el tráfico*) regeln **2.** (*palabras*) richten (*a* an +*akk*) **3.** (*orquesta*) dirigieren; **una película dirigida por...** Regie führte ... **II.** *vr:* **~se** sich begeben (*a/hacia* nach +*dat*); (*a una persona*) sich wenden (*a* an +*akk*)

discernir [disθer'nir] *irr como cernir* *vt* unterscheiden

disciplina [disθi'plina] *f* Disziplin *f*

disciplinado, -a [disθipli'naðo] *adj* diszipliniert

discípulo, -a [dis'θipulo] *m, f* Schüler(in) *m (f);* (*seguidor*) Anhänger(in) *m (f)*

disco ['disko] *m* (TEL) (Wähl)scheibe *f;* (MÚS) Schallplatte *f;* (INFOR) Platte *f;* **~ duro** Festplatte *f*

discográfico, -a [disko'ɣrafiko] *adj* (Schall)platten-

disconforme [diskom'forme] *adj* nicht einverstanden

discontinuo, -a [diskoṇ'tinwo] *adj* unzusammenhängend

discordante [diskor'ðaṇte] *adj* misstönend

discordia [dis'korðja] *f* Zwietracht *f*

discoteca [disko'teka] *f* Diskothek *f*

discreción [diskre'θjon] *f* Diskretion *f;* **a ~** nach Belieben; **bajo ~** vertraulich; **con ~** umsichtig

discrepancia [diskre'paṇθja] *f* **1.** (*entre cosas*) Diskrepanz *f* **2.** (*entre personas*) Unstimmigkeit *f*

discrepar [diskre'par] *vi* abweichen; (*disentir*) anderer Meinung sein (*de* als +*nom*)

discreto, -a [dis'kreto] *adj* diskret

discriminación [diskrimina'θjon] *f* Diskriminierung *f*

discriminar [diskrimi'nar] *vt* diskriminieren

discriminatorio, -a [diskrimina-'torjo] *adj* diskriminierend

disculpa [dis'kulpa] *f* **1.** (*perdón*) Entschuldigung *f;* **pedir ~s** sich entschuldigen **2.** (*pretexto*) Ausrede *f;* **¡qué ~ más tonta!** so eine faule Ausrede!

disculpar [diskul'par] **I.** *vt* verzeihen; (*justificar*) entschuldigen **II.** *vr:* **~se con alguien por algo** sich bei jdm wegen etw *gen/dat* entschuldigen

discurrir [disku'rrir] *vt* sich *dat* ausdenken

discurso [dis'kurso] *m* Rede *f;* **~ de clausura** Schlussrede *f;* **~ solemne** Festansprache *f;* **pronunciar un ~** eine Rede halten

discusión [disku'sjon] *f* Diskussion *f;* (*riña*) Auseinandersetzung *f*

discutible [disku'tiβle] *adj* erwägenswert; (*dudoso*) zweifelhaft

discutido, -a [disku'tiðo] *adj* umstritten

discutir [disku'tir] **I.** *vi, vt* diskutieren; (*pelear*) (sich) streiten (*de* über +*akk*) **II.** *vt* (*contradecir*): **siempre**

me **discutes** lo que **digo** du stellst immer alles, was ich sage, in Frage

disecar [dise'kar] <c → qu> *vt* ausstopfen

diseminarse [disemi'narse] *vr* sich verbreiten

disentería [diseņte'ria] *f* Ruhr *f*

disentir [diseņ'tir] *irr como sentir vi* anderer Meinung sein (*de* als +*nom*); **disiento de tu opinión** ich bin nicht deiner Meinung

diseñador(a) [diseņa'ðor] *m(f)* Designer(in) *m(f)*

diseñar [dise'ņar] *vt* entwerfen

diseño [di'seņo] *m* Design *nt*

disertación [diserta'θjon] *f* (wissenschaftliche) Abhandlung *f*

disfraz [dis'fraθ] *m* Verkleidung *f*

disfrazarse [disfra'θarse] <z → c> *vr* sich verkleiden (*de* als +*nom*)

disfrutar [disfru'tar] *vi, vt* genießen (*de* +*akk*); ~ **de excelente salud** sich bester Gesundheit erfreuen

disfrute [dis'frute] *m* Genuss *m*

disgregarse [disɣre'ɣarse] <g → gu> *vr* **1.** (*gente*): **el público se disgregó al terminar el espectáculo** das Publikum zerstreute sich nach der Vorstellung in alle Richtungen **2.** (*materia*) zerfallen

disgustar [disɣus'tar] **I.** *vt* missfallen +*dat* **II.** *vr:* **~se** sich ärgern (*por/de* über +*akk*)

disgusto [dis'ɣusto] *m* Missfallen *nt;* (*enfado*) Ärger *m*

disimular [disimu'lar] *vi, vt* sich *dat* nichts anmerken lassen

disimulo [disi'mulo] *m:* **con ~** unauffällig

disipar [disi'par] **I.** *vt* auflösen; (*dudas*) beseitigen **II.** *vr:* **~se** sich auflösen; (*dudas*) verschwinden; **~se en humo** verrauchen

dislexia [dis'leˠsja] *f* Legasthenie *f*

dislocación [disloka'θjon] *f* Verren-

kung *f*

dislocarse [dislo'karse] <c → qu> *vr* sich *dat* verrenken

disminución [disminu'θjon] *f* Verringerung *f;* ~ **de la pena** Strafmilderung *f;* ~ **de las ventas** Absatzrückgang *m*

disminuir [disminu'ir] *irr como huir* **I.** *vi* nachlassen; (*número*) zurückgehen **II.** *vt* verringern

disociar(se) [diso'θjar(se)] *vt, vr* (sich) auflösen

disoluble [diso'luβle] *adj* löslich

disolución [disolu'θjon] *f:* ~ **de contrato** Vertragsaufhebung *f*

disolvente [disol'βeņte] *m* Lösungsmittel *nt*

disolver(se) *irr como volver vt, vr* (sich) auflösen

disonancia [diso'naņθja] *f* Unstimmigkeit *f;* (MÚS) Dissonanz *f*

dispar [dis'par] *adj* ungleich

disparado, -a [dispa'raðo] *adj:* **salir** ~ sich blitzschnell davonmachen

disparar [dispa'rar] **I.** *vt* abschießen; (*el arma*) abdrücken **II.** *vi:* ~ **contra alguien** auf jdn schießen **III.** *vr:* **~se** (*arma*) losgehen

disparate [dispa'rate] *m* Unsinn *m;* **costar un ~** ein Vermögen kosten

disparidad [dispari'ðað] *f* Unterschiedlichkeit *f*

disparo [dis'paro] *m* (Ab)schuss *m;* ~ **al aire** Warnschuss *m*

dispensable [dispen'saβle] *adj* erlässlich

dispensar [dispen'sar] *vt:* ~ **a alguien del servicio militar** jdn vom Wehrdienst freistellen

dispersar [disper'sar] *vt* zerstreuen; (*una manifestación*) auflösen

disperso, -a [dis'perso] *adj* zerstreut

disponer [dispo'ner] *irr como poner* **I.** *vi* verfügen (*de* über +*akk*) **II.** *vr:* **~se** sich aufstellen; (*prepararse*) sich vorbereiten (*a/para* zu +*inf*)

disponibilidad [disponiβili'ða⁰] *f* Verfügbarkeit *f*

disponible [dispo'niβle] *adj* verfügbar

disposición [disposi'θjon] *f* Anordnung *f*; (*para algún fin*) Bereitschaft *f*; ~ **de servicio** Betriebsbereitschaft *f*; (*disponibilidad*) Verfügung *f*

dispositivo [disposi'tiβo] *m*: ~ **de alarma** Alarmanlage *f*; ~ **antirrobo** Diebstahlsicherung *f*

dispuesto, -a [dis'pwesto] *adj* bereit; **estar ~ a trabajar** arbeitswillig sein

disputa [dis'puta] *f* Streit *m*

disputar [dispu'tar] I. *vi* streiten (*de/sobre* über +*akk*) II. *vt* streitig machen III. *vr*: ~**se** sich streiten (um +*akk*)

disquete [dis'kete] *m* Diskette *f*; ~ **de arranque** Startdiskette *f*

disquetera [diske'tera] *f* Diskettenlaufwerk *nt*

distancia [dis'tanθja] *f* Entfernung *f*; ~ **de seguridad** Sicherheitsabstand *m*; **guardar las ~s** (*fig*) Distanz wahren

distanciado, -a [distan'θjaðo] *adj* entfernt; (*fig*) distanziert; **están ~s** (*fig*) sie sind nicht mehr befreundet

distanciarse [distan'θjarse] *vr* sich distanzieren

distante [dis'tante] *adj* entfernt; (*persona*) distanziert

distar [dis'tar] *vi* entfernt sein; **disto mucho de creerlo** ich bin weit davon entfernt, es zu glauben

distinción [distin'θjon] *f* 1. (*diferenciación*) Unterscheidung *f*; **no hacer ~** keinen Unterschied machen 2. (*honor*) Auszeichnung *f*

distinguido, -a [distin'giðo] *adj* (*en cartas*) sehr geehrte(r)

distinguir [distin'gir] <gu → g> I. *vt* unterscheiden; (*divisar*) erkennen;

(*condecorar*) auszeichnen II. *vr:* ~**se** deutlich werden; (*ser diferente*) sich hervortun

distintivo [distin'tiβo] *m* Merkmal *nt*

distinto, -a [dis'tinto] *adj* unterschiedlich

distorsión [distor'sjon] *f* (MED) Verstauchung *f*; (*falseamiento*) Verfälschung *f*

distorsionarse [distorsjo'narse] *vr* sich *dat* verstauchen

distracción [distrav'θjon] *f* Ablenkung *f*

distraer [distra'er] I. *vt* ablenken; (*entretener*) unterhalten II. *vr:* ~**se** sich ablenken

distraído, -a [distra'iðo] I. *adj* unaufmerksam II. *m, f:* **hacerse el ~** sich dumm stellen

distribución [distriβu'θjon] *f* 1. (*repartición*) Verteilung *f* 2. (COM) Vertrieb *m*; ~ **exclusiva** Alleinvertrieb *m*

distribuidor(a) [distriβwi'ðor] *m(f)* Vertreter(in) *m(f)*; ~ **exclusivo** Alleinvertreter *m*

distribuir(se) [distriβu'ir(se)] *irr como huir vt, vr* (sich) verteilen

distrito [dis'trito] *m* Bezirk *m*; ~ **electoral** Wahlkreis *m*; ~ **judicial** Gerichtsbezirk *m*; ~ **de policía** Polizeirevier *nt*

disturbio [dis'turβjo] *m* Unruhe *f*

disuadir [diswa'ðir] *vt* umstimmen; ~ **a alguien de algo** jdn von etw *dat* abbringen

disuasivo, -a [diswa'siβo] *adj:* **poder ~** Überredungskunst *f*

disyuntiva [disɟun'tiβa] *f* Alternative *f*

diurético, -a [dju'retiko] *adj* harntreibend

diurno, -a [di'urno] *adj:* **trabajo ~** Tagesarbeit *f*

diva ['diβa] *f* Diva *f*

divagar [diβa'ɣar] <g → gu> *vi* abschweifen

divergente [diβer'xeɲte] *adj:* **opiniones ~s** abweichende Meinungen

diversidad [diβersi'ðaᵈ] *f* Vielfalt *f*

diversión [diβer'sjon] *f* Vergnügen *nt*

diverso, -a [di'βerso] *adj* **1.** (*distinto*) unterschiedlich; (*variado*) vielseitig **2.** *pl* (*varios*) verschiedene

divertido, -a [diβer'tiðo] *adj* lustig; (*Am*) angeheitert

divertir [diβer'tir] *irr como sentir* **I.** *vt* unterhalten **II.** *vr:* **~se** sich amüsieren (*en* über +*akk*); **¡que te diviertas!** viel Spaß!

dividir [diβi'ðir] **I.** *vt* aufteilen; (*separar*) trennen; (MAT) dividieren (*entre/por* durch +*akk*) **II.** *vr:* **~se** unterteilt sein

divinidad [diβini'ðaᵈ] *f* Göttlichkeit *f*; (*deidad*) Gottheit *f*

divino, -a [di'βino] *adj* göttlich

divisa [di'βisa] *f* Devise(n) *f(pl)*

divisar [diβi'sar] *vt* ausmachen

divisible [diβi'siβle] *adj* teilbar; **ser ~ por dos** durch zwei teilbar sein

división [diβi'sjon] *f* Division *f*; (*partición*) Teilung *f*; (*separación*) Trennung *f*

divorciarse [diβor'θjarse] *vr* sich scheiden lassen

divorcio [di'βorθjo] *m* (Ehe)scheidung *f*

divulgación [diβulɣa'θjon] *f:* **libro de ~** populärwissenschaftliches Buch

divulgar(se) [diβul'ɣar(se)] <g → gu> *vt, vr* (sich) verbreiten

Dn. [don] *abr de* **don** ≈Hr.

DNI [de(e)ne'i] *m abr de* **Documento Nacional de Identidad** Personalausweis *m*

Dña. ['doɲa] *abr de* **doña** ≈Fr.

dobladillo [doβla'ðiʎo] *m* Saum *m*

doblaje [do'βlaxe] *m* Synchronisation *f*

doblar [do'βlar] **I.** *vt* **1.** (*arquear*) biegen **2.** (*plegar*) falten; **no ~** nicht knicken **3.** (*duplicar*) verdoppeln **4.** (*una película*) synchronisieren **5. ~ la esquina** um die Ecke biegen **II.** *vi* abbiegen **III.** *vr:* **~se** sich biegen

doble ['doβle] **I.** *adj* doppelt **II.** *mf* Doppelgänger(in) *m(f)*

doblegarse [doβle'ɣarse] <g → gu> *vr* sich beugen

doce ['doθe] *adj* zwölf; *v.t.* **ocho**

docena [do'θena] *f* Dutzend *nt;* **una ~ de huevos** ein Dutzend Eier

docencia [do'θenθja] *f* Unterrichten *nt*

doceno, -a [do'θeno] *adj* zwölfte(r, s); *v.t.* **octavo**

docente [do'θeɲte] *mf* Dozent(in) *m(f)*

dócil ['doθil] *adj* fügsam

docilidad [doθili'ðaᵈ] *f* **1.** (*inteligencia*) Gelehrigkeit *f* **2.** (*sumisión*) Fügsamkeit *f*

doctor(a) [dok'tor] *m(f)* Doktor(in) *m(f)*

doctorado [dokto'raðo] *m* **1.** (*grado*) Doktorwürde *f* **2.** (*estudios*) **curso de ~** ≈Doktorandenkolloquium *nt*

doctoral [dokto'ral] *adj:* **tesis ~** Doktorarbeit *f*

doctrina [dok'trina] *f* Doktrin *f*

documentación [dokumeɲta'θjon] *f* **1.** (*estudio*) Dokumentation *f* **2.** (*documentos*) Unterlagen *fpl;* **~ del coche** Kraftfahrzeugpapiere *ntpl*

documental [dokumeɲ'tal] *m* Dokumentarfilm *m*

documento [doku'meɲto] *m* Dokument *nt*

dodotis® [do'ðotis] *m* Pampers® *f*

dogma ['doɣma] *m* Dogma *nt*

dogmático, -a [doɣ'matiko] *adj* dogmatisch

dólar ['dolar] *m* Dollar *m*

dolencia [do'lenθja] *f* Leiden *nt;* ~ **respiratoria** Atemwegserkrankung *f*

doler [do'ler] <o → ue> *vi* schmerzen; **me duele la cabeza** ich habe Kopfschmerzen

dolido, -a [do'liðo] *adj* gekränkt; **estoy ~ por tus palabras** deine Worte haben mich gekränkt

dolor [do'lor] *m* Schmerz *m;* ~ **de cabeza** Kopfschmerzen *mpl*

dolorido, -a [dolo'riðo] *adj:* **tener la rodilla dolorida** Schmerzen im Knie haben; *(apenado)* traurig

doloroso, -a [dolo'roso] *adj* schmerzhaft; *(lamentable)* traurig

domar [do'mar] *vt* bändigen

domesticado, -a [domesti'kaðo] *adj:* **animal ~** Haustier *nt*

doméstico, -a [do'mestiko] *adj* Haus-; **animal ~** Haustier *nt*

domiciliación [domiθilja'θjon] *f* Dauerauftrag *m*

domiciliar [domiθi'ljar] *vt* abbuchen lassen; ~ **el alquiler** einen Dauerauftrag für die Miete einrichten

domicilio [domi'θiljo] *m* (Wohn)sitz *m;* ~ **social** Sitz einer Gesellschaft

dominar [domi'nar] I. *vi* (vor)herrschen II. *vt* beherrschen; *(sobresalir)* überragen III. *vr:* ~**se** sich beherrschen

domingo [do'miŋgo] *m* Sonntag *m;* ~ **de Ramos** Palmsonntag *m; v.t.* **lunes**

dominical [domini'kal] I. *adj* Sonntags-; **descanso ~** Sonntagsruhe *f* II. *m* Sonntagsbeilage *f*

dominicano, -a [domini'kano] *adj* dominikanisch

dominio [do'minjo] *m* Beherrschung *f; (poder)* Herrschaft *f*

dominó [domi'no] <dominós> *m* Domino(spiel) *nt*

don¹ [don] *m* Gabe *f;* **tener ~ de gentes** gut mit Menschen umgehen können

don, doña² [don, 'doɲa] *m, f* Don, Doña *m, f (in Verbindung mit dem Vornamen gebrauchte spanische Anrede für Herr/ Frau)*

donación [dona'θjon] *f* Spende *f*

donante [do'nante] *mf* Spender(in) *m(f)*

donar [do'nar] *vt* spenden

donativo [dona'tiβo] *m* Spende *f*

donde ['donde] *adv* wo; **a** [*o* **hacia]** ~ wohin; **de** ~ woher; **en** ~ wo; **la calle** ~ **vivo** die Straße, in der ich wohne; **estuve** ~ **Luisa** ich war bei Luisa

dónde ['donde] *pron inter o pron rel* wo; **¿a** [*o* **hacia]** ~**?** wohin?; **¿de** ~**?** woher?; **¿en** ~**?** wo?

dondequiera [donde'kjera] *adv:* ~ **que estés** wo immer du (auch) sein magst

donostiarra [donos'tjarra] *adj* aus San Sebastián

donut ['donut] <donuts> *m* Donut *m,* Doughnut *m*

doña ['doɲa] *f v.* **don²**

dopar(se) [do'par(se)] *vt, vr* dopen

doping ['dopiŋ] *m* Doping *nt*

dorado, -a [do'raðo] *adj* golden

dormilón, -ona [dormi'lon] *m, f (fam)* Schlafmütze *f*

dormir [dor'mir] *irr* I. *vi* 1. schlafen; **quedarse dormido** einschlafen 2. ~ **en casa de alguien** bei jdm übernachten II. *vt* zum (Ein)schlafen bringen; ~ **la siesta** eine Siesta machen III. *vr:* ~**se: se me ha dormido el brazo** mein Arm ist eingeschlafen; ~**se en los laureles** sich auf seinen Lorbeeren ausruhen

dormitorio [dormi'torjo] *m* Schlafzimmer *nt*

dorsal [dor'sal] *adj:* **espina ~** Rückgrat *nt*

dorso ['dorso] *m* **1.** Rücken *m;* **~ de la mano** Handrücken *m* **2.** (*reverso*) Rückseite *f*

dos [dos] *adj* zwei; **~ puntos** Doppelpunkt *m;* **cada ~ por tres** ständig; **de ~ en ~** paarweise; *v.t.* **ocho**

doscientos, -as [dos'θjentos] *adj* zweihundert; *v.t.* **ochocientos**

dosificar [dosifi'kar] <c → qu> *vt* dosieren

dosis ['dosis] *f inv* Dosis *f*

dotado, -a [do'taðo] *adj* begabt

dotar [do'tar] *vt* aussteuern; (*equipar*) ausstatten (*de/con* mit +*dat*)

dote¹ ['dote] *m o f* Mitgift *f*

dote² ['dote] *f:* **~ de mando** Führungsgeschick *nt*

doy [doj] *1. pres de* **dar**

Dr(a). [dok'tor] *abr de* **doctor(a)** Dr.

dragón [dra'ɣon] *m* Drache *m*

drama ['drama] *m* Drama *nt*

dramático, -a [dra'matiko] *adj* dramatisch; **autor ~** Dramatiker *m*

dramatizar [dramati'θar] <z → c> *vt* dramatisieren

drástico, -a ['drastiko] *adj* drastisch

drenaje [dre'naxe] *m* Dränage *f*

Dresde ['dresðe] *m* Dresden *nt*

driblar [dri'βlar] *vi, vt* dribbeln

droga ['droɣa] *f* Droge *f*

drogadicto, -a [droɣa'dikto] *adj* drogenabhängig

drogado, -a [dro'ɣaðo] *adj:* **estar ~** unter Drogen stehen

drogar [dro'ɣar] <g → gu> I. *vt* Drogen verabreichen +*dat* II. *vr:* **~se** Drogen nehmen

droguería [droɣe'ria] *f* Drogerie *f*

dromedario [drome'ðarjo] *m* Dromedar *nt*

dublinés, -esa [duβli'nes] *adj* aus Dublin

ducha ['dutʃa] *f* Dusche *f*

duchar(se) [du'tʃar(se)] *vt, vr* (sich)

duschen

duda ['duða] *f* Zweifel *m;* **salir de ~s** Gewissheit erlangen; **sin ~** (**alguna**) zweifellos; **poner algo en ~** etw in Zweifel ziehen

dudar [du'ðar] *vi, vt* (be)zweifeln

dudoso, -a [du'ðoso] *adj* zweifelhaft

duelo ['dwelo] *m* Duell *nt*

duende ['dwende] *m* Kobold *m;* **tener ~** das gewisse Etwas haben

dueño, -a ['dweɲo] *m, f* Besitzer(in) *m(f);* **no ser ~ de sí mismo** nicht mehr Herr seiner Sinne sein

dulce ['dulθe] I. *adj* süß; (*suave*) sanft II. *m* Süßspeise *f*

duna ['duna] *f* Düne *f*

dúo ['duo] *m* Duo *nt;* **cantar a ~** im Duett singen

duodenal [dwoðe'nal] *adj:* **úlcera ~** Zwölffingerdarmgeschwür *nt*

dúplex ['dupleʸs] *m* Maison(n)ette *f*

duplicado [dupli'kaðo] *m:* **por ~** in doppelter Ausfertigung

duplicar(se) [dupli'kar(se)] <c → qu> *vt, vr* (sich) verdoppeln

duque(sa) ['duke] *m(f)* Herzog(in) *m(f)*

duración [dura'θjon] *f* Dauer *f*

duradero, -a [dura'ðero] *adj* dauerhaft; (*producto*) haltbar

durante [du'rante] *prep* während +*gen;* **hablar ~ una hora** eine Stunde lang sprechen

durar [du'rar] *vi* andauern

durazno [du'raθno] *m* (*Am*) Pfirsich *m*

dureza [du'reθa] *f* Härte *f*

duro¹ ['duro] I. *m* (HIST) Fünfpesetenstück *nt* II. *adv* hart

duro, -a² ['duro] *adj* hart; **~ de corazón** hartherzig

E

E, e [e] *f* E, e *nt*

e [e] *conj (ante '(h)i')* und

E ['este] *abr de* **Este** O

ebrio, -a ['eβrjo] *adj (elev)* **1.** *(borracho)* betrunken **2.** *(extasiado)* trunken *(de vor +dat)*

echar [e'tʃar] **I.** *vt* **1.** *(tirar)* werfen; *(carta)* einwerfen **2.** *(verter)* eingießen *(en in +akk)* **3.** *(expulsar)* hinauswerfen *(de aus +dat)*; *(despedir)* entlassen **4.** *(emitir)* ausstoßen; **~ humo** rauchen **5.** *(tumbar)* legen **6.** *(proyectar)* zeigen **7.** *(calcular)*: **te echo 30 años** ich schätze dich auf 30 **8.** *(loc)*: **~ chispas** *(fam)* vor Wut schäumen; **~ cuentas** rechnen; **~ la culpa a alguien** die Schuld auf jdn schieben; **~ en falta** vermissen; **~ gasolina** tanken; **~ de menos** vermissen **II.** *vi* **1.** *(lanzar)* werfen **2.** *(verter)* einschenken **3.** *(empezar)* anfangen *(a zu +inf)*; **~ a correr** loslaufen **III.** *vr:* **~se 1.** *(postrarse)* sich hinlegen **2.** *(lanzarse)* sich stürzen *(sobre auf +akk)*; **~se a los pies de alguien** sich jdm zu Füßen werfen **3.** *(empezar)* anfangen *(a zu +inf)*; **~se a llorar** in Tränen ausbrechen **4.** *(fam)*: **~se un novio** sich *dat* einen Freund zulegen

eclesiástico, -a [ekle'sjastiko] *adj* kirchlich

eclipse [e'kliβse] *m:* **~ solar** Sonnenfinsternis *f*

eco ['eko] *m* Echo *nt*

ecografía [ekoɣra'fia] *f* **1.** *(técnica)* Ultraschall *m* **2.** *(imagen)* Ultraschallbild *nt*

ecología [ekolo'xia] *f* Ökologie *f*

ecológico, -a [eko'loxiko] *adj* öko-logisch

ecologismo [ekolo'xismo] *m sin pl* Umweltschutz *m*

ecologista [ekolo'xista] *mf* Umwelt-schützer(in) *m(f)*

economía [ekono'mia] *f* Wirtschaft *f*

económico, -a [eko'nomiko] *adj* wirtschaftlich; *(barato)* preiswert

economista [ekono'mista] *mf* Wirtschaftswissenschaftler(in) *m(f)*

economizar [ekonomi'θar] <z → c> *vi, vt* sparen; **no ~ esfuerzos** keine Mühe scheuen

ecosistema [ekosis'tema] *m* Ökosystem *nt*

ecotasa [eko'tasa] *f* (ECOL) Ökosteuer *f*

ecotest [eko'tesˡ] *m* Umweltverträglichkeitsprüfung *f*

ecuación [ekwa'θjon] *f* Gleichung *f*

ecuador [ekwa'ðor] *m* Äquator *m*

ecuatorial [ekwato'rjal] *adj* äquatorial

ecuatoriano, -a [ekwato'rjano] *adj* ecuadorianisch

eczema [eɣˈθema] *m* Ekzem *nt*

edad [e'ðaθˡ] *f* Alter *nt;* **mayor de ~** volljährig; **a la ~ de...** im Alter von ... +*dat;* **¿qué ~ tiene?** wie alt sind Sie?

edición [eði'θjon] *f* Ausgabe *f;* **~ de bolsillo** Taschenausgabe *f*

edicto [e'ðikto] *m* Erlass *m*

edificar [eðifi'kar] <c → qu> *vt* (er)bauen

edificio [eði'fiθjo] *m* Gebäude *nt*

editar [eði'tar] *vt* herausgeben

editor(a) [eði'tor] *m(f)* Herausgeber(in) *m(f)*

editorial [eðito'rjal] *f* Verlag *m*

edredón [eðre'ðon] *m* Federbett *nt*

educación [eðuka'θjon] *f* **1.** *(enseñanza)* Ausbildung *f;* **~ física** Sportunterricht *m* **2.** *(comportamiento)* Erziehung *f;* **el niño no tiene ~** das Kind ist unerzogen

educado, -a [eðu'kaðo] *adj:* **bien ~** wohlerzogen; **mal ~** unerzogen

educar [edu'kar] <c → qu> *vt* **1.** (*dar instrucción*) ausbilden **2.** (*dirigir*) erziehen

EE.UU. [es'taðos u'niðos] *mpl abr de* **Estados Unidos** USA *pl*

efe ['efe] *f* F, f *nt*

efectivamente [efektiβa'meṇte] *adv* wirklich, tatsächlich

efectividad [efektiβi'ðaⁿ] *f* Wirksamkeit *f*

efectivo¹ [efek'tiβo] *m* Bargeld *nt*

efectivo, -a² [efek'tiβo] *adj* **1.** (*que hace efecto*) wirksam **2. hacer ~** einlösen

efecto [e'fekto] *m* Wirkung *f;* (*resultado*) Ergebnis *nt;* **hacer ~** wirken; **en ~** tatsächlich; **para los ~s** praktisch

efectuar [efektu'ar] <1. pres: efectúo> *vt* durchführen

efervescente [eferβes'θeṇte] *adj:* **pastilla ~** Brausetablette *f*

eficacia [efi'kaθja] *f* **1.** (*resultado positivo*) Wirksamkeit *f;* **con ~** erfolgreich **2.** (TÉC) Leistung *f*

eficaz [efi'kaθ] *adj* tatkräftig

eficiencia [efi'θjeṇθja] *f* **1.** (*eficacia*) Wirksamkeit *f;* (TÉC) Leistungsfähigkeit *f* **2.** (*persona*) Tüchtigkeit *f*

eficiente [efi'θjeṇte] *adj* leistungsfähig; (*persona*) tüchtig

efusivo, -a [efu'siβo] *adj* herzlich

EGB [exe'βe] *f abr de* **Educación General Básica** (spanisches) Grundschulwesen *nt*

Egeo [e'xeo] *m:* **el mar ~** das Ägäische Meer

egipcio, -a [e'xiβθjo] *adj* ägyptisch

Egipto [e'xipto] *m* Ägypten *nt*

egocéntrico, -a [eɣo'θeṇtriko] *adj* egozentrisch

egoísmo [eɣo'ismo] *m* Egoismus *m*

egoísta [eɣo'ista] *adj* egoistisch

eh [e] *interj* **1.** (*advertencia*) he; **no vuelvas a hacerlo, ¿~?** tu das bloß nicht noch mal! **2.** (*susto, incomprensión*): **¿~?** wie?

ej. [e'xemplo] *abr de* **por ejemplo** Bsp.; **p.~** z. B.

eje ['exe] *m* Achse *f*

ejecución [exeku'θjon] *f* **1.** (*realización*) Ausführung *f;* (*de proyectos*) Durchführung *f* **2.** (*sentencia de muerte*) Hinrichtung *f*

ejecutar [exeku'tar] *vt* ausführen

ejecutivo, -a [exeku'tiβo] **I.** *adj:* **poder ~** Exekutive *f* **II.** *m, f* Führungskraft *f*

ejemplar [exem'plar] **I.** *adj* vorbildlich **II.** *m* Exemplar *nt;* **~ de muestra** Probeexemplar *nt*

ejemplo [e'xemplo] *m* Beispiel *nt;* **dar buen ~** mit gutem Beispiel vorangehen; **por ~** zum Beispiel

ejercer [exer'θer] <c → z> **I.** *vt* ausüben; (*derechos*) geltend machen **II.** *vi* arbeiten; **~ de profesor** als Lehrer arbeiten; **~ de médico** praktizieren

ejercicio [exer'θiθjo] *m* **1.** (*de una profesión*) Ausübung *f;* **en ~** ausübend **2.** (DEP) Training *nt;* **tener falta de ~** nicht genug Bewegung haben **3.** (ENS) Übung *f;* (*prueba*) Aufgabe *f*

ejército [e'xerθito] *m:* **~ del aire** Luftwaffe *f;* **~ profesional** Berufsarmee *f*

él [el] *pron pers 3. sg m* **1.** (*sujeto*) er **2.** (*tras preposición: acusativo*) ihn; (*dativo*) ihm; **el libro es de ~** das Buch ist seins

el, la, lo [el, la, lo] <los, las> *art det* der, die, das; **el puente** die Brücke; **la mesa** der Tisch; **lo bueno** das Gute; **la India** Indien *nt;* **los amigos** die Freunde; **lo antes posible** schnellstmöglich

elaboración [elaβora'θjon] *f* Herstellung *f*

elaborar [elaβo'rar] *vt* herstellen

elástico, -a [e'lastiko] *adj* elastisch

Elba ['elβa] *m* 1. (*río*): **el ~** die Elbe 2. (*isla*) Elba *nt*

ele ['ele] *f* L, l *nt*

elección [eleɣ'θjon] *f* (Aus)wahl *f*; **elecciones legislativas** Parlamentswahlen *fpl*

elector(a) [elek'tor] *m(f)* Wähler(in) *m(f)*

electoral [elekto'ral] *adj:* **colegio ~** Wahllokal *nt*

electricidad [elektriθi'ðaθ] *f* Elektrizität *f*

electricista [elektri'θista] *mf* Elektriker(in) *m(f)*

eléctrico, -a [e'lektriko] *adj* elektrisch; **máquina eléctrica** Elektrogerät *nt*

electrodo [elek'troðo] *m* Elektrode *f*; **~ negativo** Kathode *f*; **~ positivo** Anode *f*

electrodoméstico [elektroðo'mestiko] *m* Haushaltsgerät *nt*

electrón [elek'tron] *m* Elektron *nt*

electrónico, -a [elek'troniko] *adj* elektronisch

elefante, -a [ele'fante] *m, f* Elefant, Elefantenkuh *m, f*

elegancia [ele'ɣanθja] *f* Eleganz *f*

elegante [ele'ɣante] *adj* elegant

elegir [ele'xir] *irr vi, vt* wählen

elemental [elemen'tal] *adj:* **conocimientos ~es** Grundkenntnisse

elemento [ele'mento] *m* 1. Element *nt*; **~ base** Grundbestandteil *m* 2. *pl* Naturgewalten *fpl*

elevado, -a [ele'βaðo] *adj* hoch

elevador [eleβa'ðor] *m* (*AmC*) Aufzug *m*

elevar [ele'βar] *vt* erhöhen; **tres elevado a cuatro** drei hoch vier

eliminar [elimi'nar] *vt* 1. beseitigen;

(*fallos*) beheben 2. (DEP) besiegen

elipse [e'liβse] *f* Ellipse *f*

élite ['elite] *f* Elite *f*

elitista [eli'tista] *adj* elitär

ella ['eʎa] *pron pers* 3. *sg f* 1. (*sujeto*) sie 2. (*tras preposición: acusativo*) sie; (*dativo*) ihr; **el abrigo es de ~** der Mantel ist ihrer

ellas ['eʎas] *pron pers* 3. *pl f* 1. (*sujeto*) sie *pl* 2. (*tras preposición: acusativo*) sie; (*dativo*) ihnen; **el coche es de ~** (*suyo*) das Auto gehört ihnen

ello ['eʎo] *pron pers* 3. *sg nt* 1. (*sujeto*) das 2. (*tras preposición*): **para ~** dafür; **por ~** darum; **estar en ~** schon dabei sein; **¡a ~!** nur zu!

ellos ['eʎos] *pron pers* 3. *pl m* 1. (*sujeto*) sie *pl* 2. (*tras preposición: acusativo*) sie; (*dativo*) ihnen; **estos niños son de ~** (*suyos*) das sind ihre Kinder

elocuente [elo'kwente] *adj* 1. (*hablando*) beredt 2. (*claro*) viel sagend; **las pruebas son ~s** die Beweise sprechen für sich

elogiar [elo'xjar] *vt* loben

elogio [e'loxjo] *m* Lob *nt;* **hacer ~s** loben; **recibir ~s** Lob ernten

elote [e'lote] *m* (*AmC*) Maiskolben *m*

eludir [elu'ðir] *vt:* **~ su responsabilidad** sich seiner Verantwortung entziehen

emanar [ema'nar] **I.** *vi* 1. (*escaparse*) ausströmen (*de* aus +*dat*) 2. (*tener su origen*) hervorgehen (*de* aus +*dat*) **II.** *vt* ausstrahlen

emancipación [emanθipa'θjon] *f* Emanzipation *f*

emancipar [emanθi'par] **I.** *vt* (*liberar*) befreien; (*feminismo*) emanzipieren **II.** *vr:* **~se** sich emanzipieren

emanciparse [emanθi'parse] *vr* sich emanzipieren

embajada [emba'xaða] *f* Botschaft *f*

embajador(a) [embaxa'ðor] *m(f)* Botschafter(in) *m(f)*

embalaje [emba'laxe] *m* Verpackung *f*

embalar [emba'lar] I. *vt* verpacken II. *vr:* ~**se** lossausen

embalse [em'balse] *m* Stausee *m*

embarazada [embara'θaða] *adj:* **estar ~ de seis meses** im sechsten Monat schwanger sein

embarazo [emba'raθo] *m* Schwangerschaft *f;* **interrupción del ~** Schwangerschaftsabbruch *m*

embarazoso, -a [embara'θoso] *adj* peinlich

embarcación [embarka'θjon] *f* Schiff *nt*

embarcar(se) [embar'kar(se)] <c → qu> *vi, vr* an Bord gehen

embargo [em'barɣo] I. *m* Embargo *nt* II. *conj:* **sin ~** trotzdem

embarque [em'barke] *m:* **tarjeta de ~** Bordkarte *f*

embaucar [embaṷ'kar] <c → qu> *vt* betrügen

embellecer [embeʎe'θer] *irr como crecer* *vt* 1. (*hacer más bonito*) verschönern 2. (*idealizar*) idealisieren

emblema [em'blema] *m* Emblem *nt*

embolia [em'bolja] *f* Embolie *f;* ~ **cerebral** Gehirnschlag *m*

emborrachar [emborra'tʃar] I. *vt* betrunken machen II. *vr:* ~**se** sich betrinken

emboscada [embos'kaða] *f:* **tender una ~ a alguien** jdm eine Falle stellen

embotellado, -a [embote'ʎaðo] *adj:* **vino ~** Flaschenwein *m*

embotellamiento [emboteʎa'mjento] *m* 1. (*de vino*) Flaschenabfüllung *f* 2. (*de tráfico*) Stau *m*

embrague [em'braɣe] *m* Kupplung *f*

embriagar [embrja'ɣar] <g → gu> I. *vi, vt* 1. (*emborrachar*) betrunken machen 2. (*enajenar*) berauschen II. *vr:* ~**se** (*emborracharse*) sich betrinken

embriaguez [embrja'ɣeθ] *f:* **en estado de ~** in betrunkenem Zustand

embrión [embri'on] *m* Embryo *m*

embrollar [embro'ʎar] *vt* verwirren; **lo embrollas más de lo necesario** du machst die Sache komplizierter als nötig

embrollo [em'broʎo] *m* 1. (*lío*) Durcheinander *nt* 2. **este negocio seguro que es un ~** an diesem Geschäft ist mit Sicherheit etwas faul

embromado, -a [embro'maðo] *adj* (*Am: fam*) schwierig; (*molesto*) lästig

embrujado, -a [embru'xaðo] *adj* Geister-; **castillo ~** Spukschloss *nt*

embrujar [embru'xar] *vt* verzaubern

embudo [em'buðo] *m* Trichter *m*

embuste [em'buste] *m* Lüge *f*

embustero, -a [embus'tero] *adj* verlogen; **¡qué tío más ~!** der lügt ja wie gedruckt!

embutido [embu'tiðo] *m* Wurst *f;* ~**s** Wurstwaren *fpl*

eme ['eme] *f* M, m *nt*

emergencia [emer'xenθja] *f* Notfall *m;* **estado de ~** Notstand *m*

emergente [emer'xente] *adj:* **país ~** Schwellenland *nt*

emerger [emer'xer] <g → j> *vi* (*del agua*) auftauchen (*de aus +dat*); (*de la superficie*) hervorragen (*de aus +dat*)

emigración [emiɣra'θjon] *f* Auswanderung *f*

emigrante [emi'ɣrante] *mf* Emigrant(in) *m(f)*

emigrar [emi'ɣrar] *vi* auswandern

emilio [e'miljo] *m* (*fam*) Mail *f o nt;* **escribir/mandar un ~** ein Mail schreiben/senden

eminencia [emi'nenθja] f 1. (título)
Eminenz f 2. ser una ~ en literatura contemporánea ein Experte
für zeitgenössische Literatur sein
emisión [emi'sjon] f Ausstrahlung f;
(en directo) Übertragung f
emisora [emi'sora] f Sender m; ~ de
radio Rundfunksender m; ~ de televisión Fernsehsender m
emitir [emi'tir] vt (TV, RADIO) senden;
(en directo) übertragen; (luz, calor,
olor) ausstrahlen
emoción [emo'θjon] f Gefühlsregung
f; palabras llenas de ~ sehr beweg-
te Worte; sin ~ emotionslos
emocional [emoθjo'nal] adj emotional
emocionante [emoθjo'nante] adj
spannend
emocionar [emoθjo'nar] I. vt bewegen; tus palabras me ~on deine
Worte gingen mir zu Herzen II. vr:
~se gerührt sein
emotivo, -a [emo'tiβo] adj emotional
empachado, -a [empa'tʃaðo] adj:
estoy ~ ich habe zu viel gegessen
empachar [empa'tʃar] I. vt 1. (indi-
gestar) nicht bekommen +dat
2. (turbar) verlegen machen II. vr:
~se 1. (indigestarse) sich dat den
Magen verderben; (comer demasiado) sich dat den Magen vollschlagen 2. (turbarse) in Verlegenheit geraten
empacho [em'patʃo] m Magenverstimmung f
empadronamiento [empaðrona-
'mjento] m Einwohnermeldeamt nt
empadronarse [empaðro'narse] vr
sich ins Einwohnerregister eintragen
empalagoso, -a [empala'yoso] adj
(alimento) süßlich; (persona) lästig
empalme [em'palme] m: estación
de ~ Umsteigebahnhof m

empanada [empa'naða] f, empana-
dilla [empana'ðiʎa] f Pastete f
empanar [empa'nar] vt panieren
empañarse [empa'ɲarse] vr beschla-
gen
empapar [empa'par] I. vt: el vendaje está empapado de sangre
der Verband ist von Blut durchtränkt
II. vr: ~se (völlig) nass werden
empapelar [empape'lar] vi, vt tapezieren
empaque [em'pake] m 1. (el empaquetar) Verpacken nt 2. (semblante) Aussehen nt; (del rostro) Gesichtsausdruck m
empaquetar [empake'tar] vt verpacken
emparedado [empare'ðaðo] m
Sandwich m o nt
emparejarse [empare'xarse] vr ein
Paar bilden
emparentar [emparen'tar] <e → ie>
vi: ~ con una familia in eine Familie einheiraten
empastar [empas'tar] vt 1. ~ un
diente einen Zahn mit einer Füllung
versehen 2. (libro) kartonieren
empatar [empa'tar] I. vi unentschieden ausgehen; ~ a uno eins zu eins
unentschieden spielen II. vt (Am)
miteinander verbinden
empate [em'pate] m Unentschieden
nt; gol del ~ Ausgleichstreffer m
empeñar [empe'ɲar] I. vt verpfänden II. vr: ~se 1. (insistir) (hartnäckig) bestehen (en auf +dat); no te
empeñes hör auf zu drängen 2. (endeudarse) sich verschulden
empeño [em'peɲo] m 1. (de objetos)
Verpfändung f; casa de ~s Pfandhaus nt 2. (compromiso) Verpflichtung f 3. (afán) Eifer m; con ~ beharrlich; pondré ~ en... ich werde
alles daransetzen zu ...
empeorar(se) [empeo'rar(se)] vi, vt,

vr (sich) verschlechtern

emperador [empera'ðor] *m* (POL) Kaiser *m;* (ZOOL) Schwertfisch *m*

emperatriz [empera'triθ] *f* Kaiserin *f*

empezar [empe'θar] *irr vi, vt* beginnen; **¡no empieces!** fang nicht schon wieder damit an!; **para ~ me leeré el periódico** zunächst einmal werde ich die Zeitung lesen

empinado, -a [empi'naðo] *adj* steil

empinar [empi'nar] I. *vt:* ~ **el codo** (*fig fam*) saufen II. *vr:* ~se sich auf die Fußspitzen stellen

empipada [empi'paða] *f* (*Am*) Schlemmerei *f;* **darse una ~ de chocolate** Unmengen von Schokolade essen

empiparse [empi'parse] *vr* (*Am*) sich satt essen

empírico, -a [em'piriko] *adj* empirisch

emplazar [empla'θar] <z → c> *vt* vorladen; (*situar*) platzieren

empleabilidad [empleaβili'ðaº] *f* (*de trabajadores*) Einsetzbarkeit *f*

empleado, -a [emple'aðo] *m, f* Angestellte(r) *m(f);* ~ **de oficina** Sachbearbeiter *m;* **los ~s de una empresa** die Belegschaft einer Firma

empleador(a) [emplea'ðor] *m(f)* (*Am*) Arbeitgeber(in) *m(f)*

emplear [emple'ar] I. *vt* 1. (*colocar*) einstellen; (*ocupar*) beschäftigen 2. (*usar*) benutzen; (*tiempo*) aufwenden; **¡te está bien empleado!** das geschieht dir (ganz) recht! II. *vr:* ~se 1. (*colocarse*) eine Anstellung finden (*como/de* als +*nom*) 2. (*usarse*) benutzt werden 3. (*esforzarse*): ~se **a fondo** sein Bestes tun

empleo [em'pleo] *m* 1. Stelle *f;* (*ocupación*) Beschäftigung *f;* **no tener ~** arbeitslos sein 2. (*uso*) Benutzung *f;* (*de tiempo*) Aufwendung *f;* **modo de ~** Gebrauchsanweisung *f*

empobrecer [empoβre'θer] *irr como* **crecer** I. *vt* arm machen II. *vi, vr:* ~se verarmen

empobrecimiento [empoβreθi-'mjeṇto] *m* Verarmung *f*

empollar [empo'ʎar] I. *vi* (*fam*) büffeln II. *vt* (*ave*) ausbrüten; (*fam*) pauken

empollón, -ona [empo'ʎon] *m, f* (*fam*) Streber(in) *m(f)*

empotrado, -a [empo'traðo] *adj:* **muebles ~s** Einbaumöbel *ntpl*

emprendedor(a) [empreṇde'ðor] *adj* unternehmungslustig

emprender [empreṇ'der] *vt* 1. (*trabajo*) in Angriff nehmen; (*negocio*) gründen 2. (*loc, fam*): ~**la con alguien** es mit jdm aufnehmen

empresa [em'presa] *f* 1. (*operación*) Unternehmen *nt* 2. (ECON) Betrieb *m;* (*compañía*) Unternehmen *nt;* ~ **digital** Internetunternehmen *nt;* **mediana ~** mittelständischer Betrieb; **pequeña ~** Kleinbetrieb *m*

empresarial [empresa'rjal] *adj* Betriebs-; (*compañía*) Unternehmens-

empresario, -a [empre'sarjo] *m, f* Unternehmer(in) *m(f)*

empujar [empu'xar] *vi, vt* 1. schieben; (*con violencia*) stoßen; (*multitud*) drängeln 2. (*instar*) drängen

empuje [em'puxe] *m:* **no tienes el ~ suficiente para llevar la empresa** du hast nicht den nötigen Schwung, um die Firma zu leiten

empujón [empu'xon] *m* Stoß *m;* **dar un ~ a alguien** jdn stoßen

empuñar [empu'ɲar] *vt:* ~ **las armas** zu den Waffen greifen

en [en] *prep* 1. (*lugar*) in +*dat,* auf +*dat,* an +*dat;* (*con movimiento*) in +*akk,* auf +*akk,* an +*akk;* **el libro está ~ el cajón** das Buch ist in der Schublade; **pon el libro ~ el cajón** leg das Buch in die Schublade; **jugar**

~ **la calle** auf der Straße spielen; **estoy ~ casa** ich bin zu Hause; **estoy ~ casa de mis padres** ich bin bei meinen Eltern; **trabajo ~ una empresa japonesa** ich arbeite bei einer japanischen Firma **2.** (*tiempo*) in + *dat;* ~ **el año 2000** im Jahre 2000; ~ **otra ocasión** bei einer anderen Gelegenheit **3.** (*modo, estado*): ~ **absoluto** auf (gar) keinen Fall; ~ **voz alta** laut; **decir algo ~ español** etw auf Spanisch sagen; **pagar ~ euros** in Euro bezahlen **4.** (*medio*): **he venido ~ avión** ich bin geflogen **5.** (*ocupación*): **doctor ~ filosofía** Doktor der Philosophie; **estar ~ la mili** beim Militär sein; **trabajar ~ Correos** bei der Post arbeiten **6.** (*con verbo*): **pienso ~ ti** ich denke an dich; **no confío ~ él** ich vertraue ihm nicht

enajenación [enaxena'θjon] *f:* ~ **mental** Geistesgestörtheit *f*

enamorado, -a [enamo'raðo] *adj* verliebt (*de* in + *akk*)

enamorar [enamo'rar] **I.** *vt* verliebt machen **II.** *vr:* ~**se** sich verlieben (*de* in + *akk*)

enano, -a [e'nano] *m, f* Zwerg(in) *m(f)*; **disfrutar como un ~** sich köstlich amüsieren

encabezar [enkaβe'θar] <z → c> *vt* anführen

encabritarse [enkaβri'tarse] *vr* (*animal*) sich aufbäumen; (*persona*) wütend sein

encajar [enka'xar] **I.** *vi* **1.** (*t.* TÉC) passen; **la puerta encaja mal** die Tür klemmt **2.** (*hechos*) passen (*con* zu + *dat*); **¡ves como todo encaja!** sieh mal, wie alles zusammenpasst! **II.** *vt* **1.** (*t.* TÉC) einpassen (*en* in + *akk*); ~ **dos piezas** zwei Stücke ineinanderfügen **2.** (*fam: golpe*) versetzen **3.** (*fam: aceptar*) annehmen; **no sa-**

bes ~ una broma du verstehst keinen Spaß

encaje [eŋ'kaxe] *m* Spitze *f*

encajonar [eŋkaxo'nar] **I.** *vt* (hinein)zwängen **II.** *vr:* ~**se** sich hineinzwängen (*en* in + *akk*)

encallar [eŋka'ʎar] *vi* stranden

encaminar [eŋkami'nar] *vt:* ~ **la conversación hacia un punto** das Gespräch auf einen Punkt lenken; ~ **los negocios** die Geschäfte in Gang bringen

encamotarse [eŋkamo'tarse] *vr* (*Am*) sich verlieben (*en* in + *akk*)

encandilar [eŋkaɲdi'lar] **I.** *vt* blenden; **escuchar encandilado** gebannt zuhören **II.** *vr:* ~**se** (*Am*) Angst haben

encantado, -a [eŋkaɲ'taðo] *adj* (hoch)erfreut (*de/con* über + *akk*); **¡~ de conocerle!** sehr angenehm!; **estoy ~ de la vida** ich fühle mich sehr wohl

encantador(a) [eŋkaɲta'ðor] *adj* reizend

encantar [eŋkaɲ'tar] *vt* gefallen + *dat;* **me encanta viajar** ich reise sehr gern

encanto [eŋ'kaɲto] *m* **1.** (*hechizo*) Zauber *m* **2.** (*atractivo*) Reiz *m*; **¡es un ~ de niño!** das ist ein goldiges Kind!

encapricharse [eŋkapri'ʧarse] *vr* **1.** (*con una cosa*) unbedingt wollen (*con* + *akk*) **2.** (*con una persona*) sich vernarren (*con* in + *akk*); **te has encaprichado con ella** sie hat es dir angetan

encaramarse [eŋkara'marse] *vr:* ~ **a un árbol** (auf) einen Baum hinaufklettern

encarcelar [eŋkarθe'lar] *vt* inhaftieren; **estar encarcelado** sich in Haft befinden

encarecidamente [eŋkareθiða-

'mente| *adv* eindringlich; **le ruego ~...** ich bitte Sie inständig ...

encargado, -a [eŋkar'ɣaðo] I. *adj* beauftragt (*de* mit +*dat*) II. *m, f* Beauftragte(r) *f(m)*

encargar [eŋkar'ɣar] <g → gu> I. *vt* 1. (*cargo*) übertragen 2. (*recomendar*) empfehlen 3. (*pedir*) bestellen 4. (*trabajo*) in Auftrag geben II. *vr:* ~**se** sich kümmern (*de* um +*akk*)

encargo [eŋ'karɣo] *m* 1. (*pedido*) Bestellung *f;* ~ **por catálogo** Katalogbestellung *f* 2. (*trabajo*) Auftrag *m;* **por ~ de...** im Auftrag von ...

encariñado, -a [eŋkari'naðo] *adj:* **estar ~ con alguien** jdn gernhaben

encariñarse [eŋkari'narse] *vr* lieb gewinnen (*con* +*akk*)

encasillarse [eŋkasi'ʎarse] *vr* sich festlegen (*en* auf +*akk*)

encausar [eŋkau̯'sar] *vt* verklagen

encauzar [eŋkau̯'θar] <z → c> *vt:* ~ **su vida** sein Leben neu ordnen

encéfalo [en'θefalo] *m* Gehirn *nt*

encendedor [enθende'ðor] *m* Feuerzeug *nt*

encender [enθen'der] <e → ie> I. *vi, vt* (an)zünden II. *vr:* ~**se** aufflammen; (*inflamarse*) sich entzünden

encendido, -a [enθen'diðo] *adj:* **la luz está encendida** das Licht ist an

encerrar [enθe'rrar] <e → ie> I. *vt* einschließen; (*aprisionar*) einsperren II. *vr:* ~**se** (*fig*) sich zurückziehen (*en* in +*akk*)

encerrona [enθe'rrona] *f* Falle *f;* **preparar una ~ a alguien** jdm eine Falle stellen

encestar [enθes'tar] *vi* einen Korb werfen

enchilada [entʃi'laða] *f* (*AmC*) Enchilada *f*

enchilarse [entʃi'larse] *vr* (*AmC*) wütend werden

enchinchar [entʃin'tʃar] I. *vt* (*Guat, RDom*) belästigen; (*Méx*) hinhalten II. *vr:* ~**se** (*Arg*) schlechte Laune bekommen

enchivarse [entʃi'βarse] *vr* (*Col, Ecua*) wütend werden

enchufar [en'tʃufar] *vt* 1. (ELEC) einstecken 2. (TÉC) anschließen 3. (*fam: persona*) ein Pöstchen verschaffen

enchufe [en'tʃufe] *m* 1. (*clavija*) Stecker *m* 2. (*toma*) Steckdose *f* 3. (*fam*): **tener ~** Beziehungen haben

encía [en'θia] *f* Zahnfleisch *nt*

enciclopedia [enθiklo'peðja] *f* Enzyklopädie *f*

encierro [en'θjerro] *m* 1. (*reclusión*) Einsperren *nt;* (*prisión*) Haft *f* 2. (TAUR) Eintreiben (*in die Arenastallungen*); (*fiesta*) Volksfest, bei dem die Kampfstiere auf die Straßen gelassen werden

encima [en'θima] I. *adv* 1. (*arriba*) obendrauf; **llevar ~** (*consigo*) dabei haben; **quitarse de ~** loswerden; **se nos echa el tiempo ~** die Zeit rennt uns davon 2. (*además*) obendrein 3. (*superficialmente*): **por ~** oberflächlich II. *prep* 1. (*local: sobre*): (**por**) ~ **de** (*sin contacto*) über +*dat;* **el libro está ~ de la mesa** das Buch liegt auf dem Tisch; **viven ~ de nosotros** sie wohnen über uns 2. (*con movimiento*): (**por**) ~ **de** (*sin contacto*) über +*akk;* **pon esto ~ de la cama** leg das auf das Bett; **cuelga la lámpara ~ de la mesa** häng die Lampe über den Tisch 3. (*más alto*): **el rascacielos está por ~ de la catedral** dieser Wolkenkratzer ist höher als die Kathedrale

encina [en'θina] *f* Steineiche *f*

encinta [en'θinta] *adj* schwanger;

dejar ~ schwängern
encoger [eŋko'xer] <g → j> I. *vi* einlaufen II. *vr:* **~se 1. ~se de hombros** die Achseln zucken **2.** (*reducirse*) schrumpfen
encolerizarse [eŋkoleri'θarse] <z → c> *vr* in Zorn geraten
encontrado, -a [eŋkon'traðo] *adj:* **opiniones encontradas** gegensätzliche Meinungen
encontrar [eŋkon'trar] <o → ue> I. *vt* finden; (*coincidir con*) treffen II. *vr:* **~se 1.** (*estar*) sich befinden **2.** (*citarse*) sich treffen **3.** (*coincidir*) treffen (*con +akk*)
encrucijada [eŋkruθi'xaða] *f* Kreuzung *f;* **estar en una ~** (*fig*) am Scheideweg stehen
encuadernar [eŋkwaðer'nar] *vt* binden; **sin ~** nicht gebunden
encubrir [eŋku'brir] *irr como* abrir *vt* verbergen; (*un delito*) decken
encuentro [eŋ'kwentro] *m* Treffen *nt;* **~ amistoso** (DEP) Freundschaftsspiel *nt*
encuerar(se) [eŋkwe'rar(se)] *vt, vr* (*Am*) (sich) ausziehen
encuesta [eŋ'kwesta] *f* Umfrage *f;* **hacer una ~** eine Umfrage durchführen
endemoniado, -a [eŋdemo'njaðo] *adj* teuflisch; (*fam*) verteufelt; **tienes un genio ~** du hast einen verdammt schwierigen Charakter
enderezar [eŋdere'θar] <z → c> *vt* gerade biegen
endeudarse [eŋdeu̯'ðarse] *vr* sich verschulden
endiablado, -a [eŋdja'βlaðo] *adj v.* **endemoniado**
endibia [en'diβja] *f* Chicorée *m o f*
endrogarse [eŋdro'ɣarse] <g → gu> *vr* (*Am*) Drogen nehmen
endulzar [eŋdul'θar] <z → c> *vt* (ver)süßen

endurecerse [eŋdure'θerse] *irr como* crecer *vr* **1.** (*sentimientos*) hart(herzig) werden **2.** (*agudizarse*) sich verschärfen
ene ['ene] *f* (*letra*) N, n *nt*
eneldo [e'neldo] *m* Dill *m*
enemigo, -a [ene'miɣo] <enemicísimo> I. *adj* feindlich; **país ~** Feindesland *nt* II. *m, f* Feind(in) *m(f);* **ser ~ de algo** gegen etw sein
enemistad [enemis'taðʊ] *f* Feindschaft *f*
enemistar(se) [enemis'tar(se)] *vt, vr* (sich) verfeinden
energético, -a [ener'xetiko] *adj* energetisch; **fuentes energéticas** Energiequellen *fpl*
energía [ener'xia] *f* Energie *f;* (*fuerza*) Kraft *f;* **~ nuclear** Kernkraft *f;* **con toda su ~** mit aller Kraft
enérgico, -a [e'nerxiko] *adj* energisch; (*decidido*) entschlossen
enero [e'nero] *m* Januar *m;* *v.t.* **marzo**
enésimo, -a [e'nesimo] *adj* (*fam*): **por enésima vez** zum zigsten Mal
enfadar [eɱfa'ðar] I. *vt* **1.** (*irritar*) ärgern **2.** (*Am*) langweilen II. *vr:* **~se 1.** (*irritarse*) sich ärgern (*con* über *+akk*); **~se con alguien** auf jdn böse werden **2.** (*Am*) sich langweilen
enfado [eɱ'faðo] *m* Ärger
enfarloparse [eɱfarlo'parse] *vr* (*argot*) sich mit Kokain zudröhnen
énfasis ['eɱfasis] *m inv:* **poner ~ en algo** Nachdruck auf etw legen
enfatizar [eɱfati'θar] <z → c> I. *vi* Nachdruck legen (*en* auf *+akk*) II. *vt* betonen
enfermar [eɱfer'mar] I. *vi, vr:* **~se** erkranken (*de* an *+dat*) II. *vt* krank machen
enfermedad [eɱferme'ðaðʊ] *f* Krankheit *f*
enfermera [eɱfer'mera] *f* Kranken-

schwester *f*

enfermería [eɱferme'ria] *f* Kranken-
station *f*

enfermero [eɱfer'mero] *m* Krankenpfleger *m*

enfermizo, -a [eɱfer'miθo] *adj*
kränklich

enfermo, -a [eɱ'fermo] *adj* krank;
~ **del corazón** herzkrank; ~ **de gravedad** schwer krank; **caer** ~ erkranken (*de* an +*dat*); **ponerse** ~ krank
werden

enflaquecer [eɱflake'θer] *irr como
crecer* **I.** *vi, vr:* ~**se** abmagern
II. *vt* abmagern lassen

enfocar [eɱfo'kar] <c → qu> *vt:* **no
enfocas bien el problema** dieses
Problem betrachtest du vom falschen
Standpunkt aus

enfoque [eɱ'foke] *m* Standpunkt *m*

enfrentamiento [eɱfreɲta'mjeɲto]
m Konfrontation *f*

enfrentar(se) [eɱfreɲ'tar(se)] *vr*
1. (*encararse*) sich gegenüberstehen
2. (*afrontar*) zusammenstoßen; **los
manifestantes se enfrentaron
con la policía** es kam zu Zusam-
menstößen zwischen Demonstran-
ten und der Polizei **3.** (*confrontar*)
sich auseinandersetzen **4.** (*oponerse*) die Stirn bieten +*dat;* **estar enfrentado a alguien** mit jdm über-
worfen sein

enfrente [eɱ'freɲte] **I.** *adv* gegenüber; **allí** ~ dort drüben **II.** *prep* (*local: frente a*): ~ **de** gegenüber +*dat/
gen;* ~ **mío** [*o* **de mí**] mir gegenüber

enfriar [eɱfri'ar] <1. *pres:* enfrío>
I. *vi, vt* (ab)kühlen **II.** *vr:* ~**se** kalt
werden; (*acatarrarse*) sich erkälten

enfurecer [eɱfure'θer] *irr como crecer* **I.** *vt* wütend machen **II.** *vr:* ~**se**
wütend werden

enganchar [eŋgan'tʃar] **I.** *vt*
1. (*sujetar*) festhaken **2.** (*fam*) sich

dat schnappen **3.** (FERRO) koppeln
II. *vr:* ~**se 1.** (*sujetarse*) sich festhaken (*de* an +*dat*) **2.** (*prenderse*)
hängen bleiben (*de/con* an +*dat*)
3. (*argot*): **estar enganchado** an
der Nadel hängen

engañar [eŋga'ɲar] **I.** *vi* trügen; **las
apariencias engañan** der Schein
trügt **II.** *vt* betrügen; (*desorientar*)
täuschen

engaño [eŋ'gaɲo] *m* Betrug *m;* (*ilusión*) Täuschung *f*

engañoso, -a [eŋga'ɲoso] *adj:* **publicidad engañosa** irreführende
Werbung

engendrar [eɲxeɲ'drar] *vt* (er)zeu-
gen; **la pobreza engendra violencia** Armut führt zu Gewalt

englobar [eŋglo'βar] *vt* umfassen

engordar [eŋgor'ðar] **I.** *vi* dick werden; (*poner gordo*) dick machen
II. *vt* mästen

engranaje [eŋgra'naxe] *m* Räder-
werk *nt;* (*sistema*) Getriebe *nt*

engrandecer [eŋgraɲde'θer] *irr
como crecer vt* (*exagerar*) übertreiben; (*enaltecer*) verherrlichen

engrasar [eŋgra'sar] *vt* einfetten

engreído, -a [eŋgre'iðo] *adj* eingebildet; (*Am*) verwöhnt

engualichar [eŋgwali'tʃar] *vt* (*Arg:
endemoniar*) verhexen; (*al amante*)
bezirzen

enguaracarse [eŋgwara'karse] <c
→ qu> *vr* (*AmC*) sich verstecken

engubiar [eŋgu'βjar] *vt* (*Urug*) besiegen

engullir [eŋgu'ʎir] <3. *pret:* engulló>
vi, vt (ver)schlingen

enharinar [enari'nar] *vt* in Mehl wenden

enhebrar [ene'βrar] *vt* einfädeln

enhorabuena [enora'βwena] *f*
Glückwunsch *m;* **dar la ~ a alguien**
jdm gratulieren; ¡~! herzlichen

Glückwunsch!

enigma [e'niɣma] *m* Rätsel *nt;* **des-cifrar un ~** ein Rätsel lösen

enigmático, -a [eniɣ'matiko] *adj* rätselhaft

enjabonar [eŋxaβo'nar] *vt* einseifen

enjambre [eŋ'xambre] *m* (Bienen)-schwarm *m*

enjaular [eŋxau'lar] *vt* in einen Käfig sperren

enjetarse [eŋxe'tarse] *vr* (*Arg, Méx: enojarse*) zornig werden; (*ofenderse*) beleidigt sein

enjuagar [eŋxwa'ɣar] <g → gu> *vt* ausspülen

enjugamanos [eŋxuɣa'manos] *m* (*Am*) Handtuch *nt*

enjuiciar [eŋxwi'θjar] *vt* **1.** (*juzgar*) beurteilen; (*censurar*) verurteilen **2.** (*sentenciar*) das Urteil fällen (über +*akk*)

enlace [en'laθe] *m* **1.** (*conexión*) Verbindung *f;* (FERRO) Anschluss *m;* **~ ferroviario** Bahnanschluss *m* **2.** (*boda*) Vermählung *f* **3.** (*contacto*) Verbindungsmann, -frau *m, f;* **~ policial** V-Mann *m*

enlazar [enla'θar] <z → c> **I.** *vi* Anschluss haben (*con* an +*akk*) **II.** *vt* anschließen (*con* an +*akk*)

enloquecer [enloke'θer] *irr como crecer* **I.** *vi, vr:* **~se** verrückt werden; **~ de dolor** vor Schmerzen verrückt werden; **~ por alguien** nach jdm verrückt sein **II.** *vt* in den Wahnsinn treiben

enlutar [enlu'tar] *vt:* **mujeres enlutadas** Frauen in Trauerkleidern

enmarcar [enᵐmar'kar] <c → qu> *vt* einrahmen

enmienda [enᵐmjenda] *f* **1.** (*Berichtigung f;* **no tener ~** (*fig*) ein hoffnungsloser Fall sein **2.** (*modificación*) (Ab)änderung *f*

enmohecer(se) [enᵐmoe'θer(se)] *irr*

como crecer vi, vr verschimmeln

enmudecer [enᵐmuðe'θer] *irr como crecer vi* verstummen; **~ de miedo** sprachlos vor Angst sein

ennegrecerse [enneɣre'θerse] *irr como crecer vr* schwarz werden

enojarse [eno'xarse] *vr* sich ärgern (*con* über +*akk*); **estar enojado** böse sein

enojo [e'noxo] *m* Ärger *m;* **con ~** unwillig

enorgullecer [enorɣuʎe'θer] *irr como crecer* **I.** *vt* mit Stolz erfüllen **II.** *vr:* **~se** stolz sein (*de* auf +*akk*)

enorme [e'norme] *adj* enorm; (*gigantesco*) gewaltig

enraizado, -a [enrrai'θaðo] *adj:* **una costumbre muy enraizada** eine fest verwurzelte Sitte

enredadera [enrreða'ðera] *f* Schlingpflanze *f*

enredar [enrre'ðar] **I.** *vi* (*niño*) Unfug treiben; **¡no andes enredando con las cerillas!** spiel nicht mit den Streichhölzern herum! **II.** *vt* verwickeln; (*confundir*) durcheinanderbringen **III.** *vr:* **~se** sich verwickeln

enredo [en'rreðo] *m* Wirrwarr *m;* (*asunto*) Affäre *f*

enrevesado, -a [enrreβe'saðo] *adj* verzwickt

enriquecer [enrrike'θer] *irr como crecer* **I.** *vt* reich machen **II.** *vr:* **~se** reich werden; **~se** (**a costa ajena**) sich (auf fremde Kosten) bereichern

enriquecimiento [enrrikeθi'mjento] *m* Bereicherung *f*

enrojecer(se) [enrroxe'θer(se)] *irr como crecer vi, vr* erröten; **~ de ira** rot vor Wut werden

enrolar [enrro'lar] *vt* (NÁUT) anheuern; (MIL) einberufen

enrollar [enrro'ʎar] **I.** *vt* zusammenrollen **II.** *vr:* **~se** ausschweifen; **~se**

como una persiana reden wie ein Buch

enroscar(se) [enrros'kar(se)] <c → qu> *vt, vr* (sich) zusammenrollen

enrostrar [enrros'trar] *vt (Am)* vorwerfen

ensaimada [ensaj'maða] *f Blätterteiggebäck aus Mallorca*

ensalada [ensa'laða] *f* Salat *m;* ~ **de frutas** Obstsalat *m*

ensaladera [ensala'ðera] *f* Salatschüssel *f*

ensaladilla [ensala'ðiʎa] *f:* ~ **rusa** *Kartoffelsalat mit Gemüse und Majonäse*

ensalzar [ensal'θar] <z → c> I. *vt* preisen II. *vr:* ~**se** sich rühmen

ensamblar [ensam'blar] *vt* zusammenfügen

ensanchar [ensan'tʃar] *vt* erweitern

ensayar [ensa'ɟar] *vt* proben

ensayo [en'saɟo] *m* 1. (TEAT) Probe *f* 2. (LIT) Essay *m o nt* 3. (*prueba*) Test *m;* **tubo de** ~ Reagenzglas *nt*

enseguida [ense'ɣiða] *adv* sofort

enseñanza [ense'naɲθa] *f* 1. (*sistema*) Bildungswesen *nt;* ~ **primaria** Volksschulwesen *nt;* ~ **pública** öffentliches Schulwesen; ~ **secundaria** Sekundarschulwesen *nt;* ~ **superior** Hochschulwesen *nt* 2. **dedicarse a la** ~ in der Lehre tätig sein

enseñar [ense'nar] *vt* 1. lehren; (*dar clases*) unterrichten; (*explicar*) erklären; **ella me enseñó a tocar la flauta** sie hat mich Flöte spielen gelehrt 2. (*mostrar*) zeigen

enseres [en'seres] *mpl* Sachen *fpl*

ensillar [ensi'ʎar] *vt* satteln

ensimismarse [ensimis'marse] *vr* in Gedanken versunken sein

ensombrecer [ensombre'θer] *irr como crecer* I. *vt* (*oscurecer*) verdüstern; (*ofuscar*) überschatten II. *vr:* ~**se** 1. (*entristecerse*) traurig

werden 2. (*oscurecerse*) sich verdüstern

ensoparse [enso'parse] *vr (AmS)* (klatsch)nass werden

ensordecedor(a) [ensorðeθe'ðor] *adj* ohrenbetäubend

ensordecer [ensorðe'θer] *irr como crecer* I. *vi* taub werden II. *vt* betäuben

ensuciar [ensu'θjar] I. *vt* beschmutzen II. *vr:* ~**se** sich schmutzig machen

ensueño [en'sweɲo] *m:* **de** ~ traumhaft

entablar [enta'βlar] *vt* (*conversación*) anfangen; (*negociaciones*) aufnehmen; (*amistad*) (an)knüpfen; ~ **relaciones comerciales** Geschäftsbeziehungen aufnehmen

entablillar [entaβli'ʎar] *vt* schienen

entallado, -a [enta'ʎaðo] *adj* tailliert

entarimado [entari'maðo] *m* Parkett *nt*

ente ['ente] *m* 1. (FILOS) Wesen *nt* 2. (*autoridad*) Behörde *f;* **el Ente Público** das öffentliche Fernsehen

entender [enten'der] <e → ie> I. *vi* 1. (*saber*) verstehen 2. (*ocuparse con*) sich befassen (**en** mit +*dat*) II. *vt* 1. (*comprender*) verstehen; **le dio a** ~ **a su novia que...** er gab seiner Freundin zu verstehen, dass ... 2. (*creer*) glauben; **yo no lo entiendo así** ich bin (da) anderer Meinung III. *vr:* ~**se** 1. (*llevarse*) sich verstehen 2. (*ponerse de acuerdo*): **para el precio entiéndete con mi socio** über den Preis musst du mit meinem Partner verhandeln 3. (*fam: liarse*) ein Verhältnis haben 4. (*fam: desenvolverse*) zurechtkommen; **¡que se las entienda!** das ist seine/ihre Sache! IV. *m* Meinung *f;* **a mi** ~ meiner Meinung nach

entendimiento [entendi'mjento] *m:* **obrar con ~** überlegt handeln

enterado, -a [ente'raðo] *adj* eingeweiht (*de* in +*akk*); **no se dio por ~** er stellte sich dumm

enterar [ente'rar] I. *vt* 1. informieren 2. (*Am*) (COM) (ein)zahlen II. *vr:* **~se** erfahren; **¡para que se entere!** (*fam*) damit Sie das endlich kapieren!

entereza [ente'reθa] *f* Standhaftigkeit *f*

enternecerse [eterne'θerse] *irr como crecer vr* gerührt sein

entero, -a [en'tero] *adj* ganz; **por ~** völlig

enterrador(a) [enterra'ðor] *m(f)* Totengräber(in) *m(f)*

enterrar [ente'rrar] <e → ie> *vt* begraben; (*un objeto*) vergraben

entidad [enti'ðað] *f:* **~ aseguradora** Versicherungsgesellschaft *f;* **~ crediticia** Kreditbank *f*

entierro [en'tjerro] *m* Beerdigung *f*

entonces [en'tonθes] *adv* 1. (*temporal*) damals; **desde ~** seitdem; **hasta ~** bis dahin 2. (*modal*) dann; **¿y ~ qué pasó?** na, und was geschah dann?; **¡~!** also das will ich meinen!

entornar [entor'nar] *vt* anlehnen

entorno [en'torno] *m* Umwelt *f*

entorpecer [entorpe'θer] *irr como crecer vt* behindern

entrada [en'traða] *f* 1. (*puerta*) Eingang *m;* (*para coche*) Einfahrt *f;* **~ trasera** Hintereingang *m* 2. (*traspaso*) Eintritt *m;* **se prohibe la ~** Zutritt verboten! 3. **~ en vigor** Inkrafttreten *nt* 4. (*cine*) Eintrittskarte *f;* **~ libre** Eintritt frei 5. (GASTR) Vorspeise *f* 6. (*depósito*) Anzahlung *f* 7. (*loc*): **de ~** auf den ersten Blick

entramparse [entram'parse] *vr* Schulden machen

entrante [en'trante] *adj:* **a primeros**

del mes ~ Anfang nächsten Monats

entraña [en'trana] *f pl* Eingeweide *ntpl*

entrañable [entra'naβle] *adj* innig

entrañar [entra'nar] *vt* mit sich bringen; **~ graves peligros** große Risiken in sich bergen

entrar [en'trar] *vi* 1. (*pasar*) hineingehen (*a/en* in +*akk*); **¡entre!** herein! 2. (*caber*) hineinpassen; **~ en el armario** in den Schrank passen 3. (*zapato, ropa*) passen 4. (*empezar*) beginnen 5. (*penetrar*) hineingehen 6. (*como miembro*) eintreten 7. (*formar parte*): **eso no entraba en mis cálculos** damit habe ich nicht gerechnet 8. (*loc*): **no ~ en detalles** nicht auf Einzelheiten eingehen; **~ en calor** warm werden; **me entró el sueño** ich wurde müde

entre ['entre] *prep* 1. (*local, temporal*) zwischen +*dat;* **~ semana** unter der Woche; **~ tanto** inzwischen; **le cuento ~ mis amigos** ich zähle ihn zu meinen Freunden; **un ejemplo ~ muchos** ein Beispiel unter vielen 2. (*con movimiento*) zwischen +*akk;* **¡guárdalo ~ los libros!** leg es zwischen die Bücher! 3. (MAT) durch +*akk*

entreabierto, -a [entrea'βjerto] *adj* halb offen

entreabrir [entrea'βrir] *irr como abrir vt* halb öffnen

entrecejo [entre'θexo] *m* Stirnrunzeln *nt;* **fruncir el ~** die Stirn runzeln

entrecomillar [entrekomi'ʎar] *vt* in Anführungszeichen setzen

entredicho [entre'ðitʃo] *m:* **poner algo en ~** etw in Zweifel ziehen

entrega [en'treɣa] *f* 1. (*dedicación*) Engagement *nt* 2. **novela por ~s** Fortsetzungsroman *m* 3. (*de documentos*) Übergabe *f;* **~ de premios**

Preisverleihung *f;* **hacer ~ de algo** etw überreichen **4.** (COM) Lieferung *f;* **~ a domicilio** Lieferung frei Haus
entregar [entre'ɣar] <g → gu> **I.** *vt* abgeben *(a* bei *+dat)*; (COM) abliefern *(a* bei *+dat)*; *(premio)* verleihen **II.** *vr:* **~se 1.** *(desvivirse)* sich widmen *(a +dat)*; **~se a la bebida** anfangen zu trinken **2.** *(delincuente)* sich stellen **3.** (MIL) sich ergeben **4.** *(sexo)* sich hingeben
entrelazar(se) [entrela'θar(se)] <z → c> *vt, vr* (sich) verflechten
entremedias [entre'meðjas] *adv* **1.** *(local)* dazwischen; **~ de...** zwischen ... *+dat* **2.** *(temporal)* währenddessen
entremés [entre'mes] *m* Vorspeise *f*
entremeterse [entreme'θerse] *vr* sich einmischen *(en* in *+akk)*
entremezclar [entremeθ'klar] *vt* vermischen
entrenador(a) [entrena'ðor] *m(f)* Trainer(in) *m(f)*
entrenamiento [entrena'mjento] *m* Training *nt*
entrenar(se) [entre'nar(se)] *vt, vr* trainieren
entresacar [entresa'kar] <c → qu> *vt* heraussuchen
entresuelo [entre'swelo] *m* Zwischengeschoss *nt*
entretanto [entre'tanto] *adv* inzwischen
entretecho [entre'tetʃo] *m* (CSur) Dachboden *m*
entretener [entrete'ner] *irr como tener* **I.** *vt* **1.** *(apartar la atención)* ablenken; *(divertir)* unterhalten; **sabe como ~ a los niños** er/sie kann Kinder gut bei Laune halten **2.** *(asunto)* hinauszögern; **~ a alguien con excusas** jdn mit Ausreden vertrösten **II.** *vr:* **~se 1.** *(pasar el rato)* sich *dat* die Zeit vertreiben **2.** *(tardar)*

aufgehalten werden; **¡no te entretengas!** beeil dich! **3.** *(apartar la atención)* sich ablenken lassen *(con* von *+dat)*
entretenido, -a [entrete'niðo] *adj* unterhaltsam
entretenimiento [entreteni'mjento] *m* Unterhaltung *f*
entretiempo [entre'tjempo] *m* Übergangszeit *f*
entrever [entre'βer] *irr como ver vt* durchschauen
entrevista [entre'βista] *f* **1.** Interview *nt;* **hacer una ~ a alguien** jdn interviewen **2.** *(reunión)* Besprechung *f;* **~ de trabajo** Vorstellungsgespräch *nt*
entrevistar [entreβis'tar] **I.** *vt* interviewen **II.** *vr:* **~se** sich treffen
entristecer [entriste'θer] *irr como crecer* **I.** *vt* traurig machen **II.** *vr:* **~se** traurig werden
entrometerse [entrome'terse] *vr* sich einmischen
enturbiar [entur'βjar] *vt* trüben
entusiasmar(se) [entusjas'mar(se)] *vt, vr* (sich) begeistern *(con/por* für *+akk)*
entusiasmo [entu'sjasmo] *m* Begeisterung *f*
entusiasta [entu'sjasta] *adj* begeistert
enumeración [enumera'θjon] *f* Aufzählung *f*
enumerar [enume'rar] *vt* aufzählen
enunciar [enun'θjar] *vt* erläutern
envasar [emba'sar] *vt* abfüllen
envase [em'base] *m* **1.** *(paquete)* Verpackung *f* **2.** *pl (cascos)* Leergut *nt* **3. ~ al vacío** Vakuumverpackung *f*
envejecer [embexe'θer] *irr como crecer* **I.** *vt* alt machen **II.** *vi* altern
envenenar [embene'nar] *vt* vergiften
envergadura [emberɣa'ðura] *f* Be-

deutung *f*

envés [em'bes] *m* Rückseite *f*

enviado, -a [embi'aðo] *m, f* Abgesandte(r) *f(m);* ~ **especial** Sonderberichterstatter *m*

enviar [embi'ar] <*1. pres:* envío> *vt* schicken; ~ **(a) por algo a alguien** jdn etw holen lassen; ~ **por correo** mit der Post schicken

envidia [em'bidja] *f* Neid *m;* **tener ~ a alguien** jdn beneiden; **tener ~ de algo** auf etw neidisch sein

envidiable [embi'djaβle] *adj* beneidenswert

envidiar [embi'djar] *vt* beneiden

envidioso, -a [embi'djoso] *adj* neidisch (*de* auf + *akk*)

envío [em'bio] *m* Sendung *f;* (*expedición*) Versand *m;* ~ **a domicilio** Lieferung frei Haus; ~ **contra reembolso** Nachnahmesendung *f;* ~ **urgente** Eilsendung *f;* **gastos de ~** Versandkosten *pl*

enviudar [embju'ðar] *vi* verwitwen

envoltorio [embol'torjo] *m* Verpackung *f*

envolver [embol'βer] *irr como volver vt* einpacken; ~ **en papel de regalo** als Geschenk einpacken

envuelto, -a [em'bwelto] *pp de* **envolver**

enyesar [enɟe'sar] *vt* eingipsen

enzima [en'θima] *m o f* Enzym *nt*

eñe ['eɲe] *f* Ñ, ñ *nt*

eólico, -a [e'oliko] *adj:* **central eólica** Windkraftwerk *nt*

épica ['epika] *f sin pl* Epik *f*

epicentro [epi'θentro] *m* Epizentrum *nt*

epidemia [epi'ðemja] *f* Epidemie *f*

epilepsia [epi'leβsja] *f* Epilepsie *f*

epílogo [e'piloɣo] *m* Nachwort *nt*

episcopal [episko'pal] *adj:* **sede ~** Bischofssitz *m*

episodio [epi'sodjo] *m* Episode *f;*

(*parte*) Teil *m*

epitafio [epi'tafjo] *m* Grabschrift *f*

época ['epoka] *f* 1. (HIST) Epoche *f;* **coches de ~** Oldtimer *mpl;* **muebles de ~** Stilmöbel *ntpl* 2. (*tiempo*) Zeit *f;* ~ **de las lluvias** Regenzeit *f;* **en aquella ~** damals

epopeya [epo'peɟa] *f* Epos *nt*

equilibrado, -a [ekili'βraðo] *adj* ausgeglichen

equilibrar(se) [ekili'βrar(se)] *vt, vr* (sich) ausgleichen

equilibrio [eki'liβrjo] *m* 1. (*en general*) Gleichgewicht *nt;* **mantener el ~** das Gleichgewicht halten 2. (*armonía*) Ausgewogenheit *f*

equino, -a [e'kino] *adj* Pferde-

equipaje [eki'paxe] *m* Gepäck *nt;* **exceso de ~** Übergepäck *nt*

equipar [eki'par] *vt* ausrüsten; (*un lugar*) ausstatten

equiparar [ekipa'rar] *vt* angleichen (*con* an + *akk*); (*comparar*) vergleichen

equipo [e'kipo] *m* 1. (*grupo*) Team *nt* 2. (DEP) Mannschaft *f;* **carrera por ~s** Mannschaftsrennen *nt* 3. (*utensilios*) Ausrüstung *f;* ~ **de alta fidelidad** Hi-Fi-Anlage *f*

equis ['ekis] I. *adj inv* x; **rayos ~** Röntgenstrahlen *mpl;* ~ **euros** X Euro; **el señor ~** Herr Sowieso II. *f inv* X, x *nt*

equitación [ekita'θjon] *f* Reitsport *m;* **escuela de ~** Reitschule *f*

equitativo, -a [ekita'tiβo] *adj* gerecht

equivalencia [ekiβa'lenθja] *f* Gleichwertigkeit *f*

equivalente [ekiβa'lente] *adj* gleichwertig (*a* mit + *dat*)

equivaler [ekiβa'ler] *irr como valer vi* entsprechen (*a* + *dat*)

equivocación [ekiβoka'θjon] *f* Irrtum *m;* **por ~** aus Versehen

equivocar [ekiβo'kar] <c → qu> I. *vt*

verwechseln; (*desconcertar*) durcheinanderbringen **II.** *vr:* ~se sich irren (*de/en* in+*dat*); ~se de camino sich verlaufen; ~se de carretera sich verfahren; ~se al escribir sich verschreiben

equivoco [eki'βoko] *m* (*Am*) Irrtum *m*

era¹ ['era] *f* **1.** (*período*) Zeitalter *nt;* ~ postcomunista postkommunistische Ära; ~ terciaria Tertiär *nt* **2.** (*para trigo*) Tenne *f*

era² ['era] *3. imp de* ser

erección [ereɣ'θjon] *f* Erektion *f*

erecto, -a [e'rekto] *adj* steif

eremita [ere'mita] *mf* Einsiedler(in) *m(f)*

eres ['eres] *2. pres de* ser

erguido, -a [er'ɣiðo] *adj* aufrecht

erguir [er'ɣir] *irr vt* aufrichten; **con la cabeza erguida** hocherhobenen Hauptes

erigir [eri'xir] <g → j> *vt* **1.** (*construir*) errichten **2.** (*nombrar*) ernennen

erizo [e'riθo] *m* Igel *m*

ermita [er'mita] *f* Wallfahrtskirche *f*

ermitaño, -a [ermi'taɲo] *m, f* Einsiedler(in) *m(f);* ser un ~ sehr zurückgezogen leben

erogación [eroɣa'θjon] *f* (*Am*) Zahlung *f*

erógeno, -a [e'roxeno] *adj* erogen

erosión [ero'sjon] *f* **1.** Abnutzung *f;* (*desaparición*) Schwinden *nt* **2.** (GEO) Erosion *f*

erótico, -a [e'rotiko] *adj* erotisch

erotismo [ero'tismo] *m* Erotik *f*

erradicar [erraði'kar] <c → qu> *vt* ausrotten

errar [e'rrar] *irr* **I.** *vi* sich irren; (*sin orientación*) umherirren (*por* in +*dat*) **II.** *vt* verfehlen; ~ el golpe danebenschlagen **III.** *vr:* ~se sich irren (*en* in+*dat*)

errata [e'rrata] *f* Druckfehler *m*

erre ['erre] *f* R, r *nt;* ~ que ~ (*fam*) stur

erróneo, -a [e'rroneo] *adj* falsch; **decisión errónea** Fehlentscheidung *f*

error [e'rror] *m* **1.** (*falta*) Fehler *m;* ~ ortográfico Rechtschreibfehler *m;* **cometer un ~** einen Fehler machen **2.** (*equivocación*) Irrtum *m;* **estar en un ~** sich irren

eructar [eruk'tar] *vi* aufstoßen

eructo [e'rukto] *m* Rülpser *m fam*

erudición [eruði'θjon] *f* Bildung *f;* (*sabiduría*) Weisheit *f*

erudito, -a [eru'ðito] *adj* weise

erupción [eruβ'θjon] *f* **1.** (GEO) Eruption *f;* ~ volcánica Vulkanausbruch *m* **2.** (MED) Ausschlag *m*

es [es] *3. pres de* ser

esa(s) ['esa(s)] *adj o pron dem v.* ese, -a

ésa(s) ['esa(s)] *pron dem v.* ése, ésa, eso

esbelto, -a [es'βelto] *adj* schlank

esbozar [esβo'θar] <z → c> *vt* **1.** (*dibujo*) skizzieren **2.** (*un tema*) umreißen **3.** esbozó una sonrisa ein Lächeln huschte über sein/ihr Gesicht

esbozo [es'βoθo] *m* Entwurf *m*

escabeche [eska'βetʃe] *m:* atún en ~ marinierter Thunfisch; **poner en ~** marinieren

escabullirse [eskaβu'ʎirse] <3. pret: se escabulló> *vr* sich wegschleichen

escacharrar [eskatʃa'rrar] **I.** *vt* ruinieren; (*romper*) kaputtmachen *fam* **II.** *vr:* ~se ruiniert sein; (*romperse*) kaputtgehen

escafandra [eska'faɲdra] *f* Taucheranzug *m;* ~ espacial Raumanzug *m*

escala [es'kala] *f* **1.** (*serie*) Skala *f* **2.** (*musical*) Tonleiter *f* **3.** (*proporción*) Verhältnis *nt;* a ~ maßstabsgerecht **4.** (*de medición*) Skala *f;* **~ milimétrica** Millimetereinteilung *f* **5.** (*medida*) Maß *nt;* **a ~ mundial** weltweit; **a ~ nacional** landesweit; **en gran ~** in großem Umfang **6.** (AERO) Zwischenlandung *f*

escalada [eska'laða] *f:* **~ libre** Freeclimbing *nt*

escalafón [eskala'fon] *m:* **subir en el ~** befördert werden

escalar [eska'lar] **I.** *vi* bergsteigen; (*socialmente*) aufsteigen **II.** *vt* (hinauf)steigen (auf +*akk*); **~ un muro** über eine Mauer klettern

escaldado, -a [eskal'daðo] *adj:* **salir ~** schlechte Erfahrungen gemacht haben

escaldar [eskal'dar] **I.** *vt* **1.** (GASTR) abbrühen **2.** (MED) verbrennen; (*con agua hirviendo*) verbrühen **II.** *vr:* **~se** sich verbrennen; (*con agua hirviendo*) sich verbrühen

escalera [eska'lera] *f* **1.** (*escalones*) Treppe *f;* **~ abajo** treppab; **~ arriba** treppauf; **~ de caracol** Wendeltreppe *f;* **~ mecánica** Rolltreppe *f;* **~ de servicio** Hintertreppe *f* **2.** (*pasillo*) Treppenhaus *nt* **3.** (*escala*) Leiter *f;* **~ de cuerda** Strickleiter *f*

escalofriante [eskalo'frjante] *adj* **1.** (*pavoroso*) schaurig; **película ~** Gruselfilm *m* **2.** (*asombroso*) haarsträubend

escalofrío [eskalo'frio] *m* Schauder *m;* (MED) Schüttelfrost *m*

escalón [eska'lon] *m* Stufe *f;* (*de una escala*) (Leiter)sprosse *f*

escalope [eska'lope] *m* Schnitzel *nt*

escalpelo [eskal'pelo] *m* Skalpell *nt*

escama [es'kama] *f* Schuppe *f*

escamado, -a [eska'maðo] *adj* schuppig; (*fam*) misstrauisch

escampar [eskam'par] *vimpers:* **espera hasta que escampe** warte, bis es aufhört zu regnen

escandalizar [eskanḍali'θar] <z → c> **I.** *vi* Lärm machen **II.** *vt* Anstoß erregen (bei +*dat*) **III.** *vr:* **~se** Anstoß nehmen (*de/por* an +*dat*); (*estar horrorizado*) schockiert sein (*de/por* über +*akk*)

escándalo [es'kanḍalo] *m* **1.** (*ruido*) Lärm *m;* (*gritos*) Geschrei *nt;* **armar un ~** Lärm machen; **se armó un ~** (*fam*) ein Riesenlärm brach los **2.** (*que provoca*) Skandal *m;* **~ público** öffentliches Ärgernis; **de ~** skandalös **3.** ¡**qué ~!** das ist ja kaum zu fassen!

escandaloso, -a [eskanḍa'loso] *adj* **1.** skandalös; **precios ~s** Wucherpreise *mpl* **2.** (*ruidoso*) laut

Escandinavia [eskanḍi'naβja] *f* Skandinavien *nt*

escandinavo, -a [eskanḍi'naβo] *adj* skandinavisch

escanear [eskane'ar] *vt* scannen

escáner [es'kaner] *m* Scanner *m;* **~ en color** Farbscanner *m*

escaño [es'kaɲo] *m* (*de diputado*) Sitz *m*

escapar [eska'par] **I.** *vi, vr:* **~se** **1.** (*de un encierro*) entkommen **2.** (*de un peligro*) entrinnen (*de* +*dat*); **logré ~** ich kam ungeschoren davon **3.** (*deprisa, ocultamente*) entwischen; **~se de casa** von zu Hause ausreißen **II.** *vr:* **~se: no se te escapa ni una** dir entgeht nichts

escaparate [eskapa'rate] *m* Schaufenster *nt*

escapatoria [eskapa'torja] *f* **1.** (*lugar*) Fluchtweg *m;* **no hay ~** (*fig*) es gibt kein Entrinnen **2.** (*excusa*) Ausflucht *f* **3.** (*solución*) Ausweg *m;* **no tener ~** sich in einer ausweglosen Lage befinden

escarabajo [eskara'βaxo] *m* Käfer *m*

escarbar [eskar'βar] **I.** *vi* scharren (*en* in +*dat*) **II.** *vt* **1.** (*la tierra*) aufwühlen; ~ **la arena** im Sand scharren **2.** (*tocar*) herumstochern (in +*dat*) **3.** (*limpiar*) reinigen; ~ **los dientes** die Zähne von Speiseresten befreien

escarceo [eskar'θeo] *m:* **sin ~s** ohne Umschweife

escarcha [es'kartʃa] *f* (Rau)reif *m*

escarmentar [eskarmen'tar] <e → ie> **I.** *vi* dazulernen **II.** *vt:* **quedar** [*o* **estar**] **escarmentado de algo** von etw *dat* nichts mehr wissen wollen

escarmiento [eskar'mjento] *m:* **me sirvió de ~** das war mir eine Lehre

escarnio [es'karnjo] *m* Spott *m;* **con ~** spöttisch

escarola [eska'rola] *f* Endiviensalat *m*

escarpado, -a [eskar'paðo] *adj* steil

escasamente [eskasa'mente] *adv* kaum

escasear [eskase'ar] *vi* **1.** (*faltar*) knapp sein **2.** (*ir a menos*) knapp werden

escasez [eska'seθ] *f* **1.** (*insuficiencia*) Knappheit *f* **2.** (*falta*) Mangel *m* (*de* an +*dat*); ~ **de lluvias** spärliche Regenfälle **3.** (*pobreza*) Armut *f*; **vivir con ~** Mangel leiden

escaso, -a [es'kaso] *adj* spärlich; (*tiempo*) knapp; ~ **de palabras** wortkarg; **andar ~ de dinero** knapp bei Kasse sein

escatimar [eskati'mar] *vt* geizen (mit +*dat*)

escayola [eska'ʝola] *f* Gips *m*

escayolar [eskaʝo'lar] *vt* eingipsen; **llevar el brazo escayolado** den Arm in Gips haben

escena [es'θena] *f* **1.** (*parte del teatro*) Bühne *f*; **poner en ~** inszenieren; **puesta en ~** Inszenierung *f*; **salir a la ~** auftreten **2.** (*parte de una obra*) Szene *f*; ~ **final** Schlussszene *f*

3. (*suceso*) Szene *f*; **hacer una ~ ridícula** sich unmöglich aufführen

escenario [esθe'narjo] *m* **1.** (*parte del teatro*) Bühne *f* **2.** (*lugar*) Schauplatz *m*; ~ **del crimen** Tatort *m*

escenografía [esθenoɣra'fia] *f* Bühnenbild *nt*

escepticismo [esθepti'θismo] *m* Skepsis *f*

escéptico, -a [es'θeptiko] *adj* skeptisch; **ser ~ respecto a algo** an etw *dat* Zweifel hegen

escisión [esθi'sjon] *f* Teilung *f*; (*t.* FÍS) Spaltung *f*

esclarecer [esklare'θer] *irr como crecer* **I.** *vt* **1.** (*iluminar*) erleuchten **2.** (*explicar*) erklären; (*un crimen*) aufklären; ~ **un asunto** Licht in eine Angelegenheit bringen **II.** *vimpers:* **está esclareciendo** es dämmert

esclavitud [esklaβi'tuᵈ] *f* Sklaverei *f*; **someter a la ~** versklaven

esclavizar [esklaβi'θar] <z → c> **I.** *vt* **1.** (*cautivar*) versklaven **2.** (*dominar*) unterjochen; ~ **a alguien** (*hacer depender*) jdn von sich *dat* abhängig machen **II.** *vr:* ~**se** sich unterwerfen

esclavo, -a [es'klaβo] *m, f* Sklave, -in *m, f*

esclerosis [eskle'rosis] *f inv* Sklerose *f*; ~ **múltiple** multiple Sklerose

esclusa [es'klusa] *f* Schleuse *f*

escoba [es'koβa] *f* Besen *m*

escocedura [eskoθe'ðura] *f* Brennen *nt*

escocer [esko'θer] *irr como cocer* *vi* brennen

escocés, -esa [esko'θes] *adj* schottisch; **falda escocesa** Kilt *m*

Escocia [es'koθja] *f* Schottland *nt*

escoger [esko'xer] <g → j> **I.** *vi* sich *dat* das Beste herauspicken; **no has sabido ~** du hast die falsche Wahl getroffen **II.** *vt* (auser)wählen

escolar [esko'lar] *adj:* **curso ~** Schuljahr *nt;* **en edad ~** schulpflichtig
escolaridad [eskolari'ðaθ] *f* Schulausbildung *m;* **la ~ es obligatoria** es besteht Schulpflicht
escolarizar [eskolari'θar] <z→c> *vt* einschulen
escollo [es'koʎo] *m* Klippe *f*
escolta [es'kolta] *f* **1.** (MIL) Eskorte *f* **2.** (*guardaespaldas*) Leibwächter *f*
escoltar [eskol'tar] *vt* geleiten; (MIL) eskortieren
escombro [es'kombro]   *m* (Bau)schutt *m*
esconder [eskon'der] **I.** *vt* (*ocultar*) verstecken (*de* vor +*dat*) **II.** *vr:* ~**se** sich verstecken (*de* vor +*dat*); (*cosas*) verborgen sein
escondidas [eskon'diðas] *adv:* **a ~** heimlich
escondido, -a [eskon'diðo] *adj* geheim; (*retirado*) abgelegen
escondite [eskon'dite] *m* Versteck *nt;* **jugar al ~** Versteck(en) spielen
escondrijo [eskon'drixo] *m* Versteck *nt*
escopeta [esko'peta] *f* Gewehr *nt*
escoria [es'korja] *f* Abschaum *m*
Escorpio [es'korpjo] *m* (ASTR) Skorpion *m*
escorpión [eskor'pjon] *m* Skorpion *m*
escotado, -a [esko'taðo] *adj* (*vestido*) ausgeschnitten; (*mujer*) dekolletiert
escotar [esko'tar] *vi:* **~ entre todos** zusammenlegen
escote [es'kote]   *m* **1.** (Hals)ausschnitt *m;* **~ en pico** V-Ausschnitt *m* **2.** (*busto*) Dekolletee *nt*
escotilla [esko'tiʎa] *f* Luke *f*
escozor [esko'θor] *m* Brennen *nt*
escribir [eskri'βir] *irr* **I.** *vi, vt* schreiben **II.** *vr:* ~**se** korrespondieren; **se escriben mucho** sie schreiben sich

dat oft
escrito [es'krito] *m* Schreiben *nt;* **por ~** schriftlich
escritor(a) [eskri'tor] *m(f)* Schriftsteller(in) *m(f)*
escritorio [eskri'torjo] *m* Schreibtisch *m*
escritura   [eskri'tura]   *f* **1.** (*acto*) Schreiben *nt* **2.** (*signos*) Schrift *f* **3.** (*documento*) Schriftstück *nt;* **mediante ~** urkundlich **4. las Sagradas Escrituras** die Heilige Schrift
escriturar [eskritu'rar] *vt* notariell beurkunden
escroto [es'kroto] *m* Hodensack *m*
escrúpulo [es'krupulo] *m* **1.** (*duda*) Skrupel *m;* **ser una persona sin ~s** skrupellos sein **2.** (*escrupulosidad*) Gewissenhaftigkeit *f* **3.** (*aprensión*) Ekel *m;* **me da ~ beber de latas** ich finde es eklig, aus Dosen zu trinken
escrupuloso, -a [eskrupu'loso] *adj* gewissenhaft; (*delicado*) empfindlich
escrutar [eskru'tar] *vt* mustern; (*recontar*) auszählen
escrutinio [eskru'tinjo] *m* Musterung *f;* (*recuento*) Stimmenauszählung *f*
escuadra [es'kwaðra] *f* **1.** (*para dibujar*) Zeichendreieck *nt;* **a ~** rechtwinklig **2.** (*de fijación*) Winkel *m* **3.** (MIL) Trupp *m*
escuadrilla [eskwa'ðriʎa] *f* Staffel *f*
escuadrón [eskwa'ðron] *m* Geschwader *nt*
escuálido, -a [es'kwaliðo] *adj* dürr
escuchar [esku'tʃar] **I.** *vi* zuhören **II.** *vt* **1.** (*oír*) hören; (*seguir*) anhören; **~ (la) radio** Radio hören **2.** (*prestar atención*) zuhören (*a* +*dat*); **¡escúchame bien!** pass gut auf! **3.** (*obedecer*) hören (auf +*akk*)
escudo [es'kuðo] *m* (Schutz)schild *m;* **~ (de armas)** Wappen *nt*
escuela [es'kwela] *f* Schule *f;* **~ de**

idiomas Sprachschule *f;* ~ **superior técnica** technische Hochschule; ~ **taller** Lehrwerkstatt *f*

escueto, -a [es'kweto] *adj* nüchtern

escuincle, -a [es'kwiŋkle] *m, f* (*Méx: fam*) Junge *m*, Mädchen *nt*

esculcar [eskul'kar] <c → qu> *vt* (*Am*) durchsuchen

esculpir [eskul'pir] *vt:* ~ **a cincel** meißeln; ~ **en madera** (in Holz) schnitzen

escultor(a) [eskul'tor] *m(f)* Bildhauer(in) *m(f)*

escultura [eskul'tura] *f* 1. (*obra*) Skulptur *f;* ~ **de madera** Holzschnitzerei *f* 2. (*arte*) Bildhauerkunst *f*

escupidera [eskupi'ðera] *f* Spucknapf *m;* (*Am*) Nachttopf *m*

escupir [esku'pir] I. *vi* spucken; (*vulg*) singen *fam* II. *vt* 1. (*por la boca*) ausspucken; ~ **sangre** Blut spucken 2. (*soltar*) abgeben; ~ **a alguien a la cara** (*fig*) jdn schwer beleidigen 3. (*arrojar*) ausstoßen; ~ **fuego** Feuer speien 4. (*vulg*) ausspucken *fam*

escurreplatos [eskurre'platos] *m* Geschirrständer *m*

escurridizo, -a [eskurri'ðiθo] *adj* ausweichend; (*problema*) schwer fassbar

escurrir [esku'rrir] I. *vi* 1. (ab)tropfen II. *vr:* ~**se** 1. (*resbalar*) ausrutschen 2. (*desaparecer*) entwischen; ~**se** (**por**) **entre la gente** in der Menge untertauchen 3. (*escaparse*) entgleiten; ~**se por un agujero** durch ein Loch rutschen

esdrújulo, -a [es'ðruxulo] *adj* auf der drittletzten Silbe betont

ese[1] ['ese] *f S*, s *nt*

ese, -a[2] ['ese] I. *adj* <esos, -as> diese(r, s); (*Am*) jene(r, s); ¿~ **coche es tuyo?** ist das dein Auto?; **el chico ~**

no me cae bien der Typ da ist mir nicht sympathisch II. *pron dem v.* **ése, ésa, eso**

ése, ésa, eso ['ese, 'esa, 'eso] *pron dem* <ésos, -as> der/die/das; **me lo ha dicho ésa** die da hat es mir erzählt; **llegaré a eso de las doce** ich komme so gegen zwölf Uhr an; **eso mismo te acabo de decir** genau das habe ich soeben zu dir gesagt; **lejos de eso** ganz im Gegenteil; **no es eso** darum geht es doch gar nicht; **por eso** (**mismo**) (gerade) deswegen; ¿**y eso?** wieso das?; ¡**eso sí que no!** das kommt nicht in die Tüte! *fam v.t.* **ese, -a**

esencia [e'senθja] *f* 1. (*naturaleza*) Wesen *nt* 2. (*fondo*) Wesentliche(s) *nt;* **quinta ~** Quintessenz *f;* **en ~** im Wesentlichen 3. (QUÍM) Essenz *f;* ~ **de rosas** Rosenöl *nt*

esencial [esen'θjal] *adj* wesentlich; (*indispensable*) unerlässlich

esfera [es'fera] *f* 1. (MAT) Kugel *f* 2. (*del reloj*) Zifferblatt *nt* 3. (*t.* ASTR) Sphäre *f;* ~ **de influencia** Einflussbereich *m* 4. **las altas ~s de la sociedad** die besseren Kreise

esfinge [es'fiŋxe] *f* 1. (*animal fabuloso*) Sphinx *f;* **ser una ~** (*fig*) undurchschaubar sein 2. (ZOOL) Nachtfalter *m*

esforzar [esfor'θar] *irr como forzar* I. *vt* 1. (*forzar*) anstrengen; ~ **demasiado la vista** die Augen überanstrengen 2. (*dar fuerza*) verstärken; ~ **la voz** die Stimme heben II. *vr:* ~**se** (*moralmente*) sich bemühen; (*físicamente*) sich anstrengen

esfuerzo [es'fwerθo] *m* Anstrengung *f;* **sin ~** mühelos; **hacer un ~** sich anstrengen

esfumarse [esfu'marse] *vr* verschwinden

esgrima [es'ɣrima] *f* Fechten *nt;*

practicar la ~ fechten

esguince [es'ɣinθe] *m* Verstauchung *f*

eslabón [esla'βon] *m* (Ketten)glied *nt;* (*entre acontecimientos*) Bindeglied *nt*

eslavo, -a [es'laβo] *adj* slawisch

eslogan [es'loɣan] *m* Slogan *m*

eslovaco, -a [eslo'βako] *adj* slowakisch

Eslovaquia [eslo'βakja] *f* Slowakei *f*

Eslovenia [eslo'βenja] *f* Slowenien *nt*

esloveno, -a [eslo'βeno] *adj* slowenisch

esmaltar [esmal'tar] *vt* emaillieren

esmalte [es'malte] *m* Email *nt;* (*de uñas*) Nagellack *m;* (*de los dientes*) Zahnschmelz *m*

esmerado, -a [esme'raðo] *adj* sorgfältig

esmeralda [esme'ralda] *f* Smaragd *m*

esmerarse [esme'rarse] *vr* sorgfältig arbeiten; (*esforzarse*) sich bemühen (*en* zu + *inf*)

esmero [es'mero] *m* Sorgfalt *f;* **con ~** gewissenhaft

esnifar [esni'far] *vt* (*argot: cocaína*) schnupfen

esnobismo [esno'βismo] *m* Snobismus *m*

eso ['eso] *pron dem v.* **ése, ésa, eso**

esófago [e'sofaɣo] *m* Speiseröhre *f*

esos ['esos] *adj v.* **ese, -a**

ésos ['esos] *pron dem v.* **ése, ésa, eso**

esotérico, -a [eso'teriko] *adj* esoterisch

esoterismo [esote'rismo] *m* Esoterik *f*

espabilado, -a [espaβi'laðo] *adj* aufgeweckt

espabilar [espaβi'lar] **I.** *vi* sich beeilen; (*avivarse*) dazulernen **II.** *vt* munter machen; (*acabar deprisa*) schnell erledigen **III.** *vr:* **~se** **1.** (*sacudir el sueño*) munter werden; **tómate un café para ~te** trink einen Kaffee, damit du richtig wach wirst **2.** (*darse prisa*) sich beeilen **3.** (*avivarse*): **se ha espabilado desde que va al colegio** seit er/sie zur Schule geht, ist er/sie viel aufgeweckter **4.** (*Am*) sich aus dem Staub machen *fam*

espaciador [espaθja'ðor] *m* Leertaste *f*

espacial [espa'θjal] *adj:* **estación ~** Raumstation *f*

espacio [es'paθjo] *m* **1.** Raum *m;* (*superficie*) Fläche *f;* (*trayecto*) Strecke *f;* **~ virtual** Cyberspace *m;* **~ vital** Lebensraum *m* **2.** (*entre objetos*) Zwischenraum *m* **3.** (*de tiempo*) Zeitraum *m;* **en el ~ de dos meses** innerhalb von zwei Monaten **4.** (ASTR) Weltraum *m*

espacioso, -a [espa'θjoso] *adj* geräumig

espada [es'paða] *f* Schwert *nt;* (DEP) Degen *m*

espagueti(s) [espa'ɣeti(s)] *m(pl)* Spaghetti *pl*

espalda [es'palda] *f* Rücken *m;* **ancho de ~s** breitschult(e)rig; **volver la ~ a alguien** (*fam fig*) jdn links liegen lassen

espantapájaros [espanta'paxaros] *m* Vogelscheuche *f*

espantar [espan'tar] **I.** *vt* erschrecken; (*a un animal*) verscheuchen **II.** *vr:* **~se** sich erschrecken; (*animales*) scheu werden

espanto [es'panto] *m* **1.** (*miedo*) Schrecken *m;* **¡qué ~!** wie entsetzlich!; **hace un calor de ~** es ist schrecklich heiß **2.** (*Am*) Gespenst *nt*

espantosidad [espantosi'ðað] *f* (*Am*) Grauen *nt*

espantoso, -a [espaɲ'toso] adj entsetzlich

España [es'paɲa] f Spanien nt

español[1] [espa'ɲol] m Spanisch(e) nt; clases de ~ Spanischunterricht m; aprender ~ Spanisch lernen

español(a)[2] [espa'ɲol] adj spanisch

esparadrapo [espara'ðrapo] m Heftpflaster nt

esparcimiento [esparθi'mjento] m Zerstreuung f

esparcir [espar'θir] <c → z> I. vt verstreuen II. vr: ~se 1. (cosas) verstreut werden 2. (distraerse) sich zerstreuen; ¿qué haces para ~te? was machst du als Zeitvertreib?

espárrago [es'parraɣo] m Spargel m; ¡vete a freír ~s! (fam) scher dich zum Teufel!

espasmo [es'pasmo] m Krampf m

espátula [es'patula] f Spachtel m; (MED) Spatel m

especia [es'peθja] f Gewürz nt

especial [espe'θjal] adj besonders; (adecuado) speziell; (raro) seltsam; edición ~ Sonderausgabe f; en ~ insbesondere; él es para mí alguien muy ~ er bedeutet mir sehr viel

especialidad [espeθjali'ðaº] f Spezialität f; (rama) Spezialgebiet nt; (DEP) Disziplin f

especialista [espeθja'lista] mf Spezialist(in) m(f) (en für +akk); (médico) Facharzt, -ärztin m, f

especializar(se) [espeθjali'θar(se)] <z → c> vi, vr sich spezialisieren (en auf +akk); personal especializado Fachkräfte fpl

especialmente [espeθjal'mente] adv besonders; lo he hecho ~ para ti ich habe es extra für dich gemacht

especie [es'peθje] f Art f; ~ amenazada de extinción vom Aussterben bedrohte Tierart; la ~ animal die Tiere

especificar [espeθifi'kar] <c → qu> vt im Einzelnen darlegen

específico, -a [espe'θifiko] adj spezifisch

espectacular [espektaku'lar] adj spektakulär

espectáculo [espek'takulo] m 1. (TEAT) Schauspiel nt 2. (visión) Anblick m 3. (fam): dar el [o un] ~ eine Szene machen

espectador(a) [espekta'ðor] m(f) Zuschauer(in) m(f)

especulación [espekula'θjon] f Spekulation f

especular [espeku'lar] vi spekulieren; ~ en la Bolsa an der Börse spekulieren

espejo [es'pexo] m Spiegel m; ~ retrovisor Rückspiegel m; mirarse al ~ sich im Spiegel betrachten

espeluznante [espeluθ'nante] adj haarsträubend

espera [es'pera] f Warten nt; (estado) Erwartung f; (duración) Wartezeit f; lista de ~ Warteliste f

esperanza [espe'ranθa] f Hoffnung f; ~ de vida Lebenserwartung f; no tener ~s keine Hoffnung haben

esperanzador(a) [esperanθa'ðor] adj hoffnungsvoll

esperar [espe'rar] I. vi 1. warten (auf +akk); hacerse de ~ auf sich warten lassen; es de ~ que... +subj es ist zu erwarten, dass ...; ¡que se espere! er/sie soll gefälligst warten; espera, que no lo encuentro Augenblick, ich finde es jetzt nicht 2. (confiar) hoffen; espero que sí ich hoffe doch II. vt 1. warten (auf +akk); (recibir) erwarten; ya me lo esperaba das dachte ich mir schon 2. (confiar) hoffen (auf +akk)

esperma [es'perma] m Sperma nt

espesar [espe'sar] I. vt (líquido) eindicken; (salsa) binden II. vr: ~se (*bosque*) dichter werden; (*niebla*) sich verdichten

espeso, -a [es'peso] *adj* dicht; (*líquido*) dick(flüssig)

espía [es'pia] *mf* Spion(in) *m(f)*

espiar [espi'ar] <*1. pres:* espío> I. *vi* spionieren II. *vt* ausspionieren; (*a alguien*) nachspionieren +*dat*

espídico(a) [es'piðiko] *adj* (*argot*) überdreht, hektisch

espiga [es'piɣa] *f* Ähre *f*

espina [es'pina] *f* 1. (*de pescado*) Gräte *f* 2. (BOT) Dorn *m* 3. (*astilla*) Splitter *m* 4. (ANAT): ~ **(dorsal)** Rückgrat *nt*

espinaca [espi'naka] *f* Spinat *m*

espinal [espi'nal] *adj* Rückgrat-; **médula** ~ Rückenmark *nt*

espinazo [espi'naθo] *m* Rückgrat *nt*

espinilla [espi'niʎa] *f* 1. (ANAT) Schienbein *nt* 2. (MED) Mitesser *m*

espionaje [espjo'naxe] *m* Spionage *f*

espiración [espira'θjon] *f* Ausatmen *nt*

espiral [espi'ral] *adj* spiralförmig

espirar [espi'rar] *vi* ausatmen

espiritismo [espiri'tismo] *m* Spiritismus *m;* **sesión de** ~ spiritistische Sitzung

espíritu [es'piritu] *m* Geist *m;* (*ánimo*) Gemüt *nt;* (*valor*) Mut *m;* ~ **de compañerismo** kameradschaftlicher Geist; ~ **de contradicción** Widerspruchsgeist *m;* ~ **emprendedor** Unternehmungsgeist *m;* ~ **de la época** Zeitgeist *m;* **el Espíritu Santo** der Heilige Geist

espiritual [espiritu'al] *adj* 1. **vida** ~ Seelenleben *nt* 2. (REL) geistlich

espitoso(a) [espi'toso] *adj* (*argot*) aufgedreht, aufgeputscht

espléndido, -a [es'plendiðo] *adj* großzügig; (*aspecto*) prächtig

esplendor [esplen'dor] *m* Glanz *m;* (*fig*) Pracht *f*

esponja [es'poŋxa] *f* Schwamm *m*

espontaneidad [espontanei̯'ðaᵒ] *f* Spontan(e)ität *f*

espontáneo, -a [espoŋ'taneo] *adj* spontan

espora [es'pora] *f* Spore *f*

esporádico, -a [espo'raðiko] *adj* sporadisch

esportivo, -a [espor'tiβo] *adj* (*Am*) sportlich; (*afectando descuido*) lässig

esposar [espo'sar] *vt* Handschellen anlegen +*dat*

esposas [es'posas] *fpl* Handschellen *fpl*

esposo, -a [es'poso] *m, f* Ehemann, -frau *m, f;* **le presento a mi esposa** ich möchte Ihnen meine Frau vorstellen; **salude a su** ~ **de mi parte** grüßen Sie Ihren Mann von mir; **los** ~**s** das Ehepaar

esprínter [es'printer] *mf* Sprinter(in) *m(f)*

espuela [es'pwela] *f* (An)sporn *m*

espuma [es'puma] *f* Schaum *m*

espumoso, -a [espu'moso] *adj:* **vino** ~ Schaumwein *m*

esqueje [es'kexe] *m* Steckling *m*

esquela [es'kela] *f* (*necrológica*): ~ **(mortuoria)** Todesanzeige *f;* **publicar una** ~ eine Todesanzeige aufgeben

esqueleto [eske'leto] *m* Skelett *nt*

esquema [es'kema] *m* Schema *nt*

esquemático, -a [eske'matiko] *adj* schematisch

esquí [es'ki] *m* 1. (*patín*) Ski *m;* ~ **de fondo** Langlaufski *m* 2. (*deporte*) Skisport *m;* ~ **acuático** Wasserski *nt*

esquiador(a) [eskja'ðor] *m(f)* Skiläufer(in) *m(f);* ~ **de fondo** Langläufer *m*

esquiar [eski'ar] <*1. pres:* esquío> *vi* Ski laufen

esquimal [eski'mal] *adj* eskimoisch; **perro** ~ Husky *m* esquina [es'kina] f (Straßen)ecke f; **a la vuelta de la ~** um die Ecke; **doblar la ~** um die Ecke biegen

esquirla [es'kirla] f Splitter m

esquivar [eski'βar] vt ausweichen +dat

esquivo, -a [es'kiβo] adj scheu; (arisco) spröde

esquizofrenia [eskiθo'frenja] f Schizophrenie f

esta ['esta] adj v. este, -a

ésta ['esta] pron dem v. éste, ésta, esto

estabilidad [estaβili'ðaᵈ] f Stabilität f

estabilizar(se) [estaβili'θar(se)] <z → c> vt, vr (sich) stabilisieren

estable [es'taβle] adj stabil; (trabajo) dauerhaft

establecer [estaβle'θer] irr como crecer I. vi festlegen II. vt gründen; (conexión) herstellen III. vr: **~se** (instalarse) sich niederlassen

establecimiento [estaβleθi'mjento] m 1. (tienda) Geschäft nt 2. (de personas) Ansiedelung f

establo [es'taβlo] m Stall m

estaca [es'taka] f Pfahl m

estacada [esta'kaða] f: **dejar a alguien en la ~** jdn im Stich lassen

estación [esta'θjon] f 1. (del año) Jahreszeit f; **~ de las lluvias** Regenzeit f 2. (de trenes) Bahnhof m; **~ de autobuses** Busbahnhof m; **~ central** Hauptbahnhof m; **~ de metro** U-Bahn-Station f 3. (t. REL) Station f; **~ meteorológica** Wetterwarte f; **~ de servicio** Tankstelle f

estacionamiento [estaθjona'mjento] m 1. (colocación) Aufstellung f; (de personas) Postierung f; (MIL) Stationierung f 2. (AUTO: lugar) Parkplatz m

estacionar [estaθjo'nar] vt aufstellen; (AUTO) parken

estadio [es'taðjo] m Stadion nt; (MED) Stadium m

estadística [esta'ðistika] f Statistik f

estadístico, -a [esta'ðistiko] adj statistisch

estado [es'taðo] m 1. Zustand m; (situación) Lage f; **~ de alarma** Alarmzustand m; **~ civil** Familienstand m; **~ de cuenta** Kontostand m; **~ de salud** Gesundheitszustand m 2. (POL) Staat m; **~ comunitario** Mitgliedsstaat der Europäischen Union; **~ miembro** Mitgliedsstaat m 3. (MIL): **~ mayor** Generalstab m

Estados Unidos [es'taðos u'niðos] mpl Vereinigte Staaten mpl

estadounidense [estaðouni'ðense] mf (US-)Amerikaner(in) m(f)

estafa [es'tafa] f Betrug m

estafador(a) [estafa'ðor] m(f) Betrüger(in) m(f)

estafar [esta'far] vt betrügen

estallar [esta'ʎar] vi 1. platzen; (bomba) explodieren 2. (revolución, incendio) ausbrechen; **al ~ la guerra** bei Kriegsausbruch

estallido [esta'ʎiðo] m 1. Knall m; (explosión) Explosion f 2. **~ de cólera** Zornausbruch m

estampa [es'tampa] f 1. (dibujo) Bild nt; **~ de la Virgen** Marienbild nt 2. (huella) Abdruck m 3. **¡maldita sea tu ~!** verflucht seist du!; **ser la viva ~ de su padre** (fam) seinem Vater wie aus dem Gesicht geschnitten sein

estampado, -a [estam'paðo] adj bedruckt

estampar [estam'par] I. vt 1. (en papel) drucken 2. (TÉC) (ein)stanzen; **se me quedó estampado en la cabeza** (fig) das hat sich mir eingeprägt 3. (huella) hinterlassen; **~ una firma** unterzeichnen II. vr: **~se** (fam) prallen

estampido [estam'piðo] m Knall m;

dar un ~ knallen

estampilla [estam'piʎa] *f* (*Am*) Briefmarke *f*

estancamiento [estaŋka'mjento] *m* **1.** (*del agua*) (Auf)stauung *f* **2.** (*de una mercancía*) Monopolisierung *f* **3.** (*de un proceso*) Stillstand *m;* ~ **coyuntural** Konjunkturstillstand *m*

estancar [estaŋ'kar] <c → qu> I. *vt* **1.** (*un río*) (auf)stauen **2.** (*proceso*) zum Stillstand bringen II. *vr:* ~**se** **1.** (*río*) sich (auf)stauen **2.** (*negocio*) stagnieren; **quedarse estancado** ins Stocken geraten

estancia [es'tanθja] *f* **1.** (*permanencia*) Aufenthalt *m;* ~ **en un hospital** Krankenhausaufenthalt *m* **2.** (*habitación*) Wohnraum *m* **3.** (*Am*) Landgut *nt*

estanco [es'taŋko] *m* Tabak(waren)laden *m*

estándar [es'tandar] *adj* Standard-; **tipo** ~ Standardversion *f*

estandarte [estaṇ'darte] *m* Standarte *f*

estanque [es'taŋke] *m* Teich *m*

estante [es'tante] *m* **1.** (*para libros*) Bücherbrett *nt; (en una tienda)* Ständer *m* **2.** (*mueble*) Regal *nt*

estantería [estaṇte'ria] *f* Regal *nt*

estaño [es'taɲo] *m* Zinn *nt*

estar [es'tar] *irr* I. *vi* **1.** sein; (*un objeto: derecho*) stehen; (*tumbado*) liegen; (*durante un tiempo*) sich aufhalten; **Valencia está en la costa** Valencia liegt an der Küste; **¿está Pepe?** ist Pepe da?; **¿está la comida?** ist das Essen fertig? **2.** (*sentirse*) sich fühlen; **¿cómo estás?** wie geht es dir? **3.** (+ *adjetivo/participio*): ~ **cansado** müde sein; ~ **sentado** sitzen; ~ **ubicado** (*Am*) sich befinden **4.** (+ *bien/mal*): ~ **mal de la cabeza** spinnen; ~ **mal de di-**

nero schlecht bei Kasse sein; **esa blusa te está bien** diese Bluse steht dir gut **5.** (+ *a*): ~ **al caer** (*persona*) bald kommen; (*suceso*) bevorstehen; ~ **al día** auf dem Laufenden sein; **¿a qué estamos?** den Wievielten haben wir heute?; **las peras están a 2 euros el kilo** die Birnen kosten 2 Euro das Kilo; **están uno a uno** das Spiel steht eins zu eins **6.** (+ *con*): **estoy con mi novio** ich bin mit meinem Freund zusammen **7.** (+ *de*): ~ **de mal humor** schlecht gelaunt sein; ~ **de pie** stehen; ~ **de viaje** verreist sein **8.** (+ *en*): **el problema está en el dinero** das Problem ist das Geld; **siempre estás en todo** dir entgeht nichts **9.** (+ *para*): **el tren está para salir** der Zug fährt in Kürze ab **10.** (+ *por*): **estoy por llamarle** ich bin versucht ihn anzurufen; **eso está por ver** das wird sich zeigen **11.** (+ *gerundio*): **¿qué estás haciendo?** was machst du da?; **estoy escribiendo una carta** ich bin gerade dabei, einen Brief zu schreiben; **¡lo estaba viendo venir!** ich habe es kommen sehen! **12.** (+ *que*): **estoy que no me tengo** ich bin fix und fertig **13.** (*loc*): **a las 10 en casa, ¿estamos?** du bist um 10 Uhr zu Hause, verstanden? II. *vr:* ~**se:** **¡estáte quieto!** sei ruhig!; (*quieto*) Hände weg!

estatal [esta'tal] *adj* staatlich

estático, -a [es'tatiko] *adj* statisch

estatua [es'tatwa] *f* Statue *f*

estatura [esta'tura] *f* Statur *f*

estatus [es'tatus] *m* Status *m*

estatuto [esta'tuto] *m* **1.** (*de una sociedad*) Satzung *f* **2.** (*JUR*) Gesetz *nt;* ~ **de los trabajadores** Betriebsverfassungsgesetz *nt*

este¹ ['este] *m* Osten *m*

este, -a² ['este] I. *adj* <estos, -as> diese(r, s); ~ **perro es el mío** das ist mein Hund II. *pron dem v.* **éste, ésta, esto**

éste, ésta, esto ['este, 'esta, 'esto] *pron dem* <éstos, -as> der/die/das; ~ **se cree muy importante** der hält sich für sehr wichtig; **¡ésta sí que es buena!** das ist ja ein Ding!; *v.t.* **este, -a**

estelaridad [estelari'ðaº] *f* (*Chil*) Beliebtheit *f*

estepa [es'tepa] *f* Steppe *f*

estera [es'tera] *f* (Fuß)matte *f*

estéreo [es'tereo] *adj* (*fam*) stereo(phon)

estereotipado, -a [estereoti'paðo] *adj* stereotyp

estereotipo [estereo'tipo] *m* Stereotyp *nt*

estéril [es'teril] *adj* 1. (*tierra*) unfruchtbar 2. (MED) steril 3. (*esfuerzo*) fruchtlos

esterilidad [esterili'ðaº] *f* Unfruchtbarkeit *f*; (MED) Sterilität *f*

esterilizar [esterili'θar] <z → c> *vt* sterilisieren

esterilla [este'riʎa] *f* kleine (Fuß)matte *f*

esterlina [ester'lina] *adj:* **libra ~** Pfund *nt* Sterling

esternón [ester'non] *m* Brustbein *nt*

estero [es'tero] *m* (*Am*) Sumpf *m*

estética [es'tetika] *f* Ästhetik *f*

esteticienne [esteti'θjen] *mf* Kosmetiker(in) *m(f)*

estético, -a [es'tetiko] *adj* ästhetisch; **no ~** unästhetisch

estetoscopio [estetos'kopjo] *m* Stethoskop *nt*

estiércol [es'tjerkol] *m* Mist *m*; **sacar el ~** ausmisten

estigma [es'tiɣma] *m* Stigma *nt*; (*en el cuerpo*) Wundmal *nt*

estigmatizar [estiɣma'tiθar] <z →

estilarse [esti'larse] *vr* üblich sein

estilista [esti'lista] *mf* Stylist(in) *m(f)*

estilístico, -a [esti'listiko] *adj* stilistisch

estilo [es'tilo] *m* 1. (*modo*) Stil *m*; **al ~ de...** im Stil ... +*gen*; **por el ~** so ungefähr; **algo por el ~** etwas in der Art 2. (LING): ~ **directo/indirecto** direkte/indirekte Rede

estilográfica [estilo'ɣrafika] *f* Füllfederhalter *m*

estima [es'tima] *f* (Hoch)achtung *f*; **tener a alguien en mucha ~** jdn sehr hoch schätzen

estimado, -a [esti'maðo] *adj* geachtet; (*en cartas*) geehrt

estimar [esti'mar] I. *vt* 1. (*apreciar*) schätzen; ~ **a alguien mucho** jdn hoch schätzen 2. (*valorar*) schätzen (*en* auf +*akk*) 3. (*juzgar*) halten (für +*akk*); **lo estimó oportuno** er/sie hielt es für angemessen II. *vr:* ~**se** sich schätzen

estimulante [estimu'lante] *m* Stimulans *nt*

estimular [estimu'lar] *vt* anregen; (*animar*) motivieren

estímulo [es'timulo] *m* Reiz *m*; (*incentivo*) Motivation *f*

estío [es'tio] *m* (*elev*) Sommer *m*

estipular [estipu'lar] *vt* vereinbaren; (*fijar*) festsetzen

estirar [esti'rar] I. *vi* ziehen II. *vt* 1. (*alargar*) (lang) ziehen 2. (*alisar*) glatt ziehen; ~ **la masa** den Teig ausrollen 3. (*piernas*) (aus)strecken; **voy a salir a ~ un poco las piernas** ich gehe mir mal ein bisschen die Beine vertreten III. *vr:* ~**se** sich strecken

estirón [esti'ron] *m* 1. (*tirón*) Ruck *m* 2. **¡vaya ~ que ha dado el niño!** (*fam*) der Junge ist aber groß geworden!

estirpe [es'tirpe] *f* Abstammung *f*

estival [esti'βal] *adj* sommerlich

esto ['esto] *pron dem* v. **éste, ésta, esto**

Estocolmo [esto'kolmo] *m* Stockholm *nt*

estofado [esto'faðo] *m* Schmorfleisch *nt*

estoico, -a [es'tojko] *adj* stoisch

estola [es'tola] *f* Stola *f*

estomacal [estoma'kal] *adj* Magen-; **trastorno ~** Magenverstimmung *f*

estómago [es'tomaɣo] *m* Magen *m*; **se me revolvió el ~** mir wurde schlecht

Estonia [es'tonja] *f* Estland *nt*

estonio, -a [es'tonjo] *adj* estnisch

estorbar [estor'βar] I. *vi* hinderlich sein +*dat*; (*molestar*) stören II. *vt* verhindern; (*obstaculizar*) behindern; (*molestar*) stören

estorbo [es'torβo] *m* (*molestia*) Ärgernis *nt*; (*obstáculo*) Hindernis *nt*; (*molestia*) Störung *f*

estornudar [estornu'ðar] *vi* niesen

estornudo [estor'nuðo] *m* Niesen *nt*

estos ['estos] *adj* v. **este, -a**

estrabismo [estra'βismo] *m* Schielen *nt*

estrado [es'traðo] *m* Podium *nt*; **~ del testigo** Zeugenstand *m*

estrago [es'traɣo] *m* Verwüstung *f*; **hacer grandes ~s en la población civil** viele Opfer unter der Zivilbevölkerung fordern

estrangular [estraŋgu'lar] *vt* erwürgen

estraperlista [estraper'lista] *mf* Schwarzhändler(in) *m(f)*

estraperlo [estra'perlo] *m* Schwarzhandel *m*

Estrasburgo [estras'βurɣo] *m* Straßburg *nt*

estratagema [estrata'xema] *m*

Kriegslist *f*; (*artimaña*) Trick *m*

estratega [estra'teɣa] *mf* Stratege, -in *m, f*

estrategia [estra'texja] *f* Strategie *f*

estratégico, -a [estra'texiko] *adj* strategisch

estrato [es'trato] *m* (*t.* GEO) Schicht *f*; **~ social** Gesellschaftsschicht *f*

estrechar [estre'tʃar] I. *vt* 1. (*angostar*) verengen; (*ropa*) enger machen 2. (*abrazar*) an sich drücken; (*la mano*) schütteln 3. (*amistad*) vertiefen II. *vr*: **~se** 1. (*camino*) enger werden 2. (*dos personas*) sich umarmen; **~se las manos** sich *dat* die Hände schütteln 3. (*amistad*) enger werden 4. **~se el cinturón** (*fam*) den Gürtel enger schnallen

estrecho¹ [es'tretʃo] *m* Meerenge *f*; **~ de Gibraltar** Straße von Gibraltar

estrecho, -a² [es'tretʃo] *adj* 1. (*angosto*) eng 2. (*amistad*) innig 3. (*ropa*) eng (anliegend) 4. (*argot: sexualmente*) verklemmt

estrella [es'treʎa] *f* 1. (ASTR) Stern *m*; **~ fugaz** Sternschnuppe *f* 2. (*destino*) Glücksstern *m*; **tener buena/ mala ~** Glück/Unglück haben 3. (CINE) Star *m* 4. **~ de mar** Seestern *m* 5. *pl* (*loc*): **ver las ~s** (**de dolor**) (vor Schmerz) Sterne sehen

estrellado, -a [estre'ʎaðo] *adj* 1. (*esteliforme*) sternenförmig 2. (*noche*) stern(en)klar; **cielo ~** Sternenhimmel *m* 3. (*avión*) abgestürzt

estrellarse [estre'ʎarse] *vr* 1. (*chocar*) fahren (*contra/en* gegen +*akk*) 2. (*morir*) durch einen Unfall ums Leben kommen

estremecedor(a) [estremeθe'ðor] *adj* erschütternd; (*horrible*) schaurig

estremecer [estreme'θer] *irr como crecer* I. *vt* erschüttern II. *vr*: **~se** 1. (*por un suceso*) erschüttert sein 2. (*de susto*) zusammenfahren

estremecimiento [estremeθi-'mjeņto] *m* Erschütterung *f;* (*de frío/miedo*) Erschau(d)ern *nt;* (*de susto*) Zusammenzucken *nt*

estrenar [estre'nar] *vt* 1. (*usar*) zum ersten Mal verwenden; **sin** ~ ungebraucht 2. (TEAT) uraufführen

estreno [es'treno] *m* erstmaliger Gebrauch *m;* (*de un actor*) Debüt *nt;* (*de una obra*) Premiere *f*

estreñido, -a [estre'ɲiðo] *adj* verstopft

estreñimiento [estreɲi'mjeņto] *m* Verstopfung *f*

estreñir [estre'ɲir] *irr como ceñir vt* (*comida*) zu Verstopfung führen (bei +*dat*)

estrépito [es'trepito] *m* Lärm *m;* **con gran** ~ mit großem Getöse

estrés [es'tres] *m* Stress *m;* **producir** ~ Stress hervorrufen

estresante [estre'saņte] *adj* stressig

estresar [estre'sar] *vt* stressen

estría [es'tria] *f* 1. (ARQUIT) Rille *f* 2. *pl* (*rayas*) Streifen *mpl*

estribar [estri'βar] *vi* sich stützen (*en* auf +*akk*); **nuestro éxito estriba en nuestra larga experiencia** unser Erfolg beruht auf unserer langen Erfahrung

estribillo [estri'βiʎo] *m* 1. (MÚS) Refrain *m* 2. (*expresión repetitiva*) Lieblingswort *nt;* (*frase*) Lieblingssatz *m;* **siempre** (**con**) **el mismo** ~ (*fig*) immer die gleiche alte Leier

estribo [es'triβo] *m* Steigbügel *m;* **perder los** ~**s** (*fig*) die Nerven verlieren

estribor [estri'βor] *m* Steuerbord *nt*

estricto, -a [es'trikto] *adj* streng; (*exacto*) strikt

estridente [estri'ðeņte] *adj* schrill

estripazón [estripa'θon] *m* (*AmC: apretura*) Gedränge *nt;* (*destrozo*) Zerstörung *f*

estrofa [es'trofa] *f* Strophe *f*

estrógeno [es'troxeno] *m* Östrogen *nt*

estropajo [estro'paxo] *m* Topfreiniger *m*

estropear [estrope'ar] I. *vt* 1. (*deteriorar*) beschädigen 2. (*destruir*) kaputtmachen II. *vr:* ~**se** 1. (*deteriorarse*) sich verschlechtern 2. (*averiarse*) kaputtgehen

estructura [estruk'tura] *f* Struktur *f*

estructurar [estruktu'rar] I. *vt* strukturieren; (*clasificar*) gliedern II. *vr:* ~**se** sich gliedern

estruendo [es'trweņdo] *m* Lärm *m;* (*alboroto*) Radau *m*

estrujar [estru'xar] I. *vt* pressen; (*machacar*) zerquetschen II. *vr:* ~**se** sich durchquetschen

estuche [es'tutʃe] *m* Etui *nt*

estudiante [estu'ðjaņte] *mf* Student(in) *m(f);* (*de escuela*) Schüler(in) *m(f)*

estudiantil [estuðjaņ'til] *adj:* **movimiento** ~ Studentenbewegung *f*

estudiar [estu'ðjar] *vt* 1. (*aprender*) lernen 2. (*analizar*) untersuchen 3. (*observar*) studieren 4. (*reflexionar*) überdenken; **lo** ~**é** ich werde darüber nachdenken 5. (*cursar estudios universitarios*) studieren; ~ **para médico** Medizin studieren

estudio [es'tuðjo] *m* 1. (*trabajo intelectual*) Lernen *nt* 2. (*obra*) Studie *f;* **estar en** ~ untersucht werden 3. (RADIO, TV) Studio *nt;* ~ **cinematográfico** Filmstudio *nt;* ~ **radiofónico** Rundfunkstudio *nt* 4. (*taller*) Atelier *nt* 5. *pl* (*carrera*) (Hochschul)studium *nt;* **tener** ~**s** eine akademische Ausbildung besitzen

estudioso, -a [estu'ðjoso] *adj* fleißig

estufa [es'tufa] *f* Ofen *m;* ~ **eléctrica** Heizlüfter *m*

estupefaciente [estupefa'θjente] *m* Rauschgift *nt*

estupefacto, -a [estupe'fakto] *adj* perplex

estupendo, -a [estu'pendo] *adj* wunderbar; ¡~! super!

estupidez [estupi'ðeθ] *f* Dummheit *f*

estúpido, -a [es'tupiðo] *adj* dumm

estupor [estu'por] *m* Benommenheit *f;* (*asombro*) Verblüffung *f*

esvástica [es'βastika] *f* Hakenkreuz *nt*

etapa [e'tapa] *f* Etappe *f;* **por ~s** (*fig*) schrittweise

etarra [e'tarra] **I.** *adj:* **un comando ~** ein Kommando der ETA **II.** *mf* ETA-Angehörige(r) *f(m)*

etcétera [e⁽ᵟ⁾'θetera] et cetera

éter ['eter] *m* Äther *m*

eternidad [eterni'ðaᵟ] *f* Ewigkeit *f;* **tardar una ~** ewig dauern

eternizar(se) [eterni'θar(se)] <z → c> *vt, vr* (sich) verewigen; **~ en algo** sich ewig lang an etw *dat* aufhalten

eterno, -a [e'terno] *adj* ewig

ética ['etika] *f* **1.** (FILOS) Ethik *f* **2.** (*moral*) Ethos *nt;* **~ profesional** Berufsethos *nt* **3.** (*fam*) Anstand *m;* **no tener ~** kein bisschen Anstand besitzen

ético, -a ['etiko] *adj* ethisch

etílico, -a [e'tiliko] *adj* **1.** (QUÍM) Äthyl- **2.** (*alcohólico*) Alkohol-; **borrachera etílica** Alkoholvergiftung *f*

etimología [etimolo'xia] *f* Etymologie *f*

etimológico, -a [etimo'loxiko] *adj* etymologisch

etíope [e'tiope] *adj* äthiopisch

Etiopía [etjo'pia] *f* Äthiopien *nt*

etiqueta [eti'keta] *f* **1.** (*rótulo*) Etikett *nt;* **~ del precio** Preisschild *nt* **2.** (*convenciones*) Etikette *f;* **traje de ~** Galaanzug *m;* **ir de ~** (*fam*) sehr elegant angezogen sein

etnia ['eᵒnja] *f* Volk *nt*

étnico, -a ['eᵒniko] *adj* ethnisch

etnología [eᵒnolo'xia] *f sin pl* Völkerkunde *f*

E.U. [es'taðos u'niðos], **E.U.A.** [es'taðos u'niðos ðe a'merika] (*Am*) *abr de* **Estados Unidos** USA *pl*

eucalipto [eyka'lipto] *m* Eukalyptus *m*

eucaristía [eykaris'tia] *f* Eucharistie *f*

euforia [ey'forja] *f* Euphorie *f*

eufórico, -a [ey'foriko] *adj* euphorisch

Eurasia [ey'rasja] *f* Eurasien *nt*

euro ['eyro] *m* Euro *m;* **eurocheque** [eyro'tʃeke] *m* Euroscheck *m*

Eurocopa [eyro'kopa] *f* Europapokal *m;* **eurodiputado, -a** [eyroðipu'taðo] *m, f* Europaabgeordnete(r) *f(m)*

Europa [ey'ropa] *f* Europa *nt;* **Copa de ~** Europacup *m*

europarlamentario, -a [eyroparlamen'tarjo] *m, f* Europaparlamentarier(in) *m(f)*

europeizar [eyropei̯'θar] *irr como* **enraizar** *vt* europäisieren

europeo, -a [eyro'peo] *adj* europäisch; **Consejo Europeo** Europarat *m*

euscaldún, -una [eyskal'dun] *adj* baskisch

Euskadi [eys'kaði] *m* Baskenland *nt*

euskera [eys'kera] *adj*, **eusquera** [eys'kera] *adj* baskisch

eutanasia [eyta'nasja] *f* Sterbehilfe *f*

evacuar [eβa'kwar] *vt* **1.** (*población*) evakuieren; (MIL) räumen **2.** (MED) abführen; **~ el vientre** den Darm entleeren

evadirse [eβa'ðirse] *vr* entkommen

evaluación [eβalwa'θjon] *f* **1.** Bewertung *f;* (*apreciación*) Schätzung *f* **2.** (ENS) Test *m*

evaluar [eβalu'ar] <*1. pres:* evalúo>

vt 1. bewerten; *(apreciar)* schätzen *(en* auf +*akk)*; *(analizar)* auswerten **2.** (ENS) benoten

evangélico, -a [eβaŋ'xeliko] **I.** *adj* evangelisch **II.** *m, f* Protestant(in) *m(f)*

evangelio [eβaŋ'xeljo] *m* Evangelium *nt;* **el ~ según San Mateo** das Matthäusevangelium

evaporación [eβapora'θjon] *f* Verdampfung *f*

evaporarse [eβapo'rarse] *vr* **1.** *(convertirse en vapor)* verdampfen **2.** *(fam: persona)* verduften

evasión [eβa'sjon] *f* Flucht *f; ~* **de impuestos** Steuerflucht *f*

evasiva [eβa'siβa] *f* Vorwand *m*

evento [e'βento] *m* Ereignis *nt*

eventual [eβeɲ'twal] *adj* **1.** eventuell; *(accidental)* zufällig; **trabajo ~** Zeitarbeit *f* **2.** *(adicional)* Sonder-, Neben-; **ingresos ~es** Nebeneinkünfte *fpl*

evidencia [eβi'ðeŋθja] *f* Offensichtlichkeit *f;* **poner a alguien en ~** jdn bloßstellen

evidente [eβi'ðente] *adj* offensichtlich

evitar [eβi'tar] **I.** *vt* **1.** *(impedir)* vermeiden; *(prevenir)* vorbeugen +*dat;* *(disgustos)* ersparen **2.** *(rehuir)* ausweichen +*dat* **II.** *vr: ~se* **1.** *(cosas)* sich vermeiden lassen **2.** *(personas)* sich *dat* aus dem Weg gehen

evocar [eβo'kar] <c → qu> *vt* **1.** *(espíritus)* anrufen **2.** *(recordar)* ins Gedächtnis zurückrufen

evolución [eβolu'θjon] *f* **1.** Entwicklung *f;* (MED) Krankheitsverlauf *f* **2.** (BIOL) Evolution *f*

evolucionar [eβoluθjo'nar] *vi* sich (weiter)entwickeln; (MED) verlaufen

ex [eks] **I.** ehemalige(r); **~ novia** Exfreundin *f* **II.** *mf* *(fam)* Ex *f(m)*

exactitud [eˠsakti'tuð] *f* Genauigkeit *f*

exacto, -a [eˠ'sakto] *adj* **1.** *(correcto)* exakt; **eso no es del todo ~** das stimmt nicht ganz **2.** *(con precisión)* genau

exageración [eˠsaxera'θjon] *f* Übertreibung *f*

exagerado, -a [eˠsaxe'raðo] *adj* übertrieben

exagerar [eˠsaxe'rar] *vi, vt* (es) übertreiben

exaltado, -a [eˠsal'taðo] *adj* sehr aufgeregt

exaltar [eˠsal'tar] **I.** *vt* loben; *(en exceso)* verherrlichen **II.** *vr: ~se* **1.** *(apasionarse)* sich begeistern *(con* für +*akk)* **2.** *(excitarse)* sich aufregen *(con* über +*akk);* *(obsesionarse)* sich hineinsteigern *(con* in +*akk)*

examen [eˠ'samen] *m* **1.** *(prueba)* Prüfung *f; ~* **de ingreso** Aufnahmeprüfung *f; ~* **de selectividad** *spanische Hochschulzulassungsprüfung;* **suspender un ~** durch eine Prüfung fallen **2.** *(médico)* Untersuchung *f;* **someterse a un ~** sich einer Untersuchung unterziehen **3.** (TÉC) Inspektion *f*

examinador(a) [eˠsamina'ðor] *m(f)* Prüfer(in) *m(f)*

examinar [eˠsami'nar] **I.** *vt* **1.** *(en una prueba)* prüfen **2.** *(médico)* untersuchen **3.** (TÉC, AUTO) inspizieren **II.** *vr: ~se* geprüft werden

exasperación [eˠsaspera'θjon] *f* Wut *f*

exasperante [eˠsaspe'rante] *adj* verzweifelt; **es ~** es ist zum Verzweifeln

exasperar [eˠsaspe'rar] **I.** *vt* wütend machen **II.** *vr: ~se* wütend werden

excarcelar [eskarθe'lar] *vt* aus der Haft entlassen

excavación [eskaβa'θjon] *f* (Aus)graben *nt;* *(en la arqueología)* Ausgrabung *f*

excavadora [eskaβa'ðora] f Bagger m

excavar [eska'βar] vt (aus)graben

excedencia [esθe'ðeṇθja] f Beurlaubung f

excedente [esθe'ðeṇte] m Überschuss m

exceder [esθe'ðer] I. vi hinausgehen (de über +akk) II. vt übersteigen (en um +akk) III. vr: ~se 1. (sobrepasar) hinausgehen (de über +akk) 2. (pasarse) es übertreiben; has vuelto a ~te du bist wieder einmal zu weit gegangen

excelencia [esθe'leṇθja] f 1. (exquisitez) Vorzüglichkeit f; por ~ schlechthin 2. (tratamiento) Exzellenz f

excelente [esθe'leṇte] adj hervorragend

excéntrico, -a [es'θeṇtriko] adj exzentrisch

excepción [esθeβ'θjon] f Ausnahme f; sin ~ (ninguna) ausnahmslos; de ~ außergewöhnlich; a [o con] ~ de... außer ... +dat

excepcional [esθeβθjo'nal] adj außergewöhnlich

excepto [es'θepto] adv außer +dat

excesivo, -a [esθe'siβo] adj exzessiv

exceso [es'θeso] m 1. (demasía) Übermaß nt (de an +dat); ~ de peso Übergewicht nt; en ~ übermäßig 2. (abuso) Maßlosigkeit f; ~ de velocidad Geschwindigkeitsüberschreitung f; comer con [o en] ~ zu viel essen 3. (FIN) Überschuss m 4. pl (desorden) Ausschreitungen fpl

excitable [esθi'taβle] adj reizbar

excitación [esθita'θjon] f Erregung f; (irritación) Aufregung f

excitar [esθi'tar] I. vt aufregen; (sexualmente) erregen II. vr: ~se sich aufregen; (sexualmente) erregt sein

exclamación [esklama'θjon] f Ausruf m; signo de ~ Ausrufezeichen nt

exclamar [eskla'mar] vi, vt rufen; (gritar) schreien

excluir [esklu'ir] irr como huir vt ausschließen

exclusiva [esklu'siβa] f (PREN) Exklusivbericht m

exclusivamente [esklusiβa'meṇte] adv ausschließlich

exclusivo, -a [esklu'siβo] adj exklusiv; modelo ~ Sonderanfertigung f

excomulgar [eskomul'ɣar] <g → gu> vt exkommunizieren

excremento [eskre'meṇto] m Exkrement nt

exculpar [eskul'par] I. vt von Schuld entlasten II. vr: ~se sich rechtfertigen

excursión [eskur'sjon] f Ausflug m; ~ a pie Wanderung f; ir de ~ einen Ausflug machen

excursionista [eskursjo'nista] mf Ausflügler(in) m(f)

excusa [es'kusa] f 1. (pretexto) Ausrede f 2. (disculpa) Entschuldigung f; presentar sus ~s sich entschuldigen

excusar [esku'sar] I. vt 1. (justificar) rechtfertigen 2. (disculpar) entschuldigen 3. (eximir) befreien 4. (+ inf): excusas venir es ist nicht nötig, dass du kommst II. vr: ~se sich entschuldigen (de für +akk)

exención [eɣseṇ'θjon] f Befreiung f (de von +dat); ~ de impuestos Steuerbefreiung f

exento, -a [eɣ'seṇto] adj frei

exhaustivo, -a [eɣsaus'tiβo] adj erschöpfend

exhausto, -a [eɣ'sausto] adj erschöpft

exhibición [eɣsiβi'θjon] f 1. (exposición) Ausstellung f 2. (presenta-

ción) Vorführung *f;* **~ deportiva**
sportliche Darbietungen

exhibicionismo [eˠsiβiθjoˈnismo] *m*
Exhibitionismus *m*

exhibicionista [eˠsiβiθjoˈnista] *mf*
Exhibitionist(in) *m(f)*

exhibir [eˠsiˈβir] **I.** *vt* **1.** (*mostrar*)
vorzeigen **2.** (*ostentar*) angeben (mit
+*dat*) **II.** *vr:* **~se** sich zur Schau stellen; **~se en público** in der Öffentlichkeit auftreten

exhumar [eˠsuˈmar] *vt* exhumieren

exigencia [eˠsiˈxenθja] *f* **1.** (*demanda*) Forderung *f;* **tener ~s** (*fam*) Ansprüche stellen **2.** (*requisito*) Anforderung *f*

exigente [eˠsiˈxente] *adj* anspruchsvoll; **ser muy ~** hohe Ansprüche
stellen

exigir [eˠsiˈxir] <g → j> *vt* fordern;
(*reclamar*) verlangen

exil(i)ado, -a [eˠsiˈl(j)aðo] *m, f* (*poli-
tischer*) Flüchtling *m*

exil(i)ar [eˠsiˈl(j)ar] **I.** *vt* ins Exil schicken **II.** *vr:* **~se** ins Exil gehen

exilio [eˠsiljo] *m* Exil *nt*

eximir [eˠsiˈmir] **I.** *vt* befreien; **~ de
responsabilidades** der Verantwor-
tung entheben **II.** *vr:* **~se** sich entziehen (*de* +*dat*)

existencia [eˠsisˈtenθja] *f* **1.** (*vida*)
Existenz *f* **2.** *pl* (COM) Vorrat *m;* **liquidación de ~s** Ausverkauf *m;* **renovar las ~s** das Lager wieder auf-
füllen **3. en ~** (COM) vorrätig

existencial [eˠsistenˈθjal] *adj* existen-
ziell

existente [eˠsisˈtente] *adj* vorhanden; (COM) vorrätig

existir [eˠsisˈtir] *vi* existieren

éxito [ˈeˠsito] *m* Erfolg *m;* **~ de taquilla** Kassenschlager *m;* **~ de ventas** Verkaufsschlager *m;* **con ~** erfolgreich; **sin ~** erfolglos

exitoso, -a [eˠsiˈtoso] *adj* erfolgreich

éxodo [ˈeˠsoðo] *m* Exodus *m;*
~ rural Landflucht *f;* **~ urbano**
Stadtflucht *f*

exorbitante [eˠsorβiˈtante] *adj* über-
höht; (*exagerado*) übertrieben

exótico, -a [eˠsotiko] *adj* exotisch

expandir [espanˈdir] **I.** *vt* ausdehnen;
(*divulgar*) verbreiten **II.** *vr:* **~se** sich
(ver)breiten

expansión [espanˈsjon] *f* Ausdehnung *f;* (POL) Expansion *f*

expatriar [espatriˈar] <1. *pres:* **expa-
trío**> **I.** *vt* des Landes verweisen
II. *vr:* **~se** das Land verlassen

expectación [espektaˈθjon] *f* Erwartung *f;* **con ~** erwartungsvoll

expectante [espekˈtante] *adj*
(*atento*) erwartungsvoll

expectativa [espektaˈtiβa] *f* Erwartung *f;* **estar a la ~ de algo** etw
erwarten

expectorar [espektoˈrar] *vt* aushus-
ten

expedición [espeðiˈθjon] *f* **1.** (*viaje*)
Expedition *f;* **~ científica** For-
schungsreise *f;* **~ militar** Feldzug
m **2.** (*grupo*) Expedition(sgruppe) *f*
3. (*remesa*) Versand *m;* (**empresa
de**) **~** Spedition *f*

expediente [espeˈðjente] *m*
1. (*asunto judicial*) Rechtssache *f;*
instruir un ~ ein Verfahren betreiben **2.** (*sumario*) Dossier *nt* **3.** (*administrativo*) Dienstverfahren *nt*
4. (*legajo*) Personalakte *f*

expedir [espeˈðir] *irr como pedir vt*
erledigen; (*despachar*) versenden;
(*documentos*) ausstellen

expeditar [espeðiˈtar] *vt* (*Am*) beschleunigen

expendedor(a) [espendeˈðor] *adj:*
máquina ~a de billetes Fahrkartenautomat *m;* **máquina ~a de tabaco**
Zigarettenautomat *m*

expendio [esˈpendjo] *m* (*Am*) Tabakladen *m*

expensas [es'pensas] *fpl:* **vivir a ~ de alguien** sich von jdm aushalten lassen

experiencia [espe'rjenθja] *f* **1.** (*práctica*) Erfahrung *f;* **falta de ~ laboral** mangelnde Berufserfahrung; **tener mucha/poca ~** erfahren/unerfahren sein **2.** (*vivencia*) Erlebnis *nt*

experimentado, -a [esperimen'taðo] *adj* erfahren; (*comprobado*) erprobt

experimental [esperimen'tal] *adj* experimentell

experimentar [esperimen'tar] I. *vi* experimentieren II. *vt* ausprobieren; (*sentir*) fühlen; (*sufrir*) erfahren

experimento [esperi'mento] *m* Experiment *nt*

experto, -a [es'perto] *m, f* Experte, -in *m, f;* (*perito*) Sachverständige(r) *f(m)*

expiar [espi'ar] <1. *pres:* **expío**> *vt* sühnen

expirar [espi'rar] *vi* **1.** (*morir*) sterben **2.** (*plazo*) ablaufen; **antes de ~ el mes** vor Monatsende

explanada [espla'naða] *f* freier Platz *m*

explayar [espla'ʝar] I. *vt* ausdehnen II. *vr:* **~se** sich ausdehnen; (*divertirse*) sich amüsieren

explicación [esplika'θjon] *f* **1.** (*aclaración*) Erklärung *f;* **pedir explicaciones** eine Erklärung verlangen **2.** (*motivo*) Grund *m;* **sin dar explicaciones** ohne Begründung **3. dar explicaciones** sich entschuldigen

explicar [espli'kar] <c → qu> I. *vt* **1.** (*aclarar*) erklären **2.** (*dar motivos*) begründen **3.** (*interpretar*) auslegen II. *vr:* **~se 1.** (*comprender*) begreifen; **no me lo explico** es ist mir unbegreiflich **2.** (*articularse*) sich

ausdrücken; **¿me explico?** habe ich mich deutlich ausgedrückt?

explícito, -a [es'pliθito] *adj* ausdrücklich

exploración [esplora'θjon] *f* Untersuchung *f*

explorar [esplo'rar] *vt* erforschen; (MED) untersuchen

explosión [esplo'sjon] *f* **1.** (*estallido*) Explosion *f;* **~ demográfica** Bevölkerungsexplosion *f;* **gran ~** Urknall *m;* **hacer ~** explodieren **2.** (*voladura*) Sprengung *f*

explosionar [esplosjo'nar] I. *vi* explodieren II. *vt* zünden

explosivo[1] [esplo'siβo] *m* Sprengstoff *m*

explosivo, -a[2] [esplo'siβo] *adj:* **artefacto ~** Sprengkörper *m*

explotación [esplota'θjon] *f* **1.** Nutzung *f;* (AGR) Bebauung *f* **2.** (*abuso*) Ausbeutung *f*

explotar [esplo'tar] I. *vi* explodieren; (*tener un arrebato*) platzen II. *vt* **1.** (*recursos, terreno*) nutzen; (AGR) bebauen **2.** (*abusar*) ausbeuten

expoliar [espo'ljar] *vt* ausrauben

exponer [espo'ner] *irr como poner* I. *vt* (*hablar*) vortragen; (*arriesgar*) riskieren II. *vr:* **~se** sich (einem Risiko) aussetzen

exportación [esporta'θjon] *f* Export *m*

exportar [espor'tar] *vt* exportieren

exposición [esposi'θjon] *f* Ausstellung *f;* **~ universal** Weltausstellung *f*

exprés [es'pres] I. *adj* Eil-; **café ~** Espresso *m;* **olla ~** Schnellkochtopf *m* II. *m* Schnellzug *m*

expresamente [espresa'mente] *adv* ausdrücklich

expresar [espre'sar] I. *vt* äußern; (*decir*) aussprechen II. *vr:* **~se** sich ausdrücken; (*hablar*) sich äußern

expresión [espre'sjon] *f* Ausdruck *m*

expresionismo [espresjo'nismo] *m* Expressionismus *m*

expresivo, -a [espre'siβo] *adj* ausdrucksvoll

expreso, -a [es'preso] *adj*: **tren ~** D-Zug *m;* **enviar una carta por (correo) ~** einen Brief per Eilpost verschicken

exprimidor [esprimi'ðor] *m* Entsafter *m*

exprimir [espri'mir] *vt* auspressen

expropiación [espropja'θjon] *f* Enteignung *f*

expropiar [espro'pjar] *vt* enteignen

expuesto, -a [es'pwesto] *adj* gefährlich

expulsar [espul'sar] *vt* hinauswerfen

expulsión [espul'sjon] *f* Vertreibung *f;* **~ del campo de juego** (DEP) Platzverweis *m*

exquisito, -a [eski'sito] *adj* exquisit

éxtasis ['estasis] *m inv* Ekstase *f*

extender [esten'der] <e → ie> I. *vt* 1. (*papeles*) ausbreiten 2. (*desplegar*) strecken 3. (*ensanchar*) ausdehnen 4. (*propagar*) verbreiten 5. (*escribir*) ausstellen; (*documento*) aufsetzen II. *vr:* **~se** (*terreno*) sich erstrecken; (*prolongarse*) dauern; (*difundirse*) sich verbreiten (*por* über + *akk*)

extendido, -a [esten'diðo] *adj* 1. (*amplio*) weit 2. (*conocido*) verbreitet; **estar muy ~** weit verbreitet sein

extensión [esten'sjon] *f* 1. (*dimensión*) Ausdehnung *f;* (*longitud*) Länge *f;* **por ~** im weiteren Sinne 2. (*difusión*) Verbreitung *f* 3. (*duración*) Dauer *f* 4. (*ampliación*) Erweiterung *f;* **~ hacia el este** Osterweiterung *f* 5. (TEL) Nebenanschluss *m*

extenso, -a [es'tenso] *adj* weit; (*dilatado*) ausführlich

extenuar [estenu'ar] <1. *pres:* extenúo> *vt* erschöpfen

exterior [este'rjor] *adj* 1. (*de fuera*) äußere(r, s); **aspecto ~** Äußere(s) *nt* 2. (*extranjero*) ausländisch; **Ministerio de Asuntos Exteriores** Außenministerium *nt*

exteriorizar [esterjori'θar] <z → c> *vt* zum Ausdruck bringen

exterminar [estermi'nar] *vt* ausrotten

exterminio [ester'minjo] *m* Ausrottung *f*

externo, -a [es'terno] *adj* äußerlich

extinción [estin'θjon] *f* 1. (*apagado*) Löschen *nt;* **~ de incendios** Brandlöschung *f* 2. (ECOL) Aussterben *nt;* **en vías de ~** vom Aussterben bedroht 3. (*de contrato*) Ablauf *m*

extinguir [estin'gir] <gu → g> I. *vt* (aus)löschen II. *vr:* **~se** erlöschen; (*finalizar*) zu Ende gehen; (ECOL) aussterben

extinto, -a [es'tinto] *adj* (*Am*) verstorben

extintor [estin'tor] *m:* **~ de incendios** Feuerlöscher *m*

extirpar [estir'par] *vt* (operativ) entfernen; (*miembro*) amputieren

extorsión [estor'sjon] *f* Erpressung *f*

extra ['estra] *adj* 1. (*adicional*) Extra-; **horas ~s** Überstunden *fpl;* **paga ~** Lohnzulage *f* 2. *inv* (*excelente*) erstklassig; **de calidad ~** von besonderer Qualität

extracción [estrak'θjon] *f* (Heraus)ziehen *nt;* (*lotería*) Ziehung *f*

extraconyugal [estrakoɲu'ɣal] *adj* außerehelich

extracto [es'trakto] *m* Auszug *m*

extractor [estrak'tor] *m:* **~ de humo** Rauchabzug *m*

extradición [estraði'θjon] *f* Auslieferung *f*

extraditar [estraði'tar] *vt* ausliefern

extraer [estra'er] *irr como traer vt*

(heraus)ziehen

extralimitarse [estralimi'tarse] *vr* zu weit gehen; ~ **en sus funciones** seine Befugnisse überschreiten

extranjero¹ [estraŋ'xero] *m* Ausland *nt*

extranjero, -a² [estraŋ'xero] I. *adj* ausländisch; **lengua extranjera** Fremdsprache *f* II. *m, f* Ausländer(in) *m(f)*

extrañar [estra'ɲar] I. *vt* 1. (*sorprender*) erstaunen; ¡**no me extraña!** das habe ich mir schon gedacht! 2. (*echar de menos*) vermissen II. *vr:* ~**se** sich wundern (*de* über +*akk*)

extraño, -a [es'traɲo] *adj* 1. fremd; (*extranjero*) ausländisch 2. (*raro*) sonderbar; (*extraordinario*) ungewöhnlich

extraoficial [estraofi'θjal] *adj* inoffiziell; **extraordinario, -a** [estraorði'narjo] *adj* 1. außerordentlich; (*muy bueno*) hervorragend 2. (*por añadidura*) Sonder-; **permiso** ~ Sondererlaubnis *f;* **extrarradio** [estra'rraðjo] *m* Außenbezirk *m;* **extraterrestre** [estrate'rrestre] *mf* Außerirdische(r) *f(m)*

extravagancia [estraβa'ɣaɲθja] *f* Extravaganz *f*

extravagante [estraβa'ɣaɲte] *adj* extravagant

extraviar [estraβi'ar] <1. *pres:* extravío> I. *vt* 1. (*despistar*) vom Weg abbringen 2. (*perder*) verlieren II. *vr:* ~**se** 1. (*errar el camino*) sich verirren 2. (*carta*) verloren gehen

extremado, -a [estre'maðo] *adj* extrem

Extremadura [estrema'ðura] *f* Estremadura *f*

extremar [estre'mar] *vt:* **la policía extremó las medidas de seguridad** die Polizei traf strengste Sicherheitsvorkehrungen

extremaunción [estremaun'θjon] *f* letzte Ölung *f*

extremeño, -a [estre'meɲo] *adj* aus Estremadura

extremidad [estremi'ðað] *f pl* Gliedmaßen *fpl*

extremismo [estre'mismo] *m* Extremismus *m*

extremista [estre'mista] *mf* Extremist(in) *m(f)*

extremo [es'tremo] *m* 1. (*cabo*) Ende *nt;* **en último** ~ äußerstenfalls 2. (*asunto*) Punkt *m;* **en este** ~ in dieser Hinsicht 3. (*punto límite*) Äußerste(s) *nt;* **esto llega hasta el** ~ **de...** das geht so weit, dass ...

extrovertido, -a [estroβer'tiðo] *adj* extravertiert

exuberante [eɣsuβe'raɲte] *adj* üppig

eyaculación [eɟakula'θjon] *f* Samenerguss *m*

F

F, f ['efe] *f* F, f *nt*

fabada [fa'βaða] *f* Bohneneintopf *m*

fábrica ['faβrika] *f* Fabrik *f*

fabricación [faβrika'θjon] *f* Herstellung *f;* ~ **en masa** Massenproduktion *f*

fabricante [faβri'kaɲte] *mf* Hersteller(in) *m(f)*

fabricar [faβri'kar] <c → qu> *vt* herstellen

fábula ['faβula] *f* Fabel *f*

fabuloso, -a [faβu'loso] *adj* großartig

faceta [fa'θeta] *f* Facette *f;* (*aspecto*) Seite *f*

facha ['fatʃa] *mf* (*fam pey*) Rechtsradikale(r) *f(m)*

fachada [fa'ʧaða] *f* Fassade *f*
facial [fa'θjal] *adj* Gesichts-; **cirugía ~** Gesichtschirurgie *f*
fácil ['faθil] *adj* leicht, einfach; **es ~ que... +subj** es ist wahrscheinlich, dass ...
facilidad [faθili'ðaᵒ] *f* 1. (*sin dificultad*) Leichtigkeit *f* 2. (*dotes*) Begabung *f*; **tener ~ para los idiomas** sprachbegabt sein 3. *pl* Erleichterungen *fpl*; **ofrecer** [*o* **dar**] **~es a alguien para algo** jdm bei etw *dat* entgegenkommen
facilitar [faθili'tar] *vt* erleichtern; (*posibilitar*) ermöglichen; (*entregar*) zur Verfügung stellen
fácilmente [faθil'menֿte] *adv* mühelos
factible [fak'tiβle] *adj* machbar
factor [fak'tor] *m* Faktor *m*; **~ de protección** Schutzfaktor *m*; **~ de riesgo** Risikofaktor *m*
factoría [fakto'ria] *f* Fabrik *f*
factura [fak'tura] *f* Rechnung *f*; (*recibo*) Quittung *f*
facturación [faktura'θjon] *f* 1. (*elaboración de una factura*) Berechnung *f* 2. (FERRO) Gepäckaufgabe *f*
facturar [faktu'rar] *vt* (FERRO) aufgeben; **~ (el equipaje)** (AERO) einchecken
facultad [fakul'taᵒ] *f* 1. (*atribuciones*) Befugnis *f* 2. (*aptitud*) Fähigkeit *f*; **recobrar sus ~es** wieder zu sich *dat* kommen 3. (UNIV) Fakultät *f*
facultar [fakul'tar] *vt* berechtigen (*para* zu +*dat*)
facultativo, -a [fakulta'tiβo] *adj* ärztlich
faena [fa'ena] *f* (*fam*): **hacer una ~ a alguien** jdm einen Streich spielen
faenar [fae'nar] *vi* (hart) arbeiten; (*pescar*) fischen
fain [faiֿn] *adj* (*Am*) prima; (*calidad*) hochwertig

faisán [fai'san] *m* Fasan *m*
faitear [faiֿte'ar] *vi* (*Am*) sich prügeln
faja ['faxa] *f* (Leib)binde *f*; (*distintivo honorífico*) Schärpe *f*
fajar(se) [fa'xar(se)] *vt, vr* (*Am*) (sich) schlagen
fajo ['faxo] *m* Bündel *nt*
falange [fa'lanxe] *f*: **Falange Española** Falange *f* (*faschistische Staatspartei Spaniens von 1933 - 1976*)
falangista [falaŋ'xista] *mf* Falangist(in) *m(f)*
falda ['falda] *f* Rock *m*; **~ pantalón** Hosenrock *m*; **~ plisada** Plisseerock *m*
faldero [fal'dero] *m*: **perro ~** Schoßhund *m*
falible [fa'liβle] *adj* fehlbar
fálico, -a ['faliko] *adj* phallisch
fallar [fa'ʎar] I. *vi* ein Urteil fällen; (*malograrse*) misslingen; (*no funcionar*) versagen; (*en una cita*) jdn versetzen II. *vt* 1. (JUR) fällen; **~ la absolución** auf Freispruch erkennen; **~ un pleito** einen Rechtsstreit beilegen 2. (DEP) danebenschießen
fallecer [faʎe'θer] *irr como* **crecer** *vi* sterben
fallecido, -a [faʎe'θiðo] *m, f* Verstorbene(r) *f(m)*
fallecimiento [faʎeθi'mjenֿto] *m* Sterben *nt*
fallido, -a [fa'ʎiðo] *adj* misslungen
fallo ['faʎo] *m* 1. Urteil *nt* 2. (*error*) Fehler *m*; **~ humano** menschliches Versagen 3. (TÉC): **~ en tiempo de ejecución** (INFOR) Laufzeitfehler *m*
falo ['falo] *m* (*elev*) Phallus *m*
falsear [false'ar] *vt* verfälschen
falsedad [false'ðaᵒ] *f* Falschheit *f*; (*hipocresía*) Heuchelei *f*
falsificación [falsifika'θjon] *f* Fälschung *f*; **~ de billetes** Falschgeldherstellung *f*

falsificador(a) [falsifika'ðor] *m (f)* Fälscher(in) *m (f);* ~ **de documentos** Urkundenfälscher *m*

falsificar [falsifi'kar] <c → qu> *vt* fälschen

falso¹ ['falso] *adv:* **dar un paso en** ~ einen Fehltritt tun

falso, -a² ['falso] *adj:* **¡~!** das ist gelogen!

falta ['falta] *f* **1.** (*carencia*) Mangel *m* (*de* an +*dat*); (*ausencia*) Abwesenheit *f;* ~ **de dinero** Geldmangel *m;* ~ **de educación** Respektlosigkeit *f;* **echar en** ~ **algo/a alguien** etw/jdn vermissen **2.** (*equivocación*) Fehler *m;* ~ **ortográfica** Rechtschreibfehler *m;* **sin** ~**s** fehlerlos **3.** (DEP) Foul(spiel) *nt*

faltar [fal'tar] *vi* **1.** (*no estar*) fehlen (an +*dat*); **¡lo que faltaba!** das hat uns gerade noch gefehlt! **2.** (*loc*): ~ **(por) hacer** noch getan werden müssen **3.** (*temporal*) fehlen; **falta poco para las doce** es ist fast zwölf Uhr **4.** (*no cumplir*): ~ **a** verstoßen gegen +*akk;* ~ **a su palabra** wortbrüchig werden; ~ **a su mujer** seine Frau betrügen

falto, -a ['falto] *adj:* **está** ~ **de cariño** ihm mangelt es an Zuneigung

fama ['fama] *f* Ruhm *m;* **tener** ~ berühmt sein

famélico, -a [fa'meliko] *adj* ausgehungert

familia [fa'milja] *f* Familie *f;* ~ **monoparental** Einelternfamilie *f;* ~ **numerosa** kinderreiche Familie; **cabeza de** ~ Familienoberhaupt *nt;* ~ **política** *durch Heirat verbundene Familien;* **libro de** ~ Familienstammbuch *nt;* **en** ~ im (engsten) Familienkreis

familiar [fami'ljar] **I.** *adj* **1.** (*íntimo*) familiär; **asunto** ~ Familienangelegenheit *f;* **economía** ~ privater Haushalt **2.** (*conocido*) vertraut **II.** *mf* (*pariente*) Verwandte(r) *f(m)*

familiaridad [familjari'ðað] *f* Vertrautheit *f*

familiarizarse <z → c> *vr* sich gewöhnen (*con* an +*akk*); ~ **con un sistema nuevo** sich in ein neues System einarbeiten

famoso, -a [fa'moso] *adj* berühmt

fan [fan] <fans> *mf* Fan *m*

fanático, -a [fa'natiko] *adj* fanatisch

fanfarrón, -ona [famfa'rron] *m, f* Prahlhans *m*

fanfarronear [famfarrone'ar] *vi* (*fam*) prahlen

fango ['faŋgo] *m* Schlamm *m*

fangoso, -a [faŋ'goso] *adj* schlammig

fantasear [fantase'ar] *vi* fantasieren

fantasía [fanta'sia] *f* Fantasie *f;* **¡déjate de** ~**s!** hör auf zu träumen!

fantasioso, -a [fanta'sjoso] *adj:* **idea fantasiosa** Fantasterei *f*

fantasma [fan'tasma] *m* Gespenst *nt;* (*fam*) Angeber(in) *m (f)*

fantasmal [fantas'mal] *adj* gespenstisch

fantástico, -a [fan'tastiko] *adj* fantastisch; (*fam*) toll

fantoche [fan'totʃe] *m* **1.** (*títere*) Marionette *f* **2.** (*mamarracho*) Vogelscheuche *f*

farándula [fa'randula] *f* Komödiantentum *nt*

faraón [fara'on] *m* Pharao *m*

fardar [far'ðar] *vi* protzen

fardo ['farðo] *m* Ballen *m*

farfullar [farfu'ʎar] *vi* (*fam*) stottern

faringe [fa'rinxe] *f* Rachen *m,* Schlund *m*

faringitis [farin'xitis] *f inv* Rachenentzündung *f*

fariseo, -a [fari'seo] *m, f* Heuchler(in) *m (f)*

farla ['farla] *f,* **farlopa** [far'lopa] *f*

(*argot*) Kokain *nt*

farmacéutico, -a [farma'θeɣtiko]
I. *adj* pharmazeutisch; **industria
farmacéutica** Pharmaindustrie *f;*
productos ~s Arzneimittel *ntpl*
II. *m, f* Apotheker(in) *m(f)*

farmacia [far'maθja] *f* Apotheke *f;*
~ de guardia Bereitschaftsapotheke *f*

fármaco ['farmako] *m* Arzneimittel
nt

farmacólogo, -a [farma'koloɣo] *m,
f* Pharmakologe, -in *m, f*

faro ['faro] *m* **1.** (AUTO) Scheinwerfer
m; **~ antiniebla** Nebelscheinwerfer
m **2.** (NÁUT) Leuchtturm *m*

farol [fa'rol] *m* (Papier)laterne *f;* **tirarse un ~** bluffen

farola [fa'rola] *f* Straßenlaterne *f*

farolillo [faro'liʎo] *m* Lampion *m*

farra ['farra] *f:* **estar** [*o* **ir**] **de ~** (*fam*)
einen draufmachen

farsa ['farsa] *f* Schwindel *m*

farsante [far'sante] *mf* (*fam*)
Schwindler(in) *m(f)*

fascículo [fas'θikulo] *m* Faszikel *m*

fascinación [fasθina'θjon] *f* Faszination *f;* **sentir ~ por algo** sich für etw
begeistern

fascinante [fasθi'nante] *adj* faszinierend

fascinar [fasθi'nar] **I.** *vi, vt* faszinieren **II.** *vr:* **~se** sich begeistern lassen

fascismo [fas'θismo] *m* Faschismus
m

fascista [fas'θista] *mf* Faschist(in)
m(f)

fase ['fase] *f* Phase *f*

fastidiado, -a [fasti'ðjaðo] *adj* angeschlagen

fastidiar [fasti'ðjar] **I.** *vt* stören **II.** *vr:*
~se (*fam*): **¡fastídiate!** geschieht dir
(ganz) recht!; **¡hay que ~se!** da
muss man durch!

fastidio [fas'tiðjo] *m* Ärgernis *nt*

fastuoso, -a [fastu'oso] *adj* prachtvoll

fatal [fa'tal] *adj* unangenehm; (*funesto*) verhängnisvoll

fatalidad [fatali'ðaðᵒ] *f* Schicksalsfügung *f*

fatalista [fata'lista] **I.** *adj* fatalistisch
II. *mf* **1.** (*que sigue el fatalismo*) Fatalist(in) *m(f)* **2.** (*fam: pesimista*)
Pessimist(in) *m(f)*

fatídico, -a [fa'tiðiko] *adj* Unheil bringend

fatiga [fa'tiɣa] *f* Ermüdung *f*

fatigado, -a [fati'ɣaðo] *adj* müde

fatigar(se) [fati'ɣar(se)] <g → gu>
vt, vr ermüden

fatigoso, -a [fati'ɣoso] *adj* anstrengend

fauces ['fauθes] *fpl* (ZOOL) Rachen *m;*
(*Am*) Eckzähne *mpl*

fauna ['fauna] *f* Tierwelt *f*

favela [fa'βela] *f* (*Am*) **1.** (*casucha*)
Baracke *f* **2.** *pl* (*barrio*) Slums *pl*

favor [fa'βor] *m* **1.** Gefallen *m;* (*ayuda*) Hilfe *f;* **por ~** bitte; **hacer un ~ a
alguien** jdm einen Gefallen tun
2. (*gracia*) Begünstigung *f;* **tener a
alguien a su ~** jdn auf seiner Seite
haben **3.** **voto a ~** Jastimme *f*

favorable [faβo'raβle] *adj* günstig

favorecedor(a) [faβoreθe'ðor] *adj*
vorteilhaft

favorecer [faβore'θer] *irr como crecer* **I.** *vt* sich positiv auswirken (*a* auf
+*akk*); (*dar preferencia*) bevorzugen;
(*prendas de vestir*) gut stehen +*dat*
II. *vr:* **~se** Profit schlagen

favorecido, -a [faβore'θiðo] *adj* begünstigt

favoritismo [faβori'tismo] *m* Vetternwirtschaft *f*

favorito, -a [faβo'rito] **I.** *adj* Lieblings-; **plato ~** Leibspeise *f* **II.** *m, f*
Favorit(in) *m(f)*

fax [faᵛs] *m* Fax *nt;* **mandar un ~** ein

Fax schicken

fe [fe] *f* **1.** (*religión*) Glaube *m* (*en* an +*akk*); **~ en Dios** Glaube an Gott **2.** (*confianza*) Vertrauen *nt* (*en* zu +*dat*); **tener ~ en alguien** zu jdm Vertrauen haben; **de mala ~** mit böser Absicht **3. ~ de bautismo** Taufschein *m*

fealdad [feal'daᵈ] *f* Hässlichkeit *f*

febrero [fe'βrero] *m* Februar *m; v.t.* **marzo**

febril [fe'βril] *adj* fieb(e)rig

fecal [fe'kal] *adj* fäkal

fecha ['fetʃa] *f* Datum *nt;* (*señalada*) Termin *m; ~* **de entrega** (Ab)lieferungstermin *m;* **sin ~** undatiert; **hasta la ~** bis zum heutigen Tag

fechado, -a [fe'tʃaðo] *adj: ~* **el...** mit Datum vom ...

fechoría [fetʃo'ria] *f* Missetat *f*

fécula ['fekula] *f* Stärke *f*

fecundación [fekuŋda'θjon] *f* Befruchtung *f*

fecundar [fekuŋ'dar] *vt* (BIOL) befruchten; (*fertilizar*) fruchtbar machen

fecundidad [fekuŋdi'ðaᵈ] *f* Fruchtbarkeit *f*

federación [feðera'θjon] *f* Verband *m*

federal [feðe'ral] *adj* Bundes-, bundesstaatlich; **estado ~** Bundesstaat *m;* **república ~** Bundesrepublik *f*

federalismo [feðera'lismo] *m* Föderalismus *m*

federar(se) [feðe'rar(se)] *vt, vr* (sich) verbünden

federativo, -a [feðera'tiβo] *adj* bundesstaatlich, Bundes-

felicidad [feliθi'ðaᵈ] *f* **1.** (*dicha*) Glück *nt;* **¡~es!** (herzlichen) Glückwunsch! **2.** (*alegría*) Freude *f*

felicitación [feliθita'θjon] *f* Glückwunsch *m*

felicitar(se) [feliθi'tar(se)] *vt, vr* (sich)

gratulieren

feligrés, -esa [feli'ɣres] *m, f* Pfarrgemeindemitglied *nt*

feliz [fe'liθ] *adj* glücklich; **¡~ Navidad!** frohe Weihnachten!; **¡~ viaje!** gute Reise!

felpa ['felpa] *f* Plüsch *m*

felpudo [fel'puðo] *m* Fußmatte *f*

femenino, -a [feme'nino] *adj* weiblich; **equipo ~** Damenmannschaft *f*

feminidad [femini'ðaᵈ] *f* Weiblichkeit *f*

feminismo [femi'nismo] *m* Feminismus *m*

feminista [femi'nista] *adj* feministisch

fémur ['femur] *m* Oberschenkelknochen *m*

fenomenal [fenome'nal] *adv* (*fam*) fabelhaft

fenómeno [fe'nomeno] **I.** *adj* (*fam*): **¡~!** super! **II.** *m* **1.** (*suceso, t.* FILOS, MED) Phänomen *nt* **2.** (*genio*) Genie *nt* **III.** *adv* toll

feo, -a ['feo] *adj* hässlich

féretro ['feretro] *m* Sarg *m*

feria ['ferja] *f* Messe *f;* (*verbena*) Jahrmarkt *m*

ferial [fe'rjal] *adj* Messe-; **recinto ~** Messegelände *nt*

fermentación [fermenta'θjon] *f* (Ver)gärung *f;* (*de tabaco, té*) Fermentation *f*

fermentar [fermeŋ'tar] *vi, vt* (ver)gären

feroz [fe'roθ] *adj* grausam

férreo, -a ['ferreo] *adj: ***vía férrea** Eisenbahngleis *nt*

ferretería [ferrete'ria] *f* Eisenwarengeschäft *nt*

ferrocarril [ferroka'rril] *m* Schienen *fpl;* (*tren*) Eisenbahn *f; ~* **de vía ancha** Breitspurbahn *f;* **por ~** per Bahn

ferroviario, -a [ferro'βjarjo] *adj* Eisenbahn-

ferry ['ferri] *m* Fähre *f*

fértil ['fertil] *adj* fruchtbar

fertilidad |fertili'ða⁰] *f* Fruchtbarkeit *f*

fertilizante |fertili'θaɲte] *m* Düngemittel *nt*

fertilizar |fertili'θar] <z → c> *vt* fruchtbar machen; (*abonar*) düngen

ferviente |fer'βjeɲte] *adj* begeistert

fervor |fer'βor] *m* Eifer *m;* **con ~** eifrig; (REL) Frömmigkeit *f*

festejar |feste'xar] *vt* feiern; (*Am*) verprügeln

festejo |fes'texo] *m* **1.** (*conmemoración*) Feier *f* **2.** *pl* (*actos públicos*) Feierlichkeiten *fpl*

festín |fes'tin] *m* Festessen *nt*

festival |festi'βal] *m* Festival *nt; ~* **de cine** Filmfestspiele *ntpl*

festividad |festiβi'ða⁰] *f* Feierlichkeit *f*

festivo, -a |fes'tiβo] *adj* Feier-; **día ~** Feiertag *m*

fetichismo |feti'tʃismo] *m* Fetischismus *m*

fetichista |feti'tʃista] *mf* Fetischist(in) *m(f)*

fetidez |feti'ðeθ] *f* Gestank *m*

fétido, -a |'fetiðo] *adj* übel riechend

feto ['feto] *m* (MED) Leibesfrucht *f;* (*monstruo*) Missgeburt *f*

feudal |feu'ðal] *adj:* **señor ~** Feudalherr *m*

feudalismo |feuða'lismo] *m* Feudalismus *m*

fiabilidad |fjaβili'ða⁰] *f* Zuverlässigkeit *f*

fiable |fi'aβle] *adj* zuverlässig

fiado, -a |fi'aðo] *adj* zuversichtlich; **comprar al ~** auf Kredit kaufen

fiambre |fi'ambre] *m* **1.** (GASTR) Wurstwaren *fpl* **2.** (*fam: cadáver*) Leiche *f; ese está ~* der ist mausetot

fianza |fi'anθa] *f* Kaution *f*

fiar |fi'ar] <1. pres: **fío**> **I.** *vi* Kredit geben; (*confiar*) vertrauen (*en* auf +*akk*) **II.** *vt* bürgen (für +*akk*); (*dar crédito*) auf Kredit überlassen; (*confiar*) anvertrauen; **es de ~** er/sie ist zuverlässig **III.** *vr: ~se* sich verlassen (*de* auf +*akk*)

fiasco ['fjasko] *m* Fiasko *nt*

fibra ['fiβra] *f* **1.** Faser *f; ~* **muscular** (MED) Muskelfaser *f; ~* **de vidrio** Glasfaser *f* **2.** *pl* (*en alimentos*) Ballaststoffe *mpl*

ficción |fiⱽ'θjon] *f:* **ciencia ~** Science-fiction *f*

ficha ['fitʃa] *f* (Spiel)stein *m*

fichar |fi'tʃar] **I.** *vi* sich verpflichten; (*en el trabajo*) stechen **II.** *vt* vorbestraft sein; (DEP) verpflichten

fichero |fi'tʃero] *m* Karteikasten *m;* (INFOR) Datei *f*

ficticio, -a |fik'tiθjo] *adj* (frei) erfunden

fidedigno, -a |fiðe'ðiɣno] *adj* glaubwürdig

fidelidad |fiðeli'ða⁰] *f* Treue *f;* **alta ~** Highfidelity *f*

fideo |fi'ðeo] *m* Suppennudel *f;* (*fam: persona*) Bohnenstange *f*

fiebre ['fjeβre] *f* Fieber *nt; ~* **del heno** Heuschnupfen *m; ~* **del oro** Goldrausch *m; ~* **palúdica** Malaria *f*

fiel |fjel] *adj* treu; **ser ~ a una promesa** sein Versprechen halten

fieltro ['fjeltro] *m* Filz *m*

fiera ['fjera] *f* Raubtier *nt*

fiero, -a |'fjero] *adj* wild; (*cruel*) brutal

fierro |'fjerro] *m* (*Am*) **1.** (*hierro*) Eisen *nt* **2.** (*del ganado*) Brandzeichen *nt*

fiesta ['fjesta] *f* **1.** (*día*) Feiertag *m;* **¡Felices F~s!** Frohe Weihnachten!; **hoy hago ~** heute mache ich frei **2.** (*celebración*) Fest *nt*

figura |fi'ɣura] *f* Figur *f*

figuración |fiɣura'θjon] *f* (ARTE) Figuration *f;* (*imaginación*) Einbildung *f*

figurado, -a [fiɣu'raðo] *adj:* **en sentido ~** im übertragenen Sinne

figurar [fiɣu'rar] **I.** *vi* erscheinen; **no figura en la lista** er/sie steht nicht auf der Liste; (*aparentar*) angeben **II.** *vt* vortäuschen **III.** *vr:* **~se** sich *dat* vorstellen; **¡figúrate!** stell dir vor!

figurín [fiɣu'rin] *m* Schaufensterpuppe *f*

fijar [fi'xar] **I.** *vt* befestigen; **prohibido ~ carteles** Plakate ankleben verboten; (*precio*) festlegen **II.** *vr:* **~se 1.** (*atender*) aufpassen; **fíjate bien en lo que te digo** hör mir mal gut zu **2.** (*mirar*) anschauen; **no se fijó en mí** er/sie beachtete mich nicht

fijo, -a ['fixo] **I.** *adj* **1.** (*estable*) fest; **cliente ~** Stammgast *m;* **precio ~** Fixpreis *m* **2.** (*idea*) fix **3.** (*mirada*) starr **4.** (*trabajador*) fest angestellt **II.** *adv* sicher; **saber algo de ~** etw mit Sicherheit wissen

fila ['fila] *f* Reihe *f;* **~ de coches** Autoschlange *f;* **en ~ india** im Gänsemarsch

filantropía [filantro'pia] *f* Menschenliebe *f*

filántropo [fi'lantropo] *mf* Menschenfreund(in) *m(f)*

filarmónico, -a [filar'moniko] *adj:* **orquesta filarmónica** Philharmonie *f*

filete [fi'lete] *m* Filet *nt*

filial [fi'ljal] **I.** *adj* Kindes-; **amor ~** Kindesliebe *f;* **equipo ~** (DEP) zweite Mannschaft **II.** *f* (COM) Filiale *f*

Filipinas [fili'pinas] *fpl:* **las ~** die Philippinen

filipino, -a [fili'pino] *adj* philippinisch

film [film] *m* Film *m*

filmación [filma'θjon] *f* Dreharbeiten *fpl*

filmar [fil'mar] *vt* (ver)filmen; (*rodar*) drehen

filmina [fil'mina] *f* Dia(positiv) *nt*

filmografía [filmoɣra'fia] *f* Filmografie *f*

filmoteca [filmo'teka] *f* Filmothek *f*

filo ['filo] *m* **1.** (*de cuchillo*) Schneide *f;* **un arma de dos ~s** (*fig*) ein zweischneidiges Schwert **2. al ~ del amanecer** bei Tagesanbruch

filología [filolo'xia] *f* Philologie *f;* **~ germánica** Germanistik *f;* **~ hispánica** Hispanistik *f*

filólogo, -a [fi'loloɣo] *m, f* Philologe, -in *m, f*

filón [fi'lon] *m* Flöz *nt*

filoso, -a [fi'loso] *adj* (*Am*) scharf

filosofar [filoso'far] *vi* philosophieren

filosofía [filoso'fia] *f* Philosophie *f*

filosófico, -a [filo'sofiko] *adj* philosophisch

filósofo, -a [fi'losofo] *m, f* Philosoph(in) *m(f)*

filtración [filtra'θjon] *f* Durchsickern *nt*

filtrar(se) [fil'trar(se)] *vi, vt, vr* durchsickern (lassen)

filtro ['filtro] *m* Filter *m o nt*

filudo, -a [fi'luðo] *adj* (*Am*) messerscharf

fin [fin] *m* **1.** (*término*) Ende *nt;* **~ de semana** Wochenende *nt;* **a ~(es) de mes** am Monatsende; **sin ~** endlos; **al ~ y al cabo** letzten Endes; **a ~ de cuentas** letzten Endes **2.** (*propósito*) Ziel *nt;* **~es benéficos** wohltätige Zwecke; **a ~ de que** +*subj* damit

final [fi'nal] **I.** *adj* End-; (*fase*) Schluss-; **consumidor ~** (COM) Endverbraucher *m;* **palabras ~es** Schlussworte *ntpl* **II.** *m* Ende *nt*

finalidad [finali'ðaθ] *f* Ziel *nt*

finalista [fina'lista] *mf* Finalist(in) *m(f)*

finalización [finaliθa'θjon] *f* Abschluss *m;* ~ **de contrato** Vertragsablauf *m*

finalizar [finali'θar] <z → c> *vi, vt* abschließen

finalmente [final'mente] *adv* endlich, schließlich

financiación [finanθja'θjon] *f* Finanzierung *f*

financiar [finan'θjar] *vt* finanzieren

financiero, -a [finan'θjero] *adj* finanziell

finanzas [fi'nanθas] *fpl* Finanzen *fpl*

finca ['finka] *f* Grundstück *nt*

finde ['finde] *m* (*argot: fin de semana*) Wochenende *nt*

finés, -esa [fi'nes] *adj* finnisch

fingido, -a [fin'xiðo] *adj* vorgetäuscht

fingir [fin'xir] <g → j> *vi, vt* vortäuschen

finiquito [fini'kito] *m* Schlussabrechnung *f*

finito, -a [fi'nito] *adj* begrenzt; **número** ~ endliche Zahl

finlandés, -esa [finlan'des] *adj* finnisch

Finlandia [fin'landja] *f* Finnland *nt*

fino, -a ['fino] *adj* **1.** (*delgado*) dünn; **lluvia fina** feiner Regen **2.** (*liso*) fein **3.** (*de calidad, sentido*) fein; **oro** ~ Feingold *nt;* **de oído** ~ hellhörig

firma ['firma] *f* Unterschrift *f*

firmamento [firma'mento] *m* Firmament *nt*

firmar [fir'mar] *vi, vt* unterschreiben; ~ **autógrafos** Autogramme geben

firme ['firme] *adj* fest; (*estable*) stabil; (*seguro*) sicher; **tierra** ~ Festland *nt;* **¡~s!** still gestanden!; **con mano** ~ mit ruhiger Hand

firmeza [fir'meθa] *f* **1.** (*solidez*) Festigkeit *f* **2.** (*de una creencia*) Unerschütterlichkeit *f;* ~ **de carácter** Charakterstärke *f* **3.** (*perseverancia*) Beharrlichkeit *f*

fiscal [fis'kal] **I.** *adj* **1.** (*del fisco*) Fiskal- **2.** (*de los impuestos*) Steuer-; **política** ~ Steuerpolitik *f* **II.** *mf* Staatsanwalt, -wältin *m, f;* **Fiscal General del Estado** Generalstaatsanwalt, -wältin *m, f*

fiscalía [fiska'lia] *f* Staatsanwaltschaft *f*

fiscalizar [fiskali'θar] <z → c> *vt* prüfen; (*lo fiscal*) steuerlich prüfen

fisco ['fisko] *m* Staatskasse *f*

fisgonear [fisɣone'ar] *vi* (*pey*) (herum)schnüffeln

física ['fisika] *f* Physik *f*

físicamente [fisika'mente] *adv* körperlich

físico¹ ['fisiko] *m* Körperbau *m;* **tener un buen** ~ eine gute Figur haben

físico, -a² ['fisiko] *adj* körperlich; **educación física** (ENS) Sport *m;* (FÍS) physikalisch

fisiología [fisjolo'xia] *f* Physiologie *f*

fisioterapeuta [fisjotera'peuta] *mf* Krankengymnast(in) *m(f)*

fisioterapia [fisjote'rapja] *f* Physiotherapie *f*

fisonomía [fisono'mia] *f* Aussehen *nt*

fisura [fi'sura] *f* Riss *m;* (MED) Knochenriss *m*

flaco, -a ['flako] *adj* dünn; **punto** ~ Schwachpunkt *m*

flagelo [fla'xelo] *m* Geißel *f*

flamante [fla'mante] *adj* (*fam*) auffallend

flamenco [fla'menko] *m* Flämisch(e) *nt;* (ZOOL) Flamingo *m;* (*cante*) Flamenco *m*

flan [flan] *m* ≈Karamellpudding *m*

flaquear [flake'ar] *vi* (*fuerzas*) nachlassen

flaqueza [fla'keθa] *f* Schwäche *f*

flas [flas] *m,* **flash** [flaʃ] *m* (FOTO) Blitz *m*

flato ['flato] *m* Blähung *f;* (*Am*) Schwermut *f*

flatoso, -a [fla'toso] *adj* (*Am*) ängstlich

flatulencia [flatu'lenθja] *f* Blähsucht *f*

flauta ['flauta] *f* Flöte *f;* ~ **travesera** Querflöte *f*

flautista [flau'tista] *mf* Flötist(in) *m(f)*

flecha ['fletʃa] *f* Pfeil *m*

flechazo [fle'tʃaθo] *m:* **lo nuestro fue un** ~ bei uns war es Liebe auf den ersten Blick

fleco ['fleko] *m* Franse *f*

flema ['flema] *f* Schleim *m*

flemón [fle'mon] *m* (Zahnfleisch)entzündung *f*

flequillo [fle'kiʎo] *m* Pony *m*

flexibilidad [fleɣsiβili'ðaº] *f* Elastizität *f*

flexibilizar [fleɣsiβili'θar] <z → c> *vt* flexibilisieren

flexible [fleɣ'siβle] *adj* anpassungsfähig; **horario** ~ Gleitzeit *f*

flexión [fleɣ'sjon] *f:* ~ **(de tronco)** Rumpfbeuge *f*

flexo ['fleɣso] *m* biegsame (Schreib)tischlampe *f*

flirtear [flirte'ar] *vi* flirten

flojear [floxe'ar] *vi* **1.** (*disminuir*) nachlassen; (*interés*) abflauen **2.** (*en una materia*) schwach sein (*en* in +*dat*)

flojo, -a ['floxo] *adj* **1.** (*cuerda*) locker **2.** (*argumento*) schwach; ~ **de carácter** charakterschwach **3.** (*Am*) feig(e)

flor [flor] *f* Blume *f;* **estar en** ~ blühen

flora ['flora] *f* Flora *f*

florear [flore'ar] **I.** *vi* **1.** (*la espada*) schwingen **2.** (*Am: florecer*) blühen **II.** *vt* **1.** (*adornar*) mit Blumen schmücken **2.** (*naipes*) falsch mischen

florecer [flore'θer] *irr como crecer vi* blühen

floreciente [flore'θjente] *adj* blühend

florecimiento [floreθi'mjento] *m* Blühen *nt;* (*de una industria*) Florie-

ren *nt*

Florencia [flo'renθja] *f* Florenz *nt*

florero [flo'rero] *m* (Blumen)vase *f*

floricultura [florikul'tura] *f* Blumenzucht *f*

florín [flo'rin] *m* Gulden *m*

floristería [floriste'ria] *f* Blumengeschäft *nt*

flota ['flota] *f* **1.** (AERO, NÁUT) Flotte *f* **2.** (*de vehículos*) Fuhrpark *m;* ~ **de camiones** Lkw-Park *m*

flotador [flota'ðor] *m* Rettungsring *m;* (*para niños*) Schwimmring *m*

flotar [flo'tar] *vi* (*en agua*) treiben; (*en aire*) schweben

fluctuación [fluktwa'θjon] *f* Schwankung *f*

fluctuar [fluktu'ar] <1. pres: fluctúo> *vi* schwanken

fluidez [flwi'ðeθ] *f* **1.** (*de un líquido*) Flüssigkeit *f;* **hablar con** ~ **un idioma extranjero** eine Fremdsprache fließend sprechen **2.** (*de expresión*) (Rede)gewandtheit *f*

fluido¹ [flu'iðo] *m* **1.** (*líquido*) Flüssigkeit *f;* (QUÍM) Fluid *nt* **2.** (ELEC) Strom *m*

fluido, -a² [flu'iðo] *adj* **1.** (*alimento*) flüssig; **es** ~ **de palabra** er ist redegewandt **2.** (*tráfico*) fließend

fluir [flu'ir] *irr como huir vi* fließen

flujo ['fluxo] *m* **1.** (*de un líquido*) Fluss *m;* ~ **de datos** (*t.* INFOR) Datenfluss *m* **2.** (*de la marea*) Flut *f* **3.** (MED) Absonderung *f*

flúor ['fluor] *m* Fluor *nt*

fluorescente [flwores'θente] *adj:* (**tubo**) ~ Leuchtstoffröhre *f*

fluvial [flu'βjal] *adj* Fluss-; **puerto** ~ Binnenhafen *m*

FM [e'feme] *f abr de* **Frecuencia Modulada** UKW *f*

FMI [efe(e)me'i] *m abr de* **Fondo Monetario Internacional** IWF *m*

fobia ['foβja] *f* Phobie *f*

foca ['foka] f Robbe f

focalizar [fokali'θar] <z → c> vt fokussieren

foco ['foko] m 1. (FÍS, MAT) Brennpunkt m 2. (centro) Mittelpunkt m; ~ de infección Infektionsherd m 3. (lámpara) Scheinwerfer m 4. (Am) Glühbirne f

fofo, -a ['fofo] adj schwabbelig

fogata [fo'yata] f Lagerfeuer nt

fogón [fo'yon] m Herd m; (Am) Lagerfeuer nt

fogonazo [foyo'naθo] m Mündungsfeuer nt

fogoso, -a [fo'yoso] adj feurig

fogueado, -a [foye'aðo] adj (Am) erfahren

foguear [foye'ar] I. vt 1. (un arma) (mit einem Schuss) reinigen 2. (MIL) ans Gefecht gewöhnen II. vr: ~se sich abhärten (a gegen +akk)

fogueo [fo'yeo] m: bala de ~ Platzpatrone f

foja ['foxa] f (Am) Seite f; ~ de servicios Personalakte f

folclor(e) [fol'klor(e)] m Folklore f

folclórico, -a [fol'kloriko] adj folkloristisch

folio ['foljo] m Blatt nt

follaje [fo'ʎaxe] m 1. (de árbol, bosque) Laub(werk) nt 2. (adorno) Laubgewinde nt 3. (en un texto) Geschwafel nt

follar [fo'ʎar] vi, vt (vulg) bumsen

folletín [foʎe'tin] m Feuilleton nt; novela de ~ Schundroman m

folleto [fo'ʎeto] m Broschüre f; ~ publicitario Werbeprospekt m

follón [fo'ʎon] m (fam): armar un ~ ein Chaos veranstalten

fomentar [fomen'tar] vt fördern

fomento [fo'mento] m Förderung f

fonda ['fonda] f (billige) Pension f

fondeado, -a [fonde'aðo] adj (Am) wohlhabend

fondo ['fondo] m 1. Boden m; (del río) Grund m; los bajos ~s die Unterwelt; tratar un tema a ~ ein Thema gründlich behandeln 2. (de un edificio) Tiefe f; al ~ del pasillo am Ende des Ganges 3. (lo esencial) Kern m; en el ~ eigentlich 4. (de un cuadro) Hintergrund m

fonética [fo'netika] f Phonetik f

fonología [fonolo'xia] f Phonologie f

fontanería [fontane'ria] f Klempnerei f

fontanero, -a [fonta'nero] m, f Installateur(in) m(f)

footing ['futiŋ] m Jogging nt; hacer ~ joggen

forajido, -a [fora'xiðo] m, f flüchtiger Verbrecher m, flüchtige Verbrecherin f

foral [fo'ral] adj: derecho ~ Partikularrecht nt

foráneo, -a [fo'raneo] adj fremd(artig)

forastero, -a [foras'tero] adj fremd(artig); (extranjero) ausländisch

forcejear [forθexe'ar] vi sich widersetzen +dat

forcejeo [forθe'xeo] m (Kraft)anstrengung f; (resistencia) Widerstand m

forense [fo'rense] adj: médico ~ Gerichtsmediziner m

forestal [fores'tal] adj Forst-; camino ~ Waldweg m; repoblación ~ Aufforstung f

forja ['forxa] f (Silber)schmiede f

forjar [for'xar] vt schmieden

forma ['forma] f Form f; (manera) Art (und Weise) f; de ~ que so dass; de todas ~s,... jedenfalls ...

formación [forma'θjon] f (Aus)bildung f; ~ de adultos Erwachsenenbildung f; ~ escolar Schulbildung f; ~ profesional Berufsausbildung f

formal [for'mal] *adj* formal; *(serio)* seriös; *(oficial)* formell
formalidad [formali'ðaᵒ] *f* Formalität *f*
formalizar [formali'θar] <z → c> *vt*
offiziell machen
formar [for'mar] **I.** *vi* antreten **II.** *vt*
1. bilden; (MIL) formieren; **~ parte
de** gehören zu +*dat* **2.** *(educar)* erziehen; *(enseñar)* (aus)bilden **III.** *vr:*
~se 1. sich bilden; (MIL) sich formieren **2.** *(ser educado)* ausgebildet
werden; **se ha formado a sí mismo**
er ist Autodidakt **3.** *(desarrollarse)*
sich entwickeln **4.** *(hacerse)* sich
dat bilden; **~se una idea de algo**
sich *dat* ein Bild von etw *dat* machen
formatear [formate'ar] *vt* formatieren
formativo, -a [forma'tiβo] *adj*
1. *(que da forma)* gestaltend **2.** *(edu-
cativo)* erzieherisch
formato [for'mato] *m* Format *nt;*
~ de texto Textformat *nt*
formidable [formi'ðaβle] *adj* *(fam)*
toll
fórmula ['formula] *f* Formel *f;* **~ de
despedida** Schlussformel *f;* **coche
de ~ 1** Formel-1-Wagen *m*
formular [formu'lar] *vt* in einer Formel ausdrücken
formulario [formu'larjo] *m* Formular
nt
fornicar [forni'kar] <c → qu> *vi* Geschlechtsverkehr haben; *(pey)* (herum)huren; (REL) die Ehe brechen
foro ['foro] *m* Forum *nt*
forofo, -a [fo'rofo] *m, f* Fan *m*
forrar [fo'rrar] **I.** *vt* füttern; *(un libro)*
einbinden **II.** *vr:* **~se** *(fam)* sich *dat*
eine goldene Nase verdienen
forro ['forro] *m* **1.** *(exterior)* Hülle *f;*
(interior) (Innen)verkleidung *f;* *(de
una prenda)* Futter *nt;* *(de un libro)*

Einband *m* **2.** (NÁUT) Beplankung *f*
fortalecer(se) [fortale'θer(se)] *irr
como crecer vt, vr* (sich) stärken
fortaleza [forta'leθa] *f* Kraft *f;* *(robus-
tez)* Robustheit *f;* (MIL) Festung(sanlage) *f*
fortificación [fortifika'θjon] *f* Befesti-
gung(sanlage) *f*
fortuito, -a [for'twito] *adj* zufällig
fortuna [for'tuna] *f* Glück *nt;* *(capital)*
Vermögen *nt*
fórum ['forun] *m* Forum *nt*
forúnculo [fo'ruŋkulo] *m* Furunkel *m
o nt*
forzado, -a [for'θaðo] *adj:* **trabajos
~s** Zwangsarbeit *f*
forzar [for'θar] *irr vt* zwingen
forzoso, -a [for'θoso] *adj:* **aterrizaje
~** Notlandung *f;* **venta forzosa**
Zwangsverkauf *m*
fosa ['fosa] *f* Grube *f;* *(t. GEO)* Graben
m
fosfato [fos'fato] *m* (QUÍM) Phosphat
nt
fosforescente [fosfores'θeņte] *adj*
phosphoreszierend
fósforo ['fosforo] *m* Phosphor *m*
fósil ['fosil] *m* Fossil *nt*
foso ['foso] *m* Grube *f*
foto ['foto] *f* Foto *nt;* **~ (tamaño)
carné** Passfoto *nt*
fotocopia [foto'kopja] *f* (Foto)kopie *f*
fotocopiadora [fotokopja'ðora] *f*
(Foto)kopierer *m*
fotocopiar [fotoko'pjar] *vt* (foto)ko-
pieren
fotogénico, -a [foto'xeniko] *adj* foto-
gen
fotografía [fotoɣra'fia] *f* Foto *nt;*
~ aérea Luftaufnahme *f;* **~ en color** Farbfoto *nt;* **~ (tamaño) carné**
Passbild *nt;* **álbum de ~s** Fotoalbum
nt
fotografiar [fotoɣrafi'ar] <1. *pres:*
fotografío> *vi, vt* fotografieren

fotográfico, -a [foto'ɣrafiko] *adj:* **papel ~** Fotopapier *nt*

fotógrafo, -a [fo'toɣrafo] *m, f* Fotograf(in) *m(f)*

fotomatón [fotoma'ton] *m* Passbildautomat *m*

fotomontaje [fotomoɳ'taxe] *m* Fotomontage *f*

fotosíntesis [foto'siɳtesis] *f* Fotosynthese *f*

FP [efe'pe] *f abr de* **Formación Profesional** Berufsausbildung *f*

frac [frak] <fracs> *m* Frack *m*

fracasar [fraka'sar] *vi* scheitern

fracaso [fra'kaso] *m* Misserfolg *m*

fracción [fraɣ'θjon] *f* Fraktion *f;* (MAT) Bruchzahl *f*

fraccionamiento [fraɣθjona'mjeɳto] *m* **1.** (*división*) Zerteilung *f;* (*ruptura*) Zerbrechen *nt* **2.** (QUÍM) Fraktionierung *f*

fractura [frak'tura] *f* Fraktur *f*

fracturar(se) [fraktu'rar(se)] *vt, vr* (zer)brechen

fragancia [fra'ɣaɳθja] *f* Duft *m*

frágil ['fraxil] *adj* zerbrechlich; (*salud*) anfällig

fragilidad [fraxili'ðaᵈ] *f* Zerbrechlichkeit *f*

fragmentación [fraɣmeɳta'θjon] *f* Zerlegung *f*, (Zer)teilung *f;* (*en muchos pedazos*) Zerstückelung *f;* (*de un cristal*) Zersplitterung *f*

fragmentar [fraɣmeɳ'tar] **I.** *vt* zerlegen **II.** *vr:* **~se** zersplittern

fragmento [fraɣ'meɳto] *m* (Bruch)stück *nt;* (LIT, MÚS) Fragment *nt*

fragua ['fraɣwa] *f* Schmiede *f*

fraile ['frajle] *m* Mönch *m*

frambuesa [fram'bwesa] *f* Himbeere *f*

francés, -esa [fraɳ'θes] *adj* französisch; **tortilla francesa** Omelett *nt*

Francfort ['framfor⁽ᵗ⁾] *m* Frankfurt *nt;*

salchicha de ~ Frankfurter Würstchen

Francia ['fraɳθja] *f* Frankreich *nt*

franco¹ ['fraɳko] *m* Franc *m;* (*Suiza*) Franken *m*

franco, -a² ['fraɳko] *adj* **1.** (*sincero*) aufrichtig **2.** (*libre*) frei; **puerto ~** Freihafen *m;* **~ a bordo** frei an Bord **3.** (*claro*) klar

franela [fra'nela] *f* Flanell *m;* (*Am*) (Herren)unterhemd *nt*

franja ['fraɳxa] *f* Streifen *m;* **en la misma ~ horaria** im gleichen Zeitraum

franquear [fraɳke'ar] *vt* frankieren; **a ~ en destino** Porto bezahlt Empfänger

franqueo [fraɳ'keo] *m* Porto *nt;* **sin ~** unfrankiert

franqueza [fraɳ'keθa] *f* Aufrichtigkeit *f*

franquicia [fraɳ'kiθja] *f* Franchising *nt*

franquismo [fraɳ'kismo] *m* Franco-Ära *f*

franquista [fraɳ'kista] *mf* Anhänger(in) *m(f)* Francos

frasco ['frasko] *m* **1.** Flasche *f;* (*de perfume*) Flakon *m o nt* **2.** (*Am*) ≈2,37 Liter

frase ['frase] *f* Satz *m;* **~ hecha** Redensart *f;* **~ proverbial** Sprichwort *nt*

fraternal [frater'nal] *adj* brüderlich

fraternidad [fraterni'ðaᵈ] *f* Brüderlichkeit *f*

fraude ['frauðe] *m* Betrug *m;* **~ fiscal** Steuerhinterziehung *f*

fraudulento, -a [frauðu'leɳto] *adj* betrügerisch; **publicidad fraudulenta** irreführende Werbung

fray [fraj] *m* (REL) Bruder *m*

frazada [fra'θaðe] *f* (*Am*) Bettdecke *f*

frecuencia [fre'kweɳθja] *f* Häufigkeit *f;* **con ~** oft

frecuentar [frekweṇ'tar] *vt* regelmäßig besuchen
frecuente [fre'kweṇte] *adj* häufig
fregadero [freɣa'ðero] *m* Spüle *f*
fregado, -a [fre'ɣaðo] *adj* (*Am*) frech; (*astuto*) gewitzt
fregar [fre'ɣar] *irr vt* spülen; (*Am: fam*) nerven
fregona [fre'ɣona] *f* Wischmopp *m*
freidora [frei̯'ðora] *f* Fritteuse *f*
freír [fre'ir] *irr vt* frittieren; (*fam*) nerven
frenar [fre'nar] **I.** *vi, vt* (ab)bremsen; **~ en seco** abrupt abbremsen **II.** *vr:* **~se** sich bremsen (*en* bei +*dat*)
frenesí [frene'si] *m* Leidenschaft *f*
frenético, -a [fre'netiko] *adj* frenetisch
freno ['freno] *m* Bremse *f*
frente[1] ['freṇte] *f* Stirn *f;* **fruncir la ~** die Stirn runzeln
frente[2] ['freṇte] **I.** *m* **1.** (*delantera*) Vorderseite *f;* **de ~** frontal **2.** (POL, METEO) Front *f* **3. de ~** (*de cara*) von vorne; (*hacia delante*) nach vorne **II.** *prep* **1. ~ a** (*enfrente de*) gegenüber +*dat;* (*delante de*) vor +*dat;* (*contra*) gegen +*akk;* (*ante*) angesichts +*gen* **2. en ~ de** gegenüber +*dat*
fresa ['fresa] *f* Erdbeere *f*
fresco[1] ['fresko] *m* **1.** (*frescor*) Frische *f;* **salir a tomar el ~** an die frische Luft gehen; **hoy hace ~** heute ist es kühl **2.** (*Am*) Erfrischung *f*
fresco, -a[2] ['fresko] *adj* **1.** kühl; (*olor*) frisch **2.** (*reciente*) frisch; **noticia fresca** taufrische Nachricht
frescura [fres'kura] *f* Unverschämtheit *f;* **con ~** ungehemmt
fresno ['fresno] *m* Esche *f*
fresquería [freske'ria] *f* (*Am*) Erfrischungsstand *m*
frialdad [frjal̦'da^ð] *f* (Gefühls)kälte *f;* (*despego*) Distanziertheit *f*
friega ['frjeɣa] *f* Einreibung *f;* (*Am*) Plage *f;* (*fam*) Abreibung *f*
friegaplatos [frjeɣa'platos] *m* Geschirrspüler *m*
frigidez [frixi'ðeθ] *f* Frigidität *f*
frígido, -a ['frixiðo] *adj* frigid(e)
frigorífico [friɣo'rifiko] *m* Kühlschrank *m*
frijol [fri'xol] *m,* **fríjol** ['frixol] *m* (*Am*) Bohne *f*
friki ['friki] **I.** *adj* ausgeflippt **II.** *m* (*fam*) Freak *m*
frío[1] ['frio] *m* Kälte *f;* **hace ~** es ist kalt; **coger ~** sich erkälten; **tengo ~** mir ist kalt
frío, -a[2] ['frio] *adj* (gefühls)kalt
Frisia ['frisja] *f* Friesland *nt*
fritanga [fri'taŋga] *f* (*Am*) Frittüre *f;* (*instrumento*) Fritteuse *f*
frito, -a ['frito] *adj* gebraten; **quedarse ~** (*fam*) einnicken
frivolidad [friβoli'ða^ð] *f* Frivolität *f*
frívolo, -a ['friβolo] *adj* leichtlebig
frondoso, -a [froṇ'doso] *adj* dicht (belaubt)
frontal [froṇ'tal] *adj* Vorder-; **parte ~** Vorderseite *f*
frontera [froṇ'tera] *f* Grenze *f*
fronterizo, -a [froṇte'riθo] *adj* Grenz-; **zona fronteriza** Grenzregion *f*
frotar(se) [fro'tar(se)] *vt, vr* (sich) reiben
fructífero, -a [fruk'tifero] *adj* fruchtbringend
fructificar [fruktifi'kar] <c → qu> *vi* **1.** (*planta*) Früchte tragen **2.** (*esfuerzo*) fruchten
frunce ['fruṇθe] *m* Falte *f*
fruncir [fruṇ'θir] <c → z> *vt:* **~ el entrecejo** die Augenbrauen zusammenziehen
frustración [frustra'θjon] *f* Zunichtemachen *nt;* (*desilusión*) Enttäuschung *f*

frustrado, -a [frus'traðo] *adj* frustriert

frustrar [frus'trar] **I.** *vt* **1.** (*estropear*) zunichtemachen; **~ las esperanzas de alguien** jds Hoffnungen zerschlagen **2.** (*decepcionar*) enttäuschen **II.** *vr:* **~se** scheitern; (*esperanzas*) sich zerschlagen

fruta ['fruta] *f* Frucht *f*; (*nombre colectivo*) Obst *nt;* **~ del tiempo** Frischobst *nt;* **~s tropicales** tropische Früchte

frutal [fru'tal] **I.** *adj* Obst-; **árbol ~** Obstbaum *m* **II.** *m* Obstbaum *m*

frutería [frute'ria] *f* Obsthandlung *f*

frutero[1] [fru'tero] *m* Obstschale *f*

frutero, -a[2] [fru'tero] **I.** *adj* Obst-; **canastillo ~** Obstkorb *m;* **es muy ~** er isst viel und gerne Obst **II.** *m, f* Obsthändler(in) *m(f)*

fruto ['fruto] *m* (Leibes)frucht *f*

fucsia ['fuˠsja] *adj* pink

fue [fwe] **1.** *3. pret de* **ir 2.** *3. pret de* **ser**

fuego ['fweɣo] *m* **1.** Feuer *nt;* (*incendio*) Brand *m;* **~s artificiales** Feuerwerk *nt;* **a ~ lento** bei schwacher Hitze **2.** (MIL) (Geschütz)feuer *nt*

fuel [fwel] *m* Heizöl *nt*

fuelle ['fweʎe] *m* Blasebalg *m*

fuente ['fwente] *f* Quelle *f*; (*construcción*) Brunnen *m;* (*plato llano*) Platte *f*; (*plato hondo*) Schüssel *f*

fuera ['fwera] **I.** *adv* **1.** (*lugar*) draußen; **por ~** außen **2.** (*dirección*) hinaus; **¡~! raus!; ¡~ con esto!** weg damit!; **salir ~** hinausgehen; **hacia ~** nach draußen **3.** (*tiempo*) außerhalb; **~ de plazo** nach Fristablauf **4.** (*fam: de viaje*) weg; **me voy ~ una semana** ich verreise für eine Woche **II.** *prep* **1.** (*local, t. fig*) außer +*dat;* **estar ~ de casa** außer Haus sein; **~ de serie** ausgezeichnet; **~ de juego** Abseits *nt* **2.** (*ex-*

cepto): **~ de** abgesehen von +*dat* **III.** *conj:* **~ de que...** +*subj* abgesehen davon, dass ... **IV.** *m* Buhruf

fuero ['fwero] *m* Sonderrecht *nt*

fuerte ['fwerte] **I.** *adj* <fortísimo> **1.** (*resistente*) stark; (*robusto*) robust; **hacerse ~** standhaft bleiben **2.** (*musculoso*) kräftig; (*gordo*) korpulent **3.** (*sonido*) laut **4.** (*valiente*) tapfer **II.** *m* Stärke *f*; (MIL) Festung(sanlage) *f* **III.** *adv* **1.** (*en abundancia*) viel; **desayunar ~** reichhaltig frühstücken **2.** (*con fuerza*) fest; (*con intensidad*) heftig **3.** (*en voz alta*) laut

fuerza ['fwerθa] *f* **1.** (*capacidad física*) Kraft *f*; **~ de ánimo** Mut *m;* **~ de voluntad** Willenskraft *f*; **sin ~s** kraftlos **2.** (*violencia*) Gewalt *f*; **a [o por] la ~** mit Gewalt

fuga ['fuɣa] *f* **1.** (*huida*) Flucht *f*; **darse a la ~** die Flucht ergreifen **2.** (*en tubos*) Leck *nt*

fugacidad [fuɣaθi'ðaº] *f* Flüchtigkeit *f*; (*caducidad*) Vergänglichkeit *f*

fugarse [fu'ɣarse] <g → gu> *vr* fliehen (*de* aus +*dat*)

fugaz [fu'ɣaθ] *adj* flüchtig; **estrella ~** Sternschnuppe *f*

fugitivo, -a [fuxi'tiβo] *m, f* Flüchtling *m*

fulana [fu'lana] *f* (*pey*) Nutte *f*

fulano, -a [fu'lano] *m, f* Herr *m* Soundso, Frau *f* Soundso

fular [fu'lar] *m* Foulard *m*

fulgurante [fulɣu'rante] *adj:* **carrera ~** Blitzkarriere *f*

fulminante [fulmi'nante] *adj* blitzartig; (*inesperado*) plötzlich

fumador(a) [fuma'ðor] *m(f)* Raucher(in) *m(f);* **no ~** Nichtraucher *m*

fumar [fu'mar] *vi, vt* rauchen

función [fuɲ'θjon] *f* **1.** (*papel*) Funktion *f* **2.** (*cargo*) Amt *nt;* **el ministro**

en funciones der stellvertretende Minister **3.** (*acto*) Veranstaltung *f*

funcional [fuɲθjo'nal] *adj* funktionell

funcionalidad [fuɲθjonali'ðaθ] *f* Zweckmäßigkeit *f*

funcionamiento [fuɲθjona'mjento] *m:* **poner en ~** in Gang setzen

funcionar [fuɲθjo'nar] *vi* funktionieren; (*estar trabajando*) in Betrieb sein

funcionario, -a [fuɲθjo'narjo] *m, f* Beamte(r) *m*, Beamtin *f*

funda ['fuɳda] *f* Hülle *f;* (*para gafas*) Etui *nt*

fundación [fuɳda'θjon] *f* Stiftung *f*

fundado, -a [fuɳ'daðo] *adj* fundiert

fundador(a) [fuɳda'ðor] *m(f)* (Be)gründer(in) *m(f)*

fundamental [fuɳdamen'tal] *adj* grundlegend; **conocimientos ~es** Grundkenntnisse *fpl*

fundamentalismo [fuɳdamenta'lismo] *m* Fundamentalismus *m*

fundamentalista [fuɳdamenta'lista] **I.** *adj* fundamentalistisch **II.** *mf* Fundamentalist(in) *m(f)*

fundamentar [fuɳdamen'tar] *vt* begründen

fundamento [fuɳda'mento] *m* Grundlage *f;* (*motivo*) Grund *m;* **sin ~** unbegründet

fundar [fuɳ'dar] **I.** *vt* gründen **II.** *vr:* **~se** sich stützen (*en* auf +*akk*)

fundir [fuɳ'dir] **I.** *vt* **1.** (*deshacer, unir*) (ver)schmelzen **2.** (*dar forma*) gießen **3.** (*Am*) verjubeln *fam* **II.** *vr:* **~se 1.** (*deshacerse*) (zer)schmelzen **2.** (*unirse*) (miteinander) verschmelzen (*en* zu +*dat*); (*empresas*) sich zusammenschließen (*en* zu +*dat*) **3.** (*Am*) zugrunde gehen; (*negocio*) Bankrott machen

fúnebre ['funeβre] *adj:* **coche ~** Leichenwagen *m;* **pompas ~s** Begräbnis *nt*

funeral [fune'ral] **I.** *adj* Bestattungs- **II.** *m* **1.** (*entierro*) Begräbnis *nt* **2.** *pl* (*misa*) Trauergottesdienst *m*, Trauerfeier *f*

funeraria [fune'rarja] *f* Bestattungsinstitut *nt*

funerario, -a [fune'rarjo] *adj* Bestattungs-, Beerdigungs-; **empresa funeraria** Bestattungsinstitut *nt*

funesto, -a [fu'nesto] *adj* verhängnisvoll

funicular [funiku'lar] *m* Bergbahn *f*

furcia ['furθja] *f* (*pey*) Nutte *f*

furgón [fur'ɣon] *m* Transporter *m*

furgoneta [furɣo'neta] *f* Kleintransporter *m*

furia ['furja] *f* Zorn *m*

furioso, -a [fu'rjoso] *adj* wütend

furor [fu'ror] *m:* **hacer ~** Furore machen

furtivo, -a [fur'tiβo] *adj:* **cazador ~** Wilderer *m*

furúnculo [fu'ruɳkulo] *m* Furunkel *nt* *o m*

fuselaje [fuse'laxe] *m* (AERO) Rumpf *m*

fusible [fu'siβle] *m* Sicherung *f*

fusil [fu'sil] *m* Gewehr *nt*

fusilar [fusi'lar] *vt* standrechtlich erschießen

fusión [fu'sjon] *f* Fusion *f*

fusionar [fusjo'nar] **I.** *vi* schmelzen **II.** *vt* **1.** (*deshacer*) schmelzen **2.** (*unir*) verschmelzen; (*empresas*) fusionieren **III.** *vr:* **~se** (miteinander) verschmelzen

fusta ['fusta] *f* Peitsche *f*

fustigar [fusti'ɣar] <g → gu> *vt* peitschen

fútbol ['fuðβol] *m* Fußball *m*

futbolín [fuðβo'lin] *m* Tischfußballspiel *nt*

futbolista [fuðβo'lista] *mf* Fußballspieler(in) *m(f)*

fútbol-sala ['fuðβol-'sala] *m* Hallenfußball *m*

futuro¹ [fu'turo] *m* Zukunft *f;* (LING) Futur *nt*

futuro, -a² [fu'turo] *adj* (zu)künftig

futurólogo, -a [futu'roloɣo] *m, f* Futurologe, -in *m, f*

G

G, g [xe] *f* G, g *nt*

gabán [ga'βan] *m* Mantel *m*

gabardina [gaβar'ðina] *f* Trenchcoat *m*

gabinete [gaβi'nete] *m:* ~ **de prensa** Pressestelle *f*

gacela [ga'θela] *f* Gazelle *f*

gaceta [ga'θeta] *f* (HIST) Zeitung *f*

gacho, -a ['gatʃo] *adj:* **orejas gachas** Schlappohren *ntpl*

gaditano, -a [gaði'tano] *adj* aus Cádiz

gafar [ga'far] *vt* (*fam*) Unglück bringen +*dat*

gafas ['gafas] *f pl* Brille *f;* **llevar ~** eine Brille tragen

gafe ['gafe] *m* Unglücksbringer *m;* (*aguafiestas*) Spielverderber *m*

gaita ['gaita] *f* Dudelsack *m*

gaitero, -a [gai'tero] *m, f* Dudelsackspieler(in) *m(f)*

gaje ['gaxe] *m:* **los ~s del oficio** (*irón*) die Unannehmlichkeiten des Berufs

gajo ['gaxo] *m* Segment *nt;* (*racimo*) Traube *f*

gala ['gala] *f* Beste(s) *nt*

galán [ga'lan] *m* Liebhaber *m*

galante [ga'lante] *adj* aufmerksam

galantería [galante'ria] *f* Höflichkeit *f*

galápago [ga'lapaɣo] *m* Süßwasser-

schildkröte *f*

galardón [galar'ðon] *m* Preis *m*

galardonar [galarðo'nar] *vt* auszeichnen

galaxia [ga'laˣsja] *f* Galaxie *f*

galera [ga'lera] *f* (*Am*) Schuppen *m*

galería [gale'ria] *f* (Kunst)galerie *f;* (MIN) Stollen *m*

galés, -esa [ga'les] *adj* walisisch

Gales ['gales] *m:* (**País de**) ~ Wales *nt*

galgo, -a ['galɣo] *m, f* Windhund, -hündin *m, f*

Galicia [ga'liθja] *f* Galicien *nt*

gallardo, -a [ga'ʎarðo] *adj* (an)mutig

gallear [gaʎe'ar] *vi* angeben

gallego, -a [ga'ʎeɣo] *adj* galicisch

galleta [ga'ʎeta] *f* Keks *m;* (*fam*) Ohrfeige *f*

gallina [ga'ʎina] *f* 1. (*hembra del gallo*) Huhn *nt* 2. (*fam*) Feigling *m*

gallinero [gaʎi'nero] *m* Hühnerstall *m*

gallito [ga'ʎito] *m:* **ponerse ~** aggressiv werden

gallo ['gaʎo] *m* 1. (*ave*) Hahn *m;* ~ **de pelea** Kampfhahn *m* 2. (*pez*) Heringskönig *m* 3. **soltar un ~** kicksen 4. (*loc*): **misa de(l) ~** Christmette *f*

galón [ga'lon] *m* (MIL) Litze *f;* (*medida inglesa*) Gallone *f*

galopar [galo'par] *vi* galoppieren

galope [ga'lope] *m* Galopp *m*

gama ['gama] *f:* ~ **de ofertas** Angebotspalette *f*

gamada [ga'maða] *adj:* **cruz ~** Hakenkreuz *nt*

gamba ['gamba] *f* Krabbe *f*

gamberrada [gambe'rraða] *f* rowdyhafter Streich *m;* **hacer ~s** etwas anstellen

gamberro, -a [gam'berro] *m, f* Rowdy *m*

gamo ['gamo] *m* Damhirsch *m*

gamonal [gamo'nal] *m* (*Am*) Kazike *m*

gamuza [ga'muθa] *f* **1.** (*animal*) Gämse *f* **2.** (*paño*) Fensterleder *nt*

gana ['gana] *f* Lust *f* (*de* auf +*akk*); **tengo ~s de comer** ich habe Appetit; **de buena ~** gerne

ganadería [ganaðe'ria] *f* Viehzucht *f*

ganadero, -a [gana'ðero] **I.** *adj* Vieh- **II.** *m, f* Viehzüchter(in) *m(f)*

ganado [ga'naðo] *m* Vieh *nt;* **~ bovino** [*o* **vacuno**] Rinder *ntpl;* **~ cabrío** Ziegen *fpl;* **~ ovino** Schafe *ntpl;* **~ porcino** Schweine *ntpl*

ganador(a) [gana'ðor] *m(f)* Gewinner(in) *m(f)*

ganancia [ga'nanθja] *f* Gewinn *m*

ganar [ga'nar] **I.** *vi* gewinnen **II.** *vt* **1.** (*trabajando*) verdienen **2.** (*jugando*) gewinnen **3.** **~ experiencia** Erfahrungen sammeln; **~ peso** zunehmen **III.** *vr:* **~se** verdienen; (*a alguien*) für sich gewinnen

ganchillo [gan'tʃiʎo] *m* Häkelnadel *f*

gancho ['gantʃo] *m* **1.** (*instrumento*) Haken *m* **2.** (*algo que atrae*) Blickfang *m* **3.** (*Am*) Haarnadel *f*

gandul(a) [gan'dul] *m(f)* Faulpelz *m*

ganga ['ganga] *f* günstiges Angebot

ganglio ['gangljo] *m* Ganglion *nt*

gangoso, -a [gan'goso] *adj* näselnd

gangrena [gan'grena] *f* (MED) Brand *m*

gangrenarse [gangre'narse] *vr* den Brand bekommen

gángster ['gaⁿster] *mf* Gangster(in) *m(f)*

ganguear [gange'ar] *vi* näseln

gansada [gan'saða] *f* Albernheit *f*

ganso, -a ['ganso] *m, f* Gans *f;* **hacer el ~** herumalbern

ganzúa [gan'θua] *f* Dietrich *m*

gañán [ga'ɲan] *m* Rüpel *m*

gañir [ga'ɲir] <3. *pret:* **gañó**> *vi* (*perro*) jaulen; (*aves*) krächzen

gañote [ga'ɲote] *m* Kehle *f*

garabatear [garaβate'ar] *vi, vt* (hin)kritzeln

garabato [gara'βato] *m* Gekritzel *nt*

garaje [ga'raxe] *m* Garage *f;* (*taller*) Autowerkstatt *f*

garante [ga'rante] *mf* Bürge, -in *m, f*

garantía [garan'tia] *f* Garantie *f;* **sin ~** ohne Gewähr

garantizar [garanti'θar] <z → c> *vt* garantieren; (JUR) gewährleisten

garapiña [gara'piɲa] *f* Kandierung *f;* (*Am*) *Erfrischungsgetränk aus Ananasschalen*

garapiñar [garapi'ɲar] *vt* kandieren

garbanzo [gar'βanθo] *m* Kichererbse *f*

garbeo [gar'βeo] *m* Spaziergang *m*

garbo ['garβo] *m* Anmut *f*

garete [ga'rete] *m:* **ir(se) al ~** scheitern

garfa ['garfa] *f* Klaue *f*

garfio ['garfjo] *m* spitzer Haken *m*

gargajo [gar'ɣaxo] *m* zäher Auswurf *m*

garganta [gar'ɣanta] *f* Hals *m*

gargantilla [garɣan'tiʎa] *f* Halskette *f*

gárgaras ['garɣaras] *fpl* Gurgeln *nt;* **hacer ~** gurgeln; **¡vete a hacer ~!** scher dich zum Teufel!

gargarear [garɣare'ar] *vi* (*AmS*) gurgeln

garita [ga'rita] *f* Mauertürmchen *nt*

garito [ga'rito] *m* illegale Spielhalle *f*

garra ['garra] *f* **1.** (*de animal*) Kralle *f* **2.** *pl* (*Am*) Fetzen *mpl* **3.** (*fam: brío*): **este equipo tiene ~** diese Mannschaft hat Pep

garrafa [ga'rrafa] *f* Karaffe *f;* **vino de ~** offener Wein

garrafal [garra'fal] *adj* ungeheuer

garrapata [garra'pata] *f* Zecke *f*

garrapiña [garra'piɲa] *f* v. **garapiña**

garrapiñar [garrapi'ɲar] *vt* v. **garapiñar**

garrocha [ga'rrotʃa] f Lanze f

garrotazo [garro'taθo] m Schlag m mit dem Knüppel

garrote [ga'rrote] m Knüppel m

garrucha [ga'rrutʃa] f Rolle f

garúa [ga'rua] f (Am) Nieseln nt

garuar [ga'rwar] vimpers (Am) nieseln

garza ['garθa] f Reiher m

garzón, -ona [gar'θon] m, f (Am) Kellner(in) m(f)

gas [gas] m 1. (fluido) Gas nt; ~ natural Erdgas nt; bombona de ~ Gasflasche f; cocina de ~ Gasherd m; agua con ~ Sprudel m; agua sin ~ stilles Wasser 2. (AUTO): dar ~ Gas geben 3. pl (en el estómago): ~es Blähungen fpl

gasa ['gasa] f Verband(s)mull m

gaseosa [gase'osa] f süßer Sprudel m

gaseoso, -a [gase'oso] adj gashaltig

gasfitería [gasfite'ria] f (Am) Klempnerei f

gasoducto [gaso'ðukto] m Gasfernleitung f

gasoil [ga'soil] m, **gasóleo** [ga'soleo] m Diesel(öl) nt

gasolina [gaso'lina] f Benzin nt; ~ sin plomo bleifreies Benzin; echar ~ tanken

gasolinera [gasoli'nera] f Tankstelle f

gastado, -a [gas'taðo] adj (vestido) abgetragen

gastador(a) [gasta'ðor] adj verschwenderisch

gastar [gas'tar] I. vt 1. (dinero) ausgeben 2. (vestido) abtragen 3. (tiempo) investieren 4. (electricidad) verbrauchen 5. (tener): ~ buen humor stets gut gelaunt sein II. vr: ~se ausgeben; (vestido) sich abnutzen; (consumirse) verbraucht werden

Gasteiz [gas'teiθ] m Vitoria nt

gasto ['gasto] m Ausgabe f; ~s de inscripción Einschreibegebühren fpl; ~s de personal Personalaufwand m; ~s de representación Spesen pl

gástrico, -a ['gastriko] adj Magen-

gastritis [gas'tritis] f inv Magenschleimhautentzündung f

gastroenteritis [gastroente'ritis] f inv Magen-Darm-Entzündung f

gastronomía [gastrono'mia] f Gastronomie f

gastronómico, -a [gastro'nomiko] adj gastronomisch

gatas ['gatas]: **andar a** ~ auf allen vieren gehen

gatear [gate'ar] vi krabbeln; (Am) hinter den Frauen her sein

gatillo [ga'tiʎo] m Abzug m; apretar el ~ abdrücken

gato ['gato] m 1. (félido) Katze f 2. (TÉC) Wagenheber m

gaucho[1] ['gautʃo] m (Am) Gaucho m; (jinete) guter Reiter m

gaucho, -a[2] ['gautʃo] adj Gaucho-; (Am: grosero) grob

gaveta [ga'βeta] f Mörtelpfanne f

gavilán [ga'βilan] m Sperber m

gaviota [ga'βjota] f Möwe f

gay [gai] m Schwule(r) m

gazapo [ga'θapo] m (fam) Versprecher m

gaznatada [gaθna'taða] f (Am) Ohrfeige f

gaznate [gaθ'nate] m Kehle f

gazpacho [gaθ'patʃo] m Gazpacho m

géiser ['xeiser] m Geysir m

gel [xel] m Gel nt

gelatina [xela'tina] f Gelatine f

gélido, -a ['xeliðo] adj eiskalt

gema ['xema] f Edelstein m

gemelo, -a [xe'melo] adj Zwillings-; (hermanos) ~s Zwillinge mpl

gemelos [xe'melos] mpl 1. (an-

teojos) Fernglas *nt;* ~ **de teatro**
Opernglas *nt* **2.** (ASTR) Zwillinge
mpl **3.** (*de la camisa*) Manschetten-
knopf *m*

gemido [xe'miðo] *m* Stöhnen *nt;* (*de
pena*) Seufzer *m*

Géminis ['xeminis] *m* Zwillinge *mpl*

gemir [xe'mir] *irr como pedir vi* stöhnen; (*de pena*) seufzen

gen [xen] *m* Gen *nt*

genealogía [xenealo'xia] *f* Genealo-
gie *f*

genealógico, -a [xenea'loxiko] *adj*
genealogisch; **árbol ~** Stammbaum
m

generación [xenera'θjon] *f* (Er)zeu-
gung *f;* (COM) Schaffung *f;* (*descen-
dientes*) Generation *f*

generacional [xeneraθjo'nal] *adj*
Generations-

generador[1] [xenera'ðor] *m* Generator *m*

generador(a)[2] [xenera'ðor] *adj*
1. (TÉC) erzeugend **2.** (COM) schaf-
fend; **medidas ~as de empleo** Ar-
beitsbeschaffungsmaßnahmen *fpl*

general [xene'ral] **I.** *adj* Allgemein-;
(*huelga*) General-; (*cuartel*) Haupt-;
(*impresión*) Gesamt-; **cultura ~** Allgemeinbildung *f;* **junta ~** Hauptversammlung *f;* **regla ~** allgemein gültige Regel; **por lo ~** im Allgemeinen;
en ~ im Allgemeinen; **por regla ~** in
der Regel **II.** *m* General *m*

generalidad [xenerali'ðað] *f:* **en la ~
de los casos** in den meisten Fällen

Generalitat [xenerali'tat] *f autonome
Regierung Kataloniens*

generalización [xeneraliθa'θjon] *f*
Verallgemeinerung *f*

generalizar [xenerali'θar] <z → c>
vt verallgemeinern

generalmente [xeneral'mente] *adv*
im Allgemeinen

generar [xene'rar] *vt* erzeugen

genérico, -a [xe'neriko] *adj* Gat-
tungs-, generisch

género ['xenero] *m* **1.** (BIOL) Gattung
f **2.** (LING) Genus *nt* **3.** (LIT) Gattung
f; ~ **épico** Epik *f;* ~ **lírico** Lyrik *f*
4. (COM) Ware *f;* (*tela*) (Kleider)stoff
m

generosidad [xenerosi'ðað] *f* Groß-
zügigkeit *f*

generoso, -a [xene'roso] *adj* großzügig

Génesis ['xenesis] *m* Schöpfungs-
geschichte *f*

genética [xe'netika] *f* Genetik *f*

genético, -a [xe'netiko] *adj* genetisch

genial [xe'njal] *adj* genial; (*estupendo*) toll

genialidad [xenjali'ðað] *f* Genialität *f*

genio ['xenjo] *m* **1.** (*carácter*) Charakter *m;* **tener buen ~** gutmütig
sein **2.** (*talento*) Veranlagung *f*
3. (*aptitud*) Genie *nt* **4.** (*empuje*)
Tatkraft *f* **5.** (*de los cuentos*) Kobold
m; (*ser fabuloso*) (Flaschen)geist *m*

genital [xeni'tal] *adj* Geschlechts-

genitales [xeni'tales] *mpl* Geschlechtsorgane *ntpl*

genitivo [xeni'tiβo] *m* Genitiv *m*

genocidio [xeno'θiðjo] *m* Völkermord *m*

Génova ['xenoβa] *f* Genua *nt*

gente ['xente] *f* **1.** (*personas*) Leute
pl; **la ~ joven** die Jungen; **la ~ dice
que...** man sagt, dass ...; **tener don
de ~s** gut mit Menschen umgehen
können **2.** (*Am*) anständiger
Mensch *m*

gentil [xen'til] *adj* höflich

gentileza [xenti'leθa] *f:* **¿tendría Ud.
la ~ de ayudarme?** wären Sie so
nett, mir zu helfen?

gentilicio, -a [xenti'liθjo] *adj:* **nombre ~** Völkername *m*

gentío [xen'tio] *m* Gedränge *nt*

gentuza [xeɲ'tuθa] *f* (*pey*) Pöbel *m*

genuino, -a [xe'nwino] *adj* echt

geografía [xeoɣra'fia] *f* Geographie *f*

geográfico, -a [xeo'ɣrafiko] *adj* geographisch

geógrafo, -a [xe'oɣrafo] *m, f* Geograph(in) *m(f)*

geología [xeolo'xia] *f* Geologie *f*

geológico, -a [xeo'loxiko] *adj* geologisch

geólogo, -a [xe'oloɣo] *m, f* Geologe, -in *m, f*

geometría [xeome'tria] *f* Geometrie *f*

geométrico, -a [xeo'metriko] *adj* geometrisch

geopolítico, -a [xeopo'litiko] *adj* geopolitisch

Georgia [xe'orxja] *f* Georgien *nt;* (*en los Estados Unidos*) Georgia *nt*

georgiano, -a [xeor'xjano] *adj* georgisch

geranio [xe'ranjo] *m* Geranie *f*

gerencia [xe'reɲθja] *f* (Geschäfts)führung *f*

gerente [xe'reɲte] *mf* Geschäftsführer(in) *m(f)*

geriatra [xe'rjatra] *mf* Geriater(in) *m(f)*

geriatría [xeria'tria] *f* Altersheilkunde *f*

geriátrico, -a [xe'rjatriko] *adj* geriatrisch; **clínica geriátrica** Altenpflegeheim *nt*

germánico, -a [xer'maniko] *adj* germanisch

germanista [xerma'nista] *mf* Germanist(in) *m(f)*

germano, -a [xer'mano] *adj o m, f v.* **germánico**

germanooccidental [xermano(o)ɣθiðeɲ'tal] *adj* westdeutsch

germanooriental [xermano(o)rjeɲ'tal] *adj* ostdeutsch

germen ['xermen] *m* Keim *m*

germinación [xermina'θjon] *f* (Auf)keimen *nt*

germinar [xermi'nar] *vi* sprießen

gerundense [xeruɲ'dense] *adj* aus Gerona

gerundio [xe'ruɲdjo] *m* Gerundium *nt*

gesta ['xesta] *f* Heldentat *f*

gestación [xesta'θjon] *f* 1. (*de una persona*) Schwangerschaft *f* 2. (*de un proyecto*) Reifungsprozess *m*

gestar [xes'tar] I. *vt* tragen II. *vr:* **~se** sich entwickeln

gesticulación [xestikula'θjon] *f* Gestik *f*

gesticular [xestiku'lar] *vi* gestikulieren

gestión [xes'tjon] *f* 1. (*diligencia*) Formalität *f* 2. (*de una empresa*) Geschäftsführung *f;* **~ del conocimiento** Wissensmanagement *nt;* **la ~ de gobierno** die Amtsführung der Regierung

gestionar [xestjo'nar] *vt* in die Wege leiten; (*negocio*) führen

gesto ['xesto] *m* Geste *f*

gestor(a) [xes'tor] *m(f)* Agent(in) *m(f)* für Verwaltungsformalitäten; **~ del conocimiento** Wissensmanager *m*

gestual [xes'twal] *adj* Gebärden-; **lenguaje ~** Gebärdensprache *f*

giba ['xiβa] *f* Buckel *m*

gibraltareño, -a [xiβralta'reɲo] *adj* gibraltarisch

Giga ['dʒiɣa] *m* Gigabyte *nt*

gigabyte [dʒiɣa'bajt] *m* Gigabyte *nt*

gigante [xi'ɣaɲte] I. *adj* riesig II. *m* Riese *m*

gigantesco, -a [xiɣaɲ'tesko] *adj* riesig

gilipollas [xili'poʎas] *mf* (*vulg*) Arschloch *nt*

gilipollez [xilipo'ʎeθ] *f* (*vulg*) Blödsinn *m fam*

gimnasia [xim'nasja] f **1.** (*disciplina*) Gymnastik f **2.** (DEP) Turnen nt; **hacer ~** turnen **3.** (ENS) Sport m **4.** (*ejercicio*) Übung f

gimnasio [xim'nasjo] m Turnhalle f; **~ (de musculación)** Fitnesscenter nt

gimnasta [xim'nasta] mf Turner(in) m(f)

gimotear [ximote'ar] vi (*pey*) stöhnen; (*lloriquear*) wimmern

gimoteo [ximo'teo] m Gestöhn(e) nt; (*lloriqueo*) Gewimmer nt

ginebra [xi'neßra] f Gin m

Ginebra [xi'neßra] f Genf nt

ginecología [xinekolo'xia] f Frauenheilkunde f

ginecológico, -a [xineko'loxiko] adj gynäkologisch

ginecólogo, -a [xine'koloɣo] m, f Frauenarzt, -ärztin m, f

gira ['xira] f Rundfahrt f; (*de un artista*) Tournee f

girar [xi'rar] I. vi **1.** (*dar vueltas*) sich drehen **2.** (*conversación*) sich drehen **3.** (*torcer*) abbiegen **II.** vt **1.** (*dar la vuelta*) drehen **2.** (*dinero*) überweisen (*a* an +*akk*)

girasol [xira'sol] m Sonnenblume f

giratorio, -a [xira'torjo] adj Dreh-

giro ['xiro] m **1.** (*vuelta*) Drehung f **2.** (*cariz*) Wendung f; **tomar un ~ negativo** sich zum Schlechten wenden **3.** (COM) Überweisung f; **~ postal** Postanweisung f

gitanería [xitane'ria] f hinterlistige Schmeichelei f; (*acción*) Zigeunerstreich m

gitano, -a [xi'tano] m, f Zigeuner(in) m(f)

glaciación [glaθja'θjon] f Vereisung f

glacial [gla'θjal] adj eiskalt; **zona ~** Eiszone f

glaciar [gla'θjar] m Gletscher m

glande ['glaṇde] m Eichel f

glándula ['glaṇdula] f Drüse f

glasear [glase'ar] vt glasieren

glaucoma [glau̯'koma] m grüner Star m

glicerina [gliθe'rina] f Glycerin nt

global [glo'βal] adj Gesamt-

globalidad [gloβali'ðaᵈ] f Gesamtheit f

globalifóbico, -a [gloβali'foβiko] **I.** adj globalisierungskritisch; **movimiento ~** globalisierungskritische antineoliberale Bewegung **II.** m, f Globalisierungskritiker(in) m(f)

globalización [gloβaliθa'θjon] f **1.** (*de un problema*) globale Betrachtung f **2.** (*generalización*) Verallgemeinerung f

globalizar [gloβali'θar] <z → c> vt global betrachten

globo ['gloβo] m **1.** (*esfera*) Kugel f; **~ ocular** Augapfel m **2.** (*Tierra*) Erdball m **3.** (*mapa*) Globus m **4.** (*para niños*) (Luft)ballon m; **~ aerostático** (Heißluft)ballon m

glóbulo ['gloβulo] m Blutkörperchen nt

gloria ['glorja] f **1.** (*fama*) Ruhm m; **sin pena ni ~** sang- und klanglos **2.** (*paraíso*) Himmelreich nt; **estar en la ~** (*fam*) im siebten Himmel sein

glorieta [glo'rjeta] f Kreisverkehr m

glorificación [glorifika'θjon] f Verherrlichung f

glorificar [glorifi'kar] <c → qu> **I.** vt verherrlichen **II.** vr: **~se** sich rühmen (*de* +*gen*)

glorioso, -a [glo'rjoso] adj ruhmreich

glosa ['glosa] f Erläuterung f (*a* zu +*dat*); (*anotación*) Bemerkung f (*a* zu +*dat*); (LIT) Glosse f

glosario [glo'sarjo] m Glossar nt

glotis ['glotis] f inv Glottis f

glotón, -ona [glo'ton] *adj* gefräßig

glucemia [glu'θemja] *f* Blutzucker-spiegel *m*

glucosa [glu'kosa] *f* Traubenzucker *m*

gluten ['gluten] *m* Gluten *nt*

glúteo ['gluteo] *m* Gesäßmuskel *m*

gnomo ['nomo] *m* Zwerg *m*

gnosticismo [nosti'θismo] *m sin pl* (REL) Gnostizismus *m*

gobernable [goβer'naβle] *adj* regier-bar

gobernador(a) [goβerna'ðor] *m(f)* Gouverneur(in) *m(f)*; **el ~ del Banco de España** der Präsident der spanischen Zentralbank

gobernante [goβer'naɲte] *mf* Regie-rende(r) *f(m)*

gobernar [goβer'nar] <e → ie> *vt* regieren

gobierno [go'βjerno] *m* Regierung *f*; **~ absoluto** Alleinherrschaft *f*; **~ autonómico** Regionalregierung *f*

goce ['goθe] *m* Genuss *m*

godo, -a ['goðo] **I.** *adj* gotisch **II.** *m*, *f* **1.** (HIST) Gote, -in *m*, *f* **2.** (*AmC: pey*) Spanier(in) *m(f)*

gofre ['gofre] *m* Waffel *f*

gol [gol] *m* Tor *nt*; **meter un ~** ein Tor schießen

golf [golf] *m* Golf *nt*

golfa ['golfa] *f* **1.** (*fam*) Hure *f* **2.** *v.* **golfo**[2]

golfear [golfe'ar] *vi* sich herumtrei-ben

golfo[1] ['golfo] *m* Golf *m*

golfo, -a[2] ['golfo] *m*, *f* Straßenkind *nt*

golondrina [goloɲ'drina] *f* Schwal-be *f*

golosina [golo'sina] *f* Süßigkeit *f*

goloso, -a [go'loso] *m*, *f* Leckermaul *nt*

golpe ['golpe] *m* **1.** Schlag *m*; (*cho-que*) Stoß *m*; **~ de Estado** Staats-streich *m*, Putsch *m*; **~ de tos** Hus-tenanfall *m*; **no pegar ~** (*fam*) kei-nen Schlag tun **2.** (*atraco*) Überfall *m*

golpear [golpe'ar] **I.** *vt* schlagen; (*en la puerta*) klopfen (an +*akk*) **II.** *vr*: **~se** sich schlagen

goma ['goma] *f* Gummi *nt o m*; **~ de borrar** Radiergummi *m*

gomaespuma [gomaes'puma] *f* Schaumgummi *m*

gomina® [go'mina] *f* Haarfestiger *m*

gominola [gomi'nola] *f* ≈Gummibär-chen *nt*

góndola ['goɲdola] *f* Gondel *f*; (*Am*) Omnibus *m*

gonorrea [gono'rrea] *f* Gonorrhö *f*

gordo[1] ['gorðo] *m*: **el ~** das große Los

gordo, -a[2] ['gorðo] *adj* dick; (*tejido*) grob; **el dedo ~** der Daumen; **me cae ~** ich kann ihn nicht ausste-hen

gordura [gor'ðura] *f* Fettleibigkeit *f*

gorgotear [gorɣote'ar] *vi* gluckern

gorgoteo [gorɣo'teo] *m* Gluckern *nt*

gorila [go'rila] *m* Gorilla *m*

gorjear [gorxe'ar] *vi* zwitschern

gorjeo [gor'xeo] *m* Gezwitscher *nt*

gorra ['gorra] *f* Mütze *f*; (**~ de**) **vi-sera** Schirmkappe *f*

gorrino, -a [go'rrino] *m*, *f* (*pey*) Schwein *nt*, Sau *f*

gorrión [gorri'on] *m* Sperling *m*

gorro ['gorro] *m* Mütze *f*; **estoy hasta el ~** (*fig*) ich habe die Nase voll

gorrón, -ona [go'rron] *m*, *f* Schma-rotzer *m*

gorronear [gorrone'ar] *vi* (*fam*) schmarotzen

gota ['gota] *f* **1.** (*de líquido*) Tropfen *m* **2.** **no queda ni ~ de agua** es ist kein Tropfen Wasser mehr da **3.** (ME-TEO): **~ fría** Kalt(luft)front *f*

gotear [gote'ar] *vi* tropfen

goteo [go'teo] *m* Tropfen *nt*

gotera [go'tera] f undichte Stelle f; **hay una ~ en el baño** im Badezimmer regnet es durch

gotero [go'tero] m Tropf m; (Am) Tropfenzähler m

gótico, -a ['gotiko] adj gotisch

Gotinga [go'tiŋga] f Göttingen nt

gozar [go'θar] <z → c> I. vi sich erfreuen (de +gen) II. vt genießen

gozo ['goθo] m Wonne f; (placer, alegría) Freude

gr. ['gramo] abr de **gramo** g

grabación [graβa'θjon] f Aufnahme f

grabado [gra'βaðo] m Stich m; ~ **al agua fuerte** Ätzung f; ~ **en madera** Holzschnitt m

grabador(a) [graβa'ðor] m(f) Graveur(in) m(f)

grabadora [graβa'ðora] f Tonbandgerät nt

grabar [gra'βar] I. vt 1. (ARTE) (ein)gravieren (en in +akk) 2. (disco) aufnehmen 3. (INFOR) speichern II. vr: ~se sich einprägen +dat

gracia ['graθja] f 1. pl (agradecimiento): ¡~s! danke!; ¡**muchas ~s!** vielen Dank!; ¡~s a Dios! Gott sei Dank! 2. (REL) Gnade f 3. (agrado): **me cae en ~** er/sie ist mir sympathisch 4. (chiste) Witz m; **no tiene (ni) pizca de ~** das ist gar nicht lustig

grácil ['graθil] adj grazil

gracioso, -a [gra'θjoso] adj witzig

grada ['graða] f (Sitz)reihe f

gradación [graða'θjon] f Abstufung f

grado ['graðo] m 1. (nivel) Grad m (de an +dat); ~ **de confianza** Maß an Vertrauen; **quemaduras de primer ~** Verbrennungen ersten Grades 2. (parentesco) Verwandtschaftsgrad m 3. (JUR): **en primer ~** in erster Instanz 4. ~ **centígrado** Grad Celsius 5. (de alcohol) Prozent nt

graduable [graðu'aβle] adj verstellbar

graduación [graðwa'θjon] f 1. (regulación, t. TÉC) Einstellung f 2. (en grados) Gradeinteilung f; (en niveles) Abstufung f; (de personas) Einstufung f 3. (de un vino) Alkoholgehalt m

gradual [graðu'al] adj allmählich

graduar [graðu'ar] <1. pres: gradúo> I. vt 1. (regular) einstellen 2. (TÉC) gradieren; ~ **la vista** die Brillengläser anpassen II. vr: ~**se:** **se graduó en económicas** er/sie machte seine/ihre Diplomprüfung in VWL

grafía [gra'fia] f Schreibweise f

gráfica ['grafika] f Schaubild nt; (curva) Kurve f

gráfico¹ [grafiko] m Grafik f

gráfico, -a² [grafiko] adj anschaulich

grafista [gra'fista] mf Grafiker(in) m(f)

grafito [gra'fito] m (MIN) Graphit m

grafología [grafolo'xia] f Graphologie f

gragea [gra'xea] f Dragee nt

gral. [xene'ral] adj abr de **general** allg.

gramática [gra'matika] f Grammatik f

gramatical [gramati'kal] adj grammatikalisch; **regla ~** Grammatikregel f

gramático, -a [gra'matiko] m, f Grammatiker(in) m(f)

gramilla [gra'miʎa] f (Am) Gras nt

gramo ['gramo] m Gramm nt

gran [gran] adj v. **grande**

Gran Bretaña [gram bre'taɲa] f Großbritannien nt

granada [gra'naða] f Granatapfel m; (proyectil) Granate f

granadino, -a [grana'ðino] adj aus Granada

granado [gra'naðo] *m* Granat(apfel)baum *m*

granate [gra'nate] *adj* granatrot

grande ['grande] **I.** *adj* <más grande *o* mayor, grandísimo> (*precediendo un sustantivo singular:* gran) **1.** (*de tamaño*) groß **2.** (*de edad*) alt **3.** (*moralmente*): **una gran idea** eine großartige Idee **4.** (*loc*): **pasarlo en ~** sich großartig amüsieren; **este trabajo me va ~** ich bin dieser Arbeit nicht gewachsen; **vivir a lo ~** auf großem Fuß leben **II.** *m:* **los ~s de la industria** die Großindustriellen; **Grande de España** Grande *m* Spaniens

grandeza [gran'deθa] *f:* **delirio de ~** Größenwahn *m*

grandilocuente [grandilo'kwente] *adj* hochtönend

grandioso, -a [gran'djoso] *adj* großartig

grandullón, -ona [grandu'ʎon] *adj* hoch aufgeschossen

granel [gra'nel]: **a ~** unverpackt

granero [gra'nero] *m* Scheune *f*

granito [gra'nito] *m* Granit *m*

granizada [grani'θaða] *f* Hagelschauer *m*

granizado [grani'θaðo] *m* *Erfrischungsgetränk mit zerstoßenem Eis*

granizar [grani'θar] <z → c> *vimpers* hageln

granizo [gra'niθo] *m* Hagel *m*

granja ['granxa] *f* Bauernhof *m*

granjero, -a [gran'xero] *m, f* Landwirt(in) *m(f)*

grano ['grano] *m* **1.** (*de cereales*) (Samen)korn *nt;* (*de café*) Bohne *f;* **~s** Getreide *nt;* **~ de uva** Weintraube *f;* **vaya al ~** kommen Sie zur Sache **2.** (MED) Pickel *m*

granuja [gra'nuxa] *m* Gauner *m*

grapa ['grapa] *f* Heftklammer *f*

grapadora [grapa'ðora] *f* Heftmaschine *f*

grapar [gra'par] *vt* heften

grasa ['grasa] *f* Fett *nt;* **~ de cerdo** Schweineschmalz *nt;* **cocinar sin ~** fettarm kochen

grasiento, -a [gra'sjento] *adj* fettig

graso, -a ['graso] *adj* fettig

gratén [gra'ten] *m:* **al ~** überbacken

gratificación [gratifika'θjon] *f* Belohnung *f*

gratificante [gratifi'kante] *adj* erfreulich

gratificar [gratifi'kar] <c → qu> *vt* belohnen

gratinar [grati'nar] *vt* überbacken

gratis ['gratis] *adv* gratis

gratitud [grati'tuð] *f* Dankbarkeit *f*

grato, -a ['grato] *adj* angenehm

gratuito, -a [gra'twito] *adj* kostenlos

grava ['graβa] *f* Kies *m*

gravamen [gra'βamen] *m* Versteuerung *f;* (*del Estado*) Besteuerung *f*

gravar [gra'βar] *vt* besteuern; **~ con un impuesto** eine Steuer erheben (auf +*akk*)

grave ['graβe] *adj* schlimm; **está ~** er/sie ist schwer krank

gravedad [graβe'ðað] *f* **1.** (FÍS) Schwerkraft *f;* **centro de ~** Schwerpunkt *m* **2.** (MED): **estar herido de ~** schwer verletzt sein

gravilla [gra'βiʎa] *f* Feinkies *m*

gravitación [graβita'θjon] *f* Anziehungskraft *f*

graznar [graθ'nar] *vi* krächzen

greca ['greka] *f* (*Am*) Kaffeemaschine *f*

Grecia ['greθja] *f* Griechenland *nt*

grecolatino, -a [grekola'tino] *adj* griechisch-lateinisch

grecorromano, -a [grekorro'mano] *adj* griechisch-römisch

gremial [gre'mjal] *adj* Innungs-

gremio ['gremjo] *m* Innung *f;* (HIST)

Zunft *f*

greña ['greɲa] *f* Haarschopf *m*

griego, -a ['grjeɣo] *adj* griechisch

grieta ['grjeta] *f* Riss *m*

grifo ['grifo] *m* Hahn *m;* **agua del ~** Leitungswasser *nt*

grillarse [gri'ʎarse] *vr* (*fam*) überschnappen

grillo ['griʎo] *m* Grille *f*

grima ['grima] *f* Schauder *m;* **me da ~ ver cómo la maltratas** es macht mich krank zu sehen, wie du sie misshandelt

gringada [griŋ'gaða] *f* (*Am: fam*) Ganoventrick *m*

gringo, -a ['griŋgo] *m, f* (*Am: fam*) **1.** (*persona*) Gringo *m;* (*pey*) Ausländer *m* **2.** (*de EE.UU.*) Yankee *m pey*

gripa ['gripa] *f* (*Am*) Grippe *f*

gripal [gri'pal] *adj* grippal

griparse [gri'parse] *vr* sich festfressen

gripe ['gripe] *f* Grippe *f*

griposo, -a [gri'poso] *adj:* **estoy ~** ich habe die Grippe

gris [gris] *adj* grau; **~ marengo** dunkelgrau; **de ojos ~es** grauäugig

grisáceo, -a [gri'saθeo] *adj,* **grisoso, -a** [gri'soso] *adj* (*Am*) gräulich

gritar [gri'tar] *vi, vt* (an)schreien

griterío [grite'rio] *m* Geschrei *nt*

grito ['grito] *m* Schrei *m;* **pegar un ~** einen Schrei ausstoßen

groenlandés, -esa [groenlaɳ'des] *adj* grönländisch

Groenlandia [groen'laɳdja] *f* Grönland *nt*

grosella [gro'seʎa] *f* Johannisbeere *f*

grosería [grose'ria] *f* Unhöflichkeit *f;* (*palabrota*) Schimpfwort *nt*

grosero, -a [gro'sero] *adj* unhöflich; (*ordinario*) ordinär

grosor [gro'sor] *m* Dicke *f*

grotesco, -a [gro'tesko] *adj* grotesk

grúa ['grua] *f* Kran *m;* (*vehículo*) Abschleppwagen *m*

grueso, -a ['grweso] *adj* korpulent

grulla ['gruʎa] *f* Kranich *m*

grumete [gru'mete] *m* Schiffsjunge *m*

grumo ['grumo] *m* Klumpen *m;* **~ de sangre** (Blut)gerinnsel *nt*

grumoso, -a [gru'moso] *adj* klumpig, verklumpt

gruñir [gru'ɲir] <3. *pret:* gruñó> *vi* grunzen; (*perro*) knurren; (*persona*) murren

gruñón, -ona [gru'ɲon] *m, f* (*fam*) Brummbär *m;* **es un viejo ~** er ist ein alter Brummbart

grupal [gru'pal] *adj* Gruppen-

grupo ['grupo] *m* Gruppe *f;* **~ (industrial)** Konzern *m;* **~ parlamentario** (POL) Fraktion *f;* **trabajo en ~** Teamarbeit *f*

gruta ['gruta] *f* Grotte *f*

guaca ['gwaka] *f* (*Am*) **1.** (*tesoro*) verborgener Schatz *m* **2.** (*hucha*) Spardose *f;* **hacer ~** Geld machen

guacal [gwa'kal] *m* (*AmC*) Kalebassenbaum *m;* (*jícara*) *aus einem Kürbis oder einer Kalebasse hergestelltes Essgeschirr*

guacamol(e) [gwaka'mol(e)] *f* (*Am*) Avocadocreme *f*

guachimán [gwatʃi'man] *m* (*Am*) Wächter *m*

guacho, -a ['gwatʃo] *m, f* (*AmS*) Waisenkind *nt;* (*expósito*) ausgesetztes Kind *nt*

guadaña [gwa'ðaɲa] *f* Sense *f*

guagua ['gwaɣwa] *f* (*Am*) Bus *m*

guajiro, -a [gwa'xiro] *m, f* (*Cuba*) weißer Bauer *m*, weiße Bäuerin *f*

guanaco, -a [gwa'nako] *adj* (*Am*) einfältig

guantada [gwaɳ'taða] *f* Ohrfeige *f;* **dar una ~ a alguien** jdn ohrfeigen

guantazo [gwaɳ'taθo] *m v.* **guantada**

guante ['gwan̪te] *m* Handschuh *m*
guantera [gwan̪'tera] *f* Handschuhfach *nt*
guapo, -a ['gwapo] *adj* 1. (*atractivo*) gut aussehend; (*Am*) mutig 2. (*fam: una cosa*) toll, super; **esta camiseta está guapa** dieses T-Shirt finde ich gut
guarangada [gwaraŋ'ɣaða] *f* (*Am*) Flegelei *f*
guaraní [gwara'ni] *adj* Guarani-
guarapo [gwa'rapo] *m* (*Am*) Zuckerrohrsaft *m*
guarda[1] ['gwarða] *mf* Wächter(in) *m(f)*; ~ **forestal** Förster(in) *m(f)*
guarda[2] ['gwarða] *f* Wache *f*
guardabarros [gwarða'βarros] *m* Schutzblech *nt*
guardabosque(s) [gwarða'βoske(s)] *mf* Förster(in) *m(f)*
guardacostas [gwarða'kostas] *m* Boot *nt* der Küstenwache
guardaespaldas [gwarðaes'paldas] *mf* Leibwächter(in) *m(f)*
guardar [gwar'ðar] I. *vt* 1. (*vigilar*) bewachen 2. (*proteger*) beschützen (*de* vor +*dat*) 3. (*conservar*) (auf)bewahren 4. (*loc*): ~ **cama** das Bett hüten; ~ **silencio** Stillschweigen bewahren II. *vr:* ~**se** sich hüten (*de* vor +*dat*)
guardarropa [gwarða'rropa] *m* Garderobe *f*
guardería [gwarðe'ria] *f* Kindergarten *m*
guardia[1] ['gwarðja] *f* 1. (*vigilancia*) Wache *f*; ¿**cuál es la farmacia de ~?** welche Apotheke hat Notdienst? 2. (DEP) Deckung *f* 3. (*instituciones*): **la Guardia Civil** die Guardia civil; ~ **municipal** [*o* **urbana**] Gemeindepolizei *f*; **estar en ~** auf der Hut sein
guardia[2] ['gwarðja] *mf:* ~ **civil** Beamte(r) *m* der Guardia civil, Beamtin *f*

der Guardia civil; ~ **municipal** [*o* **urbano**] Gemeindepolizist(in) *m(f)*; ~ **de tráfico** Verkehrspolizist(in) *m(f)*
guardián, -ana [gwar'ðjan] *m, f:* **perro ~** Wachhund *m*
guardilla [gwar'ðiʎa] *f* Dachzimmer *nt*
guarida [gwa'riða] *f* Versteck *nt*
guarnición [gwarni'θjon] *f* 1. (*adorno*) Verzierung *f* 2. (MIL) Garnison *f* 3. (GASTR) Garnierung *f*
guarrería [gwarre'ria] *f* Schweinerei *f*
guarro, -a ['gwarro] *adj* 1. (*cosa*) dreckig 2. (*persona*) schlampig
guasa ['gwasa] *f:* **estar de ~** zum Scherzen aufgelegt sein
guasca ['gwaska] *f* (*Am*) Peitsche *f*
guasearse [gwase'arse] *vr* sich lustig machen
guaso, -a ['gwaso] *adj* (*CSur*) bäurisch; (*torpe*) unhöflich
guasón, -ona [gwa'son] *m, f* Spaßvogel *m*
guatemalteco, -a [gwatemal'teko] *adj* guatemaltekisch
guateque [gwa'teke] *m* (*fam*) Party *f*
guay [gwaj] *adj* (*fam*) klasse
guayaba [gwa'ɟaβa] *f* (*Am*) Lüge *f*
guayabo [gwa'ɟaβo] *m* Guajavabaum *m*
Guayana [gwa'ɟana] *f* Guyana *nt*
gubernamental [guβernamen̪'tal] *adj* Regierungs-
guepardo [ge'parðo] *m* Gepard *m*
güero, -a ['gwero] *adj* (*Am*) blond
guerra ['gerra] *f* 1. Krieg *m*; **la ~ civil española** der spanische Bürgerkrieg; **ir a la ~** in den Krieg ziehen; ~ **mediática** Medienkrieg *m* 2. **estos niños dan mucha ~** (*fam*) diese Kinder sind sehr anstrengend
guerrero, -a [ge'rrero] *m, f* Krieger(in) *m(f)*
guerrilla [ge'rriʎa] *f* Guerilla *f*

guerrillero, -a [gerri'ʎero] *m, f* Guerillero, -a *m, f*
gueto ['geto] *m* Getto *nt*
guía[1] ['gia] *mf* Führer(in) *m(f)*; ~ **turístico** Fremdenführer *m*
guía[2] ['gia] *f:* ~ **telefónica** Telefonbuch *nt;* ~ **turística** Reiseführer *m*
guiar [gi'ar] <*1. pres:* guío> I. *vt* führen II. *vr:* ~**se** sich richten; **me guío por mi instinto** ich folge meinem Instinkt
guijarro [gi'xarro] *m* Kiesel(stein) *m*
guillarse [gi'ʎarse] *vr* (*fam*) überschnappen; **guillárselas** abhauen
guillotina [giʎo'tina] *f* Guillotine *f;* (*para papel*) (Papier)schneidemaschine *f*
guinda ['ginda] *f* Sauerkirsche *f*
guindilla [gin'diʎa] *f* Peperoni *f*
guineo [gi'neo] *m* (*Am*) Banane *f*
guión [gi'on] *m* 1. (*de una conferencia*) Konzept *nt* 2. (CINE) Drehbuch *nt;* (TV) Skript *nt* 3. (LING: *al fin de renglón*) Trennungsstrich *m;* (*en diálogo*) Gedankenstrich *m*
guionista [gjo'nista] *mf* Drehbuchautor(in) *m(f)*
guiñapo [gi'napo] *m* Lumpen *m;* (*degradado*) heruntergekommener Mensch *m*
guiñar [gi'nar] *vt* zwinkern
guiño ['gino] *m* (Zu)zwinkern *nt*
guiñol [gi'nol] *m* Kasper(le)theater *nt*
guiri ['giri] *mf* (*pey*) Ausländer(in) *m(f)*
guirigay [giri'ɣai] <guirigayes> *m* (*fam*) Kauderwelsch *nt;* (*barullo*) Wirrwarr *m*
guisado [gi'saðo] *m* Schmorbraten *m*
guisante [gi'sante] *m* Erbse *f*
guisar [gi'sar] *vt* kochen; (*con salsa*) schmoren
guiso ['giso] *m* Schmorbraten *m*
guita ['gita] *f* (*fam*) Kohle *f*
guitarra [gi'tarra] *f* Gitarre *f*

guitarrista [gita'rrista] *mf* Gitarrenspieler(in) *m(f)*
gula ['gula] *f* Gefräßigkeit *f*
gurú [gu'ru] *m* Guru *m*
gusano [gu'sano] *m* 1. (*lombriz*) Wurm *m;* ~ **informático** (INFOR) Computerwurm *m* 2. (*malo*) verächtlicher Mensch *m*
gustar [gus'tar] *vi* 1. gefallen; (*comida*) schmecken; **me gusta nadar** ich schwimme gern 2. (*querer*): ~ **de...** belieben zu ...; **me gustas** ich mag dich 3. (*condicional*): **me** ~**ía saber...** ich wüsste gern ...
gusto ['gusto] *m* 1. (*sentido*) Geschmack(ssinn) *m;* **una broma de mal** ~ ein geschmackloser Scherz 2. (*placer*) Vergnügen *nt;* ~**s caros** teures Vergnügen
gustoso, -a [gus'toso] *adj:* **te acompañaré** ~ ich werde dich gern begleiten
gutural [gutu'ral] *adj* gutural

H

H, h ['atʃe] *f* H, h *nt*
haba ['aβa] *f* Saubohne *f*
Habana [a'βana] *f:* **la** ~ Havanna *nt*
habanero, -a [aβa'nero] *adj* aus Havanna
habano [a'βano] *m* Havanna(zigarre) *f*
haber [a'βer] *irr* I. *aux* (*en tiempos compuestos*) haben, sein; **he comprado el periódico** ich habe die Zeitung gekauft II. *vimpers* 1. (*ocurrir*) geschehen; **¿qué hay?** was ist los?; **¿qué hay, Pepe?** wie geht's, Pepe? 2. (*efectuar*): **ayer hubo reunión** gestern fand die Sitzung statt

3. (*existir*) geben; **hay poca gente** es sind wenige Leute da; **¡muchas gracias!** – **no hay de qué** vielen Dank! – gern geschehen! **4.** (*hallarse*) sein; **había un papel en el suelo** auf dem Boden lag ein Blatt Papier

hábil ['aβil] *adj* geschickt; **días ~es** Arbeitstage *m pl*

habilidad [aβili'ðaˀ] *f* Geschicklichkeit *f;* **~es directivas** Führungsqualitäten *fpl*

habilidoso, -a [aβili'ðoso] *adj* geschickt

habilitar [aβili'tar] *vt* (JUR) befähigen

habiloso, -a [aβi'loso] *adj* (*Am*) flink

habitable [aβi'taβle] *adj* bewohnbar

habitación [aβita'θjon] *f* Zimmer *nt*

habitante [aβi'taɲte] *mf* Einwohner(in) *m(f)*

habitar [aβi'tar] **I.** *vi* wohnen (*en* in +*dat*) **II.** *vt* bewohnen

hábitat ['aβitaᵗ] <hábitats> *m* Habitat *nt*

hábito ['aβito] *m* (An)gewohnheit *f*

habitual [aβitu'al] *adj* gewöhnlich; **cliente ~** Stammgast *m*

habituar(se) [aβitu'ar(se)] <1. pres: habitúo> *vt, vr* (sich) gewöhnen (*a* an +*akk*)

habla ['aβla] *f* **1.** (*facultad*) Sprache *f;* **quedarse sin ~** sprachlos sein **2.** (*acto*) Sprechen *nt;* **país de ~ alemana** deutschsprachiges Land

hablado, -a [a'βlaðo] *adj:* **ser mal ~** sich derb ausdrücken

hablador(a) [aβla'ðor] *adj* gesprächig

habladuría [aβlaðu'ria] *f* Gerede *nt*

hablante [a'βlaɲte] *mf* Sprecher(in) *m(f)*

hablar [a'βlar] **I.** *vi* **1.** (*decir*) sprechen, reden; **~ a gritos** schreien; **¡ni ~!** auf gar keinen Fall!; **por no ~ de...** ganz zu schweigen von ... +*dat;* **¡y no se hable más!** und da-

mit basta! **2.** (*conversar*) reden; **~ con franqueza** offen sprechen; **~ por teléfono** telefonieren **II.** *vt* (be)sprechen **III.** *vr:* **~se** miteinander reden

hacer [a'θer] *irr* **I.** *vt* **1.** (*producir*) machen **2.** (*realizar*) machen, tun; **~ una llamada** anrufen; **hazlo por mí** tu es mir zuliebe **3.** (*pregunta*) stellen **4.** (*sombra*) spenden; (*daño*) zufügen (*a* +*dat*); **no puedes ~me esto** das kannst du mir nicht antun **5.** (*construir*) bauen **6.** (*procurar*) schaffen; **¿puedes ~me sitio?** kannst du etwas zur Seite rücken? **7.** (*transformar*): **~ pedazos algo** etw kaputtmachen *fam* **8.** (*llegar*): **~ noche en...** übernachten in ... +*dat* **9.** (*más sustantivo*): **~ caja** abrechnen; **~ caso a alguien** jdm gehorchen **10.** (*más verbo*): **~ creer algo a alguien** jdm etw weismachen; **hazle pasar** bitte ihn herein **11.** (TEAT) **~ el (papel de)** Fausto den Faust spielen **12.** (*carrera*) studieren; **¿haces francés o inglés?** lernst du Französisch oder Englisch? **13.** (GASTR) zubereiten **II.** *vr:* **~se 1.** (*habituarse*) sich gewöhnen (*a* an +*akk*) **2.** (*conseguir*) schaffen; **~se respetar** sich *dat* Respekt verschaffen **3.** (*resultar*): **se me hace muy difícil creer eso** es fällt mir sehr schwer, das zu glauben **III.** *vimpers* **1.** (*tiempo*): **hace frío/calor** es ist kalt/warm **2.** (*temporal*) vor +*dat;* **hace tres días** vor drei Tagen; **no hace mucho** vor kurzem

hacha ['atʃa] *f* Axt *f*

hache ['atʃe] *f* H, h *nt*

hachís [a'tʃis] *m* Haschisch *nt*

hacia ['aθja] *prep* **1.** (*dirección*) nach +*dat*, zu +*dat;* **fuimos ~ allí** wir gingen dorthin; **vino ~ mí** er/sie kam zu mir herüber **2.** (*cerca de*)

gegen +*akk* **3.** (*respecto a*) gegenüber +*dat*
hacienda [a'θjeṇḍa] *f:* la ~ **pública**
die Staatsfinanzen; **¿pagas mucho a**
~? zahlst du viel Steuern?
Hacienda [a'θjeṇḍa] *f* Steuerbehör-
de *f*
hada ['aða] *f* Fee *f;* **cuento de ~s**
Märchen *nt*
halagador(a) [alaɣa'ðor] *adj* (*que ha-
laga*) schmeichelhaft
halagar [ala'ɣar] <g → gu> *vt*
schmeicheln
halago [a'laɣo] *m* Lob *nt*
halcón [al'kon] *m* Falke *m*
hall [xol] *m* (Eingangs)halle *f*
hallar [a'ʎar] **I.** *vt* finden **II.** *vr:* ~**se**
1. (*sitio*) sich aufhalten **2.** (*estado*)
sein; **no me hallo a gusto aquí** ich
fühle mich hier nicht wohl
hallazgo [a'ʎaθɣo] *m* Entdeckung *f;*
(*cosa*) Fund *m*
halógeno [a'loxeno] *m* Halogen *nt*
halterofilia [alṭero'filja] *f* Gewichtheben *nt*
hamaca [a'maka] *f* Hängematte *f;*
(*AmS*) Schaukelstuhl *m*
hambre ['ambre] *f* Hunger *m;*
huelga de ~ Hungerstreik *m;* **morirse de ~** verhungern
hambrear [ambre'ar] *vt* (*Am*) aus-
hungern
hambriento, -a [am'brjeṇṭo] *adj*
hungrig
hambruna [am'bruna] *f* (*Am*) Hungersnot *f*
Hamburgo [am'burɣo] *m* Hamburg
nt
hamburguesa [ambur'ɣesa] *f* Hamburger *m*
hamburguesería [amburɣese'ria] *f*
Schnellimbiss *m*
hampa ['ampa] *f* Unterwelt *f*
hámster ['xamster] *m* Hamster *m*
Hannover [(x)a'noβer] *m* Hannover

nt
haragán, -ana [ara'ɣan] *m, f* Faulen-
zer(in) *m(f)*
haraganear [araɣane'ar] *vi* faulenzen
harakiri [(x)ara'kiri] *m* Harakiri *nt*
harapiento, -a [ara'pjeṇṭo] *adj* zerlumpt
harapo [a'rapo] *m* Lumpen *m*
hardware ['xar⁽ð⁾wer] *m* Hardware *f*
harem [a'ren] *m,* **harén** [a'ren] *m* Harem *m*
harina [a'rina] *f* Mehl *nt;* ~ **integral**
Vollkornmehl *nt;* ~ **de trigo** Wei-
zenmehl *nt*
harmonía [armo'nia] *f* Harmonie *f*
hartarse [ar'tarse] *irr vr* **1.** (*saciarse*)
sich satt essen (*de* mit +*dat*) **2.** ~ **de**
reír sich totlachen
harto, -a ['arto] *adj* **1.** (*repleto*) satt
2. (*sobrado*): **tengo hartas razones**
ich habe genügend Gründe **3. estar**
~ **de alguien/algo** jds/etw *gen*
überdrüssig sein
hartura [ar'tura] *f* Übersättigung *f*
hasta ['asta] **I.** *prep* **1.** (*de lugar*) bis
(zu); **te llevo ~ la estación** ich fahre
dich bis zum Bahnhof **2.** (*de tiempo*)
bis; ~ **ahora** bisher **3.** (*en despedidas*): **¡~ luego!** bis später!; **¡~ la
vista!** auf Wiedersehen!; **¡~ la próxima!** bis zum nächsten Mal! **II.** *adv*
selbst **III.** *conj:* ~ **cuando come lee
el periódico** sogar beim Essen liest
er/sie die Zeitung; **no consiguió un
trabajo fijo ~ que cumplió 40
años** erst als er/sie 40 wurde, bekam er/sie eine feste Stelle
hastío [as'tio] *m* **1.** (*repugnancia*)
Ekel *m* **2.** (*tedio*) Langeweile *f*
haya ['aɟa] *f* Buche *f*
Haya ['aɟa] *f:* La ~ Den Haag *nt*
haz [aθ] *m* **1.** (*hato*) Bündel *nt*
2. ~ **luminoso** Lichtbündel *nt*
hazaña [a'θaɲa] *f* Heldentat *f*

hazmerreír [aθmerre'ir] m Witzfigur f; **es el ~ de la gente** alle lachen ihn aus

HB [atʃe'βe] m abr de **Herri Batasuna** baskische Partei

he [e] 1. pres de **haber**

hebilla [e'βiʎa] f Schnalle f

hebra ['eβra] f Faden m

hebreo, -a [e'βreo] adj hebräisch

hecatombe [eka'tombe] f Hekatombe f

heces ['eθes] f Kot m

hechicería [etʃiθe'ria] f Hexenkunst f

hechicero, -a [etʃi'θero] m, f Medizinmann, -frau m, f

hechizar [etʃi'θar] <z → c> vt bezaubern

hechizo [e'tʃiθo] m Zauber m; **romper el ~** den Bann brechen

hecho¹ ['etʃo] m 1. (circunstancia) Tatsache f 2. (acto) Tat f; **~ delictivo** Straftat f 3. **lugar de los ~s** Tatort m 4. **de ~** tatsächlich

hecho, -a² ['etʃo] adj fertig

hectárea [ek'tarea] f Hektar nt

hedor [e'ðor] m Gestank m

hegemonía [exemo'nia] f Hegemonie f

hegemónico, -a [exe'moniko] adj hegemonisch

helada [e'laða] f Frost m

heladería [elaðe'ria] f Eiscafé nt

helado¹ [e'laðo] m (Speise)eis nt

helado, -a² [e'laðo] adj eisig; **el lago está ~** der See ist zugefroren

helador(a) [ela'ðor] adj eiskalt

helarse [e'larse] <e → ie> vr 1. **el lago se ha helado** der See ist zugefroren 2. **~ de frío** vor Kälte erstarren

helecho [e'letʃo] m Farnkraut nt

hélice ['eliθe] f Propeller m

helicóptero [eli'koptero] m Hubschrauber m

helio ['eljo] m Helium nt

helvético, -a [el'βetiko] adj schweizerisch

hematoma [ema'toma] m Bluterguss m

hembra ['embra] f Weibchen nt

hemeroteca [emero'teka] f Zeitungsarchiv nt

hemiciclo [emi'θiklo] m (POL: en España) Parlamentssaal m

hemisferio [emis'ferjo] m (Erd)halbkugel f

hemofilia [emo'filja] f Bluterkrankheit f

hemorragia [emo'rraxja] f starke Blutung f

hemorroides [emo'rrojðes] fpl Hämorriden fpl

heno ['eno] m Heu nt; **fiebre del ~** Heuschnupfen m

hepatitis [epa'titis] f inf Leberentzündung f

heptatlón [epta'ᵈlon] m Siebenkampf m

heráldica [e'raldika] f Wappenkunde f

herbario [er'βarjo] m Pflanzensammlung f

herbicida [erβi'θiða] m Unkrautvertilgungsmittel nt

herbívoro [er'βiβoro] m Pflanzenfresser m

herbolario [erβo'larjo] m f Heilkräuterladen m

hercio ['erθjo] m Hertz nt

heredable [ere'ðaβle] adj (ver)erblich

heredar [ere'ðar] vt erben; **propiedad heredada** vererbtes Eigentum

heredero, -a [ere'ðero] m, f Erbe, -in m, f; **el príncipe ~** der Kronprinz

hereditario, -a [ereði'tarjo] adj vererbbar; **enfermedad hereditaria** Erbkrankheit f

hereje [e'rexe] mf Ketzer(in) m(f)

herejía [ere'xia] f Ketzerei f

herencia [e'renθja] *f* Erbe *nt*

herético, -a [e'retiko] *adj* ketzerisch

herida [e'riða] *f* Wunde *f*

herido, -a [e'riðo] *adj* verletzt

herir(se) [e'rir(se)] *irr como sentir vt, vr* (sich) verletzen (*en* an +*dat*)

hermanado, -a [erma'naðo] *adj:* **ciudad hermanada** Partnerstadt *f*

hermanastro, -a [erma'nastro] *m, f* Stiefbruder, -schwester *m, f*

hermandad [erman'daⁿ] *f* (REL) Bruderschaft *f*

hermano, -a [er'mano] *m, f* Bruder, Schwester *m, f;* **~ político** Schwager *m*

hermético, -a [er'metiko] *adj* hermetisch

hermetismo [erme'tismo] *m* Verschlossenheit *f*

hermoso, -a [er'moso] *adj* (wunder)schön

hermosura [ermo'sura] *f* Schönheit *f*

hernia ['ernja] *f* (Eingeweide)bruch *m*

herniarse [er'njarse] *vr* sich *dat* einen Bruch heben

héroe ['eroe] *m* Held *m*

heroico, -a [e'rojko] *adj* heldenhaft

heroína [ero'ina] *f* Heldin *f;* (*droga*) Heroin *nt*

heroísmo [ero'ismo] *m* Heldentum *nt*

herpes ['erpes] *m o f* Herpes *m*

herradura [erra'ðura] *f* Hufeisen *nt*

herramienta [erra'mjenta] *f* Werkzeug *nt*

herrería [erre'ria] *f* Schmiede *f*

herrero [e'rrero] *m* Schmied *m*

hervir [er'βir] *irr como sentir vt* (auf)kochen (lassen)

Hesse ['(x)ese] *m* Hessen *nt*

heterodoxo, -a [etero'ðo'so] *adj* heterodox

heterogéneo, -a [etero'xeneo] *adj* verschiedenartig

heterosexual [eterose'swal] *adj* heterosexuell

hibernación [iβerna'θjon] *f* Winterschlaf *m*

hibernal [iβer'nal] *adj* Winter-, winterlich

hibernar [iβer'nar] *vi* Winterschlaf halten

híbrido¹ ['iβriðo] *m* (BIOL) Hybride *m o f*

híbrido, -a² ['iβriðo] *adj* hybrid

hidratante [iðra'tante] *adj:* **crema ~** Feuchtigkeitscreme *f*

hidrato [i'ðrato] *m* Hydrat *nt*

hidroavión [iðroaβi'on] *m* Wasserflugzeug *nt*

hidroeléctrico, -a [iðroe'lektriko] *adj:* **central hidroeléctrica** Wasserkraftwerk *nt*

hidrogenar [iðroxe'nar] *vt* (QUÍM) hydrieren

hidrógeno [i'ðroxeno] *m* Wasserstoff *m*

hidrográfico, -a [iðro'γrafiko] *adj* hydrografisch

hidroplano [iðro'plano] *m* Wasserflugzeug *nt*

hiedra ['jeðra] *f* Efeu *m*

hiel [jel] *f* Galle *f*

hielo ['jelo] *m* Eis *nt;* **~ en la carretera** Glatteis *nt;* **~ picado** zerhacktes Eis

hiena ['jena] *f* Hyäne *f*

hierba ['jerβa] *f* **1.** (*planta*) Gras *nt* **2.** (*comestible*) Kraut *nt;* **~ medicinal** Heilkraut *nt;* **infusión de ~s** Kräutertee *m;* **mala ~** Unkraut *nt*

hierbabuena [jerβa'βwena] *f* Minze *f*

hierro ['jerro] *m* Eisen *nt;* **edad del ~** Eisenzeit *f;* **salud de ~** eiserne Gesundheit; **voluntad de ~** eiserner Wille

hígado ['iγaðo] *m* Leber *f*

higiene [i'xjene] *f* Hygiene *f;* **~ per-**

sonal Körperpflege *f*

higiénico, -a [i'xjeniko] *adj* hygienisch; **papel** ~ Toilettenpapier *nt*

higo ['iɣo] *m* Feige *f*

hijastro, -a [i'xastro] *m, f* Stiefsohn, -tochter *m, f*

hijo, -a ['ixo] *m, f* Sohn, Tochter *m, f;* ~ **adoptivo** Adoptivkind *nt;* ~ **político** Schwiegersohn *m;* ~ **de puta** (*vulg*) Scheißkerl *m;* ~ **único** Einzelkind *nt*

híjole ['ixole] *interj* (*Am: fam*) Donnerwetter!

hilado [i'laðo] *m* Spinnen *nt*

hilandero, -a [ilaɲ'dero] *m, f* Spinner(in) *m(f)*

hilar [i'lar] *vt* weben

hilera [i'lera] *f* Reihe *f*

hilo ['ilo] *m* **1.** (*para coser*) Garn *nt* **2.** (*tela*) Leinen *nt* **3.** (TÉC) dünner Draht *m;* ~ **conductor** Leitungsdraht *m;* **telegrafía sin ~s** drahtlose Telegrafie **4.** **perder el** ~ den (roten) Faden verlieren

hilvanar [ilβa'nar] *vt* heften

himen ['imen] *m* Jungfernhäutchen *nt*

himno ['imno] *m* Hymne *f*

hincapié [iɲka'pje] *m:* **hacer** ~ **en algo** Nachdruck auf etw legen

hincar [iŋ'kar] <c → qu> **I.** *vt:* ~ **el diente en la pera** (*fam*) in die Birne hineinbeißen **II.** *vr:* ~**se de rodillas** niederknien

hincha ['intʃa] *mf* Fan *m*

hinchable [in'tʃaβle] *adj* aufblasbar; **colchón** ~ Luftmatratze *f;* **muñeca** ~ Gummipuppe *f*

hinchado, -a [in'tʃaðo] *adj* geschwollen

hinchar [in'tʃar] **I.** *vt* aufblasen **II.** *vr:* ~**se** anschwellen

hinchazón [intʃa'θon] *f* (An)schwellung *f*

hindi ['iɲdi] *m* Hindi *nt*

hindú [iɲ'du] *mf* Inder(in) *m(f)*

hinduismo [iɲdu'ismo] *m* Hinduismus *m*

hinojo [i'noxo] *m* Fenchel *m*

hiper ['iper] *m* (*fam*) großer Supermarkt *m*

hiperactivo, -a [iperak'tiβo] *adj* überaktiv

hipérbole [i'perβole] *f* (LIT) Hyperbel *f*

hipermercado [ipermer'kaðo] *m* großer Supermarkt *m*

hipermetropía [ipermetro'pia] *f* Weitsichtigkeit *f*

hipersensible [ipersen'siβle] *adj* überempfindlich

hipertensión [iperten'sjon] *f* Bluthochdruck *m*

hipertenso, -a [iper'tenso] *adj* hypertonisch; **mi padre es** ~ mein Vater hat einen zu hohen Blutdruck

hipertrofia [iper'trofja] *f* Hypertrophie *f*

hípica ['ipika] *f* Pferdesport *m*

hípico, -a ['ipiko] *adj* Pferde-; **concurso** ~ Springreiten *nt*

hipido [i'piðo] *m* Schluchzer *m*

hipnosis [iβ'nosis] *f inv* Hypnose *f*

hipnótico, -a [iβ'notiko] *adj* hypnotisch

hipnotizar [iβnoti'θar] <z → c> *vt* hypnotisieren

hipo ['ipo] *m* Schluckauf *m*

hipocondría [ipokoɲ'dria] *f* Hypochondrie *f*

hipocondríaco, -a [ipokoɲ'driako] *adj* hypochondrisch

hipocresía [ipokre'sia] *f* Heuchelei *f*

hipócrita [i'pokrita] *adj* heuchlerisch

hipódromo [i'poðromo] *m* Pferderennbahn *f*

hipopótamo [ipo'potamo] *m* Nilpferd *nt*

hipoteca [ipo'teka] *f* Hypothek *f*

hipotecar [ipote'kar] <c → qu> *vt* mit einer Hypothek belasten

hipotecario, -a [ipote'karjo] *adj:* **crédito ~** Hypothekarkredit *m*

hipotensión [ipoten'sjon] *f* niedriger Blutdruck *m*

hipotenusa [ipote'nusa] *f* (MAT) Hypotenuse *f*

hipotermia [ipo'termja] *f* Unterkühlung *f;* **muerte por ~** Kältetod *m*

hipótesis [i'potesis] *f inv* Hypothese *f*

hipotético, -a [ipo'tetiko] *adj* hypothetisch

hippie ['xipi], **hippy** ['xipi] **I.** *adj:* **moda ~** Hippielook *m* **II.** *mf* Hippie *m*

hiriente [i'rjeṇte] *adj:* **una observación ~** eine spitze Bemerkung

hirviente [ir'βjeṇte] *adj* kochend

hispalense [ispa'lense] *adj* aus Sevilla

hispánico, -a [is'paniko] *adj:* **Filología Hispánica** Hispanistik *f*

hispanidad [ispani'ðaᵒ] *f* Hispanität *f*

hispanista [ispa'nista] *mf* Hispanist(in) *m(f)*

hispanizar(se) [ispani'θar(se)] <z → c> *vt, vr* (sich) hispanisieren

hispano, -a [is'pano] *adj* Hispano-, hispanoamerikanisch

Hispanoamérica [ispanoa'merika] *f* hispanoamerikanische Länder *ntpl*

hispanoamericano, -a [ispanoameri'kano] *adj* hispanoamerikanisch

hispanohablante [ispanoa'βlaṇte] *adj:* **los países ~s** die spanischsprachigen Länder

histeria [is'terja] *f* Hysterie *f*

histérico, -a [is'teriko] *adj* hysterisch

historia [is'torja] *f* Geschichte *f;* **~ universal** Weltgeschichte *f*

historiador(a) [istorja'ðor] *m(f)* Historiker(in) *m(f)*

historial [isto'rjal] *m:* **~ delictivo** Vorstrafen *fpl;* **~ profesional** beruflicher Werdegang

histórico, -a [is'toriko] *adj* geschichtlich

historieta [isto'rjeta] *f* Comic(strip) *m*

hitleriano, -a [xiᵒle'rjano] *adj* Hitler-

hobby ['xoβi] <hobbies> *m* Hobby *nt*

hocico [o'θiko] *m* **1.** (*morro*) Schnauze *f* **2.** (*vulg*) Fresse *f;* **estar de ~s** schmollen

hocicudo, -a [oθi'kuðo] *adj* (*Am*) schlecht gelaunt; (*disgustado*) verärgert

hockey ['xokej] *m* Hockey *nt;* **~ sobre patines** Rollhockey *nt*

hogar [o'ɣar] *m* Zuhause *nt;* **~ del pensionista** Altenheim *nt;* **artículos para el ~** Haushaltsgeräte *ntpl;* **persona sin ~** Obdachlose(r) *m*

hogareño, -a [oɣa'reṇo] *adj* häuslich

hoguera [o'ɣera] *f* (Lager)feuer *nt*

hoja ['oxa] *f* **1.** (*de una planta*) (Blüten)blatt *nt* **2.** (*de papel*) Blatt *nt* Papier **3. ~ de pedido** Bestellschein *m* **4.** (*de arma*) Klinge *f*

hojalata [oxa'lata] *f* Blech *nt*

hojaldre [o'xaldre] *m* Blätterteig *m*

hojarasca [oxa'raska] *f* (dürres) Laub *nt*

hojear [oxe'ar] *vt* überfliegen

hola ['ola] *interj* hallo!

Holanda [o'laṇda] *f* Holland *nt*

holandés, -esa [olaṇdes] *adj* holländisch

holgado, -a [ol'ɣaðo] *adj* weit; (*espacioso*) geräumig

holganza [ol'ɣanθa] *f* **1.** (*ociosidad*) Untätigkeit *f* **2.** (*diversión*) Vergnügen *nt*

holgazán, -ana [olɣa'θan] *m, f* Faulenzer(in) *m(f)*

holgazanear [olɣaθane'ar] *vi* faulenzen

holgura [ol'ɣura] *f:* **vivir con ~** in guten Verhältnissen leben

hollín [o'ʎin] *m* Ruß *m*

holocausto [olo'kaᵾsto] *m* Holocaust *m*

hombrachón [ombra'tʃon] *m* kräftiger Mann *m*

hombre ['ombre] I. m 1. (varón)
Mann m; ~ **de confianza** Vertrau-
ensmann m; ~ **de negocios** Geschäftsmann m; ~ **puente** Mittels-
mann m 2. (ser humano) Mensch
m; ~ **del montón** Durchschnittsmensch m; ¡~ **al agua!** Mann über
Bord! II. interj Mann!; ¡~!, ¿**qué
tal?** na, wie geht's?; ¡**sí, ~!** aber natürlich!

hombrera [om'brera] f Schulterpols-
ter nt

hombre-rana ['ombre-'rrana] <hom-
bres-rana> m Taucher m

hombría [om'bria] f: **un acto de ~**
eine Heldentat

hombro ['ombro] m Schulter f; **ancho de ~s** breitschult(e)rig; **encogerse de ~s** die Achseln zucken

homenaje [ome'naxe] m: **rendir ~ a
alguien** jdn ehren

homenajear [omenaxe'ar] vt ehren

homeópata [ome'opata] mf Homöo-
path(in) m(f)

homeopatía [omeopa'tia] f Homöopathie f

homeopático, -a [omeo'patiko] adj
homöopathisch

homicida [omi'θiða] mf Mörder(in)
m(f)

homicidio [omi'θiðjo] m Tötung f;
brigada de ~s Mordkommission f

homogeneizar [omoxeneĩ'θar] <z
→ c> vt homogenisieren

homogéneo, -a [omo'xeneo] adj
einheitlich

homologación [omoloɣa'θjon] f
amtliche Genehmigung f

homologar [omolo'ɣar] <g → gu>
vt 1. (escuela) amtlich genehmigen
2. (DEP) anerkennen 3. (TÉC): **casco
homologado** TÜV-geprüfter Helm

homólogo, -a [o'moloɣo] m, f Amts-
kollege, -in m, f

homónimo [o'monimo] m Homo-

nym nt

homosexual [omoseˠ'swal] adj homosexuell

homosexualidad [omoseˠswali'ðaᵒ]
f Homosexualität f

honda ['onda] f Schleuder f

hondo, -a ['ondo] adj tief; **respirar ~**
tief einatmen

Honduras [on'duras] f Honduras nt

hondureño, -a [ondu'reɲo] adj honduranisch

honestidad [onesti'ðaᵒ] f Anständigkeit f

honesto, -a [o'nesto] adj anständig

hongo ['oŋgo] m Pilz m

honor [o'nor] m Ehre f; **cuestión de ~**
Ehrensache f; ¡**palabra de ~!** Ehrenwort!; ¡**por mi ~!** bei meiner Ehre!

honorable [ono'raβle] adj ehrbar

honorario¹ [ono'rarjo] m Honorar nt

honorario, -a² [ono'rarjo] adj Ehren-;
cónsul ~ Honorarkonsul m

honorífico, -a [ono'rifiko] adj Ehren-

honra ['onrra] f Ehre f

honradez [onrra'ðeθ] f Anständigkeit
f; **falta de ~** Unredlichkeit f

honrado, -a [on'rraðo] adj anständig;
llevar una vida honrada ein redli-
ches Leben führen

honrar [on'rrar] vt ehren; **nos honra
con su presencia** Sie beehren uns
mit Ihrer Gegenwart

hora ['ora] f 1. (de un día) Stunde f;
media ~ eine halbe Stunde; **un
cuarto de ~** eine Viertelstunde;
una ~ y media anderthalb Stunden;
~ **de consulta** Sprechstunde f; **a última ~** in letzter Sekunde 2. (del reloj) Uhrzeit f; ¿**qué ~ es?** wie viel
Uhr ist es?; ¿**a qué ~ vendrás?** um
wie viel Uhr kommst du?; **el dentista me ha dado ~ para el martes**
ich habe am Dienstag einen Termin
beim Zahnarzt; **poner el reloj en ~**
die Uhr stellen 3. (tiempo) Zeit f; **a**

la ~ de la verdad... wenn es ernst wird ...; **ya va siendo ~ que...** +*subj* es wird höchste Zeit, dass ...

horario ['orarjo] *m* Stundenplan *m;* (*de medio de transporte*) Fahrplan *m;* ~ **flexible** gleitende Arbeitszeit

horca ['orka] *f* Galgen *m*

horcajadas [orka'xaðas]: **a ~** rittlings

horchata [or'tʃata] *f Erdmandelmilch*

horda ['orða] *f* Horde *f*

horizontal [oriθon'tal] *adj* waag(e)recht

horizonte [ori'θonte] *m* Horizont *m*

horma ['orma] *f* **1.** (TÉC: *molde*) Form *f* **2.** (*muelle*) Schuhspanner *m;* ~ **de zapatos** Schuhleisten *m*

hormiga [or'miɣa] *f* Ameise *f;* ~ **blanca** Termite *f*

hormigón [ormi'ɣon] *m* Beton *m;* ~ **armado** Stahlbeton *m*

hormigonera [ormiɣo'nera] *f* Betonmischmaschine *f*

hormigueo [ormi'ɣeo] *m* Gewimmel *nt*

hormiguero [ormi'ɣero] *m* Ameisenhaufen *m*

hormona [or'mona] *f* Hormon *nt*

hormonal [ormo'nal] *adj* hormonell

hornear [orne'ar] *vt* backen

hornillo [or'niʎo] *m:* ~ **de gas** Gaskocher *m;* ~ **portátil** (Camping)kocher *m*

horno ['orno] *m* **1.** (*cocina*) Backofen *m;* ~ **microondas** Mikrowelle *f;* **recién salido del ~** frisch gebacken **2.** (TÉC) Ofen *m;* ~ **crematorio** Verbrennungsofen *m;* **alto ~** Hochofen *m*

horóscopo [o'roskopo] *m* Horoskop *nt*

horrendo, -a [o'rrendo] *adj v.* **horroroso**

horrible [o'rriβle] *adj* **1.** (*horroroso*) schrecklich; **un crimen ~** eine Gräueltat; **una historia ~** eine Schauergeschichte **2.** (*muy feo*) äußerst hässlich

horripilante [orripi'lante] *adj* haarsträubend

horror [o'rror] *m* **1.** **¡qué ~!** wie entsetzlich! **2.** (*aversión*) Horror *m* (*a* vor +*dat*) **3.** *pl:* **los ~es de la guerra** die Gräuel des Krieges

horrorizar [orrori'θar] <z → c> I. *vt* mit Entsetzen erfüllen II. *vr:* ~**se** entsetzt sein (*de* über +*akk*)

horroroso, -a [orro'roso] *adj* schrecklich

hortaliza [orta'liθa] *f* Gemüse *nt*

hortera [or'tera] *adj* geschmacklos

horterada [orte'raða] *f:* **esta película es una ~** dieser Film ist kitschig

hortícola [or'tikola] *adj:* **producto ~** Gartenerzeugnis *nt*

hosco, -a ['osko] *adj* mürrisch

hospedarse [ospe'ðarse] *vr* übernachten (*en* in +*dat*)

hospicio [os'piθjo, -a] *m* Waisenhaus *nt;* (*para pobres*) Armenhaus *nt*

hospital [ospi'tal] *m* Krankenhaus *nt;* ~ **militar** Lazarett *nt*

hospitalario, -a [ospita'larjo] *adj* gastfreundlich

hospitalidad [ospitali'ðaᵈ] *f* Gastfreundschaft *f*

hospitalización [ospitaliθa'θjon] *f* Krankenhauseinweisung *f*

hospitalizar [ospitali'θar] <z → c> *vt* in ein Krankenhaus einweisen

hostal [os'tal] *m* Gasthaus *nt*

hostelería [ostele'ria] *f* Hotel- und Gaststättengewerbe *nt*

hostería [oste'ria] *f* Gasthaus *nt*

hostia ['ostja] I. *f* **1.** (REL) Hostie *f;* **¡me cago en la ~!** (*vulg*) verdammt noch mal! *fam* **2.** (*vulg*) Ohrfeige *f;* (*golpe*) Schlag *m;* **darse una ~** sich *dat* anschlagen; **iba a toda ~** er/sie hatte einen Affenzahn drauf *fam* II. *interj* (*vulg*) Sakrament (noch mal)! *fam*

hostigar [osti'ɣar] <g → gu> vt bedrängen

hostil [os'til] adj feindselig

hostilidad [ostili'ðaᵒ] f Feindseligkeit f

hotel [o'tel] m Hotel nt

hotelero, -a [ote'lero] adj Hotel-; **industria hotelera** Hotelgewerbe nt

hovercraft [oβer'kraf] <hovercrafts> m Luftkissenfahrzeug nt

hoy [oi] adv heute; **~ (en) día** heutzutage; **de ~ en adelante** ab heute

hoyo ['oʝo] m Grube f

hoyuelo [o'ʝwelo] m (Wangen)grübchen nt

hoz [oθ] f Sichel f

huasca ['waska] f (Am) Peitsche f

hubo ['uβo] 3. pret de **haber**

hucha ['utʃa] f Sparbüchse f

hueco¹ ['weko] m 1. (agujero) Loch nt; **~ de mercado** Marktlücke f 2. (lugar) Sitzplatz m; **hazme un ~** mach mir etwas Platz 3. **hazme un ~ para mañana** nimm dir morgen ein bisschen Zeit für mich

hueco, -a² ['weko] adj hohl

huelga ['welɣa] f Streik m; **~ general** Generalstreik m; **~ de hambre** Hungerstreik m; **convocar una ~** einen Streik ausrufen; **hacer ~** streiken

huelguista [wel'ɣista] mf Streikende(r) f(m)

huella ['weʎa] f 1. (señal) Abdruck m; **~ de un animal** Fährte f; **~ dactilar** Fingerabdruck m 2. (vestigio) Spur f; **seguir las ~s de alguien** in jds Fußstapfen treten

huérfano, -a ['werfano] I. adj Waisen-; **~ de padre** vaterlos; **quedarse ~** verwaisen II. m, f Waisenkind nt; **~ de padre y madre** Vollwaise f

huerto ['werto] m Gemüsegarten m; **~ familiar** Kleingarten m; **llevar a alguien al ~** (fam) jdn rumkriegen

hueso ['weso] m 1. (ANAT) Knochen m; **carne sin ~** knochenloses Fleisch; **está pirrada por sus ~s** (fam) sie hat sich in ihn verknallt 2. (BOT) (Obst)kern m 3. **un ~ duro de roer** eine harte Nuss

huésped(a) ['wespeᵒ] m(f) Gast m

huesudo, -a [we'suðo] adj knochig

hueva ['weβa] f Fischei nt

huevada [we'βaða] f (AmS: fam) Dummheit f

huevo ['weβo] m 1. (BIOL) Ei nt; **~ duro** hart gekochtes Ei; **~s fritos** Spiegeleier nt pl; **clara de ~** Eiweiß nt; **poner un ~** ein Ei legen 2. (vulg) Ei nt fam; **¡estoy hasta los ~s!** ich habe die Nase voll! fam

huida [u'iða] f Flucht f

huidizo, -a [ui'ðiθo] adj scheu

huido, -a [u'iðo] m, f Flüchtige(r) f(m)

huir [u'ir] irr vi fliehen

hule ['ule] m Wachstuch nt

hulla ['uʎa] f Steinkohle f

humanamente [umana'mente] adv: **hacer todo lo ~ posible** alles Menschenmögliche tun

humanidad [umani'ðaᵒ] f: **un crimen contra la ~** ein Verbrechen gegen die Menschlichkeit

humanismo [uma'nismo] m Humanismus m

humanista [uma'nista] mf Humanist(in) m(f)

humanístico, -a [uma'nistiko] adj humanistisch

humanitario, -a [umani'tarjo] adj: **organización humanitaria** Hilfsorganisation f

humanizar [umani'θar] <z → c> vt humanisieren; (ARTE) vermenschlichen

humano, -a [u'mano] adj 1. (del hombre) Menschen-; **naturaleza humana** menschliche Natur; **ser ~** Mensch m 2. (condiciones) menschlich

humareda [uma'reða] *f* Rauchwolke *f*

humedad [ume'ðaᵒ] *f* Feuchtigkeit *f*

humedecer [umeðe'θer] *irr como crecer vt* befeuchten

húmedo, -a ['umeðo] *adj* feucht

humildad [umil'daᵒ] *f* Bescheidenheit *f*

humilde [u'milde] *adj* **1.** (*modesto*) bescheiden; **un ~ trabajador** ein einfacher Arbeiter **2. ser de orígenes ~s** aus bescheidenen Verhältnissen stammen

humillación [umiʎa'θjon] *f* Demütigung *f*

humillar(se) [umi'ʎar(se)] *vt, vr* (sich) demütigen

humo ['umo] *m* **1.** (*de chimenea*) Rauch *m;* **señal de ~** Rauchsignal *nt;* **en ese bar siempre hay ~** diese Kneipe ist immer völlig verqualmt **2.** *pl:* **tener muchos ~s** sehr eingebildet sein

humor [u'mor] *m* **1.** (*cualidad*) Humor *m* **2.** (*ánimo*) Laune *f;* **estar de mal ~** schlecht gelaunt sein

humorado, -a [umo'raðo, -a] *adj:* **bien/mal ~** gut gelaunt/schlecht gelaunt

humorista [umo'rista] *mf* Komiker(in) *m(f)*

humorístico, -a [umo'ristiko] *adj* humoristisch

humus ['umus] *m* Humus *m*

hundido, -a [uŋ'diðo] *adj* deprimiert

hundimiento [unŋdi'mjento] *m* Einsturz *m;* (ECON) Zusammenbruch *m*

hundirse [uŋ'dirse] *vr* **1.** (*barco*) untergehen **2.** (*fracasar*) scheitern

húngaro, -a ['uŋgaro] *adj* ungarisch

Hungría [uŋ'gria] *f* Ungarn *nt*

huno, -a ['uno] *m, f* Hunne, -in *m, f*

huracán [ura'kan] *m* Orkan *m*

huraño, -a [u'raɲo] *adj* ungesellig

hurgar [ur'ɣar] <g → gu> *vt:* **~ la**

nariz in der Nase bohren

hurguetear [urɣete'ar] *vt* (*Am*) (herum)schnüffeln

hurtadillas [urta'ðiʎas]: **a ~** heimlich

hurtar [ur'tar] *vt* stehlen

hurto ['urto] *m* Diebstahl *m*

husmear [usme'ar] *vi, vt* schnüffeln

huso ['uso] *m* Spindel *f*

I

I, i [i] *f* I, i *nt; ~* **griega** Ypsilon *nt*

ibérico, -a [i'βeriko] *adj:* **Península Ibérica** Iberische Halbinsel

Iberoamérica [iβeroa'merika] *f* Iberoamerika *nt*

iberoamericano, -a [iβeroameri-'kano] *adj* iberoamerikanisch

ida ['iða] *f* Hinfahrt *f; ~* **y vuelta** Hin- und Rückfahrt *f*

idea [i'ðea] *f* Idee *f;* (*conocimiento*) Vorstellung *f;* **ni ~** keine Ahnung

ideal [iðe'al] *adj* ideal

idealismo [iðea'lismo] *m* Idealismus *m*

idealista [iðea'lista] *adj* idealistisch

idear [iðe'ar] *vt* **1.** (*concebir*) sich *dat* ausdenken **2.** (*inventar*) erfinden **3.** (*un plan*) entwerfen

idéntico, -a [i'ðentiko] *adj* identisch

identidad [iðenti'ðaᵒ] *f:* **carné de ~** Personalausweis *m*

identificación *f* (*de alguien, algo*) Identifizierung *f; ~* **de llamadas** (TEL) Anruferkennung *f*

identificar(se) [iðentifi'kar(se)] <c → qu> *vt, vr* (sich) identifizieren

ideología [iðeolo'xia] *f* Ideologie *f*

idílico, -a [i'ðiliko] *adj* idyllisch

idilio [i'ðiljo] *m* Idylle *f*

idioma [i'ðjoma] *m* Sprache *f*

idiota [i'ðjota] *mf* Idiot(in) *m (f)*
idiotez [iðjo'teθ] *f* Blödsinn *m*
ido, -a ['iðo] *adj (fam)* verrückt
ídolo ['iðolo] *m* Idol *nt*
idóneo, -a [i'ðoneo] *adj* geeignet
iglesia [i'ɣlesja] *f* Kirche *f*; **casarse por la ~** kirchlich heiraten
iglú [i'ɣlu] *m* Iglu *m o nt*
ignorancia [iɣno'ranθja] *f* Unwissenheit *f*
ignorante [iɣno'rante] *adj* unwissend
ignorar [iɣno'rar] *vt* nicht kennen; *(no saber)* nicht wissen; *(no hacer caso)* ignorieren
igual [i'ɣwal] **I.** *adj* **1.** *(genau)* gleich **2.** *(lo mismo)* gleichgültig; **¡es ~!** (das ist) egal! **II.** *adv* **1.** *(fam)* vielleicht **2. ~ que...** genauso wie ...; **al ~ que...** ebenso wie ...
igualar [iɣwa'lar] **I.** *vt* gleichmachen; *(nivelar)* ausgleichen; *(ajustar)* anpassen **II.** *vi* gleichkommen *(en +dat)* **III.** *vr:* **~se** gleichen *(a/con +dat)*; *(ponerse al igual)* sich (einander) angleichen
igualdad [iɣwal'dað] *f* Gleichheit *f*; **~ de derechos** Gleichberechtigung *f*
igualmente [iɣwal'mente] **I.** *interj* danke, gleichfalls! **II.** *adv* gleichermaßen; *(también)* ebenfalls
ilegal [ile'ɣal] *adj* illegal
ilegible [ile'xiβle] *adj* unleserlich
ilegítimo, -a [ile'xitimo] *adj* unrechtmäßig; *(hijo)* unehelich; *(exigencia)* ungerechtfertigt
ileso, -a [i'leso] *adj* unverletzt
ilícito, -a [i'liθito] *adj* verboten
ilimitado, -a [ilimi'taðo] *adj* unbegrenzt
ilógico, -a [i'loxiko] *adj* unlogisch
iluminación [ilumina'θjon] *f* Beleuchtung *f*
iluminar [ilumi'nar] *vt* **1.** *(alumbrar)* beleuchten; *(como decoración)* festlich beleuchten; *(un monumento)* anstrahlen **2.** (REL) erleuchten
ilusión [ilu'sjon] *f* **1.** *(espejismo)* (Sinnes)täuschung *f* **2.** *(esperanza)* Hoffnung *f* **3.** *(visión)* (falsche) Vorstellung *f;* **hacerse ilusiones** sich *dat* etwas vormachen **4.** *(alegría)* Freude *f;* **ese viaje me hace mucha ~** ich freue mich sehr auf diese Reise
ilusionarse [ilusjo'narse] *vr* sich *dat* falsche Hoffnungen machen; *(alegrarse)* sich freuen *(con* über *+akk)*
ilusionista [ilusjo'nista] *mf* Zauberkünstler(in) *m (f)*
iluso, -a [i'luso] *adj* leichtgläubig
ilustración [ilustra'θjon] *f* **1.** *(imagen)* Abbildung *f;* **~ gráfica** grafische Darstellung **2.** (HIST): **la Ilustración** die Aufklärung
ilustrar [ilus'trar] **I.** *vt* aufklären **II.** *vr:* **~se** sich bilden
ilustre [i'lustre] *adj* berühmt
imagen [i'maxen] *f* Ebenbild *nt; (fama)* Image *nt*
imaginable [imaxi'naβle] *adj* vorstellbar
imaginación [imaxina'θjon] *f* Vorstellung(skraft) *f;* **ni por ~** auf keinen Fall
imaginar(se) [imaxi'nar(se)] *vt, vr* (sich *dat*) vorstellen
imán [i'man] *m* Magnet *m*
imbécil [im'beθil] *adj* blöd
imbecilidad [imbeθili'ðaθ] *f* Blödsinn *m*
imborrable [imbo'rraβle] *adj* unauslöschlich
imitable [imi'taβle] *adj* nachahmenswert
imitación [imita'θjon] *f* **1.** *(copia)* Nachahmung *f;* **a ~ de...** nach dem Vorbild von ... **2.** *(como falsificación)* Imitation *f;* **perlas de ~** Kunstperlen *fpl*
imitar [imi'tar] *vt* nachmachen; *(paro-*

diar) imitieren; **~ una firma** eine Unterschrift fälschen

impaciencia [impa'θjenθja] *f* Ungeduld *f*

impaciente [impa'θjeņte] *adj* (*ser*) ungeduldig; (*estar*) begierig

impactar [impak'tar] *vt* beeindrucken

impacto [im'pakto] *m* (Ein)schlag *m;* (*impresión*) Eindruck *m;* **~ (medio)ambiental** Umweltbelastung *f*

impago [im'payo] *m* Nichtzahlung *f;* **~ de impuestos** Steuerumgehung *f*

impar [im'par] *adj* ungerade

imparable [impa'raβle] *adj* unhaltbar

imparcial [impar'θjal] *adj* unvoreingenommen

impartir [impar'tir] *vt* erteilen

impasible [impa'siβle] *adj* gleichmütig

impecable [impe'kaβle] *adj* tadellos

impedimento [impeδi'meņto] *m* Hindernis *nt;* (*t.* MED) Behinderung *f*

impedir [impe'δir] *irr como pedir vt* verhindern; (*estorbar*) abhalten

impensable [impen'saβle] *adj* undenkbar

imperar [impe'rar] *vi* (vor)herrschen

imperativo [impera'tiβo] *m* **1.** (LING) Imperativ *m* **2.** *pl* Gebot *nt*

imperceptible [imperθep'tiβle] *adj* nicht wahrnehmbar

imperdible [imper'δiβle] *m* Sicherheitsnadel *f*

imperdonable [imperδo'naβle] *adj* unverzeihlich

imperfecto, -a [imper'fekto] *adj* unvollkommen

imperialismo [imperja'lismo] *m* Imperialismus *m*

imperio [im'perjo] *m* Reich *nt;* (*mandato*) Herrschaft *f*

impermeable [imperme'aβle] **I.** *adj* (wasser)dicht **II.** *m* Regenmantel *m*

impersonal [imperso'nal] *adj* unpersönlich

impertinente [imperti'neņte] *adj* unverschämt

imperturbable [impertur'βaβle] *adj* unerschütterlich

ímpetu ['impetu] *m* Schwung *m*

implacable [impla'kaβle] *adj* unerbittlich

implantar [implaņ'tar] *vt* einführen; (MED) implantieren

implicar [impli'kar] <c → qu> **I.** *vt* beinhalten; (*una consecuencia*) zur Folge haben **II.** *vr:* **~se** sich verwickeln (*en* in +*akk*)

implícito, -a [im'pliθito] *adj* implizit

implorar [implo'rar] *vt* (an)flehen; **~ (el) perdón** um Verzeihung flehen

imponente [impo'neņte] *adj* beeindruckend

imponer [impo'ner] *irr como poner* **I.** *vt* aufzwingen; (*impuestos*) erheben (*sobre* für +*akk*); (*respeto*) einflößen **II.** *vi* imponieren **III.** *vr:* **~se** sich aufdrängen; (*hacerse ineludible*) unbedingt notwendig sein; (*hacerse obedecer*) sich durchsetzen (*a* gegen +*akk*); (*tomar como obligación*) sich *dat* auferlegen

importación [importa'θjon] *f* Einfuhr *f*

importador(a) [importa'δor] *m(f)* Importeur(in) *m(f)*

importancia [impor'taņθja] *f* **1.** (*interés*) Bedeutung *f;* **sin ~** bedeutungslos **2.** (*extensión*) Ausmaß *nt* **3. darse ~** (*fam*) angeben

importante [impor'taņte] *adj* bedeutend; **lo ~ es... +***inf* Hauptsache ...

importar [impor'tar] **I.** *vt* einführen; (*precio*) betragen **II.** *vi:* **¿a ti qué te importa?** was geht dich das an?

importe [im'porte] *m* Betrag *m*

importunar [importu'nar] *vt* belästigen; (*molestar*) stören

imposibilitado, -a [imposiβili'taðo] *adj* verhindert

imposible [impo'siβle] *adj* unmöglich; (*fam*) unerträglich; (*Am*) ekelhaft

impositiva [imposi'tiβa] *f* (*Am*) Finanzamt *nt*

impositivo, -a [imposi'tiβo] *adj* Steuer-; **capacidad impositiva** Steuerfähigkeit *f*

impostor(a) [impos'tor] *m(f)* Betrüger(in) *m(f)*

impotencia [impo'tenθja] *f* **1.** (*falta de poder*) Machtlosigkeit *f* **2.** (*incapacidad*) Unfähigkeit *f* **3.** (MED) Impotenz *f*

impotente [impo'tente] *adj* machtlos; (MED) impotent

impracticable [imprakti'kaβle] *adj* unausführbar

imprecisión [impreθi'sjon] *f* Ungenauigkeit *f*

impreciso, -a [impre'θiso] *adj* ungenau

impredecible [impreðe'θiβle] *adj* nicht voraussagbar

impremeditado, -a [impremeði'taðo] *adj* unbedacht

imprenta [im'prenta] *f* (Buch)druck *m*

imprescindible [impresθin'diβle] *adj* unentbehrlich

impresión [impre'sjon] *f* (Ab)druck *m*; (*sensación*) (Sinnes)eindruck *m*

impresionante [impresjo'nante] *adj* beeindruckend

impresionar [impresjo'nar] **I.** *vt* beeindrucken **II.** *vr*: ~se beeindruckt sein

impresionismo [impresjo'nismo] *m* Impressionismus *m*

impreso [im'preso] *m* **1.** (*formulario*) Formular *nt* **2.** (*envío*) Drucksache *f*; ~ **publicitario** Werbedrucksache *f*

impresora [impre'sora] *f* Drucker *m*

imprevisible [impreβi'siβle] *adj* unvorhersehbar

imprevisto [impre'βisto] *m* unerwartetes Ereignis *nt*

imprimir [impri'mir] *vt irr* (aus)drucken

improbable [impro'βaβle] *adj* unwahrscheinlich

improcedente [improθe'ðente] *adj* rechtswidrig

improductivo, -a [improðuk'tiβo] *adj* unproduktiv

impropio, -a [im'propjo] *adj:* **ese comportamiento es ~ en él** dieses Verhalten passt nicht zu ihm

improrrogable [improrro'γaβle] *adj* nicht verlängerbar

improvisar [improβi'sar] *vt* improvisieren

improviso, -a [impro'βiso] *adj:* **de ~** plötzlich; **coger a alguien de ~** jdn überraschen

imprudencia [impru'ðenθja] *f* Fahrlässigkeit *f*

impuesto [im'pwesto] *m* (FIN) Steuer *f*; ~ **sobre la renta** Einkommensteuer *f*; ~ **sobre los salarios** Lohnsteuer *f*; **libre de ~s** steuerfrei; **sujeto a ~s** steuerpflichtig

impugnar [impuγ'nar] *vt* anfechten

impulsar [impul'sar] *vt* bewegen (*a* zu +*dat*); (*estimular*) antreiben

impulsivo, -a [impul'siβo] *adj* impulsiv

impulso [im'pulso] *m* Anstoß *m*; ~ **sexual** Sexualtrieb *m*

impune [im'pune] *adj* straffrei

impuro, -a [im'puro] *adj* unrein

imputar [impu'tar] *vt* zurückführen (*a* auf +*akk*)

inabarcable [inaβar'kaβle] *adj* unermesslich

inaccesible [inaγθe'siβle] *adj* unerreichbar

inaceptable [inaθep'taβle] *adj* unannehmbar

inactivo, -a [inak'tiβo] *adj* untätig

inadaptable [inaðap'taβle] *adj* nicht anpassungsfähig

inadecuado, -a [inade'kwaðo] *adj* ungeeignet

inadmisible [inaðmi'siβle] *adj* unzulässig

inagotable [inaɣo'taβle] *adj* unerschöpflich

inaguantable [inaɣwan'taβle] *adj* unerträglich

inalámbrico, -a [ina'lambriko] *adj* schnurlos

inalcanzable [inalkan'θaβle] *adj* unerreichbar

inalterable [inalte'raβle] *adj* unerschütterlich

inamovible [inamo'βiβle] *adj* unversetzbar

inanición [inani'θjon] *f* Erschöpfung *f*

inanimado, -a [inani'maðo] *adj*, inánime [i'nanime] *adj* leblos

inapelable [inape'laβle] *adj* unanfechtbar

inapetencia [inape'tenθja] *f* Appetitlosigkeit *f*

inaplazable [inapla'θaβle] *adj* unaufschiebbar

inapreciable [inapre'θjaβle] *adj* nicht wahrnehmbar

inasequible [inase'kiβle] *adj* unerreichbar

inaudito, -a [inau'ðito] *adj* noch nie da gewesen

inauguración [inauɣura'θjon] *f* Einweihung *f*

inaugural [inauɣu'ral] *adj* Eröffnungs-; discurso ~ Eröffnungsrede *f*

inaugurar [inauɣu'rar] *vt* einweihen

inca ['inka] *m* Inka *m*

incalculable [inkalku'laβle] *adj* unschätzbar

incansable [inkan'saβle] *adj* unermüdlich

incapacitado, -a [inkapaθi'taðo] *m*, *f* Behinderte(r) *f(m)*

incapaz [inka'paθ] *adj* unfähig (de zu +dat)

incautarse [inkau'tarse] *vr* beschlagnahmen (de +akk)

incauto, -a [in'kauto] *adj* unvorsichtig

incendiarse [inθen'djarse] *vr* sich entzünden

incendio [in'θendjo] *m* Brand *m*; ~ intencionado Brandstiftung *f*

incentivar [inθenti'βar] *vt* fördern (a +akk)

incentivo [inθen'tiβo] *m* Anreiz *m*

incertidumbre [inθerti'ðumbre] *f* Ungewissheit *f*

incesante [inθe'sante] *adj* unaufhörlich

incesto [in'θesto] *m* Inzest *m*

incidente [inθi'ðente] *m* Zwischenfall *m*

incidir [inθi'ðir] *vi* Auswirkungen haben (en auf +akk)

incienso [in'θjenso] *m* Weihrauch *m*

incierto, -a [in'θjerto] *adj* ungewiss

incinerar [inθine'rar] *vt* einäschern

inciso [in'θiso] *m* Exkurs *m*

incitar [inθi'tar] *vt* anstiften (a zu +dat)

incívico, -a [in'θiβiko] *adj* asozial

inclemencia [inkle'menθja] *f*: las ~s del tiempo die Unbilden des Wetters

inclinación [inklina'θjon] *f* 1. (declive) Neigung *f* 2. (reverencia) Verbeugung *f*; (con la cabeza) Zunicken *nt* 3. (afecto) Zuneigung *f* (por für +akk)

inclinarse [inkli'narse] *vr* neigen (por zu +dat)

incluir [inklu'ir] *irr como huir* *vt* beinhalten; todo incluido alles inklusive inclusive [iŋklu'siβe] adv einschließlich

incluso [iŋ'kluso] I. adv sogar II. prep sogar; habéis aprobado todos, ~ tú ihr habt alle bestanden, selbst du

incógnita [iŋ'koɣnita] f 1. (MAT: magnitud) unbekannte Größe f 2. (enigma) Rätsel nt; (secreto) Geheimnis nt; despejar la ~ (enigma) das Rätsel lösen

incógnito, -a [iŋ'koɣnito] adj unbekannt

incoherente [iŋkoe'rente] adj unzusammenhängend

incoloro, -a [iŋko'loro] adj farblos

incomodar [iŋkomo'ðar] I. vt stören II. vr: ~se sich beleidigt fühlen

incomodidad [iŋkomoði'ðaᵒ] f Unbequemlichkeit f

incómodo, -a [iŋ'komoðo] adj unbequem; estar ~ sich unbehaglich fühlen

incomparable [iŋkompa'raβle] adj unvergleichlich

incompatible [iŋkompa'tiβle] adj inkompatibel

incompetencia [iŋkompe'tenθja] f Unfähigkeit f

incompetente [iŋkompe'tente] adj unfähig

incompleto, -a [iŋkom'pleto] adj unvollständig

incomprensible [iŋkompren'siβle] adj unverständlich

inconcebible [iŋkonθe'βiβle] adj unbegreiflich

inconciliable [iŋkonθi'ljaβle] adj unvereinbar

inconcluso, -a [iŋkoŋ'kluso] adj unbeendet

incondicional [iŋkondiθjo'nal] adj bedingungslos

inconexo, -a [iŋko'neᵛso] adj unzusammenhängend

inconfundible [iŋkomfuŋ'diβle] adj unverwechselbar

inconsciente [iŋkoⁿs'θjente] adj (estar) bewusstlos; (ser) verantwortungslos

inconsistente [iŋkonsis'tente] adj unbeständig

inconsolable [iŋkonso'laβle] adj untröstlich

inconstitucionalidad [iŋkoⁿstituθjonali'ðaᵒ] f Verfassungswidrigkeit f

incontable [iŋkon'taβle] adj unzählig

incontrolado, -a [iŋkontro'laðo] adj unkontrolliert

inconveniente [iŋkombe'njente] m Hindernis nt

incordiar [iŋkor'ðjar] vt ärgern; ¡no incordies! es reicht!

incorporarse [iŋkorpo'rarse] vr sich einfinden (a/en an +dat); (MIL) sich zum Militärdienst melden

incorrecto, -a [iŋko'rrekto] adj unrichtig; (descortés) unhöflich

incorregible [iŋkorre'xiβle] adj unverbesserlich

incorruptible [iŋkorrup'tiβle] adj unbestechlich

incrédulo, -a [iŋ'kreðulo] m, f Skeptiker(in) m(f)

increíble [iŋkre'iβle] adj unglaublich

incrementar [iŋkremen'tar] I. vt erhöhen II. vr: ~se (an)steigen

incremento [iŋkre'mento] m Erhöhung f; (crecimiento) Wachstum nt

incriminar [iŋkrimi'nar] vt (öffentlich) anschuldigen

incubadora [iŋkuβa'ðora] f Brutkasten m

incuestionable [iŋkwestjo'naβle] adj unumstritten

inculpar [iŋkul'par] vt anklagen (de +gen)

inculto, -a [iŋ'kulto] adj ungebildet

incumbir [iŋkum'bir] vi angehen (a +akk)

incumplir [iŋkum'plir] *vt* nicht erfüllen

incurable [iŋku'raβle] *adj* unheilbar

incurrir [iŋku'rrir] *vi* 1. (*situación mala*) geraten (*en* in +*akk*); ~ **en una falta** einen Fehler begehen; ~ **en viejas costumbres** in alte Gewohnheiten zurückverfallen 2. (*odio*) sich *dat* zuziehen; ~ **en responsabilidad** haften

indagar [inda'γar] <g → gu> *vt* ermitteln (in +*dat*)

indebido, -a [inde'βiðo] *adj* ungerechtfertigt

indecente [inde'θente] *adj* unanständig

indeciso, -a [inde'θiso] *adj* unentschlossen

indecoroso, -a [indeko'roso] *adj* unanständig

indefenso, -a [inde'fenso] *adj* wehrlos

indefinidamente [indefiniða'mente] *adv* auf unbestimmte Zeit

indefinido, -a [indefi'niðo] *adj* unbestimmt

indemne [in'demne] *adj* unverletzt

indemnización [indemniθa'θjon] *f* (*pago*) Entschädigung *f;* ~ **de despido** Abfindung *f*

indemnizar [indemni'θar] <z → c> *vt* entschädigen (*de* für +*akk*)

independencia [indepen'denθja] *f* Unabhängigkeit *f;* **con** ~ **de algo** unabhängig von etw *dat*

independiente [indepen'djente] *adj* 1. (*libre*) unabhängig 2. (*profesión*) selb(st)ständig 3. (*soltero*) ungebunden 4. (*sin partido*) parteilos

independizarse [independi'θarse] <z → c> *vr* selb(st)ständig werden

indescifrable [indesθi'fraβle] *adj* unentzifferbar

indescriptible [indeskrip'tiβle] *adj* unbeschreiblich

indeseable [indese'aβle] *adj* unerwünscht

indestructible [indestruk'tiβle] *adj* unzerstörbar

indeterminación [indetermina'θjon] *f* Unentschlossenheit *f*

India ['indja] *f* 1. (*en el oriente*): **la** ~ Indien *nt* 2. *pl* Hispanoamerika *nt* 3. (ZOOL): **conejillo de** ~s Meerschweinchen *nt;* (*fig fam*) Versuchskaninchen *nt*

indicación [indika'θjon] *f* 1. Hinweis *m;* (*por escrito*) Vermerk *m* 2. *pl* (*instrucciones*) Anweisungen *fpl*

indicado, -a [indi'kaðo] *adj* angebracht; **eso es lo más** ~ das ist das Allerbeste

indicar [indi'kar] <c → qu> *vt* hinweisen (auf +*akk*)

índice ['indiθe] *m* 1. (*de libro*) (Inhalts)verzeichnis *nt* 2. (*dedo*) Zeigefinger *m* 3. (*estadísticas*) Rate *f;* ~ **de audiencia** Einschaltquote *f;* ~ **de paro** Arbeitslosenquote *f*

indicio [in'diθjo] *m* (An)zeichen *nt;* (JUR) Indiz *nt*

indiferencia [indife'renθja] *f* Gleichgültigkeit *f*

indiferente [indife'rente] *adj* gleichgültig (*a* gegenüber +*dat*); **me es** ~ das ist mir gleich

indígena [in'dixena] *mf* Ureinwohner(in) *m(f);* (*en Latinoamérica*) Indio, Indiofrau *m, f*

indigente [indi'xente] *mf* Bedürftige(r) *f(m)*

indigestarse [indixes'tarse] *vr* sich *dat* den Magen verderben

indignación [indiγna'θjon] *f* Empörung *f*

indignar(se) [indiγ'nar(se)] *vt, vr* (sich) empören

indigno, -a [in'diγno] *adj* unwürdig; ~ **de confianza** nicht vertrauenswürdig

indio, -a ['indjo] *adj* indisch; (*de América*) indianisch; **en fila india** im Gänsemarsch

indirecta [indi'rekta] *f* (*fam*) Anspielung *f*

indirecto, -a [indi'rekto] *adj* mittelbar

indisciplinado, -a [indisθipli'naðo] *adj* disziplinlos

indiscreto, -a [indis'kreto] *adj* schwatzhaft

indiscutible [indisku'tiβle] *adj* unbestreitbar

indisociable [indiso'θjaβle] *adj* untrennbar

indispensable [indispen'saβle] *adj* unerlässlich; **lo** (**más**) ~ das Allernötigste

indisponer [indispo'ner] *irr como poner vt* aufbringen (*con/contra* gegen +*akk*); (*de salud*) mitnehmen

indistintamente [indistinta'mente] *adv* ohne Unterschied

indistinto, -a [indis'tinto] *adj* undifferenziert

individual [indiβi'ðwal] *adj* individuell, Einzel-; **habitación** ~ Einzelzimmer *nt*

individualista [indiβiðwa'lista] *mf* Individualist(in) *m(f)*

individuo [indi'βidwo] *m* Individuum *nt;* (*pey*) Typ *m*

indivisible [indiβi'siβle] *adj* unteilbar

indocumentado, -a [indokumen'taðo] *adj* (*con estar*) ohne (Ausweis)papiere

índole ['indole] *f* (Wesens)art *f*

inducir [indu'θir] *irr como traducir vt* **1.** (FILOS) (schluss)folgern (*de* aus +*dat*); **de todo esto induzco que...** aus alledem schließe ich, dass ... **2.** (*instigar*) anstiften (*a/en* zu +*dat*); ~ **a error** zu einem Fehler verleiten

indudable [indu'ðaβle] *adj:* **es ~**

que... es besteht kein Zweifel (daran), dass ...

indulgencia [indul'xenθja] *f:* **proceder sin ~ contra...** gnadenlos vorgehen gegen ...

indultar [indul'tar] *vt:* ~ **a alguien de la pena de muerte** jdm die Todesstrafe erlassen

indulto [in'dulto] *m* Straferlass *m*

industria [in'dustrja] *f:* ~ **del automóvil** Autoindustrie *f*

industrial [indus'trjal] **I.** *adj* Industrie-; **polígono** ~ Industriegebiet *nt* **II.** *mf* Industrielle(r) *f(m)*

industrializar(se) <z → c> *vt, vr* (sich) industrialisieren

inédito, -a [i'neðito] *adj* unveröffentlicht

ineficaz [inefi'kaθ] *adj* inkompetent

ineficiente [inefi'θjente] *adj* unwirtschaftlich

INEM [i'nem] *m abr de* **Instituto Nacional de Empleo** *Staatliches Institut für Arbeitsvermittlung*

inepto, -a [i'nepto] *adj* unfähig

inequívoco, -a [ine'kiβoko] *adj* eindeutig

inercia [i'nerθja] *f:* **por ~** aus Gewohnheit

inesperado, -a [inespe'raðo] *adj* unerwartet

inestable [ines'taβle] *adj* unbeständig

inevitable [ineβi'taβle] *adj* unvermeidbar

inexacto, -a [ineˠ'sakto] *adj* ungenau

inexistente [ineˠsis'tente] *adj* nicht vorhanden

inexperto, -a [ines'perto] *adj* unerfahren

inexplicable [inespli'kaβle] *adj* unerklärlich

infalible [imfa'liβle] *adj* unfehlbar

infamia [im'famja] *f* Gemeinheit *f*

infancia [im'fanθja] *f* Kindheit *f*

infanticida [imfanti'θiða] I. *adj:* **madre** ~ Kind(e)smörderin *f* II. *mf* Kindermörder(in) *m(f)*

infantil [imfan'til] *adj* 1. *(referente a la infancia)* Kinder-; **trabajo** ~ Kinderarbeit *f;* **sonrisa** ~ kindliches Lächeln 2. *(pey)* kindisch

infarto [im'farto] *m* Infarkt *m*

infatigable [imfati'γaβle] *adj* unermüdlich

infección [imfeɣ'θjon] *f* Infektion *f*

infeccioso, -a [imfeɣ'θjoso] *adj:* **enfermedad infecciosa** Infektionskrankheit *f*

infectar [imfek'tar] I. *vt* anstecken; *(corromper)* infizieren II. *vr:* ~**se** sich anstecken; *(inflamarse)* sich entzünden

infeliz [imfe'liθ] *adj* unglücklich; *(fam)* treudoof

inferior [imfe'rjor] *adj* 1. *(debajo)* untere(r, s) 2. *(de menos calidad)* minderwertiger 3. *(de menos categoría)* niedriger *(a* als *+nom)*

inferioridad [imferjori'ðaᵒ] *f* Unterlegenheit *f*

infernal [imfer'nal] *adj* höllisch; **ruido** ~ Höllenlärm *m*

infértil [im'fertil] *adj* unfruchtbar

infidelidad [imfiðeli'ðaᵒ] *f* Untreue *f*

infiel [im'fjel] *mf* Ungläubige(r) *f(m)*

infierno [im'fjerno] *m* Hölle *f;* **mandar al** ~ zum Teufel jagen

infiltrar [imfil'trar] I. *vt* einsickern lassen II. *vr:* ~**se** einsickern *(en* in *+akk)*

infinidad [imfini'ðaᵒ] *f* Unmenge *f*

infinitivo [imfini'tiβo] *m* Infinitiv *m*

infinito¹ [imfi'nito] *m (t.* MAT*)* Unendliche(s) *nt*

infinito, -a² [imfi'nito] *adj* 1. *(ilimitado)* unendlich; *(cosas no materiales)* grenzenlos 2. *(incontable)* unzählbar

inflación [imfla'θjon] *f* Inflation *f*

inflamable [imfla'maβle] *adj* leicht entzündbar

inflamación [imflama'θjon] *f* (Ent)-zündung *f*

inflamarse [imfla'marse] *vr* sich entzünden

inflar [im'flar] I. *vt* aufblasen; *(exagerar)* aufbauschen II. *vr:* ~**se** sich aufblähen *(de* mit *+dat);* *(fam)* sich vollstopfen *(de* mit *+dat)*

inflexible [imfleɣ'siβle] *adj* unbiegsam

infligir [imfli'xir] <g → j> *vt:* ~ **un castigo** eine Strafe auferlegen; ~ **daño** Schaden verursachen; *(dolor)* Schmerz zufügen

influencia [im'flwenθja] *f* Einfluss *m* *(en/sobre* auf *+akk)*

influenciar [imflwen'θjar] *vt* beeinflussen

influir [imflu'ir] *irr como huir vi* beeinflussen

influyente [imflu'ʝente] *adj* einflussreich

infonomía [imfono'mia] *f* Informationsmanagement *nt*

infonomista [imfono'mista] *mf* Informationsmanager(in) *m(f)*

información [imforma'θjon] *f* Information *f*

informal [imfor'mal] *adj* informal; *(no cumplidor)* unzuverlässig

informar(se) [imfor'mar(se)] *vt, vr* (sich) informieren *(de* über *+akk)*

informática [imfor'matika] *f* elektronische Datenverarbeitung *f*

informativo [imforma'tiβo] *m* Nachrichtensendung *f*

informe [im'forme] *m* 1. *(exposición)* Bericht *m* 2. *pl (referencias)* Referenzen *fpl (sobre* über *+akk)*

infortunado, -a [imfortu'naðo] *adj* unglückselig

infracción [imfraɣ'θjon] *f* Verstoß *m* *(de* gegen *+akk);* ~ **de tráfico** Verkehrsübertretung *f*

infraestructura [iɱfraestruk'tura] *f*
Infrastruktur *f*

infrahumano, -a [iɱfrau'mano] *adj*
menschenunwürdig

infranqueable [iɱfraŋke'aβle] *adj*
unüberwindbar

infravalorar [iɱfraβalo'rar] *vt* unterbewerten

infringir [iɱfriŋ'xir] <g → j> *vt* verstoßen (gegen +*akk*)

infundado, -a [iɱfuɲ'daðo] *adj* unbegründet

infundir [iɱfuɲ'dir] *vt* einflößen;
~ **sospechas** einen Verdacht aufkommen lassen

infusión [iɱfu'sjon] *f* (Kräuter)tee *m*

ingeniar [iŋxe'njar] **I.** *vt* erfinden
II. *vr:* ~**se** sich *dat* ausdenken

ingeniería [iŋxenje'ria] *f* **1.** (*técnica*)
Technik *f* **2.** (*disciplina*) Ingenieur-
wissenschaft *f*

ingeniero, -a [iŋxe'njero] *m, f* Inge-
nieur(in) *m(f)*

ingenio [iŋ'xenjo] *m* Erfindungsgabe
f; (*maña*) Geschick *nt*

ingenioso, -a [iŋxe'njoso] *adj* geschickt

ingenuidad [iŋxenwi'ðaº] *f* Naivität *f*

ingenuo, -a [iŋ'xenwo] *adj* naiv

ingerir [iŋxe'rir] *irr como sentir vt*
einnehmen

Inglaterra [iŋgla'terra] *f* England *nt*

ingle ['iŋgle] *f* Leiste *f*

inglés, -esa [iŋ'gles] *adj* englisch

ingratitud [iŋgrati'tuº] *f* Undankbar-
keit *f*

ingrato, -a [iŋ'grato] *adj* undankbar

ingravidez [iŋgraβi'ðeθ] *f* Schwere-
losigkeit *f*

ingrediente [iŋgre'ðjeɲte] *m* Zutat *f*

ingresar [iŋgre'sar] **I.** *vi* eintreten (*en*
in +*akk*); (*hospitalizarse*) eingeliefert
werden **II.** *vt* **1.** (*meter*) einzahlen;

~ **un cheque** einen Scheck einreichen **2.** (*hospitalizar*) einliefern (*en*
in +*akk*) **3.** (*percibir*) verdienen

inhabilitar [inaβili'tar] *vt* (JUR) für unfähig erklären (*para* +*gen*); (*prohibir*) ein Berufsverbot aussprechen (*a*
gegen +*akk*)

inhabitual [inaβitu'al] *adj* ungewohnt

inhalar [ina'lar] *vt* inhalieren

inhibirse [ini'βirse] *vr:* ~ **de hacer
algo** sich zurückhalten etw zu tun

inhospitalario, -a [inospita'larjo]
adj, **inhóspito, -a** [i'nospito] *adj* un-
gastlich

inhumación [inuma'θjon] *f* Beisetzung *f*

inhumano, -a [inu'mano] *adj* unmenschlich

iniciado, -a [ini'θjaðo] *m, f* Einge-
weihte(r) *f(m)*

inicial [ini'θjal] *adj* anfänglich; **fase** ~
Anfangsphase *f*

iniciar [ini'θjar] **I.** *vt* beginnen; (*revelar un secreto*) einweihen **II.** *vr:* ~**se**
beginnen; (*introducirse*) sich vertraut machen

iniciativa [iniθja'tiβa] *f* Initiative *f*

inicio [i'niθjo] *m* Beginn *m*

inigualable [iniɣwa'laβle] *adj* unvergleichlich

inimaginable [inimaxi'naβle] *adj* unvorstellbar

ininteligible [ininteli'xeɲte] *adj* unverständlich

ininterrumpido, -a [ininterrum-
'piðo] *adj* ununterbrochen

injuria [iŋ'xurja] *f* Beleidigung *f*

injusticia [iŋxus'tiθja] *f* Ungerechtigkeit *f*

injustificado, -a [iŋxustifi'kaðo] *adj*
ungerechtfertigt

injusto, -a [iŋ'xusto] *adj* ungerecht

inmaduro, -a [iⁿma'ðuro] *adj* unreif

inmediaciones [iⁿmeðja'θjones] *fpl*
nähere Umgebung *f*

inmediatamente [iⁿmeðjata'mente] *adv* sofort

inmediato, -a [iⁿme'ðjato] *adj:* **de ~** sofort

inmejorable [iⁿmexo'raβle] *adj* hervorragend

inmenso, -a [iⁿ'menso] *adj* unermesslich

inmerecido, -a [iⁿmere'θiðo] *adj* unverdient

inmerso, -a [iⁿ'merso] *adj* versunken (*en* in +*akk*)

inmigración [iⁿmiɣra'θjon] *f* Einwanderung *f*

inmigrante [iⁿmi'ɣrante] *mf* Einwanderer, -in *m, f*

inmigrar [iⁿmi'ɣrar] *vi* einwandern

inminente [iⁿmi'nente] *adj* nahe bevorstehend

inmiscuir [iⁿmisku'ir] *irr como huir* I. *vt* mischen II. *vr:* **~se** sich einmischen (*en* in +*akk*)

inmobiliaria [iⁿmoβi'ljarja] *f* Immobilienfirma *f*

inmoral [iⁿmo'ral] *adj* unmoralisch

inmortal [iⁿmor'tal] *adj* unsterblich

inmóvil [iⁿ'moβil] *adj* bewegungslos

inmovilizar [iⁿmoβili'θar] <z → c> I. *vt:* **~ a alguien** jdn bewegungsunfähig machen II. *vr:* **~se** bewegungsunfähig werden

inmueble [iⁿ'mweβle] *m* Grundbesitz *m*

inmune [iⁿ'mune] *adj* immun (*a* gegen +*akk*)

inmunidad [iⁿmuni'ðaᵒ/iⁿmuni'ðaᵒ] *f* Immunität *f*

inmunizar [iⁿmuni'θar] <z → c> I. *vt* immunisieren II. *vr:* **~se** immun werden

inmunodeficiencia [iⁿmunoðefi'θjenθja] *f:* **síndrome de ~ adquirida** erworbenes Immundefektsyndrom

inmutable [iⁿmu'taβle] *adj* unerschütterlich

innato, -a [in'nato] *adj* angeboren; **tiene un talento ~** er/sie ist ein Naturtalent

innecesario, -a [inneθe'sarjo] *adj* unnötig

innegable [inne'ɣaβle] *adj* unbestreitbar

innovación [innoβa'θjon] *f* Innovation *f*

innovador(a) [innoβa'ðor] I. *adj* innovativ II. *m(f)* Neuerer, -in *m, f*

innovar [inno'βar] *vt* innovieren

innumerable [innume'raβle] *adj* zahllos

inocencia [ino'θenθja] *f* 1. (*falta de culpabilidad*) Unschuld *f* 2. (*falta de malicia*) Harmlosigkeit *f*

inocentada [inoθen'taða] *f* Art Aprilscherz am 28. Dezember; **gastar una ~ a alguien** jdn in den April schicken

inocente [ino'θente] *adj* unschuldig; (*ingenuo*) naiv

inocuo, -a [i'nokwo] *adj* unschädlich

inodoro, -a [ino'ðoro] *m* Wasserklosett *nt*

inofensivo, -a [inofen'siβo] *adj* harmlos

inoficioso, -a [inofi'θjoso] *adj* (*Am*) nutzlos

inolvidable [inolβi'ðaβle] *adj* unvergesslich

inoportuno, -a [inopor'tuno] *adj* ungelegen

input ['imput] <inputs> *m* Input *m o nt*

inquietante [iŋkje'tante] *adj* beunruhigend

inquieto, -a [iŋ'kjeto] *adj* unruhig

inquilino, -a [iŋki'lino] *m, f* Mieter(in) *m(f)*

Inquisición [iŋkisi'θjon] *f* Inquisition *f*

insaciable [insa'θjaβle] *adj* unersättlich

insalubre [insa'luβre] *adj* gesundheitsschädlich

insalvable [insal'βaβle] *adj* unüberwindbar

insanable [insa'naβle] *adj* unheilbar

insano, -a [in'sano] *adj* ungesund

insatisfacción [insatisfak'θjon] *f* Unzufriedenheit *f*

insatisfecho, -a [insatis'fetʃo] *adj* unzufrieden

inscribir(se) [inskri'βir(se)] *irr como escribir vt, vr* (sich) anmelden

inscripción [inskriβ'θjon] *f* 1. (*registro*) Anmeldung *f* 2. (*en la universidad*) Einschreibung *f* (*en* an +*dat*) 3. (*escrito grabado*) Inschrift *f*

insecticida [insekti'θiða] *m* Insektizid *nt*

insecto [in'sekto] *m* Insekt *nt*

inseguridad [inseɣuri'ðaˀ] *f* Unsicherheit *f*

inseguro, -a [inse'ɣuro] *adj* unsicher

inseminación [insemina'θjon] *f* Befruchtung *f*

insensato, -a [insen'sato] *adj* unvernünftig

insensible [insen'siβle] *adj* gefühllos (*a* gegenüber +*dat*)

inseparable [insepa'raβle] *adj* untrennbar

inserción [inser'θjon] *f*: ~ **social** soziale Eingliederung

insertar [inser'tar] I. *vt* 1. (*llave*) hineinstecken; (*disquete*) einlegen; (*moneda*) einwerfen 2. (*texto*) einfügen (*en* in +*akk*) II. *vr*: ~**se** (*músculo*) ansetzen

insertor(a) [inser'tor] *m(f)* Arbeitsvermittler(in) *m(f)*; ~ **laboral** Jobvermittler *m*

inservible [inser'βiβle] *adj* unbrauchbar

insignia [in'siɣnja] *f* Abzeichen *nt*; (*honorífica*) Ehrenzeichen *nt*; (*militar*) Insigne *nt*

insignificante [insiɣnifi'kante] *adj* unbedeutend

insinuar [insinu'ar] <*1. pres:* insinúo> I. *vt:* ¿qué estás insinuando? worauf willst du hinaus? II. *vr:* ~**se** sich einschmeicheln (*a* bei +*dat*); (*fam*) sich ranmachen (*a* an +*akk*)

insípido, -a [in'sipiðo] *adj* fade; (*persona*) geistlos

insistente [insis'tente] *adj* hartnäckig

insistir [insis'tir] *vi* dringen (*en* auf +*akk*)

insobornable [insoβor'naβle] *adj* unbestechlich

insolación [insola'θjon] *f* Sonnenstich *m*

insolente [inso'lente] *adj* arrogant

insolidario, -a [insoli'ðarjo] *adj* unsolidarisch

insólito, -a [in'solito] *adj* ungewöhnlich

insolvente [insol'βente] *adj* zahlungsunfähig

insomnio [in'somnjo] *m* Schlaflosigkeit *f*

insonorizar [insonori'θar] <z → c> *vt* schalldicht machen

insoportable [insopor'taβle] *adj* unerträglich

insospechado, -a [insospe'tʃaðo] *adj* unvermutet

insostenible [insoste'niβle] *adj* unhaltbar

inspección [inspeɣ'θjon] *f* Inspektion *f*; (*de una máquina*) Inspizierung *f*; (TÉC) (Über)prüfung *f*; **Inspección Técnica de Vehículos** TÜV *m*

inspector(a) [inspek'tor] *m(f)* Inspektor(in) *m(f)*

inspiración [inspira'θjon] *f* Inspiration *f*

inspirar [inspi'rar] I. *vt* einatmen; (*ideas*) inspirieren; (*confianza*) einflößen II. *vr:* ~**se** sich inspirieren lassen (*en* von +*dat*)

instalación [inˢtalaˈθjon] *f* 1. (*t.* TÉC) Installation *f* 2. *pl* (*edificio*) Einrichtungen *fpl;* **instalaciones deportivas** Sportanlagen *fpl*

instalador(a) [inˢtalaˈðor] *m(f)* Installateur(in) *m(f)*

instalar [inˢtaˈlar] I. *vt* installieren II. *vr:* ~**se** sich niederlassen

instancia [inˢˈtanθja] *f* inständige Bitte *f;* (*petición formal*) Ersuchen *nt;* (JUR) Instanz *f*

instantáneo, -a [inˢtanˈtaneo] *adj* augenblicklich; (*café*) Instant-; **la muerte fue instantánea** der Tod trat unmittelbar ein

instante [inˢˈtante] *m* Augenblick *m;* **¡un ~!** Moment mal!

instar [inˢˈtar] *vi, vt* eindringlich bitten (um + *akk*)

instaurar [inˢtauˈrar] *vt* (*imperio*) errichten; (*democracia*) einführen; (*plan*) aufstellen

instigar [inˢtiˈɣar] <g → gu> *vt* anstiften

instintivo, -a [inˢtinˈtiβo] *adj* instinktiv

instinto [inˢˈtinto] *m* Instinkt *m;* ~ **de supervivencia** Überlebenstrieb *m*

institución [inˢtituˈθjon] *f* Institution *f;* ~ **penitenciaria** Strafanstalt *f*

institucional [inˢtituθjoˈnal] *adj* institutionell

instituir [inˢtituˈir] *irr como huir vt* 1. (*fundar*) gründen 2. (*establecer: comisión*) einrichten; (*derecho*) einführen; (*norma*) aufstellen

instituto [inˢtiˈtuto] *m* 1. (ENS) Gymnasium *nt* 2. (*científico*) Institut *nt;* **Instituto Nacional de Empleo** Bundesanstalt für Arbeit 3. ~ **de belleza** Schönheitssalon *m*

instrucción [inˢtruˈkθjon] *f* 1. (*formación*) Ausbildung *f* 2. *pl* Anweisungen *fpl;* (*directrices*) Richtlinien *fpl*

instructivo, -a [inˢtrukˈtiβo] *adj* lehrreich

instruido, -a [inˢtruˈiðo] *adj* gebildet

instrumental [inˢtrumenˈtal] *adj* instrumental

instrumento [inˢtruˈmento] *m* Werkzeug *nt;* (MÚS) (Musik)instrument *nt;* (*medio*) Mittel *nt*

insubordinar [insuβorðiˈnar] I. *vt* aufhetzen II. *vr:* ~**se** den Gehorsam verweigern

insuficiente [insufiˈθjente] I. *adj* ungenügend II. *m* (ENS) ≈mangelhaft

insufrible [insuˈfriβle] *adj* unerträglich

insular [insuˈlar] *adj* Insel-

insulina [insuˈlina] *f* Insulin *nt*

insulso, -a [inˈsulso] *adj* fade

insultante [insulˈtante] *adj* beleidigend

insultar [insulˈtar] *vt* beleidigen

insulto [inˈsulto] *m* Beleidigung *f*

insumiso [insuˈmiso] *m* Wehr- und (Zivil)dienstverweigerer *m*

insuperable [insupeˈraβle] *adj* unübertrefflich

insurrección [insurreˈkθjon] *f:* ~ **militar** Militärputsch *m*

insustituible [insustituˈiβle] *adj* unersetzlich

intachable [intaˈtʃaβle] *adj* makellos

intacto, -a [inˈtakto] *adj* intakt

integral [inteˈɣral] *adj* 1. (*pan*) Vollkorn- 2. (*elemento*) integral

integrar [inteˈɣrar] I. *vt* bilden; (*t.* MAT) integrieren II. *vr:* ~**se** sich integrieren

integrismo [inteˈɣrismo] *m* Fundamentalismus *m*

íntegro, -a [ˈinteɣro] *adj* vollständig; (*persona*) unbestechlich

intelectual [intelektuˈal] *mf* Intellektuelle(r) *f(m)*

inteligencia [inteliˈxenθja] *f* Intelligenz *f*

inteligente [inteli'xeņte] *adj* intelligent

inteligible [inteli'xiβle] *adj* verständlich; (*sonido*) deutlich hörbar

intemperie [iņtem'perje] *f:* **dormir a la ~** unter freiem Himmel schlafen

intención [iņten'θjon] *f* **1.** Absicht *f;* **sin ~** unabsichtlich; **tener segundas intenciones** Hintergedanken haben **2.** (*idea*) Plan *m* **3.** (*objetivo*) Zweck *m*

intencionado, -a [iņteņθjo'naðo] *adj* absichtlich

intensidad [iņtensi'ðaθ] *f* Intensität *f*

intensivo, -a [iņten'siβo] *adj* (*curso*) Intensiv-

intenso, -a [iņ'tenso] *adj* intensiv; (*palabras*) eindringlich; (*tormenta*) heftig; (*frío*) durchdringend

intentar [iņten'tar] *vt* versuchen

intento [iņ'teņto] *m* Versuch *m*

interactivo, -a [iņterak'tiβo] *adj* interaktiv

intercambiar [iņterkam'bjar] *vt* austauschen

intercambio [iņter'kambjo] *m* (*de estudiantes*) Austausch *m*

interceder [iņterθe'ðer] *vi* sich einsetzen (*por/en favor de* für +*akk*)

intercultural [iņterkuļtu'ral] *adj* interkulturell

interdisciplinar [iņterðisθipli'nar] *adj*, **interdisciplinario, -a** [iņterðisθipli'narjo] *adj* interdisziplinär

interés [iņte'res] *m* **1.** (*importancia*) Bedeutung *f* **2.** (*deseo*) Interesse *nt;* **tengo mucho ~ en que...** es liegt mir viel daran, dass ...; **tengo ~ por saber...** ich bin gespannt darauf zu erfahren, ... **3.** (*atención*) Interesse *nt;* **no poner ~ en algo** etw *dat* keine Aufmerksamkeit schenken **4.** (*provecho*) Interesse *nt;* **el ~ público** das öffentliche Wohl **5.** (FIN):

un 10% de ~ 10 % Zinsen **6.** *pl* (*preferencias*) Interessen *ntpl*

interesante [iņtere'saņte] *adj* interessant; **hacerse el ~** sich aufspielen

interesar [iņtere'sar] **I.** *vi, vt* interessieren; **este tema no me interesa** dieses Thema interessiert mich nicht **II.** *vr:* **~se: ~se por la salud de alguien** sich nach jds Befinden erkundigen

interferencia [iņterfe'reņθja] *f* Störung *f*

interferir [iņterfe'rir] *irr como sentir vi* **1.** (Fís) interferieren **2.** (*en asunto*) sich einmischen (*en* in +*akk*)

interfono [iņter'fono] *m* (Gegen)sprechanlage *f*

interior [iņte'rjor] **I.** *adj* innere(r, s); **mercado ~** (COM: *de la UE*) Binnenmarkt *m;* **ropa ~** Unterwäsche *f* **II.** *m* Innere(s) *nt;* **Ministerio del Interior** Innenministerium *nt*

interiorizar [iņterjori'θar] <z → c> *vt* verinnerlichen

interlocutor(a) [iņterloku'tor] *m(f)* Gesprächspartner(in) *m(f)*

intermediario, -a [iņterme'ðjarjo] *m, f* Vermittler(in) *m(f)*

intermedio[1] [iņter'meðjo] *m* Pause *f*

intermedio, -a[2] [iņter'meðjo] *adj* Zwischen-; (*calidad*) mittlere(r, s)

interminable [iņtermi'naβle] *adj* unendlich

intermitente [iņtermi'teņte] *m* Blinker *m*

internacional [iņternaθjo'nal] *adj* international; **derecho ~** Völkerrecht *nt;* **partido ~** Länderspiel *nt*

internado [iņter'naðo] *m* Internat *nt*

internar [iņter'nar] *vt* einweisen

internauta [iņter'nauta] *mf* Internetsurfer(in) *m(f)*

Internet [iņter'net] *f* Internet *nt*

interno, -a [iņ'terno] *adj* innere(r, s)

interpretación [iṇterpreta'θjon] *f*
1. (*de texto*) Auslegung *f* **2.** (TEAT)
Darstellung *f*; (MÚS) Interpretation *f*
interpretar [iṇterpre'tar] *vt* auslegen;
(TEAT) darstellen
interprofesional [iṇterprofesjo'nal]
adj: **Salario Mínimo Interprofesional** gesetzlicher Mindestlohn
interrogar [iṇterro'ɣar] <g → gu> *vt*
(be)fragen; (*policía*) verhören
interrogatorio [iṇterroɣa'torjo] *m*
Verhör *nt*
interrumpir [iṇterrum'pir] *vt* unterbrechen
interruptor [iṇterrup'tor] *m* Schalter *m*
intersección [iṇterseɣ'θjon] *f*
Schnittstelle *f*
intervalo [iṇter'βalo] *m* Zeitraum *m*;
a ~s in Abständen
intervención [iṇterβeɲ'θjon] *f*
1. (*participación*) Teilnahme *f* (*en*
an +*dat*) **2.** (*mediación*) Vermittlung
f **3.** (POL) Eingriff *m*
intervenir [iṇterβe'nir] *irr como venir*
I. *vi* **1.** (*tomar parte*) teilnehmen (*en*
an +*dat*) **2.** (*en conflicto*) eingreifen
(*en* in +*akk*) **3.** (*mediar*) vermitteln
(*en* in/bei +*dat*) **4.** (*factores*) eine
Rolle spielen **II.** *vt* **1.** (MED) operieren **2.** (*incautar*) beschlagnahmen
3. (*correo*) unterschlagen
intestinal [iṇtesti'nal] *adj* Darm-;
obstrucción ~ Darmverschluss *m*
intestino [iṇtes'tino] *m* **1.** (ANAT)
Darm *m* **2.** *pl* (*tripas*) Eingeweide *pl*
intimidad [iṇtimi'ðað] *f* Vertrautheit
f; (*vida privada*) Intimsphäre *f*
intimidar(se) [iṇtimi'ðar(se)] *vt, vr*
(sich) einschüchtern (lassen)
íntimo, -a ['iṇtimo] *adj* innerlich;
(*amigo*) eng; (*conversación*) privat
intocable [iṇto'kaβle] *adj* unberühr-
bar
intolerancia [iṇtole'raṇθja] *f* Intoleranz *f*; **~ medicamentosa** Medika-

mentenintoleranz *f*
intoxicación [iṇtoɣsika'θjon] *f* Vergif-
tung *f*
intoxicar(se) [iṇtoɣsi'kar(se)] <c →
qu> *vt, vr* (sich) vergiften
intranquilo, -a [iṇtraŋ'kilo] *adj* unruhig; (*preocupado*) besorgt
intransferible [iṇtraⁿsfe'riβle] *adj*
nicht übertragbar
intransigente [iṇtransi'xeṇte] *adj*
unnachgiebig
intrascendente [iṇtrasθeɲ'deṇte]
adj unwichtig
intrigar [iṇtri'ɣar] <g → gu> **I.** *vi* in-
trigieren **II.** *vt* neugierig machen
introducción [iṇtroðuɣ'θjon] *f*
1. (*acción: de una llave*) Hineinstecken *nt*; (*de supositorio*) Einführung
f; (*de moneda*) Einwurf *m*; (INFOR:
de datos) Eingabe *f* **2.** (*de moda*)
Einführung *f* **3.** (*de libro*) Vorwort
nt, Einleitung *f*
introducir [iṇtroðu'θir] *irr como traducir* **I.** *vt* (*objeto*) hineinstecken;
(*moneda*) einwerfen; (*medidas*) ein-
leiten; (*datos*) eingeben **II.** *vr*: **~se**
eindringen; (*en un ambiente*) einge-
führt werden
intromisión [iṇtromi'sjon] *f* Einmischung *f*
introvertido, -a [iṇtroβer'tiðo] *adj*
introvertiert
intruso, -a [iṇ'truso] *m, f* Eindringling *m*
intuición [iṇtwi'θjon] *f* Intuition *f*; **saber algo por ~** etw intuitiv wissen
intuir [iṇtu'ir] *irr como huir* *vt* intuitiv
wissen; (*presentir*) (vor)ahnen; **in-
tuyo que...** ich habe das Gefühl,
dass ...
intuitivo, -a [iṇtwi'tiβo] *adj* intuitiv
inundación [inuṇda'θjon] *f* Überschwemmung *f*
inundar [inuṇ'dar] *vt* überschwem-
men

inusual [inusu'al] *adj* ungewöhnlich

inútil [i'nutil] **I.** *adj* vergeblich; (*sin sentido*) sinnlos **II.** *mf* Taugenichts *m*

invadir [imba'ðir] *vt* (*país*) überfallen; (*privacidad*) eindringen (in +*akk*)

invalidez [imbali'ðeθ] *f* Ungültigkeit *f*; (MED) Invalidität *f*; **pensión de ~** Invalidenrente *f*

inválido, -a [im'baliðo] **I.** *adj* **1.** (MED) invalid(e) **2.** (*acuerdo*) ungültig; (JUR) nichtig **II.** *m, f* Invalide(r) *f(m)*

invariable [imbarja'βle] *adj* unveränderlich

invasión [imba'sjon] *f* **1.** (*t.* MIL) Invasion *f* **2.** (*de plaga*) Heimsuchung *f* **3.** (*en jurisdicción*) Eingriff *m*

invencible [imbeɲ'θiβle] *adj* unbesiegbar

invención [imbeɲ'θjon] *f* Erfindung *f*

inventar [imbeɲ'tar] *vt* erfinden

inventario [imbeɲ'tarjo] *m* Bestandsaufnahme *f*; (*lista*) Inventar *nt*

inventiva [imbeɲ'tiβa] *f* Erfindungsgabe *f*

invento [im'bento] *m* Erfindung *f*

inventor(a) [imbeɲ'tor] *m(f)* Erfinder(in) *m(f)*

invernadero [imberna'ðero] *m* Treibhaus *nt*

invernal [imber'nal] *adj* winterlich; **sueño ~** Winterschlaf *m*

invernar [imber'nar] <e → ie> *vi* überwintern; (*los que duermen*) Winterschlaf halten

inverosímil [imbero'simil] *adj* unglaubwürdig

inversión [imber'sjon] *f* Investition *f*; (*al revés*) Inversion *f*

inverso, -a [im'berso] *adj* umgekehrt

inversor(a) [imber'sor] *m(f)* Investor(in) *m(f)*

invertir [imber'tir] *irr como sentir vt* **1.** (*orden*) umkehren **2.** (*dinero*) anlegen **3.** (*tiempo*) investieren

investigación [imbestiɣa'θjon] *f* **1.** (*indagación*) Untersuchung *f*; (*averiguación*) Ermittlung *f* **2.** (*ciencia*) Forschung *f*

investigador(a) [imbestiɣa'ðor] *m(f)* Forscher(in) *m(f)*

investigar [imbesti'ɣar] <g → gu> *vt* untersuchen; (*en la ciencia*) erforschen

inviable [imbi'aβle] *adj* undurchführbar

invidente [imbi'ðente] *adj* blind

invierno [im'bjerno] *m* Winter *m*

invisible [imbi'siβle] *adj* unsichtbar

invitación [imbita'θjon] *f* Einladung *f*

invitado, -a [imbi'taðo] *m, f* Gast *m*; **~ de honor** Ehrengast *m*

invitar [imbi'tar] *vt* einladen; (*instar*) auffordern

involucrar [imbolu'krar] **I.** *vt* verwickeln (*en* in +*akk*) **II.** *vr:* **~se** sich einmischen (*en* in +*akk*); (*intervenir*) eingreifen (*en* in +*akk*)

involuntario, -a [imbolun'tarjo] *adj* unfreiwillig

inyección [inɟeɣ'θjon] *f* **1.** (MED) Spritze *f* **2.** (TÉC) Injektion *f*; **motor de ~** Einspritzmotor *m*

inyectar [inɟek'tar] *vt* (ein)spritzen

IPC [ipe'θe] *m abr de* **Índice de Precios al Consumidor** Verbraucherpreisindex *m*

ir [ir] *irr* **I.** *vi* **1.** (*general*) gehen; **¡voy!** ich komme!; **¡vamos!** los!; **¡vamos a ver!** mal sehen!; **~ a pie** zu Fuß gehen; **~ en bicicleta** (mit dem) Fahrrad fahren **2.** (*progresar*) laufen; **¿cómo te va?** wie geht es dir? **3.** (*diferencia*): **de dos a cinco van tres** von der Zwei bis zur Fünf sind es drei **4.** (*referirse*): **¿pero tú sabes de lo que va?** weißt du überhaupt, worum es geht? **5.** (*interj: sorpresa*): **¡vaya coche!** was für ein Auto!; **¡qué va!** ach was! **6.** (*con verbo*): **voy a ha-**

cerlo ich werde es tun **II.** *vr:* **~se** weggehen, fortgehen; (*dirección*) kommen (*para* nach +*dat*)

ira ['ira] *f* Wut *f*

irgo ['irɣo] *1. pres de* **erguir**

irguió [ir'ɣjo] *3. pret de* **erguir**

iris ['iris] *m inv:* **arco ~** Regenbogen *m*

Irlanda [ir'laɲda] *f* Irland *nt*

irlandés, -esa [irlaɲ'des] *adj* irisch

ironía [iro'nia] *f* Ironie *f*

irónico, -a [i'roniko] *adj* ironisch

irracional [irraθjo'nal] *adj* irrational; (*contra la lógica*) unlogisch; **número ~** (MAT) irrationale Zahl

irreal [irre'al] *adj* irreal

irrealizable [irreali'θaβle] *adj* undurchführbar

irrebatible [irreβa'tiβle] *adj* unwiderlegbar

irreconocible [irrekono'θiβle] *adj* unerkennbar

irreflexivo, -a [irrefleˠ'siβo] *adj* unüberlegt

irrefutable [irrefu'taβle] *adj* unumstößlich

irregular [irreɣu'lar] *adj* unregelmäßig; (*contra las reglas*) regelwidrig

irrelevante [irrele'βaɲte] *adj* irrelevant

irremediable [irreme'ðjaβle] *adj* nicht wieder gutzumachen

irrepetible [irrepe'tiβle] *adj* unwiederholbar

irreprimible [irrepri'miβle] *adj* nicht zu unterdrücken

irreprochable [irrepro'tʃaβle] *adj* tadellos

irresistible [irresis'tiβle] *adj* unwiderstehlich

irresoluble [irreso'luβle] *adj* unlösbar

irrespetuoso, -a [irrespetu'oso] *adj* respektlos

irresponsabilidad [irresponsaβili'ðaᵒ] *f* **1.** (*falta de responsabilidad*) Unverantwortlichkeit *f* **2.** (*descon-*

sideración) Verantwortungslosigkeit *f*

irresponsable [irrespon'saβle] *adj* verantwortungslos

irreversible [irreβer'siβle] *adj* irreversibel

irrevocable [irreβo'kaβle] *adj* unwiderruflich

irrisorio, -a [irri'sorjo] *adj* lächerlich

irritable [irri'taβle] *adj* reizbar

irritar [irri'tar] **I.** *vt* ärgern **II.** *vr:* **~se** sich aufregen; (MED: *órgano*) sich entzünden

irrompible [irrom'piβle] *adj* unzerbrechlich

irrumpir [irrum'pir] *vi* (gewaltsam) eindringen (*en* in +*akk*)

isla ['isla] *f* Insel *f*

Islam [is'lan] *m* Islam *m*

islámico, -a [is'lamiko] *adj* islamisch

islandés, -esa [islaɲ'des] *adj* isländisch

Islandia [is'laɲdja] *f* Island *nt*

isleño, -a [is'leɲo] *m, f* Inselbewohner(in) *m(f)*

islote [is'lote] *m* (unbewohnte) Felseninsel *f*

Israel [i(s)rra'el] *m* Israel *nt*

israelí [i(s)rrae'li] *adj* israelisch

Italia [i'talja] *f* Italien *nt*

italiano, -a [ita'ljano] *adj* italienisch

itinerancia [itine'raɲθja] *f* (TEL) Roaming *nt*

itinerante [itine'raɲte] *adj* Wander-; **exposición ~** Wanderausstellung *f*

itinerario [itine'rarjo] *m* Strecke *f*

IVA ['iβa] *m abr de* **impuesto sobre el valor añadido** MwSt. *f*

izar [i'θar] <z → c> *vt* hissen

izda. [iθ'kjerða] *adj*, **izdo.** [iθ'kjerðo] *adj abr de* **izquierda, izquierdo** linke(r, s)

izquierda [iθ'kjerða] *f:* **a la ~** links

izquierdo, -a [iθ'kjerðo] *adj* linke(r, s)

J

J, j ['xota] f J, j nt

ja [xa] interj ha

jabalí [xaβa'li] <jabalíes> m Wildschwein nt

jabalina [xaβa'lina] f Speer m

jabón [xa'βon] m Seife f; **pastilla de ~** Stück Seife

jabonar [xaβo'nar] vt einseifen

jacal [xa'kal] m (Méx, Ven) Hütte f

jacarandoso, -a [xakaraɲ'doso] adj fröhlich

jacinto [xa'θiɳto] m Hyazinthe f

jaco ['xako] m Klepper m

jactancioso, -a [xaktaɲ'θjoso] adj angeberisch

jactarse [xak'tarse] vr prahlen (de mit +dat)

jacuzzi® [ɟa'kuᵒsi] m Whirlpool m

jade ['xaðe] m Jade m o f

jadear [xaðe'ar] vi keuchen

jaguar [xa'ɣwar] m Jaguar m

jaiba ['xajβa] I. adj 1. (Ant, Méx) gerissen 2. (Cuba) faul II. f (Am) Flusskrebs m

jalado, -a [xa'laðo] adj (Méx) übertrieben; (Am: demacrado) abgezehrt; (Am: obsequioso) gefällig; (Am: borracho) betrunken

jalar [xa'lar] I. vt (fam) mampfen II. vi (Am) abhauen III. vr: ~se (Am) sich betrinken

jalea [xa'lea] f Gelee nt

jalear [xale'ar] vt anfeuern

jaleo [xa'leo] m Durcheinander nt; **armar ~** Lärm machen

jamás [xa'mas] adv nie(mals)

jamelgo [xa'melɣo] m (fam) Klepper m

jamón [xa'mon] m Schinken m; **~ de York** gekochter Schinken; **~ serrano** luftgetrockneter Schinken; **¡y**

un ~! (fam) kommt überhaupt nicht in Frage!

Japón [xa'pon] m Japan nt

japonés, -esa [xapo'nes] adj japanisch

jaque ['xake] m Schach nt; **~ mate** (Schach)matt nt

jaqueca [xa'keka] f Migräne f

jarabe [xa'raβe] m Hustensaft m

jarana [xa'rana] f Gaudi f o nt

jardín [xar'ðin] m Garten m

jardinería [xarðine'ria] f (arte) Gartenkunst f; (cuidado) Gartenpflege f

jardinero, -a [xarði'nero] m, f Gärtner(in) m(f)

jarra ['xarra] f Krug m; (de agua, café) Kanne f

jarro ['xarro] m Krug m; (de agua) Kanne f

jarrón [xa'rron] m Vase f

jauja ['xauxa] f Schlaraffenland nt

jaula ['xaula] f Käfig m

jauría [xau'ria] f Meute f

jazmín [xaθ'min] m Jasmin m

jazz [dʒas] m Jazz m

jefatura [xefa'tura] f: **~ de policía** Polizeipräsidium nt

jefe, -a ['xefe] m, f Chef(in) m(f); **~ de Estado** Staatsoberhaupt nt; **~ de gobierno** Regierungschef m

jeque ['xeke] m Scheich m

jerarca [xe'rarka] mf Oberhaupt nt

jerarquía [xerar'kia] f Hierarchie f

jerárquico, -a [xe'rarkiko] adj hierarchisch

jerez [xe'reθ] m Sherry m

jerga ['xerɣa] f Jargon m

jeringa [xe'riŋga] f (Injektions)spritze f

jeringuilla [xeriŋ'giʎa] f (Injektions)spritze f

jeroglífico [xero'ɣlifiko] m Hieroglyphe f; (pasatiempo) Bilderrätsel nt

jersey [xer'sej] m Pullover m; **~ de cuello alto** Rollkragenpullover m

Jesucristo [xesu'kristo] *m* Jesus Christus *m*

Jesús [xe'sus] *m* Jesus *m;* ¡~! Gesundheit!

jeta ['xeta] *f* (*fam*): **ese tiene una ~ increíble** (*fig*) der ist unglaublich frech

jíbaro, -a ['xiβaro] *adj* **1.** (*Am: campesino*) bäuerlich; (*costumbres, vida*) ländlich **2.** (*Am: planta, animal*) wild **3.** (*Ant, Méx*) menschenscheu

jibraltareño, -a [xiβra|ta'reɲo] *adj* gibraltarisch

jienense, -a [xje'nense] *adj* aus Jaén

jilguero [xil'ɣero] *m* Distelfink *m*

jinete [xi'nete] *m* Reiter *m*

jinetear [xinete'ar] *vt* (*Am*) zureiten

jirafa [xi'rafa] *f* Giraffe *f*

jirón [xi'ron] *m:* **hacer algo jirones** etw zerreißen

JJ.OO. ['xweɣos o'limpikos] *abr de* **Juegos Olímpicos** Olympische Spiele *ntpl*

jockey ['xokei] *m* Jockei *m*

jocoso, -a [xo'koso] *adj* witzig

joder [xo'ðer] **I.** *vt* (*vulg*) **1.** (*copular*) ficken **2.** (*fastidiar*) nerven *fam;* ¡**no me jodas!** erzähl mir keinen Scheiß!; ¡**jódete!** zum Teufel mit dir! *fam* **3.** (*echar a perder*) vermasseln *fam* **II.** *vi* (*vulg*) ficken **III.** *vr:* ~**se** (*vulg*) **1.** (*fastidiarse*) sich abfinden; ¡**hay que ~se!** verdammt noch mal! *fam* **2.** (*echar a perder*): **la tele se ha jodido** der Fernseher ist im Arsch **IV.** *interj* (*vulg*) Scheiße!

jolgorio [xol'ɣorjo] *m* Gaudi *f o nt*

jolín [xo'lin] *interj*, **jolines** [xo'lines] *interj* verdammt (noch mal)!

jopé [xo'pe] *interj* Mensch!

jornada [xor'naða] *f:* ~ **continua** gleitende Arbeitszeit; ~ **partida** Arbeitstag mit Mittagspause; **trabajo media** ~ ich arbeite halbtags

jornal [xor'nal] *m* Tagelohn *m;* **trabajar a** ~ als Tagelöhner arbeiten

jornalero, -a [xorna'lero] *m*, *f* Tagelöhner(in) *m(f)*

joroba [xo'roβa] *f* Buckel *m*

jorobado, -a [xoro'βaðo] *adj* buck(e)lig

jorobar [xoro'βar] (*fam*) **I.** *vt* nerven **II.** *vr:* ~**se** sich abfinden

jota ['xota] *f* J *nt;* **no entender ni** ~ (*fam*) keinen blassen Schimmer haben

joven ['xoβen] **I.** *adj* jung **II.** *mf:* **los jóvenes** die jungen Leute

jovial [xo'βjal] *adj* fröhlich

joya ['xoɟa] *f:* **las ~s** der Schmuck

joyería [xoɟe'ria] *f* Juwelierladen *m*

joyero¹ [xo'ɟero] *m* Schmuckkästchen *nt*

joyero, -a² [xo'ɟero] *m*, *f* Juwelier(in) *m(f)*

juanete [xwa'nete] *m* (Fuß)ballen *m*

jubilación [xuβila'θjon] *f* Pensionierung *f*

jubilado, -a [xuβi'laðo] *m*, *f* Rentner(in) *m(f)*

jubilar [xuβi'lar] **I.** *vt* pensionieren; (*fam: un objeto*) ausrangieren **II.** *vr:* ~**se** in Rente gehen

júbilo ['xuβilo] *m* Jubel *m*

jubiloso, -a [xuβi'loso] *adj* jubelnd; **estar** ~ überglücklich sein

judía [xu'ðia] *f* Bohne *f*

judicial [xuði'θjal] *adj* Justiz-; **aparato** ~ Justizapparat *m*

judío, -a [xu'ðio] *adj* jüdisch

judo ['ʤuðo] *m* Judo *nt*

juego ['xweɣo] *m* Spiel *nt*

juerga ['xwerɣa] *f* Gaudi *f o nt*

jueves ['xweβes] *m inv* Donnerstag *m;* **Jueves Santo** Gründonnerstag *m; v.t.* **lunes**

juez [xweθ] *mf* Richter(in) *m(f)*

jugada [xu'ɣaða] *f:* **hacerle una** ~ **a alguien** jdm übel mitspielen

jugador(a) [xuɣa'ðor] *m(f)* Spieler(in) *m(f);* ~ **profesional** Profi *m*

jugar [xu'ɣar] *irr vi, vt* spielen

jugarreta [xuɣa'rreta] *f (fam)* übler Streich *m*

jugo ['xuɣo] *m* Saft *m;* ~**s gástricos** Magensäfte *mpl*

jugoso, -a [xu'ɣoso] *adj* saftig

juguete [xu'ɣete] *m* Spielzeug *nt*

juguetería [xuɣete'ria] *f* Spielwarengeschäft *nt*

juguetón, -ona [xuɣe'ton] *adj* verspielt

juicio ['xwiθjo] *m* **1.** (*facultad para juzgar*) Urteilsfähigkeit *f* **2.** (*razón*) Vernunft *f*, Verstand *m;* **falta de** ~ Unvernunft *f* **3.** (*opinión*) Meinung *f*, Urteil *nt;* **a mi** ~ meiner Meinung nach **4.** (JUR): ~ **criminal** Strafverfahren *nt;* **llevar a alguien a** ~ jdm den Prozess machen

juicioso, -a [xwi'θjoso] *adj* vernünftig

julio ['xuljo] *m* Juli *m; v.t.* **marzo**

juma ['xuma] *f (Am: fam)* Rausch *m*

junco ['xuŋko] *m* Binse *f*

jungla ['xuŋgla] *f* Dschungel *m*

junio ['xunjo] *m* Juni *m; v.t.* **marzo**

júnior ['dʒunjor] *m* <juniores> Junior *m*

junta ['xunta] *f:* ~ **directiva** Vorstand *m;* ~ **general** Generalversammlung *f*

juntar(se) [xun'tar(se)] *vt, vr* (sich) (ver)sammeln; (*aproximar(se)*) zusammenrücken

junto¹ ['xunto] **I.** *adv:* **hablaba por teléfono y trabajaba en el ordenador, todo** ~ er/sie telefonierte und arbeitete gleichzeitig am PC; **comprar por** ~ in großen Mengen kaufen **II.** *prep* **1.** (*local*): ~ **a** neben +*dat*, an +*dat* **2.** (*con movimiento*): ~ **a** neben +*akk*, an +*akk* **3.** (*con*): ~ **con** mit +*dat*

junto, -a² ['xunto] *adj* zusammen, gemeinsam

jura ['xura] *f* Eid *m*

jurado¹ [xu'raðo] *m* Geschworene(r) *f(m)*

jurado, -a² [xu'raðo] *adj:* **intérprete** ~ Gerichtsdolmetscher *m*

juramento [xura'mento] *m* Eid *m;* **falso** ~ Meineid *m;* **estar bajo** ~ unter Eid stehen

jurar [xu'rar] **I.** *vt* schwören (*por* bei +*dat*) **II.** *vi* fluchen

jurel [xu'rel] *m* Makrele *f*

jurídico, -a [xu'riðiko] *adj* juristisch

jurisdicción [xurisði^ɣ'θjon] *f* Gerichtsbezirk *m*

jurisdiccional [xurisði^ɣθjo'nal] *adj* gerichtlich; **no** ~ außergerichtlich; **aguas** ~**es** Hoheitsgewässer *nt(pl)*

jurisprudencia [xurispru'ðenθja] *f* Rechtsprechung *f*

jurista [xu'rista] *mf* Jurist(in) *m(f)*

justicia [xus'tiθja] *f* Gerechtigkeit *f*

justificable [xustifi'kaβle] *adj* entschuldbar; (*error*) nachweisbar

justificación [xustifika'θjon] *f* Rechtfertigung *f*

justificante [xustifi'kante] *m* Beleg *m*

justificar(se) [xustifi'kar(se)] <c → qu> *vt, vr* (sich) rechtfertigen

justo¹ ['xusto] *adv* genau; (*escasamente*) gerade

justo, -a² ['xusto] *adj* gerecht; (*escaso*) knapp

juvenil [xuβe'nil] *adj* jugendlich

juventud [xuβen'tuð] *f* Jugendliche(n) *mpl*

juzgado [xuθ'ɣaðo] *m* Gericht *nt*

juzgar [xuθ'ɣar] <g → gu> *vi, vt* richten; (*opinar*) urteilen

K

K, k [ka] *f* K, k *nt*
kaki ['kaki] *adj* khakifarben
karate [ka'rate] *m*, **kárate** ['karate] *m* Karate *nt*
kayak [ka'ʝaᵏ] *m* <kayaks> Kajak *m o nt*
keroseno [kero'seno] *m* Kerosin *nt*
kg ['kilo'ɣramo] *abr de* **kilogramo** kg
kikirikí [kikiri'ki] *m* Kikeriki *nt*
kilo ['kilo] *m* Kilo *nt*
kilocaloría [kilokalo'ria] *f* Kilokalorie *f*
kilociclo [kilo'θiklo] *m* Kilohertz *nt*
kilogramo [kilo'ɣramo] *m* Kilogramm *nt*
kilohercio [kilo'erθjo] *m* Kilohertz *nt*
kilolitro [kilo'litro] *m* Kiloliter *m*
kilómetro [ki'lometro] *m* Kilometer *m*
kilovatio [kilo'βatjo] *m* Kilowatt *nt*
kinder ['kinder] *m*, **kindergarten** [kinder'ɣarten] *m* (*Am*) Kindergarten *m*
kit [kit] <kits> *m* Baukasten *m*
kl [kilo'litro] *abr de* **kilolitro** kl
kleenex® ['kline-s] *m inv* Tempo® *nt*
km [ki'lometro] *abr de* **kilómetro** km
km/h [ki'lometro por 'ora] *abr de* **kilómetro por hora** km/h
Kurdistán [kurðis'tan] *m* Kurdistan *nt*
kurdo, -a ['kurðo] *adj* kurdisch

L

L, l ['ele] *f* L, l *nt*
l ['litro] *abr de* **litro(s)** l

la [la] **I.** *art det v.* **el, la, lo II.** *pron pers f sg* **1.** (*objeto directo*) sie; ¡tráeme~! bring sie mir! **2.** (*enclítico*) es; ¡buena ~ hemos hecho! da haben wir uns etwas eingebrockt! **3.** (*con relativo*): ~ que... die(jenige), die ...; ~ cual die
laberinto [laβe'rinto] *m* Labyrinth *nt*
labia ['laβja] *f* (*fam*): tener mucha ~ ein flinkes Mundwerk haben
labial [la'βjal] *adj* Lippen-
lábil ['laβil] *adj* labil
labio ['laβjo] *m* Lippe *f*
labor [la'βor] *f* Arbeit *f*; **sus ~es** (*formularios*) Hausfrau *f*
laborable [laβo'raβle] *adj*: **día ~** Werktag *m*
laboral [laβo'ral] *adj* Arbeits-; **accidente ~** Arbeitsunfall *m*
laboratorio [laβora'torjo] *m* Labor *nt*
laborioso, -a [laβo'rjoso] *adj* mühsam
labrador(a) [laβra'ðor] *m(f)* Landwirt(in) *m(f)*
labranza [la'βranθa] *f* Ackerbau *m*
labrar [la'βrar] *vt* bestellen
labriego, -a [la'βrjeɣo] *m*, *f* Landwirt(in) *m(f)*
laburar [laβu'rar] *vi* (*Arg, Urug*) arbeiten
laca ['laka] *f* Haarspray *m o nt*
lacayo [la'kaʝo] *m* Lakai *m*; (*pey*) Speichellecker *m*
lacio, -a ['laθjo] *adj* welk; (*cabello*) glatt
lacónico, -a [la'koniko] *adj* lakonisch; (*persona*) wortkarg
lacra ['lakra] *f* Laster *nt*
lacrar [la'krar] *vt* versiegeln
lacre ['lakre] *m* Siegellack *m*
lacrimógeno, -a [lakri'moxeno] *adj*: **gas ~** Tränengas *nt*
lactancia [lak'tanθja] *f* Stillzeit *f*
lactante [lak'tante] *mf* Säugling *m*

lácteo, -a ['lakteo] *adj:* **vía láctea** Milchstraße *f*

lactosa [lak'tosa] *f* Milchzucker *m*

ladeado, -a [laðe'aðo] *adj* schief

ladearse [laðe'arse] *vr* sich (zur Seite) neigen

ladera [la'ðera] *f* Abhang *m*

ladilla [la'ðiʎa] *f* Filzlaus *f*

ladino, -a [la'ðino] *adj* abgefeimt

lado ['laðo] *m* Seite *f;* **por un ~... y por el otro ~...** einerseits ... und andererseits ...; **ir de un ~ a otro** hin und her gehen; **por todos ~s** überall; **dejar de ~ a alguien** jdn ignorieren; **al ~** daneben; **me puse de tu ~** ich ergriff für dich Partei

ladrar [la'ðrar] *vi* bellen

ladrido [la'ðriðo] *m* Gebell *nt*

ladrillo [la'ðriʎo] *m* Ziegel *m*

ladrón, -ona [la'ðron] *m, f* Dieb(in) *m(f)*

lagar [la'ɣar] *m* Ölpresse *f;* (*vino*) Kelter *f*

lagartija [laɣar'tixa] *f* Mauereidechse *f*

lagarto [la'ɣarto] **I.** *interj* toi, toi, toi! **II.** *m* Eidechse *f;* (*Am*) Kaiman *m*

lago ['laɣo] *m* See *m;* **Lago de Constanza** Bodensee *m*

lágrima ['laɣrima] *f* Träne *f*

lagrimal [laɣri'mal] *m* Tränensack *m*

laguna [la'ɣuna] *f* Teich *m;* **~ en la memoria** Gedächtnislücke *f*

laico, -a ['laiko] *adj* weltlich

lamentable [lamen'taβle] *adj* jämmerlich

lamentación [lamenta'θjon] *f* (Weh)klage *f*

lamentar [lamen'tar] **I.** *vt* beklagen; **lo lamento** ich bedaure es **II.** *vr:* **~se** sich beklagen (*de* über +*akk*)

lamento [la'mento] *m* Wehklagen *nt*

lamer [la'mer] **I.** *vt* (ab)lecken **II.** *vr:* **~se** sich lecken

lamido, -a [la'miðo] *adj* dünn; (*rela-*

mido) geschniegelt

lámina ['lamina] *f* **1.** dünnes Blech *nt* **2.** (*ilustración*) Abbildung *f;* **con ~s** illustriert

laminar [lami'nar] **I.** *adj* **1.** (*en forma de lámina*) Folien- **2.** (*formado de láminas*) schichtartig **II.** *vt* (*cortar*) (aus)walzen

lámpara ['lampara] *f* Lampe *f;* **~ de alarma** Warnleuchte *f;* **~ fluorescente** Leuchtstoffröhre *f;* **~ de pie** Stehlampe *f*

lamparilla [lampa'riʎa] *f* Nachtlampe *f*

lana ['lana] *f* Wolle *f*

lanar [la'nar] *adj:* **ganado ~** Wollvieh *nt*

lance ['lanθe] *m* Wurf *m*

lancha ['lantʃa] *f* Kahn *m;* **~ a remolque** Schleppkahn *m;* **~ de salvamento** Seenotrettungskreuzer *m*

langosta [laŋ'gosta] *f* Heuschrecke *f;* (*crustáceo*) Languste *f*

langostino [laŋgos'tino] *m* Garnele *f*

langucia [laŋ'guθja] *f* (*Am*) Gefräßigkeit *f*

lánguido, -a ['laŋgiðo] *adj* niedergeschlagen

lanilla [la'niʎa] *f* (Woll)flor *m*

lanoso, -a [la'noso] *adj,* **lanudo, -a** [la'nuðo] *adj* wollig

lanza ['lanθa] *f* Lanze *f*

lanzacohetes [lanθako'etes] *m* Raketenwerfer *m*

lanzado, -a [lan'θaðo] *adj* entschlossen

lanzador(a) [lanθa'ðor] *m(f)* Werfer(in) *m(f)*

lanzallamas [lanθa'ʎamas] *m* Flammenwerfer *m*

lanzamiento [lanθa'mjento] *m* Wurf *m;* **~ comercial** Lancierung *f;* **~ espacial** Raketenstart *m;* **~ de peso** Kugelstoßen *nt*

lanzamisiles [lanθami'siles] *m* Raketenwerfer *m*

lanzar [lan'θar] <z → c> **I.** *vt* werfen (*a* auf +*akk*); (*al mercado*) auf den Markt bringen **II.** *vr:* ~**se** sich stürzen (*a/sobre* auf +*akk*); ~**se al agua** ins Wasser springen; ~**se en picado** im Sturzflug fliegen

lanzaroteño, -a [lanθaro'teɲo] *adj* aus Lanzarote

lapa ['lapa] *f* (*fam*) Klette *f*

lapicero [lapi'θero] *m* Bleistift *m;* (*Am*) Kugelschreiber *m*

lápida ['lapiða] *f:* ~ **conmemorativa** Gedenktafel *f*

lapidar [lapi'ðar] *vt* steinigen

lápiz ['lapiθ] *m* Bleistift *m;* ~ **de color** Buntstift *m*

lapso ['laβso] *m* **1.** ~ (**de tiempo**) Zeitraum *m* **2.** *v.* **lapsus**

lapsus ['laβsus] *m* Fehler *m*

largar [lar'ɣar] <g → gu> **I.** *vt* loslassen; (*fam: golpe*) versetzen **II.** *vr:* ~**se** abhauen **III.** *vi* (*fam*) schwätzen

largo[1] ['larɣo] **I.** *adv* **1.** reichlich; ~ **y tendido** in Hülle und Fülle **2.** (*loc*): **a lo** ~ **de** (*lugar*) an +*dat* ... entlang; **a lo** ~ **del día** im Laufe des Tages; **¡**~ **de aquí!** weg hier! **II.** *m* Länge *f;* **diez metros de** ~ zehn Meter lang

largo, -a[2] ['larɣo] *adj* lang; **a la larga** langfristig; **el pantalón te está** ~ die Hose ist dir zu lang

largometraje [larɣome'traxe] *m* Spielfilm *m*

largura [lar'ɣura] *f* Länge *f*

laringe [la'rinxe] *f* Kehlkopf *m*

larva ['larβa] *f* Larve *f*

las [las] **I.** *art det v.* **el, la, lo II.** *pron pers f pl* **1.** (*objeto directo*) sie; **¡**míra~**!** schau sie dir an! **2.** (*con relativo*): ~ **que...** die(jenigen), die ...; ~ **cuales** die

lascivo, -a [las'θiβo] *adj* lüstern

láser ['laser] *m* Laser *m*

lástima ['lastima] *f:* **dar** ~ Mitleid erwecken; **¡qué** ~**!** wie schade!

lastimar(se) [lasti'mar(se)] *vt, vr* (sich) verletzen

lastimero, -a [lasti'mero] *adj*, **lastimoso, -a** [lasti'moso] *adj* Mitleid erregend

lastre ['lastre] *m* Ballast *m*

lata ['lata] *f* (Blech)dose *f;* **¡vaya** ~**!** das ist echt ätzend!

latente [la'tente] *adj* latent

lateral [late'ral] *adj* seitlich

latido [la'tiðo] *m:* **los** ~**s del corazón** der Herzschlag

latifundio [lati'fundjo] *m* Großgrundbesitz *m*

latifundista [latifun'dista] *mf* Großgrundbesitzer(in) *m(f)*

latigazo [lati'ɣaθo] *m* Peitschenhieb *m;* (*chasquido*) Peitschenknall *m*

látigo ['latiɣo] *m* Peitsche *f*

latín [la'tin] *m* Latein *nt*

latino, -a [la'tino] *adj:* **América Latina** Lateinamerika *nt*

Latinoamérica [latinoa'merika] *f* Lateinamerika *nt*

latinoamericano, -a [latinoameri'kano] *adj* lateinamerikanisch

latir [la'tir] *vi* klopfen

latitud [lati'tuð] *f* Breite *f*

latón [la'ton] *m* Messing *nt*

latoso, -a [la'toso] *adj* lästig

laúd [la'uð] *m* Laute *f*

laureado, -a [laure'aðo] *adj* (*premiado*) preisgekrönt

laurel [lau'rel] *m* Lorbeer(baum) *m*

lava ['laβa] *f* Lava *f*

lavabo [la'βaβo] *m* Waschbecken *nt;* (*cuarto*) Toilette *f*

lavado [la'βaðo] *m* Wäsche *f;* (MED) Spülung *f*

lavadora [laβa'ðora] *f* Waschmaschine *f*

lavanda [la'βanda] *f* Lavendel *m*

lavandería [laβaṇde'ria] *f* Wäscherei *f*

lavaplatos [laβa'platos] *m inv* Spülmaschine *f*

lavar [la'βar] I. *vt* waschen II. *vr:* ~**se** sich waschen; ~**se los dientes** sich *dat* die Zähne putzen

lavativa [laβa'tiβa] *f* Einlauf *m*

lavavajillas [laβaβa'xiʎas] *m* (Geschirr)spülmaschine *f*

laxante [laɣ'saṇte] *m* Abführmittel *nt*

laxo, -a [ˈlaɣso] *adj* schlaff

lazada [la'θaða] *f* Schlinge *f*

lazo [ˈlaθo] *m* Schlinge *f;* (*cinta*) Schleife *f*

le [le] *pron pers* **1.** *m sg* (*objeto directo*) ihn; (*cortés*) Sie **2.** *mf sg* (*objeto indirecto*) ihm, ihr; (*cortés*) Ihnen; **¡da~ un beso!** gib ihm/ihr einen Kuss!

leal [le'al] *adj* treu

lealtad [leal'taᵈ] *f* Treue *f*

lección [leɣ'θjon] *f* Lektion *f*

lechada [le'tʃaða] *f* Mörtel *m*

lechal [le'tʃal] *adj:* **cordero** ~ Milchlamm *nt*

leche [ˈletʃe] *f* **1.** (*líquido*) Milch *f;* ~ **en polvo** Milchpulver *nt;* ~ **desmaquillante** Reinigungsmilch *f* **2.** (*loc*): **¡~s!** (*fam*) Scheiße!; **ser la** ~ unmöglich sein; **estar de mala** ~ (*fam*) mies drauf sein

lechería [letʃe'ria] *f* Milchgeschäft *nt*

lecho [ˈletʃo] *m* Bett *nt*

lechón, -ona [le'tʃon] *m, f* Ferkel *nt*

lechuga [le'tʃuɣa] *f* Kopfsalat *m*

lechuza [le'tʃuθa] *f* Eule *f*

lectivo, -a [lek'tiβo] *adj:* **día** ~ Unterrichtstag *m*

lector(a) [lek'tor] *m(f)* Lektor(in) *m(f)*

lectorado [lekto'raðo] *m* Lektorat *nt*

lectura [lek'tura] *f* (Vor)lesen *nt;* (*obra*) Lektüre *f*

leer [le'er] *irr vt* lesen; ~ **en voz alta** vorlesen

legado [le'ɣaðo] *m* Vermächtnis *nt*

legajo [le'ɣaxo] *m* Akte *f*

legal [le'ɣal] *adj* gesetzlich

legalidad [leɣali'ðaᵈ] *f* Legalität *f;* **al filo de la** ~ am Rande der Legalität; **fuera de la** ~ illegal

legalización [leɣaliθa'θjon] *f* Legalisierung *f;* (*atestamiento*) Beglaubigung *f*

legalizar [leɣali'θar] <z → c> *vt* legalisieren

legaña [le'ɣaɲa] *f* Tränenflüssigkeit *f*

legar [le'ɣar] <g → gu> *vt* vermachen

legendario, -a [lexeṇ'darjo] *adj* sagenhaft; (*famoso*) berühmt

legible [le'xiβle] *adj* lesbar

legión [le'xjon] *f* Legion *f*

legislación [lexisla'θjon] *f* Gesetzgebung *f*

legislador(a) [lexisla'ðor] *m(f)* Gesetzgeber(in) *m(f);* (*Am*) Abgeordnete(r) *f(m)*

legislar [lexis'lar] *vi* Gesetze erlassen

legislativo, -a [lexisla'tiβo] *adj:* **poder** ~ Legislative *f*

legislatura [lexisla'tura] *f* Legislaturperiode *f;* (*Am*) Parlament *nt*

legitimación [lexitima'θjon] *f* **1.** (*legalización*) Legalisierung *f* **2.** (*habilitación*) Legitimation *f* **3.** (*hijo*) Anerkennung *f*

legitimar [lexiti'mar] *vt* für rechtmäßig erklären

legítimo, -a [le'xitimo] *adj* **1.** (*legal*) rechtmäßig; **defensa legítima** Notwehr *f* **2.** (*hijo*) ehelich

legua [ˈleɣwa] *f* Meile *f;* **a la** ~ von weitem

legumbre [le'ɣumbre] *f* Hülsenfrucht *f*

leído, -a [le'iðo] *adj* (*persona*) belesen

lejanía [lexa'nia] *f* Ferne *f*

lejano, -a [le'xano] *adj* fern

lejía [le'xia] *f* (Wasch)lauge *f*

lejos ['lexos] **I.** *adv* weit (entfernt); **a lo ~** in der Ferne; **de ~** von weitem; **ir demasiado ~** (*fig*) zu weit gehen; **llegar ~** (*fig*) es weit bringen **II.** *prep:* **~ de** weit (entfernt) von + *dat*

lelo, -a ['lelo] *adj* (*fam*) verdutzt

lema ['lema] *m* Motto *nt*

lencería [lenθe'ria] *f* Damen(unter)wäsche *f*

lengua ['lengwa] *f* **1.** (ANAT) Zunge *f;* **~ de trapo** (*fam*) Stotterer *m;* **~ viperina** (*fam*) spitze Zunge; **darle a la ~** (*fam*) quasseln **2.** (LING) Sprache *f;* **~ materna** Muttersprache *f;* **~ oficial** Amtssprache *f*

lenguado [len'gwaðo] *m* Seezunge *f*

lenguaje [len'gwaxe] *m* Sprache *f*

lengüeta [len'gweta] *f* Lasche *f*

lengüetear [lengwete'ar] *vi* (*Am: fam*) schwatzen

lente ['lente] *m* o *f* **1.** (*gafas*) Brille *f;* **llevar ~s** eine Brille tragen **2.** (*t. FOTO*) Linse *f;* **~ convergente** Sammellinse *f*

lenteja [len'texa] *f* Linse *f*

lentejuela [lente'xwela] *f* Paillette *f*

lentilla [len'tiʎa] *f* Kontaktlinse *f*

lentitud [lenti'tuθ] *f* Langsamkeit *f*

lento, -a ['lento] *adj* langsam; **a cámara lenta** in Zeitlupe

leña ['leɲa] *f* (Brenn)holz *nt;* **dar ~** verprügeln; **recibir ~** Prügel einstecken

leñador(a) [leɲa'ðor] *m(f)* Holzfäller(in) *m(f)*

leñazo [le'ɲaθo] *m* (*fam*) Schlag *m*

leño ['leɲo] *m* Holzklotz *m*

Leo ['leo] *m* (ASTR) Löwe *m*

león [le'on] *m* Löwe *m;* (*Am*) Puma *m;* **~ (marino)** Seelöwe *m*

leonés, -esa [leo'nes] *adj* aus León

leopardo [leo'parðo] *m* Leopard *m*

leotardo(s) [leo'tarðo(s)] *m(pl)* Strumpfhose *f*

lépero, -a ['lepero] *m, f* (*AmC*) Schurke, -in *m, f*

lepra ['lepra] *f* Lepra *f*

leproso, -a [le'proso] *m, f* Leprakranke(r) *f(m)*

lerdo, -a ['lerðo] *adj* schwerfällig

leridano, -a [leri'ðano] *adj* aus Lérida

les [les] *pron pers* **1.** *m pl* (*reg: objeto directo*) sie; (*cortés*) Sie **2.** *mf pl* (*objeto indirecto*) ihnen; (*cortés*) Ihnen

lesbiana [les'βjana] *f* Lesbierin *f*

lesera [le'sera] *f* (*Am*) Dummheit *f*

lesión [le'sjon] *f* Verletzung *f*

lesionar(se) [lesjo'nar(se)] *vt, vr* (sich) verletzen

letal [le'tal] *adj* tödlich

letárgico, -a [le'tarxiko] *adj* lethargisch

letargo [le'taryo] *m* Winterschlaf *m*

Letonia [le'tonja] *f* Lettland *nt*

letra ['letra] *f* **1.** (*signo*) Buchstabe *m;* **~ de molde** Fettdruck *m;* **con ~ mayúscula/minúscula** groß-/kleingeschrieben; **al pie de la ~** wortwörtlich; **~ por ~** Wort für Wort **2.** (*escritura*) Schrift *f* **3.** (COM): **~ (de cambio)** Wechsel *m*

letrado, -a [le'traðo] **I.** *adj* gelehrt **II.** *m, f* Anwalt, -wältin *m, f*

letrero [le'trero] *m* Schild *nt*

leucemia [leu'θemja] *f* Leukämie *f*

levadizo, -a [leβa'ðiθo] *adj:* **puente ~** Zugbrücke *f*

levadura [leβa'ðura] *f* Hefe *f*

levantamiento [leβanta'mjento] *m* Aufstand *m;* **~ del cadáver** (amtliche) Leichenschau *f*

levantar [leβan'tar] **I.** *vt* **1.** (hoch)heben **2.** (*castigo*) aufheben **3.** **~ acta** protokollieren (*de* + *akk*) **4.** **~ la voz a alguien** jdn anschreien **II.** *vr:* **~se** aufstehen

levante [le'βante] *m* Osten *m*

Levante [le'βante] *m* Levante *m*

(*Ostküste Spaniens bzw. die Regionen País Valenciano und Murcia*)

levar [le'βar] *vt:* ~ **(las) anclas** die Anker lichten

leve ['leβe] *adj* harmlos; (*error*) leicht

levedad [leβe'ðaᵒ] *f* Leichtigkeit *f*

levitar [leβi'tar] *vi* in der Luft schweben

léxico ['leˠsiko] *m* Wortschatz *m*

ley [lei] *f* Gesetz *nt;* **proyecto de ~** Gesetzentwurf *m;* **oro de ~** Feingold *nt*

leyenda [le'ɟenda] *f* Legende *f*

liana [li'ana] *f* Liane *f*

liar [li'ar] <*1. pres:* lío> **I.** *vt* (*fardo*) zusammenbinden; (*cigarrillo*) drehen; (*enredar*) einwickeln **II.** *vr:* **~se 1.** (*fam*) sich einlassen **2.** (*embarullarse*) durcheinanderkommen **3. ~se a golpes con alguien** sich mit jdm prügeln

libelo [li'βelo] *m* Pamphlet *nt*

libélula [li'βelula] *f* Libelle *f*

liberación [liβera'θjon] *f* Befreiung *f*

liberal [liβe'ral] *adj* liberal

liberar [liβe'rar] *vt* befreien; (*soltar*) freilassen

libertad [liβer'taᵒ] *f* Freiheit *f;* **~ de culto** Glaubensfreiheit *f;* **poner en ~** freilassen

libertar [liβer'tar] *vt* befreien

libertario, -a [liβer'tarjo] *adj* anarchistisch

libertinaje [liβerti'naxe] *m* Zügellosigkeit *f*

libertino, -a [liβer'tino] *adj* zügellos

libido [li'βiðo] *f sin pl* Trieb *m*

libra ['liβra] *f:* ~ **esterlina** Pfund Sterling

Libra ['liβra] *f* (ASTR) Waage *f*

librado, -a [li'βraðo] *adj:* **salir mal ~** schlecht wegkommen *fam*

librar [li'βrar] **I.** *vt, vr:* **~se** (sich) befreien **II.** *vi* (*fam*) frei haben

libre ['liβre] *adj* frei

librecambio [liβre'kambjo] *m* Freihandel *m*

librería [liβre'ria] *f* Buchhandlung *f*

librero, -a [li'βrero] *m, f* Buchhändler(in) *m(f)*

libreta [li'βreta] *f* Heft *nt*

libro ['liβro] *m* Buch *nt;* ~ **de bolsillo** Taschenbuch *nt;* ~ **de cocina** Kochbuch *nt;* ~ **de familia** Familienstammbuch *nt;* ~ **de texto** Lehrbuch *nt*

licencia [li'θenθja] *f* Erlaubnis *f;* (*Méx*) Führerschein *m;* ~ **de obras** Baugenehmigung *f;* ~ **de armas** Waffenschein *m*

licenciado, -a [liθen'θjaðo] *m, f* ≈Akademiker(in) *m(f);* (*soldado*) Verabschiedete(r) *m*

licenciar [liθen'θjar] **I.** *vt* (*despedir*) entlassen; (*soldado*) verabschieden **II.** *vr:* **~se** sein Examen machen

licenciatura [liθenθja'tura] *f* (*título*) Titel *m;* (*carrera*) Hochschulabschluss *m*

lícito, -a [li'θito] *adj* zulässig

licor [li'kor] *m* Likör *m*

licuadora [likwa'ðora] *f* Entsafter *m*

líder ['liðer] *mf* (Markt)führer(in) *m(f)*

liderar [liðe'rar] *vt* anführen

liderato [liðe'rato] *m,* **liderazgo** [liðe'raθɣo] *m* Führung *f;* **capacidad de ~** Führungsqualitäten *fpl*

lidia ['liðja] *f* (Stier)kampf *m*

liebre [lje'βre] *f* Hase *m*

lienzo ['ljenθo] *m* (Öl)gemälde *nt*

liga ['liɣa] *f* Liga *f*

ligamento [liɣa'mento] *m* Band *nt*

ligar [li'ɣar] <g → gu> *vi* (*fam*) anbändeln

ligereza [lixe'reθa] *f* Schnelligkeit *f;* (*levedad*) Leichtigkeit *f*

ligero, -a [li'xero] *adj* leicht; (*ágil*) flink; ~ **de cascos** (*fam*) oberflächlich

ligón, -ona [li'ɣon] *m, f* Anma-

cher(in) *m(f)*; **ser un ~** gerne flirten
ligue ['liɣe] *m* (*fam*) Flirt *m*
lijar [li'xar] *vt* (ab)schleifen
lila ['lila] **I.** *adj* lila **II.** *f* Flieder *m*
lima ['lima] *f* Feile *f*
limar [li'mar] *vt* (zurecht)feilen
limbo ['limbo] *m*: **estar en el ~** (*fam*)
  geistig abwesend sein
limeño, -a [li'meɲo] *adj* aus Lima
limitación [limita'θjon] *f* Beschränkung *f*; **sin limitaciones** unbeschränkt
limitado, -a [limi'taðo] *adj* knapp; **un**
  número ~ eine begrenzte Anzahl
limitar [limi'tar] **I.** *vi* (an)grenzen
  (*con* an +*akk*) **II.** *vt* begrenzen
  III. *vr*: **~se** sich beschränken (*a* auf
  +*akk*)
límite ['limite] *m* Grenze *f*; **sin ~s**
  grenzenlos
limítrofe [li'mitrofe] *adj*: **países ~s**
  Nachbarländer *ntpl*
limo ['limo] *m* Schlamm *m*
limón [li'mon] *m* Zitrone *f*
limonada [limo'naða] *f* Limonade *f*;
  ~ de vino Sangria *f*
limosna [li'mosna] *f* Almosen *nt*; **pe-**
  dir ~ betteln
limosnero, -a [limos'nero] *m, f* (*Am*)
  Bettler(in) *m(f)*
limpiabotas [limpja'βotas] *mf*
  Schuhputzer(in) *m(f)*
limpiachimeneas [limpjatʃime'neas]
  mf Schornsteinfeger(in) *m(f)*
limpiacristales [limpjakris'tales] *m*
  Fensterputzmittel *nt*
limpiaparabrisas [limpjapara'βrisas]
  m Scheibenwischer *m*
limpiar [lim'pjar] **I.** *vt* reinigen; (*zapa-*
  tos, casa) putzen **II.** *vi* putzen
  III. *vr*: **~se** (*dientes*) sich *dat* putzen
limpieza [lim'pjeθa] *f*: **~ a fondo**
  Großputz *m*; **hacer la ~** sauber machen; **señora de la ~** Putzfrau *f*
limpio[1] ['limpjo] *adv* sauber; **jugar ~**

fair spielen; **escribir en ~** ins Reine
  schreiben; **en ~** netto
limpio, -a[2] ['limpjo] *adj* sauber
limusina [limu'sina] *f* Limousine *f*
linaje [li'naxe] *m* Abstammung *f*
lince ['linθe] *m* Luchs *m*; **ser un ~**
  (*fig*) ein Fuchs sein
linchamiento [lintʃa'mjento] *m*
  Lynchjustiz *f*
linchar [lin'tʃar] *vt* lynchen
lindar [lin'dar] *vi* angrenzen (*con* an
  +*akk*)
lindo, -a ['lindo] *adj* hübsch; **diver-**
  tirse a lo ~ sich gut amüsieren
línea ['linea] *f* **1.** Linie *f*; (*raya*) Strich
  m; **~ recta** Gerade *f* **2.** (*fila*) Reihe *f*
  3. ~ en blanco Leerzeile *f* **4. ~ aé-**
  rea Fluglinie *f*; **~ férrea** Bahnlinie *f*;
  coche de ~ Linienbus *m* **5.** (TEL)
  Leitung *f*; **~ para el fax** Fax-
  anschluss *m*
lineal [line'al] *adj* linear
lingote [liŋ'gote] *m* Barren *m*
lingüística [liŋ'gwistika] *f* Sprachwissenschaft *f*
lingüístico, -a [liŋ'gwistiko] *adj*
  sprachwissenschaftlich
linimento [lini'mento] *m* Einreibe-
  mittel *nt*
lino ['lino] *m* Leinen *nt*
linterna [lin'terna] *f* Taschenlampe *f*
lío ['lio] *m* Durcheinander *nt*; (*fam*)
  Verhältnis *nt*
liquidación [likiða'θjon] *f* **1.** (*de una*
  mercancía) Ausverkauf *m*; **~ total**
  Räumungsverkauf *m* **2.** (*de una em-*
  presa) Auflösung *f* **3.** (*de una fac-*
  tura) Begleichung *f*
liquidar [liki'ðar] *vt* **1.** (*fam: matar*)
  töten **2.** (*mercancía*) ausverkaufen;
  ~ las existencias das Lager räumen
  3. (*factura*) begleichen
liquidez [liki'ðeθ] *f* Liquidität *f*
líquido[1] ['likiðo] *m* Flüssigkeit *f*; **~ de**
  frenos Bremsflüssigkeit *f*

líquido, -a² ['likiðo] *adj* flüssig
lira ['lira] *f* Lira *f;* (*instrumento*) Leier *f*
lírica ['lirika] *f* Lyrik *f*
lírico, -a ['liriko] I. *adj* (LIT) lyrisch II. *m, f* Lyriker(in) *m(f)*
lirio ['lirjo] *m* Lilie *f*
lirón [li'ron] *m* Siebenschläfer *m;* **dormir como un ~** schlafen wie ein Murmeltier
Lisboa [lis'βoa] *f* Lissabon *nt*
lisboeta [lisβo'eta] *adj* aus Lissabon
lisiado, -a [li'sjaðo] *adj* verkrüppelt
liso, -a [li'so] *adj* **1.** (*pelo*) glatt; **los 100 metros ~s** der 100-Meter-Lauf **2.** (*tela*) einfarbig
lisonjero, -a [lison'xero] I. *adj* schmeichelnd II. *m, f* Schmeichler(in) *m(f)*
lista ['lista] *f* **1.** (*enumeración*) Liste *f;* **~ de la compra** Einkaufszettel *m;* **~ de correo** (INFOR) Mailingliste *f;* **~ electoral** Wählerliste *f;* **~ de éxitos** (MÚS) Hitliste *f* **2.** (*tira*) Streifen *m;* **a ~s** gestreift
listado [lis'taðo] *m* Auflistung *f*
listar [lis'tar] *vt* auflisten
listín [lis'tin] *m* Telefonbuch *nt*
listo, -a ['listo] *adj* **1.** *ser* klug; (*hábil*) geschickt; **pasarse de ~** zu weit gehen **2.** *estar* fertig; **~ para despegar** startklar
listón [lis'ton] *m* Latte *f;* **poner el ~ muy alto** (*fig*) einen sehr hohen Maßstab anlegen
litera [li'tera] *f* Etagenbett *nt;* (FERRO) Liegewagenplatz *m*
literal [lite'ral] *adj* wörtlich
literario, -a [lite'rarjo] *adj* literarisch
literatura [litera'tura] *f* Literatur *f;* **~ barata** Schundliteratur *f*
litigar [liti'ɣar] <g → gu> *vt* **1.** (*disputar, t.* JUR) streiten **2.** (*llevar a juicio*) prozessieren (*con/contra* gegen +*akk*)
litigio [li'tixjo] *m* Prozess *m;* **en caso de ~** im Streitfall
litoral [lito'ral] *m* Küste *f*
litro ['litro] *m* Liter *m o nt;* **un ~ de leche** ein Liter Milch
Lituania [li'twanja] *f* Litauen *nt*
liturgia [li'turxja] *f* Liturgie *f*
liviano, -a [li'βjano] *adj* **1.** (*superficial*) leichtfertig **2.** (*ligero*) leicht
lívido, -a ['liβiðo] *adj* blass
llaga ['ʎaɣa] *f* Wunde *f*
llama ['ʎama] *f* Flamme *f;* (ZOOL) Lama *nt*
llamada [ʎa'maða] *f* Anruf *m;* **~ urbana** Ortsgespräch *nt*
llamado, -a [ʎa'maðo] *adj* so genannte(r, s)
llamador [ʎama'ðor] *m* (Tür)klopfer *m*
llamar [ʎa'mar] I. *vt* **1.** (an)rufen; **~ a filas** einberufen **2.** (*denominar*) nennen **3.** (*despertar*) wecken II. *vi* anklopfen; (*el timbre*) klingeln; **¿quién llama?** wer ist da? III. *vr:* **~se** heißen; **¿cómo te llamas?** wie heißt du?
llamarada [ʎama'raða] *f* Flackerfeuer *nt*
llamativo, -a [ʎama'tiβo] *adj* auffällig
llana ['ʎana] *f* Kelle *f*
llano, -a ['ʎano] *adj* flach; **el pueblo ~** das (einfache) Volk
llanta ['ʎanta] *f* Felge *f*
llanto ['ʎanto] *m* Weinen *nt*
llanura [ʎa'nura] *f* Ebene *f*
llave ['ʎaβe] *f* **1.** (*t. fig*) Schlüssel *m;* **~ de contacto** (AUTO) Zündschlüssel *m* **2.** (*tuerca*) Schraubenschlüssel *m;* **~ inglesa** Engländer *m* **3.** (*interruptor*) Schalter *m*
llavero [ʎa'βero] *m* Schlüsselring *m*
llegada [ʎe'ɣaða] *f* Ankunft *f*
llegar [ʎe'ɣar] <g → gu> *vi* **1.** (*al destino*) ankommen; **~ a Madrid** in Madrid ankommen; **~ tarde** sich verspäten **2.** (*recibir*): **no me ha lle-**

gado el dinero ich habe das Geld noch nicht erhalten **3.** (*durar*) halten (*a* bis +*akk*); ~ **a viejo** alt werden **4.** (*ascender*) betragen (*a* +*akk*); **no** ~ **a veinte euros** keine zwanzig Euro kosten **5.** (*lograr*): **ese ~á lejos** der wird es weit bringen **6.** (*ser suficiente*) (aus)reichen

llenar [ʎe'nar] I. *vt* füllen (*de* mit +*dat*) II. *vr:* ~**se** (*fam*) sich vollstopfen (*de* mit +*dat*)

lleno, -a ['ʎeno] *adj* voll; **luna llena** Vollmond *m*; **estoy** ~ (*fam*) ich bin satt

llevadero, -a [ʎeβa'ðero] *adj* erträglich

llevar [ʎe'βar] I. *vt* **1.** bringen; (*en brazos*) tragen; ~ **algo a alguien** jdm etw bringen **2.** (*costar*) kosten; **este trabajo lleva mucho tiempo** diese Arbeit ist sehr zeitaufwändig **3.** (*tener*): ~ **consigo** dabeihaben **4.** (*ropa*) tragen **5.** (*estar*) sein; **llevo cuatro días aquí** ich bin seit vier Tagen hier **6.** (*gestionar*) führen; ~ **las cuentas** die Buchhaltung machen **7.** (*exceder*) übertreffen; **te llevo dos años** ich bin zwei Jahre älter als du **8.** (*loc*): ~ **a cabo** durchführen; **no te dejes ~ por él** hör nicht auf ihn II. *vr:* ~**se 1.** (*coger*) mitnehmen; ~**se un susto** einen Schrecken bekommen **2.** (*estar de moda*) in sein **3.** **mi jefe y yo nos llevamos bien** ich komme mit meinem Chef gut aus

llorar [ʎo'rar] *vi, vt* weinen (*por* um +*akk*)

lloriquear [ʎorike'ar] *vi* wimmern

lloro(s) ['ʎoro(s)] *m(pl)* Weinen *nt*

llover [ʎo'βer] <o → ue> *vi, vt, vim- pers* regnen; **está lloviendo** es regnet

llovizna [ʎo'βiθna] *f* Nieselregen *m*

lloviznar [ʎoβiθ'nar] *vimpers:* **está**

lloviznando es nieselt

lluvia ['ʎuβja] *f* Regen *m*; ~ **de estrellas** Sternschnuppenschwarm *m*

lluvioso, -a [ʎu'βjoso] *adj* regnerisch; **tiempo** ~ Regenwetter *nt*

lo [lo] I. *art det v.* **el, la, lo** II. *pron pers m y nt sg* **1.** (*objeto: masculino*) ihn; (*neutro*) es; **¡lláma~!** ruf ihn!; **¡haz~!** tu es! **2.** (*con relativo*): ~ **que...** (das,) was ...; ~ **cual** was; ~ **que quiero decir es que...** was ich sagen will ist, dass ...

loable [lo'aβle] *adj* löblich

lobo ['loβo] *m* Wolf *m*

lóbulo ['loβulo] *m:* ~ **de la oreja** Ohrläppchen *nt*

local [lo'kal] I. *adj* örtlich; **periódico** ~ Lokalblatt *nt* II. *m* (Geschäfts)raum *m*; ~ **público** Lokal *nt*

localidad [lokali'ðaº] *f* **1.** (*municipio*) Ort *m* **2.** (*entrada*) Eintrittskarte *f*; (*asiento*) Sitz(platz) *m*

localización *f* (*búsqueda*) Aufspüren; ~ **de software** Softwarelokalisierung *f*

localizar [lokali'θar] <z → c> *vt:* ~ **por teléfono** telefonisch erreichen

loción [lo'θjon] *f:* ~ **capilar** Haarwasser *nt;* ~ **tónica** Gesichtswasser *nt;* ~ **bronceadora** Sonnenmilch *f;* ~ **hidratante** Feuchtigkeitslotion *f*

loco, -a ['loko] I. *adj* verrückt; **tener una suerte loca** unwahrscheinliches Glück haben II. *m, f* Verrückte(r) *f(m);* **casa de ~s** (*t. fig*) Tollhaus *nt;* **hacerse el** ~ nicht reagieren

locomoción [lokomo'θjon] *f* Fortbewegung *f*

locomotora [lokomo'tora] *f* Lokomotive *f*

locuaz [lo'kwaθ] *adj* gesprächig

locución [loku'θjon] *f* Wendung *f*

locura [lo'kura] *f* Wahn(sinn) *m*

locutor(a) [loku'tor] *m(f)* Sprecher(in) *m (f)*

locutorio [loku'torjo] *m* Telefonzelle *f*

lodazal [loða'θal] *m* Morast *m*

lodo ['loðo] *m* Schlamm *m*

lógica ['loxika] *f* Logik *f*

lógico, -a ['loxiko] *adj* logisch

logística [lo'xistika] *f* Logistik *f*

logístico, -a [lo'xistiko] *adj* logistisch

logopeda [loɣo'peða] *mf* Logopäde, -in *m, f*

logopedia [loɣo'peðja] *f* Logopädie *f*

logotipo [loɣo'tipo] *m* Emblem *nt*

logrado, -a [lo'ɣraðo] *adj* gelungen

lograr [lo'ɣrar] **I.** *vt* erreichen; (*premio*) gewinnen; **logré convencerla** ich schaffte es, sie zu überzeugen **II.** *vr:* **~se** gelingen

logro ['loɣro] *m* Erfolg *m*

logroñés, -esa [loɣro'ɲes] *adj* aus Logroño

loma ['loma] *f* Hügel *m*

lombriz [lom'briθ] *f* Wurm *m;* **~ intestinal** Spulwurm *m;* **~ de tierra** Regenwurm *m*

lomo ['lomo] *m* Lende *f*

lona ['lona] *f* Plane *f*

loncha ['lontʃa] *f* Scheibe *f*

londinense [loṇdi'nense] *adj* aus London

Londres ['loṇdres] *m* London *nt*

longaniza [loŋga'niθa] *f* Bratwurst *f*

longitud [loŋxi'tuᵈ] *f* Länge *f;* **salto de ~** Weitsprung *m*

longitudinal [loŋxituði'nal] *adj:* **corte ~** Längsschnitt *m*

lonja ['loŋxa] *f* Warenbörse *f*

Lorena [lo'rena] *f:* **Alsacia y ~** Elsass-Lothringen *nt*

loro ['loro] *m* Papagei *m*

los [los] **I.** *art det v.* **el, la, lo II.** *pron pers m y nt pl* **1.** (*objeto directo*) sie; **¡lláma~!** ruf sie! **2.** (*con relativo*): **~ que...** die(jenigen), die ...;

~ cuales die

losa ['losa] *f* (Stein)platte *f*

lote ['lote] *m* **1.** Teil *m;* (COM) Posten *m* **2.** (*argot*): **darse el ~** knutschen

lotería [lote'ria] *f* Lotterie *f;* **~ primitiva** Lotto *nt*

Lovaina [lo'βaina] *f* Leuven *nt*

loza ['loθa] *f* Steingut(geschirr) *nt*

lubina [lu'βina] *f* Seebarsch *m*

lubricar [luβri'kar] <c → qu> *vt* (ein)schmieren

lucense [lu'θense] *adj* aus Lugo

Lucerna [lu'θerna] *f* Luzern *nt*

lucero [lu'θero] *m* Stern *m*

lucha ['lutʃa] *f* Kampf *m* (*por* um *+ akk*); **~ contra la droga** Drogenbekämpfung *f*

luchador(a) [lutʃa'ðor] *m (f)* Kämpfer(in) *m (f)*

luchar [lu'tʃar] *vi* kämpfen (*por* um *+ akk*)

lúcido, -a ['luθiðo] *adj* scharfsinnig; (*sobrio*) klar

luciérnaga [lu'θjernaɣa] *f* Glühwürmchen *nt*

lucio ['luθjo] *m* Hecht *m*

lucir [lu'θir] *irr* **I.** *vi* leuchten; (*sol*) scheinen **II.** *vt* (*exhibir*) zur Schau stellen **III.** *vr:* **~se** sich zeigen; (*destacarse*) sich auszeichnen; **¡ahora sí que nos hemos lucido!** (*irón*) jetzt haben wir uns aber schön blamiert!

lucrativo, -a [lukra'tiβo, -a] *adj* einträglich; **sin fines ~s** gemeinnützig

lucro ['lukro] *m:* **sin ánimo de ~** gemeinnützig

lúdico, -a ['luðiko] *adj* Spiel-

luego ['lweɣo] **I.** *adv* **1.** (*después*) später; **¡hasta ~!** tschüs! **2.** (*entonces*) dann **3.** **desde ~** selbstverständlich **II.** *conj* **1.** (*así que*) also **2.** **~ que** nachdem

lugar [lu'ɣar] *m* **1.** Ort *m;* (*situación*) Platz *m;* **yo en tu ~...** ich an deiner Stelle ... **2.** (*motivo*): **dar ~ a un**

escándalo einen Skandal verursachen **3.** (*loc*): **tener ~** stattfinden; **en primer ~** erstens; **en ~ de** (an)statt

lúgubre ['luɣuβre] *adj* düster

lujo ['luxo] *m* Luxus *m;* **con gran ~ de detalles** sehr ausführlich

lujoso, -a [lu'xoso] *adj* luxuriös

lujuria [lu'xurja] *f* Lüsternheit *f*

lujurioso, -a [luxu'rjoso] *adj* lüstern

lumbago [lum'baɣo] *m* Hexenschuss *m*

lumbar [lum'bar] *adj* Lenden-; **región ~** Lendengegend *f*

lumbre ['lumbre] *f* Feuer *nt*

luminoso, -a [lumi'noso] *adj:* **anuncio ~** Leuchtreklame *f*

luna ['luna] *f* **1.** Mond *m;* **~ llena** Vollmond *m;* **~ de miel** Flitterwochen *fpl* **2.** (*cristal*) (Spiegel)glas *nt;* **~s del coche** Autofenster *ntpl*

lunar [lu'nar] **I.** *adj* Mond-; **paisaje ~** Mondlandschaft *f* **II.** *m* Muttermal *nt;* (*tela*) Tupfen *m*

lunático, -a [lu'natiko] *adj* launisch

lunes ['lunes] *m inv* Montag *m;* **~ de carnaval** Rosenmontag *m;* **~ de Pascua** Ostermontag *m;* **el ~** am Montag; (**todos**) **los ~** jeden Montag, montags; **hoy es ~, once de marzo** heute ist Montag, der elfte März

lupa ['lupa] *f* Lupe *f*

lustrar [lus'trar] *vt* polieren

luto ['luto] *m:* **ir de ~** Trauer tragen; **estar de ~ por alguien** um jdn trauern

luxación [luɣsa'θjon] *f* Verrenkung *f*

Luxemburgo [luɣsem'burɣo] *m* Luxemburg *nt*

luxemburgués, -esa [luɣsembur-'ɣes] *adj* luxemburgisch

luz [luθ] *f* **1.** (*resplandor*) Licht *nt;* **~ corta** Abblendlicht *nt;* **~ larga** Fernlicht *nt;* **~ natural** Tageslicht

nt; **traje de luces** Torerokostüm *nt;* **a la ~ del día** bei Tageslicht; **dar a ~** entbinden **2.** (*energía*) Strom *m;* **¡da la ~!** mach das Licht an! **3. apagar la ~** das Licht ausmachen

M

M, m ['eme] *f* M, m *nt*

Mª [ma'ria] *abr de* **María** Maria

macabro, -a [ma'kaβro] *adj* makaber

macanudo, -a [maka'nuðo] *adj* (*Am: fam*) toll

macarra [ma'karra] *m* (*fam*) Gauner *m*

macarrón [maka'rron] *m pl* Makkaroni *pl*

macedonia [maθe'ðonja] *f:* **~ (de frutas)** Obstsalat *m*

maceta [ma'θeta] *f* Blumentopf *m*

machacar [matʃa'kar] <c → qu> **I.** *vt* **1.** (*triturar*) zerstampfen **2.** (*fam: destruir*) kleinkriegen **II.** *vr:* **~se: machacársela** (*vulg*) sich *dat* einen runterholen

machete [ma'tʃete] *m* Machete *f*

machista [ma'tʃista] *adj* Macho-

macho ['matʃo] *m* Männchen *nt;* (*fam*) Kerl *m*

macizo¹ [ma'θiθo] *m* (Gebirgs)massiv *nt*

macizo, -a² [ma'θiθo] *adj* **1.** (*oro*) massiv; **de plata maciza** massiv silbern **2. un tío ~** ein knackiger Typ

macuto [ma'kuto] *m* Rucksack *m*

madeja [ma'ðexa] *f* Knäuel *nt o m*

madera [ma'ðera] *f* Holz *nt;* **de ~** hölzern; **tocar ~** auf Holz klopfen; **¡toca ~!** toi, toi, toi!

madrastra [ma'ðrastra] *f* Stiefmutter *f*

madre ['maðre] *f* **1.** (*de familia*) Mutter *f;* ~ **política** Schwiegermutter *f;* ¡~ (**mía**)! (oh) mein Gott!; ¡tu ~! (*fam*) von wegen!; **de puta** ~ (*vulg*) geil *fam* **2.** (*origen*): ~ **patria** Mutterland *nt*

madriguera [maðri'yera] *f* Bau *m*

madrileño, -a [maðri'leɲo] *adj* aus Madrid

madrina [ma'ðrina] *f* **1.** (*de bautismo*) (Tauf)patin *f* **2.** ~ (**de boda**) Trauzeugin *f*

madrugada [maðru'yaða] *f* **1.** (*alba*) (Morgen)dämmerung *f;* **en la** [*o* **de**] ~ früh morgens **2.** (*horas después de la media noche*): **a las tres de la** ~ um drei Uhr nachts

madrugador(a) [maðruya'ðor] *adj:* **ser muy** ~ sehr früh aufstehen

madrugar [maðru'yar] <g → gu> *vi* (sehr) früh aufstehen

madrugón [maðru'yon] *m:* **darse un** ~ sehr früh aufstehen

madurar(se) [maðu'rar(se)] *vi, vt, vr* reifen

madurez [maðu'reθ] *f* Reife *f*

maduro, -a [ma'ðuro] *adj* reif

maestría [maes'tria] *f:* **con** ~ meisterhaft

maestro, -a [ma'estro] **I.** *adj:* **obra maestra** Meisterwerk *nt* **II.** *m, f* Lehrer(in) *m(f)*

mafioso, -a [ma'fjoso] *m, f* Mafioso, -a *m, f*

magdalena [mayða'lena] *f* ≈ Biskuit *m o nt*

magia ['maxja] *f* Magie *f;* (*poder*) Zauberkraft *f;* (*atractivo*) Zauber *m*

mágico, -a ['maxiko] *adj* magisch; **varita mágica** Zauberstab *m*

magisterio [maxis'terjo] *m:* **estudiar** ~ auf Lehramt studieren

magistrado, -a [maxis'traðo] *m, f* Richter(in) *m(f)*

magnate [may'nate] *m* Magnat *m;* ~ **de las finanzas** Finanzmagnat *m*

magnesio [may'nesjo] *m* Magnesium *nt*

magnético, -a [may'netiko] *adj* magnetisch

magnetismo [mayne'tismo] *m* Magnetismus *m*

magnetofón [mayneto'fon] *m* Tonbandgerät *nt*

magnífico, -a [may'nifiko] *adj* großartig

magnitud [mayni'tuð] *f:* **la** ~ **de este problema es alarmante** dieses Problem hat beängstigende Ausmaße angenommen

magnolia [may'nolja] *f* Magnolienblüte *f*

mago, -a ['mayo] *m, f* Zauberer, -in *m, f;* **los Reyes Magos** die Heiligen Drei Könige

magro, -a ['mayro] *adj* mager

maguey [ma'yei] *m* (*Am*) Agave *f*

magullar [mayu'ʎar] *vt* quetschen

Maguncia [ma'yunθja] *f* Mainz *nt*

mahometano, -a [maome'tano] *adj* mohammedanisch

mahonesa [mao'nesa] *f* Majonäse *f*

maicena® [mai'θena] *f* Maismehl *nt*

mailing ['meilin] *m* (INFOR) Mailing *nt*

maíz [ma'iθ] *m* Mais *m*

majadería [maxaðe'ria] *f* Blödsinn *m fam;* ¡**no hagas caso a sus** ~**s!** hör nicht auf sein/ihr dummes Geschwätz!

majadero, -a [maxa'ðero] *adj* dämlich

majara [ma'xara], **majareta** [maxa-'reta] *adj* (*fam*) verrückt

majestad [maxes'tað] *f* Majestät *f;* **Su** ~,... Eure (Königliche) Hoheit, ...

majo, -a ['maxo] *adj* hübsch; (*agradable*) nett

mal [mal] **I.** *adj v.* **malo II.** *m* **1.** Schaden *m;* (*injusticia*) Unrecht *nt* **2.** (*lo malo*) Böse *nt;* **el ~ menor** das kleinere Übel; **menos ~** Gott sei Dank **III.** *adv* schlecht; **esto acabará ~** das wird noch böse enden; **estar ~ de dinero** schlecht bei Kasse sein

malabarista [malaβa'rista] *mf* Jongleur(in) *m(f)*

malaconsejar [malakonse'xar] *vt* schlecht beraten

malacostumbrado, -a [malakostum'braðo] *adj:* **estar ~** verwöhnt sein

malacostumbrar [malakostum'brar] **I.** *vt* **1.** (*mimar*) verwöhnen **2.** (*educar mal*) schlecht erziehen **II.** *vr:* **~se** sich *dat* einen schlechten Lebenswandel angewöhnen

malagueño, -a [mala'γeɲo] *adj* aus Malaga

malapata [mala'pata] *mf:* **tener ~** unbeholfen sein

malaria [ma'larja] *f* Malaria *f*

malcriado, -a [malkri'aðo] *adj* ungezogen

malcriar [malkri'ar] <1. *pres:* malcrío> *vt* verziehen

maldad [mal'daθ] *f* Bosheit *f*

maldecir [malde'θir] *irr* **I.** *vt* verfluchen; **¡te maldigo!** Fluch über dich! **II.** *vi* fluchen

maldición [maldi'θjon] *f* Fluch *m*

maldito, -a [mal'dito] *adj:* **¡maldita sea!** (*fam*) verdammt noch mal!

maleante [male'ante] *mf* Gauner(in) *m(f)*

malecón [male'kon] *m* Damm *m;* (*rompeolas*) Kai *m*

maleducado, -a [maleðu'kaðo] *adj:* **tu amigo es muy ~** dein Freund hat überhaupt keine Manieren

maleducar [maleðu'kar] *vt* verziehen

maleficio [male'fiθjo] *m* Zauber *m*

malentendido [malenten'diðo] *m* Missverständnis *nt*

malestar [males'tar] *m* Unwohlsein *nt*

maleta [ma'leta] *f* Koffer *m;* **hacer la ~** den Koffer packen

maletero [male'tero] *m* Kofferraum *m*

maletín [male'tin] *m:* **~ (de viaje)** Handkoffer *m*

maleza [ma'leθa] *f* Gestrüpp *nt*

malgastar [malγas'tar] *vt* verschwenden; **~ una oportunidad** eine Chance vertun

malhechor(a) [male'tʃor] *m(f)* Verbrecher(in) *m(f)*

malherir [male'rir] *irr como sentir vt* schwer verletzen

malhumorado, -a [malumo'raðo] *adj:* **estar ~** schlechte Laune haben

malicia [ma'liθja] *f:* **tener mucha ~** sehr verschlagen sein; **no tener ~** naiv sein

malicioso, -a [mali'θjoso] *adj* boshaft

maligno, -a [ma'liγno] *adj* bösartig

malintencionado, -a [malinten θjo 'naðo] *adj* arglistig

malinterpretar [malinterpre'tar] *vt* missverstehen

malla ['maʎa] *f* Netz *nt*

malo, -a ['malo] **I.** *adj* <peor, pésimo> (*precediendo un sustantivo masculino: mal*) **1.** (*en general*) schlecht; **mala gestión** Misswirtschaft *f;* **de mala gana** widerwillig; **hace un tiempo malísimo** das Wetter ist miserabel **2.** (*malévolo*) böse; **una mala persona** ein schlechter Mensch **3. caer ~** krank werden **4.** (*travieso*) ungezogen **II.** *adv:* **podemos llegar a un acuerdo por las buenas o por las malas** wir können uns im Guten oder im Bösen einigen

maloliente [malo'ljente] *adj* stinkend

malparar [malpa'rar] *vt* übel zurichten; **salir malparado de un asunto**

bei einer Sache schlecht wegkommen

malpensado, -a [malpen'saðo] *adj* argwöhnisch

malsano, -a [mal'sano] *adj* ungesund

malsonante [malso'nante] *adj* unangenehm (klingend); (*palabra*) unanständig

malta ['malta] *f* Malz *nt*

maltratar [maltra'tar] *vt* misshandeln

maltrato [mal'trato] *m* Misshandlung *f*

maltrecho, -a [mal'tretʃo] *adj* übel zugerichtet

malva ['malβa] *adj* (blass)lila

malvado, -a [mal'βaðoa] *adj* ruchlos; **una persona malvada** ein durch und durch schlechter Mensch

malvender [malβeɲ'der] *vt* unter Wert verkaufen

malversar [malβer'sar] *vt* unterschlagen

Malvinas [mal'βinas] *fpl* Falklandinseln *fpl*

mama ['mama] *f* Brust(drüse) *f*

mamá [ma'ma] *f* (*fam*) Mama *f*

mamar [ma'mar] **I.** *vi, vt* **1. no le des de ~ tanto al niño** still das Kind nicht so oft **2.** (*vulg*): **mamársela a alguien** jdm einen blasen **II.** *vr:* ~**se** (*vulg*) sich volllaufen lassen *fam*

mamarracho [mama'rratʃo] *m* Witzfigur *f* *fam*

mamífero [ma'mifero] *m* Säugetier *nt*

mamón, -ona [ma'mon] *m, f* (*vulg*) Wichser *m*, Fotze *f*

mampara [mam'para] *f* Wandschirm *m*

mamporro [mam'porro] *m* (*fam*) Schlag *m*

manada [ma'naða] *f* Herde *f*

manantial [manaɲ'tjal] *m* Quelle *f;* **~ medicinal** Heilquelle *f*

manar [ma'nar] *vi* strömen

manazas [ma'naθas] *mf* Tölpel *m;* **ser un ~** zwei linke Hände haben

mancha ['mantʃa] *f* Fleck *m*

Mancha ['mantʃa] *f:* **canal de la ~** Ärmelkanal *m*

manchado, -a [man'tʃaðo] *adj* schmutzig

manchar(se) [man'tʃar(se)] *vt, vr* (sich) schmutzig machen

manchego, -a [man'tʃeɣo] *adj* aus der spanischen Region La Mancha

mancillar [manθi'ʎar] *vt* beflecken

manco, -a ['manko] *adj* einarmig

mancomunidad [mankomuni'ðaθ] *f* Gemeinschaft *f*

mandamás [manda'mas] *mf* (*pey fam*) befehlshaberische Person *f*

mandamiento [manda'mjento] *m:* **~ de detención** Haftbefehl *m;* **~ judicial** gerichtliche Verfügung

mandar [maɲ'dar] *vt* befehlen; **~ a alguien que...** +*subj* jdm befehlen zu ... +*inf*

mandarina [manda'rina] *f* Mandarine *f*

mandatario, -a [manda'tarjo] *m, f:* **primer ~** Staatschef *m*

mandato [maɲ'dato] *m* Mandat *nt*

mandíbula [maɲ'diβula] *f* Kiefer *m*

mandil [maɲ'dil] *m* Schürze *f;* (*Am*) Satteldecke *f*

mandinga [maɲ'diŋɡa] *m* (*Am: fam*) Teufel *m*

mando ['maɲdo] *m* **1.** (MIL) Kommando *nt;* **don de ~** Führungsqualitäten *fpl;* **estar al ~ de** das Kommando haben über **2. ~ a distancia** Fernsteuerung *f*

mandón, -ona [maɲ'don] *adj* herrschsüchtig

manecilla [mane'θiʎa] *f* Zeiger *m*

manejable [mane'xaβle] *adj* handlich

manejar [mane'xar] **I.** *vt* **1.** handhaben; (*fig*) umgehen (mit +*dat*); **saber ~ el dinero** gut mit Geld umgehen können **2.** (*Am*) lenken **II.** *vr:* **~se** zurechtkommen; **manejárselas** (*fam*) sich *dat* zu helfen wissen

manejo [ma'nexo] *m* Handhabung *f;* (*fig*) Umgang *m* (*de* mit +*dat*)

manera [ma'nera] *f* Art *f,* Weise *f;* **a mi ~** auf meine Art; **de ~ que** so dass; **de ninguna ~** keinesfalls; **de una ~ o de otra** so oder so; **en cierta ~** in gewisser Weise; **no hay ~ de...** es ist unmöglich zu ...; **¡qué ~ de llover!** so ein Regen!

manga ['maŋga] *f* Ärmel *m;* **de ~s cortas** kurzärm(e)lig

mangante [maŋ'gante] *mf* (*fam*) Gauner(in) *m(f)*

manganzón, -ona [maŋgan'θon] *m, f* (*Am*) Faulenzer(in) *m(f)*

mangar [maŋ'gar] <g → gu> *vt* (*fam*) klauen

mango ['maŋgo] *m* **1.** Griff *m;* (*alargado*) Stiel *m* **2.** (*fruta*) Mango *f*

mangonear [maŋgone'ar] *vi* (*fam*) sich einmischen (*en* in +*akk*); (*vaguear*) sich herumtreiben

mangoneo [maŋgo'neo] *m* (*fam*) Einmischung *f*

manguera [maŋ'gera] *f* Schlauch *m*

maní [ma'ni] *m* Erdnuss *f*

manía [ma'nia] *f:* **tener(le) ~ a alguien** jdn nicht leiden können

maniaco, -a [ma'njako], **maníaco, -a** [ma'niako] *m, f: ~* **sexual** Triebtäter *m*

maniatar [manja'tar] *vt* an den Händen fesseln

maniático, -a [ma'njatiko] *m, f:* **un ~ de fútbol** ein Fußballfreak

manicomio [mani'komjo] *m* Irrenanstalt *f*

manicura [mani'kura] *f* Maniküre *f*

manifestación [manifesta'θjon] *f* **1. como ~ de cariño** als Ausdruck

der Zuneigung **2.** (*reunión*) Demo(nstration) *f*

manifestante [manifes'tante] *mf* Demonstrant(in) *m(f)*

manifestarse [manifes'tarse] <e → ie> *vr* **1.** (*declararse*) sich äußern; **~ a favor/en contra de algo** sich für/gegen etw aussprechen **2.** (*política*) demonstrieren

manifiesto, -a [mani'fjesto] *adj:* **poner de ~** zum Ausdruck bringen

manija [ma'nixa] *f* (*palanca*) Griff *m*

manilla [ma'niʎa] *f* Uhrzeiger *m*

manillar [mani'ʎar] *m* Lenker *m*

maniobra [mani'oβra] *f:* **estar de ~s** (MIL) im Manöver sein

maniobrar [manjo'βrar] *vt* steuern

manipulación [manipula'θjon] *f* Manipulation *f*

manipular [manipu'lar] *vt* manipulieren

maniquí [mani'ki] <maniquíes> *m* Schaufensterpuppe *f*

manirroto, -a [mani'rroto] *adj* verschwenderisch

manita [ma'nita] *f:* **hacer ~s** Händchen halten; **ser un ~s** handwerklich geschickt sein

manivela [mani'βela] *f* Kurbel *f*

manjar [maŋ'xar] *m* Delikatesse *f*

mano ['mano] *f* **1.** (ANAT) Hand *f;* **a ~s llenas** großzügig; **bajo ~** unter der Hand; **cogidos de las ~s** Hand in Hand; **echar una ~ a alguien** jdm helfen; **~ a ~** (*fig*) gleichzeitig; **¡~s a la obra!** ans Werk! **2. una ~ de pintura** ein Anstrich **3. ~ de obra** Arbeitskraft *f;* **~ de obra especializada** Facharbeiter(in) *m(f)*

manojo [ma'noxo] *m: ~* **de llaves** Schlüsselbund *m o nt;* **ser un ~ de nervios** ein Nervenbündel sein

manopla [ma'nopla] *f* Fäustling *m*

manosear [manose'ar] *vt* (*fam pey*) betatschen

mansión [man'sjon] *f* Villa *f*

manso, -a ['manso] *adj* zahm

manta ['manta] *f* Decke *f;* ~ **de cama** Tagesdecke *f*

manteca [man'teka] *f* Fett *nt;* ~ **de cerdo** Schweineschmalz *nt*

mantel [man'tel] *m* Tischdecke *f*

mantener [mante'ner] *irr como tener vt* 1. halten; *(relaciones)* aufrechterhalten; ~ **la línea** fit bleiben 2. *(perseverar)* beharren (auf +*dat*) 3. *(sustentar)* unterhalten; ~ **correspondencia con alguien** mit jdm in Briefkontakt stehen 4. ~ **una conversación con alguien** mit jdm ein Gespräch führen

mantenimiento [manteni'mjento] *m* 1. *(alimentos)* Unterhalt *m* 2. (TÉC) Wartung *f; sin* ~ wartungsfrei

mantequilla [mante'kiʎa] *f* Butter *f*

mantilla [man'tiʎa] *f* Mantille *f*

manto ['manto] *m* Umhang *m*

mantón [man'ton] *m* Umschlagtuch *nt*

manual [manu'al] *m* Handbuch *nt;* ~ **de referencia** Nachschlagewerk *nt*

manufacturar [manufaktu'rar] *vt* herstellen

manuscrito, -a [manus'krito] *adj* handschriftlich

manutención [manuten'θjon] *f* Unterhalt *m*

manzana [man'θana] *f* Apfel *m*

manzanilla [manθa'niʎa] *f* Kamille *f*

manzano [man'θano] *m* Apfelbaum *m*

maña ['maɲa] *f* 1. *(habilidad)* Geschicklichkeit *f; darse [o tener]* ~ **para algo** etw gut können 2. **más vale** ~ **que fuerza** List geht über Kraft

mañana [ma'ɲana] I. *f (temprana)* Morgen *m; (hasta el mediodía)* Vor-

mittag *m* II. *adv* morgen; ¡**hasta** ~! bis morgen!; **pasado** ~ übermorgen

maño, -a ['maɲo] *adj* aus Aragonien

mañoso, -a [ma'ɲoso] *adj* geschickt

mapa ['mapa] *m* (Land)karte *f;* ~ **astronómico** Himmelskarte *f;* **desaparecer del** ~ verschwinden

mapache [ma'patʃe] *m,* **mapachín** [mapa'tʃin] *m (Am)* Waschbär *m*

maqueta [ma'keta] *f* (Entwurfs)modell *nt*

maquillaje [maki'ʎaxe] *m* Make-up *nt*

maquillar(se) [maki'ʎar(se)] *vt, vr* (sich) schminken

máquina ['makina] *f* 1. *(artefacto)* Maschine *f;* ~ **de afeitar** Rasierapparat *m;* ~ **de coser** Nähmaschine *f* 2. ~ **de tabaco** Zigarettenautomat *m;* ~ **tragaperras** *(fam)* Spielautomat *m*

maquinar [maki'nar] *vt* aushecken

maquinilla [maki'niʎa] *f* Rasierapparat *m*

mar [mar] *m o f* 1. (GEO) Meer *nt,* See *f;* **Mar Báltico** Ostsee *f;* **Mar Mediterráneo** Mittelmeer *nt;* **en alta** ~ auf hoher See; ~ **adentro** seewärts 2. *(fam)* Unmenge *f;* **hay la** ~ **de...** es gibt ... in Hülle und Fülle; **llueve a** ~**es** es schüttet; **ser la** ~ **de aburrido** entsetzlich langweilig sein

maratón [mara'ton] *m o f* Marathon *m;* ~ **contrarreloj** Wettlauf mit der Zeit

maravilla [mara'βiʎa] *f* Wunder *nt;* **a las mil** ~**s, de** ~ wunderbar

maravillar [maraβi'ʎar] *vt* in Bewunderung versetzen

maravilloso, -a [maraβi'ʎoso] *adj* wunderbar

marca ['marka] *f* Marke *f;* ~ **registrada** eingetragenes Warenzeichen; **ropa de** ~ Designerkleider *ntpl*

marcación *f* Anwählen *nt;* **~ por voz** (TEL) Sprachanwahl *f*

marcador [marka'ðor] *m* Anzeigetafel *f*

marcapaso(s) [marka'paso(s)] *m* (Herz)schrittmacher *m*

marcar [mar'kar] <c → qu> *vt* **1.** markieren; (*mercancías*) auszeichnen; **~ el compás** den Takt (an)geben **2.** (*teléfono*) wählen **3.** (DEP): **~ un gol** ein Tor schießen

marcha ['martʃa] *f* **1.** (*movimiento*) Gang *m;* **poner en ~** in Gang setzen **2.** (*caminata*) Lauf *m* **3.** (*curso*) Verlauf *m;* **sobre la ~** zum richtigen Zeitpunkt **4.** (*velocidad*) Gang *m;* **~ atrás** Rückwärtsgang *m* **5.** (*t.* MIL) Marsch *m* **6.** (*salida*) Abreise *f;* **¡en ~!** los geht's! **7.** (*argot*): **¡aquí hay mucha ~!** hier ist die Hölle los!; **ir de ~** ausgehen

marchar [mar'tʃar] **I.** *vi* **1.** (*ir*) gehen; **¡marchando!** los geht's! **2.** (*funcionar*) laufen **II.** *vr:* **~se** (weg)gehen; **¿os marcháis?** geht ihr (schon)?

marchitarse [martʃi'tarse] *vr* verwelken

marchito, -a [mar'tʃito] *adj* welk

marchoso, -a [mar'tʃoso] *adj* unternehmungslustig

marcial [mar'θjal] *adj:* **artes ~es** Kampfsportarten *fpl*

marco ['marko] *m* Rahmen *m;* (HIST: *moneda*) Mark *f*

marea [ma'rea] *f* Gezeiten *pl;* **~ alta** Flut *f;* **~ baja** Ebbe *f;* **~ negra** Ölpest *f*

mareado, -a [mare'aðo] *adj* **1.** krank; (*al viajar*) reisekrank; **estoy ~** mir ist übel **2.** (*aturdido*) schwind(e)lig; **estoy ~** mir ist schwind(e)lig

marear [mare'ar] **I.** *vt* **1.** (*fam*) auf die Nerven gehen +*dat* **2.** (*aturdir*) schwind(e)lig machen **II.** *vr:* **~se**

1. krank werden; (*al viajar*) reisekrank werden **2. me mareo** mir wird schwind(e)lig

marejada [mare'xaða] *f* hoher Seegang *m*

maremoto [mare'moto] *m* Seebeben *nt*

mareo [ma'reo] *m* **1.** (*malestar*) Übelkeit *f* **2.** (*loc*): **¡qué ~ de hombre!** was für ein unausstehlicher Kerl!

marfil [mar'fil] *m* Elfenbein *nt*

margarina [marɣa'rina] *f* Margarine *f*

margarita [marɣa'rita] *f* Margerite *f;* (*menor*) Gänseblümchen *nt*

margen ['marxen] *m o f* **1.** (*borde*) Rand *m;* **el ~ del río** das Flussufer; **dejar al ~** ausschließen **2.** (*página*) (Seiten)rand *m* **3. dar ~** Gelegenheit geben **4.** (*ganancia*) Spanne *f;* **~ de costos** Kostenrahmen *m*

marginado, -a [marxi'naðo] *adj* diskriminiert

marginar [marxi'nar] *vt* **1.** (*ignorar algo*) beiseitelassen; (*a alguien*) ausgrenzen **2.** (*acotar*) mit Randbemerkungen versehen

marica [ma'rika] *m* (*vulg*) Schwule(r) *m fam*

maricón [mari'kon] *m* (*vulg*) v. **marica**

mariconada [mariko'naða] *f* (*vulg*) **1.** (*acción malintencionada*) Schweinerei *f fam;* **hacer una ~ a alguien** jdn reinlegen **2.** (*tontería*) Blödsinn *m fam*

marido [ma'riðo] *m* Ehegatte *m;* **mi ~** mein Mann

mariguana [mari'ɣwana] *f sin pl,* **marihuana** [mari'wana] *f* Marihuana *nt*

marina [ma'rina] *f* Marine *f*

marinero¹ [mari'nero] *m* Seemann *m*

marinero, -a² [mari'nero] *adj* See-; **pueblo ~** Fischerdorf *nt*

marino, -a [maˈrino] *adj* See-
marioneta [marjoˈneta] *f* Marionette *f*
mariposa [mariˈposa] *f* Schmetterling *m;* ~ **nocturna** Nachtfalter *m*
mariquita¹ [mariˈkita] *f* Marienkäfer
m
mariquita² [mariˈkita] *m* (*fam*)
Schwule(r) *m*
marisco [maˈrisko] *m* Meeresfrucht *f*
marisma [maˈrisma] *f* Marschland *nt*
marisquería [mariskeˈria] *f* Speziali-
tätenrestaurant *nt* für Meeresfrüchte
marital [mariˈtal] *adj:* **vida ~** Eheleben *nt*
marítimo, -a [maˈritimo] *adj:* **ciudad
marítima** Küstenstadt *f*
mármol [ˈmarmol] *m* Marmor *m*
marmota [marˈmota] *f* Murmeltier
nt
marqués, -esa [marˈkes] *m, f* Mar-
quis(e) *m(f)*
marquesina [markeˈsina] *f* Markise *f*
marranada [marraˈnaða] *f* (*fam*)
Schweinerei *f*
marrano, -a [maˈrrano] *adj* dreckig
marrón [maˈrron] *adj* braun
marroquí [marroˈki] *adj* marokka-
nisch
Marruecos [maˈrrwekos] *m* Marok-
ko *nt*
Marsella [marˈseʎa] *f* Marseille *nt*
marsellés, -esa [marseˈʎes] *adj* aus
Marseille
marsupial [marsuˈpjal] *adj:* (**animal**)
~ Beuteltier *nt*
marta [ˈmarta] *f* Marder *m*
Marte [ˈmarte] *m* Mars *m*
martes [ˈmartes] *m* Dienstag *m;* **¡~ y
trece!** ≈Freitag, der 13.; *v.t.* **lunes**
martill(e)ar [martiˈʎar] *vt* hämmern
(auf +*akk*)
martillo [marˈtiʎo] *m* Hammer *m*
mártir [ˈmartir] *mf* Märtyrer(in) *m(f)*
martirio [marˈtirjo] *m* (*t. fig*) Marter *f*

martirizar [martiriˈθar] <z → c> *vt*
martern
marzo [ˈmarθo] *m* März *m;* **en ~** im
März
mas [mas] *conj* aber, jedoch
más [mas] *adv* **1.** (*cantidad*): ~ **dinero** mehr Geld **2.** (*comparativo*):
esto me gusta ~ das gefällt mir besser **3.** (*superlativo*): **la ~ bella** die
Schönste; **lo que ~ me gusta** was
mir am besten gefällt **4.** (*con nume-
rales/cantidad*): **son ~ de las diez**
es ist 10 Uhr vorbei **5.** (*tan*): **¡está ~
guapa!** wie gut sie aussieht! **6.** (*con
pronombre interrogativo/indefini-
do*): **¿algo ~?** noch etwas?; **no, nada
~** nein, nichts mehr **7.** (*en frases
negativas*) nicht mehr; **nunca ~** nie
wieder **8.** (MAT) plus **9.** (*loc*): **el ~
allá** das Jenseits; **a lo ~** höchstens;
a ~ tardar spätestens; **cada día** [*o*
vez] **~** immer mehr; **~ bien** vielmehr; **~ o menos** ungefähr; **¿qué
~ da?** was macht das schon?
masa [ˈmasa] *f* Teig *m*
masacrar [masaˈkrar] *vt* massakrie-
ren
masacre [maˈsakre] *f* Massaker *nt*
masaje [maˈsaxe] *m* Massage *f;* **dar
~s** massieren; **darse ~s** sich massieren lassen
masajista [masaˈxista] *mf* Mas-
seur(in) *m(f)*
mascar [masˈkar] <c → qu> *vt* kauen
máscara [ˈmaskara] *f* Maske *f*
mascarilla [maskaˈriʎa] *f* **1.** (*protección*) Mundschutz *m* **2.** ~ **facial** Gesichtsmaske *f*
mascota [masˈkota] *f* Maskottchen
nt
masculinidad [maskuliniˈðaθ] *f*
Männlichkeit *f*
masculino, -a [maskuˈlino] *adj*
1. moda masculina Herrenmode *f*
2. (LING): **género ~** maskuliner Ge-

nus *m*

mascullar [masku'ʎar] *vt* murmeln

masivo, -a [ma'siβo] *adj* massiv; (*de masas*) Massen-

masón, -ona [ma'son] *m, f* Freimaurer(in) *m(f)*

masoquista [maso'kista] *adj* masochistisch

masticar [masti'kar] <c → qu> *vt* kauen

mástil ['mastil] *m* Mast *m*

mastín [mas'tin] *m* Bulldogge *f*

masturbación [masturβa'θjon] *f* Masturbation *f*

masturbarse [mastur'βarse] *vr* masturbieren

mata ['mata] *f* Gestrüpp *nt*

matadero [mata'ðero] *m* Schlachthof *m*

matador(a) [mata'ðor] *m(f)* Matador(a) *m(f)*

matamoscas [mata'moskas] *m inv* Insektenspray *nt*; (*objeto*) Fliegenklatsche *f*

matanza [ma'tanθa] *f:* hacer la ~ das Schlachtfest feiern

matar [ma'tar] I. *vt* 1. (*quitar la vida*) töten; ~ a golpes erschlagen; ~ a palos zu Tode prügeln; ~ a tiros erschießen 2. (*carnear*) schlachten II. *vr:* ~se 1. (*suicidarse*) sich *dat* das Leben nehmen 2. ~se por algo für etw leben und sterben

matarife [mata'rife] *mf* Schlachter(in) *m(f)*

matasanos [mata'sanos] *mf inv* (*fam irón*) Arzt, Ärztin *m, f*; (*pey*) Quacksalber(in) *m(f)*

matasellos [mata'seʎos] *m* Poststempel *m*

match [matʃ] *m* Spiel *nt*

mate ['mate] *m:* jaque ~ Schachmatt *nt*

matemáticas [mate'matikas] *fpl* Mathematik *f*

materia [ma'terja] *f* 1. (*t.* Fís) Materie *f*; ~ gris (ANAT) graue Substanz; ~ prima Rohstoff *m* 2. (*tema*) Materie *f*; en ~ de hinsichtlich +*gen*

material [mate'rjal] I. *adj* materiell; daño ~ Sachschaden *m* II. *m* Material *nt*; ~ de oficina Büroartikel *mpl*

materialista [materja'lista] *adj* materialistisch

materializar [materjali'θar] <z → c> *vt* materialisieren

materialmente [materjal'mente] *adv:* ser ~ posible durchaus möglich sein

maternal [mater'nal] *adj* mütterlich

maternidad [materni'ðað] *f* Mutterschaft *f*

materno, -a [ma'terno] *adj:* abuelo ~ Großvater mütterlicherseits; lengua materna Muttersprache *f*

matinal [mati'nal] *adj* morgendlich

matiz [ma'tiθ] *m* Nuance *f*

matizar [mati'θar] <z → c> *vt* nuancieren (*de* mit +*dat*)

matón, -ona [ma'ton] *m, f* Killer(in) *m(f)*

matorral [mato'rral] *m* Dickicht *nt*

matrícula [ma'trikula] *f* 1. Anmeldung *f*; (UNIV) Immatrikulation *f* 2. (AUTO) Nummernschild *nt*; número de la ~ Autonummer *f* 3. (*loc*): aprobar con ~ de honor mit summa cum laude bestehen

matricularse [matriku'larse] *vr:* ~ en la Universidad sich an der Universität immatrikulieren

matrimonial [matrimo'njal] *adj* ehelich; agencia ~ Heiratsinstitut *nt*; vida ~ Eheleben *nt*

matrimonio [matri'monjo] *m* 1. (*institución*) Ehe *f*; (*ceremonia*) Heirat *f*; ~ canónico kirchliche Trauung; ~ civil standesamtliche Trauung; contraer ~ heiraten 2. (*marido y mujer*) Ehepaar *nt*; cama de ~ Ehe-

bett *nt*
matriz [ma'triθ] *f* Gebärmutter *f*
matrona [ma'trona] *f* Hebamme *f*
matutino, -a [matu'tino] *adj:* **sesión matutina** Vormittagsvorstellung *f*
maullar [mau̯'ʎar] *irr como aullar vi* miauen
mauritano, -a [mau̯ri'tano] *adj* mauretanisch
mausoleo [mau̯so'leo] *m* Mausoleum *nt*
maxilar [maˠsi'lar] *m* Kiefer *m*
máxima ['maˠsima] *f* Maxime *f*
máxime ['maˠsime] *adv* vor allem
máximo, -a ['maˠsimo] **I.** *adj:* **rendimiento ~** Höchstleistung *f;* **pon la radio al ~** lass das Radio ganz laut laufen **II.** *m, f:* **como ~** höchstens; *(temporal)* spätestens
mayo ['maɟo] *m* Mai *m; v.t.* **marzo**
mayonesa [maɟo'nesa] *f* Majonäse *f*
mayor [ma'ɟor] *adj* **1.** *(tamaño):* **~ que** größer als; **mal ~** Unannehmlichkeit *f;* **comercio al por ~** Großhandel *m* **2.** *(edad):* **~ que** älter als; **mi hermano ~** mein älterer Bruder; **persona ~** älterer Mensch
mayordomo, -a [maɟor'ðomo] *m, f* Hausverwalter(in) *m(f); (de una mansión)* Gutsverwalter(in) *m(f)*
mayoría [maɟo'ria] *f* Mehrheit *f;* **~ de edad** Volljährigkeit *f;* **~ relativa** einfache Mehrheit
mayorista [maɟo'rista] *mf* Großhändler(in) *m(f)*
mayormente [maɟor'mente] *adv* hauptsächlich
mayúscula [ma'ɟuskula] *f* Großbuchstabe *m*
mazacotudo, -a [maθako'tuðo] *adj (Am)* plump
mazapán [maθa'pan] *m* Marzipan *nt*
mazazo [ma'θaθo] *m* Schlag *m*
mazmorra [maθ'morra] *f* Verlies *nt*
mazo ['maθo] *m* Stößel *m*

mazorca [ma'θorka] *f* Maiskolben *m*
me [me] **I.** *pron pers* **1.** *(objeto directo)* mich; **¡míra~!** sieh mich an! **2.** *(objeto indirecto)* mir; **da~ el libro** gib mir das Buch **II.** *pron refl:* **~ lavo** ich wasche mich; **~ voy** ich gehe; **~ lavo el pelo** ich wasche mir die Haare
meada [me'aða] *f:* **echar una ~** pinkeln
meadero [mea'ðero] *m (vulg)* Pissbecken *nt*
mearse [me'arse] **I.** *vi (fam)* pinkeln **II.** *vr:* **~ de risa** sich totlachen
mecánico, -a [me'kaniko] *adj* mechanisch
mecanismo [meka'nismo] *m* Mechanismus *m*
mecano [me'kano] *m* Baukasten *m*
mecanografía [mekanoˠra'fia] *f* Maschineschreiben *nt*
mecedora [meθe'ðora] *f* Schaukelstuhl *m*
mecenas [me'θenas] *mf* Mäzen(in) *m(f)*
mecer [me'θer] <c → z> *vt* wiegen
mecha ['metʃa] *f:* **a toda ~** wie der geölte Blitz
mechero [me'tʃero] *m* Feuerzeug *nt*
mechón [me'tʃon] *m* Büschel *nt*
Mecklemburgo-Pomerania Occidental [meklem'burˠo pome'ranja oˠθiðeŋ'tal] *m* Mecklenburg-Vorpommern *nt*
medalla [me'ðaʎa] *f* Medaille *f;* **~ militar** Orden *m*
medallón [me'ðaʎon] *m* Medaillon *nt*
media ['meðja] *f* Strumpf *m; (Am)* Socke *f*
mediación [meðja'θjon] *f* Vermittlung *f*
mediado, -a [me'ðjaðo] *adj:* **a ~s de semana** Mitte der Woche
mediador(a) [meðja'ðor] *m(f)* Ver-

mittler(in) *m (f)*

mediano, -a [me'ðjano] *adj* von mittlerer Größe

medianoche [meðja'notʃe] *f* Mitternacht *f*

mediante [me'ðjaṇte] I. *adj:* Dios ~ so Gott will II. *prep* mittels +*gen;* *(a través de)* durch +*akk*

mediar [me'ðjar] *vi* vermitteln

medicamento [meðika'meṇto] *m* Medikament *nt*

medicar [meði'kar] <c → qu> *vt* Medikamente verabreichen +*dat*

medicina [meði'θina] *f* Medizin *f;* ~ **naturista** Naturheilkunde

medicinal [meðiθi'nal] *adj* medizinisch

médico, -a ['meðiko] I. *adj* ärztlich; **cuerpo** ~ Ärzteschaft *f* II. *m, f* Arzt, Ärztin *m, f;* **Colegio de Médicos** Ärztekammer *f;* ~ **de cabecera** Hausarzt *m;* ~ **forense** Gerichtsmediziner *m;* ~ **naturista** Naturheilkundler *m*

medida [me'ðiða] *f* 1. *(medición)* Messung *f* 2. *(dimensión)* Maß *nt;* **a la** ~ maßgeschneidert; **a** ~ **que** in dem Maße wie 3. *(moderación)* Maß *nt;* **sin** ~ maßlos 4. **tomar** ~**s** Maßnahmen ergreifen

medieval [meðje'βal] *adj* mittelalterlich

medio[1] ['meðjo] *m* 1. *(mitad)* Mitte *f;* **en** ~ **de** zwischen +*dat* 2. *(instrumento)* Mittel *nt;* ~ **de transporte** Verkehrsmittel *nt;* **por** ~ **de** mittels +*gen* 3. ~**s de comunicación** Massenmedien *nt pl* 4. *(entorno)* Milieu *nt;* ~ **ambiente** Umwelt *f*

medio, -a[2] ['meðjo] I. *adj* 1. *(mitad)* halb; **a las cuatro y media** um halb fünf; **litro y** ~ anderthalb Liter 2. *(promedio)*: **ciudadano** ~ Durchschnittsbürger *m* II. *adv* halb; ~ **vestido** halb nackt

medioambiental [meðjoambjeṇ'tal] *adj* Umwelt-; **contaminación** ~ Umweltverschmutzung *f*

mediocre [me'ðjokre] *adj* mittelmäßig

mediodía [meðjo'ðia] *m* Mittag *m*

medir(se) [me'ðir(se)] *irr como pedir vi, vt, vr* (sich) messen

meditación [meðita'θjon] *f* Meditation *f*

meditar [meði'tar] *vi, vt* meditieren *(en/sobre* über +*akk)*

mediterráneo, -a [meðite'rraneo] *adj:* **isla mediterránea** Mittelmeerinsel *f*

Mediterráneo [meðite'rraneo] *m* Mittelmeer *nt*

médula ['meðula] *f* (Knochen)mark *nt;* ~ **espinal** Rückenmark *nt*

medusa [me'ðusa] *f* Qualle *f*

megáfono [me'ɣafono] *m* Megaphon *nt*

mejicano, -a [mexi'kano] *adj* mexikanisch

Méjico ['mexiko] *m* Mexiko *nt*

mejilla [me'xiʎa] *f* Wange *f*

mejillón [mexi'ʎon] *m* Miesmuschel *f*

mejor [me'xor] I. *adj* 1. *(comparativo)* besser; *(es)* ~ **que...** +*subj* es ist besser, wenn ... 2. *(superlativo)*: **el** ~ **alumno** der beste Schüler; **el/la/lo** ~ der/die/das Beste II. *adv* besser; **a lo** ~ womöglich; ~ **que** ~ umso besser

mejora [me'xora] *f* Verbesserung *f;* ~ **salarial** Gehaltsaufbesserung *f*

mejorable [mexo'raβle] *adj* verbesserungsfähig

mejoramiento [mexora'mjeṇto] *m* Verbesserung *f*

mejorar [mexo'rar] I. *vt* verbessern II. *vi, vr:* ~**se** 1. *(enfermo)* genesen; **¡que se mejore!** gute Besserung! 2. *(tiempo)* besser werden

mejoría [mexo'ria] *f* Besserung *f*

melancolía [melaŋko'lia] *f* Melancholie *f*

melancólico, -a [melaŋ'koliko] *adj* melancholisch

melena [me'lena] *f* lange Haare *ntpl*

mella ['meʎa] *f:* **hacer ~** beeindrucken

mellizo, -a [me'ʎiθo] *m, f* Zwilling *m*

melocotón [meloko'ton] *m* Pfirsich *m*

melodía [melo'ðia] *f* Melodie *f*

melódico, -a [me'loðiko] *adj* melodisch

melón [me'lon] *m* Melone *f*

membrana [mem'brana] *f* Membran *f;* **~ mucosa** Schleimhaut *f*

membresía [membre'sia] *f* (*Am*) Mitgliedschaft *f*

membrete [mem'brete] *m* Briefkopf *m*

membrillo [mem'briʎo] *m* Quitte *f;* **dulce de ~** Quittenbrot *nt*

memorable [memo'raβle] *adj* denkwürdig

memoria [me'morja] *f* Gedächtnis *nt;* **a la** [*o* **en**] **~ de** im Gedenken an +*akk;* **de ~** auswendig

memorizar [memori'θar] <z → c> *vt* auswendig lernen

menaje [me'naxe] *m* Hausrat *m*

mención [menˈθjon] *f* Erwähnung *f;* **digno de ~** erwähnenswert; **hacer ~ de** erwähnen

mencionar [menθjo'nar] *vt* erwähnen

menda ['menda] **I.** *pron pers* (*fam*) ich; **aquí el** [*o* **este**] **~ no dijo nada** ich habe nichts gesagt **II.** *pron indef* (*fam*): **un ~** irgendjemand

mendigar [mendi'ɣar] <g → gu> *vi, vt* betteln (um +*akk*)

mendigo, -a [men'diɣo] *m, f* Bettler(in) *m(f)*

mendrugo [men'druɣo] *m* Stück *nt* trockenes Brot; (*fam*) Trottel *m*

menear [mene'ar] *vt:* **~ la cola** mit dem Schwanz wedeln

menestra [me'nestra] *f* (Gemüse)eintopf *m*

mengano, -a [meŋ'gano] *m, f:* **fulano y ~** Herr X und Herr Y

menguar [meŋ'gwar] <gu → gü> *vi* abnehmen

meningitis [menin'xitis] *f inv* Hirnhautentzündung *f*

menisco [me'nisko] *m* Meniskus *m*

menopausia [meno'pausja] *f* Wechseljahre *ntpl*

menor [me'nor] *adj* **1.** (*tamaño*): **Asia Menor** Kleinasien *nt;* **~ que** kleiner als; (*número*) niedriger als **2.** (*edad*): **~ que** jünger als; **~ de edad** minderjährig; **el ~ de mis hermanos** mein jüngster Bruder

menos ['menos] *adv* **1.** (*contrario de más*) weniger; **a ~ que** es sei denn; **eso es lo de ~** das ist nicht so wichtig; **lo ~** das Mindeste; **al** [*o* **por lo**] **~** wenigstens; **aún ~** erst recht nicht; **echar de ~** vermissen; **~ de** weniger als; **~ mal** Gott sei Dank; **¡ni mucho ~!** auf keinen Fall! **2.** (MAT) minus **3.** (*excepto*) außer; **todo ~ eso** alles, nur das nicht

menospreciar [menospre'θjar] *vt* verachten

menosprecio [menos'preθjo] *m* Verachtung *f*

mensaje [men'saxe] *m* Botschaft *f*

mensajero, -a [mensa'xero] *m, f* Bote, -in *m, f*

menstruación [menstrwa'θjon] *f* Menstruation *f*

menstruar [menstru'ar] <1. *pres:* menstrúo> *vi* die Menstruation haben

mensual [mensu'al] *adj* monatlich

mensualidad [menswali'ðað] *f* **1.** (*sueldo*) Monatseinkommen *nt* **2.** (*paga*) monatliche Zahlung *f;*

~ **del alquiler** Monatsmiete *f*

menta ['meṇta] *f* Minze *f*

mental [meṇ'tal] *adj* geistig; **cálculo** ~ Kopfrechnen *nt*

mentalidad [meṇtali'ðaᵒ] *f* Mentalität *f*

mentar [meṇ'tar] <e → ie> *vt* erwähnen

mente ['meṇte] *f:* **tener en (la)** ~ vorhaben; **tener la** ~ **en blanco** sich nicht erinnern (können); **traer a la** ~ ins Gedächtnis rufen

mentecato, -a [meṇte'kato] *m, f* Dummkopf *m*

mentir [meṇ'tir] *irr como sentir vi* lügen

mentira [meṇ'tira] *f* Lüge *f;* **¡parece** ~**!** unglaublich!

mentiroso, -a [meṇti'roso] *m, f* Lügner(in) *m(f)*

mentol [meṇ'tol] *m* Menthol *nt*

mentón [meṇ'ton] *m* Kinn *nt*

menú [me'nu] <menús> *m* **1.** (*comida*) Menü *nt* **2.** (INFOR): ~ **de navegación** Navigationsmenü *nt*

menudo, -a [me'nuðo] *adj* **1.** (*minúsculo*) winzig **2.** **¡menuda película!** was für ein toller Film!

meñique [me'ɲike] *m* kleiner Finger

meollo [me'oʎo] *m* Kern *m*

mequetrefe [meke'trefe] *m* (*fam*) Volltrottel *m*

meramente [mera'meṇte] *adv* nur

mercadillo [merka'ðiʎo] *m* Flohmarkt *m*

mercado [mer'kaðo] *m* Markt *m*

mercancía [merkaṇ'θia] *f* Ware *f*

mercantil [merkaṇ'til] *adj* Handels-; **derecho** ~ Handelsrecht *nt*

merced [mer'θeᵒ] *f* Gnade *f;* ~ **a** dank +*gen;* **estar a** ~ **de alguien** jdm ausgeliefert sein

mercenario, -a [merθe'narjo] *m, f* Söldner(in) *m(f)*

mercería [merθe'ria] *f* Kurzwaren-

handlung *f*

mercurio [mer'kurjo] *m* Quecksilber *nt*

Mercurio [mer'kurjo] *m* Merkur *m*

merecer [mere'θer] *irr como crecer* **I.** *vt:* **no merece la pena** es lohnt sich nicht **II.** *vr:* ~**se** verdienen

merecido [mere'θiðo] *m:* **se llevó su** ~ es geschah ihm/ihr recht

merendar [mereṇ'dar] <e → ie> *vi, vt* vespern

merengue [me'reṇge] *m* Baiser *nt*

meridiano [meri'djano] *m* Meridian *m*

meridional [meridjo'nal] *adj* südlich; **Andalucía está en la España** ~ Andalusien liegt in Südspanien

merienda [me'rjeṇda] *f* Vesper *f*

mérito ['merito] *m:* **hacer** ~**s** sich dienstbeflissen zeigen

merlo ['merlo] *m* (*Am*) Dummkopf *m*

merluza [mer'luθa] *f* Seehecht *m*

mermar [mer'mar] *vt* verringern; ~ **peso** an Gewicht verlieren

mermelada [merme'laða] *f* Marmelade *f*

mero, -a ['mero] *adj:* **la mera verdad** die reine Wahrheit

merodear [meroðe'ar] *vi* herumstreichen (*por* in +*dat*)

mes [mes] *m* Monat *m;* **a fin(al)es de** ~ Ende des Monats; **todos los** ~**es** (all)monatlich; **hace un** ~ vor einem Monat

mesa ['mesa] *f* **1.** (*mueble*) Tisch *m;* ~ **de despacho** Schreibtisch *m;* ~ **de tertulia** Stammtisch *m;* **vino de** ~ Tafelwein *m;* **poner la** ~ den Tisch decken; **¡a la** ~**!** zu Tisch, bitte! **2.** ~ **electoral** Wahlausschuss *m*

meseta [me'seta] *f* Hochebene *f*

mesías [me'sias] *m* Messias *m*

mesilla [me'siʎa] *f:* ~ **de noche** Nachttisch *m*

mesón [me'son] *m* Gasthaus *nt*

mesonero, -a [meso'nero] *m, f*
(Gast)wirt(in) *m(f)*

mestizo, -a [mes'tiθo] *m, f* Mestize,
-in *m, f*

mesura [me'sura] *f* Maß *nt*

meta ['meta] *f* Ziel *nt;* **fijarse una ~**
sich *dat* ein Ziel setzen

metabolismo [metaβo'lismo] *m*
Stoffwechsel *m*

metafísica [meta'fisika] *f* **1.** (FILOS)
Metaphysik *f* **2.** (*pedantería*) Pedan-
terie *f*

metafísico, -a [meta'fisiko] *adj* me-
taphysisch

metáfora [me'tafora] *f* Metapher *f*

metafórico, -a [meta'foriko] *adj* me-
taphorisch

metal [me'tal] *m* Metall *nt;* **~ noble**
Edelmetall *nt;* **~ pesado** Schwer-
metall *nt*

metálico [me'taliko] *m:* **en ~** (in) bar

metalúrgico, -a [meta'lurxiko] *adj:*
industria metalúrgica Metallindus-
trie *f*

metamorfosis [metamor'fosis] *f inv*
Metamorphose *f*

metano [me'tano] *m* Methan *nt*

metástasis [me'tastasis] *f inv* Metas-
tase *f*

metedura [mete'ðura] *f:* **¡vaya ~ de
pata!** was für eine Blamage!

meteorito [meteo'rito] *m* Meteorit
m

meteoro [mete'oro] *m* Meteor *m*

meteorología [meteorolo'xia] *f* Wet-
terkunde *f*

meteorológico, -a [meteoro'loxiko]
adj: **informe ~** Wetterbericht *m;*
estación meteorológica Wetterwarte *f*

meteorólogo, -a [meteo'roloɣo] *m,
f* Meteorologe, -in *m, f*

meter [me'ter] **I.** *vt* **1.** (*introducir*)
(hinein)stecken; (*en una bolsa*) (hi-
nein)legen; **~ el coche en el garaje**

das Auto in die Garage fahren
2. (*persona*): **~ a alguien en la
cárcel** jdn ins Gefängnis stecken
3. (*invertir*) investieren; **~ en el
banco** auf die Bank bringen **4.** (*en
costura*) enger machen **5.** (DEP):
~ un gol ein Tor schießen **6.** (*argot*) aufschwatzen **7.** (*argot: pegar*):
~ un puñetazo a alguien jdm einen
Fausthieb verpassen **8.** (*provocar*):
~ prisa a alguien jdn zur Eile antreiben; **~ ruido** Lärm machen **9.** (*loc*):
~ la pata ins Fettnäpfchen treten; **a
todo ~** (*argot*) ganz schnell **II.** *vr:*
~se 1. (*fam: aceptar algo*):
**¿cuándo se te ~á esto en la ca-
beza?** wann wirst du das je kapieren? **2.** (*introducirse*) hineinkom-
men; **~se algo en la cabeza** sich
dat etw in den Kopf setzen **3. le vi
~se en un cine** ich sah ihn ins Kino
hineingehen **4.** (*inmiscuirse*) sich
einmischen; **~se donde no lo/la
llaman** sich in etwas einmischen,
das einen nichts angeht **5.** (*provocar*): **~se con alguien** jdn ärgern
6. (*comenzar un oficio*): **~se monja**
ins Kloster gehen **7.** (*loc*): **¡métetelo
donde te quepa!** (*argot*) steck's dir
sonst wohin!

meticuloso, -a [metiku'loso] *adj*
kleinlich

metido, -a [me'tiðo] *adj:* **una mujer
metida en años** eine Frau im fort-
geschrittenen Alter; **la llave está
metida** der Schlüssel steckt

metódico, -a [me'toðiko] *adj* methodisch

método ['metoðo] *m* (Lehr)metho-
de *f*

metodología [metoðolo'xia] *f* Me-
thodologie *f;* (*referente a la enseñanza*) Methodik *f*

metralleta [metra'ʎeta] *f* Schnellfeu-
erwaffe *f*

metro ['metro] *m* **1.** (*unidad*) Meter *m o nt;* ~ **cuadrado** Quadratmeter *m o nt;* ~ **cúbico** Kubikmeter *m o nt* **2.** (*metropolitano*) U-Bahn *f*

metrópoli [me'tropoli] *f* Weltstadt *f*

metropolitano[1] [metropoli'tano] *m* U-Bahn *f*

metropolitano, -a[2] [metropoli'tano] *adj* hauptstädtisch; (*de la urbe*) weltstädtisch

mexicano, -a [mexi'kano] *adj o m, f v.* **mejicano**

México ['mexiko] *m* Mexiko *nt v.* **Méjico**

mezcla ['meθkla] *f* Mischung *f*

mezclar [meθ'klar] **I.** *vt* (ver)mischen **II.** *vr:* ~**se 1.** (*inmiscuirse*) sich einmischen **2.** ~**se con gente de mucho dinero** mit sehr reichen Leuten zusammenkommen

mezcolanza [meθko'lanθa] *f* (*fam*) Mischmasch *m*

mezquino, -a [meθ'kino] *adj* gemein

mezquita [meθ'kita] *f* Moschee *f*

mi [mi] *adj pos* (*antepuesto*) mein(e); ~ **amigo/amiga/casa** mein Freund/meine Freundin/mein Haus; ~**s amigos/amigas** meine Freunde/Freundinnen

mí [mi] *pron pers:* **a** ~ (*objeto directo*) mich; (*indirecto*) mir; **para** ~ für mich; **¿y a** ~ **qué?** na und?; **para** ~ (**que**)... meiner Meinung nach ...; **por** ~ von mir aus; **por** ~ **mismo** allein; **¡a** ~ **con esas!** erzähl das deiner Großmutter!; **¡a** ~**!** (*¡socorro!*) (zu) Hilfe!

micro ['mikro] *m* Mikro *nt*

microbio [mi'kroβjo] *m* Mikrobe *f*

microbús [mikro'βus] *m* Kleinbus *m*

microchip [mikro'ʧip] *m* Mikrochip *m*

microficha [mikro'fiʧa] *f* Mikrofiche *f*

microfilm [mikro'film] *m* Mikrofilm *m*

micrófono [mi'krofono] *m* Mikrofon *nt*

microonda [mikro'onda] *f* Mikrowelle *f;* **horno** (**de**) ~**s** Mikrowellenherd *m*

microorganismo [mikro(o)rɣa'nismo] *m* Mikrobe *f*

microscópico, -a [mikros'kopiko] *adj:* **de tamaño** ~ mikroskopisch klein

microscopio [mikros'kopjo] *m* Mikroskop *nt*

microtenis [mikro'tenis] *m inv* (*Am*) Tischtennis *nt*

miedo ['mjeðo] *m* **1.** (*angustia*) Angst *f* (*a/de* vor +*dat*); **por** ~ **a** [*o* **de**] aus Angst vor; **por** ~ **de que...** +*subj* aus Angst davor, dass ...; **meter** ~ **a alguien** jdm Angst einjagen; **dar** ~ Angst machen; **me entró** [*o* **dio**] ~ ich bekam Angst **2.** (*fam: maravilloso*): **de** ~ toll; **el concierto estuvo de** ~ das Konzert war sagenhaft **3.** (*fam: terrible*): **de** ~ schrecklich; **hace un frío de** ~ es ist hundekalt

miedoso, -a [mje'ðoso] *adj* ängstlich

miel [mjel] *f* Honig *m;* **luna de** ~ Flitterwochen *fpl*

miembro ['mjembro] **I.** *m* **1.** *pl* (*extremidades*) Glieder *nt pl* **2.** (*pene*): ~ (**viril**) (männliches) Glied *nt* **3.** (*socio*) Mitglied *nt;* **hacerse** ~ **de** Mitglied werden in +*dat* **II.** *adj:* **los Estados** ~**s** die Mitglied(s)staaten

mientras ['mjentras] **I.** *adv* währenddessen; ~ (**tanto**) inzwischen **II.** *conj:* ~ (**que**) während; ~ (**que**) +*subj* solange

miércoles ['mjerkoles] *m inv* Mittwoch *m;* ~ **de ceniza** Aschermittwoch *m; v.t.* **lunes**

mierda ['mjerða] *f* (*vulg*) **1.** (*heces*)

Scheiße *f* **2.** (*porquería*) Dreck *m*
fam **3.** (*loc*): **es una ~ de coche**
das ist ein Scheißauto; **mandar a la
~** zum Teufel jagen; **¡~!** Scheiße!

miga ['miɣa] *f* Krume *f;* **hacer buenas ~s con alguien** mit jdm gut auskommen

migaja [mi'ɣaxa] *f* **1.** (*trocito*) Stückchen *nt;* **una ~ de algo** ein ganz
klein wenig von etw +*dat* **2.** *pl* (*sobras*) Reste *mpl*

migración [miɣra'θjon] *f* Auswanderung *f;* (ZOOL) Migration *f*

migraña [mi'ɣraɲa] *f* Migräne *f*

mijo ['mixo] *m* Hirse *f*

mil [mil] *adj* tausend; *v.t.* **ocho**

milagro [mi'laɣro] *m* Wunder *nt;* **hacer ~s** Wunder vollbringen;
~ (sería) que... +*subj* es wäre ein
Wunder, wenn ...

Milán [mi'lan] *m* Mailand *nt*

milanés, -esa [mila'nes] *adj* mailän-
disch

milenario, -a [mile'narjo] *adj* tausendjährig

milenio [mi'lenjo] *m* Jahrtausend *nt*

mili ['mili] *f* (*fam*) Wehrdienst *m*

milicia [mi'liθja] *f* Miliz *f;* **~ nacional**
Bürgerwehr *f*

miligramo [mili'ɣramo] *m* Milligramm *nt*

mililitro [mili'litro] *m* Milliliter *m*

milímetro [mi'limetro] *m* Millimeter
m o nt

militar [mili'tar] **I.** *adj* Militär-;
vehículo ~ Militärfahrzeug *nt;*
los altos mandos ~es die Militärs
II. *m* Soldat *m*

milla ['miʎa] *f* Meile *f;* **~ marina** Seemeile *f*

millar [mi'ʎar] *m* Tausend *nt*

millón [mi'ʎon] *m* Million *f;* **mil millones** Milliarde *f;* **un ~ de gracias**
tausend Dank

millonario, -a [miʎo'narjo] *m, f* Mil-

lionär(in) *m(f)*

milpa ['milpa] *f* (*Am*) Mais *m*

milpiés [mil'pjes] *m* Tausendfüß(l)er
m

mimar [mi'mar] *vt* verwöhnen

mimbre ['mimbre] *m:* **de ~** geflochten; **muebles de ~** Rattanmöbel
ntpl; **silla de ~** Korbstuhl *m*

mimeógrafo [mime'oɣrafo] *m* (*Am*)
Kopiergerät *nt*

mímica ['mimika] *f* Mimik *f*

mimo ['mimo] *m* **1.** (*actor*) Mime, -in
m, f **2.** (*caricia*) Zärtlichkeit *f;* **necesitar mucho ~** viele Streicheleinhei-
ten brauchen **3.** (*condescencia*) Ver-
hätschelung *f;* **le dan demasiado ~**
er/sie wird zu sehr verhätschelt

mimoso, -a [mi'moso] *adj* ver-
schmust

mina ['mina] *f* **1.** (MIN) Bergwerk *nt;*
~ de carbón Kohlenbergwerk *nt;*
este negocio es una ~ dieses Geschäft ist eine (wahre) Goldgrube
2. (*explosivo*) Mine *f;* **~ de mar**
Seemine *f;* **~ de tierra** Landmine *f*
3. (*de lápiz/bolígrafo*) Mine *f*

mineral [mine'ral] **I.** *adj:* **agua ~** Mineralwasser *nt* **II.** *m* Mineral *nt;*
(MIN) Erz *nt*

minería [mine'ria] *f* Bergbau *m*

minero, -a [mi'nero] *m, f* Bergarbei-
ter(in) *m(f)*

miniatura [minja'tura] *f* Miniatur *f*

minibús [mini'βus] *m* Kleinbus *m*

minifalda [mini'falda] *f* Minirock *m*

minifundio [mini'fundjo] *m* landwirt-
schaftlicher Kleinbetrieb *m*

minigolf [mini'ɣolf] *m* Minigolf *nt*

mínimo¹ ['minimo] *m:* **como ~** (*cantidad*) mindestens

mínimo, -a² ['minimo] *adj superl de*
pequeño Mindest-; **sueldo ~** Min-
destgehalt *nt;* **las temperaturas mí-
nimas** die Tiefstwerte

ministerio [minis'terjo] *m* Ministeramt *nt*

ministro, -a [mi'nistro] *m, f* Minister(in) *m(f)*; **primera ministra** Ministerpräsidentin *f*

minoría [mino'ria] *f* Minderheit *f*; **~ de edad** Minderjährigkeit *f*

minorista [mino'rista] *mf* Einzelhändler(in) *m(f)*

minoritario, -a [minori'tarjo] *adj* Minderheits-

minucioso, -a [minu'θjoso] *adj* minuziös

minúscula [mi'nuskula] *f* Kleinbuchstabe *m*

minúsculo, -a [mi'nuskulo] *adj* winzig

minusvalía [minusβa'lia] *f* Wertverlust *m*

minusválido, -a [minus'βaliðo] *adj* körperbehindert

minusvalorar [minusβalo'rar] *vt* unterbewerten

minuta [mi'nuta] *f* Honorarrechnung *f*

minutero [minu'tero] *m* Minutenzeiger *m*

minuto [mi'nuto] *m* Minute *f*; **vuelvo en un ~** ich bin gleich wieder da

mío, -a ['mio] *pron pos* **1.** (*de mi propiedad*): **el libro es ~** das Buch gehört mir; **¡ya es ~!** geschafft! **2.** (*tras artículo*): **el ~/la mía/lo ~** meine(r, s) **3.** (*tras sustantivo*) mein(e), von mir; **una amiga mía** eine Freundin von mir; **¡amor ~!** mein Liebes!

miocardio [mjo'karðjo] *m* Herzmuskel *m*

mioma [mi'oma] *m* Myom *nt*

miope [mi'ope] *adj* kurzsichtig

miopía [mjo'pia] *f* Kurzsichtigkeit *f*

mira ['mira] *f*: **con ~s a** im Hinblick auf +*akk*

mirada [mi'raða] *f* Blick *m*; **apartar la ~** wegsehen

mirado, -a [mi'raðo] *adj*: **bien ~**, ...

eigentlich ...

mirador [mira'ðor] *m* Aussichtspunkt *m*

mirar [mi'rar] **I.** *vt* (an)schauen; (*observar*) beobachten; **~ atrás** zurückblicken; **~ alrededor** um sich schauen; **~ por encima** kurz überfliegen **II.** *vi* **1.** (*aviso*): **¡mira! ya llega** schau! da kommt er/sie schon **2.** (*amenaza*): **¡pero mira lo que estás haciendo!** Mensch, schau mal, was du da machst! **3.** (*tener en cuenta*): **mira, que no nos queda mucho tiempo** denk daran, wir haben nicht mehr viel Zeit **4.** (*ir a ver*): **mira (a ver) si han llegado ya** geh mal schauen, ob sie schon gekommen sind **III.** *vr:* **~se** sich anschauen; **~se en el espejo** sich im Spiegel betrachten

mirilla [mi'riʎa] *f* (*en la puerta*) Spion *m*

mirlo ['mirlo] *m* Amsel *f*

misa ['misa] *f* Gottesdienst *m*; **~ de difuntos** Totenmesse *f*; **~ del gallo** Christmette *f*; **ir a ~** in die Kirche gehen

miserable [mise'raβle] *adj* **1.** (*lamentable*) erbärmlich **2.** **un sueldo ~** ein Hungerlohn

miseria [mi'serja] *f* Elend *nt*; **vivir en la ~** in Armut leben

misericordia [miseri'korðja] *f* Erbarmen *nt*

misericordioso, -a [miserikor'ðjoso] *adj* **1.** (*que siente*) teilnahmsvoll **2.** (*que perdona*) gnädig (*con/para*) mit +*dat*)

misil [mi'sil] *m* Rakete *f*; **~ antiaéreo** Flugabwehrrakete *f*

misión [mi'sjon] *f* Mission *f*

misionero, -a [misjo'nero] *m, f* Missionar(in) *m(f)*

mismamente [misma'mente] *adv:* **ayer ~ estuvimos hablando de**

ello gestern erst haben wir darüber geredet

mismo¹ ['mismo] *adv* **1.** (*incluso*) selbst **2.** (*manera*): **así ~** genauso **3.** (*justamente*): **ahí ~** genau da; **aquí ~** gleich hier; **ayer ~** gerade gestern

mismo, -a² ['mismo] *adj* **1.** (*idéntico*): **el/lo ~** derselbe/dasselbe; **la misma** dieselbe; **al ~ tiempo** gleichzeitig; **da lo ~** das ist egal **2.** (*semejante*): **el ~/la misma/lo ~** der/die/das Gleiche; **llevar la misma falda** den gleichen Rock tragen **3.** (*reflexivo*) selbst; **yo misma lo vi** ich habe es selbst gesehen **4.** (*precisamente*): **¡eso ~!** genau! **5.** (*hasta*) selbst; **el ~ embajador asistió a la fiesta** der Botschafter selbst nahm an der Feier teil

miss [mis] *f* Schönheitskönigin *f;* **~ Alemania** Miss Germany

misterio [mis'terjo] *m* Geheimnis *nt*

misterioso, -a [miste'rjoso] *adj* geheimnisvoll

mística ['mistika] *f* Mystik *f*

mitad [mi'taᵈ] *f* **1.** (*parte igual*) Hälfte *f;* **a ~ de precio** zum halben Preis **2.** (*medio*) Mitte *f;* **en ~ del bosque** mitten im Wald; **cortar por la ~** in der Mitte durchschneiden

mítico, -a ['mitiko] *adj* mythisch, Sagen-

mitigar [miti'ɣar] <g → gu> **I.** *vt* lindern **II.** *vr:* **~se** nachlassen

mitin ['mitin] *m* Treffen *nt*

mito ['mito] *m* Mythos *m*

mitología [mitolo'xia] *f* Mythologie *f*

mitológico, -a [mito'loxiko] *adj* mythologisch

mixto, -a ['miksto] *adj* gemischt

mobiliario [moβi'ljarjo] *m* Mobiliar *nt*

mochila [mo'tʃila] *f* Rucksack *m*

mochuelo [mo'tʃwelo] *m* Kauz *m*

moción [mo'θjon] *f:* **presentar una ~ de censura** einen Misstrauensantrag einbringen

moco ['moko] *m:* **limpiarse los ~s** sich *dat* die Nase putzen

moda ['moða] *f* Mode *f;* **estar de ~** (in) Mode sein

modal [mo'ðal] *mpl* Manieren *fpl;* **¡qué ~es son estos!** so was gehört sich nicht!

modalidad [moðali'ðaᵈ] *f:* **~es de un contrato** Vertragsbestimmungen *fpl*

modelar [moðe'lar] *vt* modellieren

modelo¹ [mo'ðelo] *m* Vorbild *nt*

modelo² [mo'ðelo] *mf* Model(l) *nt*

módem ['moðen] *m* Modem *nt o m*

moderación [moðera'θjon] *f:* **comer con ~** sich beim Essen mäßigen

moderado, -a [moðe'raðo] *adj* gemäßigt

moderador(a) [moðera'ðor] *m(f)* Moderator(in) *m(f)*

moderarse [moðe'rarse] *vr* sich mäßigen

modernismo [moðer'nismo] *m* (ARTE, LIT) Modernismus *m;* (ARQUIT) Jugendstil *m*

modernizar [moðerni'θar] <z → c> **I.** *vt* modernisieren **II.** *vr:* **~se** moderner werden

moderno, -a [mo'ðerno] *adj* modern

modestia [mo'ðestja] *f* Bescheidenheit *f*

modesto, -a [mo'ðesto] *adj* bescheiden

módico, -a ['moðiko] *adj* gering; (*precio*) angemessen

modificar(se) [moðifi'kar(se)] <c → qu> *vt, vr* (sich) verändern

modismo [mo'ðismo] *m* (Rede)wendung *f*

modista [mo'ðista] *mf* Damenschneider(in) *m(f)*

modisto [mo'ðisto] *m* Modemacher *m*

modo ['moðo] *m* **1.** (*manera*) Art *f;* **~ de andar** Gang *m;* **~ de hablar** Sprechweise *f;* **hazlo a tu ~** mach es auf deine Art; **a mi ~ de pensar** nach meiner Auffassung **2.** (LING, INFOR) Modus *m* **3.** (*loc*): **de ningún ~** auf keinen Fall; **en cierto ~** gewissermaßen

modorra [mo'ðorra] *f* Schläfrigkeit *f*

módulo ['moðulo] *m* Modul *nt*

mofar(se) [mo'far(se)] *vi, vr* sich lustig machen (*de* über + *akk*)

mofeta [mo'feta] *f* Stinktier *nt*

moflete [mo'flete] *m* Pausbacke *f*

mogollón [moɣo'ʎon] *m* Haufen *m;* **había ~ de gente en la fiesta** es waren unheimlich viele Leute auf dem Fest *fam*

moho ['mo(o)] *m* Moder *m*

mohoso, -a [mo'oso] *adj* mod(e)rig

mojarse [mo'xarse] *vr:* **~ los pies** nasse Füße bekommen

mojigato, -a [moxi'ɣato] *adj* duckmäuserisch; (*hipócrita*) heuchlerisch

molar [mo'lar] **I.** *adj:* **diente ~** Backenzahn *m* **II.** *vi* (*fam*) **1.** (*gustar*) gefallen + *dat;* **me molan las rubias** ich stehe auf Blondinen **2.** (*llevarse*) in (Mode) sein; **ahora mola llevar pelo corto** kurze Haare sind jetzt in

Moldavia [mol'daβja] *f* Moldawien *nt*

molde ['molde] *m:* **pan de ~** Kastenbrot *nt;* **letras de ~** Druckbuchstaben *mpl*

moldear [molde'ar] *vt* formen

mole ['mole] *f* Masse *f*

molécula [mo'lekula] *f* Molekül *nt*

molecular [moleku'lar] *adj* molekular

moler [mo'ler] <o → ue> *vt* **1.** (*café*) mahlen; (*caña de azúcar*) auspressen; **~ a alguien a palos** jdn windelweich prügeln **2.** (*fatigar*) erschöpfen; **estoy molido de la excursión**

dieser Ausflug hat mich völlig geschafft

molestar [moles'tar] **I.** *vt* belästigen **II.** *vr:* **~se** sich *dat* die Mühe machen

molestia [mo'lestja] *f* **1.** (*fastidio*) Belästigung *f;* **no es ninguna ~** das stört überhaupt nicht **2.** (*inconveniente*) Unannehmlichkeit *f;* **no es ninguna ~ (para mí)** das macht mir keine Umstände; **tomarse la ~** sich *dat* die Mühe machen; **perdonen las ~s** bitte entschuldigen Sie die Störung

molesto, -a [mo'lesto] *adj* **1.** *ser* unangenehm **2.** *estar* verärgert

molido, -a [mo'liðo] *adj* (*fam*): **estoy ~** ich bin fix und fertig

molinero, -a [moli'nero] *m, f* Müller(in) *m(f)*

molinillo [moli'niʎo] *m:* **~ de café** Kaffeemühle *f*

molino [mo'lino] *m* Mühle *f*

mollera [mo'ʎera] *f:* **ser duro de ~** schwer von Begriff sein

molusco [mo'lusko] *m* Weichtier *nt*

momentáneo, -a [momen'taneo] *adj* augenblicklich

momento [mo'mento] *m* **1.** (*instante*) Augenblick *m*, Moment *m;* **¡espera un ~!** Augenblick!; **de un ~ a otro** jeden Augenblick **2.** (*período*) Zeitraum *m;* **atravieso un mal ~** ich mache gerade eine schwere Zeit durch **3.** (*actualidad*) Gegenwart *f;* **la música del ~** die Musik von heute

momia ['momja] *f* Mumie *f*

mona ['mona] *f* **1.** (ZOOL) Äffin *f* **2.** (*fam*) Rausch *m;* **dormir la ~** seinen Rausch ausschlafen

Mónaco ['monako] *m* Monaco *nt*

monada [mo'naða] *f:* **¡qué ~ de vestido!** was für ein entzückendes Kleid!; **este bebé es una ~** dieses

Baby ist goldig

monaguillo, -a [mona'ɣiʎo] *m, f* Ministrant(in) *m(f)*

monarca [mo'narka] *mf* Monarch(in) *m(f)*

monarquía [monar'kia] *f* Monarchie *f*

monárquico, -a [mo'narkiko] *adj* monarchi(sti)sch

monasterio [monas'terjo] *m* Kloster *nt*

mondadientes [monda'ðjentes] *m* Zahnstocher *m*

mondar [mon'dar] **I.** *vt* schälen **II.** *vr:* ~**se 1.** (*pelarse*) sich schälen **2.** (*loc*): ~**se los dientes** sich *dat* in den Zähnen stochern; ~**se de risa** (*fam*) sich totlachen

moneda [mo'neða] *f* **1.** (*pieza*) Münze *f;* ~ **de dos euros** Zweieurostück *nt* **2.** (*de un país*) Währung *f;* ~ **extranjera** Devisen *fpl*

monedero [mone'ðero] *m* Geldbeutel *m*

monetario, -a [mone'tarjo] *adj* Währungs-; **acuerdo** ~ Währungsabkommen *nt*

mongólico, -a [moŋ'goliko] *adj* mongoloid

mongolismo [moŋgo'lismo] *m* Mongolismus *m*

monitor¹ [moni'tor] *m* Monitor *m*

monitor(a)² [moni'tor] *m(f)* (Gruppen)leiter(in) *m(f);* ~ **de natación** Schwimmlehrer *m*

monja ['monxa] *f* Nonne *f*

monje ['monxe] *m* Mönch *m*

mono¹ ['mono] *m* **1.** (ZOOL) Affe *m* **2. en esta casa soy el último** ~ in diesem Haus bin ich ein Nichts **3.** (*traje*) Overall *m;* (*de mecánico*) Blaumann *m fam* **4.** (*argot*) Turkey *m;* **tener el** ~ auf Turkey sein; **le entra el** ~ er bekommt Entzugserscheinungen

mono, -a² ['mono] *adj* süß

monogamia [mono'ɣamja] *f* Monogamie *f*

monógamo, -a [mo'noɣamo] *adj* monogam

monografía [monoɣra'fia] *f* Monographie *f*

monólogo [mo'noloɣo] *m* Monolog *m*

monopatín [monopa'tin] *m* Skateboard *nt*

monopolio [mono'poljo] *m* Monopol *nt*

monosílabo [mono'silaβo] *m* einsilbiges Wort *nt*

monotonía [monoto'nia] *f* Eintönigkeit *f*

monótono, -a [mo'notono] *adj* eintönig

monóxido [mo'noˠsiðo] *m* Monoxid *nt*

monstruo ['monˠstrwo] *m* Ungeheuer *nt*

monstruoso, -a [monˠstru'oso] *adj* abscheulich

monta ['monta] *f:* **de poca** ~ unbedeutend

montacargas [monta'karɣas] *m* Lastenaufzug *m;* (MIN) Förderkorb *m*

montaje [mon'taxe] *m* Montage *f*

montaña [mon'taɲa] *f* Berg *m;* (*zona*) Gebirge *nt;* ~ **rusa** Achterbahn *f*

montañero, -a [monta'ɲero] *m, f* Bergsteiger(in) *m(f)*

montañoso, -a [monta'ɲoso] *adj* gebirgig

montar [mon'tar] **I.** *vi* **1.** aufsteigen (*en* auf +*akk*); (*en un coche*) einsteigen (*en* in +*akk*) **2.** (*ir a caballo*) reiten; ~ **en bici** Rad fahren **3.** (*loc*): ~ **en cólera** in Zorn geraten **II.** *vr:* ~**se** hinaufsteigen

monte ['monte] *m* **1.** (*montaña*) Berg *m;* **el** ~ **de los Olivos** der Ölberg **2.** (*bosque*) Wald *m;* ~ **alto**

(Hoch)wald *m;* ~ **bajo** Unterholz *nt* **3.** (*loc*): ~ **de piedad** Pfandhaus *nt*

montículo [mon̠'tikulo] *m* Hügel *m*

monto ['mon̠to] *m* Gesamtbetrag *m*

montón [mon̠'ton] *m* Haufen *m;* **un** ~ **de ropa** ein Haufen Wäsche; **ser del** ~ ein Durchschnittsmensch sein

montura [mon̠'tura] *f* (*arnés*) Geschirr *nt*

monumental [monumen̠'tal] *adj:* **el Madrid** ~ die Sehenswürdigkeiten Madrids

monumento [monu'men̠to] *m* Denkmal *nt*

moño ['mono] *m* **1.** (*pelo*) Haarknoten *m* **2.** **estar hasta el** ~ **de algo** (*fam*) die Nase gestrichen voll von etw *dat* haben

moqueta [mo'keta] *f* Teppichboden *m*

mora ['mora] *f* Brombeere *f*

morada [mo'raða] *f* **1.** (*casa*) Wohnung *f* **2.** (*residencia*) Wohnsitz *m* **3.** (*estancia*) Aufenthalt *m;* **la eterna** ~ das Jenseits

morado, -a [mo'raðo] *adj* dunkelviolett

moral [mo'ral] *f* Moral *f;* **levantar la** ~ **a alguien** jdn aufrichten

moraleja [mora'lexa] *f* Moral *f*

moralidad [morali'ðað] *f* (*cualidad*) Sittlichkeit *f*

morbo ['morβo] *m* krankhaftes Interesse

morboso, -a [mor'βoso] *adj* krankhaft

morcilla [mor'θiʎa] *f* **1.** (GASTR) Blutwurst *f* **2.** (*loc*): **¡que te den** ~**!** (*vulg*) du kannst mich mal! *fam*

mordaz [mor'ðaθ] *adj* bissig

mordaza [mor'ðaθa] *f* Knebel *m*

mordedura [morðe'ðura] *f* Biss *m*

morder(se) [mor'ðer(se)] <o → ue> *vt, vr* (sich) beißen; ~**se las uñas** Nägel kauen

mordisco [mor'ðisko] *m* Bissen *m*

mordisquear [morðiske'ar] *vt* knabbern (an +*dat*)

moreno[1] [mo'reno] *m* Bräune *f*

moreno, -a[2] [mo'reno] *adj* dunkel; (*de piel*) braun

morete [mo'rete] *m* (*AmC*), **moretón** [more'ton] *m* (*fam*) blauer Fleck *m*

morfema [mor'fema] *m* Morphem *nt*

morfina [mor'fina] *f* Morphium *nt*

morgue ['morɣe] *f* (*Am*) Leichenschauhaus *nt*

moribundo, -a [mori'βun̠do] *m, f* Sterbende(r) *f(m)*

morir [mo'rir] *irr* **I.** *vi* sterben (*de* an +*dat*); (*en guerra*) umkommen; (*en un accidente*) tödlich verunglücken; ~ **de viejo** an Altersschwäche sterben; ~ **a causa de las graves heridas** seinen schweren Verletzungen erliegen **II.** *vr:* ~**se 1.** sterben; (*planta*) eingehen; **¡así te mueras!** (*fam*) hoffentlich krepierst du! **2.** (*con 'de'*): ~**se de sed** verdursten; ~**se de frío** erfrieren; ~**se de pena** vor Kummer sterben **3.** (*con 'por'*): **me muero por conocer a tu nueva novia** ich brenne darauf, deine neue Freundin kennen zu lernen

moro, -a ['moro] *m, f* Maure, -in *m, f*

moroso, -a [mo'roso] *m, f* säumiger Zahler, säumige Zahlerin *m, f*

morral [mo'rral] *m* **1.** (*de las caballerías*) Futtersack *m* **2.** (*zurrón*) Rucksack *m*

morro ['morro] *m* Schnauze *f;* **beber a** ~ aus der Flasche trinken; **estar de** ~(**s**) schmollen; **tiene un** ~ **que se lo pisa** (*fam*) er/sie ist unglaublich unverschämt

morrón [mo'rron] *adj:* **pimiento** ~ gebratene rote Paprika

morsa ['morsa] *f* Walross *nt*

morse ['morse] *m* Morsealphabet *nt;*

señal ~ Morsezeichen *nt*

mortadela [morta'ðela] *f* Mortadella *f*

mortaja [mor'taxa] *f* (*Am*) Zigarettenpapier *nt*

mortal [mor'tal] *adj:* **pecado** ~ Todsünde *f;* **peligro** ~ Lebensgefahr *f*

mortalidad [mortali'ðaº] *f* Sterblichkeit(srate) *f*

mortero [mor'tero] *m* Mörser *m*

mortificar [mortifi'kar] <c → qu> *vt* quälen

mortuorio, -a [mortu'orjo] *adj:* Todes-; **esquela mortuoria** Todesanzeige *f*

mosaico [mo'saiko] *m* Mosaik *nt*

mosca ['moska] *f* Fliege *f;* **por si las** ~**s** (*fam*) für alle Fälle

moscada [mos'kaða] *adj:* **nuez** ~ Muskatnuss *f*

moscovita [mosko'βita] *adj* moskauisch

Moscú [mos'ku] *m* Moskau *nt*

Mosela [mo'sela] *m* Mosel *f*

mosqueado, -a [moske'aðo] *adj:* **estar** ~ **con alguien** auf jdn sauer sein

mosquearse [moske'arse] *vr* (*fam*) beleidigt sein

mosquita [mos'kita] *f:* ~ **muerta** Duckmäuser *m*

mosquitero [moski'tero] *m* Moskitonetz *nt*

mosquito [mos'kito] *m* Stechmücke *f*

mostaza [mos'taθa] *f* Senf *m*

mosto ['mosto] *m* Most *m*

mostrador [mostra'ðor] *m* Theke *f*

mostrar [mos'trar] <o → ue> *vt* (vor)zeigen

mota ['mota] *f:* ~ **(de polvo)** Staubkorn *nt*

mote ['mote] *m:* ~ **cariñoso** Kosename *m*

moteado, -a [mote'aðo] *adj* gesprenkelt

motín [mo'tin] *m* Meuterei *f*

motivación [motiβa'θjon] *f* Motivation *f*

motivar [moti'βar] *vt* motivieren (*a* zu +*dat*)

motivo [mo'tiβo] *m* Grund *m;* **con** ~ **de...** anlässlich ... +*gen;* **por este** ~ deshalb; **carecer de** ~ **alguno** unbegründet sein

moto ['moto] *f* (*fam*) Motorrad *nt;* **ir en** ~ Motorrad fahren; **vender la** ~ **a alguien** (*fig fam*) jdm einen Bären aufbinden, jdm etwas weismachen

motocicleta [motoθi'kleta] *f* Motorrad *nt;* **ir en** ~ Motorrad fahren

motociclismo [motoθi'klismo] *m* Motorradsport *m*

motociclista [motoθi'klista] *mf* Motorradfahrer(in) *m(f)*

motoneta [moto'neta] *f* (*Am*) Motorroller *m*

motor [mo'tor] *m* Motor *m*

motora [mo'tora] *f* Motorboot *nt*

motorista [moto'rista] *mf* Motorradfahrer(in) *m(f)*

motriz [mo'triθ] *adj:* **fuerza** ~ Triebkraft *f*

movedizo, -a [moβe'ðiθo] *adj:* **arenas movedizas** Treibsand *m*

mover [mo'βer] <o → ue> **I.** *vt* **1.** (*desplazar*) bewegen; ~ **la cabeza** den Kopf schütteln **2.** (*ajedrez*) ziehen **3.** (*incitar*) bewegen **II.** *vr:* ~**se** sich bewegen; **¡venga, muévete!** los, nun mach schon!

movida [mo'βiða] *f* (*argot*) Szene *f*

movido, -a [mo'βiðo] *adj:* **he tenido un día muy** ~ heute war bei mir viel los

móvil ['moβil] *m* Handy *nt*

movilización [moβiliθa'θjon] *f* **1.** (*recursos, tropas*) Mobilisierung *f* **2.** (*huelga*) Streik *m*

movilizar [moβili'θar] <z → c> *vt* mobilisieren

movimiento [moβi'mjento] m Bewegung f; **poner en ~** in Gang setzen

mozo, -a ['moθo] m, f junger Mann m, junge Frau f

mu [mu] m: **no decir ni ~** keinen Pieps sagen

mucamo, -a [mu'kamo] m, f (Am) Diener m, Dienstmädchen nt

muchacho, -a [mu'tʃatʃo] m, f Junge m, Mädchen nt

muchedumbre [mutʃe'ðumbre] f (Menschen)menge f

mucho, -a ['mutʃo] I. adj viel; **esto es ~ para ella** das ist zu viel für sie; **hace ya ~ tiempo que...** es ist schon lange her, dass ...; **muchas veces** oft II. adv (intensidad) sehr; (cantidad) viel; (mucho tiempo) lange; (muchas veces) oft; **es con ~ el más simpático** er ist mit Abstand der Netteste; **tener cincuenta años, como ~** höchstens fünfzig (Jahre alt) sein

mucosa [mu'kosa] f Schleimhaut f

mucosidad [mukosi'ðaθ] f Schleim m

muda ['muða] f Unterwäsche f; (cama) Bettwäsche f

mudanza [mu'ðanθa] f (de casa) Umzug m; **camión de ~s** Möbelwagen m; **estar de ~** umziehen

mudar [mu'ðar] I. vi, vt 1. ändern; (por uno nuevo) wechseln (/de) +akk); **~ (de) piel** sich häuten; **~ de voz** im Stimmbruch sein 2. (de ropa) umziehen II. vr: ~se 1. (casa) umziehen; ~se a una casa nueva in ein neues Haus ziehen 2. (ropa): ~se (de ropa) sich umziehen

mudo, -a ['muðo] adj stumm; **cine ~** Stummfilm m

mueble ['mweβle] m 1. (pieza) Möbelstück nt; **~ bar** Hausbar f 2. pl Möbel pl; **~s de cocina** Einbauküche f; **~s de época** antike Möbel; **~s tapizados** Polstermöbel pl

mueca ['mweka] f Grimasse f; **hacer ~s** Grimassen schneiden

muela ['mwela] f Backenzahn m; **~s del juicio** Weisheitszähne mpl; **~ picada** kariöser Zahn

muelle ['mweʎe] m Sprungfeder f; (puerto) Kai m

muérdago ['mwerðaɣo] m Mistel f

muerte ['mwerte] f Tod m; (asesinato) Mord m; **~ a traición** Meuchelmord m; **pena de ~** Todesstrafe f; **morir de ~ natural** eines natürlichen Todes sterben; **a ~** erbarmungslos; **de mala ~** elend

muerto, -a ['mwerto] adj tot; **horas muertas** Mußestunden fpl; **naturaleza muerta** Stillleben nt; **estar ~ (de cansancio)** todmüde sein

muestra ['mwestra] f 1. (mercancía) Muster nt; **~ gratuita** Gratisprobe f; **feria de ~s** Messe f 2. (prueba) Probe f; **~ hecha al azar** Stichprobe f 3. (demostración) Beweis m; **dar ~(s) de valor** seinen Mut beweisen

muestrario [mwes'trarjo] m Katalog m

muestreo [mwes'treo] m Stichprobenentnahme f

mugir [mu'xir] <g → j> vi muhen

mugre ['muɣre] f Schmutz m

mugriento, -a [mu'ɣrjento] adj schmutzig

mujer [mu'xer] f Frau f; **~ de edad** alte Frau; **~ fácil** leichtes Mädchen

mujeriego [muxe'rjeɣo] m Frauenheld m

mulato, -a [mu'lato] m, f Mulatte, -in m, f

muleta [mu'leta] f Krücke f; **andar con ~s** an Krücken gehen

muletilla [mule'tiʎa] f Flickwort nt

mullido, -a [mu'ʎiðo] adj weich

mulo, -a ['mulo] m, f Maultier nt

multa ['multa] *f* Geldstrafe *f;* **poner una ~ a alguien** jdn mit einer Geldstrafe belegen

multar [mul'tar] *vt* mit einer Geldstrafe belegen

multicolor [multiko'lor] *adj* bunt

multilingüe [multi'lingwe] *adj* mehrsprachig

multimedia [multi'medja] *adj* multimedial

multinacional [multinaθjo'nal] *f* multinationaler Konzern *m*

múltiple ['multiple] *adj* mehrfach; **~s veces** mehrmals

multiplicación [multiplika'θjon] *f* Multiplikation *f*

multiplicar [multipli'kar] <c → qu> *vi, vt* multiplizieren (*por* mit +*dat*); **la tabla de ~** das Einmaleins

multitud [multi'tuⁿ] *f* Menge *f*

multitudinario, -a [multituði'narjo] *adj* Massen-

multiuso [multi'uso] *adj* Mehrzweck-

mundanal [munda'nal] *adj,* **mundano, -a** [mun'dano] *adj* weltlich; (*terrenal*) irdisch; (*extravagante*) mondän

mundial [mun'djal] *adj* weltweit; **guerra ~** Weltkrieg *m;* **a nivel ~** weltweit

mundo ['mundo] *m* **1.** Welt *f;* (*planeta*) Erde *f;* **el otro ~** das Jenseits; **dar la vuelta al ~** eine Weltreise machen; **venir al ~** auf die Welt kommen; **irse de este ~** sterben; **no es nada del otro ~** das ist nichts Besonderes; **por nada del ~** um nichts auf der Welt **2.** (*humanidad*) Welt *f;* **todo el ~ sabe que...** jedermann weiß, dass ... **3.** (*experiencia*) Weltkenntnis *f;* **Lola tiene mucho ~** Lola ist eine Frau von Welt

Munich ['munitʃ] *m* München *nt*

munición [muni'θjon] *f* Munition *f*

municipal [muniθi'pal] *adj* städtisch; **parque ~** Stadtpark *m;* **término ~** Gemeindebezirk *m*

municipio [muni'θipjo] *m* Gemeinde *f,* Gemeindebezirk *m*

muniqués, -esa [muni'kes] *adj* münchnerisch

muñeca [mu'ɲeka] *f* Handgelenk *nt;* (*juguete*) Puppe *f*

muñeco [mu'ɲeko] *m:* **~ de nieve** Schneemann *m*

muñón [mu'ɲon] *m* Stumpf *m*

mural [mu'ral] *m* Wandbild *nt*

muralla [mu'raʎa] *f* Mauer *f*

murciano, -a [mur'θjano] *adj* aus Murcia

murciélago [mur'θjelaɣo] *m* Fledermaus *f*

murmullo [mur'muʎo] *m* Gemurmel *nt*

murmuración [murmura'θjon] *f* üble Nachrede *f;* (*cotilleo*) Klatsch *m fam*

murmurar [murmu'rar] *vi, vt* (*entre dientes*) murmeln; **~ al oído** ins Ohr flüstern

muro ['muro] *m* Mauer *f*

musa ['musa] *f* Muse *f*

musaraña [musa'raɲa] *f:* **pensar en las ~s** (*fig*) in Gedanken woanders sein

muscular [musku'lar] *adj* Muskel-; **fuerza ~** Muskelkraft *f*

musculatura [muskula'tura] *f* Muskulatur *f*

músculo ['muskulo] *m* Muskel *m*

musculoso, -a [musku'loso] *adj* muskulös

museo [mu'seo] *m* Museum *nt*

musgo ['musɣo] *m* Moos *nt*

música ['musika] *f* Musik *f;* **~ folclórica** Volksmusik *f;* **banda de ~** (Musik)kapelle *f;* **caja de ~** Spieldose *f;* **¡vete con la ~ a otra parte!** lass mich in Ruhe!

musical [musi'kal] *adj* musikalisch;

composición ~ Musikstück *nt*
músico, -a ['musiko] *m, f* Musiker(in) *m(f);* ~ **ambulante** (Straßen)musikant *m*
musitar [musi'tar] *vi* **1.** (*balbucear*) murmeln; (*susurrar*) flüstern; ~ **al oído** ins Ohr flüstern **2.** (*hojas*) rauschen
muslo ['muslo] *m* Oberschenkel *m*
mustio, -a ['mustjo] *adj* welk
musulmán, -ana [musul'man] *adj* moslemisch
mutación [muta'θjon] *f* Mutation *f*
mutilado, -a [muti'laðo] *m, f* Krüppel *m;* ~ **de guerra** Kriegsversehrte(r) *m*
mutilar [muti'lar] *vt* **1.** (*cuerpo*) verstümmeln **2.** (*recortar*) kürzen
mutis ['mutis] *m inv* **1.** (TEAT) Abgang *m;* **hacer** ~ abgehen **2.** (*loc*): ¡~! Ruhe!
mutualidad [mutwali'ðaᵒ] *f:* ~ **de accidentes de trabajo** Berufsgenossenschaft *f;* ~ **obrera** Arbeiterhilfe *f*
mutuo, -a ['mutwo] *adj* gegenseitig
muy [mwi] *adv* sehr; **es** ~ **improbable que...** +*subj* es ist höchst unwahrscheinlich, dass ...; ~ **de tarde en tarde** sehr selten; ~ **de mañana** sehr früh morgens; **le saluda** ~ **atentamente,...** hochachtungsvoll, ...

N

N, n ['ene] *f* N, n *nt*
nácar ['nakar] *m* Perlmutt *nt*
nacer [na'θer] *irr como crecer vi* geboren werden
nacido, -a [na'θiðo] *m, f:* **recién** ~ Neugeborene(s) *nt*

nacimiento [naθi'mjento] *m* Geburt *f;* (*comienzo*) Anfang *m*
nación [na'θjon] *f* Nation *f*
nacional [naθjo'nal] *adj* national; (*instituciones*) Staats-; **moneda** ~ Landeswährung *f;* **biblioteca** ~ Staatsbibliothek *f*
nacionalidad [naθjonali'ðaᵒ] *f* Staatsangehörigkeit *f*
nacionalismo [naθjona'lismo] *m* Nationalismus *m*
nacionalista [naθjona'lista] *adj* nationalistisch
nacionalizar [naθjonali'θar] <z → c> **I.** *vt* **1.** (*ente*) verstaatlichen **2.** (*persona*) einbürgern **II.** *vr:* ~**se alemán** die deutsche Staatsangehörigkeit annehmen
nada ['naða] **I.** *pron indef* nichts; **¡gracias!** – **¡de** ~! danke! – keine Ursache! **II.** *adv* nichts; ~ **más** (*solo*) nur; (*no más*) nichts mehr; **¡** ~ **más!** das wär's!; ~ **de** ~ überhaupt nichts; **¡** ~ **de eso!** nichts da! *fam;* **para** ~ umsonst; **a cada** ~ (*Am*) dauernd
nadador(a) [naða'ðor] *m(f)* Schwimmer(in) *m(f)*
nadar [na'ðar] *vi* schwimmen
nadie ['naðje] *pron indef* niemand
nailon ['najlon] *m* Nylon® *nt*
naipe ['najpe] *m* (Spiel)karte *f*
nalga ['nalɣa] *f:* ~**s** Gesäß *nt*
nana ['nana] *f* Wiegenlied *nt*
nanay [na'naj] *interj* (*fam*) kommt nicht in die Tüte!
napia(s) ['napja(s)] *f(pl)* (*fam*) Zinken *m*
Nápoles ['napoles] *m* Neapel *nt*
naranja [na'raŋxa] **I.** *f* Orange *f;* **tu media** ~ deine bessere Hälfte **II.** *adj:* (**de color**) ~ orange(n)
naranjada [naraŋ'xaða] *f* Orangenlimonade *f*
naranjo [na'raŋxo] *m* Orangenbaum *m*

narcisismo [narθi'sismo] *m* Narzissmus *m*

narcosis [nar'kosis] *f inv* Narkose *f*

narcótico, -a [nar'kotiko] *adj* betäubend

narcotraficante [narkotrafi'kaɲte] *mf* Drogenhändler(in) *m(f)*

narcotráfico [narko'trafiko] *m* Drogenhandel *m*

nariz [na'riθ] *f* Nase *f;* **estar hasta las narices** (*fam*) die Nase voll haben; **por narices** (*fam*) auf jeden Fall

narración [narra'θjon] *f* Erzählung *f*

narrador(a) [narra'ðor] *m(f)* Erzähler(in) *m(f)*

narrar [na'rrar] *vt* erzählen

narrativa [narra'tiβa] *f* Prosa *f*

nasal [na'sal] *adj* Nasen-; (LING) nasal; **sonido ~** Nasallaut *m*

nata ['nata] *f* Sahne *f; ~* **montada** Schlagsahne *f*

natación [nata'θjon] *f* Schwimmen *nt*

natal [na'tal] *adj* Geburts-; **ciudad ~** Heimatstadt *f*

natalidad [natali'ðað] *f* Geburtenrate *f*

natillas [na'tiʎas] *fpl* ≈Cremespeise *f*

nativo, -a [na'tiβo] *m, f* Einheimische(r) *f(m)*

natural [natu'ral] *adj* natürlich

naturaleza [natura'leθa] *f* Natur *f*

naturalidad [naturali'ðað] *f* Natürlichkeit *f*

naufragar [nauɸfra'ɣar] <g → gu> *vi* Schiffbruch erleiden; (*fracasar*) scheitern

naufragio [nauɸ'fraxjo] *m* Schiffbruch *m*

náufrago, -a ['nauɸfraɣo] *m, f* Schiffbrüchige(r) *f(m)*

nauseabundo, -a [nauɸsea'βuɲdo] *adj* Ekel erregend

náuseas ['nauɸseas] *fpl* Übelkeit *f;*

tengo ~ mir ist schlecht; **dar ~ a alguien** jdn anekeln

náutico, -a ['nauɸtiko] *adj* Schifffahrts-

navaja [na'βaxa] *f* Taschenmesser *nt*

navarro, -a [na'βarro] *adj* aus Navarra

nave ['naβe] *f* Schiff *nt;* (*almacén*) (Lager)halle *f*

navegable [naβe'ɣaβle] *adj* schiffbar

navegación [naβeɣa'θjon] *f* Schifffahrt *f*

navegante [naβe'ɣaɲte] *mf* Seefahrer(in) *m(f)*

navegar [naβe'ɣar] <g → gu> *vi, vt* (mit einem Schiff) fahren; *~* **por la Web** im Internet surfen

Navidad [naβi'ðað] *f* Weihnachten *nt;* **¡feliz ~!** fröhliche Weihnachten!

navideño, -a [naβi'ðeɲo] *adj* Weihnachts-; (*ambiente*) weihnachtlich

navío [na'βio] *m* Schiff *nt*

nazi ['naθi] *mf* Nazi *m*

nazismo [na'θismo] *m* Nationalsozialismus *m*

neblina [ne'βlina] *f* Bodennebel *m*

necedad [neθe'ðað] *f* Dummheit *f*

necesario, -a [neθe'sarjo] *adj* notwendig

neceser [neθe'ser] *m* Kulturbeutel *m*

necesidad [neθesi'ðað] *f* Notwendigkeit *f;* **hacer sus ~es** seine Notdurft verrichten

necesitado, -a [neθesi'taðo] *m, f* Bedürftige(r) *f(m)*

necesitar [neθesi'tar] I. *vt* 1. (*precisar*) brauchen 2. *+inf* (*tener que*) müssen II. *vi* brauchen (*de +akk*)

necio, -a ['neθjo] *adj* dumm

necrológico, -a [nekro'loxiko] *adj* Todes-; **nota necrológica** Todesanzeige *f*

néctar ['nektar] *m* Nektar *m*

nectarina [nekta'rina] *f* Nektarine *f*

neerlandés, -esa [ne(e)rlaɲ'des] *adj* niederländisch

nefasto, -a [ne'fasto] *adj* unheilvoll

nefrítico, -a [ne'fritiko] *adj* Nieren-; **cólico** ~ Nierenkolik *f*

negación [neɣa'θjon] *f* (Ver)leugnen *nt;* (*denegar*) Verweigerung *f*

negado, -a [ne'ɣaðo] *adj* ungeeignet

negar [ne'ɣar] *irr como fregar* **I.** *vt* **1.** (ver)leugnen; (*decir que no*) verneinen **2.** (*rehusar*) verweigern; (*rechazar*) abschlagen **II.** *vr:* ~**se** sich weigern

negativo, -a [neɣa'tiβo] *adj* negativ

negligente [neɣli'xente] *adj* nachlässig; (JUR) fahrlässig

negociable [neɣo'θjaβle] *adj* verhandelbar; **el precio es** ~ Preis nach Vereinbarung

negociación [neɣoθja'θjon] *f* Verhandlung *f*

negociar [neɣo'θjar] **I.** *vi* handeln (*en/con* mit +*dat*) **II.** *vi, vt* verhandeln **III.** *vt* aushandeln

negocio [ne'ɣoθjo] *m* Geschäft *nt;* ~ **al detalle** Einzelhandel *m;* ~ **redondo** (*fam*) Bombengeschäft *nt*

negrilla [ne'ɣriʎa] *f,* **negrita** [ne-'ɣrita] *f* halbfette Schrift *f*

negro, -a ['neɣro] *adj* schwarz; **estar** ~ (*fam*) wütend sein; **las pasé negras** (*fam*) es ging mir dreckig

nene, -a ['nene] *m, f* (*fam*) Junge *m,* Mädchen *nt*

neocapitalismo [neokapita'lismo] *m* Neokapitalismus *m*

neoclásico, -a [neo'klasiko] *adj* (ARTE, LIT) klassizistisch; (ARQUIT) neoklassizistisch

neón [ne'on] *m* Neon *nt*

nervio ['nerβjo] *m* **1.** (*conductor*) Nerv *m;* **ataque de** ~**s** Nervenzusammenbruch *m* **2.** (*tendón*) Sehne *f*

nerviosismo [nerβjo'sismo] *m* Nervosität *f*

nervioso, -a [ner'βjoso] *adj* nervös

neto, -a ['neto] *adj* netto

neumático [neu'matiko] *m* Reifen *m*

neumonía [neumo'nia] *f* Lungenentzündung *f*

neural [neu'ral] *adj* Nerven-; **impulso** ~ Nervenimpuls *m*

neurología [neurolo'xia] *f* Neurologie *f*

neurólogo, -a [neu'roloɣo] *m, f* Neurologe, -in *m, f*

neurona [neu'rona] *f* Neuron *nt*

neurótico, -a [neu'rotiko] *adj* neurotisch

neutral [neu'tral] *adj* neutral

neutralidad [neutrali'ðað] *f* Neutralität *f*

neutralizar(se) [neutrali'θar(se)] <z → c> *vt, vr* (sich) neutralisieren

neutro, -a ['neutro] *adj* neutral; (ZOOL) geschlecht(s)los; (LING) sächlich; **género** ~ Neutrum *nt*

neutrón [neu'tron] *m* Neutron *nt*

nevada [ne'βaða] *f* Schnee(fall) *m*

nevar [ne'βar] <e → ie> *vimpers* schneien

nevera [ne'βera] *f* Kühlschrank *m*

neviscar [neβis'kar] <c → qu> *vimpers* leicht schneien

nexo ['neⁱso] *m* Verbindung *f*

ni [ni] *conj:* ~... ~ weder ... noch ...; **no fumo** ~ **bebo** ich rauche und trinke nicht; ~ **(siquiera)** nicht einmal; **¡**~ **lo pienses!** auf gar keinen Fall!; ~ **bien...** (*Arg*) sobald (als) ...

Nicaragua [nika'raɣwa] *f* Nicaragua *nt*

nicaragüense [nikara'ɣwense] *adj* nicaraguanisch

nicho ['nitʃo] *m* (Grab)nische *f*

nicotina [niko'tina] *f* Nikotin *nt*

nido ['niðo] *m* Nest *nt;* **caerse del** ~ naiv sein

niebla ['njeβla] *f* Nebel *m;* **hace** ~ es ist neb(e)lig

nieto, -a ['njeto] *m, f* Enkel(in) *m(f)*

nieve ['njeβe] *f* Schnee *m*

ningún [niŋ'gun] *adj indef v.* **ninguno**

ninguno, -a [niŋ'guno] **I.** *adj indef* (*precediendo un sustantivo masculino singular: ningún*) keine(r, s); **por ningún lado** nirgends; **de ninguna manera** keinesfalls; **ninguna vez** nie; **en sitio ~** nirgendwo **II.** *pron indef* keine(r, s); (*personas*) niemand

niña ['niɲa] *f* Kind *nt;* (*chica*) Mädchen *nt*

niñera [ni'ɲera] *f* Kindermädchen *nt*

niñez [ni'ɲeθ] *f* Kindheit *f*

niño ['niɲo] *m* Kind *nt;* (*chico*) Junge *m;* **¡no seas ~!** sei nicht kindisch!

nipón, -ona [ni'pon] *adj* japanisch

níquel ['nikel] *m* Nickel *nt*

niqui ['niki] *m* T-Shirt *nt*

nitidez [niti'ðeθ] *f* Klarheit *f;* (FOTO) Schärfe *f*

nítido, -a ['nitiðo] *adj* klar; (FOTO) scharf

nitrato [ni'trato] *m* Nitrat *nt*

nítrico, -a ['nitriko] *adj:* **ácido ~** Salpetersäure *f*

nitrógeno [ni'troxeno] *m* Stickstoff *m*

nivel [ni'βel] *m:* **sobre el ~ del mar** über dem Meer(esspiegel); **~ de vida** Lebensstandard *m*

nivelar(se) [niβe'lar(se)] *vt, vr* (sich) ausgleichen

no [no] *adv* **1.** (*respuesta*) nein; **¡que ~!** nein, und nochmals nein! **2.** (+ *verbo/adjetivo*) nicht **3.** (*loc*): **¡a que ~!** wetten, dass nicht!; **~... nada** nichts; **~... nadie** niemand; **~... nunca** niemals; **~ bien...** +*subj* sobald ...; **o, si ~** anderenfalls; **ya ~** nicht mehr

NO [noro'este] *abr de* **Noroeste** NW

n° ['numero] *abr de* **número** Nr.

noble ['noβle] <nobilísimo> *adj*

ad(e)lig; (*t.* QUÍM) edel; (*bueno*) gutmütig

nobleza [no'βleθa] *f* Adel *m;* (*bondad*) Gutmütigkeit *f*

noche ['notʃe] *f* **1.** (*noche tardía*) Nacht *f;* **noche cerrada** stockfinstere Nacht; **media ~** Mitternacht *f;* **a media ~** mitten in der Nacht **2.** (*noche temprana*) Abend *m;* **por la ~** abends **3.** (*oscuridad*) Dunkelheit *f;* **es de ~** es ist dunkel

Nochebuena [notʃe'βwena] *f* Heiligabend *m*

Nochevieja [notʃe'βjexa] *f* Silvester *m o nt*

noción [no'θjon] *f* Vorstellung *f*

nocivo, -a [no'θiβo] *adj:* **~ para la salud** gesundheitsschädlich

noctámbulo, -a [nok'tambulo] *m, f* (*sonámbulo*) Schlafwandler(in) *m(f)*

nocturno, -a [nok'turno] *adj* Nacht-; **tarifa nocturna** Nachttarif *m*

nodo ['noðo] *m* Knoten *m*

nogal [no'ɣal] *m* (Wal)nussbaum *m*

nómada ['nomaða] *mf* Nomade, -in *m, f*

nomás [no'mas] *adv* **1.** (*Am*) nur; (*apenas*) kaum **2.** (*loc*): **~ que** +*subj* sobald; **¡pase ~!** kommen Sie nur herein!

nombrado, -a [nom'braðo] *adj* berühmt

nombramiento [nombra'mjento] *m* Ernennung *f*

nombrar [nom'brar] *vt* (be)nennen; (*designar*) ernennen (zu +*dat*)

nombre ['nombre] *m* **1.** Name *m;* **~ y apellido** Vor- und Zuname *m;* **~ de pila** Vorname *m;* **tu conducta no tiene ~** dein Verhalten ist unerhört **2.** (LING) Substantiv *nt;* **~ propio** Eigenname *m*

nomenclatura [nomeŋkla'tura] *f* Nomenklatur *f*

nomeolvides [nomeol'βiðes] *f* Vergissmeinnicht *nt*

nómina ['nomina] *f* Gehalt *nt*

nominación [nomina'θjon] *f* Ernennung *f*

nominal [nomi'nal] *adj* Namen(s)-; **relación ~** Namenverzeichnis *nt;* (*t.* LING) nominal

nominativo [nomina'tiβo] *m* Nominativ *m*

non [non] *adj* ungerade

noquear [noke'ar] *vt* k.o. schlagen

nordeste [nor'ðeste] *m* Nordosten *m*

nórdico, -a ['norðiko] *adj* nordisch

noria ['norja] *f* Wasserrad *nt;* (*columpio*) Riesenrad *nt*

norma ['norma] *f* Regel *f;* (*general*) Norm *f;* **como ~** (**general**) in der Regel

normal [nor'mal] *adj* normal

normalizar [normali'θar] <z → c> *vt* normalisieren; (*reglar*) normen

normalmente [normal'mente] *adv* normal(erweise)

normativa [norma'tiβa] *f* (gesetzliche) Regelungen *fpl*

normativo, -a [norma'tiβo] *adj* maßgebend

noroeste [noro'este] *m* Nordwesten *m*

norte ['norte] *m* Norden *m;* (METEO) Nord *m;* **el ~ de España** Nordspanien *nt*

norteafricano, -a *adj* nordafrikanisch

norteamericano, -a *adj* nordamerikanisch

Noruega [no'rweγa] *f* Norwegen *nt*

noruego, -a [no'rweγo] *adj* norwegisch

nos [nos] **I.** *pron pers* (*objeto*) uns; (*mayestático*) wir **II.** *pron refl* uns

nosocomio [noso'komjo] *m* (*Am*) Krankenhaus *nt*

nosotros, -as [no'sotros] *pron pers 1. pl* wir; (+ *preposición*) uns

nostalgia [nos'talxja] *f* Sehnsucht *f* (*de* nach + *dat*)

nostálgico, -a [nos'talxiko] *adj:* **estar ~** Heimweh haben

nota ['nota] *f* **1.** Vermerk *m;* (*advertencia*) Hinweis *m* **2.** (*apunte*) Notiz *f;* **tomar ~** sich *dat* Notizen machen **3.** (*calificación*) Note *f* **4.** (*cuenta*) Rechnung *f* **5.** (MÚS) Note *f* **6.** (*fam*): **dar la ~** unangenehm auffallen

notable [no'taβle] **I.** *adj* beachtlich; (*suma*) beträchtlich **II.** *m* Note *f* 'gut'

notación [nota'θjon] *f* **1.** (*sistema*) Zeichensystem *nt;* **~ fonética** phonetische Umschrift **2.** (MAT, QUÍM) Formel *f*

notar [no'tar] *vt* (be)merken

notaría [nota'ria] *f* Notariat *nt*

notarial [nota'rjal] *adj* notariell

notario, -a [no'tarjo] *m, f* Notar(in) *m(f)*

noticia [no'tiθja] *f* Nachricht *f;* **no tener ~ de alguien** lange nichts von jdm gehört haben; **tener ~ de algo** Kenntnis von etw *dat* haben

noticiario [noti'θjarjo] *m:* **~ deportivo** Sportnachrichten *fpl*

notificación [notifika'θjon] *f* Mitteilung *f*

notificar [notifi'kar] <c → qu> *vt* mitteilen

novatada [noβa'taða] *f:* **gastar la ~ a alguien** jdm einen Streich spielen

novato, -a [no'βato] *m, f* Neuling *m*

novecientos, -as [noβe'θjentos] *adj* neunhundert; *v.t.* **ochocientos**

novedad [noβe'ðað] *f:* **¿hay alguna ~?** gibt es was Neues?

novedoso, -a [noβe'ðoso] *adj* neuartig

novela [no'βela] *f* Roman *m;* **~ corta** Novelle *f;* **~ policíaca** Krimi *m*

novelista [noβe'lista] *mf* Romanautor(in) *m(f)*

noveno, -a [no'βeno] I. *adj* neunte(r, s); (*parte*) neuntel II. *m, f* Neuntel *nt*; *v.t.* **octavo**

noventa [no'βeṇta] *adj inv* neunzig; *v.t.* **ochenta**

noviazgo [no'βjaθγo] *m* Brautzeit *f*

novicio, -a [no'βiθjo] *m, f* Novize, -in *m, f*

noviembre [no'βjembre] *m* November *m*; *v.t.* **marzo**

novillada [noβi'ʎaða] *f* Stierkampf *m* (*mit Jungstieren*)

novillo, -a [no'βiʎo] *m, f* (*fam*): **hacer ~s** (die Schule) schwänzen

novio, -a ['noβjo] *m, f* Freund(in) *m(f)*; **los ~s** das Brautpaar; **viaje de ~s** Hochzeitsreise *f*; **echarse novia** (*fam*) sich *dat* eine Freundin zulegen

nube ['nuβe] *f* Wolke *f*; **estar por las ~s** entsetzlich teuer sein; **vivir en las ~s** völlig realitätsfern sein

nublar(se) [nu'βlar(se)] *vt, vr* (sich) bewölken; **se me nubla la vista** mir wird schwarz vor Augen

nubosidad [nuβosi'ðaðᵒ] *f* Bewölkung *f*

nuboso, -a [nu'βoso] *adj* bewölkt

nuca ['nuka] *f* Genick *nt*, Nacken *m*

nuclear [nukle'ar] *adj:* **energía ~** Kernenergie *f*

núcleo ['nukleo] *m* Kern *m*

nudillo [nu'ðiʎo] *m* (Finger)knöchel *m*

nudo ['nuðo] *m* Knoten *m*

nuera ['nwera] *f* Schwiegertochter *f*

nuestro, -a ['nwestro] I. *adj pos* (*antepuesto*) unser(e) II. *pron pos* 1. (*propiedad*): **la casa es nuestra** das Haus gehört uns 2. (*tras artículo*): **el ~/la nuestra/lo ~** unsere(r, s) 3. (*tras sustantivo*) unser(e), von uns; **una amiga nuestra** eine Freundin von uns; **es culpa nuestra** es ist unsere Schuld

nuevamente [nweβa'meṇte] *adv* 1. (*otra vez*) nochmals 2. (*últimamente*) neuerdings

nueve ['nweβe] *adj* neun; *v.t.* **ocho**

nuevo, -a ['nweβo] *adj* neu; **de ~** von neuem; **¿qué hay de ~?** was gibt's Neues?

nuez [nweθ] *f* 1. (BOT) Walnuss *f*; **~ moscada** Muskatnuss *f* 2. (ANAT) Adamsapfel *m*

nulidad [nuli'ðaðᵒ] *f* Ungültigkeit *f*; **ser una ~** eine Null sein

nulo, -a ['nulo] *adj* ungültig; **declarar ~** für nichtig erklären

núm. ['numero] *abr de* **número** Nr.

numeración [numera'θjon] *f* Dezimalsystem *nt*

numeral [nume'ral] I. *adj* Zahl(en)- II. *m* Zahlwort *nt*

numerar [nume'rar] *vt* 1. (*poner números*) nummerieren 2. (*contar*) zählen

numérico, -a [nu'meriko] *adj* numerisch

número ['numero] *m* 1. (MAT) Zahl *f*; **~ cardinal** Grundzahl *f*; **~ primo** Primzahl *f*; **~ quebrado** Bruchzahl *f*; **en ~s redondos** aufgerundet; **hacer ~s** Berechnungen anstellen 2. (*cantidad*) (An)zahl *f* 3. (*cifra*) Nummer *f* 4. (LING) Numerus *m*

numeroso, -a [nume'roso] *adj* zahlreich

nunca ['nuŋka] *adv* nie; **~ jamás** niemals; **más que ~** mehr denn je

nupcial [nuβ'θjal] *adj* Hochzeits-; **tarta ~** Hochzeitstorte *f*

nurse ['nurse] *f* (*Am*) Kindermädchen *nt*; (*enfermera*) Krankenschwester *f*

nutria ['nutrja] *f* Fischotter *m*

nutrición [nutri'θjon] *f* Ernährung *f*

nutrido, -a [nu'triðo] *adj* 1. (*alimentado*) genährt 2. (*numeroso*) zahlreich

nutrir [nu'trir] *vt* (er)nähren
nutritivo, -a [nutri'tiβo] *adj* nahrhaft

Ñ

Ñ, ñ ['eɲe] *f* fünfzehnter Buchstabe des spanischen Alphabets
ñata ['ɲata] *f* (*Am: fam*) Nase *f*
ñoño, -a ['ɲoɲo] I. *adj* (*fam*) 1. (*soso*) fade 2. (*tonto*) blöd II. *m, f* (*fam*) 1. (*aburrido*) Langweiler(in) *m(f)* 2. (*dengoso*) Zimperliese *f*

O

O, o [o] *f* O, o *nt*
o, ó [o] *conj* oder; **~...,** **~...** entweder ..., oder ...; **~ sea** das heißt; **~ bien** oder auch
O [o'este] *abr de* **oeste** W
oasis [o'asis] *m inv* Oase *f*
obedecer [oβeðe'θer] *irr como crecer vt* gehorchen +*dat*
obediencia [oβe'ðjenθja] *f* Gehorsam *m*
obediente [oβe'ðjente] *adj* gehorsam
obesidad [oβesi'ðaⁿ] *f* Fettleibigkeit *f*
obeso, -a [o'βeso] *adj* fett(leibig)
obispo [o'βispo] *m* Bischof *m*
objeción [oβxe'θjon] *f* Einwand *m*
objetar [oβxe'tar] *vt* einwenden; **tengo algo que ~** ich habe etwas dagegen (einzuwenden)
objetividad [oβxetiβi'ðaⁿ] *f* Objektivität *f*
objetivo¹ [oβxe'tiβo] *m* 1. Ziel *nt;* **tener como ~** zum Ziel haben

2. (FOTO) Objektiv *nt* 3. (*blanco*) Ziel *nt*
objetivo, -a² [oβxe'tiβo] *adj* objektiv
objeto [oβ'xeto] *m* 1. Gegenstand *m;* **~ de lujo** Luxusartikel *m* 2. (*motivo*) Zweck *m;* **con (el) [o al] ~ de...** um zu ...
objetor(a) [oβxe'tor] *m(f):* **~ de conciencia** Kriegsdienstverweigerer *m* aus Gewissensgründen
obligación [oβliɣa'θjon] *f* Verpflichtung *f;* **contraer una ~** eine Verpflichtung eingehen; **tener la ~ de algo** zu etw *dat* verpflichtet sein
obligado, -a [oβli'ɣaðo] *adj* **estar** (*fuerza*) gezwungen (*a* zu +*dat*); (*deber*) verpflichtet (*a* zu +*dat*)
obligar [oβli'ɣar] <g → gu> I. *vt* zwingen (*a* zu +*dat*); (*comprometer*) verpflichten (*a* zu +*dat*) II. *vr:* **~se** sich verpflichten (*a* zu +*dat*)
obligatorio, -a [oβliɣa'torjo] *adj* obligatorisch; **asignatura obligatoria** Pflichtfach *nt*
oboe [o'βoe] *m* 1. Oboe *f* 2. (*músico*) Oboist *m*
obra ['oβra] *f* 1. Werk *nt;* **~ benéfica** Wohltätigkeit *f;* **~ de teatro** Theaterstück *nt* 2. (*construcción*) Bau *m;* (*edificio*) Bauwerk *nt;* **~s públicas** öffentliche Bauten; **mano de ~** Arbeitskraft *f*
obrar [o'βrar] I. *vi* handeln II. *vi, vt* bauen
obrero, -a [o'βrero] *m, f* Arbeiter(in) *m(f);* **~ agrícola** Landarbeiter *m;* **~ asalariado** Lohnarbeiter *m;* **~ especializado** Facharbeiter *m;* **~ fijo** feste Arbeitskraft
obsceno, -a [oβs'θeno] *adj* obszön
obsequiar [oβse'kjar] *vt* 1. (*con regalos*) beschenken 2. (*agasajar*) zuvorkommend behandeln 3. (*Am*) schenken

obsequio [oβ'sekjo] *m* Geschenk *nt*

observación [oβserβa'θjon] *f*
1. (*contemplación*) Beobachtung *f*
2. (*comentario*) Bemerkung *f*

observar [oβser'βar] *vt* 1. (*contemplar*) beobachten 2. (*cumplir*) beachten

observatorio [oβserβa'torjo] *m* Observatorium *nt;* ~ **astronómico** Sternwarte *f;* ~ **meteorológico** Wetterwarte *f*

obsesión [oβse'sjon] *f* Besessenheit *f*

obsesionarse [oβsesjo'narse] *vr* besessen sein (*con* von +*dat*)

obstáculo [oβs'takulo] *m* Hindernis *nt;* **salvar un** ~ ein Hindernis nehmen

obstante [oβs'tante] *adv:* **no** ~ trotzdem

obstinado, -a [oβsti'naðo] *adj* hartnäckig

obstrucción [oβstruɣ'θjon] *f* Blockierung *f;* (MED) Verstopfung *f*

obstruir [oβstru'ir] *irr como huir* I. *vt* 1. (*el paso, acción*) blockieren 2. (*una tubería*) verstopfen II. *vr:* ~**se** sich verstopfen

obtención [oβten'θjon] *f* Erlangung *f;* (QUÍM) Gewinnung *f*

obtener [oβte'ner] *irr como tener vt* erlangen; (QUÍM) gewinnen; (*ganancia*) erzielen

obvio, -a ['oββjo] *adj* offensichtlich; **es** ~ das liegt auf der Hand

oca ['oka] *f* 1. (ZOOL) Gans *f* 2. (*juego*) spanisches Brettspiel

ocasión [oka'sjon] *f* Gelegenheit *f;* **coche de** ~ Gebrauchtwagen *m;* **aprovechar la** ~ die Gelegenheit nutzen; **con** ~ **de** anlässlich +*gen*

ocasional [okasjo'nal] *adj* gelegentlich; **trabajo** ~ Gelegenheitsarbeit *f*

ocasionar [okasjo'nar] *vt* verursachen

occidental [oɣθiðen'tal] *adj* west-

lich; **potencias** ~**es** Westmächte *fpl*

occidente [oɣθi'ðente] *m* Westen *m*

Oceanía [oθea'nia] *f* Ozeanien *nt*

océano [o'θeano] *m* Ozean *m*

ochenta [o'tʃenta] *adj* achtzig; **los años** ~ die Achtzigerjahre

ocho ['otʃo] *adj* acht; **jornada de** ~ **horas** Achtstundentag *m;* ~ **veces mayor/menor que...** achtmal so groß wie .../kleiner als ...; **a las** ~ um acht Uhr; **son las** ~ **y media de la tarde** es ist halb neun (Uhr) abends; **las** ~ **y cuarto/menos cuarto** viertel nach acht/vor acht; **las** ~ **en punto** Punkt acht Uhr; **el** ~ **de agosto** der achte August; **dentro de** ~ **días** in acht Tagen

ochocientos, -as [otʃo'θjentos] *adj* achthundert

ocio ['oθjo] *m* Muße *f;* **horas de** ~ Freizeit *f*

octágono [ok'taɣono] *m* Achteck *nt*

octavilla [okta'βiʎa] *f* Flugblatt *nt*

octavo, -a [ok'taβo] *adj* achte(r, s); **en** ~ **lugar** an achter Stelle; (*enumeración*) achtens; **la octava parte** ein Achtel

octubre [ok'tuβre] *m* Oktober *m; v.t.* **marzo**

oculista [oku'lista] *mf* Augenarzt, -ärztin *m, f*

ocultar [okul̩'tar] I. *vt* (*esconder*) verbergen (*de* vor +*dat*); (*disimular*) verheimlichen (*de* vor) +*dat*) II. *vr:* ~**se** sich verstecken

oculto, -a [o'kul̩to] *adj* verborgen; (*secreto*) geheim

ocupación [okupa'θjon] *f* 1. Beschäftigung *f;* **sin** ~ arbeitslos 2. (*apoderamiento*) Besetzung *f;* ~ **hotelera** Hotelbelegung *f*

ocupar [oku'par] I. *vt* 1. (*sitio*) einnehmen 2. (*un cargo*) innehaben 3. (MIL) besetzen 4. (*a una persona*) beschäftigen II. *vr:* ~**se** sich beschäftigen (con/en/de mit +dat); (cuidar) sich kümmern (de um +akk); **ella se ocupó de todo** sie hat alles arrangiert

ocurrencia [oku'rreɲθja] f Idee f; **tener la ~ de...** auf die Idee kommen zu ...

ocurrir [oku'rrir] I. vi geschehen; **¿qué ocurre?** was ist los?; **¿qué te ocurre?** was hast du? II. vr: **~se** einfallen +dat; **no se me ocurre nada** mir fällt nichts ein

odiar [o'ðjar] vt hassen; **~ a muerte** auf den Tod hassen

odio ['oðjo] m Hass m

odioso, -a [o'ðjoso] adj gehässig; (Am) lästig

odisea [oði'sea] f Odyssee f

odontólogo, -a [oðon'toloɣo] m, f Zahnarzt, -ärztin m, f

oeste [o'este] m Westen m

ofender [ofeɲ'der] I. vt beleidigen II. vr: **~se** beleidigt sein; **¡no te ofendas conmigo!** sei mir nicht böse!

ofensa [o'fensa] f Beleidigung f

ofensiva [ofen'siβa] f Angriff m; **tomar la ~** zum Angriff übergehen

ofensivo, -a [ofen'siβo] adj 1. (hiriente) beleidigend 2. (dañino) schädlich

oferta [o'ferta] f Angebot nt; **~ de empleo** Stellenangebot nt; **~ especial** Sonderangebot nt

ofertar [ofer'tar] vt anbieten

oficial [ofi'θjal] adj offiziell; **boletín ~** Amtsblatt nt

oficina [ofi'θina] f Büro nt; **~ de correos** Postamt nt; **~ de empleo** Arbeitsamt nt

oficinista [ofiθi'nista] mf Büroangestellte(r) f(m)

oficio [o'fiθjo] m 1. Beruf m; **ejercer un ~** einem Beruf nachgehen 2. **de ~** von Amts wegen

ofrecer [ofre'θer] irr como crecer I. vt anbieten; (presentar, dar) bieten; (REL) darbringen II. vr: **~se** sich anbieten; **¿se le ofrece algo?** was darf es sein?

ofrenda [o'freɲda] f (milde) Gabe f; (sacrificio) Opfergabe f

oftalmólogo, -a [oftal'moloɣo] m, f Augenarzt, -ärztin m, f

ogro ['oɣro] m Scheusal nt

oída [o'iða] f: **de ~s** vom Hörensagen

oído [o'iðo] m 1. (sentido) Gehör nt; **tener buen ~** ein gutes Gehör haben 2. (ANAT) Ohr nt; **cera de ~s** Ohrenschmalz nt; **zumbido de ~s** Ohrensausen nt; **me zumban los ~s** mir klingen die Ohren; **ser todo ~s** ganz Ohr sein

oír [o'ir] irr vt hören; (escuchar) anhören; **¡oye!** na hör mal!; **¡oiga!** hallo!

ojalá [oxa'la] interj hoffentlich

ojeada [oxe'aða] f: **¿puedes echar una ~ a mi maleta?** kannst du bitte meinen Koffer im Auge behalten?

ojeras [o'xeras] fpl Augenringe mpl; **tener ~** Ringe unter den Augen haben

ojo ['oxo] m Auge nt; **~ de gallo** Hühnerauge nt; **a ~** nach Augenmaß; **no pegar ~** kein Auge zutun; **¡~!** Vorsicht!

okupa [o'kupa] mf (argot) Hausbesetzer(in) m(f)

ola ['ola] f Welle f; **~ de calor** Hitzewelle f

olé [o'le] interj bravo; (TAUR) olé

oleada [ole'aða] f: **~ de gente** Menschenmenge f

óleo ['oleo] m: **pintar al ~** in Öl malen

oler [o'ler] irr I. vi riechen; **~ (bien)** duften; **~ (mal)** stinken II. vt riechen

olfato [ol'fato] m Geruchssinn m; **tener (buen) ~** (fig) einen guten Riecher haben

olimpiada [olim'pjaða] f, **olimpíada** [olim'piaða] f Olympiade f

olímpico, -a [o'limpiko] adj olympisch

olivo [o'liβo] m Olivenbaum m

olla ['oʎa] f Kochtopf m; **~ exprés** Dampfkochtopf m

olmo ['olmo] m Ulme f; **pedir peras al ~** etwas Unmögliches verlangen

olor [o'lor] m Geruch m; **(buen) ~** Duft m; **(mal) ~** Gestank m

oloroso, -a [olo'roso] adj duftend

olvidar(se) [olβi'ðar(se)] vt, vr vergessen; (idioma) verlernen; **no ~ que...** bedenken, dass ...; **dejar olvidado** liegen lassen

olvido [ol'βiðo] m: **caer en (el) ~** in Vergessenheit geraten

ombligo [om'bliɣo] m (Bauch)nabel m

omisión [omi'sjon] f 1. (supresión) Auslassung f 2. (negligencia) Unterlassung f; **~ de auxilio** unterlassene Hilfeleistung

omiso, -a [o'miso] adj: **hacer caso ~ de algo** etw nicht beachten

omitir [omi'tir] vt 1. (no hacer) unterlassen 2. (pasar por alto) auslassen

ómnibus ['omniβus] m (AUTO) (Omni)bus m

omnipotente [omnipo'teṇte] adj allmächtig

omnipresente [omnipre'seṇte] adj allgegenwärtig

omoplato [omo'plato] m, **omóplato** [o'moplato] m Schulterblatt nt

once ['onθe] adj elf; v.t. **ocho**

ONCE ['onθe] f abr de **Organización Nacional de Ciegos Españoles** spanische Blindenorganisation (Lotterie)

onceno, -a [on'θeno] adj elfte(r, s); v.t. **octavo**

onda ['oṇda] f 1. (t. FÍS, RADIO) Welle

f 2. (Am): **¡qué buena ~!** klasse!; **tener ~ con alguien** auf jdn scharf sein fam

ondear [oṇde'ar] vi sich wellen; (bandera) flattern

ondulado, -a [oṇdu'laðo] adj wellig; **cartón ~** Wellpappe f

ONU ['onu] f abr de **Organización de las Naciones Unidas** UNO f

opaco, -a [o'pako] adj 1. (no transparente) lichtundurchlässig 2. (sin brillo) matt

opción [oβ'θjon] f 1. (elección) Wahl(möglichkeit) f; **a ~** nach Wahl 2. (derecho) Anrecht nt (a auf +akk)

opcional [oβθjo'nal] adj nach Wahl

ópera ['opera] f Oper f

operación [opera'θjon] f Operation f

operar [ope'rar] I. vi 1. (actuar) vorgehen 2. (COM) handeln II. vt operieren III. vr: **~se** sich operieren lassen

operario, -a [ope'rarjo] m, f Arbeiter(in) m(f)

operativo, -a [opera'tiβo] adj: **sistema ~** Betriebssystem nt

opinar [opi'nar] vi, vt 1. meinen; (creer) glauben; **~ bien/mal de algo/alguien** über etw/von jdm eine gute/schlechte Meinung haben 2. (expresar) sich äußern (sobre/ en/de über +akk); **¿puedo ~?** darf ich meine Meinung dazu äußern?

opinión [opi'njon] f Meinung f; **en mi ~** meiner Meinung nach; **cambiar de ~** seine Meinung ändern

opio ['opjo] m Opium nt

oponente [opo'neṇte] mf Gegner(in) m(f)

oponer [opo'ner] irr como poner I. vt 1. entgegensetzen; (confrontar) gegenüberstellen 2. (objetar) einwenden (a/contra gegen +akk) II. vr: **~se** 1. (rechazar) dagegen sein; **~se a algo** gegen etw sein

2. (*obstaculizar*) behindern

oportunidad [oportuni'ðaº] *f* Gelegenheit *f;* **a la primera ~** bei der ersten Gelegenheit; **una segunda ~** eine zweite Chance; **aprovechar la ~** die Gelegenheit nutzen

oportuno, -a [opor'tuno] *adj* angebracht; (*propicio*) günstig; **es muy ~** das kommt sehr gelegen

oposición [oposi'θjon] *f* **1.** (*resistencia*) Widerstand *m;* **presentar ~** Widerstand leisten **2.** (POL) Opposition *f* **3.** *(pl):* **presentarse a unas oposiciones** an Auswahlprüfungen für den öffentlichen Dienst teilnehmen

opositar [oposi'tar] *vi* sich bewerben (*a* um +*akk*), an den Auswahlprüfungen für den öffentlichen Dienst teilnehmen

opositor(a) [oposi'tor] **I.** *adj* oppositionell; **partido ~** Oppositionspartei *f* **II.** *m(f)* **1.** (*oponente*) Gegner(in) *m(f)* **2.** (*candidato*) Bewerber(in) *m(f)* (*für eine Stelle im öffentlichen Dienst, der/ die an den Auswahlprüfungen teilnimmt*)

opresión [opre'sjon] *f* Unterdrückung *f*

opresor(a) [opre'sor] **I.** *adj* unterdrückend **II.** *m(f)* Unterdrücker(in) *m(f)*

oprimir [opri'mir] *vt* **1.** (*presionar*) drücken; (*comprimir*) einengen **2.** (*agobiar*) bedrücken **3.** (*reprimir*) unterdrücken

optar [op'tar] *vi* **1.** (*decidirse*) sich entscheiden **2.** (*aspirar*) (für sich) beanspruchen (*a* +*akk*)

óptica ['optika] *f* **1.** (FÍS) Optik *f* **2.** (*establecimiento*) Optikergeschäft *nt*

óptico, -a ['optiko] **I.** *adj* optisch **II.** *m, f* Optiker(in) *m(f)*

optimismo [opti'mismo] *m* Optimis-

mus *m*

optimista [opti'mista] *adj* optimistisch

óptimo, -a ['optimo] **I.** *superl de* **bueno II.** *adj* optimal; (*excelente*) ausgezeichnet

opuesto, -a [o'pwesto] **I.** *pp de* **oponer II.** *adj* **1.** (*enfrente*) gegenüberliegend; **en dirección opuesta** in der Gegenrichtung **2.** (*enfrentado*) entgegengesetzt; **polo ~** (*t. fig*) Gegenpol *m;* **el sexo ~** das andere Geschlecht **3.** (*enemigo*) gegnerisch

oración [ora'θjon] *f* **1.** (REL) Gebet *nt* **2.** (*frase*) Satz *m*

orador(a) [ora'ðor] *m(f)* Redner(in) *m(f)*

oral [o'ral] *adj* mündlich; **vista ~** Verhör *nt;* **por vía ~** zum Einnehmen

orar [o'rar] *vi* (*elev*) beten (*por* für +*akk*); (*rogar*) flehen (*por* um +*akk*)

órbita ['orβita] *f* **1.** (ASTR) Umlaufbahn *f* **2.** (ANAT) Augenhöhle *f*

orden¹ ['orðen] <órdenes> *m* **1.** (*colocación*) Ordnung *f;* **llamar al ~** zur Ordnung rufen; **poner en ~** in Ordnung bringen **2.** (*sucesión*) Reihenfolge *f;* **en [o por] su (debido) ~** wie es sich gehört; **por ~** der Reihe nach **3.** (*categoría*) Rang *m;* **del ~ de** etwa

orden² ['orðen] <órdenes> *f* **1.** Befehl *m;* (*disposición*) Verfügung *f;* **~ de arresto** Haftbefehl *m;* **¡a la ~!** zu Befehl!; **hasta nueva ~** bis auf Widerruf **2.** (COM) Order *f;* **~ de entrega** Lieferschein *m;* **~ de giro** Überweisungsauftrag *m;* **~ de pago** Zahlungsanweisung *f;* **~ permanente** Dauerauftrag *m;* **por ~ de** im Auftrag von **3.** (REL) Orden *m* **4.** (*condecoración*) Orden *m*

ordenado, -a [orðe'naðo] *adj* **1.** *estar* ordentlich **2.** *ser* (*persona*) ordentlich

ordenador [orðena'ðor] *m* Computer *m;* ~ **personal** PC *m;* ~ **portátil** Notebook *nt*

ordenar [orðe'nar] **I.** *vi* aufräumen **II.** *vt* **1.** ordnen; (*habitación*) aufräumen **2.** (*mandar*) anordnen

ordinal [orði'nal] *m* Ordnungszahl *f*

ordinario, -a [orði'narjo] *adj* **1.** (*t.* JUR: *regular*) ordentlich **2.** (*habitual*) gewöhnlich; **de** ~ üblicherweise **3.** (*grosero*) ordinär

orégano [o'reɣano] *m* Oregano *m*

oreja [o'rexa] *f* Ohr *nt;* (*sentido*) Gehör *nt;* **ser todo ~s** ganz Ohr sein

orfanato [orfa'nato] *m* Waisenhaus *nt*

orfebre [or'feβre] *mf* Kunstschmied(in) *m(f)*

orgánico, -a [or'ɣaniko] *adj* organisch; **Ley Orgánica del Estado** Grundgesetz *nt*

organismo [orɣa'nismo] *m* **1.** Organismus *m* **2.** (*institución*) Einrichtung *f;* ~ **oficial** Behörde *f*

organización [orɣaniθa'θjon] *f* Organisation *f;* ~ **central** Dachverband *m*

organizado, -a [orɣani'θaðo] *adj* **1.** *estar* organisiert **2.** *ser* ordentlich

organizar [orɣani'θar] <z → c> **I.** *vt* **1.** (*preparar*) organisieren **2.** (*ordenar*) ordnen **3.** (*celebrar*) veranstalten **II.** *vr:* ~**se 1.** (*asociarse*) sich zusammenschließen **2.** (*surgir*) zustande kommen; **¡menuda se organizó!** da war der Teufel los! **3.** (*ordenar*) haushalten (mit *+dat*); ~**se el tiempo** sich *dat* die Zeit einteilen

órgano ['orɣano] *m* **1.** (*t.* ANAT) Organ *nt;* ~**s sexuales** Geschlechtsorgane *ntpl* **2.** (MÚS) Orgel *f*

orgasmo [or'ɣasmo] *m* Orgasmus *m*

orgía [or'xia] *f* Orgie *f*

orgullo [or'ɣuʎo] *m* **1.** (*satisfacción*) Stolz *m* (*por/de* auf *+akk*) **2.** (*sober-*

bia) Hochmut *m*

orgulloso, -a [orɣu'ʎoso] *adj* **1.** *estar* stolz (*con/de* auf *+akk*); **sentirse** ~ **de algo/alguien** stolz auf etw/jdn sein **2.** *ser* stolz; (*soberbio*) hochmütig

orientación [orjenta'θjon] *f* **1.** (*situación*) Orientierung *f* **2.** (*tendencia*) Tendenz *f;* **tu** ~ **política** deine politische Einstellung

oriental [orjen'tal] *adj* **1.** östlich **2.** (*Oriente Medio/Próximo*) orientalisch **3.** (*Extremo Oriente*) fernöstlich

orientar [orjen'tar] **I.** *vt* **1.** (*dirigir*) ausrichten (*a/hacia* auf *+akk*); **orientado a la práctica** praxisorientiert **2.** (*asesorar*) beraten **II.** *vr:* ~**se** sich ausrichten; (*fig*) sich orientieren; **se orientó muy bien en el trabajo** er/sie fand sich sehr gut in die Arbeit hinein

oriente [o'rjente] *m* Osten *m;* (*países*) Orient *m;* **el Oriente Próximo** der Nahe Osten; **el Extremo Oriente** der Ferne Osten

origen [o'rixen] *m* **1.** (*principio*) Ursprung *m* **2.** (*causa*) Ursache *f* **3.** (*ascendencia*) Abstammung *f* **4.** (*procedencia*) Herkunft *f;* **ser de** ~ **español** gebürtiger Spanier/gebürtige Spanierin sein

original [orixi'nal] *adj* **1.** (*auténtico*) original; **versión** ~ Originalfassung *f* **2.** (*primigenio*) ursprünglich **3.** (*originario*) stammend (*de* aus *+dat*) **4.** (*creativo*) originell

originalidad [orixinali'ðaº] *f* **1.** (*autenticidad*) Originalität *f* **2.** (*del origen*) Ursprünglichkeit *f*

originar [orixi'nar] **I.** *vt* verursachen; (*provocar*) hervorrufen **II.** *vr:* ~**se** entstehen; (*proceder*) herrühren (*en* von *+dat*)

orilla [o'riʎa] *f* **1.** (*borde*) Rand *m*

2. (*ribera*) Ufer *nt;* ~ **de** (*fam*) bei
3. *pl* (*Am*) Stadtrand *m*
orina [o'rina] <orines> *f* Urin *m*
orinal [ori'nal] *m* Nachttopf *m*
orinar [ori'nar] *vi, vt* urinieren; **ir a ~**
(*fam*) aufs Klo gehen
oro ['oro] *m* Gold *nt;* ~ **de ley** Feingold *nt;* **bañado en** ~ vergoldet; **de**
~ golden; **color** ~ goldfarben
orquesta [or'kesta] *f* Orchester *nt*
orquídea [or'kiðea] *f* Orchidee *f*
ortiga [or'tiɣa] *f* Brennnessel *f*
ortodoncia [orto'ðoɳθja] *f* Kieferorthopädie *f*
ortodoxo, -a [orto'ðoɣso] *adj* orthodox
ortografía [ortoɣra'fia] *f* Rechtschreibung *f;* **falta de** ~ Rechtschreibfehler
m
ortográfico, -a [orto'ɣrafiko] *adj* orthographisch
ortopeda [orto'peða] *mf* Orthopäde,
-in *m, f*
ortopedia [orto'peðja] *f* Orthopädie *f*
ortopédico, -a [orto'peðiko] **I.** *adj:*
pierna ortopédica Beinprothese *f*
II. *m, f* Orthopäde, -in *m, f*
oruga [o'ruɣa] *f* Raupe *f*
orujo [o'ruxo] *m* Trester(schnaps) *m*
os [os] **I.** *pron pers* (*objeto*) euch
II. *pron refl:* ¿~ **marcháis?** geht ihr?
osado, -a [o'saðo] *adj* kühn
osar [o'sar] *vi* wagen
oscilar [osθi'lar] *vi* pendeln; (*variar*)
schwanken
oscurecer [oskure'θer] *irr como crecer* **I.** *vimpers* dunkel werden **II.** *vt,*
vr: ~**se** (sich) verdunkeln
oscuridad [oskuri'ðaθ] *f* Dunkelheit
f; **en la** ~ im Dunkeln
oscuro, -a [os'kuro] *adj* dunkel; **a**
oscuras im Dunkeln
oso ['oso] *m* Bär *m;* ~ **de peluche**
Teddy(bär) *m*
ostentar [osteɳ'tar] *vt* **1.** zur Schau

stellen; (*jactarse*) prahlen (mit +*dat*)
2. (*poseer*) aufweisen; (*puesto*) innehaben
ostra ['ostra] *f* Auster *f;* **aburrirse**
como una ~ sich zu Tode langweilen; **¡~s!** herrje!
OTAN [o'tan] *f abr de* **Organización**
del Tratado del Atlántico Norte
NATO *f*
otitis [o'titis] *f inv* Ohrenentzündung
f; ~ **media** Mittelohrentzündung *f*
otomano, -a [oto'mano] *adj* osmanisch
otoño [o'toɲo] *m* Herbst *m;* **a fi-n(al)es de** ~ im Spätherbst
otorgar [otor'ɣar] <g → gu> *vt*
1. verleihen; (*conceder*) erteilen;
(*ayudas*) gewähren; ~ **poderes** eine
Vollmacht erteilen **2.** (*acceder*) bewilligen; ~ **su consentimiento** seine Zustimmung geben
otorrinolaringólogo, -a [otorrinolariŋ'goloɣo] *m, f* Hals-Nasen-Ohren-Arzt, -Ärztin *m, f*
otro, -a ['otro] *adj o pron indef*
1. (*distinto*) ein anderer, eine andere; ~**s** andere; **el** ~/**la otra**/**lo** ~
der/die/das andere; **otra persona,**
~ jemand anders; **ninguna otra per-sona, ningún** ~ kein anderer;
~ **tanto** noch einmal so viel; **el** ~
día neulich; **en otra ocasión** ein anderes Mal; **otra cosa** etwas anderes;
¡otra vez será! ein anderes Mal!;
otra vez noch (ein)mal; **¡hasta otra**
(**vez**)! bis zum nächsten Mal!
2. (*uno más*) noch eine(r, s); **otras**
tres personas noch drei (weitere)
Personen; **¡otra, otra!** Zugabe!
ovación [oβa'θjon] *f* Beifall *m*
oval [o'βal], **ovalado, -a** [oβa'laðo]
adj oval
ovario [o'βarjo] *m* Eierstock *m*
oveja [o'βexa] *f* Schaf *nt*
ovillo [o'βiʎo] *m* Knäuel *m o nt*

ovino, -a [o'βino] *adj:* **ganado ~** Schafe *ntpl*

ovni ['oβni] *m* UFO *nt*

ovulación [oβula'θjon] *f* Eisprung *m*

óvulo ['oβulo] *m* Eizelle *f*

oxidación [oˠsiða'θjon] *f* **1.** (QUÍM) Oxidation *f* **2.** (*metal*) (Ver)rosten *nt*

oxidar [oˠsi'ðar] **I.** *vt* **1.** (QUÍM) oxidieren **2.** (*metal*) rosten lassen; **un hierro oxidado** ein Stück rostiges Eisen **II.** *vr:* **~se 1.** (*metal*) rosten; (*mente*) verkalken **2.** (QUÍM) oxidieren

óxido ['oˠsiðo] *m* **1.** (QUÍM) Oxid *nt* **2.** (*orín*) Rost *m*

oxígeno [oˠsixeno] *m* Sauerstoff *m*

oyente [o'ʝente] *mf* (Zu)hörer(in) *m(f)*

ozono [o'θono] *m* Ozon *nt*

P

P, p [pe] *f* P, p *nt*

paciencia [pa'θjenθja] *f* Geduld *f;* **se me acabó la ~** meine Geduld ist am Ende

paciente [pa'θjente] **I.** *adj* geduldig; **ser ~ con alguien** mit jdm viel Geduld haben **II.** *mf* Patient(in) *m(f)*

pacífico, -a [pa'θifiko] *adj* friedfertig; (*estado*) ruhig

Pacífico [pa'θifiko] *m* Pazifik *m*

pacifista [paθi'fista] *adj* pazifistisch

pactar [pak'tar] *vt* einen Pakt schließen

pacto ['pakto] *m* Pakt *m;* (*contrato*) Vertrag *m*

padecer [paðe'θer] *irr como crecer vi, vt* leiden

padrastro [pa'ðrastro] *m* Stiefvater *m*

padre ['paðre] *m* **1.** Vater *m;* **¡tu ~!** (*fam*) verdammt noch mal! **2.** *pl* (*padre y madre*) Eltern *pl*

padrenuestro [paðre'nwestro] *m* Vaterunser *nt*

padrino [pa'ðrino] *m* (Tauf)pate *m;* **~ (de boda)** Trauzeuge *m*

paella [pa'eʎa] *f* Paella *f*

pág. ['paxina] *abr de* **página** S.

paga ['paɣa] *f* Lohn *m*

pagano, -a [pa'ɣano] *adj* heidnisch

pagar [pa'ɣar] <g → gu> *vt* **1.** bezahlen; (*sueldo que se debe*) auszahlen; (*una deuda*) begleichen **2.** (*expiar*) büßen; **¡me las ~ás!** das wirst du mir büßen! **3.** (*recompensar*) vergelten; (*una visita*) erwidern; **¡Dios se lo pague!** vergelt's Gott!

pagaré [paɣa're] *m* Schuldschein *m*

página ['paxina] *f* Seite *f;* **~ web** Webseite *f*

pago ['paɣo] *m* **1.** (*reintegro*) Zahlung *f;* **~ a plazos** Ratenzahlung *f* **2.** (*salario*) Lohn *m;* **~ anticipado** Vorschuss *m;* **~ por hora** Stundenlohn *m* **3.** (*fig*) Vergeltung *f;* **¿éste es el ~ que me das?** so dankst du es mir?

paila ['pajla] *f* (*Am*) Pfanne *f*

país [pa'is] *m* Land *nt;* **~ en vías de desarrollo** Entwicklungsland *nt*

paisa ['pajsa] *m* (*Am*) v. **paisano**

paisaje [paj'saxe] *m* Landschaft *f*

paisano, -a [paj'sano] *m, f* **1.** (*no militar*) Zivilist(in) *m(f)* **2.** (*compatriota*) Landsmann, -männin *m, f*

Países Bajos [pa'ises 'βaxos] *mpl* Niederlande *pl*

paja ['paxa] *f* Stroh *nt,* Strohhalm *m;* **hacerse una ~** (*vulg*) sich *dat* einen runterholen

pajar [pa'xar] *m* Scheune *f*

pajarita [paxa'rita] *f* Fliege *f*

pájaro ['paxaro] *m* Vogel *m;* **~ carpintero** Specht *m;* **~ gordo** (*fig*) hohes Tier

Pakistán [pakis'tan] *m* Pakistan *nt*

pakistaní [pakista'ni] *adj* pakistanisch

pala ['pala] *f* Schaufel *f;* (*cuadrada*) Spaten *m;* (*Am*) Bulldozer *m*

palabra [pa'laβra] *f* Wort *nt;* ~s **mayores** Schimpfwörter *ntpl;* **libertad de** ~ Redefreiheit *f;* **de pocas** ~s wortkarg

palabrota [pala'βrota] *f* Schimpfwort *nt*

palacio [pa'laθjo] *m* Palast *m;* **Palacio de Justicia** Gerichtsgebäude *nt*

paladar [pala'ðar] *m* Gaumen *m;* **tener buen** ~ ein Feinschmecker sein

palanca [pa'laŋka] *f* Hebel *m*

palco ['palko] *m* (*Am*) Tribüne *f;* (TEAT) Loge *f*

palestino, -a [pales'tino] *adj* palästinensisch

paleta [pa'leta] *f* **1.** kleine Schaufel *f;* (*del albañil*) Maurerkelle *f* **2.** (*del pintor*) Palette *f* **3.** (*omóplato*) Schulterblatt *nt*

palidecer [paliðe'θer] *irr como crecer vi* **1.** (*persona*) erblassen **2.** (*cosa*) verblassen

pálido, -a ['paliðo] *adj* blass

palillo [pa'liʎo] *m* Zahnstocher *m*

paliza [pa'liθa] *f* (*Tracht f*) Prügel *mpl;* (*esfuerzo*) Anstrengung *f*

palma ['palma] *f* **1.** (*palmera*) Palme *f* **2.** (ANAT) Handfläche *f* **3.** *pl* Händeklatschen *nt;* (*aplauso*) Beifall *m*

palmada [pal'maða] *f* (*golpe*) Schlag *m*

palmera [pal'mera] *f* Palme *f*

palmo ['palmo] *m:* ~ **a** ~ Schritt für Schritt

palo ['palo] *m* **1.** Stock *m;* (*garrote*) Knüppel *m;* (NÁUT) Mast *m;* ~ **de la escoba** Besenstiel *m* **2.** (*paliza*) Schlag *m;* **echar a alguien a** ~s jdn gewaltsam rausschmeißen

paloma [pa'loma] *f* Taube *f;* ~ **men-**

sajera Brieftaube *f*

palomita [palo'mita] *f* Popcorn *nt*

palpar [pal'par] *vt* abtasten

palpitar [palpi'tar] *vi* zucken; (*corazón*) schlagen

paludismo [palu'ðismo] *m* Malaria *f*

pampa ['pampa] *f* Pampa *f*

pampero, -a [pam'pero] *adj* aus der Pampa

pamplina [pam'plina] *f* (*fam*) Unsinn *m*

pamplonés, -esa [pamplo'nes] *adj* aus Pamplona

pan [pan] *m* Brot *nt;* ~ **bimbo**® Toastbrot *nt;* ~ **integral** Vollkornbrot *nt;* ~ **rallado** Semmelbrösel *mpl;* **ser** ~ **comido** kinderleicht sein

pana ['pana] *f* Kord(samt) *m*

panadería [panaðe'ria] *f* Bäckerei *f*

panadero, -a [pana'ðero] *m, f* Bäcker(in) *m(f)*

panal [pa'nal] *m* Wabe *f*

Panamá [pana'ma] *m* Panama *nt*

panameño, -a [pana'meɲo] *adj* aus Panama

pancarta [paŋ'karta] *f* Plakat *nt*

pancho, -a ['pantʃo] *adj* ruhig

páncreas ['paŋkreas] *m* Bauchspeicheldrüse *f*

panda[1] ['panda] *m* (ZOOL) Panda *m*

panda[2] ['panda] *f v.* **pandilla**

pandereta [pande'reta] *f,* **pandero** [pan'dero] *m* Tamburin *nt*

pandilla [pan'diʎa] *f* Bande *f;* (*de amigos*) Clique *f;* ~ **de ladrones** Verbrecherbande *f*

panecillo [pane'θiʎo] *m* Brötchen *nt*

panel [pa'nel] *m* **1.** (*carpintería*) Paneel *nt* **2.** (TÉC) Tafel *f;* ~ **de control** Steuerpult *nt*

panfleto [pam'fleto] *m* Pamphlet *nt*

pánico ['paniko] *m* Panik *f;* **tener** ~ **a algo** panische Angst vor etw *dat* haben

panoli [pa'noli] *mf* (*fam*) Simpel *m*

panorama [pano'rama] *m* Panorama *nt;* (*fig*) Überblick *m*

pantalla [pan'taʎa] *f* 1. Lampenschirm *m* 2. (*protección*) Abschirmung *f* 3. (INFOR, TV) Bildschirm *m* 4. (CINE) Leinwand *f;* **pequeña ~** (*fam*) Fernsehen *nt*

pantalón [panta'lon] *m* Hose *f;* **~ de pinzas** Bundfaltenhose *f;* **~ pitillo** Röhrenhose *f;* **~ tejano** [*o* **vaquero**] Jeans(hose) *f*

pantano [pan'tano] *m* Sumpf *m;* (*embalse*) Stausee *m*

panteón [pante'on] *m* Pantheon *nt;* (*sepultura*) Grabstätte *f;* (*Am*) Friedhof *m*

pantera [pan'tera] *f* Panther *m*

pantimedia(s) [panti'meðja(s)] *f(pl)* (*Méx*) Strumpfhose *f*

pantis ['pantis] *mpl* (*fam*) Nylonstrumpfhose *f*

pantomima [panto'mima] *f* Pantomime *f*

pantorrilla [panto'rriʎa] *f* Wade *f*

pantufla [pan'tufla] *f m* Pantoffel *m*

panza ['panθa] *f* Bauch *m;* **llenarse la ~** sich *dat* den Wanst vollschlagen *fam*

pañal [pa'ɲal] *m* Windel *f*

paño ['paɲo] *m* 1. (*tejido*) Stoff *m* 2. (*trapo*) Tuch *nt;* **~ de cocina** Küchenhandtuch *nt*

pañoleta [paɲo'leta] *f* Halstuch *nt*

pañuelo [pa'ɲwelo] *m* 1. (*moquero*) Taschentuch *nt* 2. (*pañoleta*) Halstuch *nt;* (*de cabeza*) Kopftuch *nt*

papa[1] ['papa] *m* Papst *m*

papa[2] ['papa] *f* 1. (*Am*) Kartoffel *f;* **no entender ni ~** überhaupt nichts verstehen 2. *pl* (*comida*) Brei *m*

papá [pa'pa] *m* (*fam*) Papa *m;* **Papá Noel** Weihnachtsmann *m*

papagayo [papa'ɣaʝo] *m* 1. (*loro*) Papagei *m* 2. (*hablador*) Schwätzer *m*

papaya [pa'paʝa] *f* (*fruta*) Papaya *f*

papel [pa'pel] *m* 1. Papier *nt;* (*escritura*) Schriftstück *nt;* **~ de calcar** Pauspapier *nt;* **~ cebolla** Durchschlagpapier *nt;* **~ continuo** Endlospapier *nt;* **~ de envolver** Einschlagpapier *nt;* **~ de estraza** Packpapier *nt;* **~ higiénico** Toilettenpapier *nt;* **~ pintado** Tapete *f;* **~ de plata** Aluminiumfolie *f;* **~ reciclado** Umweltschutzpapier *nt* 2. (*rol*) Rolle *f* 3. *pl* Dokumente *ntpl;* (*de identidad*) (Ausweis)papiere *ntpl*

papeleo [pape'leo] *m* Papierkram *m fam*

papelera [pape'lera] *f* 1. (*cesto*) Papierkorb *m* 2. (*fábrica*) Papierfabrik *f*

papelería [papele'ria] *f* Schreibwarengeschäft *nt*

papeleta [pape'leta] *f* Zettel *m;* **menuda ~ le ha tocado** er steht vor einer ganz schön schwierigen Aufgabe

papera [pa'pera] *f pl* Mumps *m*

papilla [pa'piʎa] *f* Brei *m;* **estar hecho ~** (*fig*) völlig fertig sein

papiro [pa'piro] *m* Papyrus *m*

papo ['papo] *m* Wamme *f*

paquete [pa'ket] *m* Paket *nt*

paquidermo [paki'ðermo] *m* Dickhäuter *m*

par [par] **I.** *adj* 1. (*número*) gerade 2. (*igual*) gleich; **a la ~** gleichzeitig; **sin ~** unvergleichlich **II.** *m* 1. (*dos cosas*) Paar *nt;* **un ~ de pantalones** eine Hose 2. (*algunos*): **un ~ de minutos** ein paar Minuten

para ['para] **I.** *prep* 1. (*destino*) für +*akk* 2. (*finalidad*) für +*akk,* zu +*dat;* **¿~ qué es esto?** wozu ist das gut? 3. (*dirección*) nach +*dat;* **mira ~ acá** schau hierher 4. (*duración*) für +*akk;* (*plazo*) an +*dat;* **~ siempre** für immer; **vendrá ~**

Navidad er/sie kommt zu Weihnachten; **diez minutos ~ las once** (*Am*) zehn (Minuten) vor elf **5.** (*contraposición*) für +*akk;* **es muy activo ~ la edad que tiene** für sein Alter ist er noch sehr aktiv **6.** (*trato*): **~ (con)** zu +*dat;* **es muy amable ~ con nosotros** er/sie ist sehr freundlich zu uns **7.** (*loc*): **estar ~...** im Begriff sein zu ...; **no estoy ~ bromas** ich bin nicht zu Späßen aufgelegt **II.** *conj* **1.** +*inf* um ... zu **2.** +*subj* damit

parábola [pa'raβola] *f* Gleichnis *nt*

parabólica [para'βolika] *f* Parabolantenne *f*

parabrisas [para'βrisas] *m* Windschutzscheibe *f*

paracaídas [paraka'iðas] *m* Fallschirm *m*

parachoques [para'tʃokes] *m* Stoßstange *f*

parada [pa'raða] *f* Haltestelle *f*

paradero [para'ðero] *m* **1.** (*en una autopista*) Rastplatz *m* **2.** (*de una persona*) Aufenthaltsort *m;* **está en ~ desconocido** sein/ihr Aufenthaltsort ist unbekannt

parado, -a [pa'raðo] **I.** *adj* **1.** stillstehend; (*fábrica*) stillgelegt; **estar ~** stillstehen **2.** (*sin empleo*) arbeitslos **3.** (*remiso*) träge **4.** (*tímido*) scheu **5.** (*loc*): **salir mal ~ de un asunto** bei einer Sache schlecht wegkommen **II.** *m, f* Arbeitslose(r) *f(m);* **~ de larga duración** Langzeitarbeitslose(r) *m*

paradoja [para'ðoxa] *f* Widerspruch *m;* **esto es una ~** das ist doch widersinnig

parador [para'ðor] *m* Hotel *nt*

parágrafo [pa'raɣrafo] *m* Absatz *m*

paraguas [pa'raɣwas] *m* Regenschirm *m*

paraguayo, -a [para'ɣwaɟo] *adj* aus

Paraguay

paraíso [para'iso] *m* Paradies *nt*

paraje [pa'raxe] *m* Ort *m;* (*paisaje*) Gegend *f*

paralelo, -a [para'lelo] *adj* parallel (*a* zu +*dat*)

parálisis [pa'ralisis] *f inv* Lähmung *f;* **~ infantil** Kinderlähmung *f*

paralítico, -a [para'litiko] *adj* gelähmt

paralización [paraliθa'θjon] *f* **1.** (*del cuerpo*) Lähmung *f* **2.** (*de un proyecto*) Abbrechen *nt;* (*de un proceso*) Behinderung *f*

paralizar [parali'θar] <z → c> **I.** *vt* lähmen; (*cosa*) lahmlegen **II.** *vr:* **~se** zum Erliegen kommen

páramo ['paramo] *m* unfruchtbares Land *nt;* (*lugar desamparado*) (Ein)öde *f*

paranoia [para'noja] *f* Paranoia *f*

paranoico, -a [para'nojko] *adj* **1.** (*loco*) paranoid **2.** (*relativo a la paranoia*) paranoisch

parapléjico, -a [para'plexiko] *adj* querschnittsgelähmt

para(p)sicología [para(β)sikolo'xia] *f* Parapsychologie *f*

parar ['parar] **I.** *vi* **1.** (*detenerse*) anhalten **2.** (*terminar*) aufhören; **ha parado de llover** es hat aufgehört zu regnen **3.** (*acabar*) enden; **¿en qué irá a ~ esto?** wohin soll das führen? **4.** (*vivir*) sich aufhalten; **no sé dónde para** ich weiß nicht, wo er/sie sich gerade aufhält **II.** *vt* anhalten; (*un golpe*) abwehren; (*el motor*) abstellen; **cuando se enfada no hay quien lo pare** wenn er wütend ist, ist er nicht zu bremsen **III.** *vr:* **~se 1.** anhalten; (*reloj*) stehen bleiben **2.** (*Am: levantarse*) aufstehen

pararrayos [para'rrajos] *m* Blitzableiter *m*

parásito, -a [pa'rasito] *m, f* Parasit

m; (*persona*) Schmarotzer(in) *m(f)*
parasol [para'sol] *m* **1.** Sonnenschirm *m* **2.** (*umbela*) Markise *f*
parcela [par'θela] *f* Grundstück *nt;*
~ **de cultivo** Feld *nt;* ~ **edificable**
Baugrundstück *nt*
parcelar [parθe'lar] *vt* parzellieren
parche ['parʧe] *m:* ~ **para el ojo** Au-
genklappe *f;* **poner un** ~ flicken
parchís [par'ʧis] *m* Mensch-ärgere-
dich-nicht *nt*
parcial [par'θjal] *adj* **1.** (*de una
parte*) teilweise **2.** (*incompleto*) unvollständig **3.** (*arbitrario*) parteiisch
parco, -a ['parko] *adj* **1.** (*moderado*)
bescheiden; (*sobrio*) nüchtern **2.** (*escaso*) spärlich; ~ **en palabras** wortkarg
pardiez [par'ðjeθ] *interj* Donnerwetter!
pardillo, -a [par'ðiʎo] *m, f* Tölpel *m*
pardo, -a ['parðo] *m, f* (*Am*) Mulatte, -in *m, f*
parear [pare'ar] *vt* paarweise zusammentun; (BIOL) paaren
parecer [pare'θer] I. *vi irr como crecer* aussehen; (*aparentar*) scheinen;
tu idea me parece bien ich bin mit
deiner Idee einverstanden; **parece
mayor de lo que es** er/sie sieht älter aus als er/sie ist; **parece mentira
que...** +*subj* (es ist) kaum zu glauben, dass ...; **parece que va a llover**
es sieht nach Regen aus; **¿qué te parece?** was hältst du davon?; **si te
parece bien,...** wenn du einverstanden bist, ... II. *vr irr como crecer:*
~**se** sich *dat* ähneln; **te pareces
mucho a tu madre** du ähnelst deiner Mutter sehr III. *m* **1.** Meinung
f; (*juicio*) Urteil *nt;* **a mi** ~ meiner
Meinung nach **2.** (*aspecto*) Aussehen *nt;* (*apariencia*) Anschein *m;*
al ~ anscheinend
parecido, -a [pare'θiðo] *adj* ähnlich

pared [pa'reð] *f* Wand *f*
pareja [pa'rexa] *f* **1.** (*par*) Paar *nt;*
hacen buena ~ sie passen gut zusammen **2.** (*compañero*) Partner(in)
m(f)
parentesco [paren'tesko] *m* Verwandtschaft *f*
paréntesis [pa'rentesis] *m inv*
1. (*signo*) Klammer *f;* **entre** ~,...
(*fig*) übrigens ... **2.** (*interrupción*)
Unterbrechung *f;* **hicimos un** ~
para almorzar wir legten eine Früh-
stückspause ein
pariente, -a [pa'rjente] *m, f* Ver-
wandte(r) *f(m)*
parir [pa'rir] *vt* gebären; (*animal*) werfen
París [pa'ris] *m* Paris *nt*
parisiense [pari'sjense] I. *adj* parise-
risch II. *mf* Pariser(in) *m(f)*
parking ['parkin] <parkings> *m*
Parkhaus *nt*
parlamentario, -a [parlamen'tarjo]
I. *adj* parlamentarisch; **debate** ~
Parlamentsdebatte *f* II. *m, f* **1.** (*diputado*) Parlamentarier(in) *m(f)*
parlamento [parla'mento] *m* Parlament *nt*
parlanchín, -ina [parlan'ʧin] *adj*
(*fam*) geschwätzig
paro ['paro] *m* **1.** Stillstand *m;* ~ **cardíaco** Herzstillstand *m* **2.** (*una
máquina*) Abstellen *nt;* (*una fábrica*)
Stilllegung *f* **3.** (*huelga*): ~ **laboral**
Streik *m* **4.** (*desempleo*) Arbeitslosigkeit *f;* ~ **forzoso** Arbeitslosigkeit *f;* **estar en** ~ arbeitslos sein
parodia [pa'roðja] *f* Parodie *f* (*de* auf
+*akk*)
parpadear [parpaðe'ar] *vi* **1.** (*ojos*)
blinzeln; **sin** ~ (*fig*) ohne mit der
Wimper zu zucken **2.** (*luz*) flimmern; (*llama*) flackern
párpado ['parpaðo] *m* (Augen)lid *nt*
parque ['parke] *m* **1.** (*jardín*) Park *m;*

~ **de atracciones** Vergnügungspark *m;* ~ **eólico** Windpark *m;* **Parque Natural** Naturschutzgebiet *nt;* ~ **zoológico** Zoo *m* **2.** (*depósito*) Lager *nt;* ~ **de bomberos** Feuerwehrhaus *nt* **3.** (*para niños*) Laufstall *m*

parqué [par'ke] *m* Parkett *nt*

parqueadero [parkea'ðero] *m* (*Am*) Parkplatz *m*

parquet [par'ke⁽ᵗ⁾] *m* Parkett *nt*

parra ['parra] *f* Weinstock *m*

párrafo ['parrafo] *m v.* **parágrafo**

parranda [pa'rranda] *f* Trubel *m;* (*de bar en bar*) Kneipentour *f*

parrilla [pa'rriʎa] *f* (Grill)rost *m*

parrillada [parri'ʎaða] *f* Grillplatte *f;* ~ **de pescado/de carne** gegrillte Fisch-/Fleischspezialitäten

párroco ['parroko] *m* Pfarrer *m*

parroquia [pa'rrokja] *f* Gemeinde *f*

parte¹ ['parte] *f* **1.** (Bestand)teil *m;* **una cuarta** ~ ein Viertel; **en** ~ teilweise; **en gran** ~ zu einem großen Teil; **por** ~**s** der Reihe nach **2.** (*repartición*) Anteil *m* (*de* an +*dat*) **3.** (*lugar*) Ort *m;* **a ninguna** ~ nirgendwohin; **en cualquier** ~ irgendwo; **en otra** ~ woanders **4.** (*t.* JUR) Partei *f;* (*en un negocio*) Teilhaber(in) *m(f)* **5.** (*lado*) Seite *f;* ~ **de delante** Vorderseite *f;* **dale recuerdos de mi** ~ grüß ihn/sie von mir; **por otra** ~ and(e)rerseits; (*además*) außerdem

parte² ['parte] *m* Bericht *m;* (RADIO, TV) Nachrichten *fpl;* ~ **meteorológico** Wetterbericht *m*

participación [partiθipa'θjon] *f* **1.** Teilnahme *f* (*en* an +*dat*); ~ **en los beneficios** Gewinnbeteiligung *f* **2.** (*parte*) Anteil *m* (*en* an +*dat*)

participar [partiθi'par] *vi* teilnehmen (*en* an +*dat*); (*tener parte*) beteiligt sein (*en* an +*dat*)

participio [parti'θipjo] *m* Partizip *nt*

particular [partiku'lar] *adj* **1.** (*propio*) eigen **2.** (*raro*) eigenartig **3.** (*extraordinario*) besondere(r, s) **4.** (*privado*) privat **5.** (*determinado*) bestimmt

particularmente [partikular'mente] *adv* vor allem

partida [par'tiða] *f* **1.** (*salida*) Abfahrt *f* **2.** (*envío*) Sendung *f* **3.** (*juego*) Partie *f;* **jugar una** ~ **de ajedrez** eine Partie Schach spielen

partidario, -a [parti'ðarjo] *m, f* Anhänger(in) *m(f);* (*afiliado*) Mitglied *nt;* **ser** ~ **de algo** etw befürworten

partido [par'tiðo] *m* **1.** (POL) Partei *f;* ~ **obrero** Arbeiterpartei *f* **2.** (*grupo*) (Interessen)gruppe *f;* **formar** ~ sich zusammenschließen **3.** (DEP) Spiel *nt;* ~ **amistoso** Freundschaftsspiel *nt* **4.** (*equipo*) Mannschaft *f* **5.** (*para casarse*) Partie *f* **6.** (ADMIN) Bezirk *m* **7.** (*determinación*) Stellungnahme *f;* **tomar** ~ (*inclinarse*) Partei ergreifen (*a favor de* für +*akk*) **8.** (*provecho*) Nutzen *m* **9.** (*Am*) Scheitel *m*

partir [par'tir] **I.** *vt* **1.** teilen (*en* in +*akk*); (MAT) dividieren (*en* durch +*akk*); ~ **por la mitad** halbieren **2.** (*romper*) zerbrechen **3.** (TÉC) spalten **4.** (*repartir*) aufteilen **II.** *vi* **1.** (*tomar como base*) ausgehen (*de* von +*dat*); **a** ~ **de ahora** von nun an; **a** ~ **de mañana** ab morgen **2.** (*ponerse en marcha*) abreisen **III.** *vr:* ~**se** zerbrechen; ~**se de risa** sich vor Lachen biegen

parto ['parto] *m* Geburt *f;* (*de un animal*) Werfen *nt;* **estar de** ~ in den Wehen liegen

parvulario [parβu'larjo] *m* Kindergarten *m*

pasa ['pasa] *f* Rosine *f*

pasable [pa'saβle] *adj* passabel

pasada [pa'saða] *f* **1.** (*paso*) Vorbeigehen *nt* **2.** (*mano*) Durchgang *m* **3.** (*fam*) Gemeinheit *f;* ¡**vaya** (**mala**) ~! so eine Gemeinheit!

pasadizo [pasa'ðiθo] *m* Durchgang *m;* (*entre dos calles*) Passage *f;* ~ **secreto** Geheimgang *m*

pasado¹ [pa'saðo] *m* Vergangenheit *f;* **en el** ~ früher

pasado, -a² [pa'saðo] *adj* **1.** vergangen; **el año** ~ letztes Jahr; ~ **mañana** übermorgen **2.** (*estropeado*) kaputt; (*alimentos*) verdorben

pasajero, -a [pasa'xero] *m, f* Passagier(in) *m(f);* **tren de** ~**s** Personenzug *m*

pasaporte [pasa'porte] *m* (Reise)pass *m*

pasar [pa'sar] **I.** *vi* **1.** vorbeigehen; (*en coche*) vorbeifahren; ~ **corriendo** vorbeilaufen **2.** (*por un hueco*) durchgehen; (*en coche*) durchfahren **3.** (*acaecer*) passieren; ¿**qué pasa?** was ist los?; ¿**qué te pasa?** was hast du? **4.** (*acabar*) vorübergehen **5.** (*el tiempo*) vergehen **6.** (MED) sich übertragen **7.** (*poder existir*) auskommen **8.** (*aparentar*) durchgehen (*por* als +*nom*); **hacerse** ~ **por médico** sich als Arzt ausgeben **9.** (*cambiar*) übergehen (*a* zu +*dat*); ~ **a mayores** sich verschlimmern **10.** (*ser admisible*) durchgehen **11.** (*no jugar*) passen **12.** (*fam: no necesitar*) verzichten (können) (*de* auf +*akk*); **yo paso de salir** ich möchte nicht ausgehen **13.** (*loc*): ~ **por alto** auslassen **II.** *vt* **1.** überqueren **2.** (*por un hueco*) (durch)führen **3.** (*trasladar*) verlegen; ~ **a limpio** ins Reine schreiben **4.** (*dar*) reichen **5.** (*una temporada*) verbringen; ~**lo bien** sich amüsieren; ¡**que lo paséis bien!** viel Spaß! **6.** (*sufrir*) leiden; ~ **frío** frieren **7.** (*transmitir*) übertragen; **le paso a la Sra. Ortega** ich verbinde Sie mit Fr. Ortega **8.** übertreffen; (*cierta edad*) überschreiten **9.** (*hacer deslizar*): ~ **la aspiradora** Staub saugen **10.** (*tolerar*) durchgehen lassen **III.** *vr:* ~**se 1.** verstreichen; (*dolor*) nachlassen; **ya se le** ~**á el enfado** sein/ihr Ärger wird schon verfliegen; ~**se de fecha** das Verfallsdatum überschreiten **2.** (*exagerar*) übertreiben **3.** (*por un sitio*) vorbeigehen; **me pasé un rato por casa de mi tía** ich habe kurz bei meiner Tante vorbeigeschaut **4.** (*cambiar*) wechseln (*a* zu +*dat*) **5.** (*olvidarse*) entfallen; **se me pasó tu cumpleaños** ich habe deinen Geburtstag vergessen **6.** (*alimentos*) schlecht werden **7.** (*escaparse*) entgehen; **se me pasó la oportunidad** ich verpasste die Chance **8.** (*loc*): ~**se de moda** aus der Mode kommen

pasarrato [pasa'rrato] *m* (*Méx, PRico*), **pasatiempo** [pasa'tjempo] *m* (*diversión*) Zeitvertreib *m;* (*hobby*) Freizeitbeschäftigung *f*

Pascua ['paskwa] *f* **1.** (*de resurrección*) Ostern *nt* **2.** *pl* (*navidad*) Weihnachten *nt*

pase ['pase] *m* **1.** Modenschau *f* **2.** (DEP) Pass *m* **3.** (CINE) (Film)vorführung *f* **4.** (*licencia*) Lizenz *f;* (*gratis*) Freikarte *f* **5.** (*Am*) (Reise)pass *m*

pasear [pase'ar] **I.** *vt* spazieren fahren; (*a pie*) spazieren führen; ~ **al perro** mit dem Hund Gassi gehen *fam* **II.** *vi, vr:* ~**se** spazieren gehen

paseo [pa'seo] *m* **1.** Spaziergang *m;* (*en coche/barco*) Spazierfahrt *f;* (*a caballo*) Ausritt *m;* **dar un** ~ spazieren gehen **2.** (*para pasear*) Promenade *f*

pasillo [pa'siʎo] *m* Korridor *m*, Gang

m

pasión [pa'sjon] *f* **1.** (*ardor*) Leidenschaft *f* **2.** (*afecto*) Liebe *f*; (*preferencia*) Vorliebe *f*; **sentir ~ por el fútbol** passionierter Fußballfan sein

pasivo, -a [pa'siβo] *adj* **1.** passiv **2.** (LING) passivisch; **verbo ~** Verb im Passiv; **voz pasiva** Passiv *nt*

pasmar [pas'mar] *vt* verblüffen; **me has dejado pasmado** ich bin sprachlos

paso ['paso] *m* **1.** Vorbeiziehen *nt*; **ceder el ~** vorlassen; **estar de ~** auf der Durchreise sein; **de ~** nebenbei **2.** (*movimiento*) Schritt *m*; (*progreso*) Fortschritt *m* **3.** (*velocidad*) Tempo *nt* **4.** (*sonido*) Schritt *m* **5.** (*manera de andar*) Gang *m* **6.** (*distancia*) Schritt *m*; **vive a dos ~s de mi casa** er/sie wohnt gleich bei mir um die Ecke **7.** (*pasillo*) Durchgang *m*; **¡prohibido el ~!** kein Zutritt! **8.** (*para atravesar algo*) Übergang *m*; **~ de cebra** Zebrastreifen *m*; **~ a nivel** (Eisen)bahnübergang *m*; **¡~!** Platz da! **9.** (*medida*) Schritt *m*; **dar todos los ~s necesarios** alle erforderlichen Schritte unternehmen **10.** (*de un contador*) Zählereinheit *f*

pasota [pa'sota] *mf*; **ser un ~** (*fig*) über den Dingen stehen

pasta ['pasta] *f* **1.** Paste *f*; (*para un pastel*) Teig *m*; **~ de dientes** Zahnpasta *f* **2.** (*fideos*) Nudeln *fpl* **3.** (*pastelería*) Kleingebäck *nt* **4.** (*fam*) Knete *f*

pastar [pas'tar] *vi, vt* weiden (lassen)

pastel [pas'tel] *m* **1.** Gebäckstück *nt*; (*de carne/pescado*) Pastete *f* **2.** (*pintura*) Pastell *nt*

pastelería [pastele'ria] *f* Konditorei *f*

pastilla [pas'tiʎa] *f* **1.** Tablette *f*; **~ contra el dolor** Schmerztablette *f* **2.** (*trozo*) Stück *nt*; **~ de caldo** Brühwürfel *m*; **~ de chocolate** Tafel Schokolade; **~ de jabón** Stück Seife **3.** (*loc*): **ir a toda ~** (*fam*) einen Affenzahn draufhaben

pasto ['pasto] *m* Weide *f*; (*hierba*) Weidegras *nt*

pastor¹ [pas'tor] *m* **1.** Pastor *m*; (*obispo*) Bischof *m* **2.** (ZOOL): **~ alemán** Schäferhund *m*

pastor(a)² [pas'tor] *m(f)* Schäfer(in) *m(f)*

pata ['pata] *f* (ANAT: *fam*) Bein *nt*; (*de un perro*) Pfote *f*; (*de una silla*) Stuhlbein *nt*; **mala ~** (*fam*) Pech *nt*; **meter la ~** ins Fettnäpfchen treten

patada [pa'taða] *f* (Fuß)tritt *m*; **romper una puerta a ~s** eine Tür eintreten

patata [pa'tata] *f* Kartoffel *f*; **~s fritas** Pommes frites *pl*

patatús [pata'tus] *m inv* (*fam*) **1.** (*desmayo*) Ohnmachtsanfall *m*; **le dio un ~** er/sie wurde ohnmächtig **2.** (*síncope*) Zusammenbruch *m*

patear [pate'ar] **I.** *vt* **1.** treten (gegen +*akk*) **2.** (*pisotear*) zertrampeln **3.** (*tratar rudamente*) mit Füßen treten **II.** *vi* **1.** trampeln; (*estar enfadado*) (vor Wut) außer sich *dat* sein **2.** (*andar mucho*) viel herumlaufen

patentar [paten'tar] *vt* patentieren (lassen)

patente [pa'tente] **I.** *adj* sichtbar; (*evidente*) eindeutig **II.** *f* Patent *nt*

paternal [pater'nal] *adj* väterlich; **amor ~** Vaterliebe *f*

paternidad [paterni'ðað] *f* **1.** (*relación*) Vaterschaft *f* **2.** (*calidad*) Väterlichkeit *f*

paterno, -a [pa'terno] *adj* väterlich; **casa paterna** Elternhaus *nt*

patín [pa'tin] *m* (*de hielo*) Schlittschuh *m*; (*de ruedas*) Rollschuh *m*; **patines en línea** Inlineskates *mpl*

patinar [pati'nar] *vi* **1.** eislaufen; *(sobre patines de ruedas)* Rollschuh laufen **2.** *(deslizarse)* ausrutschen; *(un vehículo)* ins Schleudern geraten

patinete [pati'nete] *m* Roller *m*

patio ['patjo] *m* **1.** Hof *m;* *(interior)* Innenhof *m;* *(entre dos casas)* Hinterhof *m;* ~ **de recreo** Schulhof *m* **2.** (TEAT) Parkett *nt*

pato, -a ['pato] *m, f* Ente *f*

patológico, -a [pato'loxiko] *adj* pathologisch

patoso, -a [pa'toso] *adj* ungeschickt

patraña [pa'traɲa] *f* Lüge *f*

patria ['patrja] *f* Heimat *f;* **madre** ~ Mutterland *nt;* *(Am)* Spanien *nt*

patrimonio [patri'monjo] *m* **1.** Erbe *nt;* ~ **cultural** Kulturgut *nt* **2.** *(riqueza)* Vermögen *nt*

patriota [pa'trjota] *mf* Landsmann, -männin *m, f*

patriotismo [patrjo'tismo] *m* **1.** *(del patriota)* Patriotismus *m* **2.** *(del patriotero)* Chauvinismus *m*

patrocinador(a) [patroθina'ðor] *m(f)* Schirmherr(in) *m(f);* (DEP) Sponsor(in) *m(f)*

patrocinar [patroθi'nar] *vt* sponsern

patrón[1] [pa'tron] *m* *(modelo)* Muster *nt*

patrón, -ona[2] [pa'tron] *m, f* **1.** *(que protege)* Beschützer(in) *m(f)* **2.** *(jefe)* Chef(in) *m(f)* **3.** *(santo)* Schutzheilige(r) *f(m)*

patronal [patro'nal] *f* Arbeitgeberverband *m*

patrono, -a [pa'trono] *m, f* **1.** *(jefe)* Arbeitgeber(in) *m(f)* **2.** (REL) Schutzheilige(r) *f(m)*

patrulla [pa'truʎa] *f* Patrouille *f;* *(de policía)* (Polizei)streife *f*

pausa ['pausa] *f* Pause *f*

pauta ['pauta] *f:* **marcar la** ~ eine Regel aufstellen

pava ['paβa] *f* **1.** v. **pavo 2.** (Am:

olla) Kessel *m;* *(tetera)* Teekanne *f* **3.** *(Am: sombrero)* Strohhut *m*

pavimento [paβi'meɲto] *m* **1.** *(recubrimiento: en una casa)* Estrich *m;* *(en la carretera)* Unterbau *m* **2.** *(material: en una casa)* (Fuß)bodenbelag *m;* *(en una carretera)* Straßenbelag *m*

pavo, -a ['paβo] *m, f* Truthahn *m;* ~ **real** Pfau *m*

payaso, -a [pa'jaso] *m, f* **1.** *(del circo)* Clown *m* **2.** *(bromista)* Spaßvogel *m;* ¡**deja de hacer el** ~! hör auf den Kasper zu spielen!

paz [paθ] *f* Frieden *m;* **hacer las paces** sich versöhnen

P.C. [pe'θe] *m abr de* **Partido Comunista** KP *f*

P.D. [pos'ðata] *abr de* **posdata** PS

pe [pe] *f* P *nt*

peaje [pe'axe] *m* Autobahngebühr *f*

peatón, -ona [pea'ton] *m, f* Fußgänger(in) *m(f)*

peca ['peka] *f* Sommersprosse *f*

pecado [pe'kaðo] *m* Sünde *f;* ~ **capital** Todsünde *f;* ~ **original** Erbsünde *f*

pecar [pe'kar] <c → qu> *vi* sündigen; ~ **por exceso** es übertreiben

pecho ['petʃo] *m* Brust *f;* **dar el** ~ **al bebé** das Baby stillen

pechuga [pe'tʃuɣa] *f* Geflügelbrust *f;* ~ **de pollo** Hähnchenbrust *f*

pechugón, -ona [petʃu'ɣon] *m, f* *(Am)* freche Person *f*

pecoso, -a [pe'koso] *adj* sommersprossig

peculiar [peku'ljar] *adj* besondere(r, s); *(raro)* sonderbar

peculiaridad [pekuljari'ðaθ] *f* **1.** *(singularidad)* Besonderheit *f* **2.** *(distintivo)* Eigentümlichkeit *f*

pedagogía [peðaɣo'xia] *f* Pädagogik *f*

pedagógico, -a [peða'ɣoxiko] *adj*

pädagogisch

pedal [pe'ðal] *m* Pedal *nt;* **pisar el ~** Gas geben

pedante [pe'ðan̦te] *adj* besserwisserisch

pedazo [pe'ðaθo] *m* **1.** Stück *nt;* **hacer ~s** kaputtmachen **2.** (*persona*): **ser un ~ de pan** sehr gutmütig sein

pedestal [peðes'tal] *m:* **tener a alguien en un ~** jdn sehr hoch schätzen

pediatra [pe'ðjatra] *mf* Kinderarzt, -ärztin *m, f*

pedicura [peði'kura] *f* Fußpflege *f;* **hacerse la ~** zur Fußpflege gehen

pedida [pe'ðiða] *f:* **~ de mano** Heiratsantrag *m*

pedido¹ [pe'ðiðo] *m* Auftrag *m*

pedido, -a² [pe'ðiðo] *adj* bestellt; **el armario ya está ~** der Schrank ist schon in Auftrag gegeben

pedigrí [peði'ɣri] *m* Stammbaum *m*

pedir [pe'ðir] *irr vt* **1.** (*rogar*) bitten; **~ algo a alguien** jdn um etw bitten **2.** (*exigir*) verlangen; (*solicitar*) beantragen **3.** (*encargar*) bestellen **4.** (*limosna*) betteln

pedo ['peðo] *m* (*vulg*) **1.** Furz *m;* **tirarse un ~** einen fahren lassen *fam* **2.** (*fam: borrachera*) Suff *m*

pega ['peɣa] *f* **1.** Haken *m;* **poner ~s a alguien** jdn kritisieren **2.** (*falso*): **de ~** falsch

pegadizo, -a [peɣa'ðiθo] *adj:* **melodía pegadiza** Ohrwurm *m fam*

pegajoso, -a [peɣa'xoso] *adj* aufdringlich

pegamento [peɣa'men̦to] *m* Kleber *m*

pegar [pe'ɣar] <g → gu> **I.** *vt* **1.** kleben; (*madera*) leimen; **~ un sello** eine Briefmarke aufkleben **2.** (*contagiar*) anstecken **3.** (*golpear*) schlagen; **~ una paliza a alguien** jdn grün und blau schlagen **4. ~ un** salto aufspringen; **~ un susto a alguien** jdm einen Schrecken einjagen **5.** (*Am: argot*): **~la** Schwein haben **II.** *vi* **1.** (gut) zusammenpassen; **esto no pega ni con cola** das passt überhaupt nicht zusammen **2.** (*rozar*) stoßen (*en* an +*akk*) **3.** (*golpear*) schlagen (*en* gegen +*akk*) **4.** (*argot*) malochen **5.** (*loc*): **¡cómo pega el sol hoy!** heute ist es ganz schön heiß in der Sonne! **III.** *vr:* **~se 1.** (*con algo*) sich stoßen **2.** (*acompañar siempre*) sich hängen (*a* an +*akk*); **~se a alguien** sich an jds Fersen heften **3.** (*fam: loc*): **pegársela a alguien** jdn auf den Arm nehmen; **pegársela al marido/a la mujer** fremdgehen; **~se un tiro** sich erschießen

pegatina [peɣa'tina] *f* Aufkleber *m*

peinado [pei̯'naðo] *m* Frisur *f*

peinar(se) [pei̯'nar(se)] *vt, vr* (sich) kämmen

peine ['pei̯ne] *m* Kamm *m*

p.ej. [por e'xemplo] *abr de* **por ejemplo** z. B.

pelado, -a [pe'laðo] *adj* kahl (geschoren); (*Am: fam*) knapp bei Kasse

pelar [pe'lar] **I.** *vt* **1.** schneiden; (*rapar*) scheren; (*frutas*) schälen **2.** (*difícil*): **duro de ~** ein harter Brocken **3.** (*Am: argot*) verprügeln **II.** *vi* (*fam*): **hace un frío que pela** es ist saukalt **III.** *vr:* **~se 1.** (*el pelo*) sich *dat* die Haare schneiden lassen **2.** (*la piel*) sich schälen **3.** (*vulg*): **pelársela** sich *dat* einen runterholen **4.** (*fam: loc*): **corre que se las pela** er/sie rennt wie der Teufel

peldaño [pel'daɲo] *m* (Treppen)stufe *f*

pelea [pe'lea] *f* Streit *m;* (*lucha: personas*) Schlägerei *f;* (*animales*) Kampf *m*

pelear [pele'ar] **I.** *vi* kämpfen; (*dis-*

cutir) streiten II. *vr:* ~se 1. sich
streiten *(por* um *+akk)* 2. *(con violencia)* sich prügeln *(por* um *+akk)*
3. *(enemistarse)* sich zerstreiten
pelele [pe'lele] *m* (Stroh)puppe *f;*
(fam) Hampelmann *m*
pelicano [peli'kano] *m,* pelícano
[pe'likano] *m* Pelikan *m*
película [pe'likula] *f* Film *m;* ~ en
blanco y negro Schwarzweißfilm *m*
peligro [pe'liɣro] *m* Gefahr *f;* ~ de
incendio Brandgefahr *f;* correr
(un gran) ~ in (großer) Gefahr sein;
fuera de ~ außer Gefahr; poner en
~ gefährden
peligroso, -a [peli'ɣroso] *adj* gefährlich
pelillo [pe'liʎo] *m:* ¡~s a la mar!
Schwamm drüber!
pelirrojo, -a [peli'rroxo] *adj* rothaarig
pellejo [pe'ʎexo] *m* Fell *nt;* *(de persona)* Haut *f;* arriesgarse el ~ Kopf
und Kragen riskieren; quitar el ~ a
alguien über jdn lästern
pellizcar [peʎiθ'kar] <c → qu> I. *vt*
kneifen; *(fam)* abzwacken II. *vr:*
~se sich *dat* einklemmen
pellizco [pe'ʎiθko] *m* 1. Kneifen *nt;*
dar un ~ a alguien jdn kneifen
2. *(poquito)* Stückchen *nt;* *(de sal)*
Prise *f*
pelma ['pelma] *m* *(fam),* pelmazo
[pel'maθo] *m* *(fam)* Nervensäge *f*
pelo ['pelo] *m* 1. Haar *nt;* *(de animal)*
Fell *nt;* tener el ~ rubio blondes
Haar haben; tomarle el ~ a alguien
jdn auf den Arm nehmen 2. *(loc,
fam):* a ~ ohne Kopfbedeckung; venir al ~ sehr gelegen kommen; sin
venir al ~ völlig unangebracht
pelota¹ [pe'lota] *f* 1. *(balón)* Ball *m*
2. *pl* *(vulg: testículos)* Eier *ntpl;* tocar las ~s auf die Eier gehen 3. *(argot: loc):* en ~s splitter(faser)nackt;
dejar a alguien en ~s jdn völlig aus-

nehmen; hacer la ~ a alguien bei
jdm schleimen
pelota² [pe'lota] *m* *(fam)* Schleimer
m
pelotera [pelo'tera] *f* *(fam)* Auseinandersetzung *f*
pelotudo, -a [pelo'tuðo] I. *adj*
(CSur: vulg) saublöd *fam* II. *m, f*
(CSur: vulg) Vollidiot(in) *m(f)*
peluca [pe'luka] *f* Perücke *f;* usar ~
eine Perücke tragen
peluche [pe'lutʃe] *m* Plüschtier *nt*
peludo, -a [pe'luðo] *adj* stark behaart; *(con una barba)* bärtig
peluquería [peluke'ria] *f* Friseursalon
m; ~ de señoras/señores Da-
men-/Herrensalon *m;* ir a la ~
zum Friseur gehen
peluquero, -a [pelu'kero] *m, f* Friseur, -euse *m, f*
pelusa [pe'lusa] *f* 1. *(vello)* Flaum *m;*
(tejido) Flor *m* 2. *(de polvo)* Staub-
fussel *f* 3. *(envidia)* Neid *m;* sentir
~ neidisch sein
pelvis ['pelβis] *f inv* (ANAT) Becken *nt*
pena ['pena] *f* 1. *(tristeza)* Kummer
m 2. ser una ~ schade sein; ¡qué
~! schade! 3. *(sanción)* Strafe *f*
4. *(dificultad)* Mühsal *f;* a duras ~s
mit Mühe und Not; valer la ~ sich
lohnen 5. *(Am)* Scham *f;* tener ~
sich schämen
penal [pe'nal] *adj* Straf-; antecedentes ~es Vorstrafen *fpl;* código ~
Strafgesetzbuch *nt*
penalizar [penali'θar] <z → c> *vt* bestrafen
penalti [pe'nalti] *m* 1. Foul *nt;* área
de ~s Strafraum *m* 2. *(sanción)* Elf-
meter *m* 3. *(loc, fam):* casarse de ~
heiraten müssen, weil die Frau
schwanger ist
penar [pe'nar] I. *vt* 1. *(castigar)* bestrafen 2. *(prever la ley)* unter Strafe
stellen II. *vi* 1. *(padecer)* leiden

2. (*ansiar*) sich sehnen (*por* nach +*dat*)

pender [pen'der] *vi* hängen (*de/en* an +*dat*); (JUR) abhängen (*ante* von +*dat*)

pendiente[1] [pen'djente] **I.** *adj* **1.** steigend; (*hacia abajo*) fallend **2.** (*asunto*) offen; (*trabajo*) unerledigt; **una cuenta ~ de pago** eine fällige Rechnung **II.** *m* Ohrring *m*

pendiente[2] [pen'djente] *f* Abhang *m*

péndulo ['pendulo] *m* Pendel *nt*

pene ['pene] *m* Penis *m*

penetrante [pene'trante] *adj* **1.** tief gehend; (*dolor*) stark **2.** (*frío*) beißend; (*hedor*) penetrant

penetrar [pene'trar] **I.** *vi* eindringen (*en/entre/por* in +*akk*) **II.** *vt* durchdringen

penicilina [peniθi'lina] *f* Penizillin *nt*

península [pe'ninsula] *f* Halbinsel *f*

penitencia [peni'tenθja] *f* Sühne *f*; (REL) Buße *f*; **hacer ~** Buße tun

penitenciario, -a [peniten'θjarjo] *adj* (*relativo a la penitencia*) Straf-; **sistema ~** Strafsystem *nt*

penoso, -a [pe'noso] *adj* **1.** (*arduo*) heikel **2.** (*dificultoso*) mühselig **3.** (*con pena*) traurig **4.** (*Am*) scheu

pensado, -a [pen'saðo] *adj* **1.** überdacht; **lo tengo bien ~** ich habe mir das genau überlegt; **tener ~ hacer algo** vorhaben etw zu tun **2.** (*persona*): **ser un mal ~** immer gleich das Schlimmste vermuten

pensamiento [pensa'mjento] *m* **1.** (*objeto*) Gedanke *m* **2.** (BOT) Stiefmütterchen *nt*

pensar [pen'sar] <e → ie> **I.** *vi, vt* **1.** denken (*en* an +*akk*); (*considerar*) bedenken; **¡ni ~lo!** nicht im Traum! **2.** (*reflexionar*) nachdenken; **pensándolo bien** bei genauerer Betrachtung **II.** *vi* (sich) denken können; (*suponer*) annehmen **III.** *vt*

vorhaben; (*tramar*) sich *dat* ausdenken

pensativo, -a [pensa'tiβo] *adj* nachdenklich

pensión [pen'sjon] *f* **1.** (Alters)rente *f*; **~ de viudez** Witwenrente *f* **2.** (*para huéspedes*) Pension *f*; **~ completa** Vollpension *f*

pensionista [pensjo'nista] *mf* Rentner(in) *m(f)*

pentágono [pen'tayono] *m* Fünfeck *nt*

pentagrama [penta'yrama] *m* Notenlinien *fpl*

Pentecostés [pentekos'tes] *m* Pfingsten *nt*

penúltimo, -a [pe'nultimo] *adj* vorletzte(r, s)

penumbra [pe'numbra] *f* Halbdunkel *nt*; (ASTR) Halbschatten *m*

penuria [pe'nurja] *f* **1.** Mangel *m*; **pasar muchas ~s** viel durchmachen **2.** (*pobreza*) Armut *f*

peña ['pena] *f* **1.** Fels(en) *m* **2.** (*tertulia*) Stammtisch *m*; (*de jóvenes*) Clique *f*

peñasco [pe'nasko] *m* Felsblock *m*

peñón [pe'non] *m*: **el Peñón** Gibraltar *nt*

peón [pe'on] *m* **1.** (*obrero*) Hilfsarbeiter *m* **2.** (*en juegos*) Stein *m*; **~ de ajedrez** Bauer *m* **3.** (*juguete*) Brummkreisel *m*

peonza [pe'onθa] *f* (*juguete*) Kreisel *m*

peor [pe'or] *adv o adj compar de* **mal(o)** schlechter; (*condición*) schlimmer; **el ~ de la clase** der Schlechteste in der Klasse; **~ es nada** besser als gar nichts

pepinillo [pepi'niʎo] *m* Essiggurke *f*

pepino [pe'pino] *m* Gurke *f*

pepita [pe'pita] *f* Kern *m*

pequeñez [peke'neθ] *f* Kleinigkeit *f*

pequeño, -a [pe'keno] *adj* klein

pequinés, -esa |peki'nes| *adj* Pekinger

per cápita |per 'kapita| *adv:* **consumo ~** Pro-Kopf-Verbrauch *m*

pera |'pera| *f* Birne *f*

percance |per'kanθe| *m* Zwischenfall *m*

percatarse |perka'tarse| *vr* merken (*de* +*akk*)

percepción |perθeβ'θjon| *f* 1. (*acción*) Wahrnehmung *f;* **~ de(l) riesgo** Risikowahrnehmung *f* 2. (*idea*) Gedanke *m;* (*impresión*) Eindruck *m*

percha |'pertʃa| *f* Kleiderbügel *m*

perchero |per'tʃero| *m* Garderobe *f*

percibir |perθi'βir| *vt* 1. (*notar*) wahrnehmen 2. (*darse cuenta*) sehen 3. (*cobrar*) beziehen

percusión |perku'sjon| *f* Percussion *f;* **instrumento de ~** Schlaginstrument *nt*

perder |per'ðer| <e → ie> **I.** *vt* 1. verlieren; **~ la cuenta** sich verrechnen 2. (*malgastar*) vergeuden 3. (*peso*) abnehmen 4. (*tren*) verpassen; **~ el curso** das Schuljahr wiederholen müssen 5. (*ocasionar daños*) zerstören; **el juego le ~á** das Spiel wird ihn noch ins Unglück stürzen **II.** *vi* 1. verlieren; **Portugal perdió por 1 a 2 frente a Italia** Portugal verlor 1 zu 2 gegen Italien; **tener buen ~** ein guter Verlierer sein 2. (*decaer*) einbüßen (*en* an +*dat*); **por mi profesión he perdido mucho en salud** durch meinen Beruf habe ich meine Gesundheit vernachlässigt **III.** *vr:* **~se** 1. (*extraviarse*) abhandenkommen; **¿qué se le habrá perdido por allí?** (*fig*) was hat er/sie dort bloß verloren? 2. (*por el camino*) sich verlaufen (*en/por* in +*dat*) 3. (*desaparecer*) verschwinden 4. (*ocasión*)

verpassen; **si no te vienes, tú te lo pierdes** wenn du nicht mitkommst, bist du selbst schuld 5. (*exceso*) (*ganz*) verrückt sein (*por* nach +*dat*)

pérdida |'perðiða| *f* Verlust *m;* **~ de cabellos** Haarausfall *m;* **esto es una ~ de tiempo** das ist reine Zeitverschwendung; **es fácil de encontrar, no tiene ~** es ist leicht zu finden, man kann es gar nicht verfehlen

perdido, -a |per'ðiðo| *adj* 1. verloren; **dar a alguien por ~** jdn für vermisst erklären; **estar ~** in einer ausweglosen Lage sein 2. (*vicioso, sin salida*) hoffnungslos; **estar loco ~** (*fam*) vollkommen verrückt sein 3. (*loc, fam*): **poner algo ~** etw ganz dreckig machen

perdiz |per'ðiθ| *f* Rebhuhn *nt*

perdón |per'ðon| *m* 1. Verzeihung *f;* (*de pecados*) Vergebung *f* 2. (*indulto*) Begnadigung *f* 3. (*disculpa*): **¡~!** Entschuldigung!; **¿~?** (wie) bitte?; **¡con ~!** Verzeihung, darf ich?; **pedir ~ a alguien** jdn um Verzeihung bitten

perdonar |perðo'nar| *vt* verzeihen; (*pecado*) vergeben; (*pena*) erlassen; **no te perdono** ich verzeihe dir nicht; **perdona que te interrumpa** entschuldige, dass ich dich unterbreche

perdurar |perðu'rar| *vi* 1. (*todavía*) anhalten 2. (*indefinidamente*) Bestand haben; **su recuerdo ~á para siempre entre nosotros** er/sie wird uns für immer in Erinnerung bleiben

perecedero, -a |pereθe'ðero| *adj* leicht verderblich

perecer |pere'θer| *irr como crecer vi* ums Leben kommen

peregrinación |pereɣrina'θjon| *f* (REL) Wallfahrt *f;* **ir en ~** pilgern

peregrinar [pereɣri'nar] *vi* pilgern

peregrino, -a [pere'ɣrino] *m, f* Pilger(in) *m(f)*

perejil [pere'xil] *m* Petersilie *f*

pereza [pe'reθa] *f* Faulheit *f*

perezoso, -a [pere'θoso] *adj* faul

perfección [perfeᵞ'θjon] *f* Vollkommenheit *f;* **hacer algo a la ~** etw perfekt tun

perfeccionamiento [perfeᵞθjona'mjeṇto] *m* Vervollkommnung *f*, Perfektionierung *f;* (*profesional*) Fortbildung *f*

perfeccionar [perfeᵞθjo'nar] *vt* vervollkommnen

perfecto, -a [per'fekto] *adj* **1.** *ser* perfekt; **nadie es ~** nobody is perfect; **eres un ~ idiota** du bist ein Vollidiot **2.** *estar* einwandfrei **3.** **pretérito ~** Perfekt *nt*

perfil [per'fil] *m* Profil *nt;* (*de personalidad*) Grundzug *m;* **el ~ del candidato** das Anforderungsprofil des Bewerbers

perforar [perfo'rar] *vt* durchstechen; (*papel*) lochen; (*para decorar*) perforieren

perfume [per'fume] *m* Parfüm *nt*

pericial [peri'θjal] *adj* sachkundig; **informe ~** Sachverständigengutachten *nt*

periferia [peri'ferja] *f* Stadtrand *m*

perilla [pe'riʎa] *f* Kinnbart *m*

perímetro [pe'rimetro] *m* Umfang *m*

periódico¹ [pe'rjoðiko] *m* Zeitung *f*

periódico, -a² [pe'rjoðiko] *adj* regelmäßig; **sistema ~** Periodensystem *nt*

periodismo [perjo'ðismo] *m* Journalismus *m*

periodista [perjo'ðista] *mf* Journalist(in) *m(f)*

periodo [pe'rjoðo] *m*, **período** [pe'rioðo] *m* **1.** (*tiempo*) Zeitraum *m;* **~ de prueba** Probezeit *f* **2.** (*época*) Zeit *f;* **~ glacial** Eiszeit *f* **3.** (*menstruación, t.* MAT) Periode *f*

periquete [peri'kete] *m:* **estoy lista en un ~** ich bin gleich fertig

periquito [peri'kito] *m* Wellensittich *m*

periscopio [peris'kopjo] *m* Fernrohr *nt*

perito, -a [pe'rito] *m, f* Sachverständige(r) *f(m)*

perjudicar [perxuði'kar] <c → qu> **I.** *vt* **1.** schaden +*dat*, beschädigen **2.** (*causar desventaja*) benachteiligen **II.** *vr:* **~se** sich *dat* (selbst) schaden

perjudicial [perxuði'θjal] *adj* **1.** schädlich (*a/para* für +*akk*); **~ para la salud** gesundheitsschädlich **2.** (*desventajoso*) nachteilig (*a/para* für +*akk*)

perjuicio [per'xwiθjo] *m* **1.** (*daño*) Schaden *m* (*a* an +*dat*); (*de imagen*) Schädigung *f;* (*de objeto*) Beschädigung *f* **2.** (*detrimento*) Nachteil *m;* **ir en ~ de alguien** jdm zum Nachteil gereichen

perjurio [per'xurjo] *m* Meineid *m;* (*faltar al juramento*) Eidbruch *m*

perla ['perla] *f* Perle *f;* **~ cultivada** Zuchtperle *f*

permanecer [permane'θer] *irr como crecer vi* **1.** (*estar*): **~ quieto** stehen bleiben **2.** (*seguir*): **~ sentado** sitzen bleiben

permanencia [perma'nenθja] *f* **1.** (*estancia*) Aufenthalt *m;* (*duración*) Dauerhaftigkeit *f* **2.** (*persistencia*) Beständigkeit *f*

permanente [perma'nente] **I.** *adj* ständig; (*relación*) dauerhaft **II.** *f* Dauerwelle *f*

permeable [perme'aβle] *adj* durchlässig; **~ al agua** wasserdurchlässig

permiso [per'miso] *m* **1.** Erlaubnis *f;* **~ de trabajo** Arbeitserlaubnis *f;* **pe-**

dir ~ **a alguien** jdn um Erlaubnis
bitten **2.** (*licencia*) Schein *m;* ~ **de
conducir** Führerschein *m* **3.** (*vacaciones*) Urlaub *m;* **pedir** ~ Urlaub
beantragen; **estar de** ~ (MIL) auf Urlaub sein

permitir [permi'tir] **I.** *vt* **1.** erlauben;
¿**me permite pasar?** darf ich bitte
durch?; **no está permitido fumar**
Rauchen ist verboten **2.** (*autorizar*)
genehmigen **3.** (*tolerar*) zulassen;
**no permito que me levantes la
voz** diesen Ton lasse ich mir nicht
gefallen **II.** *vr:* ~**se** sich *dat* erlauben

pernoctar [pernok'tar] *vi* übernachten

pero ['pero] **I.** *conj* aber; (*sin embargo*) jedoch; ¿~ **qué es lo que
quieres?** was willst du eigentlich?
II. *m* Aber *nt;* **el proyecto tiene
sus** ~**s** das Projekt hat so seine Tücken; ¡**no hay** ~ **que valga!** keine
Widerrede!; **poner** ~**s a todo** an allem etwas auszusetzen haben

peroné [pero'ne] *m* Wadenbein *nt*

perpetuo, -a [per'petwo] *adj* fortwährend; (*vitalicio*) lebenslänglich

perplejo, -a [per'plexo] *adj* verwirrt

perra ['perra] *f* **1.** (ZOOL) Hündin *f*
2. (*obstinación*) Fimmel *m fam*
3. (*fam*) Wutanfall *m;* **coger una**
~ einen Wutanfall bekommen

perrera [pe'rrera] *f* (*casa*) Hundehütte *f;* (*edificio*) Hundezwinger *m*

perro[1] ['perro] *m* (*t. pey*) Hund *m;*
~ **callejero** Promenadenmischung
f; **humor de** ~**s** Hundslaune *f;*
tiempo de ~**s** Hundewetter *nt;* **ser**
~ **viejo** ein alter Hase sein

perro, -a[2] ['perro] *adj* gemein; **llevar
una vida perra** ein Hundeleben führen

persa ['persa] *adj* persisch

persecución [perseku'θjon] *f* Verfolgung *f*

perseguir [perse'ɣir] *irr como seguir*
vt verfolgen

perseverante [perseβe'rante] *adj*
1. (*insistente*) beharrlich **2.** (*constante*) ausdauernd

perseverar [perseβe'rar] *vi* beharren
(*en* auf +*dat*); ~ **en algo** bei etw *dat*
nicht aufgeben

Persia ['persja] *f* Persien *nt*

persiana [per'sjana] *f* Rollladen *m*

persignarse [persiɣ'narse] *vr* sich bekreuzigen

persistencia [persis'tenθja] *f* **1.** (*insistencia*) Beharrlichkeit *f* **2.** (*perduración*) Anhalten *nt* **3.** (*en trabajo, actividad*) Ausdauer *f*

persistente [persis'tente] *adj* beharrlich; (*acción*) anhaltend

persistir [persis'tir] *vi* beharren (*en*
auf +*dat*); (*perdurar*) anhalten

persona [per'sona] *f* Person *f;* ~ **de
contacto** Ansprechpartner *m;* **en** ~
persönlich; **ser buena/mala** ~ ein
guter/böser Mensch sein

personaje [perso'naxe] *m* Persönlichkeit *f;* (TEAT) Person *f*

personal [perso'nal] **I.** *adj* persönlich; **datos** ~**es** Personalien *fpl;* **pronombre** ~ Personalpronomen *nt*
II. *m* Personal *nt,* Belegschaft *f;*
~ **de a bordo** (AERO) Flugzeugbesatzung *f;* ~ **docente** Lehrkräfte *fpl*

personalidad [personali'ðaˀ] *f* Persönlichkeit *f*

personalizable [personali'θaβle] *adj*
(*t.* INFOR) personalisierbar; **productos** ~**s** (INFOR) personalisierbare Produkte

personarse [perso'narse] *vr* persönlich erscheinen (*en* bei +*dat*); ~ **en
juicio** vor Gericht erscheinen

personificar [personifi'kar] <c →
qu> *vt* verkörpern

perspectiva [perspek'tiβa] *f* **1.** Perspektive *f* **2.** (*vista*) Anblick *m*

3. *pl* (*posibilidad*) Aussichten *fpl* **4.** (*distancia*): **aún no disponemos de la ~ adecuada para valorar este periodo** wir haben noch nicht die nötige Distanz, um diese Periode zu beurteilen

persuadir [perswa'ðir] I. *vt* überreden; (*convencer*) überzeugen II. *vr*: **~se** sich überzeugen

persuasión [perswa'sjon] *f* **1.** (*acto*) Überredung *f;* **emplear todo su poder de ~** seine ganze Überredungskunst aufbieten **2.** (*convencimiento*) Überzeugung *f*

pertenecer [pertene'θer] *irr como crecer vi* gehören (*a* +*dat*)

perteneciente [pertene'θjente] *adj* (da)zugehörig; **los países ~s a la ONU** die Mitglied(s)staaten der UNO

pertinente [perti'nente] *adj:* **en lo ~ a...** was ... betrifft

perturbado, -a [pertur'βaðo] *m, f:* **~ (mental)** Geistesgestörte(r) *m*

perturbar [pertur'βar] *vt* stören; (*confundir*) verwirren; (*alterar*) aus der Ruhe bringen

Perú [pe'ru] *m* Peru *nt*

peruano, -a [pe'rwano] *adj* peruanisch

perversidad [perβersi'ðaˀ] *f* Bösartigkeit *f*

perversión [perβer'sjon] *f:* **~ de menores** Verführung von Minderjährigen

perverso, -a [per'βerso] *adj* böse; (*moral*) verkommen; (*sexual*) pervers

pervertido, -a [perβer'tiβo] *adj* pervers

pesa ['pesa] *f* Hantel *f;* **levantamiento de ~s** Gewichtheben *nt*

pesadez [pesa'ðeθ] *f* **1.** (*de objeto*) Schwere *f* **2.** (*de movimiento*) Schwerfälligkeit *f* **3.** (*de tarea*) Lästigkeit *f*

pesadilla [pesa'ðiʎa] *f* Alptraum *m*

pesado, -a [pe'saðo] *adj* **1.** schwer; **tengo el estómago ~** das Essen liegt mir schwer im Magen **2.** (*lento*) schwerfällig **3.** (*molesto*) lästig **4.** (*duro*) mühsam

pésame ['pesame] *m* Beileid *nt;* **dar el ~** sein Beileid aussprechen

pesar [pe'sar] I. *vi* **1.** wiegen; **esta caja pesa mucho** diese Kiste ist sehr schwer **2.** (*cargo*) (schwer) lasten (auf +*dat*); (*problemas*) belasten +*akk* **3.** (*hipoteca*) lasten (*sobre* auf +*dat*) II. *vt* **1.** wiegen **2.** (*ventajas*) abwägen **3.** (*disgustar*): **me pesa haberte mentido** ich bedauere es, dich belogen zu haben; **pese a que...** obwohl ... III. *m* **1.** (*pena*) Kummer *m;* **muy a ~ mío** zu meinem großen Bedauern **2.** (*remordimiento*) Gewissensbisse *mpl* **3.** (*loc*): **a ~ de...** trotz ... +*gen;* **a ~ de todo lo quiere intentar** er/sie will es trotz allem versuchen

pesca ['peska] *f* **1.** Fischfang *m;* **ir de ~** auf Fischfang gehen **2.** (*oficio, industria*) Fischerei *f* **3.** (*captura*) Fang *m*

pescadería [peskaðe'ria] *f* Fischgeschäft *nt*

pescado [pes'kaðo] *m* Fisch *m*

pescador(a) [peska'ðor] *m(f)* Fischer(in) *m(f)*

pescar [pes'kar] <c → qu> *vt* angeln

pescuezo [pes'kweθo] *m* Nacken *m*

pese ['pese] *adv:* **~ a** trotz +*gen*

pesebre [pe'seβre] *m* Krippe *f*

peseta [pe'seta] *f* (HIST) Pesete *f*

pesimismo [pesi'mismo] *m* Pessimismus *m*

pesimista [pesi'mista] *adj* pessimistisch

pésimo, -a ['pesimo] *adj* sehr schlecht

peso ['peso] *m* **1.** Gewicht *nt;* **co-**

ger/perder ~ zu-/abnehmen **2.** (*pesadez*) Schwere *f;* **tener ~ en las piernas** schwere Beine haben **3.** (*importancia*) Bedeutung *f;* **tener una razón de** ~ einen gewichtigen Grund haben **4.** (*carga*) Last *f;* **llevar el ~ de algo** die Verantwortung für etw tragen

pesquisa [pes'kisa] *f* Nachforschung *f;* (*de la policía*) Ermittlung *f;* **hacer ~s** Nachforschungen anstellen

pestaña [pes'taɲa] *f* Wimper *f*

peste ['peste] *f* **1.** (MED) Pest *f* **2.** (*olor*) Gestank *m* **3.** (*plaga*) Plage *f* **4.** (*loc*): **echar ~s de alguien** jdn schlechtmachen

pestillo [pes'tiʎo] *m* Riegel *m;* (*tirador*) (Tür)klinke *f;* **echar el ~** die Tür verriegeln

petaca [pe'taka] *f* **1.** (*para tabaco*) Tabakbeutel *m* **2.** (*Am*) Lederkoffer *m;* (*baúl*) Schrankkoffer *m*

pétalo ['petalo] *m* Blütenblatt *nt*

petardo [pe'tarðo] *m* **1.** Böller *m;* **tirar ~s** böllern **2.** (*loc*): **alguien es un ~** jd ist hässlich wie die Nacht

petate [pe'tate] *m* (*de soldado*) Gepäck *nt;* (*de marinero*) Seesack *m;* **liar el ~** (*fig*) sein Bündel schnüren

petición [peti'θjon] *f* **1.** Bitte *f;* (*formal*) Ersuchen *nt;* **a ~ de...** auf Ersuchen von ... **2.** (*escrito*) Gesuch *nt* **3.** (*solicitud*) Antrag *m*

petiso, -a [pe'tiso] I. *adj* (*Arg, Urug*) **1.** (*pequeño*) klein; (*muy pequeño*) winzig **2.** (*enano*) kleinwüchsig II. *m, f* kleinwüchsige Person *f*

peto ['peto] *m* Latz *m*

petróleo [pe'troleo] *m* (Erd)öl *nt*

peyorativo, -a [peɟora'tiβo] *adj* abwertend

pez [peθ] *m* Fisch *m*

pezón [pe'θon] *m* **1.** (BOT) Stiel *m* **2.** (*de mujer*) Brustwarze *f* **3.** (*de animal*) Zitze *f*

pezuña [pe'θuɲa] *f* **1.** Klaue *f;* (*de caballo*) Huf *m* **2.** *pl* (*fam*) Quanten *pl*

piadoso, -a [pja'ðoso] *adj* **1.** barmherzig; (*bondadoso*) gutherzig **2.** (*devoto*) fromm

pialar [pja'lar] *vt* (*Am*) mit dem Lasso einfangen

pianista [pja'nista] *mf* Pianist(in) *m(f)*

piano [pi'ano] *m* Klavier *nt;* ~ **de cola** Flügel *m*

piar [pi'ar] <1. *pres:* pío> *vi* piep(s)en

PIB [pei'βe] *m abr de* **Producto Interior Bruto** BIP *nt*

picada [pi'kaða] *f* **1.** (*de avispa*) Stich *m;* (*de serpiente*) Biss *m;* (*de pez*) Anbiss *m* **2.** (*CSur: tapas*) Häppchen *nt*

picadero [pika'ðero] *m* Reitschule *f*

picadillo [pika'ðiʎo] *m* Hackfleisch *nt;* (GASTR) Haschee *nt*

picadura [pika'ðura] *f* Stich *m;* (*de serpiente*) Biss *m*

picante [pi'kante] *adj* pikant

picaporte [pika'porte] *m* Türklopfer *m;* (*tirador*) Türklinke *f*

picar [pi'kar] <c → qu> I. *vi* **1.** (*ojos*) brennen **2.** (*pimienta*) scharf sein **3.** (*pez*) anbeißen *fam* **4.** (*de la comida*) kleine Mengen essen **5.** (*tener picazón*) jucken; **me pica la espalda** es juckt mich am Rücken **6.** (*loc*): ~ **muy alto** hoch hinaus wollen II. *vt* **1.** (*con punzón*) stechen **2.** (*sacar*): ~ **una oliva de la lata** eine Olive aus der Dose picken **3.** (*insecto*) stechen; (*serpiente*) beißen **4.** (*ave*) picken **5.** (*desmenuzar*) zerkleinern; **carne picada** Hackfleisch *nt* **6.** (*ofender*) verletzen; **¿qué mosca te ha picado?** welche Laus ist dir über die Leber gelaufen? **7.** (*incitar*) anspornen III. *vr:* ~**se 1.** (*muela*) faul werden; (*vino*) einen

Stich bekommen **2.** (*mar*) kabbelig werden **3.** (*ofenderse*) gekränkt sein; ~**se por nada** schnell beleidigt sein **4.** (*Am*) sich betrinken

picardía [pikar'ðia] *f* **1.** (*malicia*) Verschmitztheit *f;* **lo dije con ~** ich habe mir meinen Teil gedacht, als ich das sagte **2.** (*travesura*) Streich *m* **3.** (*broma*) Spaß *m*

picaresco, -a [pika'resko] *adj* schelmisch

pícaro, -a ['pikaro] *adj* betrügerisch; (*astuto*) schelmisch

picatoste [pika'toste] *m* geröstetes Brot *nt*

picazón [pika'θon] *f* Jucken *nt*

picha ['pitʃa] *f* (*vulg*) Schwanz *m fam*

pichín [pi'tʃin] *m* (*CSur: fam: pipí*) Pipi *nt*

picnic ['piɣniⁱ] *m* Picknick *nt*

pico ['piko] *m* **1.** (*pájaro*) Specht *m* **2.** (*del pájaro*) Schnabel *m* **3.** (*fig: boca*) Mund *m;* ~ **de oro** ausgezeichneter Redner; **alguien se fue del ~** jd hat sich verplappert **4.** (*herramienta*) Spitzhacke *f* **5.** (*montaña*) Spitze *f* **6.** (*loc*): **llegar a las cuatro y ~** um kurz nach vier kommen

picor [pi'kor] *m* Jucken *nt*

picotear [pikote'ar] *vi* ≈knabbern

pie [pje] *m* **1.** Fuß *m;* ~**s planos** Plattfüße *m pl;* ¿**qué ~ calza Ud.?** welche Schuhgröße haben Sie?; **al ~ del árbol** am Baumstamm; **quedarse de ~** stehen bleiben; **estar de ~** stehen; **ponerse de ~** aufstehen; **parar los ~s** zur Räson bringen **2.** (TIPO): ~ **de página** Fußzeile *f* **3.** (*loc*): **de a ~** normal

piedad [pje'ðaᵒ] *f* **1.** Frömmigkeit *f;* ¡**ten ~ de nosotros!** erbarme dich unser! **2.** (*loc*): **monte de ~** Pfandhaus *nt*

piedra ['pjeðra] *f* **1.** Stein *m;*

~ **pómez** Bimsstein *m;* ~ **preciosa** Edelstein *m;* **edad de ~** Steinzeit *f* **2.** (*granizo*) Hagel *m*

piel [pjel] *f* **1.** (*de persona*) Haut *f* **2.** (*de animal*) Pelz *m;* (*cuero*) Leder *nt* **3.** (*de fruta*) Schale *f*

pienso ['pjenso] *m* Futter *nt;* ~ **completo** Fertigfutter *nt*

pierna ['pjerna] *f* Bein *nt;* ~ **ortopédica** Beinprothese *f*

pieza ['pjeθa] *f* **1.** Stück *nt*, Teil *nt;* (*reproducción*) Exemplar *nt;* ~ **de recambio** Ersatzteil *nt;* ~ **suelta** Einzelteil *nt;* ~ **por ~** Stück für Stück; ¡**menuda ~ está hecho ese!** das ist mir ein sauberer Vogel! **2.** (*caza*) Stück *nt* Wild; (*pesca*) Fisch *m* **3.** (TEAT) Stück *nt* **4.** (*Am*) Zimmer *nt*

pigmento [piɣ'mento] *m* (BIOL) Pigment *nt*, Farbstoff *m*

pignorar [piɣno'rar] *vt* verpfänden

pijada [pi'xaða] *f* (*argot*) Blödsinn *m;* ¡**eso son ~s!** das ist doch ausgemachter Blödsinn!

pijama [pi'xama] *m* Schlafanzug *m*

pijo, -a ['pixo] *m, f* (*argot*) Yuppie *m*

pila ['pila] *f* **1.** (Spül)becken *nt;* (*bautismal*) Taufbecken *nt;* **nombre de** ~ Taufname *m* **2.** (FÍS) Batterie *f;* ~ **reversible** Akku(mulator)batterie *f* **3.** (*montón*) Stapel *m;* **una ~ de libros** ein Stapel Bücher

pilar [pi'lar] *m* **1.** (*camino*) Wegweiser *m* **2.** (*columna*) Säule *f*

píldora ['pildora] *f* Pille *f;* **la ~** (**anticonceptiva**) die (Antibaby)pille

pillar [pi'ʎar] *vt* **1.** antreffen; **tu casa nos pilla de camino** dein Haus liegt für uns auf dem Weg **2.** (*atropellar*) überfahren **3.** (*entender*) verstehen **4.** (*robar*) rauben

pillastre [pi'ʎastre] *m* (*fam*) Gauner *m*

pillín, -ina [pi'ʎin] *adj* schlau

pillo, -a ['piʎo] **I.** *adj* (*fam*) schlau **II.** *m, f* (*fam*) Gauner(in) *m(f)*

pilotar [pilo'tar] *vt* steuern

piloto [pi'loto] **I.** *mf* **1.** (NÁUT) Steuermann *m*, Lotse, -in *m, f* **2.** (AERO) Pilot(in) *m(f)*; **poner el ~ automático** den Autopiloten einschalten **3.** (AUTO) Fahrer(in) *m(f)*; **~ de carreras** Rennfahrer(in) *m(f)* **II.** *adj* (*de prueba*) Pilotversuch *m*

pimentón [pimen'ton] *m* Paprika *m*

pimienta [pi'mjenta] *f* Pfeffer *m*

pimiento [pi'mjento] *m* Paprika *m*

pinacoteca [pinako'teka] *f* Pinakothek *f*

pincel [pin'θel] *m* Pinsel *m*

pinchar [pin'tʃar] **I.** *vi* **1.** (*rueda*) einen Platten haben **2.** (*fracasar*) versagen **II.** *vt* **1.** (*alfiler*) stechen **2.** (*estimular*) aufreizen **3.** (*inyección*) eine Spritze geben +*dat* **4.** (*teléfono*) anzapfen **III.** *vr*: **~se** **1.** (*alfiler*) sich stechen **2. se nos ha pinchado una rueda** wir haben einen Platten *fam* **3.** (*insulina*) sich *dat* spritzen

pinchazo [pin'tʃaθo] *m* **1.** Stich *m*; **me dieron unos ~s insoportables en el estómago** ich spürte heftige Stiche im Magen **2.** (*neumático*) Reifenpanne *f*; **tuvimos un ~ tras la curva** nach der Kurve hatten wir einen Platten *fam*

pinche ['pintʃe] *mf* Küchenhilfe *f*

pinchito [pin'tʃito] *m* Snack *m*

pincho ['pintʃo] *m* **1.** Stachel *m*; (*rosa*) Dorn *m* **2.** *v.* **pinchito**

pingo ['piŋgo] *m* **1.** (*fam: harapo*) Fetzen *m* **2.** (*fam pey: mujer*) Schlampe *f* **3.** (*CSur: caballo*) Pferd *nt*

ping-pong [piŋ'pon] *m* Tischtennis *nt*

pingüino [piŋ'gwino] *m* Pinguin *m*

pino ['pino] *m* **1.** Kiefer *f*; **~ piño-** **nero** Pinie *f* **2.** (*loc*): **hacer el ~** einen Handstand machen; **vivir en el quinto ~** sehr weit weg wohnen

pinta ['pinta] *f* **1.** (*mancha*) Flecken *m*; (*animal*) Tüpfel *m o nt*; **a ~s** getupft **2.** (*fam: aspecto*) Aussehen *nt*; **tener ~ de caro** teuer aussehen; **tener buena ~** (GASTR) lecker aussehen; (*persona*) gut aussehen

pintado, -a [pin'taðo] *adj* gesprenkelt; **papel ~** Tapete *f*

pintalabios [pinta'laβjos] *m* Lippenstift *m*

pintar [pin'tar] **I.** *vi* malen **II.** *vt* **1.** (*pared*) (an)streichen; (*con dibujos*) bemalen; **~ de azul** blau (an)streichen; **¡recién pintado!** frisch gestrichen! **2.** (*cuadro*) malen; **¿qué pinta ese aquí?** (*fig*) was hat der denn hier zu suchen? **III.** *vr*: **~se** sich schminken

pinto, -a ['pinto] *adj* gesprenkelt

pintor(a) [pin'tor] *m(f)* Maler(in) *m(f)*

pintoresco, -a [pinto'resko] *adj* malerisch

pintura [pin'tura] *f* **1.** (*arte*) Malerei *f*; **~ al óleo** Ölmalerei *f* **2.** (*cuadro*) Gemälde *nt* **3. caja de ~s** Malkasten *m*

pinza(s) ['pinθa(s)] *f(pl)* Zange *f*; (*para la ropa*) Wäscheklammer *f*; (*para depilar*) Pinzette *f*

piña ['piɲa] *f* **1.** (*pino*) Kiefernzapfen *m* **2.** (*fruta*) Ananas *f*

piñón [pi'ɲon] *m* **1.** Pinienkern *m* **2.** (TÉC) Zahnrad *nt*

pío [pio] *m* Piepen *nt*; **no decir ni ~** keinen Piep sagen *fam*; **¡~, ~, ~!** put, put, put!

piojo ['pjoxo] *m* Laus *f*

piojoso, -a [pjo'xoso] *adj* **1.** verlaust, schmutzig **2.** (*pey*) gemein

piola ['pjola] *f* (*AmS: cuerda*) Schnur *f*

pionero, -a [pjo'nero] *m*, *f* Pionier(in) *m(f)*

pipa ['pipa] *f* **1.** Pfeife *f* **2.** (*tonel*) Weinfässchen *nt* **3.** (*fruta*) Kern *m* **4.** (*argot*) Ballermann *m* **5.** *pl* (*de girasol*) (geröstete) Sonnenblumenkerne *mpl* **6.** (*loc*, *fam*): **lo pasamos ~** wir haben uns sehr gut amüsiert

pipí [pi'pi] *m* (*fam*) Pipi *nt*

pique ['pike] *m* **1.** Groll *m;* **menudo ~ se traían entre ellos** sie waren ziemlich wütend aufeinander **2.** (*Am*) Schneise *f* **3.** (*loc*): **irse a ~** (NÁUT) sinken; (*plan*) scheitern

piqueta [pi'keta] *f* Spitzhacke *f*

piquete [pi'kete] *m* Streikposten *m*

pira ['pira] *f* Lagerfeuer *nt;* **~ funeraria** Scheiterhaufen *m*

pirado, -a [pi'raðo] *adj* (*argot*) bekloppt

piragua [pi'raɣwa] *f* Kanu *nt*

pirámide [pi'ramiðe] *f* Pyramide *f*

piraña [pi'raɲa] *f* Piranha *m*

pirarse [pi'rarse] *vr* (*argot*) verschwinden; **~ de la clase** den Unterricht schwänzen

pirata [pi'rata] **I.** *mf* Pirat(in) *m(f)* **II.** *adj* Raub-; **copia ~** Raubkopie *f*

pirenaico, -a [pire'najko] *adj* Pyrenäen-

Pirineos [piri'neos] *mpl* Pyrenäen *pl*

piripi [pi'ripi] *adj* (*fam*) leicht beschwipst

pirómano, -a [pi'romano] *m*, *f* Pyromane, -in *m*, *f*

piropo [pi'ropo] *m* (*fam*: *lisonja*) Kompliment *nt;* **echar ~s** Komplimente machen

pirotecnia [piro'teɣnja] *f* Pyrotechnik *f*

pirrarse [pi'rrarse] *vr* (*argot*) verrückt sein (*por* nach +*dat*)

pirueta [pi'rweta] *f* Pirouette *f*

piruleta [piru'leta] *f*, **pirulí** [piru'li]

<pirulís> *m* Lutscher *m*

pis [pis] *m* (*fam*) Pipi *nt*

pisada [pi'saða] *f* Fußstapfen *m*

pisar [pi'sar] *vt* **1.** treten; **¡no pises las flores!** tritt nicht auf die Blumen! **2.** (*entrar*) betreten **3.** (*uvas*) keltern; (*tierra*) stampfen **4.** (*humillar*) schikanieren **5.** (*fam: planes*) vereiteln; **me han pisado el tema** sie sind mir mit dem Thema zuvorgekommen

piscina [pis'θina] *f* Schwimmbad *nt;* **~ cubierta** Hallenbad *nt*

Piscis ['pisθis] *m* (ASTR) Fische *mpl*

piso ['piso] *m* **1.** (Fuß)boden *m;* (*calle*) Pflaster *nt* **2.** (*planta*) Stock *m;* **de dos ~s** zweistöckig **3.** (*t.* MIN) Sohle *f* **4.** (*vivienda*) Wohnung *f*

pisotear [pisote'ar] *vt* niedertreten; (*fig*) mit Füßen treten

pisotón [piso'ton] *m* Tritt *m;* **dar un ~ a alguien** jdm auf den Fuß treten

pista ['pista] *f* **1.** (*huella*) Spur *f;* **estar sobre la buena ~** auf der richtigen Spur sein **2.** (*t.* AERO) Piste *f;* (*de baile*) Tanzfläche *f*

pistacho [pis'tatʃo] *m* Pistazie *f*

pistola [pis'tola] *f* Pistole *f*

pistón [pis'ton] *m* Kolben *m*

pita ['pita] *f* **1.** (BOT) Agave *f* **2.** (*fam*) Henne *f;* **¡~, ~, ~!** put, put, put!

pitar [pi'tar] **I.** *vi*, *vt* pfeifen **II.** *vi* **1.** (*fam: funcionar*) gut laufen **2.** (*loc*): **salir pitando** eilig davonlaufen; **¡con la mitad vas que pitas!** mit der Hälfte hast du mehr als genug!

piti ['piti] *m* (*argot: tabaco*) Kippe *f*

pitido [pi'tiðo] *m* Pfiff *m*

pitillera [piti'ʎera] *f* Zigarettenetui *nt*

pitillo [pi'tiʎo] *m* Zigarette *f*

pito ['pito] *m* **1.** Pfeife *f;* (*claxon*) Hupe *f;* **no me importa un ~** (*fam*) das ist mir schnuppe **2.** (*cigarro*) Zigarette *f* **3.** (*fam: pene*) Pimmel *m*

pitón [pi'ton] *m* Pythonschlange *f*

pitorrearse [pitorre'arse] *vr* (*fam*) sich lustig machen (*de* über +*akk*)

pitorreo [pito'rreo] *m* (*fam*) Spott *m*; **¡esto es un ~!** das ist ja der reine Hohn!

pitufo [pi'tufo] *m* (*fam*) Schlumpf *m*

piyama [pi'ɟama] *m* (*Am*) Schlafanzug *m*

pizarra [pi'θarra] *f* **1.** Schiefer *m* **2.** (*encerado*) (Schiefer)tafel *f*

pizarrón [piθa'rron] *m* (*Am: encerado*) (Wand)tafel *f*

pizca ['piθka] *f*: **una ~** ein bisschen; **una ~ de sal** eine Prise Salz

pizza ['pitsa] *f* Pizza *f*

placa ['plaka] *f* **1.** (*t.* FOTO) Platte *f*; **~ giratoria** Drehscheibe *f* **2.** (*cartel*) Schild *nt*; **~ conmemorativa** Gedenktafel *f* **3.** (MED): **~ dental** Zahnbelag *m*

placenta [pla'θeŋta] *f* Plazenta *f*

placentero, -a [plaθeŋ'tero] *adj* angenehm

placer [pla'θer] **I.** *m* **1.** Freude *f*; **con sumo ~** mit großem Vergnügen **2.** (*sexual*) Lust *f* **II.** *vi irr como crecer* gefallen +*dat*; **¡haré lo que me plazca!** ich werde das tun, wozu ich Lust habe!

placero, -a [pla'θero] *m, f* (*Am*) Straßenverkäufer(in) *m(f)*

plácido, -a ['plaθiðo] *adj* ruhig

plaga ['plaɣa] *f* Plage *f*

plagado, -a [pla'ɣaðo] *adj* voll (*de* mit +*dat*); **la casa está plagada de cucarachas** das Haus ist voller Kakerlaken

plagiar [pla'xjar] *vt* **1.** (*copiar*) abschreiben **2.** (*Am*) entführen

plagio ['plaxjo] *m* **1.** Plagiat *nt* **2.** (*Am: secuestro*) Entführung *f*

plan [plan] *m* **1.** Plan *m*; **~ de emergencia** Notstandsplan *m* **2.** (*argot*) (Liebes)bekanntschaft *f* **3.** (*loc*):

esto no es ~ (*argot*) so geht es nicht (weiter)

plancha ['plantʃa] *f* **1.** (*t.* TIPO) (Druck)platte *f* **2.** (*para ropa*) Bügeleisen *nt* **3.** (GASTR): **a la ~** gegrillt

planchar [plan'tʃar] *vt* bügeln

planeador [planea'ðor] *m* Segelflugzeug *nt*

planear [plane'ar] **I.** *vi* schweben **II.** *vt* planen

planeta [pla'neta] *m* Planet *m*

planetario, -a [plane'tarjo] *adj* Planeten-; **sistema ~** Planetensystem *nt*

planicie [pla'niθje] *f* Ebene *f*

planificación [planifika'θjon] *f* Planung *f*; **~ regional** Raumplanung *f*

planificar [planifi'kar] <c → qu> *vt* planen

plano¹ ['plano] *m* **1.** (MAT) Ebene *f* **2.** (*mapa*) Plan *m* **3.** (CINE): **primer ~** Großaufnahme *f*; **en primer ~** (*delante*) im Vordergrund

plano, -a² ['plano] *adj* flach; **superficie plana** Ebene *f*

planta ['plaŋta] *f* **1.** (BOT) Pflanze *f*; **~ de interior** Zimmerpflanze *f*; **~ medicinal** Arzneipflanze *f* **2.** (*pie*) Fußsohle *f* **3.** (*fábrica*) Anlage *f* **4.** (*Am*) (ELEC): **~ de energía atómica/hidráulica** Atomkraft-/Wasserkraftwerk *nt* **5.** (*piso*) Stockwerk *nt*; **~ alta/baja** Ober-/Erdgeschoss *nt*

plantación [plaŋta'θjon] *f* Plantage *f*

plantar [plaŋ'tar] **I.** *vt* **1.** pflanzen **2.** (*clavar*) befestigen; **~ una tienda de campaña** ein Zelt aufschlagen **3.** (*fam: tortazo*) versetzen **4.** (*fam: cita*) versetzen **5.** (*abandonar*) aufgeben **II.** *vr*: **~se 1.** (*resistirse*) sich widersetzen (*ante* +*dat*) **2.** (*perro*) nicht von der Stelle wollen **3.** (*aparecer*) auftauchen; **se ~on en mi casa en un periquete** sie waren blitzschnell bei mir **4.** (*ne-*

garse) sich hartnäckig weigern

planteamiento [plaņtea'mjeņto] *m* Gesichtspunkt *m;* (MAT) Ansatz *m*

plantear [plaņte'ar] I. *vt* 1. angehen; **este problema está mal planteado** dieses Problem ist falsch angegangen worden 2. (*causar*) verursachen; (*discusión*) auslösen II. *vr:* ~se überdenken; (*cuestión*) aufwerfen

plantilla [plaņ'tiʎa] *f* 1. Belegschaft *f;* ~ **de profesores** Lehrerschaft *f* 2. (*zapato*) Einlegesohle *f* 3. (*patrón*) Schablone *f* 4. (*equipo*) Mannschaft *f*

plantón [plaņ'ton] *m* (*loc*): **dar un** ~ **a alguien** jdn versetzen

plasmar [plas'mar] *vt* gestalten; (*representar*) widerspiegeln

plástico ['plastiko] *m* Kunststoff *m*

plata ['plata] *f* 1. Silber *nt;* ~ **de ley** Feinsilber *nt;* **bodas de** ~ Silberhochzeit *f* 2. (*Am*) Geld *nt;* **¡adiós mi** ~**!** (*CSur: fam*) jetzt ist alles verloren! 3. (*loc*): **hablar en** ~ Klartext reden

plataforma [plata'forma] *f* 1. (*estrado*) Podium *nt* 2. (*tranvía*) Plattform *f;* ~ **giratoria** Drehscheibe *f* 3. (POL) Forum *nt* 4. (GEO): ~ **continental** Kontinentalsockel *m*

plátano ['platano] *m* Banane(nstaude) *f;* (*fruta*) Banane *f*

plateado, -a [plate'aðo] *adj* silbern

plática ['platika] *f* 1. Unterhaltung *f;* **estar de** ~ plaudern 2. (*sermón*) Predigt *f*

platillo [pla'tiʎo] *m* (MÚS) Becken *nt*

platino [pla'tino] *m* Platin *nt*

plato ['plato] *m* 1. Teller *m*, Untertasse *f;* **tiro al** ~ Tontaubenschießen *nt* 2. (*comida*) Gericht *nt*

plató [pla'to] *m* Kulisse *f*

platónico, -a [pla'toniko] *adj* platonisch

platudo, -a [pla'tuðo] *adj* (*Am*) stein-

reich

plausible [plau̯'siβle] *adj* plausibel

playa ['plaɟa] *f* 1. (*mar*) Strand *m;* ~ **naturista** FKK-Strand *m* 2. (*Am*) Gelände *nt*

playeras [pla'ɟeras] *fpl* ≈Turnschuhe *mpl*

plaza ['plaθa] *f* 1. (Markt)platz *m;* (*de toros*) Arena *f;* ~ **de abastos** Markt *m* 2. (*empleo*) Stelle *f*

plazo ['plaθo] *m* 1. Frist *f;* ~ **de entrega** Lieferzeit *f* 2. (*cantidad*) Rate *f;* **a** ~**s** auf Raten

plebeyo, -a [ple'βeɟo] I. *adj* 1. (*t.* HIST) plebejisch 2. (*sin linaje*) bürgerlich 3. (*grosero*) ungehobelt II. *m, f* 1. (*t.* HIST) Plebejer(in) *m(f)* 2. (*sin linaje*) Bürgerliche(r) *f(m)*

plebiscito [pleβis'θito] *m* Volksbefragung *f*

plegable [ple'ɣaβle] *adj* (*papel*) faltbar; (*mueble*) zusammenklappbar; **silla** ~ Klappstuhl *m*

plegar [ple'ɣar] *irr como fregar* I. *vt* 1. zusammenfalten; (*muebles*) zusammenklappen 2. (*imprenta*) falzen II. *vr:* ~se sich fügen

plegaria [ple'ɣarja] *f* Gebet *nt*

pleito ['plei̯to] *m* Prozess *m*

plenario, -a [ple'narjo] *adj:* **asamblea plenaria** Vollversammlung *f;* **sesión plenaria** Plenarsitzung *f*

plenitud [pleni'tuð] *f* Höhepunkt *m*

pleno¹ ['pleno] *m* Plenum *nt;* **el ayuntamiento en** ~ die gesamte Stadtverwaltung

pleno, -a² ['pleno] *adj* voll; ~ **empleo** Vollbeschäftigung *f;* **en** ~ **verano** im Hochsommer

pliego ['pljeɣo] *m* Bogen *m*

pliegue ['pljeɣe] *m* Falte *f*

plin ['plin]: **a mí(,) plin** (*fam*) das ist mir schnurzegal

plomo ['plomo] *m* 1. (*metal*) Blei *nt;* **gasolina sin** ~ bleifreies Benzin; **ser**

un ~ sehr lästig sein **2.** *pl* (ELEC) Sicherung *f*

pluma ['pluma] *f* Feder *f;* ~ **estilográfica** Füllfederhalter *m*

plumear [plume'ar] *vt* (*Am*) schreiben

plumero [plu'mero] *m:* **a ése se le ve el** ~ der ist leicht zu durchschauen

plural [plu'ral] *m* Plural *m*

plus [plus] *m* Zulage *f;* (*ventaja*) Vorteil *m*

pluscuamperfecto [pluskwamper-'fekto] *m* Plusquamperfekt *nt*

plusmarquista [plusmar'kista] *mf* Rekordhalter(in) *m(f)*

plusvalía [plusβa'lia] *f* Mehrwert *m*

plutonio [plu'tonjo] *m* Plutonium *nt*

PN ['peso 'neto] *m abr de* **peso neto** Nettogewicht *nt*

PNB [pe(e)ne'be] *m abr de* **producto nacional bruto** BSP *nt*

PNN [pe'nene] *m abr de* **producto nacional neto** Nettosozialprodukt *nt*

PNV [pene'uβe] *m abr de* **Partido Nacionalista Vasco** *Baskische Nationalistische Partei*

p.o. [por 'orðen] *abr de* **por orden** i. A.

población [poβla'θjon] *f* **1.** Bevölkerung *f;* ~ **activa** (ECON) erwerbstätige Bevölkerung **2.** (*localidad*) Ort *m* **3.** (BIOL) Population *f*

poblado, -a [po'βlaðo] *adj* bewohnt

poblar [po'βlar] <o → ue> **I.** *vi, vt* besiedeln; (*habitar*) bewohnen **II.** *vr:* ~**se** sich füllen

pobre ['poβre] *adj* arm (*de* an +*dat*); (*desgraciado*) unglücklich; (*humilde*) elend; **¡~ de ti si dices mentiras!** wehe dir, wenn du lügst!

pobreza [po'βreθa] *f* Armut *f*

pocho, -a ['potʃo] *adj* verdorben

pocilga [po'θilɣa] *f* Schweinestall *m*

pócima ['poθima] *f,* **poción** [po'θjon] *f* Arznei *f;* (*pey: brebaje*) Gesöff *nt;* **la** ~ **mágica** der Zaubertrank

poco¹ ['poko] **I.** *m* **1.** (*cantidad*): **un** ~ **de azúcar** ein bisschen Zucker; **espera un** ~ warte ein wenig **2.** *pl* wenige; **los** ~**s que vinieron...** die wenigen, die kamen ... **II.** *adv* wenig; **escribir** ~ wenig schreiben; ~ **a** ~ Schritt für Schritt; ~ **después** bald darauf; **dentro de** ~ bald; **desde hace** ~ seit kurzem; **hace** ~ vor kurzem; **y por si fuera** ~**...** und obendrein ...

poco, -a² ['poko] <poquísimo> *adj* wenig; **tiene pocas probabilidades de aprobar** er/sie hat wenig Chancen zu bestehen

podar [po'ðar] *vt* beschneiden

poder [po'ðer] **I.** *vi irr* können; **yo a ti te puedo** (*fam*) ich bin stärker als du; **no puedes cogerlo sin permiso** du darfst das nicht unerlaubt nehmen; **no pude menos que preguntarle qué hacía por allí** ich konnte nicht umhin ihn/sie zu fragen, was er/sie dort tat **II.** *vimpers irr:* **puede ser que después vuelva** vielleicht komme ich später zurück; **¡puede!** kann sein!; **¿se puede?** darf man (hereinkommen)? **III.** *m* **1.** (*autoridad*) Macht *f;* **el partido en el** ~ die Regierungspartei; **subir al** ~ die Macht übernehmen **2.** (*autorización*) Vollmacht *f* **3.** ~ **adquisitivo** Kaufkraft *f*

poderoso, -a [poðe'roso] *adj* mächtig

podio ['poðjo] *m* Podium *nt;* (DEP) Podest *m*

podrido, -a [po'ðriðo] *adj* faul; (*fig*) verdorben; **estar** ~ **de dinero** stinkreich sein

poema [po'ema] *m* Gedicht *nt*
poesía [poe'sia] *f* Poesie *f;* (*poema*)
Gedicht *nt*
poeta, -isa [po'eta, poe'tisa] *m, f*
Dichter(in) *m(f)*
poética [po'etika] *f* Poetik *f*
poético, -a [po'etiko] *adj* dichterisch;
(*t. fig*) poetisch
póker ['poker] *m* Poker *nt o m*
polaco, -a [po'lako] *adj* polnisch
polar [po'lar] *adj* polar; **Círculo Polar**
Ártico/Antártico nördlicher/südli-
cher Polarkreis
polarizar [polari'θar] <z→ c> *vt* (Fís)
polarisieren; (*fig*) anziehen; **el es-**
pectáculo polarizó la atención
de los visitantes das Stück zog die
Zuschauer in seinen Bann
polémico, -a [po'lemiko] *adj* strittig
polen ['polen] *m* Pollen *m;* **tengo**
alergia al ~ ich habe eine Pollen-
allergie
polera [po'lera] *f* **1.** (*Chil*) T-Shirt *nt*
2. (*Arg*) Rollkragenpulli *m*
poli ['poli] *f* (*fam*) Polente *f*
policía[1] [poli'θia] *f* Polizei *f;* **agente**
de ~ Polizist(in) *m(f);* **coche de ~**
Streifenwagen *m;* **comisaría de ~**
Polizeiwache *f;* **jefatura de ~** Polizeipräsidium *nt*
policía[2] [poli'θia] *mf* Polizist(in) *m(f);*
perro ~ Polizeihund *m*
policiaco, -a [poli'θjako] *adj,* **poli-**
cíaco, -a [poli'θiako] *adj* polizeilich;
Estado ~ Polizeistaat *m*
policial [poli'θjal] *adj v.* **policiaco**
policlínica [poli'klinika] *f,* **policlí-**
nico [poli'kliniko] *m* Poliklinik *f*
polideportivo [poliðepor'tiβo] *m*
Sportzentrum *nt*
polifacético, -a [polifa'θetiko] *adj*
vielseitig
poligamia [poli'γamja] *f sin pl* Poly-
gamie *f*
polígota [poli'γlota] *adj* polyglott

polígono [po'liγono] *m:* **~ indus-**
trial Industriegebiet *nt*
polilla [po'liʎa] *f* Motte *f*
polinesio, -a [poli'nesjo] *adj* poly-
nesisch
polio ['poljo] *f* Kinderlähmung *f*
pólipo ['polipo] *m* Polyp *m*
polisemia [poli'semja] *f* Polysemie *f*
política [po'litika] *f* Politik *f;* **~ exte-**
rior Außenpolitik *f*
político, -a [po'litiko] **I.** *adj* **1.** (POL)
politisch; **ciencias políticas** Politik-
wissenschaften *fpl* **2.** (*parentesco*)
Schwieger-; **hermano ~** Schwager
m **II.** *m, f* Politiker(in) *m(f)*
póliza ['poliθa] *f* Police *f;* **me he he-**
cho una ~ de seguros ich habe eine
Versicherungspolice abgeschlossen
polizón [poli'θon] *mf* blinder Passa-
gier *m*
polla ['poʎa] *f* **1.** (*vulg: pene*)
Schwanz *m fam* **2.** (*Am*) Pferderen-
nen *nt*
pollo ['poʎo] *m* Hähnchen *nt;*
~ asado Brathähnchen *nt*
polo ['polo] *m* **1.** (*t.* GEO) Pol *m;*
~ ártico [*o* boreal] Nordpol *m;*
~ antártico [*o* austral] Südpol *m*
2. (DEP) Polo *nt* **3.** (*camiseta*) Polo-
hemd *nt* **4.** (*helado*) Eis *nt* am Stiel
Polonia [po'lonja] *f* Polen *nt*
polución [polu'θjon] *f* Verschmutzung *f;* **~ ambiental** Umweltverschmutzung *f*
polvareda [polβa'reða] *f* Staubwolke
f; **levantar una ~** (*fig*) viel Staub
aufwirbeln
polvo ['polβo] *m* **1.** Staub *m;* **quitar**
el ~ abstauben; **estoy hecho ~**
(*fam*) ich bin fix und fertig **2.** (*sus-*
tancia) Pulver *nt;* **levadura en ~**
Backpulver *nt* **3.** (*vulg: coito*) Nummer *f fam;* **echar un ~** eine Nummer schieben *fam* **4.** *pl* (*cosmética*)
Puder *m*

pólvora ['polβora] *f* (Schieß)pulver *nt*

polvorín [polβo'rin] *m* Pulverkammer *f*

polvorón [polβo'ron] *m* ≈Schmalzgebäck *nt*

polvoso, -a [pol'βoso] *adj* (*Am*) staubig

pomada [po'maða] *f* Salbe *f*

pomelo [po'melo] *m* Grapefruit *f*

pómez ['pomeθ] *f* Bimsstein *m*

pompa ['pompa] *f* 1. (*burbuja*) Blase *f* 2. (*esplendor*) Pracht *f;* (*ostentación*) Pomp *m;* ~**s fúnebres** Bestattungsinstitut *nt*

pompis ['pompis] *m inv* (*fam*) Po(po) *m*

pomposo, -a [pom'poso] *adj* pompös

pómulo ['pomulo] *m* Backenknochen *m*

ponche ['pontʃe] *m* Punsch *m*

poncho¹ ['pontʃo] *m* Poncho *m*

poncho, -a² ['pontʃo] *adj* (*Am*) faul

ponderar [ponde'rar] *vt* abwägen

ponencia [po'nenθja] *f* Referat *nt;* (*informe*) Bericht *m*

poner [po'ner] *irr* I. *vt* 1. (*colocar*) stellen; (*horizontalmente*) legen; (*inyección*) geben; (*sellos*) aufkleben; (*huevos*) legen; **¿dónde habré puesto...?** wo habe ich nur ... gelassen? 2. (*la mesa*) decken 3. (*encender*) anmachen; **pon el despertador para las cuatro** stell den Wecker auf vier Uhr; ~ **en marcha** in Gang bringen 4. (*convertir*) machen; ~ **de mal humor a alguien** jdm die Laune verderben 5. (*exponer*): ~ **la leche al fuego** die Milch auf den Herd stellen; ~ **en peligro** aufs Spiel setzen 6. (*contribuir*) beitragen; (*juego*) setzen; **pusimos todo de nuestra parte** wir haben von uns aus alles getan 7. (*una expresión*) machen; ~ **mala cara** ein böses Gesicht machen 8. (*tratar*) behandeln; ~ **a alguien a parir** jdn übel beschimpfen 9. (*denominar*) nennen; **¿qué nombre le van a ~?** welchen Namen soll er/sie bekommen? 10. (*espectáculo*) zeigen; **¿qué ponen hoy en el cine?** was läuft heute im Kino? 11. (*imponer*): ~ **una multa** eine Strafe auferlegen 12. (*escribir*) schreiben; (*un telegrama*) aufgeben; ~ **un anuncio** inserieren 13. (*estar escrito*) stehen 14. (*vestido*) anziehen; (*gafas*) aufsetzen 15. (*teléfono*) verbinden 16. (*loc*): ~ **atención** aufpassen; ~ **al día** auf den neuesten Stand bringen; ~ **a la venta** verkaufen II. *vr:* ~**se** 1. (*vestido*) sich anziehen; **ponte guapo** mach dich hübsch 2. (ASTR) untergehen; **el sol se pone por el oeste** die Sonne geht im Westen unter 3. (*mancharse*): **se pusieron perdidos de barro** sie waren von oben bis unten voller Matsch 4. (*comenzar*) anfangen; **por la tarde se puso a llover** nachmittags fing es an zu regnen 5. (*con adjetivo*) werden; **estás en tu casa, ponte cómodo** fühl dich wie zu Hause, mach es dir bequem 6. (*loc*): **¡no te pongas así que no es para tanto!** stell dich doch nicht so an!; **díle que se ponga al teléfono** sag ihm/ihr, er/sie soll ans Telefon kommen; **¡póngase en mi lugar!** versetzen Sie sich in meine Lage!

poni ['poni] *m* Pony *nt*

poniente [po'njente] *m* Westen *m*

popa ['popa] *f* Heck *nt;* **viento en** ~ Rückenwind *m*

popular [popu'lar] *adj* volkstümlich; (*conocido*) populär

popularidad [populari'ðaθ] *f* Popularität *f*

por [por] *prep* 1. (*lugar: a través de*)

durch +*akk;* (*vía*) über +*akk;* (*en*) in +*dat;* ~ **aquí** hier entlang; **adelantar** ~ **la izquierda** links überholen; **ese pueblo está** ~ **Castilla** das Dorf liegt irgendwo in Kastilien; **la cogió** ~ **la cintura** er/sie fasste sie um die Taille **2.** (*tiempo*) für +*akk,* um +*akk;* **mañana** ~ **la mañana** morgen früh; ~ **la tarde** nachmittags; **ayer** ~ **la noche** gestern Abend; ~ **noviembre** im November; ~ **fin** endlich **3.** (*a cambio de*) für +*akk;* (*en lugar de*) statt +*gen;* (*sustituyendo a alguien*) anstelle +*gen;* **le cambié el libro** ~ **el álbum** ich habe das Buch gegen das Album getauscht **4.** (*agente*) von +*dat* **5.** (MAT) mal **6.** (*reparto*) pro; **el ocho** ~ **ciento** acht Prozent **7.** (*finalidad*) für +*akk* **8.** (*causa*) wegen +*gen/dat;* (*en cuanto a*) von ... aus; **lo hago** ~ **ti** ich tue es dir zuliebe; ~ **desesperación** aus Verzweiflung; ~ **consiguiente** folglich; ~ **eso** deshalb; ~ **mí que se vayan** meinetwegen können sie gehen **9.** (*preferencia*) für +*akk;* **estar loco** ~ **alguien** verrückt nach jdm sein **10.** (*dirección*): **voy (a)** ~ **tabaco** ich gehe Zigaretten holen **11.** (*pendiente*): **este pantalón está** ~ **lavar** diese Hose muss gewaschen werden **12.** (*aunque*) trotz +*gen;* ~ **muy cansado que esté no lo dejará a medias** trotz seiner Müdigkeit wird er es fertig stellen **13.** (*medio*) per +*akk;* (*alguien*) durch +*akk;* **poner** ~ **escrito** aufschreiben **14.** (*interrogativo*): **¿~** (**qué**)**?** warum? **15.** (*final*): ~ **que** +*subj* damit; **lo hago** ~ **si acaso** ich mache es vorsichtshalber **16.** (*casi*): ~ **poco** fast
porcelana [porθe'lana] *f* Porzellan *nt*

porcentaje [porθen'taxe] *m* Prozentsatz *m*
porcentual [porθentu'al] *adj* prozentual
porche ['portʃe] *m* Vorhalle *f;* (*cobertizo*) Veranda *f*
porción [por'θjon] *f* Teil *m,* Portion *f*
pordiosero, -a [porðjo'sero] *m, f* Bettler(in) *m(f)*
pormenorizado, -a [pormenori-'θaðo] *adj* detailliert
pornografía [pornoɣra'fia] *f* Pornografie *f*
pornográfico, -a [porno'ɣrafiko] *adj* pornografisch
poro ['poro] *m* Pore *f*
poroso, -a [po'roso] *adj* porös
poroto [po'roto] *m* (*AmS*) Bohne *f,* Bohnengericht *nt*
porque ['porke] *conj* **1.** (*causal*) weil; **lo hizo** ~ **sí** er/sie tat es aus Eigensinn **2.** +*subj* (*final*) damit; **recemos** ~ **llueva** lasst uns um Regen beten
porqué [por'ke] *m* Grund *m*
porquería [porke'ria] *f* (*fam*) Dreck *m;* (*cacharro*) Mistding *nt*
porra ['porra] *f* **1.** (*bastón*) Schlagstock *m* **2.** (*churro*) gebratenes Spritzgebäck **3.** (*loc, fam*): **¡vete a la ~!** scher dich zum Teufel!
porrazo [po'rraθo] *m* Schlag *m*
porro ['porro] *m* (*argot*) Joint *m*
porrón [po'rron] *m* Wasserkrug *m;* (*para vino*) Trinkgefäß für Wein mit langer Tülle
porsiaca [porsi'aka] *adv* (*fam*) vorsichtshalber; **compra dos latas de cerveza más,** ~ kauf vorsichtshalber noch zwei Dosen Bier mehr
portada [por'taða] *f* **1.** (*fachada*) Portal *nt* **2.** (TIPO) Titelblatt *nt*
portaequipaje(s) [portaeki'paxe(s)] *m* (*inv*) **1.** (*maletero*) Kofferraum *m* **2.** (*baca, de bicicleta*) Gepäckträ-

ger *m*

portafolios [porta'foljos] *m* Aktenta-
sche *f*

portal [por'tal] *m* Eingangsbereich *m;*
(*soportal*) Vorhalle *f;* **~ de Belén**
Krippe *f*

portamaletas [portama'letas] *m* Kofferraum *m*

portaminas [porta'minas] *m* Dreh-
bleistift *m*

portarse [por'tarse] *vr* sich benehmen; **el niño se porta bien/mal**
das Kind ist artig/unartig

portátil [por'tatil] *adj:* **ordenador ~**
Laptop *m*

portavoz [porta'βoθ] *mf* Sprecher(in)
m(f)

portazo [por'taθo] *m:* **dar un ~** die
Tür heftig zuschlagen

porte ['porte] *m* Beförderung *f;*
~ aéreo Luftfracht *f;* **gastos de ~**
Frachtspesen *pl*

portería [porte'ria] *f* **1.** Pförtnerloge *f*
2. (DEP) Tor *nt*

portero, -a [por'tero] *m, f* **1.** (*conserje*) Pförtner(in) *m(f);* **~ automático**
(Gegen)sprechanlage *f* **2.** (DEP) Torwart, -frau *m, f*

portorriqueño, -a [portorri'keɲo]
adj puerto-ricanisch

Portugal [portu'ɣal] *m* Portugal *nt*

portugués, -esa [portu'ɣes] *adj* portugiesisch

porvenir [porβe'nir] *m* Zukunft *f*

pos [pos] *adv:* **ir en ~ de algo** hinter
etw *dat* hergehen; **ir en ~ de alguien** jdm nachgehen

posada [po'saða] *f* **1.** Raststätte *f,*
Gasthof *m,* Pension *f* **2.** (*hospeda-
je*) Beherbergung *f*

posarse [po'sarse] *vr* sich setzen; **la
golondrina se posó en el árbol** die
Schwalbe landete auf dem Baum

posdata [pos'ðata] *f* Postskriptum *nt*

pose ['pose] *f* Pose *f*

poseer [po'ser] *irr como leer vt* besitzen

poseído, -a [pose'iðo] *adj* besessen
(*de/por* von +*dat*); **~ de odio** hass-
erfüllt

posesión [pose'sjon] *f* (*propiedad*)
Besitz *m;* **estoy en ~ de su atenta
carta...** ich habe Ihr freundliches
Schreiben erhalten ...

posguerra [pos'ɣerra] *f* Nachkriegszeit *f*

posibilidad [posiβili'ðað] *f* **1.** Möglichkeit *f* **2.** (*aptitud*) Eignung *f;* **tienes ~es de llegar a ser un buen
actor** du hast das Zeug zu einem guten Schauspieler **3.** (*facultad*) Fähigkeit *f;* **esto está por encima de mis
~es** das übersteigt meine Kräfte
4. *pl* Vermögen *nt;* **estás viviendo
por encima de tus ~es** du lebst
über deine Verhältnisse

posibilitar [posiβili'tar] *vt* ermöglichen

posible [po'siβle] *adj* möglich; **hacer
~** ermöglichen; **hacer lo ~ para
que...** +*subj* sich anstrengen, um
zu ... +*inf;* **hacer todo lo ~** sein
Möglichstes tun; **es ~ que...** +*subj*
vielleicht ...; **es muy ~ que...** +*subj*
es ist sehr wahrscheinlich, dass ...;
¡no es ~! das kann nicht wahr sein!;
¿será ~? soll man es für möglich halten?; **si es ~** wenn möglich; **en lo ~**
nach Möglichkeit; **lo antes ~** möglichst bald; **no lo veo ~** ich sehe
keine Möglichkeit

posición [posi'θjon] *f* Stellung *f*

positivo, -a [posi'tiβo] *adj* positiv

poso ['poso] *m* Bodensatz *m*

posponer [pospo'ner] *irr como poner vt* zurückstellen; (*aplazar*) verschieben

postal [pos'tal] *f* Postkarte *f*

poste ['poste] *m* Pfosten *m;* (ELEC)
Mast *m*

póster ['poster] *m* Poster *nt o m*
postergar [poster'ɣar] <g → gu> *vt*
verschieben; ~ **la fecha** zurückdatieren
posteridad [posteri'ðaº] *f* **1.** (*descendencia*) Nachkommenschaft *f* **2.** (*futuro*) Zukunft *f* **3.** (*loc*): **pasar a la ~** berühmt werden
posterior [poste'rjor] *adj* **1.** (*de tiempo*) spätere(r, s); ~ **a** nach +*dat* **2.** (*de lugar*) hintere(r, s); ~ **a alguien** hinter jdm
postizo, -a [pos'tiθo] *adj* künstlich; **dentadura postiza** (falsches) Gebiss *nt*
postor(a) [pos'tor] *m(f)* Bieter(in) *m(f)*; **mejor ~** Meistbietende(r) *m*
postrado, -a [pos'traðo] *adj:* ~ **de dolor** schmerzgebeugt; ~ **en cama** bettlägerig; **quedar ~ por una enfermedad** daniederliegen
postre ['postre] *m* Nachtisch *m*
postular [postu'lar] *vt* **1.** (*pedir*) bitten (um +*akk*); (*donativos*) sammeln **2.** (*solicitar*) sich bewerben (um +*akk*)
póstumo, -a ['postumo] **I.** *adj* post(h)um; (*hijo*) nachgeboren; **fama póstuma** Nachruhm *m* **II.** *m, f* Nachgeborene(r) *f(m)*
postura [pos'tura] *f* (Ein)stellung *f*
post-venta [pos'βenta] *adj:* **servicio ~** Kundendienst *m*
potable [po'taβle] *adj:* **agua ~** Trinkwasser *nt*
potaje [po'taxe] *m* (Gemüse)eintopf *m*
potasio [po'tasjo] *m* Kalium *nt*
pote ['pote] *m* Eintopf *m*
potencia [po'tenθja] *f* **1.** (*fuerza*) Kraft *f*; (*capacidad*) Vermögen *nt*; ~ **intelectual** geistiges Leistungsvermögen; ~ **del motor** Motorleistung *f* **2.** (*poder*) Macht *f*; **gran ~** Großmacht *f* **3. en ~** potenziell **4.** (MAT):

elevar a ~s potenzieren
potencial [poten'θjal] *adj* leistungsstark; (*posible*) potenziell
potente [po'tente] *adj* **1.** (*poderoso*) mächtig **2.** (*eficiente*) leistungsfähig **3.** (*sexualidad*) potent
potro ['potro] *m* **1.** (ZOOL) Fohlen *nt* **2.** (DEP) (Turn)bock *m* **3.** (*de tortura*) Folterbank *f*
pozo ['poθo] *m* **1.** (*manantial*) Brunnen *m* **2.** (*hoyo profundo*) Schacht *m* **3.** (*CSur: bache*) Schlagloch *nt*
p.p. [por po'ðer] *abr de* **por poder** pp.
práctica ['praktika] *f* **1.** Praxis *f;* **adquirir ~** Erfahrung sammeln; **perder la ~** aus der Übung kommen **2.** (*ejercitación*) Übung *f* **3.** (*ejercicio de algo*) Ausübung *f;* ~ **profesional** Berufsausübung *f* **4.** (*cursillo*) Praktikum *nt* **5.** (*realización*) Ausführung *f;* **en la ~** in der Praxis; **llevar a la ~** in die Praxis umsetzen; **poner en ~** realisieren
practicar [prakti'kar] <c → qu> **I.** *vi* ein Praktikum absolvieren **II.** *vt* praktizieren; ~ **deporte** Sport treiben; ~ **el español** die spanische Sprache sprechen
práctico, -a ['praktiko] *adj* praktisch; (*experimentado*) erfahren
pradera [pra'ðera] *f* große Wiese *f*
prado ['praðo] *m* Weide *f*
Praga ['praɣa] *f* Prag *nt*
pragmático, -a [praɣ'matiko] *adj* pragmatisch
praguense [pra'ɣense] *adj* Prager
preámbulo [pre'ambulo] *m* Präambel *f;* **sin ~s** (*fig*) ohne Umschweife
precalentar [prekalen'tar] <e → ie> **I.** *vt* vorwärmen **II.** *vr:* **~se** sich aufwärmen
precaución [prekau'θjon] *f* Vorsicht *f;* **tomar precauciones** Vorkehrungen treffen

precaver [preka'βer] I. *vt* vorbeugen
+*dat;* (*evitar*) verhindern II.
vr: ~**se** sich schützen (*de* vor +*dat, contra*
gegen +*akk*)

precavido, -a [preka'βiðo] *adj* vorsichtig

precedente [preθe'ðente] *m* Präzedenzfall *m;* **sentar un** ~ einen Präzedenzfall schaffen; **sin ~s** beispiellos

preceder [preθe'ðer] *vt* 1. (*anteceder*) vorausgehen +*dat;* **un banquete precedido de varios discursos** ein Festessen, dem mehrere Reden vorausgehen 2. (*tener primacía*) Vorrang haben (*a* vor +*dat*)

precio ['preθjo] *m* Preis *m;* ~ **al consumidor** Verbraucherpreis *m;* ~ **al por mayor** Mengenpreis *m;* ~ **recomendado** Preisempfehlung *f;* ~ **de venta al público** Verkaufspreis *m;* **a buen** ~ günstig; **a mitad de** ~ zum halben Preis

precioso, -a [pre'θjoso] *adj* kostbar

precipicio [preθi'piθjo] *m* Abgrund *m;* **estar al borde del** ~ (*fig*) am Rande des Abgrunds stehen

precipitación [preθipita'θjon] *f* 1. Hast *f;* **con** ~ übereilt 2. (METEO) Niederschlag *m*

precipitadamente [preθipitaða-'mente] *adv* überstürzt

precisamente [preθisa'mente] *adv* genau; **¿tiene que ser** ~ **hoy?** muss es ausgerechnet heute sein?; ~ **por eso** eben deshalb

precisar [preθi'sar] I. *vi* unbedingt nötig sein II. *vt* 1. (*determinar*) präzisieren 2. (*necesitar*) benötigen; **preciso tu ayuda** ich brauche deine Hilfe

precisión [preθi'sjon] *f* 1. (*exactitud*) Genauigkeit *f* 2. (*determinación*) Bestimmtheit *f* 3. (*necesidad*) Notwendigkeit *f*

preciso, -a [pre'θiso] *adj* 1. (*necesario*) notwendig; **es** ~ **que...** +*subj* es ist notwendig ...; **si es** ~**...** falls erforderlich ... 2. (*exacto*) genau; (*estilo*) klar; **a la hora precisa** pünktlich

precocinado, -a [prekoθi'naðo] *adj* vorgekocht; **plato** ~ Fertiggericht *nt*

precoz [pre'koθ] *adj* frühreif

precursor(a) [prekur'sor] *m(f)* Vorläufer(in) *m(f)*

predecesor(a) [predeθe'sor] *m(f)* Vorgänger(in) *m(f)*

predecir [prede'θir] *irr como decir vt* voraussagen

predeterminar [predetermi'nar] *vt* vorausbestimmen

predicado [preði'kaðo] *m* (LING) Prädikat *nt*

predicar [preði'kar] <c → qu> *vt* 1. (*sermonear*) predigen; **hay que** ~ **con el ejemplo** man muss mit gutem Beispiel vorangehen 2. (*publicar*) verkünden 3. (*elogiar*) überschwänglich loben 4. (*amonestar*) die Leviten lesen +*dat fam*

predicción [preðiɣ'θjon] *f* Vorhersage *f;* ~ **económica** Wirtschaftsprognose *f*

predilecto, -a [preði'lekto] *adj* bevorzugt; **hijo** ~ Lieblingskind *nt*

predisponer [preðispo'ner] *irr como poner* I. *vt* 1. (*fijar por anticipado*) im Voraus festlegen 2. (*influir*) beeinflussen 3. (MED) anfällig machen (*a* für +*akk*) II. *vr:* ~**se** 1. (*prepararse*) sich einstellen (*a* auf +*akk*) 2. (*tomar partido*) sich *dat* vorschnell ein Urteil bilden (*respecto a/de* über +*akk*)

predominio [preðo'minjo] *m* Vorherrschaft *f* (*en* in +*dat*); (*superioridad*) Vorrang *m* (*sobre* vor +*dat*)

preescolar [pre(e)sko'lar] *adj* vorschulisch; **edad** ~ Vorschulalter *nt*

preestreno |pre(e)s'treno| *m* Vorauf-
führung *f*

prefabricado, -a |prefaβri'kaðo| *adj*
vorgefertigt; **casa prefabricada** Fer-
tighaus *nt*

preferencia |prefe'reṇθja| *f* 1. (*elec-
ción, trato*) Bevorzugung *f* (*por
+gen*); **mostrar ~ por alguien** jdn
bevorzugen 2. (*predilección*) Vorliebe *f* (*por* für *+akk*); **sentir ~ por
alguien** eine Vorliebe für jdn haben
3. (*prioridad*) Vorrang *m;* **dar ~** den
Vorzug geben

preferible |prefe'riβle| *adj* vorzuzie-
hen; **sería ~ que lo hicieras** du solltest es besser tun

preferiblemente |preferiβle'meṇte|
adv besser

preferido, -a |prefe'riðo| *adj* bevor-
zugt

preferir |prefe'rir| *irr como sentir vt*
vorziehen; **prefiero que... *+subj*** es
ist mir lieber, wenn ...

prefijo |pre'fixo| *m* Vorwahl(num-
mer) *f*

pregón |pre'ɣon| *m* öffentliche Be-
kanntmachung *f*

pregunta |pre'ɣuṇta| *f* (Ab)frage *f*

preguntar |preɣuṇ'tar| I. *vt* fragen;
~ la lección abfragen; **~ por alguien** nach jdm fragen II. *vr:* **~se**
sich fragen

prehistórico, -a |preis'toriko| *adj*
prähistorisch

prejuicio |pre'xwiθjo| *m* Vorurteil *nt*

prejuzgar |prexuθ'ɣar| <g → gu> *vt*
vorschnell beurteilen

prematuro, -a |prema'turo| *adj*
1. frühreif 2. (*antes de tiempo*) vorzeitig; (*apresurado*) voreilig; **detec-
ción prematura del cáncer** Krebs-
früherkennung *f;* **nacimiento ~**
Frühgeburt *f*

premeditación |premeðita'θjon| *f*
Vorsatz *m;* **con ~** vorsätzlich

premeditar |premeði'tar| *vt* sich *dat*
vorher überlegen; (JUR) vorsätzlich
planen

premiar |pre'mjar| *vt* belohnen

premio |'premjo| *m* 1. Preis *m;* **con-
ceder un ~** einen Preis verleihen
2. (*recompensa*) Belohnung *f* 3. (*remuneración*) Prämie *f* 4. (*lotería*)
Lotteriegewinn *m;* **el ~ gordo** der
Haupttreffer

premisa |pre'misa| *f* Voraussetzung *f*

premonición |premoni'θjon| *f* Vor-
ahnung *f*

prenda |'preṇda| *f* Pfand *nt;* **en ~** als
Pfand; **no soltar ~** (*fam*) nichts herauslassen

prendedor |preṇde'ðor| *m* (*broche*)
Brosche *f;* (*de corbata*) Krawattenna-
del *f*

prender |preṇ'der| I. *vi* (*planta*)
Wurzeln schlagen; (*ideas*) sich verbreiten II. *vt* 1. (*sujetar*) befestigen
2. (*detener*) festnehmen 3. (*fuego*):
el coche prendió fuego das Auto
fing Feuer 4. (*Am*) anzünden; (*luz*)
anmachen; **~ un cigarillo** eine Zigarette anstecken

prensa |'prensa| *f* 1. Presse *f* 2. (*im-
prenta*) Druckerei *f;* **estar en ~** sich
im Druck befinden 3. (PREN) Presse *f;*
tener buena/mala ~ (*fig*) einen gu-
ten/schlechten Ruf haben

prensar |pren'sar| *vt* pressen; (*uvas*)
keltern

preñada |pre'ɲaða| *adj* (*mujer*)
schwanger

preocupación |preokupa'θjon| *f*
1. (*desvelo*) Sorge *f* (*por* um *+akk*,
wegen *+gen/dat*); **sin preocupaciones** sorglos 2. (*pesadumbre*)
Kummer *m;* **causar preocupaciones a alguien** jdm Kummer bereiten
3. (*obsesión*) fixe Idee *f;* **tu única ~
es el dinero** du denkst nur ans Geld

preocupado, -a |preoku'paðo| *adj*

besorgt (*por* wegen +*gen/dat,* über +*akk*)

preocupante [preoku'paɲte] *adj* Besorgnis erregend

preocupar [preoku'par] I. *vt* Sorgen machen +*dat* II. *vr:* ~**se** 1. (*inquietarse*) sich *dat* Sorgen machen (*por* um +*akk,* wegen +*gen/dat*); ¡**no te preocupes tanto!** mach dir nicht so viele Gedanken! 2. (*encargarse*) sich kümmern (*de* um +*akk*)

preparación [prepara'θjon] *f* 1. (*de un asunto*) Vorbereitung *f* 2. (*de la comida*) Zubereitung *f* 3. (*formación*) Ausbildung *f;* ~ **académica** Hochschulausbildung *f;* ~ **profesional** Berufsausbildung *f;* **sin** ~ ohne Vorbildung

preparado, -a [prepa'raðo] *adj* bereit; **tener** ~ bereithalten

preparar [prepa'rar] I. *vt* 1. vorbereiten; (*la comida*) zubereiten 2. (INFOR) aufbereiten; (*programa*) erstellen II. *vr:* ~**se** sich vorbereiten (*para/a* auf/für +*akk*); **se prepara una tormenta** es braut sich ein Unwetter zusammen

preparativo [prepara'tiβo] *m* Vorbereitung *f*

preposición [preposi'θjon] *f* Präposition *f*

prepotente [prepo'teɲte] *adj* überheblich

presa ['presa] *f* 1. (*acción*) (Ein)fangen *nt;* **las llamas hicieron** ~ **en la casa** das Haus wurde ein Opfer der Flammen 2. (*objeto*) Beute *f;* **ser** ~ **del terror** von Panik ergriffen werden 3. (ZOOL): **animal de** ~ Raubtier *nt* 4. (*dique*) Staudamm *m*

presagio [pre'saxjo] *m* Vorahnung *f*

prescindible [presθin'diβle] *adj* entbehrlich

prescindir [presθin'dir] *vi* 1. (*renunciar a*) verzichten (*de* auf +*akk*);

no podemos ~ **de él** wir kommen ohne ihn nicht zurecht 2. (*pasar por alto*) übergehen (*de* +*akk*) 3. (*no contar*) nicht rechnen (*de* mit +*dat*)

prescripción [preskriβ'θjon] *f* 1. (*indicación*) Vorschrift *f* 2. (MED) Verordnung *f;* (*receta*) Rezept *nt* 3. (*de delito*) Verjährung *f*

presencia [pre'senθja] *f:* **sin la** ~ **del ministro** ohne Beisein des Ministers

presencial [presen̩'θjal] *adj:* **testigo** ~ Augenzeuge, -in *m, f*

presenciar [presen̩'θjar] *vt* beiwohnen +*dat*

presentación [presen̩ta'θjon] *f* 1. Präsentation *f;* (*de una máquina*) Vorführung *f;* (TEAT) Inszenierung *f* 2. (*de instancia*) Einreichen *nt;* **el plazo de** ~ **de solicitudes finaliza hoy** die Frist für die Antragstellung läuft heute ab 3. (*de argumentos*) Vorbringen *nt* 4. (*de un libro*) Aufmachung *f* 5. (*Am*) Gesuch *nt*

presentador(a) [presen̩ta'ðor] *m(f)* Moderator(in) *m(f)*

presentar [presen̩'tar] *vt* 1. vorstellen; (*moda*) vorführen 2. (*ofrecer*) aufweisen 3. (TV) präsentieren; (TEAT) aufführen; (*presentador*) moderieren 4. (*instancia*) einreichen 5. (*argumentos*) vorbringen; (*pruebas*) beibringen; (*propuesta*) unterbreiten 6. (*documento*) vorlegen 7. (*persona*) vorstellen; **te presento a mi marido** darf ich dir meinen Mann vorstellen? 8. (*candidato*) vorschlagen

presente [pre'seɲte] I. *adj* 1. (*que está*) anwesend; ¡~! hier! 2. (*actual*) gegenwärtig 3. (*este*): **la** ~ **edición** diese Ausgabe 4. (*loc*): **por la** ~ **deseo comunicarle que...** hiermit möchte ich Ihnen mitteilen, dass ... II. *m* 1. Gegenwart *f;* **hasta el** ~ bis jetzt; **por el** ~ augenblicklich

2. (LING) Präsens *nt*
presentimiento [presen̩ti'mjen̩to] *m*
Vorahnung *f;* **tengo el ~ de que...**
ich habe das Gefühl, dass ...
presentir [presen̩'tir] *irr como sentir*
vt vorausahnen
preservativo [preserβa'tiβo] *m* Präservativ *nt*
presidencia [presi'ðen̩θja] *f* **1.** (*mandato*) Präsidentschaft *f;* **asumir la ~**
das Präsidentenamt antreten **2.** (*edificio*) Amtssitz *m* des Präsidenten
3. (*de organización/asamblea: conjunto*) Präsidium *nt;* (*individuo*) Vor-
sitzende(r) *f(m)*
presidente [presi'ðen̩te] *mf* **1.** (POL)
Präsident(in) *m(f);* **~ del gobierno
Aznar** Ministerpräsident Aznar
2. (*de asociación*) Vorsitzende(r)
f(m)
presidio [pre'siðjo] *m* Gefängnis *nt*
presidir [presi'ðir] *vt* den Vorsitz (in-
ne)haben (in +*dat*); (*mandar*) leiten
presión [pre'sjon] *f* Druck *m;* **~ arterial** Blutdruck *m;* **~ fiscal** Steuerbe-
lastung *f;* **~ social** sozialer Zwang;
cerrar a ~ unter Druck verschließen; **estar bajo ~** unter Druck stehen; **hacer ~ sobre alguien** jdn unter Druck setzen
presionar [presjo'nar] *vt* drücken;
(*coaccionar*) unter Druck setzen
preso, -a ['preso] *m, f* Häftling *m*
prestación [presta'θjon] *f* **1.** Leistung *f;* **~ por desempleo** Arbeitslosengeld *nt;* **Prestación Social
Sustitutoria** Zivildienst *m* **2.** *pl* Ex-
tras *ntpl;* **un coche con todas las
prestaciones técnicas** ein Auto mit
allen technischen Finessen
préstamo ['prestamo] *m* Darlehen
nt; **~ hipotecario** Bauspardarlehen
nt; **~ a interés fijo** Darlehen mit
festen Zinssätzen; **la duración de
un ~** die Laufzeit eines Darlehens

prestar [pres'tar] **I.** *vt* **1.** (*dejar*)
(aus)leihen, borgen; (*pagando a cam-
bio*) (ver)leihen **2.** (*dedicar*): **~ ayuda** Hilfe leisten **3.** (*declaración*) abgeben; (*juramento*) leisten **4.** (*silencio*) bewahren; **~ oídos** Aufmerksamkeit schenken **II.** *vr:* **~se
1.** (*ofrecerse*) sich anbieten (*para*
für +*akk*); **se prestó a ayudarme
en la mudanza** er/sie bot mir sei-
ne/ihre Hilfe beim Umzug an
2. (*avenirse*) sich bequemen (*a* zu
+*dat*) **3.** (*dar motivo*) verursachen;
**tus palabras se prestan a confu-
sión** deine Worte stiften Verwirrung
prestigio [pres'tixjo] *m* Ansehen *nt*
presumido, -a [presu'miðo] *adj* arrogant; (*vanidoso*) eitel
presumir [presu'mir] *vi* angeben (*de*
mit +*dat*)
presunto, -a [pre'sun̩to] *adj* **1.** (*supuesto*) vermutlich; **el ~ asesino**
der mutmaßliche Mörder **2.** (*equivo-
cadamente*) vermeintlich
presuntuoso, -a [presun̩tu'oso] *adj*
eitel
presuponer [presupo'ner] *irr como
poner vt* voraussetzen
presupuesto [presu'pwesto] *m*
1. (POL, ECON) Haushalt(splan) *m*
2. (*cálculo*) (Kosten)voranschlag *m*
pretender [preten̩'der] *vt* **1.** (*aspirar
a*) streben (nach +*dat*); **~ subir de
categoría** eine Beförderung anstre-
ben **2.** (*pedir*) beanspruchen; **¿qué
pretendes que haga?** was soll ich
tun? **3.** (*tener intención*) vorhaben;
no pretendía molestar ich wollte
nicht stören **4.** (*intentar*) versuchen
pretendiente [preten̩'djen̩te] *m* Verehrer *m*
pretensión [preten'sjon] *f* **1.** (*derecho*) Anspruch *m;* **~ económica**
Gehaltsforderung *f* **2.** (*ambición*)
Ehrgeiz *m;* (*aspiración*) Streben *nt;*

es una persona con muchas pretensiones er/sie will hoch hinaus **3.** *pl* (*vanidad*): **tiene pretensiones de actor** er spielt sich als Schauspieler auf

pretérito [pre'terito] *m* (LING) Präteritum *nt*

pretexto [pre'testo] *m* Vorwand *m;* **a ~ de...** unter dem Vorwand ...

prevalecer [preβale'θer] *irr como crecer vi* **1.** (*imponerse*) sich durchsetzen (*entre/sobre* gegenüber +*dat*); **la verdad prevaleció sobre la mentira** die Wahrheit siegte über die Lüge **2.** (*predominar*) vorherrschen; **en esta ciudad prevalecen los de derechas sobre los de izquierdas** in dieser Stadt gibt es mehr Rechte als Linke

prevaricación [preβarika'θjon] *f* Rechtsbeugung *f*

prevención [preβen'θjon] *f:* **~ de accidentes** Unfallverhütung *f;* **~ del cáncer** Krebsvorsorge *f*

prevenido, -a [preβe'niðo] *adj* **1.** *estar:* **estar ~** auf der Hut sein **2.** *ser* vorsichtig

prevenir [preβe'nir] *irr como venir* **I.** *vt* **1.** (*preparar*) vorbereiten **2.** (*proveer*) versorgen (*de* mit +*dat*) **3.** (*protegerse de*) vorbeugen +*dat*; (*evitar*) verhindern **4.** (*advertir*) warnen **5.** (*predisponer*): **~ a alguien a favor/en contra de alguien** jdn für/gegen jdn einnehmen **II.** *vr:* **~se 1.** (*proveerse*) sich versorgen (*de* mit +*dat*) **2.** (*tomar precauciones*) Vorkehrungen treffen

preventivo, -a [preβen'tiβo] *adj* vorbeugend

prever [pre'βer] *irr como ver vt* vorhersehen

previo, -a ['preβjo] *adj:* (*sin*) **~ aviso** (ohne) Vorankündigung; **previa presentación del D.N.I.** bei Vorlage

des Personalausweises

previsible [preβi'siβle] *adj* **1.** voraussichtlich **2.** (*que se puede prever*) voraussehbar; **era ~** das war vorauszusehen

previsión [preβi'sjon] *f* **1.** (*de prever*) Vorhersage *f;* **esto supera todas las previsiones** das übertrifft alle Erwartungen **2.** (*precaución*) Vorsorge *f*

previsor(a) [preβi'sor] *adj* vorausschauend; (*precavido*) vorsorglich

previsto, -a [pre'βisto] *adj:* **el éxito estaba ~** der Erfolg war zu erwarten; **todo lo necesario está ~** es ist für alles Notwendige gesorgt

prima ['prima] *f* **1.** (*pariente*) Kusine *f* **2.** (FIN) Prämie *f*

primacía [prima'θia] *f* **1.** (*supremacía*) Vorrangstellung *f;* (POL) Vormachtstellung *f* **2.** (*prioridad*) Vorrang *m*

primario, -a [pri'marjo] *adj* primär; **necesidades primarias** Grundbedürfnisse *ntpl*

primavera [prima'βera] *f* Frühling *m*

primer [pri'mer] *adj v.* **primero, -a**

primera [pri'mera] *f* **1.** (AUTO) erster Gang *m* **2.** (FERRO, AERO): **viajar en ~** erster Klasse reisen **3.** (*loc*): **de ~** erstklassig

primero¹ [pri'mero] *adv* **1.** (*en primer lugar*) zuerst; **~..., segundo...** erstens ..., zweitens ... **2.** (*antes*) lieber

primero, -a² [pri'mero] *adj* (*ante sustantivo masculino: primer*) erste(r, s); **primera edición** Erstausgabe *f;* **a ~s de mes** am Monatsanfang; **de primera calidad** erstklassig; **en primer lugar** zuerst

primitivo, -a [primi'tiβo] *adj* primitiv; **los habitantes ~s** die Ureinwohner; **lotería primitiva** (*spanisches*) *Lotto*

primo[1] ['primo] *m* Cousin *m*

primo, -a[2] ['primo] *adj* **1. materia prima** Rohstoff *m* **2. número ~** Primzahl *f*

primogénito, -a [primo'xenito] *adj* erstgeboren

primor [pri'mor] *m* Sorgfältigkeit *f*

primordial [primor'ðjal] *adj* vorrangig; (*fundamental*) wesentlich

princesa [prin'θesa] *f v.* **príncipe**

principado [prinθi'paðo] *m* Fürstentum *nt;* **el Principado de Andorra** Andorra *nt*

principal [prinθi'pal] *adj* hauptsächlich; (*esencial*) wesentlich

príncipe, princesa ['prinθipe, prin'θesa] *m, f* **1.** (*soberano*) Fürst(in) *m(f)* **2.** (*hijo del rey*) Prinz, Prinzessin *m, f;* **~ heredero** Kronprinz *m;* **el Príncipe de Asturias** der spanische Kronprinz; **el ~ azul** der Märchenprinz

principiante [prinθi'pjante] *mf* Anfänger(in) *m(f)*

principio [prin'θipjo] *m* **1.** (*comienzo*) Anfang *m;* **al ~** am Anfang; **desde un ~** von Anfang an; **a ~s de diciembre** Anfang Dezember **2.** (*causa*) Ursache *f;* (*origen*) Ursprung *m* **3. en ~** im Prinzip

pringar [prin'gar] <g → gu> I. *vt* **1.** (*manchar*) beschmieren (*de/con* mit +*dat*) **2.** (*mojar*) eintauchen (*en* in +*akk*) II. *vi* **1.** (*fam*) schuften **2.** (*Am*) nieseln III. *vr:* **~se 1.** (*mancharse*) sich beschmieren (*de/con* mit +*dat*) **2.** (*loc*): **se ha pringado en 100 euros** er/sie hat 100 Euro mitgehen lassen

pringoso, -a [prin'goso] *adj* schmierig

prioridad [prjori'ðað] *f* **1.** (*anterioridad*) Vorzeitigkeit *f* **2.** (*urgencia*) Priorität *f;* **de máxima ~** von allerhöchster Dringlichkeit; **dar ~**

a un asunto eine Angelegenheit vorrangig behandeln **3.** (AUTO) Vorfahrt *f*

prioritario, -a [prjori'tarjo] *adj* vorrangig

prisa ['prisa] *f* Eile *f;* **a toda ~** in aller Eile; **no corre ~** es hat Zeit; **¡date ~!** beeil dich!; **meter ~** zur Eile drängen; **tengo ~** ich habe es eilig; **no tengas ~** lass dir Zeit

prisión [pri'sjon] *f* **1.** Haft *f;* (*de guerra*) Gefangenschaft *f;* **~ preventiva** Untersuchungshaft *f* **2.** (*edificio*) Gefängnis *nt*

prisionero, -a [prisjo'nero] *m, f* Gefangene(r) *f(m);* (*convicto*) Häftling *m*

prisma ['prisma] *m* (*figura*) Prisma *nt*

prismáticos [pris'matikos] *mpl* Fernglas *nt*

privado, -a [pri'βaðo] *adj* **1.** (*fiesta*) privat; (*sesión*) nicht öffentlich **2.** (*personal*) privat; **vida privada** Privatleben *nt* **3.** (*falto*): **~ de...** ohne ...; **~ de medios** mittellos

privar [pri'βar] I. *vt* **1.** (*desposeer*): **~ a alguien de libertad** jdn seiner Freiheit berauben **2.** (*prohibir*) verbieten II. *vr:* **~se** verzichten (*de* auf +*akk*); **no se privan de nada** es fehlt ihnen an nichts

privatizar [priβati'θar] <z → c> *vt* privatisieren

privilegio [priβi'lexjo] *m* Privileg *nt*

pro [pro] I. *m o f* Pro *nt;* **valorar los ~s y los contras** Pro und Kontra abwägen; **en ~ de** zugunsten +*gen* II. *prep* für +*akk,* pro +*akk*

proa ['proa] *f* Bug *m*

probabilidad [proβaβili'ðað] *f* Wahrscheinlichkeit *f;* **con toda ~** aller Wahrscheinlichkeit nach

probable [pro'βaβle] *adj* **1.** wahrscheinlich; **un resultado ~** ein mögliches Ergebnis **2.** (*que se puede pro-*

bar) nachweisbar

probablemente [proβaβle'mente] *adv* wahrscheinlich

probador [proβa'ðor] *m* Umkleidekabine *f*

probar [pro'βar] <o → ue> I. *vt* 1. (*demostrar*) beweisen 2. (*experimentar*) ausprobieren; (*aparato*) (aus)testen 3. (*a alguien*) auf die Probe stellen 4. (*vestido*) anprobieren 5. (GASTR) probieren; **no he probado nunca una paella** ich habe noch nie Paella gegessen II. *vi* (*intentar*) versuchen

problema [pro'βlema] *m* 1. (*cuestión*) Frage *f* 2. (*dificultad*) Problem *nt* 3. (*ejercicio*) Aufgabe *f*

problemático, -a [proβle'matiko] *adj* problematisch

procedencia [proθe'ðenθja] *f* Herkunft *f*

procedente [proθe'ðente] *adj* 1. (*oportuno*) angebracht 2. (*proveniente*) aus 3. (JUR) berechtigt

proceder [proθe'ðer] *vi* 1. abstammen (*de* von +*dat*); (*de un lugar*) kommen (*de* aus +*dat*) 2. (*actuar*) verfahren 3. (*ser oportuno*) angebracht sein 4. (*pasar a*) schreiten (*a* zu +*dat*)

procedimiento [proθeði'mjento] *m* 1. (*actuación*) Vorgehen *nt* 2. (*método*) Verfahren *nt* 3. (JUR) Gerichtsverfahren *nt*

procesado, -a [proθe'saðo] *m, f* Angeklagte(r) *f(m)*

procesamiento [proθesa'mjento] *m* 1. (JUR) Prozessführung *f* 2. (INFOR) Verarbeitung *f*

procesar [proθe'sar] *vt* 1. (JUR) prozessieren (*a* gegen +*akk*) 2. (TÉC) verarbeiten

procesión [proθe'sjon] *f* 1. Marsch *m;* (REL) Prozession *f* 2. (*hilera*) Reihe *f;* (*de personas*) Schlange *f*

proceso [pro'θeso] *m* 1. Prozess *m;* ~ **de una enfermedad** Krankheitsentwicklung *f* 2. (*procedimiento*) Verfahren *nt* 3. (JUR) Prozess *m*

proclamación [proklama'θjon] *f* Verkündigung *f*

proclamar [prokla'mar] I. *vt* 1. (*hacer público*) verkünden; ~ **la República** die Republik ausrufen 2. (*aclamar*) zujubeln +*dat* 3. (*sentimiento*) offenbaren 4. (*ganador*) ausrufen II. *vr:* ~**se presidente** sich zum Präsidenten erklären; ~**se ganador** gewinnen

procurador(a) [prokura'ðor] *m(f)* Bevollmächtigte(r) *f(m);* (*en tribunal*) Klagevertreter(in) *m(f)*

procurar [proku'rar] I. *vt* 1. (*intentar*) versuchen 2. (*proporcionar*) verschaffen II. *vr:* ~**se** sich *dat* verschaffen, sich *dat* besorgen

prodigio [pro'ðixjo] *m* Wunder *nt;* **niño** ~ Wunderkind *nt*

producción [proðuɣ'θjon] *f* 1. (*de frutos*) Hervorbringung *f* 2. (*de cereales*) Produktion *f* 3. (*cuadro*) Anfertigung *f;* (*libro*) Herstellung *f;* ~ **en cadena** Fließbandfertigung *f;* ~ **por encargo** Auftragsfertigung *f;* ~ **en masa** Massenproduktion *f;* ~ **a medida** Fertigung nach Maß

producir [proðu'θir] *irr como traducir* I. *vt* 1. (*frutos*) hervorbringen 2. (*fabricar*) produzieren; (*energía*) erzeugen 3. (*beneficios*) (ein)bringen; (*intereses*) tragen 4. (*alegría*) bereiten; (*impresión*) machen; ~ **tristeza** traurig stimmen II. *vr:* ~**se** 1. (*fabricarse*) produziert werden 2. (*tener lugar*) sich ereignen 3. (*ocurrir*) sich ergeben

productivo, -a [proðuk'tiβo] *adj* produktiv; (*máquina*) leistungsfähig; (*negocio*) einträglich; (*tierra*) ertragreich

producto [proˈðukto] *m* **1.** (*objeto*) Produkt *nt;* **~ agrícola** Agrarprodukt *nt;* **~ alimenticio** Nahrungsmittel *nt* **2.** (*de un negocio*) Ertrag *m;* (*de una venta*) Erlös *m;* **Producto Nacional Bruto** Bruttosozialprodukt *nt*

profano, -a [proˈfano] *adj* **1.** (*secular*) weltlich **2.** (*ignorante*) unerfahren

profecía [profeˈθia] *f* Prophezeiung *f*

profesión [profeˈsjon] *f* Beruf *m*

profesional [profesjoˈnal] **I.** *adj* **1.** (*de la profesión*) beruflich; **ética ~** Berufsethos *nt;* **secreto ~** Schweigepflicht *f* **2.** (*no aficionado*) professionell; **deportista ~** Profi *m* **II.** *mf* Profi *m*

profesor(a) [profeˈsor] *m(f)* Lehrer(in) *m(f);* (*universitario*) Dozent(in) *m(f)*

profeta, -isa [proˈfeta] *m, f* Prophet(in) *m(f)*

profundidad [profuɲdiˈðaˀ] *f* Tiefe *f;* **analizar en ~** ergründen

profundizar [profuɲdiˈθar] <z → c> **I.** *vt* vertiefen **II.** *vi:* **~ en algo** etw vertiefen

profundo, -a [proˈfuɲdo] *adj* tief (liegend); (*observación*) tiefsinnig

progenitor(a) [proxeniˈtor] *m(f)* Vater, Mutter *m, f;* **los ~es** die Eltern

programa [proˈɣrama] *m* Programm *nt;* **~ de estudios** Lehrplan *m;* **~ de tratamiento de textos** Textverarbeitungsprogramm *nt*

programar [proɣraˈmar] *vt* programmieren

progresar [proɣreˈsar] *vi* Fortschritte machen (*en* in +*dat,* bei +*dat*); (*ciencia*) sich weiterentwickeln; **~ profesionalmente** beruflich vorwärtskommen

progresión [proɣreˈsjon] *f* **1.** Fortschreiten *nt* **2.** (MAT) Reihe *f*

3. (MÚS) Sequenz *f*

progresista [proɣreˈsista] *adj* fortschrittlich

progresivo, -a [proɣreˈsiβo] *adj* (*que progresa*) fortschreitend; (*que aumenta*) zunehmend; (FIN) progressiv; **aspecto ~** (LING) Verlaufsform *f*

progreso [proˈɣreso] *m* Fortschritt *m*

prohibición [proiβiˈθjon] *f* Verbot *nt*

prohibir [proiˈβir] *irr vt* verbieten

prohibitivo, -a [proiβiˈtiβo] *adj* Verbots-; **derecho ~** (ECON) Prohibitivzoll *m*

prójimo [ˈproximo] *m* Mitmensch *m;* **amor al ~** Nächstenliebe *f*

proletario, -a [proleˈtarjo] *m, f* Proletarier(in) *m(f)*

proliferar [prolifeˈrar] *vi* **1.** (*en cantidad*) sich vermehren **2.** (*incontroladamente*) wuchern **3.** (*epidemia*) um sich greifen

prólogo [ˈproloɣo] *m* Vorwort *nt*

prolongar [proloɲˈgar] <g → gu> **I.** *vt* verlängern; (*decisión*) hinauszögern **II.** *vr:* **~se** sich verlängern; (*un estado*) sich in die Länge ziehen; (*reunión*) länger dauern

promedio [proˈmeðjo] *m* Durchschnitt *m*

promesa [proˈmesa] *f* Versprechen *nt*

prometedor(a) [prometeˈðor] *adj* viel versprechend

prometer [promeˈter] **I.** *vt* versprechen **II.** *vi:* **es negocio promete** das ist ein viel versprechendes Geschäft **III.** *vr:* **~se** sich verloben

prometido, -a [promeˈtiðo] *m, f* Verlobte(r) *f(m)*

promiscuidad [promiskwiˈðaˀ] *f* **1.** (*mezcla*) Mischung *f* **2.** (*de sexos*): **aboga a favor de la ~ de sexos en las escuelas** er/sie ist für gemischte Schulen **3.** (*sexual*) Promiskuität *f*

promoción |promo'θjon| *f*
1. (Be)förderung *f* **2.** (*de producto*)
Promotion *f* **3.** (*de licenciados*) Jahrgang *m*

promocionar |promoθjo'nar| *vt*
(be)fördern; (*producto*) werben (für
+*akk*)

promotor(a) |promo'tor| *m(f)* För-
derer, -in *m, f;* (*artístico*) Pro-
moter(in) *m(f)*

promover |promo'βer| <o → ue> *vt*
1. (*querella*) erheben; (*proceso*) anstrengen; (*recurso*) einlegen **2.** (*en el
cargo*) befördern **3.** (*escándalo,
aplausos*) auslösen; (*altercado*) anfangen

promulgar |promul'ɣar| <g → gu>
vt verkünden

pronombre |pro'nombre| *m* Pro-
nomen *nt*

pronosticar |pronosti'kar| <c → qu>
vt vorhersagen

pronóstico |pro'nostiko| *m* Voraus-
sage *f;* (*t.* MED) Prognose *f*

pronto |'pronto| **I.** *adv* **1.** (*rápido*)
prompt **2.** (*enseguida*) bald; (*inmediatamente*) gleich **3.** (*temprano*)
früh **4.** (*loc*): **de ~** auf einmal; **¡hasta
~!** bis bald!; **por de** [*o* **lo**] **~** fürs
Erste **II.** *conj:* **tan ~ como** sobald

pronunciación |pronunθja'θjon| *f*
Aussprache *f*

pronunciar |pronun'θjar| **I.** *vt* **1.** (*ar-
ticular*) aussprechen; **~ un discurso**
eine Rede halten; **~ sentencia** das
Urteil verkünden **2.** (*resaltar*) betonen **II.** *vr:* **~se 1.** (*levantarse*) put-
schen **2.** (*apoyar*) sich aussprechen
3. (*opinar*) Stellung nehmen (*sobre*
zu +*dat*) **4.** (*acentuarse*) ausgepräg-
ter werden

propaganda |propa'ɣanda| *f* (POL)
Propaganda *f;* (*publicidad*) Werbung *f*

propagar |propa'ɣar| <g → gu> **I.** *vt*

1. vermehren; (*reproducir*) fortpflanzen **2.** (*extender*) verbreiten; **~ un
rumor** ein Gerücht in die Welt setzen **II.** *vr:* **~se 1.** sich vermehren;
(*reproducirse*) sich fortpflanzen
2. (*extenderse, divulgarse*) sich verbreiten **3.** (*transmitirse*) sich übertragen

propano |pro'pano| *m* Propan(gas)
nt

propasarse |propa'sarse| *vr* (*extrali-
mitarse*) zu weit gehen

propenso, -a |pro'penso| *adj* anfällig
(*a* für +*akk*); **ser ~ a algo** zu etw *dat*
neigen

propiamente |propja'mente| *adv* ei-
gentlich; (*realmente*) wirklich;
~ dicho genau genommen

propicio, -a |pro'piθjo| *adj* **1.** (*fa-
vorable*) günstig; **en el momento
~** im günstigsten Moment **2.** (*dispuesto*) bereit (*a* zu +*dat*); **mostrarse (poco) ~ a/para...** sich (wenig) geneigt zeigen zu ...

propiedad |propje'ðaˀ| *f* **1.** Ei-
gentum *nt;* (*inmuebles*) Besitz *m*
2. (*t.* FÍS) Eigenschaft *f;* **~es** Beschaffenheit *f*

propietario, -a |propje'tarjo| *m, f* Ei-
gentümer(in) *m(f)*

propina |pro'pina| *f* Trinkgeld *nt*

propio, -a |'propjo| *adj* **1.** (*de uno
mismo*) eigene(r, s); **con sus propias manos** mit eigenen Händen;
en defensa propia in Notwehr
2. (*mismo*) selbst; **lo ~** dasselbe; **el
~ interesado** der Interessent selbst
3. (*característico*) eigen(tümlich);
los productos ~s del país die hei-
mischen Produkte des Landes; **eso
(no) es ~ de ti** das passt (nicht) zu
dir **4.** (*apropiado*) angemessen

proponer |propo'ner| *irr como* poner
I. *vt* **1.** (*sugerir, presentar*) vorschlagen (*como* als +*akk, para* für +*akk*);

~ **un brindis por alguien** auf jdn ein Hoch ausbringen **2.** (*plantear*) stellen **3.** (*solicitar*) beantragen **II.** *vr:* ~**se** sich *dat* vornehmen; (*tener intención*) vorhaben; **¿qué se propones?** was hast du eigentlich vor?

proporción [propor'θjon] *f* **1.** (*relación*) Verhältnis *nt;* **no guardar** ~ **con algo** in keinem Verhältnis zu etw *dat* stehen **2.** (*porcentaje*) Anteil *m* **3.** *pl* (*dimensión*) Ausmaß *nt;* **un accidente de enormes proporciones** ein Unfall größten Ausmaßes

proporcional [proporθjo'nal] *adj:* **reparto** ~ proportionale Verteilung

proporcionar [proporθjo'nar] *vt* **1.** beschaffen; (*procurar*) verschaffen; (*crear*) schaffen **2.** (*ocasionar*) bewirken

proposición [proposi'θjon] *f* Antrag *m;* (*oferta*) Angebot *nt;* ~ **de ley** Gesetzesvorlage *f*

propósito [pro'posito] **I.** *m* **1.** Absicht *f;* (*plan*) Plan *m;* **buenos** ~**s** gute Vorsätze; **tener el** ~ **de...** vorhaben zu ... **2.** (*objetivo*) Ziel *nt* **3.** (*loc*): **a** ~ (*adrede*) absichtlich; (*adecuado*) angemessen; (*por cierto*) übrigens **II.** *prep:* **a** ~ **de** über +*akk*

propuesta [pro'pwesta] *f* Vorschlag *m;* (*solicitud*) Antrag *m;* (*oferta*) Angebot *nt*

prórroga ['prorroɣa] *f* **1.** (*prolongación*) Verlängerung *f;* ~ **de pago** Zahlungsaufschub *m* **2.** (*dilatoria*) Aufschub *m;* (*retraso*) Verschiebung *f*

prosa ['prosa] *f* Prosa *f;* **texto en** ~ Prosatext *m*

proseguir [prose'ɣir] *irr como seguir* **I.** *vi* (*alguien*) weitermachen; (METEO) anhalten; ~ **con** [*o* **en**] **algo** (*mantener*) etw beibehalten; (*continuar con*) etw fortsetzen **II.** *vt*

1. (*continuar*) fortsetzen **2.** (*un fin*) verfolgen

prospecto [pros'pekto] *m* Prospekt *m o nt;* (*informativo*) Broschüre *f;* (*de un medicamento*) Packungsbeilage *f*

prosperar [prospe'rar] *vi* **1.** gut vorankommen; (*florecer*) florieren; (*tener éxito*) Erfolg haben **2.** (*imponerse*) sich einbürgern

prosperidad [prosperi'ðað] *f* Wohlstand *m*

próspero, -a ['prospero] *adj:* ¡**P**~ **Año Nuevo!** frohes neues Jahr!

próstata ['prostata] *f* Prostata *f*

prostitución [prostitu'θjon] *f* Prostitution *f;* **ejercer la** ~ der Prostitution nachgehen

prostituto, -a [prosti'tuto] *m, f* Prostituierte(r) *f(m)*

protagonista [protaɣo'nista] *adj:* **el papel** ~ die Hauptrolle

protagonizar [protaɣoni'θar] <z → c> *vt* (*un papel*) spielen; **un gran actor protagoniza esta película** in diesem Film spielt ein namhafter Schauspieler die Hauptrolle

protección [proteɣ'θjon] *f* Schutz *m;* (MIL) Deckung *f;* ~ **de menores** Jugendschutz *m*

protector[1] [protek'tor] *m* Schutz *m;* ~ **labial** Lippen(schutz)pomade *f;* ~ **solar** Sonnen(schutz)creme *f*

protector(a)[2] [protek'tor] **I.** *adj* schützend; **casco** ~ Schutzhelm *m;* **sociedad** ~**a de animales** Tierschutzverein *m* **II.** *m(f)* Beschützer(in) *m(f)*

proteger [prote'xer] <g → j> **I.** *vt* **1.** (*resguardar*) (be)schützen (*de/contra* vor +*dat*) **2.** (*asegurar*) (ab)sichern **II.** *vr:* ~**se** sich schützen (*de/contra* vor +*dat*); ~**se los ojos** seine Augen schützen

proteína [prote'ina] *f* Protein *nt*

prótesis ['protesis] *f inv* Prothese *f*
protesta [pro'testa] *f* **1.** Protest *m*
2. (JUR) Einspruch *m*
protestante [protes'taṇte] *mf* Protestant(in) *m(f)*
protestar [protes'tar] *vi* protestieren
protocolo [proto'kolo] *m* Protokoll *nt*
protón [pro'ton] *m* Proton *nt*
provecho [pro'βetʃo] *m* **1.** Vorteil *m;* (*producto*) Ertrag *m;* (*beneficio*) Gewinn *m;* **propio** ~ Eigennutz *m;* **de** ~ von Nutzen; **nada de** ~ nichts Brauchbares; **sacar** ~ **de algo** aus etw *dat* Nutzen ziehen **2.** (*progreso*) Fortschritt *m* **3.** ¡**buen** ~! guten Appetit!
proveedor(a) [proβe(e)'ðor] *m(f)* Lieferant(in) *m(f)*
proveer [pro'βer] *irr* **I.** *vi* sorgen (*a* für +*akk*); ¡**Dios** ~á! der Herrgott wird's schon richten! **II.** *vt* versorgen (*de* mit +*dat*); (*equipar*) ausstatten (*de* mit +*dat*); (*suministrar*) beliefern (*de* mit +*dat*) **III.** *vr:* ~**se** sich eindecken (*de* mit +*dat*)
proveniente [proβe'njeṇte] *adj:* **el tren** ~ **de Madrid** der Zug aus Madrid
proverbio [pro'βerβjo] *m* Sprichwort *nt,* Spruch *m*
provincia [pro'βiṇθja] *f* Provinz *f;* **ciudad de** ~**s** Kleinstadt *f*
provisión [proβi'sjon] *f* **1.** (*reserva*) Vorrat *m;* **provisiones** Proviant *m* **2.** (*suministro*) Versorgung *f* **3.** (*comisión*) Provision *f*
provisional [proβisjo'nal] *adj* provisorisch; (*temporal*) vorläufig
provisto, -a [pro'βisto] **I.** *pp de* **proveer II.** *adj:* ~ **al efecto** dafür vorgesehen
provocar [proβo'kar] <c → qu> **I.** *vt* provozieren; (*instigar*) anstiften **II.** *vi* (*Am*): (**no**) **me provoca** ich habe

(keine) Lust
provocativo, -a [proβoka'tiβo] *adj* provokativ
próximamente [proʸsima'meṇte] *adv* demnächst
próximo, -a ['proʸsimo] *adj* **1.** nahe (*a* bei/zu +*dat*); (*local*) nahe gelegen; (*temporal*) nahe bevorstehend; **en fecha próxima** demnächst **2.** (*siguiente*) nächste(r, s); **la próxima vez** nächstes Mal; ¡**hasta la próxima!** bis bald!
proyectar [proʸek'tar] *vt* **1.** (*t.* CINE) projizieren **2.** (*planear*) planen **3.** (*proponerse*) vorhaben
proyecto [pro'ʸekto] *m* Projekt *nt;* (*borrador*) Entwurf *m;* (*propuesta*) Vorschlag *m;* ~ **de ley** Gesetz(es)entwurf *m;* **en** ~ geplant; **tener** ~**s** Pläne haben; **tener algo en** ~ etw vorhaben
proyector [proʸek'tor] *m* Projektor *m*
prudencia [pru'ðeṇθja] *f* **1.** (*precaución*) Vorsicht *f;* (*cautela*) Behutsamkeit *f* **2.** (*cordura*) Vernunft *f* **3.** (*moderación*) Mäßigkeit *f*
prudente [pru'ðeṇte] *adj* **1.** vorsichtig; (*previsor*) bedacht **2.** (*razonable*) vernünftig
prueba ['prweβa] *f* **1.** Prüfung *f;* (*test*) Test *m;* (*experimento*) Versuch *m;* (*comprobación*) Probe *f;* (*de ropa*) Anprobe *f;* ~ **de acceso** Aufnahmeprüfung *f;* ~ **de alcoholemia** (Blut)alkoholtest *m;* ~ **de aptitud** Eignungstest *m;* **período de** ~ Probezeit *f;* **poner a** ~ auf die Probe stellen; **someter a** ~ einer Prüfung unterziehen **2.** (*testimonio*) Beweis *m;* (*verificación*) Nachweis *m;* **tener** ~**s de que...** beweisen können, dass ...

Prusia ['prusja] *f* Preußen *nt*
P.S. [pos es'kriptun] *abr de* **post scriptum** PS

(p)seudónimo ['seu'ðonimo] *m* Pseudonym *nt*

(p)sicoanálisis [sikoa'nalisis] *m* Psychoanalyse *f*

(p)sicoanalista [sikoana'lista] *mf* Psychoanalytiker(in) *m(f)*

(p)sicología [sikolo'xia] *f* Psychologie *f*

(p)sicológico, -a [sikolo'xiko] *adj* psychologisch; **terror ~** Psychoterror *m*

(p)sicólogo, -a [si'koloɣo] *m, f* Psychologe, -in *m, f*

(p)sicópata [si'kopata] *mf* Psychopath(in) *m(f)*; **~ sexual** Triebtäter *m*

(p)sicosis [si'kosis] *f inv* Psychose *f*; **~ colectiva** Massenpsychose *f*

(p)sicosomático, -a [sikoso'matiko] *adj* psychosomatisch

(p)sicoterapia [sikote'rapja] *f* Psychotherapie *f*

(p)sique ['sike] *f* Psyche *f*

(p)siquiatra [si'kjatra] *mf* Psychiater(in) *m(f)*

(p)siquiatría [sikja'tria] *f* Psychiatrie *f*

(p)síquico, -a [si'kiko] *adj* psychisch

PSOE [pe'soe] *m abr de* **Partido Socialista Obrero Español** sozialistische spanische Arbeiterpartei

pta. [pe'seta] *f* <pt(a)s.> (HIST) *abr de* **peseta** Pesete *f*

púa ['pua] *f* 1. Stachel *m* 2. (*del peine*) Zinke *f*

pub [paβ] <pubs> *m* Pub *m o nt*

pubertad [puβer'taðʰ] *f* Pubertät *f*

pubis ['puβis] *m inv* Scham(gegend) *f*

publicación [puβlika'θjon] *f* 1. Veröffentlichung *f*; (*anuncio*) Bekanntmachung *f* 2. (*edición*) Publikation *f*

publicar [puβli'kar] <c → qu> I. *vt* veröffentlichen; (*anunciar*) bekannt geben; (JUR) offenlegen; (*proclamar*) verkünden II. *vr*: **~se** erscheinen

publicidad [puβliθi'ðaðʰ] *f* Werbung *f*

público¹ ['puβliko] *m* 1. Öffentlichkeit *f*; **en ~** in aller Öffentlichkeit; **aparecer en ~** öffentlich auftreten; **el gran ~** die breite Masse 2. (*asistente*) Publikum *nt*

público, -a² ['puβliko] *adj* 1. öffentlich; (*estatal*) staatlich; **deuda pública** öffentliche Anleihe; **relaciones públicas** Publicrelations *pl*; **transporte ~** öffentliche Verkehrsmittel 2. (*común*) allgemein; **de utilidad pública** gemeinnützig 3. (*conocido*) allgemein bekannt; **ser del dominio ~** allgemein bekannt sein

pucha ['putʃa] *interj* (*CSur: caramba*): **¡la ~!** Donnerwetter!

puchero [pu'tʃero] *m* 1. (*olla*) Kochtopf *m* 2. (GASTR) ≈Eintopf *m* 3. (*loc*): **hacer ~s** eine Schnute ziehen

pudor [pu'ðor] *m* Sittsamkeit *f*; (*vergüenza*) Schamhaftigkeit *f*

pudrirse [pu'ðrirse] *irr vr* (ver)faulen; (*fig*) verderben; **¡ahí te pudras!** (*vulg*) von mir aus kannst du verrecken! *fam*

pueblo ['pweβlo] *m* 1. (*nación*) Volk *nt* 2. (*población*) Dorf *nt*; **~ de mala muerte** (*fam*) trostloses Kaff; **~ joven** (*Am*) Slums *pl*

puente ['pwente] *m* Brücke *f*

puenting ['pwentin] *m* Bungeejumping *nt*

puerco, -a ['pwerko] I. *adj* 1. *estar* (*fam*) saudreckig 2. *ser* schweinisch *fam* II. *m, f*: **~ espín** Stachelschwein *nt*

puericultor(a) [pwerikul'tor] *m(f)* Kindergärtner(in) *m(f)*

pueril [pwe'ril] *adj* 1. (*infantil*) kindlich; **edad ~** Kindesalter *nt* 2. (*inmaduro*) kindisch

puerro ['pwerro] *m* Lauch *m*

puerta ['pwerta] *f* Tür *f*; (*portal*) Pforte *f*; (*acceso*) Zugang *m*; **~ corredera** Schiebetür *f*; **~ de socorro**

Notausgang *m*

puerto ['pwerto] *m* Hafen *m;* (*de montaña*) Bergpass *m*

puertorriqueño, -a [pwertorri'keɲo] *adj* puerto-ricanisch

pues [pwes] **I.** *adv* **1.** dann; (*así que*) also; ~ **entonces, nada** dann eben nicht **2.** (*ilativo*) also; ~ **bien** also gut **3.** (*causal*) nämlich; **estudio alemán – ¡ah,** ~ **yo también!** ich lerne Deutsch – ach, ich auch! **4.** (*expletivo*) doch; **¿estuvisteis por fin en Toledo? –** ~ **no/sí** wart ihr schließlich in Toledo? – nein, doch nicht/ja **5.** (*exclamativo*): **¡~ no faltaría más!** das wäre ja noch schöner! **6.** (*interrogativo*): **¿y** ~**?** ja, und?; **¿~ qué ha pasado?** was ist denn passiert? **7.** (*atenuación*): **¿nos vemos mañana? –** ~ **no sé todavía** sehen wir uns morgen? – tja, ich weiß noch nicht **8.** (*insistencia*): ~ **claro** aber klar **II.** *conj* (*causal*): **no voy de viaje,** ~ **no tengo dinero** ich mache keine Reise, denn ich habe kein Geld

puesta ['pwesta] *f:* ~ **al día** Aktualisierung *f;* ~ **en escena** (TEAT) Inszenierung *f*

puesto[1] ['pwesto] *m* **1.** (*lugar*) Platz *m;* (*posición*) Stellung *f* **2.** (*empleo*) (Arbeits)stelle *f;* (*cargo*) Amt *nt* **3.** (*tenderete*) (Markt)stand *m;* ~ **de periódicos** Zeitungskiosk *m* **4.** (MIL) Posten *m* **5.** (*guardia*) Wache *f;* ~ **de policía** Polizeiwache *f;* ~ **de socorro** Rettungswache *f*

puesto, -a[2] ['pwesto] **I.** *pp de* **poner II.** *adj* (*loc*): ~ **al día** auf dem neuesten Stand; **estar** ~ **en un tema** (*fam*) sich in einem Thema auskennen **III.** *conj:* ~ **que** da

pujar [pu'xar] *vi* **1.** (*esforzarse*) sich anstrengen; ~ **por** sich bemühen zu

2. (*en una subasta*) höher bieten

pulcro, -a ['pulkro] *adj* **1.** (*aseado*) reinlich **2.** (*cuidadoso*) sorgfältig; (*fino*) fein

pulga ['pulɣa] *f* Floh *m*

pulgada [pul'ɣaða] *f* (*medida*) Zoll *m;* (*fam*) Daumenbreite *f*

pulgar [pul'ɣar] *m* Daumen *m*

pulir [pu'lir] *vt* **1.** polieren; (*esmerilar*) schleifen **2.** (*perfeccionar*) den letzten Schliff geben +*dat*

pulla ['puʎa] *f* Stichelei *f*

pulmón [pul'mon] *m* Lunge *f*

pulmonía [pulmo'nia] *f* Lungenentzündung *f*

pulóver [pu'loβer] *m* (*Am: jersey*) Pullover *m*

pulpa ['pulpa] *f* **1.** (ANAT) Mark *nt* **2.** (*de la fruta*) Fruchtfleisch *nt*

púlpito ['pulpito] *m* Kanzel *f*

pulpo ['pulpo] *m* Krake *m*

pulsar [pul'sar] **I.** *vi* pulsieren **II.** *vt* drücken; (*teclado*) anschlagen

pulsera [pul'sera] *f* Armband *nt;* **reloj de** ~ Armbanduhr *f*

pulso ['pulso] *m* Puls *m;* (*fig*) Behutsamkeit *f;* **con** ~ behutsam; **echar un** ~ **a alguien** mit jdm Arm drücken; **tomar el** ~ **a alguien** jdm den Puls fühlen

pulverizador [pulβeriθa'ðor] *m* Sprühflasche *f;* (*atomizador*) Zerstäuber *m*

pulverizar [pulβeri'θar] <z → c> **I.** *vt* **1.** (*reducir a polvo*) pulverisieren; (*rallar*) zerreiben; (*moler*) zermahlen **2.** (*atomizar*) zerstäuben **II.** *vr:* ~**se** zu Staub werden

puma ['puma] *m* Puma *m*

punta ['punta] *f* Spitze *f;* (*extremo*) Ende *nt;* **a** ~ **de navaja** mit gezücktem Messer; **de** ~ **a** ~ restlos; **de** ~ **en blanco** (*fam*) herausgeputzt; **hora(s)** ~ Stoßzeit *f;* **sacar** ~ anspitzen

puntapié [punta'pje] *m* Fußtritt *m*

puntería [puɲte'ria] *f:* **tener buena ~** ein guter Schütze sein

puntiagudo, -a [puɲtja'ɣuðo] *adj* spitz

puntilla [puɲ'tiʎa] *f* 1. (*encaje*) Spitzenbordüre *f* 2. (*loc*): **de ~s** auf Zehenspitzen

punto ['puɲto] *m* 1. (*general*) Punkt *m;* ~ **y aparte** neuer Absatz; ~ **cardinal** Himmelsrichtung *f;* ~ **y coma** Semikolon *nt;* **sin ~ de comparación** ohne möglichen Vergleich; ~ **de destino** Bestimmungsort *m;* ~ **a tratar** Tagesordnungspunkt *m;* ~ **de venta** Verkaufsstelle *f;* ~ **de vista** Standpunkt *m;* **poner ~ final a algo** den Schlussstrich unter etw ziehen; **tener a ~** bereithalten; **hasta tal ~ que...** dermaßen, dass ...; **la una en ~** Punkt ein Uhr; **hasta cierto ~** gewissermaßen; **¿hasta qué ~?** inwiefern?; **¡y ~!** und damit basta! 2. (*puntada*) Stich *m;* ~ **de sutura** Stich *m*

puntocom [puɲto'kom] *f* (INFOR): (*compañía*) [*o* **empresa**] ~ Dotcom-Unternehmen *nt*

puntuación [puɲtwa'θjon] *f* 1. (LING) Zeichensetzung *f;* **signo de ~** Satzzeichen *nt* 2. (*calificación*) Bewertung *f;* (*escuela*) Benotung *f*

puntual [puɲtu'al] *adj* 1. (*concreto*) punktuell 2. (*sin retraso*) pünktlich

puntualidad [puɲtwali'ðaᵈ] *f* Pünktlichkeit *f;* **falta de ~** Unpünktlichkeit *f*

punzada [puɲ'θaða] *f* stechender Schmerz *m*

puñado [pu'ɲaðo] *m* Handvoll *f;* **a ~s** haufenweise; **un ~** (*argot*) total

puñal [pu'ɲal] *m* Dolch *m*

puñeta [pu'ɲeta] *f* (*vulg*) 1. **¡(qué) ~(s)!** so ein Scheiß!; **hacer la ~ a alguien** jdn schikanieren 2. (*Am*)

Wichsen *nt;* **¡vete a hacer ~s!** scher dich zum Teufel! *fam*

puñetazo [puɲe'taθo] *m* Faustschlag *m*

puño ['puɲo] *m* Faust *f;* ~ **cerrado** geballte Faust; **apretar los ~s** (*fig*) die Zähne zusammenbeißen; **como un ~** faustgroß; **de su ~ y letra** eigenhändig

pupa ['pupa] *f* 1. Lippenbläschen *nt;* (*heridilla*) kleine Wunde *f* 2. (*fam*) Wehweh(chen) *nt*

pupila [pu'pila] *f* Pupille *f*

pupitre [pu'pitre] *m* 1. (*en la escuela*) Schulbank *f* 2. (TÉC) Pult *nt*

puré [pu're] *m* Püree *nt*

pureza [pu'reθa] *f* Reinheit *f*

purgante [pur'ɣaɲte] I. *adj* 1. (MED) abführend 2. (TÉC) reinigend II. *m* 1. (MED) Abführmittel *nt* 2. (TÉC) Reinigungsmittel *nt*

purgar [pur'ɣar] <g → gu> I. *vt* 1. säubern; (*fig*) reinigen 2. (MED) purgieren 3. (*expiar*) büßen; (JUR) verbüßen II. *vr:* **~se** sich reinigen; (MED) ein Abführmittel einnehmen

purgatorio [purɣa'torjo] *m* Fegefeuer *nt*

purificar [purifi'kar] <c → qu> I. *vt* (*limpiar*) reinigen; (*fig*) befreien II. *vr:* **~se** sich läutern; (*fig*) sich befreien

puro¹ ['puro] *m* Zigarre *f*

puro, -a² ['puro] *adj* rein; (*inmaculado*) makellos; (*auténtico*) echt; **por pura cortesía** aus reiner Höflichkeit; **pura lana** reine Schurwolle; **la pura verdad** die reine Wahrheit; **pura casualidad** purer Zufall; **de ~ miedo** vor lauter Angst

pus [pus] *m* Eiter *m*

puta ['puta] *f* (*vulg*) Nutte *f fam;* **casa de ~s** Puff *m fam*

putada [pu'taða] *f* (*vulg*) Sauerei *f fam;* **hacer una ~ a alguien** jdm übel mitspielen *fam*

putear [pute'ar] *vt* (*argot*) schikanieren; **¡te han puteado bien!** die haben dich ganz schön angeschmiert!

puticlub [puti'kluᵝ] *m* (*argot*) Bumslokal *nt*

puto, -a ['puto] *adj* (*vulg*): **¡de puta madre!** geil! *fam;* **el ~ coche no arranca** das Scheißauto springt nicht an; **ni puta idea** keinen blassen Schimmer *fam;* **las estoy pasando putas** es geht mir völlig dreckig *fam*

puzzle ['puθle] *m* Puzzle *nt;* **hacer un ~** puzzeln

PVP ['preθjo ðe 'ᵝeṇta (a)l 'puᵝliko] *m abr de* **Precio de Venta al Público** Ladenverkaufspreis *m*

Q

Q, q [ku] *f* Q, q *nt*

que [ke] I. *pron rel* 1. (*con antecedente*) der/die/das; **la pelota ~ compraste** der Ball, den du gekauft hast 2. (*sin antecedente*): **el/la/lo ~...** der(jenige)/die(jenige)/das(jenige), der/die/das ...; **los ~ hayan terminado** diejenigen, die fertig sind; **es de los ~...** er gehört zu denen, die ...; **el ~ más y el ~ menos** jeder; **es todo lo ~ sé** das ist alles, was ich weiß II. *conj* 1. (*completivo*) dass; **me pidió ~ le ayudara** er/sie bat mich um Hilfe 2. (*estilo indirecto*): **ha dicho ~...** er/sie hat gesagt, dass ... 3. (*comparativo*): **más alto ~** größer als; **lo mismo ~** genauso viel wie 4. (*porque*) denn 5. (*de manera que*): **corre ~ vuela** er/sie ist äußerst schnell 6. (*o, ya*): **~ paguen, ~ no paguen, eso ya se verá** ob

sie zahlen oder nicht, werden wir ja sehen 7. (*explicativo*): **es ~, hoy no vendré, es ~ estoy cansado** ich komme heute nicht, ich bin nämlich müde 8. (*enfático*): **¡~ sí/no!** aber ja doch!/nein, auf keinen Fall! 9. (*de duda*): **¿~ no está en casa?** er/sie soll nicht zu Hause sein? 10. (*con verbo*): **hay ~ trabajar más** man muss mehr arbeiten 11. (*loc*): **antes ~** bevor; **a menos ~... +subj** es sei denn, ...; **con tal (de) ~... +subj** vorausgesetzt, dass ...; **yo ~ tú...** ich an deiner Stelle ...

qué [ke] *adj o pron inter* 1. was; (*cuál*) welche(r, s); (*qué clase de*) was für eine(r, s); **¿por ~?** warum?; **¿en ~ piensas?** woran denkst du?; **¿para ~?** wozu?, wofür?; **¿de ~ hablas?** wovon redest du?; **¿a ~ esperas?** worauf wartest du?; **¿~ día llega?** an welchem Tag kommt er/sie? 2. (*exclamativo*): **¡~ suerte!** welch ein Glück! 3. (*cuán*): **¡mira ~ contento está!** sieh, wie glücklich er ist! 4. (*cuánto*): **¡~ de gente!** wie viele Leute! 5. (*loc*): **¿~?** wie bitte?, was? *fam;* **¿~ tal?** wie geht's?; **¿~ tal si...?** wie wär's, wenn ...?; **¿y ~?** na und?; **¿y a mí ~?** was geht mich das an?; **~, ¿vienes o no?** was ist nun, kommst du oder nicht?

quebradizo, -a [keᵝra'ðiθo] *adj* 1. (*objeto*) zerbrechlich 2. (*de salud*) kränklich 3. (*voz*) brüchig

quebrado [ke'ᵝraðo] *m* (MAT) Bruch *m*

quebrantar [keᵝraṇ'tar] *vt* 1. zerbrechen; (*cascar*) (auf)knacken 2. (*ley*) brechen; (*obligación*) nicht nachkommen +*dat*

quebrar [ke'ᵝrar] <e → ie> I. *vt* 1. (*romper*) zerbrechen 2. (*interrumpir*) unterbrechen II. *vi* Konkurs machen

quechua ['ketʃwa] *m* (*lengua*) Quechua *nt*

quedar [ke'ðar] I. *vi* 1. bleiben; **¿cuánta gente queda?** wie viele Leute sind noch da?; ~ **a deber algo** etw schulden 2. (*sobrar*) übrig bleiben; **no queda pan** es gibt kein Brot mehr 3. (*resultar*): ~ **eliminado** ausscheiden; ~ **fuera de servicio** den Betrieb einstellen 4. (*acordar*) vereinbaren (*en* +*akk*); **¿en qué habéis quedado?** wie seid ihr verblieben? 5. (*estar situado*) liegen; ~ **por** [*o* **hacia**] **el norte** im Norden liegen 6. (*faltar*): **aún queda mucho por hacer** es gibt noch viel zu tun 7. (+ *por*): ~ **por cobarde** für einen Feigling gehalten werden 8. (*loc*): **por mí que no quede** an mir soll es nicht liegen; ~ **bien/mal** einen guten/schlechten Eindruck hinterlassen II. *vr:* ~**se** 1. (*permanecer*) bleiben; ~**se atrás** zurückbleiben 2. (*resultar*): ~**se ciego** blind werden; ~**se viudo** verwitwen; ~**se en blanco** ein Blackout haben 3. (*conservar, adquirir*): **quédate el libro** du kannst das Buch behalten 4. (*burlarse*): ~**se con alguien** jdn an der Nase herumführen

quehacer [kea'θer] *m* Aufgabe *f;* **los ~es de la casa** die Hausarbeit

queja ['kexa] *f* Klage *f;* **no tengo ~ de él** ich kann mich über ihn nicht beklagen

quejarse [ke'xarse] *vr* sich beklagen; **se queja del frío** er/sie jammert über die Kälte

quejica [ke'xika] I. *adj* (*por dolor*) wehleidig; (*por manera de ser*) nörg(e)lig; **¡no seas ~, hombre!** hör auf zu meckern! II. *mf* Jammerlappen *m;* (*criticón*) Nörgler(in) *m(f)*

quejido [ke'xiðo] *m* Jammern *nt;* (*constante*) Gejammer *nt;* ~ **de dolor** Schmerzensschrei *m;* **dar ~s** jammern

quelite [ke'lite] *m* (*Méx*) Gemüse *nt*

quemadura [kema'ðura] *f* Brandwunde *f*

quemar [ke'mar] I. *vi* brennen; **cuidado, esta sopa quema** Vorsicht, diese Suppe ist heiß II. *vt* 1. verbrennen; (*completamente*) niederbrennen 2. (*comida*) anbrennen lassen 3. (*sol*) verbrennen 4. (*fastidiar*) ärgern III. *vr:* ~**se** (ver)brennen

quemarropa [kema'rropa]: **disparar a ~** aus kürzester Entfernung schießen; **hacer preguntas a ~** rundheraus fragen

quepo ['kepo] *1. pres de* **caber**

querella [ke'reʎa] *f* Klage *f;* ~ **criminal** Anklage *f*

querer [ke'rer] *irr* I. *vt* 1. wollen; (*más suave*) mögen; **como tú quieras** wie du willst 2. (*amar*) gernhaben, mögen; (*más fuerte*) lieben 3. (*pedir*) wollen, verlangen II. *vimpers:* **parece que quiere llover** es sieht (ganz) nach Regen aus

querido, -a [ke'riðo] I. *adj* lieb II. *m, f* Geliebte(r) *f(m);* (*como vocativo*) Liebling *m*

queroseno [kero'seno] *m* Kerosin *nt*

queso ['keso] *m* Käse *m;* ~ **rallado** Reibkäse *m*

quicio ['kiθjo] *m* 1. Türangel *f*, Fensterangel *f* 2. (*loc*): **sacar de ~** auf die Palme bringen; **no saques las cosas de ~** übertreibe nicht

quiebra ['kjeβra] *f* Konkurs *m;* **dar en ~** Konkurs machen

quien [kjen] *pron rel* 1. (*con antecedente*) der/die/das, welche(r, s); **el chico de ~...** der Junge, von dem ... 2. (*sin antecedente*) der(jenige)/die(jenige)/das(jenige), der/die/das ...; **hay ~ dice que...** manche sagen, dass ...; ~ **opine eso...** wer das meint, ...

quién [kjen] *pron inter* wer; ¿~ **es?**
(*llama*) wer ist da?; ¿**a ~ has visto?**
wen hast du gesehen?; ¿**por ~ me
tomas?** für wen hältst du mich?

quienquiera [kjeŋ'kjera] <**quienes-
quiera**> *pron indef* (irgend)wer;
~ **que sea que pase** wer auch immer da ist, er/sie soll eintreten

quieto, -a [kjeto] *adj* ruhig; **no
puede estar nunca ~** (*niño*) er kann
nicht stillsitzen; **quedarse ~** sich
nicht bewegen

quietud [kje'tu⁰] *f* **1.** (*calma*) Ruhe *f*
2. (*inmovilidad*) Unbeweglichkeit *f*

quijada [ki'xaða] *f* Kiefer *m*

quilate [ki'late] *m* Karat *nt;* **de muchos ~s** (*t. fig*) hochkarätig

quilla ['kiʎa] *f* (NÁUT) Kiel *m*

quilo ['kilo] *m* **1.** Kilo *nt* **2.** (*fam*)
Million *f* Peseten

quilombo [ki'lombo] *m* **1.** (*Chil: burdel*) Puff *m o nt fam* **2.** (*Ven: choza*)
Hütte *f* **3.** (*Arg: jaleo*) Durcheinander *nt*

quimba ['kimba] *f* (*Am*) **1.** (*garbo*)
Anmut *f* **2.** (*sandalia*) Sandale *f*

química ['kimika] *f* Chemie *f*

químico, -a ['kimiko] *adj* chemisch

quince ['kinθe] *adj* fünfzehn; **dentro
de ~ días** in vierzehn Tagen; *v.t.*
ocho

quincena [kin'θena] *f* vierzehn Tage
mpl

quiniela [ki'njela] *f* (Fußball)toto *nt*

quinientos, -as [ki'njentos] *adj* fünfhundert; *v.t.* **ochocientos**

quinta ['kinta] *f* **1.** (MIL): **entrar en
~s** einberufen werden; **ese es de
mi ~** er gehört zu meinem Jahrgang
2. (*casa*) Landhaus *nt*

quintal [kin'tal] *m* Zentner *m*

quinto, -a ['kinto] I. *adj* fünfte(r, s);
(*parte*) fünftel II. *m, f* Fünftel *nt;*
v.t. **octavo**

quiosco ['kjosko] *m* Kiosk *m*

quirófano [ki'rofano] *m* Operations-
saal *m*

quirúrgico, -a [ki'rurxiko] *adj* chirurgisch

quiso ['kiso] *3. pret de* **querer**

quiste ['kiste] *m* Zyste *f*

quitamanchas [kita'mantʃas] *m inv*
Fleck(en)entferner *m*

quitar [ki'tar] **I.** *vt* **1.** abziehen; (*sombrero*) abnehmen; (*jersey*) auszie-
hen; ~ **la mesa** den Tisch abräumen
2. (*desposeer*) wegnehmen; (*robar*)
stehlen **3.** (*obstáculo*) beseitigen; (*vida*) nehmen **4.** (*de horario*) streichen **5.** (*regla*) abschaffen **6.** (*apartar*) wegnehmen **II.** *vr:* ~**se
1.** (*gafas*) abnehmen; (*jersey*) ausziehen; (*vida*) sich *dat* nehmen;
~**se de la bebida** sich *dat* das Trinken abgewöhnen **2.** (*loc*): ~**se de
encima algo/a alguien** sich *dat*
etw/jdn vom Halse schaffen; **quítate
de mi vista** geh mir aus dem Weg;
~**se años** (**de encima**) sich jünger
machen

quizá(s) [ki'θa(s)] *adv* vielleicht

R

R, r ['erre] *f* R, r *nt*

rábano ['rraβano] *m* Rettich *m*

rabia ['rraβja] *f* **1.** Tollwut *f* **2.** (*furia*)
Wut *f*

rabieta [rra'βjeta] *f* Wutanfall *m*

rabioso, -a [rra'βjoso] *adj* **1.** toll-
wütig **2.** (*furioso*) wütend

rabo ['rraβo] *m* Schwanz *m*

racha ['rratʃa] *f* **1.** (*de aire*) Windstoß
m **2.** (*fase*) Phase *f*

racimo [rra'θimo] *m* Traube *f*

ración [rra'θjon] *f* **1.** Portion *f* **2.** (MIL) Ration *f*

racional [rraθjo'nal] *adj* rational

racionalizar [rraθjonali'θar] <z → c> *vt* rationalisieren

racionar [rraθjo'nar] *vt* **1.** (*repartir*) in Rationen aufteilen **2.** (*limitar*) rationieren

racismo [rra'θismo] *m* Rassismus *m*

racista [rra'θista] **I.** *adj* rassistisch **II.** *mf* Rassist(in) *m(f)*

radar [rra'ðar] *m* Radar *m o nt*

radiación [rraðja'θjon] *f* (Aus)strahlung *f;* (*tratamiento*) Bestrahlung *f;* ~ **solar** Sonnen(ein)strahlung *f*

radiador [rraðja'ðor] *m* **1.** Heizkörper *m* **2.** (AUTO) Kühler *m*

radiante [rra'ðjante] *adj* glänzend; ~ **de alegría** freudestrahlend

radical [rraði'kal] **I.** *adj* **1.** radikal **2.** (*t.* BOT) Wurzel- **II.** *mf* (POL) Radikale(r) *f(m)*

radicalizar [rraðikali'θar] <z → c> **I.** *vt* radikalisieren **II.** *vr:* ~**se 1.** (*extremar*) sich radikalisieren **2.** (*agudizarse*) sich verschärfen

radicar [rraði'kar] <c → qu> *vi* beruhen (*en* auf +*dat*)

radio¹ ['rraðjo] *f* **1.** (*radiodifusión*) Rundfunk *m* **2.** (*receptor*) Radio(gerät) *nt*

radio² ['rraðjo] *m* **1.** (MAT) Radius *m* **2.** (*ámbito*) Bereich *m;* (*esfera*) Kreis *m;* ~ **de alcance** Reichweite *f;* ~ **visual** Sichtfeld *nt;* **en un** ~ **de varios kilómetros** im Umkreis von mehreren Kilometern

radioactivo, -a [rraðjoak'tiβo] *adj* radioaktiv

radiografía [rraðjoɣra'fia] *f* Röntgenaufnahme *f*

radioterapia [rraðjote'rapja] *f* Bestrahlung *f*

R.A.E. ['rrae] *f abr de* **Real Academia Española de la Lengua** Spanische Sprachakademie *f*

ráfaga ['rrafaɣa] *f* Windstoß *m*

raíl [rra'il] *m* Schiene *f*

raíz [rra'iθ] *f* **1.** (*t.* ANAT) Wurzel *f* **2.** (*origen*) Ursprung *m*

raja ['rraxa] *f* **1.** (*grieta*) Riss *m;* (*resquebrajadura*) Sprung *m* **2.** (*rodaja*) Scheibe *f*

rajar [rra'xar] **I.** *vi* (*fam*) quatschen **II.** *vt* **1.** schneiden (*in* +*akk*); (*abrir*) (auf)schlitzen **2.** (*fam: apuñalar*) einstechen (auf +*akk*) **III.** *vr:* ~**se 1.** aufplatzen; (*agrietarse*) aufspringen **2.** (*argot*) kneifen

rajatabla [rraxa'taβla]: **a** ~ sehr streng; (*exactamente*) haargenau

rallador [rraʎa'ðor] *m* Raspel *f*

ralladura [rraʎa'ðura] *f* Raspel *m*

rallar [rra'ʎar] *vt* raspeln; **pan rallado** Semmelbrösel *pl*

rama ['rrama] *f* **1.** (*t.* BOT) Ast *m;* ~**s secas** Reisig *nt;* **canela en** ~ Zimtstangen *fpl;* **irse por las** ~**s** abschweifen **2.** (ECON) Branche *f*

ramera [rra'mera] *f* Hure *f*

ramificarse [rramifi'karse] <c → qu> *vr* sich verzweigen

ramo ['rramo] *m* **1.** (*de flores*) Strauß *m* **2.** (*de árbol*) Zweig *m;* (ECON) Branche *f*

rampa ['rrampa] *f* Rampe *f;* (*en carretera*) Auffahrt *f*

rana ['rrana] *f* Frosch *m*

rancho ['rrantʃo] *m* **1.** (*t.* MIL: *comida*) Verpflegung; (*pey: de mala calidad*) Fraß *m* **2.** (*granja*) Ranch *f*

rancio, -a ['rranθjo] *adj* ranzig

rango ['rrango] *m* Rang *m,* Rangordnung *f;* **de primer** ~ erstrangig

rapar [rra'par] *vt* **1.** (*pelo*) stutzen **2.** (*fam*) klauen

rapaz [rra'paθ] *adj:* **ave** ~ Greifvogel *m*

rape ['rrape] *m* Seeteufel *m*

rapidez [rrapi'ðeθ] *f* Schnelligkeit *f*

rápido, -a ['rrapiðo] *adj* schnell

raptar [rrap'tar] *vt* entführen

rapto ['rrapto] *m* **1.** (*secuestro*) Entführung *f;* ~ **de un niño** Kindesentführung *f* **2. en un** ~ **de celos** in einem Anfall von Eifersucht

raptor(a) [rrap'tor] *m(f)* Entführer(in) *m(f)*

raqueta [rra'keta] *f* (DEP) Schläger *m*

raquítico, -a [rra'kitiko] *adj* **1.** (MED) rachitisch **2.** (*fam*) mick(e)rig

raramente [rrara'mente] *adv* **1.** selten **2.** (*extrañamente*) seltsamerweise

rareza [rra'reθa] *f* **1.** (*escasez*) Seltenheit *f* **2.** (*curiosidad*) Rarität *f* **3.** Eigenartigkeit *f;* (*manía*) Marotte *f;* **tener sus** ~**s** (*ser caprichoso*) seine Launen haben

raro, -a ['rraro] *adj* **1.** (*extraño*) seltsam; **¡(qué) cosa más rara!** (wie) komisch! **2.** (*inusual*) selten; (*escaso*) rar; **rara vez** selten

ras [rras] *m:* **a(l)** ~ **de** auf der Höhe von

rascacielos [rraska'θjelos] *m* Wolkenkratzer *m*

rascar [rras'kar] <c → qu> *vt* (ab)kratzen

rasgar [rras'ɣar] <g → gu> I. *vt* **1.** einreißen; (*en pedazos*) zerreißen; **ojos rasgados** Schlitzaugen *ntpl* **2.** (*cortar*) aufschlitzen II. *vr:* ~**se 1.** (*desgarrarse*) reißen **2.** (*Am: vulg*) abkratzen *fam*

rasgo ['rrasɣo] *m* **1.** Gesichtszug *m;* (*del carácter*) Charakterzug *m* **2.** (*acción*) Handlung *f;* **un** ~ **de generosidad** eine großzügige Geste **3.** (*trazo*) Linienführung *f;* **a grandes** ~**s** in großen Zügen

rasguño [rras'ɣuɲo] *m* Kratzer *m;* (*rasponazo*) Schramme *f;* **sin un** ~ (*fig*) völlig unversehrt

raso, -a ['rraso] *adj* **1.** glatt; (*llano*) flach **2.** (*cielo*) klar; **al** ~ im Freien **3.** (*al borde*) randvoll; **una cucharada rasa** ein gestrichener Esslöffel

raspar [rras'par] I. *vi* kratzen II. *vt* **1.** (*rascar*) abkratzen **2.** (MED) ausschaben **3.** (*rozar*) streifen **4.** (*Am: fam*) klauen

rastra ['rrastra] *f:* **a** ~**s** widerwillig

rastrear [rrastre'ar] *vt* **1.** (*seguir*) nachspüren +*dat* **2.** (*registrar*) durchkämmen

rastrillo [rras'triʎo] *m* Harke *f*

rastro ['rrastro] *m* **1.** Spur *f;* **ni** ~ keine Spur; **sin dejar (ni)** ~ spurlos; **seguir el** ~ **a** [*o* de] **alguien** jdm nachspüren **2.** (*mercadillo*) Flohmarkt *m*

rata ['rrata] *f* Ratte *f*

ratero, -a [ra'tero] *m, f* Dieb(in) *m(f)*

ratificar [rratifi'kar] <c → qu> *vt* **1.** (JUR, POL) ratifizieren **2.** (*confirmar*) bestätigen

rato ['rrato] *m* Weile *f,* Augenblick *m;* **a** ~**s** von Zeit zu Zeit; **al (poco)** ~ (kurz) darauf; **todo el** ~ die ganze Zeit; **un buen** ~ eine ganze Weile; **pasar el** ~ sich *dat* die Zeit vertreiben

ratón [rra'ton] *m* (*t.* INFOR) Maus *f*

raudal [rraṷ'ðal] *m* Flut *f;* **a** ~**es** (*fig*) in Hülle und Fülle

raya ['rraja] *f* **1.** Strich *m;* **pasar(se) de la** ~ (*fig*) zu weit gehen; **tener a alguien a** ~ jdn im Zaume halten **2.** (*franja*) Streifen *m* **3.** (*del pelo*) Scheitel *m* **4.** (ZOOL) Rochen *m* **5.** (*doblez*) (Bügel)falte *f*

rayar [rra'jar] *vi* **1.** (*lindar*) (an)grenzen (*con* an +*akk*) **2.** ~ **el alba** dämmern; **al** ~ **el día** bei Tagesanbruch

rayo ['rrajo] *m* **1.** (*de luz*) Strahl *m* **2.** (*radiación*): ~**s infrarrojos** Infrarotstrahlen *mpl;* ~**s X** Röntgenstrahlen *mpl* **3.** (*relámpago*) Blitz *m;* **como un** ~ (*fig*) blitzschnell

raza ['rraθa] *f* **1.** Rasse *f;* (*estirpe*) Geschlecht *nt* **2. de** (**pura**) ~ rassig
razón [rra'θon] *f* **1.** Vernunft *f,* Verstand *m;* **entrar en** ~ zur Vernunft kommen; **meter en** ~ zur Vernunft bringen **2.** (*argumento*) Begründung *f;* (**no**) **atender a razones** sich (nicht) überzeugen lassen **3.** (*motivo*) Grund *m;* (*justificación*) Berechtigung *f;* ~ **de más para...** +*inf,* ~ **de más para que...** +*subj* ein Grund mehr zu ... +*inf;* **la** ~ **por la que...** der Grund, aus dem ...; **por razones de seguridad** aus Sicherheitsgründen; **por una u otra** ~ aus dem einen oder anderen Grund; **tener razones para...** +*inf* Grund haben zu ... +*inf* **4.** (*acierto*) Recht *nt;* **dar la** ~ **a alguien** jdm Recht geben; **tener** (**mucha**) ~ (vollkommen) Recht haben **5.** (*información*) Auskunft *f;* ~ **aquí** Näheres hier **6.** (MAT) Verhältnis *nt;* **a** ~ **de tres por persona** drei pro Kopf **7.** (JUR): ~ **social** Firma *f*
razonable [rraθo'naβle] *adj* **1.** (*sensato*) vernünftig **2.** (*justo*) angemessen
razonamiento [rraθona'mjento] *m* **1.** Gedankengang *m* **2.** (*argumentación*) Argumentation *f;* (*exposición*) Erörterung *f*
razonar [rraθo'nar] *vi* **1.** (nach)denken; (*juzgar*) urteilen **2.** (*argumentar*) argumentieren **3.** (*conversar*) diskutieren **4.** (*corresponder*) eingehen (*con* auf +*akk*); **es inútil tratar de** ~ **con él** es bringt nichts, sich mit ihm auseinanderzusetzen
reabrir [rrea'βrir] *irr como abrir vt* (JUR) wieder aufnehmen
reacción [rrea'V'θjon] *f* Reaktion *f;* ~ **en cadena** Kettenreaktion *f;* **avión a** ~ Düsenflugzeug *nt*
reaccionar [rreaVθjo'nar] *vi* reagie-

ren (*a/ante* auf +*akk*)
reacio, -a [rre'aθjo] *adj* abgeneigt (*a* +*dat*)
reactivar [rreakti'βar] *vt* reaktivieren; (ECON) ankurbeln
reactor [reak'tor] *m* **1.** Reaktor *m* **2.** (*propulsor*) Düsentriebwerk *nt*
readaptación [rreaðapta'θjon] *f* Wiederanpassung *f* (*a* an +*akk*); (*reintegración*) Wiedereingliederung *f* (*a* in +*akk*); ~ **profesional** Umschulung *f*
readmitir [rreaðmi'tir] *vt* wieder zulassen; (*despedidos*) wieder einstellen
reafirmar [rreafir'mar] **I.** *vt* **1.** (*apoyar*) bekräftigen **2.** (*poner firme*) stärken; (*la piel*) straffen **3.** (*insistir*) beharren (*auf* +*dat*) **II.** *vr:* ~**se** **1.** (*confirmarse*) sich erneut behaupten **2.** (*insistir*) beharren (*en* auf +*dat*)
reagrupar [rreayru'par] **I.** *vt* umgruppieren; (*redistribuir*) neu einteilen **II.** *vr:* ~**se** sich neu gruppieren
reajuste [rrea'xuste] *m* **1.** (*adaptación*) Neuanpassung *f* **2.** (ECON) Angleichung *f;* ~ **salarial** Lohnausgleich *m*
real [rre'al] *adj* **1.** wirklich; (*verídico*) wahr; (*auténtico*) echt **2.** (*del rey*) königlich; **Alteza** ~ Königliche Hoheit
realidad [rreali'ðaᵈ] *f* Realität *f;* (*verdad*) Wahrheit *f;* **en** ~ in Wirklichkeit; **hacer(se)** ~ sich verwirklichen
realismo [rrea'lismo] *m* **1.** (ARTE, LIT, FILOS) Realismus *m* **2.** (*ideología*) Realistik *f*
realista [rrea'lista] *adj* realistisch
realización [rrealiθa'θjon] *f* **1.** (*materialización*) Verwirklichung *f* **2.** (*ejecución*) Durchführung *f* **3.** (ECON) Realisierung *f* **4.** (CINE) Realisation *f*
realizar [rreali'θar] <z → c> **I.** *vt*

1. (*hacer realidad*) verwirklichen; (*sueños*) erfüllen 2. (*efectuar*) durchführen 3. (ECON) realisieren 4. (CINE) realisieren 5. (*Am*) (be)merken II. *vr:* ~**se** 1. (*desarrollarse*) sich selbst verwirklichen 2. (*hacerse realidad*) Wirklichkeit werden

realmente [real'mente] *adv* (*en efecto*) wirklich; (*auténticamente*) echt; (*de hecho*) tatsächlich

realquilar [rrealki'lar] *vt* untervermieten

reanimar [rreani'mar] I. *vt* 1. (*reavivar*) wieder beleben 2. (*reactivar*) reaktivieren II. *vr:* ~**se** 1. (*recuperar el conocimiento*) wieder zu sich *dat* kommen 2. (*animarse*) neuen Mut schöpfen

reanudar [rreanu'ðar] *vt* wieder aufnehmen

reapertura [rreaper'tura] *f* Wiedereröffnung *f;* (JUR) Wiederaufnahme *f*

reavivar [rreaβi'βar] I. *vt* wieder beleben II. *vr:* ~**se** wieder aufleben

rebaja [rre'βaxa] *f* 1. Sonderangebot *nt;* ~**s de verano** Sommerschlussverkauf *m* 2. (*descuento*) Rabatt *m;* (*reducción*) Preisnachlass *m*

rebajar [rreβa'xar] I. *vt* 1. (*abaratar*) reduzieren 2. (*humillar*) demütigen II. *vr:* ~**se** 1. (*humillarse*) sich herabwürdigen 2. (*condescender*) sich herablassen (*a* zu +*dat*)

rebanada [rreβa'naða] *f* Scheibe *f*

rebaño [rre'βaɲo] *m* Herde *f*

rebasar [rreβa'sar] *vt* überschreiten; **esto rebasa los límites de mi paciencia** ich bin mit meiner Geduld am Ende

rebatir [rreβa'tir] *vt* widerlegen

rebelarse [rreβe'larse] *vr* sich auflehnen

rebelde [rre'βelde] *adj* 1. (*fig*) widerspenstig 2. (*persistente*) hartnäckig

rebeldía [rreβel'dia] *f* 1. (*fig*) Widerspenstigkeit *f* 2. (*insubordinación*) Aufsässigkeit *f*

rebelión [rreβe'ljon] *f* Rebellion *f*

rebobinar [rreβoβi'nar] *vt* zurückspulen

rebosar [rreβo'sar] *vi:* (**lleno**) **a** ~ brechend voll

rebotar [rreβo'tar] I. *vi* 1. (*botar*) (ab)prallen 2. (INFOR) (als unzustellbar) zurückkommen; **me rebota el mensaje que he enviado** die Mail, die ich geschickt habe, kommt als unzustellbar zurück II. *vr:* ~**se** (*fam*) sauer werden

rebote [rre'βote] *m* (DEP) Abpraller *m;* **de** ~ als indirekte Folge

rebozar [rreβo'θar] <z → c> *vt* panieren

recado [rre'kaðo] *m* 1. Nachricht *f;* **dar el** ~ **a alguien** jdm Bescheid geben 2. (*encargo*) Besorgung *f*

recaer [rreka'er] *irr como* caer *vi* einen Rückfall erleiden

recaída [rreka'iða] *f* Rückfall *m*

recalentar [rrekalen'tar] <e → ie> I. *vt* überhitzen II. *vr:* ~**se** heiß laufen

recambio [rre'kambjo] *m* Ersatz *m;* (*envase*) Nachfüllpackung *f*

recapacitar [rrekapaθi'tar] I. *vt* überdenken II. *vi* nachdenken

recapitulación [rrekapitula'θjon] *f* Zusammenfassung *f*

recargar [rrekar'ɣar] <g → gu> *vt* überladen; ~ **de trabajo** mit Arbeit überhäufen

recargo [rre'karɣo] *m* Zuschlag *m*

recatado, -a [rreka'taðo] *adj* 1. sittsam; (*modesto*) bescheiden 2. (*cauto*) zurückhaltend

recaudación [rrekauða'θjon] *f* 1. Einnahmen *nt;* (*cantidad*) Einnahmen *fpl* 2. (*de impuestos*) Steuererhebung *f*

recaudar [rrekau̯'ðar] vt (*impuestos*) erheben; (*dinero*) einziehen

recelo [rre'θelo] m Argwohn m

recepción [rreθeβ'θjon] f Empfang m, Rezeption f

recepcionista [rreθeβθjo'nista] mf Empfangschef, -dame m, f

receptor(a) [rreθep'tor] m(f) Empfänger(in) m(f)

recesión [rreθe'sjon] f Rezession f

receso [rre'θeso] m (*Am*) Urlaub m

receta [rre'θeta] f Rezept nt; con ~ médica auf Rezept

recetar [rreθe'tar] vt verordnen

rechazar [rretʃa'θar] <z → c> vt ablehnen; (*órgano*) abstoßen

rechazo [rre'tʃaθo] m Zurückweisung f; (*denegación*) Ablehnung f

rechinar [rretʃi'nar] vi knarren; ~ los dientes mit den Zähnen knirschen

rechistar [rretʃis'tar] vi (sich) mucksen

rechupete [rretʃu'pete]: de ~ ausgezeichnet

recibimiento [rreθiβi'mjeṇto] m Empfang m

recibir [rreθi'βir] vt 1. (*tomar*) erhalten 2. (*personas*) empfangen 3. (*aceptar*) aufnehmen

recibo [rre'θiβo] m Rechnung f

reciclaje [rreθi'klaxe] m Recycling nt; ~ profesional Umschulung f

reciclar [rreθi'klar] vt wieder verwerten

recién [rre'θjen] adv 1. (*acabado de*) soeben; el ~ nacido das Neugeborene 2. (*Am*) sobald

reciente [rre'θjeṇte] adj 1. (*nuevo*) neu 2. (*que acaba de suceder*) jüngst

recientemente [rreθjeṇte'meṇte] adv vor kurzem

recinto [rre'θiṇto] m Gelände nt

recipiente [rreθi'pjeṇte] m Behälter m

recíproco, -a [rre'θiproko] adj gegenseitig

recitar [rreθi'tar] vt vortragen

reclamación [rreklama'θjon] f 1. (*de defectos*) Reklamation f 2. (*exigencia*) Forderung f

reclamar [rrekla'mar] I. vi (*protestar*) Einspruch erheben; (*defectos*) reklamieren II. vt fordern; (*una deuda*) anmahnen

reclinar [rrekli'nar] I. vt anlehnen; (*hacia atrás*) zurücklehnen; reclinó su cabeza contra [o en] mis hombros er/sie lehnte seinen/ihren Kopf an meine Schulter II. vr: ~se (*inclinarse*) sich (an)lehnen (*contra/ en/sobre* an/gegen +akk); (*apoyarse*) sich (auf)stützen (*en/sobre* auf +akk)

recluir [rreklu'ir] irr como huir I. vt einsperren II. vr: ~se sich zurückziehen

reclusión [rreklu'sjon] f 1. (JUR) Haft f 2. (*aislamiento*) Zurückgezogenheit f

recluso, -a [rre'kluso] m, f Häftling m

recluta [rre'kluta] mf Rekrut(in) m(f)

recobrar [rreko'βrar] I. vt wiederbekommen; ~ las fuerzas wieder zu Kräften kommen; ~ el sentido wieder zu sich dat kommen; ~ las ganas de vivir neuen Lebensmut schöpfen II. vr: ~se sich erholen

recogedor [rrekoxe'ðor] m Kehrschaufel f

recoger [rreko'xer] <g → j> vt 1. (*buscar*) abholen; te voy a ~ a la estación ich hole dich vom Bahnhof ab 2. (*coger*) einsammeln; (*ordenar*) aufräumen; ~ del suelo vom Boden aufheben 3. (*juntar*) sammeln 4. (*cosecha*) ernten; ~ la fruta de su trabajo die Früchte seiner Arbeit ernten

recogida [rreko'xiða] f (*juntar*) Einsammeln *nt; (buscar)* Abholen *nt*

recomendable [rrekomen'daβle] *adj* ratsam

recomendación [rrekomenda'θjon] *f* Empfehlung *f*

recomendado, -a [rrekomen'daðo] *adj:* **precio de venta al público ~** unverbindliche Preisempfehlung

recomendar [rrekomen'dar] <e → ie> *vt* empfehlen

recompensa [rrekom'pensa] *f* Belohnung *f;* **en ~** als Belohnung

recompensar [rrekompen'sar] *vt* belohnen; **~ de un daño** entschädigen

reconciliación [rrekonθilja'θjon] *f* Versöhnung *f*

reconciliar [rrekonθi'ljar] *vi, vt:* **~se** sich versöhnen

reconocer [rrekono'θer] *irr como crecer* I. *vt* 1. *(identificar)* erkennen 2. *(admitir)* zugestehen; *(un error)* zugeben 3. (MED) untersuchen II. *vr:* **~se** sich bekennen; **~se culpable** sich schuldig bekennen

reconocimiento [rrekonoθi'mjento] *m* 1. (POL) Anerkennung *f* 2. **~ médico** ärztliche Untersuchung 3. *(gratitud)* Dankbarkeit *f;* **en ~ de mi labor** als Dank für meine Leistungen

reconquista [rrekoŋ'kista] *f* Wiedereroberung *f*

reconquistar [rrekoŋkis'tar] *vt* zurückerobern; *(fig)* wiedergewinnen

reconstituir [rrekoⁿstitu'ir] *irr como huir vt* wiederherstellen

reconstruir [rrekoⁿstru'ir] *irr como huir vt* wieder aufbauen

recopilación [rrekopila'θjon] *f* Sammlung *f*

récord ['rrekor⁽ð⁾] <récords> *m* Rekord *m*

recordar [rrekor'ðar] <o → ue> *vi, vt* sich erinnern (an +*akk*)

recorrer [rreko'rrer] *vt* 1. durchqueren; *(viajar por)* bereisen; **~ Europa**

en bicicleta mit dem Fahrrad durch Europa reisen 2. *(trayecto)* zurücklegen; **recorrimos tres kilómetros a pie** wir sind drei Kilometer zu Fuß gelaufen

recortar [rrekor'tar] *vt* (aus)schneiden; *(disminuir)* kürzen

recorte [rre'korte] *m* 1. *(periódico)* Ausschnitt *m* 2. *(rebajamiento)* Kürzung *f;* **~ de personal** Personalabbau *m* 3. *pl:* **~s de tela** Stoffreste *mpl*

recostar [rrekos'tar] <o → ue> I. *vt* *(apoyar)* (auf)stützen *(en/sobre* auf +*akk*) II. *vr:* **~se** *(inclinarse)* sich (an)lehnen *(contra/en* an/gegen +*akk*)

recreativo, -a [rrekrea'tiβo] *adj:* (**salón de juegos**) **~s** Spielhölle *f*

recreo [rre'kreo] *m* (Schul)pause *f*

recriminar [rrekrimi'nar] *vt* beschuldigen

recrudecer(se) [rrekruðe'θer(se)] *irr como crecer vi, vr* sich verschärfen

recta ['rrekta] *f* Gerade *f*

rectángulo [rrek'taŋgulo] *m* Rechteck *nt*

rectificar [rrektifi'kar] <c → qu> *vt* berichtigen

recto, -a ['rrekto] *adj* 1. *(t.* MAT) gerade; **ángulo ~** rechter Winkel; **línea recta** Gerade *f* 2. *(sin desviarse)* geradewegs; *(dirección)* geradeaus; **siga todo ~** gehen Sie geradeaus weiter 3. *(honrado)* rechtschaffen

rector(a) [rrek'tor] *m(f)* Rektor(in) *m(f)*

rectorado [rrekto'raðo] *m* Rektorat *nt*

recuadro [rre'kwaðro] *m* Kästchen *nt*

recubrir [rreku'βrir] *irr como abrir vt* überziehen

recuento [rre'kwento] *m:* **~ de vo-**

tos Stimmenauszählung *f*

recuerdo [rre'kwerðo] *m* **1.** (*evocación*) Erinnerung *f;* **tener un buen ~ de algo** etw in guter Erinnerung haben **2.** (*de un viaje*) Souvenir *nt* **3.** *pl* (*saludos*) Grüße *mpl;* **María te manda muchos ~s** Maria lässt dich herzlich grüßen

recuperación [rrekupera'θjon] *f* **1.** (*recobrar*) Wiedergewinnung *f;* **~ de datos** (INFOR) Datenwiederherstellung *f* **2.** (ECON) Aufschwung *m* **3.** (*enfermo*) Genesung *f* **4.** (*materiales*) Recycling *nt* **5.** (*asignatura*) Bestehen *nt;* **examen de ~** Wiederholungsklausur *f* **6.** (*rescate*) Bergung *f*

recuperar [rrekupe'rar] **I.** *vt* **1.** wiedererlangen; (MIL) zurückerobern **2.** (*tiempo*) nachholen **3.** (*papel*) wieder verwerten **4.** (*rescatar*) bergen **5.** (*asignatura*) (im zweiten Anlauf) bestehen **II.** *vr:* **~se** sich erholen

recurrir [rreku'rrir] *vi* **1.** (JUR) Beschwerde einlegen **2.** (*dirigirse*) sich wenden (*a* an +*akk*); (*acudir*) zurückgreifen (*a* auf +*akk*); **~ a la justicia** den Rechtsweg beschreiten; **no tener a quien ~** niemanden haben, an den man sich wenden kann

recurso [rre'kurso] *m* **1.** (JUR): **~ (de apelación)** Berufung *f;* **interponer un ~ contra la sentencia** gegen das Urteil Einspruch erheben **2.** (*remedio*) Hilfe *f;* (*expediente*) Zuflucht *f;* **no me queda otro ~ que ...** es bleibt mir nichts anderes übrig als ... **3.** *pl* (*bienes*) Mittel *ntpl;* **familias sin ~s** mittellose Familien **4.** *pl* (*reservas*) Vorräte *mpl;* **~s naturales** natürliche Ressourcen **5.** (*loc*): **ser una persona de ~s** ein findiger Kopf sein

red [rreð] *f* Netz *nt*

redacción [rreða'θjon] *f* **1.** (ENS) Aufsatz *m* **2.** (PREN) Redaktion *f*

redactar [rreðak'tar] *vt* verfassen

redactor(a) [rreðak'tor] *m(f)* Verfasser(in) *m(f);* (PREN) Redakteur(in) *m(f)*

redada [rre'ðaða] *f* Razzia *f*

rededor [rreðe'ðor] *m:* **al [**o **en] ~** ringsherum

redención [rreðen'θjon] *f* **1.** (REL) Erlösung *f* **2.** (*cautivo*) Befreiung *f*

redistribución [rreðistriβu'θjon] *f* Umverteilung *f*

redonda [rre'ðonda] *f:* **en tres kilómetros a la ~** im Umkreis von drei Kilometern

redondear [rreðonde'ar] *vt* (ab)runden

redondel [rreðon'del] *m* Kreis *m*

redondo, -a [rre'ðondo] *adj* rund; **hacer un negocio ~** ein gutes Geschäft machen

reducción [rreðuk'θjon] *f* **1.** (*disminución*) Reduktion *f;* (*de precios*) Senkung *f;* (*de personal*) Abbau *m;* **~ de la jornada laboral** Arbeitszeitverkürzung *f* **2.** (ECON) Kürzung *f*

reducir [rreðu'θir] *irr como* **traducir I.** *vt* **1.** reduzieren; (*personal*) abbauen **2.** (*someter*) unterwerfen; **la policía redujo al agresor** die Polizei überwältigte den Täter **3.** (*convertir*) verwandeln (*a* in +*akk*); **el fuego redujo la casa a cenizas** bei dem Feuer brannte das Haus völlig nieder **4.** (*acortar*) kürzen **II.** *vr:* **~se** sich beschränken (*a* auf +*akk*)

redundar [rreðun'dar] *vi:* **eso redunda en beneficio nuestro** das liegt in unserem eigenen Interesse

reedificar [rre(e)ðifi'kar] <c → qu> *vt* wieder aufbauen

reelección [rre(e)lek'θjon] *f* Wiederwahl *f*

reembolso [rre(e)m'bolso] *m* Rückerstattung *f;* **me enviarán el paquete contra ~** ich bekomme das Paket per Nachnahme geschickt

reemplazar [rre(e)mpla'θar] <z → c> *vt* ersetzen

reemplazo [rre(e)m'plaθo] *m* 1. (*sustitución*) Austausch *m;* (DEP) Auswechseln *nt* 2. (*tropas*) Reserve *f;* **ser del mismo ~** demselben Jahrgang angehören

reencontrar [rre(e)ŋkoṇ'trar] <o → ue> *vt* wieder treffen

reestructurar [rre(e)struktu'rar] *vt* umstrukturieren

referencia [rrefe'reṇθja] *f* 1. Bezug *m;* (*alusión*) Anspielung *f* (*a* auf +*akk*); (*indicación*) Hinweis *m* (*a* auf +*akk*); **punto de ~** Anhaltspunkt *m;* **con ~ a** bezüglich +*gen* 2. *pl* (*informes*) Referenzen *fpl* 3. **nuestra/su ~** (*en un escrito*) unser/Ihr Zeichen

referéndum [rrefe'reṇdun] <referéndums> *m* Volksabstimmung *f*

referente [rrefe'reṇte] *adj* bezüglich (*a* +*gen*); (**en lo**) **~ a su queja** mit Bezug auf Ihre Klage

referirse [rrefe'rirse] *irr como* sentir *vr* sich beziehen (*a* auf +*akk*)

refinado, -a [rrefi'naðo] *adj* raffiniert

reflector [rreflek'tor] *m* (*foco*) Rückstrahler *m*

reflejar(se) [rrefle'xar(se)] *vi, vt, vr* (sich) (wider)spiegeln

reflejo [rre'flexo] *m* 1. (*luz*) Reflex *m* 2. (*imagen*) (Wider)spiegelung *f* 3. (MED, PSICO) Reflex *m;* **para ello hay que ser rápido de ~s** dafür braucht man sehr gute Reflexe

reflexión [rrefleˠ'sjon] *f* 1. (*consideraciones*) Überlegung *f* 2. (*rayos*) Reflexion *f*

reflexionar [rrefleˠsjo'nar] *vi, vt* nachdenken (*sobre/en* über +*akk*); **reflexiona bien antes de dar ese paso**

überleg es dir gut, bevor du diesen Schritt unternimmst

reflexivo, -a [rrefleˠ'siβo] *adj* 1. nachdenklich 2. (LING) reflexiv

reforma [rre'forma] *f* 1. Verbesserung *f;* (*modificación*) Reform *f;* **~ educativa** Schulreform *f* 2. (ARQUIT) Umbau *m* 3. (REL): **Reforma Protestante** Reformation *f*

reformar [rrefor'mar] I. *vt* 1. verbessern; (*modificar*) reformieren 2. (*a alguien*) umerziehen 3. (ARQUIT) umbauen; (*renovar*) renovieren 4. (REL) reformieren II. *vr:* **~se** sich bessern

reforzar [rrefor'θar] *irr como* forzar *vt* verstärken

refrán [rre'fran] *m* Sprichwort *nt*

refrescante [rrefres'kaṇte] *adj* erfrischend

refrescar [rrefres'kar] <c → qu> I. *vt* 1. abkühlen; (*a alguien*) erfrischen 2. (*lo olvidado*) auffrischen; (*sentimiento*) neu aufleben lassen; **~ la memoria** dem Gedächtnis nachhelfen II. *vi* 1. (*reponerse*) sich ausruhen 2. (*viento*) auffrischen III. *vr:* **~se** 1. (*cosa*) (sich) abkühlen 2. (*persona*) sich erfrischen; (*beber*) eine Erfrischung zu sich *dat* nehmen 3. (*reponerse*) sich ausruhen 4. (*tomar el fresco*) an die frische Luft gehen 5. (*viento*) auffrischen IV. *vimpers:* **por la tarde refresca** abends kühlt es ab

refresco [rre'fresko] *m* Erfrischung *f;* (*gaseosa*) Erfrischungsgetränk *nt*

refrigerador [rrefrixera'ðor] *m* 1. Kühlschrank *m;* (*cámara*) Kühlkammer *f* 2. (*de un automóvil*) Kühler *m*

refrigerarse [rrefrixe'rarse] *vr* (sich) abkühlen

refuerzo [rre'fwerθo] *m* Verstärkung *f*

refugiado, -a [rrefu'xjaðo] *m, f* Flüchtling *m*

refugiarse [rrefu'xjarse] *vr* sich in Sicherheit bringen

refugio [rre'fuxjo] *m* Zufluchtsort *m*

refunfuñar [rrefumfu'ɲar] *vi* murren

refutar [refu'tar] *vt* widerlegen

regadera [rreɣa'ðera] *f* Gießkanne *f*; estar como una ~ (*fam*) spinnen

regadío [rreɣa'ðio] *m* Bewässerungsgelände *nt*; estos campos son de ~ diese Felder werden (künstlich) bewässert

regalar [rreɣa'lar] *vt* schenken; en esta tienda regalan la fruta (*fig*) in diesem Laden ist Obst spottbillig

regaliz [rreɣa'liθ] *m* Lakritze *f*

regalo [rre'ɣalo] *m* Geschenk *nt*

regañar [rreɣa'ɲar] I. *vt* (*fam*) schimpfen (mit +*dat*) II. *vi* (sich) (zer)streiten

regar [rre'ɣar] *irr como fregar vt* gießen

regatear [rreɣate'ar] *vt* 1. (*debatir*) aushandeln 2. (*escasear*) geizen (mit +*dat*); no ~ esfuerzos keine Mühen scheuen

regazo [rre'ɣaθo] *m* Schoß *m*

regenerarse [rrexene'rarse] *vr* sich regenerieren

regentar [rrexen'tar] *vt* leiten

regente [rre'xente] *mf* 1. (*que gobierna*) Herrscher(in) *m(f)* 2. (*que dirige*) Leiter(in) *m(f)*; (*un negocio*) Geschäftsführer(in) *m(f)*

régimen ['rreximen] <regímenes> *m* 1. System *nt*; ~ legal de la seguridad social para jubilación e invalidez gesetzliche Rentenversicherung 2. (POL) Regierungssystem *nt* 3. (*dieta*) Diät *f*

región [rre'xjon] *f* Region *f*

regional [rrexjo'nal] *adj* regional

regir [rre'xir] *irr como elegir* I. *vt* regieren II. *vr*: ~se sich richten (*por* nach +*dat*)

registrar [rrexis'trar] I. *vt* 1. (*exa-*

minar) durchsuchen 2. (*inscribir*) registrieren; (*un patente*) anmelden *f* 3. (*incluir*) aufnehmen 4. (*grabar*) aufzeichnen II. *vr*: ~se sich einschreiben

registro [rre'xistro] *m* 1. Durchsuchung *f* 2. (*inscripción*) Registrierung *f*; (*una patente*) Anmeldung *f* 3. (*libro*) Register *nt*; ~ de autores Autorenkatalog *m*; ~ de entradas/ salidas Eingangs-/Ausgangsbuch *nt* 4. (*oficina*) Amt *nt*; (*archivo*) Registratur *f*; ~ civil Standesamt *nt*; ~ de la propiedad Grundbuchamt *nt*; ~ de la propiedad industrial Patentamt *nt*

regla ['rreɣla] *f* 1. (*instrumento*) Lineal *nt*; ~ de cálculo Rechenschieber *m* 2. (*norma*) Regel *f*; por ~ general in der Regel; estar en ~ in Ordnung sein; poner en ~ regeln 3. (MAT): ~ de tres Dreisatz *m* 4. (*menstruación*) Regel *f*

reglamento [rreɣla'mento] *m* Vorschriften *fpl*; (JUR) Verfügung *f*; (DEP) Reglement *nt*; (*de una organización*) Statut *nt*; ~ de tráfico Straßenverkehrsordnung *f*

regocijo [rreɣo'θixo] *m* Jubel *m*

regresar [rreɣre'sar] I. *vi* zurückkehren II. *vr*: ~se (*Am*) zurückkehren

regresivo, -a [rreɣre'siβo] *adj* rückläufig

regreso [rre'ɣreso] *m* Rückkehr *f*

regulación [rreɣula'θjon] *f* 1. Regelung *f* 2. (*t*. TÉC) Regulierung *f*

regular [rreɣu'lar] I. *vt* 1. (*t*. TÉC) regulieren 2. (*poner en orden*) in Ordnung bringen II. *adj* regulär; por lo ~ gewöhnlich III. *adv* mittelmäßig

regularidad [rreɣulari'ðaⁿ] *f* 1. (*conformidad*) Ordnungsmäßigkeit *f* 2. (*periodicidad*) Regelmäßigkeit *f*; con ~ regelmäßig

rehabilitación [rreaβilita'θjon] *f* Rehabilitierung *f*

rehacer [rrea'θer] *irr como hacer vt*
1. (*volver a hacer*) noch einmal machen **2.** (*reconstruir*) wiederherstellen

rehén [rre'en] *m* Geisel *f*

rehuir [rreu'ir] *irr como huir vt:* ~ **a**
alguien jdm aus dem Weg gehen

rehusar [rreu'sar] *vt* verweigern

reina ['rreina] *f* Königin *f*

reinado [rrei'naðo] *m* Herrschaft *f*

reinar [rrei'nar] *vi* herrschen

reincidente [rreinθi'ðente] *adj* rück-
fällig

reincorporarse [rreinkorpo'rarse] *vr:*
~ **al trabajo** wieder arbeiten (gehen)

reino ['rreino] *m* (König)reich *nt;*
Reino Unido Vereinigtes Königreich

reintegrar [rreinte'ɣrar] **I.** *vt* **1.** (*rein-
corporar*) wieder aufnehmen; (*en un
cargo*) wieder einsetzen **2.** (*devolver*) zurückgeben; (*dinero*) erstatten
II. *vr:* ~**se** sich wieder eingliedern

reintegro [rrein'teɣro] *m* Erstattung *f*

reír [rre'ir] *irr* **I.** *vi* lachen; **echarse a**
~ auflachen **II.** *vr:* ~**se** lachen (*de*
über +*akk*); ~**se a carcajadas** aus
vollem Hals lachen

reiteradamente [rreiteraða'mente]
adv wiederholt

reivindicar [rreiβindi'kar] <c → qu>
vt **1.** (*pedir*) fordern **2.** (*una acción*)
sich bekennen; ~ **un atentado** sich
zu einem Attentat bekennen

reja ['rrexa] *f* Gitter *nt;* **estar entre**
~**s** (*fam fig*) hinter Gittern sitzen

rejuvenecer [rrexuβene'θer] *irr
como crecer vt* verjüngen; **este peinado te rejuvenece** diese Frisur
macht dich jünger

relación [rrela'θjon] *f* **1.** (*entre cosas*) Zusammenhang *m;* **con ~** [*o*
en ~] **a su escrito** bezüglich Ihres
Schreibens **2.** (*entre dos magnitu-
des*) Verhältnis *nt;* ~ **calidad-pre-**

cio Preis-Leistungs-Verhältnis *nt*
3. (*entre personas*) Beziehung *f;* **relaciones públicas** Publicrelations
fpl **4.** *pl* (*noviazgo*) Verlobung *f;*
han roto sus relaciones sie haben
ihre Verlobung gelöst **5.** *pl* (*amorío*)
Verhältnis *nt;* **mantienen relaciones** sie haben ein Verhältnis miteinander **6.** (*lista*) Verzeichnis *nt*

relacionar [rrelaθjo'nar] **I.** *vt* in Zusammenhang bringen **II.** *vr:* ~**se** zu-
sammenhängen; (*mantener relacio-
nes*) Kontakt haben (*con* zu +*dat*)

relajarse [rrela'xarse] *vr* sich entspannen

relámpago [rre'lampaɣo] *m* Blitz *m*

relatar [rrela'tar] *vt* schildern

relatividad [rrelatiβi'ðað] *f* Relativi-
tät *f*

relativo, -a [rrela'tiβo] *adj* **1.** (*referente*) betreffend; **un artículo ~
a...** ein Artikel über ... **2.** (*dependiente*) relativ

relato [rre'lato] *m* Schilderung *f*

relevancia [rrele'βanθja] *f* Wichtigkeit *f*

relevante [rrele'βante] *adj* wichtig

relevar [rrele'βar] **I.** *vt* **1.** (*acentuar*)
hervorheben **2.** (*liberar*) befreien
3. (JUR) entheben; ~ **a alguien de
un cargo** jdn eines Amtes entheben
4. (*reemplazar*) ersetzen **II.** *vr:* ~**se**
sich abwechseln

relevo [rre'leβo] *m:* **carrera de ~s**
Staffellauf *m*

relieve [rre'ljeβe] *m* **1.** (ARTE) Relief
nt; **en bajo ~** vertieft **2.** (*renombre*) Ansehen *nt;* **de ~** bedeutend
3. (*loc*): **poner de ~** hervorheben

religión [rreli'xjon] *f* Religion *f;* **sin ~**
konfessionslos

religioso, -a [rreli'xjoso] *adj* religiös;
(*que cree*) gläubig

rellenar [rreʎe'nar] *vt* füllen

relleno¹ [rre'ʎeno] *m* (t. GASTR) Füllung *f*

relleno, -a² [rre'ʎeno] *adj* **1.** (*lleno*)
gefüllt; (*demasiado*) vollgestopft
2. (*fam: gordo*) pummelig

reloj [rre'lox] *m* Uhr *f*

reluciente [rrelu'θjeɳte] *adj* glänzend; **~ de limpio** blitzblank

relucir [rrelu'θir] *irr como lucir vi*
glänzen; **salir a ~** zur Sprache kommen

remanente [rrema'neɳte] *m* Rest *m*

remangarse [rremaŋ'garse] <g →
gu> *vr* sich *dat* die Ärmel hochkrempeln

remar [rre'mar] *vi* rudern

rematar [rrema'tar] *vt* beenden; (*terminar de hacer*) fertig stellen

remate [rre'mate] *m* **1.** Beendigung
f; (*de un producto*) Fertigstellung *f*
2. (*final, extremo*) Abschluss *m*
3. estar loco de ~ vollkommen verrückt sein; **para ~** zu allem Unglück

remediar [rreme'ðjar] *vt* **1.** vermeiden; (*un perjuicio*) verhindern; **no
me cae bien, no puedo ~lo** ich
kann mir nicht helfen, er/sie ist mir
nicht sympathisch **2.** (*reparar*) beheben; (*compensar*) wieder gutmachen; **llorando no remedias nada**
davon, dass du weinst, wird es auch
nicht besser

remedio [rre'meðjo] *m* **1.** Behebung
f; (*compensación*) Wiedergutma-
chung *f*; **eso tiene fácil ~** dem ist
leicht abzuhelfen **2.** (*de un perjuicio*) Verhinderung *f*; **sin ~** unvermeidlich **3.** (*ayuda*) Hilfe *f* **4.** (*medio*) Mittel *nt*; **~ naturalista** Natur-
heilmittel *nt*

remite [rre'mite] *m* Absender *m*

remitente [rremi'teɳte] *mf* Absen-
der(in) *m(f)*

remitir [rremi'tir] **I.** *vt* **1.** (ab)senden;
(FIN) überweisen; **~ algo a alguien**
jdm etw (zu)schicken **2.** (*referirse*)

verweisen (*a* auf +*akk*) **II.** *vi* nachlassen **III.** *vr*: **~se** sich beziehen (*a*
auf +*akk*)

remo ['rremo] *m* Ruder *nt*

remodelar [rremoðe'lar] *vt* umgestal-
ten

remojar [rremo'xar] **I.** *vt* **1.** (*mojar*)
nass machen; (*humedecer*) anfeuch-
ten; (*ablandar*) einweichen **2.** (*celebrar*) begießen **II.** *vr*: **~se** (*mojarse*)
nass werden

remolacha [rremo'latʃa] *f* Rübe *f*

remolcar [rremol'kar] <c → qu> *vt*
abschleppen

remolino [rremo'lino] *m* Wirbel *m*;
(*de agua*) Strudel *m*; **~ de viento**
Wirbelwind *m*

remolque [rre'molke] *m* Anhänger *m*

remontarse [rremoɳ'tarse] *vr* **1.** (*volar*) aufsteigen; (*ave*) sich in die Lüfte
erheben **2.** (*gastos*) sich belaufen
(*a* auf +*akk*) **3.** (*retroceder*) zurückgehen; **la construcción de la iglesia se remonta al siglo pasado** der
Bau der Kirche geht ins letzte Jahrhundert zurück

remorder(se) <o → ue> *vt, vr*: **me
remuerde la conciencia** ich habe
ein schlechtes Gewissen

remordimiento [rremorði'mjeɳto]
m Gewissensbiss *m*

remoto, -a [rre'moto] *adj* **1.** fern;
(*hechos*) weit zurückliegend; **en
tiempos ~s** in ferner Vergangenheit
2. (*improbable*) unwahrscheinlich;
no tener ni la más remota idea
nicht die blasseste Ahnung haben

remover [rremo'βer] <o → ue> **I.** *vt*
1. entfernen; (*dificultades*) aus dem
Weg räumen **2.** (*agitar*) aufwühlen
3. (*activar*) aufrühren **II.** *vi* herum-
wühlen

remuneración [rremunera'θjon] *f*
Bezahlung *f*; (*sueldo*) Lohn *m*

remunerar [rremune'rar] *vt* bezahlen; (*un trabajo*) vergüten; **~ a alguien por un servicio** jdn für eine Dienstleistung entlohnen

renacimiento [rrenaθi'mjento] *m* Renaissance *f*

renal [rre'nal] *adj* Nieren-

Renania [rre'nanja] *f* Rheinland *nt*

Renania-Palatinado [rre'nanja-palati'naðo] *m* Rheinland-Pfalz *nt*

Renania-Westfalia [rre'nanja-βes-'falja] *f* Nordrhein-Westfalen *nt*

renano, -a [rre'nano] *adj* (*del Rin*) rheinisch; (*de Renania*) rheinländisch

rencor [rren̄'kor] *m* Groll *m;* **guardar ~ a alguien** (mit) jdm böse sein

rencoroso, -a [rren̄ko'roso] *adj* **1.** (*vengativo*) nachtragend **2.** (*resentido*) verärgert

rendido, -a [rren'diðo] *adj* **1.** (*cansado*) todmüde **2.** (*sumiso*) ergeben

rendimiento [rrendi'mjento] *m* **1.** Leistung *f;* (ECON) Kapazität *f;* **a pleno ~** voll ausgelastet **2.** (*beneficio*) Ertrag *m;* **de gran ~** sehr ertragreich

rendir [rren'dir] *irr como pedir* **I.** *vt* **1.** (*rentar*) einbringen **2.** (*trabajar*) leisten **3.** (*tributar*) erweisen **4. ~ cuentas** abrechnen; (*fig*) Rechenschaft ablegen **II.** *vr:* **~se** sich ergeben; **~se al enemigo** vor dem Feind kapitulieren; **~se a la evidencia de algo** etw einsehen

renegar [rrene'ɣar] *irr como fregar* *vi:* **~ de la fe** vom Glauben abfallen; **~ del partido** aus der Partei austreten

RENFE ['rrenfe] *f abr de* Red Nacional de Ferrocarriles Españoles *spanische Eisenbahngesellschaft*

renglón [rren̄'glon] *m* Zeile *f*

renombrado, -a [rrenom'braðo] *adj* renommiert, angesehen

renombre [rre'nombre] *m* (guter)

Ruf *m*

renovar [rreno'βar] <o → ue> *vt* renovieren

renta ['rrenta] *f* **1.** (*ingresos*) Einkommen *nt;* **~ per cápita** Pro-Kopf-Einkommen *nt* **2.** (*pensión*) Rente *f;* **~ de viudez** Witwenrente *f* **3.** (*alquiler*) Miete *f;* **en ~** zur Miete

rentable [rren'taβle] *adj* rentabel

renuncia [rre'nunθja] *f* **1.** (*abandono*) Verzicht *m* (*a/de* auf *+akk*); **~ del cargo** Amtsniederlegung *f;* **presentar su ~** kündigen **2.** (*escrito*) Entlassungsurkunde *f*

renunciar [rrenun'θjar] *vi* verzichten (*a* auf *+akk*); **~ al trono** abdanken; **~ a un cargo** ein Amt niederlegen; **~ a una herencia** ein Erbe ausschlagen

reñir [rre'ɲir] *irr como ceñir* **I.** *vi* streiten **II.** *vt* schelten

reo, -a [rre'o] *m, f* Angeklagte(r) *f(m)*

reojo [rre'oxo] *m:* **mirar de ~** schief ansehen

reorganizar [rreorɣani'θar] <z → c> *vt* reorganisieren

reparación [rrepara'θjon] *f* **1.** (*arreglo*) Reparatur *f* **2.** (*indemnización*) Entschädigung *f;* **~ de perjuicios** Schaden(s)ersatz *m*

reparar [rrepa'rar] *vt* **1.** (*arreglar*) reparieren; **~ el daño** den Schaden beheben **2.** (*indemnizar*) ersetzen **3. no ~ en gastos** keine Kosten scheuen

reparo [rre'paro] *m* **1.** (*arreglo*) Ausbesserung *f* **2.** (*inconveniente*) Bedenken *nt;* **sin ~ alguno** ganz ungeniert **3.** (*objeción*) Einwand *m* (*a* gegen *+akk*); **sin ~** anstandslos; **no andar con ~s** sich *dat* seiner Sache sicher sein; **poner ~s a algo** Einwände gegen etw haben

repartir [rrepar'tir] **I.** *vt* verteilen; (*co-*

rreos) zustellen; ~ **leña** (*fig*) Prügel
austeilen II. *vr:* ~**se** aufteilen
reparto [rre'parto] *m* Aufteilung *f*
repasar [rrepa'sar] *vt* nachprüfen
repatriar [rrepa'trjar] *vt* in die Heimat
zurückschicken
repelente [rrepe'leɲte] *adj* abstoßend
repente [rre'peɲte]: **de** ~ plötzlich
repercusión [rreperku'sjon] *f* (Aus)-
wirkung *f;* **tener gran** ~ großen Anklang finden
repercutir [rreperku'tir] *vi* sich auswirken (*en* auf +*akk*); ~ **en la salud**
der Gesundheit schaden
repertorio [rreper'torjo] *m* Reper-
toire *nt*
repetición [rrepeti'θjon] *f* Wiederholung *f*
repetido, -a [rrepe'tiðo] *adj* wiederholt; **repetidas veces** mehrmals;
tengo muchos sellos ~**s** ich habe
viele Briefmarken doppelt
repetir [rrepe'tir] *irr como pedir* I. *vi*
aufstoßen; **los ajos repiten mucho**
Knoblauch stößt einem immer wieder auf II. *vt* wiederholen; ~ **curso**
sitzen bleiben III. *vr:* ~**se** sich wiederholen
repicar [rrepi'kar] <c → qu> *vi, vt*
läuten
repisa [rre'pisa] *f* Konsole *f*
replantear [rreplaɲte'ar] *vt* neu kon-
zipieren
repleto, -a [rre'pleto] *adj* prall gefüllt
réplica ['rreplika] *f* 1. Antwort *f;* (*objeción*) Widerrede *f* 2. (ARTE) Nach-
bildung *f*
replicar [rrepli'kar] <c → qu> I. *vt*
erwidern II. *vi* 1. (*contestar*) antworten 2. (*contradecir*) widersprechen; **obedecer sin** ~ ohne Widerspruch gehorchen
repoblar [rrepo'βlar] <o → ue> *vt*
wieder bevölkern; (*de árboles*) wieder aufforsten

repollo [rre'poʎo] *m* Kohl *m*
reponerse [rrepo'nerse] *irr como poner vr* sich erholen
reportaje [rrepor'taxe] *m* Bericht *m;*
~ **gráfico** Bildbericht *m*
repórter [rre'porter] *m* (*Am*), **reportero, -a** [rrepor'tero] *m, f* Repor-
ter(in) *m(f)*
reposar [rrepo'sar] I. *vi* (aus)ruhen;
**aquí reposan los restos mortales
de...** hier ruht in Frieden ... II. *vt:*
~ **la comida** Mittagsruhe halten
reposo [rre'poso] *m* Ruhe *f;* (*descanso*) Erholung *f;* ~ **en cama** Bettruhe *f*
repostar [rrepos'tar] *vt* 1. (*provisiones*) sich neu versorgen (mit
+*dat*) 2. (*combustible*) auftanken
repostería [rreposte'ria] *f* Feingebäck
nt
reprender [rrepreɲ'der] *vt* tadeln;
~**le algo a alguien** jdm etw vorwerfen
represalia [rrepre'salja] *f* Repressalie *f*
representación [rrepreseɲta'θjon]
f 1. Vertretung *f;* **por** [*o* **en**] ~
stellvertretend 2. (TEAT) Auffüh-
rung *f* 3. (*reproducción*) Darstellung *f*
representante [rrepreseɲ'taɲte] *mf*
Vertreter(in) *m(f)*
representar [rrepreseɲ'tar] *vt*
1. (*sustituir*) vertreten 2. (*actuar*)
spielen; (*una obra*) aufführen 3. (*significar*) bedeuten 4. (*reproducir*)
darstellen
representativo, -a [rrepreseɲta'ti-
βo] *adj* repräsentativ; **gobierno** ~
parlamentarische Regierung
represión [rrepre'sjon] *f* Unterdrückung *f*
reprimenda [rrepri'meɲda] *f* Tadel
m
reprimir [rrepri'mir] I. *vt* unterdrü-

cken **II.** *vr:* **~se** sich beherrschen

reprochar [rrepro'tʃar] *vt* vorwerfen

reproche [rre'protʃe] *m* Vorwurf *m*

reproducción [rreproðuˠ'θjon] *f*
1. (*procreación*) Fortpflanzung *f*
2. (*repetición*) Reproduktion *f*; (*copia*) Vervielfältigung *f* **3.** (*representación*) Wiedergabe *f*

reproducir [rreproðu'θir] *irr como traducir* **I.** *vt* **1.** (*procrear*) fortpflanzen **2.** (*repetir*) reproduzieren; (*copiar*) vervielfältigen **3.** (*representar*) wiedergeben **II.** *vr:* **~se** sich fortpflanzen

reptil [rrep'til] *m* Reptil *nt*

república [rre'puβlika] *f* Republik *f*;
República Federal de Alemania
Bundesrepublik Deutschland

repudiar [rrepu'ðjar] *vt* verstoßen

repuesto [rre'pwesto] *m* Ersatzteil *nt*

repugnante [rrepuɣ'nante] *adj* ekelhaft

repugnar [rrepuɣ'nar] *vi* **1.** abstoßen; (*asquear*) anekeln; **me repugna la carne grasosa** fettes Fleisch finde ich ekelhaft **2.** (*disgustar*) widerstreben +*dat*

repulsa [rre'pulsa] *f* Ablehnung *f*

reputación [rreputa'θjon] *f* Ruf *m;*
tener muy buena ~ höchst angesehen angesehen sein; **un local con mala ~** ein berüchtigtes Lokal

requerir [rreke'rir] *irr como sentir vt*
1. (*necesitar*) erfordern; **esto requiere toda la atención** hier ist höchste Aufmerksamkeit geboten
2. (*intimar*) auffordern; **~ a alguien que...** +*subj* jdn auffordern zu ... +*inf*

requisar [rreki'sar] *vt* beschlagnahmen

requisito [rreki'sito] *m* Anforderung *f*; (*condición*) Voraussetzung *f*;
~ previo Vorbedingung *f*

res [rres] *f* **1.** Vieh *nt* **2.** (*Am: vaca*)

Rind *nt*

resaca [rre'saka] *f* **1.** (*fam*) Kater *m*
2. (*olas*) Brandung *f*

resaltar [rresal'tar] *vi:* (**hacer**) **~** hervorheben

resarcir [rresar'θir] <c → z> *vt* entschädigen

resbaladizo, -a [rresβala'ðiθo] *adj* rutschig

resbalar [rresβa'lar] *vi* (aus)rutschen, gleiten

rescatar [rreska'tar] *vt* **1.** befreien; (*con dinero*) auslösen **2.** (*a un náufrago*) retten

rescate [rres'kate] *m* **1.** Befreiung *f*; (*con dinero*) Auslösung *f* **2.** (*de un náufrago*) Rettung *f* **3.** (*dinero para rescatar*) Lösegeld *nt*

rescindir [rresθin'dir] *vt* (*la ley*) aufheben; (*un contratante*) (auf)kündigen

rescisión [rresθi'sjon] *f* (*la ley*) Ungültigkeitserklärung *f*; (*un contratante*) Kündigung *f*

resentido, -a [rresen'tiðo] *adj*
1. *estar* (*ofendido*) beleidigt **2.** *estar* (*débil*) angeschlagen **3.** *ser* nachtragend

resentirse [rresen'tirse] *irr como sentir vr* **1.** (*ofenderse*) sich ärgern (*por/de* über +*akk*) **2.** (*sentir dolor*) leiden (*de/con* unter +*dat*); **todavía se resiente de las heridas del accidente** die Unfallverletzungen machen ihm/ihr immer noch zu schaffen **3.** (*debilitarse*) nachgeben

reseña [rre'seɲa] *f* **1.** Rezension *f*
2. (*narración*) Bericht *m*

reserva [rre'serβa] *f* **1.** Vorrat *m;*
(FIN) Reserve *f*; (*fondos*) Rücklage *f*
2. (*de plazas*) Reservierung *f* **3.** (*biológica*) Reservat *nt* **4.** (MIL) Reserve *f*
5. (*discreción*) Zurückhaltung *f*
6. sin la menor ~ vorbehaltlos

reservado, -a [rreser'βaðo] *adj*

1. *(derecho)* vorbehalten; **quedan ~s todos los derechos** alle Rechte vorbehalten **2.** *(callado)* reserviert

reservar [rreser'βar] **I.** *vt* **1.** *(retener plaza)* reservieren **2.** *(guardar)* zurückbehalten; *(dinero)* zurücklegen **3.** *(ocultar)* verheimlichen *(de* vor *+dat)* **II.** *vr:* **~se** sich zurückhalten

resfriado [rresfri'aðo] *m* Erkältung *f*

resfriar [rresfri'ar] <3. *pres:* **resfría**> **I.** *vi, vt* abkühlen **II.** *vr:* **~se** sich erkälten

resfrío [rres'frio] *m (Am)* Erkältung *f*

resguardarse [rresɣwar'ðarse] *vr* sich schützen *(de* vor *+dat)*

residencia [rresi'ðeṇθja] *f* **1.** *(domicilio)* Wohnsitz *m;* **~ habitual** ständiger Wohnsitz; **cambiar de ~** den Wohnort wechseln **2.** *(estancia)* Aufenthalt *m* **3.** *(casa lujosa)* Residenz *f* **4.** *(internado)* Heim *nt; (colegio)* Internat *nt;* **~ de ancianos** Altersheim *nt;* **~ de huérfanos** Waisenhaus *nt*

residente [rresi'ðeṇte] *adj* wohnhaft

residuo [rre'siðwo] *m* **1.** Rest *m;* (QUÍM) Rückstand *m* **2.** *pl (basura)* Abfall *m;* **~s tóxicos** Giftmüll *m*

resignación [rresiɣna'θjon] *f* Resignation *f*

resignar [rresiɣ'nar] **I.** *vt* niederlegen **II.** *vr:* **~se** resignieren; **~se con** [*o* **a**] **algo** sich mit etw *dat* abfinden

resistencia [rresis'teṇθja] *f* Widerstand *m (a* gegen *+akk);* **~ al frío** Kältebeständigkeit *f;* **carrera de ~** Dauerlauf *m;* **oponer ~** Widerstand leisten

resistente [rresis'teṇte] *adj* widerstandsfähig *(a* gegen *+akk);* **~ al calor** hitzebeständig; **~ a la luz** lichtecht

resistir [rresis'tir] **I.** *vi, vt* standhalten *+dat;* **~ a una tentación** einer Versuchung widerstehen; **¡no resisto**

más! ich halte das nicht länger aus! **II.** *vr:* **~se** sich weigern

resolución [rresolu'θjon] *f* **1.** Entschlossenheit *f* **2.** *(decisión)* Entschluss *m;* (POL) Resolution *f;* **tomar una ~** einen Beschluss fassen

resolver [rresol'βer] *irr como* **volver** **I.** *vt* **1.** *(acordar)* beschließen **2.** *(solucionar)* lösen; *(dudas)* beseitigen **3.** *(decidir)* beschließen **II.** *vr:* **~se** **1.** *(solucionarse)* sich klären **2.** *(decidirse)* sich entscheiden

resonar [rreso'nar] <o → ue> *vi* (wider)hallen

respaldar [rrespal'dar] *vt* **1.** *(apoyar)* unterstützen **2.** *(proteger)* decken

respaldo [rres'paldo] *m* Unterstützung *f*

respectar [rrespek'tar] *vi* betreffen; **por** [*o* **en**] **lo que respecta a él...** was ihn betrifft ...

respectivamente [rrespektiβa'meṇte] *adv:* **Anne y María compran la fruta y el pan, ~** Anne und Maria kaufen ein, die eine das Obst und die andere das Brot

respectivo, -a [rrespek'tiβo] *adj* betreffende(r, s)

respecto [rres'pekto] *m* Hinsicht *f;* **(con) ~ a** bezüglich *+gen;* **con ~ a eso, al ~** diesbezüglich; **a este ~** in dieser Hinsicht; **al ~ de** im Verhältnis zu *+dat*

respetable [rrespe'taβle] *adj* **1.** *(digno de respeto)* achtbar *f* **2.** *(notable)* beachtlich

respetar [rrespe'tar] *vt* **1.** *(honrar)* respektieren; **hacerse ~** sich *dat* Respekt verschaffen **2.** *(considerar)* Rücksicht nehmen (auf *+akk)* **3.** *(cumplir)* beachten

respeto [rres'peto] *m* Respekt *m;* **falta de ~** Respektlosigkeit *f*

respetuoso, -a [rrespetu'oso] *adj*

respektvoll

respiración [rrespira'θjon] *f* Atmung *f*; (*aliento*) Atem *m*; **~ artificial** künstliche Beatmung

respirar [rrespi'rar] *vi* atmen; **~ aliviado** erleichtert aufatmen; **sin ~** (*fig*) pausenlos

resplandecer [rresplaṇde'θer] *irr como crecer vi* leuchten; (*reflejar*) glänzen; **~ de alegría** vor Glück strahlen

responder [rrespoṇ'der] *vi* 1. (*contestar*) antworten; **el perro responde por el nombre de...** der Hund hört auf den Namen ... 2. (*contradecir*) widersprechen +*dat* 3. (*corresponder*) entsprechen +*dat*; (*cumplir con*) erfüllen +*akk* 4. (*ser responsable*) verantwortlich sein (*por* für +*akk*) 5. (*garantizar*) einstehen (*de/por/con* für +*akk*); (*con dinero*) haften (*de/por/con* für +*akk*); **~ de una deuda** für eine Schuld aufkommen

responsabilidad [rresponsaβili'ðaᵈ] *f* 1. (*por un niño*) Verantwortung *f* (*de/por* für +*akk*); **exigir ~** zur Verantwortung ziehen 2. (*por un daño*) Haftung *f* (*de/por* für +*akk*); **~ civil** Haftpflicht *f*

responsabilizar [rresponsaβili'θar] <z → c> I. *vt* verantwortlich machen (*de* für +*akk*) II. *vr:* **~se** (*asumir la responsabilidad*) die Verantwortung übernehmen (*de* für +*akk*); (*garantizar*) einstehen (*de* für +*akk*); (JUR) die Haftung übernehmen (*de* für +*akk*)

responsable [rrespon'saβle] *adj* verantwortlich (*de* für +*akk*)

respuesta [rres'pwesta] *f* Antwort *f* (*a* auf +*akk*)

restablecer [rrestaβle'θer] *irr como crecer* I. *vt* wiederherstellen II. *vr:* **~se** sich erholen

restante [rres'taṇte] *adj* restlich

restar [rres'tar] I. *vi* übrig bleiben; **aún restan algunos días para finalizar el año** bis zum Jahresende fehlen noch einige Tage II. *vt* abziehen

restauración [rrestauɾa'θjon] *f* Wiederherstellung *f*; (ARTE) Restauration *f*

restaurante [rrestau'raṇte] *m* Restaurant *nt*

restaurar [rrestau'rar] *vt* wiederherstellen; (ARTE) restaurieren

resto ['rresto] *m* Rest *m*; **los ~s mortales** die sterblichen Überreste

restregar [rrestre'ɣar] *irr como fregar* I. *vt* scheuern; **~le a alguien algo por las narices** (*fig*) jdm etw unter die Nase reiben II. *vr:* **~se los ojos** sich *dat* die Augen reiben

restricción [rrestriˠ'θjon] *f* Beschränkung *f*; (*recorte*) Kürzung *f*; **sin restricciones** unbeschränkt

resucitar [rresuθi'tar] I. *vi* auferstehen II. *vt* neu beleben

resuelto, -a [rre'swelto] I. *pp de* **resolver** II. *adj* resolut

resultado [rresul'taðo] *m* Ergebnis *nt*; **tener por ~** zur Folge haben

resultar [rresul'tar] *vi* 1. (*deducirse*) sich ergeben (*de* aus +*dat*) 2. (*surtir*) sein 3. (*tener éxito*) erfolgreich sein 4. (*comprobarse*) sich erweisen (*als* +*nom*)

resumen [rre'sumen] *m* Zusammenfassung *f*

resumir [rresu'mir] *vt* zusammenfassen

resurrección [rresurreˠ'θjon] *f* Auferstehung *f*; **Pascua de Resurrección** Ostern *nt*

retar [rre'tar] *vt* herausfordern (*a* zu +*dat*)

retardar(se) [rretar'dar(se)] *vt, vr* (sich) verzögern

retención [rreteṇ'θjoṇ] *f* **1.** Einbehaltung *f;* (*deducción*) Abzug *m;* ~ **fiscal** Steuerabzug *m* **2.** (*moderación*) Zurückhaltung *f* **3.** (*tráfico*) Stau *m*

retener [rrete'ner] *irr como tener* **I.** *vt* zurückhalten; (*la respiración*) anhalten **II.** *vr:* ~**se** sich zurückhalten

retina [rre'tina] *f* Netzhaut *f*

retirada [rreti'raða] *f* **1.** Rücktritt *m;* (MIL) Rückzug *m* **2.** (*eliminación*) Beseitigung *f*

retirado, -a [rreti'raðo] *adj* **1.** (*lejos*) abgelegen **2.** (*jubilado*) pensioniert

retirar [rreti'rar] **I.** *vt* **1.** (*apartar*) weglegen; (*tropas*) abziehen; (*dinero*) abheben **2.** (*echar*) verweisen **3.** (*recoger*) abholen **4.** (*quitar*) entziehen **5.** (*desdecirse*) zurücknehmen **6.** (*negar*) verweigern **7.** (*jubilar*) in den Ruhestand versetzen **II.** *vr:* ~**se** **1.** (*t.* MIL: *abandonar*) sich zurückziehen (*de* aus +*dat*) **2.** (*retroceder*) zurücktreten (*de* von +*dat*) **3.** (*jubilarse*) in den Ruhestand treten

reto ['rreto] *m* Herausforderung *f*

retocar [rreto'kar] <c → qu> *vt* überarbeiten; (*perfeccionar*) ausbessern; (FOTO) retuschieren

retoño [rre'toɲo] *m* **1.** Spross *m* **2.** (*persona*) Sprössling *m*

retoque [rre'toke] *m* Ausbesserung *f;* (FOTO) Retusche *f*

retórica [rre'torika] *f* Rhetorik *f*

retornar [rretor'nar] **I.** *vi* zurückkehren **II.** *vt* **1.** (*devolver*) zurückgeben **2.** (*retroceder*) umwenden, umdrehen

retorno [rre'torno] *m* Rückkehr *f*

retortijón [rretorti'xon] *m:* **tengo un** ~ **de estómago** ich habe Magenkrämpfe

retractar [rretrak'tar] **I.** *vt* zurück-

nehmen (*de* +*akk*); (JUR) widerrufen (*de* +*akk*) **II.** *vr:* ~**se** widerrufen (*de* +*akk*)

retransmisión [rretraⁿsmi'sjon] *f* Übertragung *f;* ~ **deportiva** Sportberichterstattung *f;* ~ **por televisión** Fernsehübertragung *f*

retrasado, -a [rretra'saðo] *adj* **1.** (*atrasado*) verspätet **2.** (*anticuado*) rückständig **3.** (*no actual*) alt **4.** (*subdesarrollado*) zurückgeblieben; ~ **mental** geistig zurückgeblieben

retrasar [rretra'sar] **I.** *vt* **1.** (*demorar*) verzögern **2.** (*el reloj*) zurückstellen **II.** *vi* **1.** (*el reloj*) nachgehen **2.** (*no estar al día*) zurückbleiben **III.** *vr:* ~**se** sich verspäten

retraso [rre'traso] *m* **1.** (*demora*) Verspätung *f* **2.** (*del desarrollo*) Rückständigkeit *f*

retratar [rretra'tar] *vt* porträtieren

retrato [rre'trato] *m* Porträt *nt*

retrete [rre'trete] *m* Toilette *f*

retribución [rretriβu'θjon] *f* Vergütung *f;* (*sueldo*) Gehalt *nt*

retroactivo, -a [rretroak'tiβo] *adj* rückwirkend

retroceder [rretroθe'ðer] *vi* zurückgehen

retroceso [rretro'θeso] *m* Rückgang *m*

retrospectivo, -a [rretrospek'tiβo] *adj* retrospektiv

retrovisor [rretroβi'sor] *m* Rückspiegel *m*

retumbar [rretum'bar] *vi* dröhnen

reuma ['rreuma] *m o f* Rheuma *nt*

reumatismo [rreuma'tismo] *m sin pl* Rheumatismus *m*

reunificación [rreunifika'θjon] *f* Wiedervereinigung *f*

reunión [rreu'njon] *f* Versammlung *f;* ~ **de los trabajadores** Betriebsversammlung *f*

reunir [rreu'nir] *irr* **I.** *vt* (ver)sammeln **II.** *vr:* ~se sich versammeln; (*unir*) sich vereinigen

revalidar [rreβali'ðar] *vt* bestätigen

revancha [rre'βantʃa] *f:* **tomarse la** ~ sich rächen

revelación [rreβela'θjon] *f* **1.** Enthüllung *f* **2.** (REL) Offenbarung *f*

revelar [rreβe'lar] *vt* **1.** enthüllen; (*un secreto*) lüften **2.** (FOTO) entwickeln **3.** (REL) offenbaren

reventa [rre'βeṇta] *f* Wiederverkauf *m*

reventar [rreβeṇ'tar] <e → ie> **I.** *vi* **1.** (*romperse*) platzen (*de/por* vor +*dat*); **lleno hasta** ~ zum Bersten voll *f* **2.** (*vulg*) verrecken *fam;* ¡**que reviente!** soll er/sie doch von mir aus verrecken! *fam* **II.** *vt* zum Platzen bringen

reverencia [rreβe'reṇθja] *f* Hochachtung *f;* **Su Reverencia** Euer Hochwürden

reversible [rreβer'siβle] *adj* umkehrbar; (*prenda de vestir*) Wende-; **chaqueta** ~ Wendejacke *f*

reverso [rre'βerso] *m* Rückseite *f*

revés [rre'βes] *m* Rückseite *f;* **al** [*o* **del**] ~ umgekehrt; **te has puesto el jersey del** ~ du hast deinen Pullover linksherum angezogen

revisar [rreβi'sar] *vt* überprüfen

revisor(a) [rreβi'sor] *m(f)* Schaffner(in) *m(f)*

revista [rre'βista] *f* **1.** (PREN) Zeitschrift *f;* ~ **especializada** Fachzeitschrift *f* **2.** (*inspección*) Überprüfung *f;* **pasar** ~ **a las tropas** die Truppe besichtigen **3.** (*espectáculo*) Revue *f*

revocar [rreβo'kar] <c → qu> *vt* widerrufen

revoltoso, -a [rreβol'toso] *adj* unbändig

revolución [rreβolu'θjon] *f* **1.** (*t.* POL)

Revolution *f* **2.** (*inquietud*) Aufruhr *m* **3.** (*rotación*) Umdrehung *f;* **número de revoluciones** Drehzahl *f*

revolucionar [rreβoluθjo'nar] *vt* **1.** (*amotinar*) aufwiegeln **2.** (*transformar*) revolutionieren **3.** (*excitar*) in Aufregung versetzen

revolucionario, -a [rreβoluθjo'narjo] *adj* revolutionär

revolver [rreβol'βer] *irr como* **volver** **I.** *vt* durcheinanderbringen **II.** *vr:* ~se **1.** (*moverse*) sich wälzen; **se me revuelve el estómago** da dreht sich mir der Magen um **2.** (*enfrentarse*) sich widersetzen (*contra* +*dat*)

revuelo [rre'βwelo] *m:* **causar** ~ für Aufruhr sorgen

revuelta [rre'βwelta] *f* **1.** (*tumulto*) Tumult *m* **2.** (*rebelión*) Revolte *f*

revuelto, -a [rre'βwelto] **I.** *pp de* **revolver** **II.** *adj* **1.** (*agitado*) aufgewühlt **2.** (*desordenado*) durcheinander **3.** (*tiempo*) wechselhaft

rey [rrej] *m* König *m;* **los Reyes Magos** die Heiligen Drei Könige

rezar [rre'θar] <z → c> *vt* beten (*a* zu +*dat, por* für +*akk*); ~ **una oración** ein Gebet sprechen

RFA [erre(e)fe'a] *f* BRD *f*

riada [rri'aða] *f* Hochwasser *nt*

ribera [rri'βera] *f* Uferlandschaft *f;* (*vega*) Aue *f*

rico, -a ['rriko] *adj* **1.** reich; **es muy** ~ er ist steinreich **2.** (*sabroso*) lecker; **la comida está muy rica** das Essen schmeckt sehr gut **3.** (*abundante*) reich (*en* an +*dat*) **4.** (*simpático*) reizend

ridículo, -a [rri'ðikulo] *adj* lächerlich

riego ['rrjeɣo] *m* Bewässerung *f;* ~ **sanguíneo** Durchblutung *f*

riel [rrjel] *m* Schiene *f*

rienda ['rrjeṇda] *f* Zügel *m;* **a** ~ **suelta** zügellos

riesgo ['rrjesɣo] *m* Risiko *nt;* **a ~ de que... +***subj* auf die Gefahr hin, dass ...; **por cuenta y ~ propios** auf eigene Gefahr; **asumir un ~** ein Risiko eingehen; **correr el ~ de...** Gefahr laufen zu ...; **estar asegurado a todo ~** vollkaskoversichert sein

rifa ['rrifa] *f* (*sorteo*) Verlosung *f*

rifar [rri'far] *vt* verlosen

rifle ['rrifle] *m* Gewehr *nt*

rígido, -a ['rrixiðo] *adj* 1. (*inflexible*) starr 2. (*severo*) streng

rigor [rri'ɣor] *m* 1. (*severidad*) Strenge *f* 2. (*exactitud*) Genauigkeit *f* 3. **~ del invierno** Strenge des Winters 4. **de ~** unerlässlich

riguroso, -a [rriɣu'roso] *adj* rigoros

rima ['rrima] *f* Reim *m*

rimar [rri'mar] *vi, vt* (sich) reimen

Rin [rrin] *m* Rhein *m*

rincón [rriŋ'kon] *m* Ecke *f*

rinoceronte [rrinoθe'ronte] *m* Nashorn *nt*

riña ['rriɲa] *f* Streit *m*

riñón [rri'ɲon] *m* 1. Niere *f;* **tener piedras en el ~** Nierensteine haben; **costar un ~** eine (schöne) Stange Geld kosten 2. *pl* (*parte de la espalda*) Kreuz *nt*

río ['rrio] *m* Fluss *m;* **~ abajo** flussabwärts; **~ arriba** flussaufwärts

riojano, -a [rrio'xano] *adj* aus Rioja

riqueza [rri'keθa] *f* Reichtum *m*

risa [rri'sa] *f* Lachen *nt;* **mondarse de ~** sich kaputtlachen

risueño, -a [rri'sweɲo] *adj* heiter

ritmo ['rri⁸mo] *m* Rhythmus *m*

rito ['rrito] *m* Ritual *nt*

ritual [rritu'al] *m* Ritual *nt*

rival [rri'βal] *mf* Rivale, -in *m, f*

rizado, -a [rri'θaðo] *adj* lockig

rizo ['rriθo] *m* Locke *f;* **rizar el ~** (*complicar*) die Sache unnötig komplizieren

RNE ['rraðjo naθjo'nal de (e)s'paɲa] *f*

abr de **Radio Nacional de España** Staatlicher Spanischer Rundfunk *m*

robar [rro'βar] *vt* stehlen

roble ['rroβle] *m* Eiche *f*

robo ['rroβo] *m* Raub *m;* **~ a mano armada** bewaffneter Raubüberfall

robot [rro'βoᵗ] <robots> *m* Roboter *m;* **~ de cocina** Küchenroboter *m*

robusto, -a [rro'busto] *adj* robust

roca ['rroka] *f* Felsen *m*

roce ['rroθe] *m* 1. (*fricción*) Reibung *f* 2. (*contacto*) Umgang *m;* **tener mucho ~ con alguien** mit jdm gut bekannt sein

rocío [rro'θio] *m* Tau *m*

rodaja [rro'ðaxa] *f* Scheibe *f*

rodaje [rro'ðaxe] *m* Dreharbeiten *fpl*

rodar [rro'ðar] <o → ue> I. *vi* 1. (*dar vueltas*) rollen; (*girar sobre el eje*) rotieren 2. (*ir*) umherlaufen II. *vt* (*película*) drehen

rodear [rroðe'ar] I. *vi* einen Umweg machen II. *vt, vr:* **~se** (sich) umgeben (*de* mit +*dat*)

rodeo [rro'ðeo] *m* 1. Umweg *m;* **dar un ~** einen Umweg machen 2. (*evasiva*) Ausflucht *f;* **sin ~s** ohne Umschweife

rodilla [rro'ðiʎa] *f* Knie *nt;* **de ~s** kniend; **ponerse de ~s** sich hinknien

rodillo [rro'ðiʎo] *m* Nudelholz *nt*

roer [rro'er] *irr vt* nagen (*a* an +*dat*)

rogar [rro'ɣar] <o → ue> *vt* bitten; (JUR) beantragen

rojo, -a ['rroxo] *adj* (*t.* POL) rot; **al ~** (**vivo**) rot glühend

rollo ['rroʎo] *m* 1. Rolle *f;* (FOTO) Rollfilm *m* 2. (*fam*) langweilige Sache *f;* **¡qué ~ de película!** so ein langweiliger Film! 3. (*argot*) Lebensweise *f;* (*asunto*) Geschichte *f;* **ir a su ~** nur an sich selbst denken; **tener un ~ con alguien** etw mit jdm haben, mit jdm liiert sein; **¿de qué va el**

~? worum geht es?

románico, -a [rro'maniko] *adj* romanisch

romano, -a [rro'mano] *adj* römisch

romanticismo [rromaṇti'θismo] *m* Romantik *f*

romántico, -a [rro'maṇtiko] *adj* romantisch

rombo ['rrombo] *m* Raute *f*

romería [rrome'ria] *f* Wallfahrt *f*

romerito [rrome'rito] *m* (*Méx*) Gemüse *nt*

romero [rro'mero] *m* Rosmarin *m*

rompecabezas [rrompeka'βeθas] *m* Rätsel *nt*

romper [rrom'per] I. *vi* 1. (*las olas*) brechen 2. (*empezar bruscamente*) (plötzlich) anfangen (*a* zu +*inf*); ~ **a llorar** in Tränen ausbrechen 3. (*el día*) anbrechen; **al ~ el día** bei Tagesanbruch 4. (*separarse*) sich trennen II. *vt* 1. (*destrozar*) kaputtmachen *fam*; ~ **la cara a alguien** (*fam*) jdm den Schädel einschlagen 2. (*negociaciones*) abbrechen; (*promesa*) brechen III. *vr:* **~se** 1. (*hacerse pedazos*) zerbrechen 2. (*fracturarse*) sich *dat* brechen; **¿qué tripa se te ha roto?** (*fam fig*) warum bist du so schlecht drauf?

ron [rron] *m* Rum *m*

roncar [rroŋ'kar] <c → qu> *vi* schnarchen

roncha ['rronʧa] *f* (*hinchazón*) Schwellung *f*; (*cardenal*) blauer Fleck *m*; (*picadura*) Quaddel *f*

ronco, -a ['rronko] *adj* heiser

ronda ['rroṇda] *f* 1. (*de vigilancia*) Streife *f* 2. (*de copas*) Runde *f*; **pagar una ~ de vino** eine Runde Wein ausgeben

roñoso, -a [rro'ɲoso] *adj* 1. (*sucio*) schmutzig 2. (*tacaño*) geizig

ropa ['rropa] *f* 1. Wäsche *f*; ~ **blanca** Kochwäsche *f*; ~ **de color** Bunt-

wäsche *f* 2. (*vestidos*) Kleidung *f*

ropero [rro'pero] *m* Kleiderschrank *m*

rosa ['rrosa] I. *adj* rosa; ~ **pálido** hellrosa II. *f* Rose *f*

rosado, -a [rro'saðo] *adj:* **vino ~** Rosé(wein) *m*

rosario [rro'sarjo] *m* (REL) Rosenkranz *m*

rosca ['rroska] *f* 1. (TÉC) Gewinde *nt;* **pasarse de ~** (*fig*) zu weit gehen 2. (*forma de espiral*) Windung *f* 3. (*bollo*) Kringel *m;* **no comerse una ~** (*fig*) keinen Erfolg bei Männern/Frauen haben 4. (*loc*): **hacer la ~ a alguien** jdm schmeicheln

roscón [rros'kon] *m:* ~ **de Reyes** Dreikönigskuchen *m*

rosquilla [rros'kiʎa] *f* Kringel *m;* **venderse como ~s** (*fig*) weggehen wie warme Semmeln

rostro ['rrostro] *m* Gesicht *nt;* **tener mucho ~** sehr dreist sein

rotación [rrota'θjon] *f* Umdrehung *f*; (FÍS) Rotation *f*

roto, -a ['rroto] *adj* kaputt

rotulador [rrotula'ðor] *m* Filzstift *m*

rotundo, -a [rro'tuṇdo] *adj:* **un éxito ~** ein durchschlagender Erfolg

rozar [rro'θar] <z → c> *vi, vt* streifen

rte. [rremi'teṇte] *abr de* **remitente** Abs.

RTVE [erreteuβe'e] *f abr de* **Radio Televisión Española** Spanische Rundfunk- und Fernsehanstalt *f*

ruana ['rrwana] *f* (*AmS*) Poncho *m*

rubéola [rru'βeola] *f* Röteln *pl*

rubí [rru'βi] *m* Rubin *m*

rubio, -a ['rruβjo] *adj* blond

ruborizar [rruβori'θar] <z → c> I. *vt* zum Erröten bringen II. *vr:* **~se** erröten

rúbrica ['rruβrika] *f* Namenszeichen *nt;* (*después del nombre*) (Unterschrifts)schnörkel *m*

rudo, -a ['rruðo] *adj* **1.** rau; (*sin tra-bajar*) roh **2.** (*persona*) plump; (*brus-ca*) grob; (*torpe*) ungeschickt

rueda ['rrweða] *f* **1.** Rad *nt;* ~ **de re-puesto** Ersatzreifen *m* **2.** ~ **de prensa** Pressekonferenz *f*

ruego ['rrweyo] *m* Bitte *f*

rugir [rru'xir] <g → j> *vi* (*león*) brül-len; (*estómago*) knurren

ruido ['rrwiðo] *m* Lärm *m*

ruin [rrwin] *adj* **1.** (*malvado*) nieder-trächtig; (*vil*) gemein **2.** (*tacaño*) knauserig

ruina ['rrwina] *f* **1.** (ARQUIT) Ruine *f* **2.** (*perdición*) Ruin *m*

ruiseñor [rrwise'nor] *m* Nachtigall *f*

ruleta [rru'leta] *f* Roulette *nt*

rulo ['rrulo] *m* **1.** (*del cabello*) Locke *f* **2.** (*rizador*) Lockenwickler *m*

Rumania [rru'manja] *f*, **Rumanía** [rruma'nia] *f* Rumänien *nt*

rumano, -a [rru'mano] *adj* rumä-nisch

rumba ['rrumba] *f* Rumba *f*

rumbo ['rrumbo] *m* (Fahrt)richtung *f;* (*t. fig*) Kurs *m;* **tomar ~ a un puerto** einen Hafen ansteuern; **dar otro ~ a la conversación** dem Gespräch eine neue Wendung geben

rumor [rru'mor] *m* **1.** (*chisme*) Ge-rücht *nt* **2.** (*de las olas*) Brausen *nt;* (*del bosque*) Rauschen *nt;* ~ **de voces** Stimmengewirr *nt*

rumorearse [rrumore'arse] *vr:* **se ru-morea que...** es geht das Gerücht um, dass ...

ruptura [rrup'tura] *f* (Ab)bruch *m*

rural [rru'ral] *adj* ländlich

Rusia ['rrusja] *f* Russland *nt*

ruso, -a ['rruso] *adj* russisch; **ensala-dilla rusa** ≈ Kartoffelsalat *m*

rústico, -a ['rrustiko] *adj* rustikal; **finca rústica** Bauernhof *m*

ruta ['rruta] *f* Weg *m;* ~ **de vuelo** Flugstrecke *f*

rutina [rru'tina] *f* Routine *f*

S

S, s ['ese] *f* S, s *nt*

S. [san] *abr de* **San** St.

S.A. [ese'a] *f abr de* **Sociedad Anónima** AG *f*

sábado ['saβaðo] *m* Samstag *m; v.t.* **lunes**

sabana [sa'βana] *f* Savanne *f*

sábana ['saβana] *f* (Bett)laken *nt;* ~ **ajustable** Spannbetttuch *nt*

sabelotodo [saβelo'toðo] *mf inv* (*fam*) Besserwisser(in) *m(f)*

saber [sa'βer] *irr* **I.** *vt* **1.** (*estar infor-mado*) wissen; **a ~** nämlich; **que yo sepa** soweit ich weiß **2.** (*habilidad*) können; **él sabe ruso** er kann Rus-sisch **3.** (*conocer un arte*) sich aus-kennen (*(de)* mit/in +*dat*); ~ **mucho de literatura** sich in der Literatur gut auskennen **4.** (*noticia*) erfahren (*por* durch +*akk,* aus +*dat*); **lo supe por el periódico** ich habe es aus der Zeitung erfahren **II.** *vi* **1.** (*tener sabor*) schmecken (*a* nach +*dat*); (*me*) **supo a quemado** es schmeckte verbrannt **2.** (*tener no-ticia*) unterrichtet sein (*de* über +*akk*); **no sé nada de mi hermano** ich habe nichts von meinem Bruder gehört **3.** (*tener la habilidad*) fähig sein; **él no sabe resolver ni los ejercicios más fáciles** er ist nicht einmal fähig die einfachsten Auf-gaben zu lösen **III.** *vr:* **ésa se las sabe todas** (*fam*) der kann keiner etwas vormachen **IV.** *m* Wissen *nt*

sabiduría [saβiðu'ria] *f* (*conoci-mientos*) Wissen *nt;* (*sensatez*)

Weisheit *f*
sabiendas [sa'βjendas]: **a ~** bewusst
sabio, -a ['saβjo] *adj* weise
sabor [sa'βor] *m* Geschmack *m*
saborear [saβore'ar] *vt* auskosten
sabotaje [saβo'taxe] *m* Sabotage *f*
sabroso, -a [sa'βroso] *adj* schmackhaft
sacacorchos [saka'kortʃos] *m* Korkenzieher *m*
sacapuntas [saka'puntas] *m* (Bleistift)spitzer *m*
sacar [sa'kar] <c → qu> **I.** *vt* **1.** (*de un sitio*) herausnehmen; (*agua*) schöpfen; (*diente, espada*) ziehen; **~ a bailar** zum Tanz auffordern; **¿de dónde lo has sacado?** wo hast du es her? **2.** (*de una situación*) retten; **~ adelante** (*persona, negocio*) vorwärtsbringen **3.** (*solucionar*) lösen **4.** (*entrada*) lösen **5.** (*obtener*) erreichen; (*información*) entlocken; **no ~ ni para vivir** kaum genug zum Leben verdienen **6.** (*foto*) machen **II.** *vr:* **~se los zapatos** sich *dat* die Schuhe ausziehen
sacarina [saka'rina] *f* Süßstoff *m*
sacerdote [saθer'ðote] *m* Priester *m*
saciar [sa'θjar] *vt* (*hambre*) stillen; (*instintos sexuales*) befriedigen
saco ['sako] *m* Sack *m*
sacramento [sakra'mento] *m* Sakrament *nt*
sacrificar [sakrifi'kar] <c → qu> **I.** *vt* opfern; (*animal*) schlachten **II.** *vr:* **~se** (*t. fig*) sich (auf)opfern (*por* für + *akk*)
sacrificio [sakri'fiθjo] *m* Opfer *nt*
sacudir [saku'ðir] *vt* schütteln; (*noticia*) erschüttern; (*pegar*) verprügeln; (*alfombras*) ausklopfen
sádico, -a ['saðiko] *adj* sadistisch
Sagitario [saxi'tarjo] *m* (ASTR) Schütze *m*
sagrado, -a [sa'ɣraðo] *adj* heilig

sajón, -ona [sa'xon] *adj* sächsisch
Sajonia [sa'xonja] *f* Sachsen *nt;* **Baja ~** Niedersachsen *nt*
Sajonia-Anhalt [sa'xonja-'aŋxalˀ] *f* Sachsen-Anhalt *nt*
sal [sal] *f* **1.** Salz *nt;* **~ común** Speisesalz *nt* **2.** *pl* (*perfume*): **~es de baño** Badesalz *nt* **3.** (*Am*) Pech *nt*
sala ['sala] *f* **1.** Raum *m;* (*grande*) Saal *m;* **~ de espera** Wartezimmer *nt;* **~ de estar** Wohnzimmer *nt* **2.** (JUR) Kammer *f;* **Sala de lo Penal** Strafkammer *f*
salado, -a [sa'laðo] *adj* **1.** (*comida*) salzig **2.** (*gracioso*) witzig **3.** (*Am*) unglücklich
salar [sa'lar] *vt* **1.** salzen **2.** (*para conservar*) (ein)pökeln **3.** (*Am*) verderben
salario [sa'larjo] *m* Lohn *m*
salchicha [sal'tʃitʃa] *f* Wurst *f*
salchichón [saltʃi'tʃon] *m* ≈ Salami *f*
saldar [sal'dar] *vt* **1.** (*cuenta*) begleichen **2.** (*mercancía*) ausverkaufen
saldo ['saldo] *m* Saldo *m;* (*pago*) Zahlung *f;* **~ de cuenta** Kontostand *m*
salero [sa'lero] *m* **1.** Salzstreuer *m* **2.** (*encanto*) Charme *m*
salida [sa'liða] *f* **1.** Ausgang *m;* (*coches*) Ausfahrt *f;* **callejón sin ~** Sackgasse *f* **2.** (*de un tren*) Abfahrt *f* **3.** (*astro*) Aufgang *m* **4.** (DEP) Start *m;* **dar la ~** das Startzeichen geben **5.** (COM) Absatz *m* **6.** (*fam: ocurrencia*) Einfall *m;* **¡menuda ~!** was für eine Schnapsidee! **7.** (*pretexto*) Ausrede *f*
salir [sa'lir] *irr* **I.** *vi* **1.** herauskommen (*de* aus + *dat*); (*ir fuera*) gehen (*de* aus + *akk*) **2.** (*de viaje*) abfahren **3.** (*aparecer*) erscheinen; (*sol*) aufgehen; **~ a la luz** ans Licht kommen **4.** (*parecerse*) ähneln (*a* + *dat*); **este niño ha salido a su padre** der Junge kommt ganz nach seinem Vater

5. (INFOR) verlassen (de +akk)
6. (DEP) starten **7.** (loc): ~ **adelante**
(irgendwie) weiterkommen; ~ **con**
alguien (fam) mit jdm gehen
II. vr: ~**se** verlassen; (líquido) überlaufen; ~**se de la Iglesia** aus der
Kirche austreten

saliva [sa'liβa] f Speichel m

salmo ['salmo] m Psalm m

salmón [sal'mon] m Lachs m

salón [sa'lon] m **1.** Wohnzimmer nt
2. (local) Salon m; ~ **de baile** Tanz-
saal m

salpicar [salpi'kar] <c → qu> vt
1. (rociar) bespritzen **2.** (manchar)
beschmutzen

salsa ['salsa] f **1.** (GASTR) Soße f; (caldo) Brühe f **2.** (gracia) Reiz m
3. (MÚS) Salsa f

saltamontes [salta'montes] m inv
Heuschrecke f

saltar [sal'tar] **I.** vi **1.** springen; (chispas) sprühen; ~ **a la cuerda** seil-
springen **2.** (lanzarse) springen;
~ **al agua** ins Wasser springen
3. (explotar) platzen **4. eso salta**
a la vista das ist offensichtlich
5. (irrumpir) herausplatzen (con
mit +dat) **II.** vt springen (über
+akk) **III.** vr: ~**se 1.** (ley) missachten **2.** (línea, párrafo) überspringen
3. (desprenderse) abspringen; **se**
me ~on las lágrimas mir kamen
die Tränen; ~ **la banca** die Bank
sprengen

salto ['salto] m **1.** Sprung m; ~ **de**
agua Wasserfall m; **de** [o **en**] **un** ~
schnell **2.** (INFOR): ~ **de página** Sei-
tenumbruch m **3.** (DEP) Sprung m;
~ **de altura** Hochsprung m; ~ **de**
longitud Weitsprung m

salud [sa'luθ] f Gesundheit f; **a la** ~
de... auf das Wohl von ...

saludar [salu'ðar] vt (be)grüßen;
(mandar saludos) einen Gruß bestel-

len +dat

saludo [sa'luðo] m Gruß m; (recibimiento) Begrüßung f; **¡déle ~s de**
mi parte! grüßen Sie ihn/sie von
mir!

salvación [salβa'θjon] f Rettung f;
(REL) Erlösung f

salvadoreño, -a [salβaðo'reɲo] adj
salvadorianisch

salvaguardar [salβaɣwar'ðar] vt beschützen; (derechos) wahren

salvaje [sal'βaxe] adj wild; (persona)
unzivilisiert; (acto) grausam

salvamento [salβa'mento] m Rettung f; (naufragio) Bergung f

salvar [sal'βar] **I.** vt **1.** retten (de vor
+dat); (REL) erlösen **2.** (obstáculo)
überwinden; ~ **las apariencias** den
Schein wahren **II.** vr: ~**se** sich retten
(de vor +dat); (REL) erlöst werden;
~**se por los pelos** nur knapp entkommen

salvavidas [salβa'βiðas] m Rettungsring m; **bote** ~ Rettungsboot nt;
chaleco ~ Schwimmweste f

salvo ['salβo] prep außer +dat;
~ **que** [o **si**]... +subj es sei denn,
dass ...

san [san] adj v. **santo**

sanar [sa'nar] **I.** vi genesen **II.** vt heilen

sanatorio [sana'torjo] m Sanatorium
nt

sanción [san'θjon] f Strafe f; (ECON)
Sanktion f

sancionar [sanθjo'nar] vt bestrafen;
(ECON) Sanktionen verhängen (a gegen +akk)

sancocho [san'kotʃo] m **1.** (Am)
Durcheinander nt **2.** (And, Ven)
≈Eintopf m

sandalia [san'dalja] f Sandale f

sandez [san'deθ] f Dummheit f; **no**
decir más que sandeces nur Unsinn reden

sandía [saŋ'dia] *f* Wassermelone *f*

sanear [sane'ar] *vt* sanieren

Sanfermines [saɱfer'mines] *mpl* San-Fermín-Fest *nt* (*Volksfest in Pamplona am 7. Juli*)

sangrar [saŋ'grar] *vi* bluten; **estar sangrando por la nariz** Nasenbluten haben

sangre ['saŋgre] *f* Blut *nt*; (*linaje*) Abstammung *f*; (*carácter*) Gemüt *nt*; **a ~ fría** kaltblütig; (**caballo de**) **pura ~** Vollblut(pferd) *nt*

sangría [saŋ'gria] *f* Sangria *f*

sangriento, -a [saŋ'grjento] *adj* blutig

sanguijuela [saŋgi'xwela] *f* Blutegel *m*; (*pey*) Blutsauger *m*

sanguíneo, -a [saŋ'gineo] *adj* Blut-; **grupo ~** Blutgruppe *f*

sanidad [sani'ðaᵒ] *f*: **~ (pública)** (öffentliches) Gesundheitswesen *nt*

sanitario¹ [sani'tarjo] *m* Toilette *f*

sanitario, -a² [sani'tarjo] **I.** *adj* gesundheitlich, sanitär **II.** *m, f* Sanitäter(in) *m(f)*

sano, -a ['sano] *adj* **1.** gesund **2.** (*no roto*) heil

santiaguino, -a [santja'ɣino] *adj* aus Santiago de Chile

santiamén [santja'men] *m*: **en un ~** im Nu

santidad [santi'ðaᵒ] *f* Heiligkeit *f*

santiguarse [santi'ɣwarse] <gu → gü> *vr* sich bekreuzigen

santo, -a ['santo] **I.** *adj* heilig, fromm; **campo ~** Friedhof *m*; **Jueves Santos** Gründonnerstag *m*; **Semana Santa** Karwoche *f* **II.** *m, f* **1.** Heilige(r) *f(m)*; **día de Todos los Santos** Allerheiligen *nt* **2.** (*fiesta*) Namenstag *m*

santuario [santu'arjo] *m* **1.** (*templo*) Tempel *m*; (*capilla*) Kapelle *f* **2.** (*Col*) Schatz *m*

saña ['saɲa] *f* Wut *f*; (*rencor*) Hass *m*

sapo ['sapo] *m* Kröte *f*

saque ['sake] *m* (*fútbol*) Anstoß *m*; (*tenis*) Aufschlag *m*

saquear [sake'ar] *vt* plündern

sarampión [saram'pjon] *m* Masern *pl*

sarape [sa'rape] *m* (*Méx*) Poncho *m*

sarcasmo [sar'kasmo] *m* Sarkasmus *m*

sarcástico, -a [sar'kastiko] *adj* sarkastisch

sardina [sar'ðina] *f* Sardine *f*; **entierro de la ~** ≈Aschermittwochstreffen *nt*

sargento [sar'xento] *m* Feldwebel *m*

sarpullido [sarpu'ʎiðo] *m* Hautausschlag *m*

Sarre ['sarre] *m* Saarland *nt*; (*río*) Saar *f*

sarro ['sarro] *m* Zahnstein *m*

SARS ['sars] *m* (*MED*: *síndrome respiratorio agudo severo*) SARS *nt*

sarta ['sarta] *f* **1.** (*hilo*) Schnur *f* **2.** (*serie*) Reihe *f*; **decir una ~ de tonterías** eine Dummheit nach der anderen sagen

sartén [sar'ten] *f* Pfanne *f*

sastre, -a ['sastre] *m, f* Schneider(in) *m(f)*; **traje ~** Kostüm *nt*

satánico, -a [sa'taniko] *adj* teuflisch

satélite [sa'telite] *m* Satellit *m*; (*país*) **~** Satellitenstaat *m*

sátira ['satira] *f* Satire *f*

satírico, -a [sa'tiriko] *adj* satirisch

satisfacción [satisfaᵏ'θjon] *f* **1.** (*pago*) Bezahlung *f* **2.** (*REL*) Buße *f* **3.** (*estado*) Zufriedenheit *f*; **a mi entera ~** zu meiner vollen Zufriedenheit **4.** (*de deseos*) Befriedigung *f*

satisfacer [satisfa'θer] *irr como hacer* **I.** *vt* **1.** (*pagar*) (be)zahlen **2.** (*deseo*) befriedigen; (*hambre*) stillen; (*demanda*) decken **3.** (*requisitos*) entsprechen +*dat* **4.** (*agravio*) wieder gutmachen **II.** *vr*: **~se**

1. (*contentarse*) zufrieden sein 2. (*agravio*) sich *dat* Genugtuung verschaffen

satisfactorio, -a [satisfak'torjo] *adj* befriedigend; **no ser ~** unbefriedigend sein

satisfecho, -a [satis'fetʃo] *adj* (*contento*) zufrieden; (*exigencias*) befriedigt; **~ de sí mismo** selbstzufrieden

saturar [satu'rar] *vt* sättigen

Saturno [sa'turno] *m* (ASTR) Saturn *m*

sauce ['sauθe] *m* Weide *f*; **~ llorón** Trauerweide *f*

saúco [sa'uko] *m* Holunder *m*

saudí [sau'ði] <saudíes>, **saudita** [sau'ðita] *adj* saudi-arabisch; **Arabia Saudí** Saudi-Arabien *nt*

sauna ['sauna] *f* Sauna *f*

saxo ['saxso] *m* (*fam*), **saxofón** [saxso'fon] *m* Saxophon *nt*

sazonar [saθo'nar] *vt* würzen

se [se] *pron pers* 1. (*forma reflexiva*) sich 2. (*objeto indirecto*): **mi hermana ~ lo prestó a su amiga** meine Schwester hat es ihrer Freundin geliehen 3. (*oración impersonal*) man 4. (*oración pasiva*): **~ ruega no fumar** bitte nicht rauchen

sé [se] *1. pres de* **saber**

sebo ['seβo] *m* Fett *nt*

secador [seka'ðor] *m*: **~ (de mano)** Föhn *m*

secar [se'kar] <c → qu> **I.** *vt* (ab)trocknen **II.** *vr*: **~se** (aus)trocknen; (*enjugar*) sich abtrocknen

sección [sek'θjon] *f* 1. (*parte*) Abschnitt *m* 2. (*departamento*) Abteilung *f*

seco, -a ['seko] *adj* 1. trocken; **golpe ~** dumpfer Schlag; **a secas** nur; **estar ~** großen Durst haben; **frutos ~s** Trockenfrüchte *fpl* 2. (*marchito*) verwelkt

secretaría [sekreta'ria] *f* 1. Sekretariat *nt* 2. (*Am*) Ministerium *nt*

secretario, -a [sekre'tarjo] *m, f* 1. Sekretär(in) *m(f)* 2. (*Am*) Minister(in) *m(f)*

secreto[1] [se'kreto] *m* Geheimnis *nt;* **~ profesional** Schweigepflicht *f;* **~ a voces** offenes Geheimnis; **en ~** heimlich; **mantener en ~** geheim halten; **guardar un ~** ein Geheimnis hüten

secreto, -a[2] [se'kreto] *adj* geheim

secta ['sekta] *f* Sekte *f*

sector [sek'tor] *m* (*t.* MAT) Sektor *m;* **~ hotelero** Hotelgewerbe *nt;* **~ servicios** Dienstleistungssektor *m*

secuela [se'kwela] *f* Folge *f;* **dejar ~s** Spuren hinterlassen

secuencia [se'kwenθja] *f* 1. Reihe *f* 2. (CINE) Sequenz *f*

secuestrar [sekwes'trar] *vt* entführen

secuestro [se'kwestro] *m* Entführung *f*

secular [seku'lar] *adj* säkular

secundar [sekun'dar] *vt* unterstützen

secundario, -a [sekun'darjo] *adj* zweitrangig; (*cargo*) untergeordnet; **papel ~** Nebenrolle *f*

sed [se⁰] *f* Durst *m*

seda ['seða] *f* Seide *f*

sedante [se'ðante] *m* Schmerzmittel *nt*

sede ['seðe] *f* Sitz *m*

sediento, -a [se'ðjento] *adj* durstig (*de* nach +*dat*)

sedimento [seði'mento] *m* Sediment *nt*

seducción [seðuʸ'θjon] *f* Verführung *f;* (*tentación*) Verlockung *f*

seducir [seðu'θir] *irr como* traducir *vt* verführen; (*fascinar*) verlocken

seductor(a) [seðuk'tor] *adj* verführerisch

sefardí **I.** *adj* sephardisch **II.** *mf* <sefardíes> Spaniole *mf;* **los ~es** die Sephardim

segar [se'ɣar] *irr como* fregar *vt* mähen

seglar [se'ɣlar] *adj* weltlich

segmento [seɣ'mento] *m* Teil *m;* (MAT) Segment *nt*

segregar [seɣre'ɣar] <g → gu> *vt* trennen

seguido, -a [se'ɣiðo] *adj* **1.** (ununterbrochen; **un año** ~ ein ganzes Jahr **2.** (*en línea recta*) geradeaus; **por aquí** ~ auf diesem Weg

seguidor(a) [seɣi'ðor] *m(f)* Anhänger(in) *m(f)*

seguimiento [seɣi'mjento] *m* **1.** (*cumplimiento*) Befolgung *f* **2.** (*persecución*) Verfolgung *f* **3.** (*control*): ~ **médico** medizinische Überwachung

seguir [se'ɣir] *irr* **I.** *vt* **1.** (*ser adepto*) folgen +*dat* **2.** (*perseguir*) verfolgen **3.** ~ **un curso de informática** einen Informatikkurs besuchen **4.** (*acompañar*) folgen +*dat* **5.** ~ **adelante** weitermachen; **¡que sigas bien!** lass es dir weiterhin gut gehen! **II.** *vi:* **sigue por esta calle** geh diese Straße entlang

según [se'ɣun] **I.** *prep* gemäß +*dat*, laut +*gen/dat;* ~ **la ley** laut Gesetz **II.** *adv* **1.** (*como*) wie; ~ **lo convenido** wie vereinbart **2.** (*mientras*) während; **podemos hablar** ~ **vamos andando** wir können uns beim Laufen unterhalten **3.** ~ **(y como)** je nachdem

segundo[1] [se'ɣundo] *m* Sekunde *f*

segundo, -a[2] [se'ɣundo] *adj* zweite(r, s); *v.t.* **octavo**

seguramente [seɣura'mente] *adv* **1.** (*seguro*) mit Sicherheit **2.** (*probablemente*) sicherlich

seguridad [seɣuri'ðað] *f* **1.** (*protección*) Sicherheit *f;* **Seguridad Social** Sozialversicherungssystem *nt;* **agentes de** ~ Sicherheitspolizei *f* **2.** (*certeza*) Sicherheit *f;* **para ma-**

yor ~ sicherheitshalber; **habla con mucha** ~ er/sie ist sehr sicher im Sprechen **3.** (*garantía*) Garantie *f*

seguro[1] [se'ɣuro] **I.** *m* **1.** Versicherung *f;* ~ **médico** Krankenversicherung *f* **2.** (*mecanismo*) Sicherung *f* **II.** *adv* sicher(lich) *f*

seguro, -a[2] [se'ɣuro] *adj* **1.** (*exento de peligro*) sicher **2.** (*firme*) fest **3.** (*sólido*) solide **4.** (*convencido*) sicher; ~ **de sí mismo** selbstsicher; **¿estás** ~**?** bist du (dir) sicher?

seis [sejs] *adj* sechs; *v.t.* **ocho**

seiscientos, -as [sejs'θjentos] *adj* sechshundert; *v.t.* **ochocientos**

seísmo [se'ismo] *m* Erdbeben *nt*

selección [seleɣ'θjon] *f* Auswahl *f;* ~ **natural** natürliche Auslese

seleccionar [seleɣθjo'nar] *vt* auswählen

selectividad [selektiβi'ðað] *f* Eignungsprüfung für die Aufnahme an einer spanischen Universität

selecto, -a [se'lekto] *adj* erlesen

sellar [se'ʎar] *vt* **1.** stempeln **2.** (*concluir*) besiegeln **3.** (*precintar*) siegeln; (*cerrar*) versiegeln; ~ **los labios** Stillschweigen bewahren

sello ['seʎo] *m* **1.** Stempel *m;* ~ **de garantía** Gütezeichen *nt;* ~ **oficial** Dienststempel *m* **2.** ~ **(postal)** Briefmarke *f* **3.** (*precinto*) Siegel *nt* **4.** (*distintivo*) Kennzeichen *nt* **5.** (*anillo*) Siegelring *m*

selva ['selβa] *f:* ~ **(virgen)** (Ur)wald *m*

semáforo [se'maforo] *m* (Verkehrs)ampel *f*

semana [se'mana] *f* Woche *f;* **Semana Santa** Karwoche *f;* **fin de** ~ Wochenende *nt;* **entre** ~ unter der Woche

semanal [sema'nal] *adj* wöchentlich

semanario [sema'narjo] *m* Wochenzeitung *f*

semántica [se'mantika] f Semantik f
semblante [sem'blaɲte] m 1. Gesicht nt 2. (expresión) Gesichtsausdruck m
sembrar [sem'brar] <e → ie> vt 1. säen 2. (esparcir) streuen; ~ **para el futuro** für die Zukunft vorsorgen; ~ **el terror** Angst verbreiten
semejante [seme'xaɲte] I. adj 1. ähnlich 2. (tal) solch; ~ **persona** solch eine Person II. m Mitmensch m
semejanza [seme'xaɲθa] f (similitud) Ähnlichkeit f
semen ['semen] m Sperma nt
semental [semen'tal] adj: **caballo ~** Zuchthengst m
semestre [se'mestre] m Halbjahr nt; (UNIV) Semester nt
semicírculo [semi'θirkulo] m Halbkreis m; **semidesnatado, -a** [semiðesna'taðo] adj halbfett; **semielaborado, -a** [semielaβo'raðo] adj halb fertig; **semifinal** [semifi'nal] f Halbfinale nt
semilla [se'miʎa] f Samen m; (fig) Keim m
seminario [semi'narjo] m Seminar nt
sémola ['semola] f Grieß m
Sena ['sena] m Seine f
senado [se'naðo] m Senat m
senador(a) [sena'ðor] m(f) Senator(in) m(f)
sencillamente [senθiʎa'meɲte] adv schlichtweg
sencillez [senθi'θeθ] f Einfachheit f; (naturalidad) Schlichtheit f; (candidez) Einfältigkeit f
sencillo, -a [sen'θiʎo] adj einfach; (natural) schlicht; (cándido) einfältig
senda ['senda] f Pfad m
senderismo [sende'rismo] m Wandern nt
sendero [sen'dero] m Pfad m
sendos, -as ['sendos] adj: **llegamos**

en ~ coches wir kamen jeder mit seinem Wagen
senegalés, -esa [seneɣa'les] adj senegalesisch
senil [se'nil] adj greisenhaft, senil
senilidad [senili'ðað] f (decrepitud) Senilität f
seno ['seno] m 1. Vertiefung f 2. (ANAT, MAT) Sinus m 3. (matriz) Schoß m 4. (pecho) Brust f
sensación [sensa'θjon] f 1. Gefühl nt 2. (novedad) Sensation f 3. **causar ~** Aufsehen erregen
sensacional [sensaθjo'nal] adj sensationell
sensatez [sensa'teθ] f Besonnenheit f
sensato, -a [sen'sato] adj besonnen
sensibilidad [sensiβili'ðað] f Sensibilität f
sensibilizar [sensiβili'θar] <z → c> vt sensibilisieren
sensible [sen'siβle] adj 1. empfindlich (a gegen +akk); (impresionable) sensibel; ~ **a los cambios de tiempo** wetterfühlig; ~ **a la luz** lichtempfindlich 2. (perceptible) wahrnehmbar
sensitivo, -a [sensi'tiβo] adj 1. (sensorial) Sinnes-; **tacto ~** Gefühlssinn m 2. (sensible) sensibel
sensorial [senso'rjal] adj sensorisch; **órgano ~** Sinnesorgan nt
sensual [sensu'al] adj sinnlich
sensualidad [senswali'ðað] f Sinnlichkeit f
sentar [sen'tar] <e → ie> I. vi: ~ **bien/mal** (comida) gut/schlecht bekommen; (vestidos) gut/schlecht stehen II. vt setzen; **estar sentado** sitzen III. vr: ~**se** sich setzen; **¡siéntese!** nehmen Sie Platz!
sentencia [sen'tenθja] f 1. (Sinn)spruch m 2. (JUR) Urteil nt; **dictar ~** das Urteil sprechen

sentenciar [senten'θjar] *vt* **1.** (*decidir*) urteilen (über +*akk*) **2.** (*condenar*) verurteilen (*a* zu +*dat*)

sentido [sen'tiðo] *m* **1.** Sinn *m;* **~ común** gesunder Menschenverstand; **~ del deber** Pflichtgefühl *nt;* **~ del humor** Sinn für Humor; **estar sin ~** bewusstlos sein; **perder el ~** in Ohnmacht fallen **2.** (*dirección*) Richtung *f;* **en el ~ de las agujas del reloj** im Uhrzeigersinn

sentimental [sentimen'tal] *adj* sentimental

sentimiento [senti'mjento] *m* **1.** Gefühl *nt;* **sin ~s** gefühllos **2.** (*pena*) Bedauern *nt;* **le acompaño en el ~** (mein) herzliches Beileid

sentir [sen'tir] *irr* **I.** *vt* **1.** fühlen; **siento frío** mir ist kalt **2.** (*opinar*) meinen **3.** (*lamentar*) bedauern; **lo siento mucho** es tut mir sehr leid; **siento que...** +*subj* schade, dass ... **II.** *vr:* **~se** sich fühlen

seña ['seɲa] *f* **1.** Zeichen *nt;* **hacer ~s** winken **2.** (*particularidad*) Kennzeichen *nt* **3.** *pl* (*dirección*) Adresse *f*

señal [se'ɲal] *f* **1.** (*particularidad*) Kennzeichen *nt* **2.** (*signo*) Zeichen *nt;* **en ~ de** als Zeichen +*gen;* **dar ~es de vida** (*fig*) von sich *dat* hören lassen **3.** (*teléfono*) Freizeichen *nt* **4.** (*huella*) Spur *f* **5.** (*cicatriz*) Narbe *f* **6.** (*adelanto*) Anzahlung *f;* **dejar una ~** eine Anzahlung leisten

señalar [seɲa'lar] *vt* **1.** (*anunciar*) signalisieren **2.** (*marcar*) kennzeichnen **3.** (*estigmatizar*) brandmarken **4.** (*mostrar*) zeigen **5.** (*indicar*) hinweisen (auf +*akk*) **6.** (*fijar*) festlegen

señalización [seɲaliθa'θjon] *f* Beschilderung *f*

señor(a) [se'ɲor] **I.** *adj* (*fam*) **1.** (*noble*) vornehm **2.** (*enorme*) ge-

waltig; **~a casa** Mordshaus *nt* **II.** *m(f)* **1.** (*dueño*) Herr(in) *m(f)* (*de* über +*akk*) **2.** (*hombre*) Mann *m;* (*mujer*) Frau *f;* (*dama*) Dame *f;* **¡~as y ~es!** meine Damen und Herren! **3.** (*título*) Herr *m,* Frau *f;* **el ~/la ~a García** Herr/Frau García; **¡no, ~!** keineswegs!; **¡sí, ~!** aber natürlich!

señoría [seɲo'ria] *f:* **Su Señoría** Euer Gnaden

señori(a)l [seɲo'ril/seɲo'rjal] *adj* herrschaftlich

señorita [seɲo'rita] *f* Fräulein *nt*

señorito [seɲo'rito] *m* junger Herr *m*

señuelo [se'ɲwelo] *m* Lockvogel *m;* (*fig*) Köder *m*

separación [separa'θjon] *f* Trennung *f*

separado [sepa'raðo] *adv:* **por ~** getrennt

separar(se) [sepa'rar(se)] *vt, vr* (sich) trennen (*de* von +*dat*)

septentrional [septentrjo'nal] *adj* nördlich

septiembre [sep'tjembre] *m* September *m; v.t.* **marzo**

séptimo, -a ['septimo] **I.** *adj* siebte(r, s); (*parte*) siebtel **II.** *m, f* Siebtel *nt; v.t.* **octavo**

sepulcro [se'pulkro] *m* Grab *nt*

sepultar [sepul'tar] *vt* begraben

sepultura [sepul'tura] *f* Begräbnis *nt;* (*tumba*) Grab *nt;* **dar ~ a alguien** jdn zu Grabe tragen

sequía [se'kia] *f* Dürre *f*

séquito ['sekito] *m* Gefolge *nt*

ser [ser] *irr* **I.** *aux* (*pasiva*): **las casas fueron vendidas** die Wohnungen wurden verkauft **II.** *vi* **1.** sein; **¿quién es?** wer ist da?; **es de noche** es ist Nacht; **son las cuatro** es ist vier Uhr **2.** (*tener lugar*): **el examen es mañana** die Klausur ist morgen **3.** (*costar*): **¿cuánto es todo?** wie

viel macht alles zusammen?
4. (*estar*): **el cine es en la otra calle** das Kino ist in der anderen Straße
5. (*convertirse en*): **¿qué quieres ~ de mayor?** was willst du werden, wenn du groß bist? **6.** (*con 'de' posesión*): **¿de quién es esto?** wem gehört das?; **el coche es de color azul** das Auto ist blau **7.** (*con 'para'*): **¿para quién es el vino?** wer bekommt den Wein? **8.** (*con 'que'*): **es que ahora no puedo** ich kann jetzt nämlich nicht **9.** (*oraciones enfáticas, interrogativas*): **¡como debe ~¡** wie es sich gehört!; **¡no puede ~!** das kann doch nicht wahr sein! **10.** (*en futuro*): **¿~á capaz?** wird er/sie das können?; **¡~á capaz!** der Typ ist echt dreist *fam* **11.** (*en infinitivo*): **a no ~ que...** +*subj* es sei denn, dass ...; **todo puede ~** alles ist möglich **12.** (*indicativo*): **es más** ja mehr noch; **siendo así** wenn das so ist; **es igual** macht nichts **13.** (*en subjuntivo*): **si yo fuera tú** wenn ich du wäre; **si no fuera por eso...** wenn das nicht wäre ...; **si por mí fuera** wenn es nach mir ginge; **sea lo que sea** wie dem auch sei **III.** *m* Wesen *nt;* **~ vivo** Lebewesen *nt;* (FILOS) Sein *nt*
Serbia ['serβja] *f* Serbien *nt*
serbio, -a ['serβjo] *adj* serbisch
serenata [sere'nata] *f* Serenade *f*
sereno, -a [se'reno] *adj* (*sosegado*) ruhig; (*sin nubes*) heiter
serie ['serje] *f* **1.** Serie *f;* **~ televisiva** Fernsehserie *f;* **fuera de ~** herausragend **2.** (*gran cantidad*) Reihe *f*
seriedad [serje'δaᵒ] *f* Ernsthaftigkeit *f*
serio, -a ['serjo] *adj* ernst(haft); (*severo*) streng; (*formal*) seriös; **¿en ~?** wirklich?
sermón [ser'mon] *m* Predigt *f;* **echar un ~ a alguien** jdm eine Standpauke

halten
seropositivo, -a [seroposi'tiβo] *adj* HIV-positiv
serpiente [ser'pjente] *f* Schlange *f;* **~ de cascabel** Klapperschlange *f*
serrano, -a [se'rrano] *adj* Gebirgs-; **jamón ~** luftgetrockneter Schinken; **en un pueble ~** in einem Gebirgsdorf
serrar [se'rrar] <e → ie> *vt* sägen
serrín [se'rrin] *m* Sägemehl *nt*
servicial [serβi'θjal] *adj* zuvorkommend
servicio [ser'βiθjo] *m* **1.** Dienst *m;* **~ civil sustitutorio** Zivildienst *m;* **~ militar** Wehrdienst *m;* **estar de ~** im Dienst sein **2.** (*servidumbre*) Hauspersonal *nt* **3.** (*cubierto*) Geschirr *nt;* **~ de té** Teeservice *nt* **4.** (*retrete*) Toilette *f*
servidor(a) [serβi'δor] *m(f)* Diener(in) *m(f);* **¿quién es el último?** **– ~** wer ist der Letzte? – ich
servilleta [serβi'ʎeta] *f* Serviette *f*
servir [ser'βir] *irr como pedir* **I.** *vi* **1.** (*ser útil*) nützen; **no sirve de nada** es bringt nichts **2.** (*ser soldado*) dienen **3.** (*ayudar*) behilflich sein; **¿en qué puedo ~le?** womit kann ich Ihnen dienen?; **¡para ~le!** zu Ihren Diensten! **4.** (*atender a alguien*) bedienen **5.** (*suministrar*) (aus)liefern **6.** (*poner en el plato*) auftun **7.** (*en el vaso*) einschenken **II.** *vr:* **~se 1.** sich bedienen (*de* +*gen*) **2.** **sírvase cerrar la ventana** seien Sie so freundlich und schließen Sie bitte das Fenster
sésamo ['sesamo] *m* (BOT) Sesam *m;* **barrio ~** Sesamstraße *f*
sesenta [se'senta] *adj* sechzig; *v.t.* **ochenta**
sesión [se'sjon] *f* **1.** Sitzung *f;* **~ a puerta cerrada** nichtöffentliche Sitzung; **abrir/levantar la ~** die Sit-

zung eröffnen/schließen **2.** (*representación*) Vorstellung *f;* **~ de noche** Spätvorstellung *f*

seso ['seso] *m* **1.** Gehirn *nt* **2.** (*inteligencia*) Verstand *m* **3.** *pl* (GASTR) Hirn *nt*

sesudo, -a [se'suðo] *adj* (*inteligente*) intelligent; (*sensato*) vernünftig

set [set] <sets> *m* **1.** (DEP) Satz *m* **2.** (*conjunto*) Set *nt*

seta ['seta] *f* Pilz *m*

setecientos, -as [sete'θjentos] *adj* siebenhundert; *v.t.* **ochocientos**

setenta [se'tenta] *adj inv* siebzig; *v.t.* **ochenta**

setiembre [se'tjembre] *m v.* **septiembre**

seto ['seto] *m* Zaun *m*

seudónimo [seu̯'ðonimo] *m* Pseudonym *nt*

Seúl [se'ul] *m* Seoul *nt*

severidad [seβeri'ðaᵈ] *f sin pl* Strenge *f*

severo, -a [se'βero] *adj* streng (*con* zu +*dat*)

sevillano, -a [seβi'ʎano] *adj* aus Sevilla

sexista [seᵏ'sista] *adj* sexistisch

sexo ['seᵏso] *m* **1.** (*t.* BIOL) Geschlecht *nt* **2.** (ANAT) Geschlechtsorgane *ntpl* **3.** (*actividad*) Sex *m*

sexto, -a ['sesto] **I.** *adj* sechste(r, s); (*parte*) sechstel **II.** *m, f* Sechstel *nt; v.t.* **octavo**

sexual [seᵏsu'al] *adj* **1.** (BIOL) geschlechtlich; **órganos ~es** Geschlechtsorgane *ntpl* **2.** (*sexualidad*) sexuell

sexualidad [seᵏswali'ðaᵈ] *f* Sexualität *f*

shock [ʃoᵏ/tʃoᵏ] *m* Schock *m*

si [si] *conj* **1.** (*condicional*) wenn; **~ acaso** wenn etwa; **~ no** sonst, andernfalls; **por ~...** für den Fall, dass ...; **por ~ acaso** für alle Fälle **2.** (*en* preguntas indirectas) ob **3.** (*en oraciones concesivas*): **~ bien** obwohl **4.** (*comparación*): **como ~...** +*subj* als ob ... **5.** (*en frases desiderativas*): **¡~ hiciera un poco más de calor!** wenn es nur ein bisschen wärmer wäre! **6.** (*protesta, sorpresa*) doch; **¡pero ~ ella se está riendo!** aber sie lacht doch! **7.** (*énfasis*): **fíjate ~ es tonto que...** er ist so einfältig, dass ...

sí [si] **I.** *adv* ja; **¡~, señor!** jawohl, der Herr!; **porque ~** einfach so; **¡(claro) que ~!** aber ja doch!; **creo que ~** ich denke schon; **¡eso ~ que no!** das kommt nicht in Frage!; **¡~ que está buena la tarta!** Mensch, schmeckt der Kuchen gut! **II.** *pron pers* sich; **a ~ mismo** zu sich*dat;* **de ~** von sich *dat* aus*;* **dar de ~** genügen; **en [o de por] ~** an sich; **estar fuera de ~** außer sich *dat* sein **III.** *m* Ja *nt*

Siberia [si'βerja] *f* Sibirien *nt*

siberiano, -a [si'βe'rjano] *adj* sibirisch

Sicilia [si'θilja] *f* Sizilien *nt*

siciliano, -a [siθi'ljano] *adj* sizilianisch

sicoanálisis [sikoa'nalisis] *f v.* **(p)sicoanálisis**

sicología [sikolo'xia] *f v.* **(p)sicología**

sicológico, -a [sikolo'xiko] *adj v.* **(p)sicológico**

sicólogo, -a [si'koloɣo] *m, f v.* **(p)sicólogo**

sicópata [si'kopata] *mf v.* **(p)sicópata**

sicosis [si'kosis] *f v.* **(p)sicosis**

sicoterapia [sikote'rapja] *f v.* **(p)sicoterapia**

sida, SIDA ['siða] *m abr de* **síndrome de inmunodeficiencia adquirida** Aids *nt*

siderurgia [siðe'rurxja] *f* Eisenindustrie *f*

sidra ['siðra] *f* Apfelwein *m*

siega ['sjeɣa] *f* Mähen *nt;* (*tiempo*) Mähzeit *f*

siembra ['sjembra] *f* Aussaat *f;* (*tiempo*) Saatzeit *f*

siempre ['sjempre] *adv* immer; **de ~** seit jeher; **a la hora de ~** zur gewohnten Zeit; **¡hasta ~!** leb(e) wohl!; **por ~** auf ewig; **~ que** [*o* y **cuando**]... *+subj* vorausgesetzt, dass ...

sien [sjen] *f* Schläfe *f*

sierra ['sjerra] *f* **1.** (*herramienta*) Säge *f;* **~ mecánica** Motorsäge *f* **2.** (GEO) Gebirgskette *f*

siervo, -a ['sjerβo] *m, f* **1.** (*esclavo*) Sklave, -in *m, f* **2.** (*servidor*) Diener(in) *m (f)*

siesta ['sjesta] *f* Mittagsschlaf *m;* **echar** [*o* **dormir**] **la ~** einen Mittagsschlaf halten

siete ['sjete] *adj* sieben; *v.t.* **ocho**

sigilo [si'xilo] *m* Verschwiegenheit *f;* (*secreto*) Geheimnis *nt*

sigla ['siɣla] *f* Akronym *nt*

siglo ['siɣlo] *m* Jahrhundert *nt;* **el ~ XX** das 20. Jahrhundert

signar [siɣ'nar] *vt* (*marcar*) abzeichnen; (*firmar*) unterschreiben

signatura [siɣna'tura] *f* **1.** Unterschrift *f* **2.** (TIPO) Signatur *f*

significación [siɣnifika'θjon] *f* Bedeutung *f*

significado [siɣnifi'kaðo] *m* Bedeutung *f*

significar [siɣnifi'kar] <c → qu> *vi, vt* bedeuten; **¿qué significa eso?** was soll das bedeuten?

significativo, -a [siɣnifika'tiβo] *adj* bezeichnend

signo ['siɣno] *m* **1.** Zeichen *nt;* **~ de enfermedad** Krankheitssymptom *nt;* **~ de puntuación** Satzzeichen *nt* **2.** (ASTR) Sternzeichen *nt*

siguiente [si'ɣjente] **I.** *adj* folgen-

de(r, s); **de la ~ manera** folgendermaßen **II.** *mf:* **¡el ~!** der Nächste, bitte!

sílaba ['silaβa] *f* Silbe *f*

silbar [sil'βar] *vi, vt* **1.** pfeifen; (*serpiente*) zischen; (*sirena*) heulen **2.** (*abuchear*) auspfeifen

silbato [sil'βato] *m* Pfeife *f*

silbido [sil'βiðo] *m* Pfiff *m;* (*serpiente*) Zischen *nt;* (*viento*) Pfeifen *nt*

silenciador [silenθja'ðor] *m* Schalldämpfer *m*

silenciar [silen'θjar] *vt* **1.** (*callar*) verschweigen **2.** (*hacer callar*) zum Schweigen bringen

silencio [si'lenθjo] *m* **1.** Stille *f;* **¡~!** Ruhe! **2.** (*el callar*) Schweigen *nt;* **en ~** stillschweigend

silencioso, -a [silen'θjoso] *adj* schweigsam; (*sin ruido*) still

Silesia [si'lesja] *f* Schlesien *nt*

silesio, -a [si'lesjo] *adj* schlesisch

silla ['siʎa] *f* **1.** Stuhl *m;* **~ plegable** Klappstuhl *m;* **~ de ruedas** Rollstuhl *m* **2.** (*montura*) Sattel *m*

sillín [si'ʎin] *m* Sattel *m*

sillón [si'ʎon] *m* (Arm)sessel *m*

silueta [si'lweta] *f* Silhouette *f;* **cuidar la ~** auf die Figur achten

silvestre [sil'βestre] *adj* wild

silvicultura [silβikul'tura] *f* Forstwirtschaft *f*

simbólico, -a [sim'boliko] *adj* symbolisch

simbolismo [simbo'lismo] *m* Symbolik *f;* (ARTE, LIT) Symbolismus *m*

simbolizar [simboli'θar] <z → c> *vt* symbolisieren

símbolo ['simbolo] *m* Symbol *nt*

simetría [sime'tria] *f* Symmetrie *f*

simétrico, -a [si'metriko] *adj* symmetrisch

similar [simi'lar] *adj* ähnlich

similitud [simili'tuð] *f* Ähnlichkeit *f*

simio ['simjo] *m* Affe *m*

simpatía [simpa'tia] *f* Sympathie *f*
simpático, -a [sim'patiko] *adj* sympathisch
simpatizante [simpati'θaɲte] *mf* Sympathisant(in) *m(f)*
simpatizar [simpati'θar] <z → c> *vi* sympathisieren
simple ['simple] *adj* leicht, einfach; (*mero*) bloß; **a ~ vista** mit bloßem Auge
simplemente [simple'meɲte] *adv* bloß
simplificar [simplifi'kar] <c → qu> *vt* vereinfachen
simulacro [simu'lakro] *m* Trugbild *nt*; (*acción simulada*) Übung *f*
simular [simu'lar] *vt* vortäuschen
simultáneo, -a [simul'taneo] *adj* gleichzeitig
sin [sin] I. *prep* ohne +*akk*; **~ dormir** ohne zu schlafen; **~ querer** ungewollt, ohne Absicht; **~ más** ohne weiteres II. *adv:* **~ embargo** trotzdem
sinagoga [sina'ɣoɣa] *f* Synagoge *f*
sincerarse [sinθe'rarse] *vr* sich aussprechen (*ante* bei +*dat*)
sinceridad [sinθeri'ðaº] *f* Aufrichtigkeit *f*
sincero, -a [sin'θero] *adj* aufrichtig
sincrónico, -a [sin'kroniko] *adj* synchron
sincronizar [sinkroni'θar] <z → c> *vt* synchronisieren
sindical [sindi'kal] *adj* Gewerkschafts-
sindicalismo [sindika'lismo] *m* Gewerkschaftsbewegung *f*
sindicalista [sindika'lista] *mf* Gewerkschaft(l)er(in) *m(f)*
sindicato [sindi'kato] *m* Gewerkschaft *f*
síndrome ['sindrome] *m* (*t.* MED) Syndrom *nt;* **~ de abstinencia** Entzugserscheinungen *fpl;* **~ de burnout** [o

del trabajador quemado] Burnout-Syndrom *nt*
sinfín [sim'fin] *m* Unmenge *f* (*de* an/von +*dat, de* +*gen*)
sinfonía [simfo'nia] *f* Sinfonie *f*
sinfónico, -a [sim'foniko] *adj:* **orquesta sinfónica** Sinfonieorchester *nt*
singular [singu'lar] *m* Einzahl *f*
singularidad [singulari'ðaº] *f* Einmaligkeit *f;* (*excepcionalidad*) Einzigartigkeit *f;* (*distinción*) Besonderheit *f*
siniestro [si'njestro] *m* Unfall *m;* (*catástrofe*) Unglück *nt*
sinnúmero [sin'numero] *m* Unzahl *f* (*de* an/von +*dat, de* +*gen*)
sino ['sino] I. *m* Schicksal *nt* II. *conj* **1.** (*al contrario*) sondern **2.** (*solamente*): **no espero ~ que me creas** ich hoffe nur, dass du mir glaubst **3.** (*excepto*) außer +*dat*
sinónimo [si'nonimo] *m* Synonym *nt*
sinopsis [si'noβsis] *f inv* Zusammenfassung *f;* (*esquema*) Diagramm *nt*
sinrazón [sinrra'θon] *f* Unrecht *nt*
sinsentido [sinseɲ'tiðo] *m* Unsinn *m*
sintaxis [sin'taˠsis] *f inv* Syntax *f*
síntesis ['sintesis] *f inv* Synthese *f;* **en ~** kurzum
sintético, -a [sin'tetiko] *adj* synthetisch
sintetizador [sinteti'θaðor] *m* Synthesizer *m*
sintetizar [sinteti'θar] <z → c> *vt* synthetisieren; (*resumir*) zusammenfassen
síntoma ['sintoma] *m* Symptom *nt*
sinvergüenza [simber'ɣweɲθa] *mf* unverschämte Person *f*
siquiatra [si'kjatra] *mf v.* (**p**)**siquiatra**
siquiatría [sikja'tria] *f v.* (**p**)**siquiatría**
síquico, -a ['sikiko] *adj v.* (**p**)**síquico**

siquiera [si'kjera]: **ni ~** nicht einmal

sirena [si'rena] *f* Sirene *f*

sirviente [sir'βjeṇte] *mf* Bediens-
tete(r) *f(m)*

sismo ['sismo] *m* Erdbeben *nt*

sistema [sis'tema] *m* System *nt;*
~ de alarma Alarmanlage *f;* **~ operativo** (INFOR) Betriebssystem *nt;*
~ periódico Periodensystem *nt;*
~ planetario Planetensystem *nt;*
por ~ grundsätzlich

sistemático, -a [siste'matiko] *adj*
systematisch

sistematizar [sistemati'θar] <z → c>
vt systematisieren

sitiar [si'tjar] *vt* belagern; (*fig*) in die
Enge treiben

sitio ['sitjo] *m* Platz *m;* **en ningún ~**
nirgends; **en todos los ~s** überall;
hacer ~ Platz machen

sito, -a ['sito] *adj* gelegen

situación [sitwa'θjon] *f* Lage *f*, Situation *f*

situado, -a [situ'aðo] *adj* gelegen;
estar ~ liegen; **estar bien ~** gut si-
tuiert sein

situar [situ'ar] <1. pres: sitúo> I. *vt*
stellen, platzieren II. *vr:* **~se 1.** sich
stellen **2.** (*abrirse paso*) eine gehobe-
ne Position erreichen **3.** (DEP) sich
platzieren

SME [ese(e)me'e] *m abr de* **Sistema
Monetario Europeo** EWS *nt*

smog [es'moɣ] *m* Smog *m*

snorkeling [es'norkelin] *m* Schnorcheln *nt;* **practicar ~** schnorcheln

so [so] I. *interj* brr! II. *prep* unter
+ *dat;* **~ pena de...** sonst droht die
Strafe, dass ...; **~ pretexto de que...**
unter dem Vorwand, dass ...

SO [suðo'este] *abr de* **sudoeste**
SW

sobaco [so'βako] *m* Achsel(höhle) *f*

sobar [so'βar] *vt* betasten; (*pegar*)
prügeln; (*molestar*) belästigen

soberanamente [soβerana'meṇte]
adv äußerst; **divertirse ~** sich köstlich amüsieren

soberanía [soβera'nia] *f* Souveränität
f; **~ territorial** Gebietshoheit *f*

soberano, -a [soβe'rano] *m, f* Herr-
scher(in) *m(f)*

soberbia [so'βerβja] *f* Hochmut *m;*
(*suntuosidad*) Pracht *f*

soberbio, -a [so'βerβjo] *adj* hochmütig; (*fam*) gewaltig

sobornar [soβor'nar] *vt* bestechen

soborno [so'βorno] *m* Bestechung *f;*
(*dinero*) Bestechungsgeld *nt*

sobra ['soβra] *f* **1.** (*exceso*) Überfluss
m; **de ~** (*en abundancia*) im Überfluss **2.** *pl* (*desperdicios*) Abfall *m,*
Reste *mpl*

sobrante [so'βraṇte] *adj* (*que sobra*)
übrig; (COM, FIN) überschüssig

sobrar [so'βrar] *vi* **1.** (*quedar*) übrig
bleiben **2.** (*abundar*) zu viel sein
3. (*estar de más*) überflüssig sein;
creo que sobras aquí ich glaube,
du bist hier fehl am Platz

sobre ['soβre] I. *m* (Brief)umschlag
m II. *prep* **1.** (*local: encima de*)
auf + *dat;* (*por encima de*) über + *dat*
2. (*poner, movimiento*) auf + *akk;*
deja el periódico ~ la mesa leg
die Zeitung auf den Tisch **3.** (*cantidad aproximada*): **pesar ~ los cien
kilos** (so) um die hundert Kilo wiegen **4.** (*aproximación temporal*): **llegar ~ las tres** (so) gegen drei Uhr
(an)kommen **5.** (*tema, asunto*) über
+ *akk;* **~ ello** darüber

sobreabundancia [soβreaβuṇ-
'daṇθja] *f* Überfluss *m* (*de* an
+ *dat*)

sobrealimentación [soβrealimeṇ-
ta'θjon] *f* Überernährung *f*

sobrecarga [soβre'karɣa] *f* Über(be)-
lastung *f*

sobrecargar [soβre'karɣar] I. *vt*

überladen; (*por esfuerzo*) überbeanspruchen II. *vr:* ~se sich übernehmen

sobrecoger [soβre'koxer] **I.** *vt* **1.** (*sorprender*) überraschen **2.** (*espantar*) erschrecken **II.** *vr:* ~se **1.** (*asustarse*) sich erschrecken **2.** (*sorprenderse*) erstaunt sein

sobredosis [soβre'ðosis] *f inv* Überdosis *f*

sobreentender [soβre(e)nten'der] <e → ie> **I.** *vt* **1.** (*adivinar*) zwischen den Zeilen lesen **2.** (*presuponer*) voraussetzen **II.** *vr:* ~se sich von selbst verstehen

sobreestimar [soβre(e)sti'mar] *vt* überschätzen

sobreexceder [soβre(e)sθe'ðer] **I.** *vt* übertreffen **II.** *vr:* ~se ausschweifen

sobrehumano, -a [soβreu'mano] *adj* übermenschlich

sobrellevar [soβreʎe'βar] *vt* ertragen; ~ **bien** mit Fassung tragen

sobremanera [soβrema'nera] *adv* außerordentlich

sobremesa [soβre'mesa] *f* **1.** (*mantel*) Tischtuch *nt* **2.** (*postre*) Nachtisch *m* **3.** (*loc*): **de** ~ nach dem Essen; **conversación de** ~ Tischgespräch *nt;* **programa de** ~ (Nach)mittagsprogramm *nt*

sobrenatural [soβrenatu'ral] *adj* **1.** übernatürlich; **ciencias** ~**es** Okkultismus *m* **2.** (*extraordinario*) unglaublich

sobrenombre [soβre'nombre] *m* Beiname *m;* (*apodo*) Spitzname *m*

sobrepasar [soβrepa'sar] *vt* **1.** übersteigen; (*límite*) überschreiten **2.** (*aventajar*) übertreffen

sobreponerse [soβrepo'nerse] *irr como poner vr* **1.** (*calmarse*) sich beherrschen **2.** (*al enemigo*) besiegen; (*al miedo*) überwinden

sobresaliente [soβresa'ljente] *adj* hervorragend; (ENS) sehr gut

sobresalir [soβresa'lir] *irr como salir vi* **1.** herausragen (*de* aus +*dat*) **2.** (*distinguirse*) sich abheben (*entre/por/de* von +*dat*) **3.** (*ser excelente*) sich auszeichnen (*en* durch +*akk*)

sobresaltar [soβresal'tar] **I.** *vi* hervorstechen **II.** *vt* erschrecken **III.** *vr:* ~se (sich) erschrecken (*con/de* bei +*dat*)

sobresalto [soβre'salto] *m* Schrecken *m;* (*turbación*) Bestürzung *f*

sobrestimar [soβresti'mar] *vt* überschätzen

sobresueldo [soβre'sweldo] *m* Gehaltszulage *f*

sobretasa [soβre'tasa] *f* Zuschlag *m;* ~ **por retraso** Säumniszuschlag *m*

sobrevenir [soβreβe'nir] *irr como venir vi* (*plötzlich*) aufkommen; (*guerra*) hereinbrechen

sobrevida [soβre'biða] *f* (MED) Überlebenszeit *f*

sobreviviente [soβreβi'βjente] *mf* Überlebende(r) *f(m)*

sobrevivir [soβreβi'βir] *vi* überleben (*a* +*akk*), weiterleben

sobrevolar [soβreβo'lar] <o → ue> *vt* überfliegen

sobriedad [soβrje'ða⁰] *f* Nüchternheit *f;* (*moderación*) Genügsamkeit *f;* (*estilo*) Schlichtheit *f*

sobrino, -a [so'βrino] *m, f* Neffe *m*, Nichte *f*

sobrio, -a ['soβrjo] *adj* **1.** (*no borracho*) nüchtern **2.** (*moderado*) genügsam **3.** ~ **de palabras** wortkarg **4.** (*estilo*) nüchtern

sociable [so'θjaβle] *adj* **1.** gesellig; (*que no discute*) verträglich **2.** (*comunicativo*) kontaktfreudig **3.** (*afable*) kameradschaftlich

social [so'θjal] *adj* **1.** gesellschaftlich;

(*convivencia*) sozial **2. asistencia ~** Sozialhilfe *f;* **Estado Social** Wohlfahrtsstaat *m* **3.** (JUR) Gesellschafts-

socialismo [soθja'lismo] *m* Sozialismus *m*

socialista [soθja'lista] *mf* Sozialist(in) *m(f)*

sociedad [soθje'ðaⁿ] *f* **1.** Gesellschaft *f;* **~ del bienestar** Wohlstandsgesellschaft *f* **2. la ~ con la que tratas** der Umgang, den du hast **3.** (*empresa*) Gesellschaft *f;* **~ anónima** Aktiengesellschaft *f* **4.** (*asociación*) Verein *m* **5. la buena** [*o* **alta**] **~** die Highsociety

socio, -a [*o* ['soθjo] *m*, *f* **1.** (*de una asociación*) Mitglied *nt* **2.** (COM) Gesellschafter(in) *m(f)* **3.** (*argot*) Kumpel *m*

sociología [soθjolo'xia] *f* Soziologie *f*

sociólogo, -a [so'θjoloɣo] *m, f* Soziologe, -in *m, f*

socorrer [soko'rrer] *vt* helfen +*dat;* **~ a alguien con algo** jdm mit etw *dat* aushelfen

socorrista [soko'rrista] *mf* Rettungsschwimmer(in) *m(f);* (*en piscinas*) Bademeister(in) *m(f)*

socorro [so'korro] *m* Hilfe *f;* (*salvamento*) Rettung *f;* **pedir ~** um Hilfe rufen

soda ['soða] *f* Sodawasser *nt*

sodio ['soðjo] *m* Natrium *nt*

sofá [so'fa] <**sofás**> *m* Sofa *nt*

sofá-cama [so'fa-'kama] <**sofás-cama**> *m* Schlafsofa *nt*

sofisticado, -a [sofisti'kaðo] *adj* hoch entwickelt

sofocado, -a [sofo'kaðo] *adj:* **estar ~** außer Atem sein

sofocante [sofo'kaṇte] *adj* **1.** beklemmend; (*ambiente, aire*) stickig; **hace un calor ~** es ist unerträglich schwül **2.** (*avergonzante*) beschämend

sofocar [sofo'kar] <c → qu> I. *vt* **1.** (*asfixiar*) ersticken **2.** (*impedir*) hemmen; (*fuego*) ersticken; (*epidemia*) unterdrücken **3.** (*avergonzar*) beschämen **4.** (*enojar*) aufregen *fam* II. *vr:* **~se 1.** (*ahogarse*) keine Luft (mehr) bekommen **2.** (*sonrojar*) sich schämen **3.** (*excitarse*) sich aufregen

sofoco [so'foko] *m* **1.** Atemnot *f;* (*después de un esfuerzo*) Kurzatmigkeit *f* **2.** (*excitación*) Aufregung *f* **3.** (*calor*) Hitzewallung *f*

software *m sin pl:* **~ de autor** Autorensoftware *f*

soga ['soɣa] *f* Seil *nt*

sois [sojs] **2.** *pres pl de* **ser**

soja ['soxa] *f* Soja *f;* **~ transgénica** Gensoja *nt*

sol [sol] *m* Sonne *f;* (*luz*) Sonnenschein *m;* **de ~ a ~** von (früh)morgens bis (spät)abends; **tomar el ~** sich sonnen; **hoy hace ~** heute scheint die Sonne

solamente [sola'meṇte] *adv* nur; (*expresamente*) einzig und allein

solana [so'lana] *f* Südseite *f;* (*en montañas*) Südhang *m*

solapa [so'lapa] *f* Revers *nt o m;* (*libro*) Klappe *f*

solapar [sola'par] *vi, vt* (sich) überlappen

solar [so'lar] *m* Grundstück *nt*

soldado, -a [sol'daðo] *m, f* Soldat(in) *m(f)*

soldador [solda'ðor] *m* Lötkolben *m*

soldar [sol'dar] <o → ue> *vt* (zusammen)löten; (*mediante el calor*) (ver)schweißen

soleado, -a [sole'aðo] *adj* sonnig

soledad [sole'ðaⁿ] *f* Einsamkeit *f*

solemne [so'lemne] *adj* feierlich

soler [so'ler] <o → ue> *vi:* **~ hacer** gewöhnlich tun; **suele ocurrir que...** es kommt oft vor, dass ...

solera [so'lera] *f:* **con mucha ~** traditionsreich

solfeo [sol'feo] *m* Solfeggieren *nt*

solicitante [soliθi'tante] *mf* **1.** Antragsteller(in) *m(f);* **~ de asilo** Asylbewerber(in) *m(f)* **2.** (*para un trabajo*) Bewerber(in) *m(f)*

solicitar [soliθi'tar] *vt* bitten (um +*akk*); (*un trabajo*) sich bewerben (um +*akk*)

solicitud [soliθi'tuð] *f:* **~ de empleo** Bewerbung *f*

solidaridad [soliðari'ðað] *f* Solidarität *f;* **por ~ con** aus Solidarität mit +*dat*

solidario, -a [soli'ðarjo] *adj* solidarisch

solidarizarse [soliðari'θarse] <z → c> *vr* sich solidarisieren

solidez [soli'ðeθ] *f* Festigkeit *f;* (*estabilidad*) Haltbarkeit *f*

solidificar [soliðifi'kar] <c → qu> **I.** *vt* fest werden lassen; (*fig*) festigen **II.** *vr:* **~se** sich verfestigen

sólido, -a [so'liðo] *adj* (*t.* Fís) fest; (*ingreso*) sicher; (*precios*) stabil

solista [so'lista] *mf* Solist(in) *m(f)*

solitaria [soli'tarja] *f* Bandwurm *m*

solitario¹ [soli'tarjo] *m* Patience *f*

solitario, -a² [soli'tarjo] *adj* allein; (*abandonado*) einsam

sollozar [soʎo'θar] <z → c> *vi* schluchzen

sollozo [so'ʎoθo] *m* Schluchzen *nt*

solo, -a ['solo] *adj* **1.** allein (stehend); (*abandonado*) einsam; **a solas** ganz allein; **por sí ~** von selber **2.** (*único*) einzig; **ni una sola vez** nicht ein einziges Mal **3.** (*café*) schwarz

sólo ['solo] *adv* nur; **~ que...** es ist nur so, dass ...; **tan ~** wenigstens

solomillo [solo'miʎo] *m* Filet *nt*

solsticio [sols'tiθjo] *m* Sonnenwende *f*

soltar [sol'tar] *irr* **I.** *vt* loslassen; (*liberar*) freilassen; (*dejar caer*) fallen lassen **II.** *vr:* **~se 1.** sich befreien; (*de unas ataduras*) sich losmachen **2.** (*al hablar*) sich gehen lassen **3.** (*desenvoltura*) sicher werden **4.** (*para independizarse*) sich lösen

soltero, -a [sol'tero] **I.** *adj* ledig **II.** *m, f* Junggeselle, -in *m, f*

solterón, -ona [solte'ron] *m, f* alter Junggeselle, alte Junggesellin *m, f;* (*pey: mujer*) alte Jungfer *f*

soltura [sol'tura] *f* Gewandtheit *f;* (*al hablar*) Redegewandtheit *f*

soluble [so'luβle] *adj* löslich; **~ en agua** wasserlöslich

solución [solu'θjon] *f* Lösung *f*

solucionar [soluθjo'nar] *vt* lösen

solvencia [sol'βenθja] *f* Zahlungsfähigkeit *f*

solvente [sol'βente] *adj* **1.** (FIN) zahlungsfähig **2.** (*sin deudas*) schuldenfrei

sombra ['sombra] *f* **1.** Schatten *m;* **~ de ojos** Lidschatten *m* **2.** (ARTE) Schattierung *f* **3.** (*fam*): **a la ~** im Knast

sombrero [som'brero] *m* Hut *m*

sombrilla [som'briʎa] *f* Sonnenschirm *m*

sombrío, -a [som'brio] *adj* **1.** schattig; (*oscuro*) dunkel **2.** (*triste*) düster; (*pesimista*) schwermütig

someter [some'ter] **I.** *vt* **1.** unterwerfen; (*subyugar*) unterjochen; **~ la voluntad** den Willen brechen **2.** unterziehen (*a* +*dat*); (*a efectos*) aussetzen (*a* +*dat*) **3.** (*proyecto*) unterbreiten +*dat* **4.** (*encomendar*): **el asunto es sometido a los Tribunales** das Gericht hat über die Angelegenheit zu befinden **5.** (*subordinar*) unterordnen **II.** *vr:* **~se 1.** (*en una lucha*) sich ergeben **2.** (*a una acción*) sich unterziehen (*a* +*dat*) **3.** (*a una opinión*) sich beugen (*a* +*dat*); **~se a la voluntad de al-**

guien sich jds Willen fügen

somier [so'mjer] <somieres> *m* (Sprungfeder)rahmen *m*

somnífero [som'nifero] *m* Schlafmittel *nt*

somnolencia [somno'lenθja] *f* Schläfrigkeit *f*

somnoliento, -a [somno'ljento] *adj* schläfrig; (*al despertarse*) verschlafen

somos ['somos] *1. pres pl de* ser

son [son] **I.** *m* **1.** (*sonido*) Klang *m* **2.** (*rumor*) Gerücht *nt* **3.** (*loc*): **¿a ~ de qué?, ¿a qué ~?** warum?; **hablar sin ton ni ~** zusammenhangloses Zeug reden **II.** *3. pres pl de* ser

sonajero [sona'xero] *m* Rassel *f*

sonámbulo, -a [so'nambulo] *m, f* Schlafwandler(in) *m(f)*

sonante [so'nante] *adj:* **dinero contante y ~** Bargeld *nt*

sonar [so'nar] <o → ue> **I.** *vi* **1.** (*timbre*) klingeln; (*campanas*) läuten; **me suenan las tripas** mir knurrt der Magen **2.** (*t.* MÚS) klingen; **~ a hueco** hohl klingen; **esto me suena** das kommt mir bekannt vor **II.** *vt, vr:* **~se** (sich) schnäuzen

sonata [so'nata] *f* Sonate *f*

sonda ['sonda] *f* **1.** (*acción*) Sondieren *nt* **2.** (*catéter*) Sonde *f*

sondeo [son'deo] *m* **1.** (MED) Sondierung *f* **2.** (MIN) (Probe)bohrungen *fpl* **3.** (*averiguación*) Erforschung *f*; **~ de mercado** (ECON) Marktforschung *f*

soneto [so'neto] *m* Sonett *nt*

songo, -a ['songo] *adj* (*Col, Méx*) **1.** (*tonto*) blöd **2.** (*taimado*) hinterlistig

sonido [so'niðo] *m* **1.** (*ruido*) Ton *m* **2.** (*t.* MÚS) Klang *m* **3.** (*fonema*) Laut *m* **4.** (FÍS) Schall *m*

sonoro, -a [so'noro] *adj* **1.** klingend; (*acústico*) akustisch **2.** (LING) stimmhaft **3.** (TÉC) Schall-; **banda sonora**

(CINE) Filmmusik *f*, Soundtrack *m;* **ondas sonoras** Schallwellen *fpl;* **película sonora** (CINE) Tonfilm *m*

sonreír(se) [sonrre'ir(se)] *irr como* reír *vi, vr* lächeln

sonrisa [son'rrisa] *f* Lächeln *nt*

sonrojar [sonrro'xar] **I.** *vt* erröten lassen **II.** *vr:* **~se** erröten

sonsacar [sonsa'kar] <c → qu> *vt* herausbekommen (*a* aus +*dat*); (*secreto*) entlocken

sonso, -a ['sonso] *m, f* (CSur: *tonto*) Dumme(r) *f(m)*

soñado, -a [so'ñaðo] *adj* erträumt; **el hombre ~** der Traummann

soñador(a) [soña'ðor] *m(f)* Träumer(in) *m(f)*

soñar [so'ñar] <o → ue> *vi, vt* träumen (*con* von +*dat*); **~ despierto** tagträumen; **¡ni ~lo!** nie im Leben!

soñoliento, -a [soño'ljento] *adj* schläfrig

sopa ['sopa] *f* **1.** (*caldo*) Suppe *f* **2.** (*fam*): **como una ~, hecho una ~** völlig durchnässt

sopapo [so'papo] *m* (*fam*): **te voy a dar un ~** ich knall dir gleich eine!

sopera [so'pera] *f* Suppenschüssel *f*

sopero, -a [so'pero] *adj* Suppen-; **plato ~** Suppenteller *m*

sopesar [sope'sar] *vt* (in der Hand) wiegen; (*fig*) abwägen

sopetón [sope'ton] *m:* **de ~** völlig unvermittelt

soplar [so'plar] **I.** *vi* blasen; (*viento*) wehen; **¡sopla!** sag bloß! **II.** *vt* **1.** blasen; (*velas*) ausblasen **2.** (*en un examen*) vorsagen; (TEAT) soufflieren **3.** (*delatar*) verraten

soplo ['soplo] *m* **1.** (*acción*) Blasen *nt* **2.** (*viento leve*) Hauch *m;* **~ de viento** Windstoß *m*

soplón, -ona [so'plon] *m, f* Verräter(in) *m(f)*

sopor [so'por] *m* Schläfrigkeit *f*

soportable [sopor'taβle] *adj* erträglich

soportal [sopor'tal] *m* überdachter (Haus)eingang *m*

soportar [sopor'tar] *vt* (aus)halten

soporte [so'porte] *m* Stütze *f;* (*pilar*) Träger *m;* (*de madera*) Balken *m*

soprano [so'prano] *m* Sopran *m*

soquete [so'kete] *m* (*Am*) Socke *f*

sor [sor] *f* (Ordens)schwester *f*

sorber [sor'βer] *vt* 1. schlürfen; (*por una pajita*) trinken 2. (*empaparse de*) aufsaugen

sorbete [sor'βete] *m* Sorbet(t) *m o nt*

sorbo ['sorβo] *m* Schluck *m;* **beber a ~s** in kleinen Schlucken trinken; **tomar de un ~** in einem Schluck trinken

sordera [sor'ðera] *f* Taubheit *f;* (*disminución*) Schwerhörigkeit *f*

sordo, -a ['sorðo] *adj* 1. (*que no oye*) taub; **~ como una tapia** stocktaub 2. (*que oye mal*) schwerhörig 3. (*de timbre oscuro*) dumpf 4. (LING) stumm

sordomudo, -a [sorðo'muðo] *adj* taubstumm

sorprendente [sorpreɲ'dente] *adj* 1. überraschend; (*asombroso*) erstaunlich 2. (*que salta a la vista*) auffallend 3. (*extraordinario*) außergewöhnlich

sorprender [sorpreɲ'der] I. *vt* 1. überraschen; (*asombrar*) erstaunen; (*extrañar*) wundern 2. (*descubrir algo*) entdecken 3. (*pillar*) erwischen 4. (MIL: *atacar*) überfallen II. *vr:* **~se** überrascht sein; (*asombrarse*) erstaunt sein (*de* über + *akk*); (*extrañarse*) sich wundern

sorpresa [sor'presa] *f* 1. (*acción*) Überraschen *nt;* **coger a alguien de** [*o* **por**] **~** jdn überraschen 2. (*efecto*) Überraschung *f*

sortear [sorte'ar] *vt* (ver)losen

sorteo [sor'teo] *m* Verlosung *f;* (*lotería*) Ziehung *f*

sortija [sor'tixa] *f* (*joya*) Ring *m*

sosegado, -a [sose'γaðo] *adj* friedfertig; (*tranquilo*) ruhig

sosiego [so'sjeγo] *m* Ruhe *f*

soslayo, -a [sos'laʝo] *adj* schräg; **mirar a alguien de ~** jdn aus den Augenwinkeln betrachten

soso, -a ['soso] *adj* fade; (*sin sal*) ungesalzen

sospecha [sos'petʃa] *f* 1. (*suposición*) Vermutung *f* 2. (*desconfianza*) Misstrauen *nt* 3. **bajo ~ de asesinato** unter Mordverdacht

sospechar [sospe'tʃar] I. *vt* 1. (*creer posible*) vermuten; **¡ya lo sospechaba!** das hatte ich mir schon gedacht! 2. (*recelar*) befürchten II. *vi* verdächtigen (*de* + *akk*)

sospechoso, -a [sospe'tʃoso] *m, f* Verdächtige(r) *f(m)*

sostén [sos'ten] *m* 1. (*t. fig*) Stütze *f* 2. (*prenda*) BH *m* 3. (*de familia*) Unterhalt *m*

sostener [soste'ner] *irr como tener* I. *vt* 1. (*sujetar*) (fest)halten; (*por debajo*) tragen; (*por los lados*) stützen 2. (*afirmar*) behaupten; (*idea, teoría*) vertreten 3. (*persona*) unterstützen II. *vr:* **~se** 1. (*sujetarse*) sich festhalten 2. (*aguantarse*) sich halten 3. (*económicamente*): **apenas me puedo ~** ich kann kaum meinen Lebensunterhalt bestreiten 4. (*en opinión*) beharren (*en* auf/ bei + *dat*)

sótano ['sotano] *m* Keller *m*

soterrar [sote'rrar] <e → ie> *vt* 1. (*enterrar*) vergraben 2. (*esconder*) verstecken; (*sentimientos*) verbergen

soy [soj] *1. pres de* ser

spaghetti [ᵃspa'γeti] *mpl* Spaghetti *pl*

spot [es'pot] <spots> m (Werbe)spot m

spray [es'praj] <sprays> m Spray m o nt

sprint [es'prin^t] m Sprint m; hacer un ~ sprinten

squash [es'kwaʃ] m Squash nt

Sr. [se'ɲor] abr de señor H.

Sra. [se'ɲora] abr de señora Fr.

Srta. [seɲo'rita] f abr de señorita Frl.

Sta. ['santa] f abr de santa St.

stand [es'tan] <stands> m (Messe)stand m

status [es'tatus] m inv Status m

Sto. ['santo] abr de santo St.

stop [es'top] m Stopp m; (señal) Stoppschild nt

su [su] adj pos (de él) sein(e); (de ella) ihr(e); ~ familia seine/ihre Familie

Suabia ['swaβja] f Schwaben nt

suabo, -a ['swaβo] adj schwäbisch

suave [su'aβe] adj 1. (superficie) glatt; (piel) zart; (jersey) weich; (noche) mild 2. (carácter) sanft; (palabras) freundlich

suavidad [swaβi'ða^ð] f sin pl 1. Glätte f; (de piel) Zartheit f; (de jersey) Weichheit f; (de temperatura) Milde f 2. (de carácter) Sanftheit f; (de palabras) Freundlichkeit f

suavizante [swaβi'θante] I. adj: crema ~ Hautcreme f II. m 1. (para la ropa) Weichspüler m 2. (para el cabello) Spülung f

suavizar [swaβi'θar] <z → c> vt 1. (hacer suave) weicher machen 2. (expresión, posición) mildern 3. (persona) besänftigen

subalimentación [suβalimenta-'θjon] f Unterernährung f

subarrendar [suβarren'dar] <e → ie> vt untervermieten; (finca) unterverpachten

subasta [su'βasta] f Versteigerung f

subastar [suβas'tar] vt versteigern

subcampeón, -ona [suβkampe'on] m, f Vizemeister(in) m(f); ~ mundial Vizeweltmeister m

subconsciencia [suβkoⁿs'θjeɲθja] f Unterbewusstsein nt

subconsciente [suβkoⁿs'θjente] adj unterbewusst

subdesarrollado, -a [suβðesarro-'ʎaðo] adj unterentwickelt

subdirector(a) [suβðirek'tor] m(f) stellvertretender Direktor, stellvertretende Direktorin m, f

súbdito, -a ['suβðito] m, f Staatsbürger(in) m(f)

subdividir [suβðiβi'ðir] vt unterteilen

subestimar(se) [suβesti'mar(se)] vt, vr (sich) unterschätzen

subida [su'βiða] f 1. Steigung f; (de un río) Anstieg m 2. (de precios) Steigerung f; (efecto) Anstieg m 3. (en coche) Auffahrt f 4. (POL): ~ al poder Machtergreifung f; ~ al trono Thronbesteigung f

subir [su'βir] I. vi 1. (ascender) ansteigen; ~ a la cima zum Gipfel aufsteigen 2. (andando) hochgehen; (en ascensor) hochfahren 3. (aumentar) steigen (en um +akk); la gasolina ha subido das Benzin ist teurer geworden 4. (montar) einsteigen (a in +akk) II. vt 1. (precio) erhöhen 2. (música) lauter stellen; (voz) erheben 3. (andando) hinauflaufen; (en coche) hinauffahren 4. (brazos) heben 5. (llevar) hinauftragen III. vr: ~se 1. (al coche) einsteigen (en in +akk); (a una bici) aufsteigen (en auf +akk) 2. (loc): se me ha subido el vino a la cabeza der Wein ist mir zu Kopf gestiegen

súbito ['suβito] adv: de ~ plötzlich

subjetividad [suβxetiβi'ða^ð] f Subjektivität f

subjetivo, -a [suβxe'tiβo] adj subjektiv

subjuntivo [suβxuɳ'tiβo] *m* ≈Konjunktiv *m*

sublevación [suβleβa'θjon] *f* Aufstand *m*

sublevarse [suβle'βarse] *vr* sich auflehnen

sublime [su'βlime] *adj* erhaben

submarinista [suβmari'nista] *mf* (Sport)taucher(in) *m(f)*

submarino [suβma'rino] *m* U-Boot *nt*

subnormal [suβnor'mal] *mf* geistig Behinderte(r) *f(m)*

subordinación [suβorðina'θjon] *f* Unterordnung *f;* (*obediencia*) Gehorsam *m*

subordinado, -a [suβorði'naðo] *m, f* Untergebene(r) *f(m)*

subordinar [suβorði'nar] *vt* unterordnen

subrayar [suβrra'ʝar] *vt* 1. (*con raya*) unterstreichen 2. (*recalcar*) betonen

subsanar [suβsa'nar] *vt* 1. (*falta*) hinwegsehen (über +*akk*) 2. (*error*) wieder gutmachen; (*defecto*) beheben

subscripción [suβskriβ'θjon] *f* v. **suscripción**

subsecretario, -a [suβsekre'tarjo] *m, f* Staatssekretär(in) *m(f)*

subsidiar [suβsi'ðjar] *vt* unterstützen

subsidio [suβ'siðjo] *m* Beihilfe *f;* ~ **de paro** Arbeitslosengeld *nt*

subsistencia [suβsis'teɳθja] *f* 1. (*hecho*) Existenz *f* 2. *pl* (*alimentos*) Nahrung *f* 3. (*material*) Lebensunterhalt *m*

subsistir [suβsis'tir] *vi* 1. (*vivir*) leben 2. (*perdurar*) anhalten; (*empresa*) weiterbestehen

substancia [su⁽ᵝ⁾s'taɳθja] *f* v. **sustancia**

substantivo [su⁽ᵝ⁾staɳ'tiβo] *adj o m* v. **sustantivo**

substitución [su⁽ᵝ⁾stitu'θjon] *f* v.

sustitución

substraer [su⁽ᵝ⁾stra'er] *irr como traer vt* v. **sustraer**

subsuelo [suβ'swelo] *m* Untergrund *m;* **riquezas del** ~ Bodenschätze *m pl*

subterráneo, -a [suβte'rraneo] *adj* unterirdisch

subtítulo [suβ'titulo] *m* Untertitel *m*

subtropical [suβtropi'kal] *adj* subtropisch

suburbio [su'βurβjo] *m* 1. (*alrededores*) Vorstadt *f;* **vivir en los** ~**s de París** am Stadtrand von Paris wohnen 2. (*barrio*) Vorort *m*

subvención [suββeɳ'θjon] *f* Zuschuss *m;* (POL) Subvention *f*

subvencionar [suββeɳθjo'nar] *vt* finanziell unterstützen; (POL) subventionieren

subversivo, -a [suββer'siβo] *adj* umstürzlerisch

subyacente [suβɟa'θeɳte] *adj* zugrunde liegend

subyugar [suβɟu'ɣar] <g → gu> *vt* 1. (*oprimir*) unterwerfen 2. (*sugestionar*) bezaubern

sucedáneo [suθe'ðaneo] *m* Ersatz *m*

suceder [suθe'ðer] I. *vi* 1. (*seguir*) folgen (*a* auf +*akk*) 2. (*en cargo*) nachfolgen II. *vt* geschehen; **¿qué sucede?** was ist los?; **por lo que pueda** ~ für alle Fälle; **sucede que...** die Sache ist die, dass ...

sucesión [suθe'sjon] *f* 1. (*acción*) Folge *f* 2. (*serie*) Aufeinanderfolge *f* 3. (*en el cargo*) Nachfolge *f;* (*de título*) Erbfolge *f;* (*del trono*) Thronfolge *f*

sucesivo, -a [suθe'siβo] *adj* (aufeinander) folgend; **en lo** ~ von nun an

suceso [su'θeso] *m* 1. Ereignis *nt;* (*repentino*) Vorfall *m* 2. (*transcur-*

so) Verlauf *m*

sucesor(a) [suθe'sor] *m(f)* **1.** Nachfolger(in) *m(f); (al trono)* Thronfolger(in) *m(f)* **2.** *(heredero)* Erbe, -in *m, f*

suciedad [suθje'ðað] *f* Schmutzigkeit *f; (porquería)* Schmutz *m*

sucio[1] ['suθjo] *adv:* **jugar ~** unfair spielen

sucio, -a[2] ['suθjo] *adj* schmutzig; *(jugado)* unfair; **hacer el trabajo ~** die Drecksarbeit machen

suculento, -a [suku'lento] *adj (sabroso)* schmackhaft; *(nutritivo)* nahrhaft

sucumbir [sukum'bir] *vi* **1.** erliegen *+dat;* (JUR) unterliegen *+dat* **2.** *(morir)* ums Leben kommen

sucursal [sukur'sal] *f* **1.** Niederlassung *f; (de negocio)* Filiale *f* **2.** *(negociado)* Geschäftsstelle *f*

Sudáfrica [su'ðafrika] *f* Südafrika *nt*

sudafricano, -a [suðafri'kano] *adj* südafrikanisch

Sudamérica [suða'merika] *f* Südamerika *nt*

sudamericano, -a [suðameri'kano] *adj* südamerikanisch

sudar [su'ðar] *vi, vt* schwitzen; **me sudan los pies** ich schwitze an den Füßen

sudeste [su'ðeste] *m* Südosten *m*

sudoeste [suðo'este] *m* Südwesten *m*

sudor [su'ðor] *m* Schweiß *m*

Suecia ['sweθja] *f* Schweden *nt*

sueco, -a ['sweko] *adj* schwedisch; **hacerse el ~** sich dumm stellen

suegro, -a ['sweɣro] *m, f* Schwiegervater, Schwiegermutter *m, f;* **los ~s** die Schwiegereltern

suela ['swela] *f* (Schuh)sohle *f*

sueldo ['sweldo] *m (por horas)* Lohn *m; (de empleado)* Gehalt *nt; (de funcionario)* Bezüge *mpl;* (MIL) Sold *m*

suelo ['swelo] *m* **1.** *(de la tierra)* (Erd)boden *m* **2.** *(de casa)* (Fuß)boden *m* **3.** *(terreno)* Grundstück *nt;* **~ edificable** Bauland *nt* **4.** *(loc)*: **estar por los ~s** *(deprimido)* am Boden zerstört sein; **los pisos están por los ~s** *(fam)* die Wohnungen sind äußerst günstig

suelto[1] ['swelto] *m* Kleingeld *nt*

suelto, -a[2] ['swelto] *adj* **1.** *(desenganchado)* locker **2.** *(desatado)* lose **3.** *(no sujeto)* lose; **dinero ~** Kleingeld *nt* **4.** *(separado)* einzeln; **pieza suelta** Einzelteil *nt* **5.** *(vestido)* weit **6.** *(incontrolado)*: **tener la lengua suelta** ein loses Mundwerk haben **7.** *(estilo)* gewandt; *(lenguaje)* flüssig **8.** *(loc)*: **voy ~ de vientre** ich habe Durchfall

sueño ['sweɲo] *m* **1.** *(acto de dormir)* Schlaf *m;* **me cogió el ~** der Schlaf überkam mich **2.** *(ganas de dormir)* Müdigkeit *f;* **tener ~** müde sein; **caerse de ~** vor Müdigkeit fast umfallen; **quitar el ~** den Schlaf rauben **3.** *(fantasía)* Traum *m;* **ni en ~s haces tú eso** das schaffst du im Traum nicht

suerte ['swerte] *f* **1.** *(fortuna)* Glück *nt;* **¡buena ~!** viel Glück!; **tener buena/mala ~** Glück/Pech haben; **por ~** zum Glück; **probar ~** sein Glück versuchen; **ser cuestión de ~** Glückssache sein **2.** *(destino)* Schicksal *nt;* **echar algo a ~(s)** etw durch Los entscheiden **3.** *(casualidad)* Zufall *m*

suéter ['sweter] *m* Pullover *m*

suficiente [sufi'θjente] **I.** *adj (bastante)* genug; **ser ~** genügen **II.** *m* Note *f* 'ausreichend'

sufijo [su'fixo] *m* Suffix *nt*

sufragar [sufra'ɣar] <g → gu> **I.** *vt* **1.** *(ayudar)* unterstützen **2.** *(costear: gastos)* bestreiten; *(tasa)* entrichten;

(*beca*) finanzieren **II.** *vi* (*Am*) stimmen (*por* für +*akk*)

sufragio [su'fraxjo] *m* **1.** (*voto*) Stimme *f* **2.** (*derecho*) Wahlrecht *nt;* ~ **universal** allgemeines Wahlrecht **3.** (*sistema*) Wahlsystem *nt*

sufrido, -a [su'friðo] *adj* **1.** (*persona*) ergeben **2. una tela sufrida** ein strapazierfähiger Stoff

sufrimiento [sufri'mjento] *m* **1.** (*acción*) Leiden *nt* **2.** (*moral*) Leid *nt;* (*físico*) Schmerz *m*

sufrir [su'frir] *vt* **1.** ertragen; (*peso*) tragen; (*a alguien*) ausstehen können **2.** (*padecer*) erleiden; (*enfermedad*) leiden (*de* an +*dat*); ~ **de la espalda** Rückenschmerzen haben; ~ **las consecuencias** unter den Folgen leiden **3.** (*experimentar*) erleiden; (*examen*) ablegen; (*desengaño*) erleben; (*accidente*) haben; (*pena*) büßen; ~ **una operación** sich einer Operation unterziehen

sugerencia [suxe'renθja] *f* **1.** (*inspiración*) Anregung *f* **2.** (*propuesta*) Vorschlag *m*

sugerir [suxe'rir] *irr como sentir vt* **1.** (*inspirar*) anregen **2.** (*proponer*) vorschlagen **3.** (*insinuar*) andeuten

sugestión [suxes'tjon] *f* **1.** (*inspiración*) Anregung *f* **2.** (*propuesta*) Vorschlag *m* **3.** (*de sugestionar*) Suggestion *f*

suicida [swi'θiða] *mf* Selbstmörder(in) *m(f)*

suicidarse [swiθi'ðarse] *vr* sich umbringen

suicidio [swi'θiðjo] *m* Selbstmord *m*

suite [swi'] *f* Suite *f*

Suiza ['swiθa] *f* Schweiz *f*

suizo, -a ['swiθo] *adj* schweizerisch; **chocolate** ~ Schweizer Schokolade

sujetador [suxeta'ðor] *m* BH *m*

sujetar [suxe'tar] **I.** *vt* **1.** (*dominar*) beherrschen **2.** (*someter*) unterwer-

fen **3.** (*agarrar*) festhalten (*por* an +*dat*) **4.** (*asegurar*) befestigen **II.** *vr:* ~**se** sich (fest)halten (*a* an +*dat*)

sujeto, -a [su'xeto] *adj* verpflichtet (*a* zu +*dat*); (*a revisión/restricciones*) unterworfen (*a* +*dat*)

sulfato [sul'fato] *m* Sulfat *nt*

sulfuro [sul'furo] *m* Schwefel *m*

sultán, -ana [sul'tan, -ana] *m*, *f* Sultan(in) *m(f)*

suma ['suma] *f* **1.** Addition *f;* (*resultado*) Summe *f;* ~ **y sigue** (*fig fam*) und so weiter und so fort **2.** (*cantidad*) Summe *f*

sumamente [suma'mente] *adv* äußerst

sumar [su'mar] **I.** *vt* **1.** (MAT) addieren **2.** (*hechos*) summieren **II.** *vr:* ~**se** sich anschließen (*a* +*dat*); (*a una discusión*) sich beteiligen (*a* an +*dat*)

sumario [su'marjo] *m* Ermittlungsverfahren *nt*

sumergible [sumer'xiβle] *adj* wasserdicht

sumergir [sumer'xir] <g → j> **I.** *vt* (ein)tauchen **II.** *vr:* ~**se** versinken

sumidero [sumi'ðero] *m* Abflussgitter *nt;* (*de la calle*) Gully *m o nt*

suministrar [suminis'trar] *vt* liefern; (*abastecer*) versorgen

suministro [sumi'nistro] *m* Lieferung *f;* (*abastecimiento*) Versorgung *f*

sumiso, -a [su'miso] *adj* unterwürfig; (*que no rechista*) gehorsam

sumo, -a ['sumo] *adj:* **a lo** ~ höchstens

suntuoso, -a [suntu'oso] *adj* luxuriös; (*opulento*) üppig

supeditar [supeði'tar] **I.** *vt* unterwerfen; (*subordinar*) unterordnen **II.** *vr:* ~**se** sich unterordnen

súper¹ ['super] **I.** *adj* (*fam*) super **II.** *m* Supermarkt *m*

súper² ['super] *f* Super(benzin) *nt*

superabundancia [superaβuɲ'danθja] *f* Überfluss *m* (*de* an +*dat*); (*en diversidad*) Überfülle *f*

superación [supera'θjon] *f* Verbesserung *f;* (*de situación*) Überwindung *f*

superar [supe'rar] I. *vt* 1. (*sobrepasar: a alguien*) übertreffen; (*límite*) überschreiten; (*récord*) brechen 2. (*prueba*) bestehen 3. (*situación*) überwinden II. *vr:* ~se sich selbst übertreffen

superávit [supe'raβit] <superávit(s)> *m* Überschuss *m*

superdotado, -a [superðo'taðo] *adj* hochbegabt

superficial [superfi'θjal] *adj* oberflächlich

superficie [super'fiθje] *f* 1. (*parte externa*) Oberfläche *f* 2. (MAT) Fläche *f;* (*área*) Flächeninhalt *m*

superfluo, -a [su'perflwo] *adj* überflüssig

superior¹ [supe'rjor] *adj* 1. (*más alto*) obere(r, s) *m* 2. (*en calidad*) besser; (*en rango*) höher; (*en inteligencia*) überlegen 3. (*excelente*) hervorragend

superior(a)² [supe'rjor] *m(f)* Vorgesetzte(r) *f(m)*

superioridad [superjori'ðaⁿ] *f* Überlegenheit *f*

superlativo [superla'tiβo] *m* Superlativ *m*

supermercado [supermer'kaðo] *m* Supermarkt *m*

superpoblación [superpoβla'θjon] *f* Übervölkerung *f*

superpotencia [superpo'teⁿθja] *f* Großmacht *f*

supersónico, -a [super'soniko] *adj* Überschall-; **avión ~** Überschallflugzeug *nt*

superstición [supersti'θjon] *f* Aberglaube *m*

supersticioso, -a [supersti'θjoso] *adj* abergläubisch

supervisar [superβi'sar] *vt* beaufsichtigen; (*en un examen*) Aufsicht führen (über +*akk*)

supervisión [superβi'sjon] *f* Beaufsichtigung *f;* (*en examen*) Aufsicht *f*

supervisor(a) [superβi'sor] *m(f)* Aufseher(in) *m(f)*

supervivencia [superβi'βenθja] *f* Überleben *nt*

superviviente [superβi'βjeⁿte] *mf* Überlebende(r) *f(m)*

suplantar [suplaⁿ'tar] *vt* unbefugt vertreten

suplementario, -a [suplemeⁿ'tarjo] *adj* ergänzend; **tomo ~** Ergänzungsband *m*

suplemento [suple'meⁿto] *m* 1. (*complemento*) Ergänzung *f* 2. (*tomo*) Ergänzungsband *m* 3. (*de periódico*) Beilage *f* 4. (*precio*) Aufpreis *m;* (*del tren*) Zuschlag *m;* (*plus*) Zulage *f*

suplencia [su'pleⁿθja] *f* Vertretung *f*

suplente [su'pleⁿte] *mf* Vertretung *f*

súplica ['suplika] *f* Flehen *nt;* (*escrito*) Bittgesuch *nt*

suplicar [supli'kar] <c → qu> *vt* anflehen; (*algo*) inständig bitten (um +*akk*); **~ de rodillas** auf Knien anflehen

suplicio [su'pliθjo] *m* 1. (*tortura*) Folter *f* 2. (*tormento*) Qual *f;* **el viaje fue un ~** die Reise war eine einzige Strapaze

suplir [su'plir] *vt* ergänzen; (*sustituir*) ersetzen

supo ['supo] 3. *pret de* **saber**

suponer [supo'ner] *irr como* poner *vt* 1. (*dar por sentado*) annehmen; **vamos a ~ que...** nehmen wir an, dass ...; **se supone que...** es ist anzunehmen, dass ...; **suponiendo que...** in der Annahme, dass ... **2.** (*figurar*) annehmen; **no supongo que...** +*subj* ich glaube nicht, dass ...

suposición [suposi'θjon] *f* Annahme *f*; (*presunción*) Mutmaßung *f*

supositorio [suposi'torjo] *m* Zäpfchen *nt*

supremacía [suprema'θia] *f* Überlegenheit *f*; (*política*) Vorherrschaft *f*

supremo, -a [su'premo] *adj* höchste(r, s); (*fig*) äußerste(r, s)

suprimir [supri'mir] *vt* **1.** (*poner fin*) abschaffen; (*fronteras*) abbauen; (*controles*) beseitigen; (*regla*) aufheben **2.** (*omitir*) streichen

supuesto, -a [su'pwesto] *adj* (*asesino*) mutmaßlich; (*nombre*) angeblich; (*causa*) vermutlich; **por ~** selbstverständlich; **dar algo por ~** etw für selbstverständlich halten

supurar [supu'rar] *vi* eitern

sur [sur] *m* Süden *m*; (METEO) Süd *m*; **el ~ de España** Südspanien *nt*

surafricano, -a [surafri'kano] *adj* südafrikanisch

surco ['surko] *m* Furche *f*

sureste [sur'este] *m* Südosten *m*

surf [surf] *m* Surfing *nt*; **hacer ~** surfen

surfear [surfe'ar] *vi* (INFOR) surfen

surfista [sur'fista] *mf* Surfer(in) *m(f)*

surgir [sur'xir] <g → j> *vi* **1.** (*agua*) herausquellen **2.** (*aparecer: dificultades*) aufkommen; (*posibilidad*) sich ergeben; (*pregunta*) sich stellen; (*persona*) auftauchen

suroeste [suro'este] *m* Südwesten *m*

surrealismo [surrea'lismo] *m* (ARTE) Surrealismus *m*

surrealista [surrea'lista] *adj* surrealistisch

surtido¹ [sur'tiðo] *m* Sortiment *nt*

surtido, -a² [sur'tiðo] *adj* **1.** (*mezclado*) gemischt; **galletas surtidas**

Keksmischung *f* **2.** (*variado*) sortiert

surtidor [surti'ðor] *m* **1.** Fontäne *f*; (*fuente*) Springbrunnen *m* **2.** (*de gasolina*) Zapfsäule *f*

surtir [sur'tir] **I.** *vt* **1.** (*proveer*) versorgen (*de* mit +*dat*) **2.** (*loc*): **~ efecto** Wirkung haben **II.** *vr:* **~se** sich versorgen (*de* mit +*dat*)

susceptible [susθep'tiβle] *adj* **1.** (*cosa*): **~ de mejora** verbesserungsfähig **2.** (*persona*) (über)empfindlich; (*irritable*) reizbar

suscitar [susθi'tar] *vt* (*sospecha*) (er)wecken; (*discusión*) auslösen; (*comentarios*) provozieren; (*problema*) schaffen; (*conflicto*) anstiften; (*antipatías*) hervorrufen

suscribir [suskri'βir] *irr como escribir* **I.** *vt* **1.** (*escrito*) unterschreiben **2.** (*opinión*) teilen **3.** (*acciones*) zeichnen **II.** *vr:* **~se a una revista** eine Zeitschrift abonnieren

suscripción [suskriβ'θjon] *f* **1.** (*firma*) Unterzeichnung *f* **2.** (*a una revista*) Abonnement *nt*

suscri(p)tor(a) [suskri(p)'tor] *m(f)* Abonnent(in) *m(f)*

suspender [suspeŋ'der] *vt* **1.** (*trabajador*) suspendieren **2.** (*en un examen*) durchfallen; **he suspendido matemáticas** ich bin in Mathe durchgefallen **3.** (*interrumpir*) unterbrechen; (*embargo*) aufheben; **se ha suspendido la función de esta noche** die heutige Nachtvorstellung fällt aus

suspense [sus'pense] *m* Spannung *f*; **una película de ~** ein spannender Film

suspenso [sus'penso] *m* **1.** **sacar un ~** durchfallen **2.** (*Am*) *v.* **suspense**

suspensores [suspen'sores] *mpl* (*Am*) Hosenträger *mpl*

suspicacia [suspi'kaθja] *f* Misstrauen *nt*

suspicaz [suspi'kaθ] *adj* misstrauisch
suspirar [suspi'rar] *vi* 1. (*dar suspiros*) seufzen 2. (*anhelar*) sich sehnen
suspiro [sus'piro] *m* Seufzer *m*
sustancia [sus'tanθja] *f* 1. (*materia*) Substanz *f;* ~ **activa** Wirkstoff *m;* **la** ~ **gris** die graue Substanz 2. (*de alimentos*) Nährwert *m*
sustancial [sustan'θjal] *adj* 1. (*esencial*) wesentlich; (*fundamental*) grundlegend 2. (*comida*) nahrhaft 3. (*libro*) gehaltvoll
sustancioso, -a [sustan'θjoso] *adj* nahrhaft; (*libro*) gehaltvoll
sustantivo [sustan'tiβo] *m* Substantiv *nt*
sustentar [susten'tar] *vt* 1. halten; (*columna*) stützen 2. (*esperanza*) aufrechterhalten 3. (*familia*) unterhalten
sustento [sus'tento] *m* (Lebens)unterhalt *m*
sustitución [sustitu'θjon] *f* Ersatz *m;* (*temporal de alguien*) Vertretung *f*
sustituir [sustitu'ir] *irr como huir vt* 1. (*algo*) ersetzen 2. (DEP) auswechseln 3. (*a alguien*) vertreten; (*definitivamente*) ersetzen
susto ['susto] *m* Schreck(en) *m;* **dar un** ~ einen Schreck einjagen; **pegarse un** ~ erschrecken; **pegarle un** ~ **a alguien** jdn erschrecken
sustraer [sustra'er] *irr como traer* I. *vt* 1. (*restar*) abziehen 2. (*robar*) stehlen 3. (*privar*) entziehen II. *vr:* ~**se de algo** sich etw *dat* entziehen
susurrar [susu'rrar] *vi* 1. (*hablar bajo*) flüstern; (*no claro*) murmeln; ~ **algo a alguien** jdm etw zuflüstern 2. (*viento*) rauschen
susurro [su'surro] *m* 1. (*al hablar*) Flüstern *nt;* (*no claro*) Murmeln *nt* 2. (*del viento*) Rauschen *nt*
sutil [su'til] *adj* 1. (*hilo*) fein; (*rebana-*) *da*) dünn 2. (*sabor*) fein; (*aroma*) zart 3. (*ironía*) subtil; (*sistema*) raffiniert 4. (*persona*) spitzfindig
sutileza [suti'leθa] *f f* 1. (*de hilo*) Feinheit *f* 2. (*de sabor*) Feinheit *f;* (*de aroma*) Zartheit *f* 3. (*de ironía*) Subtilität *f;* (*de sistema*) Raffiniertheit *f* 4. (*de persona*) Spitzfindigkeit *f*
suyo, -a ['suɟo] *adj o pron* (*de él*) seine(r); (*de ella, ellos, ellas*) ihre(r); (*de usted, ustedes*) Ihre(r); **el regalo es** ~ das Geschenk ist von ihm/ihr; **ya ha hecho otra de las suyas** (*fam*) er/sie hat schon wieder was Schönes angerichtet; **Albert es muy** ~ Albert ist sehr eigen; **eso es muy** ~ das ist typisch für ihn/sie; **ir a lo** ~ eigene Wege gehen

T

T, t [te] *f* T, t *nt*
tabaco [ta'βako] *m* Tabak; **¿tienes** ~**?** hast du Zigaretten?
taberna [ta'βerna] *f* Kneipe *f*
tabique [ta'βike] *m* Trennwand *f*
tabla ['taβla] *f* 1. (*plancha*) Brett *nt* 2. (*lista*) Tabelle *f;* (*cuadro*) Tafel *f* 3. (*loc*): **a raja** ~ koste es, was es wolle
tablado [ta'βlaðo] *m* 1. (*suelo*) Holzboden *m* 2. (*entarimado*) Podium *nt* 3. (*del escenario*) Bühne *f*
tablao [ta'βlao] *m* Flamencolokal *nt*
tablero [ta'βlero] *m:* ~ **de ajedrez/ damas** Schach-/Damebrett *nt*
tableta [ta'βleta] *f* Tablette *f*
tablón [ta'βlon] *m* 1. Brett *nt;* ~ **de anuncios** schwarzes Brett 2. (*Am*) Beet *nt,* Feld *nt*

tabú [ta'βu] <tabúes> *m* Tabu *nt*

taburete [taβu'rete] *m* Hocker *m*

tacaño, -a [ta'kaɲo] *adj* knauserig

tachar [ta'tʃar] *vt* (durch)streichen

tacho ['tatʃo] *m* (*Am*) Kessel *m*; (*hojalata*) Blech *nt*; (*cubo*) Mülleimer *m*

tachón [ta'tʃon] *m* (*borrón*) Strich *m*

taco ['tako] *m* 1. (*pedazo*) Block *m* 2. (*de papel*) Block *m* 3. (*fam: palabrota*) Schimpfwort *nt;* **decir** [*o* **soltar**] **~s** fluchen 4. *pl* (*fam: años*) Jahre *ntpl*

tacón [ta'kon] *m* Absatz *m*

taconeo [tako'neo] *m* Aufstampfen *nt*

táctica ['taktika] *f* Taktik *f*

táctico, -a ['taktiko] *adj* taktisch

tacto ['takto] *m* 1. (*sentido*) Tastsinn *m* 2. (*habilidad*) Takt *m;* **no tener ~** taktlos sein

tajada [ta'xaða] *f* 1. Scheibe *f;* **sacar ~ de algo** von etw *dat* profitieren 2. (*fam*) Rausch *m*

tajante [ta'xante] *adj* unnachgiebig; (*medidas*) drastisch

tajo ['taxo] *m* 1. (*corte*) Schnitt *m;* **darse un ~ en el dedo** sich *dat/akk* in den Finger schneiden 2. (*fam*) Arbeit *f;* **ir al ~** arbeiten gehen

tal [tal] **I.** *adj* 1. (*igual*) so; **~ día hace un año** heute vor einem Jahr; **en ~ caso** in so einem Fall; **no digas ~ cosa** sag so etwas nicht 2. (*tanto*) so; **la distancia es ~ que...** die Entfernung ist so groß, dass ... 3. (*cierto*) gewiss **II.** *pron* 1. (*alguien*): **~ o cual** irgendjemand 2. (*cosa*): **no haré ~** ich mache so etwas nicht; **¡no hay ~!** das ist nicht wahr!; **... y ~** (*enumeración*) ... und dergleichen **III.** *adv* 1. (*así*) so 2. (*de la misma manera*) genauso; **~ y como** genauso wie 3. (*cómo*): **¿qué ~ (te va)?** wie geht's (dir)?; **¿qué ~ te lo has pasado?** wie war's? **IV.** *conj:*

con ~ de... +*inf*, **con ~ de que...** +*subj* (*mientras*) wenn nur ...; (*condición*) vorausgesetzt, dass ...

tala ['tala] *f* (*de árboles*) Fällen *nt;* (*destrucción*) Verwüstung *f*

taladro [ta'laðro] *m* Bohrer *m*

talante [ta'lante] *m* 1. (*modo*) Art *f* 2. (*humor*) Laune *f;* **de buen/mal ~** gut/schlecht gelaunt 3. (*gana*): **de buen ~** gerne

talar [ta'lar] *vt* (*árboles*) fällen; (*destruir*) verwüsten

talco ['talko] *m* Talk *m;* (*polvos*) Puder *m* *o* *nt*

talego [ta'leɣo] *m* (*argot*) Knast *m*

talento [ta'lento] *m* Talent *nt;* **de gran ~** hochbegabt; **tener ~ para los idiomas** sprachbegabt sein

talentoso, -a [talen'toso] *adj* begabt

Talgo ['talɣo] *m* *abr de* **Tren Articulado Ligero Goicoechea Oriol** Talgo *m* (*spanischer Intercityzug*)

talismán [talis'man] *m* Talisman *m*

talla ['taʎa] *f* 1. (*de diamante*) Schliff *m* 2. (*en madera*) Schnitzerei *f* 3. (*estatura*) Körpergröße *f;* **no dar la ~** (MIL) wehrdienstuntauglich sein; (*fig*) der Situation nicht gewachsen sein 4. (*de vestido*) (Konfektions)größe *f* 5. (*moral*) Format *nt*

tallar [ta'ʎar] *vt* 1. (*diamante*) schleifen 2. (*madera*) schnitzen; (*en piedra*) meißeln

talle ['taʎe] *m* (*cintura*) Taille *f;* (*figura*) Figur *f*

taller [ta'ʎer] *m* Werkstatt *f;* **~ artesanal** Handwerksbetrieb *m*

tallo ['taʎo] *m* (BOT) Stiel *m;* (*renuevo*) Schössling *m;* (*germen*) Keim *m*

talón [ta'lon] *m* 1. Ferse *f* 2. (*cheque*) Scheck *m;* **hazme un ~** stell mir einen Scheck aus

talonario [talo'narjo] *m* Scheckheft *nt*

tamaño [ta'maɲo] *m* Größe *f;* (*for-*

mato) Format *nt*

tambalear(se) [tambale'ar(se)] *vi, vr* schwanken; (*fig*) ins Wanken geraten

tambarria [tam'barrja] *f* (*Am*) Rummel *m*, Fest *nt*

también [tam'bjen] *adv* auch

tambo ['tambo] *m* (*Am: vaquería*) Molkerei *f*

tambor [tam'bor] *m* Trommel *f;* **tocar el ~** trommeln

Támesis ['tamesis] *m:* **el ~** die Themse

tamiz [ta'miθ] *m* Sieb *nt*

tampoco [tam'poko] *adv* auch nicht

tampón [tam'pon] *m* Stempelkissen *nt;* (*para la mujer*) Tampon *m*

tan [tan] *adv* so; **~... como...** so ...wie ...; **ni ~ siquiera** nicht einmal

tanda ['tanda] *f* 1. (*turno*) Reihe *f* 2. (*serie*) Reihe *f;* **por ~s** reihenweise

tangente [tan'xente] *f* Tangente *f*

tangible [tan'xiβle] *adj* berührbar; (*fig*) handfest

tango ['tango] *m* Tango *m*

tanque ['tanke] *m* (MIL) Panzer *m;* (*cisterna*) Tank *m;* (*Am*) Teich *m*

tantear [tante'ar] *vt* 1. (*calcular*) (grob) berechnen; (*tamaño*) (grob) ausmessen 2. (*probar*) prüfen; (*sondear a alguien*) vorfühlen (bei +*dat*); **~ el terreno** (*fig*) die Lage sondieren

tanto, -a¹ ['tanto] I. *adj* 1. (*comparativo*) so viel; **no tengo ~s como tú** ich bin nicht so alt wie du 2. (*tal cantidad*) so viel; **¡hace ~ tiempo que no te veo!** ich habe dich so lange nicht mehr gesehen!; **~ gusto en conocerle** ich habe mich sehr gefreut, Sie kennen zu lernen; **¿a qué se debe tanta risa?** worüber wird hier so gelacht? 3. *pl* (*indefinido*): **tener 40 y ~s años**

über vierzig sein; **venir a las tantas** (*fam*) sehr spät kommen II. *pron dem:* **~s** so viele; **coge ~s como quieras** nimm, so viel du möchtest; **no llego a ~** da bin ich überfordert

tanto² ['tanto] I. *m* 1. bestimmte Menge *f;* (COM) Teilbeitrag *m* 2. (*loc*): **estar al ~ de algo** über etw auf dem Laufenden sein II. *adv* 1. (*de tal modo*) so (sehr); **no es para ~** so schlimm ist es nun auch wieder nicht 2. (*de duración*) so lange; **tu respuesta tardó ~ que...** deine Antwort kam so spät, dass ... 3. (*comparativo*) (genau)so viel; **~ mejor/peor** umso besser/ schlechter; **~ como** (+ *subst*) genau(so) wie; **~ si llueve como si no...** egal, ob es regnet oder nicht, ... 4. (*loc*): **entre ~** währenddessen, inzwischen; **por (lo) ~** also; **~... como...** sowohl ..., als auch ...; **en ~ (que)** +*subj* (*mientras*) solange

tapa ['tapa] *f* 1. (*cubierta*) Deckel *m;* **~ de rosca** Schraubverschluss *m;* **libro de ~s duras** Hardcover *nt* 2. (*de zapato*) Absatz *m* 3. (GASTR) Snack *m;* **una ~ de aceitunas** eine Portion Oliven

tapadera [tapa'ðera] *f* Deckel *m*

tapar [ta'par] I. *vt* 1. bedecken; (*en cama*) zudecken 2. (*agujero*) zustopfen; (*botella*) verschließen II. *vr:* **~se** 1. (*en cama*) sich zudecken 2. (*oídos, ojos*) sich *dat* zuhalten; **~se la cara** sich *dat* die Hände vor das Gesicht halten

tapete [ta'pete] *m* Tischdecke *f*

tapia ['tapja] *f* Gartenmauer *f;* **estar más sordo que una ~** stocktaub sein

tapiz [ta'piθ] *m* Wandteppich *m;* (*con dibujos*) Gobelin *m*

tapón [ta'pon] *m* 1. Verschluss *m* 2. (MED) Tampon *m*

taponar [tapo'nar] *vt* **1.** (*cerrar*) verschließen **2.** (*herida*) tamponieren

tapujo [ta'puxo] *m:* **andar con ~s** heimlich tun

taquear [take'ar] **I.** *vi* (*Am*) Billard spielen; (*arma*) schießen; (*llenar*) vollstopfen **II.** *vr:* ~**se** (*Am*) sich vollstopfen

taquilla [ta'kiʎa] *f* **1.** (*armario*) Schließfach *nt* **2.** (TEAT, CINE, DEP) Kasse *f;* (FERRO) (Fahrkarten)schalter *m;* **éxito de ~** Kassenerfolg *m*

taquillero, -a [taki'ʎero] *adj:* **artista ~/película taquillera** Kassenmagnet *m*

tara ['tara] *f* Mangel *m*

tarado, -a [ta'raðo] *adj* schadhaft; (*alocado*) verrückt

tarántula [ta'raɳtula] *f* Tarantel *f*

tararear [tarare'ar] *vt* trällern

tardanza [tar'ðanθa] *f* Verspätung *f*

tardar [tar'ðar] *vi* **1.** (*emplear tiempo*) brauchen; **a más ~** spätestens; **sin ~** unverzüglich; **no tardo nada** ich brauche nicht lange **2.** (*demasiado tiempo*): **~ en llegar** zu spät kommen; **¡no tardes!** komm bald zurück!

tarde ['tarðe] **I.** *f* **1.** (*primeras horas*) Nachmittag *m;* **por la ~** nachmittags; **¡buenas ~s!** guten Tag! **2.** (*últimas horas*) Abend *m;* **¡buenas ~s!** guten Abend! **II.** *adv* spät; **~ o temprano** früher oder später; **de ~ en ~** von Zeit zu Zeit; **se me hace ~** ich bin spät dran

tardío, -a [tar'ðio] *adj* spät; (*lento*) langsam

tarea [ta'rea] *f* **1.** (*faena*) Aufgabe *f* **2.** (*trabajo*) Arbeit *f;* **~s de la casa** Hausarbeit *f* **3.** *pl* (ENS) Hausaufgaben *fpl*

tarifa [ta'rifa] *f* Tarif *m*

tarima [ta'rima] *f* Podium *nt*

tarjeta [tar'xeta] *f* Karte *f;* **~ de embarque** (AERO) Bordkarte *f;* **~ de sonido** (INFOR) Soundkarte *f*

tarro ['tarro] *m* **1.** Becher *m;* (*de cristal*) Glas *nt* **2.** (*fam*) Schädel *m;* **comer el ~ a alguien** auf jdn einschwätzen

tarta ['tarta] *f* Torte *f*

tartamudear [tartamuðe'ar] *vi* stottern

tartamudo, -a [tarta'muðo] *m, f* Stotterer, -in *m, f*

tasa ['tasa] *f* **1.** (*valoración*) Schätzung *f* **2.** (*precio*) Preis *m;* (*derechos*) Gebühr *f* **3.** (*de joya*) Schätzwert *m* **4.** (*porcentaje*) Rate *f;* **~ de desempleo** Arbeitslosenquote *f*

tasar [ta'sar] *vt* **1.** den Preis festsetzen (für +*akk*); (*impuesto*) besteuern **2.** (*valorar*) schätzen (*en* auf +*akk*)

tasca ['taska] *f* Kneipe *f*

tata ['tata] *m* (*Am*) Vati *m*

tatarabuelo, -a [tatara'βwelo] *m, f* Ururgroßvater, Ururgroßmutter *m, f*

tataranieto, -a [tatara'njeto] *m, f* Ururenkel(in) *m(f)*

tatuaje [tatu'axe] *m* Tätowierung *f*

tatuar [tatu'ar] <1. *pres:* tatúo> *vt* tätowieren

taurino, -a [tau̯'rino] *adj* Stier(kampf)-

Tauro ['tau̯ro] *m* (ASTR) Stier *m;* **soy ~** ich bin Stier

taxi ['taˠsi] *m* Taxi *nt*

taxista [taˠ'sista] *mf* Taxifahrer(in) *m(f)*

taza ['taθa] *f* **1.** (*de café*) Tasse *f* **2.** (*del wáter*) Klobecken *nt*

te [te] **I.** *f* T *nt* **II.** *pron pers* **1.** (*objeto directo*) dich; **¡míra~!** schau dich mal an! **2.** (*objeto indirecto*) dir **III.** *pron refl:* **~ levantas** du stehst auf; **¿~ has lavado los dientes?** hast du dir die Zähne geputzt?

té [te] *m* Tee *m*

teatral [tea'tral] *adj* Theater-; (*efecto*)

Bühnen-; (*fig*) theatralisch

teatro [te'atro] *m* (*t. fig*) Theater *nt*; **obra de ~** Theaterstück *nt*; (LIT) Schauspiel *nt*; **hacer ~** (*t. fig*) Theater spielen; (*exagerar*) Theater machen

tebeo [te'βeo] *m* Comic(heft) *nt*

techo [te'tʃo] *m* (Zimmer)decke *f*

tecla ['tekla] *f* Taste *f*

teclado [te'klaðo] *m* Tastatur *f*

teclear [tekle'ar] *vi* (*piano*) die Tasten anschlagen; (*ordenador*) tippen

técnica ['teɣnika] *f* Technik *f*

tecnicismo [teɣni'θismo] *m* Fachausdruck *m*

técnico, -a ['teɣniko] **I.** *adj* **1.** (*de la técnica*) technisch **2.** (*de especialidad*) fachlich **II.** *m, f* (*especialista*) Fachmann, -frau *m, f*; (TÉC) Techniker(in) *m(f)*

tecnología [teɣnolo'xia] *f* **1.** (TÉC) Technologie *f*; **~ punta** Spitzentechnologie *f* **2.** (*técnica*) Technik *f*

tecnológico, -a [teɣno'loxiko] *adj* **1.** (TÉC) Technologie-; (*desarrollo*) technologisch; **parque ~** Technologiepark **2.** (*técnico*) technisch

tecolote [teko'lote] *m* (*AmC, Méx*) Uhu *m*

tedioso, -a [te'ðjoso] *adj* langweilig

teja ['texa] *f* Dachziegel *m*

tejado [te'xaðo] *m* Dach *nt*

tejano, -a [te'xano] *adj*: **pantalón ~** Jeans(hose) *f*

tejanos [te'xanos] *mpl* Jeans *f*

tejer [te'xer] *vt* weben; (*cestos, trenzas*) flechten; (ZOOL) spinnen; (*intrigas, plan*) schmieden

tejido [te'xiðo] *m* Gewebe *nt*; (*tela*) Stoff *m*

tejón [te'xon] *m* Dachs *m*

tela ['tela] *f* **1.** (*tejido*) Stoff *m*; **~ de araña** Spinnennetz *nt*; **~ metálica** Maschendraht *m* **2.** (*fam: asunto*) Thema *nt*; **este asunto trae ~** es

steckt einiges hinter dieser Sache **3.** (*lienzo*) Leinwand *f* **4.** (*fam: dinero*) Kohle *f* **5.** (*loc*): **poner algo en ~ de juicio** (*dudar*) etw in Frage stellen

telar [te'lar] *m* Webstuhl *m*

telaraña [tela'raɲa] *f* Spinnennetz *nt*

tele ['tele] *f* (*fam*) *abr de* **televisión:** **ver la ~** Fernsehen gucken

telebanco [tele'βaŋko] *m* Telebanking *nt*

telecabina [teleka'βina] *f* Seilbahn *f*

telecompra [tele'kompra] *f* Teleshopping *nt*

telecomunicación [telekomunika'θjon] *f* **1.** (*sistema*) Nachrichtentechnik *f* **2.** *pl* (*empresa*) Fernmeldewesen *nt*

telediario [tele'ðjarjo] *m* (Fernseh)nachrichten *fpl*

teledirigir [telediri'xir] <g → j> *vt* fernsteuern

teleférico [tele'feriko] *m* (Draht)seilbahn *f*

telefonear [telefone'ar] **I.** *vt* **1.** (*comunicar*) telefonisch mitteilen **2.** (*fam: a alguien*) anrufen **II.** *vi* telefonieren

telefonía [telefo'nia] *f* Fernmeldewesen *nt*

Telefónica [tele'fonika]: **la ~** *die spanische Telefongesellschaft*

telefónico, -a [tele'foniko] *adj* telefonisch; **cabina telefónica** Telefonzelle *f*; **guía telefónica** Telefonbuch *nt*; **llamada telefónica** Anruf *m*

telefonista [telefo'nista] *mf* Telefonist(in) *m(f)*

teléfono [te'lefono] *m* Telefon *nt*; **~ de tarjeta** Kartentelefon *nt*; **~ público** öffentlicher Fernsprecher; **por ~** telefonisch; **hablar por ~** telefonieren; **llamar por ~** anrufen

telegrafía [teleɣra'fia] *f* Telegrafie *f*

telegrafiar [teleɣrafi'ar] <3. *pret: te-*

legrafió> *vi, vt* telegrafieren

telegrama [tele'ɣrama] *m* Telegramm *nt*

telemática [tele'matika] *f* Datenfernübertragung *f*

telenovela [teleno'βela] *f* Seifenoper *f*

teleobjetivo [teleoβxe'tiβo] *m* Teleobjektiv *nt*

telepatía [telepa'tia] *f* Telepathie *f*

telescopio [teles'kopjo] *m* Teleskop *nt*

telespectador(a) [telespekta'ðor] *m(f)* Fernsehzuschauer(in) *m(f)*

teletexto [tele'testo] *m* Videotext *m*

teletienda [tele'tjeṇda] *f* Teleshopping *nt*

teletipo [tele'tipo] *m* Fernschreiber *m*

teletrabajo [teletra'βaxo] *m* Tele(heim)arbeit *f*

televisar [teleβi'sar] *vt* senden; (*en directo*) übertragen

televisión [teleβi'sjon] *f* **1.** (*sistema*) Fernsehen *nt;* ~ **digital** digitales Fernsehen; ~ **de pago** Pay-TV *nt* **2.** (*fam: televisor*) Fernseher *m;* ~ **en color** Farbfernseher *m*

televisor [teleβi'sor] *m* Fernsehgerät *nt*

telón [te'lon] *m* Vorhang *m;* ~ **de fondo** Hintergrund *m*

tema ['tema] *m* Thema *nt*

temblar [tem'blar] <e → ie> *vi* zittern; ~ **de miedo** vor Angst zittern; ~ **por alguien** um jdn zittern

temblor [tem'blor] *m* Zittern *nt;* (*escalofrío*) Schauder *m;* ~ **de frío** Schüttelfrost *m;* ~ **(de tierra)** Erdbeben *nt*

temer [te'mer] **I.** *vi* sich fürchten; ~ **por alguien** um jdn bangen **II.** *vt, vr:* ~**se** (be)fürchten

temerario, -a [teme'rarjo] *adj* waghalsig; (*sin fundamento*) unüberlegt

temeroso, -a [teme'roso] *adj* **1.** (*medroso*) ängstlich **2.** (*temible*) Furcht erregend

temible [te'miβle] *adj* Furcht erregend

temor [te'mor] *m* Furcht *f* (*a/de* vor +*dat*); (*sospecha*) Befürchtung *f*

témpano ['tempano] *m:* **quedarse como un** ~ starr vor Kälte sein

temperamento [tempera'meṇto] *m* Temperament *nt;* **tener mucho** ~ sehr temperamentvoll sein

temperatura [tempera'tura] *f* (Körper)temperatur *f;* (*fiebre*) Fieber *nt;* **tengo algo de** ~ ich habe (erhöhte) Temperatur

tempestad [tempes'taθ] *f* Gewitter *nt;* (*marejada*) Sturm *m*

templado, -a [tem'plaðo] *adj* **1.** (*tibio*) lau(warm) **2.** (*temperado*) mild **3.** (*moderado*) maßvoll

temple ['temple] *m* **1.** (*valentía*) Mut *m* **2.** (*carácter*) Gemüt *nt*

templo ['templo] *m* Tempel *m;* **una verdad como un** ~ (*fam*) eine unumstößliche Wahrheit

temporada [tempo'raða] *f* Zeit *f;* (*época*) Saison *f;* **fruta de** ~ Obst der Jahreszeit

temporal [tempo'ral] *m* Gewitter *nt;* (*marejada*) Sturm *m*

temporario, -a [tempo'rarjo] *adj* (*Am*) zeitweilig

temprano¹ [tem'prano] *adv* **1.** (*a primera hora*) früh; ~ **por la mañana** frühmorgens **2.** (*antes*) vorzeitig; **llegar (demasiado)** ~ zu früh sein

temprano, -a² [tem'prano] *adj* früh; **a edad temprana** in jungen Jahren

tenaz [te'naθ] *adj* beharrlich; (*persistente*) hartnäckig

tenaza(s) [te'naθa(s)] *f(pl)* Zange *f*

tendencia [teṇ'deṇθja] *f* **1.** (*inclinación*) Neigung *f* (*a* zu +*dat*); **tener** ~ **a algo** zu etw *dat* neigen

2. (*dirección*) Tendenz *f* 3. (*aspiración*) Streben *nt* (*a* nach +*dat*); **~s autonomistas** Autonomiebestreben *nt*

tender [ten'der] <e → ie> **I.** *vt* 1. (*desdoblar*) ausbreiten (*sobre* auf +*dat*); **~ la mesa** (*Am*) den Tisch decken 2. (*tumbar*) hinlegen (*sobre/en* auf +*akk*) 3. (*ropa*) aufhängen 4. (*aproximar*) reichen; **~ la mano a alguien** (*fig*) jdm helfen **II.** *vi* tendieren; (*inclinarse*) neigen (*a* zu +*dat*)

tendido [ten'diðo] *m* (*Am*) Bettwäsche *f*

tendón [ten'don] *m* Sehne *f*

tenebroso, -a [tene'βroso] *adj* finster; (*tétrico*) düster

tenedor [tene'ðor] *m* Gabel *f*

tener [te'ner] *irr* **I.** *vt* 1. (*poseer, disfrutar, sentir, padecer*) haben; **~ 29 años** 29 (Jahre alt) sein; **¿(con que) ésas tenemos?** so ist das also!; **~ la culpa de algo** an etw *dat* schuld sein; **¿tienes frío?** ist dir kalt?; **~ sueño** müde sein 2. (*considerar*) halten (*por* für +*akk*) 3. (*guardar*) aufbewahren 4. (*contener*) beinhalten 5. (*coger*) nehmen 6. (*sujetar*) festhalten 7. (*recibir*) bekommen; **ha tenido un niño** sie hat ein Kind gekriegt *fam* 8. (*hacer sentir*): **me tienes preocupada** ich mache mir deinetwegen Sorgen 9. (*loc*): **~ cuidado** vorsichtig sein; **me tiene sin cuidado** das ist mir egal; **~ prisa** es eilig haben; **~ en cuenta** berücksichtigen **II.** *vr:* **~se** 1. (*considerarse*) sich halten (*por* für +*akk*); **~se en mucho** viel auf sich halten 2. (*sostenerse*) sich halten; **~se de pie** stehen (bleiben); **estoy que no me tengo** ich bin todmüde **III.** *aux* 1. (*con participio concordante*): **~ pensado hacer algo** vorhaben

etw zu tun 2. (*obligación, necesidad*): **~ que** müssen; **~ mucho que hacer** viel zu tun haben; **¿qué tiene que ver esto conmigo?** was hat das mit mir zu tun?

Tenerife [tene'rife] *m* Teneriffa *nt*

tenia ['tenja] *f* Bandwurm *m*

teniente [te'njente] *m* Leutnant *m*; **~ coronel** Oberstleutnant *m*

tenis ['tenis] *m* Tennis *nt*

tenista [te'nista] *mf* Tennisspieler(in) *m(f)*

tenor [te'nor] *m* Tenor *m*; **a ~ de** gemäß +*dat*

tensar [ten'sar] *vt* straffen

tensión [ten'sjon] *f* 1. (FÍS) Spannung *f* 2. (*piel*) Straffheit *f*; (*nervios*) (An)spannung *f*; **película f; ~** Thriller *m* 3. (MED): **~ arterial** Blutdruck *m* 4. *pl* (*conflicto*) Spannungen *fpl*

tenso, -a ['tenso] *adj* (an)gespannt; (*cuerda*) straff

tentación [tenta'θjon] *f* Versuchung *f*

tentar [ten'tar] <e → ie> *vt* (ver)locken; (*seducir*) verführen (*a* zu +*dat*); **no me tientes** führe mich nicht in Versuchung

tentativa [tenta'tiβa] *f* Versuch *m*; **~ de robo** versuchter Diebstahl

tentempié [tentem'pje] *m* (*fam*) Snack *m*

tenue ['tenwe] *adj* 1. dünn; (*delicado*) fein 2. (*sutil*) zart; (*débil*) schwach; **luz ~** Dämmerlicht *nt*

teñir(se) [te'ñir(se)] *irr como ceñir vt, vr* (sich) färben; **~ de rojo** (sich) rot färben; **~ de tristeza** mit Trauer erfüllen

teología [teolo'xia] *f* Theologie *f*

teólogo, -a [te'oloγo] **I.** *adj* theologisch **II.** *m, f* Theologe, -in *m, f*

teoría [teo'ria] *f* Theorie *f*; **en ~** theoretisch

teórico, -a [te'oriko] *adj* theoretisch

tequila [te'kila] *m* Tequila *m*

TER [ter] *m abr de* **Tren Español Rápido** TER *m* (*spanischer IC*)

terapeuta [tera'peuta] *mf* Therapeut(in) *m(f)*

terapéutico, -a [tera'peutiko] *adj* therapeutisch

terapia [te'rapja] *f* Therapie *f*

tercer [ter'θer] *adj v.* **tercero, -a**

Tercer Mundo [ter'θer 'mundo] *m* Dritte Welt *f*

tercero, -a [ter'θero] *adj* (*delante de un sustantivo masculino: tercer*) dritte(r, s); **terceras personas** Dritte *pl;* **en tercer lugar** drittens; *v.t.* **octavo**

terciar [ter'θjar] I. *vi* eingreifen; (*mediar*) vermitteln (*con* bei + *dat*) II. *vr, vimpers:* ~**se** sich ergeben; **si se tercia** wenn es sich ergibt

tercio ['terθjo] *m* Drittel *nt; v.t.* **octavo**

terciopelo [terθjo'pelo] *m* Samt *m*

terco, -a ['terko] *adj* stur; (*niño*) trotzig; (*animal*) störrisch

tergiversar [terxiβer'sar] *vt* verfälschen; (*la verdad*) verdrehen

termal [ter'mal] *adj* thermal; **aguas ~es** Thermalquelle *f*

terminación [termina'θjon] *f* Abschluss *m;* (*producción*) Fertigstellung *f*

terminal¹ [termi'nal] *adj:* **un enfermo ~** ein sich im Endstadium befindender Kranker

terminal² [termi'nal] *f:* ~ **aérea** Flughafenterminal *m o nt*

terminar [termi'nar] I. *vt* **1.** beenden; (*proyecto*) abschließen; **¿cuándo terminas?** wann bist du fertig? **2.** (*producir*) fertig stellen **3.** (*consumir*) aufbrauchen II. *vi* **1.** enden; (*plazo*) ablaufen; **¿cuándo termina la película?** wann ist der Film zu Ende? **2.** (*acercarse al final*) zu Ende

gehen; **ya termina la película** der Film ist bald zu Ende **3.** (*poner fin*) aufhören **4.** (*destruir*) vernichten (*con* + *akk*); **el tabaco va a ~ contigo** das Rauchen macht dich noch kaputt **5.** (*de hacer algo*): ~ **de hacer** fertig machen **6.** (*separarse*) Schluss machen **7.** (*llegar a*): ~ **por hacer algo** schließlich etw tun **8.** (*haber hecho*): ~ **de hacer algo** gerade etwas getan haben III. *vr:* ~**se** zu Ende gehen; (*no haber más*) ausgehen

término ['termino] *m* **1.** (*fin*) Ende *nt;* **llevar a ~** zu Ende bringen **2.** (*plazo*) Zeitraum *m;* **en el ~ de quince días** innerhalb von zwei Wochen **3.** (*linde*) Grenze *f* **4.** (ADMIN) Bezirk *m* **5.** (LING) Terminus *m;* **en otros ~s** mit anderen Worten **6.** (*loc*): **por ~ medio** durchschnittlich; **en primer ~** an erster Stelle; **en último ~** letztendlich

terminología [terminolo'xia] *f* Fachwortschatz *m*

terminológico, -a [termino'loxiko] *adj* fachsprachlich; **diccionario ~** Fachwörterbuch *nt*

terminótica [termi'notika] *f* (LING) computerunterstützte Terminologiearbeit

termita [ter'mita] *f* Termite *f*

termo ['termo] *m* Thermosflasche *f*

termómetro [ter'mometro] *m* Thermometer *nt*

termostato [termos'tato] *m* Thermostat *m*

ternera [ter'nera] *f* Kalbfleisch *nt*

ternero, -a [ter'nero] *m, f* Kalb *nt*

ternilla [ter'niʎa] *f* Knorpel *m*

ternura [ter'nura] *f* **1.** (*cariño*) Zärtlichkeit *f* **2.** (*dulzura*) Lieblichkeit *f* **3.** (*delicadeza*) Zartheit *f*

Terranova [terra'noβa] *f* Neufundland *nt*

terraplén [terra'plen] *m* (Erd)aufschüttung *f;* (*protección*) (Erd)wall *m*

terráqueo, -a [te'rrakeo] *adj* Erd-; **globo** ~ Erdkugel *f*

terrateniente [terrate'njeņte] *mf* Großgrundbesitzer(in) *m(f)*

terraza [te'rraθa] *f* Terrasse *f*

terremoto [terre'moto] *m* Erdbeben *nt*

terrenal [terre'nal] *adj* irdisch

terreno [te'rreno] *m* **1.** (*suelo*) (Erd)boden *m;* ~ **arcilloso** Tonboden *m* **2.** (*espacio*) Gelände *nt;* (*parcela*) Grundstück *nt;* ~ **edificable** Bauland *nt;* **vehículo todo** ~ Geländefahrzeug *nt* **3.** (*esfera*) Gebiet *nt;* ~ **desconocido** Neuland *nt* **4.** (*loc*): **sobre el** ~ an Ort und Stelle; **ganar/perder** ~ an Boden gewinnen/verlieren

terrestre [te'rrestre] *adj* **1.** (*de la Tierra*) Erd-; **globo** ~ Erdkugel *f* **2.** (*en la tierra*) Land-; **animal** ~ Landlebewesen *nt* **3.** (*terrenal*) irdisch

terrible [te'rriβle] *adj* schrecklich; **hace un frío** ~ es ist schrecklich kalt; **tener un hambre** ~ furchtbar hungrig sein

territorial [territo'rjal] *adj* **1.** (GEO, POL) territorial; **división** ~ Gebietsteilung *f* **2.** (ZOOL) Revier-

territorio [terri'torjo] *m* **1.** Gebiet *nt;* (POL) Territorium *nt;* (JUR) Bezirk *m;* ~ **jurisdiccional** Gerichtsbezirk *m* **2.** (ZOOL) Revier *nt*

terrón [te'rron] *m* Klumpen *m;* ~ **(de azúcar)** Stück Zucker; ~ **(de tierra)** Erdklumpen *m*

terror [te'rror] *m* **1.** (*miedo*) (panische) Angst *f;* **película de** ~ Horrorfilm *m* **2.** (*que provoca miedo*) Schrecken *m*

terrorismo [terro'rismo] *m* Terrorismus *m*

terrorista [terro'rista] **I.** *adj* terroristisch; **organización** ~ Terrororganisation *f* **II.** *mf* Terrorist(in) *m(f)*

terso, -a ['terso] *adj* glatt; (*tirante*) straff

tertulia [ter'tulja] *f* (Gesprächs)kreis *m;* (*en un bar*) Stammtisch *m*

tesina [te'sina] *f* Diplomarbeit *f;* (*en Letras*) Magisterarbeit *f*

tesis ['tesis] *f inv* These *f;* (*trabajo*) Dissertation *f*

tesón [te'son] *m* Beharrlichkeit *f;* **trabajar con** ~ hart arbeiten

tesorería [tesore'ria] *f* **1.** (*cargo*) Schatzmeisteramt *nt* **2.** (*despacho, t.* FIN) Kasse *f*

tesorero, -a [teso'rero] *m, f* Schatzmeister(in) *m(f)*

tesoro [te'soro] *m* **1.** (*de gran valor*) Schatz *m* **2.** (*fortuna*) Vermögen *nt;* ~ **(público)** Fiskus *m* **3.** (*cariño*) Schatz *m*

test [tesᵗ] *m* Test *m*

testamento [testa'meņto] *m* Testament *nt*

testarudo, -a [testa'ruðo] *adj* dickköpfig

testículo [tes'tikulo] *m* Hoden *m*

testificar [testifi'kar] <c → qu> **I.** *vt* erklären; (*testigo*) aussagen **II.** *vi* (als Zeuge) aussagen

testigo [tes'tiɣo] *mf* Zeuge, -in *m, f;* ~ **de cargo/de descargo** Belastungs-/Entlastungszeuge *m;* ~ **de matrimonio** Trauzeuge *m;* ~ **ocular** Augenzeuge *m*

testimoniar [testimo'njar] **I.** *vt* **1.** (*declarar*) aussagen **2.** (*afirmar*) bezeugen **3.** (*dar muestra*) bekunden **II.** *vi* (als Zeuge) aussagen

testimonio [testi'monjo] *m* **1.** (*declaración*) Aussage *f;* **dar** ~ aussagen **2.** (*afirmación*) Bezeugung *f* **3.** (*muestra*) Bekundung *f* **4.** (*prueba*) Beweis *m*

teta ['teta] *f* Brust *f;* (*ubre*) Euter *m*

tétano(s) ['tetano(s)] *m* Wundstarrkrampf *m*

tetera [te'tera] *f* **1.** (*para té*) Teekanne *f* **2.** (*Am*) Sauger *m* **3.** (*Am*) *v.* **tetero**

tetero [te'tero] *m* (*Am*) (Saug)flasche *f*

textil [tes'til] *adj* textil

texto ['testo] *m* Text *m;* **libro de ~** Schulbuch *nt*

textual [testu'al] *adj* **1.** (*relativo al texto*) textuell **2.** (*conforme al texto*) textgemäß; (*literal*) wörtlich

tez [teθ] *f* (Gesichts)haut *f;* **de ~ morena** dunkelhäutig

ti [ti] *pron pers:* **a ~** (*objeto directo*) dich; (*indirecto*) dir; **de ~** von dir; **para ~** für dich; **por ~** deinetwegen

tía ['tia] *f* **1.** Tante *f;* ¡(**cuéntaselo a**) **tu ~!** (*fam*) das kannst du deiner Großmutter erzählen!; **no hay tu ~** (*fam*) da ist nichts zu machen **2.** (*fam: mujer*) Frau *f;* (*pey*) Tante *f;* ¡**qué ~ más buena!** so ein Klasseweib! **3.** (*fam: tratamiento*): **pero ~, ¿qué te pasa, ~?** Mensch, was ist denn mit dir los?

tibetano, -a [tiβe'tano] *adj* tibetisch

tibia ['tiβja] *f* Schienbein *nt*

tibio, -a ['tiβjo] *adj* lau(warm); (*Am: fam*) sauer

tiburón [tiβu'ron] *m* Hai(fisch) *m*

tic [tik] *m* <tics> Tick *m*

tiempo ['tjempo] *m* **1.** (*momento, duración, periodo*) Zeit *f;* ~ **libre** Freizeit *f;* **a ~** rechtzeitig; **a su ~** zu gegebener Zeit; **todo a su ~** alles zu seiner Zeit; **al** (**mismo**) ~ gleichzeitig; **al ~ que...** während ...; **antes de ~** vorzeitig; **hace ~ que...** es ist schon lange (Zeit) her, dass ...; **hacer ~** sich *dat* die Zeit vertreiben; **hay ~** wir haben genug Zeit; **si me da ~...** wenn ich Zeit habe, ... **2.** (*época*) Zeit *f* **3.** (METEO) Wetter *nt;* **cerveza del ~** ungekühltes Bier; **hoy hace mal ~** heute ist schlechtes Wetter **4.** (LING) Tempus *nt*

tienda ['tjenda] *f* **1.** (*establecimiento*) Laden *m;* ~ **de comestibles** Lebensmittelgeschäft *nt* **2.** ~ (**de campaña**) Zelt *nt*

tierno, -a ['tjerno] *adj* **1.** zart; (*pan, dulces*) mürb(e) **2.** (*cariñoso*) zärtlich

tierra ['tjerra] *f* **1.** (*planeta*) Erde *f;* **echar ~ a algo** (*fig*) etw vertuschen **2.** (*firme*) (Fest)land *nt;* ~ **adentro** landeinwärts; **tomar ~** landen **3.** (*región*) Gegend *f;* **Tierra Santa** Heiliges Land **4.** (*hacienda*) Land *nt*

tieso, -a ['tjeso] *adj* **1.** (*rígido*) steif **2.** (*erguido*) aufrecht; (*orejas*) gespitzt **3.** (*engreído*) arrogant

tiesto ['tjesto] *m* Blumentopf *m*

tifón [ti'fon] *m* Taifun *m*

tifus ['tifus] *m* Typhus *m*

tigre, -a[1] ['tiɣre] *m, f* (*Am*) Jaguar *m*

tigre(sa)[2] ['tiɣre, ti'ɣresa] *m(f)* Tiger(in) *m(f)*

tijera(s) [ti'xera(s)] *f (pl)* Schere *f*

tijereta [tixe'reta] *f* Ohrwurm *m*

tila ['tila] *f* Lindenblütentee *m*

tilde ['tilde] *f* Akzent *m;* (*de la ñ*) Tilde *f*

tiliches [ti'litʃes] *mpl* (*AmC, Méx*) Gerümpel *nt*

tilo ['tilo] *m* Linde *f*

timador(a) [tima'ðor] *m(f)* Betrüger(in) *m(f)*

timar [ti'mar] *vt* **1.** (*estafar*) ergaunern **2.** (*engañar*) betrügen

timbre ['timbre] *m* Klingel *f;* **han tocado el** ~ es hat geklingelt

timidez [timi'ðeθ] *f* Schüchternheit *f*

tímido, -a ['timiðo] *adj* schüchtern

timo ['timo] *m* Betrug *m*

timón [ti'mon] *m* Steuer *nt*

tímpano ['timpano] *m* Trommelfell

nt; (*instrumento*) Pauke *f*

tina ['tina] *f* Kübel *m;* (*Am*) Badewanne *f*

tinga ['tiŋga] *f* (*Méx*) Remmidemmi *nt fam*

tiniebla [ti'njeβla] *f* Finsternis *f*

tino ['tino] *m* 1. (*puntería*) Treffsicherheit *f* 2. (*destreza*) Geschicklichkeit *f* 3. (*moderación*) Mäßigkeit *f;* **sin ~** ohne Maß und Ziel; **estar a ~** gelegen sein

tinta ['tinta] *f* Tinte *f;* **~ china** Tusche *f;* **~ de imprenta** Druckfarbe *f;* **saber algo de buena ~** etw aus guter Quelle haben; **sudar ~** sich abmühen

tinte ['tinte] *m* Färbemittel *nt;* (*tintorería*) Reinigung *f*

tinto, -a ['tinto] *adj* (wein)rot; **vino ~** Rotwein *m*

tintorería [tintore'ria] *f* (chemische) Reinigung *f*

tío, -a ['tio] *m, f* 1. (*pariente*) Onkel, Tante *m, f* 2. (*fam: hombre*) Kerl *m;* **¡oye ~** ! Mensch!

tiovivo [tio'βiβo] *m* Karussell *nt*

típico, -a ['tipiko] *adj* typisch (*de* für + *akk*)

tipo, -a[1] ['tipo] *m, f* (*fam*) Mann, Frau *m, f;* (*pey*) Type *f*

tipo[2] ['tipo] *m* 1. (*modelo*) Modell *nt* 2. (*espécimen*) Typ(us) *m* 3. (*cuerpo*) Körperbau *m;* **tener buen ~** eine gute Figur haben; **arriesgar el ~** (*fam*) sein Leben aufs Spiel setzen 4. (*clase*) Art *f* 5. **~ de cambio** Wechselkurs *m*

tíquet ['tiket] <tiquets> *m* Ticket *nt;* (*de viaje*) Fahrschein *m;* (*de espectáculos*) Eintrittskarte *f;* (*de compra*) Kassenzettel *m*

tira ['tira] *f* Band *nt*, Streifen *m;* **hacer ~s algo** etw zerreißen

tirachinas [tira'tʃinas] *m* Gummischleuder *f*

tirada [ti'raða] *f* Auflage *f;* **de una ~** (*fig*) auf einen Streich

tirado, -a [ti'raðo] *adj* (*fam: con estar: barato*) spottbillig; (*pey: con ser: descuidado*) schlampig; (*fam: fácil*) kinderleicht

tiránico, -a [ti'raniko] *adj* tyrannisch

tiranizar [tirani'θar] <z → c> *vt* tyrannisieren

tirano, -a [ti'rano] I. *adj* tyrannisch II. *m, f* Tyrann(in) *m(f)*

tirante [ti'rante] I. *adj* 1. (*tieso*) straff 2. (*conflictivo*) gespannt; **estar ~ con alguien** eine gespannte Beziehung zu jdm haben II. *m* Träger *m;* **~s** Hosenträger *m pl*

tirantez [tiran'teθ] *f* Spannung *f*

tirar [ti'rar] I. *vi* 1. (*arrastrar*) ziehen (*de* an + *dat*); **tira y afloja** Tauziehen *nt* 2. (*atraer*) anziehen 3. (*sacar*) hervorziehen (*de* + *akk*) 4. (*chimenea*) ziehen 5. (*colores*): **~ a rojo** ins Rote spielen 6. (*disparar*) schießen (*a* auf + *akk*); **~ al blanco** das Ziel treffen 7. (*loc*): **¿cómo estás? – voy tirando** wie geht's? – es geht so II. *vt* 1. (*lanzar*) werfen; **~ piedras a alguien** mit Steinen nach jdm werfen 2. (*desechar*) wegwerfen 3. (*disparar*) schießen 4. (*derribar*) zu Boden werfen III. *vr:* **~se** 1. (*lanzarse*) sich stürzen (*a* in + *akk*, *sobre* auf + *akk*) 2. (*fam: pasar*) verbringen; **~se una hora esperando** eine ganze Stunde warten 3. (*vulg*): **~se a alguien** es mit jdm treiben

tirita [ti'rita] *f* (Heft)pflaster *nt*

tiritar [tiri'tar] *vi* frösteln (*de* vor + *dat*)

tiro ['tiro] *m* 1. (*lanzamiento*) Wurf *m;* **~ a portería** Torwurf *m* 2. (*disparo*) Schuss *m;* **~ al aire** Warnschuss *m;* **a ~** in Schussweite; (*fig*) erreichbar; **no van por ahí los ~s** (*fam*) die Sache verhält sich anders 3. (*loc*): **ni a ~s** nicht um alles in der

Welt; **sentar como un ~** umhauen +*akk*

tiroides [ti'roiðes] *m* Schilddrüse *f*

tirón [ti'ron] *m:* **de un ~** in einem Zug

tisis ['tisis] *f inv* Schwindsucht *f*

titanio [ti'tanjo] *m* Titan *nt*

títere ['titere] *m* **1.** Handpuppe *f; (t. fig)* Marionette *f* **2.** *pl (espectáculo)* Puppentheater *nt*

titubear [tituβe'ar] *vi* schwanken; *(fig)* zögern

titubeo [titu'βeo] *m* **1.** *(vacilación)* Schwanken *nt; (fig)* Zögern *nt* **2.** *(balbuceo)* Stammeln *nt*

titulación [titula'θjon] *f* akademischer Titel *m*

titular[1] [titu'lar] *mf* Inhaber(in) *m(f)*

titular[2] [titu'lar] **I.** *m* Überschrift *f;* **aparecer en los ~es** Schlagzeilen machen **II.** *vt:* **el libro se titula...** das Buch trägt den Titel ...

título ['titulo] *m* Titel *m; (diploma)* Diplom *nt*

tiza ['tiθa] *f* Kreide *f;* **~ electrónica (inalámbrica)** (INFOR) (drahtloser) elektronischer Griffel

toalla [to'aʎa] *f* Handtuch *nt*

tobillo [to'βiʎo] *m* (Fuß)knöchel *m*

tobogán [toβo'ɣan] *m* Rutschbahn *f*

tocadiscos [toka'ðiskos] *m* Plattenspieler *m*

tocado, -a [to'kaðo] *adj* verrückt; **estar ~** nicht recht bei Verstand sein

tocador [toka'ðor] *m (mueble)* Toilettentisch *m; (habitación)* Toilette *f*

tocar [to'kar] <c → qu> **I.** *vt* **1.** *(contacto)* berühren; **¡toca madera!** klopf auf Holz!; **~ un tema** ein Thema streifen **2.** (MÚS) spielen; *(campana)* läuten; **~ a misa** zur Messe läuten; **~ el timbre** klingeln **II.** *vi* **1.** *(corresponder)* zustehen; **te toca jugar** du bist dran **2.** *(obligación):* **me toca barrer el patio** es ist meine Aufgabe, den Hof zu keh-

ren **3.** *(llegar el momento oportuno)* an der Zeit sein; **toca ir a la compra** es ist an der Zeit, einkaufen zu gehen **4.** *(caer en suerte)* entfallen *(a* auf *+akk)* **III.** *vr:* **~se** sich berühren

tocateja [toka'texa]: **a ~** in bar

tocayo, -a [to'kaʝo] *m, f* Namensvetter(in) *m(f)*

tocino [to'θino] *m* Speck *m*

todavía [toða'βia] *adv* **1.** *(aún)* noch; **~ no** noch nicht **2.** *(sin embargo)* trotzdem

todo[1] ['toðo] **I.** *pron indef* alles; **~ lo que** [*o* **cuanto**]**...** alles, was ...; **ante** [*o* **sobre**] **~** vor allem; **después de ~** *(fam)* letztendlich; **me invitó a comer y ~** er/sie hat mich sogar zum Essen eingeladen **II.** *adv (fam)* ganz, völlig **III.** *m sin pl* Ganze(s) *nt;* **del ~** ganz und gar; **no del ~** nicht ganz

todo, -a[2] ['toðo] *adj indef* **1.** *(entero)* ganz; **toda la familia** die ganze Familie; **a toda prisa** in aller Eile **2.** *(cada)* jede(r, s); **a toda costa** um jeden Preis **3.** *pl* alle; **~s los niños** alle Kinder; **en todas partes** überall; **de ~s modos** auf alle Fälle; **de todas todas** so oder so **4.** *(intensificación):* **ser ~ nervios** ein einziges Nervenbündel sein

todoterreno [toðote'rreno] *m* Geländefahrzeug *nt*

toldo ['toldo] *m* Sonnendach *nt; (en el balcón)* Markise *f*

toledano, -a [tole'ðano] *adj* aus Toledo

tolerancia [tole'ranθja] *f* Toleranz *f*

tolerante [tole'rante] *adj* tolerant

tolerar [tole'rar] *vt* **1.** ertragen; *(alimentos, medicinas)* vertragen **2.** *(permitir)* dulden **3.** *(aceptar)* tolerieren

toma [toma] *f* **1.** *(adquisición)* Nehmen *nt; ~* **de poder** Machtergrei-

fung *f;* ~ **de posesión** Amtsüber-
nahme *f* **2.** (*conquista*) Einnahme
f; ~ **por asalto** Erstürmung *f* **3.** (*do-sis*) Dosis *f* **4.** (TÉC) Anschluss *m*
5. (*grabación*) Aufnahme *f*
tomadura [toma'ðura] *f:* ~ **de pelo**
Scherz *m*
tomar [to'mar] **I.** *vt* **1.** (*coger*) nehmen; ~ **una decisión** eine Entschei-
dung treffen; ~ **el sol** sich sonnen
2. (*comer, beber*) zu sich *dat* neh-
men; ~ **café** Kaffee trinken **3.** (*inter-pretar*) auffassen; ~ **a la ligera** auf
die leichte Schulter nehmen; ~ **a
mal** übel nehmen; ~ **en serio** ernst
nehmen **4.** (*adquirir*) erwerben;
~ **conciencia de algo** sich *dat* einer
Sache bewusst werden **5.** (*sentir*)
empfinden; ~ **confianza a alguien**
zu jdm Vertrauen fassen **6.** (*conquis-tar*) einnehmen **7.** (*Am*): ~**la** sich
betrinken **8.** (*loc*): **¡vete a ~ por
culo!** (*vulg*) leck mich am Arsch!;
¡toma! sieh mal an! **II.** *vr:* ~**se**
1. (*coger*) sich *dat* nehmen; ~**se li-bertades** sich *dat* Freiheiten herausnehmen; ~**se unas vacaciones** sich
dat ein paar Tage Urlaub nehmen
2. (*comer, beber*) zu sich *dat* nehmen; **me he tomado un vaso de
leche** ich habe ein Glas Milch getrunken **3.** (*Am*): **tomársela** sich betrinken
tomate [to'mate] *m* Tomate *f;* **ponerse rojo como un** ~ knallrot werden
tómbola ['tombola] *f* Tombola *f*
tomillo [to'miʎo] *m* Thymian *m*
tomo ['tomo] *m* Band *m;* **de cuatro
~s** vierbändig
tonalidad [tonali'ðaᵈ] *f* (LING) Tonfall
m; (MÚS) Tonart *f;* (ARTE) Schattierung *f*
tonel [to'nel] *m* (*barril*) Fass *nt;* (*fam:
gordo*) Tonne *f*

tonelada [tone'laða] *f* Tonne *f*
tónica ['tonika] *f* Tonic(water) *nt*
tono ['tono] *m* **1.** (*altura*) Tonlage *f;*
~ **agudo/grave** hohe/tiefe Tonlage
2. (*señal*) Ton *m;* ~ **de marcar** Freizeichen *nt* **3.** (*intensidad*) Lautstärke *f;* **bajar el** ~ die Lautstärke dämpfen **4.** (*color*) Ton *m;* **en** ~ **de reproche** in vorwurfsvollem Ton; **bajar el** ~ seinen Ton mäßigen
tontear [tonte'ar] *vi* (herum)albern
tontería [tonte'ria] *f* Dummheit *f;*
(*nadería*) Lappalie *f*
tonto, -a ['tonto] *adj* dumm
topacio [to'paθjo] *m* Topas *m*
topar [to'par] **I.** *vi* stoßen (*con* auf
+*akk*) **II.** *vt* (*hallar: algo*) stoßen (auf
+*akk*); (*a alguien*) treffen (*a* +*akk*)
III. *vr:* ~**se** (*chocar*) zusammenstoßen; (*encontrar*) zufällig treffen
(*con* +*akk*)
tope ['tope] **I.** *adj* Höchst-; **velocidad**
~ Höchstgeschwindigkeit *f* **II.** *m*
Spitze *f;* **estar hasta el** ~ überfüllt
sein
tópico[1] ['topiko] *m* Klischee *nt*
tópico, -a[2] ['topiko] *adj:* **de uso** ~
zur äußerlichen Anwendung
topo ['topo] *m* (*t. fig*) Maulwurf *m*
topografía [topoɣra'fia] *f* Topogra-
phie *f*
toque ['toke] *m* **1.** (*roce*) Berührung *f*
2. (*golpe*) Klopfen *nt* **3.** (*sonido*):
~ **de atención** Warnsignal *nt*
4. (*advertencia*) Hinweis *m* **5.** (*ma-tiz*) Hauch *m* **6. dar los últimos ~s
a algo** etw *dat* den letzten Schliff
geben
toquilla [to'kiʎa] *f* Schultertuch *nt*
tórax ['toraˠs] *m* Brustkorb *m*
torbellino [torβe'ʎino] *m* Wirbel *m;*
ser un ~ ein richtiger Wirbelwind
sein
torcer [tor'θer] *irr como cocer* **I.** *vi*
abbiegen; ~ **a la izquierda** nach

links abbiegen **II.** *vt* **1.** (*encorvar*) biegen **2.** (*dar vueltas*) (ver)drehen **3.** (*referente al gesto*): ~ **el gesto** das Gesicht verziehen **III.** *vr:* ~**se 1.** (*encorvarse*) sich biegen **2.** (*dislocarse*) sich *dat* zerren; **me he torcido el pie** ich bin mit dem Fuß umgeknickt **3.** (*corromperse*) auf Abwege geraten

torcido, -a [tor'θiðo] *adj* schief; (*encorvado*) krumm

tordo ['torðo] *m* Drossel *f*

torear [tore'ar] **I.** *vi* (*lidiar*) mit Stieren kämpfen **II.** *vt* **1.** (*lidiar*) kämpfen (mit +*dat*) **2.** (*evitar*) geschickt aus dem Wege gehen +*dat* **3.** (*engañar*) etwas vormachen +*dat*

toreo [to'reo] *m* Stierkampfkunst *f;* (*lidia*) Stierkampf *m*

torero, -a [to'rero] *m, f* Stierkämpfer(in) *m(f)*

tormenta [tor'menta] *f* (*t. fig*) Gewitter *nt;* (*agitación*) Sturm *m*

tormento [tor'mento] *m* **1.** (*castigo*) Folter *f;* **potro de ~** Folterbank *f* **2.** (*congoja*) Qual *f*

tornado [tor'naðo] *m* Wirbelsturm *m*

tornar [tor'nar] **I.** *vi* zurückkehren; ~ **en sí** wieder zu sich *dat* kommen **II.** *vt* (*devolver*) zurückgeben **III.** *vr:* ~**se** sich verwandeln; ~**se gris** grau werden

torneo [tor'neo] *m* Turnier *nt*

tornillo [tor'niʎo] *m* Schraube *f;* **apretar un ~** eine Schraube anziehen; **te falta un ~** bei dir ist eine Schraube locker

torno ['torno] *m* **1.** Drehbank *f;* (*de alfarero*) Drehscheibe *f* **2.** (*loc*): **en ~ a** um ... herum; **en ~ a ese tema** zu diesem Thema

toro ['toro] *m* Stier *m;* **coger el ~ por los cuernos** (*fig*) den Stier bei den Hörnern packen

torpe ['torpe] *adj* schwerfällig; (*inhábil*) ungeschickt

torpeza [tor'peθa] *f* Schwerfälligkeit *f;* (*inhabilidad*) Ungeschicklichkeit *f*

torre ['torre] *f* Turm *m;* ~ **de alta tensión** Hochspannungsmast *m*

torrencial [torren'θjal] *adj:* **lluvia ~** sündflutartiger Regen

torrente [to'rrente] *m* **1.** (*corriente*) Sturzbach *m* **2.** (*multitud*) Schwall *m*

torso ['torso] *m* Rumpf *m*

torta ['torta] *f* **1.** Kuchen *m;* (*Am*) Torte *f;* **no saber ni ~** (*fam*) keinen blassen Schimmer haben **2.** (*fam*) Ohrfeige *f;* **darse una ~** sich stoßen

tortazo [tor'taθo] *m* (*fam*) Ohrfeige *f;* **darse un ~** sich heftig stoßen

tortilla [tor'tiʎa] *f* Omelett(e) *nt;* (*Am*) Maisfladen *m*

tortillera [torti'ʎera] *m* (*vulg*) Lesbe *f fam*

tortuga [tor'tuɣa] *f* Schildkröte *f;* **a paso de ~** im Schneckentempo

tortura [tor'tura] *f* Folter *f;* **sufrir ~s** gefoltert werden

torturar [tortu'rar] *vt* foltern

tos [tos] *f* Husten *m;* ~ **ferina** Keuchhusten *m*

tosco, -a ['tosko] *adj* grob

toser [to'ser] *vi* husten

tostada [tos'taða] *f* Toast *m*

tostador [tosta'ðor] *m* Toaster *m*

tostar [tos'tar] <o → ue> **I.** *vt* rösten; (*pan*) toasten **II.** *vr:* ~**se** sich bräunen

total [to'tal] **I.** *adj* total; **importe ~** Gesamtbetrag *m;* **en ~** insgesamt **II.** *m* (Gesamt)summe *f* **III.** *adv* also

totalidad [totali'ðað] *f* Gesamtheit *f;* **en su ~** in vollem Umfang

totalitario, -a [totali'tarjo] *adj* (*completo*) umfassend; (*dictatorial*) totalitär

totalmente [total'mente] *adv* völlig

tóxico, -a ['toɣsiko] *adj* giftig

toxicómano, -a [tovsi'komano] *adj* rauschgiftsüchtig

tozudo, -a [to'θuðo] *adj* dickköpfig

traba ['traβa] *f* Hindernis *nt*

trabajador(a) [traβaxa'ðor] **I.** *adj* fleißig **II.** *m(f)* Arbeiter(in) *m(f)*

trabajar [traβa'xar] **I.** *vi* arbeiten; **~ de vendedora** als Verkäuferin arbeiten **II.** *vt* bearbeiten **III.** *vr:* **~se a alguien** (*argot*) jdn anmachen, mit jdm anbändeln

trabajo [tra'βaxo] *m* Arbeit *f;* **~ en cadena** Fließbandarbeit *f;* **~ a destajo** Akkordarbeit *f;* **~ estacional** Saisonarbeit *f;* **costar ~** Mühe kosten

trabalenguas [traβa'leŋgwas] *m* Zungenbrecher *m*

trabarse [tra'βarse] *vr* sich verheddern; **~ la lengua** stottern

tractor [trak'tor] *m* Traktor *m*

tradición [traði'θjon] *f* Tradition *f*

tradicional [traðiθjo'nal] *adj* traditionell

traducción [traðuʸ'θjon] *f* Übersetzung *f;* **~ al/del inglés** Übersetzung ins Englische/aus dem Englischen

traducir [traðu'θir] *irr vt* übersetzen

tradúctica [tra'ðuktika] *f* computerunterstützte Übersetzung

traductología [tra'ðuktolo'xia] *f* Übersetzungswissenschaften *fpl*

traductor(a) [traðuk'tor] *m(f)* Übersetzer(in) *m(f)*

traer [tra'er] *irr vt* **1.** (*llevar: a alguien*) bringen; (*consigo*) bei sich *dat* haben; **tengo una carta para ti – trae** ich habe einen Brief für dich – gib ihn her **2.** (*ir a por*) holen **3.** (*ocasionar*) mit sich bringen **4.** (*más adjetivo*): **~ preocupado a alguien** jdm Sorgen machen; **~ frito a alguien** (*fam*) jdn den letzten Nerv kosten **5.** (*más sustantivo*):

~ retraso mit Verspätung kommen; **~ prisa** es eilig haben; **~ hambre** Hunger haben **6.** (*loc*): **¿qué te trae por aquí?** was führt dich hierher?; **esto me trae sin cuidado** das ist mir egal **II.** *vr:* **~se 1.** (*llevar a cabo*): **~se algo entre manos** etw laufen haben **2.** (*loc*): **este examen se las trae** diese Prüfung hat es in sich

traficante [trafi'kaŋte] *mf* Händler(in) *m(f)*; (*de drogas*) Dealer(in) *m(f)*

traficar [trafi'kar] <c → qu> *vi* handeln (*en* mit +*dat*); (*con drogas*) dealen (*con/en* mit +*dat*)

tráfico ['trafiko] *m* **1.** (COM) Handel *m*; (*de drogas*) Drogenhandel *m*; **~ de influencias** Vetternwirtschaft *f* **2.** (*de vehículos*) Verkehr *m*; **~ por carretera** Straßenverkehr *m*

tragaperras [traɣa'perras] *f* Spielautomat *m*

tragar [tra'ɣar] <g → gu> **I.** *vt, vr:* **~se** (hinunter)schlucken; (*t. fig*) verschlingen **II.** *vt:* **no ~ a alguien** jdn nicht ausstehen können

tragedia [tra'xeðja] *f* Tragödie *f*

trágico, -a ['traxiko] *adj* tragisch; **no te pongas ~** stell dich nicht so an

trago ['traɣo] *m* Schluck *m;* **de un ~** in einem Zug

traición [trai'θjon] *f* Verrat *m;* **matar a ~** hinterrücks ermorden

traicionar [traiθjo'nar] *vt* verraten; (*adulterio*) betrügen; **la memoria me traiciona** mein Gedächtnis lässt mich im Stich

traicionero, -a [traiθjo'nero] **I.** *adj* (*persona*) verräterisch; (*acción*) heimtückisch; (*animal*) tückisch **II.** *m, f* Verräter(in) *m(f)*

traidor(a) [trai'ðor] *m(f)* Verräter(in) *m(f)*

traje ['traxe] *m* **1.** (*vestidura*) Klei-

dung *f;* ~ **de baño** Badeanzug *m;*
~ **de luces** Toreroanzug *m* **2.** (*de
hombre*) Anzug *m;* ~ **hecho a la
medida** Maßanzug *m* **3.** (*de mujer*)
Kleid *nt;* ~ **de noche** Abendkleid *nt*
trajín [tra'xin] *m:* **el ~ de la ciudad**
das Gewühl in der Stadt
trama ['trama] *f* **1.** (LIT) Handlung *f*
2. (*intriga*) Intrige *f*
tramar [tra'mar] *vt* anzetteln; (*intriga*)
schmieden; **aquí se está tramando
algo** hier ist etwas im Gange
tramitar [trami'tar] *vt* **1.** (*asunto*) erledigen; (*negocio*) abwickeln; **está
tramitando el divorcio** er/sie hat
die Scheidung eingereicht **2.** (*expediente*) bearbeiten
trámite ['tramite] *m* **1.** (*diligencias*):
~ **burocrático** Verfahrensweg *m*
2. (*formalidad*) Formalität *f;* **¿has
hecho los ~s para el pasaporte?**
hast du schon deinen Pass beantragt?
tramo ['tramo] *m* Abschnitt *m*
trampa ['trampa] *f* **1.** Falle *f;* **caer en
la ~** (*animal*) in die Falle gehen; (*persona*) hereinfallen **2.** (*engaño*)
Schwindel *m;* **hacer ~** mogeln
trampolín [trampo'lin] *m* Trampolin
nt
tramposo, -a [tram'poso] *adj* betrügerisch
tranca ['traŋka] *f:* **a ~s y barrancas**
(*fam*) mit Müh und Not
trance ['tranθe] *m* **1. pasar un ~ difícil** Schweres durchmachen **2.** (*hipnótico*) Trance *f*
tranquilidad [traŋkili'ðaᵈ] *f* Ruhe *f;*
(*despreocupación*) Unbekümmert-
heit *f;* **con mucha ~** seelenruhig;
trabajar con ~ ungestört arbeiten
tranquilizante [traŋkili'θante] *m* Beruhigungsmittel *nt*
tranquilizar(se) [traŋkili'θar(se)] <z
→ c> *vt, vr* (sich) beruhigen
tranquilla [traŋ'kiʎa] *f* Riegel *m*

tranquillo [traŋ'kiʎo] *m:* **cogerle el ~
a algo** bei etw *dat* den Dreh heraushaben
tranquilo, -a [traŋ'kilo] *adj* **1.** (*no
agitado*) ruhig; (*mar*) still; **¡déjame
~!** lass mich in Ruhe! **2.** (*persona*)
ruhig
transacción [transak'θjon] *f* Geschäft *nt;* (FIN) Transaktion *f*
transar [tran'sar] *vi* (*Am*) Kompro-
misse eingehen
transatlántico, -a [transaθ'lantiko]
adj überseeisch; **barco ~** Passagierdampfer *m*
transbordar [traⁿsβor'ðar] *vi* umstei-
gen
transcurrir [traⁿsku'rrir] *vi* vergehen
transcurso [traⁿs'kurso] *m* Verlauf
m; **en el ~ del día** im Laufe des
Tages
transeúnte [transe'unte] *mf* Pas-
sant(in) *m(f)*
transferencia [traⁿsfe'renθja] *f* Überweisung *f*
transformación [traⁿsforma'θjon] *f*
Verwandlung *f;* (*de costumbres*)
Veränderung *f*
transformar [traⁿsfor'mar] *vt* verwandeln; (*costumbres*) verändern
transfusión [traⁿsfu'sjon] *f*
(Blut)transfusion *f*
transgresión [traⁿsɣre'sjon] *f* (*ley*)
Übertretung *f;* (*orden*) Verstoß *m*
transición [transi'θjon] *f* Übergang
m
transigente [transi'xente] *adj* nachgiebig; (*tolerante*) tolerant
transigir [transi'xir] <g → j> *vi* nachgeben +*dat*
transitar [transi'tar] *vi:* **una calle
muy transitada** eine viel befahrene
Straße
transitivo, -a [transi'tiβo] *adj* tran-
sitiv
tránsito ['transito] *m* Verkehr *m;* **de**

mucho ~ verkehrsreich

transitorio, -a [transi'torjo] *adj* vergänglich

transmisión [tranˢmi'sjon] *f* **1.** (*de noticia*) Übermitt(e)lung *f* **2.** (TV, RADIO, INFOR) Übertragung *f* **3.** (*enfermedad*) Übertragung *f*

transmitir [tranˢsmi'tir] *vt* übertragen

transparencia [tranˢspa'renθja] *f* Durchsichtigkeit *f;* (*de intención*) Durchschaubarkeit *f;* (*proyector*) Folie *f*

transparente [tranˢspa'rente] *adj* durchsichtig; (*intenciones*) durchschaubar

transpirar [tranˢspi'rar] *vi* schwitzen

transportar [tranˢspor'tar] *vt* bringen; (*en brazos*) tragen; (*en un vehículo*) befördern; **~ por barco** verschiffen

transporte [tranˢs'porte] *m* **1.** (COM) Transport *m;* (*de personas*) Beförderung *f;* **~ marítimo** Beförderung per Schiff; **~ por carretera** Beförderung per LKW; **compañía de ~s** Spedition *f* **2.** (*vehículo*): **~s públicos** öffentliche Verkehrsmittel *ntpl*

transpuesto, -a [tranˢs'pwesto] *adj:* **quedarse ~** einschlafen

tranvía [tram'bia] *m* Straßenbahn *f*

trapear [trape'ar] *vt* (*Am*) wischen

trapecio [tra'peθjo] *m* Trapez *nt*

trapo ['trapo] *m* **1.** (*tela*) Lumpen *m* **2.** (*para limpiar*) Lappen *m*

tráquea ['trakea] *f* Luftröhre *f*

tras [tras] *prep* **1.** (*temporal*) nach *+ dat* **2.** (*espacial: detrás de*) hinter *+ dat;* (*orden*) nach *+ dat* **3.** (*con movimiento*) hinter *+ akk;* **ponerse uno ~ otro** sich hintereinander aufstellen **4.** (*además de*) außer *+ dat*

trascendencia [trasθen'denθja] *f* Bedeutung *f;* **no tener ~** unbedeutend sein; **un incidente sin más ~** ein Vorfall ohne schlimmere Folgen

trascendental [trasθenden'tal] *adj*

von großer Bedeutung; (FILOS) transzendent(al)

trascender [trasθen'der] <e→ ie> *vi* **1.** (*hecho, noticia*) durchsickern **2.** (*efecto, consecuencias*) sich auswirken (*a* auf *+ akk*) **3.** (*ir más allá*) hinausgehen (*de* über *+ akk*)

trasera [tra'sera] *f* Rückseite *f*

trasero¹ [tra'sero] *m* (*fam*) Hintern *m*

trasero, -a² [tra'sero] *adj* hintere(r, s); **asiento ~** Rücksitz *m*

trasfondo [tras'fondo] *m* Hintergrund *m*

trasladar [trasla'ðar] **I.** *vt* **1.** (*cosas*) umstellen; (*tropa*) verlegen **2.** (*funcionario*) versetzen (*a* in *+ akk,* nach *+ dat*) **II.** *vr:* **~se** (*ir a*) sich begeben; **~se en coche** mit dem Auto fahren **2.** (*mudarse*) umziehen (*a* nach *+ dat*)

traslado [tras'laðo] *m* **1.** (*de cosas*) Umstellen *nt;* (*tropa*) Verlegung *f* **2.** (*de funcionario*) Versetzung *f* **3.** (*mudanza*) Umzug *m*

trasluz [tras'luθ] *m:* **mirar al ~** gegen das Licht betrachten

trasmano [tras'mano]: **no puedo cogerlo, me pilla a ~** ich komme nicht ran, es ist zu weit weg

trasnochado, -a [trasno'tʃaðo] *adj* überholt; (*persona*) übernächtigt

trasnochar [trasno'tʃar] *vi* die ganze Nacht durchmachen

traspapelar [traspape'lar] **I.** *vt* verlegen **II.** *vr:* **~se** verloren gehen

traspasar [traspa'sar] *vt* **1.** (*arma*) durchbohren **2.** (FIN) überweisen (*a* auf *+ akk*) **3.** (*ley*) überschreiten

traspaso [tras'paso] *m* **1.** (*de arma*) Durchbohrung *f;* (*de líquido*) Durchsickern *nt* **2.** (*de piso, negocio*) Übertragung *f;* (*dinero*) Abstandssumme *f*

traspié(s) [tras'pje(s)] *m:* **dar un ~**

(*tropezar*) stolpern

trasplante [tras'plaṇte] *m* Transplantation *f*

trastada [tras'taða] *f* (*fam*) (übler) Streich *m;* **hacerle una ~ a alguien** jdm einen Streich spielen

trastazo [tras'taθo] *m* (*fam*) heftiger Schlag *m*

trastero, -a [tras'tero] *adj:* **cuarto ~** Abstellkammer *f*

trasto ['trasto] *m* **1. tirarse los ~s a la cabeza** sich in die Haare kriegen **2.** *pl* (*para tirar*) Gerümpel *nt*

trastornado, -a [trastor'naðo] *adj* verwirrt; (*loco*) verrückt

trastorno [tras'torno] *m:* **ocasionar ~s** Unannehmlichkeiten verursachen

tratado [tra'taðo] *m* Vertrag *m;* **~ de no agresión** Nichtangriffspakt *m;* **~ comercial** Handelsabkommen *nt*

tratamiento [trata'mjeṇto] *m* **1.** (*de asunto*) Behandlung *f* **2.** (*t.* INFOR) Verarbeitung *f;* **~ de agua potable** Trinkwasseraufbereitung *f* **3.** (*de cortesía*) Anrede *f*

tratante [tra'taṇte] *mf* Händler(in) *m(f)*

tratar [tra'tar] **I.** *vt* **1.** (*manejar*) behandeln **2.** (MED) behandeln **3.** (*t.* INFOR) verarbeiten **4. ~ de tú/usted** duzen/siezen **II.** *vi* **1.** (*libro*) handeln (*de/sobre* von +*dat*) **2.** (*intentar*) versuchen **III.** *vr:* **~se 1.** (*tener trato*) miteinander verkehren; **no me trato con él** ich habe keinen Kontakt zu ihm **2.** (*ser cuestión de*) sich handeln (*de* um +*akk*); **¿de qué se trata?** worum geht es?

trato ['trato] *m* **1.** Behandlung *f;* **malos ~s** Misshandlungen *fpl;* **recibir un buen ~** gut behandelt werden **2.** (*contacto*) Umgang *m;* **no querer ~s con alguien** mit jdm nichts zu tun haben wollen **3. ¡~ hecho!**

abgemacht!

trauma ['trauma] *m* Trauma *nt*

traumático, -a [trau'matiko] *adj* traumatisch

traumatismo [trauma'tismo] *m* Verletzung *f;* (MED) Trauma *nt*

través [tra'ßes] *prep:* **a ~ de** (*de un lugar*) quer über +*akk;* (*de la radio*) über +*akk*

travesti [tra'ßesti] *mf m* Transvestit *m*

travesura [traße'sura] *f* Streich *m*

travieso, -a [tra'ßjeso] *adj* ungezogen

trayecto [tra'jekto] *m* Strecke *f*

trayectoria [trajek'torja] *f* **1.** (*de cuerpo*) (Flug)bahn *f;* **~ de la Luna** Mondbahn *f* **2.** (*profesional*) Werdegang *m*

traza ['traθa] *f* **1.** (*plan*) Plan *m* **2.** (*habilidad*) Geschick *nt* **3.** (*aspecto*) Aussehen *nt;* **por las ~s** dem Aussehen nach

trazar [tra'θar] <z → c> *vt* ziehen; (*esquemáticamente*) skizzieren

trazo ['traθo] *m* **1.** (*de boli, lápiz*) Strich *m;* **dibujar al ~** skizzieren **2.** (*de escritura*) Schriftzug *m* **3.** (*dibujo*) Skizze *f*

trébol ['treßol] *m* Klee *m*

trece ['treθe] *adj* dreizehn; **seguir en sus ~** dabei bleiben; *v.t.* **ocho**

trecho ['tretʃo] *m* Strecke *f*

tregua ['treɣwa] *f* Waffenstillstand *m*

treinta ['treiṇta] *adj* dreißig; *v.t.* **ochenta**

treintavo, -a [trein'taßo] *adj* dreißigstel

tremendo, -a [tre'meṇdo] *adj* schrecklich

tren [tren] *m* **1.** (FERRO) Zug *m;* **~ de juguete** Spielzeugeisenbahn *f;* **~ rápido** D-Zug *m* **2.** (TÉC): **~ de lavado** Autowaschanlage *f* **3.** (*lujo*): **~ de vida** Lebensstandard *m*

4. (*loc*): **perder el último ~** (*fig*) den Anschluss verpassen; **estar como un ~** (*fam*) umwerfend sein

trenca ['treŋka] *f* Anorak *m*

trenza ['treɲθa] *f* Zopf *m*

trepar [tre'par] *vi, vt* (hinauf)klettern (*a* auf + *akk*)

tres [tres] *adj* drei; *v.t.* **ocho**

trescientos, -as [tres'θjentos] *adj* dreihundert; *v.t.* **ochocientos**

tresillo [tre'siʎo] *m* Couchgarnitur *f*

treta ['treta] *f* Trick *m*

Tréveris ['treβeris] *m* Trier *nt*

triángulo [tri'aŋɣulo] *m* Dreieck *nt*; (MÚS) Triangel *m*

tribu ['triβu] *f* Stamm *m*

tribuna [tri'βuna] *f* Tribüne *f*

tribunal [triβu'nal] *m* **1.** (JUR) Gericht *nt*; **Tribunal de Cuentas** Rechnungshof *m*; **Tribunal de Justicia Europeo** Europäischer Gerichtshof; **llevar a los ~es** verklagen **2. ~ examinador** Prüfungsausschuss *m*

tributario, -a [triβu'tarjo] *adj* Steuer-; **sistema ~** Steuersystem *nt*

tributo [tri'βuto] *m* **1.** (*impuesto*) Steuer *f* **2.** (*homenaje*) Tribut *m*; **pagar ~** Tribut zollen

triciclo [tri'θiklo] *m* Dreirad *nt*

tricota [tri'kota] *f* (*Am*) Strickjacke *f*

trigo ['triɣo] *m* Weizen *m*

trillado, -a [tri'ʎaðo] *adj* (*fam: asunto*) abgedroschen

trimestral [trimes'tral] *adj* vierteljährlich

trinar [tri'nar] *vi* **1.** trillern; (*pájaro*) zwitschern **2.** (*fam: rabiar*): **está que trina** er/sie ist auf 180

trinchera [trin'tʃera] *f* Schützengraben *m*

trineo [tri'neo] *m* Schlitten *m*

trinidad [trini'ðað] *f* Dreifaltigkeit *f*

trío ['trio] *m* Trio *nt*

tripa ['tripa] *f* **1.** (*intestino*) Darm *m*

2. *pl* (*vísceras*) Eingeweide *ntpl*; (*comestibles*) Innereien *fpl*; **echar las ~s** (*fam: vomitar*) sich übergeben; **me suenan las ~s** mir knurrt der Magen **3.** (*vientre*) Bauch *m*

triple ['triple] *adj* dreifach

tripulación [tripula'θjon] *f* Crew *f*

triste ['triste] *adj* traurig

tristeza [tris'teθa] *f* Traurigkeit *f*

tristura [tris'tura] *f* (*Am*) Traurigkeit *f*

triturar [tritu'rar] *vt* **1.** zerkleinern; (*moler*) zermahlen **2.** (*maltratar*) zermalmen

triunfar [trjum'far] *vi* siegen (*de/sobre* über + *akk*); (*tener éxito*) Erfolg haben

triunfo ['trjuɱfo] *m* **1.** Sieg *m*; (*éxito*) Erfolg *m* **2.** (*naipe*) Trumpf *m*

trivial [tri'βjal] *adj* trivial

trivialidad [triβjali'ðað] *f* Trivialität *f*

triza ['triθa] *f* Stück *nt*; **estar hecho ~s** fix und fertig sein; **hacerse ~s** völlig kaputtgehen

trocear [troθe'ar] *vt* zerstückeln

trofeo [tro'feo] *m* **1.** (*señal*) Trophäe *f*; **~ de guerra** Kriegsbeute *f* **2.** (*victoria*) Sieg *m*; (*éxito*) Erfolg *m*

trola ['trola] *f* (*fam*) Lüge *f*

tromba ['tromba] *f* (METEO): **~ (de agua)** Wasserhose *f*

trombón [trom'bon] *m* (MÚS) **1.** (*instrumento*) Posaune *f* **2.** (*músico*) Posaunist(in) *m(f)*

trombosis [trom'bosis] *f inv* Thrombose *f*

trompa ['trompa] *f* **1.** (ZOOL) Rüssel *m* **2.** (*fam*) Rausch *m*; **estar ~** einen in der Kanne haben

trompear [trompe'ar] **I.** *vt* (*Am: fam*) schlagen **II.** *vr:* **~se** (*Am*) sich prügeln

trompeta [trom'peta] *f* Trompete *f*

tronar [tro'nar] <o → ue> **I.** *vimpers* donnern **II.** *vi* donnern

troncharse [tron'tʃarse] *vr:* **~ de risa**

(*fam*) sich totlachen

tronco ['troŋko] *m* Stamm *m;* **dormir como un** ~ wie ein Stein schlafen

trono ['trono] *m* Thron *m;* **sucesor al** ~ Thronfolger *m*

tropa ['tropa] *f* Truppe *f*

tropezar [trope'θar] *irr como empezar* I. *vi* stolpern (*en/contra* über +*akk*) II. *vr:* ~**se** stoßen (*con* auf +*akk*)

tropical [tropi'kal] *adj* tropisch; **clima** ~ Tropenklima *nt*

trópico ['tropiko] *m:* ~**s** Tropen *pl*

tropiezo [tro'pjeθo] *m:* **dar un** ~ stolpern

trotar [tro'tar] *vi* (*caballos*) traben; (*jinete*) Trab reiten

trote ['trote] *m* 1. (*caballos*) Trab *m;* **ir al** ~ traben 2. (*con prisa*): **a(l)** ~ schnell

trozo ['troθo] *m* Stück *nt;* **a** ~**s** in Stücken

trucha ['trutʃa] *f* Forelle *f*

truco ['truko] *m* Trick *m;* **coger el** ~ den Dreh heraushaben

trueno ['trweno] *m* Donner *m*

trueque ['trweke] *m* Austausch *m;* (COM) Tauschhandel *m*

trufa ['trufa] *f* Trüffel *f*

truncar [truŋ'kar] <c → qu> *vt* zunichtemachen

truyo ['truʝo] *m* (*argot*) Knast *m*

tu [tu] *adj pos* dein(e); ~ **libro** dein Buch; ~**s hermanas** deine Schwestern

tú [tu] *pron pers* 2. *sg* du; **yo que** ~ ich an deiner Stelle; **tratar de** ~ duzen

tuba ['tuβa] *f* Tuba *f*

tubérculo [tu'βerkulo] *m* 1. (BOT) Knolle *f* 2. (*bulto, t.* MED) Knoten *m*

tuberculosis [tuβerku'losis] *f inv* Tuberkulose *f*

tubería [tuβe'ria] *f* Rohr(e) *nt(pl)*

Tubinga [tu'βiŋga] *f* Tübingen *nt*

tubo ['tuβo] *m* 1. (*para gases*) Rohr *nt;* ~ **de chimenea** Ofenrohr *nt;* ~ **digestivo** Verdauungstrakt *m;* ~ **de ensayo** Reagenzglas *nt;* ~ **de escape** Auspuff *m;* ~ **de respiración** Luftröhre *f* 2. (*Am*) (TEL) Hörer *m*

tucán [tu'kan] *m* Tukan *m*

tuerca ['twerka] *f* (Schrauben)mutter *f*

tuerto, -a ['twerto] *adj* einäugig

tulipa [tu'lipa] *f* Lampenschirm *m*

tulipán [tuli'pan] *m* Tulpe *f*

tumba ['tumba] *f* Grab *nt*

tumbar [tum'bar] I. *vt* 1. (*tirar*) niederwerfen; **estar tumbado** liegen 2. (*Am*) abholzen II. *vr:* ~**se** sich hinlegen; ~**se en la cama** sich auf das Bett legen

tumbona [tum'bona] *f* Liegestuhl *m*

tumor [tu'mor] *m* Tumor *m*

tumulto [tu'multo] *m* Tumult *m*

tuna ['tuna] *f* Studentenkapelle *f*

tunda ['tunda] *f* Tracht *f* Prügel

tunecino, -a [tune'θino] *adj* tunesisch

túnel ['tunel] *m* Tunnel *m;* ~ **de lavado** Waschstraße *f*

Túnez ['tuneθ] *m* Tunesien *nt;* (*capital*) Tunis *nt*

túnica ['tunika] *f* Tunika *f*

tupé [tu'pe] *m* Toupet *nt*

tupido, -a [tu'piðo] *adj* dicht; (*Am*) verstopft

turbación [turβa'θjon] *f* (*disturbio*) Störung *f;* (*alarma*) Unruhe *f*

turbante [tur'βante] *m* Turban *m*

turbar [tur'βar] I. *vt* stören; (*alarmar*) beunruhigen; (*desconcertar*) verwirren II. *vr:* ~**se** sich gestört fühlen; (*avergonzarse*) sich schämen; (*agua*) trüb werden

turbina [tur'βina] *f* Turbine *f*

turbio, -a ['turβjo] *adj* trübe; (*sin*

transparencia) undurchsichtig; (*negocio*) schmutzig

turbulencia [turβu'leŋθja] f Turbulenz f; (*alboroto*) Unruhe f

turbulento, -a [turβu'leŋto] adj 1. (*agua, aire*) turbulent 2. (*alborotado*) unruhig; (*confuso*) wirr

turco, -a ['turko] m, f Türke, -in m, f; **cabeza de ~** (*fig*) Sündenbock m

Turingia [tu'riŋxja] f Thüringen nt

turismo [tu'rismo] m 1. Tourismus m; **~ activo** Aktivtourismus m; **industria del ~** Tourismusbranche f; **oficina de ~** Fremdenverkehrsamt nt; **hacer ~** als Tourist reisen 2. (AUTO) Personenwagen m

turista [tu'rista] mf Tourist(in) m(f)

turístico, -a [tu'ristiko] adj touristisch; **viaje ~** Urlaubsreise f

turnar(se) [tur'nar(se)] vi, vr sich abwechseln

turno ['turno] m 1. (*en la fábrica*) Schicht f; **cambio de ~** Schichtablösung f 2. (*orden*) Reihenfolge f; **es tu ~** du bist an der Reihe

turquesa [tur'kesa] adj türkis

Turquía [tur'kia] f Türkei f

turrón [tu'rron] m ≈Nugat m o nt

tutear(se) [tute'ar(se)] vt, vr (sich) duzen

tutela [tu'tela] f 1. (*cargo*) Vormundschaft f (*de* über +*akk*); **poner bajo la ~ de alguien** unter jds Vormundschaft stellen 2. (*amparo*) Schutz m; **estar bajo la ~ de alguien** unter jds Schutz stehen

tuteo [tu'teo] m Duzen nt

tutiplén [tuti'plen] adv (*fam*): **a ~** reichlich

tutor(a) [tu'tor] m(f) 1. (JUR) Vormund m 2. (ENS) Tutor(in) m(f)

tutoría [tuto'ria] f Vormundschaft f; (UNIV) Sprechstunde f

tuyo, -a ['tuɣo] pron pos 1. (*propiedad*): **el perro es ~** der Hund

gehört dir; **¡ya es ~!** du hast es geschafft! 2. (*tras artículo*): **el ~/la tuya/lo ~** deine(r, s); **los ~s** deine; (*parientes*) deine Angehörigen; **ésta es la tuya** (*fam fig*) das ist die Gelegenheit für dich 3. (*tras sustantivo*) dein(e), von dir; **una amiga tuya** eine Freundin von dir; **es culpa tuya** es ist deine Schuld

TVE [teuβe'e] f abr de **Televisión Española** staatlicher spanischer Fernsehsender

U

U, u [u] <úes> f U, u nt

u [u] conj oder

ubicación [uβika'θjon] f 1. (*lugar*) Stelle f 2. (*situación*) Lage f 3. (*Am*) Platzierung f

ubicar [uβi'kar] <c → qu> I. vi, vr: **~se** sich befinden II. vt (*Am*) unterbringen

ubre [u'βre] f Zitze f; (*de la vaca*) Euter nt

ucrani(an)o, -a [ukra'nj(an)o] adj ukrainisch

Ucrania [u'kranja] f Ukraine f

Ud(s). [us'teð(es)] abr de **usted(es)** Sie

UE [u'e] f abr de **Unión Europea** EU f

úlcera ['ulθera] f Geschwür nt

ulterior [ulte'rjor] adj (*posterior*) spätere(r, s); (*más*) weitere(r, s)

últimamente [ultima'meŋte] adv in letzter Zeit

ultimar [ulti'mar] vt abschließen; (*Am*) umbringen

ultimátum [ulti'matun] m Ultimatum nt

último, -a ['ultimo] adj 1. (*en orden*)

letzte(r, s); **a ~s de mes** gegen Monatsende; **por última vez** zum letzten Mal; **la última moda** die neueste Mode **2.** (*espacio*): **la última fila** die hintere Reihe; **en el ~ piso** im obersten Stock **3.** (*loc*): **por ~** schließlich; **en ~ caso** schlimmstenfalls

ultra ['ultra] *adj* rechtsradikal; **ultraconservador(a)** [ultrakonserβa'ðor] *adj* erzkonservativ

ultraje [ul'traxe] *m* Beleidigung *f*

ultramar [ultra'mar] *m* Übersee *f;* **ultramarinos** [ultrama'rinos] *mpl* Lebensmittel *ntpl*

ultranza [ul'tranθa]: **defender algo a ~** etw bis aufs Äußerste verteidigen; **luchar a ~** auf Leben und Tod kämpfen; **ser un ecologista a ~** ein überzeugter Umweltschützer sein

ultrarrápido, -a [ultra'rrapiðo] *adj* sehr schnell; **ultrasonido** [ultraso'niðo] *m* Ultraschall *m;* **ultravioleta** [ultraβjo'leta] *adj:* **rayos ~** UV-Strahlen *mpl*

umbral [um'bral] *m* (Tür)schwelle *f*

un, una [un, 'una] <unos, -as> **I.** *art indet* **1.** (*no determinado*) ein(e) **2.** *pl* (*algunos*) einige, ein paar **3.** *pl:* **unos 1000 euros** ungefähr 1000 Euro **II.** *adj v.* **uno**

unánime [u'nanime] *adj* einstimmig

unanimidad [unanimi'ðað] *f:* **aprobar algo por ~** etw einstimmig beschließen

ungir [uŋ'xir] <g → j> *vt* (*con aceite*) einölen; (REL) salben

ungüento [uŋ'gwento] *m* Salbe *f*

únicamente [unika'mente] *adv* nur

unicameral [unikame'ral] *adj* Einkammer-; **sistema ~** (POL) Einkammersystem *nt*

único, -a ['uniko] *adj* einzig(artig)

unicornio [uni'kornjo] *m* Einhorn *nt*

unidad [uni'ðað] *f* Einheit *f;* **~ familiar** Haushalt *m*

unidimensional [uniðimensjo'nal] *adj* eindimensional

unido, -a [u'niðo] *adj* geeint; **estamos muy ~s** wir stehen uns sehr nahe

unifamiliar [unifami'ljar] *adj:* **casa ~** Einfamilienhaus *nt*

unificación [unifika'θjon] *f* Vereinigung *f*

unificar [unifi'kar] <c → qu> *vt* (*pueblos*) verein(ig)en; **~ posiciones** verschiedene Standpunkte in Einklang bringen

uniformar [unifor'mar] *vt* **1.** (*hacer unitario*) vereinheitlichen **2.** (*vestir*) uniformieren; **ir uniformado** Uniform tragen

uniforme [uni'forme] **I.** *adj* einheitlich **II.** *m:* **vestir de ~** Uniform tragen

uniformidad [uniformi'ðað] *f* Einheitlichkeit *f*

unilateral [unilate'ral] *adj* unilateral

unión [u'njon] *f* Verbindung *f;* (*territorial*) Vereinigung *f;* **en ~ con** zusammen mit

unir [u'nir] **I.** *vt* vereinigen; (*t.* TÉC) verbinden **II.** *vr:* **~se** sich vereinigen; **~se en matrimonio** heiraten

unisex [uni'seᵛs] *adj* unisex; **moda ~** Mode für Mann und Frau; **peluquería ~** Damen- und Herrensalon *m*

unísono [u'nisono] *m:* **protestaron al ~** sie klagten einstimmig

unitario, -a [uni'tarjo] *adj* einheitlich

universal [uniβer'sal] *adj* universell; **regla ~** allgemein gültige Regel

universalidad [uniβersali'ðað] *f* Allgemeingültigkeit *f*

universalizar [uniβersali'θar] <z → c> *vt* verallgemeinern

universalmente [uniβersal'mente] *adv:* **~ conocido** weltberühmt

universidad [uniβersi'ðað] *f* Universität *f;* **ir a la ~** auf die Universität gehen; **¿a qué ~ vas?** an welcher Universität bist du?

universitario, -a [uniβersi'tarjo] *adj* Universitäts-; **biblioteca universitaria** Universitätsbibliothek *f;* **catedrático ~** Professor *m;* **profesor ~** Dozent *m;* **tener estudios ~s** ein Hochschulstudium abgeschlossen haben

universo [uni'βerso] *m* Universum *nt*

unívoco, -a [u'niβoko] *adj* eindeutig

uno, -a ['uno] **I.** *adj* **1.** *(número)* eins; **a la una** *(hora)* um eins **2.** *(único)*: **sólo hay una calle** es gibt nur eine einzige Straße **II.** *pron indef* **1.** *(alguno)* eine(r, s); **cada ~** jeder; **~s cuantos** einige **2.** *pl (algunos)* einige **3.** *(indeterminado)* man **4.** *(loc)* einzeln

untar [un'tar] *vt (con mantequilla)* bestreichen; *(con grasa)* (ein)fetten

uña ['uɲa] *f* Nagel *m;* **~s de los pies** Zehennägel *m pl*

upa ['upa] *interj* auf!, hoch!

upar [u'par] *vt* hochheben

Urales [u'rales] *m pl* Ural *m*

uranio [u'ranjo] *m* Uran *nt*

urbanícola [urβa'nikola] *mf* Stadtmensch *m*

urbanidad [urβani'ðaᵒ] *f* Höflichkeit *f*

urbanismo [urβa'nismo] *m* Stadtplanung *f*

urbanístico, -a [urβa'nistiko] *adj* städtebaulich; **plan ~** Bebauungsplan *m*

urbanización [urβaniθa'θjon] *f* (Wohn)siedlung *f*

urbanizar [urβani'θar] <z → c> *vt* bebauen

urbano, -a [ur'βano] *adj* städtisch; **conferencia urbana** Ortsgespräch *nt;* **planificación urbana** Stadtplanung *f*

urbe ['urβe] *f* Großstadt *f*

urdir [ur'ðir] *vt:* **~ intrigas** Intrigen spinnen

urgencia [ur'xenθja] *f* **1.** *(cualidad)* Dringlichkeit *f* **2.** *(caso)* Notfall *m;* **llamada de ~** Notruf *m;* **en caso de ~** im Notfall **3.** *pl (en hospital)* Notaufnahme *f;* **médico de ~s** Notarzt *m*

urgente [ur'xente] *adj* dringend; *(carta)* Eil-; **¿es ~?** eilt es?

urgir [ur'xir] <g → j> *vi* eilen

urinario [uri'narjo] *m* Pissoir *nt*

urna ['urna] *f* Urne *f;* **acudir a las ~s** zur Wahl gehen

urraca [u'rraka] *f* Elster *f*

URSS [urrs] *f abr de* **Unión de Repúblicas Socialistas Soviéticas** UdSSR *f*

uruguayo, -a [uru'ɣwaʝo] *adj* uruguayisch

usado, -a [u'saðo] *adj* gebraucht

usanza [u'sanθa] *f* Brauch *m*

usar [u'sar] **I.** *vt* benutzen **II.** *vr:* **~se** benutzt werden

uso ['uso] *m* Benutzung *f;* **~ ilegal** Missbrauch *m;* **de ~ externo** zur äußerlichen Anwendung; **hacer ~ de la palabra** das Wort ergreifen

usted [us'teᵒ] *pron* Sie; **~es** Sie; *(Am: vosotros)* ihr; **tratar de ~ a alguien** jdn siezen

usual [usu'al] *adj* gebräuchlich

usuario, -a [usu'arjo] *m, f* Benutzer(in) *m(f)*

usura [u'sura] *f* Wucher *m*

usurero, -a [usu'rero] *m, f* Wucherer, -in *m, f*

usurpar [usur'par] *vt* an sich reißen

utensilio [uten'siljo] *m* Gerät *nt*

útero ['utero] *m* Gebärmutter *f*

útil ['util] *adj* nützlich; *(persona)* geeignet

utilidad [utili'ðaᵒ] *f:* **ser de ~** nützlich sein

utilizable [utili'θaβle] *adj* benutzbar
utilización [utiliθa'θjon] *f* Benutzung *f*
utilizarse [utili'θarse] <z → c> *vt, vr* benutzen
utillaje [uti'ʎaxe] *m* Ausrüstung *f*
utopía [uto'pia] *f* Utopie *f*
utópico, -a [u'topiko] *adj* utopisch
uva ['uβa] *f* Traube *f;* ~ **pasa** Rosine *f;* **estar de mala** ~ schlecht gelaunt sein; **tener mala** ~ übel gesinnt sein
uve ['uβe] *f* V *nt;* ~ **doble** W *nt*
UVI ['uβi] *f abr de* **Unidad de Vigilancia Intensiva** Intensivstation *f*
Uzbekistán [uθβekis'tan] *m* Usbekistan *nt*
uzbeko, -a [uθ'βeko] *adj* usbekisch

V

V, v ['uβe] *f* V, v *nt*
vaca ['baka] *f* Kuh *f*
vacaciones [baka'θjones] *fpl* (*del trabajo*) Urlaub *m;* (*de la escuela*) Ferien *pl;* **estar de** ~ im Urlaub sein
vacante [ba'kante] *f* freie Stelle *f*
vaciar [baθi'ar] <1. pres: vacío> *vt* (aus)räumen, (aus)leeren
vacilar [baθi'lar] *vi* zögern; **no me vaciles** (*argot*) erzähl mir keine Märchen
vacío, -a [ba'θio] *adj* leer; **envasado al** ~ vakuumverpackt
vacuna [ba'kuna] *f* Impfstoff *m;* (*vacunación*) Impfung *f*
vacunación [bakuna'θjon] *f:* **cartilla de** ~ Impfpass *m*
vacunar(se) [baku'nar(se)] *vt, vr* (sich) impfen (lassen)
vacuno[1] [ba'kuno] *m* Rind *nt*
vacuno, -a[2] [ba'kuno] *adj* Rind(er)-;

(**carne de**) ~ Rindfleisch *nt*
vado ['baðo] *m:* ~ **permanente** Halteverbot *m*
vagabundear [baɣaβunde'ar] *vi* vagabundieren
vagabundo, -a [baɣa'βundo] *m, f* Landstreicher(in) *m(f)*
vagancia [ba'ɣanθja] *f* Faulheit *f*
vagar [ba'ɣar] *vi* umherirren
vagina [ba'xina] *f* Scheide *f*
vago, -a ['baɣo] *adj* faul; **hacer el** ~ faulenzen
vagón [ba'ɣon] *m* Waggon *m;* ~ **cisterna** Tankwagen *m;* ~ **restaurante** Speisewagen *m*
vaguada [ba'ɣwaða] *f* (Tal)sohle *f*
vaguear [baɣe'ar] *vi* faulenzen
vaguedad [baɣe'ða[0]] *f* **1.** (*imprecisión*) Unklarheit *f* **2.** (*palabras*) vages Gerede *nt*
vahído [ba'iðo] *m:* **me dio un** ~ mir wurde schwind(e)lig
vaho ['bao] *m* Dampf *m;* (*aliento*) Atem *m*
vainilla [bai'niʎa] *f* Vanille *f*
vaivén [bai'βen] *m* Hin und Her *nt*
vajilla [ba'xiʎa] *f* Geschirr *nt*
vale ['bale] *m* Gutschein *m*
valedero, -a [bale'ðero] *adj:* **ser** ~ **por seis meses** sechs Monate gültig sein
valencia [ba'lenθja] *f* Valenz *f*
valenciano, -a [balen'θjano] *adj* aus Valencia
valentía [balen'tia] *f* Mut *m*
valer [ba'ler] *irr* **I.** *vt* kosten; (*funcionar*) nutzen; (*equivaler*) entsprechen +*dat;* **¡vale!** in Ordnung!; **¡vale ya!** jetzt ist's (aber) genug! **II.** *vi* **1.** (*ropa*) passen **2.** (*tener validez*) gültig sein; **no** ~ ungültig sein **3.** (*tener mérito*) taugen; ~ **poco** wenig taugen **4. ¡eso no vale!** das gilt nicht! **III.** *vr:* ~**se** zurückgreifen (*de* auf +*akk*)

valeriana [bale'rjana] f Baldrian m

valía [ba'lia] f Wert m

validez [bali'ðeθ] f Gültigkeit f

válido, -a ['baliðo] adj gültig; **no ser** ~ ungültig sein

valiente [ba'ljente] adj mutig

valioso, -a [ba'ljoso] adj wertvoll

valla ['baʎa] f Zaun m; (DEP) Hürde f

vallar [ba'ʎar] vt einzäunen

valle ['baʎe] m Tal nt

valor [ba'lor] m 1. (valentía) Mut m; ~ **cívico** Zivilcourage f; **armarse de** ~ Mut fassen 2. (t. com) Wert m; (cuantía) Geldbetrag m; ~ **nutritivo** Nährwert m 3. pl (FIN) Wertpapiere nt pl; ~**es bursátiles** Börsenpapiere nt pl

valoración [balora'θjon] f Bewertung f; (del precio) Schätzung f; (análisis) Auswertung f

valorar [balo'rar] vt schätzen (en auf +akk)

vals [bals] m Walzer m

válvula ['balβula] f Ventil nt; (ANAT) Klappe f

vampiro [bam'piro] m Vampir m

vanagloriarse [banaɣlo'rjarse] vr prahlen (de mit +dat)

vanamente [bana'mente] adv vergeblich

vandalismo [banda'lismo] m Vandalismus m

vándalo, -a ['bandalo] I. adj vandalisch II. m, f Vandale, -in m, f

vanguardia [baŋ'gwarðja] f Avantgarde f

vanguardista [baŋgwar'ðista] adj avantgardistisch

vanidad [bani'ðaꝺ] f Eitelkeit f

vanidoso, -a [bani'ðoso] adj eingebildet

vano, -a ['bano] adj vergeblich

vapor [ba'por] m Dampf m; (**barco de**) ~ Dampfer m; **cocer al** ~ dünsten

vaporizador [baporiθa'ðor] m Zerstäuber m

vaporizar(se) [bapori'θar(se)] <z → c> vt, vr verdunsten (lassen)

vaquero, -a [ba'kero] m, f Cowboy m; (sudamericano) Gaucho m

vaquero(s) [ba'kero(s)] m(pl) Jeans pl

vara ['bara] f Rute f; (palo) Stab m

variable [ba'rjaβle] adj veränderlich

variación [barja'θjon] f Schwankung f

variado, -a [ba'rjaðo] adj verschieden

variante [ba'rjante] f Variante f

variar [bari'ar] <1. pres: varío> I. vi wechseln; (ser distinto) sich unterscheiden; (cambiar) ändern; ~ **de peinado** die Haare anders tragen II. vt (ver)ändern; (dar variedad) variieren; **y para** ~... und zur Abwechslung ...

varicela [bari'θela] f Windpocken pl

variedad [barje'ðaꝺ] f Sorte f; (pluralidad) Vielfalt f; **una gran** ~ **de ofertas** ein breites Angebot

vario, -a ['barjo] adj pl einige; **varias veces** mehrmals

variz [ba'riθ] f Krampfader f

varón [ba'ron] m Mann m

varonil [baro'nil] adj männlich; **voz** ~ Männerstimme f

Varsovia [bar'soβja] f Warschau nt

vasallo, -a [ba'saʎo] m, f Vasall m

vasco, -a ['basko] adj baskisch; **País Vasco** Baskenland nt

Vascongadas [baskoŋ'gaðas] fpl ≈Baskenland nt

vascuence [bas'kwenθe] m Baskisch(e) nt

vaselina [base'lina] f Vaseline f

vasija [ba'sixa] f Gefäß nt

vaso ['baso] m Glas nt; ~ **de papel** (Papp)becher m

váter ['bater] m WC nt

Vaticano [bati'kano] *m:* **la Ciudad del ~** die Vatikanstadt
vaticinar [batiθi'nar] *vt* prophezeien
vatio ['batjo] *m* Watt *nt*
Vd. [us'teð] *pron pers abr de* **usted** Sie
vecindad [beθin'dað] *f* Nachbarschaft *f*
vecindario [beθin'darjo] *m* Nachbarn *m*
vecino, -a [be'θino] *m, f* Nachbar(in) *m(f)*
vedado [be'ðaðo] *m* Sperrgebiet *nt;* **~ de caza** Jagdrevier *nt*
vedar [be'ðar] *vt* verbieten
vega ['beɣa] *f* (Fluss)aue *f*
vegetación [bexeta'θjon] *f* **1.** (BOT) Vegetation *f* **2.** *pl* (ANAT) Wucherungen *fpl*
vegetal [bexe'tal] *adj:* **aceite ~** Pflanzenöl *nt;* **carbón ~** Holzkohle *f*
vegetar [bexe'tar] *vi* (BOT) wachsen; (*enfermo*) dahinvegetieren; (*pey: persona*) vegetieren
vegetariano, -a [bexeta'rjano] *adj* vegetarisch
vehemente [be(e)'mente] *adj* (*impetuoso*) vehement; (*ardiente*) leidenschaftlich
vehículo [be'ikulo] *m:* **~ industrial** Nutzfahrzeug *nt;* **~ de motor** Kraftfahrzeug *nt*
veinte ['beinte] *adj* zwanzig; *v.t.* **ochenta**
vejar [be'xar] *vt* schikanieren
vejatorio, -a [bexa'torjo] *adj* demütigend
vejez [be'xeθ] *f* Alter *nt*
vejiga [be'xiɣa] *f* Blase *f*
vela ['bela] *f* **1.** (*luz*) Kerze *f;* **estar a dos ~s** (*fig*) arm wie eine Kirchenmaus sein **2.** (NÁUT) Segel *nt* **3.** **pasar la noche en ~** die ganze Nacht kein Auge zutun
velada [be'laða] *f* Abend *m*

veladora [bela'ðora] *f* (*Am*) Kerze *f*
velamen [be'lamen] *m* Segelwerk *nt*
velar [be'lar] **I.** *vi* wachen; **~ bien por sus intereses** seine Interessen vertreten **II.** *vt:* **~ a un muerto** Totenwache halten
velatorio [bela'torjo] *m* Totenwache *f*
velero [be'lero] *m* Segelschiff *nt*
veleta [be'leta] *f* Windfahne *f*
vello ['beʎo] *m* (Körper)behaarung *f;* **~ de las axilas** Achselhaare *ntpl*
velludo, -a [be'ʎuðo] *adj* stark behaart
velo ['belo] *m* Schleier *m;* **~ del paladar** (ANAT) Gaumensegel *nt*
velocidad [beloθi'ðað] *f* **1.** Geschwindigkeit *f;* **exceso de ~** überhöhte Geschwindigkeit; **a toda ~** (*fam*) sehr schnell **2.** (*marcha*) Gang *m;* **cambio de ~es** Gangschaltung *f*
velódromo [be'loðromo] *m* Radrennbahn *f*
veloz [be'loθ] *adj* flink
vena ['bena] *f* Ader *f*, Vene *f;* **~ yugular** Drosselvene *f*
venado [be'naðo] *m* Hirsch *m*
vencedor(a) [benθe'ðor] *m(f)* Sieger(in) *m(f);* **~ vencedor** Siegermannschaft
vencejo [ben'θexo] *m* Mauersegler *m*
vencer [ben'θer] <c → z> **I.** *vi* siegen; (*plazo*) ablaufen **II.** *vt* **1.** (*enemigos*) besiegen; **¡no te dejes ~!** lass dich nicht unterkriegen! **2.** (*dificultad*) meistern; **me venció el sueño** ich wurde vom Schlaf übermannt
vencimiento [benθi'mjento] *m* Fälligkeit *f*
venda ['benda] *f* Binde *f*
vendaje [ben'daxe] *m* Verband *m*
vendar [ben'dar] *vt* verbinden
vendaval [benda'βal] *m* Sturm *m*

vendedor(a) [bende'ðor] *m (f)* Verkäufer(in) *m (f)*; ~ **ambulante** Straßenhändler *m*; ~ **a domicilio** Vertreter *m*

vender [ben'der] **I.** *vt* verkaufen (*por/en/a* für +*akk*) **II.** *vr*: ~**se 1.** verkauft werden; **se vende** zu verkaufen; ~**se muy caro** (*fig*) sich sehr bitten lassen **2.** (*alguien*) sich verkaufen

vendimia [ben'dimja] *f* Weinlese *f*

vendimiar [bendi'mjar] *vt* (ver)lesen

Venecia [be'neθja] *f* Venedig *nt*

veneciano, -a [bene'θjano] *adj* venezianisch

veneno [be'neno] *m* Gift *nt*

venenoso, -a [bene'noso] *adj* giftig; **serpiente venenosa** Giftschlange *f*

venerable [bene'raβle] *adj* ehrwürdig

veneración [benera'θjon] *f sin pl* (*adoración*) Verehrung *f*; (*respeto*) Ehrfurcht *f*

venerar [bene'rar] *vt* verehren

venéreo, -a [be'nereo] *adj* Geschlechts-; **enfermedad venérea** Geschlechtskrankheit *f*

venezolano, -a [beneθo'lano] *adj* venezolanisch

Venezuela [bene'θwela] *f* Venezuela *nt*

vengador(a) [benga'ðor] *m (f)* Rächer(in) *m (f)*

venganza [beŋ'ganθa] *f* Rache *f*; **deseo de** ~ Rachgier *f*

vengarse [beŋ'garse] <g → gu> *vr* (sich) rächen

vengativo, -a [beŋga'tiβo] *adj* rachsüchtig

venia ['benja] *f* Erlaubnis *f*

venida [be'niða] *f* (*llegada*) Ankunft *f*; (*vuelta*) Rückkehr *f*

venidero, -a [beni'ðero] *adj* kommend

venir [be'nir] *irr* **I.** *vi* **1.** kommen; (*lle-gar*) ankommen; **vengo (a) por la leche** ich komme die Milch holen **2.** (*ocurrir*) geschehen; **vino la guerra** es gab Krieg **3.** (*proceder*) herkommen **4.** (*loc*): **el dinero me viene muy bien** das Geld kommt mir wie gerufen; **¡venga esa mano!** schlag ein! **II.** *vr*: ~**se 1.** (*ir a*) kommen **2.** (*hundirse*): ~**se abajo** scheitern

venta ['benta] *f* Verkauf *m*; ~ **callejera** Straßenverkauf *m*; ~ **a domicilio** Haus-zu-Haus-Verkauf *m*; **precio de** ~ **al público** Verkaufspreis *m*; **en** ~ zu verkaufen

ventaja [ben'taxa] *f* Vorteil *m*; (DEP) Vorsprung *m*

ventajoso, -a [benta'xoso] *adj* vorteilhaft

ventana [ben'tana] *f* Fenster *nt*

ventanilla [benta'niʎa] *f* Schalter *m*

ventilación [bentila'θjon] *f* Lüftung *f*

ventilador [bentila'ðor] *m* Ventilator *m*

ventilar(se) [benti'lar(se)] *vt, vr* lüften

ventisca [ben'tiska] *f* Schneetreiben *nt*

ventosear [bentose'ar] *vi* Blähungen haben

ventura [ben'tura] *f* Glück *nt*; **mala** ~ Pech *nt*; **a la (buena)** ~ auf gut Glück

Venus ['benus] *m* (ASTR) Venus *f*

ver [ber] *irr* **I.** *vi, vt* **1.** sehen; **a** ~ lass/lasst mal sehen **2.** (*reconocer*) (ein)sehen; **a mi modo de** ~ meiner Ansicht nach; **¿no ves que...?** siehst du denn nicht, dass ...?; **ya lo veo** jetzt sehe ich es auch ein **3.** (*documentos*) durchsehen **4.** (*visitar*) besuchen **5.** (*comprobar*) nachschauen **6.** (*temer*) befürchten; **te veo venir** ich weiß, was du vorhast **7.** (JUR) verhandeln **8.** (*loc*): **tener que** ~ **con**

algo mit etw *dat* zu tun haben; **eso está por ~** das bleibt abzuwarten; **bueno, ya ~emos** nun, das sehen wir dann; **¡hay que ~!** das gibt's doch gar nicht!; **veamos,...** schauen wir mal, ...; **¡~ás!** na warte!; **¡para que veas!** so, da hast du's! **II.** *vr:* **~se 1.** (*encontrarse*) sich sehen **2.** (*estado*) sich fühlen; **~se apurado** sich in Schwierigkeiten befinden **3.** (*Am*) aussehen

veracidad [beraθi'ðaᵒ] *f* Wahrhaftigkeit *f*; (*de una declaración*) Richtigkeit *f*

veraneante [berane'ante] *mf* Sommerurlauber(in) *m(f)*

veranear [berane'ar] *vi:* **~ en Ibiza** den Sommer(urlaub) auf Ibiza verbringen

veraneo [bera'neo] *m* Sommerurlaub *m*; **lugar de ~** Urlaubsort *m*; **estar de ~** im Urlaub sein

veraniego, -a [bera'njeɣo] *adj* sommerlich; **tiempo ~** Sommerwetter *nt*

verano [be'rano] *m* Sommer *m*

veras ['beras] *f:* **de ~** wirklich; **esto va de ~** jetzt mal im Ernst

verbalizar [berβali'θar] <z → c> *vt* (*expresar*) in Worte fassen

verbena [ber'βena] *f* Fest *nt*

verbo ['berβo] *m* Verb *nt*; **~ auxiliar** Hilfsverb *nt*

verdad [ber'ðaᵒ] *f* Wahrheit *f*; **bien es ~ que...** es stimmt zwar, dass ...; **bueno, a decir ~,...** nun, ehrlich gesagt, ...; **¡de ~!** (das stimmt) wirklich!; **¡es ~!** stimmt!; **ser ~** wahr sein; **¿~?** stimmt's?; **¿~ que no fuiste tú?** du warst es doch nicht, oder?; **la ~ es que hace frío** Tatsache ist, dass es kalt ist

verdaderamente [berðaðera'mente] *adv* wirklich

verdadero, -a [berða'ðero] *adj* wahr

verde ['berðe] *adj* **1.** (*t.* POL) grün **2.** (BOT) unreif; **estar ~** ein Grünschnabel sein **3.** (*chistes*) unanständig **4.** (*personas*) lüstern; **viejo ~** Lustmolch *m* **5. poner ~ a alguien** (*fam*) jdn herunterputzen

verdugo [ber'ðuɣo] *m* Scharfrichter *m*

verdura [ber'ðura] *f* Gemüse *nt*

vereda [be'reða] *f* Pfad *m*; (*Am*) Gehsteig *m*

veredicto [bere'ðikto] *m* Urteil *nt*; **~ de culpabilidad** Schuldspruch *m*; **~ de inculpabilidad** Freispruch *m*

verga ['berɣa] *f* Stange *f*; (ANAT) Glied *nt*

vergonzoso, -a [berɣon'θoso] *adj* schüchtern; (*acción*) schändlich

vergüenza [ber'ɣwenθa] *f* **1.** Scham *f*; **me da ~** es ist mir peinlich; **pasar ~** sich schämen; **¡qué ~!** (mein Gott) wie peinlich! **2.** (*pundonor*) Anstand *m*; **tener poca ~** unverschämt sein

verídico, -a [be'riðiko] *adj* wahr

verificación [berifika'θjon] *f* **1.** (*inspección*) (Über)prüfung *f*; (*test*) Test *m* **2.** (*prueba*) Beweis *m*

verificar [berifi'kar] <c → qu> *vt* (über)prüfen

verja ['berxa] *f* Gatter *nt*

vermú [ber'mu] <vermús> *m*, **vermut** [ber'mu] *m* Wermut *m*

vernáculo, -a [ber'nakulo] *adj:* **lengua vernácula** Landessprache *f*

verosímil [bero'simil] *adj* wahrscheinlich

verruga [be'rruɣa] *f* Warze *f*

versar [ber'sar] *vi* handeln (*sobre* von +*dat*)

versátil [ber'satil] *adj* wankelmütig

versículo [ber'sikulo] *m* Bibelspruch *m*

versión [ber'sjon] *f* Version *f*; **~ resu-**

mida Kurzfassung *f*

verso ['berso] *m* Vers *m;* **en ~s** in Versform

vértebra ['berteβra] *f* Wirbel *m*

vertebrado [berte'βraðo] *m* Wirbeltier *nt*

vertebral [berte'βral] *adj:* **columna ~** Wirbelsäule *f*

vertedero [berte'ðero] *m* Mülldeponie *f;* **~ ilegal** wilde Müllkippe

verter [ber'ter] <e → ie> **I.** *vt* (ver)schütten **II.** *vi* fließen

vertical [berti'kal] *adj* senkrecht

vértice ['bertiθe] *m* Scheitel *m*

vertiente [ber'tjente] *f* Abhang *m*

vértigo ['bertiɣo] *m* Schwindelgefühl *nt*

vesícula [be'sikula] *f* Blase *f*

vespertino, -a [besper'tino] *adj* Abend-, abendlich

vestíbulo [bes'tiβulo] *m* Empfangshalle *f*

vestido [bes'tiðo] *m* Kleid *nt*

vestigio [bes'tixjo] *m* **1.** (*huella*) Spur *f* **2.** (*señal*) Anzeichen *nt*

vestir [bes'tir] *irr como pedir* **I.** *vt* (be)kleiden; (*ponerse*) anziehen **II.** *vi* sich kleiden **III.** *vr:* **~se** sich anziehen

vestuario [bes'twarjo] *m* Umkleidekabine *f*

veta ['beta] *f* (Erz)ader *f*

vetar [be'tar] *vt* sein Veto einlegen (gegen +*akk*)

veterano, -a [bete'rano] *adj* erfahren

veterinaria [beteri'narja] *f* Tiermedizin *f*

veterinario, -a [beteri'narjo] *m, f* Tierarzt, -ärztin *m, f*

veto ['beto] *m:* (**inter**)**poner** (**su**) **~ a algo** sein Veto gegen etw einlegen

vez [beθ] *f* Mal *nt;* **a la ~** gleichzeitig; **a veces** manchmal; **cada ~ que...** jedes Mal, wenn ...; **de ~ en cuando** ab und zu; **esta ~** diesmal; **muchas veces** oft; **tal ~** vielleicht; **érase una ~...** es war einmal ...

vía ['bia] *f* **1.** Weg *m;* **~ aérea** Luftpost *f;* **~ láctea** Milchstraße *f;* **~ pública** Bürgersteig *m* **2.** (*ruta*) via; **a Madrid ~ Paris** nach Madrid via Paris **3.** (*carril*) Spur *f;* **~ férrea** Eisenbahn *f* **4.** (ANAT): **~s respiratorias** Luftröhre *f;* **~s urinarias** Harnröhre *f;* **por ~ oral** oral **5. por ~ judicial** auf dem Rechtsweg **6. país en ~s de desarrollo** Entwicklungsland *nt*

viaducto [bja'ðukto] *m* Viadukt *m o nt*

viajante [bja'xante] *mf* (Handels)reisende(r) *f(m)*

viajar [bja'xar] *vi* reisen; **~ en avión** fliegen

viaje [bi'axe] *m* Reise *f;* **~ de novios** Hochzeitsreise *f;* **estar de ~** verreist sein; **irse de ~** verreisen; **salir de ~** abreisen

viajero, -a [bja'xero] *m, f* Reisende(r) *f(m)*

vial [bi'al] *adj:* **circulación ~** Straßenverkehr *m;* **reglamento ~** Straßenverkehrsordnung *f*

viaraza [bja'raθa] *f* (*Am*) Wutanfall *m;* **me dio la ~** ich tobte vor Wut

víbora ['biβora] *f* Viper *f*

vibración [biβra'θjon] *f* Vibration *f;* (*agitación*) (leichte) Erschütterung *f*

vibrante [bi'βrante] *adj* **1.** (*sonoro*) kraftvoll **2.** (*entusiasta*) schwungvoll

vibrar [bi'βrar] *vi* vibrieren

vicario [bi'karjo] *m* Vikar *m*

vicepresidente, -a [biθepresi'ðente] *m, f* (POL) Vizepräsident(in) *m(f);* (*en juntas*) stellvertretender Vorsitzender *m,* stellvertretende Vorsitzende *f*

vicerrector(a) [biθerrek'tor] *m(f)* **1.** (UNIV) Prorektor(in) *m(f)* **2.** (ENS) Konrektor(in) *m(f)*

viceversa [biθe'βersa] *adv* umgekehrt

viciado, -a [bi'θjaðo] *adj* stickig
viciarse [bi'θjarse] *vr* süchtig sein
vicio ['biθjo] *m* Sucht *f;* **el ~ de siempre** das alte Laster
vicioso, -a [bi'θjoso] *adj* lasterhaft
víctima ['biktima] *f* Betroffene(r) *f(m);* **ser ~ de un fraude** Opfer eines Betrugs werden
victimar [bikti'mar] *vt* (*Am*) verwunden
victoria [bik'torja] *f* Sieg *m; ~ por puntos* Sieg nach Punkten
victorioso, -a [bikto'rjoso] *adj* siegreich
vid [bið] *f* (Wein)rebe *f*
vida ['biða] *f* **1.** Leben *nt; ~ afectiva* Gefühlsleben *nt; ~ íntima* Privatleben *nt; ¿cómo te va la ~?* wie geht's dir?; *complicarse la ~* sich *dat* das Leben schwer machen; *perder la ~* ums Leben kommen; *¿qué es de tu ~?* was gibt's Neues bei dir?; *quitarle la ~ a alguien* jdn töten; *de por ~* zu Lebzeiten **2.** (*sustento*) Lebensunterhalt *m; buscarse la ~* sich durchschlagen **3.** *de toda la ~* schon immer; *¡mi ~!* (mein) Schatz!
vidente [bi'ðente] *mf* (Hell)seher(in) *m(f)*
vídeo ['biðeo] *m* Video *nt*, Videorekorder *m; cámara de ~* Videokamera *f*
videocámara [biðeo'kamara] *f* Videokamera *f*
videocasete [biðeoka'sete] *f* Videokassette *f*
videojuego [biðeo'xweɣo] *m* Videospiel *nt*
vidriera [bi'ðrjera] *f: puerta ~* Glastür *f;* (*Am*) Schaufenster *nt*
vidrio ['biðrjo] *m* (Glas)scheibe *f*
viejo, -a ['bjexo] *adj* alt
Viena ['bjena] *f* Wien *nt*
vienés, -esa [bje'nes] *adj* wienerisch
viento ['bjento] *m* Wind *m; ~ de*

frente Gegenwind *m; ~ huracanado* (Wirbel)sturm *m; instrumento de ~* Blasinstrument *nt; hace ~* es ist windig
vientre ['bjentre] *m* **1.** (*abdomen*) Unterleib *m; hacer de ~* Stuhlgang haben **2.** (*barriga*) Bauch *m*
viernes ['bjernes] *m inv* Freitag *m;* **Viernes Santo** Karfreitag *m; v.t.* **lunes**
vietnamita [bjeᵒna'mita] *adj* vietnamesisch
viga ['biɣa] *f* Balken *m*
vigencia [bi'xenθja] *f: estar en ~* in Kraft sein; *entrar en ~* in Kraft treten; *perder ~* ungültig werden
vigente [bi'xente] *adj* gültig
vigía [bi'xia] *f* Wach(t)turm *m*
vigilancia [bixi'lanθja] *f: tener a alguien bajo ~* jdn überwachen
vigilante [bixi'lante] *mf* Wächter(in) *m(f); ~ de seguridad* Wachmann *m*
vigilar [bixi'lar] *vi, vt* überwachen
vigilia [bi'xilja] *f* Wachen *nt; día de ~* Fastentag *m*
vigor [bi'ɣor] *m* **1.** Energie *f; con ~* kraftvoll **2.** *entrar en ~* in Kraft treten
vigoroso, -a [biɣo'roso] *adj* stark; (*protesta*) energisch
vigués, -esa [bi'ɣes] *adj* aus Vigo
VIH [uβei'atʃe] *m abr de* **virus de inmunodeficiencia humana** HIV *nt*
vil [bil] *adj* gemein
vileza [bi'leθa] *f* Gemeinheit *f*
villa ['biʎa] *f* Kleinstadt *f*
villancico [biʎan'θiko] *m* Weihnachtslied *nt*
villano, -a [bi'ʎano] *adj* gemein
vilo ['bilo] *adv: estar en ~* gespannt sein
vinagre [bi'naɣre] *m* Essig *m*
vinagreta [bina'ɣreta] *f* Vinaigrette *f*
vinculación [biŋkula'θjon] *f* (Ver)bin-

dung *f*

vincular [biŋku'lar] *vt* (ver)binden; (*obligar*) verpflichten

vínculo ['biŋkulo] *m* **1.** (*unión*) (Ver)bindung *f*; **el ~ conyugal** das Band der Ehe; **~s familiares** Familienbande *pl*; **~s naturales** Blutsverwandtschaft *f* **2.** (*obligación*) Verpflichtung *f* **3.** (INFOR) Link *m*; **~ caduco** veralteter Link

vinícola [bi'nikola] *adj* Wein(bau)-

vinicultor(a) [binikul'tor] *m(f)* Winzer(in) *m(f)*

vino ['bino] *m* Wein *m*; **~ de mesa** Tafelwein *m*; **~ peleón** Fusel *m*; **~ rosado** Rosé(wein) *m*; **~ tinto** Rotwein *m*

viña ['biɲa] *f* Weinberg *m*

viñedo [bi'ɲeðo] *m* (*monte*) Weinberg *m*; (*planta*) Weinstock *m*

viola ['bjola] *f* Bratsche *f*

violación [bjola'θjon] *f* Vergewaltigung *f*; **~ de contrato** Vertragsbruch *m*

violar [bjo'lar] *vt* vergewaltigen; (*ley*) verstoßen

violencia [bjo'lenθja] *f* Gewalt *f*; **no ~** Gewaltlosigkeit *f*; **con ~** gewaltsam

violentar [bjolen'tar] *vt* **1.** (*obligar*) zwingen; (*sexualmente*) vergewaltigen **2.** (*puerta*) auftreten **3.** (*una casa*) einbrechen (in +*akk*)

violento, -a [bjo'lento] *adj* **1.** gewaltig; (*discusión*) heftig **2.** (*brutal*) brutal; **acto ~** Gewalttat *f* **3.** (*Am*) plötzlich

violeta [bjo'leta] **I.** *adj* violett **II.** *f* (BOT) Veilchen *nt*

violín [bjo'lin] *m* Geige *f*

violón [bjo'lon] *m* (*instrumento*) Bassgeige *f*

violonc(h)elo [bjolon'θelo/bjolon-'tʃelo] *m* Cello *nt*

viraje [bi'raxe] *m* Wendung *f*; **hacer**

un ~ eine Kurve nehmen

virar [bi'rar] *vi, vt* wenden

virgen ['birxen] **I.** *adj* rein; (*cinta*) unbespielt **II.** *f*: **la Virgen** die Jungfrau

virginal [birxi'nal] *adj* (*inmaculado*) unberührt; (*puro*) rein

virginidad [birxini'ðaθ] *f* Jungfräulichkeit *f*

Virgo ['birɣo] *m* (ASTR) Jungfrau *f*

viril [bi'ril] *adj* **1.** (*masculino*) männlich **2.** (*enérgico*) mannhaft

virrey, -reina [bi'rrej] *m, f* Vizekönig(in) *m(f)*

virtual [birtu'al] *adj* virtuell

virtud [bir'tuθ] *f* **1.** Tugend *f*; (*poder*) Fähigkeit *f* **2.** (*loc*): **en ~ de** aufgrund +*gen*

virtuoso, -a [birtu'oso] *adj* virtuos

viruela [bi'rwela] *f* Pocken *pl*; **~ loca** Windpocken *pl*

virus ['birus] *m* Virus *nt o m*

viruta [bi'ruta] *f* Span *m*

visa ['bisa] *m o f* (*Am*), **visado** [bi'saðo] *m* Visum *nt*; **~ de entrada** Einreisevisum *nt*; **~ de salida** Ausreisevisum *nt*

víscera ['bisθera] *f* Eingeweide *nt*

viscoso, -a [bis'koso] *adj* schleimig

visibilidad [bisiβili'ðaθ] *f* (*cualidad*) Sichtbarkeit *f*; (*distancia*) Sichtverhältnisse *ntpl*

visible [bi'siβle] *adj* sichtbar

visillo [bi'siʎo] *m* Gardine *f*

visión [bi'sjon] *f* **1.** Sicht *f* **2.** (*aptitud*) Sehvermögen *nt* **3.** (*aparición*) Vision *f* **4.** (*punto de vista*) Sichtweise *f*

visita [bi'sita] *f* Besuch *m*; **~ del médico** Visite *f*; **~ guiada** Führung *f*; **~ oficial** Staatsbesuch *m*; **ir de ~** jdn besuchen gehen

visitante [bisi'tante] *mf* Besucher(in) *m(f)*

visitar [bisi'tar] *vt* besuchen; (*ciudad*) besichtigen

vislumbrar [bislum'brar] *vt* durchschimmern lassen

visón [bi'son] *m* Nerz *m*

víspera ['bispera] *f:* **en ~s de** kurz vor *+dat*

vista ['bista] *f* Sehvermögen *nt;* (*mirada*) Blick *m;* **al alcance de la ~** in Sicht(weite); **a la ~** anscheinend; **a la ~ está** sieht ganz so aus; **apartar la ~** wegschauen; **a primera ~** auf den ersten Blick; **con ~s a...** im Hinblick auf ... *+akk;* **corto de ~** kurzsichtig; **de ~** vom Sehen; **~ panorámica** Panoramablick *m;* **~ aérea** Luftaufnahme *f;* **~ general** Gesamtbild *nt;* **~ oral** Hauptverhandlung *f*

vistazo [bis'taθo] *m:* **de un ~** mit einem Blick; **echar un ~ a algo** einen Blick auf etw werfen; **voy a dar un ~** ich gehe mal nachschauen

visto, -a ['bisto] **I.** *adj:* **~ para sentencia** hauptverhandlungsfähig; **por lo ~** allem Anschein nach **II.** *conj:* **~ que...** angesichts der Tatsache, dass ...

visto bueno ['bisto 'βweno] *m* Sichtvermerk *m;* **dar el ~ a algo** sein Plazet zu etw *dat* geben

visual [bi'swal] *adj* visuell; **campo ~** Gesichtsfeld *nt*

visualización [biswaliθa'θjon] *f* Veranschaulichung *f;* (*display, t.* INFOR) Anzeige *f*

visualizar [biswali'θar] <z → c> *vt* veranschaulichen; (*Am*) erblicken

vital [bi'tal] *adj:* **constantes ~es** Vitalfunktionen *f;* **fuerza ~** Lebenskraft *f*

vitalicio, -a [bita'liθjo] *adj:* **renta vitalicia** Leibrente *f;* **seguro ~** Lebensversicherung *f*

vitalidad [bitali'ðaδ] *f* Lebensfreude *f*

vitalizar [bitali'θar] <z → c> *vt* (*vivificar*) beleben; (*fortalecer*) kräftigen

vitamina [bita'mina] *f* Vitamin *nt;* **rico en ~s** vitaminreich

vítor ['bitor] *m* Hochruf *m*

vitorear [bitore'ar] *vt* hochleben lassen

vitrina [bi'trina] *f* Vitrine *f;* (*Am*) Schaufenster *nt*

viudedad [bjuðe'ðaδ] *f*, **viudez** [bju'ðeθ] *f* Witwenstand *m*

viudo, -a ['bjuðo] *m, f* Witwer, Witwe *m, f;* **quedarse ~** verwitwen

viva ['biβa] *interj* hoch; **¡~n los novios!** ein Hoch dem Brautpaar!

vivacidad [biβaθi'ðaδ] *f* Lebhaftigkeit *f*

vivaz [bi'βaθ] *adj* voller Lebenskraft

vivencia [bi'βenθja] *f* Erlebnis *nt*

víveres [bi'βeres] *mpl* Lebensmittel *ntpl;* (MIL) Proviant *m*

vivero [bi'βero] *m* Baumschule *f;* (*de peces*) Zuchtteich *m*

viveza [bi'βeθa] *f* **1.** (*celeridad*) Behändigkeit *f* **2.** (*energía*) Lebendigkeit *f* **3.** (*agudeza*) Aufgewecktheit *f*

vivienda [bi'βjenda] *f* Wohnung *f;* **sin ~** obdachlos; (*Am*) Lebensweise *f*

viviente [bi'βjente] *adj* lebendig

vivir [bi'βir] **I.** *vi* leben; (*habitar*) wohnen **II.** *vt* erleben **III.** *m:* **de mal ~** anrüchig

vivo, -a ['biβo] *adj* **1.** lebend(ig); **ser ~** Lebewesen *nt;* **a fuego ~** bei starker Hitze; **en ~** live; **estar ~** am Leben sein **2.** (*vivaz*) lebhaft **3.** (*color*) leuchtend **4.** (*avispado*) aufgeweckt

vizcaíno, -a [biθka'ino] *adj* aus Biscaya

Vizcaya [biθ'kaja] *f* Biscaya *nt*

vocablo [bo'kaβlo] *m* Vokabel *f*

vocabulario [bokaβu'larjo] *m* Wortschatz *m;* **~ especializado** Fachwortschatz *m*

vocación [boka'θjon] *f* Berufung *f;* **~ artística** künstlerische Ader; **por ~** aus Berufung

vocal [bo'kal] *f* Vokal *m*

vocerío [boθe'rio] *m* Geschrei *nt*

vocero, -a [bo'θero] *m, f* (*Am*) Sprecher(in) *m(f)*

vociferar [boθife'rar] **I.** *vi* brüllen **II.** *vt* herausschreien

volante [bo'lante] *m* **1.** (AUTO) Lenkrad *nt;* **ir al ~** am Steuer sitzen **2.** (*adorno*) Volant *m*

volar [bo'lar] <o → ue> **I.** *vi* **1.** fliegen; **echar a ~** losfliegen; **~ y conducir** (*en turismo*) Fly and Drive **2.** (*desaparecer*) verschwinden; **el dinero ha volado** das Geld ist weg **3.** (*apresurarse*) eilen; **¡voy volando!** ich fliege! **II.** *vt* sprengen; (*hacer volar*) fliegen lassen

volcán [bol'kan] *m* Vulkan *m*

volcánico, -a [bol'kaniko] *adj* **1.** (GEO) vulkanisch **2.** (*ardiente*) feurig

volcar [bol'kar] *irr* **I.** *vi* (um)kippen **II.** *vr:* **~se con alguien en atenciones** jdm gegenüber extrem aufmerksam sein

voleibol [bolei'βol] *m* Volleyball *m*

voleo [bo'leo] *m:* **a ~** aufs Geratewohl

voltaje [bol'taxe] *m* Spannung *f*

voltereta [bolte'reta] *f* Purzelbaum *m*

voltio ['boltjo] *m* Volt *nt*

volumen [bo'lumen] *m* **1.** Volumen *nt;* (*cantidad*) Menge *f;* **~ de ventas** Umsatz *m* **2.** (*sonido*) Lautstärke *f;* **a todo ~** sehr laut **3.** (*tomo*) Band *m*

voluminoso, -a [bolumi'noso] *adj* umfangreich

voluntad [bolun'tad] *f* Wille *m;* **mala ~** Böswilligkeit *f;* **a ~** nach Belieben; **contra su ~** widerwillig; **por propia ~** freiwillig

voluntario, -a [bolun'tarjo] *adj* freiwillig

voluntarioso, -a [bolunta'rjoso] *adj* willensstark

voluptuoso, -a [boluptu'oso] *adj* (*apasionado*) wollüstig; (*sensual*) sinnlich

volver [bol'βer] *irr* **I.** *vi* **1.** umdrehen; **~ atrás** umkehren **2.** (*regresar*) zurückkehren; **~ a casa** heimkehren **3. ~ a** +*inf* wieder +*inf* **II.** *vt* **1.** (*dar la vuelta*) umdrehen **2.** (*poner del revés*) wenden **3.** (*transformar*) verwandeln (in +*akk*) **III.** *vr:* **~se** sich umdrehen; (*dirigirse*) sich wenden; (*convertirse*) sich verwandeln (in +*akk*); **~se viejo** alt werden

vomitar [bomi'tar] **I.** *vi* sich übergeben **II.** *vt* erbrechen

vomitivo, -a [bomi'tiβo] *adj* Brechreiz erregend; **ese es ~** (*argot*) der Typ ist ein echter Kotzbrocken

vómito ['bomito] *m:* **~ de sangre** Blutsturz *m;* **provocar ~s a alguien** jdn zum Erbrechen bringen

voraz [bo'raθ] *adj:* **apetito ~** Heißhunger *m*

vos [bos] *pron pers* (*Am*) du

vosotros, -as [bo'sotros] *pron pers* ihr; (*tras preposición*) euch

votación [bota'θjon] *f* Abstimmung *f;* **someter algo a ~** über etw abstimmen (lassen)

votar [bo'tar] *vi, vt* (ab)stimmen; **~ una ley** ein Gesetz verabschieden

voto ['boto] *m* Stimme *f;* (*acción*) Abstimmung *f;* **~ a favor** Jastimme *f*

voy [boi] *1. pres de* **ir**

voz [boθ] *f* **1.** Stimme *f;* **~ cantante** Solostimme *f;* **~ de mando** Kommando *nt;* **a media ~** halblaut; **leer en ~ alta** vorlesen **2.** (*grito*) Ruf *m;* **voces** Geschrei *nt;* **a voces** schreiend; **dar voces** schreien **3.** (*rumor*) Gerücht *nt* **4.** (*del verbo*): **~ activa** Aktiv *nt;* **~ pasiva** Passiv *nt*

vuelco ['bwelko] *m:* **me dio un ~ el corazón** mir blieb das Herz stehen

vuelo ['bwelo] *m* Flug *m;* **~ en globo** Ballonfahrt *f;* **~ nacional** Inlandflug

m; ~ **regular** Linienflug *m;* **coger-las al** ~ (*fig*) im Nu kapieren
vuelta ['bwelta] *f* **1.** (*giro*) (Um)drehung *f;* **dar la** ~ wenden; **darse la** ~ sich umdrehen; **dar(se) una** ~ spazieren gehen **2.** (*regreso*) Rückkehr *f;* (*viaje*) Rückfahrt *f;* **estar de** ~ zurück(gekehrt) sein **3.** (*dinero*) Wechselgeld *nt;* **dar la** ~ herausgeben **4.** (DEP): ~ **ciclista** Tour *f* **5.** (*loc*): **a la** ~ **de** (*lugar*) um +*akk;* (*tiempo*) nach +*dat*
vuestro, -a ['bwestro] **I.** *adj* (*antepuesto*) euer, eu(e)re; ~ **coche** euer Auto **II.** *pron pos* **1.** (*de vuestra propiedad*) euer(e); **¿es** ~**?** gehört es euch? **2.** (*tras artículo*): **el** ~/**la vuestra/lo** ~ eure(r, s); **los** ~**s** eure, eure Angehörigen **3.** (*tras sustantivo*) eure(r), von euch; **un amigo** ~ ein Freund von euch
vulgar [bul'ɣar] *adj* vulgär
vulgaridad [bulɣari'ðaᵈ] *f* Derbheit *f*
vulgarizar [bulɣari'θar] <z → c> **I.** *vt* **1.** (*simplificar*) vereinfachen **2.** (*popularizar*) popularisieren **II.** *vr:* ~**se I.** (*pey: persona*) vulgär werden **2.** (*trivializarse*) abflachen
vulnerable [bulne'raβle] *adj* verletzlich
vulnerar [bulne'rar] *vt* verletzen

W

W, w ['uβe 'ðoβle] *f* W, w *nt*
wampa ['wampa] *f* (*Méx: ciénaga*) Sumpf *m*
wáter ['bater] *m,* **water-closet** ['bater-'kloseᵗ] *m* Toilette *f*
waterpolo [bater'polo] *m* Wasserball *m*

watt [baᵗ] *m* Watt *nt*
W.C. ['uβe θe] *m abr de* **water-closet** WC *nt*
windsurf ['winᵈsurf] *m* (Wind)surfen *nt*
WWW *f abr de* **World Wide Web** WWW *nt*

X, x ['ekis] *f* X, x *nt;* **rayos** ~ Röntgenstrahlen *mpl*
xenofobia [seno'foβja] *f* Fremdenfeindlichkeit *f*
xenófobo, -a [se'nofoβo] *adj* fremdenfeindlich
xilófono [si'lofono] *m* Xylophon *nt*
xilografía [siloɣra'fia] *f* Holzschnitt *m*

Y, y [i 'ɣrjeɣa] *f* Y, y *nt*
y [i] *conj* und; **¿~ qué?** na und?; ~ **eso que** obwohl
ya [ʝa] **I.** *adv* **1.** (*pasado*) schon **2.** (*pronto*) sofort; **¡~ voy!** ich komme schon!; ~ **verás** du wirst schon (noch) sehen **3.** (*negación*): ~ **no fumo** ich rauche nicht mehr **II.** *conj:* ~ **que** da, weil **III.** *interj* ach so!
yacer [ʝa'θer] *irr vi* (*estar echado*) liegen; (*estar enterrado*) ruhen
yacimiento [ʝaθi'mjento] *m* Vorkommen *nt*
yaguré [ʝaɣu're] *m* (*Am*) Stinktier *nt*
yanqui ['ʝaŋki] *adj* (nord)amerika-

nisch

yapa ['japa] f (Am): **de** ~ zudem

yate ['jate] m Jacht f

yayo, -a ['jajo] m, f (fam) Opa, Oma m, f

yedra ['jeðra] f Efeu m

yegua ['jeɣwa] f Stute f

yelmo ['jelmo] m Helm m

yema ['jema] f Eigelb nt; (dedo) Fingerkuppe f

yerbear [jerβe'ar] vi (Am) Mate(tee) trinken

yergo ['jerɣo] 1. pres de **erguir**

yermo, -a ['jermo] adj: **dejar** ~ brachlegen

yerno ['jerno] m Schwiegersohn m

yeso ['jeso] m Gips m

yeta ['jeta] f (Arg, Urug) Pech nt

yin ['jin] yines m Jeans f

yo [jo] pron pers ich; ~ **que tú...** ich an deiner Stelle ...

yodo ['joðo] m Jod nt

yoga ['joɣa] m Joga nt o m

yogur ['joɣur] <yogures> m Joghurt m

yogurín [joɣu'rin] m (fam) junger aufstrebender Typ

yonqui ['joŋki] mf (argot) Junkie m

yóquei ['jokej] m, **yoqui** ['joki] m (DEP) Jockei m

yoyó [jo'jo] m Jo-Jo nt

yuca ['juka] f Yucca(palme) f

yudo ['juðo] m Judo nt

yugo ['juɣo] m Joch nt

Yugoslavia [juɣos'laβja] f (HIST) Jugoslawien nt

yugoslavo, -a [juɣos'laβo] adj jugoslawisch

yugular [juɣu'lar] adj Hals-; **arteria** ~ Halsschlagader f

yunque ['juŋke] m Amboss m

yuppy ['jupi] mf Yuppie m

yute ['jute] m Jute f

yuxtaponer [justapo'ner] irr como **poner** I. vt (a otra cosa) stellen (a

neben +akk); (dos cosas) nebeneinanderstellen II. vr: ~se hinzukommen (a zu +dat)

yuxtaposición [justaposi'θjon] f (LING, GEO) Juxtaposition f

yuxtapuesto, -a [justa'pwesto] adj nebeneinanderliegend; (LING) aneinandergereiht

yuyo ['jujo] m 1. (CSur) Unkraut nt 2. pl (Col, Ecua) Gewürzkräuter nt pl; (Perú) Gemüse nt

Z

Z, z ['θeta] f Z, z nt

zabuir [θa'bwir] vi (Col, PRico) eintauchen

zacate [θa'kate] m (Am) Stroh nt

zafacón [θafa'kon] m (PRico, RDom) Abfalleimer m

zafado, -a [θa'faðo] adj (Arg) frech

zafar [θa'far] I. vt (NÁUT) klar machen II. vr: ~se 1. (de una persona) loswerden (de +akk) 2. (de un compromiso) sich drücken (de vor +dat) 3. (Am: dislocarse) sich dat ausrenken

zafiro [θa'firo] m Saphir m

zaga ['θaɣa] f: ir a la ~ de alguien hinter jdm hergehen

zalamero, -a [θala'mero] adj schmeichlerisch

zamarra [θa'marra] f 1. (de pastor) Hirtenjacke f (aus Schaffell) 2. (chaqueta) pelzgefütterte Jacke f

zambo, -a ['θambo] adj X-beinig

zambullir(se) [θambu'ʎir(se)] <3. pret: (se) zambulló> vt, vr eintauchen

zamorano, -a [θamo'rano] adj aus Zamora

zampabollos [θampa'βoλos] *mf inv* (*fam*) Vielfraß *m*

zampar [θam'par] *vt* verschlingen

zampón, -ona [θam'pon] **I.** *adj* (*fam*) gefräßig **II.** *m, f* (*fam*) Vielfraß *m*

zanahoria [θana'orja] *f* Mohrrübe *f*

zanca ['θaŋka] *f* **1.** (*del ave*) Vogelbein *nt* **2.** (*fam: del hombre*) langes Bein *nt*

zancada [θaŋ'kaða] *f:* **dar ~s** große Schritte machen

zancadilla [θaŋka'ðiλa] *f:* **poner la ~ a alguien** jdm ein Bein stellen

zanco ['θaŋko] *m* Stelze *f*

zancudo [θaŋ'kuðo] *m* (*Am*) Moskito *m*

zanganear [θaŋgane'ar] *vi* (*fam*) faulenzen

zángano ['θaŋgano] *m* Drohne *f*

zanja ['θaŋxa] *f* Graben *m*

zanjar [θaŋ'xar] *vt* Gräben ziehen; (*disputa*) beilegen

zapallo [θa'paλo] *m* (*Am*) Kürbis *m*

zapata [θa'pata] *f* (AUTO) Bremsschuh *m*

zapatear [θapate'ar] *vt* (*golpear*) mit einem Schuh schlagen; (*bailando*) mit dem Fuß (auf)stampfen

zapatería [θapate'ria] *f* Schuhgeschäft *nt*

zapatero, -a [θapa'tero] *m, f* Schuhmacher(in) *m(f)*

zapatilla [θapa'tiλa] *f* Hausschuh *m*; **~s de tenis** Tennisschuhe *mpl*

zapato [θa'pato] *m* Schuh *m*

zapear [θape'ar] *vi* zappen

zar, zarina [θar, θa'rina] *m, f* Zar(in) *m(f)*

zaragozano, -a [θaraγo'θano] *adj* aus Zaragoza

zarandear [θarande'ar] *vt* schubsen; (*Am*) bloßstellen

zarina [θa'rina] *f v.* **zar**

zarpa ['θarpa] *f* Pranke *f*; (*fam*) Pfote *f*

zarpar [θar'par] *vi* auslaufen

zarrapastroso, -a [θarrapas'troso] *adj* (*fam*) schlampig

zarza ['θarθa] *f* Dornbusch *m*

zas [θas] *interj* (*de rapidez*) zack; (*de golpe*) peng

zeta ['θeta] *f* Z *nt*

zigzag [θiγ'θaγ] <zigzagues> *m* Zickzack *m*

zinc [θiŋ] <cines> *m* Zink *nt*; **óxido de ~** Zinkoxid *nt*

zipear [θipe'ar] *vt* (INFOR: *fam: comprimir*) zippen

zíper ['θiper] *m* (*Méx*) Reißverschluss *m*

zócalo ['θokalo] *m* Sockel *m*

zodíaco [θo'diako] *m* Tierkreis *m*; **signos del ~** Sternzeichen *ntpl*

zombi ['θombi] *m* Zombie *m*; **estar ~** völlig benommen sein

zona ['θona] *f:* **~ franca** Zollfreigebiet *nt*; **~ peatonal** Fußgängerzone *f*; **~ verde** Grünzone *f*

zoncera [θon'θera] *f* (*Am*), **zoncería** [θonθe'ria] *f* Albernheit *f*

zonzo, -a [θo'onθo] *adj* (*Am*) dumm

zoo ['θoo] *m* Zoo *m*

zoología [θo(o)lo'xia] *f* Zoologie *f*

zoológico, -a [θo(o)'loxiko] *adj:* **parque ~** Zoo *m*

zoólogo, -a [θo'ologo] *m, f* Zoologe, -in *m, f*

zopenco, -a [θo'peŋko] *adj* dumm

zopilote [θopi'lote] *m* Geier *m*

zoquete [θo'kete] *m* Dummkopf *m*

zorra ['θorra] *f* Füchsin *f*; (*fam*) Hure *f*

zorrillo [θo'rriλo] *m* (*Am*) Stinktier *nt*

zorro ['θorro] *m* Fuchs *m*

zote ['θote] *adj* schwer von Begriff

zozobrar [θoθo'brar] *vi* kentern; (*plan*) scheitern

zueco ['θweko] *m* Clog *m*

zumba ['θumba] *f* (*Am*) Tracht *f* Prügel

zumbado, -a [θum'baðo] *adj:* **estar ~** (*fam*) spinnen

zumbar [θum'bar] **I.** *vi* **1.** summen; **salir zumbando** davoneilen **2.** (*oídos*) dröhnen **II.** *vt* **1.** (*golpe*) versetzen **2.** (*Am*) (weg)schmeißen; (*expulsar*) (raus)schmeißen

zumbido [θum'biðo] *m* Summen *nt;* **~ de los oídos** Ohrensausen *nt*

zumo ['θumo] *m* Saft *m*

zupay [θu'pai̯] *m* (*Am*) Teufel *m*

zuque ['θuke] *m* (*Col*) Schlag *m;* **estar ~** (*Méx: fam*) pleite sein

zurcir [θur'θir] <c → z> *vt* stopfen; **¡que te zurzan!** (*fam*) du kannst mich mal!

zurdo, -a ['θurðo] *adj* linkshändig

zurra ['θurra] *f:* **dar una ~ a alguien** jdn verprügeln

zurrar [θu'rrar] *vt* (*fam*) versohlen

Anhang II

Apéndice II

Die regelmäßigen und unregelmäßigen spanischen Verben
Los verbos regulares e irregulares españoles

Folgende Abkürzungen werden in der Verbtabelle verwendet:

pret. ind.   pretérito indefinido
subj. pres.   subjuntivo presente

Die regelmäßigen Verben auf -ar, -er und -ir

hablar

presente	imperfecto	pret. ind.	futuro	subj. pres.
hablo	hablaba	hablé	hablaré	hable
hablas	hablabas	hablaste	hablarás	hables
habla	hablaba	habló	hablará	hable
hablamos	hablábamos	hablamos	hablaremos	hablemos
habláis	hablabais	hablasteis	hablaréis	habléis
hablan	hablaban	hablaron	hablarán	hablen
gerundio	hablando	**participio**	hablado	

comprender

presente	imperfecto	pret. ind.	futuro	subj. pres.
comprendo	comprendía	comprendí	comprenderé	comprenda
comprendes	comprendías	comprendiste	comprenderás	comprendas
comprende	comprendía	comprendió	comprenderá	comprenda
comprende-mos	comprendía-mos	comprendi-mos	comprendere-mos	comprenda-mos
comprendéis	comprendíais	comprendis-teis	comprende-réis	comprendáis
comprenden	comprendían	comprendie-ron	comprende-rán	comprendan
gerundio	compren-diendo	**participio**	comprendido	

recibir

presente	imperfecto	pret. ind.	futuro	subj. pres.
recibo	recibía	recibí	recibiré	reciba
recibes	recibías	recibiste	recibirás	recibas
recibe	recibía	recibió	recibirá	reciba
recibimos	recibíamos	recibimos	recibiremos	recibamos
recibís	recibíais	recibisteis	recibiréis	recibáis
reciben	recibían	recibieron	recibirán	reciban
gerundio	recibiendo	**participio**	recibido	

Verben mit Vokalveränderung

<e → ie> pensar

presente	imperfecto	pret. ind.	futuro	subj. pres.
pienso	pensaba	pensé	pensaré	piense
piensas	pensabas	pensaste	pensarás	pienses
piensa	pensaba	pensó	pensará	piense
pensamos	pensábamos	pensamos	pensaremos	pensemos
pensáis	pensabais	pensasteis	pensaréis	penséis
piensan	pensaban	pensaron	pensarán	piensen
gerundio	pensando	**participio**	pensado	

<o → ue> contar

presente	imperfecto	pret. ind.	futuro	subj. pres.
cuento	contaba	conté	contaré	cuente
cuentas	contabas	contaste	contarás	cuentes
cuenta	contaba	contó	contará	cuente
contamos	contábamos	contamos	contaremos	contemos
contáis	contabais	contasteis	contaréis	contéis
cuentan	contaban	contaron	contaron	cuenten
gerundio	contando	**participio**	contado	

<e → i>	pedir			
presente	imperfecto	pret. ind.	futuro	subj. pres.
pido	pedía	pedí	pediré	pida
pides	pedías	pediste	pedirás	pidas
pide	pedía	pidió	pedirá	pida
pedimos	pedíamos	pedimos	pediremos	pidamos
pedís	pedíais	pedisteis	pediréis	pidáis
piden	pedían	pidieron	pedirán	pidan
gerundio	pidiendo	**participio**	pedido	

Verben mit orthographischen Abweichungen

<c → qu>	atacar			
presente	imperfecto	pret. ind.	futuro	subj. pres.
ataco	atacaba	ataqué	atacaré	ataque
atacas	atacabas	atacaste	atacarás	ataques
ataca	atacaba	atacó	atacará	ataque
atacamos	atacábamos	atacamos	atacaremos	ataquemos
atacáis	atacabais	atacasteis	atacaréis	ataquéis
atacan	atacaban	atacaron	atacarán	ataquen
gerundio	atacando	**participio**	atacado	

<g → gu>	pagar			
presente	imperfecto	pret. ind.	futuro	subj. pres.
pago	pagaba	pagué	pagaré	pague
pagas	pagabas	pagaste	pagarás	pagues
paga	pagaba	pagó	pagará	pague
pagamos	pagábamos	pagamos	pagaremos	paguemos
pagáis	pagabais	pagasteis	pagaréis	paguéis
pagan	pagaban	pagaron	pagarán	paguen
gerundio	pagando	**participio**	pagado	

‹z → c› cazar

presente	imperfecto	pret. ind.	futuro	subj. pres.
cazo	cazaba	cacé	cazaré	cace
cazas	cazabas	cazaste	cazarás	caces
caza	cazaba	cazó	cazará	cace
cazamos	cazábamos	cazamos	cazaremos	cacemos
cazáis	cazabais	cazasteis	cazaréis	cacéis
cazan	cazaban	cazaron	cazarán	cacen
gerundio	cazando	**participio**	cazado	

‹gu → gü› averiguar

presente	imperfecto	pret. ind.	futuro	subj. pres.
averiguo	averiguaba	averigüé	averiguaré	averigüe
averiguas	averiguabas	averiguaste	averiguarás	averigües
averigua	averiguaba	averiguó	averiguará	averigüe
averiguamos	averiguábamos	averiguamos	averiguaremos	averigüemos
averiguáis	averiguabais	averiguasteis	averiguaréis	averigüéis
averiguan	averiguaban	averiguaron	averiguarán	averigüen
gerundio	averiguando	**participio**	averiguado	

‹c → z› vencer

presente	imperfecto	pret. ind.	futuro	subj. pres.
venzo	vencía	vencí	venceré	venza
vences	vencías	venciste	vencerás	venzas
vence	vencía	venció	vencerá	venza
vencemos	vencíamos	vencimos	venceremos	venzamos
vencéis	vencíais	vencisteis	venceréis	venzáis
vencen	vencían	vencieron	vencerán	venzan
gerundio	venciendo	**participio**	vencido	

<g → j>   **coger**

presente	imperfecto	pret. ind.	futuro	subj. pres.
cojo	cogía	cogí	cogeré	coja
coges	cogías	cogiste	cogerás	cojas
coge	cogía	cogió	cogerá	coja
cogemos	cogíamos	cogimos	cogeremos	cojamos
cogéis	cogíais	cogisteis	cogeréis	cojáis
cogen	cogían	cogieron	cogerán	cojan
gerundio	cogiendo	**participio**	cogido	

<gu → g>   **distinguir**

presente	imperfecto	pret. ind.	futuro	subj. pres.
distingo	distinguía	distinguí	distinguiré	distinga
distingues	distinguías	distinguiste	distinguirás	distingas
distingue	distinguía	distinguió	distinguirá	distinga
distinguimos	distinguíamos	distinguimos	distinguire-mos	distingamos
distinguís	distinguíais	distinguisteis	distinguiréis	distingáis
distinguen	distinguían	distinguieron	distinguirán	distingan
gerundio	distinguiendo	**participio**	distinguido	

<qu → c>   **delinquir**

presente	imperfecto	pret. ind.	futuro	subj. pres.
delinco	delinquía	delinquí	delinquiré	delinca
delinques	delinquías	delinquiste	delinquirás	delincas
delinque	delinquía	delinquió	delinquirá	delinca
delinquimos	delinquíamos	delinquimos	delinquire-mos	delincamos
delinquís	delinquíais	delinquisteis	delinquiréis	delincáis
delinquen	delinquían	delinquieron	delinquirán	delincan
gerundio	delinquiendo	**participio**	delinquido	

Verben mit Betonungsverschiebung

<1. pres: envío> enviar

presente	imperfecto	pret. ind.	futuro	subj. pres.
envío	enviaba	envié	enviaré	envíe
envías	enviabas	enviaste	enviarás	envíes
envía	enviaba	envió	enviará	envíe
enviamos	enviábamos	enviamos	enviaremos	enviemos
enviáis	enviabais	enviasteis	enviaréis	enviéis
envían	enviaban	enviaron	enviarán	envíen
gerundio	enviando	**participio**	enviado	

<1. pres: continúo> continuar

presente	imperfecto	pret. ind.	futuro	subj. pres.
continúo	continuaba	continué	continuaré	continúe
continúas	continuabas	continuaste	continuarás	continúes
continúa	continuaba	continuó	continuará	continúe
continuamos	continuábamos	continuamos	continuaremos	continuemos
continuáis	continuabais	continuasteis	continuaréis	continuéis
continúan	continuaban	continuaron	continuarán	continúen
gerundio	continuando	**participio**	continuado	

Verben, bei denen das unbetonte *i* wegfällt

<3. pret: gruñó> gruñir

presente	imperfecto	pret. ind.	futuro	subj. pres.
gruño	gruñía	gruñí	gruñiré	gruña
gruñes	gruñías	gruñiste	gruñirás	gruñas
gruñe	gruñía	gruñó	gruñirá	gruña
gruñimos	gruñíamos	gruñimos	gruñiremos	gruñamos
gruñís	gruñíais	gruñisteis	gruñiréis	gruñáis
gruñen	gruñían	gruñeron	gruñirán	gruñan
gerundio	gruñendo	**participio**	gruñido	

Die unregemäßigen Verben

abolir

presente	subj. pres.			
—	—	**gerundio**		
—	—	aboliendo		
—	—			
abolimos	—	**participio**		
abolís	—	abolido		
—	—			

abrir

participio	abierto			

adquirir

presente				
adquiero	**gerundio**			
adquieres	adquiriendo			
adquiere				
adquirimos	**participio**			
adquirís	adquirido			
adquieren				

airar

presente				
aíro	**gerundio**			
aíras	airando			
aíra				
airamos	**participio**			
airáis	airado			
aíran				

andar

presente	pret.ind.			
ando	anduve	**gerundio**		
andas	anduviste	andando		
anda	anduvo			
andamos	anduvimos	**participio**		
andáis	anduvisteis	andado		
andan	anduvieron			

asir

presente				
asgo	**gerundio**			
ases	asiendo			
ase				
asimos	**participio**			
asís	asido			
asen				

aullar

presente				
aúllo	**gerundio**			
aúllas	aullando			
aúlla				
aullamos	**participio**			
aulláis	aullado			
aúllan				

avergonzar

presente	pret.ind.		
avergüenzo	avergoncé	**gerundio**	
avergüenzas	avergonzaste	avergonzando	
avergüenza	avergonzó		
avergonza-mos	avergonza-mos	**participio**	
avergonzáis	avergonzas-teis	avergonzado	
avergüenzan	avergonzaron		

caber

presente	pret.ind.	futuro		
quepo	cupe	cabré	**gerundio**	
cabes	cupiste	cabrás	cabiendo	
cabe	cupo	cabrá		
cabemos	cupimos	cabremos	**participio**	
cabéis	cupisteis	cabréis	cabido	
caben	cupieron	cabrán		

caer

presente	pret.ind.		
caigo	caí	**gerundio**	
caes	caíste	cayendo	
cae	cayó		
caemos	caímos	**participio**	
caéis	caísteis	caído	
caen	cayeron		

ceñir

presente	pret.ind.	**gerundio**		
ciño	ceñí	ciñendo		
ciñes	ceñiste			
ciñe	ciñó			
ceñimos	ceñimos	**participio**		
ceñís	ceñisteis	ceñido		
ciñen	ciñeron			

cernir

presente	**gerundio**			
cierno	cerniendo			
ciernes				
cierne				
cernimos	**participio**			
cernís	cernido			
ciernen				

cocer

presente	**gerundio**			
cuezo	cociendo			
cueces				
cuece				
cocemos	**participio**			
cocéis	cocido			
cuecen				

colgar

presente	pret.ind.	**gerundio**		
cuelgo	colgué	colgando		
cuelgas	colgaste			
cuelga	colgó			
colgamos	colgamos	**participio**		
colgáis	colgasteis	colgado		
cuelgan	colgaron			

crecer

presente			
crezco	**gerundio**		
creces	creciendo		
crece			
crecemos	**participio**		
crecéis	crecido		
crecen			

dar

presente	pret.ind.	subj.pres.	
doy	di	dé	**gerundio**
das	diste	des	dando
da	dio	dé	
damos	dimos	demos	**participio**
dais	disteis	deis	dado
dan	dieron	den	

decir

presente	imperfecto	pret.ind	futuro	subj.pres.
digo	decía	dije	diré	diga
dices	decías	dijiste	dirás	digas
dice	decía	dijo	dirá	diga
decimos	decíamos	dijimos	diremos	digamos
decís	decíais	dijisteis	diréis	digáis
dicen	decían	dijeron	dirán	digan
gerundio	diciendo	**participio**	dicho	

dormir

presente	pret.ind.			
duermo	dormí	**gerundio**		
duermes	dormiste	durmiendo		
duerme	durmió			
dormimos	dormimos	**participio**		
dormís	dormisteis	dormido		
duermen	durmieron			

elegir

presente	pret.ind.			
elijo	elegí	**gerundio**		
eliges	elegiste	eligiendo		
elige	eligió			
elegimos	elegimos	**participio**		
elegís	elegisteis	elegido		
eligen	eligieron			

empezar

presente	pret.ind.			
empiezo	empecé	**gerundio**		
empiezas	empezaste	empezando		
empieza	empezó			
empezamos	empezamos	**participio**		
empezáis	empezasteis	empezado		
empiezan	empezaron			

erguir

presente	pret.ind.	subj. pres.		
yergo	erguí	yerga	**gerundio**	
yergues	erguiste	yergas	irguiendo	
yergue	irguió	yerga		
erguimos	erguimos	yergamos	**participio**	
erguís	erguisteis	yergáis	erguido	
yerguen	irguieron	yergan		

errar

presente				
yerro	**gerundio**			
yerras	errando			
yerra				
erramos	**participio**			
erráis	errado			
yerran				

escribir

participio	escrito			

estar

presente	imperfecto	pret.ind.	futuro	subj.pres.
estoy	estaba	estuve	estaré	esté
estás	estabas	estuviste	estarás	estés
está	estaba	estuvo	estará	esté
estamos	estábamos	estuvimos	estaremos	estemos
estáis	estabais	estuvisteis	estaréis	estéis
están	estaban	estuvieron	estarán	estén
gerundio	estando	**participio**	estado	

forzar

presente	pret.ind.			
fuerzo	forcé	**gerundio**		
fuerzas	forzaste	forzando		
fuerza	forzó			
forzamos	forzamos	**participio**		
forzáis	forzasteis	forzado		
fuerzan	forzaron			

fregar

presente	pret.ind.			
friego	fregué	**gerundio**		
friegas	fregaste	fregando		
friega	fregó			
fregamos	fregamos	**participio**		
fregáis	fregasteis	fregado		
friegan	fregamos			

freír

presente	pret.ind.			
frío	freí	**gerundio**		
fríes	freíste	friendo		
fríe	frió			
freímos	freímos	**participio**		
freís	freísteis	frito		
fríen	frieron			

haber

presente	imperfecto	pret.ind.	futuro	subj.pres.
he	había	hube	habré	haya
has	habías	hubiste	habrás	hayas
ha	había	hubo	habrá	haya
hemos	habíamos	hubimos	habremos	hayamos
habéis	habíais	hubisteis	habréis	hayáis
han	habían	hubieron	habrán	hayan
gerundio	habiendo	**participio**	habido	

hacer

presente	imperfecto	pret.ind.	futuro	subj.pres.
hago	hacía	hice	haré	haga
haces	hacías	hiciste	harás	hagas
hace	hacía	hizo	hará	haga
hacemos	hacíamos	hicimos	haremos	hagamos
hacéis	hacíais	hicisteis	haréis	hagáis
hacen	hacían	hicieron	harán	hagan
gerundio	haciendo	**participio**	hecho	

hartar

participio	hartado – *gesättigt*
	harto *(nur attributiv):* estoy harto – *ich bin satt*

huir

presente				
huyo	**gerundio**			
huyes	huyendo			
huye				
huimos	**participio**			
huís	huido			
huyen				

imprimir

participio	impreso

ir

presente	imperfecto	pret.ind.	subj.pres.	
voy	iba	fui	vaya	**gerundio**
vas	ibas	fuiste	vayas	yendo
va	iba	fue	vaya	
vamos	íbamos	fuimos	vayamos	**participio**
vais	ibais	fuisteis	vayáis	ido
van	iban	fueron	vayan	

jugar

presente	pret.ind.	subj.pres.	**gerundio**
juego	jugué	juegue	
juegas	jugaste	juegues	jugando
juega	jugó	juegue	
jugamos	jugamos	juguemos	**participio**
jugáis	jugasteis	juguéis	jugado
juegan	jugaron	jueguen	

leer

presente	pret.ind.		
leo	leí	**gerundio**	
lees	leíste	leyendo	
lee	leyó		
leemos	leímos	**participio**	
leéis	leísteis	leído	
leen	leyeron		

lucir

presente			
luzco	**gerundio**		
luces	luciendo		
luce			
lucimos	**participio**		
lucís	lucido		
lucen			

maldecir

presente	pret.ind.		
maldigo	maldije	**gerundio**	
maldices	maldijiste	maldiciendo	
maldice	maldijo		
maldecimos	maldijimos	**participio**	
maldecís	maldijisteis	maldecido:	*verflucht*
maldicen	maldijeron	maldito:	*Substantiv, Adjektiv*

morir

presente	pret.ind.			
muero	morí	**gerundio**		
mueres	moriste	muriendo		
muere	murió			
morimos	morimos	**participio**		
morís	moristeis	muerto		
mueren	murieron			

oir, oír

presente	pret.ind.			
oigo	oí	**gerundio**		
oyes	oíste	oyendo		
oye	oyó			
oímos	oímos	**participio**		
oís	oísteis	oído		
oyen	oyeron			

oler

presente				
huelo	**gerundio**			
hueles	oliendo			
huele				
olemos	**participio**			
oléis	olido			
huelen				

pedir

presente	pret.ind.			
pido	pedí	**gerundio**		
pides	pediste	pidiendo		
pide	pidió			
pedimos	pedimos	**participio**		
pedís	pedisteis	pedido		
piden	pidieron			

poder

presente	pret.ind.	futuro		
puedo	pude	podré	**gerundio**	
puedes	pudiste	podrás	pudiendo	
puede	pudo	podrá		
podemos	pudimos	podremos	**participio**	
podéis	pudisteis	podréis	podido	
pueden	pudieron	podrán		

podrir, pudrir

presente	imperfecto	pret.ind.	futuro	
pudro	pudría	pudrí	pudriré	**gerundio**
pudres	pudrías	pudriste	pudrirás	pudriendo
pudre	pudría	pudrió	pudrirá	
pudrimos	pudríamos	pudrimos	pudriremos	**participio**
pudrís	pudríais	pudristeis	pudriréis	podrido
pudren	pudrían	pudrieron	pudrirán	

poner

presente	pret.ind.	futuro		
pongo	puse	pondré	**gerundio**	
pones	pusiste	pondrás	poniendo	
pone	puso	pondrá		
ponemos	pusimos	pondremos	**participio**	
ponéis	pusisteis	pondréis	puesto	
ponen	pusieron	pondrán		

prohibir

presente				
prohíbo	**gerundio**			
prohíbes	prohibiendo			
prohíbe				
prohibimos	**participio**			
prohibís	prohibido			
prohíben				

proveer

presente	pret.ind.			
proveo	proveí	**gerundio**		
provees	proveíste	proveyendo		
provee	proveyó			
proveemos	proveímos	**participio**		
proveéis	proveísteis	provisto		
proveen	proveyeron			

pudrir *siehe* **podrir**

querer

presente	pret.ind.	futuro		
quiero	quise	querré	**gerundio**	
quieres	quisiste	querrás	queriendo	
quiere	quiso	querrá		
queremos	quisimos	querremos	**participio**	
queréis	quisisteis	querréis	querido	
quieren	quisieron	querrán		

reír

presente	pret.ind.			
río	reí	**gerundio**		
ríes	reíste	riendo		
ríe	rió			
reímos	reímos	**participio**		
reís	reísteis	reído		
ríen	rieron			

reunir

presente			
reúno	**gerundio**		
reúnes	reuniendo		
reúne			
reunimos	**participio**		
reunís	reunido		
reúnen			

roer

presente	pret.ind.	subj.pres.	
roo/roigo/royo	roí	roa/roiga/roya	**gerundio**
roes	roíste	roas/roigas/royas	royendo
roe	royó	roa/roiga/roya	
roemos	roímos	roamos/roigamos/royamos	**participio** roído
roéis	roísteis	roáis/roigáis/royáis	
roen	royeron	roan/roigan/royan	

saber

presente	pret.ind.	futuro	subj.pres.	
sé	supe	sabré	sepa	**gerundio**
sabes	supiste	sabrás	sepas	sabiendo
sabe	supo	sabrá	sepa	
sabemos	supimos	sabremos	sepamos	**participio**
sabéis	supisteis	sabréis	sepáis	sabido
saben	supieron	sabrán	sepan	

salir

presente	futuro		
salgo	saldré	**gerundio**	
sales	saldrás	saliendo	
sale	saldrá		
salimos	saldremos	**participio**	
salís	saldréis	salido	
salen	saldrán		

seguir

presente	pret.ind.	subj.pres.		
sigo	seguí	siga	**gerundio**	
sigues	seguiste	sigas	siguiendo	
sigue	siguió	siga		
seguimos	seguimos	sigamos	**participio**	
seguís	seguisteis	sigáis	seguido	
siguen	siguieron	sigan		

sentir

presente	pret.ind.	subj.pres.		
siento	sentí	sienta	**gerundio**	
sientes	sentiste	sientas	sintiendo	
siente	sintió	sienta		
sentimos	sentimos	sintamos	**participio**	
sentís	sentisteis	sintáis	sentido	
sienten	sintieron	sientan		

ser

presente	imperfecto	pret.ind.	futuro	subj.pres.
soy	era	fui	seré	sea
eres	eras	fuiste	serás	seas
es	era	fue	será	sea
somos	éramos	fuimos	seremos	seamos
sois	erais	fuisteis	seréis	seáis
son	eran	fueron	serán	sean
gerundio	siendo	**participio**	sido	

soltar

presente			
suelto	**gerundio**		
sueltas	soltando		
suelta			
soltamos	**participio**		
soltáis	soltado		
sueltan			

tener

presente	pret.ind.	futuro		
tengo	tuve	tendré	**gerundio**	
tienes	tuviste	tendrás	teniendo	
tiene	tuvo	tendrá		
tenemos	tuvimos	tendremos	**participio**	
tenéis	tuvisteis	tendréis	tenido	
tienen	tuvieron	tendrán		

traducir

presente	pret.ind.		
traduzco	traduje	**gerundio**	
traduces	tradujiste	traduciendo	
traduce	tradujo		
traducimos	tradujimos	**participio**	
traducís	tradujisteis	traducido	
traducen	tradujeron		

traer

presente	pret.ind.		
traigo	traje	**gerundio**	
traes	trajiste	trayendo	
trae	trajo		
traemos	trajimos	**participio**	
traéis	trajisteis	traído	
traen	trajeron		

valer

presente	futuro		
valgo	valdré	**gerundio**	
vales	valdrás	valiendo	
vale	valdrá		
valemos	valdremos	**participio**	
valéis	valdréis	valido	
valen	valdrán		

venir

presente	pret.ind.	futuro		
vengo	vine	vendré	**gerundio**	
vienes	viniste	vendrás	viniendo	
viene	vino	vendrá		
venimos	vinimos	vendremos	**participio**	
venís	vinisteis	vendréis	venido	
vienen	vinieron	vendrán		

ver

presente	imperfecto	pret.ind.		
veo	veía	vi	**gerundio**	
ves	veías	viste	viendo	
ve	veía	vio		
vemos	veíamos	vimos	**participio**	
veis	veíais	visteis	visto	
ven	veían	vieron		

volcar

presente	pred.ind.			
vuelco	volqué	**gerundio**		
vuelcas	volcaste	volcando		
vuelca	volcó			
volcamos	volcamos	**participio**		
volcáis	volcasteis	volcado		
vuelcan	volcaron			

volver

presente				
vuelvo	**gerundio**			
vuelves	volviendo			
vuelve				
volvemos	**participio**			
volvéis	vuelto			
vuelven				

Liste der wichtigsten unregelmäßigen Verben im Deutschen
Lista de los principales verbos irregulares del alemán

Las formas de los verbos derivados con los prefijos *auf-*, *ab-*, *be-*, *er-*, *zer-* etc. corresponden a las de sus respectivos verbos en forma no derivada. Se añade a la forma de infinitivo la 2ª persona del singular si hay „Umlaut" o cambio vocálico. Igualmente se indica en la forma del participio pasado («Partizip II») el verbo auxiliar con que se forma.

1. infinitivo	2. pretérito	3. participio pasado («Partizip II»)	4. imperativo – sg/pl
backen bäckst, backst	backte	hat gebacken	back(e)/backt
befehlen befiehlst	befahl	hat befohlen	befiehl/befehlt
beginnen	begann	hat begonnen	beginn(e)/beginnt
beißen	biss	hat gebissen	beiß(e)/beißt
bergen birgst	barg	hat geborgen	birg/bergt
bersten birst	barst	ist geborsten	birst/berstet
bewegen	bewog	hat bewogen	beweg(e)/bewegt
biegen	bog	hat/ist gebogen	bieg(e)/biegt
bieten	bot	hat geboten	biet(e)/bietet
binden	band	hat gebunden	bind(e)/bindet
bitten	bat	hat gebeten	bitt(e)/bittet
blasen bläst	blies	hat geblasen	blas(e)/blast
bleiben	blieb	ist geblieben	bleib(e)/bleibt
braten brätst	briet	hat gebraten	brat(e)/bratet
brechen brichst	brach	hat/ist gebrochen	brich/brecht
brennen	brannte	hat gebrannt	brenn(e)/brennt
bringen	brachte	hat gebracht	bring/bringt
denken	dachte	hat gedacht	denk(e)/denkt
dreschen drischst	drosch	hat gedroschen	drisch/drescht
dringen	drang	hat/ist gedrungen	dring(e)/dringt

dürfen darfst	durfte	hat gedurft	
empfangen empfängst	empfing	hat empfangen	empfang(e)/emp- fangt
empfehlen empfiehlst	empfahl	hat empfohlen	empfiehl/emp- fehlt
empfinden empfindest	empfand	hat empfunden	empfind(e)/emp- findet
erschrecken erschrickst	erschrak	ist erschrocken	erschrick/ erschreckt
essen isst	aß	hat gegessen	iss/esst
fahren fährst	fuhr	hat/ist gefahren	fahr(e)/fahrt
fallen fällst	fiel	ist gefallen	fall(e)/fallt
fangen fängst	fing	hat gefangen	fang(e)/fangt
fechten fichtst	focht	hat gefochten	ficht/fechtet
finden	fand	hat gefunden	find(e)/findet
flechten flichtst	flocht	hat geflochten	flicht/flechtet
fliegen	flog	hat/istgeflogen	flieg(e)/fliegt
fliehen	floh	ist geflohen	flieh(e)/flieht
fließen	floss	ist geflossen	fließ(e)/fließt
fressen frisst	fraß	hat gefressen	friss/fresst
frieren	fror	hat/ist gefroren	frier(e)/friert
gebären gebierst	gebar	hat/ist geboren	gebier(e)/gebärt
geben gibst	gab	hat gegeben	gib/gebt
gedeihen	gedieh	ist gediehen	gedeih(e)/gedeiht
gehen	ging	ist gegangen	geh(e)/geht
gelingen	gelang	ist gelungen	geling(e)/gelingt
gelten giltst	galt	hat gegolten	gilt/geltet
genießen	genoss	hat genossen	genieß(e)/genießt
geschehen geschieht	geschah	ist geschehen	geschieh/ gescheht

gewinnen	gewann	hat gewonnen	gewinn(e)/gewinnt
gießen	goss	hat gegossen	gieß(e)/gießt
gleichen	glich	hat geglichen	gleich(e)/gleicht
gleiten	glitt	ist geglitten	gleit(e)/gleitet
glimmen	glomm	hat geglommen	glimm(e)/glimmt
graben gräbst	grub	hat gegraben	grab(e)/grabt
greifen	griff	hat gegriffen	greif(e)/greift
haben hast	hatte	hat gehabt	hab(e)/habt
halten hältst	hielt	hat gehalten	halt(e)/haltet
hängen	hing	hat gehangen	häng(e)/hängt
hauen	haute/hieb	hat gehauen/gehaut	hau(e)/haut
heben	hob	hat gehoben	heb(e)/hebt
heißen	hieß	hat geheißen	heiß(e)/heißt
helfen hilfst	half	hat geholfen	hilf/helft
kennen	kannte	hat gekannt	kenn(e)/kennt
klingen	klang	hat geklungen	kling(e)/klingt
kneifen	kniff	hat gekniffen	kneif(e)/kneift
kommen	kam	ist gekommen	komm(e)/kommt
können kannst	konnte	hat gekonnt	
kriechen	kroch	ist gekrochen	kriech(e)/kriecht
laden lädst	lud	hat geladen	lad(e)/ladet
lassen lässt	ließ	hat gelassen	lass/lasst
laufen läufst	lief	ist gelaufen	lauf(e)/lauft
leiden	litt	hat gelitten	leid(e)/leidet
leihen	lieh	hat geliehen	leih(e)/leiht
lesen liest	las	hat gelesen	lies/lest
liegen	lag	hat gelegen	lieg(e)/liegt
lügen	log	hat gelogen	lüg(e)/lügt
mahlen	mahlte	hat gemahlen	mahl(e)/mahlt

meiden	mied	hat gemieden	meid(e)/meidet
melken	molk/melkte	hat gemolken/ gemelkt	melk(e), milk/ melkt
messen misst	maß	hat gemessen	miss/messt
misslingen	misslang	ist misslungen	
mögen magst	mochte	hat gemocht	
müssen musst	musste	hat gemusst	
nehmen nimmst	nahm	hat genommen	nimm/nehmt
nennen	nannte	hat genannt	nenn(e)/nennt
pfeifen	pfiff	hat gepfiffen	pfeif(e)/pfeift
preisen	pries	hat gepriesen	preis(e)/preist
quellen quillst	quoll	ist gequollen	quill/quellt
raten rätst	riet	hat geraten	rat(e)/ratet
reiben	rieb	hat gerieben	reib(e)/reibt
reißen	riss	hat/ist gerissen	reiß/reißt
reiten	ritt	hat/ist geritten	reit(e)/reitet
rennen	rannte	ist gerannt	renn(e)/rennt
riechen	roch	hat gerochen	riech(e)/riecht
ringen	rang	hat gerungen	ring(e)/ringt
rinnen	rann	ist geronnen	rinn(e)/rinnt
rufen	rief	hat gerufen	ruf(e)/ruft
saufen säufst	soff	hat gesoffen	sauf(e)/sauft
schaffen	schuf	hat geschaffen	schaff(e)/schafft
scheiden	schied	hat/ist geschie- den	scheid(e)/schei- det
scheinen	schien	hat geschienen	schein(e)/schei- net
scheißen	schiss	hat geschissen	scheiß(e)/scheißt
scheren	schor/scherte	hat geschoren/ hat geschert	scher(e)/schert
schieben	schob	hat geschoben	schieb(e)/schiebt
schießen	schoss	hat geschossen	schieß(e)/schießt

schinden schindete	schindete	hat geschunden	schind(e)/schin-det
schlafen schläfst	schlief	hat geschlafen	schlaf(e)/schlaft
schlagen schlägst	schlug	hat geschlagen	schlag(e)/schlagt
schleichen	schlich	ist geschlichen	schleich(e)/ schleicht
schleifen	schliff	hat geschliffen	schleif(e)/schleift
schließen	schloss	hat geschlossen	schließ(e)/ schließt
schlingen	schlang	hat geschlungen	schling(e)/ schlingt
schmeißen	schmiss	hat geschmissen	schmeiß(e)/ schmeißt
schmelzen schmilzt	schmolz	ist geschmolzen	schmilz/schmelzt
schneiden	schnitt	hat geschnitten	schneid(e)/ schneidet
schrecken schrickst, schreckst	schreckte/schrak	hat geschreckt	schrick/schreckt
schreiben	schrieb	hat geschrieben	schreib(e)/ schreibt
schreien	schrie	hat geschrie(e)n	schrei(e)/schreit
schreiten	schritt	ist geschritten	schreit(e)/schrei-tet
schweigen	schwieg	hat geschwiegen	schweig(e)/ schweigt
schwellen schwillst	schwoll	ist geschwollen	schwill/schwellt
schwimmen	schwamm	hat/ist geschwommen	schwimm(e)/ schwimmt
schwinden	schwand	ist geschwunden	schwind(e)/ schwindet
schwingen	schwang	hat geschwungen	schwing(e)/ schwingt
schwören	schwor	hat geschworen	schwör(e)/ schwört
sehen siehst	sah	hat gesehen	sieh/seht

sein bist	war	ist gewesen	sei/seid
senden	sandte/sendete	hat gesandt/ hat gesendet	send(e)/sendet
singen	sang	hat gesungen	sing(e)/singt
sinken	sank	ist gesunken	sink(e)/sinkt
sinnen	sann	hat gesonnen	sinn(e)/sinnt
sitzen	saß	hat gesessen	sitz(e)/sitzt
sollen	sollte	hat gesollt	
spalten	spaltete	hat gespalten/ hat gespaltet	spalt(e)/spaltet
speien	spie	hat gespie(e)n	spei(e)/speit
spinnen	spann	hat gesponnen	spinn(e)/spinnt
sprechen sprichst	sprach	hat gesprochen	sprich/sprecht
springen	sprang	ist gesprungen	spring(e)/springt
stechen stichst	stach	hat gestochen	stich/stecht
stecken	steckte/stak	hat gesteckt	steck(e)/steckt
stehen	stand	hat gestanden	steh(e)/steht
stehlen stiehlst	stahl	hat gestohlen	stiehl/stehlt
steigen	stieg	ist gestiegen	steig(e)/steigt
sterben stirbst	starb	ist gestorben	stirb/sterbt
stinken	stank	hat gestunken	stink(e)/stinkt
stoßen stößt	stieß	hat gestoßen	stoß(e)/stoßt
streichen	strich	hat gestrichen	streich(e)/streicht
streiten	stritt	hat gestritten	streit(e)/streitet
tragen trägst	trug	hat getragen	trag(e)/tragt
treffen triffst	traf	hat getroffen	triff/trefft
treiben	trieb	hat getrieben	treib(e)/treibt
treten trittst	trat	hat getreten	tritt/tretet
triefen	triefte/troff	hat getrieft	trief(e)/trieft
trinken	trank	hat getrunken	trink(e)/trinkt
trügen	trog	hat getrogen	trüg(e)/trügt

tun	tat	hat getan	tu(e)/tut
verderben verdirbst	verdarb	hat/ist verdorben	verdirb/verderbt
verdrießen	verdross	hat verdrossen	verdrieß(e)/ verdrießt
vergessen vergisst	vergaß	hat vergessen	vergiss/vergesst
verlieren	verlor	hat verloren	verlier(e)/verliert
verzeihen	verzieh	hat verziehen	verzeih(e)/ verzeiht
wachsen wächst	wuchs	ist gewachsen	wachs(e)/wächst
waschen wäschst	wusch	hat gewaschen	wasch(e)/wäscht
weben	wob	hat gewoben/ gewebt	web(e)/webt
weichen	wich	ist gewichen	weich(e)/weicht
weisen	wies	hat gewiesen	weis(e)/weist
wenden	wendete/wandte	hat gewendet/ hat gewandt	wend(e)/wendet
werben wirbst	warb	hat geworben	wirb/werbt
werden wirst	wurde	ist geworden	werd(e)/werdet
werfen wirfst	warf	hat geworfen	wirf/werft
wiegen	wog	hat gewogen	wieg(e)/wiegt
winden	wand	hat gewunden	wind(e)/windet
winken	winkte	hat gewinkt/ hat gewunken	wink(e)/winkt
wissen weißt	wusste	hat gewusst	wiss(e)/wisset
wollen willst	wollte	hat gewollt	woll(e)/wollt
ziehen	zog	hat/ist gezogen	zieh(e)/zieht
zwingen	zwang	hat gezwungen	zwing(e)/zwingt

Die Zahlwörter
Die Grundzahlen

Los numerales
Los numerales cardinales

Deutsch		Español
null	0	cero
einer, eine, eins; ein, eine, ein	1	uno (*apócope* un), una
zwei	2	dos
drei	3	tres
vier	4	cuatro
fünf	5	cinco
sechs	6	seis
sieben	7	siete
acht	8	ocho
neun	9	nueve
zehn	10	diez
elf	11	once
zwölf	12	doce
dreizehn	13	trece
vierzehn	14	catorce
fünfzehn	15	quince
sechzehn	16	dieciséis
siebzehn	17	diecisiete
achtzehn	18	dieciocho
neunzehn	19	diecinueve
zwanzig	20	veinte
einundzwanzig	21	veintiuno (*apócope* veintiún), -a
zweiundzwanzig	22	veintidós
dreiundzwanzig	23	veintitrés
vierundzwanzig	24	veinticuatro
fünfundzwanzig	25	veinticinco
dreißig	30	treinta
einunddreißig	31	treinta y uno (*apócope* treinta y un), -a
zweiunddreißig	32	treinta y dos
dreiunddreißig	33	treinta y tres
vierzig	40	cuarenta

einundvierzig	41	cuarenta y uno (*apócope* cuarenta y un), -a
zweiundvierzig	42	cuarenta y dos
fünfzig	50	cincuenta
einundfünfzig	51	cincuenta y uno (*apócope* cincuenta y un), -a
zweiundfünfzig	52	cincuenta y dos
sechzig	60	sesenta
einundsechzig	61	sesenta y uno (*apócope* sesenta y un), -a
zweiundsechzig	62	sesenta y dos
siebzig	70	setenta
einundsiebzig	71	setenta y uno (*apócope* setenta y un), -a
zweiundsiebzig	72	setenta y dos
fünfundsiebzig	75	setenta y cinco
neunundsiebzig	79	setenta y nueve
achtzig	80	ochenta
einundachtzig	81	ochenta y uno (*apócope* ochenta y un), -a
zweiundachtzig	82	ochenta y dos
fünfundachtzig	85	ochenta y cinco
neunzig	90	noventa
einundneunzig	91	noventa y uno (*apócope* noventa y un), -a
zweiundneunzig	92	noventa y dos
neunundneunzig	99	noventa y nueve
hundert	100	cien
hundert(und)eins	101	ciento uno (*apócope* ciento un), -a
hundert(und)zwei	102	ciento dos
hundert(und)zehn	110	ciento diez
hundert(und)zwanzig	120	ciento veinte
hundert(und)neunundneunzig	199	ciento noventa y nueve
zweihundert	200	doscientos, -as
zweihundert(und)eins	201	doscientos, -as uno (*apócope* doscientos un), -a

zweihundert(und)zwei-undzwanzig	222	doscientos, -as veintidós
dreihundert	300	trescientos, -as
vierhundert	400	cuatrocientos, -as
fünfhundert	500	quinientos, -as
sechshundert	600	seiscientos, -as
siebenhundert	700	setecientos, -as
achthundert	800	ochocientos, -as
neunhundert	900	novecientos, -as
tausend	1 000	mil
tausend(und)eins	1 001	mil uno (*apócope* mil un), -a
tausend(und)zehn	1 010	mil diez
tausend(und)einhundert	1 100	mil cien
zweitausend	2 000	dos mil
zehntausend	10 000	diez mil
hunderttausend	100 000	cien mil
eine Million	1 000 000	un millón
zwei Millionen	2 000 000	dos millones
zwei Millionen fünf hunderttausend	2 500 000	dos millones quinientos, -as mil
eine Milliarde	1 000 000 000	mil millones
eine Billion	1 000 000 000 000	un billón

Die Ordnungszahlen
(der, die, das)

Los numerales ordinales
(el, la)

erste	1.	1º, 1ª	primero (*apócope* primer), -a
zweite	2.	2º, 2ª	segundo, -a
dritte	3.	3º, 3ª	tercero (*apócope* tercer), -a
vierte	4.	4º, 4ª	cuarto, -a
fünfte	5.	5º, 5ª	quinto, -a
sechste	6.	6º, 6ª	sexto, -a
siebte	7.	7º, 7ª	séptimo, -a
achte	8.	8º, 8ª	octavo, -a
neunte	9.	9º, 9ª	noveno, -a
zehnte	10.	10º, 10ª	décimo, -a
elfte	11.	11º, 11ª	undécimo, -a

zwölfte	12.	12º, 12ª	duodécimo, -a
dreizehnte	13.	13º, 13ª	decimotercero, -a
vierzehnte	14.	14º, 14ª	decimocuarto, -a
fünfzehnte	15.	15º, 15ª	decimoquinto, -a
sechzehnte	16.	16º, 16ª	decimosexto, -a
siebzehnte	17.	17º, 17ª	decimoséptimo, -a
achtzehnte	18.	18º, 18ª	decimoctavo, -a
neunzehnte	19.	19º, 19ª	decimonoveno, -a
zwanzigste	20.	20º, 20ª	vigésimo, -a
einundzwanzigste	21.	21º, 21ª	vigésimo, -a primero, -a (o vigesimoprimero, -a)
zweiundzwanzigste	22.	22º, 22ª	vigésimo, -a segundo, -a (o vigesimosegundo, -a)
dreiundzwanzigste	23.	23º, 23ª	vigésimo, -a tercero, -a (o vigesimotercero, -a)
dreißigste	30.	30º, 30ª	trigésimo, -a
einunddreißigste	31.	31º, 31ª	trigésimo, -a primero, -a
zweiunddreißigste	32.	32º, 32ª	trigésimo, -a segundo, -a
vierzigste	40.	40º, 40ª	cuadragésimo, -a
fünfzigste	50.	50º, 50ª	quincuagésimo, -a
sechzigste	60.	60º, 60ª	sexagésimo, -a
siebzigste	70.	70º, 70ª	septuagésimo, -a
einundsiebzigste	71.	71º, 71ª	septuagésimo, -a primero, -a
zweiundsiebzigste	72.	72º, 72ª	septuagésimo, -a segundo, -a
neunundsiebzigste	79.	79º, 79ª	septuagésimo, -a noveno, -a
achtzigste	80.	80º, 80ª	octogésimo, -a
einundachtzigste	81.	81º, 81ª	octogésimo, -a primero, -a
zweiundachtzigste	82.	82º, 82ª	octogésimo, -a segundo, -a
neunzigste	90.	90º, 90ª	nonagésimo, -a
einundneunzigste	91.	91º, 91ª	nonagésimo, -a primero, -a
neunundneunzigste	99.	99º, 99ª	nonagésimo, -a noveno, -a
hundertste	100.	100º, 100ª	centésimo, -a

hundertunderste	101.	101º, 101ª	centésimo, -a primero -a
hundertundzehnte	110.	110º, 110ª	centésimo, -a décimo, -a
hundertundfünf-undneunzigste	195.	195º, 195ª	centésimo, -a nonagésimo, -a quinto, -a
zweihundertste	200.	200º, 200ª	ducentésimo, -a
dreihundertste	300.	300º, 300ª	tricentésimo, -a
fünfhundertste	500.	500º, 500ª	quingentésimo, -a
tausendste	1 000.	1 000º, 1 000ª	milésimo, -a
zweitausendste	2 000.	2 000º, 2 000ª	dosmilésimo, -a
millionste	1 000 000.	1 000 000º, 1 000 000ª	millonésimo, -a
zehnmillionste	10 000 000.	10 000 000º, 10 000 000ª	diezmillonésimo, -a

Die Bruchzahlen	Números fraccionarios (o quebrados)	
ein halb	$^1/_2$	mitad; medio, -a
ein Drittel	$^1/_3$	un tercio
ein Viertel	$^1/_4$	un cuarto
ein Fünftel	$^1/_5$	un quinto
ein Zehntel	$^1/_{10}$	un décimo
ein Hundertstel	$^1/_{100}$	un céntesimo
ein Tausendstel	$^1/_{1000}$	un milésimo
ein Millionstel	$^1/_{1\,000\,000}$	un millonésimo
zwei Drittel	$^2/_3$	dos tercios
drei Viertel	$^3/_4$	tres cuartos
zwei Fünftel	$^2/_5$	dos quintos
drei Zehntel	$^3/_{10}$	tres décimos
anderthalb, ein(und)einhalb	$1\,^1/_2$	uno y medio
zwei(und)einhalb	$2\,^1/_2$	dos y medio
fünf drei Achtel	$5\,^3/_8$	cinco tres octavos
eins Komma eins	1,1	uno coma uno

Maße und Gewichte

Dezimalsystem

Medidas y pesos

Sistema (de numeración) decimal

Mega-	1 000 000	M	mega-
Hektokilo-	100 000	hk	hectokilo
Myria-	10 000	Ma	miria-
Kilo-	1 000	K	kilo
Hekto-	100	H	hecto-
Deka-	10	da	deca- (o decá-)
Dezi-	0,1	d	deci- (o decí-)
Zenti-	0,01	c	centi- (o centí-)
Milli-	0,001	m	mili-
Dezimilli-	0,000 1	dm	decimili-
Zentimilli-	0,000 01	cm	centimili-
Mikro-	0,000 001	µ	micro-

Längenmaße

Medidas de longitud

Seemeile	1 852 m	–	milla marina
Kilometer	1 000 m	km	kilómetro
Hektometer	100 m	hm	hectómetro
Dekameter	10 m	dam	decámetro
Meter	1 m	m	metro
Dezimeter	0,1 m	dm	decímetro
Zentimeter	0,01 m	cm	centímetro
Millimeter	0,001 m	mm	milímetro
Mikron, My	0,000 001 m	µ	micrón, micra
Millimikron, -my	0,000 000 001 m	mµ	milimicrón
Ångströmeinheit	0,000 000 000 1 m	Å	ángstrom

Flächenmaße — Medidas de superficie

Quadratkilometer	1 000 000 m²	km²	kilómetro cuadrado
Quadrathektometer	10 000 m²	hm²	hectómetro cuadrado
Hektar		ha	hectárea
Quadratdekameter	100 m²	dam²	decámetro cuadrado
Ar		a	área
Quadratmeter	1 m²	m²	metro cuadrado
Quadratdezimeter	0,01 m²	dm²	decímetro cuadrado
Quadratzentimeter	0,000 1 m²	cm²	centímetro cuadrado
Quadratmillimeter	0,000 001 m²	mm²	milímetro cuadrado

Kubik- und Hohlmaße — Medidas de volumen y capacidad

Kubikkilometer	1 000 000 000 m³	km³	kilómetro cúbico
Kubikmeter	1 m³	m³	metro cúbico
Ster		st	estéreo
Hektoliter	0,1 m³	hl	hectolitro
Dekaliter	0,01 m³	dal	decalitro
Kubikdezimeter	0,001 m³	dm³	decímetro cúbico
Liter		l	itro
Deziliter	0,000 1 m³	dl	decilitro
Zentiliter	0,000 01 m³	cl	centilitro
Kubikzentimeter	0,000 001 m³	cm³	centímetro cúbico
Milliliter	0,000 001 m³	ml	mililitro
Kubikmillimeter	0,000 000 001 m³	mm³	milímetro cúbico

Gewichte

Pesos

Tonne	1 000 kg	t	tonelada
Doppelzentner	100 kg	q	quintal métrico
Kilogramm	1 000 g	kg	kilogramo
Hektogramm	100 g	hg	hectogramo
Dekagramm	10 g	dag	decagramo
Gramm	1 g	g	gramo
Karat	0,2 g	–	quilate
Dezigramm	0,1 g	dg	decigramo (o decagramo)
Zentigramm	0,01 g	cg	centigramo
Milligramm	0,001 g	mg	miligramo
Mikrogramm	0,000 001 g	µg, g	microgramo